Chinese-Japanese
Learner's Thesaurus

中国語学習
シソーラス辞典

相原 茂 [編]

朝日出版社

序

　語彙的な言語といわれる中国語では，似たような意味の単語，すなわち「類義語」が非常に多い。しばしば，どういう文型を使うかより，いかなる単語を使うかのほうが重要だと言われるほどである。

　また，中国語の学習者が抱く疑問，質問の半分は類義表現に関するものだとも言われる。例えば「話す」を表す"说话"と"谈话"と"讲话"の違いなどである。

　しかし，このような疑問を出す以前に，「話す」について，そもそも中国語にはどのような「類義語」あるいは「類似表現」があるのかを知る必要がある。つまり中国語の広い意味での類義表現全体を見渡せるマップが必要なのである。

　本書が言う「シソーラス（Thesaurus）」とは単語の上位／下位関係，部分／全体関係，同義関係，類義関係などによって単語を分類し，体系づけた類語辞典のことである。

　本書は主に，類義関係にある語のグループを集めたが，中に一部常用単語に関する上位／下位関係にあるものも収めた。例えば「くだもの」というインデックスのもと，"【菠萝】bōluó，【草莓】cǎoméi，【橘子】júzi，【梨】lí"などが集合をなしているようなケースである。しかし，このような例の全体に占める割合はさほど多くはない。

　本コンテンツは日本語の常用語「挨拶／愛情／愛する／あいだ／相手／……話す……」など1400項目あまりをインデックスとして，これらに該当する意味の中国語の類義語を一つのグループとして示したものが大部分である。また語彙及び用例の多くは『講談社中日辞典』をソースとしている。

　グループあたり5ないし10ぐらいの類義語から成っており，これをピンイン順に並べ，できるだけ各語のニュアンスの違いや使い分けが分かるように，語釈や用例を付した。

　これによって学習者は総数約1万あまりにのぼる単語や表現について，それぞれの類義語ファミリーを知ることができ，中国語を駆使するのに必要とされる各語独特のニュアンスを感じることが可能になる。当然のことなが

i

ら，本辞典は語彙力の増強に効果的であり，作文や翻訳に際しての実用的なツールたりうるものである。

　本書は日本初の中国語シソーラスとしての試みであり，その規模は大きくはないが，学習シソーラス辞典としては十分なボリュームを有すると考え，あえて公刊し，今後の拡大充実を期待するものである。

　本書が世に出るまでには，林屋啓子，川名理恵，河村雅子，横山康恵の皆さんの献身的かつ細心なる校正作業があった。朝日出版社の中西陸夫部長は本辞典の出版に理解を示され，多くの困難の解決に尽力された。記して謝辞にかえたい。

2017 年　相原　茂

●本書は Canon の電子辞書 wordtank V923 装填の『中国語類義語活用辞典（電子版シソーラス)』を増補改訂したものである。電子データから書籍化へのプロセスにおいては講談社堀越俊一氏および（株)ディジタルアシストのお世話になった。

「凡例にかえて」

1. 本辞典は現代中国語の類義語シソーラス辞典として，似た意味を持つ語のゆるやかな集合を目指したものである。
2. 日本語常用語 1400 余をインデックスとして，あいうえお順に並べ，その意味に相当する，あるいは近い中国語の語彙をピンイン音節順に列挙した。
3. 中国語の見出し語数は約 11000 語（重複を含む）に上る。
4. 各語の発音や語釈，例文は原則として『講談社中日辞典　第 3 版』（相原茂編，講談社）に基づく。
5. 但し，同上『中日辞典』の語釈における，すべての語義が採用対象になっているわけではなく，類義と見なされる語義項目に限ってある。
6. 見出し部分の "一"，"不" のピンイン表示は本来の声調を示したが，例文中では変化後の声調で示してある。
7. 通用している発音に揺れがある場合，特にふつうは軽声に発音されるが，時に本来の声調にも発音されるような場合，【因为】yīnwei；yīnwèi のように示した。
8. 見出し語の最重要語（約 1000 語）は ★ で，重要語（約 2000 語）は ＊ で，次重要語（約 6000 語）は ＊ で示した。
9. 語には品詞名を明示したが，品詞以下の単位である形態素については◇でマークし，品詞以上の単位であるフレーズについては圏で示した。
10. 発音表示において【开车】kāi//chē のような // （ダブルスラッシュ）のある語は，それが離合詞（即ち，// の位置に他要素の介入を許す）であることを表す。
11. 四字成語は囲で示し，そのピンイン表記は原則として一律分写方式を採った。

目　次

あ
挨拶　1
愛情　1
愛する　2
間　2
相手　3
会う（面会する）　4
（偶然に）会う　4
（被害に）遭う　5
青い　6
赤い　6
上がる ⇒【登る】　7
明るい　7
秋　7
明らか　7
あきらめる　8
飽きる　8
空く　9
開ける　9
上げる・挙げる　10
あげる ⇒【与える】　11
あこがれる　11
朝　11
（知識が）浅い　12
足　12
味　12
味わい　13
味わう（賞味する）　13
味わう（体験する）　14
預かる　15
預ける　15
焦る　16
遊ぶ　16
与える　17
あたかも ⇒【まるで】
　17
暖かい・温かい　17
暖める・温める　18
頭　19
新しい　19
あたり（近辺）　20
当たり前　20
（予想などが）当たる
　21

（日光や火に）当たる
　21
熱い　22
暑い　22
厚い　22
扱う　23
厚かましい　23
（人が）集まる　24
（人を）集める　25
（物を）集める　25
（時間の）あと　26
（順序の）あと・後ろ
　26
跡　27
穴　27
暴く　28
あふれる　28
（しつけなどが）甘い
　29
危うく ⇒【もう少しで】
　29
謝る　30
誤る　30
争う　31
改める（変える）　31
改める（正す）　32
表す（表現する）　32
表す（意味する）　33
現れる（出現する）　33
（表面に）現れる　34
ありがたい　35
あるいは　35
歩く　36
合わせる（一つにする）
　37
合わせる（照合する）
　37
慌てる　38
哀れむ　39
案外　39
安心　39
案内　40

い
いい ⇒【よい】　41

いいかげん　41
言いつける　42
言う　42
（－と）いう　43
家（家屋）　44
家（家庭）　44
以外　45
息 ⇒【呼吸】　45
生きる　45
行く　46
いくつ　47
いくらか ⇒【多少】　47
（－しては）いけない
　47
意見 ⇒【考え】　48
意志　48
維持　48
いじめる　48
医者　49
以上　49
以前　50
急いで ⇒【すぐ】　51
忙しい　51
急ぐ　51
痛い　52
いたずら　53
傷む　53
至る所　54
位置　55
（順位の）一番　55
いつ　56
いつか　56
一瞬　57
一緒　57
一生　58
一生懸命　58
一掃　59
いっそう ⇒【ますます】
　59
いったい　59
いっぱい　60
一般　60

一方（片側・一方面） 61
いつも（ふだん） 61
いつも（常に） 62
田舎 62
命 63
祈る 63
威張る 64
今（現在） 65
今（たったいま） 66
（言葉の）意味 66
入り口 67
入れ替える・入れ換える 67
入れる 68
（茶を）いれる 68
色 69
祝う 69
印象⇒【感じ（印象）】 70

▶ う
植える 70
浮かぶ 70
（意見などを）
　受け入れる 71
請け負う 71
（物を）受け取る 72
受ける 73
（物を）動かす 74
（機械を）動かす 74
動く（ぐらつく） 75
動く（行動する） 75
失う 76
薄い 76
歌う 77
疑う 77
（ある範囲の）内 77
（一定時間の）内 78
打ち切る 78
打つ⇒【たたく】 79
美しい 79
移す 80
写す⇒【書き写す】 80
訴える 80

移る 81
うつる（伝染する） 81
腕（技量） 82
奪う 83
うまい（上手である） 83
生まれる 84
産む・生む 84
埋める 84
埋める（補う） 85
裏 85
恨む⇒【憎む】 86
売る 86
うるさい（騒がしい） 86
うるさい（煩わしい） 87
嬉しい 87
売れる 88
（名が）売れる 89
うわさ 89
運転 90
運動 90

▶ え
絵 91
永遠 91
描く 92
偉い 92
選ぶ（選択する） 93
選ぶ（選出する） 93
得る 93
遠慮 94
遠慮なく 95

▶ お
おいしい 96
追い出す 96
（責任を）負う 97
追う 97
往復 98
（数量が）多い 98
（回数が）多い 99
（広範囲を）覆う 100
大きい 100
おおよそ 101
おかげ 102

おかしい（滑稽（こっけい）である） 103
おかしい（変である） 103
（法を）犯す 104
補う 104
（事が）起きる 105
奥 106
置く 106
奥様 107
遅らせる 107
贈り物 108
贈る 108
遅れる 109
怠る 109
行う⇒【実行】 110
怒る 110
起こる 111
押さえる 111
収める 112
収める（獲得する） 112
教える 113
惜しむ（大切にする） 114
惜しむ（残念に思う） 114
押す 115
遅い 115
おそらく 116
恐れる（怖がる） 117
恐れる（心配する） 117
恐ろしい 118
おだてる 118
（気持ちが）
　落ち着く 119
（物事が）
　落ち着く 119
落ちる 120
夫 121
脅かす 121
男 122
落とす 122
おとなしい 123

劣る　123
衰える　124
驚かす　125
（意外さに）驚く　125
同じ　126
覚える（習得する）127
覚える（記憶する）127
重い　128
（程度が）重い　128
思い切って　129
思い切り　129
思い込む　130
思う（判断する）130
思う（予想する）131
（…したいと）思う　132
面白い　133
表（表面）133
思わず　134
重んじる　135
及ばない　135
および　136
及ぶ　137
（影響を）及ぼす　137
下りる・降りる　138
折る　139
折れる　139
終わり　139
終わる　140
女　141
か　会見　142
外見 ⇒【見かけ】　142
解釈　142
解除　142
階段　143
介入　143
回復　144
解放　144
買う　145
返す　145
かえって　146
帰る　146
変える　147
顔（顔立ち）148

顔（表情）148
香り　149
抱える　150
価格 ⇒【値段】　150
輝く　150
（時間や費用が）
　かかる　150
関わる　151
書き写す　152
かく（ひっかく）153
書く　153
描く　154
確実　154
（見えないように）隠す
　　　　　　　　　155
（事実を）隠す　156
確認　156
確立　157
隠れる　157
陰で　158
掛ける　158
欠ける　159
囲む　159
重なる　160
重ねる　160
飾る　161
火事　161
賢い　162
貸す　163
数　163
（－に）数えられる　163
数える　164
型　164
（思考が）固い・堅い・
　硬い　165
（物が）固い・堅い・
　硬い　166
形　166
片づける　167
固まる　167
傾く（傾いている）168
固める（強固にする）
　　　　　　　　　168

語る　169
勝つ　169
かつ（しかも）170
がっかり　171
担ぐ　171
かっこいい　172
格好　172
かつて　173
家電製品　174
活動　174
悲しい　175
必ず　176
金　177
金持ち　178
かばう　178
かぶせる　179
構わない ⇒【差し支え
　ない】　179
我慢　179
かむ　180
辛い　180
体　181
借りる　181
枯れる　182
軽やか　183
かわいい　183
かわいがる　184
乾かす　184
変わる　185
代わる・替わる・換わ
　る　185
考え　186
考える（思考する）187
考える（判断する）188
感覚　188
（－の）関係　189
完結　189
感じ（印象）190
感謝　191
感じる　191
感心　192
完成　193
感染　193

vi

完全　193
簡単　194
頑張る　195
関連　196

き
（姿が）消える　196
消える（なくなる）197
聞く　198
聞く（聞き入れる）198
聞く（尋ねる）　199
聞こえる　200
聞こえる
　　（名が知られる）201
刻む　201
（心に）刻む　201
気質　202
起床　202
（建造物を）築く　203
（基礎を）築く　203
（心を）傷つける　204
基礎　204
競う　205
汚い　206
（雑然として）汚い 206
貴重　207
きちんと　207
（性格が）きつい　208
（仕事や言葉などが）
　　きつい　208
気づく　209
きっと　210
（しつけなどが）
　　厳しい　211
（状況が）厳しい　211
気分　212
決まり（規則）　212
決まり（しきたり）213
決まる　214
奇妙　214
決める　215
気持ち　216
客　217
休暇　217
球技　218

給与　218
教育　218
境界　219
教師　219
教室　220
脅迫　220
興味　221
許可　221
距離　222
嫌う　223
きらきら　224
切り替える・切り換え
　　る　224
切る　225
きれい　225
切れる　226
気をつける ⇒【注意】
　　　　　　　227
近所　227
禁じる　227

く
具合　228
食い違う　228
腐る　229
くじく　229
くじける　230
苦心　231
崩れる　231
（政権などが）崩れる
　　　　　　　232
癖　232
果物　233
口　233
口調 ⇒【（言葉の）調子】
　　　　　　　234
靴　234
覆す　235
国　235
配る　236
首　236
工夫　237
区別　237
組（揃い）　238
組み合わせる　239

組む　240
くむ　241
曇る　241
悔やむ　242
－くらい　242
暗い　243
暮らす　244
比べる　244
繰り返す　245
来る　246
苦しい　247
車　247
グループ　248
黒い　249
苦労　249
加える　250

け
稽古　251
計算　251
計算（損得を考える）
　　　　　　　252
軽率　253
系統　253
軽蔑　254
化粧　254
消す　255
（火や明かりを）消す
　　　　　　　256
削る　256
結果　257
結果をもたらす　257
結局　258
けっこう　259
決して　259
決心　260
欠点　261
ける　261
（申し出を）ける　261
原因　262
けんか　262
限界　263
元気　264
元気がない　264
謙虚　265

vii

建設 265
現代 ⇒【今日】 266
見物 266
▶こ (自分の) 子 267
濃い 267
故意に
　⇒【わざと】 268
恋人 268
効果 (効き目) 268
合格 269
講義 269
光景 270
合計 270
攻撃 271
交際 271
工場 272
構成 273
交替・交代 273
興奮 274
後方 275
声 275
声 (意見) 276
(ある限度を)
　越える・超える 276
(ある地点を)
　越える・越す 277
呼吸 277
故郷 278
心 279
故障 280
こする ⇒【擦る】 280
答える 280
こたえる (応じる) 281
こっそり 281
事 (事態・事件) 282
言葉 283
子供 283
断る 284
こぼれる 285
細かい 285
ごまかす 286
困る (難儀する) 286
困る (困窮する) 287

これから 288
転ぶ 288
怖い 289
壊す ⇒【取り壊す】290
壊れる 290
昆虫 290
今日 291
▶さ 災害 293
最後 293
採取 294
採集 294
最初 295
才能 295
採用 296
材料 296
幸い 297
遮る 298
逆さま 299
探す・捜す 299
逆らう 300
下がる (垂れ下がる)
　　　　　　　301
(数値などが) 下がる
　　　　　　　301
盛ん 302
先・先端 303
作業 303
削除 303
酒 304
叫ぶ 304
裂ける 305
避ける 306
下げる (低くする) 307
(倒れないように)
　支える 307
差し支えない 308
刺す 309
さすが 309
授ける 309
さする ⇒【なでる】310
－させる 310
誘う 311
定める 311

ざっと 312
寂しい 312
さまよう 313
覚める 314
皿 314
さらに 315
去る ⇒【立ち去る】316
騒ぐ 316
触る 316
参観 317
残念 318
▶し しかし 318
しかたがない 319
しかも ⇒【かつ (しか
　も)】 320
叱る 320
時間 (時の長さ) 321
時間 (ある時刻) 321
色彩 322
じきに
　⇒【まもなく】 322
敷く 322
仕事 323
事情 323
自信 324
静か (物音がしない)
　　　　　　　325
静か (落ち着いている)
　　　　　　　325
自然 326
自然に 326
－したい 327
しだいに ⇒【だんだん】
　　　　　　　328
従う 328
しっかり 328
実行 329
じっと (注目する) 329
実は 330
失礼します 331
－しながら (－する)
　　　　　　　332

品物 ⇒【物（品物）】
　　　　　332
死ぬ　332
支配（影響を与える）
　　　　　333
芝居　334
支払う ⇒【（金を）払う】
　　　　　334
しばらく
　（少しの時間）　334
しばらく
　（やや長い時間）335
縛る　335
縛る（束縛する）　336
自分　337
絞る・搾る　337
しまう
　⇒【収める】　338
始末（処理する）　338
自慢　338
地味　339
示す　340
閉める　341
締める　341
収穫　342
住所　342
修正　342
十分　343
重要　344
授業　345
手段 ⇒【手（手段・方
　策）】　345
手腕 ⇒【腕（技量）】
　　　　　345
準備　346
障害　347
状況　347
生じる ⇒【（事が）起き
　る】　348
称する　348
承諾　348
冗談　349
承知（知っている）350

丈夫　350
譲歩　351
情報　351
証明　352
将来　352
職業　353
処理　353
知らせる（告げる）354
調べる　355
退く　355
知る　356
白い　357
進行　358
信じる　358
親切　359
心配　360
進歩　361
▶ 吸う　361
ずうずうしい　362
好き　363
好き勝手　363
（時が）過ぎ去る　364
過ぎる　365
－すぎる　365
すぐ　366
救う ⇒【助ける（救助
　する）】　367
少なくとも　367
少し（少量）　368
（程度が）少し　368
（時間が）すこし　369
少しも（－しない）370
過ごす　370
涼しい　371
進める　371
すっかり　372
ずっと（はるかに）372
ずっと（絶えず）　373
すてき　374
捨てる　375
素直 ⇒【おとなしい】
　　　　　375
すばらしい　375

すべて　376
すみません　377
住む　378
擦る　379
する　379
鋭い　380
ずれ　380
▶ せ 正確　381
請求　382
成功　382
（人の）性質　383
盛大　384
整理　384
セット ⇒【組（揃い）】
　　　　　385
説明　385
狭い　385
世話　386
先生　387
先端 ⇒【先・先端】387
前方　387
▶ そ 操作　388
掃除　388
騒々しい　389
相談　390
相当　390
双方 ⇒【両方】　391
添える　391
属する　391
続々　392
損なう　393
組織　393
そそっかしい　394
育つ　395
育てる　395
率直　396
（－に）沿って　397
外　397
備えつける　398
（ある事態に）
　備える　398
（身に）備える　399
そのうえ　399

そのうち　400
その後（それから）401
その場　402
そのほか⇒【ほか（そ
　のほか）】402
そば　402
素朴　403
（ーして）それから　403
それぞれ⇒【別々】403
ーそれにー　404
揃う　404
（必要なものを）揃える
　　　　　　　　405
そろそろ　405
損　406
題（表題）407
（ーに）対して　407
大切　407
だいたい　408
態度　409
たいへん　410
大変（普通ではない）
　　　　　　　　410
体面⇒【メンツ】411
大量　411
絶えず　411
絶える　412
耐える（我慢する）412
耐える（持ちこたえる）
　　　　　　　　413
倒れる　414
だが⇒【しかし】414
（年齢が）高い　415
互い　415
宝　416
だから　416
炊く　417
たくさん　417
たくましい　418
蓄える⇒【ためる】419
ーだけ　419
確か　420

確かに⇒【まさしく】
　　　　　　　　421
確かめる　421
多少　421
足す⇒【加える】422
助ける（救助する）422
助ける（援助する）423
訪ねる　423
尋ねる　424
ただ⇒【単に】424
戦う・闘う　425
たたく　425
正しい　426
正す⇒【改める（正
　す）】426
畳む　426
立ち去る　427
立場　427
たちまち　428
断つ・絶つ　429
建つ　429
立つ　430
達する　430
たっぷり⇒【十分】431
縦　431
建てる　431
立てる　432
たとえば　432
他人　433
種　434
楽しい　434
楽しみにする　435
楽しむ　435
頼む　436
たびたび　437
たぶん⇒【おそらく】
　　　　　　　　437
食べる　437
だます　438
たまに⇒【ときに】438
たまらない　439
黙る　439
（ーの）ため　440

だめ　441
ためらう　441
ためる　442
保つ　443
頼る　443
足りない　444
誰　445
団体　445
だんだん　446
断定　446
単に　447
地位⇒【身分】448
知恵　448
違い　448
違う（同じではない）
　　　　　　　　449
違う（間違っている）
　　　　　　　　449
近づく　450
（筋肉による）力　451
力（力量）451
知識　452
父　452
縮む　453
縮める　453
ちっとも　454
地方　454
着手　455
注意　455
中央　456
中国語　456
仲裁　457
中止　457
（言葉の）調子　458
長所　458
ちょうど（都合よく）
　　　　　　　　459
貯金　460
（時間が）ちょっと　461
（数量や程度が）
　　ちょっと　461
散る（四散する）462
（花などが）散る　463

つ 対 464
ついて ⇒【(-に) 対して】 464
ついで 464
ついに ⇒【とうとう】 465
追放 465
費やす 465
通じる 466
使う 467
捕まえる 468
疲れる 468
月 469
次 469
付き合う ⇒【交際】470
付き添う 470
次々 ⇒【続々】 470
尽きる 470
就く 471
つく ⇒【付着】 471
着く ⇒【到着】 471
償う 471
作る・造る 472
付ける 473
都合 473
伝える 474
伝わる 475
続く 475
続ける 476
包む 477
努めて (できるだけ) 477
勤める 478
つながる 478
つなぐ 479
常に ⇒【いつも (常に)】 480
粒 480
つぶす 480
つぶれる 481
妻 481
詰まる 482
積む 482

摘む 483
詰める 483
強い 483
つらい 484
つるす 485
連れる 485

て 手 (手段・方策) 486
手 487
出会う・出合う 487
抵抗 488
停止 488
訂正 ⇒【修正】 489
丁寧 (丁重) 489
丁寧 (慎重) 490
出かける 490
適当 (適切) 491
適当 (いいかげん) 492
－できる 492
できるかぎり ⇒【努めて (できるだけ)】493
手伝う 493
手本 ⇒【見本】 494
照る・照らす 494
(-に) 照らす 494
展開 495

と 同意 495
道具 496
当時 496
どうして 497
登場 497
同情 498
当然 498
到着 499
とうとう 499
動物 500
道路 501
遠い 502
通す 502
遠回し 503
通り (道路) 504
通る 504
時 505
ときに 506

とぎれる 506
得意 (自慢・満足) 507
得意 (上手である) 508
読書 508
特色 508
とくに 509
特別 (特殊) 510
時計 510
溶ける 511
どこ 511
どこか 511
所 512
年 (年月) 512
年 (年齢) 513
都市 513
閉じる 514
土地 (大地) 514
(利用する) 土地 515
土地 (その地域) 515
突然 516
取っ手 516
とても 516
整える 517
隣 518
とにかく (ともかく) 519
どのように 519
(空中を) 飛ぶ 520
跳ぶ 521
乏しい 521
戸惑う 522
止まる 523
泊まる 523
富む 524
とめる (固定する) 524
止める・停める 525
捕らえる 526
鳥 526
とりあえず 527
取り替える・取り換える 528
取りかかる 528
取り消す 529

xi

取り壊す　529
取り除く　530
（手に）取る　530
（資格や許可などを）
　　取る　531

な 内心　532
直す（修理する）　532
直す（改める）　532
中　533
（時間が）長い　534
（液体を）流す　535
（音やデマを）流す　536
なかなか　536
半ば　537
仲間　538
眺め　538
（遠くを）眺める　539
（状況を）眺める　539
流れる　540
泣く　540
なくす　541
なくなる ⇒【尽きる】
　　　　　542
嘆く　542
投げる　542
なぜ　543
夏　543
納得　544
なでる　545
－など　545
斜め　546
（人に）なびく　546
名前　547
波　547
舐める　548
悩み　548
悩む　549
（人が）並ぶ　550
（物を）並べる　550
慣れる　551
なんと　551

に 似合う　552
におい　553

におう　553
逃がす　554
賑やか　555
握る　555
憎む　556
憎らしい　557
逃げる　557
濁す　558
濁る（濁っている）559
にじむ　559
鈍い　560
ニュース　560
煮る　561

ぬ 抜く　561
抜ける（通り抜ける）
　　　　　562
抜ける（抜け落ちる）
　　　　　562
盗む　563
塗る　564

ね 願う　564
願う（頼む）　565
ねじ曲げる　566
値段　566
熱心　566
眠る　567
寝る　568
年齢　569

の 能力 ⇒【才能】　569
逃れる（免れる）　569
残す　570
残る　570
乗せる・載せる　571
載せる（掲載する）572
除く　572
望み　573
望む　574
伸ばす　575
延ばす　575
伸びる（発展する）576
登る　576
飲み物　577
飲む　578

乗り換える　578
乗り越える　579
乗る　579
のんびり（ゆったり）
　　　　　580

は 入る　582
生える　583
馬鹿らしい　583
測る・量る・計る　584
図る　584
吐く　585
爆発　585
励ます　586
箱　586
運ぶ　587
端（へり・縁）　587
端（先端）　588
恥　588
始まる　589
初め・始め　590
始める　590
場所　591
走る　592
はず　592
恥ずかしい　593
外す　594
はたして　595
果たす　595
働きかける　596
働く　596
はっきり　597
派手　598
花　598
話　599
話し合う　599
話す　600
離れる　601
母　602
早く　602
はやる　603
（金を）払う　603
（手などで）払う　604
ばらばら　605

張る・貼る　605
春　606
反する　606
ひ　火　607
日　607
冷える・冷やす　608
光　608
光る　609
率いる ⇒【連れる】
　　　　　　　609
引き受ける　610
引き起こす　610
引き出す　611
引き寄せる　612
低い　612
飛行機　613
ぴったり　614
引っ張る　614
必要　615
等しい　616
一人　617
非難　617
響く　618
暇　618
費用　619
評価　619
病気　620
表現　621
表示　621
描写　622
表情　623
評判　623
表面 ⇒【表（表面）】
　　　　　　　624
（店や会を）開く　624
昼　625
ひるむ　625
広い　626
拾う　626
広がる　627
（閉じたものを）
　広げる　628
広まる　629

ふ　不意に ⇒【突然】　629
深い　629
付近　630
拭く　631
吹く　631
含む　632
膨らむ　632
袋　633
不幸　633
ふさがる　634
ふさぐ　634
ふざける　635
ふさわしい
　⇒【適当（適切）】635
防ぐ　635
不足　636
再び　637
ふだん ⇒【いつも（ふ
　だん）】　637
縁 ⇒【端（へり・縁）】
　　　　　　　637
付着　638
普通　638
ぶつかる　639
筆　640
太る　640
布団　641
踏む　641
増やす　642
冬　642
振る　643
古い　643
震える　644
触れる ⇒【触る】　644
奮闘　645
分野 ⇒【方面（分野）】
　　　　　　　645
へ　ペア ⇒【対】　645
下手　645
隔たる　646
別々　647
部屋　648
減らす　648

変　649
勉強　649
変更　650
返事　651
ほ　方向　652
放送　652
放置　653
方法　654
方面（分野）　655
頬　655
ほか（そのほか）　656
ほぐす　656
誇り　657
（-して）ほしい　657
募集　658
保証　659
細い　659
ホテル　660
ほどく　660
ほとんど　661
ほぼ　661
ほめる　662
掘る　663
本当　663
翻訳　664
ぼんやり
　（ぼやけている）　665
ぼんやり（ぼうっとし
　ている）　665
本来　666
ま　（順序の）前・先　668
（時間・空間の）前668
負かす　670
任せる（委任する）670
任せる（逆らわない）
　　　　　　　670
（角を）曲がる　671
曲がる（曲がっている）
　　　　　　　671
まく（まき散らす）672
巻く　672
負ける　673
曲げる　673

まさか 674	ミス ⇒【間違い】 696	燃える 722
まさしく 674	自ら 697	目的 723
まじめ 675	店 697	もし（－ならば） 723
混じる・混ざる 676	道 ⇒【道路】 698	もたれる 724
増す 677	導く（指導する） 698	用いる 724
（やり方が）まずい 677	見つける 698	持ちこたえる 725
貧しい 678	認める 699	（手で）持つ 725
ますます 678	（－と）見なす 700	持つ（所有・保有） 726
混ぜる 679	醜い 700	もっと ⇒【ずっと（はるかに）】 727
また 680	実る 701	
まだ 680	見張る 701	最も 727
またたく間 ⇒【一瞬】 681	身分 702	もてなす 727
	見本 702	元 728
または 681	見舞う 703	戻す 729
町・街 682	見破る 703	求める（要求する） 729
間違い 682	見る 704	求める（探し求める） 730
間違える ⇒【誤る】 683	みんな 705	
	む 向かう 705	もともと 730
待ち望む 683	迎える 706	戻る 731
待つ 683	昔 707	物（品物） 732
まっすぐ 684	報いる 707	燃やす 733
まったく 684	向こう 708	模様 733
まとめる 685	むしろ 708	催す 734
学ぶ 686	難しい 709	もらう 734
（時刻に）間に合う 686	息子 710	漏らす 735
招く 687	結ぶ 710	（水・光などが）漏れる 736
まねる 687	娘 711	
まもなく 688	むだ 712	問題 736
守る 689	夢中 712	**や** 焼く（火を通す） 738
迷う 689	空しい 713	約 738
丸い 690	無理 714	約束 739
まるで 690	**め** 目 715	役に立たない 739
回す 691	命じる 715	役に立つ 740
回る 692	迷惑 716	野菜 741
万一のこと 692	珍しい 717	優しい 741
満足 693	めでたい 717	易しい 742
真ん中 693	めでたく 718	養う 743
み （－のように）見える 694	メンツ 718	安い 743
	面倒 719	休む（休息する） 744
磨く 694	**も** 設ける 720	（会社や学校を）休む 744
見かけ 695	儲ける 720	
見くびる 695	申し込む 721	やっと 745
惨め 696	もう少しで 722	

xiv

やはり（依然として）
　　　　　　　　746
破る（引き裂く）　747
やめる　747
やり方　748
柔らかい　749
和らぐ　749
ゆ　湯　750
有名　750
愉快　751
（形が）ゆがむ　752
行き届く　752
ゆく ⇒【行く】　753
譲る　753
豊か（豊富）　754
ゆっくり　754
ゆったり ⇒【のんびり
　（ゆったり）】　755
ゆとり　755
指　756
夢　756
緩い　757
許す（認める）　757
揺れる　758
よ　夜明け　759
よい　759
よい（優れている）760
酔う　761
用意　761
要求　762
様式　763
用心　763
様子（状態）　764

様子（外見・態度）765
（－の）ようだ　766
用途　766
ようやく ⇒【やっと】
　　　　　　　　767
よく（しばしば）　767
よける ⇒【避ける】768
横　768
よそ（別の場所）　768
予想　769
装う　769
（－に）よって
　（基づいて）　770
予定　771
世の中　772
呼ぶ　772
読む　773
夜　773
寄る　774
喜ぶ　774
（精神的に）弱い　776
ら　（気持ちが）楽　777
－らしい（－だそうだ）
　　　　　　　　777
乱暴　778
り　利益　779
理解　779
利口　780
（能力・行動が）立派
　　　　　　　　781
（外観が）立派　782
略す　782
理由　783

流行　784
量　784
了解　785
両方　786
料理する　786
旅行　787
れ　例（事例・慣例）　787
レストラン　788
列　788
連絡（知らせる）　789
ろ　路上　790
論じる　790
わ　（年齢が）若い　792
わがまま　792
分かる　793
（人と）別れる　794
沸く　795
わけ ⇒【理由】　795
分ける　795
わざと　796
わざわざ　797
わずか　797
忘れる　798
私　799
私たち　799
渡す（手渡す）　800
渡る　800
わびる　801
わめく　802
笑う　802
割る　803
悪い　803
割れる　804

索引　……………………　806

XV

あ

あいさつ　挨拶

▶打招呼　▶寒暄　▶客套　▶说客套话
▶问好　▶问候　▶致意

* **【打招呼】** dǎ zhāohu　組 (声をかけたり，軽く会釈して)挨拶する．‖点头打了个招呼 diǎntóu dǎle ge zhāohu 軽く頭を下げ挨拶した．| 他没～就走了 tā méi dǎ zhāohu jiù zǒu le 彼は挨拶もせずに行ってしまった．

* **【寒暄】** hánxuān　動 (時候など)日常の挨拶をする．‖邻居们见了面总少不了～几 句 línjūmen jiànle miàn zǒng shǎobuliǎo hánxuān jǐ jù 隣近所の人々は顔を合わせるといつも二言三言挨拶を交わす．

【客套】 kètào　動 型どおりの挨拶をする．‖～了几句，才谈正事 kètàole jǐ jù, cái tán zhèngshì 一応の挨拶を交わしてから本題に入る．

【说客套话】 shuō kètàohuà　組 型どおりの挨拶をする．

★ **【问好】** wèn//hǎo　動 安否を問う．ご機嫌を伺う．‖向您爱人～ xiàng nín àiren wènhǎo 奥さん(ご主人)にどうぞよろしく．| 替我～ tì wǒ wènhǎo 私からよろしくとお伝えください．

* **【问候】** wènhòu　動 安否を問う．ご機嫌を伺う．‖～病中的老人 wènhòu bìngzhōng de lǎorén 病気療養中の老人を見舞う．| 转达～ zhuǎndá wènhòu よろしくと伝える．

【致意】 zhìyì　動 挨拶する．‖点头～ diǎntóu zhìyì 会釈する．| 向前来欢迎的人们招手 ～ xiàng qián lái huānyíng de rénmen zhāoshǒu zhìyì 迎えに来た人々に手を振って挨拶する．

あいじょう　愛情

▶爱情　▶痴情　▶纯情　▶感情　▶亲情
▶情　▶情意　▶深情　▶友情

** **【爱情】** àiqíng　名 (男女の)愛情．‖～故事 àiqíng gùshi ラブストーリー．| 他们之间产生了～ tāmen zhījiān chǎnshēngle àiqíng 彼らの間に愛情が芽生えた．| ～小说 àiqíng xiǎoshuō 愛情小説．恋愛小説．

【痴情】 chīqíng　名 (男女の)ひたむきな愛情．恋におぼれること．‖小王对她是一片～ Xiǎo-Wáng duì tā shì yí piàn chīqíng 王君は彼女にいちずに恋い焦れている．

【纯情】 chúnqíng　名 (少女の)純情．純心な愛情．

** **【感情】** gǎnqíng　名 情愛．愛情．‖他们俩～很好 tāmen liǎ gǎnqíng hěn hǎo あの二人は仲がよい．| 夫妻～破裂 fūqī gǎnqíng pòliè 夫婦の仲が完全に破局になる．| 有了～ yǒule gǎnqíng 親しみが生まれた．

【亲情】 qīnqíng　名 肉親の情．‖不念～ bú niàn qīnqíng 肉親の情を気にかけない．

* **【情】** qíng　名 男女の愛情．‖～书 qíngshū 恋文．ラブレター．| 殉～ xùnqíng 愛情のために命を絶つ．| 谈～说爱 tán qíng shuō ài 愛をささやき恋を語らう．恋愛する．

【情意】 qíngyì　名 (相手に対する)情．心づくし．厚意．(男女の)情．恋情．‖你的～我心领了，东西还是拿回去吧 nǐ de qíngyì wǒ xīnlǐng le, dōngxi háishì náhuiqu ba お気持ちはいただきましたから，品物はやはりお持ち帰りください．| ～缠绵 qíngyì chánmián 纏綿(てんめん)たる恋情．

* **【深情】** shēnqíng　名 深い愛情．‖～厚谊

あいする　愛する

shēnqíng hòuyì 厚い情誼(じょう). | 一片~ yí piàn shēnqíng 満腔(まん)の愛情. 圏情 がこもっている. ‖ ~的目光 shēnqíng de mùguāng 情のこもったまなざし. | 她~地看了他一眼 tā shēnqíng de kànle tā yì yǎn 彼女は愛情のこもったまなざし で彼をちらっと見た.

*【友情】yǒuqíng 图 友情. 友誼(ゆう). ‖ 真挚的~ zhēnzhì de yǒuqíng 真摯(しん)な 友情. | ~深厚 yǒuqíng shēnhòu 友情に 厚い.

あいする　愛する

▶爱　▶爱慕　▶恋爱　▶热爱　▶疼爱
▶喜爱　▶喜欢　▶心爱　▶钟爱　▶钟情

★【爱】ài 動 愛する. ‖ ~祖国~人民 ài zǔ-guó ài rénmín 祖国を愛し人々を愛する. | ~孩子 ài háizi 子供をかわいがる. | 他深深地~着他的妻子 tā shēnshēn de ài-zhe tā de qīzi 彼は深く妻を愛している. | 我~上了她了 wǒ àishangle tā le 僕は 彼女を好きになってしまった.

【爱慕】àimù 動 愛し慕う. ‖ 对她十分~ duì tā shífēn àimù 彼女を心から慕う.

**【恋爱】liàn'ài 動 恋愛する. ‖ 他俩正在 ~ tā liǎ zhèngzài liàn'ài あの二人は目下 恋愛中だ. | ~了俩年结的婚 liàn'àile liǎng nián jié de hūn 2年間交際して結婚 した. 图 恋愛. 谈~ tán liàn'ài 恋愛を する.

**【热爱】rè'ài 動 熱愛する. 心から愛す る. ‖ ~祖国 rè'ài zǔguó 祖国を愛する. | ~自己的工作 rè'ài zìjǐ de gōngzuò 自 分の仕事をこよなく愛する.

【疼爱】téng'ài 動 かわいがる. ‖ 父母最 ~我 fùmǔ zuì téng'ài wǒ 父母は私をい ちばんかわいがってくれた.

*【喜爱】xǐ'ài 動 好む. 愛好する. 好く. ‖ 不~都市生活 bù xǐ'ài dūshì shēnghuó

都会生活を好まない. | 我~体育运动 wǒ xǐ'ài tǐyù yùndòng 私はスポーツが好 きだ. | 熊猫十分招人~ xióngmāo shífēn zhāo rén xǐ'ài パンダは誰からも愛され る.

★【喜欢】xǐhuan 動 好む. 愛する. ‖ 我~ 秋天的红叶 wǒ xǐhuan qiūtiān de hóngyè 私は秋の紅葉が好きだ. | 他~养鸟 tā xǐhuan yǎng niǎo 彼は小鳥を育てるのが 好きだ. | 小王很~她 Xiǎo-Wáng hěn xǐ-huan tā 王君は彼女のことがとても好き だ. | 讨人~ tǎo rén xǐhuan 人に好かれ る.

*【心爱】xīn'ài 圏 心から愛している. お 気に入りである. 大切な. ‖ ~的人 xīn'ài de rén 心から愛する人. | ~的礼 物 xīn'ài de lǐwù お気に入りのプレゼン ト. | ~的藏书 xīn'ài de cángshū 大切な 蔵書.

【钟爱】zhōng'ài 動 (子供や目下の者に) 愛情を注ぐ. 目をかける. ‖ 祖母十分 ~他 zǔmǔ shífēn zhōng'ài tā 祖母はとて も彼をかわいがっている.

【钟情】zhōngqíng 動 ほれる. 愛する. ‖ ~于她 zhōngqíng yú tā 彼女に夢中に なる. | 一见~ yí jiàn zhōngqíng 一目ぼ れする.

あいだ　間

▶间隔　▶期间　▶其间　▶时候　▶之间
▶之中　▶中间

*【间隔】jiàngé 图 間隔. 間. ‖ 新的时刻 表缩短了发车时间~ xīn de shíkèbiǎo suō-duǎn le fāchē shíjiān jiàngé 新しい時刻表 では発車時刻の間が短くなった.

**【期间】qījiān 图 期間. 間. ‖ 节日~ jiérì qījiān 連休期間中. | 住院~ zhùyuàn qī-jiān 入院期間. | 要在暑假~把这本书 看完 yào zài shǔjià qījiān bǎ zhè běn shū kàn-

2

wán 夏休みの間にこの本を読んでしま
わなければならない.

*【其间】qíjiān 图 ❶(場所をさす)その
中. そのあいだ. ‖ 这里山清水秀, 置
身于～, 让人心旷神怡 zhèlǐ shān qīng
shuǐ xiù, zhìshēn yú qíjiān, ràng rén xīn kuàng
shén yí このすばらしい自然の中にいる
と, 心がのびのびしてとても気持ちが
よい. ❷その間(かん). そのあいだ. ‖ 参
加工作已经二十年了, ～他担任过各种
各样的职务 cānjiā gōngzuò yǐjīng èrshí nián
le, qíjiān tā dānrèngguo gèzhǒng gèyàng de
zhíwù 社会に出て 20 年になるが, その
間, 彼はさまざまな職務を担当してき
た.

★【时候】shíhou 图 (ある特定の)時. 時
刻. ‖ 工作的～我一般不吃东西 gōngzuò
de shíhou wǒ yìbān bù chī dōngxi 私は仕事
中にはふつう食べ物を口にしない. ｜
他在大学的～学过汉语 tā zài dàxué de
shíhou xuéguo Hànyǔ 彼は大学のとき中
国語を勉強したことがある.

★【之间】zhījiān 图 (両者の間を表す)…
の間. ‖ 两座院子～隔着一道竹篱笆
liǎng zuò yuànzi zhī jiān gézhe yí dào zhúlíba
二つの庭の間は竹の垣根で仕切られて
いる. ｜ 我下午三点到三点半～有个会
wǒ xiàwǔ sān diǎn dào sān diǎn bàn zhī jiān
yǒu ge huì 私は午後 3 時から 3 時半ま
で会合がある.

**【之中】zhī zhōng 组 …の中. ‖ 一年～就
发表了五篇论文 yì nián zhī zhōng jiù fā-
biǎole wǔ piān lùnwén 1 年の間に論文を
5 本も発表した.

★【中间】zhōngjiān 图 間. 途中. ‖ 两座楼
～有一个小公园 liǎng zuò lóu zhōngjiān
yǒu yí ge xiǎo gōngyuán 二つの建物の間
に小さな公園がある. ｜ 在电视节目～
插播广告 zài diànshì jiémù zhōngjiān chābō
guǎnggào テレビ番組の途中にコマー
シャルを放送する.

あいて　相手

あいて　相手

▶伴　▶敌手　▶对方　▶对手　▶对头
▶对象　▶伙伴　▶理　▶陪

---

*【伴】bàn (～儿)图 連れ. 仲間. 伴侶
(はんりょ). ‖ 同～儿 tóngbànr 相棒. 連れ. ｜
舞～儿 wǔbànr ダンスの相手. ｜ 老～儿
lǎobànr 連れ合い.

【敌手】díshǒu 图 好敵手. ライバル. ‖
天下无～ tiānxià wú díshǒu 天下に匹敵
する者がいない. 天下無双.

*【对方】duìfāng 图 相手. 相手側. 先方.
‖ 吵架的～ chǎojià de duìfāng けんかの
相手. ｜ 交易的～ jiāoyì de duìfāng 取引
き相手. ｜ 征求～的意见 zhēngqiú duìfāng
de yìjian 相手側の意見を求める.

*【对手】duìshǒu 图 ❶(試合などの)相
手. ‖ 你的～是个比赛经验丰富的老将
nǐ de duìshǒu shì ge bǐsài jīngyàn fēngfù de
lǎojiàng 君の相手は試合経験豊かなベ
テランだ. ❷好敵手. ‖ 他们俩是棋逢
～ tāmen liǎ shì qí féng duìshǒu あの二人
はなかなかの好敵手だ.

【对头】duìtou 图 (マイナスイメージの
ある)ライバル. ‖ 死～ sǐ duìtou 和解で
きない相手. 宿敵.

*【对象】duìxiàng 图 結婚相手. 婚約者.
恋人. ‖ 找～ zhǎo duìxiàng 結婚相手を
探す. ｜ 介绍～ jièshào duìxiàng 結婚を
前提とした相手を紹介する.

*【伙伴】huǒbàn (～儿)图 仲間. 連れ.
相棒. "火伴"とも書く. ‖ 好～ hǎo huǒ-
bàn 名コンビ. ｜ 他有几个好～ tā yǒu jǐ
ge hǎo huǒbàn 彼にはいい仲間がいる.

*【理】lǐ 動 相手にする. かまう. ‖ 别～
他 bié lǐ tā 彼を相手にするな. ｜ 爱答不
～ ài dā bù lǐ つっけんどんで素っ気な
い.

**【陪】péi 動 付き添う. お供する. ‖ 我
～大娘聊天儿 wǒ péi dàniáng liáotiānr お

3

あう　会う(面会する)

ばさんのおしゃべり相手をする.｜她心情不好，你多～～她 tā xīnqíng bùhǎo, nǐ duō péipei tā 彼女は気落ちしているから，そばにいてあげなさい.

あう　会う　(面会する)

▶会见　▶会客　▶会面　▶会晤　▶见
▶见面　▶接见　▶看　▶幽会　▶找

＊＊【会见】huìjiàn 動 公式に会う.会見する.（多く外交の場での会見をさす）‖总统～三国大使 zǒngtǒng huìjiàn sān guó dàshǐ 大統領が3ヵ国の大使と会見する.

＊＊【会客】huì//kè 動 来客と会う.接客する.‖整个上午，他一直在～ zhěnggè shàngwǔ, tā yìzhí zài huìkè 午前中，彼はずっと接客していた.｜～室 huìkèshì 応接室.

【会面】huì//miàn 動 会う.‖直接～洽谈 zhíjiē huìmiàn qiàtán じかに会って交渉する.｜～时间是下午五点到八点 huìmiàn shíjiān shì xiàwǔ wǔ diǎn dào bā diǎn 面会時間は午後5時から8時です.

＊【会晤】huìwù 動（政府首脳が）会う.会見する.‖定期～ dìngqī huìwù 定期的に会談する.定期会談.

★【见】jiàn 動 会う.対面する.‖明天～！míngtiān jiàn! さようなら.また明日.｜他想～～你 tā xiǎng jiànjian nǐ 彼は君に会いたがっている.｜～到他，替我问个好 jiàndào tā, tì wǒ wèn ge hǎo 彼に会ったらよろしく伝えてください.｜有好几天没～到你了 yǒu hǎojǐ tiān méi jiàndào nǐ le しばらくお目にかかっていませんね.

★【见面】jiàn//miàn（～儿）動 会う.面会する.‖初次～，请多关照 chūcì jiànmiàn, qǐng duō guānzhào 初めまして，どうかよろしくお願いいたします.｜我

们总没有～的机会 wǒmen zǒng méiyǒu jiànmiàn de jīhui 私たちはどうもお会いするチャンスがありませんね.｜我跟他只见过一次面 wǒ gēn tā zhǐ jiànguo yí cì miàn 私は彼と1回だけ会ったことがある.

＊＊【接见】jiējiàn 動（高位の者が下位の者に）公に面会する.接見する.‖～外宾 jiējiàn wàibīn 外国からの客を接見する.

★【看】kàn 動 会う.見舞う.訪ねる.‖～朋友 kàn péngyou 友人に会う.｜我～病人去 wǒ kàn bìngrén qù 私は病気見舞いにいく.

【幽会】yōuhuì 動（男女が）人目を忍んで会う.密会する.‖在公园里～ zài gōngyuán li yōuhuì 公園で密会する.

★【找】zhǎo 動（人に会おうとして）探す.訪ねる.‖小张，门口有人～你 Xiǎo-Zhāng, ménkǒu yǒu rén zhǎo nǐ 張さん，入り口に誰かが会いに来てますよ.｜老曹上午来～过你，你不在 Lǎo-Cáo shàngwǔ lái zhǎoguo nǐ, nǐ bú zài 曹さんが午前中あなたを訪ねて来たけど，いませんでしたね.

あう　(偶然に)　会う

▶打照面儿　▶碰　▶碰见　▶遇　▶遇见
▶撞

【打照面儿】dǎ zhàomiànr 組 偶然に出会う.ばったり顔を合わせる.‖那天在街上跟小曹打了个照面儿 nà tiān zài jiēshang gēn Xiǎo-Cáo dǎle ge zhàomiànr あの日街で曹さんとばったり会った.

★【碰】pèng 動 ばったり会う.‖两人在车站～上了 liǎng rén zài chēzhàn pèngshang le 二人は駅でばったり会った.｜最近没～到过他 zuìjìn méi pèngdàoguo tā 最近彼に会っていない.

＊＊【碰见】pèng//jiàn 動 偶然出会う.ばっ

あう （被害に）遭う

たり会う。‖在街上～老同学了 zài jiē-shang pèngjiàn lǎotóngxué le 街で昔のクラスメートとばったり会った。｜今天～一件很有意思的事儿 jīntiān pèngjiàn yí jiàn hěn yǒu yìsi de shìr 今日すごく面白いことに出くわした。

**【遇】yù 動 偶然会う。出会う。巡り合う。‖～上一场雪 yùshang yì cháng xuě ひとしきり雪に降られた。｜他乡～故知 tāxiāng yù gùzhī 他郷で旧知に会う。｜这几天老～不到小王 zhè jǐ tiān lǎo yùbudào Xiǎo-Wáng この数日、王さんにずっと会えないでいる。

**【遇见】yù//jiàn 動 会う。出会う。出くわす。‖一年都难得～一次 yì nián dōu nándé yùjiàn yí cì 1年のうち1回会えるかどうかだ。｜在路上～了老朋友 zài lù-shang yùjiànle lǎopéngyou 道で昔の友だちにばったり会った。

**【撞】zhuàng 動 偶然出会う。遭遇する。‖冤家路窄，又～上他了 yuānjiā lù zhǎi, yòu zhuàngshang tā le 嫌なやつにはよく出会う、また彼と鉢合わせしてしまった。｜在树林里～见一只鹿 zài shùlín lǐ zhuàngjiàn yì zhī lù 森でシカに出くわした。

あう （被害に）遭う

▶受　▶受害　▶受灾　▶损失　▶遇
▶遇难　▶遭　▶遭到　▶遭受　▶遭遇

**【受】shòu 動 (損害を)被る。(不幸に)遭う。‖～委屈 shòu wěiqu 嫌な思いをさせられる。｜～批评 shòu pīpíng 批判される。｜～虐待 shòu nüèdài 虐待を受ける。｜～约束 shòu yuēshù 束縛される。｜～蒙骗 shòu mēngpiàn だまされる。

【受害】shòu//hài 動 被害を受ける。損害を受ける。‖持续干旱使农作物大面积～ chíxù gānhàn shǐ nóngzuòwù dàmiànjī

shòuhài 長く続いた日照りのために農作物が広い範囲で被害を受けた。

**【受灾】shòu//zāi 動 災害を被る。罹災（りさい）する。‖小麦～严重 xiǎomài shòuzāi yánzhòng コムギの被害が重大である。｜～地区 shòuzāi dìqū 被害地。

**【损失】sǔnshī 動 損をする。損失をこうむる。‖～了很多资金 sǔnshīle hěn duō zījīn 多くの資金を失った。

**【遇】yù 動 偶然会う。出会う。巡り合う。‖～上一场雪 yùshang yì cháng xuě ひとしきり雪に降られた。｜百年不～的洪水 bǎinián bú yù de hóngshuǐ めったにない大洪水。｜船在海上～到了台风 chuán zài hǎi shang yùdàole táifēng 船は航海中に台風に見舞われた。

【遇难】yù//nàn 動 ❶遭難する。‖海上～ hǎi shang yùnàn 海で遭難する。❷(事故で)死亡する。殺害される。‖因飞机失事而～ yīn fēijī shīshì ér yùnàn 飛行機事故で死亡した。

*【遭】zāo 動 (災難や不幸なことに)遭う。見舞われる。‖～毒打 zāo dúdǎ こっぴどく殴られる。｜～了一场大难 zāole yì cháng dànàn 大難に見舞われた。｜土匪进村，老百姓又～殃了 tǔfěi jìn cūn, lǎo-bǎixìng yòu zāoyāng le 土匪（ど）が村を襲って、人々がまた災難をこうむった。

**【遭到】zāodào 動 (不幸や好ましくないことに)出合う。こうむる。見舞われる。‖～了严重的打击 zāodàole yánzhòng de dǎjī 深刻な打撃をこうむった。｜～台风袭击 zāodào táifēng xíjī 台風に見舞われる。

**【遭受】zāoshòu 動 (不幸や災害などに)遭う。受ける。こうむる。‖～挫折 zāoshòu cuòzhé 挫折（ざつ）する。｜～不幸 zāoshòu búxìng 不幸な目に遭う。｜～自然灾害 zāoshòu zìrán zāihài 自然災害に見舞われる。

*【遭遇】zāoyù 動 (不幸や好ましくない

ことに)出合う. 出くわす. ‖他一生中
～了很多不幸 tā yìshēng zhōng zāoyùle hěn
duō búxìng 彼は生涯に多くの不幸に見
舞われた.

る.

あおい　青い

▶常青　▶葱绿　▶蓝　▶蓝色　▶绿
▶绿油油　▶青　▶蔚蓝　▶油绿

【常青】chángqīng 形 常に青い. 常緑で
ある. 転 いつまでも栄えている. いつ
までも変わらない. ‖四季～ sìjì cháng-
qīng 四季を通して緑である. 一年中
青々としている.

【葱绿】cōnglǜ 形 あさぎ色の. 青々と
した. "葱心儿绿" cōngxīnrlǜ ともいう.
‖～的禾苗 cōnglǜ de hémiáo 青々とし
た苗.

【蓝】lán 形 あい色の. 青色の. ‖湛～
zhànlán 紺色の. 紺碧（こん）の. ｜海水是
～的 hǎishuǐ shì lán de 海は青い.

【蓝色】lánsè 名 あい色. 青色.

【绿】lǜ 形 緑色の. ‖草～ cǎolǜ 草色の.
もえぎ色の. ｜亮～灯了 liàng lǜdēng le
青信号になった. ｜开～灯 kāi lǜdēng
ゴーサインを出す. 許可を与える.

【绿油油】lǜyóuyóu（～的）形 緑が濃く
て光沢がある. 緑したたるさま. ‖～
的麦苗 lǜyóuyóu de màimiáo 青々とした
ムギの苗.

**【青】qīng 形 ❶青い. あい色の. ‖～天
qīngtiān 青空. ❷緑色の. ‖～草 qīng-
cǎo 青草. ｜～菜 qīngcài 青物野菜.

【蔚蓝】wèilán 形 深い青色の. 真っ青
な. ‖～的天空 wèilán de tiānkōng 真っ
青な大空. ｜～的大海 wèilán de dàhǎi 紺
碧（こん）の大海原.

【油绿】yóulǜ 形 つやのある深緑色の.
青々としている. ‖庄稼～～的 zhuāng-
jia yóulǜyóulǜ de 作物が青々としてい

あかい　赤い

▶大红　▶绯红　▶红　▶红扑扑　▶红色
▶红彤彤　▶火红　▶通红　▶鲜红

【大红】dàhóng 形 真っ赤の. ‖～的滑雪
装 dàhóng de huáxuězhuāng 赤いアノラッ
ク.

【绯红】fēihóng 形 真っ赤な. 深紅色の.
‖～的晚霞 fēihóng de wǎnxiá 真っ赤な
夕焼け. ｜羞得双颊～ xiūde shuāng jiá fēi-
hóng 恥ずかしくて頬が真っ赤になる.

★【红】hóng 形 赤い. ‖～葡萄酒 hóngpú-
taojiǔ 赤ワイン. ｜她的脸～了 tā de liǎn
hóng le 彼女の顔は赤くなった.

【红扑扑】hóngpūpū（～的）形（子供のほ
ほが）赤い. 紅潮している. ‖小姑娘脸
蛋～的 xiǎogūniang liǎndàn hóngpūpū de 女
の子のほっぺたが赤い.

【红色】hóngsè 名 赤色. ‖～的水彩颜料
hóngsè de shuǐcǎi yánliào 赤い絵の具.

【红彤彤】【红通通】hóngtōngtōng（～的）
形 真っ赤である. ‖～的朝阳 hóngtōng-
tōng de zhāoyáng 真っ赤な朝日. ｜～的
火焰 hóngtōngtōng de huǒyàn 真っ赤な
炎.

【火红】huǒhóng 形 火のように赤い. 真
紅である. ‖～的石榴花 huǒhóng de shí-
liúhuā 赤いざくろの花.

*【通红】tōnghóng 形 非常に赤い. 真っ
赤である. ‖她羞得满脸～ tā xiūde mǎn-
liǎn tōnghóng 彼女は恥ずかしさのあま
り顔が真っ赤になった. ｜晚霞把天空
染成一片～ wǎnxiá bǎ tiānkōng rǎnchéng yí
piàn tōnghóng 夕焼けが空一面を真っ赤
に染めた. ｜把炉火烧得～ bǎ lúhuǒ shāo-
de tōnghóng ストーブの火が赤々と燃え
ている.

*【鲜红】xiānhóng 形 鲜紅色である. 鮮

あきらか　明らか

やかな赤色の. ‖ ～的太阳 xiānhóng de tàiyang 真っ赤な太陽.

あがる　上がる　⇒【登る】

あかるい　明るい

▶光明　▶豁亮　▶亮　▶亮堂堂　▶亮堂
▶明朗　▶明亮

**【光明】 guāngmíng 形 明るい. 光り輝いている. ‖ 节日的广场, 华灯齐放, 格外 ～ jiérì de guǎngchǎng, huádēng qí fàng, géwài guāngmíng 祝日の広場は街灯がいっせいにともり, ことのほか明るい.

【豁亮】 huòliàng 形 広々として明るい. ‖ 屋子挺 ～ wūzi tǐng huòliàng 部屋が広々としてとても明るい.

*【亮】 liàng 形 明るい. ‖ 房间里很～ fángjiān li hěn liàng 部屋の中はとても明るい. ｜灯不太～ dēng bútài liàng 電灯があまり明るくない. 動 明るくなる. 光る. 輝く. ‖ 天快 ～ 了 tiān kuài liàng le もうすぐ夜が明ける. ｜灯不～了 dēng bú liàng le 電球がつかなくなった. ｜屋里～着灯光 wūli liàngzhe dēngguāng 部屋には明かりがともっている.

【亮堂堂】 liàngtángtáng (～的)形 灯火が煌々(ミミ)としている. 非常に明るい. (話し言葉では liàng tāngtāng とも発音する) ‖ 大厅里灯火通明, ～ 的 dàtīng li dēnghuǒ tōngmíng, liàngtángtáng de ホールは灯火が煌々と輝き, 非常に明るい.

【亮堂】 liàngtang 形 広々として明るい. ‖ 这客厅又宽敞又～ zhè kètīng yòu kuānchang yòu liàngtang この客間は広々として明るい.

*【明朗】 mínglǎng 形 (多くの場合, 屋外が)明るい. ‖ ～的天空 mínglǎng de tiān-kōng 明るい空. ｜月色～ yuèsè mínglǎng 月が明るい.

**【明亮】 míngliàng 形 ❶(光が)明るい. ‖ 教室里 ～ 而整洁 jiàoshì lǐ míngliàng ér zhěngjié 教室の中は明るくきちんと整っている. ❷きらきら輝いている. ‖ ～的大眼睛 míngliàng de dà yǎnjing きらきら光る大きな目. ｜～的月光 míngliàng de yuèguāng 明るく輝く月の光. ｜ ～ 的电灯 míngliàng de diàndēng 明るく輝く電灯.

あき　秋

▶初秋　▶秋　▶秋季　▶秋日　▶秋天
▶晚秋

【初秋】 chūqiū 名 初秋.

★【秋】 qiū 名 秋. 秋季. ふつうは"秋天" qiūtiān / という. ‖ ～雨 qiūyǔ 秋の雨. ｜中～ zhōngqiū 中秋. ｜一叶知～ yí yè zhī qiū 一葉落ちて秋の訪れを知る. ｜春去～来 chūn qù qiū lái 春が過ぎ秋が来る. 月日が移り変わること.

*【秋季】 qiūjì 名 秋季. 秋. ‖ ～运动会 qiūjì yùndònghuì 秋の運動会. ｜～作物 qiūjì zuòwù 秋の収穫物. ｜～入学 qiūjì rùxué 秋季(9 月)入学.

【秋日】 qiūrì 名 ❶秋. ❷秋の太陽.

★【秋天】 qiūtiān 名 秋. 秋季. ‖ 金色的～ jīnsè de qiūtiān 黄金色の秋.

【晚秋】 wǎnqiū 名 晚秋.

あきらか　明らか
⇒【はっきり】

7

あきらめる

あきらめる

▶打消 ▶放弃 ▶看开 ▶认 ▶认命
▶死 ▶死心 ▶想开

【打消】dǎxiāo 動 (…する考えを)打ち消す．なくす．‖～了辞职的念头 dǎxiāole cízhí de niàntou 辞職する考えを捨てる．｜我的朋友因经济原因～了留学的念头 wǒ de péngyou yīn jīngjì yuányīn dǎxiāole liúxué de niàntou 友人は経済的な理由で留学をあきらめた．｜彻底～了去旅行的念头 chèdǐ dǎxiāole qù lǚxíng de niàntou 旅行に行くのはすっぱりあきらめた．

＊＊【放弃】fàngqì 動 放棄する．捨て去る．‖～权利 fàngqì quánlì 権利を放棄する．｜～自己的主张 fàngqì zìjǐ de zhǔzhāng 自分の主張を放棄する．｜这是一个很好的机会，不能轻易～ zhè shì yí ge hěn hǎo de jīhuì, bù néng qīngyì fàngqì これはいい機会だから，やすやすと逃がすわけにはいかない．

【看开】kàn//kāi 動 見限る．あきらめる．悟る．‖凡事得～一点儿 fánshì děi kànkāi yìdiǎnr 何事もあきらめが肝心だ．

＊＊【认】rèn 動 我慢する．仕方なく受け入れる．あきらめる．‖再吃亏我也～了 zài chīkuī wǒ yě rèn le どんなに損をしても，私は文句を言わない．｜你不用管，输了我～了 nǐ búyòng guǎn, shūle wǒ rèn le 構わないでくれ，負けたとしても私は誰のせいにもしない．

【认命】rèn//mìng 動 運命と思ってあきらめる．‖事情到了这种地步，也只好～了 shìqing dàole zhè zhǒng dìbù, yě zhǐhǎo rènmìng le 事がここに到っては，運命と思ってあきらめるより仕方ない．｜怎么努力也考不上只好～了 zěnme nǔlì yě kǎobushàng zhǐhǎo rènmìng le どんなにがんばっても合格できないのだからあ

きらめるしかない．

★【死】sǐ 動 (願望や欲望が)消える．消す．あきらめる．‖心还没～ xīn hái méi sǐ まだあきらめきれない．｜贼心不～ zéixīn bù sǐ 邪心を断ちきれない．

【死心】sǐ//xīn 動 あきらめる．断念する．‖他屡次失败，但仍不～ tā lǚcì shībài, dàn réng bù sǐxīn 彼は何度も失敗しながら，依然としてあきらめない．｜不到黄河不～ bú dào Huánghé bù sǐxīn 黄河に至らずんばあきらめず．目的を達するまでは決してやめない．｜你就死了那条心吧 nǐ jiù sǐle nà tiáo xīn ba あのことはあきらめなさい．

【想开】xiǎng//kāi 動 あきらめる．断念する．思い切る．‖那件事，你还是～点儿吧 nà jiàn shì, nǐ háishi xiǎngkāi diǎnr ba あの事はやはりあきらめなさい．｜经大家一劝，她也就～了 jīng dàjiā yí quàn, tā yě jiù xiǎngkāi le みんなに忠告されて彼女もあきらめがついた．

あきる 飽きる

▶烦 ▶够 ▶腻 ▶伤 ▶厌 ▶厌烦

＊【烦】fán 形 煩わしい．面倒である．うるさい．‖这些话已经听～了 zhèxiē huà yǐjīng tīng fán le そんなことはもう聞き飽きた．｜不耐～ bú nàifán 面倒くさい．我慢できない．

★【够】gòu 動 (動詞の後に置き，程度が十分であることを表す)たっぷり…する．嫌というほど…する．飽きるくらい…する．‖这些话，我早就听～了 zhèxiē huà, wǒ zǎojiù tīnggòu le こういった話はもう聞き飽きた．｜节日那天，他们玩了个～ jiérì nà tiān, tāmen wánle ge gòu 祝日の日に，彼らは思う存分遊んだ．｜我还没睡～呢，让我再睡一会儿 wǒ hái méi shuìgòu ne, ràng wǒ zài shuì yí-

8

あける 開ける

huìr 僕はまだ寝足りないんだ，もう少し寝かせてくれよ．

【腻】nì 形 飽き飽きしている．うんざりしている．‖吃～了 chīnì le 食べ飽きた．｜听～了 tīngnì le 聞き飽きた．｜孩子们很快就玩～了 háizimen hěn kuài jiù wánnì le 子供たちはすぐに遊び飽きてしまった．

**【伤】shāng 動 食べ飽きる．食傷する．‖吃炸鸡块～了 chī zhájī chīshāng le トリの唐揚げは食べ飽きた．

【厌】yàn 動 飽きる．‖吃～了 chīyàn le 食べ飽きた．｜百读不～ bǎi dú bú yàn 百回読んでも飽きない．

【厌烦】yànfán 動 嫌気がさす．うんざりする．‖～空洞的说教 yànfán kōngdòng de shuōjiào 中身のない説教にうんざりする．｜唠叨起来没完，听了让人～ láodaoqilai méi wán, tīngle ràng rén yànfán いつまでもくどくどと，まったくうんざりさせられる．

あく　空く

▶出缺　▶空　▶空　▶空缺　▶闲

【出缺】chūquē 動 (主に要職の)欠員がでる．ポストが空く．‖副董事的职位～ fùdǒngshì de zhíwèi chūquē 副理事のポストが欠員となっている．

**【空】kōng 形 空っぽである．何もない．‖暖瓶都～了 nuǎnpíng dōu kōng le ポットはすっかり空になった．｜脑子里～～的 nǎozi li kōngkōng de 頭の中が空っぽだ．

**【空】kòng 形 空である．あいている．使われていない．‖这间房一直～着没人住 zhè jiān fáng yìzhí kòngzhe méi rén zhù この部屋はずっとあいていて誰も住んでいない．｜屋里没什么家具，～得很 wūli méi shénme jiājù, kòngde hěn 部屋に

は何も家具がなく，ひどくがらんとしている．

【空缺】kòngquē 图 (ポストの)あき．欠員．‖补足～ bǔzú kòngquē あいたポストを埋める．｜政府职位～ zhèngfǔ zhíwèi kòngquē 政府要職の欠員．

**【闲】xián 形 (家屋や器物などが)空いている．遊んでいる．利用していない．‖不让机器～着 bú ràng jīqi xiánzhe 機械を遊ばせておかない．｜房间～出来了 fángjiān xiánchulai le 空室ができた．｜我的缝纫机～着呢，你用吧 wǒ de féngrènjī xiánzhe ne, nǐ yòng ba 私のミシンは空いているのでお使いください．

あける　開ける

▶敞开　▶打开　▶翻　▶揭　▶揭开　▶开
▶掀　▶掀开　▶张嘴　▶睁

*【敞开】chǎng kāi 動 すっかり開ける．開け放す．‖～窗户 chǎngkāi chuānghu 窓を開け放す．｜～衣襟 chǎngkāi yījīn 服の前をはだける．

*【打开】dǎ/kāi 動 開ける．開く．‖～窗户 dǎkāi chuānghu 窓を開ける．｜～笔记本 dǎkāi bǐjìběn ノートを広げる．｜～包裹 dǎkāi bāoguǒ 包みをほどく．

★【翻】fān 動 引っくり返す．裏返す．‖锅被碰～了 guō bèi pèngfān le 鍋を引っくり返された．｜～抽屉 fān chōuti 引き出しの中をかき回す．｜把书～到第十页 bǎ shū fāndào dì shí yè 本の10ページを開けなさい．

*【揭】jiē 動 (かぶせてあるものを)取る．まくる．開ける．‖～下面纱 jiēxia miànshā ベールをまくる．｜下水井盖儿可不能随便～ xiàshuǐjǐnggàir kě bù néng suíbiàn jiē マンホールのふたを勝手に開けてはいけない．

【揭开】jiē//kāi 動 開ける．封を切る．

あげる　上げる・挙げる

切り開く. ‖ 把锅盖～瞧瞧 bǎ guōgài jiē-kāi qiáoqiao 鍋のふたを開けて見てみよう.

★【开】kāi 動❶(閉じていたものを)開ける. 開(ひら)く. ⇔"关" guān ‖ ～锁 kāi suǒ 鍵を開ける. | ～罐头 kāi guàntou 缶詰を開ける. | ～窗户 kāi chuānghu 窓を開ける. ❷動詞の後に置き, 動作の方向や結果などを表す. ‖ 拉～窗帘 lākāi chuānglián カーテンを開ける. | 推～大门 tuīkāi dàmén 正門を押し開ける. | 抽屉拉～了 chōuti lākāi le 引き出しが開けっぱなしだ.

＊＊【掀】xiān 動(ふたや覆いなどを)開ける. 取る. (カーテンやベールなどを)めくる. 上げる. ‖ ～锅盖 xiān guōgài 鍋のふたを取る. | 把门帘～起来 bǎ ménlián xiānqilai 入り口のカーテンをまくり上げる.

【掀开】xiānkāi 動 めくる. 開ける. ‖ ～窗帘 xiānkāi chuānglián 窓のカーテンを開ける. | ～盖儿 xiānkāi gàir ふたを取る. | ～被子 xiānkāi bèizi 布団をめくる.

【张嘴】zhāng/zuǐ 口を開く. ものを言う. ‖ ～骂人 zhāngzuǐ mà rén 口を開けば人を罵る.

＊＊【睁】zhēng 動 目を開ける. 見開く. ‖ ～开双眼 zhēngkāi shuāngyǎn 目を見張る. | 困得眼都～不开 kùnde yǎn dōu zhēng-bukāi 眠くて目を開けていられない. | 吓得～大了眼睛 xiàde zhēngdàle yǎnjing びっくりして目を丸くした.

あげる　上げる・挙げる

▶举　▶起　▶…起来　▶升　▶抬　▶悬挂
▶扬

★【举】jǔ 動 持ち上げる. 差し上げる. ‖ ～杯 jǔ bēi 杯をあげる. | ～双手赞成 jǔ shuāngshǒu zànchéng もろ手を挙げて賛

成する. | ～着火炬 jǔzhe huǒjù たいまつを掲げる. | 一～起指挥棒, 乐队成员就一齐向我看过来 yì jǔqi zhǐhuībàng, yuèduì chéngyuán jiù yìqí xiàng wǒ kànguo-lai タクトをあげると, 楽団員は一斉に私のほうを見た. | 这么重, 我～不起来 zhème zhòng, wǒ jǔbuqǐlái こんなに重くては私には持ち上げられない.

★【起】qǐ 動❶上昇する. 上げる. ‖ ～锚 qǐmáo いかりを上げる. ❷(qi；qǐ)動詞の後に置き, 動作が上に向かうことを表す. ‖ 举～酒杯 jǔqi jiǔbēi 杯をあげる. | 抬～头 táiqi tóu 頭を上げる. | 捡～地上的报纸 jiǎnqi dìshang de bàozhǐ 床に落ちた新聞を拾い上げる.

＊＊【…起来】…/qi(qǐ)//lai(lái) 動(動詞の後に置き, 下から上への動作を表す) …上げる. ‖ 把孩子抱～ bǎ háizi bàoqilai 子供を抱き上げる. | 挽起袖子来 wǎnqi xiùzi lai 袖をたくし上げる.

＊＊【升】shēng 動(低い所から高い所へ)上げる. ⇔"降" jiàng ‖ 把国旗～起来 bǎ guóqí shēngqilai 国旗を上げる. | 用起重机把集装箱～起来 yòngqǐ zhòngjī bǎ jí-zhuāngxiāng shēngqilai クレーンでコンテナを高々と上げる.

★【抬】tái 動 持ち上げる. もたげる. 起こす. ‖ 把头～起来 bǎ tóu táiqilai 頭を上げる. | ～腿 tái tuǐ 足を上げる. | 把双臂～到与肩相平 bǎ shuāngbì táidào yǔ jiān xiāngpíng 両腕を肩の高さまで上げる.

＊【悬挂】xuánguà 動 掛ける. 掲げる. ‖ ～国旗 xuánguà guóqí 国旗を掲げる. | ～招牌 xuánguà zhāopai 看板を掛ける.

＊【扬】yáng 動 上にあげる. 高く持ち上げる. ‖ ～鞭 yángbiān 鞭(むち)を振り上げる. | ～起手 yángqi shǒu 手を上にあげる. | ～起头 yángqi tóu 頭を上げる. | 她把脖子一～就走了 tā bǎ bózi yì yáng jiù zǒu le 彼女はぷいと顔をそむけて

10

行ってしまった.

あげる ⇒【与える】

あこがれる

▶憧憬 ▶崇拝 ▶渇望 ▶神往 ▶羨慕
▶向往

【憧憬】chōngjǐng 動あこがれる. ‖ ～着
美好的明天 chōngjǐngzhe měihǎo de míng-
tiān 幸せな未来にあこがれる. | 对幸
福生活的～ duì xìngfú shēnghuó de chōng-
jǐng 幸福な生活に対するあこがれ.

*【崇拜】chóngbài 動崇拝する. ‖ ～英雄
chóngbài yīngxióng 英雄を崇拝する. |
～贝多芬 chóngbài Bèiduōfēn ベートーベ
ンにあこがれる.

*【渴望】kěwàng 動渇望する. 切望する.
‖ ～得到一件美丽的婚纱 kěwàng dédào
yí jiàn měilì de hūnshā 美しいウエディン
グドレスにあこがれる. | 每个人都～获
得幸福 měi ge rén dōu kěwàng huòdé xìng-
fú 誰もが幸せになりたいと思ってい
る.

【神往】shénwǎng 動あこがれる. 思い
を馳(は)せる. ‖ 太空世界令人～ tàikōng
shìjiè lìng rén shénwǎng 宇宙は人々にあ
こがれを抱かせる. | 喜玛拉雅山是令
无数登山者～的地方 Xǐmǎlāyǎshān shì
lìng wúshù dēngshānzhě shénwǎng de dìfang
ヒマラヤは無数のクライマーのあこが
れの山だ. | 心驰～ xīn chí shén wǎng 思
いを馳せる.

**【羨慕】xiànmù 動うらやむ. 羨望(せん
ぼう)する. ‖ 我很～他有这么好的学习条件
wǒ hěn xiànmù tā yǒu zhème hǎo de xuéxí
tiáojiàn 私は彼がこんなに恵まれた条件
で学べるなんてうらやましい. | 他有
一个美满幸福的家庭，令人～ tā yǒu yí

ge měimǎn xìngfú de jiātíng, lìng rén xiànmù
彼には円満で幸せな家庭があり，人々
のあこがれの的だ.

*【向往】xiàngwǎng 動あこがれる. 思い
こがれる. ‖ ～着幸福的生活 xiàngwǎng-
zhe xìngfú de shēnghuó 幸福な生活にあ
こがれている. | 他终于到了～已久的北
京 tā zhōngyú dàole xiàngwǎng yǐ jiǔ de Běi-
jīng 彼は長いことあこがれていた北京
にとうとうやって来た.

あさ 朝

▶清晨 ▶清早 ▶上午 ▶天亮 ▶午前
▶一大早儿 ▶早晨 ▶早上

*【清晨】qīngchén 名早朝. ‖ 每天～出去
跑步 měitiān qīngchén chūqu pǎobù 每朝
早朝ジョギングに出かける.

*【清早】qīngzǎo 名朝. 早朝. ‖ 他一
就出去跑步去了 tā yì qīngzǎo jiù chūqu
pǎobù qù le 彼は朝早くからジョギング
に出かけた.

【上午】shàngwǔ 名午前. ‖ 我～在家 wǒ
shàngwǔ zài jiā 朝のうちは家にいます.
| 每天～都有课 měitiān shàngwǔ dōu yǒu
kè 毎日午前中は授業がある.

【天亮】tiān//liàng 動夜が明ける. ‖ 在
沙发上一觉睡到～ zài shāfā shang yí jiào
shuìdào tiānliàng ソファーで朝まで寝て
しまった.

【午前】wǔqián 名午前.

【一大早儿】yīdàzǎor 名早朝. 夜明け.

★【早晨】zǎochen 名朝. 午前中. (夜明
けの5，6時から8，9時ごろまで) ‖
今天～ jīntiān zǎochen 今朝. | 到了～〔清
晨〕dàole zǎochen〔qīngchén〕朝になっ
た.

★【早上】zǎoshang 名朝. (夜明けの5，6
時から8，9時ごろまで) ‖ 他～起得早
tā zǎoshang qǐde zǎo あいつは朝が早い.

あさい （知識が）浅い

あさい　（知識が）浅い

▶才疏学浅　▶粗浅　▶短浅　▶肤浅
▶浮浅　▶寡闻　▶目光如豆　▶浅薄
▶浅见

【才疏学浅】cái shū xué qiǎn 威 才能が劣り学識が浅い．浅学非才．‖ 我～, 这样的重任, 实不敢担当 wǒ cái shū xué qiǎn, zhèyàng de zhòngrèn, shí bù gǎn dāndāng 私は浅学非才な者で, このような重任は負いかねます．

【粗浅】cūqiǎn 形 浅はかである．浅薄である．‖ 认识～ rènshi cūqiǎn 認識が浅薄である．｜ 我谈一点儿～的看法 wǒ tán yìdiǎnr cūqiǎn de kànfa 私の愚見を述べさせていただきます．

【短浅】duǎnqiǎn 形 （考えが）浅い．（見識が）狭い．‖ 目光～ mùguāng duǎnqiǎn 目先が利かない．｜ 见识～ jiànshi duǎnqiǎn 見識が足りない．

【肤浅】fūqiǎn 形 （学識や理解が）浅い．浅薄である．表面的である．‖ ～的见解 fūqiǎn de jiànjiě 浅薄な考え．

【浮浅】fúqiǎn 形 （知識や理解が）浅い．表面的である．薄っぺらである．‖ ～的看法 fúqiǎn de kànfa 浅はかな見解．｜ 理解很～ lǐjiě hěn fúqiǎn 理解が浅い．

【寡闻】guǎwén 書 見聞が狭い．知識が浅い．‖ 孤陋～ gū lòu guǎ wén 学問が浅く見聞が狭い．

【目光如豆】mù guāng rú dòu 威 見方が浅い．目先が利かない．

【浅薄】qiǎnbó 形 浅薄である．浅はかである．‖ 知识～ zhīshi qiǎnbó 知識が薄っぺらだ．｜ 他这个人很～ tā zhège rén hěn qiǎnbó 彼はとても浅はかな人である．

【浅见】qiǎnjiàn 名 浅見．思慮の浅い考え．‖ ～寡闻 qiǎnjiàn guǎwén 見識が狭く見聞が少ない．

あし　足

▶脚　▶脚背　▶脚底　▶脚跟　▶脚心
▶腿　▶腿脚　▶腿儿

★【脚】jiǎo 名 足．くるぶしから先, または動物の足の先端部分．‖ ～尖 jiǎojiān 足の先．つま先．｜ ～掌 jiǎozhǎng 足の裏．｜ 双～ shuāngjiǎo 両足．｜ 光着～ guāngzhe jiǎo はだしで．

【脚背】jiǎobèi 名 足の甲．"脚面"jiǎomiàn ともいう．

【脚底】jiǎodǐ 名 足の裏．‖ ～磨起了泡 jiǎodǐ móqile pào 足の裏にまめができた．

【脚跟】【脚根】jiǎogēn 名 かかと．"脚后跟"jiǎohòugēn ともいう．‖ 站稳～ zhànwěn jiǎogēn 足を踏みしめてしっかり立つ．ある立場にしっかりと立つ．

【脚心】jiǎoxīn 名 （足の）土踏まず．

★【腿】tuǐ 名 足．足の全体をいう．‖ 大～ dàtuǐ もも．大腿部（だいたい）．｜ 小～ xiǎotuǐ すね．｜ 鸡～ jītuǐ ニワトリの肢（あし）．｜ 二郎～ èrlángtuǐ 足を組んだ姿勢．｜ ～有点疼 tuǐ yǒudiǎn téng 足がちょっと痛い．

【腿脚】tuǐjiǎo 名 脚力．‖ 岁数大了, 不灵便 suìshu dà le, tuǐjiǎo bù língbian 年を取ったので, 足が衰えた．

【腿儿】tuǐr 名 （器物の）脚．‖ 桌子～ zhuōzi tuǐr テーブルの脚．｜ 椅子～ yǐzi tuǐr 椅子の脚．｜ 眼镜～ yǎnjìng tuǐr 眼鏡のつる．

あじ　味

▶风味　▶回味　▶口感　▶口味　▶味
▶味道　▶滋味

*【风味】fēngwèi （～儿）名 （地方独自の）風味．‖ 南方～ nánfāng fēngwèi 南方風

味の料理. ｜家乡风味 jiāxiāng fēngwèi 田舎の味.

【回味】huíwèi 図 後味. 後口. ‖这种啤酒喝下去之后让人～无穷 zhè zhǒng píjiǔ hēxiaqu zhī hòu ràng rén huíwèi wúqióng このビールはとても後味がいい.

【口感】kǒugǎn 図 歯ざわり. 口あたり. 舌ざわり. ‖～不错 kǒugǎn búcuò 口あたりがよい.

【口味】kǒuwèi（～儿）図（食べ物の）味. ‖这个菜的～不坏 zhège cài de kǒuwèi bú huài この料理はまあまあの味だ. ｜换换～吧 huànhuan kǒuwèi ba たまには違う料理でも食べてみよう.

*【味】wèi（～儿）図 味. ‖甜～ tiánwèir 甘味. 甘い味. ｜咸～儿 xiánwèir 塩辛い味. ｜家常～儿 jiācháng wèir 家庭の味. おふくろの味. ｜菜太淡, 没～儿 cài tài dàn, méiwèir 料理があっさりしすぎて味がない.

**【味道】wèidao 図 味. 味わい. ‖～好 wèidao hǎo 味がいい. ｜汤的～很鲜 tāng de wèidao hěn xiān スープの味がとてもよい. ｜～太重了 wèidao tài zhòng le 味が濃すぎる.

*【滋味】zīwèi（～儿）図 味. うまみ. ‖有～ yǒu zīwèi 味がある. おいしい. ｜菜的～很好 cài de zīwèi hěn hǎo 料理の味がいい.

举止幽默 yántán fēngqù, jǔzhǐ yōumò 話も身振りもユーモアたっぷりである.

*【风味】fēngwèi（～儿）図 事物の特色. 特别な味. ‖东北～的民歌 Dōngběi fēngwèi de míngē 東北地方の味わいのある民謡.

【妙趣】miàoqù 図 楽しい趣き. 軽妙な味わい. ‖～横生 miào qù héng shēng 妙趣にあふれている.

*【趣味】qùwèi 図 趣味. 面白み. ‖很有～ hěn yǒu qùwèi とても面白い. ｜～无穷 qùwèi wúqióng 興趣が尽きない. ｜～相投 qùwèi xiāngtóu 興味が一致する. ｜低级～ dījí qùwèi 下劣な興味. 悪趣味.

*【味】wèi（～儿）図 趣. 味わい. ‖这本书越读越有～儿 zhè běn shū yuè dú yuè yǒu wèir この本は読めば読むほど面白い.

**【味道】wèidao 図 興味. 面白み.（この意味を表すとき, よく"有"yǒu の目的語になる）‖洋～ yáng wèidao 西洋風の趣. ｜这本小说很有～ zhè běn xiǎoshuō hěn yǒu wèidao この小説は味わいがある.

【余味】yúwèi 図 後味. 余韻. ‖～无穷 yúwèi wúqióng 余韻が尽きない.

*【滋味】zīwèi（～儿）図 圖（人生の）味. 味わい. ‖尝到了失恋的～ chángdàole shīliàn de zīwèi 失恋の味を味わう.

あじわい　味わい

▶风趣　▶风味　▶妙趣　▶趣味　▶味
▶味道　▶余味　▶滋味

*【风趣】fēngqù 図 ユーモア. しゃれっ気. 諧謔(かいぎゃく)味. ‖文中蕴含着他特有的～ wénzhōng yùnhánzhe tā tèyǒu de fēngqù 文章には彼特有のユーモアが潜んでいる. 圏（話や文章に）おどけた味わいがある. ユーモアがある. ‖言谈～,

---

あじわう　味わう（賞味する）

▶尝　▶吃　▶品　▶品尝　▶品味　▶享用

**【尝】cháng 動 味をみる. 味を試す. 食べてみる.（ふつうは重ね型, あるいは数量詞を伴って用いる）‖～～味道怎么样 chángchang wèidao zěnmeyàng どんな味か試しに味わってみる. ｜～～咸淡 chángchang xiándàn 塩かげんを見る.

あじわう　味わう（体験する）

★【吃】chī 動 食べる．‖ 他把饺子全～了 tā bǎ jiǎozi quán chī le 彼はギョーザをすっかり平らげた．｜ 他～得很香 tā chī-de hěn xiāng 彼はとてもおいしそうに味わっている．

*【品】pǐn 動 味をみる．‖ ～酒 pǐnjiǔ きき酒をする． 酒を賞味する．｜ ～一一菜的味道 pǐnyipǐn cài de wèidao 料理の味をみる．

*【品尝】pǐncháng 動 味見をする． 味わう．‖ 细细～ xìxì pǐncháng 細かに味わう．｜ 这是我们的家乡菜，请大家～ zhè shì wǒmen de jiāxiāngcài, qǐng dàjiā pǐn-cháng これは私の故郷の料理です，みなさんどうぞ召し上がってください．

【品味】pǐnwèi 動 味をみる． 賞味する．

【享用】xiǎngyòng 動 楽しむ． エンジョイする．‖ 这些水果请大家随意～吧 zhè-xiē shuǐguǒ qǐng dàjiā suíyì xiǎngyòng ba さあ果物をご自由に召し上がってください．

あじわう　味わう （体験する）

▶饱尝　▶尝　▶感受　▶经历　▶经验
▶耐人寻味　▶品尝　▶品味　▶体会
▶体验

【饱尝】bǎocháng 動 十分に経験する．‖ ～了离别的痛苦 bǎochángle líbié de tòngkǔ 別れのつらさを十分に味わった．

**【尝】cháng 動 経験する． なめる．‖ ～到甜头 chángdào tiántou よさを知る． 味をしめる．｜ ～到人间的温暖 chángdào rénjiān de wēnnuǎn 人の世の温かみを味わう．｜ 我们晚点儿去，也让他～～等人的滋味 wǒmen wǎn diǎnr qù, yě ràng tā chángchang děng rén de zīwèi 少し遅れて行って，彼にも人を待つのがどういうことかわからせよう．

*【感受】gǎnshòu 動 感じる． 感じとる．

‖ 他深深地～到了父母对他的爱 tā shēn-shēn de gǎnshòudàole fùmǔ duì tā de ài 彼は両親の愛を身にしみて感じた．

**【经历】jīnglì 動 経験する． 体験する． 味わう．‖ 他～了千辛万苦才取得今日的成功 tā jīnglìle qiān xīn wàn kǔ cái qǔdé jīnrì de chénggōng 彼はあらゆる苦労を味わってやっと今日の成功を手に入れた．

★【经验】jīngyàn 動 経験する． 体験する． ‖ 这种事我还从来没～过 zhè zhǒng shì wǒ hái cónglái méi jīngyànguo 私はこれまでこんな経験を味わったことがない．

【耐人寻味】nài rén xún wèi 成 人が味わうに足る． 意味が示唆に富んでいて，じっくり考え味わう価値がある．‖ 一番话～ yì fān huà nài rén xún wèi 話は味わえば味わうほど意味深い．

*【品尝】pǐncháng 動 味わう．‖ 人生的酸甜苦辣他都～过 rénshēng de suān tián kǔ là tā dōu pǐnchángguo 彼は人生の苦楽をすべてを味わった．

【品味】pǐnwèi 動 味わう． 玩味（がん）する．‖ 他反复地～着老师的话 tā fǎnfù de pǐnwèizhe lǎoshī de huà 彼は先生の言葉の意味を繰り返し考えている．

**【体会】tǐhuì 動 体得する． 感得する．‖ 这次比赛使我深深地～到集体的力量 zhè cì bǐsài shǐ wǒ shēnshēn de tǐhuìdào jítǐ de lìliang こんどの試合では集団の力を身にしみて感じさせられた．｜ 仔细～作者的本意 zǐxì tǐhuì zuòzhě de běnyì 作者の意図するところをじっくりと味わう．

*【体验】tǐyàn 動 体験する．‖ ～了旅行的乐趣 tǐyànle lǚxíng de lèqù 旅の面白みを味わった．

あずける　預ける

あずかる　預かる

▶保存　▶保管　▶负责　▶看　▶看管
▶收存　▶照管　▶照看

**【保存】bǎocún 動 保存する．保つ．維持する．‖長期～ chángqī bǎocún 長期間保管している．｜她一直～着那张旧照 tā yìzhí bǎocúnzhe nà zhāng jiùzhào 彼女はずっとその古い写真を保存している．

*【保管】bǎoguǎn 動 保管する．‖由他～钥匙 yóu tā bǎoguǎn yàoshi 彼が鍵を預かる．｜行李～室 xíngli bǎoguǎnshì 荷物預かり所．

★【负责】fùzé 動 責任を負う．責任を持つ．‖～人 fùzérén 責任者．｜这事由他～ zhè shì yóu tā fùzé このことは彼が預かる．

*【看】kān 動 見守る．世話をする．看護する．‖孩子 kān háizi 子供の面倒を見る．｜～仓库 kān cāngkù 倉庫の番をする．｜替我～会儿东西 tì wǒ kān huìr dōngxi ちょっと見ていてくれないか．

【看管】kānguǎn 動 (物品や子供の)管理をする．番をする．‖～行李 kānguǎn xíngli 荷物の番をする．

【收存】shōucún 動 しまう．受け取って預かる．‖把单据～起来 bǎ dānjù shōucúnqilai 証票をしまっておく．

【照管】zhàoguǎn 動 世話や管理をする．‖房子托人～一下 fángzi tuō rén zhàoguǎn yíxià 家を人に管理してもらう．｜～留学生的日常生活 zhàoguǎn liúxuéshēng de rìcháng shēnghuó 留学生の日常生活の世話をする．｜～行李 zhàoguǎn xíngli 荷物を保管する．

【照看】zhàokàn 動 見守る．番をする．面倒を見る．‖～孩子 zhàokàn háizi 子供を預る．｜我去一下厕所，你帮我一下行李好吗? wǒ qù yíxià cèsuǒ, nǐ bāng wǒ zhàokàn yíxià xíngli hǎo ma? ちょっと

トイレに行ってくるので，荷物を見ていてくれませんか．

あずける　預ける

▶存　▶存放　▶放　▶寄　▶寄存　▶寄放
▶寄托

**【存】cún 動 ❶お金を預ける．預金する．⇔"取" qǔ ‖～下了不少钱 cúnxiale bùshǎo qián だいぶお金を貯めた．｜把钱～在银行里 bǎ qián cúnzài yínháng li 銀行にお金を預ける．❷(荷物を)預ける．‖～行李 cún xíngli 荷物を預ける．｜这里不能～车 zhèli bù néng cún chē ここに自転車を預けることはできない．

*【存放】cúnfàng 動 預ける．‖行李暂时～在同学家了 xíngli zànshí cúnfàngzài tóngxué jiā le 荷物は一時同級生の家に預けておいた．｜把钱～在保险箱里 bǎ qián cúnfàngzài bǎoxiǎnxiāng li お金を金庫に入れておく．

★【放】fàng 動 置く．入れる．預ける．‖～进口袋里 fàngjin kǒudài li ポケットに入れる．｜阅后～回原处 yuèhòu fànghui yuánchù 読んだ後は元のところへ戻す．｜把钥匙～在邻居那儿 bǎ yàoshi fàngzài línjū nàr 鍵は隣りに預けてある．

★【寄】jì 動 託す．‖～希望于他 jì xīwàng yú tā 彼に希望を託す．｜把孩子～在托儿所 bǎ háizi jìzài tuō'érsuǒ 子供を託児所に預ける．

【寄存】jìcún 動 預ける．‖行李～处 xíngli jìcúnchù 荷物預かり所．｜把行李～在车站 bǎ xíngli jìcúnzài chēzhàn 荷物を駅に預ける．

【寄放】jìfàng 動 (荷物を)預ける．預けておく．‖暂时不用的东西，先～在我这里 zànshí bú yòng de dōngxi, xiān jìfàngzài wǒ zhèli 当面使わない物は，まず私の所に預けておきなさい．

*【寄托】jìtuō 動 (世話をしてもらうために) 預ける. 頼む. ‖ 把孩子临时~给嫂子 bǎ háizi línshí jìtuō gěi sǎozi 子供をしばらく兄嫁に預ける.

あせる　焦る

▶急　▶急不可待　▶急于求成　▶急躁
▶焦急　▶焦虑　▶心急　▶心急火燎
▶着急　▶抓耳挠腮

★【急】jí 形 焦る. せく. 急ぐ. 慌てる. ‖ ~得像热锅上的蚂蚁 jíde xiàng règuōshang de mǎyǐ 居ても立ってもいられないほど焦る. ｜~着要出门儿 jízhe yào chūménr 慌てて出かける.

【急不可待】jí bù kě dài 成 差し迫っていて待ちきれない. 一刻も早くと焦る. ‖ 下班铃一响，他就~地冲出了办公室 xiàbānlíng yì xiǎng, tā jiù jí bù kě dài de chōngchūle bàngōngshì 終業のベルが鳴るや，彼は間髪を入れず事務所を飛び出していった.

【急于求成】jíyú qiú chéng 組 功を焦る.

*【急躁】jízào 形 焦る. いらいらする. ‖ 性情~ xìngqing jízào せっかちである. ｜这件事你办得太~了 zhè jiàn shì nǐ bànde tài jízào le この事を君はかなり焦ってやりすぎた.

*【焦急】jiāojí 形 焦っている. 気をもんでいる. いらいらしている. ‖ 找不到孩子，他~万分 zhǎobudào háizi, tā jiāojí wànfēn 子供が見つからず，彼はひどく焦っている.

【焦虑】jiāolù 形 焦り，心配する. 困って焦る. ‖ ~不安 jiāolù bù'ān 心配で落ち着かない. ｜为找不到工作而~ wèi zhǎobudào gōngzuò ér jiāolù 仕事が見つからず焦る.

【心急】xīn//jí 形 気がせく. 焦っている. ‖ ~如焚 xīn jí rú fén 火のついたように気がせく. ｜~吃不了热豆腐 xīnjí chībuliǎo rè dòufu 焦っていると熱い豆腐は食べられない. 急がば回れ.

【心急火燎】xīn jí huǒ liǎo 慣 気が焦ってじりじりする.

★【着急】zháo//jí 形 焦る. 気がせく. いら立つ. ‖ 别~! bié zháojí! 焦らないで. ｜他正~地等着你呢 tā zhèng zháojí de děngzhe nǐ ne 彼はいらいらしながら君を待っていたところだ. ｜~有什么用? 快想办法吧! zháojí yǒu shénme yòng? kuài xiǎng bànfǎ ba! 焦っても何にもならないだろう. 早く手だてを考えよう.

【抓耳挠腮】zhuā ěr náo sāi 成 やたらに耳をかいたり頬をなでたりする. ひどく焦るさま. やきもきするさま.

あそぶ　遊ぶ

▶玩儿　▶玩耍　▶消遣　▶游玩　▶游戏
▶娱乐

★【玩儿】wánr 動 ❶遊ぶ. ‖ ~泥巴 wánr níbā 泥遊びをする. ｜孩子在外面~呢 háizi zài wàimiàn wánr ne 子供は外で遊んでいますよ. ｜星期天上我们家来吧 xīngqītiān shàng wǒmen jiā lái wánr ba 日曜日にうちに遊びにいらっしゃい. ❷(スポーツやゲームなどを)する. 興じる. ‖ ~足球 wánr zúqiú サッカーをやる. ｜~扑克 wánr pūkè トランプをする. ｜~捉迷藏 wánr zhuō mícáng 隠れんぼうをする.

【玩耍】wánshuǎ 動 遊ぶ. 遊び戯れる. ‖ 孩子们在水中尽情地~ háizimen zài shuǐzhōng jìnqíng de wánshuǎ 子供たちは水遊びに夢中になっている.

【消遣】xiāoqiǎn 動 退屈しのぎをする. 暇をつぶす. ‖ 打桥牌~ dǎ qiáopái xiāoqiǎn ブリッジをして退屈しのぎをする. ｜我看小说不仅仅是为了~ wǒ kàn

あたたかい　暖かい・温かい

xiǎoshuō bù jǐnjǐn shì wèile xiāoqiǎn　私が小説を読むのは暇つぶしだけのためではない.

【游玩】yóuwán 動 (出かけて)遊ぶ. ‖她经常带孩子去公园~ tā jīngcháng dài háizi qù gōngyuán yóuwán　彼女はしょっちゅう子供を連れて公園へ遊びにいく.

＊**【游戏】yóuxì** 名 ルールのある遊び. ゲーム. 動 遊ぶ. 遊び戯れる. ‖几个孩子在河边上~ jǐ ge háizi zài hébiān shang yóuxì　数人の子供が川辺で遊んでいる.

＊**【娱乐】yúlè** 動 楽しむ. 遊ぶ. ‖~活动 yúlè huódòng　娯楽活動. レクリエーション. ｜~场所 yúlè chǎngsuǒ　娯楽施設. レクリエーション施設. ｜别光闷头儿学习, 出来~~吧 bié guāng mēntóur xuéxí, chūlai yúlèyúlè ba　机にかじりついてばかりいないで, 外へ出て遊んだらどうだ.

あたえる　与える

▶颁发　▶给　▶给以　▶给予　▶授予
▶送　▶赠送

＊**【颁发】bānfā** 動 (勲章・賞状・賞金を)授与する. ‖给三好学生~奖状 gěi sānhǎo xuésheng bānfā jiǎngzhuàng　優秀な学生に賞状を授与する.

★**【给】gěi** 動 ❶与える. あげる. やる. ‖~你 gěi nǐ　君にあげる. ｜奶奶~乖孙子十块钱 nǎinai gěi guāi sūnzi shí kuài qián　おばあさんはかわいい孫に10元あげた. ｜市政府~了我很大的支持 shì zhèngfǔ gěile wǒ hěn dà de zhīchí　市役所は私に多大な支援を与えてくれた. ｜上海~他的印象很好 Shànghǎi gěi tā de yìnxiàng hěn hǎo　上海が彼に与えた印象はとてもよいものだった. ❷動詞の後に置き, あげたり渡したりすることを

表す. ‖这是送~你的礼物 zhè shì sònggěi nǐ de lǐwù　これはあなたへのプレゼントです. ｜递~对方一张名片 dìgěi duìfāng yì zhāng míngpiàn　先方に名刺を渡す.

＊**【给以】gěi//yǐ** 動 与える. 授ける. ‖对先进工作者~奖励 duì xiānjìn gōngzuòzhě gěiyǐ jiǎnglì　優れた従業員に褒賞を与える. ｜他的发言给大家以很大的启发 tā de fāyán gěi dàjiā yǐ hěn dà de qǐfā　彼の発言はみんなに貴重なヒントを与えた.

＊**【给予】jǐyǔ** 動 与える. やる. ‖~帮助 jǐyǔ bāngzhù　援助を与える. ｜~奖励 jǐyǔ jiǎnglì　奨励する. ｜~足够的重视 jǐyǔ zúgòu de zhòngshì　十分に重視する.

＊**【授予】shòuyǔ** 動 (勲章や学位などを)授与する. 授ける. ‖~天体物理学家诺贝尔奖 shòuyǔ tiāntǐ wùlǐxuéjiā Nuòbèi'ěrjiǎng　天体物理学者にノーベル文学賞を授与する. ｜~奖状 shòuyǔ jiǎngzhuàng　表彰状を与える.

★**【送】sòng** 動 贈る. 与える. ‖他~了一本书给我 tā sòngle yì běn shū gěi wǒ　彼は私に本を1冊くれた. ｜父亲~我一台照相机做生日礼物 fùqīn sòng wǒ yì tái zhàoxiàngjī zuò shēngrì lǐwù　父は誕生日の贈り物にカメラをくれた.

＊**【赠送】zèngsòng** 動 (品物を)贈る. 贈呈する. ‖~礼品 zèngsòng lǐpǐn　プレゼントを贈る. ｜向孩子们~了书籍 xiàng háizimen zèngsòngle shūjí　子供たちに本を贈った.

あたかも　⇒【まるで】

あたたかい　暖かい・温かい

▶暖　▶暖烘烘　▶暖呼呼　▶暖和
▶热乎乎　▶热腾腾　▶温　▶温和　▶温和
▶温暖

**【暖】 nuǎn 形 (気候や環境が)暖かい. ‖ 风和日～ fēng hé rì nuǎn 風が穏やかで日はうららかである. ｜春～花开 chūn nuǎn huā kāi 春うららかにして花開く. ｜一开春儿，天就～了 yì kāichūnr, tiān jiù nuǎn le 春になって暖かくなった.

【暖烘烘】 nuǎnhōnghōng (～的)形 ぽかぽかと暖かい. ‖ 这屋里～的真舒服 zhè wūli nuǎnhōnghōng de zhēn shūfu この部屋はぽかぽかと暖かくて，ほんとうに気持ちがよい.

【暖呼呼】 nuǎnhūhū (～的)形 ほかほかと暖かい. ‖ 一杯酒下肚，浑身觉得～的 yì bēi jiǔ xià dù, húnshēn juéde nuǎnhūhū de 酒を一杯飲んだら体中がほかほかしてきた.

★【暖和】 nuǎnhuo 形 暖かい. ‖ 今天比昨天～ jīntiān bǐ zuótiān nuǎnhuo 今日はきのうより暖かい. ｜这间屋子朝阳，很～ zhè jiān wūzi cháoyáng, hěn nuǎnhuo この部屋は南向きだから，とても暖かい.

【热乎乎】 【热呼呼】 rèhūhū (～的)形 (食物が)ほかほかと温かい. ‖ ～的烤白薯 rèhūhū de kǎobáishǔ ほかほかの焼きイモ.

【热腾腾】 rèténgténg (～的)形 湯気が立ってあつあつである. ほかほか温かい. (話し言葉では rètēngtēng とも発音する)‖ ～的一碗面条儿 rèténgténg de yì wǎn miàntiáor あつあつのうどん.

*【温】 wēn 形 温かい. 暖かい. ‖ ～泉 wēnquán 温泉. ｜水还是～的 shuǐ háishi wēn de お湯はまだ温かい.

【温和】 wēnhé 形 (気候が)暖かい. 温和である. ‖ 气候～ qìhòu wēnhé 気候が暖かである.

【温乎】 wēnhuo 形 (物が)温かい. ‖ 菜还～呢，不用热了 cài hái wēnhuo ne, búyòng rè le 料理はまだ温かいから，温めなおさなくていいよ.

**【温暖】 wēnnuǎn 形 暖かい. 温かい. ‖

天气～ tiānqì wēnnuǎn 陽気が暖かい. ｜～的阳光 wēnnuǎn de yángguāng 暖かな日の光. ｜家庭的～ jiātíng de wēnnuǎn 家庭の温かさ.

あたためる　暖める・温める

▶加热　▶暖　▶暖和　▶取暖　▶热　▶烫
▶温

*【加热】 jiā//rè 動 加熱する. ‖ 菜凉了，用微波炉加加热再吃 cài liáng le, yòng wēibōlú jiājia rè zài chī 料理が冷めたから，電子レンジで温めてから食べよう.

**【暖】 nuǎn 動 (体や物を)暖(温)かくする. 暖(温)める. ‖ ～手 nuǎn shǒu 手を暖める. ｜把酒～上 bǎ jiǔ nuǎnshang 酒を温める. ｜快到屋里来～～身子吧! kuài dào wūli lái nuǎnnuan shēnzi ba! 早く中に入って体を暖めなさい.

★【暖和】 nuǎnhuo 動 暖める. ‖ 屋里有火，快进来～～吧 wūli yǒu huǒ, kuài jìnlai nuǎnhuonuǎnhuo ba 部屋の中にはストーブがあるから，早く入って暖まりなさい.

【取暖】 qǔnuǎn 動 体を暖める. ‖ 生火～ shēng huǒ qǔnuǎn 火をおこして暖まる. ｜～设备 qǔnuǎn shèbèi 暖房設備.

★【热】 rè 動 温める. 熱くする. ‖ ～汤 rè tāng スープを温める. ｜饭凉了，～～再吃吧 fàn liáng le, rère zài chī ba 御飯が冷めたくなったから，温めてから食べよう.

*【烫】 tàng 動 温める. ‖ ～酒 tàng jiǔ お燗(かん)をする. ｜打热水来～脚 dǎ rèshuǐ lái tàng jiǎo お湯をくんで足を温める.

*【温】 wēn 動 温める. 熱を加える. ‖ 把酒～一～ bǎ jiǔ wēn yi wēn 酒を温める. 少しお燗(かん)をする. ｜牛奶 wēn niúnǎi 牛乳を温める.

あたらしい　新しい あ

あたま　頭

▶脑袋　▶脑海　▶脑筋　▶脑汁　▶脑子
▶念头　▶头脑　▶想法　▶智力

＊＊【脑袋】nǎodai 名 頭脳. 知力. ‖ ～好使 nǎodai hǎoshǐ 頭がいい. 頭が切れる. ｜ ～生锈 nǎodai shēngxiù 頭がさびつく.

【脑海】nǎohǎi 名 頭の中. 心の中. ‖ 童年时代的往事, 时时浮现在我的～里 tóngnián shídài de wǎngshì, shíshí fúxiànzài wǒ de nǎohǎi lǐ 子供のころの思い出が, しばしば私の脳裏に浮かぶ.

＊【脑筋】nǎojīn 名 ❶頭脳. 頭. 脑みそ. ‖ 费～ fèi nǎojīn 頭を使う. ｜开动～想办法 kāidòng nǎojīn xiǎng bànfǎ 頭を働かせて方法を考える. ｜他的～特别好 tā de nǎojīn tèbié hǎo 彼は頭がよく切れる. ❷思想. 意識. ｜你的～太旧, 该换换了 nǐ de nǎojīn tài jiù, gāi huànhuan le 君の考えは古すぎるよ, 頭を切り換えなきゃ.

【脑汁】nǎozhī 名 脑みそ. 知恵. ‖ 我绞尽～也想不出办法来 wǒ jiǎojìn nǎozhī yě xiǎngbuchū bànfǎ lai 知恵を絞ったが, それでもうまい方法が思い浮かばない.

＊＊【脑子】nǎozi 名 頭脳. 脑みそ. ‖ 那孩子～好, 一点就透 nà háizi nǎozi hǎo, yìdiǎn jiù tòu あの子は頭がいいから, ちょっと教えただけですぐ理解できる. ｜你怎么那么没～ nǐ zěnme nàme méi nǎozi 君は何にも考えていないんだな. ｜这工作太费～了 zhè gōngzuò tài fèi nǎozi le この仕事はずいぶん頭を使う.

＊【念头】niàntou 名 考え. 思い. 意図. 心づもり. ‖ 打消了调动工作的～ dǎxiāole diàodòng gōngzuò de niàntou 仕事を変わろうという頭を捨てた.

＊【头脑】tóunǎo 名 頭脳. 頭. 頭のはたらき. ‖ ～清醒 tóunǎo qīngxǐng 頭脳明晰(めいせき). ｜ ～顽固 tóunǎo wángù 頭が固

い. ｜ ～发热 tóunǎo fārè 頭が熱くなる (冷静さを失う). ｜被胜利冲昏～ bèi shènglì chōnghūn tóunǎo 勝利で頭に血がのぼる.

【想法】xiǎngfa；xiǎngfǎ 名 考え. 思いつき. 意見. ‖ 改变～ gǎibiàn xiǎngfa 頭を切り変える.

＊【智力】zhìlì 名 知力. 知能. ‖ ～发育正常 zhìlì fāyù zhèngcháng 知能の発育は正常である. ｜ ～外流 zhìlì wàiliú 頭脳の流出. ｜ ～游戏 zhìlì yóuxì 学習ゲーム.

あたらしい　新しい

▶时髦　▶新　▶新式　▶新鲜　▶新颖
▶崭新

＊【时髦】shímáo 形 流行している. はやっている. ファッショナブルである. ‖ 赶～ gǎn shímáo 流行を追う. ｜ ～的手提包 shímáo de shǒutíbāo 流行のバッグ. ｜她平时穿得可～了 tā píngshí chuānde kě shímáo le 彼女の服装はいつもファッショナブルだ. ｜这是一种～的说法 zhè shì yì zhǒng shímáo de shuōfa これは最近はやっている言い方だ.

★【新】xīn 形 ❶(いままでになく)新しい. 初めての. ⇔“旧” jiù “老” lǎo ‖ ～办法 xīn bànfǎ 新しい方法. ｜ ～品种 xīn pǐnzhǒng 新しい品種. ｜式样很～ shìyàng hěn xīn デザインが新しい. ❷未使用の. 新しい. ⇔“旧” jiù ｜ ～毛衣 xīn máoyī 新しいセーター. ｜八成～ bā chéng xīn 8割がた新品である.

＊【新式】xīnshì 形 新型の. 新式の. ‖ ～武器 xīnshì wǔqì 新型兵器. ｜ ～家具 xīnshì jiājù 新式の家具.

＊＊【新鲜】xīnxian；xīnxiān 形 珍しい. 目新しい. ‖ ～事儿 xīnxianshìr 目新しいこと. ｜吃个～ chī ge xīnxian 目新しい食べ物を食べる. 初物を食べる. ｜刚到

19

あたり　あたり（近辺）

纽约，我对什么都觉得～ gāng dào Niǔ-yuē, wǒ duì shénme dōu juéde xīnxian ニューヨークに来たばかりで，私には見聞きするすべてが新鮮に感じられた.

* **【新颖】** xīnyǐng 形 目新しい. 清新である. ‖花样～別致 huāyàng xīnyǐng biézhì 柄が目新しくしゃれている. ｜题材～ tícái xīnyǐng 題材が斬新(ざん)である.

* **【崭新】** zhǎnxīn 形 斬新(ざん)な. 真新しい. ‖～的家具 zhǎnxīn de jiājù 真新しい家具. ｜～的服装 zhǎnxīn de fúzhuāng おろしたての服. ｜提出了一套～的理论 tíchule yí tào zhǎnxīn de lǐlùn これまでにない新しい理論を打ち出した.

あたり　あたり（近辺）

▶附近　▶一带　▶一片　▶周围

★ **【附近】** fùjìn 名 付近. 近辺. あたり. ‖他家就在～ tā jiā jiù zài fùjìn 彼の家はこのあたりだ. ｜学校～有一家电影院 xuéxiào fùjìn yǒu yì jiā diànyǐngyuàn 学校の近くに映画館がある.

* **【一带】** yídài 名 一帯. あたり. 周辺. ‖长江下游～ Chángjiāng xiàyóu yídài 長江の下流域一帯. ｜这～很安静 zhè yídài hěn ānjìng このあたりはとても静かだ.

【一片】 yī piàn 組 一面の. あたり一面. ‖～草地 yí piàn cǎodì 一面の草原. ｜这～都是新楼 zhè yí piàn dōu shì xīnlóu このあたりは新しい建物ばかりだ.

★ **【周围】** zhōuwéi 名 周囲. 周り. ‖～环境很安静 zhōuwéi huánjìng hěn ānjìng あたりの環境はとても静かだ. ｜工厂的～是一片片麦田 gōngchǎng de zhōuwéi shì yí piànpiàn màitián 工場のあたりは一面のムギ畑だ.

あたりまえ　当たり前

▶当然　▶理当　▶理所当然　▶平常
▶普通　▶通常　▶应该　▶正常　▶自然

★ **【当然】** dāngrán 形 当然である. 当たりまえである. ‖这么贵，～没人买了 zhème guì, dāngrán méi rén mǎi le こんなに高くては，買う人がいないのも当たりまえだ. ｜那～了 nà dāngrán le それは当然だ. ｜挨了批评，心里不高兴是～的 áile pīpíng, xīnli bù gāoxìng shì dāngrán de 非難されて不愉快になるのは当たりまえだ.

【理当】 lǐdāng 動 当然…すべきである. …するのが当たりまえである. ‖～面谢 lǐdāng miànxiè 直接会って礼を述べるのが当たりまえである.

* **【理所当然】** lǐ suǒ dāng rán 成 理の当然である. 道理にかなっている. ‖谁做的决定谁负责，这是～的 shéi zuò de juédìng shéi fùzé, zhè shì lǐ suǒ dāng rán de 決めた人が責任をとるのは当たりまえだ.

* **【平常】** píngcháng 形 普通である. ‖朋友们之间互相帮助是很～〔正常〕的 péngyoumen zhījiān hùxiāng bāngzhù shì hěn píngcháng 〔zhèng cháng〕 de 友だちの間で助け合うのは当たりまえだ.

* **【普通】** pǔtōng 形 普通である. 一般である. ‖穿得很～ chuānde hěn pǔtōng ごく当たりまえの身なりをしている.

* **【通常】** tōngcháng 形 通常の. 一般的な. ‖用～的方法是解决不了的 yòng tōngcháng de fāngfǎ shì jiějuébuliǎo 当たりまえのやり方では解決がつかない.

★ **【应该】** yīnggāi 助動 …すべきである. …であるべきだ. ‖自己的事～自己做 zìjǐ de shì yīnggāi zìjǐ zuò 自分のことは自分でするのが当たりまえだ. ｜～好好儿谢谢他 yīnggāi hǎohāor xièxie tā 彼にきちんとお礼をしなければならない.

あたる （日光や火に）当たる

**【正常】 zhèngcháng 形 正常である．平常である．通常である．‖ 二月份冷是很～的 èr yuèfèn lěng shì hěn zhèngcháng de 2月が寒いのは当たりまえだ．

**【自然】 zìrán 副 当然…である．当たりまえである．‖ 你不说，大家～不知道 nǐ bù shuō, dàjiā zìrán bù zhīdào あなたが言わなければ，みんなが分からないのは当たりまえです．‖ 只要下功夫，成绩～会提高 zhǐyào xià gōngfu, chéngjì zìrán huì tígāo しっかり頑張れば，当然成績は上がる．

あたる （予想などが）当たる

▶不出所料 ▶猜中 ▶成功 ▶歪打正着
▶应 ▶中 ▶中的 ▶中奖

【不出所料】 bù chū suǒ liào 成 予想どおりである．予想が当たる．

*【猜中】 cāi//zhòng 動 （答えが）当たる．予想が当たる．‖ ～了谜底 cāizhòngle mídǐ なぞなぞを当てた．｜ ～考试题 cāizhòng kǎoshìtí 試験問題が当たる．山が当たる．

**【成功】 chénggōng 動 成功する．⇔"失败"shībài ‖ 这次的买卖～了 zhè cì de mǎimai chénggōng le 今度の商売は当たった．

【歪打正着】 wāi dǎ zhèng zháo （～儿）慣 ゆがんで打ったのにちょうど当たる．やり方が妥当でなかったのに好都合の結果になること．まぐれ当たり．

*【应】 yìng 動 （予言や予感が）的中する．当たる．‖ 今天的事可真～了他的话 jīntiān de shì kě zhēn yìngle tā de huà 今日のことはほんとうに彼の言うとおりだった．

*【中】 zhòng 動 当たる．命中する．‖ ～彩 zhòng//cǎi くじに当たる．｜ 正～靶心 zhèng zhòng bǎxīn 的の中心に命中した．

｜ ～了头奖〔头彩〕zhòngle tóujiǎng〔tóucǎi〕1等賞に当たった．

【中的】 zhòngdì 動 的に当たる．命中する．‖ 一语～ yì yǔ zhòngdì 一言で図星をさす．

【中奖】 zhòng//jiǎng 動 くじに当たる．

あたる （日光や火に）当たる

▶吹风 ▶烤 ▶烤火 ▶淋 ▶取暖 ▶晒

【吹风】 chuī//fēng 動 風に当たる．‖ 洗完澡～容易感冒 xǐwán zǎo chuīfēng róngyì gǎnmào 入浴後に風に当たると風邪を引きやすい．

**【烤】 kǎo 動 ❶火に当たる．暖を取る．‖ ～手 kǎo shǒu 手をあぶる．❷日に当たる．日光にさらす．‖ 太阳～得人后背生疼 tàiyang kǎode rén hòubèi shēngténg 日に当たって背中がひりひり痛い．

【烤火】 kǎo//huǒ 動 火に当たる．‖ 我们烤烤火，暖和一下 wǒmen kǎokao huǒ, nuǎnhuo yíxià 私たちは火に当たってちょっと暖まろう．

*【淋】 lín 動 （水などが）かかる．ぬれる．‖ ～了雨有点儿不舒服 línle yǔ yǒudiǎnr bù shūfu 雨に当たってちょっと気持ちが悪い．｜ 日晒雨～ rì shài yǔ lín 日や雨にさらされる．長旅の苦労にたとえる．｜ 衣服被～透了 yīfu bèi líntòu le 服がびしょぬれだ．

【取暖】 qǔnuǎn 動 体を暖める．暖まる．‖ 坐在炉边～ zuòzài lúbiān qǔnuǎn ストーブに当たる．

**【晒】 shài 動 ❶日が当たる．日が照りつける．‖ 夏天的太阳很～人 xiàtiān de tàiyang hěn shài rén 夏の太陽は人をじりじりと照らす．｜ ～得直流汗 shàide zhí liúhàn 日が照りつけて暑くて汗が止まらない．❷日に当てて乾かす．日に当たる．‖ ～太阳 shài tàiyang 日なたぼっこ

21

あ

をする. | ～被子 shài bèizi 布団を干す.

あつい　熱い

▶趁热打铁　▶炽热　▶滚烫　▶火热　▶热
▶烫

【趁热打铁】chèn rè dǎ tiě 成 鉄は熱いうちに打て. 好機逸すべからず.

【炽热】chìrè 形 非常に熱い. 灼熱(しゃくねつ)の. ‖～的阳光 chìrè de yángguāng 灼熱の陽光. | 烈日把大地烤得～ lièrì bǎ dàdì kǎode chìrè 灼熱の太陽が大地を焦がす.

【滚烫】gǔntàng 形 非常に熱い. やけどするくらいに熱い. ‖烈日把沙滩晒得～ lièrì bǎ shātān shàide gǔntàng 砂浜が日に照らされて焼けつくように熱い.

【火热】huǒrè 形 火のように熱い. ‖太阳～地照着地上 tàiyáng huǒrè de zhàozhe dìshang 太陽がかっと大地を照らしている.

★【热】rè 形 (物の温度や気温が)熱い. 暑い. ⇔"冷" lěng ‖炒菜得趁～吃 chǎocài děi chèn rè chī 炒めものは熱いうちに食べてください. | 浴室里太～, 我头都晕了 yùshì li tài rè, wǒ tóu dōu yùn le 浴室が熱すぎて, 頭がぼうっとしてしまった. | 今天天气很～ jīntiān tiānqì hěn rè 今日はとても暑い.

**【烫】tàng 形 (過度に)熱い. ‖洗澡水太～ xǐzǎoshuǐ tài tàng 風呂のお湯が熱すぎる. | 这个地方的温泉很～, 要加冷水才能用 zhège dìfang de wēnquán hěn tàng, yào jiā lěngshuǐ cái néng yòng このあたりの温泉はとても熱いので, 水を足してやっと使える.

あつい　暑い

▶火辣辣　▶火热　▶酷热　▶闷热　▶热
▶热辣辣　▶炎热　▶燥热

【火辣辣】huǒlàlà (～的)形 焼けつくように暑いさま. ‖盛夏的太阳～的 shèng-xià de tàiyang huǒlàlà de 真夏の太陽は焼けつくように暑い.

【火热】huǒrè 形 火のように熱い. ‖太阳～地照着地上 tàiyáng huǒrè de zhàozhe dìshang 太陽がかっと大地を照らしている.

【酷热】kùrè 形 非常に暑い. ‖天气～ tiānqì kùrè 厳しい暑さだ.

*【闷热】mēnrè 形 蒸し暑い. ‖天气～ tiānqì mēnrè 天気が蒸し暑い.

★【热】rè 形 暑い. ⇔"冷" lěng ‖～天 rè-tiān 暑い日. 炎天. | 今天天气很～ jīn-tiān tiānqì hěn rè 今日はとても暑い. | 屋子里太热, 没睡觉 wūzi li tài rè, méi shuì-jiào 部屋が暑くて寝られなかった.

【热辣辣】rèlàlà (～的)形 じりじりと熱い. ‖～的太阳晒得人发晕 rèlàlà de tài-yang shàide rén fāyūn ぎらぎらと太陽が照りつけて目まいがする.

*【炎热】yánrè 形 非常に暑い. ‖～的夏天 yánrè de xiàtiān 酷暑の夏. | 气候～ qìhòu yánrè 暑さが厳しい.

【燥热】zàorè 形 乾燥して暑い. ‖天气十分～ tiānqì shífēn zàorè ひどく乾燥して暑い.

あつい　厚い

▶厚　▶厚薄　▶厚墩墩　▶厚实　▶厚重
▶宽厚　▶浓厚

**【厚】hòu 形 ❶厚い. ⇔"薄" báo ‖很～的书 hěn hòu de shū とても厚い本. | 被子很～ bèizi hěn hòu 掛け布団が厚い. | 脸皮～ liǎnpí hòu 面の皮が厚い. ❷厚さを表す. ‖积雪足有一米 jīxuě zú yǒu yì mǐ hòu 積雪はゆうに1メートルはある.

【厚薄】hòubó 名 厚さ. 厚み. ‖两本书

的～差不多 liǎng běn shū de hòubó chàbu-duō 2冊の本の厚さは同じくらいだ.

【厚墩墩】hòudūndūn (～的)形厚ぼったい. 分厚い. ‖～的棉大衣 hòudūndūn de miándàyī 分厚い綿入れのコート.

【厚实】hòushi 形口厚い. 厚くしっかりしている. ‖这件大衣挺～的 zhè jiàn dàyī tǐng hòushi de このオーバーは生地がかなり厚手だ.

【厚重】hòuzhòng 形厚くて重い. ‖～的大辞典 hòuzhòng de dà cídiǎn 厚くて重い大辞典.

【宽厚】kuānhòu 形広くて厚い. ‖～的胸膛 kuānhòu de xiōngtáng 広くて厚い胸.

*【浓厚】nónghòu 形濃い. 厚い. ‖飞机穿过～的云层 fēijī chuānguo nónghòu de yúncéng 飛行機は厚い層雲を通り抜けた.

あつかう　扱う

▶操纵　▶操作　▶开　▶使　▶使用　▶用

*【操纵】cāozòng 動操縦する. 操作する. ‖～方向盘 cāozòng fāngxiàngpán ハンドルを操作する. ｜～机器 cāozòng jīqi 機械を扱う.

*【操作】cāozuò 動操作する. ‖～简便 cāozuò jiǎnbiàn 扱いが簡単である. ｜～要领 cāozuò yàolǐng 操作の要点. ｜熟练地～计算机 shúliàn de cāozuò jìsuànjī 巧みにコンピューターを扱う.

★【开】kāi 動(機械や車などを)操縦する. 操作する. ‖～飞机 kāi fēijī 飛行機を操縦する. ｜～起重机 kāiqǐ zhòngjī クレーンを扱う. ｜～车床 kāi chēchuáng 旋盤を動かす.

**【使】shǐ 動使用する. 用いる. ‖这个遥控器好～ zhège yáokòngqì hǎoshǐ このリモコンは使いやすい. ｜他还不会～筷子 tā hái bú huì shǐ kuàizi 彼はまだ箸が使

えない. ｜这支钢笔已经～了好几年了 zhè zhī gāngbǐ yǐjīng shǐle hǎojǐ nián le この万年筆はもう何年も使っている.

★【使用】shǐyòng 動使用する. 用いる. 使う. ‖～电子计算机 shǐyòng diànzǐ jìsuànjī コンピューターを使用する. ｜～方法 shǐyòng fāngfǎ 扱い方. 使用方法. ｜～说明书 shǐyòng shuōmíngshū 使用説明書. 使用マニュアル.

★【用】yòng 動使う. 用いる. ‖这个照相机不好～ zhège zhàoxiàngjī bù hǎoyòng このカメラは扱いにくい.

あつかましい　厚かましい

▶不客气　▶不要脸　▶厚脸皮　▶厚颜无耻
▶脸皮厚　▶没羞　▶没羞没臊　▶无耻
▶羞耻

【不客气】bù kèqi 組遠慮がない. 気遣いがない. ‖他真～ tā zhēn bú kèqi あいつは厚かましいやつだ.

【不要脸】bù yàoliǎn 慣恥知らずである. 厚かましい. 面の皮が厚い. ‖他竟然干出那种～的事来 tā jìngrán gànchu nà zhǒng bú yàoliǎn de shì lai 彼があんな恥知らずなことをやるなんて.

【厚脸皮】hòu liǎnpí 組厚かましく…する. ずうずうしく…する. ‖那个人真是个～ nàge rén zhēn shì ge hòu liǎnpí あいつはまったく厚かましいんだから. ｜他一再厚着脸皮要求得到更多的照顾 tā yízài hòuzhe liǎnpí yāoqiú dédào gèng duō de zhàogu 彼はずうずうしいことに何度ももっと優遇してほしいと要求している.

【厚颜无耻】hòu yán wú chǐ 成厚顔無恥. ‖～也有限度 hòu yán wú chǐ yě yǒu xiàndù 厚かましいにもほどがある.

【脸皮厚】liǎnpí hòu 組面の皮が厚い. 厚かましい.

【没羞】méixiū 形恥知らずである. ず

うずうずしい。‖这么大了还尿床，真～ zhème dàle hái niàochuáng, zhēn méixiū こんなに大きくなってまだおねしょするなんて，ほんとうに恥ずかしくないの。

【没羞没臊】méi xiū méi sào 慣 羞恥心(しゅうちしん)がない。恥知らずで厚かましい。恥も外聞もない。‖谁像你那样～的 shéi xiàng nǐ nàyàng méi xiū méi sào de お前のようにずうずうしいやつはほかにいない。

*【无耻】wúchǐ 形 恥しらずである。破廉恥である。‖～之极 wúchǐ zhī jí 破廉恥の極み。| ～的谎言 wúchǐ de huǎngyán 恥知らずなうそ。

*【羞耻】xiūchǐ 形 恥ずかしい。‖不知～ bù zhī xiūchǐ まったく厚かましい。| 说这种话，你不感到～吗? shuō zhè zhǒng huà, nǐ bù gǎndào xiūchǐ ma? こんな話をして，君は恥ずかしくないのか。

あつまる （人が）集まる

▶参加 ▶凑 ▶凑合 ▶欢聚 ▶集合
▶聚 ▶聚集 ▶团聚 ▶物以类聚 ▶云集
▶扎堆

★【参加】cānjiā 動 参加する。‖～课外活动 cānjiā kèwài huódong 課外活動に参加する。| 一座谈会 cānjiā zuòtánhuì 座談会に参加する。| 很多人～了今天的讲演会 hěn duō rén cānjiā le jīntiān de jiǎngyǎnhuì 今日の講演会には多くの人が集まった。

*【凑】còu 動 集まる。揃える。‖～人数 còu rénshù 頭数を揃える。| 大家～在一起 dàjiā còuzài yìqǐ みんなが一ヵ所に集まる。

*【凑合】còuhe 動 集まる。集う。‖几个人～在一块复习功课 jǐ ge rén còuhezài yíkuài fùxí gōngkè 何人か集まって授業の復習をする。| 大家都往炉子这边儿～ dàjiā dōu wǎng lúzi zhèbiānr còuhecòuhe みなさんストーブのほうへ集まりましょう。

【欢聚】huānjù 動 喜び集う。楽しく会す。団欒(だんらん)する。‖各民族兄弟～在一堂 gèmínzú xiōngdì huānjùzài yìtáng 各民族の仲間たちが一堂に集まっている。

★【集合】jíhé 動 集合する。集まる。‖八点半在学校大门口～ bā diǎn bàn zài xuéxiào dàménkǒu jíhé 8時30分に学校の正門入り口に集まる。

*【聚】jù 動 集まる。集合する。‖明天咱们几个在我家～～吧 míngtiān zánmen jǐ ge zài wǒ jiā jùjù ba 明日みんなで僕の家に集まろう。| 大家～在一起商量 dàjiā jùzài yìqǐ shāngliang みなが集まって相談する。

*【聚集】jùjí 動 集まる。集合する。‖广场上～着欢迎的人群 guǎngchǎng shang jùjízhe huānyíng de rénqún 広場には歓迎の群衆が集まっている。

*【团聚】tuánjù 動 (多く離れて暮らす肉親が)久しぶりに集まる。団欒(だんらん)する。‖夫妻～ fūqī tuánjù 夫婦が久しぶりに一緒に過ごす。| 与家人～ yǔ jiārén tuánjù 家族と久しぶりに集まる。

【物以类聚】wù yǐ lèi jù 成 類は友を呼ぶ。似た者同士は自然と寄り集まる。‖～，人以群分 wù yǐ lèi jù, rén yǐ qún fēn 類は友を呼び，人は群れによって分かれる。

【云集】yúnjí 動 雲集する。多くの人が集まる。‖各地代表～首都 gèdì dàibiǎo yúnjí shǒudū 各地の代表が首都に集まる。

【扎堆】zhā//duī (～儿) 動 人が集まる。‖工作时间不要～儿聊天儿 gōngzuò shíjiān búyào zhāduīr liáotiānr 勤務時間中に集まってむだ話をしてはいけない。

あつめる （物を）集める

あつめる （人を）集める

▶凑　▶集合　▶聚集　▶邀集　▶招集
▶招考　▶招揽　▶招募　▶召集

---

*【凑】còu 動 集める．揃える．‖ ～人数 còu rénshù 頭数を揃える．

★【集合】jíhé 動 集める．‖ ～全班同学打扫卫生 jíhé quánbān tóngxué dǎsǎo wèishēng クラス全員を集めて大掃除をする．

*【聚集】jùjí 動 集める．‖ ～群众的力量 jùjí qúnzhòng de lìliang 大衆の力を集める．

【邀集】yāojí 動 (大勢の人を)招く．招き集める．‖ ～在京同学开了一个校友会 yāojí zài Jīng tóngxué kāile yí ge xiàoyǒuhuì 北京にいる同窓生に集まってもらって校友会を開いた．

【招集】zhāojí 動 呼び集める．招集する．‖ ～各部门的负责人开会 zhāojí gè bùmén de fùzérén kāihuì 各部門の責任者を集めて会議を開く．

【招考】zhāokǎo 動 受験生を募集する．‖ ～新生 zhāokǎo xīnshēng 新入生を募集する．｜ ～公关人员 zhāokǎo gōngguān rényuán 広報スタッフを募る．

【招揽】zhāolǎn 動 招き寄せる．呼び寄せる．‖ ～顾客 zhāolǎn gùkè 客寄せをする．｜ 千方百计地～生意 qiān fāng bǎi jì de zhāolǎn shēngyi 手を尽くして得意先を広げる．

【招募】zhāomù 動 募集する．‖ ～服装模特儿 zhāomù fúzhuāng mótèr ファッションモデルを募集する．｜ ～会员 zhāomù huìyuán 会員を募集する．

*【召集】zhàojí 動 呼び集める．召集する．‖ 临时～各班主任开会 línshí zhàojí gè bānzhǔrèn kāihuì 臨時に各クラス担任を集めて会議を開く．

あつめる （物を）集める

▶东挪西借　▶东拼西凑　▶汇集　▶集邮
▶七拼八凑　▶收集　▶搜集

【东挪西借】dōng nuó xī jiè 組 あちこちから工面してかき集める．無理算段する．‖ 为了给儿子办婚事，父母～地凑了一笔钱 wèile gěi érzi bàn hūnshì, fùmǔ dōng nuó xī jiè de còule yì bǐ qián 息子の婚礼のために両親はあちこちから金をかき集めた．

【东拼西凑】dōng pīn xī còu 組 あちこちからかき集める．あちこちから寄せ集める．‖ 这篇论文一看就知道是～的 zhè piān lùnwén yí kàn jiù zhīdao shì dōng pīn xī còu de この論文は一目で寄せ集めだと分かる．

【汇集】huìjí 動 集める．“会集”とも書く．‖ 把搜集来的资料～在一起 bǎ sōujílai de zīliào huìjízài yìqǐ 探し集めてきた資料を一つに取りまとめる．

*【集邮】jí//yóu 動 切手を集める．

【七拼八凑】qī pīn bā còu 慣 かき集める．寄せ集める．‖ ～地写了千把字，好歹交了稿 qī pīn bā còu de xiěle qiān bǎ zì, hǎodǎi jiāole gǎo あちらこちらから寄せ集めて 1000 字ほどの原稿にして，どうにかこうにか入稿した．

*【收集】shōují 動 一ヵ所に集める．収集する．‖ ～资料 shōují zīliào 資料を収集する．｜ ～证据 shōují zhèngjù 証拠を集める．｜ 她～了不少中国的纪念邮票 tā shōujíle bùshǎo Zhōngguó de jìniàn yóupiào 彼女は中国の記念切手をたくさん集めている．

*【搜集】sōují 動 (あちらこちらから)探し集める．収集する．‖ ～情报 sōují qíngbào 情報を集める．｜ ～群众意见 sōují qúnzhòng yìjian 大衆の意見を集める．｜ ～珍贵文物 sōují zhēnguì wénwù 貴重な

あ

あと （時間の）あと

文物を集める.

あと （時間の）あと

▶此后 ▶从此 ▶过后 ▶后 ▶后来
▶其后 ▶一会儿 ▶以后 ▶之后

* 【此后】cǐhòu 图 その後. 今後. ‖ ～音讯全无 cǐhòu yīnxùn quán wú その後まったく音信がない.

** 【从此】cóngcǐ 副 これから. その時から. その後. ‖ 他们谈得很投机, ～成了朋友 tāmen tánde hěn tóujī, cóngcǐ chéngle péngyou 彼らは意気投合し, それ以来友だちになった. ｜三年前他出了国, ～再也没听到他的消息 sān nián qián tā chūle guó, cóngcǐ zài yě méi tīngdào tā de xiāoxi 3年前に彼が国を出たあと, 消息は聞いていない.

* 【过后】guòhòu 图 ❶今後. 以後. ‖ 这事先这么办起来, ～再商量 zhè shì xiān zhème bànqilai, guòhòu zài shāngliang この件はひとまずこのように処理しておいて, あとでまた相談しましょう. ❷その後. それから後. ‖ 起先他答应了, ～又变了卦 qǐxiān tā dāying le, guòhòu yòu biànle guà 最初彼は承知したのに, あとになって気が変わってしまった.

★ 【后】hòu 图 (時間的に)あと. のち. ⇔"前" qián "先" xiān ‖ 事～ shìhòu 事後. ｜日～ rìhòu 後日. ｜前因～果 qián yīn hòu guǒ 原因と結果. 事のいきさつ.

** 【后来】hòulái 图 (過去のある時点から)後. それから. (前に基準時を表す語を伴わない)⇔"起先" qǐxiān ‖ 他先说不去的, ～又去了 tā xiān shuō bú qù de, hòulái yòu qù le 彼は行かないと言っていたのに, それからまた行った. ｜一开始两人还通信, ～就失去了联系 yì kāishǐ liǎng rén hái tōngxìn, hòulái jiù shīqùle liánxì 最初二人は手紙のやりとりをしていた

が, その後連絡が途絶えてしまった.

【其后】qíhòu 图 その後. そのあと. ‖ ～, 大家才明白他不是开玩笑 qíhòu, dàjiā cái míngbai tā bú shì kāi wánxiào その後, みんなは彼が冗談で言ったのではないことに気付いた.

★ 【一会儿】yīhuìr 副 (時間的に)少ししたら. ‖ ～见 yíhuìr jiàn またあとで. ｜～就吃饭了 yíhuìr jiù chīfàn le もうすぐ食事の時間だ.

★ 【以后】yǐhòu 图 今後. その後. …以後. (単独でも, 基準時を表す語に後置しても用いる)‖ 这事～再说吧 zhè shì yǐhòu zàishuō ba この件はまたあとにしよう. ｜三年～ sān nián yǐhòu 3年後. ｜两年前见过面, ～就再也没有联系了 liǎng nián qián jiànguo miàn, yǐhòu jiù zài yě méiyou liánxì le 2年前に会ったきりで, その後はまったく連絡がなくなった.

** 【之后】zhīhòu 图 ❶…の後. (多く時間をさし, 場所をさすことは少ない)‖ 毕业～ bìyè zhīhòu 卒業後. ｜两天～ liǎng tiān zhīhòu 2日後. ❷その後. (単独で文頭に置く)‖ ～, 他比过去更努力了 zhīhòu, tā bǐ guòqù gèng nǔlì le その後, 彼は以前にも増して努力するようになった.

あと （順序の）あと・後ろ

▶后 ▶后面 ▶后头 ▶其次 ▶以下

★ 【后】hòu 图 (順序の)あと. 後ろ. ⇔"前" qián "先" xiān ‖ 他的名次落到了～十名里 tā de míngcì luòdàole hòu shí míng li 彼の順位は後ろから10番内に落ちた. ｜～几排都没人坐 hòu jǐ pái dōu méi rén zuò 後ろの何列かの席には人が座っていない.

** 【后面】hòumiàn (～儿)图 (順序の)後ろ. ‖ 这部小说的精彩部分在～ zhè bù xiǎo-

26

あな 穴

shuō de jīngcǎi bùfen zài hòumiàn この小説の見どころは後半にある.

* **【后头】hòutou** 图 (順序の)後. 今後. ‖ 麻烦的事还在～呢 máfan de shì hái zài hòutou ne これから先が厄介なんですよ. | 具体要求～再谈吧 jùtǐ yāoqiú hòutou zài tán ba 具体的な要望については後で話し合いましょう.

** **【其次】qícì** 代 その次. 2番目. ‖ 在公司里他的能力最强，～就是我 zài gōngsī li tā de nénglì zuì qiáng, qícì jiùshì wǒ 会社では彼が一番仕事ができて，次が私だ.

** **【以下】yǐxià** 图 以下. 次. ‖ 具体措施归纳为～六点 jùtǐ cuòshī guīnà wéi yǐxià liù diǎn 具体的な措置は以下の6点にまとめられる. | 报告到此结束，～进行自由讨论 bàogào dào cǐ jiéshù, yǐxià jìnxíng zìyóu tǎolùn 報告はこれで終わりとし，あとはフリーディスカッションに移ります.

あと 跡

▶痕迹　▶迹象　▶脚印　▶印　▶印子
▶踪迹

* **【痕迹】hénjì** 图 何事かがあった跡. 痕跡(こんせき). ‖ 雪地上留有人走过的～ xuědì shang liú yǒu rén zǒuguo de hénjì 雪の上には人の歩いた跡が残っている.

* **【迹象】jìxiàng** 图 兆し. 様子. ‖ 出现了和平的～ chūxiànle hépíng de jìxiàng 平和の兆しが見えた.

【脚印】jiǎoyìn (～儿) 图 足跡. ‖ 雪地上留下一串～ xuědì shang liúxia yí chuàn jiǎoyìn 雪の上に一筋の足跡がついている. | 人生的～ rénshēng de jiǎoyìn 人生の足跡.

** **【印】yìn** (～儿) 图 跡. 痕跡(こんせき). ‖ 手～ shǒuyìn 指紋. | 脚～ jiǎoyìn 足跡. | 红～儿 hóngyìnr (ぶつけてできた)赤あ

ざ. | 雪地上有踩过的～儿 xuědì shang yǒu cǎiguo de yìnr 雪の上に歩いた跡がある.

【印子】yìnzi 图 跡. 痕跡.

【踪迹】zōngjì 图 痕跡(こんせき). 跡形. ‖ 留下～ liúxia zōngjì 痕跡を残す. | 发现～ fāxiàn zōngjì 痕跡を見いだす.

あな 穴

▶洞　▶坑　▶孔　▶窟窿　▶窝　▶眼

** **【洞】dòng** (～儿) 图 (自然にできたぽっかりとした)穴. 洞穴. 坑道. ‖ 山～ shāndòng 山の洞窟(どうくつ). | 桥～ qiáodòng 橋脚と橋脚の間にできる空間. | 漏～ lòudòng 抜け穴. | 打～ dǎ dòng 穴をあける. | 衣服破了个～ yīfu pòle ge dòng 服に穴があいた.

* **【坑】kēng** (～儿) 图 地面のへこみ. 穴. ‖ 水～ shuǐkēng 水たまり. | 弹～ dànkēng 銃弾の跡. 弾痕(だん). | 挖～种树 wā kēng zhòng shù 穴を掘って木を植える.

** **【孔】kǒng** 图 (人工的に作られた，また体の)穴. ‖ 钻～ zuān kǒng 穴を開ける. | 针～ zhēnkǒng 針の穴. | 钥匙～ yàoshikǒng 鍵穴. | 毛～ máokǒng 毛穴. | 鼻～ bíkǒng 鼻の穴.

* **【窟窿】kūlong** 图 穴. 孔(あな). ‖ 冰～ bīngkūlong 氷の上の穴. | 烟头把衣服烧了一个～ yāntóu bǎ yīfu shāole yí ge kūlong 吸い殻で服に焼け焦げの穴ができた.

* **【窝】wō** (～儿) 图 くぼみ. くぼんだ所. ‖ 眼～ yǎnwō 眼窩(がんか). | 心口～儿 xīnkǒuwōr みぞおち.

** **【眼】yǎn** (～儿) 图 小さな穴. ‖ 钻个～儿 zuàn ge yǎnr 穴をあける. | 虫～儿 chóngyǎnr 虫くいの穴. | 针～ zhēnyǎn 針の穴. | 耳朵～儿 ěrduo yǎnr 耳の穴.

27

あばく　暴く

▶暴露　▶戳穿　▶抖　▶揭　▶揭穿
▶揭底　▶揭短　▶揭发　▶揭露

*【暴露】bàolù 働 暴露する．さらけ出す．∥～了本来面目 bàolùle běnlái miànmù 本来の姿をさらけ出した．｜这次事故～了我们安全工作中的不少问题 zhè cì shìgù bàolùle wǒmen ānquán gōngzuò zhōng de bùshǎo wèntí 今回の事故は我々の安全活動が抱えている多くの問題をさらけ出した．

【戳穿】chuōchuān 働 暴く．∥～敌人的阴谋 chuōchuān dírén de yīnmóu 敵の陰謀を暴く．

【抖】dǒu 働 暴露する．明らかにする．∥他所做的一切，被知情人全～出来了 tā suǒ zuò de yíqiè, bèi zhīqíngrén quán dǒuchulai le 彼がやったことは事情を知る者にすべて暴露された．

*【揭】jiē 働 暴く．暴露する．∥～内幕 jiē nèimù 内幕を暴く．｜～疮疤 jiē chuāngbā 人の古傷に触れる．人の欠点を暴く．｜～他的老底 jiē tā de lǎodǐ 彼の素性を暴く．

【揭穿】jiēchuān 働 (悪事を)暴く．暴露する．∥～假面具 jiēchuān jiǎmiànjù 仮面をはがす．｜谎言被～了 huǎngyán bèi jiēchuānle うそが暴かれた．｜～了他的鬼把戏 jiēchuānle tā de guǐbǎxì 彼の悪巧みを暴いた．

【揭底】jiē//dǐ (～儿)働 秘密をさらけ出す．ねたをばらす．∥这一次，非得揭他的底儿不行 zhè yí cì, fēiděi jiē tā de dǐr bùxíng こんどこそ彼の秘密を暴いてやる．

【揭短】jiē//duǎn (～儿)働 人の欠点を暴く．∥他老当众揭我的短 tā lǎo dāngzhòng jiē wǒ de duǎn 彼はいつも人前で私の欠点を指摘する．

*【揭发】jiēfā 働 (悪事などを)暴く．暴き出す．∥～贪污行为 jiēfā tānwū xíngwéi 汚職行為を摘発する．｜～犯罪事实 jiēfā fànzuì shìshí 犯罪事実を摘発する．

*【揭露】jiēlù 働 (隠されたものを)暴露する．明るみに出す．明らかにする．さらけ出す．∥～问题的实质 jiēlù wèntí de shízhì 問題の本質を明らかにする．｜～隐私 jiēlù yǐnsī プライバシーを暴く．｜～阴谋诡计 jiēlù yīnmóu guǐjì 陰謀策略を明るみに出す．

あふれる

▶饱满　▶充满　▶充沛　▶挤满　▶满
▶漫　▶热泪盈眶　▶洋溢　▶漾　▶溢

*【饱满】bǎomǎn 形 張り切っている．元気旺盛(おうせい)である．∥精神～ jīngshen bǎomǎn 元気いっぱいだ．

**【充满】chōngmǎn 働 満ちる．充満する．∥前途～希望 qiántú chōngmǎn xīwàng 前途は希望に満ち満ちている．｜眼里～了泪水 yǎn li chōngmǎnle lèishuǐ 目に涙があふれた．｜～热情的讲话 chōngmǎn rèqíng de jiǎnghuà 熱意にあふれた演説．｜～阳光的房间 chōngmǎn yángguāng de fángjiān 日光があふれた部屋．｜浑身～了力量 húnshēn chōngmǎnle lìliang 全身に力があふれている．｜校园里～了读书声 xiàoyuán li chōngmǎnle dúshūshēng 校内いっぱいに本を読む声が響きわたった．

*【充沛】chōngpèi 形 満ちあふれている．十分である．∥感情～ gǎnqíng chōngpèi 愛情があふれている．｜有～的体力 yǒu chōngpèi de tǐlì 十分な体力を持っている．

【挤满】jǐmǎn 働 ぎゅうぎゅう詰めになる．いっぱい詰まる．∥会场里～了人 huìchǎng li jǐmǎnle rén 会場は人でいっぱ

あ　　　　　　　　あまい　（しつけなどが）甘い

いだ.

★【満】mǎn 形 満ちている. いっぱいである. ‖客~ kèmǎn（劇場やホテルなどで）満員. 満室.｜桶里的水~了 tǒng li de shuǐ mǎn le 桶の水がいっぱいになった.｜装了~~一筐 zhuāngle mǎnmǎn yì kuāng かごいっぱいに詰めた.｜给车加~油 gěi chē jiāmǎn yóu ガソリンを満タンにする.

【漫】màn 動 (水が)あふれ出る. ‖浴缸里的水~出来了 yùgāng li de shuǐ mànchulai le 浴槽の湯があふれた.

*【热泪盈眶】rè lèi yíng kuàng 成 感激の涙があふれる. ‖听了她的话, 我们感动得~ tīngle tā de huà, wǒmen gǎndòngde rè lèi yíng kuàng 彼女の話を聞き, 私たちは感動の涙があふれて止まらなかった.

【洋溢】yángyì 動 満ちあふれる. 充満する. ‖热情~的话 rèqíng yángyì de huà 情熱に満ちあふれた話.｜会场上~着热烈友好的气氛 huìchǎng shang yángyìzhe rèliè yǒuhǎo de qìfēn 会場内は友好的な熱気であふれている.

【漾】yàng 動 (液体が)あふれ出る. ‖啤酒从杯子里~出来了 píjiǔ cóng bēizi li yàngchulai le ビールがコップからあふれた.

【溢】yì 動 (液体が)あふれる. ‖池子里的水~出来了 chízi lǐ de shuǐ yìchulai le 池の水があふれ出た.｜牛奶煮~出来了 niúnǎi zhǔyìchulai le 牛乳が吹きこぼれた.

あまい　（しつけなどが）甘い

▶不严　▶不严格　▶不严厉　▶放纵
▶姑息　▶宽　▶乐观　▶松　▶天真

【不严】bù yán 組 厳しくない. ‖家教~ jiājiào bù yán 家のしつけが甘い.｜管得

~ guǎnde bù yán 管理の仕方が甘い.｜那个裁判判得~ nàge cáipàn pànde bù yán あの審判は判定が甘い.

【不严格】bù yángé 組 厳しくない. ‖他对子女的要求一点儿也~ tā duì zǐnǚ de yāoqiú yìdiǎnr yě bù yángé 彼は子供に対するしつけがまったく甘い.

【不严厉】bù yánlì 組 厳格ではない. ‖对自己人处罚~ duì zìjǐrén chǔfá bù yánlì 身内に対する処罰が甘い.

【放纵】fàngzòng 動 気ままにさせる. 放任する. ‖不要~子女 bú yào fàngzòng zǐnǚ 子供を放任してはならない.

【姑息】gūxī 動 甘やかす. 大目に見る. なんでも許してしまう. ‖不能~他的错误 bù néng gūxī tā de cuòwù 彼の過ちを大目に見るわけにはいかない.

**【宽】kuān 形 度量が大きい. 寛容である. 厳しくない. ‖从~处理 cóngkuān chǔlǐ 寛大に処理する.｜待人~, 对己严 dàirén kuān, duì jǐ yán 人には寛大に, 自己には厳しく.

**【乐观】lèguān 形 楽観的である. ⇔"悲观" bēiguān ‖大家对公司前景都很~ dàjiā duì gōngsī qiánjǐng dōu hěn lèguān みんなは会社の先行きをたいへん楽観している.｜我的估计太~了一些 wǒ de gūjì tài lèguānle yìxiē 私の見通しはいささか甘すぎた.

**【松】sōng 形 緩やかである. 厳しくない. ‖纪律太~了 jìlǜ tài sōng le 規律が緩やかすぎる.｜那个老师打分很~ nàge lǎoshī dǎ fēn hěn sōng あの先生は採点が甘い.

**【天真】tiānzhēn 形 (考え方が)幼稚である. ‖那个人的想法过于~ nàge rén de xiǎngfa guòyú tiānzhēn あの人の考え方は甘すぎる.

あやうく　危うく　⇒【もう少しで】

あやまる　謝る

▶道歉　▶赔不是　▶赔礼　▶请罪　▶认错
▶深表歉意　▶谢罪

**【道歉】dào//qiàn 動 わびる．謝る．遺憾の意を表する．‖一再~ yízài dàoqiàn 何度も謝る．｜我向你表示~ wǒ xiàng nǐ biǎoshì dàoqiàn 私はあなたに対して遺憾の意を表します．｜他向我们道了歉 tā xiàng wǒmen dàole qiàn 彼は私たちに謝った．

【赔不是】péi bùshi 慣 わびる．謝る．‖自己错了就该向人家赔个不是 zìjǐ cuòle jiù gāi xiàng rénjia péi ge búshì 自分が悪かったのなら相手にきちんと謝るべきだ．｜他已经~了，你就别再生气了! tā yǐjīng péi búshi le, nǐ jiù bié zài shēngqì le! 彼は謝っているのだから，もうそんなに怒らなくていいじゃないか．

【赔礼】péi//lǐ 動 わびる．‖~道歉 péili dàoqiàn わびを入れる．｜一点儿小事，赔个礼就过去了 yìdiǎnr xiǎoshì, péi ge lǐ jiù guòqu le たいしたことではないのだから，わびを入れればそれで済む．

【请罪】qǐng//zuì 動 自分の誤りについて，自分から処分を求める．謝る．謝罪する．‖负荆~ fùjīng qǐngzuì 平謝りに謝る．｜我今天是特意来向您~的 wǒ jīntiān shì tèyì lái xiàng nín qǐngzuì de 本日あなたに謝罪しにお伺いいたしました．

【认错】rèn//cuò (~儿)動 過ちを認める．謝る．‖别再说了，他已经~了 bié zài shuō le, tā yǐjīng rèncuò le もうそれ以上言うな，彼はさっきから謝っているのだから．｜做错了事，他从来不~ zuòcuòle shì, tā cónglái bú rèncuò ミスを犯しても，彼はこれまでそれを認めたことがない．

【深表歉意】shēn biǎo qiànyì 組 深く遺憾の意を表す．

【谢罪】xiè//zuì 動 謝罪する．お詫びする．

あやまる　誤る

▶出差错　▶错　▶搞错　▶失误　▶误会
▶误解　▶有差错

【出差错】chū chācuò 組 誤る．間違いをする．‖工作上出了~ gōngzuò shang chūle chācuò 仕事の上で間違いが起こった．

★【错】cuò 形 誤っている．間違っている．⇔"对" duì｜判断~了 pànduàn cuò le 判断を誤った．｜应该放糖，结果放了盐，结果 yīnggāi fàng táng, jiéguǒ cuò fàngle yán 砂糖を入れるはずのところを，誤って塩を入れてしまった．｜这个字写~了 zhège zì xiěcuò le この字は書き誤った．｜听~了 tīngcuò le 聞き違えた．｜别弄~了 bié nòngcuò le 勘違いしないで．

【搞错】gǎocuò 動 やりそこなう．し誤る．‖我把名字~了 wǒ bǎ míngzi gǎocuò le 私は名前を間違えた．

*【失误】shīwù 動 間違える．誤る．ミスをする．‖发球~ fāqiú shīwù サーブ・ミスをする．｜决策~ juécè shīwù 方針決定を誤る．

**【误会】wùhuì 動 誤解する．勘違いする．‖你~他了 nǐ wùhuì tā le 君は彼のことを誤解している．｜请您别~我的意思 qǐng nín bié wùhuì wǒ de yìsi どうか私の言うことを誤解しないでください．

*【误解】wùjiě 動 誤解する．間違えて理解する．‖~了词的意思 wùjiěle cí de yìsi 言葉の意味を取り違えた．｜不要~我说的话 búyào wùjiě wǒ shuō de huà 私の話を誤解しないでくれ．

【有差错】yǒu chācuò 組 誤る．間違いがある．‖计算上有~ jìsuàn shang yǒu

chācuò 計算に間違いがある.

あらそう　争う

▶竞争　▶抢　▶抢先　▶争　▶争夺
▶争先恐后

*【竞争】jìngzhēng 動 競争する. 競り合う. ‖互相~ hùxiāng jìngzhēng 互いに競争する. | ~激烈 jìngzhēng jīliè 競争が激しい.

**【抢】qiǎng 動 先を争う. 我がちに行く. ‖座儿 qiǎng zuòr 先を争って席を取る. | ~在时间前头 qiǎngzài shíjiān qiántou 時間との競争をする. | 大家~着发言 dàjiā qiǎngzhe fāyán みんなが我がちに発言する.

【抢先】qiǎng//xiān（~儿）動 先を争う. 先んじる. ‖~发言 qiǎngxiān fā yán 先を争って発言する. | ~一步 qiǎngxiān yí bù 一歩先んじる.

*【争】zhēng 動 争う. 競う. ‖两只鸟~食 liǎng zhī niǎo zhēng shí 2羽の鳥が食べ物を奪い合う. | 冠军 zhēng guànjūn 優勝を競う. | 大家~着要去 dàjiā zhēngzhe yào qù みんな競って行こうとする.

*【争夺】zhēngduó 動 争う. 競う. 奪い取る. ‖~冠军 zhēngduó guànjūn 優勝を競う. | ~财产 zhēngduó cáichǎn 財産を争う. | ~地盘 zhēngduó dìpán 縄張りを争う. | ~主动权 zhēngduó zhǔdòngquán 主動権を争う.

*【争先恐后】zhēng xiān kǒng hòu 成 遅れまいと先を争う. 我がちに先を争う. ‖~地发言 zhēng xiān kǒng hòu de fāyán われがちに発言する.

あらためる　改める（変える）

▶变　▶变动　▶变更　▶改　▶改变
▶改进　▶改善　▶更改　▶更换　▶换
▶修改

★【变】biàn 動 変える. 変化させる. ‖~脸色 biàn liǎnsè 顔色を変える. | ~坏事为好事 biàn huàishì wéi hǎoshì 災いを福とする. | ~被动为主动 biàn bèidòng wéi zhǔdòng 受動的な立場を脱し主導権をとる.

*【变动】biàndòng 動 変動する. 変更させる. 変化する. ‖时间一旦定下来，就不再~了 shíjiān yídàn dìngxialai, jiù bú zài biàndòng le 時間が決まった以上もう変わらない.

*【变更】biàngēng 動 変更する. 変わる. ‖~计划 biàngēng jìhuà 計画を変更する. | ~时间 biàngēng shíjiān 時間を変更する. | 住址~了 zhùzhǐ biàngēng le 住所が変わった. | 内容有所~ nèiróng yǒu suǒ biàngēng 内容に変更がある.

★【改】gǎi 動 変更する. 変える. ‖开会的时间~到明天了 kāihuì de shíjiān gǎidào míngtiān le 会議の時間は明日に変更された. | ~名字 gǎi míngzi 名前を改める. | ~主意 gǎi zhǔyi 考えを改める.

★【改变】gǎibiàn 動 変える. 変更する. ‖~作息时间 gǎibiàn zuòxī shíjiān 仕事と休憩の時間を変更する. | ~学习方法 gǎibiàn xuéxí fāngfǎ 勉強の方法を改める. | ~实施计划 gǎibiàn shíshī jìhuà 実施計画を改める.

**【改进】gǎijìn 動 改善する. 改良する. ‖不断地~工作方法 búduàn de gǎijìn gōngzuò fāngfǎ 絶えず仕事のやり方を改善する. | ~装备 gǎijìn zhuāngbèi 設備を改良する. | 管理方法有了很大~ guǎnlǐ fāngfǎ yǒule hěn dà gǎijìn 管理のやり方が大いに向上した.

あらためる　改める(正す)

【改善】 gǎishàn 動 改善する．よりよくする．‖ ～关系 gǎishàn guānxi 関係を改善する．｜ ～伙食 gǎishàn huǒshí 賄いを改善する．｜ 劳动条件有了～ láodòng tiáojiàn yǒule gǎishàn 労働条件が改善された．

*【更改】** gēnggǎi 動 変更する．‖ ～名称 gēnggǎi míngchēng 名称を改める．｜ ～作息时间 gēnggǎi zuòxī shíjiān 仕事と休憩の時間を変更する．

*【更换】** gēnghuàn 動 交替する．入れ替える．‖ ～领导班子 gēnghuàn lǐngdǎo bānzi 指導者グループを入れ替える．｜ 出场运动员 gēnghuàn chūchǎng yùndòngyuán 出場選手を交替される．｜ ～了新设备 gēnghuànle xīn shèbèi 新しい設備に入れ替えた．

★【换】** huàn 動 (あるものを別のものに)替える．取り替える．‖ ～衣服 huàn yīfu 着替えをする．｜ ～时间 huàn shíjiān 時間を替える．｜ ～一个方式 huàn yí ge fāngshì やり方を替える．

【修改】 xiūgǎi 動 (文章や計画などを)改める．直す．修正する．‖ ～文章 xiūgǎi wénzhāng 文章を直す．｜ ～宪法 xiūgǎi xiànfǎ 憲法を改正する．｜ ～章程 xiūgǎi zhāngchéng 規約を改める．

あらためる　改める（正す）

▶端正　▶改　▶改正　▶更正　▶纠正
▶整　▶正

*【端正】** duānzhèng 動 正す．きちんとする．‖ ～工作态度 duānzhèng gōngzuò tàidu 勤務態度を改める．

★【改】** gǎi 動 是正する．改める．きちんと直す．‖ 知过必～ zhī guò bì gǎi 過ちと分かれば必ず改める．｜ 我错了，今后一定～ wǒ cuò le, jīnhòu yídìng gǎi 私が間違っていました，今後は必ず改めま

す．｜ 把错了的地方～过来 bǎ cuòle de dìfang gǎiguolai 間違ったところを改める．｜ 这个坏毛病他老是～不掉 zhège huài máobing tā lǎoshi gǎibudiào この悪い癖を彼はなかなか改めることができないでいる．

【改正】 gǎizhèng 動 改める．是正する．訂正する．‖ 有了错误就应该立即～ yǒule cuòwù jiù yīnggāi lìjí gǎizhèng 誤りがあったらすぐに改めるべきだ．｜ ～缺点 gǎizhèng quēdiǎn 欠点を直す．｜ ～错别字 gǎizhèng cuòbiézì 誤字を訂正する．

*【更正】** gēngzhèng 動 訂正する．正す．‖ ～错字 gēngzhèng cuòzì 誤字を訂正する．｜ 文章中有几个地方需要～ wénzhāng zhōng yǒu jǐ ge dìfang xūyào gēngzhèng 文章中の数ヵ所は直さなくてはいけない．｜ 登报～ dēngbào gēngzhèng 新聞紙上で訂正する．

【纠正】 jiūzhèng 動 是正する．改める．正す．直す．‖ ～错误 jiūzhèng cuòwù ミスを改める．｜ ～偏差 jiūzhèng piānchā 偏向を正す．｜ 对不良习惯要及时～ duì bùliáng xíguàn yào jíshí jiūzhèng 悪い習慣は直ちに改めなければならない．

*【整】** zhěng 動 整える．正す．‖ ～～领带 zhěngzheng lǐngdài ネクタイを直す．｜ 重～旗鼓 chóng zhěng qí gǔ 新たに態勢を整える．

★【正】** zhèng 動 (思想や行為を)正す．‖ ～人心 zhèng rénxīn 人心を正す．｜ 以校风 yǐ zhèng xiàofēng もって校風を正す．◇(誤りを)正す．｜ ～误 zhèngwù 誤りを正す．｜ ～音 zhèngyīn 言葉の発音を正しく直す．

あらわす　表す（表現する）

▶表达　▶表示　▶表现　▶体现

【表达】 biǎodá 動 (考え方や感情などを)

表す．表現する．‖～心声 biǎodá xīn-shēng 思いを表現する．｜这首诗～了作者对祖国的热爱 zhè shǒu shī biǎodále zuò-zhě duì zǔguó de rè'ài この詩は作者の祖国に対する熱い思いを表現している．

★【表示】biǎoshì 動 (言葉や行動で)表す．示す．表明する．‖～赞成 biǎoshì zàn-chéng 賛成の意を表す．｜向你们～感谢 xiàng nǐmen biǎoshì gǎnxiè あなたがたに感謝の意を表します．

★【表现】biǎoxiàn 動 表現する．体現する．示す．‖运动员在比赛中～出顽强的毅力 yùndòngyuán zài bǐsài zhōng biǎo-xiànchu wánqiáng de yìlì 選手は試合で粘り強さを見せた．｜这首歌～了人们对幸福的向往 zhè shǒu gē biǎoxiànle rénmen duì xìngfú de xiàngwǎng この歌には人々の幸福への思いが表されている．

*【体现】tǐxiàn 動 (考え方や性質などを)体現する．具体的に表す．‖这次居民投票的结果充分～了大家的想法 zhè cì jūmín tóupiào de jiéguǒ chōngfèn tǐxiànle dàjiā de xiǎngfa 今回の住民投票の結果は人々の考えを表している．｜这幅油画～了作者的个性化 zhè fú yóuhuà tǐxiàn-le zuòzhě de gèxìnghuà この油絵には作家の個性というものが表れている．

あらわす 表す（意味する）

▶表示　▶标志　▶代表　▶象征　▶意味着

★【表示】biǎoshì 動 示す．意味する．物語る．‖红灯～禁止通行 hóngdēng biǎo-shì jìnzhǐ tōngxíng 赤ランプは通行禁止を意味する．

*【标志】【标识】biāozhì 動 示す．表す．‖友好条约的签订～着两国关系有了进一步的发展 yǒuhǎo tiáoyuē de qiāndìng biāo-zhìzhe liǎng guó guānxi yǒule jìn yí bù de fāzhǎn 友好条約の締結は両国の関係の

さらなる発展を示すものである．

★【代表】dàibiǎo 動 代表する．‖五星红旗的大五(角)星～中国共产党 wǔxīng hóng-qí de dà wǔ (jiǎo)xīng dàibiǎo Zhōngguó gòngchǎndǎng (中国の国旗である)五星紅旗の大きな星は中国共産党を表わしている．

*【象征】xiàngzhēng 動 象徴する．‖代表团种下的这棵松树，～着两国人民的友谊长存 dàibiǎotuán zhòngxia de zhè kē sōng-shù, xiàngzhēngzhe liǎng guó rénmín de yǒu-yì chángcún 代表団が植えたこの松の木は，両国人民の友情が永遠に続くことを象徴している．

*【意味着】yìwèizhe 動 意味する．表す．‖世界性的气候异常～人类生存环境已经受到严重威胁 shìjièxìng de qìhòu yì-cháng yìwèizhe rénlèi shēngcún huánjìng yǐ-jīng shòudào yánzhòng wēixié 世界的な異常気象は，人類の生存環境がすでに重大な脅威にさらされていることを意味している．

あらわれる　現れる（出現する）

▶辈出　▶层出不穷　▶出现　▶露面
▶露头　▶冒　▶突现　▶显现　▶照面儿

【辈出】bèichū 動 続々と現れる．‖人材～ réncái bèichū 人材が輩出する．

*【层出不穷】céng chū bù qióng 成 次から次へと尽きない．次々に現れる．‖好人好事～ hǎorén hǎoshì céng chū bù qióng 立派な人や行いが次々に現れる．

★【出现】chūxiàn 動 現れる．出現する．生じる．‖～了一条彩虹 chūxiànle yì tiáo cǎihóng 虹が現れた．｜～了问题应及时解决 chūxiànle wèntí yīng jíshí jiějué 問題が出たらただちに解決すべきである．｜奇迹～了 qíjì chūxiàn le 奇跡が現れた．

あ

*【露面】lòu//miàn（～儿）動 顔を見せる. 姿を見せる. 現れる. ‖他有好几天没～了 tā yǒu hǎojǐ tiān méi lòumiàn le このところ彼はずっと顔を見せていない. ｜最近他一直没～, 原来是住院了 zuìjìn tā yìzhí méi lòumiàn, yuánlái shì zhùyuàn le 近ごろ彼がちっとも現れないと思っていたら, 入院していたそうだ.

*【露头】lòu//tóu 動 ❶（～儿）頭を出す. ‖他刚一～, 就被发现了 tā gāng yí lòutóu, jiù bèi fāxiàn le 彼は頭を出したとたんに, 見つかってしまった. ❷現れる. ‖骄傲的情绪露了头 jiāo'ào de qíngxu lòule tóu 傲慢(ごうまん)な心が現れた.

**【冒】mào 動 外に向かって噴き出す. 出る. 出現する. ‖泉水直往外～ quánshuǐ zhí wǎng wài mào 泉の水が外に流れ出す. ｜你这家伙从哪儿～出来的, 吓人一大跳 nǐ zhè jiāhuo cóng nǎr màochulai de, xiàrén yí dà tiào お前はどこから飛び出してきたんだ, ほんとうにびっくりさせるなあ.

【突现】tūxiàn 動 突然現れる. ‖钻出山洞, 一道瀑布～在眼前 zuānchu shāndòng, yí dào pùbù tūxiànzài yǎnqián 洞窟(どう)を抜けると, 滝が突然目の前に現れた.

【显现】xiǎnxiàn 動 現れる. 姿を現す. ‖浓雾渐渐消散, 江对面的村落～出来 nóngwù jiànjiàn xiāosàn, jiāng duìmiàn de cūnluò xiǎnxiànchulai 濃い霧がしだいに消えて, 川向こうの村落が姿を現した.

【照面儿】zhào//miànr 動 顔を出す. 顔を見せる. ‖出差刚回来, 到机关打了个～就回家休息去了 chūchāi gāng huílai, dào jīguān dǎle ge zhàomiànr jiù huíjiā xiūxiqù le 出張から帰ったその足で職場に顔を出し, それからすぐに家へ帰って休んだ. ｜不知为什么, 近一个月她始终没～ bù zhī wèi shénme, jìn yí ge yuè tā shǐzhōng méi zhàomiànr どういうわけか, この1ヵ月彼女はぜんぜん顔を見せて

いない.

あらわれる　（表面に）現れる

▶暴露　▶呈現　▶帯　▶浮現　▶见
▶见効　▶流露　▶露头　▶露　▶显露

---

*【暴露】bàolù 動 暴露する. さらけ出す. ‖～了本来面目 bàolùle běnlái miànmù 本来の姿をさらけ出した. ｜～出的矛盾 bàolùchu de máodùn 表面化した矛盾. ｜这次事故～了我们安全管理中的不少问题 zhè cì shìgù bàolùle wǒmen ānquán guǎnlǐ zhōng de bùshǎo wèntí 今回の事故は我々の安全管理における多くの問題をさらけ出した.

*【呈现】chéngxiàn 動（様相を）呈する.（状況が）現れる. ‖～在眼前 chéngxiànzài yǎnqián 目の前に現れる. ｜脸上～出惊慌的神色 liǎn shang chéngxiànchu jīnghuāng de shénsè 顔に狼狽(ろうばい)の表情が現れる. ｜～出生动活泼的局面 chéngxiànchu shēngdòng huópo de júmiàn 生き生きと活気のある局面が現れた.

★【帯】dài 動（表情を）浮かべる. 現れる. 帯びる. ‖面～愁容 miàn dài chóuróng 顔に愁いを帯びる. ｜面～倦容 miàn dài juànróng 疲れが顔に現れる.

【浮现】fúxiàn 動（脳裏に思い出や印象などが）浮かぶ.（感情が顔に）表れる. ‖往事又一幕一幕地～在眼前 wǎngshì yòu yí mù yí mù de fúxiànzài yǎnqián 昔のことがまた一こま一こままぶたに浮かんだ.

★【见】jiàn 動 はっきり現れる. 見てとれる. ‖他一点儿都不～老 tā yìdiǎnr dōu bú jiàn lǎo 彼は少しも老けて見えない. ｜初～成效 chū jiàn chéngxiào 初めて効果が現れる.

*【见効】jiànxiào 動 効果が現れる. 効き目が出る. ‖吃了各种药, 也不～ chīle

gèzhǒng yào, yě bú jiànxiào いろいろ薬を飲んだが，効き目がない.

*【流露】liúlù 動 (考えや気持ちが)現れる．にじみ出る．発露する．‖脸上～出惊讶的神色 liǎnshang liúlùchu jīngyà de shénsè 顔に驚きの表情が現れる．｜文章里～出作者对故乡的思念 wénzhāng li liúlùchu zuòzhě duì gùxiāng de sīniàn 文章には筆者のふるさとへの思いがにじみ出ている．

*【露头】lòu//tóu 動 現れる．‖骄傲的情绪露了头 jiāo'ào de qíngxu lòule tóu 傲慢(ᵍᵘᵃⁿ)な心が現れた．

*【露】lù 動 現す．現れる．露出する．さらけ出す．‖面～难色 miàn lù nánsè 難色を示す．｜不～声色 bú lù shēngsè 言葉にも表情にも現さない．｜～出原形 lùchu yuánxíng 本性を現す．

【显露】xiǎnlù 動 現す．現れる．‖～才华 xiǎnlù cáihuá 才能を現す．｜脸上～出不高兴的样子 liǎn shang xiǎnlùchu bù gāoxìng de yàngzi 顔に不機嫌な表情が浮かんだ．

ありがたい

▶感恩　▶感激　▶感谢　▶满足　▶庆幸
▶谢天谢地　▶谢谢

【感恩】gǎn//ēn 動 恩義を感じる．恩に着る．‖实在是～不尽 shízài shì gǎn'ēn bújìn ほんとうに尽きせぬ恩義を感じる．ご恩義に心から感謝申し上げます．

**【感激】gǎnjī 動 感激する．心から感謝する．‖我非常～刘先生 wǒ fēicháng gǎnjī Liú xiānsheng 私は心から劉さんに感謝している．｜～不尽 gǎnjī bújìn 感激に堪えない．｜心里充满了～之情 xīnli chōngmǎnle gǎnjī zhī qíng 感謝の念でいっぱいである．

★【感谢】gǎnxiè 動 感謝する．‖非常～ fēi-

cháng gǎnxiè 心から感謝する．｜～您的热情招待 gǎnxiè nín de rèqíng zhāodài あなたの心からのおもてなしに感謝いたします．｜对他的帮助，我们～不尽 duì tā de bāngzhù, wǒmen gǎnxiè bújìn 彼の厚意は感謝に堪えません．｜表示衷心的～ biǎoshì zhōngxīn de gǎnxiè 心から感謝の意を表する．

**【满足】mǎnzú 動 満足する．‖能找到一份工作，我已经很～了 néng zhǎodào yí fèn gōngzuò, wǒ yǐjīng hěn mǎnzú le 仕事が見つかっただけで私はもう十分満足だ．

【庆幸】qìngxìng 動 (思いがけない幸運を)幸いとする．喜びとする．祝う．‖他～自己找到了一个理想的工作 tā qìngxìng zìjǐ zhǎodàole yí ge lǐxiǎng de gōngzuò 彼は理想的な仕事を探し当てて喜んでいる．｜这么大的事故，人员没有伤亡，真是值得～ zhème dà de shìgù, rényuán méiyou shāngwáng, zhēn shì zhíde qìngxìng こんなに大きな事故で死傷者がなかったことは，ほんとうに幸いであった．

【谢天谢地】xiè tiān xiè dì 慣 感謝の至り．ありがたさの極み．(感激や喜びを表す言葉)‖～，总算考上了 xiè tiān xiè dì, zǒngsuàn kǎoshang le ああ嬉しい，どうにか試験に合格した．

あるいは

▶或　▶或…或…　▶或是　▶或许　▶或者
▶兴许　▶要不　▶也许

**【或】huò 副 もしかすると．あるいは．‖这个建议对改进工作～有好处 zhège jiànyì duì gǎijìn gōngzuò huò yǒu hǎochù この意見はあるいは仕事の改善に役立つかもしれない．接 あるいは．または．‖你来～我去都行 nǐ lái huò wǒ qù dōu

あるく　歩く

xíng 君が来てもいいし，僕が行ってもいい．

【或…或…】huò...huò... 組（相反する語を対置して）…かあるいは….…かまたは….∥或多或少 huò duō huò shǎo 多かれ少なかれ．｜或去或留，你尽快决定 吧 huò qù huò liú, nǐ jǐnkuài juédìng ba 行くのか残るのか，早く決めなさい．

*【或是】huòshì 接 …かそれとも….…するかそれとも….∥~你去，~他去，都可以 huòshì nǐ qù, huòshì tā qù, dōu kěyǐ 君が行こうが彼が行こうが，どちらでもよい．｜每天~早上，~晚上，他总要跑跑步 měitiān huòshì zǎoshang, huòshì wǎnshang, tā zǒng yào pǎopaobù 毎日朝か夜に彼は必ずジョギングする．

*【或许】huòxǔ 副 あるいは…かもしれない．もしかしたら…かもしれない．∥他没来，~生病了吧 tā méi lái, huòxǔ shēngbìng le ba 彼は来なかったけれど，もしかしたら病気かもしれない．

★【或者】huòzhě 副 もしかすると．あるいは．∥这样解释~能更清楚 zhèyàng jiěshì huòzhě néng gèng qīngchu こう解釈するとあるいはもっとはっきりするかもしれない．接（同格または選択を表す）あるいは．または．∥~你来拿，~我送去 huòzhě nǐ lái ná, huòzhě wǒ sòngqu 君が取りに来るか，あるいは私が届けるか．｜有问题问老师~同学都可以 yǒu wèntí wèn lǎoshī huòzhě tóngxué dōu kěyǐ 問題があれば先生に尋ねてもいいし，同級生に聞いてもいい．

【兴许】xīngxǔ 副 あるいは．もしかすると．∥今天他~不来了 jīntiān tā xīngxǔ bù lái le 今日彼は来ないかもしれない．

*【要不】yàobù 接（"要不…，要不…"の形で用いて）…するか，または…する．"要不然" yào bu rán ともいう．∥你定时间吧，~今天，~明天 nǐ dìng shíjiān ba, yàobù jīntiān, yàobù míngtiān 今日にする

か，明日にするか，君が決めてくれ．

★【也许】yěxǔ 副 もしかしたら…だろう．…かもしれない．∥台风今晚~还到不了这儿 táifēng jīnwǎn yěxǔ hái dàobuliǎo zhèr 台風は今夜はまだ来ないかもしれない．｜~星期六，~星期天，还没有定具体日期 yěxǔ xīngqīliù, yěxǔ xīngqītiān, hái méiyou juédìng jùtǐ rìqī 土曜日かもしれないし，あるいは日曜日かもしれないし，まだ具体的な日程は決まっていない．

あるく　歩く

▶步行　▶大步流星　▶逛　▶散步　▶徒步
▶行走　▶转　▶走　▶走道儿　▶走路

*【步行】bùxíng 動 步行する．∥~到天安门广场 bùxíngdào Tiān'ānmén Guǎngchǎng 天安門広場へ徒歩で行く．

【大步流星】dà bù liú xīng 成 大またで速く歩くさま．大またで急いで歩くさま．

**【逛】guàng 動 散歩する．ぶらぶらする．∥~公园 guàng gōngyuán 公園を散歩する．｜~夜市 guàng yèshì 夜店を冷やかす．｜~马路 guàng mǎlù 街を見物する．｜~庙会 guàng miàohuì 縁日に行く．｜东游西~ dōng yóu xī guàng 足の向くままに歩き回る．

★【散步】sàn//bù 動 散歩する．∥他们吃完饭，就出去~了 tāmen chīwán fàn, jiù chūqu sànbù le 彼らは食事が済むと散歩に出かけた．

【徒步】túbù 副書 歩いて．徒歩で．∥穿过大沙漠 túbù chuānguo dà shāmò 徒歩で大砂漠を越える．｜~旅行 túbù lǚxíng 徒歩旅行．

【行走】xíngzǒu 動 歩く．歩行する．∥我腿受伤了，~不便 wǒ tuǐ shòushāng le, xíngzǒu búbiàn 足をけがして歩くのが不

自由だ.

＊＊【转】zhuàn 動 ぶらつく. 歩き回る.‖上街～一～ shàngjiē zhuànyizhuàn 街をぶらつく.

★【走】zǒu 動 歩く.‖～着去 zǒuzhe qù 歩いて行く.｜我们慢慢儿～着吧 wǒmen mànmānr zǒuzhe ba (相手が追いつくのを待つために)ゆっくり歩いていましょう.

＊＊【走道儿】zǒu//dàor 動 口 歩く.‖他的腿有病,～很困难 tā de tuǐ yǒu bìng, zǒudàor hěn kùnnan 彼は足が悪いので歩くのが大変だ.｜～时注意安全 zǒudàor shí zhùyì ānquán 歩行時は安全に注意すること.

【走路】zǒu//lù 動 歩く. 道を歩く.‖～去 zǒulù qù 歩いて行く.｜刚一岁,～还不稳 gāng yí suì, zǒulù hái bù wěn 1歳になったばかりで, 足取りがまだおぼつかない.｜伤还没好, 还不能～ shāng hái méi hǎo, hái bù néng zǒulù 傷が治っていないので, まだ歩けない.

あわせる　合わせる（一つにする）

▶合　▶合并　▶合成　▶混合　▶加
▶配合

＊【合】hé 動 一緒にする. 合わせる. ⇔ "分" fēn‖把两个班～为一个班 bǎ liǎng ge bān hé wéi yí ge bān 二つのクラスを一つのクラスにする.

＊【合并】hébìng 動 合併する. 一括する.‖两个公司～了 liǎng ge gōngsī hébìng le 二つの会社が合併した.｜这几个问题～讨论 zhè jǐ ge wèntí hébìng tǎolùn このいくつかの問題は合わせて討論する.

＊【合成】héchéng 動 合成する. 組み合わせて作る.‖这张照片的人物和背景是～的 zhè zhāng zhàopiàn de rénwù hé bèijǐng

shì héchéng de この写真の人物と背景は合成したものだ.

＊【混合】hùnhé 動 混合する. 混ぜる. 混じる.‖大米里～了不少大麦 dàmǐ li hùnhéle bùshǎo dàmài 米にかなりの量の大麦を混ぜ合わせた.｜男女同学～编组 nánnǚ tóngxué hùnhé biānzǔ 男女の生徒を合わせてクラス編成をする.｜男女～双打 nánnǚ hùnhé shuāngdǎ 男女混合ダブルス.

★【加】jiā 動 合わせる. 足す. プラスする.‖这两个数～起来是多少? zhè liǎng ge shù jiāqilai shì duōshao? この二つの数を合わせるといくつになるか.｜三～五等于八 sān jiā wǔ děngyú bā 3足す5は8.｜往菜里～点儿糖 wǎng cài li jiā diǎnr táng 料理に砂糖を加える.

＊＊【配合】pèihé 動 (各々が任務を分担し)力を合わせて一つの仕事を完成させる. 協力する.‖起～作用 qǐ pèihé zuòyòng 協力的な役割を果たす.｜密切～ mìqiè pèihé 緊密なチームワークをとる.｜双方～默契 shuāngfāng pèihé mòqì 両方の息がぴったり合っている.｜在群众的～下, 警察很快抓到了罪犯 zài qúnzhòng de pèihé xia, jǐngchá hěn kuài zhuādàole zuìfàn 民衆の協力で, 警察はすぐに犯人を捕らえた.

あわせる　合わせる（照合する）

▶对　▶对比　▶对号　▶对照　▶核对

★【对】duì 動 照合する. 突き合わせる.‖校～ jiàoduì 校正をする.｜～笔迹 duì bǐjì 筆跡を突き合わせる.

＊＊【对比】duìbǐ 動 対比する. 比べる.‖～过去和现在 duìbǐ guòqù hé xiànzài 昔と今を比べる.｜一一下, 就可看出两者之间的差距 duìbǐ yíxià, jiù kě kànchu liǎngzhě zhījiān de chājù 対比してみると両者

あわてる 慌てる

あ

【对号】duì//hào （～儿）動 番号やサイズ
を合わせる. ‖～锁 duìhàosuǒ 数字合わ
せ錠. |～席 duìhào xí 指定席. |备用零
件对不上号 bèiyòng língjiàn duìbushàng hào
予備の部品のサイズが合わない.

*【对照】duìzhào 動 対照する. 照らし合
わせる. ‖～原文加以修改 duìzhào yuán-
wén jiāyǐ xiūgǎi 原文と照らし合わせて
修正を加える.

【核对】héduì 動 照合する. 突き合わせ
る. チェックする. ‖～身份证 héduì
shēnfenzhèng 身分証明書をチェックす
る. |～账目 héduì zhàngmù 帳簿を照合
する.

━━━━━━━━━━

あわてる 慌てる

▶匆忙 ▶慌 ▶慌乱 ▶慌张 ▶急
▶急忙 ▶惊慌 ▶着急

*【匆忙】cōngmáng 形 慌ただしい. せわ
しい. ‖闻讯一赶来 wénxùn cōngmáng
gǎnlai 知らせを聞いて慌ただしく駆け
つけてきた. |走时太～, 忘了把礼物
带来了 zǒu shí tài cōngmáng, wàngle bǎ lǐ-
wù dàilai le 慌てて出てきたので, プレ
ゼントを持ってくるのを忘れてしまっ
た. |匆匆忙忙地出了门 cōngcōngmáng-
máng de chūle mén 大慌てで出ていった.

**【慌】huāng 形 気が気でない. 落ち着か
ない. ‖沉住气, 不要～ chénzhù qì, bú-
yào huāng 落ち着け, 慌てるな. |不～
不忙 bù huāng bù máng 慌てず騒がず.

*【慌乱】huāngluàn 形 あたふたしてい
る. 慌てて取り乱している. ‖他做事
有条不紊, 任何情况下都不～ tā zuòshì
yǒu tiáo bù wěn, rènhé qíngkuàng xià dōu bù
huāngluàn 彼は何をやるにもきちんと
していて, どんな状況においても決し
て取り乱したりはしない. |屋外响起

一阵～的脚步声 wūwài xiǎngqi yízhèn
huāngluàn de jiǎobùshēng 外でひとしきり
慌てふためく足音がした.

*【慌张】huāngzhang；huāngzhāng 形 慌て
ふためいている. そわそわしている.
‖做事要沉着, 不要～ zuòshì yào chén-
zhuó, búyào huāngzhang 仕事は落ち着い
て行うべきで, うわついていてはいけ
ない. |她慌慌张张地跑进门来 tā huāng-
huāngzhāngzhāng de pǎojin mén lai 彼女は
慌てた様子で家に駆け込んできた.

★【急】jí 形 焦る. せく. 急ぐ. 慌てる.
‖～得像热锅上的蚂蚁 jíde xiàng règuō
shang de mǎyǐ 居ても立ってもいられな
いほど焦る. |～着要出门儿 jízhe yào
chūménr 慌てて出かける.

**【急忙】jímáng 副 慌ただしく. せかせか
と. (慌てるために動作がせわしく
なることを表す)‖他一下班, 就～回
家了 tā yí xiàbān, jiù jímáng huíjiā le 彼は
会社がひけると慌てて家へ帰った. |
他急急忙忙地吃了几口饭就出去了 tā jí-
jímángmáng de chīle jǐ kǒu fàn jiù chūqu le
彼は慌ただしく飯をかき込むと出て
いった.

*【惊慌】jīnghuāng 形 驚き慌てる. うろ
たえるさま. ‖～失措 jīnghuāng shīcuò
慌てふためく. |何必～ hébì jīnghuāng
何もうろたえることはない.

★【着急】zháo//jí 形 焦る. 気がせく. いら
いら立っている. ‖别～! bié zháojí! 慌て
ないで. |时间还没到呢! 着什么急?
shíjiān hái méi dào ne! zháo shénme jí? ま
だ時間じゃないよ, 何を慌てているん
だ. |～有什么用? 快想办法吧! zháojí
yǒu shénme yòng? kuài xiǎng bànfǎ ba! や
きもきしたって何にもならないだろ
う, 早く手だてを考えよう.

38

あわれむ　哀れむ

▶哀怜　▶可怜　▶怜悯　▶同情

【哀怜】āilián 動 哀れむ. かわいそうに思う. ‖看着这些无家可归的孩子，他眼里流露出～的神情 kànzhe zhèxiē wú jiā kě guī de háizi, tā yǎnli liúlùchu āilián de shénqíng 帰る家のない子供たちを目の当たりにして，彼の目には深い同情の色が浮かんだ.

**【可怜】kělián 動 かわいそうに思う. 同情する. 哀れむ. ‖邻居们～他孤老无依，常来帮助他 línjūmen kělián tā gūlǎo wú yī, cháng lái bāngzhù tā 近所の人たちは彼が年老いて身寄りもないのを気の毒に思い，よく面倒をみてあげている.

【怜悯】liánmǐn 動 哀れむ. 気の毒に思う. 同情する. ‖我需要的不是～，而是帮助 wǒ xūyào de bú shì liánmǐn, ér shì bāngzhù 私が必要としているのは哀れみではなく手助けです.

**【同情】tóngqíng 動 同情する. 気の毒に思う. ‖大家都很～他的不幸遭遇 dàjiā dōu hěn tóngqíng tā de búxìng zāoyù みんなは彼の不幸な境遇にひどく同情している.

あんがい　案外

▶出乎意料　▶还　▶没想到　▶意外
▶意想不到

【出乎意料】chū hū yì liào 成 意外である. 思いがけないことである. ‖这件事真是～ zhè jiàn shì zhēn shì chū hū yì liào これはまったく予想外のことである.

★【还】hái 副 (予想外に好ましいことに対して，賛嘆の気持ちを表す)案外. 思ったより. なかなか. けっこう. ‖这孩子～真有心眼儿 zhè háizi hái zhēn yǒu xīnyǎnr この子は案外機転がきく. ‖他跑得～挺快 tā pǎode hái tǐng kuài 彼は走るのが意外に速い.

【没想到】méi xiǎngdào 組 思いもよらなかった. 案外. (目的語は節に限られる)‖我～今天会下雨 wǒ méi xiǎngdào jīntiān huì xiàyǔ 今日雨が降るとは思いもよらなかった.

**【意外】yìwài 形 意外である. 予想外である. 思いもよらない. ‖感到～ gǎndào yìwài 意外に思う. ‖在街上～地碰到老朋友 zài jiē shang yìwài de pèngdào lǎopéngyou 街で思いがけず古くからの友人に出会った.

【意想不到】yìxiǎng bu dào 組 予想できない. 予測できない. 案外. ‖收到了～的效果 shōudàole yìxiǎng bu dào de xiàoguǒ 予想もつかない効果を収めた.

あんしん　安心

▶安静　▶安宁　▶安然　▶安心　▶大意
▶掉以轻心　▶放心

★【安静】ānjìng 形 (気持ちが)安らかである. ‖喝完奶，孩子～地睡着了 hēwán nǎi, háizi ānjìng de shuìzháo le ミルクを飲み終え，子供は安らかに寝入った. ‖这几天我心里很乱，总也～不下来 zhè jǐ tiān wǒ xīnli hěn luàn, zǒng yě ānjìngbuxiàlái この何日か気持ちが混乱してどうにも落ち着かない.

*【安宁】ānníng 形 (心が)落ち着いている. 平静である. ‖睡不～ shuìbu'ānníng おちおち眠れない. ‖他一个人闹得大家不得～ tā yí ge rén nàode dàjiā bù dé ānníng 彼一人騒いでいるためにみんなが落ち着かない.

【安然】ānrán 形 (心配することがなく)落ち着いている. ‖领导的一席话，才使他消除顾虑，～而去 lǐngdǎo de yì xí huà, cái shǐ tā xiāochú gùlǜ, ānrán ér qù 指導者の話で彼はやっと心配がなくなり、安心してその場を離れた.

【安心】ānxīn 形 (心が)安らかである. (気持ちが)落ち着いている. (目的語をとらない)‖他在这里很~ tā zài zhèli hěn ānxīn 彼はここにいると気持ちが落ち着く. | 孩子参加了工作, 我也就~了 háizi cānjiāle gōngzuò, wǒ yě jiù ānxīn le 子供が就職して、私も安心した. | 事情交给我, 你就安心心地养病吧 shìqing jiāogěi wǒ, nǐ jiù ān'ānxīnxīn de yǎngbìng ba もろもろのことは私に任せて、ゆっくり養生なさってください.

【大意】dàyi 形 不注意である. 油断している. 安心している. ‖病虽然基本上好了, 但还不能~ bìng suīrán jīběnshang hǎole, dàn hái bù néng dàyi 病気はおおむね回復に向かっているが、まだ安心できない.

【掉以轻心】diào yǐ qīng xīn 成 たかをくくる. 軽視する. 油断している. ‖对于这个问题千万不能~ duìyú zhège wèntí qiānwàn bùnéng diào yǐ qīng xīn この問題については決して安心できない.

【放心】fàng//xīn 動 (心配や気がかりなどがなくなって)心が安らぐ. 安心する. (目的語をとる場合は必ず"不" bù を伴う)‖你~, 大夫马上就来 nǐ fàngxīn, dàifu mǎshàng jiù lái 安心なさい、お医者さんはすぐ来てくれます. | ~睡吧, 到点我会叫你的 fàngxīn shuì ba, dào diǎn wǒ huì jiào nǐ de 安心して寝なさい、時間になったら起こしてあげるよ. | 最不~她的身体 zuì bú fàngxīn tā de shēntǐ 彼女の健康がいちばん気がかりだ.

あんない 案内

▶带　▶带领　▶带路　▶导游　▶领
▶领路　▶陪同　▶向导　▶引路　▶指南

★**【带】dài** 動 引き連れる. 率いる. ‖我去看看东京塔好吗? dài wǒ qù kànkan Dōngjīngtǎ hǎo ma? 私を東京タワーに案内してくれませんか. | 教师们~新生去各自的教室 jiàoshīmen dài xīnshēng qù gèzì de jiàoshì 先生たちは新入生をそれぞれの教室へ案内した.

【带领】dàilǐng 動 案内する. ‖他~着客人参观了农场 tā dàilǐngzhe kèren cānguānle nóngchǎng 彼はお客を案内して農場見学をした.

【带路】dài//lù 動 道案内する. ‖~人 dàilù rén 道案内人. ガイド. | 我来~ wǒ lái dàilù 僕が道案内しましょう.

【导游】dǎoyóu 動 案内する. ガイドする. ‖~手册 dǎoyóu shǒucè ガイドブック. 图 案内人. ガイド. ‖他担任今天的~ tā dānrèn jīntiān de dǎoyóu 彼が今日のガイドを務める.

【领】lǐng 動 率いる. 導く. 案内する. ‖~着大家干 lǐngzhe dàjiā gàn みんなを率いて行く. | 他不认识路, 你~他去吧 tā bú rènshi lù, nǐ lǐng tā qù ba 彼は道を知らないので、君が案内してやってくれ.

【领路】lǐng//lù 動 道案内をする. 先導する. ‖我路熟, 我来~ wǒ lù shú, wǒ lái lǐnglù 道をよく知ってますので私がご案内しましょう.

【陪同】péitóng 動 お供する. 随行する. (人に付き添って)案内する. ‖~前往 péitóng qiánwǎng お供をして行く. | ~代表团参观访问 péitóng dàibiǎotuán cānguān fǎngwèn 代表団に随行して視察訪問する.

【向导】xiàngdǎo 動 道案内する. 率い

る．導く．🈞案内役．導き手．指導
者．‖观光～ guānguāng xiàngdǎo 観光ガ
イド．｜我来给你们当～ wǒ lái gěi nǐmen
dāng xiàngdǎo 私があなた方の案内役を
務めましょう．

【引路】yǐn//lù 🈓手引きする．道案内
する．‖向导在前边～ xiàngdǎo zài qián-
bian yǐn lù ガイドが前の方で道案内す
る．

【指南】zhǐnán 🈞指針．案内．手引き．
‖旅游～ lǚyóu zhǐnán 旅行案内．｜行动
的～ xíngdòng de zhǐnán 行動の指針．

い

いい ⇒【よい】

いいかげん

▶不认真　▶草率　▶粗心　▶粗心大意
▶敷衍　▶含糊　▶马虎　▶马马虎虎
▶疏忽　▶随便

【不认真】bù rènzhēn 🈟ふまじめであ
る．いいかげんである．‖～学习就不
能取得好成绩 bú rènzhēn xuéxí jiù bù néng
qǔdé hǎo chéngjì いいかげんに勉強して
いてはよい成績はとれない．

*【草率】cǎoshuài 🈟(仕事が)いいかげん
である．おおざっぱである．粗雑であ
る．‖工作做得很～ gōngzuò zuòde hěn
cǎoshuài 仕事がぞんざいだ．｜～从事
cǎoshuài cóngshì いいかげんにやる．｜
～收兵 cǎoshuài shōubīng いいかげんに
兵をひく．いいかげんに仕事を切り上
げる．

*【粗心】cūxīn 🈟そそっかしい．おお
ざっぱである．⇔"细心" xìxīn‖办事～

bànshì cūxīn やることがおおざっぱだ．
｜～人 cūxīn rén そそっかしい人．

*【粗心大意】cū xīn dà yì 🈡そそっかし
くて注意力が足りない．やることがい
いかげんである．‖考试时可不能～ kǎo-
shì shí kě bù néng cū xīn dà yì 試験のとき
は落ち着いて集中しなければならない．

*【敷衍】fūyan；fūyǎn 🈓いいかげんにす
る．ごまかす．‖～塞责 fūyan sèzé いい
かげんにやって責めをふさぐ．｜～了
事 fūyan liǎoshì いいかげんに表面をつ
くろって事を済ます．お茶を濁す．｜
嘴上～了他几句 zuǐ shang fūyanle tā jǐ jù
彼には適当に返事をしてお茶を濁し
た．

*【含糊】【含胡】hánhu 🈟いいかげんであ
る．ちゃんとしていない．‖这件事很
重要，绝不能～ zhè jiàn shì hěn zhòngyào,
jué bù néng hánhu この事は非常に重要
だから，決していいかげんにしてはな
らない．

**【马虎】【马糊】mǎhu 🈟いいかげんであ
る．おおざっぱである．ぞんざいであ
る．‖这活儿干得太～ zhè huór gànde tài
mǎhu この仕事はやり方が雑すぎる．｜
这个工作非常重要，绝不能～ zhège
gōngzuò fēicháng zhòngyào, jué bù néng
mǎhu この仕事はとても重要だから，
決していいかげんに扱ってはならない．
｜他这人大事上从不～ tā zhè rén dàshì
shang cóng bù mǎhu 彼はこれまで重要な
事柄をいいかげんに済ましたことがな
い．

【马马虎虎】mǎmǎhūhū (～的)🈟いいか
げんである．おおざっぱである．でた
らめである．‖他总是那么～的 tā zǒng-
shì nàme mǎmǎhūhū de 彼はいつもあん
なふうにちゃらんぽらんだ．

*【疏忽】shūhu 🈓なおざりにする．おろ
そかにする．‖～职守 shūhu zhíshǒu 職
責をおろそかにする．｜～大意 shūhu dà-

いいつける　言いつける

yi おろそかにする．うっかりする．

**【随便】suíbiàn 形 気ままである．いいかげんである．‖说话太～ shuōhuà tài suíbiàn 口のきき方が気まますぎる．｜办不了就别～答应 bànbuliǎo jiù bié suíbiàn dāying できないのならいいかげんに引き受けてはいけない．

いいつける　言いつける

▶发号施令　▶吩咐　▶交代　▶命令
▶支使　▶指使　▶嘱托

【发号施令】fā hào shī lìng 成 命令を下す．号令を下す．‖她老喜欢让人干这干那的～ tā lǎo xǐhuan ràng rén gàn zhè gàn nà de fā hào shī lìng 彼女はいつも人にああしろこうしろと指図するのが好きだ．

**【吩咐】fēnfu；fēnfù 動 口 言いつける．命じる．指図する．"分付"とも書く．(目下の人が目上の人に対して用いることはできない)‖需要我们俩做什么，请您～ xūyào wǒmen liǎ zuò shénme, qǐng nín fēnfu 私たち二人は何をすればよいか，どうぞ言いつけてください．｜妈妈～他把门锁好 māma fēnfu tā bǎ mén suǒhǎo お母さんは彼にドアをちゃんと閉めるよう言いつけた．

*【交代】jiāodài 動 言いつける．指示する．‖领导再三～要把问题解决好 lǐngdǎo zàisān jiāodài yào bǎ wèntí jiějuéhǎo 指導者は問題を解決するようにと何度も言いつけた．

**【命令】mìnglìng 動 命令する．命ずる．‖队长～大家立即出发 duìzhǎng mìnglìng dàjiā lìjí chūfā 隊長はみんなに直ちに出発するよう命じた．

【支使】zhīshi 動 (人に)仕事を命じる．指図する．‖～人 zhīshi rén 人を指図する．｜他特别懒，什么事儿都～别人干，自己从来不动手 tā tèbié lǎn, shénme shìr

---

dōu zhīshi biéren gàn, zìjǐ cónglái bú dòngshǒu 彼はすごいものぐさで，何でも人にいいつけてやらせ，自分では一向にやらない．

【指使】zhǐshǐ 動 そそのかす．指図してやらせる．‖他敢这么干，肯定背后有人～ tā gǎn zhème gàn, kěndìng bèihòu yǒu rén zhǐshǐ 彼がはばからずにこんなことをやるのは，きっと背後で誰かが指図しているに違いない．

【嘱托】zhǔtuō 動 頼む．委託する．‖这事只有～他去办 zhè shì zhǐyǒu zhǔtuō tā qù bàn この件は彼に頼むしかない．｜不忘亲人的～ bú wàng qīnrén de zhǔtuō 肉親の言いつけを忘れない．

いう　言う

▶道　▶发言　▶告诉　▶讲　▶讲述　▶吭
▶劝说　▶说　▶说话

**【道】dào 動 書 言う．話す．‖有苦～不出来 yǒu kǔ dàobuchūlái 苦しくとも口に出して言えない．｜说长～短 shuō cháng dào duǎn あれこれ言う．とやかく言う．｜胡说八～ hú shuō bā dào でたらめを言う．

**【发言】fā//yán 動 発言する．‖开会的时候，他总是积极～ kāihuì de shíhou, tā zǒngshì jījí fāyán 会議で彼はいつも積極的に発言する．

★【告诉】gàosu 動 告げる．知らせる．伝える．‖请你～他明天开会 qǐng nǐ gàosu tā míngtiān kāi huì 彼に明日会合があると言ってください．｜我～过你他不来了 wǒ gàosuguo nǐ tā bù lái le 彼は来ないって，あなたに言ったでしょう．｜医生把病情～了病人 yīshēng bǎ bìngqíng gàosule bìngrén 医者は患者に病状を告げた．

★【讲】jiǎng 動 ❶話す．しゃべる．‖～故

事 jiǎng gùshi 物語を話す．｜你会～英文吗? nǐ huì jiǎng Yīngwén ma? あなたは英語が話せますか．❷口頭で説明する．解説する．筋道を立てて話す．｜必须～清楚 bìxū jiǎngqīngchu ちゃんとはっきり言わなければならない．｜这怎么～? zhè zěnme jiǎng? それはどう言ったものか．｜这是本讲气功的书 zhè shì běn jiǎng qìgōng de shū これは気功について説明した本である．

*【讲述】jiǎngshù 動 語る．述べる．｜～自己的人生经历 jiǎngshù zìjǐ de rénshēng jīnglì 自らの経歴について語る．

【吭】kēng 動 言葉を発する．声を立てる．｜一声没～ yì shēng méi kēng うんともすんとも言わなかった．

*【劝说】quànshuō 動 説得する．｜经人一再～，他才同意了 jīng rén yízài quànshuō, tā cái tóngyì le 人に何度も説得されて，彼はようやく同意した．

★【说】shuō 動 言う．話す．｜～心里话 shuō xīnli huà 本音を言う．｜我对他～过 wǒ duì tā shuōguo 私は彼に言ったことがある．｜别着急，慢慢儿～ bié zháojí, mànmānr shuō 慌てないで，ゆっくり話しなさい．｜请再一遍 qǐng zài shuō yí biàn もう一度言ってください．｜大点儿声～! 我听不见 dà diǎnr shēng shuō! wǒ tīngbujiàn もっと大きい声で言ってください，聞こえないから．

*【说话】shuō//huà 動 話す．ものを言う．しゃべる．｜听课的时候，不要随便～ tīngkè de shíhou, búyào suíbiàn shuōhuà 授業のとき勝手におしゃべりをしてはいけない．｜他这个人爱～ tā zhège rén ài shuōhuà 彼はおしゃべりな人だ．｜气得说不出话 qìde shuōbuchū huà 怒りでものが言えない．

（－と）いう

▶称　▶称为　▶称得上　▶叫　▶叫做

★【称】chēng 動 …と称する．…と呼ぶ．…という．｜我们都～她陈大姐 wǒmen dōu chēng tā Chén dàjiě 私たちは彼女を陳姉さんと呼んでいる．｜这种人～作捐客 zhè zhǒng rén chēngzuò qiánkè この種の人を仲買人という．

*【称为】chēngwéi 動 …と称する．…という．｜词典被～不说话的老师 cídiǎn bèi chēngwéi bù shuōhuà de lǎoshī 辞典はもの言わぬ教師だと言われる．

*【称得上】chēngdeshàng 動 …の名に値する．｜两人～是患难之交 liǎng rén chēngdeshàng shì huànnàn zhī jiāo 二人は艱難（かんなん）で結ばれた友人同士だと言える．

★【叫】jiào 動 …と呼ぶ．…と称する．…とみなす．｜你～什么名字? nǐ jiào shénme míngzi? あなたはなんという名前ですか．｜大家～他"博士" dàjiā jiào tā "bóshì" みんなは彼のことを「博士」と呼ぶ．｜马铃薯，俗名～土豆 mǎlíngshǔ, súmíng jiào tǔdòu "马铃薯"（バレイショ）は俗称を"土豆"という．｜这才～英雄好汉 zhè cái jiào yīngxióng hǎohàn それでこそ英雄豪傑というものだ．

**【叫做】jiàozuò 動 …と呼びなす．…と称する．…という．｜研究空间图形的形状、大小和位置的相互关系的科学，～几何学 yánjiū kōngjiān túxíng de xíngzhuàng, dàxiǎo hé wèizhi de xiānghù guānxi de kēxué, jiàozuò jǐhéxué 空間図形の形・大きさ・位置の相互関係を研究する科学を幾何学と称する．

いえ　家(家屋)

いえ　家 (家屋)

▶房　▶房屋　▶房子　▶家　▶楼房
▶平房　▶人家　▶屋　▶住房　▶住宅

【房】fáng 名家. 家屋. 部屋.

*【房屋】fángwū 名家屋. 建物. 住宅.

**【房子】fángzi 名家. 家屋. ‖盖~ gài fángzi 家を建てる.

★【家】jiā 名住まい. 家. ‖回~ huí jiā 家に帰る. ｜搬~ bān jiā 引っ越しをする. ｜对门就是他的~ duìmén jiùshì tā de jiā 向かいが彼の家だ｜无~可归 wú jiā kě guī 帰るべきところがない.

*【楼房】lóufáng 名2階建て以上の建物. ビル.

【平房】píngfáng 名平屋建ての家. ⇔“楼房” lóufáng

**【人家】rénjiā (~儿)名人家. ‖我们村子里有好几百户~ wǒmen cūnzi li yǒu hǎojǐ bǎi hù rénjiā 私たちの村には数百軒の家がある.

**【屋】wū 名家屋. 家. ‖房~ fángwū 家屋. ｜茅~ máowū 草ぶきの家.

*【住房】zhùfáng 名住居. 住宅. ‖~紧张 zhùfáng jǐnzhāng 住宅が不足している.

*【住宅】zhùzhái 名住宅. ‖~区 zhùzhái qū 住宅区. 住宅地域.

いえ　家 (家庭)

▶故乡　▶家　▶家里　▶家门　▶家庭
▶家乡　▶老家　▶娘家　▶婆家　▶人家

**【故乡】gùxiāng 名故郷. ふるさと. (生まれた場所, あるいはかつて長い間住んでいて, 現在は住んでいない場所をさす. 書面語で用いることが多い)‖回到了阔别已久的~ huídào le kuòbié yǐ jiǔ de gùxiāng 離れて久しい郷里に帰っ

た. ｜北京是我的第二~ Běijīng shì wǒ de dì èr gùxiāng 北京は私の第二のふるさとだ.

★【家】jiā 名❶住まい. 家. ‖回~ huí//jiā 家に帰る. ｜搬~ bān//jiā 引っ越しをする. ｜对门就是他的~ duìmén jiù shì tā de jiā 向かいが彼の家だ. ❷家庭. 家族. ‖我~有四口人 wǒ jiā yǒu sì kǒu rén うちは4人家族です. ｜成~立业 chéngjiā lìyè 一家をかまえ独立する. ｜两~关系很好 liǎng jiā guānxi hěn hǎo 両家の関係はとてもよい.

【家里】jiā li 組家の中. 家庭. うち. ‖~有一只猫 jiā li yǒu yì zhī māo 家ではネコを飼っている. ｜你~都有什么人? nǐ jiā li dōu yǒu shénme rén? あなたのご家族は? (構成を尋ねる)

【家门】jiāmén 名玄関. 家の表門. 転家. ‖逐出~ zhúchū jiāmén 家から追い出す. ｜~的不幸 jiāmén de búxìng わが家の災難.

★【家庭】jiātíng 名家庭. ‖~纠纷 jiātíng jiūfēn 家のもめごと. ｜教师~ jiātíng jiàoshī 家庭教師. ｜知识分子~ zhīshi fènzǐ jiātíng 知識階層の家.

**【家乡】jiāxiāng 名故郷. ふるさと. (自分や自分の家族が住んでいる, または先祖が代々住んでいた場所をさす)‖~人 jiāxiāng rén 同郷人. ｜~菜 jiāxiāng cài 郷土料理. ｜今年~发生了水灾 jīnnián jiāxiāng fāshēngle shuǐzāi 今年故郷は水害に見舞われた.

*【老家】lǎojiā 名ふるさと. (よその土地で働いている, あるいは結婚した人が故郷の家をさす)‖他每年放暑假都回~ tā měinián fàng shǔjià dōu huí lǎojiā 彼は毎年夏休みになると家へ帰る. ｜我~只有母亲 wǒ lǎojiā zhǐyǒu mǔqin 実家には母だけしかいません.

【娘家】niángjia 名(結婚した女性の)実家. ⇔“婆家” pójia ‖新媳妇儿回~ xīnxífur huí niángjia 新婚の嫁が里帰りする.

【婆家】 pójiā 图 嫁ぎ先.“婆婆家” pópojiā ともいう. ⇔“娘家” niángjia‖该给女儿找～了 gāi gěi nǚ'ér zhǎo pójia le そろそろ娘に嫁ぎ先を探してやらねば.

【人家】 rénjiā (～儿) 图 家庭. 家柄.‖那是个教养的～ nà shì ge jiàoyǎng de rénjiā あそこはちゃんとした家庭だ.

いがい　以外

▶不仅　▶除此之外　▶除了　▶此外　▶非
▶以外　▶之外

【不仅】 bùjǐn 圈 (多く“而且”érqiě“还”hái“也”yě と呼応して)…のみならず. …だけでなく.‖他～会英语, 还会法语和德语 tā bùjǐn huì Yīngyǔ, hái huì Fǎyǔ hé Déyǔ 彼は英語だけでなく, フランス語やドイツ語もできる.

【除此之外】 chú cǐ zhī wài 組 これ以外に. この外.‖～, 别无办法 chú cǐ zhī wài, bié wú bànfǎ これ以外に方法はない.

【除了】 chúle 介 …以外. …のほか. …を除いて.‖这事～你我, 别人都不知道 zhè shì chúle nǐ wǒ, biéren dōu bùzhīdào この件は私とあなた以外, 誰も知らない.｜～从事写作, 还喜欢摄影 chúle cóngshì xiězuò, hái xǐhuan shèyǐng 文章を書くほか, 写真撮影も好きだ.

【此外】 cǐwài 圈 このほかは. これ以外は.‖他酷爱读书, ～再无别的嗜好 tā kù'ài dúshū, cǐwài zài wúbié de shìhào 彼は大の読書好きで, それ以外にはこれといった趣味がない.

【非】 fēi 圈 頭ある範囲に属さないことを表す.‖～党员 fēidǎngyuán 非党員.｜～本公司职员不得入内 fēi běngōngsī zhíyuán bùdé rù nèi 社員以外立ち入り禁止.

【以外】 yǐwài 图 以外. …の外側.‖禁止在指定地点～摆摊儿 jìnzhǐ zài zhǐdìng dìdiǎn yǐwài bǎi tānr 指定の場所以外での露店営業を禁ず.｜距此地两三公里～有个滑雪场 jù cǐ dì liǎng sān gōnglǐ yǐwài yǒu ge huáxuěchǎng ここから2, 3キロ先にスキー場がある.｜除此～ chú cǐ yǐ wài このほかに.

【之外】 zhī wài 組 …以外に. …のほか. (多く“除(了)”chú(le) と呼応して用いる)‖除英语～, 他还自学了日语 chú Yīngyǔ zhī wài, tā hái zìxuéle Rìyǔ 英語のほかに, 彼は日本語も独学した.

いき　息　⇒【呼吸】

いきる　生きる

▶活　▶健在　▶九死一生　▶生存　▶生活
▶生死攸关　▶一息尚存

★【活】 huó 動 生きる. 生存する. ⇔“死”sǐ‖你死我～ nǐ sǐ wǒ huó 生きるか死ぬか.｜经过抢救病人～过来了 jīngguò qiǎngjiù bìngrén huóguolai le 応急手当てをした結果, 病人は一命を取り留めた.｜他永远～在人民心中 tā yǒngyuǎn huózài rénmín xīnzhōng 彼は永遠に人々の心の中に生きている.

【健在】 jiànzài 動 (多く老人について)健在である.‖她的父母都～ tā de fùmǔ dōu jiànzài 彼女の両親は二人とも健在だ.

【九死一生】 jiǔ sǐ yī shēng 成 九死に一生を得る. きわどいところで命拾いする.

【生存】 shēngcún 動 生存する. ⇔“死亡”sǐwáng‖没有水, 人和动植物都无法～ méiyou shuǐ, rén hé dòngzhíwù dōu wúfǎ shēngcún 水がなければ人も動植物も生きられない.｜企业要在激烈的竞争中求～

いく　行く

qǐyè yào zài jīliè de jìngzhēng zhōng qiú shēng-cún 企業は激しい競争の中を生き延びようとする.

★【生活】shēnghuó 動生存する. 生きる. ‖一个人脱离了社会就难以~下去 yí ge rén tuōlíle shèhuì jiù nányǐ shēnghuóxiaqu 社会から離れ, 一人で生きていくのは困難である.

【生死攸关】shēng sǐ yōu guān 成生死にかかわる.

【一息尚存】yī xī shàng cún 成息のあるかぎり. 生命のあるかぎり. ‖只要~, 就决不罢休 zhǐyào yì xī shàng cún, jiù jué bú bàxiū 命の続くかぎり, 決して放棄しない.

いく　行く

▶到　▶赴　▶赶　▶跑　▶去　▶上　▶往
▶下　▶走

★【到】dào 動行く. 来る. （"到…来"dào…lái "到…去"dào…qù, あるいは"到"＋場所＋動詞の形をとる. また"到过"dào-guo など過去の文に用いられる）‖我~过苏州 wǒ dàoguo Sūzhōu 私は蘇州（しゅう）へ行ったことがある. ｜这儿来 dào zhèr lái ここに来なさい. ｜你打算~哪里去? nǐ dǎsuan dào nǎli qù? あなたはどこへ行くつもりですか. ｜~学校学习 dào xuéxiào xuéxí 学校へ勉強しに行く.

*【赴】fù 動書赴く. 行く. 出かける. ‖~京 fù Jīng 北京へ赴く.

**【赶】gǎn 動（縁日や市に）出かけて行く. …に行く. ‖~集 gǎnjí 市へ出かけて行く. ｜~庙会 gǎn miàohuì 縁日に行く.

★【跑】pǎo 動行く. でかける. ‖最近到上海~了一趟 zuìjìn dào Shànghǎi pǎole yí tàng ついせんだって上海に行ってきた. ｜麻烦你再给~一趟吧 máfan nǐ zài

gěi pǎo yí tàng ba すみませんが, もう一度ご足労いただけませんか.

★【去】qù 動❶行く. （ある場所へ向かうことを表し, 後ろに目的地を表す場所目的語を置くことができる）⇔"来"lái ‖~学校 qù xuéxiào 学校へ行く. ｜~过两次 qùguo liǎng cì 2回行ったことがある. ｜~不~, 你自己定 qùbúqù, nǐ zìjǐ dìng 行くか行かないか君が自分で決めなさい. ❷（動詞または動詞句の後に置き, その動作をするために行くことを表す）…しに行く. ‖我买东西~ wǒ mǎi dōngxi qù 私は買い物に行く. ｜他出差~了 tā chūchāi qù le 彼は出張に行った.

★【上】shàng 動行く. （後に場所を表す名詞が直接続くときに限られる）‖你~哪儿? nǐ shàng nǎr? 君はどこへ行くの. ｜~朋友家玩儿 shàng péngyou jiā wánr 友だちのうちへ遊びに行く. ｜~厕所 shàng cèsuǒ トイレに行く. ｜~北京 shàng Běijīng 北京へ行く. ｜我也去(×上) wǒ yě qù 私も行きます. ｜去(×上)买东西 qù mǎi dōngxi 買い物に行く. ｜想去(×上)的地方不少 xiǎng qù de dìfang bùshǎo 行きたいところはけっこうある.

★【往】wǎng 動…へ向かう. …へ行く. （対比的に使われ, 述語として単用されない）‖你~东, 我~西 nǐ wǎng dōng, wǒ wǎng xī あなたは東へ行き, 私は西へ行く.

★【下】xià 動（ある所へ）行く. 入っていく. 下（くだ）る. ‖~地 xiàdì 野良仕事に行く. ｜~馆子 xià guǎnzi レストランで食事する. ｜领导~基层 lǐngdǎo xià jīcéng 指導者が現場に入る.

★【走】zǒu 動（その場を）離れる. 出発する. （後ろに場所を表す語や目的を表す動詞句は置けない）‖客人~了 kèren zǒu le 客は帰っていった. ｜我们~吧

46

右上: （ーしては）いけない

wǒmen zǒu ba 行きましょう. | 几点~?
jǐ diǎn zǒu? いつ出発しますか.

いくつ

▶多少 ▶几

★【多少】duōshao 㒰 いくつ.（求める答えが大小にかかわりなく用いられる,後ろの名詞との間には量詞があってもなくてもよい）‖这个剧场可以容纳~人? zhège jùchǎng kěyǐ róngnà duōshao rén? この劇場は何人収容できますか. | 这个型号的手机还有~存货? zhège xínghào de shǒujī hái yǒu duōshao cúnhuò? この型携帯は在庫はいくつありますか.

★【几】jǐ 㒰 いくつ.（数が不明のときに用いるが,ふつう 10 未満あるいはせいぜい 10 ぐらいの数を予測する場合に用いる）‖您带了~件行李? nín dàile jǐ jiàn xíngli? お荷物はいくつありますか. | 你从~岁开始学弹钢琴的? nǐ cóng jǐ suì kāishǐ xué tán gāngqín de? 君はいくつからピアノを習い始めたの？

いくらか ⇒【多少】

（ーしては）いけない

▶别 ▶不成 ▶不得 ▶不可 ▶不能
▶不行 ▶不许 ▶不要 ▶不准 ▶禁止

★【别】bié 㒰 …するな. …してはいけない. …しないように.（禁止・制止を表す）‖~开玩笑了 bié kāi wánxiào le ふざけるな. | ~说谎! bié shuōhuà! しゃべるな. | ~把我的话忘了 bié bǎ wǒ de huà wàngle 私の言ったことを忘れるな.

【不成】bùchéng 㔔 いけない. だめである. ‖ 不去可~ bú qù kě bùchéng 行かな

いわけにはいかない. | 那~! nà bù-chéng! それはだめだよ.

*【不得】bù dé 㬂㬛 …してはならない. …してはいけない. ‖ 未经许可, ~入内 wèijīng xǔkě, bù dé rù nèi 許可なくして立ち入ることを禁ず.

**【不可】bùkě 㒰 …してはいけない. …許されない. ‖ ~倒置 bùkě dàozhì 天地無用. | 万万~轻敌 wànwàn bùkě qīngdí 敵を軽く見てはならない.

【不能】bù néng 㬂（道義上）…してはならない. …してはいけない. ‖ ~说假话 bù néng shuō jiǎhuà うそを言ってはいけない. | 你没有票, ~进来 nǐ méi-you piào, bù néng jìnlai 君は切符を持っていないから, 入ってはいけない.

**【不行】bùxíng 㬂 許されない. だめだ. ‖ 说谎可~ shuōhuǎng kě bùxíng うそをついてはいけない. | 非他出面~ fēi tā chūmiàn bùxíng 彼が顔を出さないわけにいかない. | "我现在去玩儿, 行吗?" "~!" "wǒ xiànzài qù wánr, xíng ma?" "bù-xíng!" 「いま遊びに行ってもいい？」「だめだよ」

**【不许】bùxǔ 㬂 許さない. …してはいけない.（不許可を表す）‖ ~说谎! bù-xǔ shuōhuǎng! うそをついてはいけない. | 这里~抽烟 zhèlǐ bùxǔ chōuyān ここでタバコを吸ってはいけない. | 父母~她晚上出去 fùmǔ bùxǔ tā wǎnshang chūqu 両親は彼女が夜外出するのを許さない.

★【不要】bùyào 㬂 …するな. …してはいけない.（禁止・制止を表す）‖ ~大声说话 búyào dàshēng shuōhuà 大声で話をしてはいけない. | ~忘了关窗户 búyào wàngle guān chuānghu 窓を閉めるのを忘れるな.

【不准】bù zhǔn 㬂㬛 許さない. 禁じる. ‖ 这儿~吸烟 zhèr bù zhǔn xīyān ここでタバコを吸ってはいけない. | ~随地吐

47

痰 bù zhǔn suídì tǔ tán みだりにたんを吐
くことを禁じる.

**【禁止】jìnzhǐ 勔 禁止する. ‖ ～通行 jìn-
zhǐ tōngxíng 通行を禁ず. ｜ 室内～拍照
shìnèi jìnzhǐ pāizhào 屋内の撮影を禁ず.

いけん 意見 ⇒【考え】

いし 意志

▶決心 ▶意向 ▶意志 ▶毅力 ▶志向
▶主見 ▶主意

**【决心】juéxīn 图 決心. 決意. ‖ ～很大
juéxīn hěn dà 決意が堅い. ｜ ～动摇了
juéxīn dòngyáo le 決心が揺らいだ. ｜ 表
～ biǎo juéxīn 決意を示す. ｜ 下了离婚
的～ xiàle líhūn de juéxīn 離婚を決意し
た.

*【意向】yìxiàng 图 意図. 意向. 目的. ‖
～不明 yìxiàng bùmíng 意図が不明であ
る. ｜ 共同的～ gòngtóng de yìxiàng 共通
の目的.

**【意志】yìzhì 图 意志. ‖ ～坚定 yìzhì jiān-
dìng 意志が堅固である. ｜ ～薄弱 yìzhì
bóruò 意志が薄弱である. ｜ ～顽强 yìzhì
wánqiáng 意志が頑強である. ｜ 磨炼～
móliàn yìzhì 意志を鍛える.

*【毅力】yìlì 图 強い意志. 気力. ‖ 有～
yǒu yìlì 気力がある. ｜ 他以顽强的～与
病魔搏斗 tā yǐ wánqiáng de yìlì yǔ bìngmó
bódòu 彼は粘り強い気力で病魔と闘っ
ている.

【志向】zhìxiàng 图 志. 抱負. ‖ ～远大
zhìxiàng yuǎndà 志が遠大である.

【主见】zhǔjiàn 图 自分の考え. 見解.
意志. ‖ 那个人没有～ nàge ren méiyou
zhǔjiàn あの人には自分の意志というも
のがない. ｜ 他年岁不大, 却挺有～ tā
niánsuì bú dà, què tǐng yǒu zhǔjiàn 彼は年

は若いが, 考えが実にしっかりしてい
る.

★【主意】zhǔyi 图 定見. しっかりした考
え. ‖ 打定～ dǎdìng zhǔyi 考えを持つ.
腹を決める. ｜ 拿不定～ nábudìng zhǔyi
意志が決まらない. ｜ 没有～ méi you zhǔ-
yi 定見がない.

いじ 維持

▶保持 ▶维持 ▶维护

**【保持】bǎochí 勔 (原状・レベルを) そ
のまま保つ. 持続させる. 保持する.
(多くはプラス評価のものを対象とす
る) ‖ ～原样 bǎochí yuányàng 元の形を
保つ. ｜ ～优良传统 bǎochí yōuliáng chuán-
tǒng 優れた伝統を守っていく. ｜ ～一
定的距离 bǎochí yídìng de jùlí 一定の距
離を保つ. ｜ 我们一直～着联系 wǒmen
yìzhí bǎochízhe liánxì 私たちはずっと連
絡をとり合っている.

*【维持】wéichí 勔 (失わないように) 保
つ. 維持する. (対象はプラス評価と
は限らない) ‖ ～秩序 wéichí zhìxù 秩序
を保つ. ｜ ～生命 wéichí shēngmìng 生命
を維持する. ｜ 局面难以～ júmiàn nányǐ
wéichí 情勢を保つのが難しい.

**【维护】wéihù 勔 (現在のレベルを維持
し) 積極的に守る. 擁護する. ‖ ～世界
和平 wéihù shìjiè hépíng 世界の平和を守
る. ｜ ～集体利益 wéihù jítǐ lìyì 集団の利
益を守る. ｜ ～产品的声誉 wéihù chǎnpǐn
de shēngyù 製品の評判を保つ.

いじめる

▶嘲弄 ▶刁难 ▶虐待 ▶欺负 ▶欺侮
▶戏弄 ▶愚弄 ▶折磨 ▶捉弄

【嘲弄】cháonòng 勔 あざける. 愚弄(ﾍ゙ﾝ)

する．ばかにする．‖～胆小鬼 cháonòng dǎnxiǎoguǐ 小心者をからかう．｜他用～的口吻说："这回你可出名了" tā yòng cháonòng de kǒuwěn shuō："zhè huí nǐ kě chūmíng le" 彼は人を食ったような口調で「こんどはお前も名を上げたな」と言った．

【刁难】diāonàn 動 故意に人を困らせる．難癖をつける．嫌がらせをする．‖他这样做是故意～我们 tā zhèyàng zuò shì gùyì diāonàn wǒmen 彼がこうするのはわざと我々をいじめているのだ．｜百般～ bǎibān diāonàn 手を変え品を変えいじめる．｜请不要～我 qǐng búyào diāonàn wǒ そんなに私をいじめないで下さい．

【虐待】nüèdài 動 虐待する．虐げる．苦しめいじめる．‖～弱者 nüèdài ruòzhě 弱い者いじめをする．｜受～ shòu nüèdài 虐待される．

*【欺负】qīfu 動 侮辱する．いじめる．ばかにする．‖不准～人 bù zhǔn qīfu rén 人をばかにしてはいけない．｜把小妹妹～哭了 bǎ xiǎomèimei qīfukū le 妹をいじめて泣かせた．

【欺侮】qīwǔ 動 いじめる．侮る．

【耍弄】shuǎnòng 動 弄ぶ．翻弄(ほんろう)する．愚弄する．‖咱们被那小子～了，找他算账去 zánmen bèi nà xiǎozi shuǎnòng le, zhǎo tā suànzhàngqu おれたちはあいつにからかわれていたんだ，あいつのところへ行ってけりをつけてやろう．

【愚弄】yúnòng 動 愚弄する．ばかにする．嘲弄(ちょうろう)する．‖～乡下人 yúnòng xiāngxiarén 田舎者をばかにする．｜受人～ shòu rén yúnòng 人にばかにされる．

*【折磨】zhémo；zhémó 動 苦しめる．いじめる．さいなむ．‖你就别再～他了 nǐ jiù bié zài zhémo tā le もう二度と彼を苦しめるな．

【捉弄】zhuōnòng 動 からかう．なぶる．‖～人 zhuōnòng rén 人をからかう．｜

不要～动物 búyào zhuōnòng dòngwù 動物をいじめてはいけない．

いしゃ　医者

▶大夫　▶兽医　▶西医　▶医生　▶医师
▶中医

★【大夫】dàifu 名 口 医者．医師．(用法は"医生"yīshēng とほぼ同じ．直接呼びかける場合は"大夫"を用いることが多い)．‖外科～ wàikē dàifu 外科医．

【兽医】shòuyī 名 獣医．‖～学 shòuyīxué 獣医学．

*【西医】xīyī 名 西洋医．‖我想当～ wǒ xiǎng dāng xīyī 私は西洋医学の医者になりたい．

★【医生】yīshēng 名 医者．医師．(用法は"大夫"dàifu とほぼ同じ．正式な職業名としては"医生"を用いる)‖外科～ wàikē yīshēng 外科の医師．｜主治～ zhǔzhì yīshēng 主治医．

【医师】yīshī 名 医師(職階名の一つ，高等医学教育を受けたか，同等の学力を有すると国が認めた者)．‖我考上了～ wǒ kǎoshangle yīshī 医師の国家試験に受かった．

*【中医】zhōngyī 名 漢方医．

いじょう　以上

▶不止　▶超出　▶超过　▶出人意料
▶出头　▶开外　▶以上　▶以外　▶再

*【不止】bùzhǐ 動 …だけでない．…を越している．‖他恐怕～五十岁了 tā kǒngpà bùzhǐ wǔshí suì le 彼はおそらく五十を越している．｜这话我说了～一遍两遍 zhè huà wǒ shuōle bùzhǐ yí biàn liǎng biàn この話を私は何遍もした．｜这部电影我～看过一回 zhè bù diànyǐng wǒ bù-

いぜん　以前

zhǐ kànguo yì huí この映画を見たのは1回だけではない.

*【超出】chāochū 動 超える. 超過する. 上回る. ‖～人们的想像 chāochū rénmen de xiǎngxiàng 人々の想像以上だ. ｜～了允许的范围 chāochūle yǔnxǔ de fànwéi 許容範囲を逸脱している. ｜～预料 chāochū yùliào 予想を超える.

**【超过】chāoguò 動 超過する. 上回る. ‖今年招生人数～了往年 jīnnián zhāoshēng rénshù chāoguòle wǎngnián 今年の受験生の数は例年以上だ. ｜体温～三十八度 tǐwēn chāoguò sānshíbā dù 体温が38度を越す.

【出人意料】chū rén yì liào 威 人の意表に出る. 思いがけない. 唐突である. "出人意表" chū rén yì biǎo ともいう. ‖他在这次比赛中取得了～的好成绩 tā zài zhè cì bǐsài zhōng qǔdéle chū rén yì liào de hǎo chéng jì 彼は今度の試合で予想以上の好成績を収めた.

【出头】chū//tóu (～儿)動 (ある数量に)余る. 端数が出る. ‖一百斤～ yìbǎi jīn chūtóu 50キロ余り. ｜看起来他已经七十～了 kànqilai tā yǐjīng qīshí chūtóu le 見たところ, 彼は70歳以上だ.

【开外】kāiwài 图 (ある数量を)超えていること. 以上. ‖投出四十米～ tóuchu sìshí mǐ kāiwài 40メートル以上投げた. ｜老人看上去有八十～, 但仍然很硬朗 lǎorén kànshangqu yǒu bāshí kāiwài, dàn réngrán hěn yìnglang 老人は見たところ八十を越しているが相変わらずかくしゃくとしている.

**【以上】yǐshàng 图 …以上. ‖六岁～的儿童方可入学 liù suì yǐshàng de értóng fāngkě rùxué 6歳以上の児童でなければ入学できない. ｜半数～的人 bànshù yǐshàng de rén 半分以上の人.

**【以外】yǐwài 图 以外. …の外側. 以上. ‖十天～ shí tiān yǐwài 10日以上. ｜他

家离这儿一公里～ tā jiā lí zhèr yì gōnglǐ yǐwài 彼の家はここから1キロ以上離れている.

★【再】zài 副 再び. さらに. もっと. (同じ動作や行為の繰り返しまたは継続を表す) ‖～喝, 我可就要醉了 zài hē, wǒ kě jiù yào zuì le これ以上飲んだら, 僕はほんとうに酔っぱらってしまうよ. ｜～不写信, 父母就要生气了 zài bù xiě-xìn, fùmǔ jiù yào shēngqì le これ以上手紙を書かないでいると, 両親は腹を立てるだろう.

いぜん　以前

▶曽　▶曽经　▶从前　▶过去　▶往日
▶以前　▶以往　▶原来

**【曽】céng 副 かつて. 以前に. ‖他～当过教师 tā céng dāngguo jiàoshī 彼はかつて教師をしていたことがある. ｜我～试过这个方法 wǒ céng shìguo zhège fāngfǎ 私は以前この方法を試したことがある.

**【曽经】céngjīng 副 かつて. 以前に. ‖他们～是好朋友 tāmen céngjīng shì hǎo péngyou 彼らはかつてはよい友だちであった. ｜我们～想解决这个问题 wǒ men céngjīng xiǎng jiějué zhège wèntí 我々は以前この問題を解決しようと思った. ｜我们～走过这条路 wǒmen céngjīng zǒuguo zhè tiáo lù 私たちは以前この道を歩いたことがある.

★【从前】cóngqián 图 以前. 昔. (漠然とした昔, 遠い昔をさして使うことが多い) ‖身体不比～了 shēntǐ bùbǐ cóngqián le 体は以前ほど丈夫ではなくなった. ｜～这里是一片森林 cóngqián zhèli shì yí piàn sēnlín 昔ここは一面の森だった.

★【过去】guòqù 图 過去. 以前. ⇔ "现在" xiànzài "将来" jiānglái (現在と対比する

場合に用いられる）‖～这里是一块荒地 guòqù zhèli shì yí kuài huāngdì 以前このあたりは荒れ地だった.

*【往日】 wǎngrì 图 これまで. 以前.‖今天她对我的态度跟～不大一样 jīntiān tā duì wǒ de tàidu gēn wǎngrì bú dà yíyàng 今日の私に対する彼女の態度は以前と少し違う.

★【以前】 yǐqián 图 以前. …以前. ⇔"以后" yǐhòu‖～我不认识他 yǐqián wǒ bù rènshi tā 以前には彼を知らなかった.｜去中国～，我对中国一点儿也不了解 qù Zhōngguó yǐqián, wǒ duì Zhōngguó yìdiǎnr yě bù liǎojiě 中国へ行く前, 私は中国について何も知らなかった.

*【以往】 yǐwǎng 图 以前. 昔.‖数量比～有所增加 shùliàng bǐ yǐwǎng yǒu suǒ zēngjiā 数量は以前よりいくぶん増えている.｜他～总是骑自行车去上班 tā yǐwǎng zǒngshì qí zìxíngchē qù shàngbān 彼は以前はいつも自転車で通勤していた.

★【原来】 yuánlái 图 もともと. 当初. 以前.‖这一带～经常闹水灾 zhè yídài yuánlái jīngcháng nào shuǐzāi このあたりは以前よく水害に悩まされていた.｜他～不会游泳, 现在能游一千米了 tā yuánlái bú huì yóuyǒng, xiànzài néng yóu yìqiān mǐ le もともと彼は泳げなかったが, いまは 1000 メートル泳げる.

いそいで　急いで ⇒【すぐ】

いそがしい　忙しい

▶百忙　▶大忙　▶繁忙　▶紧张　▶忙
▶忙碌　▶没空儿　▶没（有）时间

【百忙】 bǎimáng 图 非常な忙しさ.‖感谢您在～之中来我校指导 gǎnxiè nín zài bǎimáng zhī zhōng lái wǒ xiào zhǐdǎo ご多

忙にもかかわらず我が校へご指導に来てくださり, ありがとうございます.

【大忙】 dàmáng 形 非常に忙しい.‖秋收～季节 qiūshōu dàmáng jìjié 秋の収穫の繁忙期.

*【繁忙】 fánmáng 形 繁忙である. とても忙しい.‖公务～ gōngwù fánmáng 公務がとても忙しい.｜～的收获季节 fánmáng de shōuhuò jìjié 多忙な収穫期.

★【紧张】 jǐnzhāng 形 激しい. 緊迫している.‖工作太～了 gōngzuò tài jǐnzhāng le 仕事がとても忙しい.

★【忙】 máng 形 忙しい. せわしい. ⇔"闲" xián‖我最近特别～ wǒ zuìjìn tèbié máng 僕はこのところとくに忙しい.｜一天～到晚 yì tiān mángdào wǎn 朝から晩まで一日中忙しい.

*【忙碌】 mánglù 形 忙しい. 何やかやとせわしい.（忙しそうな様子をさす）‖他为工作一天到晚～着 tā wèi gōngzuò yì tiān dào wǎn mánglùzhe 彼は仕事で一日中忙しくしている.｜蜜蜂忙忙碌碌地飞来飞去 mìfēng mángmánglùlù de fēi lái fēi qù ミツバチが忙しそうに飛び回っている.

【没空儿】 méi kòngr 組 暇がない. 時間がない.‖最近实在是～ zuìjìn shízài shì méi kòngr このところ実に忙しい.

【没（有）时间】 méi(you) shíjiān 組 時間がない. 暇がない.‖现在没有时间, 不能一一说明 xiànzài méiyou shíjiān, bù néng yīyī shuōmíng 今忙しくて一つ一つ説明していられない.

いそぐ　急ぐ

▶赶　▶赶紧　▶赶快　▶赶忙　▶急
▶急忙　▶急于　▶快　▶连忙　▶着急

**【赶】 gǎn 動 急いで…する. はやく…する. 急ぐ.‖～火车 gǎn huǒchē 列車に

いたい　痛い

間に合うように急ぐ.｜一下班就骑上车拼命地往家～ yí xiàbān jiù qíshang chē pīnmìng de wǎng jiā gǎn 退勤時間になると自転車に乗って懸命に家路を急ぐ.｜这些活儿今天～不出来了 zhèxiē huór jīntiān gǎnbuchūlái le この仕事はどんなに急いでも今日中には終わらない.

**【赶紧】gǎnjǐn 副 急いで. すぐに. はやく.‖有病～治 yǒu bìng gǎnjǐn zhì 病気なら, できるだけはやく治療しなさい.｜听见妈妈的声音, 他～去开门 tīngjiàn māma de shēngyīn, tā gǎnjǐn qù kāimén お母さんの声を聞いて, 彼は急いでドアを開けにいった.

**【赶快】gǎnkuài 副 すぐに. 急いで. (あることをするために急ぐことを表す)‖～藏起来 gǎnkuài cángqilai 急いで隠す.｜客人来了, 我～把点心准备好 kèren lái le, wǒ gǎnkuài bǎ diǎnxīn zhǔnbèihǎo 客が来たので, 急いでお菓子を用意した.｜～走吧, 要不就迟到了 gǎnkuài zǒu ba, yàobù jiù chídào le 急がないと遅刻してしまうよ.｜他连饭也没吃, ～换了衣服就出去了 tā lián fàn yě méi chī, gǎnkuài huànle yīfu jiù chūqu le 彼は食事もせずに, 急いで服を着替えると出ていった.

*【赶忙】gǎnmáng 副 急いで. 慌てて.‖听到电话铃响, 他～去接 tīngdào diànhuà língxiǎng, tā gǎnmáng qù jiē 電話のベルを聞くと, 彼は急いで受話器を取った.

★【急】jí 形 急ぐ. せく.‖～着要出门儿 jízhe yào chūménr 急いで出かける.

**【急忙】jímáng 副 慌ただしく. せかせかと. (慌てるために動作がせわしくなることを表す)‖听到呼救声, 他～跑到河边 tīngdào hūjiù shēng, tā jímáng pǎodào hébiān 助けを呼ぶ声に, 彼は慌てて川岸に駆けつけた.｜他急急忙忙地吃了几口饭就出去了 tā jíjímángmáng de chīle jǐ kǒu fàn jiù chūqu le 彼は慌ただしく飯をかき込むと出ていった.

*【急于】jíyú 動 …を急ぐ. 急いで…しようとする. …しようと焦る.‖～求成 jíyú qiú chéng 功を急ぐ.｜我当时～回家, 没来得及给你打声招呼 wǒ dāngshí jíyú huíjiā, méi láidejí gěi nǐ dǎ shēng zhāohu あのとき僕は急いでいたので, 君に声もかけず帰ってしまった.

【快】kuài 副 早く. 急いで.‖～走吧 kuài zǒu ba 急いで行こう.｜你～来呀 nǐ kuài lái ya! 早く来いよ.｜下雨了, ～收衣服 xiàyǔ le, kuài shōu yīfu 雨が降ってきたから, 急いで洗濯物を取り込んで.

**【连忙】liánmáng 副 すぐさま. 急いで. (ある動作に続けて, すぐ次の動作に移ることを表す)‖听到有人敲门, 他～去开 tīngdào yǒu rén qiāo mén, tā liánmáng qù kāi ノックの音に彼は急いで戸を開けにいった.｜他接到电话就～赶来了 tā jiēdào diànhuà jiù liánmáng gǎnlai le 彼は電話を受けるとすぐさま駆けつけてきた.

★【着急】zháo//jí 形 焦る. 気がせく.‖他～走 tā zháojí zǒu 彼は急いで帰りたがっている.｜他今天有个同学会, 所以～走 tā jīntiān yǒu ge tóngxuéhuì, suǒyǐ zháojí zǒu 彼は今日クラス会があるので, 急いで帰った.

いたい　痛い

▶生疼　▶酸　▶酸痛　▶疼　▶疼痛　▶痛　▶头疼　▶头痛

【生疼】shēngténg 形 ひどく痛い.

*【酸】suān 形 (疲労や病気で体が)だるい. だるくて痛い.‖肩～背疼 jiān suān bèi téng 肩がこって背中が痛い.｜两眼发～ liǎng yǎn fāsuān 両目がしょぼしょぼする.

【酸痛】suāntòng 形 だるくて痛い.‖肌肉～ jīròu suāntòng 体中だるくて痛い.

いたむ　傷む

★【疼】téng 形 痛い. ‖肚子～ dùzi téng 腹が痛い. | ～得要命 téngde yàomìng 痛くてたまらない. | 不～不痒 bù téng bù yǎng 痛くもかゆくもない.

*【疼痛】téngtòng 形 痛い. ‖～难忍 téngtòng nánrěn 痛くて耐えられない.

**【痛】tòng 形 痛い. ‖腿～ tuǐ tòng 足が痛い. | 止～ zhǐtòng 痛みを止める. | ～处 tòngchù 痛いところ. 弱み. 泣きどころ.

【头疼】tóuténg 動 ❶頭痛がする. ‖有点儿～ yǒudiǎnr tóuténg ちょっと頭が痛い. ❷困る. 悩まされる. 頭が痛い問題. ‖令人～的问题 lìng rén tóuténg de wèntí 頭の痛い問題. | 我最～上下班挤车 wǒ zuì tóuténg shàngxiàbān jǐ chē 私がいちばん困っているのは通勤ラッシュのことだ.

【头痛】tóutòng 動 ❶頭痛がする. ❷(難しいこと, 面倒なことで)悩まされる. 頭が痛い. ‖令人～ lìng rén tóutòng 悩まされる.

いたずら

▶捣蛋　▶捣乱　▶恶作剧　▶开玩笑
▶闹着玩儿　▶淘气　▶调皮　▶顽皮
▶捉弄

【捣蛋】dǎo//dàn 動 わざと悶着を起こす. ‖～鬼 dǎodànguǐ いたずらっ子.

*【捣乱】dǎo//luàn 動 じゃまをする. 妨げる. ‖我一写字, 孩子就来～ wǒ yì xiě zì, háizi jiù lái dǎoluàn 私が書き物を始めると, 子供が来てじゃまをする.

【恶作剧】èzuòjù 名 悪ふざけ. 悪さ. ‖搞～捉弄人 gǎo èzuòjù zhuōnòng rén いたずらをして人をからかう. | 老天爷的～ lǎotiānyé de èzuòjù 神のいたずら.

★【开玩笑】kāi wánxiào 組 ふざける. 笑わせる. ‖别～了 bié kāi wánxiào le いた

ずらはよせよ.

*【闹着玩儿】nàozhe wánr 組 冗談を言う. ふざける. ‖刚才的话是～的, 你别当真哪! gāngcái de huà shì nàozhe wánr de, nǐ bié dàngzhēn na! さっきの話は冗談だから, 本気にしないでくれ.

*【淘气】táo//qì 形 いたずらである. やんちゃである. ‖～包 táoqìbāo いたずらっ子. | 那小孩儿真～ nà xiǎoháir zhēn táoqì あの子はほんとうに腕白だ.

*【调皮】tiáopí 形 ❶腕白である. やんちゃである. はしっこい. ‖～鬼 tiáopíguǐ 腕白坊主. | 弟弟～地冲我挤了挤眼睛 dìdi tiáopí de chòng wǒ jǐlejǐ yǎnjing 弟はいたずらっぽく私に目くばせした. ❷言うことを聞かない. 手に負えない. ‖～捣蛋 tiáopí dǎodàn 言うことを聞かず, いたずらをする. | ～的小猫 tiáopí de xiǎomāo 言うことを聞かない小ネコ.

【顽皮】wánpí 形 腕白である. やんちゃである. ‖这孩子太～, 没人管得了他 zhè háizi tài wánpí, méi rén guǎndeliǎo tā この子はまったく腕白で, 誰も手に負えない.

【捉弄】zhuōnòng 動 からかう. なぶる. ‖～人 zhuōnòng rén 人をからかう. | 被他～了一回 bèi tā zhuōnòngle yì huí 彼にかつがれた.

いたむ　傷む

▶腐烂　▶划　▶坏　▶烂　▶破　▶破损
▶伤　▶损害　▶损伤

*【腐烂】fǔlàn 動 腐乱する. 腐りただれる. 腐る. 傷む. ‖苹果～了 píngguǒ fǔlàn le リンゴが腐ってしまった.

★【划】huá 動 (刃物や先の鋭いもので長く引くようにして)切る. ひっかき跡をつける. ‖皮包让扒手～了个大口子 píbāo ràng páshǒu huále ge dà kǒuzi 革かば

んがすりに大きく切り裂かれてしまった.│手～破了 shǒu huápò le 手にひっかき傷をつくった.│～火柴 huá huǒchái マッチをする.

★【坏】huài 形 壊れている. 傷んでいる. 腐っている.║衣服洗多了，容易～ yīfu xǐduō le, róngyì huài 服は洗いすぎると傷みやすい.│孩子把电视弄～了 háizi bǎ diànshì nònghuài le 子供がテレビを壊した.│打开盒子一看，里面的东西已经～了 dǎkāi hézi yí kàn, lǐmiàn de dōngxi yǐjīng huài le 箱を開けてみると，中のものはもう壊れていた.

**【烂】làn 形 ❶腐っている. 傷んでいる.║葡萄都放～了 pútao dōu fànglàn le ブドウが全部傷んでしまった. ❷ぼろぼろである.║袖口都～了 xiùkǒu dōu làn le 袖口がぼろぼろにすりきれた.

★【破】pò 動 (物の一部分が)損傷を受ける. 割れる. 破れる.║衣服～了 yīfu pò le 服が破れた.│袜子～了一个洞 wàzi pòle yí ge dòng 靴下に穴があいた.│手划～了 shǒu huápò le 手をひっかいて怪我をした.│嗓子都喊～了 sǎngzi dōu hǎnpò le 大声を出しすぎてのどがすっかりかすれてしまった.

【破损】pòsǔn 動 壊れる. 破損する.║书的封面已经～了 shū de fēngmiàn yǐjīng pòsǔn le 本の表紙がもう破れた.

**【伤】shāng 動 傷つける. 損なう.║～了自尊心 shāngle zìzūnxīn プライドを傷つけた.│经常用吹风容易～头发 jīngcháng yòng chuīfēng róngyì shāng tóufa ドライヤーをしょっちゅう使っていると髪を傷める.│躺着看书容易～眼睛 tǎngzhe kàn shū róngyì shāng yǎnjing 寝ころんで本を読むと目を悪くする.

*【损害】sǔnhài 動 損なう. 害を及ぼす. 傷つける.║吸烟～身体健康 xīyān sǔnhài shēntǐ jiànkāng 喫煙は健康を損なう.

*【损伤】sǔnshāng 動 損傷する. 傷つけ

る.║头发受到～ tóufa shòudào sǔnshāng 髪の毛が傷む.│自尊心受到了～ zìzūnxīn shòudàole sǔnshāng 自尊心が傷つけられた.

いたるところ　至る所

▶处处　▶到处　▶各处　▶满地　▶哪里
▶哪儿

*【处处】chùchù 图 あらゆる所. 随所. (具体的な場所に限らず，分野・領域・方面にも用いる)║都市里～高楼林立 dūshì li chùchù gāolóu línlì 都会では至る所に高層ビルが林立している.│你得～小心 nǐ děi chùchù xiǎoxīn 君はいろいろなことに気を付けなければだめだよ.

**【到处】dàochù 图 至る所. あちこち. (具体的な場所に限り，“都”dōu と共に用いることが多い)║床上、地上～都是书 chuáng shang, dì shang dàochù dōu shì shū ベッドの上，床と至る所本だらけだ.│他～都有朋友 tā dàochù dōu yǒu péngyou 彼はあちこちに友人がいる.│大家正在～找你呢 dàjiā zhèngzài dàochù zhǎo nǐ ne みんなで君を方々捜しているよ.

【各处】gè chù 組 各所. 至る所.║～都找了，还是没找到 gè chù dōu zhǎo le, háishi méi zhǎodào 至る所捜したがやはり見つからなかった.

【满地】mǎndì 图 地面の至る所.║～是水 mǎndì shì shuǐ 地面は水浸しだ.

★【哪里】nǎli; nǎlǐ 代 (任意の場所)どこもかしこも. 至る所.║～有舞会，～就有她 nǎli yǒu wǔhuì, nǎli jiù yǒu tā ダンスパーティのあるところ必ず彼女がいる.│满大街～都是人 mǎn dàjiē nǎli dōu shì rén 大通りの至る所人でいっぱいだ.

★【哪儿】nǎr 代 (任意の場所)どこでも. 至る所.║～都买不到那本书 nǎr dōu mǎi-

いちばん （順位の） 一番

budào nà běn shū あの本はどこへ行って
も買えない.

いち　位置

▶地位　▶方位　▶各就各位　▶位置
▶位子　▶职位

**【地位】dìwèi 图 地位. (社会的な関係や
ランクから見た位置をさす)‖～高
dìwèi gāo 地位が高い.｜国际～ guójì
dìwèi 国際的地位.｜妇女的社会～提高
fùnǚ de shèhuì dìwèi tígāo le 婦人の社
会的地位は向上した.｜这部作品奠定
了他在文坛上的～ zhè bù zuòpǐn diàndìng-
le tā zài wéntán shang de dìwèi この作品で
彼の文壇での地位は確固たるものに
なった. ❷(人や物が占める)位置.

【方位】fāngwèi 图 方向と位置.‖测定
沉船～ cèdìng chénchuán fāngwèi 沈没船
の位置を測定する.

【各就各位】gè jiù gè wèi 組 ❶各自がそ
れぞれの位置につく. めいめいの席に
着く. ❷(競技で)位置について.

**【位置】wèizhi；wèizhì 图 ❶位置. (具体
的な位置をさす)‖定～ dìng wèizhi 位
置を決める.｜地理～ dìlǐ wèizhi 地理的
位置.｜别把～弄乱 bié bǎ wèizhi nòng-
luàn みだりに位置を動かさないこと.
❷地位. 占める位置.‖李白、杜甫在
中国文学史上占有极其重要的～ Lǐ Bái,
Dù Fǔ zài Zhōngguó wénxuéshǐ shang zhàn-
yǒu jíqí zhòngyào de wèizhi 李白(ぼく)と杜
甫(ほ)は中国の文学史上きわめて重要
な地位を占めている. ❸職位. ポス
ト.‖给老王安排个合适的～ gěi Lǎo-
Wáng ānpái ge héshì de wèizhi 王さんに適
当なポストを用意する.

【位子】wèizi 图 ❶席. 座席.‖占～
zhàn wèizi 席をとる.｜掉换～ diàohuàn
wèizi 席を交換する. ❷職位. ポスト.

‖给她留个～ gěi tā liú ge wèizi 彼女に
席(ポスト)をとっておく.

【职位】zhíwèi 图 職務上の地位. 職位.

いちばん　（順位の） 一番

▶榜首　▶第一　▶第一个　▶独占整头
▶首屈一指　▶首位　▶头号　▶最

【榜首】bǎngshǒu 图 (掲示された名簿の)
筆頭. 最上位.‖名列～ míng liè bǎng-
shǒu トップに名が出る.｜跃居～ yuèjū
bǎngshǒu 一躍トップに立つ.

*【第一】dì yī 组 最初の. 1番目の.‖得
～ dé dì yī 1番になる.｜～班飞机 dì yī
bān fēijī 最初の便の飛行機.｜坐在～排
zuòzài dì yī pái 最前列に座る.｜在游泳
比赛中他得了～名 zài yóuyǒng bǐsài zhōng
tā déle dì yī míng 水泳競技で彼は1位に
なった.

【第一个】dì yī ge 组 1番目の. 最初.‖今
天我是～到的 jīntiān wǒ shì dì yī ge dào
de 今日は私が1番に着いた.｜～发言
dì yī ge fāyán 最初の発言.｜～人 dì yī ge
rén 1番目の人.

【独占整头】dú zhàn áo tóu 成 (科挙の試
験で“状元”zhuàngyuan (首席)で合格す
ることから)首位・第1位になること.

【首屈一指】shǒu qū yī zhǐ 成 第一の.‖
该公司的资产在全市～ gāi gōngsī de zī-
chǎn zài quánshì shǒu qū yì zhǐ 同社の資産
は全市でナンバーワンだ.

【首位】shǒuwèi 图 首位. 第1位.‖我
们应该把这项工作放在～ wǒmen yīnggāi
bǎ zhè xiàng gōngzuò fàngzài shǒuwèi 我々
はこの仕事を最優先してやらねばなら
ない.

【头号】tóuhào 形 第一の. 最大の. 最
高の.‖～人物 tóuhào rénwù 最重要人
物.｜～大坏蛋 tóuhào dàhuàidàn いちば
んの大悪党.｜～新闻 tóuhào xīnwén 最

55

大のニュース．トップニュース．

★【最】zuì 副 最も．いちばん．‖他的成绩～好 tā de chéngjì zuì hǎo 彼の成績はいちばんよい．｜他跑得～快 tā pǎode zuì kuài 彼は足がいちばん速い．｜兄弟三个里，他～像他爸爸 xiōngdì sān ge lǐ, tā zuì xiàng tā bàba 兄弟3人の中で，彼がいちばんお父さん似だ．｜他总是坐在～前边 tā zǒngshì zuòzài zuì qiánbian 彼はいつもいちばん前の席に座る．

いつ

▶多会儿 ▶多久 ▶何日 ▶何时 ▶几时
▶哪天 ▶什么时候

【多会儿】duōhuìr 代 口 いつ．いつごろ．‖你是～到的? nǐ shì duōhuìr dào de? あなたはいつ着いたの．｜你～动身? nǐ duōhuìr dòngshēn? 君はいつ出発するんだい．

【多久】duō jiǔ 組 どれほどの時間．‖你打算待～? nǐ dǎsuan dāi duō jiǔ? あなたはどれくらい滞在するおつもりですか．｜"他～能回来?""一个钟头后回来" "tā duō jiǔ néng huílai?" "yí ge zhōngtóu hòu huílai" 「彼はいつごろ帰ってきますか」「1時間ほどで戻ります」

【何日】hérì 代 書 いつの日．‖不知～再会 bù zhī hérì zài huì いつまた会えることか．

【何时】héshí 代 書 いつ．‖无论～我们都不要放松警惕 wúlùn héshí wǒmen dōu búyào fàngsōng jǐngtì いかなるときも我々は警戒を怠ってはならない．

【几时】jǐshí 代 いつ．‖"你～能回来?""大概3点左右回来" "nǐ jǐshí néng huílai?" "dàgài sān diǎn zuǒyòu huílai" 「あなたはいつごろ帰ってこられますか」「3時ごろ戻ります」｜他～走的我都没注意 tā jǐshí zǒu de wǒ dōu méi zhùyì 彼がいつ出

かけたのか，私は全然気がつかなかった．

【哪天】nǎ tiān 組 どの日，いつ．"哪一天"nǎ yì tiān ともいう．‖爸爸～回来? bàba nǎ tiān huílai? お父さんはいつ帰って来るの．

【什么时候】shénme shíhou 組 いつ．‖明天～出发? míngtiān shénme shíhou chūfā? 明日いつ出発しますか．｜客人～到? kèren shénme shíhou dào? お客はいつ見えますか．

いつか

▶不久 ▶迟早 ▶改日 ▶改天 ▶哪天
▶他日 ▶有朝一日 ▶早晚

★【不久】bùjiǔ 形 まもない．（時間的に）近い．‖～以后 bùjiǔ yǐhòu すぐ後．ほどなくして．｜～的将来 bùjiǔ de jiānglái 遠くない将来に．

【迟早】chízǎo 副 遅かれ早かれ．早晩．いずれ．‖问题～会弄清楚的 wèntí chízǎo huì nòngqīngchu de 問題はいずれははっきりするはずだ．｜这样蛮干，～要出事的 zhèyàng mángàn, chízǎo yào chūshì de こんな強引なやり方では，いつか問題が生じる．

【改日】gǎirì 副 日を改めて．他日に．‖～再去拜访 gǎirì zài qù bàifǎng 後日改めてお伺いします．

【改天】gǎitiān 副 後日に．またの日に．‖～见 gǎitiān jiàn 後日また会いましょう．｜这事不着急，咱们～再说吧 zhè shì bù zháojí, zánmen gǎitiān zàishuō ba これは急がないからまたにしよう．

【哪天】nǎtiān 代 いつの日か．‖～咱们看电影去吧 nǎtiān zánmen kàn diànyǐng qù ba いつか一緒に映画を見にいきましょう．

【他日】tārì 名 書 後日．いつか．

いっしょ　一緒

【有朝一日】yǒu zhāo yī rì 威 将来のある日. いつか. ‖她渴望着～能成为一名歌唱家 tā kěwàngzhe yǒu zhāo yí rì néng chéngwéi yì míng gēchàngjiā 彼女はいつか声楽家になれる日が来ることを夢見ている.

*【早晚】zǎowǎn(～儿) 副 遅かれ早かれ. いずれ. ‖他～会同意的 tā zǎowǎn huì tóngyì de 彼はいずれ賛成するだろう. ｜这种人～得吃亏 zhè zhǒng rén zǎowǎn děi chīkuī この手のやからはいつか痛い目をみる.

─────────────

いっしゅん　一瞬

▶刹那　▶霎时间　▶瞬间　▶瞬时　▶瞬息
▶一霎　▶一时　▶一瞬间　▶一眨眼

*【刹那】chànà 名 刹那(せつな). つかのま. 一瞬の間. ‖一～ yí chànà 一刹那. 一瞬. ｜～间就消失得无影无踪了 chànàjiān jiù xiāoshíde wú yǐng wú zōng le 一瞬の間に影も形も見えなくなった.

【霎时间】shàshíjiān 名 またたく間. 一瞬の間. "霎时"shàshí ともいう. ‖～天空布满了乌云 shàshíjiān tiānkōng bùmǎnle wūyún にわかに大空一面が暗雲に覆われた.

【瞬间】shùnjiān 名 瞬間. またたく間.

【瞬时】shùnshí 名 またたく間. 瞬時.

【瞬息】shùnxī 名 またたく間. 一瞬. ‖计算机～之间便把大量数据处理完毕 jìsuànjī shùnxī zhī jiān biàn bǎ dàliàng shùjù chǔlǐ wánbì コンピューターは一瞬にして大量のデータを処理してしまう.

【一霎】yīshà 名 ほんのちょっとの間. 一瞬の間. ‖他在人群中一闪，～又不见了 tā zài rénqún zhōng yì shǎn, yíshà yòu bújiàn le 人込みの中に彼の姿がちらりと見えたが，あっという間に見えなくなった.

**【一时】yīshí 副 一瞬. とっさに. ‖～不知如何是好 yìshí bù zhī rúhé shì hǎo とっさにどうしたらよいのか分からなかった. ｜～感情冲动，打了他一巴掌 yìshí gǎnqíng chōngdòng, dǎle tā yì bāzhang 一瞬感情に走って，彼に平手打ちをくわせてしまった.

【一瞬间】yīshùnjiān 名 一瞬のうち. またたく間. ‖这十年对他来说只不过是～ zhè shí nián duì tā lái shuō zhǐ búguò shì yíshùnjiān この10年は彼にとって一瞬のうちのことにすぎない.

【一眨眼】yīzhǎyǎn 副 一瞬のうちに. またたく間. ‖～就不见了 yìzhǎyǎn jiù bújiàn le あっという間に見えなくなった. ｜～的工夫孩子都长这么大了 yìzhǎyǎn de gōngfu háizi dōu zhǎng zhème dà le またたく間に子供はこんなに大きくなった. ｜～一年就过去了 yìzhǎyǎn yì nián jiù guòqu le またたく間に1年が過ぎた.

─────────────

いっしょ　一緒

▶共同　▶一道　▶一块儿　▶一齐　▶一起
▶一同

**【共同】gòngtóng 副 共同で. 一緒に. ともに. ‖～学习 gòngtóng xuéxí 一緒に勉強する. ｜～努力 gòngtóng nǔlì ともに努力する. ｜双方～关心的问题 shuāngfāng gòngtóng guānxīn de wèntí 双方がともに関心をもつ問題.

**【一道】yīdào(～儿) 副 一緒に. ‖～吃饭 yídào chī fàn 一緒に食事をする. ｜我陪同您～去吧 wǒ péitóng nín yídào qù ba 私がお供をしてご一緒にまいりましょう.

★【一块儿】yīkuàir 副 一緒に. (話し言葉に用いる) ‖～去看戏 yíkuàir qù kàn xì 一緒に芝居を見にいく. ｜我跟他～走 wǒ gēn tā yíkuàir zǒu 私は彼と一緒に行

いっしょう　一生

く.

＊＊【一齐】yìqí 副 いっせいに. 一緒に. 同時に. ∥大家～哭起来 dàjiā yìqí kūqilai みんないっせいに泣きだした. ｜兄弟俩～考上了研究生 xiōngdì liǎ yìqí kǎoshangle yánjiūshēng 兄弟揃って大学院に合格した.

★【一起】yìqǐ 副 一緒に. (場所や空間を同じくすることに用いる)∥我们～去吧 wǒmen yìqǐ qù ba 一緒に行こうよ. ｜大家～跟我读一遍课文吧 dàjiā yìqǐ gēn wǒ dú yí biàn kèwén ba みんな一緒に私のあとについて教科書を1回読みましょう. ｜我跟她～生活过 wǒ gēn tā yìqǐ shēnghuóguo 私は彼女と一緒に暮らしていた.

＊＊【一同】yìtóng 副 一緒に. ともに. ∥～上学 yìtóng shàngxué 一緒に学校へ行く. ｜～前往 yìtóng qián wǎng ともに赴く.

いっしょう　一生

▶毕生　▶平生　▶一辈子　▶一生　▶终身
▶终生

【毕生】bìshēng 名 一生涯. 終生. ∥～的愿望 bìshēng de yuànwàng 一生の願い. ｜为此献出了～的精力 wèi cǐ xiànchule bìshēng de jīnglì このために畢生(ひっせい)の力を捧げた.

【平生】píngshēng 名 一生. 終生. 生涯. ∥我～最大愿望就是环游地球 wǒ píngshēng zuì dà yuànwàng jiù shì huányóu dìqiú 私の生涯最大の願いは世界一周旅行だ.

＊【一辈子】yíbèizi 名 一生. 生涯. ∥打～光棍儿 dǎ yíbèizi guānggùnr 一生独身で暮らす. ｜我妈妈～没享过什么福 wǒ māma yíbèizi méi xiǎngguo shénme fú 母の生涯は苦労ばかりだった.

＊＊【一生】yìshēng 名 一生涯. 一生. ∥操劳了～ cāoláole yìshēng 一生苦労をして

きた. ｜～致力于教育事业 yìshēng zhìlì yú jiàoyù shìyè 一生を教育に尽くす.

＊【终身】zhōngshēn 名 一生. 生涯. ∥～不嫁 zhōngshēn bú jià 生涯嫁に行かない. ｜～大事 zhōngshēn dàshì 一生の大事(主に結婚をいう). ｜遗恨～ yíhèn zhōngshēn 一生遺恨に思う.

【终生】zhōngshēng 名 終生. 一生. 生涯. ∥奋斗～ fèndòu zhōngshēng 終生努力する. ｜～的愿望 zhōngshēng de yuànwàng 一生の願い.

いっしょうけんめい　一生懸命

▶不遗余力　▶竭力　▶尽力　▶刻苦
▶努力　▶拼命　▶全力以赴

【不遗余力】bù yí yú lì 成 余力を残さず全力を出しきる. 一生懸命やる. ∥全心全意，～地工作 quán xīn quán yì, bù yí yú lì de gōngzuò 誠心誠意全力で仕事をする.

＊【竭力】jiélì 副 力の限り. できる限り. ∥～帮助他 jiélì bāngzhù tā 精いっぱい彼を援助する.

＊【尽力】jìn//lì 動 尽力する. 全力を挙げる. ∥我一定～促成此事 wǒ yídìng jìnlì cùchéng cǐ shì 私は必ずやこのことの実現に尽力します. ｜他们都～帮助我 tāmen dōu jìnlì bāngzhù wǒ 彼らは力のかぎり私を助けてくれる.

＊＊【刻苦】kèkǔ 形 労苦をいとわない. 骨身を惜しまない. ∥～钻研 kèkǔ zuānyán 一生懸命研究する. ｜学习十分～ xuéxí shífēn kèkǔ 勉強にとてもがんばっている.

★【努力】nǔ//lì 動 努力する. 努める. ∥～完成任务 nǔlì wánchéng rènwu 一生懸命任務を果たす. ｜共同～ gòngtóng nǔlì ともに努力する. ｜大家再努把力，就干完了 dàjiā zài nǔ bǎ lì, jiù gànwán le みんな

でもうひとふんばりすればやり終える.

**【拼命】pīn//mìng 動 命がけでやる. 必死になる. ‖ 拼了这条命也要把孩子救出来 pīnle zhè tiáo mìng yě yào bǎ háizi jiùchulai たとえこの命を投げ出しても子どもを助け出さなければならない. 副 (pīnmìng) 懸命に. 必死に. ‖ ～地工作 pīnmìng de gōngzuò 一生懸命働く. | 他～地读书 tā pīnmìng de dúshū 彼は必死になって勉強している.

*【全力以赴】quán lì yǐ fù 成 全力で対処する. ‖ ～准备考试 quán lì yǐ fù zhǔnbèi kǎoshì 全力で試験準備に当たる.

いっそう　一掃

▶铲除　▶根除　▶清除　▶扫　▶扫除
▶肃清　▶消除　▶斩草除根

【铲除】chǎnchú 動 除き取る. 削り除く. ‖ ～杂草 chǎnchú zácǎo 雑草を取り除く. | ～陋习 chǎnchú lòuxí 陋習(ろうしゅう)を除く.

【根除】gēnchú 動 根絶やしにする. 根絶する. ‖ ～腐败现象 gēnchú fǔbài xiànxiàng 腐敗現象を根絶する.

*【清除】qīngchú 動 一掃する. 排除する. ‖ ～垃圾 qīngchú lājī ごみを掃き清める. | ～封建意识 qīngchú fēngjiàn yìshi 封建的意識を一掃する. | 他因贪污而被～出党 tā yīn tānwū ér bèi qīngchú chūdǎng 彼は汚職で党から追放された.

**【扫】sǎo 動 一掃する. 取り除く. ‖ 一～而光 yì sǎo ér guāng 一掃する. | ～清障碍 sǎoqīng zhàng'ài 障害をすっかり取り除く.

*【扫除】sǎochú 動 一掃する. 取り除く. ‖ ～文盲 sǎochú wénmáng 文盲を一掃する. | ～障碍 sǎochú zhàng'ài 障害を取り除く.

*【肃清】sùqīng 動 (悪い人間・物事・思想などを)徹底的に取り除く. 粛清する. 一掃する. ‖ ～影响 sùqīng yǐngxiǎng (悪い)影響を一掃する. | ～封建意识 sùqīng fēngjiàn yìshi 封建的意識を徹底的に取り除く.

*【消除】xiāochú 動 取り除く. 消える. 解消する. ‖ ～隔阂 xiāochú géhé わだかまりを除く. | ～对自己的怀疑 xiāochú duì zìjǐ de huáiyí 自分に対する疑念を一掃する. | ～事故隐患 xiāochú shìgù yǐnhuàn 事故の危険性を取り除く.

*【斩草除根】zhǎn cǎo chú gēn 成 草を根っこから取り除く. 禍根を徹底的に除く.

いっそう　⇒【ますます】

いったい

▶到底　▶究竟

**【到底】dàodǐ 副 一体全体. つまるところ. そもそも. (多く話し言葉に用いる. 反復疑問文や疑問詞疑問文にのみ使え, "吗" ma のつく疑問文には使えない) ‖ 你～想干什么! nǐ dàodǐ xiǎng gàn shénme! 君はいったい何をしたいんだ. | 这句话～是什么意思? zhè jù huà dàodǐ shì shénme yìsi? この言葉はいったいどういう意味ですか. | 你～同意不同意? nǐ dàodǐ tóngyìbùtóngyì? 君は結局のところ賛成するのかしないのか.

**【究竟】jiūjìng 副 (疑問文に用いて)いったい. 詰まるところ. 結局. (多く書き言葉に用いる. "吗" ma の疑問文には用いない) ‖ ～哪个办法好呢? jiūjìng nǎge bànfǎ hǎo ne? いったいどの方法がよいのか. | 你～去不去? nǐ jiūjìng qùbúqù? 結局, 君は行くのか行かないのか. | 这药～管不管用? zhè yào jiūjìng guǎn-

いっぱい

bùguǎn yòng? この薬はいったい効き目
があるのかい.

いっぱい

▶饱　▶饱满　▶充满　▶满

★【饱】bǎo 形 腹がいっぱいである. ⇔
"饿" è ‖ 我已经~了 wǒ yǐjīng bǎo le 私
はもうおなかがいっぱいだ. ｜饥一顿,
~一顿 jī yí dùn, bǎo yí dùn (生活に窮し
て)食べたり食べなかったりする. ｜酒
足饭~ jiǔ zú fàn bǎo 酒も食事も満喫する.

*【饱满】bǎomǎn 形 張り切っている. 元
気旺盛(おうせい)である. ‖ 精神~ jīngshen
bǎomǎn 元気いっぱいである.

**【充满】chōngmǎn 動 満ちる. 充満する.
‖ 前途~希望 qiántú chōngmǎn xīwàng 前
途は希望でいっぱいだ. ｜眼里~了泪
水 yǎnli chōngmǎnle lèishuǐ 目に涙がいっ
ぱいになった. ｜阳光的房间 chōng-
mǎn yángguāng de fángjiān 日差しがいっ
ぱいの部屋. ｜校园里~了读书声 xiào-
yuán li chōngmǎnle dúshūshēng 校内いっぱ
いに本を読む声が響きわたった.

★【满】mǎn 形 満ちている. いっぱいで
ある. ‖ 客~ kèmǎn 満室. 満席. ｜桶里
的水~了 tǒng lǐ de shuǐ mǎn le 桶の水が
いっぱいになった. ｜装了~~一筐
zhuāngle mǎnmǎn yì kuāng かごいっぱい
に詰めた. ｜给车加~油 gěi chē jiāmǎn
yóu ガソリンを満タンにする. 動 満た
す. いっぱいにする. ‖ 再给你~上一
杯 zài gěi nǐ mǎnshang yì bēi もう一杯お
つぎしましょう.

いっぱん　一般

▶平常　▶平凡　▶普遍　▶普通　▶通常
▶一般

**【平常】píngcháng 形 普通である. なん
の変哲もない. 月並みである. ‖ 他的
长相很 ~ tā de zhǎngxiàng hěn píngcháng
彼の容貌(ぼう)は十人並みだ. ｜手艺~
shǒuyì píngcháng 腕はたいしたことはな
い. ｜这个人可不 ~ zhège rén kě bù píng-
cháng 彼はただ者ではない.

*【平凡】píngfán 形 平凡である. 普通で
ある. ‖ 他可是位不~的人 tā kě shì wèi
bù píngfán de rén あの人は並大抵の人物
ではない. ｜我父亲这辈子过得很 ~ wǒ
fùqin zhè bèizi guòde hěn píngfán 父の一
生は平凡なものだった.

**【普遍】pǔbiàn 形 普遍的である. 全体に
及んでいる. ‖ ~真理 pǔbiàn zhēnlǐ 普遍
的な真理. ｜~的看法 pǔbiàn de kànfa 一
般的な見方. ｜这种现象很 ~ zhè zhǒng
xiànxiàng hěn pǔbiàn このような現象は
きわめてありふれている. ｜人们~关
心的问题 rénmen pǔbiàn guānxīn de wèntí
人々が一様に関心をもっている問題.

**【普通】pǔtōng 形 普通である. 一般的
である. ‖ ~(的)人 pǔtōng (de) rén 普通
の人. 一般人. ｜穿得很 ~ chuānde hěn
pǔtōng ごく普通の身なりをしている.
｜那套家具的式样很 ~ nà tào jiājù de shì-
yàng hěn pǔtōng あの家具のデザインは
ごくありふれている.

*【通常】tōngcháng 形 通常の. 一般的な.
("很" hěn の修飾を受けず, 述語にも
ならない) ‖ ~的做法 tōngcháng de zuòfa
普通のやり方. ｜~情况下, 这么做是
不允许的 tōngcháng qíngkuàng xià, zhème
zuò shì bù yǔnxǔ de 通常の場合, このや
り方は許されない.

★【一般】yībān 形 普通である. 一般的で
ある. ‖ ~群众 yībān qúnzhòng 一般大衆.
｜他的学习成绩很 ~ tā de xuéxí chéngjì
hěn yībān 彼の学業成績はごく普通であ
る. ｜橱窗里的陈列品~不卖 chúchuāng lǐ
de chénlièpǐn yībān bú mài ショーウイン

ドーの陳列品は一般には売らない. ｜我～在家吃晩饭 wǒ yìbān zài jiā chī wǎnfàn 私はふつう家で夕飯を食べる.

いっぽう　一方（片側・一方面）

▶一边　▶一侧　▶一端　▶一方　▶一方面
▶一面

**【一边】 yìbiān（～儿）名一方. 片側. 一方面. ‖～是图书馆, 另～是博物馆 yìbiān shì túshūguǎn, lìng yìbiān shì bówùguǎn 一方は図書館, もう一方は博物館です.

【一侧】 yícè 图一方. 片側. ‖靠墙的～放满了书 kào qiáng de yícè fàngmǎnle shū 壁の片側には本が山積みされていた.

【一端】 yìduān 图一端. かたはし. ‖竹竿的～ zhúgān de yìduān 竹竿の一端.

【一方】 yìfāng 图一方. 片方. ‖我们只支持其中一方 wǒmen zhǐ zhīchí qízhōng yìfāng 我々はその中の一方だけを支持している.

**【一方面】 yìfāngmiàn 图（多く"一方面…, 一方面…"の形で）一方. …の一方. ‖～要加快进度, 另～也要注意质量 yìfāngmiàn yào jiākuài jìndù, lìng yìfāngmiàn yě yào zhùyì zhìliàng 進度を速める一方で, 質にも注意を払わねばならない.

*【一面】 yìmiàn 图（物体の）一側面. 一面. ‖房子朝东的～紧靠马路 fángzi cháo dōng de yímiàn jǐnkào mǎlù 家の東側は大通りに面している.

いつも（ふだん）

▶平常　▶平日　▶平时　▶平素　▶日常
▶通常　▶往常

**【平常】 píngcháng 图ふだん. 平素. 日ごろ. ‖和～一样 hé píngcháng yíyàng いつもと変わりない. ｜我～很少看电视

wǒ píngcháng hěn shǎo kàn diànshì ふだん私はめったにテレビを見ない.

*【平日】 píngrì 图ふだんの日. 平日. ‖～公园里人并不太多 píngrì gōngyuán li rén bìng bútài duō 平日は公園にはそれほど人が多くない.

**【平时】 píngshí 图ふだん. 日ごろ. 平常. ‖他～起得很早 tā píngshí qǐde hěn zǎo ふだん彼は早起きである. ｜这次考试不同于～ zhè cì kǎoshì bùtóng yú píngshí こんどの試験はふだんのものとは異なる（重要である）.

【平素】 píngsù 图平素. 平生. ふだん. 日ごろ. ‖我们～很少有见面的机会 wǒmen píngsù hěn shǎo yǒu jiànmiàn de jīhui ふだん我々が顔を合わせるチャンスはなかなかない. ｜他这个人～不大爱说话 tā zhège rén píngsù búdà ài shuōhuà 彼はふだんからあまりしゃべらない.

**【日常】 rìcháng 形日常の. 常日ごろの. ふだんの. ‖～生活 rìcháng shēnghuó ふだんの暮らし. ｜～会话 rìcháng huìhuà 日常会話. ｜～工作 rìcháng gōngzuò いつもの仕事. ｜～穿戴 rìcháng chuāndài ふだんの身なり.

*【通常】 tōngcháng 形通常の. 一般的な. ‖～的做法 tōngcháng de zuòfa 通常のやり方. ｜我～七点半起床 wǒ tōngcháng qī diǎn bàn qǐchuáng 私はふだん7時半に起きる. ｜这段路～只要走十五分钟, 今天却走了半小时 zhè duàn lù tōngcháng zhǐ yào zǒu shíwǔ fēnzhōng, jīntiān què zǒule bàn xiǎoshí この道はいつも15分で行けるのに, 今日は30分もかかってしまった.

*【往常】 wǎngcháng 图日ごろ. ふだん. ‖他～回家没有这么晚 tā wǎngcháng huíjiā méiyou zhème wǎn 彼はいつもこんなに遅く帰ることはない. ｜今天街上比～热闹 jīntiān jiē shang bǐ wǎngcháng rènao 今日町はいつもより賑やかだ. ｜这个任务

いつも　いつも（常に）

不比~啊 zhège rènwu bùbǐ wǎngcháng a この任務はいままでと違うぞ.

いつも　いつも（常に）

▶常　▶常常　▶经常　▶老　▶老是
▶时常　▶总　▶总是

★【常】cháng 副 よく. いつも. しばしば. ‖这里~下雨 zhèli cháng xiàyǔ ここはよく雨が降る. ｜他们~在一起玩儿 tāmen cháng zài yìqǐ wánr 彼らはよく一緒に遊んでいる. ｜这种事~有 zhè zhǒng shì cháng yǒu こういったことはよくあることだ.

★【常常】chángcháng 副 よく. いつも. （動作・行為の回数が多いことを強調する. 否定は"不常" bù cháng）‖她~不在家 tā chángcháng bú zài jiā 彼女はしょっちゅう家にいない. ｜~听到这种说法 chángcháng tīngdào zhè zhǒng shuōfa よくこうした言い方を聞く. ｜以前他~来这儿，但最近不常来了 yǐqián tā chángcháng lái zhèr, dàn zuìjìn bù cháng lái le 前には彼はよく来たものだが，このところあまり来なくなった.

★【经常】jīngcháng 副 いつも. しょっちゅう. よく. （動作・行為の連続性・規則性など，一貫性を強調する）‖他~去图书馆 tā jīngcháng qù túshūguǎn 彼はよく図書館へ行く. ｜他~锻炼身体 tā jīngcháng duànliàn shēntǐ 彼はいつも体を鍛えている. ｜房间应该~打扫 fángjiān yīnggāi jīngcháng dǎsǎo 部屋はいつも掃除しておくべきだ.

★【老】lǎo 副 いつも. 常に. 何度も. ‖他~迟到 tā lǎo chídào 彼はいつでも遅れてくる. ｜这个月~下雨 zhège yuè lǎo xiàyǔ 今月はよく雨が降る.

**【老是】lǎoshi；lǎoshì 副 いつでも. 常に. ずっと. ‖他考试~得第一 tā kǎoshì dé dì yī 彼はテストでいつも一番だ. ｜妹妹这几天~愁眉苦脸的 mèimei zhè jǐ tiān lǎoshi chóu méi kǔ liǎn de 妹はここ数日ずっと浮かない顔をしている.

*【时常】shícháng 副 しょっちゅう. よく. ‖我~到他家去玩儿 wǒ shícháng dào tā jiā qù wánr 私はよく彼の家に遊びにいく. ｜这里夏天~刮台风 zhèli xiàtiān shícháng guā táifēng ここは夏にはしょっちゅう台風が来る.

★【总】zǒng 副 ずっと. いつも. 常に. ‖他~这样 tā zǒng zhèyàng 彼はいつもこうなんだ. ｜这孩子~不听话 zhè háizi zǒng bù tīnghuà この子はいつも言うことを聞かない. ｜这几天~下雨 zhè jǐ tiān zǒng xiàyǔ ここ数日ずっと雨が降っている. ｜这个字我~记不住 zhège zì wǒ zǒng jìbuzhù この漢字はどうしても覚えられない.

★【总是】zǒngshì 副 常に. いつも. 変わることなく. 例外なく. （動作・行為が恒常的であったり，習慣的であったりすることを表す）‖他包里~带着药 tā bāo lǐ zǒngshì dàizhe yào 彼は常にかばんに薬を入れている. ｜老王~板着个脸 Lǎo-Wáng zǒngshì bǎnzhe ge liǎn 王さんはいつも仏頂面をしている. ｜他星期六晚上~睡得很晚 tā xīngqīliù wǎnshang zǒngshì shuìde hěn wǎn 彼は土曜の夜は決まって夜更かしする.

いなか　田舎

▶故乡　▶家乡　▶老家　▶农村　▶田园
▶乡村　▶乡间　▶乡里　▶乡下

**【故乡】gùxiāng 名 故郷. ふるさと. ‖回到了阔别已久的~ huídàole kuòbié yǐ jiǔ de gùxiāng 離れて久しい郷里に帰った.

いのる 祈る

**【家乡】 jiāxiāng 图 故郷. ふるさと. ‖
〜 观念 jiāxiāng guānniàn 里心. | 〜 菜
jiāxiāng cài 郷土料理. | 〜 风味 jiāxiāng
fēngwèi ふるさとの味.

*【老家】 lǎojiā 图 故郷. ふるさと. ‖ 我
〜 只有母亲 wǒ lǎojiā zhǐ yǒu mǔqin 田舎
には母しかいません. | 他每年放暑假
都回 〜 tā měinián fàng shǔjià dōu huí lǎojiā
彼は每年夏休みになると田舎へ帰る.

★【农村】 nóngcūn 图 農村. ‖ 〜 人口 nóng-
cūn rénkǒu 農村人口. | 〜 户口 nóngcūn
hùkǒu 農村の戸籍.

【田园】 tiányuán 图 田園. 農村. ‖ 〜 风
光 tiányuán fēngguāng 田園風景. | 享受
〜 生活 xiǎngshòu tiányuán shēnghuó 田舎
の暮らしを楽しむ.

*【乡村】 xiāngcūn 图 田舎. 農村.

【乡间】 xiāngjiān 图 田舎. 村.

【乡里】 xiānglǐ 图 郷里. 故郷. (地方の
小都市や農村をさす)

**【乡下】 xiāngxia 图 口 田舎. 農村. ‖ 〜
人 xiāngxiarén 田舎者.

いのち　命

▶活命　▶老命　▶命　▶人命　▶生命
▶小命儿　▶性命

【活命】 huómìng 图 命. ‖ 留一条 〜 liú yì
tiáo huómìng 命は勘弁してやる.

【老命】 lǎomìng 图 (老人が自分につい
て言う)老い先短い命. ‖ 豁出这条 〜 也
要完成任务 huōchu zhè tiáo lǎomìng yě yào
wánchéng rènwu この身命をなげうって
も任務をやり遂げるぞ. | 差点儿把 〜
搭上 chàdiǎn bǎ lǎomìng dāshang もう少
しで命を落とすところだった.

*【命】 mìng 图 命. 寿命. ‖ 丧了 〜 sàngle
mìng 命を失った. | 捡了一条 〜 jiǎnle yì
tiáo mìng 一命を取り留めた. 命拾いを
した. | 他救了我的 〜 tā jiùle wǒ de mìng

彼は私の命を救ってくれた.

【人命】 rénmìng 图 人命. 人の命. ‖ 〜
案子 rénmìng ànzi 殺人事件. | 保全 〜
bǎoquán rénmìng 人命を守る. | 事关 〜
shì guān rénmìng 事は人命にかかわる.
| 〜 关天 rénmìng guān tiān 人命はなに
ものにもかえがたい.

**【生命】 shēngmìng 图 生命. 命. (あら
ゆる生物の命を表す. 比喩(ひゆ)的にも
用いられる) ‖ 〜 垂危 shēngmìng chuíwēi
危篤に陥る. | 挽救病人的 〜 wǎnjiù bìng-
rén de shēngmìng 病人の命を救う. | 政
治 〜 zhèngzhì shēngmìng 政治生命.

【小命儿】 xiǎomìngr 图 つまらない命.
(多く冗談で用いる) ‖ 差点儿送了 〜
chàdiǎnr sòngle xiǎomìngr もう少しであ
の世行きだった.

*【性命】 xìngmìng 图 生命. (多く人間の
命を表す) ‖ 丢了 〜 diūle xìngmìng 命を
落とす. | 保住了 〜 bǎozhùle xìngmìng
命をとりとめる. | 〜 攸关 xìngmìng-yōu-
guān 命にかかわる. | 如果不是抢救及
时, 他恐怕就 〜 难保了 rúguǒ bú shì qiǎng-
jiù jíshí, tā kǒngpà jiù xìngmìng nánbǎo le
もし応急手当てをしなかったら, 彼は
恐らく命はなかっただろう.

いのる　祈る

▶祷告　▶祈祷　▶祈求　▶求　▶希望
▶预祝　▶愿　▶祝　▶祝福　▶祝愿

【祷告】 dǎogào 動 祈りを捧げる. 祈願
する.

【祈祷】 qídǎo 動 祈る. 祈祷する. ‖ 向
上帝 〜 xiàng Shàngdì qídǎo 神に祈る.

【祈求】 qíqiú 動 願い求める. 希求する.
‖ 到龙王庙 〜 下雨 dào Lóngwángmiào qí-
qiú xià yǔ 竜王廟(りゅうおう)へ行って雨乞
(あま)いをする.

**【求】 qiú 動 請う. 請い求める. ‖ 〜 〜

いばる 威張る

你别生气了 qiúqiu nǐ bié shēngqì le お願いだから腹を立てないでください. | ～老天爷保佑一切平安 qiú lǎotiānyé bǎoyòu yíqiè píng'ān 神さまに何事もないようにお願いする.

★【希望】xīwàng 動 希望する. 望む. ‖ ～将来当教师 xīwàng jiānglái dāng jiàoshī 将来教師になりたいと思う. | ～顺利考上大学 xīwàng shùnlì kǎoshang dàxué 希望どおりに大学に受かりますように. | ～工作有更快的进展 xīwàng gōngzuò yǒu gèng kuài de jìnzhǎn 仕事がますますはかどりますように.

*【预祝】yùzhù 動 事前に祝う. …になるよう祈る. ‖ ～大会成功 yùzhù dàhuì chénggōng 大会の成功を祈ります. | ～你考上大学 yùzhù nǐ kǎoshang dàxué 大学に受かるよう祈ります.

*【愿】yuàn 動 願う. 望む. ‖ ～您早日康复 yuàn nín zǎorì kāngfù 一日も早くお元気になられるようお祈りします. | 我～变成一只小鸟 wǒ yuàn biànchéng yì zhī xiǎoniǎo 私は小鳥になりたい.

★【祝】zhù 動 (人によきことを)祈る. 心から願う. ‖ ～你们幸福 zhù nǐmen xìngfú あなた方のお幸せをお祈りいたします. | ～你早日恢复健康 zhù nǐ zǎorì huīfù jiànkāng 一日も早く元気になられますようお祈りしています.

*【祝福】zhùfú 動 祝福する. 幸福に祈る. ‖ 默默地～ mòmò de zhùfú 心の中で幸福を祈る. | ～你们生活美满 zhùfú nǐmen shēnghuó měimǎn あなた方の円満で幸せな生活をお祈りいたします.

*【祝愿】zhùyuàn 動 祈る. 願う. 祝福する. ‖ 衷心～ zhōngxīn zhùyuàn 心から祈る. | ～你取得更大的成绩 zhùyuàn nǐ qǔdé gèng dà de chéngjì より大きな成果をあげられますようお祈りいたします. | ～你们白头到老 zhùyuàn nǐmen báitóu-dàolǎo お二人が末長くお幸せであ

りますようお祈りいたします.

いばる 威張る

▶摆架子 ▶逞威风 ▶吹牛 ▶大话
▶狗仗人势 ▶气粗 ▶耍态度 ▶耍威风
▶趾高气扬

*【摆架子】bǎi jiàzi 組 威張る. 偉そうにする. ‖ 摆臭架子 bǎi chòu jiàzi いやに偉ぶる. | 摆官架子 bǎi guān jiàzi 役人風を吹かす.

【逞威风】chěng wēifēng 組 威張る. 偉そうにする. ‖ 有些干警利用职权～, 欺压百姓 yǒuxiē gànjǐng lìyòng zhíquán chěng wēifēng, qīyā bǎixìng 公安の幹部や警官のあるものは職権を利用して威張り, 庶民を圧迫する.

*【吹牛】chuī//niú 動 ほらを吹く. 大きなことを言う. 大ぶろしきを広げる. "吹牛皮" chuī niú pí ともいう. ‖ 这个家伙净～, 一件事也没干成 zhège jiāhuo jìng chuīniú, yí jiàn shì yě méi gànchéng こいつは口では大きなことを言うが, 何一つやれたためしがない.

【大话】dàhuà 名 大きな話. 大げさな話. ほら. ‖ 光说～, 不干实事 guāng shuō dàhuà, bú gàn shíshì 大きな話ばかりして, 実際に役立つことはしない.

【狗仗人势】gǒu zhàng rén shì 威 犬が人間の威を借る. 人の権勢を笠(かさ)に着て威張るたとえ. ‖ 有些领导的司机～, 故意不遵守交通法规 yǒuxiē lǐngdǎo de sījī gǒu zhàng rén shì, gùyì bù zūnshǒu jiāotōng fǎguī 幹部の運転手のある者はその立場をいいことに, 故意に交通規則を守らない.

【气粗】qìcū 形 意気ごみが激しい. 鼻息が荒い. ‖ 财大～ cáidà qìcū 金があると鼻息も荒い.

【耍态度】shuǎ tàidu 組 威張りちらす.

64

横柄な態度をとる.∥他常对部下~ tā cháng duì bùxià shuǎ tàidu 彼は部下にいつも威張りちらしている.

【耍威风】shuǎ wēifēng 組 匹 威張る. 偉そうにする.∥他经常在妻子面前~ tā jīngcháng zài qīzi miànqián shuǎ wēifēng 彼は妻の前ではいつも威張っている.

【趾高气扬】zhǐ gāo qì yáng 威 足を高くあげて歩く. おごり高ぶって我を忘れたさま. 鼻息が荒いさま.∥她丝毫没有大明星那种~的样子 tā sīháo méiyou dà míngxīng nà zhǒng zhǐ gāo qì yáng de yàngzi 彼女は少しも大スターの威張ったところがない.

いま 今（現在）

▶ 此刻　▶ 当代　▶ 当今　▶ 当前　▶ 今天
▶ 目前　▶ 如今　▶ 现今　▶ 现在　▶ 这时候

*【此刻】cǐkè 名 この時. 現在.∥~，他的心情十分激动 cǐkè, tā de xīnqíng shífēn jīdòng いま，彼の気持ちはこの上なく高ぶっている.

*【当代】dāngdài 名 現代. 当代.∥他是~最著名的作曲家 tā shì dāngdài zuì zhùmíng de zuòqǔjiā 彼は現代の最も有名な作曲家である.｜~文学 dāngdài wénxué 現代文学.

【当今】dāngjīn 名 いま. 現在. 当面.∥保护森林资源是~的重要课题 bǎohù sēnlín zīyuán shì dāngjīn de zhòngyào kètí 森林資源の保護は当面の重要なテーマである.

**【当前】dāngqián 名 当面. 目下. いま.∥这是~的主要任务 zhè shì dāngqián de zhǔyào rènwu これは当面の主要な任務である.｜~的形势 dāngqián de xíngshì 当面の形势.｜~我们的工作中还存在着不少问题 dāngqián wǒmen de gōngzuò zhōng hái cúnzàizhe bùshǎo wèntí 目下，我々の仕事にはまだ少なからぬ問題が存在している.

*【今天】jīntiān 名 現在. 目下.∥~的世界是一个动荡的世界 jīntiān de shìjiè shì yí ge dòngdàng de shìjiè いまの世の中は不穏な世の中である.｜~的幸福生活来之不易 jīntiān de xìngfú shēnghuó lái zhī bú yì 現在の幸せな生活はやっと手に入れたものだ.

★【目前】mùqián 名 現在. 当面. いまのところ.∥~形势很好 mùqián xíngshì hěn hǎo 当面の情勢はまことにすばらしい.｜到~为止我还没接到通知 dào mùqián wéizhǐ wǒ hái méi jiēdào tōngzhī いまのところまだなんの通知も受け取っていない.｜~的问题 mùqián de wèntí 当面の問題.

**【如今】rújīn 名 今. 当節. 今時.∥那套老规矩~行不通了 nà tào lǎo guīju rújīn xíngbutōng le そういう古いやり方はいまや通用しない.｜事到~，后悔也晚了 shì dào rú jīn, hòuhuǐ yě wǎn le いまとなっては後悔しても遅い.

【现今】xiànjīn 名 いまどき. 現今. 当節.∥~人们的想法都变了 xiànjīn rénmen de xiǎngfa dōu biàn le いまでは人々の考え方はすっかり変わってしまった.

★【现在】xiànzài 名 現在. いま. ⇔"过去" guòqù "将来" jiānglái∥~几点? xiànzài jǐ diǎn? いま何時ですか.｜他~是学生 tā xiànzài shì xuésheng 彼はいま学生です.｜他从早上一直工作到~ tā cóng zǎoshang yìzhí gōngzuòdào xiànzài 彼は朝からいままでずっと仕事をし続けている.

【这时候】zhè shíhou 組 このとき. いま.∥我~才相信他说的都是真的 wǒ zhè shíhou cái xiāngxìn tā shuō de dōu shì zhēn de 彼の言っていたことは真実だったといまは思っている.

いま　今（たったいま）

いま　今（たったいま）
▶オ　▶刚　▶刚才　▶刚刚　▶现在

★【オ】cái 副（事が起こったばかりである
ことを示す）…したばかり．たったい
ま．‖他～走，你还能追得上 tā cái zǒu,
nǐ hái néng zhuīdeshàng 彼はいま出たばか
りだから，まだ追いつける．｜他～
进家门，电话铃就响了 tā cái jìn jiāmén,
diànhuàlíng jiù xiǎng le 彼が家に入った
とたん，電話が鳴った．

★【刚】gāng 副…したところだ．たった
いま．いましがた．‖他～从外面回来
tā gāng cóng wàimiàn huílai 彼はほんのい
ましがた外から帰ってきたばかりだ．
｜～出笼的包子 gāng chū lóng de bāo zi
ふかしたてのパオズ．｜饭～做好 fàn
gāng zuòhǎo 御飯はたったいまでき上
がったところだ．

★【刚才】gāngcái 名 いましがた．つい
さっき．先ほど．‖他～还在这儿，怎
么不见了? tā gāngcái hái zài zhèr, zěnme
bújiàn le? 彼はいましがたここにいたの
に，どうしたのだろう，いないね．｜
～的话不是开玩笑吧? gāngcái de huà bú
shì kāi wánxiào ba? いまの話は冗談では
あるまいね．｜～那个人是谁? gāngcái nà-
ge rén shì shéi? いまのあの人は誰です
か．

**【刚刚】gānggāng 副…したばかり．ちょ
うどいま．ついさっき．ついいましがた．
‖飞机～起飞 fēijī gānggāng qǐfēi 飛行機
はたったいま飛び立った．

★【现在】xiànzài 名 現在．いま．⇔"过
去" guòqù "将来" jiānglái｜我～才知道
这个消息 wǒ xiànzài cái zhīdao zhège xiāo-
xi 私はいまその知らせを知ったところ
だ．｜他从早上一直工作到～ tā cóng zǎo-
shang yìzhí gōngzuò dào xiànzài 彼は朝か
らいままでずっと仕事を続けている．

いみ　（言葉の）意味
▶本义　▶含义　▶含意　▶弦外之音
▶意思　▶意味　▶意义

【本义】běnyì 名 もとの意味．原義．‖
这个词的～已经被人忘却了 zhège cí de
běnyì yǐjīng bèi rén wàngquè le この言葉
のもとの意味はもう忘れられている．

*【含义】hányì 名（文章や言葉に）含まれ
ている意味．"涵义"とも書く．‖～明
确 hányì míngquè 意味が明確である．｜
～很深 hányì hěn shēn 意味深長である．
｜理解其中的～ lǐjiě qízhōng de hányì そ
の中に含まれている意味を理解する．

【含意】hányì 名（話し言葉にある）含意．
含み．‖他这话里有什么～? tā zhè huà li
yǒu shénme hányì? 彼の話には何か含み
があるのですか．

【弦外之音】xián wài zhī yīn 成 言外の意
味．含み．‖从他的话里听出了～ cóng
tā de huà li tīngchule xián wài zhī yīn 彼の
話に言外の意味が聞き取れる．

★【意思】yìsi 名（言葉の）意味．‖这个单
词是什么～? zhège dāncí shì shénme yìsi?
この単語はどんな意味ですか．｜你听
懂他话的～了吗? nǐ tīngdǒng tā huà de yìsi
le ma? 君は彼の話の意味が聞いて分か
りましたか．｜"拒买"就是拒绝购买某
种商品的～ "jù mǎi" jiù shì jùjué gòumǎi
mǒuzhǒng shāngpǐn de yìsi "拒买"という
のは「買うのを拒否する，商品をボイ
コットする」の意味である．

【意味】yìwèi 名（隠された）意味．‖～
深长 yìwèi shēncháng 意味深長である．
｜他的话带有讽刺～ tā de huà dàiyǒu fěng-
cì yìwèi 彼の言葉には皮肉の意味がこ
められている．

★【意义】yìyì 名 意義．（辞典や言語学で，
言葉の）意味．‖从某种～上说… cóng
mǒu zhǒng yìyì shang shuō… ある意味で

は…．｜这个词有几个～ zhège cí yǒu jǐ ge yìyì この言葉にはいくつかの意味がある．

いりぐち　入り口

▶大门　▶地铁口　▶洞口　▶港口　▶关口
▶胡同口　▶进口　▶路口　▶门口　▶入口
▶巷口　▶正门

【大门】dàmén 图正門．表門．

【地铁口】dìtiěkǒu 图地下鉄の入り口．

【洞口】dòngkǒu 图穴の口．ほら穴の入り口．

*【港口】gǎngkǒu 图港の入り口．

【关口】guānkǒu 图関所．必ず通らねばならないところ．

【胡同口】hútòngkǒu 图横町の入り口．"弄堂口" lòngtángkǒu ともいう．

【进口】jìnkǒu 图（建物などの）入り口．

*【路口】lùkǒu（～儿）图通りの入り口．辻．分かれ道．交差点．｜三岔～ sānchà lùkǒu 三叉路（さんさろ）．｜到第一个十字～向左拐 dào dì yī ge shízì lùkǒu xiàng zuǒ guǎi 最初の十字路まで行ったら左に折れる．

★【门口】ménkǒu（～儿）图出入り口．門口．戸口．｜工厂～ gōngchǎng ménkǒu 工場の出入り口．｜家～儿 jiāménkǒur 家の戸口．｜把客人送到～ bǎ kèren sòngdào ménkǒu 客を門口まで送る．

*【入口】rùkǒu 图入り口．⇔"出口" chūkǒu ｜车站～ chēzhàn rùkǒu 駅の入り口．｜剧场～ jùchǎng rùkǒu 劇場の入り口．

【巷口】xiàngkǒu 图路地の入り口．

【正门】zhèngmén 图正門．表門．｜～6点关门 zhèngmén liù diǎn guānmén 正面の入り口は6時にしまる．

いれかえる　入れ替える・入れ換える

▶变换　▶撤换　▶掉换　▶改换　▶更动
▶更换　▶换　▶替代　▶替换

*【变换】biànhuàn 动変える．転換する．取りかえる．‖～环境 biànhuàn huánjìng 環境を変える．｜～说法 biànhuàn shuōfǎ 言い方を変える．｜～一下方式 biànhuàn yíxià fāngshì 方式を変えてみる．

*【撤换】chèhuàn 动（人や物を）入れかえる．更迭する．‖～不称职的干部 chèhuàn búchènzhí de gànbù ポストにふさわしくない幹部を更迭する．｜～旧被褥 chèhuàn jiù bèirù 古い布団を入れかえる．

*【掉换】diàohuàn 动"调换"とも書く．❶（新しいものと）取り替える．交換する．‖～工种 diàohuàn gōngzhǒng（工場で）作業配置をかえる．｜～零件 diàohuàn língjiàn 部品を交換する．❷（互いに）交換する．‖咱俩～一下位置 zán liǎ diàohuàn yíxià wèizhi 僕たちちょっと位置をかわろう．

【改换】gǎihuàn 动取りかえる．‖～方式 gǎihuàn fāngshì やり方を変える．｜～姿势 gǎihuàn zīshì 姿勢を変える．｜～地点 gǎihuàn dìdiǎn 場所を変える．

【更动】gēngdòng 动異動する．改める．入れかえる．‖人事安排有所～ rénshì ānpái yǒu suǒ gēngdòng 人事に異動があった．｜会议日程不能～ huìyì rìchéng bù néng gēngdòng 会議の日程は変更できない．

*【更换】gēnghuàn 动交替する．入れかえる．‖你们俩～一下位子 nǐmen liǎ gēnghuàn yíxià wèizi あなた方お二人，ちょっと席を入れかえてください．｜～出场运动员 gēnghuàn chūchǎng yùndòngyuán 出場選手を交替させる．｜展出的画会～ zhǎnchū de huà huì gēnghuàn 展示の絵は入れかえがある．

いれる　入れる

★【換】huàn 動❶(物と物とを)交換する. ‖ 兑～ duìhuàn 兑換(だっかん)する. ｜～零钱 huàn língqián 小銭にかえる. ｜拿鸡蛋～盐 ná jīdàn huàn yán 卵を塩と交換する. ❷(あるものを別のものに)かえる. 取りかえる. ‖ ～衣服 huàn yīfu 着替えをする. ｜～负责人 huàn fùzérén 担当者をかえる. ｜～时间 huàn shíjiān 時間を変える. ｜～一个方式 huàn yí ge fāngshì やり方を変える.

*【替代】tìdài 動 かえる. ‖ 用新的～旧的 yòng xīn de tìdài jiù de 古いのを新しいのと取りかえる. ｜他的作用是没有人可以～的 tā de zuòyòng shì méiyou rén kěyǐ tìdài de 彼の役割は誰にもとってかわれない.

*【替换】tìhuàn 動 交替する. 入れかえる. ‖ 两个人～着干 liǎng ge rén tìhuànzhe gàn 二人が交替で仕事をやる. ｜决赛时～了运动员 juésài shí tìhuànle yùndòngyuán 決勝戦では選手を入れかえた.

いれる　入れる

▶补　▶补足　▶插入　▶搀　▶放　▶加
▶加入　▶加上　▶添　▶添置

★【补】bǔ 動 (人や物を)補充する. 補う. ‖ ～一个名额 bǔ yí ge míng'é 欠員を一人補充する. ｜出生日期没写, 请～上 chūshēng rìqī méi xiě, qǐng bǔshang 生年月日がまだですから, 書き入れてください.

【补足】bǔzú 動 補充する. 補い満たす. ‖ ～缺额 bǔzú quē'é 欠員を入れる.

【插入】chārù 動 挿し込む. ‖ ～一段旁白 chārù yí duàn pángbái わき台詞(ぜりふ)をはさむ.

*【搀】chān 動 混ぜる. ‖ 白颜色里～点儿红色 bái yánsè li chān diǎnr hóngsè 白の中に赤を少し混ぜる. ｜这种饮料应该～水喝 zhè zhǒng yǐnliào yīnggāi chān shuǐ hē この飲み物は水で薄めて飲むものだ.

★【放】fàng 動 混入する. 入れる. ‖ 我喝咖啡不～糖 wǒ hē kāfēi bú fàng táng 私はコーヒーに砂糖を入れない.

★【加】jiā 動❶(ないところへ)加える. 付け足す. ‖ ～标点 jiā biāodiǎn 句読点を入れる. ｜我喝咖啡不～糖 wǒ hē kāfēi bù jiā táng 私はコーヒーを飲むのに砂糖は入れない. ｜～一幅插图 jiā yì fú chātú 挿し絵を1点入れる. ❷(すでにあるところへ)加える. 増やす. ‖ 又～了一个菜 yòu jiāle yí ge cài もう一品料理を増やした. ｜再～几个人 zài jiā jǐ ge rén あと何人か加える.

*【加入】jiārù 動 加える. ‖ 将鸡蛋打散, ～适量的精盐和料酒 jiāng jīdàn dǎsàn, jiārù shìliàng de jīngyán hé liàojiǔ 玉子をかき混ぜたら, 適量の塩と酒を入れる.

【加上】jiāshàng 動 加える. ‖ 再～一个人 zài jiāshàng yí ge rén あと一人加える. ｜给文章～标题 gěi wénzhāng jiāshàng biāotí 文にタイトルを入れる.

**【添】tiān 動 増やす. 加える. 足す. ‖ ～人 tiān rén 人を増やす. 増員する. ｜～家具 tiān jiājù 家具を増やす.

【添置】tiānzhì 動 買い足す. 新たに購入する. ‖ ～家具 tiānzhì jiājù 家具を買い足す.

いれる　(茶を)いれる

▶冲　▶倒　▶泡　▶沏　▶斟　▶煮

**【冲】chōng 動 (熱湯などを)注ぐ. ‖ ～茶 chōng chá 茶を入れる(茶葉を茶碗に入れ熱湯を注ぐ). ｜这是速溶咖啡, 用开水一～就得 zhè shì sùróng kāfēi, yòng kāishuǐ yì chōng jiù dé これはインスタント・コーヒーだから, 熱湯を注げばすぐできる.

いわう　祝う

*【倒】dào 動つぐ. 中身をあける. ‖ ～
一杯茶 dào yì bēi chá お茶を1杯つぐ.

*【泡】pào 動液体にやや長く漬ける. 浸
す. ふやかす. ‖ 茶～好了 chá pàohǎo le
お茶が入った.

*【沏】qī 動(熱湯を)かける. (茶を)いれ
る. ‖ ～茶 qī chá お茶をいれる. ｜ 水不
热，茶叶没～开 shuǐ bú rè, cháyè méi qīkāi
湯がぬるくてお茶の葉が開かない.

【斟】zhēn 動(酒や茶を)つぐ. 注ぐ. ‖
自～自饮 zì zhēn zì yǐn 手酌で飲む. ｜ ～
了一杯酒 zhēnle yì bēi jiǔ 酒を1杯つい

だ.

**【煮】zhǔ 動煮る. ゆでる. ‖ ～咖啡 zhǔ
kāfēi (サイフォンなどで)コーヒーをい
れる.

いろ　色

▶彩色　▶色　▶色彩　▶色调　▶色泽
▶五光十色　▶五颜六色　▶颜色

**【彩色】cǎisè 名彩色. カラー. ‖ ～凹版
cǎisè āobǎn カラーグラビア. ｜ ～打印机
cǎisè dǎyìnjī カラープリンター. ｜ ～铅
笔 cǎisè qiānbǐ 色鉛筆. ｜ ～纸 cǎisèzhǐ 色
纸.

*【色】sè ◇色. 色彩. (話し言葉では shǎi
とも発音する) ‖ 蓝～ lánsè 青色. ｜ 原
～ yuánsè 原色. ｜ 这衣服不掉～儿 zhè
yīfu bú diàoshǎir この服は色落ちしない.

*【色彩】sècǎi 名色. 色彩. 彩り. (比喩
(ひゆ)的にも用いられる) ‖ ～谐调 sècǎi
xiétiáo 色彩の調和がとれている. ｜ ～
鲜艳 sècǎi xiānyàn 色が鮮やかである.

【色调】sèdiào 名色調. 色合い. トー
ン. ‖ ～柔和 sèdiào róuhé 色合いがやわ
らかい. ｜ 暖～ nuǎnsèdiào 暖色系の
トーン. ｜ 冷～ lěngsèdiào 寒色系のトー
ン.

【色泽】sèzé 名光沢. 色合い. ‖ 衣料的

～很好 yīliào de sèzé hěn hǎo 服地の色合
いがとてもよい.

【五光十色】wǔ guāng shí sè 成色とりど
りで美しいさま. ‖ ～的宝石 wǔ guāng
shí sè de bǎoshí 色とりどりに輝く宝石.

【五颜六色】wǔ yán liù sè 成色とりどり.
多彩な色. ‖ ～的烟火 wǔ yán liù sè de yān-
huo 色とりどりの花火.

★【颜色】yánsè 名色. 色彩. (具体的に
色がどうであるかをいうときには，"色
彩" sècǎi ではなく"颜色"を用いる) ‖ 白
～ bái yánsè 白い色. ｜ 深～ shēn yánsè
濃い色. ｜ 浅～ qiǎn yánsè 薄い色. ｜ ～
很协调 yánsè hěn xiétiáo 色の調和がとて
もいい. ｜ ～鲜艳 yánsè xiānyàn 色が鮮
やかである.

いわう　祝う

▶贺年　▶贺寿　▶欢度　▶欢庆　▶庆贺
▶庆祝　▶致贺　▶祝贺

【贺年】hè//nián 動新年を祝う.

【贺寿】hè//shòu 動(年配者の)誕生日を
祝う. ‖ 为恩师～ wèi ēnshī hèshòu 恩師
の誕生日を祝う.

【欢度】huāndù 動愉快に過ごす. 祝う.
‖ ～春节 huāndù Chūnjié 春節を祝う.

【欢庆】huānqìng 動喜び祝う. 祝賀す
る. ‖ ～"五一" huānqìng "Wǔ Yī" メー
デーを慶祝する.

*【庆贺】qìnghè 動祝いの言葉を述べる.
‖ ～新年 qìnghè xīnnián 謹賀新年. ｜ ～
丰收 qìnghè fēngshōu 豊作を祝う. ｜ 大
家都向他～ dàjiā dōu xiàng tā qìnghè みん
なは彼に祝いの言葉を述べた.

**【庆祝】qìngzhù 動祝賀する. (公的活
動によって，各人に共通する喜びをみ
んなで祝う) ‖ ～新年 qìngzhù xīnnián 新
年を祝う. ｜ ～胜利 qìngzhù shènglì 勝利
を祝う. ｜ ～儿童节 qìngzhù Értóngjié 子

69

うえる　植える

どもの日を祝う。｜～开通三周年 qìngzhù kāitōng sān zhōunián 開通3周年を祝う。｜举行～活动 jǔxíng qìngzhù huódòng 慶祝活動を繰り広げる。

【致贺】 zhìhè 動 祝意を表する。祝いの言葉を述べる。‖ 握手～ wòshǒu zhìhè 握手してお祝いを述べる。｜通电～ tōngdiàn zhìhè 電報を打って祝意を表する。

＊＊【祝贺】 zhùhè 動 祝賀する。（相手がよい結果を得られたことを祝う)) ‖ ～你们胜利归来 zhùhè nǐmen shènglì guīlai 凱旋(がいせん)おめでとう。｜纷纷来电来函～ fēnfēn láidiàn láihán zhùhè 祝いの電話や電報・手紙が次々と届く。

いんしょう　印象 ⇒【感じ（印象）】

う

うえる　植える

▶播种　▶插秧　▶栽　▶栽植　▶栽种
▶植　▶种　▶种植

【播种】 bō//zhǒng 動 種まきする。

＊【插秧】 chā//yāng 動 田植えをする。

＊【栽】 zāi 動 ❶(苗や木を)植える。（植えることに重点がある)) ‖ ～了一棵树 zāile yì kē shù 木を1本植えた。｜～花 zāi huā 花を植える。❷差し込む。植えつける。‖ ～刷子 zāi shuāzi ブラシの毛を植えつける。

【栽植】 zāizhí 動 植える。‖ ～桃树 zāizhí táoshù モモの木を植える。

【栽种】 zāizhòng 動 植える。栽培する。‖ 校园里～了许多花木 xiàoyuánli zāizhòngle xǔduō huāmù キャンパスには多

くの花や木が植えられている。

＊【植】 zhí 動 (木を)植える。（主に複合語の成分として書き言葉に用いる)) ‖ ～树 zhíshù 植樹する。｜移～ yízhí 移植する。

＊＊【种】 zhòng 動 苗を植えて育てる。種をまいて育てる。‖ ～菜 zhòng cài 野菜を栽培する。｜～树 zhòng shù 木を植える。｜～庄稼 zhòng zhuāngjia 穀物を作る。農業をやる。

＊【种植】 zhòngzhí 動 種をまく。植える。栽培する。‖ ～果树 zhòngzhí guǒshù 果樹を植える。

うかぶ　浮かぶ

▶呈现　▶泛　▶浮　▶浮现　▶露　▶漂
▶漂浮　▶飘

＊【呈现】 chéngxiàn 動 (様相を)呈する。(状況が)現れる。‖ ～在眼前 chéngxiànzài yǎnqián 目の前に現れる。｜脸上～出惊慌的神色 liǎn shang chéngxiànchu jīnghuāng de shénsè 顔に狼狽(ろう)の表情が現れる。

＊【泛】 fàn 動 表面に現れる。浮かび出る。‖ 水面～起波纹 shuǐmiàn fànqi bōwén 水面に波が立つ。｜脸上～红 liǎn shang fàn hóng 顔に赤みが差す。

＊＊【浮】 fú 動 (液体に)浮かぶ。浮く。浮かべる。⇔"沉" chén ‖ 一叶小舟～在水面上 yí yè xiǎozhōu fúzài shuǐmiàn shang 1艘(そう)の小舟が水に浮かんでいる。｜汤上～了一层油花 tāng shang fúle yì céng yóuhuā スープに油がうっすらと浮いている。｜她的脸上～着微笑 tā de liǎn shang fúzhe wēixiào 彼女の顔に微笑が浮かんでいる。

【浮现】 fúxiàn 動 (脳裏に思い出や印象などが)浮かぶ。(感情が顔に)表れる。‖ 往事又一幕一幕地～在眼前 wǎngshì

うけおう　請け負う

yòu yí mù yí mù de fúxiànzài yǎnqián 昔の
ことが一こま，また一こまと目の前に
浮かんできた.

*【露】lù 動 現す. 現れる. 露出する.
（話し言葉では lòu とも発音する）‖脸
上～出了满意的笑容 liǎn shang lùchule
mǎnyì de xiàoróng 顔に会心の笑みを浮
かべた. ｜不～声色 bú lù shēngsè 言葉に
も表情にも現さない.

*【漂】piāo 動 漂う. 浮かぶ. ‖小船～在
水面上 xiǎochuán piāozài shuǐmiàn shang 小
舟が水面に漂っている. ｜碗里～着一
层油花 wǎn li piāozhe yì céng yóuhuā お椀
の中に油が浮かんでいる.

【漂浮】piāofú 動 漂い浮かぶ. "飘浮"と
も書く. ‖水面上～着许多落叶 shuǐmiàn
shang piāofúzhe xǔduō luòyè たくさんの
落葉が水面に漂っている. ｜故乡的一
切总是～在我的脑海中 gùxiāng de yíqiè
zǒngshì piāofúzài wǒ de nǎohǎi zhōng 故郷
のすべてがいつも脳裏に浮かんでくる.

**【飘】piāo 動 (空中に)漂う. 浮かぶ. ‖
天边～着几朵白云 tiānbiān piāozhe jǐ duǒ
báiyún 遠くの空に白い雲がいくつか浮
かんでいる.

うけいれる　（意見などを）受け入れる

▶采纳　▶承认　▶答应　▶接受　▶听从
▶同意　▶赞成

*【采纳】cǎinà 動 (意見や要求などを)採
用する. 受け入れる. ‖委员会～了这
个新方案 wěiyuánhuì cǎinàle zhège xīn fāng-
'àn 委員会はその新しい方案を採用し
た. ｜他的意见被～了 tā de yìjian bèi cǎi-
nà le 彼の意見は受け入れられた.

**【承认】chéngrèn 動 認める. 承認する.
‖他向老师～了自己的错误 tā xiàng lǎo-
shī chéngrènle zìjǐ de cuòwù 彼は先生に対
し自分の誤りを認めた. ｜～新政权 chéng-

rèn xīn zhèngquán 新政権を承認する.

**【答应】dāying 動 承知する. 承諾する.
‖事情很难办，别随便～ shìqing hěn nán-
bàn, bié suíbiàn dāying ことはとても厄介
だ，安請け合いするな. ｜他～明天来 tā
dāying míngtiān lái 彼は明日来ることを
承諾した.

**【接受】jiēshòu 動 引き受ける. 受け入
れる. ‖～任务 jiēshòu rènwu 任務を引
き受ける. ｜～批评 jiēshòu pīpíng 批判
を受け入れる. ｜～教训 jiēshòu jiàoxun
教訓として受け止める. ｜～考验 jiēshòu
kǎoyàn 試練を受ける.

【听从】tīngcóng 動 (指示を)受け入れて
従う. 聞き入れる. ‖～父母 tīngcóng fù-
mǔ 父母に従う. ｜～老师的教导 tīngcóng
lǎoshī de jiàodǎo 先生の指導に従う.

★【同意】tóngyì 動 (主張や行為に対して
反対せず)受け入れる. 同意する. 承
認する. ‖我完全～这个方案 wǒ wánquán
tóngyì zhège fāng'àn 私はこの提案に全面
的に賛成だ. ｜她父母不太～她去留学 tā
fùmǔ bútài tóngyì tā qù liúxué 彼女の両親
は彼女の留学にあまり賛成ではない.

**【赞成】zànchéng 動 積極的に支持する.
賛成する. 同意する. ("同意"より程
度が強い)‖一致～ yízhì zànchéng 一致
して賛成である. ｜选他当代表，我举双
手～ xuǎn tā dāng dàibiǎo, wǒ jǔ shuāngshǒu
zànchéng 彼を代表に選ぶことに，私は
もろ手を挙げて賛成する. ｜我不～你
们的做法 wǒ bú zànchéng nǐmen de zuòfa
君たちのやり方に私は賛成できない.

うけおう　請け負う

▶包　▶包办　▶包干儿　▶包揽　▶包圆儿
▶承办　▶承包　▶承揽　▶承做

**【包】bāo 動 (全面的に)引き受ける. 請
け負う. 全責任を負う. ‖这事儿～在

我身上 zhè shìr bāozài wǒ shēnshang この件は私が全責任を負う. | 这盘菜, 我~了 zhè pán cài, wǒ bāo le この一皿は, 僕が残りを片付けるよ. | 这项工程~给三队 zhè xiàng gōngchéng bāogěi sān duì この工事は第3隊に請け負ってもらう. | 你去年~了多少活儿? nǐ qùnián bāole duōshao huór? 君は去年どれくらい仕事を請け負ったんだい.

*【包办】bāobàn 動 請け負う. 一人で引き受ける. ‖一手~ yìshǒu bāobàn 一手に引き受ける. | 店里的事全由他一人~ diàn li de shì quán yóu tā yì rén bāobàn 店のことはすべて彼一人が切り盛りしている. | ~酒席 bāobàn jiǔxí 宴会料理請け負います.

【包干儿】bāogānr 動 (仕事を)引き受ける. 請け負う. ‖分段~ fēn duàn bāogānr 区域ごとに分担を定め, 責任を持って請け負う. | 剩下的活儿由我~ shèngxia de huór yóu wǒ bāogānr 残りの仕事は私が引き受ける.

【包揽】bāolǎn 動 一手に引き受ける. 全部請け負う. ‖~一切杂务 bāolǎn yíqiè záwù いっさいの雑用を引き受ける.

【包圆儿】bāoyuánr 動 口 全部一括して請け負う. ‖这点儿活儿, 你都~了吧 zhè diǎnr huór, nǐ dōu bāoyuánr le ba これくらいの仕事は君が全部引き受けたら.

*【承办】chéngbàn 動 引き受けて行う. 請け負ってする. ‖~托运 chéngbàn tuōyùn 託送を引き受ける.

*【承包】chéngbāo 動 全面的に請け負う. 一手に引き受ける. ‖~期 chéngbāoqī 請負期間. | 他们家~了那个果园 tāmen jiā chéngbāole nàge guǒyuán 彼らの家ではあの果樹園を請け負っている. | 公司~了建设工程 gōngsī chéngbāole jiànshè gōngchéng 会社は建設工事を請け負った.

【承揽】chénglǎn 動 (注文を)引き受ける.

請け負う. ‖~运输业务 chénglǎn yùnshū yèwù 輸送業務を請け負う.

【承做】chéngzuò 動 製作を請け負う. ‖~各式家具 chéngzuò gèshì jiājù いろいろな家具の製作を請け負う.

うけとる （物を）受け取る

▶接 ▶接到 ▶领 ▶领取 ▶留 ▶起
▶取 ▶收 ▶收到 ▶收取 ▶收受

★【接】jiē 動 (手で物を)受け取る. 受ける. (手紙・電話などを)受け取る. ‖~球 jiēqiú 球を受ける. レシーブをする. | 把行李~过来 bǎ xíngli jiēguolai 荷物を受け取る. | ~孩子 jiē háizi (保育園などで)子どもを引き取る. | 对不起, 他正在~电话 duìbuqǐ, tā zhèngzài jiē diànhuà すみません, 彼はほかの電話に出ています.

**【接到】jiē//dào 動 受け取る. 受ける. ‖~电报 jiēdào diànbào 電報を受け取る. | ~你的来信, 非常高兴 jiēdào nǐ de láixìn, fēicháng gāoxìng あなたのお手紙を受け取り, たいへん嬉しく思いました.

**【领】lǐng 動 (規定により支給されるものを)受け取る. もらう. 受領する. ‖~奖 lǐngjiǎng 賞品をもらう. | ~工资 lǐng gōngzī 給料を受け取る. | ~毕业证书 lǐng bìyè zhèngshū 卒業証書をもらう.

【领取】lǐngqǔ 動 受け取る. 受領する. ‖~包裹 lǐngqǔ bāoguǒ 小包を受け取る. | ~退休金 lǐngqǔ tuìxiūjīn 退職金を受け取る.

★【留】liú 動 受け取る. 収める. ‖送来的礼物他一件也没~ sònglai de lǐwù tā yí jiàn yě méi liú 送られてきた贈答品を彼は一つも受け取らなかった. | ~下做个纪念吧 liúxia zuò ge jìniàn ba 記念に受け取ってください. | 这本书你~着看

吧 zhè běn shū nǐ liúzhe kàn ba この本は
お手元に置いて読んでください.

★【起】qǐ 動 (証明書などを)受け取る. 受
領する. ‖～护照 qǐ hùzhào 旅券を発行
してもらう. ｜～营业执照 qǐ yíngyè zhí-
zhào 営業許可書を発行してもらう.

**【取】qǔ 動 (ある場所へ行って)受け取
る. ‖～票 qǔ piào 切符を受け取る. ｜
到车站～行李 dào chēzhàn qǔ xíngli 駅へ
行って荷物を引き取る. ｜到银行～款
dào yínháng qǔkuǎn 銀行でお金を引き出
す. ｜把几件衣服从洗衣店里～回来了
bǎ jǐ jiàn yīfu cóng xǐyīdiàn li qǔhuilai le ク
リーニング店から服を取ってきた.

★【收】shōu 動 (当然受け取るべき人や母
体が)受け取る. 受け入れる. ‖～电子
邮件 shōu diànzǐ yóujiàn 電子メールを受
け取る. ｜～礼物 shōu lǐwù 贈り物を受
け取る. ｜～徒弟 shōu túdi 弟子を取る.
｜能～八个频道 néng shōu bā ge píndào 8
チャンネル受信できる. ｜把借出的书
～回来 bǎ jièchu de shū shōuhuilai 借した
本を返してもらう.

*【收到】shōu//dào 動 受け取る. 手にす
る. ‖来信～了 láixìn shōudào le お手紙
拝受しました. ｜一个邮包 shōudào yí
ge yóubāo 小包を受け取る.

【收取】shōuqǔ 動 受け取る. 徴収する.
‖～运费 shōuqǔ yùnfèi 輸送費を受け取
る.

【收受】shōushòu 動 受け取る. 受領す
る. ‖～贿赂 shōushòu huìlù 袖の下を受
け取る.

うける　受ける

▶承接　▶答应　▶接　▶接受　▶收
▶收下　▶响应　▶应　▶应承

【承接】chéngjiē 動 ❶(流れる液体を容
器で)受ける. ‖～雨水 chéngjiē yǔshuǐ

雨水を受ける. ❷(上を)受ける. (前
の部分から)続く. ‖～上句 chéngjiē
shàngjù 前文を受ける. ❸(仕事を)引き
受ける. ‖～来料加工 chéngjiē láiliào jiā-
gōng 委託加工の仕事を引き受ける.

**【答应】dāying 動 承知する. 承諾する.
‖事情很难办, 别随便～ shìqing hěn nán-
bàn, bié suíbiàn dāying ことはとても厄介
だ, 安請け合いするな. ｜他～明天来 tā
dāying míngtiān lái 彼は明日来ることを
承諾した.

★【接】jiē 動 ❶(手で)受け取る. 受ける.
‖～球 jiēqiú ボールを受ける. レシー
ブする. ｜把行李～过来 bǎ xíngli jiēguo-
lai 荷物を受け取る. ❷(電話・手紙な
どを)受ける. 受ける. (仕事を)受
け入れる. 引き受ける. ‖～电话 jiē
diànhuà 電話を受ける. ｜～任务 jiē rèn-
wu 任務を受ける. ｜～到你的来信, 非
常高兴 jiēdào nǐ de láixìn, fēicháng gāoxìng
あなたのお手紙を手にして, たいへん
嬉しく思いました.

**【接受】jiēshòu 動 引き受ける. 受け入
れる. ‖～任务 jiēshòu rènwu 任務を引
き受ける. ｜～批评 jiēshòu pīpíng 批判
を受け入れる. ｜～贿赂 jiēshòu huìlù 賄
賂を受け取る. ｜～教训 jiēshòu jiàoxun
教訓として受け止める. ｜～考验 jiēshòu
kǎoyàn 試練を受ける.

★【收】shōu 動 受け入れる. ‖～礼物 shōu
lǐwù 贈り物を受け取る. ｜～到一个邮
包 shōudào yí ge yóubāo 小包を受け取
る. ｜来信～了 láixìn shōudào le お手紙
拝受しました. ｜能～八个频道 néng
shōu bā ge píndào 8チャンネル分受信で
きる.

【收下】shōuxia；shōuxià 動 受け取る.
収める. ‖这是一点儿心意, 请～吧 zhè
shì yìdiǎnr xīnyì, qǐng shōuxia ba これはほ
んの気持ちですが, どうぞお納めくだ
さい.

うごかす （物を）動かす

【响应】 xiǎngyìng 動 応じる．賛同する．‖甲班～乙班的挑战 jiǎ bān xiǎngyìng yǐ bān de tiǎozhàn 甲クラスは乙クラスの挑戦を受けて立つ．

【应】 yīng 動 承諾する．引き受ける．‖～那么多活儿，恐怕干不完吧 yīng nàme duō huór, kǒngpà gànbuwán ba そんなにたくさんの仕事を引き受けて，やり終えられないのじゃないか．｜那件事我已经～下来了 nà jiàn shì wǒ yǐjīng yīngxialai le あの件はすでに承諾した．

【应承】 yìngcheng; yìngchéng 動 引き受ける．承諾する．‖那件事我们应该～下来 nà jiàn shì wǒmen yīnggāi yìngcheng-xialai あのことは我々が引き受けるべきだ．

うごかす （物を）動かす

▶搬 ▶搬动 ▶动 ▶挪 ▶挪动 ▶移
▶移动 ▶转动

★**【搬】** bān 動 （重い物や大きい物を）運ぶ．‖～东西 bān dōngxi 物を運ぶ．｜～箱子 bān xiāngzi 箱を運ぶ．｜～开石头 bānkāi shítou 石をどかす．

【搬动】 bāndòng 動 （物を）移動させる．動かす．‖这套仪器不要随便～ zhè tào yíqì bú yào suíbiàn bāndòng この計器はむやみに動かしてはならない．

★**【动】** dòng 動 （位置を）動かす．変える．‖桌子上的东西好像被人～过了 zhuōzi shang de dōngxi hǎoxiàng bèi rén dòngguo le 机の上の物を誰か動かしたようだ．｜爸爸的东西别乱～ bàba de dōngxi bié luàn dòng お父さんの物をやたら動かしてはだめだよ．

*****【挪】** nuó 動 （近い距離に場所を）変える．移す．動かす．移動する．‖把桌子～一下 bǎ zhuōzi nuó yíxià テーブルの位置をちょっと変える．｜～到墙角 nuó-

dào qiángjiǎo 壁の隅に移動する．｜你往旁边儿～一下 nǐ wǎng pángbiānr nuó yíxià 君，少し（動いて）ずれて下さい．

【挪动】 nuódong 動 （近い距離に場所を）変える．移す．動かす．‖把书架再往旁边～一下 bǎ shūjià zài wǎng pángbiān nuódong yíxià 本棚をもうちょっとわきに寄せる．｜他往前～了几步 tā wǎng qián nuódongle jǐ bù 彼は2, 3歩前に出た．

*****【移】** yí 動 移す．移動する．‖把桌子～开 bǎ zhuōzi yíkāi テーブルをどける．

*****【移动】** yídòng 動 移動する．移動させる．動かす．‖台风正在向北～ táifēng zhèngzài xiàng běi yídòng 台風は北に移動中である．｜～沙发 yídòng shāfā ソファーを動かす．｜参观的队列缓缓地向前～ cānguān de duìliè huǎnhuǎn de xiàng qián yídòng 参観の行列がのろのろと前へ進む．

*****【转动】** zhuǎndòng 動 （体や物の一部分を）動かす．‖车上很挤，连身子都没法～一下 chē shang hěn jǐ, lián shēnzi dōu méifǎ zhuǎndòng yíxià 車内がとてもこみ合っていて身動きさえままならない．

うごかす （機械を）動かす

▶操纵 ▶操作 ▶发动 ▶开 ▶开动
▶运行 ▶运转

*****【操纵】** cāozòng 動 操縦する．操作する．‖～方向盘 cāozòng fāngxiàngpán ハンドルを操作する．｜远距离～ yuǎnjùlí cāozòng 遠隔操作（をする）．

*****【操作】** cāozuò 動 操作する．‖～简便 cāozuò jiǎnbiàn 操作が簡単である．｜～要领 cāozuò yàolǐng 操作の要点．｜熟练地～计算机 shúliàn de cāozuò jìsuànjī 巧みにコンピューターを操作する．

*****【发动】** fādòng 動 （機械を）起動させる．始動させる．‖他试了好几遍，汽车也

うごく　動く(行動する)

没～起来 tā shìle hǎojǐ biàn, qìchē yě méi fā-dòngqilai 彼は何回も試したが，自動車のエンジンはかからなかった.

★【开】kāi 動(機械や車などを)操縦する. 操作する. ‖～飞机 kāi fēijī 飛行機を操縦する. ｜～车床 kāi chēchuáng 旋盤を回す. ｜船已经～了 chuán yǐjīng kāi le 船はもう出航した.

*【开动】kāidòng 動(機械などを)動かす. ‖～车床 kāidòng chēchuáng 旋盤を回す. ｜车子～了 chēzi kāidòng le 車が動き出した. ｜没有电，机器～不起来了 méiyou diàn, jīqi kāidòngbuqǐlai le 電気が切れていて機械を動かすことができない.

*【运行】yùnxíng 動運行する. ‖列车正常～ lièchē zhèngcháng yùnxíng 列車は正常に運行している. ｜卫星的～轨道 wèixīng de yùnxíng guǐdào 衛星の運行軌道.

*【运转】yùnzhuǎn 動(機械が)動く. 作動する. ‖设备～正常 shèbèi yùnzhuǎn zhèngcháng 機械設備が正常に動いている.

うごく　動く（ぐらつく）

▶波动　▶动　▶动摇　▶活动　▶摇动

*【波动】bōdòng 動揺れ動く. 変動する. 動揺する. ‖感情～ gǎnqíng bōdòng 心が揺れ動く. ｜物价～幅度较大 wùjià bōdòng fúdù jiào dà 物価の変動幅がかなり大きい.

★【动】dòng 動(もとの位置から)移動する. (もとの状態から)変わる. 動く. ‖一～不～ yí dòng bú dòng 少しも動かない. ｜风吹草～ fēng chuī cǎo dòng 風で草が揺れる. ｜躺好别～ tǎnghǎo bié dòng 横になって安静にしていなさい.

*【动摇】dòngyáo 動❶動揺する. ぐらつく. ‖看别人不去，他也有些～了 kàn biéren bú qù, tā yě yǒuxiē dòngyáo le ほか

の人が行かないのをみて，彼も少し動揺した. ｜意志坚定，决不～ yìzhì jiāndìng, jué bú dòngyáo 意志堅固で決してぐらつかない. ❷動揺させる. ぐらつかせる. 揺り動かす. ‖环境再艰苦也～不了他们的决心 huánjìng zài jiānkǔ yě dòngyáobuliǎo tāmen de juéxīn 状況がどんなに苦しかろうと彼らの決意はぐらつかない.

★【活动】huódòng 動ぐらつく. ぐらぐら揺れ動く. ‖门把手～了 ménbǎshou huódòng le ドアのノブがぐらぐらする. ｜椅子腿有些～了 yǐzituǐ yǒuxiē huódòng le 椅子の足がちょっとぐらつく. ｜门牙～了 ményá huódòng le 前歯がぐらぐらしている.

【摇动】yáodòng 動揺れる. ‖春风徐来，枝叶～ chūnfēng xú lái, zhīyè yáodòng 春風がそよそよ吹いて，木々の枝葉が揺れる. ｜这颗牙有些～ zhè kē yá yǒuxiē yáodòng この歯は少しぐらぐらする. ｜人心～ rénxīn yáodòng 人心が動揺する.

うごく　動く（行動する）

▶奔走　▶动　▶动作　▶活动　▶行动

【奔走】bēnzǒu 動(ある目的のために)奔走する. 駆け回る. ‖为了给孩子治病，到处～求医 wèile gěi háizi zhìbìng, dàochù bēnzǒu qiú yī 子供の病気を治すために，あちこち医者を探し回る.

★【动】dòng 動行動する. ‖闻风而～ wén fēng ér dòng 気配を察してすぐに行動を起こす. ｜大家都～起来，事情就好办 dàjiā dōu dòngqilai, shìqing jiù hǎo bàn みんなが動き出せば，ことはうまくいく.

**【动作】dòngzuò 動行動する. 動かす. 動く. ‖打字要十个指头都～ dǎzì yào shí ge zhǐtou dōu dòngzuò タイプを打つには10本の指をみな動かさなければならな

う

い. 图動作. 動き. ‖～敏捷 dòngzuò mǐnjié 動作が敏捷(びんしょう)だ. ｜～迟缓 dòngzuò chíhuǎn 動きが鈍い. ｜～熟练 dòngzuò shúliàn 動きが熟練している. ｜下意识的～ xiàyìshi de dòngzuò 無意識の行動.

★【活动】huódòng 動 (ある目的を達成するために)奔走する. 働きかける. ‖调工作的事还得托人再～～ diào gōngzuò de shì hái děi tuō rén zài huódònghuódòng 転勤の件はやはり人に頼んで動いてもらわなければならない.

**【行动】xíngdòng 動 (ある目的のために)行動する. 活動する. ‖他正在考虑下一步该怎么～ tā zhèngzài kǎolǜ xià yí bù gāi zěnme xíngdòng 彼は次にどう動くべきか考えているところだ. ｜大家已经～起来了 dàjiā yǐjīng xíngdòngqilai le みんなはすでに動き始めた.

うしなう　失う

▶丢　▶丢掉　▶丢失　▶丧失　▶失掉
▶失落　▶失去

★【丢】diū 動 なくす. 失う. ‖我把钥匙～了 wǒ bǎ yàoshi diū le 鍵をなくした. ｜他老～东西 tā lǎo diū dōngxi 彼はよく物をなくす. ｜放心，～不了 fàngxīn, diūbuliǎo 安心しろよ，なくしはしないから.

*【丢掉】diūdiào 動 なくす. 失う. ‖不小心，把工作证～了 bù xiǎoxin, bǎ gōngzuòzhèng diūdiào le うっかりして社員証をなくしてしまった.

*【丢失】diūshī 動 紛失する. 失う. なくす. ‖他不慎～了月票 tā búshèn diūshīle yuèpiào 彼はうっかり定期券をなくした.

*【丧失】sàngshī 動 喪失する. 失う. なくす. ‖～勇气 sàngshī yǒngqì 勇気を失

う. ｜～记忆 sàngshī jìyì 記憶を失う. ｜～了劳动能力 sàngshīle láodòng nénglì 働く能力を失った.

*【失掉】shīdiào 動 失う. なくす. 逸する. ‖出国以后，就和他～了联系 chūguó yǐhòu, jiù hé tā shīdiàole liánxì 外国に出てからは，彼と連絡はとっていない.

**【失落】shīluò 動 失う. 紛失する.

**【失去】shīqù 動 失う. なくす. ‖～朋友 shīqù péngyou 友人を失う. ｜～信心 shīqù xìnxīn 自信をなくす. ｜～自由 shīqù zìyóu 自由を失う. ｜～知觉 shīqù zhījué 知覚を失う. 気絶する.

うすい　薄い

▶薄　▶单薄　▶淡　▶浅　▶稀

**【薄】báo 形 ❶薄い. ⇔"厚"hòu ‖～棉袄 báo mián'ǎo 薄い綿入れ(の上着). ｜这床被子太～ zhè chuáng bèizi tài báo この掛け布団はとても薄い. ｜一层～～的雪 yì céng báobáo de xuě うっすらと積もった雪. ❷(味や濃度が)薄い. ‖酒味儿很～ jiǔwèir hěn báo 酒が水っぽい.

【单薄】dānbó 形 (衣服や布団が)薄い. 薄着である. ‖被子太～了 bèizi tài dānbó le 布団が薄すぎる. ｜他只穿了一件的衬衣 tā zhǐ chuānle yí jiàn dānbó de chènyī 彼は薄いシャツ1枚しか着ていなかった. ｜这么冷，你穿得太～ zhème lěng, nǐ chuānde tài dānbó こんなに寒いのに，ずいぶん薄着だね.

**【淡】dàn 形 ❶塩気が足りない. ‖菜太～ cài tài dàn 料理の味が薄すぎる. ｜咸～ xiándàn 塩加減. ❷(印象や関係などが)薄い. 冷めている. ‖冷～ lěngdàn 冷淡だ. ｜家庭观念很～ jiātíng guānniàn hěn dàn 家庭の意識が薄い. ❸(色が)薄い. 淡い. ⇔"浓"nóng ‖颜色～ yánsè dàn 色が淡い. ｜蓝色 dànlánsè 淡い水色.

｜轻描～写 qīng miáo dàn xiě 淡い色づかいで描く．当たり障りのないことを言う．

★【浅】qiǎn 形 (色が)薄い．淡い．⇔"深"shēn‖～红 qiǎnhóng 淡紅色の．｜我喜欢～颜色 wǒ xǐhuan qiǎn yánsè 私は淡い色が好きだ．

*【稀】xī 形 (液状のものの濃度が)薄い．希薄である．⇔"稠"chóu‖这粥太～了 zhè zhōu tài xī le この粥は薄すぎる．

うたう　歌う

▶唱　▶歌唱　▶合唱　▶哼　▶清唱
▶演唱

★【唱】chàng 動 歌う．‖～歌 chàng gē 歌を歌う．｜独～ dúchàng 独唱する．｜～京剧 chàng jīngjù 京劇を歌う．｜咱们去～卡拉 OK 吧 zánmen qù chàng kǎlā OK ba カラオケに行こう．

*【歌唱】gēchàng 動 (歌を)歌う．‖纵情～ zòngqíng gēchàng 思う存分歌う．｜～家 gēchàngjiā 声楽家．歌手．

*【合唱】héchàng 動 合唱する．名 合唱．コーラス．‖混声～ hùnshēng héchàng 混声合唱．｜～团 héchàngtuán 合唱団．

**【哼】hēng 動 鼻歌を歌う．‖一边做饭一边～着歌儿 yìbiān zuò fàn yìbiān hēngzhe gēr 食事の支度をしながら鼻歌を歌う．

【清唱】qīngchàng 動 (京劇などで)扮装(ふんそう)をつけずに歌う．

*【演唱】yǎnchàng 動 (舞台で)歌を歌う．伝統劇を演じる．‖～民歌 yǎnchàng míngē 民謡を歌う．

うたがう　疑う

▶猜疑　▶怀疑　▶将信将疑　▶疑惑
▶疑神疑鬼

【猜疑】cāiyí 動 疑う．勘ぐる．‖胡乱～ húluàn cāiyí やたらに疑う．

*【怀疑】huáiyí 動 疑念を抱く．疑う．‖大家用～的目光看着他 dàjiā yòng huáiyí de mùguāng kànzhe tā みんなは疑いの目で彼を見ている．｜我～其中有鬼 wǒ huáiyí qízhōng yǒu guǐ 裏に何か企みがあるのではないかと疑っている．｜他被～是同案犯 tā bèi huáiyí shì tóng’ànfàn 彼は共犯者ではないかと疑われている．

【将信将疑】jiāng xìn jiāng yí 成 半ば信じ半ば疑う．半信半疑である．‖对她的这番话他是～ duì tā de zhè fān huà tā shì jiāng xìn jiāng yí 彼女のその話に対して彼は半信半疑だった．

*【疑惑】yíhuò 動 疑わしく思う．腑(ふ)に落ちない．‖消除～ xiāochú yíhuò 疑いを解く．‖他的做法使人～ tā de zuòfa shǐ rén yíhuò 彼のやり方は腑に落ちない．

【疑神疑鬼】yí shén yí guǐ 成 やたらにあれこれと疑う．疑い深い．

うち　(ある範囲の) 内

▶当中　▶里　▶里边　▶里面　▶里头
▶内　▶其中　▶以内　▶中　▶中间

---

*【当中】dāngzhōng 名 (…の)中．(…の)内．‖我们～他个子最高 wǒmen dāngzhōng tā gèzi zuì gāo 私たちのうちで彼がいちばん背が高い．

★【里】li 名 (場所・範囲・時間を示す言葉の後に置き) …の中．…の内．‖夜～ yèli 夜間．｜手～拿着一本书 shǒu li názhe yì běn shū 手に本を1冊持っている．｜我们三个人～数他最能喝 wǒmen sān ge rén li shǔ tā zuì néng hē 私たち三人のうちで彼がいちばん酒に強い．｜家～都好吗? jiāli dōu hǎo ma? おうちのみなさんはお元気ですか．

うち （一定時間の）内

★【里边】lǐbian（～儿）图内部. 内. ‖几个人～他最小 jǐ ge rén lǐbian tā zuì xiǎo 何人かの内で彼がいちばん若い. ｜这～有问题 zhè lǐbian yǒu wèntí これには問題がある.

**【里面】lǐmiàn（～儿）图内. 中. ‖她在这部电影～扮演了两个角色 tā zài zhè bù diànyǐng lǐmiàn bànyǎnle liǎng ge juésè 彼女はこの映画の中で二役を演じた.

*【里头】lǐtou 图内. 内部. ‖五个人～只有他一个考上了大学 wǔ ge rén lǐtou zhǐyǒu tā yí ge kǎoshangle dàxué 5人の内彼一人だけ大学に受かった.

★【内】nèi 图内侧. 内部. （一定范围的）中. ⇔"外" wài ‖国～ guónèi 国内. ｜四海之～皆朋友 sìhǎi zhī nèi jiē péngyou 四海の内はみな友だちである.

**【其中】qízhōng 图その中. そのうち. ‖全班共五十名学生，～女生有二十二名 quán bān gòng wǔshí míng xuésheng, qízhōng nǚshēng yǒu èrshí'èr míng クラス50人の生徒のうち，女生徒は22名である.

**【以内】yǐnèi 图以内. …の内侧. ‖要是一万日元～的话就给你买 yàoshi yí wàn rìyuán yǐnèi de huà jiù gěi nǐ mǎi もし1万円以内なら買ってあげよう. ｜长城～ Chángchéng yǐnèi 万里の長城の内侧.

★【中】zhōng 图（ある範囲の）内. 内部. ‖学生～ xuésheng zhōng 学生の内. ｜前三名～就有他 qián sān míng zhōng jiù yǒu tā 上位3名の内に彼が入っている.

★【中间】zhōngjiān 图中. 内. ‖游客～只有我们俩是学生 yóukè zhōngjiān zhǐyǒu wǒmen liǎ shì xuésheng 観光客のうち私たち二人だけが学生だ. ｜你可以从这些玩具～挑一个 nǐ kěyǐ cóng zhèxiē wánjù zhōngjiān tiāo yí ge これらのおもちゃの中から一つを選んでいいですよ.

うち （一定時間の）内

▶趁 ▶里边 ▶内 ▶期间 ▶以内 ▶中

**【趁】chèn 介（時間・条件・機会を）利用して. 機に乗じて. ‖～大家都在，咱们商量商量 chèn dàjiā dōu zài, zánmen shāngliangshāngliang みんながいるうちに相談しておこう. ｜～年轻，多学点技术 chèn niánqīng, duō xué diǎn jìshù 若いうちに少しでも多くの技術を身につける. ｜咱们～亮儿赶路吧! zánmen chèn liàngr gǎnlù ba! 明るいうちに道を急ごう.

★【里边】lǐbian（～儿）图内. ‖我一年～一次病也没生过 wǒ yì nián lǐbian yí cì bìng yě méi shēngguo 私はこの1年のうちに一度も病気をしなかった.

★【内】nèi 图（一定范围的）中. 内. ⇔"外" wài ‖争取在一周之～交货 zhēngqǔ zài yì zhōu zhī nèi jiāohuò 1週間以内に納品できるよう努力する.

**【期间】qījiān 图期間. 間. ‖节日～ jiérì qījiān 祝日期間. ｜停战～ tíngzhàn qījiān 停戦期間. ｜住院～ zhùyuàn qījiān 入院期間. ｜要在暑假～把这本书看完 yào zài shǔjià qījiān bǎ zhè běn shū kànwán 夏休みのうちにこの本を読んでしまわなければならない.

**【以内】yǐnèi 图以内. …の内侧. ‖一个月～有效 yí ge yuè yǐnèi yǒuxiào 1ヵ月以内は有効である.

★【中】zhōng 图（ある範囲の）内. 内部. ‖假期～ jiàqī zhōng 休みの間.

うちきる 打ち切る

▶打断 ▶结束 ▶截止 ▶停 ▶停止
▶中断 ▶中止

**【打断】dǎduàn 動打ち切る. 遮る. ‖敲门声～了他的思路 qiāo mén shēng dǎduàn-

うつくしい　美しい

le tā de sīlù ドアをたたく音が彼の思考を遮った．｜讲话几次被～ jiǎnghuà jǐ cì bèi dǎduàn 何度も話の腰を折られた．

★【结束】jiéshù 動 終結する．終了する．打ち切る．終わらせる．けりをつける．｜联欢晚会到此～ liánhuān wǎnhuì dào cǐ jiéshù 交歓会はこのへんでお開きにします．｜暑假就要～了 shǔjià jiù yào jiéshù le 夏休みはもうすぐ終わりだ．

＊【截止】jiézhǐ 動 締め切る．｜～日期 jiézhǐ rìqī 締め切り日．｜报名什么时候～呢? bàomíng shénme shíhou jiézhǐ ne? 申し込みはいつ締め切りますか．

★【停】tíng 動 止める．｜～他一年比赛 tíng tā yì nián bǐsài 彼を1年間の出場停止処分とする．

＊＊【停止】tíngzhǐ 動 停止する．やめる．やむ．｜这种药已经按规定～使用了 zhè zhǒng yào yǐjīng àn guīdìng tíngzhǐ shǐyòng le この薬はすでに規定により使用をとりやめている．｜歌声～了 gēshēng tíngzhǐ le 歌声がやんだ．

＊【中断】zhōngduàn 動 中断する．中途で停止，または断ち切る．｜～学业 zhōngduàn xuéyè 学業を中断する．

【中止】zhōngzhǐ 動 中止する．中断する．｜～实验 zhōngzhǐ shíyàn 実験を中止する．｜会谈被迫～ huìtán bèipò zhōngzhǐ 会談はやむなく中止になった．

うつ　打つ　⇒【たたく】

うつくしい　美しい

▶动听　▶好看　▶好听　▶美　▶美丽
▶漂亮　▶亭亭玉立　▶秀丽　▶绚丽
▶优美

【动听】dòngtīng 形 (聞いて)感動的である．｜她的歌声很～ tā de gēshēng hěn dòngtīng 彼女の歌声はとても人を感動させる．

★【好看】hǎokàn 形 (見て)美しい．きれいである．（"漂亮" piàoliang と言いかえられることが多い）｜她长得很～ tā zhǎngde hěn hǎokàn 彼女はたいへん美しい．｜这件衣服真～ zhè jiàn yīfu zhēn hǎokàn この服はほんとうに見栄えがする．

＊＊【好听】hǎotīng 形 (聞いて)快い．美しい．｜她唱得真～ tā chàngde zhēn hǎotīng 彼女の歌はほんとうにすばらしい．

＊＊【美】měi 形 美しい．きれいである．⇔"丑" chǒu｜这里景色真～ zhèlǐ jǐngsè zhēn měi ここの景色はほんとうに美しい．｜她长得很～ tā zhǎngde hěn měi 彼女はなかなか器量よしだ．

＊＊【美丽】měilì 形 (多く景色・風景・女性について)美しい．きれいである．｜～的海岛 měilì de hǎidǎo 美しい島．｜～的姑娘 měilì de gūniang 美しい娘．｜祖国的山河无限～ zǔguó de shānhé wúxiàn měilì 祖国の山河は限りなく美しい．

★【漂亮】piàoliang 形 きれいである．美しい．見た目がよい．（主に外観的な美しさに重点をおく）｜她长得很～ tā zhǎngde hěn piàoliang 彼女は器量がよい．｜～的衣服 piàoliang de yīfu 美しい服．｜她总是打扮得漂漂亮亮的 tā zǒngshì dǎbande piàopiàoliàngliàng de 彼女はいつもとてもきれいに着飾っている．

【亭亭玉立】tíng tíng yù lì 成 (女性や花などが)すらりとして美しいさま．

＊【秀丽】xiùlì 形 秀麗である．美しい．麗しい．｜字体～ zìtǐ xiùlì 字体が秀麗である．｜容貌～ róngmào xiùlì 容貌が美しい．｜～的景色 xiùlì de jǐngsè 美しい風景．

【绚丽】xuànlì 形 きらびやかで美しい．｜色彩～ sècǎi xuànlì 色彩が鮮やかで美しい．｜～的民族服装 xuànlì de mínzú fúzhuāng 目も覚めるような彩やかな民族

うつす　移す

衣装.

【优美】 yōuměi 形 優美である. 美しい. ‖ 风景~ fēngjǐng yōuměi 風景が美しい. | 体态~ tǐtài yōuměi 姿かたちが美しい. | ~的旋律 yōuměi de xuánlǜ 美しい旋律.

うつす　移す

▶搬　▶搬动　▶挪　▶挪动　▶迁　▶移
▶移动　▶转移

★【搬】 bān 動 (重い物や大きい物を)運ぶ. ‖ ~东西 bān dōngxi 物を運ぶ. | ~箱子 bān xiāngzi 箱を運ぶ. | ~开石头 bānkāi shítou 石をどかす.

【搬动】 bāndòng 動 (物を)移動させる. 動かす. ‖ 这套仪器不要随便~ zhè tào yíqì bú yào suíbiàn bāndòng この計器はむやみに動かしてはならない.

＊【挪】 nuó 動 (近い距離に場所を)変える. 移す. 動かす. 移動する. ‖ 把桌子~一下 bǎ zhuōzi nuó yíxià テーブルの位置をちょっと変える. | ~到墙角 nuódào qiángjiǎo 壁の隅に移動する. | 你往旁边儿~一下 nǐ wǎng pángbiānr nuó yíxià 君, 少し(動いて)ずれて下さい.

【挪动】 nuódong 動 (近い距離に場所を)変える. 移す. 動かす. ‖ 把书架在往旁边~一下 bǎ shūjià zài wǎng pángbiān nuódong yíxià 本棚をもうちょっとわきに寄せる. | 他往前~了几步 tā wǎng qián nuódongle jǐ bù 彼は2, 3歩前に出た.

＊【迁】 qiān 動 移る. 移転する. ‖ ~户口 qiān hùkǒu 戸籍を移す. | 把工厂从城内~到郊区 bǎ gōngchǎng cóng chéngnèi qiāndào jiāoqū 工場を市内から郊外に移す.

【迁移】 qiānyí 動 移る. 移転する. ‖ 举家~到别处 jǔjiā qiānyídào biéchù 一家あげて他所の土地へ移る. | 孩子们都~到南方去生活 háizimen dōu qiānyídào nán-

fāng qù shēnghuó 子供たちは南へ移って生活している.

＊＊【移】 yí 動 移す. 移動する. ‖ 把桌子~开 bǎ zhuōzi yíkāi テーブルをどける.

＊＊【移动】 yídòng 動 移動させる. 動かす. ‖ ~书架 yídòng shūjià 本棚を動かす. | 参观的队列缓缓地向前~ cānguān de duìliè huǎnhuǎn de xiàng qián yídòng 参観の行列がのろのろと前へ進む.

＊【转移】 zhuǎnyí 動 移動する. 移す. ‖ ~注意力 zhuǎnyí zhùyìlì (人の)注意力をそらす.

うつす　写す　⇒【書き写す】

うったえる　訴える

▶打官司　▶告　▶告发　▶告诉　▶揭发
▶控告　▶控诉　▶起诉　▶诉讼　▶指控

【打官司】 dǎ guānsi 組 訴訟を起こす. 裁判ざたにする. 裁判ざたになる. ‖ 他为那房子打了好几年官司 tā wèi nà fángzi dǎle hǎojǐ nián guānsi 彼はあの建物のことで長年にわたって裁判で争っている. | 打赢了官司 dǎyíngle guānsi 勝訴した.

＊＊【告】 gào 動 告発する. 訴える. ‖ ~状 gàozhuàng 告訴する. 訴える. | 到法院去~他 dào fǎyuàn qù gào tā 裁判所へ行って彼を訴える.

【告发】 gàofā 動 告発する. 摘発する. ‖ 被人~ bèi rén gàofā 告発される. | ~贪污行为 gàofā tānwū xíngwéi 汚職行為を告発する.

【告诉】 gàosù 動 告訴する. ‖ 立即~到法院 lìjí gàosùdào fǎyuàn すぐさま裁判所に訴えた.

＊【揭发】 jiēfā 動 (悪事などを)暴く. 暴き出す. ‖ ~贪污行为 jiēfā tānwū xíngwéi 汚

職行為を摘発する. ｜～犯罪事实 jiēfā fànzuì shìshí 犯罪事実を摘発する.

【控告】kònggào 動告訴する. 告発する. ‖～他贪污受贿 kònggào tā tānwū shòuhuì 彼の汚職収賄を告発する.

*【控诉】kòngsù 動告訴する. 告訴する. ‖～大会 kòngsù dàhuì 告発集会. ｜～侵略者的罪行 kòngsù qīnlüèzhě de zuìxíng 侵略者の犯罪行為を告発する.

*【起诉】qǐsù 動起訴する. 提訴する. ‖向法院～ xiàng fǎyuàn qǐsù 裁判所に提訴する.

*【诉讼】sùsòng 動訴訟を起こす. ‖提出～ tíchu sùsòng 訴訟を起こす. ｜民事～ mínshì sùsòng 民事訴訟.

【指控】zhǐkòng 動告発する. 訴える. ‖提出～ tíchu zhǐkòng 告発する. ｜他犯有盗窃罪 zhǐkòng tā fànyǒu dàoqièzuì 彼を窃盗の罪で告発する.

うつる　移る

▶搬　▶搬迁　▶迁　▶移　▶移动　▶移民
▶转　▶转移

★【搬】bān 動引っ越す. ‖～家 bānjiā 引っ越す. 移転する. ｜我是新～来的 wǒ shì xīn bānlai de 私はこんど引っ越してきた者です. ｜那家公司～走了 nà jiā gōngsī bānzǒu le あの会社は移った.

【搬迁】bānqiān 動引っ越す. 移住する. 立ち退く. ‖因为这条路要加宽, 我们不得不～ yīnwèi zhè tiáo lù yào jiākuān, wǒmen bù dé bù bānqiān 道幅が広がるので, 移らねばならない.

*【迁】qiān 動移る. 移転する. 引っ越す. ‖～居 qiānjū 引っ越す. 転居する. ｜～户口 qiān hùkǒu 戸籍を移す. ｜从城外～到城里 cóng chéngwài qiāndào chénglǐ 郊外から市内へ引っ越す.

**【移】yí 動移る. 移動する. ‖医务室～

到了二楼 yīwùshì yídàole èr lóu 医務室が２階に移った. ｜把桌子～开 bǎ zhuōzi yíkāi テーブルをどける.

**【移动】yídòng 動移動する. 移動させる. 動かす. ‖台风正在向北～ táifēng zhèngzài xiàng běi yídòng 台風は北に移動中である. ｜～书架 yídòng shūjià 本棚を動かす. ｜参观的队列缓缓地向前～ cānguān de duìliè huǎnhuǎn de xiàng qián yídòng 参観の行列がのろのろと前へ進む.

*【移民】yí/mín 動移民する. 移住する. ‖～政策 yímín zhèngcè 移民政策. ｜向海外～ xiàng hǎiwài yímín 海外へ移住する.

**【转】zhuǎn 動 (方向や状況などが)変わる. 変える. ‖～户口 zhuǎn hùkǒu 戸籍を移す. ｜过身子 zhuǎnguo shēnzi 体の向きを変える. ｜班上～来一个新生 bān shang zhuǎnlai yí ge xīnsheng クラスに新しい生徒が一人転校してきた.

*【转移】zhuǎnyí 動移動する. 移る. ‖癌细胞已～到了肺部 áixìbāo yǐ zhuǎnyídàole fèibù がん細胞はすでに肺に転移している.

うつる　うつる（伝染する）

▶传　▶传染　▶串味　▶感染　▶蔓延
▶染　▶熏染　▶沾染

**【传】chuán 動伝染する. 移る. ‖注意别把自己的病～给孩子 zhùyì bié bǎ zìjǐ de bìng chuángěi háizi 自分の病気を子供にうつさないように気をつける. ｜他不幸～上了非典 tā búxìng chuánshangle fēidiǎn 不幸にも彼はSARSに感染してしまった.

*【传染】chuánrǎn 動伝染する. 移る. ‖～上了肝炎 chuánrǎnshangle gānyán 肝炎にかかった. ｜别把病～给孩子 bié bǎ

うで　腕（技量）

bìng chuánrǎngěi háizi 病気を子供にうつしてはならない.

【串味】chuàn//wèi（～儿）動（食品や飲料に）においが移る. ‖这菜不用保鲜膜包上，放冰箱里会～儿 zhè cài bú yòng bǎoxiānmó bāoshang, fàng bīngxiāng li huì chuànwèir この料理はラップで包まないで冷蔵庫に入れると，においが移るよ.

*【感染】gǎnrǎn 動 感染する. 伝染する. うつる. ‖多注意饮食卫生，以免～肠炎 duō zhùyì yǐnshí wèishēng, yǐmiǎn gǎnrǎn chángyán 腸炎にならないように飲食には十分気をつけるように.

*【蔓延】mànyán 動 蔓延（まん えん）する. ‖火势还在～ huǒshì hái zài mànyán 火はなおも燃え広がっている. | 瘟疫～ wēnyì mànyán 疫病が蔓延する.

**【染】rǎn 動 染まる. 感染する. ‖～上肝炎 rǎnshang gānyán 肝炎にかかる. | ～上坏习惯 rǎnshang huài xíguàn 悪習に染まる.

【熏染】xūnrǎn 動（悪い影響を）受ける. ‖受到不良风气的～ shòudào bùliáng fēngqì de xūnrǎn 悪い気風に染まる.

【沾染】zhānrǎn 動 ❶（よくないものが）付着する. 汚れる. ‖衣服上～了油污 yīfu shang zhānrǎnle yóuwū 服に油のしみがついてしまった. ❷悪い影響を受ける. 悪いものに染まる. ‖～恶习 zhānrǎn èxí 悪習に染まる.

うで　腕（技量）

▶本领　▶本事　▶才干　▶功夫　▶能耐
▶身手　▶手腕　▶手艺　▶有两下子

**【本领】běnlǐng 名 能力. 技量. 手腕. （多く訓練を経て得られる高度な技能をさす. 書面語的）‖练～ liàn běnlǐng 腕を磨く. | 他的～很大 tā de běnlǐng hěn dà 彼は相当な才能の持ち主だ. | 他有一

套过硬的～ tā yǒu yí tào guòyìng de běnlǐng 彼はしっかりした腕を持っている.

**【本事】běnshi 名 能力. 技量. 手腕. （一般的な腕前や世の中をうまく渡る才覚などをさす. 口語的）‖～很大 běnshi hěn dà 能力が優れている. | 他没什么～ tā méi shénme běnshi 彼はとりたてて言うほどの腕があるわけじゃない. | 有～，露一手给我们看看 yǒu běnshi, lòu yì shǒu gěi wǒmen kànkan 一つその腕前とやらを拝見したいものですね.

*【才干】cáigàn 名 才幹. 才腕. 働き. ‖施展～ shīzhǎn cáigàn 才腕を振るう. | 她是个很有～的人 tā shì ge hěn yǒu cáigàn de rén 彼女はたいへん才幹のある人だ.

**【功夫】gōngfu 名 技量. 腕前. 技（わざ）. ‖～深 gōngfu shēn 腕がいい. | 这字写得很有～ zhè zì xiěde hěn yǒu gōngfu この書はなかなかのものだ. | 他的～还不到家 tā de gōngfu hái bú dàojiā 彼の技はまだまだだ.

【能耐】néngnai 名口 技量. 力量. ‖这人真有～ zhè rén zhēn yǒu néngnai この人はなかなか力量がある. | 有多大～就使多大～ yǒu duō dà néngnai jiù shǐ duō dà néngnai あらんかぎりの技量を発揮する.

【身手】shēnshǒu 名 腕前. 技量. ‖大显～ dà xiǎn shēnshǒu 大いに腕を振るう. | ～不凡 shēnshǒu bùfán 腕前が優れている.

【手腕】shǒuwàn（～儿）名 能力. 手並み. 腕. ‖导演的～很高妙 dǎoyǎn de shǒuwàn hěn gāomiào 監督の手腕はたいしたものである.

*【手艺】shǒuyì 名（職人の）技量. （工芸品の）出来栄え. ‖～好 shǒuyì hǎo 腕前が優れている. | ～高超 shǒuyì gāochāo みごとな腕だ.

*【有两下子】yǒu liǎngxiàzi 慣口 腕がある. なかなかやる. たいしたものだ.

"有两手" yǒu liǎngshǒu ともいう. ‖ 她唱歌很～ tā chànggē hěn yǒu liǎngxiàzi 彼女の歌はたいしたものだ.

うばう　奪う

▶剥奪　▶夺　▶夺取　▶掠夺　▶抢
▶抢劫

【剥夺】bōduó 動❶強制的に奪う. 収奪する. ‖ ～财产 bōduó cáichǎn 財産を収奪する. ❷(財産や権利を)剥奪(はく)する. ‖ ～政治权利 bōduó zhèngzhì quánlì 政治的権利を剥奪する.

*【夺】duó 動 奪う. 奪い取る. ‖抢～ qiǎngduó 奪い取る. ｜挎包被强盗～了 kuàbāo bèi qiángdào duóqu le ショルダーバッグを強盗にひったくられた.

*【夺取】duóqǔ 動❶奪取する. 奪い取る. ‖ ～制高点 duóqǔ zhìgāodiǎn 要害の高地を奪取する. ❷(努力して)獲得する. 勝ち取る. ‖ ～全国足球锦标赛第一名 duóqǔ quánguó zúqiú jǐnbiāosài dì yī míng サッカー全国選手権大会の優勝を奪う.

*【掠夺】lüèduó 動 強奪する. ‖ ～财物 lüèduó cáiwù 財物を奪い取る. ｜～资源 lüèduó zīyuán 資源を略奪する.

*【抢】qiǎng 動 奪う. 横取りする. ‖把戏票～走了 bǎ xìpiào qiǎngzǒu le 芝居の切符を奪って逃げた. ｜别和弟弟～玩具 bié hé dìdi qiǎng wánjù 弟とおもちゃを取り合ってはいけません.

*【抢劫】qiǎngjié 動 力ずくで奪い取る. 強奪する. 略奪する. ‖拦路～ lánlù qiǎngjié 追いはぎをやる. ｜～财物 qiǎngjié cáiwù 金品を略奪する. ｜遭到～ zāodào qiǎngjié 追いはぎに遭う.

うまい　うまい（上手である）

▶棒　▶不错　▶出色　▶高明　▶好　▶会
▶妙　▶漂亮　▶强　▶巧妙

*【棒】bàng 形口(能力・成績などが)すばらしい. すごい. たいしたものである. ‖我弟弟滑雪滑得很～ wǒ dìdi huáxuě huáde hěn bàng 弟はスキーがすごくうまい. ｜他的英语可～了 tā de Yīngyǔ kě bàng le 彼の英語はたいしたものだ.

★【不错】bùcuò 形口 よい. 優れている. ‖唱得～ chàngde búcuò 歌がなかなかうまい.

*【出色】chūsè 形 出色である. 特にみごとである. ‖ ～地完成了任务 chūsè de wánchéngle rènwu 見事に任務を遂行した. ｜他的讲演很～ tā de jiǎngyǎn hěn chūsè 彼の講演はとてもすばらしい.

【高明】gāomíng 形 (技能や見解などが)優れている. 卓越している. ‖技术～ jìshù gāomíng 技術が卓越している. ｜想出一个～的主意来 xiǎngchu yí ge gāomíng de zhǔyi lai うまい考えが浮かんだ.

★【好】hǎo 形 よい. 立派である. すばらしい. ⇔"坏" huài ‖画儿画得很～ huà huàr huàde hěn hǎo 絵がうまい. ｜他演技很～ tā yǎnjì hěn hǎo 彼は演技がうまい. ｜那是个～主意 nà shì ge hǎo zhǔyi それはうまい考えだ.

★【会】huì 助動 上手にできる. 長じる. ‖ ～打扮 huì dǎban 着こなしがうまい. ｜很～说话 hěn huì shuōhuà 話が実にうまい. ｜你真～买东西 nǐ zhēn huì mǎi dōngxi 君はほんとうに買い物上手だ.

*【妙】miào 形 すばらしい. ‖美～ měimiào すばらしい. ｜这个办法真～ zhège bànfǎ zhēn miào このやり方はなかなかうまいものだ. ｜说得太～了! shuōde tài miào le! 言い得て妙だ.

★【漂亮】piàoliang 形 すばらしい. みごと

うまれる　生まれる

である．立派である．‖那件事儿，你办得真～ nà jiàn shìr, nǐ bànde zhēn piàoliang あの仕事を君はもののみごとにこなした．｜说一口～的英语 shuō yì kǒu piàoliang de Yīngyǔ みごとな英語を話す．

**【强】qiáng 围 優れている．‖他的文笔比我～ tā de wénbǐ bǐ wǒ qiáng 彼は文章が私よりうまい．｜这个队在长跑项目上很～ zhège duì zài chángpǎo xiàngmù shang hěn qiáng このチームは長距離走の種目が強い．

**【巧妙】qiǎomiào 围 巧妙である．精巧である．‖～的布局 qiǎomiào de bùjú うまい布石．

うまれる　生まれる

▶出生　▶出世　▶诞生　▶生　▶有生以来

**【出生】chūshēng 围 生まれる．出生する．‖～年月日 chūshēng nián yuè rì 生年月日．｜你哪年～的? nǐ nǎ nián chūshēng de? あなたは何年生まれですか｜他～在北京 tā chūshēngzài Běijīng 彼は北京の生まれだ．

*【出世】chūshì 围 出生する．生まれる．‖文革的时候，我还没～呢 Wéngé de shíhou, wǒ hái méi chūshì ne 文革のとき，私はまだ生まれていない．

*【诞生】dànshēng 围 誕生する．生まれる．‖这里是诗人～的地方 zhèli shì shīrén dànshēng de dìfang ここは詩人が生まれた所です．｜共和国～了 gònghéguó dànshēng le 共和国が誕生した．｜一百周年纪念 dànshēng yìbǎi zhōunián jìniàn 生誕100周年記念．

**【生】shēng 围 生まれる．誕生する．‖～人 shēngrén 生まれる．｜～孩子 shēng háizi 子供が生まれる．｜他～在香港 tā shēngzài Xiānggǎng 彼は香港で生まれた．｜我是一九五一年～的 wǒ shì yī jiǔ

wǔ yī nián shēng de 私は1951年生まれだ．

【有生以来】yǒu shēng yǐlái 組 生まれてから今まで．‖这是我～第一次坐飞机 zhè shì wǒ yǒu shēng yǐlái dì yī cì zuò fēijī 私は今回生まれて初めて飛行機に乗ります．

うむ　産む・生む

▶产　▶生　▶生产　▶下　▶下蛋

*【产】chǎn 围 (人や動物が)子を産む．‖～卵 chǎnluǎn 産卵する．｜流～ liúchǎn 流産する．｜早～ zǎochǎn 早産する．｜～下一子 chǎnxia yì zǐ 一子を産んだ．

**【生】shēng 围 (人や動物が)子を産む．‖～孩子 shēng háizi 子供を産む．｜～了个男孩 shēngle ge nánhái 男の子を産んだ．｜～(下)蛋 shēng(xia) dàn 卵を産む．｜快要～了 kuàiyào shēng le もうすぐ生まれる．

★【生产】shēngchǎn 围 出産する．‖她顺利地～了 tā shùnlì de shēngchǎn le 彼女は無事に出産した．

★【下】xià 围 (動物が)子を産む．‖一窝～了十只小猪崽儿 yì wō xiàle shí zhī xiǎo zhūzǎir 一度に10匹の子ブタが産まれた．

【下蛋】xià//dàn 围 (鳥類や爬虫(はちゅう)類が)卵を産む．産卵する．‖母鸡～ mǔjī xiàdàn めんどりが卵を産む．

うめる　埋める

▶堵塞　▶埋　▶填　▶掩埋

*【堵塞】dǔsè 围 ふさぐ．埋める．‖看热闹的人～了道路 kàn rènao de rén dǔsèle dàolù 野次馬が道をふさいでしまった．｜交通～ jiāotōng dǔsè 交通渋滞．

＊＊【埋】mái 動 埋める．うずめる．‖ 活〜 huómái 生き埋めにする．｜〜地雷 mái dìléi 地雷を埋める．｜大雪〜住了道路 dàxuě máizhùle dàolù 道路が大雪に覆われてしまった．｜把木桩〜得深一些 bǎ mùzhuāng máide shēn yìxiē 杭(くい)をもう少し深く埋める．

＊＊【填】tián 動 (穴やくぼみなどを)埋める．ふさぐ．‖ 〜坑 tián kēng 穴を埋める．｜欲壑难〜 yù hè nán tián 欲望には限りがない．

【掩埋】yǎnmái 動 埋める．埋葬する．‖ 〜烈士的尸体 yǎnmái lièshì de shītǐ 烈士の遺体を埋葬する．

うめる　埋める　(補う)

▶补　▶补充　▶补足　▶堵塞　▶弥补
▶填　▶填补　▶填充

★【补】bǔ 動 (人や物を)補充する．補う．‖ 〜一个名额 bǔ yí ge míng'é 欠員を一人埋める．｜〜上落下的功课 bǔshang luòxia de gōngkè 勉強の後れを取り戻す．

＊＊【补充】bǔchōng 動 補充する．補う．‖ 〜水分 bǔchōng shuǐfèn 水分を補充する．｜再〜几个人 zài bǔchōng jǐ ge rén あと数人補う．｜对报告中的不足之处做了〜 duì bàogào zhōng de bùzú zhī chù zuòle bǔchōng 報告の中で足りないところを補った．

【补足】bǔzú 動 補充する．補い満たす．‖ 〜缺额 bǔzú quē'é 欠員を満たす．

＊【堵塞】dǔsè 動 (足りない所や欠損を)補う．穴埋めする．‖ 我们要〜工作中的漏洞 wǒmen yào dǔsè gōngzuò zhōng de lòudòng 我々は仕事上の手抜かりを穴埋めしなくてはならない．

＊【弥补】míbǔ 動 補う．補足する．‖ 无法〜的损失 wúfǎ míbǔ de sǔnshī 埋めようのない損失．｜〜不足 míbǔ bùzú 不足

を補う．｜〜自己的过失 míbǔ zìjǐ de guòshī 自分の過ちを補う．

＊＊【填】tián 動 (空欄に)記入する．書き込む．‖ 〜申请表 tián shēnqǐngbiǎo 申請書に記入する．

＊【填补】tiánbǔ 動 補充する．補填(ほん)する．埋める．‖ 〜空白 tiánbǔ kòngbái 空白部分を埋める．｜〜漏洞 tiánbǔ lòudòng 手落ち部分を補う．｜〜亏损 tiánbǔ kuīsǔn 欠損を補填する．｜〜空缺 tiánbǔ kòngquē 空いたポストを埋める．

【填充】tiánchōng 動 ❶(空所を)満たす．充填(じゅうてん)する．❷(試験問題の)空欄を埋める．穴埋め問題を解く．

うら　裏

▶背后　▶底子　▶后边　▶后面　▶幕后
▶内幕　▶内情

＊＊【背后】bèihòu 名 陰．背後．裏．‖ 有意见当面说，别〜瞎议论 yǒu yìjian dāngmiàn shuō, bié bèihòu xiā yìlùn 文句があるなら堂々と言えばいい，陰でとやかく言わないでくれ．｜〜捣乱 bèihòu dǎoluàn 裏でじゃまをする．

【底子】dǐzi 名 内情．内幕．いきさつ．‖ 摸清了对方的〜 mōqīngle duìfāng de dǐzi 相手の裏を探った．

★【后边】hòubian(〜儿) 名 後ろ．後側．裏．‖ 他这样做肯定是有人在〜撑腰 tā zhèyàng zuò kěndìng shì yǒu rén zài hòubian chēngyāo 彼がそんなふうにやるのは，きっと裏で誰かが後押ししているからに違いない．

＊＊【后面】hòumiàn(〜儿) 名 後ろ．後ろ側．裏側．‖ 有人在〜帮他出主意 yǒu rén zài hòumiàn bāng tā chū zhǔyi 誰かが裏で彼に知恵をつけている．

＊【幕后】mùhòu 名 幕の背後．舞台裏．‖ 〜策划 mùhòu cèhuà 背後で画策する．｜

うる　売る

一定有人在～操纵 yídìng yǒu rén zài mù- hòu cāozòng 裏で操っている者がいるに違いない.

*【内幕】nèimù 图 内幕. 内情. ‖ 弄清事件的～ nòngqīng shìjiàn de nèimù 事件の内幕をはっきりさせる. | 揭开谈判的～ jiēkāi tánpàn de nèimù 交渉の裏を明るみに出す.

*【内情】nèiqíng 图 内情. 内部事情. ‖ 了解～ liǎojiě nèiqíng 内情をよく知っている.

うらむ　恨む ⇒【憎む】

うる　売る

▶出卖　▶出售　▶卖　▶倾销　▶售
▶脱手　▶销　▶销售　▶运销

*【出卖】chūmài 動 売る. 売り渡す. ‖ ～劳动力 chūmài láodònglì 労働力を売る. | 廉价～ liánjià chūmài 安い値段で売り出す. | ～灵魂 chūmài línghún 魂を売り渡す.

*【出售】chūshòu 動 売る. 販売する. ‖ 廉价～ liánjià chūshòu 安い値段で売る. | 本店～各种体育器材 běndiàn chūshòu gèzhǒng tǐyù qìcái 当店は各種の運動用具を販売している.

★【卖】mài 動 売る. ⇔“买” mǎi ‖ ～冰棍儿 mài bīnggùnr アイスキャンデーを売る. | ～高价 mài gāojià 高値で売る. | 票全～光了 piào quán màiguāng le 切符がすっかり売り切れてしまった. | 他把房子～掉了 tā bǎ fángzi màidiào le 彼は家を売り払った.

【倾销】qīngxiāo 動 投げ売りする. ダンピングする. ‖ ～剩余物资 qīngxiāo shèngyú wùzī 余剰物資を投げ売りする. | 反～措施 fǎn qīngxiāo cuòshī 反ダンピング

措置.

*【售】shòu 動 売る. 販売する. ‖ 零～ língshòu 小売りする. | 经～ jīngshòu 取次販売する. | 兜～ dōushòu 押し売りする. | 进货已全部～完 jìnhuò yǐ quánbù shòuwán 入荷した品物はもう全部売れてしまった.

【脱手】tuō//shǒu 動 (商品を転売して)手放す. 売り払う. ‖ 一批难销的货总算～了 yì pī nán xiāo de huò zǒngsuàn tuōshǒu le 一部の売れ行きの悪い商品をどうにか売りさばいた.

*【销】xiāo 動 売る. 売り出す. ‖ 畅～ chàngxiāo よく売れる. | 滞～ zhìxiāo 売れ行きが悪い. | 脱～ tuōxiāo 品切れになる. | 目前这种产品很难～ mùqián zhè zhǒng chǎnpǐn hěn nán xiāo 現在この手の製品はなかなか売れない.

*【销售】xiāoshòu 動 売る. 販売する. ‖ ～网 xiāoshòuwǎng 販売網. | ～额 xiāoshòu'é 売上高. | 新产品一上市就～一空 xīn chǎnpǐn yí shàngshì jiù xiāoshòu yìkōng 新製品は発売と同時にすっかり売り切れた.

【运销】yùnxiāo 動 商品を他の土地へ運んで販売する. ‖ ～全国 yùnxiāo quánguó 全国に売りさばく.

うるさい　うるさい (騒がしい)

▶嘈杂　▶吵　▶吵闹　▶闹　▶喧闹

【嘈杂】cáozá 形 やかましい. 騒々しい. ‖ 人声～ rénshēng cáozá 人声が騒がしい.

**【吵】chǎo 形 うるさい. 騒がしい. 騒々しい. ‖ 声音太～ shēngyīn tài chǎo 音がやかましすぎる. | 外面太～，把窗户关上 wàimiàn tài chǎo, bǎ chuānghu guānshang 表がうるさいから窓を閉めよう.

*【吵闹】chǎonào 形 騒々しい. ‖ 外头很

うれしい　嬉しい

～ wàitou hěn chǎonào 外がとても騒がしい.

**【闹】nào 厖 (人や声などが)騒がしい.騒々しい. ‖ 这儿～得很, 没法儿讲话 zhèr nàode hěn, méifǎr jiǎnghuà ここはひどく騒々しくて, 話ができない. ｜这孩子真～ zhè háizi zhēn nào この子はほんとうにやかましい.

【喧闹】xuānnào 厖 やかましい. 騒がしい. 賑やかである. ‖ ～的车马声 xuānnào de chēmǎshēng 騒々しい車馬の音. ｜下课后校园顿时一起来 xiàkè hòu xiàoyuán dùnshí xuānnàoqilai 授業が終わると校庭がにわかに賑やかになる.

うるさい　うるさい（煩わしい）

▶烦　▶烦人　▶唠叨　▶啰唆　▶麻烦
▶恼人　▶讨厌　▶心烦

*【烦】fán 厖 煩わしい. 面倒である. うるさい. ‖ 这些话已经听～了 zhèxiē huà yǐjīng tīng fán le そんなことはもう聞き飽きた. ｜不耐～ bú nàifán 面倒くさい. 我慢できない.

【烦人】fánrén 厖 うるさい. 煩わしい. いらいらする. ‖ 这孩子哭起来没完, 真～ zhè háizi kūqilai méi wán, zhēn fánrén この子は泣き出すと止まらないんだから, まったくいやになる.

【唠叨】láodao 動 繰り返し口やかましく言う. くどくど言う. ‖ 人老了话多, 爱～ rén lǎole huà duō, ài láodao 人は年をとると話がくどくなり, しつこく繰り返すようになる. ｜唠唠叨叨地说个不停 láolaodāodāode shuō ge bùtíng くどくどいつまでもしゃべっている.

*【啰唆】【啰嗦】luōsuo；luōsuō 厖 (言葉が)くどい. ‖ 他说话太～ tā shuōhuà tài luōsuo 彼は話がくどすぎる. ｜啰啰唆唆地说起来没完 luōluōsuōsuōde shuōqilai méi

wán 話がくだくだしてきりがない.

★【麻烦】máfan 厖 煩わしい. 面倒である. 厄介である. ‖ 这可是个～事 zhè kě shì ge máfan shì これはほんとうに厄介なことだ. ｜这件事要是瞒着不说, 以后反倒会更～ zhè jiàn shì yàoshi mánzhe bù shuō, yǐhòu fǎndào huì gèng máfan この件は隠していたら, かえってうるさいことになる.

【恼人】nǎorén 厖 悩ましい. いらいらさせられる.

**【讨厌】tǎo//yàn 厖 厄介である. うるさい. 煩わしい. ‖ ～的苍蝇 tǎoyàn de cāngying うるさいハエだ. ｜真～, 别来烦我 zhēn tǎoyàn, bié lái fán wǒ うるさいな, 放っておいてくれ.

【心烦】xīnfán 厖 いらいらする. むしゃくしゃする. ‖ ～意乱 xīnfán yìluàn いらいらして心が乱れる. ｜孩子闹得人～ háizi nàode rén xīnfán 子供がやかましくていらいらする.

うれしい　嬉しい

▶高兴　▶欢喜　▶快活　▶喜冲冲
▶喜气洋洋　▶喜悦　▶喜滋滋　▶欣喜
▶愉快　▶愉悦

★【高兴】gāoxìng 厖 嬉しい. 喜ばしい. 愉快だ. ‖ 老友重逢, 分外～ lǎoyǒu chóngféng, fènwài gāoxìng 旧友と再会し格別に嬉しい. ｜得奖可是件～事 dé jiǎng kě shì jiàn gāoxìng shì 受賞はほんとうに喜ばしいことだ. ｜孩子们高高兴兴地走了 háizimen gāogāoxìngxìngde zǒu le 子供たちは嬉しそうに帰った.

*【欢喜】huānxǐ 厖 嬉しい. 楽しい. ‖ 脸上露出～的笑容 liǎn shang lùchu huānxǐ de xiàoróng 顔に嬉しそうな笑みが現れる. ｜欢欢喜喜迎新年 huānhuānxǐxǐ yíng xīnnián 楽しく新年を迎える.

うれる　売れる

*【快活】kuàihuo 形 楽しい. 嬉しい. 愉快である. ‖心里很～ xīnli hěn kuàihuo 嬉しくてたまらない. ｜过得很～ guòde hěn kuàihuo とても楽しく過ごした.

【喜冲冲】xǐchōngchōng（～的）形 嬉しさいっぱいである. 浮き浮きしている. ‖他拿着通知书一地跑了进来 tā názhe tōngzhīshū xǐchōngchōng de pǎolejìnlái 彼は通知書を手に喜色満面で駆け込んできた.

【喜气洋洋】xǐ qì yáng yáng 成 めでたい雰囲気に満ちている. 喜ばしい気分にあふれている. ‖大年三十家家都～的 dànián sānshí jiājiā dōu xǐ qì yáng yáng de 大みそかの日はどの家も喜びにあふれている.

*【喜悦】xǐyuè 形 喜ばしい. 嬉しい. ‖怀着～的心情走上领奖台 huáizhe xǐyuè de xīnqíng zǒushang lǐngjiǎngtái 嬉しさいっぱいで受賞台に上る. ｜分享一份丰收的～ fēnxiǎng yí fèn fēngshōu de xǐyuè 豊作の喜びを分かち合う. ｜不胜～ búshèng xǐyuè 嬉しくてたまらない.

【喜滋滋】xǐzīzī（～的）形 内心嬉しくてたまらない. ‖听别别人夸自己的儿子, 老太太心里～的 tīngjiàn biéren kuā zìjǐ de érzi, lǎotàitai xīnli xǐzīzī de 人が自分の息子をほめているのを聞いて, おばあさんはむしょうに嬉しくなった.

【欣喜】xīnxǐ 形 喜ばしい. 嬉しい. ‖～若狂 xīnxǐ ruò kuáng 狂喜する.

★【愉快】yúkuài 形 愉快である. 楽しい. ‖心情～ xīnqíng yúkuài 愉快である. ｜发出～的笑声 fāchū yúkuài de xiàoshēng 楽しそうな笑い声をたてる.

【愉悦】yúyuè 形 楽しい. 喜ばしい. 嬉しい. ‖流露出～的神情 liúlùchu yúyuè de shénqíng 嬉しそうな表情が表れた.

うれる　売れる

▶畅销　▶卖　▶抢手　▶销　▶销路
▶销售

*【畅销】chàngxiāo 動 売れ行きがよい. ⇔"滞销"zhìxiāo ‖～货 chàngxiāohuò よく売れる商品. ｜～书 chàngxiāoshū ベスト・セラー. ｜这种商品最近非常～ zhè zhǒng shāngpǐn zuìjìn fēicháng chàngxiāo こうした商品はこのところたいへんよく売れている. ｜～全世界 chàngxiāo quánshìjiè 世界中でよく売れている.

★【卖】mài 動 売る. ⇔"买"mǎi ‖～高价 mài gāojià 高値で売る. ｜票全～光了 piào quán màiguāng le 切符はすっかり売り切れてしまった. ｜一定～得出去 yídìng màidechūqu きっと売れる. ｜这个式样的话～得出去 zhège shìyàng dehuà màidechūqu このデザインなら売れる.

【抢手】qiǎngshǒu 形 引く手あまたである. 人気が高い. ‖～货 qiǎngshǒuhuò 人気商品. 売れ筋商品. ｜开幕式的门票十分～ kāimùshì de ménpiào shífēn qiǎngshǒu 開会式の入場券はとても人気が高い.

*【销】xiāo 動 売る. 売り出す. ‖脱～ tuōxiāo 品切れになる. ｜目前这种产品很难～ mùqián zhè zhǒng chǎnpǐn hěn nán xiāo 現在この手の製品はなかなか売れない.

*【销路】xiāolù 名 販路. ‖打开～ dǎkāi xiāolù 販路を切り開く. ｜～好 xiāolù hǎo 売れ行きがよい.

*【销售】xiāoshòu 動 売る. 販売する. ‖新产品一上市就～一空 xīn chǎnpǐn yí shàngshì jiù xiāoshòu yìkōng 新製品は発売と同時にすっかり売り切れた.

うれる （名が）売れる

▶驰名　▶出名　▶红　▶闻名　▶扬名
▶有名　▶有名气

【驰名】chímíng 動 名を馳せる．名が知られる．‖〜中外 chímíng zhōngwài 内外に名が売れる．天下に名を知られる．

*【出名】chū//míng 形 有名である．名高い．‖他由于这部小说出了名 tā yóuyú zhè bù xiǎoshuō chūle míng 彼はこの小説で名が出た．│他是〜的歌唱家 tā shì chūmíng de gēchàngjiā 彼は有名な声楽家だ．

★【红】hóng 形 成功している．受けている．売れている．‖〜极一时 hóng jí yìshí 一世を風靡(ぼ)する．│她越唱越〜 tā yuè chàng yuè hóng 彼女は歌で人気が出てきた．

*【闻名】wénmíng 動 名が知られる．評判になる．‖〜世界 wénmíng shìjiè 世界的に有名である．│举世〜 jǔshì wénmíng 世間に名が知れる．│遐迩〜 xiá'ěr wénmíng あちこちに名が知れわたっている．

【扬名】yáng//míng 動 名をあげる．名を馳(は)せる．‖四海〜 sìhǎi yángmíng 世界に名を馳せる．

★【有名】yǒu//míng 形 有名である．名が通っている．‖这个演员很〜 zhège yǎnyuán hěn yǒumíng この俳優はとても有名だ．│全国〜的大学 quánguó yǒumíng de dàxué 全国的に有名な大学．全国の有名大学．

【有名气】yǒu míngqi 組 名声がある．名のある．‖这位学者很〜 zhè wèi xuézhě hěn yǒu míngqi その学者はとても名が知られている．│她是个小〜的歌剧演员 tā shì ge xiǎo yǒu míngqi de gējù yǎnyuán 彼女は少しは名の知れたオペラ歌手である．

うわさ

▶风声　▶风言风语　▶流言　▶听说
▶闲话　▶闲言碎语　▶小道儿消息　▶谣传
▶谣言

【风声】fēngshēng 名 うわさ．情報．‖不知是谁走漏了 bù zhī shì shéi zǒulòule fēngshēng 誰かがうわさを流したのだ．

【风言风语】fēng yán fēng yǔ 成 根も葉もないうわさ．風説．

【流言】liúyán 名 流言．根拠のないうわさ．デマ．‖散布〜 sànbù liúyán デマを飛ばす．

★【听说】tīng//shuō 動 (話を)聞いている．(聞くところによれば)…だそうだ．…という話だ．‖〜他到法国去了 tīngshuō tā dào Fǎguó qù le うわさでは彼はフランスへ行ったそうだ．│我也〜了,但不知是真是假 wǒ yě tīngshuō le, dàn bù zhī shì zhēn shì jiǎ 私も耳にしたがほんとうかうそかわからない．

*【闲话】xiánhuà 名 うわさ話．陰口．‖自己多注意,免得别人说〜 zìjǐ duō zhùyì, miǎnde biéren shuō xiánhuà 人からうわさされないように気をつけなさい．

【闲言碎语】xián yán suì yǔ 成 うわさ話．悪口．"闲言冷语" xián yán lěng yǔ "闲言闲语" xián yán xián yǔ ともいう．‖别听那些〜 bié tīng nàxiē xián yán suì yǔ あんなうわさ話に耳を貸すな．

【小道儿消息】xiǎodàor xiāoxi 組 うわさ．‖传播〜 chuánbō xiǎodàor xiāoxi うわさを広める．

*【谣传】yáochuán 名 デマ．根も葉もないうわさ．‖不要听信毫无根据的〜 búyào tīngxìn háowú gēnjù de yáochuán 根拠のないデマを信じてはいけない．

*【谣言】yáoyán 名 根拠のないうわさ．風説．デマ．‖散布〜 sànbù yáoyán デマをまき散らす．│揭穿〜 jiēchuān yáo-

yán デマを暴く.｜追查～ zhuīchá yáoyán デマの出所を突きとめる.

うんてん　運転

▶操纵　▶驾驶　▶开　▶开车　▶开动
▶行车　▶行驶　▶运行

---

*【操纵】cāozòng 動 操縦する. 操作する.｜～方向盘 cāozòng fāngxiàngpán ハンドルを操作する.｜这个电车是无人～的 zhège diànchē shì wúren cāozòng de この電車は自動運転だ.

*【驾驶】jiàshǐ 動 (車・船・飛行機など を)運転する. 操縦する.｜～执照 jiàshǐ zhízhào 運転免許証.｜～室 jiàshǐshì 操縦室.｜～员 jiàshǐyuán パイロット. 運転手.｜～时请勿与乘客交谈 jiàshǐ shí qǐng wù yǔ chéngkè jiāotán 運転中は乗客 と話をしてはならない(乗務員に対す る注意).

★【开】kāi 動 (機械や車などを)操縦する. 操作する.｜～飞机 kāi fēijī 飛行機を操 縦する.｜～车床 kāi chēchuáng 旋盤を 回す.

*【开车】kāi//chē 動 ❶車を運転する.｜严 禁酒后～ yánjìn jiǔ hòu kāichē 飲酒運転 を禁ず.｜开着车去旅行 kāizhe chē qù lǚ- xíng ドライブ旅行する. ❷機械を操作 する.

*【开动】kāidòng 動 (機械などを)動かす. ｜～车床 kāidòng chēchuáng 旋盤を回す. ｜车子～了 chēzi kāidòng le 車が動き出 した.｜没有电, 机器～不起来了 méiyou diàn, jīqi kāidòngbuqǐlái le バッテリーが 切れていて機械を動かすことができな い.

【行车】xíngchē 動 車を運転する. 車を 走らせる.｜～速度 xíngchē sùdù 車の運 転の速度.

*【行驶】xíngshǐ 動 (乗り物が)走る. 進

む. 通行する.‖汽车～在盘山公路上 qìchē xíngshǐzài pánshān gōnglù shang 車は 山をぐるりと回る自動車道を進んで行 く.

*【运行】yùnxíng 動 運行する.‖列车正 常～ lièchē zhèngcháng yùnxíng 列車は正 常に運行している.

うんどう　運動

▶锻炼　▶活动　▶运动　▶走动
▶做（体）操

★【锻炼】duànliàn 動 鍛練する. 鍛える. ‖～身体 duànliàn shēntǐ 体を鍛える.｜ 他每天早上～一个小时 tā měitiān zǎo- shang duànliàn yí ge xiǎoshí 彼は毎朝１時 間運動している.｜康复～ kāngfù duàn- liàn リハビリテーション.

★【活动】huódòng 動 体を動かす. 運動す る.‖～一下四肢 huódòng yíxià sìzhī 体 を動かす.｜要常到室外～～ yào cháng dào shìwài huódònghuódòng なるべく戸外 で運動すべきである.

★【运动】yùndòng 動 運動する. スポーツ をする.‖每天早上他都要到附近的公 园～～ měitiān zǎoshang tā dōu yào dào fù- jìn de gōngyuán yùndòngyùndòng 彼は毎 朝いつも近くの公園で運動している.

【走动】zǒudòng 動 歩く. 歩き回る. 体 を動かす.‖为了身体健康, 每天到外 面～～ wèile shēntǐ jiànkāng, měitiān dào wài- miàn zǒudòngzǒudòng 健康のため毎日外 を歩き回る.

【做（体）操】zuò (tǐ)cāo 組 体操をする.

え

え　絵

▶插画　▶插图　▶画　▶绘画　▶卡通
▶漫画　▶速写　▶素描　▶图画　▶写生
▶字画

【插画】 chāhuà 图 挿し絵.

【插图】 chātú 图 挿し絵. イラスト.

★【画】 huà(～儿) 图 絵. 絵画. ‖画～儿
huà huàr 絵を描く. ｜油～ yóuhuà 油絵.
｜水彩～ shuǐcǎihuà 水彩画. ｜国～ guó-
huà 中国画. ｜花鸟～ huāniǎohuà 花鳥
画. ｜画一张～儿 huà yì zhāng huàr 絵を
1枚かく. ｜风景如～ fēngjǐng rú huà 景
色が絵のように美しい.

*【绘画】 huìhuà 動 (絵を)描く. ‖～艺术
huìhuà yìshù 絵画芸術.

【卡通】 kǎtōng 图❶アニメーション. ‖
～片 kǎtōngpiàn アニメ映画. ❷漫画.

【漫画】 mànhuà 图 漫画. ‖画～ huà màn-
huà 漫画を描く.

【速写】 sùxiě 图 スケッチ.

【素描】 sùmiáo 图 デッサン. 素描.

*【图画】 túhuà 图 図画. 図. 絵. ‖画～
huà túhuà 絵を描く. ｜～课 túhuà kè 図
画の授業.

【写生】 xiěshēng 動 写生する. スケッチ
する. ‖静物～ jìngwù xiěshēng 静物の
スケッチ. ｜画～ huà xiěshēnghuà 写生画.

【字画】 zìhuà 图 書と絵. 書画. ‖名人
～ míngrén zìhuà 著名人の書画.

えいえん　永遠

▶海枯石烂　▶海誓山盟　▶恒久
▶天长地久　▶万古长青　▶永垂不朽
▶永存　▶永恒　▶永久　▶永远

【海枯石烂】 hǎi kū shí làn 成 海が枯れ岩
が砕けて砂になろうとも. 永遠に.
(多くは誓いの言葉として用いる)‖

～, 心不变 hǎi kū shí làn, xīn bú biàn 何
があろうと永遠に心変わりはしない.

【海誓山盟】 hǎi shì shān méng 成 永遠の
愛の誓い. "山盟海誓" shān méng hǎi shì
ともいう.

【恒久】 héngjiǔ 形 恒久的である. 永久
である. ‖～不变 héngjiǔ bú biàn 永久不
変である.

*【天长地久】 tiān cháng dì jiǔ 成 天地は永
久に存在し続ける. いつまでも変わら
ないこと. (多く愛情についていう)‖
愿你们的爱情～, 永世不变 yuàn nǐmen
de àiqíng tiān cháng dì jiǔ, yǒngshì bú biàn
お二人の愛情が末長く, とこしえに変
わらないことを願っています.

*【万古长青】 wàn gǔ cháng qīng 成 永久
に栄える. 永遠に変わらない. "万古
长春" wàn gǔ cháng chūn ともいう. ‖愿
我们的友谊～ yuàn wǒmen de yǒuyì wàn
gǔ cháng qīng 我々の友情が永遠に変わ
らないことを願う.

*【永垂不朽】 yǒng chuí bù xiǔ 成 (輝かし
い功績などが)永遠に不滅である. ‖他
的精神～ tā de jīngshen yǒng chuí bù xiǔ
彼の精神は永遠に不滅である. ｜他的
丰功伟绩将～ tā de fēnggōng wěijì jiāng
yǒng chuí bù xiǔ 彼の偉大な功績は永遠
に朽ちることがない.

【永存】 yǒngcún 動 永遠に残る. 後の世
にまで残る.

【永恒】 yǒnghéng 形 永久不変である.
永遠に続く. ‖～的友谊 yǒnghéng de yǒu-
yì いつまでも変わらない友情. ｜爱情
是文学～的主题 àiqíng shì wénxué yǒng-
héng de zhǔtí 愛情は文学の永遠のテー
マだ.

*【永久】 yǒngjiǔ 形 永久である. ‖～保存
yǒngjiǔ bǎocún 永久に保存する. ｜这种
局面不可能～地维持下去 zhè zhǒng jú-
miàn bù kěnéng yǒngjiǔ de wéichíxiaqu こん
な状況が永遠に続くことはあり得ない.

えがく　描く

★【永远】 yǒngyuǎn 圖 永遠に. ずっといつまでも. ‖ 我~是你的知心朋友 wǒ yǒngyuǎn shì nǐ de zhīxīn péngyou 私は永遠に君の親友だ. ｜ 在这件事上，她~也不能原谅他 zài zhè jiàn shì shang, tā yǒngyuǎn yě bù néng yuánliàng tā このことでは，彼女はいつまでも彼を許すことができない.

えがく　描く

▶勾　▶画　▶绘画　▶临摹　▶描　▶描绘

*【勾】 gōu 圖 輪郭をとる. 縁取りを描く. ‖ 先~轮廓，再上颜色 xiān gōu lúnkuò, zài shàng yánsè まず輪郭を描いてから，色を塗る.

★【画】 huà 圖 描く. かく. ‖ ~画儿 huà huàr 絵をかく. ｜ ~速写 huà sùxiě スケッチをする. ｜ ~一张路线图 huà yì zhāng lùxiàntú 路線図をかく.

*【绘画】 huìhuà 圖 (絵を)描く.

【临摹】 línmó 圖 模写する. 手本どおりに見て写すまたは透き写しする. ‖ ~书画 línmó shūhuà 書画を模写する.

*【描】 miáo 圖 ❶原画のとおりに描く. 手本をなぞってかく. 敷き写す. ‖ ~花样儿 miáo huāyàngr 模様を写す. ｜ ~图案 miáo tú'àn 図案を敷き写す. ❷(同じ場所を)上から重ねて塗る. なぞる. ‖ ~眉 miáo méi 眉(まゆ)を引く. ｜ 他觉得这道横写得太细，又~了一笔 tā juéde zhè dào héng xiěde tài xì, yòu miáole yì bǐ 彼は筆画の横棒が細すぎるように思えたので，もう一度上からなぞった.

*【描绘】 miáohuì 圖 描く. 描写する. ‖ 这幅画~的是人们欢庆节日的场面 zhè fú huà miáohuì de shì rénmen huānqìng jiérì de chǎngmiàn この絵は祝日を祝う情景を描き出したものである.

えらい　偉い

▶大人物　▶高层　▶杰出　▶了不起
▶权威　▶伟大　▶英雄　▶卓越

【大人物】 dàrénwù 图 大人物. 地位も名声もある人.

【高层】 gāocéng 厖 上層の. ‖ ~领导 gāocéng lǐngdǎo 上層部の指導者. ｜ ~人物 gāocéng rénwù 上層部の人.

*【杰出】 jiéchū 厖 傑出している. ぬきんでている. ‖ ~的作品 jiéchū de zuòpǐn ぬきんでた作品. ｜ ~人才 jiéchū réncái 傑出した人材.

**【了不起】 liǎobuqǐ 厖 たいしたものである. すばらしい. すごい. ‖ 一个人拿了三项冠军，真~ yí ge rén nále sān xiàng guànjūn, zhēn liǎobuqǐ 一人で3種目に優勝するとは，えらいものだ. ｜ ~的人物 liǎobuqǐ de rénwù すごい人物.

*【权威】 quánwēi 图 権威者. 重鎮. ‖ 他是中国史学界的~ tā shì Zhōngguó shǐxuéjiè de quánwēi 彼は中国歴史学界の重鎮である.

★【伟大】 wěidà 厖 偉大である. ‖ ~的音乐家 wěidà de yīnyuèjiā えらい音楽家. ｜ 这位科学家真~ zhè wèi kēxuéjiā zhēn wěidà この科学者はほんとうに偉大だ.

**【英雄】 yīngxióng 图 ❶英雄. ‖ ~好汉 yīngxióng hǎohàn 英雄豪傑. ｜ 巾帼~ jīnguó yīngxióng 女傑. ❷人民のために功績のあった人. ‖ 民族~ mínzú yīngxióng 民族の英雄. 厖 英雄的である. ‖ ~气概 yīngxióng qìgài 英雄の気概. ｜ ~的人民 yīngxióng de rénmín 英雄的な人民.

*【卓越】 zhuóyuè 厖 卓越している. ぬきんでている. ‖ ~的领导 zhuóyuè de lǐngdǎo とりわけ優れた指導者. ｜ 显露出~的指挥才能 xiǎnlùchu zhuóyuè de zhǐhuī cáinéng 卓抜な指揮能力を発揮する.

えらぶ　選ぶ（選択する）

▶拣　▶筛选　▶挑　▶挑肥拣瘦
▶挑三拣四　▶挑选　▶选　▶选择

【拣】 jiǎn 動 選ぶ．選び取る．‖ 挑~ tiāo-jiǎn 選び出す．| 把米里的石子儿~出来 bǎ mǐli de shízir jiǎnchulai 米に混じっている小石をより出す．| 总~好的吃 zǒng jiǎn hǎo de chī いつもよいものを選んで食べる．

【筛选】 shāixuǎn 動 ふるいにかける．ふるい分ける．‖ 对合格者进行进一步~ duì hégézhě jìnxíng jìnyíbù shāixuǎn 合格者をさらにふるいにかける．

【挑】 tiāo 動 好みで選ぶ．選択する．‖ ~货 tiāo huò 品物を選ぶ．| ~队员 tiāo duìyuán チームメンバーを選ぶ．| 喜欢哪个，自己~ xǐhuan nǎge, zìjǐ tiāo 好きなのを自分で選びなさい．

【挑肥拣瘦】 tiāo féi jiǎn shòu 成 選り好みする．

【挑三拣四】 tiāo sān jiǎn sì 慣 自分に有利なようにあれこれ選ぶ．

【挑选】 tiāoxuǎn 動 選ぶ．選択する．‖ ~人才 tiāoxuǎn réncái 人材を選ぶ．| 自由~ zìyóu tiāoxuǎn 自由に選択する．| ~开会地点 tiāoxuǎn kāihuì dìdiǎn 会議の場所を選ぶ．

【选】 xuǎn 動 選ぶ．選び出す．より分ける．‖ ~材料 xuǎn cáiliào 材料を選ぶ．| ~错了职业 xuǎncuòle zhíyè 職業を選び間違えた．

【选择】 xuǎnzé 動 選択する．選ぶ．‖ ~方案 xuǎnzé fāng'àn プランを選択する．| 不加~ bù jiā xuǎnzé 選択を加えない．| ~适当的机会 xuǎnzé shìdàng de jīhuì 適当な機会を選ぶ．| 他~了教师这个职业 tā xuǎnzé le jiàoshī zhège zhíyè 彼は教師という職業を選んだ．

えらぶ　選ぶ（選出する）

▶评选　▶入选　▶推选　▶选　▶选拔
▶选举

【评选】 píngxuǎn 動 比較評定して選ぶ．選出する．‖ 电影百花奖是由观众~出来的 diànyǐng Bǎihuājiǎng shì yóu guānzhòng píngxuǎnchulai de 映画の百花賞は観客によって選ばれる．

【入选】 rùxuǎn 動 （人や作品が）選抜される．入選する．

【推选】 tuīxuǎn 動 選ぶ．選出する．‖ 大家~他为代表 dàjiā tuīxuǎn tā wéi dàibiǎo 彼を代表に選ぶ．

【选】 xuǎn 動 選挙する．選出する．‖ 当~ dāngxuǎn 当選する．| 普~ pǔxuǎn 総選挙．| ~出了三名代表 xuǎnchule sān míng dàibiǎo 3人の代表者を選出した．

【选拔】 xuǎnbá 動 （ある基準に達した人材を）選び出す．選抜する．‖ ~人材 xuǎnbá réncái 人材を選ぶ．| 从全市数学竞赛中~出来的尖子 cóng quánshì shùxué jìngsài zhōng xuǎnbáchulai de jiānzi 全市の数学競技会で選抜された秀才．

【选举】 xuǎnjǔ 動 （投票などで）選出する．選挙する．‖ ~人民代表 xuǎnjǔ rénmín dàibiǎo 人民代表を選出する．| ~老王当班长 xuǎnjǔ Lǎo-Wáng dāng bānzhǎng 王さんを班長に選んだ．

える　得る

▶博得　▶得　▶得到　▶获　▶获得
▶获取　▶取得　▶学到　▶赢得　▶赢利
▶找到

【博得】 bódé 動 得る．博す．‖ ~好感 bódé hǎogǎn 好感を得る．| 他的演技~了满堂喝彩 tā de yǎnjì bódéle mǎntáng hè-cǎi 彼の演技は満場の喝采（かっさい）を博し

た.

★【得】dé 動 獲得する. 手に入れる. 自分のものにする. ⇔"失" shī ‖ 一百分 dé yìbǎi fēn 100点を取る. | 一举两~ yì jǔ liǎng dé 一挙両得. | 这是我参加运动会~的奖杯 zhè shì wǒ cānjiā yùndònghuì dé de jiǎngbēi これは私がスポーツ大会に出て手に入れたトロフィーだ.

★【得到】dé//dào 動 手に入れる. 獲得する. もらう. ‖ ~好处 dédào hǎochù 利益を得る. | ~机会 dédào jīhuì 機会を得た. | ~一份奖品 dédào yí fèn jiǎngpǐn 賞品をもらった. | ~支持 dédào zhīchí 支持を受けた. | ~对方的谅解 dédào duìfāng de liàngjiě 相手側の了解を得た. | ~帮助 dédào bāngzhù 助けを得た. | ~许可 dédào xǔkě 許可をもらった.

*【获】huò 動 得る. 取得する. 手に入れる. ‖ 主队~冠军 zhǔduì huò guànjūn 地元チームが優勝する. | 不劳而~ bù láo ér huò 労せずして得る. | 一无所~ yì wú suǒ huò 一つとして得るところがなかった.

*【获得】huòdé 動 獲得する. 手に入れる. 収める. ‖ 宝贵经验 huòdé bǎoguì jīngyàn 貴重な経験をした. | ~显著效果 huòdé xiǎnzhù xiàoguǒ 著しい効果を収める. | ~一致通过 huòdé yízhì tōngguò 満場一致で可決する.

*【获取】huòqǔ 動 取る. 得る. 獲得する. ‖ ~利润 huòqǔ lìrùn 利潤をあげる. | ~情报 huòqǔ qíngbào 情報を得る.

★【取得】qǔdé 動 取得する. 得る. ‖ ~信任 qǔdé xìnrèn 信任を得る. | ~谅解 qǔdé liàngjiě 了解を得る. | ~优异成绩 qǔdé yōuyì chéngjì 優秀な成績を収める. | ~决赛权 qǔdé juésàiquán 決勝進出を勝ち取る.

【学到】xué//dào 動 学んで得る. ‖ ~很多知识 xuédào hěn duō zhīshi 多くの知識を得る. | 从这个事件中我~了很多东西 cóng zhège shìjiàn zhōng wǒ xuédàole hěn duō dōngxi その事件から多くのことを学んだ.

*【赢得】yíngdé 動 勝ち取る. 得る. ‖ ~尊敬 yíngdé zūnjìng 尊敬を得る. | ~了她的爱情 yíngdéle tā de àiqíng 彼女の愛情を勝ち取る. | 游泳队~了这次大会第一块金牌 yóuyǒngduì yíngdéle zhè cì dàhuì dì yī kuài jīnpái 水泳チームは今大会初の金メダルを取った.

*【赢利】yínglì 動 利潤を得る. "盈利"とも書く. ‖ 该厂全年~上百万元 gāi chǎng quánnián yínglì shàng bǎiwàn yuán 当工場は年間100万元以上の利益を上げた.

【找到】zhǎo//dào 動 探して手に入れる. 見つける. ‖ 一个好伴侣 zhǎodào yí ge hǎo bànlǚ よい結婚相手を得た. | 找不到合适的工作 zhǎobudào héshì de gōngzuò 適当な仕事が見つからない.

えんりょ　遠慮

▶辞謝　▶顧忌　▶顧慮　▶客気　▶謙譲
▶謙虚　▶推辞　▶謝絶　▶自謙

【辞谢】cíxiè 動 (丁重に)断る. ‖ 留他吃饭, 他~了 liú tā chīfàn, tā cíxiè le 食事をしていくように引き留めたが, 彼は遠慮した. | ~了对方的邀请 cíxièle duìfāng de yāoqǐng 相手の招きを丁重に断った.

【顾忌】gùjì 動 はばかる. 遠慮する. ‖ 毫无~ háowú gùjì 少しもはばかるところがない. | 在他面前总是有所~ zài tā miànqián zǒngshì yǒu suǒ gùjì 彼の前ではどうしても気兼ねしてしまう.

*【顾虑】gùlǜ 動 顧慮する. 心配する. 気にかける. ‖ ~重重 gùlǜ chóngchóng いろいろと心配する. | 你安心工作, 家里的事不用~ nǐ ānxīn gōngzuò, jiāli de shì búyòng gùlǜ 心置きなく仕事をしな

さい，家のことは心配しなくていいから．图顧慮．懸念．気がかり．‖有什么话就说，不要有～ yǒu shénme huà jiù shuō, búyào yǒu gùlù 何か言いたいことがあれば言いなさい，気にしないで．

★【客气】kèqi 動気をつかう．遠慮する．‖请不要～ qǐng búyào kèqi どうぞ御遠慮なく．‖都是熟人，不必～ dōu shì shúrén, búbì kèqi みんなよく知っている仲だから，遠慮はいらない．‖这是你应得的，还～什么? zhè shì nǐ yīng dé de, hái kèqi shénme? これはあなたに受け取ってもらうのが当然なのです，なんの遠慮もいりません．

【谦让】qiānràng 動へりくだって遠慮する．遠慮して譲る．‖客人互相～了一下，便落了座 kèrén hùxiāng qiānràngle yíxià, biàn luòle zuò 客は互いに席を譲り合ってから座った．

*【谦虚】qiānxū 動謙遜する．遠慮する．‖他不过嘴上～几句，其实心里很自负 tā búguò zuǐ shang qiānxū jǐ jù, qíshí xīnli hěn zìfù 彼は口では謙遜しているが，その実腹の中ではとても自信をもっている．

*【推辞】tuīcí 動辞退する．断る．‖婉言～ wǎnyán tuīcí 婉曲に断る．‖～邀请 tuīcí yāoqǐng 招きを断る．

*【谢绝】xièjué 動婉断する．‖～参观 xièjué cānguān 見学お断り．‖婉言～ wǎnyán xièjué 遠回しに断る．

【自谦】zìqiān 形へりくだる．謙遜(けんそん)する．‖～之词 zìqiān zhī cí 謙遜した言葉．

えんりょなく　遠慮なく

▶尽管　▶客气　▶随便　▶随意　▶直说
▶直言

*【尽管】jǐnguǎn 副遠慮せずに．構わず

に．‖你有什么困难～跟我说 nǐ yǒu shénme kùnnan jǐnguǎn gēn wǒ shuō なにか困ったことがあったら，遠慮なく私に言ってください．‖你～休息，以后我再收拾 nǐ jǐnguǎn xiūxi, yǐhòu wǒ zài shōushi 遠慮なく休んでください，あとは私が片づけますから．

★【客气】kèqi 動気をつかう．遠慮する．‖请不要～ qǐng búyào kèqi どうぞご遠慮なく．‖别～，请多吃点儿 bié kèqi, qǐng duō chī diǎnr 遠慮しないでたくさん召し上がってください．‖那我就不～地收下了 nà wǒ jiù bú kèqi de shōuxia le では遠慮なく頂戴します(もらいます)．

**【随便】suí//biàn 形(制限がなく)自由である．‖～挑 suíbiàn tiāo 自由に選ぶ．‖～看看吧 suíbiàn kànkan ba ご遠慮なくご覧ください．

*【随意】suí/yì 形思いのままである．‖～拿吧 suíyì ná ba ご随意にお取りください．‖我～地参观了室内 wǒ suíyì de cānguānle shìnèi 遠慮なく家の中を見せてもらった．‖随你的意办吧! suí nǐ de yì bàn ba! あなたの好きなようにしてください．‖备了一些茶点，请～ bèile yìxiē chádiǎn, qǐng suíyì 茶菓をいくらか用意してございますので，ご遠慮なくどうぞ．

【直说】zhíshuō 動思ったままを言う．遠慮なく言う．‖你也不是外人，我就～了吧 nǐ yě bú shì wàirén, wǒ jiù zhíshuō le ba 君は仲間なんだから，遠慮なく言わせてもらうよ．

【直言】zhíyán 動思ったままを言う．遠慮なく言う．‖恕我～ shù wǒ zhíyán 遠慮なく述べることをお許しください．

お

wèidao xiāngtián このナシは甘くておいしい.｜～可口 xiāngtián kěkǒu おいしく口に合う.

おいしい

▶好吃　▶好喝　▶合口　▶可口　▶鲜
▶鲜美　▶香　▶香甜

★【好吃】hǎochī 形味がいい. おいしい. うまい.｜这个菜真～ zhège cài zhēn hǎochī この料理はほんとうにおいしい.｜看上去很～ kànshangqu hěn hǎochī 見るからにおいしそうだ.｜这块蛋糕太甜不～ zhè kuài dàngāo tài tián bù hǎochī このケーキは甘すぎておいしくない.

【好喝】hǎohē 形 (飲んで)おいしい. 飲みやすい.｜这个橘子水～ zhège júzishuǐ hǎohē このオレンジジュースはおいしい.

【合口】hékǒu 形 (味が)口に合う. おいしい.｜味道～ wèidao hékǒu おいしい.

*【可口】kěkǒu (～儿) 形 口に合う. おいしい.｜味道～ wèidao kěkǒu 味が口に合う.｜～的饭菜 kěkǒu de fàncài おいしい食事.

**【鲜】xiān 形 味がよい. おいしい.｜这碗鸡汤真～ zhè wǎn jītāng zhēn xiān このチキンスープはほんとうにおいしい.

【鲜美】xiānměi 形 味がよい. おいしい.｜味道～可口 wèidao xiānměi kěkǒu 実においしい.

★【香】xiāng 形 味がよい. おいしい.｜菜做得真～ cài zuòde zhēn xiāng 料理がとてもおいしくできている.｜咖啡很～ kāfēi hěn xiāng コーヒーがおいしい.｜真～! zhēn xiāng! まあ, おいしそう!｜～喷喷的米饭 xiāngpēnpēn de mǐfàn おいしそうな御飯.

【香甜】xiāngtián 形 味がよい. (甘くて)おいしい.｜这种梨味道～ zhè zhǒng lí

おいだす　追い出す

▶赶　▶赶走　▶轰　▶轰走　▶撵　▶撵走
▶驱除　▶驱赶　▶驱逐　▶逐出

**【赶】gǎn 動 追い払う.｜～蚊子 gǎn wénzi カを追っぱらう.｜他被～出家门 tā bèi gǎnchu jiāmén 彼は家を追い出された.｜快把他～出去 kuài bǎ tā gǎnchuqu はやく彼を追い出してしまえ.｜把鸡～进笼子 bǎ jī gǎnjin lóngzi ニワトリを籠に追い込む.

【赶走】gǎnzǒu 動 追い出す. 追い払う.｜快把门口那几个人～ kuài bǎ ménkǒu nà jǐ ge rén gǎnzǒu はやく入口のあいつらを追い払ってしまえ.

【轰】hōng 動 追い払う. 追い出す.｜～麻雀 hōng máquè スズメを追う.｜把鸡～回窝里 bǎ jī hōnghuí wō li ニワトリを小屋へ追い込む.｜把闹事的人从会场里～出去 bǎ nàoshì de rén cóng huìchǎng li hōngchuqu 騒ぎを起こした者を会場から追い出す.

【轰走】hōng//zǒu 動 (人を)追い出す. 追い払う.｜把他～ bǎ tā hōngzǒu 彼を追い出す.

*【撵】niǎn 動 追い出す. 駆逐する.｜他被父母～出了家门 tā bèi fùmǔ niǎnchule jiāmén 彼は両親に家から追い出された.

【撵走】niǎn//zǒu 動 (強制的に)追い出す.｜～不守规矩的房客 niǎnzǒu bù shǒu guīju de fángkè 規則を守らない間借り人を追い立てる.

【驱除】qūchú 動 追い払う. 取り除く.｜～蚊蝇 qūchú wényíng カやハエを駆除する.｜～杂念 qūchú zániàn 雑念を追

96

い払う.

【驱赶】 qūgǎn 動 追う. 追いやる. ‖ ~
羊群 qūgǎn yángqún ヒツジの群れを追
う. ｜ 苍蝇 qūgǎn cāngying ハエを追い
払う.

***【驱逐】** qūzhú 動 追い払う. ‖ ~出境 qū-
zhú chūjìng 国外に追放する. ｜下 ~
令 xià qūzhúlìng 追放令を出す. ｜把侵略者
~ 出去 bǎ qīnlüèzhě qūzhúchuqu 侵略者
を追い出す.

【逐出】 zhúchu 動 追い出す. 追い払う.
‖ ~门外 zhúchu ménwài 外に追い払う.
｜ ~师门 zhúchu shīmén 先生のところ
を追い出された.

おう （責任を）負う

▶承担 ▶担 ▶担负 ▶当 ▶负 ▶负担
▶负责

***【承担】** chéngdān 動 担う. 引き受ける.
受け持つ. ‖ ~责任 chéngdān zérèn 責任
を負う. ｜ ~义务 chéngdān yìwù 義務を
負う. ｜ ~后果 chéngdān hòuguǒ 結果に
責任を負う. ｜ ~了全部家务 chéngdānle
quánbù jiāwù 家事をすべて受け持つ. ｜
费用由公司 ~ fèiyòng yóu gōngsī chéngdān
費用は会社が負担する.

***【担】** dān 動 引き受ける. 負担する. 負
う. ‖ ~责任 dān zérèn 責任を負う. ｜
~风险 dān fēngxiǎn リスクを負う. ｜
任务 dān rènwu 任務を負う.

***【担负】** dānfù 動 (仕事・責任・費用な
どを)担う. 引き受ける. 負担する. ‖
~着培养下一代的重任 dānfùzhe péiyǎng
xiàyídài de zhòngrèn 次の世代を養成す
るという重要な任務を担っている.

★**【当】** dāng 動 (責任を)負う. (負担に)
堪える. ‖ 一人做事一人 ~ yì rén zuòshì
yì rén dāng 自分がやったことは自分で
責任を持つ. ｜ 您这样夸奖, 我可 ~ 不

起 nín zhèyàng kuājiǎng, wǒ kě dāngbuqǐ こ
のようなおほめにあずかり，恐縮いた
します.

*★**【负】** fù 動 (責任や負担を)引き受ける.
負う. 担う. ‖ ~全责 fù quánzé すべて
の責任を負う. ｜ 身 ~ 重任 shēn fù zhòng-
rèn 重い任務を担っている.

***【负担】** fùdān 動 (具体的・経済的なこ
とを)負担する. 引き受ける. ‖ ~子女
的生活费 fùdān zǐnǚ de shēnghuófèi 子女
の生活費を負担する.

★**【负责】** fùzé 動 責任を負う. 責任を持
つ. ‖ ~人 fùzérén 責任者. ｜ 这事由他
~ zhè shì yóu tā fùzé このことは彼が責
任を持つ. ｜ 出了问题, 谁 ~? chūle wèn-
tí, shéi fùzé? もし何かあったら，誰が責
任をとるのか. ｜ 老王 ~ 职工福利工作
Lǎo-Wáng fùzé zhígōng fúlì gōngzuò 王さ
んは従業員の福利厚生の仕事を担当し
ている.

おう 追う

▶赶 ▶跟踪 ▶你追我赶 ▶追 ▶追赶
▶追逐 ▶追踪

***【赶】** gǎn 動 追う. 追いかける. ‖ 你追
我 ~ nǐ zhuī wǒ gǎn 互いに競う. ｜ ~潮
流 gǎn cháoliú 流行を追う. 時流に乗る.
｜后边的人快 ~ 上来了 hòubian de rén kuài
gǎnshanglai le 後方の人がまもなく追い
つく.

***【跟踪】** gēnzōng 動 後をつける. 尾行す
る. ‖ ~雷达 gēnzōng léidá 追跡レー
ダー. ｜他发觉有人 ~ 自己 tā fājué yǒu
rén gēnzōng zìjǐ 彼は誰かにつけられて
いることに気付いた. ｜我们对这个事
件进行了 ~ 采访 wǒmen duì zhège shìjiàn
jìnxíngle gēnzōng cǎifǎng 我々はこの事件
を追跡取材している.

【你追我赶】 nǐ zhuī wǒ gǎn 慣 追いつ追

おうふく　往復

われつする．我がちに競い合うさま．
‖ 大家～，很快就把活儿干完了 dàjiā nǐ
zhuī wǒ gǎn, hěn kuài jiù bǎ huór gànwán
le みんな我がちに競い合って，たちま
ち仕事をやり終えた．

**【追】zhuī 動 追う．追いかける．‖ 快
上去! kuài zhuīshangqu! 早く追いかけ
ろ．｜哥哥在前边跑，弟弟在后边～ gē-
ge zài qiánbian pǎo, dìdi zài hòubian zhuī 兄
は前を走り，弟が後ろから追いかける．

*【追赶】zhuīgǎn 動 追いかける．追う．
‖ ～队伍 zhuīgǎn duìwu 隊列を追いか
ける．｜后面的选手～了上来 hòumiàn de
xuǎnshǒu zhuīgǎnleshanglai 後方の選手が
追いついた．｜～先进国家 zhuīgǎn xiān-
jìn guójiā 先進国を追う．

【追逐】zhuīzhú 動 追いかける．追いた
てる．‖ ～猎物 zhuīzhú lièwù 獲物を追
う．｜孩子们互相～着 háizimen hùxiāng
zhuīzhúzhe 子供たちが追いかけっこを
している．

【追踪】zhuīzōng 動 追跡する．‖ ～偷渡
者 zhuīzōng tōudùzhě 密航者を追跡する．

おうふく　往復

▶打来回　▶踱来踱去　▶来回　▶来去
▶来往　▶往返　▶往来

【打来回】dǎ láihuí（～儿）組 往復する．
‖ 开车去，半天就能打一个来回儿 kāi-
chē qù, bàntiān jiù néng dǎ yí ge láihuír 車
で行けば，半日で一往復できる．

【踱来踱去】duó lái duó qù 組 行ったり
来たりする．‖ 在房间里～ zài fángjiān li
duó lái duó qù 部屋の中をうろうろする．

*【来回】láihuí 動 往復する．‖ ～要三天
láihuí yào sān tiān 往復するのに3日か
かる．｜今天我从总公司到工厂～跑了
三趟 jīntiān wǒ cóng zǒnggōngsī dào gōng-
chǎng láihuí pǎole sān tàng 今日は本社と

工場の間を3回往復した．图（～儿）往
復．⇔"单程"dānchéng ‖ 当天可以打～
dàngtiān kěyǐ dǎ láihuí 1日で往復できる．

【来去】láiqù 動 往復する．‖ ～用不了
一天时间 láiqù yòngbuliǎo yì tiān shíjiān
往復するのに1日はかからない．

*【来往】láiwǎng 動 通行する．行き来す
る．‖ 街上车辆来来往往 jiē shang chēliàng
láiláiwǎngwǎng 通りを車が行き来する．
｜频繁～于东京北京之间 pínfán láiwǎng
yú Dōngjīng Běijīng zhī jiān 東京−北京間
を頻繁に往復する．

*【往返】wǎngfǎn 動 往復する．‖ ～奔走
wǎngfǎn bēnzǒu 何度も奔走する．｜～需
要两小时 wǎngfǎn xūyào liǎng xiǎoshí 往
復2時間かかる．

*【往来】wǎnglái 動 往来する．‖ 大街上
～的人很多 dàjiē shang wǎnglái de rén hěn
duō 大通りは通行人が多い．｜车辆～
不绝 chēliàng wǎnglái bù jué 車の往来が
絶えない．

おおい　（数量が）多い

▶不少　▶大　▶多　▶多数　▶繁多
▶好多　▶无穷　▶无数　▶许多　▶众多

★【不少】bù shǎo 組 少なくない．多い．
有～人想去中国留学 yǒu bù shǎo rén xiǎng
qù Zhōngguó liúxué たくさんの人が中国
へ留学したがっている．｜来参观的人
真～ lái cānguān de rén zhēn bù shǎo 見学
者がとても多い．

★【大】dà 形（数などが）多い．⇔"小"xiǎo
‖ 我比他～两岁 wǒ bǐ tā dà liǎng suì 私
は彼より2歳上である．｜酒量～ jiǔliàng
dà 酒量が多い．｜雨～了起来 yǔ dàleqi-
lai 雨がひどくなってきた．｜他干活儿
劲头比我～ tā gànhuór jìntou bǐ wǒ dà 彼
は仕事に対して私より意欲的だ．｜学
问～ xuéwen dà 知識が多い．

おおい （回数が）多い

★【多】duō 形 多い. たくさんある. ⇔
"少"shǎo ‖ 他有很~朋友 tā yǒu hěn duō
péngyou 彼にはたくさん友だちがいる.
｜公园里人很~ gōngyuán li rén hěn duō
公園は人が多い. ｜人~好办事 rén duō
hǎo bànshì 人が多いと仕事がはかどる.
｜时间不~ shíjiān bù duō 時間があまり
ない. ｜~功能 duōgōngnéng 多機能. 万
能. ｜请~保重 qǐng duō bǎozhòng どう
ぞご自愛ください. ｜对这事我了解得
不~ duì zhè shì wǒ liǎojiěde bù duō この
ことについて私はよく知らない.

**【多数】duōshù 区 多数. ‖ 大~ dàduōshù
大多数. ｜~赞成 duōshù zànchéng おお
かたの人は賛成する. ｜这种机器~是
国产的 zhè zhǒng jīqi duōshù shì guóchǎn de
こういう機械のほとんどは国産品だ.

*【繁多】fánduō 形 (種類が)極めて多い.
おびただしい. ‖ 品种~ pǐnzhǒng fánduō
種類が非常に多い. ｜名目~ míngmù fán-
duō 名目がきわめて多い.

*【好多】hǎoduō 数 多くの. たくさんの.
‖ ~人 hǎoduō rén 大勢の人. ｜~东西
hǎoduō dōngxi たくさんの物. ｜这本书
看了~遍了 zhè běn shū kànle hǎoduō biàn
le この本は何度も読んだ. ｜他去中国
~次了 tā qù Zhōngguó hǎoduō cì le 彼は
何度も中国に行っている.

*【无穷】wúqióng 動 限りがない. 尽きる
ところがない. きりがない. ‖ ~的乐
趣 wúqióng de lèqù 限りない喜び. ｜回
味~ huíwèi wúqióng 味わいが尽きない.

**【无数】wúshù 形 数えきれない. 無数
である. ‖ 死伤~ sǐshāng wúshù 死傷者
は数えきれない. ｜十多年来, 这个小
小的展览馆接待了~的参观者 shí duō
nián lái, zhège xiǎoxiǎo de zhǎnlǎnguǎn jiē-
dàile wúshù de cānguānzhě ここ 10 年余り
の間, この小さな展示館は数えきれな
いほど多くの参観者を迎えた.

★【许多】xǔduō 数 多くの. たくさんの.

｜~人 xǔduō rén 多くの人. ｜~年 xǔ-
duō nián 長い年月. ｜~东西 xǔduō dōng-
xi たくさんの品物. ｜兰花有许许多多
的品种 lánhuā yǒu xǔxǔduōduō de pǐnzhǒng
ランには多くの品種がある. ｜还有~
话要跟你说呢 hái yǒu xǔduō huà yào gēn
nǐ shuō ne 君に話したいことがまだた
くさんあるんだ. ｜比以前胖了~ bǐ yǐ-
qián pàngle xǔduō 以前に比べてずいぶ
ん太った.

*【众多】zhòngduō 形 (人が)多い. ‖ 人口
~ rénkǒu zhòngduō 人口が多い. ｜《健
康》栏目受到~读者的欢迎 «Jiàn kāng»
lánmù shòudào zhòngduō dúzhě de huānyíng
「健康」欄は多くの読者の支持を得てい
る.

おおい （回数が）多い

▶常常　▶多　▶多次　▶好多　▶好几
▶经常　▶老　▶频繁　▶勤

★【常常】chángcháng 副 よく. いつも.
(回数が多い) ‖ 她~不在家 tā cháng-
cháng bú zài jiā 彼女はしょっちゅう家
にいない. ｜~听到这种说法 chángcháng
tīngdào zhè zhǒng shuōfa よくこうした言
い方を聞く. ｜以前他~来这儿, 但最
近不常来了 yǐqián tā chángcháng lái zhèr,
dàn zuìjìn bù cháng lái le 前には彼はよく
来たものだが, このところあまり来な
くなった.

★【多】duō 形 多い. たくさんある. ⇔
"少"shǎo ‖ 公园里人很~ gōngyuán li rén
hěn duō 公園は人が多い. ｜最近刮大风
的日子比较~ zuìjìn guā dàfēng de rìzi bǐ-
jiào duō このところ風の強い日が多い.

【多次】duō cì 組 何度も. 繰り返し. ‖
~提醒过他 duō cì tíxǐngguo tā 何回も彼
に注意した. ｜他们实验了~, 毫无结
果 tāmen shíyànle duō cì, háowú jiéguǒ 彼

らは繰り返し実験したが，ぜんぜん結果が出ない.

*【好多】hǎoduō 园 多くの．たくさんの．‖～人 hǎoduō rén 大勢の人．|～东西 hǎoduō dōngxi たくさんの物．|这本书看了～遍了 zhè běn shū kànle hǎoduō biàn le この本は何度も読んだ．|他去中国～次了 tā qù Zhōngguó hǎoduō cì le 彼は何度も中国に行っている．

*【好几】hǎojǐ 园 数量詞や時を示す語の前に置き，多いことを表す．‖试了～遍 shìle hǎojǐ biàn 何回も試した．|要去～次 yào qù hǎojǐ cì 何度でも行きたい．|～天没来上班呢 hǎojǐ tiān méi lái shàngbān ne 何日も出勤していない．

★【经常】jīngcháng 副 (規則的に，一貫して)いつも．しょっちゅう．よく．‖～散步对身体有好处 jīngcháng sànbù duì shēntǐ yǒu hǎochù しょっちゅう散歩をすると体にいい．|这趟火车～晚点 zhè tàng huǒchē jīngcháng wǎndiǎn この列車はよく遅れる．|这种事不～有 zhè zhǒng shì bù jīngcháng yǒu こんなことはめったにない．

★【老】lǎo 副 いつも．常に．‖他～迟到 tā lǎo chídào 彼はいつでも遅れてくる．|这个月～下雨 zhège yuè lǎo xiàyǔ 今月はよく雨が降る．

*【频繁】pínfán 形 頻繁である．頻度が激しい．‖出访～ chūfǎng pínfán 外国訪問が頻繁である．|～地约会 pínfán de yuēhuì 頻繁にデートする．|会议太～了 huìyì tài pínfán le 会議の回数が多すぎる．

*【勤】qín 形 (回数が)多い．頻繁である．‖～查词典 qín chá cídiǎn まめに辞典を引く．|今年雨水很～ jīnnián yǔshuǐ hěn qín 今年は雨がたいへん多い．|这种花需要～浇水 zhè zhǒng huā xūyào qín jiāoshuǐ この花はこまめに水やりが必要だ．

おおう　（広範囲を）覆う

▶覆盖　▶笼罩　▶掩盖　▶遮蔽　▶遮盖
▶遮天盖地　▶遮掩

*【覆盖】fùgài 動 覆う．‖积雪～着地面 jīxuě fùgàizhe dìmiàn 積雪が地面を覆っている．

*【笼罩】lǒngzhào 動 覆い包む．立ちこめる．‖晨雾～在湖面上 chénwù lǒngzhàozài húmiàn shang 朝霧が湖の水面に立ちこめている．|恐怖的气氛～着剧场 kǒngbù de qìfēn lǒngzhàozhe jùchǎng 劇場内は凍りついた空気に包まれている．

*【掩盖】yǎngài 動 覆う．‖积雪～了大地 jīxuě yǎngàile dàdì 雪が大地を覆った．

【遮蔽】zhēbì 動 遮る．覆い隠す．‖树林～了小屋 shùlín zhēbìle xiǎowū 林が小屋を覆い隠している．|黄沙～天空 huángshā zhēbì tiānkōng 黄砂が空を覆う．

【遮盖】zhēgài 動 上から覆う．覆い隠す．‖用塑料薄膜把苗圃～起来 yòng sùliào bómó bǎ miáopǔ zhēgàiqilai ビニールフィルムで苗床を覆う．

【遮天盖地】zhē tiān gài dì 成 天を遮り地を覆う．覆う範囲が非常に広いことのたとえ．（土ほこりや雨雪が）天地を覆って舞い上がる．（軍勢が）地を覆い尽くすほど多い．‖蝗虫～地扑来 huángchóng zhē tiān gài dì de pūlai イナゴが天地を覆い尽くすかのように襲ってくる．

【遮掩】zhēyǎn 動 覆い隠す．遮る．‖浓雾～了群山，朦朦胧胧的 nóngwù zhēyǎnle qúnshān, méngméng lónglóng de 山々は濃霧に遮られ，ぼんやりかすんでいる．

おおきい　大きい

▶粗大　▶大　▶肥大　▶高大　▶广大
▶宏伟　▶巨大　▶宽松　▶庞大　▶重大

おおよそ

【粗大】cūdà 形 ❶(身体や物が)太い. 大きい. ‖～的树干 cūdà de shùgàn 太い木の幹.｜骨节～ gǔjié cūdà 関節が太い.｜～的手 cūdà de shǒu ごつごつした大きな手. ❷(声が)大きい. 太い. ‖嗓门儿～ sǎngménr cūdà 声が太い.

★【大】dà 形 (体積・面積・年齢・音などが)大きい. (数などが)多い. ⇔"小" xiǎo ‖这间房真～ zhè jiān fáng zhēn dà この部屋は実に大きい.｜他的声音特别～ tā de shēngyīn tèbié dà 彼の声はとくに大きい.

【肥大】féidà 形 ❶ゆるくて大きい. ぶかぶかである. ‖这件衣服有点儿～ zhè jiàn yīfu yǒudiǎnr féidà この服は少し大きい. ❷(動物の体や植物の一部が)太くて大きい. ‖～的身躯 féidà de shēnqū 大きな図体.

**【高大】gāodà 形 高くて大きい. 高大である. ⇔"矮小"ǎixiǎo ‖～的楼房 gāodà de lóufáng 高大な建物.｜～的身躯 gāodà de shēnqū 背が高く大きな体. 堂々たる体軀(くう).｜形象越来越～ xíngxiàng yuè lái yuè gāodà 思い描いた人物像がますます大きくなる.

**【广大】guǎngdà 形 ❶(面積などが)広い. 広大である. 広々としている. ‖幅员～ fúyuán guǎngdà 国土が広い.｜～地区 guǎngdà dìqū 広大な地域. ❷(範囲や規模が)大きい. ‖～的组织 guǎngdà de zǔzhī 大規模な組織.

*【宏伟】hóngwěi 形 (計画や規模などが)壮大である. 雄大である. ‖～的计划 hóngwěi de jìhuà 壮大な計画.｜～的蓝图 hóngwěi de lántú 壮大な青写真.

**【巨大】jùdà 形 巨大な. 非常に大きい. ‖规模～ guīmó jùdà 規模がきわめて大きい.｜～损失 jùdà sǔnshī 莫大(ばくだい)な損失.｜～的影响 jùdà de yǐngxiǎng 大きな影響.

【宽松】kuānsong；kuānsōng 形 (服が)大きい. ‖～的服装 kuānsong de fúzhuāng ゆったりした服.

*【庞大】pángdà 形 膨大である. とてつもなく大きい. ‖开支～ kāizhī pángdà 支出が膨大である.｜机构～, 人浮于事 jīgòu pángdà, rén fú yú shì 組織機構が巨大で, 仕事の割に人員が多すぎる.

**【重大】zhòngdà 形 重大である. ‖～损失 zhòngdà sǔnshī 重大な損失.｜～事故 zhòngdà shìgù 重大な事故.｜意义～ yìyì zhòngdà 意義が大きい.｜责任～ zérèn zhòngdà 責任が重大である.

おおよそ

▶大概　▶大略　▶大体　▶大约　▶大致
▶约　▶约莫

★【大概】dàgài 形 だいたいの. おおよその. ‖～的数字 dàgài de shùzì おおよその数字.｜～的意思 dàgài de yìsi だいたいの意味.｜他讲了一下～的情况 tā jiǎngle yíxià dàgài de qíngkuàng 彼はだいたいの状況を話した.

【大略】dàlüè 副 だいたい. おおよそ. おおまかに. ‖把情况～介绍一下 bǎ qíngkuàng dàlüè jièshào yíxià 状況をかいつまんで紹介する.｜～估计一下 dàlüè gūjì yíxià おおまかに見積もってみる.

*【大体】dàtǐ 副 だいたい. おおむね. ‖我们的意见～一致 wǒmen de yìjian dàtǐ yízhì 我々の意見はだいたい一致している.｜这儿的情况我～上了解了 zhèr de qíngkuàng wǒ dàtǐ shang liǎojiě le ここの様子はおおよそ分かった.

**【大约】dàyuē 副 約. およそ. だいたい. (概数を表す) ‖用了一两小时 yòngle dàyuē liǎng xiǎoshí およそ2時間かかった.｜老师～有三十多岁 lǎoshī dàyuē yǒu sānshí duō suì 先生はおよそ30歳くらいだ.

おかげ

*【大致】dàzhì 副 おおむね. おおかた. だいたい. ‖他们的年龄～相仿 tāmen de niánlíng dàzhì xiāngfǎng 彼らの年齢はまあ同じだ. | 这架飞机～在十点左右到达北京吧 zhè jià fēijī dàzhì zài shí diǎn zuǒyòu dàodá Běijīng ba この飛行機はだいたい10時ごろ北京に着くでしょう.

**【约】yuē 副 約. ほぼ. だいたい. (概数を表す)‖两地相距～十公里 liǎng dì xiāngjù yuē shí gōnglǐ 二つの場所はおよそ10キロ離れている. | 出席会议的～有二十人 chūxí huìyì de yuē yǒu èrshí rén 会議に出席したのはほぼ20名である.

【约莫】【约摸】yuēmo 副 だいたい. ほぼ. ざっと. ‖～等了十分钟左右 yuēmo děngle shí fēnzhōng zuǒyòu およそ10分ばかり待った. | 会场里～有二三十人 huìchǎng lǐ yuēmo yǒu èr sānshí rén 会場にはざっと2, 30人いる.

おかげ

▶帮助　▶保佑　▶多亏　▶恩惠　▶借光
▶亏得　▶托福　▶幸亏　▶有幸　▶沾光

★【帮助】bāngzhù 動 助ける. 援助する. ‖在他的～下, 我才写成了这本书 zài tā de bāngzhù xià, wǒ cái xiěchéngle zhè běn shū 彼のおかげで私はようやくこの本を書き上げた.

【保佑】bǎoyòu 動 (神が)加護する. ‖受到神佛的～ shòudào shén fó de bǎoyòu 神仏のおかげです.

*【多亏】duōkuī 動 おかげをこうむる. ‖这次我能找到工作～了他 zhè cì wǒ néng zhǎodào gōngzuò duōkuīle ta 今回仕事が見つかったのは彼のおかげです. | 这件事我忘得一干二净, ～你提醒 zhè jiàn shì wǒ wàngde yì gān èr jìng, duōkuī nǐ tíxǐng このことはきれいさっぱり忘れていたが, あなたが教えてくれたおかげで助

かった.

【恩惠】ēnhuì 图 (一方がもう一方に与える)利益. 恵み. ‖蒙受～ méngshòu ēnhuì おかげをこうむる. | 广施～ guǎng shī ēnhuì 広く恩恵を施す.

【借光】jiè//guāng 動 恩恵を受ける. 人の威光を利用する. ‖你分到这套房子, 是不是借了你父母的光? nǐ fēndào zhè tào fángzi, shì bu shì jièle nǐ fùmǔ de guāng? この部屋を分配してもらえたのは, あなたの両親のおかげじゃないの?

【亏得】kuīde 動 …のおかげをこうむる. ‖～有你帮助, 我才有今天 kuīde yǒu nǐ bāngzhù, wǒ cái yǒu jīntiān あなたに助けてもらったおかげで, 今日の私がある.

【托福】tuō//fú 動 おかげさまで. ‖托您的福, 一切都很顺利 tuō nín de fú, yíqiè dōu hěn shùnlì おかげさまで, すべて順調です.

*【幸亏】xìngkuī 副 幸い. 運よく. 都合よく. ‖～抢救及时, 他才保住了性命 xìngkuī qiǎngjiù jíshí, tā cái bǎozhùle xìngmìng 応急手当てが早かったおかげで, 彼は命拾いした. | ～有你帮忙, 要不这些活儿到明天也干不完 xìngkuī yǒu nǐ bāngmáng, yàobù zhèxiē huór dào míngtiān yě gànbuwán 君が手伝ってくれなければ, この仕事は明日になっても終わらなかったろう.

【有幸】yǒuxìng 形 幸いなことに. ‖～碰到了一位好大夫 yǒuxìng pèngdàole yí wèi hǎo dàifu 幸運にもよい医者に出会った.

*【沾光】zhān//guāng 動 恩恵を受ける. あやかる. ‖沾别人的光 zhān biéren de guāng おかげをこうむる. | 他当了官, 亲戚朋友也都跟着沾了不少光 tā dāngle guān, qīnqi péngyou yě dōu gēnzhe zhānle bù shǎo guāng 彼が役人になり, 親戚や友人たちもみなさまざまな恩恵にあず

102

かった.

おかしい　おかしい(滑稽(ﾃﾞ)である)

▶风趣　▶滑稽　▶活宝　▶可笑

*【风趣】fēngqù 图 ユーモア. しゃれっ気. 諧謔(ﾁﾞｬｸ)味. ‖文中蕴含着他特有的~ wénzhōng yùnhánzhe tā tèyǒu de fēngqù 文章には彼特有のユーモアが潜んでいる. 圏(話や文章に)おどけた味わいがある. ユーモアがある. |言谈~, 举止幽默 yántán fēngqù, jǔzhǐ yōumò 話も身振りもユーモアたっぷりである.

【滑稽】huájī; huájī 圏 滑稽(ﾃﾞ)である. ‖他说话~极了 tā shuōhuà huájíjí le 彼の話はまったく滑稽だ. |~的动作 huájī de dòngzuò おどけた動作. |一副~相 yí fù huájī xiàng ひょうきんな表情.

【活宝】huóbǎo 图 おどけ者. 面白い人. ‖耍~ shuǎ huóbǎo ふざける. おどける. |他可是我们班的大~ tā kě shì wǒmen bān de dà huóbǎo 彼は私たちのクラスのひょうきん者だ.

*【可笑】kěxiào 圏 おかしい. 滑稽(ﾃﾞ)である. ばかげている. ‖小丑表演得真~ xiǎochǒu biǎoyǎnde zhēn kěxiào 道化の演技はほんとにおかしい. |这种行为荒唐~ zhè zhǒng xíngwéi huāngtang kěxiào このような行為はまったくばかげている.

おかしい　おかしい（変である）

▶不可思议　▶不正常　▶反常　▶怪
▶荒谬　▶荒唐　▶可疑　▶奇怪
▶莫名其妙　▶失常

【不可思议】bù kě sī yì 凤 不思議である. 不可解である. 理解しがたい.

【不正常】bù zhèngcháng 組 正常ではない. 通常とは違う. ‖今年天气~ jīnnián tiānqì bú zhèngcháng 今年は天候がおかしい.

*【反常】fǎncháng 圏 異常である. おかしい. アブノーマルである. ‖气候~ qìhòu fǎncháng 気候が異常だ. |~的现象 fǎncháng de xiànxiàng 異常な現象. |这些天他有些情绪~ zhèxiē tiān tā yǒuxiē qíngxu fǎncháng このごろ彼は少しおかしい.

*【怪】guài 圏 奇怪である. 変である. おかしい. ‖古~ gǔguài 風変わりだ. |~现象 guài xiànxiàng 不思議な現象. |他的想法很~ tā de xiǎngfa hěn guài 彼の考え方はおかしい. |他戴着一顶女式帽子, 样子~~的 tā dàizhe yì dǐng nǚshì màozi, yàngzi guàiguài de 彼は女物の帽子なんかかぶって, 変な格好だ.

*【荒谬】huāngmiù 圏 でたらめである. 道理に合っていない. ‖~的提法 huāngmiù de tífa でたらめな言い方. |逻辑上十分~ luóji shang shífēn huāngmiù 論理がめちゃくちゃである.

*【荒唐】huāngtang; huāngtáng 圏 (言動などが)荒唐無稽である. でたらめである. ‖~可笑 huāngtang kěxiào でたらめで滑稽(ﾃﾞ)である. |这种想法实在~ zhè zhǒng xiǎngfa shízài huāngtang そうした考えはどうにも荒唐無稽だ.

【可疑】kěyí 圏 疑わしい. 怪しい. ‖来历~ láilì kěyí 出所がいかがわしい. |形迹~ xíngjì kěyí 挙動不審である.

*【奇怪】qíguài 圏 不思議である. 妙である. おかしい. ‖真~, 为什么还没来电话呢? zhēn qíguài, wèi shénme hái méi lái diànhuà ne? おかしいな, どうしてまだ電話がこないのだろう. |这几天他的行动很~ zhè jǐ tiān tā de xíngdòng hěn qíguài この数日彼のやることはどうも変だ.

*【莫名其妙】【莫明其妙】mò míng qí miào 凤 わけが分からない. 奇妙である. ‖

おかす （法を）犯す

听了这话，大伙儿都感到～ tīngle zhè huà, dàhuǒr dōu gǎndào mò míng qí miào みんなはこの話を聞いてわけが分からなかった.

【失常】shīcháng 厖 正常でない．常態でない．‖ 举止～ jǔzhǐ shīcháng 挙動がおかしい．｜操作～ cāozuò shīcháng コントロールが利かなくなる．｜他今天的态度有点～ tā jīntiān de tàidu yǒu diǎn shīcháng 彼の今日の態度はちょっとおかしい．

おかす （法を）犯す

▶犯　▶犯法　▶犯罪　▶违背　▶违反
▶违犯　▶违规　▶违禁　▶违例

【犯】fàn 勔 過ちを犯す．‖ ～了主观主义 fànle zhǔguān zhǔyì 主観主義の過ちを犯した．｜～了一个大错误 fànle yí ge dà cuòwù 大きな過ちを犯した．

*【犯法】fàn//fǎ 勔 法を犯す．法に違反する．‖ ～的事可不能干 fànfǎ de shì kě bù néng gàn 法に違反するようなことはできない．｜我又没犯什么法，你管得着吗? wǒ yòu méi fàn shénme fǎ, nǐ guǎndezháo ma? 法を犯したわけでもないのだ，君は余計な口出しをするな.

*【犯罪】fàn//zuì 勔 罪を犯す．‖ 那个人犯了什么罪? nà ge rén fànle shénme zuì? あの人はなんの罪を犯したのですか．｜～心理学 fànzuì xīnlǐxué 犯罪心理学.

*【违背】wéibèi 勔 背く．違反する．‖ ～合同 wéibèi hétong 契約に違反する．｜～事实 wéibèi shìshí 事実に反する．｜～自己的意志 wéibèi zìjǐ de yìzhì 己の意志に反する．｜～自然规律 wéibèi zìrán guīlù 自然の摂理に逆らう.

**【违反】wéifǎn 勔 (法則や規定などに)反する．違反する．‖ ～政策 wéifǎn zhèngcè 政策に反する．｜～纪律 wéifǎn jìlǜ 規

律に違反する．｜～外交惯例 wéi fǎn wàijiāo guànlì 外交慣例に反する．

*【违犯】wéifàn 勔 (法律や規則などを)犯す．違反する．‖ ～校规 wéifàn xiàoguī 校則を犯す．｜～法令 wéifàn fǎlìng 法令に違反する．｜～交通规则 wéifàn jiāotōng guīzé 交通法規に違反する.

【违规】wéi//guī 勔 (規定や規則に)反する．違反する．‖ ～行为 wéiguī xíngwéi 不正行為.

【违禁】wéijìn 勔 禁令を犯す．‖ ～品 wéijìnpǐn 禁制品．｜携带私货是～的 xiédài sīhuò shì wéijìn de 密輸品の携帯は禁令違反だ.

【违例】wéilì 勔 (スポーツで)反則を犯す．‖ 发球～ fāqiú wéilì サーブで反則する.

おぎなう 補う

▶补　▶补偿　▶补充　▶弥补　▶添
▶填补　▶贴补　▶增补

★【补】bǔ 勔 (人や物を)補充する．補う．‖ ～一个名额 bǔ yí ge míng'é 欠員を一人補充する．｜～功课 bǔ gōngkè 学科の補習をする．｜出生日期没写，请～上 chūshēng rìqī méi xiě, qǐng bǔshang 生年月日がまだですから，書き加えてください．｜把窟窿～上 bǎ kūlong bǔshang 穴を埋める．借金の穴を埋める.

*【补偿】bǔcháng 勔 補償する．埋め合わせる．償う．‖ ～损失 bǔcháng sǔnshī 損失を補償する．｜得到～ dédào bǔcháng 償いを得る.

**【补充】bǔchōng 勔 ❶補充する．補う．‖ ～水分 bǔchōng shuǐfèn 水分を補充する．｜再～几个人 zài bǔchōng jǐ ge rén あと数人補う．❷追加する．足す．補足する．‖ ～教材 bǔchōng jiàocái 補助教材．副教材．｜～说明 bǔchōng shuōmíng

補足説明.

*【弥补】míbǔ 動補う. 補足する. ‖ 无法～的损失 wúfǎ míbǔ de sǔnshī 補いようのない損失. | ～不足 míbǔ bùzú 不足を補う. | ～自己的过失 míbǔ zìjǐ de guòshī 自分の過ちを補う.

**【添】tiān 動増やす. 加える. 足す. ‖ ～人 tiān rén 人を増やす. 増員する. | ～家具 tiān jiājù 家具を増やす. | 再一点儿钱，买一个质量好一点儿的吧 zài tiān diǎnr qián, mǎi yí ge zhìliàng hǎo yìdiǎnr de ba もう少しお金を足して，品質のよいものを買おう.

*【填补】tiánbǔ 動補充する. 補填(ぽん)する. 埋める. ‖ ～空白 tiánbǔ kòngbái 空白部分を埋める. | ～漏洞 tiánbǔ lòudòng 手落ち部分を補う. | ～亏损 tiánbǔ kuīsǔn 欠損を補填する.

【贴补】tiēbǔ 動(不足分を)補う. ‖ 取点儿存款～日用 qǔ diǎnr cúnkuǎn tiēbǔ rìyòng 預金を少し下ろして生活費を補う.

【增补】zēngbǔ 動(人員などを)補う. ‖ 科学院又～了几位院士 kēxuéyuàn yòu zēngbǔle jǐ wèi yuànshì 科学院はまた数名の会員を補充した.

おきる （事が）起きる

▶产生 ▶出 ▶出岔子 ▶出乱子 ▶出事
▶发生 ▶起 ▶造成

**【产生】chǎnshēng 動生まれる. 生じる. ‖ ～错觉 chǎnshēng cuòjué 錯覚が生じる. | ～问题 chǎnshēng wèntí 問題が生じる. | 我的话对他没有～效果 wǒ de huà duì tā méiyou chǎnshēng xiàoguǒ 私の話は彼になんの効果ももたらさなかった.

★【出】chū 動発生する. 起きる. ‖ ～危险 chū wēixiǎn 危険が生じる. | ～事故

chū shìgù 事故が起きる. | 工作～了问题 gōngzuò chūle wèntí 仕事に問題が発生した. | ～什么事了? chū shénme shì le? 何が起きたのですか. | ～不了大错儿就行 chūbuliǎo dà cuòr jiù xíng 大きな問題が起きなければそれでよろしい.

【出岔子】chū chàzi 組 事故が起きる. 間違いが起きる. ‖ 他这么晚还不来，不会～吧? tā zhème wǎn hái bù lái, bú huì chū chàzi ba? 彼がこんなに遅れるなんて，何かあったんじゃないだろうな.

【出乱子】chū luànzi 組 騒動が起きる. 事故が起きる. 面倒が生じる. ‖ 像他这样胡来，怎么会不～? xiàng tā zhèyàng húlái, zěnme huì bù chū luànzi? 彼のようにでたらめをやっていて，どうして面倒が起こらないで済むか.

*【出事】chū//shì 動 事故が発生する. 事が起きる. ‖ 他～了 tā chūshì le 彼が大変なことになった. | ～地点 chūshì dìdiǎn 事故発生現場.

★【发生】fāshēng 動 発生する. 生じる. 起きる. ‖ ～火灾 fāshēng huǒzāi 火災が起きる. | ～意外 fāshēng yìwài 事故が起きる. | ～冲突 fāshēng chōngtū 衝突が起きる. | ～争吵 fāshēng zhēngchǎo けんかを始める. | 形势～了变化 xíngshì fāshēngle biànhuà 事態に変化が生じた.

★【起】qǐ 動 発生する. 起きる. ‖ ～火 qǐhuǒ 火事が起きる. 失火する. | ～了疑心 qǐle yíxīn 疑念が起きた. | 态度～了变化 tàidu qǐle biànhuà 態度が変わる.

【造成】zàochéng 動 (好ましくない事態を)生む. 引き起こす. ‖ 这场事故是由于他粗心大意～的 zhè cháng shìgù shì yóuyú tā cū xīn dà yì zàochéng de この事故は彼の不注意によって起きたものだ.

105

おく　奥

おく　奥

▶里　▶里边　▶里间　▶里面　▶里头
▶里屋　▶内部　▶上房　▶深处

★【里】lǐ 名中. 内. 内部. 奥. ⇔"外"
wài ‖ 往～走 wǎng lǐ zǒu 奥へ入る.

★【里边】lǐbian（～儿）名中. 内. 奥. ‖
冰箱～ bīngxiāng lǐbian 冷蔵庫の中. ｜～
有人吗? lǐbian yǒu rén ma? 中に誰かいま
すか. ｜～坐 lǐbian zuò 奥に座ってくだ
さい. 中へどうぞ. ｜他从仓库最～把
落满灰尘的机器拖了出来 tā cóng cāngkù
zuì lǐbian bǎ luòmǎn huīchén de jīqì tuōle-
chulai 彼の倉庫の奥からほこりまみれ
の機械を引っ張り出してきた.

【里间】lǐjiān（～儿）名奥の間. 奥の部
屋. "里间屋" lǐjiānwū ともいう.

**【里面】lǐmiàn（～儿）名内. 中. ‖房子
～很暖和 fángzi lǐmiàn hěn nuǎnhuo 家の
中はとても暖かい. ｜日记本放在抽屉
的最～ rìjìběn fàngzài chōuti de zuì lǐmiàn
日記帳は引き出しのいちばん奥にし
まっている.

*【里头】lǐtou 名中. 内. 内部. ‖屋～
wū lǐtou 家の中.

【里屋】lǐwū 名奥の部屋. 奥の間.

**【内部】nèibù 名内部. 内側. ‖这消息
来自～ zhè xiāoxi láizì nèibù このニュー
スは内部から出たものだ.

【上房】shàngfáng 名母屋. 奥の棟.

*【深处】shēnchù 名深部. 奥底. ‖内心
～ nèixīn shēnchù 心の奥底. ｜这片林子
～有古废墟 zhè piàn línzi shēnchù yǒu gǔ
fèixū この森の奥に昔の廃墟(はいきょ)があ
る.

おく　置く

▶摆　▶堆　▶堆放　▶放　▶放下　▶放置
▶搁　▶搁下　▶摊

★【摆】bǎi 動（見栄えよく）置く.（順序よ
く）並べる. ‖把这盆花～在窗台上 bǎ
zhè pénhuā bǎizài chuāngtái shang この鉢
植えを窓の台の上に置いて. ｜把桌椅
～整齐 bǎ zhuōyǐ bǎizhěngqí 机と椅子を
きちんと並べる. ｜饭菜都～好了 fàncài
dōu bǎihǎo le 料理は全部並べ終わった.

**【堆】duī 動積む. 積み上げる. ‖货物
～成了山 huòwù duīchéngle shān 荷物が
山と積んである. ｜桌子上～满了东西
zhuōzi shang duīmǎnle dōngxi 机の上には
物がいっぱい重ねて置いてある.

【堆放】duīfàng 動積んで置いておく.
積んだままにしておく. ‖行李～在一
旁，还没整理 xíngli duīfàngzài yìpáng, hái
méi zhěnglǐ 荷物は傍らに積んだまま,
まだ整理していない.

★【放】fàng 動置く. 入れる. ‖～进口袋
里 fàngjin kǒudài li ポケットに入れる.
｜花瓶～哪儿? huāpíng fàng nǎr? 花瓶は
どこへ置きますか. ｜床头～着几本书
chuángtóu fàngzhe jǐ běn shū 枕元に本が
何冊か置いてある. ｜自行车～在门口
zìxíngchē fàngzài ménkǒu 自転車は入り
口に置いてある.

**【放下】fàng//xia(xià) 動置く. 下に下ろ
す. ‖他怎么吃了一口就～了? tā zěnme
chīle yì kǒu jiù fàngxia le? 彼はどうして
一口食べただけで箸を置いたんだろ
う. ｜先把手枪～! xiān bǎ shǒuqiāng fàng-
xia! まずピストルを捨てろ! ｜这儿还
能～两把椅子 zhèr hái néng fàngxia liǎng
bǎ yǐzi ここにはまだ椅子を2脚置ける.

【放置】fàngzhì 動放置する. ‖～不用
fàngzhì bú yòng 放置して使わない.

**【搁】gē 動置く. 入れる. ‖把花盆～在
窗台上 bǎ huāpén gēzài chuāngtái shang 植
木鉢を窓台に置く. ｜这件事你得～在
心上 zhè jiàn shì nǐ děi gēzài xīn shang 君
はこのことを心に留めておかなければ
ならない.

106

【搁下】gē//xia(xià) 動 置く.‖先把行李
～，慢慢儿说 xiān bǎ xíngli gēxia, mànmānr
shuō まずは荷物を置いて，それから
ゆっくり話しなさい.

*【摊】tān 動 一面に並べる. 広げる.‖
～凉席 tān liángxí ござを敷く.｜书，本
子什么的～了一桌子 shū, běnzi shénmede
tānle yì zhuōzi 本だのノートだのが机
いっぱいに置いてある.

おくさま　奥様

▶爱人　▶第一夫人　▶夫人　▶老伴儿
▶老婆　▶老太太　▶内人　▶太太
▶屋里人

★【爱人】àiren 名 妻. 奥さん. (呼称とし
て都市部で用いられ，「夫・主人」をさ
す用法もある)‖这是我～ zhè shì wǒ ài-
ren こちらは私の妻です.｜你～ nǐ àiren
あなたの奥さん.

【第一夫人】dì yī fūren 組 (ふつう国家元
首の)夫人. 奥様.

★【夫人】fūren；fūrén 名 (他人の妻への尊
称)夫人. 奥様.‖总统～ zǒngtǒng fūren
大統領夫人.

【老伴儿】lǎobànr 名 (老夫婦の一方が相
手をさして言う言葉)連れ合い. 老妻.
老夫.

*【老婆】lǎopo 名 口 (自分や他者の)妻.
女房. 家内. 細君.‖他～ tā lǎopo 彼の
奥さん.｜～孩子 lǎopo háizi 妻や子. 妻
子.

**【老太太】lǎotàitai 名 (やや高齢の女性
に対する尊称)奥様. 大奥様.

【内人】nèiren；nèirén 名 家内. 人に対し
て自分の妻をいう.

★【太太】tàitai 名 ❶回 役人の妻に対する
尊称. 奥様. ❷回 使用人の女主人に対す
る尊称. ❸ (夫の姓に付けて)既
婚女性に対する尊称. 奥さん.‖张～

Zhāng tàitai 張さんの奥さん(奥様). ❹
(多く人称代名詞の後に置いて)他人ま
たは自分の妻に対する呼称.‖他～跟
我～是同乡 tā tàitai gēn wǒ tàitai shì tóng-
xiāng 彼の奥さんと私の家内は同郷だ.

【屋里人】wūlirén；wūlǐrén 名 历 妻. 女
房. "屋里的" wūlide ともいう.

おくらせる　遅らせる

▶推　▶推迟　▶拖　▶拖延　▶延　▶延迟

★【推】tuī 動 (予定の時間や日を)延ばす.
‖时间紧，不能再往后～了 shíjiān jǐn,
bù néng zài wǎng hòu tuī le 時間が差し
迫っているので，これ以上遅らせるわ
けにはいかない.｜出发日期～了半个
月 chūfā rìqī tuīle bàn ge yuè 出発の日を
半月延ばした.

*【推迟】tuīchí 動 (予定の時間や日を)ず
らす. 延ばす. 遅らせる.‖回国日期
～两天 huíguó rìqī tuīchí liǎng tiān 帰国の
日取りを2日遅らせる.｜会议～一个
小时举行 huìyì tuīchí yí ge xiǎoshí jǔxíng
会議を1時間ずらして開く.

**【拖】tuō 動 時間を引き延ばす.‖今天
～明天，明天～后天，问题老得不到解
决 jīntiān tuō míngtiān, míngtiān tuō hòutiān,
wèntí lǎo débudào jiějué 今日を明日に，
明日をあさってにと引き延ばしていて
は，いつまでたっても問題は解決され
ない.｜你的病不能再～了 nǐ de bìng bù
néng zài tuō le あなたの病気はこれ以上
放っておくわけにはゆかない.

*【拖延】tuōyán 動 (時間を)引き延ばす.
延び延びにする.‖～时间 tuōyán shíjiān
時間を引き延ばす.｜期限快到了，不
能再～了 qīxiàn kuài dào le, bù néng zài tuō-
yán le もうすぐ期限になる，これ以上
延ばすわけにはゆかない.

【延】yán 動 (時期を)遅らせる. 延期す

おくりもの　贈り物

る．‖遅～ chíyán 遅延する．‖順～ shùn-
yán 順延する．‖期限不能再～了 qīxiàn
bù néng zài yán le 期限はこれ以上もう延
ばせない．

【延迟】yánchí 勔 延期する．遅らせる．
‖～行期 yánchí xíngqī 出発日を遅らせ
る．‖事情紧急，再不能～了 shìqing jǐn-
jí, zài bù néng yánchí le 事は切迫してお
り，これ以上遅らせる訳にはいかない．

おくりもの　贈り物

▶份子　▶贺卡　▶贺礼　▶回礼　▶纪念品
▶礼　▶礼品　▶礼物　▶谢礼　▶赠品

【份子】fènzi 图 (慶弔金などの)各自の
出し分．割り前．“份子钱”fènziqián と
もいう．‖出～ chū fènzi 自分の分を出
す．

【贺卡】hèkǎ 图 結婚祝いや誕生日に贈
るカード．

【贺礼】hèlǐ 图 祝いに贈る品物．

【回礼】huílǐ 图 お返し．返礼の品．勔
(huí//lǐ) 返礼する．お返しをする．

【纪念品】jìniànpǐn 图 記念品．‖赠送～
zèngsòng jìniànpǐn 記念品を贈る．

*【礼】lǐ 图 贈り物．進物．プレゼント．
‖送～ sònglǐ 贈り物をする．

*【礼品】lǐpǐn 图 贈り物．プレゼント．

★【礼物】lǐwù 图 贈り物．プレゼント．‖
生日～ shēngrì lǐwù バースデー・プレ
ゼント．‖送～ sòng lǐwù 贈り物をする．

【谢礼】xièlǐ 图 お礼の金品．謝礼．

【赠品】zèngpǐn 图 贈り物．

おくる　贈る

▶颁发　▶给　▶还礼　▶回赠　▶授予
▶送　▶送给　▶送礼　▶献礼　▶赠
▶赠送

*【颁发】bānfā 勔 (勲章・賞状・賞金を)
授与する．‖给优秀的学生～了奖状 gěi
yōuxiù de xuésheng bānfāle jiǎngzhuàng 優
秀な学生に賞状を贈った．

★【给】gěi 勔 与える．あげる．やる．‖～
你 gěi nǐ 君にあげる．‖奶奶～他十块钱
nǎinai gěi tā shí kuài qián おばあさんは彼
に 10 元あげた．

【还礼】huán//lǐ 勔 (贈り物などで)返礼
する．お返しをする．‖收了这么多的
礼物，拿什么～呢 shōule zhème duō de lǐ-
wù, ná shénme huánlǐ ne こんなにたくさ
んの物をもらって，いったいどうやっ
てお返ししたらいいのだろう．

【回赠】huízèng 勔 返礼をする．お返し
の贈り物をする．

*【授予】shòuyǔ 勔 (勲章や学位などを)
授与する．贈る．‖～他诺贝尔文学奖
shòuyǔ tā Nuòbèi'ěr wénxuéjiǎng 彼にノー
ベル文学賞を授与する．‖～奖状 shòuyǔ
jiǎngzhuàng 表彰状を贈る．

★【送】sòng 勔 贈る．与える．‖父亲～我
一台照相机做生日礼物 fùqin sòng wǒ yì
tái zhàoxiàngjī zuò shēngrì lǐwù 父は誕生
日の贈り物にカメラをくれた．‖他～
了一枚钻戒给女朋友作订婚礼物 tā sòng-
le yì méi zuànjiè gěi nǚpéngyou zuò dìnghūn
lǐwù 彼は婚約のしるしにダイヤの指輪
を彼女に贈った．‖他～了一本书给我 tā
sòngle yì běn shū gěi wǒ 彼は私に本を 1
冊くれた．

【送给】sònggěi 勔 …に贈る．…に与え
る．‖我～他一个打火机 wǒ sònggěi tā yí
ge dǎhuǒjī 私は彼にライターを贈った．
‖我～你一幅画儿做纪念吧 wǒ sònggěi
nǐ yì fú huàr zuò jìniàn ba 絵を 1 枚記念に
差し上げましょう．

*【送礼】sòng//lǐ 勔 贈り物をする．‖你们
这儿结婚一般送什么礼? nǐmen zhèr jié-
hūn yìbān sòng shénme lǐ? 君たちのとこ
ろでは結婚祝いにふつう何を贈るんだ

おこたる　怠る

い.

【献礼】xiàn//lǐ 動 祝賀を表すために, 贈り物をする. ‖争取提前建成通车, 向国庆～ zhēngqǔ tíqián jiànchéng tōngchē, xiàng Guóqìng xiànlǐ なんとか繰り上げて開通させ, 国慶節の祝いとする.

【赠】zèng 動 (品物を)贈る. ‖互～礼品 hù zèng lǐpǐn お互いにプレゼントを贈る. ｜老师～我一本字典 lǎoshī zèng wǒ yì běn zìdiǎn 先生は私に字典をくださった.

*【赠送】zèngsòng 動 (品物を)贈る. 贈呈する. ‖～礼品 zèngsòng lǐpǐn プレゼントを贈る. ｜向孩子们～书籍 xiàng háizimen zèngsòngle shūjí 子供たちに本を贈った.

───────────

おくれる　遅れる

▶迟　▶迟到　▶迟延　▶耽搁　▶耽误
▶晚　▶晚点　▶误　▶误点

───────────

*【迟】chí 形 (時間が)遅い. (予定より)遅れている. ‖延～ yánchí 延期する. ｜有事来～了 yǒu shì láichí le 用事で遅れた.

★【迟到】chídào 動 遅刻する. 遅れて着く. ‖～了十五分钟 chídàole shíwǔ fēnzhōng 15分遅刻した. ｜对不起, 我～了 duìbuqǐ, wǒ chídào le すみません, 遅刻しました.

【迟延】chíyán 動 遅延する. ‖按时交货, 决不～ ànshí jiāohuò, jué bù chíyán 納期は決して遅れてはならない.

【耽搁】dānge 動 (時間を)引き延ばす. 遅れる. "耽搁"とも書く. ‖因为堵车, 在路上～了两小时 yīnwei dǔchē, zài lùshang dāngele liǎng xiǎoshí 途中交通渋滞のため2時間遅れた. ｜他只顾研究, 把自己的婚事也给～了 tā zhǐgù yánjiū, bǎ zìjǐ de hūnshì yě gěi dānge le 彼は研究に

かまけて, 自分の結婚を遅らせている.

*【耽误】dānwu 動 遅れる. 手遅れになる. ‖～了火车 dānwule huǒchē 汽車に乗り遅れた. ｜～了交货日期 dānwule jiāohuò rìqī 納品の時期に遅れる. ｜把病给～了 bǎ bìng gěi dānwu le 治療が手遅れになった.

★【晚】wǎn 形 (時刻が)遅れている. 過ぎている. ‖～了十分钟 wǎnle shí fēnzhōng 10分遅れた. ｜对不起, 我来～了 duìbuqǐ, wǒ láiwǎn le 来るのが遅くなってすみません. ｜太～了, 来不及了 tài wǎn le, láibují le 遅すぎて間に合わない.

【晚点】wǎn//diǎn 動 (列車・船・飛行機などの発着時間が)遅れる. ‖火车～二十分钟 huǒchē wǎndiǎn èrshí fēnzhōng 列車は定刻よりも20分遅れる.

*【误】wù 動 遅れる. 手間どって事を誤る. ‖～了开会的时间 wùle kāihuì de shíjiān 会議の時間に遅れた. ｜早点儿走, 不要～了航班 zǎodiǎnr zǒu, búyào wùle hángbān 飛行機の時間に遅れないように急ごう.

【误点】wù//diǎn 動 (列車・船・飛行機などが)定刻に遅れる. 延着する. ‖火车～了 huǒchē wùdiǎn le 汽車は延着した.

───────────

おこたる　怠る

▶不用功　▶大意　▶怠慢　▶放松　▶懒惰
▶疏忽　▶松懈　▶偷懒　▶玩忽　▶懈怠

───────────

【不用功】bù yònggōng 組 学業を怠ける. ‖这孩子学习～ zhè háizi xuéxí bú yònggōng この子は勉強を怠けてばかりいる.

【大意】dàyi 形 注意が足りない. 注意を怠っている. 油断している. ‖我当时～了, 没问他多少钱 wǒ dāngshí dàyi le,

109

おこる　怒る

méi wèn tā duōshao qián 私はそのとき
うっかりしていて，彼にいくら聞か
なかった。|这事很重要，千万不能～
zhè shì hěn zhòngyào, qiānwàn bù néng dàyi
これはとても重要だから，絶対に注意
を怠ってはならない。

【怠慢】dàimàn 動 粗略にする．なおざ
りにする．‖唯恐～了客人 wéikǒng dài-
mànle kèren お客に失礼がなかったどう
かを気にかける。

*【放松】fàngsōng 動 いいかげんにする．
おろそかにする．なおざりにする．‖
就算工作忙，也不能～学习 jiù suàn gōng-
zuò máng, yě bù néng fàngsōng xuéxí 仕事
が忙しいからといって勉強をなおざり
にしてはいけない。

*【懒惰】lǎnduò 形 怠惰である．無精で
ある．‖要想成功，就不能～ yào xiǎng
chénggōng, jiù bù néng lǎnduò 成功させた
いと思ったら，怠惰であってはならな
い。|他太～ tā tài lǎnduò 彼はほんとう
に無精者だ。

*【疏忽】shūhu 動 なおざりにする．おろ
そかにする．‖～职守 shūhu zhíshǒu 職
責をおろそかにする．|～大意 shūhu dà-
yi おろそかにする．うっかりする。

【松懈】sōngxiè 形 だれている．だらけ
ている．緩んでいる．‖纪律～ jìlǜ sōng-
xiè 規律が緩んでいる。|抓紧时间练习
千万别～ zhuājǐn shíjiān liànxí qiānwàn bié
sōngxiè 時間をむだなく練習し，決し
てだらけるな。

【偷懒】tōu//lǎn 動 ずるける．怠ける．
油を売る．‖他从不～ tā cóng bù tōulǎn
彼は一度もサボったことがない。

【玩忽】wánhū 動 軽視する．ないがし
ろにする．‖～职守 wánhū zhíshǒu 職務
を軽んじる。

【懈怠】xièdài 形 怠っている．怠けてい
る．‖学外语要天天练，不可一日～ xué
wàiyǔ yào tiāntiān liàn, bù kě yí rì xièdài 外

国語を学ぶには毎日練習を欠かさず，
一日たりとも怠けてはならない。

おこなう　行う ⇒【実行】

おこる　怒る

▶发火　▶发怒　▶发脾气　▶愤怒　▶火
▶急　▶怒火　▶气　▶气愤　▶生气

*【发火】fā//huǒ（～儿）動 かんしゃくを
起こす．かっとなる．‖他一不高兴就
～ tā yí bù gāoxìng jiù fāhuǒ あいつはちょっ
と気に入らないとすぐかんしゃくを起
こす。|冲我发了一通火 chòng wǒ fāle yí-
tòng huǒ 私に当たりちらした。

【发怒】fā//nù 動 怒る．‖父亲动不动就
～ fùqin dòngbudòng jiù fānù 父は何かと
いうとすぐ怒る。

*【发脾气】fā píqi 組 かんしゃくを起こ
す．怒って人に当たる．‖科长冲我们
～了 kēzhǎng chòng wǒmen fā píqi le 課長
は我々に向かってかんしゃくを起こし
た。|他从来没发过脾气 tā cónglái méi
fāguo píqi 彼はいままでかんしゃくを起
こしたことがない。

**【愤怒】fènnù 形 激しく怒っている．憤
怒している．‖～的目光 fènnù de mù-
guāng 憤怒の眼つき。|听了这话，他非
常～ tīngle zhè huà, tā fēicháng fènnù その
話を聞いて，彼は激怒した。

**【火】huǒ（～儿）名 怒り．かんしゃく．
‖好大的～儿 hǎodà de huǒr すさまじい
怒り。|冒～ màohuǒ 腹を立てる。|恼
～ nǎohuǒ 腹立たしい。動 怒る．かん
かんになる．‖爸爸没等我说完就～了
bàba méi děng wǒ shuōwán jiù huǒ le 父は
私の話を最後まで聞かないうちに怒り
出した。|几句话就把他惹～了 jǐ jù huà
jiù bǎ tā rě huǒ le ちょっと言っただけで

110

彼はかんかんに怒ってしまった.

★【急】jí 形 口 かっとなる. 怒る.‖他~了, 张口就骂了起来 tā jí le, zhāngkǒu jiù màleqilai 彼はかっとなって，口を開くや罵り出した.

*【怒火】nùhuǒ 名 激しい怒り. たぎる怒り.‖~中烧 nùhuǒ zhōng shāo 怒りの炎が胸中に燃えたぎる.｜按捺不住满腔的～ ànnàbuzhù mǎnqiāng de nùhuǒ 満腔(まんこう)の怒りを抑えることができない.

*【气】qì 動 怒る. 腹を立てる.‖~得发抖 qìde fādǒu 怒りで体がわなわなと震える.｜一听就～炸了 yì tīng jiù qìzhà le 聞いたとたんかんかんになって怒った.

*【气愤】qìfèn 形 憤慨している. 激怒している.‖~地指责对方不讲信用 qìfèn de zhǐzé duìfāng bù jiǎng xìnyòng 相手が信用を重んじないことに激怒して非難する.

*【生气】shēng//qì 動 怒る. 腹を立てる.‖爱～ ài shēngqì 怒りっぽい.｜为这么点儿小事～, 不值得 wèi zhème diǎnr xiǎoshì shēngqì, bù zhíde こんなささいなことで腹を立てるなんてくだらない.｜好了, 别生我的气了 hǎo le, bié shēng wǒ de qì le 分かった，もう私に腹を立てるのはやめてくれ.

おこる 起こる

▶出 ▶出错 ▶出毛病 ▶发生 ▶发作
▶闹 ▶起

★【出】chū 動 発生する. 起こる.‖~事故 chū shìgù 事故が起こる.｜工作~了问题 gōngzuò chūle wèntí 仕事に問題が発生した.｜~什么事了? chū shénme shì le? 何が起こったのですか.

【出错】chū cuò(~儿) 組 間違いが起こる.‖这工作交给他, 绝不会~ zhè gōngzuò jiāogěi tā, jué bú huì chūcuò この仕事

は彼に任せれば，決して間違いは起こらない.｜出了错就改呗, 别那么大惊小怪的 chūle cuò jiù gǎi bei, bié nàme dà jīngxiǎo guài de 間違ったら直せばいいさ，そんなに大げさに騒ぐなよ.

【出毛病】chū máobing 組 欠陥・故障・間違いなどが起こる.‖电话~了 diànhuà chū máobing le 電話が故障した.｜心脏出了毛病 xīnzàng chūle máobing 心臓の具合が悪い.

★【发生】fāshēng 動 発生する. 生じる. 起こる.‖~事故 fāshēng shìgù 事故が発生する.｜~火灾 fāshēng huǒzāi 火災が起きる.｜~意外 fāshēng yìwài 事故が起きる.｜~冲突 fāshēng chōngtū 衝突が起こる.｜形势~了变化 xíngshì fāshēngle biànhuà 事態に変化が生じた.

【发作】fāzuò 動 発作が起こる.‖旧病~ jiùbìng fāzuò 持病の発作が起きた.

【闹】nào 動 (病気や災害などが)起こる.‖~病 nàobìng 病気になる.｜~肚子 nào dùzi 下痢を起こす.｜~流感 nào liúgǎn インフルエンザにかかる.｜~水灾 nào shuǐzāi 水害が起こる.

★【起】qǐ 動 発生する. 起こる.‖~火 qǐhuǒ 火事が起きる.｜~了疑心 qǐle yìxīn 疑念が起こった.｜态度~了变化 tàidu qǐle biànhuà 態度に変化が起こった.

おさえる 押さえる

▶按 ▶顶 ▶摁 ▶捂 ▶压

*【按】àn 動 (手や指で)押す. 押さえる.‖~电钮 àn diànniǔ スイッチを押す.｜~手印儿 àn shǒuyìnr 拇印(ぼん)を押す.｜把帘子~住 bǎ liánzi ànzhù 幕を押さえる.

*【顶】dǐng 動 支える. つっかい棒をする.‖把大门~上 bǎ dàmén dǐngshang 正門につっかい棒をする.

おさめる　収める

【摁】èn 動 手で押す. 押さえる. ‖ 把歹徒～倒在地 bǎ dǎitú èndǎo zài dì 悪党を地面に押さえつける. ｜～台灯的电钮 èn táidēng de diànniǔ 電気スタンドのスイッチを入れる. ｜～喇叭 èn lǎba クラクションを鳴らす.

【捂】wǔ 動 しっかりと押さえる. ぴったりと覆う. ふさぐ. ‖ ～着鼻子 wǔzhe bízi 鼻を手で押さえる. ｜～紧盖子 wǔjǐn gàizi しっかりふたをする.

**【压】yā 動 (多くは上から下へ)押さえつける. 押さえる. ‖ ～平 yāpíng 押さえて平らにする. ｜筐子被～坏了 kuāngzi bèi yāhuài le かごが押しつぶされた.

おさめる　収める

▶放　▶搁　▶收　▶收藏　▶收存　▶收录
▶收入　▶收拾　▶装

★【放】fàng 動 置く. 入れる. ‖ ～进口袋里 fàngjìn kǒudài li ポケットに入れる. ｜行李都～在您房间里了 xíngli dōu fàngzài nín fángjiān li le 荷物は全部あなたの部屋に収めておきました. ｜阅后～回原处 yuèhòu fànghuí yuánchù 読んだ後は元のところへ.

**【搁】gē 動 しまう. ‖ 这件事你得～在心上 zhè jiàn shì nǐ děi gēzài xīn shang 君はこのことを心に収めておきなさい.

★【收】shōu 動 片づける. しまう. ‖ 把玩具～起来 bǎ wánjù shōuqilai おもちゃを片づける. ｜把东西～在柜里 bǎ dōngxi shōuzài guì li 品物を戸棚の中に収める. ｜词典～了一些近年出现的新词 cídiǎn shōule yìxiē jìnnián chūxiàn de xīncí 辞典にはここ数年に現れた新語がいくつか収められている.

*【收藏】shōucáng 動 集めてしまっておく. 収蔵する. ‖ ～古董 shōucáng gǔdǒng 古美術品を集める. ｜～品 shōucángpǐn コレクション. 収蔵品. ｜这个美术馆里～着许多名人字画 zhège měishùguǎn li shōucángzhe xǔduō míngrén zìhuà この美術館には多くの有名な人の書画が収められている.

【收存】shōucún 動 しまう. 保存する. ‖ 把单据～起来 bǎ dānjù shōucúnqilai 伝票をしまっておく.

【收录】shōulù 動 収録する. ‖ 这部诗集～了十位当代诗人的作品 zhè bù shījí shōulùle shí wèi dāngdài shīrén de zuòpǐn この詩集には10名の現代詩人の作品が収められている.

**【收入】shōurù 動 収録する. ‖ 本书～散文十五篇 běnshū shōurù sǎnwén shíwǔ piān 本書は散文を15編収めている.

★【收拾】shōushi 動 始末する. 片づける. 整理する. ‖ ～房间 shōushi fángjiān 部屋を片づける. ｜～行李 shōushi xíngli 荷物を整理する. ｜～残局 shōushi cánjú 後の事態を収拾する.

★【装】zhuāng 動 (入れ物に)詰め込む. ‖ 包里～着什么? bāo lǐ zhuāngzhe shénme? 袋には何が入っているの? ｜把衣服～进旅行箱 bǎ yīfu zhuāngjìn lǚxíngxiāng 旅行かばんに衣類を詰める.

おさめる　収める（獲得する）

▶得到　▶获得　▶取得　▶收到　▶收效

★【得到】dé//dào 動 手に入れる. 獲得する. もらう. ‖ ～好处 dédào hǎochù 利益を得る. ｜～机会 dédào jīhui 機会を得た. ｜～一份奖品 dédào yí fèn jiǎngpǐn 賞品をもらった. ｜～赏识 dédào shǎngshí おほめにあずかった. ｜～支持 dédào zhīchí 支持を受けた. ｜～对方的谅解 dédào duìfāng de liàngjiě 相手側の了解を得た.

**【获得】huòdé 動 獲得する. 手に入れ

る．収める．‖～宝贵经验 huòdé bǎoguì jīngyàn 貴重な経験をした．｜～显著效果 huòdé xiǎnzhù xiàoguǒ 著しい効果を収める．｜～一致通过 huòdé yízhì tōngguò 満場一致で可決する．

★【取得】qǔdé 動取得する．得る．‖～优异成绩 qǔdé yōuyì chéngjì 優秀な成績を収める．｜～决赛权 qǔdé juésàiquán 決勝進出を勝ち取る．｜～信任 qǔdé xìnrèn 信任を得る．

*【收到】shōu//dào 動❶受け取る．手にする．‖来信～了 láixìn shōudào le お手紙拝受しました．｜～一个邮包 shōudào yí ge yóubāo 小包を受け取る．❷収める．‖～意想不到的效果 shōudào yìxiǎngbudào de xiàoguǒ 思いがけない効果を収める．

【收效】shōu//xiào 動効果を収める．‖～不小 shōuxiào bù xiǎo 大きな効果を収める．｜～不大 shōuxiào bú dà あまり効果がない．

おしえる　教える

▶讲授　▶教　▶教书　▶教学　▶教导
▶教授　▶教育　▶指点　▶指导　▶指教

【讲授】jiǎngshòu 動講義する．教授する．‖～中国古代史 jiǎngshòu Zhōngguó gǔdàishǐ 中国古代史を講義する．｜～稿 jiǎngshòugǎo 講義原稿．

★【教】jiāo 動教える．‖王老师～我们数学 Wáng lǎoshī jiāo wǒmen shùxué 王先生は私たちに数学を教えてくれる．｜这机器我不会用，你能～～我吗? zhè jīqi wǒ bú huì yòng, nǐ néng jiāojiao wǒ ma? この機械は私は使えないので，教えてくれませんか．｜～了十年中学 jiāole shí nián zhōngxué 中学で10年教えた．｜孩子们唱歌 jiāo háizimen chànggē 子供たちに歌を教える．

【教书】jiāo//shū 動勉強を教える．授業する．‖我在小学 jiāoshū wǒ zài xiǎoxué jiāoshū 私は小学校で教師をしている．｜教了一辈子书 jiāole yíbèizi shū 生涯教職に尽くす．

【教学】jiāo/xué 動教える．授業する．‖他边～边写书 tā biān jiāoxué biān xiě shū 彼は教鞭(きょう)をとるかたわら著作をしている．｜在中学教过几年学 zài zhōngxué jiāoguo jǐ nián xué 中学で何年か教師を務めていた．

*【教导】jiàodǎo 動教え導く．指導する．‖～有方 jiàodǎo yǒufāng 指導が的を射ている．｜～主任 jiàodǎo zhǔrèn 教務主任．

**【教授】jiàoshòu 動(学術・技芸などを)教授する．‖～化学 jiàoshòu huàxué 化学を教える． 名教授．

★【教育】jiàoyù 名教育．‖～方针 jiàoyù fāngzhēn 教育方針．｜～界 jiàoyùjiè 教育界．動教育する．教え導く．諭す．‖说服～ shuōfú jiàoyù 言い聞かせ納得させて教育する．｜～青年 jiàoyù qīngnián 若者を教育する．｜应该好好儿～他 yīnggāi hǎohāor jiàoyùjiàoyù tā 彼をよく教育してやらなくてはならない．｜接受～ jiēshòu jiàoyù 教育を受ける．

*【指点】zhǐdiǎn 動指し示す．指摘する．教え示す．‖导游边～边向游客们讲解着 dǎoyóu biān zhǐdiǎn biān xiàng yóukèmen jiǎngjiězhe ガイドは指さしながら観光客に説明している．｜不懂的地方还请您多多～ bù dǒng de dìfang hái qǐng nín duōduō zhǐdiǎn 分からないところは今後ともいろいろとご教示ください．｜经过良师～，他很快就入了门 jīngguò liángshī zhǐdiǎn, tā hěn kuài jiù rùle mén よき先生の教えで，彼はたちまち初歩をマスターした．

**【指导】zhǐdǎo 動指導する．‖老师～学生做实验 lǎoshī zhǐdǎo xuéshēng zuò shíyàn

113

先生は学生の実験を指導する.｜～思想 zhǐdǎo sīxiǎng 指針となる思想.｜上級～工作 shàngjí zhǐdǎo gōngzuò 上級機関が仕事を指導する.｜在老师的～下，她的小提琴越拉越好 zài lǎoshī de zhǐdǎo xià, tā de xiǎotíqín yuè lā yuè hǎo 先生の指導で，彼女のバイオリンはますます上達した.

【指教】zhǐjiào 動 教示する.‖ 承蒙～ chéngméng zhǐjiào ご教示を賜る.｜今后还望多多～ jīnhòu hái wàng duōduō zhǐjiào 今後ともよろしくご指導ください.

おしむ　惜しむ（大切にする）

▶爱护　▶爱惜　▶不浪费　▶节省　▶节约
▶可惜　▶舍不得　▶心疼　▶珍惜

【爱护】àihù 動 大切にする．大事にする.‖ ～公共财物 àihù gōnggòng cáiwù 公共財産を大切にする.｜～眼睛 àihù yǎnjing 目を大事にする.

【爱惜】àixī 動 惜しむ．大切にし，無駄にしない.‖ ～身体 àixī shēntǐ 体を大切にする.｜～公物 àixī gōngwù 公共物を大切にする.｜～人才 àixī réncái 人材を重用する.

【不浪费】bù làngfèi 組 浪費しない．むだにしない.‖ ～时间，努力学习 bú làngfèi shíjiān, nǔlì xuéxí 時間を惜しんでひたすら勉強する.

【节省】jiéshěng 動 節約する．切り詰める.‖ ～时间 jiéshěng shíjiān 時間を節約する.｜～费用 jiéshěng fèiyòng 費用を節約する.｜他～惯了，从不乱花钱 tā jiéshěngguàn le, cóng bú luàn huāqián 彼は節約が身についていて，浪費などしたことがない.｜把零花钱～下来买书 bǎ línghuāqián jiéshěngxialai mǎi shū 小遣いを節約して本を買う.

【节约】jiéyuē 動 節約する．倹約する.

‖ ～粮食 jiéyuē liángshi 食糧を節約する.｜～时间 jiéyuē shíjiān 時間を節約する.｜励行～ lìxíng jiéyuē 節約を励行する.

【可惜】kěxī 形 惜しい．残念である.‖ 这个电扇还能用，扔了怪～的 zhège diànshàn hái néng yòng, rēngle guài kěxī de この扇風機はまだ動くのに，捨ててしまうなんてもったいない.

【舍不得】shěbude 動 惜しがる．…したがらない.‖ 这是妈妈留给她的纪念，所以～送人 zhè shì māma liúgěi tā de jìniàn, suǒyǐ shěbude sòng rén これはお母さんが彼女に残してくれた思い出の品だから，彼女は手離したがらない.

【心疼】xīnténg 動 惜しがる．もったいながる.‖ ～钱 xīnténg qián 金を出し惜しむ.｜每天浪费这么多粮食，真叫人～ měitiān làngfèi zhème duō liángshi, zhēn jiào rén xīnténg 毎日こんなにたくさんの食糧をむだにして，ほんとうにもったいない.

【珍惜】zhēnxī 動 大切にする.‖ 不～东西 bù zhēnxī dōngxi 物を粗末にする.｜～青春 zhēnxī qīngchūn 青春をいとおしむ.｜～这个难得的机会 zhēnxī zhège nándé de jīhuì この得がたいチャンスを大切にする.｜～每寸光阴 zhēnxī měi cùn guāngyīn 寸暇を惜しむ.

おしむ　惜しむ（残念に思う）

▶可惜　▶舍不得　▶痛惜　▶惋惜　▶惜别
▶遗憾

【可惜】kěxī 形 惜しい．残念である.‖ 这个电扇还能用，扔了怪～的 zhège diànshàn hái néng yòng, rēngle guài kěxī de この扇風機はまだ動くのに，捨ててしまうなんてもったいない.｜我也很想去，～没时间 wǒ yě hěn xiǎng qù, kěxī méi shíjiān 私も行きたいけれど，残念ながら暇がない．

*【舍不得】shěbude 動 離れがたい．別れを惜しむ．‖她～离开自己的家 tā shěbude líkāi zìjǐ de jiā 彼女は自分の家を離れるに忍びない．｜要不是因为～孩子，他早就出国了 yàobúshì yīnwei shěbude háizi, tā zǎojiù chūguó le もし子供と離れるのがつらくなければ，彼はとっくに外国へ行っていた．

【痛惜】tòngxī 動書 痛惜する．心から残念に思う．‖～天才音乐家的早逝 tòngxī tiāncái yīnyuèjiā de zǎoshì 天才音楽家の早世を心から惜しみ悲しむ．

*【惋惜】wǎnxī 形 惜しい．残念である．‖脸上显出～的样子 liǎn shang xiǎnchu wǎnxī de yàngzi 残念な表情を浮かべる．｜他没能参加这次比赛，大家都感到非常～ tā méi néng cānjiā zhè cì bǐsài, dàjiā dōu gǎndào fēicháng wǎnxī 彼がこんどの試合に参加できなかったことを，みんなはとても残念に思った．

【惜别】xībié 動 別れを惜しむ．名残を惜しむ．‖～之情 xībié zhī qíng 惜別の情．｜依依～ yīyī xībié 名残を惜しむ．

*【遗憾】yíhàn 形 残念である．遺憾である．心残りである．‖很～，明天我送不了你 hěn yíhàn, míngtiān wǒ sòngbuliǎo nǐ とても残念ですが，明日は私はお見送りできません．｜你不能来，太～了 nǐ bù néng lái, tài yíhàn le 君が来られないとは，ほんとうに残念だ．

おす 押す

▶按 ▶摁 ▶挤 ▶推 ▶压 ▶拥挤

**【按】àn 動 (手や指で)押す．押さえる．‖～电钮 àn diànniǔ スイッチを押す．｜～手印儿 àn shǒuyìnr 拇印(ぼいん)を押す．

【摁】èn 動 手で押す．押さえる．‖把歹

徒～倒在地 bǎ dǎitú èndǎo zài dì 悪党を地面に押さえつける．｜～台灯的电钮 èn táidēng de diànniǔ 電気スタンドのスイッチを入れる．｜～手印儿 èn shǒuyìnr 指紋を押す．｜～喇叭 èn lǎba クラクションを鳴らす．

★【挤】jǐ 動 割り込む．押し込む．かき分ける．‖好不容易才从人群里～出来 hǎoburóngyì cái cóng rénqún li jǐchulai 押し合いへし合いしてやっとのことで人込みから外に出た．

★【推】tuī 動 (前方または外側へ)押す．‖～门 tuī mén ドアを押す．｜被～了个跟头 bèi tuīle ge gēntou 押されて転んだ．

**【压】yā 動 (多くは上から下へ)押さえつける．押さえる．‖～平 yāpíng 押さえて平らにする．｜筐子被～坏了 kuāngzi bèi yā huài le かごが押しつぶされた．｜紧张的工作～得他喘不过气来 jǐnzhāng de gōngzuò yāde tā chuǎnbuguò qì lai 仕事に追われて彼は息つく暇もない．

*【拥挤】yōngjǐ 動 一ヵ所に集まる．押し合う．‖不要～，请按次序入场 búyào yōngjǐ, qǐng àn cìxù rùchǎng 押し合わないで，順番に入場してください．

おそい 遅い

▶迟 ▶迟到 ▶迟缓 ▶缓慢 ▶慢 ▶晚

*【迟】chí 形 (時間が)遅い．(予定より)遅れている．‖延～ yánchí 延期する．｜有事来～了 yǒu shì láichí le 用事で遅れた．

★【迟到】chídào 動 遅刻する．遅れて着く．‖～了十五分钟 chídàole shíwǔ fēnzhōng 15分遅刻した．｜对不起，我～了 duìbuqǐ, wǒ chídào le すみません，遅刻しました．｜他老～ tā lǎo chídào あいつはいつも遅い．

*【迟缓】chíhuǎn 形 のろい．緩慢である．

‖ 行动~ xíngdòng chíhuǎn 行動がのろい.

*【缓慢】huǎnmàn 厖 ゆっくりしている. のろい. ‖ 动作~ dòngzuò huǎnmàn 動きがのろい. | 事态进展~ shìtài jìnzhǎn huǎnmàn 事態の進展が遅い.

*【慢】màn 厖 (速度が)遅い. のろい. ゆっくりしている. ⇔"快" kuài ‖ 你能说~点儿吗? nǐ néng shuō màn diǎnr ma? もう少しゆっくり話してくれませんか. | 我的表~了五分钟 wǒ de biǎo mànle wǔ fēnzhōng 私の腕時計は5分遅れている. | ~手~脚 màn shǒu màn jiǎo 動作が鈍くのろい.

★【晚】wǎn 厖 (時刻が)遅い. 遅れている. ⇔"早" zǎo ‖ 已经很~了[时间不早了], 快睡吧 yǐjīng hěn wǎn le〔shíjiān bù zǎo le〕, kuài shuì ba もう遅いから早く寝なさい. | ~了十分钟 wǎnle shí fēnzhōng 10分遅れた. | 对不起, 我来~了 duìbuqǐ, wǒ lái wǎn le 来るのが遅くなってすみません. | 太~了, 来不及了 tài wǎn le, láibují le 遅すぎて間に合わない. | 发育~ fāyù wǎn 発育が遅い.

おそらく

▶大概　▶大约　▶估计　▶可能　▶恐怕
▶怕　▶只怕

★【大概】dàgài 副 たぶん. おそらく. おおかた. ‖ 他~还不知道这件事 tā dàgài hái bù zhīdào zhè jiàn shì 彼はおそらくまだこの事を知らないだろう. | 这么晚了, ~他不来了 zhème wǎn le, dàgài tā bù lái le こんなに遅いのではたぶんもう彼は来ないだろう. | 他~二十岁左右 tā dàgài èrshí suì zuǒyòu 彼はたぶん20歳ぐらいだ.

**【大约】dàyuē 副 ❶およそ. だいたい. (数量についての見積もりを表す) ‖ 用

了~两小时 yòngle dàyuē liǎng xiǎoshí およそ2時間かかった. | ~来了一百人 dàyuē láile yìbǎi rén 100人くらいの人が来た. ❷たぶん. おそらく. おおかた. ‖ 他~去同学家了 tā dàyuē qù tóngxué jiā le 彼はたぶん同級生の家に行ったのだろう. | 他~是不来了 tā dàyuē shì bù lái le 彼はおそらく来るのをやめたのだろう.

**【估计】gūjì 動 見積もる. 評価する. 推測する. ‖ 这么晚了, ~他不会来了 zhème wǎn le, gūjì tā bú huì lái le こんなに時間が遅いから, 彼はもう来ないだろう.

★【可能】kěnéng 助動 …するだろう. …するかもしれない. ‖ 今天~要下雪 jīntiān kěnéng yào xiàxuě 今日は雪が降るかもしれない. | 他~不在家 tā kěnéng bú zài jiā 彼はたぶん留守だろう. | 他~会来, 再等一会儿吧 tā kěnéng huì lái, zài děng yíhuìr ba 彼が来るかもしれないから, もう少し待とう.

**【恐怕】kǒngpà 副 ❶(よくない結果を予測して)おそらく. まず. ‖ 这点钱~买不下来 zhè diǎn qián kǒngpà mǎibuxiàlái これっぽっちの金ではまず買えないだろう. | 事情~没那么简单吧 shìqing kǒngpà méi nàme jiǎndān ba 事はおそらくそう簡単ではないだろうよ. ❷(およその推測で)たぶん. おそらく. おおかた. ‖ 咱们~有二十年没见了吧 zánmen kǒngpà yǒu èrshí nián méi jiàn le ba? 我々が顔を合わせるのはおそらく20年ぶりになるんじゃないか.

★【怕】pà 副 おそらく. たぶん. ‖ 这孩子~有十二三岁了 zhè háizi pà yǒu shí'èr sān suì le この子は12か13歳くらいだろう. | 这样做~不行 zhèyàng zuò pà bùxíng そうやったらたぶんだめだよ.

【只怕】zhǐ pà 組 たぶん. おそらく. ‖ ~来不及了 zhǐ pà láibují le たぶん間に

おそれる　恐れる（心配する）

合わないだろう．｜计划虽好，～执行起来有困难 jìhuà suī hǎo, zhǐ pà zhíxíngqilai yǒu kùnnan 計画はとてもよいが，おそらく実行するとなると難しいだろう．

おそれる　恐れる（怖がる）

▶害怕　▶可怕　▶恐惧　▶怕　▶畏惧
▶吓

**【害怕】hài//pà 動 怖がる．恐れる．心配する．‖～老鼠 hàipà lǎoshǔ ネズミを怖がる．｜～困难 hàipà kùnnan 困難を恐れる．｜不要～ bú yào hàipà 怖がることはない．｜回家晚了挨父亲的骂 hàipà huíjiā wǎnle ái fùqin de mà 帰宅が遅くなって父にどなられるのが怖い．｜她出门前一下雨，把晾的衣服都收了进来 tā chūmén qián hàipà xiàyǔ, bǎ liàng de yīfu dōu shōulejìnlai 彼女は留守中に雨が降るのを心配して，干してある服を全部取り込んだ．

**【可怕】kěpà 形 恐ろしい．怖い．‖感到非常～ gǎndào fēicháng kěpà 非常に恐ろしいと感じる．｜～的后果 kěpà de hòuguǒ 恐るべき結果．｜他发怒的样子非常～ tā fānù de yàngzi fēicháng kěpà 彼の怒ったところはほんとうに怖い．

*【恐惧】kǒngjù 形 恐ろしくてびくびくしている．怖くてたまらない．‖～不安 kǒngjù bù'ān 恐ろしくてびくびくする．｜脸上流露出～的神色 liǎn shang liúlùchu kǒngjù de shénsè 顔に恐怖の色を浮かべる．

★【怕】pà 動 恐れる．怖がる．おびえる．‖老鼠最～猫 lǎoshǔ zuì pà māo ネズミはネコがいちばん怖い．｜不～苦 bú pà kǔ つらいとは思わない．平気だ．｜我～大家笑话 wǒ pà dàjiā xiàohua みんなの笑い物になりたくない．

*【畏惧】wèijù 動 恐れる．怖がる．‖在

危险面前无所～ zài wēixiǎn miànqián wú suǒ wèijù 危険を前にしてひるむことがない．

**【吓】xià 動 怖がる．恐れる．びっくりする．‖～了一跳 xiàle yí tiào びっくり仰天する．｜～得要死 xiàde yào sǐ 死ぬほど驚いた．｜～出了一身冷汗 xiàchule yìshēn lěnghàn ぎょっとして全身に冷や汗をかいた．

おそれる　恐れる（心配する）

▶担心　▶怕　▶唯恐

*【担心】dān//xīn 動 心配する．気遣う．不安に思う．案じる．‖我～他的身体 wǒ dānxīn tā de shēntǐ 私は彼の体が心配だ．｜一直～的事儿真就发生了 yìzhí dānxīn de shìr zhēn jiù fāshēng le 恐れていたことが現実となった．

★【怕】pà 動 心配する．気になる．‖别～失败，试试看 bié pà shībài, shìshi kàn 失敗を恐れず，やってごらん．｜我～你忘了，才提醒你一句 wǒ pà nǐ wàng le, cái tíxǐng nǐ yí jù 君が忘れているんじゃないかと思ったから，ひとこと言ったんだよ．｜给别人添麻烦 pà gěi biéren tiān máfan 他人に面倒をかけるのではと心配である．｜我～他会出事 wǒ pà tā huì chūshì 彼の身に何かあったのではと気になる．

【唯恐】wéikǒng 動 …だけを恐れる．…だけが心配である．"惟恐"とも書く．‖～落在别人后面 wéikǒng làzài biéren hòumiàn ただ人に遅れをとることが心配である．｜～迟到，早早地就出门了 wéikǒng chídào, zǎozǎo de jiù chūmén le 遅れるといけないと思って，早々と出かけた．

おそろしい　恐ろしい

▶残酷　▶害怕　▶可怕　▶恐惧　▶恐怖
▶吓人

*【残酷】cánkù 形 残酷である．残忍である．‖～的现实 cánkù de xiànshí 残酷な現実．｜这本童话集有很多～的故事 zhè běn tónghuàjí yǒu hěn duō cánkù de gùshi この童話集には恐ろしい話がたくさん入っている．

**【害怕】hài//pà 動 怖がる．恐れる．心配する．‖我一个人走夜路 wǒ hàipà yí ge rén zǒu yèlù 私は夜の一人歩きが恐ろしい．｜不要～ bú yào hàipà 怖がることはない．｜一回家晚了挨父亲的骂 hàipà huíjiā wǎnle ái fùqin de mà 帰宅が遅れて父にどなられるのが怖い．

**【可怕】kěpà 形 恐ろしい．怖い．‖感到非常～ gǎndào fēicháng kěpà 非常に恐ろしいと感じる．｜～的后果 kěpà de hòuguǒ 恐るべき結果．｜～的传染病 kěpà de chuánrǎnbìng 恐ろしい伝染病．｜他发怒的样子非常～ tā fānù de yàngzi fēicháng kěpà 彼の怒ったところはほんとうに怖い．

*【恐惧】kǒngjù 形 恐ろしくてびくびくしている．恐くてたまらない．‖～不安 kǒngjù bù'ān 恐ろしくてびくびくする．｜脸上流露出～的神色 liǎn shang liúlùchu kǒngjù de shénsè 顔に恐怖の色を浮かべる．

*【恐怖】kǒngbù 形 恐ろしい．残忍な．‖～电影 kǒngbù diànyǐng ホラー映画．｜采取～手段 cǎiqǔ kǒngbù shǒuduàn 残忍な手段をとる．｜这个杀人狂太～了 zhège shārénkuáng tài kǒngbù le この殺人狂はほんとうに残忍だ．

【吓人】xià//rén 形 恐ろしい．怖い．‖他发起脾气来，可～了 tā fāqi píqi lai, kě xiàrén le 彼は怒ると恐ろしい．｜这个故

事真～ zhè ge gù shi zhēn xià rén このお話はほんとうに怖い．

おだてる

▶吹喇叭　▶吹捧　▶戴高帽儿　▶恭维
▶拍　▶捧　▶抬轿子

【吹喇叭】chuī lǎba 慣 提灯持ちをする．おだてる．‖～，抬轿子 chuī lǎba, tái jiàozi おだて上げたり，担ぎ上げたりする．

*【吹捧】chuīpěng 動 貶 おだてる．持ち上げる．ほめそやす．‖他被～为英雄 tā bèi chuīpěng wéi yīngxióng 彼は英雄に祭り上げられた．｜互相～ hùxiāng chuīpěng お互いにおだて合う．

【戴高帽儿】dài gāomàor 慣 (人を)おだてる．"戴高帽子" dài gāomàozi ともいう．‖我没你说的那么优秀，不用给我～ wǒ méi nǐ shuō de nàme yōuxiù, búyòng gěi wǒ dài gāomàor 僕は君が言うほど優秀じゃないんだから，おだてなくていいよ．

【恭维】【恭惟】gōngwei；gōngwéi 動 お世辞を言う．持ち上げる．‖说～话 shuō gōngweihuà お世辞を言う．｜他会～人 tā huì gōngwei rén 彼は人をおだてるのがうまい．｜他的字实在不敢～ tā de zì shízài bù gǎn gōngwei 彼の字はお世辞にも上手だとは言えない．

★【拍】pāi 動 口 おおべっかを使う．ごまをする．‖你可真会～ nǐ kě zhēn huì pāi 君はほんとうにごまをするのが上手だね．｜能吹会～ néng chuī huì pāi 口が達者である．｜吹吹～～ chuīchuipāipāi おだてたりお世辞を言ったりする．

**【捧】pěng 動 人を持ち上げる．おだてる．担ぐ．‖～人 pěng rén 人をおだてる．｜～得过高 pěngde guò gāo 持ち上げすぎである．｜把他～出名 bǎ tā pěng chū-

míng 彼を担ぎ上げて有名にする.
【抬轿子】 tái jiàozi 組 ❶かごを担ぐ. ❷おべっかを使う. おだてあげる. ‖为当官的吹喇叭, ～ wèi dāngguān de chuī lǎba, tái jiàozi 役人をおだてて担ぎ上げる.

おちつく （気持ちが）落ち着く
▶安宁　▶沉静　▶沉住气　▶沉着　▶从容
▶定心　▶静心　▶冷静　▶平静　▶稳定
▶镇静

*【安宁】 ānníng 形 (心が)落ち着いている. 平静である. ‖睡不～ shuìbu'ānníng おちおち眠れない. ｜他一个人闹得大家不得～ tā yí ge rén nàode dàjiā bù dé ānníng 彼一人が騒いでいるためにみんなが落ち着かない.

*【沉静】 chénjìng 形 落ち着いている. 平静である. ‖性格～ xìnggé chénjìng 性格がもの静かだ. ｜～的语调 chénjìng de yǔdiào 落ち着いた話しぶり.

*【沉住气】 chén//zhùqì 組 気を鎮める. ‖别慌, ～ bié huāng, chénzhù qì 慌てないで, 落ち着きなさい. ｜沉不住气 chénbuzhù qì 気もそぞろだ.

*【沉着】 chénzhuó 形 沈着である. 落ち着き払っている. ‖应付 chénzhuó yìngfu 慌てずに落ち着いて対処する. ｜遇事要～ yùshì yào chénzhuó 事に当たっては落ち着いて対処する.

*【从容】 cóngróng 形 落ち着いている. 悠然としている. ‖举止～ jǔzhǐ cóngróng 立ち居ふるまいが落ち着いている. ｜她～地回答着记者们的提问 tā cóngróng de huídázhe jìzhěmen de tíwèn 彼女は落ち着いて記者たちの質問に答えている.

【定心】 dìng//xīn 動 気持ちを落ち着かせる. 気を鎮める. ‖你别着急, 定定心再说 nǐ bié zháojí, dìngding xīn zàishuō

う慌てないで, 気を落ち着けてから話しなさい.

【静心】 jìng//xīn 動 心を静める. 気持ちを平静にする. ‖写作 jìngxīn xiězuò 心静かに書き物をする. ｜静下心来 jìngxià xīn lai 心を静める. ｜到乡下住几天, 静静心 dào xiāngxia zhù jǐ tiān, jìngjing xīn 田舎で数日過ごして, 心の洗濯をする.

*【冷静】 lěngjìng 形 冷静である. 落ち着いている. ‖头脑～ tóunǎo lěngjìng 思考が冷静である. ｜～地分析形势 lěngjìng de fēnxī xíngshì 情勢を冷静に分析する. ｜请你～地想一想! qǐng nǐ lěngjìng de xiǎngyixiǎng! 落ち着いて考えてください.

**【平静】 píngjìng 形 (気持ちや環境などが)平静である. 落ち着いている. ‖他～地讲述了自己的遭遇 tā píngjìng de jiǎngshùle zìjǐ de zāoyù 彼は落ち着いて自分の境遇を語った.

**【稳定】 wěndìng 形 安定している. 落ち着いている. ‖情绪不～ qíngxù bù wěndìng 情緒不安定である. 動 安定させる. 落ち着かせる. ‖～人心 wěndìng rénxīn 人心を落ち着かせる.

【镇静】 zhènjìng 形 落ち着いている. 冷静である. ‖保持～ bǎochí zhènjìng 冷静さを保つ. ｜失去～ shīqù zhènjìng 冷静さを失う. ｜在这危急关头, 他显得十分～ zài zhè wēijí guāntóu, tā xiǎnde shífēn zhènjìng この危急の瀬戸際で, 彼は実に落ち着いていた. 動 落ち着かせる. ‖努力～自己 nǔlì zhènjìng zìjǐ 努めて自分を落ち着かせる.

おちつく （物事が）落ち着く
▶安定　▶安顿　▶好转　▶平静　▶平稳
▶平息　▶稳定

*【安定】 āndìng 形 安定している. 落ち

おちる　落ちる

着いている．平穏である．‖产品性能
～ chǎnpǐn xìngnéng āndìng 製品の性能が
安定している．｜社会不～ shèhuì bù ān-
dìng 社会が不安定である．動 安定さ
せる．落ち着かせる．

*【安顿】āndùn 動❶(人を)落ち着かせる．
(物事を)きちんと処置する．‖搬来一个
星期，才把一家老小都～了 bānlai yí
ge xīngqī, cái bǎ yìjiā lǎoxiǎo dōu āndùnhǎo
le 引っ越して1週間たち，やっと一家
全員を落ち着かせた．｜先让我把工作
～一下，回头我去找你 xiān ràng wǒ bǎ
gōngzuò āndùn yíxià, huítóu wǒ qù zhǎo nǐ
まず仕事を片づけてから，君のところ
へ行くよ．❷安定する．落ち着く．‖
刚回国，生活还没～下来 gāng huíguó,
shēnghuó hái méi āndùnxialai 帰国したばか
りでまだ生活が落ち着かない．

*【好转】hǎozhuǎn 動好転する．‖病情～
了 bìngqíng hǎozhuǎn le 病気が持ち直し
た．｜形势有所～ xíngshì yǒu suǒ hǎozhuǎn
形勢がいくぶん好転した．｜没有～ méi-
you hǎozhuǎn 好転していない．

*【平静】píngjìng 形 (環境などが)平静で
ある．落ち着いている．‖～的湖面 píng-
jìng de húmiàn 静かな湖面．｜风浪渐渐
～了 fēnglàng jiànjiàn píngjìng le 波風が
少しずつ収まってきた．

【平稳】píngwěn 形平穏である．安定し
ている．落ち着いている．‖车开得很～
chē kāide hěn píngwěn 車の走りが静かで
ある．｜最近股市比较～ zuìjìn gǔshì bǐjiào
píngwěn このところ株式市況はかなり
落ち着いている．

【平息】píngxī 動静まる．収まる．‖直
到厂长出面调停，这场风波才算～下来
zhídào chǎngzhǎng chūmiàn tiáoting, zhè cháng
fēngbō cái suàn píngxīxialai 工場長が自ら
調停に乗り出して，ようやくその騒ぎ
は鎮まった．

**【稳定】wěndìng 形安定している．落ち

着いている．変動していない．‖～发
展 wěndìng fāzhǎn 安定した発展．｜物价
～，市场繁荣 wùjià wěndìng, shìchǎng fán-
róng 物価は安定し，市場は栄えている．
動 安定させる．落ち着かせる．‖～物
价 wěndìng wùjià 物価を安定させる．

おちる　落ちる

▶掉　▶跌　▶降　▶降落　▶落　▶摔
▶坠落

★【掉】diào 動落ちる．取れる．‖画从墙
上～下来了 huà cóng qiáng shang diàoxialai
le 絵が壁から落ちた．｜～牙 diào yá 歯
が抜ける．｜～头发 diào tóufa 髪の毛が
抜ける．｜纽扣～了 niǔkòu diào le ボタ
ンが取れた．

**【跌】diē 動落ちる．落下する．‖脚一
滑，～到河里去了 jiǎo yì huá, diēdào hé li
qù le 足を滑らせて川に落ちた．

**【降】jiàng 動下がる．落ちる．⇔"升"
shēng ‖温度～到冰点了 wēndù jiàngdào
bīngdiǎn le 温度が氷点まで下がった．｜
直升机慢慢儿～了下来 zhíshēngjī màn-
mānr jiànglexialai ヘリコプターがゆっく
りと降下してきた．

*【降落】jiàngluò 動降りる．下がる．‖
戏演完了，大幕徐徐～ xì yǎnwán le, dà-
mù xúxú jiàngluò 芝居が終わり，緞帳
(どんちょう)がゆっくりと降りてきた．

**【落】luò 動落ちる．落下する．‖～泪
luòlèi 涙を流す．｜树叶都～了 shùyè dōu
luò le 木の葉がすっかり落ちた．｜外面
～雨点了 wàimiàn luò yǔdiǎn le 外は雨が
ばらつき始めた．

**【摔】shuāi 動落ちる．落下する．‖从马
上～了下来 cóng mǎ shang shuāilexialai ウ
マから落ちた．

【坠落】zhuìluò 動墜落する．‖热气球～
下来 rèqìqiú zhuìluòxialai 熱気球が落ち

120

てくる.

おっと　夫

▶爱人　▶当家的　▶口子　▶老公
▶老头子　▶男人　▶先生　▶丈夫

★【爱人】àiren 图（夫婦の一方をさす）夫.
主人. 妻. 奥さん.（呼称として都市部
でよく用いられる）‖这是我～ zhè shì
wǒ àiren こちらは私の妻(夫)です.｜你
～ nǐ àiren あなたの奥さん(ご主人).｜
她～ tā àiren 彼女の夫.

【当家的】dāngjiāde 图❶囗主人. 当主.
❷历夫. 主人. うちの人.

【口子】kǒuzi 图囗(他人に対して自分
の連れ合いをさす)家内. うちの人. ‖
我家那～可勤俭了 wǒ jiā nà kǒuzi kě qín-
jiǎn le うちの人ときたらまったく締ま
り屋なんだから.

【老公】lǎogōng 图囗历夫. 亭主.

【老头子】lǎotóuzi 图(老妻の老夫に対す
る呼称)じいさん. あんた. ‖她～在区
政府工作 tā lǎotóuzi zài qū zhèngfǔ gōngzuò
彼女の夫は区役所に勤めている.

【男人】nánren 图囗夫. 亭主. ‖她～真
体贴她 tā nánren zhēn tǐtiē tā 彼女の夫は
ほんとうに妻思いだ.

★【先生】xiānsheng 图(他人の夫または自
分の夫に対する呼称)ご主人. 主人. ‖
她～是位校长 tā xiānsheng shì wèi xiào-
zhǎng 彼女のご主人は校長先生です.｜
我～是北京人 wǒ xiānsheng shì Běijīngrén
主人は北京生まれです.

**【丈夫】zhàngfu 图夫. ‖这是我～ zhè
shì wǒ zhàngfu これは私の夫です.｜你
～也是上海人吗? nǐ zhàngfu yě shì Shàng-
hǎirén ma? あなたのご主人も上海の方
ですか.

おどかす　脅かす

▶恫吓　▶恐吓　▶威逼　▶威吓　▶威胁
▶吓　▶吓唬　▶胁迫

【恫吓】dònghè 動脅す. 威嚇（いかく）する.
恫喝（どうかつ）する. ‖用武力～邻国 yòng wǔ-
lì dònghè línguó 武力で隣国を威嚇する.

【恐吓】kǒnghè 動脅かす. 脅す. ‖当面
～ dāngmiàn kǒnghè 面と向かって脅す.

【威逼】wēibī 動力で押さえつける. 脅
す. ‖～利诱 wēibī lìyòu 脅したりすか
したりする.

【威吓】wēihè 動威嚇する. 脅す. ‖公
开～ gōngkāi wēihè 公然と威嚇する.｜
用武力～ yòng wǔlì wēihè 武力で威嚇す

*【威胁】wēixié 動脅迫する. 脅かす. ‖
～利诱 wēixié lìyòu 脅したりすかした
りする.｜庄稼受到干旱～ zhuāngjia shòu-
dào gānhàn wēixié 農作物が干魃（かんばつ）に
おびやかされる.｜疾病～着他的生命
jíbìng wēixiézhe tā de shēngmìng 病が彼の
命をおびやかしている.｜军事～ jūnshì
wēixié 軍事的脅威.

**【吓】xià 動驚かす. 脅かす. ‖别～着
孩子 bié xiàzhe háizi 子供を脅かさない
で.

【吓唬】xiàhu 動脅かす. 怖がらせる. ‖
别想用拳头～人 bié xiǎng yòng quántou
xiàhu rén 暴力で人を脅そうとしても無
駄だ.｜我不是～你, 事情真的很严重
wǒ bú shì xiàhu nǐ, shìqing zhēn de hěn yán-
zhòng 私はあなたを脅かそうというの
ではない. 事はほんとうに重大なのだ.

【胁迫】xiépò 動脅迫する. 脅かす. ‖
～对方 xiépò duìfāng 相手に無理やり迫
る.

おとこ　男

▶汉子　▶好汉　▶男　▶男的　▶男人
▶男士　▶男性　▶男子　▶男子汉　▶丈夫

【汉子】hànzi 图 男. 男子. ‖闯进来几
条～ chuǎngjinlai jǐ tiáo hànzi 数人の男が
いきなり飛び込んできた.

【好汉】hǎohàn 图 好漢. 立派な男. 英
雄～ yīngxióng hǎohàn 英雄豪傑. ｜不到
长城非～ búdào Chángchéng fēi hǎohàn 長
城に至らずんば好漢にあらず. ｜不
吃眼前亏 hǎohàn bù chī yǎnqián kuī 好漢
はみすみす損はしないものだ. 君子危
うきに近寄らず. ｜～不提当年勇 hǎohàn
bù tí dāngnián yǒng 好漢は往年の勇を語
らず. 敗軍の将, 兵を語らず.

★【男】nán 形 男性の. ⇔“女”nǚ ‖～学
生 nán xuésheng 男子学生. ｜～女双方
nánnǚ shuāngfāng 男女双方. ｜她生了一
～一女 tā shēngle yì nán yì nǚ 彼女は一男
一女をもうけた.

【男的】nán de 組口 男. 男の人. ‖我们
老师是～ wǒmen lǎoshī shì nán de 私たち
の先生は男性だ.

**【男人】nánrén 图 (大人の)男. 男性.

【男士】nánshì 图 殿方. 紳士. 男の方.
“女士”nǚshì (女史)をもじった言い方.

*【男性】nánxìng 图 男性. 男.

*【男子】nánzǐ 图 男子. 男. ‖～单打冠
军 nánzǐ dāndǎ guànjūn 男子シングルス
の優勝者. ｜～排球队 nánzǐ páiqiúduì 男
子バレーボールチーム. ｜～团体赛 nán-
zǐ tuántǐsài 男子の団体競技.

【男子汉】nánzǐhàn 图 男らしい男. ‖有
骨气的～ yǒu gǔqì de nánzǐhàn 気骨のあ
る男. ｜你哪儿像个～ nǐ nǎr xiàng ge nán-
zǐhàn 君はちっとも男らしくない.

【丈夫】zhàngfū 图 立派な男子. 成年男
子. ますらお. ‖男子汉大～, 敢做敢
当 nánzǐhàn dà zhàngfū, gǎn zuò gǎn dāng

男子たるもの, やったことには責任を
持つ.

おとす　落とす

▶擦　▶掉　▶刮　▶扒　▶去掉　▶摔
▶摔打　▶甩

★【擦】cā 動 (手・布などで)拭(ふ)く. ぬ
ぐう. ‖～灰 cā huī ほこりを拭きとる.
｜把黑板上的字～掉 bǎ hēibǎn shang de zì
cādiào 黒板の字を消す.

★【掉】diào 動 (動詞の後に置き)取り除
くことを表す. ‖砍～ kǎndiào 切り落と
す. ｜扔～ rēngdiào 捨ててしまう. ｜把
毒气抽～ bǎ dúqì chōudiào 有毒ガスを取
り除く. ｜油迹不容易洗～ yóujì bù róng-
yì xǐdiào 油の汚れはなかなか洗い落と
せない.

★【刮】guā 動 そる. こそぐ. こそぎ落と
す. ‖～胡子 guā húzi ひげをそる. ｜～
锅底 guā guōdǐ 鍋の底の焦げ付きや汚
れをこすり落とす. ｜案板不平, 要用
刨子～一～ ànbǎn bù píng, yào yòng bàozi
guāyiguā まな板がでこぼこだから, かん
なで削らなくちゃ.

*【扒】pá 動 (手や熊手などの道具で)か
き集めたり分散させたりする. ‖用耙
子把树上的雪～下来 yòng pázi bǎ shù-
shang de xuě páxialai 熊手で枝の雪をか
き落とす.

【去掉】qù//diào 動 取り去る. 除去する.
‖～多余的枝杈 qùdiào duōyú de zhīchà
余分な小枝を落とす.

**【摔】shuāi 動 (くっついたものを)たた
き落とす. ‖把鞋底上的泥～～ bǎ xiédǐ
shang de ní shuāishuai 靴底についた泥を
たたいて落とす.

【摔打】shuāida 動 振り落とす. たたき
落とす. ‖～麦穗 shuāida màisuì 麦の穂
をたたきつけて脱穀する.

【甩】 shuǎi 動 振る．振り動かす．‖把蔬菜的水～干 bǎ shūcài de shuǐ shuǎigān 野菜を振って水気をとる．｜用力～掉落在手背上的毛虫 yònglì shuǎidiào luòzài shǒubèi shang de máochóng 手の甲についた毛虫をパッと振り払った．

おとなしい

▶乖　▶老实　▶顺从　▶听话　▶温和
▶温柔　▶温顺　▶驯服

【乖】 guāi 形 (子供が)利口である．言うことをよく聞いておとなしい．聞き分けがいい．‖小宝贝真～ xiǎobǎobei zhēn guāi ほんとにお利口さんだね．｜～，别闹! guāi, bié nào いい子ね，静かにしましょう．

【老实】 lǎoshi 形 おとなしい．温順である．‖这孩子一会儿也不～ zhè háizi yíhuìr yě bù lǎoshi この子は少しもおとなしくしていない．｜老老实实地过日子 lǎolǎoshíshí de guò rìzi 分を守って暮らす．

【顺从】 shùncóng 動 おとなしく従う．素直に言うことを聞く．‖她事事～丈夫 tā shìshì shùncóng zhàngfu 彼女は何事によらず夫の言うとおりにする．

【听话】 tīng//huà 形 (目上や上司の)言うことに従う．言うことをよく聞く．‖～的孩子 tīnghuà de háizi よく言うことを聞く子供．｜这孩子真不～ zhè háizi zhēn bù tīnghuà この子はほんとに聞き分けがない．｜听爸爸的话 tīng bàba de huà お父さんの言うことを聞く．｜听上级领导的话 tīng shàngjí lǐngdǎo de huà 上司の言うことを聞く．

【温和】 wēnhé 形 (性格や言行が)穏やかである．素直である．もの静かである．‖性情～ xìngqíng wēnhé 性格がおとなしい．｜态度～ tàidu wēnhé 態度が素直

である．｜～的语调 wēnhé de yǔdiào 穏やかな口調．

【温柔】 wēnróu 形 優しい．穏やかでおとなしい．(多く女性に用いる)‖性格～ xìnggé wēnróu 気立てが優しい．｜的目光 wēnróu de mùguāng 優しいまなざし．｜～多情 wēnróu duōqíng 優しく情が深い．

【温顺】 wēnshùn 形 従順でおとなしい．‖性情～ xìngqíng wēnshùn 性格がおとなしい．｜～的姑娘 wēnshùn de gūniang おとなしい娘さん．

【驯服】 xùnfú 形 従順である．‖～的绵羊 xùnfú de miányáng おとなしいメンヨウ．｜听到主人的命令，狗立刻～地趴下了 tīngdào zhǔrén de mìnglìng, gǒu lìkè xùnfúde pāxia le 主人の命令を聞くと，イヌはすぐ従順に地面に伏せた．

おとる 劣る

▶比不上　▶不比　▶不及　▶不如　▶差
▶次　▶次于　▶劣于　▶亚于

【比不上】 bǐbushàng 動 比べものにならない．勝負にならない．‖你说我哪点～她? nǐ shuō wǒ nǎ diǎn bǐbushàng tā? 私のどこが彼女に及ばないというのだ．

【不比】 bùbǐ 動 …の比ではない．…とは比べものにならない．…に及ばない．‖今年的收成～往年 jīnnián de shōucheng bùbǐ wǎngnián 今年の収穫は例年に及ばない．｜我们的条件～你们 wǒmen de tiáojiàn bùbǐ nǐmen 我々の条件はみなさんとは比べものにならない．

【不及】 bùjí 動 及ばない．‖待人处世方面，我～他 dàirén chǔshì fāngmiàn, wǒ bùjí tā 人や世間に対する処し方では，私は彼に及ばない．

【不如】 bùrú 動 及ばない．劣る．‖论学习，他～你 lùn xuéxí, tā bùrú nǐ 勉強に関

おとろえる　衰える

しては，彼は君に及ばない．｜牛馬~
的生活 niúmǎ bùrú de shēnghuó 牛馬にも
劣る生活．｜一代~一代 yídài bùrú yídài
代を重ねるほど悪くなる一方だ．｜百
聞~一見 bǎi wén bùrú yí jiàn 百聞は一見
に如(し)かず．

★【差】chà 形 基準に足りない．劣ってい
る．‖质量~ zhìliàng chà 質が劣る．｜
体力很~ tǐlì hěn chà 体力がとても劣っ
ている．｜成绩~ chéngjì chà 成績が悪
い．｜我的游泳技术不比他~ wǒ de yóu-
yǒng jìshù bùbǐ tā chà 私の水泳のテク
ニックは彼に負けない．

★【次】cì 形 品質がやや劣る．等級がや
や低い．‖~品 cìpǐn 二級品．｜质量太
~ zhìliàng tài cì 質があまりにも劣って
いる．

【次于】cìyú 動 …に次ぐ．…に劣る．‖
你的外语水平不~他 nǐ de wàiyǔ shuǐpíng
bú cìyú tā 君の外国語のレベルは彼にひ
けをとらない．｜她的演唱水平仅~专
业演员 tā de yǎnchàng shuǐpíng jǐn cìyú zhuān-
yè yǎnyuán 彼女の歌はプロの歌手に
ちょっと劣るだけだ．｜这种纸~白报
纸 zhè zhǒng zhǐ cìyú báibàozhǐ この種の
紙は新聞用紙より劣っている．

【劣于】lièyú 動 …より劣っている．‖
升学率~重点学校 shēngxuélǜ lièyú zhòng-
diǎn xuéxiào 重点校に比べて進学率が
劣っている．

【亚于】yàyú 動 …に次ぐ．劣る．(否定
形で用いる)‖其性能并不~同类名牌
产品 qí xìngnéng bìng bú yàyú tónglèi míng-
pái chǎnpǐn その性能は決して有名ブラ
ンド品に劣っていない．

おとろえる　衰える

▶减弱　▶减退　▶衰减　▶衰老　▶衰落
▶衰弱　▶衰退　▶衰亡

---

*【减弱】jiǎnruò 動 弱まる．弱くなる．‖
火势~ huǒshì jiǎnruò 火勢が弱まる．｜
兴趣~ xìngqù jiǎnruò 興味が薄れた．｜
干劲儿~了 gànjìnr jiǎnruò le やる気が衰
えた．

【减退】jiǎntuì 動 減退する．だんだん後
退する．‖食欲~ shíyù jiǎntuì 食欲が減
退する．｜视力有所~ shìlì yǒu suǒ jiǎn-
tuì 視力が衰えた．

【衰减】shuāijiǎn 動 衰える．衰弱する．
‖精力~ jīnglì shuāijiǎn 力が衰える．

*【衰老】shuāilǎo 形 年老いている．老け
ている．‖母亲渐渐~了 mǔqin jiànjiàn
shuāilǎo le 母はしだいに衰えを見せた．
｜几年不见，他又~了许多 jǐ nián bújiàn,
tā yòu shuāilǎole xǔduō 数年会わないう
ちに彼はまたずいぶん老けてしまっ
た．

【衰落】shuāiluò 動 衰える．振るわなく
なる．‖由于经营不善，这家大企业日
渐~ yóuyú jīngyíng búshàn, zhè jiā dà qǐyè
rìjiàn shuāiluò 経営不振で，この企業は
日増しに落ち込んできている．

*【衰弱】shuāiruò 形 ❶(体が)衰弱してい
る．‖神经~ shénjīng shuāiruò ノイロー
ゼ．｜身体~ shēntǐ shuāiruò 体が衰弱し
ている．｜住院后，他显得更~了 zhù-
yuàn hòu, tā xiǎnde gèng shuāiruò 彼は入
院してから，衰えが一層目立った．｜~
的身体，经受不住刺激 shuāiruò de shēntǐ,
jīngshòubuzhù cìjī 衰弱した体は刺激に
耐えられない．❷(事物が)衰える．衰
微する．‖国势~ guóshì shuāiruò 国勢
が衰える．

*【衰退】shuāituì 動 (体力・気力・能力
などが)衰える．減退する．(経済が)
衰退する．‖记忆力~ jìyìlì shuāituì 記憶
力が衰える．｜意志~ yìzhì shuāituì 意志
がなえる．｜农业生产力大大~ nóngyè
shēngchǎnlì dàdà shuāituì 農業生産力が大
幅に落ち込む．

おどろく （意外さに）驚く

【衰亡】shuāiwáng 動 衰亡する. ‖ 国家
~ guójiā shuāiwáng 国家が衰亡する.

おどろかす　驚かす

▶轰动　▶惊　▶惊动　▶惊人　▶惊吓
▶吓　▶吓唬　▶震动　▶震惊

* 【轰动】hōngdòng 動 (人々を)沸かせる.
あっと言わせる. "哄动" とも書く. ‖
全校都~起来了 quánxiào dōu hōngdòng-
qilai le 学校中が沸き返った. ‖ 这一消
息~了学术界 zhè yī xiāoxi hōngdòngle xué-
shùjiè このニュースは学界にセンセー
ションを巻き起こした.

* 【惊】jīng 動 驚かす. 騒がす. ‖ 一鸣~
人 yì míng jīng rén 目立たない人が突然
世間をあっと言わせることをする. ｜
打草~蛇 dǎ cǎo jīng shé やぶを突いて
蛇を出す. 藪蛇(やぶ).

* 【惊动】jīngdòng 動 驚かす. 騒がす. ‖
这消息~了全国 zhè xiāoxi jīngdòngle quán-
guó そのニュースは国中を驚かせた.

* 【惊人】jīngrén 形 驚異的である. めざ
ましい. ‖ ~之举 jīngrén zhī jǔ 人をあっ
と言わせる行動. ｜ 取得了~的成果 qǔ-
déle jīngrén de chéngguǒ めざましい成果
を収めた. ｜ 他的记忆力好得~ tā de jì-
yìlì hǎode jīngrén 彼の記憶力のよさには
驚かされる.

【惊吓】jīngxià 動 驚かす. おびえさせ
る. ‖ 请勿~动物 qǐngwù jīngxià dòngwù
動物を驚かさないでください.

【吓】xià 動 驚かす. 脅かす. ‖ ~了一跳
xiàle yí tiào びっくり仰天する. ｜ 别~着
孩子 bié xiàzhe háizi 子供を脅かさない
で. ｜ 你别拿这玩意儿~人了 nǐ bié ná
zhè wányìr xiàrén le そんなもので人を驚
かすなよ.

【吓唬】xiàhu 動 驚かす. 脅かす. 怖が
らせる. ‖ 别想用拳头~人 bié xiǎng yòng

quántou xiàhu rén 暴力で人を脅そうとし
ても無駄だ. ｜ 我不是~你, 事情真的
很严重 wǒ bú shì xiàhu nǐ, shìqing zhēn de
hěn yánzhòng 私はあなたを脅かそうと
いうのではない, 事はほんとうに重大
なのだ.

* 【震动】zhèndòng 動 (重大な事件や
ニュースなどが)衝撃を与える. ショッ
クを与える. ‖ 他的话~了我 tā de huà
zhèndòngle wǒ 彼の言葉は私にショック
を与えた. ｜ 受到~ shòudào zhèndòng 衝
撃を受ける. ｜ 这件事在全厂引起了很
大~ zhè jiàn shì zài quánchǎng yǐnqǐle hěn
dà zhèndòng そのことは工場全体に大き
な衝撃を引き起こした.

* 【震惊】zhènjīng 動 驚かせる. ショック
を与える. ‖ 这一事件~了世界 zhè yī shì-
jiàn zhènjīngle shìjiè その事件は世界を揺
るがした.

おどろく　（意外さに）驚く

▶吃惊　▶大吃一惊　▶惊奇　▶惊讶
▶惊异　▶吓

* 【吃惊】chī//jīng 動 驚く. びっくりする.
‖ 这消息让他吃了一惊 zhè xiāoxi ràng tā
chīle yì jīng このニュースに彼は非常に
驚いた. ｜ 听说他要辞职, 大家都很~
tīngshuō tā yào cízhí, dàjiā dōu hěn chījīng
彼が仕事を辞めると聞き, みんなとて
も驚いた.

【大吃一惊】dà chī yī jīng 成 大いに驚く.
びっくり仰天する. ‖ 他的发言使大家~
tā de fāyán shǐ dàjiā dà chī yì jīng 彼の発言
はみんなを驚かせた.

* 【惊奇】jīngqí 形 不思議に思う. 変に思
う. ‖ 他的作法, 令大家感到~ tā de zuò-
fa, lìng dàjiā gǎndào jīngqí 彼のやり方に
みんなは驚いた. ｜ 这种事多了, 用不
着~ zhè zhǒng shì duō le, yòngbuzháo jīng-

おなじ　同じ

qí こういうことはよくあることだから, 驚くには及ばない.

*【惊讶】jīngyà 形 驚きあきれる. 意外さに驚く. ‖ 她的运算速度令人～ tā de yùnsuàn sùdù lìng rén jīngyà 彼女の計算の速さにはまったく驚かされる.

*【惊异】jīngyì 形 不思議さに驚く. 驚異の目を見張る. ‖ 脸上现出～的表情 liǎnshang xiànchu jīngyì de biǎoqíng 顔に驚きの表情が現れる. ｜ 稻田中突然出现的怪圈令人～ dàotián zhōng tūrán chūxiàn de guàiquān lìng rén jīngyì 田んぼの中に突如現われた奇妙な図形に人々は驚いた. ｜ 人们无不感到～ rénmen wúbù gǎndào jīngyì 人々はみな驚きの目を見張った.

**【吓】xià 動 びっくりする. ‖ 她穿着一套怪模怪样的衣服出来, 把大家都～了一跳 tā chuānzhe yítào guàimú-guàiyàng de yīfu chūlai, bǎ dàjiā dōu xiàle yí tiào 彼女がおかしな服を着て出てきたので, みんなはびっくりした.

おなじ　同じ

▶等于　▶如　▶同　▶同等　▶同样
▶同一　▶相等　▶相同　▶一般　▶一样

**【等于】děngyú 動 …と同じ. …と等しい. ‖ 二加二～四 èr jiā èr děngyú sì 2 足す 2 は 4. ｜ 说了不做～没说 shuōle bú zuò děngyú méi shuō 言っておいてやらないのは言わなかったことと同じだ. ｜ 他在这方面的知识几乎～零 tā zài zhè fāngmiàn de zhīshi jīhū děngyú líng 彼のこの方面での知識はほとんどゼロに等しい.

**【如】rú 動 …のようである. …と同じである. ‖ ～上 rúshàng 以上のとおりである. ｜ 度日～年 dù rì rú nián 1 日が 1 年のように長く感じる. ｜ 事情正～他料想的

那样 shìqing zhèng rú tā liàoxiǎng de nàyàng 事情はまさに彼の予想したとおりだった.

**【同】tóng 動 ❶同じくする. ‖ ～岁 tóngsuì 同い年である. ｜ 大～小异 dà tóng xiǎo yì 大同小異. ｜ 两种情况不～ liǎng zhǒng qíngkuàng bù tóng 二つの状況は異なる. ❷…と同じである. ‖ ～上 tóngshàng 上と同じである. ｜ 用法～前 yòngfǎ tóngqián 使用法は前と同じ. ｜ "叁"～"三" "sān" tóng "sān"「参」は「三」と同じである.

*【同等】tóngděng 形 同等である. ‖ ～待遇 tóngděng dàiyù 同じ待遇. ｜ ～学历 tóngděng xuélì 同等の学歴. ｜ ～重要 tóngděng zhòngyào 同じように重要である.

*【同样】tóngyàng 形 同じである. 同様である. ‖ ～的条件 tóngyàng de tiáojiàn 同じ条件. ｜ ～对待 tóngyàng duìdài 同様に取り扱う. ｜ ～一件事, 各有各的看法 tóngyàng yí jiàn shì, gè yǒu gè de kànfa 同じ事柄でもそれぞれの見方がある.

*【同一】tóngyī 形 同じである. 同一である. ‖ ～时期 tóngyī shíqī 同じ時期. ｜ ～形式 tóngyī xíngshì 同じ形式. ｜ ～品种 tóngyī pǐnzhǒng 同じ品種. ｜ 大家都为～目标而奋斗 dàjiā dōu wèi tóngyī mùbiāo ér fèndòu みんなは同じ目標のために奮闘している.

*【相等】xiāngděng 動 同じである. 等しい. ‖ 距离～ jùlí xiāngděng 距離は同じである. ｜ 杯子的形状不同, 但容量～ bēizi de xíngzhuàng bùtóng, dàn róngliàng xiāngděng コップの形は違うが, 容量は同じである.

**【相同】xiāngtóng 形 同じである. 共通している. ‖ 她跟我的爱好～ tā gēn wǒ de àihào xiāngtóng 彼女と私の趣味は同じである. ｜ 两人的看法基本上是～的 liǎng rén de kànfa jīběn shang shì xiāngtóng de 二人の見方は基本的に同じである．｜～的命运使他俩走到了一起 xiāngtóng de mìngyùn shǐ tā liǎ zǒudàole yìqǐ 同じ運命が彼らを結びつけた．

★【一般】 yībān 彫 同じである．同様である．‖ 她跟我儿子～大 tā gēn wǒ érzi yìbān dà 彼女は私の息子と同じ年だ．｜这两根木材～粗 zhè liǎng gēn mùcái yìbān cū この２本の木材は同じ太さだ．

★【一样】 yíyàng 彫 同じである．‖ 价钱～ jià qian yí yàng 値段が同じである．｜他跟我～大 tā gēn wǒ yíyàng dà 彼は私と同じ年だ．｜他的想法总是跟别人不～ tā de xiǎngfa zǒngshì gēn biéren bù yíyàng 彼の考えはいつも他の人とは違う．

おぼえる　覚える（習得する）

▶懂得　▶学　▶学会　▶掌握

**【懂得】 dǒngde 動 分かる．理解できる．知る．‖ ～工作的要领 dǒngde gōngzuò de yàolǐng 仕事の要領を覚える．｜～尊重别人 dǒngde zūnzhòng biéren 他人を大事にすることを知る．

★【学】 xué 動 学ぶ．習う．勉強する．‖ ～技术 xué jìshù 技術を学ぶ．｜～了很多知识 xuéle hěn duō zhīshi 多くの知識を得た．｜～过两年汉语 xuéguo liǎng nián Hànyǔ 中国語を２年間学んだことがある．｜各门功课都～得很好 gè mén gōngkè dōu xuéde hěn hǎo どの学科もよくできる．

*【学会】 xué//huì 動 学んで身につける．習って覚える．‖ ～了滑雪 xuéhuìle huáxuě スキーを覚えた．｜怎么也学不会 zěnme yě xuébuhuì どうしてもマスターできない．

★【掌握】 zhǎngwò 動 把握する．マスターする．自分のものにする．‖ ～知识 zhǎngwò zhīshi 知識を身につける．｜～

技术 zhǎngwò jìshù 技術をマスターする．｜～理论 zhǎngwò lǐlùn 理論を把握する．｜～了三千多个单词 zhǎngwòle sānqiān duō ge dāncí 3000あまりの単語を覚えた．

おぼえる　覚える（記憶する）

▶背　▶背诵　▶记　▶记得　▶记忆
▶记住　▶认字　▶熟记

**【背】 bèi 動 暗誦（あんしょう）する．‖ 那首诗全～下来了 nà shǒu shī quán bèixialai le あの詩はすっかり覚えた．

*【背诵】 bèisòng 動 暗誦する．そらんじる．‖ ～文章 bèisòng wénzhāng 文章を暗誦する．｜他能～上百首唐诗 tā néng bèisòng shàng bǎi shǒu tángshī 彼は100編もの唐詩を暗誦できる．

★【记】 jì 動 記憶する．覚える．‖ ～外语单词 jì wàiyǔ dāncí 外国語の単語を覚える．｜～在心里 jìzài xīnlǐ 心に刻む．

**【记得】 jì//de 動 忘れずにいる．覚えている．‖ 在幼儿园学过的几首歌儿，我还都～ zài yòu'éryuán xuéguo de jǐ shǒu gēr, wǒ hái dōu jìde 幼稚園で習ったいくつかの歌を私はみんな覚えている．｜我们以前来过这儿，你还～吗? wǒmen yǐqián láiguo zhèr, nǐ hái jìde ma? 私たちは以前ここに来たことがあるけれど，君は覚えているかい．

**【记忆】 jìyì 動 記憶する．‖ 学外语要反复～才行 xué wàiyǔ yào fǎnfù jìyì cái xíng 外国語を学ぶには繰り返し覚えることが大切である．｜有些往事我已经～不起来了 yǒuxiē wǎngshì wǒ yǐjīng jìyìbuqǐlái le 昔の出来事のいくつかはもう思い起こせない．

【记住】 jì//zhù 動 覚えこむ．記憶して忘れない．‖ 牢牢～ láoláo jìzhù しっかり覚える．｜念了两遍就～了 niànle liǎng

おもい 重い

biàn jiù jìzhù le 2回読んだらすぐに覚えた.｜～, 今后不许再迟到 jìzhù, jīnhòu bùxǔ zài chídào しっかり覚えておきなさい, 今後二度と遅刻してはいけません.

【认字】rèn//zì 動 字を覚える. "识字" shízì ともいう.‖教孩子～ jiāo háizi rèn zì 子供に字を教える.｜才三岁的孩子, 已经能认不少字了 cái sān suì de háizi, yǐjīng néng rèn bùshǎo zì le たった3歳の子供が, たくさんの字を覚えた.

【熟记】shújì 動 しっかりと記憶する. きちんと覚える.‖～乘法表 shújì chéngfǎbiǎo 九九表をしっかり覚える.

おもい　重い

▶笨重　▶沉　▶粗重　▶厚重　▶重

*【笨重】bènzhòng 形 かさばって重い.‖这张桌子太～了 zhè zhāng zhuōzi tài bènzhòng le このテーブルはかさばって重い.｜～的身体 bènzhòng de shēntǐ ばかでかい体

*【沉】chén 形 重い.‖这孩子真～ zhè háizi zhēn chén この子はほんとうに重い.｜这么～的东西拿不动 zhème chén de dōngxi nábudòng こんなに重い物は持てない.

【粗重】cūzhòng 形 (物が)かさばって重い.‖～的家具 cūzhòng de jiājù かさばって重い家具.

【厚重】hòuzhòng 形 厚くて重い.‖～的大辞典 hòuzhòng de dà cídiǎn 厚くて重い大辞典.

★【重】zhòng 形 ❶重い. ⇔"轻" qīng‖箱子太～, 拿不动 xiāngzi tài zhòng, nábudòng 箱が重すぎて持ち上げられない. ❷重さを表す.‖这个西瓜有十多斤～ zhège xīgua yǒu shí duō jīn zhòng このスイカは10斤ちょっとある.

おもい　(程度が) 重い

▶惨重　▶沉重　▶深刻　▶深重　▶严重
▶重　▶重大

【惨重】cǎnzhòng 形 (損失が)はなはだしい. 深刻である. 重大である.‖损失～ sǔnshī cǎnzhòng 損失はきわめて深刻である.

*【沉重】chénzhòng 形 重い. (多く抽象的なものに用いる)‖～的负担 chénzhòng de fùdān 重い負担.｜～的思想包袱 chénzhòng de sīxiǎng bāofu 重い精神的な負担.

**【深刻】shēnkè 形 深い.‖内容～ nèiróng shēnkè 内容が深い.｜～地领会 shēnkè de lǐnghuì 深く理解する.｜教训很～ jiàoxun hěn shēnkè 教訓が骨身にこたえた.｜留下了～的印象 liúxiale shēnkè de yìnxiàng 深い印象を残した.

*【深重】shēnzhòng 形 (災害や打撃などが)深刻である. 甚だしい.‖～的灾难 shēnzhòng de zāinàn 深刻な災難.｜罪孽～ zuìniè shēnzhòng 罪業が深い.

**【严重】yánzhòng 形 重大である. 厳しい.‖～后果 yánzhòng hòuguǒ 恐るべき結果. 由々しき結果.｜问题～ wèntí yánzhòng 問題が深刻である.｜病情～ bìngqíng yánzhòng 病状が重い.

★【重】zhòng 形 ❶重い. ⇔"轻" qīng‖脚步很～ jiǎobù hěn zhòng 足どりが重い.｜这篇文章的分量挺～ zhè piān wénzhāng de fènliang tǐng zhòng この文章にはとても重みがある.｜刚才说～了点, 请别介意 gāngcái shuōzhòngle diǎn, qǐng bié jièyì さっきは少し言いすぎたが, 気にしないでください.｜礼轻情意～ lǐ qīng qíngyì zhòng 贈り物はわずかだけれど心がこもっている. ❷(程度が)深い.‖伤势很～ shāngshì hěn zhòng 傷が重い.｜口音很～ kǒuyin hěn zhòng なまりが強い.

128

おもいきり　思い切り

**【重大】 zhòngdà 形 重大である.‖～決策 zhòngdà juécè 重大な決定.｜～損失 zhòngdà sǔnshī 重大な損失.｜～事故 zhòngdà shìgù 重大な事故.｜意義～ yìyì zhòngdà 意義が大きい.｜責任～ zérèn zhòngdà 責任が重大である.

おもいきって　思い切って

▶大胆　▶放手　▶干脆　▶敢　▶敢于
▶鼓起勇气　▶狠心　▶索性　▶下决心

**【大胆】 dàdǎn 形 大胆である.‖一次～的尝试 yí cì dàdǎn de chángshì 大胆な試み.｜地说 dàdǎn de shuō 思い切って言う.｜什么事情都～地试一下 shénme shìqing dōu dàdǎn de shì yíxià なんでも思い切ってやってみる.

*【放手】 fàng//shǒu 動 思い切って…する.思う存分…する.‖你～去做 nǐ fàngshǒu qù zuò 思い切ってやってみなさい.

**【干脆】 gāncuì 副 いっそのこと.潔く.思い切って.‖～这么办吧 gāncuì zhème bàn ba いっそのことこうしよう.｜整天吵架，～离婚算了 zhěngtiān chǎojià, gāncuì líhūn suànle 一日中けんかばかりしているんじゃ，思い切って離婚したほうがいい.｜他一看时间晚了，～不去了 tā yí kàn shíjiān wǎn le, gāncuì bú qù le 彼は時間が遅くなったのをみて，行くのをやめた.

★【敢】 gǎn 助動 (度胸があり)思い切って…する.大胆に…する.あえて…する.‖你～一个人去吗? nǐ gǎn yí ge rén qù ma? 君一人で思い切って行くかい.

*【敢于】 gǎnyú 動 勇気をもって…する.大胆に…する.思い切って…する.(否定には"不敢" bùgǎn を用いる)‖～说真话 gǎnyú shuō zhēnhuà 思い切って本当のことをいう.｜～挑战 gǎnyú tiǎozhàn 勇気をもって挑戦する.

【鼓起勇气】 gǔqi yǒngqì 組 勇気を出す.思い切って…する.‖～对小周说："我爱你!" gǔqi yǒngqì duì Xiǎo-Zhōu shuō : "wǒ ài nǐ!" 思い切って周さんに「君が好きだ」と言った.

*【狠心】 hěn//xīn 動 心を決める.意を決して…する.‖他一～拿出所有的积蓄买下了一套房子 tā yì hěnxīn náchu suǒyǒu de jīxù mǎixiale yí tào fángzi 彼は思い切って貯金をはたき，マンションを購入した.

*【索性】 suǒxìng 副 いっそ.何も顧みず思い切って.(本来そうすべきではないが，やむを得ずという場合が多い)‖一看时间来不及了，～今天不去了 yí kàn shíjiān láibují le, suǒxìng jīntiān bú qù le 時刻を見たら間に合いそうもないので，いっそ今日は行かないことにした.｜翻来复去睡不着，～披衣坐了起来 fān lái fù qù shuìbuzháo, suǒxìng pī yī zuòleqilai 何度も寝返りを打って寝つかれないので，思い切って服をはおって起きた.

【下决心】 xià juéxīn 組 決心をする.意を決して…する.‖～参加竞选 xià juéxīn cānjiā jìngxuǎn 思い切って立候補する.｜～好好儿学习 xià juéxīn hǎohāor xuéxí しっかり勉強しようと心に決めた.

おもいきり　思い切り

▶彻底　▶充分　▶狠　▶尽量　▶尽情
▶痛　▶痛快

**【彻底】 chèdǐ 形 徹底的である."澈底"とも書く.‖参加运动～地活动身体 cānjiā yùndòng chèdǐ de huódòng shēntǐ スポーツで思い切り体を動かす.｜～改变旧面貌 chèdǐ gǎibiàn jiù miànmào 古い様相が一変する.｜调查～ diàochá chèdǐ 調査が徹底している.

**【充分】 chōngfèn 副 十分に.存分に.‖

129

おもいこむ　思い込む

~发挥才能 chōngfèn fāhuī cáinéng　才能
を存分に発揮させる.
*【狠】hěn 形 思い切りがよい. ‖他举起
锤子～～地朝地上砸了下去 tā jǔqǐ chuízi
hěnhěn de cháo dìshang zálèixiàqu 彼はハ
ンマーを持ち上げると思い切り振り下
ろした. ‖刚才的球应该抽得再～一些
gāngcái de qiú yīnggāi chōude zài hěn yìxiē
さっきの球はもっとドライブをかける
べきだ.
**【尽量】jǐnliàng 副 できるかぎり. 存分
に. ‖～地呼吸着山里的空气 jǐnliàng de
hūxīzhe shān li de kōngqì 山の空気を思
いっ切り吸いこんだ. ‖你明天能早来,
就～早来吧 nǐ míngtiān néng zǎo lái, jiù jǐn-
liàng zǎo lái ba 明日早く来られるよう
だったら, できるだけ早く来なさい.
【尽情】jìnqíng 副 心ゆくまで. 存分に.
‖～玩儿 jìnqíng wánr 思い切り遊ぶ. ‖
～歌唱 jìnqíng gēchàng 心ゆくまで歌う.
**【痛】tòng 副 思う存分. きっぱりと. 徹
底的に. ‖～饮 tòngyǐn 思う存分酒を飲
む. ‖一下决心 tòngxia juéxīn かたく決
意する.
★【痛快】tòngkuai；tòngkuài 形 痛快であ
る. 愉快である. 気分がよい. ‖我想
哭个～ wǒ xiǎng kū ge tòngkuai 思いっ切
り泣きたい. ‖考完试, 痛痛快快地玩
儿了几天 kǎowán shì, tòngtòngkuàikuài de
wánrle jǐ tiān 試験が終わって数日間思
い切り遊んだ.

*【确信】quèxìn 動 確信する. ‖～不疑
quèxìn bù yí 信じて疑わない. ‖他～自
己的判断是正确的 tā quèxìn zìjǐ de pàn-
duàn shì zhèngquè de 彼は自分の判断が
正しいとかたく信じている.
*【认定】rèndìng 動 (正しいと) 認める.
思い込む. ‖～了的事, 就要坚决去做
rèndìngle de shì, jiù yào jiānjué qù zuò こう
と思ったことは, 絶対やらねばならな
い. ‖我～她不会说谎, 没想到她会骗
我 wǒ rèndìng tā bú huì shuōhuǎng, méi xiǎng-
dào tā huì piàn wǒ 彼女はうそをつかな
い人だと信じていたのに, まさかだま
されるとは考えてもみなかった.
【认准】rèn//zhǔn 動 確かであると見な
す. 思い込む. ‖她～他是个好人 tā rèn-
zhǔn tā shì ge hǎorén 彼女は彼のことを
いい人だと思い込んでいる.
*【深信】shēnxìn 動 深く信じる. ‖～不疑
shēnxìn bù yí 信じきって疑わない. ‖他
～有耕耘才有收获 tā shēnxìn yǒu gēngyún
cái yǒu shōuhuò 努力して初めて成果が
あると彼は固く信じている.
★【以为】yǐwéi 動 …と思い込んでいた.
…と思っていた. ‖我～她不在家 wǒ yǐ-
wéi tā bú zài jiā 私は彼女は家にいない
と思っていた. ‖我～他会输的, 想不
到却赢了 wǒ yǐwéi tā huì shū de, xiǎngbu-
dào què yíng le 私は彼が負けるだろうと
思っていたが, 予想に反して勝ってし
まった.

おもいこむ　思い込む

▶当做　▶确信　▶认定　▶认准　▶深信
▶以为

**【当做】dàngzuò 動 …と見なす. …と思
い込む. …とする. ‖我把他～老刘了
wǒ bǎ tā dàngzuò Lǎo-Liú le 私は彼を劉
(りゅう)さんと思った.

おもう　思う (判断する)

▶打算　▶当做　▶感到　▶觉得　▶看
▶看做　▶考虑　▶认为　▶想　▶以为
▶着想

★【打算】dǎsuan；dǎsuàn 動 …しようと思
う. …するつもりである. ‖明天我～
去参观长城 míngtiān wǒ dǎsuan qù cānguān

130

Chángchéng 私は明日長城を見学に行こうと思っています.｜我不～这么办 wǒ bù dǎsuan zhème bàn 私はそうするつもりはない.

**【当做】dàngzuò 動 …と見なす. …と思い込む. …とする.｜我把他～老刘了 wǒ bǎ tā dàngzuò Lǎo-Liú le 私は彼を劉(りゅう)さんと思った.｜别客气, 就把这里～自己的家吧 bié kèqi, jiù bǎ zhèli dàngzuò zìjǐ de jiā ba 遠慮しないで, ここを自分の家と思ってください.

★【感到】gǎndào 動 感じる. 覚える.｜～很愉快 gǎndào hěn yúkuài とても楽しい.｜～意外 gǎndào yìwài 意外に思う.｜我～这事不太好办 wǒ gǎndào zhè shì bútài hǎobàn 私はこの件は簡単にはやれないと思う.

★【觉得】juéde 動 …と思う. …と感じる.｜这幅画你～怎么样? zhè fú huà nǐ juéde zěnmeyàng? この絵をどう思いますか.｜我～这里应该再修改一下 wǒ juéde zhèli yīnggāi zài xiūgǎi yíxià 私はここのところをもっと直したほうがよいと思う.

★【看】kàn 動 観察する. 判断する. …と思う.｜你看怎么样? nǐ kàn zěnmeyàng? あなたはどう思いますか.｜我～还是这个办法好 wǒ kàn háishi zhège bànfǎ hǎo 私はやはりこの方法がよいと思う.

*【看做】kànzuò 動 …と見なす. …と考える.｜我把那个老人～自己的亲人 wǒ bǎ nàge lǎorén kànzuò zìjǐ de qīnrén 老人を自分の身内のように考えていた.｜不要把人家的帮助～是理所当然的 búyào bǎ rénjia de bāngzhù kànzuò shì lǐ suǒ dāngrán de 人の援助を当然のことと思ってはいけない.

**【考虑】kǎolǜ 動 考慮する. 考える.｜三十岁以前不～结婚的事 sānshí suì yǐqián bù kǎolǜ jiéhūn de shì 30 になるまで結婚のことは考えない.｜一～到将来的事, 我就觉得不安 yì kǎolǜdào jiānglái

de shì, wǒ jiù juéde bù'ān 将来のことを思うと不安になる.

★【认为】rènwéi 動 認める. …と思う. …と考える.（一定の根拠や判断をもとに自分の考えを主張するときに用いる）｜自己～对的, 就应该坚持 zìjǐ rènwéi duì de, jiù yīnggāi jiānchí 自分が正しいと思ったことは, どこまでも堅持すべきである.｜我这样做, 你～怎么样? wǒ zhèyàng zuò, nǐ rènwéi zěnmeyàng? 私がこうすることを, あなたはどう思いますか.

★【想】xiǎng 動 考える. 思案する.｜～办法 xiǎng bànfǎ 方法を考える.｜那孩子心里怎么～, 谁也不知道 nà háizi xīnli zěnme xiǎng, shéi yě bù zhīdào あの子が心でどう思っているか誰もわからない.

★【以为】yǐwéi 動 …と思う. …と考える.（多く主観的な判断が多く事実と合わなかったときに用いる）｜不～耻, 反～荣 bù yǐwéi chǐ, fǎn yǐwéi róng 恥とは思わず, 逆に誇りに思っている.｜我～她不在家 wǒ yǐwéi tā bú zài jiā 私は彼女は家にいないと思っていた.｜我～他会输的, 想不到却赢了 wǒ yǐwéi tā huì shū de, xiǎngbudào què yíng le 私は彼が負けるだろうと思っていたが, 予想に反して勝ってしまった.

*【着想】zhuóxiǎng 動 …のために考える. …のために思う.｜处处为他人～ chùchù wèi tārén zhuóxiǎng すべてにわたってまず人のために考える.｜做父母的一心为孩子～ zuò fùmǔ de yìxīn wèi háizi zhuóxiǎng 親というものはひたすら子供のために思う.

おもう　思う（予想する）

▶不出所料　▶猜想　▶估计　▶料到
▶料想　▶想　▶想像　▶预料

おもう （…したいと）思う

【不出所料】bù chū suǒ liào 威 予想どおりである．案の定．

*【猜想】cāixiǎng 動 推し量る．推測する．…だろうと思う．‖我~他会来 wǒ cāixiǎng tā huì lái 私は彼が来ると思う．

**【估计】gūjì 動 見積もる．評価する．推測する．‖这么晚了，~他不会来了 zhème wǎn le, gūjì tā bú huì lái le こんなに時間が遅いから，彼はもう来ないだろう．｜你~这次能考多少分? nǐ gūjì zhè cì néngkǎo duōshao fēn? 君はこんどのテストで何点ぐらいとれたと思う．｜没~到会有这样的结果 méi gūjìdào huì yǒu zhèyàng de jiéguǒ こういう結果になろうとは予想していなかった．

【料到】liào//dào 動 思い当たる．予想がつく．‖真没有~他会做出这样的事来 zhēn méiyou liàodào tā huì zuòchu zhèyàng de shì lai 彼がこんなことをするとは，まったく思いもよらなかった．

【料想】liàoxiǎng 動 推測する．予想する．‖~不到的事 liàoxiǎngbudào de shì 思いもよらない事．

★【想】xiǎng 動 推し量る．…と思う．‖~不到会在北京碰到你 xiǎngbudào huì zài Běijīng pèngdào nǐ 北京で君に会うとは思わなかった．｜雨这么大，我~他不会来了 yǔ zhème dà, wǒ xiǎng tā bú huì lái le こんなにひどい降りでは，彼は来るはずがないよ．

**【想像】xiǎngxiàng 動 想像する．‖大胆~ dàdǎn xiǎngxiàng 大胆に想像する．｜看你现在的样子，我~不出你小时候是那么顽皮 kàn nǐ xiànzài de yàngzi, wǒ xiǎngxiàngbuchū nǐ xiǎo shíhou shì nàme wánpí いまの君を見ていると，子供のころそんなに腕白だったとはとても想像できない．

*【预料】yùliào 動 予想する．予測する．見込む．‖我早就~到这事儿不会成 wǒ zǎojiù yùliàodào zhè shìr bú huì chéng 私は

初めからこの件はうまくいかないと思っていた．｜无法~的结局 wúfǎ yùliào de jiéjú 思いもしない結末．

おもう （…したいと）思う

▶希望 ▶想 ▶想要 ▶有心 ▶有意
▶愿 ▶愿意

★【希望】xīwàng 動 希望する．望む．‖~将来当教师 xīwàng jiānglái dāng jiàoshī 将来教師になりたいと思う．

★【想】xiǎng 助動 …したい．…したいと思う．…しようと考える．‖我~当一名教师 wǒ xiǎng dāng yì míng jiàoshī 私は教師になりたいと思う．｜你~不~去日本旅游? nǐ xiǎng bu xiǎng qù Rìběn lǚyóu? 日本に観光旅行に行きたいですか．｜小李也~学太极拳 Xiǎo-Lǐ yě xiǎng xué tàijíquán 李さんも太極拳(たいきょくけん)を習いたがっている．

【想要】xiǎng yào 組 …したいと思う．…しようとする．‖我~去中国 wǒ xiǎng yào qù Zhōngguó 中国へ行ってみたいと思う．｜他~学汉语 tā xiǎng yào xué Hànyǔ 彼は中国語を学びたいと思っている．

【有心】yǒuxīn 動 …しようと思う．…する気がある．‖~劝劝她，又怕她多心 yǒuxīn quànquan tā, yòu pà tā duōxīn 彼女に忠告したいが，誤解されても困る．

*【有意】yǒuyì 動 …しようと思う．…したいと思う．…する気がある．‖他~买下这幢房子 tā yǒuyì mǎixià zhè zhuàng fángzi 彼はこの家を購入するつもりだ．

*【愿】yuàn 動 願う．望む．‖但~ dànyuàn ただひたすら願う．｜~您早日康复 yuàn nín zǎorì kāngfù 一日も早くお元気になられるようお祈りします．｜我~变成一只小鸟 wǒ yuàn biànchéng yì zhī xiǎoniǎo 私は小鳥になりたい．

おもて　表(表面)

★【愿意】yuànyì 動（それが望ましいと考えて）承知する．同意する．喜んで…する．進んで…する．‖你～不～参加我们的足球队? nǐ yuànyì bú yuànyì cānjiā wǒmen de zúqiúduì? 我々のサッカーチームに入る気はありませんか．｜谁也不～自找麻烦 shéi yě bú yuànyì zì zhǎo máfan 誰だって余計な面倒を起こしたいとは思わない．｜他很～去中国工作 tā hěn yuànyì qù Zhōngguó gōngzuò 彼は中国へ行って仕事したいと望んでいる．｜你～我去机场送你吗? nǐ yuànyì wǒ qù jīchǎng sòng nǐ ma? 空港まであなたを見送りに行ってもいいですか．

おもしろい　面白い

▶风趣　▶好看　▶好玩儿　▶滑稽　▶可笑
▶有劲　▶有趣　▶有意思　▶愉快

*【风趣】fēngqù 形（話や文章に）おどけた味わいがある．ユーモアがある．‖言谈～, 举止幽默 yántán fēngqù, jǔzhǐ yōumò 話も身振りもユーモアたっぷりである．｜那个人很～ nà ge rén hěn fēngqù あの人は（話にユーモアがあって）面白い．

★【好看】hǎokàn 形（テレビ・映画・芝居などが）見て面白い．見る価値がある．‖这部电影很～ zhè bù diànyǐng hěn hǎokàn．この映画はとても面白い．

**【好玩儿】hǎowánr 形 口 面白い．楽しい．‖这种玩具很～ zhè zhǒng wánjù hěn hǎowánr このおもちゃはとても面白い．｜城里～的地方很多 chéng li hǎowánr de dìfang hěn duō 街には面白い所がたくさんある．

【滑稽】huáji；huájī 形 滑稽(ﾜﾚ)である．面白い．‖他说话～极了 tā shuōhuà huáji-jí le 彼の話はまったく滑稽だ．｜～的动作 huáji de dòngzuò おどけた動作．｜

一副～相 yí fù huáji xiàng ひょうきんな表情．

*【可笑】kěxiào 形 おかしい．滑稽(ﾜﾚ)である．面白い．‖小丑表演得真～ xiǎochǒu biǎoyǎnde zhēn kěxiào 道化の演技はほんとにおかしい．｜总是说些～的事逗人笑 zǒngshì shuō xiē kěxiào de shì dòu rén xiào いつも面白いことを言って笑わせる．

【有劲】yǒujìn（～儿）形 楽しい．面白い．‖他们玩儿得很～儿 tāmen wánrde hěn yǒujìnr 彼らは夢中になって遊んでいる．｜今天的足球比赛打得真～ jīntiān de zúqiú bǐsài dǎde zhēn yǒujìnr 今日のサッカーの試合は最高に面白かった．

**【有趣】yǒuqù（～儿）形 面白い．興味深い．‖～的故事 yǒuqù de gùshi 興味深い物語．面白いお話．｜观察昆虫很～ guānchá kūnchóng hěn yǒuqù 昆虫を観察するのはとても面白い．｜他是个～的人 tā shì ge yǒuqù de rén あれは面白いやつだ．

★【有意思】yǒu yìsi 組 面白い．意義がある．‖这本书很～ zhè běn shū hěn yǒu yìsi この本はとても面白い．｜他的想法～ tā de xiǎngfa yǒu yìsi 彼の考え方は面白い．｜今天玩儿得很～ jīntiān wánr de hěn yǒu yìsi 今日はとても楽しく遊んだ．

★【愉快】yúkuài 形 愉快である．楽しい．‖心情～ xīnqíng yúkuài 愉快である．｜暑假过得很～ shǔjià guòde hěn yúkuài 夏休みを楽しく過ごした．｜这次旅行非常～ zhè cì lǚxíng fēicháng yúkuài 今度の旅はとても面白かった．

おもて　表（表面）

▶表面　▶脸　▶面　▶上　▶上面　▶外边
▶外面　▶外头　▶正面

**【表面】biǎomiàn 名（物体の）表面．‖机

133

おもわず　思わず

器的~生了锈 jīqì de biǎomiàn shēngle xiù 機械の表面にさびが出た.｜树叶的~有斑点 shùyè de biǎomiàn yǒu bāndiǎn 葉の表には斑点(はん)がある.

★【脸】liǎn（～儿）图 (物の)前部. 正面. 表.‖鞋～儿 xiéliǎnr 靴のつま先の部分.｜门～儿 ménliǎnr 門構え. 店構え.

**【面】miàn（～儿）图❶(物体の)表面. 面.‖地～ dìmiàn 地面.｜海～ hǎimiàn 海面.｜桌～ zhuōmiàn 机の表面.❷(服や布などの)おもて. 表側. 外側.‖大衣的～儿 dàyī de miànr オーバーの表.｜鞋～儿 xiémiànr 靴の表.

★【上】shang 图 名詞の後に置き，物体の上や表面を表す.‖门票～写着"12 岁以下 免 票" ménpiào shang xiězhe "shí'èr suì yǐxià miǎnpiào" 入場券の表には「12 才以下は無料」とあった.｜墙～挂着结婚照 qiáng shang guàzhe jiéhūnzhào 壁に結婚の記念写真が掛けてある.

**【上面】shàngmiàn（～儿）图 (物の)表面. おもて.‖窗户~贴着窗花 chuānghu shàngmiàn tiēzhe chuānghuā 窓に切り紙細工が張ってある.

★【外边】wàibian 图 外側. 表面.‖盒子~再包层纸 hézi wàibian zài bāo céng zhǐ 箱の外側を紙でさらに包む.｜西服~还套着大衣 xīfú wàibian hái tàozhe dàyī スーツの上にさらにオーバーを重ねている.

【外面】wàimiàn（～儿）图 表面. 見た目. 見かけ. 外見.‖这台机器看~还不错，不知用起来怎么样 zhè tái jīqì kàn wàimiàn hái búcuò, bù zhī yòngqilai zěnmeyàng この機械は見かけはなかなかいいが，使ってみてはたしてどうだろうか.

*【外头】wàitou 图 外側. 表面.‖把毛衣穿在~ bǎ máoyī chuānzài wàitou セーターを上に着る.

*【正面】zhèngmiàn 图 表面. 表.⇔"背面" bèimiàn "反面" fǎnmiàn‖信封~ xìnfēng zhèngmiàn 封筒の表.｜这种纸的~

光滑，背面粗糙 zhè zhǒng zhǐ de zhèngmiàn guānghua, bèimiàn cūcāo この手の紙は表面が滑らかで，裏面はざらざらである.｜请柬~印着金字 qǐngjiǎn zhèngmiàn yìnzhe jīnzì 招待状の表は金文字で印刷されている.

おもわず　思わず

▶不禁　▶不觉　▶不由得　▶不由自主
▶不知不觉　▶禁不住　▶情不自禁
▶忍不住

*【不禁】bùjīn 副 こらえられずに. 思わず. …しないではいられない. (感情あるいは感情の発露としての行為が抑えきれないことを表す)‖～失笑 bùjīn shīxiào 思わず笑う.｜～落下泪来 bùjīn luòxià lèi lai こらえきれず涙を流す.｜疼得我~叫出了声来 téngde wǒ bùjīn jiàochule shēng lai 痛くて思わず叫んでしまった.｜~笑出声来 bùjīn xiàochu shēng lai 思わず声を出して笑ってしまった.

*【不觉】bùjué 副 思わず. (自分で無意識のうちに反応してしまうことを表す)‖~说漏了嘴 bùjué shuōlòule zuǐ つい口を滑らせてしまった.｜听了这句话，她~脸红了 tīngle zhè jù huà, tā bùjué liǎnhóng le この言葉を聞いて彼女は思わず顔を赤らめた.

**【不由得】bùyóude 副 思わず. ふと. ひとりでに.‖看到那悲惨的情景，人们~掉下泪来 kàndào nà bēicǎn de qíngjǐng, rénmen bùyóude diàoxia lèi lai その悲惨な光景を見て，人々は思わず涙を流した.

【不由自主】bù yóu zì zhǔ 成 思わず. 覚えず.‖~地站了起来 bù yóu zì zhǔ de zhànleqilai 思わず立ち上がった.

*【不知不觉】bù zhī bù jué 成 知らず知らず. いつの間にか.‖~就把自己的身世说了出来 bù zhī bù jué jiù bǎ zìjǐ de shēn-

---

134

およばない　及ばない

shì shuōlechulai 思わず身の上話をして
しまった.

*【禁不住】jīnbuzhù 動我慢できない．こ
らえきれない．‖听了他的话，我～笑
了起来 tīngle tā de huà, wǒ jīnbuzhù xiàole-
qilai 彼の話を聞いて，私はこらえきれ
ずに笑い出した.

【情不自禁】qíng bù zì jīn 成思わず…す
る．‖看了信，她～地掉下泪来 kànle xìn,
tā qíng bú zì jīn de diàoxia lèi lai 手紙を読
んで彼女は思わず涙をこぼした.

*【忍不住】rěnbuzhù 動耐えられない．我
慢できない．‖哭出声来 rěnbuzhù kū-
chu shēng lai こらえきれずに泣き出す.
｜女儿说得太过分了，我～说了她两句
nǚ'ér shuōde tài guòfèn le, wǒ rěnbuzhù shuō-
le tā liǎng jù 娘の言葉遣いがあまりにひ
どいので，思わず小言を言った.

おもんじる　重んじる

▶爱　▶讲　▶讲究　▶看重　▶认　▶珍视
▶重　▶重视　▶注重　▶尊重

★【爱】ài 動いつくしむ．大事にする．‖
～面子 ài miànzi 体面を重んじる．｜～
集体的荣誉 ài jítǐ de róngyù 集団の栄誉
を重んじる.

★【讲】jiǎng 動重んじる．注意する．問
題にする．‖～面子 jiǎng miànzi 体面を
重んじる．｜～卫生 jiǎng wèishēng 清潔
さを重視する．｜～礼貌 jiǎng lǐmào 礼
儀を重んじる.

*【讲究】jiǎngjiu 動重んじる．重視する．
‖～卫生 jiǎngjiu wèishēng 衛生面を特
に注意する．｜工作要～实效 gōngzuò
yào jiǎngjiu shíxiào 仕事は実効を重んじ
る.

【看重】kànzhòng 動重く見る．重視す
る．‖～知识 kànzhòng zhīshi 知識を重
んじる．｜领导很～他的才能 lǐngdǎo hěn

kànzhòng tā de cáinéng 上司は彼の才能
をたいへん買っている.

**【认】rèn 動価値を認める．重んじる．
‖～钱不～人 rèn qián bú rèn rén 金銭を
重んじ，人物を軽んずる.

*【珍视】zhēnshì 動珍重する．重んじる．
大切にする．‖～两国人民的友谊 zhēn-
shì liǎng guó rénmín de yǒuyì 両国民の友
誼(ゆう)を大切にする.

★【重】zhòng 動重視する．重んじる．‖
～感情 zhòng gǎnqíng 情け深い．｜～学
历 zhòng xuélì 学歴を重視する．｜～男
轻女 zhòng nán qīng nǔ 男尊女卑.

**【重视】zhòngshì 動重視する．重んじ
る．‖受～ shòu zhòngshì 重視される．｜
～幼儿教育 zhòngshì yòu'ér jiàoyù 幼児
教育を重視する．｜领导很～他 lǐngdǎo
hěn zhòngshì tā 指導者は彼のことをと
ても重視している．｜对这个问题～得
不够 duì zhège wèntí zhòngshìde búgòu こ
の問題にもっと重きを置くべきだ.

*【注重】zhùzhòng 動重視する．重んじ
る．‖～道德教育 zhùzhòng dàodé jiàoyù
道徳教育を重視する．｜～仪表 zhùzhòng
yíbiǎo 外面を重んじる．｜～调查研究
zhùzhòng diàochá yánjiū 調査研究を重要
視する.

*【尊重】zūnzhòng 動尊重する．重視す
る．‖～大家的意见 zūnzhòng dàjiā de yì-
jian みんなの意見を尊重する．｜～事
实 zūnzhòng shìshí 事実を尊重する．｜～
人才 zūnzhòng réncái 人材を大事にする.

およばない　及ばない

▶比不过　▶比不了　▶比不上　▶不及
▶不如　▶赶不上　▶用不着

【比不过】bǐbuguò 動競ってもかなわな
い．及ばない．‖要说数学，他～你 yào
shuō shùxué, tā bǐbuguò nǐ 数学では彼は

あなたに勝てない.

*【比不了】bǐbuliǎo 動 比べられない. 及ばない. ‖论学问, 谁也～他 lùn xuéwen, shéi yě bǐbuliǎo tā 学問では誰も彼に及ばない.

【比不上】bǐbushàng 動 比べものにならない. 勝負にならない. ‖你说我哪点～她? nǐ shuō wǒ nǎ diǎn bǐbushàng tā? 私のどこが彼女に及ばないというのだ.

【不及】bùjí 動 比べられない. 及ばない. ‖待人处世方面, 我～他 dàirén chǔshì fāngmiàn, wǒ bùjí tā 人や世間に対する処し方では, 私は彼に及ばない.

★【不如】bùrú 動 及ばない. もとる. ‖论学习, 他～你 lùn xuéxí, tā bùrú nǐ 勉強に関しては, 彼は君に及ばない. ｜牛马～的生活 niúmǎ bùrú de shēnghuó 牛馬にも劣る生活. ｜百闻～一见 bǎi wén bùrú yí jiàn 百聞は一見にしかず.

**【赶不上】gǎnbushàng 動 (追いかけても)追いつかない. 及ばない. ‖他已经走了一会儿了, ～了 tā yǐjīng zǒule yíhuìr le, gǎnbushàng le 彼が出かけてしばらくたつから, もう追いつけない. ｜论学习成绩, 我～他 lùn xuéxí chéngjì, wǒ gǎnbushàng tā 学業成績では私は彼に及ばない.

**【用不着】yòngbuzháo 動 入用でない. 必要ではない. ‖～担心, 来得及 yòngbuzháo dānxīn, láidejí 気をもむことはない, 間に合うから. ｜都是自己人～客气 dōu shì zìjǐrén yòngbuzháo kèqi みな身内ですから, 遠慮するには及びません.

および

▶并 ▶和 ▶及 ▶以及 ▶与

**【并】bìng 接 および. また. ‖讨论～通过了工作报告 tǎolùn bìng tōngguòle gōngzuò bàogào 業務報告について討議し,

またこれを採択した. ｜他一九四三年高中毕业, ～在同年考上大学 tā yī jiǔ sì sān nián gāozhōng bìyè, bìng zài tóngnián kǎoshang dàxué 彼は 1943 年に高校を卒業し, 同年大学に合格した.

★【和】hé 接 …と…. …と…と. および. それに. (ものの列挙に用いる. 主に名詞・代名詞および名詞化した動詞・形容詞を並列させる. 三つ以上の言葉を並列させる場合は“A、B和C”の形をとる.) ‖老师～学生 lǎoshī hé xuésheng 先生と生徒. ｜我家有四口人, 爸爸、妈妈、姐姐～我 wǒ jiā yǒu sì kǒu rén, bàba、māma、jiějie hé wǒ 私の家は 4 人家族で, 父と母と姉それに私です. ｜课下一定要认真复习～预习 kè xià yídìng yào rènzhēn fùxí hé yùxí 授業のあとは, 必ずまじめに復習と予習をしなければならない.

**【及】jí 接 および. ならびに. ‖听力、口语、阅读～写作 tīnglì, kǒuyǔ, yuèdú jí xiězuò ヒアリング・会話・読解および作文. ｜水稻、小麦、玉米～其他粮食作物皆获丰收 shuǐdào, xiǎomài, yùmǐ jí qítā liángshi zuòwù jiē huò fēngshōu コメ・コムギ・トウモロコシおよびその他の穀物がすべて豊作であった.

**【以及】yǐjí 接 および. ならびに. また. ‖本店出售电视机、录像机、电冰箱～其他各种家用电器 běndiàn chūshòu diànshìjī、lùxiàngjī、diànbīngxiāng yǐjí qítā gèzhǒng jiāyòng diànqì 当店ではテレビ・ビデオ・冷蔵庫および各種の家電製品を販売しています. ｜去不去, ～哪天去, 全由你自己决定 qù bu qù, yǐjí nǎ tiān qù, quán yóu nǐ zìjǐ juédìng 行くか行かないか, また何日に行くかは, すべてあなた自身が決めることだ.

**【与】yǔ 接 (並列・選択を表す)…と…. …または…. ‖中国～日本 Zhōngguó yǔ Rìběn 中国と日本. ｜工作～学习 gōng-

zuò yǔ xuéxí 仕事と勉強．│成～不成，
还很难说 chéng yǔ bù chéng, hái hěn nán
shuō うまくいくかどうかは，まだなん
とも言えない．

およぶ　及ぶ

▶遍及　▶波及　▶达　▶达到　▶及
▶及于　▶临到　▶涉及　▶危及　▶殃及

【遍及】biànjí 動 広く及ぶ．‖电视的影
响已～人们生活的各个角落 diànshì de
yǐngxiǎng yǐ biànjí rénmen shēnghuó de gègè
jiǎoluò テレビの影響は人々の生活の
隅々にまで及んでいる．

【波及】bōjí 動 波及する．影響が及ぶ．
‖这次地震灾害～地区不大 zhè cì dìzhèn
zāihài bōjí dìqū bú dà こんどの地震で被
害が及んだ地域は広くない．

*【达】dá 動 (目的や大きな数に)到達す
る．達成する．‖参观者～数万人 cān-
guānzhě dá shù wàn rén 見学者は数万人
に及ぶ．│成功率～百分之百 chénggōng-
lǜ dá bǎi fēn zhī bǎi 成功率は100パーセ
ントに達する．

**【达到】dá//dào 動 達する．到達する．‖
产量～历史最高水平 chǎnliàng dádào lìshǐ
zuì gāo shuǐpíng 生産量は史上最高レベ
ルに達する．

*【及】jí 動 …に及ぶ．比べられる．(多
く否定に用いる)‖干工作我不～他 gàn
gōngzuò wǒ bù jí tā 仕事では私は彼に及
ばない．

【及于】jíyú 動 (影響などが) …に及ぶ．
‖影响～海外 yǐngxiǎng jíyú hǎiwài 影響
は海外に及んでいる．

【临到】líndào 動 (身に)及ぶ．ふりかか
る．‖这种事如果～你的头上，你怎么
办? zhè zhǒng shì rúguǒ líndào nǐ de tóu
shang, nǐ zěnme bàn? こういう事がもし
君の身に及んだら，君は一体どうする．

---

*【涉及】shèjí 動 かかわる．関連する．
及ぶ．‖～国家机密 shèjí guójiā jīmì 国
家機密にかかわる．│问题的～面很广
wèntí de shèjímiàn hěn guǎng 問題の関連
する範囲は広い．

【危及】wēijí 動 危害が及ぶ．‖～生命
wēijí shēngmìng 生命をおびやかす．│洪
水～大坝 hóngshuǐ wēijí dà bà 洪水がダ
ムに危険をもたらす．

【殃及】yāngjí 動 災いが…にまで及ぶ．
巻き添えを食う．‖～无辜 yāngjí wúgū
罪のない者に災いが及ぶ．│这次水灾
～了两个城市的居民 zhè cì shuǐzāi yāng-
jíle liǎng ge chéngshì de jūmín このたびの
水害は二つの都市の住民に災いが及ん
だ．

およぼす　(影響を) 及ぼす

▶波及　▶连带　▶连累　▶牵连　▶牵涉
▶影响　▶作用

【波及】bōjí 動 波及する．影響が及ぶ．
‖疯牛病～化妆品 fēngniúbìng bōjí huà-
zhuāngpǐn 狂牛病は化粧品にも影響を
及ぼした．│这次地震灾害～地区不大
zhè cì dìzhèn zāihài bōjí dìqū bú dà こんど
の地震で被害が及んだ地域は広くな
い．

【连带】liándài 動 ❶互いに関連する．‖
～责任 liándài zérèn 連帯責任．│这几件
事情是有～关系的 zhè jǐ jiàn shìqing shì
yǒu liándài guānxi de これらいくつかの
ことは関連がある．❷累を及ぼす．巻
き添えにする．‖我做错了事，还～你
也挨了批评 wǒ zuòcuòle shì, hái liándài nǐ
yě áile pīpíng 私が過ちを犯したことで
君まで巻き添えを食わせてしまった．

【连累】liánlei; liánlěi 動 巻き添えにす
る．巻き添えを食らわす．累を及ぼ
す．‖不愿～别人 bú yuàn liánlei biéren 他

人を巻き添えにしたくない. ｜我一人做事一人当，决不~大家 wǒ yì rén zuòshì yì rén dāng, jué bù liánlei dàjiā 自分でやったことは自分で責任をとり，決してみなさんを巻き添えにはしません.

【牵连】qiānlián 動 巻き添えにする. 巻き込む. 影響を及ぼす. ‖这个案件~了许多人 zhège ànjiàn qiānliánle xǔduō rén この事件は多数の人を巻き添えにした.

*【牵涉】qiānshè 動 かかわる. 影響を及ぼす. 波及する. ‖这问题~的面很广 zhè wèntí qiānshè de miàn hěn guǎng この問題が影響を及ぼす範囲はきわめて広い. ｜邮政事业~千家万户 yóuzhèng shìyè qiānshè qiān jiā wàn hù 郵政事業は大勢の人々にかかわるものである.

★【影响】yǐngxiǎng 動 影響を与える. 影響を及ぼす. ‖~健康 yǐngxiǎng jiànkāng 健康に響く. ｜看电视太多，~了功课 kàn diànshì tài duō, yǐngxiǎngle gōngkè テレビを見すぎて，勉強に響いた. ｜这一学说~了几代人 zhè yī xuéshuō yǐngxiǎngle jǐ dài rén この学説は数世代にわたり影響を及ぼしている. ｜家长的言行直接~到孩子 jiāzhǎng de yánxíng zhíjiē yǐngxiǎngdào háizi 保護者の言動は子供に直接影響する. ｜给中国经济带来~ gěi Zhōngguó jīngjì dàilai yǐngxiǎng 中国経済に影響を及ぼす.

**【作用】zuòyòng 動 影響を及ぼす. 作用する. ‖这种药可以直接~于中枢神经 zhè zhǒng yào kěyǐ zhíjiē zuòyòng yú zhōngshū shénjīng この薬は直接中枢神経に作用する.

おりる　下りる・降りる

▶降　▶降落　▶下　▶下来　▶…下来
▶下去　▶…下去

**【降】jiàng 動 下がる. 落ちる. ⇔"升" shēng ‖ 温度~到冰点了 wēndù jiàngdào bīngdiǎn le 温度が氷点まで下がった. ｜直升机慢慢儿~了下来 zhíshēngjī mànmānr jiàngle xialai ヘリコプターがゆっくりと降りてきた.

*【降落】jiàngluò 動 ❶着陸する. ⇔"起飞"qǐfēi 因为天气关系，飞机不能~ yīnwei tiānqì guānxi, fēijī bù néng jiàngluò 天気の関係で飛行機が着陸できない. ❷降りる. 下がる. 戏演完了，大幕徐徐~ xì yǎnwán le, dàmù xúxú jiàngluò 芝居が終わり，緞帳（どんちょう）がゆっくりと降りてきた.

★【下】xià 動 ❶降りる. 下る. ‖ ~山 xià shān 山を下る. ｜车xià chē 車から降りる. ｜ ~到矿井里 xiàdào kuàngjǐng li 立て坑の中へ降りる. ❷(xia；xià)動詞の後に置き，動作が下方向であることを表す. ‖坐~ zuòxia 座る. ｜跑~楼 pǎoxia lóu 階下へ駆け下りる.

★【下来】xià/lai(lái) 動 (高所から低所へ)下りてくる. 下りる. ‖他刚从山上~ tā gāng cóng shān shang xiàlai 彼は山から下りてきたばかりだ. ｜叫他下楼来吃饭 jiào tā xià lóu lái chī fàn 下りてきて食事をするように彼を呼ぶ. ｜我不用梯子也下得来 wǒ bú yòng tīzi yě xiàdelái はしごがなくても私は下りられる.

★【…下来】…//xia(xià)//lai(lái) 動 動詞の後に置き，動作が高所から低所へ下りてくることを表す. ‖他从坡上跑~ tā cóng pō shang pǎoxialai 彼は坂を駆け下りてくる. ｜从书架上取下一本书来 cóng shūjià shang qǔxia yì běn shū lai 本棚から本を1冊取る. ｜木材从上游漂~ mùcái cóng shàngyóu piāoxialai 丸太が川上から流れてくる.

★【下去】xià//qu(qù) 動 (高所から低所へ)下りていく. ‖楼下有人喊你，你快~吧 lóu xià yǒu rén hǎn nǐ, nǐ kuài xiàqu ba 下で

誰か呼んでいるよ，はやく下りていきなさいよ．│这一站～了两个乘客 zhè yí zhàn xiàqule liǎng ge chéngkè この駅で二人の乗客が下りた．│没梯子我可下不去 méi tīzi wǒ kě xiàbuqù はしごがなければ私は下りていけない．

★【…下去】…//xia(xià)//qu(qù) 動 動詞の後に置き，動作が高所から低所へ下がることを表す．‖把货都卸～ bǎ huò dōu xièxiaqu 荷を全部下ろす．│对方的气势被压～了 duìfāng de qìshì bèi yāxiaqu le 相手の勢いは抑えられた．

おる　折る
▶叠　▶屈　▶弯　▶折　▶折叠

*【叠】dié 動 折り畳む．畳む．‖把衣服～好 bǎ yīfu diéhǎo 服をきちんと畳む．│～纸鹤 dié zhǐhè 紙のツルを折る．

【屈】qū 動 曲げる．折り曲げる．‖～肘 qū zhǒu ひじを曲げる．│～着腿 qūzhe tuǐ 足を曲げている．│～指一算 qūzhǐ yí suàn 指を折って数える．

**【弯】wān 動 曲げる．折り曲げる．‖～腰 wān yāo 腰をかがめる．│把铁丝～过来 bǎ tiěsī wānguolai 針金を曲げる．

**【折】zhé 動 畳む．折り畳む．‖～纸鹤 zhé zhǐhè 紙のツルを折る．│把信～好 bǎ xìn zhéhǎo 手紙をきちんと折り畳む．│把纸币对一起来放进钱包 bǎ zhǐbì duì-zhéqilai fàngjìn qiánbāo お札を二つ折りにして財布に入れた．

【折叠】zhédié 動 畳む．折り畳む．‖内有相片，请勿～ nèi yǒu xiàngpiàn, qǐng wù zhédié （封書の上書きに）写真在中，折らないでください．│～床 zhédiéchuáng 折り畳みベッド．│～伞 zhédiésǎn 折り畳み傘．

おれる　折れる
▶断　▶折　▶折　▶折断

**【断】duàn 動 （長い物をいくつかに）切る．断ち切る．‖铅笔芯～了 qiānbǐxīn duàn le 鉛筆の芯(しん)が折れた．│腿摔～了 tuǐ shuāiduàn le 転んで足を折った．│一刀两～ yì dāo liǎng duàn 一刀両断にする．

**【折】shé 動 （細長い物が）折れる．切れる．‖筷子～了 kuàizi shé le 箸が折れた．│大风把伞都刮～了 dàfēng bǎ sǎn dōu guāshé le 強風で傘の骨が折れた．│腰都快累～了 yāo dōu kuài lèishé le 疲れて腰が折れそうだ．

**【折】zhé 動 折れる．折る．‖～了一根树枝 zhéle yì gēn shùzhī 木の枝を1本折った．│骨～ gǔzhé 骨折する．

【折断】zhéduàn 動 折れる．折る．‖仔细地查看～的车轴 zǐxì de chákàn zhéduàn de chēzhóu 折れた車軸を丹念に調べる．│他一使劲，铅笔芯～了 tā yì shǐjìn, qiānbǐxīn zhéduàn le 彼が力を入れたとたん，鉛筆の芯(しん)はポキンと折れてしまった．

おわり　終わり
▶结局　▶结束语　▶结尾　▶末了　▶末尾
▶终场　▶终点　▶最后　▶最终

*【结局】jiéjú 图 物事・文章などの最終的な結果．結末．‖～出人意料 jiéjú chū rén yì liào 結末は予想外だった．

【结束语】jiéshùyǔ 图 （文章や講演の）結びの言葉．終わりの言葉．

【结尾】jiéwěi 图 結末．最後の締めくくり．‖这本小说的～很精彩 zhè běn xiǎo-shuō de jiéwěi hěn jīngcǎi この小説の結末はたいへんすばらしい．

【末了】mòliǎo（～儿）图 最後. 結局. "末末了儿" mòmoliǎor ともいう. ‖ 等了半天, ～连他的影子也没见着 děngle bàntiān, mòliǎo lián tā de yǐngzi yě méi jiànzháo さんざん待ったが, 結局彼の姿を見ることさえできなかった.

【末尾】mòwěi 图 末尾. いちばん最後. ‖ 文章的～ wénzhāng de mòwěi 文章の末尾. ｜ 我个子高, 总是排在队伍的～ wǒ gèzi gāo, zǒngshì páizài duìwu de mòwěi 僕は背が高いから, いつも列の最後に並ぶ.

【终场】zhōngchǎng 图（試合・演劇・ゲーム・パフォーマンスなどの）終了. 終わり. ‖ 比赛临近～时, 我方又攻进一球 bǐsài línjìn zhōngchǎng shí, wǒfāng yòu gōngjìn yì qiú 試合の終了間際に, 私たちのチームはまた得点を入れた.

*【终点】zhōngdiǎn 图 终点. ‖ ～站 zhōngdiǎnzhàn 終点. 終着駅. ｜ 本次列车的～是北京站 běn cì lièchē de zhōngdiǎn shì Běijīngzhàn この列車の終点は北京駅です.

★【最后】zuìhòu 图 最後. 最終. ‖ 走在～ zǒuzài zuìhòu 最後尾を歩く. ｜ 坚持到～ jiānchídào zuìhòu 最後まで頑張る. ｜ ～一次 zuìhòu yí cì 最後の１回. ｜ ～的结局 zuìhòu de jiéjú 最後の結末. ｜ 他终于同意了 zuìhòu tā zhōngyú tóngyì le 最後には彼はついに同意した.

【最终】zuìzhōng 图 最後. 結局. ‖ 他们～也没得到一个满意的答复 tāmen zuìzhōng yě méi dédào yí ge mǎnyì de dáfu 彼らは最後まで満足のゆく答えを得られなかった.

おわる　終わる

▶告终　▶过去　▶结束　▶了结　▶完
▶完毕　▶完事　▶下　▶终止

【告终】gàozhōng 動 終わりを告げる. 終わりになる. ‖ 以失败～ yǐ shībài gàozhōng 失敗に終わる.

★【过去】guò//qu(qù) 動（時間・時期・ある状態が）過ぎる. 終わる. 去る. ‖ 两个月～了, 还没得到他的回信 liǎng ge yuè guòqu le, hái méi dédào tā de huíxìn ２ヵ月過ぎたが, まだ彼から返事の手紙がない. ｜ 这事已经～好长时间了 zhè shì yǐjīng guòqu hǎo cháng shíjiān le この件はとうに終わっている. ｜ 一场暴风雨～了 yì cháng bàofēngyǔ guòqu le 暴風雨は去った.

★【结束】jiéshù 動 終結する. 終了する. 打ち切る. 終わらせる. けりをつける. ‖ 联欢晚会到此～ liánhuān wǎnhuì dào cǐ jiéshù 交歓会はこのへんでお開きにします. ｜ 暑假就要～了 shǔjià jiù yào jiéshù le 夏休みはもうすぐ終わりだ. ｜ 这场旷日持久的战争终于宣告～ zhè cháng kuàng rì chí jiǔ de zhànzhēng zhōngyú xuāngào jiéshù le 長引いたこの戦争もついに終結が宣言された.

【了结】liǎojié 動 解決する. 片付く. ‖ 那事早就～了 nà shì zǎojiù liǎojié le あれはもうとっくに片づいた. ‖ 账目都～了 zhàngmù dōu liǎojié le 勘定はすべて清算した.

★【完】wán 動 ❶終わる. …し終わる. ‖ 戏演～了 xì yǎnwán le 芝居が終わった. ｜ 作业已经写～了 zuòyè yǐjīng xiěwán le 宿題はとっくにやり終えた. ｜ 我的话～了 wǒ de huà wán le 私の話は以上です. ❷完成する. 仕上げる. ‖ ～工 wángōng 工事が終わる. ｜ ～了这件事, 我们就可以好好儿休息一下了 wánle zhè jiàn shì, wǒmen jiù kěyǐ hǎohāor xiūxi yíxià le この件が片づいたら, 我々はゆっくり骨休みできるでしょう.

*【完毕】wánbì 動 終わる. 完了する. ‖ 会议～ huìyì wánbì 会議が終わる. ｜ 准

140

备～ zhǔnbèi wánbì 準備が整う.

【完事】 wán//shì 動 用事が終わる. 仕事が完了する. ‖ 总算～了 zǒngsuàn wánshì le やっとけりがついた. │完了事咱们看电影去 wánle shì zánmen kàn diànyǐng qù 仕事が終わったら映画を見にいこう.

★**【下】** xià 動 (仕事や授業が)終わる. ‖ ～班 xiàbān 仕事が終わる. 勤めが引ける. │～课 xiàkè 授業が終わる. │上节课～晚了 shàng jié kè xiàwǎn le 前の授業が延びた.

*★**【终止】** zhōngzhǐ 動書 停止する. やめる. 終わる. ‖ ～了恋爱关系 zhōngzhǐle liàn'ài guānxi 恋愛関係に終止符を打った. │他的运动生涯因这次事故而～了 tā de yùndòng shēngyá yīn zhè cì shìgù ér zhōngzhǐ le 彼のスポーツ人生はこの事故によって終わりを告げた.

おんな　女

▶妇女　▶女　▶女的　▶女人　▶女士
▶女性　▶女子

**【妇女】 fùnǚ 名 婦人. 女性. (他の名詞とともに用いて, 熟語を作ることが多い) ‖ 家庭～ jiātíng fùnǚ 家庭の主婦. │～杂志 fùnǚ zázhì 女性雑誌. │～们抱着孩子来看烟花 fùnǚmen bàozhe háizi lái kàn yānhuā 女の人たちは子供を抱いて花火を見に来た.

★**【女】** nǚ 形 女性の. ⇔"男" nán ‖ 少～ shàonǚ 少女. │妇～ fùnǚ 婦人. │～学生 nǚxuésheng 女子学生. │男～老少 nánnǚ lǎoshào 老若男女. │男～平等 nánnǚ píngděng 男女平等.

【女的】 nǚ de 組 女の人. 女. (話し言葉で用いる) ‖ 你们公司有多少～? nǐmen gōngsī yǒu duōshao nǚ de? 君の会社では女性はどのくらいいますか?

**【女人】 nǚrén 名 女性. (形容詞の後や, 出産・育児などに関わりのある文脈に用いる) ‖ 可爱的～ kě'ài de nǚrén 可愛い女の人. │漂亮的～ piàoliang de nǚrén きれいな女の人. │～要煮饭生孩子实在很辛苦 nǚrén yào zhǔ fàn shēng háizi shízài hěn xīnkǔ 女の人は炊事をしたり, 子供を産んだり実に大変だ.

**【女士】 nǚshì 名 女史. 女性に対する敬称. (敬意を含んで広く使われる. よく量詞"位" wèi とともに用いる. また名前の後につく) ‖ ～们, 先生们! 晚会现在开始 nǚshìmen, xiānshengmen! wǎnhuì xiànzài kāishǐ 紳士・淑女のみなさん, ただいまよりレセプションを開催いたします.

*★**【女性】** nǚxìng 名 女性. 女の人. (女性を社会の一員として見るとき, あるいは地域的に広い範囲で女性をとらえたときに用いる) ‖ 职业～ zhíyè nǚxìng 仕事をしている女性. │新～ xīn nǚxìng 新しいタイプの女性. │中国～ Zhōngguó nǚxìng 中国女性. │～荷尔蒙 nǚxìng hé'ěr méng 女性ホルモン.

*★**【女子】** nǚzǐ 名 女子. ‖ ～篮球比赛 nǚzǐ lánqiú bǐsài 女子バスケットボール試合. │～团体赛 nǚzǐ tuántǐsài 女子団体競技.

か

かいけん　会見

▶会见　▶会晤　▶接见　▶谒见

＊＊【会见】 huìjiàn 動 会見する. (多く外交の場での会見をさす)‖总统～三国大使 zǒngtǒng huìjiàn sān guó dàshǐ　大統領が３ヵ国の大使と会見する.

＊【会晤】 huìwù 動 (政府首脳が)会う. 会見する.‖定期～ dìngqī huìwù　定期会談をする.｜日中美三国首脑～ Rì-Zhōng-Měi sān guó shǒunǎo huìwù　日米中の三か国首脳が会見する.

＊＊【接见】 jiējiàn 動 高位の人が公に人に会見する. 接見する.‖～外宾 jiējiàn wàibīn　外国からの客を接見する.｜受到了外交部长的～ shòudàole wàijiāo bùzhǎng de jiējiàn　外務大臣の接見を受けた.

【谒见】 yèjiàn 動 謁見する.‖～总统 yèjiàn zǒngtǒng　大統領に謁見する.

がいけん　外見　⇒【見かけ】

かいしゃく　解釈

▶讲解　▶解答　▶解释　▶理解　▶说明
▶注释

＊【讲解】 jiǎngjiě 動 解説する. 説明し解釈する.‖～幻灯片 jiǎngjiě huàndēngpiàn　スライドを説明する.｜老师给学生～地质构造的成因 lǎoshī gěi xuésheng jiǎngjiě dìzhì gòuzào de chéngyīn　先生は学生たちに地質構造の成因について解説する.

＊＊【解答】 jiědá 動 解答する. (疑問に)答える.‖～学生的问题 jiědá xuésheng de wèntí　学生の質問に答える.

＊＊【解释】 jiěshì 動 解釈する. 説明する.‖这句诗应该怎么～? zhè jù shī yīnggāi zěnme jiěshì?　この詩はどのように解釈すべきか.｜～语法 jiěshì yǔfǎ　文法を説明する.｜科学地～了这一自然现象 kēxué de jiěshìle zhè yī zìrán xiànxiàng　この自然現象を科学的に解釈する.

＊＊【理解】 lǐjiě 動 理解する. 分かる.‖加深～ jiāshēn lǐjiě　理解を深める.｜我很～你的心情 wǒ hěn lǐjiě nǐ de xīnqíng　私はあなたの気持ちがとてもよく分かる.｜按自己的方便来～ àn zìjǐ de fāngbiàn lái lǐjiě　自分の都合のよいように解釈する.｜这首诗的意思我还不太～ zhè shǒu shī de yìsi wǒ hái bú tài lǐjiě　この詩の意味が私にはまだよく理解できない.

★【说明】 shuōmíng 動 説明する. 説く.‖～理由 shuōmíng lǐyóu　理由を説明する.｜我向厂长～了来意 wǒ xiàng chǎngzhǎng shuōmíngle láiyì　私は工場長に来意を説明した. 名解释. 说明.

＊【注释】 zhùshì 動 注釈する.‖～文章 zhùshì wénzhāng　文章を注釈する. 名注釈. 注.

かいじょ　解除

▶解除　▶解冻　▶解放　▶解职　▶开
▶免除　▶取消　▶卸

＊【解除】 jiěchú 動 解除する. 除去する. なくす.‖～职务 jiěchú zhíwù　職務を解く.｜～武装 jiěchú wǔzhuāng　武装解除する.｜警报～了 jǐngbào jiěchú le　警報が解除された.｜～病人的痛苦 jiěchú bìngrén de tòngkǔ　病人の苦痛をなくす.

【解冻】 jiě//dòng 動 (資金などの凍結を)解除する. (緊張状態を)緩和する.‖～资产 jiědòng zīchǎn　資金凍結が解除さ

れた.｜两国关系已经开始～ liǎng guó
guānxi yǐjīng kāishǐ jiědòng 両国の緊張関
係はすでに緩和されつつある.

【解放】 jiěfàng 動 解放する. 解き放つ.
‖ ～思想 jiěfàng sīxiǎng 発想を自由に
する.｜从繁重的家务中～出来 cóng
fánzhòng de jiāwù zhōng jiěfàngchulai 骨の
折れる家事から解放される.

【解职】 jiě//zhí 動 解任する.

★**【开】** kāi 動 (禁令や制限などを)解く. ‖
～禁 kāijìn 解禁する.｜戒 kāijiè 戒律
を解く. 制限していたものをまた始め
る.

***【免除】** miǎnchú 動 免除する. 解く. ‖
～他的职务 miǎnchú tā de zhíwù 彼の職
務を解く.｜～兵役 miǎnchú bīngyì 兵役
を免除する.

***【取消】【取销】** qǔxiāo 動 取り消す. 取り
やめる. ‖ ～合同 qǔxiāo hétong 契約を
解除する.｜会议临时～了 huìyì línshí qǔ-
xiāo le 会議は急に取りやめになった.｜
这项规定已经～了 zhè xiàng guīdìng yǐjīng
qǔxiāo le この規定はすでに廃止された.

***【卸】** xiè 動 (責任を)解除する. 回避す
る. ‖ ～下重任 xièxia zhòngrèn 重任を
解く.｜把责任～得一干二净 bǎ zérèn xiè-
de yì gān èr jìng 責任をすべて転嫁する.

かいだん　階段

▶阶梯　▶楼梯　▶台阶　▶太平梯　▶梯级

【阶梯】 jiētī 名 ❶階段. はしご. ‖ ～教
室 jiētī jiàoshì 階段教室.｜呈～状的大
斜坡 chéng jiētī zhuàng de dà xiépō 階段状
になった斜面. ❷喩 (出世の)足掛か
り. ‖ 以此作为向上爬的～ yǐ cǐ zuòwéi
xiàng shàng pá de jiētī これを出世の足掛
かりにする.｜进身的～ jìnshēn de jiētī
出世の足掛かり.

*【楼梯】 lóutī 名 (建物に付随している)

階段. ‖ 螺旋～ luóxuán lóutī 螺旋状の階
段.｜从～走上去 cóng lóutī zǒushangqu
階段を登っていく.

***【台阶】** táijiē (～儿) 名 (家の前や公園の
中などにある)石段. 階段. ‖ 上～ shàng
táijiē 階段をのぼる.

【太平梯】 tàipíngtī 名 非常階段.

【梯级】 tījí 名 (階段の)段. ステップ.

かいにゅう　介入

▶参与　▶插手　▶干涉　▶干预　▶介入

***【参与】【参预】** cānyù 動 参与する. かか
わる. ‖ 他～了审定工作 tā cānyùle shěn-
dìng gōngzuò 彼は査定にかかわった.｜
共有五名学生～了这次殴斗事件 gòng
yǒu wǔ míng xuésheng cānyùle zhè cì ōudòu
shìjiàn 全部で5人の学生がこの乱闘事
件にかかわっている.

【插手】 chā//shǒu 動 手を出す. 介入す
る. ‖ 这件事, 你不该～ zhè jiàn shì, nǐ
bù gāi chāshǒu この件に君が介入すべき
でない.｜人多, 插不上手 rén duō, chā-
bushàng shǒu 人が多くて, 手の出しよ
うがない.

【干涉】 gānshè 動 干涉する. ‖ ～他国内
政 gānshè tā guó nèizhèng 他国の内政に
干涉する.｜这是我的私事, 你无权～
zhè shì wǒ de sīshì, nǐ wú quán gānshè これ
は私個人のことだから, あなたがたち
いる権利はない.

***【干预】【干与】** gānyù 動 干涉する. 関与
する. かかわり合う. ‖ 你不要～我们俩
的事 nǐ búyào gānyù wǒmen liǎ de shì 我々
二人のことに口出しするな.｜这是他
们家的事, 别人不便～ zhè shì tāmen jiā
de shì, biérén búbiàn gānyù これは彼らの
家のことだから他人が口出しするのは
具合が悪い.

【介入】 jièrù 動 介入する. 間に割り込

む.‖～纠纷 jièrù jiūfēn 紛争に介入する.｜我不愿意～这场争论 wǒ bú yuànyì jièrù zhè cháng zhēnglùn 私はこの論争には口出ししたくない.

かいふく　回復

▶复归　▶复原　▶好　▶好转　▶还
▶恢复　▶康复　▶收复　▶苏醒

【复归】fùguī 動（ある状態に）戻る.回復する.‖暴风雨过后，海港～平静 bàofēngyǔ guò hòu, hǎigǎng fùguī píngjìng 嵐が過ぎると、港は静かになった.

【复原】fù//yuán 動❶（病気の後）健康を回復する."复元"とも書く.‖身体已经～了 shēntǐ yǐjīng fùyuán le 体はすっかり元に戻った.❷原状を回復する.復元する.‖破损的雕像已经～ pòsǔn de diāoxiàng yǐjīng fùyuán 破損した彫像はすでに復元された.

★【好】hǎo 形 健康である.健康をとり戻している.体の調子がよい.‖我的身体一直很～ wǒ de shēntǐ yìzhí hěn hǎo 私はずっと健康である.｜天气暖和了，病也～多了 tiānqì nuǎnhuo le, bìng yě hǎoduō le 暖かくなって病気もだいぶよくなった.｜感冒～了吗? gǎnmào hǎo le ma? 風邪はよくなりましたか.

*【好转】hǎozhuǎn 動 好転する.‖天气～了 tiānqì hǎozhuǎn le 天候が回復した.｜病情～了 bìngqíng hǎozhuǎn le 病気が持ち直した.｜形势有所～ xíngshì yǒu suǒ hǎozhuǎn 形勢がいくぶん好転した.｜景气还没有～ jǐngqì hái méiyou hǎozhuǎn 景気はまだ回復していない.

★【还】huán 動 戻る.（元の状態を）回復する.‖～原 huányuán 元に戻す.｜～历史的本来面目 huán lìshǐ de běnlái miànmù 歴史のほんとうの姿を復元する.

**【恢复】huīfù 動 回復する.取り戻す.‖～邦交 huīfù bāngjiāo 国交を回復する.｜～体力 huīfù tǐlì 体力を回復する.｜谈判～了 tánpàn huīfù le 交渉が再開した.｜～了老样子 huīfùle lǎoyàngzi 元の姿に回復する.｜～平静 huīfù píngjìng 平静を取り戻す.

【康复】kāngfù 動 健康を回復する.‖祝你早日～ zhù nǐ zǎorì kāngfù 一日も早く元気になってください.｜～中心 kāngfù zhōngxīn リハビリ・センター.

*【收复】shōufù 動（失った領土などを）奪回する.奪還する.取り返す.‖～失地 shōufù shīdì 失地を回復する.

*【苏醒】sūxǐng 動 意識がよみがえる.気が付く.‖昏迷了三天，他终于～过来了 hūnmíle sān tiān, tā zhōngyú sūxǐngguolai le 3日間の人事不省の状態から，彼はついに意識を回復した.

かいほう　解放

▶摆脱　▶放　▶解除　▶解放　▶脱离

*【摆脱】bǎituō 動（悪い状態から）抜け出す.抜け出る.‖～现状 bǎituō xiànzhuàng 現状から逃れる.｜～旧观念的束缚 bǎituō jiù guānniàn de shùfù 古い観念の束縛から抜け出す.｜～落后状态 bǎituō luòhòu zhuàngtài 立ち後れた状態を脱する.

★【放】fàng 動 釈放する.放す.‖抓住绳子不～ zhuāzhù shéngzi bú fàng 縄をしっかりつかんで放さない.｜把蜻蜓～了 bǎ qīngtíng fàng le トンボを放した.｜抓的人都～回来了 zhuā de rén dōu fànghuilai le 捕らえられた人たちがみな解放され帰ってきた.

*【解除】jiěchú 動 解除する.除去する.なくす.‖～职务 jiěchú zhíwù 職務を解く.｜～武装 jiěchú wǔzhuāng 武装解除する.｜警报～了 jǐngbào jiěchú le 警報

が解除された.｜好容易～了痛苦 hǎoróngyì jiěchúle tòngkǔ やっと苦痛から解放された.

【解放】 jiěfàng 動 解放する．解き放つ．(「解放される」というとき，受身にしない)‖～思想 jiěfàng sīxiǎng 発想を自由にする．｜从繁重的家务中～出来 cóng fánzhòng de jiāwù zhōng jiěfàngchulai 骨の折れる家事から解放される.

【脱离】 tuōlí 動 (ある環境や状況から)離れる．脱する．断ち切る．‖～危险 tuōlí wēixiǎn 危険から脱する．｜～实际 tuōlí shíjì 実際とかけ離れる．｜～苦海 tuōlí kǔhǎi 苦しい境遇から脱する.

かう　買う

▶采购　▶订购　▶购买　▶购置　▶买
▶收购　▶邮购

【采购】 cǎigòu 動 買い入れる．仕入れる．‖～原材料 cǎigòu yuáncáiliào 原材料を買い入れる．｜～员 cǎigòuyuán 購買係．仕入れ係.

【订购】 dìnggòu 動 注文する．発注する．予約購入する．"定购"とも書く．‖～百科全书 dìnggòu bǎikē quánshū 百科事典を予約購入する.

【购买】 gòumǎi 動 買い入れる．購入する．‖～股票 gòumǎi gǔpiào 株を買う．｜～日用品 gòumǎi rìyòngpǐn 日用品を購入する．｜～成套设备 gòumǎi chéngtào shèbèi プラントを購入する．｜～合同 gòumǎi hétong 買入契約．｜在网上～ zài wǎngshang gòumǎi インターネットで購入する.

【购置】 gòuzhì 動 (耐久品を)買い入れる．購入する．‖～房产 gòuzhì fángchǎn 家を購入する．｜～大批的农具 gòuzhì dàpī de nóngjù 大量の農具を買い入れる.

★**【买】** mǎi 動 買う．⇔"卖" mài‖～东西

mǎi dōngxi 買い物をする．｜～衣服 mǎi yīfu 服を買う．｜书～到了 shū mǎidào le 本が手に入った．｜给孩子～了一台电脑 gěi háizi mǎile yì tái diànnǎo 子供にパソコンを買った．｜我让妈妈给我～了一双手套 wǒ ràng māma gěi wǒ mǎile yì shuāng shǒutào お母さんに手袋を買ってもらった.

***【收购】** shōugòu 動 買いつける．買い入れる．‖～废品 shōugòu fèipǐn 廃品を買い上げる．｜～棉花 shōugòu miánhua 綿花を買い上げる．｜～计划 shōugòu jìhuà 買い上げ計画．｜～价格 shōugòu jiàgé 買い上げ価格.

***【邮购】** yóugòu 動 (定期刊行物などを)郵便で購入する．通信販売で購入する．‖～图书 yóugòu túshū 郵送で図書を購入する.

かえす　返す

▶偿还　▶返还　▶归还　▶还　▶还债
▶回　▶送还　▶退还　▶退回

***【偿还】** chánghuán 動 (負債を)返済する．‖～欠债 chánghuán qiànzhài 負債を償還する．｜分期～ fēnqī chánghuán 分割で償還する.

【返还】 fǎnhuán 動 返す．戻す．返還する．‖～定金 fǎnhuán dìngjīn 手付け金を返す.

***【归还】** guīhuán 動 返す．返却する．‖～借款 guīhuán jièkuǎn 借金を返す．｜租的录相带要按期～ zū de lùxiàngdài yào ànqī guīhuán 借りたビデオテープは期日どおりに返却しなくてはいけない.

★**【还】** huán 動 (借りたお金や物を)返す．‖我已经～给他一千块钱了 wǒ yǐjīng huángěi tā yìqiān kuài qián le 僕はもう彼に1000元返した．｜把借的书还回图书馆 bǎ jiè de shū huánhui túshūguǎn 借りた

本を図書館に返す.

【还债】huán//zhài 動 借金を返す. 返済する. ‖逼人～ bī rén huánzhài 借金の返済を迫る.

★【回】huí；huí 動 動詞の後に置き，元の場所に戻ることを表す. ‖放～原处 fànghui yuánchù 元の場所に返しておく. ｜寄～了商品 jìhuile shāngpǐn 商品を(郵送で)返した. ｜跑～宿舍 pǎohui sùshè 宿舎まで駆け戻る.

【送还】sònghuán 動 (主として物を)送り返す. 返却する. ‖把借的椅子～回去 bǎ jiè de yǐzi sònghuánhuiqu 借りた椅子を返却する.

*【退还】tuìhuán 動 (買ったものや受け取ったものを)返す. 戻す. ‖原物～ yuánwù tuìhuán 物を原状のまま返す. ｜～押金 tuìhuán yājīn 保証金を払い戻す.

【退回】tuìhuí 動 返す. 戻す. そのまま差し戻す. ‖查无此人，～原处 chá wú cǐ rén, tuìhuí yuánchù (この郵便物は)受取人不明につき差出人戻し.

かえって

▶倒 ▶倒不如 ▶反倒 ▶反而 ▶却
▶相反

**【倒】dào 副 …だが. なんと. かえって. (常識や予測に反する意を表す) ‖天气预报说要下雨，现在～出太阳了 tiānqì yùbào shuō yào xià yǔ, xiànzài dào chū tàiyang le 天気予報では雨が降るといっていたのに，かえって日がさしてきた. ｜我没问，他～自己把那件事说出来了 wǒ méi wèn, tā dào zìjǐ bǎ nà jiàn shì shuōchulai le 私が聞きもしないのに，彼は自分からその事を話し始めた.

【倒不如】dào bùrú 組 むしろ…のほうがよい. かえって…のほうがましだ. ‖坐汽车～骑车快 zuò qìchē dào bùrú qí

chē kuài 自動車よりかえって自転車のほうが早く行ける. ｜早知道这样，～不来 zǎo zhīdao zhèyàng, dào bùrú bù lái こういうことだと分かっていたなら，来ないほうがよかった.

*【反倒】fǎndào 副 かえって. 逆に. 反対に. ‖说好我请客，～让你掏钱，真不好意思 shuōhǎo wǒ qǐngkè, fǎndào ràng nǐ tāoqián, zhēn bù hǎoyìsi 私がお誘いしたのに，かえってご馳走になり，ほんとうにお恥ずかしい.

*【反而】fǎn'ér 副 かえって. 逆に. 反対に. ‖说多了～不好 shuō duō le fǎn'ér bù hǎo しゃべり過ぎるとかえってよくない. ｜不但没赚，～赔了 búdàn méi zhuàn, fǎn'ér péi le 儲けるどころか損をしてしまった.

**【却】què 副 …なのに. …だが. …けれども. かえって. (“虽” suī “虽然” suīrán “但是” dànshì “更” gèng “还” hái “又” yòu などと呼応し，軽い逆接を表す) ‖文字虽浅显，～寓意深刻 wénzì suī qiǎnxiǎn, què yùyì shēnkè 文章は簡単だが，意味は深い. ｜这儿很安静，但买东西～不太方便 zhèr hěn ānjìng, dàn mǎi dōngxi què bútài fāngbiàn ここは静かだが，買い物にはかえってちょっと不便だ.

**【相反】xiāngfǎn 接 これに反して. 逆に. ‖失败没有吓住他，～更坚定了他的信心 shībài méiyou xiàzhù tā, xiāngfǎn gèng jiāndìngle tā de xìnxīn 彼は失敗に打ちひしがれなかったばかりか，かえって自信をいっそう強めた.

かえる 帰る

▶归来 ▶回 ▶回归 ▶回过头来 ▶回家
▶回来 ▶…回来 ▶回去 ▶…回去

【归来】guīlái 動 よその土地から帰る. ‖奥运健儿载誉～ Àoyùn jiàn'ér zàiyù guīlái オリンピック健児が栄誉を担って帰国する.｜战士们从前线胜利～ zhànshìmen cóng qiánxiàn shènglì guīlái 兵隊たちは前線から勝利して帰る.

★【回】huí 動 戻る.帰る.‖～娘家 huí niángjia 実家へ帰る.｜～故乡 huí gùxiāng 故郷に戻る.帰省する.｜快去快～ kuài qù kuài huí 早く行って早く帰る.

【回归】huíguī 動 復帰する.元へ帰る.‖～自然 huíguī zìrán 大自然に帰る.

【回过头来】huíguo tóu lai 慣 元に戻る.始めに帰る.‖咱们再～谈谈刚才那个问题 zánmen zài huíguo tóu lai tántan gāngcái nàge wèntí 話を元に戻して,もう一度さっきのあの問題を話しましょう.

【回家】huí jiā 組 ❶帰宅する.‖他家很近,走着就可以～ tā jiā hěn jìn, zǒuzhe jiù kěyǐ huí jiā 彼は家が近いから,歩いて帰宅できる.❷帰省する.

★【回来】huí//lai(lái) 動 (元の所へ)帰ってくる.戻ってくる.‖他每天很晚才回来 tā měitiān hěn wǎn cái huílai 彼は毎晩遅くでないと帰ってこない.｜快～! 吃饭了! kuài huílai! chī fàn le! 早く戻ってきなさい,食事ですよ.

**【…回来】…//hui(huí)/lai(lái) 動 動詞の後に置き,元の所へ帰ってくることを表す.‖我去机场把他接～了 wǒ qù jīchǎng bǎ tā jiēhuílai le 私は空港に彼を迎えにいってきた.｜她买回很多菜来 tā mǎihui hěn duō cài lai 彼女はたくさんの食材を仕入れて帰ってきた.｜话说～ huà shuōhuílai 話を元へ戻す.

★【回去】huí//qu(qù) 動 (元の所へ)帰っていく.戻る.‖你赶快～吧! nǐ gǎnkuài huíqu ba! 君,早く帰りなさい!｜你们不答应,我们就不～ nǐmen bù dāying, wǒmen jiù bù huíqu 君たちが承諾しないかぎり,僕たちは帰らない.

**【…回去】…//hui(huí)/qu(qù) 動 動詞の後に置き,元の所へ帰っていくことを

表す.‖路不远,我们走～吧 lù bù yuǎn, wǒmen zǒuhuiqu ba 道は遠くないから,歩いて戻ろう.｜他把学校的辞典带回家去了 tā bǎ xuéxiào de cídiǎn dàihuí jiā qu le 彼は学校の辞書を家に持ち帰った.

かえる　変える

▶变　▶变成　▶变动　▶变更　▶变换
▶改　▶改变　▶更改　▶换　▶转　▶转变

★【变】biàn 動 変える.変化させる.‖～脸色 biàn liǎnsè 顔色を変える.｜～坏事为好事 biàn huàishì wéi hǎoshì 災いを福とする.

★【变成】biàn//chéng 動 …に変える.‖把理想～现实 bǎ lǐxiǎng biànchéng xiànshí 理想を現実に変える.

【变动】biàndòng 動 変更させる.‖～次序 biàndòng cìxù 順序を変える.

【变更】biàngēng 動 変更する.変える.‖～计划 biàngēng jìhuà 計画を変える.｜～时间 biàngēng shíjiān 時間を変更する.

★【变换】biànhuàn 動 変える.‖～角度 biànhuàn jiǎodù 角度を変える.｜～环境 biànhuàn huánjìng 環境を変える.｜～说法 biànhuàn shuōfǎ 言い方を変える.｜～一下方式 biànhuàn yíxià fāngshì 方式を変えてみる.

★【改】gǎi 動 変更する.変化させる.‖～名字 gǎi míngzi 名前を変える.｜～主意 gǎi zhǔyi 考えを変える.｜把集合时间～成8点 bǎ jíhé shíjiān gǎichéng bā diǎn 集合時間を8時に変えた.

【改变】gǎibiàn 動 変える.変更する.‖～作息时间 gǎibiàn zuòxī shíjiān 仕事と休憩の時間を変更する.｜～学习方法 gǎibiàn xuéxí fāngfǎ 勉強の方法を変える.｜～实施计划 gǎibiàn shíshī jìhuà 実施計画を変える.

かお　顔(顔立ち)

*【更改】gēnggǎi 動 変更する. ‖ ～名称 gēnggǎi míngchēng 名称を改める. ｜会期经过几番～才确定下来 huìqī jīngguò jǐ fān gēnggǎi cái quèdìngxialai 会期は何度か変更した後やっと決まった.

★【换】huàn 動 (あるものを別のものに)替える. 取り替える. ‖ ～衣服 huàn yīfu 着替えをする. ｜～地点 huàn dìdiǎn 場所を変える. ｜～发型 huàn fàxíng ヘアスタイルを変える. ｜～一个方式 huàn yí ge fāngshì やり方を変える. ｜～个角度拍摄 huàn ge jiǎodù pāishè 角度を変えて撮る.

**【转】zhuǎn 動 (方向や状況などを)変える. ‖ ～脸 zhuǎnliǎn 顔の向きを変える. 顔をそむける. ｜向右～ xiàng yòu zhuǎn 右に向きを変える. ｜～户口 zhuǎn hùkǒu 戸籍を移す.

**【转变】zhuǎnbiàn 動 変える. ‖ ～态度 zhuǎnbiàn tàidu 態度を変える. ｜大家了对他的看法 dàjiā zhuǎnbiànle duì tā de kànfa みんなは彼に対する考えを変えた.

かお　顔 (顔立ち)

▶脸　▶脸蛋儿　▶脸面　▶脸盘儿　▶面孔
▶面目　▶面容　▶模样　▶容貌　▶相貌
▶长相

★【脸】liǎn 名 顔. ‖ 刮～ guāliǎn 顔をそる. ｜～色 liǎnsè 顔色. ｜瓜子～ guāzǐliǎn 瓜(うり)ざね顔. ｜瘦长～ shòuchángliǎn 面長. 細面. ｜圆～ yuánliǎn 丸顔. ｜满困惑 mǎn liǎn kùnhuò 困った顔をする. ｜绷着～ běngzhe liǎn 顔がこわばる.

【脸蛋儿】liǎndànr 名 頬. (広く)幼児の顔をさす. "脸蛋子"liǎndànzi ともいう.

【脸面】liǎnmiàn 名 顔. ‖ 用纱巾遮挡～ yòng shājīn zhēdǎng liǎnmiàn 薄いスカーフで顔を覆う.

【脸盘儿】liǎnpánr 名 □ 顔かたち. 顔の輪郭. "脸盘子"liǎnpánzi ともいう. ‖ 圆～ yuán liǎnpánr 丸顔.

*【面孔】miànkǒng 名 顔. 顔つき. (精神状態をも含んだ顔の表情をさす)‖ 板着～ bǎnzhe miànkǒng 仏頂面をする. ｜装出严肃的～ zhuāngchu yánsù de miànkǒng いかめしい顔つきをして見せる.

【面目】miànmù 名 顔. 顔つき. (顔の形状や容貌をいう. 多く貶義に用いる)‖ ～可憎 miànmù kězēng 顔つきが憎たらしい. ｜～凶恶 miànmù xiōng'è 凶悪な顔.

*【面容】miànróng 名 顔つき. 顔かたち. 容貌(ようぼう). (健康や精神状態の表れた顔をいう)‖ ～憔悴 miànróng qiáocuì 面やつれしている. ｜慈祥的～ cíxiáng de miànróng やさしい顔.

**【模样】múyàng(～儿) 名 顔立ち. 容貌(ようぼう). 格好. ‖ ～不错 múyàng búcuò 器量がよい. 格好がいい. ｜这孩子的～真可爱 zhè háizi de múyàng zhēn kě'ài この子はとても愛らしい.

【容貌】róngmào 名 容貌(ようぼう). 顔立ち. ‖ ～秀丽 róngmào xiùlì 顔立ちがすっきりと美しい.

*【相貌】xiàngmào 名 顔かたち. 顔だち. 容貌(ようぼう). ‖ ～堂堂 xiàngmào tángtáng 容貌が堂々としている. ｜～英俊 xiàngmào yīngjùn 顔だちがきりっとしている. ｜～出众 xiàngmào chūzhòng 容貌が人並み優れている.

【长相】zhǎngxiàng(～儿) 名 容貌(ようぼう). 顔立ち. ‖ 她俩的～差不多 tā liǎ de zhǎngxiàng chàbuduō 彼女たち二人は顔立ちが似ている.

かお　顔 (表情)

▶表情　▶脸　▶面孔　▶面目　▶神
▶神气　▶神情　▶神色　▶样子

148

*【表情】biǎoqíng 图表情. 顔つき. ‖喜悦的~ xǐyuè de biǎoqíng 喜びの表情. |~严肃 biǎoqíng yánsù 表情が険しい. |脸上毫无~ liǎn shang háo wú biǎoqíng 顔にまったく表情が出ない. |脸上~丰富 liǎn shang biǎoqíng fēngfù 表情が豊かである.

★【脸】liǎn (~儿) 图顔つき. 面持ち. ‖笑~ xiàoliǎn 笑顔. |愁眉苦~ chóu méi kǔ liǎn 心配げな顔つき. |变~ biànliǎn 態度ががらりと変わる.

*【面孔】miànkǒng 图顔. 顔つき. ‖板着~ bǎnzhe miànkǒng 仏頂面をする. |装出严肃的~ zhuāngchu yánsù de miànkǒng いかめしい顔つきをして見せる.

*【面目】miànmù 图顔. 顔つき. ‖~可憎 miànmù kězēng 顔つきが憎たらしい. |狰狞~ zhēngníng miànmù 凶悪な面構え.

**【神】shén (~儿) 图口顔つき. 表情. ‖眼~ yǎnshén まなざし. 目つき. |一看她那个~儿就知道事情成了 yí kàn tā nàge shénr jiù zhīdao shìqing chéng le 彼女の顔を一目見てうまくいったのが分かった.

*【神气】shénqi；shénqì 图顔つき. 表情. 態度. ‖脸上露出不安的~ liǎn shang lùchu bù'ān de shénqi 不安そうな面持ちになった. |她说话的~像个小大人儿 tā shuōhuà de shénqi xiàng ge xiǎodàrenr 話すときの彼女の顔つきは大人びて見える.

*【神情】shénqíng 图表情. 面持ち. ‖~恍惚 shénqíng huǎnghu 表情がうつろである. |满意的~ mǎnyì de shénqíng 満足気な顔.

*【神色】shénsè 图面持ち. 様子. ‖~坦然 shénsè tǎnrán 平然とした顔をしている. |~自若 shénsè zìruò 落ち着きはらっている.

★【样子】yàngzi 图表情. 顔つき. ‖熊猫的~真可爱 xióngmāo de yàngzi zhēn kě-'ài パンダの表情はほんとうにかわいい. |脸上显出生气的~ liǎn shang xiǎn-chu shēngqì de yàngzi 顔に怒りの表情が現れる.

かおり　香り

▶芳香　▶芬芳　▶气味　▶清香　▶味
▶香气　▶香味　▶幽香

【芳香】fāngxiāng 图芳香. 香り. ‖屋子里漂散着百合花的~ wūzi li piāosànzhe bǎihéhuā de fāngxiāng 部屋にはユリの香りが漂っている.

【芬芳】fēnfāng 图かぐわしい香り. ‖~四溢 fēnfāng sìyì かぐわしい香りがあたり一面に漂う.

*【气味】qìwèi 图におい. 香り. 臭気. ‖~芬芳 qìwèi fēnfāng 香りが芳しい. |~难闻 qìwèi nánwén 悪臭がする. |有一股刺鼻的~ yǒu yì gǔ cìbí de qìwèi 鼻を突くいやなにおいがする.

【清香】qīngxiāng 图さわやかな香り. ‖轻风送来野花的阵阵~ qīngfēng sònglai yěhuā de zhènzhèn qīngxiāng そよ風が野の花のさわやかな香りを運んでくる.

*【味】wèi (~儿) 图におい. 香り. ‖臭~ chòuwèi 悪臭. |药~儿 yàowèir 薬のにおい. |烟~儿 yānwèir たばこのにおい.

【香气】xiāngqì 图よい匂い. 香気. ‖~扑鼻 xiāngqì pūbí 香気がぷんと匂う. |这~太冲 zhè xiāngqì tài chòng このにおいはきつすぎる.

*【香味】xiāngwèi (~儿) 图香り. よい匂い. ⇔"臭味" chòuwèi ‖咖啡的~ kā-fēi de xiāngwèi コーヒーの香り.

【幽香】yōuxiāng 图ほのかな香り. 微香.

かかえる　抱える

かかえる　抱える

▶抱　▶夹　▶搂　▶捧

★【抱】bào 勔（両手で）かかえる．抱く．抱きかかえる．‖～在怀里 bàozài huái li ふところに抱く．｜母亲～着孩子 mǔqin bàozhe háizi 母親が子供を抱いている．｜他～着脑袋 tā bàozhe nǎodai 彼は頭を抱えている．｜这个包太大了，只好双手～着 zhège bāo tài dà le, zhǐhǎo shuāngshǒu bàozhe この包みは大きすぎて，両手で抱えて持つしかない．

**【夹】jiā 勔 挟む．‖用胳膊～着书包 yòng gēbo jiāzhe shūbāo かばんを小わきに抱えている．

*【搂】lǒu 勔 抱く．抱きしめる．抱きかかえる．‖妈妈把孩子紧紧～在怀里 māma bǎ háizi jǐnjǐn lǒuzài huái li お母さんは子供をぎゅっと抱きしめた．

**【捧】pěng 勔 両手で捧げるように持つ．抱える．‖手～鲜花 shǒu pěng xiānhuā 花束を両手に抱える．｜～回一个大西瓜 pěnghui yí ge dà xīgua 大きなスイカを抱えて帰る．

かかく　価格 ⇒【値段】

かがやく　輝く

▶发光　▶发亮　▶放光　▶亮晶晶
▶亮闪闪　▶闪　▶闪烁　▶闪耀　▶照耀

【发光】fā//guāng 勔 発光する．光る．‖金色的奖牌，闪闪～ jīnsè de jiǎngpái, shǎnshǎn fāguāng 金色のメダルがきらきらと光を放っている．

【发亮】fā//liàng 勔 輝く．ぴかぴか光る．‖他高兴得眼睛都～了 tā gāoxìngde yǎnjing dōu fāliàng le 彼は嬉しくて目を

輝かせた．

【放光】fàng//guāng 勔 光る．光を放つ．輝く．‖～的不都是金子 fàngguāng de bù dōu shì jīnzi 輝くもの必ずしも金ならず．

【亮晶晶】liàngjīngjīng（～的）形（透明で美しいものが）きらきら輝いている．‖～的星星 liàngjīngjīng de xīngxing きらきら輝く星．｜～的露珠 liàngjīngjīng de lùzhū きらきら光る露．｜在灯光下，雪花～的 zài dēngguāng xià, xuěhuā liàngjīngjīng de 明かりの下で，舞い落ちる雪がきらきら輝いている．

【亮闪闪】liàngshǎnshǎn（～的）形 きらきら輝いている．‖～的星星 liàngshǎnshǎn de xīngxing きらきらとまたたく星．｜眼睛～的 yǎnjing liàngshǎnshǎn de 瞳がきらきら輝いている．

**【闪】shǎn 勔 ぴかぴか光る．きらきら光る．きらめく．‖～光 shǎnguāng 光を放つ．きらめく．｜眼睛里～着泪花 yǎnjing li shǎnzhe lèihuā 目に涙が光っている．

*【闪烁】shǎnshuò 勔 きらめく．きらきらする．ちらつく．‖星光～ xīngguāng shǎnshuò 星がきらめいている．

*【闪耀】shǎnyào 勔 きらめく．輝く．‖繁星～ fánxīng shǎnyào 満天の星がきらめいている．｜～着真理的光芒 shǎnyàozhe zhēnlǐ de guāngmáng 真理の光に輝いている．

*【照耀】zhàoyào 勔（太陽が）照り輝く．明るく照らす．‖阳光～着大地 yángguāng zhàoyàozhe dàdì 太陽が大地を照らす．

かかる　（時間や費用が）かかる

▶费　▶费工夫　▶费事　▶花　▶花费
▶需要　▶要　▶用

150

かかわる　関わる

**【費】 fèi 動 費やす. 使う. (「余計に. むだに」という意味が含まれることが多い)⇔"省"shěng ‖ ～劳力 fèi láolì 労力を費やす. ｜～时间 fèi shíjiān 時間がかかる. 暇取る. ｜全自动洗衣机比较～水 quánzìdòng xǐyījī bǐjiào fèi shuǐ 全自動洗濯機はわりに水を使う. ｜装修房子～了不少钱 zhuāngxiū fángzi fèile bùshǎo qián 家のリフォームにはずいぶん金を使った. ｜上大学很～钱 shàng dàxué hěn fèi qián 大学に行くのには金がかかる.

【費工夫】 fèi gōngfu 組 時間がかかる. 手間がかかる. ‖ 费了好几天的工夫才修好 fèile hǎojǐ tiān de gōngfu cái xiūhǎo 何日もの時間をかけてやっと修理し終えた. ｜做这个东西很～ zuò zhège dōngxi hěn fèi gōngfu これを作るにはずいぶん手間暇がかかる.

【費事】 fèi//shì 動 手数がかかる. ‖ 费不了什么事 fèibuliǎo shénme shì そんなに手間がかかりはしない. ｜自己做饭多～啊! zìjǐ zuò fàn duō fèishì a! 自分で食事を作るのはなんて面倒くさいことか.

*【花】 huā 動 (意図的に)使う. 費やす. ‖ ～时间 huā shíjiān 時間を費やす. ｜～精力 huā jīnglì 精力を費やす. ｜钱完了 qián huāwán le お金を使い果した. ｜这次旅行～了不少钱 zhè cì lǚxíng huāle bùshǎo qián こんどの旅行ではだいぶ金を使った.

*【花費】 huāfèi 動 使う. 費やす. ‖ ～金钱 huāfèi jīnqián 金を使う. ｜～时间 huāfèi shíjiān 時間を費やす. ｜～心血 huāfèi xīnxuè 心血を注ぐ.

*【需要】 xūyào 動 必要とする. ‖ 工作～做到年底 gōngzuò xūyào zuòdào niándǐ 仕事は年末までかかる. ｜这项工程～巨款 zhè xiàng gōngchéng xūyào jùkuǎn この工事は莫大な費用がかかる.

*【要】 yào 動 (時間や費用などが)かかる. 必要とする. ‖ 骑车去～一个小时 qí chē qù yào yí ge xiǎoshí 自転車で1時間かかる. ｜买件大衣～多少钱? mǎi jiàn dàyī yào duōshao qián? コートを買うのにどのくらいのお金が必要ですか.

*【用】 yòng 動 ❶使う. 用いる. ‖ 这个月～电太多 zhège yuè yòng diàn tài duō 今月は電気の使用量が多すぎる. ❷(…することを)必要とする. (多く否定に用いる) ‖ 这点儿活儿, 哪～这么多人 zhè diǎnr huór, nǎ yòng zhème duō rén こればかりの仕事にそんなに多くの人手はかからない. ｜坐车得～两个小时 zuòchē děi yòng liǎng ge xiǎoshí 車でも2時間はかかる.

かかわる　関わる

▶关　▶关乎　▶关联　▶关涉　▶关系
▶牵连　▶涉及　▶相干　▶相关　▶有关

*【关】 guān 動 関係する. かかわる. ‖ 事～大局 shì guān dàjú 事は大局にかかわる. ｜这～我什么事? zhè guān wǒ shénme shì? 私にどんな関係があるというのだ. ｜不～你的事, 不必多问! bù guān nǐ de shì, búbì duō wèn! お前にはかかわりのないことだ, 余計なことを聞くな.

【关乎】 guānhū 動 …と関係がある. …に関連する. …にかかわる. ‖ 这事～我们事业的成败 zhè shì guānhū wǒmen shìyè de chéngbài このことは我々の事業の成否にかかわる. ｜保护环境是～人类生存的大事 bǎohù huánjìng shì guānhū rénlèi shēngcún de dàshì 環境保護は人類の生存にかかわる重要事だ.

【关联】【关連】 guānlián 動 関連する. つながる. ‖ 自然界中生物之间的兴衰是相互～的 zìránjiè zhōng shēngwù zhī jiān de xīngshuāi shì xiānghù guānlián de 自然界における生物間の興亡は相互に関連し

ている.｜这件事跟他有～ zhè jiàn shì gēn tā yǒu guānlián このことは彼と関連がある.

【关涉】guānshè 動書 関連する.関係する.‖此事～全局，要慎重处理 cǐ shì guānshè quánjú, yào shènzhòng chǔlǐ この件は全局にかかわるので，慎重に処理しなければならない.

★【关系】guānxi；guānxì 動 かかわる.影響する.‖这是～到国计民生的大问题 zhè shì guānxìdào guójì mínshēng de dà wèntí これは国家の経済と人民の生活にかかわる大問題だ.

【牵连】qiānlián 動❶巻き添えにする.巻き込む.影響を及ぼす.‖这个案件～了许多人 zhège ànjiàn qiānliánle xǔduō rén この事件は多数の人を巻き添えにした.❷かかわる.関係する.‖他与此事毫无～ tā yǔ cǐ shì háo wú qiānlián 彼らはこの件とまったくなんのかかわりもない.

【涉及】shèjí 動 かかわる.関連する.及ぶ.‖吃水用电～到千家万户 chīshuǐ yòngdiàn shèjídào qiān jiā wàn hù 飲料水や電気は多数の家々とかかわっている.｜～国家机密 shèjí guójiā jīmì 国家機密にかかわる.

【相干】xiānggān 動 関係する.かかわる.（多く否定に用いる）‖这件事与你不～ zhè jiàn shì yǔ nǐ bù xiānggān この件は君にはかかわりない.｜我挣多少钱跟你有什么～? wǒ zhèng duōshao qián gēn nǐ yǒu shénme xiānggān? 私がいくら稼ぐか，君になんの関係があるんだ.

【相关】xiāngguān 動 関連する.‖饮食习惯与身体健康密切～ yǐnshí xíguàn yǔ shēntǐ jiànkāng mìqiè xiāngguān 飲食の習慣と健康は密接にかかわっている.｜我想再问几个～的问题 wǒ xiǎng zài wèn jǐ ge xiāngguān de wèntí 関連する問題をもう少しお聞きしたい.

【有关】yǒuguān 動 関係がある.関連する.‖这几个人都跟这个案子～ zhè jǐ ge rén dōu gēn zhège ànzi yǒuguān この数人はいずれも事件にかかわりがある.｜他搜集了许多～这个问题的资料 tā sōují-le xǔduō yǒuguān zhège wèntí de zīliào 彼はこの問題に関する資料をたくさん集めた.

かきうつす　書き写す

▶抄　▶抄录　▶抄写　▶临　▶临摹
▶临帖　▶描　▶照样　▶誊　▶誊写

【抄】chāo 動❶書き写す.‖～稿子 chāo gǎozi 原稿を書き写す.｜原文照～ yuán-wén zhàochāo 原文どおりに引き写す.❷他人の作品を引き写し，自分のものとする.‖这一段是～来的吧 zhè yí duàn shì chāolai de ba 文章のこの部分は盗作したものだな.｜～别人的作业 chāo biérén de zuòyè 人の宿題を写す.

【抄录】chāolù 動 書き写す.写し取る.‖～了一首诗 chāolùle yì shǒu shī 詩を1首書き写す.

【抄写】chāoxiě 動 写し取る.書き写す.‖～课文 chāoxiě kèwén 教科書の本文を書き写す.｜把单词～在卡片上 bǎ dān-cí chāoxiězài kǎpiàn shang 単語をカードに書き写す.

【临】lín 動書画を模写する.‖他在～一张古画 tā zài lín yì zhāng gǔhuà 彼は古画を模写している.

【临摹】línmó 動 模写する.手本どおりに見て写す，または透き写しする.‖～书画 línmó shūhuà 書画を模写する.

【临帖】lín//tiè 動 手本を見ながら字を練習する.

【描】miáo 動 原画のとおりに描く.手本をなぞってかく.敷き写す.‖～花样儿 miáo huāyàngr 模様を写す.｜～图

かく　書く

案 miáo tú'àn 図案を敷き写す.

*【照样】zhàoyàng（〜儿）動 手本どおり
にまねる. そのとおりに写す. ‖ 这张画
儿画得不错, 请你照这个样给我也画一
幅 zhè zhāng huàr huàde búcuò, qǐng nǐ zhào
zhège yàng gěi wǒ yě huà yì fú この絵はと
てもよく描けている, これと同じもの
を私にも描いてください.

【誊】téng 動（原稿や原文を）書き写す.
清書する. ‖ 这稿子请你给我〜一遍 zhè
gǎozi qǐng nǐ gěi wǒ téng yí biàn この原稿
をもう一度清書してくれ.

【誊写】téngxiě 動 書き写す. ‖ 〜记录
téngxiě jìlù 記録を書き写す.

かく（ひっかく）

▶划　▶划　▶拢　▶搂　▶挠　▶扒　▶搔
▶抓

**【划】₁huá 動 水をかいて進む.（かいな
どで）舟をこぐ. ‖ 〜船 huá chuán 船を
こぐ. | 〜水 huá shuǐ（水泳で）水をか
く. | 〜桨 huá jiǎng（かいやオールで）
こぐ.

*【划】₂huá 動（刃物や先の鋭いもので長
く引くようにして）切る. ひっかき跡
をつける. ‖ 手〜破了 shǒu huápò le 手
にひっかき傷をつくった. | 〜火柴 huá
huǒchái マッチをする. | 用脚尖在地上
〜了个半圆 yòng jiǎojiān zài dìshang huále
ge bànyuán つま先で地面に半円をかい
た.

*【拢】lǒng 動 髪をすく. とかす. ‖ 把头
发〜一〜 bǎ tóufa lǒngyilǒng 髪をとか
す.

【搂】lōu 動（手あるいは道具を使い自
分のほうに）かき集める. 寄せ集める.
‖ 〜点儿柴火去 lōu diǎnr cháihuo qù た
き木を少しかき集めにいく.

【挠】náo 動（爪または専用の道具で）か

く. ‖ 伤口刚长好, 千万别〜 shāngkǒu
gāng zhǎnghǎo, qiānwàn bié náo 傷口が塞
がったばかりだから, 絶対にかかない
ように. | 把皮肤都〜破了 bǎ pífū dōu
náopò le 肌をかきむしって皮膚が破れ
た. | 抓耳〜腮 zhuā ěr náo sāi 耳をつま
んで頬をかく. 手立てがなく, 気をも
むさま, または大喜びするさま.

*【扒】pá 動（手や熊手などの道具で）か
き集めたり分散させたりする. ‖ 用耙
子把落叶〜在一起 yòng pázi bǎ luòyè pá-
zài yìqǐ 熊手で落ち葉を一ヵ所にかき集
める.

【搔】sāo 動（手で）かく. ひっかく. ‖
〜背 sāo bèi 背中をかく. | 〜头皮 sāo
tóupí 頭をかく. | 隔靴〜痒 gé xuē sāo
yǎng 隔靴掻痒. もどかしい.

**【抓】zhuā 動 かく. ひっかく. ‖ 〜痒痒
zhuā yǎngyang かゆいところをかく. |
胳膊被猫〜破了 gēbo bèi māo zhuāpò le
腕をネコにひっかかれた.

かく　書く

▶抄　▶画　▶记　▶记述　▶临摹　▶书写
▶填　▶写　▶写作

**【抄】chāo 動 ❶書き写す. ‖ 〜稿子 chāo
gǎozi 原稿を書き写す. | 原文照〜 yuán-
wén zhàochāo 原文どおりに引き写す.
❷他人の作品を引き写し, 自分のもの
とする. ‖ 这一段是〜来的吧 zhè yí duàn
shì chāolai de ba 文章のこの部分は盗作
したんだろう. | 〜别人的作业 chāo bié-
ren de zuòyè 人の宿題を写す.

★【画】huà 動（線・記号・しるしなどを）
かく. 引く. ‖ 〜一条线 huà yì tiáo xiàn
線を引く. | 〜记号 huà jìhao 記号をつ
ける. | 〜表格 huà biǎogé 表を作る. |
〜出勤 huà chūqín 出勤簿に出勤の印を
つける.

かく　描く

★【记】jì 動書きとめる．記録する．‖～日记 jì rìjì 日記をつける．｜把要点~在本子上 bǎ yàodiǎn jìzài běnzi shang 要点をノートに書きとめる．

【记述】jìshù 動書き記す．記述する．‖~事情发生的经过 jìshù shìqing fāshēng de jīngguò 事が起きた経過を書き記す．

【临摹】línmó 動模写する．手本どおりに見て写す，または透き写しする．‖~书画 línmó shūhuà 書画を模写する．

*【书写】shūxiě 動(字を)書く．‖~标语 shūxiě biāoyǔ スローガンを書く．｜~工具 shūxiě gōngjù 筆記用具．｜~工整 shūxiě gōngzhěng 字が丁寧である．

*＊【填】tián 動(空欄に)記入する．書き込む．‖~申请表 tián shēnqǐngbiǎo 申請書に記入する．｜~姓名 tián xìngmíng 姓名を記入する．

★【写】xiě 動❶(文字を)書く．‖~字 xiě zì 字を書く．｜~在黑板上 xiězài hēibǎn shang 黒板に書く．｜信~完了 xìn xiě-wán le 手紙を書き終えた．｜他一笔好字 tā xiě yì bǐ hǎo zì 彼はきれいな字を書く．❷(文章や作品を)書く．創作する．‖~诗 xiě shī 詩を作る．｜这篇文章~得很精彩 zhè piān wénzhāng xiěde hěn jīngcǎi この文章は生き生きと書かれている．

*【写作】xiězuò 動文章を書く．創作する．‖~小说 xiězuò xiǎoshuō 小説を書く．｜~技巧 xiězuò jìqiǎo 創作のテクニック．

かく　描く

▶勾　▶画　▶画图　▶画像　▶描　▶描绘
▶写生

*【勾】gōu 動輪郭をとる．‖先~轮廓，再上颜色 xiān gōu lúnkuò, zài shàng yánsè まず輪郭を描いてから，色を塗る．

★【画】huà 動(絵を)描く．(線・記号など を)かく．‖~画儿 huà huàr 絵を描く．｜~速写 huà sùxiě スケッチをする．｜~一张路线图 huà yì zhāng lùxiàntú 路線図をかく．｜~问号 huà wènhào クエスチョンマークを書く．｜~一条线 huà yì tiáo xiàn 線を１本引く．

【画图】huà//tú 動製図する．図面をかく．‖他一边~一边讲解 tā yìbiān huà tú yìbiān jiǎngjiě 彼は図をかきながら説明をする．｜去图书馆怎么走，给我画个图 qù túshūguǎn zěnme zǒu, gěi wǒ huà ge tú 図書館へはどう行けばいいのか，地図をかいてくれませんか．

【画像】huà//xiàng 動肖像画を描く．‖他给我画了张像 tā gěi wǒ huàle zhāng-xiàng 彼は私の肖像画を描いてくれた．

*【描】miáo 動原画のとおりに描く．手本をなぞってかく．敷き写す．‖~花样儿 miáo huāyàngr 模様を写す．｜~图案 miáo tú'àn 図案を敷き写す．

*【描绘】miáohuì 動描く．描写する．‖这幅画~当时的情景 zhè fú huà miáohuì dāngshí de qíngjǐng この絵は当時の様子を描いたものである．

【写生】xiěshēng 動写生する．スケッチする．‖到公园去~ dào gōngyuán qù xiě-shēng 公園に写生をしにいく．

かくじつ　確実

▶可靠　▶确定　▶确切　▶确实　▶确凿
▶稳当　▶稳妥　▶准　▶准确

*＊【可靠】kěkào 形信頼できる．頼りになる．確かである．‖这事要交给~的人 zhè shì yào jiāogěi kěkào de rén この件は信頼できる人にやってもらわなくてはいけない．｜光凭记忆不~ guāng píng jì-yì bù kěkào 記憶だけに頼っていては不確実である．｜传说不~ chuánshuō bù kě-

kào うわさは当てにならない.｜这个消息绝对~ zhè ge xiāoxi juéduì kěkào このニュースは絶対確かだ.

【确定】 quèdìng 形 確実な. はっきりした. ‖ 没有得到~的回答 méiyou dédào quèdìng de huídá はっきりした返事を得ていない.

*【确切】** quèqiè 形 確かである. 確実である. ‖ ~的数据 quèqiè de shùjù 確実なデータ.｜~地知道了他的想法 quèqiè de zhīdaole tā de xiǎngfa 彼の考え方がはっきり分かった.

★【确实】** quèshí 形 確かである. 確実である. ‖ ~的证据 quèshí de zhèngjù 確かな証拠.｜这只是谣传，并不~ zhè zhǐshì yáochuán, bìng bú quèshí これは単なるデマで確かなものではない.｜这些资料~可信 zhèxiē zīliào quèshí kě xìn この資料は非常に信頼できる.

*【确凿】** quèzáo 形 たいへん確実である. 非常に確かである.（quèzuò と発音することもある）‖ 证据~ zhèngjù quèzáo 証拠がはっきりしている.｜~不移 quèzáo bù yí 確実で疑う余地がない.｜在~的事实面前，他不得不承认自己错了 zài quèzáo de shìshí miànqián, tā bùdé bù chéngrèn zìjǐ cuò le 明らかな事実を前にして，彼は自分が間違っていたと認めざるを得なかった.

*【稳当】** wěndang 形 確かである. 確実である. ‖ 办事~ bànshì wěndang 物事の処理が確かである.｜~可靠 wěndang kěkào 確実で信頼が置ける.

*【稳妥】** wěntuǒ 形 穏当である. 妥当である. 確実である. ‖ 他们比较~地处理了这场纠纷 tāmen bǐjiào wěntuǒ de chǔlǐle zhè cháng jiūfēn 彼らは今回のもめごとをわりあい妥当なやり方で解決した.｜此人~可靠 cǐ rén wěntuǒ kěkào この人は信用が置ける.

【准】 zhǔn 形 正確である. ‖ 表走得很~

biǎo zǒude hěn zhǔn 時計は正確に動いている.｜发音很~ fāyīn hěn zhǔn 発音が正確である.｜具体时间记不~了 jùtǐ shíjiān jìbuzhǔn le 時間は正確に覚えていない.

【准确】 zhǔnquè 形 正確である. ‖ ~地表达 zhǔnquè de biǎodá 正確に表現する.｜~地作出预报 zhǔnquè de zuòchu yùbào 正確に予報をする.｜情报~无误 qíngbào zhǔnquè wúwù 情報は確かだ.

かくす　（見えないように）隠す

▶藏　▶躲　▶躲藏　▶隐藏　▶遮蔽
▶遮掩　▶遮住

【藏】 cáng 動 隠す. ‖ 他把信~了起来 tā bǎ xìn cángleqilai 彼は手紙を隠した.｜~在心里 cángzài xīnli 心の中に秘めておく.

【躲】 duǒ 動 身を隠す. ‖ ~在桌子底下 duǒzài zhuōzi dǐxia 机の下に隠れる.｜他~到哪儿去了? tā duǒdào nǎr qù le? 彼はどこへ隠れたのだ.

*【躲藏】** duǒcáng 動 隠れる. 身を隠す. 身を潜める. ‖ 无处~ wú chù duǒcáng 身を隠す場所がない.｜他~在朋友家里 tā duǒcángzài péngyou jiā li 彼は友人宅に身を隠した.

*【隐藏】** yǐncáng 動 隠す. ‖ 把赃款~起来 bǎ zāngkuǎn yǐncángqilai 盗んだ金を隠す.

【遮蔽】 zhēbì 動 遮る. 覆い隠す. ‖ 树林~了小屋 shùlín zhēbìle xiǎowū 林が小屋を覆い隠している.

【遮掩】 zhēyǎn 動 ❶覆い隠す. 遮る. ‖ 浓雾~了群山，朦朦胧胧的 nóngwù zhēyǎnle qúnshān, méngménglónglóng de 山々は濃霧に遮られ，ぼんやりかすんでいる. ❷遮蔽する. 隠し立てする. ‖ 有错就改，不要~ yǒu cuò jiù gǎi, búyào zhē-

かくす （事実を）隠す

yǎn 過ちがあれば改めるべきで，隠し立てしてはいけない.

【遮住】zhē//zhù 動 遮る. ‖ 云彩~了太阳 yúncai zhēzhùle tàiyang 雲が太陽を遮った. | 这间屋子的阳光全被前边那座楼给~了 zhè jiān wūzi de yángguāng quán bèi qiánbian nà zuò lóu gěi zhēzhù le この部屋の日差しは前のあの建物にすっかり遮られてしまっている.

かくす （事実を）隠す

▶保密 ▶瞒 ▶掩盖 ▶掩饰 ▶隐瞒
▶隐秘 ▶遮 ▶遮藏 ▶遮三掩四 ▶遮掩

*【保密】bǎo//mì 動 機密や秘密を保つ. 秘密にする. ‖ ~文件 bǎomì wénjiàn 機密書類. | 这件事要~ zhè jiàn shì yào bǎomì この件は秘密にしなければならない. | 对我还保什么密呀? duì wǒ hái bǎo shénme mì ya? 私にまで秘密にするつもりかい.

*【瞒】mán 動 本当の事を隠す. 欺く. ‖ ~着父母报了名 mánzhe fùmǔ bàole míng 両親の目をごまかして申し込んだ. | 不~你说，我也没有信心 bù mán nǐ shuō, wǒ yě méiyou xìnxīn 正直に言って，僕も自信がない.

*【掩盖】yǎngài 動 隠す. ‖ 有了问题不能~ yǒule wèntí bù néng yǎngài 問題があればそれにふたをするわけにはいかない. | ~真相 yǎngài zhēnxiàng 真相を覆い隠す.

*【掩饰】yǎnshì 動 （不正や欠点などを）覆い隠す. ごまかす. カモフラージュする. ‖ 竭力~自己的错误 jiélì yǎnshì zìjǐ de cuòwù 必死に自分の過ちを覆い隠す. | ~不住内心的恐慌 yǎnshìbuzhù nèixīn de kǒnghuāng 心中の動揺を隠しきれない.

*【隐瞒】yǐnmán 動 隠し立てする. 隠し

てごまかす. ‖ ~事实真相 yǐnmán shìshí zhēnxiàng 事の真相を隠し立てする. | ~身份 yǐnmán shēnfen 身分を隠してごまかす. | 对家人~病情 duì jiārén yǐnmán bìngqíng 家族に病状を隠す.

【隐秘】yǐnmì 動 秘密にする. 秘める. 隠す. ‖ ~不告 yǐnmì bú gào 隠して言わない.

*【遮】zhē 動 （不正や欠点などを）覆い隠す. ごまかす. ‖ 一手~天 yì shǒu zhē tiān 権力を笠(かさ)に着て真実を隠す. | ~人耳目 zhē rén ěrmù 衆人の耳目をふさぐ.

【遮藏】zhēcáng 動 隠蔽(いんぺい)する. 包み隠す. ‖ 做了坏事，怎么也~不住 zuòle huàishì, zěnme yě zhēcángbuzhù 悪いことをすればどうしても隠し通すことはできない.

【遮三掩四】zhē sān yǎn sì 動 隠し立てする. こそこそ隠す. ‖ 有什么话就直说，别这么~的 yǒu shénme huà jiù zhí shuō, bié zhème zhē sān yǎn sì de 話があるならはっきり言えよ, そんなふうにこそこそしないで.

【遮掩】zhēyǎn 動 隠蔽する. 隠し立てする. ‖ 有错就改，不要~ yǒu cuò jiù gǎi, búyào zhē yǎn 過ちがあれば改めるべきで，隠し立てしてはいけない.

かくにん 確認

▶核对 ▶核实 ▶确认 ▶认清 ▶印证
▶证实

【核对】héduì 動 照合する. 突き合わせる. チェックする. ‖ ~身份证 héduì shēnfenzhèng 身分証明書をチェックする. | ~账目 héduì zhàngmù 帳簿を照合する.

【核实】héshí 動 事実を確かめる. 事実に当たって確かめる. ‖ 情况~后，再

做决定 qíngkuàng héshí hòu, zài zuò juédìng 状况を確かめてから，決定を下す.

* 【确认】quèrèn 動 確認する. ‖ 双方～了合作的条件 shuāngfāng quèrènle hézuò de tiáojiàn 双方とも契約条件を確認した. ｜～到货日期 quèrèn dàohuò rìqī 入荷期日を確認する.

【认清】rèn//qīng 動 明確に認識する. はっきり見分ける. ‖ ～自己的行李，别拿错了 rènqīng zìjǐ de xíngli, bié nácuò le 自分の荷物を確認し，間違えて持っていかないようにしてください.

【印证】yìnzhèng 動 実証する. 裏づける. ‖ 通过实践，～了学到的知识 tōngguò shíjiàn, yìnzhèngle xuédào de zhīshi 実践を通じて，学んだ知識を実証した. 図 実証. 裏づけ. ‖ 得到～ dédào yìnzhèng 裏づけを得た. ｜找不到～ zhǎobudào yìnzhèng 裏づけが見つからない.

* 【证实】zhèngshí 動 証拠だてる. 裏づける. 証明する. ‖ ～事实 zhèngshí shìshí 事実を裏づける.

かくりつ　確立

▶奠定　▶建立　▶确定　▶确立　▶树立

* 【奠定】diàndìng 動 安定させる. 築く. 打ち立てる. ‖ 为两国的关系正常化～了基础 wèi liǎng guó de guānxi zhèngchánghuà diàndìngle jīchǔ 両国の関係正常化のために基礎を築いた.

** 【建立】jiànlì 動 打ち立てる. 築く. 樹立する. ‖ ～邦交 jiànlì bāngjiāo 国交を樹立する. ｜～政权 jiànlì zhèngquán 政権を築く. ｜～新的规章制度 jiànlì xīn de guīzhāng zhìdù 新しい規則制度を確立する.

** 【确定】quèdìng 動 はっきりと定める. 確定する. ‖ ～外交方针 quèdìng wàijiāo fāngzhēn 外交方針をはっきりと決める. ｜

～集合的时间和地点 quèdìng jíhé de shíjiān hé dìdiǎn 集合の時間と場所をはっきり決める.

* 【确立】quèlì 動 確立する. ‖ ～妇女在社会上的地位 quèlì fùnǚ zài shèhuì shang de dìwèi 女性の社会的地位を確立する. ｜新的管理制度～起来了 xīn de guǎnlǐ zhìdù quèlìqilai le 新しい管理制度を打ち立てた.

* 【树立】shùlì 動 築く. 打ち立てる. ‖ ～威信 shùlì wēixìn 威信を築く. ｜～新风尚 shùlì xīn fēngshàng 新しい気風を打ち立てる.

かくれる　隠れる

▶藏　▶躲　▶躲藏　▶没　▶潜藏　▶潜伏
▶隐蔽　▶隐藏

** 【藏】cáng 動 隠れる. ‖ 他～在树后 tā cángzài shù hòu 彼は木の陰に隠れた.

** 【躲】duǒ 動 逃げ隠れる. ‖ ～在桌子底下 duǒzài zhuōzi dǐxia 机の下に隠れる. ｜他～到哪儿去了? tā duǒdào nǎr qù le? 彼はどこへ隠れたのだ.

* 【躲藏】duǒcáng 動 隠れる. 身を隠す. 身を潜める. ‖ 无处～ wú chù duǒcáng 隠れる場所がない.

【没】mò 動 沈む. ‖ 日～西山 rì mò xī shān 日が西の山に沈む. ｜～入水中 mò rù shuǐ zhōng 水の中に沈む.

【潜藏】qiáncáng 動 隠れている. 潜んでいる. ‖ 抓获～的罪犯 zhuāhuò qiáncáng de zuìfàn 潜んでいる犯人を捕まえる.

* 【潜伏】qiánfú 動 潜伏する. 隠れる. ‖ 病毒～在体内 bìngdú qiánfúzài tǐnèi ウイルスが体内に潜伏している. ｜他以医生的身份～下来 tā yǐ yīshēng de shēnfen qiánfúxialai 彼は医者を装って潜伏している.

* 【隐蔽】yǐnbì 動 (物陰に)隠れる. ‖ 他～

かげで　陰で

在草丛中 tā yǐnbìzài cǎocóng zhōng 彼は草むらの中に隠れている.

*【隐藏】yǐncáng 動 隠れる. ‖ ～在人群中 yǐncángzài rénqún zhōng 人込みの中に隠れる.

かげで　陰で

▶暗处　▶暗里　▶暗中　▶背地里　▶背后
▶后面　▶幕后　▶私下

【暗处】ànchù 名 人目につかない場所. 秘密の場所. ‖ 在～密谋 zài ànchù mìmóu 陰で密謀を企てる.

【暗里】ànli：ànlǐ 名 見えない所. 陰. ‖ 明里对你笑嘻嘻, ～却在使家伙 mínglǐ duì nǐ xiàoxīxī, ànlǐ què zài shǐ jiāhuo 表向きではにこにこしながら, 陰で汚い手を使う.

*【暗中】ànzhōng 名 暗がり. 陰. ‖ ～寻访 ànzhōng xúnfǎng こっそり訪ねる. ｜～挑拨 ànzhōng tiǎobō ひそかに双方にけんかをしかける.

【背地里】bèidìli 名 陰. 背後. "背地" bèidì ともいう. ‖ 当面不说, ～搞鬼 dāngmiàn bù shuō, bèidìli dǎoguǐ 表面上は何も言わず, 陰に回って悪だくみをする.

*【背后】bèihòu 名 陰. 背後. ‖ 有意见当面说, 别～瞎议论 yǒu yìjian dāngmiàn shuō, bié bèihòu xiā yìlùn 文句があるなら堂々と言えばいい, 陰でとやかく言わないでくれ. ｜～捣乱 bèihòu dǎoluàn 裏でじゃまをする.

*【后面】hòumiàn (～儿) 名 裏側. ‖ 有人在～帮他出主意 yǒu rén zài hòumiàn bāng tā chū zhǔyi 誰かが裏で彼に知恵をつけている.

*【幕后】mùhòu 名 幕の背後. 舞台裏. ‖ ～策划 mùhòu cèhuà 背後で画策する. ｜一定有人在～操纵 yídìng yǒu rén zài mù-

hòu cāozòng 裏で操っている者がいるに違いない.

【私下】sīxià 名 背後. 陰. "私下里" sīxiàli ともいう. ‖ ～议论 sīxià yìlùn 陰でいろいろうわさする. ｜表面上她对他很尊敬, 可～尽说他的坏话 biǎomiàn shang tā duì tā hěn zūnjìng, kě sīxià jìn shuō tā de huàihuà 彼女はうわべは彼にとても丁重だが, 陰では悪口ばかり言っている.

かける　掛ける

▶搭　▶吊　▶挂　▶挎　▶悬挂

**【搭】dā 動 (衣類や布などを)引っ掛ける. ぶら下げる. ‖ 把衣服～在竹竿上晒一晒 bǎ yīfu dāzài zhúgān shang shàiyishài 服を竹竿にかけて干す. ｜脖子上～着条毛巾 bózi shang dāzhe tiáo máojīn 首にタオルをかけている. ｜把毛衣～在肩膀上 bǎ máoyī dāzài jiānbǎng shang 肩にセーターを引っ掛ける.

**【吊】diào 動 つるす. かける. ぶら下げる. ‖ 客厅正中～着一盏吊灯 kètīng zhèngzhōng diàozhe yì zhǎn diàodēng 客間の中央にシャンデリアが下がっている.

★【挂】guà 動 (フックや釘などに)掛ける. つるす. ‖ 把帽子～在衣架上 bǎ màozi guàzài yījià shang 帽子を洋服掛けのフックに掛ける. ｜墙上～着几幅字画 qiáng shang guàzhe jǐ fú zìhuà 壁には何点か書画が飾られている. ｜皎洁的月亮高高地～在天上 jiǎojié de yuèliang gāogāo de guàzài tiānshàng 白く光り輝く月が空高く掛かっている.

*【挎】kuà 動 ❶ (物を)腕に掛ける. 提げる. ‖ ～着菜篮子 kuàzhe càilánzi 買い物かごを腕に提げている. ❷ (肩や腰に)掛ける. 提げる. ‖ ～着照相机 kuàzhe

158

zhàoxiàngjī カメラを肩に掛けている.

*【悬挂】xuánguà 動 掛ける. 揭げる. ぶら下げる. ‖ ~国旗 xuánguà guóqí 国旗を揭げる. | 墙上~着一幅油画 qiáng shang xuánguàzhe yì fú yóuhuà 壁には油絵が掛かっている.

かける　欠ける

▶不够　▶不足　▶差　▶欠　▶欠缺　▶缺
▶缺乏　▶缺少

*【不够】bùgòu 動 足りない. 十分でない. ‖ 水分~ shuǐfèn bùgòu 水分が足りない. | 时间~了 shíjiān bùgòu le 時間が足りなくなった. | 经验~ jīngyàn bùgòu 経験に欠ける. | ~用 búgòu yòng 使うのに足りない. | 这点儿钱~他养家 zhè diǎnr qián búgòu tā yǎng jiā こればかりの金では彼が家族を養うには不十分だ.

*【不足】bùzú 形 足りない. 十分でない. ‖ 这袋米分量~ zhè dài mǐ fēnliang bùzú この袋の米は目方が足りない. | 估计~ gūjì bùzú 見込みが不十分である. | 信心~ xìnxīn bùzú 自信がない. | 心有余而力~ xīn yǒu yú ér lì bùzú その気はあっても力が足りない.

★【差】chà 動 足りない. 欠ける. ‖ ~三分钱 chà sān fēn qián 0.03 元足りない. | ~两个人 chà liǎng ge rén 二人欠けている. | 还~一点儿火候 hái chà yìdiǎnr huǒhou 火が十分通っていなかった.

**【欠】qiàn 動 不足する. 欠ける. ‖ 说话~考虑 shuōhuà qiàn kǎolù 話が思慮に欠ける. | 计划~周密 jìhuà qiàn zhōumì 計画が綿密さを欠く.

【欠缺】qiànquē 動 不足する. 欠乏する. ‖ 经验~ jīngyàn qiànquē 経験が欠けている.

**【缺】quē 動 不足する. 足りない. 欠く. ‖ ~资金 quē zījīn 資金が不足する. | ~

人员 quē rényuán 人員が不足している. | 过日子~不了柴米油盐 guò rìzi quēbuliǎo chái mǐ yóu yán 生活に燃料や食糧、油や塩といったものは欠かせない.

**【缺乏】quēfá 動 欠乏する. 不足する. ‖ ~专业人才 zhuānyè réncái quēfá 有能な専門家が不足する. | ~信心 quēfá xìnxīn 自信に欠ける. | ~勇气 quēfá yǒngqì 勇気が足りない.

**【缺少】quēshǎo 動 不足する. 欠く. ‖ ~零件 quēshǎo língjiàn 部品が不足する. | 不可~的人才 bùkě quēshǎo de réncái 不可欠な人材. | 农村十分~医生 nóngcūn shífēn quēshǎo yīshēng 農村では医者が非常に不足している.

かこむ　囲む

▶包围　▶环抱　▶环绕　▶框　▶圈　▶围

*【包围】bāowéi 動 取り囲む. 包囲する. ‖ 大水~了村庄 dàshuǐ bāowéile cūnzhuāng 大水が村を取り囲んだ. | 警察已经把犯罪分子~了 jǐngchá yǐjīng bǎ fànzuì fènzǐ bāowéi le 警察はすでに犯罪者を包囲した.

【环抱】huánbào 動 囲む. 取り囲む. (多くは景色の描写に用いる)‖ 松柏~着墓地 sōngbǎi huánbàozhe mùdì マツやコノテガシワが墓地を囲んでいる. | 四周群山~ sìzhōu qúnshān huánbào 周囲を山々に囲まれている.

【环绕】huánrào 動 取り巻く. 周りを巡る. 取り囲む. ‖ ~地球 huánrào dìqiú 地球の周りを回る. | 遗像的四周~着洁白的菊花 yíxiàng de sìzhōu huánràozhe jiébái de júhuā 遺影は真っ白なキクの花で囲まれている.

*【框】kuàng 動 線で囲む. ‖ 用红线~起来的部分是要删掉的 yòng hóngxiàn kuàngqilai de bùfen shì yào shāndiào de 赤線で囲

かさなる　重なる

んだところは削除するところだ.

**【圏】 quān 動 囲む. 囲んで範囲を定める.‖～地 quān dì 土地の線引きをする.｜用篱笆把院子～起来 yòng líba bǎ yuànzi quānqilai 垣根で庭を囲む.

**【囲】 wéi 動 包囲する. 取り巻く.‖小院～着篱笆 xiǎoyuàn wéizhe líba 庭は垣根で囲まれている.｜～成一圈儿 wéichéng yì quānr ぐるりと一周取り巻く.｜记者们把他～在中间 jìzhěmen bǎ tā wéizài zhōngjiān 記者たちは彼をぐるりと取り囲んでいる.｜～得水泄不通 wéide shuǐ xiè bù tōng 水も漏らさぬ包囲を敷く.

かさなる　重なる

▶冲突　▶重　▶重重　▶重出　▶重叠
▶重复　▶集中

*【冲突】 chōngtū 動 ぶつかる. 矛盾する.‖两个节目时间正好～了 liǎng ge jiémù shíjiān zhènghǎo chōngtū le 二つの番組の時間があいにく重なってしまった.

**【重】 chóng 動 重なる. 重複する.‖这两份资料～了 zhè liǎng fèn zīliào chóng le この2部の資料はダブっている.｜课本儿买～了 kèběnr mǎichóng le 同じテキストを2冊買ってしまった.｜星期一和节日相～时, 本馆翌日休馆 xīngqīyī hé jiérì xiāng chóng shí, běnguǎn yìrì xiūguǎn 月曜日と祝日の重なったときは翌日が休館となります.

【重重】 chóngchóng 形 幾重にも重なっている. 重複している.‖矛盾～ máodùn chóngchóng 矛盾だらけである.｜心事～ xīnshì chóngchóng 心労が重なる.｜克服～困难 kèfú chóngchóng kùnnan たび重なる困難を克服する.

【重出】 chóngchū 動 重複して現れる.‖写作时避免词语～ xiězuò shí bìmiǎn cíyǔ chóngchū 文を書くととき, 言葉が重なるのを避ける.

**【重叠】 chóngdié 動 重なり合う.‖山峦～ shānluán chóngdié 山々が連なる.｜需要改变政府部门机构～的现象 xūyào gǎibiàn zhèngfǔ bùmén jīgòu chóngdié de xiànxiàng 政府機構の重複状況を改める必要がある.

**【重复】 chóngfù 動 重複する. 重なる.‖两个段落的意思有点儿～了 liǎng ge duànluò de yìsi yǒudiǎnr chóngfù le 二つの段落の意味は多少重複している.

**【集中】 jízhōng 動 集中する. 集める.‖～精力 jízhōng jīnglì 精力を傾ける.｜～了各种好条件 jízhōngle gè zhǒng hǎo tiáojiàn 好条件が重なった.｜大家的意见～在食堂的管理问题上 dàjiā de yìjian jízhōngzài shítáng de guǎnlǐ wèntí shang みんなの意見は食堂の管理のやり方に集中している.

かさねる　重ねる

▶重叠　▶堆　▶堆积　▶积累　▶摞

**【重叠】 chóngdié 動 重なり合う.‖山峦～ shān luán chóngdié 山々が連なる.｜将两个图像～在一起 jiāng liǎng ge túxiàng chóngdiézài yìqǐ 二つの図を重ね合わせる.

**【堆】 duī 動 積む. 積み上げる.‖货物～成了山 huòwù duīchéngle shān 荷物が山と積んである.｜桌子上～满了东西 zhuōzi shang duīmǎnle dōngxi 机の上に物がたくさん積み重なっている.

*【堆积】 duījī 動 堆積する. 積み上げる.‖木材～如山 mùcái duījī rú shān 材木が山のように積み上げられている.｜问题～成山 wèntí duījīchéng shān 問題が山積している.｜桌子上～着许多文件 zhuōzi shang duījīzhe xǔduō wénjiàn 机の上にた

かじ　火事

くさんの書類が重ねられている.

**【積累】jīlěi 動 積み重ねる.‖～经验 jī-lěi jīngyàn 経験を積み重ねる.｜他已经～了不少这方面的资料 tā yǐjīng jīlěile bù shǎo zhè fāngmiàn de zīliào 彼はこの方面の資料をすでにたくさん集めた.

【摞】luò 動 一つ一つ積み上げる.積み重ねる.‖～盘子 luò pánzi 皿を重ねる.｜把纸箱板～起来捆上 bǎ zhǐxiāngbǎn luòqilai kǔnshang ダンボールを重ねてしばる.

かざる　飾る

▶摆设　▶布置　▶点缀　▶修饰　▶装点
▶装潢　▶装饰

【摆设】bǎishè 動 (家具や美術品などを)美しく並べる.飾り付ける.‖房间～得很雅致 fángjiān bǎishède hěn yǎzhi 部屋の飾り付けがとても上品である.

**【布置】bùzhì 動 (部屋を)飾る.しつらえる.整える.‖～联欢会会场 bùzhì liánhuānhuì huìchǎng 交歓会の会場を飾りつける.

*【点缀】diǎnzhuì 動 飾りつける.装飾する.引き立たせる.‖这张画把房间～得更典雅了 zhè zhāng huà bǎ fángjiān diǎnzhuide gèng diǎnyǎ le 飾られた絵が部屋をいっそう趣のあるものにしている.｜再摆上几块石头～～,不是更好吗? zài bǎishang jǐ kuài shítou diǎnzhuidiǎnzhui, bú shì gèng hǎo ma? 石でもあしらったら,もっといいんじゃないか.

【修饰】xiūshì 動 飾る.装飾する.美しくする.‖店铺的门面已～一新 diànpù de ménmiàn yǐ xiūshì yìxīn 店の表は飾られてすっかりきれいになった.

【装点】zhuāngdiǎn 動 飾りつける.‖～一新 zhuāngdiǎn yìxīn すっかり新しく飾りつけた.｜盛开的鲜花把庭院～得十分

漂亮 shèngkāi de xiānhuā bǎ tíngyuàn zhuāngdiǎnde shífēn piàoliang 咲きほこる花々が庭をきれいに飾っている.

【装潢】zhuānghuáng 動 装飾する.飾りつける.‖店内～得很漂亮 diànnèi zhuānghuángde hěn piàoliang 店内は美しく飾りつけられている. 名 装飾.‖这本书的～非常精美 zhè běn shū de zhuānghuáng fēicháng jīngměi この本の装丁はとても美しい.

*【装饰】zhuāngshì 動 飾る.飾りつける.‖～橱窗 zhuāngshì chúchuāng ショーウインドーを飾りつける.｜节日的广场～得十分漂亮 jiérì de guǎngchǎng zhuāngshìde shífēn piàoliang 祭日の広場はとても美しく飾りつけられている. 名 装飾.飾りつけ.‖室内～的色彩柔和 shìnèi zhuāngshì de sècǎi róuhé インテリアの色使いが柔らかい.

かじ　火事

▶防火　▶火警　▶火灾　▶救火　▶灭火
▶起火　▶失火　▶消防　▶着火　▶走火

【防火】fánghuǒ 動 火を防ぐ.火災を防ぐ.‖～林带 fánghuǒ líndài 防火林.｜～措施 fánghuǒ cuòshī 防火措置.

【火警】huǒjǐng 名 ❶火事.火災.‖不慎引起～ bú shèn yǐnqǐ huǒjǐng 不注意で火事を出した.｜报～ bào huǒjǐng 火事を知らせる. ❷火災通報の電話.‖打～ dǎ huǒjǐng 電話で火災通報する.

*【火灾】huǒzāi 名 火災.火事.‖～现场 huǒzāi xiànchǎng 火災現場.｜发生～ fāshēng huǒzāi 火災が起こる.

【救火】jiù//huǒ 動 消火する.‖消防队员在～ xiāofáng duìyuán zài jiùhuǒ 消防隊員が消火に当たっている.｜～车 jiù-huǒchē 消防車.

【灭火】miè//huǒ 動 火を消す.‖～弹

かしこい 賢い

mièhuǒdàn （消防用の）消火弾.｜~器 mièhuǒqì 消火器.

【起火】qǐ//huǒ 動 火事が起きる. 火事を出す. 失火する.‖仓库~了 cāngkù qǐhuǒ le 倉庫が火事だ.

【失火】shī//huǒ 動 失火する. 火事になる.‖工厂~了 gōngchǎng shīhuǒ le 工場が火事になった.｜城门~，殃及池鱼 chéngmén shīhuǒ, yāngjí chíyú 城門が燃えれば，（堀の水が消火用にくみ尽くされて）災いは外堀の魚にも及ぶ. そばづえを食らう. とばっちりを受ける.

【消防】xiāofáng 動 消火する.‖~车 xiāofángchē 消防車.｜~泵 xiāofángbèng 消防ポンプ.

【着火】zháo//huǒ 動 火事になる.‖药品仓库~了 yàopǐn cāngkù zháohuǒ le 薬品倉庫が火事になった.｜心里急得像着了火一样 xīnli jíde xiàng zháole huǒ yíyàng 気がもめて尻に火がついたようだ.

【走火】zǒu//huǒ 動 失火する. 火事になる.‖仓房走了火 cāngfáng zǒule huǒ 倉庫から火が出た.

かしこい　賢い

▶聪明 ▶高明 ▶乖 ▶机灵 ▶精明
▶伶俐 ▶灵 ▶灵活 ▶灵巧

**【聪明】cōngming；cōngmíng 形 聡明である. 賢い.‖他是个~的孩子 tā shì ge cōngming de háizi あの子は頭のいい子だ.｜这事儿办得不~ zhè shìr bànde bù cōngming これはやり方がうまくない.｜小~ xiǎo cōngming 小ざかしい. 小利口.｜~人办糊涂事 cōngming rén bàn hútu shì 聡明な人でも愚かなことをする時がある. 弘法にも筆の誤り.

*【高明】gāomíng 形 （技能や見解などが）優れている. 卓越している.‖~的见解 gāomíng de jiànjiě 卓越した見解.｜想出一个~的主意来 xiǎngchu yí ge gāomíng de zhǔyi lai すばらしい考えが思い浮かんだ.

*【乖】guāi 形 ❶賢い. 聡明である. さとい.‖你嘴倒挺~ nǐ zuǐ dào tǐng guāi なかなか口が達者だね.｜卖~ màiguāi 利口なところをひけらかす.｜挨了几次批评，人也变~了 áile jǐ cì pīping, rén yě biàn guāi le 何度か怒られて本人も賢くなった. ❷（子供が）利口である. 言うことをよく聞いておとなしい. 聞き分けがいい.｜小宝贝真~ xiǎobǎobei zhēn guāi ほんとにお利口さんだね.

*【机灵】jīling 形 機敏で利口である. 気が利く. さとい. “机伶”とも書く.‖~的眼睛 jīling de yǎnjing 利口そうな目.｜他的儿子很~ tā de érzi hěn jīling 彼の息子はとても利発だ.

【精明】jīngmíng 形 頭の回転が早い. 頭が切れる.‖新来的厂长又~又能干 xīn lái de chǎngzhǎng yòu jīngmíng yòu nénggàn 新しく来た工場長は頭も切れるし仕事もできる.

*【伶俐】línglì；línglì 形 賢い. 利発である.‖聪明~ cōngming língli 利発そのものである.｜口齿~ kǒuchǐ língli 口が達者だ. 弁が立つ.

*【灵】líng 形 賢い. 利発である.‖心~手巧 xīn líng shǒu qiǎo 頭がよくて手先も器用である.｜脑子~，学得快 nǎozi líng, xuéde kuài 頭がよく，覚えが早い.

**【灵活】línghuó 形 （頭や手足の）反応がすばやい. 敏捷（びんしょう）である. 機敏である.‖脑子~ nǎozi línghuó 頭の回転が早い.

*【灵巧】língqiǎo 形 敏捷（びんしょう）である. 機敏である. 機転が利く.‖~过人 língqiǎo guòrén ずば抜けて敏捷である.｜心思~ xīnsi língqiǎo 機転が利く.

162

かぞえられる （－に）数えられる

かす　貸す

▶出借　▶出租　▶贷　▶贷款　▶借
▶借款　▶赁　▶租

【出借】 chūjiè 🈚 貸し出す.‖新到期刊暂不~ xīn dào qīkān zàn bù chūjiè 新着の雑誌は当分貸し出さない.

*** 【出租】** chūzū 🈚 貸し出す.賃貸する.レンタルする.リースする.‖~房屋 chūzū fángwū 家を貸す.｜~照相机 chūzū zhàoxiàngjī カメラを貸し出す.

*** 【贷】** dài 🈚 貸す.貸し付ける.‖银行~给我们一笔款 yínháng dàigěi wǒmen yì bǐ kuǎn 銀行は我々にまとまった資金を融資した.

*** 【贷款】** dài//kuǎn 🈚 金を貸す.金を貸し付ける.

★**【借】** jiè 🈚 貸す.‖这本书已经~出去了 zhè běn shū yǐjīng jièchuqu le この本はすでに貸し出された.｜~钱给朋友 jièqiángěi péngyou 友人に金を貸す.｜你的辞典~我用一下好吗? nǐ de cídiǎn jiè wǒ yòng yíxià hǎo ma? あなたの辞書をちょっと貸してもらえませんか.

【借款】 jiè//kuǎn 🈚 金を貸す.‖~给公司 jièkuǎngěi gōngsī 企業に金を貸す.

【赁】 lìn 🈚 賃貸しする.‖租~ zūlìn 貸しする.賃借りする.｜这个商店出~礼服 zhège shāngdiàn chūlìn lǐfú この店は式服を貸し出している.

*** 【租】** zū 🈚 代金をとって貸す.賃貸する.‖出~ chūzū 賃貸しする.貸し出す.｜房子已~出去了 fángzi yǐ zūchuqu le 家は人に貸してしまった.

かず　数

▶数　▶数额　▶数据　▶数量　▶数码
▶数目　▶数字

*** 【数】** shù(~儿) 🈛 数.‖人~ rénshù 人数.｜岁~ suìshu 年齢.｜总~ zǒngshù 総数.｜不计其~ bú jì qí shù 数が非常に多い.

*** 【数额】** shù'é 🈛 一定の数.定数.‖超出~ chāochū shù'é 定数を超過する.

*** 【数据】** shùjù 🈛 データ.‖收集~ shōují shùjù データを集める.｜~处理 shùjù chǔlǐ データ処理.｜~管理系统 shùjù guǎnlǐ xìtǒng データ管理システム.

*** 【数量】** shùliàng 🈛 数.数量.‖~很大 shùliàng hěn dà 数が大きい.｜~很多 shùliàng hěn duō 数量が多い.｜不能因追求~而忽视了质量 bù néng yīn zhuīqiú shùliàng ér hūshìle zhìliàng 数を上げるために質を落としてはいけない.

【数码】 shùmǎ(~儿) 🈛 ❶数字.❷数.額.

*** 【数目】** shùmù 🈛 数.額.‖存货盘点好后,把~记下来 cúnhuò pándiǎnhǎo hòu, bǎ shùmù jìxialai 在庫を点検した後,数を記しておく.

*** 【数字】** shùzì ("数目字" shùmùzì とも) 🈛 ❶数.数字.‖阿拉伯~ ālābó shùzì アラビア数字.｜~表示 shùzì biǎoshì デジタル表示.｜~盘 shùzìpán 数字盤.ダイヤル.❷数量.

かぞえられる　（－に）数えられる

▶数　▶数得着　▶数一数二　▶算得上

★**【数】** shǔ 🈚 (比較して)…に数えられる.‖全家~他最高 quán jiā shǔ tā zuì gāo 家中で彼がいちばん背が高い.｜这些人里最能喝的要~他了 zhèxiē rén li zuì néng hē de yào shǔ tā le この中で一番の酒豪は彼だ.

【数得着】 shǔdezháo 🈚 (比較して)際立つ.ずば抜ける."数得上" shǔdeshàng ともいう.‖她在学校里是~的美人儿

163

かぞえる　数える

tā zài xuéxiào li shì shǔdezháo de měirénr 彼女は学校中で一，二に数えられる美人だ.｜这个厂的规模在全国都是~的 zhè ge chǎng de guīmó zài quánguó dōu shì shǔdezháo この工場の規模は全国でも一，二を争う.

【数一数二】shǔ yī shǔ èr 威 一，二に数えられる．指折りである.‖这是全国~的水果产地 zhè shì quánguó shǔ yī shǔ èr de shuǐguǒ chǎndì ここは全国で一，二に数えられる果物の産地だ.

*【算得上】suàndeshàng 動 …に数えることができる．…だといえる.‖他~是一个多面手 tā suàndeshàng shì yí ge duōmiànshǒu 彼は多芸多才な人といってよい.

かぞえる　数える

▶点　▶计　▶计算　▶数　▶算　▶算计

★【点】diǎn 動 一つ一つ調べる．点検する．チェックする.‖钱数对不对，请你~一~ qián shù duì bu duì, qǐng nǐ diǎn-yidiǎn お金が合っているかどうか数えてみてください.｜清~ qīngdiǎn 数を細かく調べる.｜盘~ pándiǎn 棚卸しをする.

*【计】jì 動 ❶計算する.‖核~ héjì 計算する.｜不~其数 bú jì qí shù 数えきれない.｜按人均一千元，总额高达十亿元 àn rénjūn yìqiān yuán jì, zǒng'é gāo dá shí yì yuán 一人平均1000元で計算すると，総額10億元になる．❷合計する.‖全组~有五人 quán zǔ jì yǒu wǔ rén グループ全体で計5人いる.

**【计算】jìsuàn 動 計算する.‖~房间面积 jìsuàn fángjiān miànjī 部屋の面積を計算する.｜~一下得花多少钱 jìsuàn yíxià děi huā duōshao qián いくらお金がかかるか計算してみる.

★【数】shǔ 動 数える.‖~钱 shǔ qián お金を数える.｜~日子 shǔ rìzi 日数を数える.｜你~一~人数对不对 nǐ shǔyishǔ rénshù duì bu duì 人数が合っているかどうかちょっと数えてみてください.｜孩子已经学会了~一百以内的数儿 háizi yǐjīng xuéhuìle shǔ yìbǎi yǐnèi de shùr 子供はもう100までの数を数えられるようになった.

★【算】suàn 動 計算する．数える.‖核~ hésuàn 見積もる.｜~一~这个月的开支 suànyisuàn zhège yuè de kāizhī 今月の支出を計算してみる.

【算计】suànji；suànjì 動 ❶計算する.‖~人数 suànji rénshù 人数を計算する.｜~开销 suànji kāixiao 費用を計算する．❷計算に入れる．考慮する.‖派谁合适，还得好好儿~~ pài shéi héshì, hái děi hǎohāor suànjisuànji 誰に行ってもらうのがふさわしいか，まだよく考えねばならない.

かた　型

▶格式　▶款式　▶类型　▶模式　▶式
▶式样　▶型　▶样式

*【格式】géshi 名 様式．書式．型.‖公文~ gōngwén géshi 公文書の書式.｜书信~ shūxìn géshi 書簡文の型.

【款式】kuǎnshì 名 デザイン．様式．型.‖流行的~ liúxíng de kuǎnshì 流行のデザイン.｜这套家具的~很新颖 zhè tào jiājù de kuǎnshì hěn xīnyǐng この家具のデザインは斬新だ.

*【类型】lèixíng 名 類型．型．タイプ.‖各种~的照相机 gè zhǒng lèixíng de zhàoxiàngjī いろいろな型のカメラ.｜不同~的人 bù tóng lèixíng de rén 違うタイプの人.

*【模式】móshì 名 模型．モデル．パター

ン．‖～图 móshìtú パターン図．モデル図．｜这几部电影都是一个～ zhè jǐ bù diànyǐng dōu shì yí ge móshì この数本の映画はみな同じパターンでできている．

【式】shì ◇規格．標準．‖格～ géshì 書式．フォーム．｜版～ bǎnshì （書物の）判型．

*【式样】shìyàng 图 デザイン．スタイル．タイプ．‖这件衣服的～美观大方 zhè jiàn yīfu de shìyàng měiguān dàfang この服のデザインは上品で美しい．｜我讨厌那种～的楼房 wǒ tǎoyàn nà zhǒng shìyàng de lóufáng 私はああいうデザインのビルは好きではない．

*【型】xíng ◇特定の形状や様式．‖新～ xīnxíng 新型．｜发～ fàxíng ヘアスタイル．｜句～ jùxíng 文型．｜流线～ liúxiànxíng 流線型．

【样式】yàngshì 图 様式．形．タイプ．‖～新颖 yàngshì xīnyǐng スタイルが新しい．｜各种～的电器产品 gè zhǒng yàngshì de diànqì chǎnpǐn さまざまなデザインの電気製品．

かたい （思考が）固い・堅い・硬い

▶呆板　▶固执　▶僵硬　▶紧张　▶拘谨
▶生硬　▶死板　▶顽固　▶硬

【呆板】dāibǎn 形 平板である．型にはまっている．融通が利かない．‖做事～ zuòshì dāibǎn 仕事のやり方が杓子定規だ．｜这篇文章写得～ zhè piān wénzhāng xiěde dāibǎn この文章は平板で味がない．

*【固执】gùzhi 形 頑固である．強情っ張りである．‖性格很～ xìnggé hěn gùzhi 性格がとても頑固である．｜他很～，不肯接受劝告 tā hěn gùzhi, bù kěn jiēshòu quàngào 彼はとても強情で，人の忠告

を聞き入れようとはしない．

【僵硬】jiāngyìng 形 融通が利かない．柔軟性がない．‖工作方法～ gōngzuò fāngfǎ jiāngyìng 仕事のやり方に融通性がない．

★【紧张】jǐnzhāng 形 精神が張りつめている．緊張している．‖第一次讲演，免不了有些～ dì yī cì jiǎngyǎn, miǎnbuliǎo yǒuxiē jǐnzhāng 初めての講演は，どうしてもかたくなるものだ．｜面试的时候我～极了 miànshì de shíhou wǒ jǐnzhāngjí le 面接試験ではこちこちになってしまった．

【拘谨】jūjǐn 形 謹厳である．きまじめである．‖为人处事过于～ wéirén chǔshì guòyú jūjǐn 性格があまりにもきまじめすぎる．

【生硬】shēngyìng 形 ❶不自然である．ぎくしゃくしている．‖措辞～ cuòcí shēngyìng 言葉遣いが不自然だ．｜动作～ dòngzuò shēngyìng 動作がぎこちない．❷生硬である．粗雑である．‖态度～ tàidu shēngyìng 態度がぶっきらぼうである．｜说话的口气～ shuōhuà de kǒuqi shēngyìng 話し方がよそよそしい．

【死板】sǐbǎn 形 ❶杓子定規である．弾力性がない．‖他是个～的人 tā shì ge sǐbǎn de rén 彼は融通が利かない人だ．｜做事很～ zuòshì hěn sǐbǎn やり方が杓子定規だ．❷平板である．生き生きとしていない．‖动作太～ dòngzuò tài sǐbǎn 動作がひどくぎこちない．｜她唱得有点儿～ tā chàngde yǒudiǎnr sǐbǎn 彼女の歌はちょっと一本調子だ．

*【顽固】wángù 形 頑固である．かたくなである．‖头脑～ tóunǎo wángù 頭がかたい．｜～不化 wángù bú huà かたくなで無知なこと．｜～地坚持自己的错误主张 wángù de jiānchí zìjǐ de cuòwù zhǔzhāng 自分の誤った考えをいこじになって変えない．

かたい （物が）固い・堅い・硬い

【硬】 yìng 形 (意志・考えが)頑強である．堅固である．‖ 强～ qiángyìng 強硬である．｜ 嘴～ zuǐyìng 弱音を吐かない．強情を張る．｜ 对付这种人不～不行 duìfu zhè zhǒng rén bú yìng bùxíng こうした連中には強く出なければだめだ．｜ 说话的口气很～ shuōhuà de kǒuqi hěn yìng 話し振りが強硬である．

かたい （物が）固い・堅い・硬い

▶坚固　▶坚硬　▶结实　▶紧　▶硬
▶硬邦邦

***【坚固】** jiāngù 形 頑丈である．堅固である．‖ 防御工事很～ fángyù gōngshì hěn jiāngù 要塞のつくりが頑丈だ．

***【坚硬】** jiānyìng 形 かたい．かたくて強い．‖ 金钢石比什么都～ jīngāngshí bǐ shénme dōu jiānyìng ダイヤモンドは何よりもかたい．｜ 地面冻得很～ dìmiàn dòngde hěn jiānyìng 地面がかたく凍りついている．

****【结实】** jiēshi 形 (物が)頑丈である．しっかりしている．‖ 这料子很～ zhè liàozi hěn jiēshi この生地はとても丈夫だ．｜ 他把包捆得结结实实 tā bǎ bāo kǔnde jiējiē-shíshí 彼は包みをひもでしっかり縛った．

★**【紧】** jǐn 形 ❶堅固である．動かない．‖ ～握手中枪 jǐn wò shǒu zhōng qiāng 銃を手にしっかりと握る．｜ 把螺丝拧～ bǎ luósī níngjǐn ねじをかたく締めた．❷きつい．ゆるみやゆとりがない．⇔"松" sōng ‖ 行李捆得很～ xíngli kǔnde hěn jǐn 荷物はかたく縛ってある．｜ 这双鞋有点儿～ zhè shuāng xié yǒudiǎnr jǐn この靴は少しきつい．｜～～拥抱 jǐnjǐn yōngbào かたく抱擁する．

****【硬】** yìng 形 (物の性質が)かたい．⇔"软" ruǎn ‖ 太～，咬不动 tài yìng, yǎobu-

dòng 固すぎてかめない．｜ 枕头～，睡着不舒服 zhěntou yìng, shuìzhe bù shūfu 枕が堅くて，よく眠れない．｜ 好久不练琴，手指都～了 hǎojiǔ bú liàn qín, shǒuzhǐ dōu yìng le 長い間ピアノの練習をしていなかったので指がすっかりかたくなってしまった．

***【硬邦邦】** yìngbāngbāng (～的) 形 かちかちに硬いさま．石のように硬いさま．‖ 冰箱里的肉冻得～的 bīngxiāng li de ròu dòngde yìngbāngbāng de 冷蔵庫に入れておいて肉がかちかちに凍っている．｜ 说出话来～的 shuōchu huà lai yìng-bāngbāng de 話し方がとげとげしい．

かたち 形

▶类型　▶式样　▶外形　▶形　▶形状
▶型　▶样　▶样式　▶样子

***【类型】** lèixíng 名 類型．型．タイプ．‖ 古坟的～ gǔfén de lèixíng 古墳の形．｜ 各种～的照相机 gè zhǒng lèixíng de zhào-xiàngjī いろいろな型のカメラ．｜ 不同～的人 bù tóng lèixíng de rén 違うタイプの人．

***【式样】** shìyàng 名 デザイン．スタイル．タイプ．‖ 这件衣服的～美观大方 zhè jiàn yīfu de shìyàng měiguān dàfang この服のデザインは上品で美しい．｜ 我讨厌那种～的楼房 wǒ tǎoyàn nà zhǒng shìyàng de lóufáng 私はああいうデザインのビルは好きではない．

***【外形】** wàixíng 名 (外側の)形状．形．

***【形】** xíng ◇形．形状．‖ 四方～ sìfāng-xíng 四角形．｜ 体～ tǐxíng 体形．｜ 地～ dìxíng 地形．｜ 花瓣～ huābànxíng 花びらの形．

****【形状】** xíngzhuàng 名 形状．形．‖ 杯子的～ bēizi de xíngzhuàng コップの形．｜ 做成兔子～的面包 zuòchéng tùzi xíngzhuàng de miànbāo ウサギの形をしたパン

*【型】xíng ◇特定の形状や様式. ‖ 新～ xīnxíng 新型. | 发～ fàxíng ヘアスタイル. | 句～ jùxíng 文型. | 流线～ liúxiàn-xíng 流線型.

**【样】yàng (～儿) 图 (物の) 形状. 格好. ‖ 新～儿 xīnyàngr 新型. | 花～ huā-yàng 模様.

【样式】yàngshì 图 様式. 形. タイプ. ‖ ～新颖 yàngshì xīnyǐng スタイルが新しい. | 各种～的电器产品 gè zhǒng yàngshì de diànqì chǎnpǐn さまざまなデザインの電気製品.

★【样子】yàngzi 图 形状. 格好. ‖ 新皮鞋的做工、～都很好 xīn píxié de zuògōng, yàngzi dōu hěn hǎo 新しい革靴は細工もデザインもよい.

かたづける　片づける

▶打扫　▶收　▶收拾　▶整理

*【打扫】dǎsǎo 動 掃く. 掃除する. 片づける. ‖ ～房间 dǎsǎo fángjiān 部屋を掃除する. | 院子里～得干干净净 yuànzi li dǎsǎode gāngānjìngjìng 庭がきれいに掃除されている. | 剩下的饭, 你给～了吧 shèngxia de fàn, nǐ gěi dǎsǎo le ba 残った御飯を片づけちゃってよ.

★【收】shōu 動 片づける. しまう. ‖ 下雨了, 快～衣服 xià yǔ le, kuài shōu yīfu 雨ですよ, 早く服を取り込みなさい. | 把玩具～起来 bǎ wánjù shōuqilai おもちゃを片づける. | 把东西～在柜里 bǎ dōngxi shōuzài guì li 品物を戸棚の中にしまう.

★【收拾】shōushi 動 始末する. 片づける. 整理する. ‖ ～房间 shōushi fángjiān 部屋を片づける. | ～行李 shōushi xíngli 荷物を整理する. | ～残局 shōushi cánjú 後の事態を収拾する. | 我来～这几条鱼

吧 wǒ lái shōushi zhè jǐ tiáo yú ba 僕が魚を片づけよう (おろそう).

**【整理】zhěnglǐ 動 整理する. 整頓する. ‖ ～房间 zhěnglǐ fángjiān 部屋を整理する. | ～资料 zhěnglǐ zīliào 資料を整理する. | ～思路 zhěnglǐ sīlù 考えを整理する.

かたまる　固まる

▶变硬　▶冻　▶干　▶结　▶凝　▶凝固
▶凝结

【变硬】biànyìng 動 硬くなる. ‖ 毛笔沾了墨长时间不用就～了 máobǐ zhānle mò cháng shíjiān bú yòng jiù biànyìng le 使った筆をそのままにしたので固まってしまった.

**【冻】dòng 動 凍る. 氷結する. ‖ 池子里的水～了 chízi li de shuǐ dòng le 池に氷が張った. | ～成了果冻 dòngchéngle guǒdòng ゼリーが固まった.

**【干】gān 形 乾燥している. ⇔"湿" shī ‖ 水泥一天就能～, 可以走了 shuǐní yì tiān jiù néng gān, kěyǐ zǒu le 丸1日すればセメントが固まるので, 歩いても大丈夫です.

*【结】jié 動 凝り固まる. 固まる. ‖ 河上～了一层冰 hé shang jiéle yì céng bīng 川の水面が凍りついた. | 白糖～成块儿了 báitáng jiéchéng kuàir le 砂糖が固まってしまった.

【凝】níng 動 凝固する. ‖ 血～住了 xiě níngzhù le 血がすっかり固まった. | 肉汤～成了冻 ròutāng níngchéngle dòng 肉汁が固まって煮こごりになる.

*【凝固】nínggù 動 (液体から固体に) 凝固する. ‖ 血液～ xuèyè nínggù 血が固まる. | 油～了 yóu nínggù le 油が固まった.

*【凝结】níngjié 動 (気体から液体, ある

いは液体から固体に)凝結する．凝固する．‖水蒸发后在空中～形成雨、雪 shuǐ zhēngfāhòu zài kōngzhōng níngjié xíngchéng yǔ, xuě 水が蒸発して上空で固まり，雨や雪となる．｜这项发明是无数科学工作者的汗水～成的 zhè xiàng fāmíng shì wúshù kēxué gōngzuòzhě de hànshuǐ níngjiéchéng de この発明は数えきれぬ科学者たちの汗の結晶である．

かたむく　傾く（傾いている）

▶偏　▶倾　▶倾向　▶倾斜　▶趋向　▶歪
▶斜

**【偏】piān ㊤ 傾いている．偏っている．⇔“正”zhèng‖画挂～了 huà guàpiān le 絵が傾いている．｜线没画在当中，有点儿～ xiàn méi huàzài dāngzhōng, yǒudiǎnr piān 線が真ん中から少しずれている．㊐傾く．寄る．偏る．‖思想～左 sīxiǎng piān zuǒ 思想が左寄りである．｜～于理论的研究 piānyú lǐlùn de yánjiū 理論的な研究に偏っている．

【倾】qīng ㊤ 傾いている．斜めである．‖身子向前～ shēnzi xiàng qián qīng 体が前に傾いている．

*【倾向】qīngxiàng ㊐（…の一方に）傾く．賛成する．‖～保守派 qīngxiàng bǎoshǒupài 保守派のほうに傾く．｜我们～于坐船去 wǒmen qīngxiàngyú zuò chuán qù 我々は船で行くほうに傾いている．

*【倾斜】qīngxié ㊐ 傾斜する．傾く．‖这座古塔有些～ zhè zuò gǔtǎ yǒuxiē qīngxié この古塔はやや傾いている．｜～面 qīngxiémiàn 傾斜面．

*【趋向】qūxiàng ㊐ …の方向に進む．…の傾向がある．‖病情～好转 bìngqíng qūxiàng hǎozhuǎn 病状は快方に向かっている．｜物价逐渐～稳定 wùjià zhújiàn qūxiàng wěndìng 物価はしだいに安定しつつある．

**【歪】wāi ㊤ 曲がっている．斜めになっている．傾いている．⇔“正”zhèng‖领带～了 lǐngdài wāi le ネクタイが曲がっている．｜照片贴～了 zhàopiàn tiēwāi le 写真を斜めに張ってしまった．｜～戴帽子 wāidài màozi 帽子をはすにかぶる．

**【斜】xié ㊤ 斜めである．‖木桩有点～ mùzhuāng yǒudiǎn xié くいが少し傾いている．｜线划～了 xiàn huàxié le 線のかき方が曲がってしまった．㊐傾く．傾ける．斜めにする．‖太阳已经西～ tàiyang yǐjīng xī xié 太陽はもう西に傾いている．｜～着身子坐在沙发上 xiézhe shēnzi zuòzài shāfā shang 体を斜めにしてソファに腰掛けている．

かためる　固める（強固にする）

▶巩固　▶加固　▶加强　▶坚定　▶强化

**【巩固】gǒnggù ㊐ 強固にする．しっかりと固める．‖～基础 gǒnggù jīchǔ 基礎を固める．｜～学过的知识 gǒnggù xuéguo de zhīshi 学んだ知識を確固たるものにする．｜～和发展两国间的友好关系 gǒnggù hé fāzhǎn liǎng guó jiān de yǒuhǎo guānxi 両国間の友好関係を強化し発展させる．

【加固】jiāgù ㊐ 固める．さらに強固にする．‖这段堤防还需～ zhè duàn dīfáng hái xū jiāgù この堤防はさらに補強する必要がある．｜～路基 jiāgù lùjī 路床を補強する．

**【加强】jiāqiáng ㊐ 力を入れ強める．効果が現れるようにする．‖～会场周围的警备 jiāqiáng huìchǎng zhōuwéi de jǐngbèi 会場周辺の警備を固める．｜工厂的技术力量必须～ gōngchǎng de jìshù lìliang bìxū jiāqiáng 工場の技術力を強めなくてはならない．

かつ　勝つ

*【坚定】jiāndìng 動揺るぎないものにする. 不動のものにする. ‖〜自己的信念 jiāndìng zìjǐ de xìnniàn 自分の信念を揺るぎないものにする.

*【强化】qiánghuà 動強化する. 強める. ‖〜记忆 qiánghuà jìyì 記憶力を高める. ｜〜训练 qiánghuà xùnliàn 強化訓練.

かたる　語る
▶讲　▶讲述　▶述说　▶说　▶谈

★【讲】jiǎng 動話す. しゃべる. ‖〜故事 jiǎng gùshi 物語を話す. ｜你会〜英文吗? nǐ huì jiǎng Yīngwén ma? あなたは英語が話せますか.

*【讲述】jiǎngshù 動語る. 述べる. ‖〜自己的人生经历 jiǎngshù zìjǐ de rénshēng jīnglì 自らの経歴について語る.

【述说】shùshuō 動述べる. 説明する. ‖〜自己的遭遇 shùshuō zìjǐ de zāoyù 自分の境遇を述べる.

★【说】shuō 動言う. 話す. ‖〜话 shuōhuà 話す. ｜〜汉语 shuō Hànyǔ 中国語を話す. ｜〜心里话 shuō xīnli huà 本音を語る. ｜别着急, 慢慢儿〜 bié zháojí, mànmānr shuō 慌てないで, ゆっくり話しなさい.

★【谈】tán 動語る. 話し合う. ‖畅〜 chàngtán 愉快に語り合う. ｜〜工作 tán gōngzuò 仕事について話す. ｜〜理想 tán lǐxiǎng 理想を語る. ｜我们好好儿〜一〜 wǒmen hǎohāor tányitán 私たち, じっくり語り合いませんか.

かつ　勝つ
▶得胜　▶获胜　▶取胜　▶胜　▶胜利
▶赢　▶战胜

【得胜】dé//shèng 動勝利を収める. 勝

つ. ‖主队〜 zhǔduì déshèng ホーム・チームが勝ちを制した. ｜中国队旗开〜 Zhōngguóduì qí kāi dé shèng 中国チームは緒戦で勝利を収めた.

【获胜】huòshèng 動勝利を得る. 勝つ. ‖甲队以六比三〜 Jiǎduì yǐ liù bǐ sān huòshèng 甲チームは6対3で勝った. ｜以压倒多数〜 yǐ yādǎo duōshù huòshèng 圧倒的多数で勝った.

【取胜】qǔshèng 動勝つ. ‖以物美价廉〜 yǐ wù měi jià lián qǔshèng 品質のよさと低価格で勝つ. ｜抱有侥幸〜的心理 bàoyǒu jiǎoxìng qǔshèng de xīnlǐ あわよくば勝ちを収めようという気持ちを抱いている.

**【胜】shèng 動❶勝つ. ⇔"负"fù "败"bài ‖这场比赛他们〜了 zhè chǎng bǐsài tāmen shèng le 今回の試合で彼らは勝利を収めた. ❷打ち負かす. やっつける. ‖以少〜多 yǐ shǎo shèng duō 少数で多数を打ち負かす. ｜北京队〜了上海队 Běijīngduì shèngle Shànghǎiduì 北京チームは上海チームに勝った.

★【胜利】shènglì 動勝利する. ⇔"失败"shībài ‖我们〜了! wǒmen shènglì le! 勝ったぞ.

★【赢】yíng 動勝つ. ⇔"输"shū ‖我们〜了那场比赛 wǒmen yíngle nà chǎng bǐsài 私たちはその試合に勝った. ｜下围棋我能〜他 xià wéiqí wǒ néng yíng tā 囲碁なら私は彼に勝てる. ｜谁输谁〜, 目前还很难判断 shéi shū shéi yíng, mùqián hái hěn nán pànduàn どちらが勝つか負けるか, いまのところなんともいえない.

**【战胜】zhànshèng 動打ち勝つ. ‖〜敌人 zhànshèng dírén 敵に打ち勝つ. ｜〜困难 zhànshèng kùnnan 困難に打ち勝つ. ｜正义的力量是不可〜的 zhèngyì de lìliang shì bùkě zhànshèng de 正義の力は打ち負かされることはない.

かつ（しかも）

かつ（しかも）
▶并且 ▶而且 ▶既 ▶且 ▶一边
▶一面 ▶又

＊＊【并且】bìngqiě 腰 そのうえ. しかも. さらに.∥他出席了开幕式，～讲了话 tā chūxí le kāimùshì, bìngqiě jiǎngle huà 彼は開幕式に出席したうえ，挨拶も述べた.｜大会讨论～通过了这项决议 dàhuì tǎolùn bìngqiě tōngguòle zhè xiàng juéyì 大会において討議され，かつこの決議が採択された.｜她聪明、漂亮，～性格也好 tā cōngming, piàoliang, bìngqiě xìnggé yě hǎo 彼女は頭はいいし，美人だし，しかも性格もいい.

★【而且】érqiě 腰 かつ. しかも. さらに. (多く "不但" búdàn "不仅" bùjǐn などと呼応する)∥歌声优美～动听 gēshēng yōuměi érqiě dòngtīng 歌声は美しいうえに聞く者を感動させる.｜这些诗我都读过，～会背 zhèxiē shī wǒ dōu dúguo, érqiě huì bèi これらの詩は読んだことがあるだけでなく暗誦（ᵃ̀ᵃ̀）することもできる.｜这种计算机不但功能多，～操作简便 zhè zhǒng jìsuànjī búdàn gōngnéng duō, érqiě cāozuò jiǎnbiàn このコンピューターは多機能であるばかりでなく，操作も簡単だ.

＊＊【既】jì 腰 …でもあり…でもある. …であるうえになお…である. …し…もする（"又" yòu "也" yě "且" qiě などと呼応して，二つの状態または性質を備えていることを表す)∥他～聪明又能干 tā jì cōngming yòu nénggàn 彼は聡明かつ有能である.｜他～是我的老师，又是我的朋友 tā jì shì wǒ de lǎoshī, yòu shì wǒ de péngyou 彼は私の先生であり，また友人でもある.｜他～不爱喝酒，也不喜欢抽烟 tā jì bú ài hē jiǔ, yě bù xǐhuan chōuyān 彼は酒も好まないし，タバコ

も嫌いだ.

＊＊【且】qiě 腰 ❶かつ. また.∥水流既深～急 shuǐliú jì shēn qiě jí 水は深く流れも速い. ❷そのうえ. しかも. 加えて.∥物美～廉 wù měi qiě lián 品物はよく，しかも安い. ❸…かつ…. …しながら…する.∥～喝～聊 qiě hē qiě liáo 飲みながらしゃべる.｜俩人～谈～走 liǎ rén qiě tán qiě zǒu 二人は語りながら歩く.｜～战～退 qiě zhàn qiě tuì 戦いながら後退する.

＊＊【一边】yìbiān（～儿）副 (多く "一边…一边…" の形で) …しながら…する. (異なる動作や行為を同時に行う. "一" は省略できるが，"边…边…" ではふつう動詞が入り，動詞句が入ることはない)∥他慢慢地走着，～想着心事 tā mànmānr de zǒuzhe, yìbiān xiǎngzhe xīnshì 彼はゆっくりと歩きながら，考えごとをしている.｜～吃饭～看报 yìbiān chī fàn yìbiān kàn bào 食事をしながら新聞を読む.｜边干边学 biān gàn biān xué 働きながら学ぶ.

＊【一面】yìmiàn 副 (多く "一面…一面…" の形で) …する一方で. …しながら…する. (異なる動作や行為を同時に行う. "一" は省略できない)∥他翻开电话本，～拿起电话 tā fānkāi diànhuàběn, yìmiàn náqi diànhuà 彼は電話帳をめくりながら，受話器を取った.｜～走～说 yìmiàn zǒu yímiàn shuō 歩きながら話す.

★【又】yòu 副 ❶また. かつ. (異なる状態や性質が同時に存在することを表す)∥她漂亮～贤惠，真是个好妻子 tā piàoliang yòu xiánhuì, zhēn shì ge hǎo qīzi 彼女はきれいなうえに賢くて，ほんとうにいい奥さんだ.｜这家馆子的菜～便宜～好吃 zhè jiā guǎnzi de cài yòu piányi yòu hǎochī このレストランの料理は安くておいしい.｜～刮风～下雨 yòu guā fēng yòu xiàyǔ 風があるうえに雨も降っ

ている. ❷さらに. そのうえ. (付加を表す)‖今天太晚了, ～下着雨, 干脆明天去吧 jīntiān tài wǎn le, yòu xiàzhe yǔ, gāncuì míngtiān qù ba 今日は時間が遅いし, そのうえ雨も降っているから, いっそ明日行くことにしよう.

がっかり

▶大失所望　▶寒心　▶灰心　▶沮丧
▶没精打采　▶气馁　▶失望　▶泄气
▶心灰意懒

【大失所望】dà shī suǒ wàng 國非常に失望する. たいへんがっかりする.‖比赛结果令人～ bǐsài jiéguǒ lìng rén dà shī suǒ wàng 試合の結果には大いに失望させられた.

【寒心】hán//xīn 國がっかりする. 失望する.‖她如此忘恩负义, 真叫人～ tā rúcǐ wàng ēn fù yì, zhēn jiào rén hánxīn 彼女のこのような恩知らずの行いにはほんとうにがっかりさせられる.

*【灰心】huī//xīn 國がっかりする. 落胆する. 意気消沈する.‖～丧气 huīxīn sàngqì 失望落胆する.｜即使失败了, 也不要～ jíshǐ shībài le, yě búyào huīxīn たとえ失敗しても気落ちしてはいけない.

【沮丧】jǔsàng 圈意気沮丧(そきう)する. がっかりする.‖神情～ shénqíng jǔsàng がっかりした顔つきをしている.｜事情办砸了, 真令人～ shìqing bànzá le, zhēn lìng rén jǔsàng ことがうまくいかず, まったくがっかりさせられた.

【没精打采】méi jīng dǎ cǎi 國しょんぼりと元気がないさま. 意気消沈したさま. "无精打采" wú jīng dǎ cǎi ともいう.‖踢输了球, 他～地回来了 tīshūle qiú, tā méi jīng dǎ cǎi de huílai le サッカーの試合に負けて, 彼はすっかり意気消沈して帰ってきた.

【气馁】qìněi 圈落胆する. がっかりする. 気落ちする.‖有了成绩不骄傲, 遇到挫折也不～ yǒule chéngjì bù jiāo'ào, yùdào cuòzhé yě bú qìněi 成功してもおごらず, 挫折(ざつ)しても落胆しない.

**【失望】shīwàng 國失望する. がっかりする. 落胆する.‖感到～ gǎndào shīwàng 失望する.｜他这么不争气真叫我～ tā zhème bù zhēngqì zhēn jiào wǒ shīwàng 彼がこんなにだらしないとは, まったくがっかりさせられる. 圈気落ちしている.‖她～地回去了 tā shīwàng de huíqu le 彼女は落胆して帰っていった.

*【泄气】xiè//qì 國気が抜ける. しょげる.‖失败了还可以重来, 千万不要～ shībàile hái kěyǐ chónglái, qiānwàn búyào xièqì 失敗したらまたやり直せばいいから, くれぐれも気落ちしないように.

【心灰意懒】xīn huī yì lǎn 國がっかりして何もする気になれない. 意気消沈する. "心灰意冷" xīn huī yì lěng ともいう.‖稍受挫折便～起来 shāo shòu cuòzhé biàn xīn huī yì lǎn qilai ちょっと失敗しただけで意気消沈してしまう.

かつぐ　担ぐ

▶背　▶担　▶扛　▶抬　▶挑

**【背】bēi 國背負う. おぶう.‖～筐子 bēi kuāngzi かごを背負う.｜～着小孩儿 bēizhe xiǎoháir 子供を背におぶっている.｜～上书包 bēishang shūbāo カバンを肩から掛ける.

*【担】dān 國(肩に)担ぐ.‖～柴火 dān cháihuo たきぎを担ぐ.｜～水 dān shuǐ 桶に入った水を担ぐ.

**【扛】káng 國(肩に)担ぐ. 担う.‖～麻袋 káng mádài 麻袋を担ぐ.｜～锄头

かっこいい

káng chútou くわを担ぐ．｜这么重，我可~不动 zhème zhòng, wǒ kě kángbudòng こんなに重くては，とても私には担げない．｜这副担子，要由你来~ zhè fù dànzi, yào yóu nǐ lái káng この任務は，君に担ってもらいたい．

★【抬】tái 動 (二人以上で物を)運ぶ．担ぐ．‖ ~担架 tái dānjià 担架を担ぐ．｜桌子太重，得两个人~ zhuōzi tài zhòng, děi liǎng ge rén tái テーブルは重いから，二人がかりでないと運べない．

*【挑】tiāo 動 (天びん棒などで)担ぐ．担う．‖ ~水 tiāo shuǐ 天びん棒で水を運ぶ．｜ ~着一担柴火 tiāozhe yí dàn cháihuo 天びん棒でたきぎを担いでいる．｜ ~起了厂长这副担子 tiāoqile chǎngzhǎng zhè fù dànzi 工場長という重責を担う．

かっこいい

▶棒　▶好看　▶酷　▶漂亮　▶帅　▶帅气
▶潇洒　▶有风度

*【棒】bàng 形口 (能力・成績などが)すばらしい．すごい．たいしたものである．‖ 那个动作做的真~ nàge dòngzuò zuò de zhēn bàng あの動きはすごい．｜他的英语可~了 tā de Yīngyǔ kě bàng le 彼の英語はたいしたものだ．

★【好看】hǎokàn 形 美しい．きれいである．‖ 她长得很~ tā zhǎngde hěn hǎokàn 彼女はとても美しい．｜这件衣服真~ zhè jiàn yīfu zhēn hǎokàn この服はほんとうに見栄えがする．

【酷】kù 形外 (人や物が)格好いい．魅力的である．いかす．(英語の cool の音訳)‖ 他脸长得不漂亮，但是很~ tā liǎn zhǎngde bú piàoliang, dànshì hěn kù 顔はよくないけれど，彼ってすごくかっこいい．

★【漂亮】piàoliang 形 ❶きれいである．美しい．見た目がよい．‖ 她长得很~ tā zhǎngde hěn piàoliang 彼女は器量がよい．｜ ~的衣服 piàoliang de yīfu 美しい服．❷すばらしい．みごとである．立派である．‖ 那件事儿，你办得真~ nà jiàn shìr, nǐ bànde zhēn piàoliang あの仕事を君はもののみごとにこなした．｜说一口~的英语 shuō yìkǒu piàoliang de Yīngyǔ 流暢(りゅうちょう)な英語を話す．

*【帅】shuài 形口 かっこいい．あか抜けている．‖ 你哥哥长得真~! nǐ gēge zhǎngde zhēn shuài! あなたのお兄さんってすごくかっこいいわね．｜他的跳水动作真~! tā de tiàoshuǐ dòngzuò zhēn shuài! 彼の飛び込みの動きは実にきれいだ．

【帅气】shuàiqi 形 かっこいい．しゃれている．‖ 小伙子长得挺~ xiǎohuǒzi zhǎngde tǐng shuàiqi あの若者はとてもハンサムだ．

【潇洒】xiāosǎ 形 瀟洒(しょうしゃ)である．あか抜けている．スマートで都会的である．"萧洒"とも書く．‖ 他穿上这身西装，显得~多了 tā chuānshang zhè shēn xīzhuāng, xiǎnde xiāosǎ duō le 彼はこの背広を着るとずっとしゃれて見える．｜活得十分~ huóde shífēn xiāosǎ 生き方が実にかっこいい．

【有风度】yǒu fēngdù 組 風格がある．‖ 这个老演员很~ zhège lǎo yǎnyuán hěn yǒu fēngdù その老優はとてもしぶくてすてきだ．

かっこう　格好

▶背影　▶打扮　▶模样　▶外观　▶外形
▶形状　▶样子　▶姿势　▶姿态

【背影】bèiyǐng (~儿) 图 後ろ姿．‖ 他的~显得有点儿孤寂 tā de bèiyǐng xiǎnde yǒudiǎnr gūjì 彼の格好は，どこか寂し

げに見える.

**【打扮】dǎban 图 格好. 身なり. メーキャップ. ‖ 来人一身军人～ lái rén yìshēn jūnrén dǎban 使いの人は軍人風の身なりをしていた. | 这身～很时髦 zhè shēn dǎban hěn shímáo この格好はいまのはやりだ. | 换一身～就跟换了个人儿似的 huàn yìshēn dǎban jiù gēn huànle ge rénr shìde 身なりを替えると, 別人になったようだ.

**【模样】múyàng(～儿) 图 顔だち. 容貌(_{よう}). 格好. ‖ ～不错 múyàng búcuò 器量がよい. 格好がいい. | 你怎么搞成这副～ nǐ zěnme gǎochéng zhè fù múyàng 君はどうしてそんな格好をするんだい.

*【外观】wàiguān 图 外観. 外見. ‖ 那栋大楼～奇特 nà dòng dàlóu wàiguān qítè あのビルは変な格好だ. | 建筑物的～富丽堂皇 jiànzhùwù de wàiguān fùlì tánghuáng 建物の外観は華麗で立派である.

*【外形】wàixíng 图 (外側の)形状. 形. ‖ ～尺寸 wàixíng chǐcun 外形のサイズ.

**【形状】xíngzhuàng 图 形状. 形. ‖ 杯子的～ bēizi de xíngzhuàng コップの形. | ～相似 xíngzhuàng xiāngsì 格好が似ている.

★【样子】yàngzi 图 形状. 格好. ‖ 新皮鞋的做工, ～都很好 xīn píxié de zuògōng, yàngzi dōu hěn hǎo 新しい革靴は細工もデザインもよい.

*【姿势】zīshì 图 姿勢. ‖ 我儿子睡觉的很难看 wǒ érzi shuìjiào de zīshì hěn nánkàn 息子の寝相はひどいものだ. | 摆好～ bǎihǎo zīshì ポーズをとる. | 她走路的～很优雅 tā zǒulù de zīshì hěn yōuyǎ 彼女の歩く姿はとても優雅だ.

*【姿态】zītài 图 姿態. 姿. ‖ ～各异的五百罗汉 zītài gè yì de wǔbǎi luóhàn さまざまな姿の五百羅漢. | 优美的～ yōuměi de zītài 美しい姿態.

かつて

▶不曽　▶曽　▶曽经　▶从来　▶过去
▶未曽　▶以前　▶以往

---

*【不曽】bùcéng 副 かつて…したことがない. 今まで…したことがない. ‖ ～发生过这类问题 bùcéng fāshēngguo zhè lèi wèntí この種の問題はかつて起こったことがない.

**【曽】céng 副 かつて. 以前に. ‖ 他～当过教师 tā céng dāngguo jiàoshī 彼はかつて教師をしていたことがある. | 我～试过这个方法 wǒ céng shìguo zhè ge fāngfǎ 私は以前この方法を試したことがある.

**【曽经】céngjīng 副 かつて. 以前に. 一時は. ‖ 他们～是好朋友 tāmen céngjīng shì hǎo péngyou 彼らはかつてはよい友だちであった. | 我们～想解决这个问题 wǒmen céngjīng xiǎng jiějué zhège wèntí 我々は以前この問題を解決しようと思った. | 她～唱得很好 tā céngjīng chàngde hěn hǎo 彼女はかつて歌が上手であった.

**【从来】cónglái 副 昔からいままで. ずっと. これまで. ‖ 我～不看这种杂志 wǒ cónglái bú kàn zhè zhǒng zázhì 私は以前からこの手の雑誌は読まない. | 他～没去过那儿 tā cónglái méi qùguo nàr 彼はいままでそこへ行ったことがない.

★【过去】guòqù 图 過去. 以前. これまで. ⇔"现在" xiànzài "将来" jiānglái ‖ 怀恋～ huáiliàn guòqù 過去を懐かしむ. | ～这里是一块荒地 guòqù zhèli shì yí kuài huāngdì かつてこのあたりは荒れ地だった.

【未曽】wèicéng 副 いまだかつて…したことがない. まだ…していない. ‖ ～发生过 wèicéng fāshēngguo かつて起こったことがない. | ～有过的壮举 wèicéng

かでんせいひん　家電製品

yǒuguo de zhuàngjǔ いまだかつてない壮挙.｜我～见过他 wǒ wèicéng jiànguo tā 私はまだ彼に会ったことがない.

★【以前】yǐqián 图以前. …以前.‖～我不了解他 yǐqián wǒ bù liǎojiě tā 以前, 私は彼のことをあまりよく知らなかった.

*【以往】yǐwǎng 图かつて. 以前.‖数量比～有所增加 shùliàng bǐ yǐwǎng yǒu suǒ zēngjiā 数量は以前よりいくぶん増えている.｜他～总是骑自行车去上班 tā yǐwǎng zǒngshì qí zìxíngchē qù shàngbān 彼は以前はいつも自転車で通勤していた.

かでんせいひん　家電製品

- ▶冰箱　▶传真　▶吹风机　▶打印机
- ▶电灯　▶电动剃须刀　▶电饭锅　▶电风扇
- ▶电话　▶电脑　▶电热杯　▶电视
- ▶电熨斗　▶复印机　▶干衣机　▶换气扇
- ▶烤箱　▶空调　▶空气加湿器
- ▶空气净化器　▶空气去湿器　▶平板电脑
- ▶扫描仪　▶摄像机　▶收音机　▶手机
- ▶微波炉　▶吸尘器　▶洗碗机　▶洗衣机
- ▶游戏机　▶智能手机

**【冰箱】bīngxiāng 图冷蔵庫. アイスボックス.

**【传真】chuánzhēn 图ファクシミリ.‖发～ fā chuánzhēn ファクシミリを送る.

【吹风机】chuīfēngjī 图ドライヤー. 送風機.

【打印机】dǎyìnjī 图プリンター.

★【电灯】diàndēng 图電灯.‖开～ kāi diàndēng 電灯をつける.｜关～ guān diàndēng 電灯を消す.

【电动剃须刀】diàndòng tìxūdāo 图電気かみそり. シェーバー.

【电饭锅】diànfànguō 图電気がま. 電気炊飯器.

**【电风扇】diànfēngshàn 图扇風機. "电扇" diànshàn ともいう.

★【电话】diànhuà 图電話.‖打～ dǎ diàn-

huà 電話をかける.｜接～ jiē diànhuà 電話を受ける.｜～号码 diànhuà hàomǎ 電話番号.｜公用～ gōngyòng diànhuà 公衆電話.

★【电脑】diànnǎo 图コンピューター.

【电热杯】diànrèbēi 图電気ポット. "电热水壶" diànrè shuǐhú ともいう.

★【电视】diànshì 图テレビ.‖～节目 diànshì jiémù テレビ番組.

【电熨斗】diànyùndǒu 图電気アイロン.

【复印机】fùyìnjī 图複写機. コピー機.

【干衣机】gānyījī 图衣類乾燥機.

【换气扇】huànqìshàn 图換気扇. "排风扇" páifēngshàn ともいう.

【烤箱】kǎoxiāng 图天火. オーブン.

【空调】kōngtiáo 图エアーコンディショナー. エアコン.‖装～ zhuāng kōngtiáo エアコンを取り付ける.

【空气加湿器】kōngqì jiāshīqì 图加湿器.

【空气净化器】kōngqì jìnghuàqì 图空気清浄機.

【空气去湿器】kōngqì qùshīqì 图除湿器.

【平板电脑】píngbǎn diànnǎo 图タブレット・パソコン.

【扫描仪】sǎomiáoyí 图スキャナー.

【摄像机】shèxiàngjī 图ビデオカメラ.

**【收音机】shōuyīnjī 图ラジオ.

【手机】shǒujī 图携帯電話.

【微波炉】wēibōlú 图電子レンジ.

【吸尘器】xīchénqì 图電気掃除機.

【洗碗机】xǐwǎnjī 图食器洗い機.

**【洗衣机】xǐyījī 图電気洗濯機.

【游戏机】yóuxìjī 图ゲーム機.

【智能手机】zhìnéng shǒujī 图インテリジェント携帯電話. スマートフォン.

かつどう　活動

- ▶从事　▶工作　▶活动　▶行动　▶运动
- ▶运动　▶运作　▶作　▶作业　▶做

かなしい　悲しい

[从事] cóngshì 動 (ある仕事や事業に)従事する．携わる．‖～教育工作 cóngshì jiàoyù gōngzuò 教育の仕事に携わる．‖～写作 cóngshì xiězuò 創作活動に携わる．

★**[工作]** gōngzuò 動 働く．勤める．仕事をする．‖你在哪儿～? nǐ zài nǎr gōngzuò? あなたはどこにお勤めですか．‖昨天他～到深夜 zuótiān tā gōngzuòdào shēnyè きのう彼は夜中まで働いた．图 仕事．作業．‖做环境保护～ zuò huánjìng bǎohù gōngzuò 環境保護活動をする．‖～能力 gōngzuò nénglì 仕事の能力．業務能力．‖～态度 gōngzuò tàidu 仕事ぶり．

★**[活动]** huódòng 動❶活動する．‖上午参观，下午自由～ shàngwǔ cānguān, xiàwǔ zìyóu huódòng 午前は見学で，午後は自由行動である．‖音乐爱好者协会每月～一次 yīnyuè àihàozhě xiéhuì měiyuè huódòng yí cì 音楽ファン協会は毎月1回活動を行う．❷(ある目的を達成するために)奔走する．働きかける．‖调工作的事还得托人再～～ diào gōngzuò de shì hái děi tuō rén zài huódònghuódòng 転勤の件はやはり人に頼んで運動してもらわなければならない．图活動．‖社会～ shèhuì huódòng 社会活動．‖课外～ kèwài huódòng 課外活動．‖政治～ zhèngzhì huódòng 政治活動．‖志愿～ zhìyuàn huódòng ボランティア活動．

[行动] xíngdòng 動 (ある目的のために)行動する．活動する．‖他正在考虑下一步该怎么～ tā zhèngzài kǎolǜ xiàyíbù gāi zěnme xíngdòng 彼は次にどう行動すべきか考えているところだ．‖大家已经～起来了 dàjiā yǐjīng xíngdòngqilai le みんなはすでに行動を起こした．图行動．ふるまい．‖把决心变成～ bǎ juéxīn biànchéng xíngdòng 決意を行動に移す．‖爱国～ àiguó xíngdòng 愛国的行動．

★**[运动]** yùndòng 图 大衆的宣伝活動．キャンペーン．‖五四～ Wǔ Sì yùndòng 五・四運動．‖生产节约～ shēngchǎn jiéyuē yùndòng 生産・節約キャンペーン．

[运动] yùndong 動 (多くは個人的な目的を達成するために)積極的に働きかける．奔走する．‖为了孩子的工作，他到处～ wèile háizi de gōngzuò, tā dàochù yùndong 子供の就職のために彼はあちらこちらに働きかけた．

[运作] yùnzuò 動 (組織や機関などが)仕事を進行する．活動する．運営する．

★**[作]** zuò 動❶(ある種の活動を)行う．‖～报告 zuò bàogào 報告をする．‖～斗争 zuò dòuzhēng 闘う．❷創作する．著作する．‖～曲 zuò qǔ 作曲する．‖～诗 zuò shī 詩を作る．‖～画 zuò huà 絵を描く．

★**[作业]** zuòyè 图 活動．作業．‖高空～ gāokōng zuòyè 高所作業．‖野外～ yěwài zuòyè 屋外作業．‖水中～ shuǐzhōng zuòyè 水中作業．

★**[做]** zuò 動 (仕事や活動を)する．携わる．‖你～什么工作? nǐ zuò shénme gōngzuò? あなたはどんな仕事をしているのですか．‖～教育工作 zuò jiàoyù gōngzuò 教育の仕事に携わる．

かなしい　悲しい

▶悲哀　▶悲伤　▶悲痛　▶沉痛　▶可悲
▶难过　▶伤心　▶痛心

[悲哀] bēi'āi 形 悲しい．もの悲しい．‖感到～ gǎndào bēi'āi 悲しく思う．‖她因过于～而病倒了 tā yīn guòyú bēi'āi ér bìngdǎo le 彼女は悲しみのあまり病気になってしまった．‖～的歌声 bēi'āi de gēshēng もの悲しい歌声．

[悲伤] bēishāng 形 悲しい．痛ましい．切ない．‖你不要太～了 nǐ búyào tài bēishāng le どうかあまり嘆かないでください. ｜〜的心情 bēishāng de xīnqíng 悲しい気持ち.

**【悲痛】 bēitòng 厖悲しい. 悲痛である. ‖感到万分〜 gǎndào wànfēn bēitòng 非常な悲しみを覚える. ｜〜欲绝 bēitòng yùjué 死ぬほど嘆き悲しむ. ｜化〜为力量 huà bēitòng wéi lìliàng 悲しみを力に変える.

*【沉痛】 chéntòng 厖悲しく痛ましい. 悲しみが深い. ‖〜地悼念 chéntòng de dàoniàn 深い悲しみをもって哀悼する.

【可悲】 kěbēi 厖悲しむべき. かわいそうな. 哀れな. ‖〜的下场 kěbēi de xiàchǎng 哀れな末路. ｜晚年无人照料, 处境很〜 wǎnnián wú rén zhàoliào, chǔjìng hěn kěbēi 晚年は面倒をみてくれる人もなく, とてもかわいそうな境遇にある.

**【难过】 nánguò 厖精神的にやりきれない. つらい. 悲しい. ‖胃里有点儿〜 wèi li yǒudiǎnr nánguò 胃が気持ち悪い. ｜好朋友去世了, 他心里很〜 hǎo péngyou qùshì le, tā xīnli hěn nánguò 親しい友人が亡くなって, 彼はとても悲しんだ.

**【伤心】 shāng//xīn 厖悲しい. つらい. ‖他的话伤了我的心 tā de huà shāngle wǒ de xīn 彼の話は私を悲しませた. ｜她哭得十分〜 tā kūde shífēn shāngxīn 彼女はひどく悲しそうに泣いている. ｜他为自己得不到大家的理解而〜 tā wèi zìjǐ débudào dàjiā de lǐjiě ér shāngxīn 彼はみんなの理解を得ることができず, 心を痛めた.

【痛心】 tòngxīn 厖ひどく心が痛む. ひどく悲しい. ‖人们都对他的堕落感到〜 rénmen dōu duì tā de duòluò gǎndào tòngxīn 人々は彼の堕落にひどく心を痛めた.

かならず　必ず

▶必　▶必定　▶必然　▶必须　▶绝对
▶千万　▶无疑　▶务必　▶一定　▶准

*【必】 bì 副❶必ず. きっと. ‖其中〜有道理 qízhōng bì yǒu dàoli これには必ず訳がある. ｜坚持锻炼, 〜有好处 jiānchí duànliàn, bì yǒu hǎochù 鍛錬を続ければ, きっと体によいはずだ. ｜有求〜应 yǒu qiú bì yìng 求めがあれば必ずそれに応じる. ❷…する必要がある. 必ず(…しなければならない). ‖二者〜取其一 èr zhě bì qǔ qí yī 二者のうち必ず一つを取らなければならない. ｜分秒〜争 fēnmiǎo bì zhēng 一刻を争わなければならない. ｜言〜有据 yán bì yǒu jù 言うことには必ず根拠がある. ｜这些书有些是〜看的, 有些是可看可不看的 zhèxiē shū yǒuxiē shì bì kàn de, yǒuxiē shì kě kàn kě bú kàn de これらの本のうち読まなければいけない本もあるが, 必ずしも読まなくともよい本もある.

*【必定】 bìdìng 副❶(判断や推論で)必ず. 必ずや. ‖听到这个消息, 他〜高兴 tīngdào zhège xiāoxi, tā bìdìng gāoxìng この知らせを聞いたら彼はきっと大喜びするだろう. ｜这个方案〜有人反对 zhège fāng'àn bìdìng yǒu rén fǎnduì このプランには必ずや反対する人がいる. ❷(意志で)必ず(…する). ‖我〜参加 wǒ bìdìng cānjiā 私は必ず参加する.

**【必然】 bìrán 厖必然的である. 当たりまえである. ‖〜失败 bìrán shībài 必ず失敗する. ｜初到国外, 生活上〜会有许多不适应 chū dào guówài, shēnghuó shang bìrán huì yǒu xǔduō bú shìyìng 初めて外国で生活すると必ず慣れないことがたくさんある. ｜对此, 人们〜会问为什么 duì cǐ, rénmen bìrán huì wèn wèishénme このことについて人々は必ずなぜかと聞

かね　金

★【必须】bìxū 副 ❶必ず…しなければならない. ‖～好好儿学习 bìxū hǎohāor xué- xí 一生懸命勉強しなければならない. ｜这本书今天～还 zhè běn shū jīntiān bìxū huán この本は今日必ず返さなければならない. ｜我～去一趟! wǒ bìxū qù yí tàng! 私はどうしても一度行かなければならない. ❷必ず…しなさい(命令の語気を強める). ‖你～认错! nǐ bìxū rèncuò! 過ちを認めなさい.

**【绝对】juéduì 副 絶対に. 必ず. きっと. ‖～没错儿 juéduì méi cuòr 絶対に間違いない. ｜一个小时～到不了 yí ge xiǎo- shí juéduì dàobuliǎo 1時間では絶対に到着できない.

**【千万】qiānwàn 副 ぜひとも. 絶対に. 必ず. ‖～要严守机密 qiānwàn yào yán- shǒu jīmì 機密は必ず厳守しなければならない. ｜～不要上当 qiānwàn búyào shàng- dàng 絶対にだまされるな.

*【无疑】wúyí 動 疑いがない. 相違ない. ‖不切实际的计划～是要失败的 bú qiè shíjì de jìhuà wúyí shì yào shībài de 実情に合わない計画は必ずや失敗する.

*【务必】wùbì 副 書 ぜひとも. 必ず. ‖请你～出席会议 qǐng nǐ wùbì chūxí huìyì 会議にはぜひご出席ください. ｜告诉他～在下午三点以前赶到 gàosu tā wùbì zài xiàwǔ sān diǎn yǐqián gǎndào 必ず午後3時までに着くよう彼にお伝えください.

★【一定】yīdìng 副 必ず. きっと. ‖我～来 wǒ yídìng lái 私は必ず行きます. ｜这样下去～会出事 zhèyàng xiàqu yídìng huì chūshì こんなふうにやっていったら, 必ず間違いが起こる. ｜明天～是个大晴天 míngtiān yídìng shì ge dàqíngtiān 明日はきっと晴れるだろう. ｜他不～有时间 tā bù yídìng yǒu shíjiān 彼に時間があるとはかぎらない.

**【准】zhǔn 副 きっと. 必ず. ‖五点前工作～能完成 wǔ diǎn qián, gōngzuò zhǔn néng wánchéng 5時前には仕事は必ず終わります. ｜这种颜色你～喜欢 zhè zhǒng yánsè nǐ zhǔn xǐhuan 君はきっとこの色が好きだ.

か

かね　金

▶钞票　▶货币　▶零钱　▶钱　▶现金
▶现钱　▶信用卡　▶硬币　▶支票　▶纸币

*【钞票】chāopiào 名 口 紙幣. 札. ‖印～ yìn chāopiào 紙幣を印刷する. ｜外国～ wàiguó chāopiào 外国紙幣.

【货币】huòbì 名 貨幣. 通貨. ‖发行～ fāxíng huòbì 通貨を発行する. ｜电子～ diànzǐ huòbì 電子マネー.

*【零钱】língqián 名 ❶小銭. ばら銭. ‖没有～, 找不开 méiyou língqián, zhǎobu- kāi 小銭がないから, おつりが出せない. ❷小遣い銭. ‖爱花～ ài huā língqián よく小遣いを使う. ❸心づけ. チップ.

★【钱】qián 名 ❶貨幣. ‖两块～ liǎng kuài qián 2元. 2円. ｜～币 qiánbì 貨幣(多く硬貨をさす) ｜～财 qiáncái お金. 金銭. ｜窃取大量～ qièqǔ dàliàng qiáncái 大金を盗む. ❷財産. ‖他家很有～ tā jiā hěn yǒu qián 彼の家は金持ちだ. ｜有～有势 yǒu qián yǒu shì 財産もあれば権力もある. ❸費用. 代金. ‖一笔～ yì bǐ qián まとまった金. ｜房～ fángqián 家賃. ｜我没有～买房子 wǒ méiyou qián mǎi fángzi 私は家を買うお金がない.

*【现金】xiànjīn 名 ❶現金(小切手などを含むこともある). ‖～支付 xiànjīn zhīfù 現金払い. ｜去银行提取～ qù yínháng tíqǔ xiànjīn 銀行に行って現金をおろす. ｜～出纳 xiànjīn chūnà 現金出納. ❷銀行の手持ちの現金.

【现钱】xiànqián 名 口 現金. ‖这家商店

只收～ zhǐ jiā shāngdiàn zhǐ shōu xiànqián この店は現金払いしか扱っていない. ｜我没带～，用信用卡行吗? wǒ méi dài xiànqián, yòng xìnyòngkǎ xíng ma? 私はキャッシュを持ち合わせてないので，クレジットカードでもいいですか.

【信用卡】 xìnyòngkǎ 图 クレジットカード.

【硬币】 yìngbì 图 ❶硬货. コイン. ❷他国通貨または金との交換性を有する通貨. 硬貨.

*****【支票】** zhīpiào 图 小切手. ‖ 开～ kāi zhīpiào 小切手を切る. 空头～ kōngtóu zhīpiào 不渡り小切手. 空手形. ｜旅行～ lǚxíng zhīpiào トラベラーズ・チェック.

【纸币】 zhǐbì 图 紙幣. ‖ 发行新～ fāxíng xīn zhǐbì 新しい紙幣を発行する.

かねもち　金持ち

▶财主　▶大款　▶发财　▶富婆　▶富人
▶富商　▶富翁　▶富裕　▶有钱

【财主】 cáizhu 图 財産家. 金持ち.

【大款】 dàkuǎn 图 口 金持ち. ‖ 那种高级商店，只有～才能光顾 nà zhǒng gāojí shāngdiàn, zhǐyǒu dàkuǎn cái néng guānggù ああいう高級店は金持ちでないと行けない.

*****【发财】** fā//cái 动 金を儲ける. 金持ちになる. ‖ 他总想～ tā zǒng xiǎng fācái 彼はいつも金儲けばかり考えている. ｜他发了大财 tā fāle dà cái 彼は大金持ちになった. ｜恭喜～ gōng xǐ fā cái お金持ちになれますように.

【富婆】 fùpó 图 中年以上の裕福な女性. 金持ちマダム.

【富人】 fùrén 图 金持ち.

【富商】 fùshāng 图 金持ちの商人. 資産家. 実業家.

【富翁】 fùwēng 图 富豪. 大金持ち. ‖ 百万～ bǎiwàn fùwēng 百万長者.

*****【富裕】** fùyù 形 富裕である. 裕福である. 豊かである. ‖ ～阶层 fùyù jiēcéng 富裕層. ｜～的农民 fùyù de nóngmín 裕福な農民. ｜生活～起来了 shēnghuó fùyùqilai le 生活が豊かになった. 动 豊かにする. 裕福にする.

【有钱】 yǒu qián 組 金がある. 財産がある. ‖ ～人 yǒuqiánrén 金持ち. ｜他家很～ tā jiā hěn yǒu qián 彼の家はたいへんな金持ちだ.

かばう

▶保护　▶庇护　▶护短　▶回护　▶袒护
▶掩护

******【保护】** bǎohù 动 保護する. 守る. ‖ 小树苗 bǎohù xiǎo shùmiáo 苗木を守る. ｜老师处处～我这个失去双亲的孩子 lǎoshī chùchù bǎohù wǒ zhège shīqù shuāngqīn de háizi 両親のいない私を，先生は何くれとなくかばってくださった.

【庇护】 bìhù 动 庇護(ひ)する. かばう. ‖ 不许～坏人 bùxǔ bìhù huàirén 悪人をかばってはならない. ｜你这样～孩子可不好 nǐ zhèyàng bìhù háizi kě bù hǎo こんなふうに子供をかばうのはよくない. ｜寻求外国势力的～ xúnqiú wàiguó shìlì de bìhù 外国勢力の庇護を求める.

【护短】 hù//duǎn 动 (自分または自分側の人の)過ちをかばう. ‖ 为孩子～ wèi háizi hùduǎn 子供の過ちをかばう.

【回护】 huíhù 动 かばう. 庇護(ひ)する. ‖ 总是～他，会把他惯坏的 zǒngshì huíhù tā, huì bǎ tā guànhuài de いつもかばってばかりいては，あの子をわがままにしてしまう.

【袒护】 tǎnhù 动 かばう. 肩を持つ. ‖ ～自己的孩子 tǎnhù zìjǐ de háizi 自分の

子供をえこひいきする.｜你不该～他们的错误行为 nǐ bù gāi tǎnhù tāmen de cuòwù xíngwéi あなたは彼らの誤った行為をかばうべきではない.

*【掩护】yǎnhù 動 かくまう. かばう.‖把伤员～起来 bǎ shāngyuán yǎnhùqilai 負傷した兵士をかくまう.｜你不该为他的错误打～ nǐ bù gāi wèi tā de cuòwù dǎ yǎnhù 君は彼の誤りをかばうべきではない.

かぶせる

▶包 ▶戴 ▶盖 ▶扣 ▶蒙 ▶披 ▶套
▶捂 ▶罩

**【包】bāo 動 包む. くるむ.‖～书皮儿 bāo shūpír 本にカバーをかける.｜饺子 bāo jiǎozi ギョーザの皮に餡(あん)を包む. ギョーザを作る.｜用彩纸把礼物～起来 yòng cǎizhǐ bǎ lǐwù bāoqilai 色紙で贈り物を包む.｜烫伤的地方～着纱布 tàngshāng de dìfang bāozhe shābù やけどした所はガーゼで覆っている.

★【戴】dài 動 (頭の上や身体の一部に)のせる. かぶせる.‖～帽子 dài màozi 帽子をかぶる.｜～口罩 dài kǒuzhào マスクをかける.｜～项链 dài xiàngliàn ネックレスをする.

**【盖】gài 動 ふたをする. かぶせる.‖～被子 gài bèizi 掛け布団を掛ける.｜～上锅 gàishang guō 鍋にふたをする.｜把盖儿～严 bǎ gàir gàiyán しっかりとふたをする.｜～了一层土 gàile yì céng tǔ 土をかぶせた.

**【扣】kòu 動 (容器を)かぶせる. ふたをする.‖用大碗把菜～上 yòng dàwǎn bǎ cài kòushang おかずにどんぶりをかぶせておく.

*【蒙】méng 動 かぶす. かぶせる. 覆う.‖～上一张报纸 méngshang yì zhāng bào-

zhǐ 新聞紙を1枚かぶせる.｜～住眼睛 méngzhù yǎnjing 目を覆う. 目隠しをする.｜～头大睡 méng tóu dà shuì 頭から布団をかぶってぐっすり眠る.｜～着一层灰尘 méngzhe yì céng huīchén ほこりをかぶっている.

**【披】pī 動 (衣類を)はおる. まとう.‖～着大衣 pīzhe dàyī オーバーをはおっている.

**【套】tào 動 (物の外側を)覆う. かぶせる. はめる.‖把笔帽～上 bǎ bǐmào tàoshang (鉛筆や万年筆の)キャップをはめる.｜～上一件罩衣 tàoshang yí jiàn zhàoyī 上っぱりをはおる.

【捂】wǔ 動 しっかりと押さえる. ぴったりと覆う. ふさぐ.‖～着鼻子 wǔzhe bízi 鼻を手で押さえる.｜～紧盖子 wǔjǐn gàizi しっかりとふたをする.

【罩】zhào 動 覆う. かぶせる.‖把剩菜用纱罩～起来 bǎ shèngcài yòng shāzhào zhàoqilai 残った料理に蝿帳(はいちょう)をかぶせる.｜外面冷, 出去时最好～件大衣 wàimiàn lěng, chūqu shí zuìhǎo zhào jiàn dàyī 外は寒いから, 出かけるときはコートを羽織ったほうがいい.

かまわない 構わない ⇒【差し支えない】

がまん 我慢

▶克服 ▶克制 ▶忍 ▶忍耐 ▶忍受
▶容忍 ▶抑制 ▶自制

**【克服】kèfú 動口 我慢する.‖会议室里不能吸烟, 请一一下吧 huìyìshì li bù néng xīyān, qǐng kèfú yíxià ba 会議室は禁煙なので, どうか我慢してください.

【克制】kèzhì 動 我慢する. (感情を)抑制する.‖尽量～自己 jǐnliàng kèzhì zìjǐ できるだけ自分を抑える.｜采取～的

态度 cǎiqǔ kèzhì de tàidu 自制した態度を
とる.

**【忍】rěn 動 忍ぶ. 耐える. 我慢する.
こらえる. ‖～不住 rěnbuzhù 我慢できない. ｜这口气我实在～不下去 zhè kǒuqi wǒ shízài rěnbuxiàqu そういう言い方に私はどうしても我慢ならない. ｜是可～, 孰不可～? shì kě rěn, shú bù kě rěn? これが我慢できるのなら, いったい何が我慢できないというのか.

*【忍耐】rěnnài 動 忍耐する. 辛抱する. ‖～着心头的怒火 rěnnàizhe xīntóu de nùhuǒ 胸の怒りをこらえている. ｜心里的不满已经～不住了 xīnli de bùmǎn yǐjīng rěnnàibuzhù le 心中不満でこれ以上我慢できなくなった. ｜人的～是有限度的 rén de rěnnài shì yǒu xiàndù de 人の我慢にも限度というものがある.

*【忍受】rěnshòu 動 我慢する. 辛抱する. ‖～饥饿 rěnshòu jī'è 飢えを耐え忍ぶ. ｜～痛苦 rěnshòu tòngkǔ 苦痛をこらえる. ｜热得无法～ rède wúfǎ rěnshòu 暑くてとても耐えられない.

*【容忍】róngrěn 動 許す. 我慢する. 耐える. ‖我们不能～这种现象存在 wǒmen bù néng róngrěn zhè zhǒng xiànxiàng cúnzài 我々はこのような現象が存在するのを許すわけにはいかない. ｜他的态度令人难以～ tā de tàidu lìng rén nányǐ róngrěn 彼の態度はどうにも我慢できない.

*【抑制】yìzhì 動 抑える. 抑制する. ‖他再也～不住内心的悲痛, 哭出了声来 tā zài yě yìzhìbuzhù nèixīn de bēitòng, kūchule shēng lai 彼はもうそれ以上心の奥の悲しみをこらえることができず, 声をあげて泣き出した.

【自制】zìzhì 動 自制する. 感情を抑える. ‖缺乏～能力 quēfá zìzhì nénglì 自制心に欠ける. ｜她激动得不能～ tā jīdòngde bù néng zìzhì 彼女は興奮のあまり自

分を抑えきれなくなった.

かむ
▶嚼　▶咀嚼　▶啃　▶咬

*【嚼】jiáo 動 (歯で)かむ. 咀嚼(じゃく)する. ‖～口香糖 jiáo kǒuxiāngtáng ガムをかむ. ｜细～慢咽 xì jiáo màn yàn よくかんで食べる.

【咀嚼】jǔjué 動 口の中に入れてかみ砕く. 咀嚼(じゃく)する.

*【啃】kěn 動 かじる. ‖～老玉米 kěn lǎoyùmi トウモロコシをかじる. ｜西瓜皮 kěn xīguapí スイカの皮をかじる. ｜木箱子被老鼠～了个洞 mùxiāngzi bèi lǎoshǔ kěnle ge dòng 木箱はネズミにかじられて穴が開いてしまった.

**【咬】yǎo 動 かむ. かじる. ‖～了一口梨 yǎole yì kǒu lí ナシを一口かじった. ｜太硬, ～不动 tài yìng, yǎobudòng とても固くてかみきれない. ｜衣服被虫子～了几个洞 yīfu bèi chóngzi yǎole jǐ ge dòng 服が何ヵ所か虫に食われた.

からい　辛い
▶辣　▶辣不唧　▶辣乎乎　▶辣丝丝
▶辣酥酥　▶麻辣　▶咸　▶咸津津
▶咸丝丝　▶辛辣

**【辣】là 形 辛い. ‖这菜真～ zhè cài zhēn là この料理はほんとうに辛い. 動 (舌・目・鼻などを)刺激する. ‖切洋葱～得直流眼泪 qiē yángcōng làde zhí liú yǎnlèi タマネギを刻んだら目がひりひりして涙が止まらない.

【辣不唧】làbùjī (～儿的) 形 やや辛い. ちょっと辛みがある. ‖这泡菜～儿的, 挺合我的口味 zhè pàocài làbujīr de, tǐng hé wǒ de kǒuwèi この漬物は少し辛みがあ

かりる　借りる

るので私の口にとても合う.

【辣乎乎】làhūhū（～的）厖（辛くて）ひりひりする. ぴりぴりする.‖这菜～的, 很好吃 zhè cài làhūhū de, hěn hǎochī この料理は辛くてとてもおいしい.

【辣丝丝】làsīsī（～儿的）厖ちょっと辛い. やや辛い.

【辣酥酥】làsūsū（～的）厖少し辛い. ちょっと辛い.

【麻辣】málà 厖辛くてひりひりする.

*【咸】xián 厖塩辛い. しょっぱい.‖～肉 xiánròu 塩漬けの肉. ベーコン.｜这菜太～了 zhè cài tài xián le この料理はひどく塩辛い.

【咸津津】xiánjīnjīn（～的）（～儿的）厖やや塩辛い. ちょっと塩気のある.‖这瓜子～的, 吃着有味儿 zhè guāzǐ xiánjīnjīn de, chīzhe yǒu wèir このヒマワリの種は塩気がちょうどよく, なかなかおいしい.

【咸丝丝】xiánsīsī（～儿的）厖少し塩辛い.

【辛辣】xīnlà 厖（味が）辛い.

からだ　体

| ▶身材 | ▶身段 | ▶身躯 | ▶身体 | ▶身子 |
| ▶体格 | ▶体力 | ▶体形 | ▶体型 | ▶体质 |

*【身材】shēncái 图体つき. プロポーション.‖～高大 shēncái gāodà 体が大きい.｜～苗条 shēncái miáotiao 体つきがすらっとしている.

【身段】shēnduàn 图（女性の）体つき. スタイル.‖～苗条 shēnduàn miáotiao スタイルがすらりとしている.

【身躯】shēnqū 图体. 体格. 体つき.‖高大的～ gāodà de shēnqū 大きな体.｜伟岸的～ wěi'àn de shēnqū 堂々とした体躯.

★【身体】shēntǐ 图身体. 体. 全身.‖～

检查 shēntǐ jiǎnchá 健康診断.｜锻炼～ duànliàn shēntǐ 体を鍛える.｜他～很健壮 tā shēntǐ hěn jiànzhuàng 彼は健康でたくましい.

*【身子】shēnzi 图体.（話し言葉で用いる）‖～很结实 shēnzi hěn jiēshi 体ががっしりしている.｜光着～ guāngzhe shēnzi（上半身）裸になっている.｜保养～ bǎoyǎng shēnzi 養生する.｜这几天不大舒服 zhè jǐ tiān shēnzi bú dà shūfu このところ体の調子があまりよくない.

【体格】tǐgé 图❶体格.（発育や健康状態を含む）‖～健壮 tǐgé jiànzhuàng 体つきがたくましい.｜～检查 tǐgé jiǎnchá 体格検査. ❷（人や動物の）体形.

*【体力】tǐlì 图体力.‖有～ yǒu tǐlì 体力がある.｜～不支 tǐlì bù zhī 体力が続かない.｜消耗～ xiāohào tǐlì 体力を消耗する.

【体形】tǐxíng 图（人や動物などの）体形.‖那个演员的～真美 nàge yǎnyuán de tǐxíng zhēn měi あの役者のプロポーションはほんとうに美しい.｜～瘦削 tǐxíng shòuxuē 痩せがたである.｜～肥胖 tǐxíng féipàng 肥満がたである.

【体型】tǐxíng 图人体の類型. 体型.‖儿童～ értóng tǐxíng 子供の体型.

*【体质】tǐzhì 图体の性質. 体質.‖～好 tǐzhì hǎo 体質がよい.｜～弱 tǐzhì ruò 体質が弱い.｜增强～ zēngqiáng tǐzhì 体質を強める.

かりる　借りる

| ▶负债 | ▶借 | ▶借贷 | ▶借款 | ▶借用 |
| ▶欠 | ▶欠债 | ▶租 | ▶租赁 | ▶租用 |

【负债】fù//zhài 勔負債を負う. 借金する.‖～甚多 fùzhài shèn duō 負債が非常に多い. 图（fùzhài）負債. 借金.

★【借】jiè 勔借りる.‖跟老师～了一本书

181

gēn lǎoshī jièle yì běn shū 先生から本を1冊借りた. | 向朋友～钱 xiàng péngyou jiè qián 友だちから金を借りる. | 保证三个月以后还，才～到 100 万块钱 bǎozhèng sān ge yuè yǐhòu huán, cái jièdào yìbǎi wàn kuài qián 3ケ月後に返す約束で，やっと 100 万円借りた.

【借贷】jièdài 動 借金をする. ‖靠～度日 kào jièdài dùrì 借金で生活する.

【借款】jiè//kuǎn 動 借金する. ‖向银行借了一笔款 xiàng yínháng jièle yì bǐ kuǎn 銀行からまとまった金を借りた. 名 (jièkuǎn) 借金. 借入金.

【借用】jièyòng 動 借用する. 借りて使う. ‖～一下你的自行车 jièyòng yíxià nǐ de zìxíngchē あなたの自転車をちょっと借ります.

**欠 qiàn 動 借りがある. 負債がある. ‖拖～ tuōqiàn（借金の）返済を延ばす. | 他～我一百元 tā qiàn wǒ yìbǎi yuán 彼は私に 100 元借りがある. | 一直～着忘了还了 yìzhí qiànzhe wàngle huán le お金を借りたまま返すのを忘れた.

【欠债】qiàn//zhài 動 借金をする. ‖欠了一大笔债 qiànle yí dà bǐ zhài 莫大な借金を抱えている. 名 (qiànzhài) 負債. 借金.

*【租】zū 動 代金を払って借りる. 賃借する. ‖～了两间房子 zūle liǎng jiān fángzi 二間借りた. | ～船 zū chuán 船をチャーターする. | ～了两辆自行车 zūle liǎng liàng zìxíngchē レンタルで自転車を2台借りた.

【租赁】zūlìn 動 ❶賃貸する. ❷賃借する.

【租用】zūyòng 動 賃借する. 代金を払って借りる.

かれる　枯れる

▶凋残　▶凋零　▶凋谢　▶干巴　▶干枯
▶枯　▶枯竭　▶枯萎　▶蔫

【凋残】diāocán 動（草木が）枯れる.（花が）しぼむ. ‖百花～ bǎi huā diāo cán（冬が来て）すべての花がしぼみ枯れる. | ～的杜鹃花 diāocán de dùjuānhuā しぼんだツツジの花.

【凋零】diāolíng 動（葉や花などが）しぼむ. 落ちる. 枯れる. ‖草木～ cǎomù diāolíng 草木が枯れる.

【凋谢】diāoxiè 動（花や葉が）枯れ落ちる. しぼんで落ちる. ‖花木～ huāmù diāoxiè 花は枯れ落ちた.

【干巴】gānba 形口 干からびている. ‖几天没浇水，花都～了 jǐ tiān méi jiāo shuǐ, huā dōu gānba le 数日水やりをしなかったので花がすっかり干からびてしまった.

【干枯】gānkū 形 ❶枯れている. ‖花瓶的花～了 huāpíng de huā gānkū le 花瓶の花は枯れてしまった. ❷（川や池などが）干上がっている. 涸(か)れている. ‖池水～，鱼全死了 chí shuǐ gānkū, yú quán sǐ le 池の水が干上がって，魚は全滅した.

*【枯】kū 形 ❶（草木が）枯れている. ‖树～了 shù kū le 木が枯れた. ❷（川や井戸などが）涸(か)れている. ‖一到冬天，这条小河就～了 yí dào dōngtiān, zhè tiáo xiǎo hé jiù kū le 冬になるとこの小さな川は干上がってしまった.

【枯竭】kūjié 形（水が）涸(か)れている. 干上がっている. ‖水流～ shuǐliú kūjié 水の流れが干上がる.

【枯萎】kūwěi 形 枯れてしおれている. ‖花～了 huā kūwěi le 花がしぼんだ.

【蔫】niān 形（植物が）しおれている. しなびている. ‖田里的小苗儿都～了

tián li de xiǎomiáor dōu niān le 畑の苗は
すっかりしおれてしまった.

かろやか　軽やか

▶軽快　▶軽飄　▶軽飄飄　▶軽巧　▶軽松
▶清爽　▶爽快　▶松快

*【軽快】qīngkuài 形❶(動作が)軽快である. 敏捷(びんじょう)である. ‖～的脚步 qīng-kuài de jiǎobù 軽やかな足どり. ❷(気分が)軽快である. さわやかである. ‖考完外语，觉得～多了 kǎowán wàiyǔ, juéde qīngkuàiduō le 外国語の試験が終わってだいぶ気が楽になった.

【軽飄】qīngpiāo 形 軽やかである. ふわふわしている. ‖～的舞姿 qīngpiāo de wǔzī 軽やかな舞い姿.

【軽飄飄】qīngpiāopiāo(～的)形 軽やかである. ふわふわしている. 軽快であるさま. ‖柳枝～地随风摆动 liǔzhī qīngpiāopiāo de suífēng bǎidòng 柳の枝が軽やかに風に揺れる.

【軽巧】qīngqiao；qīngqiǎo 形❶(動作が)機敏である. 身軽である. ‖动作～ dòngzuò qīngqiǎo 操作が機敏である. ❷たやすい. 気楽である. ‖你说得倒～，你自己去试试 nǐ shuōdedào qīngqiǎo, nǐ zìjǐ qù shìshi 気楽に言ってくれるね，自分でやってみろよ.

**【軽松】qīngsōng 形 気軽である. 気楽である. ‖～的表情 qīngsōng de biǎoqíng リラックスした表情. ｜心里～多了 xīnli qīngsōngduō le 気持ちがだいぶ楽になった. ｜我的工作可不怎么～ wǒ de gōngzuò kě bù zěnme qīngsōng 私の仕事はそれほど楽でない. ｜考完试咱们去～～ kǎowán shì zánmen qù qīngsōngqīngsōng 試験が終わったら気晴らしに行こう.

【清爽】qīngshuǎng 形❶すがすがしくさわやかである. ‖雨后的空气十分～

yǔ hòu de kōngqì shífēn qīngshuǎng 雨が降ったあとの空気はすがすがしく快い. ❷(気持ちが)晴れ晴れしている. すっきりしている. ‖取得了好成绩，心里很～ qǔdéle hǎo chéngjì, xīnli hěn qīngshuǎng よい成績を取ったので晴れやかな気持ちだ.

*【爽快】shuǎngkuai 形 気分がよい. 爽快(そうかい)である. ‖把憋在肚子里的话说出来，心里～多了 bǎ biēzài dùzi li de huà shuōlechulai, xīnli shuǎngkuaiduō le 我慢して言わずにおいたことを吐き出したら胸がすっとした. ｜洗过澡，浑身～ xǐguo zǎo, húnshēn shuǎngkuai 風呂に入って，さっぱりした.

【松快】sōngkuai 形 気分が軽やかである. 気が楽である. 気分がくつろぐ. ‖问题解决了，心里就～多了 wèntí jiějué le, xīnli jiù sōngkuaiduō le 問題が解決したので，気分が楽になった.

かわいい

▶好玩儿　▶娇小　▶可爱　▶小巧玲珑
▶心爱　▶招人喜欢

**【好玩儿】hǎowánr 形 口 面白い. 楽しい. ‖这种玩具很～ zhè zhǒng wánjù hěn hǎowánr このおもちゃはとても面白い. ｜这小狗～极了 zhè xiǎo gǒu hǎowánrjí le この子イヌはほんとうにかわいい.

【娇小】jiāoxiǎo 形 小さくてかわいらしい. か弱くて愛らしい. ‖～的身影 jiāoxiǎo de shēnyǐng 小さな姿. ｜～的花朵 jiāoxiǎo de huāduǒ 愛らしい花.

**【可爱】kě'ài 形 かわいい. 愛すべき. ‖～的小花 kě'ài de xiǎohuā かわいい小さな花. ｜～的儿童装 kě'ài de értóngzhuāng かわいい子供服. ｜活泼～ huópo kě'ài 活発で愛らしい. ｜小姑娘长得真～ xiǎo gūniang zhǎngde zhēn kě'ài 少女はほんと

183

かわいがる

うにかわいらしい.

【小巧玲珑】xiǎo qiǎo líng lóng 威 小さくて精巧である.

*【心爱】xīn'ài 動 心から愛している. お気に入りである. 大切である. ‖～的儿子〔女儿〕xīn'ài de érzi〔nǚér〕 かわいい子. ｜～的人 xīn'ài de rén 心から愛する人. ｜～的书 xīn'ài de shū 大事にしている本.

【招人喜欢】zhāo rén xǐhuan 組 人に好かれる. かわいがられる. ‖那个孩子真～ nàge háizi zhēn zhāo rén xǐhuan あの子, かわいいわね(しぐさや様子をいう).

かわいがる

▶爱 ▶爱抚 ▶宠 ▶溺爱 ▶疼 ▶疼爱
▶喜爱 ▶喜欢 ▶掌上明珠 ▶钟爱

★【爱】ài 動 愛する. ‖～孩子 ài háizi 子供をかわいがる. ｜～猫 ài māo ネコをかわいがる.

【爱抚】àifǔ 動 いつくしみかわいがる. ‖妈妈～地摸着孩子的头 māma àifǔ de mōzhe háizi de tóu お母さんはいとおしげに子供の頭をなでている.

【宠】chǒng 動 特別にかわいがる. 甘やかす. ‖～爱 chǒng'ài 寵愛(ちょうあい)する. 特別かわいがる. ｜～物 chǒngwù ペット. ｜在众多的徒弟中师傅最～的就是他 zài zhòngduō de túdi zhong shīfu zuì chǒng de jiù shì tā 彼は多くの弟子の中で親方に特別かわいがられた.

【溺爱】nì'ài 動 溺愛(できあい)する. 盲愛する. ‖不要太～子女 búyào tài nì'ài zǐnǚ 子供をあまり溺愛してはならない.

★【疼】téng 動 かわいがる. いとおしむ. ‖这孩子真招人～ zhè háizi zhēn zhāo rén téng この子はとても人にかわいがられる. ｜爷爷非常～孙女儿 yéye fēicháng téng sūnnǚ'ér おじいちゃんは孫娘をと

てもかわいがる.

【疼爱】téng'ài 動 かわいがる. ‖父母最～我 fùmǔ zuì téng'ài wǒ 父母は私をいちばんかわいがってくれた.

*【喜爱】xǐ'ài 動 好む. 好く. ‖我～的狗不见了 wǒ xǐ'ài de gǒu bújiàn le 僕のかわいがっていたイヌがいなくなった. ｜熊猫十分招人～ xióngmāo shífēn zhāo rén xǐ'ài パンダは誰からもかわいがられる.

★【喜欢】xǐhuan 動 好む. 愛する. ‖讨人～ tǎo rén xǐhuan 人に好かれる. 人に可愛いがられる. ｜奶奶最～小孙女儿 nǎinai zuì xǐhuan xiǎo sūnnǚ'ér おばあさんは幼い孫娘をいちばんかわいがっている.

【掌上明珠】zhǎng shàng míng zhū 威 掌中の珠(たま). ‖她可是她爸爸的～ tā kě shì tā bàba de zhǎng shàng míng zhū 父親は彼女を目に入れても痛くないほどかわいがっている.

【钟爱】zhōng'ài 動 (子供や目下の者に)愛情を注ぐ. 目をかける. ‖祖母十分～他 zǔmǔ shífēn zhōng'ài tā 祖母はとても彼をかわいがっている.

かわかす 乾かす

▶风 ▶风干 ▶烘 ▶烘焙 ▶烘烤 ▶烤
▶晾 ▶晾晒 ▶晒

★【风】fēng 動 風に当てる. 風で乾かす. ‖晒干～净 shàigān fēngjìng 天日に干し, 風で乾かす.

【风干】fēnggān 動 陰干しにする. ‖～咸鱼 fēnggān xiányú 陰干しした塩漬け魚. ｜栗子 fēnggān lìzi 陰干しのクリ.

【烘】hōng 動 (火で)あぶる. (火にかざして)乾かす. ‖衣服都淋透了, 快脱下来～一～ yīfu dōu líntòu le, kuài tuōxiàlai hōngyihōng 服がすっかりぬれてしまっ

かわる　代わる・替わる・換わる

た，早く脱いで乾かしなさい．｜～干 hōnggān 火にあぶって乾かす．

【烘焙】 hōngbèi 動 焙(ばい)じる．火にあぶる．‖～茶叶 hōngbèi cháyè 茶を焙じる．

【烘烤】 hōngkǎo 動 火で乾かす．火にあぶる．‖～油膝 hōngkǎo yóuqī ペンキを火で乾かす．｜～粮食 hōngkǎo liángshi 穀物を火で乾燥させる．

**【烤】 kǎo 動 (火にかざして)あぶる．‖衣服都湿了，快～～ yīfu dōu shī le, kuài kǎokao 服がびしょぬれだ，早く火で乾かしなさい．

*【晾】 liàng 動 (日光に当てたり陰干ししたりして)干す．乾かす．‖把毛巾～在绳子上 bǎ máojīn liàngzài shéngzi shang タオルをロープに干す．

【晾晒】 liàngshài 動 日に干す．‖～被褥 liàngshài bèirù 布団を日に干す．

**【晒】 shài 動 日に当てて乾かす．‖～被子 shài bèizi 布団を干す．｜谷子～在场上 gǔzi shàizài cháng shang もみ米を干し場に並べて干す．｜把衣裳～干 bǎ yīshang shàigān 衣服を干して乾かす．

かわる　変わる

▶変　　▶変成　　▶変动　　▶変化　　▶改変
▶转　　▶转変

★【变】 biàn 動 変わる．変化する．元と違いが生じる．‖～色 biànsè 変色する．｜一切都～了 yíqiè dōu biàn le みな変わってしまった．｜行动计划不～ xíngdòng jìhuà bú biàn 行動プランは変わらない．｜她～得我都认不出来了 tā biànde wǒ dōu rènbuchūlái le 彼女は見分けがつかないほど変わってしまった．

★【变成】 biàn//chéng 動 変わって…になる．…に変化する．‖他～了一个不爱说话的人 tā biànchéngle yí ge bú ài shuōhuà

de rén 彼は無口な人間に変わった．

*【变动】 biàndòng 動 変動する．変更させる．変化する．‖～股市 biàndòng gǔshì 株価が変動する．｜工资～ gōngzī biàndòng 給料が変わる．｜原计划没有～ yuán jìhuà méiyou biàndòng 最初の計画は変わらない．

★【变化】 biànhuà 動 変化する．新しい状況が生まれる．‖情况在不断～ qíngkuàng zài búduàn biànhuà 状況はどんどん変わっている．｜这里的气候～无常 zhèli de qìhòu biànhuà wúcháng ここの気候は絶えず変化する．

★【改变】 gǎibiàn 動 変化する．はっきりした変化が起こる．‖他的态度～了 tā de tàidu gǎibiàn le 彼の態度が変わった．｜社会的风气～了 shèhuì de fēngqì gǎibiàn le 社会の気風が変わった．

**【转】 zhuǎn 動 (方向や状況などが)変わる．‖好～ hǎozhuǎn 好転する．快方に向かう．｜天气～暖了 tiānqì zhuǎn nuǎn le 気候が暖かくなった．｜晴～多云 qíng zhuǎn duō yún 晴れのち曇り．

**【转变】 zhuǎnbiàn 動 (別のものへ)変わる．変化する．‖思想发生了～ sīxiǎng fāshēngle zhuǎnbiàn 考えが変わった．

かわる　代わる・替わる・換わる

▶代　　▶代理　　▶代替　　▶顶替　　▶更换
▶换　　▶替　　▶替代　　▶替换

**【代】 dài 動 (仕事の)代理をつとめる．代行する．‖部长住院了，工作由副部长～ bùzhǎng zhùyàn le, gōngzuò yóu fùbùzhǎng dài 部長が入院したので，仕事は副部長が代理をつとめる．

*【代理】 dàilǐ 動 かわって処理する．代行する．‖经理不在期间，工作由主任～ jīnglǐ bú zài qījiān, gōngzuò yóu zhǔrèn dàilǐ 社長が不在の間，仕事は主任が代

かんがえ　考え

行する.

【代替】 dàitì 動 かわる．取ってかわる．‖你~我参加这次会吧 nǐ dàitì wǒ cānjiā zhè cì huì ba 君，私のかわりにこんどの会に出てくれよ．｜用机械~人力 yòng jīxiè dàitì rénlì 人力にかわって機械を使う．

【顶替】 dǐngtì 動 人のかわりにする．かわる．‖主力队员不够，可以由预备队员~ zhǔlì duìyuán búgòu, kěyǐ yóu yùbèi duìyuán dǐngtì 主力選手が足りないときは補欠がかわってもよい．｜~你的工作 dǐngtì nǐ de gōngzuò 君の仕事をかわってする．

【更换】 gēnghuàn 動 交替する．入れかえる．‖~出场运动员 gēnghuàn chūchǎng yùndòngyuán 出場選手を交替させる．｜供水设备都~了 gōngshuǐ shèbèi dōu gēnghuàn le 給水設備がすっかり入れかわった．

【换】 huàn 動 かえる．取りかえる．‖突然~了一个总经理 tūrán huànle yí ge zǒngjīnglǐ 突然社長がかわった．｜可以跟你~一下座位吗? kěyǐ gēn nǐ huàn yíxià zuòwèi ma? 席をかわっていただけませんでしょうか．

【替】 tì 動 かわる．…にかわって(…する)．‖你休息吧，我来~你 nǐ xiūxi ba, wǒ lái tì nǐ 僕がかわってあげるから，少し休みなよ．｜我~他值班 wǒ tì tā zhíbān 私が彼にかわって当直をする．｜~我向他问好 tì wǒ xiàng tā wènhǎo どうか彼によろしく言ってください．

【替代】 tìdài 動 かわる．‖他的作用是没有人可以~的 tā de zuòyòng shì méiyou rén kěyǐ tìdài de 彼の役割は誰にもとってかわれない．

【替换】 tìhuàn 動 かわる．交替する．入れかえる．‖两个人~着干 liǎng ge rén tìhuànzhe gàn 二人が交替で仕事をやる．｜带上~的衣服 dàishang tìhuàn de yīfu

着替えを持つ．｜~练习 tìhuàn liànxí (単語などの)入れかえ練習．

かんがえ　考え

▶打算　▶见解　▶看法　▶念头　▶思想
▶想法　▶心思　▶意见　▶意思　▶意图
▶主意　▶主张

★**【打算】** dǎsuan；dǎsuàn 名 考え．意図．‖他有他的~，我有我的主意 tā yǒu tā de dǎsuan, wǒ yǒu wǒ de zhǔyì 彼には彼の思惑があるだろうが，僕にも僕の考えがあるのだ．

***【见解】** jiànjiě 名 見解．考え方．‖精辟的~ jīngpì de jiànjiě 鋭い見解．｜对这个问题他有自己的~ duì zhège wèntí tā yǒu zìjǐ de jiànjiě この問題について彼は自分の考えを持っている．

【看法】 kànfa；kànfǎ 名 見方．考え．‖改变~ gǎibiàn kànfa 考えを変える．｜~不一致 kànfa bù yízhì 見方が一致しない．｜您对此有何~? nín duì cǐ yǒu hé kànfa? これについてどうお考えでしょうか．

***【念头】** niàntou 名 考え．思い．意図．心づもり．‖打消了调动工作的~ dǎxiāole diàodòng gōngzuò de niàntou 仕事を変わろうという考えを捨てた．

★**【思想】** sīxiǎng 名 見解．考え．‖他这篇文章没~ tā zhè piān wénzhāng méi sīxiǎng 彼のこの文章は内容がない．｜他的~现在仍然对年轻一代有着巨大影响 tā de sīxiǎng xiànzài réngrán duì niánqīng yídài yǒuzhe jùdà yǐngxiǎng 彼の考えはいまもなお若い世代に大きな影響力を持っている．

【想法】 xiǎngfa；xiǎngfǎ 名 考え．思いつき．意見．‖快说说你的~吧 kuài shuōshuo nǐ de xiǎngfa ba はやく君の考えを言えよ．｜把自己的~明确地告诉老师 bǎ zìjǐ de xiǎngfa míngquè de gàosu lǎoshī

自分の考えをはっきり先生に話した.

*【心思】xīnsi 图 考え. 心づもり. ‖ 坏~ huài xīnsi 悪い考え. | 他那点儿~, 我早就看透了 tā nà diǎnr xīnsi, wǒ zǎojiù kàntòu le 彼の考えていることなんか, すべてお見通しだ.

★【意见】yìjian;yìjiàn 图 意見. ‖ 交换~ jiāohuàn yìjian 意見を交換する. | 听听大家的~ tīngting dàjiā de yìjian みんなの考えを聞いてみる. | 请提出宝贵~ qǐng tíchū bǎoguì yìjian どうか貴重なご意見をお聞かせください.

★【意思】yìsi 图 考え. 意図. 意見. ‖ 我的~是大家一起去 wǒ de yìsi shì dàjiā yìqǐ qù みんなで一緒に行くというのが私の考えです. | 双方早有合作的~ shuāngfāng zǎo yǒu hézuò de yìsi 双方には以前から提携の意向がある.

*【意图】yìtú 图 意図. 意向. ‖ ~明显 yìtú míngxiǎn 意図が明らかである. | 领会对方的~ lǐnghuì duìfāng de yìtú 相手の意向をくみ取る. | 主观~是好的 zhǔguān yìtú shì hǎo de 主観的な意図としてはよい.

★【主意】zhǔyi 图 ❶定见. しっかりした考え. ‖ 打定~ dǎdìng zhǔyi 考えを持つ. 腹を決める. | 拿不定~ nábudìng zhǔyi 腹が決まらない. | 没有~ méiyou zhǔyi 定見がない. ❷考え. アイディア. ‖ 好~ hǎo zhǔyi いい考え. | 出~ chū zhǔyi アイディアを出す. | 馊~ sōuzhǔyi つまらない思いつき.

**【主张】zhǔzhāng 图 主張. 意見. ‖ 自作~ zì zuò zhǔzhāng 自分一人の考えで決める. | 我不赞成这种~ wǒ bú zànchéng zhè zhǒng zhǔzhāng 私はそのような主張に同意できない.

かんがえる　考える（思考する）

▶忖量　▶动脑筋　▶考虑　▶思忖　▶思考
▶思索　▶思想　▶算计　▶想

【忖量】cǔnliàng 動❶推し量る. ‖ ~她信里的意思 cǔnliàng tā xìn li de yìsi 彼女の手紙の意味を推し量ってみる. ❷あれこれと考える. ‖ ~下一步该怎么办 cǔnliàng xiàyíbù gāi zěnme bàn さてこの後はどうしたものかと思案する.

【动脑筋】dòng nǎojīn 組 頭脳を働かせる. 知恵を絞る. 工夫する. 考える. ‖ ~, 想办法 dòng nǎojīn, xiǎng bànfǎ よく考えて対策を講じる. | 为了做好这项工作, 大家动了不少脑筋 wèile zuòhǎo zhè xiàng gōngzuò, dàjiā dòngle bùshǎo nǎojīn この仕事を成し遂げるためにみんなは大いに知恵を絞った.

**【考虑】kǎolǜ 動 考慮する. 考える. ‖ 认真~ rènzhēn kǎolǜ 真剣に考える. | ~再三 kǎolǜ zàisān 再三考慮する. | ~不周 kǎolǜ bùzhōu 配慮が行き届かない. | 先~~, 别急着做决定 xiān kǎolǜkǎolǜ, bié jízhe zuò juédìng まずよく考えて, 慌てて決めてはいけない.

【思忖】sīcǔn 動書 考える. 思いめぐらす. ‖ 他~着事情的后果 tā sīcǔnzhe shìqing de hòuguǒ 彼はその事の結果について繰り返し考えている.

*【思考】sīkǎo 動 思考する. 考える. ‖ 默默地~ mòmò de sīkǎo 黙考する. | 他不加~地就同意了她的请求 tā bù jiā sīkǎo de jiù tóngyìle tā de qǐngqiú 彼は考えもせずに彼女の頼みに同意した.

*【思索】sīsuǒ 動 思索する. 熟考する. ‖ ~问题 sīsuǒ wèntí 問題を熟考する. | 苦心~ kǔxīn sīsuǒ あれこれと考える.

★【思想】sīxiǎng 動 考える. 思案する. ‖ 这么大的事儿, 我还得~~ zhème dà de shìr, wǒ hái děi sīxiǎngsīxiǎng こんな大事

かんがえる　考える(判断する)

なこと，もう少し考えさせて下さい.

【算计】 suànji；suànjì 動 計算に入れる.
考慮する. ‖ 派谁合适，还得好好儿~
~ pài shéi héshì, hái děi hǎohāor suànjisuàn
ji 誰に行ってもらうのがふさわしいか，
まだよく考えねばならない.

★**【想】** xiǎng 動 考える. 思案する. 考え
出す. 思い出す. ‖ ~办法 xiǎng bànfǎ
方法を考える. | 敢~，敢说，敢做 gǎn
xiǎng, gǎn shuō, gǎn zuò 大胆に考え，大
胆に発言し，大胆にやる. | 遇事多~
~ yùshì duō xiǎngxiang 事に当たっては
よく考えよ.

━━━━━━━━━━━━━━━━━
かんがえる　考える（判断する）

▶当做　▶看　▶看做　▶认为　▶以为
━━━━━━━━━━━━━━━━━

**【当做】 dàngzuò 動 …と見なす. …と思
い込む. …とする. ‖ 我把他~老刘了
wǒ bǎ tā dàngzuò Lǎo-Liú le 私は彼を劉
(りゅう)さんと思った. | 别客气，就把这
里~自己的家吧 bié kèqi, jiù bǎ zhèli dàng-
zuò zìjǐ de jiā ba 遠慮しないで，ここを
自分の家と思ってください. | 他们把
帮助这位老人~自己的义务 tāmen bǎ
bāngzhù zhè wèi lǎorén dàngzuò zìjǐ de yì-
wù 彼らはこの老人を助けることを自
分たちの義務と考えている.

★**【看】** kàn 動 観察する. 判断する. …と
思う. ‖ 你看怎么样? nǐ kàn zěnmeyàng?
あなたはどう思いますか | 我~还是
这个办法好 wǒ kàn háishi zhège bànfǎ hǎo
私はやはりこの方法がよいと思う. |
明天能不能比赛，得~天气 míngtiān
néng bu néng bǐsài, děi kàn tiānqì 明日試合
ができるかどうかは天気しだいだ.

***【看做】** kànzuò 動 …と見なす. …と考
える. ‖ 把老人~自己的亲人 bǎ lǎorén
kànzuò zìjǐ de qīnrén 老人を自分の肉親
のように見る. | 不要把人家的帮助~

是理所当然的 búyào bǎ rénjia de bāngzhù
kànzuò shì lǐ suǒ dāng rán de 人の援助を
当然のことと考えてはいけない.

★**【认为】** rènwéi 動 認める. …と思う. …
と考える. ‖ 自己~对的，就应该坚持
zìjǐ rènwéi duì de, jiù yīnggāi jiānchí 自分
が正しいと思ったことは，どこまでも
堅持すべきである. | 大家一致~她是
最合适的人选 dàjiā yízhì rènwéi tā shì zuì
héshì de rénxuǎn みんなは彼女が最適の
人選だと一致して認識している. | 我
这样做，你~怎么样? wǒ zhèyàng zuò, nǐ
rènwéi zěnmeyàng? 私がこうすることを，
あなたはどう思いますか.

★**【以为】** yǐwéi 動 …と思う. …と考える.
(多く事実と合わない判断を表すとき
に用いる) ‖ 不~耻，反~荣 bù yǐwéi chǐ,
fǎn yǐwéi róng 恥とは思わず，逆に光栄
だと思っている. | 我~她不在家 wǒ yǐ-
wéi tā bú zài jiā 私は彼女は家にいない
と思っていた. | 我~他会输的，想不
到却赢了 wǒ yǐwéi tā huì shū de, xiǎngbu-
dào què yíng le 私は彼が負けるだろうと
思っていたが，予想に反して勝ってし
まった.

━━━━━━━━━━━━━━━━━
かんかく　感覚

▶触觉　▶感觉　▶美感　▶平衡感觉
▶色觉　▶审美观　▶视觉　▶手感　▶听觉
▶味道　▶味觉　▶嗅觉　▶知觉
━━━━━━━━━━━━━━━━━

【触觉】 chùjué 名 触覚.

**【感觉】 gǎnjué 名 感覚. 感じ. ‖ ~迟钝
gǎnjué chídùn 感覚が鈍い. | ~锐敏 gǎn-
jué ruìmǐn 感覚が鋭い. | ~麻木 gǎnjué
mámù しびれる. 無神経である. | 脚
冻得失去了~ jiǎo dòngde shīqùle gǎnjué
冷えて足の感覚がなくなった.

【美感】 měigǎn 名 美感. 美しさについ
ての感覚. ‖ 这个作品能给人一种~ zhè-

ge zuòpǐn néng gěi rén yì zhǒng měigǎn こ
の作品は人に一種の美感を与える.

【平衡感觉】pínghéng gǎnjué 組 平衡感
覚.

【色觉】sèjué 名 色彩から受ける感覚.
色感.

【审美观】shěnměiguān 名 美的観念. 美
意識.

*【视觉】shìjué 名 視覚. ‖ ～敏锐 shìjué
mǐnruì 視覚が鋭い.

【手感】shǒugǎn 名 手触り. 感触. ‖ ～
细腻 shǒugǎn xìnì 手触りがきめ細い.

【听觉】tīngjué 名 聴覚.

**【味道】wèidao；wèidào 名 気持ち. 感
じ. ‖ 心里有一股说不出的～ xīnli yǒu yì
gǔ shuōbuchū de wèidao 胸中に言い表し
がたい思いがある.

【味觉】wèijué 名 味覚.

【嗅觉】xiùjué 名 嗅覚（きゅうかく）. ‖ ～灵敏
xiùjué língmǐn 嗅覚が鋭い. ｜ 政治～
zhèngzhì xiùjué 政治に関する嗅覚.

*【知觉】zhījué 名 感覚. 意識. ‖ 失去～
shīqù zhījué 意識を失う.

かんけい （－の）関係

▶关联　▶关系　▶联系　▶影响　▶有关

【关联】【关连】guānlián 動 関連する. つ
ながる. ‖ ～企业 guānlián qǐyè 関連企
业. ｜ 这件事跟他有～ zhè jiàn shì gēn tā
yǒu guānlián このことは彼と関連があ
る.

★【关系】guānxi；guānxì 名 ❶関係. 関連.
‖ 食道癌与饮食习惯有一定～ shídào'ái
yǔ yǐnshí xíguàn yǒu yídìng guānxi 食道が
んは飲食習慣にある程度関係がある.
｜ 供求～ gōngqiú guānxi 需給の関係.
❷（人間どうしの）つながり. 間柄. ‖
人际～ rénjì guānxi 人間関係. ｜ 搞好～
gǎohǎo guānxi 関係をよくする. ｜ 断绝

～ duànjué guānxi 関係を断つ. ❸（広く
原因や条件などにおける）関係. ‖ 由于
时间～，今天就说到这里 yóuyú shíjiān
guānxi, jīntiān jiù shuōdào zhèli 時間の関
係で話はここまでとします.

★【联系】liánxì 動 結びつける. 結びつ
く. ‖ 保持～ bǎochí liánxì 関係を維持す
る. ｜ 两者之间没有任何～ liǎng zhě zhī
jiān méiyou rènhé liánxì 二つの事柄には
なんのつながりもない.

★【影响】yǐngxiǎng 名 影響. ‖ 产生了深
远的～ chǎnshēngle shēnyuǎn de yǐngxiǎng
深い影響を与えた. ｜ 受引哥哥的～，他
也喜欢下棋 shòu gēge de yǐngxiǎng, tā yě
xǐhuan xiàqí 兄の関係で彼も将棋が好き
だ.

**【有关】yǒuguān 動 関係がある. 関連す
る. ‖ 这几个人都跟这个案子～ zhè jǐ ge
rén dōu gēn zhège ànzi yǒuguān この数人
は事件にいずれも関係がある. ｜ ～奥
运会的报道 yǒuguān Àoyùnhuì de bàodào
オリンピック関係の報道.

かんけつ　完結

▶结局　▶结束　▶了结　▶完　▶完成
▶完结　▶终结　▶终了　▶最后

*【结局】jiéjú 名 物事・文章などの最終的
な結果. 結末. ‖ 大～ dàjiéjú （映画の）
完結篇. ｜ 最后的～ zuìhòu de jiéjú 最後
の結末. ｜ ～出人意料 jiéjú chū rén yì liào
結末は予想外だった.

★【结束】jiéshù 動 終結する. 終了する.
打ち切る. 終わらせる. けりをつける.
‖ 项目～ xiàngmù jiéshù プロジェクト
が終了する. ｜ 暑假就要～了 shǔjià jiù
yào jiéshù le 夏休みはもうすぐ終わり
だ. ｜ ～了殖民统治的历史 jiéshùle zhí-
mín tǒngzhì de lìshǐ 植民地支配の歴史に
終りを告げた.

【了结】liǎojié 動 解決する．片づく．‖那事早就～了 nà shì zǎojiù liǎojié le あの件はもうとっくに片づいた．‖账目都～了 zhàngmù dōu liǎojié le 勘定はすべて清算した．

★【完】wán 動 ❶終わる．…し終わる．‖戏演～了 xì yǎnwán le 芝居が終わった．‖那个报纸的连载小说快登～了 nàge bàozhǐ de liánzǎi xiǎoshuō kuài dēngwán le あの新聞小説はまもなく完結する．❷完成する．仕上げる．‖～工 wángōng（規模の大きな）工事が終る．‖～了这件事，我们就可以好好儿休息一下了 wánle zhè jiàn shì, wǒmen jiù kěyǐ hǎohāor xiūxi yíxià le この件が片付いたら，我々はゆっくり骨休みできるでしょう．

★【完成】wán//chéng 動 完成する．やり終える．成し遂げる．‖任务已经～了 rènwu yǐjīng wánchéng le 任務はすでにやり遂げた．‖按时～作业 ànshí wánchéng zuòyè 期限内に宿題をやり終える．‖完不成计划 wánbuchéng jihuà 計画を成し遂げられない．

【完结】wánjié 動 完結する．済む．終わる．‖辩论还没～ biànlùn hái méi wánjié 論争はまだ終わっていない．‖那事早就～了，你还老提它做什么? nà shì zǎojiù wánjié le, nǐ hái lǎo tí tā zuò shénme? その件はもう済んだのに，君はまだ蒸し返すのかい．

【终结】zhōngjié 動 終わる．終結する．‖版权之争仍未～ bǎnquán zhī zhēng réng wèi zhōngjié 版権を巡る争いはまだ終っていない．

【终了】zhōngliǎo 動（期間が）終わる．終了する．‖学期～ xuéqī zhōngliǎo 学期が終わる．‖运动～ yùndòng zhōngliǎo キャンペーンが終了する．

★【最后】zuìhòu 图 最後．最終．‖走在～ zǒuzài zuìhòu 最後尾を歩く．‖坚持到～ jiānchídào zuìhòu 最後まで頑張る．‖～

一次 zuìhòu yí cì 最後の1回．‖这是～一集 zhè shì zuìhòu yì jí これが(テレビドラマの)完結編です．

━━━━━━━━━━━━━

かんじ　感じ（印象）

▶读后感　▶感觉　▶感想　▶观感　▶好感
▶印象

【读后感】dúhòugǎn 图 読後感．

＊＊【感觉】gǎnjué 图 感覚．感じ．‖这套家具给人～不错 zhè tào jiājù gěi rén gǎnjué búcuò この家具はなかなか感じがいい．‖有一种奇怪的～ yǒu yì zhǒng qíguài de gǎnjué 妙な感じがする．

＊＊【感想】gǎnxiǎng 图 感想．考え．所感．‖看了这部影片，你有什么～? kànle zhè bù yǐngpiàn, nǐ yǒu shénme gǎnxiǎng? この映画を見てあなたはどんな感想をお持ちですか．

【观感】guāngǎn 图 印象．感想．‖代表团成员谈访问中国的～ dàibiǎotuán chéngyuán tán fǎngwèn Zhōngguó de guāngǎn 代表団のメンバーは中国訪問の感想を語った．

＊【好感】hǎogǎn 图 好感．‖产生～ chǎnshēng hǎogǎn 好感を持つ．‖给人～ gěi rén hǎogǎn 人に好感を与える．‖他对这人没有～ tā duì zhè rén méiyou hǎogǎn 彼はその人に好感を持っていない．

＊＊【印象】yìnxiàng 图 印象．‖第一～ dì yī yìnxiàng 第一印象．‖～很深 yìnxiàng hěn shēn 印象が深い．‖留下了深刻的～ liúxiale shēnkè de yìnxiàng 強い印象を残した．‖大家对他～很好 dàjiā duì tā yìnxiàng hěn hǎo みんな彼にとても好感をもっている．

かんしゃ　感謝

▶感戴　▶感恩　▶感激　▶感谢　▶鸣谢
▶谢　▶谢谢　▶谢意

【感戴】gǎndài 勔恩義に感謝する．感激しありがたく思う．(上司や目上の人に使う)‖对救命恩人，他真是～不尽 duì jiùmìng ēnrén, tā zhēn shì gǎndài bújìn 命の恩人に対し，彼は感謝の気持ちでいっぱいだった．｜对恩师给予的关怀，～不尽 duì ēnshī jǐyǔ de guānhuái, gǎndài bújìn 恩師の配慮をたいへんありがたく思う．

【感恩】gǎn//ēn 勔恩義を感じる．恩に着る．‖实在是～不尽 shízài shì gǎn'ēn bújìn ほんとうに尽きせぬ恩義を感じる．ご恩義に心から感謝申し上げます．

**【感激】gǎnjī 勔感激する．心から感謝する．‖我非常～刘先生 wǒ fēicháng gǎnjī Liú xiānsheng 私は心から劉さんに感謝している．｜～不尽 gǎnjī bújìn 感激に堪えない．｜心里充满了～之情 xīnli chōngmǎnle gǎnjī zhī qíng 感謝の念でいっぱいである．

★【感谢】gǎnxiè 勔感謝する．‖非常～ fēicháng gǎnxiè とても感謝している．｜您的热情招待 gǎnxiè nín de rèqíng zhāodài あなたの心のこもったおもてなしに感謝いたします．｜对他的帮助，我们～不尽 duì tā de bāngzhù, wǒmen gǎnxiè bújìn 彼の好意に私たちは感謝に堪えない．｜表示衷心的～ biǎoshì zhōngxīn de gǎnxiè 心から感謝の意を表する．

【鸣谢】míngxiè 勔(書面上で)謝意を表する．(多くテレビ・映画などの画面で，協力団体に謝意を表するときに用いる)‖特此～ tècǐ míngxiè 改めて御礼申し上げます．

【谢】xiè 勔感謝する．礼を言う．‖道～ dàoxiè 礼を述べる．｜一点小事，不

用～ yìdiǎn xiǎoshì, búyòng xiè ささいなことですから，礼には及びません．

★【谢谢】xièxie 勔…に感謝する．(日常的な挨拶言葉として用いる)‖太～了 tài xièxie le ほんとうにありがとうございます．｜～大家 xièxie dàjiā みなさんありがとう．｜～您的好意 xièxie nín de hǎoyì ご好意を感謝いたします．

【谢意】xièyì 图感謝の意．謝意．‖对你的帮助表示深深的～ duì nǐ de bāngzhù biǎoshì shēnshēn de xièyì ご援助に対して深くお礼を申し上げます．

かんじる　感じる

▶感到　▶感觉　▶感受　▶觉　▶觉得
▶痛感　▶意识　▶有感想

★【感到】gǎndào 勔感じる．覚える．‖～很愉快 gǎndào hěn yúkuài とても楽しい．｜～意外 gǎndào yìwài 意外に感じる．｜我～自己还要进一步深造 wǒ gǎndào zìjǐ hái yào jìn yí bù shēnzào 自分がもっと勉強する必要を感じた．｜我～这事不太好办 wǒ gǎndào zhè shì bú tài hǎo bàn これはかなりやりにくいと感じた．

**【感觉】gǎnjué 勔❶感じる．覚える．‖他～有点冷 tā gǎnjué yǒudiǎn lěng 彼は少し寒いと感じた．｜～疼痛 gǎnjué téngtòng 痛みを覚える．❷…のように感じる．…の気がする．…と思う．‖我～他有点儿不高兴 wǒ gǎnjué tā yǒudiǎnr bù gāoxìng 私は彼が少し不機嫌なように感じた．｜～不应该这样做 gǎnjué bù yīnggāi zhèyàng zuò このようにすべきではないと思う．

*【感受】gǎnshòu 勔感じる．感じとる．‖～风寒 gǎnshòu fēnghán 風邪を引く．｜他深深地～到了父母对他的爱 tā shēnshēn de gǎnshòudàole fùmǔ duì tā de ài 彼は両親の愛を身にしみて感じた．

191

かんしん　感心

*【觉】 jué 動 感じる．覚える．‖ 不知不
～ bù zhī bù jué 知らず知らず．| 吃了一
会儿，我～出菜有点儿咸 chīle yíhuìr, wǒ
juéchū cài yǒudiǎnr xián 少し食べていた
ら，ちょっと塩辛いなと思った．

★【觉得】 juéde 動 ❶感じる．‖ ～寂寞 jué-
de jìmò 寂しさを感じる．| 我～右手发
木 wǒ juéde yòushǒu fāmù 右手にしびれ
を感じる．| 今天做了这么多事儿，可
我一点儿也不～累 jīntiān zuòle zhème duō
shìr, kě wǒ yìdiǎnr yě bù juéde lèi 今日はや
ることが多かったが，少しも疲れを感
じなかった．❷…と思う．…と感じる．
‖ 这幅画你～怎么样? zhè fú huà nǐ juéde
zěnmeyàng? この絵をどう思いますか．
| 我～这里应该再修改一下 wǒ juéde zhè-
li yīnggāi zài xiūgǎi yíxià 私はここのとこ
ろをもっと直したほうがよいと思う．

【痛感】 tònggǎn 動 痛感する．心に強く
感じる．‖ ～教育的重要性 tònggǎn jiào-
yù de zhòngyàoxìng 教育の重要性を痛感
する．

*【意识】 yìshi；yìshí 動 (多く“意识到”yì-
shidào の形で)意識する．感じる．知
る．‖ 话刚出口就马上～到不该说 huà
gāng chūkǒu jiù mǎshàng yìshidào bù gāi
shuō 言葉を口にしたとたん，これは
言ってはならないことだと思った．

【有感想】 yǒu gǎnxiǎng 組 感想をもつ．
感じる．‖ 看了这部影片，你有什么感
想? kànle zhè bù yǐngpiàn, nǐ yǒu shénme
gǎnxiǎng? この映画を見てあなたはど
う感じましたか．

かんしん　感心

▶敬佩　▶佩服　▶钦佩　▶叹服　▶欣赏
▶赞美　▶赞叹

【敬佩】 jìngpèi 動 敬服する．‖ 真令人～
zhēn lìng rén jìngpèi すっかり感服させ

る．| 我～您的才能 wǒ jìngpèi nín de cái-
néng あなたの才能に敬服いたします．

*【佩服】 pèifu；pèifú 動 感服する．感じ
入る．‖ 由衷地～ yóuzhōng de pèifu 心か
ら感じ入る．| 他勤奋好学 pèifu tā qín-
fèn hào xué 彼の勤勉さと向学心に感服
する．| 他最～的是老张 tā zuì pèifu de
shì Lǎo-Zhāng 彼がもっとも感服してい
る人物は張さんです．| 在这么嘈杂的
地方还能睡得着，真是令人～! zài zhè-
me cáozá de dìfang hái néng shuìdezháo,
zhēn shì lìng rén pèifu! こんなうるさいと
ころでよく眠れるものだと感心するよ．

*【钦佩】 qīnpèi 動 敬服する．感服する．
感じ入る．‖ 值得～ zhíde qīnpèi 敬服に
値する．| 他严谨的治学态度，令人十
分～ tā yánjǐn de zhìxué tàidu, lìng rén shífēn
qīnpèi 彼の厳しい研究態度には大いに
感服させられる．

【叹服】 tànfú 動 感服する．感心する．‖
他的这手绝招实在令人～ tā de zhè shǒu
juézhāo shízài lìng rén tànfú 彼のこの妙技
にはほとほと感服させられる．

*【欣赏】 xīnshǎng 動 気に入る．高く評
価する．‖ 我不太～你的这种做法 wǒ bú
tài xīnshǎng nǐ de zhè zhǒng zuòfa 君のこ
のやり方には感心しない．| 我很～这
位作家的作品 wǒ hěn xīnshǎng zhè wèi zuò-
jiā de zuòpǐn 私はこの作家の作品をとて
も買っている．

*【赞美】 zànměi 動 賛美する．称賛する．
‖ 凡到过桂林的人，无不～那里的秀丽
景色 fán dàoguo Guìlín de rén, wúbù zànměi
nàli de xiùlì jǐngsè 桂林(けいりん)を訪れたこ
とのある人で，その美しい風景を称賛
しない者はいない．

*【赞叹】 zàntàn 動 賛嘆する．感心して
ほめる．‖ 杂技演员的精彩表演，令观
众～不已 zájì yǎnyuán de jīngcǎi biǎoyǎn,
lìng guānzhòng zàntàn bùyǐ 雑技団員のす
ばらしい演技に観客の称賛の声はいつ

192

までも鳴りやまなかった.

かんせい　完成

▶建成　▶竣工　▶落成　▶完　▶完成
▶完工　▶完竣

【建成】jiàn//chéng 動 建ち上がる. 建造する. ‖ 大楼～并投入使用 dàlóu jiànchéng bìng tóurù shǐyòng 建物は完成してすでに入居が始まっている.

【竣工】jùngōng 動 竣工(しゅんこう)する. 工事が完成する. ‖ 拦河大坝即将～ lánhé dàbà jíjiāng jùngōng ダム工事はまもなく竣工する.

*【落成】luòchéng 動 建物が完成する. 落成する. ‖ ～典礼 luòchéng diǎnlǐ 落成式. | 新的机场大楼将于年底～ xīn de jīchǎng dàlóu jiāng yú niándǐ luòchéng 空港の新ターミナルビルは年末に落成する.

★【完】wán 動 完成する. 仕上げる. ‖ 干～了这件事, 我们就可以好好儿休息一下了 gànwánle zhè jiàn shì, wǒmen jiù kěyǐ hǎohāor xiūxi yíxià le この件が終ったら, 我々はゆっくり骨休みできるでしょう.

★【完成】wán//chéng 動 仕事や作業を完成する. やり終える. 成し遂げる. ‖ 任务已经～了 rènwu yǐjīng wánchéng le 任務はすでにやり遂げた. | 按时～作业 ànshí wánchéng zuòyè 期限内に宿題をやり終える. | 完不成计划 wánbuchéng jìhuà 計画を成し遂げられない.

【完工】wán//gōng 動 (規模の大きな)工事が終わる. ‖ 按期～ ànqī wángōng 期限どおりに竣工(しゅんこう)する.

【完竣】wánjùn 動 (多くは工事が)完了する. 完成する. ‖ 下水道工程～ xiàshuǐdào gōngchéng wánjùn 下水道工事が終わる.

かんせん　感染

▶传　▶传染　▶感染　▶染

**【传】chuán 動 感染する. うつる. ‖ 注意别把自己的病～给孩子 zhùyì bié bǎ zìjǐ de bìng chuángěi háizi 自分の病気を子供にうつさないよう気をつける. | 他不幸～上了非典 tā búxìng chuánshangle fēidiǎn 不幸にも彼はSARSに感染してしまった.

*【传染】chuánrǎn 動 伝染する. うつる. ‖ ～上了肝炎 chuánrǎnshangle gānyán 肝炎にかかった. | 别把病～给孩子 bié bǎ bìng chuánrǎngěi háizi 病気を子供に移してはならない.

*【感染】gǎnrǎn 動 感染する. 伝染する. うつる. ‖ 多注意饮食卫生, 以免～肠炎 duō zhùyì yǐnshí wèishēng, yǐmiǎn gǎnrǎn chángyán 腸炎にならないように飲食には十分気をつけるように.

**【染】rǎn 動 染まる. 感染する. ‖ ～上肝炎 rǎnshang gānyán 肝炎にかかる.

かんぜん　完全

▶彻底　▶尽善尽美　▶十全十美　▶完好
▶完美　▶完全　▶完善　▶完整

**【彻底】chèdǐ 形 徹底的である. "澈底"とも書く. ‖ 实验～失败了 shíyàn chèdǐ shībài le 実験は完全な失敗だった. | 问题解决得不～ wèntí jiějuéde bú chèdǐ 問題の解決の仕方が不徹底である.

【尽善尽美】jìn shàn jìn měi 成 完璧(かんぺき)である. 非の打ちどころがない. ‖ 这个计划还不能说～ zhè ge jìhuà hái bù néng shuō jìn shàn jìn měi この計画はまだ完璧とはいえない.

*【十全十美】shí quán shí měi 成 完全無欠である. 申し分ない. ‖ 人没有～的

かんたん　簡単

rén méiyou shí quán shí měi de 完全無欠な人というのはあり得ない.

【完好】 wánhǎo 形（破損や傷みがなく）完全である. 整っている. 揃っている. ‖保存～ bǎocún wánhǎo 完全なまま保存する. ｜～如新 wánhǎo rú xīn 新品同様である. ｜这次出土的陶器～无损 zhè cì chūtǔ de táoqì wánhǎo wúsǔn 今回出土した陶器は傷もなく完全だ.

【完美】 wánměi 形 完璧（かんぺき）である. すべて整っていて欠点がない. ‖～无缺 wánměi wúquē 完全無欠. 完全で非の打ちどころがない.

★**【完全】** wánquán 形 すべて揃っている. 完全である. ‖资料～ zīliào wánquán 資料がすべて揃っている. ｜回答得不够～ huídáde búgòu wánquán 十分に答えられていない. 副完全に. すべて. まったく. ‖～不懂 wánquán bù dǒng まったく分からない. ｜～否定 wánquán fǒudìng 全面的に否定する. ｜我～同意你的意见 wǒ wánquán tóngyì nǐ de yìjian 私はまったく君の意見に賛成だ. ｜病已经～好了 bìng yǐjīng wánquán hǎo le 病気はすっかりよくなった.

***【完善】** wánshàn 形 揃っている. 立派である. ‖设备～ shèbèi wánshàn 設備が整っている. ｜日趋～ rìqū wánshàn 日一日と完全なものになっていく. ｜计划不够～ jìhuà búgòu wánshàn 計画が万全でない. 動完全にする. 十全なものにする. ‖要逐步～企业管理体制 yào zhúbù wánshàn qǐyè guǎnlǐ tǐzhì 企業の管理体制を逐次完全なものにしていかなければならない.

****【完整】** wánzhěng 形 すべて揃っている. 全部整っている. ‖～无缺 wánzhěng wúquē 完全無欠. ｜保存得很～ bǎocúnde hěn wánzhěng きちんと保存している. ｜一具～的恐龙化石 yí jù wánzhěng de kǒnglóng huàshí 完全な恐竜の化石.

かんたん　簡単

▶吹灰之力　▶简便　▶简单　▶简略
▶简易　▶轻易　▶容易　▶小菜一碟

【吹灰之力】 chuī huī zhī lì 成 灰を吹く力. ごくわずかな力のたとえ. ‖不费～ bú fèi chuī huī zhī lì お安い御用だ. 朝飯前だ.

***【简便】** jiǎnbiàn 形 簡便である. 手軽で便利である. 簡単である. ‖手续～ shǒuxù jiǎnbiàn 手続きが簡単である. ｜使用方法很～ shǐyòng fāngfǎ hěn jiǎnbiàn 使い方はとても簡単だ.

★**【简单】** jiǎndān 形 簡単である. 分かりやすい. 単純である. ⇔"复杂" fùzá ‖～扼要 jiǎndān èyào 簡単に要点をかいつまむ. ｜头脑～ tóunǎo jiǎndān 考えが単純だ. ｜事情并不那么～ shìqing bìng bú nàme jiǎndān 事はそんなに簡単じゃない.

【简略】 jiǎnlüè 形（言葉や文章の内容が）簡略である. 簡単である. ‖～地介绍一下机器的性能 jiǎnlüè de jièshào yíxià jīqi de xìngnéng 機械の性能について簡単に説明します. ｜说明还要再一点儿 shuōmíng hái yào zài jiǎnlüè diǎnr 説明はもう少し簡略にしなければならない.

***【简易】** jiǎnyì 形 簡易な. 手軽で簡単な. ‖～的办法 jiǎnyì de bànfǎ 手軽で簡単な方法.

***【轻易】** qīngyì 形 容易である. たやすい. ‖语言可不是～就能学好的 yǔyán kě bú shì qīngyì jiù néng xuéhǎo de 言葉というものは容易にマスターできるものではない. ｜他～地击败了对手 tā qīngyì de jībàile duìshǒu 彼はいとも簡単に相手を打ち負かした.

★**【容易】** róngyì 形 容易である. 簡単である. やさしい. ‖这次考试很～ zhè cì kǎoshì hěn róngyì こんどのテストはやさ

しかった.｜找个好工作可不～ zhǎo ge hǎo gōngzuò kě bù róngyì よい仕事を探すのはなかなか簡単ではない.｜他说话口音很重, 不～懂 tā shuōhuà kǒuyin hěn zhòng, bù róngyì dǒng 彼の話はなまりが強くて, 聞き取りにくい.｜说起来～, 做起来难 shuōqilai róngyì, zuòqilai nán 言うのはたやすいが, やるのは難しい.

【小菜一碟】xiǎocài yī dié (～儿) 組 簡単なこと. 朝飯前.‖这点儿小事, 对他来说还不是～儿, 你不用管了 zhè diǎnr xiǎoshì, duì tā lái shuō hái bú shì xiǎocài yì diér, nǐ búyòng guǎn le こんなこと, 彼には朝飯前さ, まかせておけばいいよ.

がんばる　頑張る

▶奋斗　▶鼓劲　▶加劲　▶加油　▶坚持
▶卖劲　▶卖力气　▶努力　▶拼搏　▶争气

＊＊【奋斗】 fèndòu 動 奮闘する. 力を尽くす. 努力する.‖～到底 fèndòu dàodǐ あくまでも奮闘する.｜为实现世界和平而～ wèi shíxiàn shìjiè hépíng ér fèndòu 世界平和実現のためにがんばる.

【鼓劲】 gǔ//jìn (～儿) 動 ❶元気を出す. 頑張る.‖他们一～儿, 就把任务完成了 tāmen yì gǔjìnr, jiù bǎ rènwu wánchéng le 彼らはひと頑張りして一気に仕事を終わらせた. ❷元気づける.‖给他们～儿 gěi tāmen gǔjìnr 彼らを元気づける.

【加劲】 jiā//jìn (～儿) 動 頑張る. 馬力を出す. 精を出す.‖你这里进度太慢, 得加把劲儿 nǐ zhèli jìndù tài màn, děi jiā bǎ jìnr 君のところは進み方が遅すぎる, 頑張らなくちゃだめだ.

＊【加油】 jiā//yóu (～儿) 動 元気づける. 応援する.‖快～, 要不就输了 kuài jiāyóu, yàobù jiù shū le さあ頑張れ, でな

いと負けてしまうぞ.｜大家～啊! dàjiā jiāyóu a! みんな頑張ろう.｜大家都来给他～ dàjiā dōu lái gěi tā jiāyóu 全員揃って彼を応援しにきている.

★【坚持】 jiānchí 動 堅持する. 持ち続ける. やり抜く.‖她～要去机场送我 tā jiānchí yào qù jīchǎng sòng wǒ 彼女はどうしても私を空港まで送っていくと言い張る.｜再～一会儿, 马上就到山顶了 zài jiānchí yíhuìr, mǎshàng jiù dào shāndǐng le もう少し頑張れば山頂に着くよ.｜我～不去 wǒ jiānchí bú qù 私は行かないと頑張った.

【卖劲】 mài//jìn (～儿) 形 一生懸命である.‖他工作可～了 tā gōngzuò kě màijìn le 彼は仕事に骨身を惜しまない.

【卖力气】 mài lìqi 組 全力を尽くす. 一生懸命にやる. 頑張る.‖他干活可真～ tā gànhuó kě zhēn mài lìqi 彼は仕事をするとほんとによく頑張る.

★【努力】 nǔ//lì 動 努力する. 努める.‖共同～ gòngtóng nǔlì 共に努力する.｜拼命～ pīnmìng nǔlì 必死で頑張る.｜他学习和工作都十分～ tā xuéxí hé gōngzuò dōu shífēn nǔlì 彼は勉強も仕事も頑張っている.｜大家再努把力就干完了 dàjiā zài nǔ bǎ lì jiù gànwán le みんなでもうひとふんばりすればすぐ終わる.

＊【拼搏】 pīnbó 動 懸命に奮闘する. 苦闘する.‖中国女排的～精神感动了大家 Zhōngguó nǚpái pīnbó jīngshen gǎndòngle dàjiā 中国女子バレーチームの奮闘にみんな感激した.

＊【争气】 zhēng//qì 動 負けん気を出す. 頑張る. 張り合う.‖为咱球队争口气 wèi zán qiúduì zhēng kǒu qì 自分のチームのために頑張る.｜这孩子一点儿也不～ zhè háizi yìdiǎnr yě bù zhēngqì この子はまったく意気地がない.

かんれん　関連

かんれん　関連

▶参与　▶关　▶关联　▶关系　▶联系
▶牵连　▶涉及　▶相干　▶相关　▶有关

*【参与】【参预】cānyù 動 参与する．かかわる．‖他~了编辑方针的审定工作 tā cānyùle biānjí fāngzhēn de shěndìng gōngzuò 彼は編集方針の策定にかかわった．‖共有五名学生~了这次殴斗事件 gòng yǒu wǔ míng xuésheng cānyùle zhè cì ōudòu shìjiàn 全部で5人の学生がこの乱闘事件にかかわっている．

★【关】guān 動 関係する．かかわる．‖事~大局 shì guān dàjú 事は大局にかかわる．‖这~我什么事? zhè guān wǒ shénme shì? 私にどんな関係があるというのだ．‖不~你的事, 不必多问! bù guān nǐ de shì, búbì duō wèn! お前には関係のないことだ, 余計なことを聞くな．

【关联】【关连】guānlián 動 関連する．つながる．‖自然界中生物之间的兴衰是相互~的 zìránjiè zhōng shēngwù zhī jiān de xīngshuāi shì xiānghù guānlián de 自然界における生物間の興亡は相互に関連している．

★【关系】guānxi；guānxì 動 かかわる．影響する．‖这是~到我们事业的成败 zhè shì guānxìdào wǒmen shìyè de chéngbài これは我々の事業の成否にかかわる．

★【联系】liánxì 動 結びつける．結びつく．‖这两件事根本~不起来 zhè liǎng jiàn shì gēnběn liánxìbuqǐlai この二つの件はまったく結びつかない．

【牵连】qiānlián 動 かかわる．関係する．‖他与此事毫无~ tā yǔ cǐ shì háowú qiānlián 彼はこの件となんのかかわりもない．

*【涉及】shèjí 動 かかわる．関連する．及ぶ．‖吃水用电~到千家万户 chī shuǐ yòng diàn shèjídào qiān jiā wàn hù 飲料水

や電気は多数の家々とかかわっている．‖~国家机密 shèjí guójiā jīmì 国家機密にかかわる．‖问题的~面很广 wèntí de shèjí miàn hěn guǎng 問題の関連する範囲は広い．

【相干】xiānggān 動 関係する．かかわる．(多く否定に用いる)‖这件事与你不~ zhè jiàn shì yǔ nǐ bù xiānggān この件は君には関係ない．‖我挣多少钱跟你有什么~? wǒ zhèng duōshao qián gēn nǐ yǒu shénme xiānggān? 私がいくら稼ぐか, 君になんの関係があるんだ．

*【相关】xiāngguān 動 関連する．‖饮食习惯与身体健康密切~ yǐnshí xíguàn yǔ shēntǐ jiànkāng mìqiè xiāngguān 飲食の習慣と健康は密接に関係している．‖我想再问几个~的问题 wǒ xiǎng zài wèn jǐ ge xiāngguān de wèntí 関連する問題をもう少しお聞きしたい．

**【有关】yǒuguān 動 関係がある．関連する．‖这几个人都跟这个案子~ zhè jǐ ge rén dōu gēn zhège ànzi yǒuguān この数人は事件にいずれも関係がある．‖经~部门批准 jīng yǒuguān bùmén pīzhǔn 関係部門の許可を得る．‖他搜集了许多~这个问题的资料 tā sōujíle xǔduō yǒuguān zhège wèntí de zīliào 彼はこの問題に関する資料をたくさん集めた．

き

きえる　(姿が) 消える

▶不见　▶没影儿　▶失踪　▶无影无踪
▶消失　▶销声匿迹　▶淹没　▶杳无音信
▶隐身

*【不见】bùjiàn 動 見当たらない．見えない．‖我的词典~了 wǒ de cídiǎn bújiàn

le 私の辞典が見当たらない. | 孩子~
了 háizi bújiàn le 子供の姿が見えなく
なった. | ~踪影 bújiàn zōngyǐng 影も形
もない.

【没影儿】méiyǐngr 動 姿がなくなる. 雲
隠れする. 見えなくなる. ‖这孩子又跑
~了 zhè háizi yòu pǎoméiyǐngr le あの子
またどこかへ消えてしまった.

*【失踪】shī//zōng 動 失踪(しっそう)する. 行
方不明になる.

【无影无踪】wú yǐng wú zōng 成 影も形
もない. 跡形もない. まったく行方が
知れない. ‖等我们跑出大门时, 车已
经~了 děng wǒmen pǎochu dàmén shí, chē
yǐjīng wú yǐng wú zōng 門を出てみたら,
車はすでにどこかに消えていた.

**【消失】xiāoshī 動 消える. 消失する. ‖
笑容从她脸上~了 xiàoróng cóng tā liǎn
shang xiāoshī le 彼女の顔から笑みが消
えた. | 从记忆中~ cóng jìyì zhōng xiāo-
shī 記憶の中から消え去った. | 他迅速
~在人群里 tā xùnsù xiāoshīzài rénqún li
彼はあっという間に人ごみの中に消え
た.

【销声匿迹】xiāo shēng nì jì 成 声をひそ
めて姿を隠す. 姿をくらます. 表に出
ない. "消声灭迹" xiāo shēng miè jì とも
いう.

*【淹没】yānmò 動 埋もれる. 埋没する.
‖他的讲话被一片欢呼声~了 tā de jiǎng-
huà bèi yí piàn huānhūshēng yānmò le 彼の
話は歓声にかき消されてしまった.

【杳无音信】yǎo wú yīnxìn 組 杳(よう)と
して音沙汰がない.

【隐身】yǐn//shēn 動 姿を隠す. ‖~术 yǐn-
shēnshù 隠遁(いんとん)の術.

きえる　消える（なくなる）

▶落空　▶磨灭　▶破灭　▶消　▶消除
▶消散　▶消失　▶消释　▶烟消云散

【落空】luò//kōng 動 目的や目標がだめ
になる. ふいになる. ‖计划~了 jìhuà
luòkōng le 計画がふいになった. | 满心
的希望落了空 mǎnxīn de xīwàng luòle kōng
胸いっぱいの期待が消えた.

【磨灭】mómiè 動 (印象・功績・事実な
どが長い間にだんだんと)消え去る.
(多く"不可~"の形で使われる) ‖不可
~的功绩 bù kě mómiè de gōngjì 不滅の
功績. | 留下了不可~的印象 liúxiale bù
kě mómiè de yìnxiàng 忘れられない印象
を残した.

【破灭】pòmiè 動 (夢や希望が)消滅す
る. ‖幻想~ huànxiǎng pòmiè 夢が消え
た. | 我们的希望已经~了 wǒmen de xī-
wàng yǐjīng pòmiè le 我々の希望はもは
や水泡に帰した.

*【消】xiāo 動 消える. 消失する. ‖雾~
了 wù xiāo le 霧が晴れた. | 炎症已~
yánzhèng yǐ xiāo 炎症が消えた. | 她的
气还没有~ tā de qì hái méiyou xiāo 彼女
の怒りはまだ治まらない.

*【消除】xiāochú 動 取り除く. 消える.
解消する. ‖~隔阂 xiāochú géhé わだか
まりを除く. | ~顾虑 xiāochú gùlǜ 不安
を取り除く. | 疑问~了 yíwèn xiāochú le
疑問が消えた. | 两人之间的误会~了
liǎng rén zhī jiān de wùhuì xiāochú le 二人
の間の誤解は消えた.

【消散】xiāosàn 動 消える. 散る. ‖办公
室里的烟味儿还没~ bàngōngshì li de yān-
wèir hái méi xiāosàn 事務室のタバコのに
おいはまだ消えない. | 心中的烦闷难
以~ xīn zhōng de fánmèn nányǐ xiāosàn 心
中の悩みはなかなか消え去らない.

**【消失】xiāoshī 動 消える. 消失する. ‖
笑容从她脸上~了 xiàoróng cóng tā liǎn
shang xiāoshī le 彼女の顔から笑みが消
えた. | 雾气~了 wùqì xiāoshī le 霧が晴
れた. | 从记忆中~ cóng jìyì zhōng xiāo-
shī 記憶の中から消え去った.

197

きく　聞く

【消释】xiāoshì 動（疑い・恨み・苦しみなどが）消える．解消する．‖误会～了 wùhuì xiāoshì le 誤解が解けた．｜疑团～了 yítuán xiāoshì le 疑念が氷解した．｜～前嫌 xiāoshì qiánxián これまでのわだかまりをが消える．

【烟消云散】yān xiāo yún sàn 成 雲散霧消する．多くの不愉快な気分や雰囲気が消え去ること．"云消雾散" yún xiāo wù sàn ともいう．‖听了他那诚恳的话，心里的怒气顿时～ tīngle tā nà chéngkěn de huà，xīnli de nùqì dùnshí yān xiāo yún sàn 彼の誠実なことばを聞いて，怒りもたちまち消えた．

きく　聞く

▶耳闻　▶耳闻目睹　▶告诉　▶收听　▶听
▶听到　▶听见　▶听说　▶知道

【耳闻】ěrwén 動 耳にする．‖～不如眼见 ěrwén bùrú yǎn jiàn うわさで聞くよりも自分の目で見たほうがよい．｜有关他的为人我早有～ yǒuguān tā de wéirén wǒ zǎo yǒu ěrwén 彼の人となりについては早くから耳にしている．

【耳闻目睹】ěr wén mù dǔ 成 じかに見聞する．

★【告诉】gàosu 動 告げる．知らせる．伝える．教える．‖把情况～我一下 bǎ qíngkuàng gàosu wǒ yíxià 状況をちょっと聞かせてほしい．｜他～了我他的电话号码 tā gàosule wǒ de diànhuà hàomǎ 彼から電話番号を聞いた．

【收听】shōutīng 動（ラジオを）聴く．‖～新闻节目 shōutīng xīnwén jiémù ラジオでニュースを聞く．｜听众朋友，欢迎您～本次节目 tīngzhòng péngyou，huānyíng nín shōutīng běn cì jiémù リスナーのみなさん，この番組をお聞き下さってありがとうございます．

★【听】tīng 動 聞く．聴（き）く．‖～报告 tīng bàogào 講演を聴く．｜～收音机 tīng shōuyīnjī ラジオを聴く．｜～老师讲课 tīng lǎoshī jiǎngkè 先生の講義を聴く．｜～汇报 tīng huìbào 報告を聞く．

【听到】tīng//dào 動 耳にする．聞き及ぶ．聞き込む．‖今天我～一个好消息 jīntiān wǒ tīngdào yí ge hǎo xiāoxi きのう私はいいニュースを耳にした．

★【听见】tīng//jiàn 動 聞こえる．耳に入る．‖我好像～屋里有人说话 wǒ hǎoxiàng tīngjiàn wūli yǒu rén shuōhuà 部屋の中で誰か話す声が聞こえたような気がする．｜不要让他～ búyào ràng tā tīngjiàn 彼に聞かれないようにしなさい．｜"有人在外边叫你，你～了吗?""我没～" "yǒu rén zài wàibian jiào nǐ，nǐ tīngjiàn le ma?" "wǒ méi tīngjiàn"「誰か外で君を呼んでいるけど，聞こえたかい」「いや聞こえなかった」

★【听说】tīngshuō 動（話を）聞いている．耳にしている．（聞くところによれば）…だそうだ．…という話だ．‖谁也没有～过这个人 shéi yě méiyou tīngshuōguo zhège rén 誰もその人のことは聞いたことがない．｜他到法国去了 tīngshuō tā dào Fǎguó qù le 彼はフランスへ行ったそうだ．｜这个电影～不错 zhège diànyǐng tīngshuō búcuò この映画はなかなかいいらしい．

★【知道】zhīdao；zhīdào 動 知る．分かる．承知する．心得る．‖我～他的电话号码 wǒ zhīdao tā de diànhuà hàomǎ 私は彼の電話番号を聞いている．｜我不～他住院了 wǒ bù zhīdào tā zhùyuàn le 私は彼が入院したことを聞いていなかった．

きく　聞く（聞き入れる）

▶答应　▶服从　▶接受　▶倾听　▶顺从
▶听　▶听从　▶听话　▶听取　▶遵命

きく　聞く（尋ねる）

【答応】 dāying 動 承知する. 承諾する. ‖ 事情很难办，别随便～ shìqing hěn nán-bàn, bié suíbiàn dāying ことはとても厄介だ，簡単に聞き入れるな.

【服从】 fúcóng 動 服従する. 従う. ‖ ～调动 fúcóng diàodòng 配置転換の命令に従う. | ～全局 fúcóng quánjú 全体に従う. | 这是命令，谁都得～ zhè shì mìng-lìng, shéi dōu děi fúcóng これは命令だ，誰もが従わないといけないものだ.

【接受】 jiēshòu 動 引き受ける. 受け入れる. ‖ ～别人的意见 jiēshòu biéren de yìjian 他人からの批判を聞き入れる. | ～教训 jiēshòu jiàoxun 教訓として受け止める.

*【倾听】** qīngtīng 動 (多く地位の上の者が下の者の話に)耳を傾ける. 傾聴する. ‖ ～群众的呼声 qīngtīng qúnzhòng de hūshēng 大衆の声に耳を傾ける. | 虚心～大家的意见 xūxīn qīngtīng dàjiā de yìjian みんなの意見に謙虚に耳を傾ける.

【顺从】 shùncóng 動 おとなしく従う. 素直に言うことを聞く. ‖ 她事事～丈夫 tā shìshì shùncóng zhàngfu 彼女は何事によらず夫の言うとおりにする.

★**【听】** tīng 動 言うことを聞く. 服従する. ‖ 惟命是～ wéi mìng shì tīng なんでもはいはいと聞く. | 别人怎么劝，他都不～ biéren zěnme quàn, tā dōu bù tīng 人がどんなに説得しても彼は聞き入れようとしない. | 好，我～你的 hǎo, wǒ tīng nǐ de 分かった，君の言うことを聞くよ.

【听从】 tīngcóng 動 聞き入れる. 従う. ‖ ～父母 tīngcóng fùmǔ 父母の言うことを聞く. | ～老师的教导 tīngcóng lǎo-shī de jiàodǎo 先生の指導に従う.

*【听话】** tīng//huà 形 (目上や上司の)言うことに従う. 言うことをよく聞く. ‖ ～的孩子 tīnghuà de háizi よく言うことを聞く子供. | 这孩子真不～ zhè háizi

zhēn bù tīnghuà この子はほんとに聞き分けがない. | 听爸爸的话 tīng bàba de huà お父さんの言うことを聞く. | 听上级领导的话 tīng shàngjí lǐngdǎo de huà 上司の言うことを聞く.

*【听取】** tīngqǔ 動 (事情などを)聴き取る. 耳を傾ける. ‖ ～汇报 tīngqǔ huì-bào 報告を聴取する. | ～大家的意见 tīngqǔ dàjiā de yìjian みんなから意見を聞く.

【遵命】 zūnmìng 動 謙 命令どおりにいたします. かしこまりました. ‖ 我们决定不了，我们不过是～办理罢了 wǒ-men juédìngbuliǎo, wǒmen búguò shì zūn-mìng bànlǐ bàle 我々に決定権などありません，指示にしたがって事務的に進めているだけです.

きく　聞く（尋ねる）

▶打听　▶请教　▶请问　▶提问　▶问
▶问长问短　▶问话　▶问讯　▶讯问

【打听】 dǎting 動 尋ねる. 聞く. 問い合わせる. ‖ 四处～ sìchù dǎting 方々に尋ねる. | 我跟你～个人 wǒ gēn nǐ dǎting ge rén 君にある人のことをお尋ねしますが. | 他家的住址已经～到了 tā jiā de zhùzhǐ yǐjīng dǎtingdào le 彼の家の住所はもう問い合わせて分かった. | ～一下招生的具体情况 dǎting yíxià zhāoshēng de jùtǐ qíngkuàng 新入生募集要項の詳細について聞いてみる.

*【请教】** qǐngjiào 動 謙 教えを請う. ‖ 我想～您一个问题 wǒ xiǎng qǐngjiào nín yí ge wèntí ひとつ教えていただきたいのですが. | 虚心向群众～ xūxīn xiàng qún-zhòng qǐngjiào 謙虚に大衆に教えを請う.

★**【请问】** qǐngwèn 動 (相手に回答を求めるときに用いる前置き)すみませんが

きこえる　聞こえる

….‖ ～，去中山公园怎么走? qǐngwèn,
qù Zhōngshān Gōngyuán zěnme zǒu? お尋
ねしますが，中山公園へはどう行けば
いいですか．｜～，附近有邮局吗? qǐng-
wèn, fùjìn yǒu yóujú ma? すみません，近
くに郵便局はありますか．

*【提问】túwèn 動 (多く教師が学生に対
して)質問する．問題を出す．‖ 老师向
学生～ lǎoshī xiàng xuéshēng túwèn 先生
が学生に質問する．｜回答记者的～ huí-
dá jìzhě de túwèn 記者の質問に答える．

★【问】wèn 動 問う．質問する．‖ 我有几
个问题想～你一下 wǒ yǒu jǐ ge wèntí xiǎng
wèn nǐ yíxià あなたに二，三お聞きした
いことがあります．｜孩子～妈妈什么
时候回来 háizi wèn māma shénme shíhou huí-
lai 子供はお母さんにいつ帰ってくる
のかと聞いた．

【问长问短】wèn cháng wèn duǎn 成 あれ
これと問う．‖ 每次哥哥探亲回家，奶
奶总要～ měicì gēge tànqīn huíjiā, nǎinai zǒng
yào wèn cháng wèn duǎn 兄が帰省する
と，おばあさんはいつもあれこれと聞
きたがる．

【问话】wèn//huà 動 尋ねる．質問する．
‖ 小李，科长找你～呢 Xiǎo-Lǐ, kēzhǎng
zhǎo nǐ wènhuà ne 李君，課長が君に聞
きたいことがあるそうだよ．

【问讯】wènxùn 動 尋ねる．聞く．‖ ～处
wènxùnchù 案内所．インフォメーショ
ン．

【讯问】xùnwèn 動 尋ねる．‖ ～近况 xùn-
wèn jìnkuàng 近況を聞く．｜～他的下落
xùnwèn tā de xiàluò 彼の行方を尋ねる．

きこえる　聞こえる

▶传来　▶听到　▶听得到　▶听得见
▶听得清（楚）　▶听懂　▶听见
▶听清（楚）

**【传来】chuánlai；chuánlái 動 伝わる．‖
从远处～了一阵歌声 cóng yuǎnchù chuán-
laile yízhèn gēshēng 遠くから歌声が聞こ
えてきた．

【听到】tīng//dào 動 耳にする．聞き及
ぶ．聞き込む．‖ 今天我～一个好消息
jīntiān wǒ tīngdào yí ge hǎo xiāoxi きのう
私はいいニュースを耳にした．

【听得到】tīngdedào 動 耳に達する．聞
き取れる．‖ 后排的同学～吗? hòupái de
tóngxué tīngdedào ma? 後ろの席の生徒，
聞き取れますか．

【听得见】tīngdejiàn 動 聞き分けられる．
聞こえる．‖ 喂，喂，～吗? wèi, wèi, tīng-
dejiàn ma? もしもし，聞こえますか．

【听得清（楚）】tīngdeqīng(chu) 動 はっき
り聞こえる．‖ 我周围很吵，你～吗?
wǒ zhōuwéi hěn chǎo, nǐ tīngdeqīng (chu)
ma? (電話で)周りがうるさいけれど，
聞こえる？

【听懂】tīng//dǒng 動 聞き取れる．聞い
て分かる．‖ 对不起，我没～你的意思
duìbuqǐ, wǒ méi tīngdǒng nǐ de yìsi すみま
せん，おっしゃる意味がよく分からな
いのですが．

★【听见】tīng//jiàn 動 聞こえる．耳に入
る．‖ 我好像～屋里有人说话 wǒ hǎo-
xiàng tīngjiàn wūli yǒu rén shuōhuà 部屋の
中で人の話し声が聞こえたような気が
した．｜不要让他～ búyào ràng tā tīngjiàn
彼に聞かれないようにしなさい．

【听清（楚）】tīngqīng(chu) 動 聞いてはっ
きりする．はっきり聞く．‖ 明天八点
集合，大家～了吗? míngtiān bā diǎn jíhé,
dàjiā tīngqīng(chu) le ma? 明日は8時集
合です，わかりましたか．

きこえる　聞こえる（名が知られる）

▶出名　▶大名鼎鼎　▶家喩户晓
▶尽人皆知　▶如雷贯耳　▶闻名　▶有名
▶著名

*【出名】chū//míng 形 有名である．名高い．‖他由于这部小说出了名 tā yóuyú zhè bù xiǎoshuō chūle míng 彼はこの小説で有名になった．‖既想～，又想得利 jì xiǎng chūmíng, yòu xiǎng dé lì 名声も得たいし金儲けもしたい．

【大名鼎鼎】dàmíng dǐngdǐng 組 名声が世に高い．

*【家喩户晓】jiā yù hù xiǎo 成 どこの家でも知っている．だれでも承知している．‖～的寓言故事 jiā yù hù xiǎo de yùyán gùshi よく知られた寓話（ぐう）．

【尽人皆知】jìn rén jiē zhī 成 みんなが知っている．周知のことである．‖那桩丑闻已～ nà zhuāng chǒuwén yǐ jìn rén jiē zhī あのスキャンダルはもうみんなが知っている．

【如雷贯耳】rú léi guàn ěr 成 雷のように鳴りわたる．名声が非常に高いことのたとえ．‖久仰大名，～ jiǔyǎng dàmíng, rú léi guàn ěr ご高名はかねがね伺っております．

*【闻名】wénmíng 動 名が知られる．評判になる．‖～世界 wénmíng shìjiè 世界的に名が聞こえる．‖举世～ jǔshì wénmíng 世間に名が知れる．‖遐迩～ xiá'ěr wénmíng あちこちに名が知れわたっている．

★【有名】yǒu//míng 形 有名である．名が通っている．‖这个演员很～ zhège yǎnyuán hěn yǒumíng この俳優はとても有名だ．‖全国～的大学 quánguó yǒumíng de dàxué 全国の有名大学．

**【著名】zhùmíng 形 著名である．有名である．よく知られている．‖～音乐家 zhùmíng yīnyuèjiā 著名な音楽家．‖茅台酒在国际上也很～ máotáijiǔ zài guójì shang yě hěn zhùmíng 茅台酒（マオタイしゅ）は国際的にも聞こえている．

きざむ　刻む

▶雕刻　▶剁　▶刻　▶切

*【雕刻】diāokè 動 彫刻する．‖石洞壁上～着许多佛像 shídòng bìshang diāokèzhe xǔduō fóxiàng 石窟（せっ）の壁にはたくさんの仏像が彫ってある．

【剁】duò 動 たたき切る．たたき刻む．‖～肉 duò ròu 肉をたたいてミンチにする．‖把菜叶～碎喂鸡 bǎ càiyè duòsuì wèi jī 菜っ葉を細かく刻んでニワトリのえさにする．

★【刻】kè 動 彫刻する．‖～石碑 kè shíbēi 石碑を彫る．‖～印章 kè yìnzhāng 印章を刻む．‖所～的文字已风化残缺难以读解 suǒ kè de wénzì yǐ fēnghuà cánquē nányǐ dújiě 刻まれた文字はもう風化して読み取れない．

**【切】qiē 動 (刃物で)切る．刻む．‖～菜 qiē cài 野菜を切る．‖～西瓜 qiē xīgua スイカを切る．‖把大葱～碎搀在一起 bǎ dàcōng qiēsuì chānzài yìqǐ ネギを細かく刻んで一緒に混ぜる．‖把蛋糕～成六块儿 bǎ dàngāo qiēchéng liù kuàir カステラを六つに切り分ける．

きざむ　（心に）刻む

▶记取　▶记住　▶刻记　▶牢记　▶铭记
▶铭刻

【记取】jìqǔ 動 (教訓や言いつけなどを)しっかり覚える．心に刻む．‖要从这次事故中～经验教训 yào cóng zhè cì shìgù zhōng jìqǔ jīngyàn jiàoxun 今回の事故か

きしつ 気質

ら得た体験と教訓を心に銘記しなければならない.

【记住】jì//zhù 動覚えこむ. 記憶して忘れない. ‖ 牢牢～ láoláo jìzhù しっかり覚える. | 念了两遍就～了 niànle liǎng biàn jiù jìzhù le 2回読んだらすぐに覚えた. | ～，今后不许再迟到 jìzhù, jīnhòu bùxǔ zài chídào しっかり覚えておきなさい，今後二度と遅刻してはいけません.

【刻记】kèjì 動心に深く刻む.

*【牢记】láojì 動しっかりと記憶する. いつまでも忘れないで覚えている. ‖ ～先生的教诲 láojì xiānsheng de jiàohuì 先生のお教えはいつまでも忘れません. | 先辈的嘱托要～在心 xiānbèi de zhǔtuō yào láojìzài xīn 先人の言いつけはしっかりと胸に刻んでおかなければならない.

【铭记】míngjì 動しっかり記憶する. ‖ 老师的教诲我至今～在心 lǎoshī de jiàohuì wǒ zhìjīn míngjìzài xīn 恩師の教えはいまでも私の心に深く刻み込まれている.

【铭刻】míngkè 動心に銘記する. ‖ 我要把这句话永远～在心中 wǒ yào bǎ zhè jù huà yǒngyuǎn míngkèzài xīnzhōng 私はこの言葉をいつまでも心に刻みつけておく.

きしつ 気質

▶禀性 ▶个性 ▶脾气 ▶气度 ▶气量
▶素性 ▶天性 ▶性格 ▶性情

【禀性】bǐngxìng 名天性. 生来. ‖ ～内向 bǐngxìng nèixiàng 生まれつき内向的である.

*【个性】gèxìng 名個性. ‖ 他～太强 tā gèxìng tài qiáng 彼は個性が強すぎる(協調性が足りない).

**【脾气】píqi 名性質. 気性. 気立て. ‖ ～好 píqi hǎo 気性が穏やかである. | ～

随和 píqi suíhe 協調性のある性格である. | 牛～ niúpíqi 頑固で強情なたち. | 直筒子～ zhítǒngzi píqi あけすけな気性.

【气度】qìdù 名人柄. 気質. 心意気. ‖ ～不凡 qìdù bùfán 人柄が非凡である.

【气量】qìliàng 名度量. ‖ ～小 qìliàng xiǎo 度量が小さい.

【素性】sùxìng 名生まれつき. 持ち前の性質. ‖ ～耿直 sùxìng gěngzhí 生まれつき正直だ.

【天性】tiānxìng 名天性. 生まれつきの性格. ‖ 她～善良 tā tiānxìng shànliáng 彼女は生まれつきやさしい性格である.

**【性格】xìnggé 名(人の)性格. 気性. ‖ ～内向 xìnggé nèixiàng 性格が内向的である. | 豪放的～ háofàng de xìnggé 豪放な性格.

*【性情】xìngqíng 名性格. 性情. 気性. ‖ ～温和 xìngqíng wēnhé 気性がおとなしい. | 两人～不合 liǎng rén xìngqíng bùhé 二人は性格が合わない. | 陶冶～ táoyě xìngqíng 性情を陶冶(とうや)する. | ～相投 xìngqíng xiāngtóu 性格が合う. うまが合う.

きしょう 起床

▶起 ▶起床 ▶起来 ▶起身 ▶醒

★【起】qǐ 動起き上がる. 起きる. ‖ 为赶火车，～了一个大早 wèi gǎn huǒchē, qǐle yí ge dà zǎo 汽車に間に合うよう朝早く起きた.

★【起床】qǐ//chuáng 動起床する. 起きる. ‖ 明天早点儿～ míngtiān zǎo diǎnr qǐchuáng 明日の朝は早めに起きなさい. | 吹～号 chuī qǐchuánghào 起床ラッパを吹く.

★【起来】qǐ//lai(lái) 動起床する. 起きる. ‖ 每天早晨五点钟～ měitiān zǎochen wǔ diǎnzhōng qǐlai 毎朝5時に起きる.

＊【起身】qǐ//shēn 動 起床する．起きる．‖毎天～后就锻炼身体 měitiān qǐshēn hòu jiù duànliàn shēntǐ 毎朝起床後，体の鍛錬をする．

＊＊【醒】xǐng 動 眠りから覚める．目を覚ます．‖孩子睡～了 háizi shuìxǐng le 子供が目を覚ました．｜快～～，都八点了 kuài xǐngxing, dōu bā diǎn le 早く起きなさい，もう8時ですよ．｜他还没～呢 tā hái méi xǐng ne 彼はまだ起きていない．

きずく　（建造物を）築く

▶打　▶盖　▶构筑　▶垒　▶修　▶修建
▶修筑　▶筑

★【打】dǎ 動 建てる．築く．‖～地基 dǎ dìjī 土台を築く．｜隔断 dǎ géduàn 仕切りを作る．

＊＊【盖】gài 動 建てる．建造する．‖～房子 gài fángzi 家を建てる．｜大楼～起来了 dàlóu gàiqilai le ビルができ上がった．｜翻～ fāngài 建て直す．

【构筑】gòuzhù 動 (軍事施設を)構築する．修築する．‖～工事 gòuzhù gōngshì 陣地構築物をつくる．｜堡垒 gòuzhù bǎolěi トーチカを構築する．

【垒】lěi 動 (れんがや石などを)積み上げる．(石垣や壁を)築く．‖～花坛 lěi huātán 花壇を作る．｜～一道墙 lěi yí dào qiáng 塀を一周り築く．｜这条河堤是用石头～起来的 zhè tiáo hédī shì yòng shítou lěiqilai de この川の堤防は石を積み上げたものだ．

＊＊【修】xiū 動 建てる．建設する．敷設する．‖兴～ xīngxiū 建設する．｜～水库 xiū shuǐkù ダムを築く．｜～地铁 xiū dìtiě 地下鉄工事をする．

＊【修建】xiūjiàn 動 施工する．建設する．敷設する．‖～水库 xiūjiàn shuǐkù ダムを建設する．｜～铁桥 xiūjiàn tiěqiáo 鉄

橋を建造する．

＊【修筑】xiūzhù 動 (道路や工事などを)施工する．建設する．造る．‖～公路 xiūzhù gōnglù 道路を造る．｜～码头 xiūzhù mǎtou 埠頭(ふとう)を建設する．

＊【筑】zhù 動 築く．建造する．つくる．‖～路 zhù lù 道路をつくる．｜～墙 zhù qiáng 壁を築く．｜～了一道堤 zhùle yí dào dī 堤防を築いた．

きずく　（基礎を）築く

▶打下　▶奠定　▶积累　▶建立　▶建设
▶立　▶树　▶树立

【打下】dǎ//xià 動 (土台を)築く．(基礎を)つくる．‖～坚实的基础 dǎxià jiānshí de jīchǔ しっかりした基礎をつくる．

＊【奠定】diàndìng 動 安定させる．築く．打ち建てる．‖为两国的关系正常化～了基础 wèi liǎng guó de guānxi zhèngchánghuà diàndìngle jīchǔ 両国の関係正常化のために基礎を築いた．

＊＊【积累】jīlěi 動 蓄える．積み重ねる．‖～经验 jīlěi jīngyàn 経験を積む．｜～资金 jīlěi zījīn 資金を蓄える．｜～知识 jīlěi zhīshi 知識を蓄える．

＊＊【建立】jiànlì 動 打ち立てる．築く．樹立する．‖～邦交 jiànlì bāngjiāo 国交を樹立する．｜～政权 jiànlì zhèngquán 政権を築く．｜～了深厚的感情 jiànlìle shēnhòu de gǎnqíng 厚い友情を結んだ．｜～新的规章制度 jiànlì xīn de guīzhāng zhìdù 新しい規則制度を確立する．

★【建设】jiànshè 動 建設する．築き上げる．‖～祖国 jiànshè zǔguó 祖国を建設する．｜基本～ jīběn jiànshè 基本建設．インフラ整備．｜支援国家～ zhīyuán guójiā jiànshè 国の建設事業を支援する．

＊＊【立】lì 動 創立する．‖～个榜样 lì ge bǎngyàng 手本となる．｜不破不～ bú pò

きずつける （心を）傷つける

bú lì 古いものを打ち破らなければ新しいものは打ち立てられない.

★【树】shù 動 圕 打ち立てる. 樹立する. ‖ 很快～起了威信 hěn kuài shùqile wēixìn たちまちのうちに威信を確立した. | 独～一帜 dú shù yí zhì 独自の道を切り開く.

*【树立】shùlì 動 築く. 打ち立てる. ‖ ～威信 shùlì wēixìn 威信を築く. | ～新风尚 shùlì xīn fēngshàng 新しい気風を打ち立てる. | 他给大家～了一个好榜样 tā gěi dàjiā shùlìle yí ge hǎo bǎngyàng 彼はみんなによい手本を示した.

きずつける　（心を）傷つける

▶刺伤　▶挫伤　▶伤　▶伤害　▶伤人
▶伤心　▶损伤

【刺伤】cìshāng 動 刺して傷つける. ‖ 他的手被～了 tā de shǒu bèi cìshāng le 彼は刺されて手に傷を負った. | 她的话～了他的心 tā de huà cìshāngle tā de xīn 彼女の言葉は彼の心を傷つけた.

【挫伤】cuòshāng 動 (意気や積極性などを)くじく. そぐ. 傷つける. ‖ ～了大家的上进心 cuòshāngle dàjiā de shàngjìnxīn みんなのやる気をくじいた. | 自尊心受到严重的～ zìzūnxīn shòudào yánzhòng de cuòshāng 自尊心がひどく傷つけられた.

**【伤】shāng 動 傷つける. 損なう. ‖ ～感情 shāng gǎnqíng 感情を害する. | ～面子 shāng miànzi メンツをつぶす. | ～了自尊心 shāngle zìzūnxīn プライドを傷つけた. | 摔～了腿 shuāishāngle tuǐ 転んで足を怪我した. | 叫开水烫～了 jiào kāishuǐ tàngshāng le 熱湯でやけどした.

*【伤害】shānghài 動 (肉体的または精神的に)傷つける. 害する. 損なう. ‖ 吸烟太多会～身体 xīyān tài duō huì shānghài

shēntǐ タバコを吸いすぎると健康を損なう. | 不要～孩子们的自尊心 búyào shānghài háizimen de zìzūnxīn 子供たちの自尊心を傷つけてはならない.

【伤人】shāng//rén 動 人に傷を負わす. 人を傷つける. ‖ 你不要出口～ nǐ búyào chūkǒu shāngrén 人を傷つけるような言い方はやめろ.

**【伤心】shāng//xīn 形 心を痛める. 悲しむ. 悲しませる. ‖ 他的话伤了我的心 tā de huà shāngle wǒ de xīn 彼の話は私を悲しませた. | 她哭得十分～ tā kūde shífēn shāngxīn 彼女はひどく悲しそうに泣いている. | 他为自己得不到大家的理解而～ tā wèi zìjǐ débudào dàjiā de lǐjiě ér shāngxīn 彼はみんなの理解を得ることができず, 心を痛めた.

*【损伤】sǔnshāng 動 損傷する. 傷つける. ‖ ～感情 sǔnshāng gǎnqíng 感情を害する. | ～身体 sǔnshāng shēntǐ 体を損なう. | 自尊心受到了～ zìzūnxīn shòudàole sǔnshāng 自尊心が傷つけられた.

きそ　基礎

▶底　▶底子　▶地基　▶根底　▶根基
▶功底　▶基本功　▶基础

*【底】dǐ (～儿) 图 基礎. 素地. ‖ 打～儿 dǎ dǐr 基礎をつくる. | 家～儿 jiādǐr 家の財産.

【底子】dǐzi 图 基礎. 下地. 元となるもの. ‖ 打～ dǎ dǐzi 基礎を固める. 土台を作る. | 数学～很扎实 shùxué dǐzi hěn zhāshi 数学の基礎がしっかりしている. | 工厂的～薄 gōngchǎng de dǐzi báo 工場の経済的基盤が弱い.

【地基】dìjī 图 (建築物の)土台. 地方によっては"地脚"dìjiao ともいう. ‖ 砸～ zá dìjī 地突きをする. | ～下沉 dìjī xiàchén 地盤が沈下する.

きそう 競う

【根底】 gēndǐ 图 基礎. ‖ 他的英文～很好 tā de Yīngwén gēndǐ hěn hǎo 彼の英語は基礎がしっかりしている.

【根基】 gēnjī 图 土台. 基礎. ‖ 那座大楼的～打得很坚固 nà zuò dàlóu de gēnjī dǎde hěn jiāngù あのビルの基礎はしっかりつくってある. ｜他家～比较差 tā jiā gēnjī bǐjiào chà 彼の家は経済的基盤が弱い. ｜他的数学～很好 tā de shùxué gēnjī hěn hǎo 彼の数学は基本ができている.

【功底】 gōngdǐ 图 芸や技能の基礎. ‖ 那位演员～不深 nà wèi yǎnyuán gōngdǐ bù shēn あの俳優は演技の基礎がしっかりしていない. ｜有扎实的～ yǒu zhāshi de gōngdǐ しっかりとした基礎がある.

【基本功】 jīběngōng 图 基本的な知識. 基礎技能. ‖ 舞蹈的～ wǔdǎo de jīběngōng ダンスの基礎. ｜练～ liàn jīběngōng 基礎を練習する.

★**【基础】** jīchǔ 图 ❶(建物の)土台. 基礎. ‖ 打～ dǎ jīchǔ 基礎工事をする. ❷(物事の)基礎. 基本. 基盤. ‖ ～阶段 jīchǔ jiēduàn 基礎段階. ｜～知识 jīchǔ zhīshi 基礎知識. ｜奠定～ diàndìng jīchǔ 基礎を固める. ｜打下了坚实的～ dǎxiàle jiānshí de jīchǔ しっかりした基盤を打ち立てた.

きそう 競う

▶比　▶比赛　▶比试　▶较量　▶竞赛
▶竞争　▶赛　▶争　▶争夺　▶争先恐后

★**【比】** bǐ 動 比べる. 競う. ‖ ～技术 bǐ jìshù 技術を比べる. ｜～高矮 bǐ gāo'ǎi 高さを比べる. ｜～一～，看谁跑得快 bǐyibǐ, kàn shéi pǎode kuài 誰の足が速いか競走しよう. ｜论力气，没人能～得上他 lùn lìqi, méi rén néng bǐdeshàng tā 力では誰も彼にかなわない.

★**【比赛】** bǐsài 動 試合をする. 競う. (娯楽・教養・スポーツなどの優劣や勝負を争う. 目的語をとる)‖ ～网球 bǐsài wǎngqiú テニスの試合をする. ｜今天和乙班～ jīntiān hé yǐbān bǐsài 今日は乙組と試合をする. ｜我们～一下，看谁游得快 wǒmen bǐsài yíxià, kàn shéi yóude kuài 誰が泳ぐのが速いか競争しよう.

【比试】 bǐshi 動口 技量を競う. ‖ 不服的话，咱俩～～ bùfú dehuà, zán liǎ bǐshi-bǐshi 納得できないなら勝負しよう.

＊**【较量】** jiàoliàng 動 力比べをする. 勝負する. ‖ 要经过一番～，才知胜负 yào jīngguò yì fān jiàoliàng, cái zhī shèngfù 一通り腕比べしてはじめて勝敗が決まる. ｜你俩～～，看哪个有劲儿 nǐ liǎ jiàoliàngjiàoliàng, kàn nǎge yǒujìnr 君たちどっちが強いか力比べをしてごらん. ｜军事～ jūnshì jiàoliàng 軍事力の勝負.

＊＊**【竞赛】** jìngsài 動 競争する. (生産・労働・学習などの先進性や優劣を競う. 目的語をとらない.)‖ 小组之间开展～ xiǎozǔ zhījiān kāizhǎn jìngsài グループの間で競争を繰り広げる.

＊**【竞争】** jìngzhēng 動 競争する. 競い合う. ‖ 互相～ hùxiāng jìngzhēng 互いに競争する. ｜激烈～ jīliè jìngzhēng 競争が激しい.

＊＊**【赛】** sài 動 競争する. 試合をする. 勝負する ‖ ～诗 sài shī 詩を詠むのを競う. ｜～龙船 sài lóngchuán 竜船レースをする. ｜～了两场球 sàile liǎng chǎng qiú (球技の)試合を2回やった. ｜咱们～一～，看谁跑得快 zánmen sàiyisài, kàn shéi pǎode kuài 誰が速いか，駆けっこをしよう.

＊＊**【争】** zhēng 動 奪う. 奪い合う. 競う. ‖ 两只鸟～食 liǎng zhī niǎo zhēng shí 2羽の鳥が食べ物を奪い合う. ｜～冠军 zhēng guànjūn 優勝を競う. ｜大家～着要去 dàjiā zhēngzhe yào qù みんな競って

きたない　汚い

行こうとする.

*【争夺】zhēngduó 動 争う．競う．奪い取る．‖～冠军 zhēngduó guànjūn 優勝を競う．｜～财产 zhēngduó cáichǎn 財産を争う．｜～地盘 zhēngduó dìpán 縄張りを争う．｜～主动权 zhēngduó zhǔdòngquán 主導権を争う．

*【争先恐后】zhēng xiān kǒng hòu 成 遅れまいと先を争う．我先にと先を争う‖～地发言 zhēng xiān kǒng hòu de fāyán 我先にと発言する．

きたない　汚い

▶肮脏　▶不干净　▶不卫生　▶不整洁
▶污秽　▶污染　▶污浊　▶脏

【肮脏】āngzāng 形 不潔である．汚い．不浄である．⇔“干净”gānjìng‖～的衣服 āngzang de yīfu 汚れた衣服.

【不干净】bù gānjìng 組 汚い．‖床单～chuángdān bù gānjìng シーツが汚い.

【不卫生】bù wèishēng 組 不潔である．汚い．‖这个食堂不太～zhège shítáng bú tài wèishēng この食堂はちょっと汚い.

【不整洁】bù zhěngjié 組 きれいに整っていない．汚い．‖衣服～yīfu bù zhěngjié 服装が乱れていて汚い.

【污秽】wūhuì 形 汚い．不潔である．‖～下流的语言 wūhuì xiàliú de yǔyán 下品な言葉.

**【污染】wūrǎn 動 汚染する．‖～水源 wūrǎn shuǐyuán 水源を汚染する．｜环境～huánjìng wūrǎn 環境汚染．｜这条河的水～了，不能喝 zhè tiáo hé de shuǐ wūrǎn le, bù néng hē この川の水は汚染されているので飲めない.

【污浊】wūzhuó 形 (水や空気などが)汚い．濁っている．‖湖水～不清 húshuǐ wūzhuó bù qīng 湖水が濁っている．｜～的空气 wūzhuó de kōngqì 汚れた空気．｜～

的官场 wūzhuó de guānchǎng 腐敗した官界.

★【脏】zāng 形 不潔である．汚い．‖毛巾～了 máojīn zāng le タオルが汚れた．｜小心，别把衣服弄～了 xiǎoxīn, bié bǎ yīfu nòngzāng le 気をつけて，服を汚さぬように．｜～衣服 zāng yīfu 汚れた服.

きたない　（雑然として）汚い

▶凌乱　▶乱　▶乱七八糟　▶乱腾腾
▶乱糟糟　▶散乱　▶杂乱　▶杂乱无章
▶杂七杂八

【凌乱】língluàn 形 乱雑である．乱れている．"零乱"とも書く．‖房间里～不堪 fángjiān li língluàn bùkān 部屋の中が乱雑でどうにもならない.

★【乱】luàn 形 乱れている．秩序がない．‖桌子上又脏又～zhuōzi shang yòu zāng yòu luàn 机の上は汚くてごちゃごちゃだ．｜别把卡片弄～了 bié bǎ kǎpiàn nòngluàn le カードを乱さないでくれ.

*【乱七八糟】luànqībāzāo 形 ごちゃごちゃしている．乱雑である．‖屋里总是～的 wūli zǒngshì luànqībāzāo de 部屋の中はいつも散らかっている.

【乱腾腾】luànténgténg(～的) 形 (部屋などが)雑然としている．(話し言葉では luàntēngtēng とも発音する)‖我们正在搬家，所以家里～的 wǒmen zhèngzài bānjiā, suǒyǐ jiā li luànténgténg de 引っ越したばかりで家の中は雑然としている.

【乱糟糟】luànzāozāo(～的) 形 混乱して無秩序である．雑然としている．‖你也不收拾收拾，把房间搞得～的 nǐ yě bù shōushishoushi, bǎ fángjiān gǎode luànzāozāo de 少しは片づけたらどうだ，部屋がごちゃごちゃじゃないか.

【散乱】sǎnluàn 形 雑然としている．散らばっている．‖～的头发 sǎnluàn de

きちんと

tóufa 乱れた髪. | 仓库里～地放置着各种工具 cāngkù li sǎnluàn de fàngzhìzhe gèzhǒng gōngjù 倉庫にはさまざまな工具が雑然と置かれている.

*【杂乱】 záluàn 形 乱雑である. ‖桌子上～地堆着各种书籍 zhuōzi shang záluàn de duīzhe gèzhǒng shūjí 机にいろいろな本が乱雑に積み上げられている.

【杂乱无章】 zá luàn wú zhāng 成 乱れていて秩序がない. 雑然としている.

【杂七杂八】 zá qī zá bā 惯 非常に乱雑なさま. ‖壁橱里～地堆满了东西 bìchú li zá qī zá bā de duīmǎnle dōngxi 戸棚の中には物が乱雑に詰め込まれている.

きちょう　貴重

▶宝贵　▶贵重　▶金贵　▶名贵　▶珍贵

**【宝贵】 bǎoguì 形 貴重である. 価値がある. ‖～经验 bǎoguì jīngyàn 貴重な経験. | 耽误了您的～时间, 真对不起 dānwule nín de bǎoguì shíjiān, zhēn duìbuqǐ 貴重なお時間を割いていただき, ほんとうに申し訳ありません. | 献出了自己的～生命 xiànchule zìjǐ de bǎoguì shēngmìng 自己のかけがえのない命を捧げた.

*【贵重】 guìzhòng 形 貴重である. ‖～物品请交服务台保管 guìzhòng wùpǐn qǐng jiāo fúwùtái bǎoguǎn 貴重品は受付に預けてください. | 他把情义看得比金子还～ tā bǎ qíngyì kànde bǐ jīnzi hái guìzhòng 彼は義理人情を金よりも重んじている.

【金贵】 jīnguì；jīnguì 形 口 貴重である. 大切である. ‖不要把自己孩子看得那么～ búyào bǎ zìjǐ háizi kànde nàme jīngui 自分の子供をそんなに宝物扱いしてはいけない.

*【名贵】 míngguì 形 珍しくて貴重である. 有名で高価である. ‖～字画 míngguì zìhuà 貴重な書画. | ～的药材 míng-

guì de yàocái 高価な生薬(しょうやく).

*【珍贵】 zhēnguì 形 珍しくて貴重である. 大切である. ‖～的历史资料 zhēnguì de lìshǐ zīliào 貴重な歴史的資料. | ～的纪念品 zhēnguì de jìniànpǐn 貴重な記念品. | 友谊比金钱更～ yǒuyì bǐ jīnqián gèng zhēnguì 友情はお金よりもっと大切だ.

きちんと

▶端正　▶规矩　▶好好儿　▶牢　▶严格
▶整洁　▶整齐　▶正　▶准时

*【端正】 duānzhèng 形 端正である. 整っている. ‖五官～ wǔguān duānzhèng 目鼻だちが整っている. | 字写得端端正正 zì xiěde duānduānzhèngzhèng 字がきちんと書かれている. | ～地坐着 duānzhèng de zuòzhe きちんと座っている.

*【规矩】 guīju 形 きちんとしている. まじめである. 品行方正である. ‖家具放得很～ jiājù fàngde hěn guīju 家具がきちんと置かれている. | 她说话做事总事规规矩矩的 tā shuōhuà zuòshì zǒngshì guīguījūjū de 彼女の話し方や仕事ぶりはいつもきちんとしている.

**【好好儿】 hǎohāor (～的) 形 正常である. ちゃんとしている. ‖～的一件衣服, 挂了一个口子, 真可惜 hǎohāor de yí jiàn yīfu, guàle yí ge kǒuzi, zhēn kěxī ちゃんとした服にかぎ裂きをつくってしまって, ほんとうに惜しい. | 你要～的, 别淘气 nǐ yào hǎohāor de, bié táoqì きちんとしているんだよ, いたずらなんかしないでね. 副 十分に. ちゃんと. しっかりと. ‖～学习 hǎohāor xuéxí よく学ぶ. | ～吃饭, ～睡觉 hǎohāor chīfàn, hǎohāor shuìjiào よく食べ, よく眠る. | 你和他～谈谈 nǐ hé tā hǎohāor tántan 君は彼ときちんと話したらどうか.

*【牢】 láo 形 堅固である. しっかりして

きつい （性格が）きつい

いる. ‖縄子拴得很～ shéngzi shuānde hěn láo 縄は固くくくりつけてある. ｜失敗的教訓要記～ shībài de jiàoxun yào jiláo 失敗の教訓はしっかり覚えておかなければならない.

**【严格】yángé 形 厳格である. 厳しい. ‖～区分 yángé qūfēn 厳格に区別する. きちんと区別する. ｜他对子女的要求很～ tā duì zǐnǚ de yāoqiú hěn yángé 彼は子供のしつけがきちんとしている.

*【整洁】zhěngjié 形 きれいに片づいている. 整っていて清潔である. ‖服装～ fúzhuāng zhěngjié 身なりが清潔できちんとしている. ｜房间里十分～ fángjiān li shífēn zhěngjié 部屋の中がきちんと片づいている.

★【整齐】zhěngqí 形 きちんとしている. 整っている. 揃っている. ‖服饰～ fúshì zhěngqí 服装がきちんとしている. ｜书摆得很～ shū bǎide hěn zhěngqí 本が整然と並んでいる. ｜冬青树修剪得整整齐齐 dōngqīngshù xiūjiǎnde zhěngzhěngqíqí ナナミノキがきちんと刈り込まれている.

★【正】zhèng 形 （方向や位置が）まっすぐである.（位置が）真ん中である. ⇔ "歪" wāi ‖摆～位置 bǎizhèng wèizhi 位置をきちんとする. ｜把画像挂～ bǎ huàxiàng guàzhèng 肖像画をきちんと掛け直す.

**【准时】zhǔnshí 形 時間が正確である. 定刻どおりである. ‖～开演 zhǔnshí kāiyǎn 時間どおりに開演する. ｜～出发 zhǔnshí chūfā 定刻きっかりに出発する.

きつい （性格が）きつい

▶暴躁　▶刚烈　▶刚强　▶刻薄　▶厉害
▶烈性　▶要强

【暴躁】bàozào 形 短気である. 気が荒

い. ‖性情～ xìngqíng bàozào 気性が荒い.

【刚烈】gāngliè 形 気概がある. 気性が強くて気骨がある. ‖性格～的女性 xìnggé gāngliè de nǚxìng 性格がしっかりしていて気骨のある女性.

【刚强】gāngqiáng 形 （気性や意志が）強い. 気丈である. ‖意志～ yìzhì gāngqiáng 意志が強い. ｜～的性格 gāngqiáng de xìnggé 強い性格. ｜一向～的母亲也掉下了眼泪 yíxiàng gāngqiáng de mǔqin yě diàoxiale yǎnlèi ずっと気丈だった母までが涙を流した.

【刻薄】kèbó 形 酷薄である. 容赦がない. 辛辣(しんらつ)である. ‖为人～ wéirén kèbó 性格が冷酷である. ｜尖酸～ jiānsuān kèbó 辛辣(しんらつ)で手厳しい.

**【厉害】lìhai 形 激しい. きつい. すごい. "利害"とも書く. ‖他很～, 孩子们都怕他 tā hěn lìhai, háizimen dōu pà tā 彼はとても厳しいので, 子供たちはみんな怖がっている. ｜她的嘴很～ tā de zuǐ hěn lìhai 彼女は口が悪い.

【烈性】lièxìng 形 （人の）気性が激しい. ‖～汉子 lièxìng hànzi 熱血漢. ｜～脾气 lièxìng píqi 勝ち気な性格.

【要强】yàoqiáng 形 負けん気が強い. 向こう意気が強い. ‖她是个十分～的姑娘 tā shì ge shífēn yàoqiáng de gūniang 彼女はとても勝ち気な娘である.

きつい （仕事や言葉などが）きつい

▶吃不消　▶吃力　▶费力　▶尖刻　▶尖锐
▶紧　▶苛刻　▶苦　▶厉害　▶严厉

【吃不消】chībuxiāo 動 たまらない. 耐えられない. 持ちこたえられない. ‖太热了, 真让人～ tài rè le, zhēn ràng rén chībuxiāo 暑くてほんとにたまらない. ｜留这么多的作业, 孩子～ liú zhème

duō de zuòyè, háizi chībuxiāo こんなにた
くさんの宿題を出しては子供がたまら
ない.

*【吃力】 chīlì 形 骨の折れる. 労力を要す
る. ‖~地往山上爬着 chīlì de wǎng shān
shang pázhe 山頂に向かって苦労しなが
ら登っている. | ~不讨好的差事 chīlì bù
tǎohǎo de chāishi 疲れるだけで割に合わ
ない役目.

*【费力】 fèi//lì 動 (体力や精力を)費やす.
苦労する. 骨を折る. ‖费了不少力 fèile
bù shǎo lì ずいぶん苦労した. | 这工作
太~ zhè gōngzuò tài fèilì この仕事はと
てもきつい.

【尖刻】 jiānkè 形 (ものの言い方が)とげ
とげしい. 手厳しい. ‖他对人很~ tā
duì rén hěn jiānkè 彼は他人に対し辛辣
(しんらつ)である.

**【尖锐】 jiānruì 形 (批判などが)鋭い. 手
厳しい. 容赦がない. ‖这个意见提得
很~ zhège yìjian tíde hěn jiānruì この意見
はたいへん鋭い. | 受到了~的批评
shòudàole jiānruì de pīpíng きつい批判を
あびた.

★【紧】 jǐn 形 (時間や期日が)差し迫って
いる. 迫っている. ‖日程安排得很~
rìchéng ānpáide hěn jǐn スケジュールがき
つい.

【苛刻】 kēkè 形 (条件や要求などが)厳
しい. 高すぎる. ‖对方提出的条件太
~, 我们无法接受 duìfāng tíchu de tiáojiàn
tài kēkè, wǒmen wúfǎ jiēshòu 相手方が出
した条件はきつすぎて, 我々には受け
入れられない.

★【苦】 kǔ 形 きつい. 疲れる. ‖练得很 kǔ
liànde hěn kǔ 練習がきつい.

**【厉害】 lìhai 形 激しい. きつい. すご
い. "利害"とも書く. ‖他很~, 孩子
们都怕他 tā hěn lìhai, háizimen dōu pà tā 彼
はとても厳しいので, 子供たちはみん
な怖がっている. | 她的嘴很~ tā de zuǐ

hěn lìhai 彼女は口が悪い.

*【严厉】 yánlì 形 厳格である. ‖~的目光
yánlì de mùguāng きついまなざし. | 措
辞~ cuòcí yánlì 言葉遣いがきつい. |
~制裁 yánlì zhìcái 厳しく制裁する.

きづく　気づく

▶察觉　▶发觉　▶发现　▶觉察　▶觉悟
▶觉醒　▶醒悟　▶意识　▶注意

【察觉】 chájué 動 気づく. 感づく. わ
かる. ‖他丝毫没~我们早已走到他的
身边 tā sīháo méi chájué wǒmen zǎoyǐ zǒu-
dào tā de shēnbiān 彼は我々がすぐそば
まで近づいたことにまったく気付かな
い.

*【发觉】 fājué 動 気がつく. ‖他~自己
最近胖了 tā fājué zìjǐ zuìjìn pàng le 彼は自
分が最近太ったのに気づいた. | 到了
车站, 他才~没带钱包 dàole chēzhàn, tā
cái fājué méi dài qiánbāo 駅に着いてはじ
めて彼は財布を持ってこなかったこと
に気がついた.

【发现】 fāxiàn 動 気づく. ‖我~他有心
事 wǒ fāxiàn tā yǒu xīnshì 私は彼に心配
事があるのを知った. | 东西买回来, 才
~上了当 dōngxi mǎihuilai, cái fāxiàn shàng-
le dàng 買って帰ってきて, ようやくだ
まされたのに気づいた.

*【觉察】 juéchá 動 悟る. 気づく. ‖我~
到他这几天有些反常 wǒ juéchádào tā zhè
jǐ tiān yǒuxiē fǎncháng 私はこの数日彼が
ふだんと違うのに気づいた.

*【觉悟】 juéwù 動 目覚める. 悟る. 自覚
する. ‖经过多次说服教育, 他终于~
了 jīngguò duō cì shuōfú jiàoyù, tā zhōngyú
juéwù le 何回にもわたる説得と教育で,
ついに彼は目を覚ました.

【觉醒】 juéxǐng 動 覚醒する. 目覚める.
‖在事实面前她终于~了 zài shìshí miàn-

qián tā zhōngyú juéxǐng le 現実を目のあたりにして彼女はついに目が覚めた.

【醒悟】xǐngwù 動 悟る. 目が覚める. ‖ 在老师的耐心教育下，他终于～了 zài lǎoshī de nàixīn jiàoyù xià, tā zhōngyú xǐngwù le 先生の我慢強い指導のおかげで，彼はとうとう目が覚めた.

* **【意识】yìshi；yìshí** 動（多く"意识到"yìshidào の形で）意識する. 感じる. 知る. ‖ 话刚出口就马上～到不该说 huà gāng chūkǒu jiù mǎshàng yìshidào bù gāi shuō 言葉を口にしたとたん，これは言ってはならないことだと気づいた. ‖ 经历过那件事以后，我才～到自己是多么脆弱 jīngliguo nà jiàn shì yǐhòu, wǒ cái yìshidào zìjǐ shì duōme cuìruò そのことがあってから，私は初めて自分がどんなに弱いかを知った.

★ **【注意】zhù//yì** 動注意する. 気を配る. ‖ ～到问题的严重性 zhùyìdào wèntí de yánzhòngxìng 問題の重要性に気づく. ‖ 谁也没～到他溜出了会场 sháí yě méi zhùyìdào tā liūchūle huìchǎng 彼が会場を抜け出したのに誰も気づかなかった.

きっと

▶保证 ▶必 ▶必定 ▶必将 ▶必然
▶肯定 ▶一定 ▶准

** **【保证】bǎozhèng** 動 保証する. 請け合う. ‖ 今天～不会下雨 jīntiān bǎozhèng bú huì xià yǔ 今日は雨など降りっこないよ. ‖ 我～完成任务 wǒ bǎozhèng wánchéng rènwu きっと任務を果たします.

* **【必】bì** 副 必ず. きっと. ‖ 其中～有道理 qízhōng bì yǒu dàoli これにはきっと訳がある. ‖ 坚持锻炼，～有好处 jiānchí duànliàn, bì yǒu hǎochù 鍛練を続ければ，きっと体によいはずだ. ‖ 这种状况不会长久 zhè zhǒng zhuàngkuàng bì bú huì

chángjiǔ こうした状況が長続きすることは絶対にない.

* **【必定】bìdìng** 副 ❶（判断や推論で）必ず. 必ずや. きっと. ‖ 听到这个消息，他～高兴 tīngdào zhège xiāoxi, tā bìdìng gāoxìng この知らせを聞いたら彼はきっと大喜びするだろう. ‖ 这个方案～有人反对 zhège fāng'àn bìdìng yǒu rén fǎnduì このプランには必ずや反対する人がいる. ❷（意志で）必ず（…する）. ‖ 我～参加 wǒ bìdìng cānjiā 私はきっと参加します.

* **【必将】bìjiāng** 副 書 きっと（…するだろう）. 必ず（…するだろう）. ‖ 我们的理想～实现 wǒmen de lǐxiǎng bìjiāng shíxiàn 我々の理想は必ず実現するだろう. ‖ 历史～做出回答 lìshǐ bìjiāng zuòchū huídá 歴史が必ず答えを出すだろう.

** **【必然】bìrán** 形 必然的である. 当たりまえである. 必至である. ‖ ～失败 bìrán shībài 必ず失敗する. ‖ 初到国外，生活上～会有许多不适应 chū dào guówài, shēnghuó shang bìrán huì yǒu xǔduō bú shìyìng 初めて外国で生活すると慣れないことがたくさんあるものだ.

* **【肯定】kěndìng** 副 きっと. 間違いなく. ‖ 这个工作你～能胜任 zhège gōngzuò nǐ kěndìng néng shèngrèn この仕事を君はきっと立派に担当することができる. ‖ 这事～是他干的 zhè shì kěndìng shì tā gàn de これはきっと彼のしわざに違いない.

★ **【一定】yídìng** 副 必ず. きっと. どうあろうとも. ‖ 我～来 wǒ yídìng lái 私は必ず行きます. ‖ 这样下去～会出事 zhèyàng xiàqu yídìng huì chūshì こんなふうにやっていったら，必ず間違いが起こる. ‖ 明天～是个大晴天 míngtiān yídìng shì ge dàqíngtiān 明日はきっと晴れるだろう.

** **【准】zhǔn** 副 きっと. 必ず. ‖ 五点前，工作～能完成 wǔ diǎn qián, gōngzuò zhǔn néng wánchéng 5時前に仕事は間違いなく終わります. | 这种颜色你~喜欢 zhè zhǒng yánsè nǐ zhǔn xǐhuan 君はきっとこの色が好きだ.

きびしい （しつけなどが）厳しい

▶紧　▶厉害　▶严　▶严格　▶严峻
▶严酷　▶严厉　▶严肃　▶严重

★【紧】jǐn 厖❶厳格である. 厳しい. ‖ 对孩子不要管得太~ duì háizi búyào guǎnde tài jǐn 子供に対して厳しすぎてはいけない. ❷(情勢が)緊迫している. ‖ 风声~ fēngshēng jǐn 情勢が緊迫している. ❸(経済的に)余裕がない. 逼迫(ぼ)している. ‖ 手头有点儿~ shǒutóu yǒudiǎnr jǐn 手元がちょっと厳しい.

**【厉害】lìhai 厖激しい. ひどい. きつい. "利害"とも書く. ‖ 他很~, 孩子们都怕他 tā hěn lìhai, háizimen dōu pà tā 彼はとても厳しいので, 子供たちはみんな怖がっている.

*【严】yán 厖厳格である. 厳しい. ‖ 家教~ jiājiào yán 家庭のしつけが厳格である. | 管得~ guǎnde yán 厳しく管理する.

**【严格】yángé 厖厳格である. 厳しい. ‖ ~区分 yángé qūfēn 厳格に区分する. | 他对子女的要求很~ tā duì zǐnǚ de yāoqiú hěn yángé 彼は子供に対ししつけが厳しい.

*【严峻】yánjùn 厖峻厳(しゅん)である. 厳しい. ‖ 神色~ shénsè yánjùn 表情が厳しい. | ~的现实 yánjùn de xiànshí 厳しい現実. | 经受了~的考验 jīngshòule yánjùn de kǎoyàn 厳しい試練を経た.

【严酷】yánkù 厖厳しい. 厳格である. ‖ ~的教训 yánkù de jiàoxun 厳しい教訓.

*【严厉】yánlì 厖厳格である. ‖ ~的目光

yánlì de mùguāng 厳しいまなざし. | ~制裁 yánlì zhìcái 厳しく制裁する. | 公安当局对无执照开车的人发出了~警告 gōng'ān dāngjú duì wú zhízhào kāichē de rén fāchule yánlì jǐnggào 警察は無免許運転をする人々に厳しく警告した.

**【严肃】yánsù 厖(表情や雰囲気などが)重々しい. 厳粛である. ‖ ~的神情 yánsù de shénqíng 厳しい表情. | 会场气氛~ huìchǎng qìfēn yánsù 会場の雰囲気が重々しい.

*【严重】yánzhòng 厖重大である. 厳しい. ‖ ~性 yánzhòngxìng 重大さ. 厳しさ. | 后果~ hòuguǒ yánzhòng 厳しい結果. | 问题~ wèntí yánzhòng 問題が深刻である. | 病情~ bìngqíng yánzhòng 病状が重い.

きびしい （状況が）厳しい

▶艰难　▶艰险　▶荆棘　▶危险　▶险恶
▶严峻　▶严厉　▶严重

*【艰难】jiānnán 厖困難である. 苦難に満ちている. ‖ ~岁月 jiānnán suìyuè 苦難に満ちた歳月. | 道路崎岖不平, 行走~ dàolù qíqū bù píng, xíngzǒu jiānnán 道がでこぼこしていて歩きづらい. | 日子过得很~ rìzi guòde hěn jiānnán 生活に困窮する.

*【艰险】jiānxiǎn 厖困難で危険である. ‖ 旅途~ lǚtú jiānxiǎn 道中危険である. | 不避~ bú bì jiānxiǎn 困難や危険を避けない.

【荆棘】jīngjí 名いばらの道. 苦難. ‖ 前进的道路上布满~ qiánjìn de dàolù shang bùmǎn jīngjí 行く手は苦難に満ちている. | ~丛生 jīngjí cóngshēng イバラの生い茂る苦難の道.

★【危险】wēixiǎn 厖危険である. ‖ 处境十分~ chǔjìng shífēn wēixiǎn 危険な立場

に置かれる.｜**伤势~** shāngshì wēixiǎn 伤の程度がたいへん重い.｜**这病再不手术就~了** zhè bìng zài bù shǒushù jiù wēixiǎn le この病気はこれ以上手術をしないでいると手遅れになる.｜**差点儿让车撞着,多~** chàdiǎnr ràng chē zhuàngzháo, duō wēixiǎn もう少しで車にぶつかるところだった, ほんとうに危なかった.

【险恶】 xiǎn'è 形 危うい. 険しい. 厳しい.‖**山势~** shānshì xiǎn'è 山が険しい.｜**~的处境** xiǎn'è de chǔjìng 厳しい事態.｜**局势~** júshì xiǎn'è 情勢が険悪である.

*【严峻】 yánjùn 形 ❶峻厳(しゅん)(げん)である. 厳しい.‖**~的现实** yánjùn de xiànshí 厳しい現実.｜**神色~** shénsè yánjùn 表情が険しい.｜**经受了~的考验** jīngshòule yánjùn de kǎoyàn 厳しい試練を経た. ❷緊迫している.‖**形势~** xíngshì yánjùn 形勢は厳しい.

*【严厉】 yánlì 形 厳格である.‖**~的目光** yánlì de mùguāng 厳しいまなざし.｜**措辞~** cuòcí yánlì 言葉遣いがきつい.｜**~制裁** yánlì zhìcái 厳しく制裁する.

【严重】 yánzhòng 形 重大である. 厳しい.‖问题~** wèntí yánzhòng 問題が深刻である.｜**病情~** bìngqíng yánzhòng 病状が重い.

きぶん 気分

▶气氛 ▶情绪 ▶心境 ▶心里 ▶心情
▶心思 ▶心绪

*【气氛】 qìfēn 名 雰囲気. 気分.‖**会谈在友好的~中进行** huìtán zài yǒuhǎo de qìfēn zhōng jìnxíng 会談は友好的な雰囲気の中で進められた.｜**街上洋溢着节日~** jiē shang yángyìzhe jiérì qìfēn 町中お祭り気分でいっぱいだ.

【情绪】 qíngxù 名 気分. 機嫌.‖~昂扬** qíngxù ángyáng 気分が高揚する.｜**~低落** qíngxù dīluò 気分が落ち込む.｜**他看上去~很不好** tā kànshangqu qíngxù hěn bù hǎo どうも彼はすごく機嫌が悪そうだ.｜**我现在没~跟你开玩笑** wǒ xiànzài méi qíngxù gēn nǐ kāi wánxiào 今君に冗談を言う気分じゃない.

【心境】 xīnjìng 名 心境. 気持ち.‖~不佳** xīnjìng bù jiā 気持ちが晴れない.

*【心里】 xīnli；xīnlǐ 名 心の中. 胸中.‖**~不舒服** xīnli bù shūfu 気分が悪い.｜**~不安** xīnli bù'ān 心配で落ち着かない.｜**~直打鼓** xīnli zhí dǎgǔ 胸がどきどきする.

【心情】 xīnqíng 名 心. 気分. 心情.‖~舒畅** xīnqíng shūchàng 気分がいい. 気持ちがのびのびする.｜**~不好** xīnqíng bù hǎo 気分がよくない. 不愉快である.｜**~沉重** xīnqíng chénzhòng 気持ちが沈んでいる.｜**当时高考在即,哪有~看电影啊** dāngshí gāokǎo zàijí, nǎ yǒu xīnqíng kàn diànyǐng a そのときは大学受験が間近で, 映画などとても見る気になれなかった.

*【心思】 xīnsi 名 (あることをやりたい)気分. 興味. やる気.‖**没~读书** méi xīnsi dúshū 勉強する気分がしない.｜**她一门~想当演员** tā yì mén xīnsi xiǎng dāng yǎnyuán 彼女は女優になることで頭がいっぱいだ.

【心绪】 xīnxù 名 気持ち. 心.‖~不宁** xīnxù bùníng 気持ちが落ち着かない.｜**~乱如麻** xīnxù luàn rú má 心が千々に乱れる.

きまり 決まり（規則）

▶规定 ▶规矩 ▶规则 ▶规章 ▶简章
▶决定 ▶守则 ▶约法三章 ▶章程

【规定】 guīdìng 名 規定. 定め.‖一项~

yí xiàng guīdìng 一つの規定. | 遵守～
zūnshǒu guīdìng 決まりを守る. | 这是我
们这儿的一项不成文的～ zhè shì wǒmen
zhèr de yí xiàng bùchéngwén de guīdìng こ
れはここの不文律です.

*【规矩】guīju 名 規則. 決まり. 習慣.
しきたり. ‖ 按～办事 àn guīju bàn shì 決
まりどおりに事を処理する. | 每家都
有每家的～ měijiā dōu yǒu měijiā de guīju
それぞれの家にはそれぞれのしきたり
がある. | 不以～, 不成方圆 bù yǐ guīju,
bùchéng fāngyuán 決まりがないと, 何
事もうまくいかない.

*【规则】guīzé 名 規則. ルール. ‖ 交通
～ jiāotōng guīzé 交通規則. | 比赛～ bǐ-
sài guīzé 試合のルール.

*【规章】guīzhāng 名 規則. 規約. 定款.
‖ 按～办事 àn guīzhāng bàn shì 規則どお
りに事を処理する. | ～制度 guīzhāng
zhìdù 規則と制度.

【简章】jiǎnzhāng 名 簡単な規則. 規約.
要覧. 要項.

★【决定】juédìng 名 決定. ‖ 做出～ zuòchū
juédìng 決定を下す. | 上级的～ shàngjí
de juédìng 指導部の決定.

【守则】shǒuzé 名 規則. 規定. ルール.
‖ 安全～ ānquán shǒuzé 安全規則. | 交
通～ jiāotōng shǒuzé 交通ルール.

【约法三章】yuē fǎ sān zhāng 成 ごく簡
単な約束を定める. 漢の高祖・劉邦
(りゅうほう) が関中に入ったさい, それまで
の秦の過酷な法律とは異なり, たった
3ヵ条だけのおきてを示したという『史
記』にある故事から.

*【章程】zhāngchéng 名 (組織や事務上の)
規約. 規則. ‖ 制定～ zhìdìng zhāngchéng
規約を制定する. | 公司～ gōngsī zhāng-
chéng 会社の定款. | 按～办事 àn zhāng-
chéng bàn shì 規則にのっとって処理す
る.

きまり　決まり（しきたり）

▶常规　▶常例　▶陈规　▶定例　▶惯例
▶老规矩　▶老一套　▶习惯　▶习俗

*【常规】chángguī 名 従来のやり方. しき
たり. 通例. ‖ 打破～ dǎpò chángguī し
きたりを打破する. | 按～办事 àn cháng-
guī bàn shì 通例のとおり行う. | 最近他
竟一反～, 开始早起锻炼了 zuìjìn tā jìng
yì fǎn chángguī, kāishǐ zǎo qǐ duànliàn le 最
近彼はこれまでとは打って変わって,
朝早く起きてトレーニングするように
なった.

【常例】chánglì 名 ならわし. 慣行. ‖ 遵
循～进行 zūnxún chánglì jìnxíng 慣例に
基づいて行う.

【陈规】chéngguī 名 古く不合理な規定.
古い決まり. ‖ 打破～ dǎpò chéngguī 古
いしきたりを破る. | ～陋习 chéngguī lòu-
xí 古いしきたりやよくない風習.

【定例】dìnglì 名 定例. いつものならわ
し. 決まり. ‖ 每年这一天放花已成～
měinián zhè yì tiān fàng huā yǐ chéng dìnglì
毎年この日に花火を上げることはすっ
かりならわしになっている.

*【惯例】guànlì 名 慣例. ‖ 打破～ dǎpò
guànlì しきたりを破る. | 按照～ ànzhào
guànlì 慣例に従う.

【老规矩】lǎo guīju 名 昔からのしきた
り. 昔からのやり方. ‖ 过年给压岁钱
是～了 guònián gěi yāsuìqián shì lǎoguīju
le 新年にお年玉をやるのは昔からのし
きたりだ.

【老一套】lǎoyītào 名 古臭い方法. 相変
わらずのやり方. 常套 (じょうとう) 手段. "老
套" lǎotào "老套子" lǎotàozi ともいう.
‖ 照搬～ zhàobān lǎoyītào 古いやり方を
引き写しにする. | 原来的～已经不灵
了 yuánlái de lǎoyītào yǐjīng bù líng le 従来
の古いやり方ではもう通らない.

★【习惯】xíguàn 图 習慣. ‖ 记日记的～ jì rìjì de xíguàn 日記をつける習慣. | 早睡早起是个好～ zǎo shuì zǎo qǐ shì ge hǎo xíguàn 早寝早起きはよい習慣である.

*【习俗】xísú 图 習俗. 風習. しきたり. ‖ 民族不同，～也不相同 mínzú bùtóng, xísú yě bù xiāngtóng 民族が違えば習俗も同じではない. | ～移人 xísú yí rén 風習は人の性格を変える.

きまる　決まる

▶定　▶定局　▶规定　▶决定　▶取决
▶下

**【定】dìng 動 定まる. 決まる. ‖ 大势已～ dàshì yǐ dìng 大勢は決まった. | 日期还没～ rìqī hái méi dìng 期日はまだ決まっていない. | 在大连设立分公司的事已经一下来了 zài Dàlián shèlì fēngōngsī de shì yǐjīng dìngxialai le 大連に支社をおくことはすでに決まった.

【定局】dìngjú 動 最終決定する. 結末がつく. 決まる. ‖ 那件事尚未～ nà jiàn shì shàngwèi dìngjú あの件はまだ結末がついていない. 图 定まった状態. 確定状態. ‖ 这种人事安排已成～ zhè zhǒng rénshì ānpái yǐ chéng dìngjú この人事異動はもうほとんど固まっている.

**【规定】guīdìng 動 規定する. ‖ 学校～上学必须穿校服 xuéxiào guīdìng shàngxué bìxū chuān xiàofú 学校では登校時の制服着用が決まっている.

★【决定】juédìng 動 決定する. 決まる. ‖ ～了名次 juédìngle míngcì 順位が決まった. | 举行日期还没有～ jǔxíng rìqī hái méiyou juédìng 開催期日はまだ決まっていない. | 外形设计能～销售的好坏 wàixíng shèjì néng juédìng xiāoshòu de hǎohuài デザインで売れ行きの良し悪しが決まる.

【取决】qǔjué 動 …いかんで決まる. …しだいである. …にかかっている. (多く"于" yú を伴う)‖ 去不去～于你自己 qùbuqù qǔjué yú nǐ zìjǐ 行くかどうかは君しだいだ. | 运动会能否如期召开还得～于天气的好坏 yùndònghuì néngfǒu rú qī zhàokāi hái děi qǔjué yú tiānqì de hǎohuài 運動会が予定どおり開けるかどうかは天気しだいだ.

★【下】xià 動 (結論・決定・判断などを)下す. ‖ ～结论 xià jiélùn 結論を下す. | 一直～不了决心 yīzhí xiàbuliǎo juéxīn ずっと決心がつかない.

きみょう　奇妙

▶不可思议　▶出奇　▶怪　▶怪里怪气
▶怪模怪样　▶怪异　▶奇怪　▶奇特
▶奇异

【不可思议】bù kě sī yì 成 不思議である. 不可解である. 理解しがたい.

【出奇】chūqí 形 尋常でない. 異常である. ‖ 今年夏天～地热 jīnnián xiàtiān chūqí de rè 今年の夏は異常に暑い. | 教室里静得～ jiàoshì li jìngde chūqí 教室の中は恐ろしく静かだ. | 这件事有点儿～ zhè jiàn shì yǒudiǎnr chūqí この事はちょっと奇妙である.

**【怪】guài 形 奇怪である. 変である. おかしい. ‖ 古～ gǔguài 風変わりだ. | ～现象 guài xiànxiàng 不思議な現象. | 他的想法很～ tā de xiǎngfa hěn guài 彼の考え方はおかしい. | 他戴着一顶女式帽子, 样子～～的 tā dàizhe yì dǐng nǚshì màozi, yàngzi guàiguài de 彼は女物の帽子なんかかぶって，おかしな格好だ.

【怪里怪气】guàiliguàiqì 形 贬 (形・服装・音・声などが)変てこりんである. 奇妙きてれつである. ‖ 挺好的歌, 让他一唱, 就变得～的了 tǐng hǎo de gē, ràng tā yí chàng, jiù biànde guàiliguàiqì de le どんないい歌でも，彼が歌うととたんに妙ちきりんになってしまう．｜那种发型有点儿~的 nà zhǒng fàxíng yǒudiǎnr guàiliguàiqì de あのヘアースタイルはちょっと突飛だ．

【怪模怪样】guài mú guài yàng (~儿的) 威 (形や身なりが)おかしい．変てこである．｜他戴这顶帽子显得~儿的 tā dài zhè dǐng màozi xiǎnde guài mú guài yàngr de 彼がこの帽子をかぶると変てこりんになる．

【怪异】guàiyì 形 奇怪である．奇異である．｜~的山石 guàiyì de shānshí 奇妙な形の岩．｜形象~ xíngxiàng guàiyì イメージが奇抜である．

**【奇怪】qíguài 形 不思議である．妙である．おかしい．｜真~，为什么还没来电话呢? zhēn qíguài, wèi shénme hái méi lái diànhuà ne? おかしいな，どうしてまだ電話がこないのだろう．｜这几天他的行动很~ zhè jǐ tiān tā de xíngdòng hěn qíguài この数日彼のやることはどうも妙だ．

*【奇特】qítè 形 珍奇である．奇異である．奇妙である．｜~的景象 qítè de jǐngxiàng 珍しい光景．｜造型~ zàoxíng qítè 形が変わっている．

【奇异】qíyì 形 奇異である．不思議である．尋常でない．｜~的服装 qíyì de fúzhuāng 奇妙な服装．｜岛上至今保留着一些~的风俗 dǎo shang zhìjīn bǎoliúzhe yìxiē qíyì de fēngsú 島にはいまでも奇妙な風習が残っている．

きめる　決める

▶定　▶规定　▶决定　▶商定　▶说定
▶说好　▶下　▶选定　▶指定　▶作主

**【定】dìng 動 定める．決める．｜~计划

dìng jìhuà 計画を決める．｜我们把日期~下来以后马上通知你 wǒmen bǎ rìqī dìngxialai yǐhòu mǎshàng tōngzhī nǐ 期日を決めたらすぐにお知らせします．｜会议~在星期五下午两点 huìyì dìngzài xīngqīwǔ xiàwǔ liǎng diǎn 会議は金曜の午後2時の予定である．

**【规定】guīdìng 動 規定する．定める．｜学校~上学必须穿校服 xuéxiào guīdìng shàngxué bìxū chuān xiàofú 学校では登校時に必ず制服を着用するように決めている．｜明文~ míngwén guīdìng はっきりと文章で規定する．

★【决定】juédìng 動 決める．決定する．｜去不去由你自己~ qùbuqù yóu nǐ zìjǐ juédìng 行くか行かないか自分で決めなさい．｜他~考研究生 tā juédìng kǎo yánjiūshēng 彼は大学院を受けることに決めた．｜这次偶然的相遇~了她的一生 zhè cì ǒurán de xiāngyù juédìngle tā de yìshēng 今回の偶然の出会いは彼女の一生を決めた．｜需要~着生产的方向 xūyào juédìngzhe shēngchǎn de fāngxiàng 需要は生産の方向性を決定する．

【商定】shāngdìng 動 協議して決める．｜双方~明年五月举行第二轮会谈 shuāngfāng shāngdìng míngnián wǔyuè jǔxíng dì èr lún huìtán 双方が協議した結果，来年5月に2回目の会談を開くことに決めた．

【说定】shuō//dìng 動 話を決める．取り決める．｜这事儿就这样~了 zhè shìr jiù zhèyàng shuōdìng le この件はじゃあこうすることに決めましょう．

【说好】shuōhǎo 動 話して決める．取り決める．｜已经跟妈妈~了，明天去公园玩儿 yǐjīng gēn māma shuōhǎo le, míngtiān qù gōngyuán wánr 明日公園へ遊びにいくと，もうお母さんと約束した．

★【下】xià 動 (結論・決定・判断などを)下す．｜~结论 xià jiélùn 結論を下す．｜~了离婚的决心 xiàle líhūn de juéxīn 離

婚を決意した.｜一直～不了决心 yìzhí xiàbuliǎo juéxīn ずっと決心がつかない.

*【选定】xuǎndìng 動 選定する. 選んで決める. ‖～日期 xuǎndìng rìqī 期日を決める.｜～会场 xuǎndìng huìchǎng 会場を決める.

*【指定】zhǐdìng 動 指定する. 決める. ‖请准时在～的地点集合 qǐng zhǔnshí zài zhǐdìng de dìdiǎn jíhé 時間どおりに指定の場所に集合してください.｜～专人负责此项工作 zhǐdìng zhuānrén fùzé cǐ xiàng gōngzuò 責任者を決めてこの仕事を担当させる.

*【作主】zuò//zhǔ 動 自分の一存で決める. 責任をもって処置する. ‖这事我作不了主 zhè shì wǒ zuòbuliǎo zhǔ この件は私の一存では決めかねる.｜我一个人很难～ wǒ yí ge rén hěn nán zuòzhǔ 私一人では計らいかねる.

きもち　気持ち

▶感情　▶情绪　▶心　▶心境　▶心里
▶心路　▶心情　▶心神　▶心绪　▶胸怀

**【感情】gǎnqíng 图 感情. 気持ち. ‖控制自己的～ kòngzhì zìjǐ de gǎnqíng 自分の気持ちを抑える.｜不轻易流露～ bù qīngyì liúlù gǎnqíng めったに気持ちをあらわにしない.｜～丰富 gǎnqíng fēngfù 感情豊かである.｜～脆弱 gǎnqíng cuìruò 感情にもろい.｜～冲动 gǎnqíng chōngdòng 感情的になる.

**【情绪】qíngxù 图 気分. 気持ち. 機嫌. ‖～高涨 qíngxù gāozhǎng 意気が上がる. 気持ちが高揚する.｜～低落 qíngxù dīluò 意気消沈する.｜我现在没～跟你开玩笑 wǒ xiànzài méi qíngxù gēn nǐ kāi wánxiào 今君に冗談を言う気分じゃない.

★【心】xīn 图 感情. 気持ち. ‖虽然语言不通，～却是相通的 suīrán yǔyán bùtōng,

xīn què shì xiāngtōng de 言葉は通じなくても、気持ちは通い合っている.｜～～相印 xīn xīn xiāng yìn 心と心が通じ合う. お互いに深く理解しあう.

【心境】xīnjìng 图 心境. 気持ち. ‖～佳 xīnjìng bù jiā 気持ちが晴れない.

*【心里;心理】xīnli；xīnlǐ 图 心の中. 胸中. ‖～难过 xīnli nánguò 心中つらい.｜～不安 xīnli bù'ān 心配で落ち着かない.｜～直打鼓 xīnli zhí dǎgǔ 胸がどきどきする.｜～很不是滋味儿 xīnli hěn bú shì zīwèir いやな気持ちになる.｜～亮堂多了 xīnli liàngtangduō le 気持ちがすっきりした.

【心路】xīnlù(～儿) 图 気持ち. 考え. ‖这话正对他的～ zhè huà zhèng duì tā de xīnlù その言葉は彼の気持ちにぴったりかなっている.

**【心情】xīnqíng 图 心. 気分. 心情. ‖～舒畅 xīnqíng shūchàng 気持ちがのびのびする.｜～不好 xīnqíng bù hǎo 気分がよくない. 不愉快である.｜愉快的～ yúkuài de xīnqíng うれしい気持ち.｜当时高考在即，哪有～看电影啊 dāngshí gāokǎo zàijí, nǎ yǒu xīnqíng kàn diànyǐng a そのときは大学受験が間近で、映画などとても見る気になれなかった.

【心神】xīnshén 图 気持ち. 精神状態. ‖～不定 xīnshén bú dìng 気持ちが落ち着かない.

【心绪】xīnxù 图 気持ち. 心. ‖～不宁 xīnxù bùníng 気持ちが落ち着かない.｜～乱如麻 xīnxù luàn rú má 心が千々に乱れる.

【胸怀】xiōnghuái 图 胸の内. 心. 度量. ‖～坦白 xiōnghuái tǎnbái 率直である.｜～狭窄 xiōnghuái xiázhǎi 心が狭い.｜无私的～ wúsī de xiōnghuái 無私の心.

きゅうか 休暇

きゃく 客

▶乗客 ▶顾客 ▶贵宾 ▶客 ▶客户
▶客人 ▶生客 ▶熟客 ▶用户 ▶游客
▶主顾

★【乗客】chéngkè 图乗客.

**【顾客】gùkè 图お客. 顧客. ‖ 老~ lǎo-
gùkè 常連の客. | 盈门 gùkè yíngmén
千客万来.

*【贵宾】guìbīn 图貴賓. ‖ 招待~ zhāodài
guìbīn 貴賓をもてなす. | ~室 guìbīn-
shì 貴賓室. VIPルーム. | ~卡 guìbīn-
kǎ 得意先向けの優待カード.

*【客】kè 图客. ⇔"主" zhǔ 贵~ guìkè
贵宾客. | 请~ qǐng kè 客を招待する. |
做~ zuòkè 客として招待される. | 好
~ hàokè 客好きである.

【客户】kèhù 图顾客. 取引先.

**【客人】kèren；kèrén 图❶お客. 来客.
⇔"主人" zhǔren ‖ 招待~ zhāodài kèren
客をもてなす. ❷乗客. 旅客. ‖ 热情
周到地为~服务 rèqíng zhōudào de wèi kè-
ren fúwù 心を込め, 至れり尽くせりで
旅客にサービスする.

【生客】shēngkè 图見知らぬ客. ⇔"熟
客" shúkè 别张罗, 我又不是~ bié
zhāngluo, wǒ yòu bú shì shēngkè どうぞお
構いなく, 初めて来たのではありませ
んから.

【熟客】shúkè 图なじみの客. 常連. ⇔
"生客" shēngkè

*【用户】yònghù 图利用者. 使用者.
ユーザー. ‖ 煤气~ méiqì yònghù ガス
の使用者. | 方便~ fāng biàn yònghù お
客様の便宜をはかる. | 应为~着想 yīng
wèi yònghù zhuóxiǎng ユーザーのために
考えなければならない.

*【游客】yóukè 图観光客.

【主顾】zhǔgù 图(店の)お客. 顧客. ‖
老~ lǎozhǔgù なじみのお客. お得意

様.

きゅうか 休暇

▶病假 ▶产假 ▶度假 ▶放假 ▶告假
▶寒假 ▶假期 ▶请假 ▶事假 ▶暑假
▶休假

【病假】bìngjià 图病欠. 病気のため休
みを取ること. ‖ 请~ qǐng bìngjià 病欠
を願い出る. | 休~ xiū bìngjià 病欠で休
む. | ~条 bìngjiàtiáo 病欠届.

【产假】chǎnjià 图出産休暇. 産休. ‖ 请
~ qǐng chǎnjià 出産休暇をとる.

【度假】dù//jià 動休暇を過ごす. ‖ 你在
哪儿度的假? nǐ zài nǎr dù de jià? 君はど
こで休暇を過ごしたの. | 去海滨~ qù
hǎibīn dùjià 海辺へ行って休暇を過ご
す.

★【放假】fàng//jià 動休みになる. 休暇に
なる. ‖ 快~了 kuài fàngjià le もうすぐ
休暇だ. | 春节放几天假? Chūnjié fàng jǐ
tiān jià? 旧正月は何日休みになります
か.

【告假】gào//jià 動届け出て休みをとる.
‖ ~回了趟老家 gàojià huíle tàng lǎojiā
休暇をもらって帰省した. | 告三天假
gào sān tiān jià 3日間の休暇届けを出す.

★【寒假】hánjià 图冬休み. ‖ 放~ fàng hán-
jià 冬休みになる.

*【假期】jiàqī 图休暇. 休みの期間. ‖ ~
作业 jiàqī zuòyè 休暇中の宿題. | ~中
出了车祸 jiàqī zhōng chūle chēhuò 休暇中
に交通事故を起こした.

★【请假】qǐng//jià 動(病気その他の理由
で)仕事や学業を休む. 休みをとる. ‖
~条 qǐngjiàtiáo 休暇届. | 请了一天假
qǐngle yì tiān jià 1日休みをとった. | 这
次会很重要, 任何人都不准~ zhè cì huì
hěn zhòngyào, rènhé rén dōu bù zhǔn qǐngjià
こんどの会議は重要だから, 誰も休ん

きゅうぎ　球技

ではいけない.

【事假】shìjià 图私事での休暇.

**【暑假】shǔjià 图(学校の)夏休み. ‖过
~ guò shǔjià 夏休みを過ごす. ｜放
~ fàng shǔjià 夏休みになる. ｜~作业 shǔ-
jià zuòyè 夏休みの宿題.

【休假】xiū//jià 動休暇を取る. 休みに
なる. ‖春节~三天 Chūnjié xiūjià sān tiān
旧正月は3日間休む. ｜太忙了, 休不
了假 tài máng le, xiūbuliǎo jià 忙しすぎて
休暇が取れない.

きゅうぎ　球技

▶棒球　▶保龄球　▶橄榄球　▶高尔夫球
▶篮球　▶垒球　▶马球　▶排球　▶乒乓球
▶曲棍球　▶手球　▶水球　▶台球
▶羽毛球　▶足球

---

*【棒球】bàngqiú 图野球. ‖~队 bàngqiú-
duì 野球チーム.

*【保龄球】bǎolíngqiú 图ボーリング.

【橄榄球】gǎnlǎnqiú 图ラグビー.

【高尔夫球】gāo'ěrfūqiú 图ゴルフ. ‖~
棒 gāo'ěrfūqiúbàng ゴルフ・クラブ. ｜
~场 gāo'ěrfūqiúchǎng ゴルフ場.

★【篮球】lánqiú 图バスケットボール. ‖
打~ dǎ lánqiú バスケットボールをす
る.

【垒球】lěiqiú 图ソフトボール.

【马球】mǎqiú 图ポロ.

★【排球】páiqiú 图バレーボール.

**【乒乓球】pīngpāngqiú 图卓球. ピンポ
ン. ‖~拍 pīngpāngqiúpāi 卓球のラケッ
ト.

【曲棍球】qūgùnqiú 图ホッケー.

【手球】shǒuqiú 图ハンドボール.

【水球】shuǐqiú 图水球.

【台球】táiqiú 图ビリヤード. 玉突き.
"康乐球" kānglèqiú ともいう.

**【羽毛球】yǔmáoqiú 图バドミントン.

★【足球】zúqiú 图サッカー. ‖踢~ tī zú-
qiú サッカーをする.

きゅうよ　給与

▶补贴　▶待遇　▶工资　▶加班费　▶奖金
▶津贴　▶薪金　▶薪水　▶月薪

---

*【补贴】bǔtiē 图手当. 補助金. ‖出差~
chūchāi bǔtiē 出張手当. ｜财政~ cáizhèng
bǔtiē 財政補助. ｜住房~ zhùfáng bǔtiē 住
居手当.

*【待遇】dàiyù 图待遇. ‖~优厚 dàiyù yōu-
hòu 待遇がよい. ｜给工人提高~ gěi gōng-
rén tígāo dàiyù 工場労働者の給与を引き
上げる.

**【工资】gōngzī 图賃金. 給料. ‖发~ fā
gōngzī 給料を出す. ｜领~ lǐng gōngzī 給
料を受け取る. ｜涨~ zhǎng gōngzī 給料
が上がる. ｜基本~ jīběn gōngzī 基本給.
｜高~ gāo gōngzī 高給.

【加班费】jiābānfèi 图残業手当.

*【奖金】jiǎngjīn 图賞金. ボーナス. 特
別手当. ‖发~ fā jiǎngjīn ボーナスを支
給する.

*【津贴】jīntiē 图(賃金以外の)手当. ‖夜
班~ yèbān jīntiē 夜勤手当.

*【薪金】xīnjīn 图俸給. 給料. ‖~微薄
xīnjīn wēibó 給料は微々たるものだ.

*【薪水】xīnshui 图俸給. 給料.

【月薪】yuèxīn 图月給. 給料. ‖月薪
三千元还可以 yuèxīn sānqiān yuán hái kěyǐ
月給は3000元でまあいいほうだ.

きょういく　教育

▶帮助　▶教导　▶教养　▶教育　▶施教
▶文化　▶文化水平　▶指导

★【帮助】bāngzhù 動啓蒙する. 説得する.
批判する. 教育する. ‖需要开个会, ~

218

きょうし　教師

～他 xūyào kāi ge huì, bāngzhùbāngzhù tā 会議を開き, 彼を説得する必要がある.

*【教导】jiàodǎo 動教え導く. 指導する. ‖～有方 jiàodǎo yǒufāng 指導が的を射ている. ‖～学生要从小热爱学习 jiàodǎo xuésheng yào cóngxiǎo rè'ài xuéxí 小さい時から学ぶことを愛するように生徒を指導する. 图教え. 指導. ‖听从师长的～ tīngcóng shīzhǎng de jiàodǎo 師の指導に従う.

*【教养】jiàoyǎng 動教え育てる. 礼儀作法をしつける. ‖～子女 jiàoyǎng zǐnǚ 子供をしつける. 图教養. ‖没有～ méiyou jiàoyǎng 教養がない. 下品である. ‖很有～ hěn yǒu jiàoyǎng 教養がある.

★【教育】jiàoyù 图教育. ‖接受～ jiēshòu jiàoyù 教育を受ける. ‖～界 jiàoyùjiè 教育界. 動教育する. 教え導く. 諭す. ‖说服～ shuōfú jiàoyù 言い聞かせ納得させて教育する. ‖～青年 jiàoyù qīngnián 若者を教育する. ‖应该好好儿～～他 yīnggāi hǎohāor jiàoyùjiàoyù tā 彼をよく教育してやらなくてはならない.

【施教】shījiào 動書指導する. 教える.

★【文化】wénhuà 图知識. 教育. 教養. ‖学～ xué wénhuà 読み書きを学ぶ. ‖～程度高 wénhuà chéngdù gāo 教育レベルが高い. 学歴が高い.

【文化水平】wénhuà shuǐpíng 图教育・教養レベル. 学歴. 知的水準. ‖提高～ tígāo wénhuà shuǐpíng 教育レベルを向上させる. ‖他～比较低 tā wénhuà shuǐpíng bǐjiào dī 彼は学歴がやや低い.

**【指导】zhǐdǎo 動指導する. ‖老师～学生做实验 lǎoshī zhǐdǎo xuésheng zuò shíyàn 先生が学生の実験を指導する. ‖上级～工作 shàngjí zhǐdǎo gōngzuò 上司が仕事を指導する. ‖在老师的～下, 进步很快 zài lǎoshī de zhǐdǎo xia, jìnbù hěn kuài 先生の指導で上達がとても早い.

きょうかい　境界

▶边界　▶边境　▶地界　▶国境　▶疆界
▶界　▶界线　▶境界

*【边界】biānjiè 图(国と国あるいは地域と地域の)境界. ‖中越～ Zhōng Yuè biānjiè 中越国境. ‖～争端 biānjiè zhēngduān 国境紛争. ‖～线 biānjièxiàn 国境線. ‖越过～ yuèguò biānjiè 国境を越える.

【边境】biānjìng 图辺境. ‖～地区 biānjìng dìqū 辺境地帯. ‖～贸易 biānjìng màoyì 国境貿易.

【地界】dìjiè 图土地の境界.

【国境】guójìng 图国境. ‖～线 guójìngxiàn 国境線.

【疆界】jiāngjiè 图境界. 国境.

*【界】jiè 图境. 境界. ‖省～ shěngjiè 省の境界. ‖国～ guójiè 国境. ‖以河为～ yǐ hé wéi jiè 川を境とする.

*【界线】jièxiàn 图境界線. ‖两家土地的～ liǎng jiā tǔdì de jièxiàn 両家の土地の境界線.

*【境界】jìngjiè 图(土地の)境界. ‖～线 jìngjièxiàn 境界線.

きょうし　教師

▶导师　▶恩师　▶讲师　▶教书匠　▶教师
▶教授　▶教员　▶老师　▶师傅　▶先生

*【导师】dǎoshī 图(大学などの)指導教官.

【恩师】ēnshī 图恩師. 恩義のある仕事の師や学校の先生.

【讲师】jiǎngshī 图講師(高等教育機関の教員で"副教授" fùjiàoshòu に次ぐもの).

【教书匠】jiāoshūjiàng 图貶教師に対する蔑称(ぺしょう).

**【教师】jiàoshī 图(職業としての)教師.

219

き

きょうしつ　教室

先生. ‖ 英语~ Yīngyǔ jiàoshī 英語の教師. ｜ 当~ dāng jiàoshī 教師になる.

** 【教授】 jiàoshòu 图教授.

** 【教员】 jiàoyuán 图教員. 組織の中の教学担当者. ‖ 汉语~ Hànyǔ jiàoyuán 中国語担当の教員.

★ 【老师】 lǎoshī 图❶(教師に対する敬称)先生. (単独で呼びかけに用いたり, 名前の後につけることができる)‖ 幼儿园~ yòu'éryuán lǎoshī 幼稚園の先生. ❷(広く知識・教養・技術などをもつ人に対する敬称)先生. (単独で呼びかけに用いたり, 名前の後につけることができる)‖ 王~ Wáng lǎoshī 王先生.

★ 【师傅】 shīfu 图❶師匠. 親方. 先生. ❷技能労働者に対する尊称. ‖ 木匠~ mùjiang shīfu 大工さん. ❸口労働者・運転手・店員などに対する呼びかけ.

★ 【先生】 xiānsheng 图❶(学校の)先生. 教師. ❷(男性に対する敬称)…先生. …さん. ‖ 王~ Wáng xiānsheng 王さん. ｜ 女士们，~们 nǚshìmen, xiānshengmen 紳士淑女諸君. ❸回講談師や易者などに対する呼称. ‖ 算命~ suànmìng xiānsheng 占い師. ｜ 风水~ fēngshui xiānsheng 地相見.

きょうしつ　教室

▶讲堂　▶讲习所　▶教室　▶课堂

【讲堂】 jiǎngtáng 图大教室.

【讲习所】 jiǎngxísuǒ 图講習所. 教室.

★ 【教室】 jiàoshì 图教室. (授業をするための設備としての部屋や場所を表す)‖ 电化~ diànhuà jiàoshì LL教室. ｜ 露天~ lùtiān jiàoshì 野外教室.

* 【课堂】 kètáng 图教室. (設備としての部屋のほか, 教室内で行われる教学行為や授業活動も表す)‖ ~教学 kètáng jiàoxué 教室での授業. ｜ ~讨论 kètáng

tǎolùn ゼミナール. ｜ 扰乱~ rǎoluàn kètáng 授業を妨害する.

きょうはく　脅迫

▶恫吓　▶恐吓　▶强迫　▶威逼　▶威吓
▶威胁　▶吓唬　▶胁迫　▶要挟

【恫吓】 dònghè 動脅迫する. 威嚇(いかく)する. 恫喝(どうかつ)する. ‖ 用武力~邻国 yòng wǔlì dònghè línguó 武力で隣国を威嚇する.

【恐吓】 kǒnghè 動脅かす. 脅す. ‖ 当面~ dāngmiàn kǒnghè 面と向かって脅す. ｜ ~电话 kǒnghè diànhuà 脅迫電話. ｜ ~信 kǒnghèxìn 脅迫状.

* 【强迫】 qiǎngpò 動強いる. 無理に従わせる. 強制する. ‖ ~执行 qiǎngpò zhíxíng 強制執行する. ｜ 用武力~对方服从 yòng wǔlì qiǎngpò duìfāng fúcóng 武力で相手に服従を強いる. ｜ 人家不愿意跟你交朋友，就别~人家了 rénjia bú yuànyì gēn nǐ jiāo péngyou, jiù bié qiǎngpò rénjia le あの人はあなたと交際したくないというのだから, 無理を言うのはよしなさい.

【威逼】 wēibī 動力で押さえつける. 脅す. ‖ ~利诱 wēibī lìyòu 脅したりすかしたりする.

【威吓】 wēihè 動威嚇する. 脅す. ‖ 用武力~ yòng wǔlì wēihè 武力で威嚇する. ｜ 公开~ gōngkāi wēihè 公然と脅す.

* 【威胁】 wēixié 動脅迫する. 脅かす. ‖ 受到~ shòudào wēixié 脅迫される. ｜ 用手枪~他 yòng shǒuqiāng wēixié tā ピストルで彼を脅す. ｜ 疾病~着他的生命 jíbìng wēixiézhe tā de shēngmìng 病が彼の命をおびやかしている. ｜ 军事~ jūnshì wēixié 軍事的脅威.

【吓唬】 xiàhu 動口驚かす. 脅かす. 怖がらせる. ‖ 用刀枪~人 yòng dāoqiāng

きょか　許可

xiàhu rén 武器で人を脅す.｜別想用拳头一人 bié xiǎng yòng quántou xiàhu rén 暴力で人を脅そうとしても無駄だ.｜我不是～你, 事情真的很严重 wǒ bú shì xiàhu nǐ, shìqing zhēn de hěn yánzhòng 私はあなたを脅かそうというのではない, 事はほんとうに重大なのだ.

【胁迫】xiépò 動 脅迫する. 脅かす.｜～对方 xiépò duìfāng 相手に無理やり迫る.

【要挟】yāoxié 動 (相手の弱点をおさえて)要求をのませる. 強要する. 強制する.｜以罢工来～厂方 yǐ bàgōng lái yāoxié chǎngfāng ストライキをして工場側に強要する.

きょうみ　興味

▶爱好　▶感兴趣　▶津津有味　▶兴趣
▶兴头　▶兴味　▶兴致　▶兴致勃勃

** 【爱好】àihào 名 興味のあること. 趣味.｜有没有～打篮球的朋友? yǒu méiyou àihào dǎ lánqiú de péngyou? バスケットボールに興味のある方はいませんか.

** 【感兴趣】gǎn xìngqù 組 興味を覚える.｜对音乐很～ duì yīnyuè hěn gǎn xìngqù 音楽にとても興味がある.｜对足球不～ duì zúqiú bù gǎn xìngqù サッカーには興味がない.｜你现在对什么最～ nǐ xiànzài duì shénme zuì gǎn xìngqù いま一番興味のあることは何ですか.｜他对国际问题很～ tā duì guójì wèntí hěn gǎn xìngqù 彼は国際問題にとても関心がある.

* 【津津有味】jīn jīn yǒu wèi 成 興味津々. 格別に興味がある.｜他听得～ tā tīngde jīn jīn yǒu wèi 彼は興味津々に聞いている.

** 【兴趣】xìngqù 名 興味. 関心. 面白み.｜～广泛 xìngqù guǎngfàn 興味が広い.｜有〔没有〕～ yǒu〔méiyou〕xìngqù 興味がある〔ない〕.｜缺乏～ quēfá xìngqù 面

白みに欠ける.｜他对养花产生了浓厚的～ tā duì yǎng huā chǎnshēngle nónghòu de xìngqù 彼は園芸に強い興味を抱いた.

【兴头】xìngtou 名 興味. 感興. 気乗り.｜～很大 xìngtou hěn dà 大いに興味を示す.｜一说钓鱼, 他来了～ yì shuō diàoyú, tā láile xìngtou 釣りの話になると彼は身を乗り出す.

【兴味】xìngwèi 名 興味. 面白み.｜～无穷 xìngwèi wúqióng 興味が尽きない.｜～索然 xìngwèi suǒrán 面白みがない. 興ざめする.

【兴致】xìngzhì 名 興味. 面白み.｜他们游山玩水, ～很高 tāmen yóu shān wán shuǐ, xìngzhì hěn gāo 彼らは有名な山水を旅して回り, 大いに感興をそそられている.

【兴致勃勃】xìng zhì bó bó 成 興味津々. 興味が盛んにわいてくる.

きょか　許可

▶点头　▶批　▶批准　▶容许　▶同意
▶许　▶许可　▶应许　▶允许　▶准
▶准许

* 【点头】diǎn//tóu (～儿) 動 うなずく. (許可・同意を表す)｜这事得他～才行 zhè shì děi tā diǎntóu cái xíng このことは彼が同意しないといけない.｜这件事局长已经～了 zhè jiàn shì júzhǎng yǐjīng diǎntóu le この件は局長がすでにうんと言っている.

* 【批】pī 動 (書類に)意見・指示を書き入れる. 決裁する.｜～文件 pī wénjiàn 文書に指示を書く.｜签证～了 qiānzhèng pī le ビザがおりた.｜报告已经～了 bàogào yǐjīng pī le 報告は承認された.｜我的申请已经～下来了 wǒ de shēnqǐng yǐjīng pīxialai le 私の申請はすでに許可がおりた.

きょり　距離

[批准] pī//zhǔn 動 許可する. 承認する. ‖得到～ dédào pīzhǔn 許可を得る.｜学校～他们再买一台复印机 xuéxiào pīzhǔn tāmen zài mǎi yì tái fùyìnjī 学校当局はコピー機をもう1台購入することを許可した.

[容许] róngxǔ 動 許す. 許可する. ‖为什么～这样的事发生? wèi shénme róngxǔ zhèyàng de shì fāshēng? このような事件の発生をなぜ許したのか.｜不～违反原则 bù róngxǔ wéifǎn yuánzé 原則に反することは許さない.

[同意] tóngyì 動 同意する. 承認する. 賛同する. ‖父母不得不～了他们的婚事 fùmǔ bù dé bù tóngyìle tāmen de hūnshì 両親は二人の結婚をしぶしぶながら承知した.｜我的请求上级～了 wǒ de qǐngqiú shàngjí tóngyì le 私の要望を上司は承認してくれた.

[许] xǔ 動 許す. 許可する. 認める. ‖谁～你这样做的? shéi xǔ nǐ zhèyàng zuò de? 誰がこんなふうにやっていいと言ったんだ.｜每人只～拿一个 měirén zhǐ xǔ ná yí ge 一人につき1個のみ取ってよい.｜只～成功, 不～失败 zhǐ xǔ chénggōng, bùxǔ shībài 成功あるのみ, 失敗は許されない.

[许可] xǔkě 動 許す. 許可する. ‖未经～, 不得入内 wèijīng xǔkě, bù dé rù nèi 許可なしに立ち入るべからず.｜如果条件～, 他想举办一次个人演唱会 rúguǒ tiáojiàn xǔkě, tā xiǎng jǔbàn yí cì gèrén yǎnchànghuì 条件が許せば, 彼はワンマンショーをやってみたいと思っている.

[应许] yīngxǔ 動 許可する. 許す. ‖医生～他下地了 yīshēng yīngxǔ tā xiàdì le 医者は彼がベッドから降りることを許可した.

[允许] yǔnxǔ 動 許可する. 許す. ‖他的作法是不能～的 tā de zuòfa shì bù néng yǔnxǔ de 彼のやり方は認められない.｜请～我提几个问题 qǐng yǔnxǔ wǒ tí jǐ ge wèntí 何点か質問させていただきます.｜未经～, 不得入内 wèi jīng yǔnxǔ, bù dé rù nèi 許可のない者は立ち入るべからず.

[准] zhǔn 動 許す. 許可する. ‖获～出境 huòzhǔn chūjìng 出国を許可される.｜一次只～借两本书 yí cì zhǐ zhǔn jiè liǎng běn shū 1回に2冊までしか貸し出さない.｜不～随地吐痰 bù zhǔn suídì tǔ tán 所かまわずたんを吐くべからず.

[准许] zhǔnxǔ 動 許可する. ‖得到～ dédào zhǔnxǔ 許可を得る｜医生～他出院了 yīshēng zhǔnxǔ tā chūyuàn le 医者は彼に退院を許可した.｜未经～, 不得动用 wèi jīng zhǔnxǔ, bùdé dòngyòng 許可あるまでは使用を禁ず.

きょり　距離

▶差距　▶间隔　▶距离　▶相隔　▶相距

[差距] chājù 名 差. 格差. 隔たり. ‖跟先进单位相比, 还有很大～ gēn xiānjìn dānwèi xiāngbǐ, háiyǒu hěn dà chājù 先進的な機関や企業と比べるとまだ大きく遅れている.｜在认识上有～ zài rènshishang yǒu chājù 認識において隔たりがある.

[间隔] jiàngé 名 (時間的または空間的な)間隔. 隔たり. ‖房子与房子之间的～太小 fángzi yǔ fángzi zhījiān de jiàngé tài xiǎo 家と家との間隔が狭すぎる. 動 間隔をおく. 隔てる. ‖每～五米栽一棵树 měi jiàngé wǔ mǐ zāi yì kē shù 5メートルごとに木を植える.

[距离] jùlí 名 距離. 隔たり. ‖两车之间保持着一定的～ liǎng chē zhījiān bǎochízhe yídìng de jùlí 一定の車間距離を保つ.｜第一名和第二名之间的～渐渐拉开了 dì yī míng hé dì èr míng zhī jiān de jùlí jiànjiàn lākāi le トップと2位との差がだ

んだんと開いていった.｜我们俩的看法有很大~ wǒmen liǎ de kànfa yǒu hěn dà jùlí 私たち二人の考えにはかなり隔たりがある.

【相隔】xiānggé 動 (距離が)隔たる. 離れる.｜两校~五公里 liǎng xiào xiānggé wǔ gōnglǐ 両校は5キロ離れている.｜两店~不远 liǎng diàn xiānggé bù yuǎn 二つの店はあまり離れていない.

【相距】xiāngjù 動 離れる. 隔たる.｜两个学校~不远 liǎng ge xuéxiào xiāngjù bù yuǎn 二つの学校はそう離れていない.｜~十几米, 但是听得十分清楚 xiāngjù shíjǐ mǐ, dànshi tīngde shífēn qīngchu 十数メートル離れているが, はっきりと聞こえる.｜宿舍与食堂~五十多米 sùshè yǔ shítáng xiāngjù wǔshí duō mǐ 宿舎は食堂から50メートルほど離れている.

きらう　嫌う

▶不耐烦　▶不喜欢　▶烦　▶恨　▶讨厌
▶嫌　▶嫌恶　▶厌烦　▶厌恶

【不耐烦】bù nàifán 組 面倒くさい. 我慢できない.｜他就~干家务活儿 tā jiù bú nàifán gàn jiāwù huór 彼は家事をするのを面倒がる.｜被他唠叨得~了 bèi tā láodaode bú nàifán le 彼がぶつぶつ言い出すと, まったくうるさくてやりきれない.

【不喜欢】bù xǐhuan 組 好まない. 好かない.｜我最~对别人的事儿说东道西的 wǒ zuì bù xǐhuan duì biéren de shìr shuō dōng dào xī de 人のことをとやかく言うのが一番嫌いだ.

＊【烦】fán 形 煩わしい. 面倒である. うるさい.｜这些话已经听~了 zhèxiē huà yǐjīng tīngfán le そんなことはもう聞き飽きた.｜我就~他那股啰唆劲儿 wǒ jiù fán tā nà gǔ luōsuo jìnr 彼のあのくどいと

ころが嫌だ.

＊＊【恨】hèn 動 恨む. 憎む. ひどく嫌う.｜她一直~着母亲 tā yìzhí hènzhe mǔqīn 彼女はずっと母親を憎んでいる.｜他最~别人轻视他 tā zuì hèn biéren qīngshì tā 彼はばかにされるのを一番嫌った.

＊＊【讨厌】tǎo//yàn 動 嫌う. 嫌がる. こころよく思わない.｜我最~不守时间的人 wǒ zuì tǎoyàn bù shǒu shíjiān de rén 私は時間を守らない人がいちばん嫌いだ.｜~吃油腻的东西 tǎoyàn chī yóunì de dōngxi 油っこいものが嫌いだ.

＊【嫌】xián 動 嫌う. 嫌悪する. 不満である.｜~他啰唆 xián tā luōsuo 彼の話のくどいところが嫌だ.｜~贵, 没买 xián guì, méi mǎi 値段が高いのが嫌で, 買わなかった.｜他~家里太吵, 出去看书去了 tā xián jiā li tài chǎo, chūqù shū qù le 彼は家の中が騒がしいのを嫌って, 本を読みに外へ出ていった.｜她乐于助人, 从不~麻烦 tā lèyú zhù rén, cóng bù xián máfan 彼女は喜んで人助けをする人だ, いままで面倒がったことはない.

【嫌恶】xiánwù 動 嫌う. 嫌がる.｜遭人~ zāo rén xiánwù 人に嫌われる.

【厌烦】yànfán 動 嫌気がさす. うんざりする.｜~空洞的说教 yànfán kōngdòng de shuōjiào 中身のない説教に嫌気がさす.｜唠叨起来没完, 听了让人~ láodaoqilai méi wán, tīngle ràng rén yànfán いつまでもくどくどと, まったくうんざりさせられる.

＊【厌恶】yànwù 動 憎む. 嫌悪する.｜~弄虚做假的人 yànwù nòng xū zuò jiǎ de rén まやかしをやるような人間は大嫌いだ.｜产生~情绪 chǎnshēng yànwù qíngxù 嫌悪感をもつ.

きらきら

きらきら

▶灿烂　▶光辉　▶晃眼　▶晶莹　▶亮晶晶
▶亮闪闪　▶闪　▶闪闪　▶闪烁　▶闪耀

*【灿烂】 cànlàn 形 燦然(さん)としている.
きらきらと光り輝いている. ‖ 前途光
明〜 qiántú guāngmíng cànlàn 前途は光り
輝いている. | 阳光〜 yángguāng cànlàn
陽光がまぶしく輝いている. | 〜的文
化 cànlàn de wénhuà 輝かしい文化.

**【光辉】 guānghuī 名 輝き. 光輝. ‖ 太阳
的〜 tàiyang de guānghuī 太陽の輝き. 形
輝かしい. 華々しい. ‖ 〜的一生 guāng-
huī de yìshēng 輝かしい生涯. | 树立了
〜的典范 shùlìle guānghuī de diǎnfàn 立派
な手本を打ち立てた. | 〜灿烂的前景
guānghuī cànlàn de qiánjǐng 輝かしい将
来.

【晃眼】 huǎngyǎn 形 まぶしい. ‖ 湖水反
射着阳光, 十分〜 húshuǐ fǎnshèzhe yáng-
guāng, shífēn huǎngyǎn 湖水に太陽の光
が照り返して, とてもまぶしい.

【晶莹】 jīngyíng 形 透き通って輝いてい
る. ‖ 〜发亮 jīngyíng fāliàng きらきら
光っている. | 〜的露水 jīngyíng de lù-
shuǐ きらりと光る露.

【亮晶晶】 liàngjīngjīng (〜的) 形 (透明
で美しいものが)きらきら輝いている.
‖ 〜的星星 liàngjīngjīng de xīngxing き
らきら輝く星. | 〜的露珠 liàngjīngjīng
de lùzhū きらきら光る露. | 〜的玻璃工
艺品 liàngjīngjīng de bōli gōngyìpǐn きれ
いに輝くガラス細工. | 在灯光下, 雪
花〜的 zài dēngguāng xià, xuěhuā liàngjīng-
jīng de ともしびの下で, 舞い落ちる雪
がきらきら輝いている.

【亮闪闪】 liàngshǎnshǎn (〜的) 形 きらき
ら輝いている. ‖ 〜的星星 liàngshǎnshǎn
de xīngxing きらきらと輝くお星さま.
| 〜的眼睛 liàngshǎnshǎn de yǎnjing きら

きらした瞳.

**【闪】 shǎn 動 ぴかぴか光る. きらきら
光る. きらめく. ‖ 〜光 shǎnguāng 閃光
(せんこう). | 眼睛里〜着泪花 yǎnjing li shǎn-
zhe lèihuā 目に涙が光っている.

【闪闪】 shǎnshǎn 形 きらめいている.
きらきら光っている. ‖ 金光〜 jīnguāng
shǎnshǎn まばゆい光がきらめいてい
る. | 满天的星星〜发光 mǎntiān de xīng-
xing shǎnshǎn fāguāng 空いっぱいの星が
きらきらと輝く.

*【闪烁】 shǎnshuò 動 きらめく. きらき
らする. ちらつく. ‖ 星光〜 xīngguāng
shǎnshuò 星がきらめいている.

*【闪耀】 shǎnyào 動 きらめく. 輝く. ‖
繁星〜 fánxīng shǎnyào 満天の星がきら
めいている. | 〜着真理的光芒 shǎnyào-
zhe zhēnlǐ de guāngmáng 真理の光に輝い
ている.

きりかえる　切り替える・切り換える

▶掉换　▶兑换　▶改变　▶改换　▶更换
▶转换

【掉换】 diàohuàn 動 (新しいものに)切り
かえる. 交換する. "调换"とも書く. ‖
〜工种 diàohuàn gōngzhǒng (工場で)作
業配置をかえる. | 〜零件 diàohuàn líng-
jiàn 部品を交換する.

*【兑换】 duìhuàn 動 両替する. 切りかえ
る. ‖ 用美元〜人民币 yòng měiyuán duì-
huàn rénmínbì 米ドルを人民幣に両替す
る. | 〜率 duìhuànlǜ 為替相場. 為替
レート.

★【改变】 gǎibiàn 動 変える. 変更する. ‖
〜学习方法 gǎibiàn xuéxí fāngfǎ 勉強の
方法を切りかえる. | 〜实施计划 gǎi-
biàn shíshī jìhuà 実施計画を変える.

【改换】 gǎihuàn 動 切りかえる. 取りか
える. ‖ 〜方式 gǎihuàn fāngshì 方法を切

りかえる. | ～姿勢 gǎihuàn zīshì 姿勢を
変える. | ～地点 gǎihuàn dìdiǎn 場所を
変える.

*【更換】gēnghuàn 働 入れかえる. ‖ ～了
新设备 gēnghuànle xīn shèbèi 新しい設備
に入れかえた.

*【转换】zhuǎnhuàn 働 転換する. 変える.
‖ ～话题 zhuǎnhuàn huàtí 話題を切りか
える. | ～方向 zhuǎnhuàn fāngxiàng 方向
を変える.

きる　切る

▶断 ▶剁 ▶伐 ▶割 ▶划 ▶剪 ▶铰
▶截 ▶锯 ▶砍 ▶劈 ▶切 ▶斩

**【断】duàn 働 (長い物をいくつかに)切
る. 断ち切る. ‖ 一刀两～ yì dāo liǎng
duàn きっぱりと関係を断つ. 手を切
る.

【剁】duò 働 たたき切る. たたき刻む.
‖ ～肉 duò ròu 肉をたたいてミンチに
する. | 把竹杆～成了三截 bǎ zhúgān duò-
chéngle sān jié 竹竿を三つにたたき切っ
た.

*【伐】fá 働 木を伐(き)る. ‖ ～了两棵树
fále liǎng kē shù 木を2本伐った. | 滥～
lànfá 濫伐する.

**【割】gē 働 (物の一部分を)切り取る. 刈
る. ‖ ～麦子 gē màizi ムギを刈る. | ～
草 gē cǎo 草を刈る. | 切～ qiēgē 切断
する.

*【划】huá 働 (刃物や先の鋭いもので長
く引くようにして)切る. ひっかき跡
をつける. ‖ 皮包让扒手～了个大口子
píbāo ràng páshǒu huále ge dà kǒuzi 革かば
んがすりに大きく切り裂かれてしまっ
た. | 手～破了 shǒu huápò le 手にひっ
かき傷をつくった.

**【剪】jiǎn 働 (はさみで)切る. ‖ 修～ xiū-
jiǎn 切り整える. | ～头发 jiǎn tóufa 髪

を切る. | ～开信封 jiǎnkāi xìnfēng 手紙
を開ける. | 把报上这篇文章～下来 bǎ
bào shang zhè piān wénzhāng jiǎnxialai 新
聞のこの記事を切り抜く.

【铰】jiǎo 働口 はさみで切る. ‖ ～布 jiǎo
bù 布地を切る. | 把绳子～断 bǎ shéngzi
jiǎoduàn 縄をはさみで切る.

*【截】jié 働 (細長いものを一定の長さに)
切断する. 断ち切る. ‖ ～头去尾 jié tóu
qù wěi 両端を切り取る. | 一根竹杆～
成三段 yì gēn zhúgān jiéchéng sān duàn 1
本の竹竿を三つに切断する.

【锯】jù 働 のこぎりで切る. ‖ ～树 jù shù
木をのこぎりで切り倒す.

**【砍】kǎn 働 (なたやおので)たたき切る.
‖ ～柴 kǎn chái 柴(しば)を刈る. | 把树枝
～下来 bǎ shùzhī kǎnxialai 木の枝を切り
落とす.

*【劈】pī 働 (刀やおのなどで)たたき割
る. たたき切る. ‖ ～柴 pī chái 薪を割
る. | ～开这块木头 pīkāi zhè kuài mùtou
この丸太を断ち割る. | ～成两半 pī-
chéng liǎng bàn 真っ二つに割る.

**【切】qiē 働 (刃物で)切る. 切断する. ‖
～菜 qiē cài 野菜を切る. | ～西瓜 qiē xī-
gua スイカを切る. | 把蛋糕～成六块儿
bǎ dàngāo qiēchéng liù kuàir カステラを
六つに切り分ける.

*【斩】zhǎn 働 (勢いよく)切る. 断ち切
る. ‖ ～首 zhǎnshǒu 斬首する. | 快刀
乱麻 kuàidāo zhǎn luànmá 快刀乱麻を断
つ. もつれていた物事を手際よく解決
するたとえ.

きれい

▶好看 ▶俊 ▶酷 ▶美 ▶美丽 ▶美妙
▶漂亮 ▶俏 ▶帅 ▶秀丽 ▶秀气

★【好看】hǎokàn 形 (見た目が)美しい. き
れいである. (“漂亮”piàoliang と言いか

えられることが多い)‖她长得很～ tā zhǎngde hěn hǎokàn 彼女は(顔が)とてもきれいだ.｜这件衣服真～ zhè jiàn yīfu zhēn hǎokàn この服はほんとうに見栄えがする.

【俊】 jùn 形 (容貌(ぼう)が)美しい.優れている.‖～美 jùnměi みめ麗しい.｜这小姑娘真～ zhè xiǎogūniang zhēn jùn この娘さんはほんとうに美しい.

【酷】 kù 形外 (人や物が)格好いい.魅力的である.いかす.(英語の cool の音訳)‖这小伙子真～ zhè xiǎohuǒzi zhēn kù この青年はほんとうにかっこいい.

＊＊【美】 měi 形 美しい.きれいである.⇔ "丑" chǒu ‖这里景色真～ zhèli jǐngsè zhēn měi ここの景色はほんとうに美しい.｜她长得很～ tā zhǎngde hěn měi 彼女はなかなか器量よしだ.

＊＊【美丽】 měilì 形 (景色・風景・動植物・女性など自然に造り出されたものが)美しい.きれいである.‖～的海岛 měilì de hǎidǎo 美しい島.｜～的姑娘 měilì de gūniang 美しい娘.

＊【美妙】 měimiào 形 麗しい.すばらしい.‖～的风光 měimiào de fēngguāng すばらしい景色.｜～的歌声 měimiào de gēshēng 美しい歌声.

★【漂亮】 piàoliang 形 (主として人為的に)きれいである.見た目がよい.‖她长得很～ tā zhǎngde hěn piàoliang 彼女は器量がよい.｜～的衣服 piàoliang de yīfu きれいな服.｜她总是打扮得漂漂亮亮的 tā zǒngshì dǎbande piàopiàoliāngliàng de 彼女はいつもとてもきれいに着飾っている.

【俏】 qiào 形 (容姿が)美しい.きれいである.‖俊～ jùnqiào 器量がよい.｜打扮得很～ dǎbande hěn qiào きれいにおしゃれしている.

＊【帅】 shuài 形口 格好いい.あか抜けている.‖你哥哥长得真～! nǐ gēge zhǎngde zhēn shuài! あなたのお兄さんってすご

くかっこいいわね.｜他的字写得～极了 tā de zì xiěde shuàijí le 彼の字はとてもきれいだ.｜他的跳水动作真～! tā de tiàoshuǐ dòngzuò zhēn shuài! 彼の飛び込みの動きはほんとにきれいだ.

＊【秀丽】 xiùlì 形 秀麗である.美しい.麗しい.‖字体～ zìtǐ xiùlì 字体が秀麗である.｜容貌～ róngmào xiùlì 容貌が美しい.｜～的景色 xiùlì de jǐngsè 美しい風景.｜祖国的山河无比～ zǔguó de shānhé wúbǐ xiùlì 祖国の山河はこの上なく美しい.

【秀气】 xiùqi 形 すっきりして整っている.端正である.‖这孩子长得很～ zhè háizi zhǎngde hěn xiùqi この子はすっきりした端正な顔立ちをしている.｜她的字很～ tā de zì hěn xiùqi 彼女の字はとてもきれいだ.

きれる　切れる
▶断　▶断绝　▶隔绝　▶间断　▶中断

＊＊【断】 duàn 動 とぎれる.絶える.切れる.‖关系～了 guānxi duàn le 関係が切れた.｜～了音信 duànle yīnxìn 音信が途絶えた.｜电话～了 diànhuà duàn le 電話が切れた.

＊【断绝】 duànjué 動 断絶する.絶ち切る.‖～联系 duànjué liánxì 関係を断ち切る.｜～交通 duànjué jiāotōng 交通を遮断する.

＊【隔绝】 géjué 動 遮断する.隔絶する.‖音信～ yīnxìn géjué 音信が途絶える.｜与世～ yǔ shì géjué 世間と隔絶する.｜这种药要和空气～保存 zhè zhǒng yào yào hé kōngqì géjué bǎocún この薬は空気に触れないように保存しなければならない.

【间断】 jiànduàn 動 中断する.中途でやめる.‖他每天长跑, 从没有～过 tā měitiān chángpǎo, cóng méiyou jiànduànguo 彼は毎日の長距離ランニングをいままで中断したことがない.

*【中断】zhōngduàn 動中断する. 中途で停止，または断ち切る. ‖～学业 zhōngduàn xuéyè 学業を中断する. ｜从那以后，两人就～了联系 cóng nà yǐhòu, liǎng rén jiù zhōngduànle liánxì その後，二人は音信が途絶えてしまった.

きをつける　気をつける ⇒【注意】

きんじょ　近所

▶附近　▶街坊　▶近处　▶近邻　▶邻居
▶邻里　▶四邻　▶一带

★【附近】fùjìn 图付近．近所. ‖他家就在～ tā jiā jiù zài fùjìn 彼の家はすぐ近くだ. ｜学校～有一家电影院 xuéxiào fùjìn yǒu yì jiā diànyǐngyuàn 学校の近くに映画館がある.

*【街坊】jiēfang 图口隣近所．隣人．お隣. ‖我和他是老～了 wǒ hé tā shì lǎo jiēfang le 私と彼は古くからの隣同士です.

【近处】jìnchù 图付近．近所. ‖～商店较多 jìnchù shāngdiàn jiào duō 近所には商店がかなりある.

【近邻】jìnlín 图隣近所．隣人. ‖远亲不如～ yuǎnqīn bùrú jìnlín 遠くの親類より近くの他人.

**【邻居】línjū 图隣家．隣近所．隣人. ‖老～ lǎo línjū 昔からの隣人. ｜做～ zuò línjū 隣人になる. ｜街坊～ jiēfang línjū 隣近所.

【邻里】línlǐ 图❶隣近所．町内. ❷同じ町内に住む人. ‖～关系不好处 línlǐ guānxi bù hǎochù 隣近所の人間関係は難しい.

【四邻】sìlín 图隣近所. ‖我家～住的都是同事 wǒ jiā sìlín zhù de dōu shì tóngshì 私の家の隣近所に住んでいるのはみな同僚である.

*【一带】yīdài 图一帯．あたり．周辺. ‖这～很安静 zhè yídài hěn ānjìng このあたりはとても静かだ.

きんじる　禁じる

▶不行　▶不许　▶不准　▶禁　▶禁止
▶请勿　▶严禁

**【不行】bùxíng 形許されない．だめだ. ‖说谎可～ shuōhuǎng kě bùxíng うそをついてはいけない. ｜非他出面～ fēi tā chūmiàn bùxíng 彼が顔を出さないわけにいかない. ｜"我现在去玩儿，行吗?" "～!" "wǒ xiànzài qù wánr, xíng ma?" "bùxíng!"「いま遊びに行ってもいい?」「だめだよ」

**【不许】bùxǔ 動許さない．…してはいけない. ‖～说谎! bùxǔ shuōhuǎng! うそをついてはいけない. ｜这里～抽烟 zhèli bùxǔ chōuyān ここでタバコを吸ってはいけない. ｜父母～她晚上出去 fùmǔ bùxǔ tā wǎnshang chūqu 両親は彼女が夜外出するのを許さない.

【不准】bù zhǔn 組許さない．禁じる. ‖他母亲～他和她结婚 tā mǔqin bù zhǔn tā hé tā jiéhūn 彼の母親は彼女との結婚を許さない. ｜～随地吐痰 bù zhǔn suídì tǔ tán みだりにたんを吐くことを禁じる.

*【禁】jìn 動禁じる．禁止する. ‖～烟 jìnyān 喫煙を禁じる. ｜村里先后～过几次赌博，也没～住 cūn li xiānhòu jìnguo jǐ cì dǔbó, yě méi jìnzhù 村では数回にわたりばくちを禁止したが，徹底できなかった.

**【禁止】jìnzhǐ 動禁止する. ‖～通行 jìnzhǐ tōngxíng 通行を禁ず. | 室内~摄影 shìnèi jìnzhǐ shèyǐng 屋内の撮影を禁ず.

【请勿】qǐng wù 組 …するべからず. ‖ ~入内 qǐng wù rù nèi 立ち入るべからず. | ~倒置 qǐng wù dàozhì 天地無用. 上下を逆さまに置くべからず. | 场内~吸烟 chǎng nèi qǐng wù xīyān 場内は禁煙です.

*【严禁】yánjìn 動 かたく禁じる. 厳禁する. ‖ ~烟火 yánjìn yānhuǒ 火気厳禁. | ~无照驾驶 yánjìn wú zhào jiàshǐ 無免許運転をかたく禁じる. | ~赌博 yánjìn dǔbó 賭博(ばく)を厳禁する.

く

ぐあい　具合

▶模様　▶情況　▶情形　▶样子　▶状况
▶状态

**【模样】múyàng（~儿）图 状況. 様子. ‖ 看~, 这天要下雪 kàn múyàng, zhè tiān yào xiàxuě この様子だと今日は雪になるだろう.

★【情况】qíngkuàng 图 状況. 様子. ‖ 健康~ jiànkāng qíngkuàng 体の具合. | 工作~ gōngzuò qíngkuàng 仕事の状況. 去不去得看~ qùbuqù děi kàn qíngkuàng 行くかどうかは状況しだいだ. | 那里~怎么样? nàli qíngkuàng zěnmeyàng? そちらはどんな具合ですか. | 最近这里的治安~很不好 zuìjìn zhèli de zhì'ān qíngkuàng hěn bù hǎo このところ当地の治安状況はまことによくない.

**【情形】qíngxing 图 事情. 様子. 看一下~再说吧 kàn yíxià qíngxing zài shuō ba 具合を見てからのことにしましょう. | 看这条路的~是怎么也来不及了 kàn

zhè tiáo lù de qíngxing shì zěnme yě láibují le この道路の具合ではどうしても間に合わない.

★【样子】yàngzi 图 形勢. 情勢. 成り行き. | 看~他今天不会来了 kàn yàngzi tā jīntiān bú huì lái le この分では彼は今日来そうにもない. | 天要下雪的~ tiān yào xià xuě de yàngzi 雪が降りそうな空模様.

**【状况】zhuàngkuàng 图 状況. 状態. ありさま. ‖ 家庭收入~ jiātíng shōurù zhuàngkuàng 家庭の収入状況. | 早上电车的拥挤~有所缓和 zǎoshang diànchē de yōngjǐ zhuàngkuàng yǒusuǒ huǎnhé 朝の電車の混み具合が少し緩和された. | 身体~如何? shēntǐ zhuàngkuàng rúhé? お体の具合はいかがですか. | 机器运行~良好 jīqi yùnxíng zhuàngkuàng liánghǎo 機械の運行状況は良好だ.

**【状态】zhuàngtài 图 状態. ‖ 紧急~ jǐnjí zhuàngtài 緊急事態. | 处在昏迷~中 chǔzài hūnmí zhuàngtài zhōng 意識不明である. | 病人的精神~好多了 bìngrén de jīngshén zhuàngtài hǎoduō le 病人は精神状態がだいぶよくなった.

くいちがう　食い違う

▶不同　▶不一致　▶出入　▶分歧
▶合不上　▶龃龉

★【不同】bù tóng 組 同じでない. 異なっている. ‖ ~点 bùtóngdiǎn 相異点. | ~的人有~的想法 bù tóng de rén yǒu bù tóng de xiǎngfa 人が違えば考えも違う. | ~于一般 bù tóng yú yìbān 普通と違う.

**【不一致】bù yízhì 組 一致していない. 食い違っている. ‖ 言行~ yánxíng bù yízhì 言うこととやることが違う. | 步调~ bùdiào bù yízhì 歩調が揃わない.

*【出入】chūrù 图 食い違い. 相違. ‖ 这两种说法有~ zhè liǎng zhǒng shuōfa yǒu

chūrù この二つの言い方に食い違いがある.|他所说的和事实有很大～ tā suǒ shuō de hé shìshí yǒu hěn dà chūrù 彼の話と事実とはかなりの相違がある.|计算结果～不大 jìsuàn jiéguǒ chūrù bú dà 計算した結果誤差は大したものではなかった.

*【分歧】fēnqí 图相違.食い違い.‖～很大 fēnqí hěn dà 食い違いが大きい.|消除～ xiāochú fēnqí ずれをなくす.|在这个问题上他们意见有～ zài zhège wèntí shang tāmen yìjian yǒu fēnqí この問題について彼らの意見は分かれる.

【合不上】hébushàng 動合わない.一致しない.‖算了几遍数目还是～ suànle jǐ piàn shùmù háishi hébushàng 何度数を数えてもやっぱり合わない.

【龃龉】jǔyǔ 動書齟齬(そ)する.かみ合わない.転食い違う.“鉏铻”とも書く.‖双方～不断 shuāngfāng jǔyǔ búduàn 双方に齟齬をきたした.

くさる　腐る
▶臭　▶腐败　▶腐烂　▶腐朽　▶坏　▶烂
▶馊　▶朽　▶糟

**【臭】chòu 形臭い.⇔"香"xiāng ‖～水沟 chòu shuǐgōu 悪臭を放つどぶ.|这条鱼都～了 zhè tiáo yú dōu chòu le この魚はもう腐っている.

*【腐败】fǔbài 動腐る.腐敗する.‖食物～了 shíwù fǔbài le 食物が腐敗した.

*【腐烂】fǔlàn 動腐乱する.腐りただれる.腐る.‖苹果～了 píngguǒ fǔlàn le リンゴが腐ってしまった.

*【腐朽】fǔxiǔ 動(木などが)朽ちる.腐る.‖电线杆已经～了 diànxiàngān yǐjīng fǔxiǔ le 電信柱はもう腐ってしまっている.

★【坏】huài 動壊れる.傷む.腐る.‖这

碗饭～了，不能吃了 zhè wǎn fàn huài le, bù néng chī le この御飯は腐ってしまったから食べられない.

**【烂】làn 形腐っている.傷んでいる.‖溃～ kuìlàn ただれる.|葡萄都放了 pútao dōu fànglàn le ブドウが全部腐ってしまった.

【馊】sōu 形すえる.食物が腐敗して酸っぱいにおいがする.‖～味儿 sōu-wèir 腐った酸っぱいにおい.すえたにおい.|饭～了 fàn sōu le 御飯がすえる.

【朽】xiǔ 動(多く木が)腐る.朽ちる.‖桥桩已经～了 qiáozhuāng yǐjīng xiǔ le 橋脚が腐ってしまった.

*【糟】zāo 形腐ってぼろぼろである.朽ちている.‖木头～了 mùtou zāo le 丸太が腐ってぼろぼろになった.|拖把的布被沤～了 tuōbǎ de bù bèi òuzāo le モップの先がぼろぼろになった.

くじく
▶挫　▶挫伤　▶打击　▶扭　▶扭筋
▶扭伤　▶歳

【挫】cuò 動抑える.勢いをそぐ.くじく.‖～敌人锐气 cuò dírén ruìqì 敵の気勢をくじく.

【挫伤】cuòshāng 動❶(手足などを)くじく.‖～了手腕 cuòshāngle shǒuwàn 手首をくじいた.❷(意気や積極性など)をくじく.そぐ.傷つける.‖～了大家的上进心 cuòshāngle dàjiā de shàngjìnxīn みんなのやる気をくじいた.|自尊心受到严重的～ zìzūnxīn shòudào yánzhòng de cuòshāng 自尊心がひどく傷つけられた.

*【打击】dǎjī 動攻撃する.打撃を与える.くじく.‖～敌人 dǎjī dírén 敵を攻撃する.|～歪风邪气 dǎjī wāifēng xiéqì 不健全な傾向やよこしまな風潮に打撃

くじける

を与える.｜不要～群众的积极性 búyào dǎjī qúnzhòng de jījíxìng 大衆の積極性をつぶしてはいけない.

**【扭】 niǔ 動 くじく. 捻挫(ねんざ)する.‖不小心～了脚脖子 bù xiǎoxīn niǔle jiǎobózi 不注意で足首をくじいた.

【扭筋】 niǔ//jīn 動 筋を違える. 捻挫(ねんざ)する.‖运动前没做准备动作, 结果腿～了 yùndòng qián méi zuò zhǔnbèi dòngzuò, jiéguǒ tuǐ niǔjīn le 運動する前に準備運動をしなかったので, 足をくじいてしまった.

【扭伤】 niǔshāng 動 くじく. 筋を違える. 捻挫する.‖腰～了 yāo niǔshāng le 腰をひねった.

【崴】 wǎi 動 捻挫(ねんざ)する. くじく.‖下楼时不小心把脚给～了 xià lóu shí bù xiǎoxīn bǎ jiǎo gěi wǎi le 階段を下りるとき, うっかりして足をくじいてしまった.

くじける

▶挫折　▶灰心　▶沮丧　▶凉半截儿
▶气馁　▶颓丧　▶消沉　▶泄劲　▶泄气
▶心灰意懒

*【挫折】 cuòzhé 動 挫折する. 失敗する.‖遇到～ yùdào cuòzhé 挫折に遭う.｜经得起～ jīngdeqǐ cuòzhé 失敗をものともしない.｜经历了各种～ jīnglìle gèzhǒng cuòzhé さまざまな失敗を経験した.

*【灰心】 huī//xīn 動 がっかりする. 落胆する. 意気消沈する.‖～丧气 huīxīn sàngqì 失望落胆する.｜即使失败了, 也不要～ jíshǐ shībài le, yě búyào huīxīn たとえ失敗してもくじけてはいけない.

【沮丧】 jǔsàng 形 意気沮喪(そそう)する. がっかりする.‖神情～ shénqíng jǔsàng がっかりした顔つきをしている.｜事情办砸了, 真令人～ shìqing bànzá le, zhēn lìng rén jǔsàng ことがうまくいかず, まったくがっかりさせられた.

【凉半截儿】 liáng bànjiér 組 がっかりする. 気が抜ける.‖他听到这个消息, 心里凉了半截儿 tā tīngdào zhège xiāoxi, xīnli liángle bànjiér 彼はそのニュースを聞くと, すっかり気抜けしてしまった.

【气馁】 qìněi 形 落胆する. がっかりする. 気落ちする.‖有了成绩不骄傲, 遇到挫折也不～ yǒule chéngjì bù jiāo'ào, yùdào cuòzhé yě bú qìněi 成功してもおごらず, 挫折(ざ)してもくじけない.

【颓丧】 tuísàng 形 しょげている. 元気がない. がっかりしている.‖情绪～ qíngxù tuísàng 元気がない.

【消沉】 xiāochén 形 意気消沈している. 元気がない.‖他近来有些～ tā jìnlái yǒuxiē xiāochén 彼は近ごろ少し元気がない.｜为这点儿事就～了可不应该 wèi zhè diǎnr shì jiù xiāochénle kě bù yīnggāi これくらいのことでくじけてはだめだ.

【泄劲】 xiè//jìn (～儿) 動 がっかりする. 気がゆるむ. 気落ちする.‖加油干, 别～ jiāyóu gàn, bié xièjìn 気をゆるめずに頑張ってやれよ.｜他一遇到困难就泄了劲儿 tā yí yùdào kùnnan jiù xièle jìnr 彼は困難にぶつかるとすぐに気落ちしてしまう.

*【泄气】 xiè//qì 動 気が抜ける. しょげる.‖失败了还可以重来, 千万不要～ shībàile hái kěyǐ chónglái, qiānwàn búyào xièqì 失敗したらまたやり直せばいいから, 決してくじけてはいけない.

【心灰意懒】 xīn huī yì lǎn 成 がっかりして何もする気になれない. 意気消沈する. "心灰意冷" xīn huī yì lěng ともいう.‖～的时候, 我常听这首歌儿 xīn huī yì lǎn de shíhou, wǒ cháng tīng zhè shǒu gēr 気持ちがくじけそうなとき, 私はよくこの曲を聞いた.

くしん　苦心

▶费心思　▶绞尽脑汁　▶尽力　▶精心
▶苦心　▶呕心沥血　▶煞费苦心　▶心血

【费心思】fèi xīnsi 組 気を遣う. 苦心する. 思い悩む. ‖何必为这么点事～ hébì wèi zhème diǎn shì fèi xīnsi こればかりのことでそんなに思い悩むことはないじゃないか.

【绞尽脑汁】jiǎojìn nǎozhī 組 脳みそを絞る. 苦心する. ‖为搞好教学, 他真是绞尽了脑汁 wèi gǎohǎo jiàoxué, tā zhēn shì jiǎojìnle nǎozhī よい授業をするため彼はあらゆる知恵を絞った.

*【尽力】jìn//lì 動 尽力する. 全力を挙げる. ‖我一定～促成此事 wǒ yídìng jìnlì cùchéng cǐ shì 私は必ずやこのことの実現に尽力します. ｜他们都～帮助我 tāmen dōu jìnlì bāngzhù wǒ 彼らは力のかぎり私を助けてくれる.

*【精心】jīngxīn 形 入念である. 丹念である. ‖～治疗 jīngxīn zhìliáo 手厚く治療する. ｜～培育幼苗 jīngxīn péiyù yòumiáo 苦心して苗を栽培する.

【苦心】kǔxīn 名 苦心. 気苦労. ‖一片～总算没白费 yí piàn kǔxīn zǒngsuàn méi báifèi 心遣いがどうにかむだにはならなかった. 副 苦心して. ‖～经营 kǔxīn jīngyíng 苦心して切り盛りする.

【呕心沥血】ǒu xīn lì xuè 成 苦心惨憺(くしんさんたん)する. 心血を注ぐ. ‖为教育事业～ wèi jiàoyù shìyè ǒu xīn lì xuè 教育事業に心血を注ぐ.

【煞费苦心】shà fèi kǔ xīn 成 苦心惨憺(くしんさんたん)する. ‖～地培养年轻选手 shà fèi kǔ xīn de péiyǎng niánqīng xuǎnshǒu 苦心惨憺して若い選手を養成する.

*【心血】xīnxuè 名 心血. ‖费尽～ fèijìn xīnxuè 心血を注ぎ尽くす. ｜他把自己一生的～都倾注到了城市建设事业上 tā bǎ zìjǐ yìshēng de xīnxuè dōu qīngzhùdàole chéngshì jiànshè shìyè shang 彼は生涯の心血を都市建設の事業に注いだ.

くずれる　崩れる

▶崩　▶崩塌　▶倒　▶倒塌　▶毁　▶毁灭
▶塌　▶塌方　▶坍　▶坍塌

【崩】bēng 動 崩れる. ‖山～地裂 shān bēng dì liè 山が崩れ地が裂ける.

【崩塌】bēngtā 動 崩れる. 崩れ落ちる. 倒壊する. ‖房屋～ fángwū bēngtā 家が倒壊する.

★【倒】dǎo 動 倒れる. ひっくり返る. ‖摔～ shuāidǎo つまずいてひっくり返る. ｜房子～了 fángzi dǎo le 家が倒れた. ｜花瓶～了 huāpíng dǎo le 花瓶がひっくり返った. ｜～在地上 dǎozài dìshang 地面に倒れる.

【倒塌】dǎotā 動 (建物などが)倒壊する. ‖许多房屋在地震中～了 xǔduō fángwū zài dìzhèn zhōng dǎotā le 多くの家屋が地震で倒壊した.

*【毁】huǐ 動 壊す. 損ねる. ‖～坏 huǐhuài 破壊する. ｜桥被洪水冲～了 qiáo bèi hóngshuǐ chōnghuǐ le 橋が洪水で崩れた.

*【毁灭】huǐmiè 動 破壊する. 壊滅する. ‖整个城市在地震中～了 zhěnggè chéngshì zài dìzhèn zhōng huǐmiè le 町全体が地震で壊滅した. ｜～森林就等于～人类 huǐmiè sēnlín jiù děngyú huǐmiè rénlèi 森林の破壊は人類の破滅に等しい.

*【塌】tā 動 倒れる. 倒壊する. ‖倒～ dǎotā 倒れる. ｜土墙～了 tǔqiáng tā le 土塀が倒れた.

【塌方】tā//fāng 動 (堤防やトンネルなどが)崩れる. 崩壊する. "坍方" tānfāng ともいう.

【坍】tān 動 (がけや建物が)崩れ倒れる.

231

くずれる （政権などが）崩れる

‖ 房子~了 fángzi tān le 家が倒壊した.
【坍塌】tāntā 動 (崖・土手・建築物などが)崩れ倒れる. 崩壊する.

くずれる （政権などが） 崩れる

▶崩溃　▶倒台　▶分崩离析　▶解体
▶垮台　▶溃败　▶瓦解　▶完蛋　▶下台

---

*【崩溃】bēngkuì 動 崩壊する. 崩れ去る. ‖ 把国民经济推到了~的边缘 bǎ guómín jīngjì tuīdàole bēngkuì de biānyuán 国民経済を破滅のふちに追いやった. | 这一打击使他的精神~了 zhè yī dǎjī shǐ tā de jīngshén bēngkuì le この打撃によって彼の心はすっかり支えを失ってしまった. | 濒于~ bīnyú bēngkuì 崩壊の瀬戸際.

【倒台】dǎo//tái 動 崩れる. 崩壊する. 失脚する. ‖ 新政府成立不到一个月就~了 xīn zhèngfǔ chénglì bú dào yí ge yuè jiù dǎotái le 新政府は誕生後1ヵ月もたたない内に崩壊した.

【分崩离析】fēn bēng lí xī 成 (集団や国家などが)瓦解(が̌い)する. 崩壊する.

【解体】jiětǐ 動 解体する. 瓦解(が̌い)する. ‖ 联盟~ liánméng jiětǐ 同盟が瓦解する.

【垮台】kuǎ//tái 動 瓦解する. 崩壊する. 失脚する. ‖ 这个政权就要~了 zhège zhèngquán jiù yào kuǎtái le この政権は崩壊しようとしている.

【溃败】kuìbài 動 総崩れになる. 壊滅状態になる. ‖ 敌军终于~了 díjūn zhōngyú kuìbài le 敵軍はついに壊滅状態に陥った.

*【瓦解】wǎjiě 動 瓦解(が̌い)する. 崩壊する. ‖ 土崩~ tǔbēng wǎjiě 徹底的に崩壊する. | 军事政权面临~ jūnshì zhèngquán miànlín wǎjiě 軍事政権が崩壊に直面する.

*【完蛋】wán//dàn 動 口 だめになる. く

たばる. ‖ 那小子快~了 nà xiǎozi kuài wándàn le あいつはもうおしまいさ.

*【下台】xià//tái 動 失脚する. 政権の座を開け渡す. ‖ 任期没到就~了 rènqī méi dào jiù xiàtái le 任期を前に失脚した.

くせ 癖

▶毛病　▶脾气　▶癖性　▶缺点　▶习惯
▶习气　▶习性

**【毛病】máobing；máobìng 图 欠点. (悪い)癖. ‖ 改掉粗心大意的~ gǎidiào cū xīn dà yì de máobing そそっかしい癖を改める. | 有小偷儿小摸的~ yǒu xiǎotōur xiǎomō de máobing ちょっと手癖が悪い.

**【脾气】píqi 图 性質. 性分. (動物や機械などの)癖. ‖ ~好 píqi hǎo 気性が穏やかである. | 知道车的~ zhīdao chē de píqi 車の癖がわかっている.

【癖性】pǐxìng 图 (個人特有の)性癖. ‖ ~好动 pǐxìng hàodòng じっとしていられないたちである.

**【缺点】quēdiǎn 图 足りない点. 欠点. 短所. ⇔"优点"yōudiǎn ‖ 改正~ gǎizhèng quēdiǎn 欠点を改める. | 骄傲自满是他的一大~ jiāo'ào zìmǎn shì tā de yí dà quēdiǎn おごり高ぶっていい気になるところが彼の大きな欠点である.

★【习惯】xíguàn 图 習慣. ‖ 记日记的~ jì rìjì de xíguàn 日記をつける習慣. | 早睡早起是个好~ zǎo shuì zǎo qǐ shì ge hǎo xíguàn 早寝早起きはよい習慣である. | 养成良好的~ yǎngchéng liánghǎo de xíguàn よい癖をつける.

【习气】xíqì 图 貶 (悪い)癖. 気風. ‖ 他染上了游手好闲的坏~ tā rǎnshangle yóu shǒu hào xián de huài xíqì 彼はぶらぶら遊んでばかりいる悪い癖がついてしまった. | 流氓~ liúmáng xíqì やくざな

気風.

【习性】 xíxìng 图 習性. 癖. 習慣によって身についた性質. ‖ 狗熊有冬眠的~ gǒuxióng yǒu dōngmián de xíxìng クマは冬眠の習性を持っている. ｜养成好吃懒做的~ yǎngchéng hào chī lǎn zuò de xíxìng 怠け癖がつく.

くだもの　果物

▶菠萝　▶草莓　▶橘子　▶梨　▶李
▶荔枝　▶榴莲　▶芒果　▶猕猴桃　▶苹果
▶葡萄　▶柿子　▶桃　▶无花果　▶西瓜
▶香蕉　▶樱桃

【菠萝】 bōluó 图 パイナップル. "凤梨" fènglí, "菠萝蜜" bōluómì ともいう.

【草莓】 cǎoméi 图 イチゴ. ‖ ~酱 cǎoméijiàng イチゴジャム.

★【橘子】 júzi 图 ミカン. "橘"の俗字として"桔"が使われることもある. ‖ ~汁 júzizhī オレンジジュース.

＊＊【梨】 lí 图 ナシ. 「ナシを分ける」という意味の"分梨" fēn lí が"分离" fēnlí に通じるとして, 家族や恋人同士でナシを切り分けることを避ける場合がある. 逆に病気見舞いの際,「病が離れる」という意味でナシを送ることもある.

【李】 lǐ 图 スモモ. 口語では"李子". ‖ 瓜田~下 guā tián lǐ xià 瓜田に履を納れず, 李下に冠を正さず.「人に疑いを持たれるような行動をとるな」という戒め.

＊【荔枝】 lìzhī 图 ライチ. 中国原産で「ライチ」という音は広東語や台湾語などに由来する. 楊貴妃がこよなく愛した果物として有名.

【榴莲】 liúlián 图 ドリアン. "榴梿"と書くこともある.

【芒果】 mángguǒ 图 マンゴー. ‖ ~布丁 mángguǒ bùdīng マンゴープリン.

【猕猴桃】 míhóutáo 图 キウイフルーツ. "杨桃" yángtáo, "羊桃" yángtáo ともいう.

★【苹果】 píngguǒ 图 リンゴ. ‖ 每日一~, 医生远离我 měirì yì píngguǒ, yīshēng yuǎnlí wǒ １日１個のリンゴが医者を遠ざける（イギリスの諺） ｜ ~公司 Píngguǒ gōngsī アップル社.

＊【葡萄】 pútao; pútáo 图 ブドウ. ‖ ~酒 pútaojiǔ ブドウ酒. ワイン.

【柿子】 shìzi 图 カキ. なお"西红柿"は「西から来た赤い柿」の意味で「トマト」をさす.

＊【桃】 táo 图 モモ. 口語では"桃子". 古くから長寿の象徴として愛され, 文様などにも取り入れられている. また, "桃李"には「教え子」の意味がある. ‖ ~李满天下 táolǐ mǎn tiānxià 門下生が全国いたるところにいる.

【无花果】 wúhuāguǒ 图 イチジク. 名の由来は花が外から見えないため.

＊＊【西瓜】 xīgua; xīguā 图 スイカ.

★【香蕉】 xiāngjiāo 图 バナナ. "甘蕉" gānjiāo ともいう.

【樱桃】 yīngtao 图 サクランボ.

くち　口

▶口　▶口腔　▶嘴　▶嘴巴　▶嘴边
▶嘴唇　▶嘴角

★【口】 kǒu 图 ❶(人や動物の)口. ふつうは"嘴" zuǐ という. ‖ 漱 ~ shùkǒu 口をすすぐ. ｜怎么问他也不开~ zěnme wèn tā yě bù kāikǒu どんなに聞いても彼は口を割らない. ❷(~儿) (容器の)口. ‖ 瓶子~儿 píngzikǒur 瓶の口. ｜碗~儿 wǎnkǒur 碗の縁.

＊【口腔】 kǒuqiāng 图 口腔(こう). ‖ ~科 kǒuqiāngkē 口腔科(こうくう).

★【嘴】 zuǐ 图 ❶口. ‖ 张~ zhāngzuǐ 口を

233

くつ 靴

開ける. | 閉～ bìzuǐ 口を閉じる. | 親
～ qīnzuǐ キスをする. | 抿着～ mǐnzhe
zuǐ 口をすぼめる. | 撇了撇～ piělepiě
zuǐ 口をへの字にゆがめる. ❷(～儿)
口のようなもの. ‖ 瓶～ píngzuǐ 瓶の
口. | 烟～ yānzuǐ きせるやパイプの吸
い口. | 茶壶～儿 cháhúzuǐr 急須の注ぎ
口. | 奶～ nǎizuǐ 哺乳瓶(ほにゅう)の乳首.

*【嘴巴】zuǐba 图 口. ‖ 张开～ zhāngkāi
zuǐba 口を開ける. | 小小年龄, ～甜着
呢! xiǎoxiǎo niánlíng, zuǐba tiánzhe ne! 子
供のくせに, まったくお世辞が上手な
んだから.

【嘴边】zuǐbiān(～儿) 图 口の端. 口元.
口先. ‖ ～上有颗小黑痣 zuǐbiān shang
yǒu kē xiǎo hēizhì 口元にほくろがある.
| 话到～又咽回去了 huà dào zuǐbiān yòu
yànhuíqu le 言葉が口まで出かかった
が, のみ込んでしまった.

*【嘴唇】zuǐchún 图 唇. ‖ 上～ shàngzuǐ-
chún 上唇. | 下～ xiàzuǐchún 下唇. | 咬
着～ yǎozhe zuǐchún 唇をかむ.

【嘴角】zuǐjiǎo 图 口元. ‖ ～露出一丝微
笑 zuǐjiǎo lùchu yìsī wēixiào 口元に微笑
を浮かべる.

くちょう　口調　⇒【(言葉の) 調子】

くつ　靴

▶布鞋　▶高跟儿鞋　▶革履　▶旱冰鞋
▶滑冰鞋　▶马靴　▶木屐　▶皮鞋　▶皮靴
▶球鞋　▶拖鞋　▶鞋　▶鞋拔子　▶鞋底
▶鞋垫　▶鞋号　▶鞋油　▶靴　▶靴子
▶雨鞋　▶雨靴

【布鞋】bùxié 图 布靴.
【高跟儿鞋】gāogēnrxié 图 ハイヒール.
【革履】gélǚ 图 圕 革靴. ‖ 西装～ xī-
zhuāng gélǚ 洋服に革靴. よそ行きの服

装.

【旱冰鞋】hànbīngxié 图 ローラースケー
ト靴.

【滑冰鞋】huábīngxié 图 アイススケート
靴. "冰鞋" bīngxié ともいう.

【马靴】mǎxuē 图 乗馬靴. 長靴.
【木屐】mùjī 图 木のサンダル. 下駄.
【皮鞋】píxié 图 革靴.
【皮靴】píxuē 图 革のブーツ.
【球鞋】qiúxié 图 運動靴. 球技用シュー
ズ. スニーカー.
【拖鞋】tuōxié 图 スリッパ. サンダル.

★【鞋】xié 图 靴. ‖ 一双～ yì shuāng xié 靴
1足. | 一只～ yì zhī xié 片方の靴. | 脱
～ tuō xié 靴を脱ぐ. | 穿～ chuān xié 靴
を履く. | 凉鞋 liángxié サンダル. | 拖
鞋 tuōxié スリッパ. サンダル. ぞうり.
| 鞋带儿 xiédàir 靴ひも. | ～拔子 xié-
bázi 靴べら.

【鞋拔子】xiébázi 图 靴べら.
【鞋底】xiédǐ 图 靴底. "鞋底子" xiédǐzi
ともいう.
【鞋垫】xiédiàn 图 靴の中敷き.
【鞋号】xiéhào 图 靴のサイズ.
【鞋油】xiéyóu 图 靴クリーム. 靴墨. ‖
擦～ cā xiéyóu 靴墨を塗る.

【靴】xuē ◇(くるぶしより上までくる
長めの)靴. ブーツ. ‖ 皮～ píxuē 革の
ブーツ. | 雨～ yǔxuē 雨靴. | 马～ mǎ-
xuē 乗馬靴. | 长筒～ chángtǒngxuē ブー
ツ.

*【靴子】xuēzi 图 (くるぶしより上まで入
る長めの)靴. ブーツ.

**【雨鞋】yǔxié 图 雨靴. 長靴. レイン
シューズ.

【雨靴】yǔxuē 图 雨靴. 長靴. レイン
シューズ. やや長めのブーツ状のもの
をさすことが多い.

くつがえす　覆す

▶変卦　▶彻底改变　▶翻　▶翻案
▶翻天覆地　▶改变　▶扭转　▶推倒
▶推翻

【変卦】 biàn//guà 動貶 突然気が変わる. 豹変(^{ひょう}変)する. 約束や決めていたことを覆す. ‖ 早晨还说要来的, 怎么中午就～了? zǎochen hái shuō yào lái de, zěnme zhōngwǔ jiù biànguà le? 朝には来ると言っていたのに, どうして昼になって気が変わったんだ.

【彻底改变】 chèdǐ gǎibiàn 組 一変する. ‖ 那本书使我～了人生观 nà běn shū shǐ wǒ chèdǐ gǎibiàn rénshēngguān あの本は私の人生観を一変させた.

★**【翻】** fān 動 (決定したことや言葉を)翻す. 変える. 覆す. ‖ ～悔 fānhuǐ 後悔して前言を翻す. | 铁证如山, 谁也～不了 tiězhèng rú shān, shéi yě fānbuliǎo 動かぬ証拠があるから, 誰も判決を覆せない.

【翻案】 fān//àn 動 (決定や言ったこと, 考えを)翻す. 覆す. ‖ 为曹操～ wèi Cáo Cāo fān'àn 曹操に与えられてきた歴史的評価を覆す. | 翻历史的案 fān lìshǐ de àn 歴史上の定説を引っくり返す.

【翻天覆地】 fān tiān fù dì 成 天地を引っくり返す. 変化が大きく徹底しているたとえ. ‖ ～的变化 fān tiān fù dì de biànhuà 天地を覆すような大変化.

★**【改变】** gǎibiàn 動 変える. 変更する. ‖ ～学习方法 gǎibiàn xuéxí fāngfǎ 勉強の方法を変える. | ～实施计划 gǎibiàn shíshī jìhuà 実施計画を変える. | ～人们的常识 gǎibiàn rénmen de chángshí 人々の常識を変える.

*****【扭转】** niǔzhuǎn 動転 (好ましくない考え方や状況を)正す. 転ずる. 逆転させる. ‖ ～混乱的局面 niǔzhuǎn hùnluàn

de júmiàn 混乱した局面を正す. | ～乾坤 niǔzhuǎn qiánkūn 大勢を一変させる. 大変革を起こす.

【推倒】 tuī//dǎo 動 引っくり返す. 覆す. ‖ 这个方案行不通, 只好～重来 zhège fāng'àn xíngbutōng, zhǐhǎo tuīdǎo chónglái このプランは実行できないなら, ご破算にしてやり直すしかない.

*****【推翻】** tuī//fān 動 (定説・決定・計画などを)覆す. 引っくり返す. 否定する. ‖ ～原计划 tuīfān yuándìng jìhuà もとの計画を引っくり返す. | ～会议上作出的决定 tuīfān huìyì shang zuòchu de juédìng 会議の決定を翻す.

くに　国

▶国　▶国家　▶国土　▶江山　▶挙国
▶全国　▶祖国

★**【国】** guó 名 国. 国家. ‖ 我～ wǒ guó 我が国. | 各～ gè guó 各国. | ～外 guówài 国外. | 出过三次～ chūguo sān cì guó 外国へ3回行ったことがある.

★**【国家】** guójiā 名 国. 国家. ‖ ～大事 guójiā dàshì 国家の大事. | ～元首 guójiā yuánshǒu 国家元首. | 发达～ fādá guójiā 先進国. | 发展中～ fāzhǎnzhōng guójiā 発展途上国.

*****【国土】** guótǔ 名 国土. 領土. ‖ 辽阔的～ liáokuò de guótǔ 果てしなく広い国土.

【江山】 jiāngshān 名 山河. 国土. 転 国家, または国家の政権. ‖ 打～ dǎ jiāngshān 天下をとる. | 坐～ zuò jiāngshān 天下を治める.

【挙国】 jǔguó 名 全国. ‖ ～欢庆 jǔguó huānqìng 国を挙げて祝賀する. | ～上下 jǔguó shàngxià 国を挙げて.

【全国】 quánguó 名 全国. ‖ 此规定在～范围内实行 cǐ guīdìng zài quánguó fànwéi nèi shíxíng この規定は全国的規模で実

くばる　配る

施する.｜〜一盘棋 quánguó yì pán qí　全国は一局の碁のようなものである. 大局的に物事を考えるたとえ.

★【祖国】zǔguó 图祖国.｜｜热爱〜 rè'ài zǔguó 国を愛する.

くばる　配る

▶发　▶分　▶分成　▶分发　▶分配
▶分送　▶配　▶散发　▶送　▶投　▶投递

★【发】fā 動支給する. 配る.｜｜〜工资 fā gōngzī 給料を支給する.｜〜电影票 fā diànyǐngpiào 映画のチケットを配る.｜〜资料 fā zīliào プリントを配る.｜〜礼品 fā lǐpǐn お土産を配る.｜〜喜糖 fā xǐtáng 結婚祝いのあめを配る.

★【分】fēn 動分け与える. 分配する. 配分する.｜｜我们科新〜来两个人 wǒmen kē xīn fēnlai liǎng ge rén 私たちの課に新しく二人が配属された.｜老师〜给每个孩子一个苹果 lǎoshī fēngěi měi ge háizi yí ge píngguǒ 先生は子供たち一人一人にリンゴを1個ずつ配った.｜把土地〜给农民 bǎ tǔdì fēngěi nóngmín 土地を農民に分け与える.

【分成】fēn//chéng（〜儿）動分ける. 分配する.｜｜按股〜 àn gǔ fēnchéng 利益を持ち株に応じて分配する.

【分发】fēnfā 動❶分配する. 配付する.｜｜材料〜给每个人 cáiliào fēnfāgěi měi ge rén 資料を一人一人に配る.❷配属する.

**【分配】fēnpèi 動分配する. 分けて配る.｜｜〜住房 fēnpèi zhùfáng 住宅を割り当てる.｜按劳〜 àn láo fēnpèi 労働に応じて分配する.

【分送】fēnsòng 動分けて送る.｜｜把邮件〜到各个办公室 bǎ yóujiàn fēnsòngdào gègè bàngōngshì 郵便物を各事務室に配る.

---

*【配】pèi 動割り当てる. 配分する.｜｜〜置 pèizhì 配置する.｜一个人〜一个寻呼机 yí ge rén pèi yí ge xúnhūjī 各自にポケットベルを持たせる.

*【散发】sànfā 動ばらまく. 配布する.｜｜〜传单 sànfā chuándān ビラをまく.｜〜文件 sànfā wénjiàn 文書を配る.

★【送】sòng 動届ける. 配達する.｜｜〜报 sòng bào 新聞を配る.｜〜文件 sòng wénjiàn 書類を届ける.｜〜牛奶 sòng niúnǎi 牛乳を配達する.

**【投】tóu 動（手紙などを）配達する.｜｜〜错了的信件 tóucuòle de xìnjiàn 誤配の郵便物.

【投递】tóudì 動（郵便物などを）配達する.｜｜〜信件 tóudì xìnjiàn 手紙を配達する.｜地址不详无法〜，退回原处 dìzhǐ bùxiáng wúfǎ tóudì, tuìhuí yuánchù 住所不明で配達不能につき，差し出し人に戻す.

くび　首

▶脖颈儿　▶脖子　▶颈项　▶颈椎　▶脑袋
▶头

【脖颈儿】【脖梗儿】bógěngr 图首筋.

**【脖子】bózi 图首.｜｜卡〜 qiǎ bózi 首を絞める. 首根っこを押さえる.｜伸长〜往前看 shēncháng bózi wǎng qián kàn 首を伸ばして前方を見る.｜冻得直缩〜 dòngde zhí suō bózi 寒くて首をすくめる.

【颈项】jǐngxiàng 图首.

【颈椎】jǐngzhuī 图頸椎（けいつい）.

**【脑袋】nǎodai 图頭.｜｜今天我〜有点儿疼 jīntiān wǒ nǎodai yǒudiǎnr téng 今日は少し頭痛がする.｜耷拉着〜 dālazhe nǎodai うなだれる.｜这个玩具娃娃的〜变得摇摇晃晃的 zhège wánjù wáwa de nǎodai biànde yáoyáohuànghuàng de この人形は首がぐらぐら動くようになってしまっ

★【头】tóu 名頭. 頭部. ふつうは"脑袋" nǎodai という. ‖ 点~ diǎntóu 首を縦に振る. うなずく.

くふう 工夫

▶別出心裁 ▶点子 ▶动脑筋 ▶绞脑汁
▶设法 ▶下工夫 ▶想办法 ▶想法
▶想方设法 ▶研究 ▶找窍门

【別出心裁】bié chū xīn cái 成 新機軸を出す. 独自の方法を生み出す. 創意工夫をする.

*【点子】diǎnzi 名 方法. 考え. もくろみ. 工夫. ‖ 这必定是老李出的~ zhè bìdìng shì Lǎo-Lǐ chū de diǎnzi これはきっと李さんのアイディアだ. ｜ 为了使家务好做, 想了很多~ wèile shǐ jiāwù hǎo zuò, xiǎngle hěn duō diǎnzi 家事をやりやすくするためにいろいろ工夫した.

【动脑筋】dòng nǎojīn 組 頭脳を働かせる. 知恵を絞る. 工夫する. 考える. ‖ 为了做好这项工作, 大家动了不少脑筋 wèile zuòhǎo zhè xiàng gōngzuò, dàjiā dòngle bùshǎo nǎojīn この仕事を成し遂げるためにみんなは大いに知恵を絞った.

【绞脑汁】jiǎo nǎozhī 組 脳みそを絞る. 知恵を絞る. ‖ 为搞好教学, 他真是绞尽了脑汁 wèi gǎohǎo jiàoxué, tā zhēn shì jiǎojìnle nǎozhī よい授業をするため彼はあらゆる知恵を絞った.

*【设法】shèfǎ 動 方法を考える. 方策を講じる. ‖ ~摆脱困境 shèfǎ bǎituō kùnjìng 苦境を脱する方法を講じる. ｜ ~补救损失 shèfǎ bǔjiù sǔnshī なんとかして損失をカバーする. ｜ ~使顾客感到满意 shèfǎ shǐ gùkè gǎndào mǎnyì 顧客を満足させるように工夫する.

【下工夫】xià gōngfu 組 時間と労力をかける. 努力する. 打ち込む. ‖ 在外语学习上多~ zài wàiyǔ xuéxí shang duō xià gōngfu 外国語の勉強にもっと時間と労力をかける. ｜ 为了演好这一角色, 她着实下了一番工夫 wèile yǎnhǎo zhè yī juésè, tā zhuóshí xiàle yì fān gōngfu この役柄をこなすために, 彼女は確かに努力した.

【想办法】xiǎng bànfǎ 組 方法を考える. ‖ 动脑筋, ~ dòng nǎojīn, xiǎng bànfǎ 知恵を絞って, 方法を考える. ｜ ~记生词 xiǎng bànfǎ jì shēngcí 工夫して新しい単語を覚える.

【想法】xiǎng//fǎ 動 方法を考える. ‖ 遇到困难应该~克服 yùdào kùnnan yīnggāi xiǎngfǎ kèfú 困難にぶつかったらいろいろ方法を考えて克服すべきだ.

*【想方设法】xiǎng fāng shè fǎ 成 あれこれ方法を考える. いろいろと手立てを考える.

★【研究】yánjiū 動 研究する. ‖ ~高尔夫球的挥杆动作 yánjiū gāo'ěrfūqiú de huīgǎn dòngzuò ゴルフクラブの振り方を工夫する.

【找窍门】zhǎo qiàomén 組 勘どころを押さえる. こつを見いだす. ‖ 不要蛮干, 要找点窍门 búyào mángàn, yào zhǎo diǎn qiàomén ただがむしゃらにやるのではなく, こつをつかまなければだめだ.

くべつ 区別

▶辨别 ▶差别 ▶差异 ▶分 ▶分辨
▶分别 ▶分清 ▶划分 ▶区别 ▶区分
▶识别

*【辨别】biànbié 動 見分ける. 区別する. ‖ ~雌雄 biànbié xióngcí 雌雄を見分ける. ｜ ~不出真货和假货 biànbiébuchū zhēnhuò hé jiǎhuò 真贋(しんがん)が見分けら

れない.

* 【差別】chābié 図 違い. 差異. ‖ 两地的气候~很大 liǎngdì de qìhòu chābié hěn dà 二つの地方の気候は違いが大きい. ｜程度上的~ chéngdù shang de chābié 程度の相違.

* 【差异】chāyì 図 差異. 違い. ‖ 双方对这一问题的理解有~ shuāngfāng duì zhè yī wèntí de lǐjiě yǒu chāyì この問題に対する両者の理解には違いがある. ｜二者存在着明显的~ èrzhě cúnzàizhe míngxiǎn de chāyì 両者には明らかな相違がある.

★ 【分】fēn 動 区別する. 見分ける. 弁別する. ‖ 按大小~开 àn dàxiǎo fēnkāi サイズによって区別する. ｜~不出哪是哥哥, 哪是弟弟 fēnbuchū nǎ shì gēge, nǎ shì dìdi どちらが兄でどちらが弟か区別がつかない.

* 【分辨】fēnbiàn 動 見分ける. 区別する. ‖ ~是非 fēnbiàn shìfēi 是非を見分ける. ｜真假难以~ zhēnjiǎ nányǐ fēnbiàn 真偽の見分けがつきにくい.

** 【分别】fēnbié 動 識別する. 区別する. 見分ける. ‖ ~是非 fēnbié shìfēi 善し悪しを識別する. ｜~轻重缓急 fēnbié qīng zhòng huǎn jí 事の軽重と緩急を見分ける. ｜~不出真假 fēnbiébuchū zhēnjiǎ 本物か偽物か区別がつかない. 図 区別. 違い. ‖ 看不出两者之间的~ kànbuchū liǎngzhě zhījiān de fēnbié 両者の区別がわからない. ｜没有什么~ méiyou shénme fēnbié なんの違いもない.

* 【分清】fēn//qīng 動 はっきり区別する. はっきり見分ける. ‖ ~敌我 fēnqīng díwǒ 敵味方をはっきり区別する. ｜~好坏 fēnqīng hǎohuài 善し悪しをはっきり見分ける.

★ 【划分】huàfēn 動 分ける. 区別する. ‖ ~行政区域 huàfēn xíngzhèng qūyù 行政区画を分ける. ｜参赛者按年龄~为三个组 cānsàizhě àn niánlíng huàfēnwéi sān ge

zǔ 試合の参加者は年齢に応じて三つの組に分けられる. ｜咱俩还用~得那么清楚吗? zán liǎ hái yòng huàfēnde nàme qīngchu ma? 私たち, (何がどちらのものとか)そうきっちり分けなくてもいいんじゃない?

** 【区别】qūbié 動 区別する. ‖ ~对待 qūbié duìdài 区別して対応する. ｜~正确与错误 qūbié zhèngquè yǔ cuòwù 正しいことと誤りを見分ける. ｜正品和次品要~开来 zhèngpǐn hé cìpǐn yào qūbiékailai 規格品と規格はずれを区別しなければならない. 図 区別. 相違. ‖ 二者的~很明显 èrzhě de qūbié hěn míngxiǎn 両者の違いははっきりしている.

* 【区分】qūfēn 動 区分けする. 区別する. ‖ ~优劣 qūfēn yōuliè 優劣を区別する. ｜难以~ nányǐ qūfēn 区別しにくい. ｜正确~ zhèngquè qūfēn 正確に区別する. ｜对工作要~轻重缓急 duì gōngzuò yào qūfēn qīng zhòng huǎn jí 仕事については軽重緩急を見分けなければならない.

* 【识别】shíbié 動 見分ける. 識別する. ‖ ~好坏 shíbié hǎohuài 良し悪しを見分ける. ｜~真伪 shíbié zhēnwěi 真偽を識別する. ｜~笔迹 shíbié bǐjì 筆跡を見分ける.

くみ　組（揃い）

▶成套　▶对　▶副　▶全套　▶双　▶套
▶整套　▶组　▶组合

* 【成套】chéng//tào 動 セットになる. 一揃いになる. ‖ 茶具少了两件不~了 chájù shǎole liǎng jiàn bù chéngtào le 茶器が二つなくなったのでセットで使えなくなった. ｜~家具 chéngtào jiājù ユニット家具. ｜~卖 chéngtào mài セット売り.

★ 【对】duì (~儿) 量 二つで一組になっているものを数える. 対(つい). 組. ‖ 两~

花瓶 liǎng duì huāpíng 2対の花瓶.｜一～儿新婚夫妇 yí duì xīnhūn fūfù 一組の新婚夫婦.｜一～鸳鸯 yí duì yuānyang 一つがいのオシドリ.｜挺般配的一～儿 tǐng bānpèi de yí duìr 似合いのカップル.

[副] fù 圖❶二つからなるもの，対になったものを数える．…を数える．組．対．(俗で"付"の字を当てることもある)‖一～对联 yí fù duìlián 一組の対聯 $\binom{つい}{れん}$.｜一～眼镜 yí fù yǎnjìng 眼鏡一つ．❷組や揃いになったものを数える．組．セット．揃い．一式．‖一～扑克 yí fù pūkè トランプ一組.｜全～武装 quánfù wǔzhuāng 完全武装.

【全套】quántào 圈一揃いの．一式の．‖～设备 quántào shèbèi 生産設備一式.｜他有一的《二十四史》tā yǒu quántào de Èrshísì shǐ 彼は『二十四史』を一揃い持っている.

★**【双】shuāng** 圖左右対称の身体部位や組になっている物を数える．組．‖一～眼睛 yì shuāng yǎnjing 両目.｜一～手套 yì shuāng shǒutào 一組の手袋.｜一～筷子 yì shuāng kuàizi 1膳の箸.｜一～皮鞋 yì shuāng píxié 1足の革靴.

【套】tào 圖❶組になっている物を数える．揃い．セット．‖一～西服 yí tào xīfú 1着の背広.｜一～家具 yí tào jiājù 1セットの家具．❷組になっている事柄を数える．‖一～规章制度 yí tào guīzhāng zhìdù 一連の規則制度.｜一～先进的管理方法 yí tào xiānjìn de guǎnlǐ fāngfǎ 一連の進んだ管理方法.

【整套】zhěngtào 圈一揃いの．一系統の．一式の．セットの．‖～设备 zhěngtào shèbèi プラント施設.｜～工具 zhěngtào gōngjù 道具一式.｜一～的想法 yì zhěngtào de xiǎngfa 系統立った考え方.

【组】zǔ 圖組やセットになったものを数える．‖一～电池 yì zǔ diànchí 電池一

組.

****【组合】zǔhé** 图組み合わせ．構成．‖～家具 zǔhé jiājù ユニット家具.｜～音响 zǔhé yīnxiǎng コンポーネントステレオ.

くみあわせる　組み合わせる

▶编　▶编组　▶搭　▶搭配　▶合　▶合成
▶花搭着　▶配　▶组　▶组成　▶组合

****【编】biān** 勔配列する．組み立てる．順序立てる．‖～程序 biān chéngxù プログラミングをする.

【编组】biān//zǔ 勔(分散している人や交通機関を)一定単位に編成する．‖列车～作业 lièchē biānzǔ zuòyè 列車編成作業.

****【搭】dā** 勔組み合わせる‖菜肉最好～着吃 cài ròu zuìhǎo dāzhe chī 野菜と肉を取り合わせて食べるのがよい.

【搭配】dāpèi 勔組み合わせる．取り合わせる．‖～装运 dāpèi zhuāngyùn 共積みする.｜人员～得合理 rényuán dāpèide hélǐ 人員を合理的に組み合わせる.｜动词和宾语～不当 dòngcí hé bīnyǔ dāpèi búdàng 動詞と目的語の組み合わせが適切でない.

****【合】hé** 勔一緒にする．合わせる．⇔"分"fēn‖用～用 héyòng 共同で使う.｜～资 hézī 共同出資する.｜把两个班～为一个班 bǎ liǎng ge bān hé wéi yí ge bān 二つのクラスを一つのクラスにする.

【合成】héchéng 勔合成する．組み合わせて作る．‖这张照片的人物和背景是～的 zhè zhāng zhàopiàn de rénwù hé bèijīng shì héchéng de この写真の人物と背景は合成したものだ.

【花搭着】huādazhe；huādázhe 副口(種類や品質の異なるものを)取り混ぜて．組み合わせて．代わる代わる．‖裤子和裙子～穿 kùzi hé qúnzi huādazhe chuān

239

ズボンとスカートを代わる代わるはく.｜荤的素的～吃 hūn de sū de huādazhe chī 肉と野菜を取り合わせて食べる.

*【配】pèi 動 配合する. 組み合わせる.｜～制 pèizhì 調合する.｜～色 pèisè 配色する. カラーコーディネイトする.｜这服药～不齐 zhè fù yào pèibuqí この処方笺(しょほう)せんは薬材が揃わない.

**【组】zǔ 動 (人や事物を)組織する. 組み合わせる.｜改～ gǎizǔ 改組する.｜他们～了一个团去国外考察 tāmen zǔle yí ge tuán qù guówài kǎochá 彼らは団を組織して海外に視察に行った.

*【组成】zǔchéng 動 (いくつかの部分から)構成する. 組み立てる.｜十五个人～一个班 shíwǔ ge rén zǔchéng yí ge bān 15 人で一つのグループを作る.｜文章由三部分～ wénzhāng yóu sān bùfen zǔchéng 文章は三つの部分から構成される.

*【组合】zǔhé 動 組み合わせる. 構成する.｜这台文艺演出是由独唱、舞蹈、小品、相声等节目～起来的 zhè tái wényì yǎnchū shì yóu dúchàng、wǔdǎo、xiǎopǐn、xiàngsheng děng jiémù zǔhéqilai de 今回の演芸公演は、独唱・舞踊・寸劇・漫才などの出し物によって構成されている.

くむ 組む

▶搭伴 ▶合伙 ▶合作 ▶联合 ▶配
▶配合 ▶为伍 ▶组 ▶组成 ▶组织

【搭伴】dā//bàn(～儿) 動 同行する. 連れ立って行く.｜我和他～回家 wǒ hé tā dābàn huíjiā 私は彼と連れ立って帰る.｜他也进城、你们正好搭个伴儿 tā yě jìnchéng、nǐmen zhènghǎo dā ge bànr 彼も町へ行くから、一緒においでなさい.

*【合伙】héhuǒ(～儿) 動 共同で行う. 一緒に組む.｜～经营 héhuǒ jīngyíng 共同

で経営する.｜两家～买了一辆拖拉机 liǎng jiā héhuǒ mǎile yí liàng tuōlājī 2 軒共同でトラクターを 1 台買った.

**【合作】hézuò 動 協力する. 提携する. 合作する.｜～出版 hézuò chūbǎn 共同出版.｜～经营 hézuò jīngyíng 共同経営.｜分工～ fēngōng hézuò 分担して協力する.｜技术～ jìshù hézuò 技術提携する.｜双方～得很好 shuāngfāng hézuòde hěn hǎo 双方の協力はたいへんうまくいっている.｜我们俩～编写了一本字典 wǒmen liǎ hézuò biānxiěle yì běn zìdiǎn 私たち二人で字典を作った.

**【联合】liánhé 動 連合する. 連携する. 団結する.｜～经营 liánhé jīngyíng 共同経営.｜～举办 liánhé jǔbàn 共催する.｜～大家一起干 liánhé dàjiā yìqǐ gàn みんなで団結して一緒に行う.｜爱好和平的人们～起来 àihào hépíng de rénmen liánhéqilai 平和を愛する人々が団結する.

*【配】pèi 動 割り当てる. 振り分ける.｜调～ diàopèi 配置する.｜临时～了一名助手 línshí pèile yì míng zhùshǒu 臨時に助手を一人つけた.

**【配合】pèihé 動 各々が任務を分担し、一つの仕事を完成させる. 協力する.｜～作战 pèihé zuòzhàn 連係プレー. 共同戦線.｜起～作用 qǐ pèihé zuòyòng 協力的な役割を果たす.｜密切～ mìqiè pèihé 緊密なチームワークをとる.｜双方～默契 shuāngfāng pèihé mòqì 両方の息がぴったり合っている.｜在群众的～下、警察很快抓到了罪犯 zài qúnzhòng de pèihé xià、jǐngchá hěn kuài zhuādàole zuìfàn 民衆の協力で、警察はすぐに犯人を捕らえた.

【为伍】wéiwǔ 動 (…と)伍(ご)する. 肩を並べる. 一緒になる.｜不与他们～ bù yǔ tāmen wéiwǔ 彼らとは仲間にならない.

**【组】zǔ 動 (人や事物を)組織する. 組

くもる　曇る

み合わせる. ‖改〜 gǎizǔ 改組する. ｜
他们〜了一个团去国外考察 tāmen zǔle yí
ge tuán qù guówài kǎochá 彼らは団を組織
して海外に視察に行った.

*【组成】 zǔchéng 動 (いくつかの部分か
ら)構成する. 組み立てる. ‖十五个人
〜一个班 shíwǔ ge rén zǔchéng yí ge bān
15 人で一つのグループを作る. ｜文章
由三部分〜 wénzhāng yóu sān bùfen zǔ-
chéng 文章は三つの部分から構成され
る.

★【组织】 zǔzhī 動 組織する. 結成する.
まとめる. ‖〜新年晚会 zǔzhī xīnnián
wǎnhuì 新年会の段取りをする. ｜〜大
家去春游 zǔzhī dàjiā qù chūnyóu みんな
の参加を募って春のピクニックに行く.

くむ

▶抽水　▶打　▶汲　▶捞　▶捧　▶挑水
▶舀

【抽水】 chōu//shuǐ 動 ポンプで水をくみ
上げる. ‖〜浇地 chōushuǐ jiāo dì ポンプ
で水をくみ上げて田畑に灌漑(かんがい)す
る.

★【打】 dǎ 動 (水などを)くむ. すくう.
("打"は多くの具体的意味をもつ動詞
の代わりに用いられる) ‖〜水洗脸 dǎ-
shuǐ xǐliǎn 水をくんで顔を洗う. ｜〜粥
dǎ zhōu 粥をよそう.

【汲】 jí 動 (水を)くむ. くみあげる. ‖
〜水 jí shuǐ 水をくむ.

**【捞】 lāo 動 (水中から)取り出す. すく
う. ‖水中〜月 shuǐ zhōng lāo yuè 水中
の月をすくう. まったく不可能なこと
のたとえ. ｜饺子煮好了，快〜出来吧
jiǎozi zhǔhǎo le, kuài lāochulai ba ギョー
ザはもうゆで上がったから，早くすく
い出しなさい.

**【捧】 pěng 動 両手で捧げるように持つ.

抱える. ‖手〜鲜花 shǒu pěng xiānhuā 花
束を両手に抱える. ｜用手〜水喝 yòng
shǒu pěng shuǐ hē 手で水をすくって飲
む. ｜〜起一把家乡的土 pěngqi yì bǎ jiā-
xiāng de tǔ ふるさとの土を手ですくい
上げる. 量 両手ですくえる物を数え
る. ‖一〜花生米 yì pěng huāshēngmǐ 一
すくいの落花生. ｜捧了两〜土 pěngle
liǎng pěng tǔ 土を手で二度すくった.

【挑水】 tiāo shuǐ 組 (くみ上げた)水を天
びん棒で運ぶ. ‖爸爸去〜了 bàba qù
tiāo shuǐ le 父さんは水をくみに行った.

【舀】 yǎo 動 (ひしゃくやしゃくしなどで)
くむ. すくう. ‖〜水 yǎo shuǐ 水をくむ.
｜〜了一勺汤 yǎole yì sháo tāng スープ
をひとさじすくった.

くもる　曇る

▶暗　▶朦胧　▶模糊　▶委靡　▶阴
▶阴沉　▶阴森　▶忧郁

*【暗】 àn 形 (光が不十分で)暗い. ⇔
"明" míng ‖屋里光线很〜 wūli guāngxiàn
hěn àn 部屋の中が暗い. ｜天色〜了下
来 tiānsè ànlexialai 空が暗くなってきた.
｜听了这话母亲脸色〜了下来 tīngle zhè
huà mǔqin liǎnsè ànlexialai その話を聞い
て母の顔が曇った.

【朦胧】 ménglóng 形 はっきり見えない.
ぼんやりしている. ‖暮色〜 mùsè méng-
lóng 日暮れの景色がぼんやりかすむ.
｜意识〜 yìshi ménglóng 意識が朦朧
(もうろう)とする.

*【模糊】【模胡】 móhu 形 はっきりしない.
ぼんやりしている. ‖碑面字迹〜 bēi-
miàn zìjì móhu 石碑の文字がはっきりし
ない. ｜眼镜镜片〜了 yǎnjìng jìngpiàn
móhu le メガネが曇る. ｜蒸气使窗玻璃
〜不清 zhēngqì shǐ chuāngbōli móhubuqīng
蒸気で窓ガラスが曇る. 動 ぼかす. 曖

昧にする. ‖ 泪水～了他的双眼 lèishuǐ móhule tā de shuāngyǎn 涙が彼の目を曇らせた.

【委靡】wěimǐ 形 意気消沈している. しょげている. "萎靡" とも書く. ‖ ～不振 wěimǐ búzhèn しょげかえっている. 元気がない. | 精神～ jīngshen wěimǐ 意気消沈している.

★【阴】yīn 形 曇っている. 雲に覆われている. ‖ 晴转～ qíng zhuǎn yīn 晴れのち曇り. | 天～起来了 tiān yīnqilai le 空が曇ってきた. | 一连～了好几天 yìlián yīnle hǎojǐ tiān ずっと何日も曇り続きだ.

【阴沉】yīnchén 形 どんよりしている. 暗い. ‖ 天色～ tiānsè yīnchén 空がどんよりしている. | 脸色～ liǎnsè yīnchén 顔つきが不機嫌である.

【阴森】yīnsēn 形 (雰囲気・顔つきなどが) 陰鬱(いんうつ)である. 暗く不気味である. ‖ 阴森森的目光 yīnsēnsēn de mùguāng 陰気なまなざし.

*【忧郁】yōuyù 形 憂鬱である. 気がふさいでいる. ‖ 心情～ xīnqíng yōuyù 憂鬱である. | ～的目光 yōuyù de mùguāng 憂鬱なまなざし. | 神情～ shénqíng yōuyù 曇った表情をしている.

くやむ 悔やむ

▶懊悔　▶吃后悔药　▶后悔　▶悔不当初
▶悔恨　▶遗憾

【懊悔】àohuǐ 動 悔やむ. ‖ 真～不该伤她的心 zhēn àohuǐ bù gāi shāng tā de xīn 彼女を傷つけるのではなかったと後悔した.

【吃后悔药】chī hòuhuǐyào 慣 悔やむ. 後悔する.

**【后悔】hòuhuǐ 動 後悔する. ‖ ～莫及 hòuhuǐ mòjí 後悔先に立たず. | 话已出口, 现在～也晚了 huà yǐ chūkǒu, xiànzài

hòuhuǐ yě wǎn le 言ってしまった以上, いまになって悔やんでももう遅い. | 我真～没听你的劝告 wǒ zhēn hòuhuǐ méi tīng nǐ de quàngào 私はあなたの忠告を聞かなかったことをほんとうに後悔しています.

【悔不当初】huǐ bù dāng chū 成 初めからそうしなければよかったと後悔する.

*【悔恨】huǐhèn 動 ひどく悔やむ. 残念に思う. ‖ ～交加 huǐhèn jiāojiā 後悔が入り混じる. | 他～自己做了这件错事 tā huǐhèn zìjǐ zuòle zhè jiàn cuòshì 彼は自分が犯した過ちを後悔している.

*【遗憾】yíhàn 名 悔恨. 悔い. 心残り. ‖ 终生的～ zhōngshēng de yíhàn 一生の心残り. 形 残念である. 遺憾である. 心残りである. ‖ 你不能来, 太～了 nǐ bù néng lái, tài yíhàn le 君が来られないとは, ほんとうに残念だ.

－くらい

▶把　▶差不多　▶大概　▶大约　▶多
▶来　▶上下　▶左右

【把】bǎ 助 "里" lǐ "丈" zhàng "顷" qǐng "斤" jīn "个" gè などの量詞や "百" bǎi "千" qiān "万" wàn などの数詞の後に置き, だいたいその単位の数になることを表す. ‖ 个～月 gè bǎ yuè かれこれひと月. | 百～块钱 bǎi bǎ kuài qián 100 元そこそこ. | 千～人 qiān bǎ rén 1000 人ほど.

*【差不多】chàbuduō 副 だいたい. ほぼ. およそ. ‖ ～有二百人 chàbuduō yǒu èrbǎi rén だいたい 200 人いる. | ～用了四个小时 chàbuduō yòngle sì ge xiǎoshí ほぼ 4 時間を要した. | 我学英语已经～十年了 wǒ xué Yīngyǔ yǐjīng chàbuduō shí nián le 私は英語を学んでおよそ 10 年になる.

★【大概】dàgài 副 だいたい. おおよそ. おおかた. (状況の推測に使われる)‖ ～十六七岁 dàgài shíliù qī suì おおよそ16, 7才. | 他～二十岁左右 tā dàgài èrshí suì zuǒyòu 彼はたぶん 20 歳ぐらいだ. | 这里离县城～十公里 zhèli lí xiànchéng dàgài shí gōnglǐ ここは町から 10 キロくらい離れている.

**【大约】dàyuē 副 約. およそ. だいたい. (概数を表す)‖ 用了～两小时 yòngle dàyuē liǎng xiǎoshí およそ 2 時間かかった. | ～来了二十几个人 dàyuē láile èrshíjǐ ge rén 二十数人来た.

★【多】duō 数 (数詞または数量詞の後に置き, 端数を表す)…余り.‖ 十～个学生 shí duō ge xuésheng 十数人の学生. | 二十～岁 èrshí duō suì 20 歳余り. | 三米～高 sān mǐ duō gāo 高さが 3 メートル余り. | 一共花了五十～块 yígòng huāle wǔshí duō kuài 全部で 50 元余り を使った.

**【来】lái 助 数詞または数量詞の後に置き, 概数を表す.‖ 十～天 shí lái tiān 10 日ばかり. | 二百～人 èrbǎi lái rén 約 200 人. | 三十～岁 sānshí lái suì 30 歳ぐらい. | 四点～钟 sì diǎn lái zhōng 4 時前後. | 五里～路 wǔ lǐ lái lù 2.5 キロほどの道のり.

*【上下】shàngxià 名 (数量詞の後に置き, 概数を表す) 前後. ほど. (距離の場合, 水平方向の距離に "上下" は使えないが, 垂直方向の距離, つまり高さや深さには使える)‖ 年纪在五十～ niánjì zài wǔshí shàngxià 年齢は 50 歳前後である. | 六十公斤～ liùshí gōngjīn shàngxià 60 キログラムぐらい.

**【左右】zuǒyòu 名 くらい. ほど.‖ 二十岁～ èrshí suì zuǒyòu 20 歳ぐらい. | 五点～ wǔ diǎn zuǒyòu 5 時ごろ. | 百分之八十～ bǎi fēn zhī bāshí zuǒyòu 80 パーセント前後.

くらい　暗い

▶暗　▶暗淡　▶黑　▶黑暗　▶黑咕隆咚
▶黑糊糊　▶昏暗　▶漆黑　▶漆黑一团
▶阴暗　▶阴沉

---

*【暗】àn 形 (光が不十分で) 暗い. ⇔ "明" míng ‖ 屋里光线很～ wūli guāngxiàn hěn àn 部屋の中が暗い. | 天色～了下来 tiānsè ànlexiàlai 空が暗くなってきた. | 天昏地～ tiān hūn dì àn 天も地も真っ暗である. 政治の腐敗や社会の暗黒をいう.

【暗淡】àndàn 形 薄暗い. ぼんやりしている.‖ 灯光～ dēngguāng àndàn 明かりが暗い. | 这幅画儿色调～ zhè fú huàr sèdiào àndàn この絵は色調が暗い.

*【黑】hēi 形 暗い. ⇔ "亮" liàng ‖ 天～了 tiān hēi le 日が暮れた. | 山洞里很～ shāndòng li hěn hēi 洞穴の中はとても暗い.

*【黑暗】hēi'àn 形 暗い. 真っ暗である.‖ 一个人在～的深夜行走, 你难道不怕吗? yí ge rén zài hēi'àn de shēnyè xíngzǒu, nǐ nándào bú pà ma? 暗い夜更けに一人で歩いて恐くないの?

【黑咕隆咚】hēigulōngdōng (～的) 形 口 真っ暗である.‖ 井底～的, 什么也看不见 jǐngdǐ hēigulōngdōng de, shénme yě kànbujiàn 井戸の底は真っ暗で, 何も見えない.

【黑糊糊】【黑乎乎】hēihūhū (～的) 形 薄暗い. ほの暗い.‖ 房间里～的 fángjiān li hēihūhū de 部屋の中は薄暗い.

【昏暗】hūn'àn 形 暗い. ⇔ "明亮" míngliàng ‖ 灯光～ dēngguāng hūn'àn 灯が暗い. | 天色渐渐～起来 tiānsè jiànjiàn hūn'ànqilai 空がだんだん暗くなってきた.

*【漆黑】qīhēi 形 真っ黒である. 真っ暗である.‖ ～的雨夜 qīhēi de yǔyè 真っ暗な雨の夜. | ～的头发 qīhēi de tóufa 漆

243

くらす 暮らす

黒の髪.

【漆黑一团】 qī hēi yī tuán 成 真っ暗やみ
である. 希望がない. 見込みがない.
"一团漆黑" yī tuán qī hēi ともいう. ‖洞
里～ dòng li qī hēi yì tuán 洞穴の中は真っ
暗である.

*【阴暗】 yīn'àn 形 (空・気持ち・顔色・
光が)暗い. 陰気である. ‖天色～ tiān-
sè yīn'àn 空が暗い. ｜～潮湿的房间 yīn-
'àn cháoshī de fángjiān 暗くて湿っぽい部
屋.

【阴沉】 yīnchén 形 (空・気持ち・顔色
が)どんよりしている. 暗い. 不機嫌
でとげとげしい. ‖天色～ tiānsè yīnchén
空がどんよりしている. ｜脸色～ liǎnsè
yīnchén 顔つきが不機嫌である.

くらす 暮らす

▶度过 ▶度日 ▶过 ▶过活 ▶过日子
▶谋生 ▶生活 ▶生息

**【度过】 dùguo；dùguò 動 過ごす. 暮ら
す. ‖在农村～晚年 zài nóngcūn dùguo
wǎnnián 農村で晩年を暮らす. ｜～了一
个愉快的暑假 dùguole yí ge yúkuài de shǔ-
jià 夏休みを楽しく過ごした.

【度日】 dùrì 動 日を過ごす. 日を送る.
生活する. (多くは苦しい生活をさす)
‖靠卖画～ kào mài huà dùrì 絵を売って
暮らす. ｜～如年 dùrì rú nián 1日が1年
のように長く感じる. 暮らしが苦しい
さま.

★【过】 guò 動 (時間が)経過する. (時を)
過ごす. ‖～着幸福的生活 guòzhe xìngfú
de shēnghuó 幸せに暮らしている. ｜日
子～不下去了 rìzi guòbuxiàqu le 暮らし
ていくことができない.

【过活】 guòhuó 動 生活する. 暮らす. ‖
一家人都靠父亲的工资～ yìjiārén dōu kào
fùqin de gōngzī guòhuó 一家は父親の給

料で暮らしている.

【过日子】 guò rìzi 組 暮らす. 生活する.
‖安安稳稳地～ ān'ānwěnwěn de guò rìzi
地道に暮らす. わずかな財産を守りな
がら暮らす. ｜那家媳妇会～ nà jiā xífu
huì guò rìzi あの家の嫁はやりくりが上
手だ.

【谋生】 móushēng 動 生計をはかる. 暮
らしを立てる. ‖～之道 móushēng zhī dào
暮らしを立てる道. ｜到外地去～ dào
wàidì qù móushēng よその土地に行って
生計を立てる.

★【生活】 shēnghuó 動 生活する. 暮らす.
‖幸福地～着 xìngfú de shēnghuózhe 幸
せに暮らしている. ｜和父母在一起～
hé fùmǔ zài yìqǐ shēnghuó 両親と一緒に
生活する. ｜他在国外～过多年 tā zài guó-
wài shēnghuóguo duōnián 彼は国外で長
年暮らした.

【生息】 shēngxī 動 生活する. 生きる.
‖祖祖辈辈～在这里 zǔzǔbèibèi shēngxī-
zài zhèli 先祖代々この地で生活してき
た.

くらべる 比べる

▶比 ▶比较 ▶对比 ▶对照 ▶较量
▶相比

★【比】 bǐ 動 比べる. 競う. ‖～技术 bǐ jì-
shù 技術を比べる. ｜～高矮 bǐ gāo'ǎi 高
さを比べる. ｜～一一，看谁跑得快 bǐ-
yībǐ, kàn shéi pǎode kuài 誰の足が速いか
競走しよう. ｜跟我们那儿～，这儿可
热多了 gēn wǒmen nàr bǐ, zhèr kě rèduō
私たちの住んでいる所に比べ，ここは
ずっと暑い. ｜论力气，没人能～得上他
lùn lìqi, méi rén néng bǐdeshàng tā 力では
誰も彼にかなわない.

★【比较】 bǐjiào 動 比較する. (二つ以上
のものを比べて，その違いや優劣など

を弁別し区別する)‖~两种产品的优劣 bǐjiào liǎng zhǒng chǎnpǐn de yōuliè 二つの製品の優劣を比較する.｜几个照相机~起来，我喜欢这个 jǐ ge zhàoxiàngjī bǐjiàoqilai, wǒ xǐhuan zhège いくつかカメラを比べてみて，私はこれが好きだ.｜要进行认真的~ yào jìnxíng rènzhēn de bǐjiào 慎重に比較しなければいけない.

**【对比】duìbǐ 勔 対比する.（二つのものを比べる. 比べるものは相反する，または相対するものに限らない)‖古今~ gǔjīn duìbǐ 昔と今を対比する.｜~一下，就可看出两者之间的差距 duìbǐ yíxià, jiù kě kànchu liǎngzhě zhījiān de chājù 対比してみると両者の違いがはっきり分かる.｜~起来，我还是喜欢蓝色的 duìbǐqilai, wǒ háishi xǐhuan lánsè de 比べてみて，私はやっぱり青のほうが好きだ.

*【对照】duìzhào 勔 対照する.（二つのものを相互に照らし合わせ，その違いをくっきりと浮かび上がらせる. 相反する，または相対するものを比べる)‖~原文加以修改 duìzhào yuánwén jiāyǐ xiūgǎi 原文と照らし合わせて修正を加える.｜把两种社会制度~地讲一下 bǎ liǎng zhǒng shèhuì zhìdù duìzhào de jiǎng yíxià 二つの社会制度を比較対照して説明する.

*【较量】jiàoliàng 勔 力比べをする. 勝負する.‖要经过一番～，才知胜负 yào jīngguò yì fān jiàoliàng, cái zhī shèngfù 一通り腕比べをしてはじめて勝敗が決まる.｜你俩～～，看哪个有劲儿 nǐ liǎ jiàoliàngjiàoliàng, kàn nǎge yǒujìnr 君たちどっちが強いか力比べをしてごらん.｜军事~ jūnshì jiàoliàng 軍事力の勝負.

*【相比】xiāngbǐ 勔 比べる.‖两者无法~ liǎngzhě wúfǎ xiāngbǐ 両者は比べようがない.｜与那间屋子~，这间更凉快一些 yǔ nà jiān wūzi xiāngbǐ, zhè jiān gèng liángkuai yìxiē 向こうの部屋に比べれ

ば，こちらの部屋のほうがいくらか涼しい.｜他很会做菜，~之下，我就差多了 tā hěn huì zuò cài, xiāngbǐ zhī xià, wǒ jiù chàduō le 彼は料理を作るのがとてもうまい，それに引きかえ，私などずっと腕が落ちる.

くりかえす　繰り返す

▶重蹈覆辙　▶重复　▶重演　▶翻来覆去
▶反复　▶再三　▶折腾

【重蹈覆辙】chóng dǎo fù zhé 威 覆辙(ふくてつ)を踏む. 前の過ちを繰り返す. "复蹈前辙"fù dǎo qián zhé ともいう.

**【重复】chóngfù 勔 繰り返す.‖她把话又~了一遍 tā bǎ huà yòu chóngfùle yí biàn 彼女は話をもう一度繰り返した.｜不能再~以前的错误 bù néng zài chóngfù yǐqián de cuòwù 前の過ちを再び繰り返してはならない.

【重演】chóngyǎn 勔 再演する. 転 同じ事を繰り返す.‖历史的悲剧不容~ lìshǐ de bēijù bùróng chóngyǎn 歴史の悲劇を繰り返してはならない.

【翻来覆去】fān lái fù qù 威 何度も繰り返す.‖~地说了好几遍 fān lái fù qù de shuōle hǎojǐ biàn 何度も繰り返して言った.

**【反复】fǎnfù 勔 繰り返し. 反復して.‖~思考 fǎnfù sīkǎo 慎重に考える.｜~说明 fǎnfù shuōmíng 繰り返し説明する.｜对文章进行~推敲 duì wénzhāng jìnxíng fǎnfù tuīqiāo 文章を繰り返し推敲(すいこう)する.｜那盘录音带他反反复复听了好几遍 nà pán lùyīndài tā fǎnfǎnfùfù tīngle hǎojǐ biàn その録音テープを彼は繰り返し何遍も聞いた.

*【再三】zàisān 勔 再三. 何度も.‖~再四 zàisān zàisì 再三再四.｜~要求 zàisān yāoqiú 再三にわたって要求する.｜我

くる 来る

～向他道谢 wǒ zàisān xiàng tā dàoxiè 私は何度も彼に礼を言った. ｜～挽留客人 zàisān wǎnliú kèrén 客を何度も引き留める. ｜考虑～ kǎolǜ zàisān 何度も考える.

*【折腾】zhēteng 動回 (同じことを)繰り返す. ｜这篇稿子他改来改去, ～了好几天 zhè piān gǎozi tā gǎi lái gǎi qù, zhēteng-le hǎojǐ tiān その原稿を彼は書いては直し書いては直しして, 何日も同じことを繰り返した.

くる 来る

▶到 ▶到来 ▶光临 ▶降临 ▶来
▶来到 ▶来访 ▶来临

★【到】dào 動❶到着する. 着く. ｜冬天～了 dōngtiān dào le 冬が来た. ｜～站了, 该下车了 dào zhàn le, gāi xià chē le 駅に着きました, 降りましょう. ❷行く. 来る. ｜我～过苏州 wǒ dàoguo Sūzhōu 私は蘇州(ᵃᵘ゙᙮ゅう)へ行ったことがある. ｜～这儿来 dào zhèr lái ここに来なさい. ｜你打算～哪里去? nǐ dǎsuan dào nǎli qù? あなたはどこへ行くつもりですか.

*【到来】dàolái 動 到来する. やって来る. ｜新时代～了 xīnshídài dàolái le 新時代が到来した. ｜以优异的成绩迎接新年的～ yǐ yōuyì de chéngjì yíngjiē xīnnián de dàolái すばらしい成果をもって新年を迎える.

*【光临】guānglín 動敬 ご光臨を賜る. ご来訪いただく. ｜欢迎～指导 huānyíng guānglín zhǐdǎo ご来訪のうえご指導くださるようお願いいたします. ｜恭候～ gōnghòu guānglín 謹んでご光臨をお待ち申し上げます.

*【降临】jiànglín 動 訪れる. ふりかかる. ｜夜幕～ yèmù jiànglín 日暮れが訪れる. ｜灾难～ zāinàn jiànglín 災難に見舞われる.

★【来】lái 動❶(他の場所から話し手のほうへ)来る. やって来る. ⇔"去" qù ｜老李～了! Lǎo-Lǐ lái le! 李さんがやって来たよ. ｜代表团明天～厂里参观 dàibiǎotuán míngtiān lái chǎng li cānguān 代表団は明日工場見学に訪れる. ｜家里～了好多客人 jiā li láile hǎoduō kèrén 家に客が大勢来た. ｜学校～通知了 xuéxiào lái tōngzhī le 学校から通知が届いた. ❷他の動詞または動詞句の後に置き, 何かしに来ることを表す. ‖向你请教～了 xiàng nǐ qǐngjiào lái le 君に教えを請いにやって来た. ｜我出差～了 wǒ chūchāi lái le 私は出張で来た. ｜他还书～了 tā huán shū lái le 彼は本を返しに来た. ❸(lai；lái) 他の動詞の後に置き, 動作が話し手に向かうことを表す. ‖前面跑～两个孩子 qiánmiàn pǎolai liǎng ge háizi 前方から二人の子供が駆けてくる. ｜你把书给我带～吧! nǐ bǎ shū gěi wǒ dàilai ba! 本を私の所へ持ってきてください.

【来到】láidào 動 来る. 到着する. ‖春天～了 chūntiān láidào le 春が来た. ｜大家三三两两地～会场 dàjiā sān sān liǎng liǎng de láidào huìchǎng みんな三々五々会場にやって来た.

【来访】láifǎng 動 訪ねて来る. 来訪する. ‖昨天有朋友～ zuótiān yǒu péngyou láifǎng きのう友人が訪ねて来た.

*【来临】láilín 動 到来する. やってくる. ‖新年～之际 xīnnián láilín zhī jì 新年の到来のとき. ｜暴风雨即将～ bàofēngyǔ jíjiāng láilín 嵐(ᵃらし)がまもなくやって来る.

くるしい　苦しい

▶艰苦　▶艰难　▶窘迫　▶苦　▶苦恼
▶困难　▶难过　▶难受　▶痛苦　▶为难

【艰苦】jiānkǔ 厖 苦しい．つらい．‖
创业 jiānkǔ chuàngyè 苦労して創業する．
｜生活十分～ shēnghuó shífēn jiānkǔ 暮
らし向きがとても苦しい．

*【艰难】jiānnán** 厖 困難である．苦難に
満ちている．‖～的处境 jiānnán de chǔ-
jìng 苦しい状況．｜〔艰难〕岁月 jiānnán
〔jiānkǔ〕suìyuè 苦難に満ちた歳月．｜日
子过得很～ rìzi guòde hěn jiānnán 生活に
困窮する．

【窘迫】jiǒngpò 厖 ❶(経済的に)困窮し
ている．窮迫している．‖生计～ shēng-
jì jiǒngpò 生計が窮迫している．❷(立
場が)苦しい．追い詰められている．‖
陷入～局面 xiànrù jiǒngpò júmiàn 苦しい
状況に陥る．

★**【苦】kǔ** 厖 苦しい．つらい．‖生活很～
shēnghuó hěn kǔ 生活が苦しい．｜她心里
很～ tā xīnli hěn kǔ 彼女はつらい気持ち
でいる．

*【苦恼】kǔnǎo** 厖 苦しい．悩ましい．‖
何必为这点小事儿～? hébì wèi zhè diǎn
xiǎoshìr kǔnǎo? こんなつまらないこと
で悩むことはないじゃないか．

★**【困难】kùnnan** 厖 困難である．苦しい．
‖呼吸～ hūxī kùnnan 呼吸が苦しい．
息苦しい．｜开支很～ kāizhī hěn kùnnan
家計が苦しい．｜住房～ zhùfáng kùnnan
住居に困っている．

【难过】nánguò 厖 ❶生活が苦しい．暮
らしにくい．‖物价飞涨，这日子真～
wùjià fēizhǎng, zhè rìzi zhēn nánguò 物価が
暴騰して，ほんとうに暮らしにくい．
❷つらい．やりきれない．悲しい．‖
好朋友去世了，他心里很～ hǎo péngyou
qùshì le, tā xīnli hěn nánguò 親しい友人が

亡くなって，彼はとても悲しんだ．

【难受】nánshòu 厖 ❶(肉体的に)つら
い．体の調子が悪い．‖胃镜检查可～
了 wèijìng jiǎnchá kě nánshòu le 胃カメラ
の検査は苦しいよ．❷(精神的に)つら
い．やりきれない．情けない．苦し
い．‖和女朋友吹了，心里很～ hé nǚ-
péngyou chuī le, xīnli hěn nánshòu 彼女と
別れてとてもつらい．

【痛苦】tòngkǔ 厖 苦痛である．苦しい．
("难过" nánguò "难受" nánshòu より程
度が重い)‖～的回忆 tòngkǔ de huíyì
苦しみに満ちた回想．｜他心里非常～ tā
xīnli fēicháng tòngkǔ 彼はとてもつらい
気持ちだった．｜减轻病人的～ jiǎnqīng
bìngrén de tòngkǔ 病人のつらさを軽くす
る．

*【为难】wéinán** 厖 (立場上)困っている．
困惑している．‖左右～ zuǒyòu wéinán
板ばさみになる．｜他正～呢，你别再
给他添麻烦了 tā zhèng wéinán ne, nǐ bié
zài gěi tā tiān máfan le 彼はいま困ってい
るのだから，これ以上面倒をかけない
ように．

くるま　車

▶车　▶出租车　▶电车　▶公交车　▶黑车
▶火车　▶急救车　▶吉普车　▶救火车
▶列车　▶面包车　▶摩托车　▶末班车
▶汽车　▶首班车　▶自行车

★**【车】chē** 图 車．(乗り物としての)車．
‖开～ kāichē 運転する．

【出租车】chūzūchē 图 タクシー．ハイ
ヤー．"出租汽车" chūzū qìchē ともい
う．

★**【电车】diànchē** 图 電車．‖无轨～ wúguǐ
diànchē トロリーバス．｜有轨～ yǒuguǐ
diànchē 路面電車．

【公交车】gōngjiāochē 图 路線バス．"公

共汽车" gōnggòng qìchē ともいう.

【黑车】 hēichē 图 ❶盗難車. やみで取り引きされた車. ❷無許可営業の車. 白タク.

★**【火车】** huǒchē 图汽車. 列車.

【急救车】 jíjiùchē 图 救急車. "救护车" jiùhùchē ともいう.

*★**【吉普车】** jípǔchē 图 ジープ.

【救火车】 jiùhuǒchē 图 消防車.

*★**【列车】** lièchē 图 列車. ‖ 特快~ tèkuài lièchē 特急列車.

【面包车】 miànbāochē 图 マイクロバス. ステーションワゴン.

*★**【摩托车】** mótuōchē 图 オートバイ. バイク.

【末班车】 mòbānchē 图 最終電車. 最終バス. "末车" mòchē ともいう.

★**【汽车】** qìchē 图 自動車. ‖ ~站 qìchēzhàn バス停.

【首班车】 shǒubānchē 图 始発電車. 始発バス. "首车" shǒuchē ともいう.

★**【自行车】** zìxíngchē 图 自転車. ‖ 骑~ qí zìxíngchē 自転車に乗る.

グループ

▶班　▶班子　▶队　▶集体　▶集団
▶群体　▶团伙　▶团体　▶小圈子　▶小组
▶组

★**【班】** bān 图 (学習や仕事のために分けた) 組. 班. ‖ 一年级三~ yī niánjí sān bān 1 年 3 組. ｜ 高级~ gāojíbān 上級クラス. ｜ 进修~ jìnxiūbān 研修クラス. ｜分~ fēn bān グループ分けする. ｜同~同学 tóngbān tóngxué クラスメート.

*★**【班子】** bānzi 图 班. グループ. ‖ 领导~ lǐngdǎo bānzi 指導部. ｜研究~ yánjiū bānzi 研究班.

★★【队】 duì 图隊. チーム. ‖ 篮球~ lánqiúduì バスケットボールチーム. ｜乐

~ yuèduì 楽隊. ｜拉拉~ lālāduì 応援団.

★★【集体】 jítǐ 图 集団. 団体. グループ. (組織化されていない集団)⇔"个人" gèrén ‖ ~讨论 jítǐ tǎolùn グループ討論. ｜~参观博物馆 jítǐ cānguān bówùguǎn 団体で博物館を見学する.

*★**【集团】** jítuán 图 集団. グループ. (組織化され, 営利を目的とする集団)‖ 企业~ qǐyè jítuán 企業グループ. ｜电子工业~ diànzǐ gōngyè jítuán 電子工業グループ. ｜盗窃~ dàoqiè jítuán 窃盗団.

*★**【群体】** qúntǐ 图噃共通するものの集まり. ‖ 主流~ zhǔliú qúntǐ 主流グループ. ｜科研~ kēyán qúntǐ 科学研究に従事している人々の集まり. ｜社会弱势~ shèhuì ruòshì qúntǐ 社会的弱者層. ｜不足四十个人的小~ bùzú sìshí ge rén de xiǎo qúntǐ 40 人足らずの小さなグループ.

【团伙】 tuánhuǒ 图 不法活動をするグループ. ‖ 严厉打击流氓~ yánlì dǎjī liúmáng tuánhuǒ ならず者集団に手厳しい打撃を加える.

*★**【团体】** tuántǐ 图 団体. (組織化され, 営利を目的としない集団)‖ 文艺~ wényì tuántǐ 文化芸術団体.

【小圈子】 xiǎoquānzi 图(個人的利益を共有するための)小グループ. 小さな派閥. ‖ 搞~ gǎo xiǎoquānzi 個人的利益のために小派閥を作る.

【小组】 xiǎozǔ 图 小さな集団. 班. グループ. ‖ 学习~ xuéxí xiǎozǔ 学習班. ｜~讨论 xiǎozǔ tǎolùn グループごとに討論する.

*★**【组】** zǔ 图 グループ. ‖ 技术~ jìshùzǔ 技術グループ. ｜全班分成三个~ quánbān fēnchéng sān ge zǔ クラス全体を三つのグループに分ける.

248

くろう　苦労

yǒuhēi 肌が日に焼けて真っ黒だ.

くろい　黒い

▶黒　▶黒不溜秋　▶黒糊糊　▶黒色
▶黒油油　▶黒黝黝　▶漆黒　▶青　▶烏黒
▶烏亮　▶黝黒

★【黒】 hēi 形 黒い. ⇔"白" bái ‖ ～皮鞋 hēi píxié 黒い革靴. ｜她的头发很～ tā de tóufa hěn hēi 彼女の髪は黒々としている. ｜晒～ shàihēi 日に焼けて黒くなる.

【黒不溜秋】 hēibuliūqiū (～的) 形 历 黒ずんで汚い. 真っ黒い. ‖背着个～的旧书包 bēizhe ge hēibuliūqiū de jiù shūbāo 黒く汚れた古いかばんを背負っている.

【黒糊糊】【黒乎乎】 hēihūhū (～的) 形 非常に黒いさま. ‖～的浓烟 hēihūhū de nóngyān もくもくと立ち上る黒煙.

【黒色】 hēisè 名 黒色.

【黒油油】 hēiyóuyóu (～的) 形 真っ黒でつやがある. (話し言葉では hēiyōuyōu とも発音する)‖～的长发 hēiyóuyōu de chángfà 黒くつややかな長い髪.

【黒黝黝】 hēiyǒuyǒu (～的) 形 真っ黒でつやがある. 真っ暗である. (話し言葉では hēiyōuyōu とも発音する)

*【漆黒】 qīhēi 形 (漆のように)真っ黒である. ‖～的头发 qīhēi de tóufa 漆黒の髪.

**【青】 qīng 形 黒い. ‖～布 qīngbù 黒い布. ｜玄～ xuánqīng 濃黒色.

【烏黒】 wūhēi 形 真っ黒である. 黒々としている. ‖～的眼珠 wūhēi de yǎnzhū 黒い瞳(ひとみ). ｜～的头发 wūhēi de tóufa 真っ黒な髪.

【烏亮】 wūliàng 形 黒くてつやがある. 黒光りしている. ‖皮鞋擦得～ píxié cā de wūliàng 磨いた革靴が黒光りしている.

【黝黒】 yǒuhēi 形 黒い. 真っ黒である. 真っ暗である. ‖皮肤晒得～ pífū shàide

くろう　苦労

▶操劳　▶吃苦　▶含辛茹苦　▶苦労
▶劳苦　▶千辛万苦　▶受苦　▶受累
▶受罪　▶辛苦

*【操劳】 cāoláo 動 苦労する. 骨を折る. ‖母亲为我们～了一辈子 mǔqin wèi wǒmen cāoláole yíbèizi 母は私たちのために一生を苦労してきた.

*【吃苦】 chī/kǔ 動 苦しみをなめる. 苦労する. ‖他吃过很多苦 tā chīguo hěn duō kǔ 彼はこれまでずいぶん苦労してきた. ｜他是个肯～的人 tā shì ge kěn chīkǔ de rén 彼は苦労をいとわない人だ. ｜～耐劳 chīkǔ nàiláo 苦労に耐える.

【含辛茹苦】 hán xīn rú kǔ 成 辛酸をなめる. 苦労を堪え忍ぶ. "茹苦含辛" rú kǔ hán xīn ともいう. ‖妈妈一个人～，把我们带大了 māma yí ge rén hán xīn rú kǔ, bǎ wǒmen dàidà le 母は女手一つで苦労して，私たちを育てあげた.

【苦労】 kǔláo 名 辛労. 辛苦. ("功劳" gōngláo と対にして用いる)‖我工作三十年，没有功劳也有～吧 wǒ gōngzuò sānshí nián, méiyou gōngláo yě yǒu kǔláo ba 私は30年間勤続したのだから，功労はなかったとしても，骨折りの労はあったといえるだろう.

【劳苦】 láokǔ 形 苦労である. 骨が折れる. ‖～大众 láokǔ dàzhòng 勤労大衆. ｜他经常不辞～，工作到深夜 tā jīngcháng bùcí láokǔ, gōngzuòdào shēnyè 彼はよく労苦もいとわず深夜まで仕事をしている.

【千辛万苦】 qiān xīn wàn kǔ 成 ありとあらゆる苦労. 艱難辛苦(かんなんしんく). ‖历尽～才取得成功 lìjìn qiān xīn wàn kǔ cái qǔdé chénggōng 幾多の辛酸をなめ尽くして，やっと成功を勝ち取った.

249

くわえる　加える

【受苦】 shòu//kǔ 動 苦しめられる．つらい目に遭う．‖～难 shòukǔ shòunàn 苦難に遭う．｜不从小培养孩子的自立能力，长大了可得～ bù cóngxiǎo péiyǎng háizi de zìlì nénglì, zhǎngdàle kě děi shòukǔ 小さいときから子供の自立心を養っておかないと，大人になってから苦労することになる．

【受累】 shòu//lèi 動 苦労する．骨を折る．疲れる．‖受了不少累 shòule bùshǎo lèi ずいぶん骨を折った．｜让你～了! ràng nǐ shòulèi le! ご苦労さまでした．お疲れさまでした．

【受罪】 shòu//zuì 動 苦労する．つらい目に遭う．苦しめられる．‖活～ huó-shòuzuì 地獄のようである．｜我祖父受了一辈子的罪 wǒ zǔfù shòule yíbèizi de zuì 私の祖父は生涯苦労をしてきた．｜孩子生病，大人也跟着～ háizi shēngbìng, dàren yě gēnzhe shòuzuì 子供が病気になると親もつらい．

★**【辛苦】** xīnkǔ 形 苦労である．骨が折れる．‖～了一辈子 xīnkǔle yíbèizi 一生苦労した．｜辛辛苦苦干了几十年 xīnxīnkǔkǔ gànle jǐshí nián あくせくと何十年も働いた． 動（ねぎらいの言葉）ご苦労さま．ご苦労をおかけします．‖你～了 nǐ xīnkǔ le ご苦労さまでした．

くわえる　加える

▶附加　▶加　▶加入　▶添　▶添加
▶増加　▶増添

***【附加】** fùjiā 動 付加する．付け加える．‖～条件 fùjiā tiáojiàn 付加条件．｜～税 fùjiāshuì 付加税．｜文后～了几项说明 wénhòu fùjiāle jǐ xiàng shuōmíng 文の終わりにいくつかの説明を付け加える．

★**【加】** jiā 動 ❶（無いところへ）加える．付け足す．‖我喝咖啡不～糖 wǒ hē kāfēi bù jiā táng 私はコーヒーを飲むのに砂糖は入れない．｜～一幅插图 jiā yì fú chātú 挿し絵を1点入れる． ❷（すでにあるところへ）加える．増やす．‖又～了一个菜 yòu jiāle yí ge cài 料理をもう一品増やした．｜再～几个人 zài jiā jǐ ge rén あと何人か加える．｜给文章～上标题 gěi wénzhāng jiāshang biāotí 文にタイトルをつける． ❸（二つ以上の数を）足す．加える．‖三～五等于八 sān jiā wǔ děngyú bā 3足す5は8．｜这两个数～起来是多少? zhè liǎng ge shù jiāqilai shì duōshao? この二つの数を足すといくつになるか．

***【加入】** jiārù 動 加える．‖将鸡蛋打散，～适量的精盐和料酒 jiāng jīdàn dǎsàn, jiārù shìliàng de jīngyán hé liàojiǔ 卵をかき混ぜたら，適量の塩と酒を入れる．

*★**【添】** tiān 動 増やす．加える．足す．‖～人 tiān rén 人を増やす．増員する．｜～家具 tiān jiājù 家具を増やす．｜在菜单上～上新菜 zài càidān shang tiānshang xīncài メニューに新しい料理を加える．｜再～点儿钱，买一个质量好一点儿的吧 zài tiān diǎnr qián, mǎi yí ge zhìliàng hǎo yìdiǎnr de ba もう少しお金を足して，品質のよいものを買おう．

【添加】 tiānjiā 動 増やす．添加する．‖～物 tiānjiāwù 添加物．｜～了一些新内容 tiānjiāle yìxiē xīn nèiróng 新しい内容を少し加えた．

★**【増加】** zēngjiā 動 増加する．増える．増やす．‖品种有所～ pǐnzhǒng yǒu suǒ zēngjiā 品種はいくぶん増えた．｜～东京－北京航线的班机 zēngjiā Dōngjīng-Běijīng hángxiàn de bānjī 東京－北京便を増やす．｜在网页的下面～了一个广告栏 zài wǎngyè de xiàmiàn zēngjiāle yí ge guǎnggàolán ホームページの下に広告欄を加えた．

***【増添】** zēngtiān 動 付け加える．増や

す.‖～了新仪器 zēngtiānle xīn yíqì 新しい計器を増やした.｜～光彩 zēngtiān guāngcǎi 栄光を添える.｜～烦恼 zēngtiān fánnǎo 心配事が増える.

け

けいこ　稽古

▶練功　▶練習　▶排　▶排练　▶排戏
▶排演　▶上课　▶学習　▶訓練

【练功】liàn//gōng 📖 (技芸・武芸を)訓練する. 稽古する.‖演员每天都要～ yǎnyuán měitiān dōu yào liàngōng 俳優は毎日稽古をしなければならない.

★【练习】liànxí 📖 練習する.‖～书法 liànxí shūfǎ 習字をする.｜反复～ fǎnfù liànxí 繰り返し稽古をする.｜～着自己做 liànxízhe zìjǐ zuò やり方を学びながら自分でする.｜掌握了要领后再多～～ zhǎngwòle yàolǐng hòu zài duō liànxíliànxí 要領をつかんだらさらにもっと練習しなさい.

＊＊【排】pái 📖 (演劇や演奏などの)下稽古(したげいこ)をする. 本番の前に練習をする. リハーサルをする.‖彩～ cǎipái 舞台稽古をする. ドレスリハーサルをする.｜～一个新节目 pái yí ge xīn jiémù 新しい出し物の稽古をする.

＊【排练】páiliàn 📖 (演劇や演奏などの)稽古をする. リハーサルをする.‖～歌剧 páiliàn gējù オペラのリハーサルをする.

【排戏】pái//xì 📖 芝居の稽古をする. 劇のリハーサルをする.‖排这出戏花了两个月 pái zhè chū xì huāle liǎng ge yuè この芝居は稽古に2ヵ月をかけた.

【排演】páiyǎn 📖 芝居のリハーサルを

する. 舞台稽古をする.‖今天晚上进行最后一次～ jīntiān wǎnshang jìnxíng zuìhòu yí cì páiyǎn 今夜, 最後の舞台稽古をする.

★【上课】shàng//kè 📖 授業をする. 授業を受ける.‖上小提琴课 shàng xiǎotíqín kè バイオリンのレッスンをする.｜已经～了 yǐjīng shàngkè le もう授業が始まった.｜今天给新生～ jīntiān gěi xīnshēng shàngkè 今日は新入生に授業を行う.

★【学习】xuéxí 📖 学ぶ. 勉強する.‖开始～钢琴 kāishǐ xuéxí gāngqín ピアノのおけいこを始める.｜～开车 xuéxí kāichē 車の運転を習う.

＊＊【训练】xùnliàn 📖 訓練する.‖～导盲犬 xùnliàn dǎomángquǎn 盲導犬を訓練する.｜～飞行员 xùnliàn fēixíngyuán 飛行士を訓練する.｜业务～ yèwù xùnliàn 業務訓練.｜受过专业～ shòuguo zhuānyè xùnliàn 専門的の訓練を受けている.

けいさん　計算

▶核算　▶計　▶計酬　▶計件　▶計时
▶計算　▶算　▶算計　▶演算　▶運算

【核算】hésuàn 📖 (採算がとれるかどうかを)計算する. 見積もる. 算定する.‖～成本 hésuàn chéngběn 原価を計算する.｜资金～ zījīn hésuàn 資金の計算.

＊【计】jì 📖 計算する.‖按人均一千元～, 总额高达十亿元 àn rénjūn yìqiān yuán jì, zǒng'é gāodá shí yì yuán 一人平均1000元で計算すると, 総額10億元になる.｜不～其数 bú jì qí shù 数えきれない.

【计酬】jìchóu 📖 賃金を計算する.‖以日～ yǐ rì jìchóu 日割りで賃金を計算する. 日給.｜按件～ àn jiàn jìchóu 出来高で賃金を払う. 出来高給.

【计件】jìjiàn 📖 出来上がった仕事量で計算する.‖～付酬 jìjiàn fù chóu 出来高

けいさん　計算(損得を考える)

【计时】jìshí 動 時間単位で計算する。‖ ~收费 jìshí shōufèi 時間に応じて料金を取る。

**【计算】jìsuàn 動 計算する。‖ ~房间面积 jìsuàn fángjiān miànjī 部屋の面積を計算する。｜一下得花多少钱 jìsuàn yíxià děi huā duōshao qián いくらお金がかかるか計算してみる。

★【算】suàn 動 計算する。数える。‖ ~一~这个月的开支 suànyisuàn zhège yuè de kāizhī 今月の支出を計算してみる。

【算计】suànji；suànjì 動 計算する。‖ ~人数 suànji rénshù 人数を計算する。｜开销 suànji kāixiao 費用を計算する。

【演算】yǎnsuàn 動 演算する。計算する。‖ ~习题 yǎnsuàn xítí 練習問題の計算をする。

*【运算】yùnsuàn 動 運算する。演算する。‖ ~公式 yùnsuàn gōngshì 演算公式。｜四则~ sìzé yùnsuàn 四則算。

けいさん　計算（損得を考える）

▶打算盘　▶打小算盘　▶估计　▶患得患失
▶计较　▶计算　▶盘算　▶如意算盘
▶算计

【打算盘】dǎ suànpan(suànpán) 組 損得を考える。計算する。見積もる。そろばんをはじく。‖ 他那算盘打得可精了 tā nà suànpan dǎde kě jīng le 彼は計算高い。｜谁知道他打的什么算盘 shéi zhīdao tā dǎ de shénme suànpan 彼が何を考えているか知るもんか。

【打小算盘】dǎ xiǎosuànpan(~儿) 組 (個人または部分的利益のための)損得を考える。‖ 不管什么事，他总是先打自己的小算盘 bùguǎn shénme shì, tā zǒngshì xiān dǎ zìjǐ de xiǎosuànpan 何事においても彼はまず先に自分の損得を考える。

**【估计】gūjì 動 見積もる。評価する。推測する。‖ 你~这次能考多少分? nǐ gūjì zhè cì néng kǎo duōshao fēn? 君はこんどのテストで何点ぐらいとれたと思う。｜没~到会有这样的结果 méi gūjìdào huì yǒu zhèyàng de jiéguǒ こういう結果になろうとは予想していなかった。

【患得患失】huàn dé huàn shī 成 自分の損得にばかりかかずらう。損得に心を悩ます。

*【计较】jìjiào 動 損得勘定する。こだわる。‖ 这些小事你不要~了 zhèxiē xiǎoshì nǐ búyào jìjiào le こんなささいな事を気にするなよ。｜不~个人的得失 bú jìjiào gèrén de déshī 個人の損得にこだわらない。

**【计算】jìsuàn 動 ❶あれこれ考えをめぐらす。‖ 心里~着该怎么办 xīnli jìsuànzhe gāi zěnme bàn どうすべきか思案中である。❷(人を)陥れる。わなにはめる。‖ 暗中~别人 ànzhōng jìsuàn biéren ひそかに他人を陥れようとたくらむ。

【盘算】pánsuan 動 心の中で見積もる。計算する。思案する。‖ 不知他心里在~什么 bù zhī tā xīnli zài pánsuan shénme 彼は心中何を考えているのか分からない。

【如意算盘】rú yì suàn pán 成 虫のいい計算。自分勝手な見積り。‖ 这只不过是他的~，实际上会怎样还不知道呢! zhè zhǐ búguò shì tā de rú yì suàn pán, shíjìshang huì zěnyàng hái bù zhīdào ne! それは彼のとらぬ狸(たぬき)の皮算用で，実際はどうなるかまだ知れたもんじゃない。

【算计】suànji；suànjì 動 ❶計算に入れる。考慮する。‖ 派谁合适，还得好好儿~~ pài shéi héshì, hái děi hǎohāor suàn-jisuànji 誰に行ってもらうのがふさわしいか，まだよく考えねばならない。❷人を陥れようとたくらむ。ひそかに謀る。‖ 背地里~人 bèidìli suànji rén 陰で人を陥れようとたくらむ。

252

けいとう　系統

けいそつ　軽率

▶草率　▶魯莽　▶马虎　▶毛手毛脚
▶冒失　▶轻举妄动　▶轻率　▶随便

*【草率】cǎoshuài 形（仕事が）いいかげん
である．おおざっぱである．粗雑であ
る．‖～从事 cǎoshuài cóngshì いいかげ
んにやる．

【魯莽】lǔmǎng 形 そそっかしい．向こ
う見ずである．軽率である．“卤莽”と
も書く．‖生性～ shēngxìng lǔmǎng 生ま
れつきそそっかしい．|～从事 lǔmǎng
cóngshì 軽率にことを行う．|这样行事
是否太～了? zhèyàng xíngshì shìfǒu tài lǔ-
mǎng le? このようにやるのは軽率すぎ
ないだろうか．

**【马虎】【马糊】mǎhu 形 いいかげんであ
る．おおざっぱである．ぞんざいであ
る．‖这活儿干得太～ zhè huór gànde tài
mǎhu この仕事はやり方が雑すぎる．|
这个工作非常重要，绝不能～ zhège gōng-
zuò fēicháng zhòngyào, jué bù néng mǎhu
この仕事はとても重要だから，決して
いいかげんに扱ってはならない．|他
这人大事上从不～ tā zhè rén dàshì shang
cóng bù mǎhu 彼はこれまで重要な事柄
をいいかげんに済ましたことがない．

【毛手毛脚】máoshǒumáojiǎo 形 そそっ
かしい．粗忽(そこつ)である．不注意であ
る．‖他干活总是～的 tā gànhuó zǒngshì
máoshǒumáojiǎo de 彼は仕事のやり方が
いつも雑である．

【冒失】màoshi 形 軽率である．そそっ
かしい．向こう見ずである．‖～的举
止 màoshi de jǔzhǐ 軽率なふるまい．|说
话太～ shuōhuà tài màoshi もの言いがあ
まりに軽率だ．|我们正在开会，他冒
冒失失地闯了进来 wǒmen zhèngzài kāihuì,
tā màomàoshīshī de chuǎnglejinlai 私たち
が会議をしているところに，彼は見境

もなく突然飛び込んできた．

【轻举妄动】qīng jǔ wàng dòng 成 軽挙
妄動する．軽はずみなふるまいをす
る．‖这么大的事，不经请示我们可不
敢～ zhème dà de shì, bù jīng qǐngshì wǒmen
kě bù gǎn qīng jǔ wàng dòng こんな重大
な事は伺いを立てないことには，そう
軽はずみに腰を上げるわけにはいかな
い．

【轻率】qīngshuài 形 軽率である．軽々
しい．‖～的态度 qīngshuài de tàidu 軽は
ずみな態度．|这样做未免太～了 zhè-
yàng zuò wèimiǎn tài qīngshuài le こうし
たやり方は軽率すぎる．|不可～地下
结论 bùkě qīngshuài de xià jiélùn 軽は
ずみに結論を下してはいけない．

**【随便】suíbiàn 形 気ままである．いい
かげんである．‖说话太～ shuōhuà tài
suíbiàn 言いたいことを言いすぎる．|
办不了就别～答应 bànbuliǎo jiù bié suí-
biàn dāying できないのなら軽率に引き
受けてはいけない．

けいとう　系統

▶流派　▶派　▶派别　▶派系　▶体系
▶系列　▶系谱　▶系统　▶血统

【流派】liúpài 名（学術や文芸などの）流
派．分派．‖文学～ wénxué liúpài 文学
の流派．

★【派】pài 名 派．宗派．流派．‖两～意
见不合 liǎng pài yìjian bùhé 両派の意見
が合わない．|宗～ zōngpài 宗派．流派．
|党～ dǎngpài 党派．|学～ xuépài 学
派．

*【派别】pàibié 名（学術・政党・宗教教
団内部の）分派．流派．派閥．‖宗教～
zōngjiào pàibié 宗教の流派．|搞～活动
gǎo pàibié huódòng 分派闘争をやる．セ
クト活動をする．

253

【派系】pàixì 図派閥. ‖〜斗争 pàixì dòu-zhēng 派閥闘争.

**【体系】tǐxì 図体系. 体制. ‖思想〜 sī-xiǎng tǐxì 思想体系. ｜语法〜 yǔfǎ tǐxì 文法の体系.

*【系列】xìliè 図一揃いのセットになったもの. シリーズ. ‖〜产品 xìliè chǎnpǐn シリーズ商品. ｜化妆品〜 huàzhuāngpǐn xìliè セットになった化粧品.

【系谱】xìpǔ 図系譜. 系統図.

**【系统】xìtǒng 図系統. システム. 関連部門. ‖神经〜 shénjīng xìtǒng 神経系統. ｜商业〜 shāngyè xìtǒng 商業関連部門. ｜灌溉〜 guàngài xìtǒng 灌漑(かん)システム. ｜〜化 xìtǒnghuà システム化する.

【血统】xuètǒng 図血統. 血筋. ‖中国〜的马来西亚人 Zhōngguó xuètǒng de Mǎláixīyàrén 中国系のマレーシア人.

けいべつ　軽蔑

▶鄙视　▶看不起　▶藐视　▶蔑视
▶瞧不起　▶瞧不上　▶轻蔑　▶轻视
▶侮蔑

【鄙视】bǐshì 動軽蔑する. 軽んずる. 見下す. ‖不应〜乡下人 bù yīng bǐshì xiāngxiàrén 田舎の人をばかにしてはいけない.

**【看不起】kànbuqǐ 動軽く見る. 軽んじる. 侮る. ‖别〜这辆破车, 还是名牌货呢 bié kànbuqǐ zhè liàng pòchē, háishi míngpáihuò ne このボロ車をばかにしちゃいけない, これでも有名メーカーの製品なのだから. ｜他挺骄傲, 〜人 tā tǐng jiāo'ào, kànbuqǐ rén 彼はひどく傲慢(まん)で, 人をばかにしている.

【藐视】miǎoshì 動見下す. 軽視する. ‖〜对方 miǎoshì duìfāng 相手を見くびる. ｜他一生〜权贵, 从不迎合奉承 tā yì-

shēng miǎoshì quánguì, cóng bù yínghé fèngcheng 彼は生涯権力者というものをさげすみ続け, それにへつらったことなど一度もない.

*【蔑视】mièshì 動さげすむ. 軽視する. ‖不可〜的力量 bùkě mièshì de lìliang 侮りがたい力. ｜他用〜的目光扫了那家伙一眼 tā yòng mièshì de mùguāng sǎole nà jiāhuo yì yǎn 彼はさげすんだ目で相手を見た.

【瞧不起】qiáobuqǐ 動見下げる. 見くびる. 軽蔑する. 無視する. ‖〜人 qiáobuqǐ rén 人をばかにする. ｜被人〜 bèi rén qiáobuqǐ 人に軽蔑される.

【瞧不上】qiáobushàng 動口見下げる. 軽蔑する. ‖那种势利眼的人 qiáobushàng nà zhǒng shìlìyǎn de rén ああいう金や権威にしっぽを振る人間は軽蔑に値する.

【轻蔑】qīngmiè 動軽蔑する. さげすむ. ‖〜的目光 qīngmiè de mùguāng さげすんだまなざし. ｜〜的态度 qīngmiè de tàidu 軽蔑した態度. ｜〜地一笑 qīngmiè de yí xiào さげすんだように笑う.

*【轻视】qīngshì 動軽視する. 見くびる. ‖这次失败的原因是我们太〜对手了 zhè cì shībài de yuányīn shì wǒmen tài qīngshì duìshǒu le 今回失敗したのは我々が相手を見くびりすぎたためである. ｜被人〜 bèi rén qīngshì 人にばかにされる.

【侮蔑】wǔmiè 動軽蔑する. 侮蔑する. ‖不堪受人〜 bùkān shòu rén wǔmiè 人の侮蔑に堪えられない.

けしょう　化粧

▶擦　▶搽　▶打扮　▶化妆　▶抹
▶浓妆艳抹　▶梳妆　▶涂脂抹粉　▶妆饰

★【擦】cā 動塗る. 塗りつける. ‖〜点儿

油 cā diǎnr yóu 油を少し塗る.｜～粉 cā fěn おしろいを塗る.｜～花露水 cā huā-lùshuǐ 化粧水をつける.

【搽】chá 動 (顔や体に)塗る.つける.‖～防晒霜 chá fángshàishuāng 日焼け止めクリームを塗る.｜～痱子粉 chá fèizifěn ベビーパウダーをつける.

**【打扮】dǎban 動 装う.扮装(ふんそう)する.おしゃれする.‖她稍～一下就很好看 tā shāo dǎban yíxià jiù hěn hǎokàn 彼女はちょっとおしゃれするだけでとてもきれいになる.｜去参加晚会要～得漂亮点儿 qù cānjiā wǎnhuì yào dǎbande piàoliang diǎnr パーティーに行くのだからきれいにおめかししなくては. 名格好. 身なり. メーキャップ.

*【化妆】huà//zhuāng 動 化粧する.メーキャップする.‖～品 huàzhuāngpǐn 化粧品.

*【抹】mǒ 動 塗る.つける.‖～口红 mǒ kǒuhóng 口紅をつける.｜～胶水 mǒ jiāoshuǐ のりをつける.｜往伤口上～药膏 wǎng shāngkǒu shang mǒ yàogāo 傷口に軟膏(なんこう)を塗る.

【浓妆艳抹】nóng zhuāng yàn mǒ 成 濃い化粧.厚化粧.

【梳妆】shūzhuāng 動 化粧する.‖～打扮 shūzhuāng dǎban 化粧しておめかしする.｜～台 shūzhuāngtái 化粧台.

【涂脂抹粉】tú zhī mǒ fěn 成 紅を塗りおしろいをつける.粉飾する.美化する.覆い隠す.

【妆饰】zhuāngshì 動 装う.‖精心～了一番 jīngxīn zhuāngshìle yì fān 念入りに身ごしらえする. 名装い.

けす　消す

▶擦　▶除　▶除掉　▶勾　▶勾销　▶磨灭
▶抹　▶抹杀　▶去　▶去掉　▶涂

★【擦】cā 動 (手・布などで)拭(ふ)く.ぬぐう.磨く.‖～脸 cā liǎn 顔を拭く.｜～黑板 cā hēibǎn 黒板を消す.｜～皮鞋 cā píxié 革靴を磨く.｜～土 cā tǔ ほこりを拭きとる.｜用橡皮～掉 yòng xiàngpí cādiào 消しゴムで消す.

**【除】chú 動 除く.除去する.‖根～ gēnchú 根絶する.｜扫～ sǎochú 掃除する.｜～臭 chúchòu 脱臭する.｜～去杂物 chúqù záwù 不純物を取り除く.｜～了病根 chúle bìnggēn 病根を除く.

【除掉】chú//diào 動 すっかり除く.取り除く.‖～臭味 chúdiào chòuwèi くさい臭いをきれいにとる.｜～祸害 chúdiào huòhai 禍根を取り除く.

*【勾】gōu 動 かぎ印をつける.チェックする.(要点や削除の箇所を記すこと)‖请把错字～掉 qǐng bǎ cuòzì gōudiào 間違った字を削除してください.

【勾销】gōuxiāo 動 取り消す.抹消する.帳消しにする.‖一笔～ yì bǐ gōuxiāo すべて帳消しにする.棒引きにする.水に流す.

【磨灭】mómiè 動 すり減る.消え去る.‖不可～的功绩 bù kě mómiè de gōngjì 不滅の功績.｜留下了不可～的印象 liúxiale bùkě mómiè de yìnxiàng 忘れられない印象を残した.

*【抹】mǒ 動 消す.除去する.‖把那段录音～掉 bǎ nà duàn lùyīn mǒdiào その部分の録音を消す.

*【抹杀】【抹煞】mǒshā 動 抹殺する.抹消する.消し去る.‖一笔～ yì bǐ mǒshā 軽々しく否定する.｜我们的成就是谁也～不了的 wǒmen de chéngjiù shì shéi yě mǒshābuliǎo de 我々の業績を消し去ることは誰にもできない.

★【去】qù 動 取り除く.除去する.‖～污 qùwū 汚れを落とす.｜皮～皮 pí qù pí 皮をむく.｜～了一块心病 qùle yí kuài xīnbìng 心配事が一つなくなった.

255

けす　（火や明かりを）消す

【去掉】 qù//diào 動 取り去る．除去する．‖～污渍 qùdiào wūzì 汚れやしみをとる．｜～多余的枝杈 qùdiào duōyú de zhīchà 余分な小枝を取り除く．

****【涂】** tú 動 (塗りつぶして)文字を消す．‖写错的地方～了 xiěcuò de dìfang tú le 書き間違えたところを消した．

けす　（火や明かりを）消す

▶闭　▶关　▶灭　▶灭火　▶扑灭　▶熄
▶熄灯　▶熄火　▶熄灭

****【闭】** bì 動 閉じる．閉める．‖大门紧～ dàmén jǐn bì 門は固く閉じられている．｜～上嘴 bìshang zuǐ 口を閉じる．｜～伞 bì sǎn 傘をすぼめる．｜～灯 bì dēng 電気を消す．

★**【关】** guān 動 スイッチを切る．消す．‖～灯 guān dēng 明かりを消す．｜～电视 guān diànshì テレビを消す．｜瓦斯忘～了 wǎsī wàngguān le ガス(コンロの火)を消し忘れた．

****【灭】** miè 動 ❶(火や明かりが)消える．‖火～了 huǒ miè le 火が消えた．｜灯突然～了 dēng túrán miè le 明かりが急に消えた．｜炉子～了 lúzi miè le ストーブの火が消えた．❷(火や明かりを)消す．‖吹～了烛 chuīmièle làzhú ろうそくを吹き消した．

【灭火】 miè//huǒ 動 火を消す．‖～器 miè-huǒqì 消化器．

***【扑灭】** pū//miè 動 (火を)消す．‖烈火终于～了 lièhuǒ zhōngyú pūmiè le 猛火をようやく消し止めた．

***【熄】** xī 動 (火や明かりが)消える．(火や明かりを)消す．‖火～了 huǒ xī le 火が消えた．｜风把油灯吹～了 fēng bǎ yóudēng chuīxī le 風がランプの火を吹き消した．

【熄灯】 xī//dēng 動 明かりを消す．消灯

する．‖街上静悄悄的，好些人家已经～了 jiē shang jìngqiāoqiāo de, hǎoxiē rénjiā yǐjīng xīdēng le 多くの家々はすでに灯を消し，街はひっそりとしている．

【熄火】 xī//huǒ 動 ❶火が消える．機能を停止する．‖汽车～了 qìchē xīhuǒ le 車がエンストした．❷火を消す．

***【熄灭】** xīmiè 動 (火や明かりが)消える．(火や明かりを)消す．‖大火～了 dàhuǒ xīmiè le 火事は鎮火した．｜他心中的希望还没有～ tā xīnzhōng de xīwàng hái méiyou xīmiè 彼はまだ希望を捨てていない．

けずる　削る

▶剥　▶刨　▶铲　▶去　▶推　▶削

***【剥】** bāo 動 (皮や殻をむく)むく．はぐ．‖～栗子 bāo lìzi クリをむく．｜皮～pí 皮をはぐ．皮をむく．｜～去包装纸 bāoqù bāozhuāngzhǐ 包装紙をはがす．｜～去伪装 bāoqù wěizhuāng 仮面をはがす．

【刨】 bào 動 (かんなや平削り盤で)削る．かんなをかける．‖～～光 bàobaoguāng すべすべに削る．｜把木板～平 bǎ mùbǎn bàopíng 木の板にかんなをかけて平らにする．

***【铲】** chǎn 動 (シャベルなどで)すくう．削る．掘る．‖～去门前的积雪 chǎnqu ménqián de jīxuě 家の前の雪かきをする．｜把地～平 bǎ dì chǎnpíng 地面を削って平らにする．

★**【去】** qù 動 取り除く．除去する．‖～皮 qù pí 皮をむく．

★**【推】** tuī 動 (工具を押しあてて)刈る．削る．‖～草坪 tuī cǎopíng 芝生を刈る．｜～了个光头 tuīle ge guāngtóu 丸刈りにした．

***【削】** xiāo 動 (ナイフで)削る．むく．‖

256

～铅笔 xiāo qiānbǐ 鉛筆を削る.｜～水果 xiāo shuǐguǒ 果物の皮をむく.｜土豆要～了皮再煮 tǔdòu yào xiāole pí zài zhǔ ジャガイモは皮をむいてから煮なくてはいけない.

けっか　結果

▶成果　▶后果　▶结果　▶结局　▶收获
▶硕果

＊＊【成果】chéngguǒ 名 成果.｜～辉煌 chéngguǒ huīhuáng 輝かしい成果.｜获得重大～ huòdé zhòngdà chéngguǒ 多大な成果を得た.｜辛勤劳动的～ xīnqín láodòng de chéngguǒ 苦労して働いた成果.｜丰硕～ fēngshuò chéngguǒ 豊かな成果.

＊【后果】hòuguǒ 名 結果. 結末. (多くは悪い結果をいう)｜～堪虑 hòuguǒ kān lǜ 結果が憂慮される.｜～难以预料 hòuguǒ nányǐ yùliào 結果は予測が難しい.｜这次事故是忽视安全的必然～ zhè cì shìgù shì hūshì ānquán de bìrán hòuguǒ この事故は安全をないがしろにした必然的な結果だ.

★【结果】jiéguǒ 名 結果.｜取得冠军，是他刻苦训练的～ qǔdé guànjūn, shì tā kèkǔ xùnliàn de jiéguǒ 優勝の獲得は彼がつらいトレーニングに耐えてきた結果だ. 接 (その)結果. 結局.｜～考虑了好几天，～还是决定放弃了 kǎolǜle hǎojǐ tiān, jiéguǒ háishi juédìng fàngqì le 何日も考えたあげく，やはり断念することに決めた.

＊【结局】jiéjú 名 (物事・文章などの)最終的な結果. 結末.｜～出人意料 jiéjú chū rén yì liào 結末は予想外だった.

＊＊【收获】shōuhuò 名収穫. 喩成果. 有益な結果.｜很有～ hěn yǒu shōuhuò たいへん得るところがある.｜这次参观～很大 zhè cì cānguān shōuhuò hěn dà 今回の

見学ではかなりの収穫があった.

＊＊【硕果】shuòguǒ 名大きな果実. 喩すばらしい成果.｜～累累 shuòguǒ léiléi 多くの収穫があったことのたとえ. または，大きな成果が得られたことのたとえ.

けっか　結果をもたらす

▶惹　▶以至　▶以致　▶引起　▶诱致
▶造成　▶招致　▶致使

＊＊【惹】rě 動 (問題を)引き起こす. (よくないことを)しでかす.｜～是生非 rě shì shēng fēi いざこざを起こす. 災いを招く.｜～麻烦 rě máfan 面倒を引き起こす.｜～了一场祸 rěle yì cháng huò 災いを引き起こした.

＊【以至】yǐzhì 接 …という結果になる. "以至于" yǐzhìyú ともいう.｜家乡变化很大，～他都认不出了 jiāxiāng biànhuà hěn dà, yǐzhì tā dōu rènbuchū le 故郷の様子が一変していて，彼は我が目を疑うばかりだった.

＊【以致】yǐzhì 接 そのために…の結果をもたらす.｜没有做深入的调查，～得出错误的结论 méiyou zuò shēnrù de diàochá, yǐzhì déchū cuòwù de jiélùn 深く掘り下げて調査をしなかったので，誤った結論を下してしまった.｜操作时不注意安全，～酿成了大祸 cāozuò shí bú zhùyì ānquán, yǐzhì niàngchéngle dàhuò 操作の際に安全確認を怠ったため，大災害を引き起こしてしまった.

＊＊【引起】yǐnqǐ 動引き起こす. 誘発する. もたらす.｜～关注 yǐnqǐ guānzhù 関心を引く.｜～一场大病 yǐnqǐ yì cháng dàbìng 大病を引き起こす.｜他的一句话～会场一片哗然 tā de yí jù huà yǐnqǐ huìchǎng yí piàn huárán 彼の一言で会場は騒然となった.｜昨天的火灾是由一个

烟头~的 zuótiān de huǒzāi shì yóu yí ge yāntóu yǐnqǐ de きのうの火事は１本のタバコの吸いがらから起こった.

【诱致】yòuzhì 動 (悪い結果を)招く. もたらす.

【造成】zàochéng 動 (好ましくない事態を)生む. 引き起こす. 招く. もたらす. ‖这场事故是由于他粗心大意~的 zhè chǎng shìgù shì yóuyú tā cū xīn dà yì zàochéng de この事故は彼の不注意によって起きたものだ. ‖巨大损失 zàochéng jùdà sǔnshī 莫大な損失をもたらす.

【招致】zhāozhì 動 (悪い結果を)招く. 引き起こす. (支障を)きたす. ‖劳累过度~旧病复发 láolèi guòdù zhāozhì jiùbìng fùfā 過労が重なり持病がぶり返した. ‖~严重亏损 zhāozhì yánzhòng kuīsǔn 甚大な損失をもたらす.

*【致使】zhìshǐ 動 …の結果をもたらす. ‖台风刮倒了电线杆, ~部分家庭断了电 táifēng guādǎole diànxiàngān, zhìshǐ bùfen jiātíng duànle diàn 台風で電柱が吹き倒され, そのため一部の家庭では停電になった. ‖由于意见分歧, ~计划未能通过 yóuyú yìjian fēnqí, zhìshǐ jìhuà wèi néng tōngguò 意見に食い違いが生じ, そのため計画は採択されなかった.

けっきょく　結局

▶毕竟　▶到底　▶还是　▶结果　▶究竟
▶终究　▶终于　▶最后　▶最终

*【毕竟】bìjìng 副 やはり. とどのつまり. 結局. しょせん. ‖夫妻~是夫妻, 吵儿句, 一会儿就好了 fūqī bìjìng shì fūqī, chǎo jǐ jù, yíhuìr jiù hǎo le 夫婦はやはり夫婦で, 口論してもすぐに仲直りする.

**【到底】dàodǐ 副 ❶結局. 最後に. ‖我~把他说服了 wǒ dàodǐ bǎ tā shuōfú le と

うとう彼を説得した. ‖我等了她两个小时, 她~没有来 wǒ děngle tā liǎng ge xiǎoshí, tā dàodǐ méiyou lái 私は彼女を２時間待ったが, 彼女はとうとう来なかった. ❷結局のところ. 一体全体. (反復疑問文や疑問詞疑問文にのみ使え, "吗" ma のつく疑問文には使えない) ‖你~同意不同意? nǐ dàodǐ tóngyìbutóngyì? 君は結局のところ賛成するのかしないのか. ‖你~想干什么! nǐ dàodǐ xiǎng gàn shénme! 君はいったい何をしたいんだ.

★【还是】háishi 副 (状態や動作が継続していること, または変化のないことを表す)まだ. 依然として. やはり. ‖我给他解释了半天, 他~不懂 wǒ gěi tā jiěshìle bàntiān, tā háishi bù dǒng 私は彼にさんざん説明したのに, 彼はやはり理解できない. ‖尽管我嘱咐了好多遍, 他~忘了 jǐnguǎn wǒ zhǔfule hǎoduō biàn, tā háishi wàng le 私が何度も言いつけておいたのに, 彼はやっぱり忘れてしまった.

★【结果】jiéguǒ 接 (その)結果. 結局. ‖考虑了好几天, ~还是决定放弃了 kǎolùle hǎojǐ tiān, jiéguǒ háishi juédìng fàngqì le 何日も考えたあげく, やはり断念することに決めた.

**【究竟】jiūjìng 副 ❶(疑問文に用いて)いったい. 詰まるところ. 結局. ("吗" ma のつく疑問文には用いない) ‖~哪个办法好呢? jiūjìng nǎge bànfǎ hǎo ne? いったいどの方法がよいのか. ‖你~去不去? nǐ jiūjìng qùbuqù? 結局, 君は行くのか行かないのか. ❷やはり. しょせん. ‖孩子~是孩子, 大人就不会这样做了 háizi jiūjìng shì háizi, dàren jiù bú huì zhèyàng zuò le 子供はしょせん子供だ, 大人であればこのようにやりはしない.

*【终究】zhōngjiū 副 ❶最後には. いずれ. ‖问题~会搞清楚的 wèntí zhōngjiū

huì gǎoqīngchu de 問題はいずれははっきりするだろう. ❷しょせん. 結局. ‖ 他~是新手, 还有许多地方不懂 tā zhōngjiū shì xīnshǒu, hái yǒu xǔduō dìfang bù dǒng 彼はしょせん新人だから, 分からないことがたくさんある. ｜罪犯~是逃不出法网的 zuìfàn zhōngjiū shì táobuchū fǎwǎng de 犯人は結局法の網をくぐり抜けることはできない.

★【终于】zhōngyú 副 ついに. とうとう. ‖ ~考上了大学 zhōngyú kǎoshangle dàxué ついに大学に合格した. ｜两人~还是分手了 liǎng rén zhōngyú háishi fēnshǒu le 二人はとうとう別れてしまった.

★【最后】zuìhòu 名 最後. 最終. ‖ ~他终于同意了 zuìhòu tā zhōngyú tóngyì le 最後には彼はついに同意した.

【最终】zuìzhōng 名 最後. 結局. ‖ 他们~也没得到一个满意的答复 tāmen zuìzhōng yě méi dédào yí ge mǎnyì de dáfu 彼らは結局満足のゆく答えを得られなかった.

けっこう

▶不错　▶不坏　▶还　▶可以　▶挺
▶相当

★【不错】bùcuò 形 口 よい. 優れている. ‖ 天气~ tiānqì búcuò 天気がよい. ｜唱得~ chàngde búcuò 歌がなかなか上手だ. ｜他们俩关系~ tāmen liǎ guānxi búcuò あの二人はとても仲がよい.

【不坏】bù huài 組 悪くない. ‖ 这个主意~ zhège zhǔyi bú huài この考えは悪くない. ｜质量~ zhìliàng bú huài 品質はまあまあだ. ｜他的文章写得~ tā de wénzhāng xiěde bú huài 彼の文章はなかなかいい.

★【还】hái 副 (予想外に好ましいことに対して, 賛嘆の気持ちを表す)案外. 思ったより. なかなか. けっこう. ‖ 这孩子~真有心眼儿 zhè háizi hái zhēn yǒu xīnyǎnr この子はけっこう機転がきく. ｜他跑得~挺快 tā pǎode hái tǐng kuài 彼は走るのがなかなか速い.

＊＊【可以】kěyǐ 形 比較的よい. まあまあだ. (多く"还"hái を前に置く)‖ 这首诗写得还~ zhè shǒu shī xiěde hái kěyǐ この詩はわりとよく書けている. ｜他俩关系还~ tā liǎ guānxi hái kěyǐ 彼ら二人の関係はまあまあよい.

★【挺】tǐng 副 けっこう. なかなか. ‖ 这么办~好 zhème bàn tǐng hǎo そのやり方はなかなかよい. ｜这件衣服还~新的, 扔掉太可惜 zhè jiàn yīfu hái tǐng xīn de, rēngdiào tài kěxī この服はまだけっこう新しいから, 捨ててしまうのはもったいない.

＊＊【相当】xiāngdāng 副 相当. かなり. ‖ 他打网球打得~好 tā dǎ wǎngqiú dǎde xiāngdāng hǎo 彼のテニスの腕は相当なものだ. ｜今天的比赛~精彩 jīntiān de bǐsài xiāngdāng jīngcǎi 今日のゲームはかなり白熱している.

けっして　決して

▶并　▶断然　▶决　▶绝　▶绝对　▶千万
▶万万

＊＊【并】bìng 副 決して. 絶対に. ("不"bù "没有"méiyou "无"wú "非"fēi などの前に置き, 否定的語気を強める)‖ 这~不成为理由 zhè bìng bù chéngwéi lǐyóu これは決して理由にならない. ｜我~没有那种想法 wǒ bìng méiyou nà zhǒng xiǎngfa 私はべつにそういう考えは持っていない. ｜我这样说~无恶意 wǒ zhèyàng shuō bìng wú èyì 私がそう言ったのは決して悪意からではない. ｜~不是我不想去, 实在是没时间 bìng bú shì wǒ bù xiǎng qù, shízài shì méi shíjiān 私は決

けっしん　決心

して行きたくないのではなく，実際時間がないからだ．

【断然】duànrán 副断じて．絶対に．（否定に用いる）‖～不会 duànrán bú huì 断じてあり得ない．｜～不能同意 duànrán bù néng tóngyì 絶対に賛成できない．

**【决】jué 副決して．断じて．（否定に用いる）‖～无恶意 jué wú èyì 決して悪意はない．｜这话我～没有说过 zhè huà wǒ jué méiyou shuōguo 私は決してそんなことは言っていない．｜～不食言 jué bù shíyán 決して約束はたがえない．｜～不让步 jué bú ràngbù 絶対に譲歩しない．

*【绝】jué 副絶対に．断じて．決して．（否定に用いる）‖我～没这个意思 wǒ jué méi zhège yìsi 私には絶対にそんなつもりはない．｜～无此事 jué wú cǐ shì 絶対にこうしたことはない．｜饶了我吧，我～不再偷了 ráole wǒ ba, wǒ jué bú zài tōu le 勘弁してください，もう二度と盗みはしませんから．｜你的中文水平～不亚于他 nǐ de Zhōngwén shuǐpíng jué bú yàyú tā あなたの中国語のレベルは絶対に彼に劣っていない．

**【绝对】juéduì 副絶対に．（肯定を強める場合にも用いる）‖～没错儿 juéduì méi cuòr 絶対に間違いない．｜一个小时～到不了 yí ge xiǎoshí juéduì dàobuliǎo 1時間では絶対に到着できない．｜～行 juéduì xíng 絶対に大丈夫だ．｜你～会喜欢的 nǐ juéduì huì xǐhuan de 君はきっと喜ぶだろう．

*【千万】qiānwàn 副絶対に．ぜひとも．必ず．（肯定を強める場合にも用いる）‖～不要上当 qiānwàn búyào shàngdàng 決してだまされるな．｜出门在外，～要当心身体 chūmén zài wài, qiānwàn yào dāngxīn shēntǐ よその土地ではくれぐれも体に気をつけて．

*【万万】wànwàn 副絶対に．決して．

まったく．（否定に用いる）‖～不可失信 wànwàn bùkě shīxìn 決して約束を破ってはいけない．｜～没有想到会在这儿碰到她 wànwàn méiyou xiǎngdào huì zài zhèr pèngdào tā ここで彼女に会うとは夢にも思わなかった．

けっしん　決心

▶狠心　▶横心　▶决计　▶决心　▶决意
▶铁心

*【狠心】hěn//xīn 動心を決める．意を決して…する．‖他一～拿出所有的积蓄买下了一套房子 tā yì hěnxīn náchu suǒyǒu de jīxù mǎixiale yí tào fángzi 彼は思い切って貯金をはたき，マンションを購入した．名(hěnxīn)一大决心．一大决意．

【横心】héng//xīn 動思い切って決断する．腹を決める．‖左思右想，横不下这条心 zuǒ sī yòu xiǎng, héngbuxià zhè tiáo xīn あれこれ思い悩んで決断がつかない．｜他已经横了心，再劝也没用 tā yǐjīng héngle xīn, zài quàn yě méiyòng 彼はもう腹を決めたから，これ以上忠告してもむだだ．

【决计】juéjì 動考えを決める．決心する．‖经再三考虑我～不参加 jīng zàisān kǎolù wǒ juéjì bù cānjiā いろいろ考えたが，私は参加しないことに決めた．

**【决心】juéxīn 動決心する．‖我～戒烟 wǒ juéxīn jièyān 僕は禁煙することを決心した．名决心．决意．‖～很大 juéxīn hěn dà 決意が堅い．｜～动摇了 juéxīn dòngyáo le 決心が揺らいだ．｜表～ biǎo juéxīn 決意を示す．｜下了离婚的～ xiàle líhūn de juéxīn 離婚を決意した．

【决意】juéyì 動決意する．‖他～不考大学了 tā juéyì bù kǎo dàxué le 彼は大学を受験しないことにした．

【铁心】tiě//xīn 動決心する．‖她铁了心

一辈子从事教育工作 tā tiĕle xīn yíbèizi cóngshì jiàoyù gōngzuò 彼女は生涯を教育に捧げようと決心した.

けってん　欠点

▶不足之処　▶短処　▶毛病　▶美中不足
▶缺点　▶缺欠　▶缺陷

【不足之処】bùzú zhī chù 組 足りない点. 欠点. 短所.

*【短処】duǎnchù 图 短所. 欠点. ⇔"长处" chángchù ‖人都有长处和～ rén dōu yǒu chángchù hé duǎnchù 人にはそれぞれ長所もあれば短所もある.

**【毛病】máobing；máobìng 图 欠点. (悪い) 癖. ‖改掉粗心大意的～ gǎidiào cū xīn dà yì de máobing そそっかしい癖を改める.

*【美中不足】měi zhōng bù zú 成 玉にきず. ‖这样做固然好，～的是成本太高 zhèyàng zuò gùrán hǎo, měi zhōng bù zú de shì chéngběn tài gāo そうするのはもちろんよいが，コストがかかりすぎるのが玉にきずだ.

**【缺点】quēdiǎn 图 足りない点. 欠点. 短所. ⇔"优点" yōudiǎn ‖改正～ gǎizhèng quēdiǎn 欠点を改める. ｜骄傲自满是他的一大～ jiāo'ào zìmǎn shì tā de yí dà quēdiǎn おごり高ぶっていい気になるところが彼の大きな欠点である. ｜这种产品功能齐全，～是价格偏高 zhè zhǒng chǎnpǐn gōngnéng qíquán, quēdiǎn shì jiàgé piān gāo この製品は性能はよいが，欠点は価格が高いことである.

【缺欠】quēqiàn 图 欠点. 欠陥. ‖弥补～ míbǔ quēqiàn 欠点を補う.

*【缺陷】quēxiàn 图 欠陥. 欠点. ‖弥补～ míbǔ quēxiàn 欠陥を補う. ｜管理上还有～ guǎnlǐ shang hái yǒu quēxiàn 管理面においてまだ不備がある. ｜生理～

shēnglǐ quēxiàn 生理的な欠陥.

ける

▶踹　▶蹬　▶给一脚　▶拳打脚踢　▶踢

【踹】chuài 動 (足の裏で) ける. ‖我～了他一脚 wǒ chuàile tā yì jiǎo 私は彼をけりつけた. ｜一脚～开门冲了进去 yì jiǎo chuàikāi mén chōnglejinqu 足でドアをひとけりして飛び込んでいった.

*【蹬】dēng 動 力を入れて踏む. 踏みつける. ‖～自行车 dēng zìxíngchē 自転車のペダルを踏む. ｜这孩子睡觉老～被子 zhè háizi shuìjiào lǎo dēng bèizi この子は寝るといつも布団をけとばす.

【给一脚】gěi yī jiǎo 組 足げりを食わす. ‖给了他一脚 gěile tā yì jiǎo やつに足げりを食らわした.

【拳打脚踢】quán dǎ jiǎo tī 成 こぶしや足で殴ったりけったりする.

★【踢】tī 動 ける. けとばす. ‖～球 tīqiú ボールをける. ｜～中锋 tī zhōngfēng (サッカーの) センターフォワードをやる. ｜他～了我一脚 tā tīle wǒ yì jiǎo 彼は私をけとばした.

ける　(申し出を) ける

▶驳回　▶不批准　▶不予受理　▶放弃
▶否决　▶拒绝　▶拒签　▶谢绝

【驳回】bóhuí 動 (請願・要求・上訴を) 却下する. (意見などを) 採択しない. ‖～了他们的无理要求 bóhuíle tāmen de wúlǐ yāoqiú 彼らのむちゃな要求を退けた. ｜上诉被～了 shàngsù bèi bóhuí le 上訴が却下された.

【不批准】bù pīzhǔn 組 不許可とする. 承認しない. ‖学校～他们再买一台复印机 xuéxiào bù pīzhǔn tāmen zài mǎi yì tái

げんいん　原因

fùyìnjī 学校当局はコピー機をもう1台購入することを許可しない.

【不予受理】 bùyǔ shòulǐ 組 受理しない. ‖ 法院 ~ 案件 fǎyuàn bùyǔ shòulǐ ànjiàn 裁判所は訴訟を受理しない.

＊＊【放弃】 fàngqì 動 放棄する. 捨て去る. ‖ ~ 权利 fàngqì quánlì 権利を放棄する. ｜ 公司已经决定录用他, 他却 ~ 了 gōngsī yǐjīng juédìng lùyòng tā, tā què fàngqì le 会社は採用を決定したのに, 彼はけってしまった.

＊【否决】 fǒujué 動 否決する. ‖ 修正案被 ~ 了 xiūzhèng'àn bèi fǒujué le 修正案は否決された.

＊＊【拒绝】 jùjué 動 拒絶する. 拒否する. はねつける. ‖ ~ 入境 jùjué rùjìng 入国を拒否する. ｜ 无理要求遭到了 ~ wúlǐ yāoqiú zāodàole jùjué 理不尽な要求は拒否された. ｜ 他们 ~ 了对方提出的条件 tāmen jùjuéle duìfāng tíchū de tiáojiàn 彼らは向こうの出した条件をけった.

【拒签】 jùqiān 動 署名あるいは調印を拒否する.

＊【谢绝】 xièjué 動 婉 断る. ‖ ~ 参观 xièjué cānguān 見学お断り. ｜ 婉言 ~ wǎnyán xièjué 遠回しに断る. ｜ 我们请他当顾问, 被他 ~ 了 wǒmen qǐng tā dāng gùwèn, bèi tā xièjué le 我々は彼に顧問になるようお願いしたが, 引き受けてもらえなかった.

げんいん　原因

▶来由　▶起因　▶前因　▶原因　▶缘故
▶缘由

【来由】 láiyóu 名 原因. 理由. ‖ 他这样说不是没有 ~ 的 tā zhèyàng shuō bú shì méiyou láiyóu de 彼がこういうのには理由があるはずだ.

【起因】 qǐyīn 名 事が起きた原因. 事の起こり. 起因. ‖ ~ 不明 qǐyīn bùmíng どうして起きたのか原因が分からない. ｜ 调查事故的 ~ diàochá shìgù de qǐyīn 事故の原因を調査する.

【前因】 qiányīn 名 原因. ‖ ~ 后果 qián yīn hòu guǒ 原因と結果. 事のてんまつ. 一部始終.

＊＊【原因】 yuányīn 名 原因. ‖ 找 ~ zhǎo yuányīn 原因を究明する. ｜ 查明事故的 ~ chámíng shìgù de yuányīn 事故の原因を明らかにする. ｜ 他这样想是有 ~ 的 tā zhèyàng xiǎng shì yǒu yuányīn de 彼がこのように考えるのには訳がある.

＊【缘故】 yuángù 名 原因. 理由. わけ. “原故” とも書く. ‖ 不知什么 ~, 他没来 bù zhī shénme yuángù, tā méi lái どういうわけか彼は来なかった. ｜ 最近身体不好, 是因为生活不规律的 ~ zuìjìn shēntǐ bù hǎo, shì yīnwei shēnghuó bù guīlǜ de yuángù 最近体調が悪いのは, 生活が不規則なせいだ.

【缘由】 yuányóu 名 原因. わけ. 理由. “原由” とも書く. ‖ 没有 ~ méiyou yuányóu 理由がない. ｜ 问清 ~ wènqīng yuányóu 原因を問いただす.

けんか

▶吵　▶吵架　▶吵闹　▶吵嘴　▶打架
▶动手　▶口角　▶争　▶争吵　▶争论

＊＊【吵】 chǎo 動 口げんかする. ‖ 他们俩又 ~ 起来了 tāmen liǎ yòu chǎoqilai le あの二人はまた言い争いを始めた.

＊【吵架】 chǎo//jià 動 口論する. 言い争う. ‖ 我和他 ~ 了 wǒ hé tā chǎojià le 私は彼と口げんかをした. ｜ 他们从来没吵过架 tāmen cónglái méi chǎoguo jià 彼らは一度も言い争ったことがない.

＊【吵闹】 chǎonào 動 大声で口論する. ‖ 为这种事 ~ 太不值得 wèi zhè zhǒng shì

chǎonào tài bù zhíde こんなことで言い争
うとは，くだらない．

【吵嘴】chǎo//zuǐ 動 口論する．言い争
う．‖ 他常和别人～ tā cháng hé biéren
chǎozuǐ 彼はよく人と口げんかをする．

*【打架】dǎ//jià 動 けんかをする．殴り合
う．‖ 小孩子之间很容易～ xiǎoháizi zhī-
jiān hěn róngyì dǎjià 子供同士の間ではけ
んかはよくある．| 昨天我跟他打了一
架 zuótiān wǒ gēn tā dǎle yí jià きのうあ
いつとけんかした．

**【动手】dòng//shǒu 動 手を出す．殴る．
腕力に訴える．‖ 有理讲理，不要～ yǒu-
lǐ jiǎnglǐ, búyào dòngshǒu 手を出したりせ
ず，言い分があるならちゃんと言いな
さい．| ～打人 dòngshǒu dǎ rén けんか
で人を殴る．

【口角】kǒujué 動 口論する．口げんか
をする．‖ 两人经常为一点小事就～起
来 liǎng rén jīngcháng wèi yìdiǎn xiǎoshì jiù
kǒujuéqǐlái 二人はつまらないことで始
終口げんかをしている．

**【争】zhēng 動 言い争う．口論する．‖
两人～得面红耳赤 liǎng rén zhēngde miàn
hóng ěr chì 二人は顔を真っ赤にして口
論している．

*【争吵】zhēngchǎo 動 言い争う．口げん
かする．‖ ～不休 zhēngchǎo bùxiū いつ
までも言い争っている．| ～解决不了
问题 zhēngchǎo jiějuébuliǎo wèntí 言い争
いをしても問題は解決できない．| 无
谓的～ wúwèi de zhēngchǎo 無意味な言
い争い．

**【争论】zhēnglùn 動 口論する．‖ ～不休
zhēnglùn bùxiū どこまでも言い争う．|
为一点儿小事～起来 wèi yìdiǎnr xiǎoshì
zhēnglùnqǐlái つまらないことで口論を
始める．

げんかい　限界

▶范围　▶极限　▶界限　▶忍无可忍
▶限度　▶限界　▶有限

**【范围】fànwéi 名 範囲．‖ 职权～ zhíquán
fànwéi 職権の範囲．| 势力～ shìlì fàn-
wéi 勢力範囲．縄張り．| 考试～ kǎoshì
fànwéi 試験の範囲．| 法律许可的～ fǎlǜ
xǔkě de fànwéi 法律の許す範囲．

**【极限】jíxiàn 名 極限．限界．最大限．
‖ 汽车的载重达到了～ qìchē de zàizhòng
dádàole jíxiàn 自動車の積載量は限度に
達した．

*【界限】jièxiàn 名 限度．際限．‖ 科学的
发展是没有～的 kēxué de fāzhǎn shì méi-
you jièxiàn de 科学の発展は限りのない
ものである．

【忍无可忍】rěn wú kě rěn 成 耐えるに耐
えられない．我慢の限界を越えている．
堪忍袋の緒が切れる．

*【限度】xiàndù 名 限度．‖ 超出～ chāochū
xiàndù 限度を超える．| 最大～地调动
职工的积极性 zuìdà xiàndù de diàodòng zhí-
gōng de jījíxìng 従業員の積極性を最大
限に引き出す．| 把犯罪率控制在最低
～ bǎ fànzuìlǜ kòngzhìzài zuì dī xiàndù 犯罪
発生率を最低限度に抑える．| 我们的
忍让是有～的 wǒmen de rěnràng shì yǒu
xiàndù de 我々の我慢にも限度がある．

【限界】xiànjiè 名 限界．‖ 耐压～ nàiyā
xiànjiè 耐圧限界．

*【有限】yǒuxiàn 形 限りがある．多くな
い．‖ 时间～ shíjiān yǒuxiàn 時間に限り
がある．| 名额～ míng'é yǒuxiàn 人数に
制限がある．| 能力～ nénglì yǒuxiàn 能
力に限界がある．| ～的经费 yǒuxiàn de
jīngfèi わずかな経費．

げんき　元気

げんき　元気

▶干劲　▶活力　▶劲头　▶精力　▶精神
▶力量　▶朝气

---

*【干劲】gànjìn（～儿）图 意気組み. 意
欲. 仕事への情熱. ‖～儿十足 gànjìnr
shízú やる気満々である. ｜～冲天 gàn-
jìn chōngtiān 意気，天を衝(つ)く. ｜大
家都很有～儿 dàjiā dōu hěn yǒu gànjìnr
みんなはたいへんな意気込みである.

*【活力】huólì 图 活力. 活気. バイタリ
ティー. エネルギー. ‖充满～ chōng-
mǎn huólì 活力がみなぎっている. ｜青
春的～ qīngchūn de huólì 青春のはつら
つとしたエネルギー.

*【劲头】jìntóu（～儿）图 やる気. 意欲.
‖～十足 jìntóu shízú 意欲十分だ. やる
気満々だ. ｜玩儿游戏机, 他～可大呢
wánr yóuxìjī, tā jìntóu kě dà ne テレビゲー
ムとなると, 彼の熱中ぶりは並大抵で
はない.

**【精力】jīnglì 图 精力. 気力. ‖～旺盛
jīnglì wàngshèng 気力が旺盛(おうせい)であ
る. ｜～充沛 jīnglì chōngpèi 元気いっぱ
いである. ｜～不济 jīnglì bújì 気力が続
かない.

*【精神】jīngshen 图 元気. 活力. ‖～百
倍 jīngshen bǎibèi 元気いっぱいである.
｜～焕发 jīngshen huànfā 元気はつらつ
としている. ｜要振作起～来 yào zhèn-
zuòqi jīngshen lai 元気を出しなさい. 形
はつらつとしている. 生き生きしてい
る. 元気である. ‖他虽年近八十, 却
很～ tā suī nián jìn bāshí, què hěn jīngshen
あの人は八十近いというのに, 元気そ
のものだ.

**【力量】lìliang；lìliàng 图 力. 勢力. ‖人
多～大 rén duō lìliang dà 人が多ければ力
も大きい. ｜浑身充满了～ húnshēn chōng-
mǎnle lìliang 全身に力がみなぎってい

る.

*【朝气】zhāoqì 图 若々しい活気. はつ
らつとした精神. ⇔"暮气" mùqì ‖富有
～ fùyǒu zhāoqì 活気に満ち満ちている.

げんき　元気がない

▶垂头丧气　▶没劲　▶没精打采　▶颓丧
▶委靡　▶消沉　▶心灰意懒

【垂头丧气】chuí tóu sàng qì 成 意気消沈
するさま. がっかりした様子. ‖输了
也别～ shūle yě bié chuí tóu sàng qì 負け
ても意気消沈するな. ｜这两天她～的,
不知怎么了 zhè liǎng tiān tā chuí tóu sàng
qì de, bù zhī zěnme le この数日彼女は
しょげているが, どうしたのだろう.

【没劲】méijìn（～儿）動 口 力がない.
元気がない. ‖我早就～儿了 wǒ zǎojiù
méijìnr le 私はもう力が出ない.

【没精打采】méi jīng dǎ cǎi 成 しょんぼ
りと元気がないさま. 意気消沈したさ
ま. "无精打采" wú jīng dǎ cǎi ともいう.
‖踢输了球, 他～地回来了 tīshūle qiú, tā
méi jīng dǎ cǎi de huílai le サッカーの試
合に負けて, 彼はすっかり意気消沈し
て帰ってきた.

【颓丧】tuísàng 形 しょげている. 元気
がない. がっかりしている. ‖情绪～
qíngxù tuísàng 元気がない.

【委靡】wěimǐ 形 意気消沈している.
しょげている. "萎靡" とも書く. ‖～
不振 wěimǐ búzhèn しょげかえってい
る. 元気がない. ｜精神～ jīngshen wěi-
mǐ 意気消沈している.

【消沉】xiāochén 形 意気消沈している.
元気がない. ‖他近来有些～ tā jìnlái yǒu-
xiē xiāochén 彼は近ごろ少し元気がな
い.

【心灰意懒】xīn huī yì lǎn 成 がっかりし
て何もする気になれない. 意気消沈す

264

る．"心灰意冷" xīn huī yì lěng ともいう．‖ 稍受挫折便～起来 shāo shòu cuò-zhé biàn xīn huī yì lǎn qilai ちょっと失敗しただけで意気消沈してしまう．

けんきょ　謙虚

▶恭谨　▶恭敬　▶客气　▶谦卑　▶谦诚
▶谦恭　▶谦和　▶谦虚　▶谦逊　▶虚心

【恭谨】gōngjǐn 形 丁重である．恭しい．‖ 态度～ tàidu gōngjǐn 態度が丁重である．

*【恭敬】gōngjìng 形 恭しい．丁重である．礼儀正しい．‖ 恭恭敬敬地站在老人面前 gōnggōngjìngjìng de zhànzài lǎorén miànqián 恭しく老人の前に立つ．｜ 她对婆婆向来很～ tā duì pópo xiànglái hěn gōng-jìng 彼女はしゅうとめに対してずっと恭順である．

★【客气】kèqi 形 遠慮深い．丁寧である．‖ 客客气气地待人 kèkèqìqì de dàirén 礼儀正しく接する．｜ 说话办事都很～ shuō-huà bànshì dōu hěn kèqi 話し方もやることもとても丁寧である．

【谦卑】qiānbēi 形 謙虚である．へりくだっている．(多くは目下の者の目上の者に対する態度をいう)‖ ～有礼 qiānbēi yǒu lǐ 謙虚な態度で礼儀正しい．

【谦诚】qiānchéng 形 謙虚で誠実である．‖ 待人～ dàirén qiānchéng 人当たりが謙虚で誠実である．

【谦恭】qiāngōng 形 謙虚で丁重である．‖ 李老师为人非常～ Lǐ lǎoshī wéirén fēi-cháng qiāngōng 李先生はとても謙虚で丁寧な方です．

【谦和】qiānhé 形 謙虚で態度が穏やかである．‖ 她待人～ tā dàirén qiānhé 彼女は人当たりが優しく控えめである．

*【谦虚】qiānxū 形 謙虚である．おごり高ぶらない．‖ 为人～ wéirén qiānxū 人

となりが控えめでつつましやかである．｜ 他的态度很～ tā de tàidu hěn qiānxū 彼の態度は非常に謙虚である．

*【谦逊】qiānxùn 形 へりくだっている．謙虚である．‖ ～的态度 qiānxùn de tàidu へりくだった態度．｜ ～的言辞 qiānxùn de yáncí 謙虚な言葉．

**【虚心】xūxīn 形 虚心である．謙虚である．‖ ～求教 xūxīn qiújiào 謙虚に人に教えを求める．｜ ～地听取别人的意见 xū-xīn de tīngqǔ biéren de yìjian 虚心に人の意見を聞く．｜ 这人一点儿也不～ zhè rén yìdiǎnr yě bù xūxīn この人はいささかも謙虚なところがない．｜ ～使人进步，骄傲使人落后 xūxīn shǐ rén jìnbù, jiāo'ào shǐ rén luòhòu 謙虚は人を進歩させ，傲慢は人を後退させる．

けんせつ　建設

▶盖　▶建　▶建设　▶建造　▶建筑
▶兴建　▶修　▶修建　▶修筑

**【盖】gài 動 建てる．建造する．‖ ～房子 gài fángzi 家を建てる．｜ 大楼～起来了 dàlóu gàiqilai le ビルができ上がった．｜ 翻～ fāngài 建て直す．

**【建】jiàn 動 建設する．建てる．‖ 改～ gǎijiàn 改築する．｜ ～工厂 jiàn gōngchǎng 工場を建てる．｜ ～房子 jiàn fángzi 家を建てる．｜ ～大桥 jiàn dàqiáo 橋を建設する．

★【建设】jiànshè 動 建設する．築き上げる．‖ ～祖国 jiànshè zǔguó 祖国を建設する．｜ 基本～ jīběn jiànshè 基本建設．インフラ整備．｜ ～水电站 jiànshè shuǐ-diànzhàn 水力発電所を建設する．｜ ～大油田 jiànshè dà yóutián 大油田を建設する．

*【建造】jiànzào 動 建造する．建設する．‖ ～高楼大厦 jiànzào gāolóu dàshà 高層

ビルを建設する.｜～油轮 jiànzào yóulún タンカーを建造する.

**【建筑】 jiànzhù 動 建築する.建設する.建造する.‖～桥梁 jiànzhù qiáoliáng 橋を架ける.｜～铁路 jiànzhù tiělù 鉄道を敷設する.｜别墅～在山上 biéshù jiànzhùzài shān shang 別荘は山の上に建っている.

*【兴建】 xīngjiàn 動 (多く比較的規模の大きいものを)建てる.建設する.‖～发电站 xīngjiàn fādiànzhàn 発電所を建設する.

**【修】 xiū 動 建てる.建設する.敷設する.‖～盖 xiūgài 建てる.｜～水库 xiū shuǐkù ダムを建造する.｜～地铁 xiū dìtiě 地下鉄工事をする.｜～马路 xiū mǎlù 道路を作る.｜～楼房 xiū lóufáng ビルを建設する.

*【修建】 xiūjiàn 動 施工する.建設する.敷設する.‖～水库 xiūjiàn shuǐkù ダムを建設する.｜～铁桥 xiūjiàn tiěqiáo 鉄橋を建造する.

*【修筑】 xiūzhù 動 (道路や工事などを)施工する.建設する.造る.‖～公路 xiūzhù gōnglù 道路を造る.｜～码头 xiūzhù mǎtou 埠頭(とう)を建設する.

げんだい　現代 ⇒【今日】

けんぶつ　見物

▶参观　▶观光　▶观看　▶逛　▶旁观
▶围观　▶游览　▶游山玩水

*【参观】 cānguān 動 見学する.参観する.‖～学校 cānguān xuéxiào 学校を見学する.｜谢绝～ xièjué cānguān 参観お断り.｜我们～了鲁迅先生的故居 wǒmen cānguānle Lǔ Xùn xiānsheng de gùjū 私たちは鲁迅(ろん)の旧居を見学した.

*【观光】 guānguāng 動 観光する.名所などを訪れ見物する.‖去年来此～的游客达三万多人 qùnián lái cǐ guānguāng de yóukè dá sān wàn duō rén 去年この地を訪れた観光客は3万人以上に達した.

*【观看】 guānkàn 動 見物する.眺める.見る.観察する.‖～网球比赛 guānkàn wǎngqiú bǐsài テニスの試合を見る.｜～话剧演出 guānkàn huàjù yǎnchū 新劇の公演を見る.

**【逛】 guàng 動 散歩する.ぶらぶらする.見物する.‖～公园 guàng gōngyuán 公園を散歩する.｜～夜市 guàng yèshì 夜店を冷やかす.｜～马路 guàng mǎlù 街を見物する.｜～庙会 guàng miàohuì 縁日に行く.

【旁观】 pángguān 動 傍観する.‖冷眼～ lěngyǎn pángguān 冷静な目で見守る.冷淡に傍観する.｜袖手～ xiùshǒu pángguān 手をこまぬいて傍観する.高見の見物を決め込む.

【围观】 wéiguān 動 取り囲んで眺める.‖街头表演引来不少人～ jiētóu biǎoyǎn yǐnlai bùshǎo rén wéiguān 多くの人が大道芸に引きつけられ取り巻いて見物している.

**【游览】 yóulǎn 動 見物する.観光する.‖去北京～ qù Běijīng yóulǎn 北京へ観光に行く.｜～名胜古迹 yóulǎn míngshèng gǔjì 名所旧跡を見物する.

【游山玩水】 yóu shān wán shuǐ 成 山河を遊覧する.景勝の地を見て回る."游山逛水" yóu shān guàng shuǐ ともいう.‖一到秋天，来这里～的人就多起来了 yí dào qiūtiān, lái zhèli yóu shān wán shuǐ de rén jiù duōqilai le 秋になると，ここへ景勝を楽しみに来る遊覧客が多くなる.

こ

こ （自分の）子

▶宝宝　▶宝贝　▶儿　▶儿女　▶儿子
▶姑娘　▶孩子　▶男孩儿　▶女儿
▶女孩儿　▶小孩儿　▶子　▶子女

【宝宝】bǎobao 图 (子供に対する愛称)
いい子. かわいい子.

*【宝贝】bǎobèi；bǎobèi(～儿) 图 (子供に
対する愛称)かわいい子. いい子.

【儿】ér 图 息子. ‖生了一～一女 shēngle
yì ér yì nǚ 一男一女を生んだ.

*【儿女】érnǚ 图 子女. 子供たち. ‖～都
长大成人了 érnǚ dōu zhǎngdà chéngrén le
子供たちはみな成長して大人になっ
た. ｜祖国的优秀～ zǔguó de yōuxiù érnǚ
祖国の優秀な息子と娘たち.

★【儿子】érzi 图 息子. ‖大～ dà érzi いち
ばん上の息子. 長男.

★【姑娘】gūniang 图 ❶未婚の女性. 娘.
少女. 女の子. ‖大～ dàgūniang 一人前
の娘. 年ごろの娘. ｜小～ xiǎogūniang
幼女. お嬢ちゃん. ❷口 (父母からみ
た)娘. ‖大～ dàgūniang いちばん上の
娘.

★【孩子】háizi 图 ❶児童. 子供. ‖小～
xiǎoháizi 子供. ｜男～ nánháizi 男の子.
｜女～ nǚháizi 女の子. ❷自分の子.
息子や娘. ‖你有几个～? nǐ yǒu jǐ ge
háizi? お子さんは何人ですか.

【男孩儿】nánháir ("男孩子"nánháizi と
も) 图 ❶男の子. 男児. ❷息子.

★【女儿】nǚ'ér 图 娘. ‖大～ dànǚ'ér いち
ばん上の娘. 長女.

【女孩儿】nǚháir 图 ❶女児. 女の子.
少女. "女孩子"nǚháizi ともいう. ‖她
生了个～ tā shēngle ge nǚháir 彼女は女児

を生んだ. ｜她的性格可不像个～ tā de
xìnggé kě bú xiàng ge nǚháir 彼女の気性
は女の子らしくない. ❷娘.

★【小孩儿】xiǎoháir 图 口 ❶児童. 子供.
"小孩子"xiǎoháizi ともいう. ❷(多く
未成年の)子女. 息子と娘.

*【子】zǐ ◇子供. 息子. ‖多～多福 duō zǐ
duō fú 子が多ければそれだけ福が多
い. ｜母～ mǔzǐ 母と息子. ｜长～ zhǎng-
zǐ 長子. 長男. ｜独生～ dúshēngzǐ ひと
りっ子.

【子女】zǐnǚ 图 子女. ‖独生～ dúshēng
zǐnǚ ひとりっ子.

こい　濃い

▶稠　▶醇厚　▶浓　▶浓重　▶深　▶酽
▶重

【稠】chóu 形 (液体の濃度が)濃い. ⇔
"稀"xī ‖粥很～ zhōu hěn chóu お粥が濃
い. ｜颜料太～了 yánliào tài chóu le 顔料
が濃すぎる.

【醇厚】chúnhòu 形 (味やにおいに)混じ
り気がなく濃厚である. ‖这种酱油味
道～ zhè zhǒng jiàngyóu wèidao chúnhòu こ
のしょうゆの味は純正で濃厚だ.

**【浓】nóng 形 ❶(液体や気体が)濃い.
⇔"淡"dàn ‖～茶 nóngchá 濃いお茶. ｜
味道～ wèidao nóng 味が濃い. ｜雾越来
越～了 wù yuè lái yuè nóng le 霧がますま
す深くなった. ｜这花的香味很～ zhè huā
de xiāngwèi hěn nóng この花は香りが強
い. ❷(色が)濃い. ‖呈～绿色 chéng
nónglǜsè 濃い緑色をしている.

【浓重】nóngzhòng 形 (色やにおいなど
が)濃い. 強い. ‖色调～ sèdiào nóng-
zhòng 色調が濃い. ｜～的香粉气息
nóngzhòng de xiāngfěn qìxī きついおしろ
いのにおい. ｜～的四川口音 nóngzhòng
de Sìchuān kǒuyin 強い四川訛(なまり).

こいびと　恋人

★【深】 shēn 形 (色が)濃い. ⇔"浅" qiǎn ‖ ～红色 shēnhóngsè 深紅(しん). | 我喜欢颜色～的衣服 wǒ xǐhuan yánsè shēn de yīfu 私は濃い色の服が好きだ. | 这支铅笔颜色不～ zhè zhī qiānbǐ yánsè bù shēn この鉛筆は色が薄い.

【酽】 yàn 形 (お茶や酒などが)濃い. ‖ ～茶 yàn chá 濃くいれたお茶. | 他喝茶喜欢喝～的 tā hē chá xǐhuan hē yàn de 彼はお茶は濃いのが好きだ.

**【重】 zhòng 形 (程度が)深い. ‖ 颜色太～了 yánsè tài zhòng le 色が濃すぎる. | 眉毛画～了 méimao huàzhòng le 眉毛を濃くかいた. | 他的病情越来越～了 tā de bìngqíng yuè lái yuè zhòng le 彼の病気はますますひどくなった.

こいに　故意に　⇒【わざと】

こいびと　恋人

▶对象　▶恋人　▶朋友　▶情侣　▶情人
▶心上人　▶意中人

**【对象】 duìxiàng 名 結婚相手. 婚約者. 恋人. ‖ 找～ zhǎo duìxiàng 結婚相手を探す. | 搞～ gǎo duìxiàng 恋愛する. | 介绍～ jièshào duìxiàng 結婚を前提とした相手を紹介する.

【恋人】 liànrén 名 恋人. ‖ 他们是～ tāmen shì liànrén 彼らは恋人同士です.

★【朋友】 péngyou 名 恋人. ‖ 男～ nán péngyou 彼氏. ボーイフレンド. | 女～ nǚ péngyou 彼女. ガールフレンド. | 交～ jiāo péngyou 恋人として付き合う. 恋人になる. | 她有～了 tā yǒu péngyou le 彼女はボーイフレンドができた.

【情侣】 qínglǚ 名 一組の恋人. カップル. ‖ 一对一对年轻的～在海边散步 yí duì-duì niánqīng de qínglǚ zài hǎibiān sànbù 何組もの若いカップルが海辺を散歩している.

【情人】 qíngrén 名 恋人. 愛人. ‖ ～节 Qíngrénjié バレンタインデー.

【心上人】 xīnshàngrén 名 意中の人. 愛する人.

【意中人】 yìzhōngrén 名 意中の人. 心の中で密かに慕う異性.

こうか　効果 (効き目)

▶见效　▶起作用　▶效果　▶效能　▶效应
▶有效　▶奏效

*【见效】 jiànxiào 動 効果が現れる. 効き目が出る. ‖ 吃了各种药, 也不～ chīle gèzhǒng yào, yě bú jiànxiào いろいろ薬を飲んだが, ちっとも効かない.

*【起作用】 qǐ zuòyòng 組 役に立つ. ‖ 宣传起了作用, 这批货很快就卖光了 xuānchuán qǐle zuòyòng, zhè pī huò hěn kuài jiù màiguāng le 宣伝がきいて, その商品はあっという間に売り切れた.

**【效果】 xiàoguǒ 名 効果. 効き目. よい結果. ‖ ～显著 xiàoguǒ xiǎnzhù 効き目が著しい. | ～不大 xiàoguǒ bú dà 効果があまりない. | 医疗～ yīliáo xiàoguǒ 医療効果. | 中药的～不一定马上就能感觉到 zhōngyào de xiàoguǒ bù yídìng mǎshang jiù néng gǎnjuédào 漢方薬の効き目は必ずしもすぐ感じるとはかぎらない. | 实验没有收到预期的～ shíyàn méiyou shōudào yùqī de xiàoguǒ 実験は予想していた結果が得られなかった.

【效能】 xiàonéng 名 効能. 効果. 効力. ‖ 充分发挥～ chōngfèn fāhuī xiàonéng 効果が十分に上がる.

【效应】 xiàoyìng 名 効果. 反応. ‖ 温室～ wēnshì xiàoyìng 温室効果. | 市场～ shìchǎng xiàoyìng 市場効果.

**【有效】 yǒuxiào 動 効果がある. 有効で

ある. ⇔"无效" wúxiào ‖ 采取~措施 cǎiqǔ yǒuxiào cuòshī 有効な措置をとる. ｜~地利用水资源 yǒuxiào de lìyòng shuǐ zīyuán 水資源を有効に利用する. ｜这种新药很~ zhè zhǒng xīnyào hěn yǒuxiào この新薬は非常に有効である.

【奏效】zòu//xiào 動 効き目が現れる. ‖ 这一着儿准能～ zhè yì zhāo ér zhǔn néng zòuxiào この策はきっと効を奏する.

ごうかく　合格

▶榜上有名　▶合格　▶及格　▶考上
▶通过

【榜上有名】bǎng shàng yǒu míng 成 合格者発表の掲示板に名前がある. 試験に合格すること.

*【合格】hé//gé 形 規格に合う. 合格する. ‖ 勉勉强强合了格 miǎnmiǎnqiǎngqiǎng héle gé どうにかこうにか規格検査に合格した. ｜体检不～ tǐjiǎn bù hégé 身体検査に合格しなかった. ｜产品～ chǎnpǐn hégé 製品が規格に合う. ｜~证 hégézhèng 合格証.

**【及格】jí//gé 動 合格する. 及第する. ‖ 这次期末考试他数学不～ zhè cì qīmò kǎoshì tā shùxué bù jígé 彼はこんどの期末試験で数学は不合格だった.

【考上】kǎo//shang(shàng) 動 試験に合格する. ‖ 没～ méi kǎoshang 試験に落ちる. ｜他～技校了 tā kǎoshang jìxiào le 彼は専門学校に合格した. ｜你这么用功, 一定考得上好大学 nǐ zhème yònggōng, yídìng kǎodeshàng hǎo dàxué 君はこんなに一生懸命に勉強しているから, きっといい大学に受かるだろう.

★【通过】tōng//guò 動 (ある基準に達して) 承認される. ‖ 论文～ lùnwén tōngguò 論文が通る. ｜考试～了 kǎoshì tōngguò le 試験に受かった.

こうぎ　講義

▶讲　▶讲解　▶讲课　▶讲授　▶讲学
▶课　▶上课　▶听讲　▶听课

★【讲】jiǎng 動 口頭で説明する. 解説する. ‖ ～义 jiǎngyì 講義プリント. 講義用教材. ｜电视～座 diànshì jiǎngzuò テレビ講座. ｜这是本～气功的书 zhè shì běn jiǎng qìgōng de shū これは気功について説明した本である.

★【讲解】jiǎngjiě 動 解説する. 説明し解釈する. ‖ ～幻灯片 jiǎngjiě huàndēngpiàn スライドを説明する. ｜老师给学生～地质构造的成因 lǎoshī gěi xuéshēng jiǎngjiě dìzhì gòuzào de chéngyīn 先生は学生たちに地質構造の成因について解説する.

★【讲课】jiǎng//kè 動 授業する. 講義する. ‖ 王老师给我们～ Wáng lǎoshī gěi wǒmen jiǎngkè 王先生が僕たちに講義してくださる. ｜一天讲四堂课 yì tiān jiǎng sì táng kè 1日に4つ講義する.

【讲授】jiǎngshòu 動 講義する. 教授する. ‖ ～中国古代史 jiǎngshòu Zhōngguó gǔdàishǐ 中国古代史を講義する. ｜～稿 jiǎngshòugǎo 講義原稿.

【讲学】jiǎng//xué 動 (他校や外国で) 講義をする. 学術講演をする. ‖ 出国～ chūguó jiǎngxué 外国に学術講演に行く.

★【课】kè 名 ❶授業. 講義. ‖ 下午有～ xiàwǔ yǒu kè 午後は授業がある. ❷授業時間. 講義時間.

★【上课】shàng//kè 動 授業をする. 授業を受ける. 授業に出る. (大学の講義の場合にも用いられる) ‖ 已经～了 yǐjīng shàngkè le もう授業が始まった. ｜今天给新生～ jīntiān gěi xīnshēng shàngkè 今日は新入生に授業を行う. ｜上午只上两节课 shàngwǔ zhǐ shàng liǎng jié kè 午前中は二こましか授業がない.

**【听讲】tīng//jiǎng 動 講演を聴く. 講義

を聴く.∥认真～ rènzhēn tīngjiǎng まじ
めに講義を聴く.

【听课】tīng//kè 動授業を受ける.講義
を受ける.∥听一堂课 tīng yì táng kè 1
時限の授業(講義)を受ける.

こうけい　光景

▶场景　▶场面　▶风光　▶风景　▶光景
▶景观　▶景色　▶景象　▶镜头　▶情景

【场景】chǎngjǐng 图❶場景.‖婚礼上热
闹的～ hūnlǐ shang rènao de chǎngjǐng 婚
礼の賑やかな場面.❷(芝居や映画な
どの)情景.場面.

*【场面】chǎngmiàn 图❶(芝居・映画・
小説などの)情景.シーン.‖京剧的武
打～很热闹 jīngjù de wǔdǎ chǎngmiàn hěn
rènao 京劇の立ち回りのシーンはたい
へん賑やかだ.❷その場の状況.様
子.場面.‖我给你们照一张碰杯的～
wǒ gěi nǐmen zhào yì zhāng pèngbēi de
chǎngmiàn 君たちが乾杯する場面を写
真に撮ってあげましょう.｜激动人心
的～ jīdòng rénxīn de chǎngmiàn 感動的
シーン.

*【风光】fēngguāng 图風光.風景.‖草
原～ cǎoyuán fēngguāng 草原の風光.｜
一片秀丽迷人的～ yípiàn xiùlì mírén de
fēngguāng 一面に広がるすばらしい風
景.

**【风景】fēngjǐng 图風景.景色.‖～美
丽 fēngjǐng měilì 風景が美しい.｜～如
画 fēngjǐng rú huà 風景が絵のようであ
る.

【光景】guāngjǐng 图光景.景色.‖农
村～ nóngcūn guāngjǐng 農村の風景.

【景观】jǐngguān 图景観.眺め.

*【景色】jǐngsè 图景色.風景.‖～宜人
jǐngsè yí rén 景色がすばらしい.

*【景象】jǐngxiàng 图光景.情景.様子.

‖河对岸又是另一番～ hé duì'àn yòu shì
lìng yì fān jǐngxiàng 対岸はまたひと味
違った景観である.｜田野上一片丰收
的～ tiányě shang yípiàn fēngshōu de jǐngxiàng
見渡すかぎり豊作の情景を呈している.

*【镜头】jìngtóu 图(映画の)シーン.場
面.‖特技～ tèjì jìngtóu 特撮シーン.｜
特写～ tèxiě jìngtóu 大写し.クローズ
アップ.｜这个～拍得很成功 zhège jìng-
tóu pāide hěn chénggōng このカットはよ
く撮れている.

**【情景】qíngjǐng 图情景.光景.‖感人
的～ gǎnrén de qíngjǐng 感動的シーン.｜
想起了当时的～ xiǎngqǐle dāngshí de qíng-
jǐng 当時の情景を思い出した.｜这～
令人终生难忘 zhè qíngjǐng lìng rén zhōng-
shēng nánwàng この光景は終生忘れられ
ない.

ごうけい　合計

▶共　▶共计　▶合计　▶计　▶一共
▶总共　▶总计

*【共】gòng 副全部で.合計で.‖这部电
视连续剧～二十集 zhè bù diànshì liánxùjù
gòng èrshí jí この連続テレビドラマは全
部で20回ある.｜～花了三十五元 gòng
huāle sānshíwǔ yuán 合計して35元使っ
た.

*【共计】gòngjì 動合計する.‖～有五十
个人参加 gòngjì yǒu wǔshí ge rén cānjiā 合
わせて50人が参加する.｜全部费用～
三百元 quánbù fèiyong gòngjì sānbǎi yuán
費用は全部で300元である.

【合计】héjì 動合計する.‖两处～五十
个人 liǎng chù héjì wǔshí ge rén 2ヵ所を
合わせて50人です.｜三本书～一百块
钱 sān běn shū héjì yìbǎi kuài qián 3冊で
合計して100元です.

*【计】jì 動合計する.‖全组～有五人

quánzǔ jì yǒu wǔ rén グループ全体で計5人いる。

★【一共】yígòng 副 合わせて. 全部で. まとめて. ‖~多少钱? yígòng duōshao qián? 全部でいくらですか. ｜~来了二百多人 yígòng láile èrbǎi duō rén 全部で 200 人以上の人が来た.

*【总共】zǒnggòng 副 全部で. 合計して. ‖全校~有两千个学生 quánxiào zǒnggòng yǒu liǎngqiān ge xuésheng 学校には全部で 2000 人の学生がいる. ｜我一才去过三次 wǒ zǒnggòng cái qùguo sān cì 私は合計しても 3 度しか行ったことがない.

*【总计】zǒngjì 動 合計する. 総計する. ‖~有两万人参加了罢工 zǒngjì yǒu liǎng wàn rén cānjiāle bàgōng ストには総計 2 万人が参加した.

こうげき 攻撃

▶冲锋 ▶出击 ▶打 ▶打击 ▶攻
▶攻打 ▶攻击 ▶击 ▶进攻 ▶抨击

*【冲锋】chōngfēng 動 突撃する. ‖向敌人阵地发起~ xiàng dírén zhèndì fāqǐ chōngfēng 敵の陣地めざして突撃を始める.

【出击】chūjī 動 出撃する. 攻撃を仕掛ける. ‖主动~ zhǔdòng chūjī 積極的に攻撃する.

★【打】dǎ 動 殴る. 攻める. ‖~仗 dǎzhàng 戦争する. 戦闘する. ｜~孩子 dǎ háizi 子供をたたく. ｜~了一举 dǎle yì quán 一発殴る. ｜俩人又~起来了 liǎ rén yòu dǎqilai le 二人はまたけんかを始めた.

*【打击】dǎjī 動 攻撃する. 打撃を与える. くじく. ‖~敌人 dǎjī dírén 敵を攻撃する. ｜~歪风邪气 dǎjī wāifēng xiéqì 不健全な傾向やよこしまな風潮に打撃を与える. ｜~别人, 抬高自己 dǎjī biéren, táigāo zìjǐ 人を中傷したり陥れたり

して, 自分を優位な立場に持っていく.

*【攻】gōng 動 攻める. 攻撃する. ⇔"守" shǒu ‖以毒~毒 yǐ dú gōng dú 毒をもって毒を制す. ｜~其薄弱环节 gōng qí bóruò huánjié 手薄なところを攻める. 弱点を突く.

【攻打】gōngdǎ 動 攻撃する. ‖~敌营 gōngdǎ díyíng 敵の軍営を攻撃する.

【攻击】gōngjī 動 ❶攻撃する. ‖~敌人 gōngjī dírén 敵を攻撃する. ｜~目标 gōngjī mùbiāo 攻撃目標. ｜发动~ fādòng gōngjī 攻撃を起こす. ❷非難する. 責めとがめる. ‖恶意~ èyì gōngjī 悪意をもって非難する. ｜进行人身~ jìnxíng rénshēn gōngjī 人身攻撃を行う.

【击】jī 動 攻撃する. ‖声东~西 shēng dōng jī xī 東に声をあげて西を撃つ. 注意をそらして相手の虚を突くこと. ｜用拳头狠~对方的面部 yòng quántou hěn jī duìfāng de miànbù げんこつで相手の顔を思い切り殴りつける.

**【进攻】jìngōng 動 ❶進攻する. 攻撃していく. ‖主动~敌人 zhǔdòng jìngōng dírén こちら側から敵に攻撃をかける. ｜发动~ fādòng jìngōng 進撃を始める. ❷(試合などで)攻勢をかける. 攻める. ‖屡次~对方球门 lǚcì jìngōng duìfāng qiúmén 何度も相手方のゴールを攻める.

【抨击】pēngjī 動 批判攻撃する. ‖~时弊 pēngjī shíbì 時代の弊害を非難する. ｜受到~ shòudào pēngjī 糾弾される.

こうさい 交際

▶打交道 ▶交 ▶交际 ▶交流 ▶交往
▶结交 ▶来往 ▶谈恋爱 ▶往来 ▶应酬

*【打交道】dǎ jiāodao 組口 交際する. 行き来する. 交渉する. ‖由于工作关系, 两个人常~ yóuyú gōngzuò guānxi, liǎng ge

rén cháng dǎ jiāodao 仕事の関係で二人は
いつも行き来がある. | 他这人不太好
~ tā zhè rén bú tài hǎo dǎ jiāodao 彼とい
う人は付き合いにくい.

★【交】 jiāo 動 交際する. 付き合う. ‖ 咱
们~个朋友, 好不好? zánmen jiāo ge
péngyou, hǎo bu hǎo? 私たち友だちにな
りませんか.

**【交际】 jiāojì 動 交際する. 付き合う. ‖
她很善于~ tā hěn shànyú jiāojì 彼女は人
付き合いがうまい. | 语言是人们~的工
具 yǔyán shì rénmen jiāojì de gōngjù 言葉
はコミュニケーションの手段である.

**【交流】 jiāoliú 動 交流する. 交換する.
‖ ~思想 jiāoliú sīxiǎng 考えを伝え合う.
| ~感情 jiāoliú gǎnqíng 気持ちを通わせ
る. | 文化~ wénhuà jiāoliú 文化交流.
学术~ xuéshù jiāoliú 学術交流.

*【交往】 jiāowǎng 動 付き合う. 行き来す
る. ‖ 我从不跟他~ wǒ cóng bù gēn tā jiāo-
wǎng 私はまったく彼と付き合っていな
い. | ~密切 jiāowǎng mìqiè 親密な交際
をする. | 两国人民从很早以前就开始
有了 liǎng guó rénmín cóng hěn zǎo yǐqián
jiù kāishǐ yǒu jiāowǎng le 両国人民は古く
から行き来があった.

【结交】 jiéjiāo 動 交わりを結ぶ. 友人に
なる. 交際する. ‖ 这次访问~了许多新
朋友 zhè cì fǎngwèn jiéjiāole xǔduō xīn péng-
you 今回の訪問でたくさんの新しい友
人ができた.

【来往】 láiwǎng 動 交際する. 付き合
う. (私的な交際をさす) ‖ 我和他不~
wǒ hé tā bù láiwǎng 私は彼と付き合って
いない.

【谈恋爱】 tán liàn'ài 恋愛する. ‖ 他们
俩正在~ tāmen liǎ zhèngzài tán liàn'ài あ
の二人はいま交際中だ.

*【往来】 wǎnglái 動 交際する. (多く公的
な場合に用い, 丁重な感じを持つ) ‖ 两
家人~十分密切 liǎng jiā rén wǎnglái shí-

fēn mìqiè 両家はたいへん親しく付き
合っている. | 断绝~ duànjué wǎnglái 交
際を絶つ. | 两个城市开始了友好~ liǎng
ge chéngshì kāishǐle yǒuhǎo wǎnglái 二つ
の都市は友好的な交流を始めた.

*【应酬】 yìngchou 動 人と応対する. 人
付き合いをする. ‖ ~客人 yìngchou kè-
ren 客の応対をする. | 善于~ shànyú
yìngchou 交際上手である. | ~话 yìng
chouhuà 挨拶言葉. 社交辞令. 図 接待
や付き合いの宴席. ‖ 他~多 tā yìngchou
duō 彼は接待が多い. | 那几个~都推
不掉 nà jǐ ge yìngchou dōu tuībudiào こう
した付き合いは断るわけにはいかな
い.

こうじょう 工場

▶厂　▶厂家　▶厂子　▶车间　▶工厂
▶工场　▶作坊

【厂】 chǎng 名 工場. ‖ 食品~ shípǐnchǎng
食品工場. | ~长 chǎngzhǎng 工場長. |
我们~不大 wǒmen chǎng bú dà 私たちの
工場はあまり大きくない.

*【厂家】 chǎngjiā 名 製造業者. メーカー.
‖ 生产这种产品的~很多 shēngchǎn zhè
zhǒng chǎnpǐn de chǎngjiā hěn duō この種
の製品を生産するメーカーはたいへん
多い. | 生产~ shēngchǎn chǎngjiā 製造
業者. メーカー.

【厂子】 chǎngzi 名 口 工場.

**【车间】 chējiān 名 工場内の生産工程に
よって分かれている各作業現場. 作業
場. ‖ 组装~ zǔzhuāng chējiān 組み立て
作業場. | ~主任 chējiān zhǔrèn 現場主
任.

★【工厂】 gōngchǎng 名 工場. ‖ 这家~生
产汽车 zhè jiā gōngchǎng shēngchǎn qìchē
この工場では自動車を作っている.

【工场】 gōngchǎng 名 町工場. 作業場.

【作坊】 zuōfang 图 (手工業の)工場. 仕事場.

こうせい　構成

▶構成　▶构造　▶结构　▶组成　▶组合
▶组织

** **【构成】** gòuchéng 動 構成する. 組み立てる. 成り立つ. ‖ 这些行为会～犯罪 zhèxiē xíngwéi huì gòuchéng fànzuì こうした行為は犯罪になる. ｜ 课文由一篇对话和一篇短文～ kèwén yóu yì piān duìhuà hé yì piān duǎnwén gòuchéng テキストは1編の会話文と1編の短文とで構成されている. 图構成. 組み立て. ‖ 文章的～ wénzhāng de gòuchéng 文章の構成. ｜ 人员～ rényuán gòuchéng 人員の構成.

** **【构造】** gòuzào 图 構造. 構成. 仕組み. 組み立て. ‖ 机器的～ jīqi de gòuzào 機械の構造. ｜ 句子～ jùzi gòuzào 文の構成. ｜ 这所房子的～很好 zhè suǒ fángzi de gòuzào hěn hǎo この家の設計はなかなかよい.

** **【结构】** jiégòu 图 ❶構成. 構造. 仕組み. ‖ 分子～ fēnzǐ jiégòu 分子構造. ｜ 语法～ yǔfǎ jiégòu 文法構造. ｜ 领导班子的～ lǐngdǎo bānzi de jiégòu 役員の構成. ｜ 改革大学的组织～ gǎigé dàxué de zǔzhī jiégòu 大学の組織改革をする. ❷(建築の)構造. 組み立て. ‖ 木～ mù jiégòu 木造づくり. ｜ 钢筋混凝土～ gāngjīn hùnníngtǔ jiégòu 鉄筋コンクリート構造.

* **【组成】** zǔchéng 動 (いくつかの部分から)構成する. 組み立てる. ‖ 十五个人～一个班 shíwǔ ge rén zǔchéng yí ge bān 15人で一つのグループを作る. ｜ 文章由三部分～ wénzhāng yóu sān bùfen zǔchéng 文章は三つの部分から構成される.

* **【组合】** zǔhé 動 組み合わせる. 構成す

る. ‖ 这台文艺演出是由独唱、舞蹈、小品、相声等节目～起来的 zhè tái wényì yǎnchū shì yóu dúchàng, wǔdǎo, xiǎopǐn, xiàngsheng děng jiémù zǔhéqilai de 今回の演芸公演は, 独唱・舞踊・寸劇・漫才などの出し物によって構成されている. 图組み合わせ. 構成.

★ **【组织】** zǔzhī 動 組織する. 結成する. まとめる. ‖ ～新年晚会 zǔzhī xīnnián wǎnhuì 新年会の段取りをする. ｜ ～大家去春游 zǔzhī dàjiā qù chūnyóu みんなの参加を募って春のピクニックに行く. 图 ❶組み立て. 構成. ‖ ～严密 zǔzhī yánmì 構成がしっかりしている. ｜ ～合理 zǔzhī hélǐ 構成が合理的である. ❷組織. 団体. ‖ 非法～ fēifǎ zǔzhī 非合法組織. ｜ 恐怖～ kǒngbù zǔzhī テロ組織.

こうたい　交替・交代

▶代替　▶倒班　▶更换　▶更替　▶换
▶换班　▶交替　▶轮换　▶轮流　▶替换

* **【代替】** dàitì 動 代わる. 取って代わる. 交替する. ‖ 你～我参加这次会吧 nǐ dàitì wǒ cānjiā zhè cì huì ba 君, 私の代わりにこんどの会に出てくれよ. ｜ 用机械～人力 yòng jīxiè dàitì rénlì 人力に代わって機械を使う.

* **【倒班】** dǎo//bān 動 交替で勤務する. ‖ 工人们分了班, ～工作, 昼夜不停 gōngrénmen fēnle bān, dǎobān gōngzuò, zhòuyè bù tíng 労働者は班に分かれて, 交替勤務で終日働く.

* **【更换】** gēnghuàn 動 交替する. 入れ替える. ‖ ～领导班子 gēnghuàn lǐngdǎo bānzi 指導者グループを入れ替える. ｜ ～出场运动员 gēnghuàn chūchǎng yùndòngyuán 出場選手を交替させる.

【更替】 gēngtì 動 交替する. 代わる. ‖

こうふん　興奮

季节～ jìjié gēngtì 季節が代わる.

★【换】huàn 動 替える. 取りかえる. ∥～了选手 huànle xuǎnshǒu 選手を替えた. ｜中国队在比赛中～了两个人 Zhōngguóduì zài bǐsài zhōng huànle liǎng ge rén 中国チームは途中で2人のメンバーを交替した. ｜教练要求～人 jiàoliàn yāoqiú huàn rén コーチはメンバー・チェンジを告げた.

【换班】huàn//bān 動 交替で仕事に当たる. ∥护士们经常～ hùshimen jīngcháng huànbān 看護師たちは常に交替で勤務している.

*【交替】jiāotì 動 ❶交替する. 入れ替わる. ∥新老～ xīnlǎo jiāotì 世代交代. ｜世纪～ shìjì jiāotì 世紀が代わる. ❷交互に行う. 代わる代わるやる. ∥两班～休息 liǎng bān jiāotì xiūxi 二つの班は交代で休む. ｜～使用 jiāotì shǐyòng 取りかえながら使う.

【轮换】lúnhuàn 動 交替する. 代わる代わる…する. ∥驻外人员两年～一次 zhù wài rényuán liǎng nián lúnhuàn yí cì 海外駐在員は2年ごとに交替する. ｜新老队员～上场 xīnlǎo duìyuán lúnhuàn shàng chǎng 新旧選手が代わる代わるコートに立つ.

*【轮流】lúnliú 動 順繰りにする. 交替でする. ∥节假日～值班 jiéjiàrì lúnliú zhíbān 祝祭日は交替で当直する. ｜～发言 lúnliú fāyán 代わる代わる発言する.

*【替换】tìhuàn 動 代わる. 交替する. ∥两个人～着干 liǎng ge rén tìhuànzhe gàn 二人が交替で仕事をやる.

こうふん　興奮

▶冲动　▶刺激　▶发热　▶感动　▶激昂
▶激动　▶兴奋　▶振奋

*【冲动】chōngdòng 動 自制できないほど

興奮する. 激する. 高ぶる. ∥感情～ gǎnqíng chōngdòng 感情が高ぶる. ｜他一时～, 打了孩子 tā yìshí chōngdòng, dǎle háizi 彼はかっとして子供を殴った. ｜你不要～, 有话慢慢儿说 nǐ búyào chōngdòng, yǒu huà mànmānr shuō 君, そういきりたたずに, 言いたいことがあったら落ち着いて話しなさい.

*【刺激】cìjī 動 刺激する. 興奮させる. 意欲を持たせる. ∥不要用这样的话～他 búyào yòng zhèyàng de huà cìjī tā そんなことを言って彼を刺激するな. ｜这本侦探小说很～人 zhè běn zhēntàn xiǎoshuō hěn cìjī rén この推理小説はとてもはらはらする.

*【发热】fā//rè 動 熱を出す. 喩 熱くなる. のぼせて冷静さを失う. ∥头脑～ tóunǎo fārè 頭に血がのぼる. のぼせあがる.

*【感动】gǎndòng 動 感動する. ∥读了这篇小说, 他很～ dúle zhè piān xiǎoshuō, tā hěn gǎndòng この小説を読んで, 彼はたいへん感動した. ｜～得说不出话来 gǎndòngde shuōbuchū huà lai 感動のあまり声にならない.

【激昂】jī'áng 形 激昂(げきこう)する. 高ぶる. ∥情绪～ qíngxù jī'áng 気持ちが高ぶる. ｜～的语调 jī'áng de yǔdiào 激しくいきり立った口調.

*【激动】jīdòng 形 感動する. 感激する. ∥心情～ xīnqíng jīdòng 感動する. ｜～万分 jīdòng wànfēn いたく感激する. ｜～得热泪盈眶 jīdòngde rèlèi yíngkuàng 感動のあまり涙があふれる. ｜他这个人很容易～ tā zhège rén hěn róngyì jīdòng あの人は興奮しやすい.

**【兴奋】xīngfèn 形 興奮する. 感激する. ∥站在领奖台上, 我～得说不出话来 zhànzài lǐngjiǎngtái shang, wǒ xīngfènde shuōbuchū huà lai 表彰台に立ち, 感激のあまり言葉にならなかった. ｜听到这个消息, 大家都很～ tīngdào zhège xiāoxi, dàjiā dōu hěn xīngfèn その知らせを聞いて，みんなはとても興奮した.｜他～得夜里睡不着觉 tā xīngfènde yèli shuìbuzháo jiào 彼は興奮して夜眠れなかった.

*【振奋】zhènfèn 動 奮起する.元気づく.‖精神～ jīngshen zhènfèn 元気はつらつとしている.｜听了他的报告，大家都感到非常～ tīngle tā de bàogào, dàjiā dōu gǎndào fēicháng zhènfèn 彼の報告を聞いて，みんなは大いに奮い立った.

こうほう　後方

▶背面　▶后　▶后边　▶后方　▶后面
▶后头

*【背面】bèimiàn（～儿）名 背面.裏側.⇔"正面"zhèngmiàn‖在单据的～签字 zài dānjù de bèimiàn qiānzì 証券の裏にサインする.｜把地址写在信封～了 bǎ dìzhǐ xiězài xìnfēng bèimiàn le 住所を封筒の裏に書いた.

★【后】hòu 名 ❶（空間的に）後ろ.後方.裏側.⇔"前"qián‖敌～ díhòu 敵の後方.｜幕～ mùhòu 幕の後ろ.（社会の）裏.｜房～有一棵大树 fáng hòu yǒu yì kē dàshù 家の裏側に大きな木が1本ある.｜向～转 xiàng hòu zhuǎn （号令で）回れ右.❷（順序の）後.後ろ.⇔"前"qián‖他的名次落到了～十名里 tā de míngcì luòdàole hòu shí míng li 彼の順位は後ろから10番内に落ちた.｜～儿排都没人坐 hòu jǐ pái dōu méi rén zuò 後ろの何列かの席には人が座っていない.

★【后边】hòubian（～儿）名 後ろ.後ろ側.裏手.裏.‖朝～看了看 cháo hòubian kànlekàn 後ろをちらっと見た.｜他走在大家的～ tā zǒuzài dàjiā de hòubian 彼はみんなの後ろを歩いている.｜他这样做肯定是有人在～撑腰 tā zhèyàng zuò kěndìng shì yǒu rén zài hòubian chēng-

yāo 彼がそんなふうにやるのは，きっと裏で誰かが後押ししているからに違いない.

*【后方】hòufāng 名 ❶後ろの方.‖故宫的～是景山公园 Gùgōng de hòufāng shì Jǐngshān Gōngyuán 故宫の後方は景山公園である.❷（軍事の）後方.銃後.⇔"前线"qiánxiàn"前方"qiánfāng‖～医院 hòufāng yīyuàn 後方病院.

**【后面】hòumiàn（～儿）名 ❶後ろ.後ろ側.裏側.‖工厂的～是操场 gōngchǎng de hòumiàn shì cāochǎng 工場の後ろは運動場です.｜他坐在教室的～ tā zuòzài jiàoshì de hòumiàn 彼は教室の後ろの席に座っている.｜有人在～帮他出主意 yǒu rén zài hòumiàn bāng tā chū zhǔyi 誰かが裏で彼に知恵をつけている.❷（順序の）後ろ.‖这部小说的精彩部分在～ zhè bù xiǎoshuō de jīngcǎi bùfen zài hòumiàn この小説の見どころは後半にある.

*【后头】hòutou 名 後ろ.後ろ側.‖他跟在大家的～ tā gēnzài dàjiā de hòutou 彼はみんなの後ろについていく.｜楼～就是商店 lóu hòutou jiù shì shāngdiàn ビルの後ろに商店がある.

こえ　声

▶呼声　▶话音　▶嗓门儿　▶嗓音　▶嗓子
▶声　▶声响　▶声音

*【呼声】hūshēng 名 呼び声.‖他听见孩子的～，赶紧跑了过去 tā tīngjiàn háizi de hūshēng, gǎnjǐn pǎoleguoqu 彼は子供の呼び声を聞き，急いで走っていった.

【话音】huàyīn（～儿）名 話し声.‖～未落 huàyīn wèi luò 言葉が終わらぬうちに.

【嗓门儿】sǎngménr 名 声.‖他～可真大 tā sǎngménr kě zhēn dà 彼は声がほんと

こえ　声(意見)

に大きい. ｜扯开～叫 chěkāi sǎngménr jiào 声を張り上げて呼ぶ.

【嗓音】sǎngyīn 图声. ｜～尖细 sǎngyīn jiānxì 声がかん高い. ｜～低沉 sǎngyīn dīchén 声が低い. ｜沙哑的～ shāyǎ de sǎngyīn しわがれた声.

**【嗓子】sǎngzi 图声. ｜｜放开～唱 fàngkāi sǎngzi chàng 声を張り上げて歌う. ｜哑了嗓子 yǎ le sǎngzi 声がかれた. ｜公鸭～ gōngyā sǎngzi かん高い声.

★【声】shēng(～儿) 图声. 音. ｜｜笑～ xiào-shēng 笑い声. ｜叫喊～ jiàohǎnshēng 叫び声. ｜脚步～ jiǎobùshēng 足音. ｜知了的叫～ zhīliǎo de jiàoshēng セミの声. ｜大～儿朗读课文 dàshēngr lǎngdú kèwén 大きい声で教科書を読みなさい. ｜屋子里一点儿～儿都没有 wūzi li yìdiǎnr shēngr dōu méiyou 部屋の中はなんの物音もしない.

【声响】shēngxiǎng 图音. 物音. 音響. ｜｜远处隐隐传来汽车的～ yuǎnchù yǐnyǐn chuánlai qìchē de shēngxiǎng 遠くから車の音がかすかに伝わってくる.

★【声音】shēngyīn 图音. 声. 音声. ｜～洪亮 shēngyīn hóngliàng 音がよく響く. ｜颤抖着～ chàndǒuzhe shēngyīn 声が震えている. ｜流水的～ liúshuǐ de shēngyīn せせらぎの音. ｜对方的～听不清楚 duìfāng de shēngyīn tīngbuqīngchu 相手の声がはっきり聞こえない.

こえ　声 (意見)

▶反响　▶呼声　▶声音　▶想法　▶心声
▶意见　▶舆论

【反响】fǎnxiǎng 图反響. ｜｜听听大家的～如何 tīngting dàjiā de fǎnxiǎng rúhé みんなの反響はどうか聞いてみる. ｜这篇报道引起了强烈的～ zhè piān bàodào yǐn-qǐle qiángliè de fǎnxiǎng この報道は強烈

な反響を巻き起こした.

*【呼声】hūshēng 图大衆の声. ｜｜群众的～ qúnzhòng de hūshēng 大衆の叫び. 大衆の切実な要求.

★【声音】shēngyīn 图音. 声. 音声. ｜｜应该多听听群众的～ yīnggāi duō tīngting qúnzhòng de shēngyīn 人々の声にもっと耳を傾けるべきだ.

**【想法】xiǎngfa；xiǎngfǎ 图考え. 思いつき. 意見. ｜｜快说说你的～吧 kuài shuō-shuo nǐ de xiǎngfa ba はやく君の考えを言いたまえ. ｜改变～ gǎibiàn xiǎngfa 考え方を変える.

【心声】xīnshēng 图心の声. 内心から発する声. 胸の内. ｜｜吐露～ tǔlù xīn-shēng 胸の内を打ち明ける. ｜道出了民众的～ dàochule mínzhòng de xīnshēng 民衆の心の声を代弁している.

★【意见】yìjian；yìjiàn 图意見. ｜｜听听大家的～ tīngting dàjiā de yìjian みんなの声を聞いてみる. ｜请提出宝贵～ qǐng tí-chu bǎoguì yìjian どうか貴重なご意見をお聞かせください.

*【舆论】yúlùn 图輿論(ろん). 世論. ｜｜造～ zào yúlùn 世論をつくる. ｜国际～ guójì yúlùn 国際世論. ｜～工具 yúlùn gōngjù マスメディア.

こえる　(ある限度を)越える・超える

▶超　▶超出　▶超过　▶超越　▶过

**【超】chāo 動定まった限度を超える. 超過する. ｜｜这个班的人数已经～了 zhè ge bān de rénshù yǐjīng chāo le このクラスの人数はすでに定員を超過した. ｜钱花～了 qián huāchāo le 予算を超えて使ってしまった.

*【超出】chāochū 動超える. 超過する. 上回る. ｜｜～人们的想像 chāochū rénmen de xiǎngxiàng 人々の想像を超える. ｜～

了允许的范围 chāochūle yǔnxǔ de fànwéi 許容範囲を逸脱している. | ~预料 chāochū yùliào 予想を超える.

＊＊【超过】chāoguò 動 超過する. 上回る. | 今年招生人数~了往年 jīnnián zhāoshēng rénshù chāoguòle wǎngnián 今年の受験生の数は例年を上回った. | 体温~三十八度 tǐwēn chāoguò sānshíbā dù 体温が38度を超す. | ~了指标 chāoguòle zhǐbiāo 目標の数字を上回った.

＊【超越】chāoyuè 動 超える. 乗り越える. | ~现实 chāoyuè xiànshí 現実離れしている. | ~障碍 chāoyuè zhàng'ài 障害を克服する. | ~职权范围 chāoyuè zhíquán fànwéi 越権である.

★【过】guò 動 ❶(ある限度を)超す. 超える. | ~了期限 guòle qīxiàn 期限を過ぎた. | 年~八旬 nián guò bā xún 年は80歳を超える. | 赞成票没~半数 zànchéngpiào méi guò bànshù 賛成票が過半数に達しない. ❷(guo：guò)動作の後に置き, ある適当な限度を超えることを表す. | 坐~了站 zuòguole zhàn 駅を乗り越した. | 玩笑开~了头 wánxiào kāiguole tóu ふざけすぎた. | 别睡~了 bié shuìguo le 寝過ごすなよ.

こえる （ある地点を）越える・越す

| ▶超过 | ▶穿过 | ▶穿越 | ▶渡过 | ▶翻 |
| ▶飞越 | ▶过 | ▶经过 | ▶跨 | ▶越过 |

＊＊【超过】chāoguò 動 前のものを追い抜く. | 他一踩油门儿, ~了前面的车 tā yì cǎi yóuménr, chāoguòle qiánmiàn de chē 彼はアクセルを踏み, 前の車を追い越した.

【穿过】chuān//guo(guò) 動 通り抜ける. 横切る. | ~树林 chuānguo shùlín 林を通り抜ける. | ~人群 chuānguo rénqún 人込みを突っ切る. | ~这条胡同, 就是大街 chuānguo zhè tiáo hútòng, jiù shì dàjiē

この横町を通り抜けると大通りだ.

【穿越】chuānyuè 動 通り抜ける. | ~沙漠 chuānyuè shāmò 砂漠を通り抜ける.

【渡过】dù//guo(guò) 動 渡る. 渡って越す. | ~长江 dùguo Chángjiāng 長江を渡る.

★【翻】fān 動 (山などを)越える. | ~过了一座大山 fānguole yí zuò dàshān 大きな山を越えた.

★【飞越】fēiyuè 動 上空を飛び越える. | ~高山大河 fēiyuè gāoshān dàhé （飛行機で)高山や大河を飛び越える.

★【过】guò 動 (ある場所を)通過する. 通り過ぎる. 渡る. | ~河 guò hé 川を渡る. | ~桥 guò qiáo 橋を渡る. | ~马路 guò mǎlù 道路を渡る. | ~了天津, 就到北京了 guòle Tiānjīn, jiù dào Běijīng le 天津を通過するとすぐに北京に到着する.

★【经过】jīngguò 動 通る. 通過する. 経由する. | 从上海坐火车到南京要~无锡 cóng Shànghǎi zuò huǒchē dào Nánjīng yào jīngguò Wúxī 上海から汽車に乗って南京に行くには無錫（じゃく)を通る. | 每天有无数车辆从桥上~ měitiān yǒu wúshù chēliàng cóng qiáo shang jīngguò 毎日たくさんの車が橋の上を通っていく.

＊【跨】kuà 動 (大またに)踏み出す. またぎ越す. | 向右~一步 xiàng yòu kuà yí bù 右に一歩踏み出す. | ~过栏杆 kuàguo lángān 手すりを乗り越える.

＊【越过】yuè//guò 動 越える. 越す. | ~高山大河 yuèguò gāoshān dàhé 高山や大河を越える.

こきゅう 呼吸

| ▶憋气 | ▶喘 | ▶喘气 | ▶呵 | ▶呼 | ▶呼吸 |
| ▶缓气 | ▶气 | ▶吸 | ▶咽气 | | |

＊【憋气】biē//qì 動 息が詰まる. 息苦しくなる. | 这屋里太~, 开开窗户吧 zhè

wūli tài bēiqì, kāikai chuānghu ba 部屋は
むっとしているから，窓を開けましょ
う．]

*【喘】chuǎn 動あえぐ．息切れする．呼
吸する．‖他累得直～ tā lèide zhí chuǎn
彼は疲れてあえいでいる．｜～得厉害
chuǎnde lìhai ひどく息を切らす．

【喘气】chuǎn//qì 動息をする．深呼吸
をする．‖大口～ dàkǒu chuǎnqì 大きく
深呼吸する．｜笑得她都快喘不过气
来了 xiàode tā dōu kuài chuǎnbuguò qì lai le
笑いすぎて彼女は息もつけないほどで
ある．

【呵】hē 動息を吐く．息を吹きかける．
‖～一口气 hē yì kǒu qì はあと息を吹き
かける．｜一气～成 yí qì hē chéng 一気
呵成(いっき)．

**【呼】hū 動息を吐き出す．⇔"吸" xī‖
～气 hū qì 息を吐く．

**【呼吸】hūxī 動呼吸する．‖做人工～
zuò réngōng hūxī 人工呼吸を施す．｜～
急促 hūxī jícù 呼吸が荒い．｜～新鲜空
气 hūxī xīnxian kōngqì 新鲜な空気を吸
う．｜同～，共命运 tóng hūxī, gòng mìng-
yùn 同じ境遇に身を置き，運命を共に
する．｜～相通 hūxī xiāngtōng 呼吸が通
じ合う．息が合う．

【缓气】huǎn//qì 動息をつく．ひと息入
れる．‖先缓口气再说 xiān huǎn kǒu qì
zài shuō まず一息ついてから話しなさ
い．｜不给逃犯～的机会 bù gěi táofàn
huǎnqì de jīhui 逃亡犯に息つく暇を与え
ない．

**【气】qì(～儿) 图息．呼吸．‖上～不接
下～ shàngqì bù jiē xiàqì 息が切れる．｜
断～ duànqì 息をひきとる．｜换～ huàn
qì（水泳で)息継ぎをする．｜跑得太快，
不上来～了 pǎode tài kuài, bú shànglai qì le
走るのが早すぎて息が苦しい．

**【吸】xī 動（気体や液体を)吸う．‖～一
口气 xī yì kǒu qì 1 回深く息を吸い込む．

｜用麦管儿～饮料 yòng màiguǎnr xī yǐn-
liào ストローで飲み物を吸う．

【咽气】yàn//qì 動息を引き取る．事切
れる．‖等儿子赶到，他已经～了 děng
érzi gǎndào, tā yǐjīng yànqì le 息子が駆け
つけたときには，彼はすでに事切れて
いた．

こきょう　故郷

▶故乡　▶家乡　▶老家　▶乡里
▶衣锦还乡

**【故乡】gùxiāng 图故郷．ふるさと．
（生まれた場所，あるいはかつて長期
に住んでいた場所をさす．書面語で用
いることが多い)‖回到了阔别已久的
故乡〔家乡〕huídàole kuòbié yǐ jiǔ de gùxiāng
〔jiāxiāng〕離れて久しい郷里に帰った．
｜北京是我的第二故乡 Běijīng shì wǒ de
dì èr gùxiāng 北京は私の第二のふるさ
とだ．

*【家乡】jiāxiāng 图故郷．ふるさと．（自
分の家族(先祖)が代々住んでいる(い
た)場所をさす)‖今年家乡(故乡，老
家）发生了水灾 jīnnián jiāxiāng(gùxiāng,
lǎojiā) fāshēngle shuǐzāi 今年田舎は水害
に見舞われた．｜家乡人 jiāxiāngrén 同郷
人．｜家乡菜 jiāxiāngcài 郷土料理．｜家
乡风味 jiāxiāng fēngwèi ふるさとの味．

*【老家】lǎojiā 图❶故郷．ふるさと．（よ
その土地で働いている，あるいは結婚
した人が故郷の家をさす)‖我～只有
母亲 wǒ lǎojiā zhǐ yǒu mǔqin 田舎には母
だけいます．｜他每年放暑假都回～ tā
měinián fàng shǔjià dōu huí lǎojiā 彼は毎年
夏休みになると田舎へ帰る．❷原籍．
本籍．（本人の出生地とは限らず，父親
や数代さかのぼった先祖の出自を含め
ていう)‖我～是山东 wǒ lǎojiā shì Shān-
dōng 私の原籍は山東だ．

278

【乡里】 xiānglǐ 图 郷里. 故郷. (地方の小都市や農村をさす)

【衣锦还乡】 yī jǐn huán xiāng 威 故郷に錦を飾る. "衣锦荣归" yī jǐn róng guī ともいう.

こころ　心

▶精神　▶灵魂　▶内心　▶心　▶心肠
▶心地　▶心里　▶心灵　▶心情　▶心胸
▶心眼儿

★**【精神】** jīngshén 图 精神. 心. ‖ ～状态 jīngshén zhuàngtài 精神状態. ｜～枷锁 jīngshén jiāsuǒ 心のかせ. ｜～食粮 jīngshén shíliáng 心の糧. ｜我已经做好了准备 wǒ yǐjīng zuòhǎole jīngshén zhǔnbèi 私はもう心の準備はできている. ｜你别～负担太重 nǐ bié jīngshén fùdān tài zhòng あまり深く悩まないで.

***【灵魂】** línghún 图 心. 精神. 思想. ‖ 高尚的～ gāoshàng de línghún 気高い心. ｜丑恶的～ chǒu'è de línghún 醜い心. ｜～深处 línghún shēnchù 心の奥底.

***【内心】** nèixīn 图 心. 腹の中. ‖ ～的和平 nèixīn de hépíng 心の平和. ｜表面上那么说, ～里可不是那么想 biǎomiàn shang nàme shuō, nèixīn li kě bú shì nàme xiǎng 表向きはああ言ってはいるが, 腹の中では決してそうは思っていない.

★**【心】** xīn 图 ❶感情. 気持ち. ‖ 爱国之～ ài guó zhī xīn 国を愛する心. ｜虽然语言不通, ～却是相通的 suīrán yǔyán bù tōng, xīn què shì xiāngtōng de 言葉は通じなくても, 心は通い合っている. ❷内心. 心. ‖ 留在～中的话 liúzài xīnzhōng de huà 口に出さなかった言葉.

【心肠】 xīncháng 图 心根. 気立て. ‖ ～好 xīncháng hǎo 心根が優しい. 気立てがいい. ｜～坏 xīncháng huài 意地が悪い. ｜～软 xīncháng ruǎn 情にもろい.

情け深い. ｜铁石～ tiěshí xīncháng ものに動じない冷酷な心. ｜菩萨～ púsà xīncháng 慈悲深い心.

【心地】 xīndì 图 心根. 気立て. 気性. ‖ ～善良 xīndì shànliáng 気立てがよい. ｜～淳朴的年轻人 xīndì chúnpǔ de niánqīngrén 心の純朴な若者.

***【心里】** xīnli; xīnlǐ 图 心の中. 胸中. ‖ 记在～ jìzài xīnli 心に刻む. ｜藏在～ cángzài xīnli 心に秘める. ｜～话 xīnlihuà 本当の話. 本音. ｜～难过 xīnli nánguò 心中つらい. ｜～不安 xīnli bù'ān 心配で落ち着かない. ｜～直打鼓 xīnli zhí dǎgǔ 胸がどきどきする. ｜～有底 xīnli yǒudǐ 心中目算が立っている. ｜～有数 xīnli yǒushù 胸の中でちゃんと分かっている. 心得ている.

***【心灵】** xīnlíng 图 心. ‖ 幼小的～ yòuxiǎo de xīnlíng 幼心. いたいけな心. ｜～的创伤 xīnlíng de chuāngshāng 心の傷. 心の痛手. ｜～深处的呐喊 xīnlíng shēnchù de nàhǎn 心奥の叫び.

‗**【心情】** xīnqíng 图 心. 気分. 心情. ‖ ～舒畅 xīnqíng shūchàng 気持ちがのびのびする. ｜～不好 xīnqíng bù hǎo 気分がよくない. 不愉快である. ｜～沉重 xīnqíng chénzhòng 心が沈んでいる. ｜当时高考在即, 哪有看电影啊 dāngshí gāokǎo zàijí, nǎ yǒu xīnqíng kàn diànyǐng a そのときは大学受験が間近で, 映画などとても見る気になれなかった.

【心胸】 xīnxiōng 图 度量. ‖ ～狭窄 xīnxiōng xiázhǎi 度量が狭い. 心が狭い. ｜～开阔 xīnxiōng kāikuò 度量が大きい. 心が広い.

***【心眼儿】** xīnyǎnr 图 ❶心の底. 内心. ‖ 打～里喜欢 dǎ xīnyǎnr li xǐhuan 心の底から好きである. ❷心根. 気立て. 心がけ. ‖ ～坏 xīnyǎnr huài 腹黒い. ｜别看他外表严厉, ～可好了 biékàn tā wàibiǎo yánlì, xīnyǎnr kě hǎo le 彼は外見

279

はいかめしいが，心根はとてもよい．

こしょう　故障

▶故障　▶坏　▶毛病　▶抛锚　▶失灵
▶事故　▶问题

*【故障】gùzhàng 名 故障．‖发生～ fā-shēng gùzhàng 故障を起こす．｜排除～ páichú gùzhàng 故障を直す．

★【坏】huài 動 壊れる．傷む．腐る．‖电视机～了 diànshìjī huài le テレビが故障した．｜照相机摔～了 zhàoxiàngjī shuāi-huài le カメラは落として壊れてしまった．｜吃～了肚子 chīhuàile dùzi おなかを壊した．

**【毛病】máobing；máobìng 名 (機械類の) 故障．事故．‖收音机出～了 shōuyīnjī chū máobing le ラジオが故障した．｜这只表有点儿～ zhè zhī biǎo yǒudiǎnr máobing この時計はちょっと具合が悪い．

【抛锚】pāo//máo 動 いかりを下ろす．転 (車が) えんこする．‖汽车半路上抛了锚 qìchē bànlù shang pāole máo 車が途中でえんこした．

【失灵】shīlíng 動 (機械や体の器官などが) 正常に機能しなくなる．故障する．障害を起こす．‖车闸～ chēzhá shīlíng ブレーキが利かなくなる．｜嗅觉～ xiù-jué shīlíng 鼻が利かなくなる．

*【事故】shìgù 名 事故．‖发生～ fāshēng shìgù 事故が起きた．｜交通～ jiāotōng shìgù 交通事故．｜～的原因 shìgù de yuányīn 事故の原因．

★【问题】wèntí 名 故障．出来事．トラブル．‖电视机又出～了 diànshìjī yòu chū wèntí le テレビがまた故障した．｜没～！méi wèntí! 大丈夫です．｜这辆汽车的发动机有～ zhè liàng qìchē de fādòngjī yǒu wèntí この車はエンジンに問題がある．

こする　⇒【擦る】

こたえる　答える

▶答应　▶答　▶答案　▶答复　▶答话
▶回答　▶回话　▶解答　▶应声

**【答应】dāying 動 答える．返事をする．‖听见有人叫他，连忙～了一声 tīngjiàn yǒu rén jiào tā, liánmáng dāyingle yì shēng 誰かが呼んでいるのを聞きつけて，彼は慌てて返事をした．

*【答】dá 動 (質問に) 答える．‖对～如流 duì dá rú liú すらすらと答える．｜你～得不错 nǐ dáde búcuò ご名答．｜问一句，～一句 wèn yí jù, dá yí jù 一問一答する．

**【答案】dá'àn 名 答え．解答．‖寻找～ xúnzhǎo dá'àn 解答を探す．｜问题的～是很清楚的 wèntí de dá'àn shì hěn qīngchu de 問題に対する答えは明らかだ．

*【答复】dáfu；dáfù 動 (書面で) 返答をする．回答する．‖让我想想再～你 ràng wǒ xiǎngxiang zài dáfù nǐ ちょっと考えてから返事をさせてもらいます．｜没有得到满意的～ méiyou dédào mǎnyì de dáfù 満足のいく答えを得られない．

【答话】dáhuà 動 返事をする．(多く否定に用いる)‖人家喊你，你怎么不～ rénjia hǎn nǐ, nǐ zěnme bù dáhuà 人が呼んでいるのに，君はどうして返事をしないんだ．

★【回答】huídá 動 回答する．答える．‖～问题 huídá wèntí 質問に答える．｜他～得很干脆 tā huídáde hěn gāncuì 彼はきっぱりと答えた．｜～不上来 huídábu-shànglái 回答できない．｜这个问题我～不出来 zhège wèntí wǒ huídábuchūlái この問題には答えられない．｜他给了我们一个满意的～ tā gěile wǒmen yí ge mǎnyì de huídá 彼は私たちに満足のいく回答

280

をした.

【回话】huíhuà（～儿）图（多く人を通じての）返事. ‖ 这事行不行，要早点给对方一个～ zhè shì xíng bù xíng, yào zǎo diǎn gěi duìfāng yí ge huíhuà この件がよいかどうか，早めに先方に返事をする必要がある.

*【解答】jiědá 動 解答する.（疑問に）答える. ‖ ～学生的问题 jiědá xuésheng de wèntí 学生の質問に答える. ｜ 习题～ xítí jiědá 練習問題の答え.

【应声】yīng//shēng（～儿）動口 返事する. ‖ 跟你讲话，你怎么不～呀 gēn nǐ jiǎnghuà, nǐ zěnme bù yīngshēng ya 君に話をしているのにどうして返事をしないんだ.

こたえる　こたえる（応じる）

▶报答　▶反应　▶满足　▶响应　▶应
▶应聘　▶应声　▶应邀

*【报答】bàodá 動（恩義に）報いる. 行動でこたえる. ‖ ～他的救命之恩 bàodá tā de jiùmìng zhī ēn 命を救ってくれた彼の恩に報いる. ｜ 真不知该如何～您的恩情 zhēn bù zhī gāi rúhé bàodá nín de ēnqíng あなたのご恩にはお返しのしようもありません.

*【反应】fǎnyìng 動 反応する. ‖ 事情来得突然，他一下子没～过来 shìqing láide tūrán, tā yíxiàzi méi fǎnyìngguolai あまりの突然のことに彼はすぐにはなんのことか分からなかった.

*【满足】mǎnzú 動 満足させる. ‖ 想方设法～顾客的要求 xiǎng fāng shè fǎ mǎnzú gùkè de yāoqiú 八方手を尽くして客の要望にこたえる.

*【响应】xiǎngyìng 動 応じる. 共鸣する. 贊同する. ‖ 甲班～乙班的挑战 jiǎbān xiǎngyìng yǐbān de tiǎozhàn 甲クラスは乙

クラスの挑戦を受けて立つ. ｜ 他的倡议得到了大家的～ tā de chàngyì dédàole dàjiā de xiǎngyìng 彼の提案はみなの賛同を得た.

*【应】yìng 動 要望に応じる. ‖ 有求必～ yǒu qiú bì yìng 頼まれれば必ず応じる. ｜ ～我国政府的邀请 yìng wǒ guó zhèngfǔ de yāoqǐng わが国政府の招きに応じて.

【应聘】yìngpìn 動 招聘（しょう）に応じる. ‖ 退休后，他又～到某公司当了顾问 tuìxiū hòu, tā yòu yìngpìndào mǒu gōngsī dāngle gùwèn 退職後，彼はある会社に招かれて顧問になった.

【应声】yìngshēng 動 声や音にこたえる. ‖ 主人打了个呼哨，小狗～而至 zhǔrén dǎle ge hūshào, xiǎogǒu yìngshēng ér zhì 主人が指笛を吹くと子イヌはすぐやって来た.

*【应邀】yìngyāo 動 招きに応じる. ‖ ～访问 yìngyāo fǎngwèn 招待に応えて訪問する. ｜ ～赴宴 yìngyāo fù yàn 招きに応じて宴会に出席する.

こっそり

▶暗暗　▶暗地里　▶悄悄　▶探头探脑
▶偷偷

*【暗暗】àn'àn 副 それとなく. 陰で. こっそり.（意図や思いを他人に知られないように心の中に抱くさまを表す）‖ 心里～叫苦 xīnli àn'àn jiàokǔ 心の中で人知れず悲鳴をあげる.

【暗地里】àndìli 图 見えない所. 陰. 裏側.“暗地”àndì“暗暗里”àn'ànli ともいう. ‖ ～干坏事 àndìli gàn huàishì ひそかに悪い事をする. ｜ ～感谢你 àndìli gǎnxiè nǐ 心の中であなたに感謝している.

*【悄悄】qiāoqiāo（～儿）副 ❶そっと.（物音をたてずに，または声をひそめて人に気づかれないように行動するさまを

表す）‖他～地推开门走进来 tā qiāoqiāo de tuīkāi mén zǒujinlai 彼はそっとドアを開けて入ってきた. ❷ひそかに. こっそりと.‖把情书～地放到口袋里 bǎ qíngshū qiāoqiāo de fàngdào kǒudai li ラブレターをこっそりポケットにしまった.｜搜查的网已经～地撒开了 sōuchá de wǎng yǐjīng qiāoqiāo de sǎkāi le 捜査の網はすでにひそかに張られていた.

*【探头探脑】tàn tóu tàn nǎo（～儿）圈そっと様子をうかがう. こっそりのぞく.‖几个孩子在门口～地往里看 jǐ ge háizi zài ménkǒu tàn tóu tàn nǎo de wǎng lǐ kàn 何人かの子供が入り口で中をこっそりのぞいている.

**【偷偷】tōutōu（～儿）圖こっそりと.（人に見られないように行動するさまを表す）‖趁人不注意，他～儿地溜出了会场 chèn rén bú zhùyì, tā tōutōur de liūchūle huìchǎng 誰にも気付かれないうちに, 彼はこっそりと会場を抜け出した.

こと　事 (事態・事件)

▶大事　▶情况　▶事　▶事端　▶事件
▶事情　▶问题

【大事】dàshì 图大事. 重大な事. 大きな事件.‖关心国家～ guānxīn guójiā dàshì 国家の大事に関心を寄せる.｜这是终身～，好好儿考虑考虑 zhè shì zhōngshēn dàshì, hǎohāor kǎolùkǎolù 一生の事だからよく考えなさい.

★【情况】qíngkuàng 图状況. 様子.‖～紧急 qíngkuàng jǐnjí 事態が切迫している.｜去不去得看～ qù bú qù děi kàn qíngkuàng 行くかどうかは状況しだいだ.｜向上级汇报工作～ xiàng shàngjí huìbào gōngzuò qíngkuàng 上司に仕事の状況を報告する.｜现场～怎么样了，只看新闻不太清楚 xiànchǎng qíngkuàng zěnme-

yàng le, zhǐ kàn xīnwén bú tài qīngchu 現場ではどんな事になっているのか, ニュースではよくわからない.

★【事】shì（～儿）图❶事. 出来事. 用件.‖今天三件～都办好了 jīntiān sān jiàn shì dōu bànhǎo le 今日は3つの用件を片づけた.｜你找他有什么～吗? nǐ zhǎo tā yǒu shénme shì ma? 彼に何か用ですか.｜她有～出去了 tā yǒu shì chūqu le 彼女は用事があって出かけました. ❷異変. 事故.‖街上出～了 jiēshang chū shì le 町で事故が発生した.｜平安无～ píng'ān wú shì 平安無事である.｜不管有什么～，他都能沉着应付 bùguǎn yǒu shénme shì, tā dōu néng chénzhuó yìngfu どんな事があっても, 彼なら落ち着いて対処できる.

【事端】shìduān 图もめごと. 事件.‖引起～ yǐnqǐ shìduān もめごとを起こす.｜故意制造～ gùyì zhìzào shìduān わざと悶着(ちゃく)を起こす.

**【事件】shìjiàn 图事件. 出来事.‖违法乱纪～ wéifǎ luànjì shìjiàn 法と紀律に反する事件.｜偶发～ ǒufā shìjiàn 偶発の事件.

★【事情】shìqing 图❶事. 出来事.‖～闹大了 shìqing nàodà le 事が大きくなった.｜我有点儿～要跟你商量 wǒ yǒu diǎnr shìqing yào gēn nǐ shāngliang ちょっとあなたに相談したい事がある. ❷事故. 過ち.‖出～了 chū shìqing le 事故が起きた.

★【问题】wèntí 图❶解決すべき問題.‖～成堆 wèntí chéngduī 問題が山積している.｜家庭内部～ jiātíng nèibù wèntí 家庭内の問題. ❷故障. 出来事. トラブル.‖电视机又出～了 diànshìjī yòu chū wèntí le テレビがまた故障した.｜没～! méi wèntí! 大丈夫です.｜这辆汽车的发动机有～ zhè liàng qìchē de fādòngjī yǒu wèntí この車はエンジンに問題があ

る.

ことば　言葉

▶词　▶词句　▶话　▶话语　▶口语
▶书面语　▶言辞　▶言语　▶语言　▶字眼

★【词】cí（～儿）⊠言葉. 語句. ‖名～
míngcí 名詞. | ～语 cíyǔ 語句. 字句.
| ～不达意 cí bù dá yì 言葉が気持ちを
伝えていない. | 只听一面之～ zhǐ tīng
yí miàn zhī cí 一方の言い分のみを聞く.
| 理屈一穷 lǐ qū cí qióng 道理に欠け言
葉に窮する.

*【词句】cíjù ⊠語句. 字句. (広く)言葉
遣い. ‖修改了一些～ xiūgǎile yìxiē cíjù
語句を一部手直しする.

★【话】huà（～儿）⊠話. 言葉. (書面に
記されたものも含む)‖一句～ yí jù huà
一言. | 说～ shuō huà 話をする. | 废
话 fèihuà むだ話. | 知心～ zhīxīnhuà 思い
やりのある話. | 北京～ Běijīnghuà 北京
語. | 这人～真多 zhè rén huà zhēn duō こ
の人はほんとうに口数が多い.

【话语】huàyǔ ⊠言葉. 話. ‖他～不多,
但句句在理 tā huàyǔ bù duō, dàn jùjù zài lǐ
彼は口数は少ないが, いちいち理屈は
通っている.

★【口语】kǒuyǔ ⊠口語. 話し言葉. ⇔
"书面语" shūmiànyǔ ‖他英语的～很好
tā Yīngyǔ de kǒuyǔ hěn hǎo 彼は英会話が
上手だ.

【书面语】shūmiànyǔ ⊠書き言葉. 書面
語. ⇔"口语" kǒuyǔ

【言辞】【言词】yáncí ⊠言葉. ‖～恳切
yáncí kěnqiè 言葉に心がこもっている.
| ～尖刻 yáncí jiānkè 言葉が辛辣(しんらつ)で
ある. | 过激的～ guòjī de yáncí 激しす
ぎる言葉.

*【言语】yányǔ ⊠言葉. 言語. ‖～朴实
yányǔ pǔshí 言葉が素朴である. | ～粗

鲁 yányǔ cūlu 言葉が下品である. | ～不
通 yányǔ bù tōng 言葉が通じない.

★【语言】yǔyán ⊠言語. 言葉. ‖～调查
yǔyán diàochá 言語調査. | 简练的～ jiǎn-
liàn de yǔyán 洗練された言葉. | 人地两
生, ～不通 rén dì liǎng shēng, yǔyán bù tōng
知り合いもなければ土地も不案内で,
おまけに言葉も通じない.

【字眼】zìyǎn（～儿）⊠文中に用いられ
ている字句. 言葉遣い. ‖～准确 zìyǎn
zhǔnquè 言葉遣いが適切だ.

こども　子供

▶儿女　▶儿童　▶儿子　▶姑娘　▶孩子
▶男孩儿　▶女儿　▶女孩儿　▶娃娃
▶小孩儿　▶小家伙　▶小朋友

*【儿女】érnǚ ⊠子女. 子供たち. ‖～都
长大成人了 érnǚ dōu zhǎngdà chéngrén le
子供たちはみな成長して大人になっ
た. | 祖国的优秀～ zǔguó de yōuxiù érnǚ
祖国の優秀な子供たち.

**【儿童】értóng ⊠児童. 子供. ‖～医院
értóng yīyuàn 子供病院. | 最近～读物日
益丰富 zuìjìn értóng dúwù rìyì fēngfù 最近
子供向けの本が充実してきている. |
每次听到～时代的歌曲都觉得非常令人
怀念 měicì tīngdào értóng shídài de gēqǔ dōu
juéde fēicháng lìng rén huáiniàn 子供の
ころの歌を聞くととても懐かしい.

★【儿子】érzi ⊠息子. ‖大～ dà'érzi 上の
息子. 長男.

★【姑娘】gūniang ⊠❶娘. 少女. 女の
子. (未婚の女性をさす)‖大～ dàgū-
niang 一人前の娘. 年ごろの娘. | 小～
xiǎogūniang 幼い女の子. ❷口(父母か
らみた)娘. ‖大～ dàgūniang いちばん
上の娘.

★【孩子】háizi ⊠❶児童. 子供. ‖大班男
～多, 女～少 dàbān nán háizi duō, nǚ háizi

283

ことわる　断る

shǎo 年長組は男子が多くて女子が少ない．｜青春期的~ qīngchūnqī de háizi 思春期の子供．❷自分の子．息子や娘．‖你有几个~? nǐ yǒu jǐ ge háizi? お子さんは何人ですか．

【男孩儿】nánháir（"男孩子" nán háizi とも）图❶男の子．男児．少年．❷息子．

★【女儿】nǚ'ér 图（父母から見た）娘．‖大~ dànǚ'ér 上の娘．長女．｜他有俩~ tā yǒu liǎ nǚ'ér 彼には二人の娘がいる．

【女孩儿】nǚháir 图❶女児．女の子．少女．"女孩子" nǚ háizi ともいう．‖她生了个~ tā shēngle ge nǚháir 彼女は女児を生んだ．｜她的性格可不像个~ tā de xìnggé kě bú xiàng ge nǚháir 彼女の気性は女の子らしくない．❷娘．

*【娃娃】wáwa 图口子供．｜大胖~ dà pàng wáwa 丸々と太った赤ちゃん．｜小~ xiǎowáwa 赤ん坊．幼児．幼い子供．

★【小孩儿】xiǎoháir 图口❶児童．子供．"小孩子" xiǎo háizi ともいう．❷（多く未成年の）子女．息子と娘．

【小家伙】xiǎojiāhuo（~儿）图口（子供に対する愛称）ちび．‖这~真逗人爱 zhè xiǎojiāhuo zhēn dòu rén ài このおちびちゃんはなんてかわいいのでしょう．

**【小朋友】xiǎopéngyǒu 图❶子供．児童．‖幼儿园的~ yòu'éryuán de xiǎopéngyǒu 幼稚園の園児．❷（子供に対する呼称）坊や．お嬢ちゃん．‖~，你叫什么名字呀? xiǎopéngyǒu, nǐ jiào shénme míngzi ya? 坊や，名前はなんて言うの．

ことわる　断る

▶辞掉　▶辞让　▶回　▶回绝　▶拒绝
▶推　▶推辞　▶婉拒　▶谢绝

【辞掉】cí//diào 動辞める．断る．‖~了大学的工作 cídiàole dàxué de gōngzuò 大学の仕事を辞めてしまった．｜他把别的安排都~了就为了去见她 tā bǎ bié de ānpái dōu cídiào le jiù wèile qù jiàn tā 彼が他のスケジュールをすべて断ったのは彼女に会いに行くためだった．

【辞让】círàng 動丁寧に断る．遠慮して断る．譲る．‖互相~ hùxiāng círàng 互いに譲り合う．遠慮して辞退し合う．｜不必~，你会干好的 búbì círàng, nǐ huì gànhǎo de 遠慮して辞退することはありません，あなたなら首尾よくやれるのですから．｜他~不过，只好坐在上手 tā círàngbuguò, zhǐhǎo zuòzài shàngshǒu 彼は断りきれず，しかたなく上座についた．

★【回】huí 動取りやめる．（招待や来訪者を）断る．（使用人を）解雇する．‖孩子大了，把保姆~了吧 háizi dà le, bǎ bǎomǔ huí le ba 子供が大きくなったから，お手伝いさんに暇を出そう．｜他们要请我吃饭，我给~了 tāmen yào qǐng wǒ chī fàn, wǒ gěi huí le 彼らは私にご馳走したいと言っているが，私は断った．

【回绝】huíjué 動断る．拒む．‖对于他的无理要求，我当场就~了 duìyú tā de wúlǐ yāoqiú, wǒ dāngchǎng jiù huíjué le 彼の無理な要求に対し，私はその場で拒否した．

**【拒绝】jùjué 動拒絶する．拒否する．はねつける．‖~跟他见面 jùjué gēn tā jiànmiàn 彼に会うのを断る．｜~不了金钱的诱惑 jùjuébuliǎo jīnqián de yòuhuò 金銭の誘惑をはねのけられない．｜无理要求遭到了~ wúlǐ yāoqiú zāodàole jùjué 理不尽な要求は拒否された．｜他们~接受这些条件 tāmen jùjué jiēshòu zhèxiē tiáojiàn 彼らはこれらの条件をのむことを拒絶した．

★【推】tuī 動辞退する．‖大家都选你，你不要再~了 dàjiā dōu xuǎn nǐ, nǐ búyào zài tuī le みんなが君を選んだのだから，もうこれ以上辞退するな．

284

こまかい　細かい

*【推辞】tuīcí 動 辞退する. 断る. ‖ 婉言 ~ wǎnyán tuīcí 婉曲に断る. | ~ 邀请 tuīcí yāoqǐng 招きを断る.

【婉拒】wǎnjù 動 婉曲に断る. ‖ 奥运会冠军~电视台采访 Àoyùnhuì guànjūn wǎnjù diànshìtái cǎifǎng オリンピックの金メダリストはテレビ局のインタビューをそれとなく断った.

*【谢绝】xièjué 動 婉 断る. ‖ ~ 参观 xièjué cānguān 見学お断り. | 婉言 ~ wǎnyán xièjué 遠回しに断る. | 我们请他当顾问, 被他 ~ 了 wǒmen qǐng tā dāng gùwèn, bèi tā xièjué le 我々は彼に顧問になるようお願いしたが, 引き受けてもらえなかった.

こぼれる

▶流　▶漫　▶洒　▶洒落　▶撒　▶漾
▶溢

★【流】liú 動 (液体が)流れる. 流す. ‖ 眼泪 liú yǎnlèi 涙を流す. | ~ 鼻涕 liú bítì はなをたらす. | 水哗哗地~着 shuǐ huāhuā de liúzhe 水がザーザーと流れる.

【漫】màn 動 (水が)あふれ出る. ‖ 浴缸里的水~出来了 yùgāng li de shuǐ mànchulai le 浴槽の水があふれ出た.

**【洒】sǎ 動 こぼれる. こぼす. ‖ 汤~了 tāng sǎ le スープがこぼれた. | 豆子~了一地 dòuzi sǎle yí dì 豆が床一面にこぼれた.

【洒落】sǎluò 動 散る. こぼれる. ‖ 泪珠 ~ 在衣襟上 lèizhū sǎluòzài yījīn shang 涙が服にはらはらとこぼれる.

【撒】sǎ 動 (容器から)こぼす. こぼれる. ‖ 把汤 ~ 了满地 bǎ tāng sǎle mǎndì スープをあたり一面にこぼした.

【漾】yàng 動 (液体が)あふれ出る. ‖ 啤酒从杯子里~出来了 píjiǔ cóng bēizi li yàngchulai le ビールがコップからあふ

れ出た.

【溢】yì 動 (液体が)あふれる. ‖ 池子里的水 ~ 出来了 chízi li de shuǐ yìchulai le 池の水があふれ出た. | 牛奶煮~出来了 niúnǎi zhǔyìchulai le 牛乳が吹きこぼれた.

こまかい　細かい

▶零　▶零碎　▶碎　▶细　▶细小　▶小

★【零】líng 形 細かい. ⇔"整" zhěng ‖ ~ 卖 língmài ばら売りする. 小売りする. | 你有~钱吗? nǐ yǒu língqián ma? 細かいお金がありますか. | 化整为 ~ huà zhěng wéi líng 一まとまりのものを小さく分散させる.

*【零碎】língsuì 形 こまごました. ばらばらの. ‖ 利用~时间学习 lìyòng língsuì shíjiān xuéxí わずかな暇を見つけて勉強する. | 只剩下零零碎碎的记忆 zhǐ shèngxia línglíngsuìsuì de jìyì 切れ切れの記憶だけが残っている.

**【碎】suì 形 細かい. こなごなの. ばらばらの. ‖ ~ 纸片 suìzhǐpiàn 紙切れ. | ~ 花裙子 suìhuā qúnzi 細かい模様のスカート. | ~ 石小路 suìshí xiǎolù 細かな石を敷きつめた小道. | 切~ qiēsuì 細かく切る. | 剁~ duòsuì 細かくたたき刻む.

★【细】xì 形 ❶(太さや幅が)細い. ⇔"粗" cū ‖ ~ 铁丝 xì tiěsī 細い針金. | 铅笔尖很 ~ qiānbǐ jiān hěn xì 鉛筆の先が細い. | ~ ~ 的头发 xìxì de tóufa 細い髪の毛. | 网眼儿很 ~ wǎngyǎnr hěn xì 網の目が細かい. ❷(粒子や細工などが)細かい. ⇔"粗" cū ‖ ~ 沙 xìshā 細かい砂. | 面磨得很 ~ miàn mòde hěn xì 小麦粉がとてもきめ細かくひいてある. ❸(考え方などが)綿密である. 細やかである. ‖ ~ 想 xì xiǎng 子細に考える. |

ごまかす

精打～算 jīng dǎ xì suàn 細かく計算する. ｜他的心很～ tā de xīn hěn xì 彼はとても細やかだ.

*【細小】xìxiǎo 形 小さい. 細かい. ささいである. ‖～的皱纹 xìxiǎo de zhòuwén 細かなしわ. ｜～肥皂沫 xìxiǎo féizàomò きめ細かな石けんの泡. ｜～的事情 xìxiǎo de shìqing ささいな事柄. ｜半导体最怕～的灰尘 bàndǎotǐ zuì pà xìxiǎo de huīchén 半導体には細かいほこりが大敵だ.

★【小】xiǎo 形 (体積・面積・数量・規模・程度などが)小さい. ⇔"大" dà ‖～盒子 xiǎo hézi 小さな箱. ｜～花纹 xiǎo huāwén 細かい模様. ｜～水泡 xiǎo shuǐpào 細かい泡. ｜字太～，看不清楚 zì tài xiǎo, kànbuqīngchu 字が細かすぎて，よくわからない.

ごまかす

▶打马虎眼　▶敷衍　▶瞒　▶瞒哄　▶蒙蔽
▶蒙混　▶搪塞　▶掩盖　▶掩饰　▶隐瞒

【打马虎眼】dǎ mǎhuyǎn 慣 わざとしらばっくれて人をだます. 知らん顔をしてごまかす. ‖他和我～，以为我没看见呢 tā hé wǒ dǎ mǎhuyǎn, yǐwéi wǒ méi kànjiàn ne 彼は私が見ていなかったと思い込んでしらばっくれている.

*【敷衍】fūyan;fūyǎn 動 いいかげんにする. ごまかす. ‖～塞责 fūyan sèzé いいかげんにやって責めをふさぐ. ｜～了事 fūyan liǎoshì いいかげんに表面をつくろって事を済ます. お茶を濁す. ｜嘴上～了他几句 zuǐshang fūyanle tā jǐ jù 彼には適当に返事をしてごまかした.

*【瞒】mán 動 本当の事を隠す. 欺く. ‖～着父母报了名 mánzhe fùmǔ bàole míng 両親の目をごまかして申し込んだ.

【瞒哄】mánhǒng 動 ごまかす. 欺く. ‖

这话只能～小孩儿 zhè huà zhǐ néng mánhǒng xiǎoháir こんな話は子供だましにしかならない.

【蒙蔽】méngbì 動 だます. 欺く. ‖～群众 méngbì qúnzhòng 一般大衆を欺く. ｜不要被花言巧语所～ búyào bèi huā yán qiǎo yǔ suǒ méngbì うまい話に惑わされてはならない.

【蒙混】ménghùn 動 だます. ごまかす. ‖他检讨了几句，想～过关 tā jiǎntǎole jǐ jù, xiǎng ménghùn guòguān 彼は二言三言自己批判してみせ，なんとかその場をしのごうとした.

【搪塞】tángsè 動 一時しのぎをする. 間に合わせる. ‖你别拿这些理由来～我 nǐ bié ná zhèxiē lǐyóu lái tángsè wǒ こんな理由でごまかそうたってそうはいかない.

*【掩盖】yǎngài 動 隠す. ‖有了问题不能～ yǒule wèntí bù néng yǎngài 問題があればそれにふたをするわけにはいかない. ｜～真相 yǎngài zhēnxiàng 真相を覆い隠す.

*【掩饰】yǎnshì 動 (不正や欠点などを)覆い隠す. ごまかす. カモフラージュする. ‖竭力～自己的错误 jiélì yǎnshì zìjǐ de cuòwù 必死に自分の過ちを取り繕う. ｜～不住内心的恐慌 yǎnshìbuzhù nèixīn de kǒnghuāng 心中の動揺を隠しきれない.

*【隐瞒】yǐnmán 動 隠し立てする. 隠してごまかす. ‖～事实真相 yǐnmán shìshí zhēnxiàng 事の真相を隠し立てする. ｜～失败 yǐnmán shībài 失敗をごまかす. ｜～年龄 yǐnmán niánlíng 年をごまかす.

こまる　困る（難儀する）

▶窘　▶苦恼　▶苦于　▶困　▶困难
▶没办法　▶难办　▶为难

286

【窘】jiǒng 形 困惑している．ばつが悪い．‖答不上来，一时很～ dábushànglái, yì shí hěn jiǒng 返事ができず，一瞬窘してしまった．動 困らせる．‖这个问题把他给～住了 zhège wèntí bǎ tā gěi jiǒngzhù le この問題に彼はすっかり困りきってしまった．

*【苦恼】kǔnǎo 形 苦しい．悩ましい．‖何必为这点小事儿～? hébì wèi zhè diǎn xiǎoshìr kǔnǎo? こんなつまらないことで悩むことはないじゃないか．動 苦しめる．悩ます．‖这件事一直～着他 zhè jiàn shì yìzhí kǔnǎozhe tā その事はずっと彼を悩ませてきた．

【苦于】kǔyú 動 …に苦しむ．…に困る．‖～不通外文 kǔyú bù tōng wàiwén 困ったことに外国語が分からない．

**【困】kùn 動 困る．苦しむ．‖内外交～ nèi wài jiāo kùn 国内・国外とも苦境に陥る．｜为债务所～ wéi zhàiwù suǒ kùn 債務に悩まされる．｜被家庭琐事～住了 bèi jiātíng suǒshì kùnzhù le 家のこまごまとしたことで身動きがとれない．

★【困难】kùnnan 形 困難である．苦しい．‖呼吸～ hūxī kùnnan 呼吸が苦しい．息苦しい．｜行动～ xíngdòng kùnnan 行動するのが困難である．名 困難．苦しみ．‖年纪大给学习增加了～ niánjì dà gěi xuéxí zēngjiāle kùnnan 年を取っているということは勉強するうえでさらに障害となる．

【没办法】méi bànfǎ 組 方法や手段がない．‖拿他没～ ná tā méi bànfǎ 彼にはまったく困ったよ．

【难办】nán bàn 組 やりにくい．処理しづらい．煩わしい．‖这是件～的事 zhè shì jiàn nán bàn de shì これは処理しづらい一件だ．

*【为难】wéinán 形 (立場上)困っている．困惑している．‖左右～ zuǒyòu wéinán 板ばさみになる．｜他正～呢，你别再给他添麻烦了 tā zhèng wéinán ne, nǐ bié zài gěi tā tiān máfan le 彼はいま困っているのだから，これ以上面倒をかけないように．動 (人を)困らせる．てこずらせる．‖成心～他 chéngxīn wéinán tā わざと彼を困らせる．

こまる　困る（困窮する）

- ▶艰苦　▶艰难　▶窘迫　▶困窘　▶困苦
- ▶困难　▶贫苦　▶贫困　▶穷困

*【艰苦】jiānkǔ 形 苦しい．つらい．‖～岁月 jiānkǔ suìyuè 苦難に満ちた歳月．｜～奋斗 jiānkǔ fèndòu 刻苦奮闘する．｜～创业 jiānkǔ chuàngyè さまざまな困難を克服して創業する．｜生活十分～ shēnghuó shífēn jiānkǔ 暮らし向きがとても苦しい．

*【艰难】jiānnán 形 困難である．苦難に満ちている．‖～岁月 jiānnán suìyuè 苦難に満ちた歳月．｜道路崎岖不平，行走～ dàolù qíqū bù píng, xíngzǒu jiānnán 道がでこぼこしていて歩きづらい．｜日子过得很～ rìzi guòde hěn jiānnán 生活に困窮する．

【窘迫】jiǒngpò 形 ❶(経済的に)困窮している．窮迫している．‖生计～ shēngjì jiǒngpò 生計が窮迫している．❷(立場が)苦しい．追い詰められている．

【困窘】kùnjiǒng 形 ❶困っている．❷貧しい．困窮している．‖家境～ jiājìng kùnjiǒng 暮らし向きが楽でない．

*【困苦】kùnkǔ 形 (生活が)苦しくつらい．‖～的生活 kùnkǔ de shēnghuó 苦しい生活．名 苦しみ．

★【困难】kùnnan 名 困難．苦しみ．‖克服～ kèfú kùnnan 困難を克服する．｜生活上有～ shēnghuó shang yǒu kùnnan 暮らしに困っている．形 困難である．苦しい．‖行动～ xíngdòng kùnnan 行動する

のが困難である.｜住房～ zhùfáng kùn-
nan 住居に困っている.

* **【贫苦】** pínkǔ 形 生活が貧しく苦しい.
｜家境～ jiājìng pínkǔ 暮らし向きが苦
しい.｜～的农民 pínkǔ de nóngmín 貧し
い農民.

* **【贫困】** pínkùn 形 貧困である.貧しい.
｜生活～ shēnghuó pínkùn 生活が貧し
い.｜～的山区 pínkùn de shānqū 貧しい
山間地域.｜尽快摆脱～ jǐnkuài bǎituō
pínkùn なるべく早く貧困から抜け出
す.

【穷困】 qióngkùn 形 困窮している.窮
乏している.｜～户 qióngkùnhù 貧しい
家.貧乏人.｜有些山区还很～ yǒuxiē
shānqū hái hěn qióngkùn いくつかの山村
はまだ貧困にあえいでいる.

これから

▶从此　▶将来　▶今后　▶往后　▶以后
▶之后

** **【从此】** cóngcǐ 副 これから.その時か
ら.その後.｜～以后 cóngcǐ yǐhòu これ
より.今後.｜咱们～一刀两断 zánmen
cóngcǐ yì dāo liǎng duàn 私たちは今後
きっぱり別れよう.｜他们谈得很投机,
～成了朋友 tāmen tánde hěn tóujī, cóngcǐ
chéngle péngyou 彼らは意気投合し,そ
れ以来友だちになった.｜三年前他出
了国,～再也没听到他的消息 sān nián
qián tā chūle guó, cóngcǐ zài yě méi tīngdào
tā de xiāoxi 3年前に彼が国を出て以来,
彼の消息は聞いていない.

★ **【将来】** jiānglái 名 将来. ⇔"过去" guò-
qù｜要多为孩子的～着想 yào duō wèi hái-
zi de jiānglái zhuóxiǎng 子供の将来のた
めにできるだけ考えねばならない.｜
你～想做什么工作? nǐ jiānglái xiǎng zuò
shénme gōngzuò? あなたは将来どんな仕
事をしたいですか.

** **【今后】** jīnhòu 名 今後.これから.｜～
请多关照 jīnhòu qǐng duō guānzhào 今後
ともよろしくお願いいたします.｜我
保证～不再犯同样的错误 wǒ bǎozhèng
jīnhòu bú zài fàn tóngyàng de cuòwù 今後
二度と同じ過ちを犯さないことを誓い
ます.

* **【往后】** wǎnghòu 名 これより以後.今
後.｜从今～ cóng jīn wǎnghòu 今後.｜
～还请你多指教 wǎnghòu hái qǐng nǐ duō
zhǐjiào これからもどうかよろしくご指
導ください.｜～可得小心点 wǎnghòu kě
děi xiǎoxīn diǎn 今後,よく気をつけね
ばならない.

★ **【以后】** yǐhòu 名 今後.その後.…以後.
｜从今～ cóngjīn yǐhòu 今後は.これか
らは.｜这事～再说吧 zhè shì yǐhòu zài
shuō ba この件はまたこの次にしよう.
｜三年～ sān nián yǐhòu 3年後.｜人到
齐了～就开会 rén dàoqíle yǐhòu jiù kāihuì
人が揃ったらすぐ会議を開く.｜两年
前见过面,～就再也没有联系了 liǎng
nián qián jiànguo miàn, yǐhòu jiù zài yě méi-
you liánxì le 2年前に会ったきりで,そ
の後はまったく連絡がなくなった.

** **【之后】** zhīhòu 名 ❶…の後.｜毕业～ bì-
yè zhīhòu 卒業後.｜两天～ liǎng tiān zhī-
hòu 2日後. ❷(文頭に置き)その後.｜
～,他比过去更努力了 zhīhòu, tā bǐ guò-
qù gèng nǔlì le その後,彼は以前にも増
して努力するようになった.

ころぶ　転ぶ

▶绊倒　▶跌　▶跌倒　▶跌跤　▶滑倒
▶摔　▶摔倒　▶摔跟头　▶摔跤　▶栽跟头

【绊倒】 bàndǎo 動 つまずいて倒れる.
足を引っかけて倒す.｜被树根～了 bèi
shùgēn bàndǎo le 木の根っこにつまずい

て転んだ.

【跌】 diē 動 転ぶ. つまずく. ‖ 不小心
~了一下子 bù xiǎoxīn diēle yíxiàzi うっ
かりしてすてんと転んでしまった. |
~伤了胳膊 diēshāngle gēbo 転んで腕に
怪我をした.

【跌倒】 diēdǎo 動 つまずいて倒れる. 転
ぶ. ‖ 走路不小心，～了 zǒulù bù xiǎoxīn,
diēdǎo le ぼんやり歩いていたら転んで
しまった.

【跌跤】 diē//jiāo 動 転ぶ. つまずく. ‖ 地
上滑，小心～ dìshang huá, xiǎoxīn diējiāo
地面が滑るから転ばないよう気をつけ
なさい.

【滑倒】 huá//dǎo 動 滑って転ぶ. ‖ 不小
心～了 bù xiǎoxīn huádǎo le うっかり滑っ
て転んだ.

【摔】 shuāi 動 (つまずいたり，滑ったり
して)転ぶ. ‖ ～了一个大马趴 shuāile yí
ge dàmǎpā つんのめって転んだ. | 路太
滑，小心别～着 lù tài huá, xiǎoxīn bié shuāi-
zhe 道が滑るから，転ばないよう気を
つけなさい. | 把腿～断了 bǎ tuǐ shuāi-
duàn le 転んで足の骨を折ってしまっ
た.

*【摔倒】** shuāi//dǎo 動 転げ倒れる. 転倒
する. ‖ 跑着跑着～了 pǎozhe pǎozhe shuāi-
dǎo le 走っているうちに転んでしまっ
た.

*【摔跟头】** shuāi gēntou 組 もんどり打っ
て倒れる. 転んで引っくり返る. ‖ 摔
了一个大跟头 shuāile yí ge dà gēntou も
んどり打って転んだ.

【摔跤】 shuāi//jiāo 動 滑って転ぶ. つま
ずいて転ぶ. ‖ 路太滑，摔了一跤 lù tài
huá, shuāile yì jiāo 道が滑るので転んで
しまった.

【栽跟头】 zāi gēntou 組 転ぶ. 転倒する.
‖ 那孩子跑得太快，一下子栽了个大跟
头 nà háizi pǎode tài kuài, yíxiàzi zāile ge dà
gēntou あの子はあんなに速く走って，

案の定すってんころりと転んだ.

こわい　怖い

▶害怕　▶惊险　▶可怕　▶恐惧　▶怕
▶吓唬　▶吓人

【害怕】 hài//pà 動 怖がる. 恐れる. ‖ ～
老鼠 hàipà lǎoshǔ ネズミを怖がる. | 不
要～ búyào hàipà 怖がることはない. |
～回家晚了挨父亲的骂 hàipà huíjiā wǎn le
ái fùqin de mà 帰宅が遅れて父にどなら
れるのが怖い. | 我～〔怕〕的不是开刀，
而是留下后遗症 wǒ hàipà〔pà〕de bú shì
kāidāo, ér shì liúxia hòuyízhèng 私が心配
するのは手術のことではなくて，後遺
症のことだ.

【惊险】 jīngxiǎn 形 はらはらする. スリ
リングである. ‖ ～场面 jīngxiǎn chǎng-
miàn はらはらするシーン. | 小说
jīngxiǎn xiǎoshuō スリラー小説. | ～动
作 jīngxiǎn dòngzuò スリリングなアク
ション.

【可怕】 kěpà 形 恐ろしい. 怖い. ‖ 感到
非常～ gǎndào fēicháng kěpà 非常に恐ろ
しいと感じる. | 他发怒的样子非常～ tā
fānù de yàngzi fēicháng kěpà 彼の怒った
ところはほんとうに怖い. | ～的事情
终于发生了 kěpà de shìqing zhōngyú fāshēng
le 恐ろしい事がついに起きた. | 价钱
贵得～ jiàqian guìde kěpà 値段は恐ろし
いほど高い.

*【恐惧】** kǒngjù 形 恐ろしい. 怖い. ‖ ～
不安 kǒngjù bù'ān 恐ろしくてびくびく
する. | 脸上流露出～的神色 liǎn shang
liúlùchu kǒngjù de shénsè 顔に恐怖の色を
浮かべる.

★【怕】** pà 動 恐れる. 怖がる. おびえる.
‖ 老鼠最～猫 lǎoshǔ zuì pà māo ネズミ
はネコがいちばん怖い. | 我～大家笑
话 wǒ pà dàjiā xiàohua みんなの笑い物に

こわれる　壊れる

なりたくない.

【吓唬】 xiàhu 動 驚かす. 脅かす. 怖がらせる. ‖ 别想用拳头～人 bié xiǎng yòng quántou xiàhu rén 暴力で人を脅そうとしても無駄だ. ｜ 我不是～你, 事情真的很严重 wǒ bú shì xiàhu nǐ, shìqing zhēn de hěn yánzhòng 私はあなたを脅かそうというのではない, 事はほんとうに重大なのだ.

【吓人】 xià//rén 形 恐ろしい. 怖い. ‖ 他发起脾气来, 可～了 tā fāqi píqi lai, kě xià-rén le 彼は怒るとすごく怖い. ｜ 这个故事真～ zhège gùshi zhēn xiàrén このお話はほんとうに怖い.

こわす　壊す ⇒【取り壊す】

こわれる　壊れる

▶出毛病　▶出问题　▶倒塌　▶粉碎　▶坏
▶破　▶失灵　▶碎

【出毛病】 chū máobing 組 (機械類が)故障する. ‖ 收音机出～了 shōuyīnjī chū máobing le ラジオが故障した.

【出问题】 chū wèntí 組 故障する. トラブルが発生する. ‖ 电视机又～了 diàn-shìjī yòu chū wèntí le テレビがまた壊れた.

【倒塌】 dǎotā 動 (建物などが)倒壊する. ‖ 许多房屋在地震中～了 xǔduō fángwū zài dìzhèn zhōng dǎotā le 多くの家屋が地震で倒壊した.

*【粉碎】 fěnsuì 形 粉々である. ‖ 玻璃杯摔得～ bōli bēi shuāide fěnsuì ガラスコップが落ちて粉々に割れた.

★【坏】 huài 動 壊れる. 傷む. ‖ 电视机～了 diànshìjī huài le テレビが壊れた. ｜ 照相机摔～了 zhàoxiàngjī shuāihuài le カメラは落として壊してしまった. ｜ 吃～

了肚子 chīhuàile dùzi おなかを壊した.

★【破】 pò 動 (物の一部分が)損傷を受ける. 割れる. 破れる. ‖ 袜子～了一个洞 wàzi pòle yí ge dòng 靴下に穴があいた. ｜ 嗓子都喊～了 sǎngzi dōu hǎnpò le 大声を出しすぎてのどがすっかりかすれてしまった.

【失灵】 shīlíng 動 (機械や体の器官などが)正常に機能しなくなる. 故障する. 障害を起こす. ‖ 车闸～ chēzhá shīlíng ブレーキが利かなくなる. ｜ 嗅觉～ xiù-jué shīlíng 鼻が利かなくなる.

**【碎】 suì 動 砕ける. 壊れる. 破断する. ‖ 打～ dǎsuì 壊す. 割る. ｜ 心～ xīn-suì 胸が張り裂ける. ｜ 玉～ yùsuì 玉砕する. ｜ 碗～了 wǎn suì le 茶碗が割れた.

こんちゅう　昆虫

▶蚕　▶苍蝇　▶蝉　▶蛂虫　▶独角仙
▶蛾　▶蜂　▶蝈蝈儿　▶蝴蝶　▶蝗虫
▶甲虫　▶金龟子　▶金花虫　▶金钟儿
▶蚂蚁　▶毛虫　▶瓢虫　▶锹甲　▶蜻蜓
▶螳螂　▶天牛　▶蚊　▶蟋蟀　▶萤火虫
▶蚱蜢　▶蟑螂

*【蚕】 cán 名 カイコの総称. ふつう "家蚕" jiācán をさす. ‖ 养～ yǎngcán 養蚕.

*【苍蝇】 cāngying 名 ハエ. ‖ 打～, 不打老虎 dǎ cāngying, bù dǎ lǎohǔ 末端の悪者をたたき, 大物に手をつけない.

【蝉】 chán 名 セミ. "知了" zhīliǎo ともいう. ‖ 金～脱壳 jīn chán tuō qiào セミが殻を脱ぐ. もぬけの殻

【独角仙】 dújiǎoxiān 名 カブトムシ. "兜虫" dōuchóng ともいう.

【蛾】 é 名 ガ. "蛾子" ézi ともいう. ‖ 飞～投火 fēi é tóu huǒ 飛んで火に入る夏の虫.

*【蜂】 fēng 名 ハチ. "蜂子" fēngzi ともいう. ‖ 蜜～ mìfēng ミツバチ. ｜ 工～ gōng-fēng 働きバチ.

290

【蝈蝈儿】guōguor 图 キリギリス. "叫哥哥" jiàogēge ともいう.

*【蝴蝶】húdié 图 チョウ. "蝶" dié ともいう. "胡蝶" とも書く. ‖ ～结 húdiéjié ちょう結び.

*【蝗虫】huángchóng 图 イナゴ.

【甲虫】jiǎchóng 图 甲虫(カブトムシ, テントウムシなど甲虫類の総称).

【金龟子】jīnguīzǐ 图 コガネムシ. "金壳郎" jīnkéláng ともいう.

【金花虫】jīnhuāchóng 图 タマムシ.

【金钟儿】jīnzhōngr 图 スズムシ.

*【蚂蚁】mǎyǐ 图 アリ. "蚁族" yǐzú は「大卒で低所得のルームシェアをする若者集団」をさし, 高学歴でありながら希望の職に就けない若者の増加している社会現象を表す.

【毛虫】máochóng 图 毛虫. "毛毛虫" máomaochóng ともいう.

【瓢虫】piáochóng 图 テントウムシ. ‖ 七星～ qīxīng piáochóng ナナホシテントウ.

【锹甲】qiāojiǎ 图 クワガタムシ. "锹形虫" qiāoxíngchóng, "大锹形虫" dàqiāoxíngchóng, "鹿角虫" lùjiǎochóng ともいう.

*【蜻蜓】qīngtíng 图 トンボ. ‖ ～点水 qīngtíng diǎn shuǐ トンボがしっぽで水面をかすめながら産卵する. 表面的に接触するだけで深入りしないたとえ.

【螳螂】tángláng 图 カマキリ. "刀螂" dāoláng ともいう. ‖ ～捕蝉, 黄雀在后 tángláng bǔ chán, huángquè zài hòu カマキリがセミを捕らえようとしているが, 背後ではヒワがカマキリをねらっている. 目先の利益に目を奪われて身に危険が迫っているのに気付かないこと.

【天牛】tiānniú 图 カミキリムシ.

【蚊】wén 图 カ. ふつうは "蚊子" wénzi という. ‖ ～香 wénxiāng 图 蚊取り線香.

【蟋蟀】xīshuài 图 コオロギ. "蛐蛐儿"

qūqur ともいう. 唐時代からの賭け事に, コオロギを戦わせる "斗蟋" dòuxī がある.

【萤火虫】yínghuǒchóng 图 ホタル.

【蚱蜢】zhàměng 图 ショウリョウバッタ.

【蟑螂】zhāngláng 图 ゴキブリ.

こんにち　今日

▶当代　▶当今　▶当世　▶今日　▶今天
▶今朝　▶如今　▶现代　▶现今　▶现在

*【当代】dāngdài 图 現代. 当代. ‖ 他是～最著名的作曲家 tā shì dāngdài zuì zhùmíng de zuòqǔjiā 彼は現代の最も有名な作曲家である. ｜～文学 dāngdài wénxué 現代文学.

【当今】dāngjīn 图 いま. 現在. 当面. ‖ 保护森林资源是～的重要课题 bǎohù sēnlín zīyuán shì dāngjīn de zhòngyào kètí 森林資源の保護は当面の重要なテーマである.

【当世】dāngshì 图 当代. 当世. ‖ ～英雄 dāngshì yīngxióng 当代きっての英雄.

*【今日】jīnrì 图 今日(にち). ‖ ～中国 jīnrì Zhōngguó 今日の中国.

★【今天】jīntiān 图 現在. 目下. ‖ ～的世界是一个动荡的世界 jīntiān de shìjiè shì yí ge dòngdàng de shìjiè いまの世の中は不穏な世の中である. ｜～的幸福生活来之不易 jīntiān de xìngfú shēnghuó lái zhī bú yì 現在の幸せな生活はやっと手に入れたものだ.

【今朝】jīnzhāo 图 現在. 目下. ‖ ～有酒～醉 jīnzhāo yǒu jiǔ jīnzhāo zuì 今日酒があればそれを飲んで酔う. 目前のことだけ考えて, 将来のことは考えない.

**【如今】rújīn 图 今. 当節. 今時. ‖ 那套老规矩～行不通了 nà tào lǎo guīju rújīn xíngbutōng le そういう古いやり方は今

こんにち 今日

時通用しない. ｜ 事到～, 后悔也晚了
shì dào rújīn, hòuhuǐ yě wǎn le いまとなっ
ては後悔しても遅い.

★【現代】xiàndài 图 現代. (一般に 1919
年の五四運動以降から現在までをさ
す) ‖ ～汉语 xiàndài Hànyǔ 現代中国語.
｜ ～科学 xiàndài kēxué 現代科学. ｜ ～
工业 xiàndài gōngyè 現代工業.

【現今】xiànjīn 图 いまどき. 現今. 当
節. ‖ ～人们的想法都变了 xiànjīn rén-
men de xiǎngfa dōu biàn le いまでは人々
の考え方はすっかり変わってしまった.

★【現在】xiànzài 图 現在. いま. ⇔"过去"
guòqù "将来" jiānglái ‖ ～几点? xiànzài jǐ
diǎn? いま何時ですか. ｜ 他～是学生 tā
xiànzài shì xuésheng 彼は現在学生です.

292

さ

さいがい　災害

▶禍　▶禍害　▶損失　▶天灾　▶灾
▶灾害　▶灾荒　▶灾难　▶灾情

---

*【禍】huò 图災い. 災難. ⇔"福" fu ‖ 灾
~ zāihuò 災禍. 災難. | 惹 ~ rěhuò 災
いを招く. | 车 ~ chēhuò 自動車事故.
| 战 ~ zhànhuò 戦禍.

*【禍害】huòhai 图❶災い. 災難. ‖ 忽视
安全生产将带来极大的 ~ hūshì ānquán
shēngchǎn jiāng dàilai jí dà de huòhai 安全
生産の軽視は大災害をもたらす. ❷災
いになるもの. 禍根. ‖ 失足少年要及
时挽救, 以免将来成为社会的 ~ shīzú
shàonián yào jíshí wǎnjiù, yǐmiǎn jiānglái
chéngwéi shèhuì de huòhai 将来, 社会に
禍根を残さないように, 過ちを犯した
少年に対して直ちに救いの手を差し出
さなければならない.

**【損失】sǔnshī 图損失. 損害. ‖ ~ 惨重
sǔnshī cǎnzhòng 損害は重大である. | 巨
大的 ~ jùdà de sǔnshī きわめて大きな損
失. | 受 ~ shòu sǔnshī 被害を受ける.

【天灾】tiānzāi 图天災. 自然災害. ‖ ~
人祸 tiānzāi rénhuò 天災と人災.

**【灾】zāi 图❶災害. ‖ ~ 民 zāimín 被災
者. | 遭了一场 ~ zāole yì cháng zāi 災害
に遭う. | 救 ~ jiùzāi 被災者を救援す
る. | 防 ~ fángzāi 防災. | 抗 ~ kàngzāi
災害とたたかう. ❷(個人の)災い. 災
難. ‖ 无妄之 ~ wú wàng zhī zāi 思いが
けない災難. | 招 ~ 惹祸 zhāo zāi rě huò
災いを招く. | 没病没 ~ méi bìng méi zāi
無病息災である.

**【灾害】zāihài 图災害. ‖ 自然 ~ zìrán zāi-
hài 自然災害. 天災. | 发生 ~ fāshēng

zāihài 災害が起きる. | 造成 ~ zàochéng
zāihài 災害を引き起こす. | 遭受 ~ zāo-
shòu zāihài 災害に見舞われる.

*【灾荒】zāihuāng 图天災. (多く飢饉(きん)
をさす)‖ 闹 ~ nào zāihuāng 飢饉に見舞
われる. | ~ 频仍 zāihuāng pínréng 災害
がしばしば起きる.

*【灾难】zāinàn 图災難. 災禍. ‖ ~ 深重
zāinàn shēnzhòng 被害が深刻である. |
~ 性的损失 zāinànxìng de sǔnshī 莫大な
損失.

*【灾情】zāiqíng 图被災状況. 被害の程
度. ‖ ~ 严重 zāiqíng yánzhòng 被災状況
が深刻である. | 人工降雨缓解了 ~ rén-
gōng jiàngyǔ huǎnjiěle zāiqíng 人工降雨に
よって被害を緩和した.

さいご　最後

▶到底　▶末　▶末尾　▶尾　▶尾声
▶最后　▶最终

**【到底】dào//dǐ 動とことん…する. 最
後まで…する. ‖ 一气儿 ~ yíqìr dàodǐ 一
气呵成(が成)に最後までやる. | 坚持 ~
jiānchídàodǐ とことん頑張る. | 帮人帮 ~
bāng rén bāngdàodǐ 最後まで手伝う. 副
(dàodǐ)最後に. 結局. ‖ 我 ~ 把他说服
了 wǒ dàodǐ bǎ tā shuōfú le 最後には彼を
説得した.

*【末】mò 图終末. 最後. ‖ 周 ~ zhōumò
週末. | 二十世纪 ~ èrshí shìjì mò 20 世
紀末. 形最後の. いちばん終わりの.
‖ ~ 班车 mòbānchē 終電. 終バス. | ~
代皇帝 mòdài huángdì 最後の皇帝.

【末尾】mòwěi 图末尾. いちばん最後.
‖ 文章的 ~ wénzhāng de mòwěi 文章の
末尾. | 我个子高, 总是排在队伍的 ~
wǒ gèzi gāo, zǒngshì páizài duìwu de mòwěi
僕は背が高いから, いつも列の最後に
並ぶ.

さいしゅ 採取

*【尾】wěi ◇終わり. 末尾. ‖排~ páiwěi 行列のしんがり. ｜从头到~ cóng tóu dào wěi 始めから終わりまで. ｜做事要有头有~ zuòshì yào yǒu tóu yǒu wěi 手をつけたら最後までやり通さなければならない.

【尾声】wěishēng 图❶(文学作品の)エピローグ. 終章. ❷最終段階. ‖谈判已接近~ tánpàn yǐ jiējìn wěishēng 交渉は大詰めに近づいている.

★【最后】zuìhòu 图最後. 最終. ‖走在~ zǒuzài zuìhòu 最後尾を歩く. ｜坚持到~ jiānchídào zuìhòu 最後まで頑張る. ｜~一次 zuìhòu yí cì 最後の1回. ｜~的结局 zuìhòu de jiéjú 最後の結末. ｜他终于同意了 zuìhòu tā zhōngyú tóngyì le 最後には彼はついに同意した.

【最终】zuìzhōng 图最後. 結局. ‖他们~也没得到一个满意的答复 tāmen zuìzhōng yě méi dédào yí ge mǎnyì de dáfu 彼らは最後まで満足のいく答えを得られなかった.

さいしゅ 採取

▶采 ▶采集 ▶采取 ▶抽查 ▶抽取
▶抽选 ▶提取 ▶选取

**【采】cǎi 動採る. 摘みとる. ‖~茶 cǎichá 茶を摘む. ｜~果子 cǎi guǒzi 実を摘む. ｜~树胶 cǎi shùjiāo 樹液を取る.

*【采集】cǎijí 動採集する. 収集する. ‖~标本 cǎijí biāoběn 標本を採集する. ｜~样品 cǎijí yàngpǐn サンプルを集める. ｜~民歌 cǎijí míngē 民謡を収集する.

【采取】cǎiqǔ 動選び取る. 採取する. ‖~血样 cǎiqǔ xuèyàng 血液のサンプルを取る. ｜从钱包上~指纹 cóng qiánbāoshang cǎiqǔ zhǐwén 財布から指紋を採取する.

【抽查】chōuchá 動抜き取り検査をする.

~零件质量 chōuchá língjiàn zhìliàng 部品の品質を抜き取り検査する. ｜卫生检查团~了一些商店 wèishēng jiǎnchátuán chōuchále yìxiē shāngdiàn 衛生検査団は何軒かの店を抽出検査する.

【抽取】chōuqǔ 動サンプリングする. ‖从河里~水样 cóng héli chōuqǔ shuǐyàng 川の水を(検査用に)採取する.

【抽选】chōuxuǎn 動選び出す. 抽出する. ‖~出一部分客户，建立经常联系，听取意见 chōuxuǎn chu yí bùfen kèhù, jiànlì jīngcháng liánxì, tīngqǔ yìjian 顧客の中から抽出してモニターになってもらい, 意見を聞く.

*【提取】tíqǔ 動抽出する. ‖从海水中~矿物质 cóng hǎishuǐ zhōng tíqǔ kuàngwùzhì 海水から鉱物質を抽出する.

*【选取】xuǎnqǔ 動選び取る. 選び出して使う. ‖从生活中~小说素材 cóng shēnghuó zhōng xuǎnqǔ xiǎoshuō sùcái 生活の中から小説の素材を見つける.

さいしゅう 採集

▶采集 ▶收集 ▶搜集

*【采集】cǎijí 動採集する. 収集する. ‖~标本 cǎijí biāoběn 標本を採集する. ｜~化石 cǎijí huàshí 化石を採集する. ｜~昆虫 cǎijí kūnchóng 昆虫採集をする.

*【收集】shōují 動収集する. 集める. ‖~资料 shōují zīliào 資料を収集する. ｜~证据 shōují zhèngjù 証拠を集める. ｜她~了不少中国的纪念邮票 tā shōujíle bùshǎo Zhōngguó de jìniàn yóupiào 彼女は中国の記念切手をたくさん集めている.

*【搜集】sōují 動(あちらこちらから)探し集める. 収集する. ‖~情报 sōují qíngbào 情報を集める. ｜在现实生活中~素材 zài xiànshí shēnghuó zhōng sōují sùcái 現実の生活中に(文学や芸術の)素材

を探し集める. | ～群众意见 sōují qún-zhòng yìjian 大衆の意見を集める. | ～珍贵文物 sōují zhēnguì wénwù 貴重な文物を収集する.

さいしょ　最初

▶初次　▶第一　▶第一次　▶开始　▶开头
▶起初　▶首次　▶头　▶先　▶最初

【初次】chūcì 組 初め. 最初. ‖ ～离家 chūcì lí jiā 初めて家を離れる. | 我跟她是～见面 wǒ gēn tā shì chūcì jiànmiàn 私は彼女とは初対面である.

*【第一】dì yī 組 最初の. 1番目の. ‖ 得～ dé dì yī 1番になる. | 班飞机 dì yī bān fēijī 一番早い便の飛行機. | 坐在～排 zuòzài dì yī pái 最前列に座る.

【第一次】dì yī cì 組 第1回. 最初. ‖ 我是～来北京 wǒ shì dì yī cì lái Běijīng 私は初めて北京に来ました. | ～代表大会 dì yī cì dàibiǎo dàhuì 第1回代表大会.

★【开始】kāishǐ 图 初め. 最初. 手始め. ‖ 考上大学仅仅是个～ kǎoshang dàxué jǐnjǐn shì ge kāishǐ 大学入試の合格はほんのスタートにすぎない. | 新到一个地方，～总有些不习惯 xīn dào yí ge dìfang, kāishǐ zǒng yǒuxiē bù xíguàn 新しい土地へ行けば，どうしても初めは少しなじめない.

*【开头】kāitóu（～儿）图 最初. 冒頭. ‖ 万事～难 wànshì kāitóu nán 万事初めが難しい. | 我～对历史课不感兴趣，后来越学越觉得有意思 wǒ kāitóu duì lìshǐkè bù gǎn xìngqù, hòulái yuè xué yuè juéde yǒu yìsi 私は最初は歴史の授業に興味がなかったが，勉強していくうちに面白くなった.

*【起初】qǐchū 图 初め. ‖ ～他不想去，后来又改变了主意 qǐchū tā bù xiǎng qù, hòulái yòu gǎibiànle zhǔyi 最初，彼は

行く気がしなかったが，あとで気が変わった.

【首次】shǒucì 图 最初. 第1回. ‖ ～访问中国 shǒucì fǎngwèn Zhōngguó 初めて中国を訪問する.

★【头】tóu 形（数量詞の前に置いて，順序が前であることを示す）最初の. 初めの. ‖ ～三天 tóu sān tiān 初めの3日間. | ～两年 tóu liǎng nián 初めの1, 2年. | 我今天～一个到教室 wǒ jīntiān tóu yí ge dào jiàoshì 今日私は1番に教室に着いた.

★【先】xiān 副 まず. 先に. あらかじめ. ‖ 你～去，我马上就来 nǐ xiān qù, wǒ mǎshàng jiù lái 先に行ってください，私もすぐ行きますから. | 我们～吃，吃完再说吧 wǒmen xiān chī, chīwán zài shuō ba とりあえず食事をしよう，話はそれからだ.

★【最初】zuìchū 图 最初. 一番初め. ‖ 她～登上舞台是在上高中的时候 tā zuìchū dēngshang wǔtái shì zài shàng gāozhōng de shíhou 彼女が初めて舞台に立ったのは高校生の時だった. | ～大家还以为他是开玩笑，后来才知道他说的都是真的 zuìchū dàjiā hái yǐwéi tā shì kāi wánxiào, hòulái cái zhīdao tā shuō de dōu shì zhēn de 最初みんなは彼が冗談を言っているのだとばかり思っていたが，あとで彼の言っていることはすべて真実だったと分かった.

さいのう　才能

▶才　▶才干　▶才华　▶才力　▶才能
▶才智　▶天才　▶天赋

★【才】cái 图 能力. 才能. 才. ‖ 口～ kǒucái 弁舌の才能. | 多～多艺 duō cái duō yì 多芸多才. | 他很有～ tā hěn yǒu cái 彼はたいへん才能がある.

さいよう　採用

*【才干】cáigàn 图才幹. 才腕. 働き. (事を処理する能力をさす)‖施展~ shīzhǎn cáigàn 才腕をふるう.｜她是个很有~的人 tā shì ge hěn yǒu cáigàn de rén 彼女はたいへん才幹のある人だ.

【才华】cáihuá 图(多く文学や芸術面の)才能. 才華.‖有~ yǒu cáihuá 才能がある.

【才力】cáilì 图才能. 能力. 才力.‖~超群 cáilì chāoqún 能力が抜群である.

*【才能】cáinéng 图才能. 能力.‖有~ yǒu cáinéng 才能がある.｜组织~ zǔzhī cáinéng 人を組織する才能.｜施展~ shīzhǎn cáinéng 才能を発揮する.｜多方面的~ duō fāngmiàn de cáinéng 多方面の才能.

【才智】cáizhì 图才知. 才能と知恵.‖充分发挥自己的~ chōngfèn fāhuī zìjǐ de cáizhì 自己の才知を十分に発揮する.

*【天才】tiāncái 图❶生まれつきの優れた才能. ずば抜けた英知. 天分.‖~的科学家 tiāncái de kēxuéjiā 天才的な科学者.｜这孩子很有艺术~ zhè háizi hěn yǒu yìshù tiāncái この子は芸術の天分に恵まれている. ❷優れた才能の持ち主. 天才.‖他是一个数学~ tā shì yí ge shùxué tiāncái 彼は数学の天才である.

【天赋】tiānfù 图生まれつき備わっている性質や才能. 天資.

さいよう　採用

▶采纳　▶采取　▶采用　▶雇　▶雇用
▶录取　▶录用　▶任用

*【采纳】cǎinà 動(意見や要求などを)採用する. 受け入れる.‖委员会~了这个新方案 wěiyuánhuì cǎinàle zhège xīn fāng'àn 委員会はその新しい方案を採用した.｜他的意见被~了 tā de yìjian bèi cǎinà le 彼の意見は受け入れられた.

*【采取】cǎiqǔ 動(手段や方策などを)とる. 講じる.‖~积极态度 cǎiqǔ jījí tàidu 積極的な姿勢をとる.｜这次比赛~淘汰制 zhè cì bǐsài cǎiqǔ táotàizhì 今回の試合はトーナメント制をとる.

**【采用】cǎiyòng 動(技術や原稿などを)採用する.‖~新技术 cǎiyòng xīn jìshù 新技術を採用する.｜来稿一经~, 即付稿酬 lái gǎo yì jīng cǎiyòng, jí fù gǎochóu 原稿が採用された場合には稿料を差し上げます.

*【雇】gù 動(人を)雇う.‖~一位保姆 gù yí wèi bǎomǔ お手伝いさんを一人雇う.｜解~ jiěgù 解雇する.

【雇用】gùyòng 動雇用する. 雇う.‖厂里~了二百多名工人 chǎng li gùyòngle èrbǎi duō míng gōngrén 工場は200名余りの労働者を雇った.

*【录取】lùqǔ 動(合格者を)採用する. 採る.‖择优~ zé yōu lùqǔ 成績順に採用する.｜~新学员五百名 lùqǔ xīn xuéyuán wǔbǎi míng 新入生を500名採る.

*【录用】lùyòng 動(人を)採用する. 任用する.‖量材~ liàngcái lùyòng 人材にふさわしい職務に就ける. 適材適所.｜经过考试, 该部门~了五名应届毕业生 jīngguò kǎoshì, gāi bùmén lùyòngle wǔ míng yīngjiè bìyèshēng 試験の結果, 当部門は新卒者を5名採った.

【任用】rènyòng 動任用する.‖大胆~年轻人 dàdǎn rènyòng niánqīngrén 思い切って若手を採用する.｜~亲信 rènyòng qīnxìn 腹心の部下を任用する.

ざいりょう　材料

▶材料　▶成分　▶素材　▶题材　▶原料
▶资料

★【材料】cáiliào 图❶材料. 原料.‖盖房子的~都备齐了 gài fángzi de cáiliào dōu

bèiqí le 家を建てる資材はすっかり整った。｜这种～耐酸性强 zhè zhǒng cáiliào nàisuānxìng qiáng この材料は耐酸性に優れている。❷資料．データ．‖根据第一手～写了一篇报告文学 gēnjù dì yī shǒu cáiliào xiě le yì piān bàogào wénxué 直接入手した資料をもとにしてルポを書いた。

【成分】【成份】 chéngfèn 名 成分．構成要素．‖这种药的主要～是牛黄 zhè zhǒng yào de zhǔyào chéngfèn shì niúhuáng この薬の主な成分は牛黄です。｜分析化学～ fēnxī huàxué chéngfèn 化学成分を分析する。

【素材】 sùcái 名（文学や芸術の）素材．‖收集～ shōují sùcái 素材を集める。材料を集める。

*__【题材】__ tícái 名 題材．‖小说的～ xiǎo-shuō de tícái 小説の題材．｜战争～的文学作品 zhànzhēng tícái de wénxué zuòpǐn 戦争を題材とした文学作品．

【原料】 yuánliào 名 原料．‖从国外进口～ cóng guówài jìnkǒu yuánliào 外国から原料を輸入する。

【资料】 zīliào 名 資料．‖第一手～ dì yī shǒu zīliào 第一級資料．｜参考～ cānkǎo zīliào 参考資料．｜查～ chá zīliào 資料を調べる．｜收集～ shōují zīliào 資料を集める．

さいわい　幸い

▶多亏　▶好在　▶恰好　▶恰巧　▶幸好
▶幸亏　▶正好　▶正巧

*__【多亏】__ duōkuī 動 おかげをこうむる．（人の助けによって，好ましくないことが避けられたとき，感謝の気持ちを表す）‖这件事我忘得一干二净，～你提醒 zhè jiàn shì wǒ wàngde yì gān èr jìng, duōkuī nǐ tíxǐng このことはきれいさっ

ぱり忘れていたが，幸いあなたが教えてくれて助かった．

*__【好在】__ hǎozài 副 幸い．都合のいいことに．（よい条件によって，好ましくない状況が緩和されたとき，「最悪の状況でなくてよかった」という気持ちを表す）‖～我会点儿英语，所以在英国还算顺利 hǎozài wǒ huì diǎnr Yīngyǔ, suǒyǐ zài Yīngguó hái suàn shùnlì 幸い英語が少しできるので，イギリスでもなんとかうまくいった．｜那书找不到就算了，～我家里还有一本 nà shū zhǎobudào jiù suàn le, hǎozài wǒ jiā li hái yǒu yì běn その本は見つからなかったらそれでもういいよ，幸い家にまだ１冊あるから．

*__【恰好】__ qiàhǎo 副 ちょうど．折よく．具合よく．（時間・広さ・大きさ・数量などが具合よく一致する）‖明天～是我的生日 míngtiān qiàhǎo shì wǒ de shēngrì 明日はちょうど私の誕生日だ．｜十六个人坐两桌 shíliù ge rén qiàhǎo zuò liǎng zhuō 16人で２つのテーブルにちょうど座れる．｜你要的那本书—我这儿有 nǐ yào de nà běn shū qiàhǎo wǒ zhèr yǒu 君が欲しがっていたあの本，ちょうどいま僕が持っているよ．

*__【恰巧】__ qiàqiǎo 副 都合よく．折よく．折あしく．（時間・機会・条件などが偶然に一致する．よい場合にも悪い場合にも使われる）‖我正有事想和他商量，～他来了 wǒ zhèng yǒu shì xiǎng hé tā shāng-liang, qiàqiǎo tā lái le 彼と相談したいと思っていたら，折よく彼がやって来た．｜下午去公园玩儿，～遇上大雨 xiàwǔ qù gōngyuán wánr, qiàqiǎo yùshang dàyǔ 公園に遊びに行ったが，折あしくひどい雨に降られてしまった．

*__【幸好】__ xìnghǎo 副 幸い．運よく．都合よく．（よい条件によって，よい結果がもたらされたとき，話し手の「タイミングがよかった」「運がよかった」と

いった気持ちを表す)‖~你在这儿, 否则我真不知道该怎么办了 xìnghǎo nǐ zài zhèr, fǒuzé wǒ zhēn bù zhīdào gāi zěnme bàn le 君が居合わさなければ, 私はどうすべきか分からなかった. ｜~这辆车不挤, 人人都有坐 xìnghǎo zhè liàng chē bù jǐ, rénrén dōu yǒu zuò 幸いこのバスはすいているのでみんな座れる.

*【幸亏】 xìngkuī 圖 幸い. 運よく. 都合よく. (よい条件によって, 悪い結果を免れたとき, 話し手の「幸いだった」という気持ちを強く表す)‖~抢救及时, 他才保住了性命 xìngkuī qiǎngjiù jíshí, tā cái bǎozhùle xìngmìng 幸い応急手当てが早かったので, 彼は命拾いした.

*【正好】 zhènghǎo 圖 折よく. まさに. ちょうど.‖~在路上碰见他 zhènghǎo zài lùshang pèngjiàn tā 折よく道で彼に会った. ｜雪球~打在她的身上 xuěqiú zhènghǎo dǎzài tā de shēnshang 雪の球がちょうど彼女の体に当たった.

*【正巧】 zhèngqiǎo 圖 ちょうど. 折よく. あいにく.‖~他来了, 咱们一起去吧 zhèngqiǎo tā lái le, zánmen yìqǐ qù ba ちょうど彼が来たから, みんなで一緒に行こう. ｜去找他时, ~他不在 qù zhǎo tā shí, zhèngqiǎo tā bú zài 彼を訪ねたがあいにく留守だった.

さえぎる　遮る

▶插话　▶打断　▶挡　▶遮　▶遮蔽
▶遮挡　▶遮掩　▶遮阴　▶遮住　▶阻挡

*【插话】 chā//huà 圖 口をはさむ. 人の話に言葉をさしはさむ.

**【打断】 dǎduàn 圖 打ち切る. 遮る.‖敲门声~了他的思路 qiāoménshēng dǎduànle tā de sīlù ドアをたたく音が彼の思考を遮った. ｜讲话几次被~ jiǎnghuà jǐ cì bèi dǎduàn 何度も話の腰を折られた.

**【挡】 dǎng 圖 ❶阻む. さまたげる. じゃまになる.‖阻~ zǔdǎng 阻止する. ｜~路 dǎng lù 道をふさぐ. ｜~风 dǎng fēng 風を遮る. ｜~住视线 dǎngzhù shìxiàn 視線を遮る. ｜积雪~住了我们的去路 jī-xuě dǎngzhùle wǒmen de qùlù 積雪が私たちの行く手を阻んだ. ❷覆い隠す. 遮る.‖~阳光 dǎng yángguāng 日の光を遮る.

*【遮】 zhē 圖 遮る. 覆い隠す.‖用纱巾~脸 yòng shājīn zhē liǎn スカーフで顔を隠す. ｜拉上百叶窗, ~一下光 lāshang bǎiyèchuāng, zhē yíxià guāng ブラインドを下ろして光を遮る.

【遮蔽】 zhēbì 圖 遮る. 覆い隠す.‖树林~了小屋 shùlín zhēbìle xiǎowū 林が小屋を覆い隠している.

【遮挡】 zhēdǎng 圖 遮る. 防ぐ. ふさぐ.‖~风雨 zhēdǎng fēngyǔ 雨風を遮る. ｜窗户~得严严实实的 chuānghu zhēdǎngde yányánshíshí de 窓はぴったりふさがれている. 图遮るもの.‖前面一马平川, 没有一点儿~ qiánmiàn yì mǎ píngchuān, méiyou yìdiǎnr zhēdǎng 前方は一面の平地で何も遮るものがない.

【遮掩】 zhēyǎn 圖 覆い隠す. 遮る.‖浓雾~了群山, 朦朦胧胧的 nóngwù zhē-yǎnle qúnshān, méngménglónglóng de 山々は濃霧に遮られ, ぼんやりかすんでいる.

【遮阴】 zhēyīn 圖 日差しをよける. 日光を遮る. 日陰をつくる.

【遮住】 zhē//zhù 圖 遮る.‖云彩~了太阳 yúncai zhēzhùle tàiyáng 雲が太陽を遮った. ｜这间屋子的阳光全被前边那座楼给~了 zhè jiān wūzi de yángguāng quán bèi qiánbian nà zuò lóu gěi zhēzhù le この部屋の日差しは前のあの建物にすっかり遮られてしまっている.

*【阻挡】 zǔdǎng 圖 阻止する. 妨げる. 阻む.‖他们造了一片防风林, ~住北

来 的 风沙 tāmen zàole yí piàn fángfēnglín, zǔdǎngzhù běi lái de fēngshā 彼らは防風林を作り，北からの風と砂ぼこりを防いだ．｜历史的车轮不可～ lìshǐ de chēlún bùkě zǔdǎng 歴史の流れは押しとどめられない．

さかさま　逆さま

▶倒　▶倒栽葱　▶倒置　▶颠倒　▶反
▶逆流　▶逆行　▶相反

**【倒】dào 動（上下または前後の位置や順序を）逆さにする．逆になる．‖次序～了 cìxù dào le 順番が逆になった．｜这个字印～了 zhège zì yìndào le この字は逆さに印刷されている．｜灭火器不用时，决不能～过来 mièhuǒqì bú yòng shí, jué bù néng dàoguolai 消火器は使わないときは，決して逆さまにしてはいけない．

【倒栽葱】dàozāicōng 名逆さま．真っ逆さま．‖模型飞机摔了个～ móxíng fēijī shuāile ge dàozāicōng 模型飛行機が頭から突っ込んで落下した．

【倒置】dàozhì 動倒置する．逆さまにする．‖小心轻放，请勿～ xiǎoxīn qīng fàng, qǐngwù dàozhì 取り扱い注意，天地無用．｜本末～ běnmò dàozhì 本末転倒．｜轻重～ qīngzhòng dàozhì 軽重を逆にする．

*【颠倒】diāndǎo 動転倒する．逆さまになる．あべこべになる．‖这一头朝上，别放～了 zhè yìtóu cháo shàng, bié fàng diāndǎo le こちらを上に向けなさい，逆さまに置かないように．｜把次序～了 bǎ cìxù diāndǎo le 順序を逆さにしてしまった．

*【反】fǎn 形さかさまの．反対の．⇔"正" zhèng‖汽车朝～方向开去 qìchē cháo fǎn fāngxiàng kāiqu 車は逆方向に走っていった．｜毛衣穿～了 máoyī chuānfǎn le セー

ターを後ろ前に着てしまった．副反対に．かえって．逆に．‖不以为耻，～以为荣 bù yǐwéi chǐ, fǎn yǐwéi róng 恥とせず，反対に光栄だと思う．｜好心劝她，～受埋怨 hǎoxīn quàn tā, fǎn shòu mányuàn 好意で忠告したのに逆に彼女から恨まれた．

【逆流】nìliú 動流れに逆らう．‖沿长江～而上 yán Chángjiāng nìliú ér shàng 長江を遡る．名逆流．反動的な潮流のたとえ．‖时代的～ shídài de nìliú 時代に逆行する流れ．

【逆行】nìxíng 動（車両などが）規定とは逆方向に進む．逆行する．

**【相反】xiāngfǎn 形相反している．反対である．‖正～ zhèng xiāngfǎn 正反対である．｜意见～ yìjian xiāngfǎn 意見が反対である．｜～的方向 xiāngfǎn de fāngxiàng 反対の方向．｜两人的性格完全～ liǎng rén de xìnggé wánquán xiāngfǎn 二人の性格はまったく逆である．接これに反して．逆に．‖失败没有吓住他，～更坚定了他的信心 shībài méiyou xiàzhù tā, xiāngfǎn gèng jiāndìngle tā de xìnxīn 彼は失敗に打ちひしがれなかったばかりか，逆に自信をいっそう強めた．

さがす　探す・捜す

▶查找　▶吹毛求疵　▶搜查　▶搜索
▶寻求　▶寻人　▶寻找　▶找　▶追求

*【查找】cházhǎo 動調べ探す．探す．‖～故障原因 cházhǎo gùzhàng yuányīn 故障の原因を探す．

【吹毛求疵】chuī máo qiú cī 成毛を吹き分けて隠れている傷を探し出す．あら探しをする．"吹求" chuīqiú ともいう．‖这种批评有点～的味道 zhè zhǒng pīpíng yǒu diǎn chuī máo qiú cī de wèidao この種の批判はちょっとあら探しの気が

さからう　逆らう

ある.

*【捜査】sōuchá 動 (犯罪者や禁制品などを)捜査する. 捜索し調べる. ‖ ～犯罪現場 sōuchá fànzuì xiànchǎng 犯行現場を捜査する. ｜～违禁品 sōuchá wéijìnpǐn 禁制品を捜索する. ｜～证 sōucházhèng 捜査令状.

*【捜索】sōusuǒ 動 捜索する. 捜す. ‖ 四处～ sìchù sōusuǒ あちこち捜索する. ｜～犯人的下落 sōusuǒ fànrén de xiàluò 犯人の行方を捜索する.

*【寻求】xúnqiú 動 探し求める. 探求する. ‖ ～解决的办法 xúnqiú jiějué de bànfǎ 解決策を探し求める. ｜～真理 xúnqiú zhēnlǐ 真理を追究する. ｜～合作伙伴 xúnqiú hézuò huǒbàn 提携するパートナーを探し求める. ｜～刺激 xúnqiú cìjī 刺激を追い求める.

【寻人】xúnrén 動 人を捜す. ‖ ～启事 xúnrén qǐshì 尋ね人のお知らせ.

*【寻找】xúnzhǎo 動 探し求める. ‖ ～答案 xúnzhǎo dá'àn 解答を探し求める. ｜～机会 xúnzhǎo jīhui 機会を探る. ｜～借口 xúnzhǎo jièkǒu 口実を設ける. ｜～线索 xúnzhǎo xiànsuǒ 手がかりを探す. ｜～失散多年的亲人 xúnzhǎo shīsàn duōnián de qīnrén 長年離れ離れになったままの肉親を捜す.

★【找】zhǎo 動 ❶探す. ‖ ～钥匙 zhǎo yàoshi かぎを探す. ｜～对象 zhǎo duìxiàng 結婚相手を探す. 恋人を募集する. ｜～了半天还没～着 zhǎole bàntiān hái méi zhǎozháo さんざん探したが，まだ見つからない. ｜～不到合适的工作 zhǎobudào héshì de gōngzuò 適当な仕事が見つからない. ｜～理由 zhǎo lǐyóu 理由を探す. ｜～出失败的原因 zhǎochu shībài de yuányīn 失敗の原因を探り当てる. ❷ (人に会おうとして)探す. 訪ねる. ‖ 小张，门口有人～你 Xiǎo-Zhāng, ménkǒu yǒu rén zhǎo nǐ 張さん，入り口に誰かが

会いに来てますよ. ｜这事去～老焦 zhè shì qù zhǎo Lǎo-Jiāo これは焦さんに聞いてください.

*【追求】zhuīqiú 動 追求する. 探し求める. ‖ ～幸福的生活 zhuīqiú xìngfú de shēnghuó 幸福な生活を探し求める. ｜不能只～数量，不顾质量 bù néng zhǐ zhuīqiú shùliàng, búgù zhìliàng 数の多さのみを求め，質は無視するというわけにはいかない.

さからう　逆らう

▶顶　▶顶撞　▶反　▶反抗　▶逆反
▶违背　▶违抗　▶忠言逆耳

*【顶】dǐng 動 言葉で逆らう. 盾突く. ‖ 儿子～了他几句 érzi dǐngle tā jǐ jù 息子は彼にちょっと口答えした. ｜没谈上几句，两个人就～了起来 méi tánshang jǐ jù, liǎng ge rén jiù dǐngleqilai いくらも話さないうちに二人は言い争いになった.

【顶撞】dǐngzhuàng 動 (多く目上の人に対して)盾突く. 逆らう. ‖ ～领导 dǐngzhuàng lǐngdǎo 上司に盾突く.

*【反】fǎn 動 反逆する. 盾突く. 反抗する. ‖ 造～ zàofǎn 反逆する. 謀反を起こす. ｜还～了你了! hái fǎnle nǐ le! 逆らいやがって！

*【反抗】fǎnkàng 動 反抗する. 抵抗する. 逆らう. ‖ ～期 fǎnkàngqī 反抗期. ｜～暴政 fǎnkàng bàozhèng 暴政に抵抗する. ｜～情绪 fǎnkàng qíngxù 反抗的な気分. ｜消极～ xiāojí fǎnkàng 消極的に抵抗する.

【逆反】nìfǎn 動 反発する. 逆らう. ‖ ～心理 nìfǎn xīnlǐ 反抗心. ｜～行为 nìfǎn xíngwéi 反抗的な行動.

*【违背】wéibèi 動 背く. 違反する. ‖ ～合同 wéibèi hétong 契約に違反する. ｜～事实 wéibèi shìshí 事実に反する. ｜～

自己的意志 wéibèi zìjǐ de yìzhì 己の意志
に反する. ‖～自然規律 wéibèi zìrán guī-
lù 自然の摂理に逆らう.

【违抗】wéikàng 動 反抗する. 逆らう.
‖～命令 wéikàng mìnglìng 命令に逆らう.

【忠言逆耳】zhōng yán nì ěr 威 忠言は耳
に逆らう. 誠意のこもった忠告は聞き
入れにくい. ‖～利于行 zhōng yán nì ěr
lìyú xíng 忠言は耳障りだが，行いを改
めるのに役立つ.

さがる　下がる（垂れ下がる）

▶垂　▶垂挂　▶吊　▶挂　▶降落　▶下垂
▶悬　▶悬吊　▶悬挂

【垂】chuí 動 垂れる. 下がる. ‖电线～
在空中 diànxiàn chuízài kōngzhōng 電線
が垂れ下がっている. ｜谷穗向下～着
gǔsuì xiàng xià chuízhe 穂が垂れている.
｜柳树枝～在水面上 liǔshùzhī chuízài shuǐ-
miàn shang 柳の枝が水面に垂れている.

【垂挂】chuíguà 動 垂れ下がる. 吊り下
がる. ‖屋檐下～着冰柱 wūyán xià chuí-
guàzhe bīngzhù 軒につららが下がってい
る.

**【吊】diào 動 ぶら下がる（下げる）. つる
す. かける. ‖客厅正中～着一盏吊灯
kètīng zhèngzhōng diàozhe yì zhǎn diàodēng
客間の中央にシャンデリアが下がって
いる. ｜两棵树之间～起了一个吊床 liǎng
kē shù zhī jiān diàoqile yí ge diàochuáng 2
本の木の間にハンモックをつった.

★【挂】guà 動 （フックや釘などに物を）掛
ける. つるす. ‖把帽子～在衣架上 bǎ
màozi guàzài yījià shang 帽子を洋服掛け
のフックに掛ける. ｜墙上～着儿幅字
画 qiáng shang guàzhe jǐ fú zìhuà 壁に書画
がいくつか飾られている. ｜旅行箱～
着行李牌 lǚxíngxiāng guàzhe xínglipái 卜

ランクには名札が下がっている.

*【降落】jiàngluò 動 降りる. 下がる. ‖
戏演完了，大幕徐徐～ xì yǎnwán le, dà-
mù xúxú jiàngluò 芝居が終わり，緞帳
(どんちょう)がゆっくりと下がってきた.

【下垂】xiàchuí 動 垂れ下がる. ‖两手～
liǎng shǒu xiàchuí 両手を垂れる.

*【悬】xuán 動 掛ける. つるす. （多く宙
に浮いた状態になる）‖～灯结彩 xuán-
dēng jiécǎi （お祝いのために）提灯(ちょうちん)
をつるし，飾りをつける. ｜山上的灯
火，像～在天空的星星 shān shang de
dēnghuǒ, xiàng xuánzài tiānkōng de xīngxing
山の人家の明かりが，まるで空に浮か
ぶ星のようだ.

【悬吊】xuándiào 動 つるす. ぶら下が
る. ‖～在半空作业 xuándiàozài bànkōng
zuòyè 空中にぶら下がって作業する.

*【悬挂】xuánguà 動 掛ける. 揚げる. ぶ
ら下がる（下げる）. ‖～国旗 xuánguà guó-
qí 国旗を揚げる. ｜墙上～着一幅油画
qiáng shang xuánguàzhe yì fú yóuhuà 壁に
油絵が掛かっている.

さがる　（数値などが）下がる

▶跌　▶降　▶降低　▶退　▶退步　▶下跌
▶下降

**【跌】diē 動 （価格や生産量などが）下が
る. 下落する. ‖暴～ bàodiē 暴落する.
｜行情看～ hángqíng kàn diē 相場は先安
の見込みだ. ｜美元～了 měiyuán diē le
ドル安になった.

**【降】jiàng 動 下がる. 落ちる. ⇔"升"
shēng ‖温度～到冰点了 wēndù jiàngdào
bīngdiǎn le 温度が氷点まで下がった. ｜
直升机慢慢儿～了下来 zhíshēngjī màn-
mānr jiànglexiàlai ヘリコプターがゆっく
りと降下してきた.

**【降低】jiàngdī 動 下がる. 低下する. ⇔

さかん　盛ん

"升高" shēnggāo ‖ 名次～ míngcì jiàngdī
順位が下がる.｜价值～ jiàzhí jiàngdī 値
打ちが下がる.｜气温～了 qìwēn jiàngdī
le 気温が下がった.｜生产成本大大～
shēngchǎn chéngběn dàdà jiàngdī 生産コス
トが大いに下がった.

★【退】tuì 動 下がる. 衰える. 引く.‖ 烧
～了 shāo tuì le 熱が下がった.｜洪水已
经～了 hóngshuǐ yǐjīng tuì le 洪水はもう
引いた.

*【退步】tuì//bù 動 退歩する. 後退する.
⇔"进步" jìnbù ‖ 学习成绩～ xuéxí chéng-
jì tuìbù 成績が下がる.

【下跌】xiàdiē 動 (水位や相場などが)下
がる. 下落する.‖ 股票～ gǔpiào xiàdiē
株価が下落する.｜行市～ hángshi xiàdiē
相場が下落する.

*【下降】xiàjiàng 動 降下する. 下がる.
‖ 热气球慢慢儿地～ rèqìqiú mànmānr de
xiàjiàng 熱気球がゆっくりと降下する.
｜成绩～ chéngjì xiàjiàng 成績が下がる.
｜水位～ shuǐwèi xiàjiàng 水位が下がる.
｜气温～ qìwēn xiàjiàng 気温が下がる.
｜价格～ jiàgé xiàjiàng 値段が下がる.

さかん　盛ん

▶昌盛　▶发达　▶繁荣　▶活跃　▶蓬勃
▶盛行　▶旺盛　▶兴盛　▶兴旺

*【昌盛】chāngshèng 形 盛んである. 繁
栄している.‖ 唐朝文化的～时期 Táng-
cháo wénhuà de chāngshèng shíqī 唐文化の
隆盛期.｜祝贵国繁荣～ zhù guìguó fán-
róng chāngshèng 貴国が富み栄えるよう
に祈念します.

**【发达】fādá 形 発達している.‖ 工商业
很～ gōngshāngyè hěn fādá 商工業がたい
へん盛んである. 動 発展させる.‖～
经济 fādá jīngjì 経済を発展させる.

**【繁荣】fánróng 形 繁栄している. 栄え

ている.‖ 物价稳定, 市场～ wùjià wěn-
dìng, shìchǎng fánróng 物価が安定し, 市
場が栄えている.｜这个小镇近两年～起
来了 zhège xiǎozhèn jìn liǎng nián fánróng-
qilai le この町はここ2年で繁栄してき
た. 動 繁栄させる. 繁盛させる.‖～
经济 fánróng jīngjì 経済を繁栄させる.

**【活跃】huóyuè 形 活発である. 活気が
ある.‖ 会场气氛～ huìchǎng qìfēn huó-
yuè 会場に活気がある.｜学校的福利活
动变得～了 xuéxiào de fúlì huódòng biànde
huóyuè le 学校のボランティア活動が盛
んになった. 動 活発にする. 盛んにす
る.‖～市场经济 huóyuè shìchǎng jīngjì
市場経済を活発にする.

*【蓬勃】péngbó 形 勢い盛んである. は
つらつとしている. 栄えている.‖～
生机 péngbó shēngjī 生命力にみち満ち
ている.｜～兴起 péngbó xīngqǐ 勢いよ
く興る.｜到处是蓬蓬勃勃的景象 dàochù
shì péngpéngbóbó de jǐngxiàng どこもかし
こも盛況を呈している.

*【盛行】shèngxíng 動 流行する. はやる.
‖～一时 shèngxíng yìshí 一時期大流行
する.｜最近～这种发型 zuìjìn shèngxíng
zhè zhǒng fàxíng 最近はこのヘアスタイ
ルがはやっている.

【旺盛】wàngshèng 形 旺盛である.‖ 庄
稼生长～ zhuāngjia shēngzhǎng wàngshèng
作物が勢いよく伸びている.｜求知欲～
qiúzhīyù wàngshèng 知識欲が旺盛だ.｜
精力～ jīnglì wàngshèng エネルギーに満
ちている. 力がみなぎっている.

【兴盛】xīngshèng 形 盛んである. 栄え
ている. 繁栄している.‖ 国家～ guójiā
xīngshèng 国家が繁栄している.

*【兴旺】xīngwàng 形 盛んである. 繁栄
している.‖ 生意～ shēngyi xīngwàng 商
売が盛んである.｜～发达 xīngwàng fādá
隆盛をきわめる.｜繁荣～ fánróng xīng-
wàng 繁栄をきわめる.

302

さくじょ　削除

さき　先・先端
▶顶端　▶顶尖　▶尖　▶尖端　▶末梢
▶梢　▶头　▶一头

*【顶端】 dǐngduān 图❶てっぺん．頂．‖
电视塔的～ diànshìtǎ de dǐngduān テレビ
塔のてっぺん．❷先端．どん詰まり．
‖走到小岛～ zǒudào xiǎodǎo dǐngduān
小さな島の突端まで歩いて行く．

【顶尖】 dǐngjiān(～儿) 图てっぺん．頂．
‖宝塔的～ bǎotǎ de dǐngjiān 塔の先端．
形最高レベルの．トップの．‖～大学
dǐngjiān dàxué 最高の大学．

**【尖】 jiān(～儿) 图❶(とがっている物
の)先．先端．‖钢笔～儿 gāngbǐjiānr ペ
ン先．｜针～儿 zhēnjiānr 針先．｜刀～儿
dāojiānr ナイフの先．❷とがって突き
出た部分．‖鼻子～儿 bízijiānr 鼻先．｜
脚～儿 jiǎojiānr つま先．

*【尖端】 jiānduān 图先端．‖树杈儿的～
shùchàr de jiānduān 枝の先．形先端的で
ある．最も進んでいる．‖～科学 jiān-
duān kēxué 先端科学．｜～技术 jiānduān
jìshù 先端技術．

【末梢】 mòshāo 图末．端．‖鞭子的～
biānzi de mòshāo 鞭(むち)の先．

【梢】 shāo(～儿) 图❶こずえ．枝先．‖
树～ shùshāo こずえ．❷(細長い物の)
先．端．‖眉～ méishāo 眉(まゆ)じり．｜
头发～ tóufashāo 髪の毛の先．｜鞭～
biānshāo 鞭(むち)の先．

*【头】 tóu(～儿) 图物の先端，または末
端．‖山～ shāntóu 山の頂．｜两～ liǎng-
tóu 両端．

*【一头】 yītóu(～儿) 图一方の先．端．
片方．‖桥的那～ qiáo de nà yìtóu 橋の
向こうのたもと．｜铅笔的～儿是一块
橡皮 qiānbǐ de yìtóur shì yí kuài xiàngpí 鉛
筆の先には消しゴムがついている．

さぎょう　作業
▶工程　▶工作　▶活　▶劳动　▶作业

**【工程】 gōngchéng 图(規模の大きな)工
事．‖采矿～ cǎikuàng gōngchéng 採鉱工
事．｜修复～ xiūfù gōngchéng 復旧作業．
｜水利～ shuǐlì gōngchéng 水利施設の工
事．｜～进度 gōngchéng jìndù 工事の進
度．

*【工作】 gōngzuò 图仕事．作業．‖～量
gōngzuòliàng 作業量．｜～能力 gōngzuò
nénglì 仕事の能力．業務能力．作業能
力．｜～态度 gōngzuò tàidu 仕事ぶり．｜
从事科学研究～ cóngshì kēxué yánjiū gōng-
zuò 科学研究に従事する．

*【活】 huó(～儿) 图(主に肉体的な)仕事．
‖粗～ cūhuó 力仕事．｜农～ nónghuó 野
良仕事．｜想找个轻松的～儿 xiǎng zhǎo
ge qīngsōng de huór 楽な仕事を探したい．

*【劳动】 láodòng 图労働．‖手工～ shǒu-
gōng láodòng 手先を使う細かい作業．｜
义务～ yìwù láodòng (清掃や植樹など
の)勤労奉仕作業．

*【作业】 zuòyè 图活動．作業．‖高空～
gāokōng zuòyè 高所作業．｜野外～ yěwài
zuòyè 屋外作業．｜水中～ shuǐzhōng zuò-
yè 水中作業．

さくじょ　削除
▶勾　▶砍　▶砍掉　▶去掉　▶删　▶删除
▶删去

*【勾】 gōu 動かぎ印をつける．チェック
する．(要点や削除の箇所を記すこと)
‖请把错字～掉 qǐng bǎ cuòzì gōudiào 間
違った字を削除して下さい．｜用红笔
把重要的地方～出来 yòng hóngbǐ bǎ zhòng-
yào de dìfang gōuchulai 赤ペンで重要な
箇所に印をつける．

303

さけ 酒

**【砍】 kǎn 動 削除する．削る．‖ ～价 kǎn jià 値引きする．｜ 从预算中～去一些项目 cóng yùsuàn zhōng kǎnqù yìxiē xiàngmù 予算の中からいくつかの項目を削る．

【砍掉】 kǎn//diào 動 切り落とす．削除する．‖ 计画中一些项目被～了 jìhuà zhōng yìxiē xiàngmù bèi kǎndiào le 計画の中のいくつかのプロジェクトは削られてしまった．

【去掉】 qù//diào 動 取り去る．除去する．‖ 这段话很重要，不能～ zhè duàn huà hěn zhòngyào, bù néng qùdiào 話のこの部分は重要なので削れない．

*【删】 shān 動（字句を）削除する．削る．‖ 这一段应该～掉 zhè yí duàn yīnggāi shāndiào この一段は削るべきだ．

【删除】 shānchú 動 削除する．‖ ～冗文 shānchú rǒngwén 余計な表現を削除する．

【删去】 shānqù 動 削除する．‖ ～这一段，效果会更好 shānqù zhè yí duàn, xiàoguǒ huì gèng hǎo この部分を削ると，いっそう効果がある．

さけ 酒

▶白酒 ▶白兰地 ▶碘酒 ▶汾酒
▶伏特加 ▶黄酒 ▶鸡尾酒 ▶老酒
▶茅台酒 ▶啤酒 ▶葡萄酒 ▶日本酒
▶烧酒 ▶威士忌 ▶五粮液 ▶喜酒
▶香槟酒 ▶药酒

*【白酒】 báijiǔ 名 穀類を原料とした蒸留酒の総称．

【白兰地】 báilándì 名 ブランデー．

【碘酒】 diǎnjiǔ 名 ヨードチンキ．

【汾酒】 fénjiǔ 名 汾酒（ふんしゅ）．コーリャンを主原料とした蒸留酒．

【伏特加】 fútèjiā 名 ウォッカ．

【黄酒】 huángjiǔ 名 うるち米・もち米・もちあわなどで造る醸造酒の総称．

【鸡尾酒】 jīwěijiǔ 名 カクテル．‖ 调制

～ tiáozhì jīwěijiǔ カクテルを作る．

【老酒】 lǎojiǔ 名 ラオチュウ．もち米やもちあわで造る醸造酒．とくに"绍兴酒" shàoxīngjiǔ をさす．

*【茅台酒】 máotáijiǔ 名 マオタイ酒．

★【啤酒】 píjiǔ 名 ビール．‖ 生～ shēngpíjiǔ 生ビール．

【葡萄酒】 pútaojiǔ 名 ブドウ酒．ワイン．

【日本酒】 rìběnjiǔ 名 日本酒．

【烧酒】 shāojiǔ 名 穀物を原料とした蒸留酒．

【威士忌】 wēishìjì 名 ウイスキー．

【五粮液】 wǔliángyè 名 四川省産の高級蒸留酒．

【喜酒】 xǐjiǔ 名 結婚式の祝い酒．結婚の祝宴．

【香槟酒】 xiāngbīnjiǔ 名 シャンパン．

【药酒】 yàojiǔ 名 薬用酒．

さけぶ 叫ぶ

▶大喊大叫 ▶喊 ▶喊叫 ▶呼 ▶呼喊
▶呼号 ▶叫 ▶叫喊 ▶叫唤 ▶叫嚷
▶嚷

【大喊大叫】 dà hǎn dà jiào 成 大声で叫ぶ．わめきたてる．がなりたてる．‖ 他一生气就～ tā yì shēngqì jiù dà hǎn dà jiào 彼はかっとなってわめきたてた．

★【喊】 hǎn 動（人が）大声で叫ぶ．（声は"叫" jiào より大きい）‖ ～口号 hǎn kǒuhào スローガンを叫ぶ．｜～得嗓子都哑了 hǎnde sǎngzi dōu yǎ le 大声で叫んだのでのどがすっかりかれてしまった．｜有人在～救命 yǒu rén zài hǎn jiùmìng 誰かが助けてくれと叫んでいる．

*【喊叫】 hǎnjiào 動 叫ぶ．大声で呼ぶ．‖ 大家～着为他助威 dàjiā hǎnjiàozhe wèi tā zhùwēi みなが喚声をあげて彼を応援している．

**【呼】 hū 動 叫ぶ．大きな声を出す．‖ 欢

～ huānhū 歓呼の声をあげる.｜大～救命 dà hū jiùmìng 大声をあげて助けを求める.｜～口号 hū kǒuhào スローガンを叫ぶ. シュプレヒコールをあげる.

【呼喊】hūhǎn 動 大声をあげる. 叫ぶ.｜她大声～着 tā dàshēng hūhǎnzhe 彼女は大声で叫んでいる.｜～口号 hūhǎn kǒuhào スローガンを叫ぶ. シュプレヒコールをあげる.

【呼号】hūháo 動 (悲痛な)叫び声をあげる. 呼号する.｜仰天～ yǎngtiān hūháo 天を仰いで叫ぶ.｜奔走～ bēnzǒu hūháo 走り回って同情や支持を得る.

★【叫】jiào 動 叫ぶ. 鳴く. (人や動物などが声をあげる. 人では言葉にならないような声を発すること)｜疼得～ téngde jiào 痛くて悲鳴をあげた.｜他突然大～一声, 吓了我一跳 tā tūrán dà jiào yì shēng, xiàle wǒ yí tiào 彼が突然大声をあげたので, びっくりした.｜小猫～了一声 xiǎomāo jiàole yì shēng ネコがニャーオと鳴いた.

*【叫喊】jiàohǎn 動 叫ぶ.｜大声～ dàshēng jiàohǎn 大声で呼ぶ.｜～着口号 jiàohǎnzhe kǒuhào スローガンを叫んでいる.

*【叫唤】jiàohuan 動 (人や動物が)叫ぶ. わめく. 鳴く.｜一碰着伤口就疼得直～ yí pèngzhe shāngkǒu jiù téngde zhí jiàohuan 傷口にぶつかると痛くて叫んでしまう.

*【叫嚷】jiàorǎng 動 叫ぶ. わめきたてる. 大声で叫ぶ.｜大声～ dàshēng jiàorǎng 大声でわめきたてる.｜一听说年底不发奖金了, 大家都一起来 yì tīngshuō niándǐ bù fā jiǎngjīn le, dàjiā dōu jiàorǎngqilai 年末にボーナスが支給されないと聞き, みんなは騒ぎ出した.

**【嚷】rǎng 動 大声で叫ぶ. わめく. どなる.｜你在乱～什么? nǐ zài luàn rǎng shénme? 君は何をわめき散らしているのだ.

さける　裂ける

さける　裂ける

▶地裂　▶断裂　▶分裂　▶裂　▶裂
▶裂缝　▶裂开　▶劈　▶破　▶破裂　▶碎

【地裂】dìliè 動 (地震や酷寒で)地面が裂ける.｜～现场 dìliè xiànchǎng 地面に亀裂が入った現場.｜山崩～ shānbēng dìliè 山が崩れ地が裂ける. 天地をゆるがすようなすさまじい勢い, また世の中の大変動にたとえる.

【断裂】duànliè 動 裂ける. 割れる.｜～韧带～了 rèndài duànliè le 靱帯(じんたい)が切れた.

*【分裂】fēnliè 動 ❶分裂する. 分かれる.｜国家～ guójiā fēnliè 国が分裂する.｜细胞～ xìbāo fēnliè 細胞分裂. ❷分裂させる.｜他想～我们的组织 tā xiǎng fēnliè wǒmen de zǔzhī 彼は我々の組織を分裂させようとしている.

【裂】liè 動 囮 真ん中から二つに分かれる. 開く.｜～着怀 lièzhe huái 胸をはだけている.｜麻袋缝儿～开了 mádài fèngr lièkāi le 麻袋の縫い目が裂けた.

*【裂】liè 動 ❶二つに裂ける. 割れる.｜西瓜摔～了 xīguā shuāiliè le スイカが落っこちて割れた. ❷裂け目ができる. ひびが入る.｜～痕 lièhén 裂け目. ひび割れ.｜玻璃杯～了 bōlibēi liè le ガラスのコップにひびが入った.｜手冻～了 shǒu dòngliè le 手があかぎれになった.

【裂缝】liè//fèng (～儿) 動 ひびが入る. 裂け目ができる.｜墙壁～了 qiángbì lièfèng le 壁に割れ目ができた. 图 (lièfèng) ひび. 割れ目. 裂け目.｜门上有一道～ mén shang yǒu yí dào lièfèng 扉に裂け目が1本入っている.

【裂开】liè//kāi 動 裂ける. 破れる.｜竹椅子～了 zhúyǐzi lièkāi le 竹製の椅子が裂けてしまった.｜湖上的冰～了 hú shang

さける 避ける

de bīng lièkāi le 湖の氷が割れた.

【劈】pī 動 (木や竹などが)裂ける. 割れる. ‖木板~了 mùbǎn pī le 板が割れた. ｜钢笔尖写~了 gāngbǐjiān xiěpī le ペン先が書きすぎて割れてしまった.

★**【破】pò** 動 (物の一部分が)損傷を受ける. 割れる. 破れる. ‖衣服~了 yīfu pò le 服が破れた. ｜袜子~了一个洞 wàzi pòle yí ge dòng 靴下に穴があいた. ｜指尖儿~了一道口子 zhǐjiānr pòle yí dào kǒuzi 指先が割れた.

***【破裂】pòliè** 動 ❶破裂する. 裂け目ができる. ‖管道~ guǎndào pòliè 管が破裂する. ❷(関係が)決裂する. 破綻(はたん)する. ‖谈判~ tánpàn pòliè 交渉が決裂する. ｜感情~ gǎnqíng pòliè 愛情が破綻する.

****【碎】suì** 動 砕ける. 壊れる. 破断する. ‖打~ dǎsuì 壊す. 割る. ｜心~ xīnsuì 胸が張り裂ける. ｜碗~了 wǎn suì le 茶碗が割れた.

さける　避ける

▶避　▶避开　▶避免　▶躲　▶躲避
▶躲开　▶回避　▶绕开　▶逃避

****【避】bì** 動 避ける. ‖~雨 bì yǔ 雨宿りする. ｜他干吗老~着我? tā gànmá lǎo bìzhe wǒ? 彼はどうしていつも私を避けるのだろう. ｜~风头 bì fēngtou 風当たりを避ける. 矛先をかわす.

【避开】bì//kāi 動 避ける. ‖要想办法~这个问题 yào xiǎng bànfǎ bìkāi zhège wèntí なんとかして, この問題は避けよう. ｜~对方的视线 bìkāi duìfāng de shìxiàn 相手の視線を避ける.

****【避免】bìmiǎn** 動 避ける. 免れる. 防ぐ. ‖~冲突 bìmiǎn chōngtū 衝突を避ける. ｜~发生危险 bìmiǎn fāshēng wēixiǎn 危険の発生を防ぐ. ｜这样做可以~很多

麻烦 zhèyàng zuò kěyǐ bìmiǎn hěn duō máfan このようにやればさまざまな面倒が避けられる. ｜~了一场大事故 bìmiǎnle yì cháng dàshìgù 大事故が避けられた. ｜这种错误本来是可以~的 zhè zhǒng cuòwù běnlái shì kěyǐ bìmiǎn de このようなミスは本来避けられるものである.

****【躲】duǒ** 動 避ける. よける. かわす. ‖这几天他老~着我 zhè jǐ tiān tā lǎo duǒzhe wǒ ここのところ彼は私をずっと避けている. ｜家里一来客人, 父亲就~出去 jiā li yì lái kèren, fùqin jiù duǒchuqu 家にお客が来ると, 父は会うのを避けて出かけてしまう. ｜~过了一场大祸 duǒguole yì cháng dàhuò 大災厄を免れた.

【躲避】duǒbì 動 避ける. 回避する. よける. ‖这几天风声很紧, 你先到乡下~一阵 zhè jǐ tiān fēngshēng hěn jǐn, nǐ xiān dào xiāngxia duǒbì yízhèn このところ情勢が緊迫しているから, 君はひとまず田舎に行ってしばらく避難していなさい. ｜~困难 duǒbì kùnnan 困難を避ける.

***【躲开】duǒ//kāi** 動 よける. 避ける. ‖撒水车过来了, 快~! sǎshuǐchē guòlaile, kuài duǒkāi! 散水車が来たぞ, よけろ, よけろ. ｜他灵活地~了对方的进攻 tā línghuó de duǒkāile duìfāng de jìngōng 彼はすばやく相手の攻撃をよけた.

***【回避】huíbì** 動 避ける. 逃げる. ‖现实不能~ xiànshí bù néng huíbì 現実から逃げることはできない.

【绕开】rào//kāi 動 回避する. 避ける. ‖~水洼儿 ràokāi shuǐwār 水たまりをよける. ｜~小事, 先谈主要问题 ràokāi xiǎoshì, xiān tán zhǔyào wèntí 小さなことはひとまず置いて, 先に重要な問題を話し合う. ｜我~路边摆得满满的自行车, 急急忙忙赶到车站 wǒ ràokāi lùbian bǎide mǎnmǎn de zìxíngchē, jíjímángmáng gǎn dào chēzhàn 私は通りいっぱいの自転車を

よけながら，駅へ急いだ.

*【逃避】táobì 動 逃避する．避ける．困難な状況から逃げる．‖ ～风险 táobì fēngxiǎn 危険を避ける．｜ ～现实 táobì xiànshí 現実から逃避する．｜犯人躲到乡下，以～追捕 fànrén duǒdào xiāngxia, yǐ táobì zhuībǔ 犯人は追跡の手を逃れようと田舎に隠れた.

さげる　下げる（低くする）

▶放低　▶降　▶降低　▶降格　▶降级
▶降价　▶降旗　▶降温　▶降压

【放低】fàngdī 動（声や音を）低くする．小さくする．‖ ～声音 fàngdī shēngyīn 声を小さくする．｜电视机的音量 fàngdī diànshìjī de yīnliàng テレビのボリュームを下げる.

**【降】jiàng 動 下げる．降ろす．‖ ～半音 jiàng bànyīn （音楽で）半音下げる．｜再～一块钱，我就买 zài jiàng yí kuài qián, wǒ jiù mǎi もう1元値を下げてくれたら買おう．｜把国旗～下来 bǎ guóqí jiàngxialai 国旗を降ろす.

**【降低】jiàngdī 動 下げる．低くする．⇔"提高"tígāo ‖ ～费用 jiàngdī fèiyong 料金を下げる．｜成本 jiàngdī chéngběn コストを引き下げる．｜ ～标准 jiàngdī biāozhǔn 基準を低くする．｜ ～血压 jiàngdī xuèyā 血圧を下げる．｜把温度～ bǎ wēndù jiàngdī 温度を下げる．｜飞机～高度 fēijī jiàngdī gāodù 飛行機が高度を下げる.

【降格】jiàng//gé 動（身分や標準などの）ランクを下げる．レベルを落とす．‖ ～录取 jiànggé lùqǔ レベルを落として採用する.

【降级】jiàng//jí 動（職務ランクの）等級を下げる．降格する．‖他受了～处分 tā shòule jiàngjí chǔfèn 彼は降格処分を受

けた．｜一下降了三级 yíxià jiàngle sān jí いっぺんに3級格下げになった.

*【降价】jiàng//jià 動 価格を下げる．‖ 服装～销售 fúzhuāng jiàngjià xiāoshòu 洋服のバーゲンセール.

【降旗】jiàng//qí 動 旗を下ろす．⇔"升旗"shēngqí

【降温】jiàng//wēn 動 温度を下げる．‖ 高烧不退，只好用冰袋～ gāoshāo bú tuì, zhǐhǎo yòng bīngdài jiàngwēn 高い熱がひかず，氷嚢(ひょうのう)で熱を下げるほかない.

【降压】jiàng//yā 動 ❶血圧を下げる．❷電圧を下げる.

ささえる　（倒れないように）支える

▶撑　▶撑住　▶顶　▶扶　▶支　▶支撑

---

*【撑】chēng 動 支える．力を入れて突っ張る．‖用竹竿一～，跃过小溪 yòng zhúgān yì chēng, yuèguo xiǎoxī 竹竿を突っ張り，小川を跳び越えた．｜两个人在牌子后面用手～着 liǎng ge rén zài páizi hòumiàn yòng shǒu chēngzhe 二人が後ろから看板を手で支えている．｜手～着下巴想心事 shǒu chēngzhe xiàba xiǎng xīnshì 頬杖をついて考え事をする.

【撑住】chēng//zhù 動 しっかりと支える．支えてとめる．‖用棍子把木板～ yòng gùnzi bǎ mùbǎn chēngzhù 棒で板につっかいをする.

**【顶】dǐng 動 支える．つっかい棒をする．つっかいをする．‖把大门～上 bǎ dàmén dǐngshang 正門につっかい棒をする.

**【扶】fú 動 ❶（横たわっている人や倒れているものを）支えて起こす．立たせる．‖把孩子～起来 bǎ háizi fúqilai 子供を支え起こす．｜ ～了～眼镜 fúlefú yǎnjìng 手でちょっと眼鏡を直した．❷（何かにつかまって，体を）支える．寄

りかかる．もたれる．‖～着栏杆下楼 fúzhe lángān xià lóu 手すりにつかまって階下へ降りる．｜手～车把 shǒu fú chēbǎ （自転車やバイクの）ハンドルを握る．｜～着老人的手臂 fúzhe lǎorén de shǒubì 老人の腕をとって支える．

*【支】zhī 動 支える．‖～帐篷 zhī zhàng-peng テントを張る．｜用手～着下巴 yòng shǒu zhīzhe xiàba 頬杖を突いている．｜他骑在车上，一只脚～着地 tā qí-zài chē shang, yì zhī jiǎo zhīzhe dì 彼は自転車にまたがったまま，片足を地面に着けて支えている．

*【支撑】zhīchēng 動 支える．‖屋顶靠柱子～ wūdǐng kào zhùzi zhīchēng 屋根は柱で支えられている．

さしつかえない　差し支えない

▶不碍事　▶不要紧　▶可以　▶没关系
▶没事　▶没有妨碍　▶能　▶无伤大雅
▶行

【不碍事】bù àishì 組 历 差し支えない．構わない．大丈夫だ．‖晚点儿去也～ wǎndiǎnr qù yě bú àishì ちょっと遅れて行っても大丈夫だ．｜这么小的地震～ zhème xiǎo de dìzhèn bú àishì これぐらいの地震ならたいしたことはない．｜我只是累了点儿，～ wǒ zhǐshì lèile diǎnr, bú àishì ちょっと疲れただけさ，なんでもない．

**【不要紧】bù yàojǐn 組 構わない．差し支えない．問題ない．‖晚去一会儿也～ wǎn qù yíhuìr yě bú yàojǐn 少し遅く行っても構わない．｜～，他不会生气的 bú yàojǐn, tā bú huì shēngqì de 大丈夫，彼は怒らないから．

★【可以】kěyǐ 助動 （許可を表す）…してもよい．よろしい．‖我～看看吗? wǒ kěyǐ kànkan ma? ちょっと見てもいいですか．

｜不明白～去问他 bù míngbai kěyǐ qù wèn tā 分からなければ彼に聞きにいってもいい．｜你～走了 nǐ kěyǐ zǒu le あなたは帰ってもいいです．｜这样也～ zhèyàng yě kěyǐ そういうことでも構わない．

★【没关系】méi guānxi 組 構わない．問題ない．大丈夫だ．‖穿着鞋进来～ chuān-zhe xié jìnlai méi guānxi 靴のまま入っても構わない．｜～，不用担心 méi guānxi, búyòng dānxīn 大丈夫だ，気にかけることはない．｜"对不起" "～" "duìbuqǐ" "méi guānxi" 「すみません」「構いませんよ」

**【没事】méi//shì（～儿）動 何事もない．たいしたことはない．‖我看他的病～，过几天就好了 wǒ kàn tā de bìng méishì, guò jǐ tiān jiù hǎo le 彼の病気はたいしたことがない，2, 3日もすればよくなる．｜你走吧，～，这里有我呢 nǐ zǒu ba, méi-shì, zhèlǐ yǒu wǒ ne 君は行きたまえ，大丈夫，ここは私に任せなさい．

【没有妨碍】méiyou fáng'ài 組 妨げにならない．差し支えない．‖你去也没有什么妨碍 nǐ qù yě méiyou shénme fáng'ài 君が行ってもなんら差し支えない．

★【能】néng 助動 （情理上または客観的に見て許されることを表す）…することが許される．…してもよい．（多く疑問文や否定文に用いる）‖这儿～抽烟吗? zhèr néng chōuyān ma? ここではタバコを吸ってもいいですか．｜谁也不～不负责任 shéi yě bù néng bú fù zérèn 誰もが責任を負わないわけにはいかない．

【无伤大雅】wú shāng dà yǎ 成 全体には差し障りない．全体に影響がない．

★【行】xíng 動 よいと思う．よろしい．‖～，就照你说的办 xíng, jiù zhào nǐ shuō de bàn よろしい，あなたの言うとおりにやりましょう．｜您看这样～吗? nín kàn zhèyàng xíng ma? これでいいですか．｜这么着也行 zhèmezhe yě xíng そういうことでも構わない．

さす　刺す

▶穿　▶串　▶刺　▶叮　▶咬　▶扎　▶蜇

★【穿】chuān 動 穴を開ける．穴をうがつ．‖在皮带上再~个眼儿 zài pídài shang zài chuān ge yǎnr ベルトにもう一つ穴を開ける．｜水滴石~ shuǐ dī shí chuān 水滴石をうがつ．

*【串】chuàn 動 刺し連ねる．数珠つなぎにする．‖用铁扦子把肉片~起来烤 yòng tiěqiānzi bǎ ròupiàn chuànqilai kǎo 金ぐしに肉を刺して焼く．

**【刺】cì 動 刺す．突き刺す．‖凶手~了他一刀 xiōngshǒu cìle tā yì dāo 犯人は彼を一突きに刺した．｜针~麻醉 zhēncì mázuì 鍼(はり)麻酔．｜那些风凉话~痛了他的心 nàxiē fēngliánghuà cìtòngle tā de xīn それらの皮肉めいた言葉が彼の胸にぐさりときた．

【叮】dīng 動 (カなどが)刺す．‖让蚊子~了一个大包 ràng wénzi dīngle yí ge dàbāo カに刺されてプクッとふくらんだ．

**【咬】yǎo 動 かむ．かじる．(カやノミなどが)刺す．‖衣服被虫子~了几个洞 yīfu bèi chóngzi yǎole jǐ ge dòng 服が何ヵ所か虫に食われた．

**【扎】zhā 動 刺す．‖手上~了一根刺 shǒu shang zhāle yì gēn cì 手にとげが刺さった．｜车胎被~了 chētāi bèi zhā le タイヤがパンクした．｜北风刮在脸上就像针~一样 běifēng guāzài liǎnshang jiù xiàng zhēn zhā yíyàng 北風が顔に吹きつけてまるで針で刺されるようだ．

【蜇】zhē 動 (虫などが)刺す．‖让蜜蜂~了 ràng mìfēng zhē le ミツバチに刺された．

さすが

▶毕竟　▶不愧　▶到底　▶究竟

*【毕竟】bìjìng 副 やはり．さすがに．結局のところ．‖~年纪大了，身体不如以前了 bìjìng niánjì dà le, shēntǐ bùrú yǐqián le さすがに年のせいか，体力は昔のようではない．｜他游得真好，~是在海边上长大的 tā yóude zhēn hǎo, bìjìng shì zài hǎibiān shang zhǎngdà de 彼の泳ぎは実にすばらしい，さすがは海辺で育っただけのことはある．｜夫妻~是夫妻，吵几句，一会儿就好了 fūqī bìjìng shì fūqī, chǎo jǐ jù, yíhuìr jiù hǎo le 夫婦はしょせん夫婦で，口論してもすぐに仲直りする．

*【不愧】bùkuì 副 …に恥じない．さすがに…だけのことはある．(多く"是"shì"为"wéi と連用される)‖~是我的儿子 búkuì shì wǒ de érzi さすがに我が息子だけのことはある．

*【到底】dàodǐ 副 やはり．さすがに．‖他的发音真漂亮，~是留过学的 tā de fāyīn zhēn piàoliang, dàodǐ shì liúguo xué de 彼の発音はほんとうにきれいだ，さすが留学しただけのことはある．

**【究竟】jiūjìng 副 やはり．しょせん．さすがに．‖~是冠军，水平就是不一样 jiūjìng shì guànjūn, shuǐpíng jiùshì bù yíyàng さすがに優勝チームだ，力が違う．｜孩子~是孩子，大人就不会这样做了 háizi jiūjìng shì háizi, dàren jiù bú huì zhèyàng zuò le 子供はしょせん子供だ，大人であればこのようにやりはしない．

さずける　授ける

▶颁发　▶赐　▶赋予　▶给　▶给以　▶奖
▶赏　▶授　▶授予

*【颁发】bānfā 動 (勲章・賞状・賞金を)授与する．‖给先进工作者~奖状 gěi xiānjìn gōngzuòzhě bānfā jiǎngzhuàng 模範的労働者に賞状を授与する．

－させる

【赐】cì 動 (上の者が下の者へ金品を)与える. 賜る. ‖恩~ ēncì 恵む. 与える. | 赏~ shǎngcì ほうびとして賜る. | 天~良机 tiān cì liángjī 天がチャンスを与えてくれた.

*【赋予】fùyǔ 動 (任務や使命を)授ける. 与える. ‖这是时代~我们的使命 zhè shì shídài fùyǔ wǒmen de shǐmìng これは時代が我々に与えた使命である.

★【给】gěi 動 与える. あげる. やる. ‖~你 gěi nǐ 君にあげる. | 他~了我很大的支持 tā gěile wǒ hěn dà de zhīchí 彼は私に多大な支援を与えてくれた. | 上海~他的印象很好 Shànghǎi gěi tā de yìnxiàng hěn hǎo 上海が彼に与えた印象はとてもよいものだった.

*【给以】gěi//yǐ 動 与える. 授ける. (受け取る相手は "对…" duì... で表す)‖对先进工作者~奖励 duì xiānjìn gōngzuòzhě gěiyǐ jiǎnglì 優れた従業員に褒賞を与える.

**【奖】jiǎng 動 表彰する. ほうびを与える. ⇔ "惩" chéng "罚" fá｜你要考试门门都得一百分, 爸爸~你一台游戏机 nǐ yào kǎoshì ménmén dōu dé yìbǎi fēn, bàba jiǎng nǐ yì tái yóuxìjī お前が試験に全部100点をとれば, お父さんがごほうびにテレビゲームを買ってやるよ.

*【赏】shǎng 動 ほうびを与える. ‖老板~给他一笔钱 lǎobǎn shǎnggěi tā yì bǐ qián 社長は彼にほうびとして金一封を与えた.

*【授】shòu 動 授ける. 授与する. 与える. ‖~他一枚奖章 shòu tā yì méi jiǎngzhāng 彼に表彰メダルを授与する.

*【授予】shòuyǔ 動 (勲章や学位などを)授与する. 授ける. ‖~他诺贝尔文学奖 shòuyǔ tā Nuòbèi'ěr wénxuéjiǎng 彼にノーベル文学賞を授与する. | ~奖状 shòuyǔ jiǎngzhuàng 表彰状を授ける. | ~先进工作者的光荣称号 shòuyǔ xiānjìn gōngzuòzhě de guāngróng chēnghào 先進的

労働者という名誉のある称号を授ける.

さする ⇒【なでる】

－させる

▶叫 ▶令 ▶请 ▶让 ▶使 ▶托

★【叫】jiào 動 …させる. 要求する. ‖领导~我负责这项工作 lǐngdǎo jiào wǒ fùzé zhè xiàng gōngzuò 上司は私にこの仕事の責任を持たせた. | 这事儿可别~她知道 zhè shìr kě bié jiào tā zhīdao このことは彼女に知らせるな.

*【令】lìng 動 (不可抗力で人に) …させる. …せしめる. ‖~人陶醉 lìng rén táozuì 陶酔させる. | ~人羡慕 lìng rén xiànmù うらやましがらせる. | ~人肃然起敬 lìng rén sùrán qǐ jìng 思わず頭が下がる.

★【请】qǐng 動 請う. 請い求める. ‖~您明天来一趟 qǐng nín míngtiān lái yí tàng 明日一度おいで下さい. | 老师原谅 qǐng lǎoshī yuánliàng 先生に許しを請う.

★【让】ràng 動 許す. …させる. …させておく. ‖他等一下 ràng tā děng yíxià 彼を少し待たせる. | 对不起, ~你久等了 duìbuqǐ, ràng nǐ jiǔ děng le すみません, だいぶお待たせしました. | 这是谁~你买的? zhè shì shéi ràng nǐ mǎi de? 誰がこんなものを買えと言ったのか. | 父亲不~儿子喝酒 fùqin bú ràng érzi hē jiǔ 父親は息子にお酒を飲ませない.

**【使】shǐ 動 …させる. (ある要因により "使" 以下のことが引き起こされる)‖~顾客满意 shǐ gùkè mǎnyì お客を満足させる. | ~环境变得更美好 shǐ huánjìng biànde gèng měihǎo 環境をよりよくする. | 他的话~我吃了一惊 tā de huà shǐ wǒ chīle yì jīng 彼の話に私はびっくりさせ

られた.

*【托】tuō 動 人に頼んでやってもらう. 依託する. ‖～人找工作 tuō rén zhǎo gōngzuò 人に頼んで就職口を探してもらう. ｜～人捎口信 tuō rén shāo kǒuxìn 人に伝言をことづける. ｜受人之～ shòu rén zhī tuō 人から頼まれる.

さそう 誘う

▶勾引　▶呼朋引类　▶利诱　▶请　▶邀请
▶引诱　▶诱惑　▶约　▶招引

【勾引】gōuyǐn 動 不正を働くよう誘惑する. 悪の道に誘い込む. ‖青少年犯罪 gōuyǐn qīngshàonián fànzuì 青少年を犯罪の道に誘い込む.

【呼朋引类】hū péng yǐn lèi 成 (悪事をはたらこうとして)仲間に引き入れる. 徒党を組む.

【利诱】lìyòu 動 利で誘う. 金銭などで懐柔する. ‖不为金钱所～ bù wéi jīnqián suǒ lìyòu 金では釣られない. ｜威逼～ wēibī lìyòu 脅したりすかしたりする.

★【请】qǐng 動 招く. 招請する. ごちそうする. ‖～医生 qǐng yīshēng 医者を呼ぶ. ｜～了几位客人 qǐngle jǐ wèi kèrén 客を数人招いた. ｜～朋友吃饭 qǐng péngyou chīfàn 友だちにご馳走した. ｜～他来我家做客 qǐng tā lái wǒ jiā zuòkè 彼を家に招待する.

**【邀请】yāoqǐng 動 招請する. 招く. 招待する. ‖我准备～几位同事到家里来做客 wǒ zhǔnbèi yāoqǐng jǐ wèi tóngshì dào jiā li lái zuòkè 私は同僚を何人か家に招いてもてなすつもりだ. ｜应该大学的～前去讲学 yìnggāi dàxué de yāoqǐng qiánqù jiǎngxué 同大学の招請にこたえて講義に赴く.

*【引诱】yǐnyòu 動 誘惑する. 誘い込む. ‖～他上钩 yǐnyòu tā shànggōu 彼をわな

に誘い込む. ｜不受金钱的～ bú shòu jīnqián de yǐnyòu 金の誘惑に乗らない.

*【诱惑】yòuhuò 動 誘惑する. 誘い込む. ‖他用这种卑劣的手段～了不少无知少女 tā yòng zhè zhǒng bēiliè de shǒuduàn yòuhuòle bùshǎo wúzhī shàonǚ 彼はこうした卑劣な手段を用いて少なからぬ無知な少女を誘い込んだ.

**【约】yuē 動 誘う. 招く. ‖～女朋友去看电影 yuē nǚpéngyou qù kàn diànyǐng 彼女を映画に誘う.

【招引】zhāoyǐn 動 (動き・音・色・におい・味などで)引きつける. 引き寄せる. 誘う. ‖茉莉花香～了很多蜜蜂 mòlì huāxiāng zhāoyǐnle hěn duō mìfēng ジャスミンの香りがたくさんのミツバチを引き寄せた. ｜那家商店以其优质的服务～了众多顾客 nà jiā shāngdiàn yǐ qí yōuzhì de fúwù zhāoyǐnle zhòngduō gùkè あの店は優れたサービスによって多くのお客を引きつけている.

さだめる 定める

▶订　▶定　▶规定　▶决定　▶选定
▶制定

**【订】dìng 動 (規則・条約・契約などを)取り決める. 定める. ‖制～ zhìdìng 立案する. ｜～合同 dìng hétong 契約をする. ｜～条约 dìng tiáoyuē 条約を結ぶ. ｜～学习计划 dìng xuéxí jìhuà 学習計画を立てる.

**【定】dìng 動 定める. 決める. ‖日期还没～ rìqī hái méi dìng 期日はまだ決まっていない. ｜时间、地点都已经～下来了 shíjiān, dìdiǎn dōu yǐjīng dìngxialai le 時間も場所ももう決まった.

**【规定】guīdìng 動 規定する. 定める. ‖学校～上学必须穿校服 xuéxiào guīdìng shàngxué bìxū chuān xiàofú 学校では登校

ざっと

時に必ず制服を着用するように定めている．｜明文～ míngwén guīdìng はっきりと文章で規定する．｜超过了～的日期 chāoguòle guīdìng de rìqī 規定の期日をオーバーする．

★【决定】 juédìng 動決める．決定する．‖需要～着生产的方向 xūyào juédìngzhe shēngchǎn de fāngxiàng 需要は生産の方向性を決定する．

*【选定】 xuǎndìng 動選定する．選んで決める．‖～日期 xuǎndìng rìqī 期日を決める．

**【制定】 zhìdìng 動 (法律・規則・計画などを) 制定する．定める．作成する．‖～政策 zhìdìng zhèngcè 政策を制定する．｜～计划 zhìdìng jìhuà 計画を作成する．｜～宪法 zhìdìng xiànfǎ 憲法を制定する．

ざっと
▶粗　▶粗略　▶大概　▶大略　▶大体
▶大致　▶简略　▶略　▶约略

**【粗】 cū 副ほぼ．大体．おおざっぱに．‖～具规模 cū jù guīmó ほぼ形が整う．｜～知一二 cū zhī yī èr だいたいは知っている．｜老师先把课文～讲了一遍 lǎoshī xiān bǎ kèwén cū jiǎngle yí biàn 先生はまずテキストをざっと説明した．

【粗略】 cūlüè 形簡単である．おおざっぱである．‖～的统计 cūlüè de tǒngjì おおよその統計．｜～地计算了一下 cūlüè de jìsuànle yíxià ざっと計算してみた．

★【大概】 dàgài 形だいたいの．おおよその．‖～的意思 dàgài de yìsi だいたいの意味．｜他讲了一下～的情况 tā jiǎngle yíxià dàgài de qíngkuàng 彼はだいたいの状況を話した．图概略．大筋．‖他讲了三遍，我才听出个～来 tā jiǎngle sān biàn, wǒ cái tīngchu ge dàgài lai 彼に3遍も話

をしてもらい，やっとだいたいの事が分かってきた．

【大略】 dàlüè 副だいたい．おおよそ．おまかに．‖把情况～介绍一下 bǎ qíngkuàng dàlüè jièshào yíxià 状況をざっと紹介する．｜～估计一下 dà lüè gūjì yíxià おおまかに見積もってみる．

*【大体】 dàtǐ 副だいたい．おおむね．‖我们的意见～一致 wǒmen de yìjian dàtǐ yízhì 我々の意見はだいたい一致している．｜这儿的情况我～上了解了 zhèr de qíngkuàng wǒ dàtǐshang liǎojiě le ここの様子はだいたい分かった．

*【大致】 dàzhì 副おおむね．おおかた．だいたい．‖他们的年龄～相仿 tāmen de niánlíng dàzhì xiāngfǎng 彼らの年齢はまあ同じだ．｜这架飞机～在十点左右到达北京吧 zhè jià fēijī dàzhì zài shí diǎn zuǒyòu dàodá Běijīng ba この飛行機はだいたい10時ごろ北京に着くでしょう．

【简略】 jiǎnlüè 形 (言葉や文章の内容が) 簡単である．おおまかである．‖～地介绍一下机器的性能 jiǎnlüè de jièshào yíxià jīqi de xìngnéng 機械の性能について簡単に説明します．｜说明还要再一点儿 shuōmíng hái yào zài jiǎnlüè diǎnr 説明はもう少し簡略にしなければならない．

**【略】 lüè 形簡単である．おおまかである．⇔"详" xiáng ‖～写 lüè xiě おおまかに書く．

【约略】 yuēlüè 副おおよそ．だいたい．‖关于他的情况，我也～知道一些 guānyú tā de qíngkuàng, wǒ yě yuēlüè zhīdao yìxiē 彼のことについては私もおおよそ知っている．

さびしい　寂しい
▶孤单　▶孤零零　▶荒凉　▶寂寞　▶冷落
▶冷清　▶冷清清　▶凄凉　▶萧瑟　▶萧条

312

さまよう

*【孤单】 gūdān 形 孤独で寂しい. 寄る辺がなく独りぼっちである. ∥感到～ gǎndào gūdān 孤独を感じる. | 一个人孤孤单单地生活 yí ge rén gūgūdāndān de shēnghuó 独りぼっちで暮らす.

【孤零零】 gūlínglíng (～的) 形 独りぼっちである. 孤独で寂しい. ∥他～地一个人站在那儿 tā gūlínglíng de yí ge rén zhànzài nàr 彼は一人ぽつんと向こうに立っている.

【荒凉】 huāngliáng 形 荒涼としている. 寂れている. ∥满目～ mǎnmù huāngliáng 見渡すかぎり荒涼としている. | ～的景象 huāngliáng de jǐngxiàng 荒涼とした景色.

*【寂寞】 jìmò 形 寂しい. うら寂しい. ∥无法忍受的～ wúfǎ rěnshòu de jìmò 堪えられない寂しさ. | 她的晚年十分～ tā de wǎnnián shífēn jìmò 彼女はひどく寂しい晩年を送った. | 身处异乡, 常常感到很～ shēn chǔ yìxiāng, chángcháng gǎndào hěn jìmò 異郷で生活していると, いつも寂しさを感じる.

【冷落】 lěngluò 形 さびれている. もの寂しい. ∥门庭～ méntíng lěngluò さびれて閑散とする. | 内战使这座热闹的城市也变得～了 nèizhàn shǐ zhè zuò rènao de chéngshì yě biànde lěngluò le 内戦のために賑やかだったこの都市もさびれてしまった.

【冷清】 lěngqing 形 もの寂しい. ひっそりしている. 閑散としている. ∥到了冬天, 这一带就更～了 dàole dōngtiān, zhè yídài jiù gèng lěngqing le 冬になるとこのあたりは一段ともの寂しくなる. | 这么大的房子就住一个人, 太～ zhème dà de fángzi jiù zhù yí ge rén, tài lěngqing こんなに大きな家に一人で住むなんて寂しすぎる.

【冷清清】 lěngqīngqīng (～的) 形 ひっそりしている. 寒々ともの寂しい. ∥放寒假了, 校园也变得～的 fàng hánjià le, xiàoyuán yě biànde lěngqīngqīng de 冬休みになり, 校内はがらんとしている.

*【凄凉】 qīliáng 形 もの寂しい. 荒涼としている. 荒れ果てている. ∥～的歌声 qīliáng de gēshēng うら悲しい歌声. | 日子过得很～ rìzi guòde hěn qīliáng 生活がとても苦しい.

【萧瑟】 xiāosè 擬 木を吹きわたる風の音. ∥秋风～ qiūfēng xiāosè 秋風が蕭々(しょうしょう)と吹きわたる. 形 (景色が)もの寂しい. 蕭条(しょうじょう)としている. ∥门庭～ méntíng xiāosè 門前が蕭条としている. 訪れる人がいない.

【萧条】 xiāotiáo 形 もの寂しい. 蕭条(しょうじょう)としている. ∥景色～ jǐngsè xiāotiáo 景色がもの寂しい.

さまよう

▶晃荡　▶流荡　▶流浪　▶流离失所
▶徘徊　▶彷徨　▶漂泊　▶漂流　▶蹒跚

【晃荡】 huàngdang 動 ぶらぶらする. ∥不干正事, 整天瞎～ bú gàn zhèngshì, zhěngtiān xiā huàngdang 仕事もしないで, 一日中ぶらぶらしている.

【流荡】 liúdàng 動 さすらう. さまよい歩く. うろつく. ∥四处～ sìchù liúdàng あちこちをさまよい歩く.

*【流浪】 liúlàng 動 流浪する. 放浪する. ∥～海外 liúlàng hǎiwài 国外を放浪する. | 四处～ sìchù liúlàng あちらこちら放浪する. | ～汉 liúlànghàn 放浪者. ルンペン.

【流离失所】 liú lí shī suǒ 成 流浪して住む場所もない. 路頭に迷う. ∥战争使百姓～ zhànzhēng shǐ bǎixìng liú lí shī suǒ 戦争のために庶民が路頭に迷う.

*【徘徊】 páihuái 動 徘徊(はいかい)する. うろつく. あてもなく歩き回る. ∥毫无目的

313

地在街上~ háowú mùdì de zài jiē shang pái-
huái あてどもなく町をさまよい歩く.

【彷徨】 pánghuáng 動 あてもなくさまよ
う. うろつく. ためらう. "旁皇"とも
書く. ‖ ~不定 pánghuáng búdìng ため
らって決められない. | 歧途 pánghuáng
qítú 岐路に立つ. 選択に迷う.

【漂泊】 piāobó 動 漂泊する. 放浪する.
さすらう. "飄泊"とも書く. ‖ 四处~
sìchù piāobó あちらこちらを放浪する.
| 他自幼就~异乡 tā zìyòu jiù piāobó yì-
xiāng 彼は幼いころから異郷をさすらっ
た.

【漂流】 piāoliú 動 流浪する. "飄流"とも
書く. ‖〔漂泊〕他乡 piāoliú〔piāobó〕tā-
xiāng 異郷をさすらう.

【踯躅】 zhízhú 動 書 さまよう. うろうろ
する.

さめる　覚める

▶覚悟　▶覚醒　▶清醒　▶醒　▶醒悟

**【觉悟】 juéwù 動 目覚める. 悟る. 自覚
する. 認識する. ‖ 经过多次说服教育,
他终于~了 jīngguò duō cì shuōfú jiàoyù, tā
zhōngyú juéwù le 何回にもわたる説得と
教育で, ついに彼は目を覚ました. |
~到问题的严重性 juéwùdào wèntí de yán-
zhòngxìng 問題の重大性を認識する.

*【觉醒】 juéxǐng 動 覚醒する. 目覚める.
‖ 在事实面前她终于~了 zài shìshí miàn-
qián tā zhōngyú juéxǐng le 現実を目のあ
たりにして彼女はやっと目が覚めた.

*【清醒】 qīngxǐng 動 意識がはっきりす
る. 意識を取り戻す. ‖ 病人经过抢救
已经~过来了 bìngrén jīngguò qiǎngjiù yǐ-
jīng qīngxǐngguolai le 病人は応急手当て
によってすでに意識を取り戻した. |
严峻的现实终于让他~过来了 yánjùn de
xiànshí zhōngyú ràng tā qīngxǐngguolai le 厳

しい現実に彼はやっと気がついた.

**【醒】 xǐng 動 ❶(酒の酔い・麻酔・意識
不明の状態から)さめる. さます. ‖ 病
人~过来了 bìngrén xǐngguolai le 病人の
意識が戻った. | 酒~了 jiǔ xǐng le 酔い
がさめた. ❷眠りから覚める. 目を覚
ます. ‖ 孩子睡~了 háizi shuìxǐng le 子
供が目を覚ました. | 快~~, 都八点了
kuài xǐngxing, dōu bā diǎn le 早く起きな
さい, もう8時ですよ. | 他还没~呢 tā
hái méi xǐng ne 彼はまだ起きていない.
❸悟る. 目覚める. はっきり認識する.
‖ 经他这么一说, 我才~过来 jīng tā
zhème yì shuō, wǒ cái xǐngguolai 彼にこう
言われて私は初めて目が覚めた.

【醒悟】 xǐngwù 動 悟る. 目が覚める. ‖
在老师的耐心教育下, 他终于~了 zài
lǎoshī de nàixīn jiàoyù xià, tā zhōngyú xǐng-
wù le 先生の我慢強い指導のおかげで,
彼はとうとう目が覚めた.

さら　皿

▶菜碟　▶菜盘　▶茶碟　▶碟　▶碟子
▶盘　▶盘子

【菜碟】 càidié (~儿) 名 料理の皿. ‖ 看
人下~ kàn rén xià càidié 人を見て料理
を出す. 相手によって態度を変える.

【菜盘】 càipán (~儿) 名 料理用の大皿.

【茶碟】 chádié (~儿) 名 (カップの)受け
皿. ソーサー.

【碟】 dié (~儿) 名 小皿. ‖ 小~儿 xiǎo-
diér 小皿. | 烟灰~ yānhuīdié (小さめ
の)灰皿. | 凉~ liángdié 小皿料理. 前
菜. | 飞~ fēidié 空飛ぶ円盤. UFO.

【碟子】 diézi 名 小皿. "盘子"pánzi より
小さめのものをさす. ‖ 水晶~ shuǐjīng
diézi クリスタルの小皿.

**【盘】 pán (~儿) 名 大皿. 盆. 鉢. ‖ 茶
~ chápán 茶器を載せる盆. | 托~ tuō-

pán お盆. | 大拼~ dàpīnpán 大皿に盛った前菜. | 和~托出 hé pán tuōchū 盆ごと差し出す. 包み隠さず打ち明ける. 洗いざらいぶちまける.

【盘子】 pánzi 名 大皿. ‖ 玻璃~ bōli pánzi ガラスの皿.

さらに

▶更 ▶更加 ▶更是 ▶还 ▶进一步
▶又 ▶越发 ▶越加 ▶再

★**【更】** gèng 副 ますます. いっそう. なおさら. もっと. ‖ 雨~大了 yǔ gèng dà le 雨はさらに激しくなった. | 我比你来得~早 wǒ bǐ nǐ láide gèng zǎo 私は君よりもっと早く来ていた. | ~不明白了 gèng bù míngbai le いっそう分からなくなった.

【更加】 gèngjiā 副 ますます. 一段と. さらに. ‖ 生活~美好 shēnghuó gèngjiā měihǎo 暮らしはますますよくなっている. | 从那以后, 他~关心别人了 cóng nà yǐhòu, tā gèngjiā guānxīn biéren le それ以後, 彼はいっそう人のことを考えるようになった.

【更是】 gèngshi 副 なおさら. いっそう. ‖ 大家都高兴得不得了, 奶奶~乐得合不上嘴 dàjiā dōu gāoxìngde bùdéliǎo, nǎinai gèngshi lède hébushàng zuǐ みんなは大喜びだったが, おばあさんは嬉しさひとしおで顔をほころばせた.

★**【还】** hái 副 ❶(範囲の拡大や追加を表す)そのうえ. さらに. ‖ 考完笔试, ~有口试 kǎowán bǐshì hái yǒu kǒushì 筆記試験が終わると, さらに口頭試験がある. ❷("比" bǐ と連用し, 比較の対象となるものの性質・状態・程度が増すことを表す)もっと. (…よりも)さらに. ‖ 今天比昨天~热 jīntiān bǐ zuótiān hái rè 今日はきのうよりもっと暑い. | 儿子长

得比我~高了 érzi zhǎngde bǐ wǒ hái gāo le 息子は私よりもさらに背が高くなった.

**【进一步】 jìnyíbù 副 一歩進めて. いっそう. いちだんと. ‖ 做~的调查 zuò jìnyíbù de diàochá さらに一歩進めた調査をする. | 要~提高中文水平 yào jìnyíbù tígāo Zhōngwén shuǐpíng 中国語のレベルをさらに向上させたい.

★**【又】** yòu 副 ❶(付加を表す)さらに. そのうえ. ‖ 今天太晚了, ~下着雨, 干脆明天去吧 jīntiān tài wǎn le, yòu xiàzhe yǔ, gāncuì míngtiān qù ba 今日は時間が遅いし, そのうえ雨も降っているから, いっそ明日行くことにしよう. ❷(ある範囲外に付け加えることを表す)さらに. また. ‖ 这个月除了工资之外, 他~得了一笔数目可观的奖金 zhège yuè chúle gōngzī zhī wài, tā yòu déle yì bǐ shùmù kěguān de jiǎngjīn 彼は今月は給料のほかに相当な額のボーナスをもらった.

【越发】 yuèfā 副 ますます. さらに. ‖ 看的人越多, 他唱得~起劲 kàn de rén yuè duō, tā chàngde yuèfā qǐjìn 見物人が多ければ多いほど, いっそう彼の歌に力がこもる.

【越加】 yuèjiā 副 さらに. ますます. ‖ 一年不见, 他显得~成熟了 yì nián bújiàn, tā xiǎnde yuèjiā chéngshú le 1年会わないうちに, 彼はますます大人っぽくなった. | 超级市场开张后, 这一带~繁华了 chāojí shìchǎng kāizhāng hòu, zhè yídài yuèjiā fánhuá le スーパーマーケットが開店してから, このあたりはいっそう賑やかになった.

★**【再】** zài 副 ❶(同じ動作や行為の繰り返しまたは継続を表す)再び. さらに. もっと. ‖ 请您~说一遍 qǐng nín zài shuō yí biàn もう一度おっしゃっていただけますか. | ~喝, 我可就要醉了 zài hē, wǒ kě jiù yào zuì le これ以上飲んだら, 僕はほんとうに酔っぱらってしまうよ.

315

❷(形容詞の前に置いて，程度が増すことを表す)いっそう．さらに．‖声音～大一点儿 shēngyīn zài dà yìdiǎnr 音をもう少し大きくして．｜～远也得去 zài yuǎn yě děi qù どんなに遠くても行かなければならない．

さる　去る ⇒【立ち去る】

さわぐ　騒ぐ

▶吵　▶吵闹　▶吵嚷　▶闹　▶闹哄
▶起哄　▶骚乱　▶喧哗　▶喧噪

**【吵】chǎo 形 うるさい．騒がしい．騒々しい．‖声音太～ shēngyīn tài chǎo 音がやかましすぎる．｜外面太～，把窗户关上 wàimiàn tài chǎo, bǎ chuānghu guānshang 表がうるさいから窓を閉めよう．

*【吵闹】chǎonào 動 騒ぐ．‖她～着要离婚 tā chǎonàozhe yào líhūn 彼女は離婚すると言って騒いでいる．｜孩子们～得他没法看书 háizimen chǎonàode tā méifǎ kàn shū 子供たちがやかましくて，彼は本が読めない．

【吵嚷】chǎorǎng 動 がなりたてる．騒ぎたてる．‖有意见慢慢儿说，不要这样吵吵嚷嚷 yǒu yìjian mànmānr shuō, bú yào zhèyàng chǎochǎorǎngrǎng 意見があるのなら，そうわめきたてないで落ち着いて言いなさい．

**【闹】nào 動 騒ぐ．わめく．‖又哭又～ yòu kū yòu nào 泣きわめく．｜孩子～着要买玩具 háizi nàozhe yào mǎi wánjù 子供がおもちゃを買ってくれとだだをこねている．｜～得鸡犬不宁 nàode jī quǎn bù-níng ひどい騒ぎで人心がかき乱される．

【闹哄】nàohong 動 騒ぐ．やかましくする．大声でけんかする．‖结果刚一宣布，大家就～开了 jiéguǒ gāng yì xuānbù,

dàjiā jiù nàohongkāi le 結果が発表されたとたん，みなは騒ぎ出した．

*【起哄】qǐ//hòng 動 (大勢で)騒ぐ．野次る．‖不要在公共场所乱～ búyào zài gōng-gòng chǎngsuǒ luàn qǐhòng 公共の場で騒いではいけない．

【骚乱】sāoluàn 動 ざわめく．ざわつく．騒々しくなる．‖会场里～了一阵以后，又恢复了平静 huìchǎng li sāoluànle yízhèn yǐhòu, yòu huīfùle píngjìng 会場はひとしきり騒がしくなって，また静かになった．

【喧哗】xuānhuá 動 騒ぐ．‖场内请勿～ chǎngnèi qǐng wù xuānhuá 場内は静粛に願います．

【喧噪】xuānzào 動 大声で騒ぐ．‖建筑施工的～声吵得人心烦 jiànzhù shīgōng de xuānzàoshēng chǎode rén xīnfán 建設工事の騒がしい音がうるさくてたまらない．

さわる　触る

▶触　▶触动　▶触摸　▶抚摸　▶接触
▶摸　▶摸弄　▶碰

*【触】chù 動 触れる．触る．ぶつかる．‖一～即发 yí chù jí fā 一触即発．｜伸长手臂，指尖刚刚能～到天棚 shēncháng shǒubì, zhǐjiān gānggāng néng chùdào tiān-péng 手を伸ばすと指先が天井に触った．

*【触动】chùdòng 動 触る．当たる．‖用手轻轻～开关，机器就会自动运转 yòng shǒu qīngqīng chùdòng kāiguān, jīqi jiù huì zìdòng yùnzhuǎn 手で軽くスイッチに触れるだけで機械は自動的に動く．

【触摸】chùmō 動 触れる．触る．‖请勿～展品 qǐng wù chùmō zhǎnpǐn 展示品に触れないでください．

*【抚摸】fǔmō 動 軽く触る．さする．なでる．‖～着女儿的小脸蛋儿 fǔmōzhe

nǚ'ér de xiǎo liǎndànr 娘のかわいらしいほっぺたをなでている.

＊＊【接触】 jiēchù 動 触れる. 触る. ‖ 在工作中，他～过不少珍贵文物 zài gōngzuò zhōng, tā jiēchùguo bùshǎo zhēnguì wénwù 仕事で彼はたくさんの貴重な文化財に触れた.

＊＊【摸】 mō 動 (意識的あるいは継続的に) 手で触る. 触れる. さする. ‖ 这是展品，不能随便～ zhè shì zhǎnpǐn, bù néng suíbiàn mō これは展示品だから，触れてはいけない. ｜这料子太薄了，你～～看 zhè liàozi tài báo le, nǐ mōmo kàn この生地はずいぶん薄いよ，触ってごらん. ｜她怜爱地～了～孩子的头 tā lián'ài de mōlemō háizi de tóu 彼女はいとおしげに子供の頭をなでた.

【摸弄】 mōnòng 動❶なでる. さする. ‖ 她～着胸前的佩玉，低头不语 tā mōnòngzhe xiōng qián de pèiyù, dītóu bù yǔ 彼女はうつむいたまま何も言わず，胸元のペンダントをいじっていた. ❷扱う. いじる. ‖ 他喜欢～照相机 tā xǐhuan mōnòng zhàoxiàngjī 彼はカメラをいじるのが好きだ.

★【碰】 pèng 動 (偶発的あるいは瞬間的に) 無意識に触る. 触れる. ‖ 把手～破了 bǎ shǒu pèngpò le 手をぶつけてけがをした. ｜窗户刚刷上油漆，别～ chuānghu gāng shuāshang yóuqī, bié pèng 窓はペンキを塗ったばかりだから，触らないで.

さんかん　参観

▶参観　▶観光　▶観看　▶観礼　▶観摩
▶見識　▶考察　▶視察　▶游逛　▶游覧

★【参观】 cānguān 動 見学する. 参観する. ‖ ～学校 cānguān xuéxiào 学校を見学する. ｜谢绝～ xièjué cānguān 参観お断り.

＊【观光】 guānguāng 動 観光する. 名所な

どを訪れ見物する. ‖ 去年来此～的游客达三万多人 qùnián lái cǐ guānguāng de yóukè dá sānwàn duō rén 去年この地を訪れた観光客は3万人以上に達した.

＊【观看】 guānkàn 動 見物する. 眺める. 見る. 観察する. ‖ ～网球比赛 guānkàn wǎngqiú bǐsài テニスの試合を見る. ｜～话剧演出 guānkàn huàjù yǎnchū 新劇の公演を見る.

【观礼】 guān//lǐ 動 (招待を受けて)式典を参観する. ‖ 去北京参加国庆～ qù Běijīng cānjiā Guóqìng guānlǐ 北京へ行って国慶節の式典に出席する.

【观摩】 guānmó 動 (研究のために)相互に経験を交流し，学習する. 参観する. ‖ ～教学 guānmó jiàoxué 授業参観を通して教師同士が意見を交換する.

＊【见识】 jiànshi 動 見聞を広める. ‖ 有机会你应该去国外～～ yǒu jīhui nǐ yīnggāi qù guówài jiànshi jiànshi できれば外国へ行って見聞を広めるといい.

＊【考察】 kǎochá 動 実地に調査する. 視察する. ‖ 在南极进行科学～ zài Nánjí jìnxíng kēxué kǎochá 南極で科学的な実地調査を行う.

＊【视察】 shìchá 動 視察する. ‖ 首长到农村～工作 shǒuzhǎng dào nóngcūn shìchá gōngzuò 指導者が農村へ仕事の視察に行く.

【游逛】 yóuguàng 動 見物して回る. ぶらつく. ‖ 去南方几个旅游胜地～ qù nánfāng jǐ ge lǚyóu shèngdì yóuguàng 南方で観光地を何ヵ所か回る. ｜在公园里游游逛逛 zài gōngyuán li yóuyouguàngguàng 公園をぶらつく.

＊＊【游览】 yóulǎn 動 見物する. 観光する. ‖ 去北京～ qù Běijīng yóulǎn 北京観光に行く. ｜～名胜古迹 yóulǎn míngshèng gǔjì 名所旧跡を見物する.

317

ざんねん　残念

ざんねん　残念

▶懊悔　▶后悔　▶悔恨　▶可惜　▶无奈
▶遗憾

【懊悔】 àohuǐ 動 悔やむ. ‖ 真～不该伤
她的心 zhēn àohuǐ bù gāi shāng tā de xīn 彼
女を傷つけるのではなかったと後悔し
た.

**【后悔】 hòuhuǐ 動 後悔する. ‖～莫及
hòuhuǐ mòjí 後悔先に立たず. ‖ 话已出
口，现在～也晚了 huà yǐ chūkǒu, xiànzài
hòuhuǐ yě wǎn le 言ってしまった以上,
いまになって後悔してももう遅い. ‖
我真～没听你的劝告 wǒ zhēn hòuhuǐ méi
tīng nǐ de quàngào 私はあなたの忠告を
聞かなかったことをほんとうに後悔し
ています.

*【悔恨】 huǐhèn 動 ひどく悔やむ. 残念に
思う. ‖～交加 huǐhèn jiāojiā 後悔し恨
みごとを言う. ‖ 他～自己做了这件错事
tā huǐhèn zìjǐ zuòle zhè jiàn cuòshì 彼は自
分が犯した過ちを後悔している.

*【可惜】 kěxī 形 惜しい. 残念である. ‖
真～，差一点儿就选上了 zhēn kěxī, chà
yìdiǎnr jiù xuǎnshang le ほんとうに残念
だ, もう少しで選ばれたのに. ‖ 我也很
想去，～没时间 wǒ yě hěn xiǎng qù, kěxī
méi shíjiān 私も行きたいけれど, 残念
ながら暇がない.

【无奈】 wúnài 接 いかんせん. 残念なこ
とに. ‖ 我们本来约好去郊游，～天公
不作美，只好改变计划 wǒmen běnlái yuē-
hǎo qù jiāoyóu, wúnài tiāngōng bú zuòměi,
zhǐhǎo gǎibiàn jìhuà 我々はもともとピク
ニックに行くつもりだったが, 残念な
がら天気が悪く計画を変えざるを得な
くなった.

*【遗憾】 yíhàn 名 悔恨. 悔い. 心残り.
‖ 终生的～ zhōngshēng de yíhàn 一生の
心残り. 形 残念である. 遺憾である.

心残りである. ‖ 很～，明天我送不了
你 hěn yíhàn, míngtiān wǒ sòngbuliǎo nǐ と
ても残念ですが, 明日はお見送りでき
ません. ‖ 你不能来，太～了 nǐ bù néng
lái, tài yíhàn le 君が来られないとは, ほ
んとうに残念だ. ‖ 对此我们深表～ duì
cǐ wǒmen shēn biǎo yíhàn この点に対し
て我々は心から遺憾の意を表明します.

し

しかし

▶不过　▶但　▶但是　▶可　▶可是　▶却
▶然而　▶又　▶只是

★【不过】 búguò 接 しかし. ただし. (話し
言葉によく用いる. 語気は "但是" dànshì
よりやや軽い) ‖ 我见过他，～没跟他
说过话 wǒ jiànguo tā, búguò méi gēn tā shuō-
guo huà 彼と面識はあるが, 話をしたこ
とはない. ‖ 去吧，～别去太久 qù ba, bú-
guò bié qù tài jiǔ 行っておいで, でも帰
りがあまり遅くならないように.

★【但】 dàn 接 しかし. けれども. だが.
(書き言葉によく用いる) ‖ 他答应来，
～却没有来 tā dāying lái, dàn què méiyou
lái 彼は来ると返事していたにもかかわ
らず, 来なかった. ‖ 这是一般规律，～
也不是没有例外 zhè shì yìbān guīlǜ, dàn yě
bú shì méiyou lìwài これが一般的な法則
です, しかし, 例外がないわけではあ
りません.

★【但是】 dànshì 接 しかし. ただし. けれ
ども. (書き言葉にも話し言葉にも用い
る) ‖ 我想买，～没有钱 wǒ xiǎng mǎi,
dànshì méiyou qián 私は買いたいのだが,
金がない. ‖ 虽然已经学了好几年英语
了，～看原版电影还有些困难 suīrán yǐ-

318

jīng xuéle hǎojǐ nián Yīngyǔ le, dànshì kàn yuánbǎn diànyǐng hái yǒuxiē kùnnan 何年も英語を勉強したけれど，映画のオリジナルを見るのはまだちょっと無理がある．｜他尽管嘴上没说什么，心里却很不高兴 tā jǐnguǎn zuǐ shang méi shuō shénme, dànshì xīnli què hěn bù gāoxìng 彼は何も口には出さなかったが，内心はとても怒っている．

＊＊【可】kě 接 しかし．だが．｜话虽不多，～分量很重 huà suī bù duō, kě fènliang hěn zhòng 言葉は少ないが，なかなか重みのあることを言う．｜嘴上不说，～心里乐着呢 zuǐ shang bù shuō, kě xīnli lèzhe ne 口に出しては言わないが，心の中では喜んでいる．

★【可是】kěshì 接 しかし．だが．けれど．（話し言葉によく用いる．語気は"但是"dànshì よりやや軽い）｜虽然路远，～风景很美 suīrán lù yuǎn, kěshì fēngjǐng hěn měi 場所は遠いが，景色はとても美しい．｜这孩子虽调皮，～很聪明 zhè háizi suī tiáopí, kěshì hěn cōngming この子は腕白だけれど，とても頭がいい．

＊＊【却】què 副（"虽"suī"虽然"suīrán"但是"dànshì"更"gèng"还"hái"又"yòu などと呼応し，軽い逆接を表す）…なのに．…だが．…けれども．｜文字虽浅显，～寓意深刻 wénzì suī qiǎnxiǎn, què yùyì shēnkè 文章は簡単だが，意味は深い．｜这儿很安静，但买东西～不太方便 zhèr hěn ānjìng, dàn mǎi dōngxi què bútài fāngbiàn ここは静かだが，買い物にはちょっと不便だ．

＊＊【然而】rán'ér 接 しかしながら．しかし．（書き言葉によく用いる）｜数量固然重要，～质量更重要 shùliàng gùrán zhòngyào, rán'ér zhìliàng gèng zhòngyào 量はもとより大事だが，質はさらに重要である．｜下了很大工夫，～结果却不能让人满意 xiàle hěn dà gōngfu, rán'ér jiéguǒ què bùnéng ràng rén mǎnyì たいへんな努力をしたのに，結果は満足するに至らなかった．

★【又】yòu 副（逆接を表す）…であるのに．ところが．｜她爱逛商店，却～怕花钱 tā ài guàng shāngdiàn, què yòu pà huāqián 彼女は店を見て歩くのが好きだが，お金は使おうとしない．｜心里不愿意，可～不好拒绝 xīnli bú yuànyì, kě yòu bù hǎo jùjué 嫌だけれど，断るのも難しい．｜看着他面熟，～想不起来他的名字 kànzhe tā miànshú, yòu xiǎngbuqǐlái tā de míngzi 顔はよく見知っているが，名前が思い出せない．

＊＊【只是】zhǐshì 接 ただ．しかし．｜我很想去旅行，～没钱 wǒ hěn xiǎng qù lǚxíng, zhǐshì méi qián 私は旅行に行きたいのだが，お金がない．｜他各门功课都好，～体育稍差一点儿 tā gè mén gōngkè dōu hǎo, zhǐshì tǐyù shāo chà yìdiǎnr 彼はどの科目も成績はいいが，体育だけはちょっと悪い．

しかたがない

▶被迫　▶不得不　▶不得已　▶没办法
▶没法　▶无可奈何　▶无奈　▶只得
▶只好

＊【被迫】bèipò 動 やむなく…する．…を余儀なくされる．｜他～辞职 tā bèipò cízhí 彼は辞職を余儀なくされた．｜～承认 bèipò chéngrèn やむなく承認した．｜～自杀 bèipò zìshā 追いつめられて自殺した．

★【不得不】bù dé bù… せざるを得ない．…しなければならない．…しないわけにはいかない．｜由于下雨，运动会～延期 yóuyú xiàyǔ, yùndònghuì bù dé bù yánqī 雨のため，運動会は延期せざるを得なくなった．

しかる　叱る

*【不得已】bùdéyǐ 形 しかたがない．やむを得ない．余儀ない．‖他～才卖了房 tā bùdéyǐ cái màile fáng 彼はやむを得ず家を売った．｜这也是出于～ zhè yě shì chūyú bùdéyǐ これもしかたがなかったのだ．｜万～ wàn bùdéyǐ 万(ばん)やむを得ない．

【没办法】méi bànfǎ 組 手立てがない．しかたがない．‖～，只好按他说的做了 méi bànfǎ, zhǐhǎo àn tā shuō de zuò le しょうがない，彼の言うようにするほかない．｜孩子还小，～ háizi hái xiǎo, méi bànfǎ あの子はまだ小さいんだもの，しかたがない．｜拿他～ ná tā méi bànfǎ 彼にはまったくお手上げだ．

【没法】méi fǎ （～儿）組 しようがない．しかたがない．"没法子"méi fǎzi ともいう．‖这是～的事 zhè shì méi fǎ de shì これはしかたがないことだ．

*【无可奈何】wú kě nài hé 成 いかんともしがたい．どうにもしかたがない．どうすることもできない．‖～地答应了 wú kě nài hé de dāying le なすすべもなく承知した．

【无奈】wúnài 動 どうすることもできない．しかたがない．やむを得ない．‖万般～ wànbān wúnài いかんともなしがたい．どうにもしようがない．｜出于～, 才违心地答应了 chūyú wúnài, cái wéixīn de dāying le やむなく不本意ながら承諾した．

*【只得】zhǐdé 副 …するしかない．しかたなく…せざるを得ない．‖别人不干，～自己干 biéren bú gàn, zhǐdé zìjǐ gàn ほかの人がやらないから，自分でやるほかない．｜钱太少，婚礼～简单一些了 qián tài shǎo, hūnlǐ zhǐdé jiǎndān yìxiē le お金が少ないから，結婚式は簡単にせざるを得ない．

★【只好】zhǐhǎo 副 …するしかない．やむなく…せざるを得ない．‖由于生病，

这次旅行～取消了 yóuyú shēngbìng, zhè cì lǚxíng zhǐhǎo qǔxiāo le 病気になったので，こんどの旅行はやむなく取りやめた．｜没有人愿意去，～我自己去了 méiyou rén yuànyì qù, zhǐhǎo wǒ zìjǐ qù le 誰も行きたがらないので，自分で行くしかなかった．｜那儿条件差，生活～艰苦一点儿 nàr tiáojiàn chà, shēnghuó zhǐhǎo jiānkǔ yìdiǎnr あそこは条件が悪いから，暮らしが多少苦しくなるのはしかたがない．

────────────────

しかも ⇒【かつ（しかも）】

────────────────

しかる　叱る

▶骂　▶批评　▶说　▶训　▶训斥　▶责骂

**【骂】mà 動 厳しく責める．叱責する．説教する．‖因为贪玩儿，他常挨爸爸的～ yīnwei tānwánr, tā cháng ái bàba de mà 遊んでばかりいるので，あの子はしょっちゅうお父さんに叱られている．

★【批评】pīpíng 動 批判する．叱責する．‖自我～ zìwǒ pīpíng 自己批判．｜挨～ ái pīpíng 批判される．叱責される．叱られる．｜受～ shòu pīpíng 同前．｜老师～了他 lǎoshī pīpíngle tā 先生は彼を注意した．｜大家～了他的错误态度 dàjiā pīpíngle tā de cuòwù tàidu みんなは彼の誤った態度を非難した．

★【说】shuō 動 忠告する．説教する．‖挨妈妈～了 ái māma shuō le お母さんに怒られた．｜～过他好几次，他就是不改 shuōguo tā hǎojǐ cì, tā jiùshì bù gǎi 何遍も叱ったのに，彼はどうしても改めようとしない．｜被老师～了 bèi lǎoshī shuō le 先生に叱られる．

*【训】xùn 動 教え諭す．戒める．‖教～ jiàoxun 教え諭す．｜老师～了他一顿 lǎo-

shī xùnle tā yí dùn 先生は彼を叱りつけた.

【训斥】 xùnchì 動 叱りつける. ‖痛加~ tòng jiā xùnchì こっぴどく叱りつける. ｜被父亲~了一顿 bèi fùqin xùnchìle yí dùn 父にひどく説教された.

【责骂】 zémà 動 厳しく叱る. 責め罵る. ‖妈妈狠狠~了他一顿 māma hěnhěn zémàle tā yí dùn 母親は彼をひどく叱りつけた. ｜对孩子不要只是~, 应该多讲道理 duì háizi búyào zhǐshì zémà, yīnggāi duō jiǎng dàoli 子供を頭ごなしに叱りつけるようなことはせず, 道理を説いてやるべきである.

じかん　時間（時の長さ）

▶工夫　▶久　▶时光　▶时间

**【工夫】 gōngfu（~儿）图（費やされる）時間. ‖一天的~就把那本书看完了 yì tiān de gōngfu jiù bǎ nà běn shū kànwán le 1日であの本を読み終えた. ｜没用多大~他就回来了 méi yòng duō dà gōngfu tā jiù huílai le いくらもたたないうちに彼は戻ってきた.

★【久】 jiǔ 形 時間の長さを表す. ‖你来北京有多~了? nǐ lái Běijīng yǒu duō jiǔ le? 君は北京に来てどのくらいですか. ｜写了两年之~ xiěle liǎng nián zhī jiǔ 2年もの間書き続けた.

*【时光】 shíguāng 图 時. 時間. 月日. ‖要珍惜~ yào zhēnxī shíguāng 時間は大切にすべきである. ｜虚度~ xūdù shíguāng むなしく時を過ごす. むだに年月を送る.

★【时间】 shíjiān 图（長さとしての）時間. ‖从北京到东京坐飞机需要多长~? cóng Běijīng dào Dōngjīng zuò fēijī xūyào duō cháng shíjiān? 北京から東京まで飛行機で何時間かかりますか. ｜没有~

去 méiyou shíjiān qù 行く時間がない. ｜耽误~ dānwu shíjiān 時間をむだにする. ｜抓紧~ zhuājǐn shíjiān 時間を切り詰める. ｜抽~ chōu shíjiān 時間をさく. ｜~太紧 shíjiān tài jǐn 時間がきつすぎる. ｜看杂志来打发~ kàn zázhì lái dǎfa shíjiān 雑誌を読んで時間をつぶす.

じかん　時間（ある時刻）

▶按时　▶点　▶时候　▶时间　▶时刻
▶钟点　▶准时

★【按时】 ànshí 副 予定された時間どおりに. 限られた期日どおりに. ‖火车~到达终点站 huǒchē ànshí dàodá zhōngdiǎnzhàn 列車は時刻どおり終着駅に到着した. ｜~吃药 ànshí chī yào 時間どおりに薬を飲む. ｜他们没有~完成任务 tāmen méiyou ànshí wánchéng rènwu 彼らは期日どおりに任務を果たせなかった.

★【点】 diǎn 图 定められた時間. 定刻. ‖正~ zhèngdiǎn 定刻. ｜晚~ wǎndiǎn（発着時間が）遅れる. ｜不按~来 bú àn diǎn lái 時間どおりに来ない. ｜到~了, 火车要开了 dào diǎn le, huǒchē yào kāi le 時間になったから, 汽車はまもなく出発するよ.

★【时候】 shíhou 图（ある特定の）時. 時刻.（修飾語を伴い, 具体的な時点を示す）‖什么~出发? shénme shíhou chūfā? いつごろ出発するのか. ｜他在大学的~学过汉语 tā zài dàxué de shíhou xuéguo Hànyǔ 彼は大学のころ中国語を勉強したことがある. ｜都什么~了? 你还不睡觉 dōu shénme shíhou le? nǐ hái bú shuìjiào もうこんな時間だというのに, まだ寝ないのか. ｜你来得不是~ nǐ láide bú shì shíhou 君はまずい時に来たね.

★【时间】 shíjiān 图（ある特定の）時. 時刻. ‖开会的~到了 kāihuì de shíjiān dào le 会

しきさい　色彩

議を始める時間になった．｜飞机起飞的～ fēijī qǐfēi de shíjiān 飛行機の出発時刻．｜现在的～是三点整 xiànzài de shíjiān shì sān diǎn zhěng 現在の時刻はちょうど3時だ．

**【时刻】shíkè 图時刻．時間．(多く形容詞・形容詞句に修飾され，平常とは異なる限定した時点をいう)‖列车～表 lièchē shíkèbiǎo 列車時刻表．｜这是决定试验成败的关键～ zhè shì juédìng shìyàn chéngbài de guānjiàn shíkè いまこそ実験の成否が決まる正念場だ．

*【钟点】zhōngdiǎn(～儿) 图口 (定まった)時間．時刻．‖～工 zhōngdiǎngōng パートタイマー．｜快到～了，进站吧 kuài dào zhōngdiǎn le, jìn zhàn ba もう時間だから，プラットホームに入ろう．

**【准时】zhǔnshí 形 時間が正確である．定刻どおりである．‖～开演 zhǔnshí kāiyǎn 時間どおりに開演する．｜～出发 zhǔnshí chūfā 定刻どおり出発する．

しきさい　色彩

▶彩色　▶色　▶色彩　▶颜色

**【彩色】cǎisè 图彩色．カラー．‖～凹版 cǎisè āobǎn カラーグラビア．｜～复印机 cǎisè fùyìnjī カラーコピー機．｜～铅笔 cǎisè qiānbǐ 色鉛筆．｜～纸 cǎisèzhǐ 色紙．

**【色】sè ◇色．色彩．(話し言葉では"shǎi"とも発音する)‖蓝～ lánsè 青色．｜原～ yuánsè 原色．｜这衣服不掉～儿 zhè yīfu bú diàoshǎir この服は色落ちしない．

*【色彩】sècǎi 图色．色彩．彩り．(比喩(ひゆ)的にも用いられる)‖～感 sècǎigǎn 色彩感覚．｜～谐调 sècǎi xiétiáo 色彩の調和がとれている．｜～鲜艳 sècǎi xiānyàn 色が鮮やかである．｜宗教～ zōngjiào sècǎi 宗教色．

★【颜色】yánsè 图色．色彩．(具体的に色がどうであるかをいうときには，"色彩"sècǎi ではなく"颜色"を用いる)‖白～ bái yánsè 白い色．｜深～ shēn yánsè 濃い色．｜浅～ qiǎn yánsè 薄い色．｜～很协调 yánsè hěn xiétiáo 色の調和がとてもいい．｜～鲜艳 yánsè xiānyàn 色が鮮やかである．

じきに　⇒【まもなく】

しく　敷く

▶衬　▶垫　▶垫底儿　▶铺　▶铺床
▶铺垫　▶铺开　▶铺设

【衬】chèn 動 (下や内側に紙や布を)当てる．敷く．‖在下边儿～张纸 zài xiàbianr chèn zhāng zhǐ 下に1枚紙を敷く．｜～上一层纱布 chènshang yì céng shābù ガーゼを1枚当てる．

*【垫】diàn 動 (高さや厚みを出したり，平らにするために)下に敷く．当てる．‖箱子里～了些纸 xiāngzi li diànle xiē zhǐ 箱の中に紙を敷いた．｜把花盆～高些 bǎ huāpén diàn gāo xiē 植木鉢の下に物を敷いて高くする．｜～猪圈 diàn zhūjuàn (肥料作りのために)ブタ小屋にわらなどを敷く．｜请～上个坐垫 qǐng diànshang ge zuòdiàn どうぞ座布団をお当てください．

【垫底儿】diàn//dǐr 動 底に物を敷く．‖炖丸子最好用白菜～ dùn wánzi zuì hǎo yòng báicài diàndǐr 肉団子を煮込むときは下にハクサイを敷いたほうがいい．

**【铺】pū 動 (平らに)広げる．敷く．‖～褥子 pū rùzi 敷き布団を敷く．｜把地图～在桌子上 bǎ dìtú pūzài zhuōzi shang 地図を机の上に広げる．｜地面～上瓷砖干净点儿 dìmiàn pūshang cízhuān gānjìng diǎnr

322

ゆかにタイルを敷いたほうが清潔です.

【铺床】 pū//chuáng 動ベッドに布団を敷く.

【铺垫】 pūdiàn 動❶(体や物の下に)敷く. 当てる. ‖褥子下面没有~东西 rùzi xiàmiàn méiyou pūdiàn dōngxi 敷き布団の下には何も敷いていない. ❷(話や物語の)伏線を敷く.

【铺开】 pūkāi 動敷く. 広げる. ‖把被子~ bǎ bèizi pūkāi 掛け布団を広げる. ｜工作已经全面~了 gōngzuò yǐjīng quánmiàn pūkāi le 仕事はもう全面的に始まっている.

【铺设】 pūshè 動敷設する. 敷く. ‖~铁路 pūshè tiělù 鉄道を敷設する. ｜~输油管道 pūshè shūyóu guǎndào 石油輸送のパイプラインを敷設する.

しごと　仕事

▶差事　▶工作　▶活　▶任务　▶事
▶事情　▶事业　▶职务　▶职业

【差事】 chāishi 图任务. 公務. (言いつけられた)仕事. ‖这份儿~真累人 zhè fènr chāishi zhēn lèi rén この仕事はまったく骨が折れる.

★**【工作】** gōngzuò 图❶職業. 職. ‖找~ zhǎo gōngzuò 仕事を探す. ｜分配~ fēnpèi gōngzuò 就職先を手配する. ｜~单位 gōngzuò dānwèi 職場. 勤め先. ❷仕事. 作業. ‖~量 gōngzuòliàng 作業量. ｜~能力 gōngzuò nénglì 仕事の能力. 業務能力. ｜~态度 gōngzuò tàidu 仕事ぶり. ｜从事科学研究~ cóngshì kēxué yánjiū gōngzuò 科学研究に従事する.

★**【活】** huó(~儿) 图(主に肉体的な)仕事. ‖粗~ cūhuó 力仕事. ｜农~ nónghuó 野良仕事. ｜想找个轻松的~儿 xiǎng zhǎo ge qīngsōng de huór 楽な仕事を探したい.

****【任务】** rènwu 图受け持つべき仕事や果たすべき責任. 任務. 役目. ‖按时完成~ ànshí wánchéng rènwu 予定どおり任務を果たす. ｜接受了一项秘密~ jiēshòule yí xiàng mìmì rènwu ある秘密の任務を受けた. ｜组长给每个人具体分派了~ zǔzhǎng gěi měi ge rén jùtǐ fēnpàile rènwu 班長は各人に具体的な仕事を割り振った.

★**【事】** shì(~儿) 图仕事. 職業. ‖我想在城里谋个~儿 wǒ xiǎng zài chénglǐ móu ge shìr 私は市内で仕事を探したい. ｜我还没找到~做 wǒ hái méi zhǎodào shì zuò 私はまだ仕事が見つからない. ｜您在哪里做~? nín zài nǎli zuòshì? あなたはどこで仕事をしているのですか.

★**【事情】** shìqing 图仕事. 職業. ‖在公司里, 每天都有许多~等着他处理 zài gōngsī li, měitiān dōu yǒu xǔduō shìqing děngzhe tā chǔlǐ 会社で彼は毎日たくさんの仕事を処理しなければならない.

****【事业】** shìyè 图事業. ‖教育~ jiàoyù shìyè 教育事業. ｜英雄~ yīngxióng shìyè 英雄の事業.

【职务】 zhíwù 图職務. ‖担任校长~ dānrèn xiàozhǎng zhíwù 校長の職務を務める. ｜~变动 zhíwù biàndòng 職務が変わる.

****【职业】** zhíyè 图職業. 職. 仕事. ‖寻找~ xúnzhǎo zhíyè 仕事を探す.

じじょう　事情

▶底细　▶理由　▶内情　▶情况　▶情形
▶事由　▶原因　▶缘故　▶状况

【底细】 dǐxì 图内情. 子細. 事情. ‖不知~ bù zhī dǐxì いきさつを知らない. ｜摸清~ mōqīng dǐxì 内情をはっきりつかむ. ｜事情的~ shìqing de dǐxì 事の子細.

****【理由】** lǐyóu 图理由. 口実. わけ. ‖充分~ lǐyóu chōngfèn 十分な理由がある. ｜正当的~ zhèngdàng de lǐyóu 正当な理由. ｜找~ zhǎo lǐyóu 口実を探す. ｜说

明～ shuōmíng lǐyóu 事情を打ちあける.｜我有不能明说的～ wǒ yǒu bù néng míngshuō de lǐyóu 私にははっきり言えない事情がある

*【内情】 nèiqíng 图 内情. 内部事情.‖了解～ liǎojiě nèiqíng 内情をよく知っている.｜通晓业界的～ tōngxiǎo yèjiè de nèiqíng 業界の事情に詳しい.

★【情况】 qíngkuàng 图 状況. 様子.‖～紧急 qíngkuàng jǐnjí 事態が切迫している.｜报告国外的～ bàogào guówài de qíngkuàng 海外事情をレポートする.｜我刚来乍到，对这里的～还搞不清楚 wǒ gāng lái zhà dào, duì zhèlǐ de qíngkuàng hái gǎobuqīngchu 来たばかりなので，ここの事情はまだわからない.

*【情形】 qíngxing 图 事情. 様子.‖看一下～再说吧 kàn yíxià qíngxing zàishuō ba 様子を見てからのことにしましょう.｜他向大家讲述了当时的～ tā xiàng dàjiā jiǎngshùle dāngshí de qíngxing 彼はみんなに当時の様子を話した.

【事由】 shìyóu 图 事由. 事情.‖只要说明～，爸爸一定会同意的 zhǐyào shuōmíng shìyóu, bàba yídìng huì tóngyì de 事情を説明しさえすれば，お父さんはきっとうんと言うよ.｜因为家庭～，我要请假 yīnwei jiātíng shìyóu, wǒ yào qǐngjià 家庭の事情でお休みします.

**【原因】 yuányīn 图 原因.‖找～ zhǎo yuányīn 原因を究明する.｜查明事故的～ chámíng shìgù de yuányīn 事故の原因を明らかにする.｜因迫不得已的～而缺席 yīn pò bù dé yǐ de yuányīn ér quēxí やむを得ない事情で欠席する.｜他这样想是有～的 tā zhèyàng xiǎng shì yǒu yuányīn de 彼がこのように考えるのには訳がある.

*【缘故】 yuángù 图 原因. 理由. わけ. "原故" とも書く.‖不知什么～，他没来 bù zhī shénme yuángù, tā méi lái どういう事情か彼は来なかった.｜最近身体

不好，是因为生活不规律的～ zuìjìn shēntǐ bù hǎo, shì yīnwei shēnghuó bù guīlǜ de yuángù 最近体調が悪いのは，生活が不規則なせいだ.

**【状况】 zhuàngkuàng 图 状況. 状態. ありさま.‖家庭收入～ jiātíng shōurù zhuàngkuàng 家庭の収入状況.｜经济～大有好转 jīngjì zhuàngkuàng dà yǒu hǎozhuǎn 経済状態が大いに好転した.

じしん　自信

▶把握　▶底　▶信心　▶有底　▶自信

**【把握】 bǎwò 图 (多く "有" yǒu "没有" méiyou の後に置く) 自信. 勝算.‖这次考大学你有没有～? zhè cì kǎo dàxué nǐ yǒu méiyou bǎwò? 君はこんどの大学入試に自信がありますか.｜很有～ hěn yǒu bǎwò とても自信がある.｜这事我没～ zhè shì wǒ méi bǎwò これについて私は自信がない.

*【底】 dǐ (～儿) 图 基礎. 素地.‖打～儿 dǎ dǐr 基礎をつくる.｜对这个工作，我心里一点儿～儿也没有 [没底] duì zhège gōngzuò, wǒ xīnli yìdiǎnr dǐr yě méiyou [méidǐ] この仕事に関してはまったく自信がない.

**【信心】 xìnxīn 图 自信. 信念. 確信.‖～十足 xìnxīn shízú 自信満々である.｜丧失～ sàngshī xìnxīn 自信を失う.｜充满～ chōngmǎn xìnxīn 自信に満ちている.

【有底】 yǒu//dǐ 動 自信がある. 心づもりがある.‖因为准备得充分，所以考试的时候心里～ yīnwei zhǔnbèide chōngfèn, suǒyǐ kǎoshì de shíhou xīnli yǒudǐ 準備は十分したから，試験には自信がある.

*【自信】 zìxìn 動 自信を持つ. 自負する.‖～心 zìxìnxīn 自信心.｜～能做好 zìxìn néng zuòhǎo ちゃんとやれると自信を持っている. 形 自信がある.‖过于

しずか　静か（落ち着いている）

~ guòyú zìxìn 自信過剰である.｜他十分~ tā shífēn zìxìn 彼はたいへんな自信家だ.　図自信.‖充满~ chōngmǎn zìxìn 自信にあふれている.｜失去~ shīqù zìxìn 自信を失う.

しずか　静か（物音がしない）

▶安静　▶沉静　▶寂静　▶静　▶静悄悄
▶宁静　▶清静　▶肃静　▶鸦雀无声

★【安静】ānjìng 形 静かである. 騒々しくない.‖~的环境 ānjìng de huánjìng 静かな環境.｜这里很~ zhèli hěn ānjìng ここはとても静かだ.｜请一点儿! qǐng ānjìng diǎnr! 静かにしてください.

*【沉静】chénjìng 形 静かである. 静まりかえっている.‖~下来 chénjìngxialai 静かになる.｜~的会场暴发出雷鸣般的掌声 chénjìng de huìchǎng bàofāchu léimíng-bān de zhǎngshēng しんと静まりかえっていた会場に雷鳴のような拍手が沸き起こった.

*【寂静】jìjìng 形 音もなく静かである. ひっそりとしている.‖~的山林 jìjìng de shānlín 静寂な山.

**【静】jìng 形 静かである. 物音がしない.‖夜深人~ yè shēn rén jìng 夜が更けて人々は寝静まっている.｜公园里真~ gōngyuán li zhēn jìng 公園の中はほんとうに静かだ.｜幽~ yōujìng ひっそりと静かである.

*【静悄悄】jìngqiāoqiāo（~的）形 ひっそりとしている. 静まりかえっている.‖教室里~的 jiàoshì li jìngqiāoqiāo de 教室の中はひっそりとしている.｜他~地走了出去 tā jìngqiāoqiāo de zǒulechuqu 彼はそっと出て行った.

*【宁静】níngjìng 形 静かである. 平穏である.‖~的夜晚 níngjìng de yèwǎn ひっそりと静まりかえった夜.｜心里渐渐

~下来了 xīnli jiànjiàn níngjìngxialai le 気持ちはしだいに落ち着いてきた.

【清静】qīngjìng 形（環境が）静かである. 閑静である.‖找个~的地方坐坐 zhǎo ge qīngjìng de dìfang zuòzuo どこか静かなところへ行って一休みしよう.｜这地方很~，就是交通不大方便 zhè dìfang hěn qīngjìng, jiùshì jiāotōng búdà fāng-biàn この場所は静かだが，交通の便があまりよくない.

【肃静】sùjìng 形 静粛である. ひっそりと静かである.‖请保持~ qǐng bǎochí sùjìng 静かにしてください.｜会场~下来 huìchǎng sùjìngxialai 会場はシーンと静まった.

【鸦雀无声】yā què wú shēng 成 しんと静まりかえったさま. 水を打ったように静まりかえること. “鸦默雀静” yā mò què jìng ともいう.

しずか　静か（落ち着いている）

▶安详　▶沉静　▶沉稳　▶静　▶冷静
▶平稳　▶平静　▶文静　▶稳

*【安详】ānxiáng 形 ゆったりしている. 静かで落ち着いている.‖态度~ tàidu ānxiáng 態度が落ち着いている.

*【沉静】chénjìng 形 落ち着いている. 平静である.‖性格~ xìnggé chénjìng 性格がもの静かだ.｜~的语调 chénjìng de yǔdiào 落ち着いた話しぶり.

【沉稳】chénwěn 形 ❶落ち着いている. 着実である. 慎重である.‖举止~ jǔ-zhǐ chénwěn 動作が落ち着いている.｜他办事~ tā bànshì chénwěn 彼の仕事ぶりは慎重である. ❷平静である. 平穏である.‖睡得~ shuìde chénwěn 安らかに眠っている.

**【静】jìng 形 ❶静止している. 静まっている. ⇔“动” dòng‖水面~极了，没有

325

一丝波纹 shuǐmiàn jìngjǐ le, měiyou yì sī bō-wén 水面は静まりかえり, さざ波一つ立っていない. ❷落ち着いている. 穏やかである. ‖心里总～不下来 xīnli zǒng jìngbuxialai 気持ちがいつも落ち着かない. ｜镇～ zhènjìng しずめる.

*【冷静】lěngjìng 厖 ❶冷静である. 落ち着いている. ‖头脑～ tóunǎo lěngjìng 思考が冷静である. ｜～地分析形势 lěngjìng de fēnxī xíngshì 情勢を冷静に分析する. ｜请你～地想一想! qǐng nǐ lěngjìng de xiǎngyixiǎng! 落ち着いて考えてください. ❷もの静かである. ひっそりしている. ‖春节一过, 街上显得～多了 Chūnjié yí guò, jiē shang xiǎnde lěngjìng duō le 春節を過ぎると, 街はずいぶん静かになる.

*【平稳】píngwěn 厖 平穏である. 安定している. 落ち着いている. ‖车开得很～ chē kāide hěn píngwěn 車の走りが静かである. ｜最近股市比较～ zuìjìn gǔshì bǐjiào píngwěn このところ株式市況はかなり落ち着いている.

**【平静】píngjìng 厖 (気持ちまたは環境などが)平静である. 穏やかである. 静かである. ‖～的湖面 píngjìng de húmiàn 静かな湖面. ｜风浪渐渐～了 fēnglàng jiànjiàn píngjìng le 波風が少しずつ収まってきた. ｜心情难以～ xīnqíng nányǐ píngjìng 心の高ぶりが抑えきれない.

【文静】wénjìng 厖 おとなしい. しとやかである. ‖～的姑娘 wénjìng de gūniang しとやかな娘さん. ｜举止～ jǔzhǐ wénjìng しぐさがしとやかである.

*【稳】wěn 厖 ❶穏やかである. 落ち着いている. ‖情绪不～ qíngxù bù wěn 気分が落ち着かない. ❷沈着である. しっかりしている. ‖动作很～ dòngzuò hěn wěn 動作がしっかりしている.

しぜん　自然

▶大自然　▶天然　▶原始　▶自然
▶自然界

*【大自然】dàzìrán 名 大自然. ‖保护～ bǎohù dàzìrán 大自然を保護する. ｜大自然的恩惠 dàzìrán de ēnhuì 自然の恵み.

*【天然】tiānrán 厖 天然の, 自然の. ⇔ "人工" réngōng "人造" rénzào ‖～水 tiānránshuǐ 天然水. ｜～渔港 tiānrán yúgǎng 天然の漁港.

*【原始】yuánshǐ 厖 原始的である. 未開である. ‖～森林 yuánshǐ sēnlín 原生林. ｜这种方法太～了 zhè zhǒng fāngfǎ tài yuánshǐ le この方法はずいぶん原始的だ.

*【自然】zìrán 名 自然. ‖保护～ bǎohù zìrán 自然を守る. ｜征服～ zhēngfú zìrán 自然を征服する. ｜开发～资源 kāifā zìrán zīyuán 天然資源を開発する.

【自然界】zìránjiè 名 自然界.

しぜんに　自然に

▶不禁　▶不由得　▶天生　▶自动　▶自己
▶自然　▶自然而然

*【不禁】bùjīn 副 こらえられずに. 思わず. …しないではいられない. ‖～失笑 bùjīn shīxiào 思わず笑う. ｜～落下泪来 bùjīn luòxia lèi lai こらえきれず涙を流す.

**【不由得】bùyóude 副 思わず. ふと. ひとりでに. ‖看到那悲惨的情景, 人们～掉下泪来 kàndào nà bēicǎn de qíngjǐng, rénmen bùyóude diàoxia lèi lai その悲惨な光景を見て, 人々は思わず涙を流した. ｜一听音乐就～跟着动起来 yì tīng yīnyuè jiù bùyóude gēnzhe dòngqilai 音楽を聞くと自然に身体が動き出す. ｜看着

－したい

这张照片，我～想起了童年往事 kànzhe zhè zhāng zhàopiàn, wǒ bùyóude xiǎngqile tóngnián wǎngshì この写真を見ると自然に幼き日のことが想い出される.

*【天生】tiānshēng 彫 生まれつきの. 生来の. ‖ ～丽质 tiānshēng lìzhì 天成の麗質. | 本领是练出来的，不是～的 běnlǐng shì liànchulai de, bú shì tiānshēng de 能力とは訓練のたまものであり，生まれつきのものではない.

**【自动】zìdòng 彫 おのずからである. 自動的である. ‖ 每天一到七点我就～醒了 měitiān yí dào qī diǎn wǒ jiù zìdòng xǐng le 私は毎日7時になると自然に目が覚める. | 只要有人经过，门口的灯就会～亮起来 zhǐyào yǒu rén jīngguò, ménkǒu de dēng jiù huì zìdòng liàngqilai 人が通れば，入り口の電気が自動的につく.

★【自己】zìjǐ 伐 自分. 自身. ‖ 也没吃药，感冒～好了 yě méi chī yào, gǎnmào zìjǐ hǎo le 薬も飲んでいないのに，風邪はひとりでに治った.

**【自然】zìrán 副 自然に. おのずと. ひとりでに. ‖ 这些道理等你长大了～就懂了 zhèxiē dàoli děng nǐ zhǎngdàle zìrán jiù dǒng le こうした道理は大人になれば自然と分かる.

【自然而然】zì rán ér rán 成 自然に. ひとりでに. ‖ 两人相处时间一长，～地产生了感情 liǎng rén xiāngchǔ shíjiān yì cháng, zì rán ér rán de chǎnshēngle gǎnqíng 長く交際しているうちに，二人の間にはいつしか愛情が芽生えた.

－したい

▶打算　▶希望　▶想　▶要　▶有意
▶准备

★【打算】dǎsuan；dǎsuàn 動 …しようと思う. …するつもりである. ‖ 明天我～去参观长城 míngtiān wǒ dǎsuan qù cānguān Chángchéng 明日長城見学に行こうと思う. | 我不～这么办 wǒ bù dǎsuan zhème bàn 私はそうするつもりはない.

★【希望】xīwàng 動 希望する. 望む. ‖ ～将来当教师 xīwàng jiānglái dāng jiàoshī 将来教師になりたいと思う. | ～你们好好儿想一想 xīwàng nǐmen hǎohāor xiǎngyixiǎng みなさん，どうかよくよく考えてください. | 我很～你能帮助我 wǒ hěn xīwàng nǐ néng bāngzhù wǒ あなたが手伝ってくださればほんとうにありがたいのですが.

★【想】xiǎng 助動 …したい. …したいと思う. …しようと考える. ‖ 我～当一名教师 wǒ xiǎng dāng yì míng jiàoshī 私は教師になりたいと思う. | 你～不～去日本旅游? nǐ xiǎngbùxiǎng qù Rìběn lǚyóu? 日本に観光旅行に行きたいですか. | 小李也～学太极拳 Xiǎo-Lǐ yě xiǎng xué tàijíquán 李さんも太極拳(たいきょくけん)を習いたがっている.

★【要】yào 助動 …したい. …するつもりだ. ‖ 我也～去 wǒ yě yào qù 私も行きたい. | 他～找工作，不想考研究生 tā yào zhǎo gōngzuò, bù xiǎng kǎo yánjiūshēng 彼は仕事を探すつもりで，大学院の試験を受けるつもりはない.

*【有意】yǒuyì 動 …しようと思う. …したいと思う. …する気がある. ‖ 他～买下这幢房子 tā yǒuyì mǎixia zhè zhuàng fángzi 彼はこの家を購入するつもりだ.

★【准备】zhǔnbèi 動 …するつもりである. …する予定である. ‖ 我～跟他谈一谈 wǒ zhǔnbèi gēn tā tányitán 彼とは話し合いをするつもりです. | 高中毕业后～考大学 gāozhōng bìyèhòu zhǔnbèi kǎo dàxué 高校卒業後は大学を受けるつもりです. | 我～明年去南方旅行 wǒ zhǔnbèi míngnián qù nánfāng lǚxíng 私は来年南方を旅行するつもりです.

327

しだいに ⇒【だんだん】

したがう 従う

▶服従 ▶俯首帖耳 ▶順 ▶順従 ▶听
▶听从 ▶听话 ▶遵从

**【服从】fúcóng 動 服従する. 従う. ‖ ～命令 fúcóng mìnglìng 命令に従う. | ～判決 fúcóng pànjué 裁判の決定に従う. | ～调动 fúcóng diàodòng 配置転換の命令に従う. | ～全局 fúcóng quánjú 全体に従う. | 少数～多数 shǎoshù fúcóng duōshù 少数は多数に従う.

【俯首帖耳】【俯首贴耳】fǔ shǒu tiē ěr 成 非常に従順なさま. ‖ 他对上司从来都是～ tā duì shàngsi cónglái dōu shì fǔ shǒu tiē ěr 彼は上司に対してはいつだって非常に従順である.

**【顺】shùn 動 (人の意見に)従う. 言うとおりにする. 服従する. ‖ 孝～ xiàoshùn 親孝行である. | 百依百～ bǎi yī bǎi shùn なんでも人の言いなりになる. | ～着妈妈 shùnzhe māma 母さんの言うとおりに従う.

【顺从】shùncóng 動 おとなしく従う. 素直に言うことを聞く. ‖ 她事事～丈夫 tā shìshì shùncóng zhàngfu 彼女は何事によらず夫の言うとおりにする.

★【听】tīng 動 言うことを聞く. 服従する. ‖ ～指挥 tīng zhǐhuī 指揮に従う. | 别人怎么劝，他都不～ biéren zěnme quàn, tā dōu bù tīng 人がどんなに説得しても彼は聞き入れようとしない. | 好，我～你的 hǎo, wǒ tīng nǐ de 分かった，言うとおりにするよ.

【听从】tīngcóng 動 聞き入れる. 従う. ‖ ～父母 tīngcóng fùmǔ 父母に従う. | ～老师的教导 tīngcóng lǎoshī de jiàodǎo 先生の指導に従う.

*【听话】tīng//huà 形 (目上や上司の)言うことに従う. 言うことをよく聞く. ‖ ～的孩子 tīnghuà de háizi よく言うことを聞く子供. | 这孩子真不～ zhè háizi zhēn bù tīnghuà この子はほんとに聞き分けがない. | 听爸爸的话 tīng bàba de huà お父さんの言うことを聞く.

【遵从】zūncóng 動 従う. ‖ ～遗言 zūncóng yíyán 遺言に従う. | ～上级指示 zūncóng shàngjí zhǐshì 上司の指示に従う.

しっかり

▶坚定 ▶结实 ▶可靠 ▶牢固 ▶稳当
▶稳固

*【坚定】jiāndìng 形 しっかりしている. 確固としている. 揺るぎない. ‖ 立场～ lìchǎng jiāndìng 立場がしっかりしている. | ～不移 jiāndìng bù yí 堅固で揺るぎない.

**【结实】jiēshi 形 (物が)頑丈である. しっかりしている. ‖ 这栋房子是二百年前建成的，可还是很～ zhè dòng fángzi shì èrbǎi nián qián jiànchéng de, kě háishi hěn jiēshi この家は200年前に建てられたものだが，まだまだしっかりしている. | 把桥墩用水泥补～ bǎ qiáodūn yòng shuǐní bǔjiēshi 橋脚台をコンクリートでしっかりと補強する. | 他把包捆得结结实实 tā bǎ bāo kǔnde jiējiēshíshí 彼は包みをひもでしっかり縛った.

**【可靠】kěkào 形 信頼できる. 頼りになる. ‖ 有～的情报来源 yǒu kěkào de qíngbào láiyuán しっかりした情報源がある. | 这事要交给～的人 zhè shì yào jiāogěi kěkào de rén この件はしっかりした人にやってもらわなくてはいけない.

*【牢固】láogù 形 堅固である. 頑丈である. しっかりしている. ‖ ～的友谊 láogù de yǒuyì 固い友情. | 大楼的基础很

~ dàlóu de jīchǔ hěn láogù ビルの基礎はなかなか頑丈にできている.

*【稳当】wěndang 形 しっかりしている. 安定している. ‖ 把梯子扶 ~ bǎ tīzi fúwěndang はしごをしっかり支える. ｜孩子刚学步, 走路不太 ~ háizi gāng xuébù, zǒulù bútài wěndang この子はあんよを覚え始めたばかりで, 足もとがあまりしっかりしていない.

【稳固】wěngù 形 しっかりしている. 堅固である. ‖ 建立~的农业基础 jiànlì wěngù de nóngyè jīchǔ しっかりした農業の基礎を打ち立てる.

じっこう　実行

▶进行　▶举行　▶履行　▶实践　▶实行
▶执行

★【进行】jìnxíng 動 (継続性のある物事を) 行う. する. 進行する. (2音節以上の行為を表す目的語をとる) ‖ ~实验 jìnxíng shíyàn 実験を行う. ｜~比赛 jìnxíng bǐsài 試合をする. ｜~参观访问 jìnxíng cānguān fǎngwèn 訪問見学する.

**【举行】jǔxíng 動 挙行する. 実行する. 行う. ‖ ~婚礼 jǔxíng hūnlǐ 婚礼を行う. ｜~谈判 jǔxíng tánpàn 交渉を行う. ｜会议延期~ huìyì yánqī jǔxíng 会議は延期して行う.

*【履行】lǚxíng 動 履行する. 実際に行う. ‖ ~诺言 lǚxíng nuòyán 約束を履行する. ｜~入会手续 lǚxíng rùhuì shǒuxù 入会の手続きをとる. ｜~义务 lǚxíng yìwù 義務を果たす. ｜责任 lǚxíng zérèn 責任を果たす.

★【实践】shíjiàn 動 実行する. 履行する. ‖ ~自己的诺言 shíjiàn zìjǐ de nuòyán 自分の約束を履行する. 図 実行. 実践. ‖ 理论来自~ lǐlùn láizì shíjiàn 理論は実践から生まれる.

**【实行】shíxíng 動 (綱領・計画・政策などを) 実行する. 実施する. ‖ ~计划生育 shíxíng jìhuà shēngyù 計画出産を実行する. ｜~计件工资制 shíxíng jìjiàn gōngzīzhì 出来高払い賃金制を実施する. ｜~体制改革 shíxíng tǐzhì gǎigé 体制改革を実施する.

**【执行】zhíxíng 動 執行する. 実施する. 施行する. ‖ ~任务 zhíxíng rènwu 任務を遂行する. ｜~计划 zhíxíng jìhuà 計画を実施する. ｜严格~ yángé zhíxíng 厳格に執行する. ｜按规定~ àn guīdìng zhíxíng 規定どおりに実行する.

じっと　じっと（注目する）

▶盯　　▶集中　　▶聚精会神　　▶目不转睛
▶凝神　▶凝视　　▶凝望　　　　▶全神贯注
▶注视

*【盯】dīng 動 凝視する. 注視する. 見つめる. にらむ. "钉" とも書く. ‖ 孩子们 ~ 着老师的一举一动 háizimen dīngzhe lǎoshī de yì jǔ yí dòng 子供たちは先生の一挙一動をじっと見つめている. ｜你干吗老~着我? nǐ gànmá lǎo dīngzhe wǒ? なんで僕をそうじろじろ見るんだ.

**【集中】jízhōng 動 集中する. 集める. まとめる. ‖ ~精神 jízhōng jīngshén 心を傾ける. 形 集中している. ‖ 注意力不~ zhùyìlì bù jízhōng 注意力が散漫である.

**【聚精会神】jù jīng huì shén 成 精神を集中する. 一心不乱に…する. ‖ ~地听讲 jù jīng huì shén de tīngjiǎng 一生懸命に講義を聞く.

【目不转睛】mù bù zhuǎn jīng 成 目を凝らす. 目を据えてじっと見つめる. ‖ 他 ~地看着她 tā mù bù zhuǎn jīng de kànzhe tā 彼はじっと彼女を見つめている.

【凝神】níngshén 動 じっと心を凝らす. 神経を集中する. ‖ ~思索 níngshén sīsuǒ

じっくりと思索にふける.｜～細看 níng-shén xìkàn じっと念入りに見る.｜～倾听 níngshén qīngtīng じっと耳を傾ける.

*【凝视】 níngshì 動 じっと見つめる. 凝視する. 注目する. ‖～着远方 níngshìzhe yuǎnfāng じっと遠くを見つめている.

【凝望】 níngwàng 動 じっと見つめる. ‖～着远方的群山 níngwàngzhe yuǎnfāng de qúnshān 遠方の山々をじっと見つめている.

【全神贯注】 quán shén guàn zhù 成 全精力を傾ける. 全神経を集中する. ‖学生们在～地听老师讲课 xuéshengmen zài quán shén guàn zhù de tīng lǎoshī jiǎngkè 学生たちは神経を集中させて先生の講義を聴いている.

*【注视】 zhùshì 動 注視する. 注目する. 注意してじっと見る. ‖凝神～ níngshén zhùshì 神経を集中してじっと見る.｜密切～事态的发展 mìqiè zhùshì shìtài de fāzhǎn 事態の動向をじっと見守る.｜目不转睛地～着前方 mù bù zhuǎn jīng de zhùshìzhe qiánfāng 目を凝らして前方を見つめている.

じつは　実は

▶本来　▶老实说　▶其实　▶实际上
▶实在　▶事实上　▶原来

**【本来】 běnlái 副 本来. もともと. ‖我～就不同意 wǒ běnlái jiù bù tóngyì 私はもともと反対だった.｜～就该这么办 běnlái jiù gāi zhème bàn もともとこうすべきだった.

【老实说】 lǎoshi shuō 組 実を言えば. 正直なところ. ‖～, 这事是你不对 lǎoshi shuō, zhè shì shì nǐ bú duì 率直なところ, この件は君が悪い.

*【其实】 qíshí 副 その実. 実際には. 実の

ところ. ‖这道题看上去很复杂, ～解起来并不难 zhè dào tí kànshangqu hěn fùzá, qíshí jiěqilai bìng bù nán この問題は複雑そうに見えるが, 解いてみれば, 実のところはそう難しくない.｜大家都问我, ～我也不知道 dàjiā dōu wèn wǒ, qíshí wǒ yě bù zhīdào みんなが私に尋ねるが, 実は私も知らないのだ.

【实际上】 shíjìshang;shíjìshàng 副 実際には. 実は. ‖看着他挺年轻, ～他比我还大两岁 kànzhe tā tǐng niánqīng, shíjìshang tā bǐ wǒ hái dà liǎng suì 見たところ彼はかなり若そうだが, 実際は私より二つ年上だ.｜～我并不想去, 只是没有办法 shíjìshang wǒ bìng bù xiǎng qù, zhǐshì méiyou bànfǎ ほんとうは行きたくないのだが, しかたがない.

**【实在】 shízài 副 実は. 実際は. ‖她嘴上说喜欢, ～并不怎么喜欢 tā zuǐ shang shuō xǐhuan, shízài bìng bù zěnme xǐhuan 彼女は口では好きだと言うが, 実はたいして好きなわけではない.｜说～的, 她的日语有点儿过时了 shuō shízài de, tā de Rìyǔ yǒudiǎnr guòshí le 実を言うと, 彼女の日本語は少し古くさい.

【事实上】 shìshí shang 組 事実上. 実際には. ‖这里的事, ～是他一个人说了算 zhèli de shì, shìshí shang shì tā yí ge rén shuōle suàn ここでは事実上彼が決定権を握っている.

★【原来】 yuánlái 副 (思いがけず何かに気付いて) なんと (…だったのか). なんだ (…だったのか). 道理で. "元来" とも書かれる. ‖喊了半天没人应, ～屋里没有人 hǎnle bàntiān méi rén yīng, yuánlái wū li méiyou rén いくら呼んでも返事がないと思ったら, なんだ留守だったのか.｜怪不得这么像, ～他俩是亲兄弟 guàibude zhème xiàng, yuánlái tā liǎ shì qīn xiōngdì どうもよく似ていると思ったら, なんだあの二人は実の兄弟だっ

たのか.

しつれいします　失礼します

▶抱歉　▶对不起　▶不好意思　▶告辞
▶借光　▶劳驾　▶请问　▶少陪　▶失敬
▶失陪　▶原谅

【抱歉】bàoqiàn 形 申し訳ない. すまない. ‖真～, 你要的那本书我忘带了 zhēn bàoqiàn, nǐ yào de nà běn shū wǒ wàngdài le ほんとうにすまない, 君に頼まれたあの本を持ってくるのを忘れてしまった. ｜对那天的事儿我感到十分～ duì nà tiān de shìr wǒ gǎndào shífēn bàoqiàn 先日の件では失礼いたしました.

★**【对不起】duìbuqǐ** 動 すまない. 申し訳ない. "对不住" duìbuzhù ともいう. ‖～, 我来晚了 duìbuqǐ, wǒ láiwǎn le 失礼しました, 遅れまして. ｜我觉得很～他 wǒ juéde hěn duìbuqǐ tā 私は彼にたいへんすまないと思っている.

【不好意思】bù hǎoyìsi 慣 (相手に申し訳ない気持ちを表す) 失礼します. 申し訳ない. ‖把您的名字写错了, 真～! bǎ nín de míngzi xiěcuò le, zhēn bù hǎoyìsi! あなたのお名前を書き間違えて, ほんとうに失礼いたしました.

【告辞】gàocí 動 いとま乞いをする. 辞去する. ‖起身～ qǐshēn gàocí 立ち上がっていとま乞いをする. ｜你们谈吧, 我还有事, 先～了 nǐmen tán ba, wǒ hái yǒu shì, xiān gàocí le 君たちは話していてくれ, 僕はまだ用事があるので, 先に失礼します.

【借光】jiè//guāng 動 (人に頼んだり助けを借りたりするときの言葉) ちょっとすみません. 失礼します. ちょっとお願いします. ‖～～! 让我过一下 jièguāng jièguāng! ràng wǒ guò yíxià ちょっと失礼, 通してください. ｜～! 邮局在哪儿?

jièguāng! yóujú zài nǎr? すみません, 郵便局はどこにありますか.

★**【劳驾】láo//jià** 動 (相手に頼むときの言葉) すみません. ‖～, 请把那本词典递给我 láojià, qǐng bǎ nà běn cídiǎn dìgěi wǒ すみません, ちょっとあの辞典を取ってください. ｜～, 让我过去 láojià, ràng wǒ guòqu 失礼します, ちょっと通してください.

★**【请问】qǐngwèn** 動 (相手に回答を求めるときに用いる前置き) すみませんが… ‖～, 您是山田教授吗? qǐngwèn, nín shì Shāntián jiàoshòu ma? 失礼ですが, 山田先生ではいらっしゃいませんか. ｜～, 附近有邮局吗? qǐngwèn, fùjìn yǒu yóujú ma? すみません, 近くに郵便局はありますか.

【少陪】shǎopéi 動 (中座するときに) 失礼いたします. ‖请大家慢慢儿吃吧, 我还有事, ～了! qǐng dàjiā mànmānr chī ba, wǒ hái yǒu shì, shǎopéi le! みなさん, どうぞゆっくりお召し上がりください, 私はまだ用事がありますので, ここで失礼いたします.

【失敬】shījìng 動 失礼する. ‖原来您就是李先生, ～, ～! yuánlái nín jiù shì Lǐ xiānsheng, shījìng, shījìng! ああ, あなたが李(り)さんでしたか, 失礼しました.

【失陪】shīpéi 動 (席をはずすことを詫(わ)びる言葉) お先に失礼します. ‖我有点事, ～了 wǒ yǒu diǎn shì, shīpéi le ちょっと用事があるので, お先に失礼させていただきます.

★**【原谅】yuánliàng** 動 許す. 大目に見る. ‖招待不周, 请～ zhāodài bùzhōu qǐng yuánliàng 何のおかまいもできず, 失礼しました. ｜说得不对的地方, 请大家多多～ shuō de búduì de dìfang, qǐng dà jiā duōduō yuánliàng 言葉の不適切な点は, 皆様なにとぞお許しください.

331

–しながら（–する）

–しながら （–する）

▶边…边… ▶连…带… ▶且 ▶一边
▶一面 ▶又…又… ▶着

**【边…边…】 biān… biān… 組（異なる動作を同時に行う）…しながら…する。‖边想边写 biān xiǎng biān xiě 考えながら書く。｜边吃边聊 biān chī biān liáo 食べながらおしゃべりをする。

*【连…带…】 lián… dài… 組 …したり…したり。…しながら…する。‖连吃带喝 lián chī dài hē 食べたり飲んだりする。｜连蹦带跳 lián bèng dài tiào 跳んだりはねたりする。｜连踢带打 lián tī dài dǎ けったり殴ったりする。｜连说带笑 lián shuō dài xiào 話したり笑ったりする。

**【且】 qiě 接 …かつ…。…しながら…する。‖ ～喝～聊 qiě hē qiě liáo 飲みかつしゃべる。｜俩人～谈～走 liǎ rén qiě tán qiě zǒu 二人は語りながら歩く。｜～战～退 qiě zhàn qiě tuì 戦いながら後退する。

**【一边】 yībiān（～儿）副（多く"一边…一边…"の形で）…しながら…する。‖ ～吃饭～看报 yìbiān chīfàn yìbiān kàn bào 食事をしながら新聞を読む。｜他慢慢儿地走着，～想着心事 tā mànmānr de zǒuzhe, yìbiān xiǎngzhe xīnshì 彼はゆっくりと歩きながら，考えごとをしている。

*【一面】 yīmiàn 副（多く"一面…一面…"の形で）…する一方で。…しながら…する。‖他翻开电话本，～拿起电话 tā fānkāi diànhuàběn, yímiàn náqi diànhuà 彼は電話帳をめくりながら，受話器を取った。｜～走～说 yímiàn zǒu yímiàn shuō 歩きながら話す。

【又…又…】 yòu… yòu… 組（二つ以上の動作や行為を，交互にすることを表す）…したり…したり。‖又哭又闹 yòu kū yòu nào 泣いたりわめいたり。｜我又擦

窗户又扫地，忙得不可开交 wǒ yòu cā chuānghu yòu sǎodì, mángde bù kě kāi jiāo 窓をふいたり掃除をしたり，てんてこ舞いの忙しさだ。

★【着】 zhe 助 二つの動詞の間に用いる。❶（二つの動作が同時に行われていること，あるいは動作の方式・状況などを表す）…して（…する）。…しながら（…する）。‖走～去 zǒuzhe qù 歩いて行く。｜躺～看书 tǎngzhe kàn shū 横になって本を読む。｜急～去上班 jízhe qù shàngbān 急いで出勤する。❷（第一の動作をしているうちに次の動作がいつの間にか実現することを表す）…しているうちに（…する）。‖说～说～哭了起来 shuōzhe shuōzhe kūleqilai 話しているうちに泣き出した。

しなもの　品物　⇒【物（品物）】

しぬ　死ぬ

▶故去 ▶过去 ▶去世 ▶逝世 ▶死
▶死亡 ▶牺牲 ▶夭折 ▶走

【故去】 gùqù 動 逝去する。（多く目上の人に用いる）‖他的母亲已经～ tā de mǔqin yǐjīng gùqù 彼の母親はすでに他界した。

★【过去】 guò//qu(qù) 動婉 亡くなる。世を去る。（後に必ず"了"le を伴う）‖他祖母昨晚～了 tā zǔmǔ zuówǎn guòqu le 彼のおばあさんは昨晚亡くなった。

*【去世】 qùshì 動 死ぬ。死去する。亡くなる。（一般の人や尊敬する人に用いる。やや婉曲な表現）‖因病不幸～ yīn bìng búxìng qùshì 病気のため残念なことに亡くなった。

*【逝世】 shìshì 動書 逝去する。（偉大な人物や尊敬する人に用いる。"去世"よ

りも厳粛で重々しい感じがある）‖主席已经～三十年了 zhǔxí yǐjīng shìshì sānshí nián le 主席が世を去られてもう 30 年になる.

★【死】sǐ 動 死ぬ. 死亡する.（人だけでなく動植物にも用いる. “死”には, “死去” sǐ qu “死过去” sǐ guoqu のように補語を伴う用法がある）⇔“生” shēng “活” huó‖他父亲～了 tā fùqin sǐ le 彼の父親は亡くなった.｜这场灾难～了许多人 zhè cháng zāinàn sǐle xǔduō rén こんどの災害で多くの人が死んだ.｜这棵树早～了 zhè kē shù zǎo sǐ le この木はとうに枯れている.｜有一次他病得差点儿～了过去 yǒu yí cì tā bìngde chàdiǎnr sǐleguoqu あるとき彼は病気であやうく死ぬところだった.

*【死亡】sǐwáng 動 死亡する.（複合名詞の構成要素になることが多い）⇔“生存” shēngcún‖濒临～ bīnlín sǐwáng 死に瀕（ひん）する.｜婴儿的～率 yīng'ér de sǐwánglù 乳児の死亡率.｜～证明书 sǐwáng zhèngmíngshū 死亡診断書.

**【牺牲】xīshēng 動（正義のために）命を捧げる.（多く戦死をいう）‖他～在战场上 tā xīshēngzài zhànchǎng shang 彼は戦場で一命を捧げた.｜为国～ wèi guó xīshēng 国のために命を捧げる.

【夭折】yāozhé 動 夭折（ようせつ）する. 若くして死ぬ. “夭殇” yāoshāng “夭逝” yāoshì ともいう.‖听说我本来有一个哥哥, 可是生下来到一个月就～了 tīngshuō wǒ běnlái yǒu yí ge gēge, kěshì shēngxialai dào yí ge yuè jiù yāozhé le 私には兄が一人いたが, 生後ひと月で死んだそうだ.

★【走】zǒu 動 婉（人が）この世を去る. 留下一家老小, 一个人～了 liúxia yì jiā lǎoxiǎo, yí ge rén zǒu le 家族を残し, この世を去った.

しはい　支配（影響を与える）

▶控制　▶影响　▶掌握　▶支配　▶左右

**【控制】kòngzhì 動 制御する. コントロールする. 抑制する. 支配する.‖受人～ shòu rén kòngzhì 人に支配される.｜摆脱～ bǎituō kòngzhì 支配から抜け出す.｜汽车失去了～ qìchē shīqùle kòngzhì 車がコントロールを失ってしまった.｜他竭力～住自己的感情, 没有掉下眼泪 tā jiélì kòngzhìzhù zìjǐ de gǎnqíng, méiyou diàoxia yǎnlèi 彼は懸命に自分の感情を抑え, 涙をこぼさなかった.

★【影响】yǐngxiǎng 動 影響を与える.‖很多人都容易受第一印象的～ hěn duō rén dōu róngyì shòu dì yī yìnxiàng de yǐngxiǎng 多くの人は第一印象に影響されやすい.｜家长的言行直接～到孩子 jiāzhǎng de yánxíng zhíjiē yǐngxiǎngdào háizi 保護者の言動は子供に直接影響する. 图 影響.‖受哥哥的～, 他也喜欢下棋 shòu gēge de yǐngxiǎng, tā yě xǐhuan xiàqí 兄の影響で彼も将棋が好きだ.

★【掌握】zhǎngwò 動 掌握する. 取り仕切る. つかさどる.‖～局势 zhǎngwò júshì 情勢を掌握する.｜～分寸 zhǎngwò fēncun 程合いを見計らう.｜～火候 zhǎngwò huǒhou 火かげんをコントロールする.｜命运～在自己手里 mìngyùn zhǎngwòzài zìjǐ shǒu li 運命は自らの手中に握られている.

*【支配】zhīpèi 動 支配する. 左右する.‖思想～行动 sīxiǎng zhīpèi xíngdòng 思想は行動を支配する.｜金钱并不能～一切 jīnqián bìng bù néng zhīpèi yíqiè 金銭がすべてを支配することはできない.

**【左右】zuǒyòu 動 左右する. 支配する.‖听说老马的意见常为他夫人所～ tīngshuō Lǎo-Mǎ de yìjian cháng wéi tā fūren suǒ

しばい　芝居

zuǒyòu 馬さんの意見はいつも奥さんに左右されているらしい. | 市場的供求～着物价 shìchǎng de gōngqiú zuǒyòuzhe wùjià 市場での需給関係が物価を左右している.

しばい　芝居

▶劇　▶戯　▶戯劇　▶戯曲

*【劇】jù 名芝居. 演劇. ‖ 话～ huàjù 新劇. 现代劇. | 京～ jīngjù 京劇. | 越～ yuèjù 浙江省の地方劇. | 歌～ gējù オペラ. | 喜～ xǐjù 喜劇. | 惨～ cǎnjù 惨劇. | 丑～ chǒujù 茶番劇. | 闹～ nàojù 茶番劇.

**【戯】xì 名芝居. 演劇. ‖ 木偶～ mù'ǒuxì 人形劇. | 皮影～ píyǐngxì (民間芸能の一種)影絵芝居. | 社～ shèxì 村の土地神の祭りなどで行われた芝居. | ～散了 xì sàn le 芝居がはねた. | 唱对台～ chàng duìtáixì 相手に対抗して張り合う.

*【戯劇】xìjù 名芝居. 演劇. ‖ ～界 xìjùjiè 芝居・演劇界. | ～评论 xìjù pínglùn 芝居・演劇評論.

【戯曲】xìqǔ 名伝統劇の総称. 京劇をはじめとする地方劇を含む.

しはらう　支払う ⇒【(金を) 払う】

しばらく　しばらく (少しの時間)

▶不久　▶不一会儿　▶片刻　▶稍　▶稍微
▶一会儿　▶一时　▶一下　▶暂且　▶暂时

★【不久】bùjiǔ 形まもない. (時間的に)近い. ‖ 你走后～, 他就来了 nǐ zǒu hòu bùjiǔ, tā jiù lái le 君が行ってまもなく, 彼が来た. | 过了～ guòle bùjiǔ しばらくして. | ～以前 bùjiǔ yǐqián ちょっと前. 先ごろ. | ～以后 bùjiǔ yǐhòu すぐ後. ほどなくして.

【不一会儿】bù yīhuìr 組まもなく. ほどなく. いくらもしないうち. ‖ ～, 人到了 bù yíhuìr, rén quán dào le まもなく全員来た. | 等了～, 他就回来了 děngle bù yíhuìr, tā jiù huílai le いくらも待たないうちに, 彼が帰ってきた.

*【片刻】piànkè 名わずかな時間. 一刻. しばし. ‖ 他犹豫了～ tā yóu yù le piànkè 彼はちょっとためらった. | 对不起, 请稍等～ duìbuqǐ, qǐng shāo děng piànkè すみません, 少しお待ちください.

**【稍】shāo 副少し. ‖ 请～等一下 qǐng shāo děng yíxià ちょっとお待ちください.

**【稍微】shāowēi 副少し. わずか. ‖ 今天～来早了一点儿 jīntiān shāowēi láizǎole yìdiǎnr 今日は少し早く来た. | 你再～等会儿 nǐ zài shāowēi děng huìr もうしばらくお待ち下さい.

★【一会儿】yīhuìr 名(時間的に)少し. 少しの間. ‖ 休息～吧 xiūxi yíhuìr ba ちょっと休みましょう. | 看了～电视 kànle yíhuìr diànshì テレビを少し見た. 副(時間的に)少ししたら. ‖ ～见 yíhuìr jiàn ではのちほど. | ～就吃饭了 yíhuìr jiù chīfàn le もうすぐ食事の時間だ. | 不大～就写完了 búdà yíhuìr jiù xiěwán le まもなく書き終えた.

**【一时】yīshí 名少しの間. しばらくの間. ‖ 工作～完不了 gōngzuò yìshí wánbuliǎo 仕事はしばらくは終わらない. | ～难以解决 yìshí nányǐ jiějué しばらくは解決するのが難しい.

★【一下】yīxià (～儿) 名ごくわずかな時間. ちょっと. (動詞の後に置き, 短時間ある動作をすること, または, ちょっと と試してみることを表す) ‖ 请等～ qǐng děng yíxià 少々お待ちください. | 给我看～ gěi wǒ kàn yíxià ちょっと見せてください. | 休息～吧 xiūxi yíxià ba 少し休

みなさい.

*【暫且】zànqiě 副 暫時. ひとまず. いったん. ‖ 在这里～住两天 zài zhèli zànqiě zhù liǎng tiān ここにひとまず2日滞在しよう. ｜这个问题～搁一搁 zhège wèntí zànqiě gēyigē この問題はひとまずおいておこう.

**【暫时】zànshí 名 一時的である. 暫時の. 差し当たりの. ‖ 这种现象是～的 zhè zhǒng xiànxiàng shì zànshí de こうした現象は一時的なものだ. ｜～不要告诉他 zànshí búyào gàosu tā 差し当たり彼には知らせるな. ｜把～穿不着的衣服收起来 bǎ zànshí chuānbuzháo de yīfu shōuqilai しばらく着ない服はしまっておきなさい.

しばらく　しばらく（やや長い時間）

▶半天　▶多日　▶多时　▶好久　▶久
▶老半天　▶许久　▶一会儿　▶一时
▶一阵

★【半天】bàntiān 名 長い時間. 長い間. ‖ 等了她～ děngle tā bàntiān 彼女を長いこと待った. ｜这路车少，～才来一趟 zhè lù chē shǎo, bàntiān cái lái yí tàng この路線のバスは少なく, たまに1台来るくらいだ.

【多日】duōrì 名 長い間. ‖ ～不见, 近况如何? duōrì bújiàn, jìnkuàng rúhé? 長い間お会いしていませんが, 近ごろはいかがですか.

【多时】duōshí 名 長い間. ‖ 等了～, 这不见动静 děngle duōshí, zhè bújiàn dòngjing しばらく待っていたが, 動きはなかった.

**【好久】hǎojiǔ 形 (時間が)長い. 長い間. ‖ 我等了他～ wǒ děngle tā hǎojiǔ 彼をずいぶん待った. ｜～不见了 hǎojiǔ bújiàn le 久しぶりですね. ｜～没看电影了 hǎojiǔ

méi kàn diànyǐng le しばらく映画を見ていない.

★【久】jiǔ 形 時がたっている. 久しい. ⇔ "暫" zàn ‖ 很～没有见面了 hěn jiǔ méiyou jiànmiàn le 久しく会っていませんね. ｜等了好～ děngle hǎojiǔ 長い時間待った. ｜年深日～ nián shēn rì jiǔ 長い年月を経る.

【老半天】lǎobàntiān 名 しばらく. 長い間. ‖ 排了～的队, 才买到票 páile lǎobàntiān de duì, cái mǎidào piào 長いこと列に並んでやっと切符を手に入れた.

【许久】xǔjiǔ 形 久しい. 時間が長い. ‖ 等了～, 他才来 děngle xǔjiǔ, tā cái lái 長い間待たされて, やっと彼は来た.

★【一会儿】yíhuìr 名 (時間的に)少し. 少しの間. ‖ 休息～吧 xiūxi yíhuìr ba ちょっと休みましょう. ｜看了～电视 kànle yíhuìr diànshì テレビを少し見た. ｜聊了一天儿 liáole yíhuìr tiānr しばらく雑談した.

**【一时】yìshí 名 少しの間. しばらくの間. ‖ 工作～完不了 gōngzuò yìshí wánbuliǎo 仕事はしばらくは終わらない. ｜～难以解决 yìshí nányǐ jiějué しばらくは解決するのが難しい.

【一阵】yízhèn (～儿) 名 しばらくの間. "一阵子" yízhènzi ともいう. ‖ ～头昏 yízhèn tóu hūn しばらく頭がくらくらした. ｜响起～掌声 xiǎngqi yízhèn zhǎngshēng ひとしきり拍手が続いた. ｜想了好～才弄明白 xiǎngle hǎo yízhèn cái nòng míngbai 長いこと考えてやっとわかった.

しばる　縛る

▶绑　▶打　▶捆　▶捆绑　▶勒
▶绳捆索绑　▶束　▶扎

---

*【绑】bǎng 動 縛る. 巻きつける. ‖ 把两根棍儿～在一起 bǎ liǎng gēn gùnr bǎngzài

yìqǐ 2本の棒をひもでくくる. ｜行李～得太松了 xíngli bǎngde tài sōng le 荷物の縛り方が緩すぎる.

★【打】 dǎ 動 巻く. くくる. ‖～包 dǎbāo 梱包(ごう)する. 荷造りする. ｜～裹腿 dǎ guǒtui ゲートルを巻く. ｜～行李 dǎ xíngli 旅行の荷造りをする. ｜～铺盖卷儿回家 dǎ pūgaijuǎnr huí jiā 荷物をまとめて家にかえる.

**【捆】 kǔn 動 縛る. 束ねる. ‖～行李 kǔn xíngli 荷物をまとめる. ｜把书～成一摞 bǎ shū kǔnchéng yí luò 本を一くくりに束ねる. ｜他把包～得结结实实 tā bǎ bāo kǔnde jiējiēshíshí 彼は包みをひもでしっかり縛った.

【捆绑】 kǔnbǎng 動 縄で縛る. ‖把双手～在一起 bǎ shuāngshǒu kǔnbǎngzài yìqǐ 両手を一緒に縛り上げる.

【勒】 lēi 動 (縄などで)きつく縛る. しっかり締める. ‖～紧鞋带 lēijǐn xiédài 靴のひもをしっかり締める. ｜绳子太松了，再一一～ shéngzi tài sōng le, zài lēiyilēi ひもが緩すぎるから，もっと強く締めなさい. ｜这衣服领口太小，～得慌 zhè yīfu lǐngkǒu tài xiǎo, lēidehuang この服は襟ぐりが小さくて，きつくてたまらない.

【绳捆索绑】 shéng kǔn suǒ bǎng 慣 (罪人などを)縛り上げる.

*【束】 shù 動 縛る. くくる. ‖绳子～得很紧 shéngzi shùde hěn jǐn ロープをきつく縛る. ｜头发上～着一条红绸带 tóufashang shùzhe yì tiáo hóngchóudài 髪に赤いリボンを結んでいる.

【扎】 zā 動 縛る. 結ぶ. 束ねる. ‖～腰带 zā yāodài 帯を締める. ベルトを締める. ｜～辫子 zā biànzi (髪を)お下げに結う. ｜把头发～起来 bǎ tóufa zāqilai 髪を束ねる.

しばる 縛る（束縛する）

▶拘束　▶墨守成规　▶束缚　▶束手束脚
▶限制　▶约束　▶制约　▶作茧自缚

---

*【拘束】 jūshù 動 拘束する. 縛る. ‖传统观念～着人们的思想 chuántǒng guānniàn jūshùzhe rénmen de sīxiǎng 伝統的観念が人々の考えを拘束している.

【墨守成规】 mò shǒu chéng guī 慣 古いやり方に固執し改革しないこと. ‖这个人胆小怕事，什么时候都～ zhège rén dǎn xiǎo pà shì, shénme shíhou dōu mò shǒu chéng guī 気が小さく，何事も今まで通りにしたがる.

*【束缚】 shùfù 動 束縛する. 拘束する. ‖这些清规戒律～住了人们的手脚 zhèxiē qīngguī jièlǜ shùfùzhù le rénmen de shǒujiǎo こうした杓子(じゃく)定規な決まりは人々の自由な行動を妨げている. ｜摆脱传统观念的～ bǎituō chuántǒng guānniàn de shùfù 伝統的な考えの束縛から抜け出る.

【束手束脚】 shù shǒu shù jiǎo 慣 手足を縛られる. あれこれ考えて行動できないさま. ‖他胆小怕事，办事总是～的 tā dǎn xiǎo pà shì, bànshì zǒngshì shù shǒu shù jiǎo de 彼は気が小さくて，何をするにも思い切ってできない.

**【限制】 xiànzhì 動 制限する. 規制する. ‖～军备竞赛 xiànzhì jūnbèi jìngsài 軍拡競争を規制する. ｜～人身自由 xiànzhì rénshēn zìyóu 人身の自由を制約する.

*【约束】 yuēshù 動 束縛する. 制限する. ‖～自己 yuēshù zìjǐ 自分を束縛する. ｜受法律的～ shòu fǎlǜ de yuēshù 法律の制約を受ける. ｜他觉得过集体生活受～ tā juéde guò jítǐ shēnghuó shòu yuēshù 彼は集団生活は窮屈だと感じている.

*【制约】 zhìyuē 動 制約する. ‖各派势力相互～ gè pài shìlì xiānghù zhìyuē 各派の

勢力は互いに制約し合う．｜受到客观环境的〜 shòudào kèguān huánjìng de zhìyuē 客観的な環境の制約を受ける．

【作茧自缚】 zuò jiǎn zì fù 威 蚕が自分で糸を吐いて作った繭(まゆ)の中にこもる．自分の縄で自分を縛る．自縄自縛に陥る．

じぶん 自分

▶本人 ▶我 ▶自个儿 ▶自己 ▶自身
▶自我 ▶自行

【本人】 běnrén 代 ❶本人．その人自身．｜那本书我已交给李华〜了 nà běn shū wǒ yǐ jiāogěi Lǐ Huá běnrén le あの本はもう李華さん本人に渡しました．❷私．｜〜概不负责 běnrén gài bú fùzé 私はいっさい責任を負いません．

★**【我】** wǒ 代 私．僕．｜这是〜个人的意见 zhè shì wǒ gèrén de yìjian これは私の個人的な意見です．｜给〜打电话 gěi wǒ dǎ diànhuà 私に電話をください．｜〜的书 wǒ de shū 私の本．｜〜哥哥 wǒ gēge 私の兄．

【自个儿】【自各儿】 zìgěr 代 历 自分．自身．｜这些问题应该由他〜解决 zhèxiē wèntí yīnggāi yóu tā zìgěr jiějué これらの問題は彼自身に解決させるべきである．

★**【自己】** zìjǐ 代 自分．自身．｜〜的房间〜打扫 zìjǐ de fángjiān zìjǐ dǎsǎo 自分の部屋は自分で掃除する．｜我〜会干 wǒ zìjǐ huì gàn 私は自分でできる．

【自身】 zìshēn 名書 自身．自分自身．｜〜利益 zìshēn lìyì 自分自身の利益．｜他不顾〜的安全，排除了地雷 tā búgù zìshēn de ānquán, páichúle dìléi 彼は自身の安全を顧みず地雷を取り除いた．

***【自我】** zìwǒ 代 自分．自ら．(2音節の動詞の前に用い，その動作が自分から発し，同時に自分を対象としたもので

あることを表す)｜〜推荐 zìwǒ tuījiàn 自薦する．自分の長所をアピールする．｜〜介绍 zìwǒ jièshào 自己紹介する．｜这个人很会〜表现 zhège rén hěn huì zìwǒ biǎoxiàn あの人は巧みに自分をひけらかす．

【自行】 zìxíng 副 ❶自分で．｜〜办理 zìxíng bànlǐ 自分で手続きする．｜商品种类繁多，顾客可以〜选购 shāngpǐn zhǒnglèi fán duō, gùkè kěyǐ zìxíng xuǎngòu 商品の種類は豊富で，客は自分で自由に選んでよい．❷自分から．進んで．｜〜退出 zìxíng tuìchū 自ら退く．

しぼる 絞る・搾る

▶挤 ▶挤牙膏 ▶绞 ▶拧 ▶拧 ▶榨
▶榨取

★**【挤】** jǐ 動 搾る．(時間を)ひねり出す．｜〜牛奶 jǐ niúnǎi ウシの乳を搾る．｜最近我实在忙，去医院的时间都〜不出 zuìjìn wǒ shízài máng, qù yīyuàn de shíjiān dōu jǐbuchū 最近私はとても忙しくて，病院に行く時間さえとれない．

【挤牙膏】 jǐ yágāo 組 練り歯磨きを(チューブから)押し出す．喩 小出しにする．少しずつ本音を吐く．｜他吞吞吐吐，像〜似的，不肯说出实情 tā tūntūntǔtǔ, xiàng jǐ yágāo shìde, bù kěn shuōchu shíqíng 彼は言葉を濁すばかりで，なかなか真相を吐き出そうとしない．

【绞】 jiǎo 動 絞る．ねじる．｜〜毛巾 jiǎo máojīn タオルを絞る．｜〜尽脑汁 jiǎojìn nǎozhī さんざん知恵を絞る．

【拧】 níng 動 (両手で)ねじる．絞る．｜〜毛巾 níng máojīn タオルを絞る．｜把衣服〜干 bǎ yīfu nínggān 洗濯物を絞って水気をとる．

【拧】 nǐng 動 ひねる．ねじる．｜把螺丝〜紧 bǎ luósī nǐngjǐn ねじをしっかり締

しまつ　始末(処理する)

める.｜～开瓶盖 nǐngkāi pínggài 瓶のふたを開ける.

【榨】zhà 動 搾る.圧搾する.｜～油 zhà-yóu 油を搾る.｜甘蔗汁～出来了 gān-zhezhī zhàchulai le サトウキビの汁を搾り出した.

【榨取】zhàqǔ 動 搾り取る. 喩 搾取する.｜～花生油 zhàqǔ huāshēngyóu 落花生油を搾る.｜～工人的血汗 zhàqǔ gōng-rén de xuèhàn 労働者の血と汗を搾取する.

しまう ⇒【収める】

しまつ　始末（処理する）

▶処理　▶処置　▶対付　▶解決　▶了結
▶収拾　▶応付

**＊＊【処理】chǔlǐ 動❶処理する.処置する.片づける.｜这几件旧家具要赶快～掉 zhè jǐ jiàn jiù jiājù yào gǎnkuài chǔlǐdiào これらの古い家具はさっさと処分してしまわなくちゃ.｜由自己来～自己的问题 yóu zìjǐ lái chǔlǐ zìjǐ de wèntí 自分で自分の始末をする.❷処分販売する.｜商店～冬衣 shāngdiàn chǔlǐ dōngyī 商店が冬物衣料を処分販売する.｜廉价～ liánjià chǔlǐ 処分廉売.

＊【処置】chǔzhì 動 処置する.処理する.｜妥善～ tuǒshàn chǔzhì 穏当に処置する.｜～不当 chǔzhì bú dàng 処置が妥当でない.

＊＊【対付】duìfu 動 対処する.対応する.当たる.｜我有办法～他 wǒ yǒu bànfǎ duì-fu tā 私には彼に対処する手立てがある.｜这次考试总算～过去了 zhè cì kǎo-shì zǒngsuàn duìfuguoqu le こんどのテストはどうにかこうにか乗り切った.

★【解決】jiějué 動❶解決する.片づけ

る.｜～问题 jiějué wèntí 問題を解決する.｜～矛盾 jiějué máodùn 矛盾を解決する.｜这个病得动手术,光吃药恐怕不～问题 zhège bìng děi dòng shǒushù, guāng chī yào kǒngpà bù jiějué wèntí この病気は手術をしなくてはならない.薬を飲むだけではどうにもならないだろう.❷消滅させる.始末する.｜那只蚊子被我～了 nà zhī wénzi bèi wǒ jiějué le あの力は私がやっつけてやった.

【了結】liǎojié 動 解決する.片づく.｜那事早就～了 nà shì zǎojiù liǎojié le あれはもうとっくに片づいた.｜账目都～了 zhàngmù dōu liǎojié le 勘定はすべて清算した.

★【収拾】shōushi 動 始末する.片づける.整理する.｜～房间 shōushi fángjiān 部屋を片づける.｜～残局 shōushi cánjú 後の始末をする.｜我来～这几条鱼吧 wǒ lái shōushi zhè jǐ tiáo yú ba 私がこの魚をさばこう.

【応付】yìngfu；yìngfù 動 対応する.対策をたてて処理する.｜～自如 yìngfu zìrú 柔軟に対処する.｜难以～ nányǐ yìngfu 始末に負えない.｜事情太多,穷于～ shìqing tài duō, qióngyú yìngfu 雑事が多すぎて対応しきれない.

じまん　自慢

▶得意　▶驕傲　▶誇耀　▶顕摆　▶顕耀
▶炫耀　▶自吹自擂　▶自豪　▶自夸
▶自我吹嘘

＊【得意】déyì 形 得意の.｜～扬扬 déyì yángyáng 得意満面である.｜这是父亲～的儿子 zhè shì fùqin déyì de érzi これが父親の自慢の息子だ.｜他～地向我晃晃手里的入场券 tā déyì de xiàng wǒ huàng-lehuàng shǒu li de rùchǎngquàn 彼は得意気に私に向かって入場券をひらひらさ

せてみせた.

【骄傲】 jiāo'ào 彫 誇らしい. ‖ 我们为有这样一位校友而感到～ wǒmen wèi yǒu zhèyàng yí wèi xiàoyǒu ér gǎndào jiāo'ào 私たちはこのような卒業生がいることを誇らしく思う.

【夸耀】 kuāyào 動 見せびらかす. ひけらかす. ‖ 他从不～自己 tā cóng bù kuāyào zìjǐ 彼は自慢話をしたことがない.

【显摆】【显白】 xiǎnbai 動 見せびらかす. 自慢する. ‖ 她总喜欢跟别人～自己家的孩子如何如何聪明 tā zǒng xǐhuan gēn biéren xiǎnbai zìjǐ jiā de háizi rúhérúhé cōngming 彼女はいつも人に自分の子供がどんなに賢いか自慢したがる. ｜ 向小朋友～他的新玩具 xiàng xiǎopéngyou xiǎnbai tā de xīn wánjù (子供が)友だちに自分の新しいおもちゃを見せびらかす.

【显耀】 xiǎnyào 動 見せびらかす. ひけらかす. 誇示する. ‖ ～自己的本领 xiǎnyào zìjǐ de běnlǐng 自分の腕をひけらかす.

【炫耀】 xuànyào 動 誇示する. ひけらかす. ‖ ～本领 xuànyào běnlǐng 腕前をひけらかす. ｜ 在人前～自己 zài rénqián xuànyào zìjǐ 人に自慢話をする.

【自吹自擂】 zì chuī zì léi 成 自らラッパを鳴らし太鼓をたたく. 自画自賛する.

*【自豪】 zìháo 彫 書 誇らしい. ‖ 父亲为儿子夺得冠军而～ fùqin wèi érzi duódé guànjūn ér zìháo 父親は息子が優勝したことを誇らしく思った.

【自夸】 zìkuā 動 自慢する. ‖ 他这人喜欢～ tā zhè rén xǐhuan zìkuā 彼という人はすぐ自慢したがる.

【自我吹嘘】 zìwǒ chuīxū 組 自慢話をする. 自己宣伝する.

じみ　地味

▶不起眼儿　▶不显眼　▶老气　▶朴实
▶朴素　▶素　▶素淡　▶素净　▶素气
▶质朴

【不起眼儿】 bù qǐyǎnr 組歷 目立たない. ぱっとしない. ‖ 在单位他是个～的小人物 zài dānwèi tā shì ge bù qǐyǎnr de xiǎorénwù 彼は職場では目立たない人物である.

【不显眼】 bù xiǎnyǎn 組 目立たない. 地味である. ‖ 衣服上沾了块油污, 但幸好还～ yīfu shang zhānle kuài yóuwū, dàn xìnghǎo hái bù xiǎnyǎn 服に油染みができたが, 幸い目立たない. ｜ 我特意挑了一辆～的车 wǒ tèyì tiāole yì liàng bù xiǎnyǎn de chē わざと地味な車を選んだ.

【老气】 lǎoqi;lǎoqì 彫 (服装などが)地味で古臭い. ‖ 这衣服你穿太～了 zhè yīfu nǐ chuān tài lǎoqi le この服は君には地味すぎる.

*【朴实】 pǔshí 彫 ❶質素である. 飾り気がない. ‖ 她给人的印象很～ tā gěi rén de yìnxiàng hěn pǔshí 彼女は地味な感じがする. ❷堅実である. 手堅い. ‖ 他的工作作风～, 不招摇 tā de gōngzuò zuòfēng pǔshí, bù zhāoyáo 彼の仕事ぶりは地味で人目を引くようなことはない.

**【朴素】 pǔsù 彫 (身なりなどが)質素である. 飾り気がない. ‖ 她总是穿得很～ tā zǒngshì chuānde hěn pǔsù 彼女はいつも質素な身なりをしている.

*【素】 sù 彫 (色が)地味である. ‖ 这块布颜色很～ zhè kuài bù yánsè hěn sù この布地は色が地味だ.

【素淡】 sùdàn 彫 地味である. ‖ ～的颜色 sùdàn de yánsè 地味な色.

【素净】 sùjing 彫 (色彩や模様が)地味である. ‖ ～的连衣裙 sùjing de liányīqún 地味なワンピース.

339

しめす 示す

【素气】sùqi 形 地味である．飾りけがない．‖这件毛衣很~ zhè jiàn máoyī hěn sùqi このセーターは地味だ.

【质朴】zhìpǔ 形 質朴である．飾り気がない．素朴である．‖语言~ yǔyán zhìpǔ 言葉が素朴である．｜天性~ tiānxìng zhìpǔ 人柄が朴訥(ぼく)である．｜生活~ shēnghuó zhìpǔ 生活が地味である.

しめす 示す

▶表示 ▶表现 ▶出示 ▶显示 ▶展示
▶指 ▶指出 ▶指点 ▶指明 ▶指示

★【表示】biǎoshì 動 ❶(言葉や行動で)表す．示す．表明する．‖~赞成 biǎoshì zànchéng 賛成の意を表す．｜向你们~感谢 xiàng nǐmen biǎoshì gǎnxiè あなたがたに感謝の意を表します．❷示す．意味する．‖红灯~禁止通行 hóngdēng biǎoshì jìnzhǐ tōngxíng 赤信号は通行禁止を示す.

★【表现】biǎoxiàn 動 表現する．体現する．示す．‖运动员在比赛中~顽强的毅力 yùndòngyuán zài bǐsài zhōng biǎoxiànchū wánqiáng de yìlì 選手は試合で粘り強さを発揮した．｜这首歌~了人们对幸福的向往 zhè shǒu gē biǎoxiànle rénmen duì xìngfú de xiàngwǎng この歌には人々の幸福への思いが表されている.

【出示】chūshì 動 出して見せる．呈示する．‖~证件 chūshì zhèngjiàn 証明書を呈示する．｜请大家主动~月票 qǐng dàjiā zhǔdòng chūshì yuèpiào ご乗車のみなさん定期券をお見せください.

*【显示】xiǎnshì 動 はっきり示す．顕示する．明らかにする．‖通过比赛，~了他们的雄厚实力 tōngguò bǐsài, xiǎnshìle tāmen de xiónghòu shílì 試合を通じて彼らはけた違いの実力を見せつけた．｜数据~在电脑屏幕上 shùjù xiǎnshìzài diàn-

nǎo píngmù shang データはコンピューターのディスプレー上に表示されている．｜他想在大家面前一一下自己的绘画才能 tā xiǎng zài dàjiā miànqián xiǎnshì yíxià zìjǐ de huìhuà cáinéng 彼はみんなの前で自分の絵の才能を見せつけたいと思っている.

*【展示】zhǎnshì 動 並べて見せる．はっきりと示す．‖~出美好的前景 zhǎnshìchu měihǎo de qiánjǐng すばらしい未来を描き出す.

★【指】zhǐ 動 ❶指さす．指す．‖用手~了~前方 yòng shǒu zhǐlezhǐ qiánfāng 手で前方を指し示した．｜朝箭头所~的方向走 cháo jiàntóu suǒ zhǐ de fāngxiàng zǒu 矢印の指し示す方向に歩く．❷意味する．‖他的发言~的是你 tā de fāyán zhǐ de shì nǐ 彼の発言は君のことを言っているんだよ．❸指摘する．‖~教 zhǐjiào 教示する．｜把不足之处~出来 bǎ bùzú zhī chù zhǐchulai 不十分なところを指摘する.

**【指出】zhǐchu; zhǐchū 動 指摘する．指し示す．‖~问题的严重性 zhǐchu wèntí de yánzhòngxìng 問題の重大さを指摘する．｜一一~ yīyī zhǐchu 一つ一つ指摘する.

*【指点】zhǐdiǎn 動 指し示す．指摘する．教え示す．‖导游边~边向游客们讲解着 dǎoyóu biān zhǐdiǎn biān xiàng yóukèmen jiǎngjiězhe ガイドは指さしながら観光客に説明している．｜今后有做错的地方还请您多多~ jīnhòu yǒu zuòcuò de dìfang hái qǐng nín duōduō zhǐdiǎn 分からないところは今後ともいろいろとご教示ください.

*【指明】zhǐmíng 動 はっきり指し示す．明示する．‖~方向 zhǐmíng fāngxiàng (空間的あるいは抽象的な)方向を明示する．｜~出路 zhǐmíng chūlù 活路を指し示す．｜~错误的严重性质 zhǐmíng cuò-

wù de yánzhòng xìngzhì 過ちの重大さを
はっきり示す.

**【指示】zhǐshì 動 指示する. ‖上级～下
级 shàngjí zhǐshì xiàjí 上級機関が下級機
関に指示する.

しめる　閉める

▶闭　▶封闭　▶关　▶关闭　▶关门　▶合

**【闭】bì 動 閉じる. 閉める. ‖～上嘴 bì-
shang zuǐ 口を閉じる. ｜～灯 bì dēng 電
気を消す. ｜倒～ dǎobì 倒産する. ｜这
幢房子的门窗一直～着, 不知何故? zhè
zhuàng fángzi de ménchuāng yìzhí bìzhe, bù
zhī hégù? この家の戸や窓はずっと閉
まったままだが, いったいどうしたの
だろう.

*【封闭】fēngbì 動 閉鎖する. 封鎖する.
‖赌场被～了 dǔchǎng bèi fēngbì le 賭博
場が閉鎖された.

★【关】guān 動 ❶閉める. 閉じる. ⇔"开"
kāi ‖～窗户 guān chuānghu 窓を閉める.
｜～上箱子 guānshang xiāngzi トランク
を閉める. ｜随手把门～上 suíshǒu bǎ mén
guānshang ついでにドアを閉める. ❷閉
店する. 休業する. 倒産する. ‖因为没
有继承人只好把店～了 yīnwei méiyou jì-
chéngrén zhǐhǎo bǎ diàn guān le 跡継ぎが
いなくて店を閉めた.

*【关闭】guānbì 動 ❶閉める. 閉じる. ‖
～门窗 guānbì ménchuāng 戸や窓を閉め
る. ❷(企業・商店・学校などを)たた
む. 廃業する. ‖因为经营不善, 工厂
只好～ yīnwei jīngyíng búshàn, gōngchǎng
zhǐhǎo guānbì 経営状態が悪く, 工場を
閉鎖せざるを得ない.

【关门】guān//mén 動 ❶閉店する. 一日
の営業を終える. ‖那家商店上午九点
开门, 下午七点～ nà jiā shāngdiàn shàng-
wǔ jiǔ diǎn kāimén, xiàwǔ qī diǎn guānmén

あの店は午前9時に開店し, 午後7時
に閉店する. ❷臨店を閉じる. 店をた
たむ. ‖商店经营不下去, 只好关了门
shāngdiàn jīngyíngbuxiàqu, zhǐhǎo guānle
mén 商店は経営が行き詰まってやむな
く店を閉じた.

*【合】hé 動 閉じる. 閉める. ⇔"开" kāi
‖～眼 héyǎn 目を閉じる. ｜～上书 hé-
shang shū 本を閉じる. ｜笑得～不上嘴
xiàode hébushàng zuǐ 口がふさがらない
ほど笑う. 笑いが止まらない.

しめる　締める

▶打　▶系　▶结　▶紧　▶勒　▶束　▶扎

★【打】dǎ 動 (多くの具体的意味をもつ動
詞の代わりに用いる)結ぶ. 結び目を
つくる. ‖～领带 dǎ lǐngdài ネクタイを
締める. ｜～个活结儿 dǎ ge huójiér 蝶結
びにする.

【系】jì 動 結ぶ. 結わえる. 留める. ‖～
皮带 jì pídài ベルトを締める. ｜～扣子
jì kòuzi ボタンを留める. ｜把鞋带～好
bǎ xiédài jìhǎo 靴ひもをしっかり結ぶ. ｜
～着围裙 jìzhe wéiqún エプロンを掛け
ている.

*【结】jié 動 結ぶ. 編む. ‖～彩 jiécǎi 色
とりどりに飾りつける. ｜～了一张网
jiéle yì zhāng wǎng 網を1枚編んだ.

★【紧】jǐn 動 きつく締める. ⇔"松" sōng
‖～一～小提琴的弦 jǐnyìjǐn xiǎotíqín de
xián バイオリンの弦をぎゅっと締める.
｜把绳子再～一～ bǎ shéngzi zài jǐnyìjǐn
ひもをさらにきつく締める.

【勒】lēi 動 (縄などで)きつく縛る. しっ
かり締める. ‖～紧鞋带 lēijǐn xiédài 靴
のひもをしっかり締める. ｜绳子太松了,
再～一～ shéngzi tài sōng le, zài lēiyìlēi ひ
もが緩すぎるから, もっと強く締めな
さい. ｜这衣服领口太小, ～得慌 zhè

しゅうかく　収穫

yīfu lǐngkǒu tài xiǎo, lēidehuang この服は襟ぐりが小さくて，きつくてたまらない.

*【束】shù 動 縛る．くくる．‖ ～紧腰带 shùjǐn yāodài ベルトをきつく締める．｜绳子~得很紧 shéngzi shùde hěn jǐn ロープをきつく縛る．｜头发上~着一条红绸带 tóufa shang shùzhe yì tiáo hóngchóudài 髪に赤いリボンを結んでいる.

【扎】zā 動 縛る．結ぶ．束ねる．‖ ～腰带 zā yāodài 帯を締める．ベルトを締める．｜ ～辫子 zā biànzi (髪を)お下げに結う．｜把头发~起来 bǎ tóufa zāqilai 髪を束ねる.

しゅうかく　収穫

▶成果　▶结果　▶收　▶收成　▶收割
▶收获

**【成果】chéngguǒ 名 成果.‖ 获得重大~ huòdé zhòngdà chéngguǒ 多大な収穫があった.｜辛勤劳动的~ xīnqín láodòng de chéngguǒ 苦労して働いた成果.｜丰硕~ fēngshuò chéngguǒ 豊かな成果.

*【结果】jiē//guǒ 動 実がなる．実を結ぶ．‖ 树上结了不少果 shù shang jiēle bùshǎo guǒ 木にたくさん実がついた．｜我们的努力终于开花~，新产品诞生了 wǒmen de nǔlì zhōngyú kāihuā jiēguǒ, xīn chǎnpǐn dànshēng le 我々の努力はついに実り，新製品が誕生した.

★【收】shōu 動 収穫する．刈り入れる．‖ ～麦子 shōu màizi ムギを取り入れる．｜秋~ qiūshōu 秋の収穫．｜抢~ qiǎngshōu 急いで収穫する.

*【收成】shōucheng 名 作柄．作況.‖ 今年~很好 jīnnián shōucheng hěn hǎo 今年は作柄が良好だ.

*【收割】shōugē 動 刈る．刈り取る.‖ ～稻子 shōugē dàozi イネを刈り入れる．｜

～机 shōugējī 刈り取り機.

**【收获】shōuhuò 動 収穫する.‖ ～小麦 shōuhuò xiǎomài コムギを収穫する．｜～量 shōuhuòliàng 収穫高．｜一年~两次 yì nián shōuhuò liǎng cì 1年に2回収穫する．图 収穫.喻 成果．有益な結果.‖ 很有~ hěn yǒu shōuhuò たいへん得るところがある．｜这次参观~很大 zhè cì cānguān shōuhuò hěn dà 今回の見学ではかなりの収穫があった.

じゅうしょ　住所

▶地址　▶所在地　▶住所　▶住址

**【地址】dìzhǐ 名 ❶(個人や団体・機関などの)住所．所在地.‖ 公司~ gōngsī dìzhǐ 会社の所在地．｜联系~ liánxì dìzhǐ 連絡先．｜～不详 dìzhǐ bùxiáng あて先不明．❷(インターネット上の)アドレス.‖ 电子邮件~ diànzǐ yóujiàn dìzhǐ メール・アドレス.

【所在地】suǒzàidì 名 所在地.‖ 学校~ xuéxiào suǒzàidì 学校の所在地.

*【住所】zhùsuǒ 名 住んでいる所．住まい．(所番地とは異なる)‖ ～离车站不远 zhùsuǒ lí chēzhàn bù yuǎn 住まいは駅から遠くない.

【住址】zhùzhǐ 名 住所．アドレス．(個人の住所の場合，"地址""住址"ともに用いるが，学校・役所・会社など，団体や組織の場合，"住址"は用いない)‖ 填上姓名和~ tiánshang xìngmíng hé zhùzhǐ 氏名と住所を書き込む.

しゅうせい　修正

▶订正　▶改　▶改正　▶矫正　▶纠正
▶修订　▶修改　▶修饰　▶修正

【订正】dìngzhèng 動 (字句を)訂正する.

‖～错字 dìngzhèng cuòzì 誤字を訂正する.

★【改】gǎi 動 是正する. 改める. きちんと直す. ‖我错了，今后一定～ wǒ cuò le, jīnhòu yídìng gǎi 私が間違っていました，今後は必ず改めます. ｜把错了的地方～过来 bǎ cuòle de dìfang gǎiguolai 間違ったところを改める. ｜这个坏毛病他老是～不掉 zhège huài máobing tā lǎoshi gǎibudiào この悪い癖を彼はなかなか改めることができないでいる.

**【改正】gǎizhèng 動 改める. 是正する. 訂正する. 手直しする. ‖有了错误就应该立即～ yǒule cuòwù jiù yīnggāi lìjí gǎizhèng 誤りがあったらすぐに正すべきだ. ｜～缺点 gǎizhèng quēdiǎn 欠点を直す. ｜～错别字 gǎizhèng cuòbiézì 誤字を訂正する.

【矫正】jiǎozhèng 動 矯正する. 正しく直す. ‖～视力 jiǎozhèng shìlì 視力を矯正する. ｜～发音 jiǎozhèng fāyīn 発音を直す. ｜～坏习惯 jiǎozhèng huài xíguàn 悪い癖を直す.

**【纠正】jiūzhèng 動 (行動や方法上の誤りや欠点を)直して正しくする. ‖～发音 jiūzhèng fāyīn 発音を直す. ｜～姿势 jiūzhèng zīshì 姿勢を正しくする. ｜对不良习惯要及时～ duì bùliáng xíguàn yào jíshí jiūzhèng 悪い習慣は直ちに是正しなければならない.

*【修订】xiūdìng 動 修訂する. 改訂する. ‖～本 xiūdìngběn 改訂版. ｜～教科书 xiūdìng jiàokēshū 教科書を改訂する. ｜～交通法规 xiūdìng jiāotōng fǎguī 交通法規を改訂する.

**【修改】xiūgǎi 動 (文章や計画などの誤りを)改める. 直す. 修正する. (「改める」ことを強調し，その結果が正しいか否かは問題とはしない) ‖～文章 xiūgǎi wénzhāng 文章を直す. ｜～宪法 xiūgǎi xiànfǎ 憲法を改正する. ｜～剧本 xiūgǎi

jùběn シナリオを手直しする.

【修饰】xiūshì 動 (言葉や文章を)手直しする. 潤色する. ‖这篇稿子还需略加～ zhè piān gǎozi hái xū lüè jiā xiūshì この原稿はさらに若干手を加える必要がある.

*【修正】xiūzhèng 動 修正する. 訂正する. (文章・字句・方向などの誤りやずれを直して正しくする) ‖～航向 xiūzhèng hángxiàng 航路を修正する. ｜～了书中的几处错误 xiūzhèngle shū zhōng de jǐ chù cuòwù 本の中の数ヵ所の誤りを訂正した. ｜对计划草案做了一些～ duì jìhuà cǎo'àn zuòle yìxiē xiūzhèng 計画草案にいくらかの修正を加えた.

じゅうぶん　十分

▶充分　▶充足　▶够　▶十足　▶有的是
▶足　▶足够

**【充分】chōngfèn 形 十分である. ‖理由不～ lǐyóu bù chōngfèn 理由が十分でない. ｜做好～的思想准备 zuòhǎo chōngfèn de sīxiǎng zhǔnbèi 十二分な心構えをしておく. ｜没有～的时间考虑 méiyou chōngfèn de shíjiān kǎolǜ 十分考慮する時間がない. ｜准备得很～ zhǔnbèide hěn chōngfèn 準備は万全だ.

**【充足】chōngzú 形 十分に足りている. ふんだんにある. ‖阳光～ yángguāng chōngzú 日当たりが十分である. ｜商品供应～ shāngpǐn gōngyìng chōngzú 商品の供給が十分に足りている. ｜经费～ jīngfèi chōngzú 経費が十分にある. ｜～的理由 chōngzú de lǐyóu 十分な理由. ｜～的养料 chōngzú de yǎngliào 十分な養分.

★【够】gòu 動 (必要な数量や基準に)達する. 足りる. 十分にある. ‖钱～不～? qián gòubúgòu? お金は足りますか. ｜一碗面～你吃吗? yì wǎn miàn gòu nǐ chī ma?

うどん1杯で君は足りますか.｜时间不~用 shíjiān búgòu yòng 時間が足りない.｜~了，~了! 不要再说了 gòu le, gòu le! búyào zài shuō le もうたくさん，それ以上言うなよ.

*【十足】 shízú 形 十分である．満々たる.｜派头~ pàitóu shízú 貫禄(かんろく)十分.｜官气~ guānqì shízú 官僚臭がぷんぷんとする.｜干劲儿~ gànjìnr shízú やる気満々である.｜信心~ xìnxīn shízú 自信に満ちあふれている.｜~的书呆子 shízú de shūdāizi まったくの世間知らず.

**【有的是】 yǒudeshì 動 たくさんある．たっぷりある.｜她~衣服，送点别的吧 tā yǒudeshì yīfu, sòng diǎn biéde ba 服なら彼女はたくさん持っているから，ほかの物を贈ろう.｜别着急，时间~ bié zháojí, shíjiān yǒudeshì 慌てるな，時間ならたっぷりある.

*【足】 zú 形 十分である．豊かである．満ち足りている.｜分量不~ fènliang bùzú 量が足りない.｜自行车气打得很~ zìxíngchē qì dǎde hěn zú 自転車のタイヤに十分空気を入れた.

【足够】 zúgòu 動 足りる．十分にある.｜别着急，时间~ bié zháojí, shíjiān zúgòu 慌てるな，時間は十分ある.｜对这个问题我们要有~的认识 duì zhè ge wèntí wǒmen yào yǒu zúgòu de rènshi この問題について我々は十分な認識をもたねばならない.｜这块布料~做一身西服 zhè kuài bùliào zúgòu zuò yì shēn xīfú この生地でスーツ1着は十分作れる.

じゅうよう　重要
▶关键　▶首要　▶要紧　▶中心　▶重点
▶重心　▶重要　▶主要

**【关键】 guānjiàn 形 肝心である．大事である.｜这一步非常~ zhè yí bù fēicháng

guānjiàn この一歩が非常に肝心である.｜~时刻 guānjiàn shíkè 肝心な時．正念場.｜~人物 guānjiàn rénwù かぎを握る人物．名 肝心な点．重要な部分．かなめ．キーポイント．かぎ.‖问题的~ wèntí de guānjiàn 問題のキーポイント.

*【首要】 shǒuyào 形 最も重要な．主な.（一連の重要なものの中でも，まず第1位にあげられる）‖~任务 shǒuyào rènwu 最も重要な任務.｜这是目前面临的~问题 zhè shì mùqián miànlín de shǒuyào wèntí これは目下直面している最重要課題だ.

*【要紧】 yàojǐn 形 重要である．大事である．肝要である.‖我有~的事找他 wǒ yǒu yàojǐn de shì zhǎo tā 私は彼に大事な用があるのでお会いしたい.｜治病~，别的先放一放 zhìbìng yàojǐn, bié de xiān fàngyifàng 病気を治すことが肝要だから，他のことはとりあえず放っておきなさい.

*【中心】 zhōngxīn 名 (物事の)主要な部分．中心.‖~人物 zhōngxīn rénwù 中心人物.｜~议题 zhōngxīn yìtí 中心となる議題.｜北京是中国的政治文化~ Běijīng shì Zhōngguó de zhèngzhì wénhuà zhōngxīn 北京は中国の政治・文化の中心である.

*【重点】 zhòngdiǎn 形 主な．重要な．主要な.‖国家~科研项目 guójiā zhòngdiǎn kēyán xiàngmù 国家科学研究の重点プロジェクト.｜~工程 zhòngdiǎn gōngchéng 重要な工事.｜~学校 zhòngdiǎn xuéxiào 重点校．名 重点．重要な点．要点.‖把握~ bǎwò zhòngdiǎn 要点をとらえる.｜突出~ tūchū zhòngdiǎn 重点を強調する.｜工作~ gōngzuò zhòngdiǎn 仕事の要点.

*【重心】 zhòngxīn 名 重点．ポイント.‖工作的~ gōngzuò de zhòngxīn 仕事のポイント.

344

じゅぎょう　授業

★【重要】zhòngyào 形 重要である．大事である．‖ ～新闻 zhòngyào xīnwén 重要なニュース．｜ ～人物 zhòngyào rénwù 重要人物．｜这次会议很～ zhè cì huìyì hěn zhòngyào 今回の会議はたいへん重要だ．

★【主要】zhǔyào 形 主要な．主な．(関連ある事物の中で，最も重要な，あるいは決定的な働きをしている)‖ ～人物 zhǔyào rénwù 主要人物．｜原因主要 yuányīn zhǔyào 主な原因．｜工作没做好，～是我的责任 gōngzuò méi zuòhǎo, zhǔyào shì wǒ de zérèn 仕事がうまくいかなかったのは，主に私にその責任がある．

じゅぎょう　授業

▶代课　▶讲课　▶教书　▶教学　▶课
▶旷课　▶上讲台　▶上课　▶授课　▶听课

【代课】dài//kè 動 (授業を)代講する．‖由王老师代两天课 yóu Wáng lǎoshī dài liǎng tiān kè 王先生が2日間代講する．

*【讲课】jiǎng//kè 動 授業する．講義する．‖李老师给我们～ Lǐ lǎoshī gěi wǒmen jiǎngkè 李先生が僕たちに講義してくださる．｜一天讲四堂课 yì tiān jiǎng sì táng kè 1日に4時間講義する．

【教书】jiāo//shū 動 勉強を教える．授業する．‖在小学教书 zài xiǎoxué jiāoshū 小学校で教師をしている．｜教了一辈子书 jiāole yíbèizi shū 生涯教職に尽くす．

【教学】jiāo//xué 動 教える．授業する．‖他边～边写书 tā biān jiāoxué biān xiě shū 彼は教鞭(きょう)をとるかたわら著作をしている．｜在中学教过几年学 zài zhōngxué jiāoguo jǐ nián xué 中学で何年か教師を務めていた．

★【课】kè 名 ❶授業．講義．‖备～ bèikè (教師が)授業の準備をする．｜教～ jiāokè 授業をする．｜下～ xiàkè 授業が終わる．｜逃～ táokè 授業をサボる．｜下午有～ xiàwǔ yǒu kè 午後は授業がある．❷授業時間．‖一节～ yì jié kè 一こまの授業．｜每节～四十五分钟 měi jié kè sìshí wǔ fēnzhōng 授業一こまは45分である．❸科目．学科．‖必修～ bìxiū-kè 必修科目．｜数学～ shùxuékè 数学の科目．｜这学期有八门～ zhè xuéqí yǒu bā mén kè 今学期は8科目ある．

*【旷课】kuàng//kè 動 怠けて授業を欠席する．‖他时常～ tā shícháng kuàngkè 彼はちょいちょい授業をサボる．

【上讲台】shàng jiǎngtái 組 教壇に立つ．教える．‖我儿子大学一毕业就上了讲台，成了一名小学教师 wǒ érzi dàxué yí bìyè jiù shàngle jiǎngtái, chéng le yì míng xiǎoxué jiàoshī 息子は大学を卒業するとすぐに教壇に立って，小学校教師となった．

★【上课】shàng//kè 動 授業をする．授業を受ける．授業に出る．‖已经～了 yǐjīng shàngkè le もう授業が始まった．｜今天给新生～ jīntiān gěi xīnshēng shàngkè 今日は新入生に授業を行う．｜上午只上两节课 shàngwǔ zhǐ shàng liǎng jié kè 午前中は二こましか授業がない．｜～的时候，我总是坐在第一排 shàngkè de shíhou, wǒ zǒngshì zuòzài dì yī pái 授業のとき私はいつもいちばん前の席に座る．

【授课】shòu//kè 動 授業をする．教える．‖ ～时间 shòukè shíjiān 授業時間．

【听课】tīng//kè 動 授業を受ける．講義を受ける．‖听一堂课 tīng yì táng kè 1時限の授業〔講義〕を受ける．

しゅだん　手段 ⇒【手 (手段・方策)】

しゅわん　手腕 ⇒【腕 (技量)】

じゅんび　準備

じゅんび　準備
▶备　▶备用　▶备置　▶打算　▶齐备
▶收拾　▶预备　▶周到　▶准备

【备】bèi 動 あらかじめ準備する. 手は
ずを整える. ‖筹~ chóubèi 準備する.
｜材料全部~好了 cáiliào quánbù bèihǎo
le 材料は全部用意した.

＊【备用】bèiyòng 動 いつでも使えるよう
準備する. ‖~零件 bèiyòng língjiàn 予
備部品. スペアパーツ. ｜的被子 bèi-
yòng de bèizi 予備用の布団. ｜~胎 bèi-
yòngtāi スペアタイヤ. ｜多买几件留作
~ duō mǎi jǐ jiàn liúzuò bèiyòng いくつか
余分に買って予備にとっておく.

【备置】bèizhì 動 備えつけて準備する.
購入して用意する. ‖这些是为新员工
~的电脑 zhèxiē shì wèi xīn yuángōng bèi-
zhì de diànnǎo これは新入社員用に用意
したパソコンです.

★【打算】dǎsuan；dǎsuàn 動 ❶計画する.
考える. ‖居家过日子, 事事都得~~
jūjiā guò rìzi, shìshì dōu děi dǎsuandǎsuan
日々の暮らしは何事につけても計画性
を持つべきである. ❷…しようと思
う. …するつもりである. ‖明天我~
去参观长城 míngtiān wǒ dǎsuan qù cānguān
Chángchéng 明日私は長城を見学に行く
つもりだ. ｜我不~这么办 wǒ bù dǎsuan
zhème bàn 私はそうするつもりはない.
名 計画. 考え. 意図. ‖他有他的~,
我有我的主意 tā yǒu tā de dǎsuan, wǒ yǒu
wǒ de zhǔyi 彼には彼の思惑があるだろ
うが, 僕にも僕の考えがあるのだ. ｜
假期里你有什么~? jiàqīli nǐ yǒu shénme
dǎsuan? 休みにはどんな計画がありま
すか.

【齐备】qíbèi 形 すべて揃っている. 完
備している. ‖女儿的嫁妆早都置办~
了 nǚ'ér de jiàzhuang zǎo dōu zhìbàn qíbèi le

娘の嫁入り道具はとっくに買い揃えて
ある. ｜只要材料一~, 我们马上就动
工 zhǐyào cáiliào yì qíbèi, wǒmen mǎshàng
jiù dònggōng 材料が揃いさえすれば,
我々はすぐに工事を始める.

★【收拾】shōushi 動 始末する. 片づける.
整理する. ‖~房间 shōushi fángjiān 部屋
を片づける. ｜~行李 shōushi xíngli 荷
物を整理する. ｜~残局 shōushi cánjú 後
の事態を収拾する. ｜我来~这几条鱼吧
wǒ lái shōushi zhè jǐ tiáo yú ba 私が魚をさ
ばこう.

＊＊【预备】yùbèi 動 準備する. 用意する. ‖
~材料 yùbèi cáiliào 資料を準備する. ｜
明天的功课都~好了吗? míngtiān de gōng-
kè dōu yùbèihǎo le ma? 明日の授業の予
習はちゃんとできていますか. ｜各就各
位, ~, 跑! gè jiù gè wèi, yùbèi, pǎo! 位
置について, 用意, どん.

＊＊【周到】zhōudào 形 周到である. 行き届
いている. ‖办事~ bànshì zhōudào やる
ことが周到である. ｜考虑得很~ kǎolǜ-
de hěn zhōudào 配慮がとても行き届い
ている. ｜~的安排 zhōudào de ānpái 周
到な手配. ｜有不~的地方, 请提意见
yǒu bù zhōudào de dìfang, qǐng tí yìjiàn 行
き届かない点がありましたら, どうぞ
おっしゃってください.

★【准备】zhǔnbèi 動 準備する. 支度する.
‖他正在~明天的考试 tā zhèngzài zhǔn-
bèi míngtiān de kǎoshì 彼はいま, 明日の
試験の準備をしているところだ. ｜~好
行装 zhǔnbèihǎo xíngzhuāng 旅支度が整っ
た. 名 準備. 用意. 支度. ‖做好出发
前的~ zuòhǎo chūfā qián de zhǔnbèi 出発
の準備を済ませておく. ｜有思想~ yǒu
sīxiǎng zhǔnbèi 心の準備ができている.

じょうきょう　状況

しょうがい　障害

▶壁障　▶隔阂　▶困难　▶难关　▶限制
▶障碍　▶阻碍　▶阻力

【壁障】bìzhàng 图障壁. 隔たり. ‖两人
之间存在着一层难以跨越的～ liǎng rén
zhījiān cúnzàizhe yì céng nányǐ kuàyuè de
bìzhàng 二人の間には越えがたい壁があ
る.

*【隔阂】géhé 图わだかまり. 溝. ‖消除
民族之间的～ xiāochú mínzú zhījiān de gé-
hé 民族間の溝を取り除く. ｜那一事件
使双方产生了～ nà yí shìjiàn shǐ shuāng-
fāng chǎnshēngle géhé その事件で双方に
わだかまりが生じた.

★【困难】kùnnan 图困難. 苦しみ. ‖克服
～ kèfú kùnnan 困難を克服する. ｜年纪
大给学习增加了～ niánjì dà gěi xuéxí zēng-
jiāle kùnnan 年を取っているということ
は勉強するうえでさらに障害となる. ｜
生活上有～ shēnghuó shang yǒu kùnnan
暮らしに困っている.

*【难关】nánguān 图難関. 難所. ‖突破
技术～ tūpò jìshù nánguān 技術上の難関
を突破する. ｜渡过重重～ dùguo chóng-
chóng nánguān 数々の難関を乗り切る.

**【限制】xiànzhì 图制限. 限定. 制約.
参赛资格上有一定～ cānsài zīge shang yǒu
yídìng xiànzhì 出場資格には一定の制限
がある.

*【障碍】zhàng'ài 图妨げ. 障害. ‖设置
～ shèzhì zhàng'ài 障害を設ける. じゃ
まをする. ｜清除～ qīngchú zhàng'ài 障
害を取り除く. ｜心理～ xīnlǐ zhàng'ài 心
理的な抵抗. ｜那个陡坡是登顶的一大
～ nàge dǒupō shì dēngdǐng de yí dà zhàng-
'ài あの急勾配が登頂の大きな妨げに
なっている. ｜克服语言上的～ kèfú yǔ-
yán shang de zhàng'ài 言葉の壁を克服す
る.

*【阻碍】zǔ'ài 動妨げる. 阻害する. ‖～
交通 zǔ'ài jiāotōng 交通の妨げになる.
图障害. 妨げ. じゃまもの. ‖遇到～
yùdào zǔ'ài 障害にぶつかる.

*【阻力】zǔlì 图抵抗. 障害. ‖冲破～
chōngpò zǔlì 障害を突破する. ｜克服～
kèfú zǔlì 障害を克服する. ｜调查工作遇
到很大～ diàochá gōngzuò yùdào hěn dà zǔ-
lì 調査が大きな障害にぶつかった.

じょうきょう　状況

▶光景　▶境地　▶情况　▶现状　▶样子
▶状况　▶状态

【光景】guāngjǐng 图様子. ありさま.
状況. ‖回想起刚入学的～, 好像就在
昨天 huíxiǎngqi gāng rùxué de guāngjǐng, hǎo-
xiàng jiù zài zuótiān 入学したばかりのこ
ろを思い出すと, まるで昨日のことの
ようだ.

*【境地】jìngdì 图境地. 状態. ‖他陷入
了左右为难的～ tā xiànrùle zuǒyòu wéinán
de jìngdì 彼はにっちもさっちも行かな
い状態に陥った.

★【情况】qíngkuàng 图状況. 様子. ‖
紧急 qíngkuàng jǐnjí 事態が切迫してい
る. ｜去不去看看～ qùbuqù děi kàn qíng-
kuàng 行くかどうかは状況しだいだ. ｜
那里～怎么样? nàli qíngkuàng zěnmeyàng?
そちらの様子はどうですか. ｜向上级汇
报工作～ xiàng shàngjí huìbào gōngzuò qíng-
kuàng 上司に仕事の状況を報告する. ｜
最近这里的治安～很不好 zuìjìn zhèli de
zhì'ān qíngkuàng hěn bù hǎo このところ当
地の治安状況はまことによくない.

*【现状】xiànzhuàng 图現状. ‖维持～
wéichí xiànzhuàng 現状を維持する. ｜满
足于～ mǎnzú yú xiànzhuàng 現状に満足
する. ｜改变～ gǎibiàn xiànzhuàng 現状
を改める.

し

347

しょうする称する

★【样子】yàngzi 名 形勢. 情勢. 成り行き. ‖ 看～他今天不会来了 kàn yàngzi tā jīntiān bú huì lái le この分では彼は来そうにもない. ｜天要下雪的～ tiān yào xià- xuě de yàngzi 雪が降りそうな空模様.

**【状况】zhuàngkuàng 名 状況. 状態. ありさま. ‖ 家庭收入～ jiātíng shōurù zhuàng- kuàng 家庭の収入状況. ｜生产～ shēng- chǎn zhuàngkuàng 生産状況. ｜经济～大 有好转 jīngjì zhuàngkuàng dà yǒu hǎozhuǎn 経済状態が大いに好転した. ｜身体～ 如何? shēntǐ zhuàngkuàng rúhé? 体の調子はいかがですか.

**【状态】zhuàngtài 名 状態. ‖ 紧急～ jǐnjí zhuàngtài 緊急事態. ｜处在昏迷～中 chǔ- zài hūnmí zhuàngtài zhōng 意識不明である. ｜病人的精神～好多了 bìngrén de jīng- shén zhuàngtài hǎo duō le 病人は精神状態がだいぶよくなった.

しょうじる 生じる ⇒【(事が)起きる】

しょうする 称する

▶称 ▶叫 ▶叫做 ▶冒充 ▶自称

★【称】chēng 動 …と称する. …とよぶ. ‖ 我们都～她陈大姐 wǒmen dōu chēng tā Chén dàjiě 私たちは彼女を陳姉さんと呼んでいる. ｜这种人～作掮客 zhè zhǒng rén chēngzuò qiánkè このような人たちを仲買人と称する.

★【叫】jiào 動 …と呼ぶ. …と称する. …とみなす. ‖ 你～什么名字? nǐ jiào shén- me míngzi? あなたはなんという名前ですか. ｜马铃薯, 俗名～土豆 mǎlíngshǔ, súmíng jiào tǔdòu “马铃薯”(バレイショ)は俗称を“土豆”という. ｜这才～英雄好汉 zhè cái jiào yīngxióng hǎohàn それでこそ英雄豪傑というものだ.

**【叫做】jiàozuò 動 …と呼びなす. …と称する. …と言う. ‖ 研究空间图形的 形状、大小和位置的相互关系的学科, ～几何学 yánjiū kōngjiān túxíng de xíng- zhuàng, dàxiǎo hé wèizhi de xiānghù guānxi de xuékē, jiàozuò jǐhéxué 空間図形の形・大きさ・位置の相互関係を研究する分野を幾何学と称する.

【冒充】màochōng 動 欺く. 名をかたる. ‖ ～记者 màochōng jìzhě 記者を詐称する.

【自称】zìchēng 動 ❶自ら…と名乗る. …と自称する. ‖ ～乐天派 zìchēng lètiān- pài 楽天家を自任する. ❷言いたてる. 公言する. ‖ ～是名门之后 zìchēng shì míngmén zhīhòu 名門の出だと自称する.

しょうだく 承諾

▶承诺 ▶答应 ▶接受 ▶认可 ▶同意
▶许可 ▶允许 ▶赞成

【承诺】chéngnuò 動 承諾する. 承知する. ‖ 慷慨～ kāngkǎi chéngnuò 二つ返事で承諾する. ｜他把当初的～给推翻了 tā bǎ dāngchū de chéngnuò gěi tuīfān le 彼は当初の承諾を反故(ほ)にしてしまった.

**【答应】dāying 動 承知する. 承諾する. ‖ 事情很难办, 别随便～ shìqing hěn nán- bàn, bié suíbiàn dāying ことはとても厄介だ, 安請け合いするな. ｜他～明天来 tā dāying míngtiān lái 彼は明日来ることを承諾した.

**【接受】jiēshòu 動 引き受ける. 受け入れる. 承認する ‖ ～任务 jiēshòu rènwu 任務を引き受ける. ｜～批评 jiēshòu pī- píng 批判を受け入れる.

*【认可】rènkě 動 承諾する. 認可する. 許可する. ‖ 这件事我从来也没有～ zhè jiàn shì wǒ cónglái yě méiyou rènkě このことについて私は承諾したことがない. ｜

双方父母～了他俩的交往 shuāngfāng fù-mǔ rènkěle tā liǎ de jiāowǎng 双方の両親は彼ら二人の交際を認めた.

★【同意】tóngyì 動 同意する. 承認する. 賛同する. ‖我完全～这个方案 wǒ wán-quán tóngyì zhège fāng'àn 私はこの提案に全面的に賛成だ. ｜她父母不太～她去留学 tā fùmǔ bútài tóngyì tā qù liúxué 彼女の両親は彼女の留学にあまり賛成ではない.

*【许可】xǔkě 動 許す. 許可する. ‖如果条件～, 他想举办一次个人演唱会 rúguǒ tiáojiàn xǔkě, tā xiǎng jǔbàn yí cì gèrén yǎnchànghuì 条件が許せば, 彼はワンマンショーをやってみたいと思っている.

**【允许】yǔnxǔ 動 許可する. 許す. 承諾する. ‖他的作法是不能～的 tā de zuòfa shì bù néng yǔnxǔ de 彼のやり方は認められない. ｜请～我提几个问题 qǐng yǔnxǔ wǒ tí jǐ ge wèntí 何点か質問させていただきます. ｜未经～, 不得入内 wèi jīng yǔnxǔ, bù dé rù nèi 許可のない者は立ち入るべからず.

**【赞成】zànchéng 動 賛成する. 同意する. ‖一致～ yízhì zànchéng 一致して賛成である. ｜选他当代表, 我举双手～ xuǎn tā dāng dàibiǎo, wǒ jǔ shuāngshǒu zànchéng 彼を代表に選ぶことに, 私はもろ手を挙げて賛成する. ｜我不～你们的做法 wǒ bú zànchéng nǐmen de zuòfa 君たちのやり方には賛成できない.

じょうだん　冗談

▶搞笑　▶开玩笑　▶闹着玩儿　▶说着玩儿
▶玩笑　▶戏谑　▶戏言　▶笑话

【搞笑】gǎoxiào 動 人を笑わせる. 冗談を言う. ‖～片 gǎoxiàopiàn コメディー映画. ｜你真～ nǐ zhēn gǎoxiào 君ってほんとうに面白い人だね.

★【开玩笑】kāi wánxiào 組 冗談を言う. ふざける. 笑わせる. ‖你跟他～, 他可是当真了 nǐ gēn tā kāi wánxiào, tā kě shì dàngzhēn le あなたは冗談を言ったのだが, 彼は本気にした. ｜别～了 bié kāi wánxiào le 冗談はよせよ. ｜他用半～的口气向我认了错 tā yòng bàn kāi wánxiào de kǒuqi xiàng wǒ rènle cuò 彼は冗談めかした口調で私に間違いを認めた.

【闹着玩儿】nàozhe wánr 組 ❶冗談を言う. ふざける. ‖刚才的话是～的, 你别当真哪! gāngcái de huà shì nàozhe wánr de, nǐ bié dàngzhēn na! さっきの話は冗談だから, 本気にしないでくれ. ❷冗談ごとにする. 遊びですませる. ‖再忙也得当心身体, 生了病可不是～的 zài máng yě děi dāngxīn shēntǐ, shēngle bìng kě bú shì nàozhe wánr de 忙しくても体には十分気をつけなさい, 病気になったら冗談ごとではすまないよ.

【说着玩儿】shuōzhe wánr 慣 冗談を言う. ふざけて言う. ‖这可不是～的 zhè kě bú shì shuōzhe wánr de これは冗談ごとではない.

*【玩笑】wánxiào 名 冗談. ふざけたこと. ‖他说的都是～话, 别当真 tā shuō de dōu shì wánxiàohuà, bié dàngzhēn 彼の話は冗談ばかりだから, 本気にするな.

【戏谑】xìxuè 動 冗談口をたたく.

【戏言】xìyán 名 冗談. たわむれごと. ‖酒后～ jiǔhòu xìyán 酒の上での冗談. 動 冗談めかして話す. たわむれに言う. ‖～身后事 xìyán shēnhòushì 自分の亡くなった後のことをたわむれに言う.

**【笑话】xiàohua (～儿) 名 笑い話. 冗談. 滑稽(こっけい)な話. ‖他说了一句～, 把大家都逗乐了 tā shuōle yí jù xiàohua, bǎ dàjiā dōu dòulè le 彼が冗談を言うと, みんなは吹き出した. ｜由于不了解当地习惯, 闹了不少～ yóuyú bù liǎojiě dāngdì xíguàn, nàole bù shǎo xiàohua 土地の習慣を知ら

しょうち　承知(知っている)

なかったから，ずいぶんとんちんかん
なことをやった．

しょうち　承知 （知っている）

▶明知　▶认识　▶熟识　▶熟悉　▶晓得
▶知道

【明知】míngzhī 動 よく知っている．百
も承知している．‖〜下午有会，却有
意不来 míngzhī xiàwǔ yǒu huì, què yǒuyì bù
lái 午後ミーティングがあるのを承知
していながら，わざとすっぽかした．‖
〜他不会喝酒，为什么硬让他喝? míng-
zhī tā bú huì hē jiǔ, wèi shénme yìng ràng tā
hē? 彼が下戸なのはよく知っているの
に，どうして無理に飲ませようとする
のか．

★【认识】rènshi 動 知る．見覚える．見知
る．見て分かる．‖我不〜他 wǒ bú rèn-
shi tā 私は彼を知らない．‖他们以前就
〜 tāmen yǐqián jiù rènshi 彼らは以前か
ら知り合っていた．‖去他家我不〜路 qù
tā jiā wǒ bú rènshi lù 彼の家へ行くのに
私は道が分からない．

**【熟识】shúshi 動 熟知する．よく知る．
‖彼此十分〜 bǐcǐ shífēn shúshi 互いに
よく知っている．‖他〜这里的地理 tā
shúshi zhèli de dìlǐ 彼はこの地方の事情
に明るい．

**【熟悉】shúxī；shúxi 動 よく知る．熟知す
る．‖〜的声音 shúxī de shēngyīn 聞き覚
えのある声．‖我〜他的性格 wǒ shúxī tā
de xìnggé 私は彼の性格をよく知ってい
る．‖他对国际关系史很〜 tā duì guójì
guānxìshǐ hěn shúxī 彼は国際関係史につ
いて非常に詳しい．‖我还不太〜这儿
的情况 wǒ hái bútài shúxī zhèr de qíngkuàng
私はここの事情にまだあまり通じてい
ない．

**【晓得】xiǎode 動 知っている．分かる．‖

他结婚的事你〜吗? tā jiéhūn de shì nǐ xiǎo-
de ma? 彼が結婚したことを君は知って
いるかい．‖这个字的读法你〜吗? zhège
zì de dúfǎ nǐ xiǎode ma? この字の読み方
が分かりますか．‖天〜是怎么回事! tiān
xiǎode shì zěnme huí shì! どういう訳なの
か，誰にも分かりはしない．

★【知道】zhīdao；zhīdào 動 知る．分かる．
承知する．‖我〜他的电话号码 wǒ zhī-
dao tā de diànhuà hàomǎ 私は彼の電話番
号を知っている．‖他〜不少当地的风
俗习惯 tā zhīdao bù shǎo dāngdì de fēngsú
xíguàn 彼は現地の風俗習慣をよく承知
している．‖我不〜他住院了 wǒ bù zhī-
dào tā zhùyuàn le 私は彼が入院したこと
を知らない．

じょうぶ　丈夫

▶棒　▶坚固　▶坚实　▶健康　▶健壮
▶结实　▶耐　▶耐用　▶强韧

---

*【棒】bàng 形 たくましい．強健である．
‖〜小伙子 bàng xiǎohuǒzi たくましい
青年．‖他身体很〜 tā shēntǐ hěn bàng 彼
は体がとても丈夫だ．

*【坚固】jiāngù 形 頑丈である．堅固であ
る．‖防御工事很〜 fángyù gōngshì hěn
jiāngù 要塞のつくりが頑丈だ．‖〜耐用
jiāngù nàiyòng 丈夫で長持ちする．

*【坚实】jiānshí 形 強固である．かたい．
丈夫である．‖〜的经济基础 jiānshí de
jīngjì jīchǔ 強固な経済的基盤．‖身体〜
shēntǐ jiānshí 体が丈夫である．

★【健康】jiànkāng 形 健康である．健全で
ある．‖他身体很〜 tā shēntǐ hěn jiànkāng
彼はとても健康である．‖孩子们〜地成
长 háizimen jiànkāng de chéngzhǎng 子供た
ちは健やかに成長している．

*【健壮】jiànzhuàng 形 壮健である．頑健
である．‖身体〜 shēntǐ jiànzhuàng 体が

350

たくましい.

【结实】 jiēshi 形 ❶(物が)頑丈である. しっかりしている. ∥这料子很～ zhè liàozi hěn jiēshi この生地はとても丈夫だ. │他把包捆得结结实实 tā bǎ bāo kǔnde jiējie shíshí 彼は包みをひもでしっかり縛った. ❷(体が)丈夫である. ∥这小伙子身体真～ zhè xiǎohuǒzi shēntǐ zhēn jiēshi この若者は体が丈夫である.

＊【耐】 nài 動 …に耐える. …に耐え得る. ∥～高温 nài gāowēn 高温に耐える. 耐熱性がある. │火纤维 nàihuǒ xiānwéi 耐火繊維. │寒作物 nàihán zuòwù 耐寒作物.

＊＊【耐用】 nàiyòng 形 長く使える. 長持ちする. ∥经久～的东西大家都愿意买 jīngjiǔ nàiyòng de dōngxi dàjiā dōu yuànyì mǎi 長持ちして丈夫なものはみんなが買いたがる. │～品 nàiyòngpǐn 耐久消費材.

【强韧】 qiángrèn 形 粘り強い. 強靭(きょうじん)である. ∥这种轮胎～耐磨 zhè zhǒng lúntāi qiángrèn nàimó このタイヤは強くて摩擦に耐える.

じょうほ　讓歩

▶迁就　▶屈服　▶让步　▶退让　▶妥协

＊【迁就】 qiānjiù 動 折り合う. 妥協する. 譲る. ∥就是朋友也不能无原则地一味～ jiùshì péngyou yě bù néng wú yuánzé de yíwèi qiānjiù 友人といえども原則なしに譲歩ばかりすることはできない. │这件小事你就～他一回吧 zhè jiàn xiǎoshì nǐ jiù qiānjiù tā yì huí ba こんなささいなことだから今回は彼を大目に見てあげなさいよ.

＊【屈服】【屈伏】 qūfú 動 屈服する. 屈する. ∥～投降 qūfú tóuxiáng 屈服して投降する. │决不向困难～ jué bú xiàng kùnnan qūfú 決して困難に屈するわけには

いかない.

＊【让步】 ràng//bù 動 讓歩する. 歩み寄る. ∥双方都让点儿步, 问题就解决了 shuāngfāng dōu ràng diǎnr bù, wèntí jiù jiějué le 双方で多少とも歩み寄れば, 問題は解決する. │在原则问题上, 我们绝不能～ zài yuánzé wèntí shang, wǒmen jué bù néng ràngbù 原則的な問題について, 我々は決して讓歩するわけにはいかない.

【退让】 tuìràng 動 讓歩する. 讓る. ∥双方各自～一步 shuāngfāng gèzì tuìràng yí bù お互いに讓り合う.

＊【妥协】 tuǒxié 動 妥協する. ∥不～的斗争 bù tuǒxié de dòuzhēng 妥協のない闘争. │双方达成～ shuāngfāng dáchéng tuǒxié 双方は妥協に達した.

じょうほう　情報

▶风声　▶情报　▶消息　▶新闻　▶信
▶信息

【风声】 fēngshēng 名 うわさ. 情報. ∥不知是谁走漏了～ bù zhī shì shéi zǒulòule fēngshēng 誰かがうわさを流したのだ.

＊【情报】 qíngbào 名 ❶機密情報. 諜報(ちょうほう). ∥搜集～ sōují qíngbào 情報を収集する. │～员 qíngbàoyuán 諜報員. スパイ. │刺探～ cìtàn qíngbào 情報を探る. ❷情報. ∥经济～ jīngjì qíngbào 経済情報.

★【消息】 xiāoxi 名 ❶ニュース. 情報. ∥据～灵通人士说 jù xiāoxi língtōng rénshì shuō 消息筋によれば. │发一条～ fā yì tiáo xiāoxi ニュースを一つ発信する. ❷知らせ. 便り. 音信. ∥好～ hǎo xiāoxi よい知らせ. │他走后一直没有～ tā zǒu hòu yìzhí méiyou xiāoxi 彼が去ってからずっと音沙汰(おと)がない.

★【新闻】 xīnwén 名 ❶ニュース. 報道. ∥

しょうめい　証明

~工作者 xīnwén gōngzuòzhě 新聞報道関係者.｜~广播 xīnwén guǎngbō ニュース放送.｜~发言人 xīnwén fāyánrén スポークスマン.｜~中心 xīnwén zhōngxīn ニュース・センター. ❷(社会における)新しい話題.‖外边有什么~? wàibian yǒu shénme xīnwén? 何か変わった話でもあるかい.｜~人物 xīnwén rénwù 時の人. 話題の人物.

★【信】xìn(~儿) 图消息. 便り. 知らせ.‖口~ kǒuxìn 伝言.｜喜~ xǐxìn 吉報.｜报~ bàoxìn 知らせる.｜你等我的~儿吧! nǐ děng wǒ de xìnr ba! 知らせてあげるから待っていて.

*【信息】xìnxī 图 ❶音信. 便り.‖没有丝毫~ méiyou sīháo xìnxī なんの音信もない.｜春天的~ chūntiān de xìnxī 春の(訪れを告げる)便り. ❷情報.‖传递~ chuándì xìnxī 情報を伝達する.｜~处理 xìnxī chǔlǐ 情報処理.｜~量 xìnxīliàng 情報量.｜~产业 xìnxī chǎnyè 情報産業.｜~社会 xìnxī shèhuì 情報社会.

しょうめい　証明

▶检验　▶说明　▶验证　▶证明　▶证实

*【检验】jiǎnyàn 動検査する. 検証する.‖成品~ chéngpǐn jiǎnyàn 製品検査.｜~证 jiǎnyànzhèng 検査証.｜实践是~真理的惟一标准 shíjiàn shì jiǎnyàn zhēnlǐ de wéiyī biāozhǔn 実践は真理を検証する唯一の基準である.

★【说明】shuōmíng 動物語る. 立証する. 証明する.‖事实~他是对的 shìshí shuōmíng tā shì duì de 事実は彼が正しかったことを証明している.｜试验结果~我们的推论是正确的 shìyàn jiéguǒ shuōmíng wǒmen de tuīlùn shì zhèngquè de 実験の結果は我々の推論が正しいことを物語っている.

*【验证】yànzhèng 動検証する.‖这几个数据还要再~一下 zhè jǐ ge shùjù hái yào zài yànzhèng yíxià これらのデータはまだ検証が必要だ.｜他的设想经过实际~，是可行的 tā de shèxiǎng jīngguò shíjì yànzhèng, shì kěxíng de 彼の構想は実際に検証した結果，実行可能である.

**【证明】zhèngmíng 動証明する.‖~人 zhèngmíngrén 証人.｜~信 zhèngmíngxìn 証明する書簡.｜我可以~这不是他干的 wǒ kěyǐ zhèngmíng zhè bú shì tā gàn de これは彼がやったのではないと私は証明できる. 图証明書.

*【证实】zhèngshí 動実証する. 証拠だてる. 裏づける. 証明する.‖未经~ wèi jīng zhèngshí いまだ実証されていない.｜推论得到了~ tuīlùn dédàole zhèngshí 推論が実証された.

しょうらい　将来

▶将来　▶前　▶前程　▶前景　▶前途
▶未来

★【将来】jiānglái 图将来. ⇔"过去" guòqù ‖不久的~ bùjiǔ de jiānglái 遠くない将来. 近いうち.｜要多为孩子的~着想 yào duō wèi háizi de jiānglái zhuóxiǎng 子供の将来のためにできるだけ考えねばならない.｜你~想做什么工作? nǐ jiānglái xiǎng zuò shénme gōngzuò? あなたは将来どんな仕事をしたいですか.

★【前】qián 图未来. 将来.‖凡事要向~看 fánshì yào xiàng qián kàn 何事も将来に目を向けて見なければならない.

【前程】qiánchéng 图前途. 先行き. 将来.‖~远大 qiánchéng yuǎndà 前途洋々.｜~无限 qiánchéng wúxiàn 前途洋々.｜~似锦 qiánchéng sì jǐn 前途有望.

*【前景】qiánjǐng 图見通し. 先行き. 将来の見込み.‖胜利的~ shènglì de qián-

jīng 勝つ見込み.｜丰收的～鼓舞人心 fēngshōu de qiánjǐng gǔwǔ rénxīn 豊作の見込みが立って，人々の心は元気づけられた.

＊＊【前途】 qiántú 图 前途. 将来の見込み. 行く末.｜有～ yǒu qiántú 将来性がある.｜～渺茫 qiántú miǎománg 将来の見通しが立たない.｜无量～ wúliàng qiántú 前途洋々である.｜这件事葬送了他的～ zhè jiàn shì zàngsòngle tā de qiántú このことで彼の将来は台無しになってしまった.

＊＊【未来】 wèilái 图 未来. 将来.｜人类的～ rénlèi de wèilái 人類の未来.｜走向～ zǒuxiàng wèilái 未来に向かって進む.｜～属于青年 wèilái shǔyú qīngnián 未来は若者たちのものである.

しょくぎょう　職業

▶办事员　▶保姆　▶播音员　▶厨师
▶服务员　▶歌手　▶工程师　▶工人
▶公务员　▶护士　▶画家　▶记者　▶教师
▶警察　▶军人　▶科学家　▶会计师
▶理发师　▶律师　▶秘书　▶木匠　▶农民
▶清洁工　▶设计师　▶售货员　▶司机
▶学者　▶演员　▶演奏家　▶渔民
▶运动员　▶政治家　▶作家

【办事员】 bànshìyuán 图 事務員. 職員.

＊【保姆】 bǎomǔ 图 メード. "保母" とも書く.

【播音员】 bōyīnyuán 图 アナウンサー.

＊【厨师】 chúshī 图 コック. 料理人. 調理師.

★【服务员】 fúwùyuán 图 (ホテルやレストランの)従業員. 店員. サービス係.

＊【歌手】 gēshǒu 图 歌手.

＊＊【工程师】 gōngchéngshī 图 工程師(エンジニアの職階名の一つ).

★【工人】 gōngrén 图 労働者.｜产业～ chǎnyè gōngrén 産業労働者.

【公务员】 gōngwùyuán 图 公務員.

＊【护士】 hùshi 图 看護師.

【画家】 huàjiā 图 画家.

＊【记者】 jìzhě 图 記者.｜特派～ tèpài jìzhě 特派員.

＊【教师】 jiàoshī 图 教師. 教員.

＊【警察】 jǐngchá 图 警官. 巡査.｜交通～ jiāotōng jǐngchá 图 交通警察.

【军人】 jūnrén 图 軍人.

【科学家】 kēxuéjiā 图 科学者.

【会计师】 kuàijìshī 图 会計師.

【理发师】 lǐfàshī 图 理髪師.

＊【律师】 lǜshī 图 弁護士.｜请～ qǐng lǜshī 弁護士に依頼する.

【秘书】 mìshū 图 秘書. セクレタリー.

【木匠】 mùjiang；mùjiàng 图 大工.

★【农民】 nóngmín 图 農民.

【清洁工】 qīngjiégōng 图 清掃員.

【设计师】 shèjìshī 图 デザイナー. 設計者.｜室内～ shìnèi shèjìshī インテリア・デザイナー.

【售货员】 shòuhuòyuán 图 店員. 販売員.

＊【司机】 sījī 图 運転手.

＊【学者】 xuézhě 图 学者.

＊【演员】 yǎnyuán 图 俳優.｜电影～ diànyǐng yǎnyuán 映画俳優.

【演奏家】 yǎnzòujiā 图 演奏家.

【渔民】 yúmín 图 漁民.

＊【运动员】 yùndòngyuán 图 スポーツ選手.

【政治家】 zhèngzhìjiā 图 政治家.

＊【作家】 zuòjiā 图 作家.

しょり　処理

▶办　▶办理　▶办事　▶处理　▶从事
▶解决

★【办】 bàn 動 する. 処理する.｜主～ zhǔbàn 主催する.｜～手续 bàn shǒuxù 手続きをする.｜这事交给他，恐怕～不好

しらせる　知らせる（告げる）

zhè shì jiāogěi tā, kǒngpà bànbuhǎo この件は彼に任せても，おそらくうまく処理できないだろう.

【办理】 bànlǐ 動 処理する．手続きをする．‖～入学手续 bànlǐ rùxué shǒuxù 入学手続きをとる．｜酌情～ zhuóqíng bànlǐ 斟酌(しんしゃく)して取り計らう.

【办事】 bàn//shì 動 事を処理する．事務をとる．‖他出去～了 tā chūqu bànshì le 彼は用件があって出かけた．｜办事要认真～ bànshì yào rènzhēn 何事もまじめにやらなければならない.

【处理】 chǔlǐ 動 処理する．片づける．‖～问题 chǔlǐ wèntí 問題を処理する．｜～家务 chǔlǐ jiāwù 家事を切り盛りする．｜～群众来信 chǔlǐ qúnzhòng láixìn 一般大衆から来た手紙を処理する．｜～好两者之间的关系 chǔlǐhǎo liǎngzhě zhī jiān de guānxi 両者の関係をうまく解決する．｜这几件旧家具要赶快～掉 zhè jǐ jiàn jiù jiājù yào gǎnkuài chǔlǐdiào これらの古い家具はさっさと処分してしまわなくちゃ.

*【从事】** cóngshì 動 （規定に基づいて）処理する．処置する．‖军法～ jūnfǎ cóngshì 軍法に基づいて処理する．｜草率～ cǎoshuài cóngshì いいかげんに片づける.

★【解决】 jiějué 動 解決する．片づける．‖～问题 jiějué wèntí 問題を解決する．｜这个病得动手术，光吃药恐怕不～问题 zhège bìng děi dòng shǒushù, guāng chī yào kǒngpà bù jiějué wèntí この病気は手術をしなくてはならない，薬を飲むだけではどうにもならないだろう.

しらせる　知らせる（告げる）

▶报　▶报告　▶告　▶告别　▶告诉
▶告知　▶汇报　▶通知

★【报】 bào 動 知らせる．告げる．伝える．

‖～警 bàojǐng. 通報する．｜～险情 bào xiǎnqíng 危険な情況を知らせる．｜谎～ huǎngbào うその報告をする．｜预～ yùbào 予報する.

【报告】 bàogào 報告する．伝える．‖向上级～情况 xiàng shàngjí bàogào qíngkuàng 上司に状況を報告する．｜现在～晚间新闻 xiànzài bàogào wǎnjiān xīnwén 夜のニュースをお伝えします.

*【告】 gào ◇（事情や意見などを）告げる．知らせる．述べる．‖转～ zhuǎngào 伝言する．｜预～ yùgào 予告する．｜奔走相～ bēnzǒu xiāng gào 走り回って知らせ合う．｜不可～人的目的 bù kě gào rén de mùdì 人に言えない目的．動 （ある事柄の終わりや実現を）告げる．‖～成 gàochéng 完成を告げる．｜～一段落 gào yí duànluò 一段落つける．｜已～结束 yǐ gào jiéshù すでに終わりを告げた.

【告别】 gào//bié 動 （旅立つ前に）別れを告げる．‖昨天大家赶到车站去向他～ zuótiān dàjiā gǎndào chēzhàn qù xiàng tā gàobié きのうみんなは駅に駆けつけて彼に別れを告げた.

★【告诉】 gàosu 動 告げる．知らせる．伝える．‖请你～他明天开会 qǐng nǐ gàosu tā míngtiān kāihuì 彼に明日会合があると知らせてください．｜我～过你他不来了 wǒ gàosuguo nǐ tā bù lái le 彼は来ないって，もうあなたに知らせたでしょう．｜医生把病情～了病人 yīshēng bǎ bìngqíng gàosule bìngrén 医者は患者に病状を告げた.

【告知】 gàozhī 動 知らせる．‖请把调查结果尽快～我方 qǐng bǎ diàochá jiéguǒ jǐnkuài gàozhī wǒfāng 調査の結果をできるだけ早くこちらに知らせてください.

*【汇报】 huìbào 動 （上級部門や一般に向けて）状況を取りまとめて報告する．‖～工作 huìbào gōngzuò 仕事の状況を報告する.

354

しりぞく　退く

★【通知】tōngzhī 動 通知する．知らせる．‖你～小王了吗? nǐ tōngzhī Xiǎo-Wáng le ma? 君は王君に知らせたかい．｜～他来开会 tōngzhī tā lái kāihuì 会議に参加するよう彼に連絡する．

しらべる　調べる

▶査　▶査対　▶査看　▶査閲　▶調査
▶検査　▶清点　▶審　▶捜査　▶研究

★【査】chá 動 ❶調べる．検査する．‖抽～ chōuchá 抜き取り検査をする．｜～访 cháfǎng 聞きこみ調査をする．現地に行って調べる．｜～电话号码 chá diànhuà hàomǎ 電話番号を調べる．｜～原因 chá yuányīn 原因を調べる．｜～车票 chá chēpiào 乗車券を調べる．検札する．❷(辞書・地図・資料などを)調べる．‖～字典 chá zìdiǎn 字引を引く．｜～资料 chá zīliào 資料を調べる．

【査対】cháduì 動 突き合わせて調べる．照し合わせる．‖～账目 cháduì zhàngmù 帳簿を突き合わせる．｜～数据 cháduì shùjù データを照合する．

【査看】chákàn 動 (状態を)調べる．点検する．‖～伤口 chákàn shāngkǒu 傷口をみる．

*【査閲】cháyuè 動 (書類などを)読んで調べる．‖～资料 cháyuè zīliào 資料を調べる．｜～各种报刊 cháyuè gèzhǒng bàokān 新聞や雑誌を調べる．

**【調査】diàochá 動 調査する．調べる．‖事情还没有～清楚 shìqing hái méiyou diàocháqīngchu 事はまだはっきり調べがついていない．｜社会～ shèhuì diàochá 社会調査．｜人口～ rénkǒu diàochá 人口調査．｜问卷～ wènjuàn diàochá アンケート調査．

★【検査】jiǎnchá 動 調べる．検査する．‖～行李 jiǎnchá xíngli 手荷物を調べる．｜

去医院～身体 qù yīyuàn jiǎnchá shēntǐ 病院に行って健康診断を受ける．❷調査する．‖领导来～工作 lǐngdǎo lái jiǎnchá gōngzuò 上司が仕事の調査に来る．

【清点】qīngdiǎn 動 数を調べる．点検する．‖～人数 qīngdiǎn rénshù 人数を調べる．｜把库存的货物～一下 bǎ kùcún de huòwù qīngdiǎn yíxià 在庫品を点検する．

*【審】shěn 動 ❶調べる．審査する．‖这篇稿子还要请上面～一下 zhè piān gǎozi hái yào qǐng shàngmiàn shěn yíxià この原稿は上司に目を通してもらわねばならない．❷取り調べる．尋問する．‖～案子 shěn ànzi 事件の取り調べをする．｜～犯人 shěn fànrén 犯人を尋問する．

*【捜査】sōuchá 動 (犯罪者や禁制品などを)捜査する．捜索し調べる．‖～犯罪现场 sōuchá fànzuì xiànchǎng 犯行現場を捜査する．｜～违禁品 sōuchá wéijìnpǐn 禁制品を捜索する．｜～证 sōucházhèng 捜査令状．

★【研究】yánjiū 動 研究する．‖我在～植物性神经的功能 wǒ zài yánjiū zhíwùxìng shénjīng de gōngnéng 私は自律神経の働きについて調べている．

しりぞく　退く

▶撤　▶后退　▶退　▶退步　▶退出
▶退居　▶退役　▶脱离　▶脱身　▶脱逃
▶引退

*【撤】chè 動 退く．後退する．‖敌人已经～了 dírén yǐjīng chè le 敵はすでに撤退した．｜从前线～下来 cóng qiánxiàn chèxialai 前線から引き上げる．

*【后退】hòutuì 動 後退する．後ずさりする．⇔"前进" qiánjìn ‖在困难面前谁也不肯～ zài kùnnan miànqián shéi yě bù kěn hòutuì 困難を前にしても誰もひるまない．｜吓得～了好几步 xiàde hòutuì le hǎojǐ

bù 驚いて 2, 3 歩後ずさりした.

★【退】tuì 動❶後退する. 下がる. ⇔ "进" jìn｜撤~ chètuì 撤退する.｜向后~一下 xiàng hòu tuì yíxià 後ろへ少し下がる. ❷(職場などを)離れる. 退く. (団体などを)脱退する.‖~职 tuìzhí 退職する.｜~休 tuìxiū 定年退職する.｜~会 tuì huì 脱会する.｜他刚刚从领导岗位上~下来 tā gānggāng cóng lǐngdǎo gǎngwèi shang tuìxialai 彼は指導の地位を退いたばかりだ.

*【退步】tuì//bù 動 退歩する. 後退する. 落伍(ぐぁ)する. ⇔"进步" jìnbù‖学习成绩~ xuéxí chéngjì tuìbù 成績が下がる.

*【退出】tuìchū 動❶退出する.‖~会场 tuìchū huìchǎng 会場を退出する. ❷(組織や集団から)脱退する. 抜ける. 退く.‖~组织 tuìchū zǔzhī 組織から抜ける.

【退居】tuìjū 動 これまでのポストから退く.‖~二线 tuìjū èrxiàn 第一線をしりぞく.

【退役】tuì//yì 動❶(軍隊を)除隊する. 退役する.‖~军人 tuìyì jūnrén 退役軍人. ❷(多くスポーツ選手が)現役を退く.‖他从国家男排~后, 进了大学 tā cóng guójiā nánpái tuìyì hòu, jìnle dàxué 彼は男子バレーボール・ナショナルチームの現役選手を退いた後, 大学に入った.

**【脱离】tuōlí 動 離れる. 脱する. 断ち切る.‖和他~了关系 hé tā tuōlíle guānxi 彼との関係は切れた.｜~危险 tuōlí wēixiǎn 危険から脱する.

【脱身】tuō//shēn 動 抜け出す. 解放される.‖他正忙着, 脱不开身 tā zhèng mángzhe, tuōbukāi shēn 彼はいま忙しくて抜け出せない.

【脱逃】tuōtáo 動 脱走する. 逃げ出す.‖临阵~ línzhèn tuōtáo 敵前逃亡する. いざという時になって尻込みする.

【引退】yǐntuì 動 (官職を)引退する. 退く.‖从政界~ cóng zhèngjiè yǐntuì 政界から引退する.

しる 知る

▶得知　▶了解　▶明白　▶明知　▶认识
▶熟识　▶熟悉　▶晓得　▶知道

【得知】dézhī 動 …によって知る. …でわかる.‖我从今天的报上~他出车祸死了 wǒ cóng jīntiān de bào shang dézhī tā chū chēhuò sǐ le 私は今日の新聞で彼の交通事故死を知った.

★【了解】liǎojiě 動 分かる. 知っている. (対象について, ある状況・結論・規律などを, 深くかつ広く理解している)‖大家都很~他的为人 dàjiā dōu hěn liǎojiě tā de wéirén みんな彼の人柄をよく知っている.｜她不太~当地的情况 tā bútài liǎojiě dāngdì de qíngkuàng 彼女は現地の状況をあまり把握していない.｜双方还缺乏~ shuāngfāng hái quēfá liǎojiě 双方ともまだよく理解し合っていない.

*【明白】míngbai 動 分かる. 理解する. (理解できなかったことが, 説明を受けて理解できたことを表す)‖听了奶奶的话, 我终于~了父母为什么离婚了 tīngle nǎinai de huà, wǒ zhōngyú míngbaile fùmǔ wèi shénme líhūn le 祖母の話を聞いて, 私は両親がなぜ別れたのか, やっとわかった.｜大家~了吗? dàjiā míngbai le ma? みなさん分かりましたか.｜我不~你的意思 wǒ bù míngbai nǐ de yìsi 君の言う意味が分からない.

【明知】míngzhī 動 よく知っている. 百も承知している.‖~下午有会, 却有意不来 míngzhī xiàwǔ yǒu huì, què yǒuyì bù lái 午後ミーティングがあるのを知っていながら, わざとすっぽかした.

★【认识】rènshi 動 知る. 見覚える. 見て

分かる．（対象を見知っている，他のものと識別できる）‖ 我不~他 wǒ bú rènshi tā 私は彼を知らない．｜他们以前就~ tāmen yǐqián jiù rènshi 彼らは以前から知り合っていた．｜我不~去老师家的路 wǒ bú rènshi qù lǎoshī jiā de lù 私は先生の家へ行く道を知らない．

【熟识】shúshi 動 熟知する．よく知る．‖ 彼此十分~ bǐcǐ shífēn shúshi 互いによく知っている．｜~这里的地理 shúshi zhèli de dìlǐ この地方の事情に明るい．

**【熟悉】shúxi；shúxī 動 よく知る．熟知する．‖ 他对国际关系史很~ tā duì guójì guānxìshǐ hěn shúxi 彼は国際関係史について非常に詳しい．｜我还不太~这儿的情况 wǒ hái bútài shúxi zhèr de qíngkuàng 私はここの事情にまだあまり通じていない．

**【晓得】xiǎode 動 知っている．分かる．‖ 他结婚的事你~吗? tā jiéhūn de shì nǐ xiǎode ma? 彼が結婚したことを君は知っているかい．｜这个字的读法你~吗? zhège zì de dúfǎ nǐ xiǎode ma? この字の読み方が分かりますか．｜天~是怎么回事! tiān xiǎode shì zěnme huí shì! どういう訳なのか，誰にも分かりはしない．

★【知道】zhīdao；zhīdào 動 知る．分かる．心得る．（対象について，何らかの情報や知識を持っている，あるいは経験として知っている）‖ ~电话号码 zhīdao diànhuà hàomǎ 電話番号を知っている．｜~不少当地的风俗习惯 zhīdao bù shǎo dāngdì de fēngsú xíguàn 現地の風俗習慣をよく知っている．｜我~他为什么不来 wǒ zhīdao tā wèi shénme bù lái 彼がなぜ来ないか知っている．｜他很~让着弟弟 tā hěn zhīdào ràngzhe dìdi 彼は弟に譲ることをよく心得ている．｜我不~他住院了 wǒ bù zhīdào tā zhùyuàn le 私は彼が入院したことを知らない．

しろい　白い

▶白　▶白皑皑　▶白花花　▶白茫茫
▶白色　▶花白　▶洁白　▶雪白

★【白】bái 形 白い．白色の．⇔“黑” hēi ‖ ~衬衣 bái chènyī 白いシャツ．｜发~ fābái 白くなる．白む．｜她的皮肤很~ tā de pífū hěn bái 彼女の肌はとても白い．

【白皑皑】bái'ái'ái（~的）形 書（霜や雪の）まっ白なさま．白皑皑（がいがい）たる．‖ ~的雪山 bái'ái'ái de xuěshān 白皑皑たる雪山．

【白花花】báihuāhuā（~的）形 白くきらきらした．銀色に光っている．‖ 收棉季节，地里一片~的 shōu mián jìjié, dìli yí piàn báihuāhuā de 綿の取り入れの季節，畑は一面白く輝いている．

【白茫茫】báimángmáng（~的）形 （雲・雪・水などで）見渡すかぎり真っ白である．‖ 山上满是积雪，远远望去，~一片 shān shang mǎn shì jīxuě, yuǎnyuǎn wàng-qu, báimángmáng yí piàn 山は雪で覆われ，遠くから望めば一面真っ白である．｜~的湖水 báimángmáng de húshuǐ 見渡すかぎり白く輝く湖水．

【白色】báisè 名 白い色．白色．‖ ~的衬衫 báisè de chènshān 白いワイシャツ．

【花白】huābái 形 （ひげや頭髪が）ごま塩である．白髪がまじっている．‖ ~的头发 huābái de tóufa 白髪まじりの頭．

*【洁白】jiébái 形 真っ白い．‖ ~的床单 jiébái de chuángdān 真っ白なシーツ．

*【雪白】xuěbái 形 雪のように白い．真っ白である．‖ ~的牙齿 xuěbái de yáchǐ 真っ白な歯．｜~的梨花 xuěbái de líhuā 雪のように白いナシの花．｜墙壁粉刷得~ qiángbì fěnshuā de xuěbái 壁を白く塗り直した．

しんこう　進行

▶悪化　▶発展　▶進程　▶進行　▶進展
▶前進　▶行駛　▶運行

---

*【悪化】èhuà 動 (状況が)悪い方向へ変化する. (状況を)悪い方向へ変化させる. ‖伤口～了 shāngkǒu èhuà le 傷口が悪化した. | 事态急剧～ shìtài jíjù èhuà 事態が急激に悪化する. | 边境纷争～了两国关系 biānjìng fēnzhēng èhuàle liǎng guó guānxi 国境紛争が両国の関係を悪化させた.

★【発展】fāzhǎn 動 発展する. 発展させる. ‖这一地区的经济迅速～起来 zhè yī dìqū de jīngjì xùnsù fāzhǎnqilai この地域の経済はめざましい勢いで発展し始めた. | 事情～到今天这一步, 是我们没有预料到的 shìqing fāzhǎndào jīntiān zhè yí bù, shì wǒmen méiyou yùliàodào de こんなことになるとは, 我々は予想だにしていなかった. | ～对外贸易 fāzhǎn duìwài màoyì 対外貿易を拡大する. | 在病情还没有～之前, 做一个精细检查比较好 zài bìngqíng hái méiyou fāzhǎn zhī qián, zuò yí ge jīngxì jiǎnchá bǐjiào hǎo 病気が進行しないうちに, 精密検査を受けたほうがいい.

*【進程】jìnchéng 名 進行過程. 経過. ‖影响工作～ / yǐnxiǎng gōngzuò jìnchéng 仕事の進行に影響する. | 历史～ lìshǐ jìnchéng 歴史の進行過程.

★【進行】jìnxíng 動 (継続性のある物事を)行う. する. 進行する. ‖会议正在～之中 huìyì zhèngzài jìnxíng zhī zhōng 会議はただいま進行中である. | 为举办世博会的准备稳步而顺利地～着 wèi jǔbàn shìbóhuì de zhǔnbèi wěnbù ér shùnlì de jìnxíngzhe 万国博覧会の開催に向けて, 着々と準備が進行している. | 谈判～不下去了 tánpàn jìnxíngbuxiàqù le 交渉は

物別れとなった.

*【進展】jìnzhǎn 動 進展する. (物事の状況が)発展する. ‖工程～很快 gōngchéng jìnzhǎn hěn kuài 工事の進み方が早い. 名 進展. | 谈判有了～ tánpàn yǒule jìnzhǎn 交渉には進展があった. | 那个计划的～情况如何? nàge jìhuà de jìnzhǎn qíngkuàng rúhé? あの企画の進行具合はどうですか?

**【前進】qiánjìn 動 前進する. 発展する. ⇔"后退"hòutuì ‖并肩～ bìngjiān qiánjìn 肩を並べて前進する. | 社会在～ shèhuì zài qiánjìn 社会が発展しつつある.

*【行駛】xíngshǐ 動 (乗り物が)走る. 進む. 通行する. ‖汽车～在盘山公路上 qìchē xíngshǐzài pánshān gōnglù shang 車はぐるりと山肌を巡る道を上って行く. | 从～的车窗里有什么东西扔下来了 cóng xíngshǐ de chēchuāng li yǒu shénme dōngxi rēngxialai le 走行中の車の窓から何かが投げられた.

*【運行】yùnxíng 動 運行する. ‖列车正常～ lièchē zhèngcháng yùnxíng 列車は正常に運行している. | 卫星的～轨道 wèixīng de yùnxíng guǐdào 衛星の運行軌道.

しんじる　信じる

▶坚信　▶确信　▶深信　▶相信　▶信
▶信赖　▶信任　▶置信

---

*【坚信】jiānxìn 動 かたく信じる. 確信する. ‖～自己的理想一定能够实现 jiānxìn zìjǐ de lǐxiǎng yídìng nénggòu shíxiàn 自分の夢が必ず実現できるとかたく信じている.

*【确信】quèxìn 動 確信する. ‖十分～ shífēn quèxìn 十分に確信している. | 他～自己的判断是正确的 tā quèxìn zìjǐ de pànduàn shì zhèngquè de 彼は自分の判断が正しいとかたく信じている.

＊【深信】shēnxìn 動 深く信じる.‖～不疑 shēnxìn bù yí 信じきって疑わない.｜他～有耕耘才有收获 tā shēnxìn yǒu gēngyún cái yǒu shōuhuò 彼は, 努力して初めて成果が得られると固く信じている.

★【相信】xiāngxìn 動 信じる.‖轻意～ qīngyì xiāngxìn 軽々しく信じる.｜请～我 qǐng xiāngxìn wǒ 私を信じてください.｜他简直不敢～自己的眼睛 tā jiǎnzhí bù gǎn xiāngxìn zìjǐ de yǎnjing 彼はまるで自分の目が信じられなかった.｜我们～问题会得到合理的解决 wǒmen xiāngxìn wèntí huì dédào hélǐ de jiějué 我々は問題が合理的に解決されるものと信じている.

★【信】xìn 動 ❶信じる. 信用する.‖你说的我全～ nǐ shuō de wǒ quán xìn 君の言うことは全部信じる.｜不可不～, 也不可全～ bùkě bú xìn, yě bùkě quán xìn 信じないわけにはいかないが, すべて信じることもできない. ❷(宗教を)信仰する.‖～佛 xìn fó 仏教を信じる.

＊【信赖】xìnlài 動 信頼する.‖可以～的朋友 kěyǐ xìnlài de péngyou 信頼できる友.｜得到了大家的～ dédàole dàjiā de xìnlài みんなの信頼を得た.

＊【信任】xìnrèn 動 信任する. 信頼する.‖他工作认真负责, 大家都很～他 tā gōngzuò rènzhēn fùzé, dàjiā dōu hěn xìnrèn tā 彼は仕事ぶりがまじめで責任感があるので, みんな彼をたいへん信頼している.｜深得上司的～ shēn dé shàngsi de xìnrèn 上司から厚い信頼を得ている.

【置信】zhìxìn 動 信じる. 信用する. (多く否定に用いる)‖无法～ wúfǎ zhìxìn 信じがたい.｜他的话让人难以～ tā de huà ràng rén nányǐ zhìxìn 彼の話はとても信じられない.

しんせつ 親切

しんせつ　親切

▶好心　▶好意　▶恳切　▶亲切　▶热情
▶热心　▶体贴　▶殷勤　▶周到

【好心】hǎoxīn 名 好意. 善意. 親切心.‖大家～帮助他, 可他反倒怪别人多管闲事 dàjiā hǎoxīn bāngzhù tā, kě tā fǎn guài biéren duō guǎn xiánshì みんなは親切心から彼を助けたのに, 彼はかえって余計なお世話だと言って腹を立てた.

【好意】hǎoyì 名 好意. 親切心.‖谢谢大家的～ xièxie dàjiā de hǎoyì ご親切にみなさんありがとうございました.

【恳切】kěnqiè 形 誠意がこもっている. 懇ろである. 親切である.‖态度～ tàidu kěnqiè 態度が丁重である.｜情意～ qíngyì kěnqiè 真心がこもっている.

★【亲切】qīnqiè 形 心がこもっている. 温かい. 親切である. (親が子に, 先生が学生に, などのように上位の者が下位の者に対して, 関心があって懇切である)‖老师的～教导 lǎoshī de qīnqiè jiàodǎo 先生の懇切丁寧な教え.｜～的话语 qīnqiè de huàyǔ 温かい言葉.

★【热情】rèqíng 形 心やさしい. 情に厚い. 親切である. (意欲あるいは情熱があって心がこもっている)‖她对人很～ tā duì rén hěn rèqíng 彼女は人に対してとても親切である.｜她～地把我带到房间门口 tā rèqíng de bǎ wǒ dàidào fángjiān ménkǒu 彼女は親切にその部屋まで案内してくれた.｜对来客要～招待 duì láikè yào rèqíng zhāodài 来客には心のこもったもてなしをしなければならない.

＊＊【热心】rèxīn 形 熱心である. 熱意がある. 親切心にあふれている. (あることに対し, 精力的に力を注ぐことを表す)‖～助人 rèxīn zhù rén 熱心に人助けをする.｜～为人介绍对象 rèxīn wèi rén jièshào duìxiàng 熱心に人に縁談を勧める.

しんぱい　心配

｜她是个～人 tā shì ge rèxīnrén 彼女は世話を焼くのが好きな人だ.

*【体贴】tǐtiē 動 相手の身になって思いやる. いたわる. ‖～老人 tǐtiē lǎorén 老人をいたわる. ｜他对妻子非常～ tā duì qīzi fēicháng tǐtiē 彼は妻に対してとても思いやりがある. ｜他非常～地帮老人拿行李 tā fēicháng tǐtiē de bāng lǎorén ná xíngli 彼はとても親切に老人の荷物を持ってあげた. ｜～入微 tǐtiē rùwēi 心遣いが至れり尽くせりである.

【殷勤】yīnqín 形 手厚い. 礼儀正しく愛想がよい. “慇懃”とも書く. ‖～款待 yīnqín kuǎndài 手厚くもてなす. ｜～好客的主人 yīnqín hàokè de zhǔren 愛想がよく客好きの主人. ｜献～ xiàn yīnqín 人の機嫌をとる. お愛想を言う.

**【周到】zhōudào 形 周到である. 行き届いている. ‖办事～ bànshì zhōudào やることが周到である. ｜那家航空公司的服务特别～ nà jiā hángkōng gōngsī de fúwù tèbié zhōudào あの航空会社はとても対応が親切だ. ｜他为我们考虑得很～ tā wèi wǒmen kǎolǜde hěn zhōudào 我々に対する彼の配慮はとても行き届いている.

しんぱい　心配

▶不放心　▶操心　▶愁　▶担心　▶担忧
▶惦记　▶挂　▶挂念　▶忧虑

**【不放心】bù fàngxīn 組 安心ならない. 気がかりである. 心配する. ‖～孩子 bú fàngxīn háizi 子供を心配する. ｜～老李的病 bú fàngxīn lǎo Lǐ de bìng 李 ⁽ʳ⁾さんの病気が心配だ. ｜她对丈夫～ tā duì zhàngfu bú fàngxīn 彼女は夫のことが気にかかる.

*【操心】cāo//xīn 動 心配する. 心を砕く. 気を配る. ‖这件事用不着你～ zhè jiàn

shì yòngbuzháo nǐ cāoxīn この事は君が心配しなくてもよい. ｜为女儿的婚事～ wèi nǚ'ér de hūnshì cāoxīn 娘の結婚のことで頭を悩ます.

**【愁】chóu 動 思い悩む. 心配する. 憂える. ‖你～什么? nǐ chóu shénme? 君は何を心配しているのか. ｜～白了头发 chóubáile tóufa 心配のあまり髪が白くなった. ｜有本事不～没饭吃 yǒu běnshi bù chóu méi fàn chī 才能があれば飯の心配はいらない.

*【担心】dān//xīn 動 心配する. 気遣う. 不安に思う. 案じる. ‖我～他的身体 wǒ dānxīn tā de shēntǐ 私は彼の体が心配だ. ｜你不用为我～ nǐ búyòng wèi wǒ dānxīn 私のために心配しないでください. ｜这孩子整天让我担着个心 zhè háizi zhěngtiān ràng wǒ dānzhe ge xīn この子には年がら年中心配させられている. ｜～出错儿 dānxīn chūcuòr ミスを心配する. ｜～会下雨 dānxīn huì xiàyǔ 雨が降らないか心配する.

*【担忧】dānyōu 動 憂える. 憂慮する. ‖为自己的前途～ wèi zìjǐ de qiántú dānyōu 自分の前途を憂える. ｜为国～ wèi guó dānyōu 国を憂える.

*【惦记】diànji；diànjì 動 気にかける. 気にとめる. 心配する. ‖她～着孩子的身体 tā diànjizhe háizi de shēntǐ 彼女は子供の健康を気にかけている. ｜他总～老大还没结婚 tā zǒng diànji lǎodà hái méi jiéhūn 彼は長男がまだ結婚していないのをいつも心配している.

★【挂】guà 動 気にかける. 心配する. ‖他去出差也～着家里 tā qù chūchāi yě guàzhe jiāli 彼は出張に行っても家のことが気にかかる. ｜事情已经过去了, 就别老～在心上了 shìqing yǐjīng guòqu le, jiù bié lǎo guàzài xīn shang le もう過ぎた事だ. いつまでも気にしていてはだめだ.

*【挂念】guàniàn 動 気にかける. 気がか

りである. 心配する. ‖到了北京赶紧来信，别让家里人～ dàole Běijīng gǎnjǐn lái xìn, bié ràng jiālirén guànniàn 北京に着いたらすぐに手紙を書くんだよ，家の人に心配をかけないようにね.

*【忧虑】yōulǜ 動 憂慮する. 心配する. ‖为孩子的前途～ wèi háizi de qiántú yōulǜ 子供の前途を憂慮する. ｜人们～地注视着事态的发展 rénmen yōulǜ de zhùshìzhe shìtài de fāzhǎn 人々は心配そうに事の成り行きを見守っている.

しんぽ　進歩

▶发达　▶发展　▶进　▶进步　▶开化
▶开明　▶前进　▶日新月异　▶先进
▶长进

**【发达】fādá 形 発達している. ‖工商业很～ gōngshāngyè hěn fādá 商工業がたいへん盛んである. ｜交通～ jiāotōng fādá 交通が発達している. 動 発展させる. ‖～经济 fādá jīngjì 経済を発展させる.

★【发展】fāzhǎn 動 発展する. 発展させる. ‖这一地区的经济迅速～起来 zhè yī dìqū de jīngjì xùnsù fāzhǎnqilai この地域の経済はめざましい勢いで発展し始めた. ｜～工农业 fāzhǎn gōngnóngyè 工業・農業を発展させる.

★【进】jìn 動（上または前に）進む. ⇔"退" tuì ‖再往前～一步 zài wǎng qián jìn yí bù もう一歩前に進みなさい. ｜他和她的关系比以前更～了一层 tā hé tā de guānxi bǐ yǐqián gèng jìnle yì céng 彼と彼女の間柄は前よりもさらに深まった.

**【进步】jìnbù 動（人や事物が）進歩する. ‖他这几年～很大 tā zhè jǐ nián jìnbù hěn dà 彼はこの数年ずいぶん進歩した. 形 進歩的な. 先進的な. ‖～书刊 jìnbù shūkān 進歩的な書籍や雑誌. ｜～事业 jìnbù shìyè 先進的な事業. ｜我学了一年中

文，但一点～都没有 wǒ xuéle yì nián Zhōngwén, dàn yìdiǎn jìnbù dōu méiyou 私は1年間中国語を学んだが，少しの進歩もない.

【开化】kāihuà 動（文化が）開化する. 形（考えが）開放的である.

**【开明】kāimíng 形 進歩的である. ‖思想～ sīxiǎng kāimíng 考え方が進歩的である. ｜～人士 kāimíng rénshì 進歩的な人.

**【前进】qiánjìn 動 前進する. 発展する. ⇔"后退" hòutuì ‖并肩～ bìngjiān qiánjìn 肩を並べて前進する. ｜社会在～ shèhuì zài qiánjìn 社会が発展しつつある.

【日新月异】rì xīn yuè yì 成 日進月歩. 進歩・発展が速いこと. ‖科学技术正在～地向前发展 kēxué jìshù zhèngzài rì xīn yuè yì de xiàng qián fāzhǎn 科学技術はまさに日進月歩で進んでいる.

**【先进】xiānjìn 形 進んでいる. 先進的である. 進歩的である. ‖～工作者 xiānjìn gōngzuòzhě 模範的な労働者. ｜～技术 xiānjìn jìshù 先進的な技術. ｜～水平 xiānjìn shuǐpíng 先進的な水準. ｜学～，赶～ xué xiānjìn, gǎn xiānjìn 先進的なものに学び，先進的な水準に追いつく.

【长进】zhǎngjìn 動 上達する. 進歩する. ‖他游泳近来～不小 tā yóuyǒng jìnlái zhǎngjìn bù xiǎo 彼はこのごろ水泳がかなり上達した. ｜你的日语可没什么～啊！nǐ de Rìyǔ kě méi shénme zhǎngjìn a! あなたの日本語はたいして進歩していないね.

す

すう　吸う

▶吃　▶抽　▶呼吸　▶吮吸　▶吸　▶吸取
▶吸入　▶吸收

★【吃】chī 動（液体を）吸い込む．吸い取る．‖～奶 chī nǎi おっぱいを吸う．｜这种纸不～墨 zhè zhǒng zhǐ bù chī mò この紙は墨を吸わない．｜茄子很～油 qiézi hěn chī yóu ナスはよく油を吸う．

★【抽】chōu 動吸う．すする．吸い込む．‖～烟 chōu yān タバコを吸う．｜～血 chōu xuè 採血する．｜用泵～水 yòng bèng chōu shuǐ ポンプで水をくむ．

**【呼吸】hūxī 動呼吸する．‖做人工～ zuò réngōng hūxī 人工呼吸を施す．｜急促 hūxī jícù 呼吸が荒い．｜～新鲜空气 hūxī xīnxian kōngqì 新鮮な空気を吸う．｜同～，共命运 tóng hūxī, gòng mìngyùn 同じ境遇に身を置き，運命を共にする．

【吮吸】shǔnxī 動吸う．吸い取る．（多く比喩に用いる）‖婴儿～乳汁 yīng'ér shǔnxī rǔzhī 赤ん坊が乳を吸う．｜随时随地～知识的营养 suíshí suídì shǔnxī zhīshi de yíngyǎng いつでもどこでも知識という栄養を吸収する．

**【吸】xī 動❶（気体や液体を）吸う．‖～烟 xī yān タバコを吸う．｜～一口气 xī yì kǒu qì 深く1回息を吸い込んだ．｜用麦管儿~饮料 yòng màiguǎnr xī yǐnliào ストローで飲み物を吸う．❷吸収する．‖用棉花把水～干 yòng miánhua bǎ shuǐ xīgān 綿で水を吸い取る．

*【吸取】xīqǔ 動（水分や養分を）吸う．‖～养分 xīqǔ yǎngfèn 養分を吸い取る．

【吸入】xīrù 動吸入する．‖～法 xīrùfǎ（医療で）吸入法．

**【吸收】xīshōu 動❶吸収する．‖棉花能够～水分 miánhua nénggòu xīshōu shuǐfèn 綿は水を吸い込む．❷（生物が水分や栄養などを）吸収する．‖植物通过根～土中的水分和营养 zhíwù tōngguò gēn xīshōu tǔ zhōng de shuǐfèn hé yíngyǎng 植物は根から土中の水分と栄養を吸収する．

ずうずうしい

▶不在乎　▶不在意　▶得寸进尺　▶二皮脸
▶放肆　▶毫无顾忌　▶厚脸皮　▶没皮没脸

*【不在乎】bùzàihu 動平気である．気にしない．意に介さない．‖不管谁批评他，他都～ bùguǎn shéi pīpíng tā, tā dōu búzàihu 誰に批判されようと，彼はどこ吹く風だ．

【不在意】bù zàiyì 組気に留めていない．気にしない．‖别人总拿他的穿戴开玩笑，而他却从～ biéren zǒng ná tā de chuāndài kāi wánxiào, ér tā què cóng bú zàiyì 彼の身なりを人はいつも笑い物にしているが，彼はいっこうに気にしていない．

【得寸进尺】dé cùn jìn chǐ 成一寸進んだら次は一尺進もうとする．欲望はとどまるところを知らない．‖就是这种人，你给他个好脸儿他就～ jiù shì zhè zhǒng rén, nǐ gěi tā ge hǎoliǎnr, tā jiù dé cùn jìn chǐ そういう人です，ちょっと甘い顔をすると，また付け上がる．

【二皮脸】èrpíliǎn 形面の皮が厚い．ずうずうしい．‖这人也太～了 zhè rén yě tài èrpíliǎn le この人はずうずうしすぎる．図ずうずうしい人．

【放肆】fàngsì 形勝手気ままである．わがままである．‖态度～ tàidu fàngsì ふるまいが勝手である．｜言行过于～ yánxíng guòyú fàngsì 言うことやることが勝手すぎる．｜在领导面前，别太～ zài lǐngdǎo miànqián, bié tài fàngsì 上司の前であまり好き勝手してはいけない．

【毫无顾忌】háowú gùjì 組少しもはばかるところがない．‖他对任何人都～ tā duì rènhé rén dōu háowú gùjì 彼はどんな人にも遠慮するということがない．｜他～地使用公家的东西 tā háowú gùjì de shǐyòng gōngjia de dōngxi 彼は少しもはばかることなく公共の物使っている．

【厚脸皮】 hòu liǎnpí 組 厚かましく…する. ずうずうしく…する. ‖ 他一再厚着脸皮要求得到更多的照顾 tā yízài hòuzhe liǎnpí yāoqiú dédào gèng duō de zhàogu 彼はずうずうしいことに何度ももっと優遇してほしいと要求している.

【没皮没脸】 méi pí méi liǎn 組 面の皮が厚い. ずうずうしい. "没脸没皮" méi liǎn méi pí ともいう. ‖ 他可～了 tā kě méi pí méi liǎn le 彼はまったくずうずうしいやつだ. ｜她～地总来找我 tā méi pí méi lǎn de zǒng lái zhǎo wǒ 彼女は厚かましくいつまでも私を訪ねてくる.

すき　好き

▶爱　▶爱好　▶好　▶酷爱　▶嗜好
▶喜爱　▶喜好　▶喜欢　▶中意

★**【爱】** ài 動 ❶愛する. ‖ 哥哥～上她了 gēge àishang tā le 兄は彼女を好きになった. ❷…することを好む. ‖ 我～游泳 wǒ ài yóuyǒng 私は水泳が好きだ. ｜～唱歌 ài chàng gē 歌うことが好きだ. ｜～吃甜食 ài chī tiánshí 甘い物が好きだ.

**【爱好】 àihào 動 愛好する. 愛する. ‖ 他特别～体育运动 tā tèbié àihào tǐyù yùndòng 彼はスポーツをとても好む. ｜～下象棋 àihào xià xiàngqí 将棋を愛好する. ｜京剧～者 jīngjù àihàozhě 京劇の愛好者.

**【好】 hào 動 好む. 好きである. ⇔"恶" wù ‖ 自幼～武术 zì yòu hào wǔshù 幼いときから武術を好む. ｜各有所～ gè yǒu suǒ hào 誰にもそれぞれ好みがある. ｜～打抱不平 hào dǎ bào bùpíng 好んで弱い者の味方になる. ｜投其所～ tóu qí suǒ hào 相手の好みに合わせる.

【酷爱】 kù'ài 動 熱愛する. ‖ ～京剧 kù'ài jīngjù 京劇に目がない. ｜～集邮 kù'ài jíyóu 切手収集が大の趣味である.

【嗜好】 shìhào 名 嗜好(しこう). (多く好ましくない意味に使われる) ‖ 他除喜欢打牌以外，并没别的～ tā chú xǐhuan dǎpái yǐwài, bìng méiyou biéde shìhào 彼はトランプのほかにこれという道楽もない.

***【喜爱】** xǐ'ài 動 好む. 愛好する. 好く. ‖ 不～都市生活 bù xǐ'ài dūshì shēnghuó 都会生活を好まない. ｜我～体育运动 wǒ xǐ'ài tǐyù yùndòng 私はスポーツが好きだ. ｜熊猫十分招人～ xióngmāo shífēn zhāo rén xǐ'ài パンダは人気が高い.

【喜好】 xǐhào 動 好む. 愛好する. ‖ 父亲最～京剧 fùqin zuì xǐhào jīngjù 父は京劇が何より好きだ.

★**【喜欢】** xǐhuan 動 好む. 愛する. ‖ 他～养鸟 tā xǐhuan yǎng niǎo 彼は小鳥を育てるのが好きだ. ｜小王很～她 Xiǎo-Wáng hěn xǐhuan tā 王君は彼女のことがとても好きだ. ｜讨人～ tǎo rén xǐhuan 人に好かれる. ｜"你～踢足球吗?" "～" "nǐ xǐhuan tī zúqiú ma?" "xǐhuan" 「サッカーが好きかい?」「うん，好きだよ」

***【中意】** zhòng//yì 動 気に入る. 満足する. ‖ 他对表姐给自己介绍的这个对象很～ tā duì biǎojiě gěi zìjǐ jièshào de zhège duìxiàng hěn zhòngyì 彼は従姉(いとこ)の紹介してくれたその結婚相手がすっかり気に入った. ｜衣服的样子不中她的意 yīfu de yàngzi bú zhòng tā de yì 服のデザインが彼女は気に入らない.

すきかって　好き勝手

▶任性　▶任意　▶随　▶随便　▶随意

***【任性】** rènxìng 形 気ままである. わがままである. ‖ 这孩子可～了，谁说他都不听 zhè háizi kě rènxìng le, shéi shuō tā dōu bù tīng この子はまったくわがままだ，誰の言うことも聞かない.

すぎさる （時が）過ぎ去る

*【任意】rènyì 副 勝手気ままに. 自由に. ‖ ～而行 rènyì ér xíng 勝手にふるまう. ｜～抽一个签 rènyì chōu yí ge qiān どれでもくじを１本引く. ｜～歪曲历史 rènyì wāiqū lìshǐ ほしいままに歴史をねじ曲げる.

**【随】suí 動 任せる. …のままにする. ‖ 我的意见说完了，听不听～你 wǒ de yìjian shuōwán le, tīng bu tīng suí nǐ 私の意見は言い終わった，聞き入れるかどうかは君しだいだ. ｜我什么也不想说，～你想像去吧 wǒ shénme yě bù xiǎng shuō, suí nǐ xiǎngxiàng qù ba 私は何も言いたくない，君の想像に任せるよ.

【随便】suí//biàn 動 都合のよいようにする. 好きなようにする. ‖ 不要～动别人的东西 búyào suíbiàn dòng biéren de dōngxi 勝手に人のものを動かすな. ｜买不买，随你的便吧 mǎi bu mǎi, suí nǐ de biàn ba 買うか買わないか，あなたの好きなようにしなさい. 形 (suíbiàn) (制限がなく)自由である. ‖ ～挑 suíbiàn tiāo 好きに選ぶ. ｜咱们～谈谈吧 zánmen suíbiàn tántan ba 私たち気楽に話しましょう.

*【随意】suí//yì 形 思いどおりにする. 好きなようにする. ‖ 随你的意办吧! suí nǐ de yì bàn ba! あなたの好きなようにしてください. ｜备了一些茶点，请～ bèile yìxiē chádiǎn, qǐng suíyì 茶菓をいくらか用意してございますので，遠慮なく召し上がってください. ｜让孩子们玩儿 ràng háizimen suíyì wánr 子供たちを思いのままに遊ばせる.

すぎさる （時が）過ぎ去る

▶过　▶过去　▶结束　▶流逝　▶去　▶完
▶消失

★【过】guò 動 (時間が)経過する. ‖ 时间～得真快! shíjiān guòde zhēn kuài! 時間のたつのはほんとうに早い. ｜～几天再来吧 guò jǐ tiān zài lái ba 2，３日したらまたいらしてください. ｜预定时间已～了 yùdìng shíjiān yǐ guò le 予定の時間が過ぎた. ｜春天～了，又到了夏天 chūntiān guò le, yòu dàole xiàtiān 春が過ぎ，また夏がやって来た.

★【过去】guò//qu(qù) 動 (時間・時期・ある状態が)過ぎる. 終わる. 去る. ‖ 两个月～了，还没得到他的回信 liǎng ge yuè guòqu le, hái méi dédào tā de huíxìn ２ヵ月過ぎたが，まだ彼から返事の手紙がない. ｜这事已经～好长时间了 zhè shì yǐjīng guòqu hǎo cháng shíjiān le この件はとうに済んでいる. ｜一场暴风雨～了 yì cháng bàofēngyǔ guòqu le 暴風雨は去った.

★【结束】jiéshù 動 終結する. 終了する. ‖ 举行了半年的展览会～了 jǔxíngle bànnián de zhǎnlǎnhuì jiéshù le 半年間に及ぶ展覧会も終りを告げた. ｜暑假就要～了 shǔjià jiù yào jiéshù le 夏休みはもうすぐ終わりだ.

【流逝】liúshì 動 (またたく間に時が)流れる. ‖ 时光～ shíguāng liúshì 時が流れる.

★【去】qù 動 ❶去る. 離れる. ‖ 一～不复返 yí qù bú fùfǎn 行ったきり戻らない. ｜她年轻轻地就～了 tā niánqīngqīng de jiù qù le 彼女は若くして亡くなった. ❷ (qu；qù) 動 詞の後に置いて用いる. 人や物が元の場所から離れていく，または喪失の意味を表す. ‖ 疾病夺～了他的生命 jíbìng duóqule tā de shēngmìng 病気が彼の命を奪った. ｜钱让扒手偷～了 qián ràng páshǒu tōuqu le すりにお金を盗まれた. ｜花～不少精力 huāqù bùshǎo jīnglì 多くのエネルギーを費やす.

★【完】wán 動 終わる. …し終わる. ‖ 戏演～了 xì yǎnwán le 芝居が終わった. ｜作业已经写～了 zuòyè yǐjīng xiěwán le 宿

題はとっくにやり終えた.｜已经完了的事就别再去想了 yǐjīng wánle de shì jiù bié zài qù xiǎng le もう終ったことをまた考えたりするな.

**【消失】 xiāoshī 勔 消える.消失する.｜雾气～了 wùqì xiāoshī le 霧が晴れた.｜从记忆中～ cóng jìyì zhōng xiāoshī 記憶の中から消え去った.｜熙熙攘攘的人群～了，车站里空无一人 xīxīrǎngrǎng de rénqún xiāoshī le, chēzhàn li kōng wú yì rén あの混雑も去って，駅には誰もいない.

すぎる　過ぎる

▶过　▶过去　▶经过　▶流逝　▶路过
▶通过

*【过】 guò 勔 ❶(ある場所を)通り過ぎる.通過する.｜～了天津，就到北京了 guòle Tiānjīn, jiù dào Běijīng le 天津を過ぎるとすぐに北京に到着する.❷(時間が)経過する.｜时间～得真快! shíjiān guòde zhēn kuài! 時間のたつのはほんとうに早い.｜～几天再来吧 guò jǐ tiān zài lái ba 2, 3日したらまたいらしてください.❸(guo；guò)動作の後に置き，ある場所を通り過ぎることを表す.｜穿～马路 chuānguo mǎlù 道路を横断する.｜走～他家门前 zǒuguo tā jiā mén qián 彼の家の前を通り過ぎる.

*【过去】 guò//qu(qù) 勔 ❶(ある場所を)通る.通り過ぎる.｜前边正在修路，汽车过不去 qiánbian zhèngzài xiū lù, qìchē guòbùqù 前方は道路工事中のため，自動車は通れない.｜门前～一辆汽车 mén qián guòqu yí liàng qìchē 門の前を1台の自動車が通りすぎる.❷(時間・時期・ある状態が)過ぎる.去る.｜两个月～了，还没得到他的回信 liǎng ge yuè guòqu le, hái méi dédào tā de huíxìn 2ヵ月過

ぎたが，まだ彼から返事の手紙がない.｜一场暴风雨～了 yì cháng bàofēngyǔ guòqu le 暴風雨は去った.

*【经过】 jīngguò 勔 ❶通る.通過する.｜每天有无数车辆从桥上～ měitiān yǒu wúshù chēliàng cóng qiáo shang jīngguò 毎日たくさんの車が橋の上を通っていく.❷(時間が)経過する.｜工程从施工到完成整整～了十年 gōngchéng cóng shīgōng dào wánchéng zhěngzhěng jīngguòle shí nián 工事は着工から完成までまる10年かかった.

【流逝】 liúshì 勔 (またたく間に時が)流れる.｜时光～ shíguāng liúshì 時が流れる.

*【路过】 lùguò 勔 通過する.通る.｜由上海去北京要～南京 yóu Shànghǎi qù Běijīng yào lùguò Nánjīng 上海から北京に行くには南京を通る.｜他每次～总来看望她 tā měicì lùguò zǒng lái kànwàng tā 彼は通りかかるたびに，いつも彼女のご機嫌を伺いにやって来る.

*【通过】 tōng//guò 勔 (ある場所を)通り過ぎる.通過する.通り抜ける.｜从桥上～ cóng qiáo shang tōngguò 橋の上を通過する.

ーすぎる

▶超　▶多　▶过　▶过分　▶过火　▶过头
▶过于　▶太

**【超】 chāo 勔 定まった限度を超える.超過する.｜这个班的人数已经～了 zhège bān de rénshù yǐjīng chāo le このクラスの人数はすでに定員を超過した.｜钱花～了 qián huāchāo le 予算をオーバーして使ってしまった.

*【多】 duō 勔 超える.増える.⇔"少"shǎo｜～找给我一块钱 duō zhǎogěi wǒ yí kuài qián 1元余分におつりをもらった.

365

｜今天～干了一个小时 jīntiān duō gànle yí ge xiǎoshí 今日は1時間多く働いた. ｜他喝～了 tā hēduō le 彼は飲みすぎだ.

*【过】guò 動❶（ある限度を）越す. 越える. ‖～了期限 guòle qīxiàn 期限を過ぎた. ｜赞成票没～半数 zànchéngpiào méi guò bànshù 賛成票が過半数に達しない. ❷（guo；guò）動作の後に置き，ある適当な限度を越えることを表す. ‖坐～了站 zuòguole zhàn 駅を乗り越した. ｜别睡～了 bié shuìguo le 寝過ごすなよ. 副（単音節形容詞の前に置き，ある限度を越えていることを表す）…すぎる. ‖要求～高 yāoqiú guò gāo 要求が高すぎる. ｜估计～低 gūjì guò dī 見積もりがあまりにも低い. ｜他讲得～快，有些地方没听懂 tā jiǎngde guò kuài, yǒuxiē dìfang méi tīngdǒng 彼の話し方は早すぎて，ところどころ聞きとれない.

*【过分】guò//fèn 形（話や行為が）行きすぎている. …しすぎる. ‖说得太～ shuōde tài guòfèn あまりに言いすぎる. ｜谨慎得～ jǐnshènde guòfèn 慎重にしすぎる.

【过火】guò//huǒ（～儿）形（話や行為が）度を越している. ‖～的作法 guòhuǒ de zuòfa 行きすぎたやり方. ｜这话可有点儿～ zhè huà kě yǒudiǎnr guòhuǒ その言い方は少し度が過ぎる.

【过头】guò//tóu（～儿）形度を超している. 行き過ぎている. ‖他聪明～，反招了祸 tā cōngmingguòtóu, fǎn zhāo le huò 彼は頭がよすぎてかえって災いを招いた. ｜累过了头，连饭都不想吃了 lèiguòle tóu, lián fàn dōu bù xiǎng chī le 疲れすぎて御飯も食べたくない.

*【过于】guòyú 副…すぎる. あまりにも…である. ‖～亲热 guòyú qīnrè 仲がよすぎる. ｜～疲劳 guòyú píláo 疲れすぎる. ｜你～莽撞了 nǐ guòyú mǎngzhuàng le 君はあまりにも無鉄砲だ.

★【太】tài 副（程度を越えていることを表し，多く好ましくない場合に用いる）あまりにも. ひどく. ‖衣服～大 yīfu tài dà 服が大きすぎる. ｜时间～短，来不及 shíjiān tài duǎn, láibují 時間が短すぎて間に合わない. ｜～没有耐心了 tài méiyou nàixīn le 根気がなさすぎる.

すぐ

▶赶紧　▶赶快　▶赶忙　▶就　▶快
▶立即　▶立刻　▶连忙　▶马上
▶一…就…

---

*【赶紧】gǎnjǐn 副急いで. すぐに. 早く. ‖有病～治 yǒu bìng gǎnjǐn zhì 病気なら，できるだけ早く治療しなさい. ｜听见妈妈的声音，他～去开门 tīngjiàn māma de shēngyīn, tā gǎnjǐn qù kāimén お母さんの声を聞いて，彼は急いでドアを開けにいった.

**【赶快】gǎnkuài 副急いで. すぐに. ‖～走吧，要不就迟到了 gǎnkuài zǒu ba, yàobù jiù chídào le 急がないと遅刻してしまうよ.

*【赶忙】gǎnmáng 副急いで. 慌てて. ‖听到电话铃响，他～去接 tīngdào diànhuàlíng xiǎng, tā gǎnmáng qù jiē 電話のベルを聞くと，彼は急いで受話器を取った.

★【就】jiù 副❶すぐに. もうすぐ. ‖饭一会儿～好 fàn yíhuìr jiù hǎo 御飯はもうじきできる. ｜电影马上～开演 diànyǐng mǎshàng jiù kāiyǎn 映画はすぐ始まる. ❷（…すると）すぐ. （二つの動作が引き続いて行われることを表す）‖他一放下书包～跑出去玩儿了 tā yí fàngxia shūbāo jiù pǎochuqu wánr le 彼はかばんを置くとさっそく遊びに飛び出していった. ｜吃完饭～睡了 chīwán fàn jiù shuì le 御飯を食べてすぐ寝た.

★【快】kuài 副早く. 急いで. ‖~走吧 kuài zǒu ba 早く行こう. ｜你~来呀! nǐ kuài lái ya! 早く来いよ.

＊＊【立即】lìjí 副書直ちに. 即刻. すぐさま. ‖合同~生效 hétong lìjí shēngxiào 契約は直ちに効力が発生する. ｜出发 lìjí chūfā 即刻出発する. ｜~答复 lìjí dáfù 即刻回答する.

★【立刻】lìkè 副すぐに. 直ちに. 即刻. ‖我~就去 wǒ lìkè jiù qù 私はすぐに行きます. ｜两杯酒下肚, 话~多了起来 liǎng bēi jiǔ xià dù, huà lìkè duōleqilai お酒が少し入ると, すぐに饒舌(じょうぜつ)になった.

＊＊【连忙】liánmáng 副すぐさま. 急いで. ‖听到有人敲门, 他~去开 tīngdào yǒu rén qiāomén, tā liánmáng qù kāi ノックの音に彼は急いで戸を開けにいった. ｜他接到电话就~赶来了 tā jiēdào diànhuà jiù liánmáng gǎnlai le 彼は電話を受けるとすぐさま駆けつけてきた.

★【马上】mǎshàng 副すぐに. さっそく. ‖人到齐了~就走 rén dàoqíle mǎshàng jiù zǒu みんなが揃ったらすぐに出発しよう. ｜等一下, 我~就来 děng yíxià, wǒ mǎshàng jiù lái ちょっと待っていて, すぐに行くから. ｜这件事还不能~告诉她 zhè jiàn shì hái bù néng mǎshàng gàosu tā この件はいますぐ彼女に伝えることはできない.

★【一…就…】yī…jiù… 組…するとすぐ…する. ‖一学就会 yì xué jiù huì 少し習っただけですぐできる. ｜一回到家, 就打开电视 yì huídào jiā, jiù dǎkāi diànshì 家に帰るとすぐテレビをつける. ｜我一说, 他就明白了 wǒ yì shuō, tā jiù míngbai le 私がちょっと話しただけで彼はすぐにのみ込んだ.

すくう　救う ⇒【助ける (救助する)】

すくなくとも　少なくとも

▶起码　▶少说　▶至少　▶至不济
▶最差也

＊【起码】qǐmǎ 形最低限の. 最小限の. (多く数量について最低の限度を示す. 副詞的に用いることが多い)‖这样的馒头我~能吃五个 zhèyàng de mántou wǒ qǐmǎ néng chī wǔ ge こんなマントーなら少なくとも5個は食べられる. ｜连最~的常识都没有 lián zuì qǐmǎ de chángshí dōu méiyou 最低限の常識さえ欠けている.

【少说】shǎoshuō 副少なくとも. ‖这件衣服~也要三百元 zhè jiàn yīfu shǎoshuō yě yào sānbǎi yuán この服は少なくとも300元はする.

＊＊【至少】zhìshǎo 副少なくとも. (数量・時間・状況などを見積もるときに用いる)‖报名的~一百人 bàomíng de zhìshǎo yìbǎi rén 申し込み者は少なくとも100人はいる. ｜他~会两门外语 tā zhìshǎo huì liǎng mén wàiyǔ 彼は少なくとも2ヵ国語ができる. ｜别人是否听懂了我不知道, ~我是没听懂 biéren shìfǒu tīngdǒng-le wǒ bù zhīdao, zhìshǎo wǒ shì méi tīngdǒng ほかの人が聞き取れたかどうかは知らないが, 少なくとも私は聞き取れなかった.

【至不济】zhìbùjì 副口少なくとも. 最低限. ‖凭他的实力, 至不济也能得个第三名 píng tā de shílì, zhìbùjì yě néng dé ge dì sān míng 彼の実力からしたら, 最低でも3位にはなる.

【最差也】zuì chà yě 組最も劣っても. 最低でも. ‖世界杯赛巴西队~能进八强 Shìjièbēisài Bāxīduì zuì chà yě néng jìn bā qiáng ワールドカップでブラジルチームは悪くてもベストエイトに入る. ｜学一年汉语, ~也能用汉语和人打招呼了 xué yì nián Hànyǔ, zuì chà yě néng yòng

367

すこし　少し(少量)

Hànyǔ hé dǎ zhāohu le 1 年中国語を学べ
ば，少なくとも中国語で挨拶ができる.

すこし　少し (少量)

▶点　▶少量　▶少许　▶些　▶一点点
▶一点儿　▶一些　▶这么点儿　▶这么些

★【点】 diǎn (～儿) 圖 (少量を表す). 少し.
ちょっと. ‖ 吃～东西 chī diǎn dōngxi 何
か少し食べる. ｜ 这～小事包我身上 zhè-
diǎn xiǎoshì bāo wǒ shēnshang これぐらい
の事なら私に任せてください. ｜ 就这么
～呀? jiù zhèmediǎn ya? たったこれっ
ぽっちなの. ｜ 会～英文 huì diǎn Yīngwén
英語が少しできる.

*【少量】 shǎoliàng 圏 少量の. 少しの. ‖
排放出～的废气 páifàngchu shǎoliàng de
fèiqì 少量の排気ガスを出す. ｜ 加上～
的香油 jiāshàng shǎoliàng de xiāngyóu ゴ
マ油を少々加える.

【少许】 shǎoxǔ 圏 圕 わずかな. 少量の.
‖ 加～香料 jiā shǎoxǔ xiāngliào 少量の香
料を加える.

★【些】 xiē 圖 (名詞の前に置き, 不確定の
数量を表す) いくつか. 少し. ‖ 买～东
西 mǎi xiē dōngxi 少し買い物をする. ｜
有～问题还没解决 yǒuxiē wèntí hái méi
jiějué いくつかの問題はまだ未解決だ.
｜ 某～动物已经濒于灭绝 mǒuxiē dòngwù
yǐjīng bīnyú mièjué 一部の動物はすでに
絶滅の危機に瀕(ひん)している.

【一点点】 yīdiǎndiǎn (～儿) 图 ほんの少
し. ほんのちょっと. ‖ 早饭我只吃了～
儿 zǎofàn wǒ zhǐ chīle yìdiǎndiǎnr 朝食は
ほんの少ししか食べていない.

★【一点儿】 yīdiǎnr 图 少し. ‖ 我想喝～水
wǒ xiǎng hē yìdiǎnr shuǐ 私は水が飲みた
い. ｜ 有了～进步 yǒule yìdiǎnr jìnbù 少し
進歩した. ｜ 这么～钱, 恐怕不够用吧
zhème yìdiǎnr qián, kǒngpà búgòu yòng ba

これっぱかりのお金じゃ，おそらく足
りないと思うよ.

★【一些】 yīxiē (～儿) 图 ❶ (不定の数量を
表す) いくつか. いくらか. ‖ 有～事要
商量 yǒu yìxiē shì yào shāngliang いくつ
か相談したいことがある. ｜ 买了～日用
品 mǎile yìxiē rìyòngpǐn 日用品をいくら
か買った. ｜ 一人 yìxiē rén 一部の人. ❷
(数量が) 少し. ‖ 钱就剩这～了 qián jiù
shèng zhè yìxiē le お金はこれしか残って
いない.

【这么点儿】 zhèmediǎnr 代 (少ないこと
を表す) これっぽっち. こればかり. こ
んな少し. ‖ ～钱哪够买电视的呀? zhè-
mediǎnr qián nǎ gòu mǎi diànshì de ya? こ
ればかりの金でテレビなど買えるもん
か. ｜ 怎么就来了～人? zěnme jiù láile zhè-
mediǎnr rén? どうしてこれだけしか人が
来ないんだ.

【这么些】 zhèmexiē 代 (数量の多い少な
いを強調するが, 主に多い場合に用い
る) こんなに多くの. こんなにたくさ
ん. ‖ ～问题, 一下子解决不了 zhème-
xiē wèntí, yíxiàzi jiějuébuliǎo こんなにた
くさんの問題, すぐには解決できない.
｜ 我吃不了～ wǒ chībuliǎo zhèmexiē
こんなにたくさんは食べきれない. ｜
带来的钱只剩～了 dàilai de qián zhǐ shèng
zhèmexiē le 持ってきたお金はこれだけ
しか残っていない.

すこし　(程度が) 少し

▶点　▶几分　▶稍微　▶些　▶一点儿
▶一些　▶有点儿　▶有些

★【点】 diǎn (～儿) 圖 少し. ちょっと. ‖
慢～走 màn diǎn zǒu ゆっくり歩く. ｜ 这
～小事包我身上 zhèdiǎn xiǎoshì bāo wǒ
shēnshang これぐらいの事なら私に任せ
てください. ｜ 多穿～ duō chuān diǎn 厚

368

着しておきなさい. | 会～英文 huì diǎn Yīngwén 英語が少しできる.

【几分】 jǐfēn 图 いくぶん. 少し. ちょっと. ‖ 脸上带着～睡意 liǎn shang dàizhe jǐfēn shuìyì 少し眠そうな顔をしている. | 心里还有～不安 xīnli hái yǒu jǐfēn bù'ān まだいくぶん不安である.

**【稍微】 shāowēi 副 やや. 少し. わずか. (“有点儿” yǒudiǎnr “一点儿” yīdiǎnr などとともに用いる) ‖ 你说话能不能～轻点儿? nǐ shuōhuà néng bu néng shāowēi qīng diǎnr? もう少し小さな声で話してくれませんか. | 身体～有点儿不舒服 shēntǐ shāowēi yǒudiǎnr bù shūfu 体の調子があまりよくない.

★【些】 xiē 量 少し. ちょっと. ‖ 吃了药, 你感觉好～了吗? chīle yào, nǐ gǎnjué hǎo xiē le ma? 薬を飲んで少しは気分がよくなったかい. | 烧退～了 shāo tuì xiē le 熱が少し下がった.

★【一点儿】 yīdiǎnr 图 少し. ‖ 我的表快了～ wǒ de biǎo kuàile yìdiǎnr 私の腕時計はちょっと進んでいる. | 你小心～ nǐ xiǎoxīn yìdiǎnr ちょっと気をつけなさい. | ～也不好 yìdiǎnr yě bù hǎo ぜんぜんよくない. | 他的话我～都不懂 tā de huà wǒ yìdiǎnr dōu bù dǒng 彼の話は私には一言も理解できない.

★【一些】 yīxiē 图 若干. わずか. 少し. ‖ 这间屋子大～ zhè jiān wūzi dà yìxiē この部屋は少し大きい. | 请安静～ qǐng ānjìng yìxiē 少し静かにしてください. | 留神～ liúshén yìxiē 少し注意する.

**【有点儿】 yǒudiǎnr 副 少し. ちょっと. いくぶん. (多く望ましくないことに用いる) “有一点儿” yǒu yìdiǎnr ともいう. ‖ ～贵 yǒudiǎnr guì ちょっと高い. | ～羡慕, 又～嫉妒 yǒudiǎnr xiànmù, yòu yǒudiǎnr jídù うらやましくもあり, ねたましくもある. | 你脸色～不好 nǐ liǎnsè yǒudiǎnr bù hǎo 君, 少し顔色が悪いね. | 今

天～冷 jīntiān yǒudiǎnr lěng 今日はちょっと寒い. | “你累了吧?”“～” “nǐ lèi le ba?” “yǒudiǎnr” 「疲れただろう」「ちょっとね」

★【有些】 yǒuxiē 副 若干. 少し. “有一些” yǒu yìxiē ともいう. ‖ ～担心 yǒuxiē dānxīn いくぶん心配している. | 我～饿了 wǒ yǒuxiē è le 少しおなかがすいた. 看他那不紧不慢的样子, 真～替他着急 kàn tā nà bù jǐn bú màn de yàngzi, zhēn yǒuxiē tì tā zháojí 彼の落ち着きはらった様子を見ていると, こっちのほうがいらいらしてくる.

すこし （時間が）すこし

▶短　▶短促　▶短暂　▶一会儿　▶一下

★【短】 duǎn 形 (時間が)短い. ⇔“长” cháng ‖ 天～了 tiān duǎn le 日が短くなった. | 时间太～, 只能去一个地方 shíjiān tài duǎn, zhǐ néng qù yí ge dìfang 時間が短すぎるので, 一ヵ所しか行けない.

*【短促】 duǎncù 形 (時間が) 短い. 時間が差し迫っている. せわしない. ‖ 时间～ shíjiān duǎncù 時間が短い. | 呼吸～ hūxī duǎncù 呼吸が荒い. | 人生～ rénshēng duǎncù 人生は短し.

*【短暂】 duǎnzàn 形 (時間的に)短い. ‖ 时间～ shíjiān duǎnzàn 時間が短い. | ～的停留 duǎnzàn de tíngliú 短い滞在.

★【一会儿】 yīhuìr 图 (時間的に)少し. 少しの間. ‖ 休息～吧 xiūxi yíhuìr ba ちょっと休みましょう. | 看了～电视 kànle yíhuìr diànshì テレビを少し見た. 副 (時間的に)少ししたら. ‖ ～见 yíhuìr jiàn ではのちほど. | ～就吃饭了 yíhuìr jiù chīfàn le もうすぐ食事の時間だ. | 不大～就写完了 búdà yíhuìr jiù xiěwán le まもなく書き終えた.

★【一下】 yīxià (～儿) 图 ごくわずかな時

すこしも　少しも（ーしない）

間．ちょっと．（動詞の後に置き，短時間ある動作をすること，または，ちょっと試してみることを表す）‖请等～ qǐng děng yíxià 少々お待ちください．｜给我看～ gěi wǒ kàn yíxià ちょっと見せてください．｜休息～吧 xiūxi yíxià ba 少し休みなさい．

すこしも　少しも（ーしない）

▶毫不　▶毫无　▶全然　▶丝毫　▶完全
▶一点儿　▶一丝不苟

**【毫不】háobù 副 少しも…しない．少しも…でない．いささかも…しない．いささかも…でない．‖～费力 háobù fèilì 少しも苦労しない．｜～相关 háobù xiāngguān いささかも関係しない．なんの関係もない．｜虽然多次失败，但他一点也不灰心 suīrán duō cì shībài, dàn tā háobù huīxīn 何回も失敗をしたが，彼は少しも気を落とさなかった．

**【毫无】háowú 動 少しも…していない．いささかも…がない．‖～兴趣 háowú xìngqù 少しも興味がない．｜～准备 háowú zhǔnbèi まったく準備していない．｜～诚意 háowú chéngyì いささかも誠意がない．

【全然】quánrán 副 ぜんぜん．まったく．‖他～不考虑个人得失 tā quánrán bù kǎolǜ gèrén déshī 彼は個人の損得をいっさい考慮に入れない．

*【丝毫】sīháo 名 いささか．ごくわずか．（多く否定に用いる）‖～不错 sīháo bú cuò いささかも間違いない．｜不能有一改变 bù néng yǒu sīháo gǎibiàn ごくわずかな変更も許されない．

*【完全】wánquán 副 完全に．すべて．まったく．‖～不懂 wánquán bù dǒng ぜんぜん分からない．｜～不符合事实 wánquán bù fúhé shìshí まったく事実と異な

る．｜～否定 wánquán fǒudìng 全面的に否定する．

★【一点儿】yìdiǎnr 名 少し．（形容詞などの後に置き，補語になる．客観的に何かと比べて，その性質が「少し」であることを表す．"一"yī はよく省略される）‖～进步也没有 yìdiǎnr jìnbù yě méiyou 少しも進歩しない．｜我的表快了～ wǒ de biǎo kuàile yìdiǎnr 私の腕時計はちょっと進んでいる．｜～也不好 yìdiǎnr yě bù hǎo ぜんぜんよくない．

【一丝不苟】yī sī bù gǒu 成 いささかもゆるがせにしない．‖办事～ bànshì yì sī bù gǒu 少しも仕事の手を抜かない．

すごす　過ごす

▶度　▶度过　▶度假　▶度日　▶过
▶过活　▶生活

★【度】dù 動 （時間が）経過する．過ごす．‖虚～ xūdù むだに日を送る．｜欢～新年 huāndù xīnnián 新年を愉快に過ごす．｜安～晚年 āndù wǎnnián 平穏な晩年を送る．

**【度过】dùguo；dùguò 動 過ごす．暮らす．‖他的童年时代是在农村～的 tā de tóngnián shídài shì zài nóngcūn dùguo de 彼は幼年期を農村で過ごした．｜～了一个愉快的暑假 dùguole yí ge yúkuài de shǔjià 夏休みを楽しく過ごした．

【度假】dù//jià 動 休暇を過ごす．‖你在哪儿度的假? nǐ zài nǎr dù de jià? 君はどこで休暇を過ごしたの．｜去海滨～ qù hǎibīn dùjià 海辺へ行って休暇を過ごす．

【度日】dùrì 動 日を過ごす．日を送る．生活する．（多くは苦しい生活をさす）‖靠卖画～ kào mài huà dùrì 絵を売って暮らす．

★【过】guò 動 （時を）過ごす．‖～春节 guò Chūnjié 旧正月を過ごす．｜～着幸福的

生活 guòzhe xìngfú de shēnghuó 幸せな生活を送っている.｜日子～不下去了 rìzi guòbuxiàqù le 暮らしていくことができない.

【过活】guòhuó 動生活する．暮らす.‖一家人都靠父亲的工资～ yìjiārén dōu kào fùqin de gōngzī guòhuó 一家は父親の給料で生活している.

★【生活】shēnghuó 動生活する．暮らす.‖幸福地～着 xìngfú de shēnghuózhe 幸せに暮らしている.｜和父母在一起～ hé fùmǔ zài yìqǐ shēnghuó 両親と一緒に生活する.｜他在国外～过多年 tā zài guówài shēnghuóguo duōnián 彼は国外で長年暮らした.

すずしい　涼しい

▶风凉　▶凉　▶凉快　▶凉爽　▶清凉
▶阴凉　▶荫凉

【风凉】fēngliáng 形 風通しがよく涼しい.‖找个～的地方休息 zhǎo ge fēngliáng de dìfang xiūxi どこか涼しい場所で休もう.

**【凉】liáng 形 涼しい.‖这里的气候冬暖夏～ zhèli de qìhòu dōng nuǎn xià liáng この気候は冬暖かく夏は涼しい.｜天气渐渐～了 tiānqì jiànjiàn liáng le しだいに涼しくなった.

★【凉快】liángkuai 形 涼しい.‖天气很～ tiānqì hěn liángkuai 天気がとても涼しい.｜这衣服是麻的, 很～ zhè yīfu shì má de, hěn liángkuai この服は麻なのでとても涼しい. 動 涼む．涼をとる.‖去树底下～～吧! qù shù dǐxia liángkuailiángkuai ba! 木陰に行ってちょっと涼もう.

【凉爽】liángshuǎng 形 涼しい．すがすがしい.‖天气～ tiānqì liángshuǎng 天気が涼しい.｜～的秋季 liángshuǎng de qiūjì さわやかな秋.

【清凉】qīngliáng 形 清涼である．冷たくてさわやかである.‖～的晚风徐徐吹来 qīngliáng de wǎnfēng xúxú chuīlai さわやかな夜風がそよそよと吹いてくる.

【阴凉】yīnliáng 形 ひんやりと冷たい．涼しい.‖这儿很～ zhèr hěn yīnliáng こはとてもひんやりする.

【荫凉】yìnliáng 形 日陰でひんやりしている．涼しい.‖～的房间 yìnliáng de fángjiān 涼しい部屋.

すすめる　進める

▶促进　▶发展　▶进行　▶开展　▶推动
▶推进　▶增进

**【促进】cùjìn 動 促進する．促す．推し進める.‖～两国人民的友好往来 cùjìn liǎngguó rénmín de yǒuhǎo wǎnglái 両国国民の友好訪問を進める.｜～贸易的发展 cùjìn màoyì de fāzhǎn 貿易の発展を促進する.

★【发展】fāzhǎn 動 発展する．発展させる.‖这一地区的经济迅速～起来 zhè yī dìqū de jīngjì xùnsù fāzhǎnqilai この地域の経済はめざましい勢いで発展し始めた.｜～对外贸易 fāzhǎn duìwài màoyì 対外貿易を拡大する.

★【进行】jìnxíng 動 (継続性のある物事を)行う．する.（2音節以上の行為を表す目的語をとる）‖～实验 jìnxíng shíyàn 実験をする.｜～调查 jìnxíng diàochá 調査を進める.｜谈判～不下去了 tánpàn jìnxíngbuxiàqù le 交渉は物別れとなった.

**【开展】kāizhǎn 動 展開する．推し進める.‖～群众性的体育活动 kāizhǎn qúnzhòngxìng de tǐyù huódòng 大衆的なスポーツ活動を推し進める.

**【推动】tuī//dòng 動 推進する．推し進める.‖这一发明～了化学工业的发展 zhè yī fāmíng tuīdòngle huàxué gōngyè de fāzhǎn

すっかり

この発明は化学工業の発展を推進した.

*【推进】tuījìn 動 推進する. 促す. ‖大力～城市建设 dàlì tuījìn chéngshì jiànshè 都市建設を大々的に進める.

*【增进】zēngjìn 動 増進する. 深める. ‖～友谊 zēngjìn yǒuyì よしみを深める. |～相互的理解 zēngjìn xiānghù de lǐjiě 相互理解を深める.

すっかり
▶彻底 ▶都 ▶全 ▶全部 ▶全都 ▶透
▶完全 ▶一干二净 ▶一切

**【彻底】chèdǐ 形 徹底的である. "澈底"とも書く. ‖调查～ diàochá chèdǐ 調査が徹底している. |问题解决得不～ wèntí jiějuéde bú chèdǐ 問題の解決の仕方が不徹底である. |～改变旧面貌 chèdǐ gǎibiàn jiù miànmào 古い様相がすっかり変わる.

★【都】dōu 副 すべて. 全部. みんな. ‖～弄懂了 dōu nòngdǒng le すっかりわかった.

★【全】quán 副 (一つの範囲の中で例外がないことを表す)みんな. すべて. ‖种的树～活了 zhòng de shù quán huó le 植えた木は全部根づいた. |这～是真的 zhè quán shì zhēn de これはすべて本当だ.

★【全部】quánbù 名 全部. すべて. ‖这只是一部分, 还不是～ zhè zhǐ shì yíbùfen, hái bú shì quánbù これは一部分だけであって, 全部ではない. |贡献～力量 gòngxiàn quánbù lìliang ありったけの力を捧げる. |问题已经～解决 wèntí yǐjīng quánbù jiějué 問題はもうすべて解決した.

*【全都】quándōu 副 すべて. みんな. 全部. ‖从前在大学学过的法语～忘了 cóngqián zài dàxué xuéguo de Fǎyǔ quándōu wàng le 昔大学で習ったフランス語はすっかり忘れた.

すっかり忘れてしまった. |当时的资料～处理了, 什么也没留下 dāngshí de zīliào quándōu chǔlǐ le, shénme yě méi liúxià あのころの資料はすっかり処分してしまい, 何も残っていない. |我要说的～向他说了 wǒ yào shuō de quándōu xiàng tā shuō le 私の言いたいことはすっかり彼に話した.

**【透】tòu 形 (程度が)甚だしい. 徹底している. ‖看～ kàntòu すっかり見抜く. |苹果熟～了 píngguǒ shútòu le リンゴがすっかり熟れた.

★【完全】wánquán 副 完全に. すっかり. ‖我～同意你的意见 wǒ wánquán tóngyì nǐ de yìjian 私はまったく君の意見に賛成だ. |天已经～黑了 tiān yǐjīng wánquán hēi le すっかり暗くなった. |病已经～好了 bìng yǐjīng wánquán hǎo le 病気はすっかりよくなった.

*【一干二净】yī gān èr jìng 組 きれいさっぱり. すっかり. ‖吃得～ chīde yì gān èr jìng きれいさっぱり平らげる. |今天把约会忘得～ jīntiān bǎ yuēhuì wàngde yì gān èr jìng 今日の約束をすっかり忘れてしまった.

★【一切】yīqiè 代 一切の. 全部の. すべての. ‖～后果由你负责 yíqiè hòuguǒ yóu nǐ fùzé すべての結果はあなたに責任を持ってもらいます. |想尽～办法 xiǎngjìn yíqiè bànfǎ あらゆる方法を考え尽くす. |这～实在给您麻烦了 zhè yíqiè shízài gěi nín máfan le あなたにはすっかりお世話になりました.

ずっと (はるかに)
▶多 ▶更 ▶更加 ▶还 ▶很 ▶远

★【多】duō 形 (動詞や形容詞の後に置き, 差が大きいことを表す)ずっと…である. だいぶ…である. ‖他比我高得～

372

tā bǐ wǒ gāode duō 彼は私よりずっと背が高い. | 男生比女生多～了 nánshēng bǐ nǚshēng duōduō le 男子生徒のほうが女子生徒よりずっと多い. | 他的病少～了 tā de bìng shǎoduō le 彼の病気はだいぶよくなった. | 有了桥可方便～了 yǒule qiáo kě fāngbiànduō le 橋ができてずっと便利になった.

★【更】gèng 副 ますます. いっそう. なおさら. もっと. ‖雨～大了 yǔ gèng dà le 雨はますます激しくなった. | 我比你来得～早 wǒ bǐ nǐ láide gèng zǎo 私は君よりずっと早く来ていた. | ～不明白了 gèng bù míngbai le いっそう分からなくなった.

**【更加】gèngjiā 副 ますます. 一段と. さらに. ‖生活～美好 shēnghuó gèngjiā měihǎo 暮らしはずっとよくなっている. | 从那以后，他～关心别人了 cóng nà yǐhòu, tā gèngjiā guānxīn biéren le それ以後，彼はいっそう人のことを考えるようになった.

★【还】hái 副 ❶（"比" bǐ と連用し，比較の対象となるものの性質・状態・程度が増すことを表す）もっと. （…よりも）さらに. ‖今天比昨天～热 jīntiān bǐ zuótiān hái rè 今日はきのうよりずっと暑い. | 儿子长得比我～高了 érzi zhǎngde bǐ wǒ hái gāo le 息子は私よりもずっと背が高くなった. ❷（予想外に好ましいことに対して，賛嘆の気持ちを表す）案外. 思ったより. なかなか. けっこう. ‖这孩子～真有心眼儿 zhè háizi hái zhēn yǒu xīnyǎnr この子はずっと機転がきく. | 他跑得～挺快 tā pǎode hái tǐng kuài 彼は走るのがなかなか速い.

★【很】hěn 副 程度が高いことを表す. たいへん. ずいぶん. ‖～久以前 hěn jiǔ yǐqián ずっと以前. | ～久以后 hěn jiǔ yǐhòu ずっと後. | 这个问题复杂得～ zhège wèntí fùzáde hěn この問題は非常に複

雑である. | 阿富汗比起以前，已经是～开放了 Āfùhàn bǐqi yǐqián, yǐjing shì hěn kāifàng le アフガニスタンは以前に比べ，ずっと開放された.

★【远】yuǎn 形 （差や違いが）大きい. ‖相差太～ xiāngchà tài yuǎn たいへん隔たりがある. | 产量～～超过去年 chǎnliàng yuǎnyuǎn chāoguò qùnián 生産量は去年をずっと超えた. | 我的中文水平～不如她 wǒ de Zhōngwén shuǐpíng yuǎn bùrú tā 私の中国語のレベルは彼女に遠く及ばない.

ずっと　ずっと（絶えず）

▶不断　▶不停　▶从来　▶历来　▶始终
▶一贯　▶一直

**【不断】búduàn 副 絶えず. しきりに. ‖～进步 búduàn jìnbù 絶え間なく進歩する. | ～加强管理 búduàn jiāqiáng guǎnlǐ 絶えず管理を強化する. | 他一边听，一边～地点头 tā yìbiān tīng, yìbiān búduàn de diǎntóu 彼は話を聞きながらしきりにうなずいていた.

【不停】bùtíng 副 止まることなく. 絶えず. ひっきりなしに. ‖雨～地下着 yǔ bùtíng de xiàzhe 雨が絶え間なく降る. | 他～地来回走动 tā bùtíng de láihuí zǒudòng 彼はしきりに行ったり来たりしている.

**【从来】cónglái 副 昔からいままで. ずっと. これまで. ‖我～不看这种杂志 wǒ cónglái bú kàn zhè zhǒng zázhì 私はこの手の雑誌は読みません. | 他～没去过那儿 tā cónglái méi qùguo nàr 彼はいままでそこへ行ったことがない. | 他办事～如此 tā bànshì cónglái rúcǐ 彼のすることはいつもこうなのだ.

**【历来】lìlái 副 従来. 以前から. かねて. これまで. ずっと. 一貫して. ‖～如此

lìlái rúcǐ 昔からこうである. | ～主张
lìlái zhǔzhāng 一貫して主張する. | 他～
说话算数 tā lìlái shuōhuà suànshù 彼はこ
れまで約束を破ったことがない.

** 【始终】 shǐzhōng 副 最初から最後まで.
終始. 一貫して. ‖ ～不渝 shǐzhōng bù-
yú 終始変わらない. | 他的成绩～很好
tā de chéngjì shǐzhōng hěn hǎo 彼の成績は
ずっとよい. | 我劝过他多次, 他～不听
wǒ quànguo tā duō cì, tā shǐzhōng bù tīng 私
が何度説得しても, 彼はいっこうに聞
き入れようとしなかった.

* 【一贯】 yíguàn 形 (考え方・行い・政策
などが)一貫している. ‖ 这是我们的～
主张 zhè shì wǒmen de yíguàn zhǔzhāng こ
れは我々の一貫した主張である. | 对工
作～认真负责 duì gōngzuò yíguàn rènzhēn
fùzé 仕事に対して一貫してまじめで責
任感が強い.

* 【一直】 yìzhí 副 (動作や状態が一定期間
続いて)ずっと. ‖ 这几天～刮风 zhè jǐ
tiān yìzhí guāfēng この2, 3日ずっと風
が吹いている. | 我～在等你的电话 wǒ
yìzhí zài děng nǐ de diànhuà 私はずっと君
の電話を待っていたのだ. | 他嘴里～嚼
着口香糖 tā zuǐ li yìzhí jiáozhe kǒuxiāng-
táng 彼はずっとガムをかんでいる. |
我昨天～工作到夜里十点 wǒ zuótiān yì-
zhí gōngzuòdào yèli shí diǎn 私はきのう夜
10時まで働いた. | 我～没买到这本书
wǒ yìzhí méi mǎidào zhè běn shū 私はこの
本がずっと買えないでいた.

すてき

▶好　▶好看　▶美好　▶美丽　▶魅力
▶迷人　▶漂亮　▶帅

* 【好】 hǎo 形 よい. 立派である. すばら
しい. 好ましい. ⇔"坏" huài ‖ ～消息
hǎo xiāoxi よい知らせ. | ～主意 hǎo zhǔ-

yi よい考え. アイディア.

★ 【好看】 hǎokàn 形 美しい. きれいであ
る. ‖ 她长得很～ tā zhǎngde hěn hǎokàn
彼女はたいへん美しい. | 这件衣服真
～ zhè jiàn yīfu zhēn hǎokàn この服はほ
んとうに見栄えがする.

** 【美好】 měihǎo 形 (多くは生活・前途・
愿望などの抽象的事物について)美し
い. すばらしい. ‖ 每个人都有自己的～
愿望 měi ge rén dōu yǒu zìjǐ de měihǎo yuàn-
wàng 誰もがそれぞれすてきな夢を持っ
ている. | 将来的生活会更～ jiānglái de
shēnghuó huì gèng měihǎo 将来の暮らし
はもっとすばらしくなるだろう.

** 【美丽】 měilì 形 (多く景色・風景・女性
について)美しい. きれいである. ‖ ～
的海岛 měilì de hǎidǎo 美しい島. | ～的
姑娘 měilì de gūniang 美しい娘. | 祖国
的山河无限～ zǔguó de shānhé wúxiàn měi-
lì 祖国の山河は限りなく美しい.

【魅力】 mèilì 名 魅力. ‖ 那个人越来越
有～ nàge rén yuè lái yuè yǒu mèilì あの人
は年を重ねるほどすてきになる. | 他
让人感到一种用语言表达不出的～ tā
ràng rén gǎndào yì zhǒng yòng yǔyán biǎodá-
buchu de mèilì 彼には言葉ではうまく言
えない魅力がある.

* 【迷人】 mírén 形 魅力的である. うっと
りさせる. ‖ 夜色～ yèsè mírén 夜の景
色はたいへん魅力的である. | 她长着
一双～的大眼睛 tā zhǎngzhe yì shuāng mí-
rén de dàyǎnjing 彼女は魅力的な大きい
目をしている.

★ 【漂亮】 piàoliang 形 きれいである. 美
しい. 見た目がよい. ‖ 她长得很～ tā
zhǎngde hěn piàoliang 彼女は器量がよ
い. | ～的衣服 piàoliang de yīfu すてき
な服. | ～的家具 piàoliang de jiājù すて
きな家具. | 她总是打扮得漂漂亮亮的 tā
zǒngshì dǎbande piàopiāoliāngliǎng de 彼女
のファッションはいつもすてきだ.

すばらしい

*【帅】shuài 形口 格好いい. あか抜けて
いる. ‖ 你哥长得真~! nǐ gēge zhǎngde
zhēn shuài! あなたのお兄さんてすてき
ね.

すてる　捨てる

▶丢　▶丢掉　▶丢弃　▶放弃　▶割舍
▶抛　▶抛弃　▶清除　▶扔　▶扔掉
▶舍弃

★【丢】diū 動 投げる. 捨てる. ‖ 不要随
地乱~纸屑 búyào suídì luàn diū zhǐxiè 紙
くずをところかまわず捨ててはいけな
い. | 把钥匙给我~下来 bǎ yàoshi gěi wǒ
diūxialai キーを投げてくれ.

【丢掉】diūdiào 動 捨てる. 捨て去る. ‖
~幻想, 面对现实 diūdiào huànxiǎng, miàn-
duì xiànshí 幻想を捨て去って, 現実に
立ち向かう.

【丢弃】diūqì 動 投げ捨てる. 捨て去る.
‖ ~了优良传统 diūqìle yōuliáng chuán-
tǒng よき伝統を捨て去った.

**【放弃】fàngqì 動 放棄する. 捨て去る.
‖ ~权利 fàngqì quánlì 権利を放棄する.
| ~自己的主张 fàngqì zìjǐ de zhǔzhāng
自分の主張を放棄する. | 这是一个很
好的机会, 不能轻易~ zhè shì yí ge hěn
hǎo de jīhui, bù néng qīngyì fàngqì これは
いい機会だから, やすやすと逃がすわ
けにはいかない.

【割舍】gēshě 動 捨て去る. 断ち切る. ‖
心爱之物, 不肯~ xīn'ài zhī wù, bù kěn gē-
shě お気に入りの物は手放そうとしな
い. | 不忍~ bùrěn gēshě 捨てるに忍び
ない.

*【抛】pāo 動 捨てる. 投げ捨てる. ‖ 把
杂念~到脑后 bǎ zániàn pāodào nǎohòu 雑
念を追い払う. | 他把其他选手远远地~
在了后面 tā bǎ qítā xuǎnshǒu yuǎnyuǎn de
pāozàile hòumiàn 彼はほかの選手をはる

か後方に引き離した.

*【抛弃】pāoqì 動 投げ捨てる. 捨て去る.
‖ 无情地~妻子儿女 wúqíng de pāoqì qīzi
érnǚ 無情にも妻子を捨て去る. | 旧观
念 pāoqì jiù guānniàn 古い観念を捨てる.
| ~了优越的生活条件 pāoqìle yōuyuè de
shēnghuó tiáojiàn 恵まれた生活環境を捨
てた.

*【清除】qīngchú 動 一掃する. 排除する.
‖ ~垃圾 qīngchú lājī ごみを掃き清める.
| ~封建意识 qīngchú fēngjiàn yìshi 封建
的意識を一掃する.

**【扔】rēng 動 捨てる. 投げ捨てる. ‖ ~
垃圾 rēng lājī ごみを捨てる. | ~下手里
的工作 rēngxia shǒu li de gōngzuò 手元の
仕事をほうり出す. | 把果皮~进垃圾箱
bǎ guǒpí rēngjin lājīxiāng 果物の皮をごみ
箱に捨てる. | 把专业给~了 bǎ zhuānyè
gěi rēng le 専門を捨ててしまった.

【扔掉】rēng//diào 動 捨てる. 捨ててし
まう. 投げ捨てる. ‖ ~杂物 rēngdiào zá-
wù こまごましたものを捨てる. | ~包
袱 rēngdiào bāofu 心の重荷を取り去る.

【舍弃】shěqì 動 投げ捨てる. 放り出
す. ‖ ~个人利益 shěqì gèrén lìyì 個人の
利益を捨てる.

すなお　素直　⇒【おとなしい】

すばらしい

▶棒　▶不错　▶不简单　▶出色　▶好
▶精彩　▶绝　▶了不起　▶美好　▶妙

*【棒】bàng 形口 (能力・成績などが)す
ばらしい. すごい. たいしたものであ
る. ‖ 他的英语可~了 tā de Yīngyǔ kě
bàng le 彼の英語はすばらしい.

★【不错】bùcuò 形口 よい. 優れている.
‖ 天气~ tiānqì búcuò 天気がよい. | 唱

得～ chàngde búcuò 歌がすばらしい.

【不简单】bù jiǎndān 組 すごい. すばらしい. たいしたものだ. ‖才学了一年，就说得这么流利，真～ cái xuéle yì nián, jiù shuōde zhème liúlì, zhēn bù jiǎndān 1年勉強しただけでこんなに流暢(りゅうちょう)に話せるとはすばらしい.

*【出色】chūsè 形 (人の能力や行為が)並外れてよい. 出色である. 特に見事である. ‖～的人物 chūsè de rénwù 出色の人物. ｜他的讲演很～ tā de jiǎngyǎn hěn chūsè 彼の講演はとてもすばらしい. ｜今年的参展作品都非常～ jīnnián de cānzhǎn zuòpǐn dōu fēicháng chūsè 今年の出品作はみなとてもすばらしい.

★【好】hǎo 形 よい. 立派である. すばらしい. 好ましい. ⇔"坏" huài ｜～茶 hǎo chá 上等の茶. ｜～学生 hǎo xuésheng よい学生. 優等生. ｜这儿的景色非常～ zhèr de jǐngsè fēicháng hǎo ここの景色はすばらしい. ｜这主意～极了 zhè zhǔyi hǎojí le このアイディアはほんとうにすばらしい.

★【精彩】jīngcǎi 形 (文章・講演・演技などが)優れている. 精彩がある. ‖节目很～ jiémù hěn jīngcǎi プログラムはとてもすばらしい. ｜～的表演 jīngcǎi de biǎoyǎn 生き生きとした演技. ｜～的演说 jīngcǎi de yǎnshuō すばらしい演説. ｜今天的比赛真～ jīntiān de bǐsài zhēn jīngcǎi 今日の試合はとてもすばらしかった.

*【绝】jué 形 この上なく優れている. 比類ない. ‖一技 juéjì すばらしい技. ｜他那笔字真～ tā nà bǐ zì zhēn jué 彼の字は実にすばらしい.

**【了不起】liǎobuqǐ 形 たいしたものである. すばらしい. すごい. ‖一个人拿了三项冠军，真～ yí ge rén nále sān xiàng guànjūn, zhēn liǎobuqǐ 一人で3種目に優勝するとは，実にたいしたものだ. ｜～的人物 liǎobuqǐ de rénwù すごい人物. ｜没有什么～的 méiyou shénme liǎobuqǐ de 別にたいしたことはない.

**【美好】měihǎo 形 (多くは生活・前途・願望などの抽象的事物について)美しい. すばらしい. ‖每个人都有自己的～愿望 měi ge rén dōu yǒu zìjǐ de měihǎo yuànwàng 誰もがそれぞれ美しい夢を持っている. ｜将来的生活会更～ jiānglái de shēnghuó huì gèng měihǎo 将来の暮らしはもっとすばらしいものになるだろう.

**【妙】miào 形 すばらしい. ‖这个办法真～ zhège bànfǎ zhēn miào このやり方はなかなかすばらしい. ｜说得太～了! shuōde tài miào le! 言い得て妙だ.

すべて

▶都 ▶皆 ▶全 ▶全部 ▶全都 ▶全数 ▶所有 ▶无不 ▶一切 ▶整个

★【都】dōu 副 すべて. 全部. みんな. ‖大家～来了 dàjiā dōu lái le 全員来た. ｜无论做什么，～得做好 wúlùn zuò shénme, dōu děi zuòhǎo 何をするにせよ，すべてきちんとやらなければならない. ｜你家～有什么人? nǐ jiā dōu yǒu shénme rén? あなたの家はどのような家族構成ですか.

*【皆】jiē 副 書 みな. 全部. すべて. ‖遍地～是瓦砾 biàndì jiē shì wǎlì 至る所すべて瓦礫(がれき)である. ｜放之四海而～准 fàng zhī sìhǎi ér jiē zhǔn 世界のどこでもみな共通する.

★【全】quán 副 (一つの範囲の中で例外がないことを表す)みんな. すべて. ‖种的树～活了 zhòng de shù quán huó le 植えた木は全部根づいた. ｜这～是真的 zhè quán shì zhēn de これはすべて本当だ.

★【全部】quánbù 図 全部. すべて. ‖这只是一部分，还不是～ zhè zhǐ shì yíbùfen,

hái bú shì quánbù これは一部分だけであって，全部ではない．｜贡献~力量 gòngxiàn quánbù lìliang ありったけの力を捧げる．｜问题已经~解决 wèntí yǐjīng quánbù jiějué 問題はもうすべて解決した．

＊【全都】quándōu 副 すべて．みんな．全部．‖该来的人~来了 gāi lái de rén quándōu lái le 来るべき人は全員来た．｜我要说的一向他说了 wǒ yào shuō de quándōu xiàng tā shuō le 私の言いたいことはすべて彼に話した．

【全数】quánshù 名 (数えられるものについて)全部．すべて．‖二十套家具已经~运到 èrshí tào jiājù yǐjīng quánshù yùndào 20 セットの家具が全部運ばれてきた．

★【所有】suǒyǒu 形 例外なくすべての．全部の．(ある範囲内の同種の事物全体をさす)‖~的人都为他高兴 suǒyǒu de rén dōu wèi tā gāoxìng すべての人々が彼のために喜んだ．｜~准备工作都做好了 suǒyǒu zhǔnbèi gōngzuò dōu zuòhǎo le すべての準備作業をやり終えた．｜~这些全是他一个人做出来的 suǒyǒu zhèxiē quán shì tā yí ge rén zuòchulai de これらすべてのことは全部彼一人でやったものだ．

＊＊【无不】wúbù 副 例外なくすべて．‖听了他的话，在场的人~为之动容 tīngle tā de huà，zàichǎng de rén wúbù wèizhī dòngróng 彼の話を聞いて，その場にいた者は一人残らず感動の面持ちを浮かべた．｜校足球队得了联赛冠军，全校师生~欣喜若狂 xiàozúqiúduì déle liánsài guànjūn，quánxiào shīshēng wúbù xīnxǐ ruò kuáng 学校のサッカー・チームがリーグ戦で優勝し，全校の教師と学生はみんな跳び上がって喜んだ．

★【一切】yíqiè 代 ❶一切の．全部の．すべての．(ある範囲に限らず，全部の種類をさす)‖~后果由你负责 yíqiè hòu-

guǒ yóu nǐ fùzé すべての結果はあなたに責任を持ってもらいます．｜想尽~办法 xiǎngjìn yíqiè bànfǎ あらゆる方法を考え尽くす．❷すべて．一切．‖~都会过去的 yíqiè dōu huì guòqu de すべては過ぎ去るものである．｜她熟悉这里的~ tā shúxī zhèlǐ de yíqiè 彼女はここの一切を熟知している．

＊【整个】zhěnggè (~儿) 形 全部の．全体の．すべての．‖~下午 zhěnggè xiàwǔ 午後いっぱい．｜~地区 zhěnggè dìqū 全地域．｜~过程 zhěnggè guòchéng 全プロセス．｜~的吃不了，买半个吧 zhěnggè de chībuliǎo，mǎi bàn ge ba まるまる一つは食べ切れないから，半分買おう．｜文章~重写了一遍 wénzhāng zhěnggè chóng xiěle yí biàn 文章全体を書き直した．

すみません

▶抱歉　▶不好意思　▶对不起　▶过意不去
▶借光　▶劳驾　▶麻烦

＊＊【抱歉】bàoqiàn 形 申し訳ない．すまない．‖真~，你要的那本书我忘带了 zhēn bàoqiàn，nǐ yào de nà běn shū wǒ wàngdài le ほんとうにすまない．君に頼まれたあの本を持ってくるのを忘れてしまった．｜对那天的事儿我感到十分~ duì nà tiān de shìr wǒ gǎndào shífēn bàoqiàn 先日の件ではほんとうにすみませんでした．

＊【不好意思】bù hǎoyìsi 慣 申し訳なく思う．恥ずかしい．決まりが悪い．気がひける．‖真~ zhēn bù hǎoyìsi (物をもらったときなどに)ほんとうにすみません．悪いですね．｜~，我先回去了 bù hǎoyìsi，wǒ xiān huíqu le すみませんが，お先に失礼します．｜事情都推到你一个人身上，~啊 shìqing dōu tuīdào nǐ yí ge rén shēnshang，bù hǎoyìsi a 全部君一人に押しつけてしまって申し訳ないね．

すむ　住む

★【対不起】duìbuqǐ 🈩 すまない．申し訳ない．"对不住"duìbuzhù ともいう．‖～，我来晚了 duìbuqǐ, wǒ láiwǎn le すみません，遅くなりました．｜我觉得很～他 wǒ juéde hěn duìbuqǐ tā 私は彼にたいへんすまないと思っている．

【过意不去】guò yì bù qù 🈺 申し訳なく思う．決まり悪く思う．"不过意"búguòyì ともいう．‖老麻烦你，真～ lǎo máfan nǐ, zhēn guò yì bú qù いつも面倒をおかけして，ほんとうにすみません．

【借光】jiè//guāng 🈩（人に頼んだり助けを借りたりするときの言葉）ちょっとすみません．失礼します．ちょっとお願いします．‖～～! ràng wǒ guò yíxià jièguāng! ràng wǒ guò yíxià ちょっと失礼，通してください．

★【劳驾】láo//jià 🈩（相手に頼むときの言葉）すみません．‖～，请把那本词典递给我 láojià, qǐng bǎ nà běn cídiǎn dìgěi wǒ すみません，ちょっとあの辞典を取ってください．｜～，让我过去 láojià, ràng wǒ guòqu すみません，ちょっと通してください．

★【麻烦】máfan 🈩 面倒をかける．迷惑をかける．手数をかける．‖太～你了 tài máfan nǐ le 面倒をおかけしました．｜尽量少～别人 jìnliàng shǎo máfan biérén できるだけ人に迷惑をかけないようにする．｜～你把这本书带给他 máfan nǐ bǎ zhè běn shū dàigěi tā お手数をかけますが，この本を彼に渡してください．

すむ　住む

▶安家　▶定居　▶寄住　▶借住　▶居住
▶旅居　▶落户　▶侨居　▶住

【安家】ān//jiā 🈩 家を持つ．住みつく．‖我们愿意在上海～ wǒmen yuànyì zài Shànghǎi ānjiā 私たちは上海に落ち着きたい．

*【定居】dìng//jū 🈩 定住する．住みつく．‖～北京 dìngjū Běijīng 北京に定住する．

【寄住】jìzhù 🈩 寄留する．仮住まいをする．‖～在农民家里 jìzhùzài nóngmín jiā li 農家に寄留する．

【借住】jièzhù 🈩 借家住まいをする．仮住まいをする．‖暂时～在朋友家 zànshí jièzhùzài péngyou jiā しばらく友人宅に仮住まいをする．

*【居住】jūzhù 🈩 居住する．住む．‖他一直～在四合院里 tā yìzhí jūzhùzài sìhéyuàn li 彼はずっと四合院に住んでいる．｜楼里～着十几户人家 lóu li jūzhùzhe shíjǐ hù rénjiā 建物には十数家族が住んでいる．

*【旅居】lǚjū 🈩 他郷に逗留（とうりゅう）する．外地に滞在する．‖他多年来一直～国外 tā duōnián lái yìzhí lǚjū guówài 彼は何年もの間ずっと海外に居住している．｜他是我～广东时结识的朋友 tā shì wǒ lǚjū Guǎngdōng shí jiéshí de péngyou 彼は私が広東にいたとき知り合った友人です．

【落户】luò//hù 🈩 定住する．住みつく．‖到边疆～ dào biānjiāng luòhù 辺境の地へ行き住みつく．｜毕业后他在城里落了户 bìyèhòu tā zài chéng li luòle hù 卒業後，彼は都会に居を定めた．

【侨居】qiáojū 🈩 外国に住む．‖多年来一直～海外 duōnián lái yìzhí qiáojū hǎiwài 長年ずっと海外に居住している．

★【住】zhù 🈩 泊まる．住む．‖小～ xiǎozhù しばらく滞在する．｜你～在哪儿? nǐ zhùzài nǎr? あなたのお住まいはどちらですか．｜我家～楼上 wǒ jiā zhù lóushàng 私は上の階に住んでいます．｜跟他～邻居 gēn tā zhù línjū 彼とは隣同士である．｜～得很宽敞 zhùde hěn kuānchang 住まいが広々している．｜在旅馆～了两夜 zài lǚguǎn zhùle liǎng yè ホテルに２泊した．

する　擦る

▶擦　▶蹭　▶划　▶磨　▶碾　▶研

- ★【擦】cā 動 こする．擦る．‖～着火柴 cā-zháo huǒchái マッチを擦る．

- *【蹭】cèng 動 こする．擦る．‖腿上～破了一块皮 tuǐ shang cèngpòle yí kuài pí 足をちょっと擦りむいてしまった．

- *【划】huá 動 (刃物や先の鋭いもので長く引くようにして)切る．ひっかき跡をつける．‖皮包让扒手～了个大口子 píbāo ràng páshǒu huále ge dà kǒuzi 革かばんをすりに大きく切られた．｜手～破了 shǒu huápò le 手にひっかき傷をつくった．｜～火柴 huá huǒchái マッチをする．

- **【磨】mó 動 摩擦する．こする．すれる．こすれる．‖裤子～破了 kùzi mópò le ズボンがすり切れた．｜脚上～出了大泡 jiǎo shang móchūle dàpào すれて足に大きなまめができた．

- 【碾】niǎn 動 (臼(うす)などで)ひく．つぶす．‖～米 niǎn mǐ (臼でひいて)米を脱穀する．｜麦子 niǎn màizi コムギをひく．｜把地～平 bǎ dì niǎnpíng (石のローラーなどで)地面を平らにならす．

- 【研】yán 動 細かく砕く．する．すりつぶす．‖～墨 yán mò 墨をする．｜把药～碎 bǎ yào yánsuì 薬をすりつぶす．｜～得很细 yánde hěn xì きめ細かくすりつぶしてある．

する

▶办　▶干　▶搞　▶进行　▶弄　▶做

- ★【办】bàn 動 する．処理する．‖～公 bàngōng 公務をとる．｜～手续 bàn shǒuxù 手続きをする．｜～护照 bàn hùzhào パスポートの手続きをする．｜～喜事儿 bàn xǐshìr 結婚式をする．

- ★【干】gàn 動 する．やる．‖苦～ kǔgàn 懸命になってやる．｜家务 gàn jiāwù 家事をする．｜你～什么工作? nǐ gàn shénme gōngzuò? あなたはどんな仕事をなさっていますか．｜～什么都得～好 gàn shénme dōu děi gànhǎo 何をするにもきちんとやらなくてはならない．｜你～什么来着? nǐ gàn shénme láizhe? 君は何をしていたんだい．

- ★【搞】gǎo 動 ❶する．やる．‖你是～什么工作的? nǐ shì gǎo shénme gōngzuò de? あなたはどんな仕事をしていますか．｜他～了个小发明 tā gǎole ge xiǎo fāmíng 彼はちょっとした発明をした．｜技术革新～成功了 jìshù géxīn gǎochénggōng le 技術革新は成功した．❷他の動詞の代わりとして用いる．‖～交易 gǎo jiāoyì 取引をする．｜～个运动会 gǎo ge yùndònghuì 運動会を開催する．｜～教育 gǎo jiàoyù 教育の仕事に従事する．｜～生产 gǎo shēngchǎn 生産に携わる．｜～关系 gǎo guānxi 関係をつける．コネをつくる．

- ★【进行】jìnxíng 動 (継続性のある物事を)行う．する．進行する．(2音節以上の行為を表す目的語をとる)‖～实验 jìnxíng shíyàn 実験をする．｜～比赛 jìnxíng bǐsài 試合をする．｜～参观访问 jìnxíng cānguān fǎngwèn 訪問見学する．｜会议正在～之中 huìyì zhèngzài jìnxíng zhī zhōng 会議はいま行なわれているところだ．

- ★【弄】nòng 動 ("做" zuò "搞" gǎo "办" bàn などの代わりに用いて)する．やる．つくる．‖这是谁给～坏的? zhè shì shéi gěi nònghuài de? これは誰が壊したんだ．｜这点活儿一会儿就～完 zhè diǎn huór yíhuìr jiù nòngwán これっぽっちの仕事ならあっという間に終わる．

- ★【做】zuò 動 (仕事や活動を)する．携わる．‖～学问 zuò xuéwen 学問をする．｜～体操 zuò tǐcāo 体操をする．｜～手术 zuò shǒushù 手術をする．｜～贡献 zuò gòngxiàn 貢献する.｜～买卖 zuò mǎimai 商売をする.｜你～什么工作? nǐ zuò shénme gōngzuò? あなたはどんな仕事をしているのですか.

するどい　鋭い

▶锋利　▶尖　▶尖利　▶尖锐　▶快
▶灵敏　▶敏锐　▶锐利

＊【锋利】 fēnglì 形 ❶(刃物が)鋭い. 鋭利である.‖这把刀～ zhè bǎ dāo fēnglì このナイフは鋭い. ❷(文章や言論が)鋭い.‖以他那支～的笔, 揭开了政界黑幕的一角 yǐ tā nà zhī fēnglì de bǐ, jiēkāile zhèngjiè hēimù de yì jiǎo 彼のあの鋭い筆で政界の舞台裏の一角が暴露された.

＊＊【尖】 jiān 形 ❶とがっている. 鋭利である.‖这支铅笔两头都给削～了 zhè zhī qiānbǐ liǎng tóu dōu gěi xiāojiān le この鉛筆は両端とも削ってある. ❷(視覚・聴覚・嗅覚(きゅうかく)が)鋭い. 利く.‖她眼睛真～ tā yǎnjing zhēn jiān 彼女はほんとうに目ざとい.｜好～的耳朵! hǎo jiān de ěrduo! 実にさとい耳だ.

【尖利】 jiānlì 形 鋭い.‖笔锋～ bǐfēng jiānlì 筆鋒(ひっぽう)が鋭い.｜～的目光 jiānlì de mùguāng 鋭い目つき.｜～的喊叫声 jiānlì de hǎnjiàoshēng 鋭い叫び声.

＊＊【尖锐】 jiānruì 形 ❶鋭い. とがっている.‖～的刺刀 jiānruì de cìdāo 鋭い銃剣. ❷(批判などが)鋭い. 手厳しい. 容赦がない.‖这个意见提得很～ zhège yìjian tíde hěn jiānruì この意見はたいへん鋭い.｜～的批评 jiānruì de pīpíng 手厳しい批判. ❸(物事の理解・判断が)鋭敏である. 鋭い.‖～地指出问题之所在 jiānruì de zhǐchu wèntí zhī suǒzài 問題の所在を鋭く指摘する.｜他看问题很～ tā kàn wèntí hěn jiānruì 彼はものの見方がたいへん鋭い.

★【快】 kuài 形 (刃物が)鋭利である. 切れ味がよい. ⇔"钝" dùn‖这把刀不～了 zhè bǎ dāo bú kuài le この刀は切れ味が悪くなった.

＊【灵敏】 língmǐn 形 鋭敏である. 敏感である. 機敏である.‖嗅觉～ xiùjué língmǐn 嗅覚(きゅう)が鋭敏である.｜反应～ fǎnyìng língmǐn 反応が鋭い.｜动作～ dòngzuò língmǐn 動作が機敏である.

＊【敏锐】 mǐnruì 形 鋭敏である. 鋭い.‖目光～ mùguāng mǐnruì 眼光が鋭い.｜嗅觉很～ xiùjué hěn mǐnruì 嗅覚(きゅう)が鋭い.｜他观察事物十分～ tā guānchá shìwù shífēn mǐnruì 彼のものを見る目は研ぎ澄まされている.

＊【锐利】 ruìlì 形 ❶(刃先が)鋭利である. 鋭い.‖～的刀锋 ruìlì de dāofēng 鋭い切っ先. ❷(観察眼や論調などが)鋭い.‖～的笔锋 ruìlì de bǐfēng 鋭い筆鋒(ひっぽう).｜目光～ mùguāng ruìlì 眼光が鋭い.

ずれ

▶差距　▶差异　▶错动　▶代沟　▶分歧
▶隔阂　▶距离　▶偏差

＊【差距】 chājù 名 差. 格差. ギャップ. ずれ.‖～拉大 chājù lādà 格差が広がる.｜～缩小 chājù suōxiǎo 格差が縮まる.｜在认识上有～ zài rènshi shang yǒu chājù 認識においてずれがある.｜理想与现实的～ lǐxiǎng yǔ xiànshí de chājù 理想と現実のギャップ.

＊【差异】 chāyì 名 差異. 違い.‖双方对这一问题的理解有～ shuāngfāng duì zhè yī wèntí de lǐjiě yǒu chāyì この問題に対する両者の理解には違いがある.｜二者存在着明显的～ èrzhě cúnzàizhe míngxiǎn de chāyì 両者には明らかな相違がある.

【错动】 cuòdòng 名 ずれ.‖断层发生了

せいかく　正確

～ duàncéng fāshēngle cuòdòng　断層にずれが生じた.

【代沟】 dàigōu 图 世代のずれ. ジェネレーション・ギャップ.

***【分歧】** fēnqí 图 相違. 食い違い. ずれ. ‖ ～很大 fēnqí hěn dà　食い違いが大きい. | 消除～ xiāochú fēnqí　ずれをなくす. | 在这个问题上他们意见有～ zài zhège wèntú shang tāmen yìjian yǒu fēnqí　この問題について彼らの意見は分かれる.

***【隔阂】** géhé 图 わだかまり. 溝. ‖ 思想～ sīxiǎng géhé　考え方のずれ. | 消除民族之间的～ xiāochú mínzú zhī jiān de géhé　民族間の溝を取り除く. | 那一事件使双方产生了～ nà yí shìjiàn shǐ shuāngfāng chǎnshēngle géhé　その事件で双方にわだかまりが生じた.

**【距离】 jùlí 图 距離. 隔たり. ‖ 第一名和第二名之间的～渐渐拉开了 dì yī míng hé dì èr míng zhī jiān de jùlí jiànjiàn lākāi le　トップと2位との差がだんだんと開いていった. | 我们俩的看法有很大～ wǒmen liǎ de kànfa yǒu hěn dà jùlí　私たち二人の考えにはかなりずれがある.

***【偏差】** piānchā 图 偏差. ずれ. ひずみ. 偏り. ‖ 射击的角度有～ shèjī de jiǎodù yǒu piānchā　射撃の角度に偏差が生じる.

せ

せいかく　　正確

▶对　　▶精确　　▶确切　　▶无误　　▶正确
▶准　　▶准确

★**【对】** duì 形 正しい. 合っている. ⇔“错” cuò ‖ 您的意见很～ nín de yìjian hěn duì　あなたの意見はごもっともです. | 这样

写～不～? zhèyàng xiě duì bu duì?　こう書いて間違いがありませんか. | 你做得～ nǐ zuòde duì　君のやり方は正しい. | 这事儿是你不～ zhè shìr shì nǐ búduì　これは君が間違っている. | ～, 应该这样 duì, yīnggāi zhèyàng　そのとおりです. こうすべきです. | 方向不～ fāngxiàng búduì　方向が間違っている.

***【精确】** jīngquè 形 精確である. 綿密である. ‖ 计算～ jìsuàn jīngquè　計算が綿密である. | ～的统计 jīngquè de tǒngjì　精確な統計. | ～的测量 jīngquè de cèliáng　厳密な測量.

【确切】 quèqiè 形 確かである. 確実である. ‖ ～的数据 quèqiè de shùjù　正確なデータ. | ～地知道了他的想法 quèqiè de zhīdaole tā de xiǎngfa　彼の考え方がはっきり分かった.

【无误】 wúwù 動 間違いない. 確かである. ‖ 准确～ zhǔnquè wúwù　確実である. | 消息～ xiāoxi wúwù　ニュースは確かだ.

★**【正确】** zhèngquè 形 正しい. ‖ ～的意见 zhèngquè de yìjian　正しい意見. | 答案完全～ dá'àn wánquán zhèngquè　答えは全部正しい. | 结论～与否, 还有待验证 jiélùn zhèngquè yǔfǒu, hái yǒudài yànzhèng　結論が正しいかどうかは, 検証結果を待たなくてはならない. | ～处理工作和学习的关系 zhèngquè chǔlǐ gōngzuò hé xuéxí de guānxi　仕事と勉強との関係を正しく処理する.

**【准】 zhǔn 形 正確である. ‖ 表走得很～ biǎo zǒude hěn zhǔn　時計は正確に動いている. | 发音很～ fāyīn hěn zhǔn　発音が正確である. | 具体时间记不～了 jùtǐ shíjiān jìbuzhǔn le　時間は正確に覚えていない.

**【准确】 zhǔnquè 形 正確である. ‖ ～地表达 zhǔnquè de biǎodá　正確に表現する. | ～地作出预报 zhǔnquè de zuòchu yùbào

381

せいきゅう　請求

正確に予報をする. ｜情報～无误 qíng-bào zhǔnquè wúwù 情報は正確で間違いない.

せいきゅう　請求

▶报销　▶索赔　▶索取　▶索要　▶讨
▶讨债　▶要求　▶要　▶要价　▶要账

---

* 【报销】bàoxiāo 動 仮払い金を清算する. 立て替え費用を清算する. ‖交通费可以～ jiāotōngfèi kěyǐ bàoxiāo 交通費の清算ができる.

【索赔】suǒpéi 動 損害賠償を求める. クレームをつける. ‖向卖方～ xiàng màifāng suǒpéi 売り手に賠償を求める. ｜～时效 suǒpéi shíxiào クレームをつけられる有効期間. ｜提出～ tíchu suǒpéi クレームを申し入れる.

【索取】suǒqǔ 動 求める. 要求する. ‖～报酬 suǒqǔ bàochou 報酬を求める. ｜～资料 suǒqǔ zīliào 資料を要求する. ｜～权 suǒqǔquán 請求権.

【索要】suǒyào 動 求める. 強く要求する. ‖～礼品 suǒyào lǐpǐn 贈答品を強要する. ｜～欠款 suǒyào qiànkuǎn 借金の返済を迫る.

* 【讨】tǎo 動 要求する. 請求する. 催促する. ‖房东每月月底来～房租 fángdōng měiyuè yuèdǐ lái tǎo fángzū 家主は毎月月末になると家賃を取り立てにやって来る. ｜小孩子过年要向大人～压岁钱 xiǎoháizi guònián yào xiàng dàren tǎo yāsuìqián 子供は正月になると大人にお年玉をねだる.

【讨债】tǎo//zhài 動 貸し金の返済を請求する. 借金を取り立てる.

★ 【要求】yāoqiú 動 要求する. ‖～调动 yāoqiú diàodòng 配置換えを求める. ｜严格～自己 yángé yāoqiú zìjǐ 自己を厳しく律する. ｜老师～大家按时交作业 lǎoshī

yāoqiú dàjiā ànshí jiāo zuòyè 先生はみんなに宿題を期限どおりに提出するよう求めた.

★ 【要】yào 動 (ものを)求める. もらう. ‖他跟妈妈～了十块钱 tā gēn māma yàole shí kuài qián 彼はお母さんに10元もらった. ｜感冒了, 去医务室～了点儿药 gǎnmào le, qù yīwùshì yàole diǎnr yào 風邪を引いたので, 保健室に薬をもらいにいった.

【要价】yào//jià(～儿) 動 (売り手が客に)代金を請求する. 支払いを求める. ‖漫天～ màntiān yàojià 法外な値段をふっかける.

【要账】yào//zhàng 動 掛けを取る. 借金を取り立てる. ‖年底派人来～ niándǐ pài rén lai yàozhàng 年末には借金の取り立てが来る.

せいこう　成功

▶成功　▶成就　▶胜利　▶水到渠成
▶顺利　▶圆满

** 【成功】chénggōng 動 成功する. ⇔"失败" shībài ‖试验～了 shìyàn chénggōng le 実験は成功した. ｜祝你～! zhù nǐ chénggōng! 君の成功を祈る. ｜获得了巨大的～ huòdéle jùdà de chénggōng 大きな成功を収めた. 形 成功した. ‖这是一篇～的作品 zhè shì yì piān chénggōng de zuòpǐn これは成功作である. ｜会议开得很～ huìyì kāide hěn chénggōng 会議は成功裏に終わった. ｜他们～地拍到了熊猫分娩的镜头 tāmen chénggōng de pāidàole xióngmāo fēnmiǎn de jìngtóu 彼らはパンダの出産シーンの撮影に成功した.

** 【成就】chéngjiù 名 成果. ‖取得很大的～ qǔdé hěn dà de chéngjiù 大きな成果を勝ち取った. 動 成就させる. 完成させる. ‖～事业 chéngjiù shìyè 事業を完成

する.

★【胜利】shènglì 動成功する. ‖～地完成了任务 shènglì de wánchéngle rènwu 成功裏に任務を完了した. ｜登山队～登上顶峰 dēngshānduì shènglì dēngshang dǐngfēng 登山隊は登頂に成功した.

【水到渠成】shuǐ dào qú chéng 成水到れば渠(きょ)成る. 条件さえ整っていれば物事は成功に導かれる.

**【顺利】shùnlì 形(障害がなく)順調である. スムーズである. ‖这次谈判非常～zhè cì tánpàn fēicháng shùnlì 今回の交渉は非常にうまくいった. ｜～地完成了任务 shùnlì de wánchéngle rènwu 順調に任務を果たした. ｜祝您工作～! zhù nín gōngzuò shùnlì! お仕事が順調に進みますようお祈りいたします.

*【圆满】yuánmǎn 形(不足なく)円満である. 申し分ない. 首尾がよい. ‖～的答案 yuánmǎn de dá'àn 申し分のない答案. ｜～地完成了任务 yuánmǎn de wánchéngle rènwu 首尾よく任務を完了した. ｜问题解决得很～wèntí jiějuéde hěn yuánmǎn 問題は円満に解決した.

せいしつ （人の）性質

▶本性　▶秉性　▶个性　▶脾气　▶品性
▶气质　▶生性　▶天性　▶性格　▶性情

*【本性】běnxìng 名生まれつきの性質. 本性. ‖江山易改，～难移 jiāngshān yì gǎi, běnxìng nán yí 山河は改造できるが，人間の本性は改めにくい. 三つ子の魂百まで.

*【秉性】bǐngxìng 名気性. 気質. 性格. ‖～刚直 bǐngxìng gāngzhí 気性が一本気である.

*【个性】gèxìng 名個性. ‖他～太强 tā gèxìng tài qiáng 彼は個性が強すぎる(協調性が足りない).

**【脾气】píqi 名性質. 気性. 気立て. (人と接する時の態度や，すぐにかっとなる性質の意味でよく用いる. 動物にも使われる) ‖～好 píqi hǎo 気性が穏やかである. ｜～随和 píqi suíhe 協調性のある性格である. ｜牛～ niúpíqi 頑固で強情なたち. ｜直筒子～ zhítǒngzi píqi あけすけな気性. ｜他这个人，有孩子～ tā zhège rén, yǒu háizi píqi あの人って子供っぽいところがある.

【品性】pǐnxìng 名品性. 人柄. ‖～敦厚 pǐnxìng dūnhòu 人柄が温厚篤実である. ｜～高洁 pǐnxìng gāojié 人柄が高潔である.

【气质】qìzhì 名気質. 性質. 性格. ‖这孩子～不错 zhè háizi qìzhì búcuò この子は気立てがよい.

【生性】shēngxìng 名生来の性質. 天性. ‖～好动 shēngxìng hàodòng 生まれつきじっとしていられない. ｜～胆小如鼠 shēngxìng dǎnxiǎo rú shǔ (ネズミのように)生来気が小さい.

【天性】tiānxìng 名天性. 生まれつきの性格. ‖她～善良 tā tiānxìng shànliáng 彼女は生まれつきやさしい性格である. ｜西班牙人～如此 Xībānyárén tiānxìng rúcǐ スペイン人は天性がこんなふうだ.

**【性格】xìnggé 名(人の)性格. 気性. (人に接して，あるいは事に当たってとる態度や行動面での心理的特徴を表す) ‖～内向 xìnggé nèixiàng 性格が内向的である. ｜豪放的～ háofàng de xìnggé 豪放な性格. ｜好奇爱动是儿童特有的～ hàoqí ài dòng shì értóng tèyǒu de xìnggé 好奇心があってじっとしていないのは子供特有の性質だ.

*【性情】xìngqíng 名性格. 性情. 気性. (生活の中から形成された感情や気質を表す. 習慣的な性質や心理的なものをいうことが多い. 動物にも使われる) ‖～温和 xìngqíng wēnhé 気性がお

となしい.｜两人～不合 liǎng rén xìng-qíng bù hé 二人は性格が合わない.｜～相投 xìngqíng xiāngtóu 性格が合う. うまが合う.｜书法能陶冶～ shūfǎ néng táo-yě xìngqíng 書道は人格を磨くことができる.

せいだい　盛大

▶隆重　▶热烈　▶盛大

*【隆重】lóngzhòng 形 盛大である. 荘厳である.‖毕业典礼十分～ bìyè diǎnlǐ shí-fēn lóngzhòng 卒業式はたいへん厳かである.｜～的婚礼 lóngzhòng de hūnlǐ 盛大で厳かな結婚式.｜代表大会于今日～开幕 dàibiǎo dàhuì yú jīnrì lóngzhòng kāimù 代表大会は本日盛大に開幕した.

**【热烈】rèliè 形 熱烈である.‖欢迎新同学 rèliè huānyíng xīn tóngxué 新入生を熱烈に歓迎する.｜～欢呼 rèliè huānhū 熱烈に歓呼の声を上げる.｜气氛～ qì-fēn rèliè 雰囲気が盛り上がっている.｜在～的掌声中运动员们退场了 zài rèliè de zhǎngshēng zhōng yùndòngyuánmen tuì-chǎng le 盛大な拍手に送られて選手たちは退場した.

*【盛大】shèngdà 形 盛大である.‖～的宴会 shèngdà de yànhuì 盛大な宴会.｜规模～ guīmó shèngdà 規模が盛大である.｜举行～的庆祝活动 jǔxíng shèngdà de qìngzhù huódòng 盛大な祝賀行事を行う.

せいり　整理

▶处理　▶盘点　▶清理　▶收拾　▶整
▶整顿　▶整洁　▶整理　▶整齐

**【处理】chǔlǐ 動 処理する. 処置する. 片づける.‖～群众来信 chǔlǐ qúnzhòng

láixìn 一般大衆から来た手紙を処理する.｜这几件旧家具要赶快～掉 zhè jǐ jiàn jiù jiājù yào gǎnkuài chǔlǐdiào これらの古い家具はさっさと処分してしまわなくちゃ.

【盘点】pándiǎn 動 在庫を点検する. 棚卸しをする.‖每月月底～一次 měiyuè yuèdǐ pándiǎn yí cì 毎月月末に1回在庫のチェックをする.

*【清理】qīnglǐ 動 徹底的に整理する. きちんと片づける.‖～书籍 qīnglǐ shūjí 本をきちんと整理する.｜～账目 qīnglǐ zhàngmù 勘定を清算する.｜～仓库 qīng-lǐ cāngkù 倉庫を片付ける. 棚卸しをする.

★【收拾】shōushi 動 始末する. 片づける. 整理する.‖～房间 shōushi fángjiān 部屋を片づける.｜～行李 shōushi xíngli 荷物を整理する.

*【整】zhěng 動 整える. 正す.‖～～领带 zhěngzheng lǐngdài ネクタイを直す.｜重～旗鼓 chóng zhěng qí gǔ 新たに態勢を整える.

*【整顿】zhěngdùn 動 (規律・秩序・態勢などを)正す.‖经过～, 企业恢复了生机 jīngguò zhěngdùn, qǐyè huīfùle shēngjī 整理・粛正を図り, 会社は息を吹き返した.

*【整洁】zhěngjié 形 きれいに片づいている. 整っていて清潔である.‖服装～ fúzhuāng zhěngjié 身なりが清潔で整っている.｜保持～ bǎochí zhěngjié 清潔を保つ.｜房间里十分～ fángjiān li shífēn zhěng-jié 部屋の中はきれいに片づいている.

**【整理】zhěnglǐ 動 整理する. 整頓(とん)する.‖～房间 zhěnglǐ fángjiān 部屋を整理する.｜～资料 zhěnglǐ zīliào 資料を整理する.｜～思路 zhěnglǐ sīlù 考えを整理する.｜～笔记 zhěnglǐ bǐjì ノートを整理する.

★【整齐】zhěngqí 形 きちんとしている.

整っている．揃っている．‖书摆得很~ shū bǎide hěn zhěngqí 本が整然と並んでいる．｜冬青树修剪得整整齐齐 dōngqīng-shù xiūjiǎnde zhěngzhěngqíqí ナナミノキがきちんと刈り込まれている．

セット ⇒【組 (揃い)】

せつめい　説明

▶阐明　▶分析　▶讲　▶讲解　▶解说
▶解释　▶介绍　▶说　▶说明

*【阐明】chǎnmíng 動 (道理や意味を)説き明かす．はっきり説明する．‖~立场 chǎnmíng lìchǎng 立場をはっきりさせる．｜~道理 chǎnmíng dàoli 道理をはっきり説明する．｜~了进化论的原理 chǎnmíng-le jìnhuàlùn de yuánlǐ 進化論の原理を説き明かした．

**【分析】fēnxī 動 分析する．⇔"综合" zōng-hé‖~问题 fēnxī wèntí 問題を分析する．｜~病情 fēnxī bìngqíng 病状を分析する．｜~国际形势 fēnxī guójì xíngshì 国際情勢を分析する．

★【讲】jiǎng 動 口頭で説明する．解説する．筋道を立てて話す．‖必须~清楚 bìxū jiǎngqīngchu ちゃんとはっきり説明しなければならない．｜这怎么~? zhè zěnme jiǎng? それはどういう意味ですか．｜这是本~气功的书 zhè shì běn jiǎng qìgōng de shū これは気功について説明した本である．

*【讲解】jiǎngjiě 動 解説する．説明し解釈する．‖~幻灯片 jiǎngjiě huàndēngpiàn (映し出された)スライドを説明する．｜老师给学生~地质构造的成因 lǎoshī gěi xuésheng jiǎngjiě dìzhì gòuzào de chéngyīn 先生は学生たちに地質構造の成因について解説する．

【解说】jiěshuō 動 解説する．説明する．‖~新机器的构造 jiěshuō xīn jīqi de gòu-zào 新しい機械の構造を解説する．

**【解释】jiěshì 動 ❶解釈する．説明する．‖这句诗应该怎么~? zhè jù shī yīnggāi zěnme jiěshì? この詩はどのように解釈すべきか．｜~语法 jiěshì yǔfǎ 文法を説明する．｜科学地~了这一自然现象 kēxué de jiěshìle zhè yī zìrán xiànxiàng この自然現象を科学的に説明した．❷誤解をとく．言い訳する．‖为什么来晚了，请你~一下 wèi shénme láiwǎn le, qǐng nǐ jiě-shì yíxià なぜ遅くなったのかご説明願います．

★【介绍】jièshào 動 説明して分からせる．知らせる．‖~内容 jièshào nèiróng 内容を説明する．｜~经验 jièshào jīngyàn 経験を披露する．

★【说】shuō 動 説明する．‖~了半天，总算把妈妈说服了 shuōle bàntiān, zǒngsuàn bǎ māma shuōfú le さんざん説明して，どうにか母を納得させた．

★【说明】shuōmíng 動 説明する．説く．‖~理由 shuōmíng lǐyóu 理由を説明する．｜我向厂长~了来意 wǒ xiàng chǎngzhǎng shuōmíngle láiyì 私は工場長に来意を説明した．｜照片下面有~ zhàopiàn xiàmiàn yǒu shuōmíng 写真の下に解説がある．

せまい　狭い

▶细　▶狭隘　▶狭小　▶狭窄　▶小　▶窄
▶窄小

★【细】xì 形 (幅が)細い．⇔"粗" cū‖小路又长 xiǎolù xì yòu cháng 小道が狭くて長い．

**【狭隘】xiá'ài 形 ❶(幅が)狭い．‖~的山道 xiá'ài de shāndào 狭い山道．❷(心・見識・度量などが)狭い．偏狭である．‖眼光~ yǎnguāng xiá'ài 視野が狭い．

せ

| 心胸～ xīnxiōng xiá'ài 心が狭い.｜～的地方观念 xiá'ài de dìfāng guānniàn 偏狭な地方意識.

*【狭小】xiáxiǎo 形 狭くて小さい.‖～的房间 xiáxiǎo de fángjiān 狭苦しい部屋.｜生活圈子～ shēnghuó quānzi xiáxiǎo 生活圏が狭い.｜气量～ qìliàng xiáxiǎo 了見が狭い.

*【狭窄】xiázhǎi 形 ❶(幅が)狭い.‖～的小巷 xiázhǎi de xiǎoxiàng 狭い路地. ❷(心・度量・見識などが)狭い.‖心胸～ xīnxiōng xiázhǎi 心が狭い.｜知识面～ zhīshimiàn xiázhǎi 知識が狭い.

★【小】xiǎo 形 (面積が)小さい.狭い. ⇔ "大" dà｜～箱子 xiǎo xiāngzi 小さな箱.｜～操场 xiǎo cāochǎng 狭いグラウンド.｜房间很～ fángjiān hěn xiǎo 部屋が狭い.

**【窄】zhǎi 形 ❶幅が狭い. ⇔"宽" kuān ‖狭～ xiázhǎi 狭い.｜路～ lù zhǎi 道が狭い.｜胡同～，车开不进去 hútòng zhǎi, chē kāibujìnqù 路地が狭くて，車が入れない. ❷度量が狭い.こせこせしている.‖心眼儿～ xīnyǎnr zhǎi 度量が狭い.気が小さい.

【窄小】zhǎixiǎo 形 小さくて狭い.狭苦しい.‖～的厨房 zhǎixiǎo de chúfáng 狭苦しい台所.｜生活圈子～ shēnghuó quānzi zhǎixiǎo 生活範囲が狭い.

せわ　世話

▶帮忙　▶帮助　▶顾　▶关照　▶看
▶看护　▶照顾　▶照管　▶照看　▶照料

★【帮忙】bāng//máng（～儿）動 手伝う.手助けする.手を貸す.‖帮了我不少忙 bāngle wǒ bùshǎo máng 少なからず世話になった.｜他不肯帮这个忙 tā bù kěn bāng zhège máng 彼はこの件で手を貸すつもりがない.｜这件事，要没有他～可

不好办 zhè jiàn shì, yào méiyou tā bāngmáng kě bù hǎo bàn この件は彼の力添えがないとうまくいかない.

★【帮助】bāngzhù 動 助ける.援助する.応援する.協力する.‖主动～同学 zhǔdòng bāngzhù tóngxué 進んで級友の世話をする.

**【顾】gù 動 面倒を見る.世話をする.‖工作忙得连孩子都～不上了 gōngzuò mángde lián háizi dōu gùbushàng le 仕事が忙しくて子供の世話さえしきれない.｜只～自己，不～别人 zhǐ gù zìjǐ, bú gù biéren 自分のことばかりで，人の面倒は見ない.

**【关照】guānzhào 動 (関心や注意を払って)手助けする.面倒をみる.世話を焼く.‖这事儿请你多～ zhè shìr qǐng nǐ duō guānzhào この件をどうかよろしくお願いします.｜～老人 guānzhào lǎorén お年寄りに気を配る.

*【看】kān 動 見守る.世話をする.看護する.‖～孩子 kān háizi 子供の面倒を見る.｜～仓库 kān cāngkù 倉庫の番をする.｜一个人～不过来这么多机器 yí ge rén kānbuguòlái zhème duō jīqi 一人でこんなにたくさんの機械は受け持ちきれない.

【看护】kānhù 動 看護する.介護する.世話をする.‖～病人 kānhù bìngrén 病人を看病する.｜～老人 kānhù lǎorén 老人の世話をする.

★【照顾】zhàogù 動 面倒をみる.世話をする.(優遇する意味も含む)‖～病人 zhàogù bìngrén 病人の世話をする.｜～得很周到 zhàogùde hěn zhōudào 至れり尽くせりで世話をやく.｜父亲年纪大了，身边需要有人～ fùqin niánjì dà le, shēnbiān xūyào yǒu rén zhàogù 父も年を取ったので，そばで世話をする者が必要だ.

【照管】zhàoguǎn 動 世話や管理をする.‖房子托人～一下 fángzi tuō rén zhàoguǎn

せ

386

yíxià 家を人に管理してもらう. | ~留学生的日常生活 zhǎoguǎn liúxuéshēng de rìcháng shēnghuó 留学生の日常生活の世話をする.

【照看】zhàokàn 動 見守る. 番をする. 面倒を見る. || ~孩子 zhàokàn háizi 子供の世話をする.

*【照料】zhàoliào 動 面倒をみる. 世話をする. || 家里的一切有奶奶~, 你放心走吧 jiāli de yíqiè yǒu nǎinai zhàoliào, nǐ fàngxīn zǒu ba 家のことは全部おばあちゃんが面倒をみるから, 安心して行っておいで.

せんせい　先生

▶大夫　▶导师　▶教师　▶教员　▶老师
▶师傅　▶先生　▶医生

★【大夫】dàifu 名 □ 医者. 医師. (用法は "医生" yīshēng とほぼ同じ. 直接呼びかける場合は, "大夫" を用いることが多い) || 外科~ wàikē dàifu 外科医. | ~, 您好! dàifu, nín hǎo! 先生, こんにちは. | 张~〔医生〕! Zhāng dàifu〔yīshēng〕! 張先生.

*【导师】dǎoshī 名 (大学などの) 指導教官. (前に姓をつけることはできない)

**【教师】jiàoshī 名 (職業としての) 教師. 教員. (呼びかけに用いたり, 前に姓をつけることはできない) || 英语~ Yīngyǔ jiàoshī 英語の教師.

**【教员】jiàoyuán 名 教員. 教師. 教育担当者. (一般に呼びかけに用いたり, 前に姓をつけることはしない)

★【老师】lǎoshī 名 ❶(教師に対する敬称) 先生. (単独で呼びかけに用いたり, 名前の後につけることができる) || ~, 您好! lǎoshī, nín hǎo! 先生, こんにちは. ❷(広く知識・教養・技術などをもつ人に対する敬称) 先生. || 李~ Lǐ lǎoshī 李

先生.

★【师傅】shīfu 名 ❶師匠. 親方. 先生. || 他是我~ tā shì wǒ shīfu あの人は私の先生です. ❷技能労働者に対する尊称. || 木匠~ mùjiang shīfu 大工さん. ❸□ 労働者・運転手・店員などに対する呼びかけ.

★【先生】xiānsheng 名 ❶(学校の) 先生. 教師. ❷(男性に対する敬称) …先生. …さん. || 王~ Wáng xiānsheng 王さん. | 女士们, ~们 nǚshìmen, xiānshengmen 紳士淑女諸君. ❸(他人の夫または自分の夫に対する呼称) ご主人. 主人.

★【医生】yīshēng 名 医者. 医師. (用法は "大夫" dàifu とほぼ同じ. 正式な職業名としては"医生"を用いる) || 外科~ wàikē yīshēng 外科医. | 主治~ zhǔzhì yīshēng 主治医.

せんたん　先端 ⇒【先・先端】

ぜんぽう　前方

▶靠前　▶前　▶前边　▶前方　▶前面
▶前头　▶往前

【靠前】kào qián 組 前寄りの. 前方に. || ~的座位 kào qián zuòwèi 前寄りの席. | 请大家~站 qǐng dàjiā kào qián zhàn みなさん, 前の方にお集まり下さい.

★【前】qián 名 ❶(空間的に) 前. 前方. 正面. ⇔"后" hòu || 往~走 wǎng qián zǒu 前の方に歩いていく. | 房~房后 fángqián fánghòu 家の前と後ろ. 家屋の正面と裏側. ❷(順序が) 上位. 先頭. ⇔"后" hòu || ~排 qiánpái 前列. 前方の座席. | ~三名 qián sān míng 優勝者から第3位まで.

★【前边】qiánbian (~儿) 名 (空間・位置的に) 前. 前面. || 走在~ zǒuzài qiánbian

前方を歩く.｜车站～有个广场 chēzhàn qiánbian yǒu ge guǎngchǎng 駅前に広場がある.

*【前方】qiánfāng 图 前方. 前. ‖注视～ zhùshì qiánfāng 前をじっと見つめる.｜雾太大, 看不清～的路 wù tài dà, kànbuqīng qiánfāng de lù 霧が濃くて前方の道がよく見えない.

**【前面】qiánmiàn (～儿) 图 (空間・位置的に) 前. 前面. 前方. ‖他住在～第三个门 tā zhùzài qiánmiàn dì sān ge mén 彼は3軒先に住んでいる.｜注意, ～亮红灯了 zhùyì, qiánmiàn liàng hóngdēng le 気をつけて, 前方は赤信号だよ.｜走在时代的～ zǒuzài shídài de qiánmiàn 時代の先端を行く.

*【前头】qiántou 图 (位置的に) 前. 前方. ‖他走在～ tā zǒuzài qiántou 彼は前の方を歩いている.

【往前】wǎng qián 組 前方に. 前へ. ‖再～就是沙漠了 zài wǎng qián jiù shì shāmò le この先は砂漠だ.｜从那里再也不能～走 cóng nàli zài yě bù néng wǎng qián zǒu そこから先は行けない.｜我再～两站就下车 wǒ zài wǎng qián liǎng zhàn jiù xià chē 私はここから2つ先の駅で下りる.

そ

そうさ　操作

▶操纵　▶操作　▶驾驶　▶开　▶开动
▶控制　▶遥控

*【操纵】cāozòng 動 操縦する. 操作する. ‖～方向盘 cāozòng fāngxiàngpán ハンドルを操作する.｜远距离～ yuǎnjùlí cāozòng 遠距離操作(をする).

*【操作】cāozuò 動 操作する. ‖～简便

cāozuò jiǎnbiàn 操作が簡単である.｜～要领 cāozuò yàolǐng 操作の要点.｜熟练地～计算机 shúliàn de cāozuò jìsuànjī 巧みにコンピューターを操作する.

*【驾驶】jiàshǐ 動 (車・船・飛行機などを) 運転する. 操縦する. ‖～杆 jiàshǐgǎn 操縦桿(そうじゅう).｜～室 jiàshǐshì 操縦室.｜～员 jiàshǐyuán パイロット. 運転手.｜～执照 jiàshǐ zhízhào 運転免許証.

★【开】kāi 動 (機械や車などを) 操縦する. 操作する. ‖～飞机 kāi fēijī 飛行機を操縦する.｜～车床 kāi chēchuáng 旋盤を回す.｜船已经～了 chuán yǐjīng kāi le 船はもう出航した.

*【开动】kāidòng 動 (機械などを) 動かす. ‖车子～了 chēzi kāidòng le 車が動き出した.｜没有电, 机器～不起来了 méiyou diàn, jīqi kāidòngbuqǐlái le 電気が切れていて機械を動かすことができない.

**【控制】kòngzhì 動 制御する. コントロールする. ‖这个按钮可以～方向 zhège ànniǔ kěyǐ kòngzhì fāngxiàng この押しボタンは方向を制御できる.｜汽车失去了～ qìchē shīqùle kòngzhì 車がコントロールを失ってしまった.

*【遥控】yáokòng 動 遠隔操作する. リモコン操作する. ‖～汽车 yáokòng qìchē リモコンカー.

そうじ　掃除

▶打扫　▶大扫除　▶搞卫生　▶清除
▶清理　▶清扫　▶扫　▶扫除　▶收拾
▶整理

*【打扫】dǎsǎo 動 掃く. 掃除する. 片づける. ‖～房间 dǎsǎo fángjiān 部屋を掃除する.｜院子里～得干干净净 yuànzi li dǎsǎode gānganjìngjìng 庭がきれいに掃除されている.｜剩下的饭, 你给～了吧

shèngxia de fàn, nǐ gěi dǎsǎo le ba 残った
御飯を片づけちゃってよ.

【大扫除】dàsǎochú 動 大掃除をする. ‖
春节前要进行一次～ Chūnjié qián yào jìn-
xíng yí cì dàsǎochú 旧正月前に大掃除を
しなければならない.

【搞卫生】gǎo wèishēng 組 掃除をする.
清掃する. ‖ 她正在屋里～呢 tā zhèngzài
wūli gǎo wèishēng ne 彼女はいま部屋で
掃除をしているところなんですよ.

*【清除】qīngchú 動 一掃する. 排除する.
‖ ～垃圾 qīngchú lājī ごみを掃き清める.

*【清理】qīnglǐ 動 徹底的に整理する. き
ちんと片づける. ‖ ～书籍 qīnglǐ shūjí
本をきちんと整理する. ｜～仓库 qīnglǐ
cāngkù 倉庫を片づける. 棚卸しをする.
｜花了三天时间～了书库 huāle sān tiān
shíjiān qīnglǐle shūkù 3日がかりで書庫の
掃除をした.

【清扫】qīngsǎo 動 清掃する. 掃き清め
る. ‖ ～院子 qīngsǎo yuànzi 庭を掃き清
める. ｜～员 qīngsǎoyuán 清掃作業員.
｜～车 qīngsǎochē 清掃車.

**【扫】sǎo 動 ほうきで掃く. 掃除する. ‖
～雪 sǎo xuě 雪かきをする. ｜～地 sǎo dì
地面や床を掃く. ｜～院子 sǎo yuànzi 庭
を掃く.

*【扫除】sǎochú 動 掃除する. ‖ 天天～也
还不干净 tiāntiān sǎochú yě hái bù gānjìng
毎日掃除してもきれいにならない.

★【收拾】shōushi 動 始末する. 片づける.
整理する. ‖ ～房间 shōushi fángjiān 部屋
を片づける. ｜～行李 shōushi xíngli 荷物
を整理する. ｜自己的房间自己～ zìjǐ de
fángjiān zìjǐ shōushi 自分の部屋の掃除く
らい自分でしなさい.

**【整理】zhěnglǐ 動 整理する. 整頓する.
‖ ～房间 zhěnglǐ fángjiān 部屋を整理す
る. ｜～资料 zhěnglǐ zīliào 資料を整理す
る. ｜～研究室 zhěnglǐ yánjiūshì 研究室
の掃除をする.

そうぞうしい　騒々しい

▶嘈杂　▶吵　▶吵闹　▶闹　▶热闹
▶喧闹　▶喧嚷　▶喧嚣

【嘈杂】cáozá 形 やかましい. 騒々しい.
‖ 人声～ rénshēng cáozá 人声が騒々し
い.

**【吵】chǎo 形 うるさい. 騒がしい. 騒々
しい. ‖ 声音太～ shēngyīn tài chǎo 音が
やかましすぎる. ｜外面太～, 把窗户关
上 wàimiàn tài chǎo, bǎ chuānghu guānshang
表がうるさいから窓を閉めよう.

【吵闹】chǎonào 形 騒々しい. ‖ 外头很
～ wàitou hěn chǎonào 外がとても騒がし
い.

**【闹】nào 形（人や声などが）騒がしい.
騒々しい. ‖ 这儿～得很, 没法儿讲话
zhèr nàode hěn, méifǎr jiǎnghuà ここはひ
どく騒々しくて, 話ができない. ｜这孩
子真～ zhè háizi zhēn nào この子はほん
とうにやかましい.

*【热闹】rènao 形 賑やかである. ‖ 婚礼～
极了 hūnlǐ rènaojí le 結婚式はとても賑や
かだ. ｜南京路是上海最～的地方 Nán-
jīnglù shì Shànghǎi zuì rènao de dìfang 南京
路は上海でいちばん賑やかな所だ.

【喧闹】xuānnào 形 やかましい. 騒がし
い. 賑やかである. ‖ ～的车马声 xuān-
nào de chēmǎshēng 騒々しい車馬の音. ｜
下课后校园顿时～起来 xiàkèhòu xiàoyuán
dùnshí xuānnàoqilai 授業が終わると校庭
がにわかに賑やかになる.

【喧嚷】xuānrǎng 動 大声で話す. 騒ぎ立
てる. ‖ 人声～ rénshēng xuānrǎng 人の声
でがやがやしている.

【喧嚣】xuānxiāo 形 やかましい. 騒々し
い. ‖ 繁华～的都市 fánhuá xuānxiāo de dū-
shì 賑やかで騒々しい都会.

そ

そうだん　相談

そうだん　相談

▶磋商　▶洽谈　▶商定　▶商量　▶商谈
▶商讨　▶谈　▶谈判　▶协商　▶协议

*【磋商】cuōshāng 動 相談する．折衝する．‖就具体施工方案进行～ jiù jùtǐ shīgōng fāng'àn jìnxíng cuōshāng 具体的な工事計画について話し合う．

*【洽谈】qiàtán 動 交渉する．打ち合わせる．‖～生意 qiàtán shēngyi 取引を交渉する．｜贸易～ màoyì qiàtán 貿易交渉．

【商定】shāngdìng 動 協議して決める．‖双方～明年五月举行第二轮会谈 shuāngfāng shāngdìng míngnián wǔyuè jǔxíng dì èr lún huìtán 双方が協議した結果，来年5月に2回目の会談を開くことになった．

**【商量】shāngliang 動 相談する．協議する．‖用～的口气 yòng shāngliang de kǒuqi 相談するような口ぶりで．｜没有～的余地 méiyou shāngliang de yúdì 相談の余地なし．｜我有些事要跟你～ wǒ yǒu xiē shì yào gēn nǐ shāngliang 君にちょっと相談したいことがあるのですが．

【商谈】shāngtán 動 打ち合わせる．話し合う．‖～业务 shāngtán yèwù 業務の打ち合わせをする．

*【商讨】shāngtǎo 動 討議する．協議する．‖～对策 shāngtǎo duìcè 対策を協議する．｜～国家大事 shāngtǎo guójiā dàshì 国政治を討議する．

★【谈】tán 動 語る．話し合う．‖～工作 tán gōngzuò 仕事について話す．｜～生意 tán shēngyi 商談をする．｜我跟他好好儿～～ wǒ gēn tā hǎohāor tántan 私は彼とじっくり相談します．｜会上没有～到这个问题 huì shang méiyou tándào zhège wèntí 会議ではこの問題にまで触れなかった．

**【谈判】tánpàn 動 談判する．交渉する．‖双方正在～公司合并的问题 shuāngfāng zhèngzài tánpàn gōngsī hébìng de wèntí 双

方は会社の合併問題について折衝しているところだ．

*【协商】xiéshāng 動 協議する．話し合う．‖有问题可以～解决 yǒu wèntí kěyǐ xiéshāng jiějué 問題が起きれば協議して解決すればよい．｜找有关人员再～一下 zhǎo yǒuguān rényuán zài xiéshāng yíxià 関係者のところへ行ってもう一度話し合う．

*【协议】xiéyì 動 協議する．話し合う．‖经过双方～，问题已经解决 jīngguò shuāngfāng xiéyì, wèntí yǐjīng jiějué 双方の協議を経て，問題はすでに解決済みである．

そうとう　相当

▶够劲儿　▶够瞧的　▶很　▶颇　▶颇为
▶相当　▶真

【够劲儿】gòujìnr 形口（程度が）甚だしい．ひどい．きつい．‖今天累得～ jīntiān lèide gòujìnr 今日はひどく疲れた．

【够瞧的】gòuqiáode 形口 とてもひどい．ひどくてたまらない．‖这场火灾可～ zhè cháng huǒzāi kě gòuqiáode こんどの火災はほんとうにひどかった．

★【很】hěn 副（程度が高いことを表す）たいへん．ずいぶん．とても．非常に．‖我～喜欢看电影 wǒ hěn xǐhuan kàn diànyǐng 私は映画を見るのが大好きだ．｜她～会买东西 tā hěn huì mǎi dōngxi 彼女はとても買い物上手だ．｜这次参观收获～大 zhè cì cānguān shōuhuò hěn dà 今回の見学ではかなりの収穫があった．｜～受欢迎 hěn shòu huānyíng たいへん人気がある．｜～有兴趣 hěn yǒu xìngqù とても興味がある．

*【颇】pō 副 かなり．大いに．‖～有好感 pō yǒu hǎogǎn たいへん好意をもつ．深く心を打たれる．｜～不以为然 pō bù yǐ

wéi rán どうしても納得できない．大い
に異議がある．｜～感为难 pō gǎn wéinán
ほとほと困る．

【颇为】pōwéi 副 かなり．きわめて．と
ても．｜～焦虑 pōwéi jiāolǜ ひどく気を
もむ．｜听了他的话～感动 tīngle tā de huà
pōwéi gǎndòng 彼の話を聞いてたいへん
感動した．

**【相当】xiāngdāng 副 相当．かなり．｜他
打网球打得～好 tā dǎ wǎngqiú dǎde xiāng-
dāng hǎo 彼のテニスの腕は相当なもの
だ．｜今天的比赛～精彩 jīntiān de bǐsài
xiāngdāng jīngcǎi 今日のゲームはかなり
白熱している．｜他的书法已经达到了～
的水平 tā de shūfǎ yǐjīng dádàole xiāngdāng
de shuǐpíng 彼の書道はかなりのレベル
に達している．

★【真】zhēn 副 実に．まったく．ほんと
うに．｜这儿～美 zhèr zhēn měi ここは
実に美しい．｜他跑得～快 tā pǎode zhēn
kuài 彼はほんとに走るのが速い．

そうほう　双方　⇒【两方】

そえる　添える

▶附　▶附带　▶附加　▶加　▶锦上添花
▶配　▶添　▶增添

【附】fù 動 付け加える．添える．｜所～
参考资料 suǒ fù cānkǎo zīliào 添付した参
考資料．｜在礼物里～一张卡片 zài lǐwù li
fù yì zhāng kǎpiàn プレゼントにカードを
添える．｜信中～上近照两张 xìn zhōng fù-
shang jìnzhào liǎng zhāng 手紙に最近撮っ
た2枚の写真を添える．

*【附带】fùdài 動 付帯する．｜～说一句 fù-
dài shuō yí jù 一言付け加える．｜不～任
何条件 bú fùdài rènhé tiáojiàn いかなる条
件も付けない．

*【附加】fùjiā 動 付加する．付け加える．
｜文后～了几项说明 wénhòu fùjiāle jǐ
xiàng shuōmíng 文の終わりにいくつかの
説明を付け加える．

★【加】jiā 動 ❶（ないところへ）加える．付
け足す．｜在烤鱼旁边加一片柠檬 zài kǎo
yú pángbiān jiā yí piàn níngméng 焼魚にレ
モンを添える．｜～一幅插图 jiā yì fú chā-
tú 挿し絵を1点入れる．❷（すでにあ
るところへ）加える．増やす．｜又～了
一个菜 yòu jiāle yí ge cài もう一品料理
を増やした．

【锦上添花】jǐn shàng tiān huā 成 錦上花
を添える．立派なものをさらに立派に
する．

*【配】pèi 動（引き立てるために）添える．
あしらう．｜红花～绿叶 hónghuā pèi lǜyè
赤い花に緑の葉をあしらう．｜墙上应该
再～幅画儿 qiáng shang yīnggāi zài pèi fú
huàr 壁には絵も飾ったほうがいい．

**【添】tiān 動 増やす．加える．足す．｜
～家具 tiān jiājù 家具を増やす．｜再～
点儿钱，买一个质量好一点儿的吧 zài
tiān diǎnr qián, mǎi yí ge zhìliàng hǎo yìdiǎnr
de ba もう少しお金を足して，品質のよ
いものを買おう．｜在信的末尾～一句感
谢的话 zài xìn de mòwěi tiān yí jù gǎnxiè de
huà 手紙の終わりに感謝の言葉を添え
た．

*【增添】zēngtiān 動 付け加える．増やす．
｜～了新仪器 zēngtiānle xīn yíqì 新しい
計器を増やした．｜～光彩 zēngtiān guāng-
cǎi 栄光を添える．

ぞくする　属する

▶从属　▶附属　▶归于　▶隶属　▶属
▶属于

【从属】cóngshǔ 動 従属する．属す．従
う．｜他们公司～上海集团公司 tāmen

ぞくぞく　続々

gōngsī cóngshǔ Shǎnghǎi Jítuán Gōngsī　彼らの会社は上海集団公司に属している.｜酒店～于地方行政管理机构 jiǔdiàn cóngshǔ yú dìfāng xíngzhèng guǎnlǐ jīgòu　ホテルは地方行政管理機構に従属する.

*【附属】fùshǔ 動 付属する. 属する.｜～机构 fùshǔ jīgòu 付属機関.｜这家医院～于某医科大学 zhè jiā yīyuàn fùshǔ yú mǒu yīkē dàxué　この病院は某医科大学の付属病院である.

【归于】guīyú 動 …に属する. …のものである. …に帰する. (多く抽象的な事物を目的語にとる)｜光荣～祖国 guāngróng guīyú zǔguó 栄光は祖国のものである.

【隶属】lìshǔ 動 隷属する. 従属する. 支配下に入る.｜这个机构直接～中央 zhège jīgòu zhíjiē lìshǔ zhōngyāng　この機関は中央に直属している.

*【属】shǔ 動 ❶従属する. 隷属する.｜直～ zhíshǔ 直属する.｜这事～外交部管 zhè shì shǔ wàijiāobù guǎn　この件は外務省の管轄である.｜青岛市～山东省 Qīngdǎoshì shǔ Shāndōngshěng　青岛市は山東省に属する. ❷帰属する.｜恐龙～爬行动物 kǒnglóng shǔ páxíng dòngwù　恐竜は爬虫類に属する.

**【属于】shǔyú 動 …に属する. …のものである.｜这个公司～经贸部 zhège gōngsī shǔyú jīngmàobù　この会社は経済貿易部に属する.｜这块地是～学校的 zhè kuài dì shì shǔyú xuéxiào de　この土地は学校が所有している.｜未来～年轻的一代 wèilái shǔyú niánqīng de yídài 未来は若い世代が担う.

ぞくぞく　続々

▶不断　▶纷纷　▶接二连三　▶接连　▶连
▶连续　▶陆续　▶先后　▶源源

**【不断】bùduàn 副 絶えず. 次々に.｜新

产品～投放市场 xīn chǎnpǐn búduàn tóufàng shìchǎng　新商品が次々と市場に現れる.

**【纷纷】fēnfēn 副 次から次へ. 続々と.｜～发言 fēnfēn fāyán 次々と発言する.｜大家～报名参加 dàjiā fēnfēn bàomíng cānjiā みんなが続々と参加を申し込む.

*【接二连三】jiē èr lián sān 慣 続けざまに. ひっきりなしに. 次から次へと.｜电话铃～地响起来 diànhuàlíng jiē èr lián sān de xiǎngqilai 電話が立て続けに鳴った.｜～地喝了好几大杯 jiē èr lián sān de hēle hǎojǐ dàbēi ジョッキで立て続けに何杯も飲んだ.

*【接连】jiēlián 副 連続して. 続けざまに.｜错误～不断 cuòwù jiēlián búduàn 間違いが立て続けに起きる.｜我～讲了三遍, 他还是没听明白 wǒ jiēlián jiǎngle sān biàn, tā háishi méi tīngmíngbai 私は続けて3度も説明したが, 彼はまだ理解できないでいる.

★【连】lián 副 引き続き. たて続けに.｜～胜五场 lián shèng wǔ chǎng 5連勝する.｜～拍三封电报 lián pāi sān fēng diànbào たて続けに電報を3通打った.｜～叫几声, 没人答应 lián jiào jǐ shēng, méi rén dāying たて続けに何回も呼んだが, 誰も返事をしない.

**【连续】liánxù 動 連続する.｜～三年全勤 liánxù sān nián quánqín 3年間連続して皆勤する.｜～刮了好几天大风 liánxù guāle hǎojǐ tiān dàfēng 何日も続けて大風が吹いた.

**【陆续】lùxù 副 絶え間なく. 引き続き. 続々と.｜人～到齐了 rén lùxù dàoqí le 次から次へと集まってきて全員揃った.｜观众们陆陆续续地进场了 guānzhòngmen lùlùxùxù de jìnchǎng le 観衆が続々と会場に入ってきた.

**【先后】xiānhòu 副 相次いで. 前後して. 次から次へ.｜他的小说～被翻译成五国

文字 tā de xiǎoshuō xiānhòu bèi fānyìchéng wǔ guó wénzì 彼の小説は相次いで5ヵ国語に翻訳された.

【源源】 yuányuán 副 続々と. 次々と. ‖ ～不断 yuányuán búduàn 次々と途切れることがない. | 新鲜蔬菜～上市 xīnxiān shūcài yuányuán shàngshì 新鮮な野菜が続々と市場に出回る. | 思绪～涌来 sīxù yuányuán yǒnglai 考えが次々とわいてくる.

そこなう　損なう

▶坏　▶破坏　▶破损　▶伤　▶伤害
▶损害　▶损坏　▶损伤　▶影响

★【坏】 huài 動 壊す. 損なう. ‖ 都是你，～了我们大家的事 dōu shì nǐ, huàile wǒmen dàjiā de shì 僕たちの計画がぶち壊しになったのは，すべて君のせいだ.

**【破坏】 pòhuài 動 (事物に)損害を与える. 損なう. 傷つける. ‖ ～环境 pòhuài huánjìng 環境を破壊する. | ～和平 pòhuài hépíng 平和を破壊する. | ～他人名誉 pòhuài tārén míngyù 他人の名誉を傷つける.

【破损】 pòsǔn 動 壊れる. 破損する. ‖ 书的封面已经～了 shū de fēngmiàn yǐjīng pòsǔn le 本の表紙がもう破れた.

**【伤】 shāng 動 傷つける. 損なう. ‖ ～感情 shāng gǎnqíng 感情を害する. | ～了他的心 shāngle tā de xīn 彼の気持ちを傷つけた. | 摔～了腿 shuāishāngle tuǐ 転んで足を怪我した. | 叫开水烫～了 jiào kāishuǐ tàngshāng le 熱湯でやけどした. | 这么没日没夜地干，要～身体的 zhème méi rì méi yè de gàn, yào shāng shēntǐ de こんなに昼も夜もなく働くと，体をこわしてしまう.

*【伤害】 shānghài 動 (肉体的または精神的に)傷つける. 害する. 損なう. ‖ 吸烟太多会～身体 xīyān tài duō huì shānghài shēntǐ タバコを吸いすぎると健康を損なう. | 不要～孩子们的自尊心 búyào shānghài háizimen de zìzūnxīn 子供たちのプライドを傷つけてはならない.

*【损害】 sǔnhài 動 損なう. 害を及ぼす. 傷つける. ‖ ～人民利益 sǔnhài rénmín lìyì 人民の利益を損なう. | ～了集体的荣誉 sǔnhàile jítǐ de róngyù 集団の栄誉を傷つけた. | 吸烟～身体健康 xīyān sǔnhài shēntǐ jiànkāng 喫煙は健康を損なう.

*【损坏】 sǔnhuài 動 損なう. 傷つける. ‖ ～视力 sǔnhuài shìlì 視力を損なう. | ～公物 sǔnhuài gōngwù 公共物を傷つける.

*【损伤】 sǔnshāng 動 損傷する. 傷つける. ‖ ～感情 sǔnshāng gǎnqíng 感情を害する. | ～身体 sǔnshāng shēntǐ 体を損なう. | 自尊心受到了～ zìzūnxīn shòudàole sǔnshāng 自尊心が傷つけられた.

★【影响】 yǐngxiǎng 動 影響を与える. ‖ ～健康 yǐngxiǎng jiànkāng 健康に響く. | ～情绪 yǐngxiǎng qíngxù 興ざめする. 気分を害する. | 不要～别人休息 bú yào yǐngxiǎng biéren xiūxi 人の休息をじゃまするな. | 电视看得太多，～了功课 diànshì kànde tài duō, yǐngxiǎngle gōngkè テレビを見すぎて，勉強に響いた.

そしき　組織

▶单位　▶会　▶机关　▶机构　▶集体
▶集团　▶团体　▶小组　▶组织

**【单位】 dānwèi 名 機関. 団体. 所属部門. 職場. 勤め先. ‖ 您是哪个～的? nín shì nǎge dānwèi de? あなたの勤務先はどちらですか. | 今天我们～休息 jīntiān wǒmen dānwèi xiūxi 今日，私の職場は休みです. | 直属～ zhíshǔ dānwèi 直属部門. | 企事业～ qǐshìyè dānwèi 企業，事業団体.

そそっかしい

★【会】huì 名 団体. 組織. ‖工～ gōnghuì 労働組合. ｜同学～ tóngxuéhuì クラス会. ｜委员～ wěiyuánhuì 委员会.

＊＊【机关】jīguān 名 (公の事務を処理するための)機関. 官庁. 役所. ‖司法～ sīfǎ jīguān 司法機関. ｜上级～ shàngjí jīguān 上級機関. ｜～工作人员 jīguān gōngzuò rényuán 役所の職員.

＊【机构】jīgòu 名 組織. 団体. 機構. ‖对外宣传～ duìwài xuānchuán jīgòu 対外的な宣伝組織. ｜文化部新设的一个～ wénhuàbù xīnshè de yí ge jīgòu 文化部が新設した団体.

＊【集体】jítǐ 名 集団. 団体. (組織化されていない集団)⇔"个人" gèrén ‖～讨论 jítǐ tǎolùn グループ討論. ｜宿舍 jítǐ sùshè 寮や社宅などの集合住宅. ｜参观博物馆 jítǐ cānguān bówùguǎn 団体で博物館を見学する.

＊【集团】jítuán 名 集団. グループ. (組織化され, 営利を目的とする集団)‖企业～ qǐyè jítuán 企業グループ. ｜电子工业～ diànzǐ gōngyè jítuán 電子工業グループ. ｜盗窃～ dàoqiè jítuán 窃盗団.

＊【团体】tuántǐ 名 団体. (組織化され, 営利を目的としない集団)‖文艺～ wényì tuántǐ 文化芸術団体. ｜保护妇女儿童权利的～ bǎohù fùnǚ értóng quánlì de tuántǐ 婦女子の権利を守る団体.

＊【小组】xiǎozǔ 名 小さな集団. 班. グループ. ‖学习～ xuéxí xiǎozǔ 学習班. ｜党～ dǎngxiǎozǔ 共産党細胞. ｜～讨论 xiǎozǔ tǎolùn グループごとに討論する.

★【组织】zǔzhī 名 組織. 団体. ‖党～ dǎng zǔzhī (中国の)共産党組織. ｜非法～ fēifǎ zǔzhī 非合法組織. ｜犯罪～ fànzuì zǔzhī 犯罪組織. ｜恐怖～ kǒngbù zǔzhī テロ組織.

そそっかしい

▶粗心 ▶粗心大意 ▶慌张 ▶鲁莽
▶马大哈 ▶马虎 ▶毛手毛脚 ▶毛躁
▶冒失 ▶轻率

＊【粗心】cūxīn 形 そそっかしい. おおざっぱである. ⇔"细心" xìxīn ‖办事～ bànshì cūxīn やることがおおざっぱだ. ｜～人 cūxīn rén そそっかしい人.

＊【粗心大意】cū xīn dà yì 成 そそっかしくて注意力が足りない. やることがいいかげんである. ‖千万不能～ qiānwàn bù néng cū xīn dà yì 絶対にいいかげんではいけない.

＊【慌张】huāngzhang；huāngzhāng 形 慌てふためいている. そわそわしている. ‖做事要沉着, 不要～ zuòshì yào chénzhuó, búyào huāngzhāng 仕事は落ち着いて行うべきで, うわついていてはいけない. ｜她慌慌张张地跑进门来 tā huānghuangzhāngzhāng de pǎojin mén lai 彼女は慌てた様子で家に駆け込んできた.

【鲁莽】lǔmǎng 形 そそっかしい. 向こう見ずである. 軽率である. "卤莽"とも書く. ‖生性～ shēngxìng lǔmǎng 生まれつきそそっかしい. ｜～从事 lǔmǎng cóngshì 軽率にことを行う. ｜这样行事是否太～了? zhèyàng xíngshì shìfǒu tài lǔmǎng le? このようにやるのは軽率すぎないだろうか.

【马大哈】mǎdàhā 形 おおざっぱである. いいかげんである. そそっかしい. ‖这个人办事太～ zhège rén bànshì tài mǎdàhā この人の仕事ぶりはとてもおおざっぱだ.

＊＊【马虎】【马糊】mǎhu 形 いいかげんである. おおざっぱである. ぞんざいである. ‖这活儿干得太～ zhè huór gànde tài mǎhu この仕事はやり方が雑すぎる. ｜这个工作非常重要, 绝不能～ zhège

394

gōngzuò fēicháng zhòngyào, jué bù néng mǎhu この仕事はとても重要だから，決していいかげんに扱ってはならない.

【毛手毛脚】máoshǒumáojiǎo 圏 そそっかしい. 粗忽(そこつ)である. 不注意である. ‖他干活总是～的 tā gànhuó zǒngshì máoshǒumáojiǎo de 彼は仕事のやり方がいつも雑である.

【毛躁】máozao 圏 ❶せっかちである. 性急である. ‖那家伙的脾气很～ nà jiāhuo de píqi hěn máozao あいつはとてもせっかちだ. ❷落ち着きがない. 粗忽である. ‖他做事太～ tā zuòshì tài máozao 彼はやることがちゃらんぽらんだ.

【冒失】màoshi 圏 軽率である. そそっかしい. 向こう見ずである. ‖～的举止 màoshi de jǔzhǐ 軽率なふるまい. ｜说话太～ shuōhuà tài màoshi もの言いがあまりに軽率だ.

【轻率】qīngshuài 圏 軽率である. 軽々しい. ‖～的态度 qīngshuài de tàidu 軽はずみな態度. ｜这样做未免太～了 zhèyàng zuò wèimiǎn tài qīngshuài le こうしたやり方は軽率すぎる. ｜不可～地下结论 bùkě qīngshuài de xià jiélùn 軽はずみに結論を下してはいけない.

そだつ　育つ

▶成長　▶发育　▶生　▶生长　▶长
▶长大

**【成长】chéngzhǎng 動 育つ. 生育する. 成長する. ‖茁壮～ zhuózhuàng chéngzhǎng すくすくと育つ. ｜孩子的～记录 háizi de chéngzhǎng jìlù 子どもの成長記録. ｜～为优秀的管理人才 chéngzhǎngwéi yōuxiù de guǎnlǐ réncái 優秀な管理者に成長する.

*【发育】fāyù 動 発育する. 成長する. ‖这孩子～得很好 zhè háizi fāyùde hěn hǎo この子は発育がとてもよい. ｜～正常 fāyù zhèngcháng 発育が健全である.

**【生】shēng 動 生える. 育つ. 生長する. ‖丛～ cóngshēng 群生する. ｜土豆～了芽 tǔdòu shēngle yá ジャガイモが芽を出した.

**【生长】shēngzhǎng 動 ❶成長する. 伸びる. 育つ. ‖这种植物～在高寒地带 zhè zhǒng zhíwù shēngzhǎngzài gāohán dìdài この植物は寒冷地帯に育つ. ❷生まれ育つ. ‖他～在海边，水性很好 tā shēngzhǎngzài hǎibiān, shuǐxìng hěn hǎo 彼は海辺で生まれ育ったので，泳ぎが上手だ.

★【长】zhǎng 動 ❶成長する. ‖～个儿 zhǎng gèr 背が伸びる. ｜树越～越高 shù yuè zhǎng yuè gāo 木がどんどん高く伸びてゆく. ｜他～得像他妈妈 tā zhǎngde xiàng tā māma 彼はお母さん似だ. ❷生える. ‖～出新芽 zhǎngchu xīnyá 新しい芽が出てきた. ｜山坡上～满了杜鹃花 shānpō shang zhǎngmǎnle dùjuānhuā 山の斜面にツツジが一面に生えている.

【长大】zhǎngdà 動 育つ. 成長する. 大きくなる. ‖我是在北京～的 wǒ shì zài Běijīng zhǎngdà de 私は北京で育った. ｜～了做什么? zhǎngdàle zuò shénme? 大きくなったら何になるの.

そだてる　育てる

▶扶养　▶扶植　▶抚育　▶教养　▶教育
▶培养　▶培育　▶喂养　▶养　▶养育

【扶养】fúyǎng 動 扶養する. 育てる. ‖～子女 fúyǎng zǐnǚ 子女を育てる.

【扶植】fúzhí 動 育てる. 育てあげる. ‖～党羽 fúzhí dǎngyǔ 自分の派閥の勢力を強化する. ｜～青年作家 fúzhí qīngnián zuòjiā 若い作家を育てる.

*【抚育】fǔyù 動 扶育する. 育てる. ‖精心～儿童成长 jīngxīn fǔyù értóng chéng-

zhǎng 心を砕いて子供たちを育ててゆく. | ～幼林 fǔyù yòulín 若い林を守り育てる.

*【教养】jiàoyǎng 動 教え育てる. 礼儀作法をしつける. ‖ ～子女 jiàoyǎng zǐnǚ 子供を育てる.

★【教育】jiàoyù 動 教育する. 教え導く. 諭す. ‖ 说服～ shuōfú jiàoyù 言い聞かせ納得させて教育する. | ～青年 jiàoyù qīngnián 若者を教育する. | 应该好好儿～～他 yīnggāi hǎohāor jiàoyùjiàoyù tā 彼をよく教育してやらなくてはならない.

*【培养】péiyǎng 動 はぐくむ. 養成する. 培う. ‖ ～接班人 péiyǎng jiēbānrén 後継者を育てる. | ～感情 péiyǎng gǎnqíng 愛情をはぐくむ. | 他当干部 péiyǎng tā dāng gànbù 彼を幹部として養成する.

*【培育】péiyù 動 ❶栽培する. 飼育する. ‖ ～树苗 péiyù shùmiáo 苗木を栽培する. | 精心～ jīngxīn péiyù 苦心して育てる. ❷(人を)育てる. ‖ 孩子们在老师的辛勤～下茁壮成长 háizimen zài lǎoshī de xīnqín péiyù xià zhuózhuàng chéngzhǎng 子供たちは先生の骨身を惜しまぬ育成のもと, 健やかに成長してゆる.

【喂养】wèiyǎng 動 ❶飼育する. ‖ ～了两只猫 wèiyǎngle liǎng zhī māo ネコを2匹飼っている. ❷養育する. ‖ ～婴儿 wèiyǎng yīng'ér 赤ん坊を育てる.

**【养】yǎng 動 ❶(動物を)飼う. ‖ 饲～ sìyǎng 飼育する. | ～了一只猫 yǎngle yì zhī māo ネコを1匹飼った. ❷養う. 扶育する. ‖ 这孩子是奶奶～大的 zhè háizi shì nǎinai yǎngdà de この子はおばあさんが育てた. ❸助成する. 盛り立てる. ‖ 以农～牧 yǐ nóng yǎng mù 農業で畜産業を育成する.

*【养育】yǎngyù 動 養育する. 育てる. ‖ ～子女 yǎngyù zǐnǚ 子を育てる. | ～之恩 yǎngyù zhī ēn 養育の恩.

そっちょく　率直

▶坦白　▶坦诚　▶坦然　▶坦率　▶正直
▶直率

*【坦白】tǎnbái 形 率直である. 正直である. ‖ 襟怀～ jīnhuái tǎnbái 邪心がない. 腹蔵がない. | 话说得很～ huà shuōde hěn tǎnbái 話がたいへん率直である. | ～地说, 我并不喜欢他 tǎnbái de shuō, wǒ bìng bù xǐhuan tā 正直に言えば, 私はあまり彼が好きではない.

【坦诚】tǎnchéng 形 誠実で率直である. ‖ ～相待 tǎnchéng xiāngdài 誠実さをもって人に対する. | ～地说出自己的不同看法 tǎnchéng de shuōchu zìjǐ de bùtóng kànfa 人とは違う意見を率直に言う.

【坦然】tǎnrán 形 平然としている. 泰然としている. ‖ ～自若 tǎnrán zìruò 泰然自若としている. | 心里很～ xīnli hěn tǎnrán 心の中は平然としている. | ～接受对方的批评 tǎnrán jiēshòu duìfāng de pīpíng 先方の批判を率直に聞き入れる.

*【坦率】tǎnshuài 形 率直である. 正直である. 腹蔵のない. ‖ ～的性格 tǎnshuài de xìnggé 素直な性格. | 态度～真挚 tàidu tǎnshuài zhēnzhì 態度が率直でうそ偽りがない. | ～地谈出自己的看法 tǎnshuài de tánchu zìjǐ de kànfa 腹蔵なく自分の見解を語る. | 我对他的～很有好感 wǒ duì tā de tǎnshuài hěn yǒu hǎogǎn 私は彼の率直な話しぶりに好感をもった.

【正直】zhèngzhí 形 正直である. まっすぐである. 実直である. ‖ ～无私 zhèngzhí wúsī 誠実で私心がない. | 为人～而深得大家的信赖 wéirén zhèngzhí ér shēnde dàjiā de xìnlài 率直な人柄で仲間からの信頼も厚い.

【直率】zhíshuài 形 率直である. ‖ 为人～ wéirén zhíshuài 飾り気がなく正直な人柄. | ～地提出意见 zhíshuài de tíchū yìjian 率直に意見を述べる.

そって （-に）沿って

▶按 ▶按照 ▶顺 ▶顺着 ▶沿 ▶沿着
▶依照 ▶照

**【按】àn 介 …に照らして. …に従って. …に基づいて. ‖ ~原计划执行 àn yuán jìhuà zhíxíng もとの計画どおりに実行する. ｜ 姓氏笔画排列 àn xìngshì bǐhuà páiliè 名前の筆画順に並べる. ｜ ~户收公益金 àn hù shōu gōngyìjīn 一軒ごとに共益金を集める.

★【按照】ànzhào 介 …に基づいて. …によって. ‖ ~原方案执行 ànzhào yuán fāng-'àn zhíxíng 元の計画に基づいて実施する. ｜ ~上级的指示办 ànzhào shàngjí de zhǐshì bàn 上司の指示に沿って行う. ｜ 他们~传统仪式举行了婚礼 tāmen ànzhào chuántǒng yíshì jǔxíng hūnlǐ 彼らは伝統的なやり方で結婚式を挙げた.

**【顺】shùn 介 …に沿って. ‖ ~大街往北走 shùn dàjiē wǎng běi zǒu 大通りに沿って北のほうへ行く. ｜ ~墙根摆着一溜儿瓦罐 shùn qiánggēn bǎizhe yí liùr wǎguàn 塀に沿って一列に素焼きの壺（つぼ）が並んでいる.

【顺着】shùnzhe 介 …に沿って. ‖ ~山坡往下滑 shùnzhe shānpō wǎng xià huá 山の斜面に沿って滑り下りる. ｜ ~这条线索查下去 shùnzhe zhè tiáo xiànsuǒ cháxiaqu この手掛かりに沿って調べていく.

**【沿】yán 介 …に沿って. ‖ ~河边走 yán hébiān zǒu 川に沿って歩く. ｜ ~墙根种了一排牵牛花 yán qiánggēn zhòngle yì pái qiānniúhuā 塀に沿ってアサガオを植えた.

【沿着】yánzhe 介 …に沿って. ‖ ~铁路走 yánzhe tiělù zǒu 線路に沿って歩く. ｜ ~湖边散步 yánzhe húbiān sànbù 湖畔

を散歩する.

*【依照】yīzhào 介 …に基づいて. …によって. ‖ ~有关规定办理 yīzhào yǒuguān guīdìng bànlǐ 関係規定に基づいて処理する.

**【照】zhào 介 …に照らして. …に従って. ‖ ~规章办事 zhào guīzhāng bànshì 規則どおりに事を運ぶ. ｜ ~他说的做 zhào tā shuō de zuò 彼の言うとおりにする. ｜ ~原计划进行 zhào yuán jìhuà jìnxíng 元の計画に沿って進める.

そと 外

▶外 ▶外边 ▶外部 ▶外界 ▶外面
▶外头

★【外】wài 名 外. 外側. 表. 表側. ⇔ "内" nèi "里" lǐ ‖ 屋~ wūwài 屋外. ｜ 门往~开 mén wǎng wài kāi ドアは外へ開く.

★【外边】wàibian（~儿）名 外. 表. ‖ 自行车不要放在~ zìxíngchē búyào fàngzài wàibian 自転車は外に置いてはいけない. ｜ 下雪了~ wàibian xiàxuě le 外は雪だ. ｜ 今天晚上去~吃吧 jīntiān wǎnshang qù wàibian chī ba 今晩は外で食べよう.

*【外部】wàibù 名 外部. ‖ 来自~的影响 láizì wàibù de yǐngxiǎng 外からの影響.

*【外界】wàijiè 名 外界. 外部. ‖ ~舆论 wàijiè yúlùn 外部の世論. ｜ 与~失去联系 yǔ wàijiè shīqù liánxì 外部との連絡が途絶える.

*【外面】wàimiàn（~儿）名 外. 外側. 表 ‖ 屋子的里面~都要打扫 wūzi de lǐmiàn wàimiàn dōu yào dǎsǎo 部屋の内も外も掃除しなければならない. ｜ 别看他在家很凶, 在~可老实呢 biékàn tā zài jiā hěn xiōng, zài wàimiàn kě lǎoshi ne 彼は家ではひどく荒っぽいが, 外ではおとなしいもんだよ.

397

*【外头】wàitou 图外．表．｜屋子~很冷 wūzi wàitou hěn lěng 部屋の外はたいへん寒い．｜到~玩儿吧 dào wàitou wánr ba 外で遊びなさい．

そなえつける　備えつける

▶安置　▶安装　▶备用　▶备置　▶配备
▶设　▶设置　▶装　▶装置

---

*【安置】ānzhì 働置く．配置する．｜~家具 ānzhì jiājù 家具を配置する．

*【安装】ānzhuāng 働据えつける．設置する．｜~机器 ānzhuāng jīqi 機械を設置する．｜~热水器 ānzhuāng rèshuǐqì 湯沸かし器を取りつける．

*【备用】bèiyòng 働いつでも使えるよう準備する．｜~零件 bèiyòng língjiàn 予備部品．スペアパーツ．｜~的被子 bèiyòng de bèizi 予備用の布団．｜~胎 bèiyòngtāi スペアタイヤ．｜多买几件留作~ duō mǎi jǐ jiàn liúzuò bèiyòng いくつか余分に買って予備にとっておく．

【备置】bèizhì 働備えつけて準備する．購入して用意する．｜这些是为新员工~的电脑 zhèxiē shì wèi xīnyuángōng bèizhì de diànnǎo これは新入社員用に備えつけたパソコンです．

*【配备】pèibèi 働配備する．｜工地上还需要~两台车 gōngdì shang hái xūyào pèibèi liǎng tái chē 工事現場ではあと2台の車の配備が必要である．

*【设】shè 働(設備を)置く．据える．｜公共汽车上~了老弱病残专座 gōnggòng qìchē shang shèle lǎoruò bìngcán zhuānzuò バスに高齢者や身体障害者の専用席を設けた．｜这个公寓~有空调装置 zhège gōngyù shè yǒu kōngtiáo zhuāngzhì このアパートにはエアコンが設置してある．

*【设置】shèzhì 働設置する．装備する．｜~灭火器 shèzhì mièhuǒqì 消火器を備えつける．｜在会场里~扩音机 zài huìchǎng li shèzhì kuòyīnjī 会場内にラウドスピーカーを設置する．

★【装】zhuāng 働取りつける．据えつける．｜~电话 zhuāng diànhuà 電話をつける．｜~上天线 zhuāngshang tiānxiàn アンテナを据えつける．

*【装置】zhuāngzhì 働備えつける．据えつける．｜~火灾警报器 zhuāngzhì huǒzāi jǐngbàoqì 火災報知器を取りつける．

そなえる　(ある事態に)備える

▶备用　▶防　▶防备　▶有备无患　▶准备

---

*【备用】bèiyòng 働いつでも使えるよう準備する．｜~零件 bèiyòng língjiàn 予備部品．スペアパーツ．｜~的被子 bèiyòng de bèizi 予備用の布団．｜~胎 bèiyòngtāi スペアタイヤ．｜多买几件留作~ duō mǎi jǐ jiàn liúzuò bèiyòng いくつか余分に買って予備にとっておく．

**【防】fáng 働防ぐ．備える．｜严~ yánfáng 厳重に警戒する．｜老~老 fánglǎo 老後に備える．｜~虫咬 fáng chóng yǎo 虫に食われるのを防ぐ．｜~腐蚀 fáng fǔshí 腐食を防止する．｜以~万一 yǐ fáng wànyī 万一に備える．｜对这样的人不能不~ duì zhèyàng de rén bù néng bù fáng こういう人は警戒しないわけにいかない．

【防备】fángbèi 働防備する．用心する．警戒する．｜~得很严 fángbèide hěn yán 警戒が厳しい．｜加强~ jiāqiáng fángbèi 防備を強化する．｜~万一 fángbèi wànyī 万一に備える．

【有备无患】yǒu bèi wú huàn 國備えあれば憂いなし．

★【准备】zhǔnbèi 働準備する．支度する．｜他正在~明天的考试 tā zhèngzài zhǔnbèi míngtiān de kǎoshì 彼はいま，明日の試験の準備をしているところだ．

そなえる （身に）備える

▶賦有　▶具備　▶具有　▶有　▶有着

【賦有】fùyǒu 動（ある種の性格や気質を）天性として持つ. 備える.‖ 他天生～艺术家的素质 tā tiānshēng fùyǒu yìshùjiā de sùzhì 彼は生まれながらに芸術家の素質がある.

**【具備】jùbèi 動備える. 備わる.‖ 该专业目前还不～培养博士生的条件 gāi zhuānyè mùqián hái bú jùbèi péiyǎng bóshìshēng de tiáojiàn この専攻学科は現在まだ博士課程の学生を養成する条件を備えていない.｜这是作为一个优秀运动员必须～的素质 zhè shì zuòwéi yí ge yōuxiù yùndòngyuán bìxū jùbèi de sùzhì これは優れたスポーツ選手に備わっていなければならない素質である.

**【具有】jùyǒu 動具有する. 備える.（多く抽象的なものに用いる）‖～独特的民族风格 jùyǒu dútè de mínzú fēnggé 独特な民族の風格を備える.｜～多种优点 jùyǒu duōzhǒng yōudiǎn 多くの長所を持つ.｜这台复印机～各种功能 zhè tái fùyìnjī jùyǒu gè zhǒng gōngnéng このコピー機は十分な機能を備えている.

★【有】yǒu 動所有する. 持つ. 備えている.⇔ "没"méi "无"wú‖～信心 yǒu xìnxīn 自信がある.｜～独特的民族风格 yǒu dútè de mínzú fēnggé 独特の民族的特徴がある.｜她～很好的天分 tā yǒu hěn hǎo de tiānfèn 彼女は優れた資質を備えている.

【有着】yǒuzhe 動持っている. ある.‖ 两国～共同的利益 liǎngguó yǒuzhe gòngtóng de lìyì 両国は共通の利益を持っている.｜～悠久的历史 yǒuzhe yōujiǔ de lìshǐ 長い歴史がある.

そのうえ

▶并且　▶而　▶而且　▶还　▶加上
▶况且　▶且　▶同時　▶又

**【并且】bìngqiě 接そのうえ. しかも. さらに.‖ 他出席了开幕式，～讲了话 tā chūxíle kāimùshì, bìngqiě jiǎngle huà 彼は開幕式に出席し, 挨拶まで述べた.｜大会讨论～通过了这项决议 dàhuì tǎolùn bìngqiě tōngguòle zhè xiàng juéyì 大会において討議され, かつこの決議が採択された.｜他不仅能说，～说得很好 tā bùjǐn néng shuō, bìngqiě shuōde hěn hǎo 彼は話せるばかりでなく, そのうえ流暢（りゅうちょう）である.｜她聪明、漂亮，～性格也好 tā cōngming, piàoliang, bìngqiě xìnggé yě hǎo 彼女は頭はいいし, 美人だし, しかも性格もいい.

**【而】ér 接並列あるいは累加関係を表す.（並列関係の形容詞・動詞あるいは句・節などを接続する）‖ 伟大的任务 wěidà ér jiānjù de rènwu 偉大にして困難な任務.｜长～空的文章 cháng ér kōng de wénzhāng 長くて内容のない文章.

★【而且】érqiě 接かつ. しかも. さらに.（多く "不但"bùdàn "不仅"bùjǐn などと呼応する）‖ 歌声优美～动听 gēshēng yōuměi érqiě dòngtīng 歌声は美しいうえに聞く者を感動させる.｜这些诗我都读过，～会背 zhèxiē shī wǒ dōu dúguo, érqiě huì bèi これらの詩はみな読んだこともあるし, 暗誦（あんしょう）することだってできる.｜这种计算机不但功能多，～操作简便 zhè zhǒng jìsuànjī búdàn gōngnéng duō, érqiě cāozuò jiǎnbiàn このコンピューターは多機能というだけでなく, 操作も簡単だ.｜他不仅是优秀教师，～还是个业余作家 tā bùjǐn shì yōuxiù jiàoshī, érqiě hái shì ge yèyú zuòjiā 彼は優れた教

師であるばかりか，アマチュアの作家でもある．

★【还】hái 副（範囲の拡大や追加を表す）そのうえ．さらに．‖考完笔试，～有口试 kǎowán bǐshì, hái yǒu kǒushì 筆記試験が終わると，さらに口頭試験がある．｜您～要别的吗? nín hái yào biéde ma? ほかにも何かお入り用でしょうか．｜我～想去那儿玩儿 wǒ hái xiǎng qù nàr wánr 私はもう一度あそこに遊びにいきたい．｜他不但没休息，～帮助我们做了不少工作 tā búdàn méi xiūxi, hái bāngzhù wǒmen zuòle bùshǎo gōngzuò 彼は休みをとらないばかりか，我々のためにたくさんの仕事をしてくれた．

【加上】jiāshàng 接（…に）加えて．さらに．おまけに．‖她身体本来就弱，～连日劳累，病倒了 tā shēntǐ běnlái jiù ruò, jiāshàng liánrì láolèi, bìngdǎo le 彼女はもともと体が弱く，そのうえに連日の過労が重なり，倒れてしまった．

*【况且】kuàngqiě 接 そのうえ．さらに．おまけに．（多く"又"yòu "还"hái "也"yě などとともに用いる）‖天已黑了，～又〔还〕下着雨，改日再去吧 tiān yǐ hēi le, kuàngqiě yòu〔hái〕xiàzhe yǔ, gǎirì zài qù ba もう暗くなったし，おまけに雨も降っている，日を改めて行くことにしよう．｜今天天气好，～又〔还〕是星期天，公园里人一定很多 jīntiān tiānqì hǎo, kuàngqiě yòu〔hái〕shì xīngqītiān, gōngyuán li rén yídìng hěn duō 今日は天気がいいし，そのうえ日曜日だから，公園は人がたくさん出ているだろう．

**【且】qiě 接 そのうえ．しかも．加えて．‖物美一价廉 wù měi qiě jià lián 品物はよく，しかも値段が安い．

*【同时】tóngshí 接 …と同時に．かつ．そのうえ．‖这项任务非常重要，～也十分艰苦 zhè xiàng rènwu fēicháng zhòngyào, tóngshí yě shífēn jiānkǔ この任務は

たいへん重要であり，かつ非常に困難でもある．｜肯定了他的成绩，～也指出了不足 kěndìngle tā de chéngjì, tóngshí yě zhǐchūle bùzú 彼の成績を認め，そのうえ不十分な点についても指摘した．

★【又】yòu 副 ❶（付加を表す）さらに．そのうえ．‖今天太晚了，～下着雨，干脆明天去吧 jīntiān tài wǎn le, yòu xiàzhe yǔ, gāncuì míngtiān qù ba 今日は時間が遅いし，そのうえ雨も降っているし，いっそ明日行くことにしよう．❷（ある範囲外に付け加えることを表す）さらに．また．‖这个月除了工资之外，他～得了一笔数目可观的奖金 zhège yuè chúle gōngzī zhī wài, tā yòu déle yì bǐ shùmù kěguān de jiǎngjīn 彼は今月給料のほかに相当な額のボーナスをもらった．

そのうち

▶不久　▶过几天　▶过两天　▶过一会儿
▶近期　▶近日　▶两三天　▶最近

★【不久】bùjiǔ 形 まもない．（時間的に）近い．‖你走后～，他就来了 nǐ zǒu hòu bùjiǔ, tā jiù lái le 君が行ってまもなく，彼が来た．｜过了～ guòle bùjiǔ しばらくして．｜～以后 bùjiǔ yǐhòu すぐ後．ほどなくして．｜～的将来 bùjiǔ de jiānglái 近いうちに．そのうち．

【过几天】guò jǐ tiān 組 2，3日したら．‖～再来吧 guò jǐ tiān zài lái ba そのうちまたいらして下さい．

【过两天】guò liǎng tiān 組 2，3日したら．‖这件事～再说吧 zhè jiàn shì guò liǎng tiān zàishuō ba この件はまたそのうちにしよう．

【过一会儿】guò yīhuìr 組 少ししたら．‖过一会儿就会来 guò yíhuìr jiù huì lái そのうち来るでしょう．

*【近期】jìnqī 名 近い将来．近日中．‖～

400

会不会发生大地震? jìnqī huì bu huì fā-shēng dàdìzhèn? 近いうちに大地震は起きるだろうか.

【近日】jìnrì 名近日中. ‖〜开业 jìnrì kāiyè 近日開業.

【两三天】liǎng sān tiān 数2, 3日. 数日.

★【最近】zuìjìn 名近いうち. そのうち. ‖〜要出差 zuìjìn yào chūchāi 近いうちに出張しなければならない.

そのご　その後（それから）

▶此后　▶从此　▶过后　▶后来　▶然后
▶以后　▶之后

*【此后】cǐhòu 名その後. 今後.（過去にも未来にも用いる. 単独でしか用いない）‖〜音讯全无 cǐhòu yīnxùn quán wú その後まったく音信がない.

**【从此】cóngcǐ 副これから.（前の節で述べた出来事を起点に）その時から. その後. ‖他们谈得很投机, 〜成了朋友 tāmen tánde hěn tóujī, cóngcǐ chéngle péngyou 彼らは意気投合し, それ以来友だちになった. ｜三年前他出了国, 〜再也没听到他的消息 sān nián qián tā chūle guó, cóngcǐ zài yě méi tīngdào tā de xiāoxi 3年前に彼が国を出て以来, 彼の消息は聞いていない.

*【过后】guòhòu 名その後. 将来.（過去にも未来にも用いる）‖起先他答应了, 〜又变了卦 qǐxiān tā dāying le, guòhòu yòu biànle guà 最初彼は承知したのに, 後になって気が変わってしまった. ｜这事先这么办起来, 〜再商量 zhè shì xiān zhème bànqilai, guòhòu zài shāngliang この件はひとまずこのように処理しておいて, あとでまた相談しましょう.

**【后来】hòulái 名その後. それから.（過去のある時点を基準として, その後の時間をさす. 過去にのみ用いる.

また単独でしか用いない）⇔"起先" qǐxiān ‖他先说不去的, 〜又去了 tā xiān shuō bú qù de, hòulái yòu qù le 彼は行かないと言っていたのに, 結局行った. ｜一开始两人还通信, 〜就失去了联系 yì kāishǐ liǎng rén hái tōngxìn, hòulái jiù shīqùle liánxì 最初二人は手紙のやりとりをしていたが, やがて連絡が途絶えてしまった.

★【然后】ránhòu 接それから. そのうえで.（過去にも未来にも用いる）‖先看看材料, 〜才能决定 xiān kànkan cáiliào, ránhòu cái néng juédìng まず資料を見なければ決定できない. ｜昨天先洗了个澡, 〜吃的饭 zuótiān xiān xǐle ge zǎo, ránhòu chī de fàn 昨日は先に風呂に入ってから食事にした.

★【以后】yǐhòu 名今後. その後. …以後.（現在またはある時間を基準として, その後の時間をさす. 過去にも未来にも用いる. また単独でも基準時を表す語に後置しても用いる）‖从今〜 cóngjīn yǐhòu 今よりのち. ｜从此〜 cóngcǐ yǐhòu それから. ｜这事〜再说吧 zhè shì yǐhòu zàishuō ba この件はまたこの次にしよう. ｜人到齐了〜就开会 rén dàoqíle yǐhòu jiù kāihuì 人が揃ったらすぐ会議を開く. ｜两年前见过面, 〜就再也没有联系了 liǎng nián qián jiànguo miàn, yǐhòu jiù zài yě méiyou liánxì le 2年前に会ったきりで, その後はまったく連絡がなくなった.

**【之后】zhīhòu 名…の後.（単独で文頭に置き）その後.（過去にも未来にも用いる）‖毕业〜 bìyè zhīhòu 卒業後. ｜两天〜 liǎng tiān zhīhòu 2日後. ｜〜, 他比过去更努力了 zhīhòu, tā bǐ guòqù gèng nǔlì le その後, 彼は以前にも増して努力するようになった.

そのば　その場

▶当場　▶当時　▶就地　▶原処　▶在場

*【当場】dāngchǎng 副 その場で. 現場で. ‖ 他~回答了大家的问题 tā dāngchǎng huídále dàjiā de wèntí 彼はその場でみんなの質問に答えた. ｜ ~死亡 dāngchǎng sǐwáng 即死する. ｜ 总经理~就决定了谁来负责 zǒngjīnglǐ dāngchǎng jiù juédìngle shéi lái fùzé 社長はその場で担当者を決めた.

**【当時】dāngshí 名 当時. あのとき. ‖ 请你谈一谈~的情况 qǐng nǐ tányitán dāngshí de qíngkuàng 当時の状況をお話しくださいませんか.

*【就地】jiùdì 副 その場で. 現地で. ‖ 取材 jiùdì qǔcái 現地で資料を調達する. ｜ ~卧倒 jiùdì wòdǎo その場で横たわる.

【原処】yuánchù 名 元の場所. ‖ 阅后请放回~ yuè hòu qǐng fànghui yuánchù 読み終わったら元の場所へ戻しておいてください.

【在場】zàichǎng 動 現場にいる. その場に居合わせる. ‖ 事件发生时，老李~ shìjiàn fāshēng shí, Lǎo-Lǐ zàichǎng 事件が起こったとき李さんはその場に居合わせた.

そのほか　⇒【ほか（そのほか）】

そば

▶附近　▶跟前　▶近旁　▶旁　▶旁边
▶身边　▶手边　▶手头

★【附近】fùjìn 名 付近. 近辺. ‖ 他家就在~ tā jiā jiù zài fùjìn 彼の家はすぐそばだ. ｜ 学校~有一家电影院 xuéxiào fùjìn

yǒu yì jiā diànyǐngyuàn 学校の近くに映画館がある.

**【跟前】gēnqián（~儿）名 すぐ前. そば. ‖ 房子~有棵树 fángzi gēnqián yǒu kē shù 家の前に木が1本ある.

【近旁】jìnpáng 名 近辺. そば. ‖ 我住在公园的~ wǒ zhùzài gōngyuán de jìnpáng 私は公園のそばに住んでいる.

**【旁】páng 名 そば. 傍ら. はた. ‖ 街道两~ jiēdào liǎngpáng 通りの両側. ｜ 不要站在汽车~ búyào zhànzài qìchēpáng 車のそばに立ってはいけない. ｜ 把椅子放在桌子~ bǎ yǐzi fàngzài zhuōzipáng 椅子をテーブルのそばに置く.

★【旁边】pángbiān（~儿）名 そば. 傍ら. わき. はた. ‖ 你先在~看着我怎么做! nǐ xiān zài pángbiān kànzhe wǒ zěnme zuò! 私がどうやるか，まずそばで見ていなさい. ｜ 马路~停着许多小汽车 mǎlù pángbiān tíngzhe xǔduō xiǎoqìchē 道路わきに乗用車がたくさん止まっている. ｜ 米店的~是一家水果店 mǐdiàn de pángbiān shì yì jiā shuǐguǒdiàn 米屋の隣は果物屋だ.

**【身边】shēnbiān 名 ❶身の回り. ‖ ~需要有人照顾 shēnbiān xūyào yǒu rén zhàogù そばで世話をする人が必要である. ｜ 孩子们围在老师~ háizimen wéizài lǎoshī shēnbiān 子供たちが先生の周りを取り囲んでいる. ❷手元. ‖ 他~常带着本词典 tā shēnbiān cháng dàizhe běn cídiǎn 彼はいつも辞書を肌身離さず持ち歩いている.

【手边】shǒubiān（~儿）名 手元. 手近. ‖ 钥匙就在~ yàoshi jiù zài shǒubiān カギは手元にあります. ｜ 把经常用的辞典放在~ bǎ jīngcháng yòng de cídiǎn fàngzài shǒubiān 日頃よく使う辞書はそばに置いてある.

【手头】shǒutóu（~儿）名 手元. 身の回り. ‖ ~儿没有零钱 shǒutóur méiyou língqián 手元に小銭を持っていません.｜我～儿没有那本书 wǒ shǒutóur méiyou nà běn shū 私のところにはその本はない.

そぼく　素朴

▶淳朴　▶単純　▶朴素　▶素朴　▶质朴

【淳朴】chúnpǔ 形 純朴である. 素直で飾り気がない. "纯朴"とも書く.‖语言～ yǔyán chúnpǔ 言葉に飾り気がない.｜～的农民 chúnpǔ de nóngmín 純朴な農民.

*　**【单纯】**dānchún 形 単純である. 簡単である. ⇔"复杂"fùzá‖思想～ sīxiǎng dānchún 考えが単純だ.｜～的小姑娘 dānchún de xiǎogūniang 純真な女の子.｜～的疑问 dānchún de yíwèn 素朴な疑問.

**　**　**【朴素】**pǔsù 形 ❶(身なりなどが)質素である. 飾り気がない.‖她总是穿得很～ tā zǒngshì chuānde hěn pǔsù 彼女はいつも質素な身なりをしている. ❷質実である. 実直である. 素朴である.‖～的语言 pǔsù de yǔyán 飾り気のない言葉.｜～的风格 pǔsù de fēnggé 素朴なスタイル.

【素朴】sùpǔ 形 素朴である. 質素である.‖穿着～ chuānzhuó sùpǔ 身なりが質素である.

【质朴】zhìpǔ 形 質朴である. 飾り気がない. 素朴である.‖语言～ yǔyán zhìpǔ 言葉が素朴である.｜天性～ tiānxìng zhìpǔ 朴訥(ぼくとつ)な人柄.

（－して）それから

▶后来　▶其次　▶然后　▶以后　▶再
▶之后

**　**　**【后来】**hòulái 名 その後. それから. ⇔"起先"qǐxiān‖一开始两人还通信，～

就失去了联系 yì kāishǐ liǎng rén hái tōngxìn, hòulái jiù shīqùle liánxì 最初二人は手紙のやりとりをしていたが，やがて連絡が途絶えてしまった.

**　**　**【其次】**qícì 代 ❶その次. 2番目.‖先请他讲，～就是你 xiān qǐng tā jiǎng, qícì jiù shì nǐ まず彼に話してもらって，その次が君だ. ❷二の次. 副次.‖首先是内容，～才是形式 shǒuxiān shì nèiróng, qícì cái shì xíngshì まず内容が大切で，形式はそれからのことである.

★ **【然后】**ránhòu 接 それから. そのうえで.‖先看看材料，～才能决定 xiān kànkan cáiliào, ránhòu cái néng juédìng まず資料を見なければ決定できない.｜先洗个澡，～再吃饭 xiān xǐ ge zǎo, ránhòu zài chīfàn 先に風呂に入ってから食事にする.

★ **【以后】**yǐhòu 名 今後. その後. …以後.‖人到齐了～就开会 rén dàoqíle yǐhòu jiù kāihuì 人が揃ったらすぐ会議を開く.｜两年前见过面，～就再也没有联系了 liǎng nián qián jiànguo miàn, yǐhòu jiù zài yě méiyou liánxì le 2年前に会ったきりで，その後はまったく連絡がなくなった.

★ **【再】**zài 副 (ある動作の後に行われることを表す)…してから. …したうえで. それから.‖先吃了饭～说吧 xiān chīle fàn zài shuō ba まずは飯を食べてからにしよう.｜做完功课～看电视 zuòwán gōngkè zài kàn diànshì 勉強が済んでからテレビを見る.

**　**　**【之后】**zhīhòu 名 …の後. その後.‖经过这次比赛～，他比过去更努力了 jīngguò zhè cì bǐsài zhīhòu, tā bǐ guòqù gèng nǔlì le 今回の試合の後，彼は以前にも増して努力するようになった.

それぞれ　⇒【別々】

―それに―

▶而且 ▶还有 ▶加上 ▶另外 ▶以及

★【而且】 érqiě 圜 かつ. しかも. さらに. (多く"不但" bùdàn "不仅" bùjǐn などと呼応する)‖歌声优美～动听 gēshēng yōuměi érqiě dòngtīng 歌声は美しいうえに聞く者を感動させる.｜这种计算机不但功能多, ～操作简便 zhè zhǒng jìsuànjī búdàn gōngnéng duō, érqiě cāozuò jiǎnbiàn このコンピューターは多機能というだけでなく, 操作は簡単だ.｜他不仅是优秀教师, ～还是个业余作家 tā bùjǐn shì yōuxiù jiàoshī, érqiě hái shì ge yèyú zuòjiā 彼は優れた教師であるばかりか, アマチュアの作家でもある.

【还有】 háiyǒu 圜 それから. それに. あと.‖你去把这些资料交给他, ～, 把开会的时间和地点也告诉他 nǐ qù bǎ zhèxiē zīliào jiāogěi tā, háiyǒu, bǎ kāihuì de shíjiān hé dìdiǎn yě gàosu tā この資料を彼に渡してください, それから会議の時間と場所も伝えてください.

【加上】 jiāshàng 圜 (…に)加えて. さらに. おまけに.‖天黑, 又～下雨, 路上要小心 tiān hēi, yòu jiāshàng xiàyǔ, lùshang yào xiǎoxīn あたりは暗いし雨も降っているから, 足元に気をつけてください.｜她身体本来就弱, ～连日劳累, 病倒了 tā shēntǐ běnlái jiù ruò, jiāshàng liánrì láolèi, bìngdǎo le 彼女はもともと体が弱く, そのうえに連日の過労が重なり, 倒れてしまった.

★★【另外】 lìngwài 圜 それから. そのほか. 別に.‖同学们都来了, ～小张的女朋友也来了 tóngxuémen dōu lái le, lìngwài Xiǎo-Zhāng de nǚpéngyou yě lái le 同級生が全員来たほかに, 張さんのガールフレンドも来た.｜这个餐厅的菜既好吃又便宜, ～服务态度也好 zhège cāntīng

de cài jì hǎochī yòu piányi, lìngwài fúwù tàidu yě hǎo このレストランの料理はうまいし安いし, そのうえ接客態度もよい.

★★【以及】 yǐjí 圜 および. ならびに. また.‖本店出售电视机、录像机、电冰箱～其他各种家用电器 běn diàn chūshòu diànshìjī、lùxiàngjī、diànbīngxiāng yǐ jí qítā gè zhǒng jiāyòng diànqì 当店ではテレビ・ビデオ・冷蔵庫および各種の家電製品を販売しています.｜去不去, ～哪天去, 全由你自己决定 qù bu qù, yǐjí nǎ tiān qù, quán yóu nǐ zìjǐ juédìng 行くか行かないか, また何日に行くかは, すべてあなた自身が決めることだ.

そろう 揃う

▶划一 ▶齐 ▶统一 ▶相同 ▶一致 ▶整齐

【划一】 huàyī 圏 画一的である. 一様である.‖价格～ jiàgé huàyī 価格が揃っている.

★★【齐】 qí 圏 (形や大きさなどが)揃っている. 整然としている.‖高低不～ gāodī bù qí 高さが揃っていない.｜苗长得很～ miáo zhǎngde hěn qí 苗が生え揃った.｜把椅子摆～ bǎ yǐzi bǎiqí 椅子をきちんと並べる.

【统一】 tǒngyī 圏 統一的な. 全体的な. 一つにまとまっている.‖大家的意见不～ dàjiā de yìjian bù tǒngyī みなの考えが一致していない.

★★【相同】 xiāngtóng 圏 同じである. 共通している.‖两人的看法基本上是～的 liǎng rén de kànfǎ jīběnshang shì xiāngtóng de 二人の見方は基本的に同じである.

★★【一致】 yízhì 圏 一致している.‖步调不～ bùdiào bù yízhì 歩調が揃わない.｜～通过 yízhì tōngguò 満場一致で通過す

そろそろ

る.｜〜的看法 yīzhì de kànfǎ 一致した見方.｜〜反对 yīzhì fǎnduì 揃って反対する.

★【整齐】 zhěngqí 形 きちんとしている. 整っている. 揃っている. ‖服饰〜 fúshì zhěngqí 服装がきちんとしている.｜书摆得很〜 shū bǎide hěn zhěngqí 本が整然と並んでいる.｜冬青树修剪得整整齐齐 dōngqīngshù xiūjiǎnde zhěngzhěngqíqí ナナミノキがきちんと刈り込まれている.

そろえる　（必要なものを）揃える

▶备齐　▶凑　▶凑齐　▶凑数　▶齐
▶齐备　▶齐全

【备齐】 bèiqí 動 準備し終える. ‖菜〜了 cài bèiqí le 料理の準備はできた.｜文件还没有〜 wénjiàn hái méiyou bèiqí 書類はまだ揃っていない.

*【凑】 còu 動 集める. 揃える. ‖〜人数 còu rénshù 頭数を揃える.｜大家〜在一起 dàjiā còuzài yìqǐ みんなが一ヵ所に集まる.｜东拼西〜 dōng pīn xī còu あちこちからかき集める.

【凑齐】 còu//qí 動 集める. 揃える. ‖人数〜了吗 rénshù còuqí le ma？ 頭数が揃いましたか？｜一下子很难〜这么多钱 yíxiàzi hěn nán còuqí zhème duō qián いっぺんにこんなにたくさんのお金を集めるなんて無理だ.

【凑数】 còu//shù （〜儿） 動 頭数を揃える. 数を合わせる. ‖缺人的话，我去凑个数吧 quē rén dehuà, wǒ qù còu ge shù ba 人が足りなければ，私が入って頭数を揃えよう.

**【齐】 qí 形 （必要なものが）揃っている. 完備している. ‖人〜了就开会 rén qíle jiù kāihuì 全員揃ったら会議を始める.｜该准备的都备〜了 gāi zhǔnbèi de dōu zhǔnbèiqí le 準備すべきものはすべて整った.

【齐备】 qíbèi 形 すべて揃っている. 完備している. ‖女儿的嫁妆早都置办〜了 nǚ'ér de jiàzhuang zǎo dōu zhìbàn qíbèi le 娘の嫁入り道具はとっくに買い揃えてある.｜只要材料一〜，我们马上就动工 zhǐyào cáiliào yì qíbèi, wǒmen mǎshàng jiù dònggōng 資材が揃いさえすれば，我々はすぐに工事を始める.

*【齐全】 qíquán 形 すべて揃っている. 完備している. ‖商品的花色很〜 shāngpǐn de huāsè hěn qíquán 商品の種類がよく取り揃えてある.｜设备〜 shèbèi qíquán 設備が完備している.

そろそろ

▶渐渐　▶慢慢儿　▶徐徐　▶逐渐

**【渐渐】 jiànjiàn 副 しだいに. 徐々に. だんだん. ‖天色〜暗下来 tiānsè jiànjiàn de ànxialai 空がしだいに暮れてきた.｜人们〜地把这件事忘了 rénmen jiànjiàn de bǎ zhè jiàn shì wàng le 人々はしだいにこの事を忘れていった.

【慢慢儿】 mànmānr 副 ゆっくりと. だんだん. ‖路上滑，〜走 lùshang huá, mànmānr zǒu 道が滑るので，ゆっくり行こう.｜船〜地离岸了 chuán mànmānr de lí àn le 船がゆっくりと岸を離れて行った.

*【徐徐】 xúxú 副 書 おもむろに. ゆっくりと. ‖在国歌声中，五星红旗〜升起 zài guógē shēng zhōng, wǔxīng hóngqí xúxú shēngqi 国歌が演奏されるなか，五星紅旗がゆっくりと上がってゆく.｜渡轮〜靠岸 dùlún xúxú kào'àn フェリーボートがゆっくりと着岸する.

**【逐渐】 zhújiàn 副 しだいに. だんだんと. ‖〜减少 zhújiàn jiǎnshǎo しだいに

そん　損

減少する．｜天气~热了 tiānqì zhújiàn rè
le だんだん暑くなってきた．

そん　損

▶不合算　▶吃亏　▶亏　▶亏本　▶亏损
▶赔　▶赔本　赔钱　▶损失

【不合算】bù hésuàn 組 引き合わない．‖
这生意~ zhè shēngyi bù hésuàn この商売
は引き合わない．

*【吃亏】chī//kuī 動 損をする．ひどい目
に遭う．‖这笔生意~了 zhè bǐ shēngyi
chīkuī le この取引で損をした．｜吃了粗
心大意的亏 chīle cū xīn dà yì de kuī 不注
意で損をしてしまった．

*【亏】kuī 動 損する．‖扭~为盈 niǔkuī
wéi yíng 赤字を黒字に転じる．｜这笔买
卖~了 zhè bǐ mǎimai kuī le この取引は
損をした．｜这件衣服买~了 zhè jiàn yīfu
mǎikuī le この服は買って損した．

【亏本】kuī//běn (~儿) 動 元手をすり減
らす．欠損を出す．‖不做~的买卖 bú
zuò kuīběn de mǎimai 損をする商売はし
ない．

*【亏损】kuīsǔn 動 損失を出す．欠損を生
じる．‖因管理不善造成严重~ yīn guǎn-
lǐ búshàn zàochéng yánzhòng kuīsǔn 管理が
悪く深刻な欠損を生じた．

**【赔】péi 動 (商売で)損をする．欠損す
る．⇔"赚"zhuàn‖这笔生意不~不赚
zhè bǐ shēngyi bù péi bú zhuàn この商売は
損もしなければ儲かりもしない．｜去年
~了 qùnián péi le 去年は赤字だった．

【赔本】péi//běn (~儿) 動 損をする．欠
損が出る．‖这笔生意赔不了本儿 zhè bǐ
shēngyi péibuliǎo běnr この商売は損をす
ることがない．｜连本儿都赔光了 lián
běnr dōu péiguāng le 元手まですっかりな
くしてしまった．｜这可是~的买卖 zhè
kě shì péiběn de mǎimai それこそ赤字の

商売だ．

【赔钱】péi//qián 動 (金銭の)損をする．
‖赔进去不少钱 péijinqu bùshǎo qián ず
いぶん金を損した．｜听我的话，准赔
不了钱 tīng wǒ de huà, zhǔn péibuliǎo qián
私の言うとおりにすれば，決して損は
しないよ．

**【损失】sǔnshī 動 損をする．損失をこう
むる．‖~了很多资金 sǔnshīle hěn duō zī-
jīn 多くの資金を失った．

た

だい 題 (表題)

▶標題 ▶副題 ▶名字 ▶书名 ▶題
▶題名 ▶題目

*【标题】biāotí 図 表題. タイトル. 見出し. ‖ 醒目的～ xǐngmù de biāotí 目を引くタイトル. ｜画的～ huà de biāotí 絵の題名. ｜副～ fùbiāotí サブタイトル. ｜给这条通讯配上～ gěi zhè tiáo tōngxùn pèishang biāotí このニュースに見出しを付ける.

【副题】fùtí 図 副題. サブタイトル. "副标题"fùbiāotí ともいう.

*★【名字】míngzi 図 事物の名. 名称. ‖ 你说的那本书叫什么～? nǐ shuō de nà běn shū jiào shénme míngzi? あなたの言ったあの本はなんという本ですか. ｜电影的～ diànyǐng de míngzi 映画の題名.

【书名】shūmíng 図 書名. 本の題名. 小説の題名.

**【题】tí 図 題. 題名. 題目. ‖ 切～ qiètí 題目に合っている. ｜文不对～ wén búduì tí 文章の内容が題と合っていない.

【题名】tímíng 図 題名. ‖ 论文～ lùnwén tímíng 論文の題名. ｜小说的～ xiǎoshuō de tímíng 小説の題名.

**【题目】tímù 図 題目. 表題. テーマ. ‖ 文章的～ wénzhāng de tímù 文章のテーマ.

たいして (－に) 対して

▶对 ▶对于 ▶关于

*★【对】duì 介 ❶…に向かって. …へ. …に. ‖ ～他表示谢意 duì tā biǎoshì xièyì 彼に対して謝意を表す. ｜小李～我笑了笑 Xiǎo-Lǐ duì wǒ xiàolexiào 李君は私に向かって笑いかけた. ❷…にとって. …について. ‖ 吸烟～身体不好 xīyān duì shēntǐ bù hǎo 喫煙は体によくない. ｜你的话，～我很有启发 nǐ de huà, duì wǒ hěn yǒu qǐfā あなたの話は，私にとって教えられるところが多い. ｜大家～这事儿很不满 dàjiā duì zhè shìr hěn bùmǎn みんなはこの件についてとても不満に思っている. ｜我～这里的情况不大熟悉 wǒ duì zhèli de qíngkuàng búdà shúxi 私はここの状況にあまり詳しくありません.

**【对于】duìyú 介 …に対して. …について. …に関して. ‖ ～他的情况，我了解得不多 duìyú tā de qíngkuàng, wǒ liǎojiě de bù duō 彼の事情について，私はあまり知らない. ｜～成绩不好的同学，我们应该尽力帮助他们 duìyú chéngjì bù hǎo de tóngxué, wǒmen yīnggāi jìnlì bāngzhù tāmen 成績のよくない友だちを，僕たちは精一杯応援すべきだ. ｜这样做～解决问题没有一点儿好处 zhèyàng zuò duìyú jiějué wèntí méiyou yìdiǎnr hǎochù このようにやっても問題の解決に少しも益するところはない.

**【关于】guānyú 介 ❶…に関して. …について. ‖ ～这个问题，我们以后再谈 guānyú zhège wèntí, wǒmen yǐhòu zài tán この件については後日また話し合おう. ❷…に関する. …についての. ‖ 他发表过一些～中国古代史方面的文章 tā fābiǎoguo yìxiē guānyú Zhōngguó gǔdàishǐ fāngmiàn de wénzhāng 彼は中国古代史に関する文章を発表したことがある.

たいせつ 大切

▶爱惜 ▶宝贵 ▶保重 ▶贵重 ▶要紧
▶珍爱 ▶珍贵 ▶珍惜 ▶重要

だいたい

*【愛惜】àixī 動 惜しむ．大切にし，無駄にしない．‖～身体 àixī shēntǐ 体を大切にする．｜～身体 àixī shēntǐ 体を大切にする．｜人才 àixī réncái 人材を重用する．

**【宝貴】bǎoguì 形 非常に得がたく大切である．貴重である．‖～经验 bǎoguì jīngyàn 貴重な経験．｜这本书比什么都～ zhè běn shū bǐ shénme dōu bǎoguì. この本は何よりも大切だ．

*【保重】bǎozhòng 動 自愛する．体を大切にする．‖请多多～ qǐng duōduō bǎozhòng くれぐれもお大事に．｜请您～身体 qǐng nín bǎozhòng shēntǐ どうかお大事に．どうぞご自愛ください．

*【貴重】guìzhòng 形 貴重である．‖～物品请交服务台保管 guìzhòng wùpǐn qǐng jiāo fúwùtái bǎoguǎn 貴重品は受付に預けてください．｜他把情义看得比金子还～ tā bǎ qíngyì kànde bǐ jīnzi hái guìzhòng 彼は義理人情を金よりも大切に思っている．

**【要緊】yàojǐn 形 重要である．大事である．肝要である．‖我有～的事找他 wǒ yǒu yàojǐn de shì zhǎo tā 私は彼に大事な用があるのでお会いしたい．｜治病～，别的先放一放 zhìbìng yàojǐn, bié de xiān fàngyifàng 病気を治すことが肝要だから，他のことはとりあえず放っておきなさい．

【珍愛】zhēn'ài 動 大切にする．大事にする．‖～生活 zhēn'ài shēnghuó 生活を大切にする．｜他非常～这套邮票 tā fēicháng zhēn'ài zhè tào yóupiào 彼はこの一組の切手を宝物のように大事にしている．

*【珍貴】zhēnguì 形 珍しくて貴重である．大切である．‖～的历史资料 zhēnguì de lìshǐ zīliào 貴重な歴史資料．｜～的纪念品 zhēnguì de jìniànpǐn 貴重な記念品．｜友谊比金钱更～ yǒuyì bǐ jīnqián gèng zhēnguì 友情はお金よりもっと大切だ．

*【珍惜】zhēnxī 動 大切にする．‖不～东西 bù zhēnxī dōngxi 物を粗末にする．｜～这个难得的机会 zhēnxī zhège nándé de jīhuì この得がたいチャンスを大切にする．｜我们之间的感情 zhēnxī wǒmen zhī jiān de gǎnqíng 私たちの間の感情を大切にする．

★【重要】zhòngyào 形 重要である．大事である．‖这次会议很～ zhè cì huìyì hěn zhòngyào 今回の会議はたいへん重要だ．｜我忘了说一件非常～的事 wǒ wàngle shuō yí jiàn fēicháng zhòngyào de shì 私はとても大切なことを言い忘れた．

だいたい

▶差不多　▶大概　▶大略　▶大体　▶大约
▶大致　▶约　▶约莫

**【差不多】chàbuduō 形 どうにか満足できる．だいたいよい．まあまあである．‖这样说还～ zhèyàng shuō hái chàbuduō そういうことならまあよかろう．｜他准备得～了 tā zhǔnbèide chàbuduō le 彼はだいたい準備できた．副 だいたい．ほぼ．およそ．‖～有二百人 chàbuduō yǒu èrbǎi rén だいたい200人いる．｜～用了四个小时 chàbuduō yòngle sì ge xiǎoshí ほぼ4時間を要した．｜学过的公式我～都忘光了 xuéguo de gōngshì wǒ chàbuduō dōu wàngguāng le 習った公式などだいたい忘れてしまった．

★【大概】dàgài 名 概略．大筋．‖他讲了三遍，我才听出个～来 tā jiǎngle sān biàn, wǒ cái tīngchu ge dàgài lai 彼に3遍も話をしてもらい，やっとだいたいの事が分かってきた．形 だいたいの．おおよその．‖～的数字 dàgài de shùzì おおよその数字．｜～的意思 dàgài de yìsi だいたいの意味．｜他讲了一下～的情况 tā jiǎngle yíxià dàgài de qíngkuàng 彼はだい

408

たいの状況を話した.

【大略】dàlüè 副 だいたい. おおよそ. おおまかに. ‖ 把情况～介绍一下 bǎ qíngkuàng dàlüè jièshào yíxià 状況をかいつまんで紹介する. │～估计一下 dàlüè gūjì yíxià おおまかに見積もってみる.

*【大体】dàtǐ 副 だいたい. おおむね. ‖ 我们的意见～一致 wǒmen de yìjian dàtǐ yízhì 我々の意見はだいたい一致している. │ 这儿的情况我～上了解了 zhèr de qíngkuàng wǒ dàtǐshang liǎojiě le ここの様子はだいたい分かった.

**【大约】dàyuē 副 約. およそ. だいたい. (概数を表す)‖ 用了～两小时 yòngle dàyuē liǎng xiǎoshí およそ2時間かかった. │～来了二十八个人 dàyuē láile èrshijǐ ge rén 二十数人来た.

*【大致】dàzhì 副 おおむね. おおかた. だいたい. ‖ 他们的年龄～相仿 tāmen de niánlíng dàzhì xiāngfǎng 彼らの年齢はまあ同じだ. │ 这架飞机～在十点左右到达北京吧 zhè jià fēijī dàzhì zài shí diǎn zuǒyòu dàodá Běijīng ba この飛行機はだいたい10時ごろ北京に着くでしょう.

**【约】yuē 副 約. ほぼ. だいたい. ‖ 两地相距～十公里 liǎng dì xiāngjù yuē shí gōnglǐ 二つの場所はだいたい10キロ離れている. │出席会议的～有二十人 chūxí huìyì de yuē yǒu èrshí rén 会議に出席したのは約20名である.

【约莫】【约摸】yuēmo 副 だいたい. ほぼ. ざっと. ‖ ～等了十分钟左右 yuēmo děngle shí fēnzhōng zuǒyòu およそ10分ばかり待った. │会场里～有二三十人 huìchǎng li yuēmo yǒu èr sānshí rén 会場にはざっと2, 30人いる.

たいど 態度

▶表现 ▶举动 ▶举止 ▶神色 ▶神态
▶态度 ▶样 ▶样子

★【表现】biǎoxiàn 名 態度. 表れ. ‖ 他在学校的～很好 tā zài xuéxiào de biǎoxiàn hěn hǎo 彼は学校では態度がとてもよい.

*【举动】jǔdòng 名 挙動. 立ち居ふるまい. ‖ ～迟缓 jǔdòng chíhuǎn 動作がのろい. │ 监视着敌人的～ jiānshìzhe dírén de jǔdòng 敵の行動を監視する. │ 做出颇有深意的～ zuòchu pō yǒu shēnyì de jǔdòng 意味ありげな素振りをする.

【举止】jǔzhǐ 名 挙止. 動作. 物腰. ‖ ～大方 jǔzhǐ dàfang 立ち居ふるまいがゆったりとおおらかである. │～得体 jǔzhǐ détǐ 言動が適切である. │～轻率 jǔzhǐ qīngshuài 言動が軽率だ. │言谈～ yántán jǔzhǐ 言行. 物言いと態度.

【神色】shénsè 名 面持ち. 様子. 態度. ‖ ～坦然 shénsè tǎnrán 平然とした表情をしている. │～慌张 shénsè huāngzhang 慌てふためいている. │他～有些不对 tā shénsè yǒuxiē búduì 彼の態度がいつもと違う.

*【神态】shéntài 名 表情・態度. 様子. ‖ ～安详 shéntài ānxiáng 物腰が落ち着いている. │～自若 shéntài zìruò 泰然自若としている. │一副顽皮的～ yí fù wánpí de shéntài 腕白そうな表情.

★【态度】tàidu；tàidù 名 ❶身ぶり. 物腰. 態度. ‖ ～和蔼可亲 tàidu hé'ǎi kěqīn 物腰が柔らかく親しみやすい. │耍～ shuǎ tàidu かんしゃくを起こす. 当たり散らす. ❷立場. 態度. ‖ ～鲜明 tàidu xiānmíng 態度がはっきりしている. │表明～ biǎomíng tàidu 立場を明らかにする. │采取慎重的～ cǎiqǔ shènzhòng de tàidu 慎重な態度をとる. │端正学习～ duānzhèng xuéxí tàidu 学習態度を正す.

**【样】yàng 名 (人の)様子. 見た目. 表情. ‖ 他的～一点儿也没变 tā de yàng yìdiǎnr yě méi biàn 彼の外見はぜんぜん変わっていない. │瞧他那副傲慢～ qiáo tā nà fù àomàn yàng 彼のあの高慢な態度を

たいへん

見てごらん.

★【样子】yàngzi 图 表情. 身振り. 様子. (感情の表れた顔や体全体をいう) ‖ 脸上显出生气的～ liǎn shang xiǎnchu shēngqì de yàngzi 顔に怒りの表情が現れる. | 高高兴兴的～ gāogāoxìngxìng de yàngzi 嬉しそうな顔(様子). | 看她那个高兴的～, 一定是非常中意的了 kàn tā nàge gāoxìng de yàngzi, yídìng shì fēicháng zhòngyì de le 彼女のあの喜びようを見ると, きっととても気に入ったんだ.

たいへん

▶大 ▶顶 ▶非常 ▶很 ▶太 ▶最

★【大】dà 副 大いに. たいへん. ‖ ～吃～喝 dà chī dà hē 大いに飲み食いする. | ～干一场 dà gàn yì cháng 大いに腕をふるう. 大いに活躍する. | 天已经～亮了 tiān yǐjīng dà liàng le 空はすっかり明るくなった.

**【顶】dǐng 副 最も. いちばん. きわめて. ‖ 这个菜～好吃 zhège cài dǐng hǎochī この料理はすごくおいしい.

★【非常】fēicháng 副 非常に. とても. ひどく. ‖ 天气～好 tiānqì fēicháng hǎo 天気がたいへんよい. | ～感谢你们! fēicháng gǎnxiè nǐmen! みなさん, ありがとうございました. | ～抱歉 fēicháng bàoqiàn たいへん申し訳ございません. | 他～会说话 tā fēicháng huì shuōhuà 彼は話がとてもうまい.

★【很】hěn 副 程度が高いことを表す. ❶ たいへん. ずいぶん. とても. 非常に. ‖ 他是个～聪明的孩子 tā shì ge hěn cōngming de háizi あの子はたいへん賢い子供だ. | 我～了解他的脾气 wǒ hěn liǎojiě tā de píqi 私は彼の気性をよく知っている. | 她～会买东西 tā hěn huì mǎi dōngxi 彼女はとても買い物上手だ. | ～受欢迎 hěn shòu huānyíng たいへん人気がある. ❷("…得很" …de hěn の形で)たいへん. ずいぶん. とても. 非常に. ‖ 最近忙得～ zuìjìn mángde hěn このところ非常に忙しい. | 今天街上热闹得～ jīntiān jiē shang rènaode hěn きょう町はとても賑やかだ.

★【太】tài 副 (程度が著しく高いことを表し, 多く感嘆に用いる)たいへん. きわめて. ‖ ～美了 tài měi le たいへん美しい. | 这办法～好了 zhè bànfǎ tài hǎo le この方法は実にすばらしい. | ～感谢你了 tài gǎnxiè nǐ le たいへん感謝いたします.

★【最】zuì 副 最も. いちばん. ‖ 他的成绩～好 tā de chéngjì zuì hǎo 彼の成績はいちばんよい. | 他跑得～快 tā pǎode zuì kuài 彼は足がいちばん速い. | ～受欢迎的歌星 zuì shòu huānyíng de gēxīng 最も人気のある歌手.

たいへん 大変 (普通ではない)

▶不得了 ▶了不得 ▶严重 ▶糟 ▶糟糕 ▶重大

**【不得了】bùdéliǎo 形 大変だ. 一大事だ. ‖ 这可～ zhè kě bùdéliǎo これは大変だ. | 真～, 他怎么能干这种事 zhēn bùdéliǎo, tā zěnme néng gàn zhè zhǒng shì なんてことだ, 彼はどうしてこんな事をしでかしたのか.

【了不得】liǎobude;liǎobudé 形 大変である. 大事である. ‖ 可～啦, 老王晕倒了 kě liǎobude la, Lǎo-Wáng yūndǎo le 大変だ, 王さんが気絶した. | 这么不小心, 出了事故可～ zhème bù xiǎoxīn, chūle shìgù kě liǎobude そんなに不注意では, 事故でも起こしたら大変なことになるぞ.

**【严重】yánzhòng 形 重大である. 厳しい. ‖ 问题～ wèntí yánzhòng 問題が深刻

410

である.｜病情～ bìngqíng yánzhòng 病状が重い.｜计划受到～干扰 jìhuà shòudào yánzhòng gānrǎo 計画は重大な影響を受けた.

* **【糟】zāo** 形 (状況や状態が)ひどい. 悪い.‖～了, 钥匙落在家里了 zāo le, yàoshi làzài jiā li le 大変だ, 鍵を家に置き忘れた.｜这次考试考～了 zhè cì kǎoshì kǎozāo le こんどの試験はうまくいかなかった.

** **【糟糕】zāogāo** 形 (状況や状態が)だめである. ひどい.‖真～, 钱包忘带了 zhēn zāogāo, qiánbāo wàngdài le 大変だ, 財布を持ってくるのを忘れた.｜那儿的设备～透了 nàr de shèbèi zāogāotòu le あそこの設備はひどい.

** **【重大】zhòngdà** 形 重大である.‖～损失 zhòngdà sǔnshī 重大な損失.｜造成～事故 zàochéng zhòngdà shìgù 大変な事故になった.｜责任～ zérèn zhòngdà 責任が重大である.

たいめん　体面　⇒【メンツ】

たいりょう　大量
▶成批　▶大量　▶大批

【成批】chéngpī 形 大口の. 大量の. 多数の.‖～的货物 chéngpī de huòwù 大量の品物.｜～生产 chéngpī shēngchǎn 大量生産.｜～出售 chéngpī chūshòu まとめて売り出す.

** **【大量】dàliàng** 形 大量の. 多量の.‖～进口石油 dàliàng jìnkǒu shíyóu 石油を大量に輸入する.｜～地繁殖 dàliàng de fánzhí 大量に繁殖させる.｜编辑部每天收到～的读者来信 biānjíbù měitiān shōudào dàliàng de dúzhě láixìn 編集部は毎日たくさんの読者からの手紙を受け取る.｜投

入～资金 tóurù dàliàng zījīn 大量の資金を注ぎ込む.

* **【大批】dàpī** 形 大口の. 大量の. 多数の. たくさんの.‖～订货 dàpī dìnghuò 大口の注文.｜救援物资～运往灾区 jiùyuán wùzī dàpī yùnwǎng zāiqū 救援物資が大量に被災地に運ばれていく.｜培养了～人材 péiyǎngle dàpī réncái 多くの人材を育てた.

たえず　絶えず
▶不断　▶不停　▶常　▶常常　▶经常
▶连续　▶无时无刻　▶无休止

** **【不断】bùduàn** 副 絶えず. しきりに.‖～进步 búduàn jìnbù 絶え間なく進歩する.｜～加强管理 búduàn jiāqiáng guǎnlǐ 絶えず管理を強化する.｜他一边听, 一边～地点头 tā yìbiān tīng, yìbiān búduàn de diǎntóu 彼は話を聞きながらしきりにうなずいていた.

* **【不停】bùtíng** 副 止まることなく. 絶えず. ひっきりなしに.‖～地耳鸣 bùtíng de ěrmíng 絶えず耳鳴がする.｜雨～地下着 yǔ bùtíng de xiàzhe 雨が絶え間なく降る.｜他～地来回走动 tā bùtíng de láihuí zǒudòng 彼はしきりに行ったり来たりしている.

★ **【常】cháng** 副 よく. いつも. しばしば.‖这里～下雨 zhèli cháng xià yǔ ここはよく雨が降る.｜他们～在一起玩儿 tāmen cháng zài yìqǐ wánr 彼らはよく一緒に遊んでいる.｜他～来这儿闲聊 tā cháng lái zhèr xiánliáo 彼は絶えずここに来てはおしゃべりしている.｜这种事～有 zhè zhǒng shì cháng yǒu こういったことはよくあることだ.

★ **【常常】chángcháng** 副 よく. いつも.‖她～不在家 tā chángcháng bú zài jiā 彼女はしょっちゅう家にいない.｜～听到这

たえる 絶える

种说法 chángcháng tīngdào zhè zhǒng shuō-fa よくこうした言い方を聞く.｜以前他~来这儿, 但最近不常来了 yǐqián tā chángcháng lái zhèr, dàn zuìjìn bù cháng lái le 彼は以前は絶えず来ていたが, このところあまり来なくなった.

★【经常】jīngcháng 副 いつも. しょっちゅう. よく.‖ 他们家~听到孩子的笑声 tāmen jiā jīngcháng tīngdào háizi de xiàoshēng あの家は絶えず子供の笑い声がする.｜这趟火车~晚点 zhè tàng huǒchē jīngcháng wǎndiǎn この列車はよく遅れる.

**【连续】liánxù 動 連続する.‖ ~刮了好几天大风 liánxù guāle hǎojǐ tiān dàfēng 何日も続けて大風が吹いた.

【无时无刻】wú shí wú kè 成 いつでも. 絶え間なく. (多く "不" bù を伴う)‖ 海外游子们~不在关注着祖国的发展 hǎi-wài yóuzǐmen wú shí wú kè bú zài guānzhù-zhe zǔguó de fāzhǎn 海外にいる者は絶えず祖国の発展に関心を寄せている.

【无休止】wú xiūzhǐ 組 やむことがない. 絶え間ない.‖ ~的争吵 wú xiūzhǐ de zhēngchǎo 絶え間ない口論.

たえる 絶える

▶断　▶断绝　▶断气　▶断种　▶断子绝孙
▶灭　▶灭绝　▶灭种　▶停止　▶消失

**【断】duàn 動 とぎれる. 絶える. 切れる.‖ 关系~了 guānxi duàn le 関係が切れた.｜~了音信 duànle yīnxìn 音信が途絶えた.｜电话~了 diànhuà duàn le 電話が切れた.

*【断绝】duànjué 動 断絶する. 絶ち切る. 絶える.‖ ~联系 duànjué liánxì 関係を断ち切る.｜我跟她~了往来 wǒ gēn tā duànjúle wǎnglái 私は彼女との交際を断った.｜因为地震, 交通都~了 yīnwei dìzhèn, jiāotōng dōu duànjué le 地震で交

通が途绝えた.｜通讯~了 tōngxùn duàn-jué le 通信が途絶えた.

【断气】duàn//qì（~儿）動 息が絶える. 死ぬ.

【断种】duàn//zhǒng 動 種が絶える. 絶滅する.

【断子绝孙】duàn zǐ jué sūn 成 子孫が絶える.

*【灭】miè 動 消えてなくなる. 消滅する.‖ 消~ xiāomiè 消滅する.｜火~了 huǒ miè le 火が消えた.｜自生自~ zì shēng zì miè 自然に発生し, 自然に消滅する.

【灭绝】mièjué 動 すっかり消滅する. 絶滅する.‖ 恐龙在中生代末期就全部~了 kǒnglóng zài Zhōngshēngdài mòqī jiù quán-bù mièjué le 恐竜は中生代末期に絶滅した.

【灭种】mièzhǒng 動 種が絶滅する.‖ 稀有动物濒临~ xīyǒu dòngwù bīnlín miè-zhǒng 希少動物が絶滅の危機に瀕(ひん)している.

*【停止】tíngzhǐ 動 停止する. やめる. やむ.‖ ~前进 tíngzhǐ qiánjìn 前に進むのをやめる.｜心脏~了跳动 xīnzàng tíng-zhǐle tiàodòng 心臓が鼓動を停止した.｜歌声~了 gēshēng tíngzhǐ le 歌声がやんだ.

**【消失】xiāoshī 動 消える. 消失する.‖ 笑容从她脸上~了 xiàoróng cóng tā liǎn shang xiāoshī le 彼女の顔から笑みが消えた.

たえる 耐える (我慢する)

▶经受　▶克制　▶耐　▶忍　▶忍耐
▶忍受　▶容忍　▶受

---

*【经受】jīngshòu 動 (試練などを)受ける. 耐え忍ぶ.‖ ~了考验 jīngshòule kǎoyàn 試練に耐えた.｜~打击 jīngshòu dǎjī 打撃を受ける.

【克制】kèzhì 動 我慢する．(感情を)抑制する．‖尽量～自己 jǐnliàng kèzhì zìjǐ できるだけ自分を抑える．｜采取～的态度 cǎiqǔ kèzhì de tàidu 自制した態度をとる．

*【耐】nài 動 耐え忍ぶ．辛抱する．我慢する．こらえる．‖～不住寂寞 nàibuzhù jìmò 寂しさをこらえきれない．｜俗不可～ sú bù kě nài 俗っぽくて我慢ならない．

**【忍】rěn 動 忍ぶ．耐える．我慢する．こらえる．‖～不住 rěnbuzhù 耐えられない．我慢できない．｜他～着疼干下去 tā rěnzhe téng gànxiaqu 彼は痛みをこらえてやり続ける．｜这口气我实在～不下去 zhè kǒuqì wǒ shízài rěnbuxiàqu そういう言い方に私はどうしても我慢ならない．｜是可～，孰不可～? shì kě rěn, shú bù kě rěn? これが我慢できるのなら，いったい何が我慢できないというのか．

*【忍耐】rěnnài 動 忍耐する．辛抱する．‖～力 rěnnàilì 忍耐力．｜～着心头的怒火 rěnnàizhe xīntóu de nùhuǒ 心の怒りをこらえている．｜心里的不满已经～不住了 xīnli de bùmǎn yǐjīng rěnnàibuzhù le 心中不満でこれ以上我慢できなくなった．

*【忍受】rěnshòu 動 我慢する．辛抱する．‖～饥饿 rěnshòu jī'è 飢えを耐え忍ぶ．｜～痛苦 rěnshòu tòngkǔ 苦痛をこらえる．｜热得无法～ rède wúfǎ rěnshòu 暑くてとても耐えられない．｜～着巨大的压力 rěnshòuzhe jùdà de yālì 大きな压力に耐えている．

*【容忍】róngrěn 動 許す．我慢する．耐える．‖我们不能～这种现象存在 wǒmen bù néng róngrěn zhè zhǒng xiànxiàng cúnzài 我々はこのような現象が存在するのを許すわけにはいかない．｜他的态度令人难以～ tā de tàidu lìng rén nányǐ róngrěn 彼の態度はどうにも我慢できない．

**【受】shòu 動 我慢する．耐え忍ぶ．‖我头疼得～不了 wǒ tóuténgde shòubuliǎo 頭

が痛くてたまらない．｜真够～的 zhēn gòu shòu de まったくやりきれない．

たえる 耐える (持ちこたえる)

▶不堪 ▶承受 ▶经 ▶经得起 ▶经得住
▶耐 ▶支撑 ▶支持

*【不堪】bùkān 動 ❶…を持ちこたえられない．…に耐えられない．‖～一击 bùkān yì jī 一撃にも耐えられない．ひとたまりもない．｜～其苦 bùkān qí kǔ その苦しみに耐えられない．❷…するに忍びない．…するに堪えない．‖～入耳 bùkān rù'ěr 聞くに堪えない．

*【承受】chéngshòu 動 耐える．受け止める．‖～巨大的压力 chéngshòu jùdà de yālì 巨大な压力に耐える．｜～不了这么大的打击 chéngshòubuliǎo zhème dà de dǎjī こんなに大きな打撃には耐えられない．｜难以～的痛苦 nányǐ chéngshòu de tòngkǔ 耐えがたい苦痛．｜那么重的东西，这个架子恐怕～不住 nàme zhòng de dōngxi, zhège jiàzi kǒngpà chéngshòubuzhù あんなに重い物，この支えではおそらく持たない．

**【经】jīng 動 耐える．持ちこたえる．‖堤防～住了洪水的冲击 dīfáng jīngzhùle hóngshuǐ de chōngjī 堤防は洪水の波に耐えた．｜这椅子可～不住你这么晃荡 zhè yǐzi kě jīngbuzhù nǐ zhème huàngdang この椅子は君がそんなふうに揺らすと(耐えきれずに)壊れてしまう．｜从小娇生惯养，～不起风浪 cóngxiǎo jiāo shēng guàn yǎng, jīngbuqǐ fēnglàng 小さいころから甘やかされて育ったので，世間の荒波に耐えられない．

【经得起】jīngdeqǐ 動 耐えきれる．耐えられる．‖～考验 jīngdeqǐ kǎoyàn 試練に耐えられる．｜这点儿小事我～，放心吧 zhè diǎnr xiǎoshì wǒ jīngdeqǐ, fàngxīn ba

たおれる　倒れる

こんな事くらい私は大丈夫，安心してください．

【经得住】jīngdezhù 動 耐えていられる．‖这种建筑~地震吗? zhè zhǒng jiànzhù jīngdezhù dìzhèn ma? このような建物で地震に耐えられますか．｜~风吹雨打 jīngdezhù fēng chuī yǔ dǎ 風雨に耐えられる．

*【耐】nài 動 …に耐える．…に耐え得る．‖~脏 nàizāng 汚れに強い．｜~压 nàiyā 圧力に耐える．｜~高温 nài gāowēn 高温に耐える．耐熱性がある．

*【支撑】zhīchēng 動 持ちこたえる．こらえる．‖她感冒很厉害，但还是~着上学去了 tā gǎnmào hěn lìhai, dàn háishi zhīchēngzhe shàngxué qù le 彼女は風邪がひどかったが，それでも無理して学校へ行った．

**【支持】zhīchí 動 持ちこたえる．維持する．‖累得~不住了 lèide zhīchíbuzhù le 疲れてこらえきれなくなった．｜他的癌症已经到了晚期，看来~不了多久了 tā de áizhèng yǐjīng dàole wǎnqī, kànlai zhīchíbuliǎo duō jiǔ le 彼のがんはすでに末期で，見たところ長く持ちそうにない．

たおれる　倒れる

▶绊倒　▶倒　▶跌倒　▶跌跟头　▶摔
▶摔倒　▶摔跟头　▶塌　▶栽跟头

【绊倒】bàndǎo 動 つまずいて倒れる．足を引っかけて倒す．‖被树根~了 bèi shùgēn bàndǎo le 木の根っこにつまずいて転んだ．

★【倒】dǎo 動 倒れる．ひっくり返る．‖滑~ huádǎo 滑ってひっくり返る．｜房子~了 fángzi dǎo le 家が倒れた．｜花瓶~了 huāpíng dǎo le 花瓶がひっくり返った．｜台风把树刮~了 táifēng bǎ shù guādǎo le 台風で木が倒れた．｜眼跟前有人躺~

在地，把我吓了一跳 yǎn gēnqián yǒu rén tǎngdǎozài dì, bǎ wǒ xiàle yí tiào 目の前で人が倒れたので，びっくりした．

【跌倒】diēdǎo 動 つまずいて倒れる．転ぶ．‖走路不小心，~了 zǒulù bù xiǎoxīn, diēdǎo le ぼんやり歩いていたら転んでしまった．

【跌跟头】diē gēntou 組 もんどり打って倒れる．

**【摔】shuāi 動 (つまずいたり，滑ったりして)転ぶ．‖路太滑，小心别~着 lù tài huá, xiǎoxīn bié shuāizhe 道が滑るから，転ばないよう気をつけなさい．｜把腿~断了 bǎ tuǐ shuāiduàn le 転んで足の骨を折ってしまった．｜一个急刹车使乘客们~成一团 yí ge jíshāchē shǐ chéngkèmen shuāichéng yì tuán 急ブレーキに乗客は折り重なって倒れた．

*【摔倒】shuāi//dǎo 動 転げ倒れる．転倒する．‖跑着跑着~了 pǎozhe pǎozhe shuāidǎo le 走っているうちに転んでしまった．

*【摔跟头】shuāi gēntou 組 もんどり打って倒れる．転んで引っくり返る．‖摔了一个大跟头 shuāile yí ge dà gēntou もんどり打って転んだ．

*【塌】tā 動 倒れる．倒壊する．‖倒~ dǎotā (建物などが)倒れる．｜土墙~了 tǔqiáng tā le 土塀が倒れた．

【栽跟头】zāi gēntou 組 転ぶ．転倒する．‖那孩子跑得太快，一下子栽了个大跟头 nà háizi pǎode tài kuài, yíxiàzi zāile ge dà gēntou あの子はあんなに速く走って，案の定すってんころりと転んだ．

だが　⇒【しかし】

たがい　互い

たかい　（年齢が）高い

▶长寿　▶大　▶老　▶老年　▶高寿
▶年高　▶年迈　▶年长　▶上年纪
▶上岁数

---

*【长寿】chángshòu 形 長寿である．長生きである．‖ 祝您～ zhù nín chángshòu ご長寿をお祈りします．｜听说喝这种茶有助于～ tīngshuō hē zhè zhǒng chá yǒuzhùyú chángshòu この茶を飲むと長生きできるそうだ．

★【大】dà 形 (面積・年齢・音などが)大きい．(数などが)多い．⇔"小" xiǎo‖ 我比他～两岁 wǒ bǐ tā dà liǎng suì 私は彼より2歳上である．｜年纪不～ niánjì bú dà まだ若い．

★【老】lǎo 形 ❶年をとっている．老いている．⇔"少" shào‖ 年～ nián lǎo 老年である．老齢である．｜人～心不～ rén lǎo xīn bù lǎo 年はとっても気持ちは若い．｜几年没见，她可～多了 jǐ nián méi jiàn, tā kě lǎoduō le 数年ぶりに会ったら，彼女はずいぶん老け込んでいた．❷老練である．豊かな経験がある．‖ ～手 lǎoshǒu ベテラン．｜他在这些记者里资格最～ tā zài zhèxiē jìzhě li zīgé zuì lǎo 彼はこの記者たちの中でいちばんの古顔である．

*【老年】lǎonián 名 老年．(一般に6，70歳以上をさす)‖ ～病 lǎoniánbìng 老人病．｜步入～ bùrù lǎonián 老境に入る．

【高寿】gāoshòu 名 ❶長寿．高齢．‖ 百年～ bǎi nián gāoshòu 百歳の高齢．❷敬 お年(老人に年齢を問うときに用いる)．‖ 老人家～? lǎorenjia gāoshòu? ご老人，お年はおいくつですか．

【年高】niángāo 形 高齢である．年を取っている．‖ 有志不在～ yǒu zhì bú zài niángāo 志は年齢とは関係がない．年は取っても志があれば遅くない．｜～望重

niángāo wàngzhòng 高齢で人望も厚い．

【年迈】niánmài 形 年を取っている．年老いている．‖ ～多病 niánmài duō bìng 高齢で病気がちである．

【年长】niánzhǎng 形 年長である．年を取っている．年上である．‖ 他比我～些 tā bǐ wǒ niánzhǎng xiē 彼は私より少し年上である．｜～者优先 niánzhǎngzhě yōuxiān 高齢者優先．

【上年纪】shàng niánjì 組 年を取る．‖ ～的人 shàng niánjì de rén 年配の人．｜他已经上了年纪，干这种工作不太合适 tā yǐjīng shàngle niánjì, gàn zhè zhǒng gōngzuò bútài héshì 彼はもう年だから，こういう仕事をするのはあまり適さない．

【上岁数】shàng suìshu (～儿) 組 口 年を取る．‖ 他虽然上了岁数，但精力还很旺盛 tā suīrán shàngle suìshu, dàn jīnglì hái hěn wàngshèng 彼は年を取ってはいるけれど，まだまだ元気いっぱいだ．

たがい　互い

▶彼此　▶互相　▶双方　▶相　▶相互

---

*【彼此】bǐcǐ 代 相互．双方．‖ 不分～ bù fēn bǐcǐ 分け隔てをしない．｜咱们～介绍一下吧 zánmen bǐcǐ jièshào yíxià ba お互いに自己紹介しましょう．｜～的想法不一样 bǐcǐ de xiǎngfa bù yíyàng 双方の考えが異なる．

★【互相】hùxiāng 副 相互に．互いに．‖ ～帮助 hùxiāng bāngzhù 互いに助け合う．｜～尊重 hùxiāng zūnzhòng 互いに尊重し合う．｜～赠送了礼物 hùxiāng zèngsòngle lǐwù 互いにプレゼントを贈り合った．｜～还不太了解 hùxiāng hái bútài liǎojiě 互いにまだよく理解し合っていない．

**【双方】shuāngfāng 名 双方．両方．‖ ～互不相让 shuāngfāng hù bù xiāngràng 双方ともに譲らない．｜～的意见分歧很大

たから 宝

shuāngfāng de yìjiàn fēnqí hěn dà 双方の意見の隔たりが大きい.

**【相】 xiāng 副 互いに. 相(あい)…. ‖同病～怜 tóng bìng xiāng lián 同病相憐(あわ)れむ. ｜老死不～往来 lǎo sǐ bù xiāng wǎnglái 互いにまったくかかわり合わない. ｜两地有公路～连接 liǎng dì yǒu gōnglù xiāng liánjiē 二つの地方は道路で互いに結ばれている.

**【相互】 xiānghù 副 相互に. ‖～信赖 xiānghù xìnlài 互いに信頼する. ｜～关心 xiānghù guānxīn 互いにいたわり合う. 形 相互の. ‖～作用 xiānghù zuòyòng 相互作用. ｜通过这次活动, 增进了～间的了解 tōngguò zhè cì huódòng, zēngjìnle xiānghù jiān de liǎojiě 今回の活動を通じて相互の理解が深まった.

たから 宝

▶宝 ▶宝贝 ▶宝物 ▶宝藏 ▶宝中之宝
▶财宝 ▶财富 ▶传家宝 ▶瑰宝 ▶珍宝
▶至宝

*【宝】 bǎo 名 宝物. 宝. ‖无价之～ wú jià zhī bǎo この上もない宝. 無上の宝. ｜国～ guóbǎo 国宝.

*【宝贝】 bǎobei；bǎobèi 名 宝物. 大切な物. ‖那是她的～, 谁也不让动 nà shì tā de bǎobei, shéi yě bú ràng dòng あれは彼女の宝物で誰にも触らせない.

【宝物】 bǎowù 名 宝. 貴重な物品.

【宝藏】 bǎozàng 名 収蔵されている宝物.

【宝中之宝】 bǎo zhōng zhī bǎo 慣 宝の中の宝. きわめて貴重なもの. ‖粮食是～ liángshi shì bǎo zhōng zhī bǎo 食糧は何よりも大切なものだ.

【财宝】 cáibǎo 名 財宝. ‖金银～ jīnyín cáibǎo 金銀財宝.

**【财富】 cáifù 名 富. 財産. ‖宝贵的精神～ bǎoguì de jīngshén cáifù 貴重な精神

的财产. ｜物质～ wùzhì cáifù 物質的財産. ｜自然～ zìrán cáifù 天然の富.

【传家宝】 chuánjiābǎo 名 家宝. ‖这把刀是他家的～ zhè bǎ dāo shì tā jiā de chuánjiābǎo この剣は彼の家の家宝だ. ｜艰苦朴素是我们的～ jiānkǔ pǔsù shì wǒmen de chuánjiābǎo つましい暮らしは我が家の伝統だ.

【瑰宝】 guībǎo 名 珍宝. 至宝. ‖京剧是戏曲艺术中的～ jīngjù shì xìqǔ yìshù zhōng de guībǎo 京劇は戯曲芸術における至宝だ.

【珍宝】 zhēnbǎo 名 宝. 珍しい宝物.

【至宝】 zhìbǎo 名 至宝. 非常に貴重な宝物. ‖如获～ rú huò zhìbǎo またとない宝を手に入れたような. 鬼の首でも取ったよう. ｜视为～ shì wéi zhìbǎo この上ない宝と見なす.

だから

▶所以 ▶为此 ▶因此 ▶因而

★【所以】 suǒyǐ 接 ❶(後の文に用いて結果を表す. 原因を表す前文には"因为" yīnwei を用いることが多い)だから. したがって. ゆえに. ‖我们是老同学, ～很熟 wǒmen shì lǎo tóngxué, suǒyǐ hěn shú 我々は昔からの学校友だちだから, よく知っている. ｜因为生病, ～没来上课 yīnwei shēngbìng, suǒyǐ méi lái shàngkè 病気になったので, それで授業に出なかった. ❷(多く"(…之)所以…, 是因为…"(…zhī) suǒyǐ…, shì yīnwei … の形で, 前文に結果をあげ, 後文でその原因・理由を述べる)…なのは…だからである. ‖他～取得好成绩, 是因为平时训练刻苦 tā suǒyǐ qǔdé hǎo chéngjì, shì yīnwei píngshí xùnliàn kèkǔ 彼がよい成績をあげられたのは, ふだんの訓練が厳しかったからである. ｜之～发生事故, 是由

416

于忽视了安全生产 zhī suǒyǐ fāshēng shìgù, shì yóuyú hūshìle ānquán shēngchǎn 事故が起きた原因は，安全操業を怠ったからである．❸(前文でまず原因・理由をあげ，後文は"是…所以…的原因〔缘故〕"shì…suǒyǐ…de yuányīn〔yuángù〕の形で)それがある結果をもたらしたことを説明する．‖ 他有绝对的把握，这就是他~敢这样做的原因 tā yǒu juéduì de bǎwò, zhè jiù shì tā suǒyǐ gǎn zhèyàng zuò de yuányīn 彼には絶対の自信があり，それが彼があえてこのようにやる原因である．❹口(独立して一文を構成する)だからさ．だからだよ．‖ ~嘛，要不然我也不会告诉他 suǒyǐ ma, yàobùrán wǒ yě bú huì gàosu tā だからさ，でなければ私だって彼に言うはずがない．

【为此】wèi cǐ 組 このために．そのために．‖ ~作如下规定 wèi cǐ zuò rúxià guīdìng このために下記のとおり規定を設ける．

**【因此】yīncǐ 接 それゆえ．そのため．だから．‖ 他在训练中受了伤，~没能参加比赛 tā zài xùnliàn zhōng shòule shāng, yīncǐ méi néng cānjiā bǐsài 彼は練習中に怪我をし，そのため試合に出場できなかった．｜ 这里新开了一家商店，居民生活~方便起来 zhèlǐ xīnkāile yì jiā shāngdiàn, jūmín shēnghuó yīncǐ fāngbiànqilai ここに新しく商店ができたので，住民の生活は便利になった．

**【因而】yīn'ér 接 したがって．それゆえ．‖ 由于掌握了学习方法，~成绩提高很快 yóuyú zhǎngwòle xuéxí fāngfǎ, yīn'ér chéngjì tígāo hěn kuài 学習法を把握したので，ぐんと成績が上がった．

たく　炊く
▶熬　▶焖　▶烧　▶煮

*【熬】áo 動 (容器や鍋に入れて)ことこと煮る．とろ火で煮こむ．‖ ~大米粥 áo dàmǐzhōu 粥を炊く．｜ ~药 áo yào 薬を煎じる．

【焖】mèn 動 しっかりふたをし，とろ火で長時間煮る．‖ ~饭 mèn fàn 御飯を炊く．

*【烧】shāo 動 炊く．沸かす．焼いて作る．‖ ~饭 shāo fàn 御飯を炊く．｜ ~开水 shāo kāishuǐ 湯を沸かす．｜ ~砖 shāo zhuān れんがを焼く．

*【煮】zhǔ 動 煮る．ゆでる．‖ ~饭 zhǔ fàn 御飯を炊く．｜ ~豆 zhǔ dòu 豆を炊く．｜ 饺子~熟了 jiǎozi zhǔshú le ギョーザがゆで上がった．

たくさん
▶不少　▶成批　▶大量　▶大批　▶多
▶多数　▶好多　▶好些　▶数不清　▶许多
▶有的是

た

【不少】bù shǎo 組 少なくない．多い ‖ 有~人想去中国留学 yǒu bù shǎo rén xiǎng qù Zhōngguó liúxué たくさんの人が中国へ留学したがっている．｜ 来参观的人真~ lái cānguān de rén zhēn bù shǎo 見学者はとても多い．

【成批】chéngpī 形 大口の．大量の．多数の．大勢の．‖ ~的货物 chéngpī de huòwù 大量の品物．｜ ~生产 chéngpī shēngchǎn 大量生産．｜ ~出售 chéngpī chūshòu まとめて売り出す．

**【大量】dàliàng 形 大量の．多量の．(抽象的なものにも用いる)‖ ~进口石油 dàliàng jìnkǒu shíyóu 石油を大量に輸入する．｜ 编辑部每天收到~的读者来信 biānjíbù měitiān shōudào dàliàng de dúzhě láixìn 編集部は毎日たくさんの読者からの手紙を受け取る．｜ ~引进国外的先进技术 dàliàng yǐnjìn guówài de xiānjìn jì-

たくましい

shù 海外の先進技術を大量に導入する.

【大批】 dàpī 形 大口の. 大量の. たくさんの. (ひとまとまりになっている具体的なものに限られ, ある時期に連続して現れた人や物についていうことが多い) ‖ ~订货 dàpī dìnghuò 大口の注文. ｜救援物资~运往灾区 jiùyuán wùzī dàpī yùnwǎng zāiqū 救援物資が大量に被災地に運ばれていく. ｜培养了~人材 péiyǎngle dàpī réncái 多くの人材を育てた.

★【多】 duō 形 多い. たくさんある. ⇔ "少" shǎo ‖ 他有很~朋友 tā yǒu hěn duō péngyou 彼はたくさん友だちを持っている. ｜公园里人很~ gōngyuán li rén hěn duō 公園は人がいっぱいだ. ｜人~好办事 rén duō hǎo bànshì 人がたくさんいると仕事がはかどる. ｜时间不~ shíjiān bù duō 時間があまりない.

★★【多数】 duōshù 名 多数. ｜大~ dàduōshù 大多数. ｜~赞成 duōshù zànchéng おおかたの人は賛成する. ｜这种机器~是国产的 zhè zhǒng jīqi duōshù shì guóchǎn de こういう機械のほとんどは国産品だ. ｜以微弱~当选 yǐ wēiruò duōshù dāngxuǎn 僅差(きん)で当選する.

＊【好多】 hǎoduō 数 多くの. たくさんの. ‖ ~人 hǎoduō rén 大勢の人. ｜~东西 hǎoduō dōngxi たくさんの物. ｜这本书看了~遍了 zhè běn shū kànle hǎoduō biàn le この本は何度も読んだ. ｜他去中国~次了 tā qù Zhōngguó hǎoduō cì le 彼は何度も中国に行っている.

★★【好些】 hǎoxiē 数 たくさんの. 多くの. ‖ 桌子上放着~书 zhuōzi shang fàngzhe hǎoxiē shū 机の上にたくさんの本が置いてある. ｜病了~天 bìngle hǎoxiē tiān 何日も病気だった.

【数不清】 shǔbuqīng 動 はっきりと数えられない. ‖ 草原上放牧着~的牛羊 cǎoyuán shang fàngmùzhe shǔbuqīng de niúyáng 草原には数えきれないほどのウシやヒ

ツジが放牧されている.

★【许多】 xǔduō 数 多くの. たくさんの. ‖ ~人 xǔduō rén 多くの人. ｜~年 xǔduō nián 長い年月. ｜~东西 xǔduō dōngxi たくさんの品物. ｜兰花有许许多多的品种 lánhuā yǒu xǔxǔduōduō de pǐnzhǒng ランにはたくさんの品種がある. ｜还有~话要跟你说呢 hái yǒu xǔduō huà yào gēn nǐ shuō ne 君に話したいことがまだたくさんあるんだ. ｜比以前胖了~ bǐ yǐqián pàngle xǔduō 以前に比べてかなり太った.

★★【有的是】 yǒudeshì 動 たくさんある. たっぷりある. ‖ 她~衣服, 送点别的吧 tā yǒudeshì yīfu, sòng diǎn bié de ba 服なら彼女はいくらでも持っているから, ほかの物を贈ろう. ｜别着急, 时间~ bié zháojí, shíjiān yǒudeshì 慌てるな, 時間ならたっぷりある.

たくましい

▶棒 ▶刚健 ▶刚劲 ▶刚强 ▶坚强
▶健壮 ▶结实 ▶魁梧 ▶强 ▶壮

＊【棒】 bàng 形 たくましい. 強健である. ‖ ~小伙子 bàng xiǎohuǒzi たくましい青年. ｜他身体很~ tā shēntǐ hěn bàng 彼は体がとても丈夫だ.

【刚健】 gāngjiàn 形 剛健である. たくましい. ‖ ~有力 gāngjiàn yǒulì たくましく力にあふれている.

【刚劲】 gāngjìng 形 雄勁(ゆうけい)である. 力強い. たくましい. ‖ 石碑的字笔力~ shíbēi de zì bǐlì gāngjìng 石碑の筆跡が雄勁だ. ｜松柏一挺拔 sōngbǎi gāngjìng tǐngbá 松柏(しょうはく)ががっしりとそびえ立っている.

【刚强】 gāngqiáng 形 (気性や意志が)強い. 気丈である. ‖ 意志~ yìzhì gāngqiáng 意志が強い. ｜~的性格 gāngqiáng de xìnggé 強い性格.｜经过十年的斗争，她变得越来越～了 jīngguò shí nián de dòuzhēng, tā biànde yuè lái yuè gāngqiáng le 10 年の闘争を経て，彼女はますますたくましくなった.

**【坚强】 jiānqiáng 形 強固である. 粘り強い.‖李老师是位意志很～的人 Lǐlǎoshī shì wèi yìzhì hěn jiānqiáng de rén 李先生はとても意志強固な方である.｜多年的艰苦生活，使她变得～了 duō nián de jiānkǔ shēnghuó, shǐ tā biànde jiānqiáng le 長年苦労して彼女はたくましくなった.

*【健壮】 jiànzhuàng 形 壮健である. 頑健である.‖身体～ shēntǐ jiànzhuàng 体がたくましい.

**【结实】 jiēshi 形 (体が)丈夫である.‖这小伙子身体真～ zhè xiǎohuǒzi shēntǐ zhēn jiēshi この若者は体が丈夫である.｜肌肉～ jīròu jiēshi 筋肉隆々である.

【魁梧】 kuíwu 形 (体格が)たくましい. 堂々としている.‖身材～ shēncái kuíwu 体格が立派である.

**【强】 qiáng 形 (力が)強い. たくましい. ⇔"弱" ruò‖身～力壮 shēn qiáng lì zhuàng 体が丈夫で力持ちである.｜竞争力～ jìngzhēnglì qiáng 競争力が強い.｜实力很～ shílì hěn qiáng 実力がある.

*【壮】 zhuàng 形 強健である. たくましい.‖年轻力～ niánqīng lì zhuàng 若くて力が強い.｜强～ qiángzhuàng 強健である.｜茁～ zhuózhuàng 勢いが盛んで力強い.｜这孩子长得真～ zhè háizi zhǎngde zhēn zhuàng この子はほんとうに元気で体格がいい.｜庄稼长得很～ zhuāngjia zhǎngde hěn zhuàng 作物が元気でよく育っている.

たくわえる　蓄える ⇒【ためる】

－だけ

▶不过　▶单　▶光　▶仅仅　▶就　▶只
▶只是　▶只有

★【不过】 búguò 副 …にすぎない. ちょっと…だけだ.‖～说说罢了 búguò shuōshuo bàle ただ言ってみただけだ.｜我～是随便问问 wǒ búguò shì suíbiàn wènwen ちょっと聞いてみただけです.｜他只～是想出出风头而已 tā zhǐ búguò shì xiǎng chūchu fēngtou éryǐ 彼はちょっと目立ってみたいだけだ.

**【单】 dān 副 ただ. 単に.‖～靠死记硬背恐怕不行 dān kào sǐjì yìngbèi kǒngpà bùxíng ただ丸暗記するだけではたぶんだめだ.｜请客吃饭就花了数千元 dān qǐngkè chīfàn jiù huāle shùqiān yuán ご馳走をするだけで数千元使った.｜大家都去，～他一个人不去 dàjiā dōu qù, dān tā yí ge rén bú qù 全員行くというのに，彼一人だけが行かない.

**【光】 guāng 副 ただ. …ばかり. だけ.‖他不～自己学习好，还热心帮助同学 tā bùguāng zìjǐ xuéxí hǎo, hái rèxīn bāngzhù tóngxué 彼はよく勉強するだけでなく，クラスメートの世話もよくする.｜大家一起干吧，～我一个人可不行 dàjiā yìqǐ gàn ba, guāng wǒ yí ge rén kě bùxíng みんなで一緒にやりませんか，私一人だけではとてもやりきれません.

**【仅仅】 jǐnjǐn 副 わずかに. ただ. …だけ.‖我在北京～住了一个星期 wǒ zài Běijīng jǐnjǐn zhùle yí ge xīngqī 私は北京に1週間いただけである.

★【就】 jiù 副 …のみ. …だけだ.‖她～一个儿子 tā jiù yí ge érzi 彼女には息子が一人いるだけだ.｜我～会一门外语 wǒ jiù huì yì mén wàiyǔ 私は外国語が一つだけしかできない.

★【只】 zhǐ 副 ❶(動詞の前に置き，制限を

419

示す)ただ．わずか．…だけ．‖我～要
一个，剩下的都给你 wǒ zhǐ yào yí ge,
shèngxia de dōu gěi nǐ 私は一つだけでい
い，残りはみんな君にあげるよ．｜他
去过中国 tā zhǐ qùguo Zhōngguó 彼は中
国しか行ったことがない．❷(名詞の前
に置き，制限を示す)ただ．だけ．‖白
天家里～我一个人 báitiān jiā li zhǐ wǒ yí
ge rén 昼間，うちには私一人だけだ．｜
～照相机就买了三架 zhǐ zhàoxiàngjī jiù
mǎile sān jià カメラだけでも３台購入し
た．

【只是】zhǐshì 副 ❶ただ…だけである．
ただ…にすぎない．‖我～做了我应该做
的事而已 wǒ zhǐshì zuòle wǒ yīnggāi zuò de
shì éryǐ 私は自分の当然すべきことをし
たにすぎない．｜他～说说，不会真干的
tā zhǐshì shuōshuo, bú huì zhēn gàn de 彼は
口で言うだけで，本当にやりはしない．
❷…するばかりである．ひたすら…す
るだけである．(ある情況や範囲を強
調する)‖她坐在那儿一哭 tā zuòzài nàr
zhǐshì kū 彼女はそこに座って泣くばか
りである．｜任你怎么劝，他～不听 rèn
nǐ zěnme quàn, tā zhǐshì bù tīng 君がどんな
に忠告しても彼は全然聞き入れない．

【只有】zhǐyǒu 接 (ある条件以外は無効
であることを示す)ただ…だけが…．…
してはじめて…．(多く"オ" cái と呼応
する)‖～在紧急情况下，才能按这个
电钮 zhǐyǒu zài jǐnjí qíngkuàng xià, cái néng
àn zhège diànniǔ 緊急の場合以外このボ
タンを押してはいけない．｜～让他去
办，我才放心 zhǐyǒu ràng tā qù bàn, wǒ cái
fàngxīn 彼にやってもらうのでなけれ
ば，私は安心できない．｜要想学好外
语，～多听多讲 yào xiǎng xuéhǎo wàiyǔ,
zhǐyǒu duō tīng duō jiǎng 外国語をマス
ターしようとするなら，できるだけ聞
いたりしゃべったりするほかない．

たしか　確か
▶可靠　▶牢靠　▶确定　▶确切　▶确实
▶确凿　▶稳当　▶准　▶准确

【可靠】kěkào 形 信頼できる．頼りにな
る．確かである．‖这事要交给～的人
zhè shì yào jiāogěi kěkào de rén この件は
確かな人にやってもらわなくてはいけ
ない．｜光凭记忆不～ guāng píng jìyì bù
kěkào 記憶だけに頼っていては不確実
である．｜这个消息绝对～ zhège xiāoxi
juéduì kěkào このニュースは絶対確か
だ．

【牢靠】láokào 形 確かである．信頼でき
る．‖办事～ bànshì láokào 仕事ぶりが
確かである．｜把事托给～的人 bǎ shì tuō-
gěi láokào de rén 用件を信頼できる人に
頼む．

【确定】quèdìng 形 確実な．はっきりし
た．‖没有得到～的回答 méiyou dédào
quèdìng de huídá 確かな返事をもらって
いない．｜这是～的，毫无疑问的 zhè shì
quèdìng de, háowú yíwèn de これははっき
りしていて疑問の余地がない．

*【确切】quèqiè** 形 確かである．確実であ
る．正確である．‖～的数据 quèqiè de
shùjù 確実なデータ．｜～地知道了他的
想法 quèqiè de zhīdaole tā de xiǎngfa 彼の
考え方がはっきり分かった．

*【确实】quèshí** 形 確かである．確実であ
る．間違いない．‖～的证据 quèshí de
zhèngjù 確かな証拠．｜这只是谣传，并
不～ zhè zhǐ shì yáochuán, bìng bú quèshí こ
れは単なるデマで確かなものではない．
｜这些资料～可信 zhèxiē zīliào quèshí kě-
xìn この資料は非常に信頼できる．副
確かに．間違いなく．‖他～没说过这话
tā quèshí méi shuōguo zhè huà 彼は確かに
そんなことは言っていない．

*【确凿】quèzáo** 形 きわめて確実である．

非常に確かである.‖～不移 quèzáo bù yí 確実で疑う余地がない.｜证据～, 不容抵赖 zhèngjù quèzáo, bùróng dǐlài 証拠が決定的で, 言い逃れの余地がない.

*【稳当】wěndang 形 確かである. 確実である.‖办事～ bànshì wěndang 物事の処理が確かである.｜～可靠 wěndang kěkào 確実で信頼が置ける.

**【准】zhǔn 形 正確である.‖表走得很～ biǎo zǒude hěn zhǔn 時計は正確に動いている.｜发音很～ fāyīn hěn zhǔn 発音が確かである.｜具体时间记不～了 jùtǐ shíjiān jìbuzhǔn le 時間は正確に覚えていない.

**【准确】zhǔnquè 形 (一般に計算・測量・射撃・言葉などが) 正確である.‖他计算得又快又～ tā jìsuànde yòu kuài yòu zhǔnquè 彼は計算が早くて確かだ.｜～地作出预报 zhǔnquè de zuòchu yùbào 正確に予報をする.

たしかに　確かに　⇒【まさしく】

たしかめる　確かめる

▶査明　▶搞清　▶弄清　▶判明　▶确认

*【査明】chámíng 動 調査して明らかにする. 調べてはっきりさせる.‖～原因 chámíng yuányīn 原因を調べて明らかにする.｜～真相 chámíng zhēnxiàng 真相を調べて明らかにする.

【搞清】gǎo//qīng 動 はっきりさせる. 明確にする.‖问题还没～ wèntí hái méi gǎoqīng 問題はまだはっきりしていない.｜必须～是谁的责任 bìxū gǎoqīng shì shéi de zérèn 誰の責任かはっきりさせなければいけない.

【弄清】nòng//qīng 動 明らかにする. 明確にする.‖首先应该～情况 shǒuxiān

yīnggāi nòngqīng qíngkuàng まず状況をはっきりさせるべきだ.｜经过调查, 问题已经～了 jīngguò diàochá, wèntí yǐjīng nòngqīng le 調査した結果, 問題は明らかになった.

【判明】pànmíng 動 きちんと見分ける. 区別を明らかにする.‖～真伪 pànmíng zhēnwěi 真偽を明らかにする.｜真相难以～ zhēnxiàng nányǐ pànmíng 真相を明らかにするのが難しい.

*【确认】quèrèn 動 確認する.‖双方～了合作的条件 shuāngfāng quèrènle hézuò de tiáojiàn 双方とも契約条件を確認した.｜～到货日期 quèrèn dào huò rìqī 入荷期日を確かめる.

たしょう　多少

▶多少　▶略微　▶稍微　▶一点儿　▶一些
▶有所　▶有些

【多少】duōshǎo 図数 多少. 多寡.‖根据人数的～来决定 gēnjù rénshù de duōshǎo lái juédìng 人数の多少によって決定する.｜～不限 duōshǎo bú xiàn 多少にかかわらない. いくらでもよい.｜不管～都不收运费 bùguǎn duōshǎo dōu bù shōu yùnfèi 多少にかかわらず送料はかかりません. 副❶多かれ少なかれ. いくらか.‖你～带些礼物去吧 nǐ duōshǎo dài xiē lǐwù qù ba いくらかお土産を持って行きなさいよ.｜如果您～有些兴趣不妨也来参加 rúguǒ nín duōshǎo yǒuxiē xìngqù bùfáng yě lái cānjiā 多少とも関心のある方はご参加ください. ❷多少. 少し. 若干.‖～会一点儿 duōshǎo huì yìdiǎnr 多少はできる.｜～了解一些 duōshǎo liǎojiě yìxiē 少し知っている.｜英语他～能说几句 Yīngyǔ tā duōshǎo néng shuō jǐ jù 英語は彼も若干できる.

*【略微】lüèwēi 副 少し. いささか. 多少.

若干.‖~受了点儿伤 lüèwēi shòule diǎnr shāng ちょっと怪我をした.｜这个月生产~有些起色 zhège yuè shēngchǎn lüèwēi yǒuxiē qǐsè 今月は生産が若干上向いた.

**【稍微】shāowēi 副 やや.少し.わずか.‖身体~有点儿不舒服 shēntǐ shāowēi yǒudiǎnr bù shūfu 体の調子があまりよくない.｜锅里~添点儿水 guōli shāowēi tiāndiǎnr shuǐ 鍋にほんの少し水を加える.｜哥哥比弟弟~高点儿 gēge bǐ dìdi shāowēi gāo diǎnr 兄は弟より多少背が高い.

★【一点儿】yìdiǎnr 名 少し.‖我想喝~水 wǒ xiǎng hē yìdiǎnr shuǐ 私は水が飲みたい.｜有了~进步 yǒule yìdiǎnr jìnbù 多少進歩した.｜我的表快了~ wǒ de biǎo kuàile yìdiǎnr 私の腕時計はちょっと進んでいる.｜哪怕价钱贵~也好吃就行 nǎpà jiàqián guì yìdiǎnr yě hǎochī jiù xíng 多少値段が高くてもおいしければいい.

★【一些】yīxiē 名 ❶(不定の数量を表す)いくつか.いくらか.‖有~事要商量 yǒu yìxiē shì yào shāngliang 多少相談したいことがある.｜买了~日用品 mǎile yìxiē rìyòngpǐn 日用品をいくらか買った.❷(~儿)(数量が)少し.‖钱就剩这~了 qián jiù shèng zhè yìxiē le お金はこれしか残っていない.❸(形容詞・動詞および動詞句の後に置き)若干.わずか.少し.‖这间屋子大~ zhè jiān wūzi dà yìxiē この部屋は少し大きい.｜请安静~ qǐng ānjìng yìxiē 少し静かにしてください.｜留神~ liúshén yìxiē 少し注意する.｜休息之后, 脸色还是好了~ xiūxi zhīhòu, liǎnsè háishi hǎole yìxiē 休んだら顔色はいくらかよくなった.

【有所】yǒusuǒ 動 多少…した点がある.いくらか…した.‖~了解 yǒusuǒ liǎojiě 多少知っている.｜~提高 yǒusuǒ tígāo ある程度進歩した.｜服务态度~改进 fúwù tàidu yǒusuǒ gǎijìn 接客態度がある程度改善された.

★【有些】yǒuxiē 副 若干.少し."有一些" yǒu yìxiē ともいう.‖~担心 yǒuxiē dānxīn いくぶん心配している.｜我~饿了 wǒ yǒuxiē è le 少しおなかがすいた.

たす 足す ⇒【加える】

たすける 助ける（救助する）

▶搭救　▶救　▶救护　▶救命　▶救助
▶抢救　▶挽救

【搭救】dājiù 動 救う.救助する.助ける.‖~受伤的乘客 dājiù shòushāng de chéngkè 負傷した乗客を救う.

**【救】jiù 動 救助する.助ける.救う.‖~落水儿童 jiù luòshuǐ értóng 水に落ちた子供を助ける.｜病人被~活了 bìngrén bèi jiùhuó le 病人は救われた.｜得~ déjiù 助かる.

【救护】jiùhù 動 救護する.‖~病人 jiùhù bìngrén 病人を救護する.｜~站 jiùhùzhàn 救護ステーション.

【救命】jiù//mìng 動 人命を救助する.‖~恩人 jiùmìng ēnrén 命の恩人.｜~啊! jiùmìng a! 助けてくれ.｜~稻草 jiùmìng dàocǎo おぼれる者のつかもうとするわら.助かるためのはかない望みのたとえ.

【救助】jiùzhù 動 救助する.‖~灾民 jiùzhù zāimín 被災者を救助する.｜~基金 jiùzhù jījīn 救済基金.｜~条款 jiùzhù tiáokuǎn 損害防止約款.

*【抢救】qiǎngjiù 動 (緊急事態のとき)急いで救護する.緊急措置をとる.‖~危重病人 qiǎngjiù wēizhòng bìngrén 危篤の病人に応急手当てを施す.｜从大火中把国家财产~出来 cóng dàhuǒ zhōng bǎ guójiā cáichǎn qiǎngjiùchulai 大火の中から国家の財産を緊急に救い出す.

422

*【挽救】wǎnjiù 動(危険から)救う．助ける．‖ ~生命 wǎnjiù shēngmìng 命を救う．| ~失足青年 wǎnjiù shīzú qīngnián 非行少年を助ける．| 新政策~了这个面临倒闭的企业 xīn zhèngcè wǎnjiùle zhège miànlín dǎobì de qǐyè 新しい政策はこのつぶれかけた企業を救った．

たすける　助ける（援助する）

▶帮　▶帮衬　▶帮忙　▶帮助　▶贴补
▶一臂之力　▶援助　▶支援　▶资助

★【帮】bāng 動手伝う．手助けする．‖ ~妈妈干活儿 bāng māma gànhuór お母さんの手伝いをする．| 你忙不过来，我~~你吧 nǐ mángbuguòlai, wǒ bāngbang nǐ ba 忙しくて手が回らないようだから，お手伝いしましょう．

【帮衬】bāngchèn 動历❶助ける．手を貸す．手伝う．‖ 有件事求你~一下 yǒu jiàn shì qiú nǐ bāngchèn yíxià あなたの助けをお借りしたいことがあります．❷(経済的に)援助する．

★【帮忙】bāng//máng(~儿) 動手伝う．手助けする．手を貸す．‖ 快来帮帮忙 kuài lái bāngbangmáng さあ手伝ってちょうだい．| 帮了我不少忙 bāngle wǒ bùshǎo máng 少なからず助けになった．| 这件事，要没有他~可不好办 zhè jiàn shì, yào méiyou tā bāngmáng kě bù hǎo bàn この件は彼の力添えがないとうまくいかない．

★【帮助】bāngzhù 動助ける．援助する．応援する．協力する．‖ 相互~ xiānghù bāngzhù 互いに助け合う．| ~妈妈做家务 bāngzhù māma zuò jiāwù お母さんを助けて家事をする．| 主动~同学 zhǔdòng bāngzhù tóngxué 進んで級友を助ける．

【贴补】tiēbǔ 動(身内や友人を)経済的に援助する．‖ 家里每月给我~点儿钱 jiāli měiyuè gěi wǒ tiēbǔ diǎnr qián 毎月家

からお金を援助してもらう．

【一臂之力】yī bì zhī lì 慣一臂(いっぴ)の力．わずかな助力．‖ 助你~ zhù nǐ yí bì zhī lì 君にひと肌脱ごう．

*【援助】yuánzhù 動援助する．支援する．救援する．‖ 经济~ jīngjì yuánzhù 経済援助をする．| 在我最困难的时候，他~过我 zài wǒ zuì kùnnan de shíhou, tā yuánzhùguo wǒ 私がいちばん困っていたとき，彼に助けてもらったことがある．

**【支援】zhīyuán 動支援する．援助する．‖ ~灾区 zhīyuán zāiqū 災害地区を援助する．| ~边疆建设 zhīyuán biānjiāng jiànshè 国境地帯の建設を支援する．| ~了他们两车化肥 zhīyuánle tāmen liǎng chē huàféi 彼らにトラック2台分の化学肥料を援助した．

*【资助】zīzhù 動物質的に援助する．‖ 解囊~ jiěnáng zīzhù 財布をはたいて援助する．| ~穷孩子上学 zīzhù qióng háizi shàngxué 貧しい家庭の子供に経済の援助をして学校に行かせる．

たずねる　訪ねる

▶拜访　▶访问　▶看　▶看望　▶来访
▶探望　▶找　▶走访

*【拜访】bàifǎng 動謙ご訪問する．お伺いする．‖ 改天再去登门~ gǎitiān zài qù dēngmén bàifǎng 日を改めてご挨拶に伺います．

*【访问】fǎngwèn 動訪問する．訪れる．‖ 家庭~ jiātíng fǎngwèn 家庭訪問．| 国事~ guóshì fǎngwèn (外国への)公式訪問．| 礼节性~ lǐjiéxìng fǎngwèn 表敬訪問．| 进行正式友好~ jìnxíng zhèngshì yǒuhǎo fǎngwèn 公式に友好訪問をする．| 代表团~了我们学校 dàibiǎotuán fǎngwènle wǒmen xuéxiào 代表団が私たちの学校を訪れた．| 我们~了这位老艺人 wǒmen fǎng-

たずねる　尋ねる

wènle zhè wèi lǎo yìrén 私たちはこのお年寄りの芸人さんを訪ねた．｜应邀～中国 yìngyāo fǎngwèn Zhōngguó 招請に応じて中国を訪問する．

★【看】kàn 動 会う．見舞う．訪ねる．｜～朋友 kàn péngyou 友人に会う．｜我～病人去 wǒ kàn bìngrén qù 私は病気見舞いにいく．

*【看望】kànwàng 動 訪ねていく．訪れる．｜～中学时的老师 kànwàng zhōngxué shí de lǎoshī 中学（または高校）時代の先生に会いにいく．

*【来访】láifǎng 動 訪ねて来る．来訪する．｜昨天有朋友～ zuótiān yǒu péngyou láifǎng 昨日友人が訪ねて来た．

*【探望】tànwàng 動 (遠路はるばると)訪ねる．見舞いに行く．｜每次回来，她都要去～ měicì huílai, tā dōu yào qù tànwàng tā cóngqián de lǎoshī 彼女は帰ってくるたび，昔の恩師を必ず訪ねる．

★【找】zhǎo 動 (人に会おうとして)探す．訪ねる．｜小张，门口有人～你 XiǎoZhāng, ménkǒu yǒu rén zhǎo nǐ 張さん，入り口に誰かが会いに来てますよ．｜老曹上午来～过你，你不在 Lǎo-Cáo shàngwǔ lái zhǎoguo nǐ, nǐ bú zài 曹さんが午前中あなたを訪ねて来たけど，いませんでしたね．｜～我干吗? zhǎo wǒ gànmá? 私に何か用？｜这事去～老焦 zhè shì qù zhǎo Lǎo-Jiāo これは焦さんに聞いてください．

*【走访】zǒufǎng 動 訪問する．訪れる．｜老师～了全班学生的家 lǎoshī zǒufǎng-le quánbān xuésheng de jiā 先生はクラス全員の家庭訪問をした．

【打探】dǎtàn 動 尋ねる．探りを入れる．｜～消息 dǎtàn xiāoxi 消息を尋ねる．｜～底细 dǎtàn dǐxì 詳しいことを尋ねる．

**【打听】dǎtīng 動 尋ねる．聞く．問い合わせる．(個人の消息や状況などを尋ねる場合によく用いる)｜四处～ sìchù dǎtīng 方々に尋ねる．｜我跟你～个人 wǒ gēn nǐ dǎtīng ge rén 君にある人のことをお尋ねしますが．｜～一下招生的具体情况 dǎtīng yíxià zhāoshēng de jùtǐ qíngkuàng 新入生募集要項の詳細について聞いてみる．

*【提问】tíwèn 動 (多く教師が学生に対して)質問する．問題を出す．｜老师向学生～ lǎoshī xiàng xuésheng tíwèn 先生が学生に質問する．｜回答记者的～ huídá jìzhě de tíwèn 記者の質問に答える．

★【问】wèn 動 問う．質問する．(客観的知識を尋ねる場合に用いる．二重目的語をとる)｜我有几个问题想～你一下 wǒ yǒu jǐ ge wèntí xiǎng wèn nǐ yíxià あなたに二，三お尋ねしたいことがあります．｜孩子～妈妈什么时候回来 háizi wèn māma shénme shíhou huílai 子供はお母さんにいつ帰ってくるのかと聞いた．｜他～了这个案子发生的经过 tā wènle zhège ànzi fāshēng de jīngguò 彼はこの事件の起きた経緯を尋ねた．

【问长问短】wèn cháng wèn duǎn 成 あれこれと問う．｜每次哥哥探亲回家，奶奶总要～ měicì gēge tànqīn huí jiā, nǎinai zǒng yào wèn cháng wèn duǎn 兄が帰省すると，おばあさんはいつもあれこれと聞きたがる．

*【询问】xúnwèn 動 尋ねる．｜大夫详细地～了他的病情 dàifu xiángxì de xúnwènle tā de bìngqíng 医者は彼の病状を詳しく尋ねた．

たずねる　尋ねる

▶打探　▶打听　▶提问　▶问　▶问长问短
▶询问

ただ　⇒【単に】

424

たたかう　戦う・闘う

▶冲锋陷阵　▶打仗　▶斗争　▶战　▶战斗
▶作战

【冲锋陷阵】 chōng fēng xiàn zhèn　國　突
撃して敵の陣地をとる．勇敢に戦うこ
と．‖战士们在前线勇敢地～ zhànshìmen
zài qiánxiàn yǒnggǎn de chōng fēng xiàn zhèn
兵士たちは前線で勇敢に戦う．

*【打仗】 dǎ//zhàng　國　戦争する．戦闘す
る．‖前方正在～ qiánfāng zhèngzài dǎzhàng
前方で戦闘が繰り広げられている．｜这
次扫毒运动打了个漂亮仗 zhè cì sǎodú yùn-
dòng dǎle ge piàoliang zhàng 今回の麻薬撲
滅運動ではすばらしい成果をあげた．

**【斗争】 dòuzhēng　國　闘争する．戦う．奮
闘する．‖与犯罪分子作～ yǔ fànzuì fèn-
zǐ zuò dòuzhēng 犯罪者と闘う．｜内心～
得很激烈 nèixīn dòuzhēngde hěn jīliè 心の
中で激しくせめぎ合う．｜与疾病进行
顽强的～ yǔ jíbìng jìnxíng wánqiáng de dòu-
zhēng 病気と粘り強く闘う．

*【战】 zhàn　國　❶戦う．戦争する．‖～胜
zhànshèng 打ち勝つ．｜不～而胜 bú zhàn
ér shèng 戦わずして勝つ．｜百～百胜
bǎi zhàn bǎi shèng 百戦百勝する．❷勝
負をする．優劣を争う．‖～天斗地 zhàn
tiān dòu dì 大自然と闘う．｜论～ lùnzhàn
論戦する．｜舌～ shézhàn 舌戦を戦わ
す．

**【战斗】 zhàndòu　國　戦う．闘う．‖英勇
～ yīngyǒng zhàndòu 勇敢に戦う．｜～在
生产第一线 zhàndòuzài shēngchǎn dìyīxiàn
生産の第一線で闘う．

*【作战】 zuòzhàn　國　戦闘をする．‖顽强
地～ wánqiáng de zuòzhàn 頑強に戦う．
｜～计划 zuòzhàn jìhuà 戦闘計画．

たたく

▶捶　▶打　▶鼓　▶击　▶叩　▶扣　▶拍
▶敲　▶扇

*【捶】 chuí　國　(棒・こぶし・槌(つち)など
で)たたく．‖～衣裳 chuí yīshang 衣(きぬ)
を打つ．｜～腰 chuí yāo 腰をたたく．｜
～胸顿足 chuí xiōng dùn zú 胸をたたき，
地団駄を踏む．しきりに悔しがるさま．

★【打】 dǎ　國　(手や道具で)たたく．‖～鼓
dǎ gǔ 太鼓をたたく．｜～门 dǎ mén 戸
をたたく．｜～钟 dǎ zhōng 鐘をつく．｜
～栗子 dǎ lìzi クリを(木から)打ち落と
す．｜钟～十二点了 zhōng dǎ shí'èr diǎn le
時計が12時を打った．

*【鼓】 gǔ　◇たたいて鳴らす．はじく．‖
～琴 gǔqín 琴を弾く．｜～掌 gǔzhǎng (歓
迎や賛意を表すために)拍手する．

【击】 jī　國　打つ．たたく．‖～掌 jīzhǎng
拍手する．｜～鼓为号 jī gǔ wéi hào 太鼓
をたたいて合図する．｜冰雹～打着房
顶嗵嗵作响 bīngbáo jīdǎzhe fángdǐng tōng-
tōng zuòxiǎng 雹(ひょう)が屋根に当たって
バラバラと音をたてている．

【叩】 kòu　國　たたく．ノックする．‖～
门 kòu mén 戸をたたく．ノックする．
｜用手在桌子上轻轻～了 yòng shǒu zài
zhuōzi shang qīngqīng kòulekòu 手で軽く
テーブルの上をたたいた．

【扣】 kòu　國　スマッシュする．スパイク
する．‖～球 kòu qiú スパイクする．ス
マッシュを打つ．｜这球～得真棒! zhè
qiú kòude zhēn bàng! 今のスパイクはす
ばらしい．

★【拍】 pāi　國　(手のひらや平たいもので)た
たく．打つ．‖～手 pāishǒu 手をたたく．
拍手をする．｜～着孩子睡 pāizhe háizi shuì
子供を手のひらであやしながら寝かし
つける．｜～苍蝇 pāi cāngying ハエをた
たく．｜～掉身上的雪 pāidiào shēnshang

de xuě 体についた雪を払い落とす. | ～
桌子 pāi zhuōzi テーブルをパシッとたた
く. | 惊涛～岸 jīng tāo pāi àn 荒れ狂う
波が岸に打ち寄せる.

**【敲】qiāo 動たたく. 打ち鳴らす. ‖ ～
木鱼 qiāo mùyú 木魚をたたく. | ～门
qiāo mén 戸をたたく. ドアをノックす
る. | ～打着锣鼓 qiāodǎzhe luógǔ どら
や太鼓を打ち鳴らす.

【扇】shān 動 殴る. びんたを張る. ‖ ～
耳光 shān ěrguāng びんたを張る. | ～了
他一个嘴巴子 shānle tā yí ge zuǐbàzi 彼の
横っ面を一発殴ってやった.

ただしい　正しい

▶端正　▶对　▶无误　▶正当　▶正确
▶准　▶准确

*【端正】duānzhèng 形 正しい. ‖ 品行～
pǐnxíng duānzhèng 品行方正である.

★【对】duì 形 正しい. 合っている. ⇔"错"
cuò ‖ 您的意见很～ nín de yìjian hěn duì
あなたの意見はごもっともです. | 这样
写～不～? zhèyàng xiě duì bu duì? こう書
いて間違いがありませんか. | 你做得～
nǐ zuòde duì 君のやり方は正しい. | 方
向不～ fāngxiàng búduì 方向が間違って
いる.

【无误】wúwù 動 間違いない. 確かであ
る. ‖ 核对～ héduì wúwù 照合して間違
いない. | 准确～ zhǔnquè wúwù 確実で
ある | 消息～ xiāoxi wúwù ニュースが
確かだ.

【正当】zhèngdàng 形 正当である. 道理
にかなっている. ‖ ～的理由 zhèngdàng
de lǐyóu 正しい理由. | ～的权益 zhèng-
dàng de quányì 正当な権益.

★【正确】zhèngquè 形 正しい. ⇔"错误"
cuòwù ‖ ～的意见 zhèngquè de yìjian 正
しい意見. | 答案完全～ dá'àn wánquán

zhèngquè 答えは全部正しい. | 结论～
与否，还有待验证 jiélùn zhèngquè yǔfǒu,
hái yǒudài yànzhèng 結論が正しいかどう
かは，検証結果を待たなくてはならな
い.

**【准】zhǔn 形 正確である. ‖ 表走得很～
biǎo zǒude hěn zhǔn 時計は正確に動いて
いる. | 发音很～ fāyīn hěn zhǔn 発音が
正確である. 具体时间记不～了 jùtǐ shí-
jiān jìbuzhǔn le 時間は正確に覚えていな
い.

**【准确】zhǔnquè 形 正確である. ‖ ～地
表达 zhǔnquè de biǎodá 正確に表現する.
| ～地作出预报 zhǔnquè de zuòchu yùbào
正確に予報をする. | 情报～无误 qíng-
bào zhǔnquè wúwù 情報は確かだ.

ただす　正す　⇒【改める（正す）】

たたむ　畳む

▶叠　▶合　▶折　▶折叠

*【叠】dié 動折り畳む. 畳む. ‖ ～被子
dié bèizi (掛け)ふとんを畳む. | 把衣服
～好 bǎ yīfu diéhǎo 服をちゃんと畳む. |
～纸鹤 dié zhǐhè 紙のツルを折る.

**【合】hé 動閉じる. 閉める. ⇔"开"kāi
‖ ～上书 héshang shū 本を畳む. | ～上
雨伞 héshang yǔsǎn 雨傘を畳む.

**【折】zhé 動畳む. 折り畳む. ‖ ～纸鹤
zhé zhǐhè 紙のツルを折る. | 把信～好 bǎ
xìn zhéhǎo 手紙をきちんと折り畳む.

【折叠】zhédié 動畳む. 折り畳む. ‖ 内
有相片，请勿 nèi yǒu xiàngpiàn, qǐng wù
zhédié (封書の上書きに)写真在中，折
らないでください. | ～床 zhédiéchuáng
折り畳みベッド. | ～伞 zhédiésǎn 折り
畳み傘.

たちば　立場（右上ヘッダー）

たちさる　立ち去る

▶離开　▶去　▶走　▶走开　▶走路
▶走人

★【离开】lí//kāi 動 立ち去る．離れる．離す．別れる．‖～故乡 líkāi gùxiāng 故郷を去る．｜～父母 líkāi fùmǔ 両親と別れる．｜～人世 líkāi rénshì この世から去る．

★【去】qù 動 ❶去る．離れる．‖拂袖而～ fúxiù ér qù 袖を払って去る．｜她年轻轻地就～了 tā niánqīngqīng de jiù qù le 彼女は若くして去った．❷(qu;qù)動詞の後に置いて，人や物が動作とともに話し手のいる所から離れていくことを表す．‖向前跑～ xiàng qián pǎoqu 前方へ駆けていく．｜气球随风飘～ qìqiú suí fēng piāoqu 風船が風に乗って漂っていく．｜自行车被人借～了 zìxíngchē bèi rén jièqu le 自転車は人に貸してやった．

★【走】zǒu 動 離れる．出発する．‖客人～了 kèren zǒu le 客は帰っていった．｜我们～吧 wǒmen zǒu ba 行きましょう．｜大家谁也不愿意～ dàjiā shéi yě bú yuànyì zǒu 誰も立ち去ろうとしない．｜几点～? jǐ diǎn zǒu? いつ出発しますか．

【走开】zǒu/kāi 動 離れる．よける．避ける．‖请你～ qǐng nǐ zǒukāi 道をあけてください．｜待会儿他还来电话，你先别～ dāi huìr tā hái lái diànhuà, nǐ xiān bié zǒukāi しばらくしたらまた彼から電話がかかってきますから，ひとまず，ここにいてください．

【走路】zǒu//lù 動 去る．立ち去る．‖不好好儿干的话，让他～ bù hǎohāor gàn dehuà, ràng tā zǒulù まじめに働かないのならば彼を辞めさせろ．

【走人】zǒurén 動口 去る．立ち去る．‖活还没干完，他就～了 huó hái méi gànwán, tā jiù zǒurén le 仕事がまだ終わっていないのに彼は帰ってしまった．｜他不愿意干，就请他～ tā bú yuànyi gàn, jiù qǐng tā zǒurén 彼にやる気がないのなら，やめてもらうしかない．

たちば　立場

▶处境　▶地位　▶观点　▶境地　▶立场
▶立脚点　▶面子　▶态度

---

*【处境】chǔjìng 图 (苦しい)状況．立場．‖困难的～ kùnnan de chǔjìng 苦しい立場．｜～有些危险 chǔjìng yǒuxiē wēixiǎn いくぶん危険な立場にある．

**【地位】dìwèi 图 地位．‖社会～ shèhuì dìwèi 社会的立場．｜国际～ guójì dìwèi 国際的地位．｜妇女的社会～提高了 fùnǚ de shèhuì dìwèi tígáo le 婦人の社会的地位は向上した．｜这部作品奠定了他在文坛上的～ zhè bù zuòpǐn diàndìngle tā zài wéntán shang de dìwèi この作品で彼の文壇での地位は確固たるものになった．

**【观点】guāndiǎn 图 観点．見解．‖从专家的～陈述意见 cóng zhuānjiā de guāndiǎn chénshù yìjian 専門家の立場から意見を述べる．

*【境地】jìngdì 图 境地．状態．‖他陷入了左右为难的～ tā xiànrùle zuǒyòu wéinán de jìngdì 彼はにっちもさっちも行かない窮地に陥った．

**【立场】lìchǎng 图 立場．態度．‖政治～ zhèngzhì lìchǎng 政治的な立場．｜～动摇 lìchǎng dòngyáo 立場が揺らぐ．｜站稳～ zhànwěn lìchǎng 立場をしっかりさせる．｜阐明～ chǎnmíng lìchǎng 立場を明らかにする．

【立脚点】lìjiǎodiǎn 图 (事物を観察あるいは判断する)立場．観点．立脚点．"立足点"lìzúdiǎn ともいう．‖～不同，观点也就不同 lìjiǎodiǎn bù tóng, guāndiǎn yě jiù bù tóng 立場が違えば，物事の見

427

方も異なるものだ.

*【面子】 miànzi 名 面目. メンツ. 顔. ‖
爱~ ài miànzi メンツを重んじる. ｜丢~
diū miànzi 面目をつぶす. 立場を失う.
｜~大 miànzi dà 顔が広い.

*【态度】 tàidu；tàidù 名 立場. 態度. ‖~
鲜明 tàidu xiānmíng 態度がはっきりし
ている. ｜表明~ biǎomíng tàidu 立場を
明らかにする. ｜采取慎重的~ cǎiqǔ
shènzhòng de tàidu 慎重な態度をとる.

たちまち

▶忽　▶即　▶即刻　▶就　▶立即　▶立刻
▶马上　▶突然　▶一会儿　▶一下子
▶一转眼　▶转眼

【忽】 hū 副 (“忽…忽…”の形で)たちま
ち. …したかと思えば, すぐまた…す
る. ｜声音~大~小 shēngyīn hū dà hū xiǎo
音が大きくなったかと思えばすぐまた
小さくなる. ｜天气~冷~热 tiānqì hū lěng
hū rè 寒くなったり暑くなったりする.

**【即】 jí 副 書 すぐに. すぐさま. 直ちに.
‖一学~会 yì xué jí huì ちょっと学んだ
だけでたちまちできる. ｜招之~来
zhāo zhī jí lái 呼ばれたらすぐ行く.

【即刻】 jíkè 副 書 直ちに. すぐさま. ‖
他听到你生病的消息~赶来了 tā tīngdào
nǐ shēngbìng de xiāoxi jíkè gǎnlai le 彼はあ
なたが病気と聞いてすぐさまやって来
た.

*【就】 jiù 副 (…すると)すぐ. (二つの動
作が引き続いて行われることを表す)‖
他一放下书包~跑出去玩儿了 tā yí fàng-
xia shūbāo jiù pǎochuqu wánr le 彼はかば
んを置くとさっそく遊びに飛び出して
いった. ｜吃完饭~睡了 chīwán fàn jiù shuì
le 御飯を食べてすぐ寝た.

**【立即】 lìjí 副 書 直ちに. 即刻. すぐさ
ま. ‖~照办 lìjí zhàobàn 即座にそのとお

りにする. ｜合同~生效 hétong lìjí shēng-
xiào 契約は直ちに効力が発生する. ｜~
出发 lìjí chūfā 即刻出発する. ｜~答复
lìjí dáfù 即刻回答する.

*【立刻】 lìkè 副 すぐに. 直ちに. 即刻. ‖
我~就去 wǒ lìkè jiù qù 私はすぐに行き
ます. ｜两杯酒下肚, 话~多了起来 liǎng
bēi jiǔ xià dù, huà lìkè duōleqilai お酒が少
し入ると, たちまち饒舌 (じょう)になっ
た. ｜新推出的糕点~就卖光了 xīn tuīchu
de gāodiǎn lìkè jiù màiguāng le 新作の菓
子はたちまち売り切れた.

*【马上】 mǎshàng 副 すぐに. さっそく. ‖
人到齐了~就走 rén dàoqíle mǎshàng jiù
zǒu みんなが揃ったらすぐに出発しよ
う. ｜等一下, 我~就来 děng yíxià, wǒ
mǎshàng jiù lái ちょっと待っていて, す
ぐに行くから. ｜吃了药马上就不痛了
chīle yào mǎshàng jiù bú tòng le 薬を飲ん
だらたちまち痛みがおさまった.

*【突然】 tūrán 形 突然である. 意外であ
る. ‖病情~恶化 bìngqíng tūrán èhuà 病
状が突然悪化した. ｜~下起了雨 tūrán
xiàqile yǔ 急に雨が降り出した. ｜她~
不说了 tā tūrán bù shuō le 彼女は急に黙
り込んだ.

*【一会儿】 yíhuìr 副 (時間的に)少しした
ら. ‖~就吃饭了 yíhuìr jiù chī fàn le も
うすぐ食事の時間だ. ｜不大~就写完了
bú dà yíhuìr jiù xiěwán le まもなく書き終
えた. ｜天暗了下来, 不~开始下起雨来
tiān ànlexialai, bù yíhuìr kāishǐ xiàqi yǔ
lai 空が暗くなってたちまち雨が降りだ
した.

**【一下子】 yíxiàzi 副 いきなり. たちま
ち. “一下儿” yíxiàr／ともいう. ‖天气
~转冷了 tiānqì yíxiàzi zhuǎn lěng le 天気
が急に寒くなった. ｜态度~变了 tàidu
yíxiàzi biàn le 態度がいきなり変わった.
｜外语不是~就能学好的 wàiyǔ bú shì yí-
xiàzi jiù néng xuéhǎo de 外国語はたちま

ちできるようになるというものではない．｜二人～就感到意气相投 èr rén yíxiàzi jiù gǎndào yìqì xiāngtóu 二人はたちまち意気投合した．

【一转眼】 yìzhuǎnyǎn 副 またたく間に．‖～不见了 yìzhuǎnyǎn bújiàn le たちまち見えなくなった．

【转眼】 zhuǎnyǎn 動 またたく．ごくわずかな時間をいう．‖～间参加工作已经一年了 zhuǎnyǎn jiān cānjiā gōngzuò yǐjīng yì nián le 社会に出てからたちまち1年が過ぎた．

たつ　断つ・絶つ

▶杜绝　▶断　▶断绝　▶忌　▶结束　▶戒

*【杜绝】 dùjué 動 (悪いことを)なくす．根絶やしにする．断ち切る．‖～浪费 dùjué làngfèi 浪費を根絶する．｜～事故隐患 dùjué shìgù yǐnhuàn 事故発生のもとを絶つ．

**【断】 duàn 動 ❶とぎれる．絶える．切れる．‖关系～了 guānxi duàn le 関係が切れた．｜～了音信 duànle yīnxìn 音信が途絶えた．｜电话～了 diànhuà duàn le 電話が切れた．❷(タバコや酒などを)断つ．やめる．‖～酒～烟 duàn jiǔ duàn yān 酒を断ちタバコをやめる．

*【断绝】 duànjué 動 断絶する．絶ち切る．‖～联系 duànjué liánxì 関係を断ち切る．｜～交通 duànjué jiāotōng 交通を遮断する．

*【忌】 jì 動 ❶忌(い)み遠ざける．‖这种病要～生冷 zhè zhǒng bìng yào jì shēnglěng この種の病気は生ものや冷たい食べ物を避けなければならない．❷(悪習など)を絶つ．‖～烟 jì yān 禁煙する．

★【结束】 jiéshù 動 終結する．終了する．打ち切る．終わらせる．けりをつける．‖联欢晚会到此～ liánhuān wǎnhuì dào cǐ

jiéshù 交歓会はこのへんでお開きにします．｜暑假就要～了 shǔjià jiù yào jiéshù le 夏休みはもうすぐ終わりだ．

**【戒】 jiè 動 断つ．やめる．‖～酒 jiè jiǔ 酒を断つ．禁酒する．｜～赌 jiè dǔ ばくちをやめる．

たつ　建つ

▶盖　▶建　▶建造　▶兴建　▶修　▶造

**【盖】 gài 動 建てる．建造する．‖～房子 gài fángzi 家を建てる．｜大楼～起来了 dàlóu gàiqilai le ビルができ上がった．｜旁边～了房子，光线差多了 pángbiān gàile fángzi, guāngxiàn chàduō le 隣に家が建ったので日当たりが悪くなった．

*【建】 jiàn 動 建設する．建てる．‖改～ gǎijiàn 改築する．｜～工厂 jiàn gōngchǎng 工場を建てる．｜那边在购物中心～成以前，是一片农田 nàbiān zài gòuwù zhōngxīn jiànchéng yǐqián, shì yí piàn nóngtián あそこはスーパーが建つ前は一面の田んぼだった．

*【建造】 jiànzào 動 建造する．建設する．‖～高楼大厦 jiànzào gāolóu dàshà 高層ビルを建設する．｜～油轮 jiànzào yóulún タンカーを建造する．｜在山顶～了一座气势宏伟的庙 zài shāndǐng jiànzàole yí zuò qìshì hóngwěi de miào 山頂に立派なお堂が建った．

*【兴建】 xīngjiàn 動 (多く比較的規模の大きいものを)建てる．建設する．‖～发电站 xīngjiàn fādiànzhàn 発電所を建設する．｜这一带～起很多商品房 zhè yí dài xīngjiànqi hěn duō shāngpǐnfáng このあたりにたくさんのマンションが建つ．

*【修】 xiū 動 建てる．建設する．敷設する．‖兴～ xīngxiū 建設する．｜～水库 xiū shuǐkù ダムを建造する．｜～地铁 xiū dìtiě 地下鉄工事をする．

429

たつ　立つ

**【造】 zào 動 作る．造る．製作する．‖
～轮船 zào lúnchuán 汽船を建造する．｜
～酒 zào jiǔ 酒を醸造する．｜～预算 zào
yùsuàn 予算を作成する．｜～了一座铜
像 zàole yí zuò tóngxiàng 銅像が建った．

たつ　立つ

▶踮　▶立　▶起来　▶起立　▶站　▶站立
▶站住

【踮】diǎn 動 つま先立つ．"点"とも書く．
‖～起脚，伸着脖子往里看 diǎnqǐ jiǎo,
shēnzhe bózi wǎng lǐ kàn つま先立ちして，
首を伸ばして中をのぞく．

**【立】 lì 動 立つ．‖坐～不安 zuò lì bù'ān
居ても立ってもいられない．｜卫兵～于
大门两旁 wèibīng lìyú dàmén liǎngpáng 衛
兵が表門の両脇(りょうきょう)に立っている．

★【起来】 qǐ//lai(lái) 動 ❶起き上がる．立
ち上がる．‖你～，给老奶奶让个座儿吧
nǐ qǐlai, gěi lǎonǎinai ràng ge zuòr ba（座っ
ている）君が立って，おばあさんを座
らせてあげなさい．❷奋起する．立ち
上がる．‖工人们～了! gōngrénmen qǐlai
le! 労働者は立ち上がった．

【起立】qǐlì 動 起立する．（多く号令に用
いる）‖全体～! 敬礼! quántǐ qǐlì! jìnglǐ!
全員起立，礼!

★【站】 zhàn 動 立つ．‖～在门口 zhànzài
ménkǒu 入り口に立つ．｜～着说话 zhàn-
zhe shuōhuà 立って話をする．｜～到后边
儿去! zhàndào hòubiānr qù! 後へ行って
立ってなさい!｜～起来回答老师的问题
zhànqilai huídá lǎoshī de wèntí 立ち上がっ
て先生の問いに答える．｜女儿～在妈妈
一边 nǚ'ér zhànzài māma yìbiān 娘はお母
さんの味方をする．

【站立】zhànlì 動 立つ．‖他默默地～在
窗前 tā mòmò de zhànlìzài chuāngqián 彼は
じっと黙ったまま窓辺に立っている．｜

猴子有时候～起来用两条后腿走路 hóuzi
yǒu shíhou zhànlìqilai yòng liǎng tiáo hòutuǐ
zǒulù サルは時には立って二本足で歩
くこともある．

【站住】zhàn//zhù 動 しっかりと立つ．‖
孩子扶着东西刚刚能～ háizi fúzhe dōngxi
gānggāng néng zhànzhù 子供は物につか
まってやっと立てるようになったばか
りだ．

たっする　達する

▶达　▶达成　▶达到　▶到　▶到达
▶实现　▶完成

*【达】 dá 動（目的や大きな数に）到達す
る．達成する．‖不～目的决不罢休 bù
dá mùdì jué bú bàxiū 目的を達成するまで
は絶対に手を引かない．｜参观者～数
万人 cānguānzhě dá shù wàn rén 見学者は
数万人に達する．｜成功率～百分之百
chénggōnglù dá bǎi fēn zhī bǎi 成功率は
100パーセントに達する．

*【达成】 dá//chéng 動（話し合いの結果）
成立する．達する．‖双方就有关合作
项目～协议 shuāngfāng jiù yǒuguān hézuò
xiàngmù dáchéng xiéyì 双方が協力プロ
ジェクトに関して合意した．

**【达到】 dá//dào 動（抽象的到達点に）達
する．到達する．達成する．‖产量～
历史最高水平 chǎnliàng dádào lìshǐ zuì gāo
shuǐpíng 生産量は史上最高レベルに達
する．｜达不到设计要求 dábudào shèjì yāo-
qiú 設計上の要求を達成できない．

★【到】 dào 動 ❶到達する．至る．到着す
る．‖不～一百人 bú dào yìbǎi rén 100人
に達しない．❷動詞の後に置き，動作
の結果を表す．‖等～三点他才来 děng-
dào sān diǎn tā cái lái 3時まで待って彼
はようやく来た．｜他们俩一直谈～深夜
tāmen liǎ yìzhí tándào shēnyè 彼ら二人は

430

ずっと夜更けまで語り合った.

**【到达】 dàodá 動(具体的地点に)到着する．至る．着く．(目的語は場所を表す語に限られる)‖〜北极点 dàodá běijídiǎn 北極点に達した．│飞机正点〜 fēijī zhèngdiǎn dàodá 飛行機は定刻どおりに到着した．

*【实现】 shíxiàn 動実現する．達成する．‖多年的愿望终于〜了 duōnián de yuànwàng zhōngyú shíxiàn le 長年の願いがついにかなった．│永远无法〜的梦想 yǒngyuǎn wúfǎ shíxiàn de mèngxiǎng 永遠に実現不可能な夢．│〜现代化 shíxiàn xiàndàihuà 近代化を達成する．

*【完成】 wán//chéng 動完成する．やり終える．成し遂げる．‖任务已经〜了 rènwu yǐjīng wánchéng le 任務は達した.│按时〜作业 ànshí wánchéng zuòyè 期限内に宿題をやり終える．│完不成计划 wánbuchéng jìhuà 計画を成し遂げられない．

たっぷり ⇒ 【十分】

たて 縦

▶长　▶高　▶竖　▶直　▶纵　▶纵向

★【长】 cháng 形長さを表す．長さ．‖长方形的〜和宽 chángfāngxíng de cháng hé kuān 長方形の縦と横．

★【高】 gāo 形高さを表す．高さ．‖那棵树有十米 nà kē shù yǒu shí mǐ gāo あの木は高さが10メートルある．│〜两米，宽一米 gāo liǎng mǐ, kuān yì mǐ 高さは2メートルで，幅は1メートルである．

*【竖】 shù 形❶縦の．⇔"横"héng‖〜琴 shùqín たてごと．❷上下の．前後方向の．⇔"横"héng‖〜线 shùxiàn 縦線．│〜着写 shùzhe xiě 縦に書く．图(〜儿)

(漢字の筆画の一つ)縦棒．‖"十"字是一横一〜 "shí" zì shì yì héng yí shù「十」という字は横棒を引いて縦棒を書く．

【直】 zhí 形縦の．⇔"横"héng‖这段文章〜排 zhè duàn wénzhāng zhí pái この段落の文は縦書きである．│游泳池〜里有五十米 yóuyǒngchí zhí li yǒu wǔshí mǐ プールの縦の長さは50メートルある．

【纵】 zòng 形縦の．南北方向の．⇔"横"héng‖〜坐标 zòngzuòbiāo 縦座標．│〜贯 zòngguàn 縦貫する．

【纵向】 zòngxiàng 形❶縦の．上下の．‖进行〜对比 jìnxíng zòngxiàng duìbǐ 縦に比べてみる．❷南北の．

たてる 建てる

▶搭　▶盖　▶建　▶建立　▶建造　▶树立
▶兴建　▶修　▶修建

*【搭】 dā 動架ける．組む．組み立てる．‖〜帐篷 dā zhàngpeng テントを張る．│〜脚手架 dā jiǎoshǒujià 工事の足場を組む．│〜桥 dāqiáo 橋を架ける．│鸟在树上〜了个窝儿 niǎo zài shù shang dāle ge wōr 鳥が木の上に巣をかけた．

*【盖】 gài 動建てる．建造する．‖〜房子 gài fángzi 家を建てる．│大楼〜起来了 dàlóu gàiqilai le ビルができ上がった．│翻〜 fāngài 建て直す．

*【建】 jiàn 動建設する．建てる．‖改〜 gǎijiàn 改築する．│〜工厂 jiàn gōngchǎng 工場を建てる．

**【建立】 jiànlì 動打ち立てる．築く．樹立する．(何もないところから始めて，作り上げる．具体的事物にも抽象的事物にも用いる)‖〜邦交 jiànlì bāngjiāo 国交を樹立する．│〜政权 jiànlì zhèngquán 政権を築く．

*【建造】 jiànzào 動建造する．建設する．‖高楼大厦 jiànzào gāolóu dàshà 高層

ビルを建設する.｜～油轮 jiànzào yóulún タンカーを建造する.

*【树立】shùlì 動 築く. 打ち立てる.（抽象的で好ましいものを形成する. 多く抽象的概念に用いる）‖～威信 shùlì wēixìn 威信を築く.｜～新风尚 shùlì xīn fēngshàng 新しい気風を打ち立てる.

*【兴建】xīngjiàn 動（多く比較的な規模の大きいものを）建てる. 建設する.‖～发电站 xīngjiàn fādiànzhàn 発電所を建設する.

*【修】xiū 動 建てる. 建設する. 敷設する.‖兴～ xīngxiū 建設する.｜～水库 xiū shuǐkù ダムを建造する.｜地铁 xiū dìtiě 地下鉄工事をする.

*【修建】xiūjiàn 動 施工する. 建設する. 敷設する.‖～水库 xiūjiàn shuǐkù ダムを建設する.｜～铁桥 xiūjiàn tiěqiáo 鉄橋を建造する.

たてる　立てる

▶靠　▶立　▶竖　▶竖立　▶竖起　▶支

*【靠】kào 動（物を）立て掛ける.‖扫把～在墙上 sàobǎ kàozài qiáng shang ほうきが壁に立て掛けてある.

**【立】lì 動（物を）立たせる.（横になっている物を）縦にする.‖把梯子～在墙边 bǎ tīzi lìzài qiáng biān はしごを壁に立て掛ける.｜～桩子 lì zhuāngzi 杭(くい)を立てる.

*【竖】shù 動 縦にする. まっすぐに立てる.‖～天线 shù tiānxiàn アンテナを立てる.｜～大拇指 shù dàmǔzhǐ 親指を立てる（ほめたたえる意の動作）.

【竖立】shùlì 動 直立する. 立てる.‖把竹竿～起来 bǎ zhúgān shùlìqilai 竹竿をまっすぐに立てる.

【竖起】shù//qi(qǐ) 動 立てる.‖～耳朵 shùqi ěrduo 耳をそばだてる.｜大家朝他

～了大拇指 dàjiā cháo tā shùqile dàmǔzhǐ みんなは彼に向かって親指を立ててほめたたえた.

*【支】zhī 動 ❶支える.‖～帐篷 zhī zhàng-peng テントを張る.｜用手～着下巴 yòng shǒu zhīzhe xiàba 頬づえを突いている.｜他骑在车上，一只脚～着地 tā qízài chē shang, yì zhī jiǎo zhīzhe dì 彼は自転車にまたがったまま，片足を地面に着けて支えている. ❷（上向きまたは外側へ）ぴんと伸ばす. 突き立てる.‖～起耳朵听 zhīqi ěrduo tīng 耳をそばだてて聞く.

たとえば

▶比方　▶比如　▶例如　▶譬如　▶如
▶像

*【比方】bǐfang 接 たとえば. 仮に. "比方说" bǐfang shuō ともいう.‖你应该多运动，～打球、跑跑步什么的 nǐ yīng-gāi duō yùndòng, bǐfang dǎda qiú, pǎopao bù shénme de たとえば球技とかジョギングとか，もっと運動したほうがいい.｜～你我是第一次见面，该怎么打招呼呢? bǐfang nǐ wǒ shì dì yí cì jiànmiàn, gāi zěnme dǎ zhāohu ne? 仮に僕らが初対面だとしたら，どう挨拶すればいいんだい.

**【比如】bǐrú 接 たとえて言う. "比如说" bǐrú shuō ともいう.‖他的爱好很多，～游泳、打网球、摄影等等 tā de àihào hěn duō, bǐrú yóuyǒng, dǎ wǎngqiú, shèyǐng děngděng 彼は趣味が多い，たとえば水泳・テニス・カメラなどである.｜有些疾病，～癌症，目前还没有理想的治疗方法 yǒuxiē jíbìng, bǐrú áizhèng, mùqián hái méiyou lǐxiǎng de zhìliáo fāngfǎ ある種の病気，たとえばがんなどは現在まだ理想的な治療法がない.

★【例如】lìrú 接 例を挙げる.（多く書き

言葉に用いる)‖日本的传统艺术，～歌舞伎，能乐等 Rìběn de chuántǒng yìshù, lìrú Gēwǔjì, Néngyuè děng 日本の伝統芸能, たとえば歌舞伎や能など.

*【譬如】pìrú 勔 例を挙げる.‖～说 pìrú shuō たとえば.｜～像今天这种天气就不适于飞行 pìrú xiàng jīntiān zhè zhǒng tiānqì jiù bú shìyú fēixíng 今日のような天候は飛行に適さない.

**【如】rú 勔 たとえば…である.‖北京有许多名胜古迹，～天坛、故宫、颐和园等 Běijīng yǒu xǔduō míngshèng gǔjì, rú Tiāntán, Gùgōng, Yíhéyuán děng 北京には名所旧跡が多数ある，たとえば天壇・故宮・颐和園(⁽ᵂᵉ⁾ん)などである.

★【像】xiàng 勔 たとえば…のようである.‖他经常换工作，～刷碗、扫地什么的，他都干过 tā jīngcháng huàn gōngzuò, xiàng shuā wǎn, sǎodì shénme de, tā dōu gànguo 彼はよく仕事を変える，皿洗いとか清掃の仕事とかなんでもやったことがある.

たにん　他人

▶別人　▶第三者　▶局外人　▶陌生人
▶旁人　▶人　▶人家　▶他人　▶外人

★【別人】biéren；biérén 代 他人.‖～的事，我不管 biéren de shì, wǒ bù guǎn 人の事に私は口出ししない.｜不要总羡慕～的生活 búyào zǒng xiànmù biéren de shēnghuó 人の生活をうらやむな.

【第三者】dìsānzhě 图 第三者.‖站在～的立场看问题 zhànzài dìsānzhě de lìchǎng kàn wèntí 第三者の立場に立って問題を考える.

【局外人】júwàirén 图 局外者. 第三者.‖～不了解情况 júwàirén bù liǎojiě qíngkuàng 局外者は事情を知らない.

【陌生人】mòshēngrén 图 見知らぬ人.

赤の他人.‖不要随便跟～说话 búyào suíbiàn gēn mòshēngrén dāhuà 知らない人と自由に話してはいけない.

【旁人】pángrén 代 他人. ほかの人. 部外者. 関係のない人.‖视若～ shì ruò pángrén 赤の他人を見るような目で見る.｜这件事千万不要对～讲, 你知道就行了 zhè jiàn shì qiānwàn búyào duì pángrén jiǎng, nǐ zhīdào jiù xíng le この件はくれぐれも他人に話さないでくれ, あなた一人が承知していればよい.

★【人】rén 图 他人. ほかの人.‖叫～笑话 jiào rén xiàohuà 人に笑われる.｜待～诚恳 dàirén chéngkěn 人に誠意をもって接する.

*【人家】rénjia 代 ❶他人. よその人. 人様.‖～怎么做, 我们就怎么做 rénjia zěnme zuò, wǒmen jiù zěnme zuò 人がやったように我々もやる.｜看～两口子多亲热 kàn rénjia liǎngkǒuzi duō qīnrè あの夫婦はなんて仲がいいんだろう. ❷あの人. あの人たち.‖别给～捣乱了 bié gěi rénjia dǎoluàn le あの人のじゃまをしてはいけない.

*【他人】tārén 代 他の人. 他人.‖只顾自己, 不管～ zhǐ gù zìjǐ, bù guǎn tārén 自分のことだけ考えて, 他人のことには構わない.

【外人】wàirén 图 ❶何の縁もない人. 他人.‖我又不是～, 跟我客气什么 wǒ yòu bú shì wàirén, gēn wǒ kèqi shénme 他人ではあるまいし, 私に何を遠慮することがあるものか. ❷部外者. 外部の人.‖别让～知道 bié ràng wàirén zhīdao 外部の人に知られないようにしなさい.｜这事不要对～说 zhè shì búyào duì wàirén shuō このことは部外者に言ってはいけない.

たね　種

▶果核　▶核　▶核儿　▶种　▶种子　▶子

【果核】guǒhé 图〔果実の〕核(さね).

*【核】hé 图 果実の種.‖杏～ xìnghé アンズの種.｜桃～ táohé 桃の種.

【核儿】húr 图口 さね.芯(しん).‖梨～ líhúr ナシの実の芯.

★【种】zhǒng (～儿) 图❶(植物の)種子.‖玉米～ yùmǐ zhǒng トウモロコシの種.｜播～ bōzhǒng 種まきする.❷(繁殖させるための)種(しゅ).‖配～ pèizhǒng 交配する.｜传～ chuánzhǒng (優良種を残すために)種子を保存する.種付けをする.

**【种子】zhǒngzi 图(植物の)種.種子.‖小麦～ xiǎomài zhǒngzi コムギの種子.｜播下了希望的～ bōxiale xīwàng de zhǒngzi 希望の種をまいた.

*【子】zǐ (～儿) 图❶種子.‖瓜～儿 guā-zǐr カボチャなどの種.｜莲～ liánzǐ ハスの実.｜葵花～儿 kuíhuāzǐr ヒマワリの種.｜这种葡萄没～儿 zhè zhǒng pútao méi zǐr この種のブドウには種がない.❷堅くて粒状のもの.‖枪～儿 qiāngzǐr 銃弾.｜石头～儿 shítouzǐr 石ころ.

たのしい　楽しい

▶高兴　▶欢乐　▶欢喜　▶开心　▶快活
▶快乐　▶乐　▶有趣　▶有意思　▶愉快

★【高兴】gāoxìng 形 嬉しい.喜ばしい.愉快だ.‖老友重逢, 分外～ lǎoyǒu chóngféng, fènwài gāoxìng 旧友と再会し格別に嬉しい.｜孩子们高高兴兴地走了 háizimen gāogāoxìngxìng de zǒu le 子供たちは楽しそうに帰った.

*【欢乐】huānlè 形 楽しい.喜ばしい.浮き浮きした.‖舞会上充满了～的气氛 wǔhuì shang chōngmǎnle huānlè de qìfen ダンスパーティーの会場は浮き浮きしたムードに満ちあふれている.｜～的晚会 huānlè de wǎnhuì 楽しい夜会.

*【欢喜】huānxǐ 形 嬉しい.楽しい.‖脸上露出～的笑容 liǎn shang lùchū huānxǐ de xiàoróng 顔に嬉しそうな笑みが現れる.｜欢欢喜喜迎新年 huānhuānxǐxǐ yíng xīnnián 楽しく新年を迎える.

*【开心】kāixīn 形 楽しい.愉快である.‖～话 kāixīn huà 楽しい話.｜今天玩儿得真～ jīntiān wánrde zhēn kāixīn 今日はとても楽しく遊んだ.

【快活】kuàihuo 形 楽しい.嬉しい.愉快である.‖心里很～ xīnli hěn kuàihuo 嬉しくてたまらない.｜过得很～ guòde hěn kuàihuo とても楽しく過ごした.

**【快乐】kuàilè 形 楽しい.愉快である.‖～地玩儿着 kuàilè de wánrzhe 楽しそうに遊んでいる.｜暑假过得很～ shǔjià guòde hěn kuàilè 夏休みはとても楽しかった.｜充满了～ chōngmǎnle kuàilè 楽しさに満ち満ちている.｜祝新年～ zhù xīnnián kuàilè 楽しい新年をお迎えください(年賀状の慣用語).

*【乐】lè 形 楽しい.嬉しい.喜ばしい.‖听了这个消息, 他～得心里开了花 tīngle zhège xiāoxi, tā lède xīnli kāile huā そのニュースを聞き, 彼は嬉しくてたまらなかった.｜～得嘴都合不上了 lède zuǐ dōu hébushàng le 嬉しくてにこにこし通しだった.

**【有趣】yǒuqù (～儿) 形 面白い.興味深い.‖～的故事 yǒuqù de gùshi 興味深い物語.｜他说话真～ tā shuōhuà zhēn yǒuqù 彼の話はほんとうに面白い.

【有意思】yǒu yìsi 組 面白い.意義がある.‖这本书很～ zhè běn shū hěn yǒu yìsi この本はとても面白い.｜今天玩儿得很～ jīntiān wánrde hěn yǒu yìsi 今日はとても楽しく遊んだ.

★【愉快】yúkuài 形愉快である．楽しい．
‖心情~ xīnqíng yúkuài 愉快である．｜
发出~的笑声 fāchū yúkuài de xiàoshēng
楽しそうな笑い声をたてる．｜暑假过
得很~ shǔjià guòde hěn yúkuài 夏休みを
楽しく過ごした．

たのしみにする　楽しみにする
▶盼　▶盼望　▶期待　▶期望

*【盼】pàn 動期待する．待ち望む．‖~
亲人 pàn qīnrén 家族を待ちわびる．｜~
了多年／pànle duō nián 長年待ち望んで
いた．｜小孩子就~着过新年 xiǎoháizi jiù
pànzhe guò xīnnián 子供はお正月を楽し
みにしている．｜~着抱孙子 pànzhe bào
sūnzi 孫の誕生を楽しみに待っている．

*【盼望】pànwàng 動待ち望む．切望す
る．‖母亲~儿子早日学成归来 mǔqin
pànwàng érzi zǎorì xuéchéng guīlái 母親は
我が子が一日も早く学問を修めて帰っ
てくることを待ち望んでいる．｜我们早
就~着这一天了 wǒmen zǎojiù pànwàngzhe
zhè yì tiān le 私たちはずっと前からこの
日を楽しみに待っていた．｜孩子们~着
游泳池快开 háizimen pànwàngzhe yóuyǒng-
chí kuài kāi 子供たちはプール開きを楽
しみにしている．

*【期待】qīdài 動期待する．切望する．‖
~亲人早日归来 qīdài qīnrén zǎorì guīlái
家族の者が一日でも早く戻ってくること
を待ち望む．｜~着胜利消息 qīdàizhe
shènglì xiāoxi 勝利の知らせを楽しみに
している．

*【期望】qīwàng 動期待する．望みをか
ける．‖父母~他早日学成归国 fùmǔ qī-
wàng tā zǎorì xuéchéng guīguó 両親は彼が
一日でも早く学業を修めて帰国するこ
とを待ち望んでいる．

たのしむ　楽しむ
▶观赏　▶取乐　▶赏心悦目　▶玩儿
▶享受　▶享用　▶欣赏　▶娱乐　▶愉快
▶自得其乐　▶作乐

*【观赏】guānshǎng 動観賞する．見て楽
しむ．‖~樱花 guānshǎng yīnghuā 花見
をする．｜~精彩杂技表演 guānshǎng jīng-
cǎi zájì biǎoyǎn すばらしい雑技の公演
を楽しむ．

【取乐】qǔlè(~儿) 動(何かをして，そ
れを)楽しみとする．慰みにする．‖饮
酒~ yǐn jiǔ qǔlè 酒を飲むことを楽しみ
とする．

【赏心悦目】shǎng xīn yuè mù 成(美しい
風景などを見て)心や目を楽しませる．
美しいものに接して楽しむ．

★【玩儿】wánr 動(スポーツやゲームなど
を)する．興じる．‖~足球 wánr zúqiú
サッカーをやる．｜~扑克 wánr pūkè ト
ランプをする．｜~捉迷藏 wánr zhuōmí-
cáng 隠れんぼをする．｜爸爸喜欢~摄
影 bàba xǐhuan wánr shèyǐng 父は写真を
撮るのが好きだ．

*【享受】xiǎngshòu 動享受する．受ける．
‖~到了家庭的温暖 xiǎngshòudàole jiā-
tíng de wēnnuǎn 家庭の暖かさを楽しん
だ．

【享用】xiǎngyòng 動楽しむ．エンジョ
イする．‖我们尽情~了满桌子的山
珍海味 wǒmen jìnqíng de xiǎngyòngle mǎn
zhuōzi de shān zhēn hǎi wèi 僕たちはテー
ブルに所狭しと並んだ山海の珍味を心
ゆくまで楽しんだ．

*【欣赏】xīnshǎng 動鑑賞する．‖~音乐
xīnshǎng yīnyuè 音楽を鑑賞する．｜~夜
景 xīnshǎng yèjǐng 夜景を楽しむ．

*【娱乐】yúlè 動楽しむ．遊ぶ．‖~活动
yúlè huódòng 娯楽活動．レクリエーショ
ン．｜~场所 yúlè chǎngsuǒ 娯楽施設．

たのむ　頼む

レクリエーション施設．｜別光闷头学习，到外面去～ ～吧 bié guāng mēntóu xuéxí, dào wàimiàn qù yúlèyúlè ba 机にかじりついてばかりいないで，遊んできたらどうだ．

★【愉快】yúkuài 形 愉快である．楽しい．｜心情～ xīnqíng yúkuài 愉快である．｜首相和运动员～地进行了交流 shǒuxiàng hé yùndòngyuán yúkuài de jìnxíngle jiāoliú 首相はスポーツ選手との交流を楽しんだ．｜夏威夷的度假，过得很～ Xiàwēiyí de dùjià, guòde hěn yúkuài ハワイでの休暇を楽しんだ．

【自得其乐】zì dé qí lè 成 (ある物事に)面白みを感じる．(ある境地を)楽しむ．

【作乐】zuòlè 動 楽しむ．楽しみごとをする．｜寻欢～ xúnhuān zuòlè 歓楽にふける．｜饮酒～ yǐnjiǔ zuòlè 酒を飲んで楽しむ．

たのむ　頼む

▶哀求　▶拜托　▶恳求　▶请　▶请求
▶求　▶托　▶托付　▶委托　▶相求

*【哀求】āiqiú 動 (自分より力のある人に)切々と頼む．嘆願する．｜～领导批准 āiqiú lǐngdǎo pīzhǔn 上司に許可を嘆願する．

*【拜托】bàituō 動 謙 頼む．依頼する．｜这件事就全～您啦 zhè jiàn shì jiù quán bàituō nín la この件はあなたにいっさいお任せいたします．｜这包东西～您带给他 zhè bāo dōngxi bàituō nín dàigěi tā この包みを彼にお渡しくださるようお願いします．

*【恳求】kěnqiú 動 懇願する．切に求める．｜～批准 kěnqiú pīzhǔn なにとぞご承認ください．｜～大家原谅他 kěnqiú dàjiā yuánliàng tā どうかみなさん彼を許してやってください．

★【请】qǐng 動 ❶請う．請い求める．｜～您明天来一趟 qǐng nín míngtiān lái yí tàng 明日一度おいでください．｜～老师原谅 qǐng lǎoshī yuánliàng 先生に許しを請う．❷敬 頼む．要望する．どうぞ…してください．｜～坐 qǐng zuò お座りください．｜～提宝贵意见 qǐng tí bǎoguì yìjiàn どうぞ貴重なご意見をお聞かせください．｜～不要在室内吸烟 qǐng búyào zài shìnèi xīyān 室内での喫煙はご遠慮ください．

**【请求】qǐngqiú 動 頼む．求める．｜～原谅 qǐngqiú yuánliàng 許しを求める．｜～别人帮助 qǐngqiú biéren bāngzhù 他人に援助を頼む．｜她～父母允许她去留学 tā qǐngqiú fùmǔ yǔnxǔ tā qù liúxué 彼女は両親に留学を許可してくれるよう頼んだ．

**【求】qiú 動 請う．頼む．｜～你点儿事 qiú nǐ diǎnr shì 君にちょっと頼みごとがある．｜～他帮个忙 qiú tā bāng ge máng 彼に手助けをしてくれるよう頼む．｜～～你别生气了 qiúqiu nǐ bié shēngqì le お願いだから腹を立てないでください．

*【托】tuō 動 人に頼んでやってもらう．依託する．｜～人找工作 tuō rén zhǎo gōngzuò 人に頼んで就職口を探してもらう．｜～人捎口信 tuō rén shāo kǒuxìn 人に伝言をことづける．｜受人之～ shòu rén zhī tuō 人から頼まれる．

【托付】tuōfù 動 依託する．託する．頼む．｜我不在期间，公司的事儿全～给你 wǒ búzài qījiān, gōngsī de shìr quán tuōfùgěi nǐ le 私のいない間，会社のことはすべて君に頼んだよ．

*【委托】wěituō 動 任せる．依頼する．｜受人～ shòu rén wěituō 人から依頼される．｜这事就～给你了 zhè shì jiù wěituōgěi nǐ le この件は君に頼んだぞ．｜我想～你一件事 wǒ xiǎng wěituō nǐ yí jiàn shì あなたにお願いしたいことがあります．

【相求】xiāngqiú 動 お願いする．頼む．

436

‖ 今有一事～ jīn yǒu yí shì xiāng qiú ひ
とつお頼みしたいことがあります.

たびたび

▶常常　▶多次　▶经常　▶屡次　▶每每
▶三番五次　▶再三

★【常常】chángcháng 副 よく. いつも. た
びたび. ‖ ～听到这种说法 chángcháng
tīngdào zhè zhǒng shuōfa たびたびこうし
た言い方を聞く. | 以前他～来这儿, 但
最近不常来了 yǐqián tā chángcháng lái zhèr,
dàn zuìjìn bù cháng lái le 前には彼はよく
来たものだが, このところあまり来な
くなった.

【多次】duō cì 組 数度. 繰り返し. ‖ 好
～ hǎoduō cì いくどもいくども. | 提
醒过他 duō cì tíxǐngguo tā 何回も彼に注
意した. | 他们实验了～, 毫无结果 tā-
men shíyànle duō cì, háowú jiéguǒ 彼らは
繰り返し実験したが, ぜんぜん結果が
出ない.

★【经常】jīngcháng 副 いつも. しょっちゅ
う. よく. ‖ ～散步对身体有好处 jīng-
cháng sànbù duì shēntǐ yǒu hǎochù しょっ
ちゅう散步をすると体にいい. | 这趟火
车～晚点 zhè tàng huǒchē jīngcháng wǎndiǎn
この列車はよく遅れる. | 这种事不～有
zhè zhǒng shì bù jīngcháng yǒu こんなこと
はめったにない.

*【屡次】lǚcì 副 たびたび. 幾度も. ‖ ～
登门拜访 lǚcì dēngmén bàifǎng たびたび
訪れる. | ～创造新记录 lǚcì chuàngzào
xīnjìlù しばしば新記録をつくる.

【每每】měiměi 副 たびたび. いつも. ‖
他们～一谈就是好几个钟头 tāmen měi-
měi yì tán jiùshì hǎojǐ ge zhōngtóu 彼らが
おしゃべりし出すといつも何時間にも
なる. | 他的建议～被否定 tā de jiànyì
měiměi bèi fǒudìng 彼の提言はしばしば

否定される.

*【三番五次】sān fān wǔ cì 成 何度も. 繰
り返し. 再三再四. ‖ 他～写信来催促这
件事 tā sān fān wǔ cì xiě xìn lái cuīcù zhè jiàn
shì 彼は何度も手紙でこの件について
催促してきている.

*【再三】zàisān 副 再三. 何度も. ‖ ～再
四 zàisān zàisì 再三再四. | ～要求 zàisān
yāoqiú たびたび要求する. | 我～向他
道谢 wǒ zàisān xiàng tā dàoxiè 私は何度
も彼に礼を言った.

たぶん　⇒【おそらく】

たべる　食べる

▶尝　▶吃　▶撮　▶喝　▶胡吃海塞
▶狼吞虎咽　▶品尝　▶食　▶食用　▶喂
▶用

**【尝】cháng 動 味をみる. 味わう. 食べ
てみる. ‖ ～～味道怎么样 chángchang
wèidao zěnmeyàng どんな味か試しに味
わってみる. | ～～咸淡 chángchang xián-
dàn 塩かげんを見る.

★【吃】chī 動 ❶食べる. ‖ 他把饺子全～
了 tā bǎ jiǎozi quán chī le 彼はギョーザを
すっかり平らげた. | 他～得很香 tā chī-
de hěn xiāng 彼はとてもおいしそうに食
べている. ❷(薬やタバコなどを)飲む.
吸う. ‖ ～药 chī yào 薬を飲む. | ～奶
chī nǎi おっぱいを吸う. | ～烟 chī yān
タバコを吸う. ❸ある場所で食事する.
‖ ～食堂 chī shítáng 食堂で食べる. |
～馆子 chī guǎnzi 料理屋で食事する.

【撮】cuō 動 豪勢に飲み食いする. ごち
そうを食べる. ‖ 请大家～一顿 qǐng dà-
jiā cuō yí dùn みんなに食事をおごる.

★【喝】hē 動 飲む. ‖ ～水 hē shuǐ 水を飲
む. | ～茶 hē chá お茶を飲む. | ～粥 hē

だます

zhōu 粥を食べる.

【胡吃海塞】hú chī hǎi sāi 慣 むやみやたらと食う.

【狼吞虎咽】láng tūn hǔ yàn 成 (まるでオオカミかトラのように)がつがつと食う. むさぼるように食う.

*【品尝】pǐncháng 動 味見する. 味わう. ‖ 细细~ xìxì pǐncháng 細かに味わう. │这是我们的家乡菜，请大家~ zhè shì wǒmen de jiāxiāngcài, qǐng dàjiā pǐncháng これは私の故郷の料理です，みなさんどうぞ召し上がってください.

*【食】shí 動 食べる. ‖ 忌~生冷 jì shí shēnglěng 生ものや冷たいものを避ける.

*【食用】shíyòng 動 食用にする. ‖ ~色素 shíyòng sèsù 食用色素. │根、叶均可~ gēn、yè jūn kě shíyòng 根っこも葉っぱも食べられる.

**【喂】wèi 動 食べさせる. 飲ませる. ‖ ~饭 wèi fàn 御飯を食べさせる. │~奶 wèi nǎi 乳を飲ませる. 授乳する. │用调羹一口一口地~ yòng tiáogēng yì kǒu yì kǒu de wèi さじで一口ずつ食べさせる.

★【用】yòng 動 敬 召し上がる. ‖ ~饭 yòngfàn どうぞお召し上がりください. │请~茶 qǐng yòng chá お茶をどうぞ.

─────────────

だます

▶哄 ▶瞒 ▶蒙骗 ▶骗 ▶骗取 ▶欺骗
▶上当

*【哄】hǒng 動 だます. たぶらかす. 欺く. ‖ 你想~我，我才不上当呢 nǐ xiǎng hǒng wǒ, wǒ cái bú shàngdàng ne 私をだまそうとしたって，だまされないぞ. │别信他的话，他净~人 bié xìn tā de huà, tā jìng hǒng rén 彼の話を信じてはいけない，人をだましてばかりいるのだから.

*【瞒】mán 動 本当の事を隠す. 欺く. ‖

隐~ yǐnmán 隠し立てする. │~着父母报了名 mánzhe fùmǔ bàole míng 両親の目をごまかして申し込んだ. │不~你说，我也没有信心 bù mán nǐ shuō, wǒ yě méiyou xìnxīn 正直に言って，僕も自信がない.

【蒙骗】mēngpiàn 動 だます. ごまかす. ‖ ~顾客 mēngpiàn gùkè 客をだます.

**【骗】piàn 動 ❶だます. ペテンにかける. 欺く. かつぐ. ‖ 受~ shòupiàn だまされる. │那人~了他 nà rén piànle tā あいつは彼をだました. │这种话~得了谁! zhè zhǒng huà piàndeliǎo shéi! そんな話に誰がだまされるものか. ❷(金品を)だまし取る. かたり取る. ‖ ~钱 piànqián 金をだまし取る. │被~去了五百元钱 bèi piànqule wǔbǎi yuán qián 500元だまし取られた.

【骗取】piànqǔ 動 だまし取る. かたり取る. ‖ ~钱财 piànqǔ qiáncái 財貨をかたり取る. │~别人的信任 piànqǔ biéren de xìnrèn 他人の信頼をだまし取る.

**【欺骗】qīpiàn 動 欺く. だます. ‖ ~顾客 qīpiàn gùkè 客をだます. │~民众 qīpiàn mínzhòng 民衆を欺く. │~手段 qīpiàn shǒuduàn だましの手口. │受~ shòu qīpiàn だまされる.

**【上当】shàng//dàng 動 だまされる. わなにかかる. 計略に陥る. ‖ ~受骗 shàngdàng shòupiàn ペテンにひっかかる. │上过一回当 shàngguo yì huí dàng 一度だまされたことがある. │千万不要上他的当 qiānwàn búyào shàng tā de dàng 絶対に彼にだまされないように気をつけなさい.

─────────────

たまに　⇒【ときに】

たまらない

▶不得了　▶不可开交　▶不像话　▶慌
▶忍无可忍　▶死　▶受不了　▶咽不下去
▶要命

**【不得了】bùdéliǎo 形 (程度が)甚だしい. ‖气得～ qìde bùdéliǎo ひどく腹を立てた. ｜忙得～ mángde bùdéliǎo 忙しくてたまらない.

【不可开交】bù kě kāi jiāo 慣 (補語として"得" de の後に置いて)たまらない. しかたがない. ‖忙得～ mángde bù kě kāi jiāo 忙しくてしかたない. ｜吵得～ chǎode bù kě kāi jiāo うるさくてたまらない.

*【不像话】bùxiànghuà 形 でたらめだ. なっていない. 話にならない. あきれた. ‖他怎么动手打人, 太～了 tā zěnme dòngshǒu dǎ rén, tài búxiànghuà le 暴力をふるうとは, 彼はまったくけしからん. ｜房间里脏得～ fángjiān li zāngde búxiànghuà 部屋の中があきれるほど汚い.

**【慌】huang 形 (〔…得慌〕の形で) …でたまらない. …でやりきれない. ひどく…である. ‖饿得～ èdehuang ひもじくてたまらない. ｜累得～ lèidehuang ひどく疲れた. ｜夜里没睡好, 白天困得～ yèli méi shuìhǎo, báitiān kùndehuang 夜よく眠れなかったので, 日中眠くてしかたがない.

【忍无可忍】rěn wú kě rěn 慣 耐えるに耐えられない. これ以上我慢できない. 堪忍袋の緒が切れる.

★【死】sǐ 形 (動詞や形容詞の後に置き)程度が甚だしいことを表す. ‖吓～我了 xiàsǐ wǒ le ほんとにびっくりした. ｜我听到这个好消息, 真是高兴～了 wǒ tīngdào zhè ge hǎo xiāoxi, zhēn shì gāoxìngsǐ le 私はこのすばらしいニュースを聞いて, ほんとうに嬉しくてたまらなかった. ｜这段相声实在笑～人了 zhè duàn xiàng-

sheng shízài xiàosǐ rén le この漫才はとてもおかしくて笑いが止まらない.

*【受不了】shòubuliǎo 動 たまらない. 耐えられない. ‖热得～ rède shòubuliǎo 暑くてたまらない. ｜我可～他那坏脾气 wǒ kě shòubuliǎo tā nà huài píqi 私は彼の怒りっぽい性格が我慢できない. ｜肚子饿得～了 dùzi ède shòubuliǎo le おなかがすいてたまらない.

【咽不下去】yànbuxiàqu 動 (怒りなどを)抑えられない. 我慢できない. 我这口气 yànbuxiàqu zhè kǒuqi 腹にすえかねる.

【要命】yào//mìng 動 (程度が)ひどくなる. ‖热得～ rède yàomìng 暑くてたまらない. ｜穷得～ qióngde yàomìng ひどく貧しい. ｜困得～ kùnde yàomìng 眠くてたまらない.

だまる　黙る

▶闭口　▶闭嘴　▶不开口　▶不说
▶不说话　▶沉默　▶缄默　▶一言不发
▶住口　▶住嘴

【闭口】bìkǒu 動 口を閉じる. ものを言わない. ‖～不提 bìkǒu bù tí 口を閉じて何も言わない.

【闭嘴】bì//zuǐ 動 口を閉じる. ‖闭上你的嘴 bìshang nǐ de zuǐ 黙ってくれ. ｜还不快～! hái bú kuài bìzuǐ! お黙りなさい.

【不开口】bù kāikǒu 組 口を閉じる. 話をやめる. ‖她低着头, ～ tā dīzhe tóu, bù kāikǒu 彼女はうつむいたまま黙っている.

【不说】bù shuō 組 言わない. 話さない. ‖什么也～ shénme yě bù shuō 何も言わない.

【不说话】bù shuōhuà 組 話さない. しゃべらない. ‖我们那孩子见了生人就～ wǒmen nà háizi jiànle shēngrén jiù bù shuōhuà うちの子は知らない人に会うと

（-の）ため

黙ってしまう.

【沉默】chénmò 動黙る. ‖~了片刻 chénmòle piànkè しばし沈黙していた. | ~不语 chénmò bù yǔ 黙して語らず. | 打破~ dǎpò chénmò 沈黙を破る.

【缄默】jiānmò 動口を閉じてしゃべらない. 沈黙する.

【一言不发】yī yán bù fā 慣一言も発しない. 何も言わない. ‖他缩在屋角里~ tā suōzài wūjiǎoli yì yán bù fā 彼は部屋の隅で小さくなり, 黙りこくっている.

【住口】zhù//kǒu 動話をやめる. 黙る. ‖不-地问这问那 bú zhùkǒu de wèn zhè wèn nà 次から次へと質問する. | 你给我~! nǐ gěi wǒ zhùkǒu! 黙れ!

【住嘴】zhù zuǐ 組話をやめる. 黙る. ‖还不快~! hái bú kuài zhù zuǐ! お黙りなさい. | 唠唠叨叨地不~ láoláodāodāo de bú zhù zuǐ くどくどといつまでもしゃべる.

（-の）ため

▶对 ▶对于 ▶给 ▶替 ▶为 ▶为了
▶以

た

★**【对】duì** 介(対応する関係を表す) …にとって. ‖吸烟~身体不好 xīyān duì shēntǐ bù hǎo 喫煙は体によくない. | 你的话, ~我很有启发 nǐ de huà, duì wǒ hěn yǒu qǐfā あなたの話は, 私にとって教えられるところが多い.

【对于】duìyú 介(対応する関係を表す) …に対して. …にとって. …に関して. ‖~成绩不好的同学, 我们应该尽力帮助他们 duìyú chéngjī bù hǎo de tóngxué, wǒmen yīnggāi jìnlì bāngzhù tāmen 成績のよくない友だちを, ぼくたちは精一杯応援すべきだ. | 这样做~解决问题没有一点儿好处 zhèyàng zuò duìyú jiějué wèntí méiyou yìdiǎnr hǎochù このようにやって

も少しも問題の解決にはならない.

★**【给】gěi** 介(受益者を導く) …のために(…してあげる). ‖我来~你们介绍一下 wǒ lái gěi nǐmen jièshào yíxià 私からみなさんにご紹介いたします. | 这件毛衣是我妈妈~我织的 zhè jiàn máoyī shì wǒ māma gěi wǒ zhī de このセーターは母が私のために編んでくれたものです. | ~代表团当翻译 gěi dàibiǎotuán dāng fānyì 代表団の通訳を務める.

【替】tì 介(受益者を導く) …のために. ‖~孩子着想 tì háizi zhuóxiǎng 子供のためを思う. | 大家都~你高兴呢 dàjiā dōu tì nǐ gāoxìng ne みんな君のことで喜んでいる. | 全家人~他送行 quánjiārén tì tā sòngxíng 家族全員が彼のために見送りをした.

★**【为】wèi** 介❶(受益者を導く) …のために. …に. ‖~人民服务 wèi rénmín fúwù 人民に奉仕する. | ~孩子工作 wèi háizi gōngzuò 子供のために働く. ❷(目的を表す) …のために. ‖~应付考试开夜车 wèi yìngfu kǎoshì kāi yèchē テストのために徹夜で勉強する. | ~安全起见, 最好再检查一遍 wèi ānquán qǐjiàn, zuìhǎo zài jiǎnchá yí biàn 安全のため, もう一度検査したほうがよい. ❸(原因を表す) …のため. …により. ‖~缺少资金发愁 wèi quēshǎo zījīn fāchóu 資金不足のために頭を悩ませる. | 所有人都~这件事感到高兴 suǒyǒu rén dōu wèi zhè jiàn shì gǎndào gāoxìng 人々はみなこのことで喜んだ.

★**【为了】wèile** 介(目的を表す) …のため. …するために. ‖~方便顾客购物, 本店决定延长营业时间 wèile fāngbiàn gùkè gòuwù, běndiàn juédìng yáncháng yíngyè shíjiān お客様の買い物の便宜をはかるため, 当店は営業時間を延長することにいたしました. | 他是~你才请的假 tā shì wèile nǐ cái qǐng de jià 彼は君のために休

暇をとった.

**【以】yǐ 腰 …するために. …できるように. ‖～防万一 yǐ fáng wànyī 万一に備える. ｜市场将在节日期间增加副食品种,～满足市民的需要 shìchǎng jiāng zài jiérì qījiān zēngjiā fùshí pǐnzhǒng, yǐ mǎnzú shìmín de xūyào 市場は祭日期間中副食品の種類を増やす.

だめ

▶白搭　▶不顶用　▶不行　▶不中用　▶吹
▶告吹　▶落空　▶没用

【白搭】báidā 動口 役に立たない. むだになる. ‖你去也～ nǐ qù yě báidā あなたが行っても役に立たない. ｜你再怎么劝也是～, 他从不听别人的话 nǐ zài zěnme quàn yě shì báidā, tā cóng bù tīng biéren de huà 君がどんなに彼に忠告してもむだだよ, 彼は人の話に耳を傾けるような人ではない.

【不顶用】bù dǐng//yòng 組 役に立たない. 使えない. ‖这种药～ zhè zhǒng yào bù dǐngyòng この薬は役に立たない. ｜光说不顶什么用 guāng shuō bù dǐng shénme yòng 口で言うだけではなんにもならない.

**【不行】bùxíng 形 役に立たない. レベルが低い. ‖他画儿～ tā huà huàr bùxíng 彼は絵はだめだ. ｜我的日语～ wǒ de Rìyǔ bùxíng 私の日本語は役に立たない.

【不中用】bù zhōngyòng 組 無用である. 役に立たない. ‖这个人真～, 又把事儿办砸了 zhège rén zhēn bù zhōngyòng, yòu bǎ shìr bànzá le こいつはほんとに役立たずだ, また事をしくじったよ.

★【吹】chuī 動口 だめになる. ふいになる. お流れになる. 破談になる. ‖找工作的事～了 zhǎo gōngzuò de shì chuī le 職探し

の件はおじゃんになった. ｜他们俩～了 tāmen liǎ chuī le 彼ら二人の仲はだめになった.

【告吹】gàochuī 動口 だめになる. ふいになる. ‖谈判～ tánpàn gàochuī 交渉が失敗する. ｜原订的计划～了 yuándìng de jìhuà gàochuī le もともとの計画がだめになった.

【落空】luò//kōng 動 目的や目標がだめになる. ふいになる. ‖计划～了 jìhuà luò-kōng le 計画がふいになった. ｜满心的希望落了空 mǎnxīn de xīwàng luòle kōng 胸いっぱいの期待がはずれる.

**【没用】méi yòng 組 役に立たない. ‖你真～ nǐ zhēn méi yòng お前はほんとに役立たずだ. ｜事已至此, 哭也～ shì yǐ zhì cǐ, kū yě méi yòng 事ここに至っては, 泣いてもなんの役にも立たない.

ためらう

▶踟蹰　▶迟疑　▶踌躇　▶徘徊　▶彷徨
▶优柔寡断　▶犹疑　▶犹豫　▶犹豫不决
▶瞻前顾后

【踟蹰】【踟躇】chíchú 形 ためらっている. 躊躇（ちゅうちょ）している. ‖～不前 chíchú bù qián 躊躇して進まない. 二の足を踏む.

*【迟疑】chíyí 形 ためらっている. 躊躇（ちゅうちょ）している. ‖毫不～ háobù chíyí 少しもためらわない. ｜～不前 chíyí bù qián 躊躇して進もうとしない. ｜他～了一下 tā chíyíle yíxià 彼はちょっとの間躊躇した.

*【踌躇】【踌蹰】chóuchú 形 躊躇（ちゅうちょ）している. 迷っている. ためらっている. ‖去还是不去, 他～着 qù háishi bú qù, tā chóuchúzhe 行くか行かないか, 彼は迷っている. ｜～不决 chóuchú bù jué ためらって前進しない. 二の足を踏む. 決しかねる.

ためる

*【徘徊】 páihuái 動 ためらう. 躊躇(ちゅうちょ)する. 決心がつかない. ‖在去不去的问题上~不定 zài qù bu qù de wèntí shang páihuái búdìng 行くかどうかについてなかなか決断できない.

【彷徨】 pánghuáng 動 あてもなくさまよう. うろつく. ためらう. "旁徨"とも書く. ‖~不定 pánghuáng búdìng ためらって決められない. ｜~歧途 pánghuáng qítú 岐路に立つ. 選択に迷う.

【优柔寡断】 yōu róu guǎ duàn 成 優柔不断である. 煮えきらない.

【犹疑】 yóuyí 形 ためらっている. 迷っている. ‖~不定 yóuyí bú dìng 迷って心が決まらない.

*【犹豫】 yóuyù 形 ためらっている. 迷っている. 躊躇(ちゅうちょ)している. ‖毫不~ háobù yóuyù 少しもためらわない. ｜他办事总是犹犹豫豫的，一点也不干脆 tā bànshì zǒngshì yóuyóuyùyù de, yìdiǎn yě bù gāncuì 彼は何をやるにもぐずぐず迷ってばかりで，まったく思い切りが悪い.

【犹豫不决】 yóu yù bù jué 成 あれこれ迷って心が決まらない. ぐずぐずして決心がつかない.

【瞻前顾后】 zhān qián gù hòu 成 あれこれ気にかけてためらう. 優柔不断である. ‖遇事总是~，难成大事 yùshì zǒngshì zhān qián gù hòu, nán chéng dàshì 事に当たっていつも優柔不断では，大事は成し遂げられない.

ためる

▶储藏 　▶储存 　▶储蓄 　▶存 　▶积
▶积累 　▶积压 　▶积攒 　▶蓄 　▶攒

*【储藏】 chǔcáng 動 貯蔵する. 保存する. ‖~室 chǔcángshì 貯蔵室. ｜了多年的陈酒 chǔcángle duō nián de chénjiǔ 長年貯蔵した古い酒.

*【储存】 chǔcún 動 貯蔵する. 保存する. ためておく. ‖~资料 chǔcún zīliào 資料を保存しておく. ｜把多余的粮食~起来 bǎ duōyú de liángshi chǔcúnqilai 余っている食糧を貯蔵する.

*【储蓄】 chǔxù 動 (金や物を)ためる. 貯蓄する. ‖每个月~一定的钱 měi ge yuè chǔxù yídìng de qián 毎月一定額を貯金する.

*【存】 cún 動 ❶ためる. 貯蔵する. ‖保~ bǎocún 保存する. ｜把雨水~在槽里 bǎ yǔshuǐ cúnzài cáo li 雨水を水槽にためる. ｜冰箱里~了不少食品 bīngxiāng li cúnle bùshǎo shípǐn 冷蔵庫の中にたくさんの食べ物が蓄えてある. ❷預金する. ⇔"取" qǔ ‖~款 cúnkuǎn 貯金する. 預金する. ｜~下了不少钱 cúnxiale bùshǎo qián だいぶお金を貯めた. ｜把钱~在银行里 bǎ qián cúnzài yínháng li 銀行にお金を預ける.

*【积】 jī 動 積む. ためる. ‖把压岁钱都~起来 bǎ yāsuìqián dōu jīqilai お年玉を全部ためておく.

*【积累】 jīlěi 動 蓄える. 積み重ねる. ‖~经验 jīlěi jīngyàn 経験を積む. ｜~资金 jīlěi zījīn 資金を蓄える. ｜~知识 jīlěi zhīshi 知識を蓄える. ｜他已经~了不少这方面的资料 tā yǐjīng jīlěile bùshǎo zhè fāngmiàn de zīliào 彼はこの方面の資料をすでにたくさん集めた.

*【积压】 jīyā 動 長く滞る. 長く放置する. ‖~工作 jīyā gōngzuò 仕事をためる. ｜清理~物资 qīnglǐ jīyā wùzī 寝かせたままにしていた物資を処分する. ｜长期~在心头的疑问，终于解开了 chángqī jīyāzài xīntóu de yíwèn, zhōngyú jiěkāi le 長い間わだかまっていた疑問がついに解けた.

*【积攒】 jīzǎn 動 少しずつためる. 少しずつ集める. ‖把零用钱~起来 bǎ língyòngqián jīzǎnqilai 小遣いを少しずつた

442

めておく.｜他～了许多外国邮票 tā jī-zǎnle xǔduō wàiguó yóupiào 彼はたくさんの外国切手を収集した.

*【蓄】xù 動 ためる. 集めて蓄える.‖积~ jīxù ためる. 蓄える.｜水库~满了水 shuǐkù xùmǎnle shuǐ ダムには水が十分ある.

*【攒】zǎn 動 ためる. 蓄える. 集める.‖～钱 zǎn qián 金を蓄える.｜邮票 zǎn yóupiào 切手をためる.

たもつ　保つ

▶保持　▶保存　▶保留　▶保全　▶保住
▶維持　▶支持

【保持】bǎochí 動 (原状を)保つ. (状態やレベルをそのまま)持続させる. 保持する.‖～原样 bǎochí yuányàng 元の形を保つ.｜～优良传统 bǎochí yōuliáng chuántǒng 優れた伝統を守っていく.｜～一定的距离 bǎochí yídìng de jùlí 一定の距離を保つ.

【保存】bǎocún 動 保存する. 保つ. 維持する.‖她一直～着那张旧照 tā yìzhí bǎocúnzhe nà zhāng jiùzhào 彼女はずっとその古い写真を保存している.｜这种袋装食品可以～好几个月 zhè zhǒng dàizhuāng shípǐn kěyǐ bǎocún hǎojǐ ge yuè このパック食品は何ヵ月も保存できる.

【保留】bǎoliú 動 ❶(もとの姿を)保つ. とどめる.‖小街还～着原来的样子 xiǎojiē hái bǎoliúzhe yuánlái de yàngzi 路地はいまももとの姿を保っている. ❷保存する. とっておく.‖他还～着那些信件 tā hái bǎoliúzhe nàxiē xìnjiàn 彼はまだそれらの郵便物を保存している.｜那件事还清晰地～在她的记忆中 nà jiàn shì hái qīngxī de bǎoliúzài tā de jìyì zhōng その事はいまもはっきりと彼女の記憶の中に残されている.

【保全】bǎoquán 動 保全する. 保つ.‖～大局 bǎoquán dàjú 大局を全うする.｜～生命财产 bǎoquán shēngmìng cáichǎn 生命と財産を保全する.｜～名誉 bǎoquán míngyù 名誉を守る.

【保住】bǎo//zhù 動 保持する. 持ちこたえる. つなぎとめる.‖～冠军称号 bǎozhù guànjūn chēnghào チャンピオンの座を保持する.｜～性命 bǎozhù xìngmìng 生命をつなぎとめる. 命をとりとめる.

*【维持】wéichí 動 (失わないように)保つ. 維持する.‖～秩序 wéichí zhìxù 秩序を保つ.｜～生命 wéichí shēngmìng 生命を維持する.｜局面难以～ júmiàn nányǐ wéichí 情勢を保つのが難しい.

*【支持】zhīchí 動 持ちこたえる. 維持する.‖累得～不住了 lèide zhīchíbuzhù le 疲れてこらえきれなくなった.｜他的癌症已经到了晚期，看来～不了多久了 tā de áizhèng yǐjīng dàole wǎnqī, kànlai zhīchíbuliǎo duō jiǔ le 彼のがんはすでに末期で，見たところ長く持ちそうにない.

たより　頼る

▶靠　▶凭　▶投奔　▶仰仗　▶依靠
▶依赖　▶依仗　▶倚仗

【靠】kào 動 頼る. あてにする. 依存する.‖～丈夫的工资生活 kào zhàngfu de gōngzī shēnghuó 夫の給料で生活する.｜戒烟要～毅力 jiè yān yào kào yìlì 禁煙は意志の力によらなければならない.

*【凭】píng 動 頼る. 依存する.‖要吃饭得～本事 yào chīfàn děi píng běnshi 生計を立てるのは自分自身の腕に頼らなければならない.

【投奔】tóubèn 動 身を寄せる. 頼っていく. ころがり込む.‖无处～ wú chù tóubèn 身を寄せる所がない.｜～亲友 tóubèn qīnyǒu 親類や友人に頼る.

【仰仗】yǎngzhàng 動 仰ぐ. 頼みとする. ‖ ～外国的援助 yǎngzhàng wàiguó de yuánzhù 外国の援助を仰ぐ. | 这事儿还得～各位 zhè shìr hái děi yǎngzhàng gèwèi この件はやはり皆様のお力添えを仰がなくてはなりません.

**【依靠】yīkào 動 頼る. 頼みとする. 当てにする. ‖ ～大家的力量 yīkào dàjiā de lìliang みんなの力に頼る. | ～父母 yīkào fùmǔ 両親に頼る. | 全家人～父亲那点微薄的工资度日 quánjiārén yīkào fùqin nà diǎn wēibó de gōngzī dùrì 一家全員が父のわずかな給料に頼って暮らしている.

*【依赖】yīlài 動 頼る. 依存する. ‖ ～性 yīlàixìng 依存性. | 他已经能独立工作, 不再～别人了 tā yǐjīng néng dúlì gōngzuò, bú zài yīlài biéren le 彼はすでに一人で仕事ができるようになったので, もう人に頼らなくてもいい. | 这种原料主要～进口 zhè zhǒng yuánliào zhǔyào yīlài jìnkǒu この原料は主に輸入に頼っている.

【依仗】yīzhàng 動 笠(かさ)に着る. ‖ ～权势为非作歹 yīzhàng quánshì wéi fēi zuò dǎi 権勢を笠に着て悪の限りを尽くす.

【倚仗】yǐzhàng 動 (権勢を)頼む. 当てにする. ‖ ～人多势众 yǐzhàng rén duō shì zhòng 多勢を頼む. | ～权势, 为非作歹 yǐzhàng quánshì, wéi fēi zuò dǎi 権勢を笠に着て, 悪事の限りを尽くす.

たりない　足りない

▶不够　▶不足　▶差　▶欠　▶缺　▶缺乏
▶缺少

*【不够】bùgòu 動 足りない. 十分でない. ‖ 水分～ shuǐfèn búgòu 水分が足りない. | 时间～了 shíjiān búgòu le 時間が足りなくなった. | ～用 búgòu yòng 使うのに足りない. | 这点儿钱～他养家 zhè diǎnr qián búgòu tā yǎngjiā こればかりの金では彼が家族を養うには不十分だ. | 这么做可～朋友 zhème zuò kě búgòu péngyou こんな仕打ちをするとは友だちがいがない. | 你连这点儿小事都不帮忙, 真～意思 nǐ lián zhè diǎnr xiǎoshì dōu bù bāngmáng, zhēn búgòu yìsi こんなちょっとした事にも手を貸してくれないなんて, まったく冷たいやつだ.

*【不足】bùzú 形 足りない. 十分でない. ‖ 这袋米分量～ zhè dài mǐ fēnliang bùzú この袋の米は目方が足りない. | 估计～ gūjì bùzú 見込みが不十分である. | 信心～ xìnxīn bùzú 自信がない. | 心有余而力～ xīn yǒu yú ér lì bùzú その気はあっても力が足りない.

★【差】chà 動 足りない. 欠ける. ‖ ～三分钱 chà sān fēn qián 0.03元足りない. | ～两个人 chà liǎng ge rén 二人足りない. | 还～一点儿火候 hái chà yìdiǎnr huǒhou 火が十分通っていなかった. | ～十分五点 chà shí fēn wǔ diǎn 5時10分前だ. | 还～十天就二十岁了 hái chà shí tiān jiù èrshí suì le あと10日で二十になる.

**【欠】qiàn 動 不足する. 欠ける. ‖ 说话～考虑 shuōhuà qiàn kǎolǜ 話が思慮に欠ける. | 计划～周密 jìhuà qiàn zhōumì 計画が綿密さを欠く.

**【缺】quē 動 不足する. 足りない. 欠く. ‖ 欠～ qiànquē 欠けている. | ～资金 quē zījīn 資金が不足する. | ～人员 quē rényuán 人員が不足している. | 过日子～不了柴米油盐 guò rìzi quēbuliǎo cháimǐ yóuyán 生活に燃料や食糧, 油や塩といったものは欠かせない.

**【缺乏】quēfá 動 (必要なもの, 欲しいもの, あるべき事物が)不足する. 欠乏する. ‖ 专业人才严重～ zhuānyè réncái yánzhòng quēfá 有能な専門家がはなはだしく不足している. | ～信心 quēfá xìnxīn 自信に欠ける. | ～勇气 quēfá yǒngqì 勇

気が足りない.

【缺少】 quēshǎo **動 (人や物の数量が)不足する. 欠く. (後に数量フレーズを伴うことができる)‖ ～零件 quēshǎo líng-jiàn 部品が足りない. | 不可～的人才 bùkě quēshǎo de réncái 不可欠な人材. | 农村十分～医生 nóngcūn shífēn quēshǎo yīshēng 農村では医者が非常に不足している.

だれ　誰

▶某　▶任何人　▶谁　▶什么人

【某】 mǒu **代 不確定な人や事物をさす. ‖ ～人 mǒu rén ある人. | ～种手段 mǒu zhǒng shǒuduàn ある種の手段.

【任何人】 rènhé rén **組** いかなる人も. どのような人も. ‖ ～不得随便入内 rènhé rén bù dé suíbiàn rùnèi 誰であっても勝手に中に入ってはならない.

★【谁】 shéi;shuí **代 ❶**誰. (どの人か特定する時に用いる. 人名や人称代詞・呼称などで答えを求める.)‖ 这是～的笔? zhè shì shéi de bǐ? これは誰のペンですか. | 你找～? nǐ zhǎo shéi? どなたをお訪ねですか. | ～告诉你的? shéi gàosu nǐ de? 誰が君に言ったのですか. **❷**(不特定の)誰か. ‖ 书不知被～拿走了 shū bù zhī bèi shéi názǒu le 本を誰かに持っていかれた. | 有～问过你这件事吗? yǒu shéi wènguo nǐ zhè jiàn shì ma? この件について誰か君に尋ねたかい. **❸**(多く"不论" búlùn "无论" wúlùn "不管" bù-guǎn の後に置き, "也" yě "都" dōu と呼応して任意の人を示す)誰も. 誰でも. ‖ 这件事, ～都知道 zhè jiàn shì, shéi dōu zhīdao この件は誰でも知っている. | ～也没想到他会来 shéi yě méi xiǎngdào tā huì lái 誰も彼が来るとは思っていなかった. | ～先回家～做饭 shéi xiān huí

jiā shéi zuò fàn 先に帰宅した人が食事の支度をする.

【什么人】 shénme rén **組** どのような人. (人の性質・職業・身分や社会的あるいは親族としての関係などを尋ねるときに用いる.)‖ 你找～? nǐ zhǎo shénme rén? あなたは誰(どういう人)をお探しですか. | 他～都认识 tā shénme rén dōu rènshi 彼がどういう人かみな知っている.

だんたい　団体

▶单位　▶会　▶机构　▶集体　▶集团
▶社团　▶团　▶团体　▶组织

【单位】 dānwèi **名 機関. 団体. ‖ 企事业～ qǐshìyè dānwèi 企業, 事業団体. | 赞助～ zànzhù dānwèi 賛助団体. | 直属～ zhíshǔ dānwèi 直属部門.

★【会】 huì ◇団体. 組織. ‖ 工～ gōnghuì 労働組合. | 学～ xuéhuì 学会. | 行～ hánghuì 同業組合. | 同学～ tóngxuéhuì クラス会.

*【机构】 jīgòu **名** 組織. 団体. 機構. ‖ 对外宣传～ duìwài xuānchuán jīgòu 対外的な宣伝組織. | 文化部新设的一个～ wénhuàbù xīnshè de yí ge jīgòu 文化部が新設した団体.

【集体】 jítǐ **名 集団. 団体. (組織化されていない集団.)⇔"个人" gèrén ‖ ～生活 jítǐ shēnghuó 集団生活. | ～宿舍 jítǐ sùshè (寮や社宅などの)集合住宅. | ～参观博物馆 jítǐ cānguān bówùguǎn 団体で博物館を見学する.

*【集团】 jítuán **名** 集団. グループ. (組織化され, 営利を目的とする集団.)‖ 企业～ qǐyè jítuán 企業グループ. | 电子工业～ diànzǐ gōngyè jítuán 電子工業グループ. | 盗窃～ dàoqiè jítuán 窃盗団.

【社团】 shètuán **名** 社会団体. 労働組合

や青年・婦人・学生連合会などの民間団体.

【团】tuán 图 (仕事や活動をする)集団. 団体. ‖ 访华~ = fǎnghuátuán 訪中団. | 乐~ = yuètuán 楽団. | 慰问~ = wèiwèntuán 慰問団.

*【团体】tuántǐ 图 団体. (組織化され, 営利を目的としない集団.) ‖ 文艺~ wényì tuántǐ 文化芸術団体. | 民间~ mínjiān tuántǐ 民間団体. | 保护妇女儿童权利的~ bǎohù fùnǚ értóng quánlì de tuántǐ 婦女子の権利を守る団体.

★【组织】zǔzhī 图 組織. 団体. ‖ 党~ dǎng zǔzhī (中国の)共産党組織. | 非法~ fēifǎ zǔzhī 非合法組織. | 国际~ guójì zǔzhī 国際組織. | 犯罪~ fànzuì zǔzhī 犯罪組織. | 恐怖~ kǒngbù zǔzhī テロ組織.

だんだん

▶渐渐　▶慢慢儿　▶徐徐　▶越来越…
▶逐步　▶逐渐

【渐渐】jiànjiàn 副 しだいに. 徐々に. だんだん. (動作や行為が緩慢で, 速度が遅いことを表す) ‖ 天色~地暗下来 tiānsè jiànjiàn de ànxialai 空がしだいに暮れてきた. | 街上的人~多了起来 jiē shang de rén jiànjiàn duōleqilai 人通りがだんだん多くなってきた. | 人们~地把这件事忘了 rénmen jiànjiàn de bǎ zhè jiàn shì wàng le 人々はしだいにこの事を忘れていった.

【慢慢儿】mànmānr 副 ゆっくりと. だんだん. (程度や数量が連続して緩やかに変化することを表す) ‖ 开始可能不习惯, ~就好了 kāishǐ kěnéng bù xíguàn, mànmānr jiù hǎo le 始めは慣れないかもしれないが, だんだんよくなるでしょう. | 船~地离岸了 chuán mànmānr de lí àn le 船がゆっくりと岸を離れて行っ

た.

*【徐徐】xúxú 副 書 おもむろに. ゆっくりと. ‖ 列车~远去 lièchē xúxú yuǎn qù 列車は徐々に遠ざかっていった.

★【越来越…】yuè lái yuè… 組 だんだん…になる. ますます…になる. ‖ 问题~多 wèntí yuè lái yuè duō 問題はますます増えてきた. | 天~冷了 tiān yuè lái yuè lěng le だんだん寒くなってきた. | 她的歌唱得~好 tā de gē chàngde yuè lái yuè hǎo 彼女の歌はますます上手になった.

【逐步】zhúbù 副 しだいに. 徐々に. (行為が計画どおりに秩序よく, 一歩一歩段階を追って進むことを表す. 動詞を修飾する) ‖ ~深入 zhúbù shēnrù 徐々に深く掘り下げる. | ~推广 zhúbù tuīguǎng 徐々に推し広める. | ~提高 zhúbù tígāo しだいに高める. | ~改善 zhúbù gǎishàn 徐々に改善する.

【逐渐】zhújiàn 副 しだいに. だんだんと. (行為や事態が自然に発展変化することを表す. 動詞と形容詞のいずれも修飾する) ‖ ~减少 zhújiàn jiǎnshǎo しだいに減少する. | ~受到重视 zhújiàn shòudào zhòngshì しだいに重視される. | 列车~远去 lièchē zhújiàn yuǎn qù 列車はだんだんと遠ざかっていく. | 天气~热了 tiānqì zhú jiàn rè le だんだん暑くなってきた.

だんてい　断定

▶断定　▶断言　▶判定　▶判断

---

*【断定】duàndìng 動 断定する. 判定する. ‖ 可以~这是他的笔迹 kěyǐ duàndìng zhè shì tā de bǐjì これは彼の筆跡だと断定できる.

【断言】duànyán 動 断言する. きっぱりと言う. ‖ 他~这画是假的 tā duànyán zhè huà shì jiǎ de 彼はこの絵は贋作(がんさく)だ

446

と断言した.

*【判定】pàndìng 動 判定する.‖～胜负 pàndìng shèngfù 勝ち負けを判定する.

**【判断】pànduàn 動 判断する. 断定する.‖～是非 pànduàn shìfēi 是非を判断する.｜现在还无法～谁胜谁负 xiànzài hái wúfǎ pànduàn shéi shèng shéi fù いまのところまだどちらが勝つか判断のしようがない.｜正确地～形势 zhèngquè de pànduàn xíngshì 正確に形勢を判断する.

たんに 単に

▶不单 ▶不仅 ▶单 ▶单纯 ▶仅 ▶就
▶只 ▶只不过 ▶只是

【不单】bùdān 副 …にとどまらない. 単に…だけではない.‖教育孩子，～是学校的责任 jiàoyù háizi, bùdān shì xuéxiào de zérèn 子供の教育は単に学校だけの責任ではない. 接 単に…でなく. …にとどまらず.‖～你想要，别人也想要 bùdān nǐ xiǎng yào, biéren yě xiǎng yào あなただけでなく，ほかの人も欲しがっている.

**【不仅】bùjǐn 副 単に…だけではない. …のみにとどまらない.‖这～是他一个人的问题 zhè bùjǐn shì tā yí ge rén de wèntí これは彼一人の問題にとどまらない. 接 (多く"而且"érqiě "还"hái "也"yě と呼応して)…のみならず. …だけでなく.‖他～会英语，还会法语和德语 tā bùjǐn huì Yīngyǔ, hái huì Fǎyǔ hé Déyǔ 彼は英語だけでなく，フランス語やドイツ語もできる.

**【单】dān 副 ただ. 単に.‖～靠死记硬背恐怕不行 dān kào sǐjì yìngbèi kǒngpà bùxíng ただ丸暗記するだけではたぶんだめだ.｜～请客吃饭就花了数千元 dān qǐngkè chī fàn jiù huāle shǔqiān yuán ご馳走をするだけで数千元使った.｜大家都

去，～他一个人不去 dàjiā dōu qù, dān tā yí ge rén bú qù 全員行くというのに，彼一人だけが行かない.

*【单纯】dānchún 形 他にない. それだけの….‖这不～是个钱的问题 zhè bù dānchún shì ge qián de wèntí これは単に金の問題ではない.｜～追求升学率 dānchún zhuīqiú shēngxuélǜ ただ単に進学率を上げることだけを求める.

**【仅】jǐn 副 (範囲や数量がごく限られることを表す)わずかに. ただ. かろうじて.‖这份材料～限内部阅读 zhè fèn cáiliào jǐn xiàn nèibù yuèdú この資料は内部の人しか閲覧できない.｜以上意见，～供参考 yǐshàng yìjian, jǐn gòng cānkǎo 以上意見を述べましたが，ご参考までに.｜他死时～二十岁 tā sǐ shí jǐn èrshí suì 彼が死んだのはわずか20歳だった.

★【就】jiù 副 …のみ. …だけ.‖她～一个儿子 tā jiù yí ge érzi 彼女には息子が一人いるだけだ.｜我～会一门外语 wǒ jiù huì yì mén wàiyǔ 私は外国語が一つしかできない.｜我～随便看看，不买什么 wǒ jiù suíbiàn kànkan, bù mǎi shénme ただ気ままに見てるだけで買わないよ.

★【只】zhǐ 副 ❶(動詞の前に置き，制限を示す)ただ. わずか. だけ.‖我～要一个，剩下的都给你 wǒ zhǐ yào yí ge, shèngxia de dōu gěi nǐ 私は一つしかいらない，残りはみんな君にあげるよ.｜他～去过中国 tā zhǐ qùguo Zhōngguó 彼は中国にしか行ったことがない. ❷(名詞の前に置き，制限を示す)ただ. だけ.‖白天家里～我一个人 báitiān jiā li zhǐ wǒ yí ge rén 昼間，うちには私一人だけだ.｜照相机就买了三架 zhǐ zhàoxiàngjī jiù mǎile sān jià カメラだけでも3台購入した.

【只不过】zhǐ bùguò 組 ただ…だけである. (多く文末に"罢了"bàle "而已"éryǐ などを置く)‖我～随便问问 wǒ zhǐ búguò suíbiàn wènwen 私はただちょっと聞

447

いてみただけだ。｜他～是一时冲动罢
了 tā zhǐ búguò shì yìshí chōngdòng bàle 彼
は一時的な衝動に駆られただけだ。
**＊【只是】zhǐshì 副 ただ…だけである。た
だ…にすぎない。‖我～做了我应该做
的事而已 wǒ zhǐshì zuòle wǒ yīnggāi zuò de
shì éryǐ 私は自分の当然すべきことをし
たにすぎない。｜他～说说，不会真干
的 tā zhǐshì shuōshuo, bú huì zhēn gàn de 彼
は口で言うだけで，本当にやりはしな
い。

ち

ちい　地位 ⇒【身分】

ちえ　知恵
▶才智　▶点子　▶头脑　▶心思　▶心眼儿
▶智慧　▶智力　▶智能　▶主意

＊【才智】cáizhì 图 才知．才能と知恵．‖充
分发挥自己的～ chōngfèn fāhuī zìjǐ de cái-
zhì 自分の才知を十分に発揮する．

＊【点子】diǎnzi 图 方法．考え．もくろみ．
工夫．‖这必定是老李出的～ zhè bìdìng
shì Lǎo-Lǐ chū de diǎnzi これはきっと李
さんのアイディアだ。｜你有没有什么好
～? nǐ yǒu méiyou shénme hǎo diǎnzi? 君
に何かよい知恵はないかね。

＊【头脑】tóunǎo 图 頭脳．頭．頭の働き．
‖～清醒 tóunǎo qīngxǐng 頭脳明晰（めいせき）．
｜没有～ méiyou tóunǎo 頭を使わない．
その方面に知恵が働かない．｜～顽固
tóunǎo wángù 頭が固い．

＊【心思】xīnsi 图 頭の働き．知恵．‖动～
dòng xīnsi 頭を働かす．｜白费～ báifèi
xīnsi むだに頭を使う．｜挖空～ wā kōng

xīnsi 知恵をふりしぼる．

＊【心眼儿】xīnyǎnr 图 才覚．知恵．‖～
活 xīnyǎnr huó 頭がよく働く．機転が利
く．｜有～ yǒu xīnyǎnr 才覚がある．賢
い．

＊【智慧】zhìhuì 图 知恵．‖惊人的～ jīng-
rén de zhìhuì 驚くべき知恵．｜集体的～
jítǐ de zhìhuì 集団の知恵．｜发挥每个人
的～ fāhuī měi ge rén de zhìhuì 一人一人
の知恵を発揮する．

＊【智力】zhìlì 图 知力．知能．‖～发育正
常 zhìlì fāyù zhèngcháng 知能の発育は正
常である．｜～外流 zhìlì wàiliú 頭脳の
流出．｜～投资 zhìlì tóuzī 子供の教育へ
の投資．｜～游戏 zhìlì yóuxì 学習ゲー
ム．

＊【智能】zhìnéng 图 知恵と能力．知能．‖
人工～ réngōng zhìnéng 人工知能．形 知
能的な．‖～犯罪 zhìnéng fànzuì 知能犯
罪．｜～机器人 zhìnéng jīqìrén 知能ロ
ボット．

★【主意】zhǔyi 图❶定見．しっかりした
考え．‖打定～ dǎdìng zhǔyi 考えを持
つ．腹を決める．｜拿不定～ nábudìng
zhǔyi 腹が決まらない．｜没有～ méiyou
zhǔyi 定見がない．❷考え．アイディ
ア．‖好～ hǎo zhǔyi いい考え．｜出～
chū zhǔyi アイディアを出す．｜馊～ sōu
zhǔyi つまらない思いつき．

ちがい　違い
▶差别　▶差距　▶差异　▶分别　▶区别

＊【差别】chābié 图❶違い．差異．‖两地
的气候～很大 liǎngdì de qìhòu chābié hěn
dà 二つの地方の気候は違いが大きい．
｜程度上的～ chéngdù shang de chābié 程
度の相違．❷格差．隔たり．‖城乡～
chéngxiāng chābié 都市と農村の格差．｜
缩小～ suōxiǎo chābié 格差を縮める．

工资待遇上没有男女～ gōngzī dàiyù shang méiyou nánnǚ chābié 賃金の上で男女の格差はない.

*【差距】 chājù 图 差. 格差. ギャップ. ‖ 跟先进单位相比，还有很大～ gēn xiānjìn dānwèi xiāngbǐ, háiyǒu hěn dà chājù 先进的な機関や企業と比べるとまだ大きく遅れている. ｜ 在认识上有～ zài rènshi shang yǒu chājù 認識においてギャップがある.

*【差异】 chāyì 图 差異. 違い. ‖ 双方对这一问题的理解有～ shuāngfāng duì zhè yī wèntí de lǐjiě yǒu chāyì この問題に対する両者の理解には違いがある. ｜ 二者存在着明显的～ èrzhě cúnzàizhe míngxiǎn de chāyì 両者には明らかな相違がある.

**【分别】 fēnbié 图 区别. 違い. ‖ 看不出两者之间的～ kànbuchū liǎngzhě zhī jiān de fēnbié 両者の違いが見分けられない. ｜ 没有什么～ méiyou shénme fēnbié なんの違いもない.

**【区别】 qūbié 图 区别. 相違. ‖ 二者的～很明显 èr zhě de qūbié hěn míngxiǎn 両者の違いははっきりしている. ｜ 两人的做法有着根本的～ liǎng rén de zuòfa yǒuzhe gēnběn de qūbié 二人のやり方には根本的な違いがある. ｜ 这两种户型～很大 zhè liǎng zhǒng hùxíng qūbié hěn dà この二つのマンションのタイプはまるっきり違う.

ちがう 違う（同じではない）

▶不符 ▶不同 ▶不一 ▶不一样 ▶差
▶相差

【不符】 bùfú 動 合わない. 符合しない. ‖ 账目～ zhàngmù bùfú 勘定が合わない. ｜ 名实～ míngshí bùfú 名実相伴わない. ｜ 言行～ yánxíng bùfú 言行が一致しない. ｜ 前后～ qiánhòu bùfú 前後が符合しない.

★【不同】 bù tóng 組 同じでない. 異なっている. ‖ ～点 bùtóngdiǎn 相異点. ｜ ～的人有～的想法 bù tóng de rén yǒu bù tóng de xiǎngfa 人が違えば考えも違う. ｜ ～于一般 bù tóng yú yìbān 普通と違う

【不一】 bùyī 形 同じでない. さまざまである. ‖ 要求～ yāoqiú bùyī 要求が一様でない. ｜ 快慢～ kuàimàn bùyī 速さが一定でない. ｜ 各人程度～ gèrén chéngdù bùyī 各人のレベルがまちまちである.

【不一样】 bù yīyàng 組 同じではない. 違う. ‖ 完全～ wánquán bù yíyàng まったく違う. ｜ 他的想法总是跟别人～ tā de xiǎngfa zǒngshì gēn biéren bù yíyàng 彼の考えはいつも他の人とは違う.

★【差】 chà 形 差がある. 違っている. 隔たりがある. ‖ ～得远 chàde yuǎn かなりの差がある. 遠く及ばない. ｜ ～不多 chàbuduō たいして違わない. 大差がない.

*【相差】 xiāngchà 動 差がある. 相違する. ‖ ～无几 xiāngchà wújǐ いくらも違わない. ｜ ～甚远 xiāngchà shèn yuǎn 大きな隔たりがある. ｜ 这里白天与夜间的温度～很大 zhè li báitiān yǔ yèjiān de wēndù xiāngchà hěn dà ここは昼と夜の温度差が大きい.

ち

ちがう 違う（間違っている）

▶不对 ▶不对头 ▶差 ▶错 ▶错误
▶误会

*【不对】 bùduì 形 間違っている. 正しくない. ‖ 回答得～ huídáde búduì 答えが違っている. ｜ 这个音～ zhège yīn búduì この音は違う. ｜ 电话号码好像～ diànhuà hàomǎ hǎoxiàng búduì 電話番号が違うようだ.

【不对头】 bù duìtóu 組 間違っている. ‖

ちかづく　近づく

你的作法～ nǐ de zuòfa bú duìtóu あなた
のやり方は間違っている.｜这种说法～
zhè zhǒng shuōfa bú duìtóu こういう言い
方は間違いだ.

★【差】chà 形 誤っている. 間違っている.
‖ 听～了 tīngchà le 聞き間違えた.｜走
～了道 zǒuchà le dàor 道を間違えた.

★【错】cuò 形 誤っている. 間違っている.
⇔ "对" duì｜我～了四道题 wǒ cuòle sì
dào tí 私は4問間違えた.｜他～把我当
成小王了 tā cuò bǎ wǒ dàngchéng Xiǎo-Wáng
le 彼は私を王君と間違えた.｜应该放
糖, 结果～放了盐 yīnggāi fàng táng, jié-
guǒ cuòfàngle yán 砂糖を入れるつもり
が, 間違って塩を入れてしまった.｜这
个字写～了 zhè ge zì xiěcuò le この字は
書き間違えた.

★【错误】cuòwù 形 間違っている. 正しく
ない.‖ ～行为 cuòwù xíngwéi 間違った
行為.｜～思想 cuòwù sīxiǎng 正しくな
い思想.｜判断～ pànduàn cuòwù 判断が
誤っている. 判断ミスである.｜这样做
是非常～的 zhèyàng zuò shì fēicháng cuò-
wù de そんなことをするのはたいへん
な間違いだ.

**【误会】wùhuì 動 誤解する. 勘違いす
る.‖ 你～他了 nǐ wùhuì tā le 君は彼の
ことを誤解している.｜请您别～我的意
思 qǐng nín bié wùhuì wǒ de yìsi どうか私
の言うことを誤解しないでください.

ちかづく　近づく

▶挨　▶挨近　▶逼近　▶接近　▶靠
▶靠近　▶靠拢　▶临近　▶迫近　▶走近

★【挨】āi 動 近づく. 接する.‖ ～着他坐
āizhe tā zuò 彼の隣に座る.｜他们两家～
着 tāmen liǎng jiā āizhe 彼らの家は隣同
士だ.｜～墙站着 āi qiáng zhànzhe 壁の
そばに立つ.

【挨近】āi//jìn 動 近づく. 間隔を狭める.
‖ 挨火近点儿 āi huǒ jìn diǎnr 少し火に
近づける.｜这两瓶花挨得太近了 zhè
liǎng píng huā āide tài jìn le この二つの花
瓶の花はくっつきすぎている.

*【逼近】bījìn 動 接近する. 迫る.‖ 交货
日期已～ jiāohuò rìqī yǐ bījìn 納品の期日
が迫っている.｜火势已～油库 huǒshì yǐ
bījìn yóukù 火の勢いはもうオイルタン
クに迫っている.｜台风正向这里～ tái-
fēng zhèng xiàng zhèli bījìn 台風がこちら
に接近している.

**【接近】jiējìn 動 近づく. 接近する.‖ 大
家都喜欢和他～ dàjiā dōu xǐhuan hé tā jiē-
jìn みんな喜んで彼と付き合っている.
｜生产技术已～国际先进水平 shēngchǎn
jìshù yǐ jiējìn guójì xiānjìn shuǐpíng 生産技
術は世界の第一線のレベルに近づいて
いる.

**【靠】kào 動 近づく. 寄せる.‖ 把车～
在路边 bǎ chē kàozài lù biān 車を路肩に
寄せる.｜船～上了码头 chuán kàoshangle
mǎtou 船が埠頭(ふとう)に横づけされた.

*【靠近】kàojìn 動 近づく. 接近する.‖
她～丈夫的耳边小声说了几句话 tā kào-
jìn zhàngfu de ěrbiān xiǎoshēng shuōle jǐ jù
huà 彼女は夫の耳元で二言三言ささや
いた.

【靠拢】kàolǒng 動 歩み寄る. 接近する.
‖ 请大家～一点, 听我说 qǐng dàjiā kào-
lǒng yìdiǎn, tīng wǒ shuō みなさんもう少
し近寄って, 私の話を聞いてください.
｜再～点儿, 我开拍啦 zài kàolǒng diǎnr,
wǒ kāipāi la もう少し近づいて, 撮りま
すよ.

*【临近】línjìn 動 接近する. 近づく.‖ ～
海滨的一所别墅 línjìn hǎibīn de yì suǒ bié-
shù 海辺に近い別荘.

【迫近】pòjìn 動 間近に迫る. 近づく.‖
敌人越来越～我方 dírén yuè lái yuè pòjìn
wǒfāng 敵はますます近づいてくる.

【走近】zǒujìn 動 歩いて近づく.‖～火山口向下看 zǒujìn huǒshānkǒu xiàng xià kàn 火口に近づくと中をのぞき込んだ.

ちから （筋肉による）力

▶劲 ▶劲头 ▶力 ▶力量 ▶力气
▶气力 ▶体力 ▶腕力

**【劲】jìn（～儿）图 力.‖手～儿 shǒujìnr 手の力.｜有～儿 yǒu jìnr 力がある.力が強い.｜再使点～儿 zài shǐ diǎn jìnr もう少し力を入れなさい.｜浑身是～儿 húnshēn shì jìnr 体中に力がみなぎっている.

*【劲头】jìntóu（～儿）图 力.‖个子不大,～可不小 gèzi bú dà, jìntóu kě bù xiǎo 背は高くないが,力はなかなか強い.

**【力】lì 图 力.体力.‖用～ yònglì 力を入れる.力をこめる.｜四肢无～ sìzhī wúlì 手足に力が入らない.力がない.

**【力量】lìliang;lìliàng 图 力.勢力.（筋肉による力のほかに,抽象的な意味にも用いる）‖肌肉的～ jīròu de lìliang 筋力.｜人多～大 rén duō lìliang dà 人が多ければ力も大きい.｜充满～设计 chōngmǎn lìliang shèjì 力あふれるデザイン.｜政治～ zhèngzhì lìliang 政治勢力.

**【力气】lìqi 图 力.腕力.体力.‖有～ yǒu lìqi 力がある.｜费～ fèi lìqi 骨が折れる.｜山田在学校里～最大 Shāntián zài xuéxiào li lìqi zuì dà 山田君は学校で一番の力持ちだ.｜几个人从后面把抛了锚的汽车用尽全身～推到了道路旁边 jǐ ge rén cóng hòumiàn bǎ pāole máo de qìchē yòngjìn quánshēn lìqi tuīdàole dàolù pángbiān えんこした車を数人がかりで後ろから思いっきり押して道端に寄せた.

*【气力】qìlì 图 力.体力.気力.‖没有～ méiyou qìlì 体力がない.｜用尽了～ yòngjìnle qìlì ありったけの力を出し尽く

した.

*【体力】tǐlì 图 体力.‖～不支 tǐlì bùzhī 体力が続かない.｜消耗～ xiāohào tǐlì 体力を消耗する.

【腕力】wànlì 图 手首の力.腕力.‖～很强 wànlì hěn qiáng 腕っぷしが強い.｜父亲比我的～大 fùqin bǐ wǒ de wànlì dà 父は僕より腕の力が強い.

ちから 力（力量）

▶本领 ▶本事 ▶力量 ▶能力 ▶能耐
▶实力 ▶水平

**【本领】běnlǐng 图 能力.技量.手腕.‖练～ liàn běnlǐng 腕を磨く.｜他的～很大 tā de běnlǐng hěn dà 彼は相当な才能の持ち主だ.｜他有一套过硬的～ tā yǒu yí tào guòyìng de běnlǐng 彼はしっかりした腕を持っている.

**【本事】běnshi 图 能力.技量.手腕.‖～很大 běnshi hěn dà 能力が優れている.｜他没什么～ tā méi shénme běnshi 彼はとりたてて言うほどの腕があるわけじゃない.｜有～,露一手给我们看看 yǒu běnshi, lòu yì shǒu gěi wǒmen kànkan 腕があるというなら,お手並みを拝見したいものだ.

**【力量】lìliang;lìliàng 图 能力.力量.‖技术～ jìshù lìliang 技術力.｜尽一切～ jìn yíqiè lìliang あらんかぎりの力を尽くす.

**【能力】nénglì 图 能力.技量.力.才腕.‖他的业务～很强 tā de yèwù nénglì hěn qiáng 彼の仕事上の能力はなかなかのものだ.｜我们有～完成这项工作 wǒmen yǒu nénglì wánchéng zhè xiàng gōngzuò 我々にはこの仕事を完成させる力がある.

【能耐】néngnai 图 口 技量.力量.‖这人真有～ zhè rén zhēn yǒu néngnai この

ちしき　知識

人はなかなか力量がある．｜有多大～就使多大～ yǒu duō dà néngnai jiù shǐ duō dà néngnai あらんかぎりの技量を発揮する．

*【实力】 shílì 図（多く軍事や経済について）実力．実際に有する力．‖经济～ jīngjì shílì 経済力．｜保存～ bǎocún shílì 実力を温存する．｜～雄厚 shílì xiónghòu 実力がある．

★【水平】 shuǐpíng 図水準．レベル．‖文化～ wénhuà shuǐpíng 文化水準．教育程度．｜科学～ kēxué shuǐpíng 科学のレベル．｜达到国际～ dádào guójì shuǐpíng 国際的水準に達する．｜技术～很高 jìshù shuǐpíng hěn gāo 技術力が高い．

ちしき　知識

▶见多识广　▶见识　▶教养　▶文化
▶修养　▶学识　▶学问　▶知识

【见多识广】 jiàn dōu shí guǎng 威博識で経験が豊富である．見聞が豊かで知識が広い．‖他去过很多国家，～ tā qùguo hěn duō guójiā, jiàn duō shí guǎng 彼は多くの国々に行ったことがあるので，見聞が広い．

*【见识】 jiànshi 動見聞を広める．図見聞．考え．‖去社会上闯闯，长长～ qù shèhuì shang chuǎngchuang, zhǎngzhang jiànshi 社会に出て経験を積み，見聞を広める．

*【教养】 jiàoyǎng 動教え育てる．礼儀作法をしつける．‖～子女 jiàoyǎng zǐnǚ 子供を育てる．図教養．‖没有～ méiyou jiàoyǎng 教養がない．｜很有～ hěn yǒu jiàoyǎng 教養がある．

★【文化】 wénhuà 図知識．教育．教養．‖学～ xué wénhuà 読み書きを学ぶ．｜～程度高 wénhuà chéngdù gāo 教育レベルが高い．学歴が高い．

*【修养】 xiūyǎng 図❶素養．教養．たしなみ．‖文学～不够 wénxué xiūyǎng búgòu 文学的教養が足りない．｜艺术～很高 yìshù xiūyǎng hěn gāo 芸術の素養がある．❷修養．‖很有～ hěn yǒu xiūyǎng 修養を積んでいる．

【学识】 xuéshí 図学識．‖～渊博 xuéshí yuānbó 学識が豊かである．

**【学问】 xuéwen 図❶学問．‖做～ zuò xuéwen 学問をする．｜哲学是门很艰深的～ zhéxué shì mén hěn jiānshēn de xuéwen 哲学はとても難解な学問である．❷知識．学識．知恵．‖～大 xuéwen dà 学識が豊かである．｜长～ zhǎng xuéwen 知識が増える．｜他有～ tā yǒu xuéwen 彼は学問がある．

★【知识】 zhīshi 図知識．教養．‖掌握～ zhǎngwò zhīshi 知識をものにする．｜～丰富 zhīshi fēngfù 知識が豊富である．｜～阶层 zhīshi jiēcéng 知識階級．インテリ．｜有关天文方面的～，我懂得不多 yǒuguān tiānwén fāngmiàn de zhīshi, wǒ dǒngde bù duō 私は天文学に関する知識はあまりない．

ちち　父

▶爸　▶爸爸　▶爹　▶父亲　▶公公
▶继父　▶家父　▶令尊　▶养父　▶岳父

【爸】 bà 図口お父さん．

★【爸爸】 bàba 図お父さん．

*【爹】 diē 図口父．お父さん．‖～娘 diē-niáng 父母．両親．

★【父亲】 fùqin；fùqīn 図父．父親．お父さん．

【公公】 gōnggong 図しゅうと．夫の父．

【继父】 jìfù 図継父．

【家父】 jiāfù 謙私の父．

【令尊】 lìngzūn 図（相手の父親に対する敬称）ご尊父．お父上．

452

【养父】yǎngfù 图 養父. 義父.

【岳父】yuèfù 图 岳父(がく). 妻の父. "岳丈"yuèzhàng ともいう.

ちぢむ　縮む

▶抽　▶冷缩　▶收缩　▶缩　▶缩水
▶缩小

★【抽】chōu 動 縮む. ‖ ~缩 chōusuō 縮む. | 衣服一洗就~了 yīfu yì xǐ jiù chōu le 着物を洗ったら縮んだ.

【冷缩】lěngsuō 動 低温で収縮する. 冷えて縮む. ‖ ~之后, 只有原来一半那么大 lěngsuō zhīhòu, zhǐ yǒu yuánlái yíbàn nàme dà 冷えて縮んだらわずか元の半分の大きさになってしまった.

*【收缩】shōusuō 動 収縮する. 縮む. ‖ 毛孔遇冷会~ máokǒng yù lěng huì shōusuō 毛穴は寒いと縮む.

**【缩】suō 動 縮む. 収縮する. ‖ 热胀冷~ rèzhàng lěngsuō 熱でふくらみ冷えると縮む. | 这裤子~了一截 zhè kùzi suōle yì jié このズボンは一回り縮んだ.

【缩水】suō//shuǐ 動 (生地が)洗って縮む. "抽水"chōushuǐ ともいう. ‖ 这种布料不~ zhè zhǒng bùliào bù suōshuǐ この布は洗っても縮まない.

*【缩小】suōxiǎo 動 縮小する. ‖ 一冻体积就~了 yí dòng tǐjī jiù suōxiǎo le 凍ると体積は小さくなる.

ちぢめる　縮める

▶改短　▶改小　▶蜷曲　▶缩　▶缩脖子
▶缩短　▶缩手缩脚　▶缩小

【改短】gǎiduǎn 動 短くする. 縮める. ‖ 这条裙子太长了, 我想一点儿 zhè tiáo qúnzi tài cháng le, wǒ xiǎng gǎiduǎn diǎnr このスカートは長すぎるから縮めよう.

【改小】gǎixiǎo 動 小さくする. 縮める. ‖ 把数码相片的尺寸~些 bǎ shùmǎ xiàngpiàn de chǐcun gǎixiǎo xiē デジカメの写真のサイズを縮める. | 把戒指~些 bǎ jièzhi gǎixiǎo xiē 指輪を少し小さくする.

【蜷曲】quánqū 動 縮こまる. 曲がる. 曲げる. ‖ 两腿~ liǎng tuǐ quánqū 両足を曲げる. | ~着身体 quánqūzhe shēntǐ 体が縮こまっている.

**【缩】suō 動 引っ込める. 縮める. ‖ 蜷~ quánsuō 丸まって小さくなる. | ~在墙角 suōzài qiángjiǎo 壁の隅に縮こまる. | 冻得身子~成一团 dòngde shēnzi suōchéng yì tuán 寒くて体がすっかり縮こまる. | 乌龟刚探出头又~回去了 wūguī gāng tànchu tóu yòu suōhuiqu le カメはいま頭を出したかと思ったらまた引っ込めてしまった.

【缩脖子】suō bózi 組 首を縮める. 物事に尻込みする. ‖ 冻得直~ dòngde zhí suō bózi 寒くて首を縮める. | 在困难面前从不~ zài kùnnan miànqián cóng bù suō bózi 困難に直面しても決して尻込みしたことはない.

*【缩短】suōduǎn 動 短くする. ‖ ~差距 suōduǎn chājù 差を縮める. | 会期~了 huìqī suōduǎn le 会期が短くなった. | 裙子~了一寸 qúnzi suōduǎnle yí cùn スカートを1寸短くした.

【缩手缩脚】suō shǒu suō jiǎo (~的) 慣 (寒さで)手足が縮こまる. ‖ 今天很冷, 人们都冻得~的 jīntiān hěn lěng, rénmen dōu dòngde suō shǒu suō jiǎo de 今日はとても冷え込むので, 人々はみんな寒くて手足を縮めている.

*【缩小】suōxiǎo 動 縮小する. 小さくする. ‖ ~城乡差别 suōxiǎo chéng xiāng chābié 都市と農村の格差を小さくする. | ~范围 suōxiǎo fànwéi 範囲を縮める. | ~尺寸 suōxiǎo chǐcun サイズを縮める.

ちっとも

ちっとも

▶毫不　▶毫无　▶简直　▶老　▶完全
▶一点儿也〔都〕　▶一会儿也　▶总

**【毫不】háobù 圖 少しも…しない．少しも…でない．いささかも…しない．いささかも…でない．‖ ～费力 háobù fèilì 少しも苦労しない．｜～相关 háobù xiāngguān いささかも関係しない．なんの関係もない．｜虽然多次失败，但他～灰心 suīrán duō cì shībài, dàn tā háobù huīxīn 何回も失敗をしたが，彼は少しも気を落とさなかった．

**【毫无】háowú 動 少しも…していない．いささかも…がない．‖ ～兴趣 háowú xìngqù 少しも興味がない．｜～准备 háowú zhǔnbèi まったく準備していない．｜～诚意 háowú chéngyì いささかも誠意がない．

*【简直】jiǎnzhí 圖 まったく．ほとんど．‖ ～一点儿都不像 jiǎnzhí yìdiǎnr dōu bú xiàng まったく似ていない．｜病人一个接一个来，～没法休息 bìngrén yí ge jiē yí ge lái, jiǎnzhí méifǎ xiūxi 患者が次々と来て，ちっとも休めない．

*【老】lǎo 圖 長いこと．ずっと．‖ ～不开始 lǎo bù kāishǐ ちっとも始まらない．｜近来忙吧？～没见了 jìnlái máng ba? lǎo méi jiàn le 最近忙しいですか，ちっともお会いしませんね．

*【完全】wánquán 圖 完全に．すべて．まったく．‖ ～不懂 wánquán bù dǒng ちっとも分からない．

【一点儿也〔都〕】yìdiǎnr yě[dōu] 組 少しも．ちっとも．少し．‖ 一点儿也不好 yìdiǎnr yě bù hǎo ちっともよくない．｜他的话我一点儿也不懂 tā de huà wǒ yìdiǎnr dōu bù dǒng 彼の話は私にはちっとも理解できない．

【一会儿也】yíhuìr yě 組 (時間的に)少し

も．ちっとも．‖ 这孩子～坐不住 zhè háizi yíhuìr yě zuòbuzhù この子はちっともじっとしていられない．

*【总】zǒng 圖 ずっと．いつも．常に．‖ 这个字我～记不住 zhè ge zì wǒ zǒng jìbuzhù この漢字はどうしても覚えられない．｜最近～不见你，你去哪儿了 zuìjìn zǒng bújiàn nǐ, nǐ qù nǎr le このところちっとも見かけなかったけれど，どこか行っていたの？

ちほう　地方

▶地方　▶地区　▶地域　▶农村　▶外地
▶外乡

**【地方】dìfāng 图 ❶地方．⇔"中央" zhōngyāng ‖ ～政府 dìfāng zhèngfǔ 地方政府．｜～工业 dìfāng gōngyè 地方の工業．｜～观念 dìfāng guānniàn 地方意識．❷地元．その地．‖ ～风味 dìfāng fēngwèi 地元の味．｜尊重～上的风俗习惯 zūnzhòng dìfāng shang de fēngsú xíguàn その土地の風俗習慣を尊重する．

**【地区】dìqū 图 地区．地域．‖ 沿海～ yánhǎi dìqū 沿海地区．｜禁猎～ jìnliè dìqū 禁猟地域．｜高原～ gāoyuán dìqū 高原地帯．

【地域】dìyù 图 ❶地域．‖ ～辽阔 dìyù liáokuò 地域が広い．❷地方．郷土．‖ ～观念 dìyù guānniàn 郷土意識．

*【农村】nóngcūn 图 農村．‖ 很多～的人都到大城市来打工 hěn duō nóngcūn de rén dōu dào dà chéngshì lái dǎgōng 地方から都市へ多くの人が働きに出ている．｜～和城市的差距 nóngcūn hé chéngshì de chājù 農村と都市の格差．

**【外地】wàidì 图 よその土地．他郷．‖ ～人 wàidìrén よその土地の人．｜孩子在～工作 háizi zài wàidì gōngzuò 子供はよその土地で働いている．｜他们家刚从～搬

454

来 tāmen jiā gāng cóng wàidì bānlai あの一家は地方から引っ越してきたばかりだ.

【外乡】wàixiāng 名 よその土地. 他郷. ‖～人 wàixiāngrén よそ者. | 漂泊～ piāobó wàixiāng 他郷をさすらう.

ちゃくしゅ　着手

▶动手　▶开始　▶上马　▶下手　▶着手

****【动手】dòng//shǒu 動 着手する. 取りかかる. 手をつける. ‖人已到齐, 马上～吧 rén yǐ dàoqí, mǎshàng dòngshǒu ba 人が揃ったから, すぐ着手しよう. | 早点儿～早点儿完 zǎo diǎnr dòngshǒu zǎo diǎnr wán 早く取りかかって早く終える.

**★【开始】kāishǐ 動 開始する. 取りかかる. 着手する. ‖资料收集好了, 他就～写论文 zīliào shōujíhǎo le, tā jiù kāishǐ xiě lùnwén 資料を揃えると, 彼は論文を書き始めた.

【上马】shàng//mǎ 動 (大きな仕事に)取りかかる. 着手する. ‖工程即将～ gōngchéng jíjiāng shàngmǎ 工事はまもなく始まる.

【下手】xià//shǒu 動 (物事を解決するために)手をつける. 手を下す. 着手する. ‖先～为强 xiān xiàshǒu wéi qiáng 先手必勝. | 下不了手 xiàbuliǎo shǒu 手が下せない. | 无从～ wúcóng xiàshǒu 手のつけようがない.

***【着手】zhuóshǒu 動 着手する. 始める. ‖～办理 zhuóshǒu bànlǐ 処理に取りかかる. | ～解决职工住房问题 zhuóshǒu jiějué zhígōng zhùfáng wèntí 職工の宿舎問題の解決に着手する. | 大处着眼, 小处～ dàchù zhuóyǎn, xiǎochù zhuóshǒu 大きいところに着眼し, 小さいところから手をつける.

ちゅうい　注意

▶当心　▶警告　▶警惕　▶留神　▶留心
▶提醒　▶小心　▶用心　▶注意

***【当心】dāngxīn 動 注意する. 気を付ける. 用心する. (やや命令の語感があり, 相手に強く注意を喚起したり警告を発する場合に用いる)‖～火灾 dāngxīn huǒzāi 火事に注意. | ～上当 dāngxīn shàngdàng だまされないよう注意する. | 车站人多～自己的东西 chēzhàn rén duō dāngxīn zìjǐ de dōngxi 駅は人が多いから持ち物に気を付けなさい.

***【警告】jǐnggào 動 警告する. 注意を促す. ‖发出～ fāchū jǐnggào 警告を与える. | 老师一再～大家不可在昏暗的光线下看书 lǎoshī yízài jǐnggào dàjiā bù kě zài hūn'àn de guāngxiàn xia kàn shū 先生は暗いところで本を読まないように何度も注意した.

***【警惕】jǐngtì 動 警戒する. ‖时刻～敌人的进犯 shíkè jǐngtì dírén de jìnfàn 常に敵の侵犯を警戒する. | 提高～ tígāo jǐngtì 警戒心を高める.

***【留神】liú//shén 動 気をつける. 注意する. 用心する. ‖天冷了, ～别感冒 tiān lěng le, liúshén bié gǎnmào 寒くなってきたから風邪をひかないように気をつけて. | 这人很滑头, 你可留点神 zhè rén hěn huátóu, nǐ kě liú diǎn shén その人はずる賢いから, くれぐれも用心しなさい. | 一不～, 坐过了站 yí bù liúshén, zuòguole zhàn うっかりして駅を乗りすごした.

***【留心】liú//xīn 動 気をつける. 注意する. 留意する. ‖～观察 liúxīn guānchá 注意深く観察する. | ～听老师讲课 liúxīn tīng lǎoshī jiǎngkè 先生の授業を注意してよく聞く. | ～别写错了 liúxīn bié xiěcuò le 書き間違えないように気をつ

ちゅうおう　中央

けなさい.

*【提醒】tí//xǐng（～儿）動 注意を促す. 指摘する.‖ 我～他注意交通安全 wǒ tíxǐng tā zhùyì jiāotōng ānquán 私は彼に車に気を付けるように注意した.

**【小心】xiǎoxīn 動 注意する. 気をつける. 慎重にする.（注意を呼びかける掲示や話し言葉に広く用いる. 目的語が名詞の場合, 災いとわかるもの, またはその要因となる具体的なものがくる. 動詞（句）の場合, 禁止を表す“别”bié を入れても意味は変わらない）‖ 小偷儿 xiǎoxīn xiǎotōur こそ泥に注意(する).｜～有漆 xiǎoxīn yǒu qī ペンキに注意(する).｜～(别)着凉 xiǎoxīn (bié) zháoliáng 風邪(を引かないよう)に気をつける.｜～行车 xiǎoxīn xíngchē 注意深く運転する.｜他骑车非常～ tā qí chē fēicháng xiǎoxīn 彼は自転車に乗るとき, 実に慎重だ.

*【用心】yòng//xīn 形 心を用いている. 気を配っている.‖ ～观察 yòngxīn guānchá 注意深く観察する.｜～听讲 yòngxīn tīngjiǎng 気持ちを集中させて講義を聞く.｜学习上不～ xuéxí shang bú yòngxīn 勉強に身を入れない.

★【注意】zhù//yì 動 注意する. 気を配る. 精神を集中させる.（目的語は災いとなるものとは限らず, また具体・抽象を問わない）‖ ～学生们有什么反应 zhùyì xuéshengmen yǒu shénme fǎnyìng 学生たちにどんな反応があるか気を配る.｜特别～健康 tèbié zhùyì jiànkāng とりわけ健康に気を配る.｜出门的时候多注点儿意 chūmén de shíhou duō zhù diǎnr yì 外出の際は十分気をつけなさい.

ちゅうおう　中央

▶当中　▶正中　▶中间　▶中心　▶中央

*【当中】dāngzhōng 図 真ん中.‖ 他坐在～ tā zuòzài dāngzhōng 彼は真ん中に座っている.

【正中】zhèngzhōng 図 真ん中. 中央. “正当中”zhèngdāngzhōng ともいう.‖ 屋子的～ wūzi de zhèngzhōng 部屋の真ん中.｜广场的～有一个喷水池 guǎngchǎng de zhèngzhōng yǒu yí ge pēnshuǐchí 広場の中央に噴水がある.

★【中间】zhōngjiān 図 真ん中. 中心.‖ 马路～ mǎlù zhōngjiān 大通りの真ん中.｜大厅～ dàtīng zhōngjiān ホールの真ん中.

**【中心】zhōngxīn 図 中央. 真ん中.‖ 我住在市～ wǒ zhùzài shì zhōngxīn 私は市の中心地に住んでいる.｜纪念碑位于广场的～ jìniànbēi wèiyú guǎngchǎng de zhōngxīn 記念碑は広場の真ん中に建っている.

**【中央】zhōngyāng 図 中央.‖ 水池～有个喷泉 shuǐchí zhōngyāng yǒu ge pēnquán 池の真ん中には噴水がある.

ちゅうごくご　中国語

▶国语　▶汉语　▶华文　▶华语　▶普通话
▶中国话　▶中文

【国语】guóyǔ 図 国語. 中国語の共通語の旧称.（台湾では“国语”という）

★【汉语】Hànyǔ 図 中国語. 漢語.（狭義では“普通话”pǔtōnghuà, 広義では漢民族の言語をさす）‖ ～有七大方言 Hànyǔ yǒu qī dà fāngyán 中国語には7大方言がある.｜学习～ xuéxí Hànyǔ 中国語を学ぶ.

【华文】Huáwén 図 中国語. 中国文.

【华语】Huáyǔ 図 中国語.（シンガポールやマレーシアでは“华语”という）‖ ～圈 Huáyǔquān 中国語圏.

*【普通话】pǔtōnghuà 図 現代中国の標準語. 共通語.‖ 建国以来, ～得到迅速

普及 jiànguó yǐlái, pǔtōnghuà dédào xùnsù pǔ-jí 新中国成立以来，標準語は急速に普及した．

【中国话】Zhōngguóhuà 名中国語．("汉语" Hànyǔ が学術的・専門的なのに比べ，通俗的な表現で，話し言葉で多く用いる)‖她们说的是～ tāmen shuō de shì Zhōngguóhuà 彼女たちが話しているのは中国語だ．｜她会说～ tā huì shuō Zhōngguóhuà 彼女は中国語が話せる．

★【中文】Zhōngwén 名中国語．(「中国語」の意味を表すほかに，とくに中国語で書かれた作品を表す．また"中国语言文学" Zhōngguó yǔyán wénxué の省略でもある)‖学习～ xuéxí Zhōngwén 中国語を学ぶ．｜～小说 Zhōngwén xiǎoshuō 中国語の小説．｜～系 Zhōngwén xì 中国語中国文学科．

ちゅうさい　仲裁

▶排解　▶劝　▶劝和　▶劝架　▶劝解
▶说和　▶调解　▶调停　▶仲裁

【排解】páijiě 動(争いを)調停する．仲裁する．‖他们又吵架了，你去给～～ tāmen yòu chǎojià le, nǐ qù gěi páijiěpáijiě 彼らはまた口げんかを始めた，あなたが仲裁してやってくれないか．

**【劝】quàn 動勧める．言い聞かせる．忠告する．‖我～过他，他不肯听 wǒ quànguo tā, tā bù kěn tīng 私は彼に忠告したが，彼は聞き入れようとしない．｜你去把他们～开 nǐ qù bǎ tāmen quànkāi 君が行って彼らのけんかをやめさせなさい．

【劝和】quànhé 動和解を呼びかける．仲をとりなす．‖由您出面～，他们也许会听 yóu nín chūmiàn quànhé, tāmen yěxǔ huì tīng あなたが仲裁を買って出てくだされば，彼らも従うかもしれません．

【劝架】quàn//jià 動(口論やけんかを)仲裁する．‖他们又打起来了，你快去～吧! tāmen yòu dǎqilai le, nǐ kuài qù quànjià ba! 彼らはまたけんかを始めた，早く君が行ってやめさせろよ．

【劝解】quànjiě 動仲裁する．‖在众人的～下，两人总算不吵了 zài zhòngrén de quànjiě xia, liǎng rén zǒngsuàn bù chǎo le みんなの仲裁で，二人はやっと言い争うのをやめた．

【说和】shuōhe 動仲裁する．とりなす．仲直りさせる．‖看来他俩真要离婚，你再～也没用 kànlai tā liǎ zhēn yào líhūn, nǐ zài shuōhe yě méiyòng どうもあの二人は本気で離婚する気のようだから，あなたがこれ以上とりなしてもむだだよ．

★【调解】tiáojiě 動仲裁する．間に入って説得する．‖～纠纷 tiáojiě jiūfēn もめごとを仲裁する．｜小两口儿闹离婚，你去～～吧 xiǎoliǎngkǒur nào líhūn, nǐ qù tiáojiětiáojiě ba 若夫婦が離婚するのなんのともめているから，君が仲裁に入ってあげなさい．

【调停】tiáoting；tiáotíng 動調停する．和解させる．とりなす．‖出面～ chūmiàn tiáoting 調停役を買って出る．｜居中～ jūzhōng tiáoting 中に立って仲裁する．

【仲裁】zhòngcái 動仲裁する．‖国际～ guójì zhòngcái 国際調停．｜海事～ hǎishì zhòngcái 海事仲裁．

ちゅうし　中止

▶罢　▶停　▶停顿　▶停止　▶中止
▶作罢

*【罢】bà 動停止する．中止する．‖～课 bàkè (学生が)授業をボイコットする．｜～工 bàgōng ストライキをする．｜欲～不能 yù bà bù néng やめようとしてもやめられない．

★【停】tíng 動止める．止まる．‖这个节

ちょうし （言葉の）調子

目突然～播了 zhège jiémù tūrán tíngbō le その番組は急に放送中止になった。｜～他一年比赛 tíng tā yì nián bǐsài 彼を1年間の出場停止処分とする。

*【停頓】 tíngdùn 動 停頓(ﾃｲ)する。（一時的に）中断する。（目的語をとらない）‖ 每天下大雨，工程不得不～下来 měitiān xià dàyǔ, gōngchéng bù dé bù tíngdùnxialai 毎日大雨が続き，工事を中止せざるを得ない。

**【停止】 tíngzhǐ 動 停止する。やめる。やむ。（一時的な場合と永久の場合がある。多く目的語をとる）‖ ～前进 tíngzhǐ qiánjìn 前に進むのをやめる。｜这种药已经按规定～使用了 zhè zhǒng yào yǐjīng àn guīdìng tíngzhǐ shǐyòng le この薬は規定によりすでに使用を中止している。｜歌声～了 gēshēng tíngzhǐ le 歌声がやんだ。

【中止】 zhōngzhǐ 動 中止する。中断する。‖ ～实验 zhōngzhǐ shíyàn 実験を中止する。｜会谈被迫～ huìtán bèipò zhōngzhǐ 会談はやむなく中止になった。

【作罢】 zuòbà 動 やめる。取りやめる。‖ 父母不同意，这事只好～ fùmǔ bù tóngyì, zhè shì zhǐhǎo zuòbà 両親が賛成してくれないので，この件はやめるしかない。

ちょうし （言葉の）調子

▶调门儿　▶调子　▶口气　▶口吻　▶腔调
▶声调　▶音调　▶语调　▶语气

【调门儿】 diàoménr 名 口 ❶(声の)高さ。調子。‖ 说话～高 shuōhuà diàoménr gāo 甲高い声で話す。❷口調。論調。

【调子】 diàozi 名 語調。口調。語気。‖ 听他说话的～，这事八成能成 tīng tā shuōhuà de diàozi, zhè shì bā chéng néng chéng 彼の話しぶりだと，八割がた成功間違いなしだ。

*【口气】 kǒuqi；kǒuqì 名 ❶語気。口調。‖ 严肃的～ yánsù de kǒuqi 厳しい口調。｜粗暴的～ cūbào de kǒuqi 荒々しい口調。❷話しぶり。‖ ～好大 kǒuqi hǎo dà 鼻息が荒い。❸口ぶり。‖ 听你这～，是不太相信我了? tīng nǐ zhè kǒuqi, shì bútài xiāngxìn wǒ le? その口ぶりからすると，君は私をあまり信じていないようだね。

【口吻】 kǒuwěn 名 口ぶり。口調。‖ 用对小孩儿说话的～说 yòng duì xiǎoháir shuōhuà de kǒuwěn shuō 子供に話をするような口調でしゃべる。｜不屑一顾的～ búxiè yí gù de kǒuwěn ひどく見下した口調。

【腔调】 qiāngdiào 名 話の抑揚。口調。‖ 听他说话的～像上海人 tīng tā shuōhuà de qiāngdiào xiàng Shànghǎirén 彼の口調からすると上海の人のようだ。｜摆出一副教训人的～ bǎichu yí fù jiàoxun rén de qiāngdiào 人を教え諭すような口調で言う。

★【声调】 shēngdiào 名 声の調子。言葉の調子。‖ 压低～ yādī shēngdiào 声を押し殺す。｜气愤得连～都变了 qìfènde lián shēngdiào dōu biàn le 怒りで声の調子さえ変わった。

【音调】 yīndiào 名 (朗読や話し方の)調子。

**【语调】 yǔdiào 名 語調。イントネーション。

**【语气】 yǔqì 名 話し方。口ぶり。語気。語勢。‖ 说到关键处，他加重了～ shuōdào guānjiànchù, tā jiāzhòngle yǔqì 話の核心にくると彼は言葉に力を入れた。

ちょうしょ　長所

▶长处　▶各有所长　▶好处　▶取长补短
▶益处　▶优点

*【长处】 chángchù 名 長所。優れた点。取

り柄. ⇔"短处" duǎnchù ‖ 两者各有各的~ liǎng zhě gè yǒu gè de chángchù 両者それぞれに長所がある. ｜学习别人的~ xuéxí biéren de chángchù 他人の優れた点を学ぶ.

【各有所长】 gè yǒu suǒ cháng 成 それぞれ長所がある.

★**【好处】** hǎochù 名 有利な点. 利点. ‖一点儿~也没有 yìdiǎnr hǎochù yě méiyou なんの益もない. ｜锻炼身体的~ duànliàn shēntǐ de hǎochù 体を鍛えることの利点.

【取长补短】 qǔ cháng bǔ duǎn 成 長所を取り入れ，短所を補う. ‖~共同进步 qǔ cháng bǔ duǎn gòngtóng jìnbù 長所を取り入れ短所を補い，ともに進歩する.

【益处】 yìchù 名 ためになるところ. 利点. ‖大有~ dà yǒu yìchù 大いにためになる. ｜吸烟对身体没有~ xīyān duì shēntǐ méiyou yìchù 喫煙は体にとってなんの益にもならない.

【优点】 yōudiǎn 名 優れている点. 長所. ⇔"缺点" quēdiǎn ‖发扬~，改正缺点 fāyáng yōudiǎn, gǎizhèng quēdiǎn 長所を伸ばし，欠点を改める. ｜抓住孩子的~进行培养 zhuāzhù háizi de yōudiǎn jìnxíng péiyǎng 子供の長所を伸ばして育てる.

ちょうど　ちょうど（都合よく）

▶刚　▶刚刚　▶刚好　▶刚巧　▶恰好
▶正　▶正好　▶正巧　▶正在

★**【刚】** gāng 副 ❶…したところだ. たったいま. いましがた. ‖他~从外面回来 tā gāng cóng wàimiàn huílai 彼はほんのいましがた外から帰ってきたばかりだ. ｜~出笼的包子 gāng chūlóng de bāozi ふかしたてのパオズ. ｜饭~做好 fàn gāng zuòhǎo 御飯はたったいまでき上がったところだ. ❷ちょうど. うまい具合に.

‖大小~合适 dàxiǎo gāng héshì 大きさがちょうどぴったりだ.

**【刚刚】 gānggāng 副 …したばかり. ちょうどいま. ついさっき. ついいましがた. ‖飞机~起飞 fēijī gānggāng qǐfēi 飛行機はたったいま飛び立った.

【刚好】 gānghǎo 副 たまたま. ちょうど. 運よく. ぴったり. きっかり. かっきり. ‖有个座儿~空着 yǒu ge zuòr gānghǎo kòngzhe 運よく席が一つ空いている. ｜行李~二十公斤，没有超重 xíngli gānghǎo èrshí gōngjīn, méiyou chāozhòng 荷物はぴったり20キロ，重量はオーバーしてない. ｜~他本人在，你直接问他吧 gāng hǎo tā běnrén zài, nǐ zhíjiē wèn tā ba ちょうど本人がいますから，じかにお聞きください. ｜剩下的钱~够吃一顿午饭 shèngxia de qián gānghǎo gòu chī yí dùn wǔfàn 残っている金でちょうど昼食が1回食べられる.

【刚巧】 gāngqiǎo 副 ちょうど. うまい具合に. 運よく. ‖我~在路上碰见他 wǒ gāngqiǎo zài lùshang pèngjiàn tā 途中でうまい具合に彼に出会った. ｜父亲心脏病发作的那天，~李大夫在我家 fùqin xīnzàngbìng fāzuò de nà tiān, gāngqiǎo Lǐ dàifu zài wǒ jiā 父が心臓発作を起こしたあの日，運よく李先生が私の家にいた.

★**【恰好】** qiàhǎo 副 ちょうど. 折よく. 具合よく. ‖你要的那本书~我这儿有 nǐ yào de nà běn shū qiàhǎo wǒ zhèr yǒu 君が欲しがっていたあの本，ちょうど僕のところにあるよ. ｜这件衣服~合我的身量 zhè jiàn yīfu qiàhǎo hé wǒ de shēnliang この服は私の体にぴったりだ. ｜明天~是我的生日 míngtiān qiàhǎo shì wǒ de shēngrì 明日はちょうど私の誕生日だ.

★**【正】** zhèng 副 ❶ちょうど（…しているところである）. …している最中に. ‖我~忙着呢 wǒ zhèng mángzhe ne 私はいま忙しいんです. ｜他~找你呢 tā zhèng

ちょきん　貯金

zhǎo nǐ ne 彼はいまあなたを探しているよ．｜我～看着书，听见有人敲门 wǒ zhèng kànzhe shū, tīngjiàn yǒu rén qiāo mén ちょうど本を読んでいるとき，誰かがノックするのが聞こえた．❷ちょうど．まさに．まさしく．‖来得～是时候 láide zhèng shì shíhou ちょうどいいときに来た．｜这鞋穿着～合脚 zhè xié chuānzhe zhèng héjiǎo この靴は足にちょうどぴったり合う．｜～赶上下班时间，车很挤 zhèng gǎnshang xiàbān shíjiān, chē hěn jǐ ちょうど退勤時間帯にぶつかって，車内がとてもこんでいる．

**【正好】zhènghǎo 副 折よく．まさに．ちょうど．‖雪球～打在她的身上 xuěqiú zhènghǎo dǎzài tā de shēn shang 雪の球がちょうど彼女の体に当たった．｜～在路上碰见他 zhènghǎo zài lùshang pèngjiàn tā 折よく道で彼に会った．

*【正巧】zhèngqiǎo 副 ちょうど．折よく．あいにく．‖～他来了，咱们一起去吧 zhèngqiǎo tā lái le, zánmen yìqǐ qù ba ちょうど彼が来たから，みんなで一緒に行こう．｜去找他时，～他不在 qù zhǎo tā shí, zhèngqiǎo tā bú zài 彼を訪ねたがあいにく留守だった．

*【正在】zhèngzài 副 ちょうど．いま．‖教室里～上课 jiàoshì li zhèngzài shàngkè 教室ではいま授業中だ．｜王老师～住院 Wáng lǎoshī zhèngzài zhùyuàn 王先生はいま入院中だ．｜我～睡觉的时候，他来了 wǒ zhèngzài shuìjiào de shíhou, tā lái le 私がちょうど寝ていたとき，彼が来た．｜雨～小下去 yǔ zhèngzài xiǎoxiàqu 雨がちょうど小降りになってきた．

ちょきん　貯金

▶储蓄　▶存　▶存款　▶积　▶积蓄
▶积攒　▶私房钱　▶梯己　▶攒

*【储蓄】chǔxù 動（金や物を）ためる．貯蓄する．‖每个月～一定的钱 měi ge yuè chǔxù yídìng de qián 毎月一定額を貯金する．名 貯蓄．貯金．蓄え．‖有～ yǒu chǔxù 貯金がある．｜～金额 chǔxù jīn'é 貯蓄額．｜活期～ huóqī chǔxù 普通預金．｜定期～ dìngqī chǔxù 定期預金．｜外汇～ wàihuì chǔxù 外貨貯蓄．

**【存】cún 動 預金する．⇔"取"qǔ‖～下了不少钱 cúnxiale bùshǎo qián だいぶお金を貯めた．｜把钱～在银行里 bǎ qián cúnzài yínháng li 銀行にお金を預ける．｜零～整取 líng cún zhěng qǔ 積み立て預金．

*【存款】cúnkuǎn 名 貯金．預金．‖定期～ dìngqī cúnkuǎn 定期預金．｜活期～ huóqī cúnkuǎn 普通預金．当座預金．｜把～取出来 bǎ cúnkuǎn qǔchulai 預金を引き出す．動（cún//kuǎn）貯金する．預金する．‖去银行～ qù yínháng cúnkuǎn 銀行へ行って預金する．｜存了一笔款 cúnle yì bǐ kuǎn まとまったお金を貯金した．

*【积】jī 動 積む．積もる．ためる．‖把压岁钱都～起来 bǎ yāsuìqián dōu jīqilai お年玉を全部ためておく．｜这些年也～了一点儿钱 zhèxiē nián yě jīle yìdiǎnr qián ここ何年間でお金も少したまった．

【积蓄】jīxù 動 貯蓄する．蓄える．‖～力量 jīxù lìliang 力を蓄える．名 貯蓄．蓄え．‖现在我手头有点儿～ xiànzài wǒ shǒutóu yǒu diǎnr jīxù いま私にはいくらか蓄えがある．

*【积攒】jīzǎn 動 少しずつためる．‖把零用钱～起来 bǎ língyòngqián jīzǎnqilai 小遣いを少しずつためておく．

【私房钱】sīfangqián 名 へそくり．

【梯己】tīji 形（家族の者が）こっそり蓄えた．"体己"とも書く．‖～钱 tījiqián へそくり．

*【攒】zǎn 動 ためる．蓄える．集める．‖

~钱 zǎn qián 金を蓄える. | ~邮票 zǎn yóupiào 切手を集める.

ちょっと （時間が） ちょっと

▶稍 ▶稍稍 ▶稍微 ▶一会儿 ▶一下
▶暂且 ▶乍

**【稍】shāo 圖 少し. やや. ‖ 请~等一下 qǐng shāo děng yíxià ちょっとお待ちください. | ~逊一筹 shāo xùn yì chóu 少々劣る. | ~有不同 shāo yǒu bùtóng 少しばかり違う.

【稍稍】shāoshāo 圖 やや. 少し. ちょっと. ‖ 咱们~休息一会儿吧! zánmen shāoshāo xiūxi yíhuìr ba! 少し休みましょうよ. | 在这个问题上，咱们的看法~不同 zài zhège wèntí shang, zánmen de kànfa shāoshāo bùtóng この問題について我々の考えはちょっと違う.

**【稍微】shāowēi 圖 やや. 少し. わずか. ‖ 让我~考虑一下 ràng wǒ shāowēi kǎolǜ yíxià 少し考えさせてください. | 你说话能不能~轻点儿? nǐ shuōhuà néng bu néng shāowēi qīng diǎnr? もう少し小さな声で話してくれませんか.

★【一会儿】yīhuìr 图 (時間的に) 少し. 少しの間. ‖ 休息~吧 xiūxi yíhuìr ba ちょっと休みましょう. | 看了~电视 kànle yíhuìr diànshì テレビを少し見た.

★【一下】yīxià(~儿) 图 ごくわずかな時間. ちょっと. (動詞の後に置き，短時間ある動作をすること，またはちょっと試してみることを表す) ‖ 请等~ qǐng děng yíxià 少々お待ちください. | 给我看~ gěi wǒ kàn yíxià ちょっと見せてください. | 休息~吧 xiūxi yíxià ba 少し休みなさい.

*【暂且】zànqiě 圖 暂時. ひとまず. いったん. ‖ 在这里~住两天 zài zhèli zànqiě zhù liǎng tiān ここにひとまず2日滞在

しよう. | 这个问题~搁一搁 zhège wèntí zànqiě gēyigē この問題はひとまずおいておこう.

【乍】zhà 圖 今しがた…したばかり. ちょっと…すると. ‖ 初来~到 chū lái zhà dào 来たばかりである. | ~看上去，这质料像皮的 zhà kànshangqu, zhè zhìliào xiàng pí de ちょっと見たところ，この材料は革のようだ. | ~一见，没认出他来 zhà yí jiàn, méi rènchu tā lai 一目見ただけでは，彼だと分からなかった.

ちょっと （数量や程度が） ちょっと

▶点 ▶几分 ▶稍 ▶稍微 ▶少量 ▶些
▶一点点 ▶一点儿 ▶一些 ▶有点儿
▶有些

★【点】diǎn(~儿) 量 少量を表す. 少し. ちょっと. ‖ 慢~走 màn diǎn zǒu ゆっくり歩く. | 吃~东西 chī diǎn dōngxi 何か少し食べる. | 这~小事包我身上 zhè diǎn xiǎoshì bāo wǒ shēnshang これぐらいの事なら私に任せてください. | 就这么~呀? jiù zhème diǎn ya? たったこれっぽっちなの. | 多穿~ duō chuān diǎn 厚着しておきなさい. | 会~英文 huì diǎn Yīngwén 英語が少しできる.

【几分】jǐfēn 图 いくぶん. 少し. ちょっと. ‖ 脸上带着~睡意 liǎn shang dàizhe jǐfēn shuìyì 少し眠そうな顔をしている. | 心里还有~不安 xīnli hái yǒu jǐfēn bù'ān まだいくぶん不安である.

**【稍】shāo 圖 少し. やや. ‖ ~逊一筹 shāo xùn yì chóu 少々劣る. | ~有不同 shāo yǒu bùtóng 少しばかり違う.

**【稍微】shāowēi 圖 やや. 少し. わずか. (後に多く"点儿" diǎnr などの数量表現を伴う) ‖ 你说话能不能~轻点儿? nǐ shuōhuà néng bu néng shāowēi qīng diǎnr? もう少し小さな声で話してくれません

461

か. | 锅里一添点儿水 guō li shāowēi tiān diǎnr shuǐ 鍋にほんの少し水を加える. | 哥哥比弟弟~高点儿 gēge bǐ dìdi shāowēi gāo diǎnr 兄は弟より少し背が高い.

*【少量】 shǎoliàng 形 少量の. 少しの. ‖ 排放出~的废气 páifàngchu shǎoliàng de fèiqì 少量の排気ガスを出す. | 加上~的香油 jiāshàng shǎoliàng de xiāngyóu ゴマ油を少々加える.

★【些】 xiē 量 (形容詞または一部の動詞の後に置き, 少ないことを表す)少し. ちょっと. ‖ 吃了药, 你觉得好~了吗? chīle yào, nǐ gǎnjué hǎo xiē le ma? 薬を飲んで少しは気分がよくなったかい. | 烧退了~了 shāo tuì xiē le 熱が少し下がった. | 这样做有~失礼 zhèyàng zuò yǒuxiē shīlǐ こんなふうにやるのはちょっと失礼だ.

【一点点】 yīdiǎndiǎn (~儿) 名 ほんの少し. ほんのちょっと. ‖ 早饭我只吃了~ zǎofàn wǒ zhǐ chīle yìdiǎndiǎn 朝食はほんの少ししか食べていない.

★【一点儿】 yīdiǎnr 名 少し. ちょっと. ‖ 我想喝~水 wǒ xiǎng hē yìdiǎnr shuǐ 私は水が飲みたい. | 有了~进步 yǒule yìdiǎnr jìnbù 少し進歩した. | 我的表快了~ wǒ de biǎo kuàile yìdiǎnr 私の腕時計はちょっと進んでいる. | 你小心~ nǐ xiǎoxīn yìdiǎnr ちょっと気をつけなさい. | 他的话我~都不懂 tā de huà wǒ yìdiǎnr dōu bù dǒng 彼の話は私には一言も理解できない.

★【一些】 yīxiē 名 ❶ (不定の数量を表す)いくつか. いくらか. ‖ 有~事要商量 yǒu yìxiē shì yào shāngliang いくつか相談したいことがある. | 买了~日用品 mǎile yìxiē rìyòngpǐn 日用品をいくらか買った. | ~人 yìxiē rén 一部の人. ❷ (~儿)(数量が)少し. ‖ 钱就剩这~了 qián jiù shèng zhè yìxiē le お金はこれしか残っていない. ❸ (形容詞・動詞および動

詞句の後に置き)若干. わずか. 少し. ‖ 这间屋子大~ zhè jiān wūzi dà yìxiē この部屋は少し広い. | 请安静~ qǐng ānjìng yìxiē 少し静かにしてください. | 留神~ liúshén yìxiē 少し気をつける.

**【有点儿】 yǒudiǎnr 副 少し. ちょっと. いくぶん. (多く望ましくないことに用いる)"有一点儿" yǒu yìdiǎnr ともいう. ‖ ~贵 yǒudiǎnr guì ちょっと高い. | 孩子~发烧 háizi yǒudiǎnr fāshāo 子供は少し熱がある. | ~羡慕, 又~嫉妒 yǒudiǎnr xiànmù, yòu yǒudiǎnr jídù うらやましくもあり, ねたましくもある. | 你脸色~不好 nǐ liǎnsè yǒudiǎnr bù hǎo 君, 少し顔色が悪いね. | 今天~冷 jīntiān yǒudiǎnr lěng 今日はちょっと寒い. | "你累了吧?" "~" "nǐ lèi le ba?" "yǒudiǎnr"「疲れただろう」「ちょっとね」

★【有些】 yǒuxiē 副 若干. 少し. "有一些" yǒu yìxiē ともいう. ‖ ~担心 yǒuxiē dānxīn いくぶん心配している. | 我~饿了 wǒ yǒuxiē è le 少しおなかがすいた. | 身体~不舒服 shēntǐ yǒuxiē bù shūfu どうも体の具合が悪い. | 看他那不紧不慢的样子, 真~替他着急 kàn tā nà bù jǐn bú màn de yàngzi, zhēn yǒuxiē tì tā zháojí 彼の落ち着きはらった様子を見ていると, まったくこっちのほうがいらいらしてくる.

ちる 散る (四散する)

▶迸 ▶飞溅 ▶飞散 ▶溅 ▶离散 ▶散 ▶散开 ▶散落 ▶四散 ▶消散

【迸】 bèng 動 四方に飛び散る. はじける. ‖ 火星乱~ huǒxīng luànbèng 火花が四方に飛び散る. | 海水打在礁石上, ~起雪白的浪花 hǎishuǐ dǎzài jiāoshí shang, bèngqi xuěbái de lànghuā 海水が岩にぶつかって, 真っ白な波しぶきが立ってい

る.

【飞溅】fēijiàn 動 飛び散る. はねる.‖
水花～ shuǐhuā fēijiàn しぶきが飛び散
る.

【飞散】fēisàn 動 飛散する. 飛び散る.
‖纸片～了一地 zhǐpiàn fēisànle yí dì 紙
切れが床一面に散らばった.

*【溅】jiàn 動 (液体が)跳ね上がる. 四方
に飛び散る.‖～了一裤子泥 jiànle yí
kùzi ní 泥を跳ねられてズボンが泥だら
けになった.

【离散】lísàn 動 離散する. 分かれて散
り散りになる.‖与家人～已经二十年了
yǔ jiārén lísàn yǐjīng èrshí nián le 家族と離
散してもう 20 年になる.

*【散】sàn 動 散る. 散らばる.‖乌云～
了 wūyún sàn le 黒雲が消えた.｜雾～了
wù sàn le 霧が晴れた.｜会还没～ huì hái
méi sàn 会はまだお開きになっていな
い.｜看热闹的人～了 kàn rènao de rén sàn
le 野次馬たちは立ち去った.

【散开】sànkāi 動 分散する. 散る.‖人
群慢慢儿地～了 rénqún mànmānr de sànkāi
le 群衆はしだいに散っていった.｜晨雾
～了 chénwù sànkāi le 朝もやが晴れた.

【散落】sànluò 動 ❶散り落ちる.‖花瓣
～了一地 huābàn sànluòle yí dì 花びらが
あたり一面に散り落ちた. ❷散らばっ
ている. 点在する.‖山脚下～着儿户
人家 shānjiǎo xia sànluòzhe jǐ hù rénjiā 山
のふもとに人家が数軒点在している.
❸散り散りになる.‖一家人～在异乡
yìjiārén sànluòzài yìxiāng 一家の者が他郷
に散り散りになっている.

【四散】sìsàn 動 四散する. 散り散りに
なる.‖～奔逃 sìsàn bēntáo 散り散りに
逃げる.

【消散】xiāosàn 動 消える. 散る.‖办公
室里的烟味儿还没～ bàngōngshì li de yān-
wèir hái méi xiāosàn 事務室のタバコのに
おいはまだ漂っている.｜心中的烦闷难

以～ xīnzhōng de fánmèn nányǐ xiāosàn 心
中の悩みはなかなか消え去らない.

ちる (花などが) 散る

▶凋零　▶凋落　▶凋谢　▶枯萎　▶落
▶落叶归根　▶散落　▶谢

【凋零】diāolíng 動 (花や葉などが)しぼ
む. 落ちる. 枯れる.‖草木～ cǎomù
diāolíng 草木が枯れる.

【凋落】diāoluò 動 凋落する. しぼんで
落ちる. 枯れ落ちる.‖树叶～ shùyè
diāoluò 木の葉が枯れ落ちる.

【凋谢】diāoxiè 動 ❶(花や葉が)枯れ落
ちる. しぼんで落ちる.‖花木～ huāmù
diāoxiè 花は枯れ落ちた. ❷(老人が)死
ぬ.

【枯萎】kūwěi 形 枯れてしおれている.
‖花～了 huā kūwěi le 花がしぼんだ.

*【落】luò 動 落ちる. 落下する.‖树叶都
～了 shùyè dōu luò le 木の葉がすっかり
落ちた.｜昨夜一阵风, 樱花都～了 zuó-
yè yízhèn fēng, yīnghuā dōu luò le 夕べの
風で, 桜もすっかり散ってしまった.

【落叶归根】luò yè guī gēn 成 葉が落ち
て根に帰る. 他郷をさすらう人もいず
れは故郷に帰るたとえ. "叶落归根"と
もいう.

【散落】sànluò 動 散り落ちる.‖花瓣～
了一地 huābàn sànluòle yí dì 花びらがあ
たり一面に散り落ちた.

【谢】xiè 動 (花や葉が)散る. 枯れて落
ちる.‖萎～ wěixiè しおれ散る.｜牡丹
花～了 mǔdanhuā xiè le ボタンの花が
散った.

つい 対

つ

つい　対

▶成对　▶成双　▶对　▶对子　▶副　▶双

【成对】 chéngduì 動 対になる. ‖鸳鸯～ yuānyang chéngduì オシドリがつがいになっている.

【成双】 chéngshuāng 動 対になる. ペアになる. ‖～配对 chéngshuāng pèiduì 二人一組でペアになる. | 手套不～ shǒutào bù chéngshuāng 手袋が片方ない.

★**【对】** duì (～儿) 量 (二つで一組になっているものを数える)対(つい). 組. ‖两～花瓶 liǎng duì huāpíng 2対の花瓶. | 一～儿新婚夫妇 yí duìr xīnhūn fūfù 一組の新婚夫婦. | 一～鸳鸯 yí duì yuānyang 一つがいのオシドリ. | 挺般配的一～儿 tǐng bānpèi de yí duìr 似合いのカップル.

【对子】 duìzi 名 対(つい). 組. ‖组成互帮互学的～ zǔchéng hù bāng hù xué de duìzi 互いに助け合い学び合う二人ずつの組をつくる.

****【副】** fù 量 (二つからなるもの, 対になったものを数える)組. 対. (俗に"付"の字を当てることもある) ‖一～对联 yí fù duìlián 一組の対聯(れん). | 一～眼镜 yí fù yǎnjìng 眼鏡一つ.

★**【双】** shuāng 形 二つの. 2種類の. 一対の. ⇔"单" dān ‖～手 shuāng shǒu 両手. | 举世无～ jǔ shì wú shuāng 天下無双. | 名利～收 mínglì shuāngshōu 名利ともに手に入れる. 量 (左右対称の身体部位や組になっている物を数える)組. ‖一～眼睛 yì shuāng yǎnjing 両目. | 一～手套 yì shuāng shǒutào 一組の手袋. | 一～筷子 yì shuāng kuàizi 1膳の箸. | 一

～皮鞋 yì shuāng píxié 1足の革靴.

ついて　⇒【(-に) 対して】

ついで

▶带　▶得便　▶方便　▶机会　▶就便
▶顺便　▶顺路　▶顺手

★**【带】** dài 動 ついでに…する. ‖请你给他一个口信 qǐng nǐ gěi tā dài ge kǒuxìn どうか彼にことづけてください. | 你上街给我～盒儿烟回来吧 nǐ shàngjiē gěi wǒ dài hér yān huílai ba 町へ行ったらついでにタバコを買って来てくれ. | 你出去请把门～上 nǐ chūqu qǐng bǎ mén dàishang 出て行くとき, ついでにドアを閉めていってください.

【得便】 débiàn 動 都合がつく. 暇がある. 機会を得る. ‖～再来吧 débiàn zài lái ba ついでがあったらまた来てよ. | 这包药请你～捎给老李 zhè bāo yào qǐng nǐ débiàn shāogěi Lǎo-Lǐ この薬をついでのときに李さんに持っていってあげてください.

★**【方便】** fāngbiàn 形 適している. 都合がよい. ‖请在你～的时候来一趟 qǐng zài nǐ fāngbiàn de shíhou lái yí tàng ご都合のよいときに一度お越しください.

★**【机会】** jīhuì ; jíhuì 名 機会. チャンス. ‖有～再来啊! yǒu jīhuì zài lái a! 機会があったらまた来てください. | 他想利用这次出差的～去看看老同学 tā xiǎng lìyòng zhè cì chūchāi de jīhuì qù kànkan lǎotóngxué 彼はこんどの出張のついでに昔の同級生に会ってこようと思っている.

【就便】 jiùbiàn (～儿) 副 ことのついでに. ‖下班回家的路上, ～买了些菜 xiàbān huíjiā de lùshang, jiùbiàn mǎile xiē cài 仕事から帰る途中, ついでに野菜を

464

買った.

**【順便】shùnbiàn 副ついでに. ‖每天下班回来～买点菜 měitiān xiàbān huílai shùnbiàn mǎi diǎn cài 毎日勤めの帰り, ついでに買い物をする. ｜来北京的时候, 请～到我家作客 lái Běijīng de shíhou, qǐng shùnbiàn dào wǒ jiā zuòkè 北京へおいでの際は, どうぞ私の家へお寄りください.

【順路】shùnlù(～儿) 副通りがけに. ‖下班后, ～来我家一趟 xiàbān hòu, shùnlù lái wǒ jiā yí tàng 仕事が終わったら, 帰りがけに私の家に寄ってください.

*【順手】shùnshǒu(～儿) 副ついでに. その手で. ‖把剩菜放进冰箱里, ～拿出了一个苹果 bǎ shèngcài fàngjin bīngxiāng li, shùnshǒu náchule yí ge píngguǒ 残った料理を冷蔵庫にしまったついでに, リンゴを一つ出した.

ついに ⇒【とうとう】

ついほう　追放

▶赶　▶革职　▶开除　▶清除　▶清洗
▶驱除　▶驱逐　▶肃清

**【赶】gǎn 動追い払う. ‖～苍蝇 gǎn cāngying ハエを追っぱらう. ｜他被～出家门 tā bèi gǎnchu jiāmén 彼は家を追い出された. ｜快把门口那几个人～走 kuài bǎ ménkǒu nà jǐ ge rén gǎnzǒu はやく入口のあいつらを追い出してしまえ.

【革职】gé//zhí 動免職する. 解雇する. 首にする. ‖～查办 gézhí chábàn 免職にして取り調べのうえ処分する.

*【开除】kāichú 動やめさせる. 除名する. 追放する. ‖～公职 kāichú gōngzhí 公職から追放する. ｜他被学校～了 tā bèi xuéxiào kāichú le 彼は退学さ

せられた. ｜把不守纪律的队员～出去 bǎ bù shǒu jìlǜ de duìyuán kāichúchuqu 規律を守らない選手を除名する.

*【清除】qīngchú 動一掃する. 排除する. ‖～封建意识 qīngchú fēngjiàn yìshi 封建的意識を一掃する. ｜他因贪污而被～出党 tā yīn tānwū ér bèi qīngchúchu dǎng 彼は汚職で党から追放された.

【清洗】qīngxǐ 動粛清する. 追放する. ‖他被～出党 tā bèi qīngxǐchu dǎng 彼は党から追放された. ｜大规模～有右派意识的人 dàguīmó qīngxǐ yǒu yòupài yìshi de rén 右寄りの考えの人を大々的に粛清する.

【驱除】qūchú 動追い払う. 取り除く. ‖～蚊蝇 qūchú wényíng カやハエを駆除する. ｜～杂念 qūchú zániàn 雑念を追い払う.

*【驱逐】qūzhú 動追い払う. ‖～出境 qūzhú chūjìng 国外に追放する. ｜下～令 xià qūzhúlìng 追放令を出す. ｜把侵略者～出去 bǎ qīnlüèzhě qūzhúchuqu 侵略者を追い出す.

*【肃清】sùqīng 動(悪い人間・物事・思想などを)徹底的に取り除く. 粛清する. 一掃する. ‖～影响 sùqīng yǐngxiǎng (悪い)影響を一掃する. ｜～封建意识 sùqīng fēngjiàn yìshi 封建的意識を徹底的に取り除く.

ついやす　費やす

▶白费　▶费　▶费力　▶耗　▶耗费　▶花
▶花费　▶浪费　▶消耗　▶用

*【白费】báifèi 動むだに使う. むだに費やす. ‖～精力 báifèi jīnglì 精力をむだに使う. ｜～功夫 báifèi gōngfu 時間がむだになる.

**【费】fèi 動費やす. 使う. ⇔"省" shěng ‖～钱 fèiqián 金をかける. 金がかか

る．｜～労力 fèi láolì 労力を費やす．｜
～時間 fèi shíjiān 時間を費やす．暇取
る．｜全自動洗衣机比较～水 quánzìdòng
xǐyījī bǐjiào fèi shuǐ 全自動洗濯機はわり
に水を使う．｜我儿子高考的事，让您
～了不少心 wǒ érzi gāokǎo de shì, ràng nín
fèile bùshǎo xīn 息子の大学受験のこと
では，いろいろご心配をおかけしまし
た．

* **【費力】** fèi//lì 動 (体力や精力を)費やす．
苦労する．骨を折る．‖ ～不讨好 fèilì bù
tǎohǎo 骨を折ったうえに人から文句を
言われる．骨折り損のくたびれ儲け．｜
費了不少力 fèile bùshǎo lì ずいぶん苦労
した．｜这工作太～ zhè gōngzuò tài fèilì
この仕事はとても骨が折れる．

* **【耗】** hào 動 消耗する．費やす．‖ ～神
hàoshén 神経をすり減らす．｜这种车很
～油 zhè zhǒng chē hěn hào yóu このタイ
プの車はガソリンをくう．

* **【耗費】** hàofèi 動 費やす．消耗する．浪
費する．‖ ～大量的人力和物力 hàofèi dà-
liàng de rénlì hé wùlì 大量の人力と物資
を費やす．｜他不用心学习，～了宝贵时
间 tā bú yòngxīn xuéxí, hàofèile bǎoguì shí-
jiān 彼は勉強に身を入れず，貴重な時
をむだにした．

★ **【花】** huā 動 使う．費やす．‖ ～时间 huā
shíjiān 時間を費やす．｜～完了再挣 huā-
wánle zài zhèng (お金を)使い切ったらま
た稼ぐ．｜～精力 huā jīnglì 精力を費や
す．

* **【花費】** huāfèi 動 使う．費やす．‖ ～金
钱 huāfèi jīnqián 金を使う．｜～时间 huā-
fèi shíjiān 時間を費やす．｜～心血 huāfèi
xīnxuè 心血を注ぐ．

* **【浪費】** làngfèi 動 浪費する．‖ ～时间
làngfèi shíjiān 時間をむだに使う．｜～了
不少精力 làngfèile bùshǎo jīnglì かなり精
力を浪費した．

* **【消耗】** xiāohào 動 消耗する．すり減ら

す．‖ ～精力 xiāohào jīnglì 精力を消耗
する．｜能量～ néngliàng xiāohào エネル
ギーが消耗する．

★ **【用】** yòng 動 使う．用いる．‖ 这个月～
电太多 zhège yuè yòng diàn tài duō 今月は
電気の使用量が多すぎる．｜坐车得～
两个小时 zuò chē děi yòng liǎng ge xiǎoshí
車でも 2 時間はかかる．

つうじる　通じる

▶懂　▶懂得　▶懂事　▶精通　▶理解
▶了解　▶领会　▶熟悉　▶通　▶通晓

★ **【懂】** dǒng 動 分かる．理解する．‖ ～礼
貌 dǒng lǐmào 礼儀をわきまえる．｜～
艺术 dǒng yìshù 芸術が分かる．｜～英
语 dǒng Yīngyǔ 英語が分かる．

* **【懂得】** dǒngde 動 分かる．理解できる．
知る．‖ ～如何做人 dǒngde rúhé zuòrén
身の処し方をわきまえる．

* **【懂事】** dǒng//shì 形 もの分かりがいい．
分別がある．物事をわきまえている．‖
这孩子很～ zhè háizi hěn dǒngshì このお
ちびちゃんはとてもお利口だ．

* **【精通】** jīngtōng 動 精通する．‖ 他～三
国语言 tā jīngtōng sān guó yǔyán 彼は 3 ヵ
国語に精通している．｜他对业务很～ tā
duì yèwù hěn jīngtōng 彼は業務に精通し
ている．

* **【理解】** lǐjiě 動 理解する．分かる．‖ ～
力 lǐjiělì 理解力．｜加深～ jiāshēn lǐjiě
解を深める．｜这首诗的意思我还不太～
zhè shǒu shī de yìsi wǒ hái bútài lǐjiě この
詩の意味が私にはまだよく理解できな
い．

★ **【了解】** liǎojiě 動 分かる．知る．了解す
る．理解する．‖ 我很～他 wǒ hěn liǎojiě
tā 私は彼のことをよく知っている．｜
她不太～当地的情况 tā bútài liǎojiě dāngdì
de qíngkuàng 彼女は現地の状況をあま

つかう　使う

り把握していない.｜双方还缺乏~
shuāngfāng hái quēfá liǎojiě 双方ともまだ
よく理解し合っていない.

*【领会】 lǐnghuì 動 理解する. 納得する.
会得する.｜~上级意图 lǐnghuì shàngjí yì-
tú 上司の意図をよく理解する.｜~精
神实质 lǐnghuì jīngshén shízhì 主旨の本質
を理解する.

**【熟悉】 shúxi；shúxī 動 よく知る. 熟知す
る.｜我~他的性格 wǒ shúxi tā de xìng-
gé 私は彼の性格をよく知っている.｜
他对国际关系史很~ tā duì guójì guānxishǐ
hěn shúxi 彼は国際関係史について非常
に詳しい.｜我还不太~这儿的情况 wǒ
hái bútài shúxi zhèr de qíngkuàng 私はここ
の事情にまだあまり通じていない.

★【通】 tōng 動 理解する. 精通する.｜~
英语 tōng Yīngyǔ 英語に通じている.｜
不~人情世故 bùtōng rénqíng shìgù 世間
を知らない.◇(ある分野に)精通して
いる. 通(つう).｜中国~ Zhōngguótōng
中国通.｜万事~ wànshìtōng 物知り.

【通晓】 tōngxiǎo 動 通暁する. 詳しく知
る.｜~古代文学 tōngxiǎo gǔdài wénxué
古代文学に通暁している.｜~本地情
况 tōngxiǎo běndì qíngkuàng 当地の事情
に明るい.

つかう　使う

▶利用　▶使　▶使用　▶应用　▶用
▶运用　▶做

★【利用】 lìyòng 動 利用する. 効果的に使
う.｜~先进技术 lìyòng xiānjìn jìshù 先
进的技術を利用する.｜~风力发电 lì-
yòng fēnglì fādiàn 風力を使って発電す
る.｜~职权谋取私利 lìyòng zhíquán móu-
qǔ sīlì 職権を利用し, 私利を図る.

**【使】 shǐ 動 使う. 使用する.｜好~ hǎo-
shǐ 使いやすい.｜他还不会~筷子 tā hái

bú huì shǐ kuàizi 彼はまだ箸が使えない.
｜这支钢笔已经~了好几年了 zhè zhī
gāngbǐ yǐjīng shǐle hǎojǐ nián le この万年
筆はもう何年も使っている.

★【使用】 shǐyòng 動 (道具や人員・資金
などを)使う. 使用する. 用いる.｜~
电子计算机 shǐyòng diànzǐ jìsuànjī コン
ピューターを使用する.｜~年轻干部
shǐyòng niánqīng gànbù 若い幹部を使う.
｜~不正当的手段 shǐyòng bú zhèngdàng
de shǒuduàn 不当な手段を用いる.｜~
方法 shǐyòng fāngfǎ 使用方法.

**【应用】 yìngyòng 動 用いる. 使う. (生
産や生活の中で使われるようにする)
｜~范围 yìngyòng fànwéi 使用範囲.｜
~电脑进行教学 yìngyòng diànnǎo jìnxíng
jiàoxué コンピューターを使って授業を
行う.｜这一新技术已得到广泛~ zhè yī
xīn jìshù yǐ dédào guǎngfàn yìngyòng この
新しい技術はすでに広く使われている.

★【用】 yòng 動 使う. 用いる.｜~一下你
的辞典可以吗? yòng yíxià nǐ de cídiǎn kěyǐ
ma? ちょっと辞書を借りていいですか.
｜这个月~电太多 zhège yuè yòng diàn tài
duō 今月は電気の使用量が多すぎる.｜
这些例子可以~来说明问题 zhèxiē lìzi
kěyǐ yònglai shuōmíng wèntí これらの例は
問題を説明するのに用いることができ
る.｜把部分赢利~作福利 bǎ bùfen yínglì
yòng zuò fúlì 利益の一部を福利に充て
る.

**【运用】 yùnyòng 動 運用する. 用いる.｜
~工具 yùnyòng gōngjù 道具を用いる.｜
~自如 yùnyòng zìrú 思うがままに操る.
｜~法律手段, 保护老人的合法权益
yùnyòng fǎlù shǒuduàn, bǎohù lǎorén de héfǎ
quányì 法律の手段を用いて, お年寄り
の合法的な権益を保護する.

★【做】 zuò 動 …とする. …に用いる.｜
这篇小说可以~教材 zhè piān xiǎoshuō kě-
yǐ zuò jiàocái この小説は教材として使

うことができる.｜星期六晚上食堂常被用来～舞厅 xīngqīliù wǎnshang shítáng cháng bèi yònglai zuò wǔtīng 土曜日の夜になると食堂はよくダンス・ホールとして使われる.

つかまえる　捕まえる

▶捕　▶捕捉　▶逮　▶逮捕　▶抓　▶捉
▶捉拿

**【捕】bǔ 動 捕らえる. 捕まえる.‖～鱼 bǔ yú 漁をする.｜～蝇灭蚊 bǔ yíng miè wén ハエを捕り, カを退治する.

*【捕捉】bǔzhuō 動 捕らえる. 捕まえる.‖～逃犯 bǔzhuō táofàn 逃走犯を捕らえる.｜～害虫 bǔzhuō hàichóng 害虫を捕まえる.｜～思绪 bǔzhuō sīxù 考えの筋道をとらえる.

【逮】dǎi 動口 捕らえる. 捕まえる. (単独で用いられ, 複合語には用いない)‖猫～耗子 māo dǎi hàozi ネコがネズミを捕まえる.

*【逮捕】dàibǔ 動 逮捕する.‖他被～了 tā bèi dàibǔ le 彼は逮捕された.｜依法～ yīfǎ dàibǔ 法に基づいて逮捕する.

*【抓】zhuā 動 捕まえる. 逮捕する.‖～小偷儿 zhuā xiǎotōur 泥棒を捕まえる.｜逃犯被～住了 táofàn bèi zhuāzhù le 逃走中の犯人は捕まった.

*【捉】zhuō 動 捕らえる. 捕まえる.‖～住了小偷儿 zhuōzhùle xiǎotōur こそ泥を捕まえる.｜～泥鳅 zhuō níqiu ドジョウを捕まえる.｜瓮中～鳖 wèng zhōng zhuō biē かめの中のスッポンを捕まえる. 手を下せばすぐ目標物が得られるたとえ.

【捉拿】zhuōná 動 (犯人を)捕まえる.‖～凶手 zhuōná xiōngshǒu 凶悪犯を捕らえる.｜～逃犯 zhuōná táofàn 脱走犯を捕らえる.

つかれる　疲れる

▶乏　▶筋疲力尽　▶劳累　▶累　▶疲惫
▶疲乏　▶疲倦　▶疲劳

【乏】fá 形 疲れる. くたびれる.‖干一天活儿有点儿～了 gàn yì tiān huór yǒudiǎnr fá le 一日働いたのでちょっと疲れた.｜看书看～了 kàn shū kànfá le 本を読んでいて疲れてしまった.｜喝杯茶解解～ hē bēi chá jiějie fá お茶を飲んで疲れをとる.

【筋疲力尽】jīn pí lì jìn 成 疲れて力が尽きる. 疲れ果てる. "精疲力竭" jīng pí lì jié ともいう.‖这件事把我拖得～ zhè jiàn shì bǎ wǒ tuōde jīn pí lì jìn この件にかかわって精も根も尽き果てた.

【劳累】láolèi 形 (働きすぎて)くたくたである.‖因过度～进了医院 yīn guòdù láolèi jìnle yīyuàn 過労で入院した.

★【累】lèi 形 疲れる. 疲労する.‖我走～了 wǒ zǒulèi le 私は歩き疲れた.｜～得腰酸腿疼 lèide yāo suān tuǐ téng 疲れて腰は痛いし足はだるい.｜就这点活儿不～ jiù zhè diǎn huór bú lèi これくらいの仕事なら楽なものだ.｜爬了一天山, ～死了 pále yì tiān shān, lèisǐ le 一日山登りして疲れ果てた.

*【疲惫】píbèi 形 疲労困憊(ひろうこんぱい)している. 疲れ果てている.‖～不堪 píbèi bùkān くたくたに疲れてどうにもならない. 綿のようにぐったり疲れる.

*【疲乏】pífá 形 疲労している. 疲れている.‖感到～ gǎndào pífá 疲れを感じる.｜迈着～的步子走回了家 màizhe pífá de bùzi zǒuhuíle jiā 疲れた足取りで家へ帰った.

*【疲倦】píjuàn 形 疲れてだるい. くたびれている.‖感到有些～, 休息了一会儿 gǎndào yǒuxiē píjuàn, xiūxile yíhuìr いささかくたびれてきたので, ちょっと休

んだ．｜不知～地工作 bù zhī píjuàn de gōngzuò 疲れを知らぬかのように働く．

**【疲劳】 píláo 彫 疲れている．疲労している．‖ 这几天工作很忙，十分～ zhè jǐ tiān gōngzuò hěn máng, shífēn píláo この数日仕事が忙しくて，すっかり疲れた．

つき　月

▶満月　▶水中捞月　▶望月　▶月　▶月光
▶月亮　▶月球　▶月牙

*【满月】 mǎnyuè 图 満月．望月(もちづき)．

【水中捞月】 shuǐ zhōng lāo yuè 威 水中の月をすくう．苦労するばかりでむだなことのたとえ．骨折り損．"海底捞月" hǎi dǐ lāo yuè ともいう．‖ 一场空 shuǐ zhōng lāo yuè yì chǎng kōng 骨折り損のくたびれ儲け．

【望月】 wàngyuè 图 旧暦の十五夜の満月．望月(もちづき)．"满月" mǎnyuè ともいう．

*【月】 yuè 图 月．‖ 赏～ shǎng yuè 月をめでる．月見をする．｜登～成功 dēng yuè chénggōng 月面着陸に成功する．

*【月光】 yuèguāng 图 ❶月の光．‖ 皎洁的～ jiǎojié de yuèguāng 皓々(こうこう)たる月光．❷歴月．

*【月亮】 yuèliang 图 月．"月球" yuèqiú の通称．

*【月球】 yuèqiú 图 (天体の)月．ふつうは"月亮" yuèliang という．

【月牙】【月芽】 yuèyá (～儿) 图 口 三日月．細長い弓形の月．

つぎ　次

▶第二　▶仅次于　▶其次　▶下　▶下次
▶下回　▶下面

【第二】 dì èr 组 2 番目．‖ 年龄最大的是

老王，～是我 niánlíng zuì dà de shì Lǎo-Wáng, dì èr shì wǒ 一番年長なのは王さんで，次が私だ．

【仅次于】 jǐn cìyú 组 …に次ぐ．‖ 年产量～历史最高水平的去年 niánchǎnliàng jǐn cìyú lìshǐ zuì gāo shuǐpíng de qùnián 年間生産高は史上最高の去年に次ぐものである．

**【其次】 qícì 代 ❶その次．❷番目．‖ 先请他讲，～就是你 xiān qǐng tā jiǎng, qícì jiù shì nǐ まず彼に話してもらって，その次が君だ．❷二の次．副次．‖ 首先是内容，～才是形式 shǒuxiān shì nèiróng, qícì cái shì xíngshì まず内容が大切で，形式はそれからのことである．｜我主要是想提高一下自己的口语能力，读写还在～ wǒ zhǔyào shì xiǎng tígāo yíxià zìjǐ de kǒuyǔ nénglì, dúxiě hái zài qícì 私は主として自分の会話力を向上させたいと思っており，読み書きはまだ二の次です．

*【下】 xià 图 次．後．以後．‖ ～趟车 xià tàng chē 次の列車．｜不要往～说了 bú-yào wǎng xià shuō le その先はもう話さないでくれ．｜这班飞机赶不上了，下班飞机没问题 zhè bān fēijī gǎnbushàng le, xià bān fēijī méi wèntí この便の飛行機には間に合わないが，次の便なら大丈夫だ．

【下次】 xià cì 组 次回．この次．‖ ～去我家聚会 xià cì qù wǒ jiā jùhuì 次は私の家で集まりをやりましょう．

【下回】 xià huí 组 ❶この次．次回．‖ 今天忘了，～给你带来 jīntiān wàng le, xià huí gěi nǐ dàilai 今日は忘れてしまったので，この次持ってきてあげます．｜～再买吧 xià huí zài mǎi ba この次に買いましょう．❷(講談や章回小説などで)次回．‖ 且听～分解 qiě tīng xià huí fēnjiě この先は次回の講釈をお聞きあれ．

*【下面】 xiàmiàn (～儿) 图 次．以下．‖ ～请厂长做报告 xiàmiàn qǐng chǎngzhǎng

つきそう　付き添う

zuò bàogào 次は工場長に報告してもらいます．｜再谈谈具体措施 xiàmiàn zài tántan jùtǐ cuòshī 次に具体的措置についてお話しします．

つきあう　付き合う　⇒【交際】

つきそう　付き添う

▶伴　▶伴随　▶跟　▶跟随　▶跟着　▶陪
▶陪伴　▶陪护　▶陪同　▶做伴

---

*【伴】bàn 動 連れ立つ．付き添う．‖ 她每天～着母亲 tā měitiān bànzhe mǔqin 彼女は毎日母親に付き添っている．

*【伴随】bànsuí 動 お供をする．付き従う．‖ ～着丈夫走南闯北 bànsuízhe zhàngfu zǒu nán chuǎng běi 夫に付き従って各地を点々とする．

★【跟】gēn 動 すぐ後について行く．お伴する．‖ 他一在妈妈身后 tā gēnzài māma shēn hòu 彼はお母さんの後ろについている．｜～我走 gēn wǒ zǒu 私について来なさい．

*【跟随】gēnsuí 動 従う．ついていく．‖ 他从小就～父亲下海捕鱼 tā cóngxiǎo jiù gēnsuí fùqin xiàhǎi bǔ yú 彼は子供のときから父親について海で魚を捕っていた．

【跟着】gēnzhe 動 つき従う．後について行く．‖ 你一他走 nǐ gēnzhe tā zǒu 君は彼について行きなさい．

**【陪】péi 動 付き添う．お供する．‖ 我～你去 wǒ péi nǐ qù 私が一緒に行きます．｜她心情不好，你多～～她 tā xīnqíng bù hǎo, nǐ duō péipei tā 彼女は気落ちしているから，あなたがそばにいてあげなさい．

【陪伴】péibàn 動 お供をする．付き添う．‖ 有你～，我就放心了 yǒu nǐ péibàn, wǒ jiù fàngxīn le あなたが付き添ってくれ

ると私は安心だ．

【陪护】péihù 動 ❶付き添って看護する．❷子供の送り迎えなどに付き添う．

*【陪同】péitóng 動 お供する．付き添う．随行する．‖ ～前往 péitóng qiánwǎng お供をして行く．｜～代表团参观访问 péitóng dàibiǎotuán cānguān fǎngwèn 代表団に随行して視察訪問する．

【做伴】zuò//bàn（～儿）動 お供をする．付き添う．‖ 寂寞的时候，她常来跟我～ jìmò de shíhou, tā cháng lái gēn wǒ zuòbàn 私が寂しいとき，彼女はいつもやって来て私の相手をしてくれる．｜咱们～去吧 zánmen zuòbàn qù ba 一緒に参りましょう．

つぎつぎ　次々　⇒【続々】

つきる　尽きる

▶到头　▶光　▶尽　▶绝　▶没有　▶完

【到头】dào//tóu（～儿）動 極限に達する．尽きる．‖ 这穷日子也该～了 zhè qióng rìzi yě gāi dàotóu le この苦しい暮らしもそろそろ終わりだろう．｜股票涨～了 gǔpiào zhǎngdàotóu le 株が頭打ちになった．

*【光】guāng 形 （多く動詞の後に置いて）空である．少しも残っていない．‖ 用～ yòngguāng 使い果たす．｜卖～了 màiguāng le 売り切れた．｜输得精～ shūde jīngguāng （賭け事などに）負けてすっからかんになる．｜那些钱才几天就～了 nàxiē qián cái jǐ tiān jiù guāng le あの金はわずか数日間ですっかりなくなってしまった．

*【尽】jìn 動 尽きる．終わる．‖ 取之不～ qǔ zhī bú jìn いくら取っても尽きない．｜苦～甘来 kǔ jìn gān lái 苦しい日々は終

わり，楽しい日々が訪れる．|用～了 yòngjìn le すっかり使い果たした．|想～办法 xiǎngjìn bànfǎ あらゆる方法を考える．

*【绝】jué 動(動詞の後に置いて)絶える．尽きる．||办法都想～了 bànfǎ dōu xiǎngjué le 方法は全部考え尽くした．|坏事都叫他做～了 huàishì dōu jiào tā zuòjué le 彼は悪事をし尽くした．

★【没有】méiyou；méiyǒu 動(所有や具備について)持っていない．ない．⇔"有" yǒu||食粮～了 shíliáng méiyou le 食糧が尽きた．|已经～资金了 yǐjīng méiyou zījīn le もう資金が尽きた．

★【完】wán 動なくなる．…し尽くす．||信纸～了 xìnzhǐ wán le 便箋(びんせん)が(使って)なくなった．|卖～了 màiwán le 売り切れた．|随身带的一点儿钱，早花～了 suíshēn dài de yìdiǎnr qián, zǎo huāwán le 持っていたわずかの金はとっくに使い切ってしまった．

つく　就く

▶从事　▶担任　▶到任　▶就任　▶就业
▶就职　▶上任

**【从事】cóngshì 動(ある仕事や事業に)従事する．携わる．||～教育工作 cóngshì jiàoyù gōngzuò 教育の仕事に携わる．|～写作 cóngshì xiězuò 創作活動に携わる．

**【担任】dānrèn 動務める．担当する．受け持つ．||～翻译 dānrèn fānyì 翻訳を担当する．|～班长 dānrèn bānzhǎng 学級委員長を務める．|～联络工作 dānrèn liánluò gōngzuò 連絡の仕事を受け持つ．

【到任】dào//rèn 動着任する．就任する．||新市长什么时候～? xīn shìzhǎng shénme shíhou dàorèn? 新しい市長はいつ着任しますか．

【就任】jiùrèn 動任务に就く．就任する．||～总理 jiùrèn zǒnglǐ 総理に就任する．

*【就业】jiù//yè 動就職する．職に就く．||他大学没毕业就～了 tā dàxué méi bìyè jiù jiùyè le 彼は大学を卒業せずに就職した．|～人口 jiùyè rénkǒu 就業人口．

*【就职】jiù//zhí 動(高い地位に)就任する．||～仪式 jiùzhí yíshì 就任式．

*【上任】shàng//rèn 動赴任する．就任する．||走马～ zǒu mǎ shàng rèn 官吏が赴任する．

つく　⇒【付着】

つく　着く　⇒【到着】

つぐなう　償う

▶补偿　▶抵补　▶抵偿　▶弥补　▶赔偿

*【补偿】bǔcháng 動補償する．埋め合わせる．償う．||～损失 bǔcháng sǔnshī 損失を補償する．|得到～ dédào bǔcháng 償いを得る．

【抵补】dǐbǔ 動補う．引き当てにする．埋め合わせる．||～亏空 dǐbǔ kuīkong 欠損を補う．|～损失 dǐbǔ sǔnshī 損失を補填する．

【抵偿】dǐcháng 動補償する．償いをする．||～损失 dǐcháng sǔnshī 損失を償う．|用实物～欠款 yòng shíwù dǐcháng qiànkuǎn 物で欠損を償う．

*【弥补】míbǔ 動補う．補足する．||无法～的损失 wúfǎ míbǔ de sǔnshī 補いようのない損失．|～不足 míbǔ bùzú 不足を補う．|～自己的过失 míbǔ zìjǐ de guòshī 自分の過ちを補う．

*【赔偿】péicháng 動賠償する．弁償する．||～损失 péicháng sǔnshī 損失を弁

つくる　作る・造る

償する．｜照价～ zhào jià péicháng 実費
で弁償する．｜如数～ rúshù péicháng 全
額賠償する．｜～给对方一笔钱 péicháng
gěi duìfāng yì bǐ qián 先方にまとまった
金で弁償する．

つくる　作る・造る

▶编　▶编制　▶创造　▶创作　▶打　▶盖
▶搞　▶建造　▶弄　▶配　▶生产　▶修建
▶造　▶织　▶制造　▶制作　▶作　▶做

****【编】** biān 動編む．‖～竹筐 biān zhúkuāng
竹かごを作る．｜～草鞋 biān cǎoxié わら
じを編む．｜～小辫儿 biān xiǎobiànr おさ
げを編む．

****【编制】** biānzhì 動編んで作る．‖用柳条
～篮子 yòng liǔtiáo biānzhì lánzi ヤナギの
枝でかごを編む．

****【创造】** chuàngzào 動創造する．新しく
作り出す．‖～历史 chuàngzào lìshǐ 歴史
を創造する．｜～新记录 chuàngzào xīn jì-
lù 新記録を作る．｜～财富 chuàngzào cái-
fù 富を築き上げる．｜～有利条件 chuàng-
zào yǒulì tiáojiàn 有利な条件を作る．｜～
一个好的环境 chuàngzào yí ge hǎo de huán-
jìng 良好な環境を作る．

****【创作】** chuàngzuò 動創作する．‖～剧
本 chuàngzuò jùběn シナリオを作る．｜
～歌曲 chuàngzuò gēqǔ 曲を作る．

★**【打】** dǎ 動多くの具体的意味をもつ動
詞の代わりに用いる．❶製造する．作
る．‖～镰刀 dǎ liándāo かまを作る．｜
～家具 dǎ jiājù 家具を作る．❷建てる．
築く．‖～地基 dǎ dìjī 土台を築く．｜～
隔断 dǎ géduàn 仕切りを作る．❸編む．
‖～毛衣 dǎ máoyī セーターを編む．｜
～草鞋 dǎ cǎoxié わらじを編む．

****【盖】** gài 動建てる．建造する．‖～房子
gài fángzi 家を建てる．｜大楼～起来了
dàlóu gàiqilai le ビルができ上がった．｜

翻～ fāngài 建て直す．

★**【搞】** gǎo 動(他の動詞の代わりとして用
いて)する．やる．つくる．‖～一个托
儿所 gǎo yí ge tuō'érsuǒ 託児所を設け
る．｜～关系 gǎo guānxi 関係をつける．
コネをつくる．

****【建造】** jiànzào 動建造する．建設する．
‖～高楼大厦 jiànzào gāolóu dàshà 高層
ビルを建設する．｜～油轮 jiànzào yóulún
タンカーを建造する．

★**【弄】** nòng 動("做" zuò "搞" gǎo "办" bàn
などの代わりに用いて)する．やる．つ
くる．‖饿了，快一点饭吃吧！è le, kuài
nòng diǎn fàn chī ba! お腹がすいたから，
早く御飯を作って食べましょう．

****【配】** pèi 動条件が合うものを補う．ほ
かに作る．‖～钥匙 pèi yàoshi 合い鍵を
作る．｜～眼镜 pèi yǎnjìng めがねを作
る．｜～零件 pèi língjiàn 部品を補充す
る．给书柜～块玻璃 gěi shūguì pèi kuài
bōli 本棚にガラスを入れる．

★**【生产】** shēngchǎn 動生産する．‖～电
视机 shēngchǎn diànshìjī テレビを造る．
｜～药品 shēngchǎn yàopǐn 薬品を作る．
｜批量～ pīliàng shēngchǎn 大量生産す
る．｜按计划～ àn jìhuà shēngchǎn 計画
に従って生産する．

****【修建】** xiūjiàn 動施工する．建設する．
敷設する．‖～水库 xiūjiàn shuǐkù ダム
を建設する．｜～铁桥 xiūjiàn tiěqiáo 鉄
橋を建造する．

****【造】** zào 動作る．造る．製作する．‖
～轮船 zào lúnchuán 汽船を建造する．｜
～酒 zàojiǔ 酒を醸造する．

****【织】** zhī 動編む．‖～毛衣 zhī máoyī セー
ターを編む．｜～鱼网 zhī yúwǎng 魚網を
編む．｜～花边 zhī huābiān レースを編
む．

****【制造】** zhìzào 動造る．製造する．‖～
化肥 zhìzào huàféi 化学肥料を製造する．
｜～汽车 zhìzào qìchē 自動車を造る．｜

472

这个照相机是中国~的 zhège zhàoxiàngjī shì Zhōngguó zhìzào de このカメラは中国製である.

*【制作】zhìzuò 動 制作する. 作る. ‖ ~标本 zhìzuò biāoběn 標本を作る. | 这是手工~的 zhè shì shǒugōng zhìzuò de これは手製の品だ.

★【作】zuò 動 創作する. 著作する. ‖ ~曲 zuòqǔ 作曲する. | ~诗 zuòshī 詩を作る. | ~画 zuòhuà 絵を描く.

★【做】zuò 動 作る. 造る. ‖ ~衣服 zuò yīfu 服を作る. | ~了一个书架 zuòle yí ge shūjià 書架を一つ作った. | 饭~好了 fàn zuòhǎo le 食事ができた. | 这是用塑料~的 zhè shì yòng sùliào zuò de これはプラスチック製である.

つける　付ける

▶安　▶安装　▶别　▶带　▶附　▶附加
▶系　▶上　▶贴　▶装

*【安】ān 動 取りつける. 設置する. ‖ ~玻璃 ān bōli ガラスをはめる. | 家里~上了电话 jiā li ānshangle diànhuà 家に電話を付けた.

*【安装】ānzhuāng 動 据えつける. 設置する. ‖ ~机器 ānzhuāng jīqi 機械を設置する. | ~热水器 ānzhuāng rèshuǐqì 湯沸かし器を取りつける.

★【别】bié 動 (ピンなどで)とめる. ‖ 帽子上~着一枚纪念章 màozi shang biézhe yì méi jìniànzhāng 帽子に記念バッジをつけている.

★【带】dài 動 (バッジや武器などを)身につける. 身に帯びる. ‖ 身上~着佩剑 shēnshang dàizhe pèijiàn 佩剣(はいけん)を身に帯びる.

【附】fù 動 付け加える. 添える. ‖ 所~参考资料 suǒ fù cānkǎo zīliào 添付した参考资料. | 信中~上近照两张 xìn zhōng fùshang jìnzhào liǎng zhāng 手紙に最近撮った2枚の写真をつける.

*【附加】fùjiā 動 付加する. 付け加える. ‖ ~条件 fùjiā tiáojiàn 付加条件. | 文后~了几项说明 wén hòu fùjiāle jǐ xiàng shuōmíng 文の終わりにいくつかの説明を付け加える.

【系】jì 動 結ぶ. 結わえる. 留める. ‖ ~领带 jì lǐngdài ネクタイを締める. | ~皮带 jì pídài ベルトを締める. | ~围裙 jì wéiqún エプロンをつける.

【上】shàng 動 取りつける. 装着する. ‖ ~衣领 shàng yīlǐng 襟をつける. | ~刺刀 shàng cìdāo 銃剣を帯びる. | 给窗户~玻璃 gěi chuānghu shàng bōli 窓にガラスを取りつける.

**【贴】tiē 動 (平たくて薄いものを)くっつける. 張る. ‖ 粘~ zhāntiē のりでつける. | ~邮票 tiē yóupiào 郵便切手を張る. | 把广告~在墙上 bǎ guǎnggào tiēzài qiángshang 広告を壁に張る.

★【装】zhuāng 動 取りつける. 据えつける. ‖ ~电话 zhuāng diànhuà 電話をつける. | ~上天线 zhuāngshang tiānxiàn アンテナを据えつける.

つごう　都合

▶方便　▶关系　▶情况　▶事情　▶问题
▶有事　▶原因

★【方便】fāngbiàn 形 適している. 都合がよい. ‖ 这里说话不~ zhèli shuōhuà bù fāngbiàn ここで話すのは都合が悪い. | 请在你~的时候来一趟 qǐng zài nǐ fāngbiàn de shíhou lái yí tàng ご都合のよいときに一度お越しください.

★【关系】guānxì；guānxi 图 (広く原因や条件などにおける)関係. ‖ 因为天气的~, 比赛改了时间 yīnwei tiānqì de guānxi, bǐsài gǎile shíjiān 天候の影響で, 試合時間が

つたえる　伝える

変更された.｜由于时间~，今天就说到这里 yóuyú shíjiān guānxi, jīntiān jiù shuō-dào zhèli 時間の都合で話はここまでとします.

★【情况】qíngkuàng 图状況. 様子.‖由于个人~辞去职务 yóuyú gèrén qíngkuàng cí-qu zhíwù 一身上の都合で辞任した.｜去不去得看~ qù bu qù děi kàn qíngkuàng 行くかどうかは状況しだいだ.｜那里~怎么样? nàli qíngkuàng zěnmeyàng? そちらの様子はどうですか.

★【事情】shìqing 图事. 出来事.‖~闹大了 shìqing nàodà le 事が大きくなった.｜因为家里的~从赴任地点紧急回国了 yīnwei jiāli de shìqing cóng fùrèn dìdiǎn jǐnjí huí guó le 家の都合で急ぎ赴任先から帰国した.

★【问题】wèntí 图解決すべき問題.‖~成堆 wèntí chéngduī 問題が山積している.｜家庭内部~ jiātíng nèibù wèntí 家庭の都合.｜由于事务所方面的~，音乐会中止了 yóuyú shìwùsuǒ fāngmiàn de wèntí, yīn-yuèhuì zhōngzhǐ le プロダクションの都合でコンサートは中止となった.

*【有事】yǒu shì 组用がある.‖我丈夫~出门了 wǒ zhàngfu yǒu shì chūmén le 主人は用事があって出かけました.｜如果~不能去的话，请给我打电话 rúguǒ yǒu shì bù néng qù dehuà, qǐng gěi wǒ dǎ diànhuà もし都合で行かれなくなったら、電話をください.

*【原因】yuányīn 图原因.‖他这样想是有~的 tā zhèyàng xiǎng shì yǒu yuányīn de 彼がこのように考えるのには訳がある.｜因迫不得已的原因而缺席 yīn pò bùdéyǐ de yuányīn ér quēxí やむを得ない都合で欠席いたします.

つたえる　伝える

▶報告　▶伝達　▶伝逓　▶告訴　▶汇報
▶通知　▶问好　▶転達　▶転告

**【报告】bàogào 動報告する. 伝える.‖向上级~情况 xiàng shàngjí bàogào qíng-kuàng 上司に状況を報告する.｜现在~晚间新闻 xiànzài bàogào wǎnjiān xīnwén 夜のニュースをお伝えします.

*【传达】chuándá 動伝達する. 伝える.‖~上级的命令 chuándá shàngjí de mìng-lìng 上部の命令を伝える.

*【传递】chuándì 動次から次へと伝える. 順に手渡す.‖~信件 chuándì xìnjiàn 手紙を届ける.｜~信息 chuándì xìnxī 情報を伝える.

*【告诉】gàosu 動告げる. 知らせる. 伝える. 教える. (二重目的語をとり、必ず伝達相手と事柄を言わなければならない)‖请你~他明天开会 qǐng nǐ gàosu tā míngtiān kāihuì 彼に明日会合があると伝えてください.｜我~过你他不来了 wǒ gàosuguo nǐ tā bù lái le 彼は来ないって、もうあなたに知らせたでしょう.｜把情况~我一下 bǎ qíngkuàng gàosu wǒ yíxià 状況をちょっと教えてほしい.｜医生把病情~了病人 yīshēng bǎ bìng-qíng gàosule bìngrén 医者は患者に病状を告げた.

*【汇报】huìbào 動(上級部門や一般に向けて)状況を取りまとめて報告する.‖~工作 huìbào gōngzuò 仕事の状況を報告する.

★【通知】tōngzhī 動通知する. 知らせる.‖你~小王了吗? nǐ tōngzhī Xiǎo-Wáng le ma? 君は王君に知らせたかい.｜~他来开会 tōngzhī tā lái kāihuì 会議に参加するよう彼に連絡する.

★【问好】wèn//hǎo 動安否を問う. ご機嫌を伺う.‖向您爱人~ xiàng nín àiren wèn-

hǎo 奥さん(ご主人)にどうぞよろしく
お伝えください.｜替我～ tì wǒ wènhǎo
私からよろしくと伝えてください.

*【转达】zhuǎndá 動 取り次ぐ.伝える.
伝達する.‖请向他～我们的谢意 qǐng
xiàng tā zhuǎndá wǒmen de xièyì 彼に私ども
もの感謝の気持ちをお伝えください.｜
把意见～给有关部门 bǎ yìjian zhuǎndágěi
yǒuguān bùmén 意見を関係部門に伝達す
る.

**【转告】zhuǎngào 動 伝言する.伝える.
‖请～他下午的会不开了 qǐng zhuǎngào
tā xiàwǔ de huì bù kāi le 午後の会議はと
りやめになったと彼に伝えてください.

つたわる　伝わる

▶传　▶传遍　▶传说　▶流传　▶闻名

**【传】chuán 動（評判などが）広く伝わる.
‖误～ wùchuán 誤って伝わる.｜名不
虚～ míng bù xū chuán 評判どおりであ
る.｜这个消息已经～开了 zhège xiāoxi
yǐjīng chuánkāi le このニュースはすでに
広く伝わっている.｜从远处～了一阵
歌声 cóng yuǎnchù chuánlaile yízhèn gēshēng
遠くから歌声が聞こえてきた.

【传遍】chuánbiàn 動 あまねく伝わる.
あまねく広まる.‖～整个公司 chuán-
biàn zhěngge gōngsī 会社中に伝わる.｜
他得冠军的消息～了家乡 tā dé guànjūn
de xiāoxi chuánbiànle jiāxiāng 彼が優勝し
たニュースは故郷にあまねく伝わった.

*【传说】chuánshuō 動 言い伝える.‖社
会上纷纷～近期会有大地震 shèhuì shang
fēnfēn chuánshuō jìnqī huì yǒu dàdìzhèn 近
いうちに大地震が起きるといううわさ
が世間に飛び交っている.

*【流传】liúchuán 動 流布する.伝わる.
広まる.‖广泛～ guǎngfàn liúchuán 広い
範囲に伝わる.｜这个故事一直～到今

天 zhège gùshi yìzhí liúchuándào jīntiān こ
の物語はずっと今日まで伝わっている.
｜这件事早就～开了 zhè jiàn shì zǎojiù
liúchuánkāi le この一件はとっくに広まっ
た.

*【闻名】wénmíng 動 名が知られる.評
判になる.‖～世界 wénmíng shìjiè 世界
的に有名である.｜举世～ jǔshì wénmíng
世間に名が知れる.｜遐迩～ xiáěr wén-
míng あちこちに名が知れわたってい
る.

つづく　続く

▶持久　▶持续　▶继续　▶接　▶接连
▶连　▶连绵　▶连续　▶没完没了　▶延续

*【持久】chíjiǔ 形 長く持ちこたえている.
持続している.‖香气～ xiāngqì chíjiǔ
香りが長く続く.｜这种局面不可能～
下去 zhè zhǒng júmiàn bù kěnéng chíjiǔxia-
qu このような局面は長く続くはずが
ない.

*【持续】chíxù 動 持続する.継続する.
‖会谈～到深夜 huìtán chíxùdào shēnyè 会
談は深夜まで続いた.｜闷热将～几天
mēnrè jiāng chíxù jǐ tiān この暑さは数日
続くでしょう.

★【继续】jìxù 動 継続する.‖比赛还在～
bǐsài hái zài jìxù 試合はまだ続いている.
｜我和他毕业后还～保持交往 wǒ hé tā
bìyè hòu hái jìxù bǎochí jiāowǎng 卒業後も
彼とはつきあいが続いている.

★【接】jiē 動 続く.‖～下期 jiē xià qī 次号
に続く.｜上气不～下气 shàngqì bù jiē
xiàqì 息が続かない.息切れがする.

*【接连】jiēlián 副 連続して.続けざまに.
‖从春天开始我们家好事～不断 cóng
chūntiān kāishǐ wǒmen jiā hǎoshì jiēlián bú-
duàn 我が家ではこの春からうれしい事
が続いている.

つづける　続ける

★【连】lián 動 つながる．連なる．連続する．‖ 天～水，水～天 tiān lián shuǐ, shuǐ lián tiān 空と水面が接している．水面が果てしなく広がるさま．｜心～着心 xīn liánzhe xīn 心と心が一つにつながる．｜上下句～不起来 shàngxià jù liánbuqǐlai 前後の文がつながらない．｜～下了几天大雨 lián xiàle jǐ tiān dàyǔ 数日雨が降り続いた．

【连绵】liánmián 動（山脈・雨・雪などが）連綿と続く．いつまでも途切れずに続く．"联绵"とも書く．‖～不断 liánmián búduàn 連綿と続く．｜山峦～起伏 shānluán liánmián qǐfú 山々が連綿として起伏している．｜阴雨～的天气 yīnyǔ liánmián de tiānqì 長雨の降り続く天気．

**【连续】liánxù 動 連続する．‖～三年全勤 liánxù sān nián quánqín 3 年間連続して皆勤する．｜～刮了好几天大风 liánxù guāle hǎojǐ tiān dàfēng 何日も大風の吹く日が続いた．

【没完没了】méi wán méi liǎo 組 きりがない．果てしない．‖小孩子～地提问题，真烦死了 xiǎoháizi méi wán méi liǎo de tí wèntí, zhēn fánsǐ le 子供がきりもなく質問するので，うんざりした．

*【延续】yánxù 動 引き続く．‖会议一直～到深夜 huìyì yìzhí yánxù dào shēnyè 会議は深夜まで続いた．｜这种状况恐怕还要一直～下去 zhè zhǒng zhuàngkuàng kǒngpà hái yào yìzhí yánxùxiaqu このような状況は恐らくこれからもずっと続いていくだろう．

つづける　続ける

▶持之以恒　▶继续　▶坚持　▶接连
▶接着　▶连　▶连续　▶…下去　▶一连
▶再

【持之以恒】chí zhī yǐ héng 成 粘り強く

続ける．あくまでもやり抜く．‖坚持锻炼，～ jiānchí duànliàn, chí zhī yǐ héng 運動を根気強く続ける．

★【继续】jìxù 動 継続する．‖～学习 jìxù xuéxí 勉強を続ける．｜这种状况不能再～下去了 zhè zhǒng zhuàngkuàng bù néng zài jìxùxiaqu le このような状況をこれ以上続けていくわけにはいかない．｜～进行比赛 jìxù jìnxíng bǐsài 続けて試合をする．

★【坚持】jiānchí 動 堅持する．持ち続ける．やり抜く．‖我每天早上～跑步 wǒ měitiān zǎoshang jiānchí pǎobù 私は毎朝ジョギングを続けている．｜学外语不长期～下去，效果不会太大 xué wàiyǔ bù chángqī jiānchíxiaqu, xiàoguǒ bú huì tài dà 外国語の勉強は長く続けなければものにならない．

*【接连】jiēlián 副 連続して．続けざまに．‖错误～不断 cuòwù jiēlián búduàn 間違いが立て続けに起きる．｜我～讲了三遍，他还是没听明白 wǒ jiēlián jiǎngle sān biàn, tā háishi méi tīngmíngbai 私は続けて 3 度も説明したが，彼はまだ理解できないでいる．

★【接着】jiēzhe 動 続いて…する．引き継いで…する．続けて…する．‖他干完以后，你～干 tā gànwán yǐhòu, nǐ jiēzhe gàn 彼がやり終えたら，あなたが続けてやりなさい．

★【连】lián 動 つながる．連続する．‖上下句～不起来 shàngxià jù liánbuqǐlai 前後の文がつながらない．副 引き続き．たて続けに．‖～胜五场 lián shèng wǔ chǎng 5 連勝する．｜～拍三封电报 lián pāi sān fēng diànbào 続けて電報を 3 通打った．｜～叫几声，没人答应 lián jiào jǐ shēng, méi rén dāying たて続けに何回も呼んだが，誰も返事をしない．

**【连续】liánxù 動 連続する．‖～三年全勤 liánxù sān nián quánqín 3 年間連続し

476

て皆勤する. | ～刮了好几天大风 liánxù guāle hǎojǐ tiān dàfēng 何日も続けて大風が吹いた.

★【…下去】 …//xia(xià)//qu 動 動詞の後に置き, 動作が継続していくことを表す. ‖ 接着干～ jiēzhe gànxiaqu 続けてやっていく. | 笑得说不～ xiàode shuōbuxiàqu 笑ってしまって話が続けられない. | 会议还要再开～ huìyì hái yào zài kāikaixiaqu 会議はまだ続けます. | 别打岔, 听他讲～ bié dǎchà, tīng tā jiǎngxiaqu まぜ返さないで, 彼の話を聞きましょう.

*【一连】 yīlián 副 立て続けに. ぶっ続けで. ‖ ～干了五个小时 yīlián gànle wǔ ge xiǎoshí ぶっ続けで5時間働いた. | ～打了三个喷嚏 yīlián dǎle sān ge pēntì 続けざまに3回くしゃみをした.

★【再】 zài 副 (同じ動作や行為の繰り返し, または継続を表す) 再び. さらに. もっと. ‖ ～喝, 我可就要醉了 zài hē, wǒ kě jiù yào zuì le これ以上飲んだら, 僕はほんとうに酔っぱらってしまうよ. | ～不写信, 父母就要生气了 zài bù xiě xìn, fùmǔ jiù yào shēngqì le これ以上手紙を書かないでいると両親は腹を立てるだろう.

つつむ 包む

▶包 ▶包装 ▶打包 ▶兜 ▶裹 ▶卷

**【包】 bāo 動 包む. くるむ. ‖ ～书皮儿 bāo shūpír 本にカバーをかける. | ～饺子 bāo jiǎozi ギョーザの皮に餡(あん)を包む. ギョーザを作る. | 用彩纸把礼物～起来 yòng cǎizhǐ bǎ lǐwù bāoqilai 色紙で贈り物を包む. | 烫伤的地方～着纱布 tàngshāng de difang bāozhe shābù やけどした所はガーゼで覆っている.

*【包装】 bāozhuāng 動 包装する. パッキングする. ‖ 这些工艺品～得都很精致 zhèxiē gōngyìpǐn bāozhuāngde dōu hěn jīngzhì これらの工芸品はどれも美しく包装してある. | ～纸 bāozhuāngzhǐ 包装紙.

【打包】 dǎ//bāo 動 ❶梱包(こんぽう)する. 荷造りする. 包装する. ‖ ～发运 dǎbāo fāyùn 荷造りして発送する. ❷ (レストランなどで食べ切れなかったものを) 持ち帰り用に包む. ‖ 这些菜请给我～ zhèxiē cài qǐng gěi wǒ dǎbāo この料理を持ち帰れるように包んでください.

*【兜】 dōu 動 (ハンカチなどを袋状にして物を) 包む. ‖ 用手绢儿～着几个杏儿 yòng shǒujuànr dōuzhe jǐ ge xìngr ハンカチにアンズが何個か包んである.

*【裹】 guǒ 動 包む. くるむ. 巻き込む. ‖ 包～ bāoguǒ 小包. | ～好伤口 guǒhǎo shāngkǒu 傷口をしっかりくるむ.

*【卷】 juǎn 動 (円筒形または半円形に) 巻く. ‖ ～袖子 juǎn xiùzi 袖をまくる. | ～头发 juǎn tóufa 髪をカールさせる. | 把挂轴儿～起来 bǎ guàzhóur juǎnqilai 掛け軸を巻く.

つとめて 努めて (できるだけ)

▶奋力 ▶极力 ▶竭力 ▶尽可能 ▶尽量
▶尽力 ▶努力

【奋力】 fènlì 副 力のかぎり. 全力で. ‖ ～拼搏 fènlì pīnbó 全力を尽くして目標を達成する. | ～抢救落水儿童 fènlì qiǎngjiù luòshuǐ értóng 溺(おぼ)れている子供を全力で救出する.

【极力】 jílì 副 力を尽くして. 懸命に. 極力. ‖ ～说服 jílì shuōfú 懸命に説得する. | ～反对 jílì fǎnduì 極力反対する. | ～避免武装冲突 jílì bìmiǎn wǔzhuāng chōngtū 極力武力衝突を避ける.

【竭力】 jiélì 副 力のかぎり. できるかぎり. ‖ ～帮助他 jiélì bāngzhù tā 精いっぱい彼を援助する.

【尽可能】jǐn kěnéng 組 できるかぎり．努めて．‖ ～地节约经费 jǐn kěnéng de jiéyuē jīngfèi できるだけ経費を切り詰める．

**【尽量】jǐnliàng 副 なるべく．できるかぎり．存分に．(jìnliàng とも発音する) ‖ 别着急，我会～帮助你的 bié zháojí, wǒ huì jǐnliàng bāngzhù nǐ de 焦らないで，できるかぎりお手伝いしますから．｜ 你明天能早来，就～早来吧 nǐ míngtiān néng zǎo lái, jiù jǐnliàng zǎo lái ba 明日早く来られるようだったら，できるだけ早く来なさい．

*【尽力】jìn//lì 動 尽力する．全力を挙げる．‖ 我一定～促成此事 wǒ yídìng jìnlì cùchéng cǐ shì 私は必ずやこのことの実現に尽力します．｜ 他们都～帮助我 tāmen dōu jìnlì bāngzhù wǒ 彼らは力のかぎり私を助けてくれる．

★【努力】nǔ//lì 動 努力する．努める．‖ ～完成任务 nǔlì wánchéng rènwu 任務の完遂に励む．｜ 共同～ gòngtóng nǔlì 共に努力する．｜ 大家再努把力，就干完了 dàjiā zài nǔ bǎ lì, jiù gànwán le みんなでもうひとふんばりすればやり終える．

つとめる　勤める

▶服务　▶工作　▶任职　▶上班　▶做事

★【服务】fúwù 動 勤務する．働く．‖ 我在这个饭店～五年了 wǒ zài zhège fàndiàn fúwù wǔ nián le 私はこのホテルに 5 年勤めている．｜ 他是个老职工，一直在咱们公司～ tā shì ge lǎo zhígōng, yìzhí zài zánmen gōngsī fúwù あの人は我々の会社でずっと働いている古い従業員だ．

★【工作】gōngzuò 動 働く．勤める．仕事をする．‖ 你在哪儿～? nǐ zài nǎr gōngzuò? あなたはどこにお勤めですか｜昨天他～到深夜 zuótiān tā gōngzuòdào shēn-

yè きのう彼は夜中まで働いた．

【任职】rèn//zhí 動 職務に就く．勤める．⇔"辞职" cízhí ‖ 他在外交部～ tā zài wàijiāobù rènzhí 彼は外務省に勤めている．｜ 我在这儿～已有二十年了 wǒ zài zhèr rènzhí yǐ yǒu èrshí nián le 私はここに勤務してはや 20 年になる．

**【上班】shàng//bān(～儿) 動 出勤する．出社する．勤務する．⇔"下班" xiàbān ‖ ～时间 shàngbān shíjiān 勤務時間．仕事中．｜ 上午七点～ shàngwǔ qī diǎn shàngbān 午前 7 時に出勤する．｜ 一个星期上五天班 yí ge xīngqī shàng wǔ tiān bān 1 週間に 5 日出勤する．

【做事】zuò//shì 動 (一定の場所で)働く．勤務する．‖ 在哪儿～都不容易 zài nǎr zuòshì dōu bù róngyì どこに勤めようと仕事は楽じゃない．

つながる

▶搭　▶接　▶接通　▶连　▶连贯　▶连接
▶通　▶衔接　▶相连

*【搭】dā 動 つながる．交わる．‖ 两根电线～上了 liǎng gēn diànxiàn dāshang le 2 本の電線がつながった．｜ 前言不～后语 qiányán bù dā hòuyǔ 話のつじつまが合わない．

★【接】jiē 動 つなぐ．つながる．‖ 嫁～ jiàjiē 接ぎ木をする．｜ ～电线 jiē diànxiàn 電線をつなぐ．｜ 链～ liànjiē (インターネットで)リンクする．

【接通】jiē//tōng 動 (電話などが)通じる．つながる．‖ 电话现在才～ diànhuà xiànzài cái jiētōng 電話がいまやっとつながった．｜ 管道已经～，可以放水了 guǎndào yǐjīng jiētōng, kěyǐ fàng shuǐ le パイプはもうつながっているので，水を流してもよい．

★【连】lián 動 つながる．連なる．連続す

478

る．‖天～水，水～天 tiān lián shuǐ, shuǐ lián tiān 空と水面が接している．水面が果てしなく広がるさま．｜心～着心 xīn liánzhe xīn 心と心が一つにつながる．｜上下句～不起来 shàngxià jù liánbuqǐlai 前後の文がつながらない．

【连贯】liánguàn 動 つながる．連なる．つなげる．"联贯"とも書く．‖这条海底隧道把海峡两岸交通～起来了 zhè tiáo hǎidǐ suìdào bǎ hǎixiá liǎng'àn jiāotōng liánguànqilai le この海底トンネルは海峡両岸の交通をつないだ．｜文章前后不～ wénzhāng qiánhòu bù liánguàn 文章の前後がつながらない．

*【连接】liánjiē 動 連なり続く．つながる．"联接"とも書く．‖山岭～ shānlǐng liánjiē 山々が連なっている．

★【通】tōng 動 ❶(障害がなく)通じる．通る．‖隧道打～了 suìdào dǎtōng le トンネルが貫通した．｜电话不～ diànhuà bùtōng 電話が通じない．｜思想不～ sīxiǎng bùtōng 納得できない．❷(道が)通じる．到達できる．‖四～八达 sì tōng bā dá 四通八達．道路があちこちに通じる．｜这条公路～北京 zhè tiáo gōnglù tōng Běijīng この道は北京に通じる．｜地道～向车站 dìdào tōngxiàng chēzhàn 地下道は駅につながっている．

*【衔接】xiánjiē 動 つなぐ．つながる．‖前后不～ qiánhòu bù xiánjiē 前後がつながらない．｜文章段落之间～得不够自然 wénzhāng duànluò zhī jiān xiánjiēde búgòu zìran 文章の段落のつながりがやや不自然である．｜高速公路将两座城市～起来 gāosù gōnglù jiāng liǎng zuò chéngshì xiánjiēqilai ハイウェーが二つの都市を結びつけた．

【相连】xiānglián 動 連なる．つながる．‖前后～ qiánhòu xiānglián 前後がつながっている．｜山水～ shānshuǐ xiānglián 山河が相連なる．｜母亲和胎儿靠脐带

～ mǔqin hé tāi'ér kào qídài xiānglián 母親と胎児はへそのおでつながっている．

つなぐ

▶穿 ▶串 ▶挂 ▶接 ▶拉 ▶连接
▶牵 ▶拴 ▶套 ▶衔接

★【穿】chuān 動 (ひもなどを穴に通して)つなぐ．連ねる．‖她把珠子一个个～起来 tā bǎ zhūzi yí gègè chuānqilai 彼女はビーズを一つ一つつなげた．

★【串】chuàn 動 貫く．刺し連ねる．数珠つなぎにする．‖把这几个小故事～在一起就成了一篇小说 bǎ zhè jǐ ge xiǎogùshi chuànzài yìqǐ jiù chéngle yì piān xiǎoshuō これらのいくつかの短い物語をつなぎ合わせれば一編の小説になる．｜用铁扦子把肉片～起来烤 yòng tiěqiānzi bǎ ròupiàn chuànqilai kǎo 鉄串(🍢)に肉を刺して焼く．

★【挂】guà 動 (かぎ状のものに)引っ掛かる．引っ掛ける．‖～一根绳子在树上 guà yì gēn shéngzi zài shù shang ロープを木につなぐ．｜加～一节车厢 jiāguà yì jié chēxiāng 車両を一つつないだ．

★【接】jiē 動 つなぐ．つながる．‖～电线 jiē diànxiàn 電線をつなぐ．｜把球～起来了 bǎ qiú jiēqilai le ボールをつなげる．｜把断了的线～起来 bǎ duànle de xiàn jiēqilai 切れた糸をつなぐ．

★【拉】lā 動 引く．引き寄せる．‖～车 lā chē 車を引く．｜手～手 shǒu lā shǒu 手をつなぐ．｜～过一把椅子坐下 lāguo yì bǎ yǐzi zuòxia 椅子を引いてきて座る．｜把绳子～紧 bǎ shéngzi lājǐn ロープを引っ張ってきつく縛る．

*【连接】liánjiē 動 つなぐ．"联接"とも書く．‖把两条铁路干线～起来 bǎ liǎng tiáo tiělù gànxiàn liánjiēqilai 二つの鉄道幹線をつなぐ．

つぶ 粒

**【牵】qiān 動 (人あるいは家畜を)引く. 引っ張る. ‖ ~着一匹马 qiānzhe yì pǐ mǎ ウマを1頭引いている. ‖ 手~手 shǒu qiān shǒu 手と手をつなぐ. ‖ ~着狗散步 qiānzhe gǒu sànbù イヌを連れて散歩する.

*【拴】shuān 動 (ひもなどで)つなぎ止める. くくりつける. ‖ 把小船~在岸边的树上 bǎ xiǎochuán shuānzài ànbiān de shù shang 小舟を岸辺の木に繋留する. ‖ 在勺子把儿上~上一根细绳儿 zài sháozibǎr shang shuānshang yì gēn xìshéngr ひしゃくの柄に細ひもを結びつける. ‖ 娶了个漂亮媳妇儿还是~不住他的心 qǔle ge piàoliang xífur háishi shuānbuzhù tā de xīn 美人の奥さんをもらったのに, やっぱり彼の心をつなぎ止めておくことはできなかった.

**【套】tào 動 引き綱をつける. 結ぶ. つかまえる. ‖ ~车 tàochē 車に牛馬をつける. ‖ ~牲口 tào shēngkou 家畜をつなぐ.

*【衔接】xiánjiē 動 つなぐ. つながる. ‖ 前后不~ qiánhòu bù xiánjiē 前後がつながらない. ‖ 高速公路将两座城市一起来 gāosù gōnglù jiāng liǎng zuò chéngshì xiánjiēqilai ハイウェーが二つの都市をつないだ.

つねに 常に ⇒【いつも（常に）】

つぶ 粒

▶点 ▶颗 ▶颗粒 ▶粒 ▶丸 ▶珠子

★【点】diǎn (~儿) 名 しずく. ‖ 雨~ yǔdiǎn 雨粒. ‖ 掉~儿了 diàodiǎnr le 雨粒が落ちてきた.

**【颗】kē 量 小さい球状のものあるいは粒状のものを数える. ‖ 一~珍珠 yì kē zhēnzhū 一粒の真珠. ‖ 两~黄豆 liǎng kē huángdòu 二粒の大豆. ‖ 一~~汗珠往下掉 yì kēkē hànzhū wǎng xià diào 汗の玉がぽたぽた落ちる.

*【颗粒】kēlì 名 ❶粒. ‖ ~大小不齐 kēlì dàxiǎo bù qí 粒の大きさが揃っていない. ‖ 这小麦~很饱满 zhè xiǎomài kēlì hěn bǎomǎn この小麦の粒は充実している. ❷(穀物の)一粒. ‖ 去年闹水灾, 这里~未收 qùnián nào shuǐzāi, zhèli kēlì wèi shōu 去年は水害に遭って, ここでは一粒もとれなかった.

**【粒】lì 名 (~儿)粒. ‖ 豆~儿 dòulìr 豆粒. ‖ 饭~儿 fànlìr 飯粒. 量 粒状のものを数える. ‖ 一~粮食 yí lì liángshi 一粒の穀物. ‖ 每次服五~ měicì fú wǔ lì 毎回5錠を服用する.

*【丸】wán 量 (丸薬を数える)粒. ‖ 一~药 yì wán yào 丸薬一粒. ‖ 每次服两~ měicì fú liǎng wán 毎回二粒服用する.

*【珠子】zhūzi 名 粒. 玉. ‖ 水~ shuǐzhūzi 水滴. ‖ 汗~ hànzhūzi 汗の粒.

つぶす

▶踩 ▶捣 ▶碾 ▶弄碎 ▶拍 ▶破碎
▶压 ▶研碎

**【踩】cǎi 動 踏む. 踏みつける. ‖ ~碎 cǎisuì 踏みつぶす. ‖ 不小心~了他的脚 bù xiǎoxīn cǎile tā de jiǎo うっかりして彼の足を踏んでしまった. ‖ 把空罐儿~扁 bǎ kòngguànr cǎibiǎn 空き缶をつぶす.

*【捣】dǎo 動 (棒状の物で)つく. つき砕く. たたく. ‖ ~米 dǎo mǐ 米をつく. ‖ ~衣 dǎo yī (棒で)洗濯物をたたく. ‖ 把花生米~碎 bǎ huāshēngmǐ dǎosuì ラッカセイの実をたたいてつぶす.

【碾】niǎn 動 (臼などで)ひく. つぶす. ‖ 把芝麻~碎 bǎ zhīma niǎnsuì ゴマをひきつぶす. ‖ 把玉米~碎 bǎ yùmǐ niǎnsuì

トウモロコシを臼でつぶす. | 把地~平 bǎ dì niǎnpíng (石のローラーなどで)地面を平らにならす.

【弄碎】nòngsuì 動 粉々にする. 細かくほぐす. ‖小心别把玻璃器皿~了 xiǎoxīn bié bǎ bōli qìmǐn nòngsuì le ガラスの器を割らないように気をつけて. | 用筷子把鱼肉~给小孩儿吃 yòng kuàizi bǎ yúròu nòngsuìgěi xiǎoháir chī お箸(はし)で魚をほぐして子どもに食べさせる.

★【拍】pāi 動 (手のひらや包丁など平たいもので)たたく. 打つ. ‖~苍蝇 pāi cāngying ハエをたたく. | 把蒜~碎 bǎ suàn pāisuì ニンニクを軽くつぶす. | ~掉身上的雪 pāidiào shēnshang de xuě 体についた雪を払い落とす.

【破碎】pòsuì 動 壊してこなごなにする. かけらにする. ‖这机器每小时可以~多少吨矿石? zhè jīqi měi xiǎoshí kěyǐ pòsuì duōshao dūn kuàngshí? この機械は1時間に何トンの鉱石を打ち砕くことができますか.

**【压】yā 動 (多くは上から下へ)押さえつける. 押さえる. ‖~平 yāpíng 押さえて平らにする. | 筐子被~坏了 kuāngzi bèi yāhuài le かごが押しつぶされた. | 玻璃被~碎了 bōli bèi yāsuì le ガラスが押し砕かれた. | 用机器把废旧车~扁 yòng jīqi bǎ fèijiùchē yābiǎn 廃車を機械で押しつぶす.

【研碎】yán//suì 動 すりつぶする. する. ‖把药片~服用 bǎ yàopiàn yánsuì fúyòng 錠剤をすりつぶして服用する.

つぶれる

▶倒闭 ▶关 ▶关闭 ▶垮台 ▶破产

*【倒闭】dǎobì 動 会社や商店がつぶれる. 倒産する. ‖那家商店~了 nà jiā shāngdiàn dǎobì le あの商店はつぶれた.

★【关】guān 動 閉店する. 休業する. 倒産する. ‖由于不善经营, 只好把铺子~了 yóuyú búshàn jīngyíng, zhǐhǎo bǎ pùzi guān le 経営がうまくゆかず, しかたなく店をたたむことにした. | 那家银行~了 nà jiā yínháng guān le あの銀行は倒産した.

*【关闭】guānbì 動 (企業・商店・学校などを)たたむ. 廃業する. ‖因为经营不善, 工厂只好~ yīnwei jīngyíng búshàn, gōngchǎng zhǐhǎo guānbì 経営状態が悪く, 工場を閉鎖せざるを得ない.

【垮台】kuǎ//tái 動 瓦解する. 崩壊する. 失脚する. ‖这个政权就要~了 zhège zhèngquán jiù yào kuǎtái le この政権は崩壊しようとしている.

*【破产】pò//chǎn 動 破産する. 倒産する. ‖这个厂经营不善, ~了 zhège chǎng jīngyíng bú shàn, pòchǎn le この工場は経営がうまくいかず倒産した.

つま 妻

▶爱人 ▶夫人 ▶家里 ▶老婆 ▶内人
▶妻子 ▶太太

★【爱人】àiren 名 (夫婦の一方をさす)夫. 主人. 妻. 奥さん. (呼称として都市部でよく用いられ, 「夫. 主人」の意味でも用いられる)‖这是我~ zhè shì wǒ àiren こちらは私の妻(夫)です. | 你~ nǐ àiren あなたの奥さん(ご主人). | 他~ tā àiren 彼の妻.

★【夫人】fūren;fūrén 名 (他人の妻への尊称)夫人. 奥様. ‖总统~ zǒngtǒng fūren 大統領夫人.

【家里】jiāli 名 家内. 妻. "家里的" jiāli de ともいう. ‖这是我~的 zhè shì wǒ jiāli de これはうちの家内です.

【老婆】lǎopo 名 口 (自分や他者の)妻. 女房. 家内. 細君. ‖他~ tā lǎopo 彼の奥さん. | ~孩子 lǎopo háizi 妻や子. 妻

子.

【内人】nèiren；nèirén 名家内. 人に対して自分の妻をいう.

**【妻子】qīzi 名妻. 女房.

★【太太】tàitai 名❶(夫の姓の後に付けて)既婚女性に対する尊称. 奥さん. ‖张～ Zhāng tàitai 張さんの奥さん. ❷(多く人称代名詞の後に置いて)他人または自分の妻に対する呼称. ‖他～跟我～是同乡 tā tàitai gēn wǒ tàitai shì tóngxiāng 彼の奥さんと私の家内は同郷だ.

つまる　詰まる

▶闭塞　▶不通气　▶堵　▶堵塞　▶哽
▶梗塞　▶塞

*【闭塞】bìsè 動ふさがる. 詰まる. ‖通道～了 tōngdào bìsè le 通りがふさがる.

【不通气】bù tōngqì 組空気が通らない. ‖鼻子～了 bízi bù tōngqì le 鼻が詰まった.

**【堵】dǔ 動ふさぐ. 詰まる. ‖～嘴 dǔzuǐ 口止めする. ｜～漏洞 dǔ lòudòng 抜け穴をふさぐ. ｜把洞口～上 bǎ dòngkǒu dǔshang 穴の口をふさぐ. ｜下水道～了 xiàshuǐdào dǔ le 下水道が詰まった.

*【堵塞】dǔsè 動ふさぐ. 埋める. ‖看热闹的人～了道路 kàn rènao de rén dǔsèle dàolù 野次馬が道をふさいでしまった. ｜交通～ jiāotōng dǔsè 交通渋滞.

【哽】gěng 動❶(のどが)詰まる. むせる. ‖吃得太急，～着了 chīde tài jí, gěngzháo le 慌てて食べて，のどにつかえた. ❷胸がいっぱいになって息が詰まる. ‖她非常难过，喉咙也～住了 tā fēicháng nánguò, hóulong yě gěngzhù le 彼女は悲しさのあまり胸が詰まった.

【梗塞】gěngsè 動❶ふさがる. 詰まる. ‖交通～ jiāotōng gěngsè 道路が渋滞する. ❷(動脈が)詰まる. 梗塞(﹝そく﹞)する.

---

*【塞】sāi 動すきまに詰める. ふさぐ. 詰め込む. ‖～牙 sāi yá ものが歯に詰まる. ｜～车 sāichē 車が渋滞する. ｜水管～了 shuǐguǎn sāi le 水道管が詰まった. ｜口袋里～满了东西 kǒudai li sāimǎnle dōngxi ポケットに物がいっぱい詰まっている.

つむ　積む

▶堆　▶堆积　▶积　▶垒　▶摞　▶码

**【堆】duī 動積む. 積み上げる. ‖货物～成了山 huòwù duīchéngle shān 荷物が山と積んである. ｜桌子上～满了东西 zhuōzi shang duīmǎnle dōngxi 机の上に物がたくさん積み重なっている.

*【堆积】duījī 動堆積する. 積み上げる. ‖木材～如山 mùcái duījī rú shān 材木が山のように積み上げられている. ｜问题～成山 wèntí duījī chéng shān 問題が山積している. ｜桌子上～着许多文件 zhuōzi shang duījīzhe xǔduō wénjiàn 机の上にたくさんの書類が積み重なっている.

*【积】jī 動積む. 積もる. ためる. ‖日～月累 rì jī yuè lěi 歳月を重ねる. ｜桌子上～了厚厚的一层灰 zhuōzi shang jīle hòuhòu de yì céng huī テーブルにほこりが厚く積もっている. ｜把压岁钱都～起来 bǎ yāsuìqián dōu jīqilai お年玉を全部ためておく.

【垒】lěi 動(れんがや石などを)積み上げる. (石垣や壁を)築く. ‖～一道墙 lěi yí dào qiáng 塀を一周り築く. ｜这条河堤是用石头～起来的 zhè tiáo hédī shì yòng shítou lěiqilai de この川の堤防は石を積み上げたものだ. ｜～花坛 lěi huātán 花壇を作る.

【摞】luò 動一つ一つ積み上げる. 積み重ねる. ‖～盘子 luò pánzi 皿を積み重ねる. ｜把箱子～起来 bǎ xiāngzi luòqilai 箱を積み上げる.

【码】mǎ 動 積む. 積み上げる. ‖把砖~在这里吧 bǎ zhuān mǎzài zhèli ba れんがをここに積み上げよう.

つむ 摘む

▶采 ▶剪 ▶掐 ▶摘

⁑【采】cǎi 動 採る. 摘みとる. ‖~茶 cǎi-chá 茶を摘む. │~果子 cǎi guǒzi 実を摘む.

⁑【剪】jiǎn 動 (はさみで)切る. ‖修~ xiū-jiǎn 切り整える. │~枝 jiǎn zhī 枝をつむ. 枝を短くする.

⁎【掐】qiā 動 (爪や指先で)摘む. 摘み取る. ‖~豆荚 qiā dòujiá マメのさやを取る. │不许~公园里的花儿 bùxǔ qiā gōngyuán li de huār 公園内の花を摘んではいけない.

⁑【摘】zhāi 動 (花・実・葉などを)摘む. もぐ. ‖~葡萄 zhāi pútao ブドウをもぐ. │~棉花 zhāi miánhua 綿を摘む.

つめる 詰める

▶塞 ▶填 ▶絮 ▶装

⁎【塞】sāi 動 ❶すきまに詰める. ふさぐ. ‖他怕吵, 用棉花~着耳朵 tā pà chǎo, yòng miánhua sāizhe ěrduo 彼はうるさいのが嫌で, 綿で耳の穴をふさいでいる. ❷詰め込む. 押し込む. 差し込む. ‖把书~进抽屉里 bǎ shū sāijin chōuti li 本を引き出しに押し込む. │口袋里~满了东西 kǒudai li sāimǎnle dōngxi ポケットに物がいっぱい詰まっている.

⁑【填】tián 動 ❶(穴やくぼみなどを)埋める. ふさぐ. ‖~坑 tián kēng 穴を埋める. │用沙子把沟~上 yòng shāzi bǎ gōu tiánshang 砂で溝を埋めた. │欲壑难~ yù hè nán tián 欲望には限りがない. ❷

(空席や欠損などを)補充する. 埋める. ‖空缺都~满了 kòngquē dōu tiánmǎn le あきはすべて埋まった.

【絮】xù 動 (衣服や布団に)綿を詰める. ‖~棉被 xù miánbèi 掛け布団に綿を詰める.

★【装】zhuāng 動 (入れ物に)詰め込む. (車に)積み込む. ‖把词典~在书包里 bǎ cídiǎn zhuāngzài shūbāo li 辞典をかばんに詰める. │箱子太小~不下 xiāngzi tài xiǎo zhuāngbuxià トランクが小さすぎて詰め切れない. │~车 zhuāng chē 車に積む.

つよい 強い

▶大 ▶坚强 ▶结实 ▶强 ▶强大
▶强烈 ▶强有力 ▶硬 ▶有劲

★【大】dà 形 (力や程度が)強い. (程度が)ひどい. ‖力气~ lìqi dà 力が強い. │脾气~ píqi dà 気性が激しい. │劲头比我~ jìntóu bǐ wǒ dà 私より意欲がある. │雨~了起来 yǔ dàleqilai 雨が強くなってきた.

⁑【坚强】jiānqiáng 形 強固である. 粘り強い. ‖李老师是位意志很~的人 Lǐ lǎoshī shì wèi yìzhì hěn jiānqiáng de rén 李先生はとても意志強固な方である.

⁑【结实】jiēshi 形 ❶(物が)頑丈である. しっかりしている. ‖这料子很~ zhè liàozi hěn jiēshi この生地はとても強い. │他把包捆得结结实实 tā bǎ bāo kǔnde jiējiēshíshí 彼は包みをひもでしっかり縛った. ❷(体が)丈夫である. ‖这小伙子身体真~ zhè xiǎohuǒzi shēntǐ zhēn jiēshi この若者は体が丈夫である.

⁑【强】qiáng 形 (力が)強い. たくましい. ⇔"弱"ruò ‖身~力壮 shēn qiáng lì zhuàng 体が丈夫で力持ちである. │竞争力~ jìngzhēnglì qiáng 競争力が強い. │实力

很～ shílì hěn qiáng 実力がある.｜有很～的组织能力 yǒu hěn qiáng de zǔzhī nénglì たいへん強い組織力がある. ❷（レベル・程度が）高い.｜责任心～ zérènxīn qiáng 責任感が強い.｜个性很～ gèxìng hěn qiáng 個性が強い.｜自卑感太～ zìbēigǎn tài qiáng コンプレックスがとても強い. ❸優れている.｜这个队在长跑项目上很～ zhège duì zài chángpǎo xiàngmù shang hěn qiáng このチームは長距離走の種目が強い.

**【强大】qiángdà 彫 強大である. 強力である.｜～的生命力 qiángdà de shēngmìnglì 強い生命力.｜建设～的国家 jiànshè qiángdà de guójiā 強大な国家を建設する.｜阵容～ zhènróng qiángdà メンバーが強力である.

**【强烈】qiángliè 彫 強烈である. きわめて激しい.｜反应～ fǎnyìng qiángliè 反応が強烈である.｜～地震 qiángliè dìzhèn 激しい地震.｜谴责 qiǎnzé 激しく非難する.｜～的抗议 qiángliè de kàngyì 激しい抗議.｜～反对 qiángliè fǎnduì 断固反対する.｜求知欲十分～ qiúzhīyù shífēn qiángliè 知識欲がたいへん旺盛（おう）である.

【强有力】qiángyǒulì 彫 力強い. 強力である.｜给对手以～的打击 gěi duìshǒu yǐ qiángyǒulì de dǎjī 相手に強力な打撃を与える.｜得到了～的支持 dédàole qiángyǒulì de zhīchí 力強い支持を得た.

**【硬】yìng 彫 （意志・考えが）頑強である. 堅固である.｜说话的口气很～ shuōhuà de kǒuqi hěn yìng 話し振りが強硬である.｜那个男人只是嘴～罢了 nàge nánrén zhǐshì zuǐyìng bàle あの男は口では強いことを言っているだけだ.｜对付这种人不～不行 duìfu zhè zhǒng rén bú yìng bùxíng こうした連中には強く出なければだめだ.

【有劲】yǒu//jìn（～儿） 動 力がある. 元

気がある.｜让他提这个重的，他～儿 ràng tā tí zhège zhòng de, tā yǒujìnr 彼にこの重いのを持たせなさい，力があるんだから.

つらい

▶不好受　▶吃不消　▶吃苦头　▶艰苦
▶艰辛　▶苦　▶难过　▶难堪　▶难受
▶痛苦

【不好受】bù hǎoshòu 組 ❶（体の）具合が悪い. 気持ちが悪い.｜不喝了，喝多了～ bù hē le, hē duōle bù hǎoshòu もう飲まない，飲みすぎたらあとが苦しいから. ❷（精神的に）つらい. やれきれない.｜看到她日渐消瘦，我心里很～ kàndào tā rìjiàn xiāoshòu, wǒ xīnli hěn bù hǎoshòu 彼女が日ごとに瘦せ細ってゆくのを見て，私はつらくてたまらなかった.

【吃不消】chībuxiāo 動 たまらない. 耐えられない. 持ちこたえられない.｜太热了，真让人～ tài rè le, zhēn ràng rén chībuxiāo 暑くてほんとにたまらない.｜留这么多的作业，孩子～ liú zhème duō de zuòyè, háizi chībuxiāo こんなにたくさんの宿題を出しては子供がたまらない.

【吃苦头】chī kǔtou 組 苦しい目に遭う. ひどい目に遭う.｜吃了不懂外语的苦头 chīle bù dǒng wàiyǔ de kǔtou 外国語が分からなくて苦労した.｜你这么不听劝是要～的 nǐ zhème bù tīng quàn shì yào chī kǔtou de 人の忠告を聞かないと後で苦労するぞ.

**【艰苦】jiānkǔ 彫 苦しい. つらい.｜～岁月 jiānkǔ suìyuè 苦難に満ちた歳月.｜～奋斗 jiānkǔ fèndòu 刻苦奮闘する.｜～创业 jiānkǔ chuàngyè さまざまな困難を克服して創業する.｜生活十分～ shēnghuó shífēn jiānkǔ 暮らし向きがとても苦しい.

【艰辛】jiānxīn 形 苦しい. つらい. 難儀である. ‖生活~ shēnghuó jiānxīn 生活が苦しい.

★【苦】kǔ 形 苦しい. つらい. ‖生活很~ shēnghuó hěn kǔ 生活が苦しい. │她心里很~ tā xīnli hěn kǔ 彼女はつらい気持ちでいる. │命~ mìng kǔ 不運である.

**【难过】nánguò 形 つらい. やりきれない. 悲しい. ‖胃里有点儿~ wèi li yǒudiǎnr nánguò 胃が少し痛む. │好朋友去世了, 他心里很~ hǎo péngyou qùshì le, tā xīnli hěn nánguò 親しい友人が亡くなって, 彼はとてもつらかった.

*【难堪】nánkān 動 耐えられない. 忍びがたい. やりきれない. ‖闷热~ mēnrè nánkān 蒸し暑くてたまらない. │令人~的指责 lìng rén nánkān de zhǐzé 耐えがたい非難.

**【难受】nánshòu 形 ❶体の調子が悪い. 体調がすぐれない. ‖天热得~ tiān rède nánshòu 暑くてたまらない. │伤口疼得很~ shāngkǒu téngde hěn nánshòu 傷口が痛んでつらい. ❷(精神的に)つらい. やりきれない. 情けない. 苦しい. ‖和女朋友吹了, 心里很~ hé nǚpéngyou chuī le, xīnli hěn nánshòu 彼女と別れてとてもつらい.

**【痛苦】tòngkǔ 形 苦痛である. 苦しい. ‖~的回忆 tòngkǔ de huíyì 苦しみに満ちた回想. │他心里非常~ tā xīnli fēicháng tòngkǔ 彼はとてもつらい気持ちだった. │病人~地呻吟着 bìngrén tòngkǔ de shēnyínzhe 病人は苦しそうにうめいている.

つるす

▶吊　▶挂　▶悬　▶悬吊　▶悬挂

**【吊】diào 動 ❶つるす. 掛ける. ぶら下げる. ‖~起了一个吊床 diàoqile yí ge diàochuáng ハンモックをつった. │客厅正中~着一盏吊灯 kètīng zhèngzhōng diàozhe yì zhǎn diàodēng 客間の中央にシャンデリアが下がっている. │他开车的时候, 我的心老是~着 tā kāichē de shíhou, wǒ de xīn lǎoshi diàozhe 彼が運転をするとき私はいつも心配でならない. ❷つりおろす. ‖把集装箱~到货舱里 bǎ jízhuāngxiāng diàodào huòcāng li コンテナを船倉につりおろす.

【挂】guà 動 掛ける. つるす. ‖把裙子~在衣架上 bǎ qúnzi guàzài yījià shang スカートをハンガーにつるす. │墙上~着几幅字画 qiáng shang guàzhe jǐ fú zìhuà 壁に書画がいくつか掛っている.

【悬】xuán 動 掛ける. つるす. ‖明镜高~ míng jìng gāo xuán くもりのない鏡を高く掛ける. 裁判が公正なこと.

【悬吊】xuándiào 動 つるす. ぶら下がる. ‖~在半空作业 xuándiàozài bànkōng zuòyè 空中にぶら下がって作業する.

【悬挂】xuánguà 動 掛ける. 揭げる. ぶら下げる. ‖~国旗 xuánguà guóqí 国旗を揭げる. │墙上~着一幅油画 qiáng shang xuánguàzhe yì fú yóuhuà 壁に油絵が掛かっている. │屋檐下~着很多红灯笼 wūyán xià xuánguàzhe hěn duō hóng dēnglong 軒下には赤い提灯がたくさんつるしてある.

つれる　連れる

▶带　▶拉　▶领　▶遛　▶率　▶率领
▶引

★【带】dài 動 引き連れる. 率いる. ‖~徒弟 dài túdi 弟子をとる. │星期天~孩子们去公园 xīngqītiān dài háizimen qù gōngyuán 日曜日に子供たちを連れて公園へ行く.

★【拉】lā 動 引き連れる. 集める. ‖把校

て　手(手段・方策)

队～出去训练 bǎ xiàoduì lāchuqu xùnliàn 学校の選手団を引き連れて練習をしに行く.

**【領】lǐng 動 率いる. 導く. 案内する. ‖ 他不认识路,你～他去吧 tā bú rènshi lù, nǐ lǐng tā qù ba 彼は道を知らないので,君が連れて行ってくれ. ｜～孩子上街 lǐng háizi shàngjiē 子供を連れて町に出る.

【遛】liù 動 (家畜やペットを)連れて歩く. ‖ 去～～狗 qù liùliu gǒu イヌを散歩に連れていく.

【率】shuài 動 率いる. ‖ ～医疗队赶赴灾区 shuài yīliáoduì gǎnfù zāiqū 医療チームを率いて被災地へ駆けつける.

**【率領】shuàilǐng 動 率いる. 引率する. ‖ ～考察团出国考察 shuàilǐng kǎochátuán chūguó kǎochá 視察団を引率して外国へ視察に行く.

*【引】yǐn 動 率いる. 引き連れる. ‖ 我～你去见我们总编 wǒ yǐn nǐ qùjiàn wǒmen zǒngbiān 君をうちの編集長に引き合わせてあげよう.

て

て　手(手段・方策)

▶把戏　▶办法　▶策略　▶方法　▶路子
▶圈套　▶手　▶手段　▶套　▶招

*【把戏】bǎxì 图 悪だくみ. 手練手管. ‖ 鬼～ guǐbǎxì インチキ. ペテン. ‖ 识破骗人～ shípò piànrén bǎxì からくりを見破る. ｜你这是玩儿的什么～呀? nǐ zhè shì wánr de shénme bǎxì ya? お前はいったい何をたくらんでいるんだ.

★【办法】bànfǎ 图 方法. やり方. 手段. ‖ 很有～ hěn yǒu bànfǎ いろいろな手があ

る. ｜想～ xiǎng bànfǎ なんとかする. ｜拿他没～ ná tā méi bànfǎ 彼にはまったくお手上げだ. ｜这个～很好 zhège bànfǎ hěn hǎo このやり方はたいへんよい.

*【策略】cèlüè 图 戦術. 駆け引き. ‖ 外交～ wàijiāo cèlüè 外交上の駆け引き. ｜不要蛮干,要讲点儿～ búyào mángàn, yào jiǎng diǎnr cèlüè むやみにやるのでなく,作戦を考えなければだめだ.

★【方法】fāngfǎ 图 方法. やり方. 仕方. 手段. ‖ 考虑问题的～ kǎolǜ wèntí de fāngfǎ ものの考え方. ｜好～ hǎo fāngfǎ うまいやり方. ｜～不当 fāngfǎ búdàng 方法が適当でない.

*【路子】lùzi 图 方法. 手だて. 手段. ‖ 他训练的～不对,结果比赛成绩老上不去 tā xùnliàn de lùzi bú duì, jiéguǒ bǐsài chéngjì lǎo shàngbuqù 彼はトレーニングのやり方が間違っているから,試合の成績がいつまでも上がらない.

*【圈套】quāntào 图 わな. 手管. 奸計 (かん)(けい). ‖ 设下～ shèxia quāntào わなを仕掛ける. ｜落入～ luòrù quāntào わなにはまる. ｜不小心,上了他的～ bù xiǎoxīn, shàngle tā de quāntào 油断して彼のわなにひっかかった.

★【手】shǒu ◇腕前. 技能. 手段. ‖ 妙～回春 miào shǒu huí chūn 医術が卓越している. ｜眼高～低 yǎn gāo shǒu dī 望みは高いが能力が追いつかない. ｜下毒～ xià dúshǒu 毒手を下す. 量(～儿)技術や腕前などを数える. ‖ 留一～ liú yì shǒu 最後まで奥の手を残す. ｜一～绝活儿 yì shǒu juéhuór 他人にはまねのできない技. ｜有两～ yǒu liǎngshǒu 能力がある.

**【手段】shǒuduàn 图 手段. 方法. ‖ 强制～ qiángzhì shǒuduàn 強制的な手段. ｜～卑鄙 shǒuduàn bēibǐ 手口が下劣である.

**【套】tào(～儿) 图 (人を陥れる)わな. 落とし穴. ‖ 给我们下了个～儿 gěi wǒ-

486

men xiàle ge tàor 我々は一杯食わされた.

【招】zhāo(～儿) 图策. 策略. 手段. ‖花～儿 huāzhāor 悪だくみ. ｜你没～儿了吧！看我的 nǐ méi zhāor le ba! kàn wǒ de どうだお手上げだろう，さあ見てろよ. ｜他使出的这一～儿真厉害 tā shǐchu de zhè yì zhāor zhēn lìhai 彼のこの一手はなかなか手ごわい.

て　手

▶手　▶手背　▶手劲　▶手里　▶手势
▶手心　▶手掌　▶掌

★【手】shǒu(～儿) 图手. (腕は含まない) ‖一双～ yì shuāng shǒu 両手. ｜挥～ huīshǒu 手を振る. ｜握～ wòshǒu 握手する. ｜着～ zhuóshǒu 着手する. ｜～拉着～欢呼雀跃 shǒu lāzhe shǒu huānhū quèyuè 手を取り合って喜ぶ. ｜～搭凉棚看 shǒu dā liángpéng kàn 手をかざして見る.

【手背】shǒubèi 图手の甲.

【手劲】shǒujìn(～儿) 图手の力. ‖有～儿 yǒu shǒujìnr 握力がある.

【手里】shǒuli 图手の中. 手元. ‖～拿着一本书 shǒuli názhe yì běn shū 手に1冊の本を持っている. ｜材料在他～ cáiliào zài tā shǒuli 資料は彼のところにある.

*【手势】shǒushì 图手ぶり. 手まね. サイン. ‖他给我打了个～ tā gěi wǒ dǎle ge shǒushì 彼は私に手で合図した.

【手心】shǒuxīn 图❶手のひら. たなごころ. ❷(～儿)支配下. 手中. ‖他再狡猾，也逃不出我们的～ tā zài jiǎohuá, yě táobuchū wǒmen de shǒuxīn 彼がどれほど悪知恵をはたらかせたところで，我々の手から逃れられない.

【手掌】shǒuzhǎng 图手のひら. たなごころ.

*【掌】zhǎng 图手のひら. ‖巴～ bāzhang

平手. ｜鼓～ gǔzhǎng 拍手する. ｜合～祷告 hé zhǎng dǎogào 手を合わせて祈る. ｜摩拳擦～ mó quán cā zhǎng 手ぐすね引く. ｜易如反～ yì rú fǎn zhǎng 手のひらを返すように容易である.

であう　出会う・出合う

▶打照面儿　▶逢　▶碰　▶碰见　▶巧遇
▶相逢　▶遇　▶遇见　▶撞

【打照面儿】dǎ zhàomiànr 組思いがけず出会う. 出くわす. ‖拐过墙角，正好和他打了个照面儿 guǎiguo qiángjiǎo, zhènghǎo hé tā dǎle ge zhàomiànr 塀を曲がったところで，彼にばったり会った.

**【逢】féng 動出会う. 会う. ‖～人便讲 féng rén biàn jiǎng 会う人ごとに話す. ｜棋～对手 qí féng duìshǒu 好敵手に出会う.

★【碰】pèng 動ばったり会う. ‖两人在车站～上了 liǎng rén zài chēzhàn pèngshang le 二人は駅でばったり会った. ｜最近没～到过他 zuìjìn méi pèngdàoguo tā 最近彼に会っていない.

**【碰见】pèng//jiàn 動偶然出会う. ばったり会う. ‖在街上～老同学了 zài jiēshang pèngjiàn lǎo tóngxué le 街で昔のクラスメートとばったり会った. ｜今天一件很有意思的事儿 jīntiān pèngjiàn yí jiàn hěn yǒu yìsi de shìr 今日すごく面白いことに出くわした.

【巧遇】qiǎoyù 動偶然に出会う. ‖在街上～儿时的伙伴 zài jiēshang qiǎoyù ér shí de huǒbàn 街で子供のときの遊び仲間とばったり会った.

【相逢】xiāngféng 動巡り合う. ‖初次～ chūcì xiāngféng 初めて出会う. ｜萍水～ píngshuǐ xiāngféng 偶然に知り合う. ｜狭路～ xiálù xiāngféng (敵同士が)狭い道で出会う. 衝突は避けがたいたとえ.

487

ていこう 抵抗

【遇】 yù 動 偶然会う．出会う．巡り合う．‖～上一场雪 yùshang yì cháng xuě ひとしきり雪に降られた．｜他乡～故知 tāxiāng yù gùzhī 他郷で旧知に会う．｜百年不～的洪水 bǎinián bú yù de hóngshuǐ（百年に一度も出会わないほど）めったにない大洪水．

【遇见】 yù//jiàn 動 会う．出会う．出くわす．‖一年都难得～一次 yì nián dōu nándé yùjiàn yí cì 1年のうち1回会えるかどうかだ．｜在路上～了老朋友 zài lùshang yùjiànle lǎopéngyou 道で昔の友だちにばったり会った．｜一件怪事 yùjiàn yí jiàn guàishì おかしなことに出会う．

【撞】 zhuàng 動 偶然出会う．遭遇する．‖冤家路窄，又～上他了 yuān jiā lù zhǎi, yòu zhuàngshang tā le 嫌なやつにはよく出会う，また彼と鉢合わせしてしまった．｜我们绕道走，～不上熟人 wǒmen ràodào zǒu, zhuàngbushàng shúrén 顔見知りに出会わぬよう，回り道して行こう．｜在树林里～见一只鹿 zài shùlín li zhuàngjiàn yì zhǐ lù 森でシカに出くわした．

ていこう　抵抗

▶抵挡　▶抵抗　▶抵制　▶顶撞　▶对抗
▶反抗　▶抗拒　▶逆反

【抵挡】 dǐdǎng 動 防ぎ止める．抵抗する．‖～洪水 dǐdǎng hóngshuǐ 洪水を防ぎ止める．｜～不住舆论的压力 dǐdǎngbuzhù yúlùn de yālì 世論の力に抵抗しきれない．｜～不住对方的猛烈进攻 dǐdǎngbuzhù duìfāng de měngliè jìngōng 相手の猛烈な攻撃を食い止められない．

*【抵抗】 dǐkàng 動 抵抗する．反抗する．‖～入侵之敌 dǐkàng rùqīn zhī dí 侵入する敵に抵抗する．

*【抵制】 dǐzhì 動 阻止する．拒否する．排除する．‖～腐朽的思想侵蚀 dǐzhì fǔxiǔ de sīxiǎng qīnshí 腐敗した思想の侵食を阻止する．｜～这次选举 dǐzhì zhè cì xuǎnjǔ 今回の選挙をボイコットする．

【顶撞】 dǐngzhuàng 動（多く目上の人に対して）盾突く．逆らう．‖～领导 dǐngzhuàng lǐngdǎo 上司に盾突く．

*【对抗】 duìkàng 動 抵抗する．‖～上级 duìkàng shàngjí 上司に歯向かう．｜～情绪 duìkàng qíngxù 敵対心．

【反抗】 fǎnkàng 動 反抗する．抵抗する．逆らう．‖～期 fǎnkàngqī 反抗期．｜～对言论自由的压制 fǎnkàng duì yánlùn zìyóu de yāzhì 言論の弾圧に抵抗する．｜～情绪 fǎnkàng qíngxù 反抗の気分．｜消极～ xiāojí fǎnkàng 消極的に抵抗する．

【抗拒】 kàngjù 動 抵抗し拒絶する．あらがい拒む．‖～命令 kàngjù mìnglìng 命令を拒む．

【逆反】 nìfǎn 動 反発する．逆らう．‖～心理 nìfǎn xīnlǐ 反抗心．

ていし　停止

▶罢　▶停　▶停顿　▶停止　▶中断
▶中止　▶住

*【罢】 bà 動 停止する．中止する．‖～课 bàkè（学生が）授業をボイコットする．｜作～ zuòbà やめる．｜欲～不能 yù bà bù néng やめようとしてもやめられない．

★【停】 tíng 動 止まる．止める．‖钟～了 zhōng tíng le 時計が止まった．｜雨～了 yǔ tíng le 雨がやんだ．｜车慢慢儿～下来 chē mànmānr tínglexiàlai 車はゆっくりと止まった．｜～他一年比赛 tíng tā yì nián bǐsài 彼を1年間の出場停止処分とする．

*【停顿】 tíngdùn 動 停頓（テイトン）する．（一時的に）中断する．‖每天下大雨，工程不得不～下来 měitiān xià dàyǔ, gōngchéng bù

dé bù tíngdùnxialai 毎日大雨が続き，工事を中止せざるを得ない．

****【停止】** tíngzhǐ 動 停止する．やめる．やむ．（多く目的語をとる）‖ 〜前進 tíngzhǐ qiánjìn 前に進むのをやめる．｜心臓〜了跳动 xīnzàng tíngzhǐle tiàodòng 心臓が鼓動を停止した．｜这种药已经按规定〜使用了 zhè zhǒng yào yǐjīng àn guīdìng tíngzhǐ shǐyòng le この薬はすでに規定により使用をとりやめている．｜歌声〜了 gēshēng tíngzhǐ le 歌声がやんだ．

***【中断】** zhōngduàn 動 中断する．中途で停止する．‖ 〜学业 zhōngduàn xuéyè 学業を中断する．｜他天天早上跑步，从来没〜过 tā tiāntiān zǎoshang pǎobù, cónglái méi zhōngduànguo 彼は毎朝ジョギングをしていて，これまで欠かしたことがない．

【中止】 zhōngzhǐ 動 中止する．中断する．‖ 〜实验 zhōngzhǐ shíyàn 実験を中止する．｜会谈被迫〜 huìtán bèipò zhōngzhǐ 会談はやむなく中止になった．

***【住】** zhù 動 ❶停止する．止まる．やむ．‖ 〜嘴 zhùzuǐ 話をやめる．｜雨〜了 yǔ zhù le 雨がやんだ．｜哭声总算〜了 kūshēng zǒngsuàn zhù le 泣き声がやっとやんだ．❷動詞の後に置き，動作が停止することを表す．‖ 被问〜了 bèi wènzhù le 返答に窮した．｜快叫〜他 kuài jiàozhù tā 早く彼を呼び止めてくれ．｜停〜脚步 tíngzhù jiǎobù 足を止める．｜一下子愣〜了 yíxiàzi lèngzhù le 一瞬あっけにとられた．｜留〜客人 liúzhù kèren 客を引き留める．

ていせい　訂正 ⇒【修正】

ていねい　丁寧（丁重）

▶恭敬　▶客气　▶恳切　▶礼貌　▶殷勤
▶郑重

***【恭敬】** gōngjìng 形 恭しい．丁重である．礼儀正しい．‖ 恭恭敬敬地站在老人面前 gōnggōngjìngjìng de zhànzài lǎorén miànqián 恭しく老人の前に立つ．｜她对婆婆向来很〜 tā duì pópo xiànglái hěn gōngjìng 彼女はずっとしゅうとめを敬って立てている．

***【客气】** kèqi 形 遠慮深い．丁重である．‖ 客客气气地待人 kèkèqìqì de dàirén 礼儀正しく接する．｜说话办事都很〜 shuōhuà bànshì dōu hěn kèqi 話し方もやることもとても丁重である．

【恳切】 kěnqiè 形 誠意がこもっている．懇ろである．‖ 态度〜 tàidu kěnqiè 態度が丁重である．｜情意〜 qíngyì kěnqiè 真心がこもっている．｜〜地表达了自己的愿望 kěnqiè de biǎodále zìjǐ de yuànwàng 心を込めて自分の願いを伝えた．

****【礼貌】** lǐmào 名 礼儀．マナー．‖ 他很有〜地跟客人们握手道别 tā hěn yǒu lǐmào de gēn kèrenmen wòshǒu dàobié 彼はとても丁寧にお客たちと握手をして別れを告げた．形 礼儀正しい．‖ 〜待客 lǐmào dàikè 礼儀正しく接待する．｜不〜 bù lǐmào 失礼である．｜他〜地谢绝了 tā lǐmào de xièjué le 彼は丁寧に断った．

【殷勤】 yīnqín 形 手厚い．礼儀正しく愛想がよい．"慇懃"とも書く．‖ 〜款待 yīnqín kuǎndài 手厚くもてなす．｜〜好客的主人 yīnqín hàokè de zhǔren 愛想がよく客好きの主人．

***【郑重】** zhèngzhòng 形 厳粛である．厳かである．丁重である．‖ 〜其事 zhèngzhòng qí shì 恭しい態度をとる．｜〜地盖上了印章 zhèngzhòng de gàishangle yìnzhāng 丁寧に判を押した．

ていねい　丁寧（慎重）

ていねい　丁寧 （慎重）

▶精心　▶细心　▶细致　▶小心
▶小心谨慎　▶仔细

*【精心】jīngxīn 形 入念である．丹念である．‖~治疗 jīngxīn zhìliáo 手厚く治療する．｜~培育幼苗 jīngxīn péiyù yòumiáo 丹精込めて苗を栽培する．

**【细心】xìxīn 形 注意深い．細心である．⇔"粗心"cūxīn ‖~的人 xìxīn de rén 細かく気の付く人．｜~观察 xìxīn guānchá 注意深く観察する．｜~照料 xìxīn zhàoliào なにくれと世話をやく．｜工作要~ gōngzuò yào xìxīn 仕事は丁寧でなければならない．

*【细致】xìzhì 形 きめ細かい．細心である．丹念である．念入りである．‖粗心人干不了这种一活 cūxīnrén gànbuliǎo zhè zhǒng xìzhìhuó おおざっぱな人にはこのような丹念な仕事はできない．｜工作认真~ gōngzuò rènzhēn xìzhì 仕事ぶりがまじめで丁寧である．

**【小心】xiǎoxīn 形 注意深い．細心である．‖他做事很~ tā zuòshì hěn xiǎoxīn 彼は何をやるにも注意深い．｜他开车没我~ tā kāichē méi wǒ xiǎoxīn 彼の運転は私より荒っぽい．

【小心谨慎】xiǎo xīn jǐn shèn 成 言動が非常に慎重であるさま．

**【仔细】zǐxì 形 細心である．注意がゆきとどく．きめ細かい．周到である．"子细"とも書く．‖做事~ zuòshì zǐxì やることが細心である．｜那位老师教得很~ nà wèi lǎoshī jiàode hěn zǐxì あの先生は教え方が丁寧だ．｜~一看，壶漏了 zǐxì yí kàn, hú lòu le よく見たら，やかんが水漏れしていた．

でかける　出かける

▶出发　▶出门　▶出去　▶动身　▶去
▶外出　▶走

★【出发】chūfā 動 出発する．出かける．‖咱们几点~? zánmen jǐ diǎn chūfā? 何時に出かけますか．｜从哪儿~? cóng nǎr chūfā? どこから出発するの．

*【出门】chū//mén（~儿）動 出かける．外出する．‖今天我得出趟门 jīntiān wǒ děi chū tàng mén 今日出かけなければならない．

★【出去】chū//qu(qù) 動 外出する．外へ出る．‖你下午~吗? nǐ xiàwǔ chūqu ma? 午後は外出しますか．｜~散步吧 chūqu sànsan bù ba ちょっと散歩に出かけよう．

**【动身】dòng//shēn 動 出発する．発つ．旅立つ．‖咱们六号~ zánmen liù hào dòngshēn 私たちは6日に出発しよう．｜他们已经~了 tāmen yǐjīng dòngshēn le 彼らはもう出発した．｜~的时间定为明晨七点 dòngshēn de shíjiān dìngwéi míngchén qī diǎn 出発の時間は明朝7時とする．

★【去】qù 動 (話し手のいる所から離れて他の場所へ)行く．⇔"来"lái ‖~学校 qù xuéxiào 学校へ行く．｜~过两次 qùguo liǎng cì 2回行ったことがある．｜~不~，你自己定 qù bu qù, nǐ zìjǐ dìng 行くか行かないか君が自分で決めなさい．

*【外出】wàichū 動 外出する．出かける．‖~采访 wàichū cǎifǎng 取材に出かける．｜科长有事~了，请半个小时后再来电话 kēzhǎng yǒu shì wàichū le, qǐng bàn ge xiǎoshí hòu zài lái diànhuà 課長は所用で外出しておりますので，30分後にまたお電話ください．

★【走】zǒu 動 離れる．出発する．‖客人~了 kèren zǒu le 客は帰っていった．｜

我们～吧 wǒmen zǒu ba 行きましょう．｜几点～? jǐ diǎn zǒu? いつ出発しますか．

てきとう　適当（適切）

▶得当　▶合适　▶配　▶恰当　▶适当
▶适合　▶适宜　▶妥当　▶正好

【得当】dédàng 形（話や行いが）当を得ている，適当である．‖用词～ yòng cí dédàng 言葉の使い方が当を得ている．｜问题处理～ wèntí chǔlǐ dédàng 問題の処理が当を得ている．｜资金使用～ zījīn shǐyòng dédàng 資金の使い方が適当である．

★【合适】héshì 形（基準や条件を示して，それに合うことを表す）ぴったりしている．適切である．ちょうどいい．‖不大不小，正～ bú dà bù xiǎo, zhèng héshì 大きくも小さくもなくて，ちょうどいい．｜这句话说得不大～ zhè jù huà shuōde búdà héshì この言葉はあまり適切でない．｜他的性格当演员很～ tā de xìnggé dāng yǎnyuán hěn héshì 彼の性格は俳優をやるのにぴったりだ．｜没有～的机会 méiyou héshì de jīhui（条件に合う）適当な機会がない．

*【配】pèi 動 値する．似つかわしい．‖这种人才～当班长 zhè zhǒng rén cái pèi dāng bānzhǎng こういう人こそ級長となるのがふさわしい．

*【恰当】qiàdàng 形（事実やルールなど正しく符合して）適確あるいは適切である．ぴったりである．‖～的人事安排 qiàdàng de rénshì ānpái（個人の能力を重視した）適材適所の人事．｜这句话不太～ zhè jù huà bútài qiàdàng この言葉はあまり適切ではない．｜找个～的机会，跟他谈一谈 zhǎo ge qiàdàng de jīhui, gēn tā tányitán 適当な機会をみて彼と話してみ

よう．

**【适当】shìdàng 形（程度や時期がちょうどよいことを表す）適当である．ふさわしい．（何らかの基準や条件に合うか否かは問題にしない．連用修飾語としても用いられる）‖～的时候 shìdàng de shíhou 適当な時に．｜给她安排一个～的工作 gěi tā ānpái yí ge shìdàng de gōngzuò 彼女にふさわしい仕事を振り当てる．｜请你～地处理一下 qǐng nǐ shìdàng de chǔlǐ yíxià 適切に処理してください．

**【适合】shìhé 動（基準や条件を示して，それに合うことを表す）適合する．当てはまる．（基準や条件を目的語にとる）‖这种料子～做大衣 zhè zhǒng liàozi shìhé zuò dàyī この手の生地はオーバーを作るのにうってつけだ．｜她很～扮演这个角色 tā hěn shìhé bànyǎn zhège juésè 彼女はこの役にぴったりだ．

**【适宜】shìyí 形 適している．適当である．‖浓淡～ nóngdàn shìyí 濃淡がちょうどよい．｜你这种性格～搞外交工作 nǐ zhè zhǒng xìnggé shìyí gǎo wàijiāo gōngzuò 君の性格は外交関係の仕事に向いている．

*【妥当】tuǒdang 形（物事がうまくおさまっている，あれこれ考えてどこからも文句が出ないように丸くおさめた状態をさす）妥当である．無難である．穏当である．‖～的人事安排 tuǒdang de rénshì ānpái（周囲とのバランスを重視した）穏当な人事．｜采取～的办法 cǎiqǔ tuǒdang de bànfǎ 妥当な方法をとる．｜这件事办得不～ zhè jiàn shì bànde bù tuǒdang この件はやり方がまずい．

**【正好】zhènghǎo 形 ちょうどよい．ぴったりである．‖咸淡～ xiándàn zhènghǎo 塩かげんはちょうどいい．｜你来得～ nǐ láide zhènghǎo ちょうどいいときに来た．｜这衣服我穿～ zhè yīfu wǒ chuān zhènghǎo この服は私のサイズにぴったりだ．

491

てきとう　適当（いいかげん）

てきとう　適当（いいかげん）

▶草率　▶凑合　▶敷衍　▶胡乱　▶将就
▶马虎　▶马马虎虎　▶随便

*【草率】cǎoshuài 形（仕事が）いいかげん
である．おおざっぱである．粗雑であ
る．‖工作做得很～ gōngzuò zuòde hěn
cǎoshuài 仕事がぞんざいだ．｜～从事
cǎoshuài cóngshì いいかげんにやる．｜
当时的负责人对这一问题处理得很～,
以致于现在成了大问题 dāngshí de fùzérén
duì zhè yī wèntí chǔlǐde hěn cǎoshuài, yǐzhì
yú xiànzài chéngle dà wèntí 当時の担当者
がこの問題を適当に処理したことが今
大きな問題となっている．

*【凑合】còuhe 動 間に合わせる．いいか
げんにお茶を濁す．適当にやる．‖这
种关键的地方, 不能～ zhè zhǒng guān-
jiàn de dìfang, bù néng còuhe このような
肝心要（かなめ）な所はいいかげんにできな
い．

*【敷衍】fūyan；fūyǎn 動 いいかげんにす
る．ごまかす．‖塞责 fūyan sèzé いい
かげんにやって責めをふさぐ．｜嘴上～
了他几句 zuǐ shang fūyanle tā jǐ jù 彼には
適当に返事をしてお茶を濁した．｜忙
着打工, 小论文～了事地写完了 mángzhe
dǎgōng, xiǎo lùnwén fūyan liǎoshì de xiěwán
le アルバイトに忙しかったので, レ
ポートは適当に書いた．

**【胡乱】húluàn 副 そそくさと．そこそこ
に．適当に．‖他～吃了几口饭又下地
去了 tā húluàn chīle jǐ kǒu fàn yòu xiàdì qù
le 彼はそそくさと食事をすませるとま
た野良仕事に出掛けた．

【将就】jiāngjiu 動 間に合わせる．適当
にやる．‖这衣服有点长, ～着穿吧!
zhè yīfu yǒudiǎn cháng, jiāngjiuzhe chuān
ba! この服はちょっと丈が長いけど,
ひとまずこれで間に合わせておきなさ

い．

**【马虎】【马糊】mǎhu 形 いいかげんであ
る．おおざっぱである．ぞんざいであ
る．‖这活儿干得太～ zhè huór gànde tài
mǎhu この仕事はやり方が雑すぎる．｜
他这人大事上从不～ tā zhè rén dàshì shang
cóng bù mǎhu 彼はこれまで重要な事柄
をいいかげんに済ましたことがない．

【马马虎虎】mǎmǎhūhū（～的）形 いいか
げんである．おおざっぱである．でた
らめである．‖对待工作怎么能这样～
duìdài gōngzuò zěnme néng zhèyàng mǎmǎ-
hūhū 仕事をどうしてこういいかげんに
できるんだ．｜他总是那么～的 tā zǒngshì
nàme mǎmǎhūhū de あいつはいつもあん
なふうにちゃらんぽらんだ．

**【随便】suíbiàn 形 気ままである．いい
かげんである．‖你不要～说话 nǐ búyào
suíbiàn shuōhuà 適当なことを言うな．｜
办不了就别～答应 bànbuliǎo jiù bié suí-
biàn dāying できないのなら軽率に引き
受けてはいけない．

─できる

▶得以　▶会　▶可　▶可能　▶可以　▶能
▶能够　▶足以

*【得以】déyǐ 動（…により）…ができる．
…し得る．‖经医生全力抢救, 病人才
～脱险 jīng yīshēng quánlì qiǎngjiù, bìngrén
cái déyǐ tuōxiǎn 医師の必死の応急手当
てにより, 患者は危機を脱することが
できた．｜有了您的帮助, 才使这一计划
～实现 yǒule nín de bāngzhù, cái shǐ zhè yī
jìhuà déyǐ shíxiàn あなたのご助力があっ
て, はじめてこの計画は実現できまし
た．

★【会】huì 助動（練習や習得の結果）…で
きる．‖你～说英语吗? nǐ huì shuō Yīng-
yǔ ma? あなたは英語が話せますか．｜

我不～游泳 wǒ bú huì yóuyǒng 私は泳げません.

*【可】kě 動 許可や可能を表す. …できる. …し得る. …してよい. ‖ ～长～短 kě cháng kě duǎn 長くても短くてもよい. ｜ 不～改变 bù kě gǎibiàn 変えられない. ｜ 友谊牢不～破 yǒuyì láo bù kě pò 友情は堅く壊れることがない.

★【可能】kěnéng 形 できる. 可能である. ‖ 在～的情况下, 我会尽力帮你 zài kěnéng de qíngkuàng xià, wǒ huì jìnlì bāng nǐ 可能な限り, あなたの力になります. ｜ 想不努力而获得成功是不～的 xiǎng bù nǔlì ér huòdé chénggōng shì bù kěnéng de 努力もせずに成功したいといってもそれは不可能だ. ｜ 明天交货完全～ míngtiān jiāohuò wánquán kěnéng 明日の納品は間違いなくできる.

★【可以】kěyǐ 助動 (可能を表す)…できる. …られる. ‖ 明天～完成 míngtiān kěyǐ wánchéng 明日完成できる. ｜ 这车只～坐五个人 zhè chē zhǐ kěyǐ zuò wǔ ge rén この車は5人しか座れない. ｜ 这本书～借你看, 不能送给你 zhè běn shū kěyǐ jiè nǐ kàn, bù néng sònggěi nǐ この本はお貸しすることはできますが, 差し上げるわけにはいきません. ｜ 谁都～去 shéi dōu kěyǐ qù 誰でも行ける. ｜ 废纸～再利用 fèizhǐ kěyǐ zài lìyòng くず紙は再利用できる.

★【能】néng 助動 ❶ (能力や条件が備わっていることを表す)…することができる. …し得る. ‖ 腿受伤了, 不～走路 tuǐ shòushāng le, bù néng zǒulù 足をけがしているので, 歩くことができない. ｜ 我们～克服这些困难 wǒmen néng kèfú zhèxiē kùnnan 我々はこれらの困難を克服することができる. ｜ 这件事现在还不～讲 zhè jiàn shì xiànzài hái bù néng jiǎng この件はいまはまだ話せない. **❷** (ある用途が備わっていることを表す)…でき

る. ‖ 这野菜～吃 zhè yěcài néng chī この山菜は食べられる. ｜ 这种自行车～变速 zhè zhǒng zìxíngchē néng biànsù この種類の自転車はギアチェンジができる. ｜ 生蒜～杀菌 shēngsuàn néng shājūn なまのニンニクは殺菌作用がある.

★【能够】nénggòu 助動 (能力や条件が備わっていることを表す)…することができる. …し得る. ‖ 他完全～独立工作了 tā wánquán nénggòu dúlì gōngzuò le 彼は完全に独立して仕事ができるようになった. ｜ 这家工厂～生产高级照相机 zhè jiā gōngchǎng nénggòu shēngchǎn gāojí zhàoxiàngjī この工場は高級カメラを生産することができる. ｜ 这个会场～容纳五千人 zhège huìchǎng nénggòu róngnà wǔqiān rén この会場は5000人を収容できる.

*【足以】zúyǐ 動 (…するに)足る. ‖ 不～说明问题 bù zúyǐ shuōmíng wèntí 問題を説明するのに十分でない. ｜ 这些材料～证明我们的判断是正确的 zhèxiē cáiliào zúyǐ zhèngmíng wǒmen de pànduàn shì zhèngquè de これらの材料は私たちの判断が正しいことを十分に証明している.

できるかぎり ⇒【努めて(できるだけ)】

てつだう　手伝う

▶帮　▶帮忙　▶帮助　▶搭手

★【帮】bāng 動 手伝う. 手助けする. ‖ ～妈妈干活儿 bāng māma gànhuór お母さんの手伝いをする. ｜ 你忙不过来, 我～～你吧 nǐ mángbuguòlái, wǒ bāngbang nǐ ba 忙しくて手が回らないようだから, お手伝いしましょう. ｜ 请～我发封信 qǐng bāng wǒ fā fēng xìn すみませんが, 手紙を出してきてくれませんか.

てらす 照る・照らす

★【帮忙】bāng//máng(～儿) 動 手伝う.
手助けする. 手を貸す. ‖我来～ wǒ lái
bāngmáng お手伝いしましょう. ｜快来
帮帮忙 kuài lái bāngbangmáng さあ手伝っ
てちょうだい. ｜帮了我不少忙 bāngle wǒ
bùshǎo máng 少なからず助けになった.

★【帮助】bāngzhù 動 助ける. 援助する.
応援する. 協力する. ‖相互～ xiānghù
bāngzhù 互いに助け合う. ｜～妈妈做家
务 bāngzhù māma zuò jiāwù お母さんを
手伝って家事をする. ｜主动～同学 zhǔ-
dòng bāngzhù tóngxué 進んで級友を助ける.

【搭手】dā//shǒu 動 手を貸す. 手助けす
る. 手伝う. ‖搭把手 dā bǎ shǒu ちょっ
と手伝う. ｜我去也搭不上手 wǒ qù yě
dābushàng shǒu 僕が行っても手伝いよ
うがない.

てほん 手本 ⇒【見本】

てらす 照る・照らす
▶晒 ▶照 ▶照明 ▶照射 ▶照耀

**【晒】shài 動 日が当たる. 日が照りつけ
る. ‖夏天的太阳很～人 xiàtiān de tàiyang
hěn shài rén 夏の太陽は人をじりじりと
照らす. ｜～得直流汗 shàide zhí liúhàn 日
が照りつけて暑くて汗が止まらない.

**【照】zhào 動 照る. 照らす. ‖太阳～着
大地 tàiyang zhàozhe dàdì 太陽が大地を
照らしている. ｜划根火柴～个亮 huá gēn
huǒchái zhào ge liàng マッチをすって照
らし出す.

*【照明】zhàomíng 動 明るく照らす. 照
らし出す. ‖用灯笼火把～ yòng dēnglong
huǒbǎ zhàomíng 提灯(ちょうちん)やたいまつで
明るく照らす. ｜舞台～ wǔtái zhàomíng
舞台照明. ｜灯光～设备 dēngguāng zhào-

míng shèbèi 照明設備.

*【照射】zhàoshè 動 照射する. 照らす. ‖
用紫外线～消毒 yòng zǐwàixiàn zhàoshè
xiāodú 紫外線を照射して消毒する. ｜
太阳光透过窗户～进来 tàiyangguāng tòu-
guò chuānghu zhàoshèjinlai 太陽の光が窓
を通して部屋に差し込んでくる.

*【照耀】zhàoyào 動 (太陽が)照り輝く.
明るく照らす. ‖阳光～着大地 yáng-
guāng zhàoyàozhe dàdì 太陽が大地を照ら
す.

てらす （－に）照らす
▶按 ▶按照 ▶比照 ▶参照 ▶对照
▶依 ▶依法 ▶依照 ▶照

**【按】àn 介 …に照らして. …に従って.
…に基づいて. ‖～原样复制了一个 àn
yuányàng fùzhìle yí ge オリジナルをもと
に複製を一つ作った. ｜～原计划执行
àn yuán jìhuà zhíxíng もとの計画どおり
に実行する. ｜姓氏笔画排列 àn xìng-
shì bǐhuà páiliè 名前の筆画順に並べる.

★【按照】ànzhào 介 …に照らして. …に基
づいて. …によって. ‖～设计图制作模
型 ànzhào shèjìtú zhìzuò móxíng 設計図ど
おりに模型を作る. ｜～原方案执行 àn-
zhào yuán fāng'àn zhíxíng 元の計画に基づ
いて実施する. ｜～上级的指示办 ànzhào
shàngjí de zhǐshì bàn 上司の指示どおり
に行う. ｜他们～传统仪式举行了婚礼
tāmen ànzhào chuántǒng yíshì jǔxíngle hūnlǐ
彼らは伝統的なやり方で結婚式を挙げ
た.

【比照】bǐzhào 動 …に照らす. ‖请～这
个式样再做一个 qǐng bǐzhào zhège shìyàng
zài zuò yí ge このデザインでもう一つ
作ってください.

*【参照】cānzhào 動 参照する. 他と照ら
し合わせて参考にする. ‖～前例 cān-

zhào qiánlì 先例に照らす.｜～原文 cān-zhào yuánwén 原文を参照する.

*【对照】duìzhào 動 対照する. 照らし合わせる.｜～原文加以修改 duìzhào yuán-wén jiāyǐ xiūgǎi 原文と照らし合わせて修正を加える.

*【依】yī 介…に基づいて.…によれば.｜～我看, 这么办不妥 yī wǒ kàn, zhème bàn bùtuǒ 私の考えでは, こんなふうにやるのは妥当ではない.

【依法】yīfǎ 動❶既成の方法に従って. 方法どおりに.｜～炮制 yīfǎ páozhì (漢方で)製薬法どおりに薬を加工する. 人のまねをする.❷法に照らして. 法律に従って.｜～惩办 yīfǎ chéngbàn 法に照らして処罰する.｜～办理 yīfǎ bànlǐ 法に照らして処理する.

*【依照】yīzhào 動 従う. よりどころにする.｜处理这类问题可以～前例 chǔlǐ zhè lèi wèntí kěyǐ yīzhào qiánlì このような問題の処理は前例に従ってかまわない. 介…に基づいて.…によって.｜～有关规定办理 yīzhào yǒuguān guīdìng bànlǐ 関係規定に基づいて処理する.

**【照】zhào 介…に照らして.…に従って.｜～规章办事 zhào guīzhāng bànshì 規則どおりに事を運ぶ.｜～他说的做 zhào tā shuō de zuò 彼の言うとおりにする.｜～原计划进行 zhào yuán jìhuà jìnxíng 当初の計画どおりに行う.

てんかい　展開

▶发挥　▶进展　▶开创　▶开展　▶展开
▶展现

**【发挥】fāhuī 動 表現する. 展開する.｜他把王老师的话又～了一下 tā bǎ Wáng lǎoshī de huà yòu fāhuīle yíxià 彼は王先生の話をもう一度繰り返した.｜借题～ jiè tí fāhuī ことにかこつけて自分の意見を

*【进展】jìnzhǎn 動 進展する. (物事の状況が)発展する.｜工程～很快 gōngchéng jìnzhǎn hěn kuài 工事は速やかに進展している.｜谈判有了～ tánpàn yǒule jìn-zhǎn 交渉には進展があった.

【开创】kāichuàng 動 始める. 切り開く.｜～新事业 kāichuàng xīn shìyè 新事業を展開する.｜～新局面 kāichuàng xīn jú-miàn 新しい局面を切り開く.

*【开展】kāizhǎn 動 展開する. (組織的に)押し進める.｜～群众性的体育活动 kāizhǎn qúnzhòngxìng de tǐyù huódòng 大衆的なスポーツ活動を発展させる.

*【展开】zhǎn//kāi 動 繰り広げる. 大規模に行う.｜～一场激烈的冠军争夺战 zhǎnkāi yì chǎng jīliè de guànjūn zhēngduó-zhàn 激しい首位攻防戦を繰り広げる.｜植树造林运动蓬勃～ zhíshù zàolín yùn-dòng péngbó zhǎnkāi 植樹キャンペーンが大々的に行われている.

*【展现】zhǎnxiàn 動 繰り広げる. 展開する｜一望无际的麦浪～在眼前 yí wàng wújì de màilàng zhǎnxiànzài yǎnqián 見渡すかぎり一面のムギの穂波が目の前に広がる.｜生动地～了人物的内心世界 shēngdòng de zhǎnxiànle rénwù de nèixīn shìjiè 人物の心の世界を生き生きと描き出している.

と

どうい　同意

▶肯　▶默认　▶默许　▶同意　▶愿意
▶赞成　▶赞同

**【肯】kěn 動 同意する. 承諾する.｜首～ shǒukěn 首肯する. 同意する.｜我再

どうぐ　道具

三央求，她才～了 wǒ zàisān yāngqiú, tā cái kěn le 私が何度も頼んで，彼女はやっと同意した.

【默认】mòrèn 動黙認する. ‖生米已成熟饭，他只好～了 shēngmǐ yǐ chéng shúfàn, tā zhǐhǎo mòrèn le 既成事実である以上，彼は黙認するほかなかった.

【默许】mòxǔ 動黙認する. 見逃す. 知らぬふりをする. ‖没表示反对，就说明他已经～了 méi biǎoshì fǎnduì, jiù shuōmíng tā yǐjīng mòxǔ le 反対しないということは，彼はもう黙認したということだ.

★【同意】tóngyì 動同意する. 承認する. 賛同する. ‖～和解 tóngyì héjiě 和解に応じる. ｜我～他的看法 wǒ tóngyì tā de kànfa 私は彼の見方に賛成だ. ｜得到双方一致～ dédào shuāngfāng yízhì tóngyì 双方から同意を得られた.

★【愿意】yuànyì 動(それが望ましいと考えて)承知する. 同意する. ‖上级决定派他去，他表示～ shàngjí juédìng pài tā qù, tā biǎoshì yuànyì 上司は彼を派遣することに決め，彼はそれに同意した.

**【赞成】zànchéng 動賛成する. 同意する. ‖我不～你们的做法 wǒ bú zànchéng nǐmen de zuòfa 君たちのやり方に私は同意できない.

*【赞同】zàntóng 動賛同する. 賛成する. 同意する. ‖我～他的建议 wǒ zàntóng tā de jiànyì 私は彼の提案に賛成する. ｜倡议得到全厂职工的～ chàngyì dédào quánchǎng zhígōng de zàntóng 提案は工場の全従業員の同意を得た.

どうぐ　道具

▶道具　▶工具　▶家具　▶器材　▶器具
▶器械　▶用具　▶用品

【道具】dàojù 名(演劇などの)道具. ‖大

～ dàdàojù 大道具. ｜小～ xiǎodàojù 小道具.

**【工具】gōngjù 名道具. 工具. 器具. ‖～箱 gōngjùxiāng 道具箱. ｜生产～ shēngchǎn gōngjù 生産用具.

**【家具】jiājù 名家財道具. 家具. ‖一套～ yí tào jiājù 家財道具一式. ｜明式～ Míngshì jiājù 明代調の家具. ｜红木～ hóngmù jiājù マホガニーの家具.

*【器材】qìcái 名器材. 器具や材料. ‖无线电～ wúxiàndiàn qìcái ラジオ器材. ｜照相～ zhàoxiàng qìcái 写真用器材.

*【器具】qìjù 名器具. ‖电气～ diànqì qìjù 電気器具. ｜体操～ tǐcāo qìjù 体操器具.

*【器械】qìxiè 名❶器械. 器具. ‖体育～ tǐyù qìxiè 体操器具. ｜医疗～ yīliáo qìxiè 医療器具. ❷武器.

【用具】yòngjù 名用具. ‖登山～ dēngshān yòngjù 登山用具. ｜厨房～ chúfáng yòngjù 台所用品.

【用品】yòngpǐn 名用品. ‖体育～ tǐyù yòngpǐn スポーツ用品. ｜床上～ chuángshàng yòngpǐn 寝具. 夜具. ｜办公～ bàngōng yòngpǐn オフィス用品.

とうじ　当時

▶当时　▶那当儿　▶那会儿　▶那时
▶那时候　▶那阵儿

**【当时】dāngshí 名当時. あのとき. ‖我俩是在上大学的时候认识的，～他是我们的班长 wǒ liǎ shì zài shàng dàxué de shíhou rènshi de, dāngshí tā shì wǒmen de bānzhǎng 私たち二人は大学にいたころ知り合った，当時彼は私たちのクラス委員長だった. ｜请你谈一谈～的情况 qǐng nǐ tányítán dāngshí de qíngkuàng 当時の状況をお話しくださいませんか.

【那当儿】nàdāngr 代口あの時. あの当時. ‖我去找他～，他刚到家 wǒ qù zhǎo

tā nàdāngr, tā gāng dào jiā 私が彼を訪ね
たあの時，彼はちょうど帰ってきたと
ころだった．

【那会儿】nàhuìr 代口 (過去の)あのころ．
あの当時．(未来の)その時．そのころ．
“那会子”nàhuìzi ともいう．‖ 当学生～
他爱打篮球 dāng xuésheng nàhuìr tā ài dǎ
lánqiú 学生だったころ彼はよくバス
ケットボールをした．｜等我结婚～你能
来参加，该多高兴 děng wǒ jiéhūn nàhuìr
nǐ néng lái cānjiā, gāi duō gāoxing いつか
私が結婚式を挙げるその時，あなたが
出席してくれたらどんなに嬉しいか．

*【那时】nàshí 代 あの時．その時．‖ ～跟
现在不一样，很多家庭都还没有电视机
nàshí gēn xiànzài bù yíyàng, hěn duō jiātíng
dōu hái méiyou diànshìjī 当時は今と違っ
てほとんどの家庭にまだテレビはな
かった．

【那时候】nà shíhou 組 そのころ．あのこ
ろ．‖ ～我正好上中学 nà shíhou wǒ zhèng-
hǎo shàng zhōngxué そのころ私はちょう
ど中学生だった．

【那阵儿】nàzhènr 代 その時．あの時．
そのころ．あのころ．“那阵子”nàzhèn-
zi ともいう．‖ ～我还小，有些事记不清
了 nàzhènr wǒ hái xiǎo, yǒuxiē shì jìbuqīng
le あの当時はまだ小さくて，はっきり
覚えてないこともある．

どうして
▶干吗　▶何不　▶为何　▶为什么　▶怎
▶怎么

**【干吗】gànmá 代口 なんで．どうして．
‖ 你～去那儿? nǐ gànmá qù nàr? 君はど
うしてそこに行くんだ．

【何不】hébù 副 どうして…しないのだ．
‖ 他是行家，你～向他请教? tā shì háng-
jiā, nǐ hébù xiàng tā qǐngjiào? 彼は専門家

なのだ．君はなぜ彼に教えを請わない
んだい．｜既然不愿意，～早说? jìrán bú
yuànyì, hébù zǎo shuō? その気がないの
だったら，なぜ早く言わないのか．

*【为何】wèihé 副 なぜ．なんのために．
‖ 你～不去? nǐ wèihé bú qù? 君はなぜ
行かないのか．

★【为什么】wèi shénme 組 なぜ．どうし
て．(客観的に原因や目的を尋ねること
に重点がある．一般に相手に返答を求
める．)‖ 他～不来? tā wèi shénme bù lái?
彼はなぜ来ないんだ．｜我真不明白，
你～要这样做 wǒ zhēn bù míngbai, nǐ wèi
shénme yào zhèyàng zuò 君がどうしてそ
んなことをするのか，私にはどうして
も分からない．｜孩子好奇，凡事好问个
“～?”háizi hàoqí, fánshì hào wèn ge “wèi
shénme?” 子供は好奇心旺盛(おうせい)だか
ら，なんでもかんでも「どうして」と聞
きたがる．

*【怎】zěn 代口 どうして．なぜ．‖ 你～
不说话? nǐ zěn bù shuōhuà? どうして
黙っているのだ．｜你～能这样说呢? nǐ
zěn néng zhèyàng shuō ne? よくもそんな
口がきけるな．

★【怎么】zěnme 代 いったいなぜ．どうし
て．(いぶかる気持ちを表す．また，相
手をなじる口調になることもある．必
ずしも相手に返答を求めない．)‖ 你～
到现在才来? nǐ zěnme dào xiànzài cái lái?
君はどうしていまごろになってようや
く来たんだ．｜今天你～没骑车? jīntiān
nǐ zěnme méi qí chē? 今日はどうして自
転車で来なかったの．

とうじょう　登場
▶出场　▶出台　▶出现　▶登场　▶登台
▶上场　▶上市　▶上台

【出场】chū//chǎng 動 (舞台に)登場する．

‖ 主角～了 zhǔjué chūchǎng le　主人公が登場した.

【出台】chū/tái 動 舞台に登場する.

★【出现】chūxiàn 動 現れる. 出現する. ‖～了一条彩虹 chūxiànle yì tiáo cǎihóng　虹が出た. ｜奇迹～了 qíjì chūxiàn le　奇跡が現れた. ｜～了一位女性总统 chūxiànle yí wèi nǚxìng zǒngtǒng　女性の大統領が登場した.

【登场】dēng//chǎng 動 登場する. ‖～人物 dēngchǎng rénwù　登場人物. ｜～表演 dēngchǎng biǎoyǎn　舞台に上がり演じる.

【登台】dēng//tái 動 ❶演壇や舞台に登る. ‖首次～表演 shǒucì dēngtái biǎoyǎn　初舞台を踏む. ｜～讲演 dēngtái jiǎngyǎn　講壇に登って演説する. ❷政治の表舞台に登場する.

【上场】shàng//chǎng 動 (役者や選手が)登場する. 出場する. 入場する. ‖名演员～ míng yǎnyuán shàngchǎng　名優が登場する. ｜八号～ bā hào shàngchǎng　ゼッケン8番の選手が出場する.

【上市】shàng//shì 動 市場に出回る. 店頭に並ぶ. ‖西瓜开始大量～ xīgua kāishǐ dàliàng shàngshì　スイカがどっと出回り始めた. ｜新式游戏机～了 xīnshì yóuxìjī shàngshì le　新型ゲーム機が登場した.

*【上台】shàng//tái 動 ❶舞台に上がる. 壇上に立つ. ‖～演讲 shàngtái yǎnjiǎng　壇上で講演する. ❷喩 官僚になる. 政権の座につく.

どうじょう　同情

▶可怜　▶怜悯　▶怜惜　▶同情

**【可怜】kělián 動 かわいそうに思う. 同情する. ‖邻居们～他孤苦无依, 常来帮助他 línjūmen kělián tā gūlǎo wú yī, cháng lái bāngzhù tā　近所の人たちは彼が年老いて身寄りもないのに同情し, よく面

倒をみてあげている. ｜决不～犯罪分子 jué bù kělián fànzuì fènzǐ　決して犯罪分子に同情などはしない.

【怜悯】liánmǐn 動 哀れむ. 気の毒に思う. 同情する. ‖大家很～这对孤儿寡母 dàjiā hěn liánmǐn zhè duì gū'ér guǎmǔ　人々はこの父親のいない母子に心から同情した. ｜我需要的不是～, 而是帮助 wǒ xūyào de bú shì liánmǐn, ér shì bāngzhù　私が必要としているのは同情ではなく手助けです.

【怜惜】liánxī 動 哀れみいたわる. 同情する. ‖坏人不值得～ huàirén bù zhíde liánxī　悪人は同情するに値しない.

**【同情】tóngqíng 動 同情する. ‖～心 tóngqíngxīn　同情心. ｜大家都很～他的不幸遭遇 dàjiā dōu hěn tóngqíng tā de búxìng zāoyù　みんなは彼の不幸な境遇にひどく同情している.

とうぜん　当然

▶当然　▶该　▶理所当然　▶应　▶应当
▶应该　▶自然

★【当然】dāngrán 形 当然である. 当たりまえである. ‖挨了批评, 心里不高兴是～的 áile pīpíng, xīnli bù gāoxìng shì dāngrán de　非難されて不愉快になるのは当然だ. ｜那～了 nà dāngrán le　それは当然だ. 副 当然. もちろん. ‖这么贵, ～没人买了 zhème guì, dāngrán méi rén mǎi le　こんなに高くては, もとより誰も買わない. ｜我～要负责 wǒ dāngrán yào fùzé　もちろん私が責任を取る.

★【该】gāi 助動 当然…すべきである. …しなければならない. ‖～今天做的不要留到明天 gāi jīntiān zuò de búyào liúdào míngtiān　今日なすべきことは明日に延ばすな. ｜昨天的会, 你不～不来啊 zuótiān de huì, nǐ bù gāi bù lái a　きのうの会に

君は来るべきだったよ. 圃…すべきで
ある. 当然…である. ‖论技术，～老
李排第一 lùn jìshù, gāi Lǎo-Lǐ pái dì yī
技術の面からみると，当然李さんが一番
にあげられる.

*【理所当然】lǐ suǒ dāng rán 威 理の当然
である. 道理にかなっている. ‖谁做
的决定谁负责，这是～的 shéi zuò de jué-
dìng shéi fùzé, zhè shì lǐ suǒ dāng rán de 決
めた人が責任をとるのは理の当然だ.

**【应】yīng 助動当然…すべきである.
しなければならない. ‖～尽的义务 yīng
jìn de yìwù 果たすべき義務. ｜具体做法,
还～再讨论一下 jùtǐ zuòfa, hái yīng zài tǎo-
lùn yíxià 具体的なやり方については,
もっと話し合うべきだ. ｜有尽有 yīng
yǒu jìn yǒu あるべきものは漏れなくあ
る. すべて取り揃っている.

**【应当】yīngdāng 助動当然…すべきであ
る. ‖有病就～去医院 yǒu bìng jiù yīng-
dāng qù yīyuàn 病気なら当然病院へ行く
べきである. ｜遇事～冷静 yù shì yīngdāng
lěngjìng ことが起きたときには冷静に
ならなければならない. ｜你发脾气可不
～ nǐ fā píqi kě bù yīngdāng 君が腹を立て
るのはおかど違いだ.

★【应该】yīnggāi 助動…すべきである. …
であるべきだ. ‖自己的事～自己做 zìjǐ
de shì yīnggāi zìjǐ zuò 自分のことは自分
ですべきだ. ｜不用谢, 这是我～做的
búyòng xiè, zhè shì wǒ yīnggāi zuò de どう
いたしまして, これは当然私がやるべ
きことです. ｜这么重要的事儿, 当然
～告诉他 zhème zhòngyào de shìr, dāngrán
yīnggāi gàosu tā こんな大事なことは当
然彼に言うべきだ.

**【自然】zìrán 圖当然である. 当たりま
えである. ‖你不说, 大家～不知道 nǐ
bù shuō, dàjiā zìrán bù zhīdào あなたが言
わなければ, 当然みんなも分からない.
｜只要下功夫, 成绩～会提高 zhǐyào xià

gōngfu, chéngjì zìrán huì tígāo しっかり頑
張れば, 当然成績は上がる.

とうちゃく　到着
▶到　▶到达　▶抵达　▶来到

★【到】dào 圃 到着する. 着く. ‖上海来
的飞机几点～? Shànghǎi lái de fēijī jǐ diǎn
dào? 上海から来る飛行機は何時に着き
ますか. ｜～站了, 该下车了 dào zhàn le,
gāi xià chē le 駅に着きました, 降りま
しょう.

**【到达】dàodá 圃 到着する. 至る. 着く.
‖～终点 dàodá zhōngdiǎn 終点に着く.
｜飞机正点～ fēijī zhèngdiǎn dàodá 飛行
機は定刻どおりに到着した. ｜代表团
将在今天下午～广州 dàibiǎotuán jiāng zài
jīntiān xiàwǔ dàodá Guǎngzhōu 代表団は
今日の午後広州に到着する.

*【抵达】dǐdá 圃 書 到着する. 着く. ‖～
目的地 dǐdá mùdìdì 目的地に到着する.
｜按期～ ànqī dǐdá スケジュールどおり
に到着する. ｜代表团明天～ dàibiǎotuán
míngtiān dǐdá 代表団は明日到着する.

【来到】láidào 圃 来る. 到着する. ‖春
天～了 chūntiān láidào le 春がやって来
た. ｜我们终于～了向往已久的首都 wǒ-
men zhōngyú láidàole xiàngwǎng yǐ jiǔ de
shǒudū 私たちはついにあこがれの都に
到着した.

とうとう
▶到底　▶结果　▶终于　▶最后

**【到底】dàodǐ 圖 とうとう. 結局. 最後
に. ‖我～把他说服了 wǒ dàodǐ bǎ tā shuō-
fú le とうとう彼を説得した. ｜我等了她
两个小时, 她～没有来 wǒ děngle tā liǎng
ge xiǎoshí, tā dàodǐ méiyou lái 私は彼女を

どうぶつ　動物

2時間待ったが，彼女はついに来なかった．

★【结果】jiéguǒ 接 (その)結果．結局．‖ 考虑了好几天，～还是决定放弃了 kǎolùle hǎojǐ tiān, jiéguǒ háishi juédìng fàngqì le 何日も考えたあげく，やはり断念することに決めた．

**【终于】zhōngyú 副 ついに．とうとう．‖ ～考上了大学 zhōngyú kǎoshangle dàxué ついに大学に合格した．｜盼望的日子～来到了 pànwàng de rìzi zhōngyú láidào le 待ちに待った日がとうとうやって来た．｜两人～还是分手了 liǎng rén zhōngyú háishi fēnshǒu le 二人はとうとう別れてしまった．

★【最后】zuìhòu 名 最後．最終．‖ ～一次 zuìhòu yí cì 最後の1回．｜～的结局 zuìhòu de jiéjú 最終の結末．｜～他终于同意了 zuìhòu tā zhōngyú tóngyì le 最後には彼はついに同意した．｜激战了五个多小时，～获得了冠军 jīzhànle wǔ ge duō xiǎoshí, zuìhòu huòdéle guànjūn 5時間あまりの激戦の末，とうとう優勝を手にした．

どうぶつ　動物

▶蝙蝠　▶长颈鹿　▶大象　▶大猩猩
▶袋鼠　▶鳄鱼　▶狗　▶海豹　▶海狗
▶海獭　▶海豚　▶河马　▶黑猩猩　▶猴子
▶狐狸　▶鲸鱼　▶狼　▶老虎　▶老鼠
▶龙　▶骆驼　▶驴　▶马　▶猫　▶牛
▶蛇　▶狮子　▶松鼠　▶兔子　▶蛙
▶乌龟　▶犀　▶熊　▶熊猫　▶羊　▶野猪
▶猪

【蝙蝠】biānfú 名 コウモリ．"蝠"と"福"が同音のため，福の象徴とされる．

【长颈鹿】chángjǐnglù 名 キリン．俗に"长脖鹿"chángbólù という．

【大象】dàxiàng 名 ゾウ．"象"xiàng ともいう．

【大猩猩】dàxīngxing 名 ゴリラ．

【袋鼠】dàishǔ 名 カンガルー．

【鳄鱼】èyú 名 ワニ．‖ ～眼泪 èyú yǎnlèi ワニの目から涙がこぼれる．善人を装うこと．見せかけの同情心．

**【狗】gǒu 名 イヌ．‖ 养～ yǎng gǒu イヌを飼う．｜狼～ lánggǒu シェパード．｜走～ zǒugǒu 走狗．手先．｜癞皮～ làipígǒu 恥知らず．｜热～ règǒu ホットドッグ．

【海豹】hǎibào 名 アザラシ．

【海狗】hǎigǒu 名 オットセイ．

【海獭】hǎitǎ 名 ラッコ．

【海豚】hǎitún 名 イルカ．

【河马】hémǎ 名 カバ．

【黑猩猩】hēixīngxing 名 チンパンジー．

**【猴子】hóuzi 名 サル．

*【狐狸】húli 名 キツネ．‖ 老～ lǎohúli 狡猾(こう)な人．

*【鲸鱼】jīngyú 名 クジラ．

**【狼】láng 名 オオカミ．‖ ～吞虎咽 láng tūn hǔ yàn (まるでオオカミかトラのように)がつがつと食う．むさぼるように食う．｜前门拒虎，后门进～ qiánmén jù hǔ, hòumén jìn láng 表門のトラを退治すると，裏門からオオカミが入ってくる．一難去ってまた一難．

**【老虎】lǎohǔ 名 トラ．‖ 母～ mǔlǎohǔ 気性の激しい女性のたとえ．｜秋～ qiūlǎohǔ 立秋後の厳しい残暑．

*【老鼠】lǎoshǔ 名 ネズミ．‖ 米～ Mǐlǎoshǔ ミッキーマウス．

**【龙】lóng 名 (古代伝説中の動物)竜．皇帝の象徴とされた．‖ 车水马～ chē shuǐ mǎ lóng 車馬の往来が盛んなさま．｜望子成～ wàng zǐ chéng lóng 息子が長じて出世し，立派な人物になることを望む．

*【骆驼】luòtuo 名 ラクダ．

*【驴】lǘ 名 ロバ．‖ 非～非马 fēi lǘ fēi mǎ ロバでもなければウマでもない．得体が知れない．

500

★【马】mǎ 名ウマ. ‖斑～ bānmǎ シマウマ. |赛～ sàimǎ 競走馬. |～虎 mǎhu いいかげんである. おおざっぱである. でたらめである. |～不停蹄 mǎ bù tíng tí 馬が足を休めない. ひたすら前進する. 一刻も休まず進む.

**【猫】māo 名ネコ. ‖花～ huāmāo 三毛猫. ぶち猫. |波斯～ bōsīmāo ペルシアネコ. |藏～儿 cángmāor 隠れんぼをする. |不管白～黑～，抓住老鼠就是好～ bùguǎn báimāo hēimāo, zhuāzhù lǎoshǔ jiù shì hǎo māo 白ネコでも黒ネコでもネズミを捕まえるのがよいネコだ.

★【牛】niú 名ウシ. ‖放～ fàngniú ウシを放牧する. |～犊 niúdú 子牛. |～奶 niúnǎi 牛乳. |～仔裤 niúzǎikù ジーパン. ジーンズ. |吹～ chuīniú ほらを吹く. |～市 niúshì ブル・マーケット. 上げ相場.

**【蛇】shé 名ヘビ. ‖毒～ dúshé 毒蛇. |地头～ dìtóushé ごろつき. 不良. |画～添足 huà shé tiān zú 蛇を描いて足を添える. 蛇足.

**【狮子】shīzi 名ライオン.

**【松鼠】sōngshǔ 名リス.

**【兔子】tùzi 名ウサギ. ‖～急了也咬人 tùzi jíle yě yǎo rén ウサギもせっぱ詰まれば人をかむ. おとなしい人でも切迫すれば反抗するたとえ.

【蛙】wā 名カエル. ‖青～ qīngwā トノサマガエル. |～泳 wāyǒng 平泳ぎ.

【乌龟】wūguī 名カメ. "金龟" jīnguī ともいう. 「スッポン」は俗に"王八" wángba といい, ののしり言葉で使われることもある.

【犀】xī 名サイ. ふつうは"犀牛" xīniú という.

*【熊】xióng 名クマ. ‖白～ báixióng ホッキョクグマ. |棕～ zōngxióng ヒグマ. |～市 xióngshì ベア・マーケット. 下げ相場.

**【熊猫】xióngmāo 名パンダ. ジャイアントパンダ. ‖小～ xiǎoxióngmāo レッサーパンダ.

★【羊】yáng 名ヒツジ. ‖～毛 yángmáo 羊毛. ウール.

【野猪】yězhū 名イノシシ.

★【猪】zhū 名ブタ. ‖～油 zhūyóu ラード.

どうろ　道路

▶大街　▶道　▶道路　▶公路　▶胡同
▶街　▶街道　▶里弄　▶路　▶马路
▶小巷

**【大街】dàjiē 名大通り. 繁華街. ‖～小巷 dàjiē xiǎoxiàng 大通りや小さい路地. 街のあちこちのたとえ. |王府井～ Wángfǔjǐng dàjiē 王府井の目抜き通り (王府井通り).

**【道】dào (～儿) 名道. 道路. ‖小～ xiǎodào 小道. |近～ jìndào 近道. |绕～ ràodào 遠回りする.

**【道路】dàolù 名道路. 道. ‖～泥泞 dàolù níníng 道がぬかっている. |崎岖的～ qíqū de dàolù でこぼこの道. |～曲折 dàolù qūzhé 道が曲がりくねっている. |铺平～ pūpíng dàolù 道路を舗装する. 道を切り開くたとえ.

**【公路】gōnglù 名幹線道路. ‖高速～ gāosù gōnglù 高速道路. |收费～ shōufèi gōnglù 有料道路.

*【胡同】hútòng (～儿) 名路地. 横町. 小路. (もとは"衚衕"と書いた. 通りの名前になると"同"は軽声となりr化しない) ‖钻～ zuān hútòng 横道を通り抜ける. |死～ sǐhútòng 袋小路. |～口 hútòngkǒu 横町の入り口. |棉花～ Miánhua hútong 棉花胡同.

★【街】jiē 名街路. 大通り. 街. ‖沿～叫卖 yánjiē jiàomài 通りに沿って売り歩く.

｜～心花园 jiēxīn huāyuán 大通りのロータリーにある花壇. ｜走～串巷 zǒu jiē chuàn xiàng 街をあちこち歩き回る. ｜上～ shàngjiē 街へ行く.

**【街道】 jiēdào 图 大通り. 街路. ‖ 热闹的～ rènao de jiēdào 賑やかな通り.

【里弄】 lǐlòng 图 历 路地. 裏通り. 横町. 町内.

★【路】 lù 图 道路. 通路. 通り道. ‖ 走～ zǒulù 道を歩く. ｜这条～不太好走 zhè tiáo lù bútài hǎo zǒu この道はちょっと歩きにくい. ｜山～ shānlù 山道.

**【马路】 mǎlù 图 大通り. 車道. ‖ 过～ guò mǎlù 大通りを渡る. ｜柏油～ bǎiyóu mǎlù アスファルト道路. ｜大～ dà mǎlù 大通り.

【小巷】 xiǎoxiàng 图 横町. 路地. 小さな通り.

とおい　遠い

▶老远　▶辽远　▶千里迢迢　▶遥遥
▶遥远　▶悠远　▶远

【老远】 lǎoyuǎn 圏 非常に遠い. ‖ 离着～就看见他了 lízhe lǎoyuǎn jiù kànjiàn tā le ずいぶん遠いところから彼の姿が見えた.

【辽远】 liáoyuǎn 圏 果てしなく遠い. ‖ ～的天空 liáoyuǎn de tiānkōng はるかかなたの大空. ｜～的地方 liáoyuǎn de dìfang かなたの土地. ｜路途～ lùtú liáoyuǎn 道のりははるかである.

【千里迢迢】 qiān lǐ tiáo tiáo 成 千里はるばる. 道のりが遠いこと. ‖ ～从边疆来到首都 qiān lǐ tiáo tiáo cóng biānjiāng láidào shǒudū はるばる辺境から首都にやって来た.

【遥遥】 yáoyáo 圏 (距離が)遠いさま. (時間が)長いさま. ‖ ～领先 yáoyáo lǐngxiān (相手を)遠く引き離す. 断然リードする.

る. ｜计划的实现还～无期 jìhuà de shíxiàn hái yáoyáo wúqī 計画の実現はまだまだ先の話だ.

*【遥远】 yáoyuǎn 圏 はるかに遠い. ‖ 路途～ lùtú yáoyuǎn 道のりははるかに遠い. ｜～的异国 yáoyuǎn de yìguó 遠い異国. ｜他的思绪又回到了～的过去 tā de sīxù yòu huídàole yáoyuǎn de guòqù 彼の思いはまた遠い過去に舞い戻った.

【悠远】 yōuyuǎn 圏 (時間的に)遠く久しい. (距離的に)遠い. はるかである. ‖ ～的往事 yōuyuǎn de wǎngshì 遠く過ぎ去った昔のこと. ｜路途～ lùtú yōuyuǎn 道のりが非常に遠い.

★【远】 yuǎn 圏 (距離・時間に)隔たりがある. 遠い. ⇔"近" jìn ‖ 学校离家很～ xuéxiào lí jiā hěn yuǎn 学校は家から遠い. ｜为期不～ wéiqī bù yuǎn その期日は遠くない. ｜眼光要一些 yǎnguāng yào yuǎn yìxiē 目をもう少し将来へ向けるべきだ. ｜～～地听见流水声 yuǎnyuǎn de tīngjiàn liúshuǐshēng 遠くから水の流れる音が聞こえる.

とおす　通す

▶穿　▶放风　▶经过　▶通　▶通风
▶通气　▶透　▶透风　▶透过　▶透气

★【穿】 chuān 動 ❶穴を開ける. ‖ 在皮带上再～个眼儿 zài pídài shang zài chuān ge yǎnr ベルトにもう一つ穴を開ける. ｜水滴石～ shuǐ dī shí chuān 水滴石をうがつ. ❷(穴に)通す. ‖ ～针 chuānzhēn 針に糸を通す. ｜～线 chuānxiàn (針などで)糸を通す.

【放风】 fàng//fēng 動 風を通す. ‖ 打开窗户放放风吧 dǎkāi chuānghu fàngfang fēng ba 窓を開けて風を通そう.

★【经过】 jīngguò 動 (過程や手続きを)経る. 通す. ‖ ～多次失败，才取得成功

jīngguò duōcì shībài, cái qǔdé chénggōng 多
くの失敗を経てやっと成功した. | 我
是～别人介绍才认识他的 wǒ shì jīngguò
biéren jièshào cái rènshi tā de 人の紹介を
通して私は彼と知り合った.

★【通】tōng 動(詰まっているものを)通
す. 通じるようにする. ‖ ～水 tōng shuǐ
(水路や水道管などに)水を流す. 通水
する. | ～排水管 tōng páishuǐguǎn 排水
管を通す. | ～炉子 tōng lúzi (こんろの)
火をかき立てる.

*【通风】tōng//fēng 動空気を通す. 換気
する. ‖ ～孔 tōngfēngkǒng 通風孔. | 打
开窗户通通风 dǎkāi chuānghu tōngtong fēng
窓を開けて風を通す. 形(tōngfēng)風
通しがよい. ‖ 这房子很～ zhè fángzi hěn
tōngfēng この部屋は風通しがよい.

【通气】tōng//qì 動風通しをよくする.
換気をする. ‖ 房间里空气不好, 把门
窗打开通通气吧 fángjiān li kōngqì bù hǎo,
bǎ ménchuāng dǎkāi tōngtong qì ba 部屋の
中の空気が汚れているから, 窓や戸を
開けて空気を入れ換えよう. | 鼻子不～
了 bízi bù tōngqì le 鼻が詰まってしまっ
た.

**【透】tòu 動(光線や液体が)通り抜ける.
つき抜ける. 透き通る. しみ通る. ‖ ～
光 tòuguāng 光を通す. | 不～水 bú tòu
shuǐ 水を通さない. | 门缝里～出一线光
亮 ménfèng li tòuchu yí xiàn guāngliàng ド
アのすきまから一筋の光が漏れてくる.

【透风】tòu//fēng 動❶風が通る. 風を
通す. ‖ 把窗户开开透透风 bǎ chuānghu
kāikai tòutou fēng 窓を少し開けて風を通
す. ❷外気にさらす. 影干しする.

【透过】tòuguò 動通す. 通り抜ける. 透
ける. ‖ ～现象看本质 tòuguò xiànxiàng
kàn běnzhì 現象を通して本質を見る. |
阳光～树叶, 洒在地面上 yángguāng tòu-
guò shùyè, sǎzài dìmiàn shang 日の光が木
の葉を通して地面に注いでいる.

【透气】tòu//qì (～儿) 動空気を通す. ‖
把窗户开开透透气 bǎ chuānghu kāikai tòu-
tou qì 窓を少し開けて空気を通そう.

とおまわし　遠回し

▶兜圈子　▶拐弯抹角　▶绕弯子　▶婉谢
▶婉言　▶委婉　▶指桑骂槐　▶转弯子

【兜圈子】dōu quānzi 組回りくどく言う.
くどくど言う. ‖ 你别～, 有话就直说吧
nǐ bié dōu quānzi, yǒu huà jiù zhíshuō ba 回り
くどく言わないで, 単刀直入に言えよ.

【拐弯抹角】guǎi wān mò jiǎo (～的) 成
謡(話や文章が)遠回しである. 回りく
どい. 単刀直入ではない. ‖ 你这人说
话为什么总是～的? nǐ zhè rén shuōhuà wèi
shénme zǒngshì guǎi wān mò jiǎo de? あな
たって人はどうしていつも話が回りく
どいの.

【绕弯子】rào wānzi 組回りくどく言う.
遠回しに言う. "绕弯儿" rào wānr とも
いう. ‖ 对我有意见就直说, 不要～了
duì wǒ yǒu yìjian jiù zhíshuō, búyào rào wān-
zi le 私に文句があるなら率直に言って
よ, 遠回しに言わないで.

【婉谢】wǎnxiè 動婉曲に辞退する. 遠
回しに断る.

【婉言】wǎnyán 名遠回しに言う言葉. 婉
曲な言葉. ‖ ～谢绝 wǎnyán xièjué 遠ま
わしな言い方で拒絶する. | ～相劝 wǎn-
yán xiāngquàn 婉曲に忠告する.

【委婉】【委宛】wěiwǎn 形婉曲(えんきょく)であ
る. もの柔らかである. ‖ 语气～ yǔqì
wěiwǎn 話しぶりがもの柔らかである.
| 措词～ cuòcí wěiwǎn 言葉遣いが柔ら
かい. | 她很～地指出了他的错误 tā hěn
wěiwǎn de zhǐchule tā de cuòwù 彼女は婉
曲に彼の誤りを指摘した.

【指桑骂槐】zhǐ sāng mà huái 成桑の木
を指してエンジュの木を罵る. 遠回し

とおり　通り(道路)

に非難する．"指鸡骂狗" zhǐ jī mà gǒu
ともいう．

【转弯子】 zhuàn wānzi 組 遠回しに言う．
(話が)直截(ちょくせつ)でない．"转弯儿" zhuàn
wānr ともいう．

とおり　通り (道路)

▶大街　▶后街　▶胡同　▶街　▶街道
▶里弄　▶马路　▶小巷

**【大街】 dàjiē 图 大通り．繁華街．‖上~
shàng dàjiē 繁華街に行く．｜王府井~
Wángfǔjǐng dàjiē 王府井の目抜き通り(王
府井通り)．

【后街】 hòujiē 图 裏通り．(多く地名に
用いる) ‖景山~ Jǐngshān hòujiē 北京に
ある通りの名．

*【胡同】 hútòng (~儿) 图 路地．横町．小
路．(もとは "衚衕" と書いた．通りの名
前になると "同" は軽声となり r 化しな
い) ‖钻~ zuān hútòng 横道を通り抜け
る．｜死~ sǐhútòng 袋小路．｜~口 hú-
tòngkǒu 横町の入り口．｜棉花~ Mián-
huā hútòng 棉花胡同．

★【街】 jiē 图 街路．大通り．‖沿~叫卖
yánjiē jiàomài 通りに沿って売り歩く．｜
走~串巷 zǒu jiē chuàn xiàng 街をあちこ
ち歩き回る．

**【街道】 jiēdào 图 大通り．街路．‖热闹
的~ rènao de jiēdào 賑やかな通り．

【里弄】 lǐlòng 图 方 路地．裏通り．横
町．町内．

**【马路】 mǎlù 图 大通り．車道．‖过~
guò mǎlù 大通りを渡る．｜柏油~ bǎiyóu
mǎlù アスファルト道路．

【小巷】 xiǎoxiàng 图 横町．路地．小さ
な通り．‖大街~ dàjiē xiǎoxiàng 大通り
と横町．

とおる　通る

▶穿　▶穿过　▶过　▶过去　▶…过去
▶经过　▶路过　▶通　▶通过　▶通行
▶走

★【穿】 chuān 動 (穴・すきま・空き地な
どを)通り抜ける．‖横~ héngchuān 横
切る．横断する．｜~这条小道儿更近
chuān zhè tiáo xiǎodàor gèng jìn この路地
を通ると近道になる．

【穿过】 chuān//guo(guò) 動 通り抜ける．
横切る．‖~马路 chuānguo mǎlù 道路を
横断する．｜~隧道 chuānguo suìdào ト
ンネルを通る．｜~铁桥 chuānguo tiěqiáo
鉄橋を渡る．｜~树林 chuānguo shùlín 林
を通り抜ける．｜~人群 chuānguo rénqún
人込みを突っ切る．｜~这条胡同，就
是大街 chuānguo zhè tiáo hútòng, jiù shì dà-
jiē この横町を通り抜けると大通りだ．

★【过】 guò 動 ❶(ある場所を)通過する．
通り過ぎる．渡る．‖~河 guò hé 川を
渡る．｜~桥 guò qiáo 橋を渡る．｜~马
路 guò mǎlù 道路を渡る．｜~了天津，
就到北京了 guòle Tiānjīn, jiù dào Běijīng le
天津を通過するとすぐに北京に到着す
る．❷(guo; guò)動詞の後に置き，あ
る場所を通り過ぎる．または一方から
一方へ移ることを表す．‖走~他家门前
zǒuguo tā jiā mén qián 彼の家の前を通り
過ぎる．｜接~鲜花 jiēguo xiānhuā 生花
を受け取る．｜递~茶杯 dìguo chábēi 湯
飲みを手渡す．

★【过去】 guò//qu(qù) 動 (ある場所を)通
る．通りすぎる．離れる．‖绿灯亮了才
能~ lǜdēng liàngle cái néng guòqu 青信号
になったら渡ることができる．｜前边正
在修路，汽车过不去 qiánbian zhèngzài
xiū lù, qìchē guòbuqù 前方は道路工事中
のため，自動車は通れない．｜门前~一
辆汽车 mén qián guòqu yí liàng qìchē 門の

504

前を1台の自動車が通りすぎる.

[…过去] …//guò(guò)//qu 動詞の後に置き，通過することを表す. ‖这沟不宽，咱们跳～ zhè gōu bù kuān, zánmen tiàoguo-qu この溝は幅が狭いから，僕らは飛び越していこう.

*★**【经过】** jīngguò 動 通る. 通過する. 経由する. ‖从上海坐火车到南京要～无锡 cóng Shànghǎi zuò huǒchē dào Nánjīng yào jīngguò Wúxī 上海から汽車に乗って南京に行くには無錫(じゃく)を経由する. ｜每天有无数车辆从桥上～ měitiān yǒu wúshù chēliàng cóng qiáo shang jīngguò 毎日たくさんの車が橋の上を通っていく.

*★**【路过】** lùguò 動 通過する. 通る. ‖由上海去北京要～南京 yóu Shànghǎi qù Běijīng yào lùguò Nánjīng 上海から北京に行くには南京を通る. ｜他每次～时总来看望我 tā měicì lùguò shí zǒng lái kànwang wǒ 彼は通りかかると決まって立ち寄ってくれる.

★**【通】** tōng 動 (道が)通じる. 到達できる. ‖四～八达 sì tōng bā dá 四通八達. 道路があちこちに通じる. ｜这条公路～北京 zhè tiáo gōnglù tōng Běijīng この道路は北京に通じる.

★**【通过】** tōng//guò 動 通過する. 通り過ぎる. 通り抜ける. ‖～隧道 tōngguò suìdào トンネルを通過する. ｜从桥上～ cóng qiáo shang tōngguò 橋の上を通過する.

***【通行】** tōngxíng 動 通行する. ‖单向～ dānxiàng tōngxíng 一方通行. ｜前方修路，禁止～ qiánfāng xiū lù, jìnzhǐ tōngxíng この先道路の工事中につき通行禁止.

★**【走】** zǒu 動 通過する. 経由する. ‖～这条路 zǒu zhè tiáo lù この道を通る. ｜～那个门 zǒu nà ge mén その門を抜ける.

とき　時

▶光阴　▶时光　▶时候　▶时间　▶时节
▶时刻　▶时期

【光阴】 guāngyīn 名 光陰. 時間. ‖一寸～一寸金 yí cùn guāngyīn yí cùn jīn 時は金なり. 時間は貴重であること. ｜～似箭 guāngyīn sì jiàn 光陰矢のごとし. ｜虚度～ xūdù guāngyīn いたずらに時を過ごす.

***【时光】** shíguāng 名 ❶時. 時間. 月日. ‖要珍惜～ yào zhēnxī shíguāng 時間は大切にすべきである. ｜虚度～ xūdù shíguāng むなしく時を過ごす. むだに年月を送る. ❷時期. 時代. ｜他永远也忘不了那段美好的～ tā yǒngyuǎn yě wàng-buliǎo nà duàn měihǎo de shíguāng 彼はあのすばらしかった時代を永久に忘れはしない.

★**【时候】** shíhou 名 ❶(長さとしての)時間. ‖你翻译这篇文章用了多少～? nǐ fānyì zhè piān wénzhāng yòngle duōshao shíhou? この文章を訳すのにどれくらい時間がかかりましたか. ❷(ある特定の)時. 時刻. ‖什么～出发? shénme shíhou chū-fā? いつごろ出発するのか. ｜他在大学的～学过汉语 tā zài dàxué de shíhou xué-guo Hànyǔ 彼は大学の時中国語を勉強したことがある. ｜你来得不是～ nǐ lái-de bú shì shíhou 君はまずい時に来たね.

【时间】 shíjiān 名 ❶(長さとしての)時間. ‖用了一天的～ yòngle yì tiān de shí-jiān 一日がかりとなった. ｜耽误～ dān-wu shíjiān 時間をむだにする. ｜看杂志来打发～ kàn zázhì lái dǎfa shíjiān 雑誌を読んで時間をつぶす. ❷(ある特定の)時. 時刻. ‖开会的～到了 kāihuì de shí-jiān dào le 会議を始める時間になった. ｜飞机起飞的～ fēijī qǐfēi de shíjiān 飛行機の出発時刻. ｜现在的～是三点整 xiàn-

ときに

zài de shíjiān shì sān diǎn zhěng 現在の時刻はちょうど３時だ.

【时节】 shíjié 名 一時期. …の時. ‖ 我们刚搬来那~，周围还是一片空地呢 wǒmen gāng bānlai nà shíjié, zhōuwéi háishi yí piàn kòngdì ne 我々が引っ越してきたばかりのころは，このあたりはまだ一面の空き地だった.

【时刻】 shíkè 名 時刻. 時間. ‖ 列车~表 lièchē shíkèbiǎo 列車時刻表. | 这是决定实验成败的关键~ zhè shì juédìng shíyàn chéngbài de guānjiàn shíkè いまこそ実験の成否が決まる正念場だ.

【时期】 shíqī 名 (ある特定の)時期. ‖ 过渡~ guòdù shíqī 過渡期. | 困难~ kùnnan shíqī 苦しい時期. | 有一段~, 他很消沉 yǒu yí duàn shíqī, tā hěn xiāochén ある時期, 彼はとても落ち込んでいた.

ときに

▶间或　▶偶尔　▶时而　▶时或　▶有时
▶有时候

【间或】 jiànhuò 副 たまに. どうかすると. ときとして. ‖ 街上很静, ~有一两个行人走过 jiēshang hěn jìng, jiànhuò yǒu yì liǎng ge xíngrén zǒuguo 通りは静かで, 時折通行人が一人二人通り過ぎていく.

***【偶尔】** ǒu'ěr たまに. ときどき. 時折. ‖ ~给他打个电话 ǒu'ěr gěi tā dǎ ge diànhuà たまには彼に電話をする. | 他静静地听着, ~也插一两句话 tā jìngjìng de tīngzhe, ǒu'ěr yě chā yì liǎng jù huà 彼は静かに聞きながら, たまに二言三言言葉を差し挟む.

***【时而】** shí'ér 時折. ときには. ‖ 远处~传来悠扬的乐曲声 yuǎnchù shí'ér chuánlai yōuyáng de yuèqǔshēng 遠くからときとしてのどかな音楽が聞こえてくる.

【时或】 shíhuò 副 時折. ときどき. ‖ 他

认真地听着, ~在笔记本上做一下记录 tā rènzhēn de tīngzhe, shíhuò zài bǐjìběn shang zuò yíxià jìlù 彼は一心に耳を傾けながら, 時折ノートにメモをとっている.

*****【有时】** yǒushí 副 ときには. ‖ 假期中我~去游泳, ~去看电影, ~也去钓鱼 jiàqī zhōng wǒ yǒushí qù yóuyǒng, yǒushí qù kàn diànyǐng, yǒushí yě qù diàoyú 休暇中は泳ぎにいったり, 映画を観にいったり, ときには釣りにいったりもする. | 他~睡得很晚 tā yǒushí shuìde hěn wǎn 彼はときに夜遅く寝ることもある.

★**【有时候】** yǒu shíhou (~儿) 組 ときには. ‖ ~我在回家的路上能遇到他 yǒu shíhou wǒ zài huí jiā de lùshang néng yùdào tā ときに帰り道で彼にひょっこり会うことがある.

とぎれる

▶打断　▶断　▶断绝　▶断续　▶间断
▶间歇　▶停顿　▶停止　中断

*****【打断】** dǎduàn 動 打ち切る. 遮る. ‖ 敲门声~了他的思路 qiāoménshēng dǎduànle tā de sīlù ドアをたたく音が彼の思考を遮った. | 讲话几次被~ jiǎnghuà jǐ cì bèi dǎduàn 何度も話の腰を折られた.

*****【断】** duàn 動 とぎれる. 絶える. 切れる. ‖ 关系~了 guānxi duàn le 関係が切れた. | ~了音信 duànle yīnxìn 音信が途絶えた. | 电话~了 diànhuà duàn le 電話が切れた.

***【断绝】** duànjué 動 断絶する. 絶ち切る. ‖ ~联系 duànjué liánxì 関係を断ち切る. | ~交通 duànjué jiāotōng 交通を遮断する. | 一时外交关系被~了 yìshí wàijiāo guānxi bèi duànjié le 外交関係は一時とぎれた.

【断续】 duànxù 動 断続する. とぎれとぎれに続く. ‖ 从屋里~传出两人的争

吵声 cóng wūli duànxù chuánchu liǎng rén de zhěngchǎoshēng 部屋の中から二人の言い争う声がとぎれとぎれに聞こえてくる.

【间断】jiànduàn 動 中断する. 中途でやめる. ‖他每天长跑, 从没有~过 tā měitiān chángpǎo, cóng méiyou jiànduànguo 彼は毎日の長距離ランニングをいままで中断したことがない.

【间歇】jiànxiē 動 一定の間隔をおいて起こったりやんだりする. 断続する. ‖这种病常~发作 zhè zhǒng bìng cháng jiànxiē fāzuò この種の病気はよく間欠的に発作が起きる.

*【停顿】tíngdùn 動 ❶停頓(ミ゙ム)する. 中断する. ‖每天下大雨, 工程不得不~下来 měitiān xià dàyǔ, gōngchéng bù dé bù tíngdùnxialai 毎日大雨が続き, 工事を中断せざるを得ない. ❷(話すとき)ちょっと間を置く. ‖他~了一下, 又接着说下去 tā tíngdùnle yíxià, yòu jiēzhe shuōxiaqu 彼はちょっと間を置いてから, 話を続けた.

**【停止】tíngzhǐ 動 停止する. やめる. やむ. ‖~前进 tíngzhǐ qiánjìn 前に進むのをやめる. | 心脏~了跳动 xīnzàng tíngzhǐle tiàodòng 心臓が鼓動を停止した. | 歌声~了 gēshēng tíngzhǐ le 歌声がやんだ.

*【中断】zhōngduàn 動 中断する. 中途で停止する, または断ち切る. ‖图像~了一下, 但马上就好了 túxiàng zhōngduànle yíxià, dàn mǎshàng jiù hǎo le 映像がとぎれたと思ったら, すぐに直った. | 从那以后, 两人就~了联系 cóng nà yǐhòu, liǎng rén jiù zhōngduànle liánxì その後, 二人は音信が途絶えてしまった.

とくい　得意 (自慢・満足)

▶得意　▶得意忘形　▶得意扬扬　▶骄傲
▶满意　▶心满意足　▶自得　▶自满

*【得意】déyì 形 満足できる. 思いどおりになる. 得意である. ‖~之作 déyì zhī zuò 会心の作. | 非常~ fēicháng déyì 鼻高々である. | 他~地向我晃了晃手里的入场券 tā déyì de xiàng wǒ huànglehuàng shǒu li de rùchǎngquàn 彼は得意気に私に向かって入場券をひらひらさせてみせた.

【得意忘形】dé yì wàng xíng 成 得意になって気分が舞い上がる. 有頂天になる. ‖孙子一回到家, 就~地向我们说起了在街上接受采访的事 sūnzi yì huídào jiā, jiù dé yì wàng xíng de xiàng wǒmen shuōqile zài jiēshang jiēshòu cǎifǎng de shì 孫は帰宅するなり, 街でインタビューを受けたことを得意になって私たちに話してきかせた.

【得意扬扬】déyì yángyáng 組 得意満面である. "得意洋洋" とも書く.

**【骄傲】jiāo'ào 形 ❶傲慢(ポ゙)である. おごり高ぶっている. ‖~自满 jiāo'ào zìmǎn うぬぼれていい気になる. ❷誇らしい. ‖我们为有这样一位校友而感到~ wǒmen wèi yǒu zhèyàng yí wèi xiàoyǒu ér gǎndào jiāo'ào 私たちはこのような卒業生がいることを誇らしく思う.

★【满意】mǎnyì 動 心にかなう. 気に入る. 満足する. よしとする. ‖父亲对现在的地位很~ fùqin duì xiànzài de dìwèi hěn mǎnyì 父は今の地位に満足している. | 她很~这套家具 tā hěn mǎnyì zhè tào jiājù 彼女はこの家具をとても気に入っている.

【心满意足】xīn mǎn yì zú 成 すっかり満足する. 満ち足りる. ‖得到偶像的签名, 他~了 dédào ǒuxiàng de qiānmíng, tā xīn mǎn yì zú le 彼はアイドルのサインをもらってご満悦だ.

【自得】 zìdé 形 得意になる. 快適である. ‖ 扬扬～ yángyáng zìdé 得意満面である. ｜安闲～ ānxián zìdé のんびりして快適である.

***【自满】** zìmǎn 形 うぬぼれる. 慢心する. ‖ 有了成绩不能～ yǒule chéngjì bù néng zìmǎn 成績を上げたからといってうぬぼれてはいけない.

とくい 得意 （上手である）

▶长于 ▶工于 ▶拿手 ▶善于 ▶擅长

【长于】 chángyú 動 …が得意である. ‖ ～绘画 chángyú huìhuà 絵が得意である. ｜他不～演讲 tā bù chángyú yǎnjiǎng 彼は演説が苦手だ.

【工于】 gōngyú 動書 …に巧みである. …に長じている. ‖ ～楷书 gōngyú kǎishū 楷書(かい)に長じている. ｜～心计 gōngyú xīnjì はかりごとにたけている.

***【拿手】** náshǒu 形 得意である. たけている. 長じている. 熟練している. ‖ ～菜 náshǒucài 自慢料理. ｜～好戏 náshǒu hǎoxì 得意技. おはこ. ｜唱歌她很～ chàng gē tā hěn náshǒu 彼女は歌が得意である.

****【善于】** shànyú 動 …に長じる. …がうまい. ‖ ～交际 shànyú jiāojì 人付き合いがうまい. 社交的である. ｜～思考 shànyú sīkǎo よく物事を考える. ｜～表达 shànyú biǎodá 表現力に富む.

***【擅长】** shàncháng 動 たける. 得意とする. ‖ ～书法 shàncháng shūfǎ 書に堪能である. ｜～于工笔花卉 shàncháng yú gōngbǐ huāhuì 花の細密画にたけている.

どくしょ 読書

▶读书 ▶看书 ▶念书

****【读书】** dú//shū 動 読書する. 本を読む. ‖ 从三岁起父母就开始教他～写字 cóng sān suì qǐ fùmǔ jiù kāishǐ jiāo tā dúshū xiě zì 両親は彼が3歳の時からもう本を読み字を書くことを教え始めた. ｜他是个酷爱～的人 tā shì ge kù'ài dúshū de rén 彼はたいへんな読書家だ.

【看书】 kàn shū 組 (声を出さずに)本を読む. 読書する. ‖ 他～看得很快 tā kàn shū kànde hěn kuài 彼は本を読むのが早い. ｜经常～〔读书〕jīngcháng kàn shū〔dúshū〕よく本を読む. ｜躺着～ tǎngzhe kàn shū 寝ころんで本を読む.

***【念书】** niàn//shū 動 (声を出して)本を読む. ‖ 每天念两课书 měitiān niàn liǎng kè shū 毎日2課ずつテキストを読む.

とくしょく 特色

▶风味 ▶特长 ▶特点 ▶特色 ▶特性
▶特征

***【风味】** fēngwèi (～儿) 名 (地方独自の)風味. 特色. ‖ 南方～ nánfāng fēngwèi 南方風味の料理. ｜这张画儿有中国～ zhè zhāng huàr yǒu Zhōngguó fēngwèi この絵には中国の趣がある.

【特长】 tècháng 名 (人が持っている)とくに優れた技能. 特技. ‖ 发挥各自的～ fāhuī gèzì de tècháng 各自の特長を発揮させる.

****【特点】** tèdiǎn 名 (人や事物が持っている)独特なところ. 特色. 特徴. (具体的なものや抽象的なものに広く用いる) ‖ 勇于进取是他的最大～ yǒngyú jìnqǔ shì tā de zuì dà tèdiǎn 進んで新しいことをしようとするのが彼の最大の特徴だ.

508

｜川菜的～是辣 Chuāncài de tèdiǎn shì là 四川料理の特色は辛さにある.

*【特色】tèsè 图 特色. (事物の表現する独自の色彩や風格. 具体的なものに用いる)‖具有民族～的舞蹈 jùyǒu mínzú tèsè de wǔdǎo 民族的特色をもっている踊り.｜这位作家在运用语言方面很有～者 zhè wèi zuòjiā zài yùnyòng yǔyán fāngmiàn hěn yǒu tèsè この作家は言葉の遣い方にたいへん特色がある.

*【特性】tèxìng 图 特性. (人や事物の持っている, 性格・性質・性能など内在している独特なところ)‖鸟的～ niǎo de tèxìng 鳥の特性.

*【特征】tèzhēng 图 特徴. 特別に目立つしるし. (人や物の表面にはっきり現れて, 他のものと区別する手がかりになる特徴や標識. 具体的なものに多く含まれるが, 抽象的なものでもよい)‖外貌～ wàimào tèzhēng 容貌(ぼう)の特徴.｜文化～ wénhuà tèzhēng 文化的特性.｜找不出明显的～ zhǎobuchū míngxiǎn de tèzhēng 明らかな特徴が見いだせない.

とくに

▶分外　▶格外　▶极　▶…极了　▶极其
▶特别　▶异常　▶尤其

*【分外】fēnwài 副 格別に. 特別に. ことのほか. (通常を越えて「特別」に重点があり, 平常と明らかに違うことをいう. 一般に形容詞を修飾し, 動詞は修飾しない. 否定形や消極的・マイナス評価の語句とも結びつかない)‖月到中秋～明 yuè dào Zhōngqiū fēnwài míng 月は中秋のころになるとひときわ明るい.｜我们已经十多年没见了, 今天相见, ～高兴 wǒmen yǐjīng shí duō nián méi jiàn le, jīntiān xiāngjiàn, fēnwài gāoxìng 我々はもう十数年会っていなかったので, 今日

は会えてことのほか嬉しい.

**【格外】géwài 副 とくに. とりわけ. 格別に. わけても. (通常を越えて「なおいっそう」に重点があり, 平常よりさらに高まることをいう. 動詞も修飾し, マイナス評価の語句とも結びつく)‖雨天开车要～小心 yǔtiān kāichē yào géwài xiǎoxīn 雨の日の運転はとくに気を付けなければならない.｜今天天气～地热 jīntiān tiānqì géwài de rè 今日はとくに暑い.｜这几天她～不高兴 zhè jǐ tiān tā géwài bù gāoxìng ここ数日彼女は甚だ不機嫌だ.

*【极】jí 副 この上なく. 甚だ. きわめて. (単音節語, 複音節語ともに修飾する)‖效果～好 xiàoguǒ jí hǎo 効果がきわめてよい.｜速度～慢 sùdù jí màn 速度がきわめて遅い.｜心里～不高兴 xīnli jí bù gāoxìng 甚だ不愉快である.｜老王～能喝酒 Lǎo-Wáng jí néng hē jiǔ 王さんはかなり酒がいける.

★【…极了】…jí le 組 (形容詞・動詞の後に置き)きわめて. 実に.‖桂林的山水美～ Guìlín de shānshuǐ měijí le 桂林(けいりん)の山水はきわめて美しい.｜这两天忙～ zhè liǎng tiān mángjí le このところとても忙しい.｜她对他的才干简直佩服～ tā duì tā de cáigàn jiǎnzhí pèifují le 彼女は彼の才能に感心しきっている.

*【极其】jíqí 副 きわめて. この上なく. (複音節語のみ修飾し, 単音節語は修飾しない)‖旁边就是一条商业街, 买东西～方便 pángbiān jiù shì yì tiáo shāngyèjiē, mǎi dōngxi jíqí fāngbiàn すぐそばが商店街だから, 買い物はとても便利だ.｜态度～认真 tàidu jíqí rènzhēn 態度がきわめてまじめである.

★【特别】tèbié 副 ことのほか. 格別に. とりわけ. (程度が普通以上である, あるいは他と違うことを表す)‖价钱～便宜 jiàqian tèbié piányi 値段がとくに安い.｜

とくべつ　特別(特殊)

这个节目～受观众欢迎 zhège jiémù tèbié shòu guānzhòng huānyíng この番組はことのほか視聴者に歓迎された.

【异常】 yìcháng 副 とくに. ひどく. ‖ ～兴奋 yìcháng xīngfèn 非常に興奮している. | ～繁忙 yìcháng fánmáng ひどく忙しい. | 心情～激动 xīnqíng yìcháng jīdòng 気持ちがひどく高ぶっている.

★**【尤其】** yóuqí 副 なかでも. とくに. (ある事物や集団の中で突出していることを表す) ‖ 我喜欢听音乐, ～是古典音乐 wǒ xǐhuan tīng yīnyuè, yóuqí shì gǔdiǎn yīnyuè 私は音楽を聴くのが好きだが, なかでもクラシック音楽が好きだ. | 这一段写得～精彩 zhè yí duàn xiěde yóuqí jīngcǎi このくだりの描写はとりわけすばらしい.

とくべつ　特別 (特殊)

▶別致　▶不同　▶例外　▶特別　▶特殊
▶特种　▶异样

【别致】 biézhì 形 風変わりである. ユニークである. ‖ 屋子布置得很～ wūzi bùzhìde hěn biézhì 部屋のしつらえがとてもユニークだ.

★**【不同】** bù tóng 組 同じではない. 異なっている. ‖ ～点 bùtóngdiǎn 相違点. | ～的人有～的想法 bù tóng de rén yǒu bù tóng de xiǎngfa 人が違えば考えも違う. | ～于一般 bù tóng yú yìbān 普通と違う. | 这幅画儿的风格很～ zhè fú huàr de fēnggé hěn bù tóng この絵は独特な趣がある.

***【例外】** lìwài 動 例外とする. 例外である. ‖ 这些规定人人都要遵守, 谁也不能～ zhèxiē guīdìng rénrén dōu yào zūnshǒu, shéi yě bù néng lìwài この決まりはみなが守るべきで, 誰であれ例外はあり得ない.

★**【特别】** tèbié 形 特別な. 特別の. 変わっている. とっぴな. ‖ ～的照顾 tèbié de zhàogu 特別待遇. | 这件事情很～ zhè jiàn shìqing hěn tèbié このようなことはたいへん特殊である. | 这种花的香味儿很～ zhè zhǒng huā de xiāngwèir hěn tèbié この花の香りはとても変わっている.

【特殊】 tèshū 形 特殊である. 特別である. ‖ ～待遇 tèshū dàiyù 特別待遇. | 这个问题很～ zhège wèntí hěn tèshū この問題は非常に特殊だ. | ～情况～处理 tèshū qíngkuàng tèshū chǔlǐ 特殊な状況に対してはそれに見合った処理をする.

【特种】 tèzhǒng 形 (同意のものの中で)特別な. 特殊な. ‖ ～水泥 tèzhǒng shuǐní 特殊セメント. | ～邮票 tèzhǒng yóupiào 特殊切手.

【异样】 yìyàng 形 異様である. 特別である. ‖ ～的目光 yìyàng de mùguāng 異様なまなざし. | 产生～的感觉 chǎnshēng yìyàng de gǎnjué 異様な感じがした.

とけい　時計

▶摆钟　▶表　▶手表　▶钟　▶钟表

【摆钟】 bǎizhōng 名 振り子時計.

★**【表】** biǎo 名 時計(腕時計など, 比較的小型で携帯する時計をさす). ‖ 秒～ miǎobiǎo ストップ・ウォッチ. | 怀～ huáibiǎo 懐中時計. | 女士石英～ nǚshì shíyīngbiǎo 婦人用クォーツ腕時計. | 数字～ shùzìbiǎo デジタル時計.

★**【手表】** shǒubiǎo 名 腕時計. ‖ 戴～ dài shǒubiǎo 腕時計をする. | 摘～ zhāi shǒubiǎo 腕時計をはずす.

★**【钟】** zhōng 名 時計. (置き時計や掛け時計などある場所に固定して使用する時計をさす) ‖ 挂～ guàzhōng 柱時計. 掛け時計. | 闹～ nàozhōng 目覚まし時

計.｜座～ zuòzhōng 置き時計.｜石英～ shíyīngzhōng クォーツ時計.

*【钟表】zhōngbiǎo 図 時計の総称.‖～店 zhōngbiǎodiàn 時計店.｜修理～ xiūlǐ zhōngbiǎo 時計を修理する.

とける 溶ける

▶化　▶开　▶溶　▶溶化　▶溶解　▶熔化
▶融化　▶融解

**【化】huà 動 溶かす. 溶ける.‖雪～了以后是春天 xuě huàle yǐhòu shì chūntiān 雪が溶けると春が来る.｜放在嘴里就～了 fàngzài zuǐ li jiù huà le 口に入れたらすぐ溶けてしまった.

★【开】kāi 動 (凍っていたものが)溶ける.‖河～了 hé kāi le 川の氷が解けた.｜今年河～得早 jīnnián hé kāide zǎo 今年は川の氷がゆるむのが早い.

*【溶】róng 動 溶ける. 溶解する.‖～于酒精 róngyú jiǔjīng アルコールに溶ける.｜不～于水 bù róngyú shuǐ 水に溶けない.｜速～咖啡 sùróng kāfēi インスタント・コーヒー.

*【溶化】rónghuà 動 ❶(固体が)溶解する. ❷(水や雪が)溶ける.

*【溶解】róngjiě 動 溶ける. 溶解する.‖～于水 róngjiě yú shuǐ 水に溶ける.

【熔化】rónghuà 動 融解する. 溶融する. "熔解" róngjiě "熔融" róngróng ともいう.‖铁经过高温加热就～成铁水 tiě jīngguò gāowēn jiārè jiù rónghuàchéng tiěshuǐ 鉄は高温加熱すると溶けて溶融鉄になる.

*【融化】rónghuà 動 (氷や雪が)溶ける.‖积雪开始～了 jīxuě kāishǐ rónghuà le 積雪が溶け始めた.

【融解】róngjiě 動 (氷や雪が)溶ける. 溶解する.‖河里的冰开始～了 hé li de bīng kāishǐ róngjiě le 川の氷が溶け出した.

どこ

▶何处　▶哪里　▶哪儿　▶什么地方

【何处】héchù 代 書 いずこ. どこ.‖他从～来? tā cóng héchù lái? 彼はどこから来たのですか.

★【哪里】nǎli；nǎlǐ 代 どこ.‖～人 nǎli rén どこの人.｜～的土产 nǎli de tǔchǎn どこのおみやげ.｜你到～去? nǐ dào nǎli qù? どちらへいらっしゃるのですか.｜他住在～? tā zhùzài nǎli? 彼はどこに住んでいるのか.

★【哪儿】nǎr 代 どこ.‖你在～工作? nǐ zài nǎr gōngzuò? あなたはどこで仕事をしているのですか. どちらにお勤めですか.｜你去～? nǐ qù nǎr? どちらへお出かけですか.｜还有～不明白? hái yǒu nǎr bù míngbai? まだほかに分からないところがありますか.

【什么地方】shénme dìfang 組 どこ.‖学校在～? xuéxiào zài shénme dìfang? 学校はどこにありますか.

どこか

▶某处　▶某些　▶哪里　▶哪儿
▶什么地方

【某处】mǒu chù 組 ある所. ある場所.

*【某些】mǒuxiē 代 (複数の人や場所などについてはっきり分からない場合，またははっきり示さず表現する場合に用いる)ある….‖～人 mǒuxiē rén ある人々.｜他俩在～地方很像 tā liǎ zài mǒuxiē dìfang hěn xiàng 彼ら二人はどこかとても似ている.｜～地区还有这种习惯 mǒuxiē dìqū hái yǒu zhè zhǒng xíguàn ある地域ではまだこのような習わしが残っている.

★【哪里】nǎli；nǎlǐ 代 (不特定の場所)どこ

ところ　所

か. ‖記得在～见过她 jìde zài nǎli jiànguo tā どこかで彼女に会ったことがある. ｜这机器好像～出了毛病 zhè jīqi hǎoxiàng nǎli chūle máobing この機械はどこか壊れたらしい.

★【哪儿】nǎr 代 (不特定の場所) どこか. ‖星期天你没去～转转? xīngqītiān nǐ méi qù nǎr zhuànzhuan? 日曜日はどこかへ遊びに出かけなかったの.

【什么地方】shénme dìfang 組 (不確定または任意の場所をさす) どこか. ‖那个人好象在什么地方见过 nàge rén hǎoxiàng zài shénme dìfang jiànguo あの人はどこかで見たような気がする. ｜他老家在东北的～ tā lǎojiā zài Dōngběi de shénme dìfang 彼の田舎は東北のどこかだ.

★【地方】dìfang (～儿) 图 所. 場所. 辺り. ‖占～ zhàn dìfang 場所をとる. ｜没有～坐 méiyou dìfang zuò 座る所がない. ｜放在原来的～ fàngzài yuánlái de dìfang もとの所に置く.

【地儿】dìr 图 場所. 所. ‖占～ zhàn dìr 場所をとる. ｜肚子里没～了 dùzi li méi dìr le おなかがいっぱいだ. ｜大家挤一挤, 给他腾个～ dàjiā jǐyijǐ, gěi tā téng ge dìr みんなちょっと詰めて彼を座らせてあげて.

【住处】zhùchù 图 住んでいる所. 住まい. ‖到他的～去拜访 dào tā de zhùchù qù bàifǎng 彼の住まいを訪れる. ｜请填写您的～ qǐng tiánxiě nín de zhùchù あなたのおところをご記入ください.

ところ　所

▶別处　▶処　▶処所　▶地点　▶地方
▶地儿　▶住处

*【別处】biéchù 图 よそ. ほかの場所. 別の場所. ‖这里没有, 你到～找找 zhèli méiyou, nǐ dào biéchù zhǎozhao ここにはないから, 君はほかを探してみなさい.

**【处】chù 图 ❶所. 場所. ‖去～ qùchù 行き先. ｜到～ dàochù 至る所. ❷ (事物の) 一部. 個所. 点. ‖患～ huànchù 患部. ｜不同之～ bùtóng zhī chù 異なる点. ｜可取之～ kěqǔ zhī chù 採用すべき点. ｜大～着眼, 小～着手 dàchù zhuóyǎn, xiǎochù zhuóshǒu 大きい所に目をつけ, 小さい所から手をつける.

【处所】chùsuǒ 图 場所. 所. ‖找一个藏身的～ zhǎo yí ge cángshēn de chùsuǒ 身を隠す所を探す.

**【地点】dìdiǎn 图 地点. 場所. ‖集合～ jíhé dìdiǎn 集合場所. ｜指定～ zhǐdìng dìdiǎn 指定された場所. ｜出事～ chūshì dìdiǎn 事故の発生した地点.

とし　年（年月）

▶光陰　▶年　▶年代　▶年份　▶年华
▶年头儿　▶年月　▶岁月

【光阴】guāngyīn 图 光陰. 時間. ‖一寸～一寸金 yí cùn guāngyīn yí cùn jīn 時は金なり. 時間は貴重であること. ｜～似箭 guāngyīn sì jiàn 光陰矢のごとし. ｜虚度～ xūdù guāngyīn いたずらに時を過ごす.

★【年】nián 图 年 (ねん). ‖今～ jīnnián 今年. ｜明～ míngnián 来年. ｜每～ měinián 毎年. ｜闰～ rùnnián 閏年 (うるうどし). ｜～产量 niánchǎnliàng 年間生産高. ｜学了两～ xuéle liǎng nián 2年学んだ.

**【年代】niándài 图 ❶ (10年を一区切りとする) 年代. ‖二十世纪九十～ èrshí shìjì jiǔshí niándài 20世紀90年代. ❷時代. 時期. ‖战争～ zhànzhēng niándài 戦争の時期. ｜改革开放的～ gǎigé kāifàng de niándài 改革開放の時代.

【年份】niánfèn 图 ❶年. 年度. ❷経過した年月の長さ. 年代. ‖这张画可有

～了 zhè zhāng huà kě yǒu niánfèn le この
絵はなかなか年代が古い.

【年华】niánhuá 图年月. 時期. 時代. ∥
虚度～ xūdù niánhuá 年月を空しく送る.
｜豆蔻～ dòukòu niánhuá 乙女の年ごろ.
｜青春～ qīngchūn niánhuá 青春時代.

*【年头儿】niántóur 图❶(足かけの)年数.
∥他到上海已经三个～了 tā dào Shànghǎi
yǐjīng sān ge niántóur le 彼が上海に来て
もう3年になる. ❷長い年月. ∥她干这
一行有～了 tā gàn zhè yī háng yǒu niántóur
le 彼女がこの仕事をするようになって
もうずいぶんたつ. ❸時代. 時世. ∥
～还有谁用那玩意儿? zhè niántóur hái yǒu
shéi yòng nà wányìr? いまどき誰がそんな
もの使うもんか.

*【年月】niányuè 图❶時世. ∥都什么～
〔代〕了, 你还这么死脑筋 dōu shénme
niányuè〔niándài〕le, nǐ hái zhème sǐnǎojīn
もうそんな時代じゃないよ, まったく
相変わらずの石頭なんだから. ❷年
月. ∥我们共同度过了那段漫长的～ wǒ-
men gòngtóng dùguole nà duàn màncháng de
niányuè 我々はあの長い年月を共に暮
らしてきた.

*【岁月】suìyuè 图年月. 歳月. ∥艰苦奋
斗的～ jiānkǔ fèndòu de suìyuè 刻苦奮闘
の歳月. ｜～不待人 suìyuè bú dài rén 歳
月人を待たず. ｜青春～ qīngchūn suìyuè
青春の歳月. 青春時代.

とし　年 (年齢)

▶高寿　▶年纪　▶年龄　▶年岁　▶属
▶岁　▶岁数　▶虚岁　▶周岁

【高寿】gāoshòu 图敬 お年(老人に年齢
を問うときに用いる). ∥老人家～? lǎo-
renjia gāoshòu? ご老人, お年はおいく
つですか.

★【年纪】niánjì 图年齢. 年. ∥～轻 niánjì

qīng 年が若い. ｜上了～ shàngle niánjì
年を取っている. ｜你爷爷多大～了? nǐ
yéye duō dà niánjì le? あなたのおじいさ
んはおいくつですか.

**【年龄】niánlíng 图(人や動植物の)年齢.
年. ∥～小 niánlíng xiǎo 年が幼い. ｜入
学～ rùxué niánlíng 入学年齢. ｜～不到
三岁 niánlíng bú dào sān suì まだ三つに
ならない. ｜古柏的～已有上千年 gǔbǎi
de niánlíng yǐ yǒu shàng qiān nián ヒノキ
の古木は樹齢が千年以上になる.

【年岁】niánsuì 图年齢. 年. ｜上了～
shàngle niánsuì 年を取った.

*【属】shǔ 動(十二支で生まれた年を表
す) …年である. ∥你～什么? nǐ shǔ
shénme? あなたは何どし生れですか. ｜
我是～鸡的 wǒ shì shǔ jī de 私は酉(とり)
年生まれです.

【岁】suì 量…歳. ∥孩子今年五～了 hái-
zi jīnnián wǔ suì le 子供は今年で5歳に
なった.

*【岁数】suìshu(～儿) 图年齢. 年. ∥您
今年多大～了? nín jīnnián duō dà suìshu le?
今年でおいくつですか. ｜上了～的人
shàngle suìshu de rén 年を取った人.

【虚岁】xūsuì 图数え年. ∥过了年, 我
就～二十了 guòle nián, wǒ jiù xūsuì èrshí le
年が改まると, 私は数え年で20歳に
なる.

【周岁】zhōusuì 图❶満1歳. ∥孩子刚
满～ háizi gāng mǎn zhōusuì 子供は満1
歳を迎えたばかりだ. ❷満年齢. ∥三
十五～ sānshiwǔ zhōusuì 満35歳.

とし　都市

▶城池　▶城里　▶城市　▶城邑　▶都会
▶都市　▶进城

【城池】chéngchí 图書城壁と堀. 転城
壁に囲まれた市街. 城市.

513

とじる　閉じる

【城里】chéng li 图❶市街地. 市内. ‖
去~办事 qù chéng li bànshì 用事で街へ
行く. ❷都市. 都会. ‖~人 chénglirén
都会の人.

★【城市】chéngshì 图都市. ‖大~ dà chéng-
shì 都市. 都会. ｜~规划 chéngshì guīhuà
都市のインフラ整備. ｜~户口 chéngshì
hùkǒu 都市の戸籍.

【城邑】chéngyì 图都市. 町.

【都会】dūhuì 图都会. 都市.

*【都市】dūshì 图都市. 都会. ‖大~ dà-
dūshì 大都市.

【进城】jìn//chéng 動❶(城壁の外から)
城内に入る. 市の中心部へ行く. 町へ行
く. ‖~看电影 jìnchéng kàn diànyǐng 町
へ行って映画を見る. ❷(農村から)都
会へ行く. ‖她离开农村，~当保姆去
了 tā líkāi nóngcūn, jìnchéng dāng bǎomǔ qù
le 彼女は農村を離れ，お手伝いさんに
なるため都会に出て行った.

とじる　閉じる

▶闭　▶闭目塞听　▶盖　▶关　▶关闭
▶合

**【闭】bì 動閉じる. 閉める. ‖~上嘴 bì-
shang zuǐ 口を閉じる. ｜~上眼 bìshang
yǎn 目を閉じる. ｜~伞 bì sǎn 傘をすぼ
める. ｜大门紧~ dàmén jǐn bì 門は固く
閉じられている. ｜倒~ dǎobì 倒産する.

【闭目塞听】bì mù sè tīng 成 目を閉じ，
耳をふさぐ. 現実を直視しない態度を
とること. また，現実を理解しようと
しない態度をとること.

**【盖】gài 動ふたをする. かぶせる. ‖把
盖儿~严 bǎ gàir gàiyán しっかりとふた
をする.

★【关】guān 動閉める. 閉じる. ⇔“开”
kāi ‖~窗户 guān chuānghu 窓を閉める.
｜~上箱子 guānshang xiāngzi トランク

を閉じる. ｜~电视机 guān diànshìjī テ
レビを消す. ｜~自来水 guān zìláishuǐ 水
道を閉める. ｜随手把门~上 suíshǒu bǎ
mén guānshang ついでにドアを閉める.

*【关闭】guānbì 動閉める. 閉じる. ‖
门窗 guānbì ménchuāng 戸や窓を閉める.

**【合】hé 動閉じる. 閉める. (本来の姿
である閉じた状態に戻す)⇔“开” kāi ‖
~眼 héyǎn 目を閉じる. 眠る. ｜~上
书 héshang shū 本を閉じる. ｜笑得~不
上嘴 xiàode hébushàng zuǐ 口がふさがら
ないほど笑う. 笑いが止まらない.

とち　土地（大地）

▶大地　▶地　▶地面　▶陆地　▶土地

*【大地】dàdì 图大地. ‖~回春 dàdì huí-
chūn 大地が春めいてくる.

★【地】dì 图❶地. 大地. ‖~质 dìzhì 地
質. ｜~底下埋藏着丰富的资源 dì dǐxia
máicángzhe fēngfù de zīyuán 地下には豊
富な資源が埋蔵されている. ❷陆地. ‖
山~ shāndì 山地. ｜盆~ péndì 盆地.
❸土地. 農地. ‖麦~ màidì ムギ畑. ｜
种~ zhòngdì 耕作する. ｜下~干活儿
xiàdì gànhuór 畑に出て働く. ｜不毛之~
bù máo zhī dì 不毛の地. ❹地面. ‖跌倒
在~ diēdǎo zài dì つまずいて地面に倒
れる. ❺領土. ‖割~赔款 gē dì péikuǎn
領地を割譲し賠償する. ｜殖民~ zhímín-
dì 植民地.

**【地面】dìmiàn 图地面. 地上. ‖~潮湿
dìmiàn cháoshī 地面が湿っている. ｜高
出~一米 gāochu dìmiàn yì mǐ 地面から1
メートル高い. ｜~部队 dìmiàn bùduì 地
上部隊.

*【陆地】lùdì 图陆地.

**【土地】tǔdì 图❶土地. 畑. 耕地. ‖~
肥沃 tǔdì féiwò 土地が肥えている. ｜丈
量~ zhàngliáng tǔdì 土地を測量する.

❷領土. 版図. 国土. ‖ ～辽阔，人口众多 tǔdì liáokuò, rénkǒu zhòngduō 国土が広くて，人口も多い.

とち （利用する）土地

▶地 ▶地产 ▶地皮 ▶田 ▶田地
▶土地 ▶庄稼地

★【地】dì 图 土地. 農地. ‖ ～权 dìquán 土地の所有権. | 麦～ màidì ムギ畑. | 种～ zhòngdì 耕作する. | 下～干活儿 xiàdì gànhuór 畑に出て働く. | 不毛之～ bù máo zhī dì 不毛の地. | 耕～ gēngdì 耕地. | 荒～ huāngdì 荒れ地. 未開墾地. | 处女～ chǔnǚdì 未開墾の地. 処女地.

【地产】dìchǎn 图 所有する土地. 不動産.

【地皮】dìpí 图 地所. 建築用地. ‖ 买～ mǎi dìpí 地所を買う. | 炒～ chǎo dìpí 土地を転がす. | 市中心的～相当贵 shì zhōngxīn de dìpí xiāngdāng guì 市の中心部の地所はかなり高い.

*【田】tián 图 耕地. 水田. 畑. ‖ 稻～ dàotián 稲田. | 梯～ tītián 棚田. | 种～ zhòngtián 耕作する. | 他正在～里干活儿 tā zhèngzài tián li gànhuór 彼はいまちょうど野良仕事をしている. | 良～ liángtián 良田. 美田.

*【田地】tiándì 图 耕地. 農地.

**【土地】tǔdì 图 土地. 畑. 耕地. ‖ ～国有化 tǔdì guóyǒuhuà 土地の国有化. | ～肥沃 tǔdì féiwò 土地が肥えている. | 丈量～ zhàngliáng tǔdì 土地を測量する.

【庄稼地】zhuāngjiadì 图 田畑. 耕地.

とち 土地（その地域）

▶本地 ▶当地 ▶地方 ▶地方 ▶地面
▶地区 ▶外地 ▶外乡 ▶一带

【本地】běndì 图 当地. 地元. ‖ ～人 běndìrén 地元の人. | ～特产 běndì tèchǎn 当地の特産品.

*【当地】dāngdì 图 現地. 当地. ‖ ～人 dāngdìrén 土地の人. | 原材料在～解决 yuáncáiliào zài dāngdì jiějué 原材料はその地で調達する.

*【地方】dìfāng 图 地元. その地. ‖ ～风味 dìfāng fēngwèi 地元の味. | 尊重～的风俗习惯 zūnzhòng dìfāng shang de fēngsú xíguàn その土地の風俗習慣を尊重する.

★【地方】dìfang (～儿) 图 所. 場所. 辺り. ‖ 他对这个～很熟悉 tā duì zhège dìfang hěn shúxi 彼はこの土地をよく知っている.

*【地面】dìmiàn (～儿) 图口 地元. 当地. ‖ 不太知道你们～上的事 bútài zhīdào nǐmen dìmiàn shang de shì あなた方の土地の事情についてあまりよく知らない. | 他在～上很有人缘儿 tā zài dìmiàn shang hěn yǒu rényuánr 彼は地元では人望を集めている.

*【地区】dìqū 图 地区. 地域. ‖ 沿海～ yánhǎi dìqū 沿海地区. | 禁猎～ jìnliè dìqū 禁猟地域. | 高原～ gāoyuán dìqū 高原地帯.

*【外地】wàidì 图 よその土地. 他郷. ‖ ～人 wàidìrén よその土地の人. | 孩子在～工作 háizi zài wàidì gōngzuò 子供はよその土地で働いている. | 他们家刚从～搬来 tāmen jiā gāng cóng wàidì bānlai あの一家はよそから引っ越してきたばかりだ.

【外乡】wàixiāng 图 よその土地. 他郷. ‖ ～人 wàixiāngrén よそ者. | 漂泊～ piāobó wàixiāng 他郷をさすらう.

*【一带】yīdài 图 一帯. あたり. 周辺. ‖ 长江下游～ Chángjiāng xiàyóu yídài 長江の下流域一帯. | 这～很安静 zhè yídài hěn ānjìng このあたりはとても静かだ.

とつぜん　突然

とつぜん　突然

▶忽然　▶猛然　▶突然　▶一头

★【忽然】hūrán 副急に. 不意に. だしぬけに. 突然. ‖刚钻进被窝，～电话铃响了 gāng zuānjin bèiwō, hūrán diànhuàlíng xiǎng le 布団に潜り込んだとたん, 電話のベルが鳴った. ｜～想起老李的话来了 hūrán xiǎngqi Lǎo-Lǐ de huà lai le ふっと李さんの言った言葉を思い出した.

*【猛然】měngrán 副突然. 急に. 不意に. ‖～回头 měngrán huítóu 急に振り返る. ｜～想起 měngrán xiǎngqi とっさに思いつく.

★【突然】tūrán 形突然である. 思いがけない. 意外である. (述語の前, あるいは主語の前にも用いる)‖这事儿来得很～ zhè shìr láide hěn tūrán この件は不意に起きた. ｜病情～恶化 bìngqíng tūrán èhuà 病状が突然悪化した. ｜～下起雨来了 tūrán xiàqi yǔ lai le 急に雨が降り出した. ｜～，大家都不说话了 tūrán, dàjiā dōu bù shuōhuà le 突然, 人々が話をやめた.

*【一头】yītóu 副突然. ばったりと. ‖他刚想溜出病房，～撞上了护士 tā gāng xiǎng liūchu bìngfáng, yìtóu zhuàngshangle hùshi 彼は病室から抜け出そうとしたとたん, 看護師とばったり出くわした.

とって　取っ手

▶把　▶把柄　▶把手　▶把　▶把子　▶柄
▶提梁

★【把】bǎ 名(車などの)ハンドル. (荷車などの)柄(ᵉ). かじ棒. ‖骑车不要双手撒～ qí chē búyào shuāngshǒu sā bǎ 自転車に乗るときは両手をハンドルから

放してはいけない.

*【把柄】bǎbǐng 名(器物の)取っ手. 握り. 柄(ᵉ).

*【把手】bǎshou 名取っ手. ドアのノブ. ハンドル. 握り. 柄(ᵉ). ‖门～ mén bǎshou ドアのノブ. 取っ手. ｜抽屉～ chōuti bǎshou 引き出しの取っ手.

【把】bà (～儿) 名(器物の)取っ手. 柄. ハンドル. ‖壶～儿 húbàr つぼの取っ手. ｜锅～儿 guōbàr 鍋のつる. ｜刀～儿 dāobàr 刀の柄.

【把子】bàzi 名取っ手. ハンドル.

*【柄】bǐng 名柄(ᵉ). 取っ手. グリップ. ハンドル. ‖伞～ sǎnbǐng カサの柄. ｜刀～ dāobǐng 刀のつか. ナイフの柄.

【提梁】tíliáng (～儿) 名(かご・バッグ・土瓶・鍋などの)取っ手. 提げ手.

とても

▶顶　▶非常　▶很　▶极　▶…极了
▶极其　▶十分　▶太　▶特别　▶真　▶最

**【顶】dǐng 副最も. いちばん. きわめて. ‖这个菜～好吃 zhège cài dǐng hǎochī この料理はすごくおいしい. ｜她～喜欢看电影 tā dǐng xǐhuan kàn diànyǐng 彼女は映画を見るのがとても好きだ.

★【非常】fēicháng 副非常に. とても. ひどく. ‖天气～好 tiānqì fēicháng hǎo 天気がたいへんよい. ｜～感谢你们! fēicháng gǎnxiè nǐmen! みなさん, ほんとうにありがとうございました. ｜～抱歉 fēicháng bàoqiàn ほんとうにすみません. ｜他～会说话 tā fēicháng huì shuōhuà 彼は話がとてもうまい.

★【很】hěn 副程度が高いことを表す. ❶たいへん. ずいぶん. とても. 非常に. ‖我家离学校～近 wǒ jiā lí xuéxiào hěn jìn 私の家は学校からとても近い. ｜我

～了解他的脾气 wǒ hěn liǎojiě tā de píqi 私は彼の気性をよく知っている．｜她～会买东西 tā hěn huì mǎi dōngxi 彼女はとても買い物上手だ．｜～有兴趣 hěn yǒu xìngqù とても興味がある．❷（“…得很”…de hěn の形で）たいへん．ずいぶん．とても．非常に．‖最近忙得～ zuìjìn mángde hěn 最近はたいへんに忙しい．｜今天街上热闹得～ jīntiān jiēshang rènaode hěn きょう町はとても賑やかだ．

★**【极】** jí 副 この上なく．甚だ．きわめて．‖效果～好 xiàoguǒ jí hǎo 効果がきわめてよい．｜心里～不高兴 xīnli jí bù gāoxìng 甚だ不愉快である．｜老王～能喝酒 Lǎo-Wáng jí néng hē jiǔ 王さんはかなり酒がいける．｜他～爱说笑话 tā jí ài shuō xiàohua 彼はとても冗談が好きだ．

★**【…极了】** …jí le 組（形容詞・動詞の後に置き）きわめて．実に．‖桂林的山水美～ Guìlín de shānshuǐ měijí le 桂林(けいりん)の山水はきわめて美しい．｜这两天忙～ zhè liǎng tiān mángjí le このところとても忙しい．｜这人坏～ zhè rén huàijí le こいつは実に悪いやつだ．｜她对他的才干简直佩服～ tā duì tā de cáigàn jiǎnzhí pèifují le 彼女は彼の才能に感心しきっている．

★**【极其】** jíqí 副 きわめて．この上なく．‖旁边就是一条商业街, 买东西～方便 pángbiān jiù shì yì tiáo shāngyèjiē, mǎi dōngxi jíqí fāngbiàn すぐそばが商店街だから，買い物はとても便利だ．｜态度～认真 tàidu jíqí rènzhēn 態度がきわめてまじめである．

★**【十分】** shífēn 副 とても．たいへん．非常に．‖～重视 shífēn zhòngshì 非常に重視する．｜不～满意 bù shífēn mǎnyì あまり満足でない．｜她对客人招待得～周到 tā duì kèren zhāodàide shífēn zhōudào 彼女の客へのもてなしは申し分ない．

★**【太】** tài 副（程度が著しく高いことを表

し，多く感嘆に用いる）たいへん．きわめて．‖～美了 tài měi le たいへん美しい．｜这办法～好了 zhè bànfǎ tài hǎo le この方法は実にすばらしい．｜～感谢你了 tài gǎnxiè nǐ le たいへん感謝いたします．

★**【特别】** tèbié 副 ことのほか．格別に．とりわけ．‖价钱～便宜 jiàqian tèbié piányi 値段がとくに安い．｜这个节目～受观众欢迎 zhège jiémù tèbié shòu guānzhòng huānyíng この番組はことのほか視聴者に歓迎された．

★**【真】** zhēn 副 実に．まったく．ほんとうに．‖这儿～美 zhèr zhēn měi ここは実に美しい．｜他跑得～快 tā pǎode zhēn kuài 彼はほんとに走るのが速い．｜～想好好儿睡一觉 zhēn xiǎng hǎohāor shuì yí jiào ほんとうにゆっくりと眠りたい．｜～不该告诉他 zhēn bù gāi gàosu tā まったく彼に話すべきではなかった．

★**【最】** zuì 副 最も．いちばん．‖他的成绩～好 tā de chéngjì zuì hǎo 彼の成績はいちばんよい．｜他跑得～快 tā pǎode zuì kuài 彼は足がいちばん速い．｜～努力的学生 zuì nǔlì de xuésheng 最も努力する学生．｜～受欢迎的歌星 zuì shòu huānyíng de gēxīng 最も人気のある歌手．

ととのえる　整える

▶摆　▶理　▶收拾　▶梳理　▶整　▶整顿　▶整洁　▶整理　▶整齐

★**【摆】** bǎi 動（見栄えよく）置く．（順序よく）並べる．‖～碗筷 bǎi wǎnkuài 食卓を整える．｜把桌椅～整齐 bǎ zhuōyǐ bǎizhěngqí 机と椅子をきちんと並べる．｜饭菜都～好了 fàncài dōu bǎihǎo le 食事の支度がすっかり整った．

★**【理】** lǐ 動 きちんと整える．‖～发 lǐfà 散髪する．｜把书报～一～ bǎ shūbào lǐyilǐ 本や新聞を整理する．｜～清思路

lǐqīng sīlù 考えを整理する.

★【收拾】shōushi 動 片づける. 整理する. 収拾する. ‖ ~房间 shōushi fángjiān 部屋を片づける. | ~行李 shōushi xíngli 荷物を整理する. | 把桌子上一干净 bǎ zhuōzi shang shōushigānjìng 机の上をきれいに整える.

【梳理】shūlǐ 動 (髪などを)とかす. すく. ‖ ~头发 shūlǐ tóufa 髪をとかす. | ~思路 shūlǐ sīlù 考えの筋道を整理する.

*【整】zhěng 動 整える. 正す. ‖ ~~领带 zhěngzheng lǐngdài ネクタイを直す. | 重~旗鼓 chóng zhěng qí gǔ 新たに態勢を整える.

*【整顿】zhěngdùn 動 (規律・秩序・態勢などを)正す. 整える. 引き締める. ‖ 交通秩序~活动 jiāotōng zhìxù zhěngdùn huódòng 交通安全のキャンペーン. | 经过~, 企业恢复了生机 jīngguò zhěngdùn, qǐyè huīfùle shēngjī 整理・粛正を図り, 会社は息を吹き返した.

*【整洁】zhěngjié 形 きれいに片づいている. 整っていて清潔である. ‖ 服装~ fúzhuāng zhěngjié 身なりが清潔で整っている. | 保持~ bǎochí zhěngjié 清潔を保つ. | 房间里十分~ fángjiān li shífēn zhěngjié 部屋の中はきれいに片づいている.

**【整理】zhěnglǐ 動 整理する. 整頓する. ‖ ~教室 zhěnglǐ jiàoshì 教室を整頓する. | ~卡片 zhěnglǐ kǎpiàn カードを順番に並べる. | ~笔记 zhěnglǐ bǐjì ノートを整理する. | ~行装 zhěnglǐ xíngzhuāng 旅支度を整える.

★【整齐】zhěngqí 形 きちんとしている. 整っている. 揃っている. ‖ ~的街道 zhěngqí de jiēdào 整然とした大通り. | 服饰~ fúshì zhěngqí 服装がきちんとしている. | 书摆得很~ shū bǎide hěn zhěngqí 本が整然と並んでいる.

となり 隣

▶挨　▶隔壁　▶邻邦　▶邻家　▶邻居
▶邻人　▶旁边

★【挨】āi 動 近づく. 接する. ‖ ~着他坐 āizhe tā zuò 彼の隣に座る. | 他们两家~着 tāmen liǎng jiā āizhe 彼らの家は隣同士だ. | ~墙站着 āi qiáng zhànzhe 壁のそばに立つ.

**【隔壁】gébì 名 隣. 隣家. 隣室. ‖ 我住在他的~ wǒ zhùzài tā de gébì 私は彼の隣に住んでいます. | ~是一家洗衣店 gébì shì yì jiā xǐyīdiàn 隣はクリーニング屋さんです.

【邻邦】línbāng 名 隣国. 隣邦. ‖ 友好~ yǒuhǎo línbāng 友好関係のある隣国.

【邻家】línjiā 名 隣人. 隣家. ‖ 跟~不怎么来往 gēn línjiā bù zěnme láiwang 隣とはあまり付き合わない.

**【邻居】línjū 名 隣家. 隣近所. 隣人. ‖ 老~ lǎo línjū 昔からの隣人. | 做~ zuò línjū 隣人になる. | 街坊~ jiēfang línjū 隣近所.

【邻人】línrén 名 近所の人. ‖ 跟~搞好关系 gēn línrén gǎohǎo guānxi 近所の人とうまくいっている.

★【旁边】pángbiān (~儿) 名 そば. 傍ら. わき. ‖ 你先在~看着我怎么做! nǐ xiān zài pángbiān kànzhe wǒ zěnme zuò! 私がどうやるか, まずそばで見ていなさい. | 米店的~是一家水果店 mǐdiàn de pángbiān shì yì jiā shuǐguǒdiàn 米屋の隣は果物屋だ. | 一个不认识的人坐到我的~座位上 yí ge bú rènshi de rén zuòdào wǒ de pángbiān zuòwei shang 知らない人が隣の席に座った.

どのように

とにかく（ともかく）

▶不管　▶反正　▶好歹　▶好赖
▶无论如何　▶总之　▶左不过

＊＊【不管】 bùguǎn 接 …であっても．…にかかわりなく．…を問わず．‖～谁来，都欢迎 bùguǎn shéi lái, dōu huānyíng 誰でも歓迎する．｜～困难多大，我们也要克服 bùguǎn kùnnan duō dà, wǒmen yě yào kèfú どんなに大きな困難でも，我々は克服する．｜～你去不去，都请给我来一个电话 bùguǎn nǐ qù bu qù, dōu qǐng gěi wǒ lái yí ge diànhuà 行くにしろ行かないにしろ，とにかく私に電話をください．

＊＊【反正】 fǎnzheng；fǎnzhèng 副 どうせ．いずれにせよ．どのみち．（多く“无论”wúlùn“不管”bùguǎn“任凭”rènpíng などと呼応する）‖别人去不去我不知道，～我不去 biéren qù bu qù wǒ bù zhīdào, fǎnzheng wǒ bú qù ほかの人が行くかどうかは知らないが，いずれにせよ僕は行かない．

【好歹】 hǎodǎi 副 善かれ悪しかれ．いずれにせよ．‖快毕业了，～也要把论文写完 kuài bìyè le, hǎodǎi yě yào bǎ lùnwén xiěwán もうすぐ卒業なので，とにかく論文を書き上げなければならない．

【好赖】 hǎolài 副 善かれ悪しかれ．いずれにせよ．‖不管什么房子，～有个住的地方就行 bùguǎn shénme fángzi, hǎolài yǒu ge zhù de dìfang jiù xíng どんな家であれ，とにかく住むところさえあればそれでいい．｜～找个工作，总比在家呆着强 hǎolài zhǎo ge gōngzuò, zǒng bǐ zài jiā dāizhe qiáng なんでもいいから仕事を見つけるほうが，家でぼんやりしているよりずっとましだ．

＊【无论如何】 wúlùn rúhé 組 どんなことがあっても．いずれにしても．どうしても．‖～得去一趟 wúlùn rúhé děi qù yí tàng とも
かく一度行ってこなくてはならない．

＊【总之】 zǒngzhī 接 要するに．つまり．とにかく．‖说不上是甜还是咸，～味道有点儿怪 shuōbushàng shì tián háishi xián, zǒngzhī wèidao yǒudiǎnr guài 甘いとも塩辛いとも言えない，とにかく一風変わった味だ．｜这话是谁说的我记不清了，～不是他说的 zhè huà shì shéi shuō de wǒ jìbuqīng le, zǒngzhī bú shì tā shuō de このことは誰が言ったのか私ははっきり覚えていないが，とにかく彼が言ったのではないことは確かだ．

【左不过】 zuǒbuguò 副 とにかく．何にせよ．‖～就在这屋里，再找找看 zuǒbuguò jiù zài zhè wūli, zài zhǎozhao kàn とにかくこの部屋の中にあるんだから，もう一度探してみよう．

どのように

▶如何　▶怎么　▶怎么样　▶怎么着
▶怎样

＊＊【如何】 rúhé 代 どのように．どんなふうに．どう．‖近况～? jìnkuàng rúhé? このところいかがですか．｜不知意下～? bù zhī yìxià rúhé? お考えはどうですか．｜这个问题～解决? zhège wèntí rúhé jiějué? この問題はどう解決すればよいのか．

★【怎么】 zěnme 代 ❶（方法を尋ねる）どのように．どうやって．‖这个字～念? zhège zì zěnme niàn? この字はどう読みますか．｜这个水果～吃? zhège shuǐguǒ zěnme chī? この果物はどうやって食べるのですか．❷（逆接条件を表す）いかに…しても．どう…しても．‖那本书～找也找不着 nà běn shū zěnme zhǎo yě zhǎobuzháo あの本はどう探しても見つからない．｜无论～求她，她都不答应 wúlùn

とぶ （空中を）飛ぶ

zěnme qiú tā, tā dōu bù dāying どんなに頼んでも，彼女はうんと言わない．❸(状況を尋ねる)どうですか．いかがですか．‖你～了? 不舒服吗? nǐ zěnme le? bù shūfu ma? どうしました，気分が悪いのですか．

★【怎么样】zěnmeyàng 代❶(方法を尋ねる)どのように．どんなふうに．‖我怎么样才能让你满意? wǒ zěnmeyàng cái néng ràng nǐ mǎnyì? どうしたら君を満足させられるんだろう．❷(逆接条件を表す)いかに…しても．どう…しても．‖无论我～解释，他都不信 wúlùn wǒ zěnmeyàng jiěshì, tā dōu bú xìn 私がどう説明しても彼は信じようとしない．｜不管～，我明天一定要去 bùguǎn zěnmeyàng, wǒ míngtiān yídìng yào qù どうあっても私は明日必ず行く．❸(状況を尋ねる)どうですか．いかがですか．‖最近～? zuìjìn zěnmeyàng? 近ごろどうですか．｜你姐姐的病治得～了? nǐ jiějie de bìng zhìde zěnmeyàng le? お姉さんのご病気はどうですか．｜暑假一起去南方旅行，～? shǔjià yìqǐ qù nánfāng lǚxíng, zěnmeyàng? 夏休みに南方へ一緒に旅行しないか，どうだい．❹どうこうする．‖你别怕，他不敢把你～ nǐ bié pà, tā bùgǎn bǎ nǐ zěnmeyàng 心配するな，彼は君をどうすることもできないさ．

*【怎么着】zěnmezhe 代❶(状況を尋ねる)どうですか．‖别人都报考大学了，你打算～? biéren dōu bàokǎo dàxué le, nǐ dǎsuan zěnmezhe? ほかの人はみな大学受験に応募したが，君はどうする気だ．❷(文頭に用いて)どうしたのか．‖～，你又不想去了? zěnmezhe, nǐ yòu bù xiǎng qù le? どうしたっていうんだ，行きたくなくなったというのか．

★【怎样】zěnyàng 代❶(方法を尋ねる)どのように．どんなふうに．‖请假条～写? qǐngjiàtiáo zěnyàng xiě? 欠勤(欠席)

届けはどう書けばいいのか．｜老师是～说的? lǎoshī shì zěnyàng shuō de? 先生はどう言ってましたか．❷(逆接条件を表す)どんなに…しても．どう…しても．‖无论～掩饰都没有用 wúlùn zěnyàng yǎnshì dōu méiyou yòng どんなにごまかしたってむだだ．❸(状況を尋ねる)どうですか．いかがですか．‖试验做得～了? shìyàn zuòde zěnyàng le? 実験の結果はどうでしたか．

とぶ （空中を）飛ぶ

▶翻飞 ▶飞 ▶飞往 ▶飞舞 ▶飞翔
▶飞行 ▶纷飞 ▶盘旋

【翻飞】fānfēi 動(鳥やチョウなどが)高く低く行きつ戻りつして飛ぶ．‖蝴蝶在花间～ húdié zài huā jiān fānfēi チョウが花の間を舞っている．

★【飞】fēi 動❶(鳥や虫が)飛ぶ．‖大雁向北～ dàyàn xiàng běi fēi オオカリが北に向かって飛ぶ．｜蜻蜓～了 qīngtíng fēi le トンボが飛んだ．｜～来一只鸟 fēilai yì zhī niǎo 鳥が1羽飛んできた．❷(飛行機で)飛ぶ．‖我明天～广州 wǒ míngtiān fēi Guǎngzhōu 私は明日広州へ飛ぶ．｜这趟班机直～北京 zhè tàng bānjī zhífēi Běijīng この便は(経由地なしで)北京に直行する．

【飞往】fēiwǎng 動空路…に向かう．‖他们已～南京 tāmen yǐ fēiwǎng Nánjīng 彼らはすでに空路南京へ向かった．

*【飞舞】fēiwǔ 動舞うように空中を飛ぶ．‖雪花漫天～ xuěhuā màntiān fēiwǔ 雪が空一面に舞い飛ぶ．｜彩旗～ cǎiqí fēiwǔ 色とりどりの旗が風に舞う．

*【飞翔】fēixiáng 動飛翔(ひょう)する．飛び回る．‖他驾驶着飞机，～在祖国的天空 tā jiàshǐzhe fēijī, fēixiángzài zǔguó de tiānkōng 彼は飛行機を操縦して，祖国

520

の空を飛行している. | 老鹰～在蓝蓝的天空 lǎoyīng fēixiángzài lánlán de tiānkōng トビが真っ青な空を旋回している.

*【飞行】 fēixíng 動 飛行する. 空を飛ぶ. ‖飞机在两万米高空～ fēijī zài liǎng wàn mǐ gāokōng fēixíng 飛行機は2万メートルの高空を飛んでいる.

【纷飞】 fēnfēi 動 (雪や花などが)しきりに乱れ飛ぶ. ‖柳絮～ liǔxù fēnfēi 柳絮(りゅうじょ)がしきりに舞い飛ぶ.

*【盘旋】 pánxuán 動 ❶ぐるぐる回る. 渦巻く. 旋回する. ‖直升飞机在空中～ zhíshēng fēijī zài kōngzhōng pánxuán ヘリコプターが空中を旋回している. | 这件事在我脑子里～了好久 zhè jiàn shì zài wǒ nǎozi li pánxuánle hǎojiǔ そのことが私の頭の中で長い間渦巻いていた.

とぶ 跳ぶ

▶蹦 ▶蹦跳 ▶飞跃 ▶跳 ▶跳跃 ▶跃

*【蹦】 bèng 動 跳ぶ. はねる. ‖沟不宽, 一～就能过去 gōu bù kuān, yí bèng jiù néng guòqu この溝は狭いから簡単に跳び越せる.

【蹦跳】 bèngtiào 動 跳び上がる. 跳びはねる. ‖小女孩儿拿了钱, 蹦蹦跳跳地往商店去了 xiǎonǚháir nále qián, bèngbèngtiàotiào de wǎng shāngdiàn qù le 女の子はお金をもらうと, 跳びはねるようにお店に駆けていった.

*【飞跃】 fēiyuè 動 ❶飛び上がる. 跳び上がる. ‖海豚～出海面 hǎitún fēiyuèchu hǎimiàn イルカが海面からジャンプする. ❷(スキーで)ジャンプする.

★【跳】 tiào 動 ❶跳ぶ. 跳ねる. ‖～过水沟 tiàoguo shuǐgōu 溝を跳び越える. | 活蹦乱～ huó bèng luàn tiào 元気よく跳ね回る. | 从台上～下来 cóng táishang tiào-xialai 舞台から跳び下りる. | 他高兴得

直～ tā gāoxìngde zhítiào 彼は小躍りして喜んだ. ❷(物体が)弾む. ‖用力一拍桌子, 震得茶杯直～ yònglì yì pāi zhuōzi, zhènde chábēi zhí tiào 思いきりテーブルをたたいたら, はずみで茶碗が跳び上がった.

*【跳跃】 tiàoyuè 動 跳ぶ. ジャンプする. ‖～障碍 tiàoyuè zhàng'ài 障害を跳び越す. | 喜讯传来人们欢呼～着 xǐxùn chuánlai rénmen huānhū tiàoyuèzhe 吉報に人々は歓声を上げて跳びはねた.

【跃】 yuè 動 跳ぶ. 跳ねる. ‖成绩～了一大步 chéngjì yuèle yí dà bù 成績は飛躍的に向上した.

とぼしい 乏しい

▶不够 ▶不足 ▶匮乏 ▶贫乏 ▶欠
▶欠缺 ▶缺 ▶缺乏 ▶缺少

*【不够】 bùgòu 動 足りない. 十分でない. ‖水分～ shuǐfèn búgòu 水分が足りない. | 这点儿钱～他养家 zhè diǎnr qián búgòu tā yǎngjiā こればかりの金では彼が家族を養うには不十分だ. | ～安全 búgòu ānquán あまり安全ではない.

*【不足】 bùzú 形 足りない. 十分でない. ‖这袋米分量～ zhè dài mǐ fènliang bùzú この袋の米は目方が足りない. | 估计～ gūjì bùzú どうも足りないようだ. | 信心～ xìnxīn bùzú 自信がない. | 心有余而力～ xīn yǒu yú ér lì bùzú その気はあっても力が足りない.

【匮乏】 kuìfá 形書 欠乏している. 乏しい. ‖资金～ zījīn kuìfá 資金が不足している. | 食品～ shípǐn kuìfá 食べ物が欠乏している.

*【贫乏】 pínfá 形 乏しい. 貧弱である. 欠乏している. ‖知识～ zhīshi pínfá 知識が乏しい. | 词汇～ cíhuì pínfá 語彙が乏しい. | 内容～ nèiróng pínfá 内容が貧

弱である.｜资源~ zīyuán pínfá 資源が
欠乏している.

**【欠】qiàn 動 不足する. 欠ける.｜说话
~考虑 shuōhuà qiàn kǎolù 話が思慮に欠
ける.｜计划~周密 jìhuà qiàn zhōumì 計
画が綿密さを欠く.

【欠缺】qiànquē 動 不足する. 欠乏する.
‖经验~ jīngyàn qiànquē 経験が乏しい.

**【缺】quē 動 不足する. 足りない. 欠く.
‖~资金 quē zījīn 資金が不足する.｜
~人员 quē rényuán 人員が不足してい
る.｜过日子~不了柴米油盐 guò rìzi quē-
buliǎo cháimǐ yóuyán 生活に燃料や食糧,
油や塩といったものは欠かせない.

**【缺乏】quēfá 動 欠乏する. 不足する.‖
专业人才~ zhuānyè réncái quēfá 専門家
が不足している.｜~信心 quēfá xìnxīn 自
信に欠ける.｜~诚意 quēfá chéngyì 誠
意に乏しい.｜~勇气 quēfá yǒngqì 勇気
が足りない.

**【缺少】quēshǎo 動 不足する. 欠く.‖
~零件 quēshǎo língjiàn 部品が不足する.
｜~商品知识 quēshǎo shāngpǐn zhīshi 商
品知識に乏しい.｜不可~的人才 bùkě
quēshǎo de réncái 不可欠な人材.｜农村十
分~医生 nóngcūn shífēn quēshǎo yīshēng
農村では医者が非常に不足している.

とまどう　戸惑う

▶不知所措　▶踌躇　▶惶惑　▶惊惑
▶困惑　▶迷惑　▶为难　▶犹豫
▶犹豫不决

【不知所措】bù zhī suǒ cuò 成 なすところ
を知らない. どうしてよいか分からず
うろたえるさま.‖面对这突发事件, 大
家都~ miànduì zhè tūfā shìjiàn, dàjiā dōu bù
zhī suǒ cuò この突発事件にみんなどう
してよいかわからなかった.

*【踌躇】【踌蹰】chóuchú 形 躊躇(ちゅう
ちょ)して

いる. 迷っている. ためらっている.‖
去还是不去, 他~着 qù háishi bú qù, tā
chóuchúzhe 行くか行かないか, 彼は
迷っている.｜~不决 chóuchú bù jué た
めらって前進しない. 二の足を踏む.
決しかねる.

【惶惑】huánghuò 形 恐れ戸惑っている.
恐れて不安になるさま.‖~地望着四周
huánghuò de wàngzhe sìzhōu 不安そうに
あたりを見回している.

【惊惑】jīnghuò 形 驚き戸惑っている.
驚いて不安になるさま.‖对他的行为我
们感到非常~ duì tā de xíngwéi wǒmen gǎn-
dào fēicháng jīnghuò 彼の行動には我々
はとても戸惑いを覚えた.

【困惑】kùnhuò 困惑している.‖~不
解 kùnhuò bùjiě 途方に暮れる.｜对他的
作法, 大家感到十分~ duì tā de zuòfa, dà-
jiā gǎndào shífēn kùnhuò 彼のやり方に,
みんなはひどく戸惑いを感じた.

*【迷惑】míhuo；míhuò 形 (是非がわから
ず)困惑している. 迷っている. わから
ない.‖~不解 míhuo bùjiě 困惑する.｜
用花言巧语~人 yòng huā yán qiǎo yǔ mí-
huo rén 調子のよいうまい話で人を惑わ
す.｜被假象所~ bèi jiǎxiàng suǒ míhuo
偽りの姿に惑わされる.

*【为难】wéinán 形 (立場上)困っている.
困惑している.‖左右~ zuǒyòu wéinán
板ばさみになる.｜感到~ gǎndào wéi-
nán 困惑を感じる.

*【犹豫】yóuyù 形 ためらっている. 迷っ
ている. 躊躇(ちょ)している.‖他办事
总是犹犹豫豫的, 一点也不干脆 tā bàn
shì zǒngshì yóuyóuyùyù de, yìdiǎn yě bù gān-
cuì 彼は何をやるにもぐずぐず迷ってば
かりで, まったく思い切りが悪い.

【犹豫不决】yóu yù bù jué 成 あれこれ
迷って心が決まらない. ぐずぐずして
決心がつかない.

とまる　泊まる

とまる　止まる

▶不通　▶停　▶停頓　▶停止　▶止　▶住

＊＊【不通】 bù tōng 圏 通じない．不通である．‖火车～已有三天了 huǒchē bù tōng yǐ yǒu sān tiān le 鉄道が不通になって3日たつ．｜电话～，一时联系不上 diànhuà bù tōng, yìshí liánxìbushàng 電話が不通で当分の間連絡できない．

★【停】 tíng 働 止まる．止める．‖钟～了 zhōng tíng le 時計が止まった．｜雨～了 yǔ tíng le 雨がやんだ．｜～水 tíng shuǐ 水が止まる．断水する．｜车慢慢儿～了下来 chē mànmānr tínglexialai 車はゆっくりと止まった．

＊【停顿】 tíngdùn 働 停頓(ていとん)する．中断する．‖每天下大雨，工程不得不～下来 měitiān xià dàyǔ, gōngchéng bù dé bù tíngdùnxialai 毎日大雨が続き，工事を中断せざるを得ない．

＊＊【停止】 tíngzhǐ 働 停止する．やむ．‖心脏～了跳动 xīnzàng tíngzhǐle tiàodòng 心臓の鼓動が止まった．｜歌声～了 gēshēng tíngzhǐ le 歌声がやんだ．

＊＊【止】 zhǐ ◇止まる．‖戛然而～ jiárán ér zhǐ （音が）ぱったりとやむ．｜流血不～ liú xuě bù zhǐ 出血が止まらない．｜～步不前 zhǐ bù bù qián 立ち止まって前に進まない．足踏み状態にある．

★【住】 zhù 働 停止する．止まる．やむ．‖雨～了 yǔ zhù le 雨がやんだ．｜哭声总算～了 kūshēng zǒngsuàn zhù le 泣き声がやっとやんだ．

とまる　泊まる

▶过夜　▶寄宿　▶借住　▶露宿　▶小住
▶歇宿　▶住　▶住宿

【过夜】 guò//yè 働 一夜を過ごす．一夜を明かす．（多く外泊をさす）‖在朋友家～ zài péngyou jiā guòyè 友だちの家に泊まる．｜因为这里没有客店，大家只好在庙里～ yīnwei zhèli méiyou kèdiàn, dàjiā zhǐhǎo zài miào li guòyè そこには宿屋がなかったので，みんなは寺で一夜を過ごすよりほかなかった．

【寄宿】 jìsù 働 人の家に泊まる．身を寄せる．‖暂时在伯母家里～ zànshí zài bómǔ jiā li jìsù 一時おばの家に泊まる．

【借住】 jièzhù 働 借家住まいをする．仮住まいをする．‖暂时～在朋友家 zànshí jièzhùzài péngyou jiā しばらく友人宅に仮住まいをする．

【露宿】 lùsù 働 野宿する．露宿する．‖～街头 lùsù jiētóu 路頭で一夜を明かす．｜夜里找不到村庄，只好在野外～ yèli zhǎobudào cūnzhuāng, zhǐhǎo zài yěwài lùsù 夜になって村里が見つからないので野宿せざるを得なかった．

【小住】 xiǎozhù 働 短期滞在する．しばらく泊まる．‖这次放假，回老家～了几天 zhè cì fàngjià, huí lǎojiā xiǎozhùle jǐ tiān この休みには数日田舎に帰っていた．

【歇宿】 xiēsù 働 宿をとる．泊まる．‖找了家旅馆～ zhǎole jiā lǚguǎn xiēsù 1軒の宿を見つけて宿泊した．

★【住】 zhù 働 泊まる．‖在旅馆～了两夜 zài lǚguǎn zhùle liǎng yè ホテルに2泊した．｜今晚我～北京饭店 jīnwǎn wǒ zhù Běijīng Fàndiàn 今夜は北京飯店に泊まります．｜我的别墅～得下十个人 wǒ de biéshù zhùdexià shí ge rén うちの別荘には10人泊まれる．

【住宿】 zhùsù 働 泊まる．‖～生 zhùsùshēng 寮生．｜在招待所～ zài zhāodàisuǒ zhùsù 宿泊所に泊まる．｜办理～登记 bànlǐ zhùsù dēngjì 宿泊の手続きをとる．チェックインする．

と

とむ　富む

とむ　富む

▶発　▶丰富　▶富　▶富有　▶富于
▶富裕　▶有钱

★【发】fā 動 裕福になる．富む．‖～家 jiā 家を豊かにする．｜暴～户 bàofāhù にわか成金．｜这几年他可～了 zhè jǐ nián tā kě fā le この数年で彼は金持ちになった．

★【丰富】fēngfù 形 豊富である．豊かである．‖～的资源 fēngfù de zīyuán 豊富な資源．｜知识～ zhīshi fēngfù 知識が豊富である．｜经验～ jīngyàn fēngfù 経験が豊富である．動 豊富にする．豊かにする．‖这些活动～了我们的业余生活 zhèxiē huódòng fēngfùle wǒmen de yèyú shēnghuó これらの活動は我々の余暇を豊かにしてくれた．

*【富】fù 形 富んでいる．裕福である．⇔"贫" pín "穷" qióng‖农村～了 nóngcūn fù le 農村が豊かになった．｜发财致～ fā cái zhì fù 金を儲けて豊かになる．｜贫～不均 pínfù bù jūn 貧富の差がある．

*【富有】fùyǒu 動 豊富に持つ．…に富む．(特定の才能・性質などを持っている)‖～文采 fùyǒu wéncǎi 文才に富む．｜～韧性 fùyǒu rènxìng 耐久性に富む．

【富于】fùyú 動 …に富む．‖～幽默 fùyú yōumò ユーモアに富む．｜～同情心 fùyú tóngqíngxīn 同情心にあふれる．

*【富裕】fùyù 形 富裕である．裕福である．豊かである．‖～的农民 fùyù de nóngmín 裕福な農民．｜生活～起来了 shēnghuó fùyùqilai le 生活が豊かになった．動 豊かにする．裕福にする．

【有钱】yǒu qián 組 金がある．財産がある．‖～人 yǒuqiánrén 金持ち．｜他家很～ tā jiā hěn yǒu qián 彼の家はたいへん金持ちだ．

とめる　とめる（固定する）

▶别　▶钉　▶缝　▶固定　▶记　▶系
▶夹　▶扣　▶拧　▶拴

★【别】bié 動 (ピンなどで)とめる．‖～着一枚纪念章 biézhe yì méi jìniànzhāng 記念バッジをつけている．｜把这两张图～在一起 bǎ zhè liǎng zhāng tú biézài yìqǐ 2枚の図を一緒にとめておく．

*【钉】dìng 動❶(くぎやくさび形のものを)打ち込む．打ちつける．‖～钉子 dìng dīngzi くぎを打つ．｜～合叶 dìng héyè ちょうつがいを取りつける．｜用订书机～住了 yòng dìngshūjī dìngzhù le ステープラーでとめた．❷縫いつける．とじつける．‖～扣子 dìng kòuzi ボタンを縫いつける．

*【缝】féng 動 縫う．‖～衣服 féng yīfu 服を縫う．｜把号码～在背上 bǎ hàomǎ féngzài bèishang 背番号を縫いつける．｜伤口～上了 shāngkǒu féngshang le 傷口を縫った．

*【固定】gùdìng 動 固定する．定着させる．‖把书架～在墙上 bǎ shūjià gùdìngzài qiáng shang 本棚を壁に固定する．

★【记】jì 動 書きとめる．記録する．‖～日记 jì rìjì 日記をつける．｜把要点～在本子上 bǎ yàodiǎn jìzài běnzi shang 要点をノートに書きとめる．

【系】jì 動 結ぶ．結わえる．とめる．‖～皮带 jì pídài ベルトを締める．｜～扣子 jì kòuzi ボタンをとめる．｜把鞋带～好 bǎ xiédài jìhǎo 靴ひもをしっかり結ぶ．

*【夹】jiā 動 両側から挟む．‖用发卡把头发～起来 yòng fàqiǎ bǎ tóufa jiāqilai ヘアピンで髪の毛をとめる．

*【扣】kòu 動 かける．とめる．‖～上衣领 kòushang yīlǐng 襟のボタンをとめる．｜～上门 kòushang mén ドアの掛け金をかける．

524

とめる　止める・停める

*【拧】 nǐng 動 ひねる．ねじる．‖ 用螺丝
~住了 yòng luósī nǐngzhù le　ねじでとめ
た．

*【拴】 shuān 動 (ひもなどで)つなぎとめ
る．くくりつける．‖ 把小船~在岸边
的树上 bǎ xiǎochuán shuānzài ànbiān de shù
shang　小舟を岸辺の木につなぎとめる．
| 在勺子把儿上~上一根细绳儿 zài sháo-
zibàr shang shuānshang yì gēn xìshéngr　ひ
しゃくの柄に細ひもをつける．

とめる　止める・停める

▶憋　▶屏　▶关　▶刹　▶刹车　▶停
▶停车　▶停止　▶止　▶住

---

*【憋】 biē 動 我慢する．辛抱する．耐え
る．‖ ~着一肚子火 biēzhe yí dùzi huǒ　怒
りをこらえる．| ~住气 biēzhù qì　息を止
める．| ~了一泡尿 biēle yì pāo niào　小
便を我慢する．

【屏】 bǐng 動 (息を)止める．‖ ~住呼吸
bǐngzhù hūxī　息を殺す．

★【关】 guān 動 スイッチを切る．消す．‖
~灯 guān dēng　明かりを消す．| ~电视
guān diànshì　テレビを消す．| ~掉引擎
guāndiào yǐnqíng　車のエンジンを止める．
| 把闹钟~了 bǎ nàozhōng guān le　目覚
ましをとめた．

【刹】 shā 動 (車や機械などを)止める．
停止する．‖ 把车~住 bǎ chē shāzhù　車
を止める．| ~歪风 shā wāifēng　悪い風
潮に歯止めをかける．

*【刹车】 shā//chē 動 ❶車を止める．停車
する．‖ 汽车紧急~ qìchē jǐnjí shāchē　車
が急停車した．❷機械を止める．ス
イッチを切る．❸ 止める．制止す
る．‖ 公款吃喝应该立即~ gōngkuǎn chī-
hē yīnggāi lìjí shāchē　公費による飲み食
いは直ちにやめるべきである．

★【停】 tíng 動 ❶止める．‖ 快把车~下来

kuài bǎ chē tíngxialai　早く車を止めなさ
い．| 煤气被~了 méiqì bèi tíng le　ガス
を止められた．| 他一年比赛 tā yì
nián bǐsài　彼を1年間の出場停止処分と
する．❷(自転車が)駐輪する．(車が)
駐車する．(船が)停泊する．‖ 车~在
门口 chē tíngzài ménkǒu　車は入り口に止
めてある．| 湖边~着几只小船 húbiān
tíngzhe jǐ zhī xiǎochuán　湖岸に数艘(そう)
の小舟が停泊している．

【停车】 tíng//chē 動 ❶車を止める．停車
する．‖ 列车将在本站~五分钟 lièchē
jiāng zài běnzhàn tíngchē wǔ fēnzhōng　列車
は当駅にて5分間停車します．| 紧急
~ jǐnjí tíngchē　緊急停車する．| 临时~
línshí tíngchē　臨時停車する．❷(自転車
が)駐輪する．(車が)駐車する．‖ 违章
~ wéizhāng tíngchē　違法駐車する．❸
機械を止める．‖ 部分机器要~修理 bù-
fen jīqi yào tíngchē xiūlǐ　一部の機械は運
転を中止して修理しなければならない．

**【停止】 tíngzhǐ 動 停止する．やめる．‖
~生产线 tíngzhǐ shēngchǎnxiàn　生産ライ
ンを止める．| 这种药已经按规定~使
用了 zhè zhǒng yào yǐjīng àn guīdìng tíngzhǐ
shǐyòng le　この薬はすでに規定により
使用をとりやめている．

**【止】 zhǐ 動 止める．‖ ~痛 zhǐtòng　痛み
を止める．| 赶紧把血~一下 gǎnjǐn bǎ xiě
zhǐ yíxià　大急ぎで出血を止めなさい．|
他刚要喊叫，被父亲~住了 tā gāng yào
hǎnjiào, bèi fùqin zhǐzhù le　彼は叫ぼうと
したが，すぐに父親に止められた．

★【住】 zhù 動 動詞の後に置き，動作が停
止することを表す．‖ 被问~了 bèi wèn-
zhù le　返答に窮した．| 快叫~他 kuài
jiàozhù tā　早く彼を呼び止めてくれ．|
停~脚步 tíngzhù jiǎobù　足を止める．|
一下子愣~了 yíxiàzi lèngzhù le　一瞬あっ
けにとられた．| 留~客人 liúzhù kèren
客を引き留める．

とらえる　捕らえる

とらえる　捕らえる

▶捕　▶捕获　▶捕捉　▶逮　▶逮捕
▶俘虏　▶抓　▶捉　▶捉拿

**【捕】bǔ 動捕らえる. 捕まえる. ‖ ～鱼 bǔ yú 漁をする. | ～蝇灭蚊 bǔ yíng miè wén ハエを捕り, 力を退治する.

【捕获】bǔhuò 動捕獲する. 取り押さえる. 捕らえる. ‖ ～量 bǔhuòliàng 捕獲量. | ～一只黑熊 bǔhuò yì zhī hēixióng クマを1頭捕獲する. | ～在逃的案犯 bǔhuò zàitáo de ànfàn 逃走中の犯人を取り押さえる.

*【捕捉】bǔzhuō 動捕らえる. 捕まえる. ‖ ～逃犯 bǔzhuō táofàn 逃走犯を捕らえる. | ～害虫 bǔzhuō hàichóng 害虫を捕まえる. | ～思绪 bǔzhuō sīxù 考えの筋道をとらえる.

【逮】dǎi 動口捕らえる. 捕まえる. (単独で用いられ, 複合語には用いない)‖ 猫～耗子 māo dǎi hào zi ネコがネズミを捕まえる. | ～个机会跟他说说 dǎi ge jīhuì gēn tā shuōshuo 機会をみて彼に話をしよう.

*【逮捕】dàibǔ 動逮捕する. ‖ 他被～了 tā bèi dàibǔ le 彼は逮捕された. | 依法～ yīfǎ dàibǔ 法に基づいて逮捕する.

*【俘虏】fúlǔ 動捕虜にする. 俘虏(ふりょ)にする. ‖ ～了大批敌军士兵 fúlǔle dàpī díjūn shìbīng 敵の兵士を大量に捕虜にした.

**【抓】zhuā 動捕まえる. 逮捕する. ‖ ～小偷儿 zhuā xiǎotōur 泥棒を捕まえる. | 逃犯被～住了 táofàn bèi zhuāzhù le 逃走中の犯人は捕まった.

**【捉】zhuō 動捕らえる. 捕まえる. ‖ ～住了小偷儿 zhuōzhùle xiǎotōur こそ泥を捕まえる. | ～泥鳅 zhuō níqiu ドジョウを捕まえる. | 瓮中～鳖 wèng zhōng zhuō biē かめの中のスッポンを捕まえる. 手

を下せばすぐ目標物が得られるたとえ.

【捉拿】zhuōná 動(犯人を)捕まえる. ‖ ～凶手 zhuōná xiōngshǒu 凶悪犯を捕らえる. | ～逃犯 zhuōná táofàn 脱走犯を捕らえる.

とり　鳥

▶鹌鹑　▶布谷　▶翠鸟　▶鹅　▶凤凰
▶鸽子　▶海鸥　▶黄莺　▶鹤　▶候鸟
▶火烈鸟　▶鸡　▶孔雀　▶鹩哥　▶鹭
▶麻雀　▶猫头鹰　▶企鹅　▶鹊　▶水鸟
▶鸵鸟　▶天鹅　▶文鸟　▶乌鸦　▶鸭
▶雁　▶燕子　▶野鸡　▶野鸭　▶鹰
▶鹦鹉　▶鸳鸯　▶云雀　▶啄木鸟

【鹌鹑】ānchun；ānchún 名ウズラ. “鹑” chún ともいう.

【布谷】bùgǔ 名カッコウ. “布谷鸟” bùgǔniǎo ともいう. “杜鹃” dùjuān はカッコウ科の鳥の通称.

【翠鸟】cuìniǎo 名カワセミ. “钓鱼郎” diàoyúláng ともいう.

**【鹅】é 名ガチョウ. ‖ ～蛋脸 édànliǎn 卵形の顔. うりざね顔. | ～毛 émáo ガチョウの羽. 軽微なものや小さな物のたとえ. | 千里送～毛, 礼轻情意重 qiānlǐ sòng émáo, lǐ qīng qíngyì zhòng 贈り物はささやかでも心がこもっていること.

【凤凰】fènghuáng 名(古代伝説中の鳥の王)鳳凰. 皇后の象徴とされた.

*【鸽子】gēzi 名ハト. ‖ ～笼 gēzilóng ハト小屋. 狭い住居のたとえ. ウサギ小屋.

【海鸥】hǎi'ōu 名カモメ.

【黄莺】huángyīng 名ウグイス. “黄鹂” huánglí, “鸧鹒” cānggēng ともいう.

【鹤】hè 名ツル. ‖ 丹顶～ dāndǐnghè タンチョウ.

【候鸟】hòuniǎo 名渡り鳥.

【火烈鸟】huǒlièniǎo 名フラミンゴ.

★【鸡】jī 名ニワトリ. “家鸡” jiājī ともい

とりあえず

う. ‖ ～蛋 jīdàn ニワトリの卵. ｜～口
牛后 jī kǒu niú hòu 鶏口となるも牛後と
なるなかれ. 大きいものの後ろに付き
従うより, 小さくてもその頭になった
方がよい. ｜肯德基家乡～ Kěndéjī jiā-
xiāngjī ケンタッキーフライドチキン.

*【孔雀】kǒngquè 图 クジャク.

【鹩哥】liáogē 图 キュウカンチョウ.

【鹭】lù 图 サギ科の鳥の総称.

*【麻雀】máquè 图 スズメ. "家雀儿" jiā-
qiǎor, "老家贼" lǎojiāzéi ともいう. ‖～
虽小, 五脏俱全 máquè suī xiǎo, wǔzàng
jùquán スズメは体が小さくても五臓六
腑(ろっぷ)は揃っている. 規模は小さく
ても何もかも揃っていることのたとえ.

【猫头鹰】māotóuyīng 图 ミミズク. フ
クロウ. "夜猫子" yèmāozi, "鸱鸺" chī-
xiū ともいう.

【企鹅】qǐ'é 图 ペンギン.

【鹊】què 图 カササギ. "喜鹊" xǐquè と
もいう. カササギの鳴き声は古くから
吉兆とされ, 文様などに好んで使われ
てきた. また, 七夕では天の川を渡す
橋の役割を担うとされている.

【水鸟】shuǐniǎo 图 水鳥.

【鸵鸟】tuóniǎo 图 ダチョウ. ‖～政策 tuó-
niǎo zhèngcè (ダチョウが危険の迫った
とき頭を砂に埋めて安心するように)現
実を正視しない間に合わせ的な政策.

【天鹅】tiān'é 图 ハクチョウ. "鹄" hú と
もいう. ‖～绒 tiān'éróng 图 ビロード.
ベルベット.

【文鸟】wénniǎo 图 ブンチョウ.

*【乌鸦】wūyā 图 カラス. "老鸹" lǎogua,
"老鸦" lǎoyā ともいう. ‖～嘴 wūyāzuǐ
おしゃべりな人. 人の嫌がることを話
す人.

【鸭】yā 图 アヒル. ふつう"鸭子" yāzi
という. ‖鸭蛋 yādàn アヒルの卵. ｜北
京烤鸭 běijīng kǎoyā 北京ダック.

【雁】yàn 图 ガン. カリ. ‖鸿～ hóngyàn

サカツラガン. また, 手紙や便りの比
喩.

*【燕子】yànzi 图 ツバメ. "家燕" jiāyàn の
通称.

【野鸡】yějī 图 キジ. "雉" zhì の通称.

【野鸭】yěyā 图 マガモ. "绿头鸭" lùtóu-
yā ともいう.

*【鹰】yīng 图 タカ科の鳥の通称. ‖～钩
鼻子 yīnggōu bízi わし鼻. かぎ鼻.

【鹦鹉】yīngwǔ 图 オウム科の鳥の総称.
‖～学舌 yīngwǔ xué shé おうむ返しに
繰り返す. 人の言ったことの受け売り
をする.

【鸳鸯】yuānyang；yuānyāng 图 オシドリ.
仲睦まじい夫婦をたとえる.

【云雀】yúnquè 图 ヒバリ.

【啄木鸟】zhuómùniǎo 图 キツツキ."䴕"
liè ともいう.

とりあえず

▶姑且 　▶首先 　▶先 　▶暂且 　▶暂时

*【姑且】gūqiě 圖 しばらく. 一時的に.
しばし. ‖这个问题～放一放 zhège wèntí
gūqiě fàngyifàng この問題はしばらく
放っておく.

*【首先】shǒuxiān 圖 真っ先に. まず最
初に. ‖～要把身体养好 shǒuxiān yào bǎ
shēntǐ yǎnghǎo まずは体をよく休ませな
ければならない.

★【先】xiān 圖 まず. 先に. あらかじめ.
‖你～去, 我马上就来 nǐ xiān qù, wǒ mǎ-
shàng jiù lái 先に行ってください, 私も
すぐ行きますから. ｜我们～吃, 吃完再
说吧 wǒmen xiān chī, chīwán zài shuō ba と
りあえず食事をしよう, 話はそれから
だ. ｜没零钱, ～替我垫上 méi língqián
xiān tì wǒ diànshang 細かいお金がないの
で, とりあえず立て替えてください.

*【暂且】zànqiě 圖 暂時. ひとまず. いっ

たん. ‖ 在这里~住两天 zài zhèli zànqiě zhù liǎng tiān ここにひとまず数日滞在しよう. ｜这个问题~搁一搁 zhège wèntí zànqiě gēyigē この問題はとりあえずおいておこう.

【暂时】 zànshí 形 一時的である. 暫時の. 差し当たりの. ‖ ~不要告诉他 zànshí búyào gàosu tā 差し当たり彼には知らせるな. ｜把~穿不着的衣服收起来 bǎ zànshí chuānbuzháo de yīfu shōuqilai 当面着ない服はしまっておきなさい.

とりかえる　取り替える・取り換える

▶変换　▶掉换　▶对调　▶兑换　▶改换
▶更换　▶互换　▶换　▶交换　▶替换

*【变换】 biànhuàn 動 変える. 転換する. 取りかえる. ‖ ~环境 biànhuàn huánjìng 環境を変える. ｜~说法 biànhuàn shuōfa 言い方を変える. ｜~一下方式 biànhuàn yíxià fāngshì 方式を変えてみる.

*【掉换】 diàohuàn "调换"とも書く. 動❶(新しいものと)取りかえる. 交換する. ‖ ~工种 diàohuàn gōngzhǒng （工場で）作業配置をかえる. ｜~零件 diàohuàn língjiàn 部品を交換する. ❷(互いに)交換する. ‖ 咱们~一下位置 zán liǎ diàohuàn yíxià wèizhi 僕たちちょっと位置をかわろう.

【对调】 duìdiào 動 (位置や仕事などを)交換する. 取りかえる. ‖ ~座位 duìdiào zuòwei 座席を取りかえる.

*【兑换】 duìhuàn 動 両替する. ‖ 用美元~人民币 yòng měiyuán duìhuàn rénmínbì 米ドルを人民幣に両替する. ｜~率 duìhuànlǜ 為替相場. 為替レート.

【改换】 gǎihuàn 動 取りかえる. ‖ ~方式 gǎihuàn fāngshì やり方を変える. ｜~姿势 gǎihuàn zīshì 姿勢を変える. ｜~地点 gǎihuàn dìdiǎn 場所を変える.

*【更换】 gēnghuàn 動 交替する. 入れかえる. ‖ 你们俩~一下位子 nǐmen liǎ gēnghuàn yíxià wèizi あなた方お二人, ちょっと席を取りかえてください. ｜~领导班子 gēnghuàn lǐngdǎo bānzi 指導者グループを入れかえる. ｜~了新设备 gēnghuàn-le xīn shèbèi 新しい設備に入れかえた.

【互换】 hùhuàn 動 交換する. 取り交わす. ‖ ~大使 hùhuàn dàshǐ 大使を交換する. ｜~批准书 hùhuàn pīzhǔnshū 批准書を取り交わす.

★【换】 huàn 動❶(物と物とを)交換する. ‖ ~零钱 huàn língqián 小銭にかえる. ｜拿鸡蛋~盐 ná jīdàn huàn yán 卵を塩と交換する. ❷(あるものを別のものに)かえる. 取りかえる. ‖ ~衣服 huàn yīfu 着替えをする. ｜以金钱~时间 yǐ jīnqián huàn shíjiān 金で時間を買う. ｜~一个方式 huàn yí ge fāngshì やり方をかえる.

**【交换】 jiāohuàn 動 交換する. ‖ ~名片 jiāohuàn míngpiàn 名刺を交換する. ｜~纪念品 jiāohuàn jìniànpǐn 記念品を交換する. ｜~意见 jiāohuàn yìjiàn 意見をやりとりする. ｜物物~ wùwù jiāohuàn 物々交換. ｜等价~ děngjià jiāohuàn 等価交換.

*【替换】 tìhuàn 動 かえる. 取りかえる. 入れかえる. ‖ ~负责人 tìhuàn fùzérén 担当者をかえる. ｜带~的衣服 dài tìhuàn de yīfu 着換えの服を持つ. ｜~文件中的一个表格 tìhuàn wénjiàn zhōng de yí ge biǎogé 文書の中の表を一つ差しかえる.

とりかかる　取りかかる
⇒ちゃくしゅ　着手

とりけす　取り消す

▶撤　▶撤回　▶撤消　▶吊销　▶废除
▶解约　▶取销　▶退　▶销

---

*【撤】chè 動 取り除く．取り消す．‖把多余的桌子~了 bǎ duōyú de zhuōzi chè le 余計なテーブルを取り除く．｜他的局长职务被~了 tā de júzhǎng zhíwù bèi chè le 彼は局長の職を解かれた．

【撤回】chèhuí 動 撤回する．取り消す．‖~申请 chèhuí shēnqǐng 申請を取り下げる．｜~意见 chèhuí yìjian 意見を撤回する．

*【撤消】【撤销】chèxiāo 動 取り消す．破棄する．解消する ‖~合同 chèxiāo hétong 契約を破棄する．｜~职务 chèxiāo zhíwù 解任する．｜~处分 chèxiāo chǔfèn 処分を取り消す．

【吊销】diàoxiāo 動 (証明書などを)取り上げて取り消す．没収する．‖~驾驶执照 diàoxiāo jiàshǐ zhízhào 運転免許証を没収する．

*【废除】fèichú 動 廃止する．取り消す．廃棄する．‖~不合理的规章制度 fèichú bù hélǐ de guīzhāng zhìdù 不合理な規則や制度を廃止する．｜他们单方面~了合同 tāmen dānfāngmiàn fèichúle hétong 彼らは一方的に契約を廃棄した．

【解约】jiě//yuē 動 解約する．契約を取り消す．キャンセルする．

**【取销】【取消】qǔxiāo 動 取り消す．取り止める．‖~计划 qǔxiāo jìhuà 計画を取り消す．｜~代表资格 qǔxiāo dàibiǎo zīgé 代表の資格を取り消す．｜会议临时~了 huìyì línshí qǔxiāo le 会議は急に取りやめになった．｜这项规定已经~了 zhè xiàng guīdìng yǐjīng qǔxiāo le この規定はすでに廃止された．

★【退】tuì 動 取り消す．撤回する．‖由于女儿坚决不答应，这椿亲事只好~掉了

由于女儿坚决不答应，这椿亲事只好退掉了 yóuyú nǚ'ér jiānjué bù dāying, zhè zhuāng qīnshì zhǐhǎo tuìdiào le 娘がどうしても承知しないので，この縁談はやむなく取り消すことにした．

*【销】xiāo 動 取り消す．取り下げる．棒引きする．‖~账 xiāozhàng (貸し借りを)帳消しにする．｜注 ~ zhùxiāo 取り消す．｜报~ bàoxiāo 実費を払い戻す．

とりこわす　取り壊す

▶拆　▶拆除　▶拆掉　▶拆毁　▶毁坏
▶破坏

**【拆】chāi 動 (建築物を)取り壊す．解体する．‖~房子 chāi fángzi 家を取り壊す．｜过河~桥 guò hé chāi qiáo 河を渡って橋を壊す．恩を仇(あだ)で返す．

【拆除】chāichú 動 (建物・橋などを)取り壊す．撤去する．‖~旧房 chāichú jiùfáng 古い家を取り壊す．

【拆掉】chāi//diào 動 取り壊す．‖这排旧房子都要~ zhè pái jiù fángzi dōu yào chāidiào この並びの古い家は全部取り壊さなければならない．

【拆毁】chāihuǐ 動 取り壊す．‖~了全部违章建筑 chāihuǐle quánbù wéizhāng jiànzhù 違法建築をすべて取り壊した．

*【毁坏】huǐhuài 動 壊す．破壊する．‖要制止~公共财物的行为 yào zhìzhǐ huǐhuài gōnggòng cáiwù de xíngwéi 公共の財産を破壊する行為をやめさせなければならない．

**【破坏】pòhuài 動 (建造物などを)破壊する．壊す．‖~公物 pòhuài gōngwù 公共の財産を破壊する．｜搞~ gǎo pòhuài 破壊活動をする．

とりのぞく　取り除く

とりのぞく　取り除く

▶除　▶除掉　▶掉　▶解除　▶解消
▶驱散　▶去　▶去除　▶去掉　▶消除

**【除】chú 動除く．除去する．‖根~ gēn-chú 根絶する．｜扫~ sǎochú 掃除する．｜开~ kāichú 除名する．｜去杂物 chú-qù záwù 不純物を取り除く．｜~了病根 chúle bìnggēn 病根を除く．

【除掉】chú//diào 動すっかり除く．取り除く．‖~祸害 chúdiào huòhai 禍根を取り除く．

★【掉】diào 動（動詞の後に置き）取り除くことを表す．‖砍~ kǎndiào 切り落とす．｜扔~ rēngdiào 捨ててしまう．｜忘~ wàngdiào 忘れてしまう．｜把黑板上的字擦~ bǎ hēibǎn shang de zì cādiào 黒板の字を消す．

*【解除】jiěchú 動除去する．なくす．‖~病人的痛苦 jiěchú bìngrén de tòngkǔ 病人の苦痛をなくす．

【解消】jiěxiāo 動解消する．取り除く．‖~疑虑 jiěxiāo yílù 疑いを解く．

【驱散】qūsàn 動取り除く．消し去る．‖~了疑云 qūsànle yíyún 心の中の疑いを吹き飛ばした．

★【去】qù 動取り除く．除去する．‖~皮 qù pí 皮をむく．｜~了一块心病 qùle yí kuài xīnbìng 心配事が一つなくなった．

【去除】qùchú 動取り除く．‖~杂念 qù-chú zániàn 雑念を払う．｜~污垢 qùchú wūgòu あかや汚れを取り除く．

【去掉】qù//diào 動取り去る．除去する．‖这段话很重要，不能~ zhè duàn huà hěn zhòngyào, bù néng qùdiào 話のこの部分は重要なので省けない．

*【消除】xiāochú 動取り除く．消える．解消する．‖~隔阂 xiāochú géhé わだかまりを除く．｜~顾虑 xiāochú gùlù 不安を取り除く．｜疑问~了 yíwèn xiāochú le 疑問が消えた．｜两人之间的误会~了 liǎng rén zhījiān de wùhuì xiāochú le 二人の間の誤解は解けた．

とる　（手に）取る

▶递　▶接　▶拿　▶取　▶收　▶握　▶执
▶抓

**【递】dì 動渡す．手渡す．‖把剪子~给我 bǎ jiǎnzi dìgěi wǒ はさみを取ってください．

★【接】jiē 動（手で）受け取る．受ける．‖~球 jiēqiú レシーブする．｜把行李~过来 bǎ xíngli jiēguolai 荷物を受け取る．

★【拿】ná 動（手で）持つ．つかむ．取る．‖~着书 názhe shū 本を手に取る．｜随便~ suíbiàn ná 自由に取る．｜把书从架子上~下来 bǎ shū cóng jiàzi shang náxialai 棚から本を取る．｜你手里~的是什么? nǐ shǒuli ná de shì shénme? 手に取っているのは何ですか．

*【取】qǔ 動取る．引き出す．受け出す．‖~票 qǔ piào 切符を受け取る．｜到车站~行李 dào chēzhàn qǔ xíngli 駅へ行って荷物を引き取る．｜到银行~了五百元钱 dào yínháng qǔle wǔbǎi yuán qián 銀行へ行って500元引き出した．｜从书架上~书 cóng shūjià shang qǔ shū 本棚から本を取る．

★【收】shōu 動受け入れる．‖~礼物 shōu lǐwù 贈り物を受け取る．｜~到一封信 shōudào yì fēng xìn 手紙を1通受け取る．｜~徒弟 shōu túdì 弟子を取る．｜能~八个频道 néng shōu bā ge píndào 8チャンネル分受信できる．

**【握】wò 動握る．つかむ．持つ．‖紧紧~住车把 jǐnjǐn wòzhù chēbǎ ハンドルをしっかりと握る．

【执】zhí 動書手に取る．持つ．‖手~队旗 shǒu zhí duìqí 手に隊の旗を持つ．

**【抓】 zhuā 動 つかむ．握る．‖ ～了一把
盐 zhuāle yì bǎ yán　塩を一つかみ取った．
｜～着他的胳膊 zhuāzhe tā de gēbo　彼の
腕をつかまえている．｜把帽子～在手
里 bǎ màozi zhuāzài shǒu li　帽子を手に取
る．

とる　（資格や許可などを）取る

▶得到　▶获得　▶考取　▶领到　▶拿到
▶取得

---

*【得到】 dé//dào 動 手に入れる．獲得す
る．もらう．‖ ～一份奖品 dédào yí fèn
jiǎngpǐn　賞品をもらった．｜～对方的谅
解 dédào duìfāng de liàngjiě　相手側の了解
を得た．｜～帮助 dédào bāngzhù　助けを
得た．｜～许可 dédào xǔkě　許可をもらっ
た．

**【获得】 huòdé 動 獲得する．手に入れ
る．収める．‖ ～宝贵经验 huòdé bǎoguì
jīngyàn　貴重な経験をした．｜～一致通
过 huòdé yízhì tōngguò　満場一致で可決
する．

【考取】 kǎo//qǔ 動 （試験を受けて）取得
する．‖ ～驾照 kǎoqǔ jiàzhào　車の免許
を取る．｜～资格证 kǎoqǔ zīgézhèng　資
格を取る．

【领到】 lǐngdào 動 （支給されるものを）受
け取る．‖ ～加班费 lǐngdào jiābānfèi　残
业手当をもらう．｜～国际执照 lǐngdào
guójì zhízhào　国際ライセンスを取る．

【拿到】 nádào 動 手に入れる．得る．取
得する．‖ ～签证 nádào qiānzhèng　ビザ
を取る．｜～学位 nádào xuéwèi　学位を
取る．｜～奖学金 nádào jiǎngxuéjīn　奨学
金をもらう．｜～世界杯的入场券 nádào
shìjièbēi de rùchǎngquàn　ワールドカップ
の入場券を手に入れた．

*【取得】 qǔdé 動 取得する．得る．‖ ～日
本国籍 qǔdé Rìběn guójí　日本国籍を取

る．｜～信任 qǔdé xìnrèn　信任を得る．｜
～优异成绩 qǔdé yōuyì chéngjì　優秀な成
績を収める．｜～决赛权 qǔdé juésàiquán
決勝進出を勝ち取る．｜和对方～联系
hé duìfāng qǔdé liánxì　相手と連絡をとる．

な

ないしん　内心

▶内心　▶心里　▶心声　▶心眼儿　▶心中

*【内心】nèixīn 图 心．腹の中．‖表面上那么说，～里可不是那么想 biǎomiàn shang nàme shuō, nèixīn li kě bú shì nàme xiǎng 表向きはああ言ってはいるが，腹の中では決してそうは思っていない．｜发自～的赞叹 fā zì nèixīn de zàntàn 心底からの賛嘆．

*【心里】xīnli；xīnlǐ 图 心の中．胸中．‖记在～ jìzài xīnli 心に刻む．｜～藏不住话 xīnli cángbuzhù huà 思ったことを腹の中にしまっておけない．｜～话 xīnli-huà 本当の話．本音．｜难过 xīnli nánguò 心中つらい．｜～有底 xīnli yǒudǐ 心中目算が立っている．｜～有数 xīnli yǒushù 胸の中でちゃんと分かっている．心得ている．

【心声】xīnshēng 图 心の声．内心から発する声．胸の内．‖吐露～ tǔlù xīnshēng 胸の内を打ち明ける．｜道出了民众的～ dàochule mínzhòng de xīnshēng 民衆の心の声を代弁している．

*【心眼儿】xīnyǎnr 图 ❶心の底．内心．‖打～里喜欢 dǎ xīnyǎnr li xǐhuan 心の底から好きである．❷心根．気立て．心がけ．‖～坏 xīnyǎnr huài 腹黒い．｜别看他外表严厉，～可好了 biékàn tā wàibiǎo yánlì, xīnyǎnr kě hǎo le 彼は外見はいかめしいが，心根はとてもよい．

*【心中】xīnzhōng 图 心中．心の中．‖～志忑不安 xīnzhōng tǎntè bù ān 心中びくびくして不安である．｜他～只有工作 tā xīnzhōng zhǐ yǒu gōngzuò 彼の頭には仕事のことしかない．

なおす　直す（修理する）

▶补　▶收拾　▶修　▶修补　▶修理　▶整

★【补】bǔ 動 繕う．補修する．直す．‖裤子 bǔ kùzi ズボンを繕う．｜～墙 bǔ qiáng 壁を直す．塀を修理する．｜～车胎 bǔ chētāi タイヤを修理する．

★【收拾】shōushi 動 修理する．直す．‖～自行车 shōushi zìxíngchē 自転車を修理する．

**【修】xiū 動 修理する．補修する．‖～电视机 xiū diànshìjī テレビを修理する．｜这辆车～一～还能骑 zhè liàng chē xiūyixiū hái néng qí この自転車は修理すればまだ乗れる．｜路面的坑洼已经～好了 lùmiàn de kēngwā yǐjīng xiūhǎo le 路面のくぼみはもう補修し終えた．

【修补】xiūbǔ 動 修繕する．修理する．‖～房屋 xiūbǔ fángwū 家を修繕する．｜～鱼网 xiūbǔ yúwǎng 魚網を繕う．

**【修理】xiūlǐ 動 修理する．修繕する．‖～钟表 xiūlǐ zhōngbiǎo 時計を修理する．｜～门窗 xiūlǐ ménchuāng ドアや窓を修繕する．｜家里的电器他都能～ jiā li de diànqì tā dōu néng xiūlǐ 家の中の電気製品を彼は全部修理することができる．

*【整】zhěng 動 ❶整える．正す．‖～～领带 zhěngzheng lǐngdài ネクタイを直す．｜重～旗鼓 chóng zhěng qí gǔ 新たに態勢を整える．❷修理する．直す．‖～修 zhěngxiū 補修する．｜旧貌如新 zhěng jiù rú xīn 古い物を修理して新しい物のようにする．｜你帮我～～自行车 nǐ bāng wǒ zhěngzheng zìxíngchē 自転車を修理するのを手伝ってくれ．

なおす　直す（改める）

▶改　▶改正　▶矫正　▶纠正　▶修改
▶修正

なか　中

★【改】gǎi 動❶是正する．改める．きちんと直す．‖我错了，今后一定～ wǒ cuò le, jīnhòu yídìng gǎi 私が間違っていました，今後は必ず改めます．｜把错了的地方～过来 bǎ cuòle de dìfang gǎiguolai 間違ったところを改める．｜这个坏毛病他老是～不掉 zhège huài máobing tā lǎoshi gǎibudiào この悪い癖を彼はなかなか改めることができないでいる．❷手直しをする．手を入れる．‖～作业 gǎi zuòyè 宿題を直す．｜～文章 gǎi wénzhāng 文章を直す．｜～衣服 gǎi yīfu 服を仕立て直す．

**【改正】gǎizhèng 動改める．是正する．訂正する．‖有了错误就应该立即～ yǒule cuòwù jiù yīnggāi lìjí gǎizhèng 誤りがあったらすぐに正すべきだ．｜～缺点 gǎizhèng quēdiǎn 欠点を直す．｜～错别字 gǎizhèng cuòbiézì 誤字を訂正する．

**【矫正】jiǎozhèng 動矯正する．正しく直す．‖～视力 jiǎozhèng shìlì 視力を矯正する．｜～发音 jiǎozhèng fāyīn 発音を直す．｜～坏习惯 jiǎozhèng huài xíguàn 悪い癖を直す．

**【纠正】jiūzhèng 動是正する．改める．正す．直す．‖～缺点 jiūzhèng quēdiǎn 欠点を改める．｜～偏差 jiūzhèng piānchā 偏向を正す．｜对不良习惯要及时～ duì bùliáng xíguàn yào jíshí jiūzhèng 悪い習慣は直ちに是正しなければならない．

**【修改】xiūgǎi 動(文章や計画などを)改める．直す．修正する．‖～文章 xiūgǎi wénzhāng 文章を直す．｜～宪法 xiūgǎi xiànfǎ 憲法を改正する．｜～章程 xiūgǎi zhāngchéng 規約を改める．｜～剧本 xiūgǎi jùběn シナリオを手直しする．

*【修正】xiūzhèng 動(文章・字句・方向などの誤りやずれを)修正する．訂正する．‖～航向 xiūzhèng hángxiàng 航路を修正する．｜法律～案 fǎlù xiūzhèng'àn 法律の修正案．｜～了书中的几处错误 xiūzhèngle shū zhōng de jǐ chù cuòwù 本の中の数ヵ所の誤りを訂正した．｜对计划草案做了一些～ duì jìhuà cǎo'àn zuòle yìxiē xiūzhèng 計画草案にいくらかの修正を加えた．

なか　中

▸当中　▸里　▸里边　▸里面　▸里头
▸内　▸内部　▸其中　▸上　▸之中　▸中
▸中间

---

*【当中】dāngzhōng 名(…の)中．(…の)内．‖我们～他个子最高 wǒmen dāngzhōng tā gèzi zuì gāo 私たちの中で彼がいちばん背が高い．

★【里】lǐ 名❶中．内部．奥．(単独で介詞"往"wǎng"朝"cháo"从"cóng"由"yóu"向"xiàng の目的語となることができる)⇔外 wài｜～屋 lǐwū 奥の部屋｜往～走 wǎng lǐ zǒu 奥へ入る．❷(li)(場所・範囲・時間を示す言葉の後に置き)…の中．…の内．(「…の中」という意味は弱く，軽声で発音される)‖抽屉～ chōuti li 引き出しの中．｜手～拿着一本书 shǒuli názhe yì běn shū 手に本を1冊持っている．｜我们三个人～数他最能喝 wǒmen sān ge rén li shǔ tā zuì néng hē 私たち三人のうちで彼がいちばん酒に強い．｜寒假～我去滑雪了 hánjià li wǒ qù huáxuě le 冬休みに私はスキーに行った．

★【里边】lǐbian (～儿) 名中．内部．奥．‖冰箱～ bīngxiāng lǐbian 冷蔵庫の中．｜白线的～ báixiàn de lǐbian 白線の内側．｜～有人吗? lǐbian yǒu rén ma? 中に誰かいますか．｜～坐 lǐbian zuò 奥に座ってください．中へどうぞ．｜我一年～一次病也没生过 wǒ yì nián lǐbian yí cì bìng yě méi shēngguo 私はこの1年の内に一度も病気をしなかった．

**【里面】lǐmiàn (～儿) 名中．内部．奥．

ながい （時間が）長い

‖ ～是空的 lǐmiàn shì kòng de 中は空っ
ぽだ. ｜房子～很暖和 fángzi lǐmiàn hěn
nuǎnhuo 家の中はとても暖かい. ｜日记
本放在抽屉的最～ rìjìběn fàngzài chōuti
de zuì lǐmiàn 日記帳は引き出しのいち
ばん奥にしまう.

*【里头】lǐtou 图中. 内部. 奥. ‖屋～ wū
lǐtou 家の中. ｜最～安放着佛像 zuì lǐtou
ānfàngzhe fóxiàng いちばん奥には仏像が
安置されている. ｜五个人～只有他一个
考上了大学 wǔ ge rén lǐtou zhǐyǒu tā yí ge
kǎoshangle dàxué 5人の内彼一人だけ大
学に受かった.

★【内】nèi 图内側. 内部. （一定範囲の）
中. （造語成分として，"国内""体内"
などの語をつくる. 書き言葉や決まっ
た表現に用いる）⇔"外"wài ‖外圆～方
wài yuán nèi fāng 外見は近づきやすいが，
内面はきまじめでとても厳しい. ｜国～
guónèi 国内. ｜年～ niánnèi 年内. ｜～
情 nèiqíng 内部事情. ｜房费、饭费都包
括在～ fángfèi, fànfèi dōu bāokuò zàinèi 部
屋代も食事代もみなその中に含まれて
いる.

**【内部】nèibù 图内部. 内側. ‖～矛盾
nèibù máodùn 内部の矛盾. ｜～刊物 nèi-
bù kānwù 非公開の刊行物. ｜这消息来
自～ zhè xiāoxi láizì nèibù このニュース
は内部から出たものだ.

**【其中】qízhōng 图その中. そのうち. ‖
全班共五十名学生，～女生有二十二名
quán bān gòng wǔshí míng xuésheng, qízhōng
nǚshēng yǒu èrshí'èr míng 50名のクラス
のうち，女生徒は22名である. ｜你知
道这～的道理吗？ nǐ zhīdao zhè qízhōng de
dàolǐ ma? 君にはこの中に含まれている
道理が分かりますか.

★【上】shang 图名詞の後に置き，一定の
範囲を表す. ‖书～ shū shang 本の中. ｜
世界～ shìjiè shang 世界には. ｜车～人
很多 chē shang rén hěn duō 車の中には人

が大勢いる. ｜会～发言不多 huì shang fā-
yán bù duō 会議では発言が少なかった.
｜我是从电视～知道的 wǒ shì cóng diàn-
shì shang zhīdao de 私はテレビで知った.

**【之中】zhī zhōng 組…の中. ‖谈判正在
进行～ tánpàn zhèngzài jìnxíng zhī zhōng
話し合いは現在進行中である. ｜一年～
就发表了五篇论文 yì nián zhī zhōng jiù fā-
biǎole wǔ piān lùnwén 1年のうちに5編
もの論文を発表した. ｜陶醉在欢乐～
táozuìzài huānlè zhī zhōng 喜びに浸る.

★【中】zhōng 图❶（ある範囲の）内. 内部.
‖家～ jiā zhōng 家の中. ｜空～ kōng-
zhōng 空中. ｜心～ xīnzhōng 心の中. 胸
中. ｜学生～ xuésheng zhōng 学生の間.
｜假期～ jiàqī zhōng 休みの間. ｜前三
名～就有他 qián sān míng zhōng jiù yǒu tā
上位3名の中に彼が入っている. ❷（…
の）最中. （状況や状態が継続している
ことを表す）‖大会在热烈的掌声～结束
dàhuì zài rèliè de zhǎngshēng zhōng jiéshù 大
会は熱烈な拍手の中，幕を閉じた. ｜从
沉思～惊醒过来 cóng chénsī zhōng jīng-
xīngguolai 瞑想(めいそう)からさめる.

★【中间】zhōngjiān 图❶中. 内部. ‖游客
～只有我们俩是学生 yóukè zhōngjiān zhǐ-
yǒu wǒmen liǎ shì xuésheng 観光客の中で
私たち二人だけが学生だ. ｜你可以从这
些玩具～挑一个 nǐ kěyǐ cóng zhèxiē wánjù
zhōngjiān tiāo yí ge これらのおもちゃの
中から一つを選んでいいですよ. ❷間.
中間. ‖隔开三天上阵 zhōngjiān gékāi
sān tiān shàngzhèn 中3日あけて試合に
出る. ｜两座楼～有一个小公园 liǎng zuò
lóu zhōngjiān yǒu yí ge xiǎo gōngyuán 二つ
の建物の間に小さな公園がある.

ながい （時間が）長い

▶长　▶长久　▶长期　▶长远　▶好久
▶久

★【长】cháng 形 ❶(空間的に)長い. ⇔
"短" duǎn ‖ 裙子太～ qúnzi tài cháng ス
カートの丈が長すぎる. ❷(時間的に)
長い. ⇔"短" duǎn ‖ 时间～ shíjiān cháng
時間が長い. ｜冬天昼短夜～ dōngtiān
zhòu duǎn yè cháng 冬は昼が短く夜が長
い. ｜我在国外生活得～了, 已经对日本
的紧张的生活节奏不习惯了 wǒ zài guó-
wài shēnghuóde cháng le, yǐjīng duì Rìběn de
jǐnzhāng de shēnghuó jiézòu bù xíguàn le 外
国暮らしが長かったので, 日本のあわ
ただしい生活に戸惑っている.

【长久】chángjiǔ 形 (時間が)長久である.
長い. (指す時間は過去・現在・未来の
いずれでもよい)‖～之计 chángjiǔ zhī jì
長期的な方策. 長い見通しに立った策.
｜这种情况不会很～ zhè zhǒng qíngkuàng
bú huì hěn chángjiǔ こうした状況はそう
長く続くはずがない.

**【长期】chángqī 区 長期. ‖～得不到解
决 chángqī débudào jiějué 長い間解決に
至らない. ｜这种药～服用对身体有副
作用 zhè zhǒng yào chángqī fúyòng duì shēn-
tǐ yǒu fùzuòyòng この薬は長期にわたっ
て服用すると体に副作用がある.

【长远】chángyuǎn 形 先の長い. 遠大な.
長期の. (現在から未来に用い, 未来に
目を向けている)‖制定～规划 zhìdìng
chángyuǎn guīhuà 長期的な計画を立てる.
｜眼光要放～些 yǎnguāng yào fàng cháng-
yuǎn xiē 長い目で見なければならない.
｜故事～地流传下去 gùshi chángyuǎn de
liúchuánxiaqu 物語が長く言い伝えられ
てゆく.

**【好久】hǎojiǔ 形 (時間が)長い. 長い間.
‖我等了他～ wǒ děngle tā hǎojiǔ 彼をず
いぶん待った. ｜～不见了 hǎojiǔ bújiàn le
久しぶりですね.

★【久】jiǔ 形 ❶時がたっている. 久しい.
⇔"暂" zàn 很～没有见面了 hěn jiǔ méi-
you jiànmiàn le 久しく会っていません

ね. ｜等了好～ děngle hǎojiǔ 長い時間
待った. ｜年深日～ nián shēn rì jiǔ 長い
年月を経る. ❷時間の長さを表す. ‖你
来北京有多～了? nǐ lái Běijīng yǒu duō jiǔ
le? 君は北京に来てどのくらいですか.
｜写了两年之～ xiěle liǎng nián zhī jiǔ 2
年もの間書き続けた.

ながす （液体を）流す

▶冲 ▶倒 ▶放 ▶流 ▶排 ▶喷 ▶泼
▶洒 ▶洗涤

**【冲】chōng 動 水が勢いよくぶつかる.
押し流す. 水で洗い落とす. ‖～地板
chōng dìbǎn 床を洗い流す. ｜便后～水
biànhòu chōng shuǐ (トイレの掲示で)使
用後は水を流すこと. ｜头上还有肥皂
沫, 再～一下 tóu shang hái yǒu féizàomò,
zài chōng yíxià 頭にせっけんの泡がまだ
残っているから, もう1回流しなさい.
｜拦水坝被大水～了 lánshuǐbà bèi dàshuǐ
chōng le 堰堤(えんてい)が大水で押し流され
た.

**【倒】dào 動 中身をあける. 逆さにして
捨てる. ‖把水桶的水～出了 bǎ shuǐtǒng
de shuǐ dàochu le バケツの水を流した.
｜～垃圾 dào lājī ごみを捨てる.

★【放】fàng 動 放す. ‖～水库里的水 fàng
shuǐkù li de shuǐ ダムの水を放流する. ｜
把鱼塘的水～掉 bǎ yútáng de shuǐ fàngdiào
養殖場の水を流す.

★【流】liú 動 (液体が)流れる. 流す. ‖～
眼泪 liú yǎnlèi 涙を流す. ｜～鼻涕 liú bí-
tì はなをたらす. ｜水哗哗地～着 shuǐ
huāhuā de liúzhe 水がザーザーと流れる.

**【排】pái 動 排除する. 取り除く. ‖～
水 pái shuǐ 排水する. ｜把积水～出去 bǎ
jīshuǐ páichuqu 冠水を排出する. ｜～放
污水 páifàng wūshuǐ 汚水を排出する.

**【喷】pēn 動 噴き出す. 噴出する. ‖火

535

山~起火来 huǒshān pēnqǐ huǒ lai 火山が噴火し始める.｜泉眼里不断地~着水 quányǎn li búduàn de pēnzhe shuǐ 泉からは絶え間なく水がわき出ている.

*【泼】pō 動(液体を)まく.かける.‖扫院子时先~点水 sǎo yuànzi shí xiān pō diǎn shuǐ 庭を掃くときには先にちょっと水をまきなさい.

**【洒】sǎ 動(水などを)まく.ふりまく.‖~水 sǎ shuǐ 水をまく.｜月光~在湖面上 yuèguāng sǎzài húmiàn shang 月の光が湖面に降り注ぐ.

*【洗涤】xǐdí 動❶洗う.洗浄する.‖~用具 xǐdí yòngjù 洗浄用具.❷洗い清める.洗い流す.(抽象的なことに用いる)‖~污垢 xǐdí wūgòu 汚れを洗い流す.｜~心灵 xǐdí xīnlíng 魂を清める.

なかす （音やデマを）流す

▶播　▶播放　▶播送　▶播映　▶传播
▶放送　▶散布　▶透风　▶透气　▶转播

*【播】bō 動まき散らす.伝播(ぷん)する.‖广~ guǎngbō 放送する.｜电台正在~新闻 diàntái zhèngzài bō xīnwén ラジオでニュースを放送している.

*【播放】bōfàng 動❶(ラジオで)放送する.‖~音乐 bōfàng yīnyuè 音楽を放送する.❷(テレビで)放映する.‖~连续剧 bōfàng liánxùjù 連続ドラマを放映する.｜电视一整天都在~有关地震的新闻 diànshì yì zhěngtiān dōu zài bōfàng yǒuguān dìzhèn de xīnwén テレビでは地震のニュースを一日流していた.

*【播送】bōsòng 動(ラジオやテレビで)放送する.‖~新闻 bōsòng xīnwén ニュースを放送する.｜接下来~音乐节目 jiēxialai bōsòng yīnyuè jiémù 引き続き音楽番組を放送する.

【播映】bōyìng 動(テレビで)放映する.

---

*【传播】chuánbō 動広く伝える.広める.伝わる.広まる.‖~新技术 chuánbō xīn jìshù 新しい技術を広める.｜~经验 chuánbō jīngyàn 経験を広く伝える.｜~细菌 chuánbō xìjūn 細菌が伝染する.｜~友谊 chuánbō yǒuyì 友好を広める.｜~谣言 chuánbō yáoyán デマが広がる.

【放送】fàngsòng 動放送する.(ラジオやテレビなどの番組を)流す.

*【散布】sànbù 動散布する.まき散らす.散らばる.散在する.‖~流言飞语 sànbù liúyán fēiyǔ デマをまき散らす.｜~谬论 sànbù miùlùn 謬論(びゅうろん)をまき散らす.

【透风】tòu//fēng 動うわさを流す.内部を漏らす.‖他给我们透了一点儿风 tā gěi wǒmen tòule yìdiǎnr fēng 彼は私たちに少し内情を漏らした.

【透气】tòu//qì(~儿) 動(非公式に情報を)伝える.流す.‖这事儿先向大家透点儿气儿 zhè shìr xiān xiàng dàjiā tòu diǎnr qìr この件は前もってみんなに流しておこう.

*【转播】zhuǎnbō 動中継放送する.他局の番組を放送する.‖~车 zhuǎnbōchē 中継車.｜卫星~ wèixīng zhuǎnbō 衛星中継.｜实况~ shíkuàng zhuǎnbō 生中継.｜北京电视台每晚七点~中央电视台的新闻联播节目 Běijīng Diànshìtái měiwǎn qī diǎn zhuǎnbō Zhōngyāng Diànshìtái de xīnwén liánbō jiémù 北京テレビ局は毎晩7時に中央テレビ局の全国ネット・ニュース番組を流す.

なかなか

▶非常　▶还　▶还是　▶很　▶颇　▶挺
▶相当

★【非常】fēicháng 副非常に.とても.ひどく.‖天气~好 tiānqì fēicháng hǎo 天

気がたいへんよい．｜他～会说话 tā fēicháng huì shuōhuà 彼は話がとてもうまい．｜做出了～大胆的作战方案 zuòchūle fēicháng dàdǎn de zuòzhàn fāng'àn なかなか思い切った作戦に出た．

★【还】hái 副 ❶(形容詞の前に置き，十分ではないがまずまずである意味を表す)まあまあ．まあどうやら．なんとか．‖这本小说写得～不错 zhè běn xiǎoshuō xiěde hái búcuò この小説はまあよく書けている．❷(予想外に好ましいことに対して，賛嘆の気持ちを表す)案外．思ったより．なかなか．けっこう．‖这孩子～真有心眼儿 zhè háizi hái zhēn yǒu xīnyǎnr この子はけっこう機転がきく．｜他跑得～挺快 tā pǎode hái tǐng kuài 彼は走るのがなかなか速い．

★【还是】háishi 副 (物事が予想外に好ましいことに対して，賛嘆の気持ちを表す)案外．思ったよりも．なかなか．けっこう．‖这个谜～真难猜 zhège mí háishi zhēn nán cāi このなぞなぞはなかなかどうして難しい．｜他～有办法 tā háishi yǒu bànfǎ さすがに彼はやり手だ．

★【很】hěn 副 程度が高いことを表す．❶たいへん．ずいぶん．とても．非常に．‖他是个～聪明的孩子 tā shì ge hěn cōngming de háizi あの子はたいへん賢い子供だ．｜她～会买东西 tā hěn huì mǎi dōngxi 彼女はとても買い物上手だ．❷("…得很"…de hěn の形で)たいへん．ずいぶん．とても．非常に．‖最近忙得～ zuìjìn mángde hěn 最近はとても忙しい．

*【颇】pō 副 かなり．大いに．‖昨天的演讲会～受欢迎 zuótiān de yǎnjiǎnghuì pō shòu huānyíng 昨日の講演会はなかなか盛況だった．｜这项工程进展得～为顺利 zhè xiàng gōngchéng jìnzhǎnde pō wéi shùnlì この工事はなかなか順調に進んでいる．

★【挺】tǐng 副 けっこう．なかなか．‖这么办～好 zhème bàn tǐng hǎo そのやり方はなかなかよい．｜电影里的主角得长得～帅 diànyǐng li de zhǔjué zhǎngde tǐng shuài 映画の主役はなかなかかっこよかった．

**【相当】xiāngdāng 副 相当．かなり．‖他打网球打得～好 tā dǎ wǎngqiú dǎde xiāngdāng hǎo 彼のテニスの腕は相当なものだ．｜这次的谈判对手～厉害 zhè cì de tánpàn duìshǒu xiāngdāng lìhai 今度の交渉相手はなかなか手強い．｜他的书法已经达到了～的水平 tā de shūfǎ yǐjīng dádàole xiāngdāng de shuǐpíng 彼の書道は相当のレベルに達している．

なかば　半ば

▶半道儿　▶半截　▶半路　▶中间　▶中途

【半道儿】bàndàor 图 (道の)途中．中途．‖我在～上碰见他了 wǒ zài bàndàor shang pèngjiàn tā le 私は途中で彼に出くわした．

【半截】bànjié (～儿) 图 (物事の)途中．半分．‖我的话说到～，被他打断了 wǒ de huà shuōdào bànjié, bèi tā dǎduàn le 私の話は途中で彼に遮られてしまった．

*【半路】bànlù (～儿) 图 ❶(道の)途中．‖走到～下起雨来了 zǒudào bànlù xiàqǐ yǔ lai le 途中まで行ったところで雨が降ってきた．❷(物事の)半ば．中途．‖由于计划不周，工程只得～下马 yóuyú jìhuà bùzhōu, gōngchéng zhǐdé bànlù xiàmǎ 計画が不完全だったため，このプロジェクトは中途で取りやめざるを得なくなった．

★【中间】zhōngjiān 图 間．途中．‖在电视节目～插播广告 zài diànshì jiémù zhōngjiān chābō guǎnggào テレビ番組の途中にコマーシャルを放送する．｜这个航班～要在上海停一次 zhège hángbān zhōngjiān yào zài Shànghǎi tíng yí cì このフライト

は途中上海を経由する.

*【中途】zhōngtú 图 途中. ‖ 这是直达快车, ～不停 zhè shì zhídá kuàichē, zhōngtú bù tíng これは直通列車なので途中駅には止まらない. | 实在没意思, 所以就～退场了 shízài méi yìsi, suǒyǐ jiù zhōngtú tuìchǎng le あまりにおもしろくないので, 半ばで出てきてしまった. | 在人生的～就英年早逝, 一定感到很遗憾吧 zài rénshēng de zhōngtú jiù yīngnián zǎoshì, yídìng gǎndào hěn yíhàn ba 道半ばで逝ってしまい, さぞかし無念だったろう.

なかま　仲間

▶伴　▶伙伴　▶伙计　▶酒友　▶朋友
▶同伴　▶同伙　▶同事　▶一把手
▶一伙儿　▶自己人

*【伴】bàn（～儿）图 連れ. 仲間. ‖ 舞～儿 wǔbànr ダンスのパートナー. | 老～儿 lǎobànr つれあい. | 做～儿 zuòbànr 仲間になる. 連れになる. | 路上有个～儿, 可以互相照应 lùshang yǒu ge bànr, kěyǐ hùxiāng zhàoying 道中, 連れができれば, 助け合っていかれる.

*【伙伴】huǒbàn 图 仲間. 連れ. 朋輩. "火伴"とも書く. ‖ 他有几个好～ tā yǒu jǐ ge hǎo huǒbàn 彼にはいい仲間がいる.

*【伙计】huǒji 图 仲間. 相棒.

【酒友】jiǔyǒu 图 飲み友だち. 酒飲み仲間.

★【朋友】péngyou 图 友人. 友だち. ‖ 老～ lǎopéngyou 古くからの友人. 昔からの友人. | 交～ jiāo péngyou 友だちになる. | 两人成了～ liǎng rén chéngle péngyou 二人は友だちになった. | 他俩是好～ tā liǎ shì hǎo péngyou 彼ら二人は親友同士だ.

*【同伴】tóngbàn（～儿）图 仲間. 相棒. 同行者. ‖ 他这次出差是一个人, 没有

～ tā zhè cì chūchāi shì yí ge rén, méiyou tóngbàn 彼の今回の出張は一人きりで, 連れはいない.

【同伙】tónghuǒ 图 匥 仲間. 一味.

*【同事】tóngshì 图 同僚. ‖ 老～ lǎotóngshì 昔からの同僚. | 我们俩是～ wǒmen liǎ shì tóngshì 私たち二人は同僚です.

*【一把手】yī bǎ shǒu 組 一員. 仲間. メンバー. ‖ 你也来吧, 我们正缺～呢 nǐ yě lái ba, wǒmen zhèng quē yì bǎ shǒu ne 君も来いよ, ちょうどメンバーが足りなかったんだ.

【一伙儿】yīhuǒr 图 一味. 仲間. ‖ 他们是～的 tāmen shì yìhuǒr de 彼らは仲間だ.

【自己人】zìjǐrén 图 身内. 仲間. 味方. ‖ 他是～ tā shì zìjǐrén 彼は身内だ. | 都是～, 不要客气 dōu shì zìjǐrén, búyào kèqi みんな身内じゃありませんか, ご遠慮なく.

ながめ　眺め

▶风光　▶风景　▶观瞻　▶景观　▶景色
▶景象　▶景致　▶外观　▶壮观

*【风光】fēngguāng 图 風光. 風景. 景色. ‖ 草原～ cǎoyuán fēngguāng 草原の風光. | 一片秀丽迷人的～ yí piàn xiùlì mírén de fēngguāng 一面に広がるすばらしい風景. | ～明媚 fēngguāng míngmèi 風光明媚（めい）である.

**【风景】fēngjǐng 图 風景. 景色. ‖ ～美丽 fēngjǐng měilì 風景が美しい. | ～如画 fēngjǐng rú huà 風景が絵のように美しい.

【观瞻】guānzhān 图 外観. 外見. 眺め. ‖ 以壮～ yǐ zhuàng guānzhān 外観を立派にする. | 垃圾桶放在这儿有碍～ lājītǒng fàngzài zhèr yǒu'ài guānzhān ごみ箱をここに置くのは見た目が悪い.

538

【景观】jǐngguān 图 景観. 眺め. ‖草原
～ cǎoyuán jǐngguān 草原の眺め. ｜海市
蜃楼是一种奇特的～ hǎi shì shèn lóu shì
yì zhǒng qítè de jǐngguān 蜃気楼(しんき
ろう)は不思議な眺めだ.

*【景色】jǐngsè 图 景色. 風景. ‖～宜人
jǐngsè yírén 景色がすばらしい.

*【景象】jǐngxiàng 图 光景. 情景. 様子.
‖对岸又是另一番～ duì'àn yòu shì lìng
yì fān jǐngxiàng 対岸はまたひと味違っ
た景観である. ｜田野上一片丰收的～
tiányě shang yí piàn fēngshōu de jǐngxiàng
見渡すかぎり豊作の情景を呈している.

【景致】jǐngzhì 图 風景. 景色. 風光. ‖
颐和园的～很美 Yíhéyuán de jǐngzhì hěn
měi 頤和園(いわえん)の風景はとても美しい.

*【外观】wàiguān 图 外観. 外見. ‖建筑
物的～富丽堂皇 jiànzhùwù de wàiguān fùlì
tánghuáng 建物の外観は華麗で立派で
ある.

*【壮观】zhuàngguān 图 壮大な景観. 雄大
な眺め. ‖大自然的～ dàzìrán de zhuàng-
guān 大自然の壮大な景色.

ながめる　（遠くを）眺める

▶观望　▶瞭望　▶眺望　▶望　▶遥望
▶远眺　▶远望

【观望】guānwàng 動 見回す. 眺める.
‖左右～ zuǒyòu guānwàng 左右を見回
す.

【瞭望】liàowàng 動 ❶遠くを展望する.
はるかに見渡す. ‖登高～ dēnggāo liào-
wàng 高い所に登って展望する. ❷高
い所から見張りをする. ‖哨兵从山上～
着海面 shàobīng cóng shān shang liàowàng-
zhe hǎimiàn 歩哨兵(ほしょう)が山の上から
海上を見張っている.

【眺望】tiàowàng 動 眺望する. ‖登上塔
顶～远山 dēngshang tǎdǐng tiàowàng yuǎn-

shān 塔の頂に登って遠い山を見渡す.

**【望】wàng 動 眺める. 遠くを望む. ‖～
着远方 wàngzhe yuǎnfāng 遠くを眺めて
いる. ｜一眼～不到边的稻田 yì yǎn wàng-
budào biān de dàotián 見渡すかぎり果て
のない稲田. ｜举目四～ jǔmù sì wàng 目
をあげてあたりを見回す.

【遥望】yáowàng 動 遠くを眺める. ‖站
在塔顶, ～远方 zhànzài tǎdǐng, yáowàng
yuǎnfāng 塔の上に立って遠くを見渡す.

【远眺】yuǎntiào 動 遠くを見る. ‖举目
～ jǔmù yuǎntiào 目を上げて遠くを見渡
す.

【远望】yuǎnwàng 動 遠くを見渡す. 遠
望する. ‖登高～ dēnggāo yuǎnwàng 高
い所に登って遠望する.

ながめる　（状況を）眺める

▶高瞻远瞩　▶观察　▶观看　▶观望
▶观战　▶静观　▶看风色　▶注视

【高瞻远瞩】gāo zhān yuǎn zhǔ 成 高所に
立って遠くを眺める. 遠い将来まで見
通す.

**【观察】guānchá 動 観察する. ‖～地形
guānchá dìxíng 地形を観察する. ｜～病
情 guānchá bìngqíng 病状を見守る. ｜～
问题 guānchá wèntí 問題を見つめる. ｜
～周围动静 guānchá zhōuwéi dòngjing ま
わりの動静をうかがう.

*【观看】guānkàn 動 見物する. 眺める.
見る. 観察する. ‖～网球比赛 guānkàn
wǎngqiú bǐsài テニスの試合を見る. ｜～
话剧演出 guānkàn huàjù yǎnchū 新劇の公
演を見る.

【观望】guānwàng 動 状況を見守る. 成
り行きを見る. 様子をうかがう. ‖采取
～态度 cǎiqǔ guānwàng tàidu 傍観的な態
度をとる.

【观战】guānzhàn 動 ❶戦況を眺める. ❷

ながれる　流れる

眼泪 liú yǎnlèi 涙を流す.｜～鼻涕 liú bí-tì はなをたらす.｜血～不止 xiě liúbuzhǐ 出血が止まらない.｜水哗哗地～着 shuǐ huāhuā de liúzhe 水がザーザーと流れる.

*【流动】liúdòng 動（液体や気体が）流れる.｜河水缓缓地～ héshuǐ huǎnhuǎn de liúdòng 川がゆったりと流れる.｜细菌随着空气的～而传播 xìjūn suízhe kōngqì de liúdòng ér chuánbō 細菌は空気の流れによって広がる.

【淌】tǎng 動流れ落ちる.｜嘴角～着口水 zuǐjiǎo tǎngzhe kǒushuǐ 口もとからよだれをたらしている.｜伤心得直～眼泪 shāngxīnde zhí tǎng yǎnlèi 悲しくて涙が止まらない.｜汗水直往下～ hànshuǐ zhí wǎng xià tǎng 汗がだらだらと流れ落ちる.

*【泻】xiè 動激しい勢いで流れる.一気に流れる.｜瀑布从山崖上直～下来 pùbù cóng shānyá shang zhí xièxialai 滝が崖の上からまっすぐに流れ落ちる.｜一～千里 yí xiè qiān lǐ 一瀉千里（いっしゃ　せんり）文章などがよどみないこと.

なく　泣く

▶悲号　▶抽搭　▶抽泣　▶哭　▶哭鼻子
▶哭泣　▶流泪　▶落泪　▶啼　▶啼哭
▶痛哭

【悲号】bēiháo 動悲しんで大声で泣く.慟哭（どうこく）する.｜她～着冲出了大门 tā bēiháozhe chōngchule dàmén 彼女は泣き叫びながら門を飛び出した.

【抽搭】chōuda 動口すすり泣く.すすり上げる.｜老大娘～，说不出话来 lǎodàniang chōudazhe, shuōbuchū huà lai おばあさんはすすり泣くばかりで，言葉にならない.｜抽抽搭搭地哭个不停 chōuchōudādā de kū ge bùtíng いつまでもすすり泣いている.

観戦する.

【静观】jìngguān 動静観する.｜～局势变化 jìngguān júshì biànhuà 情勢の変化を静観する.

【看风色】kàn fēngsè 慣情勢を眺める.“看风头”kàn fēngtou “看风向”kàn fēngxiàng ともいう.｜～行事 kàn fēngsè xíngshì 情勢を見きわめたうえで事を運ぶ.

*【注视】zhùshì 動注視する.注目する.注意してじっと見る.｜凝神～ níngshén zhùshì 神経を集中して注視する.｜密切～事态的发展 mìqiè zhùshì shìtài de fāzhǎn 事態の動向をじっと見守る.｜目不转睛地～着前方 mù bù zhuǎn jīng de zhùshìzhe qiánfāng 目を凝らして前方を見つめている.

ながれる　流れる

▶奔流　▶奔腾　▶滴　▶浮动　▶流
▶流动　▶淌　▶泻

【奔流】bēnliú 動激しい勢いで流れる.｜江水～ jiāngshuǐ bēnliú 川の水が勢いよく流れる.｜滚滚～ gǔngǔn bēnliú 滔々（とうとう）と流れる.

*【奔腾】bēnténg 動勢いよく流れる.｜热血～ rèxuè bēnténg 血潮がたぎる.｜黄河～不息 HuángHé bēnténg bù xī 黄河は勢いよく一気に流れる.

**【滴】dī 動（液体が）ぽたぽた落ちる.滴る.｜～答 dīda 滴る.滴り落ちる.｜汗～了下来 hàn dīlexialai 汗が滴り落ちてきた.｜伤心得～下了眼泪 shāngxīnde dīxiàle yǎnlèi 悲しくて涙がこぼれた.

*【浮动】fúdòng 動浮動する.漂い流れる.｜暗香～ ànxiāng fúdòng ほのかな香りが流れている.｜蓝天上～着白云 lántiān shang fúdòngzhe báiyún 青空に白い雲が流れている.

★【流】liú 動（液体が）流れる.流す.｜～

540

なくす

【抽泣】chōuqì 動 すすり泣く．しゃくり上げて泣く．‖低声～ dīshēng chōuqì 小さな声ですすり泣く．

★【哭】kū 動 (声を出して)泣く．‖～喊 kūhǎn 泣きわめく．｜她～什么呢? tā kū shénme ne? 彼女はなぜ泣いているんだ．｜号啕大～ háotáo dàkū 大声で泣く．号泣する．｜～成了泪人儿 kūchéngle lèirénr 顔中涙でぬらして泣く．泣きじゃくる．

【哭鼻子】kū bízi 慣 泣く．泣きべそをかく．‖我妹妹爱～ wǒ mèimei ài kū bízi 妹はよく泣きべそをかく．

【哭泣】kūqì 動 しくしく泣く．むせび泣く．‖她轻声～着 tā qīngshēng kūqìzhe 彼女はしくしく泣いている．

【流泪】liú lèi 組 涙を流す．‖伤心～ shāngxīn liú lèi 悲しみにくれて涙を流す．

【落泪】luò lèi 組 泪を流す．‖暗自～ ànzì luò lèi ひそかに涙を流す．｜难过得落下泪来 nánguòde luòxià lèi lai つらくて涙がこぼれる．

【啼】tí ◇書 (声を出して)泣く．‖悲～ bēití 悲しんで声をあげて泣く．｜哭哭～～ kūkutítí いつまでも泣き続ける．めそめそと泣く．｜～笑皆非 tí xiào jiē fēi 泣くに泣けず，笑うに笑えず．つらく，またおかしいさま．

【啼哭】tíkū 動 声をあげて泣く．‖抽抽搭搭地～ chōuchōudādā de tíkū しゃくりあげて泣く．

【痛哭】tòngkū 動 激しく泣く．声をあげて泣く．‖～流涕 tòngkū liú tì 激しく泣きじゃくる．｜伏案～ fú'àn tòngkū 机に伏して泣く．

なくす

▶丢　▶丢掉　▶丢失　▶丧失　▶失
▶失掉　▶失去　▶遗失

★【丢】diū 動 なくす．失う．‖我把钥匙～了 wǒ bǎ yàoshi diū le 鍵をなくした．｜他老～东西 tā lǎo diū dōngxi 彼はよく物をなくす．｜放心，～不了 fàngxīn, diūbuliǎo 安心しろよ，なくしはしないから．

【丢掉】diūdiào 動 なくす．失う．‖不小心，把工作证～了 bù xiǎoxin, bǎ gōngzuòzhèng diūdiào le うっかりして社員証をなくしてしまった．

*【丢失】diūshī 動 紛失する．失う．なくす．‖他不慎～了月票 tā búshèn diūshīle yuèpiào 彼はうっかり定期券をなくした．

*【丧失】sàngshī 動 喪失する．失う．なくす．‖～机会 sàngshī jīhuì 機会を失う．｜～勇气 sàngshī yǒngqì 勇気を失う．｜～记忆 sàngshī jìyì 記憶を失う．

*【失】shī 動 失う．なくす．⇔"得" dé ‖不要～了信心 búyào shīle xìnxīn 自信をなくすな．｜机不可～ jī bù kě shī 好機逸すべからず．｜因小～大 yīn xiǎo shī dà 小利をむさぼり大事を誤る．

*【失掉】shīdiào 動 失う．なくす．逸する．‖这么好的机会～了，真可惜! zhème hǎo de jīhui shīdiào le, zhēn kěxī! こんなよいチャンスを逃してしまうのは，実に惜しい．｜出国以后，就和他～了联系 chūguó yǐhòu, jiù hé tā shīdiàole liánxì 外国に出てからは彼と連絡をとっていない．

**【失去】shīqù 動 失う．なくす．‖～朋友 shīqù péngyou 友人を失う．｜～信心 shīqù xìnxīn 自信をなくす．｜～自由 shīqù zìyóu 自由を失う．｜～知觉 shīqù zhījué 知覚を失う．気絶する．｜～理智 shīqù lǐzhì 理性を失う．｜～机会 shīqù jīhui 機会を逃がす．

*【遗失】yíshī 動 紛失する．なくす．‖不慎～了资料 búshèn yíshīle zīliào うっかりして資料を紛失した．｜此证请勿～ cǐ zhèng qǐng wù yíshī この証明書は紛失し

なげく 嘆く

ないようにすること.

なくなる ⇒【尽きる】

なげく　嘆く

▶哀叹　▶悲叹　▶长叹　▶感叹　▶叹
▶叹气　▶叹息

【哀叹】āitàn 動（無力であること，なすすべのないことを）嘆き悲しむ.‖母亲发出一声~ mǔqin fāchu yì shēng āitàn 母親は悲しみの声を上げた.

【悲叹】bēitàn 動悲嘆にくれる.‖人们~失去了一位伟人 rénmen bēitàn shīqùle yí wèi wěirén 人々は偉大な人物を失ったことを悲しみ嘆いた.

【长叹】chángtàn 動大きなため息をつく.‖仰天~ yǎngtiān chángtàn 空を仰いで長いため息をつく.｜听了这话，母亲不由得~一声 tīngle zhè huà, mǔqin bùyóude chángtàn yì shēng その話を聞くと，母親は思わず大きなため息をついた.

【感叹】gǎntàn 動感嘆する.ため息ができるほど深く感動する.‖听了她的身世，大家不由得~起来 tīngle tā de shēnshì, dàjiā bùyóude gǎntànqilai 彼女の身の上話を聞いてみんなは思わずため息をついた.

*【叹】tàn 動嘆息する.嘆く.‖长吁短~ cháng xū duǎn tàn しきりに嘆息する.ため息をつく.｜她轻轻地~了一声 tā qīngqīng de tànle yìshēng 彼女はそっとため息をついた.

*【叹气】tàn//qì 動嘆息する.嘆く.‖咳声~ hāishēng tànqì しきりに嘆息する.｜他深深地叹了一口气 tā shēnshēn de tànle yì kǒu qì 彼は深々とため息をついた.

【叹息】tànxī 動書嘆息する.嘆く.‖发出一声轻微的~ fāchū yì shēng qīngwēi de

tànxī そっとため息を漏らす.｜她~自己的命运不好 tā tànxī zìjǐ de mìngyùn bù hǎo 彼女は自分の不運を嘆いている.

なげる　投げる

▶丢　▶抛　▶撇　▶扔　▶摔　▶甩　▶投
▶投掷　▶掷

★【丢】diū 動投げる.捨てる.‖不要随地乱~纸屑 bú yào suídì luàn diū zhǐxiè 紙くずをところかまわず捨ててはいけない.｜把钥匙给我~下来 bǎ yàoshi gěi wǒ diūxialai キーを投げてくれ.

*【抛】pāo 動（上に向けて）投げる.ほうり投げる.‖~一个球 pāo yí ge qiú ボールを一つ投げる.｜把鲜花~向观众 bǎ xiānhuā pāoxiàng guānzhòng 花を観衆に向かって投げる.｜队员们激动地把教练~了起来 duìyuánmen jīdòng de bǎ jiàoliàn pāoleqilai チームのメンバーは感激して監督を胴上げした.

【撇】piě 動（水平方向に）投げる.放る.‖~石头 piě shítou 石ころを水平に投げる.

**【扔】rēng 動投げる.放る.‖~石头 rēng shítou 石を投げる.｜把球~给我 bǎ qiú rēnggěi wǒ ボールをこっちに投げてくれ.

**【摔】shuāi 動投げつける.投げ捨てる.たたきつける.‖把书~在桌上 bǎ shū shuāizài zhuōshang 本を机の上に放り出す.｜两口子一吵架就~东西 liǎngkǒuzi yì chǎojià jiù shuāi dōngxi あの夫婦はけんかになるとすぐ物を投げる.

**【甩】shuǎi 動（腕を振って）投げる.‖~石头子儿 shuǎi shítouzǐr 石ころを投げる.

**【投】tóu 動投げる.ほうる.‖~球 tóuqiú （野球などで）投球する.｜~篮 tóulán （バスケットボールで）シュートする.｜~得很准 tóude hěn zhǔn 正確に投

げ入れた.

＊【投掷】tóuzhì 動（目標に向けて）投げる. ‖ ～炸弹 tóuzhì zhàdàn 爆弾を投げる. ｜愤怒的球迷向球员乘坐的大巴～石块 fènnù de qiúmí xiàng qiúyuán chéngzuò de dàbā tóuzhì shíkuài 怒ったファンが選手たちの乗ったバスに石を投げつけた.

【掷】zhì 動 投げる. ‖ ～铁饼 zhì tiěbǐng 円盤投げをする. ｜～标枪 zhì biāoqiāng やり投げをする.

なぜ

▶干吗　▶干什么　▶为什么　▶怎　▶怎么

＊＊【干吗】gànmá 代口 なんで. どうして. ‖ 你～去那儿? nǐ gànmá qù nàr? 君はどうしてそこに行くんだ. ｜你～不来找我呢? nǐ gànmá bù lái zhǎo wǒ ne? なぜ僕のところへ来なかったんだい? ｜孩子病得这么重, ～不送医院呢? háizi bìngde zhème zhòng, gànmá bú sòng yīyuàn ne? 子どもの病気がこんなにひどいのに, なぜ病院へ連れて行かないんだ.

【干什么】gàn shénme 組 なぜ. どうして. （多く原因を尋ねる.）‖ 你～不早说呀? nǐ gàn shénme bù zǎo shuō ya? なぜはやく言わないんだ. ｜选你当班长, 你～不当 xuǎn nǐ dāng bānzhǎng, nǐ gàn shénme bù dāng 君を班長に選んだのにどうしてやらないんだ.

★【为什么】wèi shénme 組 なぜ. どうして. （客観的に原因や目的を尋ねることに重点がある. 一般に相手に返答を求める.）‖ 你～还不结婚呢? nǐ wèi shénme hái bù jiéhūn ne? あなたはどうしてまだ結婚しないの. ｜我真不明白, 你～要这样做 wǒ zhēn bù míngbai, nǐ wèi shénme yào zhèyàng zuò 君がなぜそんなことをするのか, 私にはどうしても分からない. ｜孩子好奇, 凡事好问个"～?" háizi

hàoqí, fánshì hào wèn ge "wèi shénme?" 子供は好奇心旺盛（おうせい）だから, なんでもかんでも「どうして」と聞きたがる.

＊【怎】zěn 代口 どうして. なぜ. ‖ 你～不说话? nǐ zěn bù shuōhuà? どうして黙っているのだ. ｜你～能这样说呢? nǐ zěn néng zhèyàng shuō ne? なんでそんな口がきけるんだ.

★【怎么】zěnme 代 なぜ. どうして. （原因・理由を尋ねる. いぶかる気持ちを表すことに重点がある）‖ 你～不早说呢? nǐ zěnme bù zǎo shuō ne? なぜ早く言わなかったんだい? ｜你～到现在才来? nǐ zěnme dào xiànzài cái lái? 君はどうしていまごろになってようやく来たんだ. ｜今天你～没骑车来? jīntiān nǐ zěnme méi qíchē lái? 今日はどうして自転車で来なかったの. ｜你～这样不懂事? nǐ zěnme zhèyàng bù dǒngshì なぜそう聞き分けが悪いの.

なつ　夏

▶残夏　▶伏　▶伏天　▶三伏　▶夏
▶夏季　▶夏令　▶夏日　▶夏天

【残夏】cánxià 名 晩夏.

＊【伏】fú 名 三伏（さんぷく）の日. 夏の最も暑い時期. ‖ 入～ rùfú 三伏（夏の最も暑い時期）に入る. ｜头～ tóufú 土用の入りからの10日間.

【伏天】fútiān 名 "三伏" sānfú／三伏（さんぷく）の期間. 夏の最も暑い時期.

【三伏】sānfú 名 ❶三伏（さんぷく）. 夏の最も暑い時期. "初伏" chūfú "中伏" zhōngfú "末伏" mòfú の総称. ‖ ～天 sānfútiān 酷暑のころ. 盛夏. ❷末伏（まっぷく）. ‖ 冷在三九, 热在～ lěng zài sānjiǔ, rè zài sānfú 寒い盛りは冬至後3番目の9日間, 暑さの盛りは末伏の10日間.

★【夏】xià 名 夏. ‖ 盛～ shèngxià 盛夏.

な

真夏. | 立～ lìxià 立夏. | 春末～初 chūn-mò xiàchū 初夏. | 炎～ yánxià 真夏. 盛夏.

*【夏季】xiàjì 图 夏季. 夏. ‖ ～服装 xiàjì fúzhuāng 夏服. | 这里～凉爽, 是有名的避暑胜地 zhèli xiàjì liángshuǎng, shì yǒumíng de bìshǔ shèngdì ここは夏涼しく, 有名な避暑地である.

【夏令】xiàlìng 图❶夏季. 夏. ‖ ～商品 xiàlìng shāngpǐn 夏向きの商品. ❷夏の気候. ‖ 春行～ chūn xíng xiàlìng 夏を思わせる春の気候.

【夏日】xiàrì 图❶夏季. 夏. ❷夏の太陽. ‖ ～炎炎 xiàrì yányán 夏の太陽がかんかん照りつける.

★【夏天】xiàtiān 图 夏. 夏季. ‖ 炎热的～ yánrè de xiàtiān 猛暑の夏.

なっとく 納得

▶不服　▶服　▶服气　▶开窍　▶理解
▶明白　▶平服　▶说服　▶想通　▶信服

---

*【不服】bùfú 動 承服しない. 信服しない. 納得しない. ‖ 那个判决让人～ nà-ge pànjué ràng rén bùfú あの判決には納得いかない.

*【服】fú 動❶服従する. 信服する. ‖ 口～心不～ kǒu fú xīn bù fú 表面的には従っているが, 内心は認めていない. ❷説得する. 心服させる. ‖ 以理～人 yǐ lǐ fú rén 道理によって人を納得させる.

*【服气】fúqì 動 納得する. 心から認め従う. ‖ 人家有真本事, 你不～不行 rénjia yǒu zhēn běnshi, nǐ bù fúqì bùxíng あの人には本物の実力がある, あなたも納得するほかあるまい.

【开窍】kāi//qiào(～儿) 動 悟る. 納得がいく. 釈然とする. ‖ 思想不～ sīxiǎng bù kāiqiào 納得しない. | 她脑子灵, 一点就～ tā nǎozi líng, yì diǎn jiù kāiqiào 彼女は頭の回転がよく, のみ込みが早い.

**【理解】lǐjiě 動 理解する. 分かる. ‖ 我很～你的心情 wǒ hěn lǐjiě nǐ de xīnqíng 私はあなたの気持ちがとてもよく分かる. | 这首诗的意思我还不太～ zhè shǒu shī de yìsi wǒ hái bútài lǐjiě この詩の意味が私にはまだよく理解できない. | 你这么说我就～了 nǐ zhème shuō wǒ jiù lǐjiě le あなたの話で私はよく分かった.

*【明白】míngbai 動 分かる. 理解する. わきまえる. ‖ 嘴上不说, 心里～ zuǐ shang bù shuō, xīnli míngbai 口では言わなくても, 心の中では分かっている. | 大家～了吗? dàjiā míngbai le ma みなさん分かりましたか. | 我不～你的意思 wǒ bù míngbai nǐ de yìsi 君の言う意味が分からない.

【平服】píngfú 動 納得する. ‖ 没有真本事, 怎么让人～ méiyou zhēn běnshi, zěnme ràng rén píngfú 本当の力量がなくて, どうして人を納得させることができようか.

*【说服】shuō//fú 動 説得する. 説き伏せる. ‖ ～力 shuōfúlì 説得力. | 老师耐心地～学生 lǎoshī nàixīn de shuōfú xuésheng 先生は忍耐強く学生たちに言い聞かせる. | 说了半天, 总算把妈妈～了 shuōle bàntiān, zǒngsuàn bǎ māma shuōfú le さんざん説明して, やっとどうにかお母さんを納得させた.

【想通】xiǎng//tōng 動 考えて納得する. 合点がいく. ‖ 他终于～了 tā zhōngyú xiǎngtōng le 彼はやっと納得がいった. | 想不通 xiǎngbutōng 納得がいかない.

【信服】xìnfú 動 信服する. ‖ 他的论证令人～ tā de lùnzhèng lìng rén xìnfú 彼の論証には心から納得させられる.

なでる

▶拂　▶抚摸　▶抚摩　▶捋　▶掠　▶摸
▶摩挲

【拂】fú 動 そっとかすめる．そっとなでる．‖微风～面 wēifēng fú miàn そよ風がそっと顔をなでる．

＊【抚摸】fǔmō 動 さする．なでる．軽く触る．‖～着女儿的小脸蛋儿 fǔmōzhe nǚ'ér de xiǎo liǎndànr 娘のかわいらしいほっぺたをなでている．｜怯生生地～狗的头 qièshēngshēng de fǔmō gǒu de tóu こわごわ犬の頭をなでる．

【抚摩】fǔmó 動 なでる．‖妈妈～着儿子的头 māma fǔmózhe érzi de tóu お母さんが息子の頭をなでている．

【捋】lǚ 動 しごく．‖～胡子 lǚ húzi ひげをなでる．｜把麻绳～好 bǎ máshéng lǚhǎo 麻縄をしっかりしごく．｜把铁丝～直 bǎ tiěsī lǚzhí 針金をしごいてまっすぐに伸ばす．

【掠】lüè 動 かすめる．なでる．‖蜻蜓～着池水飞来飞去 qīngtíng lüèzhe chíshuǐ fēi lái fēi qù トンボが池の水をかすめながら飛び交っている．｜把头发～了一下 bǎ tóufa lüèle yíxià 髪の毛をなでつける．｜列车飞奔，窗外的小站一～而过 lièchē fēibēn, chuāng wài de xiǎozhàn yí lüè ér guò 列車は疾駆し，窓外の小さな駅をかすめるように通りすぎた．

＊＊【摸】mō 動 (手で)触る．触れる．さする．‖这是展品，不能随便～ zhè shì zhǎnpǐn, bù néng suíbiàn mō これは展示品だから，やたらに触ってはいけない．｜她怜爱地～了～孩子的头 tā lián'ài de mōlemō háizi de tóu 彼女はいとおしげに子供の頭をなでた．｜这料子太薄了，你～～看 zhè liàozi tài báo le, nǐ mōmo kàn この生地はずいぶん薄いよ，触ってごらん．

【摩挲】mósuō 動 なでる．さする．‖～着孩子的头 mósuōzhe háizi de tóu 子供の頭をなでている．

－など

▶等　▶等等　▶什么　▶什么的　▶云云
▶之类

★【等】děng 助 ❶(一部を列挙し)など．などなど．‖参加会议的有农民、工人、知识分子～各界代表 cānjiā huìyì de yǒu nóngmín, gōngrén, zhīshi fènzǐ děng gèjiè dàibiǎo 会議に参加したのは農民・労働者・知識人などの各界の代表である．❷(すべてを列挙し)など．すべてを列挙した場合，後に総数を示すことが多い．‖我选了听力、会话、阅读、作文～四门课程 wǒ xuǎnle tīnglì, huìhuà, yuèdú, zuòwén děng sì mén kèchéng 私は聞き取り・会話・閲読・作文など4科目を選択した．

【等等】děngděng 助 などなど．‖什么球我都喜欢看，足球、排球、篮球～、～ shénme qiú wǒ dōu xǐhuan kàn, zúqiú, páiqiú, lánqiú děngděng, děngděng どんな球技でも見るのが好きです，サッカー・バレーボール・バスケットなどなど．

★【什么】shénme 代 いくつかの並列成分の前に置き，列挙を表す．‖～书呀，稿子呀，摊了一桌子 shénme shū ya, gǎozi ya, tānle yì zhuōzi 本やら原稿やらが机の上いっぱいに積み重なっている．｜～洗衣服，接孩子，买菜，做饭，都是他的事 shénme xǐ yīfu, jiē háizi, mǎicài, zuòfàn, dōu shì tā de shì 洗濯とか，子供の送り迎えとか，買い物とか，食事の用意とかはすべて彼の仕事です．

＊＊【什么的】shénmede 助 (一つまたはいくつかの並列成分の後に置き) …など．…等々．…だの…だの．‖他对琴、棋、

書、画～很感兴趣 tā duì qín, qí, shū, huà shénmede hěn gǎn xìngqù 彼は音楽・碁や将棋・書画などといったものならなんでも好きだ.

【云云】 yúnyún **助書** うんぬん.（引用の終わりや省略の意味を表す）‖ 不少读者认为作品缺乏生活气息～ bùshǎo dúzhě rènwéi zuòpǐn quēfá shēnghuó qìxī yúnyún 多くの読者は作品に生活感が欠けている等々と感じている.

***【之类】** zhī lèi **組** …のグループ. …のような. ‖ 散文、随笔～的，她都喜欢 sǎnwén, suíbǐ zhī lèi de, tā dōu xǐhuan 散文や随筆のたぐいならなんでも彼女は好きだ.

ななめ　斜め

▶側身　▶坡　▶傾　▶傾斜　▶歪　▶斜

【側身】 cè//shēn **動** 体を斜めにする. ‖ ～而过 cèshēn ér guò 体を斜めにして通る. ｜～躺下 cèshēn tǎngxia 横向きに寝そべる.

***【坡】** pō **形** 傾斜している. 斜めである. ‖ 再～着点，就放进去了 zài pōzhe diǎn, jiù fàngjinqu le もう少し傾ければ中に入る.

【傾】 qīng **動** 傾く. 傾ける. ‖ 身子向前～ shēnzi xiàng qián qīng 体が前に傾いている.

***【傾斜】** qīngxié **動** 傾斜する. 傾く. ‖ 这座古塔有些～ zhè zuò gǔtǎ yǒuxiē qīngxié この古塔はやや傾いている. ｜～面 qīngxiémiàn 傾斜面.

***【歪】** wāi **形** 曲がっている. 斜めになっている. 傾いている. ⇔ "正" zhèng ‖ 领带～了 lǐngdài wāi le ネクタイが曲がっている. ｜照片贴～了 zhàopiàn tiēwāi le 写真を斜めに張ってしまった. ｜戴帽子～戴 māozi wāi dài màozi 帽子をはすにかぶる.

****【斜】** xié **形** 斜めである. ‖ ～坡 xiépō 斜面. 坂. スロープ. ｜～对面 xié duìmiàn 斜めの向かい側. 筋向かい. ｜木桩有点～ mùzhuāng yǒudiǎn xié くいが少し曲がっている. ｜线划～了 xiàn huàxié le 線のかき方が曲がってしまった. **動** 傾く. 傾ける. 斜めにする. ‖ 太阳已经西～ tàiyang yǐjīng xī xié 太陽はもう西に傾いている. ｜～着身子坐在沙发上 xiézhe shēnzi zuòzài shāfā shang 体を斜めにしてソファに腰掛けている.

なびく　（人に）なびく

▶服从　▶墙头草　▶屈从　▶屈服
▶趋炎附势　▶势利　▶势利眼　▶顺风转舵
▶随风倒

****【服从】** fúcóng **動** 服従する. 従う. ‖ ～命令 fúcóng mìnglìng 命令に従う. ｜调动 fúcóng diàodòng 配置転換の命令に従う. ｜～全局 fúcóng quánjú 全体に従う. ｜少数～多数 shǎoshù fúcóng duōshù 少数は多数に従う.

【墙头草】 qiángtóucǎo **名**（塀の上に生えた草は風任せになびくことから）日和見主義者. 定見がなく力の強い方に迎合する人. 風見鶏(かざみ
とり).

【屈从】 qūcóng **動** 屈服する. 屈する. ‖ 决不～于世俗偏见 jué bù qūcóng yú shìsú piānjiàn 世間の偏見に屈してはいけない.

***【屈服】【屈伏】** qūfú **動** 屈服する. 屈する. ‖ ～投降 qūfú tóuxiáng 屈服して投降する. ｜决不向困难～ jué bú xiàng kùnnan qūfú 決して困難に屈するわけにはいかない. ｜～于种种压力 qūfú yú zhǒngzhǒng yālì 種々の圧力に屈する.

【趋炎附势】 qū yán fù shì **成** 権力のある人に取り入る. 権勢におもねる.

【势利】 shìli **形** 相手の地位や財産によっ

なみ 波

て態度を変えるさま. ‖ ～小人 shìli xiǎorén 権勢や財力に取り入ってばかりいる人. ｜那人很～ nà rén hěn shìli あの人は金力や権力になびく人だ.

【势利眼】shìliyǎn 名 人の財力・地位・権勢ばかりを重視し, おもねりこびへつらう態度. また, その人.

【顺风转舵】shùn fēng zhuǎn duò 成 貶 風に従って舵(かじ)を変える. 風向きしだいでどちらへもなびく. 便乗主義. 日和見主義. "随风转舵" suí fēng zhuǎn duò ともいう.

【随风倒】suí fēng dǎo 慣 風向きのよいほうになびく. 自分の意見を持たずに力のある方につく.

なまえ 名前

▶本名 ▶大名 ▶贵姓 ▶名 ▶名字
▶外号 ▶小名 ▶姓 ▶姓名 ▶学名

【本名】běnmíng 名 本名. 実名. ‖鲁迅是他的笔名, 他～叫周树人 Lǔ Xùn shì tā de bǐmíng, tā běnmíng jiào Zhōu Shùrén 魯迅(じん)は彼のペンネームで, 本名を周樹人という.

【大名】dàmíng 名 (子供の家庭内での愛称に対して)正式な名前. 本名. ‖他的小名叫小宝, ～叫王立国 tā de xiǎomíng jiào Xiǎo-Bǎo, dàmíng jiào Wáng Lìguó 彼の家での愛称は小宝で, 本名は王立国である.

★【贵姓】guìxìng 名 敬 お名前. 御芳名. ‖您～? nín guìxìng? お名前はなんとおっしゃいますか.

﹡﹡【名】míng (～儿) 名 名前. ‖他～叫张建 tā míng jiào Zhāng Jiàn 彼の名は張建という. ｜点～ diǎnmíng 点呼する. 指名する. ｜地～ dìmíng 地名.

★【名字】míngzi 名 ❶姓名(フルネーム). ‖我的～叫王小明 wǒ de míngzi jiào Wáng

Xiǎomíng 私の名前は王小明といいます. ❷(姓を含まない)名前. ‖我姓张, ～叫志强 wǒ xìng Zhāng, míngzi jiào Zhìqiáng 私は姓は張, 名前は志強といいます.

【外号】wàihào(～儿) 名 あだな. ニックネーム. ‖给他起了个～ gěi tā qǐle ge wàihào 彼にあだなをつけた.

【小名】xiǎomíng(～儿) 名 幼名. (親がつける)子供の愛称. "乳名"rǔmíng "奶名"nǎimíng ともいう.

★【姓】xìng 名 姓. 名字. ‖您贵～? nín guìxìng? 名字はなんとおっしゃいますか. ｜请问尊～大名? qǐngwèn zūnxìng dàmíng? 恐れ入りますが, お名前はなんとおっしゃいますか. ｜隐～埋名 yǐn xìng mái míng 姓名を隠す.

﹡﹡【姓名】xìngmíng 名 姓名. 名字と名前. ‖请写下您的～、住址 qǐng xiěxia nín de xìngmíng、zhùzhǐ どうぞお名前とご住所をお書きください.

【学名】xuémíng 名 子供が小学校の入学時に使用する正式な名前.

なみ 波

▶波浪 ▶波涛 ▶风浪 ▶惊涛骇浪 ▶浪
▶浪潮 ▶浪涛 ▶浪头 ▶水波

★【波浪】bōlàng 名 波. 波浪. ‖～滔天 bōlàng tāotiān 波濤天をつく. ｜～翻腾 bōlàng fānteng 波がうねる.

★【波涛】bōtāo 名 波濤(とう). 大きな波. ‖～汹涌 bōtāo xiōngyǒng 大波が逆巻く. ｜卷起冲天～ juǎnqi chōngtiān bōtāo 山のような大波が巻き起こる.

【风浪】fēnglàng 名 風と波. ‖海上～很大 hǎi shang fēnglàng hěn dà 海上は風波がとても激しい.

【惊涛骇浪】jīng tāo hài làng 成 逆巻く荒波. 非常に危険な状況のたとえ.

547

なめる　舐める

**【浪】 làng 图 (大きな)波. ‖ 风平～静 fēng píng làng jìng 風もなく波も静かである. 平穏無事なたとえ. ｜大风大～ dà fēng dà làng 激しい風波. 世間の激しい波風や激烈な闘争のたとえ.

*【浪潮】 làngcháo 图 噛 波. うねり. 運動. ‖ 社会变革的～ shèhuì biàngé de làngcháo 社会変革のうねり.

【浪涛】 làngtāo 图 波. 波濤(とう).

【浪头】 làngtou ❶口 波. ‖ ～很高 làngtou hěn gāo 波が高い. ❷転 (時世の)潮流. 傾向. 趨勢(せい). ‖ 赶～ gǎn làngtou 時代の潮流を追う.

【水波】 shuǐbō 图 さざ波. 小波. ‖ ～粼粼 shuǐbō línlín さざ波がきらめく.

なめる　舐める

▶尝　▶含　▶抿　▶舐

**【尝】 cháng 動 味をみる. 味を試す. 食べてみる. ‖ ～～味道怎么样 chángchang wèidao zěnmeyàng どんな味か試しに味わってみる. ｜～～咸淡 chángchang xiándàn 塩かげんを見る.

**【含】 hán 動 (口に)含む. ‖ 嘴里～着糖 zuǐ li hánzhe táng 口にあめを入れている.

【抿】 mǐn 動 口をすぼめてほんの少し飲む. ちょっと口につける. ‖ ～了一口酒 mǐnle yì kǒu jiǔ 酒をほんの少しなめた.

【舐】 tiǎn 動 なめる. ‖ ～嘴唇 tiǎn zuǐchún 唇をなめる. ｜小猫～着盘子 xiǎomāo tiǎnzhe pánzi 子ネコが皿をなめている.

なやみ　悩み

▶包袱　▶愁事　▶烦恼　▶顾虑　▶苦恼
▶难处　▶内忧　▶痛苦　▶心病　▶心事
▶有事

*【包袱】 bāofu 图 噛 精神的な重荷. 心の

負担. ‖ 思想～ sīxiǎng bāofu 心の悩み. ｜背上了～ bēishangle bāofu 悩みをしょい込む. ｜放下～ fàngxia bāofu 心の重荷をおろす. ｜工作不顺利, 他的～很重 gōngzuò bú shùnlì, tā de bāofu hěn zhòng 仕事がうまくゆかず, 彼のプレッシャーは大きい.

【愁事】 chóushì 图 心配事.

*【烦恼】 fánnǎo 图 悩み. ‖ 忘掉了一切～ wàngdiào le yí qiè fánnǎo 悩みをすっかり忘れてしまった.

*【顾虑】 gùlù 動 顧慮する. 心配する. 気にかける. ‖ ～重重 gùlù chóngchóng いろいろと心配する. ｜你安心工作, 家里的事不用～ nǐ ānxīn gōngzuò, jiāli de shì bú yòng gùlù 心置きなく仕事をしなさい, 家のことは心配しなくていいから. 图 顧慮. 懸念. 気がかり. ‖ 思想上还有～ sīxiǎng shang hái yǒu gùlù 心の中にまだ不安がある. ｜打消～ dǎxiāo gùlù 懸念を取り除く.

*【苦恼】 kǔnǎo 图 苦悩. 悩み. ‖ 孩子的病是她最大的～ háizi de bìng shì tā zuì dà de kǔnǎo 子供の病気のことが彼女の最大の悩みである.

【难处】 nánchù 图 困ること. 悩み. 問題. ‖ 各有各的～ gè yǒu gè de nánchù 人それぞれに悩みがある. ｜体谅她的～ tǐliang tā de nánchù 彼女のつらさを思いやる.

【内忧】 nèiyōu 图 国内の心配事. 内憂. ‖ ～外患 nèiyōu wàihuàn 内憂外患.

**【痛苦】 tòngkǔ 图 苦痛. 苦しみ. ‖ 你的～我能理解 nǐ de tòngkǔ wǒ néng lǐjiě あなたの苦しみは私にはよく分かる. ｜忍受精神上的～ rěnshòu jīngshén shang de tòngkǔ 精神的な苦しみに耐える.

【心病】 xīnbìng 图 気がかり. 悩みの種. ‖ 女儿的婚事成了母亲的一块～ nǚ'ér de hūnshì chéngle mǔqin de yí kuài xīnbìng 娘の結婚問題は, 母親の心配の種に

548

なっている.

*【心事】 xīnshì 图 心配事. 考え事. ‖～
重重 xīnshì chóngchóng 心配事だらけで
ある. ｜总算了却了一桩～ zǒngsuàn liǎo-
què le yì zhuāng xīnshì やっと心配事の一
つが片づいた. ｜坐在一边想～ zuòzài
yìbiān xiǎng xīnshì 脇(わき)のほうに座っ
て考え事にふける. ｜姑娘的～, 谁也
琢磨不透 gūniang de xīnshì, shéi yě zuómo-
butòu 若い娘の物思いは誰にも分かり
はしない.

*【有事】 yǒu shì 組 心配事がある. 内緒
事がある. ‖她今天心里～, 睡不着觉
tā jīntiān xīnli yǒu shì, shuìbuzháo jiào 彼女
は今日心配事があって眠れない.

なやむ　悩む

▶懊恼　▶愁　▶发愁　▶烦恼　▶苦恼
▶苦于　▶伤脑筋　▶痛苦　▶忧愁

【懊恼】 àonǎo 形 くよくよ悩んでいる.
気がめいるさま. ‖事情没办好, 心里
很～ shìqing méi bànhǎo, xīnli hěn àonǎo 事
がうまくいかずくよくよと思い悩んで
いる.

**【愁】 chóu 動 思い悩む. 心配する. 憂
える. ‖你～什么? nǐ chóu shénme? 君は
何を心配しているのか. ｜～白了头发
chóubáile tóufa 心配のあまり髪が白く
なった. ｜有本事不～没饭吃 yǒu běnshi
bù chóu méi fàn chī 腕があれば飯が食え
ない心配はない. ｜过着不～吃不～穿
的生活 guòzhe bù chóu chī bù chóu chuān de
shēnghuó 衣食の心配のない生活を送る.

*【发愁】 fā//chóu 動 悩む. 気をもむ. 憂
鬱(うつ)になる. 困る. (物事がうまくい
かなくて)頭が痛い. ‖他为儿子的学习
～ tā wèi érzi de xuéxí fāchóu 彼は子供の
勉強のことで悩んでいる. ｜我正～买不
到票呢 wǒ zhèng fāchóu mǎibudào piào ne

切符が手に入らないので困っていると
ころだ.

*【烦恼】 fánnǎo 形 思い煩うさま. 悩んで
いる. 気に病んでいる. ‖外人看起来是
件小事, 可当事人却很～的事也是有的
wàirén kànqilai shì jiàn xiǎoshì, kě dāngshìrén
què hěn fánnǎo de shì yě shì yǒu de 人から
見ればささいな事でも, 当人はひどく
悩むこともある.

*【苦恼】 kǔnǎo 形 苦しい. 悩ましい. ‖
何必为这点小事儿～? hébì wèi zhè diǎn
xiǎoshìr kǔnǎo? こんなつまらないことで
悩むことはないじゃないか. 動 苦しめ
る. 悩ます. ‖这件事一直～着他 zhè
jiàn shì yìzhí kǔnǎozhe tā その事はずっと
彼を悩ませてきた.

【苦于】 kǔyú 動 …に苦しむ. …に困る.
‖～没有资金 kǔyú méiyou zījīn 資金難
に苦しむ. ｜他正～创作 tā zhèng kǔyú
chuàngzuò 彼は創作に悩んでいた.

*【伤脑筋】 shāng nǎojīn 組 頭を悩ます. 頭
が痛い. ‖～的问题 shāng nǎojīn de wèn-
tí 頭の痛い問題. ｜这事儿太～ zhè shìr
tài shāng nǎojīn これはほんとに頭の痛い
ことだ. ｜这孩子老在外边惹祸, 真叫人
伤透了脑筋 zhè háizi lǎo zài wàibian rěhuò,
zhēn jiào rén shāngtòule nǎojīn この子はい
つも外で問題ばかり起こして, まった
く頭痛の種だ.

**【痛苦】 tòngkǔ 形 苦痛である. 苦しい. ‖
他心里非常～ tā xīnli fēicháng tòngkǔ 彼
はとてもつらい気持ちだった. ｜这个病
使我～了好几年 zhège bìng shǐ wǒ tòngkǔ-
le hǎojǐ nián この病気に私は何年も悩ま
された.

【忧愁】 yōuchóu 形 心配である. 憂鬱
(うつ)である. ‖他从不为生活而～ tā
cóng bú wèi shēnghuó ér yōuchóu 彼はい
まだかつて生活のために悩んだことは
ない.

な

ならぶ（人が）並ぶ

ならぶ （人が） 並ぶ

▶并列　▶并排　▶列　▶列队　▶排
▶排队　▶排列

*【并列】bìngliè 動 横に並ぶ. 同時に並ぶ. ‖两人～第三名 liǎng rén bìngliè dì sān míng 二人は共に3位になった.

*【并排】bìngpái 動 横に並ぶ. ‖～站着 bìngpái zhànzhe 横に並んで立っている. |两人～走着 liǎng rén bìngpái zǒuzhe 二人は並んで歩いている.

*【列】liè 動 並ぶ. 並べる. ‖陈～ chénliè 陳列する. |～了三条理由 lièle sān tiáo lǐyóu 三つの理由を並べた. |五个人～为一排 wǔ ge rén lièwéi yì pái 5人が一列に並んだ.

【列队】liè//duì 動 列を作る. 隊を組む. ‖～欢迎 lièduì huānyíng 列を作って歓迎する.

**【排】pái 動 並ぶ. 配列する. ‖请大家～成一行 qǐng dàjiā páichéng yì háng どうぞみなさん1列に並んでください.

*【排队】pái//duì 動 列を作る. 順に並ぶ. ‖请～上车 qǐng páiduì shàngchē 順に並んでご乗車ください. |学生们早就排好队了 xuéshengmen zǎojiù páihǎo duì le 学生たちはとっくに整列している.

*【排列】páiliè 動 順序よく並ぶ. 順序どおりに並べる. ‖队员们在操场上～得非常整齐 duìyuánmen zài cāochǎng shang páiliède fēicháng zhěngqí 隊員たちはグラウンドに整然と並んでいる. |按姓氏笔划～ àn xìngshì bǐhuà páiliè 姓の筆画順に並べる.

ならべる （物を） 並べる

▶摆　▶摆布　▶摆设　▶并　▶并排
▶陈列　▶陈设　▶排　▶排列　▶摊

★【摆】bǎi 動（見栄えよく）置く.（順序よく）並べる. ‖把这些花～在窗台上 bǎ zhè xiē huā bǎizài chuāngtái shang 花を窓の台にずらっと並べる. |把桌椅～整齐 bǎ zhuōyǐ bǎizhěngqí 机と椅子をきちんと並べる. |房间里～放着家人的照片 fángjiān li bǎifàngzhe jiārén de zhàopiàn 部屋には家族の写真が並べてあった. |把扑克牌一张张～开 bǎ pūkèpái yì zhāngzhāng bǎikāi トランプを一枚ずつ並べる.

【摆布】bǎibu；bǎibù 動 適当に配置する. きれいに並べる. 飾りつける. ‖把架子上那几盆花重新～～ bǎ jiàzi shang nà jǐ pénhuā chóngxīn bǎibubǎibu 棚の上の盆栽を並べ替えた.

【摆设】bǎishè 動（家具や美術品などを）美しく並べる. 飾り付ける. ‖房间～得很雅致 fángjiān bǎishède hěn yǎzhi 部屋の飾り付けがとても上品である.

**【并】bìng 動 並ぶ. 接する. ‖把两张桌子～在一起 bǎ liǎng zhāng zhuōzi bìngzài yìqǐ 二つの机をくっつけて並べる.

*【并排】bìngpái 動 横に並ぶ. ‖两人～走着 liǎng rén bìngpái zǒuzhe 二人は並んで歩いている. |把自行车～停放在公路上 bǎ zìxíngchē bìngpái tíngfàngzài gōnglù shang 道路に自転車を並べてとめた.

*【陈列】chénliè 動 陳列する. ‖～馆 chénlièguǎn 陳列館. |～品 chénlièpǐn 陳列品. |～柜 chénlièguì ショーケース. |橱窗里～着新产品 chúchuāng li chénlièzhe xīn chǎnpǐn ショーウインドーの中に新製品が陳列してある.

【陈设】chénshè 動 並べて置く. 配置する. ‖大厅里～着一些雕塑作品 dàtīng li chénshèzhe yìxiē diāosù zuòpǐn 大ホールに彫刻作品が並べられている.

**【排】pái 動 並ぶ. 配列する. ‖运动员按顺序～好 yùndòngyuán àn shùnxù páihǎo 選手が順番どおりに並ぶ. |大雁～成人字形向南飞去 dàyàn páichéng rénzìxíng

550

xiàng nán fēiqu ガンがV字型に並んで南へ飛んでいく。｜请大家～成一行 qǐng dàjiā páichéng yì háng どうぞみなさん1列に並んでください。

*【排列】 páiliè 動 配列する．順序どおりに並べる．‖东西～得很整齐 dōngxi páiliède hěn zhěngqí 品物が整然と並べてある．｜按姓氏笔划～ àn xìngshì bǐhuà páiliè 姓の筆画順に並べる．

*【摊】 tān 動 一面に並べる．広げる．‖～凉席 tān liángxí ござを敷く．｜书、本子什么的～了一桌子 shū, běnzi shénme de tānle yì zhuōzi 本だのノートだのを机いっぱいに広げている．｜把采回来的香菇～放在塑料布上 bǎ cǎihuílai de xiānggū tānfàngzài sùliàobù shang 採ってきたシイタケをビニールシートに並べる．

なれる　慣れる

▶慣　▶适应　▶熟　▶熟练
▶头回生，二回熟　▶习惯　▶习以为常

*【惯】 guàn 形 慣れている．‖干～了，不觉得累 gànguàn le, bù juéde lèi やり慣れているので，疲れは感じない．｜看不～这种作风 kànbuguàn zhè zhǒng zuòfēng こういう態度は目障りだ．

**【适应】 shìyìng 動 適応する．慣れる．‖～性 shìyìngxìng 適応性．｜～高山气候 shìyìng gāoshānqìhòu 高山の気候に適応する．｜来这么多年了，我也～不了这里的气候 lái zhème duōnián le, wǒ yě shìyìngbuliǎo zhèli de qìhòu 来て何年にもなるのに，ここの気候にはどうも慣れない．

★【熟】 shú 形 ❶熟練している．慣れて巧みである．⇔"生" shēng ‖～手 shúshǒu 熟練者．ベテラン．｜干几天就～了 gàn jǐ tiān jiù shú le 数日やるとすぐに慣れる．｜电脑用得很～ diànnǎo yòngde hěn shú パソコンの扱いに慣れている．❷

熟知している．詳しい．⇔"生" shēng ‖～人 shúrén 知り合い．顔なじみ．｜眼～ yǎnshú 見覚えがある．｜耳～的小曲儿 ěrshú de xiǎoqǔr 聞き慣れた曲．｜这条路我～ zhè tiáo lù wǒ shú この道はよく知っている．

**【熟练】 shúliàn 形 (仕事などが)経験があり慣れている．熟練している．‖～工人 shúliàn gōngrén 熟練工．｜技术～ jìshù shúliàn 技術が熟練している．｜他对机器的操作很～ tā duì jīqi de cāozuò hěn shúliàn 彼は機械の操作に慣れている．

【头回生，二回熟】 tóu huí shēng, èr huí shú 諺 1回目は慣れないが，2回目は慣れる．初対面はぎこちないが，2回目からは固さがとれてお互いに心がかよう．

★【习惯】 xíguàn 動 慣れる．習慣となる．‖～于熬夜 xíguàn yú áoyè 徹夜には慣れっこである．｜～成自然 xíguàn chéng zìrán 慣れると当たり前のこととなる．｜你已经～这里的生活了吧 nǐ yǐjīng xíguàn zhèli de shēnghuó le ba ここの生活もすっかり慣れたでしょう．

【习以为常】 xí yǐ wéi cháng 成 慣れて当たりまえになる．特別のことでなくなる．

なんと

▶不料　▶多　▶多么　▶好　▶好不
▶何等　▶竟然　▶居然

**【不料】 bùliào 接 思いがけなく．意外にも．予想に反して．‖我正想去找他，～他来了 wǒ zhèng xiǎng qù zhǎo tā, búliào tā lái le 彼を訪ねようと考えていたら，なんと彼のほうがやって来た．

★【多】 duō 副 なんと．なんて．ほんとうに．(感嘆文に用い，程度が高いことを表す)‖～不容易啊! duō bù róngyì a! まったくたいしたものだ．｜～好的姑娘!

551

duō hǎo de gūniang! なんていいお嬢さんなんでしょう.｜你看他画得～好! nǐ kàn tā huàde duō hǎo! ほら彼はなんて上手に描くんだろう.

★【多么】duōme 副 どんなにか. なんて. なんと. ほんとうに. (感嘆文に用い, 程度が高いことを表す)‖他要是知道了该～高兴啊! tā yàoshi zhīdaole gāi duōme gāoxìng a! 彼がもし知ったならどんなに喜ぶことだろう.

★【好】hǎo 副 なんと. ずいぶん. (感嘆の気持ちを含み, 程度の強いことを表す)‖～香! hǎo xiāng! なんといい匂いなんだ. ほんとうにおいしい.｜～漂亮的裙子 hǎo piàoliang de qúnzi とてもきれいなスカート.｜今天～冷 jīntiān hǎo lěng 今日はずいぶん冷え込む.

【好不】hǎobù 副 とても. なんと. (2音節の形容詞の前に置き, その程度の甚だしいことを表す)‖来了很多人, ～热闹 láile hěn duō rén, hǎobù rènao たくさんの人が来て, とても賑やかだ.｜～可笑 hǎobù kěxiào なんとおかしなことだろう.

*【何等】héděng 副 なんと. いかに. (感嘆の意を表す)‖获得冠军是～的光荣啊! huòdé guànjūn shì héděng de guāngróng a! チャンピオンの座に着くのはなんと光栄なことか.

*【竟然】jìngrán 副 意外にも. あろうことか.‖真没想到, 父亲～说出这种话来 zhēn méi xiǎngdào, fùqin jìngrán shuōchu zhè zhǒng huà lai 父がこんなことを言い出すなんて, 思ってもいなかった.｜他为了赶篇稿子, ～三天三夜没睡觉 tā wèile gǎn piān gǎozi, jìngrán sān tiān sān yè méi shuìjiào 彼は原稿を書き上げるために, なんと三日三晩眠らなかった.

*【居然】jūrán 副 意外にも. はからずも. なんと.‖这么简单的题他～做不出来 zhème jiǎndān de tí tā jūrán zuòbuchūlai

なんと彼はこんな簡単な問題もできない.｜这样的话你一说得出口 zhèyàng de huà nǐ jūrán shuōdechū kǒu あなたともあろう人がこんな言葉を口にするなんて.｜多年的冠军～败给了无名新手 duōnián de guànjūn jūrán bàigěile wúmíng xīnshǒu 長年のチャンピオンが意外にも無名の新人に敗れた.

に

にあう　似合う

▶合适　▶配　▶配合　▶适合　▶调和
▶相称　▶相配　▶协调

★【合适】héshì 形 ぴったりしている. 適切である. ちょうどいい.‖这衣服我穿～不～? zhè yīfu wǒ chuān héshì bù héshì? この服私に似合うかしら?｜这双鞋你穿着～吗? zhè shuāng xié nǐ chuānzhe héshì ma? この靴はあなたの足に合いますか.

*【配】pèi 動 (引き立てるために)添える. あしらう.‖这颜色很～你 zhè yánsè hěn pèi nǐ その色はあなたによく似合う. 助動 値する. 似つかわしい.‖这种人才～当班长 zhè zhǒng rén cái pèi dāng bānzhǎng こういう人こそ級長となるのがふさわしい.｜自己做得那么差, 还～批评别人! zìjǐ zuòde nàme chà, hái pèi pīpíng biéren! 自分はその程度しかやっていないのに, 人の批判ができると思うのか.

【配合】pèihe 形 似つかわしい. ふさわしい.‖上衣和领带的颜色很～ shàngyī hé lǐngdài de yánsè hěn pèihe 上着とネクタイの色がよく合っている.

**【适合】shìhé 動 適合する. 当てはまる.‖这个发型挺～你 zhège fàxíng tǐng shìhé

におう

nǐ その髪型とってもよく似合うわ.｜
他~留胡子 tā shìhé liú húzi 彼はひげが
似合う.｜这种料子~做大衣 zhè zhǒng
liàozi shìhé zuò dàyī この手の生地はオー
バーを作るのにうってつけだ.｜她很
~扮演这个角色 tā hěn shìhé bànyǎn zhège
juésè 彼女はこの役にぴったりだ.

*【调和】tiáohé 形 調和がとれている.
ちょうどよい.‖窗帘和家具的颜色很
~ chuānglián hé jiājù de yánsè hěn tiáohé
カーテンと家具の色がとてもマッチし
ている.

【相称】xiāngchèn 形 釣り合いが取れて
いる. 似合っている. ふさわしい.‖她
的穿着打扮和年龄不~ tā de chuānzhuó
dǎban hé niánlíng bù xiāngchèn 彼女の身
なりは年齢にそぐわない.

【相配】xiāngpèi 形 釣り合っている. 似
合っている.‖他俩很~ tā liǎ hěn xiāng-
pèi あの二人はお似合いだ.｜选一条与
这身西服~的领带 xuǎn yì tiáo yǔ zhè shēn
xīfú xiāngpèi de lǐngdài このスーツに合
うネクタイを選ぶ.｜这幅画跟房间的
颜色很~ zhè fú huà gēn fángjiān de yánsè
hěn xiāngpèi この絵は部屋の色調とよく
合っている.

*【协调】xiétiáo 形 釣り合いがとれてい
る. 調和している.‖颜色搭配很~ yán-
sè dāpèi hěn xiétiáo 配色の調和がとれて
いる.

におい

▶臭气 ▶臭味 ▶芳香 ▶气味 ▶气息
▶臊气 ▶味 ▶香气 ▶香味 ▶腥气
▶幽香

【臭气】chòuqì 名 臭気. 悪臭.‖~刺鼻
chòuqì cì bí 悪臭が鼻をつく.

【臭味】chòuwèi (~儿) 名 臭気. 悪臭.
臭いにおい. ⇔"香味" xiāngwèi‖屋里

有一股~儿 wūli yǒu yì gǔ chòuwèir 部屋
の中は臭いにおいがする.

【芳香】fāngxiāng 名 芳香. 香り.‖~扑
鼻 fāngxiāng pūbí 花の香りでむっとする.

*【气味】qìwèi (~儿) 名 におい. 香り.
臭気.‖~芬芳 qìwèi fēnfāng 香りが芳
しい.｜~难闻 qìwèi nánwén 悪臭がす
る.｜有一股刺鼻的~ yǒu yì gǔ cì bí de qì-
wèi 鼻を突くいやなにおいがする.

*【气息】qìxī 名 におい. 息吹. 雰囲気.
‖充满生活~ chōngmǎn shēnghuó qìxī 生
活の匂いにあふれている.｜时代~ shí-
dài qìxī 時代の息吹.

【臊气】sāoqì 名 小便臭いにおい. つん
とするにおい.

*【味】wèi (~儿) 名 におい. 香り.‖烟~
儿 yānwèir タバコのにおい.｜怪~ guài-
wèi 変な臭い. 嫌な臭い.｜腥~ xīng-
wèi 生臭いにおい. 生臭さ.

【香气】xiāngqì 名 よいにおい. 香気.‖
~扑鼻 xiāngqì pūbí 香気がぷんとにお
う.

*【香味】xiāngwèi (~儿) 名 香り. よいに
おい. ⇔"臭味" chòuwèi‖~儿很浓的
香皂 xiāngwèir hěn nóng de xiāngzào 香り
の強いせっけん.｜有一股玫瑰花的~
儿 yǒu yì gǔ méigui huā de xiāng wèir バラ
の香りがする.

【腥气】xīngqi 名 生臭いにおい.

【幽香】yōuxiāng 名 ほのかな香り. 微
香.

におう

▶臭 ▶发臭 ▶好闻 ▶难闻 ▶扑鼻
▶散发 ▶臊臭 ▶闻 ▶香 ▶有味

**【臭】chòu 形 臭い. ⇔"香" xiāng‖这水
沟真~ zhè shuǐgōu zhēn chòu このどぶは
ほんとに臭い.｜什么东西, 好~ shén-

553

にがす　逃がす

【发臭】 fāchòu　動　におう．臭いにおいがする．‖垃圾～ lājī fāchòu　ごみが臭くなる．｜前天买的牛肉已经～了 qiántiān mǎi de niúròu yǐjīng fāchòu le　おととい買った牛肉がもうにおう．

【好闻】 hǎo wén　組　香りがよい．‖气味～ qìwèi hǎo wén　いい香りがする．｜这花真～ zhè huā zhēn hǎo wén　この花は実に香りがいい．

【难闻】 nán wén　組　臭い．不快なにおいがする．‖什么味儿，这么～ shénme wèir, zhème nán wén　なんのにおいだろう，こんなに臭いなんて．

【扑鼻】 pūbí　動　濃厚な香りがする．‖和风拂面，香气～ héfēng fúmiàn, xiāngqì pūbí　そよ風が顔をなで，香りが鼻をつく．

*****【散发】** sànfā　動　発散する．放散する．‖鲜花～着阵阵芳香 xiānhuā sànfāzhe zhènzhèn fāngxiāng　花がよい香りが漂っている．

【臊臭】 sāochòu　形　小便臭い．つんとするようなにおいがする．

******【闻】** wén　動　（においを）かぐ．‖～到一股烟味 wéndào yì gǔ yānwèi　タバコのにおいがする．｜你～一～是什么味儿 nǐ wényiwén shì shénme wèir　なんのにおいかかいでごらん．

*****【香】** xiāng　形　香りがよい．⇔"臭" chòu‖这花好～啊! zhè huā hǎo xiāng a!　この花はほんとにいい匂いだ．｜酒～扑鼻 jiǔ xiāng pūbí　酒の香りがぷんとする．

【有味】 yǒu wèi（～儿）組　においがする．におう．‖这肉～儿了 zhè ròu yǒu wèir le　この肉は腐っている．｜有香味儿 yǒu xiāngwèir　いい香りがする．｜有臭味儿 yǒu chòuwèir　へんなにおいがする．

にがす　逃がす

▶错过　▶错失　▶放　▶放过　▶放弃
▶跑　▶失掉　▶失去

【错过】 cuòguò　動　（チャンスなどを）取り逃がす．‖这么好的机会，可别～了 zhème hǎo de jīhuì, kě bié cuòguò le　こんなによいチャンスを逃したりしないように．

【错失】 cuòshī　動　失する．逸する．取り逃がす．‖～良机 cuòshī liángjī　好機を逸する．

★**【放】** fàng　動　釈放する．逃がす．放す．‖抓住绳子不～ zhuāzhù shéngzi bú fàng　縄をしっかりつかんで放さない｜把蜻蜓～了 bǎ qīngtíng fàng le　トンボを放した．｜不能～他走! bù néng fàng tā zǒu!　彼を逃がすな．｜不要～掉这次机会 búyào fàngdiào zhè cì jīhuì　このチャンスを逃してはならない．

【放过】 fàngguò　動　おろそかにする．見逃す．逃がす．放っておく．‖～机会 fàngguò jīhuì　チャンスを逃がす．｜哪怕是一个极小的细节，他也决不～ nǎpà shì yí ge jí xiǎo de xìjié, tā yě jué bú fàngguò　どんなに枝葉末節であっても，彼は決しておろそかにしない．｜这一次可不能～这批走私犯 zhè yí cì kě bù néng fàngguò zhè pī zǒusīfàn　こんどこそは密輸犯一味を逃がしはしない．

******【放弃】** fàngqì　動　放棄する．捨て去る．‖～自己的主张 fàngqì zìjǐ de zhǔzhāng　自分の主張を放棄する．｜这是一个很好的机会，不能轻易～ zhè shì yí ge hěn hǎo de jīhuì, bù néng qīngyì fàngqì　これはいい機会だから，やすやすと逃がすわけにはいかない．

★**【跑】** pǎo　動　❶逃げる．‖上了钩的鱼又～了 shàngle gōu de yú yòu pǎo le　釣った魚にまた逃げられた．｜别让他～了 bié ràng tā pǎo le　やつを逃がすな．❷逃が

554

す．失う．‖ **帽子让风刮~了** mmàozi ràng fēng guāpǎo le 帽子が風に吹き飛ばされた．｜ **我的书~到哪儿去了?** wǒ de shū pǎodào nǎr qù le? 私の本はどこに行ったんだろう．

*【**失掉**】shīdiào 動 失う．なくす．逸する．‖ **这么好的机会~了，真可惜!** zhème hǎo de jīhuì shīdiào le, zhēn kěxī! こんなよいチャンスを逃してしまうのは，実に惜しい．

【失去**】shīqù 動 失う．なくす．‖ **~朋友** shīqù péngyou 友人を失う．｜ **~信心** shīqù xìnxīn 自信をなくす．｜ **~机会** shīqù jīhuì 機会を逃がす．

にぎやか　賑やか

▶繁华　▶热火　▶热闹　▶熙来攘往
▶兴隆　▶兴旺　▶喧闹

*【**繁华**】fánhuá 形 繁華である．盛んで賑やかである．‖ **~的城市** fánhuá de chéngshì 繁華な都市．｜ **有了百货店、游戏中心，这一带也~起来了** yǒule bǎihuòdiàn, yóuxì zhōngxīn, zhè yídài yě fánhuáqilai le デパートやゲームセンターができて，このあたりも賑やかになった．

【**热火**】rèhuo 賑やかである．盛り上がっている．

【热闹**】rènao 形 賑やかである．‖ **婚礼~极了** hūnlǐ rènaojí le 結婚式はとても賑やかだ．｜ **南京路是上海最~的地方** Nánjīnglù shì Shànghǎi zuì rènao de dìfang 南京路は上海でいちばん賑やかな所だ． 動 賑わう．賑やかに過ごす．‖ **春节到我那儿包饺子，大家一块儿~~** Chūnjié dào wǒ nàr bāo jiǎozi, dàjiā yíkuàir rènaorènao 旧正月には私のところでギョーザをつくり，みんな一緒に賑やかにやろう． 图 (~儿)賑わい．騒ぎ．‖ **晚上的联欢会，你也来凑个~** wǎnshang de lián-

huānhuì, nǐ yě lái còu ge rènao 夜の親睦会(しんぼく)にあなたも来て盛り上げてください．

【**熙来攘往**】xī lái rǎng wǎng 成 人の往来が激しくて賑やかなこと．"熙熙攘攘" xīxī rǎngrǎng ともいう．‖ **自由市场里买东西的人~，十分热闹** zìyóu shìchǎng li mǎi dōngxi de rén xī lái rǎng wǎng, shífēn rènao 自由市場は大勢の買い物客で賑わっている．

【**兴隆**】xīnglóng 形 盛んである．繁盛している．‖ **买卖~** mǎimai xīnglóng 商売が繁盛している．｜ **到了晚上店里更~** dàole wǎnshang diàn li gèng xīnglóng 夜ともなると店はいっそう賑やかになった．

*【**兴旺**】xīngwàng 形 盛んである．繁栄している．‖ **~发达** xīngwàng fādá 隆盛をきわめる．｜ **繁荣~** fánróng xīngwàng 繁栄をきわめる．｜ **鞭炮声和孩子们的笑声让人感觉日子过得很~** biānpàoshēng hé háizimen de xiàoshēng ràng rén gǎnjué rìzi guòde hěn xīngwàng 爆竹と子どもたちの笑い声が響き，この日はとても賑やかだった．

【**喧闹**】xuānnào 形 やかましい．騒がしい．賑やかである．‖ **~的车马声** xuānnào de chēmǎshēng 騒々しい車馬の音．｜ **下课后校园顿时~起来** xiàkè hòu xiàoyuán dùnshí xuānnàoqilai 授業が終わると校庭がにわかに賑やかになる．

にぎる　握る

▶把　▶把握　▶操　▶持　▶揪　▶拿
▶捏　▶握　▶抓　▶攥

★【**把**】bǎ 動 握る．持つ．つかむ．‖ **手~酒杯** shǒu bǎ jiǔbēi 手に杯を持つ．｜ **车拐弯儿了，~好扶手** chē guǎiwānr le, bǎhǎo fúshǒu 車は曲がりますので，手すりにおつかまりください．｜ **手~手地教**

孩子写字 shǒu bǎ shǒu de jiāo háizi xiě zì 手を取って子供に字を教える.

**【把握】 bǎwò 動 握る. ‖ ～方向盘 bǎwò fāngxiàngpán ハンドルを握る.

*【操】 cāo 動 手にしっかりと持つ. 握る. 掌握する. ‖ ～刀 cāodāo 刀を手にする. ｜～笔杆子 cāo bǐgǎnzi 筆を執る. 文筆業に従事する.

【持】 chí 動 持つ. 握る. 持参する. ‖ 手～鲜花 shǒu chí xiānhuā 手に花を持つ. ｜～身分证来取 chí shēnfenzhèng lái qǔ 身分証明書を持参のうえ受け取る.

*【揪】 jiū 動 しっかり握る. 強くつかむ. つかんで引っ張る. ‖ ～住绳子, 不要松手 jiūzhù shéngzi, bú yào sōngshǒu ロープをしっかり握って, 手を緩めるな.

★【拿】 ná 動 (手で)持つ. つかむ. ‖ ～着书 názhe shū 本を手に取る. ｜给我～报纸来 gěi wǒ ná bàozhǐ lái 新聞を持ってきてくれ. ｜你手里～的是什么? nǐ shǒu li ná de shì shénme? 手に持っているのは何ですか.

*【捏】 niē 動 握る. ‖ ～一把汗 niē yì bǎ hàn 手に汗を握る. ｜命～在人家手里 mìng niēzài rénjia shǒu li 運命は人の手に握られている.

**【握】 wò 動 握る. つかむ. 持つ. ‖ 紧紧～住车把 jǐnjǐn wòzhù chēbǎ ハンドルをしっかりと握る. ｜～笔 wò bǐ 筆を執る.

**【抓】 zhuā 動 つかむ. 握る. ‖ ～起一把土 zhuāqi yì bǎ tǔ 土を一にぎりつかむ. ｜～着他的胳膊 zhuāzhe tā de gēbo 彼の腕をつかまえている. ｜快～住我的手! kuài zhuāzhù wǒ de shǒu! 早く私の手にしっかりつかまって. ｜～住时机 zhuāzhù shíjī チャンスをつかむ.

【攥】 zuàn 動 口 握る. 握りしめる. ‖ ～拳头 zuàn quántou こぶしを握る. ｜手里～着把刀子 shǒu li zuànzhe bǎ dāozi 手にナイフを握りしめる.

にくむ　憎む

▶仇恨　▶愤恨　▶恨　▶恨死　▶恨透
▶痛恨　▶厌恶　▶怨恨　▶憎恨　▶憎恶

*【仇恨】 chóuhèn 動 ひどく恨む. 深く憎む. 憎悪する. ‖ ～卖国贼 chóuhèn màiguózéi 売国奴を深く憎む. 図 骨髄に徹する恨み. 深い憎しみ. ‖ 把～记在心里 bǎ chóuhèn jìzài xīnli 恨みを心に記す. ｜满腔～ mǎnqiāng chóuhèn 満腔(まんこう)の憎悪.

*【愤恨】 fènhèn 動 憤り憎む. 憤慨する. ‖ 大家都～这种欺软怕硬的人 dàjiā dōu fènhèn zhè zhǒng qī ruǎn pà yìng de rén 強い者にはへつらい弱い者はいじめるそんな手合いの人間に誰もが憤慨する.

**【恨】 hèn 動 恨む. 憎いと思う. ‖ 她一直～着他 tā yìzhí hènzhe tā 彼女はずっと彼を恨んでいる. ｜他最～孩子撒谎 tā zuì hèn háizi sāhuǎng 彼は子供がうそをつくのを最も嫌がる.

【恨死】 hènsǐ 動 死ぬほど恨む. 徹底的に憎む. ‖ 自己的成绩不好, 拖了全班的后腿, 他～自己了 zìjǐ de chéngjì bù hǎo, tuōle quánbān de hòutuǐ, tā hènsǐ zìjǐ le 自分の成績が悪いばかりにクラス全体の足を引っ張ることになって, 彼は自分自身がいやでたまらない.

【恨透】 hèntòu 動 恨み抜く. とことん憎む. ‖ 她～了那些骗子 tā hèntòule nàxiē piànzi 彼女はあのペテン師たちが憎らしくてたまらなかった.

*【痛恨】 tònghèn 動 ひどく憤りを感じる. 心から憎む. ‖ 我～这种人 wǒ tònghèn zhè zhǒng rén 私はそういう人間をいちばん憎む. ｜他～自己干了蠢事 tā tònghèn zìjǐ gànle chǔnshì 彼はばかなことをしてしまった自分が腹立たしくてならなかった.

*【厌恶】 yànwù 動 憎む. 嫌悪する. ‖ ～

弄虚做假的人 yànwù nòng xū zuò jiǎ de rén まやかしをやるような人間は大嫌いだ. ｜产生~情绪 chǎnshēng yànwù qíngxu 嫌悪感をもつ.

【怨恨】yuànhèn 動 恨む. 憎む. ‖ 他~女朋友对他无情无义 tā yuànhèn nǚpéngyou duì tā wúqíng wúyì 彼は恋人の薄情さを恨んでいる.

【憎恨】zēnghèn 動 憎む. 憎悪する. ‖ ~战争 zēnghèn zhànzhēng 戦争を憎む.

【憎恶】zēngwù 動 憎む. 憎悪する. ‖ 我最~拍马逢迎 wǒ zuì zēngwù pāimǎ féngyíng 私は人にこびへつらうことを最も憎む.

にくらしい　憎らしい

▶恶狠狠　▶恨人　▶可恨　▶可气　▶可恶
▶可憎　▶气人　▶讨厌

【恶狠狠】èhěnhěn（~的）形 憎い. 腹立たしい. 憎たらしい. ‖ ~的态度 èhěnhěn de tàidu 憎たらしい態度. ｜他~地骂了一句：“滚！” tā èhěnhěn de màle yí jù:"gǔn" 彼は腹立たしげに「出ていけ」とどなった.

【恨人】hènrén 形 囫 腹立たしい. 憎らしい. ‖ 刚换的衣服又弄脏了，真~ gāng huàn de yīfu yòu nòngzāng le, zhēn hènrén 着替えたばかりの服をまた汚して，まったく憎たらしい.

【可恨】kěhèn 形 憎らしい. 恨めしい. ‖ 那个人真~ nàge rén zhēn kěhèn あの人はほんとうに憎らしい.

【可气】kěqì 形 腹立たしい. ‖ 又~，又好笑 yòu kěqì, yòu hǎoxiào 腹立たしくもあり，おかしくもある. ｜孩子不听话，真~! háizi bù tīnghuà, zhēn kěqì! 子供が言うことを聞かなくて，まったくいまいましい.

*【可恶】kěwù 形 憎らしい. しゃくにさわる. ‖ 净说别人坏话，~极了 jìng shuō biéren huàihuà, kěwùjí le 人の悪口ばかり言っていて，ほんとうに憎たらしい.

【可憎】kězēng 形 憎らしい. 憎むべきである. ‖ 面目~ miànmù kězēng 顔つきが憎たらしい.

【气人】qìrén 形 しゃくにさわる. 腹立たしい. ‖ 这事儿真~ zhè shìr zhēn qìrén このことはほんとうにしゃくにさわる.

**【讨厌】tǎo//yàn 形 嫌だ. 嫌らしい. いけすかない. ‖ 那家伙好传闲话，实在~ nà jiāhuo hào chuán xiánhuà, shízài tǎoyàn あいつときたら人の悪口ばかり言っていて，まったくいけすかない. ｜这种天气真~ zhè zhǒng tiānqì zhēn tǎoyàn こういうお天気はほんとうに嫌だ.

にげる　逃げる

▶奔逃　▶溜　▶跑　▶三十六计，走为上计
▶逃　▶逃遁　▶逃跑　▶逃脱　▶逃走
▶一哄而散

【奔逃】bēntáo 動 逃走する. 逃げる. ‖ 四散~ sìsàn bēntáo 散り散りに逃げる.

*【溜】liū 動 そっと抜け出す. こっそり逃げる. ‖ 开会的时候他~了 kāihuì de shíhou tā liū le 会合のとき彼はこっそり抜け出した.

★【跑】pǎo 動 逃げる. ‖ 犯人~了 fànrén pǎo le 犯人が逃げた. ｜上了钩的鱼又~了 shàngle gōu de yú yòu pǎo le 釣った魚にまた逃げられた.

【三十六计，走为上计】sānshíliù jì, zǒu wéi shàngjì 諺 三十六計，逃げるにしかず. “三十六策，走为上策”sānshíliù cè, zǒu wéi shàngcè ともいう.

**【逃】táo 動 逃げる. 逃走する. ‖ ~难 táonàn 災難を避けてよそへ逃げる. 避難する. ｜~到国外 táodào guówài 国外に逃亡する. ｜动物园有一只猴子~了出

来 dòngwùyuán yǒu yì zhī hóuzi táolechu-
lai 動物園のサルが1匹逃げ出した. ｜
小偷儿见了警察就～ xiǎotōur jiànle jǐngchá
jiù táo こそ泥は警官を見るや逃げ出し
た.

【逃遁】 táodùn 動 逃げる. 逃亡する. 逃
げ去る. ‖ 仓皇～ cānghuáng táodùn ほう
ほうの体(てい)で逃げ去る.

*** 【逃跑】** táopǎo 動 逃げる. 逃げ去る. ‖
拼命～ pīnmìng táopǎo 必死で逃げる. ｜
越狱～ yuèyù táopǎo 脱獄逃亡する.

【逃脱】 táotuō 動 危険な場所から逃げ
る. 脱出する. ‖ ～险境 táotuō xiǎnjìng
危険な状態を脱する.

*** 【逃走】** táozǒu 動 逃走する. 逃げる. ‖
一不当心，就让他～了 yí bù dāngxīn, jiù
ràng tā táozǒu le ちょっと注意をそらし
たら，彼に逃げられた.

*** 【一哄而散】** yī hòng ér sàn 成 わっと声を
あげて散り散りになる. 蜘蛛(くも)の子
を散らすように逃げる. ‖ 他们见警察来
了，便～ tāmen jiàn jǐngchá lái le, biàn yí
hòng ér sàn 彼らは警官が来たのを見る
と，蜘蛛の子を散らすように逃げて
いった.

にごす　濁す

▶凑合　▶对付　▶敷衍　▶含糊
▶含糊其辞　▶将就　▶闪烁　▶搪塞
▶支吾

*** 【凑合】** còuhe 動 間に合わせる. いいか
げんにお茶を濁す. 適当にやる. ‖ 这种
关键的地方，不能～ zhè zhǒng guānjiàn
de dìfang, bù néng còuhe このような肝心
要(かなめ)な所はいいかげんにできない.

**** 【对付】** duìfu 動 間に合わせる. しのぐ.
我慢する. ‖ ～着办吧 duìfuzhe bàn ba ま
あ適当にやっておこう. ｜工作上不能～
gōngzuò shang bù néng duìfu 仕事ではま

の場しのぎをしてはいけない. ｜这台旧
电视还可以～着看 zhè tái jiù diànshì hái
kěyǐ duìfuzhe kàn このテレビは古いけれ
どまだまだ見ることができる.

*** 【敷衍】** fūyan；fūyān 動 いいかげんにす
る. ごまかす. ‖ ～塞责 fūyan sèzé いい
かげんにやって責めをふさぐ. ｜～了事
fūyan liǎoshì いいかげんに表面をつく
ろって事を済ます. お茶を濁す. ｜嘴上
～了他几句 zuǐshang fūyanle tā jǐ jù 彼に
は適当に返事をしてお茶を濁した.

*** 【含糊】【含胡】** hánhu 形 曖昧(あいまい)である.
ぼんやりしている. ‖ 他回答得含含糊
糊 tā huídáde hánhánhūhū 彼は曖昧に受
け答えする.

【含糊其辞】【含糊其词】 hánhu qí cí 慣 言
葉を曖昧にする. 言葉を濁す.

【将就】 jiāngjiu 動 間に合わせる. 適当
にやる. ‖ 菜做得不好，～着吃吧! cài
zuòde bù hǎo, jiāngjiuzhe chī ba! あまりお
いしくありませんが，まあ我慢して食
べてください. ｜这衣服有点长，～着穿
吧! zhè yīfu yǒudiǎn cháng, jiāngjiuzhe chuān
ba! この服はちょっと丈が長いけど，
ひとまずこれで間に合わせておきなさい.

*** 【闪烁】** shǎnshuò 動 言葉を濁す. 口ご
もる. ‖ ～其词 shǎnshuò qí cí 言葉を濁
す.

【搪塞】 tángsè 動 一時しのぎをする. 間
に合わせる. ‖ 你别拿这些理由来～我
nǐ bié ná zhèxiē lǐyóu lái tángsè wǒ こんな
理由でごまかそうたってそうはいかな
い.

【支吾】 zhīwu；zhīwú 動 話を曖昧(あいまい)に
してごまかす. 言葉を濁す. 口ごもる.
‖ 一味～ yíwèi zhīwu どこまでも言を左
右にして言い逃れをする. ｜他支支吾吾
的，不愿意说 tā zhīzhīwúwú de, bú yuànyì
shuō 彼は言葉を濁して，言いたがらな
い.

558

にじむ

にごる　濁る（濁っている）

▶不透明　▶不新鮮　▶不正　▶浑　▶混浊
▶污浊

【不透明】bù tòumíng 組 透き通っていない．濁っている．‖这个温泉的水是乳白色的，～ zhège wēnquán de shuǐ shì rǔbáisè de, bú tòumíng この温泉の湯は白く濁っている．

【不新鲜】bù xīnxian 組 新鮮ではない．‖屋子里的空气～ wūzi li de kōngqì bù xīnxian 部屋の空気が濁っている．

【不正】bù zhèng 組 （色や味が）純粋ではない．他のものが混じっている．‖颜色～ yánsè bú zhèng 色が濁っている．｜这个店的川菜味道～ zhège diàn de Chuāncài wèidao bú zhèng この店の四川料理は本場の味ではない．

【浑】hún 形 （液体などが）濁っている．‖～水 húnshuǐ 濁り水．｜井水有些～ jǐngshuǐ yǒuxiē hún 井戸の水が少し濁っている．

【混浊】hùnzhuó 形 濁っている．混濁している．"浑浊"húnzhuó ともいい，"溷浊"とも書く．‖～的河水 hùnzhuó de héshuǐ 濁っている川の水．｜空气～ kōngqì hùnzhuó 空気が濁っている．｜晶状体～ jīngzhuàntǐ hùnzhuó 目の水晶体が混濁している．

【污浊】wūzhuó 形 （水や空気などが）汚い．濁っている．‖湖水～不清 húshuǐ wūzhuó bù qīng 湖水が濁っている．｜～的空气 wūzhuó de kōngqì 汚れた空気．｜～的官场 wūzhuó de guānchǎng 腐敗した官界．

にじむ

▶沁　▶渗　▶渗入　▶渗透　▶透　▶洇

【沁】qìn 動 （香りや液体などが）しみる．にじむ．‖汗水～透了衣裳 hànshuǐ qìntòule yīshang 汗が服にしみとおった．｜额上～出了汗 éshang qìnchule hàn 額に汗がにじんでいる．

*【渗】shèn 動 しみ込む．にじみ出る．‖雨水～到地里去了 yǔshuǐ shèndào dì li qù le 雨水は地中にしみ込んだ．｜天花板被雨水～湿了一片 tiānhuābǎn bèi yǔshuǐ shènshīle yí piàn 天井板に雨漏りのしみができた．｜脑门上～出细细的汗珠 nǎomén shang shènchu xìxì de hànzhū 額に汗の粒が吹き出ている．｜绷带上又～出血来 bēngdài shang yòu shènchu xiě lai 包帯にまた血がにじみ出てきた．

【渗入】shènrù 動 しみ込む．‖雨水～土壤 yǔshuǐ shènrù tǔrǎng 雨水が地面にしみ込む．

*【渗透】shèntòu 動 ❶（液体などが）しみ通る．‖血水～了包扎的纱布 xuèshuǐ shèntòule bāozā de shābù 巻いてあるガーゼに血がにじんだ．❷喩 （思想や生活習慣などが）浸透する．‖经济～ jīngjì shèntòu 経済的な浸透．｜字里行间～着作者多年的心血 zì li hángjiān shèntòuzhe zuòzhě duōnián de xīnxuè 行間には作者の多年の心血がにじみ出ている．

**【透】tòu 動 表面に現れる．にじみ出る．‖白里～红 bái li tòu hóng 白地に赤みがさす．｜目光中～着智慧 mùguāng zhōng tòuzhe zhìhuì まなざしに賢さが現れている．｜脸上～着欢喜 liǎn shang tòuzhe huānxǐ 顔に嬉しさがにじみ出ている．

【洇】yīn 動 にじむ．しみる．‖这种纸一沾墨水就～ zhè zhǒng zhǐ yì zhān mòshuǐ jiù yīn この紙はインクがつくとすぐににじんでしまう

に

にぶい　鈍い

にぶい　鈍い

▶笨　▶痴呆　▶迟钝　▶蠢　▶呆　▶呆气
▶呆傻　▶麻木　▶傻

**【笨】bèn 形 ❶愚かである．間が抜けている．‖~头~脑 bèn tóu bèn nǎo 頭の働きが鈍いこと．ぼんやりしているさま．｜这么简单的题都不会，真~ zhème jiǎndān de tí dōu bú huì, zhēn bèn こんな簡単な問題もできないなんて，なんてばかなんだ．❷不器用である．‖手脚~ shǒujiǎo bèn 動作が鈍い．ぶきっちょである．｜好久没弹钢琴，手指比以前多了 hǎojiǔ méi tán gāngqín, shǒuzhǐ bǐ yǐqián bènduō le しばらくピアノを弾かなかったので，指が前より動かなくなった．

【痴呆】chīdāi 形 頭が鈍い．抜けている．‖他有点儿~ tā yǒudiǎnr chīdāi 彼は少し鈍い．｜~症 chīdāizhèng 認知症．

【迟钝】chídùn 形 （反応が）のろい．鈍い．‖感觉~ gǎnjué chídùn 感覚が鈍い．｜反应~ fǎnyìng chídùn 反応がのろい．

*【蠢】chǔn 形 ❶頭が鈍い．間が抜けている．愚かである．‖我真~，居然相信了他的话 wǒ zhēn chǔn, jūrán xiāngxìnle tā de huà あいつの話を信じてしまうなんて，おれはなんてばかなんだ．❷（動作が）鈍い．のろのろしている．不器用である．‖~笨 chǔnbèn のろまである．不器用である．｜长得~ zhǎngde chǔn ぶくぶく太っている．

**【呆】dāi 形 愚かである．鈍い．気が利かない．‖这个人真~ zhège rén zhēn dāi この人はほんとうに鈍い人だ．｜~头~脑 dāi tóu dāi nǎo （反応が）鈍いさま．ぼんやりしているさま．

【呆气】dāiqi 形 間が抜けている．ぼんやりしている．‖他人很好，就是有点儿~ tā rén hěn hǎo, jiùshì yǒudiǎnr dāiqi 彼は人柄はいいけれど，ただ少し鈍感だ．

【呆傻】dāishǎ 形 間抜けである．頭が鈍い．‖这孩子一点儿也不~，心里明白得很 zhè háizi yìdiǎnr yě bù dāishǎ, xīnli míngbaide hěn この子はちっとも鈍くなんかない，実はよく分かっている．

*【麻木】mámù 形 無神経である．鈍い．‖感情~ gǎnqíng mámù 鈍感である．｜神情~ shénqíng mámù 無表情である．｜你这个人怎么这么~呀 nǐ zhège rén zěnme zhème mámù ya 君って人はほんとうに無神経だね．

**【傻】shǎ 形 愚かである．頭が悪い．間抜けである．‖装~ zhuāng shǎ とぼける．｜~乎乎的样子 shǎhūhū de yàngzi もたもた（のろのろ）した様子．｜~头~脑 shǎ tóu shǎ nǎo 間が抜けているさま．ぼんやりしているさま．

ニュース

▶报道　▶通讯　▶消息　▶新闻

**【报道】bàodào 名 ニュース記事．報道．"报导" bào dǎo ともいう．‖专题~ zhuān tí bào dào 特集記事．｜有关会议的~ yǒu guān huì yì de bào dào 会議に関する報道．｜据外电~ jù wàidiàn bàodào 外電によると．

**【通讯】tōngxùn 名 ニュースを報道する文章．記事．通信．‖~记者 tōngxùn jìzhě レポーター．｜为报纸写一篇~ wèi bàozhǐ xiě yì piān tōngxùn 新聞に記事を書く．

*【消息】xiāoxi 名 ❶（人や事物に関する）情報．ニュース．（"新闻" xīnwén が公式な意味あいを持つのに対し，"消息" は非公式のものが多く，漏れ伝わってきた情報をさす）‖据~灵通人士说 jù xiāoxi língtōng rénshì shuō 消息筋によれば．｜发一条~ fā yì tiáo xiāoxi ニュースを一つ発信する．❷知らせ．便り．音

信. ‖ 好～ hǎo xiāoxi よい知らせ.

★【新闻】xīnwén 图 ❶ニュース. 報道. (報道機関による国内外の情報やニュースをさす)‖ ～广播 xīnwén guǎngbō ニュース放送. | ～发言人 xīnwén fāyánrén スポークスマン. | ～中心 xīnwén zhōngxīn ニュース・センター. | ～节目 xīnwén jiémù 報道番組. | 采访～ cǎifǎng xīnwén ニュースを取材する. | 今天的～播送完了 jīntiān de xīnwén bōsòngwán le (アナウンサーが)これでニュースを終わります. ❷(社会で起きた)最近の出来事. 新しい話題. ‖ 外边有什么～? wàibian yǒu shénme xīnwén? 何か変わった話でもあるかい. | ～人物 xīnwén rénwù 時の人. 話題の人物. | 这可是个大～ zhè kě shì ge dà xīnwén これはビッグニュースだ.

にる　煮る

▶熬　▶熬　▶炖　▶烩　▶卤　▶焖　▶烧
▶煨　▶煮

【熬】āo 勔 野菜などに調味料を加え鍋で煮る. ‖ ～白菜 āo báicài ハクサイを煮る.

*【熬】áo 勔 (かゆ状のものを作るため)ことこと煮る. (成分を抽出するため)とろ火で煮る. ‖ ～大米粥 áo dàmǐzhōu 粥を炊く. | ～药 áoyào 薬を煎じる.

【炖】dùn 勔 (多く肉類を)とろ火で煮込む. ‖ ～肉 dùn ròu 肉を煮込む. | ～烂 dùnlàn 煮込んで柔らかくする.

【烩】huì 勔 ❶炒めた後, 濃いめの汁で煮る. ‖ 冬菇～豆腐 dōnggū huì dòufu シイタケと豆腐のうま煮. ❷いろいろな材料を混ぜ合わせて煮込む. ‖ 杂～ záhuì ごった煮. | ～饭 huìfàn 雑炊.

【卤】lǔ 勔 塩水あるいはしょうゆに調味料を加えて煮る. ‖ ～鸡 lǔ jī 鶏を

加えた塩水でニワトリを丸煮にする.

【焖】mèn 勔 ふたをしてとろ火でゆっくり煮る. ‖ ～饭 mènfàn 御飯を炊く.

**【烧】shāo 勔 蒸したり油通しをした後, スープを加えて煮込んだり炒めたりする. または, 先に煮込んだ後, 油で揚げる. ‖ 红～ hóngshāo しょうゆ味の煮込み. | 肉～好了 ròu shāohǎo le 肉が煮込んで柔らかくなった.

【煨】wēi 勔 とろ火でよく煮込む. ‖ ～牛肉 wēi niúròu 牛肉をとろ火で煮る.

**【煮】zhǔ 勔 煮る. ゆでる. ‖ ～鸡蛋 zhǔ jīdàn 卵をゆでる. | ～面条儿 zhǔ miàntiáor 麺（めん）をゆでる. | 饺子～熟了 jiǎozi zhǔshú le ギョーザがゆで上がった. | ～开消毒 zhǔkāi xiāodú 煮沸消毒.

ぬ

ぬく　抜く

▶拔　▶拔除　▶拔掉　▶拔钉子　▶拆线
▶抽　▶抽取　▶除掉

**【拔】bá 勔 ❶抜く. 引き抜く. 抜き取る. ‖ ～草 bá cǎo 草を抜き取る. | ～牙 bá yá 歯を抜く. | ～枪 bá qiāng 銃を抜く. | ～插销 bá chāxiāo ソケットを抜く. | ～下笔帽 báxia bǐmào (鉛筆などの)キャップを外す. | ～了祸根 bále huògēn 禍根を断つ. ❷(毒などを)吸い出す. 吸い取る. ‖ ～毒 bá dú 毒を吸い取る.

【拔除】báchú 勔 引き抜く. 根こそぎにする. 攻め落とす. ‖ ～杂草 báchú zácǎo 雑草を抜き取る. | ～敌人的据点 báchúle dírén de jùdiǎn 敵の拠点を攻め落とした.

【拔掉】bádiào 勔 抜き取る. ‖ ～一颗虫

牙 bádiào yì kē chóngyá 虫歯を抜き取る.

【拔钉子】bá dīngzi 慣 くぎを抜く. 障害を取り除くこと.

【拆线】chāi xiàn 組 ❶糸を抜く. ❷抜糸する.

★【抽】chōu 動 ❶抜く. 取り出す. 引き抜く. ‖～刀 chōu dāo 鞘(さや)から刀を抜く. ｜～出一张牌来 chōuchu yì zhāng pái lai カードを引き抜く. ｜从书架上～出两本书 cóng shūjià shang chōuchu liǎng běn shū 本棚から本を2冊取り出す. ❷(一部分を)抜き取る. 抽出する. ‖～查 chōuchá 抜き取り検査をする.

【抽取】chōuqǔ 動 ❶抜き取る. ‖～部分资金 chōuqǔ bùfen zījīn 資金の一部を抜き取る. ❷サンプリングする.

【除掉】chú//diào 動 すっかり除く. 取り除く. ‖～祸害 chúdiào huòhai 禍根を取り除く.

ぬける　抜ける（通り抜ける）

▶穿　▶穿过　▶穿透　▶穿越　▶渡过
▶通过　▶透　▶透风

★【穿】chuān 動 通り抜ける. ‖～出隧道 chuānchu suìdào トンネルを抜けた. ｜横～马路 héngchuān mǎlù 道路を横断する.

【穿过】chuān//guo(guò) 動 通り抜ける. 横切る. ‖～树林 chuānguo shùlín 林を通り抜ける. ｜～人群 chuānguo rénqún 人込みを突っ切る. ｜～这条胡同, 就是大街 chuānguo zhè tiáo hútòng, jiù shì dàjiē この横町を抜けると大通りだ.

【穿透】chuān//tòu 動 突き抜ける. ‖铁钉～了鞋底 tiědīng chuāntòule xiédǐ 釘が靴底を突き抜けた.

【穿越】chuānyuè 動 通り抜ける. ‖～沙漠 chuānyuè shāmò 砂漠を通り抜ける.

【渡过】dù//guo(guò) 動 乗り切る. 切り抜ける. ‖～难关 dùguo nánguān 難関を

切り抜ける. ｜～灾荒 dùguo zāihuāng 災害を乗り切る. ｜～了艰难的岁月 dùguole jiānnán de suìyuè 苦しい歳月を乗り切った.

★【通过】tōng//guò 動 通り過ぎる. 通過する. 通り抜ける. ‖从桥上～ cóng qiáo shang tōngguò 橋の上を通過する. ｜～隧道 tōngguò suìdào トンネルを抜ける. ｜～公园 tōngguò gōngyuán 公園を通る.

**【透】tòu 動 (光線や液体が)通り抜ける. つき抜ける. 透き通る. しみ通る. ‖油从纸包里～出来了 yóu cóng zhǐbāo li tòuchulai le 紙包みから油がしみ出た. ｜门缝里～出一线光亮 ménfèng li tòuchu yí xiàn guāngliàng ドアのすきまから一筋の光が漏れてくる.

【透风】tòu//fēng 動 風が通る. 風が抜ける. 風を通す. ‖这屋子不～ zhè wūzi bú tòufēng この部屋は風が通らない. ｜把窗户开开透透风 bǎ chuānghu kāikai tòutou fēng 窓を少し開けて風を通す.

ぬける　抜ける（抜け落ちる）

▶掉　▶落　▶漏　▶漏落　▶跑　▶脱
▶脱落　▶泄　▶泄气　▶遗漏

★【掉】diào 動 落ちる. 落とす. 取れる. ‖～牙 diào yá 歯が抜ける. ｜～头发 diào tóufa 髪の毛が抜ける. ｜纽扣～了 niǔkòu diào le ボタンが取れた.

*【落】là 動 漏れる. 抜ける. ‖这里～了一行 zhèli làle yì háng ここが1行抜けている.

**【漏】lòu 動 ❶(ものが穴やすきまから)漏れる. にじみ出る. ‖渗～ shènlòu にじみ出る. ｜～气 lòu//qì 空気が漏れる. 空気が抜ける. ｜盆里的水～光了 pén li de shuǐ lòuguāng le たらいの水が全部漏れてしまった. ❷抜ける. 遺漏する. ‖他的名字被～掉了 tā de míngzi bèi lòudiào

le 彼の名前が抜けている.｜一个字不
～，全背下来了 yí ge zì bú lòu, quán bèi-
xialai le 一字も落とさず全部暗記した.

【漏落】lòuluò 動 漏れる．脱落する．‖
文稿中～的字都已补上 wéngǎo zhōng lòu-
luò de zì dōu yǐ bǔshang 原稿の中で漏れ
ていた字はみんな入れた.

★【跑】pǎo 動 漏れる．蒸発する．‖汽油
都～了 qìyóu dōu pǎo le ガソリンが全部
抜けてしまった.｜啤酒～气了 píjiǔ pǎo-
qì le ビールの気が抜けた.｜香水都～光
了 xiāngshuǐ dōu pǎoguāng le 香水がすっ
かり飛んでしまった.

★【脱】tuō 動 （毛髪などが）抜ける．‖～头
发 tuō tóufa 髪の毛が抜ける.｜～毛 tuō-
máo （鳥や獣の）羽や毛が抜ける.｜～
毛症 tuōmáozhèng 脱毛症.

*【脱落】tuōluò 動 脱落する．はげ落ちる．
とれる．‖颜色～了 yánsè tuōluò le 色が
はげてしまった.｜钮扣～了 niǔkòu tuō-
luò le ボタンがとれた.｜头发～ tóufa
tuōluò 髪の毛が抜ける.｜文字～ wénzì
tuōluò 文字が脱落する.

*【泄】xiè 動 （液体や気体が）漏れる．‖水
～不通 shuǐ xiè bù tōng 水も漏らさない.
非常にこみ合う，または警戒が厳重な
さま.｜车胎的气直往外～ chētāi de qì zhí
wǎng wài xiè タイヤの空気が漏れてい
る.

*【泄气】xiè//qì 動 気が抜ける．しょげ
る．‖失败了还可以重来，千万不要～
shībàile hái kěyǐ chónglái, qiānwàn búyào
xièqì 失敗したらまたやり直せばいいか
ら，決して気を落としてはいけない.

【遗漏】yílòu 動 漏らす．落とす．取り
残す．‖宣布注意事项时～了一条 xuān-
bù zhùyì shìxiàng shí yílòu yì tiáo 注意事
項を発表するときに一つ言い落とした.
｜～了两个字 yílòule liǎng ge zì ２文字抜
けている.

ぬすむ　盗む

▶盗　▶盗窃　▶剽窃　▶窃取　▶窃听
▶顺手牵羊　▶偷　▶偷盗　▶偷窃

*【盗】dào 動 盗む．‖仓库被～了 cāngkù
bèi dào le 倉庫に泥棒が入った.｜掩耳～
铃 yǎn ěr dào líng 耳を覆って鈴を盗む.
自らを欺くたとえ.

*【盗窃】dàoqiè 動 盗む．窃盗する．窃取
する．‖～行为 dàoqiè xíngwéi 窃盗行為.
｜～犯 dàoqièfàn 窃盗犯.｜～案 dàoqiè-
'àn 窃盗事件.｜～国家机密 dàoqiè guó-
jiā jīmì 国家機密を盗む.

【剽窃】piāoqiè 動 （他人の著作から）剽窃
（ひょう）する．盗作する．‖～别人的作品
piāoqiè biéren de zuòpǐn 他人の作品を剽
窃する.

*【窃取】qièqǔ 動 盗み取る．‖～企业机密
qièqǔ qǐyè jīmì 企業秘密を盗む.｜～职
位 qièqǔ zhíwèi 不当な方法で要職を占
める.｜～他人成果 qièqǔ tārén chéngguǒ
人の成果を盗み取る.

*【窃听】qiètīng 動 盗聴する．‖～器 qiè-
tīngqì 盗聴器.

【顺手牵羊】shùn shǒu qiān yáng 成 機に
乗じて他人の羊を連れ去る．事のついで
でに人の物を黙って持っていくことの
たとえ.

*【偷】tōu 動 盗む．泥棒する．‖～东西
tōu dōngxi 物を盗む.｜自行车被～走了
zìxíngchē bèi tōuzǒu le 自転車が盗まれた.
｜～工夫 tōu gōngfu 暇を盗む．暇を見つ
ける.

【偷盗】tōudào 動 盗む．窃盗を働く．‖
～文物 tōudào wénwù 文化財を盗む.

【偷窃】tōuqiè 動 盗む．窃盗を働く．‖
～行为 tōuqiè xíngwéi 窃盗行為.

ぬる　塗る

▶擦　▶抹　▶抹黑　▶抹灰　▶漆　▶上
▶刷　▶涂　▶涂抹　▶油漆

★【擦】cā 動 塗る. 塗りつける. ‖～点儿油 cā diǎnr yóu 油を少し塗る. ｜～粉 cā fěn ファンデーションをつける. ｜～药水 cā yàoshuǐ 薬液を塗る.

*【抹】mǒ 動 塗る. つける. ‖～口红 mǒ kǒuhóng 口紅をつける. ｜雪花膏 mǒ xuěhuāgāo 化粧用クリームをつける. ｜～胶水 mǒ jiāoshuǐ のりをつける. ｜往伤口上～药膏 wǎng shāngkǒu shang mǒ yàogāo 傷口に軟膏(ぶ)を塗る.

【抹黑】mǒ//hēi 動 顔に泥を塗る. 面目をつぶす. ‖你这样做不是给自己脸上～吗? nǐ zhèyàng zuò bú shì gěi zìjǐ liǎn shang mǒhēi ma? 君そんなことをしたら, 自分の顔に泥を塗るようなもんじゃないか.

【抹灰】mǒ huī 組 ❶しっくいを塗る. ‖瓦工正在给新房～ wǎgōng zhèngzài gěi xīnfáng mǒ huī 左官が新築中の家にしっくいを塗っている. ❷顔に泥を塗る. 面目をつぶす. ‖他净给大家脸上～ tā jìng gěi dàjiā liǎn shang mǒ huī 彼はみんなの体面を汚してばかりいる.

*【漆】qī 動 (漆やペンキなどを)塗る. ‖这桌子～得不好 zhè zhuōzi qīde bù hǎo このテーブルはうまく塗れていない.

★【上】shàng 動 塗る. 付ける. ‖～药 shàng yào 薬をつける. ｜～颜色 shàng yánsè 色を塗る. ｜给机器～点儿油 gěi jīqi shàng diǎnr yóu 機械に油をさす.

**【刷】shuā 動 (ブラシやはけで)塗る. ‖～油漆 shuā yóuqī ペンキを塗る. ｜墙shuā qiáng 壁や塀を塗る.

**【涂】tú 動 ❶塗る. 塗りつける. ‖～漆 tú qī ペンキを塗る. ｜～口红 tú kǒuhóng 口紅をつける. ｜～指甲油 tú zhǐjiayóu マニキュアを塗る. ｜给面包～上果酱 gěi miànbāo túshang guǒjiàng パンにジャムを塗る. ｜往伤口上～药 wǎng shāngkǒu shang tú yào 傷口に薬を塗る. ❷(塗りつぶして)文字を消す. ‖把写错的地方～了 bǎ xiěcuò de dìfang tú le 書き間違えたところを塗りつぶした.

【涂抹】túmǒ 動 塗る. 塗りつける. ‖把药膏～在患处 bǎ yàogāo túmòzài huànchù 軟膏(ぶ)を患部に塗る. ｜把箱子用油漆重新～了一遍 bǎ xiāngzi yòng yóuqī chóngxīn túmòle yí biàn 箱にペンキを上から重ねて塗った.

*【油漆】yóuqī 動 ペンキを塗る. ‖～门窗 yóuqī ménchuāng ドアと窓にペンキを塗る.

ね

ねがい　願い

▶梦想　▶希望　▶心愿　▶要求　▶意愿
▶愿望　▶志愿

*【梦想】mèngxiǎng 名 渇望. 熱望. 夢. ‖征服珠穆朗玛峰的～ zhēngfú Zhūmùlǎngmǎfēng de mèngxiǎng エベレストを征服する夢.

★【希望】xīwàng 名 望み. 希望. 願い. 願望. ‖你有什么～? nǐ yǒu shénme xīwàng? どんな望みがおありですか. ｜做一个对社会有用的人是父母对我最大的～ zuò yí ge duì shèhuì yǒuyòng de rén shì fùmǔ duì wǒ zuìdà de xīwàng 社会に役立つ人間になることが私に対する両親の一番の願いです.

*【心愿】xīnyuàn 名 念願. 願望. ‖美好的～ měihǎo de xīnyuàn すばらしい願望. ｜多年的～终于实现了 duōnián de xīn-

ねがう　願う（頼む）

yuàn zhōngyú shíxiàn le 長年の念願がついにかなった．｜你有什么～就告诉我吧! nǐ yǒu shénme xīnyuàn jiù gàosu wǒ ba! あなたの願いはどんなものか教えて下さい．

★【要求】yāoqiú 图 要求．希望．条件．‖满足～ mǎnzú yāoqiú 要求を満たす．｜～太高 yāoqiú tài gāo 要求が高すぎる．｜工程质量合乎～ gōngchéng zhìliàng héhū yāoqiú 工事の仕上がりは要求を満たしている．

【意愿】yìyuàn 图 願望．望み．‖他的话表达了我们共同的～ tā de huà biǎodále wǒmen gòngtóng de yìyuàn 彼の言葉は我々の共通の願いを表している．｜尊重本人的～ zūnzhòng běnrén de yìyuàn 本人の望みを尊重する．

**【愿望】yuànwàng 图 願い．望み．‖维护世界和平是我们的共同～ wéihù shìjiè hépíng shì wǒmen de gòngtóng yuànwàng 世界の平和を守ることは私たちの共通の願いだ．｜他实现了上大学的～ tā shíxiànle shàng dàxué de yuànwàng 彼は大学進学の望みを実現した．

*【志愿】zhìyuàn 图 志．抱負．願望．‖立下～ lìxià zhìyuàn 志を立てる．｜他的～终于实现了 tā de zhìyuàn zhōngyú shíxiàn le 彼の志はとうとう実現した．

ねがう　願う（頼む）
▶拜托　▶恳请　▶恳求　▶请　▶请求
▶求　▶托付　▶委托　▶要求

*【拜托】bàituō 動 謙 お願いする．依頼する．‖这件事就全～您啦 zhè jiàn shì jiù quán bàituō nín la この件はあなたにいっさいお任せいたします．｜这包东西～您带给他 zhè bāo dōngxi bàituō nín dàigěi tā この包みを彼にお渡しくださるようお願いします．

【恳请】kěnqǐng 動 懇願する．切に願う．‖～谅解 kěnqǐng liàngjiě なにとぞご了承ください．｜～提出宝贵意见 kěnqǐng tíchu bǎoguì yìjian ぜひとも貴重なご意見をお聞かせください．

*【恳求】kěnqiú 動 懇願する．切に求める．‖～批准 kěnqiú pīzhǔn なにとぞご承認ください．｜～大家原谅他 kěnqiú dàjiā yuánliàng tā どうかみなさん彼を許してやってください．

★【请】qǐng 動 ❶請う．請い求める．‖～您明天来一趟 qǐng nín míngtiān lái yí tàng 明日一度おいでください．｜老师原谅 qǐng lǎoshī yuánliàng 先生に許しを請う．❷颐 頼む．要望する．どうぞ…してください．‖～进! qǐng jìn! どうぞお入りください．｜～不要在室内吸烟 qǐng bú yào zài shìnèi xīyān 室内での喫煙はご遠慮ください．

**【请求】qǐngqiú 動 頼む．求める．‖～原谅 qǐngqiú yuánliàng 許しを求める．｜～别人帮助 qǐngqiú biérén bāngzhù 他人に援助を頼む．｜她～父母允许她去留学 tā qǐngqiú fùmǔ yǔnxǔ tā qù liúxué 彼女は両親に留学を許可してくれるよう頼んだ．

*【求】qiú 動 請う．請い求める．‖～你点儿事 qiú nǐ diǎnr shì 君にちょっとお願いがある．｜～他帮个忙 qiú tā bāng ge máng 彼に手助けをしてくれるよう頼む．｜～～你别生气了 qiúqiu nǐ bié shēngqì le お願いだから腹を立てないでください．

【托付】tuōfù 動 依託する．託する．ゆだねる．‖我不在期间，公司的事儿全～给你了 wǒ bú zài qījiān, gōngsī de shìr quán tuōfùgěi nǐ le 私のいない間，会社のことはすべて君に任せたよ．

*【委托】wěituō 動 任せる．依頼する．‖受人～ shòu rén wěituō 人から依頼される．｜这事就～给你了 zhè shì jiù wěituōgěi nǐ le この件は君に任せたぞ．｜我想～你一件事 wǒ xiǎng wěituō nǐ yí jiàn shì

ね

あなたにお願いしたいことがあります.

★【要求】yāoqiú 動 要求する. ‖～调动 yāoqiú diàodòng 配置換えを求める.

ねじまげる　ねじ曲げる

▶篡改　▶扭曲　▶曲解　▶歪曲

【篡改】cuàngǎi 動 勝手に書き換える. 歪曲(わいきょく)する. ‖肆意～政策 sìyì cuàngǎi zhèngcè 政策を勝手に書き換える. ｜～原意 cuàngǎi yuányì もとの意味を歪曲する.

【扭曲】niǔqū 動 ❶ねじれる. ゆがむ. 曲げる. ‖铁棍～了 tiěgùn niǔqū le 鉄の棒がねじ曲がってしまった. ｜气得脸都～了 qìde liǎn dōu niǔqū le 怒りで顔がひきつっている. ❷(事実やイメージなどが)ゆがむ. 歪曲する. ‖还原被～的历史 huányuán bèi niǔqū de lìshǐ ゆがめられた歴史を訂正する.

【曲解】qūjiě 動 曲解する. ‖这种看法～了作者的本意 zhè zhǒng kànfa qūjiěle zuòzhě de běnyì このような見方は作者の意図を曲解している.

*【歪曲】wāiqū 動 (事実や内容を)故意にねじ曲げる. 歪曲(わいきょく)する. ‖～事实真相 wāiqū shìshí zhēnxiàng 事の真相を歪曲する. ｜请你别～我的话 qǐng nǐ bié wāiqū wǒ de huà 私の話をねじ曲げないでください.

ねだん　値段

▶标价　▶定价　▶行市　▶谎价　▶价
▶价格　▶价码　▶价目　▶价钱　▶实价

【标价】biāojià 名 表示価格. 定価. ‖按～的一半出售 àn biāojià de yíbàn chūshòu 定価の半額で売る.

*【定价】dìngjià 名 定価. 動 (dìng//jià) 値

をつける.

【行市】hángshi 名 相場. 市価.

【谎价】huǎngjià(～儿) 名 掛け値. 実際より高くつけた値段. ‖报～ bào huǎngjià 掛け値を言う. 値段をふっかける.

*【价】jià 名 価格. 値段. ‖物美～廉 wù měi jià lián 品物がよくて値段も安い. ｜批发～ pīfājià 卸し値. ｜零售～ língshòujià 小売り値. ｜时～ shíjià 時価. ｜市～ shìjià 市価. 市場価格.

**【价格】jiàgé 名 価格. 値段. ‖销售～ xiāoshòu jiàgé 販売価格. ｜～战 jiàgézhàn 価格競争. ｜～很高 jiàgé hěn gāo 値段がとても高い. ｜优惠 jiàgé yōuhuì 値段が買い得である.

【价码】jiàmǎ(～儿) 名 値段. 金額. ‖标明～ biāomíng jiàmǎ 値段を明示する.

【价目】jiàmù 名 商品価格. 定価. ‖～表 jiàmùbiǎo 値段表. 定価表.

*【价钱】jiàqian;jiàqián 名 値段. 価格. ‖东西不错, 就是～贵了点儿 dōngxi búcuò, jiùshì jiàqian guìle diǎnr 物はよいのだが, ちょっと値段が高い. ｜讲～ jiǎng jiàqian 値切る. ｜～合理 jiàqian hélǐ 値段がリーズナブルだ.

【实价】shíjià 名 正価. 正札. ‖明码～ míngmǎ shíjià 正札価格.

ねっしん　熱心

▶诚恳　▶关心　▶积极　▶起劲　▶热情
▶热心　▶热衷　▶兴致勃勃　▶主动
▶专注

**【诚恳】chéngkěn 形 心がこもっている. 誠実である. ‖～地挽留 chéngkěn de wǎnliú 熱心に引き止める. ｜话说得很～ huà shuōde hěn chéngkěn 話しぶりが誠意にあふれている. ｜被他的～打动了 bèi tā de chéngkěn dǎdòng le 彼の熱心さにうたれた.

★【关心】guān//xīn 動関心をもつ．気にかける．重視する．‖他非常～教育问题 tā fēicháng guānxīn jiàoyù wèntí 彼は教育問題にとても熱心である．｜对政治不大～ duì zhèngzhì búdà guānxīn 政治にあまり関心がない．

**【积极】jījí 形熱心な．積極的な．⇔"消极" xiāojí‖他工作很～ tā gōngzuò hěn jījí 彼は仕事に熱心だ．｜他对找对象不太～ tā duì zhǎo duìxiàng bútài jījí 彼は結婚相手探しにあまり熱心ではない．｜～开展环保活动 jījí kāizhǎn huánbǎo huódòng 環境保護活動に熱心に取り組んでいる．

*【起劲】qǐjìn（～儿）動力がこもる．張り切る．打ち込む．熱中する．身を入れる．うち興じる．‖越说越～ yuè shuō yuè qǐjìn 話をすればするほど熱が入る．｜干得很～ gànde hěn qǐjìn 張り切って仕事をしている．｜玩儿得正～ wánrde zhèng qǐjìn 遊びに熱中している．

★【热情】rèqíng 名熱情．熱意．‖对工作缺乏～ duì gōngzuò quēfá rèqíng 仕事に対して熱意が欠けている．｜充满～的演说 chōngmǎn rèqíng de yǎnshuō 熱のこもった演説．

**【热心】rèxīn 形熱心である．熱意がある．親切心にあふれている．‖～助人 rèxīn zhùrén 熱心に人助けをする．｜她是个～人 tā shì ge rèxīnrén 彼女は世話を焼くのが好きな人だ．｜对工作不太～ duì gōngzuò bútài rèxīn 仕事にさほど熱心ではない．

*【热衷】【热中】rèzhōng 動熱中する．熱を上げる．夢中になる．‖～于下围棋 rèzhōng yú xià wéiqí 囲碁に熱中する．｜看上了～于搞研究的他 kànshàngle rèzhōng yú gǎo yánjiū de tā 研究熱心な彼を気に入った．

【兴致勃勃】xìng zhì bó bó 成興味津々．興味が盛んにわいてくる．‖我们～地参观了展览会 wǒmen xìng zhì bó bó de cān-

guānle zhǎnlǎnhuì 私たちは熱心に展覧会を見て回った．

**【主动】zhǔdòng 形自発的である．積極的である．‖～性 zhǔdòngxìng 自発性．｜学习很～ xuéxí hěn zhǔdòng 勉強ぶりが積極的である．｜对工作很～ duì gōngzuò hěn zhǔdòng 仕事に熱心だ．｜～帮助同学 zhǔdòng bāngzhù tóngxué 進んでクラスメートを助ける．｜～听取别人的意见 zhǔdòng tīngqǔ biérén de yìjian 熱心に人の意見に耳を傾ける．

【专注】zhuānzhù 形集中している．‖心神～ xīnshén zhuānzhù 精神を集中している．｜大家～认真地听着课 dàjiā zhuānzhù rènzhēn de tīngzhe kè みな熱心にじっと講義を聞いている．

ねむる　眠る

▶沉睡　▶打盹儿　▶打瞌睡　▶合眼
▶入睡　▶熟睡　▶睡　▶睡觉　▶睡着
▶休息

【沉睡】chénshuì 動ぐっすり眠る．‖～不醒 chénshuì bù xǐng 熟睡する．｜春天来了，～的大地苏醒了 chūntiān lái le, chénshuì de dàdì sūxǐng le 春が来て，眠っていた大地が目を覚ました．

【打盹儿】dǎ//dǔnr 動口居眠りをする．うたた寝をする．‖上课的时候，他直～ shàngkè de shíhou, tā zhí dǎdǔnr 授業中，彼はずっと居眠りしていた．

【打瞌睡】dǎ kēshuì 組居眠りをする．うたた寝をする．うとうとする．‖日本人经常在车上～ Rìběnrén jīngcháng zài chē shang dǎ kēshuì 日本人はよく車の中で居眠りをする．

【合眼】hé//yǎn 動眠る．寝る．‖他已经两天没～了 tā yǐjīng liǎng tiān méi héyǎn le 彼はもう2日も眠らずにいる．

【入睡】rùshuì 動寝つく．‖躺在床上，

ねる　寝る

思绪万千，久久不能～ tǎngzài chuáng shang, sīxù wànqiān, jiǔjiǔ bù néng rùshuì ベッドに横たわってもいろいろな思いが頭をかけ巡り，なかなか眠りにつけない.

【熟睡】shúshuì 動 ぐっすり眠る．熟睡する．‖孩子正在～ háizi zhèngzài shúshuì 子供がぐっすり眠っている.

★【睡】shuì 動 眠る．‖午～ wǔshuì 昼寝．｜鼾～ hānshuì 熟睡していびきをかく．｜～得正甜 shuìde zhèng tián ぐっすり眠っている．｜早上～过头了 zǎoshang shuìguòtóu le 朝，寝すごしてしまった.

★【睡觉】shuì//jiào 動 眠る．寝る．‖睡大觉 shuì dàjiào ぐっすり眠る．｜抓空儿睡了一觉 zhuākòngr shuìle yí jiào 暇を見つけて一眠りした．｜每天只睡三四个小时的觉 měitiān zhǐ shuì sān sì ge xiǎoshí de jiào 毎日 3，4 時間の睡眠しかとっていない．｜睡懒觉 shuì lǎnjiào（多く朝に）寝坊する.

【睡着】shuì//zháo 動 寝つく．寝入る．‖累了一天，刚躺下就～了 lèile yì tiān, gāng tǎngxia jiù shuìzháo le 一日の疲れで横になったとたん眠ってしまった.

★【休息】xiūxi 動 寝る．眠る．‖时间不早了，～吧 shíjiān bù zǎo le, xiūxi ba もう遅いから寝よう.

ねる　寝る

▶就寝　▶上床　▶睡　▶睡觉　▶躺　▶卧
▶卧病　▶卧床　▶歇息　▶休息

【就寝】jiùqǐn 動 書 寝床に就く．床に入る．寝る．‖按时～ àn shí jiùqǐn 時間通り床に就く．｜～时间 jiùqǐn shíjiān 就寝時間.

【上床】shàng chuáng 組 床に就く．寝床に入る．‖还不到八点他就～睡觉了 hái bú dào bā diǎn tā jiù shàng chuáng shuìjiào le

---

まだ 8 時にもならないのに，彼はもうベッドに入って寝てしまった.

★【睡】shuì 動 身体を横たえる．横になる．‖一个屋子～四个人 yí ge wūzi shuì sì ge rén 一部屋に 4 人寝る．｜客人～床，我～沙发 kèren shuì chuáng, wǒ shuì shāfā お客さんにはベッドで寝てもらい，私はソファーで寝る.

【睡觉】shuì//jiào 動 眠る．寝る．‖睡午觉 shuì wǔjiào 昼寝をする．｜抓空儿睡了一觉 zhuākòngr shuìle yí jiào 暇を見つけて一眠りした．｜老人很早就～了 lǎorén hěn zǎo jiù shuìjiào le お年寄りははやばやと寝てしまった．｜每天只睡三四个小时的觉 měitiān zhǐ shuì sān sì ge xiǎoshí de jiào 毎日 3，4 時間の睡眠しかとっていない.

★【躺】tǎng 動（体を）横たえる．寝転ぶ．‖累死了，让我～一会儿 lèisǐ le, ràng wǒ tǎng yíhuìr くたくただよ，ちょっと横にならせてくれ．｜～在草地上晒太阳 tǎngzài cǎodì shang shài tàiyang 芝生に寝転んで日光浴をする.

*【卧】wò 動（体を）横たえる．腹ばいになる．‖仰～ yǎngwò 仰向けに寝る．｜俯～ fǔwò うつ伏せになる．｜小羊～在草地上 xiǎoyáng wòzài cǎodì shang 子ヒツジが草地で寝そべっている.

【卧病】wòbìng 動 書 病臥（びょう）する．病気でふせる．‖～在床 wòbìng zài chuáng 病床に伏せる.

【卧床】wòchuáng 動（病気や高齢のために）床につく．‖～不起 wòchuángbuqǐ 病床に伏せたままになる．寝たきりになる.

【歇息】xiēxi 動 泊まる．寝る．‖累了一天，早点～吧 lèile yì tiān, zǎo diǎn xiēxi ba 一日中働いたのだから，早く寝なさい.

★【休息】xiūxi 動 寝る．眠る．‖时间不早了，～吧 shíjiān bù zǎo le, xiūxi ba もう遅いから寝よう.

568

ねんれい　年齢

▶年纪　▶年龄　▶年岁　▶岁数　▶虚岁
▶周岁

★【年纪】niánjì 图年齢. 年. (相手の年齢を聞くとき, 比較的年齢の高い人に対して用いる)‖～轻 niánjì qīng 年が若い.｜上了～ shàngle niánjì 年を取った.｜你爷爷多大～了? nǐ yéye duō dà niánjì le? あなたのおじいさんはおいくつですか.

**【年龄】niánlíng 图(人や動植物の)年齢. 年. (年齢を聞くとき, 子供を除いて若い人から高齢者まで幅広く用いられる)‖～小 niánlíng xiǎo 年が幼い.｜入学～ rùxué niánlíng 入学年齢.｜～不到三岁 niánlíng bú dào sān suì まだ三つにならない.｜你哥哥多大～? nǐ gēge duō dà niánlíng? 君の兄さんはいくつ?｜古柏的～已有上千年 gǔbǎi de niánlíng yǐ yǒu shàng qiān nián ヒノキの古木は樹齢が千年以上になる.

【年岁】niánsuì 图年齢. 年. (多く書き言葉に使われる)‖上了～ shàngle niánsuì 年を取った.

*【岁数】suìshu (～儿) 图年齢. 年. (年齢を聞くとき, 比較的年齢が高い人に対して用いる. "年纪" niánjì "年龄" niánlíng を使うよりも丁寧な表現)‖您今年多大～了? nín jīnnián duō dà suìshu le? 今年でおいくつですか.｜上了～的人 shàngle suìshu de rén 年を取った人.

【虚岁】xūsuì 图数え年.‖过了年, 我就～二十了 guòle nián, wǒ jiù xūsuì èrshí le 年が改まると, 私は数え年で20歳になる.

【周岁】zhōusuì 图満年齢.‖三十五～ sānshiwǔ zhōusuì 満35歳.

の

のうりょく　能力　⇒【才能】

のがれる　逃れる（免れる）

▶摆脱　▶避免　▶躲避　▶回避　▶解脱
▶开脱　▶逃　▶逃避　▶逃脱

*【摆脱】bǎituō 動(悪い状態から)抜け出す. 抜け出る.‖～现状 bǎituō xiànzhuàng 現状から逃れる.｜～旧观念的束缚 bǎituō jiù guānniàn de shùfù 古い観念の束縛から抜け出す.｜～落后状态 bǎituō luòhòu zhuàngtài 立ち後れた状態を脱する.

*【避免】bìmiǎn 動避ける. 免れる. 防ぐ. 防止する.‖～冲突 bìmiǎn chōngtū 衝突を避ける.｜～发生危险 bìmiǎn fāshēng wēixiǎn 危険の発生を防ぐ.｜这样做可以～很多麻烦 zhèyàng zuò kěyǐ bìmiǎn hěn duō máfan このようにやればさまざまな面倒が避けられる.

*【躲避】duǒbì 動避ける. 回避する. よける.‖～困难 duǒbì kùnnan 困難から逃れる.

*【回避】huíbì 動避ける. 逃げる.‖现实不能～ xiànshí bù néng huíbì 現実から逃げることはできない.

【解脱】jiětuō 動❶抜け出す.‖从痛苦中～出来 cóng tòngkǔ zhōng jiětuōchulai 苦痛から逃れる. ❷言い逃れる. 免れる. 放免する.‖～责任 jiětuō zérèn 責任から逃れる.

【开脱】kāituō 動(罪や責任を)免れる.‖设法替自己～ shèfǎ tì zìjǐ kāituō 自分の罪を逃れるのに手を尽くす.

**【逃】táo 動❶逃げる. 逃走する.‖闻风而～ wén fēng ér táo うわさを聞いて逃

のこす　残す

げる. | ～到国外 táodào guówài 国外に
逃亡する. ❷逃避する. 逃れる. | ～兵
役 táo bīngyì 兵役を逃れる.

*【逃避】táobì 動逃避する. 避ける. 困
難な状況から逃げる. || ～现实 táobì xiàn-
shí 現実から逃避する. | 犯人躲到乡下,
以～追捕 fànrén duǒdào xiāngxia, yǐ táobì
zhuībǔ 犯人は追跡の手を逃れようと田
舎に隠れた.

【逃脱】táotuō 動逃れる. 免れる. || ～
责任 táotuō zérèn 責任を逃れる.

のこす　残す

▶保留　▶留　▶留念　▶剩　▶剩下
▶剩余　▶遗留

**【保留】bǎoliú 動❶（もとの姿を）保つ.
とどめる. || 小街还～着原来的样子 xiǎo-
jiē hái bǎoliúzhe yuánlái de yàngzi 路地は
いまも昔の面影を残している. ❷保存
する. とっておく. || 他还～着那些信件
tā hái bǎoliúzhe nàxiē xìnjiàn 彼はまだそ
れらの郵便物を保存している. | 那件事
还清晰地～在她的记忆中 nà jiàn shì hái
qīngxī de bǎoliúzài tā de jìyì zhōng あの事
はいまでもはっきりと彼女の記憶の中
に残っている.

★【留】liú 動❶保存する. 取っておく.
残しておく. || 把这个东西～给我吧 bǎ
zhège dōngxi liúgěi wǒ ba この品物は私に
残しておいてください. | 那封信我一
直～着呢 nà fēng xìn wǒ yìzhí liúzhe ne あ
の手紙はずっと取ってある. | 会议记
录都要～底儿 huìyì jìlù dōu yào liú dǐr 会
議の記録はすべて控えを取っておかな
ければならない. ❷置いていく.（後日
に）残す. 遺留する. || ～遗言 liú yíyán
遺言を残す. | ～了地址和电话 liúle dì-
zhǐ hé diànhuà 住所と電話を書き残した.
| 前人～下的文化遗产 qiánrén liúxia de

文化遗产 wénhuà yíchǎn 先人が残した文化遺産.

★【留念】liúniàn 動記念として残す. || 合
影～ héyǐng liúniàn 写真を一緒に撮って
記念にする. | 送王老师一本相册～ sòng
Wáng lǎoshī yì běn xiàngcè liúniàn 王先生
に記念としてアルバムを1冊贈る.

★【剩】shèng 動余る. 残る. || 离放假只
～一个月 lí fàngjià zhǐ shèng yí ge yuè 休
みまであと1ヵ月を残すばかりだ. | 论
文就～结尾没写了 lùnwén jiù shèng jiéwěi
méi xiě le 論文はあと結論を残すばかり
だ. | 吃不了就～着吧 chībuliǎo jiù shèng-
zhe ba 食べきれなければ残しなさい.

**【剩下】shèng//xia(xià) 動残る. 残す. ||
还～两道题没做完 hái shèngxia liǎng dào
tí méi zuòwán まだ2問やり終えていな
い. | 一点儿也没～ yìdiǎnr yě méi shèng-
xia ぜんぜん残っていない. | 胃口不好,
饭都～了 wèikǒu bù hǎo, fàn dōu shèngxia
le 食欲がないので, ご飯を残した.

*【剩余】shèngyú 動残る. 余る. || 材料
还～了一些 cáiliào hái shèngyúle yìxiē 材
料はまだ少し残っている. | 用～的参加
费来付照片的钱 yòng shèngyú de cānjiāfèi
lái fù zhàopiàn de qián 残った参加費は写
真代にあてる. | 把～下来的钱存入银行
bǎ shèngyúxialai de qián cúnrù yínháng
残った金は銀行に預金する.

*【遗留】yíliú 動残る. 残存する. || 甲骨
文是商朝～下来的文字 jiǎgǔwén shì Shāng-
cháo yíliúxialai de wénzì 甲骨文字は商王
朝の残した文字である.

のこる　残る

▶残存　▶残留　▶留　▶剩　▶剩下
▶剩余　▶遗留　▶永存　▶余　▶余下

【残存】cáncún 動残存する. わずかに
残る. || 那里还～着一些古迹 nàli hái cán-
cúnzhe yìxiē gǔjì あそこにはまだ少し古

跡が残っている.

【残留】**cánliú** 動 残る. 残留する. ‖〜着旧观念 cánliúzhe jiù guānniàn 古い考えが残っている. ｜农药还〜在蔬菜里 nóngyào hái cánliúzài shūcài li 野菜にまだ農薬が残っていた.

★【留】**liú** 動 (ある場所や地位に)とどまる. 残る. ‖〜任 liúrèn 留任する. ｜下课后, 我们〜下打扫卫生 xiàkè hòu, wǒ men liúxia dǎsǎo wèishēng 放課後, 私たちは残って掃除をする. ｜只有他一个人〜在家里 zhǐyǒu tā yí ge rén liúzài jiā li 彼が一人で家に残っている.

★【剩】**shèng** 動 余る. 残る. ‖离放假只〜一个月 lí fàngjià zhǐ shèng yí ge yuè 休みまであと1ヵ月を残すばかりだ. ｜论文就〜结尾没写了 lùnwén jiù shèng jiéwěi méi xiě le 論文はあと結論を残すばかりだ. ｜吃不了就〜着吧 chībuliǎo jiù shèngzhe ba 食べきれなければ残しなさい. ｜开销大, 〜不了什么钱 kāixiao dà, shèngbuliǎo shénme qián 出費が多くて, いくらも金が残らない.

★★【剩下】**shèng//xia(xià)** 動 残る. 残す. ‖还〜两道题没做完 hái shèngxia liǎng dào tí méi zuòwán まだ2問やり終えていない. ｜一点儿也没〜 yìdiǎnr yě méi shèngxia ぜんぜん残っていない.

★【剩余】**shèngyú** 動 残る. 余る. ‖材料还〜了一些 cáiliào hái shèngyúle yìxiē 材料はまだ少し残っている. ｜把〜下来的钱存入银行 bǎ shèngyúxialai de qián cúnrù yínháng 残った金は銀行に預金する.

★【遗留】**yíliú** 動 残る. 残存する. ‖解决历史上〜下来的问题 jiějué lìshǐ shang yíliúxialai de wèntí 歴史上持ち越されてきた問題を解決する.

【永存】**yǒngcún** 動 永遠に残る. 後の世にまで残る.

★【余】**yú** 動 余る. 残る. ‖收支相抵尚〜一千元 shōuzhī xiāngdǐ shàng yú yìqiān yuán

収支を差し引いてなお1000元余る.

【余下】**yúxià** 動 残る. 余る. ‖〜的时间已经不多了 yúxià de shíjiān yǐjīng bù duō le 残された時間はもう多くはない.

のせる　乗せる・載せる

▶搭　▶搭车　▶搭载　▶运载　▶载
▶载人　▶装　▶装运　▶装载

★★【搭】**dā** 動 (乗り物に)乗る. 乗せる. 便乗する. ‖这是货船, 不〜人 zhè shì huòchuán, bù dā rén これは貨物船なので人は乗せない.

【搭车】**dā//chē** 動 車に乗る. 同乗する. ‖我搭你的车行吗? wǒ dā nǐ de chē xíng ma? 君の車に乗せてもらっていいかい. ｜我是搭朋友的车来的 wǒ shì dā péngyou de chē lái de 私は友だちの車に便乗して来た.

【搭载】**dāzài** 動 (車や船などの運行時に)ついでに人を乗せたり, 貨物を積み込み運送したりする. ‖平时搞货运, 节日时也〜旅客 píngshí gǎo huòyùn, jiérì shí yě dāzài lǚkè ふだんは貨物運送をやっているが, 祝日には旅客も乗せる.

【运载】**yùnzài** 動 (貨物を)積んで運ぶ. ‖〜量 yùnzàiliàng 載貨量. 運送量.

★【载】**zài** 動 (車などに)乗せる. 積む. ‖〜客 zàikè 旅客を運ぶ. ｜车上〜满了货物 chē shang zàimǎnle huòwù 車には品物が満載されている.

【载人】**zài rén** 組 人を乗せる. ‖〜宇宙飞船 zài rén yǔzhòu fēichuán 有人宇宙船. ｜卡车车厢不许〜 kǎchē chēxiāng bùxǔ zài rén トラックの荷台に人を乗せてはいけない.

★【装】**zhuāng** 動 (入れ物に)詰め込む. (車に)積み込む. ‖车上〜了多少货? chē shang zhuāngle duōshao huò? 車には商品をどれくらい積み込んだのですか. ｜

のせる　載せる（掲載する）

箱子太小～不下 xiāngzi tài xiǎo zhuāngbuxià トランクが小さすぎて詰め切れない．｜～车 zhuāngchē 車に積む．

【装运】zhuāngyùn 動（物を）運送する．輸送する．‖～粮食 zhuāngyùn liángshi 穀物を輸送する．

【装载】zhuāngzài 動（人や物を）積載する．積む．‖～货物 zhuāngzài huòwù 貨物を積載する．

のせる　載せる（掲載する）

▶登　▶登报　▶登载　▶发表　▶记载
▶刊登　▶列入　▶上　▶载　▶转载

**【登】dēng 動 記載する．載せる．載る．‖在簿子上～dēngzài bùzi shang 帳簿に記載してある．｜在杂志上～广告 zài zázhì shang dēng guǎnggào 雑誌に広告を掲載する．

【登报】dēng bào 組 新聞に載る．新聞に載せる．‖～声明 dēng bào shēngmíng 新聞に声明を掲載する．｜这个消息～了 zhège xiāoxi dēng bào le このニュースが新聞に載った．

【登载】dēngzǎi 動 掲載する．載せる．載る．‖这类广告不予～ zhè lèi guǎnggào bùyǔ dēngzǎi こういう広告は掲載しない．｜报纸上没～ bàozhǐ shang méi dēngzǎi 新聞に掲載されなかった．

**【发表】fābiǎo 動（新聞や雑誌などに）発表する．載せる．‖报上～了他的论文 bào shang fābiǎole tā de lùnwén 新聞紙上に彼の論文が掲載された．｜～公报 fābiǎo gōngbào コミュニケを発表する．

【记载】jìzǎi 動 記載する．‖这本书～了他的事迹 zhè běn shū jìzǎile tā de shìjì この本には彼の事績が記載されている．

*【刊登】kāndēng 動（新聞や雑誌に）掲載する．掲載される．載せる．載る．‖报上～了这一消息 bào shang kāndēngle zhè yī

xiāoxi 新聞にそのニュースが掲載された．

*【列入】lièrù 動 入れる．組み込む．‖～专卖品 lièrù zhuānmàipǐn 専売品として取り扱う．｜～黑名单 lièrù hēimíngdān ブラックリストに載せる．｜～议事日程 lièrù yìshì rìchéng 議事日程に組み入れる．

★【上】shàng 動 記載する．掲載される．報道される．‖～账 shàngzhàng 記帳する．｜～报 shàng bào 新聞に載る．｜他的名字～了《吉尼斯大全》tā de míngzi shàngle «Jínísī dàquán» 彼の名前はギネスブックに載っている．｜他昨晚～电视了 tā zuówǎn shàng diànshì le 彼は昨晩テレビに出た．

【载】zǎi 動 記録する．掲載する．‖连～ liánzǎi 連載する．｜～入史册 zǎirù shǐcè 歴史に記す．｜该文～于《读书》今年第一期 gāi wén zǎiyú «Dúshū» jīnnián dì yī qī この文章は雑誌『読書』の本年1月号に載っている．

【转载】zhuǎnzǎi 動 転載する．‖各大报纸都～了这篇文章 gè dà bàozhǐ dōu zhuǎnzǎile zhè piān wénzhāng 大手各紙がこぞってこの記事を転載した．

のぞく　除く

▶铲除　▶撤　▶除　▶掉　▶驱除　▶去除
▶扫　▶肃清　▶消除　▶摘除

【铲除】chǎnchú 動 除き取る．削り除く．‖～杂草 chǎnchú zácǎo 雑草を取り除く．｜～陋习 chǎnchú lòuxí 陋習（ろうしゅう）を除く．

*【撤】chè 動 取り除く．取り消す．‖把多余的桌子～了 bǎ duōyú de zhuōzi chè le 余計なテーブルを取り除く．｜他的局长职务被～了 tā de júzhǎng zhíwù bèi chè le 彼は局長の職を解かれた．

＊＊【除】 chú 動 除く．除去する．‖ 开~ kāi-chú 除名する．｜排~ páichú 排除する．除去する．｜清~ qīngchú 一掃する．排除する．｜~去杂物 chúqù záwù 不純物を取り除く．｜~了病根 chúle bìnggēn 病根を除く．

★【掉】 diào 動 動詞の後に置き，取り除くことを表す．‖ 砍~ kǎndiào 切り落とす．｜扔~ rēngdiào 捨ててしまう．｜忘~ wàngdiào 忘れてしまう．｜去~多余的枝杈 qùdiào duōyú de zhīchà 余分な小枝を取り除く．｜把黑板上的字擦~ bǎ hēibǎn shang de zì cādiào 黒板の字を消す．

【驱除】 qūchú 動 追い払う．取り除く．‖ ~蚊蝇 qūchú wényíng カやハエを駆除する．｜~杂念 qūchú zániàn 雑念を追い払う．

【去除】 qùchú 動 取り除く．‖ ~杂念 qùchú zániàn 雑念を払う．｜~污垢 qùchú wūgòu あかや汚れを取り除く．

＊＊【扫】 sǎo 動 一掃する．取り除く．‖ ~盲 sǎománg 非識字者を一掃する．｜一~而光 yì sǎo ér guāng 一掃する．｜~清障碍 sǎoqīng zhàng'ài 障害をすっかり取り除く．

＊【肃清】 sùqīng 動 （悪い人間・物事・思想などを）徹底的に取り除く．粛清する．一掃する．‖ ~影响 sùqīng yǐngxiǎng（悪い）影響を一掃する．｜~封建意识 sùqīng fēngjiàn yìshi 封建的意識を徹底的に取り除く．

＊【消除】 xiāochú 動 取り除く．消える．解消する．‖ ~隔阂 xiāochú géhé わだかまりを除く．｜~事故隐患 xiāochú shìgù yǐnhuàn 事故の危険性を取り除く．｜~障碍 xiāochú zhàng'ài 障害を除去する．｜~顾虑 xiāochú gùlù 不安を取り除く．｜疑问~了 yíwèn xiāochú le 疑問が消えた．

【摘除】 zhāichú 動 取り除く．摘出する．‖ ~肿瘤 zhāichú zhǒngliú 腫瘍（しゅよう）を切除する．｜子宫~手术 zǐgōng zhāichú shǒushù 子宮摘出手術．

のぞみ　望み

| ▶出息 | ▶盼头 | ▶期望 | ▶夙愿 | ▶希望 |
| ▶要求 | ▶意愿 | ▶愿望 | ▶指望 | ▶志愿 |

＊【出息】 chūxi 名 気概．意気込み．将来性．将来の見込み．‖ 年轻人要长~ niánqīngrén yào zhǎng chūxi 若い人は気概をもたなくてはいけない．｜你真没~! Nǐ zhēn méi chūxi! お前はほんとにふがいないやつだ．｜这么勤奋地学习，将来会有~的 zhème qínfèn de xuéxí, jiānglái huì yǒu chūxi de こんなに頑張って勉強しているとは，将来有望だ．

【盼头】 pàntou 名 望み．見込み．見通し．‖ 没~ méi pàntou 見込みがない．｜这事总算有~了 zhè shì zǒngsuàn yǒu pàntou le この件はやっと希望が持てるようになった．

＊【期望】 qīwàng 動 期待する．望みをかける．‖ ~落空了 qīwàng luòkōng le 望みが断たれた．｜不能辜负父母的~ bù néng gūfù fùmǔ de qīwàng 父母の期待に背くことはできない．

【夙愿】 sùyuàn 名 書 宿願．宿望．“宿愿”とも書く．‖ ~得偿 sùyuàn dé cháng 宿願を果たす．｜实现了自己的~ shíxiànle zìjǐ de sùyuàn 宿願を実現した．

★【希望】 xīwàng 名 望み．希望．願い．願望．‖ 你有什么~? nǐ yǒu shénme xīwàng? どんな望みがおありですか．｜这件事已经没~了 zhè jiàn shì yǐjīng méi xīwàng le この件はもう望みがなくなった．

★【要求】 yāoqiú 名 要求．希望．条件．‖ 满足~ mǎnzú yāoqiú 要求を満たす．｜~太高 yāoqiú tài gāo 要求が高すぎる．｜工程质量合乎~ gōngchéng zhìliàng héhū yāoqiú 工事の仕上がりは要求を満た

のぞむ　望む

【意愿】yìyuàn 图 願望．望み．‖他的话表达了我们共同的～ tā de huà biǎodále wǒmen gòngtóng de yìyuàn 彼の言葉は我々の共通の願いを表している．｜尊重本人的～ zūnzhòng běnrén de yìyuàn 本人の望みを尊重する．

**【愿望】yuànwàng 图 願い．望み．‖主观～ zhǔguān yuànwàng 主観的な願望．希望的观测．｜维护世界和平是我们的共同～ wéihù shìjiè hépíng shì wǒmen de gòngtóng yuànwàng 世界の平和を守ることは私たちの共通の願いだ．｜他实现了上大学的～ tā shíxiànle shàng dàxué de yuànwàng 彼は大学進学の望みを実現した．

*【指望】zhǐwang（～儿）图 望み．見込み．‖～不大 zhǐwang bú dà 見込みは薄い．｜～落空了 zhǐwang luòkōng le 当てがはずれた．｜他的病还有～ tā de bìng hái yǒu zhǐwang 彼の病気はまだ見込みがある．

*【志愿】zhìyuàn 图 志．抱負．願望．‖立下～ lìxia zhìyuàn 志を立てる．｜他的～终于实现了 tā de zhìyuàn zhōngyú shíxiàn le 彼の志はとうとう実現した．

のぞむ　望む

▶渇望　▶盼　▶盼望　▶期待　▶期望
▶希望　▶想　▶指望

*【渇望】kěwàng 動 渇望する．切望する．‖～已久的日子终于来到了 kěwàng yǐ jiǔ de rìzi zhōngyú láidào le 待ちわびていた日がついに来た．｜～见到久别的恋人 kěwàng jiàndào jiǔbié de liànrén 長いこと離れ離れになっている恋人に会いたいと切に思う．

*【盼】pàn 動 期待する．待ち望む．‖～了多年 pànle duōnián 長年待ち望んでいた．｜小孩子就～着过新年 xiǎoháizi jiù pànzhe guò xīnnián 子供はお正月を楽し

みにしている．

**【盼望】pànwàng 動 待ち望む．切望する．‖母亲～儿子早日学成归来 mǔqin pànwàng érzi zǎorì xuéchéng guīlái 母親は我が子が一日も早く学問を修めて帰ってくることを待ち望んでいる．｜我们早就～着这一天了 wǒmen zǎojiù pànwàngzhe zhè yì tiān le 私たちはずっと前からこの日を待ちわびていた．

*【期待】qīdài 動 期待する．切望する．‖～亲人早日归来 qīdài qīnrén zǎorì guīlái 家族の者が一日でも早く戻ってくることを待ち望む．｜～着胜利消息 qīdàizhe shènglì xiāoxi 勝利の知らせを心待ちにしている．

*【期望】qīwàng 動 期待する．望みをかける．‖每一个父母都～自己的孩子能够成材 měi yí ge fùmǔ dōu qīwàng zìjǐ de háizi nénggòu chéngcái どの親も自分の子供にひとかどの人間になってほしいと望む．

★【希望】xīwàng 動 希望する．望む．‖母亲～我长大做个医生 mǔqin xīwàng wǒ zhǎngdà zuò ge yīshēng 母は私が大きくなって医者になることを望んでいる．｜～工作有更快的进展 xīwàng gōngzuò yǒu gèng kuài de jìnzhǎn 仕事がますますはかどりますように．｜～你们好好儿想一想 xīwàng nǐmen hǎohāor xiǎngyixiǎng みなさん，どうかよくよく考えてください．

★【想】xiǎng 助動 …したい．…したいと思う．…しようと考える．‖我～当一名教师 wǒ xiǎng dāng yì míng jiàoshī 私は教師になりたいと思う．｜你～不～去日本旅游? nǐ xiǎngbuxiǎng qù Rìběn lǚyóu? 日本に観光旅行に行きたいですか．

*【指望】zhǐwang 動 期待する．切望する．‖～今年有个好收成 zhǐwang jīnnián yǒu ge hǎo shōucheng 今年は豊かな収穫があることを期待している．｜～孩子能成才 zhǐwang háizi néng chéng cái 子供が立派な人間になることを期待する．

のばす　延ばす

のばす　伸ばす

▶抻　▶放　▶放大　▶拉　▶伸　▶伸展
▶舒展　▶挺　▶直

【抻】chēn 動口引っ張る．引っ張って
伸ばす．‖把床单～～平 bǎ chuángdān
chēnchen píng シーツをぴんと伸ばす．｜
他一直～着,不给人家回话 tā yìzhí chēn-
zhe, bù gěi rénjia huíhuà 彼はずっと引き
延ばしてばかりいて，返事をしない．

★【放】fàng 動広げる．伸ばす．緩める．
‖～一张六寸的照片 fàng yì zhāng liù cùn
de zhàopiàn 写真をキャビネ・サイズに
引き伸ばす．｜袖子再～出一点儿来 xiù-
zi zài fàngchu yìdiǎnr lai 袖をもう少し長
くする．

**【放大】fàngdà 動(写真や図面などを)引
き伸ばす．‖～照片 fàngdà zhàopiàn 写真
を引き伸ばす．｜～机 fàngdàjī 引き伸ば
し機．

★【拉】lā 動伸ばす．引き伸ばす．‖～开
距离 lākāi jùlí 引き離す．｜～着长声回
答了一句 lāzhe chángshēng huídále yí jù 声
を長く伸ばして返事をした．

**【伸】shēn 動伸ばす．‖～手 shēn shǒu 手
を伸ばす．｜～出两个指头 shēnchu liǎng
ge zhǐtou 指を2本突き出す．｜～直两
腿 shēnzhí liǎng tuǐ 両足をまっすぐに伸
ばす．｜～着脖子往里看 shēnzhe bózi wǎng
lǐ kàn 首を伸ばして中をのぞく．

*【伸展】shēnzhǎn 動伸ばす．広げる．‖
～双臂 shēnzhǎn shuāng bì 両腕を広げ
る．｜～运动 shēnzhǎn yùndòng 手足を伸
ばす運動．

*【舒展】shūzhǎn 動(折り目がついたり,
巻いていたり，しわがよったりしたも
の)広げる．伸ばす．‖把旗子～开 bǎ
qízi shūzhǎnkāi 旗を広げる．｜奶奶高兴
地笑了起来, 脸上的皱纹也～了 nǎinai
gāoxìng de xiàoleqǐlai, liǎn shang de zhòuwén

yě shūzhǎn le おばあさんが嬉しそうに
笑うと，顔のしわも伸びた．

★【挺】tǐng 動ぴんとまっすぐに伸ばす．
‖～直 tǐngzhí まっすぐに伸ばす．｜身
子～得笔直 shēnzi tǐngde bǐzhí 体をまっ
すぐに伸ばす．

**【直】zhí 動まっすぐにする．まっすぐ
に伸ばす．‖～起腰 zhíqi yāo 腰を伸ば
す．｜～起身子 zhíqi shēnzi 体をまっす
ぐに伸ばす．背筋を伸ばす．

のばす　延ばす

▶推　▶推迟　▶拖　▶拖延　▶延长
▶延缓　▶延期

★【推】tuī 動延期する．先に延ばす．‖时
间紧, 不能再往后～了 shíjiān jǐn, bù néng
zài wǎng hòu tuī le 時間が差し迫ってい
るので，これ以上先に延ばすわけには
いかない．｜出发日期～了半个月 chūfā
rìqī tuīle bàn ge yuè 出発の日を半月延ば
した．

*【推迟】tuīchí 動(予定の時間や日を後
に)ずらす．延ばす．遅らせる．‖回国
日期～两天 huíguó rìqī tuīchí liǎng tiān 帰
国の日取りを2日遅らせる．｜会议～一
个小时举行 huìyì tuīchí yí ge xiǎoshí jǔxíng
会議を1時間ずらして開く．

**【拖】tuō 動(時間を)引き延ばす．‖今天
～明天, 明天～后天, 问题老得不到解
决 jīntiān tuō míngtiān, míngtiān tuō hòutiān,
wèntí lǎo débudào jiějué 今日を明日に，明
日をあさってにと引き延ばしていては,
いつまでたっても問題は解決されない．
｜你的病不能再～了 nǐ de bìng bù néng
zài tuō le あなたの病気はこれ以上放っ
ておくわけにはゆかない．

*【拖延】tuōyán 動(時間を)引き延ばす．
延び延びにする．‖～时间 tuōyán shíjiān
時間を引き延ばす．｜期限快到了, 不能

の

のびる　伸びる(発展する)

再～了 qīxiàn kuài dào le, bù néng zài tuōyán le もうすぐ期限になる，これ以上延ばすわけにはゆかない．

**【延长】yáncháng 動延長する．延ばす．延びる．‖～时间 yáncháng shíjiān 時間を延長する．｜会期～了 huìqī yáncháng le 会期が延びた．｜～机器使用寿命 yáncháng jīqì shǐyòng shòumìng 機械の寿命を延ばす．｜计划将现有公路再～二百公里 jìhuà jiāng xiànyǒu gōnglù zài yáncháng èrbǎi gōnglǐ 計画では今の自動車道をさらに200キロ延ばす予定だ．

*【延缓】yánhuǎn 動延ばす．延期する．‖～执行 yánhuǎn zhíxíng 実施を延期する．｜衰老 yánhuǎn shuāilǎo 老化を遅らせる．｜工期～了一个月 gōngqī yánhuǎnle yí ge yuè 工期が1ヵ月延びた．

*【延期】yán//qī 動延期する．‖～审理 yánqī shěnlǐ (裁判の)審理を延期する．｜讨论会～举行 tǎolùnhuì yánqī jǔxíng 討論会は延期して行う．｜谈判～至下周 tánpàn yánqī zhì xiàzhōu 交渉は次週まで見送られた．

のびる　伸びる（発展する）

▶发展　▶进步　▶扩大　▶扩展　▶提高
▶增加　▶增长

★【发展】fāzhǎn 動発展する．発展させる．‖～对外贸易 fāzhǎn duìwài màoyì 対外貿易を拡大する．｜～组织 fāzhǎn zǔzhī 組織を伸ばす．｜这一次～了十名新会员 zhè yí cì fāzhǎnle shí míng xīn huìyuán 今回は10名の新会員を増やした．

**【进步】jìnbù 動(人や事物が)進歩する．‖他这几年～很大 tā zhè jǐ nián jìnbù hěn dà 彼はこの数年ずいぶん進歩した．｜我的中文～很慢 wǒ de Zhōngwén jìnbù hěn màn 私の中国語はなかなか伸びない．

**【扩大】kuòdà 動拡大する．‖～影响 kuò-

dà yǐngxiǎng 影響を拡大する．｜势力范围～了 shìlì fànwéi kuòdà le 勢力範囲が伸びた．｜生产规模不断～ shēngchǎn guīmó búduàn kuòdà 生産規模は絶えず拡大している．

*【扩展】kuòzhǎn 動拡張する．‖城市不断～ chéngshì búduàn kuòzhǎn 街は絶え間なく拡大している．｜生意逐渐～开来 shēngyi zhújiàn kuòzhǎnkāilai 商売は徐々に伸びている．

★【提高】tí//gāo 動向上させる．向上する．引き上げる．高める．⇔"降低" jiàngdī ‖～生活水平 tígāo shēnghuó shuǐpíng 生活レベルを向上させる．｜成绩～了 chéngjì tígāo le 成績が伸びた．

★【增加】zēngjiā 動増える．増加する．‖国民生产总值～了 guómín shēngchǎn zǒngzhí zēngjiā le GNPが伸びた．｜体重～了两公斤 tǐzhòng zēngjiāle liǎng gōngjīn 体重が2キロ増えた．

**【增长】zēngzhǎng 動増加する．高まる．高める．‖经济～ jīngjì zēngzhǎng 経済成長．｜利润逐年～ lìrùn zhúnián zēngzhǎng 利潤が年々増加する．｜年产值已～到一千万元 niánchǎnzhí yǐ zēngzhǎngdào yìqiān wàn yuán 年間の生産額はすでに1000万元に増えた．

のぼる　登る

▶登　▶登高自卑　▶登山　▶登台　▶爬
▶爬高　▶攀　▶攀登　▶攀缘　▶上
▶上台

**【登】dēng 動登る．上がる．‖～上长城 dēngshang Chángchéng 長城に登る．｜～上政治舞台 dēngshang zhèngzhì wǔtái 政治舞台に登場する．｜一步～天 yí bù dēng tiān 一足飛びに最高水準に達する．

【登高自卑】dēng gāo zì bēi 成高く登るには低い所から始めなくてはならない．

576

初歩から順序よく物事を行うこと.

【登山】dēng//shān 動 山に登る. ‖~服 dēngshānfú 登山服. ｜~运动 dēngshān yùndòng 登山.

【登台】dēng//tái 動 ❶演壇や舞台に登る. ‖首次~表演 shǒucì dēngtái biǎoyǎn 初舞台を踏む. ｜~讲演 dēngtái jiǎngyǎn 講壇に登って演説する. ❷政治の表舞台に登場する.

★【爬】pá 動 物をつかみながら上へと登る. よじ登る. はい上がる. ‖~山 pá shān 山に登る. 登山する. ｜抓着绳子往上~ zhuāzhe shéngzi wǎng shàng pá ロープをつたって上へよじ登る. ｜汽车正在~坡 qìchē zhèngzài pá pō 車は坂を登っているところだ. ｜葡萄~上了架 pútao páshangle jià ブドウが棚をつたい伸びた. ｜~上了总经理的宝座 páshangle zǒngjīnglǐ de bǎozuò 社長の椅子に登りつめた.

【爬高】págāo 動 高い所によじ登る. はい上がる. ‖这孩子就喜欢~ zhè háizi jiù xǐhuan págāo この子ときたら高い所によじ登るのが好きだ.

*【攀】pān 動 よじ登る. 物につかまって登る. ‖~着绳子爬上去 pānzhe shéngzi páshangqu ロープにつかまってよじ登る.

*【攀登】pāndēng 動 よじ登る. 登攀(とう)する. ‖~峭壁 pāndēng qiàobì 山の絶壁をよじ登る. ｜~科学技术高峰 pāndēng kēxué jìshù gāofēng 科学技術の高峰を極める.

【攀缘】【攀援】pānyuán 動 物につかまってよじ登る. ‖~而上 pānyuán ér shàng 物につかまって上へ上へと登る. ｜篱笆上~着几棵牵牛花 líba shang pānyuánzhe jǐ kē qiānniúhuā 垣根に何本かの朝顔がつたっている.

★【上】shàng 動 ❶(高い所へ)登る. 上がる. ‖~山 shàngshān 山に登る. ｜~楼 shàng lóu 上の階に上がる. ｜逆流而~ nìliú ér shàng 流れに逆らって川を上る. ❷(shang；shàng)動詞の後に置き, 低い所から高い所に移動することを表す. ‖登~山顶 dēngshang shāndǐng 山頂に登る. ｜气球飞~了天空 qìqiú fēishangle tiānkōng 気球が空に昇っていった.

*【上台】shàng//tái 動 ❶舞台に上がる. 壇上に立つ. ‖~演讲 shàngtái yǎnjiǎng 壇上で講演する. ❷喩 官僚になる. 政権の座につく.

のみもの　飲み物

▶白开水　▶橙汁　▶豆乳　▶番茄汁
▶果汁　▶红茶　▶姜汁汽水　▶咖啡
▶可可　▶可乐　▶矿泉水　▶绿茶
▶茉莉花茶　▶奶咖　▶奶昔　▶牛奶
▶葡萄汁　▶汽水　▶乌龙茶　▶椰汁

【白开水】báikāishuǐ 名 白湯(さゆ).

【橙汁】chéngzhī 名 オレンジジュース. "橘子汁"júzizhī ともいう.

【豆乳】dòurǔ 名 豆乳. "豆浆"dòujiāng, "豆腐浆"dòufujiāng ともいう.

【番茄汁】fānqiézhī 名 トマトジュース.

【果汁】guǒzhī 名 果汁. フルーツジュース.

**【红茶】hóngchá 名 紅茶.

【姜汁汽水】jiāngzhī qìshuǐ 名 ジンジャーエール.

★【咖啡】kāfēi 名 コーヒー. ‖冲~ chōng kāfēi (インスタント)コーヒーをいれる. ｜煮~ zhǔ kāfēi (サイフォンなどで)コーヒーをいれる. ｜速溶~ sùróng kāfēi インスタント・コーヒー.

【可可】kěkě 名 ココア. "蔻蔻"kòukòu ともいう.

【可乐】kělè 名 コーラ. ‖可口~ Kěkǒu kělè (商標)コカ・コーラ. ｜百事~ Bǎishì kělè (商標)ペプシコーラ.

のむ 飲む

**【矿泉水】 kuàngquánshuǐ 图 ミネラル・ウォーター.

**【绿茶】 lǜchá 图 緑茶.

【茉莉花茶】 mòli huāchá 图 ジャスミン茶.

【奶咖】 nǎikā 图 カフェ・オ・レ. "牛奶咖啡" niúnǎi kāfēi ともいう.

【奶昔】 nǎixī 图 ミルクセーキ.

*【牛奶】 niúnǎi 图 牛乳. ‖酸~ suānniúnǎi ヨーグルト

【葡萄汁】 pútaozhī 图 グレープジュース.

*【汽水】 qìshuǐ 图 炭酸飲料. サイダー. ‖冰镇~ bīngzhèn qìshuǐ 冷やしたサイダー.

【乌龙茶】 wūlóngchá 图 ウーロン茶.

【椰汁】 yēzhī 图 ココナッツ・ミルク.

のむ 飲む

▶吃 ▶服 ▶喝 ▶抿 ▶吞 ▶喂奶
▶吸 ▶咽 ▶饮酒 ▶饮食

*【吃】 chī 動 (薬やタバコなどを)飲む. 吸う. ‖~药 chī yào 薬を飲む. ｜~奶 chī nǎi おっぱいを吸う. ｜~烟 chī yān タバコを吸う. ｜喜酒 chī xǐjiǔ 婚礼の祝い酒を飲む.

*【服】 fú 動 (薬を)飲む. 服用する. ‖内~ nèifú 内服する. ｜日~三次，每次两粒 rì fú sān cì, měicì liǎng lì 日に3回, 毎回二粒ずつ服用する.

*【喝】 hē 動 ❶飲む. ‖~水 hē shuǐ 水を飲む. ｜~牛奶 hē niúnǎi 牛乳を飲む. ｜~粥 hē zhōu 粥を食べる. ｜~了一口茶 hēle yì kǒu chá お茶を一口すすった. ❷(とくに)酒を飲む. ‖咱们去~一杯吧 zánmen qù hē yì bēi ba 一杯やりにいこうよ. ｜大吃大~ dà chī dà hē 大いに食らい大いに飲む.

【抿】 mǐn 動 口をすぼめてほんの少し飲む. ちょっと口をつける. ‖~了一口酒 mǐnle yì kǒu jiǔ 酒をほんの少しなめた.

*【吞】 tūn 動 まる飲みする. かまずに飲み込む. ‖一口~下去 yì kǒu tūnxiaqu 一口で飲み込む. ｜囫囵~枣 hú lún tūn zǎo ナツメをまるごと飲み込む. うのみにするたとえ. ｜狼~虎咽 láng tūn hǔ yàn がつがつとむさぼるように食べる.

【喂奶】 wèi nǎi 組 乳を飲ませる. 授乳する. ‖四个钟头喂一次奶 sì ge zhōngtóu wèi yí cì nǎi 4時間ごとに乳を飲ませる.

**【吸】 xī 動 (液体を)吸う. ‖用吸管儿~饮料 yòng xīguǎnr xī yǐnliào ストローで飲み物を吸う.

**【咽】 yàn 動 飲む. 飲み込む. ‖~唾沫 yàn tuòmo つばを飲み込む. ｜细嚼慢~ xì jiáo màn yàn よくかんでゆっくり飲み込む.

【饮酒】 yǐn//jiǔ 動 酒を飲む. ‖~过量 yǐnjiǔ guòliàng 酒の量を過ごす.

*【饮食】 yǐnshí 動 飲んだり食べたりする. 飲み食いする. ‖改变~习惯 gǎibiàn yǐnshí xíguàn 飲食の習慣を改める. ｜~起居 yǐnshí qǐjū 日常生活.

のりかえる 乗り換える

▶倒 ▶倒车 ▶换 ▶换车 ▶换乘
▶加快 ▶中转 ▶转车 ▶转乘 ▶转机

*【倒】 dǎo 動 換える. ‖在这站~地铁 zài zhè zhàn dǎo dìtiě この駅で地下鉄に乗り換える. ｜从右手~到左手 cóng yòushǒu dǎodào zuǒshǒu 右手から左手に持ち換える.

*【倒车】 dǎo//chē 動 乗り換える. ‖直达广州，不用~ zhídá Guǎngzhōu, búyòng dǎochē 広州まで直通だから乗り換える必要はない. ｜我在下一站~ wǒ zài xià yí zhàn dǎochē 私は次の駅で乗り換える. ｜路上要倒几次车? lùshang yào dǎo jǐ cì

578

のる　乗る

chē? 途中何度乗り換えをしなければい
けませんか.

★【換】huàn 動 (あるものを別のものに)替
える. 取り替える. ‖～一个方式 huàn yí
ge fāngshì やり方を替える. | 在这儿下
长途汽车～火车 zài zhèr xià chángtú qìchē
huàn huǒchē ここで長距離バスから列車
に乗り換える.

【换车】huàn//chē 動 (バスや電車を)乗
り換える. ‖路上要换三次车 lùshang yào
huàn sān cì chē 途中で3回乗り換えなくて
はならない.

【换乘】huànchéng 動 (乗り物を)乗り換
える. ‖下公共汽车后再～地铁 xià gōng-
gòng qìchē hòu zài huànchéng dìtiě バスを
降りたら地下鉄に乗り換える.

【加快】jiākuài 動 (途中から)急行列車
や特急列車に乗り換える.

【中转】zhōngzhuǎn 動 (途中で)乗り換え
る. ‖～站 zhōngzhuǎnzhàn 乗り換え駅.

【转车】zhuǎn//chē 動 (列車やバスなど
を)乗り換える. ‖中途要转一次车 zhōng-
tú yào zhuǎn yí cì chē 途中で1回乗り換え
なければならない.

【转乘】zhuǎnchéng 動 (交通機関などを)
乗り換える. ‖先乘飞机去青岛, 然后再
～轮船去上海 xiān chéng fēijī qù Qīngdǎo,
ránhòu zài zhuǎnchéng lúnchuán qù Shàng-
hǎi まず飛行機で青島に行き, その後
船に乗り換えて上海に行く.

【转机】zhuǎn//jī 動 飛行機を乗り継ぐ.
‖在香港～ zài Xiānggǎng zhuǎnjī 香港で
飛行機を乗り継ぐ.

のりこえる　乗り越える
▶超越　▶穿过　▶渡过　▶翻　▶过
▶跨越　▶越过

*【超越】chāoyuè 動 越える. 乗り越える.
‖～现实 chāoyuè xiànshí 現実離れして

いる. | ～障碍 chāoyuè zhàng'ài 障害を
克服する. | ～时空 chāoyuè shíkōng 時
空を超越する.

【穿过】chuān//guo(guò) 動 通り抜ける.
横切る. ‖～树林 chuānguo shùlín 林を
通り抜ける. | ～人群 chuānguo rénqún 人
込みを突っ切る. | ～这条胡同, 就是
大街 chuānguo zhè tiáo hútòng, jiùshì dàjiē
この横町を通り抜けると大通りだ.

【渡过】dù//guo(guò) 動 ❶渡る. 渡って
越す. ‖～长江 dùguo Chángjiāng 長江を
渡る. ❷乗り切る. 切り抜ける. ‖～
难关 dùguo nánguān 難関を切り抜ける.
| ～灾荒 dùguo zāihuāng 災害を乗り切
る. | ～了艰难的岁月 dùguole jiānnán de
suìyuè 苦しい歳月を乗り切った.

★【翻】fān 動 (山などを)越える. ‖～过了
一座大山 fānguole yí zuò dàshān 大きな
山を越えた.

★【过】guò 動 (ある場所を)通過する. 通
り過ぎる. 渡る. ‖～河 guò hé 川を渡
る. | ～桥 guò qiáo 橋を渡る. | ～马路
guò mǎlù 道路を渡る. | ～了天津, 就到
北京了 guòle Tiānjīn, jiù dào Běijīng le 天
津を過ぎるとすぐに北京に到着する.

【跨越】kuàyuè 動 (空間や時間の境界線
を)またいで越える. ‖～时代 kuàyuè shí-
dài 時代を飛び越える. | ～障碍 kuàyuè
zhàng'ài 障害を乗り越える.

*【越过】yuè//guò 動 越える. 越す. ‖～
高山大河 yuèguò gāoshān dàhé 高山や大
河を越える.

のる　乗る
▶乘　▶乘坐　▶搭　▶搭乘　▶打的
▶打秋千　▶登　▶骑　▶上　▶坐

**【乘】chéng 動 (乗り物に)乗る. ‖～汽车
chéng qìchē 自動車に乗る. | ～飞机
chéng fēijī 飛行機に乗る. | ～船 chéng

579

のんびり（ゆったり）

chuán 船に乗る.

【乗坐】chéngzuò 動（乗り物に）乗る. ‖
～特快列车 chéngzuò tèkuài lièchē 特急
列車に乗る.

**【搭】dā 動（乗り物に）乗る. 乗せる. 便
乗する. ‖～船 dā chuán 船に乗る. | 这
是货船，不～人 zhè shì huòchuán, bù dā
rén これは貨物船なので人は乗せない.
| 我是～朋友的车来的 wǒ shì dā péngyou
de chē lái de 私は友だちの車に便乗して
来た.

【搭乘】dāchéng 動（乗り物に）乗る. ‖～
明晨第一班飞机去 dāchéng míngchén dì yī
bān fēijī qù 明朝一番の飛行機に乗って
行く.

**【打的】dǎ//dī 動 タクシーに乗る. "打
车"dǎchē ともいう.

【打秋千】dǎ qiūqiān 組 ブランコに乗る.

**【登】dēng 動 登る. 上がる. ‖～山 dēng-
shān 山に登る. | ～上领奖台 dēngshang
lǐngjiǎngtái 表彰台に上がる.

★【骑】qí 動（ウマや自転車などにまた
がって）乗る. ‖～马 qí mǎ ウマに乗る.
| ～摩托车 qí mótuōchē バイクに乗る.
| ～自行车上班 qí zìxíngchē shàngbān 自
転車に乗って出勤する.

★【上】shàng 動（高い所へ）登る. 上がる.
‖～山 shàngshān 山に登る. | ～车 shàng
chē 車に乗る. 乗車する.

★【坐】zuò 動（乗り物に座って）乗る. ‖
～公共汽车 zuò gōnggòng qìchē バスに
乗る. | ～火车 zuò huǒchē 列車に乗る.
| ～船 zuò chuán 船に乗る. | ～飞机
zuò fēijī 飛行機に乗る. | ～过山车 zuò
guòshānchē ジェットコースターに乗る.

のんびり（ゆったり）

▶放松　▶宽松　▶慢腾腾　▶慢条斯理
▶轻松　▶舒畅　▶舒服　▶舒适　▶悠然
▶悠闲　▶自在

---

*【放松】fàngsōng 動（気を）緩める. リ
ラックスする. ‖今天我想忘掉工作～
一下 jīntiān wǒ xiǎng wàngdiào gōngzuò fàng-
sōng yíxià 今日は仕事を忘れてのんびり
したい. | 考完试，总算可以～了 kǎowán
shì, zǒngsuàn kěyǐ fàngsōng le 試験が終っ
てやっとのんびりできた. | 游游泳，～
～神经 yóuyóuyǒng fàngsōngfàngsōng shén-
jīng 一泳ぎして神経をリラックスさせ
る.

【宽松】kuānsong；kuānsōng 形 ❶（心が）
ゆったりしている. ‖收到他的信，心里
～多了 shōudào tā de xìn, xīnli kuānsongduō
le 彼の手紙を受け取って，だいぶ気持
ちが落ち着いた. ❷（服が）大きい. ‖～
的服装 kuānsong de fúzhuāng ゆったりし
た服. ❸（雰囲気が）落ち着いている.
ゆったりしている.

【慢腾腾】mànténgténg（～的）形 ゆっく
りしている. のんびりしている. 話し
言葉では màntēngtēng とも発音し，"慢
慢腾腾"mànmànténgténg "慢吞吞"màn-
tūntūn ともいう. ‖他～地走下楼来 tā
màntēngténg de zǒuxia lóu lai 彼はのんび
りと2階から下りてきた.

【慢条斯理】màntiáo sīlǐ 組 ゆっくりと落
ち着きはらっている. ゆったりと構え
ている. のんびりしている. ‖～地踱着
方步 màntiáo sīlǐ de duózhe fāngbù ゆった
りと大股（おお）に歩いている.

**【轻松】qīngsōng 形 気軽である. 気楽で
ある. ‖～的表情 qīngsōng de biǎoqíng リ
ラックスした表情. | 昨天我轻轻松松
地在家过了一天 zuótiān wǒ qīngqīngsōng-
sōng de zài jiā guòle yì tiān 昨日は家での
んびり過した. | 放假的时候想过得～自
在一些 fàngjià de shíhou xiǎng guòde qīng-
sōng zìzài yìxiē 休日ぐらいはのんびり
と過したい.

*【舒畅】shūchàng 形 のびのびと心地よ
い. 気持よくて愉快である. ‖心情～

580

のんびり（ゆったり）

xīnqíng shūchàng 気持ちがのびのびとする.

*【舒服】shūfu 形 気持ちがよい. 心地よい. 快適である. 楽しい. 気楽である. ‖这沙发坐上去真～ zhè shāfā zuòshangqu zhēn shūfu このソファーはとても座り心地がよい. ｜昨晚睡得很～ zuówǎn shuìde hěn shūfu 昨夜はぐっすり眠れた. ｜舒舒服服地泡温泉 shūshūfúfú de pāo wēnquán のんびりと温泉に入る. ｜谁不想过～日子? shéi bù xiǎngguo shūfu rìzi? 快適な生活を送りたくない者がいようか.

**【舒适】shūshì 形 気持ちがよい. 快適である. ‖这个房间住着很～ zhège fángjiān zhùzhe hěn shūshì この部屋は住んでいてとても快適だ.

【悠然】yōurán 形 のんびりしている. ゆったりしている. ‖～自得 yōurán zìdé ゆったりと満ち足りたさま. 悠々自適のさま. ｜～神往 yōurán shénwǎng あこがれの気持ちを抱く.

【悠闲】yōuxián 形 のんびりしている. 悠々としている. ‖他退休后过着～的日子 tā tuìxiū hòu guòzhe yōuxián de rìzi 彼は退職後, 悠々自適の日々を送っている. ｜～地散步 yōuxián de sànbù のんびりと散歩する. ｜想～地听自己喜欢的音乐 xiǎng yōuxián de tīng zìjǐ xǐhuan de yīnyuè ゆったりと好きな音楽でも聞きたい.

【自在】zìzai 形 気楽である. ゆったりしている. ‖日子过得很～ rìzi guòde hěn zìzai 暮らしが快適である. ｜他一想起家里发生得争吵, 心里就很不～ tā yì xiǎngqi jiāli fāshēngde zhēngchǎo, xīnli jiù hěn bú zìzai 彼は家のもめごとを思い出すと心穏やかではいられなかった.

の

581

は

はいる　入る

▶加入　▶进　▶进来　…进来　▶进去
▶…进去　▶进入　▶入　▶投入

*【加入】jiārù 動 (メンバーに)加わる．加入する．‖～工会 jiārù gōnghuì 労働組合に加入する．｜～保险 jiārù bǎoxiǎn 保険に入る．｜～联合国 jiārù Liánhéguó 国連に加盟する．

▶【进】jìn 動 ❶(中へ)入る．⇔"出" chū ‖快请～! kuài qǐng jìn! さあどうぞお入りください．｜～工厂当工人 jìn gōngchǎng dāng gōngrén 工場に入り労働者になる．｜他去年～了北京大学 tā qùnián jìnle Běijīng dàxué 彼は去年北京大学に入った．❷(jin；jìn)動詞の後に置き，中の方へ入ることを表す．‖走～剧场 zǒujin jùchǎng 劇場に入っていく．｜拿～屋去 nájin wū qu 部屋に持ち込む．｜把暂时不用的东西装～箱里 bǎ zànshí bú yòng de dōngxi zhuāngjin xiāng lǐ しばらく使わない物をトランクにしまった．

★【进来】jìn//lai(lái) 動 入ってくる．‖你去看看，有人～了 nǐ qù kànkan, yǒu rén jìnlai le ちょっと見てきてくれ，誰か入ってきたよ．｜快～，外面怪冷的 kuài jìnlai, wàimiàn guài lěng de さあ中に入って，外はひどく寒いから．

★【…进来】…//jin(jìn)//lai(lái) 動 動詞の後に置き，外から中へ入ってくる動作を表す．‖小孩子从外面跑～了 xiǎoháizi cóng wàimiàn pǎojinlai le 子供が外から駆け込んできた．｜刚才有个人走进屋里来了 gāngcái yǒu ge rén zǒujin wūli lai le たったいま誰かが部屋に入ってきた．

★【进去】jìn//qu(qù) 動 中へ入る．中に入っていく．‖你～吧，我在外面等你 nǐ jìnqu ba, wǒ zài wàimiàn děng nǐ 入っていきなさい，私は外で待っているから．｜咱们从公园前门～，后门出来，好吗? zánmen cóng gōngyuán qiánmén jìnqu, hòumén chūlai, hǎo ma? 僕たちは公園の表門から入って裏門に抜けてはどうだろう．

★【…进去】…//jin(jìn)//qu(qù) 動 動詞の後に置き，中に入っていく，中に入れる動作を表す．‖快把这些货搬～吧 kuài bǎ zhèxiē huò bānjinqu ba 早くこれらの品物を中へ運び入れなさい．｜公共汽车太挤，挤不～了 gōnggòng qìchē tài jǐ, jǐbujìnqù le バスがとてもこんでいて乗り込めない．｜皮箱里还有空，放得～ píxiāng li hái yǒu kòng, fàngdejìnqù トランクにまだ空きがあるから，詰められる．

*【进入】jìnrù 動 (ある範囲や段階に)入る．‖～会场 jìnrù huìchǎng 会場に入る．｜～梦乡 jìnrù mèngxiāng 眠りに就く．｜比赛～最后阶段 bǐsài jìnrù zuìhòu jiēduàn 試合は最終段階に入った．

*【入】rù 動 ❶入る．⇔"出" chū ‖禁止～内 jìnzhǐ rù nèi 立ち入り禁止．｜破门而～ pòmén ér rù 門を破って入る．❷(ある組織に)加わる．加入する．‖～学 rùxué 入学する．就学する．｜他还没～工会 tā hái méi rù gōnghuì 彼はまだ労働組合に加入していない．｜孩子～托儿所以后，变得不太认生了 háizi rù tuō'érsuǒ yǐhòu, biànde bútài rènshēng le 子供は託児所に入ってからあまり人見知りをしなくなった．

*【投入】tóurù 動 ある状態になる．ある環境に入る．投入する．‖～新的工作环境 tóurù xīn de gōngzuò huánjìng 新しい仕事環境の中に身を投じる．｜～生产 tóurù shēngchǎn 生産に入る．操業を開始する．

はえる　生える

▶出芽　▶发霉　▶发芽　▶萌发　▶生
▶生发　▶生长　▶长　▶长毛

【出芽】 chū//yá 動 芽が出る．芽を出す．‖土豆～了 tǔdòu chūyá le ジャガイモに芽が出た．

【发霉】 fā//méi 動 かびる．かびが生える．‖东西～了 dōngxi fāméi le 物にかびが生えた．

【发芽】 fā//yá 動 発芽する．芽が出る．‖柳树～了 liǔshù fāyá le ヤナギが芽をふいた．

【萌发】 méngfā 動 ❶芽が出る．芽を吹く．‖种子～出幼芽 zhǒngzi méngfāchu yòuyá 種子が若芽を吹き始めた．❷(ある種の感情が)芽生える．‖～了强烈的求知欲 méngfāle qiángliè de qiúzhīyù 強い知識欲が芽生えた．

**【生】 shēng 動 生える．育つ．生長する．‖从～ cóngshēng 群生する．｜土豆～了芽 tǔdòu shēngle yá ジャガイモが芽を出した．

【生发】 shēngfà 動 毛が生える．‖～药 shēngfàyào 毛生え薬．

**【生长】 shēngzhǎng 動 成長する．伸びる．育つ．‖这种植物～在高寒地带 zhè zhǒng zhíwù shēngzhǎngzài gāohán dìdài この植物は寒冷地帯に育つ．

★【长】 zhǎng 動 生える．生じる．‖～疮 zhǎng chuāng おできができる．｜～出新芽 zhǎngchu xīnyá 新しい芽が出てきた．｜～锈 zhǎng xiù さびがつく．｜山坡上～满了杜鹃花 shānpō shang zhǎngmǎnle dùjuānhuā 山の斜面にツツジが一面に生えている．

【长毛】 zhǎng máo 組 ❶毛が生える．❷ 口 かびが生える．‖这馒头都～了 zhè mántou dōu zhǎng máo le このマントーはすっかりかびてしまった．

ばからしい　馬鹿らしい

▶不合理　▶不合算　▶荒诞　▶荒谬
▶荒唐　▶没意思　▶无聊　▶愚蠢

【不合理】 bù hélǐ 組 非合理的である．理にかなっていない．‖这个做法～ zhège zuòfa bù hélǐ このやり方は非合理的だ．｜～要求 bù hélǐ yāoqiú 筋の通らない要求．

【不合算】 bù hésuàn 組 引き合わない．割りに合わない．‖这生意～ zhè shēngyi bù hésuàn この商売は引き合わない．

【荒诞】 huāngdàn 形 でたらめである．荒唐無稽(むけい)である．‖～离奇 huāngdàn líqí 奇妙きてれつである．

*【荒谬】 huāngmiù 形 でたらめである．道理に合っていない．‖～的提法 huāngmiù de tífa でたらめな言い方．｜逻辑上十分～ luóji shang shífēn huāngmiù 論理がめちゃくちゃである．

*【荒唐】 huāngtang；huāngtáng 形 (言動などが)荒唐無稽である．でたらめである．‖～可笑 huāngtang kěxiào でたらめで滑稽(こっけい)である．｜这种想法实在～ zhè zhǒng xiǎngfa shízài huāngtang そうした考えはどうにも荒唐無稽だ．

★【没意思】 méi yìsi 組 ❶意味がない．無意味である．‖这样做，我看～ zhèyàng zuò, wǒ kàn méi yìsi こんなふうにするのは意味がないと思う．❷面白くない．つまらない．‖这小说太～了 zhè xiǎoshuō tài méi yìsi le この小説はまるでつまらない．

*【无聊】 wúliáo 形 (言葉や行為が)つまらない．くだらない．‖看这种～的杂志只会浪费时间 kàn zhè zhǒng wúliáo de zázhì zhǐ huì làngfèi shíjiān こんなくだらない雑誌を読むのは時間のむだである．

*【愚蠢】 yúchǔn 形 愚かである．ばかである．‖做了一件～的事 zuòle yí jiàn yú-

はかる　測る・量る・計る

chǔn de shì ばかなことをした．｜你也太
～了 nǐ yě tài yúchǔn le 君だってずいぶ
ん間抜けじゃないか．

はかる　測る・量る・計る

▶比量　▶測　▶測量　▶測試　▶称
▶过磅　▶衡量　▶计量　▶量　▶试
▶丈量

【比量】bǐliang 動口 ものさしを使わず，
棒・縄・手などで大まかに測る．‖用手
～书柜的大小 yòng shǒu bǐliang shūguì de
dàxiǎo 手で本棚の大きさを測る．

【測】cè 動 測る．測定する．測量する．
‖～水温 cè shuǐwēn 水温を測る．｜～距
离 cè jùlí 距離を測る．｜～时间 cè shíjiān
時間を測る．

*【測量】cèliáng 動 測る．測量する．測
定する．‖～面积 cèliáng miànjī 面積を
測量する．｜～水温 cèliáng shuǐwēn 水温
を測る．｜～地形 cèliáng dìxíng 地形を
測量する．

*【測試】cèshì 動 (機械や器具などの性能
を)測定検査する．‖～仪器 cèshì yíqì 計
器をテストする．｜～麦克风的音量大
小 cèshì màikèfēng de yīnliàng dàxiǎo マイ
クの音量の程度をみる．

**【称】chēng 動 重さを量る．‖～体重
chēng tǐzhòng 体重を量る．｜～一～有多
重 chēngyichēng yǒu duō zhòng どれくら
い目方があるか量ってみる．｜给我～四
斤苹果 gěi wǒ chēng sì jīn píngguǒ リンゴ
を量り売りで4斤(2キロ)ください．

【过磅】guò//bàng 動 台ばかりにかける．
台ばかりで量る．‖～后再进库 guòbàng
hòu zài jìnkù 台ばかりにかけてから入
庫する．

【衡量】héngliáng 動 評価して比べる．は
かりに掛ける．‖能力的大小要具体地～
nénglì de dàxiǎo yào jùtǐ de héngliáng 能力

の程度は具体的に評価しなければなら
ない．

【計量】jìliàng 動 (計器で)はかる．計測
する．‖～体温 jìliàng tǐwēn 体温を測る．
｜～值 jìliàngzhí 計量値．

**【量】liáng 動 (物の大きさ・長さ・量な
どを)はかる．計量する．測定する．‖
～尺寸 liáng chǐcun 長さを測る．｜～一
～体重 liángyiliáng tǐzhòng 体重を量って
みる．｜～血压 liáng xuèyā 血圧を測る．
｜用尺～布 yòng chǐ liáng bù ものさしで
布を測る．

★【試】shì 動 試みる．‖妈妈用手～了～水
温 māma yòng shǒu shìleshì shuǐwēn お母
さんは手でお湯の温度をはかった．｜来
掰掰腕子，～一下你的手劲儿 lái bāibai
wànzi, shì yíxià nǐ de shǒujìnr 腕相撲をやっ
て，君の腕力を試そう．

【丈量】zhàngliáng 動 測量する．‖～地亩
zhàngliáng dìmǔ 畑の面積を測量する．

はかる　図る

▶策划　▶牟取　▶谋　▶谋求　▶谋取
▶企图　▶图　▶图谋

*【策划】cèhuà 動 画策する．たくらむ．
計画する．‖～阴谋 cèhuà yīnmóu 陰謀
をたくらむ．｜～发动政变 cèhuà fādòng
zhèngbiàn クーデターを起こす．｜幕后
～ mùhòu cèhuà 背後で画策する．

【牟取】móuqǔ 動 (名誉や利益を)むさぼ
る．‖～暴利 móuqǔ bàolì 暴利をむさぼ
る．｜用不法手段～暴利 yòng bùfǎ shǒu-
duàn móuqǔ bàolì 不法なやり方で暴利を
むさぼる．

*【謀】móu 動 (方策を講じて)手に入れ
る．図る．求める．‖～生 móushēng 生
計を図る．｜为群众～利益 wèi qúnzhòng
móu lìyì 民衆の利益を図る．｜另～出路
lìng móu chūlù 別に活路を求める．

ばくはつ　爆発

*【谋求】móuqiú 動 求める．追求する．‖
～和解 móuqiú héjiě 和解を求める．

【谋取】móuqǔ 動 手に入れようと図る．
‖利用职权～私利 lìyòng zhíquán móuqǔ
sīlì 職権を利用して私利を図る．

**【企图】qǐtú 動 企てる．たくらむ．企図
する．（多く貶義(ピ)で用いられ，アス
ペクト助詞の"着"zhe"了"le"过"guo
をとれない．目的語は動詞性語句に限
られる）‖罪犯～逃跑 zuìfàn qǐtú táopǎo
犯人が逃亡をたくらむ．｜～逃避检查
qǐtú táobì jiǎnchá 検査を逃れようとする．

**【图】tú 動 手に入れようと図る．強く求
める．むさぼる．‖～方便 tú fāngbiàn 便
利さを求める．｜别有所～ bié yǒu suǒ tú
別にねらいがある．｜～省事，吃食堂 tú
shěngshì, chī shítáng 手間を省くため食堂
で食事する．

【图谋】túmóu 動 図る．たくらむ．も
くろむ．画策する．‖～私利 túmóu sīlì
私利を図る．

はく　吐く

▶啐　▶恶心　▶哈　▶呵　▶咯　▶呕吐
▶吐　▶吐　▶嘘

【啐】cuì 動 吐き出す．吐く．‖～痰 cuì
tán たんを吐く．｜～了一口唾沫 cuìle yì
kǒu tuòmo ペッとつばを吐いた．

*【恶心】ěxin 形 吐き気がする．むかむか
する．‖闻见汽油味儿就～ wénjiàn qìyóu
wèir jiù ěxin ガソリンのにおいをかぐと
胸がむかむかする．

【哈】hā 動 口を大きく開けて息を吐く．
‖～欠 hāqian あくび．｜～了一口气
hāle yì kǒu qì はあっと息を吐きかけた．

【呵】hē 動 息を吐く．息を吹きかける．
‖～一口气 hē yì kǒu qì はあと息を吹き
かける．｜他一边～手一边说："天太冷
了" tā yìbiān hē shǒu yìbiān shuō: "tiān tài

lěng le" 彼は手に息を吹きかけながら
「なんて寒いんだ」と言った．

【咯】kǎ 動 (のどまたは気管につかえて
いるものを)吐き出す．‖～血 kǎxiě 咯
血(がつ)する．｜～痰 kǎ tán たんを吐く．
｜把卡在嗓子里的鱼刺～出来 bǎ qiǎzài
sǎngzi lǐ de yúcì kǎchulai のどに刺さった
魚の骨を吐き出す．

*【呕吐】ǒutù 動 嘔吐(おう)する．吐く．‖
～胃液 ǒutù wèiyè 胃液を吐く．

**【吐】tǔ 動 吐き出す．吐く．‖～唾沫 tǔ
tuòmo つばを吐く．｜～痰 tǔ tán たんを
吐く．｜～葡萄皮 tǔ pútaopí ブドウの皮
を吐き出す．｜他长长地～了一口气 tā
chángcháng de tǔle yì kǒu qì 彼は長い息
をついた．

**【吐】tù 動 (抑えきれずに)吐き出す．嘔
吐(とう)する．もどす．‖～血 tùxiě 吐血
する．上～下泻 shàng tù xià xiè 吐いた
り下したりする．｜喝醉后～了 hēzuì hòu
tù le 酒に酔って吐いた．｜婴儿又～奶
了 yīng'ér yòu tù nǎi le 赤ちゃんがまた
お乳をもどした．

【嘘】xū 動 ❶口からゆっくりと息を吐
く．‖～了一口气 xūle yì kǒu qì ふうっ
と息を吐いた．❷ため息をつく．嘆息
する．‖仰天而～ yǎng tiān ér xū 空を仰
いでため息をつく．

ばくはつ　爆発

▶爆　▶爆发　▶爆裂　▶爆炸　▶崩
▶发火　▶炸

【爆】bào 動 爆発する．破裂する．‖气
球～了 qìqiú bào le 風船が破裂した．

*【爆发】bàofā 動 (火山が)爆発する．‖
那座火山又～了 nà zuò huǒshān yòu bàofā
le あの火山がまた爆発した．

【爆裂】bàoliè 動 破裂する．炸裂する．

*【爆炸】bàozhà 動 炸裂(さつ)する．爆発

はげます 励ます

する．突発する．‖原子弾～了 yuánzǐdàn bàozhà le 原子爆弾が炸裂した．｜人口～ rénkǒu bàozhà 人口が爆発的に増加する．｜煤气～造成人员伤亡 méiqì bàozhà zàochéng rényuán shāngwáng ガス爆発で死傷者が出た．

【崩】bēng 動 破裂する．割れる．‖把气球吹～了 bǎ qìqiú chuībēng le 風船をふくらましすぎて割ってしまった．｜两人谈～了 liǎng rén tánbēng le 二人の話し合いは物別れになった．

*【发火】fā//huǒ 動 (銃などが衝撃によって)爆発する．

*【炸】zhà 動 (突然)破裂する．割れる．‖暖瓶～了 nuǎnpíng zhà le 魔法瓶が割れた．

はげます　励ます

▶鞭策　▶鼓励　▶鼓舞　▶激发　▶激励
▶奖励　▶勉励　▶劝勉

*【鞭策】biāncè 動 鞭撻(べんたつ)する．励ます．‖～自己 biāncè zìjǐ 自分自身を鞭打つ．｜老师的批评对我们是一种～ lǎoshī de pīpíng duì wǒmen shì yì zhǒng biāncè 先生の叱責は私たちにとってある意味で励ましである．

**【鼓励】gǔlì 動 励ます．激励する．‖对孩子应多～ duì háizi yīng duō gǔlì 子供は大いに励ましてやるべきだ．｜领导～大家好好儿干 lǐngdǎo gǔlì dàjiā hǎohāor gàn リーダーは頑張るようにみんなを激励した．

**【鼓舞】gǔwǔ 動 鼓舞する．奮い立たせる．‖～群众 gǔwǔ qúnzhòng 民衆を奮い立たせる．｜老师的话～了大家的学习积极性 lǎoshī de huà gǔwǔle dàjiā de xuéxí jījíxìng 先生の話はみんなの学習意欲を喚起した．

*【激发】jīfā 動 奮い立たせる．かき立て

る．‖要～大家的干劲儿 yào jīfā dàjiā de gànjìnr みんなのやる気を出させなくてはいけない．｜～他的上进心 jīfā tā de shàngjìnxīn 彼に向上心を起こさせる．

*【激励】jīlì 動 奮い立たせる．励ます．‖～选手的斗志 jīlì xuǎnshǒu de dòuzhì 選手の闘志を奮い立たせる．｜前辈的话时刻～着我 qiánbèi de huà shíkè jīlìzhe wǒ 先達の言葉は常に私を励まし元気づけてくれる．

*【奖励】jiǎnglì 動 奨励する．栄誉や品物を与えて励ます．‖～先进工作者 jiǎnglì xiānjìn gōngzuòzhě 優れた業績をあげた人を褒賞する．

*【勉励】miǎnlì 動 励ます．激励する．努力するように勧める．‖互相～ hùxiāng miǎnlì お互いに励まし合う．｜校长经常～学生要好好儿学习 xiàozhǎng jīngcháng miǎnlì xuésheng yào hǎohāor xuéxí 校長先生はいつも学生に，しっかり勉強するよう激励している．

【劝勉】quànmiǎn 動 励ます．勉励する．‖苦口婆心地～ kǔ kǒu pó xīn de quànmiǎn 懇々と諭し励ます．｜～吸毒患者 quànmiǎn xīdú huànzhě 麻薬患者を励ます．｜互相～，共同努力 hùxiāng quànmiǎn, gòngtóng nǔlì 互いに励まし合い，共に努力する．

はこ　箱

▶盒　▶盒子　▶匣　▶匣子　▶箱　▶箱子

**【盒】hé(～儿) 名 小型の容器．小箱．‖饭～ fànhé 弁当箱．｜火柴～ huǒcháihé マッチ箱．

【盒子】hézi 名 小型の容器．(多くはふた付きの)小さな箱．

【匣】xiá(～儿) 名 箱．小箱．(多くはふた付きで小ぶりのもの) ‖木～ mùxiá 木の箱．｜梳头～儿 shūtóuxiár 化粧箱．

｜两~首饰 liǎng xiá shǒushi 二箱のアクセサリー.

【匣子】xiázi 图（ふた付きで小ぶりの）箱.｜药~ yào xiázi 薬箱.

【箱】xiāng ◇❶箱. ケース.（多くは比較的大きいもの）｜书~ shūxiāng 本箱.｜皮~ píxiāng トランク.｜翻~倒柜 fān xiāng dǎo guì 衣装箱や戸棚を引っくり返す. あちこちかき回して徹底的に捜す様子. ❷箱状のもの.｜烤~ kǎoxiāng オーブン.｜集装~ jízhuāngxiāng コンテナ.｜信~ xìnxiāng 郵便受け.

**【箱子】xiāngzi 图箱. トランク. スーツケース.

はこぶ　運ぶ

▶搬　▶搬运　▶拉　▶输送　▶抬　▶驮运
▶运　▶运输　▶运送

★【搬】bān 動（重い物や大きい物を）運ぶ.｜~东西 bān dōngxi 物を運ぶ.｜箱子 bān xiāngzi 箱を運ぶ.｜~开石头 bānkāi shítou 石をどかす.

*【搬运】bānyùn 動運送する. 運搬する.｜~工 bānyùngōng 運搬工.｜把货物~到码头 bǎ huòwù bānyùndào mǎtóu 積み荷を港に運送する.

★【拉】lā 動（車で）運ぶ.｜这些货得~三趟 zhèxiē huò děi lā sān tàng これらの荷物は3回に分けて運ばなくてはならない.｜把大家~到车站 bǎ dàjiā lādào chēzhàn みんなを駅まで運ぶ.

*【输送】shūsòng 動輸送する. 運ぶ.｜~大批货物 shūsòng dàpī huòwù 大量の貨物を輸送する.｜~带 shūsòngdài ベルトコンベヤー.

★【抬】tái 動（二人以上で物を）運ぶ. 担ぐ.｜~担架 tái dānjià 担架を担ぐ.｜桌子太重, 得两个人~ zhuōzi tài zhòng, děi liǎng ge rén tái テーブルは重いから, 二

人がかりでないと運べない.

【驮运】tuóyùn 動家畜の背に荷物を載せて運ぶ.｜用骆驼~货物 yòng luòtuo tuóyùn huòwù ラクダの背に荷物を載せて運ぶ.

*【运】yùn 動運ぶ. 運搬する.｜水~ shuǐyùn 水上輸送.｜~粮食 yùn liángshi 食糧を運ぶ.｜偷~ tōuyùn ひそかに運搬する.

*【运输】yùnshū 動輸送する. 運送する.｜~业 yùnshūyè 運送業.｜海上~ hǎi shang yùnshū 海上輸送.｜~系统 yùnshū xìtǒng 輸送システム.

*【运送】yùnsòng 動運送する. 輸送する.｜~粮食 yùnsòng liángshi 食糧を運送する.

はし　端（へり・縁）

▶边　▶边沿　▶边缘　▶口　▶框　▶下摆
▶沿　▶周缘

★【边】biān（~儿）图へり. 縁. めぐり.｜桌子~儿 zhuōzibiānr 机のへり.｜岸~ ànbiān 岸辺.｜马路~ mǎlùbiān 道路際. 道端.｜锁~ suǒbiān 縁をかがる.

【边沿】biānyán 图へり. 縁. 境目.｜村庄的~ cūnzhuāng de biānyán 村のはずれ.

【边缘】biānyuán 图縁. へり. 境.｜原始森林的~ yuánshǐ sēnlín de biānyuán 原生林の外縁.｜桌子的~ zhuōzi de biānyuán 机のへり.

★【口】kǒu（~儿）图（容器の）口.｜瓶子~儿 píngzikǒur 瓶の口.｜碗~儿 wǎnkǒur 碗の縁.｜杯子~儿 bēizikǒur 湯飲みの口.

*【框】kuàng 图❶かまち.（ドアや窓の）枠.｜门~ ménkuàng 門がまち.｜窗~ chuāngkuàng 窓枠. ❷（~儿）支えるもの. 枠. フレーム.｜镜~ jìngkuàng 額

は

587

縁.｜画～ huàkuàng 額縁.｜眼鏡～ yǎn-jìng kuàng 眼鏡フレーム. ❸囲み. 縁取り.‖烈士照片四周有个黑～ lièshì zhàopiàn sìzhōu yǒu ge hēikuàng 烈士の写真のまわりには黒い縁取りがある.

【下摆】xiàbǎi 图 (衣服の)すそ.

【沿】yán 動 縁どりする. へりをつける.‖鞋口 yán xiékǒu 布靴の口にへりをつける.｜領口的花边是后～上去的 lǐng-kǒu de huābiān shì hòu yánshangqu de 襟ぐりのレースの縁どりは後から縫いつけたものだ. 图 (～ル)へり. 縁.‖炕～ ル kàngyánr オンドルのあがりがまち.｜缸～ル gāngyánr かめの縁.｜帽～ mào-yán 帽子のつば.

【周缘】zhōuyuán 图 周り. 縁.

はし 端 (先端)

▶頂端　▶頂尖　▶尖　▶尖端　▶尽头
▶末梢　▶梢　▶梢子　▶头　▶一头

*【頂端】dǐngduān 图 ❶てっぺん. 頂.‖电视塔的～ diànshìtǎ de dǐngduān テレビ塔のてっぺん. ❷先端. どん詰まり.‖走到小岛～ zǒudào xiǎodǎo dǐngduān 小さな島の突端まで歩いて行く.

【頂尖】dǐngjiān (～ル) 图 てっぺん. 頂.‖宝塔的～ bǎotǎ de dǐngjiān 塔の先端.

**【尖】jiān (～ル) 图 (とがっている物の) 先. 先端.‖钢笔～ル gāngbǐjiānr ペン先.｜针～ル zhēnjiānr 針先.｜刀～ル dāojiānr ナイフの先.

*【尖端】jiānduān 图 先端.‖树杈儿的～ shùchàr de jiānduān 小枝の先. 形 先端的である. 最も進んでいる.‖～科学 jiānduān kēxué 先端科学.｜～技术 jiānduān jìshù 先端技術.

【尽头】jìntóu 图 尽きるところ. 果て. 突き当たり.‖走廊的～ zǒuláng de jìntóu 廊下の突き当たり.｜辽阔的草原望不到～ liáokuò de cǎoyuán wàngbudào jìntóu 広々とした草原は見渡すかぎり果てしがない.

【末梢】mòshāo 图 末. 端.‖鞭子的～ biānzi de mòshāo 鞭（むち）の先.

【梢】shāo (～ル) 图 ❶こずえ. 枝先.‖树～ shùshāo こずえ. ❷(細長い物の) 先. 端.‖眉～ méishāo 眉（まゆ）じり.｜头发～ tóufashāo 髪の毛の先.｜鞭～ biānshāo 鞭（むち）の先端.

【梢子】shāozi 图 端. 末端. 先端.

★【头】tóu (～ル) 图 物の先端, または末端.‖山～ shāntóu 山の頂.｜两～ liǎng-tóu 両端.

*【一头】yītóu (～ル) 图 一方の先. 端. 片方.‖桥的那～ qiáo de nà yìtóu 橋の向こうのたもと.｜铅笔的～ル是一块橡皮 qiānbǐ de yìtóur shì yí kuài xiàngpí 鉛筆の先には消しゴムがついている.

はじ 恥

▶耻辱　▶丢丑　▶丢人　▶家丑　▶可耻
▶廉耻　▶难堪　▶羞　▶羞耻　▶羞辱

【耻辱】chǐrǔ 图 恥辱. 恥.‖蒙受～ méng-shòu chǐrǔ 恥辱をこうむる.｜洗刷～ xǐ-shuā chǐrǔ 恥をそそぐ.｜感到～ gǎndào chǐrǔ 恥と思う.

【丢丑】diū//chǒu 動 醜態をさらす. 恥をかく. 面目を失う.‖在众人面前～ zài zhòngrén miànqián diūchǒu 衆人の面前で醜態をさらす.

*【丢人】diū//rén 動 恥をかく. 面目を失う.‖～现眼 diūrén xiànyǎn 面目なくて人に顔を合わせられない.｜认错不是什么～的事 rèncuò bú shì shénme diūrén de shì 誤りを認めることは恥でもなんでもない.

【家丑】jiāchǒu 图 家の恥. 家庭内のいざこざ.‖～不可外扬 jiāchǒu bù kě wài-

はじまる　始まる

yáng 家の恥を世間へさらすな.

【可耻】 kěchǐ 形 恥ずべきである. ‖ 他这样做太～了 tā zhèyàng zuò tài kěchǐ le 彼のこんなやり方は実に恥ずかしいことだ. ｜～的叛徒 kěchǐ de pàntú 恥ずべき裏切り者.

【廉耻】 liánchǐ 名 廉恥. 心が清らかで恥を知る気持ちが強いこと. ‖ 不知～ bù zhī liánchǐ 恥知らずである.

*【难堪】 nánkān 形 恥ずかしくて耐えられない. 決まりが悪い. ‖ 让人～ ràng rén nánkān 人に恥をかかせる. 顔をつぶす.

【羞】 xiū 動 恥ずかしい思いをさせる. 恥をかかせる. ‖ 你别～我了 nǐ bié xiū wǒ le 私に恥をかかせないでくれ.

*【羞耻】 xiūchǐ 形 恥ずかしい. ‖ 不知～ bù zhī xiūchǐ 恥を知らない. ｜说这种话, 你不感到～吗? shuō zhè zhǒng huà, nǐ bù gǎndào xiūchǐ ma? こんな話をして, 君は恥ずかしくないのか.

【羞辱】 xiūrǔ 動 辱める. 恥をかかせる. ‖ 当众～了他一番 dāngzhòng xiūrǔle tā yì fān 人前で彼をひどく辱めた.

はじまる　始まる

▶开课　▶开幕　▶开始　▶开头　▶开学
▶开演　▶起　▶起始　▶始于

**【开课】 kāi//kè 動 授業が始まる. ‖ 学校九月一日～ xuéxiào jiǔyuè yī rì kāikè 学校は9月1日に始まる.

*【开幕】 kāi//mù 動 (会議や展覧会などが)開幕する. 始まる. ‖ 致～词 zhì kāimùcí 開会の挨拶をする. ｜～典礼 kāimù diǎnlǐ 開幕式. ｜本届交易会已经～三天了 běn jiè jiāoyìhuì yǐjīng kāimù sān tiān le 今回の見本市は開幕後3日たった.

★【开始】 kāishǐ 動 開始する. 始まる. ‖ 新学期～了 xīn xuéqī kāishǐ le 新学期が始

まった. ｜球赛～好一会儿了 qiúsài kāishǐ hǎo yíhuìr le (球技の)試合が始まってだいぶたつ.

*【开头】 kāi//tóu (～儿) 動 始まる. ‖ 训练刚开了个头儿, 就遇到不少困难 xùnliàn gāng kāile ge tóur, jiù yùdào bùshǎo kùnnan 訓練が始まったばかりでたくさんの問題にぶつかった.

★【开学】 kāi//xué 動 学校が始まる. 学期が始まる. ‖ 学校九月一日～ xuéxiào jiǔyuè yī rì kāixué 学校は9月1日に始まる. ｜～典礼 kāixué diǎnlǐ 始業式.

**【开演】 kāiyǎn 動 開演する. ‖ 戏刚～ xì gāng kāiyǎn 芝居はいま始まったところだ. ｜电影还没～呢 diànyǐng hái méi kāiyǎn ne 映画の上映はまだ始まっていない.

★【起】 qǐ 動 ❶("从" cóng "由" yóu などと呼応し, 名詞の後に置き, 起点を表す)(…から)始まる. 始める. ‖ 房租从下月～涨价 fángzū cóng xiàyuè qǐ zhǎngjià 家賃は来月から値上がりする. ｜由这儿～就是山东地面了 yóu zhèr qǐ jiùshì Shāndōng dìmiàn le ここからは山東省になる. ｜明天～开始放假 míngtiān qǐ kāishǐ fàngjià 明日から休みだ. ❷(qi；qǐ)(動詞の後に置き, 動作の開始を表す)…し始める. (よく "从" cóng "由" yóu などと呼応する) ‖ 从今天算～ cóng jīntiān suànqi 今日から起算する.

【起始】 qǐshǐ 動 …に始まる. ‖ 京剧～于晚清 jīngjù qǐshǐ yú wǎn Qīng 京劇は清末に起こった.

【始于】 shǐyú 動 始まる. ‖ ～何时? shǐyú héshí? いつ始まったのか. ｜千里之行, ～足下 qiān lǐ zhī xíng, shǐyú zúxià 千里の道のりも第一歩から始まる. どんな遠大な計画でも, 一つ一つの積み重ねから始まる.

はじめ　初め・始め

▶初期　▶开始　▶开头　▶起初　▶先
▶原来　▶原先　▶最初

*【初期】chūqī 名 初期. 初めの時期. ‖ 感冒～ gǎnmào chūqī 風邪の引き始め. | 建国～ jiànguó chūqī 建国初期. | 他的～思想 tā de chūqī sīxiǎng 彼の当初の考え方.

*【开始】kāishǐ 名 初め. 最初. 手始め. ‖ 新到一个地方，～总有些不习惯 xīndào yí ge dìfang, kāishǐ zǒng yǒuxiē bù xíguàn 新しい土地へ行けば，どうしても初めは少しなじめない.

*【开头】kāitóu 名 最初. 冒頭. ‖ 万事难 wànshì kāitóu nán 万事初めが難しい. | 我一对历史课不感兴趣，后来越学越觉得有意思 wǒ kāitóu duì lìshǐ kè bù gǎn xìngqù, hòulái yuè xué yuè juéde yǒu yìsi 私は最初は歴史の授業に興味がなかったが，勉強していくうちに面白くなった.

*【起初】qǐchū 名 初め. 最初. ‖ ～他不想去，后来又改变了主意 qǐchū tā bù xiǎng qù, hòulái yòu gǎibiànle zhǔyi 最初，彼は行く気がしなかったが，あとで気が変わった.

★【先】xiān 名 口 以前. 最初. ‖ 他～不同意，后来又说行 tā xiān bù tóngyì, hòulái yòu shuō xíng 彼は最初は反対したのに，後になって承諾した. | 你～怎么不说? nǐ xiān zěnme bù shuō? どうして前に言わなかったんだ.

★【原来】yuánlái 名 もともと. 当初. 以前. ‖ 他～不会游泳，现在能游一千米 tā yuánlái bú huì yóuyǒng, xiànzài néng yóu yìqiān mǐ もともと彼は泳げなかったが，いまは 1000 メートル泳げる.

*【原先】yuánxiān 名 元. 初め. 当初. 以前. ‖ ～的打算 yuánxiān de dǎsuan 当初の心づもり. | 这家店～在城西，去年搬到市中心来了 zhè jiā diàn yuánxiān zài

chéng xī, qùnián bāndào shì zhōngxīn lái le この店は当初町の西にあったが，去年町の中心に移ってきた.

★【最初】zuìchū 名 最初. 一番初め. ‖ 大家还以为他是开玩笑，后来才知道他说的都是真的 zuìchū dàjiā hái yǐwéi tā shì kāi wánxiào, hòulái cái zhīdao tā shuō de dōu shì zhēn de 最初みんなは彼が冗談を言っているのだとばかり思っていたが，あとで彼の言っていることはすべて真実だったと分かった.

はじめる　始める

▶创办　▶动手　▶发动　▶发起　▶开创
▶开始　▶起　▶…起来　▶兴办　▶着手

*【创办】chuàngbàn 動 始める. 創始する. 創立する. 創設する. ‖ ～新杂志 chuàngbàn xīn zázhì 新雑誌を創刊する. | 他在家乡～了一所学校 tā zài jiāxiāng chuàngbànle yì suǒ xuéxiào 彼は故郷に学校を創設した.

*【动手】dòng//shǒu 動 着手する. 取り掛かる. 手をつける. ‖ 人已到齐，马上～吧 rén yǐ dàoqí, mǎshàng dòngshǒu ba 人が揃ったから，すぐ取り掛かろう. | 早点儿～早点儿完 zǎo diǎnr dòngshǒu zǎo diǎnr wán 早く取り掛かって早く終える.

*【发动】fādòng 動 発動する. 引き起こす. ‖ ～进攻 fādòng jìngōng 攻撃を始める. | ～政变 fādòng zhèngbiàn クーデターを起こす. | 工人们～罢工 gōngrénmen fādòng bàgōng 労働者たちはストライキを起こす.

*【发起】fāqǐ 動 ❶発起する. 提唱する. ‖ ～人 fāqǐrén 発起人. | 这次募捐活动是由几所大学共同～的 zhè cì mùjuān huódòng shì yóu jǐ suǒ dàxué gòngtóng fāqǐ de 今回の募金活動はいくつかの大学が共同で始めたものだ. ❷発動する. 始め

る.‖～反攻 fāqǐ fǎngōng 反攻を開始する.

【开创】kāichuàng 動 始める.切り開く.‖～新事业 kāichuàng xīn shìyè 新しい事業を始める.｜～新局面 kāichuàng xīn júmiàn 新しい局面を切り開く.

★【开始】kāishǐ 動 開始する.取りかかる.着手する.‖资料收集好了，他就～写论文 zīliào shōujíhǎo le, tā jiù kāishǐ xiě lùnwén 資料を揃えると，彼は論文を書き始めた.

★【起】qǐ 動 ❶("从" cóng "由" yóu などと呼応し，名詞の後に置き，起点を表す)(…から)始める.始まる.‖房租从下月～涨价 fángzū cóng xiàyuè qǐ zhǎngjià 家賃は来月から値上がりする.❷(qi；qǐ)(動詞の後に置き，動作の開始を表す)…し始める.(よく "从" cóng "由" yóu などと呼応する)‖跳～了交际舞 tiào-qile jiāojìwǔ 社交ダンスを踊り始めた.｜从头学～ cóngtóu xuéqǐ 最初から習い始める.｜这话是从何说～? zhè huà shì cóng hé shuōqǐ? この話はいったいどこからどう言ったらよいものか(なんとも言いようがない).

＊【…起来】…//qi(qǐ)//lai(lái) 動 (動詞・形容詞の後に置き，動作や状態が開始したことを表す)…し始める.…するようになる.‖说起话来 shuōqǐ huà lai 話し始める.｜天气渐渐凉快～ tiānqì jiàn-jiàn liángkuaiqilai だんだん涼しくなってくる.｜下起雨来 xiàqǐ yǔ lai 雨が降り出す.

【兴办】xīngbàn 動 (事業を)始める.興す.創設する.‖～新型企业 xīngbàn xīn-xíng qǐyè 新しいタイプの企業を興す.｜～夜校 xīngbàn yèxiào 夜間学校を開設する.

＊【着手】zhuóshǒu 動 着手する.始める.‖～解决职工住房问题 zhuóshǒu jiějué zhígōng zhùfáng wèntí 職工の宿舎問題の

解決に着手する.｜大处着眼，小处～ dàchù zhuóyǎn, xiǎochù zhuóshǒu 大きいところに着眼し，小さいところから手をつける.

ばしょ　場所

▶场合　▶场所　▶处所　▶地点　▶地方
▶地儿　▶所在　▶位置　▶现场

＊【场合】chǎnghé 名 場合.場面.‖正式～ zhèngshì chǎnghé 正式の場面.｜公共～ gōnggòng chǎnghé 公共の場所.｜他讲话不分～ tā jiǎnghuà bù fēn chǎnghé 彼は場所をわきまえないで話す.｜时间和～不同，处理办法也不同 shíjiān hé chǎnghé bùtóng, chǔlǐ bànfǎ yě bùtóng 時間と場面が違えば処理の方法も同じではない.

＊【场所】chǎngsuǒ 名 場所.場.‖公共～ gōnggòng chǎngsuǒ 公共の場所.｜娱乐～ yúlè chǎngsuǒ 娯楽場.｜运动～ yùndòng chǎngsuǒ グラウンド.

【处所】chùsuǒ 名 場所.所.‖找一个藏身的～ zhǎo yí ge cángshēn de chùsuǒ 身を隠す所を探す.

＊＊【地点】dìdiǎn 名 地点.場所.‖集合～ jíhé dìdiǎn 集合地点.｜指定～ zhǐdìng dìdiǎn 指定された場所.｜出事～ chūshì dìdiǎn 事故の発生した場所.

★【地方】dìfang (～儿) 名 所.場所.辺り.‖占～ zhàn dìfang 場所をとる.｜没有～坐 méiyou dìfang zuò 座る場所がない.｜图书馆在什么～? túshūguǎn zài shénme dìfang? 図書館はどこですか.｜花瓶摆得不是～ huāpíng bǎide bú shì dìfang 花瓶の置き場所が悪い.

【地儿】dìr 名 場所.所.‖占～ zhàn dìr 場所をとる.｜肚子里没～了 dùzili méi dìr le おなかがいっぱいだ.｜大家挤一挤，给他腾个～ dàjiā jǐyijǐ, gěi tā téng ge dìr みんなちょっと詰めて彼を座らせ

はしる　走る

てあげて.

*【所在】suǒzài 名 ❶所在. ありか. ‖学校～地 xuéxiào suǒzàidì 学校の所在地. ｜分析病因～ fēnxī bìngyīn suǒzài 病因のありかを分析する. ❷場所. 所. ‖那是个气候适宜的～ nà shì ge qìhòu shìyí de suǒzài そこは気候のよいところだ.

**【位置】wèizhì；wèizhì 名 位置. ‖定～ dìng wèizhi 位置を決める. ｜地理～ dìlǐ wèizhi 地理的位置.

*【现场】xiànchǎng 名 現場. 現地. ‖～直播 xiànchǎng zhíbō 生中継する. ｜犯罪～ fànzuì xiànchǎng 犯行現場. ｜工作～ gōngzuò xiànchǎng 仕事の現場.

はしる　走る

▶奔驰　▶驰行　▶飞　▶飞奔　▶飞驰
▶飞驶　▶狂奔　▶跑　▶行驶　▶走

*【奔驰】bēnchí 動 (車や馬などが)疾駆する. (人には使えない)‖火车飞快地～着 huǒchē fēikuài de bēnchízhe 汽車が猛スピードで走っている.

【驰行】chíxíng 動 (車などが)疾走する. 疾駆する. ‖列车在原野上～ lièchē zài yuányě shang chíxíng 列車は原野を疾走する.

★【飞】fēi 動 (飛ぶように)速く動く. ‖火车从眼前一过 huǒchē cóng yǎnqián fēiguo 汽車は目の前をあっという間に通過した.

【飞奔】fēibēn 動 飛ぶように走る. ‖他向就要发车的列车～而去 tā xiàng jiù yào fāchē de lièchē fēibēn ér qù 彼は発車間際の列車に向かって馳けて行った.

【飞驰】fēichí 動 疾駆する. ‖汽车在～ qìchē zài fēichí 自動車が疾駆している.

【飞驶】fēishǐ 動 (車が)飛ぶように走る. 疾駆する.

【狂奔】kuángbēn 動 狂奔する. 猛烈な

勢いで走る. ‖烈马～ lièmǎ kuángbēn 暴れ馬が狂奔する.

★【跑】pǎo 動 走る. 駆ける. (人・動物・車に用いられる)‖街上～着许多车 jiē shang pǎozhe xǔduō chē 道にはたくさんの車が走っている. ｜～接力 pǎo jiēlì リレーで走る. ｜这次他～了个第一 zhè cì tā pǎole ge dì yī 今回彼は走って1番になった.

*【行驶】xíngshǐ 動 (乗り物が)走る. 進む. 通行する. ‖汽车～在盘山公路上 qìchē xíngshǐzài pánshān gōnglù shang 車は山をぐるりと巡る自動車道を進んで行く.

★【走】zǒu 動 (物が)移動する. 動く. ‖汽车不～了 qìchē bù zǒu le 車が動かなくなった.

はず

▶的确　▶该　▶怪不得　▶会　▶肯定
▶确实　▶一定　▶应该

**【的确】díquè 副 確かに. 掛け値なしに. ‖我～〔确实〕听到过那件事，可记不清楚了 wǒ díquè〔quèshí〕tīngdàoguo nà jiàn shì, kě jìbuqīngchu le その件は聞いたはずだが，よく覚えていない. ｜～，你的看法有一定的道理 díquè, nǐ de kànfa yǒu yídìng de dàoli 確かに，あなたの見方にはそれなりの道理がある.

★【该】gāi 助動 (状況から見て)…となるはずだ. …となるに違いない. ‖起这么晚，又～迟到了 qǐ zhème wǎn, yòu gāi chídào le こんなに寝坊してはまた遅刻だ. ｜去了这么久了，～回来了 qùle zhème jiǔ le, gāi huílai le 出かけてからこんなに時間がたっているのだから，そろそろ帰るはずだ. ｜今天本～有小测验，结果没考 jīntiān běn gāi yǒu xiǎo cèyàn, jiéguǒ méi kǎo 今日はテストがあるはずだっ

たのにやらなかった.

*【怪不得】guàibude 副 道理で. なるほど. …なのも無理はない. ‖ ~这么热, 原来空调的温度设定得太高了 guàibude zhème rè, yuánlái kōngtiáo de wēndù shèdìngde tài gāo le 暑いはずだ, エアコンの温度設定が高くなっている. ‖ 她可真行呀, ~大家都那样拥护她 tā kě zhēn xíng ya, guàibude dàjiā dōu nàyàng yōnghù tā 彼女ってほんとうにすばらしい人だね, なるほどみんながあのように支持するはずだ.

★【会】huì 助動 …する可能性がある. …するはずである. ‖ 所长中午之前~回公司的 suǒzhǎng zhōngwǔ zhīqián huì huí gōngsī de 所長は昼までに会社に戻るはずです. ‖ 今天不~下雨 jīntiān bú huì xiàyǔ 今日は雨は降らないだろう. ‖ 这事儿他不~不知道 zhè shìr tā bú huì bù zhīdào この件を彼が知らないはずはない.

**【肯定】kěndìng 副 きっと. 間違いなく. ‖ 你~〔一定〕做得好这件事 nǐ kěndìng〔yídìng〕zuòde hǎo zhè jiàn shì 君ならこの仕事が立派にできるはずだ.

★【确实】quèshí 副 確かに. 間違いなく. ‖ 眼镜我~〔的确〕放进包里了, 可怎么没有呢 yǎnjìng wǒ quèshí〔díquè〕fàngjìn bāo li le, kě zěnme méiyou ne 眼鏡は確かにバッグに入れたはずなのに, どうしてないの.

★【一定】yídìng 副 必ず. きっと. どうあろうとも. ‖ 我~来 wǒ yídìng lái 私は必ず行きます. ‖ 明天~是大晴天 míngtiān yídìng shì dàqíngtiān 明日はきっと晴れるだろう. ‖ 今天店里不开门, 妈妈~〔肯定〕在家 jīntiān diàn li bù kāimén, māma yídìng〔kěndìng〕zài jiā 今日は店が休みなので, 母は家にいるはずです.

★【应该】yīnggāi 助動 …のはずだ. (状況的必然性を表す) ‖ 这个季节~很容易看到仙后座的 zhège jìjié yīnggāi hěn róng-yì kàndào xiānhòuzuò de この季節にはカシオペア座がよく見えるはずだ. ‖ 信是上星期发的, 他~收到了 xìn shì shàngxīngqī fā de, tā yīnggāi shōudào le 手紙は先週出したのだから, 彼はもう受け取ったはずだ. ‖ 他既然答应帮忙, ~没问题吧 tā jìrán dāying bāngmáng, yīnggāi méi wèntí ba 彼が手伝うのを承知した以上, たぶん大丈夫だろう.

はずかしい　恥ずかしい

▶不好意思　▶惭愧　▶害臊　▶害羞
▶可耻　▶难堪　▶难为情　▶羞　▶羞怯
▶羞涩

**【不好意思】bù hǎoyìsi 慣 恥ずかしい. 照れくさい. 決まりが悪い. 気がひける. ‖ 被夸得有点儿~ bèi kuāde yǒudiǎnr bù hǎoyìsi ほめられてちょっと照れくさい. ‖ 这种事~问 zhè zhǒng shì bù hǎoyìsi wèn こうしたことは決まりが悪くて聞けない.

*【惭愧】cánkuì 形 恥ずかしい. 慙愧(ざん)するさま. ‖ 感到~ gǎndào cánkuì 恥ずかしく思う. ‖ 我工作没做好, ~得很 wǒ gōngzuò méi zuòhǎo, cánkuìde hěn 仕事がきちんとできなくて, 恥ずかしいかぎりです.

【害臊】hài//sào 形口 恥ずかしい. 決まりが悪い. ‖ 她想说, 但又有点~ tā xiǎng shuō, dàn yòu yǒudiǎn hàisào 彼女は話そうとしたが, でも少し恥ずかしかった. ‖ 说这种话, 你也不觉得~! shuō zhè zhǒng huà, nǐ yě bù juéde hàisào! そんなことを言うとは, 君はよく恥ずかしくないもんだ.

*【害羞】hài//xiū 形 恥ずかしい. 決まりが悪い. ‖ 这个人比较~ zhège rén bǐjiào hàixiū この人ははにかみ屋だ. ‖ 客人来了, 她却~不敢出来 kèren lái le, tā què

はずす　外す

hàixiū bù gǎn chūlai お客様が見えたの
に, 彼女は恥ずかしがって出てこない.

【可耻】kěchǐ 形 恥ずべきである. ‖他这
样做太～了 tā zhèyàng zuò tài kěchǐ le 彼
のこんなやり方は実に恥ずかしいこと
だ.

*【难堪】nánkān 形 恥ずかしくて耐えられ
ない. 決まりが悪い. ‖被问得挺～, 脸
都红了 bèi wèn de tǐng nánkān, liǎn dōu hóng
le 質問されて困ってしまい, 恥ずかし
さに顔が真っ赤になった.

【难为情】nánwéiqíng 形 恥ずかしい. 決
まりが悪い. 具合が悪い. ばつが悪い.
‖第一次约会, 两人都挺～的 dì yī cì
yuēhuì, liǎng rén dōu tǐng nánwéiqíng de 初
めてのデートは二人とも恥ずかしくて
たまらなかった.

【羞】xiū 動 恥ずかしがる. はにかむ. ‖
～得满脸通红 xiūde mǎnliǎn tōnghóng 恥
ずかしくて顔が真っ赤になった. ｜～得
无地自容 xiūde wú dì zì róng 恥ずかしく
て身の置き所がない.

【羞怯】xiūqiè 形 気恥ずかしい. 照れく
さい. ‖她～地低下了头 tā xiūqiè de dī-
xiale tóu 彼女は恥ずかしそうにうつむ
いた. ｜见到生人有点儿～ jiàndào shēng-
rén yǒudiǎnr xiūqiè 初対面の人に会うと
なんとなく照れくさい.

【羞涩】xiūsè 形 恥ずかしくて態度がぎ
こちない. 決まり悪さにもじもじする.
‖～的神情 xiūsè de shénqíng 決まり悪
そうな顔つき. ｜她～地笑了笑 tā xiūsè de
xiàole xiào 彼女ははにかみながら笑っ
た.

はずす　外す

▶拔　▶拆开　▶解开　▶褪　▶褪套儿
▶下　▶卸　▶摘

**【拔】bá 動 抜く. 引き抜く. 抜き取る.

‖～牙 bá yá 歯を抜く. ｜～插销 bá chā-
xiāo ソケットを抜く. ｜～下笔帽 báxia
bǐmào (鉛筆などの)キャップを外す.

*【拆开】chāi/kāi 動 取り外す. 解体する.
‖把这台机器～ bǎ zhè tái jīqi chāikāi こ
の機械を分解する.

【解开】jiěkāi 動 (結んであるものを)解
く. ほどく. 外す. ‖把绳子～ bǎ shéng-
zi jiěkāi 縄をほどく. ｜～扣子 jiěkāi kòu-
zi ボタンを外す.

【褪】tùn 動 (体を縮めたり動かしたり
して)身につけているものを外す. ‖～
下袖子, 察看伤势 tùnxia xiùzi, chákàn
shāngshì 片肌を脱いで, 傷の程度を見
てみる. ｜～下手镯 tùnxia shǒuzhuó ブ
レスレットを外す.

【褪套儿】tùn//tàor 動 (縛りつけている
ものを体から)外す. ‖马没拴好, 跑了
mǎ méi shuānhǎo, tùntàor pǎo le ウマはしっ
かりつないでなかったので, 引き綱を
外して逃げてしまった.

★【下】xià 動 取り外す. 取る. ‖把纱窗～
下来 bǎ shāchuāng xiàxialai 網戸を取り外
す. ｜～装 xiàzhuāng (俳優が)扮装を取
る.

*【卸】xiè 動 ❶(役畜から)農具や馬具を
外す. ‖～牲口 xiè shēngkou 役畜の農具
や鞍(くら)を外す. ❷(部品を)取り外
す. (化粧や装身具を)取る. 外す. ‖～
螺丝 xiè luósī ねじを外す. ｜把发动机
～下来 bǎ fādòngjī xièxialai エンジンを
取り外す. ｜～装 xièzhuāng (俳優が)扮
装(そう)を取る.

*【摘】zhāi 動 (身につけたものを)とる.
外す. ‖～手表 zhāi shǒubiǎo 腕時計を
外す. ｜～下眼镜 zhāixia yǎnjìng 眼鏡を
外す. ｜把墙上的地图～下来 bǎ qiáng-
shang de dìtú zhāixialai 壁の地図をはが
す.

はたして

▶不出所料　▶到底　▶果不其然　▶果然
▶果真　▶究竟

【不出所料】bù chū suǒ liào 慣 予想どおりである．案の定．‖ ～，所长回来，看了桌子上的文件，马上发起火来 bù chū suǒ liào, suǒzhǎng huílai, kànle zhuōzi shang de wénjiàn, mǎshàng fāqǐ huǒ lai 案の定，帰ってきた所長は机の書類を見たとたん怒り出した．

**【到底】dàodǐ 副 やはり．さすがに．‖ 他的发音真漂亮，～是留过学的 tā de fāyīn zhēn piàoliang, dàodǐ shì liúguo xué de 彼の発音はほんとうにきれいだ，さすが留学しただけのことはある．

【果不其然】guǒ bù qí rán 慣 はたして．やはり．‖ 我知道早晚要出岔子，你看，～吧！wǒ zhīdao zǎowǎn yào chū chàzi, nǐ kàn, guǒ bù qí rán ba! 遅かれ早かれしでかすと思っていたよ，ほら思ったとおりだろう．

**【果然】guǒrán 副 やはり．はたして．‖ 大家猜他会来，他～来了 dàjiā cāi tā huì lái, tā guǒrán lái le みんなは彼が来るだろうと予想していたが，はたして彼はやって来た．

【果真】guǒzhēn 副 はたして．やっぱり．‖ 他～上当了 tā guǒzhēn shàngdàng le 彼はやっぱりだまされた．｜ 小朱说的～不错 Xiǎo-Zhū shuō de guǒzhēn bú cuò やはり朱君の言うとおりだ．

**【究竟】jiūjìng 副 やはり．しょせん．さすがに．‖ 孩子～是孩子，大人就不会这样做了 háizi jiūjìng shì háizi, dàren jiù bú huì zhèyàng zuò le 子供はしょせん子供だ，大人であればこのようにやりはしない．

はたす　果たす

▶达到　▶兑现　▶贯彻　▶尽　▶履行
▶实现　▶实行　▶完成　▶执行

**【达到】dá//dào 動 達成する．‖ 我们的目的一定能够～ wǒmen de mùdì yídìng nénggòu dádào 我々の目的は必ず達成できる．

*【兑现】duì//xiàn 動 嘔 約束を果たす．(口約束を)実現する．‖ 他答应办的事都会～的 tā dāying bàn de shì dōu huì duìxiàn de 彼が引き受けたことは必ず実行する．

【贯彻】guànchè 動 貫徹する．貫く．徹底的に行う．‖ ～到底 guànchèdàodǐ 最後までやり通す．｜ 这一政策必须认真～ zhè yī zhèngcè bìxū rènzhēn guànchè この政策は真剣にやり通さなければならない．

**【尽】jìn 動 (力を尽くして)やり遂げる．成し遂げる．‖ ～自己的责任 jìn zìjǐ de zérèn 自分の責任を果たす．｜ ～义务 jìn yìwù 責務を果たす．｜ 应～的职责 yīng jìn de zhízé 果たすべき職責．

*【履行】lǚxíng 動 履行する．実際に行う．‖ ～诺言 lǚxíng nuòyán 約束を履行する．｜ ～义务 lǚxíng yìwù 義務を果たす．｜ ～责任 lǚxíng zérèn 責任を果たす．

★【实现】shíxiàn 動 実現する．達成する．‖ 多年的愿望终于～了 duōnián de yuànwàng zhōngyú shíxiàn le 長年の願いががついにかなった．

**【实行】shíxíng 動 (綱領・計画・政策などを)実行する．実施する．‖ ～计划生育 shíxíng jìhuà shēngyù 計画出産を実行する．｜ 我们公司终于决定～双休日制度 wǒmen gōngsī zhōngyú juédìng shíxíng shuāngxiūrì zhìdù 我が社はついに週休二日制の実施を決めた．

★【完成】wán//chéng 動 完成する．やり終える．成し遂げる．‖ 任务已经～了 rènwu yǐjīng wánchéng le 任務はすでに果たした．｜按时～作业 ànshí wánchéng zuòyè 期限内に宿題をやり終える．

**【执行】 zhíxíng 動 執行する．実施する．施行する．‖～任务 zhíxíng rènwu 任務を遂行する．｜～计划 zhíxíng jìhuà 計画を実施する．｜按规定～ àn guīdìng zhíxíng 規定どおりに実行する．

はたらきかける　働きかける

▶奔走　▶打通　▶发动　▶活动　▶运动
▶组织　▶走后门

【奔走】 bēnzǒu 動 (ある目的のために)奔走する．駆け回る．‖为了给孩子治病，到处～求医 wèile gěi háizi zhìbìng, dàochù bēnzǒu qiú yī 子供の病気を治すために，あちこち医者を探し回る．

【打通】 dǎ//tōng 動 疎通させる．関係をつける．‖～渠道 dǎtōng qúdào 関係をつける．｜～人们的思想 dǎtōng rénmen de sīxiǎng 人々が納得するように説得する．｜～关节 dǎtōng guānjié (賄賂を使って)要所に手を回し通じるようにしておく．

**【发动】 fādòng 動 働きかける．動員する．‖放手～群众 fàngshǒu fādòng qúnzhòng 大衆を積極的に動員する．｜～农民的积极性 fādòng nóngmín de jījíxìng 農民の積極性に働きかける．

*【活动】 huódòng 動 (ある目的を達成するために)奔走する．働きかける．‖调工作的事还得托人再～～ diào gōngzuò de shì hái děi tuō rén zài huódònghuódòng 転勤の件はやはり人に頼んで運動してもらわなければならない．

【运动】 yùndong 動 (多くは個人的な目的を達するために)積極的に働きかける．奔走する．‖为了孩子的工作，他到处～ wèile háizi de gōngzuò, tā dàochù yùn-

dong 子供の就職のために彼はあちらこちらに働きかけた．

*【组织】 zǔzhī 動 組織する．まとめる．‖～新年晚会 zǔzhī xīnnián wǎnhuì 新年会の段取りをする．｜～大家去春游 zǔzhī dàjiā qù chūnyóu みんなの参加を募って春のピクニックに行く．

*【走后门】 zǒu hòumén(～儿) 組 コネで事を運ぶ．裏工作をする．‖他～儿进了这家公司 tā zǒu hòuménr jìnle zhè jiā gōngsī 彼はコネでこの会社に入った．

はたらく　働く

▶打工　▶打零工　▶干活儿　▶工作
▶劳动　▶上班　▶做工　▶做活儿　▶做事

【打工】 dǎ//gōng 動 (肉体労働の)仕事をする．(多くは臨時雇いの仕事)‖在饭馆里～ zài fànguǎn li dǎgōng レストランでアルバイトする．｜～仔 dǎgōngzǎi 出稼ぎの若者．｜～妹 dǎgōngmèi 出稼ぎの娘．｜～族 dǎgōngzú 出稼ぎ族．｜外出～ wàichū dǎgōng よそに行って働く．働きに出る．

【打零工】 dǎ línggōng 組 臨時の仕事をする．アルバイトをする．‖暑假，我打了一个月的零工 shǔjià, wǒ dǎle yí ge yuè de línggōng 夏休みに1か月アルバイトをした．

**【干活儿】 gàn//huór 動 労働する．働く．(ふつうは肉体労働をさす)‖他～得快 tā gànhuór gànde kuài 彼は仕事が速い．｜干了一个小时的活儿 gànle yí ge xiǎoshí de huór 1時間働いた．

*【工作】 gōngzuò 動 働く．勤める．仕事をする．‖你在哪儿～? nǐ zài nǎr gōngzuò? あなたはどこにお勤めですか．｜昨天他～到深夜 zuótiān tā gōngzuòdào shēnyè きのう彼は夜中まで働いた．

*【劳动】 láodòng 動 働く．労働する．‖在

农村～了十年 zài nóngcūn láodòngle shí nián 田舎で 10 年ほど働いた.

**【上班】 shàng//bān (～儿) 動 出勤する. 出社する. 勤務する. ⇔"下班" xiàbān ‖～时间 shàngbān shíjiān 勤務時間. 仕事中.｜上午七点～ shàngwǔ qī diǎn shàngbān 午前 7 時に出勤する.｜一个星期上五天班 yí ge xīngqī shàng wǔ tiān bān 1 週間に 5 日出勤する.

*【做工】 zuò//gōng 動 (工場などで)働く. (肉体労働に従事することをいう)‖～养家 zuògōng yǎngjiā 働いて家族を養う.

【做活儿】 zuò//huór 動 仕事をする. 働く. (肉体労働に従事することをいう)‖他正在菜地里～ tā zhèngzài càidì li zuòhuór 彼は畑で野良仕事をしているところだ.

【做事】 zuò//shì 動 (一定の場所で)働く. 勤務する.‖在哪儿～都不容易 zài nǎr zuòshì dōu bù róngyì どこに勤めようとそんなに仕事は楽じゃない.

はっきり

▶分明 ▶明白 ▶明确 ▶明显 ▶清
▶清楚 ▶清晰 ▶鲜明 ▶显然 ▶显著

*【分明】 fēnmíng 形 はっきりしている. 明らかである.‖黑白～ hēibái fēnmíng 白黒がはっきりしている. 是非が明らかである.｜他永远是爱憎～的 tā yǒngyuǎn shì àizēng fēnmíng de 彼はどこまでも好悪がはっきりしている. 副 明らかに. 確かに.‖～是你的错误 fēnmíng shì nǐ de cuòwù 明らかに君の誤りだ.

*【明白】 míngbai 形 明瞭(めいりょう)である. はっきりしている. 分かりやすい.‖他讲得很～ tā jiǎngde hěn míngbai 彼の話ははっきりしていて分かりやすい.｜事故的原因弄～了 shìgù de yuányīn nòngmíngbai le 事故の原因が明らかになっ

た.

**【明确】 míngquè 形 明確である. はっきりしている.‖目的很～ mùdì hěn míngquè 目的は明確である.｜～的答复 míngquè de dáfu はっきりした返答.｜～地提出当前的中心任务 míngquè de tíchu dāngqián de zhōngxīn rènwu 当面の重要課題をはっきりと提示する. 動 はっきりさせる. 明確にする.‖～前进的方向 míngquè qiánjìn de fāngxiàng 進むべき方向を明確にする.

*【明显】 míngxiǎn 形 顕著である. 明らかである.‖～的变化 míngxiǎn de biànhuà 明らかな変化.｜占～的优势 zhàn míngxiǎn de yōushì 明らかな優位を占める.｜效果～ xiàoguǒ míngxiǎn 効果がはっきりしている.｜病情～好转 bìngqíng míngxiǎn hǎozhuǎn 病状は明らかに持ち直した.

*【清】 qīng 形 明白である. はっきりしている.‖看不～ kànbuqīng はっきり見えない.｜一定要把问题弄～ yídìng yào bǎ wèntí nòngqīng 問題をはっきりさせなければならない.｜旁观者～ pángguānzhě qīng 第三者にはよく分かる.

★【清楚】 qīngchu 形 曖昧(あいまい)ではない. 入り組んでいない. くっきりとして識別しやすい.‖字迹～ zìjì qīngchu 筆跡がはっきりしている.｜听不～ tīngbuqīngchu はっきり聞こえない.｜他还～地记得那时的情景 tā hái qīngchu de jìde nà shí de qíngjǐng 彼は当時の情景をまだはっきりと覚えている.

*【清晰】 qīngxī 形 はっきりしている. 明晰(めいせき)である.‖思路～ sīlù qīngxī 思考が明晰である.｜声音～ shēngyīn qīngxī 発音がはっきりしている.｜文章的脉络很～ wénzhāng de màiluò hěn qīngxī 文章の脈絡がはっきりと分かりやすい.

*【鲜明】 xiānmíng 形 鮮明である. はっきりしている. きわだっている.‖立场～

はで　派手

lìchǎng xiānmíng　立場が鮮明である．｜
形成～的对比 xíngchéng xiānmíng de duìbǐ
きわだった対比をなす．｜～的地方色
彩 xiānmíng de dìfāng sècǎi　はっきりした
地方色．

**【显然】xiǎnrán 形 明白である．はっき
りしている．明らかである．‖他这样做
的目的是很～tā zhèyàng zuò de mùdì shì
hěn xiǎnrán de　彼がこのようにやったね
らいははっきりしている．｜他～弄错了
时间 tā xiǎnrán nòngcuòle shíjiān　彼は明ら
かに時間を間違えている．

**【显著】xiǎnzhù 形 顕著である．著しい．
‖取得～成果 qǔdé xiǎnzhù chéngguǒ　顕
著な成果を得る．｜疗效～liáoxiào xiǎn-
zhù　治療の効果が著しい．

はで　派手

▶豪华　▶花里胡哨　▶花哨　▶华丽
▶华美　▶夸张　▶奢华　▶鲜艳　▶艳
▶艳丽

---

*【豪华】háohuá 形 豪華である．豪奢(ごう
しゃ)である．ぜいたくである．‖～的住宅
háohuá de zhùzhái　豪華な邸宅．｜～的生
活 háohuá de shēnghuó　ぜいたくな生活．
｜～型 háohuáxíng　豪華仕様(車・ホテ
ル・設備など)．｜外型～的车 wàixíng
háohuá de chē　派手なデザインの車．

【花里胡哨】huālihúshào(～的) 形 口 (色
が)派手である．けばけばしい．‖打扮
得～的 dǎbande huālihúshào de　けばけば
しい身なりをしている．

【花哨】huāshao 形 (身なりや装飾が)派
手である．華美である．けばけばしい．
‖她打扮得特别～tā dǎbande tèbié huāshao
彼女はかなり派手に着飾っている．

*【华丽】huálì 形 華美である．ゴージャ
スである．‖～的辞藻 huálì de cízǎo　美
辞麗句．｜～的服饰 huálì de fúshì　華美な
装い．

【华美】huáměi 形 華麗である．ゴージャ
スである．

【夸张】kuāzhāng 形 大げさである．‖他
也说得太～了 tā yě shuōde tài kuāzhāng le
彼はあまりにも大げさに言う．｜举止~
引人注目 jǔzhǐ kuāzhāng yǐn rén zhù mù　派
手な言動で注目を集める．

【奢华】shēhuá 形 豪奢(ごう)で華美であ
る．‖室内装饰～shìnèi zhuāngshì shēhuá
室内のインテリアが豪華である．｜～的
生活 shēhuá de shēnghuó　派手な生活．

*【鲜艳】xiānyàn 形 鮮やかで美しい．あ
でやかである．‖～夺目 xiānyàn duómù
目を奪う鮮やかさ．｜服饰～fúshì xiān-
yàn　服装があでやかだ．

【艳】yàn 形 (色が)鮮やかである．あで
やかである．‖浓～nóngyàn　派手であ
る．｜娇～jiāoyàn　あでやかである．｜鲜
～xiānyàn　鮮やかである．｜这衣服太
了 zhè yīfu tài yàn le　この服は派手すぎ
る．

【艳丽】yànlì 形 鮮やかで美しい．‖～
的花朵 yànlì de huāduǒ　目の覚めるよう
な美しい花．｜色彩～sècǎi yànlì　色が鮮
やかである．

はな　花

▶八仙花　▶百合　▶大波斯菊　▶丹桂
▶非洲菊　▶菊花　▶康乃馨　▶铃兰
▶玫瑰　▶梅花　▶牡丹　▶蒲公英
▶牵牛花　▶仙客来　▶向日葵　▶薰衣草
▶樱花　▶郁金香

【八仙花】bāxiānhuā 名 アジサイ．“绣球
花”xiùqiúhuā，“紫阳花”zǐyánghuā とも
いう．

【百合】bǎihé 名 ユリ．

【大波斯菊】dàbōsījú 名 コスモス．“秋
英”qiūyīng ともいう．

はなしあう　話し合う

【丹桂】dānguì 图 キンモクセイ.

【非洲菊】fēizhōujú 图 ガーベラ.

*【菊花】júhuā 图 キク. ‖～节 júhuājié 旧暦9月9日の重陽節のこと.

【康乃馨】kāngnǎixīn 图 カーネーション. “香石竹” xiāngshízhú ともいう.

【铃兰】línglán 图 スズラン.

*【玫瑰】méigui 图 ❶俗にバラをいう. ❷ハマナス.

*【梅花】méihuā 图 ウメの花.

【牡丹】mǔdan 图 ボタン.

【蒲公英】púgōngyīng 图 タンポポ.

【牵牛花】qiānniúhuā 图 アサガオ. “喇叭花” lǎbahuā ともいう.

【仙客来】xiānkèlái 图 シクラメン. “篝火花” gōuhuǒhuā, “兔子花” tùzihuā などともいう.

【向日葵】xiàngrìkuí 图 ヒマワリ. “朝阳花” cháoyánghuā, “葵花” kuíhuā などともいう.

【薰衣草】xūnyīcǎo 图 ラベンダー.

*【樱花】yīnghuā 图 サクラ.

【郁金香】yùjīnxiāng 图 チューリップ.

はなし　話

▶故事　▶话　▶话题　▶话语　▶讲话
▶山南海北　▶谈话

★【故事】gùshi 图 物語. 話. ‖民间～ mín-jiān gùshi 民話. ｜老师给孩子们讲～ lǎo-shī gěi háizimen jiǎng gùshi 先生が子供たちに話をして聞かせる.

★【话】huà(～儿) 图 話. 言葉. (書面に記されたものも含む) ‖一句～ yí jù huà 一言. ｜说～ shuōhuà 話をする. ｜废～ fèihuà むだ話. ｜知心～ zhīxīnhuà 打ち明け話. 本音の話. ｜北京～ Běijīnghuà 北京語. ｜这人～真多 zhè rén huà zhēn duō この人はほんとうに口数が多い.

【话题】huàtí 图 話題. 話の主題. ‖换个

～ huàn ge huàtí 話題を換える. ｜～一转 huàtí yì zhuǎn 話題が変わる.

【话语】huàyǔ 图 言葉. 話. ‖他～不多, 但句句在理 tā huàyǔ bù duō, dàn jùjù zàilǐ 彼は口数は少ないが, いちいち理屈は通っている.

**【讲话】jiǎnghuà 图 話. 発言. スピーチ. ‖发表重要～ fābiǎo zhòngyào jiǎnghuà 重要発言を発表する.

【山南海北】shān nán hǎi běi 成 とりとめのない雑談. よもやま話. “天南海北” tiān nán hǎi běi ともいう. ‖一见面就～, 海阔天空地谈了起来 yí jiànmiàn jiù shān nán hǎi běi, hǎi kuò tiān kōng de tánleqilai 顔を合わせるなり, あれやこれやととりとめもなく話し始めた.

**【谈话】tánhuà 图 (政策・方針などの)談話. ‖发表重要～ fābiǎo zhòngyào tánhuà 重要な談話を発表する.

はなしあう　話し合う

▶磋商　▶对话　▶会谈　▶交涉　▶商量
▶商议　▶谈话　▶讨论　▶协商　▶协议

*【磋商】cuōshāng 動 相談する. 折衝する. ‖就具体施工方案进行～ jiù jùtǐ shī-gōng fāng'àn jìnxíng cuōshāng 具体的な工事計画について話し合う.

**【对话】duìhuà 動 (外交上の)話し合いをする. ‖敌对双方开始了～ díduì shuāng-fāng kāishǐle duìhuà 敵対していた双方が話し合いを始めた. ｜南北～ nánběi duì-huà 南北対話.

**【会谈】huìtán 動 会談する. 話し合う. ‖双方代表正在～ shuāngfāng dàibiǎo zhèng-zài huìtán 双方の代表が現在話し合っている.

*【交涉】jiāoshè 動 交渉する. 折衝する. 話し合う. ‖去和银行～一下, 争取一部分贷款 qù hé yínháng jiāoshè yíxià, zhēng-

はなす　話す

qǔ yí bùfen dàikuǎn いくらかでも金を貸してもらえるよう，銀行と交渉する．｜双方就产品的质量问题进行～ shuāngfāng jiù chǎnpǐn de zhìliàng wèntí jìnxíng jiāoshè 双方は製品の質の問題について交渉を進めている．

＊＊【商量】shāngliang 動 相談する．協議する．｜～对策 shāngliang duìcè 対策を協議する．｜用～的口气 yòng shāngliang de kǒuqi 相談するような口ぶりで．｜没有～的余地 méiyou shāngliang de yúdì 相談の余地なし．｜我有些事要跟你～ wǒ yǒu xiē shì yào gēn nǐ shāngliang 君にちょっと相談したいことがあるのですが．

＊【商议】shāngyì 動 相談する．討論する．｜我们～了一下旅行的日程 wǒmen shāngyìle yíxià lǚxíng de rìchéng 私たちは旅行の日程について相談した．｜共同～解决办法 gòngtóng shāngyì jiějué bànfǎ 一緒に解決方法を相談する．

＊＊【谈话】tán//huà 動 話す．話し合う．｜他们正在客厅里～ tāmen zhèngzài kètīng li tánhuà 彼らはいま応接間で話をしている．｜我跟他只谈过一次话 wǒ gēn tā zhǐ tánguo yí cì huà 私は彼とは一度話し合ったきりだ．

★【讨论】tǎolùn 動 討論する．討議する．話し合う．｜就人口问题展开～ jiù rénkǒu wèntí zhǎnkāi tǎolùn 人口問題を討議する．｜这件事～来～去，也没～出个结果 zhè jiàn shì tǎolùn lái tǎolùn qù, yě méi tǎolùnchu ge jiéguǒ この件はいろいろと話し合ってみたが，結論は出なかった．

＊【协商】xiéshāng 動 協議する．話し合う．｜有问题可以～解决 yǒu wèntí kěyǐ xiéshāng jiějué 問題が起きれば協議して解決すればよい．｜找有关人员再～一下 zhǎo yǒuguān rényuán zài xiéshāng yíxià 関係者のところへ行ってもう一度話し合う．

＊【协议】xiéyì 動 協議する．話し合う．｜

经过双方～，问题已经解决 jīngguò shuāngfāng xiéyì, wèntí yǐjīng jiějué 双方の協議を経て，問題はすでに解決済みである．

はなす　話す
▶道　▶告诉　▶讲　▶讲话　▶说　▶说话
▶谈　▶谈话

＊＊【道】dào 動 書 言う．話す．｜能说会～ néng shuō huì dào 口が達者である．｜胡说八～ hú shuō bā dào でたらめを言う．｜津津乐～ jīn jīn lè dào おもしろそうに得意気に話す．

＊【告诉】gàosu 動 告げる．知らせる．伝える．教える．（二重目的語をとり，必ず伝達相手と事柄を言わなければならない）｜请你～他明天开会 qǐng nǐ gàosu tā míngtiān kāihuì 彼に明日会合があると知らせてください．｜医生把病情～了病人 yīshēng bǎ bìngqíng gàosule bìngrén 医者は患者に病状を告げた．｜请把你的电话号码～我 qǐng bǎ nǐ de diànhuà hàomǎ gàosu wǒ あなたの電話番号を教えてください．

＊【讲】jiǎng 動 ❶話す．しゃべる．｜～故事 jiǎng gùshi 物語を話す．｜你会～英文吗? nǐ huì jiǎng Yīngwén ma? あなたは英語が話せますか．❷説明する．解説する．筋道を立てて話す．｜必须～清楚 bìxū jiǎngqīngchu ちゃんとはっきり説明しなければならない．介 …について話す．…から言う．｜～文化水平，你比他高得多 jiǎng wénhuà shuǐpíng, nǐ bǐ tā gāode duō 教育レベルについて言えば，君は彼よりずっと高い．

＊＊【讲话】jiǎng//huà 動 話をする．発言する．スピーチする．｜下面请学生代表～ xiàmiàn qǐng xuésheng dàibiǎo jiǎnghuà では，学生代表にスピーチをお願いし

ます．｜校長在全校大会上讲了话 xiào-
zhǎng zài quánxiào dàhuì shang jiǎngle huà
校長先生が全校集会で話をした.

★【说】shuō 動❶言う．話す．｜～汉语
shuō Hànyǔ 中国語を話す．｜心里话
shuō xīnli huà 本音を語る．｜我对他～过
叫他快来 wǒ duì tā shuōguo jiào tā kuài lái
私は彼に早く来いと言っておいた．｜别
着急，慢慢儿～ bié zháojí, mànmānr shuō
慌てないで，ゆっくり話しなさい．｜请
再一遍 qǐng zài shuō yí biàn もう一度
言ってください．｜气象预报～明天晴天
qìxiàng yùbào shuō míngtiān qíngtiān 気象
予報によると明日は晴天だそうだ．❷
説明する．‖～了半天他还是不懂 shuōle
bàntiān tā háishi bù dǒng さんざん説明し
たが，彼はやはり分からなかった.

*【说话】shuō//huà 動❶話す．ものを言
う．しゃべる．‖他这个人爱～ tā zhège
rén ài shuōhuà 彼はおしゃべりな人だ．
｜气得说不出话 qìde shuōbuchū huà 怒り
でものが言えない．❷(～儿)世間話を
する．‖闷得慌，找个伴儿说说话吧 mèn-
dehuang, zhǎo ge bànr shuōshuo huà ba 退
屈でたまらないから，誰か話し相手を
探しておしゃべりでもしよう.

★【谈】tán 動語る．話し合う．‖～工作 tán
gōngzuò 仕事について話す．｜～生意 tán
shēngyi 商談をする．｜～理想 tán lǐxiǎng
理想を語る．｜我们好好儿一～ wǒ-
men hǎohāor tányitán 私たち，じっくり
語り合いませんか．｜会上没有～到这个
问题 huìshang méiyǒu tándào zhège wèntí 会
議ではこの問題にまで触れなかった.

**【谈话】tán//huà 動自分の考えや意見な
どを，相手に分かってもらえるように
話す．二人あるいはそれ以上の人と話
をする場合で，相互に意見を述べ，会
話を交わす．話をする．話し合う．‖他
们正在客厅里～ tāmen zhèngzài kètīng li
tánhuà 彼らはいま応接間で話をしてい

る．｜我跟他只谈过一次话 wǒ gēn tā zhǐ
tánguo yí cì huà 私は彼とは一度話し合っ
たきりだ.

はなれる　離れる

▶背井离乡　▶背离　▶分离　▶分开　▶离
▶离别　▶离开　▶脱离　▶相隔

【背井离乡】bèi jǐng lí xiāng 成故郷を離
れる．故郷を後にする．故郷を追われ
る．"离乡背井"lí xiāng bèi jǐng ともい
う.

*【背离】bèilí 動❶離れる．後にする．❷
はずれる．離反する．背く．‖做事不能
～原则 zuòshì bù néng bèilí yuánzé 何を
やるにも原則からはずれてはいけない.

*【分离】fēnlí 動別れる．離別する．‖～
多年的夫妻终又团聚 fēnlí duōnián de fūqī
zhōng yòu tuánjù 長年離れ離れだった夫
婦がついにまた一緒になった.

【分开】fēn//kāi 動別れる．離別する．‖
姐妹俩～已经四年了 zǐmèi liǎ fēnkāi yǐ-
jīng sì nián le 姉と妹は別れてからもう4
年になる.

★【离】lí 動離れる．分かれる．‖～职 lí-
zhí 一時的に職を離れる．退職する．｜
他～家已经五年了 tā lí jiā yǐjīng wǔ nián
le 彼が家を出てもう5年になる．｜长
这么大还没～过父母 zhǎng zhème dà hái
méi líguo fùmǔ こんなに大きくなるまで
両親のもとから離れたことがない.

*【离别】líbié 動(慣れ親しんだ人や土地
と)別れる．離別する．‖我们～已三年
了 wǒmen líbié yǐ sān nián le 私たちは別
れてからもう3年になる．｜～故乡 líbié
gùxiāng 故郷を離れる.

★【离开】lí//kāi 動立ち去る．離れる．離
す．別れる．‖～故乡 líkāi gùxiāng 故郷
を離れる．｜～父母 líkāi fùmǔ 両親と別
れる．｜～人世 líkāi rénshì この世から去

る. ｜人的认识不能～实践 rén de rènshi bù néng líkāi shíjiàn 人の認識は実践から離れることができない.

** **【脱离】** tuōlí 動 離れる. 脱する. ‖～危险 tuōlí wēixiǎn 危険から脱する. ｜～实际 tuōlí shíjì 実際とかけ離れる.

【相隔】 xiānggé 動 (時間や距離が)隔たる. 離れる. ‖～多年, 事情的经过已经记不清了 xiānggé duōnián, shìqing de jīngguò yǐjīng jìbuqīng le 何年も前のことなので, 事のいきさつはもうよく覚えていない. ｜两店～不远 liǎng diàn xiānggé bù yuǎn 二つの店はあまり離れていない.

は

はは　母

▶后妈　▶继母　▶令堂　▶妈　▶妈妈
▶母亲　▶娘　▶婆婆　▶养母　▶丈母娘

【后妈】 hòumā 名 口 継母. まま母.

【继母】 jìmǔ 名 継母.

【令堂】 lìngtáng 名 ご母堂. お母上. (相手の母親に対する敬称)

【妈】 mā 名 口 お母さん. お母ちゃん. (呼びかけにも用いられる) ‖孩子他～ háizi tā mā (夫が自分の妻に対する呼びかけで)母さん. ｜～, 快来啊! mā, kuài lái a! お母さん, 早く来て.

★ **【妈妈】** māma 名 お母さん. お母ちゃん. (呼びかけにも用いられる)⇔"爸爸" bàba ‖～, 来客人了 māma, lái kèren le お母さん, 誰か来たよ.

★ **【母亲】** mǔqin; mǔqīn 名 母. 母親. ⇔"父亲" fùqin

* **【娘】** niáng 名 母親. お母さん. (呼びかけにも用いられ, 農村部で多く使われる)⇔"爹" diē ‖爹～ diēniáng 父母. 両親.

* **【婆婆】** pópo 名 姑. 夫の母. ‖媳妇和～不和 xífù hé pópo bùhé 嫁と姑が仲が

悪い. ｜她很孝敬～ tā hěn xiàojìng pópo 彼女は姑にとてもよく仕えている.

【养母】 yǎngmǔ 名 養母.

【丈母娘】 zhàngmuniáng 名 妻の母. "丈母"zhàngmu ともいう.

はやく　早く

▶快　▶老早　▶早　▶早就　▶早早儿

★ **【快】** kuài 副 早く. 急いで. ‖～走吧 kuài zǒu ba 早く行こう. ｜你～来呀! nǐ kuài lái ya! 早く来いよ.

【老早】 lǎozǎo 形 ずっと以前である. ずっと早い. ‖这事我～就告诉过你 zhè shì wǒ lǎozǎo jiù gàosuguo nǐ この事はもうずいぶん前に言っておいたはずだ. ｜他～就来了 tā lǎozǎo jiù lái le 彼は早々とやって来た.

★ **【早】** zǎo 形 ❶(一定の時間よりも)前である. 早めである. ‖他比我～到十分钟 tā bǐ wǒ zǎo dào shí fēnzhōng 彼は私より10分早く着いた. ｜去～了, 店还没开门 qùzǎo le, diàn hái méi kāimén 行くのが早すぎて, 店はまだ開いてなかった. ｜为什么不～报告警察? wèi shénme bù zǎo bàogào jǐngchá? なぜもっと早く警察に通報しなかったのか. ❷(時刻や時期が)早い. ‖～睡～起 zǎo shuì zǎo qǐ 早寝早起きする. ｜明天～点儿来 míngtiān zǎo diǎnr lái 明日は少し早めに来てください. ｜你怎么来得这么～啊? nǐ zěnme láide zhème zǎo a? 君どうしてこんなに早く来たんだい. 副 ずっと前に. とっくに. ‖我的病～好了 wǒ de bìng zǎo hǎo le 私の病気はとっくによくなった. ｜我们～知道了 wǒmen zǎo zhīdao le 我々は早くから知っていた.

【早就】 zǎo jiù 組 ずっと前に. とっくに. ‖～发现了 zǎo jiù fāxiàn le 早くに気がついていた. ｜他～把你忘了 tā zǎo jiù

bǎ nǐ wàng le 彼はとっくに君のことを
忘れてしまっている.

【早早儿】zǎozǎor 副 早々と. 早く. ‖ 考
试那天, 他～地就到了考场 kǎoshì nà tiān,
tā zǎozǎor de jiù dàole kǎochǎng 試験当日,
彼は早々と受験場に着いた.

はやる

▶风行　▶流行　▶抢手　▶热门　▶时髦
▶时尚　▶时兴　▶新潮　▶兴

【风行】fēngxíng 動 流行する. 風靡(ﾋ)
する. ‖ ～一时 fēngxíng yìshí 一時期流
行する. | ～全国 fēngxíng quánguó 全国
を風靡する.

*【流行】liúxíng 動 流行する. ‖ 现在～化
淡妆 xiànzài liúxíng huà dànzhuāng いまは
ナチュラル・メークがはやっている. |
这首歌很～ zhè shǒu gē hěn liúxíng この
歌はとてもはやっている. | 这种式样现
在已经不～了 zhè zhǒng shìyàng xiànzài
yǐjīng bù liúxíng le このデザインはもう
はやらない.

【抢手】qiǎngshǒu 形 引く手あまたであ
る. 人気が高い. ‖ ～货 qiǎngshǒuhuò
人気商品. | 开幕式的门票十分～ kāimù-
shì de ménpiào shífēn qiǎngshǒu 開会式の
入場券はとても人気が高い.

【热门】rèmén(～儿) 名 注目されている
分野. 人気のある分野. ⇔"冷门" lěng-
mén ‖ 现在日语成了～ xiànzài Rìyǔ chéng-
le rèmén 現在日本語は非常に関心が持
たれている.

*【时髦】shímáo 形 流行している. はやっ
ている. ファッショナブルである. ‖ 赶
～ gǎn shímáo 流行を追う. | ～的手提包
shímáo de shǒutíbāo 流行のバッグ. | 她
平时穿得可～了 tā píngshí chuānde kě shí-
máo le 彼女の服装はいつもファッショ
ナブルだ. | 这是一种～的说法 zhè shì yì

zhǒng shímáo de shuōfa これは最近はやっ
ている言い方だ.

【时尚】shíshàng 名 流行. はやり. ‖ ～
女装 shíshàng nǚzhuāng 流行の婦人服. |
这是当今的～ zhè shì dāngjīn de shíshàng
これは今のはやりだ.

【时兴】shíxīng 動 流行する. はやる. ‖
这种样式以前～, 不过现在已经过时了
zhè zhǒng yàngshì yǐqián shíxīng, búguò
xiànzài yǐjīng guòshí le こういうデザイン
は以前にははやったが, いまではもう
はやらなくなった.

【新潮】xīncháo 形 流行の最先端をゆく.
最新流行の. ‖ ～家具 xīncháo jiājù 最新
モデルの家具. | 她的发式很～ tā de fà-
shì hěn xīncháo 彼女のヘアスタイルは最
新の流行だ.

*【兴】xīng 動 流行する. 盛んになる. ‖
这种款式现在不～了 zhè zhǒng kuǎnshì
xiànzài bù xīng le このデザインはいまで
はもうはやらない. | 这里的孩子们中间
很～玩儿这种游戏 zhèlǐ de háizimen zhōng-
jiān hěn xīng wánr zhè zhǒng yóuxì ここの
子供たちの間ではこの遊びがとてもは
やっている.

はらう　(金を)払う

▶付　▶付款　▶付账　▶交　▶交纳
▶结账　▶埋单　▶刷卡　▶支　▶支出
▶支付

**【付】fù 動 支払う. 払う. ‖ ～钱 fù qián
金を支払う. | ～学费 fù xuéfèi 学費を
払う. | 当场～现金 dāngchǎng fù xiànjīn
その場で現金を払う. | 一次～清 yí cì
fùqīng 一括払いする.

*【付款】fù//kuǎn 動 代金を支払う. 決済
する. ‖ 分期～ fēnqī fùkuǎn 分割で支払
う. ローンで返済する.

【付账】fù//zhàng 動 代金を支払う. ‖ 用

はらう（手などで）払う

信用卡～ yòng xìnyòngkǎ fùzhàng クレジットカードで支払う.

★【交】jiāo 動 渡す. 提出する. 支払う. ∥～作业 jiāo zuòyè 宿題を提出する. ｜请把这张纸条～给她 qǐng bǎ zhè zhāng zhǐtiáo jiāogěi tā このメモを彼女に渡してください. ｜请在那边儿～钱 qǐng zài nàbiānr jiāo qián あちらでお支払いください. ｜这月他还没～会费 zhè yuè tā hái méi jiāo huìfèi 今月彼はまだ会費を納めていない.

【交纳】jiāonà 動 納める. 納付する. ∥～税金 jiāonà shuìjīn 税金を納付する. ｜～房租 jiāonà fángzū 家賃を納める.

【结账】jié//zhàng 動 決算する. 勘定を決済する. ∥请给结一下账 qǐng gěi jié yíxià zhàng お勘定をお願いします.

【埋单】máidān 動（レストランなどで）勘定する. "买单" mǎidān ともいう.

【刷卡】shuā//kǎ 動 カードを機械に通して支払いをする.

★【支】zhī 動（金銭を）支出する. 受領する. ∥预～ yùzhī 前払いする. ｜～工钱 zhī gōngqian 工賃を受領する.

*【支出】zhīchū 動 支出する. 支払う. ∥这笔款从办公费中～ zhè bǐ kuǎn cóng bàngōngfèi zhōng zhīchū このお金は事務費から出ている.

*【支付】zhīfù 動 支払う. 支出する. ∥～利息 zhīfù lìxī 利息を支払う. ｜用现金～ yòng xiànjīn zhīfù 現金で払う.

はらう（手などで）払う

▶擦 ▶掸 ▶抖 ▶拂 ▶拂拭 ▶拍打
▶去 ▶扫 ▶甩

★【擦】cā 動（手・布などで）拭（ふ）く. 拭（ぬぐ）う. 磨く. ∥～脸 cā liǎn 顔を拭く. ｜～黑板 cā hēibǎn 黒板を拭く. ｜～皮鞋 cā píxié 革靴を磨く. ｜～灰尘 cā huī-

chén ほこりを拭きとる. ｜用橡皮～掉 yòng xiàngpí cādiào 消しゴムで消す.

【掸】dǎn 動（ほこりなどを）はたく. ∥～～身上的土 dǎndan shēnshang de tǔ 体についた土をはたく.

【抖】dǒu ❶払う. 振る. 回す. ∥把床单拿出去～一～ bǎ chuángdān náchuqu dǒuyidǒu シーツを外へ持って行って払ってきなさい. ｜晾衣服之前要先～一～ liàng yīfu zhī qián yào xiān dǒuyidǒu 服を干す前にまず振るいなさい. ❷振るって中身をすべて外に出す. ∥把面袋里的面粉都～了出来 bǎ miàndài li de miànfěn dōu dǒulechulai 袋を振るって中の小麦粉をすべて出す.

【拂】fú 動 払う. はたく. ∥～去身上的尘土 fúqù shēnshang de chéntǔ 体のほこりを払い落とす.

【拂拭】fúshì 動（ほこりを）払う. 拭（ぬぐ）う. 拭（ふ）き取る. ∥～桌椅 fúshì zhuōyǐ テーブルや椅子を拭く.

【拍打】pāida 動 軽くたたく. はたく. 払う. ∥～身上的雪 pāida shēnshang de xuě 体についた雪をはたく.

★【去】qù 動 取り除く. 除去する. ∥～皮 qù pí 皮をむく. ｜～了一块心病 qùle yí kuài xīnbìng 心配事が一つなくなった. ｜～掉多余的枝杈 qùdiào duōyú de zhīchà 余分な小枝を払う.

**【扫】sǎo 動 ❶ほうきで掃く. 掃除する. ∥～雪 sǎo xuě 雪かきをする. ｜～院子 sǎo yuànzi 庭を掃く. ❷左右に払う. さっとよぎる. ∥探照灯一过夜空 tànzhàodēng sǎoguo yèkōng サーチライトの光が夜空をよぎった.

**【甩】shuǎi 動 振り捨てる. 振り切る. ∥～开盯梢的 shuǎikāi dīngshāo de 尾行を振り切る. ｜他被女朋友～了 tā bèi nǚpéngyou shuǎi le 彼はガールフレンドに振られた.

ばらばら

▶参差不斉　▶大卸八块　▶零散　▶零碎
▶散　▶散乱　▶四分五裂　▶一盘散沙
▶支离破碎

【参差不齐】 cēn cī bù qí 成 (長短や高低が)不揃いである. まちまちである. ばらばらである. ‖学生的水平～ xuésheng de shuǐpíng cēn cī bù qí 生徒のレベルはまちまちである.

【大卸八块】 dà xiè bā kuài 慣 ばらばらの. ばらばらにする. ‖把牛～ bǎ niú dà xiè bā kuài ウシをばらばらに解体する.

【零散】 língsan；língsǎn 形 散らばっている. ばらばらである. まとまりがない. ‖把～的资料收集整理在一起 bǎ língsan de zīliào shōují zhěnglǐzài yìqǐ ばらばらの資料を一つに整理する. ｜游客们零零散散地坐在草地上休息 yóukèmen línglingsǎnsàn de zuòzài cǎodì shang xiūxi 観光客は散り散りに芝生の上に座って休息した.

【零碎】 língsuì 形 こまごました. ばらばらの. ‖利用～时间学习 lìyòng língsuì shíjiān xuéxí わずかな暇を見つけて勉強する. ｜只剩下零零碎碎的记忆 zhǐ shèngxia línglíngsuìsuì de jìyì 切れ切れの記憶だけが残っている.

【散】 sǎn 形 ばらばらである. 分散している. ‖弟弟把玩具弄～了 dìdi bǎ wánjù nòngsǎn le 弟はおもちゃをばらばらに壊してしまった. 動 ほどける. ‖辫子～了 biànzi sǎn le お下げがほどけた. ｜行李没捆好, 半路上就～了 xíngli méi kǔnhǎo, bànlù shang jiù sǎn le 荷物をしっかりと梱包(こんぽう)していなかったので, 途中でばらばらになってしまった.

【散乱】 sǎnluàn 形 雑然としている. 散らばっている. ‖～的头发 sǎnluàn de tóufa 乱れた髪. ｜仓库里～地放置着各种

工具 cāngkù li sǎnluàn de fàngzhìzhe gèzhǒng gōngjù 倉庫にはさまざまな工具が雑然と置かれている.

【四分五裂】 sì fēn wǔ liè 成 四分五裂になる. 散り散りばらばらになる. ‖组织内部处于～状态 zǔzhī nèibù chǔyú sì fēn wǔ liè zhuàngtài 組織内部が四分五裂の状態にある.

【一盘散沙】 yī pán sǎn shā 成 盆いっぱいのばらばらの砂. ばらばらでまとまりを欠くたとえ. ‖那个队像～, 缺乏攻击力 nàge duì xiàng yì pán sǎn shā, quēfá gōngjīlì あのチームは全体がばらばらで, 攻撃力に欠ける.

【支离破碎】 zhī lí pò suì 成 ばらばらでまとまりがないさま. 支離滅裂. ‖幸福的家庭瞬间～了 xìngfú de jiātíng shùnjiān zhī lí pò suì 幸せな家庭はまたたく間にばらばらになった.

はる　張る・貼る

▶裱　▶裱糊　▶糊　▶贴　▶粘　▶粘贴
▶张贴

【裱】 biǎo 動 ❶表装する. 表具する. ‖～字画儿 biǎo zìhuàr 書画を表装する. ｜装～ zhuāngbiǎo 表装する. ❷(壁や天井に)紙を張る.

【裱糊】 biǎohú 動 (壁や天井に)紙を張る. ‖墙纸破了, 要～一下 qiángzhǐ pò le, yào biǎohú yíxià 壁紙が破けたから紙を張らねば.

【糊】 hú 動 (のり状のもので)張る. 張りつける. ‖～墙纸 hú qiángzhǐ 壁紙を張る. ｜～风筝 hú fēngzheng 凧(たこ)を作る.

【贴】 tiē 動 (平たくて薄いものを)張る. くっつける. ‖剪～ jiǎntiē 切り抜きを張る. ｜邮票 tiē yóupiào 郵便切手を張る. ｜把广告～在墙上 bǎ guǎnggào tiē-

はる　春

zài qiáng shang 広告を壁に張る.

【粘】 zhān 動 (のりなどで)張りつける. くっつける. ‖ ~邮票 zhān yóupiào 切手を張る. ｜鞋开胶了, 得～～ xié kāi-jiāo le, děi zhānzhan 靴底がはがれてしまったから, 張り合わせなければならない.

【粘贴】 zhāntiē 動 張る. 張りつく. ‖ ~广告 zhāntiē guǎnggào 広告を張る. ｜湿衣服～在身上 shī yīfu zhāntiēzài shēnshang ぬれた服が体に張りつく.

【张贴】 zhāngtiē 動 (張り紙を)張る. 張りつける. ‖ ~布告 zhāngtiē bùgào 布告を張り出す. ｜~传单 zhāngtiē chuándān ビラを張る.

はる　春

▶春　▶春季　▶春令　▶春日　▶春上
▶春天　▶暮春

★**【春】** chūn 名 春. ふつうは"春天" chūn-tiān／という. ‖ ~风 chūnfēng 春風. ｜~满人间 chūn mǎn rén jiān すっかり春めく. ｜~回地暖 chūn huí dì nuǎn 春が巡って来て暖かくなる. ｜大地回~ dàdì huíchūn 大地に春がよみがえる. ｜~不种, 秋不收 chūn bú zhòng, qiū bù shōu 春植えざれば秋実らず. まかぬ種は生えぬ.

***【春季】** chūnjì 名 春季. 春期. 春. ‖ ~运动会 chūnjì yùndònghuì 春季運動会.

【春令】 chūnlìng 名 ❶春の季節. ❷春の気候. ‖ 冬行～ dōng xíng chūnlìng 冬の気候が春のように暖かい. 暖冬である.

【春日】 chūnrì 名 ❶春. ❷春の太陽.

【春上】 chūnshang 名 口 春. 春の間. ‖ 留下的粮食够吃到明年～ liúxia de liángshi gòu chīdào míngnián chūnshang 残してある食糧は来年の春まで食べられるだけの分がある.

★**【春天】** chūntiān 名 春. 春季. ‖ ~到来 chūntiān dàolái 春が来た. ｜~来了, 桃花开了 chūntiān lái le, táohuā kāi le 春が来て, モモの花が咲いた.

【暮春】 mùchūn 名 晩春.

はんする　反する

▶背离　▶背信弃义　▶悖逆　▶违背
▶违反　▶违约　▶违章　▶相悖　▶相反
▶相左

***【背离】** bèilí 動 はずれる. 離反する. 背く. ‖ ~社会主义 bèilí shèhuì zhǔyì 社会主義から離反する. ｜做事不能～原则 zuòshì bù néng bèilí yuánzé 何をやるにも原則からはずれてはいけない.

【背信弃义】 bèi xìn qì yì 成 信頼に背き道義に反する. ‖ 他们～, 撕毁合同 tāmen bèi xìn qì yì, sīhuǐ hétong 彼らは信義に背き契約を破棄した.

【悖逆】 bèinì 動 書 人倫にもとる. 正当な道理に反する. ‖ ~之罪 bèinì zhī zuì 反逆罪.

***【违背】** wéibèi 動 背く. 違反する. ‖ ~合同 wéibèi hétong 契約に違反する. ｜~事实 wéibèi shìshí 事実に反する. ｜~自己的意志 wéibèi zìjǐ de yìzhì 己の意志に反する. ｜~自然规律 wéibèi zìrán guīlù 自然の摂理に逆らう.

**【违反】 wéifǎn 動 (法則や規定などに)反する. 違反する. ‖ ~政策 wéifǎn zhèng-cè 政策に反する. ｜~纪律 wéifǎn jìlù 規律に違反する. ｜~外交惯例 wéifǎn wài-jiāo guànlì 外交慣例に反する.

【违约】 wéi//yuē 動 (条約や契約などに)違反する. ‖ ~受罚 wéiyuē shòufá 違反した者は処罰する.

【违章】 wéi//zhāng 動 法規に違反する. 規則に違反する. ‖ ~建筑 wéizhāng jiàn-zhù 違法建築. ｜~罚款 wéizhāng fákuǎn

ひ 日

違反した者には罰金を課す.

【相悖】xiāngbèi 動 相矛盾する. 相反する. ‖ 意见～ yìjiàn xiāngbèi 考えが相反する.

**【相反】xiāngfǎn 形 相反している. 反対である. ‖ 正～ zhèng xiāngfǎn 正反対である. | 意见～ yìjiàn xiāngfǎn 意見が反対である. | ～的方向 xiāngfǎn de fāngxiàng 反対の方向. | 两人的性格完全～ liǎng rén de xìnggé wánquán xiāngfǎn 二人の性格はまったく逆である. 圏 これに反して. 逆に. ‖ 失败没有吓住他, ～ 更坚定了他的信心 shībài méiyou xiàzhù tā, xiāngfǎn gèng jiāndìngle tā de xìnxīn 彼は失敗に打ちひしがれなかったばかりか, 逆に自信をいっそう強めた.

【相左】xiāngzuǒ 動書 行き違いになる. 形 食い違う. 相違する. ‖ 意见～ yìjiàn xiāngzuǒ 意見が食い違う. | 他的陈述与事实～ tā de chénshù yǔ shìshí xiāngzuǒ 彼の陳述は事実と食い違う.

ひ

ひ 火

▶大火 ▶火 ▶火苗 ▶火焰 ▶烈火
▶慢火 ▶旺火 ▶文火 ▶小火儿 ▶星火

【大火】dàhuǒ 图 ❶大きな火. 火事. ‖ 我家被～烧光了 wǒ jiā bèi dàhuǒ shāoguāng le うちは火事で全焼した. ❷(～儿) 強火. ‖ 用～炒一下 yòng dàhuǒ chǎo yíxià 強火でさっと炒める.

**【火】huǒ (～儿) 图 火. ‖ 篝～ gōuhuǒ かがり火. たき火. | 奥运圣～ Àoyùn shènghuǒ オリンピックの聖火. | 点～ diǎnhuǒ 点火する. 火をつける. | 灭～ mièhuǒ 火を消す. | 把～点着 bǎ huǒ

diǎnzháo 火をつける. | 水～不相容 shuǐhuǒ bù xiāngróng 水火相容(い)れず. 水と油.

【火苗】huǒmiáo (～儿) 图 炎. 火炎. "火焰" huǒyàn の通称. "火苗子" huǒmiáozi ともいう. ‖ 蜡烛的～ làzhú de huǒmiáo ろうそくの炎.

*【火焰】huǒyàn 图 炎. 火炎. ふつう"火苗" huǒmiáo という.

*【烈火】lièhuǒ 图 烈火. ‖ ～熊熊 lièhuǒ xióngxióng 火が激しく燃えさかっている. | 斗争的～ dòuzhēng de lièhuǒ 闘争の炎. | ～见真金 lièhuǒ jiàn zhēnjīn 強い火にあって初めて純金か否かが分かる. 試練に遭わなければその人の真価は分からないことのたとえ.

【慢火】mànhuǒ 图 とろ火.

【旺火】wànghuǒ 图 強火. ‖ 用～煮 yòng wànghuǒ zhǔ 強火で煮る.

【文火】wénhuǒ 图 とろ火. 弱火. ⇔"武火" wǔhuǒ ‖ 用～煎药 yòng wénhuǒ jiān yào とろ火で薬を煎(せん)じる.

【小火儿】xiǎohuǒr 图 とろ火.

【星火】xīnghuǒ 图 わずかな火. ‖ ～燎原 xīng huǒ liáo yuán 小さな火花も広野を焼き尽くす. 最初は弱小であってもやがては強大なものに発展する可能性があるたとえ.

ひ 日

▶日 ▶日期 ▶日子 ▶天 ▶一天

★【日】rì 图 一日. 日. ‖ 今～ jīnrì 今日. | 改～ gǎirì 日を改めて. そのうちいずれ. | ～节 jiérì 記念日. 祝祭日. | 早～ zǎorì 一日も早く. | ～复一～ rì fù yí rì 日ごとに.

**【日期】rìqī 图 期日. 日取り. 日付. ‖ 出发的～还没定下来 chūfā de rìqī hái méi dìngxialai 出発の期日はまだ決まってい

ひえる　冷える・冷やす

ない．｜发信的～ fāxìn de rìqī 手紙を出した日付．

★【日子】 rìzi 图❶日．期日．日取り．｜选一个好～ xuǎn yí ge hǎorìzi 吉日を選ぶ．｜结婚的～已经定了 jiéhūn de rìzi yǐjīng dìng le 結婚の日取りはもう決まっている．❷日数．日にち．｜前些～ qián xiē rìzi 先日．｜长了就习惯了 rìzi chángle jiù xíguàn le 日にちがたつともう慣れてしまった．｜有些～没见他了 yǒuxiē rìzi méi jiàn tā le しばらく彼に会っていない．

★【天】 tiān 图一昼夜．一日．｜今～ jīntiān 今日．｜每～ měitiān 毎日．｜改～ gǎitiān 日を改めて．｜旅行了二十多～ lǚxíngle èrshí duō tiān 20日余り旅行した．｜在西安住了三～两夜 zài Xī'ān zhùle sān tiān liǎng yè 西安で2泊3日した．

【一天】 yì tiān 組❶1日．｜～二十四小时 yì tiān èrshísì xiǎoshí 1日24時間．❷朝から日暮れまでの間．｜～一夜 yì tiān yí yè 一昼夜．❸(不特定の)ある一日．｜～早上 yì tiān zǎoshang ある朝．❹同じ日．｜两人是～到的北京 liǎng rén shì yì tiān dào de Běijīng 二人は同じ日に北京へ着いた．

ひえる　冷える・冷やす

▶冰　▶冰镇　▶冻　▶冷　▶冷却　▶凉

【冰】 bīng 動❶冷たく感じる．｜这里的水夏天都～手 zhèli de shuǐ xiàtiān dōu bīng shǒu ここの水は夏でも手が凍るほど冷たい．❷冷やす．｜～啤酒 bīng píjiǔ ビールを冷やす．｜汽水在冰箱里～着 qìshuǐ zài bīngxiāng li bīngzhe サイダーは冷蔵庫に冷やしてある．｜把西瓜用凉水～一下 bǎ xīgua yòng liángshuǐ bīng yíxià スイカを冷たい水で冷やしておきなさい．

【冰镇】 bīngzhèn 動氷で冷やす．冷たく

する．｜～啤酒 bīngzhèn píjiǔ 冷えたビール．｜～西瓜 bīngzhèn xīgua 冷やしたスイカ．

【冻】 dòng 動冷える．凍える．寒い．｜快进屋，别～着 kuài jìn wū, bié dòngzhe 冷えるから早く家の中に入りなさい．｜穿这么少，要～坏的 chuān zhème shǎo, yào dònghuài de こんなに薄着していると冷えるよ．｜村里人冬天把肉挂在屋外～着保存 cūnlǐrén dōngtiān bǎ ròu guàzài wūwài dòngzhe bǎocún 村では冬に肉を屋外につるして凍らせて保存する．

★【冷】 lěng 形寒い．冷たい．⇔"热" rè｜寒～ hánlěng 寒い．｜忌吃生～食物 jì chī shēnglěng shíwù 生ものや冷たい食物を避ける．｜外面～，多穿点衣服 wàimiàn lěng, duō chuān diǎn yīfu 外は冷えるから多めに着ていきなさい．｜天～了 tiān lěng le 寒くなった．

【冷却】 lěngquè 動冷える．冷やす．｜～器 lěngquèqì 冷却器．｜～水 lěngquèshuǐ 冷却水．

【凉】 liáng 形うすら寒い．涼しい．温度が低い．｜这里的气候冬暖夏～ zhèli de qìhòu dōng nuǎn xià liáng ここの気候は冬暖かく夏は涼しい．｜天气渐渐～了 tiānqì jiànjiàn liáng le しだいに涼しくなった．｜你的手真～ nǐ de shǒu zhēn liáng 君の手はほんとに冷たい．｜饭都～了 fàn dōu liáng le 御飯がすっかり冷めてしまった．

ひかり　光

▶反光　▶光　▶光亮　▶光明　▶光线
▶亮光　▶日光　▶闪光

【反光】 fǎnguāng 图反射光．

【光】 guāng 图光．光線．｜阳～ yángguāng 陽光．｜灯～ dēngguāng 明かり．｜闪～ shǎnguāng 光を放つ．｜从门缝里

射进一道～来 cóng ménfèng li shèjin yí dào guāng lai 戸のすきまから一筋の光が差し込んでくる.

【光亮】 guāngliàng 图 光. 明るい光. ‖门缝儿里透出一丝～ ménfèngr li tòuchu yì sī guāngliàng 戸のすきまから一筋の明かりが漏れる.

【光明】 guāngmíng 图 光明. 光. 明かり. ‖水电站给山村带来了～ shuǐdiànzhàn gěi shāncūn dàilaile guāngmíng 水力発電所が山村に明かりをもたらした. ｜黑暗中见到一线～ hēi'àn zhōng jiàndào yí xiàn guāngmíng 暗やみの中に一筋の光明を見いだす.

【光线】 guāngxiàn 图 光. 光線. 明かり. ‖这间屋子朝阳, ～充足 zhè jiān wūzi cháoyáng, guāngxiàn chōngzú この部屋は南向きなので, 日当たりが十分だ.

【亮光】 liàngguāng（～儿）图 明かり. 光線. ‖屋子里有～, 可能是他回来了 wūzi li yǒu liàngguāng, kěnéng shì tā huílai le 部屋の明かりがついているから, 彼が帰って来ているのかもしれない.

【日光】 rìguāng 图 日光. 太陽の光線.

【闪光】 shǎnguāng 图 閃光(せん). ‖一道～划破了夜空 yí dào shǎnguāng huápòle yèkōng 一筋の閃光が夜空をよぎった.

ひかる 光る

▶发光 ▶发亮 ▶晃 ▶亮 ▶闪 ▶闪光
▶闪亮 ▶闪烁 ▶闪耀 ▶耀眼

【发光】 fā//guāng 発光する. 光る. ‖～漆 fāguāngqī 発光塗料. ｜金色的奖牌, 闪闪～ jīnsè de jiǎngpái, shǎnshǎn fāguāng 金色のメダルがきらきらと光を放っている.

【发亮】 fā//liàng 動 輝く. ぴかぴか光る. ‖晶莹～ jīngyíng fāliàng きらきら光っている. ｜他高兴得眼睛都～了 tā gāo-

xìngde yǎnjing dōu fāliàng le 彼は嬉しくて目を輝かせた.

*****【晃】** huǎng 動 輝く. きらめく. ‖阳光～得睁不开眼睛 yángguāng huǎngde zhēngbukāi yǎnjing 太陽の光がまぶしくて目を開けていられない.

★**【亮】** liàng 動 光る. 輝く. ‖灯不～了 dēng bú liàng le 電球がつかなくなった. ｜屋里～着灯光 wūli liàngzhe dēngguāng 部屋には明かりがともっている.

*****【闪】** shǎn 動 ぴかぴか光る. きらきら光る. きらめく. ‖眼睛里～着泪花 yǎnjing li shǎnzhe lèihuā 目に涙が光っている.

【闪光】 shǎn//guāng 動 光を放つ. きらめく. ‖眼睛闪着光 yǎnjing shǎnzhe guāng 目が光っている.

【闪亮】 shǎnliàng 動 きらきらと光る. ぴかぴかと光る. ‖皮鞋擦得～～的 píxié cāde shǎnliàngshǎnliàng de 革靴がぴかぴかに磨かれている.

*****【闪烁】** shǎnshuò 動 きらめく. きらきらする. ちらつく. ‖星光～ xīngguāng shǎnshuò 星がきらめいている.

*****【闪耀】** shǎnyào 動 きらめく. 輝く. ‖繁星～ fánxīng shǎnyào 満天の星がきらめいている. ｜～着真理的光芒 shǎnyàozhe zhēnlǐ de guāngmáng 真理の光に輝いている.

*****【耀眼】** yàoyǎn 形 まぶしい. ‖这个房间的灯光, 有点儿～, 应该换一个 zhège fángjiān de dēngguāng, yǒudiǎnr yàoyǎn, yīnggāi huàn yí ge この部屋の明かりはちょっとまぶしいので, 換えたほうがよい.

ひきいる 率いる ⇒【連れる】

ひきうける　引き受ける

ひきうける　引き受ける

▶包　▶包办　▶承包　▶承担　▶答应
▶担　▶负　▶负责　▶接受　▶揽

*【包】bāo 動 (全面的に)引き受ける. 請け負う. 全責任を負う. ‖这事儿~在我身上 zhè shìr bāozài wǒ shēnshang この件は私が全責任を負う. | 这项工程~给三队 zhè xiàng gōngchéng bāogěi sān duì この工事は第3隊に請け負ってもらう. | 这盘菜, 我~了 zhè pán cài, wǒ bāo le この一皿は, 僕が残りを片付けるよ.

*【包办】bāobàn 動 請け負う. 一人で引き受ける. ‖一手~ yìshǒu bāobàn 一手に引き受ける. | 店里的事全由他一人~ diàn li de shì quán yóu tā yì rén bāobàn 店のことはすべて彼一人で切り盛りしている. | ~酒席 bāobàn jiǔxí 宴会料理お引き受けします.

*【承包】chéngbāo 動 全面的に請け負う. 一手に引き受ける. ‖~商 chéngbāoshāng 請負企業. | ~期 chéngbāoqī 請負期間. | 他们家~了那个果园 tāmen jiā chéngbāole nàge guǒyuán 彼らの家ではあの果樹園を請け負っている. | 公司~了建设工程 gōngsī chéngbāole jiànshè gōngchéng 会社は建設工事を請け負った.

*【承担】chéngdān 動 担う. 引き受ける. 受け持つ. ‖~责任 chéngdān zérèn 責任を負う. | ~义务 chéngdān yìwù 義務を負う. | ~后果 chéngdān hòuguǒ 結果に責任を負う. | ~重要的科研项目 chéngdān zhòngyào de kēyán xiàngmù 重要な科学研究プロジェクトを受け持つ. | 费用由公司~ fèiyòng yóu gōngsī chéngdān 費用は会社が負担する.

*【答应】dāying 動 承知する. 承諾する. ‖事情很难办, 别随便~ shìqing hěn nánbàn, bié suíbiàn dāying ことはとても厄介だ, 安請け合いするな. | 妈妈让我帮她买票, 我~了 māma ràng wǒ bāng tā mǎi piào, wǒ dāying le 母が切符を買ってくれと言うので引き受けた. | 他~明天来 tā dāying míngtiān lái 彼は明日来ることを承諾した.

*【担】dān 動 引き受ける. 負担する. 負う. ‖~责任 dān zérèn 責任を負う. | 出了事, 我来~ chūle shì, wǒ lái dān 何かあったら私が責任を負う. | ~风险 dān fēngxiǎn リスクを負う.

*【负】fù 動 (責任や負担を)引き受ける. 負う. 担う. ‖~全责 fù quánzé すべての責任を負う. | 身~重任 shēn fù zhòngrèn 重い任務を担っている.

★【负责】fùzé 動 責任を負う. 責任を持つ. ‖~人 fùzérén 責任者. | 这事由他~ zhè shì yóu tā fùzé このことは彼が責任を持つ. | 老王~职工福利工作 Lǎo-Wáng fùzé zhígōng fúlì gōngzuò 王さんは従業員の福利厚生の仕事を担当している. | 出了问题, 谁~? chūle wèntí, shéi fùzé? もし何かあったら, 誰が責任をとるのか.

**【接受】jiēshòu 動 引き受ける. 受け入れる. 承認する. ‖~任务 jiēshòu rènwu 任務を引き受ける. | ~批评 jiēshòu pīpíng 批判を受け入れる. 訓として受け止める. | ~考验 jiēshòu kǎoyàn 試練を受ける.

【揽】lǎn 動 (責任や仕事などを)引き受ける. 請け負う. ‖~活 lǎnhuó 仕事を請け負う. | 把责任都~过来了 bǎ zérèn dōu lǎnguolai le 全責任を引き受けた.

ひきおこす　引き起こす

▶导致　▶发动　▶惹　▶掀起　▶兴起
▶引发　▶引起　▶造成

*【导致】dǎozhì 動 (ある悪い結果を)引き起こす. もたらす. 惹起(じゃっ)する. ‖

～经济危机 dǎozhì jīngjì wēijī 経済危機を招く.｜粗心大意必然～失败 cū xīn dà yì bìrán dǎozhì shībài 不注意は必ず失敗を招く.｜乱伐～水土流失 lànfá dǎozhì shuǐtǔ liúshī 乱伐は水土流失を引き起こす.

**【发动】fādòng 〔動〕発動する. 引き起こす.‖～进攻 fādòng jìngōng 攻撃を始める.｜～政变 fādòng zhèngbiàn クーデターを起こす.｜工人们～罢工 gōngrénmen fādòng bàgōng 労働者たちはストライキを起こす.

**【惹】rě 〔動〕(問題を)引き起こす. (よくないことを)しでかす.‖～是生非 rě shì shēng fēi いざこざを引き起こす.｜～麻烦 rě máfan 面倒を起こす.｜～了一场祸 rěle yì cháng huò 災いを引き起こした.

【掀起】xiānqǐ 〔動〕(ブームや運動などを)起こす.‖～兴修水利的高潮 xiānqǐ xīngxiū shuǐlì de gāocháo 水利建設ブームを起こす.

【兴起】xīngqǐ 〔動〕盛んに興る. 出現する.‖～了出国旅游热 xīngqǐle chūguó lǚyóurè 海外旅行ブームが沸き起こった.｜新～的娱乐活动 xīn xīngqǐ de yúlè huódòng 新しく興ったレジャー.

【引发】yǐnfā 〔動〕引き起こす. 誘発する. 触発する.‖～兴趣 yǐnfā xìngqù 興味をそそる.｜由于违反操作规程，～了这场事故 yóuyú wéifǎn cāozuò guīchéng, yǐnfāle zhè cháng shìgù 操作規程に違反したために，この事故を引き起こした.

**【引起】yǐnqǐ 〔動〕引き起こす. 誘発する. もたらす.‖～关注 yǐnqǐ guānzhù 関心をもつ.｜一场大病 yǐnqǐ yì cháng dàbìng 大病を引き起こす.｜～纠纷 yǐnqǐ jiūfēn 紛争を引き起こす.｜昨天的火灾是由一个烟头～的 zuótiān de huǒzāi shì yóu yí ge yāntóu yǐnqǐ de きのうの火事は1本のタバコの吸いがらから起こった.

【造成】zàochéng 〔動〕(好ましくない事態を)生む. 引き起こす. 招く. もたらす.‖这场事故是由于他粗心大意～的 zhè cháng shìgù shì yóuyú tā cū xīn dà yì zàochéng de この事故は彼の不注意によって起きたものだ.｜～巨大损失 zàochéng jùdà sǔnshī 莫大な損失をもたらす.

ひきだす　引き出す
▶抽　▶拉　▶取　▶套　▶提　▶提取
▶引出

【抽】chōu 〔動〕抜く. 取り出す. 引き抜く.‖～刀 chōu dāo 鞘(さや)から刀を抜く.｜～出一张牌来 chōuchu yì zhāng pái lai カードを引き抜く.｜从书架上～出两本书 cóng shūjià shang chōuchu liǎng běn shū 本棚から本を2冊取り出す.

★【拉】lā 〔動〕引く. 引き寄せる.‖～车 lā chē 車を引く.｜他从桌子下面～出一把椅子让我坐下 tā cóng zhuōzi xiàmiàn lāchu yì bǎ yǐzi ràng wǒ zuòxia 彼は机の下から椅子を引っぱり出して私に勧めた.

**【取】qǔ 〔動〕取る. 引き出す. 受け出す.‖～票 qǔ piào 切符を受け取る.｜到银行～了五百元钱 dào yínháng qǔle wǔbǎi yuán qián 銀行へ行って500元引き出した.｜从书架上～下一本书 cóng shūjià shang qǔxia yì běn shū 本棚から本を1冊取り出した.

**【套】tào 〔動〕(本音などを)引き出す. かまをかける.‖～他说出真话 tào tā shuōchu zhēnhuà かまをかけて彼に本当のことを言わせる.｜我们的秘密全让她给～走了 wǒmen de mìmì quán ràng tā gěi tàozǒu le 我々の秘密はすべて彼女にばれてしまった.

★【提】tí 〔動〕引き出す. 引き取る.‖～款 tíkuǎn お金を引き出す.｜～货 tíhuò (倉庫などから)品物を引き取る.｜～炼 tíliàn (化合物や混合物の中から)抽出す

る.｜～一百台冰箱 tí yìbǎi tái bīngxiāng 冷蔵庫を100台引き取る.

*【提取】tíqǔ 動❶(預けておいたもの, または受け取るべき物を)引き出す. 引き取る.‖～现金 tíqǔ xiànjīn 現金を引き出す.｜到车站～行李 dào chēzhàn tíqǔ xíngli 駅へ行って荷物を引き取る.❷抽出する.‖从海水中～矿物质 cóng hǎishuǐ zhōng tíqǔ kuàngwùzhì 海水から鉱物質を抽出する.

【引出】yǐn//chu(chū) 動誘い出す. 引き出す.‖那一句话～了一场争论 nà yí jù huà yǐnchule yì cháng zhēnglùn その一言が論争を巻き起こした.

ひきよせる　引き寄せる

▶拉　▶吸引　▶引诱　▶招徕　▶招揽
▶招引　▶拽

★【拉】lā 動引き寄せる.‖～过一把椅子坐下 lāguo yì bǎ yǐzi zuòxia 椅子を引いてきて座る.

**【吸引】xīyǐn 動(人の注意力などを)引きつける. 吸い寄せる.‖把人们的注意力～过来 bǎ rénmen de zhùyìlì xīyǐnguolai 人の注意を引きつける.｜她一打开书就被～住了 tā yì dǎkāi shū jiù bèi xīyǐnzhù le 彼女は本を読み始めるやたちまち引き込まれた.

*【引诱】yǐnyòu 動誘惑する. 誘い込む.‖～他上钩 yǐnyòu tā shànggōu 彼をわなに誘い込む.｜不受金钱的～ bú shòu jīnqián de yǐnyòu 金の誘惑に乗らない.

【招徕】zhāolái 動書招き寄せる. 呼び寄せる.‖～顾客 zhāolái gùkè 顧客を招き寄せる.｜广为～ guǎng wéi zhāolái 広く招き寄せる.

【招揽】zhāolǎn 動招き寄せる. 呼び寄せる.‖～顾客 zhāolǎn gùkè 客寄せをする.｜千方百计地～生意 qiān fāng bǎi jì

de zhāolǎn shēngyi 手を尽くして得意先を広げる.

【招引】zhāoyǐn 動(動き・音・色・におい・味などで)引きつける. 引き寄せる. 誘う.‖茉莉花香～了很多蜜蜂 mòli huāxiāng zhāoyǐnle hěn duō mìfēng ジャスミンの香りがたくさんのミツバチを引き寄せた.｜那家商店以其优质的服务～了众多顾客 nà jiā shāngdiàn yǐ qí yōuzhì de fúwù zhāoyǐnle zhòngduō gùkè あの店は優れたサービスによって多くのお客を引きつけている.

【拽】zhuài 動ぐいと引く. 引っ張る.‖生拉硬～ shēng lā yìng zhuài 強引に引っ張る. 無理に従わせる.｜～不动他 zhuàibudòng tā 引っ張っても彼はびくともしない.｜～着妈妈的衣角不撒手 zhuàizhe māma de yījiǎo bù sāshǒu お母さんの服のすそをしっかりつかんで離さない.

ひくい　低い

▶矮　▶差　▶次　▶矬　▶低　▶小

★【矮】ǎi 形❶(身長が)低い.‖个子～ gèzi ǎi 背が低い.｜他比我～两公分 tā bǐ wǒ ǎi liǎng gōngfēn 彼は私より2センチ背が低い.❷(物の高さが)低い.‖这张桌子很～ zhè zhāng zhuōzi hěn ǎi このテーブルは低い.｜～～的篱笆 ǎi'ǎi de líba 低いまがき.❸(等級が)低い. 下である.‖我比他～一级 wǒ bǐ tā ǎi yì jí 私は彼よりクラスが一つ下です.

★【差】chà 形基準に足りない. 劣っている.‖体力～ tǐlì chà 体力が劣る.｜质量～ zhìliàng chà 質が劣っている.｜成绩～ chéngjì chà 成績が悪い.｜我的游泳技术不比他～ wǒ de yóuyǒng jìshù bùbǐ tā chà 私の水泳のテクニックは彼に負けない.

★【次】cì 形 等級がやや低い. 品質がやや劣る. ‖ ～品 cìpǐn 二級品. 低級品. | 质量太～ zhìliàng tài cì 質があまりにも劣っている. | 这事儿办得真～ zhè shìr bànde zhēn cì この件の処理の仕方は実にまずい. | 人太～ rén tài cì 人柄が悪すぎる. | 这种纸～于白报纸 zhè zhǒng zhǐ cìyú báibàozhǐ この紙は新聞用紙より紙質が劣っている.

【矬】cuó 形 方 (人間や動物の)背が低い. (物の高さが)低い. ‖ 他长得又胖又～ tā zhǎngde yòu pàng yòu cuó 彼は太っていて背も低い.

★【低】dī ❶(高さが)低い. ⇔"高" gāo ‖ 燕子飞得很～ yànzi fēide hěn dī ツバメがとても低く飛んでいる. ❷(地勢・土地が)低い. ⇔"高" gāo ‖ 水往～处流 shuǐ wǎng dīchù liú 水は低きに流れる. | 地势～ dìshì dī 土地が低い. ❸(平均の水準より)低い. ⇔"高" gāo ‖ 温度～ wēndù dī 温度が低い. | 气压～ qìyā dī 気圧が低い. | 价格不～ jiàgé bù dī 価格が安くない. ❹(等級や程度が)低い. ⇔"高" gāo ‖ ～年级 dīniánjí 低学年. | 教育水平～ jiàoyù shuǐpíng dī 教育水準が低い. | 我比哥哥～一班 wǒ bǐ gēge dī yì bān 私は兄より1学年下だ.

★【小】xiǎo 形 (年齢・数量・規模・力・程度などが)小さい. 弱い. ⇔"大" dà ‖ 力气～ lìqi xiǎo 力が弱い. | 胆子～ dǎnzi xiǎo 肝っ玉が小さい. 臆病である. | 她比我～两岁 tā bǐ wǒ xiǎo liǎng suì 彼女は私より二つ年下だ. | 声音～ shēngyīn xiǎo 声が小さい. | 把音量关～点儿 bǎ yīnliàng guānxiǎo diǎnr 音を少し低くする.

ひこうき 飛行機

▶班机 ▶包机 ▶飞船 ▶飞碟 ▶飞机
▶飞艇 ▶航天飞机 ▶黑匣子 ▶滑翔机
▶火箭 ▶降落伞 ▶喷气式飞机 ▶气球
▶气艇 ▶无人飞机 ▶宇宙飞船 ▶直升机
▶纸飞机 ▶专机

*【班机】bānjī 名 定期飛行便.

*【包机】bāojī 名 チャーター機.

*【飞船】fēichuán 名 ❶宇宙船. "宇宙飞船"の略. ❷旧 飛行船.

【飞碟】fēidié 名 空飛ぶ円盤. UFO.

★【飞机】fēijī 名 飛行機. ‖ 坐～ zuò fēijī 飛行機に乗る.

【飞艇】fēitǐng 名 飛行船.

【航天飞机】hángtiān fēijī 名 スペース・シャトル. 宇宙船.

【黑匣子】hēixiázi 名 ブラック・ボックス. フライト・レコーダーおよびボイス・レコーダー.

【滑翔机】huáxiángjī 名 滑空機. グライダー.

*【火箭】huǒjiàn 名 ロケット. ‖ 发射～ fāshè huǒjiàn ロケットを打ち上げる.

【降落伞】jiàngluòsǎn 名 落下傘. パラシュート.

【喷气式飞机】pēnqìshì fēijī 名 ジェット機.

*【气球】qìqiú 名 風船. 気球. バルーン. ‖ 热～ rèqìqiú 熱気球.

【气艇】qìtǐng 名 飛行船.

【无人飞机】wúrén fēijī 名 無人偵察機. ドローン.

【宇宙飞船】yǔzhòu fēichuán 名 宇宙船.

【直升机】zhíshēngjī 名 ヘリコプター.

【纸飞机】zhǐfēijī 名 紙飛行機.

【专机】zhuānjī 名 専用機. 特別機.

ぴったり

ぴったり

▶刚好 ▶合适 ▶恰当 ▶恰好 ▶适合
▶贴切 ▶相称 ▶相宜 ▶正好

【刚好】gānghǎo 厖 ちょうどよい. 間が
よい. ぴったりである. ‖这块布做裙
子～ zhè kuài bù zuò qúnzi gānghǎo この
布はスカートをつくるのにちょうどい
い. ｜人数不多不少，～ rénshù bù duō bù
shǎo, gānghǎo 人数は多くもなく少なく
もなく，ちょうどぴったりだ. 副 ちょ
うど. 運よく. ぴったり. きっかり. ‖
那天～是我的生日 nà tiān gānghǎo shì wǒ
de shēngrì その日はちょうど私の誕生日
だ. ｜行李～二十公斤，没有超重 xíngli
gānghǎo èrshí gōngjīn, méiyou chāozhòng
荷物はぴったり 20 キロ，重量はオー
バーしてない.

★【合适】héshì 厖 ぴったりしている. 適
切である. ちょうどいい. "合式"とも
書く. ‖不大不小，正～ bú dà bù xiǎo,
zhèng héshì 大きくも小さくもなくて，
ちょうどぴったりだ. ｜这句话说得不
大～ zhè jù huà shuōde búdà héshì この言
葉はあまり適切でない. ｜他的性格当
演员很～ tā de xìnggé dāng yǎnyuán hěn hé-
shì 彼の性格は俳優をやるのにぴった
りだ.

*【恰当】qiàdàng 厖 適切である. ちょう
どよい. ‖这句话不太～ zhè jù huà bútài
qiàdàng この言葉はあまり適切ではな
い. ｜找个～的机会，跟他谈一谈 zhǎo
ge qiàdàng de jīhuì, gēn tā tányitán 適当な
機会をみて彼と話してみよう.

*【恰好】qiàhǎo 副 ちょうど. 折よく. 具
合よく. ‖这件衣服～合我的身量 zhè
jiàn yīfu qiàhǎo hé wǒ de shēnliang この服
は私の体にぴったりだ. ｜明天～是我
的生日 míngtiān qiàhǎo shì wǒ de shēngrì 明
日はちょうど私の誕生日だ.

**【适合】shìhé 動 適合する. 当てはまる.
‖这种料子～做大衣 zhè zhǒng liàozi shì-
hé zuò dàyī この手の生地はオーバーを
作るのにうってつけだ. ｜她很～扮演这
个角色 tā hěn shìhé bànyǎn zhège juésè 彼
女はこの役にぴったりだ.

【贴切】tiēqiè 厖 (言葉遣いが)適切であ
る. ぴったりしている. ‖～的比喻 tiē-
qiè de bǐyù 適切なたとえ. ｜用词～ yòng
cí tiēqiè 言葉遣いが適切だ.

【相称】xiāngchèn 厖 釣り合いが取れる.
似合う. ふさわしい. ‖她的穿着打扮和
年龄不～ tā de chuānzhuó dǎban hé niánlíng
bù xiāngchèn 彼女の身なりは年齢にそ
ぐわない.

【相宜】xiāngyí 厖 適している. 適切で
ある. ふさわしい. ‖日程这么安排很～
rìchéng zhème ānpái hěn xiāngyí このスケ
ジュールの割り振りはたいへん適切だ.
｜浓淡～ nóngdàn xiāngyí 色の濃淡が
ちょうどよい.

**【正好】zhènghǎo 厖 ちょうどよい. ぴっ
たりである. ‖咸淡～ xiándàn zhènghǎo
塩かげんはちょうどいい. ｜你来得～ nǐ
láide zhènghǎo ちょうどいいときに来た.
｜这衣服我穿～ zhè yīfu wǒ chuān zhèng-
hǎo この服は私のサイズにぴったりだ.

ひっぱる　引っ張る

▶扯 ▶揪 ▶拉 ▶扭 ▶牵 ▶拖 ▶挽
▶拽

*【扯】chě 動 引っ張る. ‖孩子～着妈妈
的衣角 háizi chězhe māma de yījiǎo 子供
が母親の服の端を引っ張っている. ｜～
着嗓子嚷 chězhe sǎngzi rǎng 声を張り上
げて叫ぶ.

*【揪】jiū 動 しっかり握る. つかんで引っ
張る. ‖一把把他～进屋里 yì bǎ bǎ tā jiū-
jin wūli 彼をつかんで家の中へ引っ張

614

り込む.｜被人家～住尾巴了 bèi rénjia jiūzhù wěiba le 人にしっぽを握られた. 人に弱点を握られてしまった.

★【拉】lā 動引く. 引き寄せる.｜～车 lā chē 車を引く.｜～过一把椅子坐下 lāguo yì bǎ yǐzi zuòxia 椅子を引いてきて座る.｜把绳子～紧 bǎ shéngzi lājǐn ロープを引っ張ってきつく縛る.

**【扭】niǔ 動つかんで引っ張る. ひっつかむ.｜～打 niǔdǎ つかみ合う. 取っ組み合いのけんかをする.｜两个人～成一团 liǎng ge rén niǔchéng yì tuán 二人は取っ組み合いをしている.

**【牵】qiān 動 (人あるいは家畜を)引く. 引っ張る.｜～着一匹马 qiānzhe yì pǐ mǎ ウマを1頭引いている.｜手～手 shǒu qiān shǒu 手と手をつなぐ.

**【拖】tuō 動引っ張る. 牽引(けん)する.｜把箱子从床下～出来 bǎ xiāngzi cóng chuáng xià tuōchulai トランクをベッドの下から引っ張り出す.｜机车总共～了二十节车皮 jīchē zǒnggòng tuōle èrshí jié chēpí 機関車は全部で20両の貨車を牽引している.

*【挽】wǎn 動引く. 引っ張る. (車などを)牽引(けん)する.｜～弓 wǎn gōng 弓を引く.｜手～手 shǒu wǎn shǒu 手と手をつなぐ.｜～车 wǎn chē 車を引く.

【拽】zhuài 動ぐいと引く. 引っ張る.｜～不动他 zhuàibudòng tā 引っ張っても彼はびくともしない.｜～着妈妈的衣角不撒手 zhuàizhe māma de yījiǎo bù sāshǒu お母さんの服の端を引っ張って離さない.｜生拉硬～ shēng lā yìng zhuài 力ずくで言いなりにさせる.

ひつよう　必要

▶必需　▶必要　▶得　▶费　▶花　▶需要
▶要　▶用

---

*【必需】bìxū 動必要である. 欠くことができない.｜每月生活所～的费用 měiyuè shēnghuó suǒ bìxū de fèiyong 毎月の生活に必要な費用.｜办手续～的各种证件 bàn shǒuxù bìxū de gè zhǒng zhèngjiàn 手続きに必要な各種の証明書.｜空气、阳光和水是人类生存所～的 kōngqì、yángguāng hé shuǐ shì rénlèi shēngcún suǒ bìxū de 空気・日光・水は人の生存に欠かすことができない.

*【必要】bìyào 形必要である.｜他们的意见绝对～ tāmen de yìjian juéduì bìyào 彼らの意見が絶対に必要である.｜不～的担心 bú bìyào de dānxīn 余計な心配.｜没有～告诉他 méiyou bìyào gàosu tā 彼に知らせる必要はない.

★【得】děi 動口必要である. かかる.｜来回～多少日子? láihuí děi duōshao rìzi? 往復で何日かかりますか.｜买这样的房子～多少钱? mǎi zhèyàng de fángzi děi duōshao qián? こういう家を買うにはいくらいりますか.｜干这个活儿～两个人 gàn zhège huór děi liǎng ge rén この仕事をするには2人いる.

**【费】fèi 動費やす. 使う. ⇔ "省" shěng｜～钱 fèiqián 費用がいる. 金がかかる.｜～时间 fèi shíjiān 時間がかかる. 暇取る.｜全自动洗衣机比较～水 quánzìdòng xǐyījī bǐjiào fèi shuǐ 全自動洗濯機はわりに水がいる.

★【花】huā 動使う. 費やす.｜去外国旅行要～很多钱 qù wàiguó lǚxíng yào huā hěn duō qián 外国旅行にはどうしてもたくさんのお金がいる.

★【需要】xūyào 動必要とする.｜他工作～一台计算机 tā gōngzuò xūyào yì tái jìsuànjī 彼は仕事上, コンピューターがいる.｜病人～输血 bìngrén xūyào shūxuè 病人は輸血を必要としている.｜有什么～的东西就说一声 yǒu shénme xūyào de dōngxi jiù shuō yì shēng 何か入り用の

ものがあったら言ってください.

★【要】yào 動 ❶欲しい. 保有したい. ‖她想~一件红裙子 tā xiǎng yào yí jiàn hóng qúnzi 彼女は赤いスカートを欲しがっている. | 这把旧椅子不~了 zhè bǎ jiù yǐzi bú yào le この古い椅子はもういらない. ❷(時間や費用などが)かかる. 必要とする. ‖骑车去~一个小时 qíchē qù yào yí ge xiǎoshí 自転車で1時間かかる. | 买件大衣~多少钱? mǎi jiàn dàyī yào duōshao qián? コートを買うのにどのくらいのお金がいりますか.

★【用】yòng 動 (…することを)必要とする. (多く否定に用いる) ‖这点儿活儿, 哪~这么多人 zhè diǎnr huór, nǎ yòng zhème duō rén こればかりの仕事にそんなに多くの人手はいらない. | 今天~不~带伞? jīntiān yòngbuyòng dài sǎn? 今日は傘がいるかな. | 有了空调, 这电扇就~不着了 yǒule kōngtiáo, zhè diànshàn jiù yòngbuzháo le クーラーがついたら, この扇風機はいらなくなる.

ひとしい 等しい

▶等同 ▶等于 ▶均 ▶无异 ▶相当
▶相等 ▶相同 ▶一般 ▶一样

【等同】děngtóng 動 同列に扱う. 同じとみなす. ‖这两个问题不能~看待 zhè liǎng ge wèntí bù néng děngtóng kàndài この二つの問題は同列に論じられない.

**【等于】děngyú 動 …と同じ. …と等しい. ‖二加二~四 èr jiā èr děngyú sì 2足す2は4. | 说了不做~没说 shuōle bú zuò děngyú méi shuō 言っておいてやらないのは言わなかったことと同じだ. | 他在这方面的知识几乎~零 tā zài zhè fāngmiàn de zhīshi jīhū děngyú líng 彼のこの方面の知識はほとんどゼロに等しい.

*【均】jūn 形 平均している. 等しい. 平

等である. ‖~匀 jūnyún 平均している. | ~等 jūnděng 均等である. | 分配不~ fēnpèi bù jūn 分け方が公平でない.

【无异】wúyì 動 …に等しい. …にほかならない. ‖说这话~于火上浇油 shuō zhè huà wúyìyú huǒ shàng jiāo yóu そんなことを言うのは火に油を注ぐに等しい. | 吸毒与自杀~ xīdú yǔ zìshā wúyì 麻薬を吸うことは自殺にほかならない.

**【相当】xiāngdāng 動 相当する. ‖那件大衣的价钱~于我两个月的工资 nà jiàn dàyī de jiàqian xiāngdāng yú wǒ liǎng ge yuè de gōngzī あのコートの値段は私の2ヵ月分の給料に相当する.

*【相等】xiāngděng 動 同じである. 等しい. ‖距离~ jùlí xiāngděng 距離が等しい. | 杯子的形状不同, 但容量~ bēizi de xíngzhuàng bùtóng, dàn róngliàng xiāngděng コップの形は違うが, 容量は同じである.

**【相同】xiāngtóng 形 同じである. 共通している. ‖她跟我的爱好~ tā gēn wǒ de àihào xiāngtóng 彼女と私の趣味は同じである. | 两人的看法基本上是~的 liǎng rén de kànfa jīběnshang shì xiāngtóng de 二人の見方は基本的に同じである. | ~的命运使他俩走到了一起 xiāngtóng de mìngyùn shǐ tā liǎ zǒudàole yìqǐ 同じ運命が彼らを結びつけた.

★【一般】yībān 形 同じである. 同様である. ‖她跟我儿子~大 tā gēn wǒ érzi yìbān dà 彼女は私の息子と同じ年だ. | 这两根木材~粗 zhè liǎng gēn mùcái yìbān cū この2本の木材は同じ太さだ.

★【一样】yīyàng 形 同じである. ‖价钱~ jiàqian yíyàng 値段が同じである. | 完全~ wánquán yíyàng まったく同じである. | 他跟我~大 tā gēn wǒ yíyàng dà 彼は私と同じ年だ. | 他的想法总是跟别人不~ tā de xiǎngfa zǒngshì gēn biéren bù yíyàng 彼の考えはいつも他の人とは違

う。｜电视虽然旧了点，但～可以看 diàn-shì suīrán jiùle diǎn, dàn yíyàng kěyǐ kàn テレビは少し古いが，まだちゃんと見ることができる．

★【自己】zìjǐ 代 自分．自身．‖那个孩子～什么都能干 nàge háizi zìjǐ shénme dōu néng gàn あの子は一人で何でもできる．

ひとり 一人

▶単独 ▶単人 ▶単身 ▶独身 ▶独自
▶一个人 ▶自己

【単独】dāndú 副 単独で．一人で．‖～行动 dāndú xíngdòng 単独行動．｜～采访 dāndú cǎifǎng 単独インタビュー．｜病人已经可以～行走了 bìngrén yǐjīng kěyǐ dāndú xíngzǒu le 病人はもう一人で歩けるようになった．｜老师～跟他谈了几次 lǎoshī dāndú gēn tā tánle jǐ cì 先生は何度か彼と二人きりで話した．

【単人】dānrén 名 一人．シングル．ソロ．‖～床 dānrénchuáng シングルベッド．｜～房间 dānrén fángjiān 一人部屋．シングルルーム．｜赛艇 dānrén sàitǐng シングル・スカル．

【単身】dānshēn 名 単身．独身．‖～赴日 dānshēn fù Rì 単身日本に赴く．｜～宿舍 dānshēn sùshè 独身寮．｜打～ dǎ dānshēn 独身である．独り身である．

【独身】dúshēn 副 一人．単身．‖～在外 dúshēn zàiwài 単身外国(外地)にいる．動 まだ未婚である．独身である．‖～宿舍 dúshēn sùshè 独身寮．｜～主义 dúshēn zhǔyì 独身主義．

*【独自】dúzì 副 一人で．単独で．‖～前往 dúzì qiánwǎng 単独で赴く．｜他～坐着喝酒 tā dúzì zuòzhe hē jiǔ 彼は独り座って酒を飲んでいる．

【一个人】yí ge rén 組 一人．‖现在家里只有我～ xiànzài jiā li zhǐyǒu wǒ yí ge rén いま家には私一人しかいない．｜干起活儿来～抵两个人 gànqi huór lai yí ge rén dǐ liǎng ge rén 仕事をすれば一人で二人分

ひなん 非難

▶非难 ▶非议 ▶攻击 ▶抨击 ▶谴责
▶责备 ▶责难 ▶指责

【非难】fēinàn 動 非難する．‖他这样做，无可～ tā zhèyàng zuò, wú kě fēinàn 彼がそうしたことに，なんら非難すべきところはない．｜遭到～ zāodào fēinàn 非難される．

【非议】fēiyì 動 非難する．責める．‖无可～ wú kě fēiyì 非難するべきところはない．

*【攻击】gōngjī 動 非難する．責めとがめる．‖恶意～ èyì gōngjī 悪意をもって非難する．

【抨击】pēngjī 動 批判攻撃する．‖～时弊 pēngjī shíbì 時代の弊害を非難する．｜受到～ shòudào pēngjī 糾弾される．

*【谴责】qiǎnzé 動 譴責(けんせき)する．非難する．‖各国舆论一致～这一侵略行径 gè guó yúlùn yízhì qiǎnzé zhè yī qīnlüè xíngjìng 各国の世論はいっせいにこの侵略行為を非難した．

*【责备】zébèi 動 責める．叱る．非難する．‖受到～ shòudào zébèi 非難される．｜总是～别人，不检讨自己 zǒngshì zébèi biéren, bù jiǎntǎo zìjǐ いつも人を責めるばかりで，自分を反省することはしない．｜这样做会受到良心的～ zhèyàng zuò huì shòudào liángxīn de zébèi de そんなことをすれば良心の呵責(かしゃく)にさいなまれる．

【责难】zénàn 動 非難する．なじる．とがめる．‖不要过分～他们 búyào guòfèn zénàn tāmen 彼らをあまり非難しすぎて

ひびく 響く

はいけない.

【指责】zhǐzé 動 非難する. 指摘して責める.‖～对方不守信用 zhǐzé duìfāng bù shǒu xìnyòng 相手が信用を守らないことを非難する.│不要对孩子过于～ búyào duì háizi guòyú zhǐzé 子供をあまり責めてはいけない.│受到舆论的～ shòudào yúlùn de zhǐzé 世論の非難を受ける.

ひびく　響く

▶轰鸣　▶轰响　▶洪亮　▶呼啸　▶回荡
▶回响　▶嘹亮　▶咆哮　▶响　▶响亮

【轰鸣】hōngmíng 動 (大砲・雷・機械などが)大きな音を出す.‖机器～ jīqì hōngmíng 機械の音が鳴り響く.

【轰响】hōngxiǎng 動 (大きな音が)鳴り響く.‖马达～ mǎdá hōngxiǎng モーターがうなっている.│波涛～ bōtāo hōngxiǎng 大波がとどろく.

【洪亮】hóngliàng 形 (音声が)大きくてよく響く.‖回答得很～ huídáde hěn hóngliàng よく響く大きな声で答える.

【呼啸】hūxiào 動 長く大きな音を立てる. 鋭く鳴り響く.‖北风～ běifēng hūxiào 北風がピューピュー音を立てる.│飞机在空中～而过 fēijī zài kōngzhōng hūxiào ér guò 飛行機が上空を鋭い音を上げて飛び去った.

【回荡】huídàng 動 こだまする. 反響する.‖欢呼声在广场上～ huānhūshēng zài guǎngchǎng shang huídàng 歓呼の声が広場にこだまする.

【回响】huíxiǎng 動 反響する. こだまする.‖歌声在山谷里～ gēshēng zài shāngǔ li huíxiǎng 歌声が谷間にこだまする.

【嘹亮】【嘹喨】liáoliàng 形 (音声が)高く響きわたるさま.‖歌声～ gēshēng liáoliàng 歌声がさえわたる.│～的号角 liáoliàng de hàojiǎo 高らかに鳴りわたるラッ

パ.

【咆哮】páoxiào 動 ❶(猛獣が)吠える. 咆哮(ほう)する.‖虎狼～ hǔláng páoxiào トラやオオカミが吠える.❷(人が)怒声を張り上げる. どなり声を上げる. (水流や雷鳴が)とどろく. 鳴り響く.‖气得～如雷 qìde páoxiào rú léi 怒って雷のようにどなる.│洪水在～ hóngshuǐ zài páoxiào 洪水がゴウゴウとうなりを上げる.

★【响】xiǎng 動 鳴る. 音がする.‖电话铃～了 diànhuàlíng xiǎng le 電話のベルが鳴った.│～起一阵枪声 xiǎngqǐ yízhèn qiāngshēng ひとしきり銃声が鳴り響く. 形 (音や声が)大きくてよく響く.‖说话的声音很～ shuōhuà de shēngyīn hěn xiǎng 話し声が大きい.│～彻云霄 xiǎng chè yún xiāo 大空に響きわたる.

*【响亮】xiǎngliàng 形 (声や音が)高くてはっきりしている. 大きくてよく響くさま.‖～的歌声 xiǎngliàng de gēshēng よく響く歌声.

ひま　暇

▶工夫　▶空　▶空暇　▶时间　▶闲工夫
▶闲空　▶闲暇

*【工夫】gōngfu(～儿) 名 空いた時間. 暇.‖有～的话, 教教我打高尔夫球 yǒu gōngfu dehuà, jiāojiao wǒ dǎ gāo'ěrfūqiú お暇でしたら, ゴルフでも教えてください.│抽～去一趟 chōu gōngfu qù yí tàng 暇をつくって一度行ってくる.

**【空】kòng(～儿) 名 空いた時間または場所. 暇. すきま.‖今天我没～儿 jīntiān wǒ méi kòngr 今日私は暇がない.│有～儿来玩儿 yǒu kòngr lái wánr 暇なときは遊びにいらっしゃい.

【空暇】kòngxiá 名 空いた時間. 暇.‖没有～ méiyou kòngxiá 暇がない.

★【时间】shíjiān 图（長さとしての）時間.‖ 没有～去 méiyou shíjiān qù 行く暇がない. ｜耽误～ dānwu shíjiān 時間をむだにする.｜抽～ chōu shíjiān 時間をさく.｜看杂志来打发～ kàn zázhì lái dǎfa shíjiān 雑誌を読んで時間をつぶす.

【闲工夫】xiángōngfu（～儿）图暇.｜你有打麻将的～，不如多看几本正经书 nǐ yǒu dǎ májiàng de xiángōngfu, bùrú duō kàn jǐ běn zhèngjing shū マージャンをやる暇があるなら，まともな本でも読んだらどうだ.｜谁有～跟你要贫嘴 shéi yǒu xiángōngfu gēn nǐ shuǎ pínzuǐ 君とおしゃべりしている暇などあるものか.

【闲空】xiánkòng（～儿）图暇.‖只要有～，他就去钓鱼 zhǐyào yǒu xiánkòng, tā jiù qù diàoyú 彼は暇さえあれば釣りにいく.

【闲暇】xiánxiá 图暇.‖没有～ méiyou xiánxiá 暇がない.

ひよう　費用

▶费　▶费用　▶花费　▶花销　▶经费
▶开销　▶开支　▶用项

**【费】fèi 图費用. 支出. 料金.‖电～ diànfèi 電気代.｜水～ shuǐfèi 水道代.｜邮～ yóufèi 郵便料金.｜生活～ shēnghuófèi 生活費.｜出差～ chūchāifèi 出張費.｜公～ gōngfèi 公費.｜免～ miǎnfèi 費用を免除する. 無料にする.

**【费用】fèiyong 图費用. 経費.‖我们家孩子多，～大 wǒmen jiā háizi duō, fèiyong dà 我が家は子供が多いので掛かりが大変だ.｜～由我方负担 fèiyong yóu wǒfāng fùdān 費用は我が方で負担します.｜生活～ shēnghuó fèiyong 生活費.｜附加～ fùjiā fèiyong 追加費用.

【花费】huāfei 图出費. 支出.‖这次旅行要不少～ zhè cì lǚxíng yào bùshǎo huā-

fei 今回の旅行は費用がかかる.｜如今孩子的～越来越大 rújīn háizi de huāfei yuè lái yuè dà 最近は子供にますます掛かりがかさむ.

【花销】【花消】huāxiao 图出費.‖城里东西贵，每月～也大 chénglǐ dōngxi guì, měiyuè huāxiao yě dà 都会は物価が高いから毎月の出費も大変だ.

*【经费】jīngfèi 图経費.‖教育～ jiàoyù jīngfèi 教育費.｜活动～ huódòng jīngfèi 活動費.

【开销】kāixiao；kāixiāo 图出費. 費用.‖每个月生活～大约十万日元 měi ge yuè shēnghuó kāixiao dàyuē shí wàn rìyuán 毎月の生活費は約10万円だ.

*【开支】kāizhī 图支出. 出費. 経費.‖军费～ jūnfèi kāizhī 軍事費.｜日常～ rìcháng kāizhī 生活費.

【用项】yòngxiang；yòngxiàng 图経費. 支出.‖今年办公用品的～不多 jīnnián bàngōng yòngpǐn de yòngxiang bù duō 今年の事務用品の費用は少なかった.

ひょうか　評価

▶定评　▶估价　▶鉴定　▶肯定　▶评定
▶评估　▶评价　▶作价

【定评】dìngpíng 图定評. 定まった評価.‖对这部小说已有～ duì zhè bù xiǎoshuō yǐ yǒu dìngpíng この小説にはすでに定まった評価がある.

【估价】gūjià 動評価する.‖对这部作品的～过高 duì zhè bù zuòpǐn de gūjià guò gāo この作品に対する評価は高すぎる.

*【鉴定】jiàndìng 動❶（事物の真偽や優劣を）見分ける. 鑑定する. 評定する.‖产品～会 chǎnpǐn jiàndìnghuì 製品の品評会.｜～古化石的年代 jiàndìng gǔhuàshí de niándài 古い化石の年代を鑑定する.❷（人の優劣を）評定する. 評価する.

びょうき　病気

‖自我～ zìwǒ jiàndìng　自己評価する.｜～书 jiàndìngshū （人物）評定書.

*【肯定】kěndìng 動肯定する. 是認する. 認めて評価する. ⇔"否定" fǒudìng ‖要充分～他的成绩 yào chōngfèn kěndìng tā de chéngjì 彼の業績を十分に認めねばならない.

*【评定】píngdìng 動評議して優劣を定める. 評定する. ‖～职称 píngdìng zhíchēng 職階の評定をする.｜～产品等级 píngdìng chǎnpǐn děngjí 製品の等級を評定する.

*【评估】pínggū 動評価し見積もる. ‖～企业资产 pínggū qǐyè zīchǎn 企業資産を見積もる.｜对贷款项目进行～ duì dàikuǎn xiàngmù jìnxíng pínggū 貸し付けプロジェクトについて評価を行う.

*【评价】píngjià 動評価する. ‖～美术作品 píngjià měishù zuòpǐn 美術作品を評価する.｜重新～这一历史事件 chóngxīn píngjià zhè yī lìshǐ shìjiàn この歴史事件を再評価する. 図評価. ‖人们对他的～很高 rénmen duì tā de píngjià hěn gāo 人々の彼に対する評価はとても高い.｜给予科学的～ jǐyǔ kēxué de píngjià 総合的な評価を与える.

【作价】zuò//jià 動値段をつける. 値踏みする. 評価する. ‖合理～ hélǐ zuòjià 合理的な値をつける.｜～赔偿 zuòjià péicháng 値踏みして賠償する.

びょうき　病気

▶病　▶得病　▶发病　▶犯病　▶患　▶闹
▶生病

★【病】bìng 図病気. ‖～好了 bìng hǎo le 病気が治った.｜装～ zhuāngbìng 仮病を使う.｜养～ yǎngbìng （病気を治すために）養生する.｜治～ zhìbìng 病気を治す. 動病む. 患う. 病気になる. ‖

～了好几天 bìngle hǎojǐ tiān 何日も寝込んだ.｜～得厉害 bìngde lìhai 病気が重い.

*【得病】dé//bìng 動病気になる. 病気にかかる. ‖这两三年, 我没得过什么病 zhè liǎng sān nián, wǒ méi déguo shénme bìng この2, 3年, 私は病気一つしていない.

*【发病】fā//bìng 動発病する. ‖～率 fābìnglǜ 発病率.｜昨天他突然～, 进了医院 zuótiān tā tūrán fābìng, jìnle yīyuàn きのう彼は急病で入院した.

【犯病】fàn//bìng 動病気が再発する. ‖父亲～了 fùqin fànbìng le 父は病気が再発した.

*【患】huàn 動病を患う. 病気になる. ‖一年前我～了癌症 yì nián qián wǒ huànle áizhèng 1年前, 私はがんを患った.｜已～病多年 yǐ huànbìng duō nián もう何年も患っている.｜他～了严重的胃病, 需要住院治病 tā huànle yánzhòng de wèibìng, xūyào zhùyuàn zhìbìng 彼は重い胃の病気にかかり, 入院治療する必要がある.

*【闹】nào 動（病気や災害などが）起こる. ‖～流感 nào liúgǎn インフルエンザにかかる.｜～肚子 nào dùzi 腹を壊す. 腹を下す.｜我从小身体好, 很少～病 wǒ cóngxiǎo shēntǐ hǎo, hěn shǎo nàobìng 私は子供のころから体が丈夫で, めったに病気をしたことがない.

*【生病】shēng//bìng 動病気になる. ‖这孩子很少～ zhè háizi hěn shǎo shēngbìng この子はあまり病気になったことがない.｜小时候生过一场大病 xiǎoshíhou shēngguo yì cháng dàbìng 子供のとき, 大病をしたことがある.｜他生的什么病? tā shēng de shénme bìng? 彼はなんの病気になったの.

620

ひょうじ　表示

ひょうげん　表現

▶表达　▶表示　▶表述　▶表现　▶描写
▶示意　▶体现　▶显示

**【表达】 biǎodá 動（考え方や感情などを）表す．表現する．‖～心声 biǎodá xīnshēng 思いを表現する．｜～能力 biǎodá nénglì 表現能力．｜这首诗～了作者对祖国的热爱 zhè shǒu shī biǎodále zuòzhě duì zǔguó de rè'ài この詩は作者の祖国に対する熱い思いを表現している．

*【表示】 biǎoshì ❶（言葉や行動で）表す．示す．表明する．‖～赞成 biǎoshì zànchéng 賛成の意を表す．｜向你们～感谢 xiàng nǐmen biǎoshì gǎnxiè あなたがたに感謝の意を表します．❷示す．意味する．‖红灯～禁止通行 hóngdēng biǎoshì jìnzhǐ tōngxíng 赤信号は通行禁止を意味する．

【表述】 biǎoshù 動 言葉で表す．述べる．‖～意见 biǎoshù yìjiàn 意見を述べる．

*【表现】 biǎoxiàn 動 表現する．体現する．示す．‖运动员在比赛中～出顽强的毅力 yùndòngyuán zài bǐsài zhōng biǎoxiànchu wánqiáng de yìlì 選手は試合で粘り強さを発揮した．｜这首歌～了人们对幸福的向往 zhè shǒu gē biǎoxiànle rénmen duì xìngfú de xiàngwǎng この歌には人々の幸福への思いが表されている．

**【描写】 miáoxiě 動 描写する．叙述する．‖～得很生动 miáoxiěde hěn shēngdòng 生き生きと描写している．｜这部作品～的是封建时代一对青年的爱情悲剧 zhè bù zuòpǐn miáoxiě de shì fēngjiàn shídài yí duì qīngnián de àiqíng bēijù この作品は封建時代の若い男女の愛情の悲劇を描いたものである．

【示意】 shìyì 動（表情・動作・言葉・図形などで）何らかの意志を伝える．‖他使了个眼色，～我快走 tā shǐle ge yǎnsè, shìyì wǒ kuài zǒu 彼は私に早く行くように目くばせをした．

*【体现】 tǐxiàn 動（考え方や性質などを）具体的に表す．体現する．‖这幅油画～了作者的个性化 zhè fú yóuhuà tǐxiànle zhòzhě de gèxìnghuà この油絵には作家の個性というものが表れている．

*【显示】 xiǎnshì 動 はっきり示す．顕示する．明らかにする．‖通过比赛，～了他们的雄厚实力 tōngguò bǐsài, xiǎnshìle tāmen de xiónghòu shílì 試合を通じて彼らはけた違いの実力を見せつけた．｜数据～在电脑屏幕上 shùjù xiǎnshìzài diànnǎo píngmù shang データはコンピューターのディスプレー上に表示される．｜他想在大家面前～一下自己的绘画才能 tā xiǎng zài dàjiā miànqián xiǎnshì yíxià zìjǐ de huìhuà cáinéng 彼はみんなの前で自分の絵の才能を見せつけたいと思っている．

ひょうじ　表示

▶标　▶标价　▶标明　▶标志　▶表明
▶表示　▶表态　▶记号　▶路标　▶商标

---

*【标】 biāo 動 印を付ける．‖图上～着方向 tú shang biāozhe fāngxiàng 図に方向が表示してある．｜～上标点符号 biāoshang biāodiǎn fúhào 句読点を付ける．

【标价】 biāo//jià 動 価格を表示する．値札を付ける．‖给商品～ gěi shāngpǐn biāojià 商品に値札を付ける．图 (biāojià) 表示価格．定価．‖按～的一半出售 àn biāojià de yíbàn chūshòu 定価の半額で売る．

【标明】 biāomíng 動 表記する．明示する．‖～出厂日期 biāomíng chūchǎng rìqī 出荷期日を明記する．｜票上～了过期作废 piào shang biāomíngle guòqī zuòfèi 切符に有効期限が示してある．

621

びょうしゃ　描写

*【标志】【标识】biāozhì 图特徴を表す記号．標識．マーク．‖交通～ jiāotōng biāozhì 交通標識．

**【表明】biǎomíng 動表明する．明らかにする．‖我们正式～过我们的态度 wǒmen zhèngshì biǎomíngguo wǒmen de tàidu 我々は正式に自分たちの態度を表明している．｜调查结果～，情况属实 diàochá jiéguǒ biǎomíng, qíngkuàng shǔshí 調査結果によって状況が事実どおりであったことが明らかになった．

★【表示】biǎoshì 動示す．意味する．‖红灯～禁止通行 hóngdēng biǎoshì jìnzhǐ tōngxíng 赤信号は通行禁止を意味する．图表示．表れ．‖你对此有何～? nǐ duì cǐ yǒu hé biǎoshì? あなたはこれに対して何か意思表示はありませんか．｜不说话就是不同意的～ bù shuōhuà jiù shì bù tóngyì de biǎoshì 黙っているのは同意しないことの表れだ．

【表态】biǎo//tài 動態度や姿勢を明らかにする．‖对这个问题，我不～ duì zhège wèntí, wǒ bù biǎotài この問題について私は考えを明らかにしない．｜他马上就表了态 tā mǎshàng jiù biǎole tài 彼はすぐに態度をはっきり示した．

*【记号】jìhao 图記号．マーク．‖用红笔做了个～ yòng hóngbǐ zuòle ge jìhao 赤鉛筆で印を付けた．

【路标】lùbiāo 图道標．道しるべ．道路標識．‖在岔路口设置～ zài chàlùkǒu shèzhì lùbiāo 分かれ道の所に道標を立てる．

*【商标】shāngbiāo 图商標．トレードマーク．ブランド．‖注册～ zhùcè shāngbiāo 登録商標．

びょうしゃ　描写

▶反映　▶勾画　▶描画　▶描绘　▶描写
▶描述　▶叙述

**【反映】fǎnyìng 動反映する．‖这部作品～了当代年轻人的追求 zhè bù zuòpǐn fǎnyìngle dāngdài niánqīngrén de zhuīqiú この作品は現代の若者の理想を反映している．

【勾画】gōuhuà 動輪郭を描き出す．簡潔な文章で描写する．‖寥寥数语，就把人物形象～出来了 liáoliáo shùyǔ, jiù bǎ rénwù xíngxiàng gōuhuàchulaile 少ない言葉で人物像を描き出した．

【描画】miáohuà 動描く．描写する．(多く比喩に用いる)‖他常常在心里～着自己的未来 tā chángcháng zài xīnli miáohuàzhe zìjǐ de wèilái 彼は自分の将来をいつも心の中に描いている．

*【描绘】miáohuì 動描く．描写する．‖这部作品细致地～了那个时代的知识分子的群像 zhè bù zuòpǐn xìzhì de miáohuìle nàge shídài de zhīshi fènzǐ de qúnxiàng この作品は当時の知識人の群像を詳しく描いている．

*【描写】miáoxiě 動描写する．叙述する．‖～得很生动 miáoxiěde hěn shēngdòng 生き生きと描写してある．｜这部作品～的是封建时代一对青年的爱情悲剧 zhè bù zuòpǐn miáoxiě de shì fēngjiàn shídài yí duì qīngnián de àiqíng bēijù この作品は封建時代の若い男女の愛情の悲劇を描いたものである．

*【描述】miáoshù 動描写する．叙述する．‖他向我们～了当时的情景 tā xiàng wǒmen miáoshùle dāngshí de qíngjǐng 彼は我々にそのときの光景を語ってくれた．

【叙述】xùshù 動叙述する．事の経過を書き出す，または話す．‖详细～了事情的经过 xiángxì xùshùle shìqing de jīngguò 詳しく事の次第を述べた．｜小说～了一个普通家庭的故事 xiǎoshuō xùshùle yí ge pǔtōng jiātíng de gùshi この小説は普通の家庭の物語を叙述したものである．

ひょうじょう　表情

▶表情　▶脸色　▶面孔　▶神采　▶神气
▶神情　▶神色　▶神态　▶样子

*【表情】biǎoqíng 動 感情を表す. ‖ 善于
～传意 shànyú biǎoqíng chuán yì 表情で
気持ちを表すのが上手だ. 図 表情. 顔
つき. ‖ ～严肃 biǎoqíng yánsù 表情が険
しい. ｜ 脸上毫无～ liǎn shang háowú biǎo-
qíng 顔にまったく表情が出ない. ｜ 脸上
～丰富 liǎn shang biǎoqíng fēngfù 表情が
豊かである.

*【脸色】liǎnsè 図 表情. 面持ち. ‖ 看上
级的～行事 kàn shàngjí de liǎnsè xíngshì 上
司の顔色をうかがって行動する. ｜ 一
看他的～，就知道事情办成了 yí kàn tā
de liǎnsè, jiù zhīdao shìqing bànchéngle 彼の
表情を見て，事がうまくいったのがす
ぐに分かった.

*【面孔】miànkǒng 図 顔. 顔つき. ‖ 板着
～ bǎnzhe miànkǒng 仏頂面をする. ｜ 装
出严肃的～ zhuāngchu yánsù de miànkǒng
いかめしい顔つきをして見せる.

【神采】shéncǎi 図 表情. 顔色. ‖ ～飞扬
shéncǎi fēiyáng 表情が生き生きとしてい
る. ｜ ～奕奕 shéncǎi yìyì 顔色がつやつ
やして血色がいい.

*【神气】shénqì；shénqi 図 顔つき. 表情.
態度. ‖ 脸上露出不安的～ liǎn shang lù-
chu bù'ān de shénqi 不安そうな面持ちに
なった. ｜ 她说话的～像个小大人 tā shuō-
huà de shénqi xiàng ge xiǎodàren 話すとき
の彼女の顔つきは大人びて見える.

*【神情】shénqíng 図 表情. 面持ち. ‖ ～
恍惚 shénqíng huǎnghu 表情がうつろで
ある. ｜ 满意的～ mǎnyì de shénqíng 満足
気な顔.

*【神色】shénsè 図 面持ち. 様子. 態度.
‖ ～坦然 shénsè tǎnrán 平然とした表情
をしている. ｜ ～慌张 shénsè huāngzhang

慌てふためいている. ｜ 他～有些不对 tā
shénsè yǒuxiē búduì 彼は様子がいつもと
違う.

*【神态】shéntài 図 表情・態度. 様子. ‖
～安详 shéntài ānxiáng 物腰が落ち着い
ている. ｜ ～自若 shéntài zìruò 泰然自若
としている. ｜ 一副顽皮的～ yí fù wánpí
de shéntài 腕白そうな表情.

★【样子】yàngzi 図 表情. 顔立ち. ‖ 熊猫
的～真可爱 xióngmāo de yàngzi zhēn kě'ài
パンダの表情はほんとうにかわいい.
｜ 脸上显出生气的～ liǎn shang xiǎnchu
shēngqì de yàngzi 顔に怒りの表情が現れ
る.

ひょうばん　評判

▶畅销　▶出名　▶名气　▶名声　▶声望
▶受欢迎　▶闻名　▶有名

*【畅销】chàngxiāo 動 売れ行きがよい.
⇔"滞销" zhìxiāo ‖ ～货 chàngxiāohuò よ
く売れる商品. ｜ ～书 chàngxiāoshū ベ
ストセラー. ｜ 这种商品最近非常～ zhè
zhǒng shāngpǐn zuìjìn fēicháng chàngxiāo
この手の商品はこのところたいへんよ
く売れている.

*【出名】chū//míng 形 有名である. 名高
い. ‖ 他是～的歌唱家 tā shì chūmíng de
gēchàngjiā 彼は有名な声楽家だ. 動 (～
儿)名が出る. 有名になる. ‖ 他由于这
部小说出了名 tā yóuyú zhè bù xiǎoshuō
chūle míng 彼はこの小説で有名になっ
た. ｜ 既想～，又想得利 jì xiǎng chūmíng,
yòu xiǎng dé lì 名声も得たいし金儲けも
したい.

*【名气】míngqi 図 名声. 評判. ‖ ～大
míngqi dà 評判が高い. ｜ 她是个小有～
的歌剧演员 tā shì ge xiǎo yǒu míngqi de gē-
jù yǎnyuán 彼女は少しは名の知れたオ
ペラ歌手である.

【名声】 míngshēng 名 名声. 評判. ‖ 好～ hǎo míngshēng 立派な評判. 名声. | ～很坏 míngshēng hěn huài 評判が甚だくない. | ～在外 míngshēng zài wài 評判が外にも知られている.

【声望】 shēngwàng 名 声望. 名声. ‖ 颇有～ pō yǒu shēngwàng 非常に声望がある. | 在学术界～很高 zài xuéshùjiè shēngwàng hěn gāo 学界で声望がある.

【受欢迎】 shòu huānyíng 組 歓迎される. 喜んで迎えられる. 評判がいい. ‖ 该公司的产品很～ gāi gōngsī de chǎnpǐn hěn shòu huānyíng 当社の製品はたいへん評判がいい. | 她的课很受学生们的欢迎 tā de kè hěn shòu xuéshengmen de huānyíng 彼女の授業は学生たちに人気がある.

*** 【闻名】** wénmíng 動 ❶名声を聞く. 評判を聞く. ‖ ～已久 wénmíng yǐ jiǔ 評判はかねがね聞いている. ❷名が知られる. 評判になる. ‖ ～世界 wénmíng shìjiè 世界的に有名である. | 举世～ jǔshì wénmíng 世間に名が知れる.

★【有名】 yǒu/míng 形 有名である. 名が通っている. ‖ 这个演员很～ zhège yǎnyuán hěn yǒumíng この俳優はとても有名だ. | 在全国召集～的大学召开了研讨会 zài quánguó zhàojí yǒumíng de dàxué zhàokāile yántǎohuì 全国の有名大学を集めてシンポジウムが開かれた.

ひょうめん　表面 ⇒【表（表面）】

ひらく　（店や会を）開く

▶举办　▶举行　▶开　▶开户　▶开门
▶开业　▶开张　▶召开

*** 【举办】** jǔbàn 動 開催する. 挙行する. 催す. ‖ ～展览会 jǔbàn zhǎnlǎnhuì 展覧会を開催する. | ～体育比赛 jǔbàn tǐyù bǐsài

スポーツ競技を開催する. | ～义卖活动 jǔbàn yìmài huódòng チャリティー・バザーを催す.

＊＊【举行】 jǔxíng 動 挙行する. 実行する. 行う. ‖ ～婚礼 jǔxíng hūnlǐ 婚礼を行う. | ～谈判 jǔxíng tánpàn 交渉を行う. | 会议延期～ huìyì yánqī jǔxíng 会議は延期して行う.

*** 【开】** kāi 動 ❶設立する. 開設する. ‖ ～医院 kāi yīyuàn 病院を開設する. | ～工厂 kāi gōngchǎng 工場を新設する. | 这学期～了新课 zhè xuéqī kāile xīn kè 今学期は新しい講座を開いた. ❷(会を)開く. 開催する. ‖ ～运动会 kāi yùndònghuì 運動会を開催する. | ～画展 kāi huàzhǎn 絵の展覧会を開く. | 下午的会不～了 xiàwǔ de huì bù kāi le 午後の会議は取り止めになった.

【开户】 kāi//hù 動 口座を開く. ‖ 我刚去银行开了个户 wǒ gāng qù yínháng kāile ge hù いましがた銀行で口座を開いてきたところだ.

【开门】 kāi//mén 動 ❶営業を始める. 営業する. ‖ 春节期间商店照常～ Chūnjié qījiān shāngdiàn zhàocháng kāimén 春節の間も商店はいつもどおり開く. ❷門戸を開く.

【开业】 kāi//yè 動 開業する. 営業する. ‖ ～大酬宾 kāiyè dà chóubīn 開店大売り出し. | ～行医 kāiyè xíngyī 医院を開業する.

【开张】 kāi//zhāng 動 開店する. 店開きする. ‖ 这家饭馆是上个月～的 zhè jiā fànguǎn shì shànggeyuè kāizhāng de このレストランは先月開店した.

＊＊【召开】 zhàokāi 動 招集して会を開く. ‖ ～大会 zhàokāi dàhuì 大会を開催する. | 全国教育工作会议将于八月～ quánguó jiàoyù gōngzuò huìyì jiāng yú bāyuè zhàokāi 全国教育工作会議は8月に招集される.

ひる　昼

▶白日　▶白天　▶白昼　▶大白天
▶大天白日　▶青天白日　▶日间　▶晌午
▶午间　▶中午

【白日】báirì 图❶太陽. ❷昼間. ‖黑天
～地干 hēitiān báirì de gàn 夜も昼も働く.
｜～做梦 báirì zuòmèng 白昼夢. 非現実
的な幻想にふける.

**【白天】báitiān 图昼. 昼間. ‖明天～晴
转多云 míngtiān báitiān qíng zhuǎn duōyún
明日は日中晴れのち曇りです. ｜这里～
人多 zhèli báitiān rén duō ここは昼間は
人が多い. ｜～一天天变长 báitiān yì tiān-
tiān biàncháng 日一日と昼が長くなる.

【白昼】báizhòu 图書白昼.

【大白天】dàbáitiān（～的）图真昼. 昼
のさなか. ‖～的, 开什么灯呀 dàbáitiān
de, kāi shénme dēng ya 真っ昼間なのに,
なんで電気なんかつけてるんだ.

【大天白日】dàtiān báirì 僧口真っ昼間.
昼のさなか. ‖～的, 你怕什么? dàtiān
báirì de, nǐ pà shénme? 真っ昼間だという
のに, 君は何を怖がっているんだ.

【青天白日】qīngtiān báirì 僧昼日中.
真っ昼間. 白昼堂々.

【日间】rìjiān 图昼間. 日中. ‖～照顾
rìjiān zhàogù デイケア.

*【晌午】shǎngwu 图口正午. 昼.

【午间】wǔjiān 图正午. 昼ごろ. ‖～休
息 wǔjiān xiūxi 昼の休憩. 昼休み. ｜～
新闻 wǔjiān xīnwén 昼のニュース.

★【中午】zhōngwǔ 图昼ごろ. 正午前後.

ひるむ

▶胆怯　▶怕　▶怯阵　▶缩头缩脑　▶退却
▶退缩　▶畏惧　▶畏怯　▶畏缩

*【胆怯】dǎnqiè 厖臆病である. 度胸が

なくおじけついている. びくついてい
る. ‖在众人面前讲话, 他有点儿～ zài
zhòngrén miànqián jiǎnghuà, tā yǒudiǎnr dǎn-
qiè 大勢の前で話をすることに, 彼は
いくらかおじけづいている.

★【怕】pà 動恐れる. 怖がる. おびえる.
‖老鼠最～猫 lǎoshǔ zuì pà māo ネズミ
はネコがいちばん怖い. ｜真要动手了,
他就～了 zhēn yào dòngshǒu le, tā jiù pà le
ほんとうに殴ろうとしたら, やつはび
びった.

【怯阵】qiè//zhèn 動おじけづく. 上が
る. ‖别～我们的实力并不差 bié qièzhèn,
wǒmen de shílì bìng bú chà 緊張しないで,
我々の実力が低いというわけではない.

【缩头缩脑】suō tóu suō nǎo（～的）僧首
をすくめる. 尻込みする. おじけづく.
‖在门外～的不敢进去 zài ménwài suō
tóu suō nǎo de bùgǎn jìnqu ドアの外でお
ずおずして, 中に入る勇気がない. ｜不
能出了问题就～的 bù néng chūle wèntí jiù
suō tóu suō nǎo de 何か問題があると尻
込みばかりしていてはだめだ.

【退却】tuìquè 動❶（軍隊が）退却する.
❷ひるむ. 萎縮（じゅく）する. ‖遇到挫折
也不～ yùdào cuòzhé yě bú tuìquè 挫折
（ざつ）してもひるまない.

【退缩】tuìsuō 動尻込みする. 萎縮す
る. たじたじとなる. ‖面对困难毫不
～ miànduì kùnan háobù tuìsuō 困難に臨
んでいささかも尻込みしない.

*【畏惧】wèijù 動恐れる. 怖がる. ‖在危
险面前无所～ zài wēixiǎn miànqián wú suǒ
wèi jù 危険を前にしてひるむことがな
い.

【畏怯】wèiqiè 動ひるむ. おじけづく.
尻込みする. ‖毫不～ háobù wèiqiè 少
しもひるまない.

【畏缩】wèisuō 動畏縮（じゅく）する. 尻込
みする. ‖在困难面前～不前 zài kùnnan
miànqián wèisuō bù qián 困難に直面して

ひろい　広い

尻込みする.

ひろい　広い

▶博大　▶大　▶広　▶広大　▶広泛
▶広闊　▶寛　▶寛敞　▶寛広　▶寛闊
▶辽闊

【博大】bódà 圏 広い. 豊かである. (多く学識や思想など抽象的な事物について用いる) ‖ 胸怀~ xiōnghuái bódà 心が広い. | 他的诗文高深~ tā de shīwén gāoshēn bódà 彼の詩文は内容が深く広がりがある.

★【大】dà 圏 (体積・面積・年齢・音などが) 大きい. ⇔"小" xiǎo ‖ 这间房真~ zhè jiān fáng zhēn dà この部屋は実に大きい. | 学问~ xuéwen dà 知識がある.

*【广】guǎng 圏 ❶広い. ⇔"狭" xiá ‖ 受灾面很~ shòuzāimiàn hěn guǎng 被害は広範囲にわたっている. | 地~人稀 dì guǎng rén xī 土地は広く人口は少ない. ❷普遍的である. 幅広い. ‖ 知识面~ zhīshimiàn guǎng 知識が広い. | 门路~ ménlu guǎng 人脈が広い. | 他的事迹流传很~ tā de shìjì liúchuán hěn guǎng 彼の事績は広く伝わっている.

**【广大】guǎngdà 圏 (面積などが) 広い. 広大である. 広々としている. ‖ 幅员~ fúyuán guǎngdà 国土が広い. | ~地区 guǎngdà dìqū 広大な地域.

**【广泛】guǎngfàn 圏 (範囲が) 広い. 広範である. 多方面にわたる. 普遍的である. ‖ 爱好~ àihào guǎngfàn 趣味が広い. | ~地讨论 guǎngfàn de tǎolùn 多方面にわたって討論する. | 保持~的联系 bǎochí guǎngfàn de liánxì 多方面との関係を維持する.

**【广阔】guǎngkuò 圏 広々としている. 広大である. ‖ ~的田野 guǎngkuò de tiányě 広々とした田野. | ~天地 guǎngkuò tiāndì

広大な天地. | 视野~ shìyě guǎngkuò 視野が広い. | 胸怀~ xiōnghuái guǎngkuò 度量が広い.

**【宽】kuān 圏 (幅・面積・範囲が) 広い. ⇔"窄" zhǎi | 路很~ lù hěn kuān 道幅がとても広い. | ~肩膀 kuān jiānbǎng 広い肩. | 知识面很~ zhīshimiàn hěn kuān 知識がとても幅広い.

*【宽敞】kuānchang 圏 場所が広くゆったりしている. ‖ 房间很~ fángjiān hěn kuānchang 部屋が広くゆったりしている.

【宽广】kuānguǎng 圏 (面積や範囲が) 広い. ‖ 道路~ dàolù kuānguǎng 道が広い.

*【宽阔】kuānkuò 圏 広々している. 広大である. ‖ 湖面很~ húmiàn hěn kuānkuò 湖の水面が広々としている.

*【辽阔】liáokuò 圏 広々と果てしない. ‖ 幅员~ fúyuán liáokuò 領土が広々と果てしない. | ~的大草原 liáokuò de dà cǎoyuán 果てしなく広い大草原.

ひろう　拾う

▶拣　▶捡　▶拿　▶拾　▶拾取　▶挑
▶摘　▶找

---

*【拣】jiǎn 働 ❶選ぶ. 選び取る. ‖ ~字 jiǎn zì 活字を拾う. | 把米里的石子儿出来 bǎ mǐ li de shízǐr jiǎnchulai 米に混じっている小石をより出す. | 总~好的吃 zǒng jiǎn hǎo de chī いつもよいものを選んで食べる. ❷"捡" jiǎn に同じ.

*【捡】jiǎn 働 拾う. ‖ ~麦穗儿 jiǎn màisuìr ムギの落ち穂を拾う. | 在街上了一个钱包 zài jiēshang jiǎnle yí ge qiánbāo 道で財布を拾った. | ~了芝麻, 丢了西瓜 jiǎnle zhīma, diūle xīguā ゴマを拾ってスイカを落とす. つまらないものを得て, 代わりに大きなものを失うたとえ.

★【拿】ná 働 (手で) 持つ. つかむ. 取る.

‖ ～着书 názhe shū 本を手に取る.｜随便 ～ suíbiàn ná 自由に取る.｜给我～报纸来 gěi wǒ ná bàozhǐ lái 新聞を持ってきてくれ.｜从筐里～了两个小的苹果 cóng kuāng li nále liǎng ge xiǎo de píngguǒ かごから小さいリンゴを2つ拾い出した.

【拾】 shí 動 拾う.‖ ～ 柴火 shí cháihuo 薪を拾う.｜把掉在地上的筷子～起来 bǎ diàozài dìshang de kuàizi shíqilai 床に落ちた箸を拾い上げる.｜在路上～了一个钱包 zài lùshang shíle yí ge qiánbāo 道で財布を拾った.

【拾取】 shíqǔ 動 拾う.‖ ～贝壳 shíqǔ bèiké 貝殻を拾う.

【挑】 tiāo 動 ❶選ぶ.選択する.‖ ～货 tiāo huò 品物を選ぶ.｜～队员 tiāo duìyuán チームメンバーを選ぶ.｜喜欢哪个,自己～ xǐhuan nǎge, zìjǐ tiāo 好きなのを自分で選びなさい.❷あらを捜す.‖ ～毛病 tiāo máobing あら捜しをする.｜～不是 tiāo búshi 他人の非を捜す.｜鸡蛋里～骨头 jīdàn li tiāo gǔtou 卵の中から骨を捜そうとする.あら捜しをする.

【摘】 zhāi 動 選び取る.抜粋する.‖ ～要 zhāiyào 要点を抜き書きする.ダイジェスト.｜报刊文～ bàokān wénzhāi 新聞・雑誌ダイジェスト.｜～出重点 zhāichu zhòngdiǎn 重要な箇所を抜粋する.｜把喜欢的名言警句～下来 bǎ xǐhuan de míngyán jǐngjù zhāixialai 気に入った名句を拾ってくる.

★【找】 zhǎo 動 探す.‖ ～钥匙 zhǎo yàoshi かぎを探す.｜～话题 zhǎo huàtí 話の種を拾う.｜～了半天还没～着 zhǎole bàntiān hái méi zhǎozháo さんざん探したが,まだ見つからない.｜～不到合适的工作 zhǎobudào héshì de gōngzuò 適当な仕事が見つからない.

ひろがる　広がる

▶遍布　▶遍及　▶传开　▶加宽　▶开
▶扩大　▶扩散　▶扩展　▶蔓延　▶伸展
▶拓宽

【遍布】 biànbù 動 至る所に分布する.‖ ～全国的气象站 biànbù quánguó de qìxiàngzhàn 全国至る所にある気象台.｜电视转播网～全国 diànshì zhuǎnbōwǎng biànbù quánguó テレビのネットワークは全国に広がっている.

【遍及】 biànjí 動 広く及ぶ.‖ 电视的影响已～人们生活的各个角落 diànshì de yǐngxiǎng yǐ biànjí rénmen shēnghuó de gègè jiǎoluò テレビの影響は人々の生活の隅々にまで及んでいる.

【传开】 chuánkāi 動 (評判などが)広く伝わる.広がる.‖ 谣言～ yáoyán chuánkāi デマが広がる.｜这个消息已经～了 zhège xiāoxi yǐjīng chuánkāi le このニュースはすでに広く伝わっている.

【加宽】 jiākuān 動 (幅が)広がる.広げる.‖ 路～后车好走了 lù jiākuān hòu chē hǎozǒu le 道幅が広がって運転しやすくなった.

★【开】 kāi 動 動詞の後に置き,広がっていくことを表す.‖ 从此"飞毛腿"这个外号就叫～了 cóngcǐ "fēimáotuǐ" zhège wàihào jiù jiàokāi le この時から「韋駄天(いだてん)」というあだ名が広まった.｜人群向四下里散～ rénqún xiàng sìxiàli sànkāi 人の群れは四方に散っていった.

【扩大】 kuòdà 動 (範囲や規模などが)拡大する.‖ ～影响 kuòdà yǐngxiǎng 影響が拡大する.｜～交际范围 kuòdà jiāojì fànwéi 交際範囲が広がる.｜生产规模不断～ shēngchǎn guīmó búduàn kuòdà 生産規模は絶えず拡大している.

*【扩散】 kuòsàn 動 拡散する.拡散させる.‖ 病毒已经～到了周围三个省 bìng-

dú yǐjīng kuòsàndàole zhōuwéi sān ge shěng ウイルスはすでに周辺の三つの省に広がっている．│～谣言 kuòsàn yáoyán デマを広める．

*【扩展】kuòzhǎn 動（多く範囲，工地などが）拡張する．‖耕地面积有所～ gēngdì miànjī yǒu suǒ kuòzhǎn 耕地面積がいくぶん広がった．

*【蔓延】mànyán 動 蔓延(まん えん)する．‖悲观情绪～滋长 bēiguān qíngxù mànyán zīzhǎng 悲観的な気分が広がる．│火势还在～ huǒshì hái zài mànyán 火はなおも燃え広がっている．│瘟疫～ wēnyì mànyán 疫病が蔓延する．

*【伸展】shēnzhǎn 動 伸びる．広がる．‖～双臂 shēnzhǎn shuāngbì 両腕を広げる．│沙漠向四周～ shāmò xiàng sìzhōu shēnzhǎn 砂漠が周囲に広がる．

【拓宽】tuòkuān 動 広がる．（幅を）広げる．‖公路～工程 gōnglù tuòkuān gōngchéng 道路拡幅工事．│～视野 tuòkuān shìyě 視野を広げる．│如果能考出证书，就可以～工作的范围 rúguǒ néng kǎochū zhèngshū, jiù kěyǐ tuòkuān gōngzuò de fànwéi 資格を取れれば，仕事の幅が広がる．

ひろげる （閉じたものを）広げる

▶撑开　▶打开　▶放　▶放开　▶开
▶舒展　▶摊开　▶展开　▶张　▶张开

【撑开】chēng//kāi 動 広げる．開ける．‖～口袋 chēngkāi kǒudai 袋の口を広げる．│把伞～ bǎ sǎn chēngkāi 傘を開く．

*【打开】dǎ//kāi 動 開ける．開く．‖～抽屉 dǎkāi chōuti 引き出しを開ける．│～笔记本 dǎkāi bǐjìběn ノートを広げる．│～包裹 dǎkāi bāoguǒ 包みを広げる．

★【放】fàng 動 広げる．伸ばす．緩める．‖～大照片 fàngdà zhàopiàn 写真を引き

伸ばす．│袖子再～出一点儿来 xiùzi zài fàngchu yìdiǎnr lai 袖をもう少し長くする．

【放开】fàngkāi 動 拡張する．大きくする．広げる．開ける．‖～眼界看未来 fàngkāi yǎnjiè kàn wèilái 視野を広げて未来を見る．│～嗓子唱 fàngkāi sǎngzi chàng 声を張り上げて歌う．

★【开】kāi 動 ❶（閉じていたものを）開ける．開(ひら)く．⇔“关” guān ‖～灯 kāi dēng 明かりをつける．│～罐头 kāi guàntou 缶詰を開ける．│～窗户 kāi chuānghu 窓を開ける．❷広げる．広がる．（凍っていたものが）溶ける．‖花～了 huā kāi le 花が咲いた．│拉锁儿～了 lāsuǒr kāi le ファスナーが開いた．│河～了 hé kāi le 川の氷が解けた．

*【舒展】shūzhǎn 動（折り目がついたり，巻いていたり，しわが寄ったりしたものを）広げる．伸ばす．‖把旗子～开 bǎ qízi shūzhǎnkāi 旗を広げる．│奶奶高兴地笑了起来，脸上的皱纹也～了 nǎinai gāoxìng de xiàoleqilai, liǎn shang de zhòuwén yě shūzhǎn le おばあさんが嬉しそうに笑うと，顔のしわも伸びた．

【摊开】tānkāi 動 ならして広げる．すべて並べる．すっかり広げる．‖把问题～ bǎ wèntí tānkāi 問題を列挙する．│有什么话咱们还是～了说吧 yǒu shénme huà zánmen háishi tānkāile shuō ba 何か言いたいことがあるなら，お互いすっかり吐き出そうじゃないか．

**【展开】zhǎn//kāi 動 広げる．開く．‖～双臂 zhǎnkāi shuāngbì 両腕を広げる．│～设计图纸 zhǎnkāi shèjì túzhǐ 設計図を広げる．

★【张】zhāng 動（閉じていたものを）開く．広げる．ぴんと張る．‖～嘴 zhāngzuǐ 口を開く．口に出して言う．│～翅膀 zhāng chìbǎng 翼を広げる．

【张开】zhāng//kāi 動 いっぱいに開く．

開ける. 広げる. ‖ ～大嘴 zhāngkāi dà zuǐ 大きな口を開く. | 降落伞～了 jiàngluòsǎn zhāngkāi le パラシュートが開いた. | 鞋底～了一个口 xiédǐ zhāngkāile yí ge kǒu 靴底がぱっくり開いた. | ～双手 zhāngkāi shuāngshǒu 両手を広げる.

ひろまる　広まる

▶遍布　▶遍及　▶传　▶传播　▶传布
▶风靡　▶风行　▶家喻户晓　▶流传
▶蔓延　▶普及

【遍布】biànbù 動 至る所に分布する. ‖ ～全国的气象站 biànbù quánguó de qìxiàngzhàn 全国至る所にある気象台. | 电视转播网～全国 diànshì zhuǎnbōwǎng biànbù quánguó テレビのネットワークは全国に広がっている.

【遍及】biànjí 動 広く及ぶ. ‖ 电视的影响已～人们生活的各个角落 diànshì de yǐngxiǎng yǐ biànjí rénmen shēnghuó de gègè jiǎoluò テレビの影響は人々の生活の隅々にまで及んでいる.

**【传】chuán 動 (評判などが)広く伝わる. 広める. ‖ ～谣言 chuán yáoyán デマを広める. | 误～ wùchuán 誤って伝わる. | 名不虚～ míng bù xū chuán 評判どおりである. | 这个消息一下子就～开了 zhège xiāoxi yíxiàzi jiù chuánkāi le このニュースはあっという間に広まった.

**【传播】chuánbō 動 広く伝える. 広まる. ‖ ～新技术 chuánbō xīn jìshù 新しい技術を広める. | ～经验 chuánbō jīngyàn 経験を広く伝える. | ～友谊 chuánbō yǒuyì 友好を広める. | ～谣言 chuánbō yáoyán デマが広がる.

【传布】chuánbù 動 広く伝わる. 広まる. ‖ ～新思想 chuánbù xīn sīxiǎng 新しい思想を広く伝える. | ～病菌 chuánbù bìngjūn 病原菌が広まる.

【风靡】fēngmǐ 動 風靡(ふう)する. ‖ ～一时 fēngmǐ yìshí 一世を風靡する.

【风行】fēngxíng 動 流行する. 風靡(ふう)する. ‖ ～一时 fēngxíng yìshí 一時期流行する. | ～全国 fēngxíng quánguó 全国に広まる.

*【家喻户晓】jiā yù hù xiǎo 成 どこの家でも知っている. 誰でも承知している. ‖ 节约能源要做到～ jiéyuē néngyuán yào zuòdào jiā yù hù xiǎo エネルギーの節約は周知徹底させなければならない.

*【流传】liúchuán 動 流布する. 伝わる. 広まる. ‖ 这个故事一直～到今天 zhège gùshi yìzhí liúchuándào jīntiān この物語はずっと今日まで伝わっている. | 这件事早就～开了 zhè jiàn shì zǎojiù liúchuánkāi le この一件はとっくに広まった.

*【蔓延】mànyán 動 蔓延(まん)する. ‖ 悲观情绪～滋长 bēiguān qíngxù mànyán zīzhǎng 悲観的気分が広がる. | 火势还在～ huǒshì hái zài mànyán 火はなおも燃え広がっている. | 瘟疫～ wēnyì mànyán 疫病が蔓延する.

*【普及】pǔjí 動 普及する. 広く行き渡る. 大衆化する. ‖ 家用电脑已经～起来 jiāyòng diànnǎo yǐjīng pǔjíqilai 家庭用パソコンはすでに広く普及している.

ふ

ふいに　不意に ⇒【突然】

ふかい　深い

▶浓　▶浓厚　▶深　▶深厚　▶深刻　▶重

**【浓】nóng 形 ❶(液体や気体が)濃い. ⇔ "淡" dàn ‖ 味道～ wèidao nóng 味が濃

ふきん　付近

い.｜雾越来越～了 wù yuè lái yuè nóng le 霧がますます深くなった.｜这花的香味很～ zhè huā de xiāngwèi hěn nóng この花は香りが強い.❷(色が)濃い.‖呈～绿色 chéng nóng lǜsè 濃い緑色をしている.❸(程度が)深い.強い.‖兴趣不～ xìngqù bù nóng 興味が薄い.｜迷信色彩太～了 míxìn sècǎi tài nóng le 迷信の色合いが強すぎる.

*【浓厚】nónghòu 形 ❶濃い.厚い.‖～的云层 nónghòu de yúncéng 厚い層雲.｜这些工艺品带有～的地方色彩 zhèxiē gōngyìpǐn dàiyǒu nónghòu de dìfāng sècǎi これらの工芸品は地方色豊かである.❷(興味が)深い.‖他对古典音乐兴趣～ tā duì gǔdiǎn yīnyuè xìngqù nónghòu 彼はクラシック音楽にたいへん興味をもっている.

★【深】shēn 形 ❶深い.⇔"浅" qiǎn‖根扎得～ gēn zhāde shēn 根が深く張っている.｜把坑再挖～些 bǎ kēng zài wā shēn xiē 穴をもう少し深く掘りなさい.❷(道理や意味が)奥深い.難解である.⇔"浅" qiǎn‖学问～ xuéwen shēn 非常に学問がある.｜～入浅出 shēn rù qiǎn chū 深い内容を分かりやすい言葉で説く.❸深刻である.切実である.⇔"浅" qiǎn‖对他的影响很～ duì tā de yǐngxiǎng hěn shēn 彼への影響がとても大きい.｜感触～ gǎnchù shēn 感慨が深い.❹(関係が)親密である.親しい.⇔"浅" qiǎn‖交情～ jiāoqing shēn とても親密である.｜关系一直挺～ guānxi yìzhí tǐng shēn 一貫して関係が深い.❺(色が)濃い.⇔"浅" qiǎn‖颜色太～ yánsè tài shēn 色が濃すぎる.｜～红色 shēnhóngsè 深紅(くれない).

**【深厚】shēnhòu 形 (感情が)深い.‖～的友谊 shēnhòu de yǒuyì 深い友情.｜感情～ gǎnqíng shēnhòu 感情がこもっている.

**【深刻】shēnkè 形 深い.‖内容～ nèiróng shēnkè 内容が深い.｜～地领会 shēnkè de lǐnghuì 深く理解する.｜教训很～ jiàoxun hěn shēnkè 教訓が骨身にこたえた.｜留下了～的印象 liúxiale shēnkè de yìnxiàng 深い印象を残した.

★【重】zhòng 形 ❶重い.⇔"轻" qīng‖箱子太～, 拿不动 xiāngzi tài zhòng, nábudòng 箱が重すぎて持ち上げられない.｜这篇文章的分量挺～ zhè piān wénzhāng de fènliang tǐng zhòng この文章にはとても重みがある.｜礼轻情意～ lǐ qīng qíngyì zhòng 贈り物はわずかだけれど心がこもっている.❷(程度が)深い.‖伤势很～ shāngshì hěn zhòng 傷が深い.｜口音很～ kǒuyin hěn zhòng なまりが強い.

─────────────

ふきん　付近

▶附近　▶近旁　▶邻近　▶四周　▶一带
▶周围

★【附近】fùjìn 名 付近.近边.‖东京站(的)～ Dōngjīngzhàn (de) fùjìn 東京駅の付近.｜会场～的地图 huìchǎng fùjìn de dìtú 会場周辺の地図.｜他家就在～ tā jiā jiù zài fùjìn 彼の家はすぐ近くだ.｜学校～有一家电影院 xuéxiào fùjìn yǒu yì jiā diànyǐngyuàn 学校の近くに映画館がある.

【近旁】jìnpáng 名 近辺.そば.‖我住在公园的～ wǒ zhùzài gōngyuán de jìnpáng 私は公園のそばに住んでいる.

【邻近】línjìn 動 近接する.隣り合う.‖别墅～海边 biéshù línjìn hǎibiān 別荘は海のそばにある.名 付近.隣近所.‖他家就在这所学校～ tā jiā jiù zài zhè suǒ xuéxiào línjìn 彼の家はこの学校のすぐ近くにある.｜～的商店 línjìn de shāngdiàn 近所の商店.

630

ふく　吹く

*【四周】sìzhōu 图周囲．ぐるり．周り．‖～都是高楼 sìzhōu dōu shì gāolóu 周囲はすべてビルである．

*【一带】yídài 图一带．あたり．周辺．‖长江下游～ Chángjiāng xiàyóu yídài 長江の下流域一带．| 这～很安静 zhè yídài hěn ānjìng このあたりはとても静かだ．

*【周围】zhōuwéi 图周囲．周り．‖～环境很安静 zhōuwéi huánjìng hěn ānjìng 周りの環境はとても静かだ．| 向～的人群招手致意 xiàng zhōuwéi de rénqún zhāoshǒu zhìyì 周囲の群衆に手を振ってこたえる．| 工厂的～是一片片麦田 gōngchǎng de zhōuwéi shì yí piànpiàn màitián 工場の周りは一面麦畑が広がっている．

ふく　拭く
▶擦　▶拂　▶拂拭　▶揩　▶抹　▶抹
▶拭

★【擦】cā 動(手・布などで)拭く．ぬぐう．磨く．‖～脸 cā liǎn 顔を拭く．| ～黑板 cā hēibǎn 黒板を拭く．| ～皮鞋 cā píxié 革靴を磨く．| ～土 cā tǔ ほこりを拭き取る．| 用橡皮～掉 yòng xiàngpí cādiào 消しゴムで消す．

【拂】fú 動払う．はたく．‖～去身上的尘土 fúqù shēnshang de chéntǔ 体のほこりを払い落とす．

【拂拭】fúshì 動(ほこりを)払う．ぬぐう．拭き取る．‖～桌椅 fúshì zhuōyǐ テーブルや椅子を拭く．

【揩】kāi 動拭く．ぬぐう．‖～干血迹 kāigān xuèjì 血の跡を拭いて乾かす．| 把黑板～干净 bǎ hēibǎn kāigānjìng 黒板を拭いてきれいにする．

【抹】mā 動拭く．ぬぐう．‖～桌子 mā zhuōzi 机を拭く．| ～一把脸 mā yì bǎ liǎn 顔をぬぐう．

*【抹】mǒ 動拭く．ぬぐう．‖～眼泪 mǒ

yǎnlèi 涙をぬぐう．| 吃完饭，他～了～嘴就走了 chīwán fàn, tā mǒlemǒ zuǐ jiù zǒu le 食事を終え，口をひとぬぐいすると彼は出ていった．

【拭】shì 動書ぬぐう．拭く．‖擦～ cāshì 拭く．| ～去脸上的汗珠 shìqù liǎn shang de hànzhū 顔の汗を拭き取る．

ふく　吹く
▶吹　▶刮　▶哈气　▶喷

★【吹】chuī 動❶(息を)吹く．吹きつける．‖把灯～灭 bǎ dēng chuīmiè 明かりを吹き消す．| ～了一口气 chuīle yì kǒu qì ふっと息を吹きかけた．| 给气球～足了气 gěi qìqiú chuīzúle qì 風船を吹いて膨らませた．❷(楽器などを)吹き鳴らす．‖～号 chuī hào ラッパを吹く．| ～笛子 chuī dízi 笛を吹く．| ～口琴 chuī kǒuqín ハーモニカを吹く．❸吹聴する．ほらを吹く．‖净瞎～，正事一件也办不成 jìng xiāchuī, zhèngshì yí jiàn yě bànbuchéng ほらを吹くばかりで，まともなことは何一つできない．❹(風が)吹く．‖风轻轻地～ fēng qīngqīng de chuī 風がそよそよと吹いている．

★【刮】guā 動(風が)吹く．‖这里春天常～风 zhèlǐ chūntiān cháng guā fēng ここは春になるといつも風が吹く．| 猛烈的风～倒了一棵树 měngliè de fēng guādǎole yì kē shù 猛烈な風が木をなぎ倒した．| 什么风把你～来了? shénme fēng bǎ nǐ guāilai le? いったいどういう風の吹き回しでやって来たんだい．

【哈气】hā//qì 動はあっと息を吐きかける．‖哈了一口气 hāle yì kǒu qì はあっと息を吐きかけた．

**【喷】pēn 動噴き出す．吹き出す．‖～饭 pēnfàn おかしくて吹き出す．| 火山～起火来 huǒshān pēnqǐ huǒ lai 火山が噴

631

火し始める. ｜泉眼里不断地～着水 quányǎn li búduàn de pēnzhe shuǐ 泉からは絶え間なく水がわき出している. ｜他笑得饭都～出来了 tā xiàode fàn dōu pēnchulai le 彼はおかしくて御飯を吹き出してしまった.

ふくむ　含む

▶包含　▶包括　▶带　▶含　▶含有
▶算上

**【包含】 bāohán 動 包含する. 含む. ‖这句话～着深刻的含义 zhè jù huà bāohánzhe shēnkè de hányì この言葉には深い意味が含まれている.

*【包括】 bāokuò 動 含む. 含める. ‖语言学习～听、说、读、写四个方面 yǔyán xuéxí bāokuò tīng、shuō、dú、xiě sì ge fāngmiàn 語学の勉強は、聞く・話す・読む・書くの四つの面を含んでいる. ｜～我在内，一共十个人 bāokuò wǒ zàinèi, yígòng shí ge rén 私を含めて合計10人だ.

*【带】 dài 動 (色・味・語気などを)含む. 帯びる. ‖他说话～湖南口音 tā shuōhuà dài Húnán kǒuyin 彼の言葉には湖南のなまりがある. ｜这菜～点儿苦味儿 zhè cài dài diǎnr kǔwèir この野菜は少し苦みがある.

**【含】 hán 動 ❶(口に)含む. ‖嘴里～着糖 zuǐ li hánzhe táng 口にあめを入れている. ❷含有する. 保有する. 含む. ‖～糖量 hántángliàng 糖分含有量. ｜～着眼泪 hánzhe yǎnlèi 目に涙をためる. ｜～多种维生素 hán duō zhǒng wéishēngsù 多種類のビタミンを含む.

*【含有】 hányǒu 動 含む. 含有する. ‖～多种营养成分 hányǒu duō zhǒng yíngyǎng chéngfèn たくさんの栄養が含まれている. ｜他的话里～恶意 tā de huàli hányǒu èyì 彼の言葉には悪意が含まれている.

【算上】 suànshang；suànshàng 動 (…まで)計算に入れる. ‖～我，也不过五个人 suànshang wǒ, yě búguò wǔ ge rén 私を含めてもたったの5人だ.

ふくらむ　膨らむ

▶充满　▶发　▶鼓　▶鼓绷绷　▶鼓鼓囊囊
▶隆起　▶膨胀　▶胀　▶涨

**【充满】 chōngmǎn 動 満ちる. 充満する. ‖前途～希望 qiántú chōngmǎn xīwàng 前途は希望にふくらんでいる. ｜眼里～了泪水 yǎn li chōngmǎnle lèishuǐ 目に涙があふれた. ｜～热情的讲话 chōngmǎn rèqíng de jiǎnghuà 熱意のこもった話. ｜浑身～了力量 húnshēn chōngmǎnle lìliang 全身に力がみなぎっている.

*【发】 fā 動 (発酵や水でもどして)膨らむ. 水を吸ってふやける. ‖面～了 miàn fā le 小麦粉の生地が発酵して膨らんだ. ｜～鱿鱼 fā yóuyú するめを水につけてふやかす.

**【鼓】 gǔ 動 膨らます. 膨れる. ‖～着腮帮子 gǔzhe sāibāngzi 膨れっ面をする. ｜～着小嘴，正在生妈妈的气 gǔzhe xiǎozuǐ, zhèngzài shēng māma de qì 口をとがらせてお母さんに怒っている. ｜头上～起一个大包 tóu shang gǔqǐ yí ge dàbāo 頭に大きなこぶができた.

【鼓绷绷】 gǔbēngbēng (～的) 形 膨らんでる. 腫(は)れ上がったり、膨らんでいるさま. ‖肚子胀得～的 dùzi zhàngde gǔbēngbēng de 腹がぱんぱんに張っている.

【鼓鼓囊囊】 gǔgunāngnāng (～的) 形 (袋などに物が詰め込まれて)膨れ上がっているさま. ‖包里装得～的 bāo li zhuāngde gǔgunāngnāng de かばんがぱんぱんだ.

【隆起】 lóngqǐ 動 隆起する. 盛り上がる.

‖地面～ dìmiàn lóngqǐ 地面が盛り上がる.

*【膨胀】péngzhàng 動膨張する. ‖气体因受热而～ qìtǐ yīn shòurè ér péngzhàng 気体は加熱によって膨張する. ｜人口～ rénkǒu péngzhàng 人口が膨れ上がる. ｜通货～ tōnghuò péngzhàng インフレになる. ｜野心～ yěxīn péngzhàng 野心を膨らませる.

*【胀】zhàng 動膨張する. ‖热～冷缩 rè zhàng lěng suō 熱くなると膨張し冷えると収縮する.

【涨】zhàng 動(水分を吸収して)ふくれる. ふやける. ‖泡～ pàozhàng ふやける. ｜面条儿都放得～起来了 miàntiáor dōu fàngde zhàngqilai le うどんがすっかりのびてしまった.

ふくろ　袋
▶包　▶袋　▶袋子　▶兜　▶口袋

**【包】bāo 名かばん. バッグ. 小物入れ. ‖皮～ píbāo 革かばん. ｜钱～ qiánbāo 財布. ｜书～ shūbāo 学生かばん. ｜挎～ kuàbāo ショルダーバッグ. ハンドバッグ. トートバッグ.

**【袋】dài(～儿) 名袋. ‖纸～ zhǐdài 紙袋. ｜塑料～ sùliàodài ポリ袋. ｜网眼～ wǎngyǎndài (果物・野菜などの販売用)ネット袋. ｜保鲜～ bǎoxiāndài 食品包装用のポリ袋. ｜手饰～ shǒushìdài ポーチ. ｜粮～ liángdài 穀物袋. ｜睡～ shuìdài 寝袋. シュラフ.

【袋子】dàizi 名(やや大きめの)袋. ‖纸～ zhǐdàizi 紙袋. ｜把米装进～里 bǎ mǐ zhuāngjin dàizi li 米を袋に詰める.

*【兜】dōu(～儿) 名物を入れられる袋. ポケット. ‖裤～儿 kùdōur ズボンのポケット. ｜衣～ yīdōu 上着のポケット. ｜提～ túdōu 手提げ袋.

**【口袋】kǒudai(～儿) 名❶(紙・布・皮などで作った)袋. ‖纸～ zhǐkǒudai 紙袋. ｜塑料～ sùliào kǒudai ビニール袋. ❷(衣服の)ポケット.

ふこう　不幸
▶悲惨　▶背运　▶不幸　▶倒霉　▶噩运
▶命苦

*【悲惨】bēicǎn 形悲惨である. ‖～的情景 bēicǎn de qíngjǐng 悲惨なありさま. ｜处境～ chǔjìng bēicǎn 境遇が惨めである. ｜她的遭遇非常～ tā de zāoyù fēicháng bēicǎn 彼女の境遇はひどく悲惨だ.

【背运】bèiyùn 名運がないこと. 不運. ‖这阵子，他一直在走～ zhè zhènzi, tā yìzhí zài zǒu bèiyùn ここのところ彼はずっとついていない. 形運が悪い. ついていない. ‖他很～ tā hěn bèiyùn 彼は運が悪い.

**【不幸】bùxìng 形不幸である. ‖～的遭遇 búxìng de zāoyù 不幸な境遇. ｜～去世 búxìng qùshì 不幸にして世を去る. ｜～言中 búxìng yánzhòng 不幸にも悪い予感が適中した. 名不幸. 災難. ‖家里发生了～ jiāli fāshēngle búxìng 身内に不幸があった.

*【倒霉】【倒楣】dǎo//méi 形ついていない. ばかを見る. 不運だ. ‖今天我可倒了大霉了 jīntiān wǒ kě dǎole dàméi le 今日僕はさんざんだった. ｜这下他该～了 zhèxià tā gāi dǎoméi le こんどはあいつが貧乏くじを引く番だ. ｜真～，刚领到的工资就叫人掏了 zhēn dǎoméi, gāng lǐngdào de gōngzī jiù jiào rén tāo le まったく運が悪い，受け取ったばかりの給料をすられてしまった.

【噩运】èyùn 名悪運. 不運. "恶运"とも書く. ‖没想到会碰上这种～ méi xiǎngdào huì pèngshang zhè zhǒng èyùn こ

んな目に合うとは思わなかった.

【命苦】mìngkǔ 形 不幸な運命にある. ‖ 她这人～ tā zhè rén mìngkǔ 彼女は不幸の星のもとに生まれた人だ.

ふさがる

▶满 ▶没空儿 ▶没（有）时间 ▶腾不出
▶占 ▶占线

★【满】mǎn 形 満ちている. いっぱいである. ‖ 客～ kèmǎn （ホテルや劇場などで）満室. 満席. | 桌上堆～了文件 zhuōshang duīmǎnle wénjiàn 机の上は書類でふさがっている. | 周末日程全排～了 zhōumò rìchéng quán páimǎn le 週末は（予定があって）全部ふさがっている.

【没空儿】méi kòngr 組 暇がない. 時間がない. ‖ 我最近太忙，～看电影 wǒ zuìjìn tài máng, méi kòngr kàn diànyǐng 近ごろとても忙しくて映画を見る暇がない. | 对不起，下午～ duìbuqǐ, xiàwǔ méi kòngr すみません，午後はふさがっています.

【没（有）时间】méi(you) shíjiān 組 時間がない. ‖ 今天～，那件事以后再说吧 jīntiān méi shíjiān, nà jiàn shì yǐhòu zàishuō ba 今日はふさがっているので，その件はまた今度にしよう.

【腾不出】téngbuchū 動 （場所や時間を）あけられない. ‖ 现在～手来，没法去接你 xiànzài téngbuchū shǒu lai, méifǎ qù jiē nǐ いま手がふさがっているので，迎えに出られない. | ～地方放衣柜 téngbuchū dìfang fàng yīguì たんすを置くスペースがない.

★【占】zhàn 動 占有する. 占用する. ‖ 两手全～上了 liǎng shǒu quán zhànshang le 両手がふさがっている. | 别拿行李～座 bié ná xíngli zhàn zuò 荷物で席をふさがないでください. | 书架上都～满了 shū-

jià shang dōu zhànmǎn le zázhì 書棚は雑誌で占められてしまった.

【占线】zhàn//xiàn 動 （電話が）話し中である. 回線がふさがっている. ‖ 那个电话老～ nàge diànhuà lǎo zhànxiàn あそこの電話はいつもふさがっている.

ふさぐ

▶补 ▶堵 ▶堵塞 ▶蒙 ▶塞 ▶填
▶捂 ▶楦

★【补】bǔ 動 （服や靴などの穴を）ふさぐ. 繕う. 補修する. ‖ ～裤子 bǔ kùzi ズボンを繕う. | 墙 bǔ qiáng 壁を直す. 塀を修理する. | 车胎 bǔ chētāi タイヤを修理する.

**【堵】dǔ 動 （すきまや道を）ふさぐ. せき止める. ‖ ～嘴 dǔzuǐ 口をふさぐ. 口止めする. | ～车 dǔchē 渋滞する. | 把洞口～上 bǎ dòngkǒu dǔshang 穴の口をふさぐ. | 别～着门 bié dǔzhe mén 戸口に立ちふさがらないで. | 下水道～了 xiàshuǐdào dǔ le 下水道が詰まってしまった.

*【堵塞】dǔsè 動 ❶ （すきまや道を）ふさぐ. 埋める. ‖ 看热闹的人～了道路 kàn rènao de rén dǔsèle dàolù 野次馬が道をふさいでしまった. | 交通～ jiāotōng dǔsè 交通が渋滞している. ❷ （足りない所や欠損を）補う. 穴埋めする. ‖ 我们要～工作中的漏洞 wǒmen yào dǔsè gōngzuò zhōng de lòudòng 我々は仕事上の手抜かりを穴埋めしなくてはならない.

*【蒙】méng 動 かぶす. かぶせる. 覆う. ‖ ～上一张报纸 méngshang yì zhāng bàozhǐ 新聞紙を1枚かぶせる. | ～住眼睛 méngzhù yǎnjing 目をふさぐ. 目隠しをする.

*【塞】sāi 動 すきまに詰める. ふさぐ. ‖ 他怕吵，用棉花～着耳朵 tā pà chǎo, yòng

634

miánhua sāizhe ěrduo 彼はうるさいのを嫌がり綿で耳の穴をふさいでいる.

＊＊【填】tián 動（穴やくぼみなどを）埋める. ふさぐ. 平らにする. ‖～坑 tián kēng 穴を埋める. ｜欲壑难～ yù hè nán tián 欲望には限りがない.

【捂】wǔ 動 しっかりと押さえる. ぴったりと覆う. ふさぐ. ‖～着鼻子 wǔzhe bízi 鼻を手でふさぐ. ｜～紧盖子 wǔjǐn gàizi しっかりふたをする.

【楦】xuàn 動（空洞の部分に）物をぎっしりと詰める. 詰め物をする. ‖标本肚里～满了干草 biāoběn dù li xuànmǎnle gāncǎo 剝製(はく)の中には干し草が詰めてある.

ふざける

▶打闹 ▶逗闷子 ▶逗弄 ▶欢闹
▶开玩笑 ▶闹 ▶闹着玩儿 ▶耍闹
▶玩耍

【打闹】dǎnào 動 騒ぐ. ふざける. ‖不要在教室里～ búyào zài jiàoshì li dǎnào 教室で騒いではいけない. ｜在站台上～很危险 zài zhàntái shang dǎnào hěn wēixiǎn ホームでふざけていると, 危ないよ.

【逗闷子】dòu mènzi 組 口 冗談を言う. ふざける. からかう.

【逗弄】dòunong 動 ❶あやす. 戯れる. ‖孩子～着小狗玩儿 háizi dòunongzhe xiǎogǒu wánr 子供が小犬と戯れて遊んでいる. ❷からかう. ‖别听他瞎说, 他～你呢 bié tīng tā xiāshuō, tā dòunong nǐ ne 彼のでたらめなんかに耳を貸すな, 君をからかっているだけだから.

【欢闹】huānnào 動 大喜びで遊ぶ. はしゃいで騒ぐ. ‖小兄弟俩～着笑倒了 xiǎo xiōngdì liǎ huānnàozhe xiàodǎo le 幼い兄弟がふざけて笑いころげている. 形 騒々しい. やかましい.

★【开玩笑】kāi wánxiào 組 冗談を言う. ふざける. 笑わせる. ‖你跟他～, 他可是当真了 nǐ gēn tā kāi wánxiào, tā kě shì dàngzhēn le あなたは冗談を言ったのだが, 彼は本気にした. ｜他用半～的口气向我认了错 tā yòng bàn kāi wánxiào de kǒuqi xiàng wǒ rènle cuò 彼は冗談めかした口調で私に謝った.

＊＊【闹】nào 動 からかう. ふざける. ‖爱说爱～ ài shuō ài nào おしゃべりや冗談が好きである.

＊【闹着玩儿】nàozhe wánr 組 冗談を言う. ふざける. ‖刚才的话是～的, 你别当真哪! gāngcái de huà shì nàozhe wánr de, nǐ bié dàngzhēn na! さっきの話は冗談だから, 本気にしないでくれ.

【耍闹】shuǎnào 動 ふざける. ふざけて騒ぐ.

【玩耍】wánshuǎ 動 遊ぶ. 遊び戯れる. ‖孩子们在水中尽情地～ háizimen zài shuǐ zhōng jìnqíng de wánshuǎ 子供たちは水遊びに夢中になっている.

ふさわしい ⇒【適当（適切）】

ふせぐ 防ぐ

▶提防 ▶防 ▶防备 ▶防守 ▶防御
▶防止 ▶戒备 ▶警惕 ▶预防

【提防】dīfang 動 用心する. 警戒する. ‖此人心术不正, 要～着点儿 cǐ rén xīnshù bú zhèng, yào dīfangzhe diǎnr あの人は心根の悪い人だから用心したほうがいい.

＊＊【防】fáng 動 防ぐ. 備える. ‖严～ yánfáng 厳重に警戒する. ｜～虫咬 fáng chóng yǎo 虫に食われるのを防ぐ. ｜～腐蚀 fáng fǔshí 腐食を防止する.

【防备】fángbèi 動 防備する. 用心する.

635

警戒する.‖~得很严 fángbèide hěn yán 警戒が厳しい.|加强~ jiāqiáng fángbèi 防備を強化する.

*【防守】fángshǒu 動防ぐ.守る.防衛する.‖~边境 fángshǒu biānjìng 国境を防衛する.

*【防御】fángyù 動防御する.防衛する.‖~工事 fángyù gōngshì 防御設備.|~系统 fángyù xìtǒng 防衛網.|~战 fángyùzhàn 防衛戦.

**【防止】fángzhǐ 動防止する.防ぐ.‖~感冒 fángzhǐ gǎnmào 風邪を予防する.|~发生交通事故 fángzhǐ fāshēng jiāotōng shìgù 交通事故の発生を防止する.|~传染病流行 fángzhǐ chuánrǎnbìng liúxíng 伝染病の流行を防ぐ.

【戒备】jièbèi 動警戒する.警備する.‖~森严 jièbèi sēnyán 警戒が厳重である.

*【警惕】jǐngtì 動警戒する.‖时刻~敌人的进犯 shíkè jǐngtì dírén de jìnfàn 常に敵の侵犯を警戒する.

*【预防】yùfáng 動予防する.‖~感冒 yùfáng gǎnmào 風邪を予防する.|~针 yùfángzhēn 予防注射.|~措施 yùfáng cuòshī 予防措置.|以~为主 yǐ yùfáng wéi zhǔ 予防を第一とする.

ふそく　不足

▶不够　▶不足　▶短缺　▶欠　▶欠缺
▶缺　▶缺乏　▶缺少　▶少

*【不够】bùgòu 動足りない.十分でない.‖水分~ shuǐfèn búgòu 水分が足りない.|时间~了 shíjiān búgòu le 時間が足りなくなった.|经验~ jīngyàn búgòu 経験不足だ.|因为学生人数的增加,所以学校的板凳~用了 yīnwei xuésheng rénshù de zēngjiā, suǒyǐ xuéxiào de bǎndèng búgòu yòng le 学生の数が増えたので,学校の椅子が足りなくなった.|这点儿

钱~他养家 zhè diǎnr qián búgòu tā yǎngjiā こればかりの金では彼が家族を養うには不十分だ.

*【不足】bùzú 形足りない.十分でない.‖这袋米分量~ zhè dài mǐ fēnliang bùzú この袋の米は目方が足りない.|估计~ gūjì bùzú 見込みが不十分である.|信心~ xìnxīn bùzú 自信がない.|心有余而力~ xīn yǒuyú ér lì bùzú その気はあっても力が足りない.

【短缺】duǎnquē 動不足する.欠ける.(目的語はとらない)‖燃料~ ránliào duǎnquē 燃料が不足する.|人手~ rénshǒu duǎnquē 人手が足りない.

*【欠】qiàn 動不足する.欠ける.(後に数量フレーズを伴うときは,多くお金のことをいう)‖说话~考虑 shuōhuà qiàn kǎolù 話が思慮に欠ける.|计划~周密 jìhuà qiàn zhōumì 計画が綿密さを欠く.|还~你两块钱 hái qiàn nǐ liǎng kuài qián 君にまだ2元の借りがある.

【欠缺】qiànquē 動不足する.欠乏する.(数量フレーズを伴うことはない)‖经验~ jīngyàn qiànquē 経験が乏しい.图不十分な所.欠点.‖事情办得很完满没有什么~ shìqing bànde hěn wánmǎn méiyou shénme qiànquē 仕事の処理は完璧(かんぺき)でなんの手抜かりもない.

**【缺】quē 動不足する.足りない.欠く.‖~资金 quē zījīn 資金が不足する.|~人员 quē rényuán 人員が不足している.|过日子~不了柴米油盐 guò rìzi quēbuliǎo cháimǐ yóuyán 生活に燃料や食糧,油や塩といったものは欠かせない.|都来了,就~小李一个人 dōu lái le, jiù quē Xiǎo-Lǐ yí ge rén みんな来たが,李くん一人だけが欠けている.

**【缺乏】quēfá 動欠乏する.不足する.(数量フレーズを伴うことはない)‖专业人才~ zhuānyè réncái quēfá 有能な専門家が不足する.|~信心 quēfá xìnxīn

自信に欠ける. | ～勇气 quēfá yǒngqì 勇気が足りない.

**【缺少】 quēshǎo 動 不足する. 欠く. ‖～零件 quēshǎo língjiàn 部品が不足する. | 不可～的人才 bùkě quēshǎo de réncái 不可欠な人材. | 农村十分～医生 nóngcūn shífēn quēshǎo yīshēng 農村では医者が非常に不足している. | 还～三万日元 hái quēshǎo sān wàn rìyuán あと3万円足りない.

*【少】 shǎo 動 (もともとあるべきものが)足りない. (あるべき数量が)不足する. ⇔"多" duō ‖这字～一点 zhè zì shǎo yì diǎn この字は点が一つ足りない. | 这套书还～一本 zhè tào shū hái shǎo yì běn このセットの本は1冊欠けている. | 一个钱也不会～你的 yí ge qián yě bú huì shǎo nǐ de 一銭たりとも不足はありません.

ふたたび　再び

▶重　▶重新　▶还　▶又　▶再　▶再次
▶再度

**【重】 chóng 副 もう一度. 再び. ‖看一遍 chóng kàn yí biàn もう一度見る. | ～访母校 chóng fǎng mǔxiào 母校を再訪する. | 旧地～游 jiùdì chóng yóu 旧遊の地を再び訪れる.

**【重新】 chóngxīn 副 再び. もう一度. ‖他又把答卷～检查了一遍 tā yòu bǎ dájuàn chóngxīn jiǎnchále yí biàn 彼は答案をもう一度見直した.

*【还】 hái 副 (範囲の拡大や追加を表す)その上. さらに. ‖考完笔试, ～有口试 kǎowán bǐshì, hái yǒu kǒushì 筆記試験が終わると, さらに口頭試問がある. | 我～想去那儿玩儿 wǒ hái xiǎng qù nàr wánr 私はもう一度あそこに遊びにいきたい.

*【又】 yòu 副 (二つの動作が前後して行

われることを表す)また. こんどは. ‖洗完衣服, ～去买菜 xǐwán yīfu, yòu qù mǎi cài 洗濯をし終えると, また食料品を買いに出かけた. | 他刚从日本回来, ～去了美国 tā gāng cóng Rìběn huílai, yòu qùle Měiguó 彼は日本から戻ったばかりなのに, またアメリカへ行った. | 他画了～擦, 擦了～画, 直到满意为止 tā huàle yòu cā, cāle yòu huà, zhídào mǎnyì wéizhǐ 彼は描いては消し, 消しては描き, 納得のいくまでやめなかった.

*【再】 zài 副 (同じ動作や行為の繰り返し, または継続を表す)再び. さらに. もっと. ‖机器没～发生故障 jīqì méi zài fāshēng gùzhàng 機械は二度と故障を起こしていない. | 请您～说一遍 qǐng nín zài shuō yí biàn もう一度おっしゃっていただけますか. | 机不可失, 失不～来 jī bùkě shī, shī bú zài lái チャンスは逃してはならない, 逃せば二度とやって来ない. | ～喝, 我可就要醉了 zài hē, wǒ kě jiù yào zuì le これ以上飲んだら, 僕はほんとうに酔っぱらってしまうよ.

【再次】 zàicì 副 再び. 再度. ‖～请求 zàicì qǐngqiú 再度お願いする. | ～表示感谢 zàicì biǎoshì gǎnxiè 重ねて感謝の意を表します.

【再度】 zàidù 副 再度. いま一度. ‖谈判～破裂 tánpàn zàidù pòliè 話し合いは再度決裂した. | 心脏病～发作 xīnzàngbìng zàidù fāzuò 心臓病の発作がまた起きた.

ふだん　⇒【いつも（ふだん）】

ふち　縁　⇒【端（へり・縁）】

ふちゃく　付着

▶附着　▶挂　▶黏　▶黏结　▶沾　▶粘

【附着】 fùzhuó 動 付着する．つく．‖灰尘 ~ 在表面 huīchén fùzhuózài biǎomiàn ほこりが表面に付着している．

★**【挂】** guà 動 (表面に)付着する．帯びる．かぶる．‖窗帘上 ~ 了一层灰 chuānglián shang guàle yì céng huī 窓のカーテンにほこりがついている．｜路面 ~ 了一层霜 lùmiàn guàle yì céng shuāng 道に霜が降りている．｜脸上 ~ 着笑容 liǎn shang guàzhe xiàoróng 顔に笑みを浮かべている．

【黏】 nián 形 ねばねばしている．粘っこい．"粘"と書くことも多い．‖这糯米很 ~ zhè nuòmǐ hěn nián このもち米はとても粘りがある．｜糨糊一点儿也不 ~ jiànghu yìdiǎnr yě bù nián のりが少しもくっつかない．｜两张纸 ~ 住了 liǎng zhāng zhǐ niánzhù le 紙が2枚くっついた．

【黏结】 niánjié 動 粘りつく．くっつく．‖ ~ 力 niánjiélì 粘着力．｜ ~ 性差 niánjiéxìng chà 粘着性が劣る．

***【沾】** zhān 動 付着する．つく．‖衣服 ~ 上了油 yīfu zhānshangle yóu 服に油がついた．｜两手 ~ 满了泥 liǎng shǒu zhānmǎnle ní 両手が泥だらけになった．｜拍掉 ~ 在身上的土 pāidiào zhānzài shēnshang de tǔ 体についた土を払い落とす．

****【粘】** zhān 動 (粘着性のあるものが)つく．くっつく．粘りつく．‖饺子都 ~ 在一块儿了 jiǎozi dōu zhānzài yíkuàir le ギョーザがみなくっついてしまった．｜用胶带纸 ~ 起来 yòng jiāodàizhǐ zhānqilai テープでくっつけた．｜嘴边 ~ 着饭粒儿 zuǐbiān zhānzhe fànlìr 口に御飯粒がついている．

ふつう　普通

▶平常　▶平凡　▶平时　▶平素　▶普通
▶通常　▶往常　▶寻常　▶一般　▶正常

****【平常】** píngcháng 形 普通である．なんの変哲もない．月並みである．‖他的长相很 ~ tā de zhǎngxiàng hěn píngcháng 彼の容貌(ようぼう)はごくありふれている．｜这个人可不 ~ zhège rén kě bù píngcháng 彼はただ者ではない．名 ふだん．平素．日ごろ．‖和 ~ 一样 hé píngcháng yíyàng 常日ごろと変わりない．｜我 ~ 很少看电视 wǒ píngcháng hěn shǎo kàn diànshì ふだん私はめったにテレビを見ない．

***【平凡】** píngfán 形 平凡である．普通である．‖他可是位不 ~ 的人 tā kě shì wèi bù píngfán de rén あの人は普通の人ではない．｜他们在 ~ 的岗位上，做出了不 ~ 的贡献 tāmen zài píngfán de gǎngwèi shang, zuòchule bù píngfán de gòngxiàn 彼らは平凡な職場において非凡な成績をあげた．

****【平时】** píngshí 名 ふだん．日ごろ．平常．‖他 ~ 起得很早 tā píngshí qǐde hěn zǎo ふつう彼は早起きである．｜这次考试不同于 ~ zhè cì kǎoshì bùtóng yú píngshí こんどの試験はふだんのものとは異なる(重要である)．

【平素】 píngsù 名 平素．平生．ふだん．日ごろ．‖我们 ~ 很少有见面的机会 wǒmen píngsù hěn shǎo yǒu jiànmiàn de jīhuì ふだん我々が顔を合わせるチャンスはなかなかない．｜他这个人 ~ 不大爱说话 tā zhège rén píngsù búdà ài shuōhuà 彼はふだんからあまりしゃべらない．

****【普通】** pǔtōng 形 普通である．一般的である．‖ ~ 的人 pǔtōng de rén 普通の人．一般人．｜穿得很 ~ chuānde hěn pǔtōng ごくありふれた身なりをしている．｜那套家具的式样很 ~ nà tào jiājù de shìyàng hěn pǔtōng あの家具のデザインはごく

ありふれている.

*【通常】tōngcháng 形 通常の. 一般的な. ‖～的做法 tōngcháng de zuòfa 普通のやり方. | ～情况下，这么做是不允许的 tōngcháng qíngkuàng xia, zhème zuò shì bù yǔnxǔ de 通常の場合，このやり方は許されない. | 我～七点半起床 wǒ tōngcháng qī diǎn bàn qǐchuáng 私はふだん7時半に起きる.

*【往常】wǎngcháng 名 日ごろ. ふだん. ‖他～回家没有这么晚 tā wǎngcháng huíjiā méiyou zhème wǎn 彼はふつうこんなに遅く帰ることはない. | 今天街上比～热闹 jīntiān jiēshang bǐ wǎngcháng rènao 今日町はいつもより賑やかだ.

【寻常】xúncháng 形 尋常である. ありふれている. ‖非同～ fēi tóng xúncháng 尋常でない. | 异乎～ yìhū xúncháng 普通でない. | 电脑进入一般家庭已成为～事 diànnǎo jìnrù yìbān jiātíng yǐ chéngwéi xúncháng shì コンピューターの一般家庭への普及はすでにごく当たりまえのことになっている.

★【一般】yìbān 形 普通である. 一般的である. ‖～群众 yìbān qúnzhòng 一般大衆. | 学习成绩～ xuéxí chéngjì yìbān 学業成績は普通である. | 橱窗里的陈列品～不卖 chúchuāng li de chénlièpǐn yìbān bú mài ショーウインドーの陳列品は通常は売りません. | 我～在家吃晚饭 wǒ yìbān zài jiā chī wǎnfàn 私はふつう家で夕飯を食べます.

**【正常】zhèngcháng 形 正常である. 平常である. 通常である. ‖天气不～ tiānqì bú zhèngcháng 天候が不順である. | 体温～ tǐwēn zhèngcháng 平熱である. | 恢复～状态 huīfù zhèngcháng zhuàngtài 普通の状態に戻る. | 中日邦交～化 Zhōng Rì bāngjiāo zhèngchánghuà 中国と日本の国交が正常化する.

ぶつかる

▶冲击　▶冲突　▶冲撞　▶磕　▶磕头碰脑
▶碰　▶碰撞　▶撞　▶撞击

*【冲击】chōngjī 動 (水や大波などが)激しくぶつかる. 打ちつける. ‖河水～着堤坝 héshuǐ chōngjīzhe dībà 川の水が堰堤(えんてい)に激しく打ち寄せている.

*【冲突】chōngtū 動 ❶(利害や意見などが)衝突する. ‖游行队伍跟警察发生了激烈的～ yóuxíng duìwu gēn jǐngchá fāshēngle jīliè de chōngtū デモ隊は警官隊と激しくぶつかった. ❷ぶつかる. 矛盾する. 食い違う. ‖两个节目时间正好～了 liǎng ge jiémù shíjiān zhènghǎo chōngtū le 二つの番組の時間がかちあってしまった. | 他的证词前后～ tā de zhèngcí qiánhòu chōngtū 彼の証言は前後が食い違っている.

【冲撞】chōngzhuàng 動 ❶激しくぶつかる. ぶち当たる. ‖激浪～着防波堤 jīlàng chōngzhuàngzhe fángbōdī 激しい波が防波堤に打ち寄せている. | 老牛发狂地向人群～过来 lǎoniú fākuáng de xiàng rénqún chōngzhuàngguolai ウシが狂ったように群衆に突っ込んできた. ❷(感情的に)ぶつかる. 怒らせる. ‖姐姐又～妈妈了 jiějie yòu chōngzhuàng māma le 姉はまた母とぶつかった.

*【磕】kē 動 (かたいものに)ぶつかる. ぶつける. ‖膝盖～破了 xīgài kēpò le ひざをぶつけて怪我をした. | 杯子～掉了一块瓷 bēizi kēdiàole yí kuài cí ぶつけてコップの角が欠けた.

【磕头碰脑】kē tóu pèng nǎo 慣 人が大勢集まってぶつかるさま，あるいは，物が多くて人と物がふつかるさま. ‖一群人～地挤着看热闹 yì qún rén kē tóu pèng nǎo de jǐzhe kàn rènao 大勢の人が押し合いへし合いしながら見物している.

ふで　筆

★【碰】pèng 動 ぶつかる．衝突する．触れる．‖杯子～坏了 bēizi pènghuài le コップをぶつけて壊した．｜头上～了个包 tóu shang pèngle ge bāo 頭にぶつけてこぶができた．｜把椅子～倒了 bǎ yǐzi pèngdǎo le ぶつかって椅子を倒した．｜别骑太快了，小心～着人 bié qí tài kuài le, xiǎoxīn pèngzhe rén 自転車を飛ばすんじゃないよ，人にぶつかるといけないから．

【碰撞】pèngzhuàng 動 当たる．ぶつかる．‖玻璃制品，请勿～ bōli zhìpǐn, qǐng wù pèngzhuàng ガラス製品につき，触れないようにしてください．

**【撞】zhuàng 動 ぶつかる．衝突する．強く打つ．‖一辆汽车～到路边的护栏上 yí liàng qìchē zhuàngdào lùbiān de hùlán shang 車が道路わきのガードレールにぶつかった．｜小心别让车～着 xiǎoxīn bié ràng chē zhuàngzhe 車にはねられないように気をつけなさい．｜两名足球队员一下子～在一起，倒在地上动不了了 liǎng míng zúqiú duìyuán yíxiàzi zhuàngzài yìqǐ, dǎozài dìshang dòngbuliǎo le サッカー選手が2名，激しくぶつかって倒れたまま動かない．

【撞击】zhuàngjī 動 勢いよくぶつかる．強く打ちつける．‖海浪～着堤坝 hǎilàng zhuàngjīzhe dībà 海の波が勢いよく堤防にぶつかっている．｜观察彗星～木星的现象 guānchá huìxīng zhuàngjī mùxīng de xiànxiàng 彗星（すい）が木星にぶつかるのを観察する．

ふで　筆

▶笔　▶笔架　▶笔帽　▶笔筒　▶彩色铅笔
▶粉笔　▶钢笔　▶蜡笔　▶毛笔　▶铅笔
▶签字笔　▶文房四宝　▶荧光笔　▶圆珠笔
▶自动铅笔　▶自来水笔

★【笔】bǐ 名 筆．筆記具．‖～名 bǐmíng 筆名．ペンネーム．

【笔架】bǐjià 名 筆立て．筆置き．

【笔帽】bǐmào 名 筆のさや．（ボールペンや万年筆の）キャップ．

【笔筒】bǐtǒng 名 筆筒．筆立て．

【彩色铅笔】cǎisè qiānbǐ 名 色鉛筆．

**【粉笔】fěnbǐ 名 白墨．チョーク．

★【钢笔】gāngbǐ 名 ❶万年筆．❷ペン．つけペン．‖～尖儿 gāngbǐjiānr ペン先．｜～杆儿 gāngbǐgǎnr 名 ペン軸．

【蜡笔】làbǐ 名 クレヨン．

*【毛笔】máobǐ 名 毛筆．筆．

★【铅笔】qiānbǐ 名 鉛筆．‖～盒 qiānbǐhé 筆箱．ペンケース．

【签字笔】qiānzìbǐ 名 サインペン．

【文房四宝】wénfáng sìbǎo 名 書斎の四つの必需品．"笔墨纸砚" bǐ mò zhǐ yàn ともいう．

【荧光笔】yíngguāngbǐ 名 蛍光ペン．

**【圆珠笔】yuánzhūbǐ 名 ボールペン．

【自动铅笔】zìdòng qiānbǐ 名 シャープペンシル．

【自来水笔】zìláishuǐbǐ 名 万年筆．

ふとる　太る

▶发福　▶发胖　▶肥　▶富态　▶胖
▶胖嘟嘟　▶胖墩墩　▶胖乎乎　▶上膘

【发福】fā//fú 動 福々しくなる．太る．（多く中年以上の男性に対して，あいさつ代わりに使われる．相手が経済的に豊かになったことをほめる気持ちを含む）‖你最近好像～了 nǐ zuìjìn hǎoxiàng fāfú le 最近お太りになりましたね．

【发胖】fāpàng 動 体が太る．‖这两年～了 zhè liǎng nián fāpàng le ここ2，3年で太った．

**【肥】féi 形 （主として動物が）肥えている．⇔"瘦" shòu ‖牛～马壮 niú féi mǎ zhuàng 牛馬がよく肥えている．｜把猪

640

养得很～ bǎ zhū yǎngde hěn féi ブタを肉づきよく育てる.

【富态】fùtai 形 ⓐ太っている. 福々しい. ‖ 这人长得很～ zhè rén zhǎngde hěn fùtai この人は恰幅(かっぷく)がいい.

**【胖】pàng 形 ⓑ太っている. 肥えている. ⇔"瘦"shòu(人間が太っていることをいう. 動物について用いる場合は, 擬人化したり, かわいいという感情が込められる) ‖ 这孩子可真～ zhè háizi kě zhēn pàng この子はほんとうにまるまると太っている. ‖ 你可不能再～了 nǐ kě bù néng zài pàng le あなたはもうこれ以上太ってはいけない. ‖ 又～了一公斤 yòu pàngle yì gōngjīn また1キロ太ってしまった.

【胖嘟嘟】pàngdūdū(～的)形 よく太っている. ‖ ～的小圆脸 pàngdūdū de xiǎo yuán liǎn ぽちゃぽちゃした小さな丸い顔.

【胖墩墩】pàngdūndūn(～的)形 ずんぐりと太っている. ‖ ～的身材 pàngdūndūn de shēncái ずんぐりした体つき.

【胖乎乎】pànghūhū(～的)形 まるまる太っている. ‖ ～的小手真喜人 pànghūhū de xiǎoshǒu zhēn xǐrén ふっくらしたお手々はほんとにかわいい.

【上膘】shàng//biāo 動 (家畜が)肥える. 肉が付く.

ふとん　布団

▶被　▶被褥　▶被窝儿　▶被子　▶铺垫
▶铺盖　▶铺盖卷儿　▶褥子　▶睡袋

★【被】bèi 图 掛け布団. ‖ 棉～ miánbèi 綿入りの掛け布団. ｜ 毛巾～ máojīnbèi タオルケット. ｜ 盖了一床～ gàile yì chuáng bèi 掛け布団を1枚掛ける.

【被褥】bèirù 图 掛け布団と敷き布団. 布団. 寝具.

【被窝儿】bèiwōr 图 掛け布団. 風が入らないように掛け布団の両側とすそを筒状に折った寝床. ‖ 钻进～里 zuānjin bèiwōr li 布団の中に潜り込む.

★【被子】bèizi 图 掛け布団. ⇔"褥子"rùzi ‖ 盖～ gài bèizi 掛け布団を掛ける. ｜ 做～ zuò bèizi 掛け布団を作る. ｜ 叠～ dié bèizi 掛け布団を畳む. ｜ 拆洗～ chāixǐ bèizi 掛け布団をほどいて洗う.

【铺垫】pūdiàn(～儿)图 布団. ‖ 床上没有～ chuáng shang méiyou pūdiàn ベッドに敷き布団が敷いてない.

【铺盖】pūgai 图 敷き布団と掛け布団. 寝具. ‖ 卷～ juǎn pūgai 布団を巻く. 解雇されて主家を去る. 夜逃げする.

【铺盖卷儿】pūgaijuǎnr 图 (持ち運ぶために)まるめた布団. "行李卷儿"xínglijuǎnr ともいう.

【褥子】rùzi 图 敷き布団. ⇔"被子"bèizi ‖ 铺～ pū rùzi 敷き布団を敷く.

【睡袋】shuìdài 图 寝袋. シュラフ.

ふむ　踏む

▶踩　▶蹬　▶跺　▶践踏　▶踏

**【踩】cǎi 動 踏む. 踏みつける. ‖ 不小心～了他的脚 bù xiǎoxīn cǎile tā de jiǎo うっかりして彼の足を踏んでしまった. ｜ ～了一脚泥 cǎile yì jiǎo ní 泥に足を突っ込んでしまった. ｜ ～踏板 cǎi tàbǎn ペダルを踏む. ｜ ～缝纫机 cǎi féngrènjī ミシンを踏む.

*【蹬】dēng 動 踏む. 踏みつける. ‖ ～着哥哥的肩膀爬上去 dēngzhe gēge de jiānbǎng páshangqu 兄の肩に足をかけてよじのぼる. ｜ ～自行车 dēng zìxíngchē 自転車のペダルを踏む. ｜ 这孩子睡觉老～被子 zhè háizi shuìjiào lǎo dēng bèizi この子は寝るといつも布団をけとばす.

【跺】duò 動 力を入れて足踏みする. 足

で地をける. ‖ ～脚 duòjiǎo 地団駄を踏む.

* 【践踏】jiàntà 動 踏む. 踏みつける. ‖ 请勿～草坪 qǐngwù jiàntà cǎopíng 芝生に入らないでください.

* 【踏】tà 動 踏む. 踏みつける. ‖ 一脚进了水里 yì jiǎo tàjinle shuǐ li 水たまりに足を突っ込んでしまった. | 草地上被～出了一条小路 cǎodì shang bèi tàchule yì tiáo xiǎolù 原っぱに細い道が(踏みつけられて)できている.

ふやす　増やす

▶加　▶添　▶添置　▶増补　▶増产
▶増加　▶増设　▶増添　▶増长

★【加】jiā 動 (すでにあるところへ)加える. 増やす. ‖ 又～了一个菜 yòu jiāle yí ge cài もう一品料理を増やした. | 再～几个人 zài jiā jǐ ge rén あと何人か加える.

** 【添】tiān 動 増やす. 加える. 足す. ‖ ～人 tiān rén 人を増やす. 増員する. | ～家具 tiān jiājù 家具を増やす. | 再～点儿钱，买一个质量好一点儿的吧 zài tiān diǎnr qián, mǎi yí ge zhìliàng hǎo yìdiǎnr de ba もう少しお金を足して，品質のよいものを買おう.

【添置】tiānzhì 動 買い足す. 新たに購入する. ‖ ～家具 tiānzhì jiājù 家具を買い足す.

【増补】zēngbǔ 動 (書物の内容を)増補する. (人員などを)補う. ‖ ～本 zēngbǔběn 増補版. | 科学院又～了几位院士 kēxuéyuàn yòu zēngbǔle jǐ wèi yuànshì 科学院はまた数名の会員を補充した.

* 【増产】zēng//chǎn 動 生産を増やす. 増産する. ‖ 新的栽培技术使小麦～一成以上 xīn de zāipéi jìshù shǐ xiǎomài zēngchǎn yì chéng yǐshàng 新しい栽培技術により

コムギの生産量が1割以上増えた.

★【増加】zēngjiā 動 増加する. 増える. 増やす. ‖ ～品种 zēngjiā pǐnzhǒng 品種を増やす. | ～工资, 提高福利 zēngjiā gōngzī, tígāo fúlì 給与を上げ, 福祉を充実させる. | 不要再给他～负担了 búyào zài gěi tā zēngjiā fùdān le これ以上彼の負担を増やしてはいけない.

* 【増设】zēngshè 動 増設する. ‖ ～课程 zēngshè kèchéng カリキュラムを増やす. | ～机构 zēngshè jīgòu 機関を増設する.

* 【増添】zēngtiān 動 付け加える. 増やす. ‖ ～了新仪器 zēngtiānle xīn yíqì 新しい計器を増やした. | 光彩 zēngtiān guāngcǎi 栄光を添える. | ～烦恼 zēngtiān fánnǎo 心配事が増える.

** 【増长】zēngzhǎng 動 増加する. 高まる. 高める. ‖ 经济～ jīngjì zēngzhǎng 経済成長. | ～见识 zēngzhǎng jiànshi 見聞を広める. | 利润逐年～ lìrùn zhúnián zēngzhǎng 利潤が年々増加する. | 年产值已～到一千万元 niánchǎnzhí yǐ zēngzhǎngdào yìqiān wàn yuán 年間の生産額はすでに1000万元に増えた.

ふゆ　冬

▶冬　▶冬季　▶冬令　▶冬日　▶冬天
▶寒冬腊月　▶隆冬　▶三九　▶数九天

★【冬】dōng 名 冬. ‖ 严～ yándōng 厳冬. | 残～ cándōng 晩冬. | 过～ guòdōng 越冬する. | 今～ jīndōng この冬. | ～暖夏凉 dōng nuǎn xià liáng 冬暖かく夏涼しい.

* 【冬季】dōngjì 名 冬季. ‖ ～体育运动 dōngjì tǐyù yùndòng ウインター・スポーツ. | ～奥运会 Dōngjì Àoyùnhuì 冬季オリンピック.

【冬令】dōnglìng 名 ❶冬季. ❷冬の気候.

【冬日】dōngrì 名 ❶冬. ❷〈書〉冬日.

★【冬天】dōngtiān 名 冬. ‖ 天气越来越冷了，～快要到了 tiānqì yuè lái yuè lěng le, dōngtiān kuàiyào dào le めっきり寒くなってきて，もうじき冬だね.

【寒冬腊月】hándōng làyuè 〈慣〉旧暦 12 月の最も寒いころ. (広く)厳冬. 真冬.

【隆冬】lóngdōng 名 真冬. 厳冬. ‖ ～季节 lóngdōng jìjié 真冬の季節.

【三九】sānjiǔ 名 冬至以降 9 日ごとに一区切りとして，三つ目の 9 日間(最も寒い期間). "三九天" sānjiǔtiān ともいう.

【数九天】shǔjiǔtiān 名 冬の最も寒い日. "数九寒天" shǔjiǔ hántiān ともいう.

ふる　振る

▶摆　▶晃　▶挥　▶甩　▶舞　▶摇　▶招

★【摆】bǎi 動 振り動かす. 揺れる. ‖ ～手 bǎishǒu (左右に)手を振る. | 摇头～尾 yáo tóu bǎi wěi 頭を振り，尾を振る. こびを売るさま. または，得意気なさま.

*【晃】huàng 動 ふらふら揺れる. ゆらゆら揺する. ‖ 小船不停地～着 xiǎochuán bùtíng de huàngzhe 小舟は絶えずゆらゆら揺れている. | ～一～瓶子 huàngyihuàng píngzi 瓶を振ってみる.

**【挥】huī 動 振るう. 振る. 振り回す. ‖ ～拳 huīquán げんこつを振る. | ～手 huīshǒu (左右に大きく)手を振る. | 他～着木棒冲了过来 tā huīzhe mùbàng chōngleguolai 彼は木の棒を振り回しながら突進してきた.

**【甩】shuǎi 動 振る. 振り動かす. ‖ ～尾巴 shuǎi wěiba しっぽを振る. | ～胳膊 shuǎi gēbo 腕を振る. | 把长长的头发往后一～ bǎ chángcháng de tóufa wǎng hòu yì shuǎi 長い髪を後ろに振り払う.

*【舞】wǔ 動 振り動かす. ゆれ動く. (風に)翻る. ‖ 手～鲜花 shǒu wǔ xiānhuā 花

束を振る.

*【摇】yáo 動 揺れる. 揺れ動く. 揺する. ‖ ～手 yáoshǒu (禁止や否定を示すために)左右に手を振る. | ～头 yáotóu (否定や拒否を示すために)首を振る. | ～铃 yáo líng 鈴を振る. | ～扇子 yáo shànzi 扇子であおぐ. | 他～了～手里的帽子 tā yáoleyáo shǒu li de màozi 彼は手に持った帽子を振った.

*【招】zhāo 動 手招きする. ‖ ～手 zhāoshǒu 手招きする. 手を振る. | 用手一～，他就过来了 yòng shǒu yì zhāo, tā jiù guòlai le ちょっと手招きしたら彼はすぐ来た.

ふるい　古い

▶陈　▶陈旧　▶古　▶古老　▶久远　▶旧
▶老　▶老式

【陈】chén 形 古い. 時を経た. ‖ ～酒 chénjiǔ 年代ものの酒. | 这米太～了 zhè mǐ tài chén le この米は古すぎる. | 新～代谢 xīn chén dàixiè 新陳代謝.

*【陈旧】chénjiù 形 古い. ‖ 设备～ shèbèi chénjiù 設備が古い. | 式样～ shìyàng chénjiù デザインが古臭い. | ～的观念 chénjiù de guānniàn 古臭い考え方.

**【古】gǔ 形 古い. 昔の. ‖ ～书 gǔshū 古書. | 这座塔～得很 zhè zuò tǎ gǔde hěn この塔はとても古い.

**【古老】gǔlǎo 形 古い. 長い年代を経ている. ‖ ～的民族 gǔlǎo de mínzú 歴史の古い民族. | ～的钟楼 gǔlǎo de zhōnglóu 歴史のある鐘楼.

【久远】jiǔyuǎn 形 時間が長い. 久しい. ‖ 由于年代～，相片已经发黄 yóuyú niándài jiǔyuǎn, xiàngpiàn yǐjīng fāhuáng ずいぶん昔のものなので，写真はもう黄ばんでしまった.

★【旧】jiù 形 古い. 使い古した. ⇔"新"

643

ふるえる　震える

xīn‖～车 jiù chē 中古車. |～房子 jiù
fángzi 古い家. |～书包 jiù shūbāo 使い
古しのカバン. | 这些家具虽然很～了,
但他一直舍不得扔 zhèxiē jiājù suīrán hěn
jiù le, dàn tā yìzhí shěbude rēng これらの家
具はずいぶん古くなったが, 彼はもっ
たいなくて捨てられないでいる.

★【老】lǎo 形❶長年の. 古くからの. ⇔
"新" xīn‖～邻居 lǎo línjū 古くからの
隣人. |～朋友 lǎo péngyou 古い友人.
親友. |～店 lǎodiàn しにせ. |～房子
lǎo fángzi 古い家. ❷古い. 古臭い. 古
びている. ⇔"新" xīn‖～设备 lǎo shè-
bèi 古い設備. |衣服的式样太～ yīfu de
shìyàng tài lǎo 洋服のデザインがひどく
古臭い.

【老式】lǎoshì (～儿) 形 旧式の. 昔風
の. ⇔"新式" xīnshì‖～住宅 lǎoshì zhù-
zhái 昔風の住宅. |～手表 lǎoshì shǒu-
biǎo 旧式の腕時計.

ふるえる　震える

▶颤　▶颤动　▶颤抖　▶打哆嗦　▶抖
▶抖动　▶哆嗦　▶发颤　▶发抖　▶战抖

*【颤】chàn 動 震える. 振動する. ‖气得
浑身乱～ qìde húnshēn luànchàn 怒りで全
身がわなわなと震える.

*【颤动】chàndòng 動 振動する. 震える.
‖琴是靠弦的～发声的 qín shì kào xián de
chàndòng fā shēng de 琴は弦の振動で音
を出す. |飞机一过, 窗玻璃也跟着～起
来 fēijī yí guò, chuāngbōli yě gēnzhe chàn-
dòngqilai 飛行機が通ると, 窓ガラスが
振動する.

*【颤抖】chàndǒu 動 震える. ‖声音～
shēngyīn chàndǒu 声が震える. |他一着
双手接过了录取通知书 tā chàndǒuzhe
shuāng shǒu jiēguole lùqǔ tōngzhīshū 彼は
両手を震わせて採用の通知書を受け

取った.

【打哆嗦】dǎ duōsuo 組 震える. 身震い
する. ‖吓得直～ xiàde zhí dǎ duōsuo びっ
くりして震えていた. |冷得直～ lěngde
zhí dǎ duōsuo 寒くてぶるぶる震えてい
る.

【抖】dǒu 動 震える. 身震いする. わな
なく. ‖吓得两条腿直～ xiàde liǎng tiáo
tuǐ zhí dǒu 恐ろしくて足が震える. |浑
身上下～了起来 húnshēn shàngxià dǒuleqǐ-
lai 全身がわなわな震え始めた.

【抖动】dǒudòng 動 震える. 揺れる. 揺
れ動く. ‖余震尚未停止, 大地仍在～
yúzhèn shàngwèi tíngzhǐ, dàdì réngzài dǒu-
dòng 余震がまだ収まらず, 地面はまだ
揺れている. | 这种数码相机具有防止
手～的功能 zhè zhǒng shùmǎ xiàngjī jùyǒu
fángzhǐ shǒu dǒudòng de gōngnéng このデ
ジカメは手ぶれ防止の機能がついてい
る.

*【哆嗦】duōsuo 動 震える. 身震いする.
‖冻得浑身～ dòngde húnshēn duōsuo 凍
えて全身が震える. |气得直～ qìde zhí
duōsuo 怒りのあまり体が震える.

【发颤】fāchàn 動 (声や体が) 震える.
"发战" fāzhàn ともいう. ‖冻得浑身～
dòngde húnshēn fāchàn 寒くて体が震え
る. |吓得她两腿～ xiàde tā liǎng tuǐ fā-
chàn 彼女は驚きのあまり両足が震えた.

**【发抖】fādǒu 動 (体が) 震える. 身震い
する. ‖冻得浑身～ dòngde húnshēn fādǒu
寒くて体が震える. |气得～ qìde fādǒu
腹が立って体が震えた.

【战抖】zhàndǒu 動 ぶるぶる震える. 身
震いする. ‖气得他浑身～起来 qìde tā
húnshēn zhàndǒuqilai 彼は怒りに全身が
震えた.

ふれる　触れる　⇒【触る】

644

ふんとう　奮闘
▶斗争　▶奋斗　▶奋战　▶较劲　▶拼命

**【斗争】 dòuzhēng 動 闘争する．戦う．奮闘する．‖与犯罪分子作～ yǔ fànzuì fēnzǐ zuò dòuzhēng 犯罪者と闘う．｜内心～得很激烈 nèixīn dòuzhēngde hěn jīliè 心の中で激しくせめぎ合う．｜与疾病进行顽强的～ yǔ jíbìng jìnxíng wánqiáng de dòuzhēng 病気と粘り強く闘う．

**【奋斗】 fèndòu 動 奮闘する．力を尽くす．努力する．‖～到底 fèndòudàodǐ 最後まで力を尽くす．｜艰苦～ jiānkǔ fèndòu 刻苦奮闘する．｜为实现世界和平而～ wèi shíxiàn shìjiè hépíng ér fèndòu 世界平和を実現するために奮闘する．｜他们～了五年，终于把这片荒滩变成了良田 tāmen fèndòule wǔ nián, zhōngyú bǎ zhè piàn huāngtān biànchéngle liángtián 彼らは5年間奮闘して，ついにその荒れ果てた砂地を良田に変えた．

*【奋战】 fènzhàn 動 奮戦する．力戦奮闘する．‖～一昼夜 fènzhàn yí zhòuyè 一昼夜奮戦する．｜浴血～ yùxuè fènzhàn 血まみれになって戦う．とことん戦い抜くさま．

【较劲】 jiào//jìn (～儿) 動 肝心要(かんじんかなめ)である．力を入れるべき時である．ここ一番(の時期)である．"叫劲"とも書く．‖现在正是工作～的时候，你怎么能休暇? xiànzài zhèng shì gōngzuò jiàojìn de shíhou, nǐ zěnme néng xiūjià? いま仕事が正念場にあるというのに，君はどうして休みなどとれるんだい．

**【拼命】 pīn//mìng 動 命がけでやる．必死になる．命を顧みずにやる．‖他正为考大学～呢 tā zhèng wèi kǎo dàxué pīnmìng ne 彼はいま大学受験のために必死でしょう．｜拼了这条命也得在周内把论文写完 pīnle zhè tiáo mìng yě děi zài zhōunèi bǎ lùnwén xiěwán たとえこの命を投げ出しても今週中に論文を書き上げねばならない．

ぶんや　分野　⇒【方面（分野）】

ペア　⇒【対】

へた　下手
▶蹩脚　▶不好　▶不善　▶不行　▶差
▶差得远　▶臭　▶拙笨　▶拙劣

【蹩脚】 biéjiǎo 形 粗悪である．劣っている．‖～货 biéjiǎohuò 粗悪品．｜英语说得很～ Yīngyǔ shuōde hěn biéjiǎo 英会話がとても下手だ．

【不好】 bù hǎo 組 うまくない．上手でない．‖画得～，见笑，见笑 huàde bù hǎo, jiànxiào, jiànxiào うまく描けていません，お恥ずかしいしだいです．

【不善】 bùshàn 動 得意としない．下手である．"不善于" bù shànyú ともいう．‖～言辞 búshàn yáncí 口のきき方が下手である．｜～交际 búshàn jiāojì 交際が得意でない．

**【不行】 bùxíng 形 役にたたない．レベルが低い．‖他画画儿～ tā huà huàr bùxíng 彼は絵が下手だ．｜我的日语～ wǒ de Rìyǔ bùxíng 私の日本語は役に立たない．

★【差】 chà 形 基準に足りない．劣っている．‖体力～ tǐlì chà 体力が劣る．｜成绩～ chéngjì chà 成績が悪い．｜我的游泳技术不比他～ wǒ de yóuyǒng jìshù bùbǐ tā

へだたる 隔たる

chà 私の水泳のテクニックは彼に負けない.｜我高尔夫球水平很～，却非常爱好 wǒ gāo'ěrfūqiú shuǐpíng hěn chà, què fēicháng àihào 私のゴルフは下手の横好きだ.

*【差得远】chàde yuǎn 組 はるかに及ばない. かなりの差がある.｜我的中文比起你来还～呢 wǒ de Zhōngwén bǐqǐ nǐ lai hái chàde yuǎn ne 私の中国語はあなたには遠く及ばない.

**【臭】chòu 形 (将棋や球技などが)上手でない. へたである.｜～棋 chòuqí まずい手. へぼ将棋.

【拙笨】zhuōbèn 形 不器用である. 下手である. つたない.｜口齿～ kǒuchǐ zhuōbèn 口下手だ.

【拙劣】zhuōliè 形 拙劣である. 下手で劣っている.｜～的表演 zhuōliè de biǎoyǎn 下手な演技.｜～的辩解 zhuōliè de biànjiě 下手な弁解.｜手法～ shǒufǎ zhuōliè やり方がまずい. 策が見え見えだ.

へだたる　隔たる

▶隔　▶距离　▶离　▶疏远　▶相差
▶相隔　▶相距　▶远

**【隔】gé 動 (距離や時間が)離れる. 隔たる.｜两家相～不远 liǎng jiā xiānggé bù yuǎn 両家はさほど離れていない.｜～一天来一次 gé yì tiān lái yí cì 1日おきに1度来る.｜事～多年 shì gé duōnián 何年も前のことである.

**【距离】jùlí 動 距離がある. 隔たる.｜现在～新年还有两个星期 xiànzài jùlí xīnnián hái yǒu liǎng ge xīngqī 新年までは2週間ある.｜天津～北京仅一百多公里 Tiānjīn jùlí Běijīng jǐn yìbǎi duō gōnglǐ 天津は北京からわずか100キロ余りしか離れていない. 名 距離. 隔たり.｜两

车之间保持着一定的～ liǎng chē zhī jiān bǎochízhe yídìng de jùlí 一定の車間距離を保つ.｜第一名和第二名之间的～渐渐拉开了 dì yī míng hé dì èr míng zhī jiān de jùlí jiànjiàn lākāi le トップと2位との差がだんだんと開いていった.｜我们俩的看法有很大～ wǒmen liǎ de kànfa yǒu hěn dà jùlí 私たち二人の考えにはかなり隔たりがある.

★【离】lí 動 離れる. 分かれる.｜他～家已经五年了 tā lí jiā yǐjīng wǔ nián le 彼が家を出てもう5年になる.｜长这么大还没～过父母 zhǎng zhème dà hái méi líguo fùmǔ こんなに大きくなるまで両親のもとから離れたことがない. 介 (距離を示す)…から. …まで｜车站～这儿有多远? chēzhàn lí zhèr yǒu duō yuǎn? 駅はここからどれくらい離れているか.｜～放假还有三个星期 lí fàngjià hái yǒu sān ge xīngqī 休みになるまであと3週間ある.｜～开车只有两分钟了 lí kāichē zhǐ yǒu liǎng fēnzhōng le 発車まであと2分しかない.

【疏远】shūyuǎn 形 疎遠である. ⇔"亲密" qīnmì｜两人感情越来越～ liǎng rén gǎnqíng yuè lái yuè shūyuǎn 彼らはますます疎遠になっていった.｜毕业后同学之间渐渐～起来了 bìyèhòu tóngxué zhī jiān jiànjiàn shūyuǎnqilai le 卒業後同級生はしだいに疎遠になっていった. 動 遠ざける. 疎遠になる.｜～小人 shūyuǎn xiǎorén 小人には近づかない.

*【相差】xiāngchà 動 差がある. 相違する.｜～无几 xiāngchà wújǐ いくらも違わない.｜～甚远 xiāngchà shèn yuǎn 大きな隔たりがある.｜这里白天与夜间的温度～很大 zhèli báitiān yǔ yèjiān de wēndù xiāngchà hěn dà ここは昼と夜の温度差が大きい.

【相隔】xiānggé 動 (時間や距離が)隔たる. 離れる.｜～多年，事情的经过已

经记不清了 xiānggé duōnián, shìqing de jīng-guò yǐjīng jìbuqīng le 何年も前のことなので，事のいきさつはもうよく覚えていない．｜两店～不远 liǎng diàn xiānggé bù yuǎn ２つの店はあまり離れていない．

【相距】xiāngjù 動 離れる．隔たる．｜两个学校～不远 liǎng ge xuéxiào xiāngjù bù yuǎn 二つの学校はそう離れていない．｜宿舍与食堂～五十多米 sùshè yǔ shítáng xiāngjù wǔshí duō mǐ 宿舎は食堂から50メートルほど離れている．

★【远】yuǎn 形 ❶(距離や時間に)隔たりがある．遠い．⇔“近” jìn 遥～ yáo-yuǎn はるかに遠い．｜学校离家很～ xuéxiào lí jiā hěn yuǎn 学校は家から遠い．｜话扯～了 huà chěyuǎn le 話がそれた．｜船已经～得无法看清了 chuán yǐjīng yuǎnde wúfǎ kànqīng le 船ははっきり見えぬほど遠くへ行ってしまった．｜～～地听见流水声 yuǎnyuǎn de tīngjiàn liúshuǐshēng 遠くから水の流れる音が聞える．❷(差や違いが)おおきい．｜相差太～ xiāngchà tài yuǎn たいへん隔たりがある．｜我的中文水平～不如她 wǒ de Zhōngwén shuǐpíng yuǎn bùrú tā 私の中国語のレベルは彼女に遠く及ばない．

べつべつ　別々

▶分别　▶分开　▶分头　▶个别　▶各
▶各别　▶各自　▶一一

**【分别】fēnbié 副 それぞれ．別々に．次々と．｜～对待 fēnbié duìdài それぞれに対処する．｜～处理 fēnbié chǔlǐ 別々に処理する．｜她给爸爸，妈妈～买了礼物 tā gěi bàba, māma fēnbié mǎile lǐwù 彼女は父と母のためにそれぞれプレゼントを買った．

【分开】fēn//kāi 動 (本来一体だったものを)分ける．別々にする．｜请把这些东西～包 qǐng bǎ zhèxiē dōngxi fēnkāi bāo この品物を別々に包んでください．

【分头】fēntóu 副 (共通の目的のために)手分けして(任務にあたる)．｜我们～去找 wǒmen fēntóu qù zhǎo 私たちが手分けして探そう．

**【个别】gèbié 形 個々別々の．それぞれの．｜～辅导 gèbié fǔdǎo 個々に指導する．｜这事儿得跟他～谈一谈 zhè shìr děi gēn tā gèbié tányitán この件は彼と個別に相談しなければならない．

★【各】gè 代 おのおの．それぞれ．各自．｜两种办法～有优缺点 liǎng zhǒng bànfǎ gè yǒu yōuquēdiǎn 二つの方法にはそれぞれ長短がある．｜他们～有～的打算 tāmen gè yǒu gè de dǎsuan 彼らはそれぞれに考えをもっている．｜我们～算～的 wǒmen gè suàn gè de 会計は別々にお願いします．

*【各别】gèbié 形 それぞれ異なる．区別がある．｜这两个问题性质不同，应～处理 zhè liǎng ge wèntí xìngzhì bùtóng, yīng gèbié chǔlǐ この二つの問題は性質が異なるので，別々に処理しなければならない．

*【各自】gèzì 代 各自．各々．それぞれ．｜～买票 gèzì mǎi piào 各自が切符を買う．｜出发前，请检查一下～的行李 chūfā qián, qǐng jiǎnchá yíxià gèzì de xíngli 出発前に各人自分の荷物を点検しておいてください．

*【一一】yīyī 副 一つ一つ．｜把来宾～介绍给大家 bǎ láibīn yīyī jièshàoɡěi dàjiā ゲストを一人一人みんなに紹介する．｜～说明 yīyī shuōmíng 一つ一つ説明する．｜向朋友们～告别 xiàng péngyoumen yīyī gàobié 友人たち一人一人に別れを告げる．

へや 部屋

へや　部屋

▶房　▶房间　▶屋　▶屋子

【房】fáng 图家．家屋．部屋．‖～子 fángzi 家．家屋．|楼～ lóufáng 2階建て，またはそれ以上の建物．|书～ shūfáng 書斎．|产～ chǎnfáng 分娩室．|我想订一间～ wǒ xiǎng dìng yì jiān fáng（ホテルの）部屋を予約したい．

★【房间】fángjiān 图部屋．(ホテルやマンションの部屋もさす)‖单人～ dānrén fángjiān シングル・ルーム．|～号码 fángjiān hàomǎ 部屋番号．ルームナンバー．|这个饭店一共有多少～? zhège fàndiàn yígòng yǒu duōshao fángjiān? このホテルは部屋数はどれくらいですか．|有没有空～? yǒu méiyou kòng fángjiān? 空き部屋はありますか．

**【屋】wū 图部屋．‖里～ lǐwū 奥の部屋．|北～ běiwū 北側の部屋．|堂～ tángwū 真ん中の部屋．|你住这间～吧 nǐ zhù zhè jiān wū ba この部屋を使ってください．

★【屋子】wūzi 图部屋．‖一间～ yì jiān wūzi 一間の部屋．|在～里看电视 zài wūzi li kàn diànshì 部屋でテレビを見る．|～里有不少人 wūzi li yǒu bù shǎo rén 部屋には大勢の人がいる．

へらす　減らす

▶裁减　▶裁军　▶裁员　▶减　▶减低
▶减轻　▶减少　▶缩减　▶削减　▶压缩

【裁减】cáijiǎn 動(人・装備・機構などを)削減する．縮小する．‖～军费 cáijiǎn jūnfèi 軍事費を削減する．|～机构 cáijiǎn jīgòu 機構を縮小する．|～行政人员 cáijiǎn xíngzhèng rényuán 行政人員を削減する．

*【裁军】cáijūn 動軍備を削減する．軍縮する．⇔"扩军" kuòjūn

【裁员】cáiyuán 動人員を減らす．人員整理する．‖～减薪 cáiyuán jiǎnxīn 減員減給．

*【减】jiǎn 動減る．減らす．‖～产 jiǎnchǎn 減産する．|～肥 jiǎnféi 減量する．ダイエットする．|体重～了两公斤 tǐzhòng jiǎnle liǎng gōngjīn 体重が2キロ減った．

*【减低】jiǎndī 動減らす．下げる．‖～能耗 jiǎndī nénghào エネルギーの消費を抑える．|～速度 jiǎndī sùdù スピードを落とす．

**【减轻】jiǎnqīng 動軽減する．軽くなる．‖～病人痛苦 jiǎnqīng bìngrén tòngkǔ 病人の苦痛を減らす．|她的病势已大为～ tā de bìngshì yǐ dàwéi jiǎnqīng 彼女の病状はすでにかなりよくなった．|孩子一工作，他的家庭负担就～多了 háizi yì gōngzuò, tā de jiātíng fùdān jiù jiǎnqīngduō le 子供が就職して，彼の経済的な負担はだいぶ軽くなった．

**【减少】jiǎnshǎo 動減少する．減らす．‖～人员 jiǎnshǎo rényuán 人員を減らす．|～赤字 jiǎnshǎo chìzì 赤字を減らす．|～交通事故 jiǎshǎo jiāotōng shìgù 交通事故を減らす．|要不断～工作中的失误 yào búduàn jiǎnshǎo gōngzuò zhōng de shīwù 仕事のミスを絶えず減らさなければならない．

【缩减】suōjiǎn 動縮減する．切り詰める．‖～机构 suōjiǎn jīgòu 機構を縮減する．|～经费 suōjiǎn jīngfèi 経費を縮減する．

*【削减】xuējiǎn 動削減する．削る．‖～经费 xuējiǎn jīngfèi 経費を削減する．|职工～了一半 zhígōng xuējiǎnle yíbàn 従業員を半分に減らした．

*【压缩】yāsuō 動縮小する．縮める．減らす．‖～篇幅 yāsuō piānfu ページ数を

648

減らす．｜～人員編制 yāsuō rényuán biānzhì 定員を減らす．｜经费要大大～ jīngfèi yào dàdà yāsuō 経費を大幅に削減しなければならない．

へん　変

▶不对劲　▶不同寻常　▶不正常　▶反常
▶古怪　▶怪　▶怪模怪样　▶奇怪　▶特别
▶异常

*【不对劲】bù duìjìn（～儿）組 おかしい．変だ．‖ 这台电脑今天有点儿～ zhè tái diànnǎo jīntiān yǒudiǎnr bú duìjìn このコンピューターは今日はなんだか調子がおかしい．｜你最近的工作态度有点儿～啊! nǐ zuìjìn de gōngzuò tàidu yǒudiǎnr bú duìjìn a! 君の最近の仕事の態度はちょっと変だぞ．

【不同寻常】bù tóng xúncháng 組 普通とは違っている．尋常ではない．‖ 他今天有点儿～ tā jīntiān yǒudiǎnr bù tóng xúncháng 今日の彼はちょっと変だ．｜～的经历 bù tóng xúncháng de jīnglì 変わった経歴．

【不正常】bù zhèngcháng 組 正常ではない．おかしい．‖ 机器运转～ jīqì yùnzhuǎn bú zhèngcháng 機械の動きがおかしい．｜天气～ tiānqì bú zhèngcháng 天候が不順である．

*【反常】fǎncháng 形 異常である．おかしい．‖ 气候～ qìhòu fǎncháng 気候が異常だ．｜～的现象 fǎncháng de xiànxiàng 異常な現象．｜这些天他有些情绪～ zhèxiē tiān tā yǒuxiē qíngxù fǎncháng このごろ彼は少しおかしい．

*【古怪】gǔguài 形 風変わりである．奇異である．とっぴである．‖ 脾气～ píqi gǔguài 性格が変わっている．｜样子～ yàngzi gǔguài 格好が一風変わっている．

**【怪】guài 形 奇怪である．変である．おかしい．‖ ～现象 guài xiànxiàng 不思議な現象．｜他的想法很～ tā de xiǎngfa hěn guài 彼の考え方はおかしい．｜～脾气 guài píqi 偏屈な性格．｜他戴着一顶女式帽子，样子～～的 tā dàizhe yì dǐng nǚshì màozi, yàngzi guàiguài de あの人女物の帽子なんかかぶって，変な格好ね．

【怪模怪样】guài mú guài yàng（～儿的）成（形や身なりが）おかしい．変てこである．‖ 他打扮得～的 tā dǎbande guài mú guài yàng de 彼はおかしな服装をしている．

**【奇怪】qíguài 形 不思議である．妙である．おかしい．‖ 真～，为什么还没来电话呢? zhēn qíguài, wèi shénme hái méi lái diànhuà ne? おかしいな，どうしてまだ電話がこないのだろう．｜这几天他的行动很～ zhè jǐ tiān tā de xíngdòng hěn qíguài この数日彼のやることはどうも変だ．

★【特别】tèbié 形 特別な．特別の．変わっている．とっぴな．‖ 这件事情很～ zhè jiàn shìqing hěn tèbié このようなことはたいへん特殊である．｜这种花的香味儿很～ zhè zhǒng huā de xiāngwèir hěn tèbié この花の香りはとても変わっている．

**【异常】yìcháng 形 異常である．普通でない．‖ 神情～ shénqíng yìcháng 顔つきが尋常でない．｜气候～ qìhòu yìcháng 天候が不順である．｜反应～ fǎnyìng yìcháng 反応が異常である．

べんきょう　勉強

▶读　▶读书　▶功课　▶喝墨水　▶念
▶念书　▶学　▶学习　▶学业　▶用功
▶钻研

★【读】dú 動 学校に通う．勉強する．学ぶ．‖ ～博士 dú bóshì 博士課程を履修する．｜我正在～大学 wǒ zhèngzài dú dàxué 私はいま大学で学んでいます．｜他

へんこう　変更

～完初中就工作了 tā dúwán chūzhōng jiù gōngzuò le 彼は中学を卒業してすぐ仕事に就いた.

**【读书】dú//shū 動学校へ行く. 勉強する. ‖ 在大学里～ zài dàxué li dúshū 大学で勉強している. ｜这孩子不爱～ zhè háizi bú ài dúshū この子は勉強嫌いだ.

*【功课】gōngkè 图課業. 学校の勉強. ‖ ～很重 gōngkè hěn zhòng 学校の勉強がとてもきつい. ｜复习今天的～ fùxí jīntiān de gōngkè 今日の授業を復習する. ｜做～ zuò gōngkè 勉強をする. 宿題をする. ｜他每门～都好 tā měi mén gōngkè dōu hǎo 彼はどの学科も成績がよい.

【喝墨水】hē mòshuǐ (～儿) 慣(学校に通って)勉強する. ‖ 别因为喝了几年墨水, 就觉得自己了不起 bié yīnwei hēle jǐ nián mòshuǐ, jiù juéde zìjǐ liǎobuqǐ 何年か学校に通ったからといって, 自分が偉いと思ってはいかん.

★【念】niàn 動学ぶ. 勉学する. ‖ ～大学 niàn dàxué 大学で学ぶ. ｜你～几年级了? nǐ niàn jǐ niánjí le? 君は何年生ですか.

*【念书】niàn//shū 動勉学する. ‖ 在大学～ zài dàxué niànshū 大学で学ぶ. ｜不喜欢～ bù xǐhuan niànshū 勉強が嫌いだ.

★【学】xué 動学ぶ. 習う. 勉強する. ‖ ～技术 xué jìshù 技術を学ぶ. ｜过两年汉语 xuéguo liǎng nián Hànyǔ 中国語を2年間学んだことがある. ｜活到老, ～到老 huódào lǎo, xuédào lǎo 生涯学び続ける.

★【学习】xuéxí 動学ぶ. 勉強する. ‖ 刻苦～ kèkǔ xuéxí 一生懸命勉強する. ｜～历史 xuéxí lìshǐ 歴史を学ぶ. ｜～开车 xuéxí kāichē 車の運転を習う. ｜～很辛苦 xuéxí hěn xīnkǔ 勉強が大変である.

【学业】xuéyè 图❶(学校の)勉強. 授業. ‖ ～成绩很好 xuéyè chéngjì hěn hǎo 学校の成績がとてもいい. ❷学業. ‖

完成～ wánchéng xuéyè 学業を修了する. ｜荒废～ huāngfèi xuéyè 学業をおろそかにする.

**【用功】yòng//gōng 動勉学に励む. ‖ 他正在图书馆里～呢 tā zhèngzài túshūguǎn li yònggōng ne 彼はいま図書館で勉強しているところだ. ｜成绩不理想, 还要多用用功 chéngjì bù lǐxiǎng, hái yào duō yòngyong gōng 成績がよくなかったので, もっと一生懸命勉強しなければならない.

**【钻研】zuānyán 動研鑽（けんさん）する. ‖ ～技术 zuānyán jìshù 技術を磨く. ｜～理论 zuānyán lǐlùn 理論を研鑽する. ｜刻苦～ kèkǔ zuānyán 刻苦研鑽する.

へんこう　変更

▶変动　▶变更　▶改　▶改变　▶改订
▶改定　▶改动　▶更动　▶更改

*【变动】biàndòng 動変更する. 変える. ‖ 时间一旦定下来, 就不再～了 shíjiān yídàn dìngxialai, jiù bú zài biàndòng le 時間が決まった以上もう変わらない. ｜价格～ jiàgé biàndòng 価格変動. ｜人事～ rénshì biàndòng 人事異動. ｜计划有～ jìhuà yǒu biàndòng 計画に変更がある.

*【变更】biàngēng 動変更する. 変わる. ‖ ～计划 biàngēng jìhuà 計画を変更する. ｜～时间 biàngēng shíjiān 時間を変更する. ｜住址～了 zhùzhǐ biàngēng le 住所が変わった. ｜内容有所～ nèiróng yǒusuǒ biàngēng 内容に変更がある.

★【改】gǎi 動変更する. 変え改める. ‖ ～名字 gǎi míngzi 名前を変える. ｜～主意 gǎi zhǔyi 考えを変える. ｜日期～了 rìqī gǎi le 日取りを変えた. ｜她的发型～了 tā de fàxíng gǎi le 彼女のヘアスタイルが変わった.

★【改变】gǎibiàn 動変える. 変更する. ‖

へんじ　返事

～作息时间 gǎibiàn zuòxī shíjiān 仕事と休憩の時間を変更する．｜～学习方法 gǎibiàn xuéxí fāngfǎ 勉強の方法を変える．｜～计划 gǎibiàn jìhuà 計画を変更する．｜～想法 gǎibiàn xiǎngfa 考え方を変える．

【改订】gǎidìng 動（文章や規則などを）改正する．改訂する．‖～交通规则 gǎidìng jiāotōng guīzé 交通規則を改訂する．｜这三条是征求大家意见以后～的 zhè sān tiáo shì zhēngqiú dàjiā yìjiàn yǐhòu gǎidìng de この3項目は全体の意見を聞いてから変更したものだ．

【改定】gǎidìng 動 変える．変更する．‖日期～为 8 月 1 日 rìqī gǎidìng wéi bāyuè yī rì 期日を8月1日に変更する．｜～列车票价 gǎidìng lièchē piàojià 運賃を改定する．

【改动】gǎidòng 動（文章や順序などを）直す．手直しをする．‖只～了一个字，句子就通顺多了 zhǐ gǎidòngle yí ge zì, jùzi jiù tōngshùnduō le 1字手直ししただけで，文章がだいぶ分かりやすくなった．

【更动】gēngdòng 動 改める．入れ替える．異動する．‖会议日程不能～ huìyì rìchéng bù néng gēngdòng 会議の日程は変更できない．｜人员～ rényuán gēngdòng 要員が異動する．

*【更改】gēnggǎi 動 変更する．‖～名称 gēnggǎi míngchēng 名称を改める．｜～作息时间 gēnggǎi zuòxī shíjiān 仕事の時間割りを変更する．｜会期经过几番～才确定下来 huìqī jīngguò jǐ fān gēnggǎi cái quèdìngxialai 会期は何度か変更した後やっと決まった．

へんじ　返事

▶答应　▶答复　▶答话　▶对答　▶回答
▶回话　▶回信　▶应声

**【答应】dāying 動 答える．返答する．‖听见有人叫他，连忙～了一声 tīngjiàn yǒu rén jiào tā, liánmáng dāyingle yì shēng 誰かが呼んでいるのを聞きつけて，彼は慌てて返事をした．

*【答复】dáfù; dáfu 動 回答する．返答をする．‖让我想想再～你 ràng wǒ xiǎngxiang zài dáfù nǐ ちょっと考えてから返事をさせてもらいます．｜行还是不行，总得给人家个～ xíng háishi bùxíng, zǒngděi gěi rénjia ge dáfu いいか悪いか，どのみち返事をしなくてはならない．｜没有得到满意的～ méiyou dédào mǎnyì de dáfu 満足のいく答えを得られない．

【答话】dáhuà 動 返事をする．（多く否定に用いる）‖人家喊你，你怎么不～ rénjia hǎn nǐ, nǐ zěnme bù dáhuà 人が呼んでいるのに，君はどうして返事をしないんだ．

*【对答】duìdá 動 応答する．返事する．‖连很简单的提问他都～不上来 lián hěn jiǎndān de tíwèn tā dōu duìdábushàngLái ごく簡単な問いにさえ彼は答えられない．

★【回答】huídá 動 回答する．答える．‖～问题 huídá wèntí 質問に答える．｜他～得很干脆 tā huídáde hěn gāncuì 彼はきっぱりと答えた．｜～不上来 huídábushàngLái 回答できない．｜这个问题我～不出来 zhège wèntí wǒ huídábuchūLái この問題には答えられない．｜他给了我们一个满意的～ tā gěile wǒmen yí ge mǎnyì de huídá 彼は私たちに満足のいく回答をした．

【回话】huíhuà 動（人からの要求に対して）返事をする．返答する．名（～儿）（多く人を通じての）返事．‖这事行不行，要早点给对方一个～ zhè shì xíng bu xíng, yào zǎo diǎn gěi duìfāng yí ge huíhuà この件がよいかどうか，早めに先方に返事をする必要がある．

**【回信】huíxìn 動 返信する．返事を出

ほうこう　方向

す.‖找给他回了一封信 wǒ gěi tā huíle yì fēng xìn 私は彼に返事を一通出した.
图 (huíxìn) ❶返事.返信.‖接到了他的～ jiēdàole tā de huíxìn 彼の手紙を受け取った.❷(～儿)(口頭による)返事.ことづて.‖好，我等你的～儿 hǎo, wǒ děng nǐ de huíxìnr うん，それじゃ君の返事を待つことにしよう.

【应声】yīng//shēng(～儿) 動回 返事する.‖我叫你，你怎么不～呀 wǒ jiào nǐ, nǐ zěnme bù yīngshēng ya 呼んだのにどうして返事をしないんだ.

ほ

ほうこう　方向

▶边　▶朝向　▶多方　▶方方面面　▶方面
▶方位　▶方向　▶面

★【边】biān(～儿) 图方面.‖我们这～儿没问题 wǒmen zhèbiānr méi wèntí 我々の方は問題ない.｜去车站应该往哪～走? qù chēzhàn yīnggāi wǎng nǎbiān zǒu? 駅へ行くにはどっちへ行ったらいいですか?｜在这个问题上，我和你站在一～儿 zài zhège wèntí shang, wǒ hé nǐ zhànzài yìbiānr この問題について私はあなたと同意見だ.

【朝向】cháoxiàng 图(玄関や部屋の窓の)向き.方向.‖房子的～ fángzi de cháoxiàng 家の向き.

【多方】duōfāng 副多方面で.いろいろな角度から."多方面"duōfāngmiàn ともいう.‖～协作 duōfāng xiézuò 多方面で協力する.｜～调查 duōfāng diàochá 多方面にわたり調査する.｜我们～寻找，仍未找到 wǒmen duōfāng xúnzhǎo, réngwèi zhǎodào 我々は八方探し回ったが，い

まだ見つかっていない.

【方方面面】fāng fāng miàn miàn 組それぞれの方面.さまざまな角度.

★【方面】fāngmiàn 图方面.‖从多～考虑 cóng duō fāngmiàn kǎolǜ いろいろな面から考える.｜学习～哥哥比弟弟强 xuéxí fāngmiàn gēge bǐ dìdi qiáng 勉強のほうでは兄が弟よりできる.｜将来你想往哪～发展? jiānglái nǐ xiǎng wǎng nǎ fāngmiàn fāzhǎn? 君は将来どんな方向に進みたいの?

【方位】fāngwèi 图❶方位.方角.❷方向と位置.‖测定沉船～ cèdìng chénchuán fāngwèi 沈没船の位置を測定する.｜土星目前出现在什么～? tǔxīng mùqián chūxiànzài shénme fāngwèi? 土星はいまどの位置に見えますか.

★【方向】fāngxiàng 图方向.方角.‖相反的～ xiāngfǎn de fāngxiàng 反対の方向.｜同一个～ tóng yí ge fāngxiàng 同じ方向.｜汽车朝机场～开去 qìchē cháo jīchǎng fāngxiàng kāiqu 車は飛行場へ向けて走っていった｜朝这个～来了 cháo zhège fāngxiàng lái le この方向に向かって来た.｜咱们往哪个～走? zánmen wǎng nǎge fāngxiàng zǒu? 私たち，どっちへ行きましょうか?

**【面】miàn 接尾(方向を示す語の後に置き)…の方.…の側.‖外～ wàimiàn 外.外側.｜南～ nánmiàn 南側.｜上～ shàngmiàn 上.上方.｜左～ zuǒmiàn 左.左側.

ほうそう　放送

▶播　▶播放　▶播送　▶播音　▶重播
▶广播　▶联播　▶展播　▶直播　▶转播

---

*【播】bō 動まき散らす.伝播(ぽ)する.‖传～ chuánbō 広く伝える.｜电台正在～新闻 diàntái zhèngzài bō xīnwén ラジオ

でニュースを放送している. ｜事件马上
在电视里～了出来 shìjiàn mǎshàng zài diàn-
shì li bōlechulai 事件はすぐにテレビで
放送された.

*【播放】bōfàng 動 (ラジオやテレビで)放
送する. ‖～音乐 bōfàng yīnyuè 音楽を
放送する. ｜～连续剧 bōfàng liánxùjù 連
続ドラマを放映する.

*【播送】bōsòng 動 (多くラジオで)放送す
る. ‖～新闻 bōsòng xīnwén ニュースを
放送する. ｜接下来～音乐节目 jiēxialai
bōsòng yīnyuè jiémù 引き続き音楽番組
を放送する.

*【播音】bō//yīn 動 (ラジオで)放送する.
‖电台开始～了 diàntái kāishǐ bōyīn le ラ
ジオの放送が始まった.

【重播】chóngbō 動 (ラジオやテレビで)
再放送する. ‖～春节晚会节目 chóngbō
Chūnjié wǎnhuì jiémù 旧正月の特別番組
を再放送する.

★【广播】guǎngbō 動 放送する. 放映する.
‖～员 guǎngbōyuán アナウンサー. ｜～
新闻 guǎngbō xīnwén ニュースを放送す
る. ｜实况～ shíkuàng guǎngbō 実況放
送. 生放送. 图ラジオ放送. アナウン
ス放送. ‖听～ tīng guǎngbō 放送を聞
く.

【联播】liánbō 動 (二つ以上の放送局が同
一プログラムを)同時放送する. ‖新闻
～ xīnwén liánbō (全国ネットの)ニュー
ス番組.

【展播】zhǎnbō 動 (地方局製作の優れた
テレビ・ラジオ番組を)全国局から広
く放送する. ‖迎春文艺节目～ yíngchūn
wényì jiémù zhǎnbō 新年バラエティー番
組特集.

*【直播】zhíbō 動 生放送をする. ‖现场
～ xiànchǎng zhíbō 生中継をする.

*【转播】zhuǎnbō 動 中継放送する. 他局
の番組を放送する. ‖～车 zhuǎnbōchē
中継車. ｜卫星～ wèixīng zhuǎnbō 衛星

中継. ｜实况～ shíkuàng zhuǎnbō 生中
継. ｜北京电视台每晚七点～中央电视
台的新闻联播节目 Běijīng Diànshìtái měi-
wǎn qī diǎn zhuǎnbō Zhōngyāng Diànshìtái
de xīnwén liánbō jiémù 北京テレビ局は
毎晩7時に中央テレビ局の全国ネッ
ト・ニュース番組を流す.

ほうち　放置

▶耽搁　▶丢　▶放　▶放置　▶搁　▶搁置
▶积压　▶弃置　▶扔　▶压　▶置之不理

【耽搁】dānge 動 (時間を)引き延ばす.
遅れる. “担搁”とも書く. ‖这事～太久
了 zhè shì dānge tài jiǔ le この件は長い間
延び延びになっている.

★【丢】diū 動 ほっておく. ほったらか
しにする. ‖他一玩儿起游戏机来, 学
习就全都～在一边儿了 tā yì wánrqi yóuxì-
jī lai, xuéxí jiù quándōu diūzài yìbiānr le 彼
はテレビゲームをやり始めると勉強
そっちのけになる. ｜父亲住进医院,
心里还～不下工作 fùqin zhùjin yīyuàn,
xīnli hái diūbuxià gōngzuò 彼は入院して
も, まだ仕事を気に掛けている.

★【放】fàng 動 放置する. 棚上げにする.
‖这事不着急, 先～一～ zhè shì bù zháo-
jí, xiān fàngyifàng この件は急がない, と
りあえず放っておきなさい.

【放置】fàngzhì 動 放置する. ‖～不用
fàngzhì bú yòng 放置して使わない. ｜～
杂物 fàngzhì záwù 雑用品を置く.

**【搁】gē 動 放置する. ほっておく. ‖
这件事先～一下吧 zhè jiàn shì xiān gē yí-
xià ba その件はとりあえずわきへ置い
ておこう. ｜那事儿早被你～在脑子里了吧
nà shìr zǎo bèi nǐ gēzài nǎohòu le ba あのこ
とを君はもう忘れたんだろう. ｜～下手
头工作看电影去了 gēxia shǒutóu gōngzuò
kàn diànyǐng qù le やりかけの仕事をほっ

たらかしにして映画を見に行ってしまった.

【搁置】gēzhì 動 放置する. ほうっておく. そのままにする. ‖ 这件事要抓紧处理, 不能～ zhè jiàn shì yào zhuājǐn chǔlǐ, bù néng gēzhì この件は急いで処理しなければならず, 放置しておくわけにはいかない.

*【积压】jīyā 動 長く滞る. 長く放置したままにする. ‖ 清理～物资 qīnglǐ jīyā wùzī 寝かせたままにしていた物資を処分する. | 长期～在心头的疑问, 终于解开了 chángqī jīyāzài xīntóu de yíwèn, zhōngyú jiěkāi le 長い間わだかまっていた疑問がついに解けた.

【弃置】qìzhì 動 捨て置く. 放置する. ‖ ～不用 qìzhì bú yòng ほったらかして使わない. 見向きもしない.

【扔】rēng 動 捨てる. 投げ捨てる. ‖ ～下手里的工作 rēngxia shǒu li de gōngzuò 手元の仕事をほうり出す. | 把孩子～在那里不管, 只顾自己打麻将 bǎ háizi rēngzài nàli bù guǎn, zhǐgù zìjǐ dǎ májiàng 子供はほうりっぱなしで, ひたすらマージャンに熱中している.

【压】yā 動 放置する. 滞る. 寝かせておく. ‖ 那个案子被～了三个月 nàge ànzi bèi yāle sān ge yuè その事件は3ヵ月も放置された. | 那封检举信一直～在他的手里 nà fēng jiǎnjǔxìn yìzhí yāzài tā de shǒu li あの告発書はずっと彼の手元に置かれたままだ.

【置之不理】zhì zhī bù lǐ 成 ほったらかしにしておく. 取り合わない. 無視する. ‖ 对群众的意见不能～ duì qúnzhòng de yìjian bù néng zhì zhī bù lǐ 大衆の意見を無視することはできない.

ほ

ほうほう　方法

▶办法　▶法　▶法子　▶方法　▶方式
▶路子　▶门道　▶手段　▶途径　▶做法

★**【办法】bànfǎ** 图 方法. やり方. 手段. ‖ 有～ yǒu bànfǎ 方法がある. | 想～ xiǎng bànfǎ なんとかする. | 拿他没～ ná tā méi bànfǎ 彼にはまったくお手上げだ. | 这个～很好 zhège bànfǎ hěn hǎo このやり方はたいへんよい.

*【法】fǎ(～儿) 图 方法. やり方. ‖ 想～ xiǎngfa 考え方. | 想方设～ xiǎng fāng shè fǎ いろいろと手立てを構ずる. | 得想一个～ děi xiǎng yí ge fǎ 何か方法を講じなければならない. | 没～儿做 méifǎr zuò やりようがない.

*【法子】fǎzi 图 方法. 手立て. 仕方. ‖ 想～ xiǎng fǎzi 方法を考える. | 没～ méi fǎzi 手立てがない. 仕方がない. | 有没有～跟他联系上? yǒu méiyou fǎzi gēn tā liánxìshang? 彼に連絡する手立てはないですか.

★**【方法】fāngfǎ** 图 方法. やり方. 仕方. 手段. ‖ 学习～ xuéxí fāngfǎ 学習法. | 使用～ shǐyòng fāngfǎ 使用法. | 制作～ zhìzuò fāngfǎ 製作方法. | 考虑问题的～ kǎolù wèntí de fāngfǎ ものの考え方. | 好～ hǎo fāngfǎ うまいやり方. | ～不当 fāngfǎ búdàng 方法が適当でない.

*【方式】fāngshì 图 方式. やり方. 形式. ‖ 生活～ shēnghuó fāngshì 暮らし方. 生き方. | 工作～ gōngzuò fāngshì 仕事のやり方. | 经营～ jīngyíng fāngshì 経営方式.

*【路子】lùzi 图 方法. 手だて. 手段. ‖ 你训练的～不对, 结果比赛成绩老上不去 nǐ xùnliàn de lùzi búduì, jiéguǒ bǐsài chéngjì lǎo shàngbuqù トレーニングのやり方が間違っているから, 試合の成績がいつまでも上がらないんだよ.

654

ほお 頰

*【门道】 méndao 图 口 (問題解決や目的達成のための)方法. 要領. ‖ 他做买卖可有~了 tā zuò mǎimai kě yǒu méndao le あの人は商売のこつをなかなか心得ている.

**【手段】 shǒuduàn 图 手段. 方法. ‖ 强制~ qiángzhì shǒuduàn 強制的な手段. ｜~卑鄙 shǒuduàn bēibǐ 手口が下劣である.

*【途径】 tújìng 图 道. 手段. 方法. ルート. (多く比喩に用いる) ‖ 解决问题的~ jiějué wèntí de tújìng 問題を解決するてだて. ｜开辟新的~ kāipì xīn de tújìng 新たな道を切り開く.

**【做法】 zuòfa;zuòfǎ 图 作り方. やり方. 方法. ‖ 西餐的~ xīcān de zuòfa 西洋料理の作り方. ｜这种~不对 zhè zhǒng zuòfa bú duì このやり方は違う.

ほうめん 方面（分野）

▶范围 ▶方面 ▶分野 ▶领域 ▶上
▶上面 ▶上头

**【范围】 fànwéi 图 範囲. ‖ 职权~ zhíquán fànwéi 職権の範囲. ｜势力~ shìlì fànwéi 勢力範囲. 縄張り. ｜考试~ kǎoshì fànwéi 試験の範囲. ｜法律许可的~ fǎlù xǔkě de fànwéi 法律の許す範囲.

★【方面】 fāngmiàn 图 方面. ‖ 有关~的书 yǒuguān fāngmiàn de shū 関連分野の本. ｜我正在搜集这~的资料 wǒ zhèngzài sōují zhè fāngmiàn de zīliào 私はいまこの方面の資料を集めている. ｜从多~考虑 cóng duō fāngmiàn kǎolǜ いろいろな面から考える.

【分野】 fēnyě 图 分野. 領域. ‖ 思想~ sīxiǎng fēnyě 思想的領域. ｜政治~ zhèngzhì fēnyě 政治の分野.

*【领域】 lǐngyù 图 (学術研究などの)分野. 領域. ‖ 自然科学~ zìrán kēxué lǐngyù 自然科学の分野. ｜艺术~ yìshù lǐng-

yù 芸術の領域. ｜文化教育~ wénhuà jiàoyù lǐngyù 文化教育の領分.

★【上】 shang 图 名詞の後に置き，ある方面・分野を表す. ‖ 教学~有不少困难 jiàoxué shang yǒu bùshǎo kùnnan 教学の面で多くの問題がある. ｜他把精力都放在工作~了 tā bǎ jīnglì dōu fàngzài gōngzuò shang le 彼はすべての精力を仕事に注いだ.

**【上面】 shàngmiàn（~儿）图 方面. 分野. 領域. ‖ 这~他很有经验 zhè shàngmiàn tā hěn yǒu jīngyàn この方面では彼は経験が豊富だ. ｜他在外语~下了不少工夫 tā zài wàiyǔ shàngmiàn xiàle bùshǎo gōngfu 彼は外国語の勉強にかなり力を入れた.

*【上头】 shàngtou 图 方面. 分野. ‖ 在节约开支~多动脑子 zài jiéyuē kāizhī shàng- tou duō dòng nǎozi 費用の節約面に知恵を絞る.

ほお 頰

▶颊 ▶脸蛋儿 ▶脸颊 ▶面颊 ▶腮
▶嘴巴

*【颊】 jiá 图 書 頰. ‖ 两~红润 liǎngjiá hóng- rùn 頰がつやつやして赤い.

【脸蛋儿】 liǎndànr 图 頰. (広く)幼児の顔をさす. "脸蛋子" liǎndànzi ともいう.

【脸颊】 liǎnjiá 图 頰. ‖ 因为生病而~深陷 yīnwei shēngbìng ér liǎnjiá shēn xiàn 病気のために頰がすっかりこけた.

【面颊】 miànjiá 图 書 頰. ‖ ~泛出红晕 miànjiá fànchu hóngyùn 頰にほんのりと赤みがさす.

【腮】 sāi 图 頰の下寄りの部分. ‖ 两~ liǎngsāi 両頰. ｜~红 sāihóng 頰紅. ｜手托着~ shǒu tuōzhe sāi 頰杖をつく.

*【嘴巴】 zuǐba 图 横っ面. 頰. "嘴巴子" zuǐbazi ともいう. ‖ 挨了一个~ áile yí ge zuǐba びんたを食らった. ｜给他个~ gěi

655

ほか（そのほか）

tā ge zuǐba あいつにびんたを食わせる.

ほか（そのほか）

▶別的　▶別人　▶改日　▶另　▶另外
▶其他　▶其它　▶其余　▶以外

★【別的】bié de 組 別の. 別のこと. 別のもの. ほかの. ほかのこと. ほかのもの. ‖我只买这本书，～都不要 wǒ zhǐ yào zhè běn shū, bié de dōu bú yào 私の欲しいのはこの本だけでほかの本はいりません. ｜您还买～东西吗? nín hái mǎi bié de dōngxi ma? まだほかに買うものがありますか.

★【別人】biérén 代 ほかの人. ‖现在家里只有我一个人，没有～ xiànzài jiā li zhǐ yǒu wǒ yí ge rén, méiyou biérén いま家には私一人だけでほかの人はいません.

【改日】gǎirì 副 日を改めて. 他日に. ‖～再去拜访 gǎirì zài qù bàifǎng 後日改めてお伺いします.

**【另】lìng 代 別の. ほかの. ‖～一方面 lìng yī fāngmiàn 別の面. ｜～一种方法 lìng yì zhǒng fāngfǎ ほかの方法. 副 そのほかに. 別に. ‖～找时间 lìng zhǎo shíjiān 別に時間を設ける. ｜～想办法 lìng xiǎng bànfǎ ほかにやり方を考える. ｜～有打算 lìng yǒu dǎsuan ほかに心積もりがある.

**【另外】lìngwài 代 別の. ほかの. 他の. ‖～的时间 lìngwài de shíjiān その他の時間. ｜几个人 lìngwài jǐ ge rén そのほか数人. 副 別に. そのほかに. ‖～买一个 lìngwài mǎi yí ge 別にもう一つ買う. 接 それから. そのほか. 別に. ‖同学们都来了，～小张的女朋友也来了 tóngxuémen dōu lái le, lìngwài Xiǎo-Zhāng de nǚpéngyou yě lái le 同級生が全員来たほかに，張さんのガールフレンドも来た.

**【其他】qítā 代 その他. そのほか. ‖除了小王，～的人都去了 chúle Xiǎo-Wáng, qítā de rén dōu qù le 王さん以外はみな行った. ｜只要他同意了，～一切都好办 zhǐyào tā tóngyì le, qítā yíqiè dōu hǎobàn 彼が同意しさえすればあとはなんとかなる.

**【其它】qítā 代 ほかの. その他の. (事物に用いる) ‖还有没有～办法? hái yǒu méiyou qítā bànfǎ? まだほかの方法がありますか.

**【其余】qíyú 代 その余り. 残りの部分. ‖这些归我，～给你 zhèxiē guī wǒ, qíyú gěi nǐ これらは僕のものだ，ほかは君にやる.

**【以外】yǐwài 名 以外. …の外側. ‖禁止在指定地点一摆摊儿 jìnzhǐ zài zhǐdìng dìdiǎn yǐwài bǎi tānr 指定地域以外での露店営業を禁ず. ｜除此～ chú cǐ yǐwài このほかに.

ほぐす

▶放松　▶和缓　▶缓和　▶缓解　▶宽
▶舒散　▶松弛　▶松散

*【放松】fàngsōng 動 (気を) 緩める. リラックスする. ‖游游泳，～～神经 yóuyou yǒng, fàngsōngfàngsōng shénjīng 一泳ぎして神経をリラックスさせる.

【和缓】héhuǎn 動 緩和する. 和らげる. ‖～一下紧张的气氛 héhuǎn yíxià jǐnzhāng de qìfēn 張りつめた雰囲気を和らげる.

*【缓和】huǎnhé 形 緩和する. 緩む. 和らぐ. ‖他的话，使紧张的气氛～了下来 tā de huà, shǐ jǐnzhāng de qìfēn huǎnhélexialai 彼の話は張りつめた空気を和らげた. 動 緩和させる. 暖める. 和らげる. ‖～内部矛盾 huǎnhé nèibù máodùn 内部の矛盾を緩和させる. ｜闲聊着～紧

张气氛 xiánliáozhe huǎnhé jǐnzhāng qìfēn お
しゃべりをして緊張した空気をほぐす.

【缓解】huǎnjiě 動和らげる. 緩和させ
る. ‖ ～疼痛 huǎnjiě téngtòng 痛みを和
らげる. ｜～压力的音乐 huǎnjiě yālì de
yīnyuè プレッシャーを和らげる音楽.

**【宽】kuān 動緩める. 和ませる. 楽に
する. ‖ 听说他的病有所好转, 心就～
多了 tīngshuō tā de bìng yǒu suǒ hǎozhuǎn,
xīn jiù kuānduō le 彼の病状がいくぶん好
転したと聞いて, 大いに安心した.

【舒散】shūsàn 動❶(体を)ほぐす. ‖ 站
起来活动一下, ～～筋骨 zhànqilai huó-
dòng yíxià, shūsànshūsàn jīngǔ 立ち上がっ
て運動でもして体をほぐそう. ❷気分
をリフレッシュする. ‖ ～郁闷 shūsàn
yùmèn 気分転換しよう.

【松弛】sōngchí 動緩める. ほぐす. ‖
～肌肉 sōngchí jīròu 筋肉をほぐす. ｜休
息五分钟, ～一下神经 xiūxi wǔ fēnzhōng,
sōngchí yíxià shénjīng 5分間休憩して緊
張をほぐす.

【松散】sōngsan 動リラックスする. 気
を晴らす. ‖ 屋子里闷得慌, 出去一
下 wūzi li mēndehuang, chūqu sōngsan yíxià
部屋の中にいるととうっとうしくてたま
らないから, 外へ行って気晴らししよ
う.

ほこり　誇り

▶骄傲　▶名誉　▶荣誉　▶引以为荣
▶自豪　▶自尊心

**【骄傲】jiāo'ào 形誇らしい. ‖ 我们为有
这样一位校友而感到～ wǒmen wèi yǒu
zhèyàng yí wèi xiàoyǒu ér gǎndào jiāo'ào 私
たちはこのような卒業生がいることを
誇りに思う. 名誇り. ‖ 祖国的～ zǔguó
de jiāo'ào 祖国の誇り. ｜鲁迅是中国人
民的～ Lǔ Xùn shì Zhōngguó rénmín de jiāo'-

ào 鲁迅(ﾙﾝ)は中国人民の誇りである.

*【名誉】míngyù 名名誉. 名声. ‖ 争～,
闹地位 zhēng míngyù, nào dìwèi 名誉を競
い, 地位を争う. ｜维护公司的～ wéihù
gōngsī de míngyù 会社の名誉を守る. ｜
～扫地 míngyù sǎodì 名声が地に落ちる.

*【荣誉】róngyù 名栄誉. ‖ ～感 róngyù-
gǎn 誇らしい気持. 誇り. ｜集体的～
jítǐ de róngyù 集団の栄誉.

【引以为荣】yǐn yǐ wéi róng 成もって名
誉とする. それを名誉に思う.

*【自豪】zìháo 形書誇らしい. ‖ 父亲为
儿子夺得冠军而～ fùqin wèi érzi duódé
guànjūn ér zìháo 父親は息子が優勝した
ことを誇りに思った.

【自尊心】zìzūnxīn 名自尊心. 誇り. ‖
～很强 zìzūnxīn hěn qiáng 自尊心が強い.
｜伤了他的～ shāngle tā de zìzūnxīn 彼の
プライドを傷つけた.

（−して）ほしい

▶恳请　▶恳求　▶期望　▶请　▶请求
▶让我…　▶希望　▶要求　▶要

【恳请】kěnqǐng 動懇願する. 切に願
う. ‖ ～原谅 kěnqǐng yuánliàng なにとぞ
お許しください. ｜～提出宝贵意见 kěn-
qǐng tíchu bǎoguì yìjian ぜひとも貴重な
ご意見をお聞かせください.

*【恳求】kěnqiú 動懇願する. 切に求め
る. ‖ ～批准 kěnqiú pīzhǔn なにとぞご
承認ください. ｜～大家原谅我 kěnqiú
dàjiā yuánliàng wǒ どうかみなさん私を
許してほしい.

*【期望】qīwàng 動期待する. 望みをか
ける. ‖ 父母～他早日学成归国 fùmǔ
qīwàng tā zǎorì xuéchéng guīguó 両親が彼
が一日でも早く学業を修めて帰国する
ことを待ち望んでいる. ｜每一个父母
都～自己的孩子能够成材 měi yí ge fùmǔ

dōu qīwàng zìjǐ de háizi nénggòu chéngcái どの親も自分の子供にひとかどの人間になってほしいと望む.

★【请】qǐng 動敬 頼む. 要望する. どうぞ…してください. ‖ ~坐 qǐng zuò お座りください. │您~先 nín qǐng xiān お先にどうぞ. │~提宝贵意见 qǐng tí bǎoguì yìjian どうぞ貴重なご意見をお聞かせください. │~不要在室内吸烟 qǐng búyào zài shìnèi xīyān 室内での喫煙はご遠慮ください.

＊【请求】qǐngqiú 動頼む. 求める. ‖ ~原谅 qǐngqiú yuánliàng 許しを求める. │别人帮助 qǐngqiú biérén bāngzhù 他人に援助を頼む. │她～父母允许她去留学 tā qǐngqiú fùmǔ yǔnxǔ tā qù liúxué 彼女は両親に留学を許可してくれるよう頼んだ.

【让我…】ràng wǒ… 組 (私に) …させてほしい. …させられる. ‖ ~再睡一会儿 ràng wǒ zài shuì yíhuìr もう少し寝かせて. │~过一下 ràng wǒ guò yíxià ちょっと通してください. │这件事就～来处理吧 zhè jiàn shì jiù ràng wǒ lái chǔlǐ ba この件は僕にまかせてほしい.

★【希望】xīwàng 動希望する. 望む. ‖ ~将来当教师 xīwàng jiānglái dāng jiàoshī 将来教師になりたいと思う. │~你们好好儿想一想 xīwàng nǐmen hǎohāor xiǎngyixiǎng みなさん, どうかよくよく考えてください. │~你最好别插嘴 xīwàng nǐ zuìhǎo bié chāzuǐ 口をはさまないでほしい. │~孩子的将来能按他自己选择的道路发展 xīwàng háizi de jiānglái néng àn tā zìjǐ xuǎnzé de dàolù fāzhǎn 子供には好きな道に進んでほしい.

★【要求】yāoqiú 動要求する. ‖ ~调动 yāoqiú diàodòng 配置換えを求める. │严格～自己 yángé yāoqiú zìjǐ 自己を厳しく律する. │老师～大家按时交作业 lǎoshī yāoqiú dàjiā ànshí jiāo zuòyè 先生はみんなに宿題を期限どおりに提出するよう

求めた.

★【要】yào 動 (人に…するよう) 求める. 頼む. ‖ 老师～大家讲一下暑假里的打算 lǎoshī yào dàjiā jiǎng yíxià shǔjià li dǎsuan 先生はみんなに夏休みの予定を話すよう求めた. │他～我帮忙 tā yào wǒ bāngmáng 彼は私に手伝いを頼んだ.

ぼしゅう　募集

▶募集　▶招　▶招募　▶招聘　▶招请
▶招收　▶找对象　▶征集　▶征募　▶征求

【募集】mùjí 動募集する. 募る. ‖ ~新兵 mùjí xīnbīng 新兵を募集する. │~捐款 mùjí juānkuǎn 寄付金を募る.

＊【招】zhāo 動募集する. 募る. ‖ ~生 zhāoshēng 学生募集をする. │～了两名学徒工 zhāole liǎng míng xuétúgōng 見習いを2名募集した.

【招募】zhāomù 動募集する. ‖ ~服装模特儿 zhāomù fúzhuāng mótèr ファッションモデルを募集する. │~会员 zhāomù huìyuán 会員を募集する.

＊【招聘】zhāopìn 動 (公募で) 招聘(しょうへい)する. ‖ ~讲师 zhāopìn jiǎngshī 講師を募集する. │公开～ gōngkāi zhāopìn 公開募集する.

【招请】zhāoqǐng 動募集する. 採用する. ‖ ~帮工 zhāoqǐng bānggōng アルバイトを募集する.

＊【招收】zhāoshōu 動募集し採用する. ‖ 共～五名临时工 gòng zhāoshōu wǔ míng línshígōng アルバイトを計5名募集する. │计划每年～二百名新生 jìhuà měinián zhāoshōu èrbǎi míng xīnshēng 毎年200名の新入生を募集する予定である.

【找对象】zhǎo duìxiàng 組結婚相手を探す. 恋人を募集する.

【征集】zhēngjí 動 (一般に向けて) 募集する. (呼びかけて) 集める. ‖ ~资料

zhēngjí zīliào 資料を募る.

【征募】 zhēngmù 動 (兵を)徴集する.

【征求】 zhēngqiú 動 広く求める. 募る. ‖ ～意见 zhēngqiú yìjian 広く意見を求める. ｜～订户 zhēngqiú dìnghù 予約購読者を募る.

ほしょう　保証

▶包　▶保　▶保管　▶保証　▶保准
▶打保票　▶担保　▶确保

【包】 bāo 動 保証する. 請け合う. ‖ 这西瓜一甜 zhè xīgua bāo tián このスイカはほんとうに甘いよ. ｜吃了这服药一好 chīle zhè fù yào bāo hǎo この薬を飲めばきっとよくなる. ｜～您满意 bāo nín mǎnyì きっとご満足いただけます.

【保】 bǎo 動 保証する. 責任を負う. ‖ ～你没事儿 bǎo nǐ méishìr 絶対大丈夫, 請け合うよ. ｜旱涝一收 hàn lào bǎo shōu 日照りになっても, 冠水しても収穫が確保できる.

【保管】 bǎoguǎn 動 保証する. 請け合う. ‖ 吃了这服药, ～你的病会好 chīle zhè fù yào, bǎoguǎn nǐ de bìng huì hǎo この薬を飲めば, 君の病気はきっとよくなる. ｜这事包在我身上, ～错不了 zhè shì bāozài wǒ shēnshang, bǎoguǎn cuòbuliǎo この件は私が引き受けよう, 必ずうまくいくよ.

【保证】 bǎozhèng 動 保証する. 請け合う. ‖ ～产品质量 bǎozhèng chǎnpǐn zhìliàng 製品の質を保証する. ｜～他的人品 bǎozhèng tā de rénpǐn 彼の人柄を保証する. ｜～毕业后找到工作 bǎozhèng bìyè hòu zhǎodào gōngzuò 卒業後の就職先を保証する. ｜谁都不能～一辈子不得病 shéi dōu bù néng bǎozhèng yíbèizi bù débìng 誰も一生病気にならないとは断言できない. 图 保証するもの. よりどころ. ‖

健康的身体是学习和工作的基本～ jiànkāng de shēntǐ shì xuéxí hé gōngzuò de jīběn bǎozhèng 勉強も仕事も健康な体があってこそだ.

【保准】 bǎozhǔn 動口 保証する. 請け合う. ‖ 他来不来, 谁也不能～ tā lái bu lái, shéi yě bù néng bǎozhǔn 彼が来るか来ないかは誰も保証できない.

【打保票】 dǎ bǎopiào 組 保証する. 折り紙をつける. 請け合う. ‖ 这事能不能成, 我可不敢～ zhè shì néng bu néng chéng, wǒ kě bù gǎn dǎ bǎopiào これが成功するかどうか, 私には保証しかねる. ｜他的为人我可以～ tā de wéirén wǒ kěyǐ dǎ bǎopiào 彼の人柄なら私が折り紙をつける.

【担保】 dānbǎo 動 (間違いがないことを)請け合う. 保証する. ‖ ～人 dānbǎorén 保証人. ｜事情能否办成我可不敢～ shìqing néngfǒu bànchéng wǒ kě bù gǎn dānbǎo うまくいくかどうか私には請け合えない. ｜你能～明天不下雨? nǐ néng dānbǎo míngtiān bú xiàyǔ? 明日雨が降らないなんてあなたに保証できるのか.

【确保】 quèbǎo 動 確実に保証する. ‖ ～安全 quèbǎo ānquán 安全を保障する. ｜～质量 quèbǎo zhìliàng 品質を確実に保証する. ｜～工程如期完成 quèbǎo gōngchéng rúqī wánchéng 工事を期限どおりに終えることを保証する.

ほそい　細い

▶苗条　▶瘦　▶细　▶细长　▶细挑
▶纤细

【苗条】 miáotiao 形 (女性の体つきが)すらりとしている. きゃしゃである. ほっそりしている. ‖ 她身材很～ tā shēncái hěn miáotiao 彼女は体つきがスリムだ.

【瘦】 shòu 形 ❶痩せている. ⇔"胖" pàng "肥" féi 清～ qīngshòu ほっそりして

ホテル

いる. ｜骨～如柴 gǔ shòu rú chái 枯枝の
ように痩せている. ｜你比以前～了点儿
nǐ bǐ yǐqián shòule diǎnr あなたは前より
少し痩せた. ｜我想再～一点儿 wǒ xiǎng
zài shòu yìdiǎnr 私はもう少し痩せたい.
❷(服や靴などが)小さい. 細い. ⇔"肥"
féi ‖ ～裤子 shòu kùzi 細身のスラック
ス. ｜这鞋太～, 挤脚 zhè xié tài shòu, jǐ
jiǎo この靴は細すぎて足がきつい.

★【细】xì 形 ❶(太さが)細い. ⇔"粗" cū
‖ ～铁丝 xì tiěsī 細い針金. ｜铅笔尖很
～ qiānbǐjiān hěn xì 鉛筆の先が細い. ｜
～～的头发 xìxì de tóufa 細い髪の毛.
❷(幅が)細い. ⇔"粗" cū ｜眉毛又～又
弯 méimao yòu xì yòu wān 眉は細く, 三
日月のような形をしている.

【细长】xìcháng 形 細長い. ‖ ～脸 xìcháng
liǎn 面長の顔. ｜～的手指 xìcháng de
shǒuzhǐ 細く長い指. ｜～的长虫 xìcháng
de chángchong 細いヘビ. ｜双腿～ shuāng
tuǐ xìcháng 足がほっそりしている.

【细挑】【细条】xìtiao 形 (体が)ほっそり
している. すらりとしている. スリム
である.

【纤细】xiānxì 形 繊細である. ほっそり
している. ‖ ～的手指 xiānxì de shǒuzhǐ
ほっそりした指.

ホテル

▶宾馆 ▶饭店 ▶酒店 ▶客店 ▶旅店
▶旅馆 ▶旅社 ▶招待所

**【宾馆】bīnguǎn 图 迎賓館. ホテル. ‖ 高
级～ gāojí bīnguǎn 高級ホテル.

★【饭店】fàndiàn(～儿) 图 ホテル. ‖ 四星
级～ sì xīng jí fàndiàn 四つ星のホテル.

*【酒店】jiǔdiàn 图 ホテル. (新しくでき
たホテル名に使われることが多い)

【客店】kèdiàn 图 宿屋. 旧式で規模の小
さい旅館.

*【旅店】lǚdiàn 图 旅館. 宿屋.

**【旅馆】lǚguǎn 图 (比較的小さく, 安く
泊まれる)旅館. ホテル.

【旅社】lǚshè 图 旅舎. 旅館. (多く旅館
の名称に用いる)

【招待所】zhāodàisuǒ 图 (企業や団体な
どの)宿泊施設. 宿泊所. ‖ 文化部机关
～ wénhuàbù jīguān zhāodàisuǒ 文化部付
設の宿泊所.

ほどく

▶拆 ▶拆开 ▶打开 ▶解 ▶解开 ▶开
▶松 ▶松开

**【拆】chāi 動 はがす. ほどく. 分ける.
‖ ～洗 chāixǐ (衣服や布団などを)ほどい
いて洗う. ｜～信 chāi xìn 手紙の封を切
る. ｜～毛衣 chāi máoyī セーターをほ
どく.

*【拆开】chāi//kāi 動 (手紙や紙包みなど
を)開封する. ‖ ～信 chāikāi xìn 手紙の
封を切る.

*【打开】dǎ//kāi 動 開ける. 開く. ‖ ～抽
屉 dǎkāi chōuti 引き出しを開ける. ｜～
笔记本 dǎkāi bǐjìběn ノートを広げる. ｜
～包裹 dǎkāi bāoguǒ 包みをほどく.

**【解】jiě 動 結び目を解く. ほどく. ‖ ～
扣子 jiě kòuzi ボタンをはずす. ｜～腰带
jiě yāodài ベルトをはずす. ｜把领带～下
来 bǎ lǐngdài jiěxialai ネクタイをほどく.

【解开】jiěkāi 動 (結んであるものを)ほ
どく. 解く. はずす. ‖ 把绳子～ bǎ
shéngzi jiěkāi 縄をほどく. ｜～扣子 jiě-
kāi kòuzi ボタンをはずす. ｜你把包袱～
nǐ bǎ bāofu jiěkāi ふろしき包みを開けて
ください.

★【开】kāi 動 (結び目などが)ほどける. 裂
ける. ‖ 鞋带～了 xiédài kāi le 靴ひもが
ほどけた.

**【松】sōng 動 緩める. ⇔"紧" jǐn ‖ 吃得

太多，〜一〜腰帯 chīde tài duō, sōngyisōng yāodài 食べすぎた，ちょっとベルトを緩めよう.

【松开】 sōngkāi 動 緩める．放す．‖〜皮帯 sōngkāi pídài ベルトを緩める.

ほとんど

▶八成　▶差不多　▶大半　▶大部分
▶大都　▶大多　▶多半　▶基本上　▶几乎

【八成】 bāchéng（〜儿）副 大体．ほとんど．‖这事儿〜是没戏了 zhè shìr bāchéng shì méixì le この事はほとんど見込みがなくなった．｜他不同意 bāchéng tā bù tóngyì 彼はまず賛成しないだろう.

【差不多】 chàbuduō 形（"的" de を伴い）ほとんどの．大多数の．普通の．‖中国〜的景点他们都去过了 Zhōngguó chàbuduō de jǐngdiǎn tāmen dōu qùguo le 中国のたいていの名所なら彼らは行っている．｜〜的电视机我都会修 chàbuduō de diànshìjī wǒ dōu huì xiū たいていのテレビなら私は修理できる．副 ほとんど．だいたい．ほぼ．‖学过的公式我〜都忘光了 xuéguo de gōngshì wǒ chàbuduō dōu wàngguāng le 習った公式などほとんど忘れてしまった.

【大半】 dàbàn（〜儿）数 大半．大部分．おおかた．‖这些学生〜是本地人 zhèxiē xuésheng dàbàn shì běndìrén これらの学生の大部分は地元の者だ.

【大部分】 dà bùfen 組 大部分．だいたい．‖工程的〜已经完工了 gōngchéng de dà bùfen yǐjīng wángōng le 工事はすでに大部分完成した．｜〜人不同意 dà bùfen rén bù tóngyì 大部分の人が賛成しない.

【大都】 dàdū 副 おおかた．ほとんど．たいてい．（よく dàdōu と発音される）‖这些孩子〜是在城市长大的 zhèxiē háizi dàdū shì zài chéngshì zhǎngdà de この子供

たちはほとんどが都会育ちだ.

【大多】 dàduō 副 大部分．ほとんど．‖这一带〜是丘陵 zhè yídài dàduō shì qiūlíng この一帯はほとんどが丘陵地である．｜中国的家庭〜是双职工 Zhōngguó de jiātíng dàduō shì shuāngzhígōng 中国の家庭は大部分共働きである.

【多半】 duōbàn（〜儿）数 大半．大多数．‖代表团中〜是年轻人 dàibiǎotuán zhōng duōbàn shì niánqīngrén 代表団のうちの大半は若い人だ.

【基本上】 jīběnshang 副 ❶主に．ほとんど．‖参加舞会的〜是年轻人 cānjiā wǔhuì de jīběnshang shì niánqīngrén ダンスパーティーに参加するのはほとんど若い人たちだ．❷たいてい．だいたい．‖星期天我〜在家 xīngqītiān wǒ jīběnshang zài jiā 私は日曜日はたいてい家にいる.

【几乎】 jīhū 副 ほとんど．ほぼ．‖他为了考试，这两天〜没睡觉 tā wèile kǎoshì, zhè liǎng tiān jīhū méi shuìjiào 彼は試験のために，この2，3日ほとんど寝ていない．｜那次聚会〜全班都来了 nà cì jùhuì jīhū quán bān dōu lái le あのときの集まりにはほぼクラス全員が出席した．｜他〜不相信自己的耳朵 tā jīhū bù xiāngxìn zìjǐ de ěrduo 彼はほとんど自分の耳が信じられなかった.

ほぼ

▶差不多　▶大体　▶大约　▶大致
▶基本上　▶几乎　▶将近　▶约　▶约莫

【差不多】 chàbuduō 副 だいたい．ほぼ．およそ．‖〜有二百人 chàbuduō yǒu èrbǎi rén だいたい200人いる．｜〜用了四个小时 chàbuduō yòngle sì ge xiǎoshí ほぼ4時間を要した．｜学过的公式我〜都忘光了 xuéguo de gōngshì wǒ chàbuduō dōu wàngguāng le 習った公式などほとんど

忘れてしまった.

*【大体】dàtǐ 副 だいたい. おおむね. ‖ 我们的意见～一致 wǒmen de yìjian dàtǐ yízhì 我々の意見はだいたい一致している. ｜这儿的情况我～上了解了 zhèr de qíngkuàng wǒ dàtǐ shang liǎojiě le ここの様子はだいたい分かった.

**【大约】dàyuē 副 約. およそ. だいたい. (概数を表す) ‖ 用了～两小时 yòngle dàyuē liǎng xiǎoshí およそ2時間かかった. ｜～来了二十几个人 dàyuē láile èrshíjǐ ge rén 二十数人来た.

*【大致】dàzhì 副 おおむね. おおかた. だいたい. ‖ 他们的年龄～相仿 tāmen de niánlíng dàzhì xiāngfǎng 彼らの年齢はほぼ同じだ. ｜这架飞机～在十点左右到达北京吧 zhè jià fēijī dàzhì zài shí diǎn zuǒyòu dàodá Běijīng ba この飛行機はだいたい10時ごろ北京に着くでしょう.

【基本上】jīběnshang 副 ❶主に. ほとんど. ‖ 参加舞会的～是年轻人 cānjiā wǔhuì de jīběnshang shì niánqīngrén ダンスパーティーに参加するのはほとんど若い人たちだ. ❷たいてい. だいたい. ‖ 星期天我～在家 xīngqītiān wǒ jīběnshang zài jiā 私は日曜日はたいてい家にいる.

**【几乎】jīhū 副 ほとんど. ほぼ. ‖ 他为了考试，这两天～没睡觉 tā wèile kǎoshì, zhè liǎng tiān jīhū méi shuìjiào 彼は試験のために，この2，3日ほとんど寝ていない. ｜那次聚会～全班都来了 nà cì jùhuì jīhū quán bān dōu lái le あのときの集まりにはほぼクラス全員が出席した.

*【将近】jiāngjìn 副 ほぼ. およそ. ‖ 我来日本～三年了 wǒ lái Rìběn jiāngjìn sān nián le 私は日本に来てほぼ3年になる. ｜他～六十岁 tā jiāngjìn liùshí suì 彼はもう六十近い.

**【约】yuē 副 約. ほぼ. だいたい. ‖ 两地相距～十公里 liǎng dì xiāngjù yuē shí gōnglǐ 二つの場所は約10キロ離れている. ｜出席会议的～有二十人 chūxí huìyì de yuē yǒu èrshí rén 会議に出席したのはほぼ20名である.

【约莫】【约摸】yuēmo 副 だいたい. ほぼ. ざっと. ‖ ～等了十分钟左右 yuēmo děngle shí fēnzhōng zuǒyòu およそ10分ばかり待った. ｜会场里～有二三十人 huìchǎng li yuēmo yǒu èr sānshí rén 会場にはざっと2, 30人いる.

ほめる

▶表扬　▶称道　▶称赞　▶夸　▶夸奖
▶赞美　▶赞扬

★【表扬】biǎoyáng 動 表彰する. ほめたたえる. ‖ ～好人好事 biǎoyáng hǎorén hǎoshì 立派な人や行いを表彰する. ｜受到～ shòudào biǎoyáng 表彰される. ｜今天，老师～我了 jīntiān, lǎoshī biǎoyáng wǒ le 今日，先生にほめられたよ.

【称道】chēngdào 動 ほめたたえる. 言う. 述べる. ‖ 无足～ wú zú chēngdào 称賛に値しない. ｜这种精神值得～ zhè zhǒng jīngshén zhíde chēngdào このような精神は称賛に値する.

**【称赞】chēngzàn 動 (口頭で) 称賛する. ほめる. ‖ 大家都～他表演得好 dàjiā dōu chēngzàn tā biǎoyǎnde hǎo みんなは彼の演技がすばらしいと称賛した. ｜他受到了人们的～ tā shòudàole rénmen de chēngzàn 彼は人々から称賛された.

*【夸】kuā 動 ほめる. 称賛する. ‖ 大家都～她唱得好 dàjiā dōu kuā tā chàngde hǎo 誰もが彼女は歌がうまいとほめそやす.

*【夸奖】kuājiǎng 動 ほめる. 称賛する. ‖ ～孩子 kuājiǎng háizi 子供をほめる. ｜大家都～他进步快 dàjiā dōu kuājiǎng tā jìnbù kuài みんなが彼は進歩が早いとほめた. ｜受到群众的～ shòudào qúnzhòng de kuājiǎng 人々から称賛される.

ほんとう　本当

*【赞美】zànměi 動 賛美する．称賛する．（美しいものや英雄などに多く用いる）‖凡到过桂林的人，无不～那里的秀丽景色 fán dàoguo Guìlín de rén, wúbù zànměi nàli de xiùlì jǐngsè 桂林(けいりん)を訪れたことのある人で，その美しい風景を賛美しないものはない．

*【赞扬】zànyáng 動 (口頭や文章などで)称賛する．称揚する．‖人们～他人小志大 rénmen zànyáng tā rén xiǎo zhì dà みんなは彼のことを若いながらも志が大きいといって称賛する．｜她的服务态度受到了顾客们的～ tā de fúwù tàidu shòudàole gùkèmen de zànyáng 彼女の接客態度は顧客の称賛を受けた．

ほる　掘る

▶铲　▶掘　▶刨　▶掏　▶挖　▶挖掘
▶凿

*【铲】chǎn 動 (シャベルなどで)すくう．削る．掘る．‖～去门前的积雪 chǎnqu ménqián de jīxuě 家の前の雪かきをする．｜把地～平 bǎ dì chǎnpíng 地面を削って平らにする．

*【掘】jué 動 掘る．‖发～ fājué 発掘する．｜～土 jué tǔ 土を掘る．｜在村头～了一眼井 zài cūntóu juéle yì yǎn jǐng 村はずれに井戸を一つ掘った．

*【刨】páo 動 掘る．掘り起こす．掘り返す．‖～土 páo tǔ 土を掘る．｜～个坑 páo ge kēng 穴を１つ掘る．｜～土豆 páo tǔdòu ジャガイモを掘り出す．｜把树根儿～了 bǎ shùgēnr páo le 木の根を掘り起こした．

**【掏】tāo 動 穴を開ける．掘る．‖～一口井 tāo yì kǒu jǐng 井戸を掘る．｜在墙上～了一个洞 zài qiáng shang tāole yí ge dòng 壁に一つ穴を開けた．｜坑不够深，还要再～一～ kēng búgòu shēn, hái yào zài tāo-

yitāo 穴の深さが足りないから，もう少し掘らなくてはならない．

**【挖】wā 動 掘る．掘り起こす．‖～树坑 wā shùkēng 植樹の穴を掘る．｜～土豆 wā tǔdòu ジャガイモを掘る．｜～沟排涝 wā gōu páilào 溝を掘って排水する．｜到深山里去～草药 dào shēnshān li qù wā cǎoyào 山奥に行って薬草を掘る．｜在木板上～个槽 zài mùbǎn shang wā ge cáo 板に溝をつける．

*【挖掘】wājué 動 掘る．掘り起こす．発掘する．‖～隧道 wājué suìdào トンネルを掘る．｜～主题 wājué zhǔtí テーマを掘り起こす．｜～人才 wājué réncái 人材を発掘する．

*【凿】záo 動 掘る．‖～一口井 záo yì kǒu jǐng 井戸を掘る．

ほんとう　本当

▶的确　▶实话　▶实在　▶真　▶真实
▶真正

**【的确】díquè 副 確かに．掛け値なしに．‖这种料子～结实得很 zhè zhǒng liàozi díquè jiēshide hěn この生地は確かにとても丈夫だ．｜我的的确确没说过这话 wǒ dídíquèquè méi shuōguo zhè huà 私は絶対そんな話をしていない．

*【实话】shíhuà 名 本当の話．‖说～ shuō shíhuà 本当のことを言う．｜～实说 shíhuà shíshuō 真実をありのままに話す．｜大～ dàshíhuà 事実そのものの話．まったくありのままの話．

**【实在】shízài 形 掛け値がない．本当である．‖～的本领 shízài de běnlǐng 掛け値なしの実力．｜这话说得很～ zhè huà shuōde hěn shízài この話はまったく正直なところだ． 副 ❶実に．ほんとうに．‖今天～太冷了 jīntiān shízài tài lěng le 今日は実に寒い．｜给你添了这么多麻

ほんやく　翻訳

煩，～不好意思 gěi nǐ tiānle zhème duō máfan, shízài bù hǎoyìsi いろいろご迷惑をおかけして，ほんとうに申し訳ありません．｜～没有时间 shízài méiyou shíjiān どうにも時間がない．❷実は．実際は．‖她嘴上说喜欢，～并不怎么喜欢 tā zuǐ shang shuō xǐhuan, shízài bìng bù zěnme xǐhuan 彼女は口では好きだと言うが，本当はたいして好きなわけではない．

★【真】zhēn 形 真実である．本当である．⇔"假" jiǎ "伪" wěi ‖ ～话 zhēnhuà 本当の話．｜～花 zhēnhuā 本物の花．｜～本事 zhēn běnshi 本物の才能．｜这消息是～的 zhè xiāoxi shì zhēn de このニュースは本当だ．｜～的, 不骗你 zhēn de, bú piàn nǐ 本当だ，うそじゃない．｜我～的不知道 wǒ zhēn de bù zhīdào 私はほんとうに知らないんだ．｜信以为～ xìn yǐ wéi zhēn 本当だと思い込む．副 実に．ほんとうに．‖这儿～美 zhèr zhēn měi ここは実に美しい．｜他跑得～快 tā pǎode zhēn kuài 彼はほんとに走るのが速い．｜～想好儿睡一觉 zhēn xiǎng hǎohāor shuì yí jiào ほんとうにゆっくりと眠りたい．

【真实】 zhēnshí 形 真実である．本当である．‖～感情 zhēnshí gǎnqíng 偽りのない感情．｜～情况 zhēnshí qíngkuàng 本当の事情．｜～性 zhēnshíxìng 真実性．内容很～ nèiróng hěn zhēnshí 内容は事実そのものである．｜这部作品～地反映了当前人们关心的社会问题 zhè bù zuòpǐn zhēnshí de fǎnyìngle dāngqián rénmen guānxīn de shèhuì wèntí この作品は目下人々の関心の的となっている社会問題を如実に反映している．

★【真正】zhēnzhèng 形 真の．本当の．‖～的朋友 zhēnzhèng de péngyou 真の友人．｜谁也没有说出～的理由 shéi yě méiyou shuōchu zhēnzhèng de lǐyóu 誰も本当

の理由は言わなかった．副 ほんとうに．真に．‖人民～成了国家的主人 rénmín zhēnzhèng chéngle guójiā de zhǔren 人民はほんとうに国家の主人になった．｜他还没有～认识自己的错误 tā hái méiyou zhēnzhèng rènshi zìjǐ de cuòwù 彼はまだほんとうに自分の誤りを認識していない．

ほんやく　翻訳

▶笔译　▶编译　▶翻　▶翻译　▶口译
▶译　▶译本　▶译制　▶意译　▶音译
▶直译

【笔译】 bǐyì 動 翻訳する．

【编译】 biānyì 動 翻訳し編集する．‖～莎士比亚全集 biānyì Shāshìbǐyà quánjí シェークスピアの全集を翻訳編集する．図 翻訳し編集する人．

★【翻】fān 動 翻訳する．通訳する．‖把中文～成日文 bǎ Zhōngwén fānchéng Rìwén 中国語を日本語に翻訳する．｜这个句子我～不出来 zhège jùzi wǒ fānbuchūlái この文は私には訳せない．

★【翻译】fānyì 動 通訳する．翻訳する．訳す．‖请他给我们～ qǐng tā gěi wǒmen fānyì 彼に通訳してもらおう．｜同声～ tóngshēng fānyì 同時通訳．｜他～过不少中国小说 tā fānyìguo bùshǎo Zhōngguó xiǎoshuō 彼は中国の小説をたくさん翻訳している．｜把古文～成现代文 bǎ gǔwén fānyìchéng xiàndàiwén 古文を口語訳する．｜把下列句子～成英语 bǎ xiàliè jùzi fānyìchéng Yīngyǔ 次の文を英語に訳しなさい．図 通訳．翻訳．‖当～ dāng fānyì 通訳をする．｜他是旅游团的～ tā shì lǚyóutuán de fānyì 彼は旅行団の通訳である．

【口译】 kǒuyì 動 通訳する．"口头翻译" kǒutóu fānyì ともいう．

664

＊＊【译】 yì 動 訳す．翻訳する．‖摘～ zhāi-yì 部分訳する．│汉～日 Hàn yì Rì 中国語を日本語に訳す．│每天～五千字 měitiān yì wǔqiān zì 毎日 5000 字訳す．

【译本】 yìběn 名 訳本．翻訳書．‖这部小说已有英、日文等多种～ zhè bù xiǎoshuō yǐ yǒu Yīng、Rìwén děng duō zhǒng yìběn この小説はすでに英語や日本語など，多くの翻訳がある．

【译制】 yìzhì 動 (映画などを)翻訳製作する．‖～片 yìzhìpiàn 吹き替え映画．

【意译】 yìyì 動❶(翻訳で)意訳する．❷(外来語で)意味を移す形で訳す．

【音译】 yīnyì 動 音訳する．‖“尼龙”是 nylon 的～ "nílóng" shì nylon de yīnyì "尼龙"はナイロンの音訳したものである．

【直译】 zhíyì 動 直訳する．

ぼんやり（ぼやけている）

▶不分明　▶不清楚　▶恍惚　▶迷茫
▶迷蒙　▶模糊　▶缥缈　▶依稀　▶隐约

【不分明】 bù fēnmíng 組 はっきりしない．ぼやけている．‖昆明的四季～ Kūnmíng de sìjì bù fēnmíng 昆明(ﾐﾝ)の四季ははっきりしない．

【不清楚】 bù qīngchu 組 はっきりしない．‖文章的条理～ wénzhāng de tiáolǐ bù qīngchu 文章の筋立てがはっきりしない．│当时的事情记得～ dāngshí de shìqing jìde bù qīngchu 当時のことはぼんやりと覚えている．

【恍惚】【恍忽】 huǎnghu；huǎnghū 形❶ぼんやりしている．ぼうっとしている．‖神志～ shénzhì huǎnghu 意識がぼんやりしている．❷(記憶や見聞きしたことが)定かでない．はっきりしない．‖我～看见他过去了 wǒ huǎnghu kànjiàn tā guòqu le 彼が通り過ぎるのを見たような気がする．│～记得那个人似乎姓李

huǎnghu jìde nàge rén sìhū xìng Lǐ あの人は確か李という人だったとうっすら覚えている．

【迷茫】 mímáng 形 広すぎてはっきり見えないさま．茫漠(ﾊﾞ)としているさま．‖晨雾～ chénwù mímáng 朝霧で一面茫漠とかすんでいる．

【迷蒙】 míméng 形 暗くてはっきり見えない．"迷濛"とも書く．‖烟雨～ yānyǔ míméng 雨に煙ってぼんやりとしている．

＊【模糊】【模胡】 móhu 形 はっきりしない．ぼんやりしている．‖碑面字迹～ bēimiàn zìjì móhu 石碑の文字がはっきりしない．│神志～ shénzhì móhu 意識が朦朧(ﾓｳ)としている．│我模模糊糊地记得好像是他 wǒ mómóhūhū de jìde hǎoxiàng shì tā 確か彼だったとぼんやりと記憶している．

【缥缈】 piāomiǎo 形 かすんではっきり見えない．"飘缈"とも書く．‖前途～ qiántú piāomiǎo 将来が見通せない．│虚无～ xūwú piāomiǎo 曖昧(ｱｲ)でつかみどころがない．

【依稀】 yīxī 形 ぼんやりとしている．かすかである．‖～记得他的面影 yīxī jìde tā de miànyǐng 彼の面影をぼんやりと覚えている．│远处小岛～可辨 yuǎnchù xiǎodǎo yīxī kě biàn 遠くに小島がかすかに見える．

＊【隐约】 yǐnyuē 形 はっきりしない．ぼんやりとした．かすかな．‖～可见 yǐnyuē kě jiàn かすかに見える．│～地感到不安 yǐnyuē de gǎndào bù'ān なんとなく不安だ．

ぼんやり（ぼうっとしている）

▶呆　▶呆头呆脑　▶发呆　▶发愣　▶恍惚
▶愣　▶迷糊　▶迷迷糊糊　▶迷迷怔怔
▶心不在焉

ほんらい　本来

【呆】 dāi 形 茫然(ぜん)としている. ぼんやりしている. ‖ 吓～了 xià dāi le あっけにとられてぽかんとする. | 听到这消息，他顿时～住了 tīngdào zhè xiāoxi, tā dùnshí dāizhù le この知らせを聞いたとたん，彼は茫然としてしまった.

【呆头呆脑】 dāi tóu dāi nǎo 組 (反応が)鈍いさま. ぼんやりしているさま. ‖ 他～地站在那儿 tā dāi tóu dāi nǎo de zhànzài nàr 彼はあそこにぼんやり突っ立っている.

【发呆】 fā//dāi 動 ぽかんとする. 茫然とする. ‖ 她望着窗外～ tā wàngzhe chuāngwài fādāi 彼女はぼんやりと窓の外を眺めている.

【发愣】 fā//lèng 動口 ぽかんとする. ぼんやりする. 茫然とする. ‖ 你发什么愣，还不快去道谢 nǐ fā shénme lèng, hái bú kuài qù dàoxiè 何をぼんやりしているんだ，早くお礼を言いなさい.

【恍惚】【恍忽】 huǎnghu；huǎnghū 形 ぼんやりしている. ぼうっとしている. ‖ 神志～ shénzhì huǎnghu 意識がぼんやりしている. | 精神～ jīngshén huǎnghu 茫然とする.

*【愣】 lèng 動 ぼんやりする. あっけにとられる. ぽかんとする. あきれる. ‖ 他～了一会儿才说出话来 tā lèngle yíhuìr cái shuōchu huà lai 彼はしばらくあっけにとられていたが，やっと口をきいた. | 听到这消息，她一下～住了 tīngdào zhè xiāoxi, tā yíxià lèngzhù le その知らせを耳にすると，彼女は茫然としてしまった.

*【迷糊】 míhu 形 (目や意識が)はっきりしない. ぼんやりしている. ‖ 睡～了 shuìmíhu le 寝ぼけた. | 一碰到这样的问题，他就犯～ yí pèngdào zhèyàng de wèntí, tā jiù fàn míhu このような問題にぶつかると，彼はすぐにぼうっとしてしまう.

【迷迷糊糊】 mímihūhū (～的) 形 ぼうっとしてはっきりしないさま. ‖ 他整天～的 tā zhěngtiān mímihūhū de 彼はいつもぼうっとしている. | 喝得迷迷糊糊的 hēde mímihūhū de 酒を飲んで朦朧となる.

【迷迷怔怔】 mímizhēngzhēng (～的) 形 ぼんやりとしているさま. ‖ 他～的，不知在想什么呢 tā mímizhēngzhēng de, bù zhī zài xiǎng shénme ne 彼はぼうっとして，いったい何を考えているんだろう.

【心不在焉】 xīn bú zài yān 成 心ここにあらず. うわの空. ‖ 他～地答应着 tā xīn bú zài yān de dāyingzhe 彼はうわの空で返事をしている.

ほんらい　本来

▶本来　▶当初　▶根本　▶原来　▶原先
▶自来

【本来】 běnlái 副 本来. もともと. (本質，本来の姿を問題にする) ‖ 他～是工人，后来成了作家 tā běnlái shì gōngrén, hòulái chéngle zuòjiā 彼はもとは労働者だったが，のちに作家になった. | 我～就不同意 wǒ běnlái jiù bù tóngyì 私はもともと反対だった. | ～就该这么办 běnlái jiù gāi zhème bàn もともとこうすべきだった.

*【当初】 dāngchū 図 最初. 以前. 昔. その時. ‖ ～这儿都是农田 dāngchū zhèr dōu shì nóngtián 以前ここは全部畑だった. | ～我就不同意 dāngchū wǒ jiù bù tóngyì 最初から私は不賛成だった. | 想～，他们都是我的学生 xiǎng dāngchū, tāmen dōu shì wǒ de xuésheng 当時は，彼らはみな私の生徒だった.

【根本】 gēnběn 副 まるっきり. 全然. (多く否定で用いる) ‖ 我～没去过那儿 wǒ gēnběn méi qùguo nàr 私はまったくそこへ行ったことがない. | 我～就不知

ほんらい　**本来**

道这件事 wǒ gēnběn jiù bù zhīdao zhè jiàn shì 私はそんなことまるっきり知らなかった.

★【原来】yuánlái 图 もともと. 当初. 以前. (「かつて」「以前」という時間が強調される)‖这一带～经常闹水灾 zhè yídài yuánlái jīngcháng nào shuǐzāi このあたりは以前は始終水害に悩まされていた.｜他～不会游泳, 现在能游一千米 tā yuánlái bú huì yóuyǒng, xiànzài néng yóu yìqiān mǐ もともと彼は泳げなかったが, いまは 1000 メートル泳げる.

★【原先】yuánxiān 图 もともと. 以前. 初め.‖这家店～在城西, 去年搬到市中心来了 zhè jiā diàn yuánxiān zài chéng xī, qùnián bāndào shì zhōngxīn lái le この店は当初町の西にあったが, 去年町の中心に移ってきた.

【自来】zìlái 副 本来. 以前から.‖～如此 zìlái rúcǐ もともとこうだ.｜这里～就是交通要道 zhèli zìlái jiù shì jiāotōng yàodào ここは以前から交通の要衝である.

ほ

ま

まえ （順序の）前・先

▶前边　▶前面　▶前头　▶事先　▶首先
▶提前　▶头　▶先　▶预先　▶早

★【前边】qiánbian（～儿）图（文章や話などの）前．先．‖这个问题，～已经讲过了 zhège wèntí, qiánbian yǐjīng jiǎngguo le この問題はすでに前に述べている．

*【前面】qiánmiàn（～儿）图（序列的に）前．先．（文章や話などの）前．先．‖已经讲过的，这里就不再重复了 qiánmiàn yǐjīng jiǎngguo de, zhèli jiù bú zài chóngfù le 先に述べたことについては，ここでは繰り返しません．

*【前头】qiántou 图（順序や文・話などの）前．先．‖要把困难想在～ yào bǎ kùnnan xiǎngzài qiántou 困難はあらかじめ予測しておかなければならない．

**【事先】shìxiān 图事前．‖今天开会的事，～没有通知啊! jīntiān kāihuì de shì, shìxiān méiyou tōngzhī a! 今日の会議は事前に通知がなかったよ．｜什么时候来，～给我挂个电话 shénme shíhou lái, shìxiān gěi wǒ guà ge diànhuà いつ来るか，あらかじめ電話をください．

**【首先】shǒuxiān 副真っ先に．まず最初に．‖～发言 shǒuxiān fāyán 最初に発言する．｜～要把身体养好 shǒuxiān yào bǎ shēntǐ yǎnghǎo まずは体を養生しなければならない．

**【提前】tíqián 動（予定の時間あるいは順序を）繰り上げる．‖请～告诉我 qǐng tíqián gàosu wǒ 前もって私に知らせてください．｜应该～跟他打个招呼 yīnggāi tíqián gēn tā dǎ ge zhāohu 事前に彼に知らせるべきだ．

★【头】tóu 形（数量詞の前に置いて，順序が前であることを示す）最初の．初めの．‖～三天 tóu sān tiān 初めの3日間．｜～两年 tóu liǎng nián 初めの1, 2年．｜我今天～一个到教室 wǒ jīntiān tóu yí ge dào jiàoshì 今日私は真っ先に教室に着いた．

★【先】xiān 副まず．先に．あらかじめ．‖你～去，我马上就来 nǐ xiān qù, wǒ mǎshàng jiù lái 先に行ってください，私もすぐ行きますから．｜我们～吃，吃完再说吧 wǒmen xiān chī, chīwán zài shuō ba とりあえず食事をしよう，話はそれからだ．

*【预先】yùxiān 副あらかじめ．前もって．事前に．‖～通知 yùxiān tōngzhī 前もって知らせる．｜～准备 yùxiān zhǔnbèi あらかじめ用意する．｜～声明 yùxiān shēngmíng 先に断っておく．

★【早】zǎo 形（一定の時間よりも）前である．早めである．‖他比我～到十分钟 tā bǐ wǒ zǎo dào shí fēnzhōng 彼は私より10分早く着いた．｜要是～知道这样，我就不来了 yàoshi zǎo zhīdao zhèyàng, wǒ jiù bù lái le もし先に知っていたら私は来なかった．｜为什么不～报告警察? wèi shénme bù zǎo bàogào jǐngchá? なぜもっと早く警察に通報しなかったのか．

まえ （時間・空間の）前

▶跟前　▶面前　▶前　▶前边　▶前方
▶前面　▶上　▶上次　▶上回　▶先
▶以前　▶之前

**【跟前】gēnqián（～儿）图❶すぐ前．そば．‖房子～有棵树 fángzi gēnqián yǒu kēshù 家の前に木が1本ある．❷（時間的に）目の前．‖临到考试～，大家都忙着复习准备 líndào kǎoshì gēnqián, dàjiā dōu mángzhe fùxí zhǔnbèi テストを目前にし

668

まえ （時間・空間の）前

て，全員が復習に余念がない．

【面前】miànqián 图面前．目の前．‖在众人～唱歌 zài zhòngrén miànqián chàng gē 大勢の人の前で歌う．｜一辆车停在他的～ yí liàng chē tíngzài tā de miànqián 車が彼の前で止まった．｜法律～人人平等 fǎlǜ miànqián rénrén píngděng 法の前では誰もが平等である．

★【前】qián 图❶(空間的に)前．前方．正面．⇔"后" hòu‖往～走 wǎng qián zǒu 前の方に歩いていく．｜房～房后 fáng qián fáng hòu 家の前と後ろ．家屋の正面と裏側．❷(時間的に)前．昔．以前．⇔"后" hòu‖～几天 qián jǐ tiān 数日前．｜～一次 qián yí cì 前回．｜～半生 qián bànshēng 前半生．｜～一个时期 qián yí ge shíqī 過去の一時期．❸(役職など改変のあった)前．元．‖～市长 qián shìzhǎng 前市長．｜～世界冠军 qián shìjiè guànjūn 元世界チャンピオン．❹(ある事物が発生する)前段階．‖～科学 qián kēxué 科学以前．｜～资本主义 qián zīběn zhǔyì 資本主義以前の段階．

★【前边】qiánbian (～儿) 图❶(空間・位置的に)前．前面．‖走在～ zǒuzài qiánbian 前方を歩く．｜车站～有个广场 chēzhàn qiánbian yǒu ge guǎngchǎng 駅前に広場がある．❷(文章や話などの)前．先．‖这个问题，～已经讲过了 zhège wèntí, qiánbian yǐjīng jiǎngguo le この問題はすでに前に述べている．

＊【前方】qiánfāng 图前方．前．‖注视～ zhùshì qiánfāng 前をじっと見つめる．｜雾太大，看不清～的路 wù tài dà, kànbuqīng qiánfāng de lù 霧が濃くて前方の道がよく見えない．

＊＊【前面】qiánmiàn (～儿) 图❶(空間・位置的に)前．前面．前方．‖房子～有两棵树 fángzi qiánmiàn yǒu liǎng kē shù 家の前に木が２本立っている．｜注意，～亮红灯了 zhùyì, qiánmiàn liàng hóngdēng le 気

をつけて，前方は赤信号だよ．❷(序列的に)前．先．(文章や話などの)前．先．‖～已经讲过的，这里就不再重复了 qiánmiàn yǐjīng jiǎngguo de, zhèlǐ jiù bú zài chóngfù le 先に述べたことについては，ここでは繰り返しません．

★【上】shàng 图(時間や順序が)前．先．以前．‖～半年 shàng bànnián (年の)上半期．｜～月 shàngyuè 先月．前月．｜～～个星期 shàngshàng ge xīngqī 先々週．

【上次】shàng cì 組前回．‖会议我有事没参加 shàng cì huìyì wǒ yǒu shì méi cānjiā 前回の会議は用事があったので私は出席しなかった．

【上回】shàng huí 組前回．"上一回" shàng yì huí ともいう．‖这是我～出差时买的 zhè shì wǒ shàng huí chūchāi shí mǎi de これは前回の出張のときに買ったものだ．

★【先】xiān 图回以前．最初．‖他～不同意，后来又说行 tā xiān bù tóngyì, hòulái yòu shuō xíng 彼は最初は反対したのに，後になって承諾した．｜你～怎么不说? nǐ xiān zěnme bù shuō? どうして前に言わなかったんだ．

★【以前】yǐqián 图以前．…以前．‖～我不了解他 yǐqián wǒ bù liǎojiě tā 以前，私は彼のことをあまりよく知らなかった．｜请在八点～给我打电话 qǐng zài bā diǎn yǐqián gěi wǒ dǎ diànhuà ８時までに私に電話をください．｜去北京～到我家里来一趟 qù Běijīng yǐqián dào wǒ jiā li lái yí tàng 北京に行く前に一度私のうちへいらっしゃい．

＊＊【之前】zhīqián 图…の前．(多く時間をさし，場所をさすことは少ない)‖早上六点～就起床 zǎoshang liù diǎn zhīqián jiù qǐchuáng 朝6時前に起床する．｜下班～我给你打电话 xiàbān zhīqián wǒ gěi nǐ dǎ diànhuà 退社前にあなたに電話をします．

669

まかす　負かす

まかす　負かす

▶敗　▶打敗　▶打贏　▶击敗　▶胜
▶战败　▶战胜

**【敗】 bài 動 打ち負かす．打ち破る．‖大
~河南队 dà bài Hénánduì 河南チームを
さんざんに打ち破る．

*【打敗】 dǎ//bài 動 打ち負かす．‖~顽敌
dǎbài wándí 手ごわい敵を打ち負かす．

【打贏】 dǎ//yíng 動 打ち負かす．‖要想
中国队非常不容易 yào xiǎng dǎyíng Zhōng-
guóduì fēicháng bù róngyì 中国チームを
打ち負かすのはすごくたいへんだ．

【击敗】 jībài 動 打ち破る．撃破する．‖
以快速进攻~对手获得冠军 yǐ kuàisù jìn-
gōng jībài duìshǒu huòdé guànjūn すばやい
攻撃で相手を倒し優勝を手にする．

**【胜】 shèng 動 打ち負かす．やっつける．
‖以少~多 yǐ shǎo shèng duō 少数で多
数を打ち負かす．｜北京队~了上海队
Běijīngduì shèngle Shànghǎiduì 北京チーム
は上海チームに勝った．

【战败】 zhànbài 動 (敵を)打ち負かす．‖
~对手，获得冠军 zhànbài duìshǒu, huòdé
guànjūn 相手を打ち負かし優勝した．

**【战胜】 zhànshèng 動 打ち勝つ．(敵を)
打ち負かす．‖~敌人 zhànshèng dírén 敵
に打ち勝つ．｜~困难 zhànshèng kùnnan
困難に打ち勝つ．｜正义的力量是不可
~的 zhèngyì de lìliang shì bùkě zhànshèng de
正義の力は打ち負かされることはない．

まかせる　任せる（委任する）

▶拜托　▶交　▶托　▶托付　▶委任
▶委托

*【拜托】 bàituō 動 謙 お願いする．依頼
する．‖这件事就全~您啦 zhè jiàn shì jiù
quán bàituō nín la この件はあなたにいっ

さいお任せいたします．

★【交】 jiāo 動 渡す．任せる．‖这件事就~
你办了 zhè jiàn shì jiù jiāo nǐ bàn le この
件は君に処理を任せるよ．

*【托】 tuō 動 人に頼んでやってもらう．依
託する．‖~人找工作 tuō rén zhǎo gōng-
zuò 人に頼んで就職口を探してもらう．
｜~人捎口信 tuō rén shāo kǒuxìn 人に伝
言をことづける．｜受人之~ shòu rén zhī
tuō 人から頼まれる．

【托付】 tuōfù 動 依託する．託する．ゆ
だねる．‖我不在期间，公司的事儿全~
给你了 wǒ bú zài qījiān, gōngsī de shìr quán
tuōfùgěi nǐ le 私のいない間，会社のこ
とはすべて君に任せたよ．

【委任】 wěirèn 動 委任する．任命する．
‖~状 wěirènzhuàng 任命状．｜~他当
科长 wěirèn tā dāng kēzhǎng 彼を課長に
任ずる．

*【委托】 wěituō 動 任せる．依頼する．‖
受人~ shòu rén wěituō 人から依頼され
る．｜这事就~给你了 zhè shì jiù wěituō-
gěi nǐ le この件は君に任せたぞ．｜我想
~你一件事 wǒ xiǎng wěituō nǐ yí jiàn shì
あなたにお願いしたいことがあります．

まかせる　任せる（逆らわない）

▶任　▶任凭　▶任其自然　▶随　▶听
▶听凭　▶听天由命　▶由

*【任】 rèn 動 人の言うままに任せる．一
任する．‖听之~之 tīng zhī rèn zhī 任せ
きりにする．｜~他去吧! rèn tā qù ba! 彼
の勝手にさせたらいいでしょう．｜~你
挑选一个 rèn nǐ tiāoxuǎn yí ge どれでも
一つご自由にお取りください．

【任凭】 rènpíng 動 人の言うとおりにす
る．相手の意志に任せる．‖各种颜色
的都有，~你挑选 gè zhǒng yánsè de dōu
yǒu, rènpíng nǐ tiāoxuǎn 各色揃っていま

す，どれでもご自由にお選びください．

【任其自然】 rèn qí zì rán 國 成り行きに任せる．"听其自然" tīng qí zì rán ともいう．‖ 事已至此，只好～了 shì yǐ zhì cǐ, zhǐhǎo rèn qí zì rán le 事ここに至っては，成り行きに任せるほかはない．

****【随】** suí 動 任せる．…のままにする．‖ 我的意见说完了，听不听～你 wǒ de yìjian shuōwán le, tīng bu tīng suí nǐ 私の意見は以上だ，聞き入れるかどうかは君しだいだ．｜我什么也不想说，～你想像去吧 wǒ shénme yě bù xiǎng shuō, suí nǐ xiǎngxiàng qù ba 私は何も言いたくない，君の想像に任せるよ．

★**【听】** tīng 動 言うことを聞く．服従する．‖ ～话 tīnghuà 目上の言うことに従う．｜～指挥 tīng zhǐhuī 指揮に従う．｜别人怎么劝，他都不～ biéren zěnme quàn, tā dōu bù tīng 人がどんなに説得しても彼は聞き入れようとしない．｜好，我～你的 hǎo, wǒ tīng nǐ de 分かった，言うとおりにするよ．

【听凭】 tīngpíng 動 任せる．いいようにさせる．‖ ～人摆布 tīngpíng rén bǎibu 人の言いなりになる．｜去不去～你自己决定 qù bu qù tīngpíng nǐ zìjǐ juédìng 行くか行かないかはあなた自身に任せる．

【听天由命】 tīng tiān yóu mìng 國 天命にゆだねる．運に任せる．‖ 事情如何发展只好～了 shìqing rúhé fāzhǎn zhǐhǎo tīng tiān yóu mìng le 事態がどのように進展するか，ともかく運に任せるよりしかたない．

****【由】** yóu 動 従う．任せる．‖ 事不～己 shì bù yóu jǐ 事が自分の思うようにならない．｜不能什么事儿都～着孩子 bù néng shénme shìr dōu yóuzhe háizi なんでもかんでも子供の言いなりになるわけにはいかない．｜信不信～你 xìn bu xìn yóu nǐ 信じるかどうかは君の勝手だ．

まがる　まがる（曲がっている）

まがる　（角を）曲がる

▶拐　▶拐弯　▶转弯

****【拐】** guǎi 動 曲がる．‖ 往东一～就是商店 wǎng dōng yì guǎi jiù shì shāngdiàn 東に曲がれば店はすぐそこだ．｜到十字路口往右～ dào shízì lùkǒu wǎng yòu guǎi 交差点に出たら右へ曲がる．｜～进一条小巷 guǎijìn yì tiáo xiǎoxiàng 角を曲がって細い路地に入る．

***【拐弯】** guǎi//wān（～儿） 動 曲がり角を曲がる．‖ 往北一～就到 wǎng běi yì guǎiwān jiù dào 北に折れるとすぐ着きます．｜公共汽车拐了一个急弯儿 gōnggòng qìchē guǎile yí ge jíwānr バスが急カーブを切った．

***【转弯】** zhuǎn//wān（～儿） 動 角を曲がる．‖ 向左一～就是邮局 xiàng zuǒ yì zhuǎnwān jiù shì yóujú 左に曲がればそこが郵便局です．

まがる　曲がる（曲がっている）

▶不直　▶扭曲　▶倾斜　▶曲曲弯弯
▶曲折　▶歪　▶歪斜　▶弯　▶弯曲　▶斜

【不直】 bù zhí 組 曲がっている．‖ 这根棍子～ zhè gēn gùnzi bù zhí この棒は曲がっている．

【扭曲】 niǔqū 動 ねじれる．ゆがむ．‖ 铁棍～了 tiěgùn niǔqū le 鉄の棒がねじ曲がってしまった．｜气得脸都～了 qìde liǎn dōu niǔqū le 怒りで顔がひきつっている．

***【倾斜】** qīngxié 動 傾斜する．傾く．‖ 这座古塔有些～ zhè zuò gǔtǎ yǒuxiē qīngxié この古塔はやや傾いている．｜～面 qīngxiémiàn 傾斜面．

【曲曲弯弯】 qūqūwānwān（～的） 形 曲がりくねったさま．くねくねしている．‖ ～的林间小路 qūqūwānwān de lín jiān xiǎo-

671

lù 曲がりくねった林の中の小道.｜小溪～地流过村前 xiǎoxī qūqūwānwān de liúguo cūnqián 小川は村の前を湾曲しながら流れている.

*【曲折】qūzhé 形 曲がりくねっている.‖山路～ shānlù qūzhé 山道が曲がりくねっている.

**【歪】wāi 形 曲がっている.斜めになっている.傾いている.⇔"正" zhèng‖领带～了 lǐngdài wāi le ネクタイが曲がっている.｜照片贴～了 zhàopiàn tiēwāi le 写真を斜めに張ってしまった.｜戴帽子 wāi dài màozi 帽子をはすにかぶる.｜～七扭八 wāi qī niǔ bā いびつである.曲がりくねっている.

【歪斜】wāixié 形 ゆがんでいる.傾いている.‖地基下沉，房子已经有些～了 dìjī xiàchén, fángzi yǐjīng yǒuxiē wāixié le 地盤が沈下して，建物はすでに少し傾いている.

**【弯】wān 形 湾曲している.曲がっている.‖～路 wānlù 曲がった道.｜～～的月亮 wānwān de yuèliang 弓なりの細い月.

*【弯曲】wānqū 形 曲がっている.曲がりくねっている.‖一条～的小河 yì tiáo wānqū de xiǎohé 曲がりくねった一筋の小川.｜弯弯曲曲的山路 wānwānqūqū de shānlù くねくねと曲がっている山道.

**【斜】xié 形 斜めである.‖木桩有点～ mùzhuāng yǒudiǎn xié くいが少し曲がっている.｜线划～了 xiàn huàxié le 線のかき方が曲がってしまった.

まく　まく（まき散らす）

▶泼　▶洒　▶撒　▶散　▶散播　▶散布
▶散发　▶扬

*【泼】pō 動 (液体を)まく.かける.‖扫院子时先～点水 sǎo yuànzi shí xiān pō diǎn

shuǐ 庭を掃くときには先にちょっと水をまきなさい.｜瓢～大雨 piáopō dàyǔ どしゃぶりの大雨.

**【洒】sǎ 動 (水などを)まく.ふりまく.‖～水 sǎ shuǐ 水をまく.｜月光～在湖面上 yuèguāng sǎzài húmiàn shang 月の光が湖面に降り注ぐ.

【撒】sǎ 動 (粒状あるいは小片状のものを)まく.まき散らす.‖在地里～种 zài dì li sǎ zhǒng 畑に種をまく.｜往汤里～胡椒面 wǎng tāng li sǎ hújiāomiàn スープに胡椒(こしょう)を振りかける.

*【散】sàn 動 まく.ばらまく.‖～传单 sàn chuándān ビラをまく.｜打开窗～～屋里的烟味儿 dǎkāi chuāng sànsan wūli de yānwèir 窓を開けて室内のタバコのにおいを追い出す.

【散播】sànbō 動 まき散らす.ばらまく.‖～种子 sànbō zhǒngzi 種をまく.｜谣言 sànbō yáoyán デマをまき散らす.

*【散布】sànbù 動 散布する.まき散らす.散らばる.散在する.‖～流言飞语 sànbù liúyán fēiyǔ デマをまき散らす.｜～谬论 sànbù miùlùn 謬論(びゅうろん)をまき散らす.｜羊群～在草原上 yángqún sànbùzài cǎoyuán shang ヒツジの群れが草原に散らばっている.

*【散发】sànfā 動 ❶発散する.放散する.‖鲜花～着阵阵芳香 xiānhuā sànfāzhe zhènzhèn fāngxiāng 花がよい香りをしきりに漂わせている.❷ばらまく.配布する.‖～传单 sànfā chuándān ビラをまく.｜～文件 sànfā wénjiàn 文書を配る.

*【扬】yáng 動 上の方へまき散らす.‖把麦子晒干～净 bǎ màizi shàigān yángjìng ムギを日に干し，上へ放り上げて風選する.

まく　巻く

▶缠　▶缠绕　▶卷　▶盘　▶绕　▶围

*【缠】chán 動 巻きつく．巻きつける．‖
～着绷带 chánzhe bēngdài 包帯を巻いて
いる．｜～毛线 chán máoxiàn 毛糸を巻
く．

【缠绕】chánrào 動 巻く．巻きつく．‖把
线～在轴上 bǎ xiàn chánràozài zhóu shang
糸を軸に巻く．

**【卷】juǎn 動 (円筒形または半円形に)巻
く．‖～袖子 juǎn xiùzi 袖をまくる．｜～
头发 juǎn tóufa 髪をカールさせる．｜把
挂轴儿～起来 bǎ guàzhóur juǎnqilai 掛け
軸を巻く．

*【盘】pán 動 ぐるぐる巻く．‖把绳子～
起来 bǎ shéngzi pánqilai 縄を巻き取る．
｜把头发～在头上 bǎ tóufa pánzài tóu shang
髪をアップにしてくるりと結う．｜蛇～
成一团 shé pánchéng yì tuán ヘビがとぐ
ろを巻く．

**【绕】rào 動 巻く．巻きつける．絡む．‖
把绳子～起来 bǎ shéngzi ràoqilai 縄を巻き
つける．｜常春藤～在树上 chángchūn-
téng ràozài shù shang ツタが木に絡みつ
く．

**【围】wéi 動 包囲する．取り巻く．‖小
院～着篱笆 xiǎoyuàn wéizhe líba 庭は垣
根で囲まれている．｜～成一圈儿 wéi-
chéng yì quānr ぐるりと一周取り巻く．
｜～着丝巾 wéizhe sījīn 絹のスカーフを
巻いている．｜记者们把他～在中间 jì-
zhěmen bǎ tā wéizài zhōngjiān 記者たちは
彼をぐるりと取り囲んでいる．

まける　負ける
▶败　▶打败　▶负　▶失败　▶输

**【败】bài 動 敗北する．負ける．⇔"胜"
shèng ‖惨～ cǎnbài 惨敗する．｜～给了
对方 bàigěile duìfāng 相手に負けた．｜骄
兵必～ jiāo bīng bì bài おごった軍隊は
必ず敗れる．

*【打败】dǎ//bài 動 負ける．敗れる．‖这
场比赛我们如果～了，就无法进入决赛
zhè chǎng bǐsài wǒmen rúguǒ dǎbài le, jiù
wúfǎ jìnrù juésài この試合にもし負けた
ら決勝に進出できない．

*【负】fù 動 負ける．失敗する．⇔"胜"
shèng ‖甲队～于乙队 jiǎduì fùyú yǐduì 甲
チームは乙チームに敗れた．｜胜～未
分 shèngfù wèi fēn 勝負はまだつかない．

**【失败】shībài 動 負ける．⇔"胜利"shèng-
lì ‖在竞争中～了 zài jìngzhēng zhōng shī-
bài le 競争に負けた．

★【输】shū 動 (勝負や賭(か)け事に)負け
る．⇔"赢"yíng ‖这盘棋我～了 zhè pán
qí wǒ shū le この将棋は私の負けだ．｜
～给对方三分 shūgěi duìfāng sān fēn (ス
ポーツの試合などで)敵に３点負けた．
｜以５比０～了 yǐ wǔ bǐ líng shū le 5対
0で負けた．

まげる　曲げる
▶弓　▶勾曲　▶撇嘴　▶屈　▶弯　▶窝

*【弓】gōng 動 曲げる．湾曲させる．‖腰
～着 yāo gōngzhe 腰をかがめている．｜
～身 gōng shēn 体をかがめる．

【勾曲】gōuqū 動 曲げる．曲がる．‖病
人～着身体躺在床上 bìngrén gōuqūzhe
shēntǐ tǎngzài chuáng shang 病人が体を曲
げてベッドに横になっている．

【撇嘴】piě//zuǐ 動 (不服や不愉快などの
表情)口をへの字にする．口をゆがめ
る．‖她又～又摇头，看上去十分不满
tā yòu piězuǐ yòu yáotóu, kànshangqu shífēn
bùmǎn 彼女は口をへの字に曲げたり，
頭を振ったり，とても不満そうである．
｜那孩子一～，哭了起来 nà háizi yì piě-
zuǐ, kūleqilai あの子は口をへの字にし
たかと思うと泣き出した．

【屈】qū 動 曲げる．折り曲げる．‖～着

腿 qūzhe tuǐ 足を曲げている.｜～指 qūzhǐ 指を折って数える.｜首～一指 shǒu qū yì zhǐ ナンバー・ワン.

＊＊【弯】 wān 動 曲げる. 折り曲げる.‖～腰 wān yāo 腰を曲げる. 腰をかがめる.｜把铁丝～过来 bǎ tiěsī wānguolai 針金を曲げる.

＊【窝】 wō 動 曲げる. 折り曲げる.‖～腰 wō yāo 腰を曲げる.｜用铁丝～个衣架 yòng tiěsī wō ge yījià 針金を折り曲げてハンガーを作る.

まさか

▶不会　▶莫非　▶难道　▶谁知　▶想不到
▶怎么会

【不会】 bù huì 組 …の可能性がない. …するはずがない. …しないだろう.（判断を示し, 反語の語気は含まない）‖今天～下雨 jīntiān bú huì xià yǔ 今日は雨は降らないだろう.｜他～不来 tā bú huì bù lái 彼が来ないはずはない.｜"我中头奖了""欸, ～吧!" "wǒ zhòng tóujiǎng le" "éi, bú huì ba!"「僕, 一等に当たったよ」「え, まさか」

【莫非】 mòfēi 副 ひょっとして…ではなかろうか. まさか…ではあるまい.‖老王今天没有来, ～是病了? Lǎo-Wáng jīntiān méiyou lái, mòfēi shì bìng le? 王さんは今日来ていないが, まさか病気になったわけじゃないだろうな.

＊＊【难道】 nándào 副 まさか…ではあるまい. よもや…ではなかろう.（多く文末に"吗" ma "不成" bùchéng を置く）‖明天考试, ～你不知道吗? míngtiān kǎoshì, nándào nǐ bù zhīdào ma? 明日試験だということ, まさか君は知らないわけではないでしょう.｜～说你连这点道理都不懂? nándào shuō nǐ lián zhè diǎn dàoli dōu bù dǒng? まさか君はこんな道理さえ分か

らないと言うのかい.

【谁知】 shéi zhī 組 まさか. "谁知道" shéi zhīdao ともいう.‖说是去两天, ～一走就是半个月 shuō shì qù liǎng tiān, shéi zhī yì zǒu jiù shì bàn ge yuè 2日間行くという話だったのに, まさか行ったきり半月も戻って来ないなんて.｜几年前的事了, ～他还都记着 jǐ nián qián de shì le, shéi zhī tā hái dōu jìzhe 何年も前のことなのに, まさか彼がちゃんと覚えているなんて.

＊【想不到】 xiǎngbudào 動 思いもよらない. 予想もしない.‖真～他竟会这样无耻 zhēn xiǎngbudào tā jìng huì zhèyàng wúchǐ 彼がこんなに恥知らずだなんてまったく思いもよらなかった.｜～的事发生了 xiǎngbudào de shì fāshēng le 思いもよらぬことが起こった.

【怎么会】 zěnme huì 組 どうして…でありえようか.‖他那么老实, ～打人呢? tā nàme lǎoshi, zěnme huì dǎ rén ne あのおとなしいやつが人を殴るなんてありえないよ.｜"明明不见了""～呢, 刚才不是还跟你在一起吗?" "míngmíng bújiàn le" "zěnme huì ne, gāngcái bú shì hái gēn nǐ zài yìqǐ ma?"「ミンミンがいないの」「まさか, いま一緒にいたじゃないの」

まさしく

▶的确　▶就　▶确实　▶无疑　▶真　▶正
▶正如

＊＊【的确】 díquè 副 確かに. 掛け値なしに.‖这个声音～是我儿子的声音 zhège shēngyīn díquè shì wǒ érzi de shēngyīn この声はまさしく息子の声です.｜～, 你的看法有一定的道理 díquè, nǐ de kànfa yǒu yídìng de dàoli 確かに, あなたの見方にはそれなりの道理がある.

★【就】 jiù 副 まさしく. まさに.‖他家～

住这儿 tā jiā jiù zhù zhèr ここが彼の家だ.｜这本书我～有，你不用去找别人借了 zhè běn shū wǒ jiù yǒu, nǐ búyòng qù zhǎo biéren jiè le その本なら私が持っているから，ほかへ借りに行くことはないよ.｜这不～是武打片儿吗? zhè bú jiù shì wǔdǎpiànr ma? これぞまさしくアクション映画だね.

★【确实】quèshí 副 確かに．間違いなく．‖他～没说过这话 tā quèshí méi shuōguo zhè huà 彼は確かにそんなことは言っていない.｜这～是明代的瓷器 zhè quèshí shì Míngdài de cíqì これはまさしく明代の磁器だ.

★【无疑】wúyí 動 疑いがない．相違ない.‖不切实际的计划～是要失败的 bú qiè shíjì de jìhuà wúyí shì yào shībài de 実情に合わない計画は必ずや失敗する.

★【真】zhēn 副 実に．まったく．ほんとうに.‖他跑得～快 tā pǎode zhēn kuài 彼はほんとに走るのが速い.｜～是“百闻不如一见”啊 zhēn shì "bǎi wén bù rú yí jiàn" a まさしく「百聞は一見にしかず」です.

★【正】zhèng 副 ちょうど．まさに．まさしく.‖来得～是时候 láide zhèng shì shíhou ちょうどいいときに来た.｜～因为你不努力，成绩才不好 zhèng yīnwei nǐ bù nǔlì, chéngjì cái bù hǎo まさに君の努力が足りないからこそ，成績が悪いのだ.｜大家批评你，～是为你好 dàjiā pīpíng nǐ, zhèng shì wèi nǐ hǎo みんながあなたを批判するのも，まさにあなたのためを思ってのことだ.

【正如】zhèng rú 組 まさに…のようである.‖～书上所写的那样 zhèng rú shū shang suǒ xiě de nàyàng まさに本に書かれていたとおりである.｜结果～预料的那样 jiéguǒ zhèng rú yùliào de nàyàng 結果はまさに予期していたとおりである.

まじめ

▶诚恳　▶诚实　▶老实　▶认真　▶踏实
▶严肃　▶正经　▶正派　▶正直

**【诚恳】chéngkěn 形 心がこもっている．誠実である.‖～地挽留 chéngkěn de wǎnliú 真心をこめて引き止める.｜话说得很～ huà shuōde hěn chéngkěn 話しぶりが誠意にあふれている.｜他的态度很～ tā de tàidu hěn chéngkěn 彼の態度は誠実である.

**【诚实】chéngshi; chéngshí 形 誠実である．正直である.‖～的青年 chéngshi de qīngnián 誠実な青年.｜他为人很～ tā wéirén hěn chéngshi 彼の人柄はたいへん誠実である.

**【老实】lǎoshi 形 まじめである．誠実である．正直である.‖厚道～的小伙子 hòudao lǎoshi de xiǎohuǒzi 人情に厚く実直な若者.｜他老老实实地承认了错误 tā lǎolǎoshíshí de chéngrènle cuòwù 彼は正直に誤ちを認めた.

★【认真】rènzhēn 形 まじめである．真剣である.‖～的态度 rènzhēn de tàidu まじめな姿勢.｜他对什么都很～ tā duì shénme dōu hěn rènzhēn 彼は何事にも真剣に取り組む.｜～学习，提高文化 rènzhēn xuéxí, tígāo wénhuà まじめに勉強して，教養を高める．動 (rèn//zhēn) 本気にする．真に受ける.‖开个玩笑嘛，何必～! kāi ge wánxiào ma, hébì rènzhēn! 冗談だよ，なにも本気にすることはあるまい.｜我是和他说着玩儿的，他倒认了真了 wǒ shì hé tā shuōzhe wánr de, tā dào rènle zhēn le 私は彼に冗談を言ったのに，彼は真に受けてしまった.

*【踏实】tāshi 形 (仕事や学習態度が)堅実である．着実である．"塌实"とも書く.‖作风～ zuòfēng tāshi やり方が堅実である.｜他工作很～，我们很放心 tā

まじる　混じる・混ざる

gōngzuò hěn tāshi, wǒmen hěn fàngxīn 彼の仕事ぶりは非常にまじめで，私たちは安心している．｜踏踏实实地学习 tātāshíshí de xuéxí こつこつと勉強する．

**【严肃】yánsù 形 (態度などが)まじめである．‖～处理 yánsù chǔlǐ きちんと処理する．｜这是一部非常～的作品 zhè shì yí bù fēicháng yánsù de zuòpǐn これは非常にまじめな作品である．

*【正经】zhèngjing 形 まじめである．正直である．‖～人 zhèngjingrén まじめな人．｜装～ zhuāng zhèngjing 正統派を装う．まじめを装う．｜那家伙不大～ nà jiāhuo bú dà zhèngjing あいつはろくな人間ではない．

【正派】zhèngpài 形 品行方正である．まじめである．‖～人 zhèngpàirén 硬派．｜作风～ zuòfēng zhèngpài 生活態度がまじめである．｜为人～ wéirén zhèngpài 人柄がまじめである．

【正直】zhèngzhí 形 正直である．まっすぐである．実直である．‖为人～ wéirén zhèngzhí 人柄がまっすぐである．｜～无私 zhèngzhí wúsī 誠実で私心がない．

まじる　混じる・混ざる

▶掺混　▶掺杂　▶混　▶混合　▶混淆
▶混杂　▶夹　▶夹杂　▶搅和　▶杂

【掺混】chānhùn 動 混ざり合う．“搀混”とも書く．‖牛奶里边～一些杂质 niúnǎi lǐbian chānhùn yìxiē zázhì 牛乳には不純物が混じっている．

【掺杂】chānzá 動 混じる．“搀杂”とも書く．‖米里～了不少沙子 mǐ li chānzále bù shǎo shāzi 米にたくさん砂が混じっている．

**【混】hùn 動 混ぜる．混じる．‖好米和次米～着吃 hǎomǐ hé cìmǐ hùnzhe chī 上

質米に2等米を混ぜて食べる．｜我把你们俩搞～了 wǒ bǎ nǐmen liǎ gǎohùn le 私はあなた方二人を取り違えてしまった．

*【混合】hùnhé 動 混合する．混ぜる．混じる．‖大米里～了不少大麦 dàmǐ li hùnhéle bù shǎo dàmài 米の中に大麦がかなり混じっている．｜哭声、叫喊声～在一起 kūshēng, jiàohǎnshēng hùnhézài yìqǐ 泣き声と叫び声が入り混じっている．｜男女～双打 nánnǚ hùnhé shuāngdǎ 男女混合ダブルス．

*【混淆】hùnxiáo 動 入り混じる．‖玉石～ yùshí hùnxiáo 玉石混交．

【混杂】hùnzá 動 混じり合う．入り混じる．‖鱼龙～ yú lóng hùn zá よい人も悪い人も入り混じるたとえ．｜各种声音～在一起 gè zhǒng shēngyīn hùnzázài yìqǐ いろいろな物音が入り乱れている．

**【夹】jiā 動 混じる．混ざる．‖风声～着雨声 fēngshēng jiāzhe yǔshēng 風の音に雨の音が混じっている．｜普通话里～一些方言 pǔtōnghuà li jiāzhe yìxiē fāngyán 共通語の中にいくらか方言が混じっている．

*【夹杂】jiāzá 動 混ざる．混じる．‖处理问题不应～个人恩怨 chǔlǐ wèntí bù yīng jiāzá gèrén ēnyuàn 問題を処理するとき個人的な恩讐(おんしゅう)にとらわれてはいけない．｜风雨声～在一起 fēngyǔ shēng jiāzázài yìqǐ 風に雨の音が混ざっている．

【搅和】jiǎohuo 動 口 混じり合う．入り混じる．‖惊恐和悲伤的情绪～在一起 jīngkǒng hé bēishāng de qíngxù jiǎohuozài yìqǐ 恐れと悲しみの気持が一つに入り混じる．

**【杂】zá 形 入り交じっている．多種多様である．‖内容很～ nèiróng hěn zá 内容は雑多である．動 混じる．混ぜる．混合する．‖在大米中～了少许小麦 zài dàmǐ zhōng zále shǎoxǔ xiǎomài 米の中に小麦が少し混じっている．

ます　増す

▶加　▶増大　▶増多　▶増加　▶増進
▶増添　▶増長

★【加】jiā 動 (すでにあるところへ)加える．増やす．‖～大 jiādà 増大する．拡大する．｜～固 jiāgù さらに強固にする．｜～速 jiāsù 加速する．｜又～了一个菜 yòu jiāle yí ge cài もう一品料理を増やした．｜再～几个人 zài jiā jǐ ge rén あと何人か加える．

【増大】zēngdà 動 増大する．‖体積～ tǐjī zēngdà 体積が増える．｜危険性～ wēixiǎnxìng zēngdà 危険が増す．

【増多】zēngduō 動 (数量が)増える．‖学汉语的人日益～ xué Hànyǔ de rén rìyì zēngduō 中国語を勉強する人が日増しに増えている．

★【増加】zēngjiā 動 増える．増加する．‖品种有所～ pǐnzhǒng yǒu suǒ zēngjiā 品種はいくぶん増えた．｜体重～了两公斤 tǐzhòng zēngjiāle liǎng gōngjīn 体重が２キロ増えた．｜不要再给他～负担了 búyào zài gěi tā zēngjiā fùdan le これ以上彼の負担を増やしてはいけない．

*【増進】zēngjìn 動 増進する．深める．‖～友谊 zēngjìn yǒuyì 友誼(ゆう)を深める．｜～相互的理解 zēngjìn xiānghù de lǐjiě 相互理解を深める．

*【増添】zēngtiān 動 付け加える．増やす．‖～了新仪器 zēngtiānle xīn yíqì 新しい計器を増やした．｜～光彩 zēngtiān guāngcǎi 栄光を添える．｜～烦恼 zēngtiān fánnǎo 心配事が増える．

**【増长】zēngzhǎng 動 増加する．高まる．高める．‖经济～ jīngjì zēngzhǎng 経済成長．｜～见识 zēngzhǎng jiànshi 見聞を広める．｜利润逐年～ lìrùn zhúnián zēngzhǎng 利潤が年々増加する．

まずい　(やり方が) まずい

▶不得法　▶不好　▶不合时宜　▶不合适
▶不恰当　▶不善　▶不妥当　▶拙劣

【不得法】bù défǎ 組 (やることが)当を得ていない．方法が適切ではない．‖教育孩子～ jiàoyù háizi bù défǎ 子供の教育の仕方がよくない．｜记忆法～ jìyìfǎ bù défǎ 覚え方がまずい．

【不好】bù hǎo 組 よくない．まずい．…するのは都合が悪い．…しにくい．‖态度～ tàidu bù hǎo 取り組み方がまずい．｜文章写得～，但是挺有诚意 wénzhāng xiěde bù hǎo, dànshì tǐng yǒu chéngyì 文章はまずいが，誠意は十分感じられる．｜太晚了，～打扰他 tài wǎn le, bù hǎo dǎrǎo tā もう遅いから，彼を訪ねるのは具合が悪い．｜我～跟他当面说 wǒ bù hǎo gēn tā dāngmiàn shuō 彼に面と向かっては言いにくい．

【不合时宜】bù hé shí yí 成 時代に合わない．時宜にかなっていない．‖这种作法太～了 zhè zhǒng zuòfǎ tài bù hé shí yí le このようなやり方はあまりに時代後れだ．

【不合适】bù héshì 組 適切ではない．ふさわしくない．‖这句话说得～ zhè jù huà shuōde bù héshì この言葉は適切ではない．｜你这样做有些～吧 nǐ zhèyàng zuò yǒuxiē bù héshì ba 君のこんなやり方はまずいよ．｜她的发型工作时～ tā de fàxíng gōngzuò shí bù héshì 彼女の髪型は仕事の時にはまずい．

【不恰当】bù qiàdàng 組 適確ではない．適切ではない．‖这个词用得～ zhège cí yòngde bú qiàdàng この言葉の使い方はまずい．

【不善】bùshàn 形 悪い．まずい．‖管理～ guǎnlǐ búshàn 管理が悪い．｜处理～ chǔlǐ búshàn 処理の仕方がまずい．｜来

まずしい 貧しい

意～ láiyì búshàn 下心を抱いてやってくる. 囮得意としない. 下手である. "不善于" bù shànyú ともいう. ‖ ～言辞 bú shàn yáncí 口のきき方が下手である. ｜～交際 bú shàn jiāojì 交際が得意でない.

【不妥当】bù tuǒdang 組 妥当ではない. 適切ではない. ‖ 人事安排～ rénshì ānpái bù tuǒdang 人員の配置がまずい. ｜这件事办得～ zhè jiàn shì bànde bù tuǒdang この件はやり方がまずい.

【拙劣】zhuōliè 彤 拙劣である. 下手で劣っている. ‖ ～的表演 zhuōliè de biǎoyǎn 下手な演技. ｜～的辩解 zhuōliè de biànjiě 下手な弁解. ｜手法～ shǒufǎ zhuōliè やり方がまずい. 策が見え見えだ.

まずしい 貧しい

▶家徒四壁　▶贫寒　▶贫苦　▶贫困
▶贫穷　▶清苦　▶穷　▶穷苦　▶一贫如洗

【家徒四壁】jiā tú sì bì 威 家に家具一つなく壁があるだけ. 非常に貧しいことのたとえ. "家徒壁立" jiā tú bì lì ともいう.

【贫寒】pínhán 彤 貧しい. 貧乏である. ‖ 家境～ jiājìng pínhán 家が貧しい. ｜出身～ chūshēn pínhán 出身が貧しい.

*【贫苦】pínkǔ 彤 生活が貧しく苦しい. ‖ 家境～ jiājìng pínkǔ 暮らし向きが苦しい. ｜～的农民 pínkǔ de nóngmín 貧しい農民.

*【贫困】pínkùn 彤 貧困である. 貧しい. ‖ 生活～ shēnghuó pínkùn 生活が貧しい. ｜～的山区 pínkùn de shānqū 貧しい山間地域. ｜尽快摆脱～ jǐnkuài bǎituō pínkùn なるべく早く貧困から抜け出す.

*【贫穷】pínqióng 彤 貧困である. 困窮している. ‖ 过去他家里很～ guòqù tā jiāli hěn pínqióng 以前, 彼の家はとても貧しかった.

【清苦】qīngkǔ 彤 (多く知識人の生活を形容し)貧しい. 清貧である. ‖ 生活～ shēnghuó qīngkǔ 暮らしが貧しい.

**【穷】qióng 彤 貧しい. 貧乏である. ⇔ "富" fù ‖ ～人 qióngrén 貧乏人. ｜他们家过去很～ tāmen jiā guòqù hěn qióng 彼らの家は昔貧しかった.

*【穷苦】qióngkǔ 彤 貧しく苦しい. ‖ 生活～ shēnghuó qióngkǔ 生活が苦しい. ｜～人家 qióngkǔ rénjiā 貧しい家庭.

【一贫如洗】yī pín rú xǐ 威 赤貧洗うがごとし.

ますます

▶更　▶更加　▶进一步　▶日益　▶愈加
▶愈…愈…　▶越发　▶越加　▶越来越…
▶越…越…

★【更】gèng 圓 ますます. いっそう. ‖ 雨～大了 yǔ gèng dà le 雨はますます激しくなった. ｜我比你来得～早 wǒ bǐ nǐ láide gèng zǎo 私は君よりもっと早く来ていた. ｜～不明白了 gèng bù míngbai le いっそう分からなくなった.

**【更加】gèngjiā 圓 ますます. 一段と. さらに. ‖ 生活～美好 shēnghuó gèngjiā měihǎo 暮らしはますますよくなる. ｜从那以后, 他～关心别人了 cóng nà yǐhòu, tā gèngjiā guānxīn biéren le それ以後, 彼はいっそう人のことを考えるようになった.

**【进一步】jìnyíbù 圓 一歩進めて. いっそう. さらに. ‖ ～提高中文水平 jìnyíbù tígāo Zhōngwén shuǐpíng 中国語のレベルをいっそう高める.

*【日益】rìyì 圓 日ましに. 日に日に. ‖ 友好关系～发展 yǒuhǎo guānxì rìyì fāzhǎn 友好関係が日ごとに発展する. ｜技术水平～提高 jìshù shuǐpíng rìyì tígāo 技術レベルが日ましに向上する.

【愈加】yùjiā 副 ますます. いっそう. ‖
接连的失败，使他变得～消沉 jiēlián de
shībài, shǐ tā biànde yùjiā xiāochén 続けざ
まの失敗に彼はいっそう気を落とした.

*【愈…愈…】yù…yù… 組 …すればする
ほど. ますます. ‖愈战愈强 yù zhàn yù
qiáng 戦えば戦うほど強くなる. │这本
书愈往后愈难 zhè běn shū yù wǎng hòu yù
nán この本は後半になればなるほど難
しくなる.

【越发】yuèfā 副 ますます. さらに. ‖看
的人越多，他唱得～起劲 kàn de rén yuè
duō, tā chàngde yuèfā qǐjìn 見物人が多け
れば多いほど，いっそう彼の歌に力が
こもる.

【越加】yuèjiā 副 さらに. ますます. ‖一
年不见，他显得～成熟了 yì nián bú jiàn,
tā xiǎnde yuèjiā chéngshú le 1年会わない
うちに，彼はますます大人っぽくなっ
た. │超级市场开张后，这一带～繁华
了 chāojí shìchǎng kāizhāng hòu, zhè yídài
yuèjiā fánhuá le スーパーマーケットが
開店してから，このあたりはいっそう
賑やかになった.

★【越来越…】yuè lái yuè… 組 だんだん…
になる. ますます…になる. ‖问题～多
wèntí yuè lái yuè duō 問題はますます増
えてきた. │天～冷了 tiān yuè lái yuè lěng
le だんだん寒くなってきた. │她的歌
唱得～好 tā de gē chàngde yuè lái yuè hǎo
彼女の歌はますます上手になった.

**【越…越…】yuè… yuè… 組 …すればす
るほど…になる. ‖雨越下越大 yǔ yuè
xià yuè dà 雨がますます激しくなった.
│越劝越不听 yuè quàn yuè bù tīng 説得
すればするほど耳を貸さない. │越想
越觉得有道理 yuè xiǎng yuè juéde yǒu dào-
li 考えれば考えるほど道理が通ってい
る.

まぜる　混ぜる

▶拌　▶掺　▶掺杂　▶兑　▶混　▶混合
▶搅　▶搅拌　▶搅动

*【拌】bàn 動 かき混ぜる. あえる. ‖～草
料 bàn cǎoliào 飼い葉をかき混ぜる. │～
萝卜丝 bàn luóbosī 大根のあえもの. │小
葱～豆腐 xiǎocōng bàn dòufu 豆腐と青ネ
ギのあえもの.

*【掺】chān 動 混ぜる. "攙"とも書く. ‖
白颜色里～点儿红色 bái yánsè li chān diǎnr
hóngsè 白の中に赤を少し混ぜる. │这
种饮料应该～水喝 zhè zhǒng yǐnliào yīng-
gāi chān shuǐ hē この飲み物は水で薄め
て飲むものだ.

【掺杂】chānzá 動 混ぜる. "攙杂"とも書
く. ‖把产地不同的大米～在一起 bǎ
chǎndì bù tóng de dàmǐ chānzázài yìqǐ 産地
の違う米を一緒に混ぜる. │不要把个人
的恩怨～在里面 búyào bǎ gèrén de ēnyuàn
chānzázài lǐmiàn 個人的な感情をそこに
持ち込んではいけない.

【兑】duì 動 (多く液体を)混ぜ合わせる.
"对"とも書く. ‖往酒里～水 wǎng jiǔ li
duì shuǐ 酒に水を混ぜる.

**【混】hùn 動 混ぜる. 混じる. ‖好米和
次米～着吃 hǎo mǐ hé cì mǐ hùnzhe chī 上
質米に2等米を混ぜて食べる. │没买
票的人也～在里面 méi mǎi piào de rén yě
hùnzài lǐmiàn 切符を買っていない人も
中に混じっている.

*【混合】hùnhé 動 混合する. 混ぜる. 混
じる. ‖这布是把麻和棉～在一起织成
的 zhè bù shì bǎ má hé mián hùnhézài yìqǐ
zhīchéng de これは麻と綿を混ぜて織っ
た布だ. │男女～双打 nánnǚ hùnhé shuāng-
dǎ 男女混合ダブルス.

*【搅】jiǎo 動 (棒などを使って)かき混ぜ
る. かき回す. ‖粥里加上糖，～一～
zhōu li jiāshàng táng, jiǎoyijiǎo 粥の中に

砂糖を加えてかき混ぜる. | 这是两码事, 不能～在一块儿 zhè shì liǎng mǎ shì, bù néng jiǎozài yíkuàir これとそれとは話が別だ, 一緒くたにはできない.

*【搅拌】jiǎobàn 動 撹拌(ポル)する. かき混ぜる. | 把肉馅儿和菜～均匀 bǎ ròuxiànr hé cài jiǎobàn jūnyún ひき肉あんと野菜をむらなくかき混ぜる.

【搅动】jiǎo//dòng 動 かき混ぜる. | 用勺子在锅里～ yòng sháozi zài guō li jiǎodòng お玉で鍋の中をかき回す.

また

▶还 ▶另 ▶下次 ▶又 ▶再

★【还】hái 副 (範囲の拡大や追加を表す) そのうえ. さらに. | 考完笔试, ～有口试 kǎowán bǐshì, hái yǒu kǒushì 筆記試験が終わると, さらに口頭試験がある. | 我～想去那儿玩儿 wǒ hái xiǎng qù nàr wánr 私はまたあそこに遊びにいきたい.

**【另】lìng 副 そのほかに. 別に. | ～找时间 lìng zhǎo shíjiān また時間を設ける. | ～想办法 lìng xiǎng bànfǎ ほかにやり方を考える. | 草稿已经写好了, 还得～抄一遍 cǎogǎo yǐjīng xiěhǎole, hái děi lìng chāo yí biàn 下書きはもうできたが, もう一度清書する必要がある.

【下次】xià cì 組 次回. この次. | ～去我家聚会 xià cì qù wǒ jiā jùhuì 次は私の家で集まりをやりましょう. | 有机会再见 xià cì yǒu jīhuì zàijiàn またできたらお会いしましょう.

★【又】yòu 副 ❶(同じ動作や状態が繰り返されることを表す) また. | ～下雨了 yòu xià yǔ le また雨だ. | 这部电影以前我看过, 昨天～看了一遍 zhè bù diànyǐng yǐqián wǒ kànguo, zuótiān yòu kànle yí biàn この映画は前に見たけれど, 昨日また

見た. | 一次～一次地挑战 yí cì yòu yí cì de tiǎozhàn 1回また1回と挑戦する. ❷(二つの動作が前後して行われることを表す) また. こんどは. | 他画了～擦, 擦了～画, 直到满意为止 tā huàle yòu cā, cāle yòu huà, zhídào mǎnyì wéizhǐ 彼は描いては消し, 消しては描き, 納得のいくまでやめなかった.

★【再】zài 副 ❶(同じ動作や行為の繰り返しまたは継続を表す) 再び. さらに. | 请您～说一遍 qǐng nín zài shuō yí biàn もう一度おっしゃっていただけますか. | 机不可失, 失不～来 jī bù kě shī, shī bú zài lái チャンスは逃してはならない, 逃せば二度とやって来ない. ❷(ある時間を経て動作が再び行われることを表す) 今度. また. | 今天就讲到这儿, 下次～接着讲 jīntiān jiù jiǎngdào zhèr, xià cì zài jiēzhe jiǎng 今日はここまでにして, 今度また続きを話しましょう.

まだ

▶还 ▶还是 ▶仍旧 ▶仍然 ▶未
▶依然

★【还】hái 副 (前の状態や動作などが継続していること, または変化のないことを表す) 依然として. まだ. | 外边～在下雨 wàibian hái zài xià yǔ 外はまだ雨が降っている. | 作业～没写完呢 zuòyè hái méi xiěwán ne 宿題はまだ終わっていない. | 这件事他～不知道呢 zhè jiàn shì tā hái bù zhīdào ne この事を彼はまだ知らないんだ. | 他～不到三十呢 tā hái bú dào sānshí ne 彼はまだ三十になっていない.

★【还是】háishi 副 (状態や動作が継続していること, または変化のないことを表す) まだ. 依然として. | 他～住在老地方 tā háishi zhùzài lǎo dìfang 彼はまだ以前の所に住んでいる. | 我给他解释了

半天，他～不懂 wǒ gěi tā jiěshìle bàntiān, tā háishi bù dǒng 私は彼にさんざん説明したのに，彼はやっぱり分からない．

*【仍旧】réngjiù 副 依然として．やはり．相変わらず．‖家乡～是老样子 jiāxiāng réngjiù shì lǎo yàngzi ふるさとはやはり以前のままである．｜多年不见，她～那么年轻 duōnián bújiàn, tā réngjiù nàme niánqīng 何年ぶりかで会ったが，彼女は相変わらず若々しかった．

**【仍然】réngrán 副 依然として．相変わらず．やはり．‖初春的天气，早晚～有些寒意 chūchūn de tiānqì, zǎowǎn réngrán yǒuxiē hányì 春もまだ浅く，朝晩はなおいくぶん冷え込む．｜父亲的病～没有起色 fùqin de bìng réngrán méiyou qǐsè 父の病気は依然としてよい兆しが見えない．

**【未】wèi 副 まだ．いまだに．⇔“已”yǐ ‖～经批准 wèi jīng pīzhǔn まだ許可を得ていない．｜从～见过 cóng wèi jiànguo これまでに見たことがない．かつて会ったことがない．｜出发时间～定 chūfā shíjiān wèi dìng 出発時間はまだ決まっていない．

*【依然】yīrán 副 依然として．相変らず．‖～如故 yīrán rú gù 依然としてもとのままだ．｜～故我 yīrán gù wǒ 依然として私は昔のまま変わっていない．｜问题～没有解决 wèntí yīrán méiyou jiějué 問題は依然として未解決のままだ．

またたくま　またたく間 ⇒【一瞬】

または

▶还是　▶或　▶或…或…　▶或是　▶或者
▶要　▶要不　▶要么

★【还是】háishi 接 (多く“是…还是…”shì… háishi… の形で，選択すべき事項を並列

する) …かそれとも…か．‖这是海鱼～河鱼? zhè shì hǎiyú háishi héyú? これは海の魚かそれとも川の魚か．｜你是喝茶～喝咖啡? nǐ shì hē chá háishi hē kāfēi? 君はお茶にしますか，コーヒーにしますか．｜他不知道该去～不该去 tā bù zhīdào gāi qù háishi bù gāi qù 彼は行くべきかどうか分からなかった．

*【或】huò 接 あるいは．または．‖你来～我去都行 nǐ lái huò wǒ qù dōu xíng 君が来てもいいし，僕が行ってもいい．

【或…或…】huò…huò… 組 (相反する語を対置して) …かあるいは…．…かまたは…．‖或多或少 huò duō huò shǎo 多かれ少なかれ．｜或早或晚 huò zǎo huò wǎn 遅かれ早かれ．｜或去或留，你尽快决定吧 huò qù huò liú, nǐ jǐnkuài juédìng ba 去るのかとどまるのか，早く決めなさい．

【或是】huòshì 接 …かそれとも…．…するかそれとも…．‖～你去，～他去，都可以 huòshì nǐ qù, huòshì tā qù, dōu kěyǐ 君が行こうが彼が行こうが，どちらでもよい．｜每天～早上，～晚上，他总要跑跑步 měitiān huòshì zǎoshang, huòshì wǎnshang, tā zǒng yào pǎopao bù 毎日朝か夜に彼は必ずジョギングする．

★【或者】huòzhě 接 (同格または選択を表す) あるいは．または．‖骑车去～坐车去都行 qí chē qù huòzhě zuò chē qù dōu xíng 自転車で行ってもいいし，バスで行ってもいい．｜～你来拿，～我送去 huòzhě nǐ lái ná, huòzhě wǒ sòngqu 君が取りに来るか，あるいは私が届けるか．｜有问题问老师～同学都可以 yǒu wèntí wèn lǎoshī huòzhě tóngxué dōu kěyǐ 問題があれば先生に尋ねてもいいし，同級生に聞いてもいい．

*【要】yào 接 (“要就…”yào jiù… の形で重ねて用い，選択を表す) …するか，または…する．…でなければ…である．

まち 町・街

‖ ～就你去，～就我去，反正得有人去
一趟 yào jiù nǐ qù, yào jiù wǒ qù, fǎnzheng
děi yǒu rén qù yí tàng あなたが行くか，私
が行くか，いずれにせよ，誰かが行か
なければならない．

*【要不】yàobù 腰 ("要不…，要不…"の形
で) …するか，または…する．"要不然"
yàobùrán ともいう．‖你定时间吧，～今
天，～明天 nǐ dìng shíjiān ba, yàobù jīntiān,
yàobù míngtiān 今日にするか，明日に
するか，君が決めてくれ．

*【要么】【要末】yàome 腰 ("要么…，要么
…"の形で) …か，または…か．…で
なければ…である．‖～你来，～我去，
今天总得见个面 yàome nǐ lái, yàome wǒ
qù, jīntiān zǒngděi jiàn ge miàn あなたが
来るか，私が行くか，いずれにしても
今日会わなくてはならない．

まち 町・街

▶城里 ▶城区 ▶城市 ▶城镇 ▶大街
▶都市 ▶集镇 ▶街 ▶市镇 ▶镇

【城里】chéng li 組 ❶市街地．市内．‖去
～办事 qù chéng li bànshì 用事で街へ行
く．❷都市．都会．‖～人 chénglirén 都
会の人．

【城区】chéngqū 名 市街区域．

★【城市】chéngshì 名 都市．‖大～ dà chéng-
shì 都市．都会．｜～规划 chéngshì guīhuà
都市のインフラ整備．｜～户口 chéngshì
hùkǒu 都市の戸籍．

*【城镇】chéngzhèn 名 都市と町．町．

**【大街】dàjiē 名 大通り．繁華街．‖上～
shàng dàjiē 繁華街に行く．｜～小巷 dàjiē
xiǎoxiàng 大通りや小さい路地．街の至
る所．

【都市】dūshì 名 都市．‖～生活 dūshì
shēnghuó 都会生活．

【集镇】jízhèn 名 町．都市よりも小さな

居住区

★【街】jiē 名 街路．大通り．街．‖上～
shàng jiē 街へ行く．｜走～串巷 zǒu jiē
chuàn xiàng 街をあちこち歩き回る．｜在
～上逛了半天 zài jiē shang guàngle bàntiān
街を長いことぶらついた．

【市镇】shìzhèn 名 小さな都市．比較的
大きな町．

*【镇】zhèn 名 (行政単位の一つ) 鎮(ちん)．
"县"xiàn (県) の下に位置する．‖小～
xiǎozhèn 田舎町．

まちがい 間違い

▶差错 ▶错 ▶错处 ▶错误

*【差错】chācuò 名 間違い．誤り．‖产品
数量上有～ chǎnpǐn shùliàng shang yǒu chā-
cuò 製品の個数が間違っている．｜医疗
工作不能有半点儿 yīliáo gōngzuò bù
néng yǒu bàndiǎnr chācuò 医療の仕事で
はわずかな間違いもあってはならない．

★【错】cuò (～儿) 名 誤り．ミス．‖出～儿
chū cuòr 間違いが生じる．｜这份计算表
里～儿太多 zhè fèn jìsuànbiǎo li cuòr tài duō
この計算表にはミスがあまりにも多い．｜
对不起，这是我的～儿 duìbuqǐ, zhè shì
wǒ de cuòr すみません，これは私のミ
スです．｜知～儿就改 zhī cuòr jiù gǎi 誤
りに気付けばすぐ改める．

【错处】cuòchù 名 過ち．間違った点．‖
在这件事上，他没有什么～ zài zhè jiàn
shì shang, tā méiyou shénme cuòchù この事
では彼はなんの過ちもない．

★【错误】cuòwù 名 間違い．ミス．‖犯～
fàn cuòwù 間違いを犯す．ミスをする．
｜改正～ gǎizhèng cuòwù 間違いを直す．
｜严重～ yánzhòng cuòwù 重大なミス．
｜这篇译文有很多～ zhè piān yìwén yǒu
hěn duō cuòwù この翻訳には間違いが多
い．｜计算上的～异致实验失败 jìsuàn

shang de cuòwù dǎozhì shíyàn shībài 計算上のミスで実験は失敗した.

まちがえる　間違える　⇒【誤る】

まちのぞむ　待ち望む

▶盼望　▶盼星星，盼月亮　▶期待　▶期盼
▶期望　▶企盼　▶企望　▶望眼欲穿
▶指望

**【盼望】pànwàng 動待ち望む. 切望する. ‖ 母亲～儿子早日学成归来 mǔqin pànwàng érzi zǎorì xuéchéng guīlái 母親は我が子が一日も早く学問を修めて帰ってくることを待ち望んでいる. ｜我们早就～着这一天了 wǒmen zǎojiù pànwàngzhe zhè yì tiān le 私たちはずっと前からこの日を待ちわびていた.

【盼星星，盼月亮】pàn xīngxing, pàn yuèliang 慣首を長くして待つ. 待ち焦がれる. ‖ 我～，总算盼到这一天了 wǒ pàn xīngxing, pàn yuèliang, zǒngsuàn pàndào zhè yì tiān le 待ちに待ったその日がとうとうやって来た.

*【期待】qīdài 動期待する. 切望する. ‖ ～亲人早日归来 qīdài qīnrén zǎorì guīlái 家族の者が一日でも早く戻ってくることを待ち望む. ｜～着胜利消息 qīdàizhe shènglì xiāoxi 勝利の知らせを心待ちにしている.

【期盼】qīpàn 動待ち望む. 待望する. ‖ ～你的回复 qīpàn nǐ de huífù 君の返信を心待ちにする.

*【期望】qīwàng 動期待する. 望みをかける. ‖ 父母～他早日学成归国 fùmǔ qīwàng tā zǎorì xuéchéng guīguó 両親が彼が一日でも早く学業を修めて帰国することを待ち望んでいる.

【企盼】qǐpàn 動切望する. 待ち望む.

【企望】qǐwàng 動切望する. 期待する. ‖ 翘首～ qiáoshǒu qǐwàng 首を長くして待ち望む. ｜～她早日归来 qǐwàng tā zǎorì guīlái 彼女が一日も早く帰ってくることを待ち望む.

【望眼欲穿】wàng yǎn yù chuān 成切実に待ち望む. 切望する.

*【指望】zhǐwang 動期待する. 切望する. ‖ ～今年有个好收成 zhǐwang jīnnián yǒu ge hǎo shōucheng 今年は豊かな収穫があることを期待している. ｜～孩子能成才 zhǐwang háizi néng chéng cái 子供が立派な人間になることを期待する. ｜这孩子没出息，～不上 zhè háizi méi chūxi, zhǐwangbushàng この子はふがいなくて見込みがない.

まつ　待つ

▶等　▶等待　▶等候　▶候　▶守株待兔
▶有待　▶坐等

★【等】děng 動待つ. ‖ 请你～一～! qǐng nǐ děngyiděng! ちょっと待ってください. ｜让您久～了 ràng nín jiǔ děng le お待たせしました. ｜在这儿～着! zài zhèr děngzhe! ここで待っています. ｜～车 děng chē 車を待つ. ｜时间不～人 shíjiān bù děng rén 時は人を待たない.

**【等待】děngdài 動待つ. ‖ 我们～着您的答复 wǒmen děngdàizhe nín de dáfu 我々はあなたの回答をお待ちしています. ｜～着这一天的到来 děngdàizhe zhè yì tiān de dàolái その日の来るのを待っている.

*【等候】děnghòu 動待ち受ける. 待つ. ‖ 在门口～来宾 zài ménkǒu děnghòu láibīn 入り口でゲストを待ち受ける. ｜他们在～消息 tāmen zài děnghòu xiāoxi 彼らは知らせを待っている.

【候】hòu 動待つ. ‖ 恭～ gōnghòu お待ち申し上げる. ｜请您稍～ qǐng nín shāo

hòu どうかしばらくお待ちください. | 过时不~ guò shí bú hòu 約束時間を過ぎたら待たない.

【守株待兔】 shǒu zhū dài tù 成 木の切り株に兔(うさぎ)がぶつかって死ぬのをいまかいまかと待つ. 労せずしてうまいことにありつこうとする.

*__【有待】__ yǒudài 動 待たなければならない. | 这一问题还~研究 zhè yī wèntí hái yǒudài yánjiū この問題は研究を待たねばならない. | 计划还~上级批准 jìhuà hái yǒudài shàngjí pīzhǔn 計画は上部機関の許可を待たなければならない.

【坐等】 zuòděng 動 何もしないでただ待っている. 手をこまぬいて待つ. | 要积极推销产品, 而不应~顾客上门 yào jījí tuīxiāo chǎnpǐn, ér bù yīng zuòděng gùkè shàng mén 積極的に製品の販路を開くべきで, 座して客を待つようなことではいけない.

まっすぐ

▶笔挺　▶笔直　▶一直　▶照直　▶直
▶直溜　▶直溜溜

*__【笔挺】__ bǐtǐng 形 まっすぐである. | 卫兵~地站在门口 wèibīng bǐtǐng de zhànzài ménkǒu 衛兵が入り口に直立している.

*__【笔直】__ bǐzhí 形 まっすぐである. | ~的马路 bǐzhí de mǎlù まっすぐな道. | 站得~ zhànde bǐzhí 直立不動の姿勢で立っている.

★__【一直】__ yīzhí 副 (方向を変えずに)まっすぐに. | ~往前走, 到第三个路口往右拐 yīzhí wǎng qián zǒu, dào dì sān ge lùkǒu wǎng yòu guǎi まっすぐ行って, 三つ目の角を右へ曲がる.

【照直】 zhàozhí 副 まっすぐに. | ~走就是车站 zhàozhí zǒu jiù shì chēzhàn まっすぐに行けば駅です.

**__【直】__ zhí 形 まっすぐである. ⇔"曲" qū | 路又宽又~ lù yòu kuān yòu zhí 道は広くてまっすぐに伸びている. 動 まっすぐにする. まっすぐに伸ばす. | ~起腰 zhíqi yāo 腰を伸ばす. | ~起身子 zhíqi shēnzi 体をまっすぐに伸ばす. 背筋を伸ばす.

【直溜】 zhíliu (~儿) 形 まっすぐである. | 小树苗长得很~ xiǎo shùmiáo zhǎngde hěn zhíliu 木の苗がまっすぐに伸びている.

【直溜溜】 zhíliūliū (~的) 形 まっすぐに伸びている. | ~的大马路 zhíliūliū de dà mǎlù まっすぐな大通り. | 孩子们~地排成一排 háizimen zhíliūliū de páichéng yì pái 子供たちはきちんと1列に並んだ.

まったく

▶的确　▶简直　▶全然　▶实在　▶完全
▶一点儿也〔都〕　▶真　▶着实

**__【的确】__ díquè 副 確かに. 掛け値なしに. | 我的的确确没说过这话 wǒ dídíquèquè méi shuōguo zhè huà 私は絶対そんな話をしていない.

*__【简直】__ jiǎnzhí 副 まったく. まるで. ほとんど. | 这哪里是帮忙, ~是捣乱 zhè nǎli shì bāngmáng, jiǎnzhí shì dǎoluàn これでは手伝うどころかじゃまをしているようなものだ. | ~不敢相信自己的耳朵 jiǎnzhí bù gǎn xiāngxìn zìjǐ de ěrduo まったく自分の耳が信じられない.

【全然】 quánrán 副 ぜんぜん. まったく. | 他~不考虑个人得失 tā quánrán bù kǎolù gèrén déshī 彼は個人の損得をまったく考慮に入れない.

**__【实在】__ shízài 副 実に. ほんとうに. | 今天~太冷了 jīntiān shízài tài lěng le 今日は実に寒い. | 给你添了这么多麻烦, ~不好意思 gěi nǐ tiānle zhème duō máfan, shí-

まとめる

zài bù hǎoyìsi いろいろご迷惑をおかけして，まったく申し訳ありません． | ～没有时间 shízài méiyou shíjiān どうにも時間がない．

★【完全】wánquán 副 完全に．すべて．まったく． || ～不懂 wánquán bù dǒng まったく分からない． | ～否定 wánquán fǒudìng 全面的に否定する． | 我～同意你的意见 wǒ wánquán tóngyì nǐ de yìjian 私はまったく君の意見に賛成だ．

【一点儿也〔都〕】yìdiǎnr yě〔dōu〕組 (後に否定を置いて)まったく(…しない)．少しも(…しない)． || 因为患失眠症，一点儿也睡不着 yīnwei huàn shīmiánzhèng, yìdiǎnr yě shuìbuzháo 不眠症でまったく眠れない． | 他的话我一点儿都不懂 tā de huà wǒ yìdiǎnr dōu bù dǒng 彼の話は私にはまったく理解できない．

★【真】zhēn 副 実に．まったく．ほんとうに． || 这儿～美 zhèr zhēn měi ここは実に美しい． | 他跑得～快 tā pǎode zhēn kuài 彼はほんとに走るのが速い． | ～不该告诉他 zhēn bù gāi gàosu tā まったく彼に話さなければよかった．

【着实】zhuóshí 副 まったく．ほんとうに． || ～让人担心 zhuóshí ràng rén dānxīn ほんとうに心配だ． | 这人的脾气～有点儿怪 zhè rén de píqi zhuóshí yǒudiǎnr guài その人の性格は実際ちょっと変わっている．

まとめる

▶概括　▶归结　▶归纳　▶归总　▶汇集
▶汇总　▶集中　▶整理　▶总结　▶组织

**【概括】gàikuò 動 概括する．総括する． || 我们～了各方面情况，得出以下结论 wǒmen gàikuòle gè fāngmiàn qíngkuàng, déchu yǐxià jiélùn 我々は各方面の状況を総括して，次のように結論を出した．

*【归结】guījié 動 まとめて結論を求める．総括する． || 事故原因很多，但～起来无非就是缺乏责任心 shìgù yuányīn hěn duō, dàn guījiéqilai wúfēi jiù shì quēfá zérènxīn 事故の原因はいろいろあるが，総括すると責任感の欠如にほかならない．

*【归纳】guīnà 動 (多く抽象的な事柄を)まとめて整理する． || 具体措施～为以下六点 jùtǐ cuòshī guīnà wéi yǐxià liù diǎn 具体的な措置は以下の6点にまとめられる．

【归总】guīzǒng 動 一つにまとめる． || 把大家的意见～一下 bǎ dàjiā de yìjian guīzǒng yíxià みんなの意見をまとめる．

*【汇集】huìjí 動 集める．集まる．集中する．“会集”とも書く． || 把搜集来的资料～在一起 bǎ sōujílai de zīliào huìjízài yìqǐ 収集してきた資料を一つに取りまとめる．

【汇总】huìzǒng 動 (資料などを)一まとめにする．

**【集中】jízhōng 動 集める．まとめる． || 把群众的意见～起来 bǎ qúnzhòng de yìjian jízhōngqilai 大衆の意見をまとめる．

**【整理】zhěnglǐ 動 整理する． || ～资料 zhěnglǐ zīliào 資料を整理する． | ～思路 zhěnglǐ sīlù 考えをまとめる． | ～笔记 zhěnglǐ bǐjì ノートを整理する． | ～行装 zhěnglǐ xíngzhuāng 旅支度を整える．

**【总结】zǒngjié 動 総括する．締めくくる． || ～经验 zǒngjié jīngyàn 経験を総括する．

★【组织】zǔzhī 動 組織する．結成する．まとめる． || ～新年晚会 zǔzhī xīnnián wǎnhuì 新年会の段取りをする． | ～大家去春游 zǔzhī dàjiā qù chūnyóu みんなの参加を募って春のピクニックに行く．

まなぶ 学ぶ

まなぶ 学ぶ

▶懂得 ▶读 ▶读书 ▶攻读 ▶念
▶念书 ▶体会 ▶效法 ▶学 ▶学会
▶学习

**【懂得】dǒngde 動わかる. 理解できる.
知る. ‖ 从这次事件中, 我～了很多道
理 cóng zhè cì shìjiàn zhōng, wǒ dǒngdele
hěn duō dàolǐ 今回の事件から私は多く
の教えを学んだ.

★【读】dú 動学校に通う. 勉強する. 学
ぶ. ‖ ～博士 dú bóshì 博士課程を履修
する. ｜我正在～大学 wǒ zhèngzài dú dà-
xué 私はいま大学で学んでいます. ｜他
～完初中就工作了 tā dúwán chūzhōng jiù
gōngzuò le 彼は中学を卒業してすぐ仕
事に就いた.

**【读书】dú//shū 動学校へ行く. 勉強す
る. ‖ 在大学里～ zài dàxué li dúshū 大学
で勉強している. ｜这孩子不爱～ zhè hái-
zi bú ài dúshū この子は勉強嫌いだ.

*【攻读】gōngdú 動一心に本を読む. 努
力して学ぶ. 学問を修める. ‖ ～古典作
品 gōngdú gǔdiǎn zuòpǐn 古典を一心に読
む. ｜～硕士学位 gōngdú shuòshì xuéwèi
修士課程で学ぶ.

★【念】niàn 動学ぶ. 勉学する. ‖ ～大学
niàn dàxué 大学で学ぶ. ｜你～几年级
了? nǐ niàn jǐ niánjí le? 君は何年生です
か.

*【念书】niàn//shū 動勉学する. ‖ 在大学
～ zài dàxué niànshū 大学で学ぶ. ｜不喜
欢～ bù xǐhuan niànshū 勉強が嫌いだ.

**【体会】tǐhuì 動体得する. 感得する. ‖
这次比赛使我深深地～到集体的力量
zhè cì bǐsài shǐ wǒ shēnshēn de tǐhuìdào jítǐ
de lìliang こんどの試合では集団の力を
身にしみて感じさせられた.

【效法】xiàofǎ 動(人の長所を)まねる.
見習う. 学ぶ. ‖ ～前人 xiàofǎ qiánrén 先

人に学ぶ. ｜这种认真负责的态度值得
～ zhè zhǒng rènzhēn fùzé de tàidu zhíde
xiàofǎ このようなまじめで責任感のあ
る態度は見習うべきである.

★【学】xué 動学ぶ. 習う. 勉強する. ‖
～技术 xué jìshù 技術を学ぶ. ｜～过两
年汉语 xuéguo liǎng nián Hànyǔ 中国語を
2 年間学んだことがある. ｜各门功课都
～得很好 gè mén gōngkè dōu xuéde hěn hǎo
どの学科もよくできる. ｜活到老, ～到
老 huódào lǎo, xuédào lǎo 生涯学び続け
る. ｜自～ zìxué 独習する. 独学する.

【学会】xué//huì 動学んで身につける.
習って覚える. ‖ ～了滑雪 xuéhuìle huá-
xuě スキーができるようになった. ｜怎
么也学不会 zěnme yě xuébuhuì どうして
もマスターできない.

★【学习】xuéxí 動学ぶ. 勉強する. ‖ 刻
苦～ kèkǔ xuéxí 一生懸命勉強する. ｜～
历史 xuéxí lìshǐ 歴史を学ぶ. ｜～开车
xuéxí kāichē 車の運転を習う.

まにあう (時刻に)間に合う

▶赶得及 ▶赶得上 ▶赶上 ▶赶趟儿
▶来得及

【赶得及】gǎndejí 動(時間的に)間に合
う. ‖ 坐出租汽车去, 还～ zuò chūzū qì-
chē qù, hái gǎndejí タクシーで行けばま
だ間に合う.

*【赶得上】gǎndeshàng 動間に合う. ‖ 现
在去还～七点的飞机 xiànzài qù hái gǎnde-
shàng qī diǎn de fēijī いま行けばまだ 7 時
の飛行機に間に合う.

【赶上】gǎnshang;gǎnshàng 動追いつく.
間に合う. ‖ ～先进水平 gǎnshang xiānjìn
shuǐpíng 先進的レベルに追いつく. ｜现
在走还能～末班车 xiànzài zǒu hái néng
gǎnshang mòbānchē いまからでも終電
には間に合う.

まねる

*【赶趟儿】gǎn//tàngr 動 回(時間的に)間に合う. ‖不用着急, 明天一早去也~ búyòng zháojí, míngtiān yìzǎo qù yě gǎntàngr 明日朝はやく出かけても間に合うから, そんなに焦らなくていいよ.

**【来得及】láidejí 動(時間的に)間に合う. ‖明天报名才截止, 现在去还~ míngtiān bàomíng cái jiézhǐ, xiànzài qù hái láidejí 申し込みは明日が締め切りなので, いま行ってもまだ間に合う.

まねく　招く

▶聘请　▶聘任　▶请　▶请客　▶宴请
▶邀请　▶招待　▶招聘

*【聘请】pìnqǐng 動 招聘する. ‖~专家指导 pìnqǐng zhuānjiā zhǐdǎo 専門家を招聘して指導に当たらせる.

*【聘任】pìnrèn 動 招聘して任命する. ‖他被~为该大学的教授 tā bèi pìnrèn wéi gāi dàxué de jiàoshòu 彼は招聘されて同大学の教授となった.

★【请】qǐng 動 招く. 招請する. ごちそうする. おごる. ‖~家庭教师 qǐng jiātíng jiàoshī 家庭教師を頼む. | ~了几位客人 qǐngle jǐ wèi kèrén 客を数人招いた. | ~朋友吃饭 qǐng péngyou chī fàn 友だちにご馳走した. | ~她来我家做客 qǐng tā lái wǒ jiā zuòkè 彼女を家に招待する.

**【请客】qǐng//kè 動 ❶(接待するために)客を招く. ‖总经理的家今天~ zǒngjīnglǐ de jiā jīntiān qǐngkè 社長の家では今日お客を招く. | 纠正~送礼的坏风气 jiūzhèng qǐngkè sònglǐ de huài fēngqì 接待したり物を贈ったりという悪い習わしを改める. ❷おごる. ‖一起吃午饭去吧, 今天我~ yìqǐ chī wǔfàn qù ba, jīntiān wǒ qǐngkè 一緒に昼食に行こう, 今日は私がおごるから.

*【宴请】yànqǐng 動 宴に招く. 宴席を設

けて招く. ‖~外宾 yànqǐng wàibīn 外国の客を宴会に招く.

**【邀请】yāoqǐng 動 招請する. 招く. 招待する. ‖~信 yāoqǐngxìn 招待状. | ~参加婚礼 yāoqǐng cānjiā hūnlǐ 結婚式に招く. | 我准备~几位同事到家里来做客 wǒ zhǔnbèi yāoqǐng jǐ wèi tóngshì dào jiā li lái zuòkè 私は同僚を何人か家に招いてもてなすつもりだ. | 应该大学的~前去讲学 yìng gāi dàxué de yāoqǐng qiánqù jiǎngxué 同大学の招請にこたえて講義に赴く.

**【招待】zhāodài 動 もてなす. 接待する. ‖热情~ rèqíng zhāodài 心からもてなす. | ~不周 zhāodài bù zhōu もてなしが行き届かない. | 他一顿饭~他 tā yí dùn fàn zhāodài tā 彼を食事でもてなす.

*【招聘】zhāopìn 動(公募で)招聘(しょうへい)する. ‖~讲师 zhāopìn jiǎngshī 講師を募集する. | 公开~ gōngkāi zhāopìn 公開募集する.

まねる

▶抄袭　▶仿　▶仿效　▶仿照　▶模仿
▶效法　▶学　照葫芦画瓢　▶照样

【抄袭】chāoxí 動 ❶他人の作品を引き写す. 剽窃(ひょうせつ)する. ‖~别人作品 chāoxí biéren zuòpǐn 人の作品を剽窃する. ❷他人のやり方をそのまままねる. ‖~国外的作法 chāoxí guówài de zuòfa 外国のやり方をまねする.

【仿】fǎng 動 まねる. 模倣する. ‖~着实物做了一个 fǎngzhe shíwù zuòle yí ge 実物を模倣して作った.

【仿效】fǎngxiào 動 模倣する. まねる. 手本とする. 習う. ‖这个方法很好, 可以~ zhè ge fāngfǎ hěn hǎo, kěyǐ fǎngxiào この方法はとてもよい, 手本にできる.

【仿照】fǎngzhào 動 まねる. 習う. 準ず

687

まもなく

る. ‖ ～办理 fǎngzhào bànlǐ （先例に）準じて処理する. ｜这幢楼是～欧洲建筑式样建的 zhè zhuàng lóu shì fǎngzhào Ōuzhōu jiànzhù shìyàng jiàn de この建物はヨーロッパ様式をまねて造ったものだ.

*【模仿】mófǎng 動 まねる. 似せる. "摹仿"とも書く. ‖ ～动物的叫声 mófǎng dòngwù de jiàoshēng 動物の鳴き声をまねる. ｜爸爸抽烟的样子 mófǎng bàba chōu yān de yàngzi お父さんのタバコを吸っているしぐさをまねる.

【效法】xiàofǎ 動 （人の長所を）まねる. 見習う. 学ぶ. ‖ ～前人 xiàofǎ qiánrén 先人に学ぶ. ｜这种认真负责的态度值得～ zhè zhǒng rènzhēn fùzé de tàidu zhíde xiàofǎ このようなまじめで責任感のある態度は見習うべきである.

★【学】xué 動 まねをする. まねる. ‖ 鹦鹉～舌 yīngwǔ xuéshé オウムが人の言葉をまねる. ｜～鸟叫 xué niǎo jiào 鳥の鳴きまねをする. ｜小孙子～着爷爷的样子走路 xiǎo sūnzi xuézhe yéye de yàngzi zǒulù 幼い孫がおじいちゃんの格好をまねて歩く.

【照葫芦画瓢】zhào húlu huà piáo 慣 ヒョウタンを見ながらフクベを描く. 人のやるとおり, 見よう見まねでやる.

*【照样】zhào//yàng （～儿）動 手本どおりにまねる. そのとおりに写す. ‖ 这张画儿画得不错, 请你照这个样给我也画一幅 zhè zhāng huàr huàde búcuò, qǐng nǐ zhào zhègeyàng gěi wǒ yě huà yì fú この絵はとてもよく描けている, これと同じものを私にも描いてください.

まもなく

▶不久 ▶不一会儿 ▶即将 ▶就 ▶就要
▶快 ▶快要 ▶要 ▶一会儿

★【不久】bùjiǔ 形 まもない. 時間的に近

い. ‖ 你走后～, 他就来了 nǐ zǒu hòu bùjiǔ, tā jiù lái le 君が行ってまもなく, 彼が来た. ｜过了～ guòle bùjiǔ しばらくして. ｜～以前 bùjiǔ yǐqián ちょっと前. ごろ. ｜～以后 bùjiǔ yǐhòu すぐ後. ほどなくして. ｜～的将来 bùjiǔ de jiānglái 遠くない将来に.

【不一会儿】bù yīhuìr 組 まもなく. ほどなく. いくらもしないうち. ‖ ～, 人全到了 bù yíhuìr, rén quán dào le まもなく全員来た. ｜等了～, 他就回来了 děngle bù yíhuìr, tā jiù huílai le いくらも待たないうちに, 彼が帰ってきた.

*【即将】jíjiāng 副書 もうすぐ. まもなく. ほどなく. やがて. ‖ 春节～到来 Chūnjié jíjiāng dàolái もうすぐ旧正月がやってくる. ｜新学期～开始 xīnxuéqī jíjiāng kāishǐ 新学期がもうすぐ始まる.

*【就】jiù 副 すぐに. もうすぐ. ‖ 饭一会儿～好 fàn yíhuìr jiù hǎo 御飯はもうじきできる. ｜书还有几页～看完了 shū hái yǒu jǐ yè jiù kànwán le 本はあと何ページかで読み終わる. ｜电影马上～开演 diànyǐng mǎshàng jiù kāiyǎn 映画はすぐ始まる.

【就要】jiù yào 組 （文末に"了"le を伴い）もうすぐ. まもなく. ‖ 北京站～到了 Běijīngzhàn jiù yào dào le 北京駅にもうすぐ着く. ｜电影～开始了 diànyǐng jiù yào kāishǐ le 映画がまもなく始まる. ｜再有一个礼拜～过年了 zài yǒu yí ge lǐbài jiù yào guònián le あと1週間で正月だ.

★【快】kuài 副 （文末に"了"le を伴い）まもなく. じきに. もうすぐ. ‖ ～到时间了 kuài dào shíjiān le もうすぐ時間だ. ｜～放假了 kuài fàngjià le まもなく休みになる. ｜学了～三年了 xuéle kuài sān nián le 勉強を始めてもうすぐ3年になる. ｜病～好了 bìng kuài hǎo le 病気はじきによくなる.

【快要】kuàiyào 副 （文末に"了"le を伴

688

い）まもなく. もうすぐ. ‖ 他～来了吧 tā kuàiyào lái le ba 彼はもうじき来るだろう. | 下雨了 kuàiyào xià yǔ le いまにも雨が降りそうだ.

★【要】yào 助動（多く文末に"了" le を伴い）もうすぐ…する. …しそうだ. ‖ ～上课了 yào shàngkè le もうすぐ授業が始まる. | 春节就～到了 Chūnjié jiù yào dào le もうじき旧正月だ. | ～下雪了 yào xià xuě le 雪が降りそうだ.

★【一会儿】yīhuìr 副（時間的に）少ししたら. ‖ ～见 yíhuìr jiàn ではのちほど. | ～就吃饭了 yíhuìr jiù chīfàn le もうすぐ食事の時間だ. | 不大～就写完了 bú dà yíhuìr jiù xiěwán le まもなく書き終えた.

まもる 守る

▶保护　▶保守　▶保卫　▶防守　▶捍卫
▶警卫　▶守卫　▶维护

【保护】bǎohù 動 保護する. 守る. 大切にする. ‖ ～小树苗 bǎohù xiǎoshùmiáo 苗木を守る. | ～隐私权 bǎohù yǐnsīquán プライバシーの権利を守る. | ～个人信息 bǎohù gèrén xìnxī 個人情報を保護する. | 做好环境～工作 zuòhǎo huánjìng bǎohù gōngzuò 環境保護の活動をしっかりとやる.

*【保守】bǎoshǒu 動 漏れないようにする. 守る. ‖ ～国家机密 bǎoshǒu guójiā jīmì 国家機密を守る.

**【保卫】bǎowèi 動 防衛する. 防ぎ守る. ‖ ～祖国 bǎowèi zǔguó 祖国を防衛する. | ～工作 bǎowèi gōngzuò（工場などの）防犯・警備の仕事.

*【防守】fángshǒu 動❶防ぐ. 守る. 防衛する. ‖ ～边境 fángshǒu biānjìng 国境を防衛する. ❷（スポーツで）守る. 守備をする. ‖ ～战术 fángshǒu zhànshù ディフェンス・プレー.

---

*【捍卫】hànwèi 動 守る. 防衛する. ‖ ～主权 hànwèi zhǔquán 主権を守る.

*【警卫】jǐngwèi 動 警護する. ‖ 派了一连战士在周围～ pàile yì lián zhànshì zài zhōuwéi jǐngwèi 1個中隊の兵を派遣して周囲の警護に当たらせた.

*【守卫】shǒuwèi 動 防衛する. 防備する. ‖ ～边疆 shǒuwèi biānjiāng 辺境を防衛する. | ～在大门的两旁 shǒuwèizài dàmén de liǎngpáng 正門の両側で番をする.

**【维护】wéihù 動 守る. 擁護する. ‖ ～世界和平 wéihù shìjiè hépíng 世界の平和を守る. | ～集体利益 wéihù jítǐ lìyì 集団の利益を守る. | ～产品的声誉 wéihù chǎnpǐn de shēngyù 製品の評判を保つ.

まよう 迷う

▶迟疑　▶踌躇　▶分不清（楚）　▶迷惑
▶拿不定主意　▶犹疑　▶犹豫

---

*【迟疑】chíyí 形 ためらう. 躊躇（ちゅうちょ）している. ‖ 毫不～ háobù chíyí 少しもためらわない. | 是否答应他的求婚，我～不决 shìfǒu dāying tā de qiúhūn, wǒ chíyí bù jué あの人のプロポーズを受けようか迷っている.

*【踌躇】【踌蹰】chóuchú 形 躊躇（ちゅうちょ）している. 迷っている. ためらっている. ‖ 去还是不去，他～着 qù háishi bú qù, tā chóuchúzhe 行くか行かないか，彼は迷っている. | ～不决 chóuchú bù jué ためらって前進しない. 二の足を踏む. 決しかねる.

【分不清（楚）】fēnbuqīng(chu) 動 はっきり分けられない. 見分けがつかない. 区別ができない. ‖ 她们母女俩声音很像，打电话的时候总是～ tāmen mǔnǚ liǎ shēngyīn hěn xiàng, dǎ diànhuà de shíhou zǒngshì fēnbuqīng(chu) あの母娘は声がそっくりなので，電話をかけるといつ

まるい　丸い

*【迷惑】míhuo；míhuò 形 困惑する．戸惑う．‖～不解 míhuo bùjiě 困惑する．動 迷わせる．惑わせる．‖用花言巧语～人 yòng huā yán qiǎo yǔ míhuo rén 調子のよいうまい話で人を惑わす．｜被假象所～ bèi jiǎxiàng suǒ míhuo 偽りの姿に惑わされる．

【拿不定主意】nábudìng zhǔyi 組 考えが決まらない．‖是不是去留学，我还～ shì bu shì qù liúxué, wǒ hái nábudìng zhǔyi 留学しようか，まだ迷っている．｜买哪条裙子好，我有些～ mǎi nǎ tiáo qúnzi hǎo, wǒ yǒuxiē nábudìng zhǔyi どっちのスカートを買おうか，迷ってしまう．

【犹疑】yóuyí 形 ためらっている．迷っている．‖～不定 yóuyí búdìng 迷って心が決まらない．

*【犹豫】yóuyù 形 ためらっている．迷っている．躊躇(ちゅう ちょ)している．‖毫不～ háo bù yóuyù 少しもためらわない．｜他办事总是犹犹豫豫的，一点也不干脆 tā bàn shì zǒngshì yóuyóuyùyù de, yìdiǎn yě bù gāncuì 彼は何をやるにもぐずぐず迷ってばかりで，まったく思い切りが悪い．｜买哪个牌子的汽车，我一直～不决 mǎi nǎge páizi de qìchē, wǒ yìzhí yóuyù bù jué どのメーカーの車を買うか，ずっと迷っている．

まるい　丸い

▶滚圆　▶球形　▶团　▶团团　▶团圆
▶圆　▶圆乎乎　▶圆圈　▶圆形

【滚圆】gǔnyuán 形 真ん丸い．丸々としている．‖两只眼睛睁得～～的 liǎng zhī yǎnjing zhēngde gǔnyuángǔnyuán de 二つのまなこを真ん丸にする．

【球形】qiúxíng 名 球形．

**【团】tuán 動 丸める．丸くする．団子に

する．‖～雪球 tuán xuěqiú 雪を丸めて球にする．｜～纸团儿 tuán zhǐtuánr 紙を丸める．名 球状や円形のもの．‖毛线～ máoxiàntuán 毛糸の玉．｜蒲～ pútuán 円形の敷物．

【团团】tuántuán 形 丸い．‖～脸儿 tuántuán liǎnr 丸い顔．｜～围住 tuántuán wéizhù ぐるっと取り囲む．

*【团圆】tuányuán 形 丸い．円形の．

★【圆】yuán 形 ❶(平面で)丸い．円形である．‖～桌 yuánzhuō 円テーブル．｜～括号 yuánkuòhào 丸括弧．｜～～的脸盘 yuányuán de liǎnpán まあるい顔．｜花好月～ huā hǎo yuè yuán 花美しく月まどか．❷球形である．球体である．丸い．‖溜～ liūyuán 真ん丸い．

【圆乎乎】yuánhūhū (～的) 形 真ん丸い．‖～的皮球 yuánhūhū de píqiú 真ん丸いゴムボール．

【圆圈】yuánquān (～儿) 名 輪．輪っか．丸．‖围成一个～ wéichéng yí ge yuánquān 輪になって取り囲む．

【圆形】yuánxíng 名 円形．球形．

まるで

▶仿佛　▶好比　▶好像…似的
▶好像…一样　▶简直　▶如同　▶宛如
▶像…似的　▶像…一样　▶犹如

**【仿佛】fǎngfú 副 …のようだ．あたかも…のようだ．…らしい．"彷佛""髣髴"とも書く．‖这事他～已经知道了 zhè shì tā fǎngfú yǐjīng zhīdao le このことは彼はもうすでに知っているようだ．｜这～是一场梦 zhè fǎngfú shì yì cháng mèng これはあたかも一場の夢のようだ．

*【好比】hǎobǐ 動 まるで…だ．ちょうど…のようだ．‖学习～逆水行舟，不进则退 xuéxí hǎobǐ nì shuǐ xíng zhōu, bú jìn zé tuì 勉強はちょうど流れを船でさかの

ぼるようなもので，前進しなければ後退してしまう．

【好像…似的】hǎoxiàng…shìde 組 まるで…のようである．‖两年不见，他好像变了个人似的 liǎng nián bújiàn, tā hǎoxiàng biànle ge rén shìde 2年会わない間に，彼はまるで別人のようになってしまった．

【好像…一样】hǎoxiàng…yīyàng 組 まるで…のようである．‖她对我好像亲姐姐一样 tā duì wǒ hǎoxiàng qīn jiějie yíyàng 彼女は私に対してまるで実の姉のようだ．｜马跑得真快，好像飞一样 mǎ pǎode zhēn kuài, hǎoxiàng fēi yíyàng 馬の走りはすばらしく速く，まるで飛ぶかのようである．

***【简直】**jiǎnzhí 副 まったく．まるで．ほとんど．‖今天的天气～像夏天一样 jīntiān de tiānqì jiǎnzhí xiàng xiàtiān yíyàng 今日の天気はまるで夏のようだ．｜这哪里是帮忙，～是捣乱 zhè nǎli shì bāngmáng, jiǎnzhí shì dǎoluàn これでは手伝うどころかじゃまをしているようなものだ．

***【如同】**rútóng 動 まるで…と同じである．あたかも…のようである．‖两个人好得～亲兄弟 liǎng ge rén hǎode rútóng qīn xiōngdì 二人は仲がよくてまるで兄弟同然だ．

【宛如】wǎnrú 動 似る．似通う．‖～梦境 wǎnrú mèngjìng あたかも夢のようである．｜清澈的湖水～一面明镜 qīngchè de húshuǐ wǎnrú yí miàn míngjìng 透きとおっている湖水はまるで曇りのない鏡のようだ．

【像…似的】xiàng…shìde 組 まるで…のようである．‖妈妈乐得就像个孩子似的 māma lède jiù xiàng ge háizi shìde 母はまるで子供のように喜んだ．｜像饿狼似的扑过来 xiàng è láng shìde pūguolai 飢えたオオカミのように飛びかかってきた．

【像…一样】xiàng…yīyàng 組 まるで…のようである．…みたいだ．‖这里的景色美得像一幅画一样 zhèli de jǐngsè měide xiàng yì fú huà yíyàng ここの景色は一幅の絵のように美しい．｜这些绢花看起来像真的一样 zhèxiē juànhuā kànqilai xiàng zhēn de yíyàng この絹の造花はまるで本物みたいだ．

***【犹如】**yóurú 動 まるで…のようである．あたかも…のようである．‖大厅里灯火通明，～白昼 dàtīng li dēnghuǒ tōngmíng, yóurú báizhòu 広間の明かりは皓々(ｺｳｺｳ)と輝いて，まるで白昼のようである．

まわす　回す

▶拨　▶拧　▶扭转　▶转　▶转动

***【拨】**bō 動 (手足や棒などで横に物を)移動させる．動かす．‖～电话 bō diànhuà 電話のダイヤルを回す．｜把闹钟～到六点 bǎ nàozhōng bōdào liù diǎn 目覚まし時計の針を6時に合わせる．

***【拧】**nǐng 動 ひねる．ねじる．‖把螺丝～紧 bǎ luósī nǐngjǐn ねじをしっかり締める．｜～开瓶盖 nǐngkāi pínggài 瓶のふたを開ける．

***【扭转】**niǔzhuǎn 動 向きを変える．‖～身子 niǔzhuǎn shēnzi くるりと背を向ける．

【转】zhuàn 動 回る．回転する．回す．‖地球绕着太阳～ dìqiú ràozhe tàiyang zhuàn 地球は太陽の周りを回っている．｜电扇不～了 diànshàn bú zhuàn le 扇風機が動かなくなった．｜把陀螺～起来 bǎ tuóluó zhuànqilai こまを回した．

***【转动】**zhuàndòng 動 回転する．回る．回す．‖机器～起来 jīqì zhuàndòngqilai 機械が回り出した．｜～地球仪 zhuàndòng dìqiúyí 地球儀を回転させる．｜～门把儿 zhuàndòng ménbàr ノブを回す．

まわる　回る

▶回旋　▶回転　▶盘旋　▶绕　▶旋转
▶转　▶转动

【回旋】 huíxuán 動 旋回する. 円を描く
ように回る. ぐるぐる回る. ‖ 老鹰在
空中～ lǎoyīng zài kōngzhōng huíxuán ト
ビが空に輪を描いている.

【回转】 huízhuǎn 動 回転させる. 向きを
転じる. ‖ ～木马 huízhuǎn mùmǎ 回転
木馬. メリーゴーランド. ｜ ～椅 huí-
zhuǎnyǐ 回転椅子.

*【盘旋】 pánxuán 動 ぐるぐる回る. 渦巻
く. 旋回する. ‖ 直升飞机在空中～ zhí-
shēng fēijī zài kōngzhōng pánxuán ヘリコ
プターが空中を旋回している. ｜这件事
在我脑子里～了好久 zhè jiàn shì zài wǒ
nǎozi li pánxuánle hǎojiǔ そのことが私の
頭の中で長い間渦巻いていた.

*【绕】 rào 動 周りを回る. 巡る. ‖ ～场一
周 rào chǎng yì zhōu グラウンドを1周
する. ｜地球～着太阳转 dìqiú ràozhe tài-
yang zhuàn 地球は太陽の周りを回る.

*【旋转】 xuánzhuǎn 動 回転する. 旋回す
る. ‖ 车轮～ chēlún xuánzhuǎn 車輪が回
る. ｜地球围绕太阳～ dìqiú wéirào tàiyang
xuánzhuǎn 地球は太陽の周りを回って
いる.

*【转】 zhuàn 動 回る. 回転する. ‖ 地球绕
着太阳～ dìqiú ràozhe tàiyang zhuàn 地球
は太陽の周りを回る. ｜电扇不～了 diàn-
shàn bú zhuàn le 扇風機が動かなくなっ
た. ｜～了几下头就晕了 zhuànle jǐ xià tóu
jiù yùn le 数回回転しただけで目が回っ
た.

*【转动】 zhuàndòng 動 回転する. 回る.
‖ 机器一～起来 jīqì zhuàndòngqilai 機械が
回り出した. ｜～地球仪 zhuàndòng dìqiú-
yí 地球儀を回転させる.

まんいちのこと　万一のこと

▶差池　▶差错　▶长短　▶好歹
▶三长两短　▶失闪　▶万一　▶意外

【差池】【差迟】 chāchí 名 方 意外なこと.
もしものこと. 思わぬ失敗や誤り. ‖ 若
有～，你要负全责 ruò yǒu chāchí, nǐ yào fù
quán zé もしものことがあれば，あな
たが全責任を負わなければならない.

*【差错】 chācuò 名 意外な変化. 思わぬ
災難. ‖ 万一出了～，后悔就晚了 wànyī
chūle chācuò, hòuhuǐ jiù wǎn le 万一何か
起きたら，後悔しても後の祭りだ.

*【长短】 chángduǎn 名 (人命にかかわる)
意外な事故. 変事. ‖ 万一有个～，可
怎么向他父母交代呀 wànyī yǒu ge cháng-
duǎn, kě zěnme xiàng tā fùmǔ jiāodài ya も
し万一の事があったら，なんと言って
彼の両親に申し開きしたらよいものか.

【好歹】 hǎodǎi (～儿) 名 (多く生命につ
いての)危険. 万一のこと. ‖ 这么重的
病还不赶紧治，万一有个～，一家人的
生活靠谁维持 zhème zhòng de bìng hái bù
gǎnjǐn zhì, wànyī yǒu ge hǎodǎi, yìjiārén de
shēnghuó kào shéi wéichí こんなに重い病
気を早く治さないで，万一のことがあっ
たら，家族の生活はいったい誰に頼っ
ていったらいいの.

【三长两短】 sān cháng liǎng duǎn 慣 意外
な事故や災害. 万一のこと. もしもの
こと. ‖ 孩子万一有个～，叫我怎么向
他父母交代? háizi wànyī yǒu ge sān cháng
liǎng duǎn, jiào wǒ zěnme xiàng tā fùmǔ jiāo-
dài? 子供に万一のことがあったら，私
は子供の両親にいったいどう説明すれ
ばいいのか.

【失闪】 shīshan 名 思いがけない事故.
万一のこと. ‖ 年纪大了，万一有个～
可不得了 niánjì dà le, wànyī yǒu ge shīshan
kě bùdéliǎo 年が年なので，万一なにか

あると大変なことになる.

*【万一】wànyī 图意外な事態. 万一の状況. ‖带上一些急救药品，以防～dàishang yìxiē jíjiù yàopǐn, yǐ fáng wànyī 救急の薬品を携帯し，万一に備える. ｜不怕一万，只怕～ bú pà yí wàn, zhǐ pà wànyī 備えあれば憂いなし.

**【意外】yìwài 图不慮の出来事. 突発的な事故. ‖发生～ fāshēng yìwài 事故が起きる. ｜防止～ fángzhǐ yìwài 事故を防ぐ.

まんぞく　満足

▶称心　▶称意　▶甘心　▶满意　▶满足
▶心满意足　▶知足　▶中意

*【称心】chèn//xīn 形意にかなう. 気に入る. ‖～如意 chènxīn rúyì 願ったりかなったり. ｜买到一件～的衣服 mǎidào yí jiàn chènxīn de yīfu 気に入った服を一着買った.

【称意】chèn//yì 動意にかなう. 満足する. ‖快心～ kuàixīn chènyì 大いに気に入る.

*【甘心】gānxīn 動満足する. ‖不达到目的决不～ bù dádào mùdì jué bù gānxīn 目的を果たさないかぎり決して満足しない.

★【满意】mǎnyì 動心にかなう. 気に入る. 満足する. よしとする. ‖他对饭店的服务十分～ tā duì fàndiàn de fúwù shífēn mǎnyì 彼はホテルのサービスにとても満足している. ｜她很～这套家具 tā hěn mǎnyì zhè tào jiājù 彼女はこの家具をとても気に入っている.

**【满足】mǎnzú 動満足する. (目的語に抽象的な事柄をとる場合は，多く"满足于"mǎnzú yú の形をとる) ‖～于一知半解 mǎnzú yú yì zhī bàn jiě 生半可な知識に満足する. ｜对温暖的小家庭感到～

duì wēnnuǎn de xiǎo jiātíng gǎndào mǎnzú 温かでささやかな家庭に満足する. ｜能找到一份工作，我已经很～了 néng zhǎodào yí fēn gōngzuò, wǒ yǐjīng hěn mǎnzú le 仕事が見つかっただけで私はもう十分満足だ.

【心满意足】xīn mǎn yì zú 威すっかり満足する. 満ち足りる. ‖他对自己的成绩感到～ tā duì zìjǐ de chéngjì gǎndào xīn mǎn yǐ zú 彼は自分の記録に十分満足している.

【知足】zhīzú 形足るを知る. 満足することを知る. ‖房间不大，但是我已经很～了 fángjiān bú dà, dànshì wǒ yǐjīng hěn zhīzú le 部屋は広くないが，私はもう十分満足している.

*【中意】zhòng//yì 動気に入る. 満足する. ‖衣服的样子不中她的意 yīfu de yàngzi bú zhòng tā de yì 服のデザインが彼女は気に入らない. ｜他对表姐给自己介绍的这个对象很～ tā duì biǎojiě gěi zìjǐ jièshào de zhège duìxiàng hěn zhòngyì 彼は従姉（いとこ）の紹介してくれたその結婚相手がすっかり気に入った.

まんなか　真ん中

▶半中间　▶当腰　▶当中　▶正中
▶正中间　▶中间　▶中央

【半中间】bànzhōngjiān（～儿）图真ん中. 途中. ‖走到～，才想起来忘了东西 zǒudào bànzhōngjiān, cái xiǎngqilai wàngle dōngxi 途中まで歩いてきて，忘れ物に気が付いた.

【当腰】dāngyāo 图 (長いものの)真ん中. 中間. 中ほど. ‖这根擀面棍儿两头细，～粗 zhè gēn gǎnmiàngùnr liǎngtóu xì, dāngyāo cū この麺棒（めんぼう）は両端が細くて真ん中が太い.

*【当中】dāngzhōng 图真ん中. ‖他坐在～

tā zuòzài dāngzhōng 彼は真ん中に座っている.

【正中】zhèngzhōng 图真ん中. 中央. "正当中"zhèngdāngzhōng ともいう.‖屋子的～ wūzi de zhèngzhōng 部屋の真ん中.｜广场的～有一个喷水池 guǎngchǎng de zhèngzhōng yǒu yí ge pēnshuǐchí 広場の中央に噴水がある.

【正中间】zhèngzhōngjiān 图真ん中.‖桌子～摆着花 zhuōzi zhèngzhōngjiān bǎizhe huā テーブルの真ん中に花が置いてある.

★【中间】zhōngjiān 图真ん中. 中心.‖马路～ mǎlù zhōngjiān 大通りの真ん中.｜大厅～ dàtīng zhōngjiān ホールの真ん中.

**【中央】zhōngyāng 图中央.‖水池～有个喷泉 shuǐchí zhōngyāng yǒu ge pēnquán 池の真ん中には噴水がある.

み

み

みえる （－のように）見える

▶好像　▶看来　▶看起来　▶看上去
▶似乎　▶显得

★【好像】hǎoxiàng 剾ちょうど…のようである. まるで…のようである. …のような気がする.‖我们～在哪儿见过 wǒmen hǎoxiàng zài nǎr jiànguo 私たちはどこかで会ったことがあるようだ.｜她～不大高兴 tā hǎoxiàng bú dà gāoxìng 彼女あまり楽しそうじゃないみたいだ.

**【看来】kànlái 劻見たところ…と思う. どうも…のようだ.‖这活儿～今天干不完了 zhè huór kànlái jīntiān gànbuwán le この仕事はどうも今日中にできそうにない.｜那件事～还有希望 nà jiàn shì kànlái hái yǒu xīwàng あの件はどうやらまだ見

込みがありそうだ.

【看起来】kànqǐlai；kànqǐlái 劻見たところ…のようだ.‖～这问题一时半时还解决不了 kànqǐlai zhè wèntí yìshí bànshí hái jiějuébuliǎo どうもこの問題はまだ当分は解決しそうにない.｜～容易，做起来难 kànqǐlai róngyì, zuòqilai nán 見たところは簡単そうだが，やるとなると難しい.

*【看上去】kànshangqu；kànshàngqù 劻一見したところ…の様子だ. …のように見える.（副詞的に用いる）‖她～很年轻 tā kànshangqu hěn niánqīng 彼女は見たところとても若い.｜他～好像不太高兴 tā kànshangqu hǎoxiàng bú tài gāoxìng 彼は見たところどうも不機嫌そうだ.

*【似乎】sìhū 剾…のようである. …らしい.‖～有道理 sìhū yǒu dàoli 道理があるようだ.｜～要下雨 sìhū yào xià yǔ 雨になりそうだ.｜他～知道这件事 tā sìhū zhīdao zhè jiàn shì 彼はこの件を知っているらしい.

*【显得】xiǎnde 劻…に見える. …の様子だ.‖这小孩儿能言善辩，～很聪明 zhè xiǎoháir néng yán shàn biàn, xiǎnde hěn cōngming この子は口が達者で，利口そうだ.｜穿上这身衣服，她～年轻多了 chuānshang zhè shēn yīfu, tā xiǎnde niánqīngduō le この服を着たら彼女はずいぶん若々しくなった.｜他什么时候都那么自信 tā shénme shíhou dōu xiǎnde nàme zìxìn 彼はいつも自信たっぷりに見える.

みがく　磨く

▶擦　▶擦拭　▶擦洗　▶磨　▶刷　▶水磨
▶研磨

★【擦】cā 劻（手・布などで）拭く. ぬぐう. 磨く.（短時間に，ごく軽く摩擦する. 動作の結果，対象には変化が生じ

ない). ‖ ～脸 cā liǎn 顔を拭く. ｜ ～黑板 cā hēibǎn 黒板を拭く. ｜ ～亮皮鞋 cā-liàng píxié 革靴をぴかぴかに磨く. ｜ ～干净 cāgānjìng きれいに拭きとる. ｜用橡皮～掉 yòng xiàngpí cādiào 消しゴムで消す.

【擦拭】cāshì 動 拭く. 拭う. 磨く. ‖ ～门窗 cāshì ménchuāng 戸や窓を拭く.

【擦洗】cāxǐ 動 (ぬれぞうきんなどで)拭く. 磨く. ‖ ～机器 cāxǐ jīqi 機械を磨く. ｜～汽车 cāxǐ qìchē 車を磨く.

*【磨】mó 動 研ぐ. 磨く. する. (ある一定の時間, 繰り返し強く摩擦する. 動作の結果, 摩擦を加えられたものにはなんらかの変化が起こる). ‖ ～菜刀 mó càidāo 包丁を研ぐ. ｜～镜片 mó jìngpiàn レンズを磨く.

*【刷】shuā 動 (ブラシやはけで)洗う. 磨く. ‖ ～牙 shuā yá 歯を磨く. ｜～锅 shuā guō 鍋を洗う. ｜把地板～干净 bǎ dìbǎn shuāgānjìng 床をブラシで洗ってきれいにする.

【水磨】shuǐmó 動 水を加えて磨く. ‖ ～砖的墙 shuǐmó zhuān de qiáng 水磨きしたれんがの塀.

【研磨】yánmó 動 研磨する. 磨く. ‖ ～粉 yánmófěn 磨き粉. ｜这个砚台是用手工～的 zhège yàntai shì yòng shǒugōng yánmó de この硯(すずり)は手作業で研磨したものだ.

みかけ　見かけ

▶表面　▶外表　▶外观　▶外貌　▶外面
▶样子

**【表面】biǎomiàn 名 外見. うわべ. ‖ ～现象 biǎomiàn xiànxiàng 表面的な現象. ｜他～上不说, 心里却不服气 tā biǎomiàn shang bù shuō, xīnli què bù fúqì 彼は表面上は何も言わないが, 心の中では納得

していない.

*【外表】wàibiǎo 名 外観. 外見. 見た目. ‖ 大楼的～很漂亮 dàlóu de wàibiǎo hěn piàoliang ビルの外観はたいへん美しい. ｜从～看, 他是个很有修养的人 cóng wàibiǎo kàn, tā shì ge hěn yǒu xiūyǎng de rén 外見からすると, 彼はなかなか教養のありそうな人物だ.

*【外观】wàiguān 名 外観. 外見. ‖ 建筑物的～富丽堂皇 jiànzhùwù de wàiguān fùlì tánghuáng 建物の外観は華麗で立派である.

【外貌】wàimào 名 顔かたち. 外見. 見かけ. ‖ 他的～虽丑, 但心地善良 tā de wàimào suī chǒu, dàn xīndì shànliáng あいつは顔は不器量だが, 心根は善良だ. ｜不可以～取人 bù kěyǐ wàimào qǔ rén 人を見かけで判断してはならない.

【外面】wàimiàn(～儿) 名 表面. 見た目. 見かけ. 外見. ‖ 这台机器看～还不错, 不知用起来怎么样 zhè tái jīqi kàn wàimiàn hái búcuò, bù zhī yòngqilai zěnmeyàng この機械は見かけはなかなかいいが, 使ってみてはたしてどうだろうか.

★【样子】yàngzi 名 形状. 格好. ‖ 如今蔬菜也论长相, ～不好看就卖不掉 rújīn shūcài yě lùn zhǎngxiàng, yàngzi bù hǎokàn jiù màibudiào 今時は野菜も姿かたちが問題で, 見かけがよくなければ売れ残る. ｜那孩子看～看不出来, 实际上很认真的 nà háizi kàn yàngzi kànbuchūlái, shíjìshang hěn rènzhēn de あの子は見かけじゃわからないが, なかなかどうしてまじめだよ.

みくびる　見くびる

▶忽视　▶践踏　▶看不起　▶蔑视　▶漠视
▶轻视　▶无视　▶小看

*【忽视】hūshì 動 軽視する. いいかげん

にする．おろそかにする．‖ ～別人的意
见 hūshì biéren de yìjian 人の意見を無視
する．｜小病～不得 xiǎobìng hūshìbude 軽
い病状だからといって見くびってはな
らない．

*【践踏】jiàntà 動 侮る．踏みにじる．‖
～民意 jiàntà mínyì 民意を踏みにじる．

**【看不起】kànbuqǐ 動 軽く見る．見くび
る．侮る．‖ 别～这辆破车，还是名牌货
呢 bié kànbuqǐ zhè liàng pòchē, háishi míng-
pái huò ne このボロ車を見くびっちゃい
けない，これでも有名メーカーの製品
なのだから．｜他挺骄傲，～人 tā tǐng
jiāo'ào, kànbuqǐ rén 彼はひどく傲慢（ごう
まん）で，人をばかにしている．

*【蔑视】mièshì 動 さげすむ．軽視する．
‖ 不可～的力量 bùkě mièshì de lìliang 侮
りがたい力．｜他用～的目光扫了那家
伙一眼 tā yòng mièshì de mùguāng sǎole nà
jiāhuo yì yǎn 彼はさげすんだ目で相手
を見た．

【漠视】mòshì 動 冷たくあしらう．軽視
する．なんとも思わない．‖ 不能～群众
的利益 bù néng mòshì qúnzhòng de lìyì 大
衆の利益をないがしろにするわけには
いかない．

*【轻视】qīngshì 動 軽視する．見くびる．
‖ 这次失败的原因是我们太～对手了
zhè cì shībài de yuányīn shì wǒmen tài qīng-
shì duìshǒu le 今回失敗したのは我々が
相手を見くびりすぎたためである．｜被
人～ bèi rén qīngshì 人にばかにされる．

【无视】wúshì 動 無視する．軽視する．
‖ ～现实 wúshì xiànshí 現実を無視す
る．｜～法纪 wúshì fǎjì 法律や規律を無
視する．｜他～大家的批评 tā wúshì dàjiā
de pīpíng 彼はみんなの批判を無視して
いる．

【小看】xiǎokàn 動 見くびる．軽視する．
‖ 你可别～这孩子，他可是我们区的围
棋冠军 nǐ kě bié xiǎokàn zhè háizi, tā kě shì
wǒmen qū de wéiqí guànjūn この子を見く
びってはいけないよ，これでも私たち
の地区の囲碁のチャンピオンなんだか
ら．

みじめ　惨め

▶悲惨　▶惨　▶惨痛　▶可怜　▶凄惨
▶凄凉

*【悲惨】bēicǎn 形 悲惨である．‖ ～的情
景 bēicǎn de qíngjǐng 悲惨なありさま．｜
处境～ chǔjìng bēicǎn 境遇が惨めであ
る．｜她的遭遇非常～ tā de zāoyù fēicháng
bēicǎn 彼女の境遇はひどく悲惨だ．

*【惨】cǎn 形 悲惨である．痛ましい．‖ 她
的身世很～ tā de shēnshì hěn cǎn 彼女の
身の上はとても痛ましい．

【惨痛】cǎntòng 形 悲惨である．痛まし
い．‖ ～的教训 cǎntòng de jiàoxun 悲痛
な教訓．

**【可怜】kělián 形 哀れなほどひどい．情
けないほどである．‖ 知识贫乏得～ zhī-
shi pínfáde kělián 知識が情けないほど足
りない．｜屋子小得～ wūzi xiǎode kělián
家が惨めなほど小さい．

*【凄惨】qīcǎn 形 凄惨（せいさん）である．痛ま
しくむごたらしい．‖ ～的景象 qīcǎn de
jǐngxiàng 悲惨な情景．｜凄凄惨惨地哭
着 qīqīcǎncǎn de kūzhe 痛ましげに泣く．

*【凄凉】qīliáng 形 もの寂しい．荒涼と
している．荒れ果てている．‖ ～的歌
声 qīliáng de gēshēng うら悲しい歌声．｜
日子过得很～ rìzi guòde hěn qīliáng 日々
の生活がとてもわびしい．

ミス ⇒【間違い】

みせ 店

みずから 自ら

▶亲身 ▶亲手 ▶亲眼 ▶亲自 ▶自己
▶自身 ▶自我 ▶自愿

*【亲身】qīnshēn 副 身をもって. 自ら. 自分自身で. ‖ 我希望有机会一体验一下这种生活 wǒ xīwàng yǒu jīhuì qīnshēn tǐyàn yíxià zhè zhǒng shēnghuó 私も機会があったら，こうした生活を身をもって体験してみたい. ‖ 这些都是我的~经历 zhèxiē dōu shì wǒ de qīnshēn jīnglì これらはすべて私が身をもって経験したことだ.

*【亲手】qīnshǒu 副 自分の手で. 自ら. ‖ ~交付 qīnshǒu jiāofù 本人自ら手渡す. ‖ 妈妈~做的衣服 māma qīnshǒu zuò de yīfu お母さんの手作りの服.

*【亲眼】qīnyǎn 副 自分の目で. じかに. ‖ 这可是我~所见 zhè kě shì wǒ qīnyǎn suǒ jiàn それは私がこの目でじかに見たことなんだ. ‖ 刚才的事，你都~看见了吧! gāngcái de shì, nǐ dōu qīnyǎn kànjiàn le ba! さっきのこと，君は自分の目で見ただろう.

**【亲自】qīnzì 副 自ら. 自分で. ‖ 明天你得~去 míngtiān nǐ děi qīnzì qù 明日君が自分で行かなくてはならない. ‖ 事无大小他都要~过问 shì wú dàxiǎo tā dōu yào qīnzì guòwèn 事の大小にかかわらず彼は口出ししようとする.

★【自己】zìjǐ 代 自分. 自身. ‖ ~的房间~打扫 zìjǐ de fángjiān zìjǐ dǎsǎo 自分の部屋は自分で掃除する. ‖ 我~会干 wǒ zìjǐ huì gàn 私は自分でできる. ‖ 也没吃药，感冒~好了 yě méi chī yào, gǎnmào zìjǐ hǎo le 薬も飲んでいないのに，風邪はひとりでに治った.

*【自身】zìshēn 名書 自身. 自分自身. ‖ ~利益 zìshēn lìyì 自分自身の利益. ‖ 他不顾~的安全，排除了地雷 tā búgù zìshēn de ānquán, páichúle dìléi 彼は自身の

安全を顧みず地雷を取り除いた.

**【自我】zìwǒ 代 自分. 自ら. (2音節の動詞の前に用い，その動作が自分から発し，同時に自分を対象としたものであることを表す) ‖ ~推荐 zìwǒ tuījiàn 自薦する. 自分の長所をアピールする. ‖ ~反省 zìwǒ fǎnxǐng 自己反省をする.

*【自愿】zìyuàn 動 自発的に…する. 自ら望んで…する. ‖ ~报名 zìyuàn bàomíng 自分から志願する. ‖ ~献血 zìyuàn xiànxuè 進んで献血する. ‖ ~到艰苦的地方去工作 zìyuàn dào jiānkǔ de dìfang qù gōngzuò 自ら望んで骨の折れる土地に行って働く.

みせ 店

▶店 ▶店铺 ▶铺户 ▶铺子 ▶商店
▶摊 ▶摊位 ▶摊子

**【店】diàn 名 店. 商店. 店舗. ‖ 批发~ pīfādiàn 問屋. ‖ 零售~ língshòudiàn 小売り店. ‖ 便利~ biànlìdiàn コンビニエンス・ストア. ‖ 连锁~ liánsuǒdiàn チェーン店. ‖ 分~ fēndiàn (商店の)支店.

【店铺】diànpù 名 店舗. 商店. ‖ 这条街上一共有大小一二十家 zhè tiáo jiē shang yígòng yǒu dàxiǎo diànpù èrshí jiā この通りには店舗が大小とりまぜて 20 軒ある.

【铺户】pùhù 名 店. 商店. ‖ ~一家连一家 pùhù yì jiā lián yì jiā 商店が軒を連ねている.

【铺子】pùzi 名 小さな店. 商店.

★【商店】shāngdiàn 名 商店. 店. ‖ 副食~ fùshí shāngdiàn 副食品店. ‖ 五金~ wǔjīn shāngdiàn 金物店. ‖ 百货~ bǎihuò shāngdiàn デパート.

*【摊】tān (~儿) 名 露店. 屋台. ‖ 摆~儿 bǎi tānr 露店を出す.

【摊位】tānwèi 名 露店を出す場所. (展

みちびく　導く(指導する)

覧会などの)ブース．(デパートなどの)
売り場．‖ 这个市场里摆了三十个～ zhè-
ge shìchǎng li bǎile sānshí ge tānwèi この
マーケットには店が 30 出ている．

【摊子】 tānzi 图 露店．‖ 水果～ shuǐguǒ
tānzi 果物の露店．| 摆～ bǎi tānzi 屋台
を出す．

みち　道 ⇒【道路】

みちびく　導く (指導する)

▶教导　▶教育　▶领导　▶劝导　▶引导
▶诱导　▶指导　▶指点　▶指教

***【教导】** jiàodǎo 動 教え導く．指導する．
‖ ～有方 jiàodǎo yǒufāng 指導が的を射
ている．| ～主任 jiàodǎo zhǔrèn 教務主
任．

★**【教育】** jiàoyù 動 教育する．教え導く．
諭す．‖ 说服～ shuōfú jiàoyù 言い聞か
せ納得させて教育する．| ～青年 jiàoyù
qīngnián 若者を教育する．| 应该好好儿
～～他 yīnggāi hǎohāor jiàoyùjiàoyù tā 彼
をよく教育してやらなくてはならない．

★**【领导】** lǐngdǎo 動 (思想や組織をまとめ
るために)指導する．‖ ～权 lǐngdǎoquán
指導権．| ～艺术 lǐngdǎo yìshù 指導のテ
クニック．| 他～了那次运动 tā lǐngdǎole
nà cì yùndòng 彼はあの運動を指導した．
| ～着一百多人 lǐngdǎozhe yìbǎi duō rén
100 人以上を指導している．| 集体～
jítǐ lǐngdǎo 集団指導．

【劝导】 quàndǎo 動 忠告して導く．励ま
し導く．‖ 耐心～ nàixīn quàndǎo 根気強
く忠告する．

***【引导】** yǐndǎo 動 率いる．導く．手引
きをする．‖ ～学生独立思考问题 yǐndǎo
xuésheng dúlì sīkǎo wèntí 学生が自分の頭
で物事を考えるよう導く．

【诱导】 yòudǎo 動 導く．教え導く．‖ ～
孩子 yòudǎo háizi 子供を教え導く．

★★【指导】 zhǐdǎo 動 指導する．‖ 老师～学
生做实验 lǎoshī zhǐdǎo xuésheng zuò shíyàn
先生は学生の実験を指導する．| 在老
师的～下，她的小提琴越拉越好 zài lǎo-
shī de zhǐdǎo xià, tā de xiǎotíqín yuè lā yuè
hǎo 先生の指導で，彼女のバイオリン
はますます上達した．

***【指点】** zhǐdiǎn 動 指し示す．指摘する．
教え示す．‖ 不懂的地方还请您多多～
bù dǒng de dìfang hái qǐng nín duōduō zhǐ-
diǎn 分からないところは今後ともいろ
いろと教示ください．| 经过良师～，他
很快就入了门 jīngguò liángshī zhǐdiǎn, tā
hěn kuài jiù rùle mén よき先生の教えで，
彼はたちまち初歩をマスターした．

【指教】 zhǐjiào 動 教示する．‖ 承蒙～
chéngméng zhǐjiào ご教示を賜る．| 今后
还望多多～ jīnhòu hái wàng duōduō zhǐjiào
今後ともよろしくご指導ください．

みつける　見つける

▶发现　▶看到　▶寻找　▶找　▶找出

★**【发现】** fāxiàn 動 発見する．見つける．‖
～了新油田 fāxiànle xīn yóutián 新しい油
田を発見した．| ～了一个人材 fāxiànle yí
ge réncái 人材を見つけた．| ～了一颗虫
牙 fāxiànle yì kē chóngyá 虫歯を見つけた．
| 培养孩子要善于～孩子的优点 péiyǎng
háizi yào shànyú fāxiàn háizi de yōudiǎn 子
供を育てるには子供のよい点を上手に
見つけることが大切だ．

【看到】 kàndào 動 見つける．‖ 在人群中
～朋友 zài rénqún zhōng kàndào péngyou
人ごみの中で友人を見つけた．| 我～地
上掉了一百块钱 wǒ kàndào dì shang diàole
yìbǎi kuài qián 私は地面に落ちていた百
円玉を見つけた．

【寻找】 xúnzhǎo 動 探し求める.‖~答案 xúnzhǎo dá'àn 解答を探し求める.｜~到失散多年的亲人 xúnzhǎodào shīsàn duōnián de qīnrén 長年離れ離れになったままの肉親を見つけた.

★**【找】** zhǎo 動 探す.‖~钥匙 zhǎo yàoshi かぎを探す.｜~理由 zhǎo lǐyóu 理由を探す.｜~了半天还没~着 zhǎole bàntiān hái méi zhǎozháo さんざん探したが，まだ見つからない.｜关于调动工作的事，你~机会跟上司谈谈吧 guānyú diàodòng gōngzuò de shì, nǐ zhǎo jīhuì gēn shàngsi tántan ba 異動の件は，機会を見つけて上司に話してみたら？｜~到一个好伴侣 zhǎodào yí ge hǎo bànlǚ いい結婚相手を見つけた.｜~不到合适的工作 zhǎobudào héshì de gōngzuò 適当な仕事が見つからない.

【找出】 zhǎo//chu(chū) 動 探し出す．見つける.‖~失败的原因 zhǎochu shībài de yuányīn 失敗の原因を探り当てる.｜~问题所在 zhǎochu wèntí suǒzài どこに問題があるかを見つける.｜~变化的规律 zhǎochu biànhuà de guīlǜ 変化の規則性を見つける.

みとめる　認める

▶承认　▶公认　▶认　▶认错　▶认定
▶认可　▶认为　▶认罪　▶自认

**【承认】 chéngrèn 動 認める．承認する.‖他向老师~了自己的错误 tā xiàng lǎoshī chéngrènle zìjǐ de cuòwù 彼は先生に対し自分の誤りを認めた.｜不能不~他是个天才 bù néng bù chéngrèn tā shì ge tiāncái 彼が天才であることを認めざるを得ない.｜~新政权 chéngrèn xīn zhèngquán 新政権を承認する.

*【公认】 gōngrèn 動 公認する．みんなが認める.‖~的事实 gōngrèn de shìshí み

んなが認めている事実.｜群众~的好医生 qúnzhòng gōngrèn de hǎo yīshēng 大衆がこぞって認める立派な医者.

*【认】 rèn 動 認める．肯定する.‖默~ mòrèn 黙認する.｜如果你要这样不讲情面，我也就不~你这个朋友了 rúguǒ nǐ yào zhèyàng bù jiǎng qíngmiàn, wǒ yě jiù bú rèn nǐ zhège péngyou le もしあなたがそんな不人情なら，私だってあなたを友人とは認めない.

【认错】 rèn//cuò(~儿) 動 過ちを認める．謝る.‖别再说了，他已经~了 bié zài shuō le, tā yǐjīng rèncuò le もうそれ以上言うな，彼はさっきから謝っているのだから.｜做错了事，他从来不~ zuòcuòle shì, tā cónglái bú rèncuò ミスを犯しても，彼はこれまで過ちを認めたことがない.

*【认定】 rèndìng 動 (正しいと)認める．思い込む.‖~了的事，就要坚决去做 rèndìngle de shì, jiù yào jiānjué qù zuò こうと決めたことは，絶対やらねばならない.｜我~她不会说谎，没想到她会骗我 wǒ rèndìng tā bú huì shuōhuǎng, méi xiǎngdào tā huì piàn wǒ 彼女はうそをつかない人だと思っていたのに，まさか彼女にだまされるとは考えてもみなかった.

*【认可】 rènkě 動 承諾する．認可する．許可する.‖这件事我从来也没有~ zhè jiàn shì wǒ cónglái yě méiyou rènkě このことについて私は承諾したことがない.｜双方父母~了他俩的交往 shuāngfāng fùmǔ rènkěle tā liǎ de jiāowǎng 双方の両親は彼ら二人の交際を認めた.

★**【认为】** rènwéi 動 認める．…と思う．…と考える.‖自己~对的，就应该坚持 zìjǐ rènwéi duì de, jiù yīnggāi jiānchí 自分が正しいと思ったことは，どこまでも堅持すべきである.｜大家一致~她是最合适的人选 dàjiā yízhì rènwéi tā shì zuì héshì de rénxuǎn みんなは彼女が最適の人選だと一致して認めている.

【认罪】rèn//zuì 動 罪を認める．謝罪する．‖～书 rènzuìshū 自供書．｜在铁证面前，犯人只好低头～了 zài tiězhèng miànqián, fànrén zhǐhǎo dītóu rènzuì le 動かぬ証拠を前にして，犯人はうなだれて罪を認めざるを得なかった．

【自认】zìrèn 動 自ら認める．‖丢了钱包，只好～倒霉 diūle qiánbāo, zhǐhǎo zìrèn dǎoméi 財布を落としたのは，運が悪かったとあきらめるしかない．

みなす （－と）見なす

▶当成 ▶当做 ▶看成 ▶看做 ▶为
▶作 ▶作为

【当成】dàngchéng 動 …と見なす．…と思う．…となる．‖我把他～你了 wǒ bǎ tā dàngchéng nǐ le 僕は彼を君と間違えてしまった．｜把困难～一次考验 bǎ kùnnan dàngchéng yí cì kǎoyàn 困難を試練と見なす．

**【当做】dàngzuò 動 …と見なす．…と思い込む．…とする．"当作"とも書く．‖我把他～老刘了 wǒ bǎ tā dàngzuò Lǎo Liú le 私は彼を劉(りゅう)さんと思った．｜别客气，就把这里～自己的家吧 bié kèqi, jiù bǎ zhèli dàngzuò zìjǐ de jiā ba 遠慮しないで，ここを自分の家と思ってください．｜他们把帮助这位老人～自己的义务 tāmen bǎ bāngzhù zhè wèi lǎorén dàngzuò zìjǐ de yìwù 彼らはこの老人を助けることを自分たちの義務と考えている．

【看成】kànchéng 動 …と見なす．…と考える．‖昨天考试的时候，我一紧张，把100～了10 zuótiān kǎoshì de shíhou, wǒ yì jǐnzhāng, bǎ yìbǎi kànchéngle shí きのうの試験では，緊張して100を10に見てしまった．｜他把这一切都～是对他的不信任 tā bǎ zhè yíqiè dōu kànchéng shì duì tā de bú xìnrèn 彼はこれらすべてのことを自分に対する不信任と見なした．

*【看做】kànzuò 動 …と見なす．…と考える．"看作"とも書く．(不注意による見間違いなどには用いられない)‖把老人～自己的亲人 bǎ lǎorén kànzuò zìjǐ de qīnrén 老人を自分の肉親と考える．｜不要把人家的帮助～是理所当然的 búyào bǎ rénjia de bāngzhù kànzuò shì lǐ suǒ dāngrán de 人の援助を当然のことと思ってはいけない．

★【为】wéi 動 …とする．…とみなす．(多く"以…为…"yǐ…wéi…／の形で用いる)‖选他～代表 xuǎn tā wéi dàibiǎo 彼を代表に選ぶ．｜以英雄～榜样 yǐ yīngxióng wéi bǎngyàng ヒーローを手本とする．｜四海～家 sìhǎi wéi jiā 天下を家とする．

★【作】zuò 動 …と見なす．‖拿她的衣服～样子 ná tā de yīfu zuò yàngzi 彼女の服を見本とする．｜认贼～父 rèn zéi zuò fù 敵を味方と取り違える．

**【作为】zuòwéi 動 …とする．…と見なす．‖我把每天骑车上班～一种锻炼 wǒ bǎ měitiān qí chē shàngbān zuòwéi yìzhǒng duànliàn 私はトレーニングのつもりで毎日自転車で出勤している．｜他把这句话～自己的座右铭 tā bǎ zhè jù huà zuòwéi zìjǐ de zuòyòumíng 彼はこの言葉を自分の座右の銘にしている．

みにくい 醜い

▶不好看 ▶丑 ▶丑恶 ▶丑陋 ▶寒碜
▶难看

【不好看】bù hǎokàn 組 みっともない．醜い．‖他长得～ tā zhǎngde bù hǎokàn 彼は不細工だ．｜这件衣服～ zhè jiàn yīfu bù hǎokàn この服は格好が悪い．｜礼物不包装～ lǐwù bù bāozhuāng bù hǎokàn 贈り物は包装しないとみっともない．

*【丑】chǒu 形 (容貌(ぼう)が)醜い．⇔"美"

měi ‖ 长得~ zhǎngde chǒu 容貌が醜い. | 儿不嫌母~ ér bù xián mǔ chǒu 子は母が醜いのを嫌がらない. 醜くても母は母. 貧しくても祖国は祖国.

*【丑恶】chǒu'è 形 醜悪である. 醜い. 汚らわしい. ‖ ~嘴脸 chǒu'è zuǐliǎn 醜悪な顔つき. | ~行径 chǒu'è xíngjìng 醜悪な行為. | ~的交易 chǒu'è de jiāoyì あくどい取引. | ~灵魂 chǒu'è línghún 卑しい心根.

【丑陋】chǒulòu 形 醜い. ぶざまだ. ‖ 相貌~ xiàngmào chǒulòu 容貌が醜い.

【寒碜】【寒伧】hánchen 形口 醜い. 貧弱である. ‖ 他穿得很~ tā chuānde hěn hánchen 彼は見すぼらしい見なりをしている. | 她长得一点儿不~ tā zhǎngde yìdiǎnr bù hánchen 彼女はなかなかの美人だ.

**【难看】nánkàn 形 見た目が悪い. みっともない. 格好が悪い. ‖ 这衣服真~ zhè yīfu zhēn nánkàn この服はほんとうに格好が悪い. | 因为一直没休息好, 脸都变得~了 yīnwèi yìzhí méi xiūxihǎo, liǎn dōu biànde nánkàn 寝不足で変な顔になっている.

みのる　実る

▶成功　▶成熟　▶出成果　▶大见成效
▶结　▶结果

**【成功】chénggōng 動 成功する. ⇔"失败" shībài 試験が~了 shìyàn chénggōng le 実験は成功した. | 初恋~了 chūliàn chénggōng le 初恋が実った.

**【成熟】chéngshú 動 熟する. 実る. 熟れる. ‖ 西瓜~了 xīguā chéngshú le スイカが熟した. | ~了的稻穗沉甸甸的 chéngshúle de dàosuì chéndiàndiàn de 稲はたわわに実っている. 形 (人が)円熟している. (時機などが)熟している. ‖ 时机~了 shíjī chéngshú le 機は熟した.

【出成果】chū chéngguǒ 組 成果が出る. ‖ 出了研究成果 chūle yánjiū chéngguǒ 研究の成果が上がった.

【大见成效】dà jiàn chéngxiào 組 大いに効果が現れる. ‖ 选手的强化训练~, 取得了优异的成绩 xuǎnshǒu de qiánghuà xùnliàn dà jiàn chéngxiào, qǔdéle yōuyì de chéngjì 選手の強化訓練が実って好成績を収めた.

*【结】jiē 動 結実する. 実がなる. ‖ 树上~了很多桃 shù shang jiēle hěn duō táo 木にたくさんの桃がなった.

*【结果】jiē//guǒ 動 実がなる. 実を結ぶ. ‖ 树上结了不少果 shù shang jiēle bù shǎo guǒ 木にたくさん実がついた. | 我们的努力终于开花~, 新产品诞生了 wǒmen de nǔlì zhōngyú kāihuā jiēguǒ, xīn chǎnpǐn dànshēng le 我々の努力はついに実り, 新製品が誕生した.

みはる　見張る

▶把　▶把风　▶把门　▶钉　▶监视
▶警戒　▶看　▶看守　▶看住　▶望风

★【把】bǎ 動 守る. 見張る. ‖ 两条狗~着大门 liǎng tiáo gǒu bǎzhe dàmén 2匹のイヌが入り口で番をしている.

【把风】bǎ//fēng 動 (入り口で)見張る. ‖ 让他在门口~ ràng tā zài ménkǒu bǎfēng 彼を入り口の見張りに立たせる.

【把门】bǎ//mén 動 ❶門番をする. 入り口を守る. ‖ 两个警察在门口把着门 liǎng ge jǐngchá zài ménkǒu bǎzhe mén 二人の警官が入り口で見張っている. | 他嘴上缺个~的 tā zuǐ shang quē ge bǎmén de 彼は口が軽い. ❷(スポーツで)ゴールを守る.

*【钉】dīng 動 相手にぴったり張りつく. 見張る. ‖ ~住对方的中锋 dīngzhù duìfāng de zhōngfēng 相手方のセンターフォ

みぶん　身分

ワードをぴったりマークする. | ～着
他，别让他跑了 dīngzhe tā, bié ràng tā pǎo
le やつを見張れ，逃がすなよ.

*【監視】jiānshì 動 監視する. || ～敌人的
动静 jiānshì dírén de dòngjing 敵の動きを
監視する. | 派人～他 pài rén jiānshì tā 人
を差し向け彼を監視させる.

*【警戒】jǐngjiè 動 警戒する. 用心する.
|| ～敌人袭击 jǐngjiè dírén xíjī 敵の襲撃
を警戒する. | 雷达～ léidá jǐngjiè 監視
レーダー. | 加强～ jiāqiáng jǐngjiè 警戒
を強める. | 不可放松～ bùkě fàngsōng
jǐngjiè 警戒を緩めてはいけない.

*【看】kān 動 監視する. 見張る. || 小偷
儿已经被～起来了 xiǎotōur yǐjīng bèi
kānqilai le 泥棒はもう捕まった.

【看守】kānshǒu 動 見張る. 番をする.
|| ～果园 kānshǒu guǒyuán 果樹園の番
をする.

【看住】kānzhù 動 見張る. 監視する. ||
你先～他，我去叫人来 nǐ xiān kānzhù tā,
wǒ qù jiào rén lái ひとまず彼を見張って
いてくれ，人を呼んでくるから.

【望风】wàng//fēng 動 見張る. || 到外面
去～ dào wàimiàn qù wàngfēng 外へ出て
見張る.

みぶん　身分

▶成分　▶出身　▶地位　▶家世　▶身份
▶身价　▶位置

**【成分】【成份】chéngfèn 名 (個人の) 社会
階層区分. || 家庭出身富农，本人～学
生 jiātíng chūshēn fùnóng, běnrén chéngfèn
xuésheng 富農の出身で，本人の身分は
学生である.

*【出身】chūshēn 動 …の出身である. …
の出である. || ～于贫穷的家庭 chūshēn
yú pínqióng de jiātíng 貧しい家庭の出身
である. 名 出身 (主に社会的階級につ

いて用いる) || 家庭～ jiātíng chūshēn 出
身家庭. 生まれた家庭が属する階級. |
工人～的技术员 gōngrén chūshēn de jìshù-
yuán 労働者出のエンジニア.

**【地位】dìwèi 名 地位. || ～高 dìwèi gāo
地位が高い. | 国际～ guójì dìwèi 国際
的地位. | 妇女的社会～提高了 fùnǚ de
shèhuì dìwèi tígāo le 婦人の社会的地位は
向上した.

【家世】jiāshì 名 書 家系. || 炫耀～ xuàn-
yào jiāshì 家柄をひけらかす. | 考证～
kǎozhèng jiāshì 家系を考証する. | ～不
好 jiāshì bù hǎo 出身がよくない.

*【身份】【身分】shēnfen；shēnfèn 名 身分.
地位. || 公开～ gōngkāi shēnfen 表向き
の身分. | 合法～ héfǎ shēnfen 合法的資
格. | ～不明 shēnfen bùmíng 正体がはっ
きりしない. 身元不明.

【身价】shēnjià 名 身分. 社会的地位. ||
抬高自己的～ táigāo zìjǐ de shēnjià 自己
宣伝をする. | 一时间～倍增 yìshíjiān
shēnjià bèizēng 一時期社会的地位がぐっ
と上がる.

**【位置】wèizhi；wèizhì 名 職位. ポスト.
|| 给老王安排个合适的～ gěi lǎo Wáng
ānpái ge héshì de wèizhi 王さんに適当な
ポストを用意する.

みほん　見本

▶榜样　▶典型　▶范例　▶货样　▶样
▶样品　▶样子

**【榜样】bǎngyàng 動 手本. 見本. 模範.
|| 好～ hǎo bǎngyàng よい手本. | 为我们
树立了～ wèi wǒmen shùlìle bǎngyàng 我々
の手本となった.

*【典型】diǎnxíng 形 典型的である. 代表
的である. || ～的好人 diǎnxíng de hǎorén
善人の見本のような人物. | ～的流感症
状 diǎnxíng de liúgǎn zhèngzhuàng 典型的

702

なインフルエンザの症状.｜这座庙的建筑很～ zhè zuò miào de jiànzhù hěn diǎnxíng この廟（びょう）の建築は典型的なものである. 图典型. 手本. モデル.｜～示范 diǎnxíng shìfàn モデルケース.｜官僚主义的～ guānliáo zhǔyì de diǎnxíng 官僚主義の典型.｜改革成功的～ gǎigé chénggōng de diǎnxíng 改革が成功したモデルケース.

【范例】fànlì 图手本. 模範となる事例.｜这件事对我们今后解决同类问题提供了一个很好的～ zhè jiàn shì duì wǒmen jīnhòu jiějué tónglèi wèntí tígōngle yí ge hěn hǎo de fànlì この一件は我々が今後類似の問題を解決するのに恰好（たう）の手本となった.

【货样】huòyàng 图商品見本. サンプル.

**【样】yàng 图標準的なもの. 手本. 見本. サンプル.｜～本 yàngběn 見本. カタログ. 出版物の見本刷り.｜打～ dǎyàng 設計図をつくる.｜抽～ chōuyàng サンプリング.｜鞋～儿 xiéyàngr 靴の見本.

*【样品】yàngpǐn 图商品サンプル. 見本.｜陈列～, 恕不出售 chénliè yàngpǐn, shù bù chūshòu 展示の見本は勝手ながら販売いたしません.

★【样子】yàngzi 图見本. 手本. モデル.｜那你先剪个～给大家看看吧 nà nǐ xiān jiǎn ge yàngzi gěi dàjiā kànkan ba それじゃ, ひとつ君が切ってみんなに手本を見せてくださいな.

みまう　見舞う

▶看　▶看望　▶探病　▶探视　▶探望
▶探问　▶慰问　▶问候　▶压惊

★【看】kàn 動会う. 見舞う. 訪ねる.｜～朋友 kàn péngyou 友人に会う.｜我～病人去 wǒ kàn bìngrén qù 私は病気見舞

いにいく.

*【看望】kànwàng 動訪ねていく. 訪れる.｜～中学时的老师 kànwàng zhōngxué shí de lǎoshī 中学(または高校)時代の先生に会いにいく.｜科长生病了, 我们去～他 kēzhǎng shēngbìngle, wǒmen qù kànwàng tā 課長が病気になったので, 私たちは見舞いにいった.

【探病】tàn//bìng 動病気を見舞う.

【探视】tànshì 動見舞う.｜～病人 tànshì bìngrén 病人を見舞う.

*【探望】tànwàng 動(遠路はるばると)訪ねる. 見舞いに行く.｜每次回来, 她都要去～她从前的老师 měicì huílai, tā dōu yào qù tànwàng tā cóngqián de lǎoshī 彼女は帰ってくるたび, 昔の恩師を必ず訪ねる.

【探问】tànwèn 動訪ねる. 見舞う.｜～病人 tànwèn bìngrén 病人を見舞う.

**【慰问】wèiwèn 動慰問する. 見舞って慰める.｜～病人 wèiwèn bìngrén 病人を見舞う.｜～团 wèiwèntuán 慰問団.

**【问候】wènhòu 動安否を問う. ご機嫌を伺う.｜～病中的老人 wènhòu bìngzhōng de lǎorén 病気療養中の老人のご機嫌を伺う.｜转达～ zhuǎndá wènhòu 挨拶を伝える.

【压惊】yājīng 動(危険な目に遭った人を)見舞う. ご馳走などをして慰める.

みやぶる　見破る

▶看穿　▶看破　▶看透　▶认清　▶识破

【看穿】kàn//chuān 動見破る.｜～了敌人的阴谋 kànchuānle dírén de yīnmóu 敵の陰謀を完璧に見抜く.

【看破】kàn//pò 動見破る. 見抜く.｜他们耍的花招被我～了 tāmen shuǎ de huāzhāo bèi wǒ kànpò le 彼らのやり口は私に見破られてしまった.

みる 見る

【看透】kàn//tòu 動 (相手の意図などを)見抜く. 見通す. ‖我早就～了他的心事 wǒ zǎojiù kàntòule tā de xīnshì 私はとっくに彼の悩みを見抜いていた.

【认清】rèn//qīng 動 明確に認識する. はっきり見分ける. ‖要～当前的形势 yào rènqīng dāngqián de xíngshì 当面の情勢を明確に認識しなければならない. ｜～敌人的险恶用心 rènqīng dírén de xiǎn'è yòngxīn 敵の悪辣な意図を見分ける.

【识破】shípò 動 見破る. 見抜く. ‖～骗局 shípò piànjú ペテンを見破る. ｜他玩儿的这套小把戏我早就～了 tā wánr de zhè tào xiǎo bǎxì wǒ zǎojiù shípò le 彼のこんなたくらみなど私はとっくに見抜いている.

みる　見る

▶盯　▶观看　▶见　▶看　▶看见　▶目睹
▶瞥　▶瞧　▶注视

*【盯】dīng 動 凝視する. 注視する. 見つめる. にらむ. "钉"とも書く. ‖孩子们～着老师的一举一动 háizimen dīngzhe lǎoshī de yì jǔ yí dòng 子供たちは先生の一挙一動をじっと見つめている. ｜你干吗老～着我? nǐ gànmá lǎo dīngzhe wǒ? なんで僕をそうじろじろ見るんだ.

*【观看】guānkàn 動 見物する. 眺める. 見る. 観察する. ‖～网球比赛 guānkàn wǎngqiú bǐsài テニスの試合を見る. ｜～话剧演出 guānkàn huàjù yǎnchū 新劇の公演を見る.

★【见】jiàn 動 見る. 目に入る. 見かける. (本人の意志や目的には関係なく, 対象が目に入ってくる)‖我没～他来过 wǒ méi jiàn tā láiguo 私は彼が来たのを見かけなかった. ｜我的手表不～了 wǒ de shǒubiǎo bú jiàn le 私の腕時計が見当たらない. ｜视而不～ shì ér bú jiàn 見ても見ぬふりをする.

★【看】kàn 動 (見ようとする意志や目的をもって)見る. (声を出さずに本などを)読む. ‖～电影 kàn diànyǐng 映画を見る. ｜～报 kàn bào 新聞を見る. ｜～杂志 kàn zázhì 雑誌を読む. ｜～展品 kàn zhǎnpǐn 展示物を見る. ｜～下围棋 kàn xià wéiqí 碁を打つのを(観察的に)見る.

★【看见】kàn//jiàn 動 見える. 見かける. 目にする. ‖那是我亲眼～的 nà shì wǒ qīnyǎn kànjiàn de それは私がこの目で見たのだ. ｜刚才在图书馆～他了 gāngcái zài túshūguǎn kànjiàn tā le さっき図書館で彼を見かけた. ｜我没～你的笔 wǒ méi kànjiàn nǐ de bǐ あなたのペンは見かけなかった.

*【目睹】mùdǔ 動 この目で見る. 目撃する. ‖当时我正在现场, ～了事件的全过程 dāngshí wǒ zhèng zài xiànchǎng, mùdǔle shìjiàn de quán guòchéng そのとき私はちょうど現場に居合わせたので, 事件の一部始終を目の当たりにした.

*【瞥】piē 動 ちらっと見る. 一瞥(いちべつ)する. ‖他～了我一眼 tā piēle wǒ yì yǎn 彼は私をちらっと見た.

**【瞧】qiáo 動 口 見る. ‖～热闹 qiáo rènao 高みの見物をする. ｜什么好东西? 让我也～～ shénme hǎo dōngxi? ràng wǒ yě qiáoqiao いい物って何？私にも見せてよ.

*【注视】zhùshì 動 注視する. 注目する. 注意してじっと見る. ‖凝神～ níngshén zhùshì 神経を集中して注視する. ｜密切～事态的发展 mìqiè zhùshì shìtài de fāzhǎn 事態の動向をじっと見守る. ｜目不转睛地～着前方 mù bù zhuǎn jīng de zhùshìzhe qiánfāng 目を凝らして前方を見つめている.

むかう　向かう

みんな

▶大伙儿　▶大家　▶弟兄　▶各位　▶们
▶你们　▶我们　▶咱们　▶诸位

**【大伙儿】dàhuǒr 代 口 みんな．みなさん．"大家伙儿" dàjiāhuǒr ともいう．‖ ～的事～解决 dàhuǒr de shì dàhuǒr jiějué みんなのことはみんなで解決しよう．｜我们～都喜欢他 wǒmen dàhuǒr dōu xǐhuan tā 私たちはみんな彼が好きだ．

*【大家】dàjiā 代 みんな．みなさん．みなさま．‖ 这是我们～的事儿 zhè shì wǒmen dàjiā de shìr これは我々すべての問題だ．｜来，～一起商量商量 lái, dàjiā yìqǐ shāngliangshāngliang さあ，みんなで一緒に相談しよう．｜报告一个好消息 bàogào dàjiā yí ge hǎo xiāoxi みなさんにいいニュースをお伝えします．

*【弟兄】dìxiong 名 (同じ境遇や立場に立って言う呼称)兄弟たち．みなさん．‖ 农民～ nóngmín dìxiong 農民のみなさん．｜～们，加油干哪! dìxiongmen, jiāyóu gàn na! みなさん，頑張ってやりましょう．

【各位】gè wèi 組 敬 みなさん．みなさま．‖ ～朋友 gè wèi péngyou 友人のみなさん．｜感谢～的支持 gǎnxiè gè wèi de zhīchí みなさんのご支持に感謝します．

*【们】men 接尾 (人称代詞や人をさす名詞の後に置いて複数を示す) …たち．‖ 同学～ tóngxuémen 学生たち．学生のみなさん．｜先生～ xiānshengmen 男性のみなさん．紳士諸君．｜女士～ nǚshìmen 女性のみなさん．淑女のみなさま．｜观众朋友～ guānzhòng péngyoumen 観客のみなさん．

*【你们】nǐmen 代 (第二人称の複数をさす)君たち．あなた方．‖ ～都来了! nǐmen dōu lái le! みなさんようこそ．｜我要走了，～呢? wǒ yào zǒu le, nǐmen ne? 私

は行くけれど，みんなは？｜～教师工作很辛苦 nǐmen jiàoshī gōngzuò hěn xīnkǔ あなた方教師の仕事はとても大変だ．

*【我们】wǒmen 代 (演説などで)諸君．君たち．‖ 我希望，～在座的每一位同学，都能成材 wǒ xīwàng, wǒmen zàizuò de měi yí wèi tóngxué dōu néng chéngcái 私は，ここに在席の諸君が有能な人材になられることを希望します．

*【咱们】zánmen 代 (話し手と聞き手の両方を含む)私たち．我々．‖ ～应该齐心合力一起努力! zánmen yīnggāi qíxīn hélì yìqǐ nǔlì! みなさん力を合わせてがんばりましょう．｜一起去吧 zánmen yìqǐ qù ba 私たち一緒に行きましょう．

*【诸位】zhūwèi 代 みなさま．諸君．‖ ～女士，～先生 zhūwèi nǚshì, zhūwèi xiānsheng 紳士・淑女のみなさま．｜欢迎～光临 huānyíng zhūwèi guānglín みなさまのご来訪を歓迎いたします．｜请～发表高论 qǐng zhūwèi fābiǎo gāolùn みなさまのご高説を承りたく存じます．

む

むかう　向かう

▶朝　▶对　▶面向　▶趋向　▶往　▶向
▶走向

---

*【朝】cháo 動 向かう．面する．‖ 房子～南 fángzi cháo nán 家は南向きだ．｜脸～着我 liǎn cháozhe wǒ 顔を私のほうに向けている．介 …に向かって．…に．｜汽车～北开去 qìchē cháo běi kāiqu 車は北に向かって走り去った．｜～这边看 cháo zhèbiān kàn こちらを見る．

*【对】duì 動 (多く"着" zhe を伴い)向ける．面する．向く．‖ 脸～着窗外 liǎn

むかえる　迎える

duìzhe chuāng wài 顔を窓の外へ向ける．｜面～面 miàn duì miàn 面と向かう．｜家门口正~着大马路 jiāménkǒu zhèng duìzhe dà mǎlù 家の入り口は大通りに面している．｜矛头是~着我的 máotóu shì duìzhe wǒ de 矛先は私に向けられている．[介]…に向かって．…へ．…に．‖~他表示谢意 duì tā biǎoshì xièyì 彼に対して謝意を表す．｜小李~我笑了笑 Xiǎo-Lǐ duì wǒ xiàolexiào 李君は私に向かって笑いかけた．

【面向】miànxiàng [動]…の方に向かう．…に顔を向ける．‖~观众鞠了一躬 miànxiàng guānzhòng jūle yì gōng 観客に一礼する．｜~世界 miànxiàng shìjiè 世界に目を向ける．｜~未来 miànxiàng wèilái 未来に目を向ける．｜~小学生的读物 miànxiàng xiǎoxuéshēng de dúwù 小学生向けの読み物．

*【趋向】qūxiàng [動]…の方向に進む．…に傾く．‖病情~好转 bìngqíng qūxiàng hǎozhuǎn 病状は快方に向かっている．｜物价逐渐~稳定 wùjià zhújiàn qūxiàng wěndìng 物価は安定に向かいつつある．

★【往】wǎng [動]…へ向かう．…へ行く．‖你~东，我~西 nǐ wǎng dōng, wǒ wǎng xī あなたは東へ行き，私は西へ行く．[介]（方向を示す）…へ．…に．‖~前跨一步 wǎng qián kuà yí bù 前に一歩踏み出す．｜小孩儿~我这儿跑来了 xiǎoháir wǎng wǒ zhèr pǎolai le 子供が私のほうへ駆けてきた．｜这趟车开~北京 zhè tàng chē kāiwǎng Běijīng この列車は北京行きだ．｜他们已飞~南京 tāmen yǐ fēiwǎng Nánjīng 彼らはすでに空路南京へ向かった．

★【向】xiàng [動]向かう．向ける．‖~阳 xiàng yáng 南に向く．南向きである．｜葵花~太阳 kuíhuā xiàng tàiyang ヒマワリは太陽のほうに向く．[介]…のほうに向かって．…に向いて．…に対して．

…へ．…に．‖~他挥了挥手 xiàng tā huīlehuī shǒu 彼に向かって手を振った．｜~他学习 xiàng tā xuéxí 彼に学ぶ．｜~工业化的目标前进 xiàng gōngyèhuà de mùbiāo qiánjìn 工業化の目標へ向かって前進する．

*【走向】zǒuxiàng [動]…に向かう．…に向かって進む．‖~未来 zǒuxiàng wèilái 未来に向かう．｜~胜利 zǒuxiàng shènglì 勝利に向かう．

むかえる　迎える

▶欢迎　▶接　▶迎　▶迎候　▶迎接
▶迎新

★【欢迎】huānyíng [動]歓迎する．喜んで迎える．‖~会 huānyínghuì 歓迎会．｜~新同学 huānyíng xīn tóngxué 新入生を歓迎する．｜~你们再来北京 huānyíng nǐmen zài lái Běijīng またぜひ北京においでになってください．

★【接】jiē [動]出迎える．迎える．‖~客人 jiē kèren 客を迎えに行く．｜到机场~朋友 dào jīchǎng jiē péngyou 空港へ友人を迎えにいく．

*【迎】yíng [動]迎える．出迎える．‖~客人 yíng kèren 客を出迎える．｜~新年 yíng xīnnián 新年を迎える．

【迎候】yínghòu [動]（ある場所で）出迎える．‖在机场~外宾 zài jīchǎng yínghòu wàibīn 空港で外国の賓客を出迎える．

**【迎接】yíngjiē [動]❶出迎える．‖~代表团 yíngjiē dàibiǎotuán 代表団を出迎える．｜到校门口~新同学 dào xiàoménkǒu yíngjiē xīn tóngxué 校門で新入生を出迎える．❷迎える．‖~国庆节 yíngjiē Guóqìngjié 国慶節を迎える．

【迎新】yíngxīn [動]❶新人を歓迎する．‖~会 yíngxīnhuì 新人歓迎会．❷新年を迎える．‖送旧~ sòngjiù yíngxīn 旧年を

送り新年を迎える.

むかし　昔

▶从前　▶古时候　▶过去　▶旧时　▶往日
▶往时　▶往昔　▶以前　▶早年
▶自古以来

★【从前】cóngqián 图以前．昔．‖这是~ 的想法 zhè shì cóngqián de xiǎngfa これは 昔の考え方だ．｜身体不比~了 shēntǐ bù- bǐ cóngqián le 体は以前ほど丈夫ではな くなった．｜~这里是一片森林 cóngqián zhèli shì yí piàn sēnlín 昔ここは一面の森 だった．

【古时候】gǔ shíhou 組昔．

【过去】guòqù 图過去．以前．これまで． ⇔“现在”xiànzài “将来”jiānglái ‖怀恋~ huáiliàn guòqù 過去を懐かしむ．｜~这 里是一块荒地 guòqù zhèli shì yí kuài huāng- dì かつてこのあたりは荒れ地だった．

【旧时】jiùshí 图旧時．昔．

*【往日】wǎngrì 图これまで．以前．｜今 天她对我的态度跟~不大一样 jīntiān tā duì wǒ de tàidu gēn wǎngrì bú dà yíyàng 今 日の私に対する彼女の態度は以前と少 し違う．

【往时】wǎngshí 图昔．以前．‖她仍像 ~那样腼腆 tā réng xiàng wǎngshí nàyàng miǎntiǎn 彼女は相変わらず昔のように はにかみ屋である．

【往昔】wǎngxī 图遠い昔．いにしえ．‖ 追思~ zhuīsī wǎngxī 遠い昔を追想する．

★【以前】yǐqián 图以前．…以前．‖很久 ~ hěn jiǔ yǐqián ずっと昔．｜~我不了 解他 yǐqián wǒ bù liǎojiě tā 以前，私は彼 のことをあまりよく知らなかった．

【早年】zǎonián 图昔．若いころ．‖他~ 在四川工作过 tā zǎonián zài Sìchuān gōng- zuòguo 彼は以前，四川で仕事をしたこ とがある．｜他~曾经留学英国 tā zǎo-

nián céngjīng liúxué Yīngguó 彼は若いこ ろイギリスに留学したことがある．

【自古以来】zìgǔ yǐlái 組昔から．

むくいる　報いる

▶报答　▶补偿　▶酬报　▶酬答　▶酬劳
▶酬谢　▶答谢　▶回报

*【报答】bàodá 動（恩義に）報いる．行動 でこたえる．‖~他的救命之恩 bàodá tā de jiùmìng zhī ēn 命を救ってくれた彼の 恩に報いる．｜真不知该如何~您的恩 情 zhēn bù zhī gāi rúhé bàodá nín de ēnqíng あなたのご恩にはお返しのしようもあ りません．

*【补偿】bǔcháng 動補償する．埋め合わ せる．償う．‖~损失 bǔcháng sǔnshī 損 失を補償する．｜得到~ dédào bǔcháng 償いを得る．

【酬报】chóubào 動謝礼をする．お礼を する．‖应当好好儿~他 yīngdāng hǎo- hāor chóubào tā ちゃんと彼にお礼をし なければいけない．

【酬答】chóudá 動謝礼をする．‖受人恩 惠，理当~ shòu rén ēnhuì, lǐdāng chóudá 恩を受けたら，当然謝礼をすべきだ．

【酬劳】chóuláo 動労をねぎらう．慰労 する．謝礼をする．‖多亏他帮忙，真该 好好儿~他一下 duōkuī tā bāngmáng, zhēn gāi hǎohāor chóuláo tā yíxià 彼が手伝って くれたおかげだから，懇ろに労をねぎ らわなければならない．

【酬谢】chóuxiè 動謝礼をする．お礼を する．‖设宴~ shè yàn chóuxiè 宴を設 けて謝礼する．

【答谢】dáxiè 動謝意を表す．お礼をす る．‖您治好了我的病，我一定要好好儿 地~您 nín zhìhǎole wǒ de bìng, wǒ yídìng yào hǎohāor de dáxiè nín 私の病気を治し てくださったのですから，ぜひとも十

むこう　向こう

分にお礼をさせていただきます.

【回报】 huíbào 動 (好意に)応える. 報いる. ‖应该用更好的方式～他 yīnggāi yòng gèng hǎo de fāngshì huíbào tā もっとよいやり方で彼の好意に報いるべきだ. ‖本公司为了～各位顾客, 近日举行大酬宾活动 běn gōngsī wèile huíbào gè wèi gù-kè, jìnrì jǔxíng dà chóubīn huódòng 当社はご愛顧にこたえて, 近日中に大バーゲンセールをいたします. ‖有努力就有～ yǒu nǔlì jiù yǒu huíbào 努力すれば報われる.

むこう　向こう

▶对面　▶那边　▶那里　▶那儿　▶前方
▶迎面

**【对面】 duìmiàn 名 ❶(～儿)向かい. 向かい側. ‖河～ hé duìmiàn 川の向こう. ‖邮局在银行的～ yóujú zài yínháng de duìmiàn 郵便局は銀行の真向かいにある. ❷前方. 真正面. ‖～开来一辆面包车 duìmiàn kāilai yí liàng miànbāochē 向こうからマイクロバスが1台やって来た.

**【那边】 nàbiān(～儿) 代 そちら. あちら. ‖你的房间在～ nǐ de fángjiān zài nàbiān 君の部屋は向こうです. ‖到了～儿给我打电话 dàole nàbiānr gěi wǒ dǎ diànhuà 向こうに着いたら電話を下さい. ‖马路～有家豆腐店 mǎlù nàbiān yǒu jiā dòufudiàn 道の向こう側に豆腐屋があります.

★【那里；那儿】 nàli；nàr 代 そこ. あそこ. ‖我刚从～回来 wǒ gāng cóng nàli huílai 私は向こうから帰ってきたばかりである. ‖～的情况怎么样? nàli de qíngkuàng zěnmeyàng? 向こうの状況はどんな具合ですか. ‖你们～冬天下雪吗? nǐmen nàli dōngtiān xià xuě ma? あなた方の所では, 冬に雪が降りますか.

★【那儿】 nàr 代 □ そこ. あそこ. ‖你的书在～ nǐ de shū zài nàr 君の本はあそこにある. ‖你在～等一下 nǐ zài nàr děng yí-xià 向こうでちょっと待っていて.

*【前方】 qiánfāng 名 前方. 前. ‖注视～ zhùshì qiánfāng 向こうをじっと見つめる. ‖雾太大, 看不清～的路 wù tài dà, kànbuqīng qiánfāng de lù 霧が濃くて前方の道がよく見えない.

*【迎面】 yíng//miàn(～儿) 動 正面から. 向こうから. ‖春风～吹来 chūnfēng yíngmiàn chuīlai 春風が真正面から吹いてくる. ‖～走来的那位就是我们的老师 yíng-miàn zǒulai de nà wèi jiù shì wǒmen de lǎoshī 向こうから歩いてくる方が私たちの先生です.

むしろ

▶倒　▶倒不如　▶反　▶反倒　▶还不如
▶莫如　▶宁可　▶索性　▶毋宁　▶与其

**【倒】 dào 副 予測に反する意を表す. ‖大家都说她长得像妈妈, 我～觉得她长得像爸爸 dàjiā dōu shuō tā zhǎngde xiàng māma, wǒ dào juéde tā zhǎngde xiàng bàba みんなは彼女は母親似だと言うけれど, むしろ父親に似ていると思う. ‖我～觉得这样更好 wǒ dào juéde zhèyàng gèng hǎo 私はむしろこういうのがいいと思う.

【倒不如】 dào bùrú 組 むしろ…のほうがよい. かえって…のほうがましだ. ‖早知道这样, ～不来 zǎo zhīdao zhèyàng, dào bùrú bù lái こういうことだと分かっていたなら, むしろ来ないほうがよかった. ‖这话与其说是在奉承我, ～说是在讽刺我 zhè huà yǔqí shuō shì zài fèngcheng wǒ, dào bùrú shuō shì zài fěngcì wǒ この言葉は私をほめているというより, むしろ皮肉っていると言ったほうがいい.

*【反】 fǎn 副 反対に. かえって. 逆に. ‖

不以为耻，～以为荣 bù yǐwéi chǐ, fǎn yǐwéi róng 恥とせず，反対に光栄だと思う．｜好心劝她，～受埋怨 hǎoxīn quàn tā, fǎn shòu mányuàn 好意で忠告したのに逆に彼女から恨まれた．

*【反倒】 fǎndào 副 かえって．逆に．反対に．｜说好我请客，～让你掏钱，真不好意思 shuōhǎo wǒ qǐngkè, fǎndào ràng nǐ tāoqián, zhēn bù hǎoyìsi 私がお誘いしたのに，かえってご馳走になり，ほんとうに申し訳ありません．

【还不如】 hái bùrú 組 いっそ…のほうがよい．｜与其这台电脑拿去修理，～买台新的 yǔqí zhè tái diànnǎo náqu xiūlǐ, hái bùrú mǎi tái xīn de このパソコンは修理に出すより，新しいのを買ったほうがましだ．

【莫如】 mòrú 接 いっそ…したほうがよい．…に越したことはない．｜与其向人借，～自己买 yǔqí xiàng rén jiè, mòrú zìjǐ mǎi 人に借りるよりむしろ自分で買ったほうがいい．

*【宁可】 nìngkě 副 むしろ．いっそ．｜～自己多吃点苦，也要让孩子上学 nìngkě zìjǐ duō chī diǎn kǔ, yě yào ràng háizi shàngxué 自分は多少苦労をしても，子供を学校にやりたい．｜这么热的天，与其去公园，我～在家看书 zhème rè de tiān, yǔqí qù gōngyuán, wǒ nìngkě zài jiā kàn shū こんな暑い日には，公園に行くよりむしろうちで本を読んでいるほうがいい．

*【索性】 suǒxìng 副 いっそ．思い切って．｜一看时间来不及了，～今天不去了 yí kàn shíjiān láibují le, suǒxìng jīntiān bú qù le 時間に遅れてしまったのを見て，いっそ今日は行かないことにした．

【毋宁】 wúnìng 副 むしろ…のほうがよい．"无宁"とも書く．｜不成功，～死 bù chénggōng, wúnìng sǐ 成功しないなら，むしろ死んだほうがましだ．

*【与其】 yǔqí 接 …より（むしろ）…．（多

く"毋宁" wú nìng "不如" bù rú などと呼応し，選択を示す）｜～听他胡说，不如在家看书 yǔqí tīng tā húshuō, bù rú zài jiā kàn shū 彼のくだらない話を聞いているよりは，家で本でも読んでいるほうがましだ．

むずかしい　難しい

▶不容易　▶复杂　▶艰巨　▶困难　▶麻烦
▶勉强　▶难　▶疑难

【不容易】 bù róngyì 組 容易でない．簡単でない．難しい．｜找个好工作可～ zhǎo ge hǎo gōngzuò kě bù róngyì よい仕事を探すのはなかなか楽ではない．｜他说话口音很重，～懂 tā shuōhuà kǒuyin hěn zhòng, bù róngyì dǒng 彼の話はなまりが強くて，聞き取りにくい．

**【复杂】 fùzá 形 複雑である．⇔"简单" jiǎndān ｜～的结构 fùzá de jiégòu 複雑な構造．｜情况很～ qíngkuàng hěn fùzá 状況はたいへん入り組んでいる．｜人际关系～ rénjì guānxi fùzá 人間関係が複雑である．

**【艰巨】 jiānjù 形 きわめて困難である．繁雑で骨が折れる．負担が大きい．｜这次我们担负的任务极为～ zhè cì wǒmen dānfu de rènwu jíwéi jiānjù 今回我々が引き受けた任務はきわめて骨が折れる．｜开掘海底隧道是十分～的工程 kāijué hǎidǐ suìdào shì shífēn jiānjù de gōngchéng 海底トンネルの掘削はきわめて困難な工事である．

★【困难】 kùnnan 形 困難である．苦しい．｜呼吸～ hūxī kùnnan 呼吸が苦しい．息苦しい．｜行动～ xíngdòng kùnnan 行動するのが困難である．｜住房～ zhùfáng kùnnan 住居に困っている．

★【麻烦】 máfan 形 煩わしい．面倒である．厄介である．｜这可是个～事 zhè kě

shì ge máfan shì これはほんとうに厄介なことだ. | 赶不上末班车可～了 gǎnbushàng mòbānchē kě máfan le 最終電車に間に合わないと困ってしまう.

* 【勉强】 miǎnqiǎng 彤 無理である. ‖ 他当翻译很～ tā dāng fānyì hěn miǎnqiǎng 彼が通訳をつとめるのは難しい. | 用三个小时～能做完 yòng sān ge xiǎoshí miǎnqiǎng néng zuòwán 3時間かければなんとかやり終えることができる.

★ 【难】 nán 彤 ❶難しい. 困難である. ⇔ "易" yì ‖ 这道题特别～ zhè dào tí tèbié nán この問題はとくに難しい. | 一点儿也不～ yìdiǎnr yě bù nán 少しも難しくない. | 说起来容易, 做起来～ shuōqilai róngyì, zuòqilai nán 言うのはやさしいが, 実際やってみると難しい. 言うは易(やす)く行うは難し. ❷(動詞の前に置き, その動作が難しいことを表す)…しにくい. …しづらい. ⇔ "好" hǎo ‖ 这篇文章有点儿～懂 zhè piān wénzhāng yǒudiǎnr nán dǒng この文章はちょっと分かりにくい. | 这是件～办的事 zhè shì jiàn nán bàn de shì これは処理しづらい一件だ.

* 【疑难】 yínán 彤 難解である. 判断が難しい. ‖ ～问题 yínán wèntí 難問. | ～病症 yínán bìngzhèng 難病. 難症.

むすこ 息子

▶儿 ▶儿子 ▶公子 ▶孩子 ▶男孩儿
▶少爷 ▶小孩儿 ▶小子 ▶子 ▶子息

【儿】 ér 图 息子. ‖ 生了一～一女 shēngle yì ér yì nǚ 一男一女を生んだ.

★ 【儿子】 érzi 图 息子. ‖ 大～ dà érzi 上の息子. 長男. | 好～ hǎo érzi 立派な息子. | 干～ gān'érzi 義理の息子. | 我有两个～一个女儿 wǒ yǒu liǎng ge érzi yí ge nǚ'ér 私には息子二人と娘一人いる.

【公子】 gōngzǐ 图 ❶回 諸侯や貴族の子息. 若様. ‖ 花花～ huāhuā gōngzǐ プレイボーイ. ❷甌 ご令息. ‖ 您家～去美国几年了? nín jiā gōngzǐ qù Měiguó jǐ nián le? お宅のご子息はアメリカに何年くらい行ってらっしゃるのですか.

★ 【孩子】 háizi 图 自分の子. 息子や娘. ‖ 你有几个～? nǐ yǒu jǐ ge háizi? お子さんは何人ですか.

【男孩儿】 nánháir 图 息子. "男孩子" nánháizi ともいう. ‖ 她生了一个～ tā shēngle yí ge nánháir 彼女は男の子を生んだ.

【少爷】 shàoye 图 回 若旦那. 坊ちゃん. ご子息. ご令息. (使用人が主人の息子に対して, あるいは他人の息子に対して用いた) ‖ ～脾气 shàoye píqi 坊ちゃん気質.

★ 【小孩儿】 xiǎoháir 图 口 (多く未成年の)子女. 息子と娘.

* 【小子】 xiǎozi 图 口 男の子. ‖ 胖～ pàng xiǎozi 太った男の子. | 傻～ shǎ xiǎozi ばか息子. | 我家大～上中学, 二～上小学 wǒ jiā dà xiǎozi shàng zhōngxué, èr xiǎozi shàng xiǎoxué 私の長男は中学校, 次男は小学校に通っている.

* 【子】 zǐ 图 子供. 息子. ‖ 多～多福 duō zǐ duō fú 子が多ければそれだけ福が多い. | 母～ mǔzǐ 母と息子. | 长～ zhǎngzǐ 長子. 長男. | 独生～ dúshēngzǐ 一人息子. 一人っ子(娘の場合は "独生女" dúshēngnǚ).

【子息】 zǐxī 图 子息. 息子. 跡継ぎ. 跡取り.

むすぶ 結ぶ

▶绑 ▶打 ▶系 ▶结 ▶结扎 ▶捆
▶捆扎 ▶襻 ▶绾 ▶扎

* 【绑】 bǎng 動 (縄やひもなど, 帯状のもので)縛る. 巻きつける. ‖ 把两根棍儿～在一起 bǎ liǎng gēn gùnr bǎngzài yìqǐ 2

本の棒をひもでくくる.｜行李~得太松了 xíngli bǎngde tài sōng le 荷物の縛り方がゆるすぎる.

★【打】dǎ 動 結ぶ. 結び目をつくる.‖~领带 dǎ lǐngdài ネクタイを締める.｜~个结 dǎ ge jié 結び目を一つ作る.｜~个活结儿 dǎ ge huójiér 蝶結びにする.

【系】jì 動 結ぶ. 結わえる. 留める.‖~领带 jì lǐngdài ネクタイを締める.｜~皮带 jì pídài ベルトを締める.｜~扣子 jì kòuzi ボタンを留める.｜把鞋带~好 bǎ xiédài jìhǎo 靴ひもをしっかり結ぶ.｜~着围裙 jìzhe wéiqun エプロンを掛けている.

*【结】jié 動 結ぶ. 編む.‖~彩 jiécǎi （祝いのために）飾る.｜~了一张网 jiéle yì zhāng wǎng 網を1枚編んだ.

【结扎】jiézā 動 （医学で）結紮(けっさ)する.‖~血管 jiézā xuèguǎn 血管を結紮する.

**【捆】kǔn 動 縛る. 束ねる.‖~行李 kǔn xíngli 荷物をまとめる.｜把书~成一摞 bǎ shū kǔnchéng yí luò 本を一くくりに束ねる.

【捆扎】kǔnzā 動 梱包(こんぽう)する.‖~包裹 kǔnzā bāoguǒ 小包みを荷造りする.

【襻】pàn 動 （分かれている物をひもや糸などで）一つにくくる. かがる. 結わえる. 結ぶ. 縛る.‖用绳子~上 yòng shéngzi pànshang ひもで結わえつける.｜衣服开线了, 给我~两针 yīfu kāixiàn le, gěi wǒ pàn liǎng zhēn 服がほつれてしまったので, ちょっと縫ってちょうだい.

【绾】wǎn 動 （細長いものを）輪のように丸めて結ぶ. わがねる.‖~一个扣儿 wǎn yí ge kòur 結び目を作る.｜把头发~起来 bǎ tóufa wǎnqilai 髪をわがねる.

【扎】zā 動 縛る. 結ぶ. 束ねる.‖~腰带 zā yāodài 帯を締める. ベルトを締める.｜~辫子 zā biànzi （髪を）お下げに結う.｜把头发~起来 bǎ tóufa zāqilai 髪を束ねる.

むすめ　娘

▶姑娘　▶闺女　▶孩子　▶妞　▶女儿
▶女孩儿　▶千金　▶小孩儿　▶掌上明珠

★【姑娘】gūniang 名 ❶未婚の女性. 娘. 少女. 女の子.｜大~ dàgūniang 一人前の娘. 年ごろの娘.｜小~ xiǎogūniang 幼女. お嬢ちゃん. ❷口（父母からみた）娘.‖大~ dàgūniang いちばん上の娘.｜他~病了 tā gūniang bìng le 彼の娘が病気になった.

*【闺女】guīnü 名口 娘.‖这是我家~ zhè shì wǒ jiā guīnü これはうちの娘です.

★【孩子】háizi 名 自分の子. 息子や娘.‖你有几个~? nǐ yǒu jǐ ge háizi? お子さんは何人ですか.

【妞】niū（~儿）名口 女の子. 娘.‖大~儿 dàniūr 長女. 年ごろの娘.｜二~儿 èrniūr 次女.｜他家有三个~儿 tā jiā yǒu sān ge niūr 彼の家には娘が3人いる.

★【女儿】nü'ér 名 娘.‖大~ dànü'ér 上の娘. 長女.｜他有俩~ tā yǒu liǎ nü'ér 彼には二人の娘がいる.｜大~是中学生, 小女儿是小学生 dà nü'ér shì zhōngxuéshēng, xiǎo nü'ér shì xiǎoxuéshēng 上の娘は中学生で, 下の娘は小学生だ.

【女孩儿】nüháir 名 娘.‖两个大孩子都是~, 最小的是个男孩儿 liǎng ge dà háizi dōu shì nüháir, zuì xiǎo de shì nánháir 上の二人は娘で, いちばん下が息子です.

【千金】qiānjīn 名敬 令嬢. お嬢様.‖~小姐 qiānjīn xiǎojiě お嬢様.

【小孩儿】xiǎoháir 名口 （多く未成年の）子女. 息子と娘.

【掌上明珠】zhǎng shàng míng zhū 成 掌中の珠(たま). 親が目に入れても痛くないほどにかわいがっている娘.‖小女儿是爸爸的~ xiǎo nü'ér shì bàba de zhǎng

711

shàng míng zhū 末娘はお父さんの掌中
の珠だ.

むだ

▶白 ▶白白 ▶白搭 ▶白费 ▶空
▶浪费 ▶没用 ▶徒劳 ▶枉费

★【白】bái 副 むなしく. むだに. (あること を行ったにもかかわらず，予期して いた効果や目的に達しなかったことを 表す.)‖ ～等了半天 bái děngle bàntiān 待 ちぼうけを食った.｜说也～说 shuō yě bái shuō 言ってもむだだ.｜吃了不少药， 一点儿效果也没有，真是～花钱 chīle bùshǎo yào, yìdiǎnr xiàoguǒ yě méiyou, zhēn shì bái huā qián 薬をずいぶん飲んだの に，ぜんぜん効き目がない，ほんとう にお金をむだにした.

*【白白】báibái 副 むだに. むざむざ. ‖ ～浪费时间 báibái làngfèi shíjiān 時間を むだにする.｜粮食被～糟蹋了 liángshí bèi báibái zāota le 食糧がむだに捨てられ てしまった.

【白搭】báidā 動口 役に立たない. むだ になる. ‖ 你去也～ nǐ qù yě báidā あな たが行っても役に立たない.｜你再怎么 劝他也是～，他从不听别人的话 nǐ zài zěnme quàn yě shì báidā, tā cóng bù tīng biéren de huà どんなに彼に忠告してもむだだ よ，彼は人の話に耳を傾けるような人 ではない.

*【白费】báifèi 動 むだに使う. むだに費 やす. ‖ ～精力 báifèi jīnglì 精力をむだ に使う.｜～功夫 báifèi gōngfu 時間がむ だになる.

*【空】kōng 副 むだに. むなしく. (動作・ 行為そのものが実際から離れ，あるい は実質を伴わないために結果が得られ ないことを表す.)‖ ～忙 kōngmáng 忙 しく立ち回ったことが無駄になる.｜～

有一纸文凭 kōng yǒu yì zhǐ wénpíng 卒業 証書があってもなんの役にも立たない. ｜每一次女儿都说要回家过年，结果都 让她～欢喜一场 měi yí cì nǚ'ér dōu shuō yào huí jiā guònián, jiéguǒ dōu ràng tā kōng huānxǐ yì cháng 毎年，正月には家に帰 るつもりだと娘は言うけれど，それは いつも母のぬか喜びに終わった.

**【浪费】làngfèi 動 浪費する. ‖ ～时间 làngfèi shíjiān 時間をむだに使う.｜～了 不少精力 làngfèile bù shǎo jīnglì かなり 精力を浪費した.｜反对～，提倡节约 fǎnduì làngfèi, tíchàng jiéyuē 浪費に反対 し，節約を提唱する.｜要那么多菜吃不 了，太～了 yào nàme duō cài chībuliǎo, tài làngfèi le あんなにたくさん注文して食 べ残すとはほんとうにもったいない.

**【没用】méi yòng 組 役に立たない. "没 有用"méiyou yòng ともいう. ‖ 你真～ nǐ zhēn méi yòng お前はほんとに役立たず だ.｜事已至此，哭也～ shì yǐ zhì cǐ, kū yě méi yòng 事ここに至っては，泣いても むだだ.

【徒劳】túláo 動 むだ骨を折る. ‖ ～往返 túláo wǎngfǎn むだ足を踏む.｜任何狡辩 都是～的 rènhé jiǎobiàn dōu shì túláo de ど んな言い訳もみなむだなことだ.

【枉费】wǎngfèi 動 むだに費やす. 徒労 に終わる. ‖ ～工夫 wǎngfèi gōngfu むだ 骨を折る.｜～唇舌 wǎngfèi chúnshé む なしい弁舌をふるう.

むちゅう　夢中

▶埋头 ▶迷 ▶迷恋 ▶热衷 ▶入迷
▶入魔 ▶入神 ▶兴高采烈 ▶着迷

*【埋头】mái//tóu 動 没頭する. 専念する. 熱中する. ‖ ～工作 máitóu gōngzuò 仕 事に没頭する.｜父亲整天～于古文字的 研究 fùqin zhěngtiān máitóu yú gǔwénzì de

712

yánjiū 父は終日，古代文字の研究に専念している.

*【迷】mí 動❶夢中になる．没頭する．‖ ～上网络 míshang wǎngluò インターネットに夢中になっている．|被美丽的景色～住了 bèi měilì de jǐngsè mízhù le 美しい景色に心を奪われた．❷惑わす．迷わす．うっとりさせる．‖ 财～心窍 cáimí xīnqiào 金銭に目がくらむ．|那姑娘把他～住了 nà gūniang bǎ tā mízhù le あの娘は彼を虜（とりこ）にした．

【迷恋】míliàn 動病みつきになる．恋着している．夢中になる．‖ ～着一个新歌星 míliànzhe yí ge xīn gēxīng 新人の歌手に夢中になっている．| ～官场 míliàn guānchǎng 官界に恋着する．

*【热衷】【热中】rèzhōng 動熱中する．熱を上げる．夢中になる．‖ ～于下围棋 rèzhōng yú xià wéiqí 囲碁に熱中する．| ～于足球运动 rèzhōng yú zúqiú yùndòng サッカーに夢中になる．

【入迷】rù//mí 動夢中になる．魅せられる．‖ 他对下围棋很～ tā duì xià wéiqí hěn rùmí 彼は囲碁に夢中である．|孩子们听故事听得～ háizimen tīng gùshi tīngde rùmí 子供たちはお話にすっかり夢中になって聞き入っている．

【入魔】rù//mó 動夢中になる．病みつきになる．‖ 走火～ zǒuhuǒ rùmó すっかり病みつきになる．|他看武打小说看得～了 tā kàn wǔdǎ xiǎoshuō kànde rùmó le 彼はカンフー小説に夢中になっている．

【入神】rù//shén 動夢中になる．‖ 听得正～ tīngde zhèng rùshén まさに夢中になって聞き入っている．|演员演技高超，观众都看～了 yǎnyuán yǎnjì gāochāo, guānzhòng dōu kàn rùshén le 俳優のすばらしい演技に，観衆はみな夢中になって見とれている．

*【兴高采烈】xìng gāo cǎi liè 成非常に興に乗ったさま．‖ 孩子们正在～地做游戏

háizimen zhèngzài xìng gāo cǎi liè de zuò yóuxì 子供たちは夢中になってゲームをやっている．

【着迷】zháo//mí 動（面白さや魅力に）とりつかれる．夢中になる．とりこになる．‖ 她看爱情小说都着м了 tā kàn àiqíng xiǎoshuō dōu zháole mí le 彼女は夢中で恋愛小説に読みふけっている．|下棋下得～了 xià qí xiàde zháomí le 将棋にすっかり熱中している．

むなしい 空しい

▶白　▶百无聊赖　▶干　▶空　▶空洞
▶空虚　▶没有意义　▶梦幻泡影　▶枉费
▶虚度

★【白】bái 副むなしく．むだに．‖ ～花钱 bái huā qián お金のむだ遣いをする．| ～等了半天 bái děngle bàntiān 待ちぼうけを食った．|说也～说 shuō yě bái shuō 言ってもむだだ．

【百无聊赖】bǎi wú liáo lài 成すべてが無意味に思われやるせない．何もかもつまらない．

**【干】gān 副むなしく．いたずらに．‖ ～等了半天 gān děngle bàntiān 長い時間むだに待った．| ～赔上十块钱 gān péishang shí kuài qián むざむざと10元の損をした．

**【空】kōng 形空虚な．非現実的な．‖ ～话 kōnghuà 絵空事．空念仏．| ～想 kōngxiǎng 空想する．副むだに．むなしく．‖ ～欢喜 kōng huānxǐ ぬか喜びする．| ～忙 kōng máng むだに忙しがる．| ～有一纸文凭 kōng yǒu yì zhǐ wénpíng 卒業証書があってもなんの役にも立たない．

*【空洞】kōngdòng 形からっぽでむなしい．空疎である．‖ ～乏味 kōngdòng fáwèi 空疎でつまらない．|文章写得很～

むり　無理

wénzhāng xiěde hěn kōngdòng 文章は内容がまるで空っぽである.

*【空虚】kōngxū 形 うつろである. むなしい. 無意味である. ‖思想〜 sīxiǎng kōngxū 考えが浅はかである. ｜生活〜 shēnghuó kōngxū 生活が空虚である.

【没有意义】méiyou yìyì 組 意義がない. 無意味である. ‖你这样做〜 nǐ zhèyàng zuò méiyou yìyì 君がそんなことをするのはまったく無意味だ. ｜最近做什么都觉得〜 zuìjìn zuò shénme dōu juéde méiyou yìyì 最近何をしていてもむなしい.

【梦幻泡影】mèng huàn pào yǐng 成 泡や影のようにはかなく消える夢. むなしい夢.

【枉费】wǎngfèi 動 むだに費やす. 徒労に終わる. ‖〜工夫 wǎngfèi gōngfu むだ骨を折る. ｜〜唇舌 wǎngfèi chúnshé むなしい弁舌をふるう.

【虚度】xūdù 動 むだに日を送る. なすところなく過ごす. ‖〜年华 xūdù niánhuá むだに時を過ごす. ｜〜时光 xūdù shíguāng むなしく時を過ごす.

むり　無理

▶逼　▶勉强　▶牵强　▶强行　▶强制
▶强迫　▶硬　▶硬逼

**【逼】bī 動 強いる. 無理強いする. ‖寒气〜人 hánqì bī rén 寒さが身にしみる. ｜形势〜人 xíngshì bī rén 情勢が逼迫(ぼっ)している. ｜他不想去就别〜他了 tā bù xiǎng qù jiù bié bī tā le 彼は行きたくないのだから無理強いはよしなさい.

*【勉强】miǎnqiǎng 動 無理強いする. 無理にさせる. ‖他不愿意就算了, 不要〜他了 tā bú yuànyì jiù suàn le, búyào miǎnqiǎng tā le 彼が望まなければそれまでだ. 無理強いすることはない.

【牵强】qiānqiǎng 形 無理にこじつける.

無理がある. ‖〜附会 qiān qiǎng fù huì 牵强付会(けんきょうふかい) 強引にこじつける. ｜这种说法太〜了 zhè zhǒng shuōfa tài qiānqiǎng le そういう言い方はひどいこじつけだ.

【强行】qiángxíng 副 強硬に. 無理やりに. ‖〜决定 qiángxíng juédìng 強引に決める. ｜议案被〜通过 yì'àn bèi qiángxíng tōngguò 議案が強行可決された.

*【强制】qiángzhì 動 強制する. ‖〜劳动 qiángzhì láodòng 強制労働. ｜〜执行 qiángzhì zhíxíng 強制執行. ｜采用〜手段 cǎiyòng qiángzhì shǒuduàn 強制的な手段をとる.

*【强迫】qiǎngpò 動 強いる. 無理に従わせる. 強制する. ‖人家不愿意跟你交朋友, 就别〜人家了 rénjia bú yuànyì gēn nǐ jiāo péngyou, jiù bié qiǎngpò rénjia le あの人はあなたと交際したくないというのだから, 無理を言うのはよしなさい.

**【硬】yìng 副 無理に. どうしても. ‖一咬牙, 〜爬上去了 yì yǎo yá, yìng páshangqu le 歯をくいしばってよじ登った. ｜写不出来不要〜写 xiěbuchūlái búyào yìng xiě 書けないなら無理に書くな. ｜明知自己错了, 还〜不承认 míngzhī zìjǐ cuò le, hái yìng bù chéngrèn 明らかに自分の誤りと知りながら, どうしても認めようとしない.

【硬逼】yìngbī 動 (相手が望まないことを)無理にやらせる. 強要する. ‖父母〜着我考大学 fùmǔ yìngbīzhe wǒ kǎo dàxué 両親は私に大学受験を無理強いする. ｜孩子不愿吃, 不要〜 háizi bú yuàn chī, búyào yìngbī 子供が食べたがらないのに, 無理強いしてはいけない.

め

め　目

▶目光　▶視力　▶視線　▶眼　▶眼光
▶眼睛　▶眼力　▶眼神

*【目光】mùguāng 图❶視線．目つき．まなざし．‖深情的～ shēnqíng de mùguāng 思いのこもったまなざし．|～炯炯 mùguāng jiǒngjiǒng 目がきらきら輝く．|全场一齐把～投向他 quánchǎng yìqí bǎ mùguāng tóuxiàng tā 会場全体の視線がいっせいに彼に向けられた．❷(物事の)見方．見る目．‖～短浅 mùguāng duǎnqiǎn 目先が利かない．

*【视力】shìlì 图視力．‖检查视力 jiǎnchá shìlì 視力を検査する．|～下降 shìlì xiàjiàng 視力が落ちる．

*【视线】shìxiàn 图❶視線．‖大家的～一齐射向他 dàjiā de shìxiàn yìqí shèxiàng tā 人々の視線がいっせいに彼に向けられた．|避开对方的～ bìkāi duìfāng de shìxiàn 相手の視線を避ける．❷逦注意．‖用造谣惑众来转移～ yòng zàoyáo huò zhòng lái zhuǎnyí shìxiàn デマで大衆を惑わすことによって注意を他にそらす．

**【眼】yǎn 图目．ふつうは"眼睛" yǎnjing という．‖睁开～ zhēngkāi yǎn 目を見開く．|不放在～里 bú fàngzài yǎn li 眼中に置かない．|瞧了他一～ qiáole tā yì yǎn 彼の方をちらっと見た．

*【眼光】yǎnguāng 图❶視線．まなざし．‖～锐利 yǎnguāng ruìlì 鋭いまなざし．|用清醒的～看 yòng qīngxǐng de yǎnguāng kàn 覚めた目で見る．|人们的～都盯向他 rénmen de yǎnguāng dōu dīngxiàng tā 人々の目が彼にじっと注がれている．❷眼識．‖有～ yǒu yǎnguāng 眼識がある．目が高い．

★【眼睛】yǎnjing 图目．‖睁大～ zhēngdà yǎnjing 目を見開く．|闭上～ bìshang yǎnjing 目を閉じる．|群众的～是雪亮的

qúnzhòng de yǎnjing shì xuěliàng de 大衆の目はくもりがない．大衆の目はごまかせない．

*【眼力】yǎnlì 图❶視力．‖他最近～差多了 tā zuìjìn yǎnlì chàduō le 彼は最近ずいぶん視力が衰えた．❷眼識．眼力．‖有～ yǒu yǎnlì 目が利く．|她的～不错，找了个好丈夫 tā de yǎnlì búcuò, zhǎole ge hǎo zhàngfu 彼女はなかなか目が高く，よい夫を見つけた．

*【眼神】yǎnshén 图目つき．目遣い．‖机警的～ jījǐng de yǎnshén すばしこい目つき．|不安的～ bù'ān de yǎnshén 不安な目つき．

めいじる　命じる

▶吩咐　▶交代　▶命令　▶下令　▶限令
▶责令　▶支使

**【吩咐】fēnfu；fēnfù 動口 言いつける．命じる．指図する．"分付"とも書く．‖听候～ tīnghòu fēnfu 指図を待つ．|需要我们俩做什么，请您～ xūyào wǒmen liǎ zuò shénme, qǐng nín fēnfu 私たち二人は何をすればよいか，どうぞ申しつけてください．|妈妈～他把门锁好 māma fēnfu tā bǎ mén suǒhǎo お母さんはその子にドアをちゃんと閉めるよう言いつけた．

*【交代】jiāodài 動 言いつける．指示する．‖领导再三～ lǐngdǎo zàisān jiāodài yào bǎ wèntí jiějuéhǎo 指導者は問題を解決するようにと何度も指示した．

**【命令】mìnglìng 動命令する．命じる．‖队长～大家立即出发 duìzhǎng mìnglìng dàjiā lìjí chūfā 隊長はみんなに直ちに出発するよう命じた．

*【下令】xià//lìng 動命令を下す．命じる．‖～出击 xiàlìng chūjī 出撃を命じる．

【限令】xiànlìng 動期日を限って実行す

るよう命ずる.∥～三日之内交出赃物 xiànlìng sān rì zhī nèi jiāochu zāngwù 3日の期限内に横領した金品を引き渡すよう命ずる.

【责令】zélìng 動 …するよう命じる.∥领导～他做检查 lǐngdǎo zélìng tā zuò jiǎnchá 上司は彼に反省するように命じた.

【支使】zhīshi 動（人に）仕事を命じる. 指図する.∥～人 zhīshi rén 人を指図する.｜他敢这么干，肯定背后有人～ tā gǎn zhème gàn, kěndìng bèihòu yǒu rén zhīshi 彼がはばからずにこんなことをやるのは，きっと背後で誰かが指図しているに違いない.

めいわく　迷惑

▶不便　▶打搅　▶打扰　▶捣乱　▶烦扰
▶麻烦　▶讨厌　▶为难　▶影响

【不便】bùbiàn 形 都合が悪い. 差し障りがある.∥因他在场，～直说 yīn tā zài chǎng, búbiàn zhí shuō 彼がその場にいるので，はっきり言うのは具合が悪い.｜乱停放车辆会给行人带来～ luàn tíngfàng chēliàng huì gěi xíngrén dàilai búbiàn 所構わず置いた自転車やバイクは通行人に迷惑になる.

【打搅】dǎjiǎo 動 ❶じゃまをする.∥他总是去～别人 tā zǒngshì qù dǎjiǎo biérén 彼はいつも人のじゃまをする. ❷（挨拶言葉で）おじゃまする.∥改日再来～ gǎirì zài lái dǎjiǎo また改めておじゃまします.

**【打扰】dǎrǎo 動 ❶じゃまをする. 迷惑をかける.∥他们正在谈工作，别去～ tāmen zhèngzài tán gōngzuò, bié qù dǎrǎo 彼らは仕事の話をしているのだから，じゃまをするな. ❷（挨拶言葉で）おじゃまする.∥～您了 dǎrǎo nín le おじゃましました.｜～一下可以吗? dǎrǎo

yíxià kěyǐ ma? ちょっとおじゃましてよろしいですか.

*【捣乱】dǎo//luàn 動 じゃまをする. 妨げる.∥我一写字，孩子就来～ wǒ yì xiě zì, háizi jiù lái dǎoluàn 私が書き物を始めると，子供が来てじゃまをする.｜你又不会，在这儿捣什么乱哪? nǐ yòu bú huì, zài zhèr dǎo shénme luàn na? できもしないくせに，ここにいてじゃまをするな.

【烦扰】fánrǎo 動 煩わす. じゃまをする. 迷惑をかける.∥不好意思去～她 bù hǎoyìsi qù fánrǎo tā 彼女に面倒をかけるのは気がひける.

★【麻烦】máfan 動 面倒をかける. 迷惑をかける. 手数をかける.∥尽量少～别人 jìnliàng shǎo máfan biérén できるだけ人に迷惑をかけないようにする.｜～你把这本书带给他 máfan nǐ bǎ zhè běn shū dàigěi tā お手数をかけますが，この本を彼に渡してください. 图面倒. 厄介.∥添～ tiān máfan 面倒をかける.｜自找～ zì zhǎo máfan 自ら厄介事をしょい込む.

**【讨厌】tǎo//yàn 形 厄介である. 手数がかかる. うるさい. 煩わしい.∥～的苍蝇 tǎoyàn de cāngying うるさいハエだ.｜要是买不到飞机票，可就～了 yàoshi mǎibudào fēijīpiào, kě jiù tǎoyàn le もし飛行機のキップが買えなかったら，それこそ厄介なことになるぞ.｜真～，别来烦我 zhēn tǎoyàn, bié lái fán wǒ うるさいな，放っておいてくれ.

*【为难】wéinán 動 （人を）困らせる. てこずらせる.∥成心～他 chéngxīn wéinán tā わざと彼を困らせる.

★【影响】yǐngxiǎng 動 影響を与える.∥～健康 yǐngxiǎng jiànkāng 健康に響く.｜别～哥哥学习 bié yǐngxiǎng gēge xuéxí 兄さんの勉強のじゃまをしてはだめよ.｜昨晚孩子不停地哭，～了邻居休息 zuówǎn háizi bù tíng de kū, yǐngxiǎngle língjū xiūxi 夕べは子供の夜泣きで，お

隣の眠りを妨げた.

めずらしい　珍しい

▶罕见　▶罕有　▶少见　▶少有　▶稀罕
▶稀奇　▶稀有　▶新奇　▶新鲜　▶珍贵

---

*【罕见】hǎnjiàn 形 まれな. めったにない. ⇔"常见" chángjiàn‖百年～的珍宝 bǎi nián hǎnjiàn de zhēnbǎo まれに見る宝物.｜～的版本 hǎnjiàn de bǎnběn 珍しい版本.

【罕有】hǎnyǒu 形 まれである. めったにない.‖古今～ gǔjīn hǎnyǒu 古今を通じてまれである.

【少见】shǎojiàn 形 あまり見ない. 珍しい.‖这种病很～ zhè zhǒng bìng hěn shǎojiàn この手の病気は珍しい.

【少有】shǎo yǒu 組 めったにない. まれである.‖今天可是梅雨季节～的晴天 jīntiān kě shì méiyǔ jìjié shǎo yǒu de qíngtiān 今日は梅雨時には珍しい晴天だ.｜这样的媳妇真～ zhèyàng de xífù zhēn shǎo yǒu こういうお嫁さんはめったにいない.

【稀罕】xīhan 形 まれである. 珍しい. "希罕"とも書く.‖～事儿 xīhan shìr きわめてまれな出来事. 珍事.｜今天你怎么来得这么早, 真～ jīntiān nǐ zěnme láide zhème zǎo, zhēn xīhan 君がこんなに早く来るとは珍しいものだ.

【稀奇】xīqí 形 珍しい. 珍奇である. "希奇"とも書く.‖出了件～的事 chūle jiàn xīqí de shì 不思議なことが起こった.｜～古怪 xīqí gǔguài 奇妙きわまりない.

*【稀有】xīyǒu 形 非常に珍しい. めったにない. まれである. "希有"とも書く.‖这种植物现在已极为～ zhè zhǒng zhíwù xiànzài yǐ jíwéi xīyǒu この植物はいまではすでにきわめて珍しいものとなっ

ている.

【新奇】xīnqí 形 新奇である. 目新しい.‖在网上,～的商品到处可见 zài wǎng shang, xīnqí de shāngpǐn dàochù kějiàn ネット上では珍しい商品がたくさん出回っている.

**【新鲜】xīnxiɑn;xīnxiān 形 珍しい. 目新しい.‖～事儿 xīnxian shìr 目新しいこと.｜吃个～ chī ge xīnxian 珍しい食べ物を食べる. 初物を食べる.｜～劲儿 xīnxian jìnr 新しいもの, 珍しいものに対する気の入れよう.｜刚到纽约, 他对什么都觉得～ gāng dào Niǔyuē, tā duì shénme dōu juéde xīnxian ニューヨークに来たばかりで, 彼には見聞きするすべてが新鮮に感じられた.

*【珍贵】zhēnguì 形 珍しくて貴重である. 大切である.‖～的礼物 zhēnguì de lǐwù 珍しい贈り物.｜～的历史资料 zhēnguì de lìshǐ zīliào 貴重な歴史的資料.｜这是一种～的蝴蝶 zhè shì yìzhǒng zhēnguì de húdié これは珍しい種類のチョウだ.

めでたい

▶恭喜　▶吉利　▶吉庆　▶可喜　▶庆祝
▶喜气　▶喜气洋洋　▶喜庆

---

*【恭喜】gōngxǐ 動 (挨拶言葉で)おめでとうございます.‖～发财 gōngxǐ fācái (新しい年に)あなたがお金儲けができますように.｜听说你们有孩子了,～! ～! tīngshuō nǐmen yǒu háizi le, gōngxǐ! gōngxǐ! 君たち子供ができたんだってね, おめでとう.｜～您荣任校长 gōngxǐ nín róngrèn xiàozhǎng 校長ご就任おめでとうございます.

【吉利】jílì 形 めでたい. 縁起がよい.‖～话 jílìhuà 縁起のよい言葉.｜这号码不～ zhè hàomǎ bù jílì この番号は縁起が悪い.

【吉庆】jíqìng 形 縁起がよい．めでたい．‖〜的日子 jíqìng de rìzi めでたい日．

*【可喜】kěxǐ 形 喜ばしい．‖〜的成果 kěxǐ de chéngguǒ 喜ばしい成果．│这可真是〜啊! zhè kě zhēn shì kěxǐ a! それはほんとうにめでたいね．│找到了继承人，真是〜可贺 zhǎodàole jìchéng rén, zhēn shì kěxǐ kě hè 後継者がみつかって，実にめでたく喜ばしい．

**【庆祝】qìngzhù 動 祝う．祝賀する．‖〜新年 qìngzhù xīnnián 新年を祝う．│〜胜利 qìngzhù shènglì 勝利を祝う．

【喜气】xǐqì 名 めでたい雰囲気．喜ばしい気分．‖满脸〜 mǎnliǎn xǐqì 喜色満面．顔中に喜びをたたえている．

【喜气洋洋】xǐ qì yáng yáng 成 めでたい雰囲気に満ちている．喜ばしい気分にあふれている．‖大年三十家家都〜的 dànián sānshí jiājiā dōu xǐ qì yáng yáng de 大みそかの日はどの家も喜びにあふれている．

【喜庆】xǐqìng 形 めでたい．喜ばしい．‖〜事 xǐqìng shì 慶事．│〜的日子 xǐqìng de rìzi めでたい日．│街上充满了〜的节日气氛 jiēshang chōngmǎnle xǐqìng de jiérì qìfēn 街は祝日のめでたい気分にあふれていた．

め

めでたく
▶顺利　▶幸运　▶圆满

**【顺利】shùnlì 形（障害がなく）順調である．スムーズである．‖〜地考取 shùnlì de kǎoqǔ めでたく合格した．│〜地完成了任务 shùnlì de wánchéngle rènwu 順調に任務を果たした．│祝您工作〜! zhù nín gōngzuò shùnlì! お仕事が順調に進みますようお祈りいたします．

*【幸运】xìngyùn 形 幸運である．運がいい．‖找到这么好的工作，真是〜 zhǎo-

dào zhème hǎo de gōngzuò, zhēn shì xìngyùn こんなによい仕事が見つかるとは実に幸運だ．│他〜地中了头奖 tā xìngyùn de zhòngle tóujiǎng 彼は幸運にも1等賞を当てた．图幸運．‖〜降临 xìngyùn jiànglín 幸運が訪れる．│〜之神 xìngyùn zhī shén 幸運の神．│有这样一位好妻子是他的〜 yǒu zhèyàng yí wèi hǎo qīzi shì tā de xìngyùn こんなすばらしい奥さんに恵まれるとは彼はほんとうに運がいい．

*【圆满】yuánmǎn 形（不足なく）円満である．申し分ない．首尾がよい．‖〜地完成了任务 yuánmǎn de wánchéngle rènwu 首尾よく任務を完了した．│问题解决得很〜 wèntí jiějuéde hěn yuánmǎn 問題は円満に解決した．│经过十年交往，两个人〜地结为夫妇 jīngguò shí nián jiāowǎng, liǎng ge rén yuánmǎn de jiéwéi fūfù 10年の交際を経て，二人はめでたくゴールインした．

メンツ
▶碍面子　▶驳面子　▶脸　▶脸面
▶买面子　▶面目　▶面子　▶伤面子
▶体面　▶颜面　▶要面子

【碍面子】ài miànzi 慣 相手のメンツを気にかける．‖他碍着面子不好说 tā àizhe miànzi bù hǎo shuō 彼は相手に遠慮してはっきり言いかねている．

【驳面子】bó miànzi 慣 メンツをつぶす．‖你们关系不错，他总不会驳你的面子吧 nǐmen guānxi búcuò, tā zǒng bú huì bó nǐ de miànzi ba 君たちは浅からぬ付き合いだから，彼も君の頼みを断るようなことはないだろう．

★【脸】liǎn 名 メンツ．面目．体面．‖露〜 lòuliǎn 面目を施す．│丢〜 diūliǎn メンツを失う．│有〜 yǒu liǎn メンツが立つ．恥ずかしくない．│没〜见人 méiliǎn jiàn rén 人に会わせる顔がない.｜真不要～ zhēn bú yào liǎn まったく恥知らずだ.

【脸面】 liǎnmiàn 名 メンツ. 体面.｜事到如今，也顾不得～了 shì dào rújīn, yě gùbude liǎnmiàn le 事がここまで来ているとは，もうなりふりなど構っていられない.｜看我的～，帮他这一回吧 kàn wǒ de liǎnmiàn, bāng tā zhè yì huí ba 私の顔に免じてこんどだけ彼を助けてやってくれ.

【买面子】 mǎi miànzi 慣 顔を立てる. メンツを重んじる.｜我是买他父亲的面子，才收他为徒的 wǒ shì mǎi tā fùqin de miànzi, cái shōu tā wéi tú de 私は彼のお父さんの顔を立てて，彼を弟子にした.

***【面目】** miànmù 名 面目. メンツ.｜事到如今我有何～见人 shì dào rújīn wǒ yǒu hé miànmù jiàn rén こんなふうになっては人に合わせる顔がない.

***【面子】** miànzi 名 面目. メンツ. 顔.｜爱～ ài miànzi メンツを重んじる.｜丢～ diū miànzi 面目をつぶす.｜顾～ gù miànzi 顔を立てる.｜～大 miànzi dà 顔が広い.

【伤面子】 shāng miànzi 組 顔をつぶす. メンツをつぶす.｜你这么当众说他，多伤他的面子 nǐ zhème dāngzhòng shuō tā, duō shāng tā de miànzi こんな大勢の前で意見したら，彼のメンツは丸つぶれだよ.

***【体面】** tǐmiàn 名 体面. 面目.｜有失～ yǒu shī tǐmiàn 体面を失する.｜不～ bù tǐmiàn 外聞が悪い.

【颜面】 yánmiàn 名 体面. メンツ.｜顾全～ gùquán yánmiàn 顔を立てる.｜有伤～ yǒu shāng yánmiàn メンツにかかわる.

【要面子】 yào miànzi 慣 メンツを重んじる. 体面を気にする.｜你也太～了，这有什么不好意思的? nǐ yě tài yào miànzi le, zhè yǒu shénme bù hǎoyìsi de? 君もずいぶん体面を気にするんだね，なんの恥ずかしいことがあるものか.

めんどう　面倒

▶烦　▶费事　▶费手脚　▶棘手　▶麻烦
▶难办

***【烦】** fán 形 煩わしい. 面倒である. うるさい.｜这些话已经听～了 zhèxiē huà yǐjīng tīngfán le そんなことはもう聞き飽きた.｜不耐～ bú nàifán 面倒くさい. 我慢できない. 動 (決まり文句)面倒をかける. 手数をかける.｜～交老李 fán jiāo Lǎo Lǐ ご面倒ですが李さんに渡してください.｜～您给带个信儿 fán nín gěi dài ge xìnr お手数をおかけますが言づけをお願いします.

【费事】 fèi//shì 動 手間をかける. 手数がかかる.｜费不了什么事 fèibuliǎo shénme shì そんなに手間がかかりはしない. 形 面倒である. 手数がかかる.｜自己做饭多～啊! zìjǐ zuò fàn duō fèishì a! 自分で食事を作るのはなんて面倒くさいことか.｜一点儿也不～ yìdiǎnr yě bú fèishì 少しも面倒ではない.

【费手脚】 fèi shǒujiǎo 組 手間をかける. 手数がかかる.｜办这件事费了很多手脚 bàn zhè jiàn shì fèile hěn duō shǒujiǎo この件を片づけるのにずいぶん手間がかかった.

【棘手】 jíshǒu 形 手を焼く. 手に負えない.｜你提出的问题可真～ nǐ tíchu de wèntí kě zhēn jíshǒu 君が出した問題はまったく面倒だ.

★**【麻烦】** máfan 形 煩わしい. 面倒である. 厄介である.｜这可是个～事 zhè kě shì ge máfan shì これはほんとうに厄介なことだ.｜一个一个地分开太～了 yí ge yí ge de fēnkāi tài máfan le 一つ一つ分ける

のはとっても面倒だ．｜最近的录像机操作可～，我搞不清楚 zuìjìn de lùxiàngjī cāozuò kě máfan, wǒ gǎobuqīngchu このごろのビデオは操作が面倒で私にはわからない．動面倒をかける．迷惑をかける．手数をかける．‖太～了 tài máfan nǐ le 面倒をおかけしました．｜不好意思去～他 bù hǎoyìsi qù máfan tā 彼に面倒をかけるのは気がひける．｜～你把这本书带给他 máfan nǐ bǎ zhè běn shū dàigěi tā お手数をかけますが，この本を彼に渡してください．形面倒．厄介．‖添～ tiān máfan 面倒をかける．｜自找～ zì zhǎo máfan 自ら厄介事をしょい込む．

【难办】 nán bàn 組 やりにくい．処理しづらい．煩わしい．‖这是件～的事 zhè shì jiàn nán bàn de shì これは面倒な一件だ．

も

もうける　設ける
▶开设　▶设　▶设立　▶设置　▶制定

***【开设】 kāishè** 動 ❶(店や工場などを)設立する．開設する．‖～医疗保健中心 kāishè yīliáo bǎojiàn zhōngxīn 医療保健センターを開設する．❷(課目や講座を)設ける．‖这学期新～了两门选修课 zhè xuéqī xīn kāishèle liǎng mén xuǎnxiūkè 今学期から選択課目が新たに2課目設けられた．

***【设】 shè** 動 ❶(設備を)置く．据える．‖公共汽车上～了老弱病残专座 gōnggòng qìchē shang shèle lǎoruò bìngcán zhuānzuò バスに高齢者や身体障害者の専用席を設けた．｜在会场外～了停车区域 zài huìchǎng wài shèle tíngchē qūyù 会場の

敷地内に駐車スペースを設けた．❷(建物や組織を)設立する．開設する．‖新～一个售票点 xīn shè yí ge shòupiào diǎn 切符売り場を1ヵ所新設する．｜总公司下～三个分公司 zǒnggōngsī xia shè sān ge fēngōngsī 本社のもとに三つの支社を設ける．

***【设立】 shèlì** 動 設立する．設置する．‖这个研究所是今年新～的 zhège yánjiūsuǒ shì jīnnián xīn shèlì de この研究所は今年新たに設立されたものである．｜各国驻华大使馆都～在北京 gè guó zhùhuá dàshǐguǎn dōu shèlìzài Běijīng 各国の駐中国大使館はみな北京に設けられている．｜学校新近～了奖学基金 xuéxiào xīnjìn shèlìle jiǎngxué jījīn 学校は最近奨学生基金を設立した．

***【设置】 shèzhì** 動 ❶設立する．建てる ‖～商业网点 shèzhì shāngyè wǎngdiǎn 商業のネットワークを設立する．❷設置する．装備する．‖～路障 shèzhì lùzhàng バリケードを築く．｜在会场里～扩音机 zài huìchǎng li shèzhì kuòyīnjī 会場内にラウド・スピーカーを備えつける．

***【制定】 zhìdìng** 動 (法律・規則・計画などを)制定する．定める．作成する．‖～宪法 zhìdìng xiànfǎ 憲法を制定する．｜～政策 zhìdìng zhèngcè 政策を制定する．｜～计划 zhìdìng jìhuà 計画を作成する．｜～惩罚条例 zhìdìng chéngfá tiáolì 罰則規定を設ける．｜～了新的条文 zhìdìngle xīn de tiáowén 新しい条文を設けた．

もうける　儲ける
▶发财　▶捞钱　▶挣　▶赚

***【发财】 fā//cái** 動 金を儲ける．金持ちになる．‖他总想～ tā zǒng xiǎng fācái 彼はいつも金儲けばかり考えている．｜他

720

发了大财 tā fāle dàcái 彼は大金持ちになった.｜恭喜~ gōngxǐ fācái （あなたが）お金持ちになれますように.

【捞钱】lāoqián 動 あぶく銭を得る.‖想方设法地~ xiǎng fāng shè fǎ de lāoqián なんとかして一儲けしようとする.

*【挣】zhèng 動 (行動を起こして)手に入れる. 働いて得る. 稼ぐ.‖~钱 zhèng qián 働いて金を稼ぐ.｜~外快 zhèng wàikuài 副収入を稼ぐ.｜你一个月能~多少钱? nǐ yí ge yuè néng zhèng duōshao qián? 君はひと月にどれぐらい稼ぐのかい.

*【赚】zhuàn 動 儲ける. 儲かる. ⇔"赔" péi｜~钱 zhuàn qián 金を儲ける. 金が儲かる.｜~大钱 zhuàn dàqián ぼろ儲けをする.｜把本儿~回来了 bǎ běnr zhuànhuilai le 元を取った.｜炒股~了 chǎogǔ zhuàn le 株で儲けた. 名口(~儿)儲け. 利潤.｜这样做生意, 还能有~儿? zhèyàng zuò shēngyi, hái néng yǒu zhuànr? こんな商売をして儲けがあるのかい.

もうしこむ　申し込む

▶报考　▶报名　▶订　▶挂　▶请求　▶求
▶申请　▶提出　▶要求　▶应征　▶预约

*【报考】bàokǎo 動 試験を申し込む. 受験の出願をする.‖~人数 bàokǎo rénshù 試験出願者数.｜~专业 bàokǎo zhuānyè 受験する学科.｜你~哪一所大学? nǐ bàokǎo nǎ yì suǒ dàxué? あなたはどの大学を受けますか.

**【报名】bào//míng 動 (参加を)申し込む. 応募する.‖~参加演讲比赛 bàomíng cānjiā yǎnjiǎng bǐsài 弁論大会への参加を申し出る.｜~上课 bàomíng shàngkè 受講を申し込む.｜~人数 bàomíng rénshù 申請人数.｜~方法 bàomíng fāngfǎ 申し込み方法.｜你~了吗? nǐ bàomíng le ma?

あなたは応募しましたか.

**【订】dìng 動 予約する. 注文する.‖~购 dìnggòu 発注する. 予約購入する.｜预~ yùdìng 予約注文する. チケットの予約をする.｜~报 dìng bào 新聞を予約する.｜~机票 dìng jīpiào 飛行機のチケットを予約する.｜~房间 dìng fángjiān 部屋を予約する.

★【挂】guà 動 登録する. 申し込む.‖~内科 guà nèikē 内科に申し込む.｜~号 guàhào 受付の番号を登録する. 手続きを申し込む.

**【请求】qǐngqiú 動 頼む. 求める.‖~原谅 qǐngqiú yuánliàng 許しを求める.｜~别人帮助 qǐngqiú biéren bāngzhù 他人に援助を頼む.｜~面谈 qǐngqiú miàntán 面談を申し込む.

**【求】qiú 動 請う. 請い求める.‖~婚 qiúhūn 結婚を申し込む.｜~你点儿事 qiú nǐ diǎnr shì 君にちょっと頼みごとがある.｜~他帮个忙 qiú tā bāng ge máng 彼に手助けをしてくれるよう頼む.

*【申请】shēnqǐng 動 申請する.‖~护照 shēnqǐng hùzhào パスポートを申請する.｜~助学金 shēnqǐng zhùxuéjīn 奨学金を申請する.｜~入住公营住宅 shēnqǐng rùzhù gōngyíng zhùzhái 公営住宅に入居を申し込む.

*【提出】tí//chū 動 提出する. 申し出る.‖~申请 tíchū shēnqǐng 申請を出す.｜~交往的希望 tíchū jiāowǎng de xīwàng 交際を申し込む.

★【要求】yāoqiú 動 要求する.‖~调动 yāoqiú diàodòng 配置換えを求める.｜~修理 yāoqiú xiūlǐ 修理を申し込む.｜严格~自己 yángé yāoqiú zìjǐ 自己を厳しく律する.

【应征】yìngzhēng 動 (各種の募集に)応募する.‖~稿件 yìngzhēng gǎojiàn 応募原稿.｜~工作 yìngzhēng gōngzuò 求人募集に申し込む.

もうすこしで　もう少しで

*【预约】yùyuē 動 予約する．事前に約束を取りつける．‖看牙科需要～吗? kàn yákē xūyào yùyuē ma? 歯医者さんに診てもらうのに予約が必要ですか．｜有没有事先～? yǒu méiyou shìxiān yùyuē? お約束はいただいているでしょうか．

もうすこしで　もう少しで

▶差点儿　▶几乎　▶险乎　▶险些

**【差点儿】chàdiǎnr 副 もう少しで．すんでのところで．"差一点儿" chà yìdiǎnr ともいう．‖～迟到 chàdiǎnr chídào もう少しで遅刻するところだった．｜～没摔倒 chàdiǎnr méi shuāidǎo もうちょっとで転ぶところだった．｜～没赶上 chàdiǎnr méi gǎnshang 危うく間に合わないところだった．｜～没撞车 chàdiǎnr méi zhuàngchē 危うく車をぶつけるところだった．

**【几乎】jīhū 副 もう少しで．‖我～误了火车 wǒ jīhū wùle huǒchē 私はもう少しで汽車に乗り遅れるところだった．｜搬个家～把我累死了 bān ge jiā jīhū bǎ wǒ lèisǐ le 引っ越しで死ぬほど疲れた．｜第一次下海游泳，～没淹死 dì yī cì xiàhǎi yóuyǒng, jīhū méi yānsǐ 初めて海で泳いで，危うくおぼれ死にそうになった．

【险乎】xiǎnhu 副 危うく．もう少しで．すんでのことで．‖～出了大事故 xiǎnhu chūle dà shìgù 危うく大事故を起こすところだった．

【险些】xiǎnxiē 副 危うく．もう少しで．すんでのことで．‖～误了火车 xiǎnxiē wùle huǒchē 危うく汽車に乗り遅れるところだった．｜～被汽车撞了 xiǎnxiē bèi qìchē zhuàng le もう少しで車にひかれるところだった．

もえる　燃える

▶炽灼　▶燃起　▶燃烧　▶烧　▶烧毁
▶着　▶着火

【炽灼】chìzhuó 動 火が激しく燃える．‖烈焰～ lièyàn chìzhuó 激しい炎を上げて燃えさかる．

【燃起】ránqi 動 燃えあがる．‖～烈火 ránqi lièhuǒ 激しく燃え上がる．

*【燃烧】ránshāo 動 燃焼する．燃える．‖柴草～ ránshāo cháicǎo たき木や枯れ草を燃やす．｜奥运圣火熊熊～ Àoyùn shènghuǒ xióngxióng ránshāo オリンピックの聖火が勢いよく燃えさかる．｜仇恨在～ chóuhènzài ránshāo 憎しみの炎を燃やす．

*【烧】shāo 動 燃える．‖把旧稿子都～了 bǎ jiù gǎozi dōu shāo le 古い原稿をみんな焼やした．｜火～得很旺 huǒ shāode hěn wàng 火がかんかんにおこる．｜刚砍伐的木头不好～ gāng kǎnfá de mùtou bù hǎo shāo 伐採したばかりの木は燃えにくい．

*【烧毁】shāohuǐ 動 焼き払う．焼き捨てる．‖～机密文件 shāohuǐ jīmì wénjiàn 機密文書を焼却する．｜房子～了 fángzi shāohuǐ le 家が焼けた．

**【着】zháo 動 (火が)燃えつく．燃える．(明かりが)ともる．‖让火～得旺一点儿 ràng huǒ zháode wàng yìdiǎnr 火をもう少し大きくしてくれ．

【着火】zháo//huǒ 動 火事になる．‖药品仓库～了 yàopǐn cāngkù zháohuǒ le 薬品倉庫が火事だ．｜心里急得像着了火一样 xīnli jíde xiàng zháole huǒ yíyàng 気がもめて尻に火がついたようだ．

もし（－ならば）

もくてき　目的

▶标的　▶目标　▶目的　▶意图　▶意向
▶旨意

【标的】biāodì 名 目的.

**【目标】mùbiāo 名 目標. 目的. ‖ 确立自
己的奋斗～ quèlì zìjǐ de fèndòu mùbiāo 自
分の努力目標を立てる. | 达到～ dádào
mùbiāo 目標を達成する. | 实现～ shí-
xiàn mùbiāo 目的を遂げる.

**【目的】mùdì 名 目的. 目当て. ‖ 明确的
～ míngquè de mùdì はっきりした目的.
| 学习的～ xuéxí de mùdì 勉強の目的.
| 不达～誓不罢休 bù dá mùdì shì bú bà
xiū 目的を果たすまで決してやめない.
| 怀着不可告人的～ huáizhe bùkě gào rén
de mùdì 人には言えないねらいがある.

*【意图】yìtú 名 意図. 意向. ‖ 明显 yì-
tú míngxiǎn 意図が明らかである. | 领
会上级的～ lǐnghuì shàngjí de yìtú 上司の
意向をくみ取る. | 主观～是好的 zhǔ-
guān yìtú shì hǎo de 主観的な意図として
はよい.

*【意向】yìxiàng 名 意図. 意向. 目的. ‖
～不明 yìxiàng bùmíng 意図が不明であ
る. | 共同的～ gòngtóng de yìxiàng 共通
の目的.

【旨意】zhǐyì 名 意向. 意図. 目的. ‖
禀承主子的～ bǐngchéng zhǔzi de zhǐyì ご
主人の意向に従う.

もし（－ならば）

▶假定　▶假如　▶如　▶如果　▶倘若
▶要　▶要是

*【假定】jiǎdìng 動 仮定する. 仮に…と
する. ‖ ～坐飞机去，当天就能到 jiǎdìng
zuò fēijī qù, dàngtiān jiù néng dào もし飛
行機で行くのなら，その日のうちに着

ける.

*【假如】jiǎrú 接 もしも…なら. 仮に…
ならば. "假若"jiǎruò "假使"jiǎshǐ とも
いう. ‖ ～你没时间，就别去了 jiǎrú nǐ
méi shíjiān, jiù bié qù le もし時間がない
のなら，行かなければいい. | 这话是你
说的，～是别人我早就火了 zhè huà
shì nǐ shuō de, jiǎrú shì biéren wǒ zǎojiù huǒr
le この話は君が言ったことだからいい
が，仮にほかの者だったら私はとっく
に腹を立てていた.

*【如】rú 接 もし…ならば. 仮に…なら
ば. ‖ ～有变更，务请尽早通知 rú yǒu
biàngēng, wù qǐng jìnzǎo tōngzhī 変更の際
は，ぜひ早めにお知らせください.

*【如果】rúguǒ 接 もし…ならば. ‖ ～他
不同意，我们怎么办? rúguǒ tā bù tóngyì,
wǒmen zěnme bàn? もし彼がだめだと
言ったら，どうしよう. | ～下雨，我们
就改时间 rúguǒ xià yǔ, wǒmen jiù gǎi shí-
jiān もし雨が降ったら，時間を変更し
よう. | ～有事不能来，请事先给我打
电话 rúguǒ yǒu shì bù néng lái, qǐng shì xiān
gěi wǒ dǎ diànhuà 用があって来られな
いときは，あらかじめ私にお電話くだ
さい.

*【倘若】tǎngruò 接 もしも. 仮に. もし
も…ならば. 仮に…ならば. ‖ ～有什
么问题，我负全部责任 tǎngruò yǒu shén-
me wèntí, wǒ fù quánbù zérèn 何か問題が
あれば私がすべての責任をとる. | ～他
明天不来，怎么办? tǎngruò tā míngtiān bù
lái, zěnme bàn? もしも明日彼が来なけ
ればどうしますか. | 你今年～不参加，
明年就没有机会了 nǐ jīnnián tǎngruò bù
cānjiā, míngnián jiù méiyou jīhui le 今年参
加しなければ来年はもうチャンスがな
いよ.

*【要】yào 接 もし…なら. ‖ ～有的话，
替我借一本来 yào yǒu dehuà, tì wǒ jiè yì
běn lái もしあったら，私に1冊借りて

も

きてください。｜你脾气真好，～我早火儿了 nǐ píqi zhēn hǎo, yào wǒ zǎo huǒr le 君はほんとうにやさしいね，私だったらとっくに怒り出してるよ．

★【要是】yàoshi 接 もしも．もし…なら．‖～你去，我也去 yàoshi nǐ qù, wǒ yě qù もし君が行くなら，私も行く．｜～有事不能去的话，一定事先告诉你 yàoshi yǒu shì bù néng qù dehuà, yídìng shì xiān gàosu nǐ もしも都合が悪くて行けない場合には，必ず事前にご連絡します．｜你记性真好，～我早忘了 nǐ jìxing zhēn hǎo, yàoshi wǒ zǎo wàng le 君の記憶力はたいしたもんだね，私だったらとっくに忘れていたよ．

もたれる

▶扶　▶靠　▶趴　▶凭倚　▶偎　▶倚
▶倚靠

**＊＊【扶】fú 動 (別の物につかまって，体を)支える．寄りかかる．もたれる．‖～着栏杆下楼 fúzhe lángān xià lóu 手すりにつかまって階下へ降りる．｜～着桌子站起来 fúzhe zhuōzi zhànqilai テーブルに手をついて立ち上がる．｜手～车把 shǒu fú chēbǎ (自転車やバイクの)ハンドルを握る．

**＊＊【靠】kào 動 もたれる．寄りかかる．‖～在沙发上休息 kàozài shāfā shang xiūxi ソファーにもたれて休む．

**＊【趴】pā 動 (体を前に傾けて)もたれる．うつぶせる．‖～在桌子上睡着了 pāzài zhuōzi shang shuìzháo le テーブルに突っ伏したまま眠ってしまった．

**【凭倚】píngyǐ 動 寄りかかる．もたれる．‖她～在窗边，望着夜空 tā píngyǐzài chuāngbiān, wàngzhe yèkōng 彼女は窓辺にもたれて夜空を眺めている．

**【偎】wēi 動 ぴったりと寄り添う．‖孩

子紧紧地～在母亲身旁 háizi jǐnjǐn de wēizài mǔqin shēnpáng 子供は母親にぴったり寄り添っている．

**＊【倚】yǐ 動 もたれる．寄りかかる．‖～着墙 yǐzhe qiáng 壁にもたれている．｜～门而望 yǐ mén ér wàng 門にもたれて(子の帰りを)待ちわびる．

**【倚靠】yǐkào 動 もたれる．寄り掛かる．‖～在栏杆上 yǐkàozài lángān shang 欄干に身をもたれている．

もちいる　用いる

▶采用　▶动用　▶施用　▶使用　▶习用
▶沿用　▶应用　▶用　▶运用　▶做

**＊＊【采用】cǎiyòng 動 採用する．‖在这起案件，我们～了新的鉴定法 zài zhè qǐ ànjiàn, wǒmen cǎiyòngle xīn de jiàndìngfǎ この事件では新しい鑑定方法を用いた．｜今天的比赛～新队形 jīntiān de bǐsài cǎiyòng xīn duìxíng 今日の試合では新フォーメーションをとった．

**＊【动用】dòngyòng 動 用いる．使う．‖～武力 dòngyòng wǔlì 武力を用いる．｜这项工程～了大批的人力物力 zhè xiàng gōngchéng dòngyòngle dàpī de rénlì wùlì この工事は大量の人力と資材を使った．

**【施用】shīyòng 動 使う．用いる．‖～农药 shīyòng nóngyào 農薬を施す．｜～新方法 shīyòng xīn fāngfǎ 新しい方法を用いる．

★【使用】shǐyòng 動 使用する．用いる．使う．‖～电子计算机 shǐyòng diànzǐ jìsuànjī コンピューターを使用する．｜～年轻干部 shǐyòng niánqīng gànbù 若い幹部を起用する．｜～不正当的手段 shǐyòng bú zhèngdàng de shǒuduàn 不当な手段を用いる．｜～方法 shǐyòng fāngfǎ 使用方法．｜～说明书 shǐyòng shuōmíngshū 使用説明書．使用マニュアル．

【习用】xíyòng 動常に用いる．慣用する．‖当地人~对歌的方式求爱 dāngdì-rén xíyòng duìgē de fāngshì qiú'ài この地方の人々はいつも歌垣の形で求愛を行う．

【沿用】yányòng 動踏襲する．引き続き用いる．‖~旧名 yányòng jiù míng 元の名前をそのまま用いる．｜这种传统工艺~至今 zhè zhǒng chuántǒng gōngyì yányòng zhìjīn このような伝統工芸が今日まで受け継がれている．

**【应用】yìngyòng 動用いる．使う．‖~范围 yìngyòng fànwéi 使用範囲．｜~电脑进行教学 yìngyòng diànnǎo jìnxíng jiào-xué コンピューターを使って授業を行う．｜这一新技术已得到广泛~ zhè yī xīn jìshù yǐ dédào guǎngfàn yìngyòng この新しい技術はすでに広く使われている．

★【用】yòng 動使う．用いる．‖~一下你的辞典可以吗? yòng yíxià nǐ de cídiǎn kěyǐ ma? ちょっと辞書を借りていいですか．｜这些例子可以~来说明问题 zhèxiē lìzi kěyǐ yònglai shuōmíng wèntí これらの例は問題を説明するのに用いることができる．｜把部分赢利~作福利 bǎ bùfen yínglì yòngzuò fúlì 利益の一部を福利に充てる．

**【运用】yùnyòng 動運用する．用いる．‖~工具 yùnyòng gōngjù 道具を用いる．｜~自如 yùnyòng zìrú 思うがままに操る．｜~法律手段，保护老人的合法权益 yùnyòng fǎlǜ shǒuduàn, bǎohù lǎorén de héfǎ quányì 法律的手段を用いて，お年寄りの合法的な権益を保護する．

★【做】zuò 動…とする．…に用いる．‖这篇小说可以~教材 zhè piān xiǎoshuō kěyǐ zuò jiàocái この小説は教材として使うことができる．｜星期六晚上食堂常被用来~舞厅 xīngqīliù wǎnshang shítáng cháng bèi yònglai zuò wǔtīng 土曜日の夜になると食堂はよくダンス・ホー

ルとして使われる．

もちこたえる　持ちこたえる
⇒【耐える（持ちこたえる）】

もつ　（手で）持つ
▶抱　▶持　▶端　▶拿　▶捧　▶提　▶握　▶抓

★【抱】bào 動（両手で）かかえる．抱く．抱きかかえる．‖~在怀里 bàozài huái li ふところに抱く．｜母亲~着孩子 mǔqin bàozhe háizi 母親が子供を抱いている．｜这个包太大了，只好双手~着 zhège bāo tài dà le, zhǐhǎo shuāngshǒu bàozhe この包みは大きすぎて，両手でかかえて持つしかない．

【持】chí 動持つ．握る．‖手~鲜花 shǒu chí xiānhuā 手に花を持つ．｜身分证来取 chí shēnfenzhèng láiqǔ 身分証明書を持参のうえ受け取る．

**【端】duān 動（手で物を水平に）持つ．‖~菜 duān cài 料理を運ぶ．｜把锅~下来 bǎ guō duānxialai なべを（手で持って）下ろす．

★【拿】ná 動（手で）持つ．つかむ．取る．‖~着书 názhe shū 本を手に取る．｜给我~报纸来 gěi wǒ ná bàozhǐ lái 新聞を持ってきてくれ．｜这个太沉，我~不动 zhège tài chén, wǒ nábudòng これは重すぎて，私には持てない．｜把书从架子上~下来 bǎ shū cóng jiàzi shang náxialai 棚から本をおろす．｜你手里~的是什么? nǐ shǒu li ná de shì shénme? 手に持っているのは何ですか．

**【捧】pěng 動両手で捧げるように持つ．抱える．‖手~鲜花 shǒu pěng xiānhuā 花束を両手に抱える．｜~回一个大西瓜

pěnghuí yí ge dà xīguā 大きなスイカを抱えて帰る.│用手～水喝 yòng shǒu pěng shuǐ hē 手で水をすくって飲む.│～起一把家乡的土 pěngqǐ yì bǎ jiāxiāng de tǔ ふるさとの土を手ですくい上げる.

★【提】tí 動(手に)提げて持つ. ぶら提げる.‖～着旅行包 tízhe lǚxíngbāo 手に旅行かばんを提げている.│手～小花篮 shǒu tí xiǎo huālán 手に小さな花かごを提げる.

**【握】wò 動握る. つかむ. 持つ.‖紧紧～住车把 jǐnjǐn wòzhù chēbǎ ハンドルをしっかりと握る.

**【抓】zhuā 動つかむ. 握る.‖～起一把土 zhuāqǐ yì bǎ tǔ 土を一にぎりつかむ.│～着他的胳膊 zhuāzhe tā de gēbo 彼の腕をつかまえている.│把帽子～在手里 bǎ màozi zhuāzài shǒu li 手に帽子を持つ.

もつ 持つ（所有・保有）

▶保有　▶持有　▶带有　▶富有　▶赋有
▶具备　▶具有　▶拥有　▶有　▶有着

【保有】bǎoyǒu 動保有する. 擁する. 持っている.‖～该公司的大量股票 bǎoyǒu gāi gōngsī de dàliàng gǔpiào その会社の株を大量に保有している.│～土地的使用权 bǎoyǒu tǔdì de shǐyòngquán 土地の使用権を保有している.

【持有】chíyǒu 動持つ. 抱く.‖～外交护照 chíyǒu wàijiāo hùzhào 外交用パスポートを持っている.│～不同看法 chíyǒu bù tóng kànfa 異なった考えを持っている.

【带有】dàiyǒu 動持っている. 帯びている. 備え持っている.‖他的作品～浓厚的地方色彩 tā de zuòpǐn dàiyǒu nónghòu de dìfāng sècǎi 彼の作品は地方色豊かだ.

*【富有】fùyǒu 形裕福である.‖～的家庭 fùyǒu de jiātíng 裕福な家庭. 動豊富に持つ.…に富む.‖～文采 fùyǒu wéncǎi 文才に富む.│～韧性 fùyǒu rènxìng 耐久性に富む.

【赋有】fùyǒu 動(ある種の性格や気質を)天性として持つ. 備える.‖他天生～艺术家的素质 tā tiānshēng fùyǒu yìshùjiā de sùzhì 彼は生まれながらに芸術家の素質がある.

**【具备】jùbèi 動備える. 備わる.‖该专业目前还不～培养博士生的条件 gāi zhuānyè mùqián hái bú jùbèi péiyǎng bóshìshēng de tiáojiàn この専攻は現在まだ博士課程の学生を養成する条件が整っていない.│这是作为一个优秀运动员必须～的素质 zhè shì zuòwéi yí ge yōuxiù yùndòngyuán bìxū jùbèi de sùzhì これは優れたスポーツ選手に備わっていなければならない素質である.

**【具有】jùyǒu 動具有する. 備える. (多く抽象的なものに用いる)‖～悠久的历史 jùyǒu yōujiǔ de lìshǐ 長い歴史を持つ.│～独特的民族风格 jùyǒu dútè de mínzú fēnggé 独特な民族の風格を備える.│～多种优点 jùyǒu duōzhǒng yōudiǎn 多くの長所を持つ.

【拥有】yōngyǒu 動所有する. 保有する.‖该杂志～大量读者 gāi zázhì yōngyǒu dàliàng dúzhě 本雑誌は多くの読者をもっている.│这个国家～丰富的石油资源 zhège guójiā yōngyǒu fēngfù de shíyóu zīyuán この国は豊かな石油資源を有している.

★【有】yǒu 動所有する. 持つ. 備えている. ⇔"没"méi "无"wú‖～汽车 yǒu qìchē 車を持っている.│～信心 yǒu xìnxīn 自信がある.│～独特的民族风格 yǒu dútè de mínzú fēnggé 独特の民族的特徴がある.

【有着】yǒuzhe 動持っている. ある.‖两国～共同的利益 liǎngguó yǒuzhe gòngtóng de lìyì 両国は共通の利益を持っている．｜～悠久的历史 yǒuzhe yōujiǔ de lìshǐ 長い歴史がある．

もっと　⇒【ずっと（はるかに）】

もっとも　最も

▶顶　▶极　▶…极了　▶极其　▶特别
▶尤其　▶最　▶最为

＊＊【顶】dǐng 副 最も．いちばん．きわめて．‖～小的女孩子 dǐng xiǎo de nǚ háizi いちばん末の女の子．｜这个菜～好吃 zhège cài dǐng hǎochī この料理はすごくおいしい．｜她～喜欢看电影 tā dǐng xǐhuan kàn diànyǐng 彼女は映画を見るのがとても好きだ．

＊＊【极】jí 副 この上なく．甚だ．きわめて．‖效果～好 xiàoguǒ jí hǎo 効果がきわめてよい．｜心里～不高兴 xīnli jí bù gāoxìng 甚だ不愉快である．｜他～爱说笑话 tā jí ài shuō xiàohua 彼はとても冗談が好きだ．

★【…极了】…jí le 組（形容詞・動詞の後に置き）きわめて．実に．‖桂林的山水美～ Guìlín de shānshuǐ měi jí le 桂林（けいりん）の山水はきわめて美しい．｜这两天忙～ zhè liǎng tiān máng jí le このところとても忙しい．｜这人坏～ zhè rén huài jí le こいつは実に悪いやつだ．

＊＊【极其】jíqí 副 きわめて．この上なく．‖旁边就是一条商业街，买东西～方便 pángbiān jiù shì yì tiáo shāngyèjiē, mǎi dōngxi jíqí fāngbiàn すぐそばが商店街だから，買い物はとても便利だ．｜态度～认真 tàidu jíqí rènzhēn 態度がきわめてまじめである．

★【特别】tèbié 副 ことのほか．格別に．とりわけ．‖他这个孩子～聪明 tā zhège hái-

zi tèbié cōngming あの子は特別賢い．｜这个戏第三幕～感动人 zhège xì dì sān mù tèbié gǎndòng rén この劇の第三幕は格別感動的だった．｜他喜欢运动，～喜欢游泳 tā xǐhuan yùndòng, tèbié xǐhuan yóuyǒng 彼はスポーツ好きだが，とりわけ水泳が好きだ．

★【尤其】yóuqí 副 なかでも．とくに．‖我喜欢听音乐，～是古典音乐 wǒ xǐhuan tīng yīnyuè, yóuqí shì gǔdiǎn yīnyuè 私は音楽を聞くのが好きだが，なかでもクラッシック音楽が好きだ．｜这一段写得～精彩 zhè yí duàn xiěde yóuqí jīngcǎi このくだりの描写はとりわけすばらしい．

★【最】zuì 副 最も．いちばん．‖他跑得～快 tā pǎode zuì kuài 彼は足がいちばん速い．｜～努力的学生 zuì nǔlì de xuésheng 最も努力する学生．｜～受欢迎的歌星 zuì shòu huānyíng de gēxīng 最も人気のある歌手．｜他总是坐在～前边 tā zǒngshì zuòzài zuì qiánbiān 彼はいつもいちばん前の席に座る．

【最为】zuìwéi 副（2音節形容詞の前に用いられ）最も．飛び抜けて．‖数学是他～得意的一门功课 shùxué shì tā zuìwéi déyì de yì mén gōngkè 数学は彼の最も得意な科目です．

もてなす

▶待客　▶对待　▶接待　▶款待　▶请
▶招待

【待客】dài kè 組 客をもてなす．‖明天我们在家里～ míngtiān wǒmen zài jiā li dài kè 明日は家で客をもてなす．

＊＊【对待】duìdài 動 対応する．扱う．‖不能像～大人那样～孩子 bù néng xiàng duìdài dàren nàyàng duìdài háizi 大人に対するように子供を扱ってはならない．｜～顾客要热情 duìdài gùkè yào rèqíng 接客

もと　元

は真心がこもってなくてはいけない.

【接待】jiēdài 動接待する. 客をもてなす. ‖ ~客人 jiēdài kèren 客を接待する. | 热情 ~ rèqíng jiēdài 心を込めて接待する. | ~得很周到 jiēdàide hěn zhōudào 応対が行き届いている. | ~员 jiēdài-yuán 接待係. 接客係.

【款待】kuǎndài 動丁重にもてなす. 歓待する. ‖ ~客人 kuǎndài kèren 客を歓待する. | 热情 ~ rèqíng kuǎndài 心をこめてもてなす. | 谢谢您的 ~ xièxie nín de kuǎndài おもてなし, ありがとうございます.

★**【请】qǐng** 動招く. 招請する. ごちそうする. おごる. ‖ ~了几位客人 qǐngle jǐ wèi kèren 客を数人招いた. | 朋友 吃饭 qǐng péngyou chī fàn 友だちにご馳走した. | ~他来我家做客 qǐng tā lái wǒ jiā zuòkè 彼を家に招待する.

**【招待】zhāodài 動もてなす. 接待する. ‖ 热情 ~ rèqíng zhāodài 心からもてなす. | ~不周 zhāodài bùzhōu もてなしが行き届かない. | ~他一顿饭 zhāodài tā yí dùn fàn 彼を食事でもてなす.

もと　元

▶前　▶原　▶原本　▶原来　▶原貌
▶原先　▶原形　▶原样　▶原状

★**【前】qián** 名(役職など改変のあった)前. 元. ‖ 市长 qián shìzhǎng 前市長. | ~世界冠军 qián shìjiè guànjūn 元世界チャンピオン.

***【原】yuán** 形元からの. 以前と変わらない. ‖ ~住址 yuán zhùzhǐ 旧住所. | 照 ~计划办 zhào yuán jìhuà bàn 元の計画どおりにやる.

【原本】yuánběn 副もともと. 以前は. ‖ 她 ~是老师 tā yuánběn shì lǎoshī 彼女はもともと教師だった. | 这一带 ~是荒地

zhè yídài yuánběn shì huāngdì このあたりはもともと荒れ地だった.

★**【原来】yuánlái** 名当初. 以前. ‖ 这一带 ~经常闹水灾 zhè yídài yuánlái jīngcháng nào shuǐzāi このあたりは以前は始終水害に悩まされていた. | 他 ~不会游泳, 现在能游一千米 tā yuánlái bú huì yóuyǒng, xiànzài néng yóu yìqiān mǐ もともと彼は泳げなかったが, いまは1000メートル泳げる. 形元の. いままでどおりの. ‖ 他还在 ~的单位工作 tā hái zài yuánlái de dānwèi gōngzuò 彼はまだ元の職場で働いている. | 照 ~的式样理 zhào yuánlái de shìyàng lǐ 元のスタイルどおりに散髪してください.

【原貌】yuánmào 名本来の姿. 元の様子. ‖ 经过整修, 寺庙恢复了 ~ jīngguò zhěngxiū, sìmiào huīfùle yuánmào 改修工事を経て, 寺院はかつての姿を取り戻した.

***【原先】yuánxiān** 名元. 初め. 当初. ‖ ~的打算 yuánxiān de dǎsuan 当初の心づもり. | 这家店 ~在城西, 去年搬到市中心来了 zhè jiā diàn yuánxiān zài chéng xī, qùnián bāndào shì zhōngxīn lái le この店は当初町の西にあったが, 去年町の中心に移ってきた.

【原形】yuánxíng 名原形. 正体. 元の形. ‖ 现 ~ xiàn yuánxíng 正体を現す.

【原样】yuányàng(~儿) 名❶元の型やデザイン. ‖ 照 ~重做了一个 zhào yuányàng chóng zuòle yí ge 元のとおりにもう一つ同じものを作った. ❷元の状態・様子. ‖ 身体已经恢复 ~ shēntǐ yǐjīng huīfù yuányàng 体はもう元の状態に回復した.

【原状】yuánzhuàng 名元来の状態や状況. 原状. ‖ 保持 ~ bǎochí yuánzhuàng 元の状態を保つ. | 恢复 ~ huīfù yuánzhuàng 原状を回復する.

728

もどす　戻す

▶返还　▶放还　▶归还　▶还　▶还原
▶回　▶退　▶退还　▶退回

【返还】fǎnhuán 動 返す．戻す．返還する．‖ ～定金 fǎnhuán dìngjīn 手付け金を返す．

【放还】fànghuán 動 元の位置に戻す．‖ 使用完毕，请～原处 shǐyòng wánbì, qǐng fànghuán yuánchù 使用後は元のところに戻してください．

*【归还】guīhuán 動 返す．返却する．‖ ～借款 guīhuán jièkuǎn 借金を返す．｜租的录相带要按期～ zū de lùxiàngdài yào ànqī guīhuán 借りたビデオテープは期日どおりに返却しなくてはいけない．

★【还】huán 動 (借りたお金や物を)返す．‖ 钱已经～给他了 qián yǐjīng huángěi tā le 金はもう彼に返した．｜把借的书～图书馆 bǎ jiè de shū huánhuí túshūguǎn 借りた本を図書館に返す．

*【还原】huán//yuán 動 (状態を)元に戻す．‖ 会后，请把桌子～ huì hòu, qǐng bǎ zhuōzi huányuán 会が終わったらテーブルを元へ戻してください．

★【回】huí；huí 動 動詞の後に置き，元の場所に戻ることを表す．‖ 放～原处 fànghuí yuánchù 元の場所に戻しておく．｜取～行李 qǔhuí xíngli 預けた荷物を受け取る．

*【退】tuì 動 (一度受け取ったものや買ったものを)返す．戻す．‖ 信被～回来了 xìn bèi tuìhuílai le 手紙が戻ってきた．｜错收的钱已～给本人 cuò shōu de qián yǐ tuìgěi běnrén 取りすぎたお金は本人に返した．

*【退还】tuìhuán 動 (買ったものや受け取ったものを)返す．戻す．‖ 原物～ yuánwù tuìhuán 物を原状のまま返す．｜～押金 tuìhuán yājīn 保証金を払い戻す．

【退回】tuìhuí 動 返す．戻す．‖ 查无此人，～原处 chá wú cǐ rén, tuìhuí yuánchù (この郵便物は)受取人不明につき差出人戻し．

もとめる　求める（要求する）

▶恳请　▶恳求　▶请　▶请求　▶求
▶希望　▶要求　▶要

【恳请】kěnqǐng 動 懇願する．切に願う．‖ ～原谅 kěnqǐng yuánliàng なにとぞお許しください．｜～提出宝贵意见 kěnqǐng tíchu bǎoguì yìjian ぜひとも貴重なご意見をお聞かせください．

*【恳求】kěnqiú 動 懇願する．切に求める．‖ ～批准 kěnqiú pīzhǔn なにとぞご承認ください．｜～大家原谅他 kěnqiú dàjiā yuánliàng tā どうかみなさん彼を許してやってください．

★【请】qǐng 動 請う．請い求める．‖ ～教 qǐngjiào 教えを請う．｜～老师原谅 qǐng lǎoshī yuánliàng 先生に許しを請う．｜～您明天来一趟 qǐng nín míngtiān lái yí tàng 明日一度おいでください．

**【请求】qǐngqiú 動 頼む．求める．‖ ～原谅 qǐngqiú yuánliàng 許しを求める．｜～别人帮助 qǐngqiú biéren bāngzhù 他人に援助を頼む．｜她～父母允许她去留学 tā qǐngqiú fùmǔ yǔnxǔ tā qù liúxué 彼女は両親に留学を許可してくれるよう頼んだ．

**【求】qiú 動 ❶請う．請い求める．‖ ～你点儿事 qiú nǐ diǎnr shì 君にちょっと頼みごとがある．｜～他帮个忙 qiú tā bāng ge máng 彼に手助けをしてくれるよう頼む．｜～～你别生气了 qiúqiu nǐ bié shēngqì le お願いだから腹を立てないでください．❷要求する．‖ 精益～精 jīng yì qiú jīng さらにいっそうの向上を求める．さらに磨きをかける．｜～生存 qiú shēngcún 生きることを切望する．｜

もとめる　求める（探し求める）

不～上进 bù qiú shàngjìn 向上を求めない.

★【希望】xīwàng 動希望する. 望む. ‖我很～你能帮助我 wǒ hěn xīwàng nǐ néng bāngzhù wǒ あなたが手伝ってくだされ ばほんとうにありがたいのですが.

★【要求】yāoqiú 動要求する. ‖～调动 yāoqiú diàodòng 配置換えを求める. ｜严格～自己 yángé yāoqiú zìjǐ 自己を厳しく律する. ｜老师～大家按时交作业 lǎoshī yāoqiú dàjiā ànshí jiāo zuòyè 先生はみんなに宿題を期限どおりに提出するよう求めた.

★【要】yào 動（人に…するよう）求める. 頼む. ‖老师～大家讲一下暑假里的打算 lǎoshī yào dàjiā jiǎng yíxià shǔjià li de dǎsuan 先生はみんなに夏休みの予定を話すよう求めた. ｜他～我帮忙 tā yào wǒ bāngmáng 彼は私に手伝いを頼んだ.

もとめる　求める（探し求める）

▶渇求　▶求　▶搜求　▶寻求　▶寻找
▶招　▶招募　▶找　▶征求　▶追求

【渇求】kěqiú 動熱心に求める. ‖～进步 kěqiú jìnbù ひたすら進歩向上を追求する.

**【求】qiú 動追い求める. 追求する. 追究する. ‖～真理 qiú zhēnlǐ 真理を追究する. ｜～名利 qiú mínglì 名利を求める. ｜～未知数 qiú wèizhīshù 未知数を求める. ｜实事～是 shí shì qiú shì 実事求是. 実際に即して適切な方法を見いだす.

【搜求】sōuqiú 動探し求める. 探し回る. ‖～宝物 sōuqiú bǎowù 宝物を探し求める.

*【寻求】xúnqiú 動探し求める. 探求する. ‖～解决的办法 xúnqiú jiějué de bànfǎ 解決策を探し求める. ｜～真理 xúnqiú zhēnlǐ 真理を追究する. ｜～合作伙伴 xúnqiú hézuò huǒbàn 提携するパートナーを探し求める. ｜～刺激 xúnqiú cìjī 刺激を追い求める.

**【寻找】xúnzhǎo 動探し求める. ‖～机会 xúnzhǎo jīhuì 機会を探る. ｜～线索 xúnzhǎo xiànsuǒ 手がかりを求める. ｜～门路 xúnzhǎo ménlu つてを求める. こねを探す. ｜～失散多年的亲人 xúnzhǎo shīsàn duōnián de qīnrén 長年離れ離れになったままの肉親を探す.

★【招】zhāo 動募集する. 募る. ‖～生 zhāoshēng 学生募集する. ｜～了两名学徒工 zhāole liǎng míng xuétúgōng 見習いを2名募集した.

【招募】zhāomù 動募集する. ‖～服装模特儿 zhāomù fúzhuāng mótèr ファッションモデルを募集する. ｜～会员 zhāomù huìyuán 会員を募集する.

★【找】zhǎo 動探す. ‖～不到合适的工作 zhǎobudào héshì de gōngzuò 適当な仕事が見つからない. ｜到处～门路 dàochù zhǎo ménlu あちこちつてを探し求める. ｜自～苦吃 zì zhǎo kǔ chī 自ら求めて苦しむ.

**【征求】zhēngqiú 動広く求める. 募る. ‖～意见 zhēngqiú yìjian 広く意見を求める. ｜～订户 zhēngqiú dìnghù 予約購読者を募る.

*【追求】zhuīqiú 動追求する. 探し求める. ‖～名利 zhuīqiú mínglì 名利を求める. ｜～幸福的生活 zhuīqiú xìngfú de shēnghuó 幸福な生活を求める. ｜不能只～数量，不顾质量 bù néng zhǐ zhuīqiú shùliàng, búgù zhìliàng 数の多さのみを求め，質は無視するというわけにはいかない.

もともと

▶本　▶本来　▶从来　▶生来　▶原
▶原本　▶原来

★【本】běn 副もともと. 元来. ‖我～是

河北人 wǒ běn shì Héběirén 私はもとも
と河北省の出身です.｜他～想去，但没
能去 tā běn xiǎng qù, dàn méi néng qù 彼は
もともと行くつもりだったが，行けな
かった.

**【本来】běnlái 形 本来の. もともとの.‖
～的意思 běnlái de yìsi 本来の意味.｜～
的颜色 běnlái de yánsè もとの色.｜暴露
了～面目 bàolùle běnlái miànmù 本性を現
した. 副 本来. もともと.‖他～是工
人，后来成了作家 tā běnlái shì gōngrén,
hòulái chéngle zuòjiā 彼はもとは労働者
だったが，のちに作家になった.｜我～
就不同意 wǒ běnlái jiù bù tóngyì 私はも
ともと反対だった.｜～该这么办 běn-
lái jiù gāi zhème bàn 本来こうすべきだっ
た.

**【从来】cónglái 副 昔からいままで. ずっ
と，これまで.‖我～不看这种杂志 wǒ
cónglái bú kàn zhè zhǒng zázhì 私はもとも
とこの手の雑誌は読まない.｜他～没去
过那儿 tā cónglái méi qùguo nàr 彼はいま
までそこへ行ったことがない.

【生来】shēnglái 副 生来. 生まれつき.
生まれてこのかた.‖～不会说假话
shēnglái bú huì shuō jiǎhuà 生来うそがつ
けない.｜他身体～就结实 tā shēntǐ shēng-
lái jiù jiēshi 彼はもともと丈夫だ.

*【原】yuán 副 もともと. 本来. 当初.‖
～有两辆车 yuán yǒu liǎng liàng chē もと
は車が2台あった.｜我～打算自己去
一趟的 wǒ yuán dǎsuan zìjǐ qù yí tàng de 私
はもともと自分で行くつもりだった.

【原本】yuánběn 副 もともと. 以前は.‖
她～是老师 tā yuánběn shì lǎoshī 彼女は
もともと教師だった.｜这一带～是荒地
zhè yídài yuánběn shì huāngdì このあたり
はもともと荒れ地だった.

★【原来】yuánlái 名 当初. 以前.‖他～不
会游泳，现在能游一千米 tā yuánlái bú
huì yóuyǒng, xiànzài néng yóu yìqiān mǐ も

ともと彼は泳げなかったが，いまは
1000メートル泳げる. 形 元の. いま
までどおりの.‖他还在～的单位工作
tā hái zài yuánlái de dānwèi gōngzuò 彼は
まだ元の職場で働いている.

もどる　戻る

▶重返　▶返回　▶复原　▶恢复　▶回
▶回来　▶…回来　▶回去　▶…回去
▶折回

【重返】chóngfǎn 動 戻る. 引き返す. 復
帰する.‖～工作岗位 chóngfǎn gōngzuò
gǎngwèi 職場に復帰する.｜～家园
chóngfǎn jiāyuán 故郷へまた戻る.

*【返回】fǎnhuí 動 帰る. 戻る.‖他已～
北京 tā yǐ fǎnhuí Běijīng 彼はすでに北京
に帰った.

【复原】fù//yuán 動 ❶(病後)健康を回復
する. "复元"とも書く.‖身体已经～了
shēntǐ yǐjīng fùyuán le 体はすっかり元気
になった. ❷原状を回復する. 復元す
る.‖破损的雕像已经～ pòsǔn de diāo-
xiàng yǐjīng fùyuán 破損した彫像はすで
に復元された.

**【恢复】huīfù 動 回復する. 取り戻す.‖
～邦交 huīfù bāngjiāo 国交を回復する.
｜～体力 huīfù tǐlì 体力を回復する.｜
谈判～了 tánpàn huīfù le 交渉が再開し
た.｜～了老样子 huīfùle lǎoyàngzi 元の
姿に回復する.｜～平静 huīfù píngjìng 平
静を取り戻す.｜～原状 huīfù yuánzhuàng
原状に復する.

★【回】huí 動 ❶戻る. 帰る.‖～娘家 huí
niángjia (嫁が)里帰りする.｜～故乡 huí
gùxiāng 故郷に戻る. 帰省する.｜快去
快～ kuài qù kuài huí 早く行って早く帰
る. ❷(hui：huí)動詞の後に置き，元
の場所に戻ることを表す.‖取～行李
qǔhuí xíngli 預けた荷物を受け取る.｜

もの　物（品物）

放～原处 fànghui yuánchù 元の場所に戻しておく．｜跑～宿舍 pǎohui sùshè 宿舎まで駆け戻る．

★【回来】huí//lai(lái) 動（元の所へ）帰ってくる．戻ってくる．‖他每天很晚才回来 tā měitiān hěn wǎn cái huílai 彼は毎晩遅くでないと帰ってこない．｜快～! 吃饭了! kuài huílai! chīfàn le! 早く戻ってきなさい，食事ですよ．

＊＊【…回来】…//hui(huí)//lai 動動詞の後に置き，元の所へ帰ってくることを表す．‖我去机场把他接～了 wǒ qù jīchǎng bǎ tā jiēhuilai le 私は空港へ彼を迎えにいってきた．｜她买回很多菜来 tā mǎihui hěn duō cài lai 彼女はたくさんの料理材料を仕入れて帰ってきた．｜话说～ huà shuō-huilai 話を元へ戻す．

★【回去】huí//qu(qù) 動（元の所へ）帰っていく．戻る．‖你赶快～吧! nǐ gǎnkuài huíqu ba! 君，早く帰りなさい．｜你们不答应，我们就不～ nǐmen bù dāying, wǒmen jiù bù huíqu 君たちが承諾しないかぎり，僕たちは帰らない．

＊＊【…回去】…//hui(huí)//qu 動動詞の後に置き，元の所へ帰っていくことを示す．‖路不远，我们走～吧 lù bù yuǎn, wǒmen zǒuhuiqu ba 道は遠くないから，歩いて戻ろう．｜他把学校的辞典带回家去了 tā bǎ xuéxiào de cídiǎn dàihui jiā qu le 彼は学校の辞書を家に持ち帰った．

【折回】zhéhuí 動元の所に戻る．引き返す．‖登山队因天气骤变，又～了原地 dēngshānduì yīn tiānqì zhòu biàn, yòu zhéhuíle yuándì 登山隊は天候が急変したため，また元の地点へ引き返した．

もの　物（品物）

▶产品　▶东西　▶货物　▶失物　▶实物
▶玩意儿　▶物件　▶物品　▶物体

＊＊【产品】chǎnpǐn 图製品．生産物．‖农～ nóngchǎnpǐn 農産物．｜畜～ xùchǎnpǐn 畜産品．｜工业～ gōngyè chǎnpǐn 工業製品．｜～质量 chǎnpǐn zhìliàng 製品の質．

★【东西】dōngxi 图（具体的な）物．品物．（抽象的な）事物．もの．‖买～ mǎi dōngxi 買い物をする．｜丢～ diū dōngxi 物をなくす．｜找～ zhǎo dōngxi 物を探す．｜那家自选市场，什么～都有 nà jiā zìxuǎn shìchǎng, shénme dōngxi dōu yǒu あのスーパー・マーケットにはどんな品物でも揃えてある．｜我很喜欢他写的～ wǒ hěn xǐhuan tā xiě de dōngxi 私は彼の書いたものが好きだ．

＊【货物】huòwù 图貨物．商品．

【失物】shīwù 图落とし物．遺失物．‖～招领 shīwù zhāolǐng 遺失物のお知らせ（張り紙などの見出し）．｜～招领处 shīwù zhāolǐngchù 遺失物取り扱い所．

＊【实物】shíwù 图実物．‖～教学 shíwù jiàoxué 実物教育．｜～交换 shíwù jiāohuàn 現物交換．｜用～抵偿欠款 yòng shíwù dǐcháng qiànkuǎn 物で欠損を償う．

＊【玩意儿】【玩艺儿】wányìr 图口もの．代物．（軽くけなす意を含む）‖这是什么破～，白送给我都不要 zhè shì shénme pò wányìr, bái sònggěi wǒ dōu bú yào このがらくたはなんだ，ただでもいらないよ．｜真不是～ zhēn bú shì wányìr まったくろくなものじゃない．

【物件】wùjiàn 图物．品物．‖稀罕～ xīhan wùjiàn 珍しい品．

＊【物品】wùpǐn 图物品．品物．‖贵重～ guìzhòng wùpǐn 貴重品．｜～奇缺 wùpǐn qíquē 品枯れ．｜随身携带～ suíshēn xiédài wùpǐn 手荷物や身の回りの品．

＊【物体】wùtǐ 图物体．‖运动～ yùndòng wùtǐ 運動体．｜发光～ fāguāng wùtǐ 発光体．

732

もやす　燃やす

▶点　▶点火　▶点燃　▶燃　▶燃焼　▶焼
▶焼毀　▶焼火

★【点】diǎn 🈩 点火する. ‖ ～灯 diǎn dēng 明かりをつける. ｜～蜡烛 diǎn làzhú ろうそくに火をともす. ｜～上一支烟 diǎnshang yì zhī yān タバコに火をつける.

*【点火】diǎn//huǒ 🈩 点火する. 火をつける. ‖一进家门就～做饭 yí jìn jiāmén jiù diǎnhuǒ zuò fàn 家に入るとすぐ食事の仕度にかかった.

*【点燃】diǎnrán 🈩 火をつける. 燃やす. ‖～火把 diǎnrán huǒbǎ たいまつに火を点じる. ｜～了熊熊烈火 diǎnránle xióngxióng lièhuǒ つけた火が激しい炎になった.

*【燃】rán 🈩 点火する. 火をつける. ‖～香 rán xiāng 香をたく. ｜～起火炬 ránqi huǒjù たいまつを燃やす. ｜～起希望之火 ránqi xīwàng zhī huǒ 希望の火をともす. ｜～上了一支烟 ránshangle yì zhī yān タバコに火をつけた. ｜这火柴太湿, 怎么也不～ zhè huǒchái tài shī, zěnme yě bù rán このマッチはだいぶ湿っていて, どうしても火がつかない.

**【燃焼】ránshāo 🈩 燃焼する. 燃える. ‖～柴草 ránshāo cháicǎo たき木や枯れ草を燃やす.

**【焼】shāo 🈩 燃やす. 燃える. ‖焚～ fénshāo 焼き払う. ｜把旧稿子都～了 bǎ jiù gǎozi dōu shāo le 古い原稿をみんな燃やした. ｜火～得很旺 huǒ shāode hěn wàng 火がかんかんにおこる.

*【焼毀】shāohuǐ 🈩 焼き払う. 焼き捨てる. ‖～机密文件 shāohuǐ jīmì wénjiàn 機密文書を焼却する. ｜房子～了 fángzi shāohuǐ le 家が焼けた.

【焼火】shāo//huǒ 🈩 火を起こす. 燃やす. ‖～做饭 shāohuǒ zuòfàn 飯炊きをする.

る. ｜这些边角料可用来～ zhèxiē biānjiǎoliào kě yònglai shāohuǒ これらの切れ端はたきつけに使える.

もよう　模様

▶斑纹　▶花　▶花纹　▶花样　▶条纹
▶图案　▶纹理

【斑纹】bānwén 🈠 ぶち. まだら模様. 不規則な縞(しま)模様.

★【花】huā 🈠 (～儿)模様. 図案. 柄. ‖这块布的～儿太艳了 zhè kuài bù de huār tài yàn le この布の柄は派手すぎる. ｜白地红～儿 báidì hónghuār 白地に赤い模様. 🈝❶花や模様で飾った. 柄のある. ‖～裙子 huā qúnzi 柄もののスカート. ❷まだら模様の. ‖～白 huābái. 白髪まじりである. ｜～牛 huāniú まだら牛.

*【花纹】huāwén(～儿) 🈠 模様. 図案. ‖蔓草～ màncǎo huāwén 唐草(からくさ)模様.

*【花样】huāyàng(～儿) 🈠 模様. 図案. ‖这块布的～很新颖 zhè kuài bù de huāyàng hěn xīnyǐng この布の柄はとてもユニークだ.

【条纹】tiáowén 🈠 しま模様. ‖用望远镜观测木星, 可以看见有一些～ yòng wàngyuǎnjìng guāncè mùxīng, kěyǐ kànjiàn yǒu yìxiē tiáowén 木星を望遠鏡で見ると, しま模様が見える.

*【图案】tú'àn 🈠 図案. 模様. ‖窗帘的～很漂亮 chuānglián de tú'àn hěn piàoliang カーテンの柄がとてもきれいだ. ｜水珠～的缎带 shuǐzhū tú'àn de duàndài 水玉模様のリボン.

【纹理】wénlǐ 🈠 木目. 筋状の文様. 肌目. ‖木板的～ mùbǎn de wénlǐ 板の木目.

もよおす　催す

もよおす　催す

▶举办　▶举行　▶开　▶设宴　▶召开
▶主办　▶做

---

*【举办】jǔbàn 動 開催する．挙行する．催す．‖ ～展览会 jǔbàn zhǎnlǎnhuì 展覧会を開催する．｜ ～体育比赛 jǔbàn tǐyù bǐsài スポーツ競技会を開催する．｜ ～义卖活动 jǔbàn yìmài huódòng チャリティー・バザーを催す．

**【举行】jǔxíng 動 挙行する．実行する．行う．‖ ～婚礼 jǔxíng hūnlǐ 婚礼を行う．｜ ～谈判 jǔxíng tánpàn 交渉を行う．｜会议延期～ huìyì yánqī jǔxíng 会議は延期して行う．

★【开】kāi 動 (会を)開く．開催する．‖ ～运动会 kāi yùndònghuì 運動会を開催する．｜ ～画展 kāi huàzhǎn 絵画展を開く．｜下午的会不～了 xiàwǔ de huì bù kāi le 午後の会議は取り止めになった．

【设宴】shè//yàn 動 宴を張る．宴会を催す．‖ 在酒店～招待客人 zài jiǔdiàn shè- yàn zhāodài kèren ホテルのパーティーに客を招待する．

**【召开】zhàokāi 動 招集して会を開く．‖ ～大会 zhàokāi dàhuì 大会を開催する．｜全国教育工作会议将于八月～ quánguó jiàoyù gōngzuò huìyì jiāng yú bāyuè zhào- kāi 全国教育工作会議は8月に招集される．

*【主办】zhǔbàn 動 主催する．‖ ～运动会 zhǔbàn yùndònghuì スポーツ大会を主催する．｜ ～单位 zhǔbàn dānwèi 主催団体．主催者．

★【做】zuò 動 催す．挙行する．‖ ～生日 zuò shēngrì 誕生日の祝いをする．

もらう

▶得　▶得到　▶获　▶获得　▶接　▶接到
▶领　▶取　▶取得　▶收　▶收到　▶受
▶受到　▶要

★【得】dé 動 獲得する．手に入れる．自分のものにする．⇔"失" shī ‖ 多劳多～ duō láo duō dé 多く働けば多く得る．｜ ～一百分 dé yìbǎi fēn 100点を取る．｜这是我参加运动会～的奖杯 zhè shì wǒ cānjiā yùndònghuì dé de jiǎngbēi これは私がスポーツ大会に出て獲得したトロフィーだ．

★【得到】dé//dào 動 手に入れる．獲得する．もらう．‖ ～好处 dédào hǎochù 利益を得る．｜ ～机会 dédào jīhuì 機会を得た．｜ ～一份奖品 dédào yí fèn jiǎngpǐn 賞品をもらった．｜ ～一个好消息 dédào yí ge hǎo xiāoxi いい知らせをもらった．｜ ～许可 dédào xǔkě 許可をもらった．

*【获】huò 動 得る．取得する．手に入れる．‖ 主队～冠军 zhǔduì huò guànjūn 地元チームが優勝する．｜不劳而～ bù láo ér huò 労せずして得る．｜一无所～ yì wú suǒ huò 一つとして得るところがなかった．

**【获得】huòdé 動 獲得する．手に入れる．収める．‖ ～奖金 huòdé jiǎngjīn 賞金をもらう．｜ ～宝贵经验 huòdé bǎoguì jīng- yàn 貴重な経験をした．｜ ～显著效果 huòdé xiǎnzhù xiàoguǒ 著しい効果を収める．｜ ～了新生 huòdéle xīnshēng 新しい人生が始まった．

★【接】jiē 動 ❶ (手で)受け取る．受ける．‖ ～球 jiēqiú ボールを受ける．レシーブする．｜把行李～过来 bǎ xíngli jiēguo- lai 荷物を受け取る．❷ (電話・手紙などを)受ける．受け取る．(仕事を)引き受ける．‖ ～电话 jiē diànhuà 電話に出る．｜ ～任务 jiē rènwu 任務を受ける．

734

もらす　漏らす

**【接到】 jiē//dào 動 受け取る．受ける．‖
～电报 jiēdào diànbào 電報を受け取る．
｜～你的来信，非常高兴 jiēdào nǐ de lái-xìn, fēicháng gāoxìng お手紙を受け取り，たいへん嬉しく思いました．

**【领】 lǐng 動 ❶受ける．受け入れる．‖
您的心意我～了 nín de xīnyì wǒ lǐng le あなたのお気持ちはいただきました．❷
(規定により支給されるものを)受け取る．もらう．受領する．‖～奖 lǐngjiǎng 賞品をもらう．｜～工资 lǐng gōngzī 給料を受け取る．

*【取】 qǔ 動 取る．引き出す．‖～票 qǔ piào 切符を受け取る．｜到车站～行李 dào chēzhàn qǔ xíngli 駅へ行って荷物を引き取る．｜到银行～了五百元钱 dào yínháng qǔle wǔbǎi yuán qián 銀行へ行って 500 元引き出した．｜从书架上～书 cóng shūjià shang qǔ shū 本棚から本を取る．

★【取得】 qǔdé 動 取得する．得る．‖～信任 qǔdé xìnrèn 信任を得る．｜～谅解 qǔdé liàngjiě 了解を得る．｜～优异成绩 qǔdé yōuyì chéngjì 優秀な成績を収める．｜～决赛权 qǔdé juésàiquán 決勝進出を勝ち取る．｜和对方～联系 hé duìfāng qǔdé liánxì 相手と連絡をとる．

★【收】 shōu 動 受け入れる．‖～礼物 shōu lǐwù 贈り物をもらう．｜～徒弟 shōu túdi 弟子を取る．｜能～八个频道 néng shōu bā ge píndào 8 チャンネル分受信できる．

*【收到】 shōu//dào 動 受け取る．手にする．‖～一个邮包 shōudào yí ge yóubāo 小包を受け取る．｜来信～了 láixìn shōudào le お手紙拝受しました．

**【受】 shòu 動 (抽象的・心理的なものを)受ける．受け取る．‖领～ lǐngshòu (好意などを)受ける．｜～表扬 shòu biǎo-yáng 表彰される．｜～优待 shòu yōudài 優遇される．｜～贿赂 shòu huìlù 賄賂を受け取る．｜～教育 shòu jiàoyù 教育を

受ける．教えられる．説教される．

【受到】 shòu//dào 動 …を受ける ‖～热情招待 shòudào rèqíng zhāodài 温かいもてなしを受ける．｜～奖励 shòudào jiǎng-lì 表彰された．

★【要】 yào 動 (ものを)求める．もらう．‖他跟妈妈～了十块钱 tā gēn māma yào-le shí kuài qián 彼はお母さんに 10 元もらった．｜感冒了，去医务室～点儿药 gǎnmào le, qù yīwùshì yàole diǎnr yào 風邪を引いたので，保健室に薬をもらいにいった．

もらす　漏らす

▶漏　▶露底　▶透　▶透风　▶透露　▶泄
▶泄露　▶走

**【漏】 lòu 動 (情報などを外部に)漏洩(ろうえい)する．漏らす．‖走～消息 zǒulòu xiāoxi 情報を漏らす．｜这事谁也不许～出去 zhè shì shéi yě bùxǔ lòuchuqu このことは誰も外へ漏らしてはいけない．

【露底】 lòu//dǐ 動 内情を漏らす．内幕が暴かれる．‖这事儿他跟我露过底 zhè shìr tā gēn wǒ lòuguo dǐ このことについて彼は私に内情を漏らしたことがある．

**【透】 tòu 動 漏らす．こっそり伝える．‖～信 tòuxìn 消息を漏らす．｜给他～了一点儿消息 gěi tā tòule yìdiǎnr xiāoxi 彼に少しニュースを漏らした．

【透风】 tòu//fēng 動 うわさを流す．内情を漏らす．‖他给我们透了一点儿风 tā gěi wǒmen tòule yìdiǎnr fēng 彼は私たちに少し内情を漏らした．

【透露】 tòulù 動 (秘密や情報などを)漏らす．‖～消息 tòulù xiāoxi 情報を漏らす．｜据有关人士～ jù yǒuguān rénshì tòu-lù 消息筋によれば．｜这件事千万不能～出去 zhè jiàn shì qiānwàn bù néng tòulù-chuqu この事は決して漏らしてはいけ

もれる （水・光などが）漏れる

ない.

*【泄】 xiè 動 (秘密や情報などを)漏らす. 漏洩(ろ)する. ‖ 天机不可～ tiānjī bù kě xiè 天機を漏らすなかれ.

*【泄露】 xièlòu 動 (秘密や情報などを)漏らす. 漏洩する. "泄漏"とも書く. ‖ ～秘密 xièlòu mìmì 秘密を漏らす. | 这事儿绝不能～出去 zhè shìr jué bù néng xièlòuchuqu この事は決してほかに漏らしてはいけない.

★【走】 zǒu 動 漏れる. 漏らす. ‖ ～嘴 zǒuzuǐ 口を滑らせる. | ～了风声 zǒule fēngshēng 秘密が漏れた. | ～了消息 zǒule xiāoxi 情報が漏れた.

もれる （水・光などが）漏れる

▶传来 ▶漏 ▶跑 ▶透 ▶泄 ▶泄漏
▶走

**【传来】 chuánlai；chuánlái 動 伝わる. ‖ 从隔壁房间～说话声 cóng gébì fángjiān chuánlai shuōhuàshēng 隣の部屋から話し声が漏れてきた.

**【漏】 lòu 動 ❶(ものが穴やすきまから)漏れる. にじみ出る. ‖ 渗～ shènlòu にじみ出る. | ～气 lòu qì 空気が漏れる. 空気が抜ける. | 盆里的水～光了 pén li de shuǐ lòuguāng le たらいの水が全部漏れてしまった. ❷(穴やすきまがあって)漏る. ‖ 水壶～了 shuǐhú lòu le やかんが漏った. | 房子～雨 fángzi lòu yǔ 家は雨漏りがする.

★【跑】 pǎo 動 漏れる. 蒸発する. ‖ ～气 pǎoqì 空気や蒸気が漏れる. | 茶叶～味儿了 cháyè pǎo wèir le 茶の香りが抜けてしまった. | 一瓶酒精全～光了 yì píng jiǔjīng quán pǎoguāng le アルコールが一瓶全部揮発してしまった.

**【透】 tòu 動 (光線や液体が)通り抜ける. つき抜ける. 透き通る. しみ通る. ‖ ～

风 tòufēng 風が通る. 風を通す. | ～光 tòuguāng 光が通る. 光を通す. | 门缝里～出一线光亮 ménfèng li tòuchu yí xiàn guāngliàng ドアのすきまから一筋の光が漏れてくる.

*【泄】 xiè 動 (液体や気体が)漏れる. ‖ 水～不通 shuǐ xiè bù tōng 水も漏らさない. 非常にこみ合うさま, または, 警戒が厳重なさま. | 从屋里泄出一丝昏暗的灯光 cóng wūli xièchu yì sī hūn'àn de dēngguāng 部屋からほの暗い明かりが漏れている.

【泄漏】 xièlòu 動 (液体や気体が)漏れる. 漏れ出る. ‖ 发生煤气～事故 fāshēng méiqì xièlòu shìgù ガス漏れ事故が起きる.

★【走】 zǒu 動 漏れる. 漏らす. ‖ ～嘴 zǒuzuǐ 口を滑らせた. | ～了风声 zǒule fēngshēng 秘密が漏れた. | ～了消息 zǒule xiāoxi 情報が漏れた.

もんだい 問題

▶关键 ▶课题 ▶事情 ▶试题 ▶题
▶题目 ▶问题 ▶专题

**【关键】 guānjiàn 名 肝心な点. 重要な部分. かなめ. キーポイント. かぎ. ‖ 问题的～ wèntí de guānjiàn 問題のキーポイント. | 现在～是找不到合适的人 xiànzài guānjiàn shì zhǎobudào héshì de rén いまの問題は適任者が見つからないことだ.

*【课题】 kètí 名 (研究や討論の)テーマ. 課題. 問題. ‖ 提出新的～ tíchu xīn de kètí 新しい課題を提起する. | 研究～ yánjiū kètí 研究テーマ.

★【事情】 shìqing 名 事. 出来事. ‖ ～闹大了 shìqing nàodà le 事が大きくなった. | 我有点儿～要跟你商量 wǒ yǒu diǎnr shìqing yào gēn nǐ shāngliang ちょっとあなたに相談したい事がある.

もんだい 問題

【試題】shìtí 图 テストの問題.

＊＊【題】tí 图（練習や試験の）問題. ‖ 习～
xítí 練習問題. ｜这道～我不会 zhè dào tí
wǒ bú huì この問題は私にはできない.

＊＊【題目】tímù 图（練習または試験などの）
題. 問題. ‖ 这次考试的～真难 zhè cì
kǎoshì de tímù zhēn nán 今回の試験問題
はほんとうに難しい.

★【问题】wèntí 图 ❶問題. 質問. ‖ 老师
向学生提了几个～ lǎoshī xiàng xuésheng
tíle jǐ ge wèntí 先生は学生に二, 三質問を
した. ｜请回答下列～ qǐng huídá xiàliè
wèntí 次の問題に答えてください. ❷
解決すべき問題. ‖ ～成堆 wèntí chéng-
duī 問題が山積している. ｜家庭内部～
jiātíng nèibù wèntí 家庭内の問題. ｜班上
最成～的孩子 bān shang zuì chéng wèntí de
háizi クラス一の問題児. ❸肝要な点.
キーポイント. ‖ 关键的～是学了就要
用 guānjiàn de wèntí shì xuéle jiù yào yòng
ポイントは学んだら実際に使ってみる
ことだ. ｜～是他根本不想干 wèntí shì tā
gēnběn bù xiǎng gàn 問題は彼にまるでや
る気がないことだ. ❹故障. 出来事.
トラブル. ‖ 这辆汽车的发动机有～ zhè
liàng qìchē de fādòngjī yǒu wèntí この車は
エンジンに問題がある.

＊【专题】zhuāntí 图 特定のテーマ. 特定
の問題. ‖ ～报告 zhuāntí bàogào 特定の
問題を扱った報告. ｜～论文集 zhuāntí
lùnwénjí 特定テーマの論文集.

も

や

やく　焼く（火を通す）

▶煎　▶烤　▶烙　▶焼　▶摊

*【煎】jiān 動少量の油を入れて表面をきつね色に焼く.‖～鸡蛋 jiān jīdàn 玉子焼きを作る.｜～鱼 jiān yú （フライパンで）魚を焼く.

**【烤】kǎo 動（火にかざして）あぶる. 焼く.‖～羊肉 kǎo yángròu ヒツジの肉を焼く.｜～馒头 kǎo mántou マントーをあぶる.

【烙】lào 動（小麦粉を練ったものを平らにのばして）フライパンで焼く.‖～馅儿饼 lào xiànrbǐng 肉野菜のあん入りの餅(ビン)を焼く.

**【烧】shāo 動❶炊く. 沸かす. 焼いて作る.‖～饭 shāofàn 御飯を炊く.｜～开水 shāo kāishuǐ 湯を沸かす. ❷あぶり焼きにする.‖叉～肉 chāshāoròu 調味料に浸した後, 串(くし)にさして焼いた肉.

*【摊】tān 動粉などを溶いて薄くのばして焼く.‖～鸡蛋 tān jīdàn 薄焼き玉子を作る.｜～饼 tān bǐng 餅(ビン)を焼く.

やく　約

▶大概　▶大约　▶将近　▶上下　▶约
▶约莫　▶左右

★【大概】dàgài 副たぶん. おそらく. おおかた.‖他～还不知道这件事 tā dàgài hái bù zhīdao zhè jiàn shì 彼はたぶんまだこの事を知らないだろう.｜这么晚了, ～他不来了 zhème wǎn le, dàgài tā bù lái le こんなに遅いのではたぶんもう彼は来

ないだろう.｜他～二十岁左右 tā dàgài èrshí suì zuǒyòu 彼はたぶん 20 歳ぐらいだ.｜昨天出席了～有五十多人 zuótiān chūxíle dàgài yǒu wǔshí duō rén 昨日は約50 人あまりの出席者があった.

**【大约】dàyuē 副約. およそ. だいたい.（概数を表す）‖用了～两小时 yòngle dàyuē liǎng xiǎoshí およそ 2 時間かかった.｜～来了二十几个人 dàyuē láile èrshíjǐ ge rén 二十数人来た.

*【将近】jiāngjìn 副（数が）…に近い. ほぼ…である.‖我来日本～三年了 wǒ lái Rìběn jiāngjìn sān nián le 私は日本に来てほぼ 3 年になる.｜他～六十岁 tā jiāngjìn liùshí suì 彼はもう六十近い.

*【上下】shàngxià 名（数量詞の後に置き, 概数を表す）前後. ほど.‖年纪在五十～ niánjì zài wǔshí shàngxià 年齢は 50 歳前後である.｜六十公斤～ liùshí gōngjīn shàngxià 60 キロぐらい.

**【约】yuē 副約. ほぼ. だいたい.‖两地相距～十公里 liǎng dì xiāngjù yuē shí gōnglǐ 二つの場所はおよそ 10 キロ離れている.｜出席会议的～有二十人 chūxí huìyì de yuē yǒu èrshí rén 会議に出席したのは約 20 名である.

【约莫】【约摸】yuēmo 副だいたい. ほぼ. ざっと.‖～等了十分钟左右 yuēmo děngle shí fēnzhōng zuǒyòu およそ 10 分ばかり待った.｜会场里～有二三十人 huìchǎng li yuēmo yǒu èrsānshí rén 会場にはざっと 2, 30 人いる.

**【左右】zuǒyòu 名くらい. ほど.‖二十岁～ èrshí suì zuǒyòu 20 歳ぐらい.｜五点～ wǔ diǎn zuǒyòu 5 時ごろ.｜百分之八十～ bǎifēnzhī bāshí zuǒyòu 80 パーセント前後.

やくそく　約束

▶答応　▶失約　▶爽約　▶说好　▶约
▶约定　▶约法三章　▶约会　▶约期

**【答应】 dāying 動 承知する．承諾する．約束する．‖ 他~明天来 tā dāying míngtiān lái 彼は明日来ることを承諾した．｜ ~老师的事还没办到 dāying lǎoshī de shì hái méi bàndào 先生との約束をまだ果たせずにいる．｜ 那时你~我的事儿，难道忘了吗? nà shí nǐ dāying wǒ de shìr, nándào wàng le ma? あの時の約束をもう忘れたの？

*【失约】 shī//yuē 動（会う）約束を破る．‖ 小明没有~，第二年的春天他果然回来了 Xiǎo míng méiyou shīyuē, dì èr nián de chūntiān tā guǒrán huílai le 小明は約束を破ることなく，翌年の春には戻ってきた．

【爽约】 shuǎngyuē 動 違約する．約束をたがえる．‖ 他一旦答应，从不~ tā yídàn dāying, cóng bù shuǎngyuē 彼は約束したらたがえたことがない．

【说好】 shuōhǎo 動 話して決める．取り決める．‖ 这是我们结婚时~了的 zhè shì wǒmen jiéhūn shí shuōhǎole de これが私たちの結婚した時の約束です．｜ 已经跟妈妈~了，明天去公园玩儿 yǐjīng gēn māma shuōhǎo le, míngtiān qù gōngyuán wánr 明日公園へ遊びにいくと，お母さんと約束している．

**【约】 yuē 動 約束する．‖ ~好时间和地点 yuēhǎo shíjiān hé dìdiǎn あらかじめ時間と場所を決めておく．

【约定】 yuēdìng 動 約束する．あらかじめ取り決める．‖ ~在北京见面 yuēdìng zài Běijīng jiànmiàn 北京で会うと約束した．

【约法三章】 yuē fǎ sān zhāng 成 ごく簡単な約束事を定める．漢の高祖・劉邦が

関中に入ったさい，それまでの秦の過酷な法律とは異なり，たった3ヵ条だけのおきてを示したという『史記』にある故事から．‖ 咱们先~，去了可要守规矩 zánmen xiān yuē fǎ sān zhāng, qùle kě yào shǒu guīju 先に約束できる？行ったら必ずきまりを守るって．

**【约会】 yuēhui；yuēhuì 動 待ち合わせをする．デートする．‖ 在公园~ zài gōngyuán yuēhui 公園で待ち合わせる．｜ 跟女朋友~ gēn nǚpéngyou yuēhuì ガールフレンドとデートする．名 会う約束．デート．‖ 今天我有~ jīntiān wǒ yǒu yuēhui 今日私は約束がある．

【约期】 yuēqī 動 期日を取り決める．‖ ~相亲 yuēqī xiāngqīn 日を決めてお見合いをする．名 ❶約束の日．‖ ~已到，仍无音讯 yuēqī yǐ dào, réng wú yīnxùn 約束の日になっても，まだなんの音沙汰(おとさた)もない．❷契約の期限．‖ ~未满 yuēqī wèi mǎn まだ期限がきていない．

やくにたたない　役に立たない

▶不顶事　▶不顶用　▶不济　▶不济事
▶废　▶没用　▶无济于事　▶无益　▶无用
▶无助于

【不顶事】 bù dǐng//shì 組 役に立たない．‖ 嗓子干得喝水也~ sǎngzi gānde hē shuǐ yě bù dǐngshì のどがからからで水を飲んでもだめだ．

【不顶用】 bù dǐng//yòng 組 役に立たない．‖ 杀毒软件怎么~了 shādú ruǎnjiàn zěnme bù dǐngyòng le アンチウイルスがなぜか効いていない．

【不济】 bùjì 形口 ものの役に立たない．足しにならない．‖ 体力~ tǐlì bújì 体力が衰えている．

【不济事】 bù jìshì 組 役に立たない．助けにならない．‖ 这病光吃药~ zhè bìng

やくにたつ　役に立つ

guāng chī yào bú jìshì この病気は薬だけではよくならない.

*【废】fèi 厖役に立たない. 無用の. ‖～报纸 fèibàozhǐ 古新聞. | ～钢铁 fèigāngtiě くず鉄.

**【没用】méi yòng 組役に立たない. "没有用"méiyou yòng／ともいう. ‖你真～ nǐ zhēn méi yòng お前はほんとに役立たずだ. | 事已至此，哭也～ shì yǐ zhì cǐ, kū yě méi yòng 事ここに至っては，泣いてもなんの役にも立たない.

【无济于事】wú jì yú shì 成なんの役にも立たない. なんの足しにもならない.

【无益】wúyì 動役に立たない. むだである. 無益である. ‖对身体～ duì shēntǐ wúyì 体のためによくない. | ～之举 wúyì zhī jǔ 無益な行為. | 徒劳～ túláo wúyì 骨折り損のくたびれ儲け. 労して功なし.

【无用】wúyòng 厖役に立たない. ‖这么简单的活儿都干不了，真是～! zhème jiǎndān de huór dōu gànbuliǎo, zhēn shì wúyòng! こんな簡単な仕事もできないなんて，まったく役立たずだ.

【无助于】wúzhù yú 組…の助けにはならない. …の役に立たない. ‖光发牢骚也～问题的解决，还是想点儿办法吧 guāng fā láosao yě wúzhù yú wèntí de jiějué, háishi xiǎng diǎnr bànfǎ ba 愚痴をこぼしてばかりいても問題の解決にはならないから，やはりなんとか対策を考えよう.

やくにたつ　役に立つ

▶帮忙　▶顶事　▶顶用　▶管事　▶管用
▶好使　▶好用　▶起作用　▶有益　▶有用

★【帮忙】bāng//máng（～儿）動手伝う. 手助けする. 手を貸す. ‖我来～ wǒ lái bāngmáng お手伝いしましょう. | 帮了

我不少忙 bāngle wǒ bùshǎo máng 大いに助かった. | 他不肯帮这个忙 tā bù kěn bāng zhège máng 彼はこの件で手を貸すつもりがない.

【顶事】dǐng//shì（～儿）厖役に立つ. 効果がある. ‖新聘了个秘书，可～呢 xīn pìnle ge mìshū, kě dǐngshì ne 新しく秘書に来てもらったが，実に助かっている. | 那药很～ nà yào hěn dǐngshì あの薬はよく効く.

【顶用】dǐng//yòng 厖役に立つ. 使える. ‖这种药不～ zhè zhǒng yào bù dǐngyòng この薬は役に立たない. | 光说顶什么用? guāng shuō dǐng shénme yòng? 口で言うだけで何になるんだ.

【管事】guǎn//shì（～儿）厖効果がある. 役に立つ. ‖找领导管什么事? zhǎo lǐngdǎo guǎn shénme shì? 上司に会ったところでどうにもなるまい.

【管用】guǎn//yòng 厖効果がある. 役に立つ. ‖这药很～ zhè yào hěn guǎnyòng この薬はとても効き目がある.

【好使】hǎoshǐ 厖❶使いやすい. ‖这个扫帚很～ zhège sàozhou hěn hǎoshǐ このほうきはたいへん使いやすい. ❷よく使える. よく働く. ‖老了，眼睛不～了 lǎo le, yǎnjing bù hǎoshǐ le 年を取り，目がよく見えなくなった.

【好用】hǎoyòng 厖使いやすい. 役に立つ. ‖这个～ zhège hǎoyòng これは使いやすい. これは役に立つ.

*【起作用】qǐ zuòyòng 組役に立つ. ‖新买的机器可～了 xīn mǎi de jīqi kě qǐ zuòyòng le 新しく買った機械はなかなか役に立った.

*【有益】yǒuyì 厖有益である. ‖多吃蔬菜对健康～ duō chī shūcài duì jiànkāng yǒuyì 野菜を多めにとることは健康によい.

**【有用】yǒu//yòng 動役に立つ. 使える. ‖～的东西别扔 yǒuyòng de dōngxi bié

740

やさしい　優しい

rēng 使える物は捨てないように. | 这本导游手册很～ zhè běn dǎoyóu shǒucè hěn yǒuyòng このガイドブックは役に立つ. | 买这么多手绢有什么用? mǎi zhème duō shǒujuàn yǒu shénme yòng? ハンカチをこんなにたくさん買ってどうするの.

やさい　野菜

▶白菜　▶白薯　▶菜花　▶葱　▶豆芽儿
▶胡萝卜　▶黄瓜　▶韭菜　▶苦瓜　▶萝卜
▶蘑菇　▶南瓜　▶藕　▶茄子　▶青梗菜
▶青椒　▶生菜　▶土豆　▶西红柿　▶洋葱
▶洋芹菜　▶圆白菜

**【白菜】báicài 名 ハクサイ. "大白菜" dàbáicài ともいう.

【白薯】báishǔ 名 サツマイモ. "甘薯" gānshǔ の通称. "红薯" hóngshǔ, "地瓜" dìguā ともいう.

【菜花】càihuā 名 カリフラワー.

*【葱】cōng 名 ネギ. ふつうは "大葱" dàcōng という. ∥ ～花 cōnghuā 刻みネギ.

【豆芽儿】dòuyár 名 モヤシ. "豆芽菜" dòuyácài ともいう.

【胡萝卜】húluóbo 名 ニンジン. ∥ ～加大棒 húluóbo jiā dàbàng 飴と鞭の政策.

**【黄瓜】huánggua 名 キュウリ. ∥ 酸～ suānhuánggua キュウリの酢漬け.

【韭菜】jiǔcài 名 ニラ.

【苦瓜】kǔguā 名 ニガウリ. ゴーヤ.

**【萝卜】luóbo 名 ダイコン. ∥ ～糕 luóbogāo ダイコン餅.

*【蘑菇】mógu 名 キノコ.

【南瓜】nángua；nánguā 名 カボチャ.

【藕】ǒu 名 レンコン.

*【茄子】qiézi 名 ナス. 写真撮影において笑顔を引き出すために発音する言葉, 日本での「チーズ」に当たる.

【青梗菜】qīnggěngcài 名 チンゲンサイ.

【青椒】qīngjiāo 名 ピーマン. ∥ ～肉丝 qīngjiāo ròusī チンジャオロースー.

【生菜】shēngcài 名 レタス. サラダ菜.

**【土豆】tǔdòu 名 ジャガイモ. 「フライドポテト」は "薯条" shǔtiáo という.

**【西红柿】xīhóngshì 名 トマト. ∥ ～酱 xīhóngshìjiàng トマトケチャップ.

【香菜】xiāngcài 名 香菜. パクチー.

【洋葱】yángcōng 名 タマネギ. "葱头" cōngtóu ともいう.

【洋芹菜】yángqíncài 名 セロリ.

【圆白菜】yuánbáicài 名 キャベツ. "洋白菜" yángbáicài ともいう.

やさしい　優しい

▶慈祥　▶关心　▶和善　▶亲切　▶热情
▶热心　▶柔和　▶温和　▶温柔

---

*【慈祥】cíxiáng 形 (老人の態度や表情が)慈悲深くて優しい. 慈愛にあふれている. ∥ 奶奶～的笑容 nǎinai cíxiáng de xiàoróng 祖母の優しい笑顔.

★【关心】guān//xīn 動 関心をもつ. 気にかける. ∥ 老师～地问了问我母亲的病情 lǎoshī guānxīn de wènlewèn wǒ mǔqin de bìngqíng 先生は私の母の病情を心配してあれこれ尋ねた. | 听到同学这些～的话, 我万分感动 tīngdào tóngxué zhèxiē guānxīn rén de huà, wǒ wànfēn gǎndòng 友だちのやさしい言葉に私は胸が熱くなった.

【和善】héshàn 形 和やかで善良である. ∥ ～的老人 héshàn de lǎorén 温和で優しい老人.

★【亲切】qīnqiè 形 ❶親密である. 親しみがある. ∥ 他待人很～ tā dàirén hěn qīnqiè 彼は人にとても親切だ. | 觉得像到了家乡一样～ juéde xiàng dàole jiāxiāng yíyàng qīnqiè まるで故郷に帰ったかのような親しみを感じる. ❷心がこもっている.

741

やさしい　易しい

温かい. ‖老师的~教导 lǎoshī de qīnqiè jiàodǎo 先生の懇切丁寧な教え. ｜~的话语 qīnqiè de huàyǔ 温かい言葉.

★【热情】rèqíng 形 心やさしい. 情に厚い. 親切である. ‖她对人很~ tā duì rén hěn rèqíng 彼女は人に対してとても親切である. ｜对来客要~招待 duì láikè yào rèqíng zhāodài 来客には心のこもったもてなしをしなければならない.

**【热心】rèxīn 形 熱心である. 熱意がある. 親切心にあふれている. ‖~助人 rèxīn zhù rén 熱心に人助けをする. ｜~为人介绍对象 rèxīn wèi rén jièshào duìxiàng 熱心に人に縁談を勧める. ｜她是个~人 tā shì ge rèxīnrén 彼女は世話を焼くのが好きな人だ.

*【柔和】róuhé 形 穏やかである. 温和である. 優しい. ‖~的目光 róuhé de mùguāng 優しいまなざし. ｜她的语调很~ tā de yǔdiào hěn róuhé 彼女の口調はとても穏やかである.

*【温和】wēnhé 形 (性格や言行が)穏やかである. 素直である. もの静かである. ‖态度~ tàidu wēnhé 態度が素直である. ｜~的语调 wēnhé de yǔdiào 穏やかな口調.

*【温柔】wēnróu 形 優しい. 穏やかでおとなしい. (多く女性に用いる) ‖性格~ xìnggé wēnróu 気立てが優しい. ｜~的目光 wēnróu de mùguāng 優しいまなざし. ｜~多情 wēnróu duōqíng 優しく情が深い.

やさしい　易しい

▶好　▶简单　▶浅显　▶轻而易举　▶轻松
▶轻易　▶容易　▶易如反掌

★【好】hǎo 形 (動詞の前に置き, その動作が容易である意を表す)…しやすい. ‖~用 hǎoyòng 使いやすい. ｜四川话

~懂 Sìchuānhuà hǎodǒng 四川語はわかりやすい. ｜这篇文章不~翻译 zhè piān wénzhāng bù hǎo fānyì この文章は訳しにくい.

★【简单】jiǎndān 形 簡単である. 分かりやすい. 単純である. ⇔"复杂" fùzá ‖~的日常英语会话 jiǎndān de rìcháng Yīngyǔ huìhuà やさしい日常英会話. ｜面向儿童的~易懂的书 miànxiàng értóng de jiǎndān yìdǒng de shū 子供向けの単純で分かりやすい本. ｜做一个~的游戏 zuò yí ge jiǎndān de yóuxì やさしいゲームをする. ｜事情并不那么~ shìqing bìng bú nàme jiǎndān 事はそんなに単純じゃない.

【浅显】qiǎnxiǎn 形 (文章や内容が)平易で分かりやすい. 簡単で理解しやすい. ‖这是本科普读物, 内容非常~ zhè shì běn kēpǔ dúwù, nèiróng fēicháng qiǎnxiǎn これは一般向けの科学読み物で, 内容がたいへん分かりやすい.

【轻而易举】qīng ér yì jǔ 成 容易にできる. 造作ない. ‖这对他来说是~的事 zhè duì tā lái shuō shì qīng ér yì jǔ de shì これは彼にしてみれば造作のないことだ.

**【轻松】qīngsōng 形 気軽である. 気楽である. ‖昨天的临工虽然是份~的工作, 可工资还挺高的 zuótiān de língōng suīrán shì fèn qīngsōng de gōngzuò, kě gōngzī hái tǐng gāo de 昨日のアルバイトはやさしい仕事だったのに, 時給はよかった.

*【轻易】qīngyì 形 容易である. たやすい. ‖相互的信任不是~可得的 xiānghù de xìnrèn bú shì qīngyì kě dé de 相互の信頼というものはたやすく得られるものではない. ｜语言可不是~就能学好的 yǔyán kě bú shì qīngyì jiù néng xuéhǎo de 言葉というものは容易にマスターできるものではない. ｜他~地击败了对手 tā qīngyì de jībàile duìshǒu 彼はいとも簡単に相手を打ち負かした.

★【容易】róngyì 形 容易である. 簡単であ

る. やさしい. ‖这次考试很~ zhè cì kǎoshì hěn róngyì こんどのテストはやさしかった. ｜找个好工作可不~ zhǎo ge hǎo gōngzuò kě bù róngyì よい仕事を探すのはなかなか楽ではない. ｜他说话口音很重, 不~懂 tā shuōhuà kǒuyin hěn zhòng, bù róngyì dǒng 彼の話はなまりが強くて, 聞き取りにくい. ｜说起来~, 做起来难 shuōqilai róngyì, zuòqilai nán 言うのはやすいが, やるのは難しい.

【易如反掌】yì rú fǎn zhǎng 威 手のひらを返すようにたやすい. ‖这事让他来办, 可谓~ zhè shì ràng tā lái bàn, kě wèi yì rú fǎn zhǎng この仕事は彼にやらせれば実に造作もないことだ.

やしなう　養う

▶扶养　▶抚养　▶供养　▶拉扯　▶喂养
▶养　▶养活　▶养家　▶养育

【扶养】fúyǎng 動 扶養する. 育てる. ‖~子女 fúyǎng zǐnǚ 子女を育てる.

*【抚养】fǔyǎng 動 慈しみ養う. 扶養する. ‖~子女 fǔyǎng zǐnǚ 子供を扶養する. ｜把孩子们~成人 bǎ háizimen fǔyǎng chéngrén 子供たちを一人前に育て上げる.

【供养】gōngyǎng 動 (親や目上の人を)養う. 扶養する. ‖~老人 gōngyǎng lǎorén 親を養う.

【拉扯】lāche 動 口 養育する. 扶育する. ‖娘好不容易才把你~大了 niáng hǎoburóngyì cái bǎ nǐ lāchedà le お母さんは苦労してお前を育てたんだよ.

【喂养】wèiyǎng 動 ❶飼育する. ‖~了两只猫 wèiyǎngle liǎng zhī māo ネコを2匹飼っている. ❷養育する. ‖~婴儿 wèiyǎng yīng'ér 赤ん坊を育てる.

**【养】yǎng 動 ❶(動物を)飼う. ‖饲~ sìyǎng 飼育する. ｜~了一只猫 yǎngle yì

zhī māo ネコを1匹飼った. ❷養う. 扶育する. ‖赡~ shànyǎng 養う. 扶養する. ｜这孩子是奶奶~大的 zhè háizi shì nǎinai yǎngdà de この子はおばあさんが育てた.

*【养活】yǎnghuo 動 ❶口 扶養する. 養う. ‖一个人的收入能~一家人 yí ge rén de shōurù néng yǎnghuo yìjiā rén 一人の収入で一家全員を養うことができる. ❷(動物を)飼育する. ‖他~了十头牛 tā yǎnghuole shí tóu niú 彼は10頭の牛を飼育している.

【养家】yǎng//jiā 動 家族を養う. ‖~糊口 yǎngjiā húkǒu 家族をなんとか生活させる.

*【养育】yǎngyù 動 養育する. 育てる. ‖~子女 yǎngyù zǐnǚ 子を育てる. ｜~之恩 yǎngyù zhī ēn 養育の恩.

やすい　安い

▶低　▶低廉　▶跌　▶贱　▶廉价　▶便宜
▶物美价廉

★【低】dī 形 (平均の水準より)低い. ⇔"高" gāo ｜工资~ gōngzī dī 給料が安い. ｜价格不~ jiàgé bù dī 価格が安くない.

【低廉】dīlián 形 廉価である. ⇔"昂贵" ángguì ‖价格~ jiàgé dīlián 価格が低廉である.

**【跌】diē 動 (価格や生産量などが)下がる. 下落する. ‖暴~ bàodiē 暴落する. ｜行情看~ hángqíng kàn diē 相場は先安の見込みだ. ｜美元~了 měiyuán diē le ドル安になった.

*【贱】jiàn 形 値段が安い. ⇔"贵" guì ‖~买贵卖 jiàn mǎi guì mài 安く買って高く売る. ｜这东西可不算~ zhè dōngxi kě bú suàn jiàn この品はあまり安くない.

*【廉价】liánjià 名 廉価. 安価. ‖~书 liánjiàshū 廉価本. ｜~出售 liánjià chūshòu 安

743

やすむ　休む(休息する)

売りする.　バーゲンセール.　｜～劳动力 liánjià láodònglì 安価な労働力.

★【便宜】 piányi 形 値が安い.　安価である.　⇔"贵" guì ‖ 又～又好 yòu piányi yòu hǎo 値が安くて物がよい.　｜～货 piányi-huò 安売りの品物.　｜这套家具真～ zhè tào jiājù zhēn piányi この家具のセットはほんとうに安い.　｜这家店很～ zhè jiā diàn hěn piányi この店のものはとても安い.　｜白菜一下子变得～了 báicài yíxiàzi biànde piányi le ハクサイが急に安くなった.

【物美价廉】 wù měi jià lián 成 品質がよくて値段が安い.　‖ 这个家具店的商品～ zhège jiājùdiàn de shāngpǐn wù měi jià lián この家具店の商品は物がよくて値段が安い.

やすむ　休む（休息する）

▶喘口气　▶喘息　▶歇　▶歇乏　▶歇工
▶歇脚　▶歇气　▶歇息　▶休　▶休息

【喘口气】 chuǎn kǒu qì 組 一息入れる.　息をつく.　息抜きをする.　‖试验成功了，大家总算可以～了 shìyàn chénggōng le, dàjiā zǒngsuàn kěyǐ chuǎn kǒu qì le 実験が成功し，みんなはどうにか一息つくことができた.　｜再忙也得让人～呀 zài máng yě děi ràng rén chuǎn kǒu qì ya どんなに忙しくても一息入れさせなければならない.

【喘息】 chuǎnxī 動 息をつく.　息を抜く.　一休みする.　‖不给对手～的机会 bù gěi duìshǒu chuǎnxī de jīhui 相手に息つく暇を与えない.

※※【歇】 xiē 動 休憩する.　休む.　‖走累了，～一会儿吧 zǒulèi le, xiē yíhuìr ba くたびれたから，ちょっと休もう.　｜坐下～～吧 zuòxia xiēxie ba かけて休みなさい.　｜在家～一天 zài jiā xiē yì tiān 家で一日休む.

【歇乏】 xiē//fá 動 休んで疲れをとる.　一休みする.　‖躺下歇歇乏 tǎngxia xiēxie fá 横になって一休みする.

【歇工】 xiē//gōng 動 仕事を休む.　休憩する.　‖歇一天工 xiē yì tiān gōng 一日仕事を休む.

【歇脚】 xiē//jiǎo 動 足を休める.　一休みする.　"歇腿" xiē tuǐ ともいう.　‖过路人常在这小店里～ guòlùrén cháng zài zhè xiǎodiàn li xiējiǎo 通りがかりの人はよくこの小さな店で一休みする.

【歇气】 xiē//qì 動 ひと息入れる.　一休みする.　‖歇口气接着干 xiē kǒu qì jiēzhe gàn ちょっと一服してから続けよう.

【歇息】 xiēxi 動 休む.　休憩する.　‖不舒服就～一天吧 bù shūfu jiù xiēxi yì tiān ba 具合が悪いのなら一日休みなさい.

【休】 xiū 動 休む.　休息する.　‖退～ tuì-xiū 定年退職する.　｜～病假 xiū bìngjià 病欠する.　｜～了半年产假 xiūle bàn nián chǎnjià 半年の産休を取った.

★【休息】 xiūxi 動 休む.　休憩する.　‖我们～一会儿再走吧 wǒmen xiūxi yíhuìr zài zǒu ba 少し休んでから行こう.　｜爸爸今天～ bàba jīntiān xiūxi お父さんは今日仕事が休みだ.　｜商店每个星期一～ shāngdiàn měi ge xīngqīyī xiūxi 商店は毎週月曜日に休業する.

やすむ　（会社や学校を）休む

▶补休　▶旷工　▶旷课　▶请假　▶缺
▶缺勤　▶缺席　▶逃课　▶逃学　▶休假
▶休学

【补休】 bǔxiū 動 (休暇の日に出勤して，その分を)振り替え休日にする.　代休をとる.

*【旷工】 kuàng//gōng 動 無断欠勤する.　仕事をサボる.　‖因多次～而被扣发工资

yīn duōcì kuànggōng ér bèi kòufā gōngzī 何
度も無断欠勤したので給料を減らされ
た.

★【旷课】kuàng//kè 動怠けて授業を欠席
する.‖他时常～ tā shícháng kuàngkè 彼
はちょいちょい授業をサボる.｜上小学
的时候，我只旷过一次课 shàng xiǎoxué
de shíhou, wǒ zhǐ kuàngguo yí cì kè 小学校
のとき，私は一度だけ学校をサボった
ことがある.

★【请假】qǐng//jià 動(病気その他の理由
で)仕事や学業を休む．休みをとる.‖
～条 qǐngjiàtiáo 休暇届.｜请了一天假
qǐngle yì tiān jià 1日休みをとった.｜这
次会很重要，任何人都不准～ zhè cì huì
hěn zhòngyào, rènhé rén dōu bù zhǔn qǐngjià
こんどの会議は重要だから，誰も休ん
ではいけない.

＊＊【缺】quē 動休む．欠席する.‖～一堂
课 quē yì táng kè 授業を1回休む.｜大
家都到了，就～他了 dàjiā dōu dào le, jiù
quē tā le みんな集まったが，彼だけが
欠席である.

【缺勤】quē//qín 動欠勤する.‖她经常
因病～ tā jīngcháng yīn bìng quēqín 彼女
はよく病気で欠勤する.｜无故～ wúgù
quēqín 理由なしに欠勤する．無断欠勤
する.

＊【缺席】quē//xí 動欠席する.‖今天的会
议有五人～ jīntiān de huìyì yǒu wǔ rén quē-
xí 今日の会議には5人欠席した.｜没
有缺过一次席 méiyou quēguo yí cì xí 一
度も欠席したことがない.

【逃课】táo//kè 動授業をサボる.

【逃学】táo//xué 動学校をサボる.‖他又
～了 tā yòu táoxué le 彼はまた学校をサ
ボった.

【休假】xiū//jià 動休暇を取る.‖春节～
三天 Chūnjié xiūjià sān tiān 旧正月は3日
間休む.｜太忙了，休不了假 tài máng le,
xiūbuliǎo jià 忙しすぎて休暇が取れない.

【休学】xiū//xué 動休学する.‖因病～
一年 yīn bìng xiūxué yì nián 病気で1年
休学する.

やっと

▶オ ▶刚 ▶刚刚 ▶好不容易 ▶好容易
▶勉强 ▶终于 ▶总算

★【オ】cái 副❶(新しい状態になることを
示す)そこではじめて．やっと.‖这样
躺着～觉得舒服一点儿 zhèyàng tǎngzhe
cái juéde shūfu yìdiǎnr このように横に
なってやっと少し気分がよくなった.
｜听了半天～明白你的意思 tīngle bàntiān
cái míngbai nǐ de yìsi 長いこと説明を聞
いてやっと君の言いたいことが分かっ
た.❷(多く"只有"zhǐyǒu "必须"bìxū
"由于"yóuyú などと呼応し，ある条件
に限ってそうなることを示す)やっと.
…してこそ．…してはじめて.‖必须多
听多说，～能提高会话能力 bìxū duō tīng
duō shuō, cái néng tígāo huìhuà nénglì たく
さん聞いてたくさん話して，はじめて
会話は上達する.｜有了大家的帮助，我
～取得了今天的成绩 yǒule dàjiā de bāng-
zhù, wǒ cái qǔdéle jīntiān de chéngjì みなさ
んのご支援があったからこそ，私は今
日の成果をあげることができたのです.

★【刚】gāng 副やっとのことで．ようやく.
どうにかこうにか.‖考了六十二分，～
及格 kǎole liùshí'èr fēn, gāng jígé 62点を
とってやっとパスした.｜教室不大，～
能坐下二十个人 jiàoshì bú dà, gāng néng
zuòxià èrshí ge rén 教室は狭くてどうに
か20人が座れるだけだ.

＊＊【刚刚】gānggāng 副やっと．ようやく.
どうにか.‖皮箱不大，～能装下那儿
件衣服 píxiāng bú dà, gānggāng néng zhuāng-
xia nà jǐ jiàn yīfu トランクが小さいので，
あの何着かの服をやっと詰め込んだ.

｜他们组人数～够 tāmen zǔ rénshù gānggāng gòu　彼らの組は人数がどうにか足りたようだ.

【好不容易】 hǎoburóngyì 副 やっとのことで. どうにかこうにか. かろうじて. ‖今天的票是～才弄来的 jīntiān de piào shì hǎoburóngyì cái nònglai de　今日のチケットはやっとのことで手に入れたものなのだ. ｜～才考上大学 hǎoburóngyì cái kǎoshang dàxué　やっと大学に受かった.

**【好容易】 hǎoróngyì 副 やっと. ようやく. ‖正是上班时间, ～才挤上车 zhèng shì shàngbān shíjiān, hǎoróngyì cái jǐshang chē　ちょうど出勤時間帯にぶつかって, 押し合いへし合いし, やっとのことでバスに乗った. ｜跑了七八家书店, ～才买到了那本书 pǎole qī bā jiā shūdiàn, hǎoróngyì cái mǎidàole nà běn shū　7, 8軒の書店を回って, やっとその本を手に入れた.

*【勉强】 miǎnqiǎng 形 なんとか間に合う. かろうじて間に合う. ‖这点儿钱勉勉强强够用到月底 zhè diǎnr qián miǎnmiǎnqiǎngqiǎng gòu yòngdào yuèdǐ　これだけのお金で, 月末までなんとかやっていけそうだ.

*【终于】 zhōngyú 副 ついに. とうとう. (比較的長い時間の経過の後, ある結果が出ることを表す)‖～考上了大学 zhōngyú kǎoshangle dàxué　ついに大学に合格した. ｜盼望的日子～来到了 pànwàng de rìzi zhōngyú láidào le　待ちに待った日がとうとうやって来た. ｜天气～暖和起来了 tiānqì zhōngyú nuǎnhuoqilai le　やっと暖かくなってきた. ｜两人～还是分手了 liǎng rén zhōngyú háishi fēnshǒu le　二人はとうとう別れてしまった.

*【总算】 zǒngsuàn 副 どうやら. どうにか. やっと. (ある願望がとうとう実現したことを表す)‖～熬过了最困难

的时期 zǒngsuàn áoguole zuì kùnnan de shíqī　どうにかいちばん大変な時期を乗り切った. ｜～到终点了 zǒngsuàn dào zhōngdiǎn le　やっとのことで終点に着いた. ｜大家说了半天, 他～想通了 dàjiā shuōle bàntiān, tā zǒngsuàn xiǎngtōng le　みんなが長いこと説得したので, 彼もどうにか納得した.

やはり　やはり（依然として）

▶还是　▶仍　▶仍旧　▶仍然　▶依然
▶照样

★【还是】 háishi 副 (状態や動作が継続していること, または変化のないことを表す)まだ. やはり. 依然として. ‖他～住在老地方 tā háishi zhùzài lǎo dìfang　彼はまだ以前の所に住んでいる. ｜我给他解释了半天, 他～不懂 wǒ gěi tā jiěshìle bàntiān, tā háishi bù dǒng　私は彼にさんざん説明したのに, 彼はやはり理解できない. ｜尽管我嘱咐了好多遍, 他～忘了 jǐnguǎn wǒ zhǔfule hǎoduō biàn, tā háishi wàng le　私が何度も言いつけておいたのに, 彼はやっぱり忘れてしまった.

**【仍】 réng 副書 依然として. やはり. 相変わらず. ‖病～不见好 bìng réng bú jiànhǎo　病気は相変わらずよくならない.

【仍旧】 réngjiù 副 依然として. やはり. 相変わらず. ‖家乡～是老样子 jiāxiāng réngjiù shì lǎoyàngzi　ふるさとはやはり以前のままである. ｜多年不见, 她～那么年轻 duō nián bújiàn, tā réngjiù nàme niánqīng　何年ぶりかで会ったが, 彼女は相変わらず若々しい.

**【仍然】 réngrán 副 依然として. 相変わらず. やはり. ‖初春的天气, 早晚～有些寒意 chūchūn de tiānqì, zǎowǎn réngrán yǒuxiē hányì　春もまだ浅く, 朝晩はなおいくぶん冷え込む. ｜他～住在老地方

tā réngrán zhùzài lǎo dìfang 彼は相変わらず以前の所に住んでいる．｜留学归来，～回原研究所工作 liúxué guīlái, réngrán huí yuán yánjiūsuǒ gōngzuò 留学から帰国して，また元の研究所に戻って仕事をしている．

*【依然】yīrán 副 依然として．相変らず．｜～如故 yīrán rúgù 依然としてもとのままだ．｜问题～没有解决 wèntí yīrán méiyou jiějué 問題は依然として未解決のままだ．

*【照样】zhàoyàng（～儿）副 いつものように．相変わらず．依然として．｜衣服虽然旧点，但～可以穿 yīfu suīrán jiù diǎn, dàn zhàoyàng kěyǐ chuān 服はちょっと古いが，変わりなく着られる．

やぶる　破る（引き裂く）

▶扯　▶扯破　▶撕　▶撕扯　▶撕毁

*【扯】chě 動 引き裂く．引きちぎる．はがす．｜把书给～了 bǎ shū gěi chě le 本を引き裂いた．｜裤子上～了个大口子 kùzi shang chěle ge dàkǒuzi ズボンに大きな穴があいた．

【扯破】chěpò 動 引き裂く．引き破る．｜不小心把报纸～了 bù xiǎoxīn bǎ bàozhǐ chěpò le うっかり新聞を破った．｜衣服被～了 yīfu bèi chěpò le 服が破けた．

**【撕】sī 動 引きはがす．引きちぎる．引き裂く．｜～日历 sī rìlì 日めくりを1枚はがす．｜把信～了 bǎ xìn sī le 手紙を引き裂いた．｜把入场券的副券～下来 bǎ rùchǎngquàn de fùquàn sīxiàlai 入場券の半券をちぎる．｜把布～成两块 bǎ bù sīchéng liǎng kuài 布地を2枚に引き裂く．

【撕扯】sīchě 動 引き裂く．かきむしる．｜她痛苦的呻吟一着每个人的心 tā tòngkǔ de shēnyín sīchězhe měi ge rén de xīn 彼女の苦しげなうめきに誰もが胸をかき

むしられる思いだ．

【撕毁】sīhuǐ 動 ❶引き裂く．破る．｜～草稿 sīhuǐ cǎogǎo 下書きを破り捨てる．❷破棄する．反故（ほご）にする．｜～条约 sīhuǐ tiáoyuē 条約を破棄する．

やめる

▶放弃　▶忌　▶戒　▶戒除　▶取消
▶算了　▶停　▶停止　▶中止　▶作罢

**【放弃】fàngqì 動 放棄する．捨て去る．｜我～了考大学 wǒ fàngqì kǎo dàxué 私は大学受験をやめた．｜你最好～那个想法 nǐ zuìhǎo fàngqì nàge xiǎngfa そういう考えはやめたほうがいい．

*【忌】jì 動 (悪習などを)絶つ．｜他烟，酒都～了 tā yān, jiǔ dōu jì le 彼は酒もタバコもやめた．

【戒】jiè 動 断つ．やめる．｜～赌 jiè dǔ ばくちをやめる．｜～酒 jièjiǔ 酒を断つ．禁酒する．｜～烟 jiè yān タバコをやめる．禁煙する．

【戒除】jièchú 動 (悪い習慣を)断つ．やめる．｜～恶习 jièchú èxí 悪習を断つ．｜～毒品 jièchú dúpǐn 麻薬をやめる．

**【取消】【取销】qǔxiāo 動 取り消す．取りやめる．｜～计划 qǔxiāo jìhuà 計画をやめる．｜会议临时～了 huìyì línshí qǔxiāo le 会議は急に取りやめになった．｜这项规定已经～了 zhè xiàng guīdìng yǐjīng qǔxiāo le この規定はすでに廃止された．

**【算了】suàn le 組 それまでとする．よしとする．やめにする．｜不去就～，不要勉强他 bú qù jiù suàn le, búyào miǎnqiǎng tā 行かないならそれでもいいさ，彼に無理強いするな．｜～～，随你的便吧 suàn le suàn le, suí nǐ de biàn ba もうよそう，君の勝手にしたらいい．

★【停】tíng 動 止める．止まる．｜雨～了 yǔ tíng le 雨がやんだ．｜因为受伤，只

好把体操训练~了 yīnwei shòushāng, zhǐhǎo bǎ tǐcāo xùnliàn tíng le けがをしたので，しかたなくトレーニングをやめた.｜这条线路已经~开了 zhè tiáo xiànlù yǐjīng tíngkāi le この路線はすでに運行をやめている.

**【停止】tíngzhǐ 動 停止する．やめる．‖~前进 tíngzhǐ qiánjìn 前に進むのをやめる．｜这种药已经按规定~使用了 zhè zhǒng yào yǐjīng àn guīdìng tíngzhǐ shǐyòng le この薬はすでに規定により使用をやめている.

【中止】zhōngzhǐ 動 中止する．中断する．‖~实验 zhōngzhǐ shíyàn 実験をやめる．｜会谈被迫~ huìtán bèipò zhōngzhǐ 会談はやむなく中止になった.

【作罢】zuòbà 動 やめる．取りやめる．‖父母不同意，这事只好~ fùmǔ bù tóngyì, zhè shì zhǐhǎo zuòbà 両親が賛成してくれないので，この件はやめるしかない.

やりかた　やり方

▶办法　▶步骤　▶程序　▶法　▶法子
▶方法　▶方式　▶怎么　▶做法

★【办法】bànfǎ 图 方法．やり方．手段．‖这个~行不通 zhège bànfǎ xíngbutōng このやり方は通らない．｜还有没有更好的~ hái yǒu méiyou gèng hǎo de bànfǎ もっといいやり方がまだありますか．｜这个~很好 zhège bànfǎ hěn hǎo このやり方はたいへんよい.

*【步骤】bùzhòu 图 手順．順序．段取り．‖完成这一计划，要分两个~ wánchéng zhè yī jìhuà, yào fēn liǎng ge bùzhòu この計画を完成させるには二つの段階に分けなければならない．｜有计划有~地进行 yǒu jìhuà yǒu bùzhòu de jìnxíng 計画的かつ段取りよく進める.

*【程序】chéngxù 图 順序．手順．段取り．プロセス．‖会议~ huìyì chéngxù 会議の進行順序．｜加工~ jiāgōng chéngxù 加工プロセス．｜法律~ fǎlǜ chéngxù 法律の手続き.

*【法】fǎ (~儿) 图 方法．やり方．‖想~ xiǎngfa 考え方．｜看~ kànfa 見方．｜想方设~ xiǎng fāng shè fǎ いろいろと手立てを構ずる．｜得想一个~ děi xiǎng yí ge fǎ 何か方法を講じなければならない．｜没~儿做 méifǎr zuò やりようがない.

*【法子】fǎzi 图 方法．手立て．仕方．‖想~ xiǎng fǎzi 方法を考える．｜没~ méi fǎzi 手立てがない．仕方がない．｜有没有什么~跟他联系上? yǒu méiyou shénme fǎzi gēn tā liánxìshang? 彼に連絡する手立てはないですか.

★【方法】fāngfǎ 图 方法．やり方．仕方．手段．‖使用~ shǐyòng fāngfǎ 使用法．｜制作~ zhìzuò fāngfǎ 製作方法．｜教学~ jiàoxué fāngfǎ 教育方式．｜考虑问题的~ kǎolù wèntí de fāngfǎ ものの考え方．｜好~ hǎo fāngfǎ うまいやり方．｜~不当 fāngfǎ búdàng 方法が適当でない．｜没掌握学习~ méi zhǎngwò xuéxí fāngfǎ 勉強の仕方がわからない.

**【方式】fāngshì 图 方式．やり方．形式．‖生活~ shēnghuó fāngshì 暮らし方．生き方．｜工作~ gōngzuò fāngshì 仕事のやり方．｜经营~ jīngyíng fāngshì 経営方式.

★【怎么】zěnme 代 (方法を尋ねる)どのように．どうやって．‖这个水果一个吃法? zhège shuǐguǒ zěnme ge chīfǎ? この果物はどうやって食べるのですか．｜不知道~学习 bù zhīdao zěnme xuéxí 勉強の仕方がわからない．｜你好好儿看我是~做的 nǐ hǎohāor kàn wǒ shì zěnme zuò de 私のやり方をよく見ていなさい.

**【做法】zuòfa：zuòfǎ 图 やり方．方法．作り方．‖这种~不道德 zhè zhǒng zuòfa bú dàodé このやりかたは汚ない.

748

やわらかい　柔らかい

▶柔和　▶柔嫩　▶柔韧　▶柔软　▶软
▶软乎乎　▶软和　▶软绵绵　▶松软
▶暄腾

---

*【柔和】róuhé 形 柔らかい. ‖手感~ shǒu-gǎn róuhé 手触りが柔らかい.

【柔嫩】róunèn 形 柔らかくしなやかである. 柔らかくみずみずしい. ‖~的皮肤 róunèn de pífū みずみずしい肌. | 春天来了, 柳树发出~的枝芽 chūntiān lái le, liǔshù fāchū róunèn de zhīyá 春が来て, ヤナギが柔らかな芽を吹き出した.

【柔韧】róurèn 形 柔らかで強い. しなやかで丈夫である. ‖这种皮革~耐穿 zhè zhǒng pígé róurèn nàichuān この種の革はしなやかで長持ちする.

*【柔软】róuruǎn 形 柔軟である. 柔らかい. ‖~的丝绸 róuruǎn de sīchóu 柔らかな絹. | ~的柳枝 róuruǎn de liǔzhī 柔らかなヤナギの枝.

**【软】ruǎn 形 柔らかい. ⇔“硬” yìng ‖~糖 ruǎntáng ゼリー菓子. | ~木 ruǎnmù コルク. | 这沙发很~ zhè shāfā hěn ruǎn このソファーはとても柔らかい. | 面和~了 miàn huóruǎn le 小麦粉のこね方が柔らかすぎた.

【软乎乎】ruǎnhūhū (~的) 形 柔らかい. 非常に柔らかいさま. ‖~的小手 ruǎn-hūhū de xiǎo shǒu 柔らかい小さな手. | 刚晒过的被子~的, 真舒服 gāng shàiguo de bèizi ruǎnhūhū de, zhēn shūfu 日に干したばかりの布団はふかふかで, 気持ちがよい.

【软和】ruǎnhuo 形 口 柔らかい. ‖鸭绒被很~ yāróngbèi hěn ruǎnhuo 羽根布団はとても柔らかい.

【软绵绵】ruǎnmiánmián (~的) 形 ふわふわして柔らかい. ‖~的褥子 ruǎnmián-mián de rùzi ふんわりと柔らかい敷き布

団.

【松软】sōngruǎn 形 ふんわりと柔らかい. ‖~的面包 sōngruǎn de miànbāo ふんわりと柔らかいパン. | 躺在~的草坪上 tǎngzài sōngruǎn de cǎopíng shang ふんわり柔らかい芝生に寝そべる.

【暄腾】xuānteng 形 方 ふっくらしている. 柔らかい. ‖这馒头真~ zhè mántou zhēn xuānteng このマントーはとてもふっくら柔らかい. | 刚出锅的米饭暄腾腾的 gāng chū guō de mǐfàn xuānténgténg de 炊きあがったばかりの御飯はふっくらしている.

やわらぐ　和らぐ

▶弛缓　▶放松　▶缓和　▶缓解　▶减轻
▶轻松　▶松动　▶松缓　▶松气

【弛缓】chíhuǎn 形 (情勢, 気分などが) 和らいでいる. 緩んでいる. ‖紧张的气氛~下来 jǐnzhāng de qìfēn chíhuǎnxialai 緊張した雰囲気が和らぐ. | 紧张局势日趋~ jǐnzhāng júshì rìqū chíhuǎn 緊迫していた情勢が日ごとに和らいでくる.

*【放松】fàngsōng 動 (気を) 緩める. リラックスする. ‖游游泳, ~~神经 yóu-you yǒng, fàngsōngfàngsōng shénjīng 一泳ぎして神経をリラックスさせる.

*【缓和】huǎnhé 形 緩和する. 緩む. 和らぐ. ‖他的话, 使紧张的气氛~了下来 tā de huà, shǐ jǐnzhāng de qìfēn huǎnhélexialai 彼の話は張りつめた空気を和らげた. 動 緩和させる. 和らげる. ‖~矛盾 huǎnhé máodùn 矛盾を緩和させる.

【缓解】huǎnjiě 動 和らぐ. 緩む. 軽減する. ‖暑气有所~ shǔqì yǒusuǒ huǎnjiě 暑さはいくらか和らいだ. | 病情~ bìng-qíng huǎnjiě 病状が緩和する.

**【减轻】jiǎnqīng 動 軽減する. 軽くなる. ‖~病人痛苦 jiǎnqīng bìngrén tòngkǔ 病

人の苦痛を減らす.｜她的病势已大为～ tā de bìngshì yǐ dàwéi jiǎnqīng 彼女の病状はすでにかなりよくなった.｜孩子一工作，他的家庭负担就～多了 háizi yì gōngzuò, tā de jiātíng fùdān jiù jiǎnqīngduō le 子供が就職して，彼の経済的な負担はだいぶ軽くなった.

【轻松】qīngsōng 形 気軽である. 気楽である.｜心里～多了 xīnli qīngsōngduō le 気持ちがだいぶ楽になった.｜听着音乐，表情～了一些 tīngzhe yīnyuè, biǎoqíng qīngsōngle yìxiē 音楽を聞いていると，表情が和らいだ.｜考完试咱们去～～ kǎowán shì zánmen qù qīngsōngqīngsōng 試験が終わったら気晴らしに行こう.

【松动】sōngdòng 動 (措置・態度・関係などを)緩める. 柔軟にする.｜口气有了些～ kǒuqi yǒule xiē sōngdòng 口ぶりが少し軟化した.

【松缓】sōnghuǎn 動 和らぐ. 緩む.｜紧张的空气顿时～下来 jǐnzhāng de kōngqì dùnshí sōnghuǎnxialai 張りつめていた空気がふっと和らいだ.

【松气】sōng//qì 動 ほっと息をつく. 気を抜く.｜越是困难的时候，越不能～ yuè shì kùnnan de shíhou, yuè bù néng sōngqì 大変なときであればあるほど，気を緩めるわけにはいかない.｜任务完成了，松口气了 rènwu wánchéng le, sōng kǒu qì le 任務が終わったので，一息入れた.

ゆ

ゆ　湯

▶白开水　▶白水　▶开水　▶凉白开
▶凉开水　▶热水　▶温水　▶洗澡水

【白开水】báikāishuǐ 名 白湯 (さゆ).

【白水】báishuǐ 名 ❶白湯 (さゆ). ❷書澄んできれいな水.

*__【开水】kāishuǐ__ 名 湯. 熱湯.｜烧～ shāo kāishuǐ 湯を沸かす.

【凉白开】liángbáikāi 名口 湯冷まし.

【凉开水】liángkāishuǐ 名 湯冷まし.

【热水】rèshuǐ 名 湯.｜～放好了，可以洗澡了 rèshuǐ fànghǎo le, kěyǐ xǐzǎo le お湯が入ったから，お風呂に入れますよ.

【温水】wēnshuǐ 名 温水. ぬるま湯.

【洗澡水】xǐzǎoshuǐ 名 風呂やシャワーの湯.｜～太烫 xǐzǎoshuǐ tài tàng お湯が熱すぎる.

ゆうめい　有名

▶成名　▶臭名远扬　▶出名　▶举世闻名
▶声名　▶盛名　▶闻名　▶有名　▶有名气
▶知名　▶著名

---

*__【成名】chéng//míng__ 動 有名になる. 名声を博す.｜一举～ yìjǔ chéngmíng 一挙に有名になる.｜～作 chéngmíngzuò 出世作.

【臭名远扬】chòumíng yuǎnyáng 組 悪名高い.

*__【出名】chū//míng__ 形 有名である. 名高い.｜他是～的歌唱家 tā shì chūmíng de gēchàngjiā 彼は有名な声楽家だ. 動 (～ル)名が出る. 有名になる.｜他由于这部小说出了名 tā yóuyú zhè bù xiǎoshuō chūle míng 彼はこの小説で有名になった.｜既想～，又想得利 jì xiǎng chūmíng, yòu xiǎng dé lì 名声も得たいし金儲けもしたい.

*__【举世闻名】jǔ shì wén míng__ 成 天下に名が知られている.｜中国有很多～的名胜古迹 Zhōngguó yǒu hěn duō jǔ shì wén míng de míngshèng gǔjì 中国には世間に名の知れた名所旧跡がたくさんある.

【声名】shēngmíng 名 評判.｜～卓著

ゆかい　愉快

shēngmíng zhuózhù 評判が際立って高い.

【盛名】 shèngmíng 图 高い声望. 盛名.
‖ 久负～ jiǔ fù shèngmíng 高い評判を長く保つ. ｜享有～ xiǎngyǒu shèngmíng 名声を博している. ｜～之下，其实难副 shèngmíng zhī xià, qí shí nán fù 評判は高いが，実が伴わない.

***【闻名】** wénmíng 動 名が知られる. 有名になる. ‖ ～世界 wénmíng shìjiè 世界的に有名である. ｜遐迩～ xiá'ěr wénmíng あちこちに名が知れわたっている.

★**【有名】** yǒu//míng 形 有名である. 名が通っている. ‖ 这个演员很～ zhège yǎnyuán hěn yǒumíng この俳優はとても有名だ. ｜在全国召集～的大学召开了研讨会 zài quánguó zhàojí yǒumíng de dàxué zhàokāile yántǎohuì 全国の有名大学を集めてシンポジウムが開かれた.

【有名气】 yǒu míngqi 組 名声がある. 評判が高い. ‖ 她是个小～的歌剧演员 tā shì ge xiǎo yǒu míngqi de gējù yǎnyuán 彼女は少しは名の知れたオペラ歌手である.

【知名】 zhīmíng 形 著名である. 高名である. ‖ ～人士 zhīmíng rénshì 有名人. ｜～作家 zhīmíng zuòjiā 著名な作家. ｜国际上～的学者 guójì shang zhīmíng de xuézhě 世界的に名高い学者.

****【著名】** zhùmíng 形 著名である. 有名である. よく知られている. ‖ ～音乐家 zhùmíng yīnyuèjiā 著名な音楽家. ｜～寓言 zhùmíng yùyán よく知られた寓話(ぐうわ). ｜茅台酒在国际上也很～ máotáijiǔ zài guójì shang yě hěn zhùmíng 茅台酒(マオタイしゅ)は国際的にも有名だ.

ゆかい　愉快

▶畅快　▶高兴　▶开心　▶快活　▶快乐
▶舒畅　▶痛快　▶有意思　▶愉快

【畅快】 chàngkuài 形 (気分が)のびやかである. 晴れやかである. ‖ 咱们畅畅快快地喝个够! zánmen chàngchàngkuàikuài de hē ge gòu! みんなで心ゆくまで大いに飲もう. ｜心情～ xīnqíng chàngkuài 気持ちが晴れ晴れする.

★**【高兴】** gāoxìng 形 嬉しい. 喜ばしい. 愉快だ. ‖ 昨天和大学同学一直聊到很晚，非常～ zuótiān hé dàxué tóngxué yìzhí liáodào hěn wǎn, fēicháng gāoxìng 昨夜は大学時代の友人と遅くまでしゃべってとても愉快だった. 動 喜ぶ. 愉快になる. ‖ 他心情～时，就会唱起那首歌 tā xīnqíng gāoxìng shí, jiù huì chàngqi nà shǒu gē 彼は愉快になると，あの歌を歌いだす.

***【开心】** kāixīn 形 楽しい. 愉快である. ‖ ～话 kāixīnhuà 楽しい話. ｜今天玩儿得真～ jīntiān wánrde zhēn kāixīn 今日はとても楽しく遊んだ. 動 気晴らしをする. ‖ 为了～一下去洗了温泉 wèile kāixīn yíxià qù xǐle wēnquán ちょっと気晴らしに温泉に行った.

***【快活】** kuàihuo 形 楽しい. 嬉しい. 愉快である. ‖ 心里很～ xīnli hěn kuàihuo 嬉しくてたまらない. ｜过得很～ guòde hěn kuàihuo とても楽しく過ごした.

****【快乐】** kuàilè 形 楽しい. 愉快である. ‖ ～的童年 kuàilè de tóngnián 満ち足りた子供時代. ｜～地玩儿着 kuàilè de wánrzhe 楽しそうに遊んでいる. ｜暑假过得很～ shǔjià guòde hěn kuàilè 夏休みはとても楽しかった. ｜充满了～ chōngmǎnle kuàilè 楽しさに満ち満ちている. ｜祝新年～ zhù xīnnián kuàilè 楽しい新年をお迎えください(年賀状の慣用語).

***【舒畅】** shūchàng 形 のびのびと心地よい. 気持よくて愉快である. ‖ 心情～ xīnqíng shūchàng のびのびとして愉快である. ｜把话说了出来，心里就～多了 bǎ huà shuōlechulai, xīnli jiù shūchàngduō le 言いたいことを言ってやったら，だい

751

ゆがむ （形が）ゆがむ

ぶすっきりした.

★【痛快】tòngkuai；tòngkuài 形痛快である.
愉快である. 気分がよい. ‖～的心情
tòngkuai de xīnqíng すかっとした気分. ｜
比赛输了，心里不～ bǐsài shū le, xīnli bú
tòngkuai 試合に負けて，気分がくさく
さする. ｜考完试，痛痛快快地玩儿了
几天 kǎowán shì, tòngtòngkuàikuài de wánr-
le jǐ tiān 試験が終わって数日間思い切
り遊んだ.

★【有意思】yǒu yìsi 組面白い. 意義があ
る. ‖这本书很～ zhè běn shū hěn yǒu yìsi
この本はとても面白い. ｜今天玩儿得很
～ jīntiān wánrde hěn yǒu yìsi 今日はとて
も楽しく遊んだ.

★【愉快】yúkuài 形愉快である. 楽しい.
‖心情～ xīnqíng yúkuài 愉快である. ｜
发出～的笑声 fāchū yúkuài de xiàoshēng
楽しそうな笑い声をたてる. ｜暑假过
得很～ shǔjià guòde hěn yúkuài 夏休みを
楽しく過ごした. ｜碰到一件不～的事
pèngdào yí jiàn bù yúkuài de shì 不愉快な
ことにぶつかった.

ゆがむ （形が）ゆがむ

▶变形 ▶东倒西歪 ▶扭曲 ▶歪
▶歪七扭八 ▶歪歪扭扭 ▶歪斜 ▶走形

---

*【变形】biàn//xíng 動変形する. 形が変
わる. ‖塑料盆都烤～了 sùliàopén dōu kǎo
biànxíng le プラスチックのお盆が火に
当たって変形した. ｜皮鞋穿得已经变了
形 píxié chuānde yǐjīng biànle xíng だいぶ
履いたので革靴はすっかり変形してし
まった.

【东倒西歪】dōng dǎo xī wāi 組傾いて倒
れかかっているさま. ‖路标被风刮得～
lùbiāo bèi fēng guāde dōng dǎo xī wāi 道路
標識が風で倒れかかっている.

【扭曲】niǔqū 動❶ねじれる. ゆがむ. ‖

铁棍～了 tiěgùn niǔqū le 鉄の棒がねじ
曲がってしまった. ｜气得脸都～了 qìde
liǎn dōu niǔqū le 怒りで顔がひきつって
いる. ❷(事実やイメージなどが)ゆが
む.

**【歪】wāi 形曲がっている. 斜めになっ
ている. 傾いている. ⇔“正”zhèng ‖领
带～了 lǐngdài wāi le ネクタイが曲がっ
ている. ｜照片贴～了 zhàopiàn tiēwāi le
写真を斜めに張ってしまった. ｜～戴帽
子 wāi dài màozi 帽子をはすにかぶる.

【歪七扭八】wāi qī niǔ bā 成いびつであ
る. 曲がりくねっている. “歪七斜八”
wāi qī xié bā ともいう. ‖～的一棵老柳
树 wāi qī niǔ bā de yì kē lǎo liǔshù 1本の
曲がりくねったヤナギの老木.

【歪歪扭扭】wāiwāiniǔniǔ(～的) 形ゆが
んでいる. いびつに曲がっている. ‖
字写得～的 zì xiěde wāiwāiniǔniǔ de 字の
書き方が曲がりくねっている.

【歪斜】wāixié 形ゆがんでいる. 傾いて
いる. ‖地基下沉，房子已经有些～了
dìjī xiàchén, fángzi yǐjīng yǒuxiē wāixié le
地盤が沈下して，建物はすでに少し傾
いている.

【走形】zǒu//xíng(～儿) 動変形する. 型
がくずれる. ‖家具受潮～了 jiājù shòu-
cháo zǒuxíng le 家具が湿気で変形した.

ゆきとどく 行き届く

▶入微 ▶无微不至 ▶细心 ▶细致
▶周到 ▶周详 ▶仔细

【入微】rùwēi 形細かいところまで行き
届いている. ‖体贴～ tǐtiē rùwēi 気配り
が行き届いている. ｜细致～ xìzhì rùwēi
念入りである. 微に入り細をうがって
いる.

*【无微不至】wú wēi bù zhì 成(心遣いな
どが)非常に細やかで行き届いている.

752

ゆずる　譲る

‖ 受到～的关怀 shòudào wú wēi bú zhì de guānhuái 至れり尽くせりの配慮を受ける．｜照顾得～ zhàogude wú wēi bú zhì 世話が行き届いている．

**【细心】 xìxīn 形 注意深い．細心である．⇔“粗心” cūxīn ‖ ～的人 xìxīn de rén 細かく気の付く人．｜～观察 xìxīn guānchá 注意深く観察する．｜～照料 xìxīn zhàoliào なにくれと世話をやく．｜工作要～ gōngzuò yào xìxīn 仕事は周到でなければならない．

*【细致】 xìzhì 形 きめ細かい．細心である．丹念である．念入りである．‖ 粗心人干不了这种～活儿 cūxīnrén gànbuliǎo zhè zhǒng xìzhìhuór おおざっぱな人にはこのような丹念な仕事はできない．｜工作认真～ gōngzuò rènzhēn xìzhì 仕事ぶりがまじめで細心である．

**【周到】 zhōudào 形 周到である．行き届いている．‖ 办事～ bànshì zhōudào やることが周到である．｜考虑得很～ kǎolù-de hěn zhōudào 配慮がとても行き届いている．｜～的安排 zhōudào de ānpái 周到な手配．｜有不～的地方，请提意见 yǒu bù zhōudào de dìfang, qǐng tí yìjian 行き届かない点がありましたら，どうぞおっしゃってください．

【周详】 zhōuxiáng 形 周到で細かい．細かく行き届いている．‖ ～地论证 zhōuxiáng de lùnzhèng 詳細に論証を進める．｜部署～ bùshǔ zhōuxiáng 配置の仕方が周到である．｜安排得很～ ānpáide hěn zhōuxiáng 手配がたいへん行き届いている．

**【仔细】 zǐxì 形 細心である．注意が行き届く．きめ細かい．周到である．“子细”とも書く．‖ 做事～ zuò shì zǐxì やることが細心である．｜～一看，壶漏了 zǐxì yíkàn, hú lòu le よく見たら，やかんが水漏れしていた．

ゆく　⇒【行く】

ゆずる　譲る

▶躲让　▶迁就　▶谦让　▶让　▶让步
▶退步　▶退让　▶相让

【躲让】 duǒràng 動 場所を譲る．横にどく．‖ 人们纷纷给救护车～出一条路 rénmen fēnfēn gěi jiùhùchē duǒràngchu yì tiáo lù 人々は次々と救急車のために道を開けた．

*【迁就】 qiānjiù 動 折り合う．妥協する．譲る．‖ 就是朋友也不能无原则地一味～ jiùshì péngyou yě bù néng wú yuánzé de yíwèi qiānjiù 友人といえども原則なしに譲歩ばかりすることはできない．｜这件小事你就～他一回吧 zhè jiàn xiǎoshì nǐ jiù qiānjiù tā yì huí ba こんなささいなことだから今回は彼を大目に見てあげなさいよ．

【谦让】 qiānràng 動 へりくだって遠慮する．遠慮して譲る．‖ 客人互相～了一下，便落了座 kèren hùxiāng qiānràngle yíxià, biàn luòle zuò 客は互いに席を譲り合ってから座った．

★【让】 ràng 動 譲る．譲歩する．‖ ～座 ràngzuò 席を譲る．｜～道 ràng dào 道を譲る．｜大哥哥应该一着小弟弟 dàgēge yīnggāi ràngzhe xiǎodìdi 兄さんなんだから弟に譲ってやりなさい．｜我不～他，他也不～我，结果终于闹翻了 wǒ bú ràng tā, tā yě bú ràng wǒ, jiéguǒ zhōngyú nàofān le 私も彼も互いに譲らなかったので，とうとうけんかになってしまった．｜今天就～你一次! jīntiān jiù ràng nǐ yí cì! 今日は君を立ててやろう．

*【让步】 ràng//bù 動 譲歩する．歩み寄る．‖ 双方都让点儿步，问题就解决了 shuāngfāng dōu ràng diǎnr bù, wèntí jiù jiějué

ゆたか　豊か（豊富）

le 双方で多少とも歩み寄れば，問題は解決する．｜在原則问题上我们绝不能～ zài yuánzé wèntí shang wǒmen jué bù néng ràngbù 原則的な問題について，我々は決して譲歩するわけにはいかない．

*【退步】tuì//bù 動 譲歩する．譲る．‖两人谁也不肯～ liǎng rén shéi yě bù kěn tuìbù 双方ともに譲らない．

【退让】tuìràng 動 譲歩する．譲る．‖双方各自～一步 shuāngfāng gèzì tuìràng yí bù お互いに譲り合う．

【相让】xiāngràng 動 ❶譲る．我慢して譲歩する．‖互不～ hù bù xiāngràng 互いに譲らない．❷道を譲り合う．‖礼貌～ lǐmào xiāngràng 礼儀正しく道を譲り合う．

ゆたか　豊か（豊富）

▶充裕　▶丰富　▶丰盈　▶富有　▶宽松
▶宽裕

【充裕】chōngyù 形 豊かである．余裕がある．有り余るほどの．‖时间很～，不用着急 shíjiān hěn chōngyù, búyòng zháojí 時間は十分余裕があるから，慌てることはない．｜他手头儿～ tā shǒutóur chōngyù 彼は懐具合がいい．

★【丰富】fēngfù 形 豊富である．豊かである．‖～的资源 fēngfù de zīyuán 豊富な資源．｜知识～ zhīshi fēngfù 知識が豊かである．｜经验～ jīngyàn fēngfù 経験が豊富である．｜感情～ gǎnqíng fēngfù 感情が豊かである．｜～的想像力 fēngfù de xiǎngxiànglì 豊かな想像力．動 豊富にする．豊かにする．‖这些活动～了我们的业余生活 zhèxiē huódòng fēngfùle wǒmen de yèyú shēnghuó これらの活動は我々の余暇を豊かにしてくれた．

【丰盈】fēngyíng 形 豊かである．満ち足りている．‖衣食～ yīshí fēngyíng 衣食

が満ち足りている．

*【富有】fùyǒu 形 裕福である．‖～的家庭 fùyǒu de jiātíng 裕福な家庭．動 豊富に持つ．…に富む．‖～文采 fùyǒu wéncǎi 文才に富む．｜～韧性 fùyǒu rènxìng 耐久性に富む．

【宽松】kuānsong；kuānsōng 形 (経済的に)豊かである．余裕がある．‖手头～ shǒutóu kuānsong 懐が温かい．

【宽裕】kuānyù 形 余裕がある．ゆとりがある．‖生活～ shēnghuó kuānyù 生活にゆとりがある．｜时间～ shíjiān kuānyù 時間がたっぷりある．

ゆっくり

▶不慌不忙　▶缓缓　▶缓慢　▶慢
▶慢慢儿　▶慢腾腾　▶慢条斯理　▶慢悠悠

【不慌不忙】bù huāng bù máng 成 慌てても騒ぎもせず．‖他做事总是～的 tā zuòshì zǒngshì bù huāng bù máng de 彼は何事も慌てず騒がず落ち着いてやる．

*【缓缓】huǎnhuǎn 副 ゆっくりと．ゆったりと．‖车轮～地启动了 chēlún huǎnhuǎn de qǐdòng le 車輪はゆっくりと回り始めた．

*【缓慢】huǎnmàn 形 ゆっくりしている．のろい．‖动作～ dòngzuò huǎnmàn 動きがのろい．｜气温在～上升 qìwēn zài huǎnmàn shàngshēng 気温がゆっくりと上昇している．

★【慢】màn 形 遅い．のろい．ゆっくりしている．⇔"快" kuài ‖你能说～点儿吗? nǐ néng shuō màn diǎnr ma? もう少しゆっくり話してくれませんか．｜我的表～了五分钟 wǒ de biǎo mànle wǔ fēnzhōng 私の腕時計は5分遅れている．｜～手～脚 màn shǒu màn jiǎo 動作が鈍くのろい．

【慢慢儿】mànmānr 副 ゆっくりと．だん

だん。‖开始可能不习惯，～就好了 kāishǐ kěnéng bù xíguàn, mànmānr jiù hǎo le 始めは慣れないかもしれないが，おいおいよくなるでしょう。｜路上滑，～走 lùshang huá, mànmānr zǒu 道が滑るので，ゆっくり行こう。｜船～地离岸了 chuán mànmānr de lí àn le 船がゆっくりと岸を離れて行った。

【慢腾腾】màngténgténg（～的）形 ゆっくりしている。のんびりしている。話し言葉では màntēngtēng とも発音し，"慢慢腾腾" mànmàngténgténg "慢吞吞" màntūntūn ともいう。‖他～地走下楼来 tā màngténgténg de zǒuxia lóu lai 彼はのんびりと2階から下りてきた。

【慢条斯理】màntiáo sīlǐ 組 ゆっくりと落ち着きはらっている。ゆったりと構えている。のんびりしている。‖～地踱着方步 màntiáo sīlǐ de duózhe fāngbù ゆったりと大股（おおまた）に歩いている。

【慢悠悠】mànyōuyōu（～的）形 ゆっくりしている。ゆったり落ち着いている。"慢慢悠悠" mànmanyōuyōu ともいう。‖他拉长声音～地说着 tā lācháng shēngyīn mànyōuyōu de shuōzhe 彼は声を長く引っ張ってゆったりと話している。

ゆったり ⇒【のんびり（ゆったり）】

ゆとり

▶充裕　▶富余　▶宽绰　▶宽余　▶宽裕
▶松动　▶松快　▶闲钱　▶闲心　▶有余

【充裕】chōngyù 形 豊かである。余裕がある。有り余るほどの。‖时间很～，不用着急 shíjiān hěn chōngyù, búyòng zháojí 時間は十分余裕があるから，慌てることはない。｜他手头儿～ tā shǒutóur chōngyù 彼は懐具合がいい。

*【富余】fùyu 動 あり余る。余分にある。‖把～的钱存入银行 bǎ fùyu de qián cúnrù yínháng 余った金を銀行に預金する。｜这次公演的票还～几张 zhè cì gōngyǎn de piào hái fùyu jǐ zhāng 今回の公演にはまだ席にゆとりがある。｜时间还～，不用着急 shíjiān hái fùyu, búyòng zháojí まだ時間に余裕があるから，あせることはない。

【宽绰】kuānchuo 形 ❶（場所が）広く余裕がある。‖地方～ dìfang kuānchuo 場所が広々としてゆとりがある。❷（経済的に）ゆとりがある。裕福である。‖手头不～ shǒutóu bù kuānchuo 手元不如意である。❸（心に）余裕がある。ゆったりしている。‖心里～多了 xīnli kuānchuoduō le ずいぶん気持ちが落ち着いた。

【宽余】kuānyú 形 豊かである。ゆとりがある。‖和十年前相比，现在的生活～多了 hé shí nián qián xiāngbǐ, xiànzài de shēnghuó kuānyúduō le 十年前と比べれば，今の生活は十分ゆとりがある。

【宽裕】kuānyù 形 余裕がある。ゆとりがある。‖生活～ shēnghuó kuānyù 生活にゆとりがある。｜时间～ shíjiān kuānyù 時間がたっぷりある。

【松动】sōngdòng 形 ❶こんでいない。すいている。‖下了几个人，车里～多了 xiàle jǐ ge rén, chē li sōngdòngduō le 何人か下車して車内はだいぶすいた。❷（経済的に）余裕がある。ゆとりがある。‖这几年，我手头～多了 zhè jǐ nián, wǒ shǒutóu sōngdòngduō le ここ数年，私の懐具合はずっと楽になった。

【松快】sōngkuai 形 ❶気分が軽やかである。気が楽である。気がくつろぐ。‖问题解决了，心里就～多了 wèntí jiějué le, xīnli jiù sōngkuaiduō le 問題が解決したので，気分が楽になった。❷窮屈でない。ゆったりしている。‖现在的住房比原来～多了 xiànzài de zhùfáng bǐ yuán-

ゆび 指

lái sōngkuaiduō le いまの住まいは以前に比べずっとゆったりしている.

【闲钱】xiánqián 图 遊んでいる金. 余分な金. ‖ 我哪有～买那些东西啊 wǒ nǎ yǒu xiánqián mǎi nàxiē dōngxi a 私のどこにそんな物を買うゆとりがありますか.

【闲心】xiánxīn 图 ゆったりした気分. のんびりした気持ち. ‖ 这么忙, 哪有～去看电影 zhème máng, nǎ yǒu xiánxīn qù kàn diànyǐng こんなに忙しくてはとても映画など見にいく気分にはなれない.

【有余】yǒuyú 動 ゆとりがある. 余裕がある. ‖ 绰绰～ chuòchuò yǒuyú 余裕綽々(よゆうしゃくしゃく)である. | 年年～ niánnián yǒuyú 毎年暮らしにゆとりがある.

ゆび 指

▶脚趾 　▶拇指 　▶屈指可数 　▶手指
▶首屈一指 　▶指 　▶指头

【脚趾】jiǎozhǐ 图 足の指.

【拇指】mǔzhǐ 图 親指. "大拇指"dàmǔzhǐ ともいう. ‖ ～姑娘 mǔzhǐ gūniang おやゆび姫. | ～族 mǔzhǐzú 親指族(携帯電話を活用する若い人たちをさしている).

【屈指可数】qū zhǐ kě shǔ 成 指折り数えるほどしかない. 数が少ないこと.

**【手指】shǒuzhǐ 图 手の指.

【首屈一指】shǒu qū yī zhǐ 成 第一の. (指を折って数えるとき, 一番はじめに折るのが親指で, 第一を示すことから) ‖ 该公司的资产在全市～ gāi gōngsī de zīchǎn zài quánshì shǒu qū yì zhǐ 同社の資産は全市でナンバーワンだ.

★【指】zhǐ 图 指. ‖ 大拇～ dàmǔzhǐ 親指. | 食～ shízhǐ 人差し指. | 中～ zhōngzhǐ 中指. | 无名～ wúmíngzhǐ 薬指. | 小拇～ xiǎomǔzhǐ 小指.

*【指头】zhǐtou 图 指. (話し言葉では zhí

tou と発音することが多い) ‖ ～尖儿 zhǐtou jiānr 指の先. | 脚～ jiǎo zhǐtou 足の指. | 扳着～数 bānzhe zhǐtou shǔ 指を折って数える. | 十个～不一般齐 shí ge zhǐtou bú yìbān qí 10本の指は長さがみんな違う. 人それぞれである.

ゆめ 夢

▶幻想 　▶黄粱梦 　▶空想 　▶理想 　▶梦
▶梦见 　▶梦想 　▶心愿 　▶愿望 　▶做梦

*【幻想】huànxiǎng 動 夢想する. 空想する. 夢見る. ‖ ～未来 huànxiǎng wèilái 未来を空想する. 图 幻想. 空想. ファンタジー. ‖ ～曲 huànxiǎngqǔ 幻想曲. | 科学～小说 kēxué huànxiǎng xiǎoshuō 空想科学小説. SF.

【黄粱梦】huángliángmèng 图 願いが実現しないむなしい夢のたとえ. "黄粱美梦"huángliáng měimèng "一枕黄粱" yī zhěn huángliáng ともいう. ‖ ～破灭了 huángliángmèng pòmiè le 分不相応な願いは崩れ去った.

*【空想】kōngxiǎng 動 空想する. 夢想する. ‖ 闭门～ bì mén kōngxiǎng 閉じこもって空想にふける. 图 空想. 夢想.

**【理想】lǐxiǎng 图 理想. ‖ 远大的～ yuǎndà de lǐxiǎng 遠大な理想. | ～实现了 lǐxiǎng shíxiàn le 理想が実現した.

**【梦】mèng 图 夢. ‖ 人生就像一场～ rénshēng jiù xiàng yì cháng mèng 人生は夢のようなものである.

【梦见】mèng//jiàn 動 夢に見る. ‖ 我～了死去的妈妈 wǒ mèngjiànle sǐqu de māma 私は亡くなった母を夢に見た. | ～自己回到了故乡 mèngjiàn zìjǐ huídàole gùxiāng 自分が郷里へ帰った夢を見る.

*【梦想】mèngxiǎng 图 ❶夢想. 妄想. ‖ 脱离现实的～ tuōlí xiànshí de mèngxiǎng 現実から遊離した妄想. ❷渴望. 熱

756

望．夢．‖征服黄河的～ zhēngfú Huáng-hé de mèngxiǎng 黄河を征服する夢．**動** ❶夢想する．妄想する．‖～不到的事情 mèngxiǎngbudào de shìqing 夢にも思わないこと．❷渇望する．熱望する．‖这孩子～着去宇宙旅行 zhè háizi mèng-xiǎngzhe qù yǔzhòu lǚxíng この子は宇宙旅行を夢見ている．

*【心愿】xīnyuàn **名** 念願．願望．‖美好的～ měihǎo de xīnyuàn すばらしい願望．|多年的～终于实现了 duōnián de xīnyuàn zhōngyú shíxiàn le 長年の夢がついにかなった．

【愿望】yuànwàng **名 願い．望み．‖他实现了上大学的～ tā shíxiàn le shàng dàxué de yuànwàng 彼は大学進学の夢を果した．

【做梦】zuò//mèng **動 ❶夢をみる．‖一夜老～，没睡好 yí yè lǎo zuòmèng, méi shuìhǎo 一晩中夢ばかりみてよく眠れなかった．|做噩梦 zuò èmèng 怖い夢をみる．|～也没想到会在这儿遇见他 zuòmèng yě méi xiǎngdào huì zài zhèr yùjiàn tā ここで彼に会おうとは夢にも思わなかった．❷幻想にふける．‖白日～ bái-rì zuòmèng 白昼夢をみる．|别～了! bié zuòmèng le! 夢みたいなことばかり考えるな．

ゆるい　緩い

▶不紧　▶肥　▶肥大　▶宽大　▶宽松
▶松　▶松弛　▶松散

【不紧】bù jǐn **組** きつくない．緩みがある．

【肥】féi **形 (服などが)大きい．ぶかぶかである．⇔"瘦" shòu ‖裤腰太～了 kù-yāo tài féi le ズボンのウエストがだぶだぶだ．

【肥大】féidà **形** 緩くて大きい．ぶかぶ

かである．‖这件衣服有点儿～ zhè jiàn yīfu yǒudiǎnr féidà この服は少し大きい．

*【宽大】kuāndà **形** 広くて大きい．‖外套很～ wàitào hěn kuāndà オーバーが大きすぎる．

【宽松】kuānsong；kuānsōng **形** (服が)大きい．‖～的服装 kuānsong de fúzhuāng ゆったりした服．

【松】sōng **形 緩い．しまりがない．⇔"紧" jǐn ‖行李捆得太～ xíngli kǔnde tài sōng 荷物の縛り方が緩すぎる．|鞋带～了 xiédài sōng le 靴のひもが緩んだ．

【松弛】sōngchí **形** 緩い．弛緩(かん)している．張りがない．‖～的肌肉 sōngchí de jīròu たるんだ筋肉．

【松散】sōngsǎn **形** 緩んでいる．しまりがない．だらしない．散漫である．‖～的组织 sōngsǎn de zǔzhī ばらばらな組織．|纪律～ jìlǜ sōngsǎn 規律が緩んでいる．|布局～ bùjú sōngsǎn 配置が分散している．|文章的结构～ wénzhāng de jiégòu sōngsǎn 文章の構成にしまりがない．

ゆるす　許す（認める）

▶宽恕　▶饶　▶饶恕　▶容恕　▶容许
▶原谅　▶允许

【宽恕】kuānshù **動** 許す．大目に見る．‖对这种不良行为绝对不能～ duì zhè zhǒng bùliáng xíngwéi juéduì bù néng kuān-shù こういう悪質な行為は決して許せない．|我保证绝不再犯，您就～我吧 wǒ bǎozhèng jué bú zàifàn, nín jiù kuānshù wǒ ba もう2度とやらないと約束します，許して下さい．

*【饶】ráo **動** 許す．勘弁する．‖我这次可～不了他 wǒ zhè cì kě ráobuliǎo tā こんどこそは彼を許すことができない．|～了我吧 ráole wǒ ba 勘弁してくださいよ．

ゆれる　揺れる

【饶恕】ráoshù 働許す．勘弁する．‖这次就请~了他吧! zhè cì jiù qǐng ráoshùle tā ba! 今回だけはなんとか彼を許してやってください．｜犯了不可~的罪行 fànle bùkě ráoshù de zuìxíng 許されない罪を犯した．

【容恕】róngshù 働容認する．許す．‖这种背信弃义的行为断难~ zhè zhǒng bèixìn qì yì de xíngwéi duàn nán róngshù このような信義に反する行為は断じて許せない．

*【容许】róngxǔ 働許す．許可する．‖这一工作不~出半点儿差错 zhè yī gōngzuò bù róngxǔ chū bàndiǎnr chācuò この仕事にはわずかな手違いもあってはならない．｜不~违反原则 bù róngxǔ wéifǎn yuánzé 原則に反することは許さない．

★【原谅】yuánliàng 働許す．大目に見る．‖彼此~ bǐcǐ yuánliàng 互いに許し合う．｜说得不对的地方，请大家多多~ shuōde bú duì de dìfang, qǐng dàjiā duōduō yuánliàng 言葉の不適切な点は，皆様なにとぞお許しください．

**【允许】yǔnxǔ 働許可する．許す．承諾する．‖他的做法是不能~的 tā de zuòfa shì bù néng yǔnxǔ de 彼のやり方は許せない．｜请~我提几个问题 qǐng yǔnxǔ wǒ tí jǐ ge wèntí 何点か質問させていただきます．

ゆれる　揺れる

▶颠簸　▶动摇　▶晃　▶晃荡　▶晃动
▶飘动　▶摇摆　▶摇动　▶摇晃

【颠簸】diānbǒ 働上下に揺れ動く．‖船小~得很厉害 chuán xiǎo diānbǒde hěn lìhai 船が小さいのでずいぶん揺れる．

*【动摇】dòngyáo 働❶動揺する．ぐらつく．‖看别人不去，他也有些~了 kàn biéren bú qù, tā yě yǒuxiē dòngyáo le ほかの人が行かないのをみて，彼も少し動揺した．｜意志坚定，决不~ yìzhì jiāndìng, jué bú dòngyáo 意志堅固で決してぐらつかない．❷動揺させる．ぐらつかせる．揺り動かす．‖环境再艰苦也~不了他们的决心 huánjìng zài jiānkǔ yě dòngyáobuliǎo tāmen de juéxīn 状況がどんなに苦しかろうと彼らの決意はぐらつかない．

*【晃】huàng ‖小船不停地~着 xiǎochuán bùtíng de huàngzhe 小舟は絶えずゆらゆら揺れている．

【晃荡】huàngdang 働ゆらゆらする．揺れる．‖灯怎么直~，是不是有地震? dēng zěnme zhí huàngdang, shìbushì yǒu dìzhèn? 電灯がゆらゆら揺れているけれど，もしかしたら地震かしら．

【晃动】huàngdòng 働揺れ動く．ゆらゆら揺れる．‖柳条迎风~ liǔtiáo yíngfēng huàngdòng ヤナギが風に揺れる．｜车厢~得很厉害 chēxiāng huàngdòngde hěn lìhai 車両がひどく揺れる．

【飘动】piāodòng 働揺れ動く．翻る．‖浮云~ fúyún piāodòng 雲がゆらゆらと漂う．｜红旗~ hóngqí piāodòng 紅旗が翻る．

*【摇摆】yáobǎi 働揺れる．揺れ動く．‖柳丝随风~ liǔsī suí fēng yáobǎi ヤナギの枝が風に揺れる．｜一群鸭子摇摇摆摆地走下河去 yì qún yāzi yáoyáobǎibǎi de zǒuxia hé qu アヒルの群れがよちよち歩きながら川に入っていった．｜在这个问题上他一直~不定 zài zhège wèntí shang tā yìzhí yáobǎi bú dìng この問題で彼はずっと気持ちが揺らいでいる．

【摇动】yáodòng 働揺れる．‖春风徐来，枝叶~ chūnfēng xú lái, zhīyè yáodòng 春風がそよそよ吹いて，木々の枝葉が揺れる．｜这颗牙有些~ zhè kē yá yǒuxiē yáodòng この歯は少しぐらぐらする．｜人心~ rénxīn yáodòng 人心が動揺する．

＊【摇晃】yáohuang；yáohuàng 動 揺れる．ぐらぐらする．振り動かす．‖桌子腿儿～了 zhuōzi tuǐr yáohuang le テーブルの脚がぐらつく．｜一个醉汉摇摇晃晃地走过来 yí ge zuìhàn yáoyáohuànghuàng de zǒuguolai 酔っぱらいがふらふらしながら歩いてきた．

よ

よあけ　夜明け

▶拂晓　▶鸡叫　▶黎明　▶凌晨　▶清晨
▶天亮　▶天明　▶五更　▶一大早儿

【拂晓】fúxiǎo 名書 払暁（<ruby>払<rt>ふつ</rt></ruby><ruby>暁<rt>ぎょう</rt></ruby>）．夜明け．‖～启程 fúxiǎo qǐchéng 明け方に出発する．

【鸡叫】jījiào 名 一番鶏（<ruby>一番<rt>いちばん</rt></ruby><ruby>鶏<rt>どり</rt></ruby>）が鳴くころ．夜明け．明け方．‖明天～就要出发 míngtiān jījiào jiù yào chūfā 明日の夜明けに出発する．

＊【黎明】límíng 名 黎明（<ruby>黎<rt>れい</rt></ruby><ruby>明<rt>めい</rt></ruby>）．明け方．夜明け．払暁．（夜明け前後をさす）

＊【凌晨】língchén 名 明け方．夜明け．払暁．（深夜から空が白み始めるころまでをさす）‖～五点 língchén wǔ diǎn 明け方の5時．｜一直工作到～ yìzhí gōngzuò-dào língchén 明け方までずっと仕事をした．

＊【清晨】qīngchén 名 明け方．早朝．（夜が明けてからの2，3時間をさす）‖每天～出去跑步 měitiān qīngchén chūqu pǎo-bù 毎朝早朝ジョギングに出かける．

【天亮】tiān//liàng 動 夜が明ける．

【天明】tiān//míng 動 夜が明ける．

【五更】wǔgēng 名 第五更（午前4時から6時まで）．‖起～，睡半夜 qǐ wǔgēng, shuì bànyè 朝は夜明けから起き，夜は真夜中に寝る．

【一大早儿】yīdàzǎor 名 早朝．夜明け．‖儿子～就出去玩儿，到现在还没回来 érzi yídàzǎor jiù chūqu wánr, dào xiànzài hái méi huílai 息子は朝早くから遊びに行って，いまだに帰ってこない．

よい

▶凑巧　▶方便　▶好　▶合适　▶可以
▶恰当　▶适当　▶适合　▶行　▶正好

＊【凑巧】còuqiǎo 形 （タイミングが）ちょうどよい．具合がよい．‖真～，我正要去找你，你就来了 zhēn còuqiǎo, wǒ zhèng yào qù zhǎo nǐ, nǐ jiù lái le ちょうどよかった，あなたを訪ねて行こうと思っていたところに来てくれて．｜你来得不～，他刚刚出去 nǐ láide bú còuqiǎo, tā gānggāng chūqu あいにくでしたね，彼はいましがた出かけてしまいました．

★【方便】fāngbiàn 形 適している．都合がよい．‖这里说话不～ zhèli shuōhuà bù fāngbiàn ここで話すのはまずい．｜请在你～的时候来一趟 qǐng zài nǐ fāngbiàn de shíhou lái yí tàng ご都合のよいときに一度お越しください．

★【好】hǎo 形 よい．適切である．⇔"坏" huài ‖不知说什么～ bù zhī shuō shénme hǎo どう言ったらよいのか分からない．

★【合适】héshì 形 （条件に）ぴったり合っている．適切である．ちょうどいい．"合式"とも書く．‖不大不小，正～ bú dà bù xiǎo, zhèng héshì 大きくも小さくもなくて，ちょうどいい．｜他的性格当演员很～ tā de xìnggé dāng yǎnyuán hěn héshì 彼の性格は俳優をやるのにちょうどいい．｜没有～的机会 méiyou héshì de jīhuì （条件に合う）適当な機会がない．

＊＊【可以】kěyǐ 形 比較的よい．まあまあだ．（多く"还" hái を前に置く）‖这个

759

よい　よい（優れている）

价钱还～zhège jiàqian hái kěyǐ この値段はまあこんなものだろう．｜他俩关系还～tā liǎ guānxi hái kěyǐ 彼ら二人の関係はまあまあよい．

*【恰当】qiàdàng 形 適切である．ちょうどよい．（状況に）合っている．‖这句话不太～zhè jù huà bútài qiàdàng この言葉はあまり適切ではない．｜找个～的机会，跟他谈一谈 zhǎo ge qiàdàng de jīhui, gēn tā tányítán 適当な機会をみて彼と話してみよう．

**【适当】shìdàng 形 適当である．ふさわしい．‖给她安排一个～的工作 gěi tā ānpái yí ge shìdàng de gōngzuò 彼女にふさわしい仕事を振り当てる．

**【适合】shìhé 動 適合する．当てはまる．‖这种料子～做大衣 zhè zhǒng liàozi shìhé zuò dàyī この手の生地はオーバーを作るのにいい．｜她很～扮演这个角色 tā hěn shìhé bànyǎn zhège juésè 彼女はこの役にぴったりだ．

★【行】xíng 動 よいと思う．よろしい．‖您看这样～吗? nín kàn zhèyàng xíng ma? これでよろしいですか｜这么做绝对不～! zhème zuò juéduì bùxíng! こんなやり方は絶対だめだ．

**【正好】zhènghǎo 形 ちょうどよい．ぴったりである．‖咸淡～xiándàn zhènghǎo 塩かげんはちょうどいい．｜你来得～nǐ láide zhènghǎo ちょうどいいときに来た．｜这衣服我穿～zhè yīfu wǒ chuān zhènghǎo この服は私のサイズにぴったりだ．

よい　よい（優れている）

▶不错　▶出色　▶好　▶良好　▶优良
▶优秀　▶优异　▶优越

★【不错】búcuò 形 口 よい．優れている．‖天气～tiānqì búcuò 天気がよい．｜唱得～chàngde búcuò 歌がなかなか上手

だ．｜他们俩关系～tāmen liǎ guānxi búcuò あの二人はとても仲がよい．

*【出色】chūsè 形 出色である．特に見事である．‖～的人物 chūsè de rénwù 出色の人物．｜～地完成了任务 chūsè de wánchéngle rènwu 見事に任務を遂行した．｜他的讲演很～tā de jiǎngyǎn hěn chūsè 彼の講演はとてもすばらしい．

★【好】hǎo 形 よい．立派である．すばらしい．好ましい．⇔"坏"huài ‖～学生 hǎo xuésheng よい学生．優等生．｜～消息 hǎo xiāoxi よい知らせ．｜～主意 hǎo zhǔyi よい考え．アイディア．｜还是你去比较～háishi nǐ qù bǐjiào hǎo やはり君が行ったほうがいい．｜不知怎么说～bù zhī zěnme shuō hǎo どう言ったらよいのか分からない．

**【良好】liánghǎo 形 よい．好ましい．‖～的祝愿 liánghǎo de zhùyuàn 心からの祝福．｜～的比赛风格 liánghǎo de bǐsài fēnggé すばらしいスポーツマンシップ．｜健康状况～jiànkāng zhuàngkuàng liánghǎo 健康状態はよい．｜机器运转情况～jīqi yùnzhuǎn qíngkuàng liánghǎo 機器は正常に動いている．

**【优良】yōuliáng 形 優れている．（品種・品質・成績・生活態度などをさす）‖～品种 yōuliáng pǐnzhǒng 優れた品種．｜～传统 yōuliáng chuántǒng 優れた伝統．｜成绩～chéngjì yōuliáng 成績優秀である．

**【优秀】yōuxiù 形 優秀である．優れている．‖成绩～chéngjì yōuxiù 成績がよい．｜～人材 yōuxiù réncái 優秀な人材．｜～的文化遗产 yōuxiù de wénhuà yíchǎn 優れた文化遺産．

*【优异】yōuyì 形 際立っている．ひときわ優れている．‖性能～xìngnéng yōuyì 性能が格段によい．｜以～的成绩考入名牌大学 yǐ yōuyì de chéngjì kǎorù míngpái dàxué ずば抜けた成績で名門大学に合格

760

する.

*【优越】yōuyuè 形 立ち勝る. 他より優れている. ‖～无比 yōuyuè wúbǐ この上なく優れている. ｜他的家庭环境比别人～ tā de jiātíng huánjìng bǐ biéren yōuyuè 彼の家庭環境は他の人よりよい.

よう 酔う

▶沉浸　▶沉醉　▶喝醉　▶迷恋　▶陶醉
▶心驰神往　▶心醉　▶晕　▶醉

*【沉浸】chénjìn 動 ひたる. ふける. (多く境地や感慨について用いる)‖～在思念中 chénjìnzài sīniàn zhōng 思い出にふけっている. ｜整个校园都～在欢乐之中 zhěnggè xiàoyuán dōu chénjìnzài huānlè zhī zhōng 学校全体が喜びにひたっている.

【沉醉】chénzuì 動 心を奪われる. うっとりする. ‖～在大自然的美丽之中 chénzuìzài dàzìrán de měilì zhī zhōng 大自然の美しさに酔いしれる.

【喝醉】hēzuì 動 (酒に)酔う.

【迷恋】míliàn 動 病みつきになる. 恋着している. 夢中になる. ‖他～着一个姑娘 tā míliànzhe yí ge gūniang 彼はある娘に夢中になっている. ｜官场 míliàn guānchǎng 官界に恋着する.

【陶醉】táozuì 動 陶酔する. うっとりする. ‖自我～ zìwǒ táozuì 自己陶酔する. ｜～在美妙的音乐之中 táozuìzài měimiào de yīnyuè zhī zhōng すばらしい音楽に酔いしれる.

【心驰神往】xīn chí shén wǎng 成 心を奪われる. うっとりとなる. ‖令人～ lìng rén xīn chí shén wǎng うっとりさせられる.

【心醉】xīn//zuì 動 心酔する. ‖春天的景色令人～ chūntiān de jǐngsè lìng rén xīnzuì 春の景色は人の心をうっとりさせる.

【晕】yùn 動 (身体的な原因からではなく, 外的な要因で)めまいがする. 酔う. ‖～船 yùnchuán 船に酔う. ｜～车 yùnchē 乗り物に酔う. ｜我一登高就眼～ wǒ yì dēnggāo jiù yǎn yùn 私は高い所に登ると, 頭がくらくらしてしまう.

**【醉】zuì 動 酔う. ‖他～了 tā zuì le 彼は酒に酔った. ｜大～ dà zuì 泥酔する. ｜微～ wēi zuì ほろ酔いになる.

ようい　用意

▶安排　▶备　▶布置　▶筹备　▶打点
▶配置　▶预备　▶准备

★【安排】ānpái 動 手配する. 手はずを整える. 段取りをつける. ‖～座位 ānpái zuòwei 座席を割り振る. ｜这件事还没～好 zhè jiàn shì hái méi ānpáihǎo この件はまだ手はずが整っていない. ｜给我一个房间吧 gěi wǒ ānpái yí ge fángjiān ba 私に一部屋用意してください.

【备】bèi 動 あらかじめ準備する. 手はずを整える. ‖材料全部～好了 cáiliào quánbù bèihǎo le 材料は全部用意した.

**【布置】bùzhì 動 ❶手配する. 段取りする. 割りふる. ‖～工作 bùzhì gōngzuò 仕事を段取りする. ｜上级～的任务 shàngjí bùzhì de rènwu 上司から割り当てられた任務. ❷(部屋を)飾る. しつらえる. 整える. ‖～联欢会会场 bùzhì liánhuānhuì huìchǎng 交歓会の会場を飾りつける.

*【筹备】chóubèi 動 計画して準備する. ‖～会议 chóubèi huìyì 準備会議. ｜～委员会 chóubèi wěiyuánhuì 準備委員会. ｜展览会的各项工作正在～中 zhǎnlǎnhuì de gè xiàng gōngzuò zhèngzài chóubèi zhōng 展覧会の各方面の仕事は目下準備中である.

【打点】dǎdian 動 準備する. 手配する.

ようきゅう　要求

支度する. 手はずを整える. ‖要带的东西都~好了 yào dài de dōngxi dōu dǎdianhǎo le 持っていく物はみな用意した.

【配置】pèizhì 動 配置する. ‖~兵力 pèizhì bīnglì 兵力を配置する. ｜~人手 pèizhì rénshǒu 人手を配置する.

**【预备】yùbèi 動 準備する. 用意する. ‖~材料 yùbèi cáiliào 資料を準備する. ｜明天的功课都~好了吗? míngtiān de gōngkè dōu yùbèihǎo le ma? 明日の授業の予習はちゃんとできていますか. ｜各就各位, ~, 跑! gè jiù gè wèi, yùbèi, pǎo! 位置について, 用意, どん.

★【准备】zhǔnbèi 動 準備する. 支度する. ‖他正在~明天的考试 tā zhèngzài zhǔnbèi míngtiān de kǎoshì 彼はいま, 明日の試験の準備をしているところだ. ｜~好行装 zhǔnbèihǎo xíngzhuāng 旅支度が整った.

ようきゅう　要求

▶恳求　▶请求　▶求　▶讨　▶需要
▶要求　▶要

---

*【恳求】kěnqiú 動 懇願する. 切に求める. ‖~批准 kěnqiú pīzhǔn なにとぞご承認ください. ｜~大家原谅他 kěnqiú dàjiā yuánliàng tā どうかみなさん彼を許してやってください.

**【请求】qǐngqiú 動 頼む. 求める. ‖~原谅 qǐngqiú yuánliàng 許しを求める. ｜~别人帮助 qǐngqiú biéren bāngzhù 他人に援助を頼む. ｜她~父母允许她去留学 tā qǐngqiú fùmǔ yǔnxǔ tā qù liúxué 彼女は両親に留学を許可してくれるよう頼んだ. 图 提出された要求. 願い届け. ‖提出~ tíchū qǐngqiú 申請を提出する. ｜上级已经批准了我的~ shàngjí yǐjīng pīzhǔnle wǒ de qǐngqiú 上司はすでに私の申請を許可した.

**【求】qiú 動 要求する. ‖精益~精 jīng yì qiú jīng さらにいっそうの向上を求める. さらに磨きをかける. ｜~生存 qiú shēngcún 生きることを切望する. ｜不上进 bù qiú shàngjìn 向上を求めない.

*【讨】tǎo 動 要求する. 請求する. 催促する. ‖房东每月月底来~房租 fángdōng měiyuè yuèdǐ lái tǎo fángzū 家主は毎月月末になると家賃を取り立てにやって来る. ｜小孩子过年要向大人~压岁钱 xiǎoháizi guònián yào xiàng dàren tǎo yāsuìqián 子供は正月になると大人にお年玉をねだる.

★【需要】xūyào 動 必要とする. ‖他工作~一台计算机 tā gōngzuò xūyào yì tái jìsuànjī 彼は仕事上, コンピューターが必要だ. ｜病人~输血 bìngrén xūyào shūxuè 病人は輸血を必要としている. ｜这件事~你跑一趟 zhè jiàn shì xūyào nǐ pǎo yí tàng この件はひとつ君に奔走してもらわねばならない. 图 必要. 要求. ニーズ. ‖粮食生产不能满足国内~ liángshi shēngchǎn bù néng mǎnzú guónèi xūyào 食糧生産は国内の需要を満たすことができない.

★【要求】yāoqiú 動 要求する. ‖~调动 yāoqiú diàodòng 配置換えを求める. ｜严格~自己 yángé yāoqiú zìjǐ 自己を厳しく律する. ｜老师~大家按时交作业 lǎoshī yāoqiú dàjiā ànshí jiāo zuòyè 先生はみんなに宿題を期限どおりに提出するよう求めた. 图 要求. 希望. 条件. ‖满足~ mǎnzú yāoqiú 要求を満たす. ｜~太高 yāoqiú tài gāo 要求が高すぎる. ｜工程质量合乎~ gōngchéng zhìliàng héhū yāoqiú 工事の仕上がりは要求を満たしている.

★【要】yào 動 ❶欲しい. 保有したい. ‖她想~一件红裙子 tā xiǎng yào yí jiàn hóng qúnzi 彼女は赤いスカートを欲しがっている. ❷(ものを)求める. もら

う.‖他跟妈妈硬~了零用钱 tā gēn māma yìng yàole língyòngqián 彼は母親にこづかいをせびった.｜感冒了，去医务室~了点儿药 gǎnmào le, qù yīwùshì yàole diǎn yào 風邪を引いたので，保健室に薬をもらいにいった.❸(人に…するよう)求める．頼む.‖老师~大家讲一下暑假里的打算 lǎoshī yào dàjiā jiǎng yíxià shǔjià li de dǎsuan 先生はみんなに夏休みの予定を話すよう求めた.｜他~我帮忙 tā yào wǒ bāngmáng 彼は私に手伝いを頼んだ.

ようしき　様式

▶方式　▶风格　▶格式　▶规格　▶花样
▶款式　▶式　▶式样　▶型　▶样式

* **【方式】** fāngshì 名方式．やり方．形式.‖生活~ shēnghuó fāngshì 暮らし方．生き方.｜工作~ gōngzuò fāngshì 仕事のやり方.｜经营~ jīngyíng fāngshì 経営方式.

* **【风格】** fēnggé 名芸術上のスタイル．作風.‖艺术~ yìshù fēnggé 芸術のスタイル.｜~豪放 fēnggé háofàng 作風が豪快である.｜民族~ mínzú fēnggé 民族調．民族的な様式.

* **【格式】** géshì 名様式．書式．型.‖公文~ gōngwén géshì 公文書の書式.｜书信~ shūxìn géshì 書簡文の型.

* **【规格】** guīgé 名規格.‖这两个零件~不同 zhè liǎng ge língjiàn guīgé bùtóng この二つの部品は規格が異なる.｜不合~ bùhé guīgé 規格に合わない.

* **【花样】** huāyàng (~儿)名種類．様式.‖我们食堂的饭菜老是这几种~，都吃腻了 wǒmen shítáng de fàncài lǎoshi zhè jǐ zhǒng huāyàng, dōu chīnì le 我々の食堂のメニューは決まりきったものばかりでもう食べあきた.｜~翻新 huāyàng fān-

xīn 新機軸を打ち出す.

* **【款式】** kuǎnshì 名デザイン．様式．型.‖流行的~ liúxíng de kuǎnshì 流行のデザイン.｜这套家具的~很新颖 zhè tào jiājù de kuǎnshì hěn xīnyǐng この家具のデザインは斬新だ.

* **【式】** shì 様式．ものの外形.‖洋~ yáng-shì 洋風.｜西~糕点 xīshì gāodiǎn 洋風の菓子.｜各~各样 gèshì gèyàng 各種各様の.｜老~织布机 lǎoshì zhībùjī 旧式の織機.

* **【式样】** shìyàng 名デザイン．スタイル．タイプ.‖这件衣服的~美观大方 zhè jiàn yīfu de shìyàng měiguān dàfang この服のデザインは上品で美しい.｜我讨厌那种~的楼房 wǒ tǎoyàn nà zhǒng shìyàng de lóufáng 私はああいうデザインのビルは好きではない.

* **【型】** xíng 特定の形状や様式.‖新~ xīn-xíng 新型.｜发~ fàxíng ヘアスタイル.｜句~ jùxíng 文型.｜流线~ liúxiànxíng 流線型.

* **【样式】** yàngshì 名様式．形．タイプ.‖~新颖 yàngshì xīnyǐng スタイルが新しい.｜各种~的电器产品 gè zhǒng yàngshì de diànqì chǎnpǐn さまざまなデザインの電気製品.

ようじん　用心

▶当心　▶提防　▶防备　▶谨防　▶谨慎
▶警惕　▶留神　▶留心　▶小心　▶注意

* **【当心】** dāngxīn 動気を付ける．注意する．用心する.‖车站人多~自己的东西 chēzhàn rén duō dāngxīn zìjǐ de dōngxi 駅は人が多いから持ち物に気を付けなさい.｜路上车多，~点儿 lùshang chē duō, dāngxīn diǎnr 通りは車が多いから気を付けて.

* **【提防】** dīfang 動用心する．警戒する.

ようす　様子(状態)

‖ 此人心术不正，要～着点儿 cǐ rén xīn-shù bú zhèng, yào dīfangzhe diǎnr あの人は心根の悪い人だから用心したほうがいい．

【防备】fángbèi 動 防備する．用心する．警戒する．‖ ～得很严 fángbèide hěn yán 警戒が厳しい．｜加强～ jiāqiáng fángbèi 防備を強化する．

【谨防】jǐnfáng 動 用心して防ぐ．用心する．(多く標語などに用いる)‖ ～上当 jǐnfáng shàngdàng だまされないようにご用心．｜遵守交通规则，～事故发生 zūnshǒu jiāotōng guīzé, jǐnfáng shìgù fāshēng 交通規則を守り，事故を防ぐ．

*【谨慎】jǐnshèn 形 慎重である．注意深い．細心である．‖ ～小心 jǐnshèn xiǎoxīn 慎重である．用心深い．｜他做事很～ tā zuòshì hěn jǐnshèn 彼は何をやるにもたいへん慎重である．｜不要过于～ búyào guòyú jǐnshèn あまり慎重すぎないように．

*【警惕】jǐngtì 動 警戒する．‖ 时刻～敌人的进犯 shíkè jǐngtì dírén de jìnfàn 常に敵の侵犯を警戒する．

*【留神】liú//shén 動 気をつける．注意する．‖ 天冷了，～别感冒 tiān lěng le, liúshén bié gǎnmào 寒くなってきたから風邪をひかないように気をつけて．｜这人很滑头，你可留点神 zhè rén hěn huátóu, nǐ kě liú diǎn shén その人はずる賢いから，くれぐれも用心しなさい．｜～，别让车碰着! liúshén, bié ràng chē pèngzhe! 気をつけて，車にぶつからないように．

*【留心】liú//xīn 動 気をつける．注意する．留意する．‖ ～别写错了 liúxīn bié xiěcuò le 書き間違えないように気をつけなさい．

**【小心】xiǎoxīn 動 注意する．気をつける．留意する．‖ 雨天路滑，不～就会出事故 yǔtiān lù huá, bù xiǎoxīn jiù huì chū shìgù 雨の日は道が滑るから，気をつ

けないと事故の元だ．｜要多加～ yào duō jiā xiǎoxīn 十分用心しなさい．

★【注意】zhù//yì 動 注意する．気を配る．‖ 特别～健康 tèbié zhùyì jiànkāng とりわけ健康に気を配る．｜出门的时候多注点儿意 chūmén de shíhou duō zhù diǎnr yì 外出の際は十分気をつけなさい．｜～防火 zhùyì fánghuǒ 火の用心．

ようす　様子 (状態)

▶场面　▶光景　▶景象　▶模样　▶情况
▶情形　▶事态　▶样子　▶状况

*【场面】chǎngmiàn 名 その場の状況．様子．場面．‖ 我给你们照一张碰杯的～ wǒ gěi nǐmen zhào yì zhāng pèngbēi de chǎngmiàn 君たちが乾杯する場面を写真に撮ってあげましょう．｜激动人心的～ jīdòng rénxīn de chǎngmiàn 感動的シーン．

【光景】guāngjǐng 名 様子．ありさま．状況．‖ 回想起刚入学的～，好像就在昨天 huíxiǎngqi gāng rùxué de guāngjǐng, hǎoxiàng jiù zài zuótiān 入学したばかりのころを思い出すと，まるで昨日のことのようだ．

*【景象】jǐngxiàng 名 光景．情景．様子．‖ 河对岸又是另一番～ hé duì'àn yòu shì lìng yì fān jǐngxiàng 対岸はまたひと味違った景観である．｜田野上一片丰收的～ tiányě shang yí piàn fēngshōu de jǐngxiàng 見渡すかぎり豊かな実りの景色が広がっている．

**【模样】múyàng(～儿) 名 状況．様子．‖ 看～，这天要下雪 kàn múyàng, zhè tiān yào xià xuě この様子だと今日は雪になるだろう．

★【情况】qíngkuàng 名 状況．様子．‖ ～紧急 qíngkuàng jǐnjí 事態が切迫している．｜去不去得看～ qùbùqù děi kàn qíngkuàng 行くかどうかは状況しだいだ．｜那里

～怎么样? nǎli qíngkuàng zěnmeyàng? そちらの様子はどうですか.

**【情形】qíngxing 图事情. 様子. ‖看一下～再说吧 kàn yíxià qíngkuàng zài shuō ba 様子を見てからのことにしましょう. | 他向大家讲述了当时的～ tā xiàng dàjiā jiǎngshùle dāngshí de qíngxing 彼はみんなに当時の様子を話した.

【事态】shìtài 图事態. ‖关注～的发展变化 guānzhù shìtài de fāzhǎn biànhuà 事態の成り行きを見守る. | ～有所缓和 shìtài yǒu suǒ huǎnhé 事態はいくらか緩和された.

★【样子】yàngzi 图形勢. 情勢. 成り行き. ‖看～他今天不会来了 kàn yàngzi tā jīntiān bú huì lái le この分では彼は来そうにもない. | 天像要下雪的～ tiān xiàng yào xià xuě de yàngzi 雪が降りそうな空模様だ.

**【状况】zhuàngkuàng 图状況. 状態. ありさま. ‖家庭收入～ jiātíng shōurù zhuàngkuàng 家庭の収入状況. | 生产～ shēngchǎn zhuàngkuàng 生産状況. | 经济～大有好转 jīngjì zhuàngkuàng dà yǒu hǎozhuǎn 経済状態が大いに好転した. | 身体～如何? shēntǐ zhuàngkuàng rúhé? 体の調子はいかがですか.

ようす　様子（外見・態度）

▶表情　▶模様　▶神情　▶神色　▶神态
▶外表　▶样　▶样子　▶仪表

*【表情】biǎoqíng 图表情. 顔つき. ‖喜悦的～ xǐyuè de biǎoqíng 喜びの表情. | ～严肃 biǎoqíng yánsù 表情が険しい. | 脸上毫无～ liǎn shang háowú biǎoqíng 顔にまったく表情が出ない. | 脸上～丰富 liǎn shang biǎoqíng fēngfù 表情が豊かである.

**【模样】múyàng（～儿）图顔だち. 容貌

（よう）. 格好. ‖～不错 múyàng búcuò 器量がよい. 格好がいい. | 装出一副若无其事的～ zhuāngchu yí fù ruò wú qí shì de múyàng 何事もなかったかのような顔をする. | 这孩子的～真可爱 zhè háizi de múyàng zhēn kě'ài この子はとてもかわいらしい.

*【神情】shénqíng 图表情. 面持ち. ‖～恍惚 shénqíng huǎnghu 表情がうつろである. | 满意的～ mǎnyì de shénqíng 満足気な顔.

【神色】shénsè 图面持ち. 様子. 態度. ‖～坦然 shénsè tǎnrán 平然とした表情をしている. | ～慌张 shénsè huāngzhang 慌てふためいている. | ～自若 shénsè zìruò 落ち着きはらっている. | 他～有些不对 tā shénsè yǒuxiē búduì 彼は様子がいつもと違う.

【神态】shéntài 图表情・態度. 様子. ‖～安详 shéntài ānxiáng 物腰が落ち着いている. | ～自若 shéntài zìruò 泰然自若としている. | 一副顽皮的～ yí fù wánpí de shéntài 腕白そうな表情.

【外表】wàibiǎo 图外観. 外見. 見た目. ‖自己的～形象 zìjǐ de wàibiǎo xíngxiàng 外から見た自分のイメージ. | 大楼的～很漂亮 dàlóu de wàibiǎo hěn piàoliang ビルの外観はたいへん美しい. | 从～看，他是个很有修养的人 cóng wàibiǎo kàn, tā shì ge hěn yǒu xiūyǎng de rén 外見からすると，彼はなかなか教養のありそうな人物だ.

*【样】yàng（～儿）图（人の）様子. 見た目. 表情. ‖他的～一点儿也没变 tā de yàng yìdiǎnr yě méi biàn 彼の外見はぜんぜん変わっていない. | 瞧他那副傲慢～ qiáo tā nà fù àomàn yàng 彼のあの高慢な態度を見てごらん.

★【样子】yàngzi 图表情. 顔立ち. ‖熊猫的～真可爱 xióngmāo de yàngzi zhēn kě'ài パンダの表情はほんとうにかわいい.

（一の）ようだ

｜脸上显出生气的～ liǎn shang xiǎnchu shēngqì de yàngzi 顔に怒りの表情が現れる.

*【仪表】yíbiǎo 图 風貌. 風采（ふう さい）. ‖ ～非凡 yíbiǎo fēifán 風貌がとても立派である. ｜ ～堂堂 yíbiǎo tángtáng 風采が堂々としている.

（一の）ようだ
▶仿佛 ▶好像 ▶看来 ▶看起来
▶看样子 ▶似 ▶似乎 ▶像

**【仿佛】fǎngfú 副 …のようだ. あたかも…のようだ. …らしい. ‖ 这事他～已经知道了 zhè shì tā fǎngfú yǐjīng zhīdao le このことは彼はもうすでに知っているようだ. ｜ 这～是一场梦 zhè fǎngfú shì yì cháng mèng これはあたかも一場の夢のようだ.

★【好像】hǎoxiàng 副 ちょうど…のようである. まるで…のようである. …のような気がする. ‖ 我们～在哪儿见过 wǒmen hǎoxiàng zài nǎr jiànguo 私たちはどこかで会ったことがあるようだ. ｜ 接到妈妈的信, 就～见到了妈妈 jiēdào māma de xìn, jiù hǎoxiàng jiàndàole māma お母さんの手紙を受け取ったとき, お母さんに会えたような気がした.

**【看来】kànlái 動 見たところ…と思う. どうも…のようだ. ‖ 这活儿～今天干不完了 zhè huór kànlái jīntiān gànbuwán le この仕事はどうも今日中にできそうにない. ｜ 那件事～还有希望 nà jiàn shì kànlái hái yǒu xīwàng あの件はどうやらまだ見込みがありそうだ.

【看起来】kànqilai；kànqǐlái 動 見たところ…のようだ. ‖ ～这问题一时半时还解决不了 kànqilai zhè wèntí yì shí bàn shí hái jiějuébuliǎo どうもこの問題はまだ当分は解決しそうにない. ｜ ～容易, 做起来

难 kànqilai róngyì, zuòqilai nán 見たところは簡単そうだが, やるとなると難しい.

**【看样子】kàn yàngzi 組 見たところ. どうやら. ‖ ～他生活得很幸福 kàn yàngzi tā shēnghuóde hěn xìngfú 見たところ彼は幸せに暮らしているようだ. ｜ ～她来不了了 kàn yàngzi tā láibuliǎo le どうやら彼女は来られなくなったようだ.

【似】sì 動 …のようである. …らしい. ‖ ～曾见过面 sì céng jiànguo miàn 以前に会ったことがあるようだ.

**【似乎】sìhū 副 …のようである. …らしい. ‖ ～有道理 sìhū yǒu dàoli 道理があるようだ. ｜ ～要下雨 sìhū yào xià yǔ 雨になりそうだ. ｜ 他～知道这件事 tā sìhū zhīdao zhè jiàn shì 彼はこの件を知っているらしい.

★【像】xiàng 副 どうも（…らしい）. なんだか（…のようである）. ‖ ～是要感冒了, 浑身酸软无力 xiàng shì yào gǎnmào le, húnshēn suānruǎn wúlì どうも風邪のようだ, 体中だるくてしかたがない. ｜ 天～要下雪 tiān xiàng yào xià xuě いまにも雪になりそうだ.

ようと 用途
▶用场 ▶用处 ▶用途

【用场】yòngchǎng 图 用途. 使い道. 大有～ dà yǒu yòngchǎng 大いに使い道がある. ｜ 这块空地终于派上了～ zhè kuài kòngdì zhōngyú pàishangle yòngchǎng この空き地もやっと使い道ができた.

**【用处】yòngchù 图 用途. 使い道. ‖ 有～ yǒu yòngchù 使い道がある. 役に立つ. ｜ 电脑的～很多 diànnǎo de yòngchù hěn duō コンピューターの用途は非常に広い. ｜ 已经弄坏了, 哭有什么～ yǐjīng nònghuài le, kū yǒu shénme yòngchù も

う壊してしまったんだから，泣いても
なんにもならない．

*【用途】yòngtú 图用途．使い道．‖天然
气的～很广 tiānránqì de yòngtú hěn guǎng
天然ガスの用途はとても広い．｜这种
设备有多种～ zhè zhǒng shèbèi yǒu duō
zhǒng yòngtú この設備は多くの使い道
がある．

ようやく ⇒【やっと】

よく（しばしば）

▶不时　▶常　▶常常　▶动不动　▶经常
▶屡次　▶屡次三番　▶每每　▶时常
▶往往

*【不时】bùshí 副よく．しょっちゅう．
しばしば．‖我至今还～想起当时的情景
wǒ zhìjīn hái bùshí xiǎngqi dāngshí de qíng-
jǐng 私はいまでもよく当時の情景を思
い出す．｜他～地看看表 tā bùshí de kàn-
kan biǎo 彼はしょっちゅう時計を見る．

★【常】cháng 副よく．いつも．しばしば．
‖这里～下雨 zhèli cháng xià yǔ ここは
よく雨が降る．｜他们～在一起玩儿 tā-
men cháng zài yìqǐ wánr 彼らはよく一緒
に遊んでいる．｜这种事～有 zhè zhǒng
shì cháng yǒu こういったことはよくあ
ることだ．

★【常常】chángcháng 副よく．いつも．‖
她～不在家 tā chángcháng bú zài jiā 彼女
はしょっちゅう家にいない．｜～听到这
种说法 chángcháng tīngdào zhè zhǒng shuō-
fa よくこうした言い方を聞く．｜以前
他～来这儿，但最近不常来了 yǐqián tā
chángcháng lái zhèr, dàn zuìjìn bù cháng lái
le 前には彼はよく来たものだが，この
ところあまり来なくなった．

【动不动】dòngbudòng 副ややもすると．

ともすれば．何かと言うと．よく…す
る．（多く"就"jiù を伴う）‖他脾气不
好，～就发火 tā píqi bù hǎo, dòngbudòng
jiù fāhuǒ 彼は短気で，何かというとす
ぐに怒る．｜他体质太弱，～就生病 tā tǐ-
zhì tài ruò, dòngbudòng jiù shēngbìng 彼は
体がとても弱く，よく病気になる．

★【经常】jīngcháng 副いつも．しょっちゅ
う．よく．‖～散步对身体有好处 jīng-
cháng sànbù duì shēntǐ yǒu hǎochù しょっ
ちゅう散歩をすると体にいい．｜这趟火
车～晚点 zhè tàng huǒchē jīngcháng wǎndiǎn
この列車はよく遅れる．｜这种事不～有
zhè zhǒng shì bù jīngcháng yǒu こんなこ
とはめったにない．

*【屡次】lǚcì 副たびたび．幾度も．‖～
登门拜访 lǚcì dēngmén bàifǎng たびたび
訪れる．

【屡次三番】lǚ cì sān fān 成しきりに．た
びたび．何度も繰り返し．再三再四．‖
经过～的教育，他才觉悟了 jīngguò lǚ cì
sān fān de jiàoyù, tā cái juéwù le 何回とな
く言って聞かせたおかげで，彼はやっ
と目が覚めた．

【每每】měiměi 副たびたび．いつも．‖
我们聊天儿的时候～会谈起她 wǒmen
liáotiānr de shíhou měiměi huì tánqi tā 私た
ちがおしゃべりをすると，彼女のこと
がよく話題になる．

*【时常】shícháng 副しょっちゅう．よく．
‖我～到他家去玩儿 wǒ shícháng dào tā
jiā qù wánr 私はよく彼の家に遊びにい
く．｜他们俩～见面 tāmen liǎ shícháng jiàn-
miàn あの二人はしょっちゅう会ってい
る．

**【往往】wǎngwǎng 副往々にして．やや
もすれば．‖对困难估计不足，～就是
失败的开始 duì kùnnan gūjì bùzú, wǎng-
wǎng jiù shì shībài de kāishǐ 困難に対して
予測が足りないと，ともすれば失敗の
始まりとなる．｜他一工作起来，～就

よ

よこ 横

忘了吃饭 tā yì gōngzuòqilai, wǎngwǎng jiù wàngle chī fàn 彼は仕事を始めると食事をとるのもしばしば忘れる.

よける ⇒【避ける】

よこ 横

▶側面　▶横　▶横向　▶宽

*【側面】cèmiàn 名 側面. わき. 横. ⇔ "正面" zhèngmiàn ‖ 从~了解 cóng cèmiàn liǎojiě 側面から探る. ｜这只是问题的一个~ zhè zhǐ shì wèntí de yí ge cèmiàn これは問題の一面にすぎない.

*【横】héng 形 ❶水平方向の. 横の. ⇔ "竖" shù "直" zhí ‖ ~额 héng'é 横長の額. ｜~坐标 héng zuòbiāo 横座標. ❷(東西に)横の. ⇔"纵" zòng ‖ ~渡 héngdù 横断する. ｜~跨 héngkuà 横にまたがる. ❸(左右に)横の. ⇔"竖" shù "直" zhí "纵" zòng ‖ ~队 héngduì 横の隊形. ｜~幅 héngfú 横軸. 横断幕. 名(~儿)(漢字の筆画の一つ)横棒. ‖写字时要一平竖直 xiě zì shí yào héng píng shù zhí 字を書くときには横棒は平らに縦棒はまっすぐに書かなければいけない.

【横向】héngxiàng 形 ❶水平の. (多く隷属関係にない部門間の関係をさす) ‖ ~比较 héngxiàng bǐjiào 横の比較. 水平的比較. ｜~经济联系 héngxiàng jīngjì liánxì 同業種間の経済的結びつき. ❷東西の.

**【宽】kuān 形 幅や広さを表す. ‖长方型的长和~ chángfāngxíng de cháng hé kuān 長方形の長さと幅. ｜马路有五十米~ mǎlù yǒu wǔshí mǐ kuān 道幅は50メートルある.

よそ　よそ（別の場所）

▶別处　▶他乡　▶外边　▶外地　▶外省
▶外头　▶外乡　▶异地　▶异乡

*【別处】biéchù 名 よそ. ほかの場所. 別の場所. ‖这里没有，你到~找找 zhèli méiyou, nǐ dào biéchù zhǎozhao ここにはないから，君はほかを探してみなさい.

【他乡】tāxiāng 名 異郷. 他国. 郷里や母国を離れた土地. ‖漂泊~ piāobó tāxiāng 他郷をさすらう. ｜~遇故知 tāxiāng yù gùzhī 異郷で旧友に出会う.

★【外边】wàibian 名 他郷. よその土地. ‖他孩子都在~工作 tā háizi dōu zài wàibian gōngzuò 彼の子供はみんなよその土地で働いている.

**【外地】wàidì 名 よその土地. 他郷. ‖~人 wàidìrén よその土地の人. ｜孩子在~工作 háizi zài wàidì gōngzuò 子供はその土地で働いている. ｜他们家刚从搬来 tāmen jiā gāng cóng wàidì bānlai あの一家は地方から引っ越してきたばかりだ.

【外省】wàishěng 名 よその省. ‖到~去工作 dào wàishěng qù gōngzuò よその省へ行って仕事をする.

*【外头】wàitou 名 よそ. 他郷. ‖他一直在~工作 tā yìzhí zài wàitou gōngzuò 彼はずっと他郷で働いている.

【外乡】wàixiāng 名 よその土地. 他郷. ‖~人 wàixiāngrén よそ者. ｜漂泊~ piāobó wàixiāng 他郷をさすらう.

【异地】yìdì 名 異郷. よその地. ‖~相逢 yìdì xiāngféng 異郷で巡り合う.

【异乡】yìxiāng 名 異郷. よその地. ‖~人 yìxiāngrén 異邦人. ｜客居~ kè jū yìxiāng 異郷に暮らす.

よそおう　装う

よそう　予想

▶猜測　▶猜想　▶估計　▶意料　▶預測
▶預計　▶預見　▶預料　▶預想

---

*【猜測】cāicè 動 推測する．推し量る．‖
这盘棋谁赢谁输，很难～ zhè pán qí shéi
yíng shéi shū, hěn nán cāicè この囲碁の対
局の勝敗は，とても予測がつかない．
｜这只是我个人的～ zhè zhǐ shì wǒ gèrén
de cāicè これは私の個人的な推測にす
ぎない．

*【猜想】cāixiǎng 動 推し量る．推測する．
…だろうと思う．‖我～他会来 wǒ cāi-
xiǎng tā huì lái 私は彼が来ると思う．｜
这不过是我的～ zhè búguò shì wǒ de cāi-
xiǎng これは私の憶測にすぎない．

**【估計】gūjì 動（ある情況に基づいて）見
積もる．評価する．推測する．‖这么
晚了，～他不会来了 zhème wǎn le, gūjì tā
bú huì lái le こんなに遅くなっては，彼
はもう来ないだろう．｜你～这次能考多
少分? nǐ gūjì zhè cì néng kǎo duōshao fēn?
君はこんどのテストで何点ぐらいとれ
たと思う？｜没～到会有这样的结果 méi
gūjìdào huì yǒu zhèyàng de jiéguǒ こういう
結果になろうとは予想していなかった．
｜你的～没错，他昨天真的没来 nǐ de gū-
jì méi cuò, tā zuótiān zhēn de méi lái 君の
推測は正しかった，きのう彼はほんと
うに来なかった．

*【意料】yìliào 動 予想する．予測する．‖
出乎～ chūhū yìliào 予想外である．｜～
不到的问题 yìliàobudào de wèntí 思いも
寄らない問題．｜这些都是我们～中的事
zhèxiē dōu shì wǒmen yìliào zhōng de shì こ
れらのことはみな我々の予想していた
ことだ．

*【預測】yùcè 動 予測する．（数量を）予想
する．‖～价格 yùcè jiàgé 予測価格．｜
作出～ zuòchu yùcè 予測を行う．

*【預計】yùjì 動 見通しをつける．見込み
をつける．‖～下半夜将有暴雨 yùjì xià
bànyè jiāng yǒu bàoyǔ 夜半過ぎには大雨
になる見込みである．｜今年的收成将
超过去年 yùjì jīnnián de shōucheng jiāng
chāoguò qùnián 今年の作柄は去年を上
回るであろう．

*【預見】yùjiàn 動 予見する．（法則や規則
によって未来を予想する）‖他很早就～
到人口问题的严重性 tā hěn zǎo jiù yùjiàn-
dào rénkǒu wèntí de yánzhòngxìng 彼は早
くから人口問題の重要性を予見してい
た．図予見．‖科学的～ kēxué de yùjiàn
科学的な予見．

*【預料】yùliào 動 予想する．予測する．
見込む．‖我早就～到这事儿不会成 wǒ
zǎo jiù yùliàodào zhè shìr bú huì chéng 私は
初めからこの件はうまくいかないと
思っていた．｜无法～的结局 wúfǎ yùliào
de jiéjú 予想できない結末．図予想．予
測．見込み．‖果然不出他的～ guǒrán
bù chū tā de yùliào 案の定，彼の見込み
どおりである．｜一切都在～之中 yíqiè
dōu zài yùliào zhī zhōng すべては予想ど
おりだ．

【預想】yùxiǎng 動 予想する．‖结果要比
～的好 jiéguǒ yào bǐ yùxiǎng de hǎo 結果
は予想よりよかった．｜事先没～到 shì-
xiān méi yùxiǎngdào あらかじめ予想し
ていなかった．図予想．予測．

よそおう　装う

▶扮　▶打扮　▶故作　▶假充　▶假冒
▶假装　▶冒充　▶伪装　▶装　▶装扮
▶装…作…

---

*【扮】bàn 動 扮装する．装う．演じる．
‖戏中他～诸葛亮 xì zhōng tā bàn Zhūgě
Liàng 劇中で彼は諸葛孔明を演じる．｜
～将军 bàn jiāngjūn 将軍に扮する．

【打扮】 dǎban 動 装う．扮装(ﾌﾝｿｳ)する．おしゃれする．‖孩子们～成小白兔 háizimen dǎbanchéng xiǎobáitù 子供たちは白ウサギに扮した．｜她把孩子～成天使模样 tā bǎ háizi dǎbanchéng tiānshǐ múyàng 彼女は子供に天使の扮装をさせた．｜去参加晚会要～得漂亮点儿 qù cānjiā wǎnhuì yào dǎbande piàoliang diǎnr パーティーに行くのだからきれいにおめかししなくては．图格好．身なり．メーキャップ．‖来人一身学生～ láirén yìshēn xuésheng dǎban 使いの人は学生風の身なりをしていた．

【故作】 gùzuò 動 わざと…を装う．もっともらしく繕う．わざと…する．‖～姿态 gùzuò zītài わざとらしいポーズをとる．もっともらしく取り繕う．｜～镇静 gùzuò zhènjìng いかにも落ち着いたふりをする．

【假充】 jiǎchōng 動 …であると偽る．…のふりをする．…になりすます．‖～好人 jiǎchōng hǎorén 善人のふりをする．｜～内行 jiǎchōng nèiháng くろうとを装う．

【假冒】 jiǎmào 動 本物と偽る．…のふりをする．‖～公安人员 jiǎmào gōng'ān rényuán 警察官を装う．｜伪劣产品 jiǎmào wěiliè chǎnpǐn にせものや粗悪品．

【假装】 jiǎzhuāng 動 …を装う．…のふりをする．‖～好人 jiǎzhuāng hǎorén 善人を装う．｜～镇静 jiǎzhuāng zhènjìng 冷静を装う．｜～睡觉 jiǎzhuāng shuìjiào 寝たふりをする．

【冒充】 màochōng 動 欺く．名をかたる．‖～记者 màochōng jìzhě 記者になりすます．｜～名牌 màochōng míngpái ブランドをかたる．｜～律师骗人 màochōng lǜshī piàn rén 弁護士を装って詐欺をはたらく．

【伪装】 wěizhuāng 動 ❶装う．ふりをする．‖～积极 wěizhuāng jījí 熱心なふりをする．❷偽装する．カモフラージュ

する．‖用树枝把坦克～起来 yòng shùzhī bǎ tǎnkè wěizhuāngqilai 木の枝でタンクを偽装する．

★**【装】** zhuāng 動 ふりをする．装う．‖～糊涂 zhuāng hútu しらを切る．そらとぼける．｜～睡 zhuāng shuì 寝たふりをする．｜不懂～懂 bù dǒng zhuāng dǒng 知ったかぶりをする．｜～不知道 zhuāng bù zhīdao 知らないふりをする．

【装扮】 zhuāngbàn 動 ❶飾る．装う．‖红花绿叶，～着庭院 hónghuā lǜyè, zhuāngbànzhe tíngyuàn 草花や木々が庭に彩りを添えている．❷仮装する．変装する．‖～成女人 zhuāngbànchéng nǚrén 女に変装する．❸ふりをする．装う．

【装…作…】 zhuāng…zuò… 組 …のふりを装う．わざと…のふりをする．‖装模作样 zhuāng mú zuò yàng わざとらしくふるまう．｜装腔作势 zhuāng qiāng zuò shì おおげさにふるまう．

よって （-に）よって（基づいて）

▶按照　▶本着　▶根据　▶凭　▶依据
▶依照

★**【按照】** ànzhào 介 …に基づいて．…によって．(あるものを規範として行動する)‖～原方案执行 ànzhào yuán fāng'àn zhíxíng 元の計画に基づいて実施する．｜～上级的指示办 ànzhào shàngjí de zhǐshì bàn 上司の指示どおりに行う．｜～目前的医疗水平，这种病还属于不治之症 ànzhào mùqián de yīliáo shuǐpíng, zhè zhǒng bìng hái shǔyú bú zhì zhī zhèng 現在の医療水準からいって，この病気はなお不治の病とみなされる．

***【本着】** běnzhe 介 …に基づいて．‖～实事求是的态度处理问题 běnzhe shí shì qiú shì de tàidu chǔlǐ wèntí 実際の状況に即して問題を解決する．

よてい　予定

*【根据】 gēnjù 〈介〉…に基づいて．…によって．(ある物事を結論の前提や言語行動の基礎とする)‖这部小说是~作家自身的经历写成的 zhè bù xiǎoshuō shì gēnjù zuòjiā zìshēn de jīnglì xiěchéng de この小説は作家自身の経歴に基づいて書かれたものである．｜~大家的要求，公司改变了作息时间 gēnjù dàjiā de yāoqiú, gōngsī gǎibiànle zuòxī shíjiān みんなの要求に基づいて，会社は就業時間を変更した．

*【凭】 píng 〈介〉…に基づいて．…に従って．…を根拠として．‖~良心办事 píng liángxīn bànshì 良心に従って事を行う．｜~我的经验，这么办没错 píng wǒ de jīngyàn, zhème bàn méi cuò 私の経験から言って，このやり方なら間違いない．｜~借书证借书 píng jièshūzhèng jiè shū 図書貸出票で本を借りる．

*【依据】 yījù 〈介〉…に基づいて．…依拠して．(ある物事や動作を前提または基礎とする)‖~犯人的口供，公安局很快追回了赃物 yījù fànrén de kǒugòng, gōng'ānjú hěn kuài zhuīhuíle zāngwù 犯人の供述に基づいて，警察は盗品をすぐに取り戻した．｜仅~这些材料，还很难得出结论 jǐn yījù zhèxiē cáiliào, hái hěn nán déchū jiélùn これだけの材料では結論を出すのは難しい．

*【依照】 yīzhào 〈介〉(法律公告・指示方針などに)…に基づいて．…によって．(完全にそのとおりにする)‖~有关规定办理 yīzhào yǒuguān guīdìng bànlǐ 関係規定に基づいて処理する．

よてい　予定

▶安排　▶打算　▶计划　▶日程　▶预定
▶原定

★【安排】 ānpái 〈動〉手配する．手はずを整える．段取りをつける．‖~日程 ānpái rìchéng 予定を組む．｜请你~个时间 qǐng nǐ ānpái ge shíjiān 時間の都合をつけてください．｜明天我已经有~了 míngtiān wǒ yǐjīng yǒu ānpái le 明日はもう予定があります．

★【打算】 dǎsuan; dǎsuàn 〈動〉…しようと思う．…するつもりである．‖我~下星期去出差 wǒ dǎsuan xiàxīngqī qù chūchāi 私は来週出張する予定です． 〈名〉計画．考え．‖假期里你有什么~? jiàqī li nǐ yǒu shénme dǎsuan? 休みにはどんな予定がありますか．

★【计划】 jìhuà 〈名〉計画．‖制定~ zhìdìng jìhuà 予定を立てる．｜改变~ gǎibiàn jìhuà 予定を変更する．｜按~进行得很顺利 àn jìhuà jìnxíngde hěn shùnlì 予定どおりうまくいった．｜暑假你有什么~ shǔjià nǐ yǒu shénme jìhuà 夏休みにはどんな計画がありますか． 〈動〉企てる．計画する．‖我们公司~明年上市 wǒmen gōngsī jìhuà míngnián shàngshì わが社は来年上場する予定だ．

*【日程】 rìchéng 〈名〉日程．‖~表 rìchéngbiǎo 予定表．スケジュール．｜议事~ yìshì rìchéng 議事日程．｜提上~ tíshang rìchéng 日程にのぼる．｜~安排得很紧 rìchéng ānpáide hěn jǐn スケジュールがぎっしり詰まっている．

*【预定】 yùdìng 〈動〉予定する．あらかじめ定める．‖~计划 yùdìng jìhuà あらかじめ計画を決める．｜大桥~于明年动工 dàqiáo yùdìng yú míngnián dònggōng 大橋は来年着工する予定だ．

【原定】 yuándìng 〈動〉最初に決定する．もともと予定する．‖~计划 yuándìng jìhuà 最初に決めた計画．｜~去北京，现又改为去上海了 yuándìng qù Běijīng, xiàn yòu gǎiwéi qù Shànghǎi le もともと北京へ行くことになっていたが，こんどは上海行きに変わった．

よのなか　世の中

よのなか　世の中

▶尘世　▶红尘　▶人间　▶人世　▶社会
▶世道　▶世间　▶世界　▶世上

【尘世】 chénshì 图 俗世間. 浮き世. ‖ ～
的烦恼 chénshì de fánnǎo この世の悩み.

【红尘】 hóngchén 图 俗世間. 人の世. 世
の中. ‖ 看破～ kànpò hóngchén 世間の
むなしさを見抜く.

*__【人间】__ rénjiān 图 人間世界. この世. 世
の中. 世間. ‖ ～有很多不平之事 rénjiān
yǒu hěn duō bùpíng zhī shì 世の中には不
公平なことが多いものだ.

【人世】 rénshì 图 人の世. この世. 世の
中. 世間. "人世间"rénshìjiān ともいう.
‖ 告别～ gàobié rénshì 世を去る. ｜ ～沧
桑 rénshì cāngsāng 人の世の移り変わり.
｜ ～上的每个人都在为生活奔波 rénshì
shang de měi ge rén dōu zài wèi shēnghuó
bēnbō 世の中の誰もがみな生活のため
に駆けずりまわっている.

*__【社会】__ shèhuì 图 社会. ‖ 工业～ gōngyè
shèhuì 工業化社会. ｜ ～公德 shèhuì gōng-
dé 社会道徳. ｜ ～结构很复杂 shèhuì jié-
gòu hěn fùzá 世の中のしくみはとても複
雑だ. ｜ 近来～风气越来越不好 jìnlái shè-
huì fēngqì yuè lái yuè bù hǎo 最近の世の
中の風潮というものはどんどんおかし
くなっている.

【世道】 shìdào 图 世情. 社会状況. ‖ 赶
上了好～ gǎnshangle hǎo shìdào よい世の
中に巡り合った. ｜ 这是什么～啊! zhè
shì shénme shìdào a! なんて世の中だ!

【世间】 shìjiān 图 世間. 世の中. ‖ ～的
事难以预料 shìjiān de shì nányǐ yùliào 世
間というものはわからぬものだ.

*__【世界】__ shìjiè 图 世間. 浮き世. ‖ 仅隔一
条河, 这边却是另一个～ jǐn gé yì tiáo hé,
zhèbiān què shì lìng yí ge shìjiè 川一つ隔
てただけで, こちら側は別世界だ.

【世上】 shìshàng 图 世の中. 社会. ‖ ～
无难事, 只怕有心人 shìshàng wú nánshì,
zhǐ pà yǒuxīnrén 世の中には難しいこと
はない, 覚悟さえあれば.

よぶ　呼ぶ

▶喊　▶呼　▶呼唤　▶叫　▶叫号　▶请
▶招呼　▶召唤

*__【喊】__ hǎn 動 (人を)呼ぶ. ‖ 咱们搬不动,
再去～两个人来 zánmen bānbudòng, zài qù
hǎn liǎng ge rén lai 我々では運べないの
で, もう二人呼んでこよう. ｜ 走的时候
～我一声 zǒu de shíhou hǎn wǒ yì shēng 行
く時私にひと声掛けてください.

**__【呼】__ hū 動 呼ぶ. 呼び付ける. ‖ 传～
chuánhū (電話の)呼び出し. ｜ ～叫 hū-
jiào (無線で相手を)呼ぶ. ｜ 直～其名
zhí hū qí míng じかに名前で呼ぶ.

【呼唤】 hūhuàn 動 呼ぶ. 呼び招く. ‖ ～
他的名字 hūhuàn tā de míngzi 彼の名を
呼ぶ. ｜ 新世纪在～着我们 xīn shìjì zài
hūhuànzhe wǒmen 新たな世紀が私たち
を呼んでいる.

*__【叫】__ jiào ❶呼ぶ. 声をかける. ‖ 他
在～谁? tā zài jiào shéi? 彼は誰を呼んで
いるのか. ｜ 这孩子不爱～人 zhè háizi bú
ài jiào rén この子は人見知りをする. ❷
頼んで来てもらう. 注文する. 注文し
て届けさせる. ‖ ～出租汽车 jiào chūzū
qìchē ハイヤーを呼ぶ.

【叫号】 jiào//hào 動 (病院で)受付番号を
呼ぶ. ‖ 快了, 下一个就该叫咱们的号
了 kuài le, xià yí ge jiù gāi jiào zánmen de
hào le もうすぐよ, 次はわたしたちの
番です.

*__【请】__ qǐng 動 招く. 招請する. ごちそ
うする. ‖ ～医生 qǐng yīshēng 医者を呼
ぶ. ｜ 家庭教师 qǐng jiātíng jiàoshī 家庭
教師を頼む. ｜ ～了几位客人 qǐngle jǐ wèi

kèren 客を数人呼んだ. ｜～他来我家做客 qǐng tā lái wǒ jiā zuòkè 彼を家に招待する.

招呼 zhāohu 動 呼ぶ. ‖ ～他过来 zhāohu tā guòlai 彼を呼んでこちらに来させる. ｜有人在～你呢 yǒu rén zài zhāohu nǐ ne 誰かがあなたを呼んでいるよ.

【名唤】zhàohuàn 動 呼びかける. 呼ぶ. (改った場合に用いる)‖祖国在～ zǔguó zài zhàohuàn 祖国は呼びかけている. ｜新的生活～着年青一代 xīn de shēnghuó zhàohuànzhe niánqīng yí dài 新しい生活が若者たちを呼んでいる.

よむ 読む

▶读 ▶读书 ▶看 ▶朗读 ▶浏览
▶默念 ▶念 ▶阅读 ▶阅览

★【读】dú 動 ❶朗読する. 読み上げる. ‖～课文 dú kèwén テキストの本文を読む. ｜把信～给奶奶听 bǎ xìn dúgěi nǎinai tīng 手紙をおばあさんに読んで聞かせる. ❷読む. 見る. ‖精～ jīngdú 精読する. ｜通～ tōngdú 通読する. ｜这篇文章很值得一～ zhè piān wénzhāng hěn zhíde yì dú この文章は一読する価値がある.

读书 dú//shū 動 読書する. 本を読む. ‖从三岁起父母就开始教他～写字 cóng sān suì qǐ fùmǔ jiù kāishǐ jiāo tā dúshū xiě zì 両親は彼が3歳の時からもう本を読み字を書くことを教え始めた.

★【看】kàn 動 (声を出さずに)読む. 見る. ‖～报 kàn bào 新聞を読む. ｜～杂志 kàn zázhì 雑誌を読む. ｜～小说 kàn xiǎoshuō 小説を読む.

朗读 lǎngdú 動 朗読する. 大きな声で読む. ‖～课文 lǎngdú kèwén 教科書を朗読する. ｜高声～了一遍 gāoshēng lǎngdúle yí biàn 声高らかに朗読する.

【浏览】liúlǎn 動 ざっと目を通す. ‖吃早饭时把当天的报纸～一遍 chī zǎofàn shí bǎ dàngtiān de bàozhǐ liúlǎn yí biàn 朝食のとき, その日の新聞にざっと目を通す.

【默念】mòniàn 動 黙って読む. 黙読する. ‖～, 不要出声念 mòniàn, búyào chū shēng niàn 黙って読んで, 声を出さないように.

★【念】niàn 動 (声を出して)読む. ‖～课文 niàn kèwén テキストを朗読する. ｜跟我～ gēn wǒ niàn 私について読みなさい. ｜大声～ dàshēng niàn 大きな声で読みなさい. ｜你把文章给大家～～ nǐ bǎ wénzhāng gěi dàjiā niànnian 文章をみんなに読んで聞かせなさい.

阅读 yuèdú 動 読む. ‖～文献 yuèdú wénxiàn 文献を読む. ｜专心～ zhuānxīn yuèdú 一心に読みふける. ｜在图书馆～书报时, 请不要发出声音 zài túshūguǎn yuèdú shūbào shí, qǐng búyào fāchu shēngyīn 図書館で閲覧するときは音を立てぬようお願いします.

【阅览】yuèlǎn 動 読む. ‖～报刊 yuèlǎn bàokān 定期刊行物を読む. ｜～室 yuèlǎnshì 閲覧室.

よる 夜

▶半夜 ▶半夜三更 ▶黑夜 ▶深夜 ▶晚
▶晚间 ▶晚上 ▶夜 ▶夜间 ▶夜里

半夜 bànyè 名 ❶夜半. 真夜中. ‖～里下起雨来了 bànyè li xiàqi yǔ lai le 夜中に雨が降り出した. ｜深更～ shēnggēng bànyè 真夜中. 夜更け. ❷一夜の半分. 半夜. ‖下～ xiàbànyè 一夜の後半.

【半夜三更】bàn yè sān gēng 成 真夜中. 深夜. ‖～的, 你跑到哪儿去了! bàn yè sān gēng de, nǐ pǎodào nǎr qù le! 真夜中にどこをうろついていたのだ.

★【黑夜】hēiyè 名 暗夜. やみ夜. ‖不分白天～地干 bù fēn báitiān hēiyè de gàn 昼

夜を分かたず働く.｜～总会过去，曙光就在前头 hēiyè zǒng huì guòqu, shǔguāng jiù zài qiántou やみ夜はいずれ過ぎ去るものであり，光明はすぐ目の前にある.

*【深夜】shēnyè 图 深夜.｜两人一直聊到～ liǎng rén yìzhí liáodào shēnyè 二人は真夜中まで雑談にふけった.

★【晚】wǎn 图 夜. 晚.｜今～ jīnwǎn 今夜. 今晚.｜～会 wǎnhuì 夕べの集い.｜一天忙到～ yì tiān mángdào wǎn 朝から晩まで忙しい.

【晚间】wǎnjiān 图 夕方. 晚方. 夜.｜～新闻 wǎnjiān xīnwén 夕方のニュース.

★【晚上】wǎnshang 图 夕方. 夜. 晚.｜每天～ měitiān wǎnshang 毎晩.｜～八点十分到达 wǎnshang bā diǎn shí fēn dàodá 夜8時10分に到着する.

★【夜】yè 图 夜. ⇔"日"rì "昼"zhòu｜半～ bànyè 夜中.｜昼～ zhòuyè 昼夜.｜熬～ áoyè 徹夜する.｜三天三～ sān tiān sān yè 三日三晩.｜没日没～ méi rì méi yè 昼も夜もなく. 一日中.

*【夜间】yèjiān 图 夜. 夜間.｜～施工 yèjiān shīgōng 夜間工事.

**【夜里】yèli; yèlǐ 图 夜.｜昨天～又梦见他了 zuótiān yèli yòu mèngjiàn tā le ゆうべまた彼の夢を見た.

よる　寄る

▶挨边　▶凑　▶凑近　▶靠　▶靠边
▶靠近　▶靠拢　▶溜边　▶偏

【挨边】āi//biān (～儿) 動 端に寄る. 端に沿う.｜挨着边走，小心让车碰着! āizhe biān zǒu, xiǎoxīn ràng chē pèngzhe! 端を歩きなさい，車にぶつからないように.

*【凑】còu 動 近づく. 接近する.｜～上前去 còushang qián qu 前へ進み出る.｜往他身边～了～ wǎng tā shēnbiān còule còu 彼のそばに近寄った.

【凑近】còujìn 動 近づく. 近寄る. 接近する.｜她～丈夫耳边说了句什么 tā còujìn zhàngfu ěrbiān shuōle jù shénme 彼女は夫の耳もとで何かささやいた.

**【靠】kào 動 近づく.｜船～上了码头 chuán kàoshangle mǎtou 船が埠頭(ふとう)に横づけされた.

【靠边】kào//biān (～儿) 動 端に寄る. わきに寄る.｜行人～走 xíngrén kàobiān zǒu 歩行者は端に寄って歩いてください.｜～儿! ～儿! 车来了! kàobiānr! kàobiānr! chē lái le! どいた，どいた，車が来たよ.

*【靠近】kàojìn 動 近づく. 接近する.｜她～丈夫的耳边小声说了几句话 tā kàojìn zhàngfu de ěrbiān xiǎoshēng shuōle jǐ jù huà 彼女は夫の耳元で二言三言ささやいた.

【靠拢】kàolǒng 動 歩み寄る. 接近する.｜请大家～一点，听我说 qǐng dàjiā kàolǒng yìdiǎn, tīng wǒ shuō みなさんもう少し近寄って，私の話を聞いてください.

【溜边】liū//biān (～儿) 動口 わきに寄る. 端に沿って進む.｜街上车多，～走 jiēshang chē duō, liūbiān zǒu 通りは車が多いから，端に寄って歩きなさい.

**【偏】piān 動 傾く. 寄る. 偏る.｜正东～北 zhèng dōng piān běi 真東の北寄り.｜身子再往右一～，好，照了 shēnzi zài wǎng yòu piānyipiān, hǎo, zhào le もう少し右に寄って，はい結構，写しますよ.｜思想～左 sī xiǎng piān zuǒ 思想が左寄りである.

よろこぶ　喜ぶ

▶高兴　▶欢乐　▶欢腾　▶欢喜　▶乐
▶乐意　▶乐于　▶喜　▶喜悦　▶欣然
▶愿意

★【高兴】gāoxìng 形 嬉しい. 喜ばしい. 愉

快だ.‖老友重逢，分外～ lǎoyǒu chóngféng, fènwài gāoxìng 旧友と再会し格別に嬉しい.｜得奖可是件～事 dé jiǎng kě shì jiàn gāoxìng shì 受賞はほんとうに喜ばしいことだ. 動❶喜ぶ. 嬉しがる. 愉快になる.‖他们一～得跳了起来 tāmen gāoxìngde tiàoleqilai 彼らは嬉しくて跳び上がった.｜～地接受了采访 gāoxìng de jiēshòule cǎifǎng 喜んで取材を受けた.｜没想到让他这么～ méi xiǎngdào ràng tā zhème gāoxìng 彼がこんなに喜ぶとは思わなかった.｜快把考上大学的消息告诉家里，让父母也～～ kuài bǎ kǎoshang dàxué de xiāoxi gàosu jiāli, ràng fùmǔ yě gāoxìnggāoxìng 大学に受かったことを早く家に知らせ，ご両親も喜ばせなさい. ❷喜んで…する. 好んでやる.‖爷爷奶奶一～照顾小孙子 yéye nǎinai gāoxìng zhàogu xiǎosūnzi おじいさんもおばあさんも喜んで孫の世話をする.

【欢乐】huānlè 形 楽しい. 喜ばしい. 浮き浮きした.‖舞会上充满了～的气氛 wǔhuì shang chōngmǎnle huānlè de qìfēn ダンスパーティーの会場は浮き浮きしたムードに満ちあふれている.｜～的晚会 huānlè de wǎnhuì 楽しい夜会.

【欢腾】huānténg 動 喜びに沸く. 飛び上がらんばかりに喜ぶ. 大いに喜ぶ.‖举国～ jǔguó huānténg 国をあげて喜びに沸く.｜"十一"这天，天安门广场一片～ "Shí Yī" zhè tiān, Tiān'ānmén guǎngchǎng yí piàn huānténg 国慶節の日，天安門広場は喜びに沸き立つ.

*__【欢喜】huānxǐ__ 形 嬉しい. 楽しい.‖脸上露出～的笑容 liǎn shang lùchu huānxǐ de xiàoróng 顔に嬉しそうな笑みが現れる.｜欢欢喜喜迎新年 huānhuānxǐxǐ yíng xīnnián 楽しく新年を迎える.

*__【乐】lè__ 形 楽しい. 嬉しい. 喜ばしい.‖听了这个消息，他～得心里开了花 tīngle zhège xiāoxi, tā lède xīnli kāile huā そ

のニュースを聞き，彼は嬉しくてたまらなかった.｜～得嘴都合不上了 lède zuǐ dōu hébushàng le 嬉しくてにこにこし通しだった.

*__【乐意】lèyì__ 動 …したいと思う. …するのを喜ぶ.‖大家都～帮助她 dàjiā dōu lèyì bāngzhù tā みんな喜んで彼女を助けている.｜很～办这件事 hěn lèyì bàn zhè jiàn shì 喜んでお引き受けします. 形 満足である. 嬉しい.‖妈妈不带小弟去，小弟不～了 māma bú dài xiǎodì qù, xiǎodì bú lèyì le お母さんが連れて行ってくれないので，弟は面白くない.

【乐于】lèyú 動 書 喜んで…する.‖～助人 lèyú zhù rén 喜んで人助けをする.｜～吃苦 lèyú chīkǔ 喜んで苦労する.｜～协作 lèyú xiézuò 喜んで協力する.

*__【喜】xǐ__ 動 喜ぶ.‖～得合不上嘴 xǐde hébushàng zuǐ 嬉しくて笑いが止まらない.｜又惊又～ yòu jīng yòu xǐ 驚いたり喜んだりする.｜～上眉梢 xǐ shàng méishāo 喜びに目を輝かせる.｜闻过则～ wén guò zé xǐ 批判を聞いて喜ぶ(謙虚に受け入れる).｜悲～交集 bēi xǐ jiāo jí 悲喜こもごも.

*__【喜悦】xǐyuè__ 形 喜ばしい. 嬉しい.‖怀着～的心情走上领奖台 huáizhe xǐyuè de xīnqíng zǒushang lǐngjiǎngtái 喜ばしい気持ちで受賞台に上る.｜不胜～ búshèng xǐyuè 嬉しくてたまらない.

【欣然】xīnrán 形 欣然(きんぜん)とするさま. 喜ぶさま.‖～允诺 xīnrán yǔnnuò 喜んで承諾する.｜～前往 xīnrán qiánwǎng 喜んで赴く.｜～接受 xīnrán jiēshòu 快く受け入れる.

★**【愿意】yuànyì** 動 (それが望ましいと考えて)承知する. 同意する. 喜んで…する. 進んで…する.‖他很～去中国工作 tā hěn yuànyì qù Zhōngguó gōngzuò 彼は中国へ行って仕事をすることをとても望んでいる.｜你～我去机场送你吗? nǐ

yuànyì wǒ qù jīchǎng sòng nǐ ma? 空港ま
であなたを見送りに行ってもいいです
か.

よわい （精神的に）弱い

▶脆弱 ▶胆怯 ▶经不起 ▶懦弱 ▶怯懦
▶软 ▶软弱 ▶小 ▶虚

【脆弱】cuìruò 形 挫折に弱い. もろい.
脆弱(ぜいじゃく)である. ‖她性格～, 经不起
打击 tā xìnggé cuìruò, jīngbuqǐ dǎjī 彼女は
性格が弱いのでショックに耐えられな
い.

*【胆怯】dǎnqiè 形 臆病である. 度胸が
なくおじけづいている. びくついてい
る. ‖在众人面前讲话, 他有点儿～ zài
zhòngrén miànqián jiǎnghuà, tā yǒudiǎnr
dǎnqiè 大勢の前で話をすることに, 彼
はいくらかおじけづいている.

【经不起】jīngbuqǐ 動 耐えきれない. こ
らえられない. ‖从小娇生惯养, ～风
浪 cóngxiǎo jiāo shēng guàn yǎng, jīngbuqǐ
fēnglàng 小さいころから甘やかされて
育ったので, 世間の荒波に耐えられな
い.

【懦弱】nuòruò 形 惰弱である. 気が弱
い. 意気地がない. ‖他可不是～无能
的人 tā kě bú shì nuòruò wúnéng de rén 彼
は決して惰弱無能の人物ではない.

【怯懦】qiènuò 形 怯懦(きょうだ)である. 臆
病である. ‖性格～ xìnggé qiènuò 性格
が臆病である. ｜面对强手, 毫不～ miàn
duì qiángshǒu, háobù qiènuò 強者と面と向
かい, 少しもおじけない.

**【软】ruǎn 形 (意志や気が)軟弱である.
弱い. ‖心～ xīnruǎn 情にもろい. 気が
弱い. ｜耳朵～ ěrduo ruǎn 人の言うこと
を簡単に信じる. ｜我们一吓唬他, 他
就～了 wǒmen yí xiàhu tā, tā jiù ruǎn le 我々
がちょっと脅かすと, 彼はもう弱腰に

なった.

*【软弱】ruǎnruò 形 軟弱である. 弱々し
い. ‖～可欺 ruǎnruò kěqī 軟弱でいじめ
やすい. ｜～无能 ruǎnruò wúnéng 弱虫で
無能である. ｜性格～ xìnggé ruǎnruò 性
格が弱い.

★【小】xiǎo 形 (力・程度などが)小さい.
弱い. ⇔"大"dà ‖力气～ lìqi xiǎo 力が
弱い. ｜胆子～ dǎnzi xiǎo 肝っ玉が小さ
い. 臆病である.

*【虚】xū 形 (やましさや自信・勇気のな
さから)びくびくしている. ‖做贼心～
zuò zéi xīn xū 悪事をはたらいた後, 発
覚を恐れてびくびくする. ｜因为撒了
谎, 所以心里有点儿～ yīnwèi sāle huǎng,
suǒyǐ xīnli yǒudiǎnr xū うそをついたので
内心びくびくしている.

－らしい（－だそうだ）

ら

らく （気持ちが）楽

▶安乐　▶安闲　▶安逸　▶好过　▶好受
▶轻松　▶舒畅　▶舒服　▶舒适　▶松快

【安乐】ānlè 形 平穏で楽しい. 安楽である. ‖生活～ shēnghuó ānlè 生活が安楽である.

【安闲】ānxián 形 気楽である. 安閑としている. ⇔"忙碌" mánglù ‖～自得 ānxián zìdé 自由気ままである. ｜真想早点退休, 过几天～日子 zhēn xiǎng zǎo diǎn tuìxiū, guò jǐ tiān ānxián rìzi 早く定年退職して, のんびり過ごしたい.

【安逸】【安佚】ānyì 形 気楽である. 快適である. ‖～的生活容易消磨斗志 ānyì de shēnghuó róngyì xiāomó dòuzhì 安逸な生活はたやすく闘志をなくさせる.

【好过】hǎoguò 形 (体や気持ちが)楽である. 快適である. ‖我吃了药, 觉得～一点儿了 wǒ chīle yào, juéde hǎoguò yìdiǎnr le 薬を飲んだら, 少し気分がよくなった. ｜考试不及格, 心里很不～ kǎoshì bù jígé, xīnli hěn bù hǎoguò 試験に落ちたので, ほんとうにつらい.

【好受】hǎoshòu 形 体や気分がよい. 楽である. ‖现在觉得～一点儿了 xiànzài juéde hǎoshòu yìdiǎnr le いまは気分が少しよくなってきた. ｜我听了他的话, 心里很不～ wǒ tīngle tā de huà, xīnli hěn bù hǎoshòu 私は彼の話を聞いて, 心中非常につらかった.

**【轻松】qīngsōng 形 気軽である. 気楽である. ‖～的表情 qīngsōng de biǎoqíng リラックスした表情. ｜心里～多了 xīnli qīngsōngduō le 気持ちがだいぶ楽になった. ｜我的工作可不怎么～ wǒ de gōng-

zuò kě bù zěnme qīngsōng 私の仕事はそれほど楽でない. ｜考完试咱们去～～ kǎowán shì zánmen qù qīngsōngqīngsōng 試験が終わったら気晴らしに行こう.

*【舒畅】shūchàng 形 のびのびと心地よい. 気持よくて愉快である. ‖心情～ xīnqíng shūchàng のびのびとして愉快である. ｜把话说了出来, 心里～多了 bǎ huà shuōlechulai, xīnli shūchàngduō le 言いたいことを言ったら, だいぶすっきりした.

★【舒服】shūfu 形 気持ちがよい. 心地よい. 快適である. 楽しい. 気楽である. ‖这沙发坐上去真～ zhè shāfā zuòshangqu zhēn shūfu このソファーはとても座り心地がよい. ｜谁不想过～日子? shéi bù xiǎng guò shūfu rìzi? 楽な生活を送りたくない者がいようか.

**【舒适】shūshì 形 気持ちがよい. 快適である. ‖这个房间住着很～ zhège fángjiān zhùzhe hěn shūshì この部屋は住んでいてとても快適だ. ｜生活很～ shēnghuó hěn shūshì 生活がたいへん快適である.

【松快】sōngkuai 形 気分が軽やかである. 気が楽である. 気分がくつろぐ. ‖问题解决了, 心里就～多了 wèntí jiějué le, xīnli jiù sōngkuaiduō le 問題が解決したので, 気が楽になった.

－らしい（－だそうだ）

▶传闻　▶仿佛　▶好像　▶据说　▶似乎
▶听说　▶像

【传闻】chuánwén 動 伝聞する. 伝え聞く. 人づてに聞く. ‖～他有外偶 chuán-wén tā yǒu wàiyù うわさによると彼には愛人がいるそうだ.

**【仿佛】fǎngfú 副 …のようだ. …らしい. "彷佛"とも書く. ‖这事他～已经知道了 zhè shì tā fǎngfú yǐjīng zhīdao le このこと

らんぼう　乱暴

は彼はもうすでに知っているようだ.

★【好像】hǎoxiàng 副 ちょうど…のようである.…のような気がする.‖我们~在哪儿见过 wǒmen hǎoxiàng zài nǎr jiànguo 私たちはどこかで会ったことがあるようだ.｜听他说的,~吃了很多苦 tīng tā shuō de, hǎoxiàng chīle hěn duō kǔ 彼の話を聞いていると,ずいぶん苦労したらしい.｜听口音,她~是上海人 tīng kǒuyīn, tā hǎoxiàng shì Shànghǎirén なまりを聞くと,彼女は上海人のようだ.

**【据说】jùshuō 動 …だとのことである.…だそうだ.‖~以前这儿是一片森林 jùshuō yǐqián zhèr shì yí piàn sēnlín 以前ここは森だったそうだ.｜他家~很有钱 tā jiā jùshuō hěn yǒu qián 彼の家は金持ちだそうだ.｜~今年冬天很冷 jùshuō jīnnián dōngtiān hěn lěng 今年の冬は寒いらしい.

**【似乎】sìhū 副 …のようである.…らしい.‖~有道理 sìhū yǒu dàoli 道理があるようだ.｜~要下雨 sìhū yào xià yǔ 雨になりそうだ.｜他~知道这件事 tā sìhū zhīdao zhè jiàn shì 彼はこの件を知っているらしい.

★【听说】tīngshuō 動 (聞くところによれば)…だそうだ.…という話だ.‖~他到法国去了 tīngshuō tā dào Fǎguó qù le 彼はフランスへ行ったそうだ.｜~他们俩分手了 tīngshuō tāmen liǎ fēnshǒu le あの二人は別れたらしい.｜这个电影~不错 zhège diànyǐng tīngshuō búcuò この映画はなかなかいいらしい.

★【像】xiàng 副 どうも(…らしい).なんだか(…のようである).‖~是要感冒了,浑身酸软无力 xiàng shì yào gǎnmào le, húnshēn suānruǎn wúlì どうも風邪らしい,体中だるくてしかたがない.｜天~要下雪 tiān xiàng yào xià xuě いまにも雪になりそうだ.

らんぼう　乱暴

▶暴躁　▶粗暴　▶粗鲁　▶粗野　▶蛮缠
▶蛮横　▶无礼　▶凶　▶凶暴　▶野
▶野蛮

【暴躁】bàozào 形 短気である.気が荒い.‖性情~ xìngqing bàozào 気性が荒い.

*【粗暴】cūbào 形 荒っぽい.粗暴である.がさつである.‖态度~ tàidu cūbào 態度が粗暴だ.｜性情~ xìngqing cūbào 気性が荒い.｜~地干涉 cūbào de gānshè 乱暴に干渉する.

*【粗鲁】【粗卤】cūlu;cūlǔ 形 粗野である.無骨である.荒っぽい.‖性格~ xìnggé cūlu 性格が荒っぽい.｜说话~,没有礼貌 shuōhuà cūlu, méiyou lǐmào 話し方は荒っぽいし,礼儀もわきまえていない.

【粗野】cūyě 形 粗野である.礼儀をわきまえない.‖动作~ dòngzuò cūyě 動作が粗野だ.

【蛮缠】mánchán 動 理屈に合わないことを言ってからむ.乱暴しじゃまをする.‖胡搅~ hújiǎo mánchán 訳の分からないことを言ってからむ.

【蛮横】mánhèng 形 横暴である.強引である.‖~无理 mánhèng wúlǐ 横暴で理不尽だ.

【无礼】wúlǐ 形 無礼である.無作法である.‖你刚才接电话的态度非常~ nǐ gāngcái jiē diànhuà de tàidu fēicháng wúlǐ 君のさっきの電話の応対は乱暴すぎる.

*【凶】xiōng 形 凶暴である.凶悪である.‖穷~极恶 qióng xiōng jí è 極悪非道である.｜对人很~ duì rén hěn xiōng 人に対する態度が悪い.

【凶暴】xiōngbào 形 凶暴である.‖性情十分~ xìngqing shífēn xiōngbào 気性がとても荒い.

*【野】yě 形 粗野である.横暴である.礼

儀知らずである. ‖撒～ sāyě 粗暴なふるまいをする. ｜这家伙太～ zhè jiāhuo tài yě こいつはまったく無作法だ.

*【野蛮】yěmán 㠯 粗野である. 荒々しい. ‖～行为 yěmán xíngwéi 粗暴な行為.

り

りえき　利益

▶利　▶利润　▶利益　▶便宜　▶实惠
▶收益　▶赢利　▶油水　▶赚头

*【利】lì 图 利得. 儲け. ‖获～ huòlì 利益を得る. ｜薄～多销 bó lì duō xiāo 薄利多売.

*【利润】lìrùn 图 利潤. 利ざや. ‖产生～ chǎnshēng lìrùn 利潤を生む. ｜上缴～ shàngjiǎo lìrùn 利潤を上納する. ｜赚取～ zhuànqǔ lìrùn 利ざやを稼ぐ. ｜今年的～达到了最高水平 jīnnián de lìrùn dádàole zuì gāo shuǐpíng 今年の利益は最高に達した.

**【利益】lìyì 图 利益. ‖个人～服从集体～ gèrén lìyì fúcóng jítǐ lìyì 個人の利益は集団の利益に従う. ｜贪图眼前～ tāntú yǎnqián lìyì 目先の利益をむさぼる. ｜为群众谋～ wèi qúnzhòng móu lìyì 人民大衆のために利益を図る.

★【便宜】piányi 图 得. 利益. 儲け. ‖占～ zhàn piányi 得する. うまい汁を吸う. ｜讨～ tǎo piányi 甘い汁を吸おうとする. ｜贪小～吃大亏 tān xiǎo piányi chī dà kuī 小さな利益に目を奪われて大損をする.

*【实惠】shíhuì 图 実益. 実利. ‖得到～ dédào shíhuì 実益を得る. ｜讲求～ jiǎngqiú shíhuì 現実的な利益を重んじる.

*【收益】shōuyì 图 収益. 利得. ‖分配～ fēnpèi shōuyì 収益を分配する. ｜这次参观～不小 zhè cì cānguān shōuyì bù xiǎo 今回の見学はたいへんためになった.

*【赢利】yínglì 图（企業における）利潤. "盈利"とも書く. ‖提高～ tígāo yínglì 利潤を上げる.

【油水】yóushui 图 うまみ. 甘い汁. 不当な利益. ‖捞～ lāo yóushui 甘い汁を吸う. ｜做这项买卖没有多大～ zuò zhè xiàng mǎimai méiyou duō dà yóushui この取引はたいしたうまみがない.

【赚头】zhuàntou 图口 儲け. 利ざや. ‖小本儿生意, 没什么～ xiǎoběnr shēngyi, méi shénme zhuàntou 小さな商売で, 大したもうけはない.

りかい　理解

▶懂　▶懂得　▶理会　▶理解　▶了解
▶领会　▶领悟　▶明白　▶一点就透

★【懂】dǒng 動 分かる. 理解する. ‖～艺术 dǒng yìshù 芸術が分かる. ｜不～装～ bù dǒng zhuāng dǒng 分からないのに分かったふりをする. ｜他说的你听～了没有? tā shuō de nǐ tīngdǒng le méiyou? 彼の言ったことが聞いて分かりましたか.

**【懂得】dǒngde 動 分かる. 理解できる. 知る. ‖～如何做人 dǒngde rúhé zuòrén 身の持ち方をわきまえる.

*【理会】lǐhuì 動 理解する. 会得する. 分かる. ‖内容深奥, 难以～ nèiróng shēn'ào, nányǐ lǐhuì 内容が奥深く理解するのは難しい.

**【理解】lǐjiě 動 理解する. 分かる. ‖～力 lǐjiělì 理解力. ｜加深～ jiāshēn lǐjiě 理解を深める. ｜我很～你的心情 wǒ hěn lǐjiě nǐ de xīnqíng 私はあなたの気持ちがとてもよく分かる. ｜对她的行为感到难以～ duì tā de xíngwéi gǎndào nányǐ lǐjiě 彼

女の行動は理解に苦しむ.｜読了这本书你就能～计算机的原理了 dúle zhè běn shū nǐ jiù néng lǐjiě jìsuànjī de yuánlǐ le この本を読めばコンピューターの仕組みを理解できる.

★【了解】liǎojiě 動 分かる．知る．了解する．理解する．‖我很～他 wǒ hěn liǎojiě tā 私は彼のことをよく知っている.｜她不太～当地的情况 tā bútài liǎojiě dāngdì de qíngkuàng 彼女は現地の状況をあまり把握していない.｜双方还缺乏～ shuāngfāng hái quēfá liǎojiě 双方ともまだよく理解し合っていない.

*【领会】lǐnghuì 動 理解する．納得する．会得する．‖～上级意图 lǐnghuì shàngjí yìtú 上司の意図をよく理解する.｜～精神实质 lǐnghuì jīngshén shízhì 主旨の本質を理解する.｜～得很深刻 lǐnghuìde hěn shēnkè 深く納得する.

【领悟】lǐngwù 動 理解する．把握する．悟る．‖经他一指点，我一下子～到其中的奥秘 jīng tā yì zhǐdiǎn, wǒ yíxiàzi lǐngwùdào qízhōng de àomì 彼に指摘されて，私はすぐにその中にある深い意味を悟った.

*【明白】míngbai 動 分かる．理解する．わきまえる．‖嘴上不说，心里～ zuǐ shang bù shuō, xīnli míngbai 口では言わなくても，心の中では分かっている.｜大家～了吗? dàjiā míngbai le ma? みなさん分かりましたか.｜我不～你的意思 wǒ bù míngbai nǐ de yìsi 君の言う意味が分からない.

【一点就透】yī diǎn jiù tòu 慣 少し聞いただけですぐ理解する．勘がいい．のみ込みが早い.｜他脑子灵，～ tā nǎozi líng, yì diǎn jiù tòu 彼は頭の回転が早いから，ちょっと聞いただけですぐ理解する.

りこう　利口

▶聡明　▶乖　▶乖巧　▶机灵　▶机灵鬼
▶精　▶伶俐　▶灵　▶灵利　▶听话

**【聪明】cōngming 形 聡明である．賢い.‖这孩子很～ zhè háizi hěn cōngming この子は頭がいい.｜反被～误 cōngming fǎn bèi cōngming wù 聡明な者はかえって聡明なゆえに身を誤る．策士策におぼれる.｜～人办糊涂事 cōngmingrén bàn hútu shì 聡明な人でも愚かなことをする時がある．弘法にも筆の誤り.

*【乖】guāi 形 ❶賢い．聡明である．さとい.‖你嘴倒挺～ nǐ zuǐ dào tǐng guāi なかなか口が達者だね.｜卖～ màiguāi 利口なところをひけらかす.｜挨了几次批评，人也变～了 áile jǐ cì pīpíng, rén yě biàn guāi le 何度か怒られて本人も賢くなった.❷(子供が)利口である．言うことをよく聞いておとなしい．聞き分けがいい.‖小宝贝真～ xiǎobǎobei zhēn guāi ほんとにお利口さんだね.

【乖巧】guāiqiǎo 形 利発である．機転がきいて賢い.‖班里的女孩子就数她～ bān li de nǚháizi jiù shǔ tā guāiqiǎo クラスの女生徒の中では彼女がいちばん賢い.

*【机灵】jīling 形 機敏で利口である．気が利く．"机伶"とも書く.‖～的眼睛 jīling de yǎnjing 利口そうな目.｜他的儿子很～ tā de érzi hěn jīling 彼の息子はとても利発だ.

【机灵鬼】jīlingguǐ(～儿) 名 利口者.‖真是个～，还没等我说完就明白了 zhēn shì ge jīlingguǐ, hái méi děng wǒ shuōwán jiù míngbai le まったく飲み込みが早いことだ，私がまだ言い終わらいないうちに分かるなんて.

*【精】jīng 形 細心で頭が切れる．賢い.‖～明 jīngmíng 頭が切れる.｜别看他人小，办事还挺～ biékàn tā rén xiǎo, bàn-

shì hái tǐng jīng 彼は若いけれど仕事は
よくできる.

*【伶俐】línglì；línglì 形 賢い. 利発であ
る. ‖ 聡明~ cōngming línglì 利発そのも
のである. | 口歯~ kǒuchǐ línglì 口が達
者だ. 弁が立つ.

*【灵】líng 形 賢い. 利発である. ‖ 心~
手巧 xīnlíng shǒuqiǎo 頭がよくて手先も
器用である. | 脑子~, 学得快 nǎozi líng,
xuéde kuài 頭がよく, 覚えが早い.

【灵利】línglì；línglì 形 賢い. 利口であ
る. ‖ 小时候, 大人们常夸他~ xiǎoshí-
hou, dàrenmen cháng kuā tā línglì 彼は幼い
ころ, よく大人から賢いとほめられた.

*【听话】tīng//huà 形 (目上や上司の)言う
ことに従う. 言うことをよく聞く. ‖ ~
的孩子 tīnghuà de háizi よく言うことを
聞く子供. | 这孩子真~ zhè háizi zhēn
tīnghuà この子はほんとに聞き分けがい
い. | 听爸爸的话 tīng bàba de huà お父
さんの言うことを聞く.

りっぱ （能力・行動が）立派

▶出色　▶好　▶杰出　▶了不起　▶漂亮
▶伟大　▶优秀　▶卓越

*【出色】chūsè 形 出色である. 特に見事
である. ‖ ~地完成了任务 chūsè de wán-
chéngle rènwu 見事に任務を遂行した. |
他的讲演很~ tā de jiǎngyǎn hěn chūsè 彼
の講演はとてもすばらしい. | 他无论到
哪儿都能干得很~ tā wúlùn dào nǎr dōu
néng gànde hěn chūsè 彼はどこでも立派
にやっていける.

★【好】hǎo 形 よい. 立派である. すばら
しい. ⇔“坏” huài ‖ ~学生 hǎo xuésheng
よい学生. 優等生. | ~消息 hǎo xiāoxi
よい知らせ. | ~主意 hǎo zhǔyi よい考
え. アイディア. | 在数学竞赛中取得了
很~的成绩 zài shùxué jìngsài zhōng qǔdéle

hěn hǎo de chéngjì 数学コンクールで立
派な成績を収めた. | 学生们在这次志愿
活动中表现得非常~ xuéshengmen zài zhè
cì zhìyuàn huódòng zhōng biǎoxiànde fēi-
cháng hǎo このたびのボランティア活動
で学生たちの行動は立派だった.

*【杰出】jiéchū 形 傑出している. ぬきん
でている. ‖ ~的作品 jiéchū de zuòpǐn ぬ
きんでた作品. | ~人才 jiéchū réncái 傑
出した人材.

**【了不起】liǎobuqǐ 形 たいしたものであ
る. すばらしい. すごい. ‖ 他是一位
~的老师 tā shì yí wèi liǎobuqǐ de lǎoshī あ
の人は立派な先生だ. | 一个人拿了三项
冠军, 真~ yí ge rén nále sān xiàng guànjūn,
zhēn liǎobuqǐ 一人で3種目に優勝する
とは, 実にたいしたものだ. | 很多媒体
都对他的~的行动进行了报道 hěn duō
méitǐ dōu duì tā de liǎobuqǐ de xíngdòng
jìnxíng bàodào 多くのマスコミが彼の
立派な行動をニュースに取りあげた.

★【漂亮】piàoliang 形 すばらしい. みごと
である. 立派である. ‖ 那件事儿, 你办
得真~ nà jiàn shìr, nǐ bànde zhēn piàoliang
あの仕事を君は立派にこなした. | 今天
的比赛打得很~ jīntiān de bǐsài dǎde hěn
piàoliang 今日の試合は実にすばらし
かった.

★【伟大】wěidà 形 偉大である. ‖ ~的思
想家 wěidà de sīxiǎngjiā 偉大な思想家.
| 取得了~的成就 qǔdéle wěidà de chéng-
jiù 立派な業績をあげる. | 这位科学家
真~ zhè wèi kēxuéjiā zhēn wěidà この科
学者はほんとうに偉大だ.

**【优秀】yōuxiù 形 優秀である. 優れてい
る. ‖ 成绩~ chéngjì yōuxiù 成績が優秀
である. | ~校长 yōuxiù xiàozhǎng 立派
な校長先生. | ~的文化遗产 yōuxiù de
wénhuà yíchǎn 優れた文化遺産.

*【卓越】zhuóyuè 形 卓越している. ぬき
んでている. ‖ 显露出~的指挥才能

り

りっぱ （外観が）立派

xiǎnlùchu zhuóyuè de zhǐhuī cáinéng 卓抜
な指導能力を発揮する.

りっぱ （外観が）立派

▶宏伟　▶魁伟　▶魁梧　▶气派　▶堂皇
▶堂堂　▶伟岸　▶雄伟　▶庄严　▶壮丽

---

*【宏伟】hóngwěi 形 (計画や規模などが)
壮大である. 雄大である. ∥～的计划
hóngwěi de jìhuà 壮大な計画. ｜～的蓝
图 hóngwěi de lántú 壮大な青写真.

【魁伟】kuíwěi 形 (体格が)立派で堂々
としている. ∥身材～ shēncái kuíwěi 体
格が立派で堂々としている.

【魁梧】kuíwu 形 (体格が)たくましい.
堂々としている. ∥身材～ shēncái kuíwu
体格が立派である.

【气派】qìpài 名 気概. 貫禄. 気前. ∥大
艺术家～ dàyìshùjiā qìpài 大芸術家の風
格. ｜很有～的宅院 hěn yǒu qìpài de zhái-
yuàn 立派な邸宅. 形 堂々としている.
立派である. 格式が高い ∥瞧他这身打
扮，多～ qiáo tā zhè shēn dǎban, duō qìpài
彼の身なりを見てごらん，なかなか
堂々たるものだ.

【堂皇】tánghuáng 形 堂々として立派で
ある. ∥富丽～ fùlì tánghuáng 華麗で
堂々としている.

【堂堂】tángtáng 形 (陣容などが)壮大で
ある. 堂々としている. ∥～之阵 táng-
táng zhī zhèn 堂々たる陣容.

【伟岸】wěi'àn 形 (体格が)たくましく立
派である. ∥身材～ shēncái wěi'àn 体が
堂々として立派である.

**【雄伟】xióngwěi 形 雄偉である. 雄壮で
偉大なさま. ∥～的万里长城 xióngwěi de
Wànlǐ chángchéng 雄壮な万里の長城. ｜
气势～ qìshì xióngwěi 気勢が雄々しくた
くましい.

**【庄严】zhuāngyán 形 厳粛である. ∥举

行～的仪式 jǔxíng zhuāngyán de yíshì 厳
かな儀式をとり行う. ｜～的宝塔 zhuāng-
yán de bǎotǎ 荘重な塔.

*【壮丽】zhuànglì 形 壮麗である. 雄大で
美しい. ∥～的山河 zhuànglì de shānhé
雄大で美しい山河. ｜故宫建筑群～辉
煌 Gùgōng jiànzhùqún zhuànglì huīhuáng
故宮の建築群は雄壮華麗である.

りゃくす　略す

▶从简　▶从略　▶简化　▶简略　▶略
▶免　▶删节　▶省　▶省略

【从简】cóngjiǎn 動 簡略にする. ∥手续
～ shǒuxù cóngjiǎn 手続きを簡略にする.
｜丧事～ sāngshì cóngjiǎn 葬儀を簡素に
する.

【从略】cónglüè 動 省略する. 略す. 簡
略化する. ∥以下～ yǐxià cónglüè 以下
省略. ｜具体实施办法～ jùtǐ shíshī bànfǎ
cónglüè 具体的実施方法は省略する.

*【简化】jiǎnhuà 動 簡単にする. 簡素化
する. ∥～手续 jiǎnhuà shǒuxù 手続きを
簡素化する.

【简略】jiǎnlüè 形 (言葉や文章の内容が)
簡略である. 簡単である. おおまかで
ある. ∥～地介绍一下机器的性能 jiǎnlüè
de jièshào yíxià jīqi de xìngnéng 機械の性
能について簡単に説明します.

*【略】lüè 動 略す. 省く. ∥删～ shānlüè
文章を削って簡潔にする. ｜此处～去了
一段文字 cǐ chù lüèqule yí duàn wénzì こ
こは文章を一段省略した.

*【免】miǎn 動 免ずる. 免除する. ∥为了
节省时间，这些手续就都～了 wèile jié-
shěng shíjiān, zhèxiē shǒuxù jiù dōu miǎn le
時間を節約するため，これらの手続き
はすべて省いた. ｜～去科长的职务
miǎnqu kēzhǎng de zhíwù 課長の職を免
ずる.

りゅう　理由

【删节】 shānjié 動 省略する．簡略にする．切り詰める．‖~本 shānjiéběn ダイジェスト版．｜经过~，文章显得更紧凑了 jīngguò shānjié, wénzhāng xiǎndé gèng jǐncòu le 切り詰めることによって，文章はより引き締まった感じになった．

**【省】 shěng 動 減らす．省く．省略する．‖这些虚礼就~了吧 zhèxiē xūlǐ jiù shěng le ba こうした虚礼は省略しよう．｜~了不少麻烦 shěngle bùshǎo máfan 手間がだいぶ省けた．

*【省略】 shěnglüè 動 省略する．省く．‖这一段文字可以~ zhè yí duàn wénzì kěyǐ shěnglüè この部分の文章は省略してよい．｜这句话~了主语 zhè jù huà shěnglüè-le zhǔyǔ この文章は主語が省略されている．

りゅう　理由

▶道理　▶借口　▶来由　▶理由　▶凭
▶事出有因　▶事由　▶所以然　▶无缘无故
▶原因　▶缘故

★【道理】 dàoli;dàolǐ 名 道理．理由．根拠．情理．‖他说得很有~ tā shuōde hěn yǒu dàoli 彼の言い分は筋が通っている．｜哪儿有这样的~? nǎr yǒu zhèyàng de dàoli? どこにそんな理屈があるのか．｜毫无~ háowú dàoli まったく理屈に合わない．

*【借口】 jièkǒu 動 (何かを)口実にする．口実を設ける．‖他~有事不来 tā jièkǒu yǒu shì bù lái 彼は用事にかこつけて来ない．名 口実．言い逃れ．‖找~ zhǎo jièkǒu 口実を探す．｜说去看病，实际上是~ shuō qù kànbìng, shíjìshang shì jièkǒu 病院に行くというのは実は口実だ．

【来由】 láiyóu 名 原因．理由．‖他这样说不是没有~的 tā zhèyàng shuō bú shì méi-you láiyóu de 彼がこう言うのには理由

があるはずだ．

**【理由】 lǐyóu 名 理由．口実．訳．‖~充分 lǐyóu chōngfèn 十分な理由がある．｜正当的~ zhèngdàng de lǐyóu 正当な理由．｜找~ zhǎo lǐyóu 口実を探す．｜~站不住脚 lǐyóu zhànbuzhù jiǎo 理由が成り立たない．

*【凭】 píng 介 …に基づいて．…に従って．…を根拠として．‖~什么要我负责 píng shénme yào wǒ fùzé なんの理由があって私が責任を負わなければならないのだ．｜~我的经验，这么办没错 píng wǒ de jīngyàn, zhème bàn méi cuò 私の経験から言って，このやり方なら間違いない．

【事出有因】 shì chū yǒu yīn 成 事が起こるのには原因がある．‖他这样做也是~ tā zhèyàng zuò yě shì shì chū yǒu yīn 彼がこうしたのにはそれなりの訳がある．

【事由】 shìyóu (~儿) 名 事由．事情．‖只要说明~，爸爸一定会同意的 zhǐyào shuōmíng shìyóu, bàba yídìng huì tóngyì de 訳を説明しさえすれば，お父さんはきっとうんと言うよ．

【所以然】 suǒyǐrán 名 そうである訳．原因．理由．‖说不出个~来 shuōbuchū ge suǒyǐrán lai なぜそうなのか説明することができない．｜知其然而不知其~ zhī qírán ér bù zhī qí suǒyǐrán そうであることは知っているが，そうなった訳は知らない．

*【无缘无故】 wú yuán wú gù 成 なんの理由も原因もない．‖~地发火儿 wú yuán wú gù de fāhuǒr 理由もなく怒り出す．

**【原因】 yuányīn 名 原因．‖找~ zhǎo yuányīn 原因を究明する．｜查明事故的~ chámíng shìgù de yuányīn 事故の原因を明らかにする．｜他这样想是有~的 tā zhèyàng xiǎng shì yǒu yuányīn de 彼がこのように考えるのには訳がある．

*【缘故】 yuángù 名 原因．理由．訳．"原故"とも書く．‖不知什么~，他没来 bù

りゅうこう　流行

zhī shénme yuángù, tā méi lái どういう訳か彼は来なかった。｜最近身体不好，是因为生活不规律的～ zuìjìn shēntǐ bù hǎo, shì yīnwèi shēnghuó bù guīlǜ de yuángù 最近体調が悪いのは，生活が不規則なせいだ．

りゅうこう　流行

▶风尚　▶风行　▶流行　▶时髦　▶时尚
▶时兴　▶新潮　▶兴

*【风尚】 fēngshàng 名 風潮．流行．‖时代的～ shídài de fēngshàng 時代の風潮．｜社会～ shèhuì fēngshàng 社会の風潮．

【风行】 fēngxíng 動 流行する．風靡(ひ)する．‖一时 fēngxíng yìshí 一時期流行する．｜～全国 fēngxíng quánguó 全国を風靡する．

*【流行】 liúxíng 動 流行する．‖现在～化淡妆 xiànzài liúxíng huà dànzhuāng いまはナチュラル・メークがはやっている．｜这首歌很～ zhè shǒu gē hěn liúxíng この歌はとてもはやっている．｜这种式样现在已经不～了 zhè zhǒng shìyàng xiànzài yǐjīng bù liúxíng le このデザインはもうはやらない．

*【时髦】 shímáo 形 流行している．はやっている．ファッショナブルである．‖赶～ gǎn shímáo 流行を追う．｜～的手提包 shímáo de shǒutíbāo 流行のバッグ．｜她平时穿得可～了 tā píngshí chuānde kě shímáo le 彼女の服装はいつもファッショナブルだ．｜这是一种～的说法 zhè shì yì zhǒng shímáo de shuōfa これは最近はやっている言い方だ．

【时尚】 shíshàng 名 流行．はやり．‖这是当今的～ zhè shì dāngjīn de shíshàng これは目下のはやりだ．

【时兴】 shíxīng 動 流行する．はやる．‖这种样式以前～，不过现在已经过时了 zhè zhǒng yàngshì yǐqián shíxīng, búguò xiànzài yǐjīng guòshí le こういうデザインは以前にははやったが，いまではもうはやらなくなった．

【新潮】 xīncháo 名 新しい潮流．形 流行の最先端をゆく．最新流行の．‖～家具 xīncháo jiājù 新式のモダンな家具．｜她的发式很～ tā de fàshì hěn xīncháo 彼女のヘアスタイルは最新の流行だ．

*【兴】 xīng 動 流行する．盛んになる．‖这种款式现在不～了 zhè zhǒng kuǎnshì xiànzài bù xīng le このデザインはいまではもうはやらない．｜这里的孩子们中间很～玩儿这种游戏 zhèlǐ de háizimen zhōngjiān hěn xīng wánr zhè zhǒng yóuxì ここの子供たちの間ではこの遊びがとてもはやっている．

りょう　量

▶分量　▶含量　▶量　▶数量　▶重量

*【分量】 fēnliang；fēnliàng 名 重さ．重量．‖这条鱼的～足有一斤 zhè tiáo yú de fēnliang zú yǒu yì jīn この魚の目方は優に1斤はある．｜～不足 fēnliang bùzú 量目が足りない．

【含量】 hánliàng 名 含有量．‖氧～ yǎng hánliàng 酸素含有量．

*【量】 liàng 許容量．限度．‖酒～ jiǔliàng 酒量．｜饭～ fànliàng 食べる量．食事量．｜胆～ dǎnliàng 度胸．｜水库的水～ shuǐkù de shuǐliàng ダムの水量．名 数量．重さ．かさ．‖工作～ gōngzuòliàng 仕事の量．｜信息～ xìnxīliàng 情報量．｜载重～ zàizhòngliàng 積載量．｜每天都能卖出一些，但～不大 měitiān dōu néng màichu yìxiē, dàn liàng bú dà 毎日少しずつ売れているが，量は多くない．｜求质不求～ qiú zhì bù qiú liàng 量より質だ．

**【数量】 shùliàng 名 数．数量．‖～很大

りょうかい　了解

shùliàng hěn dà 数が大きい. | ~很多 shù-liàng hěn duō 数量が多い. | 不能因追求 ~而忽视了质量 bù néng yīn zhuīqiú shù-liàng ér hūshìle zhìliàng 数を上げるために質を落としてはいけない.

*＊【重量】 zhòngliàng 图❶(物理学の)重量. ❷重さ. 目方. ‖ 称~ chēng zhòngliàng 目方を量る. | ~相同 zhòngliàng xiāng-tóng 重さが同じである.

りょうかい　了解

▶懂　▶理解　▶谅解　▶了解　▶领会
▶明白　▶清楚　▶体谅　▶同意

★【懂】 dǒng 動 分かる. 理解する. わきまえる. ‖ ~了吗? dǒng le ma? 分かりましたか. | 不~装~ bù dǒng zhuāng dǒng 分からないのに分かったふりをする. | 他不~我的心 tā bù dǒng wǒ de xīn 彼には私の気持ちが分からない. | 他说的你听~了没有? tā shuō de nǐ tīngdǒng le méi-you? 彼の言ったことが分かりましたか.

*＊【理解】 lǐjiě 動 理解する. 分かる. ‖ 我很~你的心情 wǒ hěn lǐjiě nǐ de xīnqíng 私はあなたの気持ちがとてもよく分かる. | 这首诗的意思我还不太~ zhè shǒu shī de yìsi wǒ hái bútài lǐjiě この詩の意味が私にはまだよく理解できない.

*【谅解】 liàngjiě 動 (相手の気持ちや立場を)了解する. 察する. ‖ 请予~ qǐng yǔ liàngjiě なにとぞご了承ください. | 达成~ dáchéng liàngjiě (双方が)了解に達する. | 得到大家的~ dédào dàjiā de liàng-jiě みんなの理解を得る.

*【了解】 liǎojiě 動 分かる. 知る. 了解する. 理解する. ‖ 我很~他 wǒ hěn liǎojiě tā 私は彼のことをよく知っている. | 她不太~当地的情况 tā bútài liǎojiě dāng-dì de qíngkuàng 彼女は現地の状況をあ

まり把握していない. | 双方还缺乏~ shuāngfāng hái quēfá liǎojiě 双方ともまだよく理解し合っていない.

*【领会】 lǐnghuì 動 理解する. 納得する. 会得する. ‖ ~上级意图 lǐnghuì shàngjí yìtú 上司の意図をよく理解する. | ~精神实质 lǐnghuì jīngshén shízhì 主旨の本質を理解する. | ~得很深刻 lǐnghuìde hěn shēnkè 深く納得する.

*【明白】 míngbai 動 分かる. 理解する. わきまえる. ‖ 嘴上不说, 心里~ zuǐ shang bù shuō, xīnli míngbai 口では言わなくても, 心の中では分かっている. | 大家~了吗? dàjiā míngbai le ma? みなさん分かりましたか. | 我不~你的意思 wǒ bù míngbai nǐ de yìsi 君の言う意味が分からない.

★【清楚】 qīngchu 動 了解している. 分かっている. ‖ 这机器的操作方法他最~ zhè jīqì de cāozuò fāngfǎ tā zuì qīngchu この機械の操作方法は彼がいちばん分かっている. | 我也不太~这儿的情况 wǒ yě bútài qīngchu zhèr de qíngkuàng ここの様子は私にもよく分からない. | 真实情况, 大家心里~ zhēnshí qíngkuàng, dà-jiā xīnli qīngchu 本当の事情をみんな心の中では分かっている.

*【体谅】 tǐliàng 動 相手の気持ちを考える. 他人の立場で考える. 察する. ‖ 夫妻之间要互相~ fūqī zhī jiān yào hùxiāng tǐliàng 夫婦は互いに相手を思いやらなくてはならない.

★【同意】 tóngyì 動 同意する. 承認する. 賛同する. ‖ 我完全~这个方案 wǒ wán-quán tóngyì zhège fāng'àn 私はこの提案に全面的に賛成だ. | 我的请求上级~了 wǒ de qǐngqiú shàngjí tóngyì le 私の要望を上司は了解してくれた. | 得到双方一致~ dédào shuāngfāng yízhì tóngyì 双方から同意を得られた.

りょうほう　両方

りょうほう　両方

▶彼此　▶两边　▶两头　▶两下里　▶两者
▶你我　▶双方

---

*【彼此】bǐcǐ 代 あれとこれ．相互．双方．
‖ 不分～ bù fēn bǐcǐ 分け隔てをしない．
｜咱们～介绍一下吧 zánmen bǐcǐ jièshào yíxià ba お互いに自己紹介しましょう．
｜～的想法不一样 bǐcǐ de xiǎngfa bù yíyàng 双方の考えが異なる．｜～间没有来往 bǐcǐ jiān méiyou láiwang 双方の間には往き来がない．

【两边】liǎngbiān 名 両方．双方．‖ 这个解决办法～都没意见 zhège jiějué bànfǎ liǎngbiān dōu méi yìjian この解決方法で双方とも反対意見はない．｜～讨好 liǎngbiān tǎohǎo 両方の機嫌を取る．

【两头】liǎngtóu（～儿）名 両方．双方．
‖ ～跑 liǎngtóu pǎo 双方をせわしく行き来する．｜～为难 liǎngtóu wéinán 板挟みになる．｜～不落好儿 liǎngtóu bú làohǎor 双方の機嫌を損ねる．｜～充好人 liǎngtóu chōng hǎorén どちらにもいい顔をする．｜～受气 liǎngtóu shòuqì 両方からいじめられる．板ばさみになる．｜～不是人 liǎngtóu bú shì rén どちらへ行っても立場がない．

【两下里】liǎngxiàli 名 両方．双方．"两下"liǎngxià ともいう．‖ 教师和学生～合起来共五百多人 jiàoshī hé xuésheng liǎngxiàli héqilai gòng wǔbǎi duō rén 教師と学生両方合わせて 500 人余りである．

【两者】liǎngzhě 名 両者．双方．

【你我】nǐ wǒ 組 お互い．双方．‖ 他俩好得不分～ tā liǎ hǎode bù fēn nǐ wǒ 彼ら二人はたいへん仲がいい．｜这对～都有利 zhè duì nǐ wǒ dōu yǒulì これは双方ともに都合がよい．

**【双方】shuāngfāng 名 双方．両方．‖ ～互不相让 shuāngfāng hù bù xiāngràng 双

方ともに譲らない．｜～的意见分岐很大 shuāngfāng de yìjian fēnqí hěn dà 双方の意見の隔たりが大きい．｜买卖～ mǎimai shuāngfāng 売買の双方．｜交战～ jiāozhàn shuāngfāng 交戦国双方．

りょうりする　料理する

▶熬　▶拔丝　▶煲　▶爆　▶炒　▶炖
▶红烧　▶回锅　▶煎　▶烤　▶焖　▶烧
▶涮　▶煨　▶炸　▶煮

【熬】āo 動 野菜などに調味料を加えて鍋で煮る．‖ ～白菜 āo báicài ハクサイを煮る．

【拔丝】básī 動 油で揚げた果物などの材料を，砂糖を煮つめてあめ状にしたものに入れてからめたもの．‖ ～白薯 básī báishǔ 大学芋．

【煲】bāo 動 底が深い円筒形の鍋を用い，とろ火で煮込む．‖ ～粥 bāo zhōu 粥を煮る．

【爆】bào 動 熱した油でさっと焼く．沸騰した湯に入れてさっと煮る．‖ ～肚儿 bàodǔr ウシやヒツジの胃袋をさっと湯がいて，たれをつけて食べる料理．

*【炒】chǎo 動 煎（い）る．炒める．‖ ～饭 chǎofàn 焼き飯．チャーハン．

【炖】dùn 動 (とろ火で)煮込む．‖ ～肉 dùn ròu 肉を煮込む．

【红烧】hóngshāo 動 しょうゆで煮込む．
‖ ～肉 hóngshāoròu 豚肉の煮込み．

【回锅】huíguō 動 (料理を)鍋に戻して温め直す．煮直す．‖ ～肉 huíguōròu 回鍋肉（ホイコーロウ）．四川料理の一つ．

*【煎】jiān 動 少量の油を入れて表面をきつね色に焼く．‖ ～牛排 jiān niúpái ビーフ・ステーキを焼く．

**【烤】kǎo 動 (火にかざして)あぶる．焼く．‖ ～面包 kǎo miànbāo トーストを焼く．

【焖】mèn 動 しっかりふたをし，とろ火で長時間煮る．‖ ~饭 mènfàn 御飯を炊く．

*【烧】shāo 動 ❶あぶり焼きにする．‖ ~饼 shāobing シャオピン．❷蒸したり油通しをした後，スープを加えて煮込んだり炒めたりする。または，先に煮込んだ後，油で揚げる．

【涮】shuàn 動 (肉類を湯の沸きたった鍋に入れて)さっと湯がく．‖ 羊肉 shuànyángròu 羊肉のしゃぶしゃぶ．

【煨】wēi 動 とろ火でよく煮込む．‖ ~牛肉 wēi niúròu 牛肉をとろ火で煮る．

*【炸】zhá 動 ❶油で揚げる．‖ ~鸡 zhájī トリの唐揚げ．フライドチキン．|~酱面 zhájiàngmiàn ジャージャンメン．❷湯がく．湯通しする．

*【煮】zhǔ 動 煮る．ゆでる．‖ ~鸡蛋 zhǔ jīdàn 卵をゆでる．

りょこう　旅行

▶观光　▶旅行　▶旅游　▶漫游　▶游览
▶游历　▶周游

*【观光】guānguāng 動 観光する．名所などを訪れ見物する．‖ 去年来此～的游客达三万多人 qùnián lái cǐ guānguāng de yóukè dá sān wàn duō rén 去年この地を訪れた観光客は３万人以上に達した．

★【旅行】lǚxíng 動 旅行する．‖ 环球～ huánqiú lǚxíng 世界一周旅行 | ~指南 lǚxíng zhǐnán 旅行ガイドブック．| 假期到北京～了一趟 jiàqī dào Běijīng lǚxíngle yí tàng 休みに北京へ旅行してきた．

*【旅游】lǚyóu 動 観光する．遊覧する．‖ ~车 lǚyóuchē 観光バス．| ~胜地 lǚyóu shèngdì 遊覧地．観光名所．| ~旺季 lǚyóu wàngjì 旅行シーズン．| 去桂林～ qù Guìlín lǚyóu 桂林(けいりん)へ観光に行く．

【漫游】mànyóu 動 気の向くままに遊ぶ．ぶらぶら見物する．漫遊する．‖ ~世界 mànyóu shìjiè 世界を漫遊する．

**【游览】yóulǎn 動 見物する．観光する．‖ 去北京~ qù Běijīng yóulǎn 北京観光に行く．| ~名胜古迹 yóulǎn míngshèng gǔjì 名所旧跡を見物する．

【游历】yóulì 動 遍歴する．巡り歩く．‖ 他曾~过很多国家 tā céng yóulìguo hěn duō guójiā 彼はこれまでに多くの国々を訪ねた．

【周游】zhōuyóu 動 周遊する．遍歴する．‖ ~世界 zhōuyóu shìjiè 世界を周遊する．

れ

れい　例 (事例・慣例)

▶常规　▶常例　▶成规　▶惯例　▶例
▶前例　▶实例　▶事例　▶先例　▶向例

*【常规】chángguī 名 従来のやり方．しきたり．通例．‖ 打破~ dǎpò chángguī しきたりを打破する．| 按~办事 àn chángguī bànshì 通例のとおり行う．| 最近他竟一反~，开始早起锻炼了 zuìjìn tā jìng yì fǎn chángguī, kāishǐ zǎo qǐ duànliàn le 最近彼はこれまでとは打って変わって，朝早く起きてトレーニングするようになった．

【常例】chánglì 名 ならわし．慣行．‖ 遵循~进行 zūnxún chánglì jìnxíng 慣例に基づいて行う．

【成规】chéngguī 名 従来のしきたり．昔からのやり方．‖ 打破~，大胆创新 dǎpò chéngguī, dàdǎn chuàngxīn 従来のしきたりを打ち破り，大胆に新機軸を打ち出す．| 墨守~ mò shǒu chéng guī 従来の決まりをかたくなに守る．

*【惯例】guànlì 名 慣例．‖ 打破~ dǎpò

レストラン

guànlì しきたりを破る. | 按照～ ànzhào guànlì 慣例に従う.

**【例】lì 图例. 実例. 事例. ‖ ～子 lìzi 例. サンプル. | 举～说明 jǔlì shuōmíng 例を挙げて説明する.

【前例】qiánlì 图 前例. 先例. ‖ 史无～ shǐ wú qiánlì 歴史上例を見ない. | 这件事情有～可援 zhè jiàn shìqing yǒu qiánlì kě yuán このことについては倣うべき前例がある.

【实例】shílì 图事例. 具体例. ‖ 用～来说明 yòng shílì lái shuōmíng 具体例を挙げて説明する.

*【事例】shìlì 图事例. ‖ 收集～ shōují shìlì 事例を集める. | 大量的～ dàliàng de shìlì 大量の事例. | 典型～ diǎnxíng shìlì 典型的なケース.

*【先例】xiānlì 图 先例. 前例. ‖ 开～ kāi xiānlì 先例をつくる. | 史无～ shǐ wú xiānlì 歴史上先例がない. | 有～可援 yǒu xiānlì kě yuán 援用できる先例がある.

【向例】xiànglì 图 いつものやり方. 慣例. 通例. ‖ 依～行事 yī xiànglì xíngshì 慣例によって事を行う. | 女生宿舍～谢绝男性来访 nǚshēng sùshè xiànglì xièjué nánxìng láifǎng 女子学生寮は慣例として男性の来訪を断っている.

レストラン

▶菜馆　▶餐厅　▶饭店　▶饭馆　▶饭铺
▶饭堂　▶饭厅　▶馆子　▶食堂　▶小吃店

【菜馆】càiguǎn(～儿) 图历 料理店. レストラン. "菜馆子" càiguǎnzi ともいう.

**【餐厅】cāntīng 图 食堂. レストラン. ‖ 中～ zhōngcāntīng 中国料理のレストラン. | 西～ xīcāntīng 西洋料理のレストラン. | 旋转～ xuánzhuǎn cāntīng 回転レストラン.

★【饭店】fàndiàn(～儿) 图历 料理屋. 食堂. レストラン.

*【饭馆】fànguǎn(～儿) 图 料理屋. 飲食店. 食堂. レストラン. "饭馆子" fànguǎnzi ともいう. ‖ 上～儿 shàng fànguǎnr レストランへ行く. | 吃～ chī fànguǎn レストランで食事をする.

【饭铺】fànpù(～儿) 图 (規模の小さい) 食堂. 飯屋. ‖ 开个小～ kāi ge xiǎo fànpù 小さい飯屋を始める.

【饭堂】fàntáng 图历 (学校などの) 食堂.

【饭厅】fàntīng 图 (広めの) 食堂. レストラン.

【馆子】guǎnzi 图 レストラン. 飲食店. ‖ 吃～ chī guǎnzi レストランで食事する. | 下～ xià guǎnzi 料理屋へ行く.

★【食堂】shítáng 图 (学校や会社などの) 食堂. ‖ 上大学的时候, 天天吃～, 从来不自己做饭 shàng dàxué de shíhou, tiāntiān chī shítáng, cónglái bú zìjǐ zuò fàn 学生時代学食ばかりで, 自炊はしたことがない.

【小吃店】xiǎochīdiàn 图 手軽な食事や酒などを出す食堂.

れつ　列

▶队　▶队列　▶队伍　▶行　▶行列　▶列
▶排

**【队】duì 图列. 行列. ‖ 站～ zhànduì 列をつくる. | 排～ páiduì 列をつくる. | 整～ zhěngduì 整列する. | 横～ héngduì 横隊. | 纵～ zòngduì 縦隊. | 排在～尾儿 páizài duìwěir 列の後ろに並ぶ. | 排了半天的～才买到票 páile bàntiān de duì cái mǎidào piào さんざん並んでやっとチケットが買えた. 量 一団となって隊列をなしたものを数える. 隊. 列. ‖ 一～小学生 yí duì xiǎoxuéshēng 一隊の小学生. | 一～骆驼 yí duì luòtuo 一隊のラクダ.

れんらく　連絡(知らせる)

【队列】duìliè 图 隊列. 行列. ‖ ～整齐 duìliè zhěngqí きちんと整列している.

**【队伍】duìwu 图 隊列. ‖ 游行～ yóuxíng duìwu パレードの隊列. デモ隊. | 打乱 ～ dǎluàn duìwu 列を乱す. | 排进～ páijìn duìwu 列に加わる.

**【行】háng 图 行列. 列. ‖ 雁～ yànháng 空を飛ぶ雁(かり)の列. | 学生们排了一 ～ xuéshengmen páichéngle yì háng 学生た ちは1列に並んだ. 量 (行や列になった ものを数える)行. 列. 筋. ‖ 一～柳树 yì háng liǔshù 1列のヤナギの木. | 几 字 jǐ háng zì 数行の字. | 两～眼泪 liǎng háng yǎnlèi 二筋の涙.

*【行列】hángliè 图 列. 行列. ‖ 游行～ yóuxíng hángliè デモ隊の列. | 挤进～ jǐjìn hángliè 列に割り込む.

**【列】liè 列. 行列. ‖ 前～ qiánliè 前列. | 出～ chūliè 隊列から一歩前へ出る. 量 列をなしているものを数える. ‖ 一 ～火车 yí liè huǒchē 1列車. | 四～纵队 sì liè zòngduì 4列縦隊.

**【排】pái 图 横並びの列. 隊列. ‖ 三人 一～ sān rén yì pái 3人1列. | 后～还有 很多空座 hòu pái hái yǒu hěn duō kòngzuò 後ろの列にはまだたくさん空席がある. 量 列に並んだ人や物を数える. ‖ 两～ 椅子 liǎng pái yǐzi 2列に並んだ椅子. | 上下两～牙齿 shàngxià liǎng pái yáchǐ 上 下2列の歯.

れんらく　連絡（知らせる）

▶告诉　▶接头　▶联络　▶联系　▶通气
▶通知

★【告诉】gàosu 動 告げる. 知らせる. 伝 える. (二重目的語をとる)‖ 请你～他 明天开会 qǐng nǐ gàosu tā míngtiān kāihuì 彼に明日会合があると知らせてくださ い. | 我～过你他不来了 wǒ gàosuguo nǐ

tā bù lái le 彼は来ないって, もうあなた に知らせたでしょう. | 把情况～我一下 bǎ qíngkuàng gàosu wǒ yíxià 状況をちょっ と教えてほしい.

【接头】jiē//tóu 動口 連絡をとる. 打ち 合せをする. ‖ 马上同他们～ mǎshàng tóng tāmen jiētóu すぐに彼らと連絡をつ ける.

*【联络】liánluò 動 連絡する. 通じ合う. ‖ ～官 liánluòguān 連絡将校. | ～友谊 liánluò yǒuyì 友誼を深める. | 失去～ shī-qù liánluò 連絡がなくなる. | 加强～ jiā-qiáng liánluò つながりを強める.

★【联系】liánxì 動 連絡する. ‖ 及时～ jí-shí liánxì ただちに連絡する. | 住处已经 ～好了 zhùchù yǐjīng liánxìhǎo le 宿泊先 はもう手配してあります.

【通气】tōng//qì 動 (仲間うちで)知らせ る. 気脈を通じる. ‖ 有什么事情, 你可 要先给我通个气呀 yǒu shénme shìqing, nǐ kě yào xiān gěi wǒ tōng ge qì ya 何かあっ たら, 必ず真っ先に連絡してくれよ.

★【通知】tōngzhī 動 通知する. 知らせる. ‖ 你～小王了吗? nǐ tōngzhī xiǎo Wáng le ma? 王君に知らせたかい. | ～他来开 会 tōngzhī tā lái kāihuì 会議に参加するよ う彼に連絡する. | 供电局～, 明天下 午两点到四点停电 gōngdiànjú tōngzhī, míngtiān xiàwǔ liǎng diǎn dào sì diǎn tíng-diàn 電力会社の通知によると, 明日の 午後2時から4時まで停電になる. 图 通知. 知らせ. ‖ ～书 tōngzhīshū 通知 書. | 发～ fā tōngzhī 通知を出す. | 接 到～ jiēdào tōngzhī 通知を受け取る.

ろ

ろじょう　路上
▶道上　▶街上　▶街头　▶路上

【道上】 dàoshang 图路上．道．‖～堵车堵得厉害 dàoshang dǔchē dǔde lìhai 道は渋滞がひどかった．

【街上】 jiēshang 图市街地．街頭．街．‖在～逛了半天 zài jiēshang guàngle bàntiān 街を長いことぶらついた．

*****【街头】** jiētóu 图街頭．街かど．路上．‖十字～ shízì jiētóu 四つ角．｜流落～，无家可归 liúluò jiētóu, wú jiā kě guī 路頭に迷い，帰る家もない．｜这个消息很快就在～传开了 zhège xiāoxi hěn kuài jiù zài jiētóu chuánkāi le このニュースはあっという間に街中に広まった．｜艺术 jiētóu yìshù 路上を利用した絵やパフォーマンス．

******【路上】** lùshang；lùshàng 图路上．‖～行人不多 lùshang xíngrén bù duō 道には通行人が少ない．｜刚下过雨，～净是泥 gāng xiàguo yǔ, lùshang jìng shì ní いましがたの雨が降って，道はすっかりぬかるんでしまった．

ろんじる　論じる
▶辩论　▶阐述　▶论　▶论述　▶评论
▶讨论　▶提　▶议论　▶争论

*****【辩论】** biànlùn 動弁論する．論争する．議論する．‖我和他就这个问题进行过～ wǒ hé tā jiù zhège wèntí jìnxíngguo biànlùn 私は彼とこの問題について議論したことがある．｜大家各持己见，～得非常激烈 dàjiā gè chí jǐ jiàn, biànlùnde fēicháng jīliè みんなはそれぞれ自分の考えを譲らず，激しく言い争った．

*****【阐述】** chǎnshù 動順序立ててはっきりと述べる．‖～了我国的一贯立场 chǎnshùle wǒ guó de yíguàn lìchǎng 我が国の一貫した態度をはっきりと述べた．｜他～了自己对这个问题的看法 tā chǎnshùle zìjǐ duì zhège wèntí de kànfa 彼は自分のこの問題に対する考え方を明らかにした．

*****【论】** lùn 動談じる．語る．論じる．‖不能一概而～ bù néng yí gài ér lùn 一概には言いきれない．｜相提并～ xiāng tí bìng lùn 同列に論じる．｜另当别～ lìng dàng biélùn それはまた別である．それはそれとして．

*****【论述】** lùnshù 動論述する．論じる．述べる．‖具体～ jùtǐ lùnshù 具体的に論じる．｜日式经营的文献 lùnshù Rìshì jīngyíng de wénxiàn 日本式経営を論じている文献．

*****【评论】** pínglùn 動評論する．論評する．批評する．‖～作品的好坏 pínglùn zuòpǐn de hǎohuài 作品の良し悪しを論じる．

★**【讨论】** tǎolùn 動討論する．討議する．話し合う．‖～会 tǎolùnhuì 討論会．｜就人口问题展开～ jiù rénkǒu wèntí zhǎnkāi tǎolùn 人口問題を討議する．｜这件事～来～去，也没～出个结果 zhè jiàn shì tǎolùn lái tǎolùn qù, yě méi tǎolùnchu ge jiéguǒ この件はいろいろと話し合ってみたが，結論は出なかった．

★**【提】** tí 動提起する．‖～意见 tí yìjian 意見を出す．｜～问题 tí wèntí 問題を指摘する．

******【议论】** yìlùn 動議論する．論じ合う．‖～纷纷 yìlùn fēnfēn 諸説紛々．｜～是非 yìlùn shìfēi 是非を議論する．｜不应该背后～别人 bù yīnggāi bèihòu yìlùn biérén 陰で他人のことをとやかく言うべきではない．

ろんじる　論じる

【争论】 zhēnglùn 動 口論する．論争する．議論する．‖ ～不休** zhēnglùn bùxiū どこまでも言い争う．｜**为一点儿小事～起来** wèi yìdiǎnr xiǎoshì zhēnglùnqilai つまらないことで口論を始める．｜～**得很激烈** zhēnglùnde hěn jīliè 激しく論争をする．｜～**的焦点** zhēnglùn de jiāodiǎn 論争の焦点．

わ

わかい （年齢が） 若い

▶年青　▶年軽　▶年少　▶年幼　▶少
▶少年老成　▶少壮　▶小　▶幼小

** **【年青】** niánqīng 形 青少年期にある．若者の．‖ ～的一代 niánqīng de yídài 若者の世代．

★**【年軽】** niánqīng 形 年が若い．‖ ～人 niánqīngrén 若い人．若者．青年．| ～力壮 niánqīng lì zhuàng 若くてエネルギーに満ちている．| ～漂亮的姑娘 niánqīng piàoliang de gūniang 若くて美しい娘．| 年轻轻的，不学点儿本事可不行 niánqīng-qīng de, bù xué diǎnr běnshi kě bùxíng 若いのだから，少しは役に立つことを身につけなくちゃだめだ．

【年少】 niánshào 形 年少である．年が若い．‖ ～有为 niánshào yǒuwéi 若くて前途がある．| ～无知 niánshào wúzhī 年が若く知識に欠ける．

【年幼】 niányòu 形 幼少である．幼い．年若い．‖ ～无知 niányòu wúzhī 年端(はし)もゆかず世間知らずである．

【少】 shào 若い．年少である．⇔"老" lǎo ‖ ～女 shàonǚ 少女．| ～年 shàonián 少年．少年少女．| 男女老～ nánnǚ lǎoshào 老若男女．

【少年老成】 shào nián lǎo chéng 成 ❶若さに似ずしっかりしている．❷若いくせに年寄りじみている．

【少壮】 shàozhuàng 形 少壮である．若くて意気盛んである．‖ ～不努力，老大徒伤悲 shàozhuàng bù nǔlì, lǎodà tú shāngbēi 若いときに努力しなければ，年老いてから嘆き悲しむことになる．

★**【小】** xiǎo 形 ❶(年齢が)小さい．⇔"大"

dà ‖ 她比我～两岁 tā bǐ wǒ xiǎo liǎng suì 彼女は私より二つ若い．❷いちばん下の．末の．‖ ～儿子 xiǎo'érzi 末の息子．| ～妹妹 xiǎomèimei 末の妹．

【幼小】 yòuxiǎo 形 幼い．幼小の．‖ ～的心灵 yòuxiǎo de xīnlíng 幼心．

わがまま

▶不讲理　▶放肆　▶犟　▶娇生惯养
▶任性　▶任意　▶自私　▶恣意

【不讲理】 bù jiǎnglǐ 組 分別がない．道理がわからない．‖ 他是个～的人 tā shì ge bù jiǎnglǐ de rén あれは話の分からないやつだ．

【放肆】 fàngsì 形 勝手気ままである．わがままである．‖ 态度～ tàidu fàngsì ふるまいが勝手である．| 言行过于～ yán-xíng guòyú fàngsì 言うことやることが勝手すぎる．| 在领导面前，别太～ zài lǐng-dǎo miànqián, bié tài fàngsì 上司の前であまり好き勝手してはいけない．

【犟】 jiàng 形 強情である．頑固である．意地っ張りである．‖ 这孩子脾气可～了 zhè háizi píqi kě jiàng le この子はまったく強情っ張りだ．

【娇生惯养】 jiāo shēng guàn yǎng 成 甘やかして育てる．おんば日傘．‖ 从小～ cóngxiǎo jiāo shēng guàn yǎng 小さいころからわがままいっぱいに育った．

★**【任性】** rènxìng 形 気ままである．わがままである．‖ 这孩子可～了，谁说他都不听 zhè háizi kě rènxìng le, shéi shuō tā dōu bù tīng この子はまったくわがままだ，誰の言うことも聞かない．

★**【任意】** rènyì 副 勝手気ままに．自由に．‖ ～而行 rènyì ér xíng 勝手にふるまう．| ～抽一个签 rènyì chōu yí ge qiān どれでもくじを1本引く．| ～歪曲历史 rèn-yì wāiqū lìshǐ ほしいままに歴史をねじ

曲げる.

*【自私】zìsī 形 自分本位である. 自分勝手である. ‖ 这个人很~ zhège rén hěn zìsī この人はとても勝手だ.

【恣意】zìyì 副 書 思うままに. 勝手に. ‖ ～妄为 zìyì wàngwéi やりたい放題勝手なことをする. ｜～歪曲事实 zìyì wāiqū shìshí 勝手に事実を歪曲(わいきょく)する.

わかる　分かる

▶懂　▶懂得　▶理解　▶了解　▶明白
▶清楚　▶认识　▶晓得　▶知道

★【懂】dǒng 動 分かる. 理解する. 心得る. (あることを理解してしっかり体得したことを表す. ふつう名詞を目的語にとる)‖ ～礼貌 dǒng lǐmào 礼儀を心得る. ｜～艺术 dǒng yìshù 芸術を理解する. ｜～英语 dǒng Yīngyǔ 英語が分かる. ｜不~装~ bù dǒng zhuāng dǒng 分からないのに分かったふりをする. ｜他不~我的心 tā bù dǒng wǒ de xīn 彼には私の気持ちが分からない. ｜你看得~吗? nǐ kàndedǒng ma? あなたは見て分かりますか. ｜他说的你听～了没有? tā shuō de nǐ tīngdǒng le méiyou? 彼の言ったことが聞いて分かりましたか.

**【懂得】dǒngde 動 分かる. 理解している. (動詞句や主述句を目的語にとることが多い)‖ 刚七岁就~帮妈妈做饭了 gāng qī suì jiù dǒngde bāng māma zuò fàn le わずか7歳でもうお母さんを手伝って御飯の支度をすることを心得ている.

**【理解】lǐjiě 動 理解する. 分かる. (理性的に, あるいは判断や推理を通して深く理解している)‖ ～力 lǐjiělì 理解力. ｜加深~ jiāshēn lǐjiě 理解を深める. ｜我很~你的心情 wǒ hěn lǐjiě nǐ de xīnqíng 私はあなたの気持ちがとてもよく分かる. ｜她不~我 tā bù lǐjiě wǒ 彼女は

私のことを分かってくれない. ｜这首诗的意思我还不太~ zhè shǒu shī de yìsi wǒ hái bútài lǐjiě この詩の意味が私にはまだよく理解できない.

★【了解】liǎojiě 動 分かる. (対象について深くかつ広く理解している. ある状況・結論・規律などを知っている. 多く名詞か名詞句を目的語にとる)‖ 我很~他 wǒ hěn liǎojiě tā 私は彼のことをよく分かっている. ｜她不太~当地的情况 tā bútài liǎojiě dāngdì de qíngkuàng 彼女は現地の状況をあまり把握していない. ｜双方还缺乏~ shuāngfāng hái quēfá liǎojiě 双方ともまだよく理解し合っていない.

*【明白】míngbai 動 分かる. 理解する. (理解できなかったことが, 説明を受けて理解できたことを表す)‖ ～真相 míngbai zhēnxiàng 真相が分かる. ｜我才~她为什么那么讨厌他 wǒ cái míngbai tā wèi shénme nàme tǎoyàn tā 彼女がなぜあんなに彼を嫌うのかやっとわかった. ｜我不~你的意思 wǒ bù míngbai nǐ de yìsi 君の言う意味が分からない.

★【清楚】qīngchu 動 理解している. 分かっている. ‖ 这机器的操作方法他最~ zhè jīqi de cāozuò fāngfǎ tā zuì qīngchu この機械の操作方法は彼がいちばん分かっている. ｜我也不太~这件事 wǒ yě bútài qīngchu zhè jiàn shì この件は私にもよく分からない.

★【认识】rènshi 動 知る. 見て分かる. (対象を見知っている. 他のものと識別できる. 多く名詞や名詞句を目的語にとる)‖ 我不~他 wǒ bú rènshi tā 私は彼を知らない. ｜去他家我不~路 qù tā jiā wǒ bú rènshi lù 彼の家へ行くのに私は道が分からない. ｜这些汉字我都~ zhèxiē Hànzì wǒ dōu rènshi ここの漢字は私はみんな分かる.

**【晓得】xiǎode 動 知っている. 分かる.

わかれる （人と）別れる

‖ 这个字的读法你～吗? zhège zì de dúfǎ nǐ xiǎode ma? この字の読み方が分かりますか. ｜天～是怎么回事! tiān xiǎode shì zěnme huí shì! どういう訳なのか, 誰にも分かりはしない.

★【知道】zhīdao; zhīdào 動 知る. 分かる. 心得. (対象について何らかの情報や知識を持っている. あるいは経験として知っている. 目的語に名詞句・動詞句・主述句をとる)‖ 我～他的电话号码 wǒ zhīdao tā de diànhuà hàomǎ 私は彼の電話番号を知っている. ｜我～小王今天不会来 wǒ zhīdao xiǎo Wáng jīntiān bú huì lái 王君が今日来ないのは分かっている. ｜他很～让着弟弟 tā hěn zhīdao ràngzhe dìdi 彼は弟に譲ることをよく分かっている. ｜明天会怎样谁也不～ míngtiān huì zěnyàng shéi yě bù zhīdào 明日のことは分からない.

わかれる （人と）別れる

▶吹　▶分别　▶分开　▶分离　▶分手
▶告别　▶离　▶离别　▶离婚　▶离开

★【吹】chuī 動 口 破談になる. だめになる. ‖ 他们俩～了 tāmen liǎ chuī le 彼ら二人の仲はだめになった.

＊＊【分别】fēnbié 動 別れる. ‖ 暂时～ zànshí fēnbié しばし別れる. ｜～已经一年多了 fēnbié yǐjīng yì nián duō le 別れてもう1年余りが過ぎた.

【分开】fēn//kāi 動 別れる. 離別する. ‖ 姊妹俩～已经四年了 zǐmèi liǎ fēnkāi yǐjīng sì nián le 姉と妹は別れてからもう4年になる.

＊【分离】fēnlí 動 別れる. 離別する. ‖ ～多年的夫妻终又团聚 fēnlí duōnián de fūqī zhōng yòu tuánjù 長年離れ離れだった夫婦がついにまた一緒になった.

【分手】fēn//shǒu 動 別れる. ‖ 他们在广州分了手 tāmen zài Guǎngzhōu fēnle shǒu 彼らは広州で別れた. ｜由于性格不合, 两人终于分了手 yóuyú xìnggé bùhé, liǎng rén zhōngyú fēnle shǒu 性格が合わないので, 二人はとうとう別れてしまった.

＊＊【告别】gào//bié 動 ❶別れる. 離れる. ‖ ～亲人 gàobié qīnrén 家族と別れる. ❷(旅立つ前に)別れを告げる. ‖ 昨天大家赶到车站去向他～ zuótiān dàjiā gǎndào chēzhàn qù xiàng tā gàobié きのうみんなは駅に駆けつけて彼に別れを告げた. ｜举行～酒会 jǔxíng gàobié jiǔhuì お別れパーティーを催す. ❸死者と最後の別れをする. 告別する. ‖ 向遗体～ xiàng yítǐ gàobié 遺体に告別する.

★【离】lí 動 離れる. 分かれる. ‖ 他～家已经五年了 tā lí jiā yǐjīng wǔ nián le 彼が家を出てもう5年になる. ｜刚结婚就～了 gāng jiéhūn jiù lí le 結婚したと思ったらもう別れた. ｜长这么大还没～过父母 zhǎng zhème dà hái méi líguo fùmǔ こんなに大きくなるまで両親のもとから離れたことがない.

＊【离别】líbié 動 (慣れ親しんだ人や土地と)別れる. 離別する. ‖ 我们～已三年了 wǒmen líbié yǐ sān nián le 私たちは別れてからもう3年になる. ｜～故乡 líbié gùxiāng 故郷を離れる.

＊＊【离婚】lí//hūn 動 離婚する. ‖ 他～了 tā líhūn le 彼は別れた(離婚した). ｜离过婚 líguo hūn 離婚歴がある. ｜协议～ xiéyì líhūn 協議離婚. ｜闹～ nào líhūn 離婚騒ぎをする. ｜打～ dǎ líhūn 離婚訴訟を起こす.

★【离开】lí//kāi 動 立ち去る. 別れる. ‖ ～故乡 líkāi gùxiāng 故郷を離れる. ｜～父母 líkāi fùmǔ 両親と別れる.

794

わく　沸く

▶沸騰　▶滚　▶滚开　▶欢腾　▶欢跃
▶开　▶开锅

*【沸騰】fèiténg 動❶沸騰する. ‖水~以后将面放入煮三分钟 shuǐ fèiténg yǐhòu jiāng miàn fàngrù zhǔ sān fēnzhōng お湯が沸騰してから麺を入れ，3分間煮てください. ❷(雰囲気や感情などが)沸き立つ. 沸き返る. ‖人群~起来了 rénqún fèiténgqilai le 群衆が熱狂し始めた. | 热血~ rèxuè fèiténg 血潮が沸き立つ.

**【滚】gǔn 動沸く. 沸騰する. ‖水~了，下饺子吧 shuǐ gǔn le, xià jiǎozi ba お湯が沸いたから，ギョーザを入れよう.

【滚开】gǔnkāi 動沸騰する. 煮えたぎる. ‖~的水 gǔnkāi de shuǐ 煮えたぎる湯.

【欢腾】huānténg 動喜びに沸く. 飛び上がらんばかりに喜ぶ. 大いに喜ぶ. ‖举国~ jǔguó huānténg 国をあげて喜びに沸く. |「十一」这天，天安门广场一片~ "Shí Yī" zhè tiān, Tiān'ānmén guǎngchǎng yí piàn huānténg 国慶節の日，天安門広場は喜びに沸き立つ.

【欢跃】huānyuè 動喜びに沸く. 小躍りして喜ぶ.

★【开】kāi 動(液体が)沸騰する. 沸く. ‖水~了 shuǐ kāi le 湯が沸いた. | 汤再~~就好了 tāng zài kāikai jiù hǎo le スープはもう一度沸騰させたらでき上がりだ. | 炉上架着一锅烧~的水 lúshang jiàzhe yì guō shāokāi de shuǐ こんろには湯のたぎった鍋がかかっている.

【开锅】kāi//guō 動(　)(鍋の中の湯などが)沸騰する. 煮えたぎる. ‖馒头~后蒸十五分钟就好了 mántou kāiguō hòu zhēng shíwǔ fēnzhōng jiù hǎo le マントーは鍋の湯が煮立ってから15分蒸せばでき上がる.

わけ　⇒【理由】

わける　分ける

▶拨　▶分　▶分割　▶分开　▶分类
▶分派　▶分配　▶瓜分　▶划　▶划分

*【拨】bō 動❶(手足や棒などで横に物を)移動させる. 動かす. ‖~门户 bō mén hù (横に)開ける. | 把菜~到小盘子里 bǎ cài bōdào xiǎopánzili おかずを小皿に取り分ける. | 把他那份儿~开 bǎ tā nà fènr bōkāi 彼の分を取り分けておきなさい. ❷(一部を)分け与える. 分配する. ‖~款 bōkuǎn 資金を割り当てる. | ~几个人到第三组 bō jǐ ge rén dào dì sān zǔ 何人かを第3班に回す. | ~给公司两辆汽车 bōgěi fēngōngsī liǎng liàng qìchē 支社に車を2台割り当てる.

★【分】fēn 動❶分ける. 分割する. ⇔"合" hé ‖ 对半~ duìbàn fēn 折半する. 2等分する. | 把四十个人~成两个班 bǎ sìshí ge rén fēnchéng liǎng ge bān 40人を2クラスに分ける. | 把蛋糕~为六份儿 bǎ dàngāo fēnwéi liù fènr カステラを六つに切り分ける. ❷分け与える. 分配する. 配分する. ‖我们科新~来两个人 wǒmen kē xīn fēnlai liǎng ge rén 私たちの課に新しく二人が配属された. | 老师~给每个孩子一个苹果 lǎoshī fēngěi měi ge háizi yí ge píngguǒ 先生は子供たち一人一人にリンゴをひとつずつ配った.

*【分割】fēngē 動分割する. 別々にする. 切り離す. ‖这是一个问题的两个方面，不能把它们~开来 zhè shì yí ge wèntí de liǎng ge fāngmiàn, bù néng bǎ tāmen fēngēkāilai これは一つの問題の両側面であるため，それを切り離すことはできない.

【分开】fēn//kāi 動分ける. 別々にする.

わざと

‖ 请把这些东西~包 qǐng bǎ zhèxiē dōngxi fēnkāi bāo この品物を別々に包んでください. ｜ ~人群走过去 fēnkāi rénqún zǒuguoqu 人波をかき分けて行く.

*【分类】fēn//lèi 動 分類する. 仕分けする. ‖ 把文件~整理 bǎ wénjiàn fēnlèi zhěnglǐ 書類を分類整理する.

【分派】fēnpài 動 ❶(仕事や任務を)振り当てる. 任せる. ‖ ~任务 fēnpài rènwu 仕事を振り当てる. ❷(費用などを)割り当てる. ‖ ~款项 fēnpài kuǎnxiàng 金を割り当てる.

*【分配】fēnpèi 動 ❶分配する. 分けて配る. ‖ ~住房 fēnpèi zhùfáng 住宅を割り当てる. ｜ 按劳~ àn láo fēnpèi 労働に応じて分配する. ❷(職場に)配属する. (仕事や任務を)振り当てる. ‖ 给他适当的工作 fēnpèigěi tā shìdàng de gōngzuò 彼に適当な仕事を振り当てる. ｜服从组织~ fúcóng zǔzhī fēnpèi 組織の配属に従う.

*【瓜分】guāfēn 動 (ウリを割るように領土や土地を)分割する. 山分けする. ‖ 列强~世界 lièqiáng guāfēn shìjiè 列強が世界を分割する.

*【划】huà 動 ❶分ける. 画する. 区切る. ‖ ~地界 huà dìjiè 土地の境界を決める. ｜ ~范围 huà fànwéi 範囲を決める. ❷(勘定や金品などを)振り分ける. 割り当てる. 回す. ‖ 把这笔钱~出一部分来给他们买设备 bǎ zhè bǐ qián huàchu yí bùfen lai gěi tāmen mǎi shèbèi 備品を買うよう彼らにこのお金の一部を回す.

【划分】huàfēn 動 分ける. 区別する. ‖ ~行政区域 huàfēn xíngzhèng qūyù 行政区画を分ける. ｜ ~财产 huàfēn cáichǎn 財産を分ける. ｜ 参赛者按年龄~为三个组 cānsàizhě àn niánlíng huàfēnwéi sān ge zǔ 試合の参加者は年齢によって三つの組に分けられる.

わざと

▶成心 ▶存心 ▶故意 ▶故作 ▶假惺惺
▶假装 ▶有意 ▶装…作…

*【成心】chéngxīn 副 わざと. 故意に. ‖ 对不起，我不是~的 duìbuqǐ, wǒ bú shì chéngxīn de すみません，わざとやったわけではないんです. ｜ ~和他作对 chéngxīn hé tā zuòduì わざと彼に反対する. ｜ ~捣乱 chéngxīn dǎoluàn わざとじゃまをする.

【存心】cúnxīn 副 故意に. わざと. ‖ ~使坏 cúnxīn shǐhuài わざと意地悪をする. ｜ 他是~不来吧? tā shì cúnxīn bù lái ba? 彼はわざと来なかったのだろうか.

*【故意】gùyì 副 故意に. わざと. 意識的に. ‖ 他~把声音弄得很大 tā gùyì bǎ shēngyīn nòngde hěn dà 彼はわざと音を大きくした. ｜ 算了吧，他不是~的 suàn le ba, tā bú shì gùyì de もういいじゃないか，彼はわざとやったんじゃないんだから.

【故作】gùzuò 動 わざと…を装う. もっともらしく繕う. わざと…する. ‖ ~姿态 gùzuò zītài わざとらしいポーズをとる. もっともらしく取り繕う. ｜ ~镇静 gùzuò zhènjìng いかにも落ち着いたふりをする.

【假惺惺】jiǎxīngxīng (~的) 形 わざとらしい. しらじらしい. 偽り装うさま. ‖ ~地掉了几滴眼泪 jiǎxīngxīng de diàole jǐ dī yǎnlèi しらじらしく涙をこぼしてみせた.

*【假装】jiǎzhuāng 動 …を装う. …のふりをする. ‖ ~好人 jiǎzhuāng hǎorén 善人を装う. ｜ ~镇静 jiǎzhuāng zhènjìng 冷静を装う. ｜ ~睡觉 jiǎzhuāng shuìjiào 寝たふりをする.

*【有意】yǒuyì 副 故意に. わざと. ‖ 这话是~说给他听的 zhè huà shì yǒuyì shuōgěi

わずか

tā tīng de この言葉はわざと彼に聞かせるために言ったのだ.

【装…作…】zhuāng…zuò… 組 …のふりを装う. わざと…のふりをする. ‖装模作样 zhuāng mú zuò yàng わざとらしくふるまう. | 装腔作势 zhuāng qiāng zuò shì 大げさにふるまう.

わざわざ

▶特別 ▶特地 ▶特为 ▶特意 ▶专程
▶专门

★【特別】tèbié 副 わざわざ. とくに. ‖这件毛衣是妈妈~为我织的 zhè jiàn máoyī shì māma tèbié wèi wǒ zhī de このセーターはお母さんが私のためにわざわざ編んでくれたのです.

*【特地】tèdì 副 とくに. わざわざ. (ついでではなく, その事のために行動する) ‖菜单~加上了日文说明 càidān tèdì jiāshàngle Rìwén shuōmíng メニューにわざわざ日本語の説明を加えた. | 他~从外地赶来参加这个会 tā tèdì cóng wàidì gǎnlai cānjiā zhège huì 彼はわざわざ地方からこの会に駆けつけて来てくれたのです.

【特为】tèwèi 副 とくに. わざわざ. ‖厂里~请来了专家讲课 chǎngli tèwèi qǐng láile zhuānjiā jiǎngkè 工場は専門家を特別に招請し講習を行った.

*【特意】tèyì 副 とくに. わざわざ. (ある人や事のために, 主体的な意志で行動する) ‖这是~给你买的 zhè shì tèyì gěi nǐ mǎi de これはあなたにと思って買ったものです. | 他~来看望我家孩子 tā tèyì lái kànwàng wǒ jiā háizi 彼はわざわざうちの子供たちに会いにきた. | 谢谢你~打电话告诉我 xièxie nǐ tèyì dǎ diàn-huà gàosu wǒ わざわざお電話ありがとうございます.

*【专程】zhuānchéng 副 わざわざ(そこへ行く). 特別に(足を運ぶ). ‖~到机场迎接 zhuānchéng dào jīchǎng yíngjiē わざわざ飛行場まで迎えにいく. | ~赶赴灾区了解灾情 zhuānchéng gǎnfù zāiqū liǎo-jiě zāiqíng とくに被災地に足を運び, 被災状況を調べる.

*【专门】zhuānmén 副 わざわざ. とくに. ‖为了参加这个会, 我一定做了一套西服 wèile cānjiā zhège huì, wǒ zhuānmén dìngzuòle yí tào xīfú この会のためにわざわざスーツをあつらえた. | 这份资料是~为你准备的 zhè fèn zīliào shì zhuānmén wèi nǐ zhǔnbèi de この資料はとくに君のために用意したものだ. | 他是~来拜访你的 tā shì zhuānmén lái bàifǎng nǐ de 彼はわざわざあなたを訪ねてきたのです.

わずか

▶才 ▶仅 ▶仅仅 ▶略微 ▶稍微 ▶少
▶微小 ▶细微 ▶只

★【才】cái 副 (数量が少ないこと, 程度が低いことを示す)たった. わずかに. ほんの. ‖~两瓶, 哪够这么多人喝的 cái liǎng píng, nǎ gòu zhème duō rén hē de たった2本しかなくて, これだけの人が飲むのに足りるはずがない. | 我~去过一次 wǒ cái qùguo yí cì 私は1回しか行ったことがない. | 他~十岁, 不能要求得太高 tā cái shí suì, bù néng yāoqiúde tài gāo 彼はまだ10歳だから, あまりあれこれ言ってはいけない.

**【仅】jǐn 副 (範囲や数量がごく限られることを表す)わずかに. ただ. かろうじて. ‖这份材料~限内部阅读 zhè fèn cái-liào jǐn xiàn nèibù yuèdú この資料は内部の人しか閲覧できない. | 他死时~二十岁 tā sǐ shí jǐn èrshí suì 彼が死んだのはわずか20歳だった.

わ

【仅仅】 jǐnjǐn 圖 わずかに. ただ. ‖我在北京~住了一个星期 wǒ zài Běijīng jǐnjǐn zhùle yí ge xīngqī 私は北京にわずか1週間いただけである. ｜~是三年时间, 家乡就发生这么大的变化 jǐnjǐn shì sān nián shíjiān, jiāxiāng jiù fāshēng zhème dà de biànhuà わずか3年の間に, 故郷はこんなにも大きく変わってしまった. ｜~能通过一个人的宽度 jǐnjǐn néng tōngguò yí ge rén de kuāndù わずかに人ひとり通れるほどの幅.

【略微】 lüèwēi 圖 少し. いささか. 多少. 若干. ‖这个月生产~有些起色 zhège yuè shēngchǎn lüèwēi yǒuxiē qǐsè 今月は生産が若干上向いた.

【稍微】 shāowēi 圖 やや. 少し. わずか. ‖锅里~添点儿水 guōli shāowēi tiān diǎnr shuǐ 鍋にほんの少し水を加える. ｜哥哥比弟弟~高点儿 gēge bǐ dìdi shāowēi gāo diǎnr 兄は弟より少し背が高い.

★【少】 shǎo 圈 少ない. 少数である. 少量である. ⇔"多" duō ‖到场的听众很~ dàochǎng de tīngzhòng hěn shǎo 集まった聴衆はわずかだった. ｜说得多, 干得~ shuōde duō, gànde shǎo 口数ばかり多くて, 仕事はあまりやらない.

【微小】 wēixiǎo 圈 微小である. 非常に小さい. ‖~的进步 wēixiǎo de jìnbù わずかな進歩. ｜~的变化 wēi xiǎo de biànhuà わずかな変化.

【细微】 xìwēi 圈 わずかな. かすかな. ‖~的声音 xìwēi de shēngyīn かすかな音. ｜~的差别 xìwēi de chābié わずかな違い.

★【只】 zhǐ 圖 (動詞の前に置き, 制限を示す)ただ. わずか. だけ. ‖他~去过中国 tā zhǐ qùguo Zhōngguó 彼は中国にしか行ったことがない. ｜~有十个人合格 zhǐ yǒu shí ge rén hégé 合格したのはわずかに10人だった. ｜库存~剩下一点儿了 kùcún zhǐ shèngxia yìdiǎnr le 在

庫も残りわずかとなった. ｜早饭我~吃了一点点 zǎofàn wǒ zhǐ chīle yìdiǎndiǎn 朝食はほんの少ししか食べていない.

わすれる　忘れる

▶落　▶忘　▶忘掉　▶忘怀　▶忘记
▶忘却　▶遗忘

*【落】 là 動 (物を)忘れる. 置き忘れる. ‖出门太急, 把眼镜~在家里了 chūmén tài jí, bǎ yǎnjìng làzài jiā li le 慌てて家を出たので, 眼鏡を家に置き忘れてしまった.

★【忘】 wàng 動 ❶(記憶していたことを)忘れる. 思い出せない. 覚えていない. ‖~得一干二净 wàngde yì gān èr jìng きれいさっぱり忘れる. ｜上了年纪好~事 shàngle niánjì hào wàng shì 年を取ると忘れっぽくなる. ｜你的恩情我永远~不了 nǐ de ēnqíng wǒ yǒngyuǎn wàngbuliǎo あなたのご恩は永久に忘れません. ❷(物を)忘れる. ‖我~了带词典 wǒ wàngle dài cídiǎn 私は辞典を持ってくるのを忘れた. ｜把雨伞~在地铁里了 bǎ yǔsǎn wàngzài dìtiě li le 地下鉄に傘を忘れた.

【忘掉】 wàng//diào 動 忘れてしまう. (他の事に心を奪われて)意識しなくなる. ‖为了抢修设备, 大家~了疲劳和寒冷 wèile qiǎngxiū shèbèi, dàjiā wàngdiàole píláo hé hánlěng みんなは疲れも寒さも忘れて応急修理に当たった. ｜~那些不愉快的事吧 wàngdiào nàxiē bù yúkuài de shì ba あんな不愉快なことは忘れてしまえよ.

【忘怀】 wànghuái 動 (多く否定文に用いて)忘れる. ‖那些年的经历令人难以~ nàxiē nián de jīnglì lìng rén nányǐ wànghuái あの当時のことは忘れられません.

**【忘记】 wàngjì 動 (過去のことを)忘れる. (なすべきことを)うっかり忘れる. ‖历

わたしたち　私たち

史的教训我们决不能～ lìshǐ de jiàoxun wǒmen jué bù néng wàngjì 歴史の教訓を我々は決して忘れてはならない.｜许多过去会唱的歌现在都～了 xǔduō guòqù huì chàng de gē xiànzài dōu wàngjì le 昔歌えた歌もいまではすっかり忘れてしまった.｜～带钱包了 wàngjì dài qiánbāo le 財布を忘れた.

*【忘却】wàngquè 動 忘れる. 忘れ去る.‖那些往事是无法～的 nàxiē wǎngshì shì wúfǎ wàngquè de 当時のことは忘れようにも忘れられない.

【遗忘】yíwàng 動 忘れる. 忘れ去る.‖他把这事早就～了 tā bǎ zhè shì zǎojiù yíwàng le 彼はこのことをとっくに忘れてしまった.

わたくし　私

▶俺　▶本人　▶鄙人　▶个人　▶我　▶咱
▶自己

【俺】ǎn 代 方 おいら. おいらたち.（女性でも複数でも用いる）

*【本人】běnrén 代 ❶本人. その人自身.‖那本书我已交给李华～了 nà běn shū wǒ yǐ jiāogěi Lǐ Huá běnrén le あの本はもう李華さんご本人に渡しました. ❷私.‖～概不负责 běnrén gài bú fùzé 私はいっさい責任を負いません.

【鄙人】bǐrén 名 謙 愚生. 小生. 私め.

**【个人】gèrén 名 私. 自分. 自身.（改まった場所で自分の意見を表明するときに用いる）‖～认为这样做不太合适 gèrén rènwéi zhèyàng zuò bú tài héshì 自分はこうするのは不適当だと思います.

★【我】wǒ 代 ❶私. 僕.‖～有很多爱好 wǒ yǒu hěn duō àihào 私は趣味をたくさん持っています.｜这是～个人的意见 zhè shì wǒ gèrén de yìjian これは私の個人的な意見です.｜给～打电话 gěi wǒ dǎ

diànhuà 私に電話をください.｜～的书 wǒ de shū 私の本.｜～哥哥 wǒ gēge 私の兄.｜有时间的话，请到～那儿坐坐 yǒu shíjiān de huà, qǐng dào wǒ nàr zuòzuo 時間があれば私の所に寄っていきませんか. ❷自分自身. 自己.‖忘～精神 wàngwǒ jīngshén 献身的精神.｜自～介绍 zìwǒ jièshào 自己紹介.

★【咱】zán 代 ❶（相手方を含めて）わしら. おれたち. 私たち.‖听说～村儿要修水库 tīngshuō zán cūn yào xiū shuǐkù わしらの村にダムを造るそうだ. ❷方 おれ. わし. 私.‖不说～也知道 bù shuō zán yě zhīdao 言わなくても，おれには分かっている.

★【自己】zìjǐ 代 自分. 自身.‖～的房间～打扫 zìjǐ de fángjiān zìjǐ dǎsǎo 自分の部屋は自分でそうじする.｜我～会干 wǒ zìjǐ huì gàn 私は自分でできる.｜也没吃药，感冒～好了 yě méi chī yào, gǎnmào zìjǐ hǎo le 薬も飲んでいないのに，風邪はひとりでに治った.

わたしたち　私たち

▶俺们　▶我们　▶咱　▶咱们

【俺们】ǎnmen 代 書 おれたち. うちら.

★【我们】wǒmen 代 私たち. 我々. 我ら. 僕ら.‖～班 wǒmen bān 私たちのクラス.｜～公司 wǒmen gōngsī 我が社.｜～都喜欢看电影 wǒmen dōu xǐhuan kàn diànyǐng 私たちはみな映画が好きだ.｜～三个人一起去 wǒmen sān ge rén yìqǐ qù 私たち3人で一緒に行く.

★【咱】zán 代（相手方を含めて）わしら. おれたち. 私たち.‖听说～村儿要修水库 tīngshuō zán cūn yào xiū shuǐkù わしらの村にダムを造るそうだ.

★【咱们】zánmen 代 ❶私たち. 我々.（話し手と聞き手の両方を含む）‖～一起去

わ

わたす　渡す(手渡す)

吧 zánmen yìqǐ qù ba 私たち一緒に行き
ましょう。｜～是老乡 zánmen shì lǎoxiāng
我々は同郷だ。❷おれ。‖～是个大老
粗，不会说话 zánmen shì ge dàlǎocū, bú
huì shuōhuà おれは無骨者だから，口の
きき方を知らない。

★【咱们】zánmen 代 私たち。我々。(話
し手と聞き手の両方を含む)‖～一起
去吧 zánmen yìqǐ qù ba 私たち一緒に行
きましょう。｜～是老乡 zánmen shì lǎo-
xiāng 我々は同郷だ。

わたす　渡す（手渡す）

▶传递　▶递　▶递交　▶给　▶交　▶交付
▶面交　▶转　▶转交

*【传递】chuándì 動 次から次へと伝える。
順に手渡す。‖～信件 chuándì xìnjiàn 手
紙を届ける。｜～信息 chuándì xìnxī 情報
を伝える。

**【递】dì 動 渡す。手渡す。‖投～ tóudì
(郵便物などを)配達する。｜把剪子～给
我 bǎ jiǎnzi dìgěi wǒ はさみを取ってく
ださい。

*【递交】dìjiāo 動 じかに渡す。手渡す。
‖～申请 dìjiāo shēnqǐng 申請書を手渡
す。｜～国书 dìjiāo guóshū 信任状を渡
す。｜～本人 dìjiāo běnrén 本人に直接手
渡す。

★【给】gěi 動 与える。あげる。やる。‖～
你 gěi nǐ 君にあげる。｜奶奶～他钱 nǎi-
nai gěi tā qián おばあさんは彼にお金を
渡した。｜他～了我很大的支持 tā gěile
wǒ hěn dà de zhīchí 彼は私に多大な支援
を与えてくれた。

★【交】jiāo 動 渡す。提出する。任せる。
‖～作业 jiāo zuòyè 宿題を提出する。｜
请把这张纸条～给她 qǐng bǎ zhè zhāng
zhǐtiáo jiāogěi tā このメモを彼女に渡し
てください。｜这件事就～你办了 zhè jiàn

shì jiù jiāo nǐ bàn le この件は君に処理を
任せるよ。

*【交付】jiāofù 動 交付する。引き渡す。‖
～货款 jiāofù huòkuǎn 商品代金を渡す。
｜新校舍已～使用 xīn xiàoshè yǐ jiāofù shǐ-
yòng 新校舎はすでに引き渡され使用
されている。

【面交】miànjiāo 動 手渡す。じかに渡
す。‖请把这个东西～王先生 qǐng bǎ zhè-
ge dōngxi miànjiāo Wáng xiānsheng この品
物を王さんに手渡してください。

**【转】zhuǎn 動 (物品や意見などを間に
立って)渡す。‖～告 zhuǎngào 伝言す
る。｜请把这些资料～给他 qǐng bǎ zhèxiē
zīliào zhuǎngěi tā これらの資料を彼に渡
してください。

**【转交】zhuǎnjiāo 動 取り次いで渡す。
人を介して渡す。‖请把这张假条～给
李老师 qǐng bǎ zhè zhāng jiàtiáo zhuǎnjiāo-
gěi Lǐ lǎoshī この欠席届を李先生に渡し
てください。

わたる　渡る

▶渡　▶渡过　▶过　▶经过　▶跨　▶去
▶通过　▶越过

**【渡】dù 動 ❶(川などを)渡る。‖～河 dù
hé 川を渡る。｜抢～ qiǎngdù 急いで川
を渡る。｜远～重洋 yuǎn dù chóng yáng
はるばるいくつもの海を渡る。❷(人や
貨物を積んで)川を渡る。‖～船 dùchuán
渡し船。フェリーボート。

【渡过】dù//guo(guò) 動 渡る。渡って越
す。‖～长江 dùguo Chángjiāng 長江を渡
る。

★【过】guò 動 (ある場所を)通過する。通
り過ぎる。渡る。‖～河 guò hé 川を渡
る。｜～桥 guò qiáo 橋を渡る。｜～马路
guò mǎlù 道路を渡る。

★【经过】jīngguò 動 通る。通過する。経

800

由する. ‖从上海坐火车到南京要～无锡 cóng Shànghǎi zuò huǒchē dào Nánjīng yào jīngguò Wúxī 上海から汽車に乗って南京に行くには無錫(ﾅﾝﾁｬｸ)を通る. ‖每天有无数车辆从桥上～ měitiān yǒu wúshù chēliàng cóng qiáoshang jīngguò 毎日たくさんの車が橋の上を通っていく.

**【跨】kuà 動 (大またに)踏み出す. またぎ越す. ‖～街 kuà jiē 通りを渡る. ｜向右～一步 xiàng yòu kuà yí bù 右に一歩踏み出す. ｜～过栏杆 kuàguo lángān 手すりを乗り越える.

*【去】qù 動 (話し手のいる所から離れて他の場所へ)行く. ⇔"来"lái ‖～学校 qù xuéxiào 学校へ行く. ｜去外国谋生 qù wàiguó móushēng 外国へ渡って生計を立てる.

*【通过】tōng//guò 動 通り過ぎる. 通過する. 通り抜ける. ‖从桥上～ cóng qiáoshang tōngguò 橋の上を通過する.

*【越过】yuè//guò 動 越える. 越す. ‖～高山大河 yuèguò gāoshān dàhé 高山や大河を越える.

わびる

▶抱歉　▶道歉　▶对不起　▶赔不是
▶赔礼　▶赔罪　▶请罪　▶认错　▶谢罪

**【抱歉】bàoqiàn 形 申し訳ない. すまない. ‖真～, 你要的那本书我忘带了 zhēn bàoqiàn, nǐ yào de nà běn shū wǒ wàng dài le ほんとうにすまない, 君に頼まれたあの本を持ってくるのを忘れてしまった. ｜对那天的事儿我感到十分～ duì nà tiān de shìr wǒ gǎndào shífēn bàoqiàn 先日の件ではとても申し訳なく思っております.

**【道歉】dào//qiàn 動 わびる. 謝る. 遺憾の意を表する. ‖一再 yízài dàoqiàn 何度も謝る. ｜我向你表示衷心的～ wǒ xiàng nǐ biǎoshì zhōngxīn de dàoqiàn 私は

あなたに心からおわびします. ｜他向我们道了歉 tā xiàng wǒmen dàole qiàn 彼は私たちにわびた.

*【对不起】duìbuqǐ 動 すまない. 申し訳ない. (相手に対してわびる, または, すまない気持を表す) "对不住" duìbuzhù ともいう. ‖今天来晚了, 实在～ jīntiān láiwǎn le, shízài duìbuqǐ 今日は来るのが遅くなって, ほんとうに申し訳ありません. ｜我没有什么～你的 wǒ méiyou shénme duìbuqǐ nǐ de 僕は君に申し訳の立たないようなことは何もしていない.

【赔不是】péi bùshi 慣 わびる. 謝る. ‖自己错了就该向人家赔个不是 zìjǐ cuò le jiù gāi xiàng rénjia péi ge búshi 自分が悪かったのなら相手にきちんと謝るべきだ. ｜他已经～了, 你就别再生气了! tā yǐjīng péi bùshi le, nǐ jiù bié zài shēngqì le! 彼は謝っているのだから, もうそんなに怒らなくていいじゃないか.

【赔礼】péi//lǐ 動 わびる. ‖～道歉 péilǐ dàoqiàn わびを入れる. ｜一点儿小事, 赔个礼就过去了 yìdiǎnr xiǎoshì, péi ge lǐ jiù guòqu le たいしたことではないのだから, わびを入れればそれで済む.

【赔罪】péi//zuì 動 過ちをわびる. ‖你自己得罪的人, 该自己去～ nǐ zìjǐ dézuì de rén, gāi zìjǐ qù péizuì あなたが過ちを犯したのだから, 自分で謝りに行かなくてはだめだ. ｜只好过去赔了个罪 zhǐhǎo guòqu péile ge zuì しかたなく出向いて謝罪した.

【请罪】qǐng//zuì 動 自分の誤りについて, 自分から処分を求める. 謝る. 謝罪する. ‖负荆～ fùjīng qǐngzuì 平謝りに謝る. ｜我今天是特意来向您～的 wǒ jīntiān shì tèyì lái xiàng nín qǐngzuì de 本日私はあなたに謝罪しに参上いたしました.

【认错】rèn//cuò(～儿) 動 過ちを認める. 謝る. ‖别再说了, 他已经～了 bié zài

801

わめく

shuō le, tā yǐjīng rèncuò le もうそれ以上言うな，彼はさっきから謝っているのだから．｜做错了事，他从来不～zuòcuòle shì, tā cónglái bú rèncuò ミスを犯しても，彼はこれまで過ちを認めたことがない．

【谢罪】xiè//zuì 動 謝罪する．お詫びする．（多く国家間に生じた重大な案件で，謝罪するときに用いる）

わめく

▶吵嚷　▶喊　▶喊叫　▶叫　▶叫喊
▶叫唤　▶叫嚷　▶叫嚣　▶闹　▶嚷

【吵嚷】chǎorǎng 動 がなりたてる．騒ぎたてる．｜有意见慢慢儿说，不要这样吵吵嚷嚷 yǒu yìjian mànmānr shuō, búyào zhèyàng chǎochǎorǎngrǎng 意見があるのなら，そんなにわめきたてないで落ち着いて言いなさい．

★【喊】hǎn 動 大声で叫ぶ．｜大～大叫 dà hǎn dà jiào 大声で叫ぶ．｜有人在～救命 yǒu rén zài hǎn jiùmìng 誰かが助けてくれと叫んでいる．

*【喊叫】hǎnjiào 動 叫ぶ．大声で呼ぶ．｜大家～着为他助威 dàjiā hǎnjiàozhe wèi tā zhùwēi みなが喚声をあげて彼を応援している．

★【叫】jiào 動 （人が）叫ぶ．｜疼得他大～ téngde tā dà jiào 痛みに彼は大声をあげた．

*【叫喊】jiàohǎn 動 叫ぶ．｜大声～ dàshēng jiàohǎn 大声で呼ぶ．

*【叫唤】jiàohuan 動 叫ぶ．わめく．｜一碰着伤口就疼得直～ yí pèngzhe shāngkǒu jiù téngde zhí jiàohuan 傷口にぶつかると痛くて叫んでしまう．

*【叫嚷】jiàorǎng 動 叫ぶ．わめきたてる．大声で叫ぶ．｜大声～ dàshēng jiàorǎng 大声でわめきたてる．｜一听说年底不发

奖金了，大家都～起来 yì tīngshuō niándǐ bù fā jiǎngjīn le, dàjiā dōu jiàorǎngqilai 年末にボーナスが支給されないと聞き，みんなは騒ぎ出した．

【叫嚣】jiàoxiāo 動 やかましく叫ぶ．わめきたてる．わめき散らす．｜疯狂～ fēngkuáng jiàoxiāo 狂ったようにわめく．

**【闹】nào 動 騒ぐ．わめく．｜又哭又～ yòu kū yòu nào 泣きわめく．｜孩子～着要买玩具 háizi nàozhe yào mǎi wánjù 子供がおもちゃを買ってくれとだだをこねている．｜～得鸡犬不宁 nàode jī quǎn bù níng ひどい騒ぎで人心がかき乱される．

**【嚷】rǎng 動 大声で叫ぶ．わめく．どなる．｜你在乱～什么? nǐ zài luàn rǎng shénme? 君は何をわめき散らしているのだ．｜一个劲儿地瞎～，不知道要说什么 yígejìnr de xiā rǎng, bù zhīdào yào shuō shénme やたらにわめくだけじゃ，何を言いたいのかわからない．

わらう　笑う

▶哈哈　▶微笑　▶嘻嘻哈哈　▶笑
▶笑哈哈　▶笑呵呵　▶笑眯眯　▶笑容

★【哈哈】hāhā 擬 （口を開けて笑う声）はは．あはは．わはは．｜～大笑 hāhā dàxiào わっはっはと大笑いする．

**【微笑】wēixiào 動 ほほえむ．微笑する．｜～着回答大家的问题 wēixiàozhe huídá dàjiā de wèntí 笑顔でみんなの質問に答える．

【嘻嘻哈哈】xīxīhāhā（～的）形 楽しげに笑っている．笑い興じるさま．｜姑娘们～地走了过来 gūniangmen xīxīhāhā de zǒuleguolai 娘たちは笑い興じながらやって来た．

★【笑】xiào 動 笑う．｜放声大～ fàngshēng dàxiào 大きな声で笑う．｜张开大嘴～ zhāngkāi dàzuǐ xiào 大きな口を開けて笑

う．｜干～ gānxiào 作り笑いをする．｜暗～ ànxiào こっそり笑う．｜捧腹大～ pěngfù dàxiào 腹を抱えて笑う．｜哄堂大～ hōngtáng dàxiào 爆笑の渦になる．｜～疼了肚子 xiàoténgle dùzi おなかが痛くなるほど笑った．｜勉强～了一～ miǎnqiǎng xiàole yí xiào 無理に笑顔をつくってみせた．

【笑哈哈】xiàohāhā 形 声を出して楽しそうに笑っている．‖放学了，孩子们～地从校门里拥了出来 fàngxué le, háizimen xiàohāhā de cóng xiàomén li yōnglechulai 放課後，子供たちは歓声をあげながら校門から出てきた．

【笑呵呵】xiàohēhē（～的）形 にこにこしている．やさしく笑うさま．‖～地说着 xiàohēhē de shuōzhe にこにこ笑いながら話している．

【笑眯眯】xiàomīmī（～的）形 にこにこしている．目を細めて笑うさま．‖爷爷～地把孙子抱了起来 yéye xiàomīmī de bǎ sūnzi bàoleqilai おじいさんはにこにこしながら孫を抱き上げた．

*【笑容】xiàoróng 名 笑み．笑顔．‖～满面 xiàoróng mǎnmiàn 顔いっぱいに笑みをたたえる．｜脸上露出了～ liǎnshang lùchule xiàoróng 顔に笑みを浮かべた．

わる　割る

▶掰　▶打　▶劈　▶切　▶摔　▶砸

【掰】bāi 動（一つのものを）両手で分ける．折る．ちぎる．‖一块月饼～成两半 yí kuài yuèbing bāichéng liǎngbàn 月餅(ゲッ)を半分に割る．

★【打】dǎ 動（ぶつけて）割る．割れる．‖～鸡蛋 dǎ jīdàn 卵を割る．｜～碎玻璃 dǎsuì bōli ガラスを割る．｜杯子～了 bēizi dǎ le コップが割れた．

*【劈】pī 動（刀やおのなどで）たたき割

る．たたき切る．‖～柴 pī chái 薪を割る．｜～开木头 pīkāi mùtou 丸太を断ち割る．｜～成两半 pīchéng liǎngbàn 真っ二つに割る．

**【切】qiē 動（刃物で）切る．切断する．‖～菜 qiē cài 野菜を切る．｜～开西瓜 qiēkāi xīgua スイカを切り分ける．｜把蛋糕～成六块儿 bǎ dàngāo qiēchéng liù kuàir カステラを六つに切り分ける．

**【摔】shuāi 動 落として壊す．‖那尊石膏像不小心让我给～了 nà zūn shígāoxiàng bù xiǎoxīn ràng wǒ gěi shuāi le あの石膏像(ゾウ)は私の不注意で落として割ってしまった．

*【砸】zá 動 ❶（重い物を他の物体に）ぶつける．落とす．‖～核桃 zá hétao クルミをたたいて割る．｜把西瓜～开 bǎ xīgua zákāi（棒で）スイカを割る．｜搬起石头～自己的脚 bānqi shítou zá zìjǐ de jiǎo 石を運ぼうとして自分の足の上に落とす．自業自得である．❷壊す．壊れる．‖～了杯子 zále bēizi コップを割る．

わるい　悪い

▶不好　▶不利　▶不良　▶不妙　▶恶劣
▶恶性　▶黑　▶坏　▶邪恶　▶有害

【不好】bù hǎo 組 よくない．悪い．…するのは都合が悪い．‖太晚了，～打扰他 tài wǎn le, bù hǎo dǎrǎo tā もう遅いから，彼を訪ねるのは具合が悪い．｜我～跟他当面说 wǒ bù hǎo gēn tā dāngmiàn shuō 彼に面と向かっては言いにくい．

**【不利】búlì 形 不利である．ためにならない．‖形势对我们～ xíngshì duì wǒmen búlì 形勢は我々に不利である．｜～条件 búlì tiáojiàn 不利な条件．ハンディキャップ．

*【不良】bùliáng 形 良好でない．よくない．‖～倾向 bùliáng qīngxiàng よくない

傾向．｜消化～ xiāohuà bùliáng 消化不良．

【不妙】 bùmiào 形 (情勢が)よくない．芳しくない．‖见势～，拔腿就跑 jiàn shì búmiào, bá tuǐ jiù pǎo 風向きがよくないと見るや，さっと逃げてしまった．｜情况～ qíngkuàng búmiào 状況が芳しくない．

***【恶劣】** èliè 形 あくどい．ひどい．‖～的环境 èliè de huánjìng 非常に悪い環境．｜～的态度 èliè de tàidu 下劣な態度．｜品行～ pǐnxíng èliè 品行が悪い．｜～的气候 èliè de qìhòu きわめて不順な天候．｜手段～ shǒuduàn èliè やり方が悪辣である．

***【恶性】** èxìng 形 悪性の．たちの悪い．⇔"良性" liángxìng ‖～事故 èxìng shìgù 大事故．｜发生了一起～案件 fāshēngle yì qǐ èxìng ànjiàn 悪質な事件が起きた．

★**【黑】** hēi 形 悪い．腹黒い．あくどい．‖卖假药的人心太～了 mài jiǎyào de rén xīn tài hēi le いんちきな薬を売る人は実に腹黒い．

★**【坏】** huài 形 悪い．劣っている．⇔"好" hǎo ‖～人 huàirén 悪人．｜脾气～ píqi huài 性格が悪い．｜这个主意不～ zhège zhǔyi bú huài この考えは悪くない．｜成绩要是再这样一下去，就该留级了 chéngjì yàoshi zài zhèyàng huàixiaqu, jiù gāi liújí le これ以上成績が落ちると，留年することになる．

【邪恶】 xié'è 形 邪悪である．よこしまである．‖～势力 xié'è shìlì 邪悪な勢力．｜正义战胜了～ zhèngyì zhànshèngle xié'è 正義が悪に打ち勝った．

***【有害】** yǒu hài 組 有害である．害がある．‖抽烟对身体～ chōu yān duì shēntǐ yǒu hài 喫煙は体に悪い．｜～物质 yǒu hài wùzhì 有害物質．

われる　割れる

▶打　▶打破　▶裂　▶披　▶劈　▶破
▶破裂　▶摔　▶碎　▶砸　▶炸

★**【打】** dǎ 動 (ぶつけて)割る．割れる．‖杯子～了 bēizi dǎ le コップが割れた．｜～鸡蛋 dǎ jīdàn 卵を割る．

***【打破】** dǎ//pò 動 打ち破る．破る．‖突然飞来一块石头，～了玻璃窗 tūrán fēilai yí kuài shítou, dǎpòle bōlichuāng 石が飛んできたかと思うと，ガラス窓が割れた．

***【裂】** liè 動 ❶二つに裂ける．割れる．‖西瓜摔～了 xīgua shuāiliè le スイカを落として割ってしまった．｜竹椅子一开了 zhú yǐzi lièkāi le 竹製の椅子が裂けてしまった．❷裂け目ができる．ひびが入る．‖玻璃杯～了 bōli bēi liè le ガラスのコップにひびが入った．｜手冻～了 shǒu dòngliè le 手にあかぎれが切れた．

【披】 pī 動 (木や竹が)裂ける．割れる．‖这根竹竿都～了 zhè gēn zhúgān dōu pī le 竹竿が割れた．｜指甲～了 zhǐjia pī le 爪が割れた．

【劈】 pī 動 (木や竹などが)裂ける．割れる．‖木板～了 mùbǎn pī le 板が割れた．｜钢笔尖写～了 gāngbǐjiān xiěpī le ペン先が書きすぎて割れてしまった．

★**【破】** pò 動 (物の一部分が)損傷を受ける．割れる．破れる．‖碗～了 wǎn pò le 茶碗が割れた．｜衣服～了 yīfu pò le 服が破れた．｜袜子～了一个洞 wàzi pòle yí ge dòng 靴下に穴があいた．

***【破裂】** pòliè 動 破裂する．裂け目ができる．‖管道～ guǎndào pòliè 管が破裂する．

**【摔】 shuāi 動 落として壊す．‖那尊石膏像不小心让我给～了 nà zūn shígāoxiàng bù xiǎoxīn ràng wǒ gěi shuāi le あの石膏像(せっこうぞう)は私の不注意で落として壊してしまった．

われる　割れる

＊＊【碎】suì 動 砕ける．壊れる．破断する．
‖心～ xīn suì 胸が張り裂ける．｜碗～
了 wǎn suì le 茶碗が割れた．

＊【砸】zá 動 ❶(重い物を他の物体に)ぶつ
ける．落とす．‖～核桃 zá hétao クルミ
をたたき割る．｜～地基 zá dìjī 土台を突
き固める．❷壊す．壊れる．‖杯子～了
bēizi zá le コップが割れた．

＊【炸】zhà 動 (突然)破裂する．割れる．‖
爆～ bàozhà 爆発する．｜暖瓶～了 nuǎn-
píng zhà le 魔法瓶が割れた．

805

索 引

●見出し語として出てきた語句をピンインの音節アルファベット順に配列した.
●数字は掲載ページを示す.

A

āilián	哀怜	39
āiqiú	哀求	436
āitàn	哀叹	542
āi	挨	450, 518
āi//biān	挨边	774
āi//jìn	挨近	450
ǎi	矮	612
ài	爱	2, 135, 184, 363
àifǔ	爱抚	184
àihào	爱好	221, 363
àihù	爱护	114
àimù	爱慕	2
àiqíng	爱情	1
àiren	爱人	107, 121, 481
àixī	爱惜	114, 408
ài miànzi	碍面子	718
ān	安	473
āndìng	安定	119
āndùn	安顿	120
ān//jiā	安家	378
ānjìng	安静	39, 325
ānlè	安乐	777
ānníng	安宁	39, 119
ānpái	安排	761, 771
ānrán	安然	39
ānxián	安闲	777
ānxiáng	安详	325
ānxīn	安心	40
ānyì	安佚	777
ānyì	安逸	777
ānzhì	安置	398
ānzhuāng	安装	398, 473
ānchun;ānchún	鹌鹑	526
ǎn	俺	799
ǎnmen	俺们	799
àn	按	111, 115, 397, 494
ànshí	按时	321
ànzhào	按照	397, 494, 770

àn	暗	241, 243
àn'àn	暗暗	281
ànchù	暗处	158
àndàn	暗淡	243
àndìli	暗地里	281
ànli;ànlǐ	暗里	158
ànzhōng	暗中	158
āngzāng	肮脏	206
āo	熬	561, 786
áo	熬	417, 561
àohuǐ	懊悔	242, 318
àonǎo	懊恼	549

B

bāchéng	八成	661
bāxiānhuā	八仙花	598
bá	拔	561, 594
báchú	拔除	561
bádiào	拔掉	561
bá dīngzi	拔钉子	562
básī	拔丝	786
bǎ	把	242, 516, 555, 701
bǎbǐng	把柄	516
bǎ//fēng	把风	701
bǎ//mén	把门	701
bǎshou	把手	516
bǎwò	把握	324, 556
bǎxì	把戏	486
bà	把	516
bàzi	把子	516
bà	爸	452
bàba	爸爸	452
bà	罢	457, 488
bāi	掰	803
bái	白	357, 712, 713
bái'ái'ái	白皑皑	357
báibái	白白	712
báicài	白菜	741
báidā	白搭	441, 712
báifèi	白费	465, 712

báihuāhuā	白花花	357
báijiǔ	白酒	304
báikāishuǐ	白开水	577, 750
báilándì	白兰地	304
báimángmáng	白茫茫	357
báirì	白日	625
báisè	白色	357
báishǔ	白薯	741
báishuǐ	白水	750
báitiān	白天	625
báizhòu	白昼	625
bǎihé	百合	598
bǎimáng	百忙	51
bǎi wú liáo lài	百无聊赖	713
bǎi	摆	106, 517, 550, 643
bǎibu;bǎibù	摆布	550
bǎi jiàzi	摆架子	64
bǎishè	摆设	161, 550
bǎituō	摆脱	144, 569
bǎizhōng	摆钟	510
bài	败	670, 673
bàifǎng	拜访	423
bàituō	拜托	436, 565, 670
bān	班	248
bānjī	班机	613
bānzi	班子	248
bānfā	颁发	17, 108, 309
bān	搬	74, 80, 81, 587
bāndòng	搬动	74, 80
bānqiān	搬迁	81
bānyùn	搬运	587
bānwén	斑纹	733
bàn	办	353, 379
bànfǎ	办法	486, 654, 748
bànlǐ	办理	354
bàn//shì	办事	354
bànshìyuán	办事员	353
bàndàor	半道儿	537
bànjié	半截	537

806

bànlù	半路	537
bàntiān	半天	335
bànyè	半夜	773
bàn yè sān gēng		
	半夜三更	773
bànzhōngjiān		
	半中间	693
bàn	扮	769
bàn	伴	3, 470, 538
bànsuí	伴随	470
bàn	拌	679
bàndǎo	绊倒	288, 414
bāng	帮	423, 493
bāngchèn	帮衬	423
bāng//máng	帮忙	386, 423, 494, 740
bāngzhù	帮助	102, 218, 386, 423, 494
bǎng	绑	335, 710
bǎng shàng yǒu míng		
	榜上有名	269
bǎngshǒu	榜首	55
bǎngyàng	榜样	702
bàng	棒	83, 172, 350, 375, 418
bàngqiú	棒球	218
bāo	包	71, 179, 477, 610, 633, 659
bāobàn	包办	72, 610
bāofu	包袱	548
bāogānr	包干儿	72
bāohán	包含	632
bāojī	包机	613
bāokuò	包括	632
bāolǎn	包揽	72
bāowéi	包围	159
bāoyuánr	包圆儿	72
bāozhuāng	包装	477
bāo	剥	256
bāo	煲	786
báo	薄	76
bǎo	饱	60
bǎocháng	饱尝	14
bǎomǎn	饱满	28, 60
bǎo	宝	416
bǎobao	宝宝	267
bǎobèi;bǎobèi		
	宝贝	267, 416

bǎoguì	宝贵	207, 408
bǎowù	宝物	416
bǎozàng	宝藏	416
bǎo zhōng zhī bǎo		
	宝中之宝	416
bǎo	保	659
bǎochí	保持	48, 443
bǎocún	保存	15, 443
bǎoguǎn	保管	15, 659
bǎohù	保护	178, 689
bǎolíngqiú	保龄球	218
bǎoliú	保留	443, 570
bǎo//mì	保密	156
bǎomǔ	保姆	353
bǎoquán	保全	443
bǎoshǒu	保守	689
bǎowèi	保卫	689
bǎoyǒu	保有	726
bǎoyòu	保佑	102
bǎozhèng	保证	210, 659
bǎozhòng	保重	408
bǎo//zhù	保住	443
bǎozhǔn	保准	659
bào	报	354
bàodá	报答	281, 707
bàodào	报道	560
bàogào	报告	354, 474
bàokǎo	报考	721
bào//míng	报名	721
bàoxiāo	报销	382
bào	刨	256
bào	抱	150, 725
bàoqiàn	抱歉	331, 377, 801
bàolù	暴露	28, 34
bàozào	暴躁	208, 778
bào	爆	585, 786
bàofā	爆发	585
bàoliè	爆裂	585
bàozhà	爆炸	585
bēi	背	171
bēi'āi	悲哀	175
bēicǎn	悲惨	633, 696
bēiháo	悲号	540
bēishāng	悲伤	175
bēitàn	悲叹	542
bēitòng	悲痛	176
bèi	备	346, 761
bèiqí	备齐	405

bèiyòng	备用	346, 398
bèizhì	备置	346, 398
bèi	背	127
bèidìli	背地里	158
bèihòu	背后	85, 158
bèi jǐng lí xiāng		
	背井离乡	601
bèilí	背离	601, 606
bèimiàn	背面	275
bèisòng	背诵	127
bèi xìn qì yì	背信弃义	606
bèiyǐng	背影	172
bèiyùn	背运	633
bèinì	悖逆	606
bèi	被	641
bèipò	被迫	319
bèirù	被褥	641
bèiwōr	被窝儿	641
bèizi	被子	641
bèichū	辈出	33
bēnchí	奔驰	592
bēnliú	奔流	540
bēntáo	奔逃	557
bēnténg	奔腾	540
bēnzǒu	奔走	75, 596
běn	本	730
běndì	本地	515
běnlái	本来	330, 666, 731
běnlǐng	本领	82, 451
běnmíng	本名	547
běnrén	本人	337, 799
běnshi	本事	82, 451
běnxìng	本性	383
běnyì	本义	66
běnzhe	本着	770
bèn	笨	560
bènzhòng	笨重	128
bēng	崩	231, 586
bēngkuì	崩溃	232
bēngtā	崩塌	231
bèng	迸	462
bèng	蹦	521
bèngtiào	蹦跳	521
bī	逼	714
bījìn	逼近	450
bǐ	比	205, 244
bǐbuguò	比不过	135
bǐbuliǎo	比不了	136

807

bǐbushàng	比不上	123, 136	biānfú	蝙蝠	500	biézhì	别致	510
bǐfang	比方	432	biāncè	鞭策	586	biéjiǎo	蹩脚	645
bǐjiào	比较	244	biàn	变	31, 147, 185	bīnguǎn	宾馆	660
bǐliang	比量	584	biàn//chéng	变成	147, 185	bīng	冰	608
bǐrú	比如	432	biàndòng	变动	31, 147,	bīngxiāng	冰箱	174
bǐsài	比赛	205			185, 650	bīngzhèn	冰镇	608
bǐshi	比试	205	biàngēng	变更	31, 147, 650	bǐngxìng	秉性	383
bǐzhào	比照	494	biàn//guà	变卦	235	bǐng	柄	516
bǐcǐ	彼此	415, 786	biànhuà	变化	185	bǐng	屏	525
bǐ	笔	640	biànhuàn	变换	67, 147, 528	bǐngxìng	禀性	202
bǐjià	笔架	640	biàn//xíng	变形	752	bìng	并	136, 259, 550
bǐmào	笔帽	640	biànyìng	变硬	167	bìngliè	并列	550
bǐtǐng	笔挺	684	biànbù	遍布	627, 629	bìngpái	并排	550
bǐtǒng	笔筒	640	biànjí	遍及	137, 627, 629	bìngqiě	并且	170, 399
bǐyì	笔译	664	biànbié	辨别	237	bìng	病	620
bǐzhí	笔直	684	biànlùn	辩论	790	bìngjià	病假	217
bǐrén	鄙人	799	biāo	标	621	bō	拨	691, 795
bǐshì	鄙视	254	biāodì	标的	723	bōdòng	波动	75
bì	必	176, 210	biāojià	标价	566	bōjí	波及	137
bìdìng	必定	176, 210	biāo//jià	标价	621	bōlàng	波浪	547
bìjiāng	必将	210	biāomíng	标明	621	bōtāo	波涛	547
bìrán	必然	176, 210	biāotí	标题	407	bōduó	剥夺	83
bìxū	必须	177	biāozhì	标志	33, 622	bōluó	菠萝	233
bìxū	必需	615	biāozhì	标识	33, 622	bō	播	536, 652
bìyào	必要	615	biǎo	表	510	bōfàng	播放	536, 653
bìjìng	毕竟	258, 309	biǎodá	表达	32, 621	bōsòng	播送	536, 653
bìshēng	毕生	58	biǎomiàn	表面	133, 695	bō//yīn	播音	653
bì	闭	256, 341, 514	biǎomíng	表明	622	bōyīnyuán	播音员	353
bìkǒu	闭口	439	biǎoqíng	表情	149, 623, 765	bōyìng	播映	536
bì mù sè tīng			biǎoshì	表示	33, 340,	bō//zhǒng	播种	70
	闭目塞听	514			621, 622	bóhuí	驳回	261
bìsè	闭塞	482	biǎoshù	表述	621	bó miànzi	驳面子	718
bì//zuǐ	闭嘴	439	biǎo//tài	表态	622	bógěngr	脖梗儿	236
bìhù	庇护	178	biǎoxiàn	表现	33, 340,	bógěngr	脖颈儿	236
bìzhàng	壁障	347			409, 621	bózi	脖子	236
bì	避	306	biǎoyáng	表扬	662	bódà	博大	626
bì//kāi	避开	306	biǎo	裱	605	bódé	博得	93
bìmiǎn	避免	306, 569	biǎohú	裱糊	605	bǔ	补	68, 85, 104,
biān	边	587, 652	biē	憋	525			532, 634
biān...biān...	边…边…	332	biē//qì	憋气	277	bǔcháng	补偿	104, 471, 707
biānjiè	边界	219	bié	别	47, 473, 524	bǔchōng	补充	85, 104
biānjìng	边境	219	bié chū xīn cái			bǔtiē	补贴	218
biānyán	边沿	587		别出心裁	237	bǔxiū	补休	744
biānyuán	边缘	587	biéchù	别处	512, 768	bǔzú	补足	68, 85
biān	编	239, 472	bié de	别的	656	bǔ	捕	468, 526
biānyì	编译	664	biérén	别人	656	bǔhuò	捕获	526
biānzhì	编制	472	biéren;biérén			bǔzhuō	捕捉	468, 526
biān//zǔ	编组	239		别人	433	bù àishì	不碍事	308

808

bùbǐ	不比	123
bùbiàn	不便	716
bùcéng	不曾	173
bùchéng	不成	47
bù chū suǒ liào	不出所料	
		21, 132, 595
bùcuò	不错	83, 259,
		375, 760
bùdān	不单	447
bù dé	不得	47
bù dé bù...	不得不	319
bù défǎ	不得法	677
bùdéliǎo	不得了	410, 439
bùdéyǐ	不得已	320
bù dǐng//shì	不顶事	739
bù dǐng//yòng		
	不顶用	441, 739
bùduàn	不断	373, 392, 411
bùduì	不对	449
bù duìjìn	不对劲	649
bù duìtóu	不对头	449
bù fàngxīn	不放心	360
bù fēnmíng	不分明	665
bùfú	不服	544
bùfú	不符	449
bù gānjìng	不干净	206
bùgòu	不够	159, 444,
		521, 636
bùguǎn	不管	519
bùguò	不过	318, 419
bù hǎo	不好	645, 677, 803
bù hǎokàn	不好看	700
bù hǎoshòu	不好受	484
bù hǎoyìsi	不好意思	
		331, 377, 593
bù hélǐ	不合理	583
bù hé shí yí	不合时宜	677
bù héshì	不合适	677
bù hésuàn	不合算	406, 583
bù huài	不坏	259
bù huāng bù máng		
	不慌不忙	754
bù huì	不会	674
bùjí	不及	123, 136
bùjì	不济	739
bù jìshì	不济事	739
bù jiǎndān	不简单	376
bùjiàn	不见	196
bù jiǎnglǐ	不讲理	792
bùjīn	不禁	134, 326
bùjǐn	不仅	45, 447
bù jǐn	不紧	757
bùjiǔ	不久	56, 334,
		400, 688
bùjué	不觉	134
bù kāikǒu	不开口	439
bùkān	不堪	413
bùkě	不可	47
bù kě kāi jiāo		
	不可开交	439
bù kě sī yì	不可思议	103, 214
bù kèqi	不客气	23
bùkuì	不愧	309
bù làngfèi	不浪费	114
bùlì	不利	803
bùliáng	不良	803
bùliào	不料	551
bùmiào	不妙	804
bù nàifán	不耐烦	223
bù néng	不能	47
bù pīzhǔn	不批准	261
bù qǐyǎnr	不起眼儿	339
bù qiàdàng	不恰当	677
bù qīngchǔ	不清楚	665
bù rènzhēn	不认真	41
bù róngyì	不容易	709
bùrú	不如	123, 136
bùshàn	不善	645, 677
bù shǎo	不少	98, 417
bùshí	不时	767
bù shuō	不说	439
bù shuōhuà	不说话	439
bùtíng	不停	373, 411
bù tōng	不通	523
bù tōngqì	不通气	482
bù tóng	不同	228, 449, 510
bù tóng xúncháng		
	不同寻常	649
bù tòumíng	不透明	559
bù tuǒdang	不妥当	678
bù wèishēng		
	不卫生	206
bù xǐhuan	不喜欢	223
bù xiǎnyǎn	不显眼	339
bùxiànghuà	不像话	439
bù xīnxian	不新鲜	559
bùxíng	不行	47, 227,
		441, 645
bùxìng	不幸	633
bùxǔ	不许	47, 227
bù yán	不严	29
bù yángé	不严格	29
bù yánlì	不严厉	29
bùyào	不要	47
bù yàojǐn	不要紧	308
bù yàoliǎn	不要脸	23
bùyī	不一	449
bù yīhuìr	不一会儿	334, 688
bù yīyàng	不一样	449
bù yīzhì	不一致	228
bù yí yú lì	不遗余力	58
bù yònggōng		
	不用功	109
bùyóude	不由得	134, 326
bù yóu zì zhǔ		
	不由自主	134
bùyǔ shòulǐ	不予受理	262
bùzàihu	不在乎	362
bù zàiyì	不在意	362
bù zhěngjié	不整洁	206
bù zhèng	不正	559
bù zhèngcháng		
	不正常	103, 649
bù zhī bù jué		
	不知不觉	134
bù zhī suǒ cuò		
	不知所措	522
bù zhí	不直	671
bùzhǐ	不止	49
bù zhōngyòng		
	不中用	441
bù zhǔn	不准	47, 227
bùzú	不足	159, 444,
		521, 636
bùzú zhī chù		
	不足之处	261
bùgǔ	布谷	526
bùxié	布鞋	234
bùzhì	布置	161, 761
bùxíng	步行	36
bùzhòu	步骤	748

C

cā	擦	122, 254, 255, 379, 564, 604, 631, 694
cāshì	擦拭	695
cāxǐ	擦洗	695
cāicè	猜测	769
cāixiǎng	猜想	132, 769
cāiyí	猜疑	77
cāi//zhòng	猜中	21
cái	才	66, 295, 745, 797
cáigàn	才干	82, 296
cáihuá	才华	296
cáilì	才力	296
cáinéng	才能	296
cái shū xué qiǎn	才疏学浅	12
cáizhì	才智	296, 448
cáiliào	材料	296
cáibǎo	财宝	416
cáifù	财富	416
cáizhu	财主	178
cáijiǎn	裁减	648
cáijūn	裁军	648
cáiyuán	裁员	648
cǎi	采	294, 483
cǎigòu	采购	145
cǎijí	采集	294
cǎinà	采纳	71, 296
cǎiqǔ	采取	294, 296
cǎiyòng	采用	296, 724
cǎisè	彩色	69, 322
cǎisè qiānbǐ	彩色铅笔	640
cǎi	踩	480, 641
càidié	菜碟	314
càiguǎn	菜馆	788
càihuā	菜花	741
càipán	菜盘	314
cānguān	参观	266, 317
cānjiā	参加	24
cānyù	参与	143, 196
cānyù	参预	143, 196
cānzhào	参照	494
cāntīng	餐厅	788
cáncún	残存	570
cánkù	残酷	118
cánliú	残留	571
cánxià	残夏	543

cán	蚕	290
cánkuì	惭愧	593
cǎn	惨	696
cǎntòng	惨痛	696
cǎnzhòng	惨重	128
cànlàn	灿烂	224
cāngying	苍蝇	290
cáng	藏	155, 157
cāo	操	556
cāoláo	操劳	249
cāo//xīn	操心	360
cāozòng	操纵	23, 74, 90, 388
cāozuò	操作	23, 74, 388
cáozá	嘈杂	86, 389
cǎoméi	草莓	233
cǎoshuài	草率	41, 253, 492
cèmiàn	侧面	768
cè//shēn	侧身	546
cè	测	584
cèliáng	测量	584
cèshì	测试	584
cèhuà	策划	584
cèlüè	策略	486
cēn cī bù qí	参差不齐	605
céng chū bù qióng	层出不穷	33
céng	曾	50, 173
céngjīng	曾经	50, 173
cèng	蹭	379
chābié	差别	238, 448
chāchí	差池	692
chāchí	差迟	692
chācuò	差错	682, 692
chājù	差距	222, 380, 449
chāyì	差异	238, 380, 449
chāhuà	插画	91
chā//huà	插话	298
chārù	插入	68
chā//shǒu	插手	143
chātú	插图	91
chā//yāng	插秧	70
chádié	茶碟	314
chá	查	355
cháduì	查对	355
chákàn	查看	355
chámíng	查明	421
cháyuè	查阅	355

cházhǎo	查找	299
chá	搽	255
chájué	察觉	209
chànà	刹那	57
chà	差	124, 159, 444, 449, 450, 612, 645
chàbuduō	差不多	242, 408, 661
chàde yuǎn	差得远	646
chàdiǎnr	差点儿	722
chāi	拆	529, 660
chāichú	拆除	529
chāi//diào	拆掉	529
chāihuǐ	拆毁	529
chāi//kāi	拆开	594, 660
chāi xiàn	拆线	562
chāishi	差事	323
chān	掺	679
chānhùn	掺混	676
chānzá	掺杂	676, 679
chān	搀	68
chán	缠	673
chánrào	缠绕	673
chán	蝉	290
chǎn	产	84
chǎnjiǎ	产假	217
chǎnpǐn	产品	732
chǎnshēng	产生	105
chǎn	铲	256, 663
chǎnchú	铲除	59, 572
chǎnmíng	阐明	385
chǎnshù	阐述	790
chàn	颤	644
chàndòng	颤动	644
chàndǒu	颤抖	644
chāngshèng	昌盛	302
cháng	长	431, 535
chángchù	长处	458
chángduǎn	长短	692
chángjǐnglù	长颈鹿	500
chángjiǔ	长久	535
chángqī	长期	535
chángshòu	长寿	415
chángtàn	长叹	542
chángyú	长于	508
chángyuǎn	长远	535
cháng	尝	13, 14, 437, 548
cháng	常	62, 411, 767

chángcháng	常常	62, 99, 411, 437, 767
chángguī	常规	213, 787
chánglì	常例	213, 787
chángqīng	常青	6
chánghuán	偿还	145
chǎng	厂	272
chǎngjiā	厂家	272
chǎngzi	厂子	272
chǎnghé	场合	591
chǎngjǐng	场景	270
chǎngmiàn	场面	270, 764
chǎngsuǒ	场所	591
chǎng kāi	敞开	9
chàngkuài	畅快	751
chàngxiāo	畅销	88, 623
chàng	唱	77
chāo	抄	152, 153
chāolù	抄录	152
chāoxí	抄袭	687
chāoxiě	抄写	152
chāopiào	钞票	177
chāo	超	276, 365
chāochū	超出	50, 276
chāoguò	超过	50, 277
chāoyuè	超越	277, 579
cháo	朝	705
cháoxiàng	朝向	652
cháonòng	嘲弄	48
chǎo	吵	86, 262, 316, 389
chǎo//jià	吵架	262
chǎonào	吵闹	86, 262, 316, 389
chǎorǎng	吵嚷	316, 802
chǎo//zuǐ	吵嘴	263
chǎo	炒	786
chē	车	247
chējiān	车间	272
chě	扯	614, 747
chěpò	扯破	747
chèdǐ	彻底	129, 193, 372
chèdǐ gǎibiàn	彻底改变	235
chè	撤	355, 529, 572
chèhuán	撤回	67
chèxiāo	撤消	529
chèxiāo	撤销	529

chēn	抻	575
chénshì	尘世	772
chén	沉	128
chénjìn	沉浸	761
chénjìng	沉静	119, 325
chénmò	沉默	440
chénshuì	沉睡	567
chéntòng	沉痛	176
chénwěn	沉稳	325
chénzhòng	沉重	128
chén//zhùqì	沉住气	119
chénzhuó	沉着	119
chénzuì	沉醉	761
chén	陈	643
chénguī	陈规	213
chénjiù	陈旧	643
chénliè	陈列	550
chénshè	陈设	550
chèn	衬	322
chèn//xīn	称心	693
chèn//yì	称意	693
chèn	趁	78
chèn rè dǎ tiě	趁热打铁	22
chēng	称	43, 348, 584
chēngdào	称道	662
chēngdeshàng	称得上	43
chēngwéi	称为	43
chēngzàn	称赞	662
chēng	撑	307
chēng//kāi	撑开	628
chēng//zhù	撑住	307
chéngduì	成对	464
chéngfēn	成分	297, 702
chéngfèn	成份	297, 702
chénggōng	成功	21, 382, 701
chéngguī	成规	787
chéngguǒ	成果	257, 342
chéngjiù	成就	382
chéng//míng	成名	750
chéngpī	成批	411, 417
chéngshú	成熟	701
chéngshuāng	成双	464
chéng//tào	成套	238
chéngxīn	成心	796

chéngzhǎng	成长	395
chéngxiàn	呈现	34, 70
chéngshi;chéngshí	诚实	675
chéngkěn	诚恳	566, 675
chéngbàn	承办	72
chéngbāo	承包	72, 610
chéngdān	承担	97, 610
chéngjiē	承接	73
chénglǎn	承揽	72
chéngnuò	承诺	348
chéngrèn	承认	71, 699
chéngshòu	承受	413
chéngzuò	承做	72
chéngchí	城池	513
chéng li	城里	514, 682
chéngqū	城区	682
chéngshì	城市	514, 682
chéngyì	城邑	514
chéngzhèn	城镇	682
chéng	乘	579
chéngkè	乘客	217
chéngzuò	乘坐	580
chéngxù	程序	748
chéngzhī	橙汁	577
chěng wēifēng	逞威风	64
chī	吃	14, 362, 437, 578
chībuxiāo	吃不消	208, 484
chī hòuhuǐyào	吃后悔药	242
chī//jīng	吃惊	125
chī//kǔ	吃苦	249
chī kǔtou	吃苦头	484
chī//kuī	吃亏	406
chīlì	吃力	209
chīdāi	痴呆	560
chīqíng	痴情	1
chíhuǎn	弛缓	749
chímíng	驰名	89
chíxíng	驰行	592
chí	迟	109, 115
chídào	迟到	109, 115
chídùn	迟钝	560
chíhuǎn	迟缓	115
chíyán	迟延	109
chíyí	迟疑	441, 689
chízǎo	迟早	56

chí	持	556, 725
chíjiǔ	持久	475
chíxù	持续	475
chíyǒu	持有	726
chí zhī yǐ héng		
	持之以恒	476
chíchú	踟蹰	441
chíchú	踟躇	441
chǐrǔ	耻辱	588
chìrè	炽热	22
chìzhuó	炽灼	722
chōng	冲	68, 535
chōngdòng	冲动	274
chōngfēng	冲锋	271
chōng fēng xiàn zhèn		
	冲锋陷阵	425
chōngjī	冲击	639
chōngtū	冲突	160, 639
chōngzhuàng		
	冲撞	639
chōngfèn	充分	129, 343
chōngmǎn	充满	28, 60, 632
chōngpèi	充沛	28
chōngyù	充裕	754, 755
chōngzú	充足	343
chōngjǐng	憧憬	11
chóng	重	160, 637
chóngbō	重播	653
chóngchóng	重重	160
chóngchū	重出	160
chóng dǎo fù zhé		
	重蹈覆辙	245
chóngdié	重叠	160
chóngfǎn	重返	731
chóngfù	重复	160, 245
chóngxīn	重新	637
chóngyǎn	重演	245
chóngbài	崇拜	11
chǒng	宠	184
chōu	抽	362, 453,
		562, 611
chōuchá	抽查	294
chōuda	抽搭	540
chōuqì	抽泣	541
chōuqǔ	抽取	294, 562
chōu//shuǐ	抽水	241
chōuxuǎn	抽选	294
chóuhèn	仇恨	556

chóubào	酬报	707
chóudá	酬答	707
chóuláo	酬劳	707
chóuxiè	酬谢	707
chóu	稠	267
chóu	愁	360, 549
chóushì	愁事	548
chóubèi	筹备	761
chóuchú	踌躇	441, 522, 689
chóuchú	踌躇	441, 522, 689
chǒu	丑	700
chǒu'è	丑恶	701
chǒulòu	丑陋	701
chòu	臭	229, 553, 646
chòumíng yuǎnyáng		
	臭名远扬	750
chòuqì	臭气	553
chòuwèi	臭味	553
chū	出	105, 111
chū chācuò	出差错	30
chū chàzi	出岔子	105
chū//chǎng	出场	497
chū chéngguǒ		
	出成果	701
chū cuò	出错	111
chūfā	出发	490
chū hū yì liào		
	出乎意料	39
chūjī	出击	271
chūjiè	出借	163
chū luànzi	出乱子	105
chūmài	出卖	86
chū máobing		
	出毛病	111, 290
chū//mén	出门	490
chū//míng	出名	89, 201,
		623, 750
chūqí	出奇	214
chū//qu(qù)	出去	490
chūquē	出缺	9
chū rén yì liào		
	出人意料	50
chūrù	出入	228
chūsè	出色	83, 376,
		760, 781
chūshēn	出身	702
chūshēng	出生	84
chūshì	出世	84

chūshì	出示	340
chū//shì	出事	105
chūshòu	出售	86
chū//tái	出台	498
chū//tóu	出头	50
chū wèntí	出问题	290
chūxī	出息	573
chūxiàn	出现	33, 498
chū//yá	出芽	583
chūzū	出租	163
chūzūchē	出租车	247
chūcì	初次	295
chūqī	初期	590
chūqiū	初秋	7
chú	除	255, 530, 573
chú cǐ zhī wài		
	除此之外	45
chú//diào	除掉	255, 530, 562
chúle	除了	45
chúshī	厨师	353
chǔjìng	处境	427
chǔlǐ	处理	338, 354, 384
chǔzhì	处置	338
chǔcáng	储藏	442
chǔcún	储存	442
chǔxù	储蓄	442, 460
chù	处	512
chùchù	处处	54
chùsuǒ	处所	512, 591
chù	触	316
chùdòng	触动	316
chùjué	触觉	188
chùmō	触摸	316
chuài	踹	261
chuān	穿	309, 479, 502,
		504, 562
chuān//guo(guò)	穿过	
		277, 504, 562, 579
chuān//tòu	穿透	562
chuānyuè	穿越	277, 562
chuán	传	81, 193,
		475, 629
chuánbiàn	传遍	475
chuánbō	传播	536, 629
chuánbù	传布	629
chuándá	传达	474
chuándì	传递	474, 800
chuánjiābǎo	传家宝	416

chuánkāi	传开	627
chuánlai;chuánlái		
	传来	200, 736
chuánrǎn	传染	81, 193
chuánshuō	传说	475
chuánwén	传闻	777
chuánzhēn	传真	174
chuǎn	喘	278
chuǎn kǒu qì		
	喘口气	744
chuǎn//qì	喘气	278
chuǎnxī	喘息	744
chuàn	串	309, 479
chuàn//wèi	串味	82
chuàngbàn	创办	590
chuàngzào	创造	472
chuàngzuò	创作	472
chuī	吹	441, 631, 794
chuī//fēng	吹风	21
chuīfēngjī	吹风机	174
chuī huī zhī lì		
	吹灰之力	194
chuī lǎba	吹喇叭	118
chuī máo qiú cī		
	吹毛求疵	299
chuī//niú	吹牛	64
chuīpěng	吹捧	118
chuí	垂	301
chuíguà	垂挂	301
chuí tóu sàng qì		
	垂头丧气	264
chuí	捶	425
chūn	春	606
chūnjì	春季	606
chūnlìng	春令	606
chūnrì	春日	606
chūnshang	春上	606
chūntiān	春天	606
chúnqíng	纯情	1
chúnpǔ	淳朴	403
chúnhòu	醇厚	267
chǔn	蠢	560
chuōchuān	戳穿	28
cí	词	283
cíjù	词句	283
cí//diào	辞掉	284
círàng	辞让	284
cíxiè	辞谢	94

cíxiáng	慈祥	741
cǐhòu	此后	26, 401
cǐkè	此刻	65
cǐwài	此外	45
cì	次	124, 613
cìyú	次于	124
cì	刺	309
cìjī	刺激	274
cìshāng	刺伤	204
cì	赐	310
cōngmáng	匆忙	38
cōng	葱	741
cōnglǜ	葱绿	6
cōngming;cōngmíng		
	聪明	162
cōngming	聪明	780
cóngcǐ	从此	26, 288, 401
cóngjiǎn	从简	782
cónglái	从来	173, 373, 731
cónglüè	从略	782
cóngqián	从前	50, 707
cóngróng	从容	119
cóngshì	从事	175, 354, 471
cóngshǔ	从属	391
còu	凑	24, 25, 405, 774
còuhe	凑合	24, 492, 558
còujìn	凑近	774
còu//qí	凑齐	405
còuqiǎo	凑巧	759
còu//shù	凑数	405
cū	粗	312
cūbào	粗暴	778
cūdà	粗大	101
cūlu;cūlǔ	粗卤	778
cūlu;cūlǔ	粗鲁	778
cūlüè	粗略	312
cūqiǎn	粗浅	12
cūxīn	粗心	41, 394
cū xīn dà yì	粗心大意	41, 394
cūyě	粗野	778
cūzhòng	粗重	128
cùjìn	促进	371
cuàngǎi	篡改	566
cuìruò	脆弱	776
cuì	啐	585
cuìniǎo	翠鸟	526
cún	存	15, 442, 460
cúnfàng	存放	15

cúnkuǎn	存款	460
cúnxīn	存心	796
cǔnliàng	忖量	187
cuōshāng	磋商	390, 599
cuō	撮	437
cuó	矬	613
cuò	挫	229
cuòshāng	挫伤	204, 229
cuòzhé	挫折	230
cuò	错	30, 450, 682
cuòchù	错处	682
cuòdòng	错动	380
cuòguò	错过	554
cuòshī	错失	554
cuòwù	错误	450, 682

D

dā	搭	158, 239, 431, 478, 571, 580
dā//bàn	搭伴	240
dā//chē	搭车	571
dāchéng	搭乘	580
dājiù	搭救	422
dāpèi	搭配	239
dā//shǒu	搭手	494
dāzài	搭载	571
dāying	答应	71, 73, 199, 280, 348, 610, 651, 739
dá	达	137, 430
dá//chéng	达成	430
dá//dào	达到	137, 430, 595
dá	答	280
dá'àn	答案	280
dáfu;dáfù	答复	280, 651
dáhuà	答话	280, 651
dáxiè	答谢	707
dǎ	打	203, 241, 271, 336, 341, 425, 472, 711, 803, 804
dǎ//bài	打败	670, 673
dǎban	打扮	173, 255, 770
dǎ//bāo	打包	477
dǎ bǎopiào	打保票	659
dǎ//di	打的	580
dǎdian	打点	761
dǎduàn	打断	78, 298, 506
dǎ//dǔnr	打盹儿	567
dǎ duōsuo	打哆嗦	644

813

dǎ//gōng	打工	596
dǎ guānsi	打官司	80
dǎjī	打击	229, 271
dǎ//jià	打架	263
dǎ jiāodao	打交道	271
dǎjiǎo	打搅	716
dǎ//kāi	打开	9, 628, 660
dǎ kēshuì	打瞌睡	567
dǎ láihuí	打来回	98
dǎ línggōng	打零工	596
dǎ mǎhuyǎn	打马虎眼	286
dǎnào	打闹	635
dǎ//pò	打破	804
dǎ qiūqiān	打秋千	580
dǎrǎo	打扰	716
dǎsǎo	打扫	167, 388
dǎsuan;dǎsuàn	打算	130, 186, 327, 346, 771
dǎ suànpan(suànpán)	打算盘	252
dǎtàn	打探	424
dǎting	打听	199, 424
dǎ//tōng	打通	596
dǎ//xià	打下	203
dǎxiāo	打消	8
dǎ xiǎosuànpan	打小算盘	252
dǎyìnjī	打印机	174
dǎ//yíng	打赢	670
dǎ//zhàng	打仗	425
dǎ zhāohu	打招呼	1
dǎ zhàomiànr	打照面儿	4, 487
dà	大	98, 101, 410, 415, 483, 626
dàbáitiān	大白天	625
dàbàn	大半	661
dàbōsījú	大波斯菊	598
dà bù liú xīng	大步流星	36
dà bùfen	大部分	661
dà chī yī jīng	大吃一惊	125
dàdǎn	大胆	129
dàdì	大地	514
dàdū	大都	661
dàduō	大多	661

dàgài	大概	101, 116, 243, 312, 408, 738
dà hǎn dà jiào	大喊大叫	304
dàhóng	大红	6
dàhuà	大话	64
dàhuǒ	大火	607
dàhuǒr	大伙儿	705
dàjiā	大家	705
dà jiàn chéngxiào	大见成效	701
dàjiē	大街	501, 504, 682
dàkuǎn	大款	178
dàliàng	大量	411, 417
dàlüè	大略	101, 312, 409
dàmáng	大忙	51
dàmén	大门	67
dàmíng	大名	547
dàmíng dǐngdǐng	大名鼎鼎	201
dàpī	大批	411, 418
dàrénwù	大人物	92
dàsǎochú	大扫除	389
dà shī suǒ wàng	大失所望	171
dàshì	大事	282
dàtǐ	大体	101, 312, 409, 662
dàtiān báirì	大天白日	625
dàxiàng	大象	500
dà xiè bā kuài	大卸八块	605
dàxīngxing	大猩猩	500
dàyi	大意	40, 109
dàyuē	大约	101, 116, 243, 409, 662, 738
dàzhì	大致	102, 312, 409, 662
dàzìrán	大自然	326
dāi	呆	560, 666
dāibǎn	呆板	165
dāiqi	呆气	560
dāishǎ	呆傻	560
dāi tóu dāi nǎo	呆头呆脑	666
dǎi	逮	468, 526
dàifu	大夫	49, 387
dài	代	185

dàibiǎo	代表	33
dàigōu	代沟	381
dài//kè	代课	345
dàilǐ	代理	185
dàitì	代替	186, 273
dài	带	34, 40, 464, 473, 485, 632
dàilǐng	带领	40
dài//lù	带路	40
dàiyǒu	带有	726
dài	贷	163
dài//kuǎn	贷款	163
dài kè	待客	727
dàiyù	待遇	218
dàimàn	怠慢	110
dài	袋	633
dàishǔ	袋鼠	500
dàizi	袋子	633
dàibǔ	逮捕	468, 526
dài	戴	179
dài gāomàor	戴高帽儿	118
dānguì	丹桂	599
dān	担	97, 171, 610
dānbǎo	担保	659
dānfù	担负	97
dānrèn	担任	471
dān//xīn	担心	117, 360
dānyōu	担忧	360
dān	单	419, 447
dānbó	单薄	76
dānchún	单纯	403, 447
dāndú	单独	617
dānrén	单人	617
dānshēn	单身	617
dānwèi	单位	393, 445
dānge	耽搁	109, 653
dānwu	耽误	109
dǎnqiè	胆怯	625, 776
dǎn	掸	604
dàn	但	318
dànshì	但是	318
dànshēng	诞生	84
dàn	淡	76
dāng	当	97
dāngchǎng	当场	402
dāngchū	当初	666
dāngdài	当代	65, 291
dāngdì	当地	515

dāngjiāde	当家的	121
dāngjīn	当今	65, 291
dāngqián	当前	65
dāngrán	当然	20, 498
dāngshí	当时	402, 496
dāngshì	当世	291
dāngxīn	当心	455, 763
dāngyāo	当腰	693
dāngzhōng	当中	77, 456, 533, 693
dǎng	挡	298
dàngchéng	当成	700
dàngzuò	当做	130, 131, 188, 700
dǎoshī	导师	219, 387
dǎoyóu	导游	40
dǎozhì	导致	610
dǎo	捣	480
dǎo//dàn	捣蛋	53
dǎo//luàn	捣乱	53, 716
dǎo	倒	231, 414, 578
dǎo//bān	倒班	273
dǎobì	倒闭	481
dǎo//chē	倒车	578
dǎo//méi	倒楣	633
dǎo//méi	倒霉	633
dǎotā	倒塌	231, 290
dǎo//tái	倒台	232
dǎogào	祷告	63
dào	到	46, 246, 430, 499
dàochù	到处	54
dàodá	到达	431, 499
dàodǐ	到底	59, 258, 309, 499, 595
dào//dǐ	到底	293
dàolái	到来	246
dào//rèn	到任	471
dào//tóu	到头	470
dào	倒	69, 146, 299, 535, 708
dào bùrú	倒不如	146, 708
dàozāicōng	倒栽葱	299
dàozhì	倒置	299
dào	盗	563
dàoqiè	盗窃	563
dào	道	42, 501, 600
dàojù	道具	496
dàoli;dàolǐ	道理	783
dàolù	道路	501
dào//qiàn	道歉	30, 801
dàoshang	道上	790
dé	得	94, 734
débiàn	得便	464
dé//bìng	得病	620
dé cùn jìn chǐ	得寸进尺	362
dédàng	得当	491
dé//dào	得到	94, 112, 531, 734
dé//shèng	得胜	169
déyǐ	得以	492
déyì	得意	338, 507
dé yì wàng xíng	得意忘形	507
déyì yángyáng	得意扬扬	507
dézhī	得知	356
děi	得	615
dēng	登	572, 576, 580
dēng bào	登报	572
dēng//chǎng	登场	498
dēng gāo zì bēi	登高自卑	576
dēng//shān	登山	577
dēng//tái	登台	498, 577
dēngzǎi	登载	572
dēng	蹬	261, 641
děng	等	545, 683
děngdài	等待	683
děngděng	等等	545
děnghòu	等候	683
děngtóng	等同	616
děngyú	等于	126, 616
dī	低	613, 743
dīlián	低廉	743
dīfang	提防	635, 763
dī	滴	540
díquè	的确	592, 663, 674, 684
díshǒu	敌手	3
dǐbǔ	抵补	471
dǐcháng	抵偿	471
dǐdá	抵达	499
dǐdǎng	抵挡	488
dǐkàng	抵抗	488
dǐzhì	抵制	488
dǐ	底	204, 324
dǐxì	底细	323
dǐzi	底子	85, 204
dì	地	514, 515
dìchǎn	地产	515
dìdiǎn	地点	512, 591
dìfāng	地方	454, 515
dìfang	地方	512, 515, 591
dìjī	地基	204
dìjiè	地界	219
dìliè	地裂	305
dìmiàn	地面	514, 515
dìpí	地皮	515
dìqū	地区	454, 515
dìr	地儿	512, 591
dìtiěkǒu	地铁口	67
dìwèi	地位	55, 427, 702
dìyù	地域	454
dìzhǐ	地址	342
dìxiong	弟兄	705
dì	递	530, 800
dìjiāo	递交	800
dì èr	第二	469
dìsānzhě	第三者	433
dì yī	第一	55, 295
dì yī cì	第一次	295
dì yī fūren	第一夫人	107
dì yī ge	第一个	55
diānbǒ	颠簸	758
diāndǎo	颠倒	299
diǎnxíng	典型	702
diǎn	点	164, 321, 368, 461, 480, 733
diǎn//huǒ	点火	733
diǎnrán	点燃	733
diǎn//tóu	点头	221
diǎnzhuì	点缀	161
diǎnzi	点子	237, 448
diǎnjiǔ	碘酒	304
diǎn	踮	430
diànchē	电车	247
diàndēng	电灯	174
diàndòng tìxūdāo	电动剃须刀	174
diànfànguō	电饭锅	174
diànfēngshàn	电风扇	174
diànhuà	电话	174

815

diànnǎo	电脑	174	dìngzhèng	订正	342	dōu quānzi	兜圈子	503
diànrèbēi	电热杯	174	dìng	钉	524	dǒu	抖	28, 604, 644
diànshì	电视	174	dìng	定	214, 215, 311	dǒudòng	抖动	644
diànyùndǒu	电熨斗	174	dìngjià	定价	566	dòuzhēng	斗争	425, 645
diàn	店	697	dìng//jū	定居	378	dòurǔ	豆乳	577
diànpù	店铺	697	dìngjú	定局	214	dòuyár	豆芽儿	741
diàn	垫	322	dìnglì	定例	213	dòu mènzi	逗闷子	635
diàn//dǐr	垫底儿	322	dìngpíng	定评	619	dòunong	逗弄	635
diànji;diànjì	惦记	360	dìng//xīn	定心	119	dūhuì	都会	514
diàndìng	奠定	157, 203	diū	丢	76, 375, 541,	dūshì	都市	514, 682
diāonàn	刁难	49			542, 653	dújiǎoxiān	独角仙	290
diāocán	凋残	182	diū//chǒu	丢丑	588	dúshēn	独身	617
diāolíng	凋零	182, 463	diūdiào	丢掉	76, 375, 541	dú zhàn áo tóu		
diāoluò	凋落	463	diūqì	丢弃	375		独占鳌头	55
diāoxiè	凋谢	182, 463	diū//rén	丢人	588	dúzì	独自	617
diāokè	雕刻	201	diūshī	丢失	76, 541	dú	读	649, 686, 773
diào	吊	158, 301, 485	dōng dǎo xī wāi			dúhòugǎn	读后感	190
diàoxiāo	吊销	529		东倒西歪	752	dú//shū	读书	508, 650,
diàochá	调查	355	dōng nuó xī jiè					686, 773
diàoménr	调门儿	458		东挪西借	25	dǔ	堵	482, 634
diàozi	调子	458	dōng pīn xī còu			dǔsè	堵塞	84, 85,
diào	掉	120, 122, 530,		东拼西凑	25			482, 634
		562, 573	dōngxi	东西	732	dùjué	杜绝	429
diàohuàn	掉换	67, 224, 528	dōng	冬	642	dù	度	370
diào yǐ qīng xīn			dōngjì	冬季	642	dùguo;dùguò	度过	244, 370
	掉以轻心	40	dōnglìng	冬令	642	dù//jià	度假	217, 370
diē	爹	452	dōngrì	冬日	643	dùrì	度日	244, 370
diē	跌	120, 289,	dōngtiān	冬天	643	dù	渡	800
		301, 743	dǒng	懂	466, 779,	dù//guo(guò)	渡过	277, 562,
diēdǎo	跌倒	289, 414			785, 793			579, 800
diē gēntou	跌跟头	414	dǒngde	懂得	127, 466, 686,	duān	端	725
diē//jiāo	跌跤	289			779, 793	duānzhèng	端正	32, 207, 426
dié	叠	139, 426	dǒng//shì	懂事	466	duǎn	短	369
dié	碟	314	dòng	动	74, 75	duǎnchù	短处	261
diézi	碟子	314	dòngbudòng	动不动	767	duǎncù	短促	369
dīng	叮	309	dòng nǎojīn	动脑筋	187, 237	duǎnqiǎn	短浅	12
dīng	盯	329, 704	dòng//shēn	动身	490	duǎnquē	短缺	636
dīng	钉	701	dòng//shǒu	动手	263, 455, 590	duǎnzàn	短暂	369
dǐng	顶	111, 300, 307,	dòngtīng	动听	79	duàn	断	139, 225, 226,
		410, 516, 727	dòngyáo	动摇	75, 758			412, 429, 506
dǐngduān	顶端	303, 588	dòngyòng	动用	724	duàndìng	断定	446
dǐngjiān	顶尖	303, 588	dòngzuò	动作	75	duànjué	断绝	226, 412,
dǐng//shì	顶事	740	dòng	冻	167, 608			429, 506
dǐngtì	顶替	186	dòng	栋	27	duànliè	断裂	305
dǐng//yòng	顶用	740	dòngkǒu	洞口	67	duàn//qì	断气	412
dǐngzhuàng	顶撞	300, 488	dònghè	恫吓	121, 220	duànrán	断然	260
dìng	订	311, 721	dōu	都	372, 376	duànxù	断续	506
dìnggòu	订购	145	dōu	兜	477, 633			

816

duànyán	断言	446	duōshù	多数	99, 418	fāchòu	发臭	554
duàn//zhǒng	断种	412	duōsuo	哆嗦	644	fādá	发达	302, 361
duàn zǐ jué sūn			duó	夺	83	fā//dāi	发呆	666
	断子绝孙	412	duóqǔ	夺取	83	fādòng	发动	74, 590,
duànliàn	锻炼	90	duó lái duó qù					596, 611
duī	堆	106, 160, 482		踱来踱去	98	fādǒu	发抖	644
duīfàng	堆放	106	duǒ	躲	155, 157, 306	fā//fú	发福	640
duījī	堆积	160, 482	duǒbì	躲避	306, 569	fā//guāng	发光	150, 609
duì	队	248, 788	duǒcáng	躲藏	155, 157	fā hào shī lìng		
duìliè	队列	789	duǒ//kāi	躲开	306		发号施令	42
duìwu	队伍	789	duǒràng	躲让	753	fāhuī	发挥	495
duì	对	37, 238, 381,	duò	剁	201, 225	fā//huǒ	发火	110, 586
		407, 426, 440, 464, 705	duò	跺	641	fājué	发觉	209
duìbǐ	对比	37, 245				fā//lèng	发愣	666
duìbuqǐ	对不起	331, 378,		**E**		fā//liàng	发亮	150, 609
		801				fā//méi	发霉	583
duìdá	对答	651	é	鹅	526	fā//nù	发怒	110
duìdài	对待	727	é	蛾	290	fāpàng	发胖	640
duìdiào	对调	528	ěxin	恶心	585	fā píqi	发脾气	110
duìfāng	对方	3	èhěnhěn	恶狠狠	557	fāqǐ	发起	590
duìfu	对付	338, 558	èhuà	恶化	358	fā//rè	发热	274
duì//hào	对号	38	èliè	恶劣	804	fāshēng	发生	105, 111
duìhuà	对话	599	èxìng	恶性	804	fāxiàn	发现	209, 698
duìkàng	对抗	488	èzuòjù	恶作剧	53	fā//yá	发芽	583
duìmiàn	对面	708	èyùn	噩运	633	fā//yán	发言	42
duìshǒu	对手	3	èyú	鳄鱼	500	fāyù	发育	395
duìtou	对头	3	ēnhuì	恩惠	102	fāzhǎn	发展	358, 361,
duìxiàng	对象	3, 268	ēnshī	恩师	219			371, 576
duìyú	对于	407, 440	èn	摁	112, 115	fāzuò	发作	111
duìzhào	对照	38, 245, 495	ér	儿	267, 710	fá	乏	468
duìzi	对子	464	érnǚ	儿女	267, 283	fá	伐	225
duì	兑	679	értóng	儿童	283	fǎ	法	654, 748
duìhuàn	兑换	224, 528	érzi	儿子	267, 283, 710	fǎzi	法子	654, 748
duì//xiàn	兑现	595	ér	而	399	fānqiézhī	番茄汁	577
dùn	炖	561, 786	érqiě	而且	170, 399, 404	fān	翻	9, 235, 277,
duō	多	99, 243, 365,	ěrwén	耳闻	198			579, 664
		372, 418, 551	ěr wén mù dǔ			fān//àn	翻案	235
duōbàn	多半	661		耳闻目睹	198	fānfēi	翻飞	520
duō cì	多次	99, 437	èrpíliǎn	二皮脸	362	fān lái fù qù	翻来覆去	245
duōfāng	多方	652				fān tiān fù dì		
duōhuìr	多会儿	56		**F**			翻天覆地	235
duō jiǔ	多久	56				fānyì	翻译	664
duōkuī	多亏	102, 297	fā	发	236, 524, 632	fán	烦	8, 87, 223, 719
duōme	多么	552	fābiǎo	发表	572	fánnǎo	烦恼	548, 549
duōrì	多日	335	fā//bìng	发病	620	fánrǎo	烦扰	716
duōshǎo	多少	421	fā//cái	发财	178, 720	fánrén	烦人	87
duōshao	多少	47	fāchàn	发颤	644	fánduō	繁多	99
duōshí	多时	335	fā//chóu	发愁	549	fánhuá	繁华	555

fánmáng	繁忙	51
fánróng	繁荣	302
fǎn	反	299, 300, 708
fǎncháng	反常	103, 649
fǎndào	反倒	146, 709
fǎn'ér	反而	146
fǎnfù	反复	245
fǎnguāng	反光	608
fǎnkàng	反抗	300, 488
fǎnxiǎng	反响	276
fǎnyìng	反应	281
fǎnyìng	反映	622
fǎnzheng;fǎnzhèng		
	反正	519
fǎnhuán	返还	145, 729
fǎnhuí	返回	731
fàn	犯	104
fàn//bìng	犯病	620
fàn//fǎ	犯法	104
fàn//zuì	犯罪	104
fàndiàn	饭店	660, 788
fànguǎn	饭馆	788
fànpù	饭铺	788
fàntáng	饭堂	788
fàntīng	饭厅	788
fàn	泛	70
fànlì	范例	703
fànwéi	范围	263, 655
fāngbiàn	方便	464, 473, 759
fāngfǎ	方法	486, 654, 748
fāng fāng miàn miàn		
	方方面面	652
fāngmiàn	方面	652, 655
fāngshì	方式	654, 748, 763
fāngwèi	方位	55, 652
fāngxiàng	方向	652
fāngxiāng	芳香	149, 553
fáng	防	398, 635
fángbèi	防备	398, 635, 764
fánghuǒ	防火	161
fángshǒu	防守	636, 689
fángyù	防御	636
fángzhǐ	防止	636
fáng	房	44, 648
fángjiān	房间	648
fángwū	房屋	44
fángzi	房子	44
fǎng	仿	687

fǎngfú	仿佛	690, 766, 777
fǎngxiào	仿效	687
fǎngzhào	仿照	687
fǎngwèn	访问	423
fàng	放	15, 68, 106, 112, 144, 535, 554, 575, 628, 653
fàngdà	放大	575
fàngdī	放低	307
fàng//fēng	放风	502
fàng//guāng	放光	150
fàngguò	放过	554
fànghuán	放还	729
fàng//jià	放假	217
fàngkāi	放开	628
fàngqì	放弃	8, 262, 375, 554, 747
fàng//shǒu	放手	129
fàngsì	放肆	362, 792
fàngsōng	放松	110, 580, 656, 749
fàngsòng	放送	536
fàng//xia(xià)		
	放下	106
fàng//xīn	放心	40
fàngzhì	放置	106, 653
fàngzòng	放纵	29
fēi	飞	520, 592
fēibēn	飞奔	592
fēichí	飞驰	592
fēichuán	飞船	613
fēidié	飞碟	613
fēijī	飞机	613
fēijiàn	飞溅	463
fēisàn	飞散	463
fēishǐ	飞驶	592
fēitǐng	飞艇	613
fēiwǎng	飞往	520
fēiwǔ	飞舞	520
fēixiáng	飞翔	520
fēixíng	飞行	521
fēiyuè	飞跃	521
fēiyuè	飞越	277
fēi	非	45
fēicháng	非常	410, 516, 536
fēinàn	非难	617
fēiyì	非议	617
fēizhōujú	非洲菊	599
fēihóng	绯红	6

féi	肥	640, 757
féidà	肥大	101, 757
fèi	废	740
fèichú	废除	529
fèiténg	沸腾	795
fèi	费	151, 465, 615, 619
fèi gōngfu	费工夫	151
fèi//lì	费力	209, 466
fèi//shì	费事	151, 719
fèi shǒujiǎo	费手脚	719
fèi xīnsi	费心思	231
fèiyong	费用	619
fēn	分	236, 238, 795
fēn bēng lí xī		
	分崩离析	232
fēnbiàn	分辨	238
fēnbié	分别	238, 449, 647, 794
fēnbuqīng(chu)		
	分不清(楚)	689
fēn//chéng	分成	236
fēnfā	分发	236
fēngē	分割	795
fēn//kāi	分开	601, 647, 794, 795
fēn//lèi	分类	796
fēnlí	分离	601, 794
fēnliè	分裂	305
fēnmíng	分明	597
fēnpài	分派	796
fēnpèi	分配	236, 796
fēnqí	分歧	229, 381
fēn//qīng	分清	238
fēn//shǒu	分手	794
fēnsòng	分送	236
fēntóu	分头	647
fēnxī	分析	385
fēnyě	分野	655
fēnfāng	芬芳	149
fēnfu;fēnfù	吩咐	42, 715
fēnfēi	纷飞	521
fēnfēn	纷纷	392
fénjiǔ	汾酒	304
fěnbǐ	粉笔	640
fěnsuì	粉碎	290
fēnliang;fēnliàng		
	分量	784

fēnwài	分外	509
fènzi	份子	108
fèndòu	奋斗	195, 645
fènlì	奋力	477
fènzhàn	奋战	645
fènhèn	愤恨	556
fènnù	愤怒	110
fēngbì	封闭	341
fēngfù	丰富	524, 754
fēngyíng	丰盈	754
fēng	风	184
fēnggān	风干	184
fēnggé	风格	763
fēngguāng	风光	270, 538
fēngjǐng	风景	270, 538
fēnglàng	风浪	547
fēngliáng	风凉	371
fēngmǐ	风靡	629
fēngqù	风趣	13, 103, 133
fēngshàng	风尚	784
fēngshēng	风声	89, 351
fēngwèi	风味	12, 13, 508
fēngxíng	风行	603, 629, 784
fēng yán fēng yǔ		
	风言风语	89
fēnglì	锋利	380
fēng	蜂	290
féng	逢	487
féng	缝	524
fènghuáng	凤凰	526
fǒujué	否决	262
fūrén;fúrén	夫人	107, 481
fūqiǎn	肤浅	12
fūyan;fūyǎn	敷衍	41, 286,
		492, 558
fú	伏	543
fútèjiā	伏特加	304
fútiān	伏天	543
fú	扶	307, 724
fúyǎng	扶养	395, 743
fúzhí	扶植	395
fú	拂	545, 604, 631
fúshì	拂拭	604, 631
fúxiǎo	拂晓	759
fú	服	544, 578
fúcóng	服从	199, 328, 546
fúqì	服气	544
fúwù	服务	478

fúwùyuán	服务员	353
fúlǔ	俘虏	526
fú	浮	70
fúdòng	浮动	540
fúqiǎn	浮浅	12
fúxiàn	浮现	34, 70
fǔmō	抚摸	316, 545
fǔmó	抚摩	545
fǔyǎng	抚养	743
fǔyù	抚育	395
fú shǒu tiē ěr		
	俯首帖耳	328
fú shǒu tiē ěr		
	俯首贴耳	328
fǔbài	腐败	229
fǔlàn	腐烂	53, 229
fǔxiǔ	腐朽	229
fùqin;fùqīn	父亲	452
fù	付	603
fù//kuǎn	付款	603
fù//zhàng	付账	603
fù	负	97, 610, 673
fùdān	负担	97
fùzé	负责	15, 97, 610
fù//zhài	负债	181
fùnǚ	妇女	141
fù	附	391, 473
fùdài	附带	391
fùjiā	附加	250, 391, 473
fùjìn	附近	20, 227,
		402, 630
fùshǔ	附属	392
fùzhuó	附着	638
fù	赴	46
fùguī	复归	144
fùyìnjī	复印机	174
fù//yuán	复原	144, 731
fùzá	复杂	709
fù	副	239, 464
fùtí	副题	407
fùyǒu	赋有	399, 726
fùyǔ	赋予	310
fù	富	524
fùpó	富婆	178
fùrén	富人	178
fùshāng	富商	178
fùtai	富态	641
fùwēng	富翁	178

fùyǒu	富有	524, 726, 754
fùyú	富于	524
fùyù	富裕	178, 524
fùyu	富余	755
fùgài	覆盖	100

	G	
gāi	该	498, 592
gǎi	改	31, 32, 147,
		343, 533, 650
gǎibiàn	改变	31, 147, 185,
		224, 235, 650
gǎidìng	改订	651
gǎidìng	改定	651
gǎidòng	改动	651
gǎiduǎn	改短	453
gǎihuàn	改换	67, 224, 528
gǎijìn	改进	31
gǎirì	改日	56, 656
gǎishàn	改善	32
gǎitiān	改天	56
gǎixiǎo	改小	453
gǎizhèng	改正	32, 343, 533
gài	盖	179, 203, 265,
		429, 431, 472, 514
gàikuò	概括	685
gān	干	167, 713
gānba	干巴	182
gāncuì	干脆	129
gānkū	干枯	182
gānshè	干涉	143
gānyījī	干衣机	174
gānyù	干与	143
gānyù	干预	143
gānxīn	甘心	693
gǎn	赶	46, 51, 96,
		97, 465
gǎnbushàng	赶不上	136
gǎndejí	赶得及	686
gǎndeshàng	赶得上	686
gǎnjǐn	赶紧	52, 366
gǎnkuài	赶快	52, 366
gǎnmáng	赶忙	52, 366
gǎnshang;gǎnshàng		
	赶上	686
gǎn//tàngr	赶趟儿	687
gǎnzǒu	赶走	96

gǎn	敢	129
gǎnyú	敢于	129
gǎndài	感戴	191
gǎndào	感到	131, 191
gǎndòng	感动	274
gǎn//ēn	感恩	35, 191
gǎnjī	感激	35, 191
gǎnjué	感觉	188, 190, 191
gǎnqíng	感情	1, 216
gǎnrǎn	感染	82, 193
gǎnshòu	感受	14, 191
gǎntàn	感叹	542
gǎnxiǎng	感想	190
gǎnxiè	感谢	35, 191
gǎn xìngqù	感兴趣	221
gǎnlǎnqiú	橄榄球	218
gàn	干	379
gàn//huór	干活儿	596
gànjìn	干劲	264
gànmá	干吗	497, 543
gàn shénme	干什么	543
gāng	刚	66, 459, 745
gāngcái	刚才	66
gānggāng	刚刚	66, 459, 745
gānghǎo	刚好	459, 614
gāngjiàn	刚健	418
gāngjìng	刚劲	418
gāngliè	刚烈	208
gāngqiáng	刚强	208, 418
gāngqiǎo	刚巧	459
gāngbǐ	钢笔	640
gǎngkǒu	港口	67
gāo	高	431
gāocéng	高层	92
gāodà	高大	101
gāo'ěrfūqiú	高尔夫球	218
gāogēnrxié	高跟儿鞋	234
gāomíng	高明	83, 162
gāoshòu	高寿	415, 513
gāoxìng	高兴	87, 434, 751, 774
gāo zhān yuǎn zhǔ		
	高瞻远瞩	539
gǎo	搞	379, 472
gǎocuò	搞错	30
gǎo//qīng	搞清	421
gǎo wèishēng		
	搞卫生	389
gǎoxiào	搞笑	349
gào	告	80, 354
gào//bié	告别	354, 794
gàochuī	告吹	441
gàocí	告辞	331
gàofā	告发	80
gào//jià	告假	217
gàosù	告诉	80
gàosu	告诉	42, 198, 354, 474, 600, 789
gàozhī	告知	354
gàozhōng	告终	140
gēzi	鸽子	526
gē	搁	106, 112, 653
gē//xia(xià)	搁下	107
gēzhì	搁置	654
gē	割	225
gēshě	割舍	375
gēchàng	歌唱	77
gēshǒu	歌手	353
gélǚ	革履	234
gé//zhí	革职	465
géshì	格式	164, 763
géwài	格外	509
gé	隔	646
gébì	隔壁	518
géhé	隔阂	347, 381
géjué	隔绝	226
gèbié	个别	647
gèrén	个人	799
gèxìng	个性	202, 383
gè	各	647
gèbié	各别	647
gè chù	各处	54
gè jiù gè wèi		
	各就各位	55
gè wèi	各位	705
gè yǒu suǒ cháng		
	各有所长	459
gèzì	各自	647
gěi	给	17, 108, 310, 440, 800
gěi yī jiǎo	给一脚	261
gěi//yǐ	给以	17, 310
gēnběn	根本	666
gēnchú	根除	59
gēndǐ	根底	205
gēnjī	根基	205
gēnjù	根据	771
gēn	跟	470
gēnqián	跟前	402, 668
gēnsuí	跟随	470
gēnzhe	跟着	470
gēnzōng	跟踪	97
gèngdòng	更动	67, 651
gēnggǎi	更改	32, 148, 651
gēnghuàn	更换	32, 67, 186, 225, 273, 528
gēngtì	更替	273
gēngzhèng	更正	32
gěng	哽	482
gěngsè	梗塞	482
gèng	更	315, 373, 678
gèngjiā	更加	315, 373, 678
gèngshi	更是	315
gōngchǎng	工厂	272
gōngchǎng	工场	272
gōngchéng	工程	303
gōngchéngshī		
	工程师	353
gōngfu	工夫	321, 618
gōngjù	工具	496
gōngrén	工人	353
gōngyú	工于	508
gōngzī	工资	218
gōngzuò	工作	175, 303, 323, 478, 596
gōng	弓	673
gōnggong	公公	452
gōngjiāochē	公交车	247
gōnglù	公路	501
gōngrèn	公认	699
gōngwùyuán		
	公务员	353
gōngzǐ	公子	710
gōngdǐ	功底	205
gōngfu	功夫	82
gōngkè	功课	650
gōng	攻	271
gōngdǎ	攻打	271
gōngdú	攻读	686
gōngjī	攻击	271, 617
gōngyǎng	供养	743
gōngjǐn	恭谨	265
gōngjìng	恭敬	265, 489

820

gōngwéi;gōngwéi			gùshi	故事	599	guānguāng	观光	266, 317, 787
	恭惟	118	gùxiāng	故乡	44, 62, 278	guānkàn	观看	266, 317,
gōngwéi;gōngwéi			gùyì	故意	796			539, 704
	恭维	118	gùzhàng	故障	280	guān//lǐ	观礼	317
gōngxǐ	恭喜	717	gùzuò	故作	770, 796	guānmó	观摩	317
gǒnggù	巩固	168	gù	顾	386	guānshǎng	观赏	435
gòng	共	270	gùjì	顾忌	94	guānwàng	观望	539
gòngjì	共计	270	gùkè	顾客	217	guānzhān	观瞻	538
gòngtóng	共同	57	gùlǜ	顾虑	94, 548	guānzhàn	观战	539
gōu	勾	92, 154, 255, 303	gù	雇	296	guǎnzi	馆子	788
gōuhuà	勾画	622	gùyòng	雇用	296	guǎn//shì	管事	740
gōuqū	勾曲	673	guāfēn	瓜分	796	guǎn//yòng	管用	740
gōuxiāo	勾销	255	guā	刮	122, 631	guànchè	贯彻	595
gōuyǐn	勾引	311	guà	挂	158, 301, 360,	guàn	惯	551
gǒu	狗	500			479, 485, 638, 721	guànlì	惯例	213, 787
gǒu zhàng rén shì			guàniàn	挂念	360	guāng	光	419, 470, 608
	狗仗人势	64	guāi	乖	123, 162, 780	guānghuī	光辉	224
gòuchéng	构成	273	guāiqiǎo	乖巧	780	guāngjǐng	光景	270, 347, 764
gòuzào	构造	273	guǎi	拐	671	guāngliàng	光亮	609
gòuzhù	构筑	203	guǎi//wān	拐弯	671	guānglín	光临	246
gòumǎi	购买	145	guǎi wān mò jiǎo			guāngmíng	光明	7, 609
gòuzhì	购置	145		拐弯抹角	503	guāngxiàn	光线	609
gòu	够	8, 343	guài	怪	103, 214, 649	guāngyīn	光阴	505, 512
gòujìnr	够劲儿	390	guàibude	怪不得	593	guǎng	广	626
gòuqiáode	够瞧的	390	guàilǐguàiqì	怪里怪气	214	guǎngbō	广播	653
gūjì	估计	116, 132,	guàimúguàiyàng			guǎngdà	广大	101, 626
		252, 769	guài mú guài yàng			guǎngfàn	广泛	626
gūjià	估价	619		怪模怪样	215, 649	guǎngkuò	广阔	626
gūdān	孤单	313	guàiyì	怪异	215	guàng	逛	36, 266
gūlínglíng	孤零零	313	guān	关	151, 196, 256,	guīhuán	归还	145, 729
gūniang	姑娘	267, 283, 711			341, 481, 514, 525	guījié	归结	685
gūqiě	姑且	527	guānbì	关闭	341, 481, 514	guīlái	归来	146
gūxī	姑息	29	guānhū	关乎	151	guīnà	归纳	685
gǔ	古	643	guānjiàn	关键	344, 736	guīyú	归于	392
gǔguài	古怪	649	guānkǒu	关口	67	guīzǒng	归总	685
gǔlǎo	古老	643	guānlián	关连	151, 189, 196	guīdìng	规定	212, 214,
gǔ shíhou	古时候	707	guānlián	关联	151, 189, 196			215, 311
gǔ	鼓	425, 632	guān//mén	关门	341	guīgé	规格	763
gǔbēngbēng	鼓绷绷	632	guānshè	关涉	152	guīju	规矩	207, 213
gǔgunāngnāng			guānxi;guānxì	关系	152, 189,	guīzé	规则	213
	鼓鼓囊囊	632			196, 473	guīzhāng	规章	213
gǔ//jìn	鼓劲	195	guān//xīn	关心	567, 741	guīnü	闺女	711
gǔlì	鼓励	586	guānyú	关于	407	guībǎo	瑰宝	416
gǔqi yǒngqì	鼓起勇气	129	guānzhào	关照	386	guìbīn	贵宾	217
gǔwǔ	鼓舞	586	guānchá	观察	539	guìxìng	贵姓	547
gùdìng	固定	524	guāndiǎn	观点	427	guìzhòng	贵重	207, 408
gùzhi	固执	165	guāngǎn	观感	190	gǔn	滚	795
gùqù	故去	332				gǔnkāi	滚开	795

gǔntàng	滚烫	22
gǔnyuán	滚圆	690
guōguor	蝈蝈儿	291
guó	国	235
guójiā	国家	235
guójìng	国境	219
guótǔ	国土	235
guóyǔ	国语	456
guǒ bù qí rán		
	果不其然	595
guǒhé	果核	434
guǒrán	果然	595
guǒzhēn	果真	595
guǒzhī	果汁	577
guǒ	裹	477
guò	过	244, 277, 364,
	365, 366, 370, 504, 579, 800
guò//bàng	过磅	584
guò//fèn	过分	366
guòhòu	过后	26, 401
guòhuó	过活	244, 371
guò//huǒ	过火	366
guò jǐ tiān	过几天	400
guò liǎng tiān		
	过两天	400
guòqù	过去	50, 173, 707
guò//qu(qù)	过去	140, 332, 364,
		365, 504
...//guò(guò)//qu		
	…过去	505
guò rìzi	过日子	244
guò//tóu	过头	366
guò//yè	过夜	523
guò yīhuìr	过一会儿	400
guò yì bù qù		
	过意不去	378
guòyú	过于	366

H

hā	哈	585
hāhā	哈哈	802
hā//qì	哈气	631
hái	还	39, 259, 315,
	373, 400, 537, 637, 680
hái bùrú	还不如	709
háishi	还是	258, 537, 680,
		681, 746

háiyǒu	还有	404
háizi	孩子	267, 283,
		710, 711
hǎibào	海豹	500
hǎigǒu	海狗	500
hǎi kū shí làn		
	海枯石烂	91
hǎi'ōu	海鸥	526
hǎi shì shān méng		
	海誓山盟	91
hǎitǎ	海獭	500
hǎitún	海豚	500
hài//pà	害怕	117, 118, 289
hài//sào	害臊	593
hài//xiū	害羞	593
hán	含	548, 632
hánhu	含胡	41, 558
hánhu	含糊	41, 558
hánhu qí cí	含糊其词	558
hánhu qí cí	含糊其辞	558
hánliàng	含量	784
hán xīn rú kǔ		
	含辛茹苦	249
hányì	含义	66
hányì	含意	66
hányǒu	含有	632
hánchen	寒碜	701
hánchen	寒伧	701
hándōng làyuè		
	寒冬腊月	643
hánjià	寒假	217
hán//xīn	寒心	171
hánxuān	寒暄	1
hǎnjiàn	罕见	717
hǎnyǒu	罕有	717
hǎn	喊	304, 772, 802
hǎnjiào	喊叫	304, 802
Hànyǔ	汉语	456
hànzi	汉子	122
hànbīngxié	旱冰鞋	234
hànwèi	捍卫	689
háng	行	789
hángliè	行列	789
hángshi	行市	566
hángtiān fēijī		
	航天飞机	613
háohuá	豪华	598
háobù	毫不	370, 454

háowú	毫无	370, 454
háowú gùjì	毫无顾忌	362
hǎo	好	83, 144, 374,
	376, 552, 742, 759, 760, 781
hǎobǐ	好比	690
hǎobù	好不	552
hǎoburóngyì	好不容易	746
hǎochī	好吃	96
hǎochù	好处	459
hǎodǎi	好歹	519, 692
hǎoduō	好多	99, 100, 418
hǎogǎn	好感	190
hǎoguò	好过	777
hǎohàn	好汉	122
hǎohāor	好好儿	207
hǎohē	好喝	96
hǎojǐ	好几	100
hǎojiǔ	好久	335, 535
hǎokàn	好看	79, 133, 172,
		225, 374
hǎolài	好赖	519
hǎoróngyì	好容易	746
hǎoshǐ	好使	740
hǎoshòu	好受	777
hǎotīng	好听	79
hǎowánr	好玩儿	133, 183
hǎo wén	好闻	554
hǎoxiàng	好像	694, 766, 778
hǎoxiàng...shìde		
	好像…似的	691
hǎoxiàng...yīyàng		
	好像…一样	691
hǎoxiē	好些	418
hǎoxīn	好心	359
hǎoyì	好意	359
hǎoyòng	好用	740
hǎozài	好在	297
hǎozhuǎn	好转	120, 144
hào	好	363
hào	耗	466
hàofèi	耗费	466
hē	呵	278, 585
hē	喝	437, 578
hē mòshuǐ	喝墨水	650
hēzuì	喝醉	761
hé	合	37, 239, 341,
		426, 514
hébìng	合并	37

822

hébushàng	合不上	229
héchàng	合唱	77
héchéng	合成	37, 239
hé//gé	合格	269
héhuǒ	合伙	240
héjì	合计	270
hékǒu	合口	96
héshì	合适	491, 552,
		614, 759
hé//yǎn	合眼	567
hézuò	合作	240
hébù	何不	497
héchù	何处	511
héděng	何等	552
hérì	何日	56
héshí	何时	56
hé	和	136
héhuǎn	和缓	656
héshàn	和善	741
hémǎ	河马	500
hé	核	434
héduì	核对	38, 156
héshí	核实	156
hésuàn	核算	251
hé	盒	586
hézi	盒子	586
hèkǎ	贺卡	108
hèlǐ	贺礼	108
hè//nián	贺年	69
hè//shòu	贺寿	69
hè	鹤	526
hēi	黑	243, 249, 804
hēi'àn	黑暗	243
hēibuliūqiū	黑不溜秋	249
hēichē	黑车	248
hēigulōngdōng		
	黑咕隆咚	243
hēihūhū	黑乎乎	243, 249
hēihūhū	黑糊糊	243, 249
hēisè	黑色	249
hēixiázi	黑匣子	613
hēixīngxing	黑猩猩	500
hēiyè	黑夜	773
hēiyóuyóu	黑油油	249
hēiyǒuyǒu	黑黝黝	249
hénjì	痕迹	27
hěn	很	373, 390, 410,
		516, 537

hěn	狠	130
hěn//xīn	狠心	129, 260
hèn	恨	223, 556
hènrén	恨人	557
hènsǐ	恨死	556
hèntòu	恨透	556
hēng	哼	77
héngjiǔ	恒久	91
héng	横	768
héngxiàng	横向	768
héng//xīn	横心	260
héngliáng	衡量	584
hōng	轰	96
hōngdòng	轰动	125
hōngmíng	轰鸣	618
hōngxiǎng	轰响	618
hōng//zǒu	轰走	96
hōng	烘	184
hōngbèi	烘焙	185
hōngkǎo	烘烤	185
hóng	红	6, 89
hóngchá	红茶	577
hóngchén	红尘	772
hóngpūpū	红扑扑	6
hóngsè	红色	6
hóngshāo	红烧	786
hóngtōngtōng		
	红通通	6
hóngtōngtōng		
	红彤彤	6
hóngwěi	宏伟	101, 782
hóngliàng	洪亮	618
hǒng	哄	438
hóuzi	猴子	500
hòu	后	26, 275
hòubian	后边	85, 275
hòufāng	后方	275
hòuguǒ	后果	257
hòuhuǐ	后悔	242, 318
hòujiē	后街	504
hòulái	后来	26, 401, 403
hòumā	后妈	602
hòumiàn	后面	26, 85,
		158, 275
hòutou	后头	27, 275
hòutuì	后退	355
hòu	厚	22
hòubó	厚薄	22

hòudūndūn	厚墩墩	23
hòu liǎnpí	厚脸皮	23, 363
hòushi	厚实	23
hòu yán wú chǐ		
	厚颜无耻	23
hòuzhòng	厚重	23, 128
hòu	候	683
hòuniǎo	候鸟	526
hū	呼	278, 304, 772
hūhǎn	呼喊	305
hūháo	呼号	305
hūhuàn	呼唤	772
hū péng yǐn lèi		
	呼朋引类	311
hūshēng	呼声	275, 276
hūxī	呼吸	278, 362
hūxiào	呼啸	618
hū	忽	428
hūrán	忽然	516
hūshì	忽视	695
húli	狐狸	500
hú chī hǎi sāi		
	胡吃海塞	438
húluàn	胡乱	492
húluóbo	胡萝卜	741
hútòng	胡同	501, 504
hútòngkǒu	胡同口	67
húr	核儿	434
húdié	蝴蝶	291
hú	糊	605
hùhuàn	互换	528
hùxiāng	互相	415
hù//duǎn	护短	178
hùshi	护士	353
huā	花	151, 466,
		615, 733
huādazhe;huādǎzhe		
	花搭着	239
huāfèi	花费	151, 466
huāfei	花费	619
huālihúshào	花里胡哨	598
huāshao	花哨	598
huāwén	花纹	733
huāxiao	花消	619
huāxiao	花销	619
huāyàng	花样	733, 763
huá	划	53, 225, 379

823

huá	划₁	153
huá	划₂	153
huálì	华丽	598
huáměi	华美	598
Huáwén	华文	456
Huáyǔ	华语	456
huábīngxié	滑冰鞋	234
huá//dǎo	滑倒	289
huáji;huájī	滑稽	103, 133
huáxiángjī	滑翔机	613
huà	化	511
huà//zhuāng	化妆	255
huà	划	796
huàfēn	划分	238, 796
huàyī	划一	404
huà	画	91, 92, 153, 154
huàjiā	画家	353
huà//tú	画图	154
huà//xiàng	画像	154
huà	话	283, 599
huàtí	话题	599
huàyīn	话音	275
huàyǔ	话语	283, 599
huài	坏	54, 229, 280,
		290, 393, 804
huáiyí	怀疑	77
huāndù	欢度	69
huānjù	欢聚	24
huānlè	欢乐	434, 775
huānnào	欢闹	635
huānqìng	欢庆	69
huānténg	欢腾	775, 795
huānxǐ	欢喜	87, 434, 775
huānyíng	欢迎	706
huānyuè	欢跃	795
huán	还	144, 145, 729
huán//lǐ	还礼	108
huán//yuán	还原	729
huán//zhài	还债	146
huánbào	环抱	159
huánrào	环绕	159
huǎnhé	缓和	656, 749
huǎnhuǎn	缓缓	
huǎnjiě	缓解	657, 749
huǎnmàn	缓慢	116, 754
huǎn//qì	缓气	278
huànxiǎng	幻想	756

huàn	换	32, 68, 148,
		186, 274, 528, 579
huàn//bān	换班	274
huàn//chē	换车	579
huànchéng	换乘	579
huànqìshàn	换气扇	174
huàn	患	620
huàn dé huàn shī		
	患得患失	252
huāngdàn	荒诞	583
huāngliáng	荒凉	313
huāngmiù	荒谬	103, 583
huāngtang;huāngtáng		
	荒唐	103, 583
huāng	慌	38
huāngluàn	慌乱	38
huāngzhang;huāngzhāng		
	慌张	38, 394
huánggua	黄瓜	741
huángjiǔ	黄酒	304
huángliángmèng		
	黄粱梦	756
huángyīng	黄莺	526
huánghuò	惶惑	522
huángchóng	蝗虫	291
huǎnghu;huǎnghū		
	恍惚	665, 666
huǎnghu;huǎnghū		
	恍忽	665, 666
huǎng	晃	609
huǎngyǎn	晃眼	224
huǎngjià	谎价	566
huàng	晃	643, 758
huàngdang	晃荡	313, 758
huàngdòng	晃动	758
huang	慌	439
huī//xīn	灰心	171, 230
huī	挥	643
huīfù	恢复	144, 731
huí	回	147, 284, 731
hui;huí	回	146, 729
huíbào	回报	708
huíbì	回避	306, 569
huídá	回答	280, 651
huídàng	回荡	618
huíguī	回归	147
huíguō	回锅	786

huíguo tóu lai		
	回过头来	147
huíhù	回护	178
huíhuà	回话	281, 651
huí jiā	回家	147
huíjué	回绝	284
huí//lai(lái)	回来	147, 732
...//hui(huí)//lai(lái)		
	…回来	147
...//hui(huí)//lai		
	…回来	732
huílǐ	回礼	108
huí//qu(qù)	回去	147, 732
...//hui(huí)//qu(qù)		
	…回去	147
...//hui(huí)//qu		
	…回去	732
huíwèi	回味	13
huíxiǎng	回响	618
huíxìn	回信	651
huíxuán	回旋	692
huízèng	回赠	108
huízhuǎn	回转	692
huǐ bù dāng chū		
	悔不当初	242
huǐhèn	悔恨	242, 318
huǐ	毁	231
huǐhuài	毁坏	529
huǐmiè	毁灭	
huìbào	汇报	354, 474
huìjí	汇集	25, 685
huìzǒng	汇总	685
huì	会	83, 394, 445,
		492, 593
huìjiàn	会见	4, 142
huì//kè	会客	4
huì//miàn	会面	4
huìtán	会谈	599
huìwù	会晤	4, 142
huìhuà	绘画	91, 92
huì	烩	561
hūn'àn	昏暗	243
hún	浑	559
hùn	混	676, 679
hùnhé	混合	37, 676, 679
hùnxiáo	混淆	676
hùnzá	混杂	676
hùnzhuó	混浊	559

huó	活	45, 303, 323
huóbǎo	活宝	103
huódòng	活动	75, 76, 90, 175, 596
huólì	活力	264
huómìng	活命	63
huóyuè	活跃	302
huǒ	火	110
huǒ	火	607
huǒchē	火车	248
huǒhóng	火红	6
huǒjiàng	火箭	613
huǒjǐng	火警	161
huǒlàlà	火辣辣	22
huǒlièniǎo	火烈鸟	526
huǒmiáo	火苗	607
huǒrè	火热	22
huǒyàn	火焰	607
huǒzāi	火灾	161
huǒbàn	伙伴	3, 538
huǒji	伙计	538
huò	或	35, 681
huò...huò...	或…或…	36, 681
huòshì	或是	36, 681
huòxǔ	或许	36
huòzhě	或者	36, 681
huòbì	货币	177
huòwù	货物	732
huòyàng	货样	703
huò	获	94, 734
huòdé	获得	94, 112, 531, 734
huòqǔ	获取	94
huòshèng	获胜	169
huò	祸	293
huòhai	祸害	293
huòliàng	豁亮	7

J

jīhū	几乎	661, 662, 722
jī	击	271, 425
jībài	击败	670
jīgòu	机构	394, 445
jīguān	机关	394
jīhuì;jíhuì	机会	464
jīling	机灵	162, 780
jīlingguǐ	机灵鬼	780

jī	鸡	526
jījiào	鸡叫	759
jīwěijiǔ	鸡尾酒	304
jī	积	442, 460, 482
jījí	积极	567
jīlěi	积累	161, 203, 442
jīxù	积蓄	460
jīyā	积压	442, 654
jīzǎn	积攒	442, 460
jīběngōng	基本功	205
jīběnshang	基本上	661, 662
jīchǔ	基础	205
jī'áng	激昂	274
jīdòng	激动	274
jīfā	激发	586
jīlì	激励	586
jí	及	136, 137
jí//gé	及格	269
jíyú	及于	137
jílì	吉利	717
jípǔchē	吉普车	248
jíqìng	吉庆	718
jí	汲	241
jí	极	509, 517, 727
...jí le	…极了	509, 517, 727
jílì	极力	477
jíqí	极其	509, 517, 727
jíxiàn	极限	263
jí	即	428
jíjiāng	即将	688
jíkè	即刻	428
jí	急	16, 38, 52, 111
jí bù kě dài	急不可待	16
jímáng	急忙	38, 52
jíjiùchē	急救车	248
jíyú	急于	52
jíyú qiú chéng	急于求成	16
jízào	急躁	16
jíshǒu	棘手	719
jítǐ	集体	24, 25
jítuán	集团	248, 394, 445
jí//yóu	集邮	25
jízhèn	集镇	682
jízhōng	集中	160, 329, 685
jǐ	几	47

jǐfēn	几分	369, 461
jǐshí	几时	56
jǐ	挤	115, 337
jǐmǎn	挤满	28
jǐ yágāo	挤牙膏	337
jǐyǔ	给予	17
jì	计	164, 251, 270
jìchóu	计酬	251
jìhuà	计划	771
jìjiàn	计件	251
jìjiào	计较	252
jìliàng	计量	584
jìshí	计时	252
jìsuàn	计算	164, 252
jì	记	127, 154, 524
jì//de	记得	127
jìhao	记号	622
jìqǔ	记取	201
jìshù	记述	154
jìyì	记忆	127
jìzǎi	记载	572
jìzhě	记者	353
jì//zhù	记住	127, 202
jìniànpǐn	纪念品	108
jì	系	341, 473, 524, 711
jì	忌	429, 747
jìxiàng	迹象	27
jì	既	170
jìfù	继父	452
jìmǔ	继母	602
jìxù	继续	475, 476
jì	寄	15
jìcún	寄存	15
jìfàng	寄放	15
jìsù	寄宿	523
jìtuō	寄托	16
jìzhù	寄住	378
jìjìng	寂静	325
jìmò	寂寞	313
jiā	加	37, 68, 250, 391, 642, 677
jiābānfèi	加班费	218
jiāgù	加固	168
jiā//jìn	加劲	195
jiākuài	加快	579
jiākuān	加宽	627
jiāqiáng	加强	168

jiā//rè	加热	18
jiārù	加入	68, 250, 582
jiāshàng	加上	68, 400, 404
jiā//yóu	加油	195
jiā	夹	150, 524, 676
jiāzá	夹杂	676
jiā	家	44
jiāchǒu	家丑	588
jiāfù	家父	452
jiājù	家具	496
jiā li	家里	44
jiāli	家里	481
jiāmén	家门	44
jiāshì	家世	702
jiātíng	家庭	44
jiāxiāng	家乡	44, 63, 278
jiā tú sì bì	家徒四壁	678
jiā yù hù xiǎo		
	家喻户晓	201, 629
jiá	颊	655
jiǎchóng	甲虫	291
jiǎchōng	假充	770
jiǎdìng	假定	723
jiǎmào	假冒	770
jiǎrú	假如	723
jiǎxīngxīng	假惺惺	796
jiǎzhuāng	假装	770, 796
jià	价	566
jiàgé	价格	566
jiàmǎ	价码	566
jiàmù	价目	566
jiàqian;jiàqián		
	价钱	566
jiàshǐ	驾驶	90, 388
jiàqī	假期	217
jiān	尖	303, 380, 588
jiānduān	尖端	303, 588
jiānkè	尖刻	209
jiānlì	尖利	380
jiānruì	尖锐	209, 380
jiānchí	坚持	195, 476
jiāndìng	坚定	169, 328
jiāngù	坚固	166, 350
jiānqiáng	坚强	419, 483
jiānshí	坚实	350
jiānxìn	坚信	358
jiānyìng	坚硬	166
jiānjù	艰巨	709

jiānkǔ	艰苦	247, 287, 484
jiānnán	艰难	211, 247, 287
jiānxiǎn	艰险	211
jiānxīn	艰辛	485
jiānshì	监视	702
jiānmò	缄默	440
jiān	煎	738, 786
jiǎn	拣	93, 626
jiǎn	捡	626
jiǎnchá	检查	355
jiǎnyàn	检验	352
jiǎn	减	648
jiǎndī	减低	648
jiǎnqīng	减轻	648, 749
jiǎnruò	减弱	124
jiǎnshǎo	减少	648
jiǎntuì	减退	124
jiǎn	剪	225, 483
jiǎnbiàn	简便	194
jiǎndān	简单	194, 742
jiǎnhuà	简化	782
jiǎnlüè	简略	194, 312, 782
jiǎnyì	简易	194
jiǎnzhāng	简章	213
jiǎnzhí	简直	454, 684, 691
jiàn	见	4, 34, 704
jiàn dōu shí guǎng		
	见多识广	452
jiànjiě	见解	186
jiàn//miàn	见面	4
jiànshi	见识	317, 452
jiànxiào	见效	34, 268
jiànduàn	间断	226, 507
jiàngé	间隔	2, 222
jiànhuò	间或	506
jiànxiē	间歇	507
jiàn	建	265, 429, 431
jiàn//chéng	建成	193
jiànlì	建立	157, 203, 431
jiànshè	建设	203, 265
jiànzào	建造	265, 429, 431, 472
jiànzhù	建筑	266
jiàn	贱	743
jiànkāng	健康	350
jiànzài	健在	45
jiànzhuàng	健壮	350, 419
jiànjiàn	渐渐	405, 446

jiàntà	践踏	642, 696
jiàn	溅	463
jiàndìng	鉴定	619
jiāngshān	江山	235
jiāngjìn	将近	662, 738
jiāngjiu	将就	492, 558
jiānglái	将来	288, 352
jiāng xìn jiāng yí		
	将信将疑	77
jiāngzhī qìshuǐ		
	姜汁汽水	577
jiāngyìng	僵硬	165
jiāngjiè	疆界	219
jiǎng	讲	42, 135, 169, 269, 385, 600
jiǎnghuà	讲话	599
jiǎng//huà	讲话	600
jiǎngjiě	讲解	142, 269, 385
jiǎngjiu	讲究	135
jiǎng//kè	讲课	269, 345
jiǎngshī	讲师	219
jiǎngshòu	讲授	113, 269
jiǎngshù	讲述	43, 169
jiǎngtáng	讲堂	220
jiǎngxísuǒ	讲习所	220
jiǎng//xué	讲学	269
jiǎng	奖	310
jiǎngjīn	奖金	218
jiǎnglì	奖励	586
jiàng	降	120, 138, 301, 307
jiàngdī	降低	301, 307
jiàng//gé	降格	307
jiàng//jí	降级	307
jiàng//jià	降价	307
jiànglín	降临	307
jiàngluò	降落	120, 138, 301
jiàngluòsǎn	降落伞	613
jiàng//qí	降旗	307
jiàng//wēn	降温	307
jiàng//yā	降压	307
jiàng	犟	792
jiāo	交	272, 604, 670, 800
jiāodài	交代	42, 715
jiāofù	交付	800
jiāohuàn	交换	528
jiāojì	交际	272

jiāoliú	交流	272
jiāonà	交纳	604
jiāoshè	交涉	599
jiāotì	交替	274
jiāowǎng	交往	272
jiāo shēng guàn yǎng	娇生惯养	792
jiāoxiǎo	娇小	183
jiāo'ào	骄傲	339, 507, 657
jiāo	教	113
jiāo//shū	教书	113, 345
jiāoshūjiàng	教书匠	219
jiāo//xué	教学	113, 345
jiāojí	焦急	16
jiāolù	焦虑	16
jiáo	嚼	180
jiǎo	绞	337
jiǎojìn nǎozhī	绞尽脑汁	231
jiǎo nǎozhī	绞脑汁	237
jiǎo	铰	225
jiǎozhèng	矫正	343, 533
jiǎo	脚	12
jiǎobèi	脚背	12
jiǎodǐ	脚底	12
jiǎogēn	脚根	12
jiǎogēn	脚跟	12
jiǎoxīn	脚心	12
jiǎoyìn	脚印	27
jiǎozhǐ	脚趾	756
jiǎo	搅	679
jiǎobàn	搅拌	680
jiǎo//dòng	搅动	680
jiǎohuo	搅和	676
jiào	叫	43, 305, 310, 348, 772, 802
jiàohǎn	叫喊	305, 802
jiào//hào	叫号	772
jiàohuan	叫唤	305, 802
jiàorǎng	叫嚷	305, 802
jiàoxiāo	叫嚣	802
jiàozuò	叫做	43, 348
jiào//jìn	较劲	645
jiàoliàng	较量	205, 245
jiàodǎo	教导	113, 219, 698
jiàoshī	教师	219, 353, 387
jiàoshì	教室	220
jiàoshòu	教授	113, 220
jiàoyǎng	教养	219, 396, 452
jiàoyù	教育	113, 219, 396, 698
jiàoyuán	教员	220, 387
jiētī	阶梯	143
jiē	皆	376
jiē	结	701
jiē//guǒ	结果	342, 701
jiēshi	结实	166, 328, 351, 419, 483
jiē	接	72, 73, 475, 478, 479, 530, 706, 734
jiēchù	接触	317
jiēdài	接待	728
jiē//dào	接到	72, 735
jiē èr lián sān	接二连三	392
jiējiàn	接见	4, 142
jiējìn	接近	450
jiēlián	接连	392, 475, 476
jiēshòu	接受	71, 73, 199, 348, 610
jiē//tōng	接通	478
jiē//tóu	接头	789
jiēzhe	接着	476
jiē	揭	9, 28
jiēchuān	揭穿	28
jiē//dǐ	揭底	28
jiē//duǎn	揭短	28, 80
jiēfā	揭发	28, 80
jiē//kāi	揭开	9
jiēlù	揭露	28
jiētóu	街头	790
jiē	街	501, 504, 682
jiēdào	街道	502, 504
jiēfang	街坊	227
jiēshang	街上	790
jiéshěng	节省	114
jiéyuē	节约	114
jiéchū	杰出	92, 781
jiébái	洁白	357
jié	结	167, 341, 711
jiégòu	结构	273
jiéguǒ	结果	257, 258, 500
jiéjiāo	结交	272
jiéjú	结局	139, 189, 257
jiéshù	结束	79, 140, 189, 364, 429
jiéshùyǔ	结束语	139
jiéwěi	结尾	139
jiézā	结扎	711
jié//zhàng	结账	604
jié	截	225
jiézhǐ	截止	79
jiélì	竭力	58, 477
jiě	解	660
jiěchú	解除	142, 144, 530
jiědá	解答	142, 281
jiě//dòng	解冻	142
jiěfàng	解放	143, 145
jiějué	解决	338, 354
jiěkāi	解开	594, 660
jiěshì	解释	142, 385
jiěshuō	解说	385
jiětǐ	解体	232
jiětuō	解脱	569
jiěxiāo	解消	530
jiě//yuē	解约	529
jiě//zhí	解职	143
jièrù	介入	143
jièshào	介绍	385
jiè	戒	429, 747
jièbèi	戒备	636
jièchú	戒除	747
jiè	界	219
jièxiàn	界限	263
jièxiàn	界线	219
jiè	借	163, 181
jièdài	借贷	182
jiè//guāng	借光	102, 331, 378
jiè//kǒu	借口	783
jiè//kuǎn	借款	163, 182
jièyòng	借用	182
jièzhù	借住	378, 523
jīnhòu	今后	288
jīnrì	今日	291
jīntiān	今天	65, 291
jīnzhāo	今朝	291
jīnguīzǐ	金龟子	291
jīngui;jīnguì	金贵	207
jīnhuāchóng	金花虫	291
jīnzhōngr	金钟儿	291
jīn jīn yǒu wèi	津津有味	221
jīntiē	津贴	218
jīn pí lì jìn	筋疲力尽	468

827

jǐn	仅	447, 797
jǐn cìyú	仅次于	469
jǐnjǐn	仅仅	419, 798
jǐnguǎn	尽管	95
jǐn kěnéng	尽可能	478
jǐnliàng	尽量	130, 478
jǐn	紧	166, 209, 211, 341
jǐnzhāng	紧张	51, 165
jǐn shàng tiān huā	锦上添花	391
jǐnfáng	谨防	764
jǐnshèn	谨慎	764
jìn	尽	470, 595
jìn//lì	尽力	58, 231, 478
jìnqíng	尽情	130
jìn rén jiē zhī	尽人皆知	201
jìn shàn jìn měi	尽善尽美	193
jìntóu	尽头	588
jìn	进	361, 582
jìnbù	进步	361, 576
jìn//chéng	进城	514
jìnchéng	进程	358
jìngōng	进攻	271
jìnkǒu	进口	67
jìn//lai(lái)	进来	582
...//jin(jìn)/lai(lái)	…进来	582
jìn//qu(qù)	进去	582
...//jin(jìn)/qu(qù)	…进去	582
jìnrù	进入	582
jìnxíng	进行	329, 358, 371, 379
jìnyībù	进一步	315, 678
jìnzhǎn	进展	358, 495
jìnchù	近处	227
jìnlín	近邻	227
jìnpáng	近旁	402, 630
jìnqī	近期	400
jìnrì	近日	401
jìn	劲	451
jìntóu	劲头	264, 451
jìn	禁	227
jìnbuzhù	禁不住	135
jìnzhǐ	禁止	48, 227
jīng	经	413
jīngbuqǐ	经不起	776
jīngcháng	经常	62, 100, 412, 437, 767
jīngdeqǐ	经得起	413
jīngdezhù	经得住	414
jīngguò	经过	277, 365, 502, 505, 800
jīngfèi	经费	619
jīnglì	经历	14
jīngshòu	经受	412
jīngyàn	经验	14
jīngjí	荆棘	211
jīng	惊	125
jīngdòng	惊动	125
jīnghuāng	惊慌	38
jīnghuò	惊惑	522
jīngqí	惊奇	125
jīngrén	惊人	125
jīng tāo hài làng	惊涛骇浪	547
jīngxià	惊吓	125
jīngxiǎn	惊险	289
jīngyà	惊讶	126
jīngyì	惊异	126
jīngyíng	晶莹	224
jīng	精	780
jīngcǎi	精彩	376
jīnglì	精力	264
jīngmíng	精明	162
jīngquè	精确	381
jīngshén	精神	279
jīngshen	精神	264
jīngtōng	精通	466
jīngxīn	精心	231, 490
jīngyú	鲸鱼	500
jǐngxiàng	颈项	236
jǐngzhuī	颈椎	236
jǐngguān	景观	270, 539
jǐngsè	景色	270, 539
jǐngxiàng	景象	270, 539, 764
jǐngzhì	景致	539
jǐngchá	警察	353
jǐnggào	警告	455
jǐngjiè	警戒	702
jǐngtì	警惕	455, 636, 764
jǐngwèi	警卫	689
jìngsài	竞赛	205
jìngzhēng	竞争	31, 205
jìngrán	竟然	552
jìngpèi	敬佩	192
jìng	静	325
jìngguān	静观	540
jìngqiāoqiāo	静悄悄	325
jìng//xīn	静心	119
jìngdì	境地	347, 427
jìngjiè	境界	219
jìngtóu	镜头	270
jiǒng	窘	287
jiǒngpò	窘迫	247, 287
jiūzhèng	纠正	32, 343, 533
jiūjìng	究竟	59, 258, 309, 595
jiū	揪	556, 614
jiǔ sǐ yī shēng	九死一生	45
jiǔ	久	321, 335, 535
jiǔyuǎn	久远	643
jiǔcài	韭菜	741
jiǔdiàn	酒店	660
jiǔyǒu	酒友	538
jiù	旧	643
jiùshí	旧时	707
jiù	救	422
jiùhù	救护	422
jiù//huǒ	救火	161
jiùhuǒchē	救火车	248
jiù//mìng	救命	422
jiùzhù	救助	422
jiù	就	366, 419, 428, 447, 674, 688
jiùbiàn	就便	464
jiùdì	就地	402
jiù//qǐn	就寝	568
jiùrèn	就任	471
jiù yào	就要	688
jiù//yè	就业	471
jiù//zhí	就职	471
jūjǐn	拘谨	165
jūshù	拘束	336
jūrán	居然	552
jūzhù	居住	378
júwàirén	局外人	433
júhuā	菊花	599
júzi	橘子	233
jǔjué	咀嚼	180

jǔsàng	沮丧	171, 230
jǔ	举	10
jǔbàn	举办	624, 734
jǔdòng	举动	409
jǔguó	举国	235
jǔ shì wén míng	举世闻名	750
jǔxíng	举行	329, 624, 734
jǔzhǐ	举止	409
jǔyǔ	龃龉	229
jùdà	巨大	101
jùjué	拒绝	262, 284
jùqiān	拒签	262
jùbèi	具备	399, 726
jùyǒu	具有	399, 726
jù	剧	334
jùshuō	据说	778
jùlí	距离	222, 381, 646
jù	锯	225
jù	聚	24
jùjí	聚集	24, 25
jù jīng huì shén	聚精会神	329
juǎn	卷	477, 673
jué	决	260
juédìng	决定	213, 214, 215, 312
juéjì	决计	260
juéxīn	决心	48, 260
juéyì	决意	260
jué	觉	192
juéchá	觉察	209
juéde	觉得	131, 192
juéwù	觉悟	209, 314
juéxǐng	觉醒	209, 314
jué	绝	260, 376, 471
juéduì	绝对	177, 260
jué	掘	663
jūnrén	军人	353
jūn	均	616
jùn	俊	226
jùngōng	竣工	193

K

kāfēi	咖啡	577
kǎtōng	卡通	91
kǎ	咯	585

kāi	开	10, 23, 75, 90, 143, 388, 511, 624, 627, 628, 660, 734, 795
kāi//chē	开车	90
kāichú	开除	465
kāichuàng	开创	495, 591
kāidòng	开动	75, 90, 388
kāi//guō	开锅	795
kāi//hù	开户	624
kāihuà	开化	361
kāi//kè	开课	589
kāi//mén	开门	624
kāimíng	开明	361
kāi//mù	开幕	589
kāi//qiào	开窍	544
kāishè	开设	720
kāishǐ	开始	295, 455, 589, 590, 591
kāishuǐ	开水	750
kāitóu	开头	295, 590
kāi//tóu	开头	589
kāituō	开脱	569
kāiwài	开外	50
kāi wánxiào	开玩笑	53, 349, 635
kāixiao;kàixiāo	开销	619
kāixīn	开心	434, 751
kāi//xué	开学	589
kāiyǎn	开演	589
kāi//yè	开业	624
kāizhǎn	开展	371, 495
kāi//zhāng	开张	624
kāizhī	开支	619
kāi	揩	631
kāndēng	刊登	572
kān	看	15, 386, 702
kānguǎn	看管	15
kānhù	看护	386
kānshǒu	看守	702
kǎn	砍	225, 304
kǎn//diào	砍掉	304
kàn	看	4, 131, 188, 424, 703, 704, 702
kànbuqǐ	看不起	254, 696
kànchéng	看成	700
kàn//chuān	看穿	703
kàndào	看到	698

kànfa;kànfǎ	看法	186
kàn fēngsè	看风色	540
kàn//jiàn	看见	704
kàn//kāi	看开	8
kànlái	看来	694, 766
kàn//pò	看破	703
kànqilai;kànqǐlái	看起来	694, 766
kànshangqu;kànshàngqù	看上去	694
kàn shū	看书	508
kàn//tòu	看透	704
kànwàng	看望	424, 703
kàn yàngzi	看样子	766
kànzhòng	看重	135
kānzhù	看住	702
kànzuò	看做	131, 188, 700
kāngfù	康复	144
kāngnǎixīn	康乃馨	599
káng	扛	171
kàngjù	抗拒	488
kǎochá	考察	317
kǎolǜ	考虑	131, 187
kǎo//qǔ	考取	531
kǎo//shang(shàng)	考上	269
kǎo	烤	21, 185, 738, 786
kǎo//huǒ	烤火	21
kǎoxiāng	烤箱	174
kào	靠	432, 443, 450, 724, 774
kào//biān	靠边	774
kàojìn	靠近	450, 774
kàolǒng	靠拢	450, 774
kào qián	靠前	387
kèkè	苛刻	209
kēxuéjiā	科学家	353
kē	颗	480
kēlì	颗粒	480
kē	磕	639
kē tóu pèng nǎo	磕头碰脑	639
kě	可	319, 493
kě'ài	可爱	183
kěbēi	可悲	176
kěchǐ	可耻	589, 594
kěhèn	可恨	557
kěkào	可靠	154, 328, 420

829

kěkě	可可	577
kěkǒu	可口	96
kělè	可乐	577
kělián	可怜	39, 498, 696
kěnéng	可能	116, 493
kěpà	可怕	117, 118, 289
kěqì	可气	557
kěshì	可是	319
kěwù	可恶	557
kěxī	可惜	114, 318
kěxǐ	可喜	718
kěxiào	可笑	103, 133
kěyí	可疑	103
kěyǐ	可以	259, 308, 493, 759
kězēng	可憎	557
kěqiú	渴求	730
kěwàng	渴望	11, 574
kèfú	克服	179
kèzhì	克制	179, 413
kè	刻	201
kèbó	刻薄	208
kèjì	刻记	202
kèkǔ	刻苦	58
kè	客	217
kèdiàn	客店	660
kèhù	客户	217
kèqi	客气	95, 265, 489
kèren;kèrén	客人	217
kètào	客套	1
kè	课	269, 345
kètáng	课堂	220
kètí	课题	736
kěn	肯	495
kěndìng	肯定	210, 593, 620
kěnqiè	恳切	359, 489
kěnqǐng	恳请	565, 657, 729
kěnqiú	恳求	436, 565, 657, 729, 762
kěn	啃	180
kēng	坑	27
kēng	吭	43
kōng	空	9, 712, 713
kōngdòng	空洞	713
kōngqì jiāshīqì	空气加湿器	174
kōngqì jìnghuàqì	空气净化器	174

kōngqì qùshīqì	空气去湿器	174
kōngtiáo	空调	174
kōngxiǎng	空想	756
kōngxū	空虚	714
kǒng	孔	27
kǒngquè	孔雀	527
kǒngbù	恐怖	118
kǒnghè	恐吓	121, 220
kǒngjù	恐惧	117, 118, 289
kǒngpà	恐怕	116
kòng	空	9, 618
kòngquē	空缺	9
kòngxiá	空暇	618
kònggào	控告	81
kòngsù	控诉	81
kòngzhì	控制	333, 388
kǒu	口	233, 587
kǒudai	口袋	633
kǒugǎn	口感	13
kǒujué	口角	263
kǒuqì;kǒuqi	口气	458
kǒuqiāng	口腔	233
kǒuwèi	口味	13
kǒuwěn	口吻	458
kǒuyì	口译	664
kǒuyǔ	口语	283
kǒuzi	口子	121
kòu	叩	425
kòu	扣	179, 425, 524
kūlong	窟窿	27
kū	枯	182
kūjié	枯竭	182
kūwěi	枯萎	182, 463
kū	哭	541
kū bízi	哭鼻子	541
kūqì	哭泣	541
kǔ	苦	209, 247, 485
kǔguā	苦瓜	741
kǔláo	苦劳	249
kǔnǎo	苦恼	247, 287, 548, 549
kǔxīn	苦心	231
kǔyú	苦于	287, 549
kù	酷	172, 226
kù'ài	酷爱	363
kùrè	酷热	22
kuā	夸	662

kuājiǎng	夸奖	662
kuāyào	夸耀	339
kuāzhāng	夸张	598
kuǎ//tái	垮台	232, 481
kuà	挎	158
kuà	跨	277, 801
kuàyuè	跨越	579
kuàijìshī	会计师	353
kuài	快	52, 367, 380, 602, 688
kuàihuo	快活	88, 434, 751
kuàilè	快乐	434, 751
kuàiyào	快要	688
kuān	宽	29, 626, 657, 768
kuānchang	宽敞	626
kuānchuo	宽绰	755
kuāndà	宽大	757
kuānguǎng	宽广	626
kuānhòu	宽厚	23
kuānkuò	宽阔	626
kuānshù	宽恕	757
kuānsong;kuānsōng	宽松	101, 580, 754, 757
kuānyú	宽余	755
kuānyù	宽裕	754, 755
kuǎndài	款待	728
kuǎnshì	款式	164, 763
kuángbēn	狂奔	592
kuàng//gōng	旷工	744
kuàng//kè	旷课	345, 745
kuàngqiě	况且	400
kuàngquánshuǐ	矿泉水	578
kuàng	框	159, 587
kuī	亏	406
kuī//běn	亏本	406
kuīde	亏得	102
kuīsǔn	亏损	406
kuíwěi	魁伟	782
kuíwu	魁梧	419, 782
kuìfá	匮乏	521
kuìbài	溃败	232
kǔn	捆	336, 711
kǔnbǎng	捆绑	336
kǔnzā	捆扎	711
kùn	困	287

kùnhuò	困惑	522
kùnjiǒng	困窘	287
kùnkǔ	困苦	287
kùnnan	困难	247, 287, 347, 709
kuòdà	扩大	576, 627
kuòsàn	扩散	627
kuòzhǎn	扩展	576, 628

L

lā	拉	479, 485, 575, 587, 611, 612, 615
lāche	拉扯	743
là	落	562, 798
làbǐ	蜡笔	640
là	辣	180
làbùjī	辣不唧	180
làhūhū	辣乎乎	181
làsīsī	辣丝丝	181
làsūsū	辣酥酥	181
lái	来	243, 246
láidào	来到	246, 499
láidejí	来得及	687
láifǎng	来访	246, 424
láihuí	来回	98
láilín	来临	246
láiqù	来去	98
láiwǎng	来往	98, 272
láiyóu	来由	262, 783
lán	蓝	6
lánsè	蓝色	6
lánqiú	篮球	218
lǎn	揽	610
lǎnduò	懒惰	110
làn	烂	54, 229
láng	狼	500
láng tūn hǔ yàn	狼吞虎咽	438
lǎngdú	朗读	773
làng	浪	548
làngcháo	浪潮	548
làngfèi	浪费	466, 712
làngtāo	浪涛	548
làngtou	浪头	548
lāo	捞	241
lāoqián	捞钱	721
láodòng	劳动	303, 596

láo//jià	劳驾	331, 378
láokǔ	劳苦	249
láolèi	劳累	468
láo	牢	207
láogù	牢固	328
láojì	牢记	202
láokào	牢靠	420
láodao	唠叨	87
lǎo	老	62, 100, 415, 454, 644
lǎobàntiān	老半天	335
lǎobànr	老伴儿	107
lǎogōng	老公	121
lǎo guīju	老规矩	213
lǎohǔ	老虎	500
lǎojiā	老家	44, 63, 278
lǎojiǔ	老酒	304
lǎomìng	老命	63
lǎonián	老年	415
lǎopo	老婆	107, 481
lǎoqi;lǎoqì	老气	339
lǎoshī	老师	220, 387
lǎoshi	老实	123, 675
lǎoshi shuō	老实说	330
lǎoshì	老式	644
lǎoshi;lǎoshì	老是	62
lǎoshǔ	老鼠	500
lǎotàitai	老太太	107
lǎotóuzi	老头子	121
lǎoyītào	老一套	213
lǎoyuǎn	老远	502
lǎozǎo	老早	602
lào	烙	738
lè	乐	434, 775
lèguān	乐观	29
lèyì	乐意	775
lèyú	乐于	775
lēi	勒	336, 341
lěi	垒	203, 482
lěiqiú	垒球	218
lèixíng	类型	164, 166
lèi	累	468
lěng	冷	608
lěngjìng	冷静	119, 326
lěngluò	冷落	313
lěngqīng	冷清	313
lěngqīngqīng	冷清清	313

lěngquè	冷却	608
lěngsuō	冷缩	453
lèng	愣	666
lí	离	601, 646, 794
líbié	离别	601, 794
lí//hūn	离婚	794
lí//kāi	离开	427, 601, 794
lísàn	离散	463
lí	梨	233
límíng	黎明	759
lǐ	礼	108
lǐmào	礼貌	489
lǐpǐn	礼品	108
lǐwù	礼物	108
lǐ	李	233
lǐ	里	106, 533
lǐbian	里边	78, 106, 533
lǐjiān	里间	106
lǐlòng	里弄	502, 504
lǐmiàn	里面	78, 106, 533
lǐtou	里头	78, 106, 534
lǐwū	里屋	106
lǐ	理	3, 517
lǐdāng	理当	20
lǐfàshī	理发师	353
lǐhuì	理会	779
lǐjiě	理解	142, 466, 544, 779, 785, 793
lǐ suǒ dāng rán	理所当然	20, 499
lǐxiǎng	理想	756
lǐyóu	理由	323, 783
lì	力	451
lìliang;lìliàng	力量	264, 451
lìqi	力气	451
lìlái	历来	373
lìhai	厉害	208, 209, 211
lì	立	203, 430, 432
lìchǎng	立场	427
lìjí	立即	367, 428
lìjiǎodiǎn	立脚点	427
lìkè	立刻	367, 428
lì	利	779
lìrùn	利润	779
lìyì	利益	779
lìyòng	利用	467
lìyòu	利诱	311

lì	例	788
lìrú	例如	432
lìwài	例外	510
lìshǔ	隶属	392
lìzhī	荔枝	233
lì	粒	480
li	里	77
lián	连	392, 476, 478
liándài	连带	137
lián...dài...	连…带…	332
liánguàn	连贯	479
liánjiē	连接	479
liánlei; liánlěi	连累	137
liánmáng	连忙	52, 367
liánmián	连绵	476
liánxù	连续	392, 412, 476
liánmǐn	怜悯	39, 498
liánxī	怜惜	498
liánbō	联播	653
liánhé	联合	240
liánluò	联络	789
liánxì	联系	189, 196, 789
liánchǐ	廉耻	589
liánjià	廉价	743
liǎn	脸	134, 148, 149, 718
liǎndànr	脸蛋儿	148, 655
liǎnjiá	脸颊	655
liǎnmiàn	脸面	148, 719
liǎnpánr	脸盘儿	148
liǎnpí hòu	脸皮厚	23
liǎnsè	脸色	623
liàn//gōng	练功	251
liànxí	练习	251
liàn'ài	恋爱	2
liànrén	恋人	268
liánghǎo	良好	760
liáng	凉	371, 608
liángbáikāi	凉白开	750
liáng bànjiér	凉半截儿	230
liángkāishuǐ	凉开水	750
liángkuai	凉快	371
liángshuǎng	凉爽	371
liáng	量	584
liǎng sān tiān	两三天	401
liǎngbiān	两边	786

liǎngtóu	两头	786
liǎngxiàli	两下里	786
liǎngzhě	两者	786
liàng	亮	7, 609
liàngguāng	亮光	609
liàngjīngjīng		
	亮晶晶	150, 224
liàngshǎnshǎn		
	亮闪闪	150, 224
liàngtang	亮堂	7
liàngtángtáng		
	亮堂堂	7
liàngjiě	谅解	785
liàng	量	784
liàng	晾	185
liàngshài	晾晒	185
liáokuò	辽阔	626
liáoyuǎn	辽远	502
liáoliàng	嘹亮	618
liáoliàng	嘹唳	618
liáogē	鹩哥	527
liǎobude; liǎobudé		
	了不得	410
liǎobuqǐ	了不起	92, 376, 781
liǎojié	了结	140, 190, 338
liǎojiě	了解	356, 466, 780, 785, 793
liào//dào	料到	132
liàoxiǎng	料想	132
liàowàng	瞭望	539
liě	裂	305
liè	列	550, 789
lièchē	列车	248
liè//duì	列队	550
lièrù	列入	572
lièyú	劣于	124
lièhuǒ	烈火	607
lièxìng	烈性	208
liè	裂	305, 804
liè//fèng	裂缝	305
liè//kāi	裂开	305
línbāng	邻邦	518
línjiā	邻家	518
línjìn	邻近	630
línjū	邻居	227, 518
línlǐ	邻里	227
línrén	邻人	518

lín	临	152
líndào	临到	137
línjìn	临近	450
línmó	临摹	92, 152, 154
lín//tiè	临帖	152
lín	淋	21
lìn	赁	163
línglì; línglì	伶俐	162, 781
líng	灵	162, 781
línghún	灵魂	279
línghuó	灵活	162
línglì; línglì	灵利	781
língmǐn	灵敏	380
língqiǎo	灵巧	162
línglán	铃兰	599
língchén	凌晨	759
língluàn	凌乱	206
líng	零	285
língqián	零钱	177
língsan; língsǎn		
	零散	605
língsuì	零碎	285, 605
lǐng	领	40, 72, 486, 735
lǐngdǎo	领导	698
lǐngdào	领到	531
lǐnghuì	领会	467, 780, 785
lǐng//lù	领路	40
lǐngqǔ	领取	72
lǐngwù	领悟	780
lǐngyù	领域	655
lìng	另	656, 680
lìngwài	另外	404, 656
lìng	令	310
lìngtáng	令堂	602
lìngzūn	令尊	452
liū	溜	557
liū//biān	溜边	774
liúlǎn	浏览	773
liú	留	72, 570, 571
liúniàn	留念	570
liú//shén	留神	455, 764
liú//xīn	留心	455, 764
liú	流	285, 535, 540
liúchuán	流传	475, 629
liúdàng	流荡	313
liúdòng	流动	540
liúlàng	流浪	313
liú lèi	流泪	541

liú lí shī suǒ 流离失所	313	
liúlù 流露	35	
liúpài 流派	253	
liúshì 流逝	364, 365	
liúxíng 流行	603, 784	
liúyán 流言	89	
liúlián 榴莲	233	
liù 遛	486	
lóng 龙	500	
lóngdōng 隆冬	643	
lóngqǐ 隆起	632	
lóngzhòng 隆重	384	
lǒng 拢	153	
lǒngzhào 笼罩	100	
lōu 搂	153	
lóufáng 楼房	44	
lóutī 楼梯	143	
lǒu 搂	150	
lòu 漏	562, 735, 736	
lòuluò 漏落	563	
lòu//dǐ 露底	735	
lòu//miàn 露面	34	
lòu//tóu 露头	34, 35	
lǔ 卤	561	
lǔmǎng 鲁莽	253, 394	
lùdì 陆地	514	
lùxù 陆续	392	
lùqǔ 录取	296	
lùyòng 录用	296	
lù 路	502	
lùbiāo 路标	622	
lùguò 路过	365, 505	
lùkǒu 路口	67	
lùshang;lùshàng 路上	790	
lùzi 路子	486, 654	
lù 鹭	527	
lù 露	35, 71	
lùsù 露宿	523	
lú 驴	500	
lǔ 捋	545	
lǚdiàn 旅店	660	
lǚguǎn 旅馆	660	
lǚjū 旅居	378	
lǚshè 旅社	660	
lǚxíng 旅行	787	
lǚyóu 旅游	787	
lǚcì 屡次	437, 767	

lǚ cì sān fān 屡次三番	767	
lǚxíng 履行	329, 595	
lǜshī 律师	353	
lǜ 绿	6	
lǜchá 绿茶	578	
lǜyóuyóu 绿油油	6	
luàn 乱	206	
luànqībāzāo 乱七八糟	206	
luànténgténg 乱腾腾	206	
luànzāozāo 乱糟糟	206	
lüè 掠	545	
lüèduó 掠夺	83	
lüè 略	312, 782	
lüèwēi 略微	421, 798	
lúnhuàn 轮换	274	
lúnliú 轮流	274	
lùn 论	790	
lùnshù 论述	790	
luōsuo;luōsuō 啰唆	87	
luōsuo;luōsuō 啰嗦	87	
luóbo 萝卜	741	
luòtuo 骆驼	500	
luò 落	120, 463	
luòchéng 落成	193	
luò//hù 落户	378	
luò//kōng 落空	197, 441	
luò lèi 落泪	541	
luò yè guī gēn 落叶归根	463	
luò 摞	161, 482	

M

mā 妈	602	
māma 妈妈	602	
mā 抹	631	
máfan 麻烦	87, 378, 709, 716, 719	
málà 麻辣	181	
mámù 麻木	560	
máquè 麻雀	527	
mǎ 马	501	
mǎdàhā 马大哈	394	
mǎhu 马糊	41, 253, 394, 492	

mǎhu 马虎	41, 253, 394, 492	
mǎlù 马路	502, 504	
mǎmǎhūhū 马马虎虎	41, 492	
mǎqiú 马球	218	
mǎshàng 马上	367, 428	
mǎxuē 马靴	234	
mǎ 码	483	
mǎyǐ 蚂蚁	291	
mà 骂	320	
mái 埋	85	
máidān 埋单	604	
mái//tóu 埋头	712	
mǎi 买	145	
mǎi miànzi 买面子	719	
mài 卖	86, 88	
mài//jìn 卖劲	195	
mài lìqi 卖力气	195	
mánchán 蛮缠	778	
mánhèng 蛮横	778	
mán 瞒	156, 286, 438	
mánhǒng 瞒哄	286	
mǎn 满	29, 60, 634	
mǎndì 满地	54	
mǎnyì 满意	507, 693	
mǎnyuè 满月	469	
mǎnzú 满足	35, 281, 693	
mànyán 蔓延	82, 628, 629	
màn 漫	29, 285	
mànhuà 漫画	91	
mànyóu 漫游	787	
màn 慢	116, 754	
mànhuǒ 慢火	607	
mànmānr 慢慢儿	405, 446, 754	
mànténgténg 慢腾腾	580, 755	
màntiáo sīlǐ 慢条斯理	580, 755	
mànyōuyōu 慢悠悠	755	
mángguǒ 芒果	233	
máng 忙	51	
mánglù 忙碌	51	
māo 猫	501	
māotóuyīng 猫头鹰	527	
máobǐ 毛笔	640	
máobing;máobìng 毛病	232, 261, 280	
máochóng 毛虫	291	

máoshǒumáojiǎo 毛手毛脚 253, 395	mèn 闷 417, 561, 787	miǎoshì 藐视 254
máozao 毛躁 395	men 们 705	miào 妙 83, 376
máotáijiǔ 茅台酒 304	mēngpiàn 蒙骗 438	miàoqù 妙趣 13
mào 冒 34	méngfā 萌发 583	miè 灭 256, 412
màochōng 冒充 348, 770	méng 蒙 179, 634	miè//huǒ 灭火 161, 256
màoshi 冒失 253, 395	méngbì 蒙蔽 286	mièjué 灭绝 412
méi bànfǎ 没办法 287, 320	ménghùn 蒙混 286	mièzhǒng 灭种 412
méi fǎ 没法 320	ménglóng 朦胧 241	mièshì 蔑视 254, 696
méi guānxi 没关系 308	měngrán 猛然 516	mǐn 抿 548, 578
méijìn 没劲 264	mèng 梦 756	mǐnruì 敏锐 380
méi jīng dǎ cǎi 没精打采 171, 264	mèng huàn pào yǐng 梦幻泡影 714	míng 名 547
méi kòngr 没空儿 51, 634	mèng//jiàn 梦见 756	míngguì 名贵 207
méi pí méi liǎn 没皮没脸 363	mèngxiǎng 梦想 564, 756	míngqi 名气 623
méi//shì 没事 308	míbǔ 弥补 85, 105, 471	míngshēng 名声 624
méi wán méi liǎo 没完没了 476	mí 迷 713	míngyù 名誉 657
méi xiǎngdào 没想到 39	míhu 迷糊 666	míngzi 名字 407, 547
méixiū 没羞 23	míhuo;míhuò 迷惑 522, 690	míngbai 明白 356, 544, 597, 780, 785, 793
méi xiū méi sào 没羞没臊 24	míliàn 迷恋 713, 761	mínglǎng 明朗 7
méi yìsi 没意思 583	mímáng 迷茫 665	míngliàng 明亮 7
méiyǐngr 没影儿 197	míméng 迷蒙 665	míngquè 明确 597
méi yòng 没用 441, 712, 740	mímihūhū 迷迷糊糊 666	míngxiǎn 明显 597
méiyou;méiyǒu 没有 471	mímizhēngzhēng 迷迷怔怔 666	míngzhī 明知 350, 356
méiyou fáng'ài 没有妨碍 308	mírén 迷人 374	míngjì 铭记 202
méi(you) shíjiān 没(有)时间 51, 634	míhóutáo 猕猴桃 233	míngkè 铭刻 202
méiyou yìyì 没有意义 714	mìshū 秘书 353	míngxiè 鸣谢 191
méigui 玫瑰 599	miǎn 免 782	mìng 命 63
méihuā 梅花 599	miǎnchú 免除 143	mìngkǔ 命苦 634
měiměi 每每 437, 767	miǎnlì 勉励 586	mìnglìng 命令 42, 715
měi 美 79, 226	miǎnqiǎng 勉强 710, 714, 746	mō 摸 317, 545
měigǎn 美感 188	miàn 面 134, 652	mōnòng 摸弄 317
měihǎo 美好 374, 376	miànbāochē 面包车 248	mófǎng 模仿 688
měilì 美丽 79, 226, 374	miànjiá 面颊 655	móhu 模胡 241, 665
měimiào 美妙 226	miànjiāo 面交 800	móhu 模糊 241, 665
měi zhōng bù zú 美中不足 261	miànkǒng 面孔 148, 149, 623	móshì 模式 164
mèilì 魅力 374	miànmù 面目 148, 149, 719	mósuō 摩挲 545
mēnrè 闷热 22	miànqián 面前 669	mótuōchē 摩托车 248
méndao 门道 655	miànróng 面容 148	mó 磨 379, 695
ménkǒu 门口 67	miànxiàng 面向 706	mómiè 磨灭 197, 255
	miànzi 面子 428, 719	mǒ 抹 255, 564, 631
	miáotiao 苗条 659	mǒ//hēi 抹黑 564
	miáo 描 92, 152, 154	mǒ huī 抹灰 564
	miáohuà 描画 622	mǒshā 抹杀 255
	miáohuì 描绘 92, 154, 622	mǒshā 抹煞 255
	miáoshù 描述 622	mò 末 293
	miáoxiě 描写 621, 622	mòbānchē 末班车 248
		mòliǎo 末了 140

mòshāo	末梢	303, 588
mòwěi	末尾	140, 293
mò	没	157
mòli huāchá	茉莉花茶	578
mòshēngrén	陌生人	433
mòfēi	莫非	674
mò míng qí miào	莫名其妙	103
mò míng qí miào	莫明其妙	103
mòrú	莫如	709
mòshì	漠视	696
mò shǒu chéng guī	墨守成规	336
mòniàn	默念	773
mòrèn	默认	496
mòxǔ	默许	496
móuqǔ	牟取	584
móu	谋	584
móuqiú	谋求	585
móuqǔ	谋取	585
móushēng	谋生	244
mǒu	某	445
mǒu chù	某处	511
mǒuxiē	某些	511
múyàng	模样	148, 173, 228, 764, 765
mǔdan	牡丹	599
mǔqin;mǔqīn	母亲	602
mǔzhǐ	拇指	756
mùjī	木屐	234
mùjiang;mùjiàng	木匠	353
mùbiāo	目标	723
mù bù zhuǎn jīng	目不转睛	329
mùdì	目的	723
mùdǔ	目睹	704
mùguāng	目光	715
mù guāng rú dòu	目光如豆	12
mùqián	目前	65
mùjí	募集	658
mùhòu	幕后	85, 158
mùchūn	暮春	606

N

ná	拿	530, 556, 626, 725
nábudìng zhǔyi	拿不定主意	690
nádào	拿到	531
náshǒu	拿手	508
nǎli;nǎlǐ	哪里	54, 511
nǎr	哪儿	54, 511, 512
nǎtiān	哪天	56
nǎ tiān	哪天	56
nàbiān	那边	708
nàdāngr	那当儿	496
nàhuìr	那会儿	497
nàli;nàlǐ	那里	708
nàr	那儿	708
nàshí	那时	497
nà shíhou	那时候	497
nàzhènr	那阵儿	497
nǎikā	奶咖	578
nǎixī	奶昔	578
nài	耐	351, 413, 414
nài rén xún wèi	耐人寻味	14
nàiyòng	耐用	351
nán	男	122
nán de	男的	122
nánháir	男孩儿	267, 284, 710
nánrén	男人	122
nánren	男人	121
nánshì	男士	122
nánxìng	男性	122
nánzǐ	男子	122
nánzǐhàn	男子汉	122
nángua;nánguā	南瓜	741
nán	难	710
nán bàn	难办	287, 720
nánchù	难处	548
nándào	难道	674
nánguān	难关	347
nánguò	难过	176, 247, 485
nánkān	难堪	485, 589, 594
nánkàn	难看	701
nánshòu	难受	247, 485
nánwéiqíng	难为情	594

nán wén	难闻	554
náo	挠	153
nǎorén	恼人	87
nǎodai	脑袋	19, 236
nǎohǎi	脑海	19
nǎojīn	脑筋	19
nǎozhī	脑汁	19
nǎozi	脑子	19
nào	闹	87, 111, 316, 389, 620, 635, 802
nàohong	闹哄	316
nàozhe wánr	闹着玩儿	53, 349, 635
nèi	内	78, 534
nèibù	内部	106, 534
nèimù	内幕	86
nèiqíng	内情	86, 324
nèiren;nèirén	内人	107, 482
nèixīn	内心	279, 532
nèiyōu	内忧	548
néng	能	308, 493
nénggòu	能够	493
nénglì	能力	451
néngnai	能耐	82, 451
nǐmen	你们	705
nǐ wǒ	你我	786
nǐ zhuī wǒ gǎn	你追我赶	97
nǐfǎn	逆反	300, 488
nìliú	逆流	299
nìxíng	逆行	299
nì	腻	9
nì'ài	溺爱	184
niān	蔫	182
nián	年	512
niándài	年代	512
niánfèn	年份	512
niángāo	年高	415
niánhuá	年华	513
niánjì	年纪	513, 569
niánlíng	年龄	513, 569
niánmài	年迈	415
niánqíng	年青	792
niánqīng	年轻	792
niánshào	年少	792
niánsuì	年岁	513, 569
niántóur	年头儿	513

835

niányòu	年幼	792
niányuè	年月	513
niánzhǎng	年长	415
nián	黏	638
niánjié	黏结	638
niǎn	撵	96
niǎn//zǒu	撵走	96
niǎn	碾	379, 480
niàn	念	650, 686, 773
niàn//shū	念书	508, 650, 686
niàntou	念头	19, 186
niáng	娘	602
niángjia	娘家	44
niē	捏	556
níng	拧	337
níng	凝	167
nínggù	凝固	167
níngjié	凝结	167
níngshén	凝神	329
níngshì	凝视	330
níngwàng	凝望	330
níngjìng	宁静	325
nǐng	拧	337, 525, 691
nìngkě	宁可	709
niū	妞	711
niú	牛	501
niúnǎi	牛奶	578
niǔ	扭	230, 615
niǔ//jīn	扭筋	230
niǔqū	扭曲	566, 671, 752
niǔshāng	扭伤	230
niǔzhuǎn	扭转	235, 691
nóngcūn	农村	63, 454
nóngmín	农民	353
nóng	浓	267, 629
nónghòu	浓厚	23, 630
nóngzhòng	浓重	267
nóng zhuāng yàn mǒ		
	浓妆艳抹	255
nòng	弄	379, 472
nòng//qīng	弄清	421
nòngsuì	弄碎	481
nǔ//lì	努力	58, 195, 478
nùhuǒ	怒火	111
nǔ	女	141
nǔ de	女的	141
nǔ'ér	女儿	267, 284, 711

nǔháir	女孩儿	267, 284, 711
nǔrén	女人	141
nǔshì	女士	141
nǔxìng	女性	141
nǔzǐ	女子	141
nuǎn	暖	18
nuǎnhōnghōng		
	暖烘烘	18
nuǎnhūhū	暖呼呼	18
nuǎnhuo	暖和	18
nüèdài	虐待	49
nuó	挪	74, 80
nuódong	挪动	74, 80
nuòruò	懦弱	776

O

ǒutù	呕吐	585
ǒu xīn lì xuè	呕心沥血	231
ǒu'ěr	偶尔	506
ǒu	藕	741

P

pā	趴	724
pá	扒	122, 153
pá	爬	577
págāo	爬高	577
pà	怕	116, 117, 289, 625
pāi	拍	118, 425, 481
pāida	拍打	604
pái	排	251, 535, 550, 789
pái//duì	排队	550
páijiě	排解	457
páiliàn	排练	251
páiliè	排列	550, 551
páiqiú	排球	218
páiyǎn	排演	251
pái//xì	排戏	251
páihuái	徘徊	313, 442
pài	派	253
pàibié	派别	253
pàixì	派系	254
pān	攀	577

pāndēng	攀登	577
pānyuán	攀援	577
pānyuán	攀缘	577
pán	盘	314, 673
pándiǎn	盘点	384
pánsuan	盘算	252
pánxuán	盘旋	521, 692
pánzi	盘子	315
pàndìng	判定	447
pànduàn	判断	447
pànmíng	判明	421
pàn	盼	435, 574
pàntou	盼头	573
pànwàng	盼望	435, 574, 683
pàn xīngxing, pàn yuèliang		
	盼星星，盼月亮	683
pàn	襻	711
pánghuáng	彷徨	314, 442
pángdà	庞大	101
páng	旁	402
pángbiān	旁边	402, 518
pángguān	旁观	266
pángrén	旁人	433
pàng	胖	641
pàngdūdū	胖嘟嘟	641
pàngdūndūn	胖墩墩	641
pànghūhū	胖乎乎	641
pāo	抛	375, 542
pāo//máo	抛锚	280
pāoqì	抛弃	375
páo	刨	663
páoxiào	咆哮	618
pǎo	跑	46, 554, 557, 563, 592, 736
pào	泡	69
péi	陪	3, 470
péibàn	陪伴	470
péihù	陪护	470
péitóng	陪同	40, 470
péiyǎng	培养	396
péiyù	培育	396
péi	赔	406
péi//běn	赔本	406
péi bùshi	赔不是	30, 801
péicháng	赔偿	471
péi//lǐ	赔礼	30, 801
péi//qián	赔钱	406

péi//zuì	赔罪	801
pèifu;pèifú	佩服	192
pèi	配	236, 240, 391, 472, 491, 552
pèibèi	配备	398
pèihé	配合	37, 240
pèihe	配合	552
pèizhì	配置	762
pēn	喷	535, 631
pēnqìshì fēijī	喷气式飞机	613
pēngjī	抨击	271, 617
péngyou	朋友	268, 538
péngbó	蓬勃	302
péngzhàng	膨胀	633
pěng	捧	118, 150, 241, 725
pèng	碰	4, 317, 487, 640
pèng//jiàn	碰见	4, 487
pèngzhuàng	碰撞	640
pī	批	221
pīpíng	批评	320
pī//zhǔn	批准	222
pī	披	179, 804
pī	劈	225, 306, 803, 804
píxié	皮鞋	234
píxuē	皮靴	234
píbèi	疲惫	468
pífá	疲乏	468
píjuàn	疲倦	468
píláo	疲劳	469
píjiǔ	啤酒	304
píqi	脾气	202, 232, 383
píxìng	癖性	232
pìrú	譬如	433
piān	偏	168, 774
piānchā	偏差	381
piányi	便宜	744, 779
piànkè	片刻	334
piàn	骗	438
piànqǔ	骗取	438
piāoqiè	剽窃	563
piāo	漂	71
piāobó	漂泊	314
piāofú	漂浮	71
piāoliú	漂流	314
piāomiǎo	缥缈	665

piāo	飘	71
piāodòng	飘动	758
piáochóng	瓢虫	291
piàoliang	漂亮	79, 83, 172, 226, 374, 781
piē	瞥	704
piě	撇	542
piě//zuǐ	撇嘴	673
pīnbó	拼搏	195
pīn//mìng	拼命	59, 645
pínfá	贫乏	521
pínhán	贫寒	678
pínkǔ	贫苦	288, 678
pínkùn	贫困	288, 678
pínqióng	贫穷	678
pínfán	频繁	100
pǐn	品	14
pǐncháng	品尝	14, 438
pǐnwèi	品味	14
pǐnxìng	品性	383
pìnqǐng	聘请	687
pìnrèn	聘任	687
pīngpāngqiú	乒乓球	218
píngbǎn diànnǎo	平板电脑	174
píngcháng	平常	20, 60, 61, 638
píngfán	平凡	60, 638
píngfáng	平房	44
píngfú	平服	544
pínghéng gǎnjué	平衡感觉	189
píngjìng	平静	119, 120, 326
píngrì	平日	61
píngshēng	平生	58
píngshí	平时	61, 638
píngsù	平素	61, 638
píngwěn	平稳	120, 326
píngxī	平息	120
píngdìng	评定	620
pínggū	评估	620
píngjià	评价	620
pínglùn	评论	790
píngxuǎn	评选	93
píngguǒ	苹果	233
píng	凭	443, 771, 783
píngyǐ	凭倚	724
pō	坡	546

pō	泼	536, 672
pō	颇	390, 537
pōwéi	颇为	391
pójia	婆家	45
pópo	婆婆	602
pòjìn	迫近	450
pò	破	54, 290, 306, 804
pò//chǎn	破产	481
pòhuài	破坏	393, 529
pòliè	破裂	306, 804
pòmiè	破灭	197
pòsuì	破碎	481
pòsǔn	破损	54, 393
pūbí	扑鼻	554
pū//miè	扑灭	256
pū	铺	322
pū//chuáng	铺床	323
pūdiàn	铺垫	323, 641
pūgai	铺盖	641
pūgaijuǎnr	铺盖卷儿	641
pūkāi	铺开	323
pūshè	铺设	323
pútao;pútǎo	葡萄	233
pútaojiǔ	葡萄酒	304
pútaozhī	葡萄汁	578
púgōngyīng	蒲公英	599
pǔshí	朴实	339
pǔsù	朴素	339, 403
pǔbiàn	普遍	60
pǔjí	普及	629
pǔtōng	普通	20, 60, 638
pǔtōnghuà	普通话	456
pùhù	铺户	697
pùzi	铺子	697

Q

qī pīn bā còu	七拼八凑	25
qīfu	欺负	49
qī	沏	69
qīzi	妻子	482
qīcǎn	凄惨	482
qīliáng	凄凉	313, 696
qīdài	期待	435, 574, 683
qījiān	期间	2, 78
qīpàn	期盼	683

837

qīwàng 期望 435, 573, 574, 657, 683	qìdù 气度 202	qián 前 352, 387, 669, 728
qīpiàn 欺骗 438	qìfēn 气氛 212	qiánbian 前边 387, 668, 669
qīwǔ 欺侮 49	qìfèn 气愤 111	qiánchéng 前程 352
qī 漆 564	qìlì 气力 451	qiánfāng 前方 388, 669, 708
qīhēi 漆黑 243, 249	qìliàng 气量 202	qiánjìn 前进 358, 361
qī hēi yī tuán 漆黑一团 244	qìněi 气馁 171, 230	qiánjǐng 前景 352
qí 齐 404, 405	qìpài 气派 782	qiánlì 前例 788
qíbèi 齐备 346, 405	qìqiú 气球 613	qiánmiàn 前面 388, 668, 669
qíquán 齐全 405	qìrén 气人 557	qiántou 前头 388, 668
qícì 其次 27, 403, 469	qìtǐng 气艇 613	qiántú 前途 353
qíhòu 其后 26	qìwèi 气味 149, 553	qiányīn 前因 262
qíjiān 其间 3	qìxī 气息 553	qián 钱 177
qíshí 其实 330	qìzhì 气质 383	qiáncáng 潜藏 157
qítā 其他 656	qìzhì 弃置 654	qiánfú 潜伏 157
qítā 其它 656	qìchē 汽车 248	qiǎn 浅 77
qíyú 其余 656	qìshuǐ 汽水 578	qiǎnbó 浅薄 12
qízhōng 其中 78, 534	qìcái 器材 496	qiǎnjiàn 浅见 12
qíguài 奇怪 103, 215, 649	qìjù 器具 496	qiǎnxiǎn 浅显 742
qítè 奇特 215	qìxiè 器械 496	qiǎnzé 谴责 617
qíyì 奇异 215	qiā 掐 483	qiàn 欠 159, 182, 444, 522, 636
qídǎo 祈祷 63	qiàtán 洽谈 390	
qíqiú 祈求 63	qiàdàng 恰当 491, 614, 760	qiànquē 欠缺 159, 522, 636
qí 骑 580	qiàhǎo 恰好 297, 459, 614	qiàn//zhài 欠债 182
qǐ'é 企鹅 527	qiàqiǎo 恰巧 297	qiāngdiào 腔调 458
qǐpàn 企盼 683	qiānjīn 千金 711	qiáng 强 84, 419, 483
qǐtú 企图 585	qiān lǐ tiáo tiáo 千里迢迢 502	qiángdà 强大 484
qǐwàng 企望 683		qiánghuà 强化 169
qǐ 起 10, 73, 105, 111, 202, 589, 591	qiānwàn 千万 177, 260	qiángliè 强烈 484
	qiān xīn wàn kǔ 千辛万苦 249	qiángrèn 强韧 351
qǐchū 起初 295, 590	qiān 迁 80, 81	qiángxíng 强行 714
qǐ//chuáng 起床 202	qiānjiù 迁就 351, 753	qiángyǒulì 强有力 484
qǐ//hòng 起哄 316	qiānyí 迁移 80	qiángzhì 强制 714
qǐ//huǒ 起火 162	qiān 牵 480, 615	qiángtóucǎo 墙头草 546
qǐjìn 起劲 567	qiānlián 牵连 138, 152, 196	qiǎng 抢 31, 83
qǐ//lai(lái) 起来 202, 430	qiānniúhuā 牵牛花 599	qiǎngjié 抢劫 83
...//qi(qǐ)//lai(lái) …起来 10, 591	qiānqiǎng 牵强 714	qiǎngjiù 抢救 422
	qiānshè 牵涉 138	qiǎngshǒu 抢手 88, 603
qǐlì 起立 430	qiānbǐ 铅笔 640	qiǎng//xiān 抢先 31
qǐmǎ 起码 367	qiānbēi 谦卑 265	qiǎngpò 强迫 220, 714
qǐ//shēn 起身 203	qiānchéng 谦诚 265	qiāoqiāo 悄悄 281
qǐshǐ 起始 589	qiāngōng 谦恭 265	qiāojiǎ 锹甲 291
qǐsù 起诉 81	qiānhé 谦和 265	qiāo 敲 426
qǐyīn 起因 262	qiānràng 谦让 95, 753	qiáojū 侨居 378
qǐ zuòyòng 起作用 268, 740	qiānxū 谦虚 95, 265	qiáo 瞧 704
qì 气 111, 278	qiānxùn 谦逊 265	qiáobuqǐ 瞧不起 254
qìcū 气粗 64	qiānzìbǐ 签字笔 640	qiáobushàng 瞧不上 254

qiǎomiào	巧妙	84
qiǎoyù	巧遇	487
qiào	俏	226
qiē	切	201, 225, 803
qiézi	茄子	741
qiě	且	170, 332, 400
qiènuò	怯懦	776
qiè//zhèn	怯阵	625
qièqǔ	窃取	563
qiètīng	窃听	563
qīnpèi	钦佩	192
qīnqiè	亲切	359, 741
qīnqíng	亲情	1
qīnshēn	亲身	697
qīnshǒu	亲手	697
qīnyǎn	亲眼	697
qīnzì	亲自	697
qín	勤	100
qìn	沁	559
qīng	青	6, 249
qīnggěnggcài	青梗菜	741
qīngjiāo	青椒	741
qīngtiān báirì	青天白日	625
qīng ér yì jǔ	轻而易举	742
qīng jǔ wàng dòng	轻举妄动	253
qīngkuài	轻快	183
qīngmiè	轻蔑	254
qīngpiāo	轻飘	183
qīngpiāopiāo	轻飘飘	183
qīngqiao;qīngqiǎo	轻巧	183
qīngshì	轻视	254, 696
qīngshuài	轻率	253, 395
qīngsōng	轻松	183, 580, 742, 750, 777
qīngyì	轻易	194, 742
qīng	倾	168, 546
qīngtīng	倾听	199
qīngxiàng	倾向	168
qīngxiāo	倾销	86
qīngxié	倾斜	168, 546, 671
qīng	清	597
qīngchàng	清唱	77
qīngchén	清晨	11, 759

qīngchú	清除	59, 375, 389, 465
qīngchu	清楚	597, 785, 793
qīngdiǎn	清点	355
qīngjiégōng	清洁工	353
qīngjìng	清静	325
qīngkǔ	清苦	678
qīnglǐ	清理	384, 389
qīngliáng	清凉	371
qīngsǎo	清扫	389
qīngshuǎng	清爽	183
qīngxī	清晰	597
qīngxǐ	清洗	465
qīngxiāng	清香	149
qīngxǐng	清醒	314
qīngzǎo	清早	11
qīngtíng	蜻蜓	291
qíng	情	1
qíngbào	情报	351
qíng bù zì jīn	情不自禁	135
qíngjǐng	情景	270
qíngkuàng	情况	228, 282, 324, 347, 474, 764
qínglǚ	情侣	268
qíngrén	情人	268
qíngxing	情形	228, 324, 765
qíngxù	情绪	212, 216
qíngyì	情意	1
qǐng	请	310, 311, 436, 565, 658, 687, 728, 729, 772
qǐng//jià	请假	217, 745
qǐngjiào	请教	199
qǐng//kè	请客	687
qǐngqiú	请求	436, 565, 658, 721, 729, 762
qǐngwèn	请问	199, 331
qǐng wù	请勿	228
qǐng//zuì	请罪	30, 801
qìnghè	庆贺	69
qìngxìng	庆幸	35
qìngzhù	庆祝	69, 718
qióng	穷	678
qióngkǔ	穷苦	678
qióngkùn	穷困	288
qiū	秋	7
qiūjì	秋季	7
qiūrì	秋日	7

qiūtiān	秋天	7
qiú	求	63, 436, 565, 721, 729, 730, 762
qiúxié	球鞋	234
qiúxíng	球形	690
qūbié	区别	238, 449
qūfēn	区分	238
qūgùnqiú	曲棍球	218
qūjiě	曲解	566
qūqūwānwān	曲曲弯弯	671
qūzhé	曲折	672
qūchú	驱除	96, 465, 573
qūgǎn	驱赶	97
qūsàn	驱散	530
qūzhú	驱逐	97, 465
qū	屈	139, 673
qūcóng	屈从	546
qūfú	屈伏	351, 546
qūfú	屈服	351, 546
qū zhǐ kě shǔ	屈指可数	756
qūxiàng	趋向	168, 706
qū yán fù shì	趋炎附势	546
qǔ	取	73, 530, 611, 735
qǔ cháng bǔ duǎn	取长补短	459
qǔdé	取得	94, 113, 531, 735
qǔjué	取决	214
qǔlè	取乐	435
qǔnuǎn	取暖	18, 21
qǔshèng	取胜	169
qǔxiāo	取消	143, 529, 747
qǔxiāo	取销	143, 529, 747
qù	去	46, 255, 256, 364, 427, 490, 530, 604, 801
qùchú	去除	530, 573
qù//diào	去掉	122, 256, 304, 530
qùshì	去世	332
qùwèi	趣味	13
quān	圈	160
quāntào	圈套	486
quánwēi	权威	92
quán	全	372, 376

839

quánbù	全部	372, 376
quándōu	全都	372, 377
quánguó	全国	235
quán lì yǐ fù	全力以赴	59
quánrán	全然	370, 684
quán shén guàn zhù	全神贯注	330
quánshù	全数	377
quántào	全套	239
quán dǎ jiǎo tī	拳打脚踢	261
quánqū	蜷曲	453
quàn	劝	457
quàndǎo	劝导	698
quànhé	劝和	457
quàn//jià	劝架	457
quànjiě	劝解	457
quànmiǎn	劝勉	586
quànshuō	劝说	43
quē	缺	159, 444, 522, 636, 745
quēdiǎn	缺点	232, 261
quēfá	缺乏	159, 444, 522, 636
quēqiàn	缺欠	261
quē//qín	缺勤	745
quēshǎo	缺少	159, 445, 522, 637
quē//xí	缺席	745
quēxiàn	缺陷	261
què	却	146, 319
quèbǎo	确保	659
quèdìng	确定	155, 157, 420
quèlì	确立	157
quèqiè	确切	155, 381, 420
quèrèn	确认	157, 421
quèshí	确实	155, 420, 593, 675
quèxìn	确信	130, 358
quèzáo	确凿	155, 420
què	鹊	527
qúntǐ	群体	248

R

rán'ér	然而	319
ránhòu	然后	401, 403
rán	燃	733
ránqǐ	燃起	722
ránshāo	燃烧	722, 733
rǎn	染	82, 193
rǎng	嚷	305, 802
ràng	让	310, 753
ràng//bù	让步	351, 753
ràng wǒ...	让我…	658
ráo	饶	757
ráoshù	饶恕	758
rào	绕	673, 692
rào//kāi	绕开	306
rào wānzi	绕弯子	503
rě	惹	257, 611
rè	热	18, 22
rè'ài	热爱	2
rèhūhū	热乎乎	18
rèhūhū	热呼呼	18
rèhuo	热火	555
rèlàlà	热辣辣	22
rè lèi yíng kuàng	热泪盈眶	29
rèliè	热烈	384
rèmén	热门	603
rènao	热闹	389, 555
rèqíng	热情	359, 567, 742
rèshuǐ	热水	750
rèténgténg	热腾腾	18
rèxīn	热心	359, 567, 742
rèzhōng	热中	567, 713
rèzhōng	热衷	567, 713
rén	人	433
rénjiā	人家	44, 45
rénjia	人家	433
rénjiān	人间	772
rénmìng	人命	63
rénshì	人世	772
rěn	忍	180, 413
rěnbuzhù	忍不住	135
rěnnài	忍耐	180, 413
rěnshòu	忍受	180, 413
rěn wú kě rěn	忍无可忍	263, 439
rèn	认	8, 135, 699
rèn//cuò	认错	30, 699, 801
rèndìng	认定	130, 699
rènkě	认可	348, 699
rèn//mìng	认命	8
rèn//qīng	认清	157, 704

rènshi	认识	350, 356, 793
rènwéi	认为	131, 188, 699
rènzhēn	认真	675
rèn//zhǔn	认准	130
rèn//zì	认字	128
rèn//zuì	认罪	700
rèn	任	670
rènhé rén	任何人	445
rènpíng	任凭	670
rèn qí zì rán	任其自然	671
rènwu	任务	323
rènxìng	任性	363, 792
rènyì	任意	364, 792
rènyòng	任用	296
rèn//zhí	任职	478
rēng	扔	375, 542, 654
rēng//diào	扔掉	375
réng	仍	746
réngjiù	仍旧	681, 746
réngrán	仍然	681, 746
rì	日	607
rìběnjiǔ	日本酒	304
rìcháng	日常	61
rìchéng	日程	771
rìguāng	日光	609
rìjiān	日间	625
rìqī	日期	607
rì xīn yuè yì	日新月异	361
rìyì	日益	678
rìzi	日子	608
róngyù	荣誉	657
róngmào	容貌	511
róngrěn	容忍	511
róngshù	容恕	511
róngxǔ	容许	511
róngyì	容易	148
róng	溶	180, 413
rónghuà	溶化	758
róngjiě	溶解	222, 758
rónghuà	熔化	194, 742
rónghuà	融化	511
róngjiě	融解	511
róuhé	柔和	742, 749
róunèn	柔嫩	749
róurèn	柔韧	749
róuruǎn	柔软	749
rú	如	126, 433, 723
rúguǒ	如果	723

rúhé	如何	519
rújīn	如今	65, 291
rú léi guàn ěr		
	如雷贯耳	201
rútóng	如同	691
rú yì suàn pán		
	如意算盘	252
rù	入	582
rùkǒu	入口	67
rù//mí	入迷	713
rù//mó	入魔	713
rù//shén	入神	713
rùshuì	入睡	567
rùwēi	入微	752
rùxuǎn	入选	93
rùzi	褥子	641
ruǎn	软	749, 776
ruǎnhūhū	软乎乎	749
ruǎnhuo	软和	749
ruǎnmiánmián		
	软绵绵	749
ruǎnruò	软弱	776
ruìlì	锐利	380

S

sǎ	洒	285, 536, 672
sǎluò	洒落	285
sǎ	撒	285, 672
sāi	腮	655
sāi	塞	482, 483, 634
sài	赛	205
sān cháng liǎng duǎn		
	三长两短	692
sān fān wǔ cì		
	三番五次	437
sānfú	三伏	543
sānjiǔ	三九	643
sānshíliù jì, zǒu wéi shàngjì		
	三十六计，走为上计	557
sǎn	散	605
sǎnluàn	散乱	206, 605
sàn	散	463, 672
sànbō	散播	672
sànbù	散布	536, 672
sàn//bù	散步	36
sànfā	散发	236, 554, 672
sànkāi	散开	463

sànluò	散落	463
sǎngménr	嗓门儿	275
sǎngyīn	嗓音	276
sǎngzi	嗓子	276
sàngshī	丧失	76, 541
sāo	搔	153
sāoluàn	骚乱	316
sāochòu	臊臭	554
sāoqì	臊气	553
sǎo	扫	59, 389, 573, 604
sǎochú	扫除	59, 389
sǎomiáoyí	扫描仪	174
sè	色	69, 322
sècǎi	色彩	69, 322
sèdiào	色调	69
sèjué	色觉	189
sèzé	色泽	69
shā	刹	525
shā//chē	刹车	525
shǎ	傻	560
shà fèi kǔ xīn		
	煞费苦心	231
shàshíjiān	霎时间	57
shāixuǎn	筛选	93
shài	晒	21, 185, 494
shān nán hǎi běi		
	山南海北	599
shān	删	304
shānchú	删除	304
shānjié	删节	783
shānqù	删去	304
shān	扇	426
shǎn	闪	150, 224, 609
shǎnguāng	闪光	609
shǎn//guāng	闪光	609
shǎnliàng	闪亮	609
shǎnshǎn	闪闪	224
shǎnshuò	闪烁	150, 224, 558, 609
shǎnyào	闪耀	150, 224, 609
shànyú	善于	508
shàncháng	擅长	508
shāng	伤	9, 54, 204, 393
shānghài	伤害	204, 393
shāng miànzi		
	伤面子	719
shāng nǎojīn	伤脑筋	549
shāng//rén	伤人	204

shāng//xīn	伤心	176, 204
shāngbiāo	商标	622
shāngdiàn	商店	697
shāngdìng	商定	215, 390
shāngliang	商量	390, 600
shāngtán	商谈	390
shāngtǎo	商讨	390
shāngyì	商议	600
shǎngwu	晌午	625
shǎng	赏	310
shǎng xīn yuè mù		
	赏心悦目	435
shàng	上	46, 473, 564, 572, 577, 580, 669
shàng//bān	上班	478, 597
shàng//biāo	上膘	641
shàng//chǎng		
	上场	498
shàng chuáng		
	上床	568
shàng cì	上次	669
shàng//dàng	上当	438
shàngfáng	上房	106
shàng huí	上回	669
shàng jiǎngtái		
	上讲台	345
shàng//kè	上课	251, 269, 345
shàng//mǎ	上马	455
shàngmiàn	上面	134, 655
shàng niánjì	上年纪	415
shàng//rèn	上任	471
shàng//shì	上市	498
shàng suìshu		
	上岁数	415
shàng//tái	上台	498, 577
shàngtou	上头	655
shàngwǔ	上午	11
shàngxià	上下	243, 738
shang	上	134, 534, 655
shāo	烧	417, 561, 722, 733, 738, 787
shāohuǐ	烧毁	722, 733
shāo//huǒ	烧火	733
shāojiǔ	烧酒	304
shāo	梢	303, 588
shāozi	梢子	588
shāo	稍	334, 461
shāoshāo	稍稍	461

841

shāowēi	稍微	334, 369, 422, 461, 798
shǎo	少	637, 798
shǎojiàn	少见	717
shǎoliàng	少量	368, 462
shǎopéi	少陪	331
shǎoshuō	少说	367
shǎoxǔ	少许	368
shǎo yǒu	少有	717
shào	少	792
shào nián lǎo chéng		
	少年老成	792
shàoye	少爷	710
shàozhuàng	少壮	792
shēhuá	奢华	598
shé	蛇	501
shé	折	139
shěbude	舍不得	114, 115
shěqì	舍弃	375
shè	设	398, 720
shèfǎ	设法	237
shèjìshī	设计师	353
shèlì	设立	720
shè//yàn	设宴	734
shèzhì	设置	398, 720
shèhuì	社会	772
shètuán	社团	445
shèjí	涉及	137, 152, 196
shèxiàngjī	摄像机	174
shéi;shuí	谁	445
shéi zhī	谁知	674
shēnqǐng	申请	721
shēn	伸	575
shēnzhǎn	伸展	575, 628
shēnbiān	身边	402
shēncái	身材	181
shēnduàn	身段	181
shēnfen;shēnfèn		
	身分	702
shēnfen;shēnfèn		
	身份	702
shēnjià	身价	702
shēnqū	身躯	181
shēnshǒu	身手	82
shēntǐ	身体	181
shēnzi	身子	181
shēn	深	268, 630

shēn biǎo qiànyì		
	深表歉意	30
shēnchù	深处	106
shēnhòu	深厚	630
shēnkè	深刻	128, 630
shēnqíng	深情	1
shēnxìn	深信	130, 359
shēnyè	深夜	774
shēnzhòng	深重	128
shénme	什么	545
shénmede	什么的	545
shénme dìfang		
	什么地方	511, 512
shénme rén	什么人	445
shénme shíhou		
	什么时候	56
shén	神	149
shéncǎi	神采	623
shénqi;shénqì		
	神气	149, 623
shénqíng	神情	149, 623, 765
shénsè	神色	149, 409, 623, 765
shéntài	神态	409, 623, 765
shénwǎng	神往	11
shěn	审	355
shěnměiguān		
	审美观	189
shèn	渗	559
shènrù	渗入	559
shèntòu	渗透	559
shēng	升	10
shēng	生	84, 395, 583
shēng//bìng	生病	620
shēngcài	生菜	741
shēngchǎn	生产	84, 472
shēngcún	生存	45
shēngfā	生发	583
shēnghuó	生活	46, 244, 371
shēngkè	生客	217
shēnglái	生来	731
shēngmìng	生命	63
shēng//qì	生气	111
shēng sǐ yōu guān		
	生死攸关	46
shēngténg	生疼	52
shēngxī	生息	244
shēngxìng	生性	383

shēngyìng	生硬	165
shēngzhǎng	生长	395, 583
shēng	声	276
shēngdiào	声调	458
shēngmíng	声名	750
shēngwàng	声望	624
shēngxiǎng	声响	276
shēngyīn	声音	276
shéng kǔn suǒ bǎng		
	绳捆索绑	336
shěng	省	783
shěnglüè	省略	783
shèng	胜	169, 670
shènglì	胜利	169, 383
shèngdà	盛大	384
shèngmíng	盛名	751
shèngxíng	盛行	302
shèng	剩	570, 571
shèng//xia(xià)		
	剩下	570, 571
shèngyú	剩余	570, 571
shī	失	541
shībài	失败	673
shīcháng	失常	104
shīdiào	失掉	76, 541, 555
shī//huǒ	失火	162
shījìng	失敬	331
shīlíng	失灵	280, 290
shīluò	失落	76
shīpéi	失陪	331
shīqù	失去	76, 541, 555
shīshan	失闪	692
shīwàng	失望	171
shīwù	失物	732
shīwù	失误	30
shī//yuē	失约	739
shī//zōng	失踪	197
shīfu	师傅	220, 387
shīzi	狮子	501
shījiào	施教	219
shīyòng	施用	724
shífēn	十分	517
shí quán shí měi		
	十全十美	193
shízú	十足	344
shí	拾	627
shíqǔ	拾取	627
shícháng	时常	62, 767

842

shí'ér	时而	506
shíguāng	时光	321, 505
shíhou	时候	3, 321, 505
shíhuò	时或	506
shíjiān	时间	321, 505, 619
shíjié	时节	506
shíkè	时刻	322, 506
shímáo	时髦	19, 603, 784
shíqī	时期	506
shíshàng	时尚	603, 784
shíxīng	时兴	603, 784
shíbié	识别	238
shípò	识破	704
shíhuà	实话	663
shíhuì	实惠	779
shíjìshang;shíjìshàng		
	实际上	330
shíjià	实价	566
shíjiàn	实践	329
shílì	实力	452
shílì	实例	788
shíwù	实物	732
shíxiàn	实现	431, 595
shíxíng	实行	329, 595
shízài	实在	330, 663, 684
shí	食	438
shítáng	食堂	788
shíyòng	食用	438
shǐ	使	23, 310, 467
shǐyòng	使用	23, 467, 724
shǐyú	始于	589
shǐzhōng	始终	374
shìyì	示意	621
shìdào	世道	772
shìjiān	世间	772
shìjiè	世界	772
shìshàng	世上	772
shìzhèn	市镇	682
shì	式	165, 763
shìyàng	式样	165, 166, 763
shìli	势利	546
shìliyǎn	势利眼	547
shì	事	282, 323
shì chū yǒu yīn		
	事出有因	783
shìduān	事端	282
shìgù	事故	280
shìjià	事假	218

shìjiàn	事件	282
shìlì	事例	788
shìqing	事情	282, 323, 474, 736
shìshí shang	事实上	330
shìtài	事态	765
shìxiān	事先	668
shìyè	事业	323
shìyóu	事由	324, 783
shì	试	584
shìtí	试题	737
shìchá	视察	317
shìjué	视觉	189
shìlì	视力	715
shìxiàn	视线	715
shì	拭	631
shìzi	柿子	233
shìdàng	适当	491, 760
shìhé	适合	491, 552, 614, 760
shìyí	适宜	491
shìyìng	适应	551
shìshì	逝世	332
shìhào	嗜好	363
shōu	收	73, 112, 167, 342, 530, 735
shōucáng	收藏	112
shōucheng	收成	342
shōucún	收存	15, 112
shōu//dào	收到	73, 113, 735
shōufù	收复	144
shōugē	收割	342
shōugòu	收购	145
shōuhuò	收获	257, 342
shōují	收集	25, 294
shōulù	收录	112
shōuqǔ	收取	73
shōurù	收入	112
shōushi	收拾	112, 167, 338, 346, 384, 389, 518, 532
shōushòu	收受	73
shōusuō	收缩	453
shōutīng	收听	198
shōuxia;shōuxià		
	收下	73
shōu//xiào	收效	113
shōuyì	收益	779
shōuyīnjī	收音机	174

shǒu	手	486, 487
shǒubèi	手背	487
shǒubiān	手边	402
shǒubiǎo	手表	510
shǒuduàn	手段	486, 655
shǒugǎn	手感	189
shǒujī	手机	174
shǒujìn	手劲	487
shǒuli	手里	487
shǒuqiú	手球	218
shǒushì	手势	487
shǒutóu	手头	402
shǒuwàn	手腕	82
shǒuxīn	手心	487
shǒuyì	手艺	82
shǒuzhǎng	手掌	487
shǒuzhǐ	手指	756
shǒuwèi	守卫	689
shǒuzé	守则	213
shǒu zhū dài tù		
	守株待兔	684
shǒubānchē	首班车	248
shǒucì	首次	295
shǒu qū yī zhǐ		
	首屈一指	55, 756
shǒuwèi	首位	55
shǒuxiān	首先	527, 668
shǒuyào	首要	344
shòu	受	5, 413, 735
shòubuliǎo	受不了	439
shòu//dào	受到	735
shòu//hài	受害	5
shòu huānyíng		
	受欢迎	624
shòu//kǔ	受苦	250
shòu//lèi	受累	250
shòu//zāi	受灾	5
shòu//zuì	受罪	250
shòu	授	310
shòu//kè	授课	345
shòuyǔ	授予	17, 108, 310
shòu	售	86
shòuhuòyuán		
	售货员	353
shòuyī	兽医	49
shòu	瘦	659
shūmiànyǔ	书面语	283
shūmíng	书名	407

shūxiě	书写	154
shūlǐ	梳理	518
shūzhuāng	梳妆	255
shūchàng	舒畅	580, 751, 777
shūfu	舒服	581, 777
shūsàn	舒散	657
shūshì	舒适	581, 777
shūzhǎn	舒展	575, 628
shūhu	疏忽	41, 110
shūyuǎn	疏远	646
shū	输	673
shūsòng	输送	587
shú	熟	551
shújì	熟记	128
shúkè	熟客	217
shúliàn	熟练	551
shúshi	熟识	350, 357
shúshuì	熟睡	568
shúxi	熟悉	350, 357, 467
shǔjià	暑假	218
shǔ	属	392, 513
shǔyú	属于	392
shǔ	数	163, 164
shǔbuqīng	数不清	418
shǔdezháo	数得着	163
shǔjiǔtiān	数九天	643
shǔ yī shǔ èr	数一数二	164
shù	束	336, 342
shùfù	束缚	336
shù shǒu shù jiǎo	束手束脚	336
shùshuō	述说	169
shù	树	204
shùlì	树立	157, 204, 432
shù	竖	431, 432
shùlì	竖立	432
shù//qǐ(qǐ)	竖起	432
shù	数	163
shù'é	数额	163
shùjù	数据	163
shùliàng	数量	163, 784
shùmǎ	数码	163
shùmù	数目	163
shùzì	数字	163
shuā	刷	564, 695
shuā//kǎ	刷卡	604
shuǎnào	耍闹	635

shuǎnòng	耍弄	49
shuǎ tàidu	耍态度	64
shuǎ wēifēng	耍威风	65
shuāijiǎn	衰减	124
shuāilǎo	衰老	124
shuāiluò	衰落	124
shuāiruò	衰弱	124
shuāituì	衰退	124
shuāiwáng	衰亡	125
shuāi	摔	120, 122, 289, 414, 542, 803, 804
shuāida	摔打	122
shuāi//dǎo	摔倒	289, 414
shuāi gēntou	摔跟头	289, 414
shuāi//jiāo	摔跤	289
shuǎi	甩	123, 542, 604, 643
shuài	帅	172, 226, 375
shuàiqi	帅气	172
shuài	率	486
shuàilǐng	率领	486
shuān	拴	480, 525
shuàn	涮	787
shuāng	双	239, 464
shuāngfāng	双方	415, 786
shuǎngkuai	爽快	183
shuǎngyuē	爽约	739
shuǐbō	水波	548
shuǐ dào qú chéng	水到渠成	383
shuǐmó	水磨	695
shuǐniǎo	水鸟	527
shuǐpíng	水平	452
shuǐqiú	水球	218
shuǐ zhōng lāo yuè	水中捞月	469
shuì	睡	568
shuìdài	睡袋	641
shuì//jiào	睡觉	568
shuì//zháo	睡着	568
shǔnxī	吮吸	362
shùn	顺	328, 397
shùnbiàn	顺便	465
shùncóng	顺从	123, 199, 328
shùn fēng zhuǎn duò	顺风转舵	547

shùnlì	顺利	383, 718
shùnlù	顺路	465
shùnshǒu	顺手	465
shùn shǒu qiān yáng	顺手牵羊	563
shùnzhe	顺着	397
shùnjiān	瞬间	57
shùnshí	瞬时	57
shùnxī	瞬息	57
shuō	说	43, 169, 320, 385, 601
shuō//dìng	说定	215
shuō//fú	说服	544
shuōhǎo	说好	215, 739
shuōhe	说和	457
shuō//huà	说话	43, 601
shuō kètàohuà	说客套话	1
shuōmíng	说明	142, 352, 385
shuōzhe wánr	说着玩儿	349
shuòguǒ	硕果	257
sījī	司机	353
sīháo	丝毫	370
sīfángqián	私房钱	460
sīxià	私下	158
sīcǔn	思忖	187
sīkǎo	思考	187
sīsuǒ	思索	187
sīxiǎng	思想	186, 187
sī	撕	747
sīchě	撕扯	747
sīhuǐ	撕毁	747
sǐ	死	8, 333, 439
sǐbǎn	死板	165
sǐwáng	死亡	333
sǐ//xīn	死心	8
sì fēn wǔ liè	四分五裂	605
sìlín	四邻	227
sìsàn	四散	463
sìzhōu	四周	631
sì	似	766
sìhū	似乎	694, 766, 778
sōng	松	29, 660, 757
sōngchí	松弛	657, 757
sōngdòng	松动	750, 755
sōnghuǎn	松缓	750
sōngkāi	松开	661

844

sōngkuai	松快	183, 755, 777	suìyuè	岁月	513	tānzi	摊子	698
sōng//qì	松气	750	sǔnhài	损害	54, 393	tán	谈	169, 390, 601
sōngruǎn	松软	749	sǔnhuài	损坏	393	tánhuà	谈话	599
sōngsǎn	松散	757	sǔnshāng	损伤	54, 204, 393	tán//huà	谈话	600, 601
sōngsan	松散	657	sǔnshī	损失	5, 293, 406	tán liàn'ài	谈恋爱	272
sōngshǔ	松鼠	501	suō	缩	453	tánpàn	谈判	390
sōngxiè	松懈	110	suō bózi	缩脖子	453	tǎnbái	坦白	396
sòng	送	17, 108, 236	suō shǒu suō jiǎo			tǎnchéng	坦诚	396
sònggěi	送给	108		缩手缩脚	453	tǎnrán	坦然	396
sònghuán	送还	146	suō tóu suō nǎo			tǎnshuài	坦率	396
sòng//lǐ	送礼	108		缩头缩脑	625	tǎnhù	袒护	178
sōuchá	搜查	300, 355	suōduǎn	缩短	453	tàn	叹	542
sōují	搜集	25, 294	suōjiǎn	缩减	648	tànfú	叹服	192
sōuqiú	搜求	730	suō//shuǐ	缩水	453	tàn//qì	叹气	542
sōusuǒ	搜索	300	suōxiǎo	缩小	453	tànxī	叹息	542
sōu	馊	229	suǒyǐ	所以	416	tàn//bìng	探病	703
sūxǐng	苏醒	144	suǒyǐrán	所以然	783	tànshì	探视	703
sùyuàn	夙愿	573	suǒyǒu	所有	377	tàn tóu tàn nǎo		
sùsòng	诉讼	81	suǒzài	所在	592		探头探脑	282
sùjìng	肃静	325	suǒzàidì	所在地	342	tànwàng	探望	424, 703
sùqīng	肃清	59, 465, 573	suǒpéi	索赔	382	tànwèn	探问	703
sù	素	339	suǒqǔ	索取	382	tánghuáng	堂皇	782
sùcái	素材	297	suǒxìng	索性	129, 709	tángtáng	堂堂	782
sùdàn	素淡	339	suǒyào	索要	382	tángsè	搪塞	286, 558
sùjìng	素净	339				tángláng	螳螂	291
sùmiáo	素描	91		**T**		tǎng	淌	540
sùpǔ	素朴	403				tǎngruò	倘若	723
sùqi	素气	340	tārén	他人	433	tǎng	躺	568
sùxìng	素性	202	tārì	他日	56	tàng	烫	18, 22
sùxiě	速写	91	tāxiāng	他乡	768	tāo	掏	663
suān	酸	52	tā	塌	231, 414	táo	逃	557, 569
suāntòng	酸痛	52	tā//fāng	塌方	231	táobì	逃避	307, 570
suàn	算	164, 252	tāshi	踏实	675	táodùn	逃遁	558
suàndeshàng	算得上	164	tà	踏	642	táo//kè	逃课	745
suànjì;suànjì	算计	164, 188, 252	táijiē	台阶	143	táopǎo	逃跑	558
suàn le	算了	747	táiqiú	台球	218	táotuō	逃脱	558, 570
suànshang;suànshàng			tái	抬	10, 172, 587	táo//xué	逃学	745
	算上	632	tái jiàozi	抬轿子	119	táozǒu	逃走	558
suí	随	364, 671	tài	太	366, 410, 517	táo	桃	233
suíbiàn	随便	42, 253, 492	tàipíngtī	太平梯	143	táozuì	陶醉	761
suí//biàn	随便	95, 364	tàitai	太太	107, 482	táo//qì	淘气	53
suí fēng dǎo	随风倒	547	tàidu;tàidù	态度	409, 428	tǎo	讨	382, 762
suí//yì	随意	95, 364	tān	坍	231	tǎolùn	讨论	600, 790
suì	碎	285, 290,	tāntā	坍塌	232	tǎo//yàn	讨厌	87, 223,
		306, 805	tān	摊	107, 551,			557, 716
suì	岁	513			697, 738	tǎo//zhài	讨债	382
suìshu	岁数	513, 569	tānkāi	摊开	628	tào	套	179, 239, 480,
			tānwèi	摊位	697			486, 611

845

tèbié	特别	509, 510, 517, 649, 727, 797
tècháng	特长	508
tèdì	特地	797
tèdiǎn	特点	508
tèsè	特色	509
tèshū	特殊	510
tèwèi	特为	797
tèxìng	特性	509
tèyì	特意	797
tèzhēng	特征	509
tèzhǒng	特种	510
téng	疼	53, 184
téng'ài	疼爱	2, 184
téngtòng	疼痛	53
téngbuchū	腾不出	634
téng	誊	153
téngxiě	誊写	153
tījí	梯级	143
tǐji	梯己	460
tī	踢	261
tí	提	611, 726, 790
tí//chū	提出	721
tí//gāo	提高	576
tíliáng	提梁	516
tíqián	提前	668
tíqǔ	提取	294, 612
tíwèn	提问	200, 424
tí//xǐng	提醒	456
tí	啼	541
tíkū	啼哭	541
tí	题	407, 737
tícái	题材	297
tímíng	题名	407
tímù	题目	407, 737
tǐgé	体格	181
tǐhuì	体会	14, 686
tǐlì	体力	181, 451
tǐliàng	体谅	785
tǐmiàn	体面	719
tǐtiē	体贴	360
tǐxì	体系	254
tǐxiàn	体现	33, 621
tǐxíng	体形	181
tǐxíng	体型	181
tǐyàn	体验	14
tǐzhì	体质	181
tì	替	186, 440

tìdài	替代	68, 186
tìhuàn	替换	68, 186, 274, 528
tiān	天	608
tiāncái	天才	296
tiān cháng dì jiǔ		
	天长地久	91
tiān'é	天鹅	527
tiānfù	天赋	296
tiān//liàng	天亮	11, 759
tiān//míng	天明	759
tiānniú	天牛	291
tiānrán	天然	326
tiānshēng	天生	327
tiānxìng	天性	202, 383
tiānzāi	天灾	293
tiānzhēn	天真	29
tiān	添	68, 105, 250, 391, 642
tiānjiā	添加	250
tiānzhì	添置	68, 642
tián	田	515
tiándì	田地	515
tiányuán	田园	63
tián	填	85, 154, 483, 635
tiánbǔ	填补	85, 105
tiánchōng	填充	85
tiǎn	舔	548
tiāo	挑	93, 172, 627
tiāo féi jiǎn shòu		
	挑肥拣瘦	93
tiāo sān jiǎn sì		
	挑三拣四	93
tiāo shuǐ	挑水	241
tiāoxuǎn	挑选	93
tiáowén	条纹	733
tiáohé	调和	553
tiáojiě	调解	457
tiáopí	调皮	53
tiáoting;tiáotíng		
	调停	457
tiàowàng	眺望	539
tiào	跳	521
tiàoyuè	跳跃	521
tiē	贴	473, 605
tiēbǔ	贴补	105, 423
tiēqiè	贴切	614

tiě//xīn	铁心	260
tīng	听	198, 199, 328, 671
tīngcóng	听从	71, 199, 328
tīng//dào	听到	198, 200
tīngdedào	听得到	200
tīngdejiàn	听得见	200
tīngdeqīng(chu)		
	听得清（楚）	200
tīng//dǒng	听懂	200
tīng//huà	听话	123, 199, 328, 781
tīng//jiàn	听见	198, 200
tīng//jiǎng	听讲	269
tīngjué	听觉	189
tīng//kè	听课	270, 345
tīngpíng	听凭	671
tīngqīng(chu)		
	听清（楚）	200
tīngqǔ	听取	199
tīngshuō	听说	198, 778
tīng//shuō	听说	89
tīng tiān yóu mìng		
	听天由命	671
tíng tíng yù lì		
	亭亭玉立	79
tíng	停	79, 457, 488, 523, 525, 747
tíng//chē	停车	525
tíngdùn	停顿	458, 488, 507, 523
tíngzhǐ	停止	79, 412, 458, 489, 507, 523, 525, 748
tǐng	挺	259, 537, 575
tōng	通	467, 479, 503, 505
tōngcháng	通常	20, 60, 61, 639
tōng//fēng	通风	503
tōng//guò	通过	269, 365, 505, 562, 801
tōnghóng	通红	6
tōng//qì	通气	503, 789
tōngxiǎo	通晓	467
tōngxíng	通行	505
tōngxùn	通讯	560
tōngzhī	通知	355, 474, 789
tóng	同	126
tóngbàn	同伴	538

846

tóngděng	同等	126
tónghuǒ	同伙	538
tóngqíng	同情	39, 498
tóngshí	同时	400
tóngshì	同事	538
tóngyàng	同样	126
tóngyī	同一	126
tóngyì	同意	71, 222, 349,
		496, 785
tǒngyī	统一	404
tòng	痛	53, 130
tònggǎn	痛感	192
tònghèn	痛恨	556
tòngkū	痛哭	541
tòngkǔ	痛苦	247, 485,
		548, 549
tòngkuai;tòngkuài		
	痛快	130, 752
tòngxī	痛惜	115
tòngxīn	痛心	176
tōu	偷	563
tōudào	偷盗	563
tōu//lǎn	偷懒	110
tōuqiè	偷窃	563
tōutōu	偷偷	282
tóu	头	237, 295, 303,
		588, 668
tóuhào	头号	55
tóu huí shēng, èr huí shú		
	头回生，二回熟	551
tóunǎo	头脑	19, 448
tóuténg	头疼	53
tóutòng	头痛	53
tóu	投	236, 542
tóubèn	投奔	443
tóudì	投递	236
tóurù	投入	582
tóuzhì	投掷	543
tòu	透	372, 503, 559,
		562, 735, 736
tòu//fēng	透风	503, 536,
		562, 735
tòuguò	透过	503
tòulù	透露	735
tòu//qì	透气	503, 536
tūrán	突然	428, 516
tūxiàn	突现	34
tú	图	585

tú'àn	图案	733
túhuà	图画	91
túmóu	图谋	585
túbù	徒步	36
túláo	徒劳	712
tújìng	途径	655
tú	涂	256, 564
túmǒ	涂抹	564
tú zhī mǒ fěn		
	涂脂抹粉	255
tǔdì	土地	514, 515
tǔdòu	土豆	741
tǔ	吐	585
tù	吐	585
tùzi	兔子	501
tuán	团	446, 690
tuánhuǒ	团伙	248
tuánjù	团聚	24
tuántǐ	团体	248, 394, 446
tuántuán	团团	690
tuányuán	团圆	690
tuī	推	107, 115, 256,
		284, 575
tuīchí	推迟	107, 575
tuīcí	推辞	95, 285
tuī//dǎo	推倒	235
tuī//dòng	推动	371
tuī//fān	推翻	235
tuījìn	推进	372
tuīxuǎn	推选	93
tuísàng	颓丧	230, 264
tuǐ	腿	12
tuǐjiǎo	腿脚	12
tuǐr	腿儿	12
tuì	退	302, 356,
		529, 729
tuì//bù	退步	302, 356, 754
tuìchū	退出	356
tuìhuán	退还	146, 729
tuìhuí	退回	146, 729
tuìjū	退居	356
tuìquè	退却	625
tuìràng	退让	351, 754
tuìsuō	退缩	625
tuì//yì	退役	356
tūn	吞	578
tùn	褪	594
tùn//tàor	褪套儿	594

tuō	托	311, 436, 670
tuō//fú	托福	102
tuōfù	托付	436, 565, 670
tuō	拖	107, 575, 615
tuōxié	拖鞋	234
tuōyán	拖延	107, 575
tuō	脱	563
tuōlí	脱离	145, 356, 602
tuōluò	脱落	563
tuō//shēn	脱身	356
tuō//shǒu	脱手	86
tuōtáo	脱逃	356
tuóyùn	驮运	587
tuóniǎo	鸵鸟	527
tuǒdang	妥当	491
tuǒxié	妥协	351
tuòkuān	拓宽	628

W

wā	挖	663
wājué	挖掘	663
wā	蛙	501
wáwa	娃娃	284
wǎjiě	瓦解	232
wāi	歪	168, 546,
		672, 752
wāi dǎ zhèng zháo		
	歪打正着	21
wāi qī niǔ bā		
	歪七扭八	752
wāiqū	歪曲	566
wāiwāiniǔniǔ		
	歪歪扭扭	752
wāixié	歪斜	672, 752
wǎi	崴	230
wài	外	397
wàibian	外边	134, 397, 768
wàibiǎo	外表	695, 765
wàibù	外部	397
wàichū	外出	490
wàidì	外地	454, 515, 768
wàiguān	外观	173, 539, 695
wàihào	外号	547
wàijiè	外界	397
wàimào	外貌	695
wàimiàn	外面	134, 397, 695
wàirén	外人	433

847

wàishěng	外省	768
wàitou	外头	134, 398, 768
wàixiāng	外乡	455, 515, 768
wàixíng	外形	166, 173
wān	弯	139, 672, 674
wānqū	弯曲	672
wán	丸	480
wán	完	140, 190, 193, 364, 471
wánbì	完毕	140
wán//chéng	完成	190, 193, 431, 595
wán//dàn	完蛋	232
wán//gōng	完工	193
wánhǎo	完好	194
wánjié	完结	190
wánjùn	完竣	193
wánměi	完美	194
wánquán	完全	194, 370, 372, 454, 685
wánshàn	完善	194
wán//shì	完事	141
wánzhěng	完整	194
wánhū	玩忽	110
wánr	玩儿	16, 435
wánshuǎ	玩耍	16, 635
wánxiào	玩笑	349
wányìr	玩艺儿	732
wányìr	玩意儿	732
wángù	顽固	165
wánpí	顽皮	53
wǎnrú	宛如	691
wǎn	挽	615
wǎnjiù	挽救	423
wǎn	晚	109, 116, 774
wǎn//diǎn	晚点	109
wǎnjiān	晚间	774
wǎnqiū	晚秋	7
wǎnshang	晚上	774
wǎnxī	惋惜	115
wǎnjù	婉拒	285
wǎnxiè	婉谢	503
wǎnyán	婉言	503
wǎn	绾	711
wàn gǔ cháng qīng		
	万古长青	91
wànwàn	万万	260
wànyī	万一	693

wànlì	腕力	451
wǎngfèi	枉费	712, 714
wǎng	往	46, 706
wǎngcháng	往常	61, 639
wǎngfǎn	往返	98
wǎnghòu	往后	288
wǎnglái	往来	98, 272
wǎng qián	往前	388
wǎngrì	往日	51, 707
wǎngshí	往时	707
wǎngwǎng	往往	767
wǎngxī	往昔	707
wàng	忘	798
wàng//diào	忘掉	798
wànghuái	忘怀	798
wàngjì	忘记	798
wàngquè	忘却	799
wànghuǒ	旺火	607
wàngshèng	旺盛	302
wàng	望	539
wàng//fēng	望风	702
wàng yǎn yù chuān		
	望眼欲穿	683
wàngyuè	望月	469
wēijí	危及	137
wēixiǎn	危险	211
wēibī	威逼	121, 220
wēihè	威吓	121, 220
wēishìjì	威士忌	304
wēixié	威胁	121, 220
wēi	偎	724
wēibōlú	微波炉	174
wēixiǎo	微小	798
wēixiào	微笑	802
wēi	煨	561, 787
wéi	为	700
wéinán	为难	247, 287, 522, 716
wéiwǔ	为伍	240
wéibèi	违背	104, 300, 606
wéifǎn	违反	104, 606
wéifàn	违犯	104
wéi//guī	违规	104
wéijìn	违禁	104
wéikàng	违抗	301
wéilì	违例	104
wéi//yuē	违约	606
wéi//zhāng	违章	606

wéi	围	160, 673
wéiguān	围观	266
wéikǒng	唯恐	117
wéichí	维持	48, 443
wéihù	维护	48, 689
wěi'àn	伟岸	782
wěidà	伟大	92, 781
wěizhuāng	伪装	770
wěi	尾	294
wěishēng	尾声	294
wěimǐ	委靡	242, 264
wěirèn	委任	670
wěituō	委托	436, 565, 670
wěiwǎn	委宛	503
wěiwǎn	委婉	503
wèi	为	440
wèi cǐ	为此	417
wèihé	为何	497
wèile	为了	440
wèi shénme	为什么	497, 543
wèi	未	681
wèicéng	未曾	173
wèilái	未来	353
wèizhi; wèizhì		
	位置	55, 592, 702
wèizi	位子	55
wèi	味	13, 149, 553
wèidao	味道	13
wèidao; wèidào		
	味道	189
wèijué	味觉	189
wèijù	畏惧	117, 625
wèiqiè	畏怯	625
wèisuō	畏缩	625
wèi	喂	438
wèi nǎi	喂奶	578
wèiyǎng	喂养	396, 743
wèilán	蔚蓝	6
wèiwèn	慰问	703
wēn	温	18
wēnhé	温和	18, 123, 742
wēnhuo	温和	18
wēnnuǎn	温暖	18
wēnróu	温柔	123, 742
wēnshuǐ	温水	750
wēnshùn	温顺	123
wénfáng sìbǎo		
	文房四宝	640

wénhuà	文化	219, 452
wénhuà shuǐpíng		
	文化水平	219
wénhuǒ	文火	607
wénjìng	文静	326
wénniǎo	文鸟	527
wénlǐ	纹理	733
wén	闻	554
wénmíng	闻名	89, 201, 475, 624, 751
wén	蚊	291
wěn	稳	326
wěndang	稳当	155, 329, 421
wěndìng	稳定	119, 120
wěngù	稳固	329
wěntuǒ	稳妥	155
wèn	问	200, 424
wèn cháng wèn duǎn		
	问长问短	200, 424
wèn//hǎo	问好	1, 474
wènhòu	问候	1, 703
wèn//huà	问话	200
wèntí	问题	280, 282, 474, 737
wènxùn	问讯	200
wō	窝	27, 674
wǒ	我	337, 799
wǒmen	我们	705, 799
wò	卧	568
wòbìng	卧病	568
wòchuáng	卧床	568
wò	握	530, 556, 726
wūguī	乌龟	501
wūhēi	乌黑	249
wūliàng	乌亮	249
wūlóngchá	乌龙茶	578
wūyā	乌鸦	527
wūhuì	污秽	206
wūrǎn	污染	206
wūzhuó	污浊	206, 559
wū	屋	44, 648
wūlirén;wūlǐrén		
	屋里人	107
wūzi	屋子	648
wúbù	无不	377
wúchǐ	无耻	24
wúhuāguǒ	无花果	233
wú jì yú shì	无济于事	740

wú kě nài hé	无可奈何	320
wúlǐ	无礼	778
wúliáo	无聊	583
wúlùn rúhé	无论如何	519
wúnài	无奈	318, 320
wúqióng	无穷	99
wúrén fēijī	无人飞机	613
wú shāng dà yǎ		
	无伤大雅	308
wú shí wú kè		
	无时无刻	412
wúshì	无视	696
wúshù	无数	99
wú wēi bù zhì		
	无微不至	752
wúwù	无误	381, 426
wú xiūzhǐ	无休止	412
wúyí	无疑	177, 675
wúyì	无异	616
wúyì	无益	740
wú yǐng wú zōng		
	无影无踪	197
wúyòng	无用	740
wú yuán wú gù		
	无缘无故	783
wúzhù yú	无助于	740
wúnìng	毋宁	709
wǔgēng	五更	759
wǔ guāng shí sè		
	五光十色	69
wǔliángyè	五粮液	304
wǔ yán liù sè		
	五颜六色	69
wǔjiān	午间	625
wǔqián	午前	11
wǔmiè	侮蔑	254
wǔ	捂	112, 179, 635
wǔ	舞	643
wùbì	务必	177
wùjiàn	物件	732
wù měi jià lián		
	物美价廉	744
wùpǐn	物品	732
wùtǐ	物体	732
wù yǐ lèi jù	物以类聚	24
wù	误	109
wù//diǎn	误点	109
wùhuì	误会	30, 450

wùjiě	误解	30
X		
xīgua; xīguā	西瓜	233
xīhóngshì	西红柿	741
xīyī	西医	49
xī	吸	278, 362, 578
xīchénqì	吸尘器	174
xīqǔ	吸取	362
xīrù	吸入	362
xīshōu	吸收	362
xīyǐn	吸引	612
xīwàng	希望	64, 132, 327, 564, 573, 574, 658, 730
xīshēng	牺牲	333
xībié	惜别	115
xī	稀	77
xīhan	稀罕	717
xīqí	稀奇	717
xīyǒu	稀有	717
xī	犀	501
xī lái rǎng wǎng		
	熙来攘往	555
xī	熄	256
xī//dēng	熄灯	256
xī//huǒ	熄火	256
xīmiè	熄灭	256
xīxīhāhā	嘻嘻哈哈	802
xīshuài	蟋蟀	291
xíguàn	习惯	214, 232, 551
xíqì	习气	232
xísú	习俗	214
xíxìng	习性	233
xí yǐ wéi cháng		
	习以为常	551
xíyòng	习用	725
xǐdí	洗涤	536
xǐwǎnjī	洗碗机	174
xǐyījī	洗衣机	174
xǐzǎoshuǐ	洗澡水	750
xǐ	喜	775
xǐ'ài	喜爱	2, 184, 363
xǐchōngchōng		
	喜冲冲	88
xǐhào	喜好	363
xǐhuan	喜欢	2, 184, 363
xǐjiǔ	喜酒	304

xǐqì	喜气	718	xià//shǒu	下手	455	xiǎnlù	显露	35
xǐ qì yáng yáng			xià//tái	下台	232	xiǎnrán	显然	598
	喜气洋洋	88, 718	xià	吓	117, 121,	xiǎnshì	显示	340, 621
xǐqìng	喜庆	718			125, 126	xiǎnyào	显耀	339
xǐyuè	喜悦	88, 775	xiàhu	吓唬	121, 125,	xiǎnxiàn	显现	34
xǐzīzī	喜滋滋	88			220, 290	xiǎnzhù	显著	598
xì	戏	334	xià//rén	吓人	118, 290	xiǎn'è	险恶	212
xìjù	戏剧	334	xià	夏	543	xiǎnhu	险乎	722
xìqǔ	戏曲	334	xiàjì	夏季	544	xiǎnxiē	险些	722
xìxuè	戏谑	349	xiàlìng	夏令	544	xiàn//lǐ	献礼	109
xìyán	戏言	349	xiàrì	夏日	544	xiànjīn	现今	65, 292
xìliè	系列	254	xiàtiān	夏天	544	xiànchǎng	现场	592
xìpǔ	系谱	254	xiānkèlái	仙客来	599	xiàndài	现代	292
xìtǒng	系统	254	xiān	先	295, 527, 590,	xiànjīn	现金	177
xì	细	285, 385, 660			668, 669	xiànqián	现钱	177
xìcháng	细长	660	xiānhòu	先后	392	xiànzài	现在	65, 66, 292
xìtiao	细挑	660	xiānjìn	先进	361	xiànzhuàng	现状	347
xìtiao	细条	660	xiānlì	先例	788	xiàndù	限度	263
xìwēi	细微	798	xiānsheng	先生	121, 220, 387	xiànjiè	限界	263
xìxiǎo	细小	286	xiānxì	纤细	660	xiànlìng	限令	715
xìxīn	细心	490, 753	xiān	掀	10	xiànzhì	限制	336, 347
xìzhì	细致	490, 753	xiānkāi	掀开	10	xiànmù	羡慕	11
xiá'ài	狭隘	385	xiānqǐ	掀起	611	xiāngcūn	乡村	63
xiá	匣	586	xiān	鲜	96	xiāngjiān	乡间	63
xiázi	匣子	587	xiānhóng	鲜红	6	xiānglǐ	乡里	63, 279
xiáxiǎo	狭小	386	xiānměi	鲜美	96	xiāngxia	乡下	63
xiázhǎi	狭窄	386	xiānmíng	鲜明	597	xiāng	相	416
xià	下	46, 84, 138, 141,	xiānyàn	鲜艳	598	xiāngbèi	相悖	607
		214, 215, 469, 594	xián	闲	9	xiāngbǐ	相比	245
xiàbǎi	下摆	588	xiángōngfu	闲工夫	619	xiāngchà	相差	449, 646
xiàchuí	下垂	301	xiánhuà	闲话	89	xiāngchèn	相称	553, 614
xià cì	下次	469, 680	xiánkòng	闲空	619	xiāngdāng	相当	259, 391,
xià//dàn	下蛋	84	xiánqián	闲钱	756			537, 616
xiàdiē	下跌	302	xiánxiá	闲暇	619	xiāngděng	相等	126, 616
xià gōngfu	下工夫	237	xiánxīn	闲心	756	xiāngfǎn	相反	146, 299, 607
xià huí	下回	469	xián yán suì yǔ			xiāngféng	相逢	487
xiàjiàng	下降	302		闲言碎语	89	xiānggān	相干	152, 196
xià juéxīn	下决心	129	xián wài zhī yīn			xiānggé	相隔	223, 602, 646
xià//lai(lái)	下来	138		弦外之音	66	xiāngguān	相关	152, 196
...//xia(xià)//lai(lái)			xián	咸	181	xiānghù	相互	416
	…下来	138	xiánjīnjīn	咸津津	181	xiāngjù	相距	223, 647
xià//lìng	下令	715	xiánsīsī	咸丝丝	181	xiānglián	相连	479
xiàmiàn	下面	469	xiánjiē	衔接	479, 480	xiàngmào	相貌	148
xià//qu(qù)	下去	138	xián	嫌	223	xiāngpèi	相配	553
...//xia(xià)//qu(qù)			xiánwù	嫌恶	223	xiāngqiú	相求	436
	…下去	139	xiǎnbai	显白	339	xiāngràng	相让	754
...//xia(xià)//qu			xiǎnbai	显摆	339	xiāngtóng	相同	126, 404, 616
	…下去	477	xiǎnde	显得	694	xiāngxìn	相信	359

xiāngyí	相宜	614
xiāngzuǒ	相左	607
xiāng	香	96, 554
xiāngbīnjiǔ	香槟酒	304
xiāngcài	香菜	741
xiāngjiāo	香蕉	233
xiāngqì	香气	149, 553
xiāngtián	香甜	96
xiāngwèi	香味	149, 553
xiāng	箱	587
xiāngzi	箱子	587
xiǎngshòu	享受	435
xiǎngyòng	享用	14, 435
xiǎng	响	618
xiǎngliàng	响亮	618
xiǎngyìng	响应	74, 281
xiǎng	想	131, 132, 188,
		327, 574
xiǎng bànfǎ	想办法	237
xiǎngbudào	想不到	674
xiǎng//fǎ	想法	237
xiǎngfa;xiǎngfǎ		
	想法	19, 186, 276
xiǎng fāng shè fǎ		
	想方设法	237
xiǎng//kāi	想开	8
xiǎng//tōng	想通	544
xiǎngxiàng	想像	132
xiǎng yào	想要	132
xiàng	向	706
xiàngdǎo	向导	40
xiàngrìkuí	向日葵	599
xiànglì	向例	788
xiàngwǎng	向往	11
xiàngkǒu	巷口	67
xiàngzhēng	象征	33
xiàng	像	433, 766, 778
xiàng...shìde		
	像…似的	691
xiàng...yīyàng		
	像…一样	691
xiāo	削	256
xiāo	消	197
xiāochén	消沉	230, 264
xiāochú	消除	59, 197,
		530, 573
xiāofáng	消防	162
xiāohào	消耗	466

xiāoqiǎn	消遣	16
xiāosàn	消散	197, 463
xiāoshī	消失	197, 365, 412
xiāoshì	消释	198
xiāoxi	消息	351, 560
xiāosè	萧瑟	313
xiāotiáo	萧条	313
xiāo	销	86, 88, 529
xiāolù	销路	88
xiāo shēng nì jì		
	销声匿迹	197
xiāoshòu	销售	86, 88
xiāosǎ	潇洒	172
xiǎo	小	286, 386, 613,
		776, 792
xiǎocài yī dié		
	小菜一碟	195
xiǎochīdiàn	小吃店	788
xiǎodàor xiāoxi		
	小道儿消息	89
xiǎoháir	小孩儿	267, 284,
		710, 711
xiǎohuǒr	小火儿	607
xiǎojiāhuo	小家伙	284
xiǎokàn	小看	696
xiǎomíng	小名	547
xiǎomìngr	小命儿	63
xiǎopéngyǒu		
	小朋友	284
xiǎo qiǎo líng lóng		
	小巧玲珑	184
xiǎoquānzi	小圈子	248
xiǎoxiàng	小巷	502, 504
xiǎoxīn	小心	456, 490, 764
xiǎo xīn jǐn shèn		
	小心谨慎	490
xiǎozhù	小住	523
xiǎozi	小子	710
xiǎozǔ	小组	248, 394
xiǎode	晓得	350, 357, 793
xiào	笑	802
xiàohāhā	笑哈哈	803
xiàohēhē	笑呵呵	803
xiàohua	笑话	349
xiàomīmī	笑眯眯	803
xiàoróng	笑容	803
xiàofǎ	效法	686, 688
xiàoguǒ	效果	268

xiàonéng	效能	268
xiàoyìng	效应	268
xiē	些	368, 369, 462
xiē	歇	744
xiē//fá	歇乏	744
xiē//gōng	歇工	744
xiē//jiǎo	歇脚	744
xiē//qì	歇气	744
xiēsù	歇宿	523
xiēxi	歇息	568, 744
xiéshāng	协商	390, 600
xiétiáo	协调	553
xiéyì	协议	390, 600
xié'è	邪恶	804
xiépò	胁迫	121, 221
xié	斜	168, 546, 672
xié	鞋	234
xiébázi	鞋拔子	234
xiédǐ	鞋底	234
xiédiàn	鞋垫	234
xiéhào	鞋号	234
xiéyóu	鞋油	234
xiě	写	154
xiěshēng	写生	91, 154
xiězuò	写作	154
xiè	泄	563, 736
xiè//jìn	泄劲	230
xièlòu	泄漏	736
xièlòu	泄露	736
xiè//qì	泄气	171, 230, 563
xiè	泻	540
xiè	卸	143, 594
xiè	谢	191, 463
xièjué	谢绝	95, 262, 285
xièlǐ	谢礼	108
xiè tiān xiè dì		
	谢天谢地	35
xièxie	谢谢	191
xièyì	谢意	191
xiè//zuì	谢罪	30, 802
xièdài	懈怠	110
xīn	心	216, 279
xīn'ài	心爱	2, 184
xīnbìng	心病	548
xīn bú zài yān		
	心不在焉	666
xīncháng	心肠	279

851

xīn chí shén wǎng	心驰神往	761
xīndì	心地	279
xīnfán	心烦	87
xīn huī yì lǎn	心灰意懒	171, 230, 264
xīn//jí	心急	16
xīn jí huǒ liǎo	心急火燎	16
xīnjìng	心境	212, 216
xīnli;xīnlǐ	心里	212, 216, 279, 532
xīnlíng	心灵	279
xīnlù	心路	216
xīn mǎn yì zú	心满意足	507, 693
xīnqíng	心情	212, 216, 279
xīnshàngrén	心上人	268
xīnshén	心神	216
xīnshēng	心声	276, 532
xīnshì	心事	549
xīnsi	心思	187, 212, 448
xīnténg	心疼	114
xīnxiōng	心胸	279
xīnxù	心绪	212, 216
xīnxuè	心血	231
xīnyǎnr	心眼儿	279, 448, 532
xīnyuàn	心愿	564, 757
xīnzhōng	心中	532
xīn//zuì	心醉	761
xīnkǔ	辛苦	250
xīnlà	辛辣	181
xīnrán	欣然	775
xīnshǎng	欣赏	192, 435
xīnxǐ	欣喜	88
xīn	新	19
xīncháo	新潮	603, 784
xīnqí	新奇	717
xīnshì	新式	19
xīnwén	新闻	351, 561
xīnxian;xīnxiān	新鲜	19, 717
xīnyǐng	新颖	20
xīnjīn	薪金	218
xīnshui	薪水	218
xìn	信	352, 359
xìnfú	信服	544

xìnlài	信赖	359
xìnrèn	信任	359
xìnxī	信息	352
xìnxīn	信心	324
xìnyòngkǎ	信用卡	178
xīng	兴	603, 784
xīngbàn	兴办	591
xīngfèn	兴奋	274
xīngjiàn	兴建	266, 429, 432
xīnglóng	兴隆	555
xīngqǐ	兴起	611
xīngshèng	兴盛	302
xīngwàng	兴旺	302, 555
xīngxǔ	兴许	36
xīnghuǒ	星火	607
xīngqi	腥气	553
xíng	行	308, 760
xíngchē	行车	90
xíngdòng	行动	76, 175
xíngshǐ	行驶	90, 358, 592
xíngzǒu	行走	36
xíng	形	166
xíngzhuàng	形状	166, 173
xíng	型	165, 167, 763
xǐng	醒	203, 314
xǐngwù	醒悟	210, 314
xìng gāo cǎi liè	兴高采烈	713
xìngqù	兴趣	221
xìngtou	兴头	221
xìngwèi	兴味	221
xìngzhì	兴致	221
xìng zhì bó bó	兴致勃勃	221, 567
xìnghǎo	幸好	297
xìngkuī	幸亏	102, 298
xìngyùn	幸运	718
xìnggé	性格	202, 383
xìngmìng	性命	63
xìngqíng	性情	202, 383
xìng	姓	547
xìngmíng	姓名	547
xiōng	凶	778
xiōngbào	凶暴	778
xiōnghuái	胸怀	216
xióngwěi	雄伟	782
xióng	熊	501
xióngmāo	熊猫	501

xiū	休	744
xiū//jià	休假	218, 745
xiūxi	休息	568, 744
xiū//xué	休学	745
xiū	修	203, 266, 429, 432, 532
xiūbǔ	修补	532
xiūdìng	修订	343
xiūgǎi	修改	32, 343, 533
xiūjiàn	修建	203, 266, 432, 472
xiūlǐ	修理	532
xiūshì	修饰	161, 343
xiūyǎng	修养	452
xiūzhèng	修正	343, 533
xiūzhù	修筑	203, 266
xiū	羞	589, 594
xiūchǐ	羞耻	24, 589
xiūqiè	羞怯	594
xiūrǔ	羞辱	589
xiūsè	羞涩	594
xiǔ	朽	229
xiùlì	秀丽	79, 226
xiùqi	秀气	226
xiùjué	嗅觉	189
xū	虚	776
xūdù	虚度	714
xūsuì	虚岁	513, 569
xūxīn	虚心	265
xūyào	需要	151, 615, 762
xū	嘘	585
xúxú	徐徐	405, 446
xǔ	许	222
xǔduō	许多	99, 418
xǔjiǔ	许久	335
xǔkě	许可	222, 349
xùshù	叙述	622
xù	絮	483
xù	蓄	443
xuānhuá	喧哗	316
xuānnào	喧闹	87, 389, 555
xuānrǎng	喧嚷	389
xuānxiāo	喧嚣	389
xuānzào	喧噪	316
xuānteng	喧腾	749
xuán	悬	301, 485
xuándiào	悬吊	301, 485

852

xuánguà	悬挂	10, 159, 301, 485
xuánzhuǎn	旋转	692
xuǎn	选	93
xuǎnbá	选拔	93
xuǎndìng	选定	216, 312
xuǎnjǔ	选举	93
xuǎnqǔ	选取	294
xuǎnzé	选择	93
xuànyào	炫耀	339
xuànlì	绚丽	79
xuàn	楦	635
xuējiǎn	削减	648
xuē	靴	234
xuēzi	靴子	234
xué	学	127, 650, 686, 688
xué//dào	学到	94
xué//huì	学会	127, 686
xuémíng	学名	547
xuéshí	学识	452
xuéwen	学问	452
xuéxí	学习	251, 650, 686
xuéyè	学业	650
xuézhě	学者	353
xuěbái	雪白	357
xuètǒng	血统	254
xūnrǎn	熏染	82
xūnyīcǎo	薰衣草	599
xúncháng	寻常	639
xúnqiú	寻求	300, 730
xúnrén	寻人	300
xúnzhǎo	寻找	300, 699, 730
xúnwèn	询问	424
xùn	训	320
xùnchì	训斥	321
xùnliàn	训练	251
xùnwèn	讯问	200
xùnfú	驯服	123

Y

yā	压	112, 115, 481, 654
yājīng	压惊	703
yāsuō	压缩	648
yā què wú shēng		
	鸦雀无声	325

yā	鸭	527
yàyú	亚于	124
yān xiāo yún sàn		
	烟消云散	198
yānmò	淹没	197
yán	延	107
yáncháng	延长	576
yánchí	延迟	108
yánhuǎn	延缓	576
yán//qī	延期	576
yánxù	延续	476
yán	严	211
yángé	严格	208, 211
yánjìn	严禁	228
yánjùn	严峻	211, 212
yánkù	严酷	211
yánlì	严厉	209, 211, 212
yánsù	严肃	211, 676
yánzhòng	严重	128, 211, 212, 410
yáncí	言词	283
yáncí	言辞	283
yányǔ	言语	283
yánrè	炎热	22
yán	沿	397, 588
yányòng	沿用	725
yánzhe	沿着	397
yán	研	379
yánjiū	研究	237, 355
yánmó	研磨	695
yán//suì	研碎	481
yánmiàn	颜面	719
yánsè	颜色	69, 322
yǎngài	掩盖	100, 156, 286
yǎnhù	掩护	179
yǎnmái	掩埋	85
yǎnshì	掩饰	156, 286
yǎn	眼	27, 715
yǎnguāng	眼光	715
yǎnjing	眼睛	715
yǎnlì	眼力	715
yǎnshén	眼神	715
yǎnchàng	演唱	77
yǎnsuàn	演算	252
yǎnyuán	演员	353
yǎnzòujiā	演奏家	353
yàn	厌	9
yànfán	厌烦	9, 223

yànwù	厌恶	223, 556
yàn	咽	578
yànbuxiàqu	咽不下去	439
yàn//qì	咽气	278
yàn	艳	598
yànlì	艳丽	598
yànqǐng	宴请	687
yànzhèng	验证	352
yàn	雁	527
yàn	酽	268
yànzi	燕子	527
yāngjí	殃及	137
yáng	扬	10, 672
yáng//míng	扬名	89
yáng	羊	501
yángcōng	洋葱	741
yángqíncài	洋芹菜	741
yángyì	洋溢	29
yǎngzhàng	仰仗	444
yǎng	养	396, 743
yǎngfù	养父	453
yǎnghuo	养活	743
yǎng//jiā	养家	743
yǎngmǔ	养母	602
yǎngyù	养育	396, 743
yàng	样	167, 409, 703, 765
yàngpǐn	样品	703
yàngshì	样式	165, 167, 763
yàngzi	样子	149, 167, 173, 228, 348, 410, 623, 695, 703, 765
yàng	漾	29, 285
yāozhé	夭折	333
yāoqiú	要求	382, 565, 566, 573, 658, 721, 730, 762
yāoxié	要挟	221
yāojí	邀集	25
yāoqǐng	邀请	311, 687
yáochuán	谣传	89
yáoyán	谣言	89
yáo	摇	643
yáobǎi	摇摆	758
yáodòng	摇动	75, 758
yáohuang;yáohuàng		
	摇晃	759
yáokòng	遥控	388
yáowàng	遥望	539
yáoyáo	遥遥	502

853

yáoyuǎn	遥远	502	yīdiǎnr yě〔dōu〕			yīzhí	一直	374, 684
yǎo wú yīnxìn				一点儿也〔都〕		yīzhì	一致	404
	杳无音信	197			454, 685	yīzhuǎnyǎn	一转眼	429
yǎo	咬	180, 309	yīdìng	一定	177, 210, 593	yī jǐn huán xiāng		
yǎo	舀	241	yīduān	一端	61		衣锦还乡	279
yàojiǔ	药酒	304	yīfāng	一方	61	yīshēng	医生	49, 387
yào	要	151, 327, 382,	yīfāngmiàn	一方面	61	yīshī	医师	49
		616, 658, 681, 689,	yī gān èr jìng			yī	依	495
		723, 730, 735, 762		一干二净	372	yīfǎ	依法	495
yàobù	要不	36, 682	yī ge rén	一个人	617	yījù	依据	771
yào//jià	要价	382	yīgòng	一共	271	yīkào	依靠	444
yàojǐn	要紧	344, 408	yīguàn	一贯	374	yīlài	依赖	444
yàome	要么	682	yī hòng ér sàn			yīrán	依然	681, 747
yàome	要末	682		一哄而散	558	yīxī	依稀	665
yào miànzi	要面子	719	yīhuìr	一会儿	26, 334,	yīzhàng	依仗	444
yào//mìng	要命	439			335, 369, 428, 461, 689	yīzhào	依照	397, 495, 771
yàoqiáng	要强	208	yīhuìr yě	一会儿也	454	yíbiǎo	仪表	766
yàoshi	要是	724	yīhuǒr	一伙儿	538	yí	移	74, 80, 81
yào//zhàng	要账	382	yī…jiù…	一…就…	367	yídòng	移动	74, 80, 81
yàoyǎn	耀眼	609	yīkuàir	一块儿	57	yí//mín	移民	81
yēzhī	椰汁	578	yīlián	一连	477	yíhàn	遗憾	115, 242, 318
yěxǔ	也许	36	yīmiàn	一面	61, 170, 332	yíliú	遗留	570, 571
yě	野	778	yī pán sǎn shā			yílòu	遗漏	563
yějī	野鸡	527		一盘散沙	605	yíshī	遗失	541
yěmán	野蛮	779	yī piàn	一片	20	yíwàng	遗忘	799
yěyā	野鸭	527	yī pín rú xǐ	一贫如洗	678	yíhuò	疑惑	77
yězhū	野猪	501	yīqí	一齐	58	yínán	疑难	710
yè	夜	774	yīqǐ	一起	58	yí shén yí guǐ		
yèjiān	夜间	774	yīqiè	一切	372, 377		疑神疑鬼	77
yèli;yèlǐ	夜里	774	yīshà	一霎	57	yǐ	以	441
yèjiàn	谒见	142	yīshēng	一生	58	yǐhòu	以后	26, 288,
yī bǎ shǒu	一把手	538	yīshí	一时	57, 334, 335			401, 403
yībān	一般	60, 127,	yīshùnjiān	一瞬间	57	yǐjí	以及	136, 404
		616, 639	yī sī bù gǒu	一丝不苟	370	yǐnèi	以内	78
yībèizi	一辈子	58	yī tiān	一天	608	yǐqián	以前	51, 174,
yī bì zhī lì	一臂之力	423	yītóng	一同	58			669, 707
yībiān	一边	61, 170, 332	yītóu	一头	303, 516, 588	yǐshàng	以上	50
yīcè	一侧	61	yī xī shàng cún			yǐwài	以外	45, 50, 656
yīdàzǎor	一大早儿	11, 759		一息尚存	46	yǐwǎng	以往	51, 174
yīdài	一带	20, 227,	yīxià	一下	334, 369, 461	yǐwéi	以为	130, 131, 188
		515, 631	yīxiàzi	一下子	428	yǐxià	以下	27
yīdào	一道	57	yīxiē	一些	368, 369,	yǐzhì	以至	257
yīdiǎndiǎn	一点点	368, 462			422, 462	yǐzhì	以致	257
yī diǎn jiù tòu			yī yán bù fā	一言不发	440	yǐ	倚	724
	一点就透	780	yīyàng	一样	127, 616	yǐkào	倚靠	724
yīdiǎnr	一点儿	368, 369,	yīyī	一一	647	yǐzhàng	倚仗	444
		370, 422, 462	yīzhǎyǎn	一眨眼	57	yìlùn	议论	790
			yīzhèn	一阵	335	yìcháng	异常	510, 649

yìdì	异地	768	yǐn yǐ wéi róng		
yìxiāng	异乡	768		引以为荣	657
yìyàng	异样	510	yǐnyòu	引诱	311, 612
yìzhì	抑制	180	yǐn//jiǔ	饮酒	578
yì	译	665	yǐnshí	饮食	578
yìběn	译本	665	yǐnbì	隐蔽	157
yìzhì	译制	665	yǐncáng	隐藏	155, 158
yì rú fǎn zhǎng			yǐnmán	隐瞒	156, 286
	易如反掌	743	yǐnmì	隐秘	156
yìchù	益处	459	yǐn//shēn	隐身	197
yìjian;yìjiàn	意见	187, 276	yǐnyuē	隐约	665
yìliào	意料	769	yìn	印	27
yìshi;yìshí	意识	192, 210	yìnxiàng	印象	190
yìsi	意思	66, 187	yìnzhèng	印证	157
yìtú	意图	187, 723	yìnzi	印子	27
yìwài	意外	39, 693	yìnliáng	荫凉	371
yìwèi	意味	66	yīng	应	74, 499
yìwèizhe	意味着	33	yīngdāng	应当	499
yìxiǎng bu dào			yīnggāi	应该	20, 499, 593
	意想不到	39	yīng//shēng	应声	281, 652
yìxiàng	意向	48, 723	yīngxǔ	应许	222
yìyì	意义	66	yīngxióng	英雄	92
yìyì	意译	665	yīnghuā	樱花	599
yìyuàn	意愿	565, 574	yīngtao	樱桃	233
yìzhì	意志	48	yīngwǔ	鹦鹉	527
yìzhōngrén	意中人	268	yīng	鹰	527
yì	溢	29, 285	yíng	迎	706
yìlì	毅力	48	yínghòu	迎候	706
yīn'ér	因而	417	yíngjiē	迎接	706
yīncǐ	因此	417	yíng//miàn	迎面	708
yīn	阴	242	yíngxīn	迎新	706
yīn'àn	阴暗	244	yíngguāngbǐ	荧光笔	640
yīnchén	阴沉	242, 244	yínghuǒchóng		
yīnliáng	阴凉	371		萤火虫	291
yīnsēn	阴森	242	yíng	赢	169
yīndiào	音调	458	yíngdé	赢得	94
yīnyì	音译	665	yínglì	赢利	94, 779
yīn	洇	559	yǐngxiǎng	影响	138, 189, 333,
yīnqín	殷勤	360, 489			393, 716
yǐn	引	486	yìng	应	21, 281
yǐn//chu(chū)			yìngcheng;yìngchéng		
	引出	612		应承	74
yǐndǎo	引导	698	yìngchou	应酬	272
yǐnfā	引发	611	yìngfu;yìngfù		
yǐn//lù	引路	41		应付	338
yǐnqǐ	引起	257, 611	yìngpìn	应聘	281
yǐntuì	引退	356	yìngshēng	应声	281
			yìngyāo	应邀	281

yìngyòng	应用	467, 725
yìngzhēng	应征	721
yìng	硬	166, 484, 714
yìngbāngbāng		
	硬邦邦	166
yìngbī	硬逼	714
yìngbì	硬币	178
yōngjǐ	拥挤	115
yōngyǒu	拥有	726
yǒng chuí bù xiǔ		
	永垂不朽	91
yǒngcún	永存	91, 571
yǒnghéng	永恒	91
yǒngjiǔ	永久	91
yǒngyuǎn	永远	92
yòng	用	23, 151, 438,
		466, 467, 616, 725
yòngchǎng	用场	766
yòngchù	用处	766
yòng//gōng	用功	650
yònghù	用户	217
yòngjù	用具	496
yòngpǐn	用品	496
yòngtú	用途	767
yòngxiang;yòngxiàng		
	用项	619
yòng//xīn	用心	456
yòngbuzháo	用不着	136
yōudiǎn	优点	459
yōuliáng	优良	760
yōuměi	优美	80
yōu róu guǎ duàn		
	优柔寡断	442
yōuxiù	优秀	760, 781
yōuyì	优异	760
yōuyuè	优越	761
yōuchóu	忧愁	549
yōulù	忧虑	361
yōuyù	忧郁	242
yōuhuì	幽会	4
yōuxiāng	幽香	149, 553
yōurán	悠然	581
yōuxián	悠闲	581
yōuyuǎn	悠远	502
yóuqí	尤其	510, 727
yóu	由	671
yóugòu	邮购	145
yóurú	犹如	691

855

yóuyí	犹疑	442, 690
yóuyù	犹豫	442, 522, 690
yóu yù bù jué		
	犹豫不决	442, 522
yóulǜ	油绿	6
yóuqī	油漆	564
yóushuǐ	油水	779
yóuguàng	游逛	317
yóukè	游客	217
yóulǎn	游览	266, 317, 787
yóulì	游历	787
yóu shān wán shuǐ		
	游山玩水	266
yóuwán	游玩	17
yóuxì	游戏	17
yóuxìjī	游戏机	174
yǒnqíng	友情	2
yǒu	有	399, 726
yǒu bèi wú huàn		
	有备无患	398
yǒu chācuò	有差错	30
yǒudài	有待	684
yǒudeshì	有的是	344, 418
yǒu//dǐ	有底	324
yǒudiǎnr	有点儿	369, 462
yǒu fēngdù	有风度	172
yǒu gǎnxiǎng		
	有感想	192
yǒuguān	有关	152, 189, 196
yǒu hài	有害	804
yǒujìn	有劲	133
yǒu//jìn	有劲	484
yǒu liǎngxiàzi		
	有两下子	82
yǒu//míng	有名	89, 201,
		624, 751
yǒu míngqi	有名气	89, 751
yǒu qián	有钱	178, 524
yǒuqù	有趣	133, 434
yǒu shēng yǐlái		
	有生以来	84
yǒushí	有时	506
yǒu shíhou	有时候	506
yǒu shì	有事	474, 549
yǒusuǒ	有所	422
yǒu wèi	有味	554
yǒuxiàn	有限	263
yǒuxiào	有效	268

yǒuxiē	有些	369, 422, 462
yǒuxīn	有心	132
yǒuxìng	有幸	102
yǒuyì	有益	740
yǒuyì	有意	132, 327, 796
yǒu yìsi	有意思	133, 434,
		752
yǒu//yòng	有用	740
yǒuyú	有余	756
yǒu zhāo yī rì		
	有朝一日	57
yǒuzhe	有着	399, 726
yǒuhēi	黝黑	249
yòu	又	170, 315, 319,
		400, 637, 680
yòu... yòu...	又…又…	332
yòuxiǎo	幼小	792
yòudǎo	诱导	698
yòuhuò	诱惑	311
yòuzhì	诱致	258
yú	余	571
yúwèi	余味	13
yúxià	余下	571
yúchǔn	愚蠢	583
yúnòng	愚弄	49
yúlè	娱乐	17, 435
yúmín	渔民	353
yúkuài	愉快	88, 133, 435,
		436, 752
yúyuè	愉悦	88
yúlùn	舆论	276
yǔ	与	136
yǔqí	与其	709
yǔzhòu fēichuán		
	宇宙飞船	613
yǔmáoqiú	羽毛球	218
yǔxié	雨鞋	234
yǔxuē	雨靴	234
yǔdiào	语调	458
yǔqì	语气	458
yǔyán	语言	283
yùjīnxiāng	郁金香	599
yùbèi	预备	346, 762
yùcè	预测	769
yùdìng	预定	771
yùfáng	预防	636
yùjì	预计	769
yùjiàn	预见	769

yùliào	预料	132, 769
yùxiān	预先	668
yùxiǎng	预想	769
yùyuē	预约	722
yùzhù	预祝	64
yù	遇	5, 488
yù//jiàn	遇见	5, 488
yù//nàn	遇难	5
yùjiā	愈加	679
yù... yù...	愈…愈…	679
yuānyang;yuānyāng		
	鸳鸯	527
yuánzhù	援助	423
yuán	原	728, 731
yuánběn	原本	728, 731
yuánchù	原处	402
yuándìng	原定	771
yuánlái	原来	51, 330, 590,
		667, 728, 731
yuánliàng	原谅	331, 758
yuánliào	原料	297
yuánmào	原貌	728
yuánshǐ	原始	326
yuánxiān	原先	590, 667, 728
yuánxíng	原形	728
yuányàng	原样	728
yuányīn	原因	262, 324,
		474, 783
yuánzhuàng	原状	728
yuán	圆	690
yuánbáicài	圆白菜	741
yuánhūhū	圆乎乎	690
yuánmǎn	圆满	383, 718
yuánquān	圆圈	690
yuánxíng	圆形	690
yuánzhūbǐ	圆珠笔	640
yuángù	缘故	262, 324, 783
yuányóu	缘由	262
yuányuán	源源	393
yuǎn	远	373, 502, 647
yuǎntiào	远眺	539
yuǎnwàng	远望	539
yuànhèn	怨恨	557
yuàn	愿	64, 132
yuànwàng	愿望	565, 574, 757
yuànyì	愿意	133, 496, 775
yuē	约	102, 311, 409,
		662, 738, 739

856

yuēdìng	约定	739
yuē fǎ sān zhāng		
	约法三章	213, 739
yuēhuì;yuēhuì		
	约会	739
yuēlüè	约略	312
yuēmo	约摸	102, 409, 662, 738
yuēmo	约莫	102, 409, 662, 738
yuēqī	约期	739
yuēshù	约束	336
yuè	月	469
yuèguāng	月光	469
yuèliang	月亮	469
yuèqiú	月球	469
yuèxīn	月薪	218
yuèyá	月牙	469
yuèyá	月芽	469
yuèfù	岳父	453
yuèdú	阅读	773
yuèlǎn	阅览	773
yuè	跃	521
yuèfā	越发	315, 679
yuè//guò	越过	277, 579, 801
yuèjiā	越加	315, 679
yuè lái yuè...		
	越来越…	446, 679
yuè... yuè...	越…越…	679
yúnjí	云集	24
yúnquè	云雀	527
yúnyún	云云	546
yǔnxǔ	允许	222, 349, 758
yùn	运	587
yùndòng	运动	90, 175
yùndong	运动	175, 596
yùndòngyuán		
	运动员	353
yùnshū	运输	587
yùnsòng	运送	587
yùnsuàn	运算	252
yùnxiāo	运销	86
yùnxíng	运行	75, 90, 358
yùnyòng	运用	467, 725
yùnzài	运载	571
yùnzhuǎn	运转	75
yùnzuò	运作	175
yùn	晕	761

Z

zā	扎	336, 342, 711
zá	杂	676
záluàn	杂乱	207
zá luàn wú zhāng		
	杂乱无章	207
zá qī zá bā	杂七杂八	207
zá	砸	803, 805
zāi	灾	293
zāihài	灾害	293
zāihuāng	灾荒	293
zāinàn	灾难	293
zāiqíng	灾情	293
zāi	栽	70
zāi gēntou	栽跟头	289, 414
zāizhí	栽植	70
zāizhòng	栽种	70
zǎi	载	572
zài	再	50, 315, 403, 477, 637, 680
zàicì	再次	637
zàidù	再度	637
zàisān	再三	245, 437
zàichǎng	在场	402
zài	载	571
zài rén	载人	571
zán	咱	799
zánmen	咱们	705, 799, 800
zǎn	攒	443, 460
zànqiě	暂且	335, 461, 527
zànshí	暂时	335, 528
zànchéng	赞成	71, 349, 496
zànměi	赞美	192, 663
zàntàn	赞叹	192
zàntóng	赞同	496
zànyáng	赞扬	663
zāng	脏	206
zāo	遭	5
zāodào	遭到	5
zāoshòu	遭受	5
zāoyù	遭遇	5
zāo	糟	229, 411
zāogāo	糟糕	411
záo	凿	663
zǎo	早	602, 668
zǎochen	早晨	11
zǎo jiù	早就	602

zǎonián	早年	707
zǎoshang	早上	11
zǎowǎn	早晚	57
zǎozǎor	早早儿	603
zào	造	430, 472
zàochéng	造成	105, 258, 611
zàorè	燥热	22
zébèi	责备	617
zélìng	责令	716
zémà	责骂	321
zénàn	责难	617
zěn	怎	497, 543
zěnme	怎么	497, 519, 543, 748
zěnme huì	怎么会	674
zěnmeyàng	怎么样	520
zěnmezhe	怎么着	520
zěnyàng	怎样	520
zēngbǔ	增补	105, 642
zēng//chǎn	增产	642
zēngdà	增大	677
zēngduō	增多	677
zēngjiā	增加	250, 576, 642, 677
zēngjìn	增进	372, 677
zēngshè	增设	642
zēngtiān	增添	250, 391, 642, 677
zēngzhǎng	增长	576, 642, 677
zēnghèn	憎恨	557
zēngwù	憎恶	557
zèng	赠	109
zèngpǐn	赠品	108
zèngsòng	赠送	17, 109
zhā	扎	309
zhā//duī	扎堆	24
zhá	炸	787
zhà	乍	461
zhà	炸	586, 805
zhàměng	蚱蜢	291
zhà	榨	338
zhàqǔ	榨取	338
zhāi	摘	483, 594, 627
zhāichú	摘除	573
zhǎi	窄	386
zhǎixiǎo	窄小	386
zhān	沾	638
zhān//guāng	沾光	102

857

zhānrǎn	沾染	82	zhāodài	招待	687, 728	zhē	蜇	309
zhān	粘	606, 638	zhāodàisuǒ	招待所	660	zhē	遮	156, 298
zhāntiē	粘贴	606	zhāohu	招呼	773	zhēbì	遮蔽	100, 155, 298
zhān qián gù hòu			zhāojí	招集	25	zhēcáng	遮藏	156
	瞻前顾后	442	zhāokǎo	招考	25	zhēdǎng	遮挡	298
zhǎn	斩	225	zhāolái	招徕	612	zhēgài	遮盖	100
zhǎn cǎo chú gēn			zhāolǎn	招揽	25, 612	zhē sān yǎn sì		
	斩草除根	59	zhāomù	招募	25, 658, 730		遮三掩四	156
zhǎnbō	展播	653	zhāopìn	招聘	658, 687	zhē tiān gài dì		
zhǎn//kāi	展开	495, 628	zhāoqǐng	招请	658		遮天盖地	100
zhǎnshì	展示	340	zhāo rén xǐhuan			zhēyǎn	遮掩	100, 155,
zhǎnxiàn	展现	495		招人喜欢	184			156, 298
zhǎnxīn	崭新	20	zhāoshōu	招收	658		遮阴	298
zhàn	占	634	zhāoyǐn	招引	311, 612	zhē//zhù	遮住	156, 298
zhàn//xiàn	占线	634	zhāozhì	招致	258	zhé	折	139, 426
zhàn	战	425	zhāoqì	朝气	264	zhédié	折叠	139, 426
zhànbài	战败	670	zháo	着	722	zhéduàn	折断	139
zhàndǒu	战抖	644	zháo//huǒ	着火	162, 722	zhéhuí	折回	732
zhàndòu	战斗	425	zháo//jí	着急	16, 38, 52	zhémó;zhémó		
zhànshèng	战胜	169, 670	zháo//mí	着迷	713		折磨	49
zhàn	站	430	zhǎo	找	4, 300, 424,	zhèmediǎnr	这么点儿	368
zhànlì	站立	430			627, 699, 730	zhèmexiē	这么些	368
zhàn//zhù	站住	430	zhǎo//dào	找到	94	zhè shíhou	这时候	65
zhāng	张	628	zhǎo duìxiàng			zhe	着	332
zhāng//kāi	张开	628		找对象	658	zhēn'ài	珍爱	408
zhāngtiē	张贴	606	zhǎo//chu(chū)			zhēnbǎo	珍宝	416
zhāng//zuǐ	张嘴	10		找出	699	zhēnguì	珍贵	207, 408, 717
zhāngchéng	章程	213	zhǎo qiàomén			zhēnshì	珍视	135
zhāngláng	蟑螂	291		找窍门	237	zhēnxī	珍惜	114, 408
zhǎng	长	395, 583	zhāohuàn	召唤	773	zhēn	真	391, 517,
zhǎngdà	长大	395	zhàojí	召集	25			664, 675, 685
zhǎngjìn	长进	361	zhàokāi	召开	624, 734	zhēnshí	真实	664
zhǎng máo	长毛	583	zhào	照	397, 494, 495	zhēnzhèng	真正	664
zhǎngxiàng	长相	148	zhàogù	照顾	386	zhēn	斟	69
zhǎng	掌	487	zhàoguǎn	照管	15, 386	zhènfèn	振奋	275
zhǎng shàng míng zhū			zhào hú lu huà piáo			zhèndòng	震动	125
	掌上明珠	184, 711		照葫芦画瓢	688	zhènjīng	震惊	125
zhǎngwò	掌握	127, 333	zhàokàn	照看	15, 387	zhèn	镇	682
zhàngfū	丈夫	122	zhàoliào	照料	387	zhènjìng	镇静	119
zhàngfu	丈夫	121	zhào//miànr	照面儿	34	zhēng	争	31, 205, 263
zhàngliáng	丈量	584	zhàomíng	照明	494	zhēngchǎo	争吵	263
zhàngmuniáng			zhàoshè	照射	494	zhēngduó	争夺	31, 206
	丈母娘	602	zhàoyàng	照样	153, 747	zhēnglùn	争论	263, 791
zhàng	胀	633	zhào//yàng	照样	688	zhēng//qì	争气	195
zhàng	涨	633	zhàoyào	照耀	150, 494	zhēng xiān kǒng hòu		
zhàng'ài	障碍	347	zhàozhí	照直	684		争先恐后	31, 206
zhāo	招	487, 643,	zhào	罩	179	zhēngjí	征集	658
		658, 730	zhēteng	折腾	246	zhēngmù	征募	659

858

zhēngqiú	征求	659, 730
zhēng	睁	10
zhěng	整	32, 384, 518, 532
zhěngdùn	整顿	384, 518
zhěnggè	整个	377
zhěngjié	整洁	208, 384, 518
zhěnglǐ	整理	167, 384, 389, 518, 685
zhěngqí	整齐	208, 384, 405, 518
zhěngtào	整套	239
zhèng	正	32, 208, 459, 675
zhèngcháng	正常	21, 639
zhèngdàng	正当	426
zhènghǎo	正好	298, 460, 491, 614, 760
zhèngjing	正经	676
zhèngmén	正门	67
zhèngmiàn	正面	134
zhèngpài	正派	676
zhèngqiǎo	正巧	298, 460
zhèngquè	正确	381, 426
zhèng rú	正如	675
zhèngzài	正在	460
zhèngzhí	正直	396, 676
zhèngzhōng	正中	456, 694
zhèngzhōngjiān	正中间	694
zhèngmíng	证明	352
zhèngshí	证实	157, 352
zhèngzhòng	郑重	489
zhèngzhìjiā	政治家	353
zhèng	挣	721
zhīhòu	之后	26, 288, 401, 403
zhījiān	之间	3
zhī lèi	之类	546
zhīqián	之前	669
zhī wài	之外	45
zhī zhōng	之中	3, 534
zhī	支	308, 432, 604
zhīchēng	支撑	308, 414
zhīchí	支持	414, 443
zhīchū	支出	604
zhīfù	支付	604
zhī lí pò suì	支离破碎	605
zhīpèi	支配	333
zhīpiào	支票	178
zhīshǐ	支使	42, 716
zhīwu;zhīwú	支吾	558
zhīyuán	支援	423
zhīdao;zhīdào	知道	198, 350, 357, 794
zhījué	知觉	189
zhīmíng	知名	751
zhīshi	知识	452
zhīzú	知足	693
zhī	织	472
zhí	执	530
zhíxíng	执行	329, 596
zhí	直	431, 575, 684
zhíbō	直播	653
zhíliū	直溜	684
zhíliūliū	直溜溜	684
zhíshēngjī	直升机	613
zhíshuài	直率	396
zhíshuō	直说	95
zhíyán	直言	95
zhíyì	直译	665
zhí	植	70
zhíwèi	职位	55
zhíwù	职务	323
zhíyè	职业	323
zhízhú	踯躅	314
zhǐ	止	523, 525
zhǐ	只	419, 447, 798
zhǐ bùguò	只不过	447
zhǐdé	只得	320
zhǐhǎo	只好	320
zhǐ pà	只怕	116
zhǐshì	只是	319, 420, 448
zhǐyǒu	只有	420
zhǐyì	旨意	723
zhǐbì	纸币	178
zhǐfēijī	纸飞机	613
zhǐ	指	340, 756
zhǐchu;zhǐchū	指出	340
zhǐdǎo	指导	113, 219, 698
zhǐdiǎn	指点	113, 340, 698
zhǐdìng	指定	216
zhǐjiào	指教	114, 698
zhǐkòng	指控	81
zhǐmíng	指明	340
zhǐnán	指南	41
zhǐ sāng mà huái	指桑骂槐	503
zhǐshǐ	指使	42
zhǐshì	指示	341
zhǐtou	指头	756
zhǐwang	指望	574, 683
zhǐzé	指责	618
zhǐ gāo qì yáng	趾高气扬	65
zhìbǎo	至宝	416
zhìbùjì	至不济	367
zhìshǎo	至少	367
zhìxiàng	志向	48
zhìyuàn	志愿	565, 574
zhìdìng	制定	312, 720
zhìyuē	制约	336
zhìzào	制造	472
zhìzuò	制作	473
zhìpǔ	质朴	340, 403
zhìhè	致贺	70
zhìshǐ	致使	258
zhìyì	致意	1
zhì	掷	543
zhìhuì	智慧	448
zhìlì	智力	19, 448
zhìnéng	智能	448
zhìnéng shǒujī	智能手机	174
zhìxìn	置信	359
zhì zhī bù lǐ	置之不理	654
zhōng	中	78, 534
zhōngduàn	中断	79, 227, 489, 507
Zhōngguóhuà	中国话	457
zhōngjiān	中间	3, 78, 456, 534, 537, 694
zhōngtú	中途	538
Zhōngwén	中文	457
zhōngwǔ	中午	625
zhōngxīn	中心	344, 456
zhōngyāng	中央	456, 694
zhōngyī	中医	49
zhōngzhǐ	中止	79, 458, 489, 748
zhōngzhuǎn	中转	579
zhōng yán nì ěr	忠言逆耳	301

859

zhōngchǎng	终场	140
zhōngdiǎn	终点	140
zhōngjié	终结	190
zhōngjiū	终究	258
zhōngliǎo	终了	190
zhōngshēn	终身	58
zhōngshēng	终生	58
zhōngyú	终于	259, 500, 746
zhōngzhǐ	终止	141
zhōng	钟	510
zhōng'ài	钟爱	2, 184
zhōngbiǎo	钟表	511
zhōngdiǎn	钟点	322
zhōngqíng	钟情	2
zhǒng	种	434
zhǒngzi	种子	434
zhòng	中	21
zhòngdì	中的	21
zhòng//jiǎng	中奖	21
zhòng//yì	中意	363, 693
zhòngcái	仲裁	457
zhòngduō	众多	99
zhòng	种	70
zhòngzhí	种植	70
zhòng	重	128, 135, 268, 630
zhòngdà	重大	101, 129, 411
zhòngdiǎn	重点	344
zhòngliàng	重量	785
zhòngshì	重视	135
zhòngxīn	重心	344
zhòngyào	重要	345, 408
zhōudào	周到	346, 360, 753
zhōusuì	周岁	513, 569
zhōuwéi	周围	20, 631
zhōuxiáng	周详	753
zhōuyóu	周游	787
zhōuyuán	周缘	588
zhūzi	珠子	480
zhūwèi	诸位	705
zhū	猪	501
zhúbù	逐步	446
zhúchu	逐出	97
zhújiàn	逐渐	405, 446
zhǔbàn	主办	734
zhǔdòng	主动	567
zhǔgù	主顾	217
zhǔjiàn	主见	48

zhǔyào	主要	345
zhǔyi	主意	48, 187, 448
zhǔzhāng	主张	187
zhǔ	煮	69, 417, 561, 787
zhǔtuō	嘱托	42
zhù	住	378, 489, 523, 525
zhùchù	住处	512
zhùfáng	住房	44
zhù//kǒu	住口	440
zhùsù	住宿	523
zhùsuǒ	住所	342
zhùzhái	住宅	44
zhùzhǐ	住址	342
zhù zuǐ	住嘴	440
zhùshì	注视	330, 540, 704
zhùshì	注释	142
zhù//yì	注意	210, 456, 764
zhùzhòng	注重	135
zhù	祝	64
zhùfú	祝福	64
zhùhè	祝贺	70
zhùyuàn	祝愿	64
zhùmíng	著名	201, 751
zhù	筑	203
zhuā	抓	153, 468, 526, 531, 556, 726
	抓耳挠腮	16
zhuā ěr náo sāi		
zhuài	拽	612, 615
zhuānchéng	专程	797
zhuānjī	专机	613
zhuānmén	专门	797
zhuāntí	专题	737
zhuānzhù	专注	567
zhuǎn	转	81, 148, 185, 800
zhuǎnbiàn	转变	148, 185
zhuǎnbō	转播	536, 653
zhuǎn//chē	转车	579
zhuǎnchéng	转乘	579
zhuǎndá	转达	475
zhuǎndòng	转动	74
zhuǎngào	转告	475
zhuǎnhuàn	转换	225
zhuǎn//jī	转机	579
zhuǎnjiāo	转交	800

zhuǎn//wān	转弯	671
zhuǎnyǎn	转眼	429
zhuǎnyí	转移	80, 81
zhuǎnzǎi	转载	572
zhuàn	转	37, 691, 692
zhuàndòng	转动	691, 692
zhuàn wānzi		
	转弯子	504
zhuàn	赚	721
zhuàntou	赚头	779
zhuāngshì	妆饰	255
zhuāngjiàdì	庄稼地	515
zhuāngyán	庄严	782
zhuāng	装	112, 398, 473, 483, 571, 770
zhuāngbàn	装扮	770
zhuāngdiǎn	装点	161
zhuānghuáng		
	装潢	161
zhuāngshì	装饰	161
zhuāngyùn	装运	572
zhuāngzài	装载	572
zhuāngzhì	装置	398
zhuāng... zuò...		
	装…作…	770, 797
zhuàng	壮	419
zhuàngguān	壮观	539
zhuànglì	壮丽	782
zhuàngkuàng	状况	228, 324, 348, 765
zhuàngtài	状态	228, 348
zhuàng	撞	5, 488, 640
zhuàngjī	撞击	640
zhuī	追	98
zhuīgǎn	追赶	98
zhuīqiú	追求	300, 730
zhuīzhú	追逐	98
zhuīzōng	追踪	98
zhuìluò	坠落	120
zhǔn	准	155, 177, 210, 222, 381, 421, 426
zhǔnbèi	准备	327, 346, 398, 762
zhǔnquè	准确	155, 381, 421, 426
zhǔnshí	准时	208, 322
zhǔnxǔ	准许	222
zhuōběn	拙笨	646

860

zhuōliè	拙劣	646, 678
zhuō	捉	468, 526
zhuōná	捉拿	468, 526
zhuōnòng	捉弄	49, 53
zhuóyuè	卓越	92, 781
zhuómùniǎo	啄木鸟	527
zhuóshí	着实	685
zhuóshǒu	着手	455, 591
zhuóxiǎng	着想	131
zīshì	姿势	173
zītài	姿态	173
zīliào	资料	297
zīzhù	资助	423
zīwèi	滋味	13
zǐ	子	267, 434, 710
zǐnǚ	子女	267
zǐxī	子息	710
zǐxì	仔细	490, 753
zìchēng	自称	348
zì chuī zì léi	自吹自擂	339
zìdé	自得	508
zì dé qí lè	自得其乐	436
zìdòng	自动	327
zìdòng qiānbǐ	自动铅笔	640
zìgěr	自个儿	337
zìgěr	自各儿	337
zìgǔ yǐlái	自古以来	707
zìháo	自豪	339, 657
zìjǐ	自己	327, 337, 617, 697, 799
zìjǐrén	自己人	538
zìkuā	自夸	339
zìlái	自来	667
zìláishuǐbǐ	自来水笔	640
zìmǎn	自满	508
zìqiān	自谦	95
zìrán	自然	21, 326, 327, 499
zì rán ér rán	自然而然	327
zìránjiè	自然界	326
zìrèn	自认	700
zìshēn	自身	337, 697
zìsī	自私	793
zìwǒ	自我	337, 697
zìwǒ chuīxū	自我吹嘘	339
zìxìn	自信	324
zìxíng	自行	337

zìxíngchē	自行车	248
zìyuàn	自愿	697
zìzai	自在	581
zìzhì	自制	180
zìzūnxīn	自尊心	657
zìhuà	字画	91
zìyǎn	字眼	283
zìyì	恣意	793
zōngjì	踪迹	27
zǒng	总	62, 454
zǒnggòng	总共	271
zǒngjì	总计	271
zǒngjié	总结	685
zǒngshì	总是	62
zǒngsuàn	总算	746
zǒngzhī	总之	519
zòng	纵	431
zòngxiàng	纵向	431
zǒu	走	37, 46, 333, 427, 490, 505, 592, 736
zǒu//dàor	走道儿	37
zǒudòng	走动	90
zǒufǎng	走访	424
zǒu hòumén	走后门	596
zǒu//huǒ	走火	162
zǒujìn	走近	451
zǒu//kāi	走开	427
zǒu//lù	走路	37, 427
zǒurén	走人	427
zǒuxiàng	走向	706
zǒu//xíng	走形	752
zòu//xiào	奏效	269
zū	租	163, 182
zūlìn	租赁	182
zūyòng	租用	182
zú	足	344
zúgòu	足够	344
zúqiú	足球	218
zúyǐ	足以	493
zǔ'ài	阻碍	347
zǔdǎng	阻挡	298
zǔlì	阻力	347
zǔ	组	239, 240, 248
zǔchéng	组成	240, 241, 273
zǔhé	组合	239, 240, 273
zǔzhī	组织	241, 273, 394, 446, 596, 685
zǔguó	祖国	236

zuānyán	钻研	650
zuàn	攥	556
zuǐ	嘴	233
zuǐba	嘴巴	234, 655
zuǐbiān	嘴边	234
zuǐchún	嘴唇	234
zuǐjiǎo	嘴角	234
zuì	最	56, 410, 517, 727
zuì chà yě	最差也	367
zuìchū	最初	295, 590
zuìhòu	最后	140, 190, 259, 294, 500
zuìjìn	最近	401
zuìwéi	最为	727
zuìzhōng	最终	140, 259, 294
zuì	醉	761
zūnzhòng	尊重	135
zūncóng	遵从	328
zūnmìng	遵命	199
zuǒbuguò	左不过	519
zuǒyòu	左右	243, 333, 738
zuò	作	175, 473, 700
zuòbà	作罢	458, 748
zuōfang	作坊	273
zuòjiā	作家	353
zuò//jià	作价	620
zuò jiǎn zì fù	作茧自缚	337
zuòlè	作乐	436
zuòwéi	作为	700
zuòyè	作业	175, 303
zuòyòng	作用	138
zuòzhàn	作战	425
zuò//zhǔ	作主	216
zuò	坐	580
zuòděng	坐等	684
zuò	做	175, 379, 467, 473, 725, 734
zuò//bàn	做伴	470
zuò//gōng	做工	597
zuò//huór	做活儿	597
zuò//mèng	做梦	757
zuò//shì	做事	478, 597
zuò (tǐ)cāo	做(体)操	90
zuòfǎ;zuòfǎ	做法	655, 748

861

［編者紹介］
相原茂
　　中国語コミュニケーション協会代表

校閲協力／林屋啓子　川名理恵　河村雅子　横山康恵
索引協力／氷野歩

装丁／大下賢一郎

中国語学習シソーラス辞典

2017 年 5 月 1 日	初版第 1 刷発行
編者	相原茂
発行者	原雅久

発行所　　　　　**株式会社朝日出版社**
　　　　　〒101-0065 東京都千代田区西神田 3-3-5
　　　　　　　　　　電話 03-3263-3321
　　　　　　　　振替口座 00140-2-46008
　　　　　　　　http://www.asahipress.com
　　　　　　組版・印刷／倉敷印刷株式会社

ISBN978-4-255-00993-3 C0587
©Shigeru Aihara/Asahi Shuppan-sha, 2017　　Printed in Japan

乱丁本・落丁本は, 小社宛にお送りください. 送料は小社負担にてお取り替
えいたします.
本書の無断複写(コピー)は著作権法上での例外を除き, 禁じられています.

本シソーラス辞典の姉妹編!!
中国語類義語辞典
相原 茂［編］

中国語
類義語
辞典

相原 茂 Shigeru Aihara ［主編］

日本初の本格的
「読む」類義語辞典
完成！

30年の歳月と40名のスタッフと
500を超える項目

中国語は語彙的な言語。
類義語の使い分け、ニュアンスを会得すれば、
中国語のスピーキング＆
ライティング能力が向上します！

さらなる類義語の使い分けを
習得したい学習者には必携の辞典です！

30年の歳月と、
40名のスタッフと、
500を超える項目─

定価（本体4,500円＋税）　A5判/816頁　ISBN978-4-255-00841-7

- 語彙的な言語と言われる中国語。マスターのカギは微妙な類義表現の使い分けにあり。
- 日本人学習者の立場にたった類義語を選択。
- 500を超える類義語セットを弁別，解説。
- 例文にはピンイン，訳付で，初級者からも使える。
- 中国語の教育・学習に必須の工具書の誕生！